Angaben zur Bedeutung sind kursiv gesetzt

Angabe zur Stilebene

Berücksichtigung des Sprachgebrauchs in Österreich und der Schweiz

Angabe zur Bildung des Genitiv Singulars und des Plurals

Hinweise auf Komposita, in denen das Stichwort vorkommt

Angabe zu Sachgebieten

Ideal zur Prüfungsvorbereitung: – Kennzeichnung der für das „Zertifikat Deutsch" wichtigen Wörter

Kompaktwörterbuch

Deutsch als Fremdsprache

Neubearbeitung 2012

PONS GmbH
Stuttgart

PONS Kompaktwörterbuch
Deutsch als Fremdsprache

Bearbeitet von: Prof. Dr. Werner Wolski

Unter Mitwirkung und Leitung
der Redaktion PONS Wörterbuch

Entwickelt auf der Basis des
PONS Kompaktwörterbuch Deutsch als Fremdsprache,
ISBN 978-3-12-517540-2

Warenzeichen, Marken und gewerbliche Schutzrechte
Wörter, die unseres Wissens eingetragene Warenzeichen oder Marken oder sonstige gewerbliche Schutzrechte darstellen, sind als solche – soweit bekannt – gekennzeichnet. Die jeweiligen Berechtigten sind und bleiben Eigentümer dieser Rechte. Es ist jedoch zu beachten, dass weder das Vorhandensein noch das Fehlen derartiger Kennzeichnungen die Rechtslage hinsichtlich dieser gewerblichen Schutzrechte berührt.

1. Auflage 2012   (1,01 – 2012)

© PONS GmbH, Stuttgart 2012

Alle Rechte vorbehalten

PONS Produktinfos und Shop: www.pons.de
E-Mail: info@pons.de
PONS Sprachenportal: www.pons.eu

Projektleitung: Dr. Andreas Cyffka
Logoentwurf: Erwin Poell, Heidelberg
Logoüberarbeitung: Sabine Redlin, Ludwigsburg
Satz: Dörr + Schiller GmbH, Stuttgart
Druck: CPI – Clausen & Bosse, Leck
Printed in Germany

ISBN 978-3-12-517541-9

Inhaltsverzeichnis

Seiten

- 5 Vorwort
- 7 Hinweise für die Benutzung
- 17 Inhaltsverzeichnis Regelteil zur Rechtschreibung
- 19 Regelteil zur Rechtschreibung

51 **Wörterverzeichnis A–Z**

Anhang
- 1003 Schlüssel Deutsch
- 1075 Deutsche Kurzgrammatik
- 1103 Liste der wichtigsten unregelmäßigen Verben
- 1112 Zahlwörter
- 1115 Buchstabieralphabet
- 1116 Maße und Gewichte
- 1118 Deutschland
- 1118 Österreich
- 1119 Die Schweiz

Vorwort

Liebe Benutzerin, lieber Benutzer,

im PONS Kompaktwörterbuch Deutsch als Fremdsprache finden Sie rund 42.000 Stichwörter, Redewendungen und Anwendungsbeispiele. Dies ist weit mehr, als Sie für Alltagsgespräche und das Verstehen der meisten Texte benötigen.

Die vorliegende Neubearbeitung des Wörterbuchs enthält den umfangreichen Anhang „Schlüssel Deutsch". In den zugehörigen Texten werden die wichtigsten landeskundlichen Details aus unterschiedlichen Erfahrungs- bzw. Lebensbereichen Deutschlands (Rolle des Grundgesetzes und der Staatsorgane, der Ämter und Behörden usw., bis hin zu Fragen der Ausbildung, des sprachlichen Miteinanders und des Schriftverkehrs) auf aktuellem Stand zusammenhängend vorgestellt. Hinzugefügt sind den Einzelthemen jeweils typische Formulierungen (z. B. „Wohngeld bewilligen/erhalten", „die deutsche Staatsangehörigkeit erlangen/erwerben", „eine Versicherung abschließen/kündigen"). Wir danken in dem Zusammenhang ganz herzlich Frau Dr. Naoko Tomita und Frau Martha-Christine Menzel von „Institut für Deutsch als Fremdsprachenphilologie" (IDF) der Universität Heidelberg dafür, dass sie bereit waren, einige der Texte ihren Studierenden vorzulegen, um sie nach verschiedenen Gesichtspunkten zu überprüfen. Ebenso danken wir dem Schulungsleiter der „Sprachwerkstatt GmbH" in Paderborn, Herrn Ulrich Piepenbreier, dafür, dass auch er seinen Studierenden verschiedene Texte vorgelegt hat. Für zahlreiche interessante Hinweise sind wir allen daran Beteiligten sehr dankbar.

Neben diesen Texten sind auch die in das Wörterverzeichnis von A-Z eingefügten, farbig unterlegten Texte vor allem auf landeskundliche Aspekte und solche von Deutsch als Fremdsprache im engeren Sinne bezogen.

Wer Deutsch lernt und mit dem aktuellen Wortschatz des Deutschen zu tun hat, profitiert von einem Wörterbuch, das speziell auf Lerner und Lernerinnen des Deutschen als Fremdsprache zugeschnitten ist.

Das vorliegende PONS Kompaktwörterbuch Deutsch als Fremdsprache ist ein solches Wörterbuch. Es will dem Lerner/der Lernerin größere Sicherheit im sprachlichen Ausdruck und beim Verstehen von Texten geben.
– Jedes Wort ist in einfacher Sprache erklärt. Konkrete Beispiele zeigen, wie man das Wort richtig benutzt.
– Neben dem Sprachgebrauch in Deutschland wird auch derjenige in Österreich und der Schweiz berücksichtigt.

Das Kompaktwörterbuch Deutsch als Fremdsprache ist ein Lernerwörterbuch:
– Grammatik: Sie können systematisch grammatische Formen lernen: Diese stehen unter dem jeweiligen Stichwort. Übersichtliche Tabellen finden Sie im Anhang.
– Rechtschreibung: Wichtige Regeln sind angeführt.
– Prüfungsvorbereitung: Der gesamte Wortschatz des Zertifikats Deutsch ist markiert.

Viel Spaß und Erfolg beim Lernen mit dem PONS Kompaktwörterbuch Deutsch als Fremdsprache wünscht Ihnen

Ihre
Redaktion PONS

Stuttgart, im Oktober 2011

Hinweise für die Benutzung

1. Grundsätzliches

Das vorliegende Wörterbuch soll ein Hilfsmittel für alle sein, die mit dem Erlernen des Deutschen als Fremdsprache beginnen, die z. B. Germanistik studieren und daher mit dem aktuellen Wortschatz des Deutschen zu tun haben oder während des Studiums oder der Berufsausbildung in Deutschland sprachliche Hilfen und Erklärungen suchen.

Einen wesentlichen Teil dieser Zielgruppe bilden auch die Dozenten und Lehrer des Faches Deutsch als Fremdsprache, denen dieses Wörterbuch ein Hilfsmittel für die Wörterbucharbeit im Unterricht sein soll.

Zum Einsatz in der DaF-Praxis in vielen Kontexten empfiehlt sich das Wörterbuch nicht nur bei Fragen zur Rechtschreibung und bei der systematischen Wörterbucharbeit, sondern auch beim Schreiben und bei der Lektüre deutscher Texte und der Wortschatzarbeit.

Grammatische oder gar linguistische Kenntnisse benötigen die Benutzer nur in geringem Maße bzw. gar nicht, auch nicht Kenntnisse in der Wörterbuchbenutzung.

Das PONS Kompaktwörterbuch Deutsch als Fremdsprache versucht möglichst viel Sprachwissen über die Wörter des Deutschen in seinen Einträgen zu erklären.

Dieses Wissen umfasst besonders:
- die Schreibung des Stichworts
- die Stellen, an denen man beim Schreiben das Stichwort trennen kann
- die Betonung
- eventuelle Schreibvarianten
- das Genus
- eventuelle grammatische Einschränkungen, z. B. dass ein Wort nicht im Plural vorkommt
- stilistische Markiertheit, d. h. dass sich mit dem Stichwort eine bestimmte Stilebene verbindet, z. B. *umgangssprachlich*
- Zugehörigkeit zu einem Sachgebiet
- die Bedeutungen des Stichworts
- die typischen sprachlichen Kontexte, die das „natürliche Umfeld" des Stichworts bilden und die sich in Kollokationen und bevorzugten syntaktischen Verwendungen zeigen
- das Wortbildungspotential des Stichworts, d. h. in welchen zusammengesetzten Wörtern das Stichwort sonst noch vorkommt und wie es zu bestimmten anderen Wörtern des Wortschatzes in Beziehung steht

Das Wörterbuch eignet sich somit sowohl als Hilfsmittel für den Deutschunterricht, als auch als Nachschlagewerk.

Typisch für dieses Wörterbuch ist daher, dass es
- Informationslücken des Benutzers schließt, also umfassend informiert (das heißt aber nicht, dass es zu einem Stichwort immer alle Angaben bietet)
- die aktive Sprachproduktion unterstützt und Einblick in die Struktur des Wortschatzes vermittelt
- integrativ vorgeht, also den sprachlichen Kontext der einzelnen Stichwörter erschließt, insbesondere die Synonyme und Antonyme des Stichworts (Wörter mit der gleichen bzw. Wörter mit gegensätzlicher Bedeutung), seine wichtigsten Mitspieler (Kollokatoren/Kombinationspartner), sein Auftreten in idiomatischen Wendungen/typischen Redewendungen
- die Informationen in den Wörterbucheinträgen – wo sinnvoll und notwendig – in Beziehung setzt zu den Regeln des Regelteils zur Rechtschreibung.

2. Bestandteile des Wörterbuchs

Neben dem Wörterverzeichnis bietet das PONS Kompaktwörterbuch Deutsch als Fremdsprache einen lernerfreundlichen Regelteil zur Rechtschreibung und Zeichensetzung. Verweise vom Wörterverzeichnis in den Regelteil zur Rechtschreibung sollen dazu beitragen, dass das Ergebnis jeder Nachschlagehandlung in systematische Zusammenhänge eingebettet wird.

3. Welcher Wortschatz?

Das PONS Kompaktwörterbuch Deutsch als Fremdsprache deckt die aktuelle deutsche Standardsprache ab, also jenes Deutsch, das heute tatsächlich gesprochen und geschrieben wird. Es enthält auch verschiedene Fremdwörter und Wörter aus Fachsprachen, sofern sie im modernen Deutsch eine gewisse Verwendungshäufigkeit besitzen und sofern sie sprachlich im Benutzerumfeld bedeutsam sind oder in Kommentaren zur Bedeutung vorkommen/unentbehrlich sind.

Das Wörterverzeichnis enthält auch einen Bestand an Wörtern, die für das in Österreich und der Schweiz gesprochene Deutsch typisch sind; diese sind explizit markiert. Ebenfalls explizit markiert sind die Wörter, die zum Wortschatz des Zertifikat Deutsch gehören.

4. Zur Rechtschreibreform

Der Wörterbuchtext folgt ohne Ausnahme der neuen deutschen Rechtschreibung.

5. Welche Angaben finden sich im Wörterbuch?

Angaben auf der unmittelbaren Stichwortebene

An der Darstellung der Stichwörter lässt sich erkennen:

(a) Die mögliche Worttrennung

wird durch Trennpunkte angezeigt.

Kis·te
Sil·be

Hierzu ist folgendes festzustellen: Im Zuge der Rechtschreibreform gibt es zu vielen Wörtern oft mehrere alternative Trennmöglichkeiten. Deshalb häufen sich im Stichwort oft die hier mit einem Zwischenpunkt gekennzeichneten Angaben zur Trennung:

In·s·ti·tut

ist dann also trennbar als

Ins-ti-tut

sowie als

In-sti-tut.

(b) Die Betonung

wird bei langem Vokal

Vo·kal

durch Unterstreichung,

bei kurzem Vokal

Kür·ze

durch einen Punkt unter dem Vokal angegeben.

Bei der Betonung der Stichwörter können Varianten auftreten. Diese werden direkt nach dem Stichwort aufgeführt.

durch·aus, durch·aus *adv*

Das Wort kann also auf der ersten oder auf der zweiten Silbe betont werden.

In mehreren Fällen werden dann nicht zusätzlich auch Angaben zur Kürze bzw. Länge im Stichwort gemacht, wenn zwei verschiedene Betonungsangaben möglich sind. Dies gilt insbesondere für verschiedene Fremdwörter. Dann allerdings sind die beiden möglichen Betonungen aus der phonetichen Angabe ersichtlich.

6. Alphabetisierung

Hinsichtlich der alphabetischen Anordnung der Stichwörter werden die umgelauteten Vokale „ä", „ö", „ü" so behandelt wie die nichtumgelauteten „a", „o", „u".

Marathon – Märchen – märchenhaft – Marder

Mahlzeit – Mähne – mahnen

7. Liste der im Wörterbuch verwendeten Abkürzungen

Abk.	Abkürzung
abwert.	abwertend, pejorativ
Adj.	Adjektiv
Adv.	Adverb
Akk.	Akkusativ
Art.	Artikel
attr.	attributiv
Dat.	Dativ
dial.	dialektal
dichter.	dichterisch
fachspr.	fachsprachlich
geh.	gehoben
Gen.	Genitiv
hist.	historisch
Inf.	Infinitiv
Interj.	Interjektion
intr.	intransitiv
iron.	ironisch
jmd.	jemand
jmdm.	jemandem
jmdn.	jemanden
jmds.	jemandes
jugendspr.	jugendsprachlich
Komp.	Komparativ
Konj.	Konjunktion
landsch.	landschaftlich
Nom.	Nominativ
norddt.	norddeutsch
Num.	Numerale; Zahlwort
ostmdt.	ostmitteldeutsch
österr.	österreichisch
Part.	Partizip
Perf.	Perfekt
Pers.	Person
Plur.	Plural
präd.	prädikativ
Präp.	Präposition
Präs.	Präsens
Prät.	Präteritum
Pron.	Pronomen
refl.	reflexiv
R	Regel im Regelteil
scherzh.	scherzhaft
schweiz.	schweizerisch
Sing.	Singular
süddt.	süddeutsch
Superl.	Superlativ
tr.	transitiv
übertr.	übertragen
umg.	umgangssprachlich
unpers.	unpersönlich
veralt.	veraltet
verhüll.	verhüllend
vulg.	vulgär
westmdt.	westmitteldeutsch
wiss.	wissenschaftlich

8. Liste der Sachgebiete

AMTSSPR.	Amtssprache
ANAT.	Anatomie
ASTRON.	Astronomie
BANKW.	Bankwesen
BAUW.	Bauwesen

BERGB.	Bergbau
BIOL.	Biologie
BOT.	Botanik
CHEM.	Chemie
DRUCKW.	Druckwesen
EDV	Datenverarbeitung
ELEKTROTECHN.	Elektrotechnik
FILM	Film
FOTOGR.	Fotografie
GEOGR.	Geografie
GESCH.	Geschichte
KFZ	Automobilwesen
KOCH.	Kochkunst
KUNST	Kunst
LANDW.	Landwirtschaft
LIT.	Literatur
LUFTF.	Luftfahrt
MATH.	Mathematik
MED.	Medizin
METEOR.	Meteorologie
MILIT.	Militär
MUS.	Musik
PHILOS.	Philosophie
PHYS.	Physik
POL.	Politik
PSYCH.	Psychologie
RECHTSW.	Rechtswesen
REL.	Religion
SCHULE	Schule
SEEW.	Seewesen
SOZIOL.	Soziologie
SPORT	Sport
SPRACHWISS.	Sprachwissenschaft
TECHN.	Technik
TELEKOMM.	Telekommunikation
THEAT.	Theater
TV	Fernsehen
WIRTSCH.	Wirtschaft
ZOOL.	Zoologie

9. Rechtschreibvarianten

Das PONS Kompaktwörterbuch Deutsch als Fremdsprache ist ein Bedeutungswörterbuch, aber auch ein Rechtschreibwörterbuch. Als Rechtschreibwörterbuch bildet es die gültige Rechtschreibung des Deutschen ab.

Die heutige Orthografie des Deutschen ist insbesondere gekennzeichnet durch eine Vielzahl von Alternativen, die den Schreibenden angeboten werden. Wenn es zwei gleichwertige Varianten gibt, wird eine der Varianten mittels „a." (auch) angeführt:

Del·phin, *a.* **Del·fin** der <-s, -e> ZOOL.

Von der Variante, bei der keine Kommentierung erfolgt, wird auf die andere durch „siehe" verwiesen:

Del·fin der <-s, -e> *siehe* **Delphin**

10. Femininformen

Die Feminininform (weibliche Form des Stichworts) ist in diesem Wörterbuch voll ausgeschrieben:

Leh·rer der, **Leh·re·rin** ['leːrə] <-s, ->

Im Rahmen der Angaben zu Komposita werden der Einfachheit halber die jeweils zugehörigen Feminininformen auch einfach der maskulinen Form angehängt, so entsprechend diesem Beispiel z. B.

Schauspieler(in)

In anderen Fällen, in denen nicht so angeschlossen werden kann (z. B. wegen eines Umlauts), wird die Angabe auch in der Form

• Schauspieler/Schauspielerin

gemacht.

11. Exponenten

Exponenten (Hochzahlen) werden bei Homonymen und Homographen benutzt.

Homonyme sind Wörter, die gleich ausgesprochen und gleich geschrieben werden, aber völlig unterschiedliche Bedeutungen haben (*die Bank* = die Sitzbank, *die Bank* = das Geldinstitut).

Homographe sind Wörter, die bei gleicher Schreibung unterschiedlich ausgesprochen werden und unterschiedliche Bedeutungen haben (*der Tenor* = eine Singstimme, *der Tenor* = eine bestimmte Einstellung).

12. Infokästen

Das PONS Kompaktwörterbuch Deutsch als Fremdsprache enthält im Wörterverzeichnis von A–Z mehrere farbig unterlegte Infokästen. Inhalt dieser Infokästen sind in diesem Wörterbuch vor allem landeskundliche Aspekte, die zu dem „Schlüssel Deutsch" aus den Umtexten vorliegenden Wörterbuchs ergänzend hinzukommen. Außerdem werden einige zentrale Details im engeren Umkreis von „Deutsch als Fremdsprache" berücksichtigt.

13. Phonetik

Das Wörterbuch enthält zu zahlreichen Stichwörtern Ausspracheangaben entsprechend der internationalen Lautschrift, dem „Internationalen phonetischen Alphabet" (IPA). Eine Liste dieser Schriftzeichen befindet sich auf der Vorsatzseite hinten im Wörterbuch.

14. Eintragsaufbau Substantiv (Nomen)

Genitiv Singular und Nominativ Plural der Substantive (Nomina) werden angegeben, wobei innerhalb der spitzen Klammern der Strich „-" für das Stichwort in seiner unveränderten Form steht.

La·ter·ne die [laˈtɛrnə] <-, -n>

Der Genitiv Singular lautet also *(die) Laterne*, der Nominativ Plural lautet *(die) Laternen*.

Wird das Stichwort im Plural umgelautet, wird die Pluralform voll ausgeschrieben:

Saft der [zaft] <-(e)s, Säfte>

Gibt es zu einem Substantiv/Nomen keinen Plural, wird das explizit angegeben:

Sah·ne die [ˈzaːnə] <-> /kein Plur./

Kommt ein Substantiv/Nomen nur im Plural vor, wird das ebenfalls angegeben:

El·tern [ˈɛltɐn] <-> *Plur.*

Die Angabe des Genus erfolgt mit dem bestimmten Artikel *der, die, das, die/der*.

Es gibt Wörter – z. B. *Joghurt* –, welche wahlweise das eine oder das andere Genus haben können (*der Joghurt, das Joghurt*). In einem solchen Fall werden beide Genera angegeben, getrennt durch einen Schrägstrich.

Einige Wörter wie *Eltern, Kosten* usw. besitzen keinen Singular, weshalb sich diesen Stichwörtern kein Genus zuweisen lässt.

Im Anschluss an die verschiedenen Bedeutungen des Stichworts werden häufig idiomatische Redensarten angegeben.

Der Ausdruck „Idiom" ist im engen Sinne zu sehen. Die Bedeutung des Idioms ist oft mehr als die Summe der Bedeutungen seiner Teile und lässt sich in solchen Fällen daher aus letzteren nicht stets erschließen.

> **Leim** der [laim] <-(e)s, -e> *ein Klebstoff, der flüssig ist und mit dem man Holz, Tapeten oder Papier klebt:* Leim auf beide Seiten auftragen; ■ **jemandem auf den Leim gehen** *(umg.) auf die Tricks von jmdm. hereinfallen;* ■ **aus dem Leim gehen** *(abwert.) auseinanderfallen* Der Stuhl geht aus dem Leim.

So lässt sich die Bedeutung von **jemandem auf den Leim gehen** auch dann nicht erschließen, wenn man die Bedeutungen von **gehen** und von **Leim** kennt.

Das Idiom ist fest gefügt: „*Der kann mir mal den Buckel runterrutschen*" (,Der soll mich mal in Ruhe lassen') im Unterschied zu * „*Er rutschte mir den Buckel herunter.*

Komposita

Die Wortbildung des Deutschen lässt es zu, theoretisch unbegrenzt viele Komposita zu bilden; man kann die meisten Substantive an andere Substantive (oder an ein schon bestehendes Kompositum) anhängen, um ein neues Wort zu bilden (*Wort – Wortbildung – Wortbildungsmuster*). Kaum ein Wörterbuch kann – schon aus Platzgründen – für alle diese Zusammensetzungen Bedeutungserklärungen anbieten. Dennoch lässt sich die Bedeutung der meisten dieser zusammengesetzten Wörter aus den Bedeutungen ihrer Bestandteile erschließen. Dieses Wörterbuch listet daher beim Stichwort in vielen Fällen Komposita ohne eigene Bedeutungsangabe auf.

Unter der Kategorie Komposita stehen bei Substantiven Komposita, die das Stichwort als Erst- oder Zweitbestandteil enthalten, beim Stichwort **Auto** etwa

> ● -abgase, -atlas, -fahrer(in), -schlange, -sitz

Der Strich steht dabei für das Hauptstichwort.

Hier werden meist solche Zusammensetzungen angeführt, welche sich nicht in der Stichwortliste des Wörterbuches befinden.

In der Reihe der Komposita findet man zuerst diejenigen Komposita, welche das Stichwort als Erstglied enthalten (wie im obigen Beispiel „*Auto*"). Dann werden diejenigen Komposita aufgeführt, welche das Stichwort als Zweitglied enthalten:

Stichwort: *Wörterbuch*

Komposita: ♦ Bedeutungs-, Bild-, Fach-, Online-, Print-, Rechtschreib-, Sach-, Sprach-, Schul-

Innerhalb dieser „Komposita-Reihen" gilt die alphabetische Reihenfolge

> **Lei·ter**³ der, **Lei·te·rin** ['laitɐ] <-s, -> *jmd., der für etwas die Verantwortung hat und Ziele für die Tätigkeiten vorgibt:* der Leiter des Projekts; die Leiterin der Forschungsgruppe ● Abteilungs-, Heim-, Geschäfts-, Kurs-, Reise-, Schul-

Abgeleitete Wörter

Am Ende mancher Einträge sind abgeleitete Wörter angeführt, wenn diese sich direkt von dem angegebenen Stichwort ableiten – allerdings ohne eigene Bedeutungsangabe.

> **rülp·sen** <rülpst, rülpste, hat gerülpst> *ohne OBJ* ■ **jmd. rülpst** *Luft aus dem Magen geräuschvoll durch den Mund entweichen lassen:* laut rülpsen ▸ Rülpser

In diesen Fällen kann man die Bedeutung des abgeleiteten Wortes aus der Bedeutung, die für das Stichwort angegeben ist, ableiten.

Ableitungen sind ebenfalls in alphabetischer Reihenfolge angeordnet.

15. Eintragsaufbau Verb

Bei den Verben werden nach dem Stichwort folgende Angaben gemacht:

2. Person Singular Präsens, 3. Person Singular Präteritum, 3. Person Partizip Perfekt, wenn die flektierten Formen orthografische oder sonstige Schwierigkeiten in sich bergen.

Die flektierten Formen werden generell immer angegeben bei starken Verben, unregelmäßigen Verben, Verben mit Mischformen, Verben, deren Stamm auf „-z", „-tz", „-x", „-s", „-ss", „-ß", „-sch", „-tsch" endet, bei Verben, die auf „-ern", „-eln" enden, und bei

Verben, bei denen das Perfekt alternativ mit *haben* oder *sein* gebildet wird.

ke·geln <kegelst, kegelte, hat gekegelt>
keh·ren[1] ['ke:rən] <kehrst, kehrte, hat/ist gekehrt>

Bei jedem Verb wird angegeben, ob es transitiv, intransitiv, reflexiv oder ‚unpersönlich', also *mit OBJ*, *ohne OBJ*, *mit SICH* und *mit ES* konstruiert werden kann. Im Falle mehrerer Möglichkeiten wird mit römischen Ziffern differenziert.

schrei·ben ['ʃraibn̩] <schreibst, schrieb, hat geschrieben> I. *mit OBJ/ohne OBJ* ● ▪ **jmd. schreibt (etwas)** *Schriftzeichen, Zahlen etc. auf eine Unterlage (zumeist auf Papier) aufbringen:* Sie schreibt den Text auf weißes Papier.; Er schreibt ordentlich/gut lesbar/unleserlich/deutlich/in Druckbuchstaben/mit einem Kugelschreiber. ● ▪ **jmd. schreibt (jmdm.) (etwas)** *etwas (in einer bestimmten Art) schriftlich formulieren:* Sie schreibt Gedichte/einen Brief/ein Gutachten/eine wissenschaftliche Arbeit.; Er hat uns so lange nicht geschrieben.; Er schreibt für die Zeitung.; Sie schreibt anschaulich/lebendig/spannend/auf Deutsch. II. *mit OBJ* ▪ **jmd. schreibt etwas** MUS. *komponieren:* Wer hat die Musik zu diesem Film geschrieben? III. *ohne OBJ* ▪ **etwas schreibt** *als Schreibgerät funktionieren:* Der Kugelschreiber schreibt nicht. IV. *mit SICH* ▪ **jmd./etwas schreibt sich irgendwie** *eine bestimmte Schreibweise haben:* Wie schreibt sich ihr Name?

Konstruktionsformeln

Eine Konstruktionsformel wird angegeben, wenn das Verb intransitiv (ohne OBJ), transitiv (mit OBJ), reflexiv (mit SICH) oder unpersönlich (mit ES) gebraucht werden kann, also in jedem Fall.

Gehört das Verb mehr als einer Kategorie an, wird mit römischen Ziffern I., II., III. differenziert.

ba·den ['ba:dn̩] <badest, badete, hat gebadet> I. *mit OBJ* ▪ **jmd. badet jmdn.** *jdn. in einer Badewanne mit warmem Wasser reinigen:* Die Mutter badet das Baby.; Die Pflegerin badet die alte Dame. II. *ohne OBJ* ▪ **jmd. badet** ● *sich in der Badewanne mit warmem Wasser reinigen* ● *(≈ schwimmen)* Sie badet am liebsten im Meer.; ▪ **mit etwas baden gehen** *(umg. abwert.) erfolglos sein* Er ist mit seiner Geschäftsidee baden gegangen.

Diese Valenzformeln oder Konstruktionsformeln werden mit dem Ziel angegeben, Benutzer/Benutzerinnen über die möglichen Konstruktionen der Verben und Adjektive zu informieren.

Um zu wissen, wie man mit einem Verb grammatisch vollständige und korrekte Sätze bildet, muss man wissen:
– welche Zahl grammatischer Mitspieler (Aktanten) das Verb fordert

So verlangt ein einwertiges Verb wie *schlafen* nur einen Mitspieler (*Er schläft.*), ein zweiwertiges Verb wie *betrachten* zwei Mitspieler (*Sie betrachtet das Bild.*), ein dreiwertiges Verb wie *schenken* drei Mitspieler (*Er schenkt ihr sein Fahrrad.*)

Um zu wissen, wie man mit einem Verb grammatisch vollständige und korrekte Sätze bildet, muss man weiterhin über die Mitspieler wissen:
– ob diese Mitspieler obligatorischen oder fakultativen Charakter haben und welchen grammatischen Kasus sie haben.

jmd./jmds./jmdm./jmdn.	signalisiert belebte Mitspieler
etwas	signalisiert unbelebte Mitspieler
irgendwo/irgendwohin/irgendwoher/irgendwie/irgendwann	signalisiert (notwendige) adverbiale Bestimmung von Ort, Richtung, Art und Zeit

Beispiele:

(1) **jmd. bringt jmdn./etwas irgendwohin**

Die Frau bringt ihre Mutter zum Arzt.
Er bringt das Auto in die Werkstatt.

(2) jmd. vereinbart etwas mit jmdm.

Der Projektleiter vereinbart mit den Mitarbeitern bestimmte Ziele.
In unserer letzen Besprechung haben wir das vereinbart.

(3) jmd. kommt irgendwo her

Er kommt um zehn Uhr aus dem Kino.
Ihre Familie kommt ursprünglich aus Schlesien.

(4) jmd. schämt sich (wegen etwas *Gen.)* **(vor jmdm.)**

Sie schämte sich wegen des Fehlers vor den Kollegen.
Der kleine Junge schämt sich.

(5) jmd. diskutiert (mit jmdm.) (über etwas *Akk.***)**

Wir diskutierten stundenlang.
Der Deutschlehrer diskutiert mit dem Schulleiter über den Stundenplan.

(6) es regnet

Es regnete die ganze Nacht hindurch.
Es regnet schon wieder.

(7) jmd. schläft

Er schläft.
Sie schläft die ganze Nacht.

Die Formeln (4) und (5) zeigen, dass im Falle einer Abfolge mehrerer fakultativer Mitspieler diese jeweils einzeln in Klammern stehen.

Teilweise ist an den Mitspieler-Variablen (z. B. **jmdm.**) der Kasus ablesbar, etwa dass in Formel (2) der Kasus von **jmdm.** der Dativ ist.

In anderen Fällen ist dies nicht so; in Formel (5) ist beispielsweise nicht ablesbar, dass der Kasus von „etwas" der Akkusativ ist.

Im letzteren Fall – und nur im letzteren – wird der Kasus angegeben.

Wird der Kasus schon aus den Mitspieler-Variablen (z. B. **jmd./jmdm./jmdn.**) klar ersichtlich, wird er nicht angegeben.

16. Eintragsaufbau Adjektiv

Ein Adjektiveintrag enthält nach dem Stichwort fakultativ die Angabe von Komparativ und Superlativ. Dies wird dann so gehandhabt, wenn die Formen des Komparativs/Superlativs orthografische oder sonstige Schwierigkeiten in sich bergen. Regelmäßige Komparativ- oder Superlativbildung wird nicht angegeben (z. B. *heißer/am heißesten*). Die Angabe des Superlativs erfolgt mit „am":

sim·pel ['zɪmpl̩] <simpler, am simpelsten> *adj*

Es gibt viele Adjektive, zu denen keine Komparativ- und Superlativformen existieren, die also nicht steigerbar sind, z. B. **barfuß**.

Das Fehlen von Komparativ- und Superlativform wird in der folgenden Weise angegeben:

sinn·bild·lich *adj* / *nicht steig.* / (≈ *symbolisch)*

17. Synonyme und Antonyme

Zur Unterstützung der Bedeutungserklärung des Stichworts und als Hinweis auf strukturelle Zusammenhänge im Wortschatz werden bei vielen Stichwörtern vor der Bedeutungsangabe auch Synonyme angegeben, also Wörter mit ungefähr gleicher Bedeutung; vgl. nachfolgend „Abendbrot":

Abend·es·sen *das* <-s, -> (≈ *Abendbrot) (meist kalte) Mahlzeit am Abend:* Bei uns gibt es meist gegen 19.00 Uhr Abendessen.; den Tisch für das Abendessen decken

Die gleiche Funktion erfüllt die Angabe von Antonymen, also Wörtern mit entgegengesetzter/gegensätzlicher Bedeutung, hier „Berg":

Tal *das* [taːl] <-(e)s, Täler> (↔ *Berg) ein Gebiet, das zwischen Bergen liegt und relativ flach ist:* ein grünes/liebliches/sanftes/tiefes Tal; Im Winter sind die Täler im Hochgebirge von der Außenwelt abgeschnitten.; Der Fluss verläuft durch ein tief eingeschnittenes Tal.; ■ **zu Tal(e)** *ins Tal hinunter;* bergab zu Tal fahren
◆ Fluss-, Gebirgs-

18. Orthografische Angaben

Am Eintragsende findet sich inbesondere orthografische Angaben als Hinweis auf Großschreibung, Kleinschreibung, Getrenntschreibung und Zusammenschreibung.

19. Verweise

Verweise dienen insbesondere zum Verweisen auf den Regelteil (→ R ...), aber auch auf wichtige andere Stichwörter.

20. Stilebenen und weitere Markierungen

„Umgangssprachlich" (umg.) steht für jene sprachliche Ebene, die beim normalen, informellen beruflichen oder privaten Umgang gewählt wird.

sau·er ['zaʊɐ] <saurer, am sauersten> *adj* (↔ süß) *von der Geschmacksart, die für Zitronen oder Essig typisch ist:* Die Kirschen schmecken sauer.; der saure Geschmack der Kirschen *(umg.) verärgert, wütend:* Bist du immer noch sauer auf mich?; Er hat darauf ziemlich sauer reagiert.; Jetzt werde ich langsam sauer!; **in den sauren Apfel beißen** *(umg.)* notgedrungen etwas Unangenehmes tun

Daneben werden als Stilmarkierungen „gehoben" (geh.) und „vulgär" (vulg.) benutzt.

Während „gehoben" bei Ausdrücken oberhalb der unmarkierten Ebene steht, werden mit „vulgär" grobe und anstößige, in jedem Fall in ihrer Verwendung stark eingeschränkte, Ausdrücke gekennzeichnet.

Sack der [zak] <-(e)s, Säcke> *großer Beutel aus Stoff, Papier oder Kunststoff, in dem man etwas transportieren kann:* Ich habe zwei Säcke Kartoffeln bestellt.; den Müll in Säcken abtransportieren Müll-, Plastik-, Sand- *(vulg.) Schimpfwort für einen Mann:* Du blöder/fauler Sack! ÖSTERR., SÜDDT., SCHWEIZ. *Hosentasche;* **mit Sack und Pack** *(umg.) mit allem, was man hat* Sie kam mit Sack und Pack bei uns an.; **die Katze im Sack kaufen** *(umg.) sich auf etwas einlassen, was man nicht genau kennt*

Schwein das [ʃvain] <-(e)s, -e> ZOOL. *ein Säugetier, das vier kurze Beine, einen geringelten Schwanz und eine dicke rosa Haut hat; sein Fleisch wird für die meisten Fleischgerichte in Europa genommen:* Schweine grunzen/quieken.; In diesem Stall werden Schweine gemästet/gezüchtet.; Die Jungen des Schweins nennt man „Ferkel". -ebraten, -efett, -efleisch, -estall, Haus-, Wild- *(vulg. abwert.) ein Schimpfwort für jmdn., den man als moralisch minderwertig betrachtet:* Das Schwein hat ihn umgebracht!; Dieses Schwein hat ihn all die Jahre bestohlen!; **Schwein haben** *(umg.) Glück haben* Hast du aber Schwein gehabt!; **kein Schwein** *(umg.) niemand* Es ist wieder kein Schwein da!

Es werden die folgenden rhetorischen Markierungen verwendet:

abwert. zur Kennzeichnung einer abwertenden Haltung des Sprechers

Stre·ber der, **Stre·be·rin** ['ʃtreːbɐ] <-s, -> *(abwert.) übertrieben fleißiger und ehrgeiziger Schüler* -natur, streberhaft

Dies bezieht sich auf die Tatsache, dass man mit dem Gebrauch bestimmter Wörter auch eine persönliche Wertung eines Menschen oder eines Sachverhalts verbindet. Eine sprachliche Abwertung liegt z. B. vor, wenn man ein Geschäft als „Saftladen" bezeichnet.

iron. zur Kennzeichnung eines ironischen Sprachgebrauchs

> **schimp·fen** ['ʃɪmpfn̩] <schimpfst, schimpfte, hat geschimpft> I. *mit OBJ/ohne OBJ* ▪ **jmd. schimpft jmdn.** *seinen Ärger oder seine Wut über jmdn. oder etwas mit heftigen Worten zum Ausdruck bringen:* Die Mutter schimpft ihren Sohn.; Mein Mann schimpft schon seit Stunden. II. *ohne OBJ* ▪ **jmd. schimpft (mit jmdm.) (über etwas** *Akk.***)** *jmdn. mit heftigen Worten kritisieren:* Der Vater schimpft mit der Tochter.; Am Stammtisch haben sie über die Politik geschimpft. III. *mit SICH* ▪ **jmd./etwas schimpft sich (etwas/irgendwie)** *(umg. iron.) sich nennen (lassen):* Und so einer schimpft sich nun Arzt. ▸ Schimpf, Schimpfwort

Hier wird der Sinn eines Wortes ins genaue Gegenteil verkehrt, z. B. wenn man eine sehr schlechte Leistung als „Glanzleistung" bezeichnet.

scherzh. zur Kennzeichnung eines scherzhaften, humorvollen Sprachgebrauchs liegt z. B. dann vor, wenn man ein Fahrrad als „Drahtesel" bezeichnet.

> **Schin·ken** der ['ʃɪŋkn̩] <-s, -> ❶ *geräuchertes oder gekochtes Fleisch eines Schlachttieres, meist eines Schweines* ◆ Koch-, Roh- ❷ *(umg. scherzh. oder abwert.) großes Buch:* Diesen Schinken von 3000 Seiten lese ich nicht! ❸ *(umg. scherzh. oder abwert.) schlechter Film oder schlechtes Gemälde:* So ein alter Schinken aus den 50ern!

übertr. zur Kennzeichnung eines übertragenen Sprachgebrauchs:

> **La·wi·ne** die [la'vi:nə] <-, -n> ❶ *eine große Masse von Schnee, die einen Berg herunterstürzt:* eine Lawine auslösen; Mehrere Skifahrer wurden von der Lawine begraben.; Eine Lawine geht ab. ◆ -ngefahr, -nopfer, Geröll-, Schlamm-, Stein- ❷ *(übertr.) eine große Menge von etwas:* Der Artikel löste eine wahre Lawine von Leserbriefen aus.

veralt. zur Kennzeichnung von Wörtern, die früher üblich waren, aber heute als veraltet empfunden werden (von denen im vorliegenden Wörterbuch aber nur sehr wenige berücksichtigt worden sind):

> **Schuft** der [ʃʊft] <-(e)s, -e> *(abwert. veralt.) ein niederträchtiger, gemeiner Mensch:* Er ist ein Schuft. Er hat seine Freunde verraten. ▸ schuftig

verhüll. zur Kennzeichnung einer verhüllenden/etwas anderes verschleichernden Haltung des Sprechers.

Mit „Verhüllung" ist gemeint, dass man nicht den „eigentlichen" bzw. stilistisch neutralen Ausdruck verwendet, z. B. „dahinscheiden" für „sterben":

> **voll·schlank** [f-] *adj /nicht steig./ (umg. verhüll.) dick:* eine vollschlanke Frau

Inhaltsverzeichnis Regelteil zur Rechtschreibung

19	1.	**Rechtschreibprinzipien und Hilfen**
19	**1.1**	**Das Lautprinzip**
19	1.1.1	Verdoppelung des Konsonanten nach kurz gesprochenem Vokal
20	1.1.2	Kennzeichnung der langen Vokale
20	**1.2**	**Das Stammprinzip**
21	1.2.1	Schwierigkeiten mit dem Stammprinzip
21	1.2.2	Hilfen bei gleich und ähnlich klingenden Lauten
21	1.2.3	Die Andersschreibung
21	**1.3**	**Fremdwörterschreibung**
21	1.3.1	Problem und Grundregel
22	1.3.2	Eindeutschung und Doppelschreibung
22	1.3.3	Häufige Abweichungen von der deutschen Lautschreibung
23	1.3.4	Wiederkehrende Vorsilben und Wortendungen
23	**1.4**	**Zusammenfassende Empfehlungen zur Laut-Buchstaben-Zuordnung**
24	**2.**	**Buchstabenschreibung**
28	**3.**	**Groß- und Kleinschreibung**
28	**3.1**	**Großschreibung am Satzanfang und in der Überschrift**
28	**3.2**	**Groß- und Kleinschreibung im Satz**
28	3.2.1	Grundregel
29	3.2.2	Substantivierung
29	3.2.3	Besonderheiten der Substantivierung bei Verben
29	3.2.4	Besonderheiten der Substantivierung bei Adjektiven, adjektivisch gebrauchten Partizipien und Zahladjektiven
30	**3.3**	**Groß- und Kleinschreibung bei Substantiv-Ähnlichkeit**
30	3.3.1	Desubstantivierung
30	3.3.2	Scheinsubstantive
32	**3.4**	**Namen, Bindestrichschreibung, Anredeformen**
32	3.4.1	Eigennamen und Bezeichnungen
33	3.4.2	Bindestrich-Schreibung
33	3.4.3	Anredepronomen und Höflichkeitsanrede
33	**4.**	**Getrennt- und Zusammenschreibung**
33	**4.1**	**Grundregel und Übersicht**
33	4.1.1	Das Akzentmuster
34	4.1.2	Die Gesamtbedeutung
34	4.1.3	Die Selbständigkeit eines Substantivs
34	**4.2**	**Zusammenschreibung**
34	4.2.1	Substantive und Substantivierungen
34	4.2.2	Enge Wortverbindungen
34	4.2.3	Mehrteilige Partikeln
35	4.2.4	Untrennbare Verben
35	4.2.5	Zusammengesetztes Verb mit Verbpartikel
35	4.2.6	Andere Verbverbindungen
36	4.2.7	Zusammengesetzte Partizipien
36	**4.3**	**Getrenntschreibung**
36	4.3.1	Verbverbindungen
37	4.3.2	Wortgruppen mit Adjektiven und Partizipien
38	**4.4**	**Weiteres zur Unterscheidung von Zusammen- oder Getrenntschreibung**
38	4.4.1	Trennbarkeit und Untrennbarkeit bei mehrteiligen Verben
38	4.4.2	Wie unterscheidet man untrennbare und trennbare Verben?
39	4.4.3	Resultative Prädikate
40	4.4.4	Partizipgruppen
40	4.4.5	Verbindungen mit Adjektiven oder adjektivischen Bestandteilen
40	4.4.6	Zusammengesetzte Fremdwörter
41	4.4.7	Zahlen
41	4.4.8	Zusammenfassung: Fälle, in denen Zusammen- und Getrenntschreibung möglich ist

42	4.5	Bindestrichsetzung	46	6.2.1.4	Zusätze und Nachträge
42	4.6	Zusammenfassende Empfehlungen zur Getrennt- und Zusammenschreibung	46	6.2.2	Zur Abtrennung von Teilsätzen
			46	6.2.2.1	Hauptsätze
			46	6.2.2.2	Nebensätze
43	**5.**	**Worttrennung**	47	6.2.3	Kann-Regeln zur eigenen Entscheidung
43	5.1	Die Trennung mehrsilbiger einfacher Worteinheiten	47	6.2.3.1	Einheit, Nachtrag oder Aufzählung?
			47	6.2.3.2	Erweiterte Infinitive
43	5.2	Die Trennung von „st"	47	6.2.3.3	Empfehlungen zur Kommasetzung bei Infinitiven und Partizipien
43	5.3	Die Konsonantenverbindung „ck"			
43	5.4	Konsonantenverbindungen in Fremdwörtern	48	6.2.3.4	Durch „und" verbundene gleichrangige Teilsätze und selbständige Sätze
44	5.5	Trennung ursprünglich zusammengesetzter Einheiten	48	**6.3**	**Doppelpunkt, Gedankenstrich, Apostroph, Klammern**
44	5.6	Abtrennung von Einzelvokalen	48	6.3.1	Doppelpunkt
44	5.7	Hinweis zu lesehemmenden Trennungen	48	6.3.2	Gedankenstrich und Apostroph
			49	6.3.3	Klammern – oder Gedankenstriche oder Kommas?
44	**6.**	**Die Zeichensetzung**	49	6.3.4	Empfehlungen zur Setzung von Kommas, Klammern oder Gedankenstrichen
44	**6.1**	**Satzschlusszeichen**			
44	6.1.1	Der Punkt			
45	6.1.2	Das Ausrufezeichen	**49**	**6.4**	**Anführungszeichen, wörtliche Rede und Zitat**
45	6.1.3	Das Fragezeichen			
45	**6.2**	**Kommasetzung**	49	6.4.1	Anführungszeichen
45	6.2.1	Zur Gliederung im einfachen Satz	50	6.4.2	Wörtliche Rede: Anführungszeichen, Satzzeichen, Groß- und Kleinschreibung
45	6.2.1.1	Grundregeln			
45	6.2.1.2	Aufzählungen			
46	6.2.1.3	Entgegensetzungen	50	6.4.3	Wörtlich zitieren

Regelteil zur Rechtschreibung

1. Rechtschreibprinzipien und Hilfen

Das richtige Schreiben soll das Verständnis geschriebener Texte erleichtern. Ein relativ einheitliches und bekanntes Schriftbild ermöglicht es Leserinnen und Lesern, sich auf den Inhalt oder die Ausdrucksweise eines Textes zu konzentrieren, anstatt immer wieder durch ungewöhnliche oder wechselnde Schreibweisen davon abgelenkt zu werden.

Am einfachsten wäre es sicher, wenn alle Laute und jedes Wort immer gleich geschrieben würden, sodass man sich nach und nach diese Schreibweisen einprägen könnte. Trotz vieler Vereinfachungen kann dieser Grundsatz aber nicht durchgehend gelten:

- Es gibt viel mehr gesprochene Laute, als Buchstaben zur Verfügung stehen. (Laut-Buchstaben-Zuordnung, Laut-Prinzip)
- Die Verwandtschaft zwischen den Wörtern soll erkennbar bleiben, auch wenn verwandte Formen etwas anders klingen. (Stamm-Prinzip)
- Fremdwörter bringen oft andere Laute und andere Schreibweisen mit sich.
- Grammatische Einheiten (z. B. Substantive/Nomen) und grammatische Zusammenhänge (z. B. Nebensätze) sollen um des besseren Verständnisses willen erkennbar sein. (Grammatisches Prinzip in Groß- und Kleinschreibung und Zeichensetzung)
- Der Grad der Zusammengehörigkeit von Wörtern und Wortteilen soll herausgestellt werden. (Bedeutungsprinzip, z. B. in der Namensschreibung oder in Zusammen- und Getrenntschreibung)

Dieses Kapitel stellt vor allem die Prinzipien und Grundregeln vor, die bei der elementaren Rechtschreibung von Lauten und Wörtern helfen.

1.1 Das Lautprinzip

R 1.1 Schreiben Sie so, dass Sie für die gleichen Laute oder Klänge möglichst immer die gleichen Buchstaben oder Buchstabenkombinationen verwenden.

Dieses Prinzip der Laut-Buchstaben-Zuordnung ermöglicht es im Idealfall, dass man ein neues Wort nach dem Gehör richtig schreiben kann – aber eben nicht immer. Das erste Hindernis besteht darin: Eine Buchstabenschrift wie die unsere muss die Zahl der Buchstaben klein halten, um lesbar zu bleiben. Dadurch entsteht ein „Übersetzungsproblem": Welche der vielfältigen gesprochenen Laute soll man mit welchen Buchstaben „abbilden"?

1.1.1 Verdoppelung des Konsonanten nach kurz gesprochenem Vokal

Wie wird in der Schriftform angezeigt, ob ein betonter Vokal (Stammvokal) kurz oder lang zu sprechen ist?

R 1.2 Nach einem **kurzen betonten Vokal** folgen in der Regel **zwei Konsonanten**.

kurz, Küste, gering, bunt, öfter, Ort

Oft handelt es sich dabei um Doppelkonsonanten.

Quallen, irren, rennen, hoffen, schlaff, generell, üppig, Paddel, Hütte

Probe:

Wird der Konsonant bei der Silbentrennung in jeder der beiden Silben mitgesprochen, so ist er doppelt zu schreiben.

Qual-len (**aber:** Qua-len)

hof-fen (**aber:** bei Ho-fe)

schlaf-fe (**aber:** im Schla-fe)

R 1.3 Bei der Verdoppelung schreibt man **ck** statt Doppel-k, **tz** statt Doppel-z.

backen, kleckern, Knacks

Blitz, Platz, sitzen

Ausnahmen:

tz und ck stehen nie nach l, m, n, r.

Hölzer, Tanz, Herz, Imker, denken, Birke

R 1.4 Ausnahmen:

Nicht verdoppelt wird der Konsonant in einigen einsilbigen Wörtern, die oft eine besondere grammatische Funktion haben.

ab, am, an, bin, bis, das (Artikel, **Probe:** dieses), dran, es, hat, hin, im, in, man, mit, ob, plus, um, vom, von, was, weg, zum

Aber: denn, wenn, dann, wann, dass

Fremdsprachige Wörter zeigen oft keine Verdopplung.

Chip, Bus, Jet, Job (**aber:** jobben), Politik, Hotel

Umgekehrt gibt es in fremdsprachigen Wörtern auch Konsonantenverdopplung ohne vorangehenden betonten Vokal!

Fassade, Kassette, Batterie, Effekt, Grammatik, Konkurrenz

1.1.2 Kennzeichnung der langen Vokale

R 1.5 Nach einem lang gesprochenen Vokal folgt in der Regel kein Konsonant (im Stamm).

wo, da, so

Probe bei mehrsilbigen Wörtern: Silbentrennung

Mo-nat, le-ben, La-ge, gro-ße, Sche-re

Die Länge des Vokals wird also – im Gegensatz zur Kürze – in der Regel nicht besonders gekennzeichnet. Dennoch wird sie in einigen Wörtern zusätzlich durch Vokale oder Konsonanten gekennzeichnet, den so genannten Dehnungszeichen. Damit werden historische Schreibweisen aufgenommen.

R 1.6 Zusätzliche Kennzeichnung von langen Vokalen:

- **langes i** meist durch **ie**

  liegen, hier, ziemlich, nie, viel, sie
- selten durch ie + h

  Vieh, befiehl
- in bestimmten Wörtern durch h,

  ihm, ihn, ihnen, ihr, ihre, ihrem, ihren (aber: dir, mir, wir)
- andere lange Vokale oft durch h sog. Dehnungs-h (meist vor l, m, n, r)

  Höhle, nehmen, Bahn, Uhr
- in Ausnahmefällen durch Doppelvokal

  Paar, Teer, Boot (bei Umlaut kein Doppelvokal: Pärchen, Bötchen)
- lange Vokale in Wörtern mit einem folgenden stimmlosen s-Laut durch ß (s. R 2.14)

  Gruß, spießig, Strauß

1.2 Das Stammprinzip

Die bisherige Darstellung des Lautprinzips hat gezeigt: Die **Hauptregel** der Rechtschreibung, nämlich **möglichst immer dieselben Buchstaben für dieselben Laute zu verwenden**, ist nicht so einfach anzuwenden, wie sie klingt. Nun wird außerdem das Lautprinzip bei vielen Wörtern durch ein zweites Prinzip, das Stammprinzip, außer Kraft gesetzt.

R 1.7 Schreiben Sie so, dass die Herkunft oder Verwandtschaft eines Wortes zu erkennen ist.

Diese zweite Grundregel ergibt sich aus dem Stammprinzip.

Stämme sind die wichtigsten Bedeutungsträger der Wörter.

kennen, reisen, lieben, beenden

Aus ihnen lassen sich weitere verwandte Wörter bilden.

Haus ▶ hausen, unbehaust

Allerdings können Stämme dabei den Vokal verändern (Ablaut) und – je nach dessen Länge – auch weitere Konsonanten.

kennen – bekennen – erkannt

kennen ▶ Kenntnis, erkannt ▶ Bekannte

fließen – es floss – das Floß

Trotzdem bleibt die Schreibweise so ähnlich (Schemakonstanz), dass man die Familienähnlichkeit von Wörtern erkennen kann.

Wände von Wand (nicht ~~Wende~~),

lieb von Liebe (nicht ~~liep~~),

endlich von Ende (nicht ~~entlich~~),

Schifffahrt = Schiff + Fahrt

R 1.8 Genau genommen behalten nicht nur die Stämme, sondern auch andere wichtige Wortbausteine wie die Vor- und Nachsilben ihre Schreibweise bei. Das Stammprinzip müsste deshalb eigentlich

Wortbausteinprinzip oder Morphemprinzip heißen.

Gleichschreibung der Vorsilben:
auffallen = auf + fallen (nicht *aufallen)

Gleichschreibung von Nachsilben:
Detektiv wie Detektive
königlich wie König

1.2.1 Schwierigkeiten mit dem Stammprinzip

Das Stammprinzip ist keine „Rechtschreibfalle"; es soll vielmehr die Rechtschreibung erleichtern. Indem man sich an verwandte Wortstämme, Vorsilben und Endungen erinnert, wird das Schreiben vereinfacht. Schwierigkeiten ergeben sich allerdings dann, wenn das Stammprinzip (schreiben Sie „familienähnlich"!) in Konflikt mit dem Lautprinzip gerät (schreiben Sie „klangähnlich"!). **In diesen Fällen geht das Stammprinzip vor.**

R 1.9 Bei vielen Wörtern schreibt man b, d, g, s, weil das Stammprinzip dies verlangt, obwohl man p, t, k oder scharfes s spricht.

das Lob von loben
das Rad wie Räder (nicht von Rat/Räte)
Erfolg wie folgen
du reist von reisen (nicht von reißen)

Probe: Wort verlängern

R 1.10 Nach einem kurzen betonten Vokal folgen in der Regel zwei Konsonanten.
sämtliche ▶ gesamt
Gebäck ▶ backen

1.2.2 Hilfen bei gleich und ähnlich klingenden Lauten

Praktisch zeigt sich der Konflikt zwischen Laut- und Stammprinzip also meist daran, dass man in Zweifel gerät, ob man ein Wort einfach „nach dem Gehör" schreiben kann. In solchen Zweifelsfällen helfen zwei Proben.

R 1.11 Proben zum Stammprinzip:
- das Wort auf seine Ausgangsform(en) zurückführen

gebt ▶ geben, rennst ▶ rennen
endlos ▶ Ende, entdecken ▶ Vorsilbe „ent"

Wände ▶ Wand, Wende ▶ wenden
Schlammmassen ▶ Schlamm/Massen
- das Wort verlängern

Wind ▶ Winde, Wort ▶ Wörter
richtig ▶ richtige, peinlich ▶ peinliche
sprühend ▶ sprühende
Glas ▶ Gläser, nah ▶ Nähe

Ausnahme: Substantive auf -is und -in mit einfachem Konsonant, obwohl sie bei Verlängerung im Plural Doppelkonsonanten vorweisen.
Kenntnis ▶ Kenntnisse
Freundin ▶ Freundinnen

1.2.3 Die Andersschreibung

R 1.12 Normalerweise werden – nach dem Lautprinzip – Wörter, die gleich klingen, gleich geschrieben, auch wenn sie unterschiedliche Bedeutung haben. Darauf beruht das bekannte Teekesselchen-Raten: das Band/der Band, die Bank (‚Sitzbank')/die Bank (‚Geldinstitut'). In manchen Fällen werden Wortstämme aber auch gezielt anders geschrieben, um ihre Bedeutungen auf einen Blick unterscheiden zu können.

Häufige Andersschreibungen:

Ältere – Eltern
bis – biss ▶ beißen
das – dass (Konjunktion)
Endkampf – Entlassung
viel – er fiel
sie ist – er isst ▶ essen
lehren – leeren
Lied – Lid (Auge)
mahlen – malen
Mann – man
seit – ihr seid
Seite – Saite
Ware – wahr – er war
wieder – wider (dagegen)

1.3 Fremdwörterschreibung

1.3.1 Problem und Grundregel

Bei der Schreibung einheimischer Wörter muss man sich oft fragen, ob nach dem Laut- oder nach dem Stammprinzip verfahren werden muss. Ähnliche Zweifel tauchen verstärkt bei der Schreibung von Fremdwörtern auf: Darf man nach der deutschen Laut-Buchstaben-Zuordnung verfahren oder muss man die Herkunftsschreibung beachten?

R 1.13 **70 % unserer Fremdwörter können nach dem Lautprinzip geschrieben werden!**

Die Rechtschreibung wird also als regelgerecht oder normal empfunden.

Bei vielen Fremdwörtern wird man kaum noch erkennen, dass sie aus einer anderen Sprache stammen: Streik (engl. strike), Büro (franz. bureau); sie sind über einen langen Zeitraum ins Deutsche aufgenommen worden.

Andere werden wie Zitate aus der fremden Sprache angesehen und dementsprechend in grammatischer Form und Schreibung unverändert übernommen: Das ist doch ganz easy!; Der redet doch pro domo! Bevor ich in medias res gehe...; Geh mal auf Download!

Einige Fremdwörter sind auf dem Wege, „eingedeutscht" zu werden. Sie können deshalb in ihrer Herkunftsschreibweise oder in deutscher Lautung geschrieben werden; die amtliche Regelung gibt „Hauptformen" und „Nebenformen" an.

1.3.2 Eindeutschung und Doppelschreibung

Bei den folgenden Beispielen steht die ältere Schreibung voran, die stärker „eingedeutschte" schließt sich an.

R 1.14 **Sind zwei Schreibweisen bei Fremdwörtern möglich, sollte man sich beim eigenen Schreiben immer an dieselbe Schreibweise halten.**

Beispiele für „Doppelschreibung":

ai – ä	Drainage – *Dränage*
ph – f	Graphik – *Grafik*
	phantastisch – *fantastisch*
gh – g	Joghurt – *Jogurt*
	Spaghetti – *Spagetti*
	Ghetto – *Getto*
ch – sch	chic – *schick*
eu – ö	Friseur – *Frisör*
rrh – rr	Katarrh – *Katarr*
th – t	Thunfisch – *Tunfisch*
	Panther – *Panter*
c – ß	Sauce – *Soße*
t – z	potentiell – *potenziell*

R 1.15 Ein Zeichen für Eindeutschung ist auch die Zusammenschreibung ursprünglich mehrteiliger Fremdwörter. Im Deutschen schon lexikalisierte Zusammensetzungen (mit dem Hauptakzent auf dem ersten Bestandteil) werden zusammengeschrieben: Bluejeans, Swimmingpool, Newcomer. Liegt der Hauptakzent auf dem zweiten Teil, schreibt man weiterhin getrennt: High Society, New Age, Electronic Banking.

Oft werden solche Zusammensetzungen zunächst mit Bindestrich aneinander gerückt, was übersichtlicher wirken kann; hier sind dann beide Schreibweisen möglich:

Beispiele für Zusammenschreibung:

After-Shave-Lotion – *Aftershavelotion*
Centre-Court – *Centrecourt*
Air-Condition – *Aircondition*
Midlife-Crisis – *Midlifecrisis*
Come-back – *Comeback*
Feed-back – *Feedback*
Desktop-Publishing – *Desktoppublishing*
Full-Time-Job – *Fulltimejob*
Mountain-Bike – *Mountainbike*

Zur Groß- und Kleinschreibung s. R 3.22, zur Bindestrichsetzung R 4.21–23, zur Silbentrennung bei Fremdwörtern R 5.4

1.3.3 Häufige Abweichungen von der deutschen Lautschreibung

R 1.16 Häufig vorkommende Abweichungen von der deutschen Laut-Buchstaben-Zuordnung sollte man sich nach und nach merken.

Häufige Abweichungen von der deutschen Lautschreibung:

ai statt ä

Airbus, fair, Saison

c oder ch statt k

Café, Computer, Clown, Chaos, Charakter (s. R 2.4)

ph statt f
Alphabet, Strophe, Phase (s. R 2.12)

rh statt r
Rhythmus, Rhabarber (s. R 2.13)

th statt t
Methode, Thema, These,
Theorie, Therapie (s. R 2.16)

y statt i oder ü
Analyse, Baby, hygienisch,
Lyrik, Physik, Symbol

Keine Doppelkonsonanten nach kurzem betontem Vokal
Profit, Kamera, Hotel

Verdoppelung des Konsonanten, obwohl der vorangehende Vokal nicht betont wird
passieren, Allee, Porzellan

Nicht hörbare Endlaute (z. B. t im Französischen)
Eklat, Etat, Trikot, Restaurant, Dessert, Kuvert

1.3.4 Wiederkehrende Vorsilben und Wortendungen

R 1.17 Häufig vorkommende Wortanfänge und Wortendungen in der Schreibweise von Fremdwörtern sollte man sich nach und nach einprägen.

Achtung! In lateinischen Vorsilben gleicht sich der Endkonsonant häufig an den nachfolgenden an: z. B. kon ▶ Kommentar, Korrespondent.

Wiederkehrende Vorsilben und Wortanfänge:

ad-	Addition, Apparat, Aggression, Akkusativ
dis-	Dissonanz, Differenz
en-	engagiert, Ensemble, Entree
inter-	Interesse, Interview, Intelligenz
kon-	Kongress, Kollege, Kombination, Kommentar, Korrespondent
re-	Resonanz, reduzieren, Reaktion
syn-	Synthese, symmetrisch

Wiederkehrende Endungen:

-ain	Refrain, Souterrain
-ant	interessant, Pendant
-anz	Akzeptanz, Substanz
-är	primär, Sekretär
-ation	Situation, Organisation, Interpretation
-eau	Niveau, Plateau
-ee	Allee, Idee, Kaffee
-eur	Ingenieur
-ie	Industrie, Energie, Batterie, Demokratie
-iell	speziell, finanziell
-ier	Premier, Atelier (r-Laut nicht hörbar), Scharnier
-ieren	regieren, diskutieren, notieren
-in	Mannequin, Bulletin, Medizin
-ine	Margarine, Maschine
-it	Satellit, Kredit
-iv	negativ, relativ, konservativ, aktiv
-ment	Engagement, Management

R 1.18 Fremdwörter, die man nicht selbst entschlüsseln kann, weil sie ungewöhnlich wirken, muss man im Wörterbuch nachschlagen!

Die Schreibweisen aus den unterschiedlichen Herkunftssprachen lassen sich nicht in Regeln fassen. Wer allerdings Englisch, Französisch oder Latein beherrscht, wird bei den häufigsten Fremdwörtern mit der Zeit weniger Schwierigkeiten haben.

1.4 Zusammenfassende Empfehlungen zur Laut-Buchstaben-Zuordnung

1. In erster Linie das Lautprinzip beachten, auch bei Fremdwörtern:
   - die gleichen Laute mit den gleichen Buchstaben(kombinationen) wiedergeben
   - deren Aussprache deutlich unterscheiden (z. B. ä = offen, e = geschlossener).
2. In Zweifelsfällen Proben machen:
   - Stammwort oder verwandtes Wort suchen (s. R 1.7/R 1.11)
   - Silbentrennung versuchen (s. R 1.2/ R 1.5)
   - Wörter verlängern (s. R 1.11).
3. Unbekannte Fremdwörter nachschlagen.

2. Buchstabenschreibung

In diesem Kapitel wird – in alphabetischer Reihenfolge – auf Besonderheiten bei der Schreibung einzelner Buchstaben und Buchstabenkombinationen hingewiesen. Allgemeine Grundregeln und Hilfen zur Buchstabenschreibung finden sich im vorigen Kapitel 1, ebenso zur Schreibung von Fremdwörtern (R 1.13 ff.).

R 2.1 aa – ee – oo

Doppelvokal als Zeichen der Länge kommt nur in wenigen Wörtern vor.

Wichtig:

Haar, paar, Paar, Saal, Staat, Waage

Beere, leer, Meer, See, Schnee, Teer

Boot, Moor, Moos, Zoo

Entsprechende Umlaute werden nicht verdoppelt.

Härchen, Pärchen, Säle, Bötchen

R 2.2 ä/e – äu/eu – ai/ei

ä (nicht e) wird geschrieben, wenn es eine Grundform mit a gibt. (Zum Stammprinzip s. R 1.10)

Hände ▶ Hand, hätte ▶ hat

am nächsten ▶ nah,

Ausnahme: Eltern ▶ alt

äu (nicht eu) wird geschrieben, wenn es eine Grundform mit au gibt.

Träume ▶ Traum, gräulich ▶ grau,

Käufer ▶ Kauf

Bei einigen Wörtern ist eine solche Grundform nicht mehr erkennbar.

allmählich, gähnen, Lärm, März,

Sekretär, Universität, Schädel,

täuschen, sich sträuben, Säule

In anderen Fällen wird e bzw. eu geschrieben.

Welt, Wende, Eule, Euter, Europa

ai (nicht ei) wird nur in wenigen Wörtern geschrieben.

Hai, Hain, Kaiser, Laie, Mai, Mais, Saite (**aber:** Buch-Seite), Waise (elternloses Kind, **aber:** Art und Weise)

R 2.3 b/p (zu bb vgl. ff, R 2.7)

Wörter, die im Stamm ein b haben, behalten dieses, auch wenn es im Auslaut als p-Laut gesprochen wird.

lieb, geliebt ▶ lieben

trübselig, eingetrübt ▶ trüben

bleib ▶ bleiben

Trab ▶ traben

Als **Probe** kann man das Wort verlängern. (Zur „Auslautverhärtung" vgl. auch R 1.9)

R 2.4 c/ch/k/z (zu chs siehe x, R 2.18)

Wörter mit c oder ch am Anfang sind meist fremdsprachlichen Ursprungs.

Camping, cool, Cousin, Chaos, Chor,

City, Cineast

Champignon, Chance, Chip

Einige Wörter kann man auch mit k oder z schreiben.

Code – Kode; circa – zirka

R 2.5 d/t, end/ent

Ist man unsicher, ob ein Wort mit **d** oder **t** geschrieben wird, verlängert man es.

Wald ▶ Wälder, Gast ▶ Gäste,

spannend ▶ spannender ▶ spannendste

Wörter, die auf „Ende" zurückzuführen sind, werden mit d geschrieben, die Vorsilbe „ent-" dagegen schreibt man mit t. (s. R 1.7)

Endstation, unendlich

entstehen, entscheiden

R 2.6 é/ée/ee

Wörter mit **é**, **ée** oder **ee** kommen häufig aus dem Französischen. Man kann sie ohne Akzent, aber mit Doppel-e schreiben, wenn sie als „eingedeutscht" erscheinen.

Frotté – *Frottee*

Dragée – *Dragee*

Pappmaché – *Pappmaschee*

(Zu Fremdwörtern vgl. R 1.17; zu ee in deutschen Wörtern vgl. R 2.1)

Zu **eu/ei** vgl. R 2.2

R 2.7 ff/fff

Doppelkonsonanten (wie **ff**) stehen nach kurzem betontem Vokal.

schaffen, raffen

Andere Doppelkonsonanten: Egge, Memme, rennen, wippen, rattern usw.

In Fremdwörtern können sie auch nach unbetontem Vokal auftreten.

Lotterie, raffiniert, Billion

Dreifachkonsonanten (wie **fff**) entstehen bei Wortzusammensetzungen.

Rohstofffrage, Schifffahrt

Andere Dreifachkonsonanten: Schlammmassen, Pappplatten usw.

(Zu Doppelkonsonanten s. R 1.2 – R 1.4, zum Stammprinzip R 1.7)

R 2.8 g/ig/k

Ist man unsicher, ob im Auslaut **g** oder **k** geschrieben wird, so verlängert man das Wort. Dasselbe gilt für **ig/ich**.

(s. auch R 2.3/R 2.5, zum Stammprinzip R 1.8)

Trug ▶ betrogen
Spuk ▶ spuken
gläubig ▶ der Gläubige
freundlich ▶ der Freundliche

Zu **gh/g** vgl. R 1.14

R 2.9 h

Im Wortinnern steht **h** immer dann, wenn ein betonter langer Vokal vorangeht und ein unbetonter kurzer Vokal folgt.

fähig, Höhe, nahen, drehen, sehen, Darlehen, Ruhe

Enthält ein Wortstamm ein h, so bleibt es auch in allen Formen und verwandten Wörtern erhalten.

befehlen ▶ befiehlt, gehen ▶ du gehst, sehen ▶ er sieht, nahen ▶ nah

In vielen Fällen steht auch ein h nach betontem langem Vokal, wenn **l, m, n, r** folgen:

hohl, Strahl, fühlen, lahm, nehmen, Ruhm, Sohn, ahnen, bohren, führen, Uhr, wahr, lehren, fehlen, Jahr, Wahl, Zahl, mehr, ihm, ihr, ohne, sehr, ihnen

Aber: In den meisten Fällen steht kein h! (Zur Kennzeichnung der Vokallänge vgl. auch R 1.5 und R 1.6):

holen, malen, leeren, Literatur, Natur, Termin, Medizin

R 2.10 i/ie/ieh

Langes **i** wird in heimischen Wörtern in der Regel mit **ie** geschrieben:

ziemlich, Liebe, die, wie, sie, spielen

In wenigen Wörtern schreibt man langes i ausnahmsweise mit einfachem i:

dir, mir, wir, Bibel, Tiger, widder („gegen")

In Fremdwörtern mit langem i ist das einfache i in der Schreibung gängig:

Klinik, Klima, Benzin, Kilo

Aber: Scharnier, informieren (ie in Nachsilben)

In wenigen deutschen Wörtern steht auch das Dehnungs-h:

Nur in: ihm, ihn, ihnen, ihr

oder sogar ie + h:

Nur in: Vieh, ziehen, fliehen, wiehern

(s. zur Vokallänge R 1.5/R 1.6, zum Dehnungs-h R 2.9)

R 2.11 k/ck (zu c s. R 2.4)

ck steht nach kurzem betontem Vokal (anstatt kk):

Zecke, zucken, pflücken, Glück, Ruck

Im Gegensatz zu anderen Doppelkonsonanten wird ck nicht getrennt:

glü-cken, re-cken

Aber: gel-len, ren-nen

Fremdwörter haben auch ein Doppel-k. Nach langem Vokal steht ein einfaches k:

Makkaroni, Akkord, Akkusativ, Mokka
Ekel, spuken, quaken, blöken

Zu **ll, mm, nn** s. R 2.7
Zu **oo** s. R 2.1

R 2.12 p/ph/f

In Fremdwörtern steht häufig ph (f-Laut):

Pharao, Alphabet, Philosophie

Empfehlung: Gängige Verbindungen mit -fon, Foto-, -graf mit f schreiben:

Telefon, Mikrofon, Fotografie, fotokopieren, Biografie

fachsprachliche Verbindungen und Fachwörter mit ph (wie im Englischen):

Photosynthese, Demographie, phonetisch
s. auch R 1.14/R 1.16

Für **Doppel-p** gilt R 2.7

R 2.13 r/rh (zu rr s. auch R 2.7)

In einigen Fremdwörtern wird rh statt r geschrieben:

Rhesusfaktor, Rhapsodie, Rheuma, Rhythmus

R 2.14 s-Laute

Die Schreibung der **s-Laute** erscheint vielen besonders kompliziert. Im Grunde folgt die Regelung aber allgemeinen Rechtschreibprinzipien.

Vor allem soll durch die Schreibung die unterschiedliche Aussprache der s-Laute wiedergegeben werden (s. R 1.1).

In der Aussprache der s-Laute kann man unterscheiden zwischen

- weichem **s** = stimmhaftes **s** = weich gesprochenes s, z. B. sausen
- scharfem **s** = stimmloses **s** = scharf gesprochenes s, z. B. wissen.

Weich gesprochenes s wird s geschrieben:

sieben, Sand, Reise, singen, lesen

Scharf gesprochenes s wird in der Regel mit ss oder ß geschrieben:

1. mit **Doppel-s** nach kurzem betontem Vokal

wissen, gewusst, Kuss, Biss, nass

Ausnahmen: des, wes, was, Endsilbe -nis

2. mit **ß** nach langem Vokal/Diphthong:

groß, weiß, draußen, heißen, stoßen, Straße, Fuß, Soße, Gruß, Süße, Spaß, bloß, Strauß

Mit der Unterscheidung von Doppel-s und ß beim scharf gesprochenen s werden also – wie sonst in der Rechtschreibung auch (s. R 1.2 – R 1.6) – unterschiedliche Vokalqualitäten gekennzeichnet.

Dies führt allerdings zu folgender Erscheinung, die als Erschwernis für die Schreibung empfunden werden kann:

Je nach Kürze oder Länge des vorangehenden Vokals wechseln ss und ß auch in verwandten Wörtern:

schließen – Schloss – geschlossen, fließen – floss – Fluss, wissen – ich weiß – wusste, messen – Maß, essen – aß, reißen – gerissen – der Riss, vergessen – er vergaß, schießen – erschossen – Schuss, beißen – Biss, genießen – er genoss – Genuss

Als zweite Erschwernis können die Ausnahmen bei der Schreibung des scharfen s erscheinen, die das Stammprinzip (s. R 1.9) verlangt.

Scharf gesprochenes s muss mit einfachem s geschrieben werden, wenn es einen dazugehörigen Stamm mit weichem s gibt:

sie reiste ▶ reisen

Haus ▶ hausen

Zusammenfassung zur Schreibung der gesprochenen s-Laute:

Weiches **s** → s

Scharfes **s** → s,
wenn Stamm mit weichem s (Stammprinzip, s. R 1.9)

ss zur Kennzeichnung des kurzen betonten Vokals (s. R 1.2)

ß zur Kennzeichnung des langen Vokals (s. R 1.6)

In Zweifelsfällen, die eigentlich nur beim Schreiben des scharf gesprochenen s auftreten, helfen Proben.

Proben beim scharfen s:

1. Mit einfachem s, weil weiches s im Stamm ist? → Wörter verlängern!

   Maus ▶ Mäuse, Preis ▶ Preise

2. Doppel-s, weil kurzer Vokal vorausgeht? → einsilbige Wörter verlängern, Silbentrennung: ss wird getrennt!

   Kuss ▶ Küs-se, Biss ▶ Bis-se

   Wis-sen, has-sen, nas-ser

3. ß, weil langer Vokal vorausgeht? → einsilbige Wörter verlängern, Silbentrennung: ß kommt ungetrennt in die Folgesilbe!

groß ▶ gro-ße, weiß ▶ wei-ßer
au-ßen, hei-ßen, Stra-ße, Fü-ße, So-ße

R 2.15 s/ss: das – dass

Beide Wörter, „das" und „dass", werden in der Standardsprache mit scharfem **s** gesprochen. Die unterschiedliche Schreibweise geht also nicht auf die Aussprache zurück, sondern will grammatische Merkmale kennzeichnen (s. Andersschreibung R 1.12).

„Das" ist ein Artikel oder Pronomen, bezieht sich meist auf ein Substantiv und kann durch „dieses" oder „welches" ersetzt werden.

Was bedeutet Akkusativ? Das (dieses) weiß ich nicht.

Dies ist das Kleid, das (welches) ich dir zeigen wollte.
„Dass" ist eine Konjunktion, die einen Nebensatz einleitet.

Wir erwarten, dass mein Vater kommt.
Ähnlich: sodass, ohne dass, dadurch dass

Es gibt weitere kurze Wörter, die wie „das" nur auf s enden:

was, wes, des

R 2.16 t/th

In einigen Fremdwörtern wird th statt t geschrieben.

Theater, katholisch, Theke, Mathematik, Ethos, Thema, Theorie, Thermometer

Schluss-t ist oft nicht hörbar:
Depot, Ressort (s. R 1.16)

Zu **Doppel-t** s. R 2.7

R 2.17 v

v wird in einheimischen Wörtern wie f gesprochen und kommt nur in wenigen Wörtern am Wortanfang vor:

ver-, vor-, von, Vater, viel, vier, Vogel, Volk, voll

In fremdsprachlichen Entlehnungen kommt v auch an anderen Wortstellen vor und wird wie w gesprochen:

Pullover, Vase, Advent, nervös, Villa

R 2.18 x/chs/cks/ks/gs

Der **x**-Laut wird nur in wenigen Wörtern als Buchstabe **x** geschrieben, oft in fremdsprachlichen Entlehnungen:

Axt, Boxen, Experte, Existenz, extra, Praxis, Taxi, Hexe

In einheimischen Wörtern wird er öfter durch **chs** wiedergegeben:

Achse, Büchse, Fuchs, Lachs, sechs, wachsen, wechseln

In einigen Wörtern wird auch **cks**, **ks** oder **gs** geschrieben, wenn das Wort auf einen entsprechenden Stamm zurückgeführt werden kann.
Probe: Verlängern!

Klecks ▶ kleckern

links ▶ linke

unterwegs ▶ auf dem Wege

Zu **y** in Fremdwörtern s. R 1.16

R 2.19 tz/zz

tz wird nach kurzem Vokal geschrieben (anstelle von zz, s. R 1.3).

Tatzen, kratzen, Matratze, setzen

tz wird normal getrennt (anders als ck).

Tat-zen, krat-zen, set-zen

zz kommt nur in Fremdwörtern vor.

Skizze, Pizza

R 2.20 z /t/s

-tiell/-ziell, -ens/-enz/-anz

Der **z**-Laut wird in Fremdwörtern vor i häufig als **t** geschrieben.

Nation, Konfirmation, partiell, funktionell

In einigen Wörtern ist Doppelschreibung erlaubt (s. R 1.14).

potentiell – potenziell

Empfehlung: z schreiben, wenn es einen Wortstamm mit z gibt.

substanziell ▶ Substanz (auch: substantiell)
finanziell ▶ Finanzen

Zu unterscheiden sind auch Endungen auf -ens und -enz.

Konsens (Übereinstimmung),

Präsens (grammatischer Terminus: Gegenwart),
aber: Präsenz (Anwesenheit)

ai kommt auch in Fremdwörtern vor (als ä-Laut gesprochen).

Airport, Refrain, Necessaire (auch Nessessär möglich)

3. Groß- und Kleinschreibung

Kleinschreibung ist auch im Deutschen die Regel. Besonders begründet werden müssen also die Großschreibung und einige Ausnahmen davon.

Die Großschreibung dient dazu,
– Satz- und Titelanfänge zu kennzeichnen
– und Substantive, Namen und Anrede hervorzuheben.

3.1 Großschreibung am Satzanfang und in der Überschrift

R 3.1 Groß schreibt man das erste Wort
– in einem **selbständigen Satz**
 Die Schule brennt.
– nach **Doppelpunkt**,
 wenn ein ganzer Satz folgt
 Ausrüstung: Alle Teilnehmer sollten Regenzeug und Verpflegung mitbringen!
 aber: klein, wenn kein ganzer Satz folgt
 Zur Ausrüstung gehören: strapazierfähige Schuhe, Windjacke, Verbandszeug.
 Mathematik: gut
– in **wörtlicher Rede**
 Sie fragte: „Kommst du morgen wieder?" und bat dann: „Geh jetzt bitte!"

Aber: Anschließend an wörtliche Rede innerhalb eines ganzen Satzes schreibt man klein.
 „Hast du mich verstanden?", fragte sie.

Auch eingeschobene Sätze (in Klammern oder Gedankenstrichen) beginnt man kleingeschrieben.
 Dieses Haus ist (ich kenne kein schöneres Gebäude als dieses in unserer Stadt) unbedingt erhaltenswert.
 Er hat – das betont er immer wieder – überhaupt kein Verständnis dafür.

– **bei Überschriften, Gliederungspunkten**
 Massive Lawinenniedergänge in den Alpen
 1. Der Mensch

3.2 Groß- und Kleinschreibung im Satz

3.2.1 Grundregel

R 3.2 Den Anfangsbuchstaben von Werktiteln schreibt man groß.

Ich habe den Roman „Hundert Jahre Einsamkeit" von García Márquez gelesen.

R 3.3 Substantive (Nomen) und als Substantive gebrauchte Wörter werden im Satz großgeschrieben. Wörter anderer Wortarten werden kleingeschrieben.

Wie erkennt man Substantive im Satz?

Proben:
Im Satz erkennt man Substantive daran,
– dass sie von einem Erkennungswort begleitet werden
 Artikel (ein Geschrei)
 Pronomen (dieses Verhalten)
 Präposition (ohne Rücksicht)
 Adjektiv (kindisches Geschrei)
– oder dass man das Erkennungswort, z. B. den Artikel, sinnvoll im Satz hinzusetzen könnte.
 Die Michaela hat ein großes Interesse an den Fremdsprachen.

Substantive schreibt man immer groß. Das gilt auch für:
– Zusammensetzungen mit Bindestrich, die substantivischen Charakter haben, und Substantive innerhalb solcher Zusammensetzungen
 die Ad-hoc-Entscheidung, das Auf-die-lange-Bank-Schieben, das Entweder-Oder
– Substantive aus anderen Sprachen (auch innerhalb mehrteiliger Fügungen)
 ein Allegro spielen, einen Caffé Latte trinken, zur High Society gehören

- Substantive, die Teil fester Gefüge sind
  auf Grund dessen, außer Acht lassen, zu Hilfe kommen, Hof halten, in Kauf nehmen
- Zahlsubstantive
  ein Dutzend, eine Million, das erste Tausend, in den Achtzigern
- Substantive, die Tageszeiten bezeichnen
  heute Abend, gestern Mittag

Zur Schreibung der Bindestrich-Substantive s. R 3.21

3.2.2 Substantivierung

Ursprüngliche Substantive sind bereits im Wörterbucheintrag großgeschrieben.

Substantivierungen erkennt man dagegen erst an ihrem Gebrauch im Satz.

R 3.4 Im Satz lassen sich Wörter aller anderen Wortarten, die im Wörterbuch meist kleingeschrieben werden, auch als Substantive gebrauchen (Substantivierung). Als Substantivierung werden sie ebenfalls großgeschrieben.

Substantivierung
- von Verben
  Im Laufen bin ich gut.
- von Adjektiven
  etwas Neues
- von Pronomen
  dein stolzes Ich
- von Konjunktionen
  dein ewiges Wenn und Aber
- von Adverbien
  ein Hin und Her
- von Präpositionen
  das Für und Wider bedenken

Substantivierungen erkennt man an den gleichen Erkennungswörtern und mit Hilfe der gleichen Proben, die man bei ursprünglichen Substantiven macht (s. R 3.3).

3.2.3 Besonderheiten der Substantivierung bei Verben

R 3.5 Infinitive von Verben werden häufig substantiviert.

Erkennungswort:
Artikel
Das Schreien ist fürchterlich.

Pronomen
Hör mit *diesem* Schreien auf.

Präposition
Durch Schreien erreichst du gar nichts.

Adjektiv
Lautes Schreien drang an mein Ohr.

Zahlwort
Alles Schreien half nicht weiter.

Probe: Doch *das* Schreien half nicht weiter.

R 3.6 Im Zweifelsfall klein!

Das Wörtchen *zu* beim Verb ist meist kein Zeichen von Substantivierung, sondern Kennzeichen der normalen Infinitivform des Verbs.
Hör auf *zu* schreien!
Ich habe keine Lust, schwimmen *zu* gehen.
Aber: Kommst du mit *zum* Schwimmen?

Sind Zweifelsfälle auch durch eine **Probe** nicht eindeutig zu lösen, so wird kleingeschrieben.

Thomas lernt **singen**. Lernt Thomas *das* Singen? Oder lernt Thomas *zu* singen?

Die Substantivierung des Verbs kommt häufiger auch in Fügungen mit Bindestrich vor:
das Auf-der-faulen-Haut-**Liegen**, *ein* Hand-in-Hand-**Arbeiten** (zur Schreibung der Bindestrichwörter s. R 3.21).

3.2.4 Besonderheiten der Substantivierung bei Adjektiven, adjektivisch gebrauchten Partizipien und Zahladjektiven

R 3.7 Substantivierte Adjektive, Partizipien und Zahladjektive werden großgeschrieben.

der Kleine, die Schreiende, der Dritte, im Allgemeinen, im Einzelnen, das Folgende, ein Fest für Junge und Alte, am Ersten des Monats, der Nächste, bitte!

Sie werden häufig auch von **unbestimmten Zahl- oder Mengenangaben** begleitet; der Zusatz einer solchen Angabe kann als **Probe** dienen.

alles Übrige, *etwas* Schwieriges, *manches* Gute, *wenig* Interessantes, *viel* Erfreuliches
Der Geehrte hat *viel/etwas* Hervorragendes geleistet.

Auch Substantivierungen ohne Präposition werden großgeschrieben.

jenseits von Gut und Böse, auf Rot schalten, ganz in Grau gekleidet, mit Englisch durchkommen,
Alt und Jung

In festen Fügungen aus Präposition und nicht dekliniertem Adjektiv ohne Artikel schreibt man klein.

von nah und fern, von klein auf, in bar bezahlen, schwarz auf weiß

In festen Fügungen aus Präposition und dekliniertem Adjektiv ohne Artikel kann man klein oder groß schreiben.

von weitem/Weitem
bis auf weiteres/Weiteres
von neuem/Neuem

R 3.8 Adjektive, die einem Substantiv zugeordnet sind, werden in der Regel kleingeschrieben.

eine allgemeine Frage, der blaue Himmel, ein schöner Sommer, die deutsche Sprache

Ein substantiviertes Adjektiv wird großgeschrieben.

im Allgemeinen, das Blau des Himmels, das Schöne des Sommers, im Deutschen sagt man

Adjektive mit Artikel werden kleingeschrieben, wenn sie Attribut zu einem vorausgehenden oder folgenden Substantiv sind.

Die **kleinen** *Wünsche* erfüllen wir uns sofort, die **großen** verschieben wir auf später.
Von allen *Säugetieren* ist der Wal das **schwerste**.
Rosen mag Katharina gern. Die **gelben** liebt sie besonders.

Zur Schreibung von Adjektiven in Namen, Titeln und Herkunftsbezeichnungen s. R 3.17–19

R 3.9 Nicht substantiviert und kleingeschrieben sind Superlative mit dem Steigerungszeichen am.

Julia springt am höchsten, am besten, am schönsten.

Proben: Ist **am** nicht durch **an dem** zu ersetzen? Kann man „wie" fragen? Dann kleinschreiben!
~~an dem~~ höchsten?
Wie springt sie? Am besten!

Bei festen adverbialen Formen mit „aufs" und „auf das" mit Superlativ ist Groß- oder Kleinschreibung möglich.

aufs beste/Beste, auf das herzlichste/Herzlichste

Aber (nur groß): sein Bestes leisten, zum Besten geben, das Beste für dich

Zur Schreibung von Adjektiven in Namen und Herkunftsbezeichnungen s. R 3.18/R 3.19

3.3 Groß- und Kleinschreibung bei Substantiv-Ähnlichkeit

3.3.1 Desubstantivierung

Einige Wörter sehen aus wie Substantive, werden aber nicht mehr als solche empfunden. Wenn ein früheres Substantiv seine substantivischen Merkmale eingebüßt und die Funktion einer anderen Wortart übernommen hat (Desubstantivierung), wird es kleingeschrieben.

3.3.2 Scheinsubstantive

Einige Wörter haben die Erkennungswörter von Substantiven bei sich, sind aber keine echten Substantive. Wenn ein Wort trotz Erkennungszeichen kein echtes Substantiv ist (Scheinsubstantiv), wird es kleingeschrieben.

R 3.10 Kleingeschrieben werden Adverbien, die auf **-s** enden und meist **Tageszeiten** oder **Wochentage** betreffen.

samstags, nachts, anfangs, abends, morgens, mangels, angesichts, teils … teils

Aber: heute Abend, morgen Mittag, gestern Morgen, heute früh/auch: heute Früh

R 3.11 Kleingeschrieben werden die Adjektive *angst, bang, bankrott, feind, gram,* *pleite, recht, schuld* in Verbindung mit *sein, bleiben, werden.*

Du bist *schuld.* Mir wird *angst.* Ich bin *pleite.* Er ist *bankrott.* Das soll mir *recht* sein!

Ausnahme: recht/Recht, unrecht/Unrecht.

Hier gelten beide Schreibweisen:

recht/Recht *behalten, bekommen, geben;* unrecht/Unrecht *haben, tun*

Aber: Das Substantiv schreibt man groß.

Das ist deine S*chuld.* Ich habe *Angst.* Er macht *Pleite/Bankrott.*

R 3.12 Kleingeschrieben werden die Präpositionen *dank, kraft, laut, statt, trotz, zeit, um ... willen,* die den Genitiv verlangen.

dank deiner Hilfe, laut Plan, trotz deiner Unfreundlichkeit, zeit seines Lebens, um unserer Freundschaft willen

R 3.13 Kleingeschrieben werden die unbestimmten Zahlwörter *ein bisschen* (= ein wenig) und *ein paar* (= einige)

ein bisschen Zucker, ein klein bisschen Milch; ein paar Äpfel

Aber: ein Paar Schuhe

R 3.14 Kleingeschrieben werden Verbverbindungen mit nicht mehr eigenständigem substantivischem Bestandteil: *heim-, irre-, leid-, not-, stand-, preis-, statt-, teil-, wunder-* in getrennter Stellung.

Fahr mich heim! Fred *nimmt* teil. Er *gibt* sein Geheimnis nicht preis. Wir laufen eis. Er stand kopf.

Probe: Infinitiv bilden!

heimfahren, teilnehmen, preisgeben, eislaufen, kopfstehen

In bestimmten festen Fügungen kann klein- und großgeschrieben werden:

achtgeben/Acht geben; achthaben/Acht haben.

Dagegen wird nur großgeschrieben bei:

in Acht nehmen, außer Acht lassen

Aber nur: Gib gut acht! Sie hat große Acht darauf gegeben.

Die Substantivierung wird großgeschrieben.

das Inachtnehmen, das Außerachtlassen

R 3.15 Kleingeschrieben werden gewisse unbestimmte **Zahlwörter** und **Pronomen**, auch wenn sie mit Artikel verbunden werden. Man sollte sich diese Ausnahmen merken!

viel, das meiste, wenig/das wenigste, (der) eine, (die) andere, (ein) jeder, (die) beiden, (das) alles, manche

Aber: Wenn der substantivische Charakter betont werden soll, kann auch großgeschrieben werden.

Grüße die deinen/Deinen! Jedem das seine/Seine!

Possessivpronomen mit bestimmtem Artikel können klein- oder großgeschrieben werden.

die Meinung der vielen/Vielen; Sehnsucht nach dem anderen/Anderen; das ist etwas anderes/Anderes!

R 3.16 **Kardinalzahlen** unter einer Million und Ordinalzahlen (auch in festen Verbindungen) schreibt man klein.

die ersten sieben, acht minus zwei, diese zwölf, mitte achtzig sein;

zum achten Mal, das vierte Gebot, das siebte Weltwunder

Aber: Bei Substantivierung wird das Zahlwort großgeschrieben.

jeder Zehnte; die Achtzig erreicht haben

Bruchzahlen mit -tel und -stel schreibt man klein, wenn sie vor Maßangaben oder Kardinalzahlen stehen (Uhrzeitangabe); in allen anderen Fällen schreibt man sie groß.

ein viertel Liter Milch,(**aber:** einen Viertelliter Milch trinken!), viertel vor fünf (Uhr);

ein Achtel der Fläche, ein Drittel der Summe

Zur Getrennt- und Zusammenschreibung bei Zahlen s. R 4.19

3.4 Namen, Bindestrichschreibung, Anredeformen

3.4.1 Eigennamen und Bezeichnungen

R 3.17 Eigennamen werden großgeschrieben. In mehrteiligen Eigennamen schreibt man das erste und alle weiteren Wörter außer Artikeln, Konjunktionen und Präpositionen groß. Als Eigennamen gelten:

- Personennamen

  Peter Müller, Friedrich der Große, Bettine/Bettina von Arnim

- geografische Namen

  Berlin-Mitte, Freie und Hansestadt Hamburg, Lange Gasse, Totes Meer, Hohe Tatra, Fränkische Schweiz

- historische Ereignisse, Epochen

  der Westfälische Friede(n), die Antike

- Titel von Institutionen, Organisationen, Firmen, Zeitungen

  das Rote Kreuz, das Zweite Deutsche Fernsehen, der Heilige Vater, der Erste Bürgermeister, die SPD

- andere feste Bezeichnungen (für Himmelskörper, Bauwerke, Orden o. Ä.)

  Großer Wagen, der Schiefe Turm von Pisa, das Eiserne Kreuz, der Englische Garten

- Klassifikationen in Botanik und Zoologie

  das Fleißige Lieschen, die Gemeine Stubenfliege, die Schwarze Witwe, der Deutsche Schäferhund

R 3.18 Großgeschrieben werden in mehrteiligen Bezeichnungen:

- alle Substantive und Adjektive

  Großer Wagen, Deutscher Bundestag, Frankfurter Rundschau

- das erste Wort (außer dem Artikel)

  In der Unteren Lindengasse, die Vereinigten Staaten von Amerika

- *jedes* erste Wort bei Namen von Gaststätten sowie Titeln von Zeitschriften, Filmen, Büchern

  Zum Bären (Gasthaus), Der Spiegel, Der Tod in Venedig

R 3.19 Herkunftsbezeichnungen werden unterschiedlich geschrieben.

- Bezeichnungen auf -er werden großgeschrieben

  die Essener Bevölkerung, die New Yorker Rapperszene, der Pariser Charme

- adjektivische Ableitungen auf -(i)sch, -haft o. Ä. werden kleingeschrieben

  französische Küche, das kopernikanische Weltsystem, die goetheschen Dramen, die platonischen Dialoge

Aber: Als fester Bestandteil eines Namens oder Titels und bei apostrophiertem Personennamen wird großgeschrieben.

Technisches Hilfswerk, der Westfälische Friede(n), Weströmisches Reich; die Goethe'schen Dramen, die Stein-Hardenberg'schen Reformen

R 3.20 In festen Verbindungen von Adjektiv und Substantiv, die keine Eigennamen sind (auch wenn sie wie Namen aussehen), wird das Adjektiv in der Regel kleingeschrieben.

das neue Jahr, die höhere Mathematik, die graue Maus, der bunte Hund, paradiesische Ruhe, die alten Griechen, ein englischer Garten

Zur Hervorhebung einer **neuen, idiomatisierten Gesamtbedeutung** ist Klein- und Großschreibung des Adjektivs möglich.

das schwarze/Schwarze Brett (= Anschlagtafel),

das Schwarze Loch (= Terminus der Astrophysik),

der weiße/Weiße Tod (= Lawinentod), der letzte/Letzte Wille (= Testament), die erste/Erste Hilfe

In bestimmten Wortgruppen wird das Adjektiv großgeschrieben, obwohl kein Eigenname vorliegt: bei (Ehren-)Titeln, Amtsbezeichnungen, besonderen Kalendertagen, in fachsprachlichen Ausdrücken.

der Heilige Vater,

der Regierende Bürgermeister von Berlin,

der Erste Mai, der Goldene Schnitt

3.4.2 Bindestrich-Schreibung

R 3.21 Werden Wörter mit Bindestrichen aneinandergereiht oder mehrteilige Zusammensetzungen mit Bindestrichen gebildet, werden Substantive sowie das erste Wort großgeschrieben; das gilt auch für substantivisch gebrauchte Einzelbuchstaben.

Science-Fiction, Ich-AG, ICE-Strecke, das Sowohl-als-auch, der Trimm-dich-Pfad, Georg-Büchner-Preis, Kopf-an-Kopf-Rennen; die Mund-zu-Mund-Beatmung

Bei Abkürzungen und Einzelbuchstaben oder -ziffern ändert sich die Groß- und Kleinschreibung nicht.

das Zungen-r, eine x-beliebige Zahl, der pH-Wert, 100-m-Lauf, 8-fach, 8-jährig, 1-Euro-Stück

In substantivisch gebrauchten Zusammensetzungen wird das Verb großgeschrieben:
Das ist ja zum Aus-der-Haut-Fahren!

Zur Setzung von Bindestrichen s. R 4.21 ff.

R 3.22 Bei mehrteiligen substantivischen **Fremdwörtern** mit Bindestrich werden das erste Wort und alle substantivischen Bestandteile großgeschrieben.

Free-TV; Duty-free-Shop; De-facto-Regierung;
Make-up-Täschchen;
Know-how-Transfer; Burn-out-Syndrom

Aber: Bei festen Fügungen mit Adverbien werden die Substantive kleingeschrieben.

ein A-cappella-Chor; die Al-dente-Spaghetti, eine De-facto-Regelung

Zu Tendenzen der Fremdwortschreibung s. R 1.13 ff.

3.4.3 Anredepronomen und Höflichkeitsanrede

R 3.23 Nur die Anrede mit dem Höflichkeitspronomen „Sie" und dem dazu gehörenden Possessivpronomen „Ihr" wird großgeschrieben, um sie vom einfachen Pronomen „sie" unterscheiden zu können.

Wie schön, Sie einmal wiederzusehen!
Geht es Ihnen gut? Was macht Ihr Vater eigentlich? Wollen Sie sich das noch einmal überlegen?

Dagegen schreibt man die **vertraulichen Anreden** „du" und „ihr" sowie das Reflexivpronomen „sich" immer **klein**.

Wie schön, dich einmal wiederzusehen!
Wie geht es euch? Was macht dein Vater?

Aber: In **Briefen** sind für „du", „ihr" und die dazugehörigen Possessivpronomen beide Schreibweisen möglich:

Ich schreibe dir/Dir aus dem Urlaub und sende euch/Euch allen meine Grüße

In bestimmten älteren Anredeformen schreibt man groß.

Wie kann ich Euch dienen, gnädiger Herr?
Höre Er mir gut zu!

4. Getrennt- und Zusammenschreibung

4.1 Grundregel und Übersicht

Die Getrennt- und Zusammenschreibung gilt als eines der schwierigsten Kapitel der Rechtschreibung. Das hängt auch mit einer Eigenart der deutschen Wortbildung zusammen. Im Deutschen kann man – im Gegensatz etwa zum Englischen und Französischen – Wortgruppen so zusammenziehen, dass sie einen neuen Wortkörper bilden:

Erwachsenenbildung	adult education	éducation des adultes
Ganztagsschule	normal day school	école à plein temps

Was nützlich für die Wortbildung ist, kann bei der Rechtschreibung zu Zweifelsfällen darüber führen, wie man benachbarte Wörter behandeln muss: Habe ich es mit einer Zusammensetzung oder mit einer losen Wortgruppe zu tun? Wird zusammengeschrieben oder getrennt geschrieben?

Grundregel: Bei Getrennt- und Zusammenschreibung gilt der Tradition der deutschen Sprache folgend die **Zusammenschreibung** in den meisten Fällen. Für die Zusammenschreibung sind mehrere Kriterien wichtig, die weiter unten noch im Detail behandelt werden:

4.1.1 Das Akzentmuster

Die Betonung der einzelnen Wortbestandteile kann viel über die Schreibung des Wortes aussagen: Liegt ein zusammenfassender Wortakzent vor, wird zusammengeschrieben (abwärtsfahren). Hat jeder einzelne Bestandteil der Wortkombination seinen eigenen Akzent, wird getrennt geschrieben (aneinander angrenzen), s. R 4.5.

4.1.2 Die Gesamtbedeutung

Die Gesamtbedeutung eines zusammengesetzten Wortes bestimmt über dessen Schreibung. Entsteht eine Bedeutung, die über die Bedeutungen der einzelnen Wortteile hinausgeht, wird zusammengeschrieben (schwerfallen = Mühe machen, heimlichtun = geheimnisvoll tun, richtigstellen = berichtigen), s. R 4.6.

Lässt sich keine klare Entscheidung darüber treffen, ob eine idiomatisierte Gesamtbedeutung vorliegt, so bleibt es dem Schreibenden überlassen, getrennt zu schreiben oder zusammenzuschreiben.

4.1.3 Die Selbständigkeit eines Substantivs

Bei Verbindungen von Substantiven mit Verben stellt sich oft die Frage, inwieweit das Substantiv als „selbständig" eingestuft wird, das heißt, ob es eine Sinneinheit mit dem Verb bildet oder nicht. Dies ist oft schwer einzuschätzen. Daher gibt es Fälle, in denen beide Schreibweisen möglich sind (achtgeben/Acht geben), s. R 4.6.

In der folgenden Darstellung der einzelnen Regeln wird immer wieder Bezug auf diese drei Kriterien genommen, da sie essenziell für die Getrennt- und Zusammenschreibung sind.

4.2 Zusammenschreibung

Schreibt man zusammen, so entsteht eine Wortzusammensetzung, ein neuer Ausdruck.

Oft kann man deshalb schon vom Sinn her entscheiden, ob zusammengeschrieben werden muss.

Immer zusammengeschrieben werden folgende Wortverbindungen:

4.2.1 Substantive und Substantivierungen

R 4.1 Immer zusammengeschrieben werden Zusammensetzungen, bei denen der letzte Wortteil ein Substantiv

Birnbaum, Dienstagabend, Viererbob, Leerlauf, Außenpolitik, Nichtraucherabteil

oder eine Substantivierung darstellt.

das Skifahren, beim Spazierengehen, das Dasein, die Getrenntschreibung

4.2.2 Enge Wortverbindungen

R 4.2 Immer zusammengeschrieben werden solche engen Wortverbindungen, meist Adjektive,

– bei denen ein Bestandteil nicht selbständig ist oder als Wortart nicht eindeutig erkennbar ist

schnelllebig, fehlschlagen, wissbegierig, kundtun, übereinstimmen, achtfach

– die durch ein Fugenelement gekoppelt sind

hilfsbereit, zukunftsorientiert, sonnenarm, werbewirksam

– bei denen ein erster einfacher Teil den zweiten verstärkt oder vermindert

gemeingefährlich, brandaktuell, topmodisch, lauwarm, minderwertig

– die komprimiert wirken, weil Präpositionen, Artikel oder Konjunktionen eingespart werden

altersschwach (= durch das Alter geschwächt), butterweich (= so weich wie Butter), freudestrahlend (= vor Freude strahlend), denkfaul

– die gleichrangig (nebengeordnet) sind

hellgrün, feuchtwarm, süßsauer

4.2.3 Mehrteilige Partikeln

R 4.3 Mehrteilige Partikeln (Adverbien, Konjunktionen, Präpositionen) werden **in der Regel zusammengeschrieben**, wenn die einzelnen Teile nicht mehr deutlich erkennbar sind.

indessen, indem, infolge, allerdings, keinesfalls, diesmal, einmal, vielmals, einigermaßen, einerseits, ebenso, umso, meistenteils, deswegen, bisweilen, probeweise, jederzeit, allzu, hierzu, beinahe, derzeit, irgendwann, irgendwie, irgendwer, irgendeine, zuerst, zunächst, sobald, soviel, sooft, anhand, inmitten

Sind die einzelnen Bestandteile deutlich erkennbar oder wird ein Bestandteil erweitert, schreibt man getrennt. Wird bei Zusammensetzungen mit *so-* auf der ersten Silbe betont, schreibt man gleichfalls getrennt.

zu Ende gehen, zu Hilfe kommen; zur Zeit Luthers; statt dass, außer dass; gar nicht, gar kein

diesmal, **aber:** dieses eine Mal

irgendein, **aber:** irgend so ein

Wenn man den Ausdruck als Zusammensetzung oder als Wortgruppe verstehen kann, sind Zusammen- und Getrenntschreibung möglich:

so<u>weit</u> ich weiß, **aber:** das ist ja <u>so</u> weit

so<u>oft</u> er kommt, **aber:** kommt er <u>so</u> oft?

außerstande/außer Stande; imstande/im Stande; zumute/zu Mute; zustande/zu Stande; zuschulden/zu Schulden; zutage/zu Tage; aufgrund/auf Grund; zuwege/zu Wege

4.2.4 Untrennbare Verben

R 4.4 Stets zusammengeschrieben werden auch untrennbare Verben.

frühstücken (ich frühstücke – du frühstücktest – sie hat gefrühstückt);

handhaben (ich handhabe – du handhabst – er hat gehandhabt)

In einigen Fällen kann man Fügungen mit einem substantivischen ersten Bestandteil als untrennbares zusammengesetztes Verb ansehen oder als trennbare Wortgruppe. Entsprechend ist Zusammen- und Getrenntschreibung möglich.

staubsaugen: er staubsaugt/er saugt Staub

danksagen: lasst uns danksagen/wir sagen Dank

gewährleisten: er gewährleistet/er leistet Gewähr

Zur Unterscheidung von untrennbaren und trennbaren Verben s. R 4.10 ff.

4.2.5 Zusammengesetztes Verb mit Verbpartikel

R 4.5 Immer zusammengeschrieben werden Verben, die eine Verbpartikel als ersten Bestandteil haben, die auch den Hauptakzent trägt.

Unter *Verbpartikeln* versteht man Bestandteile, die die Form von Präpositionen oder Adverbien haben oder unselbständige Wörter sind, die nur noch in zusammengesetzten Wörtern vorkommen.

aufbrechen, ankommen, weggehen, entgegenkommen, entlanggehen, gegenüberstehen, abhandenkommen, abwärtsgehen, beieinanderbleiben, durcheinanderreden, beiseitelegen, daheimbleiben, auseinandersetzen; aneinandernähen; anheimfallen, feilbieten, einhergehen, fürliebnehmen

Auch die aus diesen Verben gebildeten Partizipien (und ihre Substantivierungen) werden zusammengeschrieben.

aneinandergenähte Stoffe; das Aneinandergenähte; sie sind dageblieben; die Dagebliebenen; zusammenhängende Teile; das Zusammenhängende

Aber: Liegt der Hauptakzent auf dem Verb (steht das Adverb also selbständig), schreibt man getrennt.

aneinander angrenzen, sich aneinander freuen, näher beisammen sitzen, sich aneinander gewöhnen

Bei Verbindungen mit „sein" wird immer getrennt geschrieben.

aus sein, vorbei sein; in der letzten Zeit sind sie wieder auseinander gewesen.

4.2.6 Andere Verbverbindungen

R 4.6 Es wird immer zusammengeschrieben, wenn sich aus den Bestandteilen eine neue Gesamtbedeutung gebildet hat (Idiomatisierung), die nicht aus der „Verrechnung" der Einzelbedeutungen erschließbar ist.

Dies gilt bei:

– **Adjektiv** + Verb (auch in den entsprechenden Partizipformen)
   das würde ihm ähnlichsehen (= typisch sein); er wird mich krankschreiben (= Arbeitsunfähigkeit bescheinigen); jemanden freisprechen (= gerichtlich

Schuld absprechen); eine alleinstehende Frau
- **Partikel + Verb**
Leute, die alleinstehen (= ohne Lebenspartner leben); sich näherkommen (= intim werden), sich wiedersehen (= wieder zusammentreffen), sich auseinanderleben (= entfremden)
- **Verb + Verb** in der Verbindung mit -*bleiben*, -*lassen* und -*lernen*
sitzenbleiben (= die Klasse wiederholen), liegenbleiben (= unerledigt bleiben), jemanden kennenlernen (= Bekanntschaft machen)
Aber: auf dem Stuhl sitzen bleiben (= nicht aufstehen), liegen bleiben (= am Platz bleiben), etw. kennen lernen (= Erfahrungen mit etw. machen)

Die Substantivierung aus der Verbindung von zwei Verben schreibt man immer zusammen.
der Krankgeschriebene, Freigesprochene; das Sitzenbleiben, das Hörensagen, das Fliegenlassen

- Zusammengeschrieben werden Zusammensetzungen von einem ersten substantivischen Bestandteil + Verb, wenn der substantivische Bestandteil seine Eigenständigkeit verloren hat. In getrennter Stellung wird kleingeschrieben (s. R 3.14).
eislaufen, kopfstehen, leidtun, nottun, teilhaben, standhalten, stattfinden, wundernehmen, ich laufe eis, er steht kopf, das tut mir leid, das tut jetzt not, er hat daran teil
- In bestimmten festen Fügungen kann es sich bei der Verbindung von Substantiv und Verb um eine Zusammensetzung oder um eine Wortgruppe handeln. Entsprechend schreibt man dort zusammen oder getrennt.

Zu Groß- und Kleinschreibung in diesen Fällen s. R 3.14
achtgeben/Acht geben (**aber nur**: besonders achtgeben); achthaben/Acht haben; haltmachen/Halt machen; maßhalten/Maß halten (**aber nur**: sehr maßhalten)

4.2.7 Zusammengesetzte Partizipien

R 4.7 Zusammengesetzte Partizipien werden zusammengeschrieben, wenn das zugrunde liegende Verb im Infinitiv auch zusammengeschrieben wird.

wehklagend, herunterfallend, heruntergefallen, irreführend, irregeführt, teilnehmend, teilgenommen

Sind im Infinitiv Zusammen- und Getrenntschreibung möglich (s. R 4.15), so schreibt man auch im Partizip zusammen oder getrennt.

das blankgeputzte/blank geputzte Messer; die bekanntgegebene/bekannt gegebene Meldung; der verlorengegangene/verloren gegangene Schlüssel

Kann das zusammengesetzte Partizip gleichermaßen als Zusammensetzung wie als syntaktische Fügung angesehen werden, schreibt man – je nachdem – zusammen oder getrennt.

eine alleinerziehende/allein erziehende Mutter; **aber nur**: die ihren Sohn ganz allein Erziehende

ein ratsuchender/Rat suchender Bürger, **aber nur**: ein kompetenten Rat suchender Bürger

das notleidende/Not leidende Volk, **aber nur**: das äußerste Not leidende Volk

ein aufsehenerregendes/Aufsehen erregendes Ereignis; **aber nur**: das aufsehenerregendste Ereignis dieses Jahres

eine Alleinerziehende/eine allein Erziehende

Dies gilt auch bei Substantivierung.

4.3 Getrenntschreibung

4.3.1 Verbverbindungen

R 4.8 Immer getrennt geschrieben werden folgende Verbverbindungen, wenn keine neue idiomatische Gesamtbedeutung vorliegt:

- **Verb + Verb**
Ist der erste Bestandteil ein Verb oder ein Partizip, schreibt man getrennt.
spazieren gehen, lesen lernen, versteckt halten; genehmigt bekommen
Nur wenn eine eigenständige neue Bedeutung vorliegt (Idiomatisierung), schreibt man zusammen.

auf dem Stuhl sitzen bleiben, den Hund auf der Decke liegen lassen (= zulassen); den Brief zusammen schreiben (= gemeinsam)
- **aber:** in der Schule sitzenbleiben (= nicht versetzt werden), den Schlüssel liegenlassen (= vergessen mitzunehmen); Wörter zusammenschreiben (= als ein Wort schreiben)

Die Substantivierung einer Verbindung aus zwei Verben schreibt man immer zusammen.

das Sitzenbleiben (auf dem Stuhl, des Schülers), das Liegenlassen (zulassen; vergessen), das Zusammenschreiben (gemeinsam, von Wörtern); das Verstecktshalten, das Genehmigtbekommen
- **Wort + Verb „sein"**
Verbindungen mit „sein" werden immer getrennt geschrieben.
zufrieden sein, da sein, dabei sein (ich bin dabei gewesen)
- **Substantiv + Verb**
Verbindungen aus Substantiv und Verb schreibt man getrennt.
Auto fahren, Radio hören, Zeitung lesen, Rad fahren, Not leiden, Angst machen, Diät leben, Geige spielen
Nur wenn das Substantiv (in Verbindung mit dem Verb) keine eigenständige Bedeutung mehr hat, schreibt man zusammen, s. **R 4.6**.
eislaufen, kopfstehen, standhalten

Substantivierungen schreibt man immer zusammen.

das Radfahren, das Zeitunglesen, das Geigespielen, das Eislaufen, das Kopfstehen
- **Adjektiv + Verb**
In Verbindung mit einem **einfachen** Adjektiv in konkreter Bedeutung sowie mit einem komplexen oder erweiterten Adjektiv schreibt man getrennt.
schnell laufen, gut machen, allein erziehen, übrig bleiben, freundlich grüßen, besser wissen;
wetterfest machen, schachmatt setzen, ganz schnell fahren, sehr weit fliegen.

Hat das Verb eine Verbpartikel, schreibt man getrennt.

Zusammen oder getrennt schreibt man bei resultativen Prädikativen (s. R 4.15) und in Fällen, in denen nicht entschieden werden kann, ob es eine neue (idiomatisierte) Gesamtbedeutung gibt (s. R 4.20).

die Wand weiß anstreichen, **aber:** die Wand weißstreichen/weiß streichen

4.3.2 Wortgruppen mit Adjektiven und Partizipien

R 4.9 Getrennt geschrieben wird in den Wortgruppen
- **Adjektiv** + Adjektiv
- **Adjektiv** + Partizip

wenn der erste Bestandteil erweitert oder gesteigert ist.

(sehr) eng verwandt, sehr nah befreundet, eine dichter befahrene Straße;

besonders gut verträglich, besser verträglich, sehr gut verträglich, besonders gut verträglich;

besonders weit reichend, weiter reichend, am weitesten reichend

Ist aber die ganze Verbindung erweitert oder gesteigert, schreibt man zusammen.

eine solche besserverträgliche Nahrung, eine weitreichendere Entscheidung,

Bei adjektivischem Gebrauch ohne Erweiterung oder Steigerung im ersten Teil schreibt man zusammen oder getrennt.

ein allgemeingültiger/allgemein gültiger Satz;

ein schwerverständlicher/schwer verständlicher Text; ein enganliegendes/eng anliegendes Kleid; ein auswendiggelerntes/auswendig gelerntes Gedicht

- **Partizip** + Adjektiv

schreibt man getrennt.

glühend heiß, strahlend hell, leuchtend blau

Verbindungen von *nicht(s)-* mit Adjektiven schreibt man zusammen oder getrennt.

nichtehelich/nicht ehelich

nichtöffentlich/nicht öffentlich

nichtsahnend/nichts ahnend; **aber:** die Sitzung findet nicht öffentlich statt

Aber: freudestrahlend (s. R 4.2).

4.4 Weiteres zur Unterscheidung von Zusammen- oder Getrenntschreibung

Diese Frage „zusammen oder getrennt (oder beides)?" stellt sich bei den bisher behandelten Fällen immer wieder. In diesem Abschnitt sollen einige Aspekte dazu verdeutlicht werden.

Besonders zu beachten sind:

4.4.1 Trennbarkeit und Untrennbarkeit bei mehrteiligen Verben

Mehrteilige Verben führen besonders häufig zu Zweifeln im Hinblick auf die Zusammen- und Getrenntschreibung. Solche Verben bestehen aus einem Verbzusatz und dem eigentlichen Verb: **fallen, werfen, reichen, weilen, bringen, folgern.**

Der Verbzusatz kann aus einer Vorsilbe oder aus einem ursprünglich selbständigen Wort bestehen.

Kann man ein mehrteiliges Verb eindeutig als untrennbares Verb (feste Verbverbindung) einordnen, kann man sicher sein, dass man seine Teile immer zusammenschreibt (s. R 4.4).

Ist dagegen ein mehrteiliges Verb trennbar (unfeste Verbverbindung), schreibt man seine Bestandteile im Infinitiv, in den Partizipien und bei Endstellung des Verbs im Nebensatz zusammen.

4.4.2 Wie unterscheidet man untrennbare und trennbare Verben?

Formen	untrennbare Verben	trennbare Verben
Infinitiv	widersprechen	heimbringen
Präsens	ich **wider**spreche	ich **bringe** sie heim
Präteritum	ich **wider**sprach	ich **brachte** sie heim
Perfekt	ich habe widersprochen	ich habe sie heimgebracht
Partizip Präsens	(dir) widersprechend	(sie) heimbringend

Formen	untrennbare Verben	trennbare Verben
Infinitiv mit zu	ohne dir zu widersprechen	ohne sie heimzubringen
Verb im Nebensatz	der Anlass, bei dem ich dir widersprach	der Anlass, bei dem ich sie heimbrachte

Untrennbare Verben erkennt man daran, dass die Reihenfolge ihrer Bestandteile immer erhalten bleibt.

Trennbare Verben erkennt man daran, dass sich die Reihenfolge ihrer Bestandteile je nach der Stellung des Verbs im Satz ändert.

R 4.10 Untrennbare Verben werden in allen Formen zusammengeschrieben.

frohlocken, frohlockend, sie frohlockte, hat frohlockt; übersetzen, übersetzend, er übersetzte, hat übersetzt

Wie erkennt man ein untrennbares Verb?

Probe: Setzt man das Verb ins Präsens oder Präteritum, bleibt die Reihenfolge und die Zusammengehörigkeit der Wortteile bestehen:

handhaben ▶ sie handhabte den Tennisschläger, maßregeln ▶ er maßregelte uns schon wieder, vollenden ▶ wir vollenden das Werk

R 4.11 Trennbare Verben werden zusammengeschrieben, wenn Verbzusatz und Verb unmittelbar nebeneinander stehen oder durch „zu" verbunden sind (in Infinitiven, als Partizipien und bei Endstellung im Nebensatz).

herausfinden: Ich habe etwas *herausgefunden*. *umfallen*: Ohne *umzufallen*, umspielte sie die Gegnerin.

fehlschlagen: Der Anschlag schlug fehl. Nachdem er *fehlgeschlagen* war ...

Zum Erkennen trennbarer Verben s. R 4.12–14

R 4.12 Trennbare Verben haben meist **bestimmte Partikeln als Verbzusatz**:

ab-, an-, auf-, aus-, bei-, beisammen-, da-, dabei-, dagegen-, daher-, dahin-, daneben-, dar-, d(a)ran-, d(a)rein-, da(r)nieder-, darum-, davon-, dawider-, dazu-, dazwischen-, drauf-, drauflos-, drin-, durch-, ein-, einher-, empor-, entgegen-, entlang-, entzwei-, fort-, gegen-, gegenüber-, her-, herab-, heran-, herauf-, heraus-, herbei-, hernieder-, herüber-, herum-, herunter-, hervor-, herzu-, hin-, hinab-, hinan-, hinauf-, hinaus-, hindurch-, hinein-, hintan-, hintenüber-, hinterher-, hinüber-, hinunter-, hinweg-, hinzu-, inne-, los-, mit-, nach-, nieder-, ran-, über-, überein-, um-, umher-, umhin-, unter-, vor-, voran-, vorauf-, voraus-, vorbei-, vorher-, vorüber-, vorweg-, weg-, weiter-, wider-, wieder-, zu-, zurecht-, zurück-, zusammen-, zuvor-, zuwider-, zwischen.

Diese Partikeln tragen in der Regel den Akzent. Mit Hilfe des Akzentprinzips kann man (bei gleichlautenden Partikeln, aber in verschiedenen Bedeutungen) trennbare von untrennbaren Verben unterscheiden:

trennbar: umfahren (=fahrend zu Fall bringen), durchfahren (=nicht aussteigen), durchsetzen (=mit Nachdruck fordern), übersetzen (mit dem Boot ans andere Ufer)

untrennbar: umfahren (=um etw herum fahren), durchfahren (=querdurch fahren), durchsetzen (=vermischen), übersetzen (einen Text in eine andere Sprache bringen)

R 4.13 **Achtung!** Einige der als Verbpartikel vorkommenden Wörter können auch als **selbständige Adverbien in Wortgruppen** auftreten; man erkennt dies an der gleich starken Betonung von Partikel und Verb. In solchen Fällen schreibt man getrennt.

Das Klavier klingt merkwürdig; das wird wohl *daher* kommen, dass es verstimmt ist.

Er wollte lieber *vorwärts* gehen als rückwärts.

R 4.14 Zu den trennbaren Verben gehören auch solche, deren erster Bestandteil aus folgenden Wörtern und Wortarten besteht:

– aus einem nicht steigerbaren Adjektiv
  bereithalten, totschlagen, schwarzarbeiten, fernsehen
  Probe: *ferner sehen, *schwärzer arbeiten nicht sinnvoll! (Idiomatische Gesamtbedeutung, s. R 4.6).

– aus einem ehemaligen Substantiv oder einer nicht eindeutig erkennbaren Wortart
  haushalten, heimzahlen, irreführen, standhalten, stattfinden, teilnehmen, wettmachen, wundernehmen, fehlschlagen, kundtun

– In wenigen Fällen mit Substantiv kann man das Verb als trennbar oder als untrennbar auffassen. (s. R 4.4)
  Marathon laufen/marathonlaufen (nur: er läuft Marathon);
  Brust schwimmen/brustschwimmen (nur: er schwimmt Brust),
  auch: Dank sagen/danksagen; Staub saugen/staubsaugen (s. R 4.4)

Regel:
Alle Zusammensetzungen aus Präposition + Verb mit Betonung auf dem zweiten Bestandteil sind untrennbare Verben (durch<u>brech</u>en, wieder<u>hol</u>en, unter<u>stell</u>en, über<u>setz</u>en, unter<u>schlag</u>en, durch<u>reis</u>en, um<u>kreis</u>en, über<u>hol</u>en, durch<u>such</u>en …).

Alle Zusammensetzungen aus Präposition + Verb mit Betonung auf dem ersten Bestandteil, mit einem nicht steigerbaren Adjektiv oder einem (in verbalem Zusammenhang) nicht selbständigen Substantiv als erstem Bestandteil, sind trennbare Verben.

4.4.3 Resultative Prädikate

Bei mehrteiligen Verben, die den Abschluss einer Tätigkeit zum Ausdruck bringen (resultative Prädikate), sind einige Besonderheiten zu beachten.

R 4:15 Adjektiv + Verb/Partizip

Ist das Adjektiv, das das Resultat der Tätigkeit bezeichnet, ein einfaches Adjektiv, schreibt man zusammen oder getrennt.

kleinschneiden/klein schneiden, kaputtmachen/kaputt machen, leeressen/leer essen; das kleingeschnittene/klein geschnittene Brot

Bei Steigerung oder Erweiterung des Adjektivs schreibt man dagegen immer getrennt.

sehr klein schneiden, total kaputt machen, ganz leer essen; der ganz leer gegessene Teller

Auch bei zusammengesetzten oder abgeleiteten Adjektiven oder zusammengesetzten Verben schreibt man nur getrennt.

blitzblank polieren, schmutzig machen, fertig aufräumen, blau anmalen; die blau angemalte Tür

Auch bei reflexiven Verben schreibt man nur getrennt.

sich warm arbeiten

Besteht eine neue verfestigte Gesamtbedeutung (Idiomatisierung), schreibt man zusammen.

jemanden kaltstellen, einen Termin festnageln, sich wundliegen, jemanden heißmachen, sich reinwaschen

Kann Idiomatisierung nicht eindeutig festgestellt werden, schreibt man zusammen oder getrennt.

etwas fertigschreiben/fertig schreiben; das Zimmer rein(e)machen/rein machen; sich etw. bewusstmachen/bewusst machen

etw. bekanntmachen/bekannt machen
jemanden bangemachen/bange machen

Die Substantivierung schreibt man immer zusammen.

das Bangemachen, das Kleinschneiden

4.4.4 Partizipgruppen

Bei Partizipgruppen muss man darauf achten, ob sie als Zusammensetzung oder als syntaktische Fügung zu verstehen sind. Außerdem muss man die Besonderheiten der Schreibung bei Erweiterung und Steigerung beachten.

R 4.16 Wortgruppen mit adjektivisch gebrauchten Partizipien werden zusammengeschrieben, wenn eine Zusammensetzung vorliegt. Werden sie dagegen als syntaktische Fügung verwendet, wird getrennt geschrieben.

In Fällen, in denen nicht klar unterschieden werden kann, gelten **beide Schreibweisen;** (s. R 4.7)

Wir sind kunstliebend/Kunst liebend; ein sehr kunstliebender Mann, ein die Kunst liebender Mann;

Das ist grauenerregend/Grauen erregend!; der Anblick war einfach grauenerregend, heftiges Grauen erregend (S. R 4.7)

Wird eine **Partizipgruppe erweitert oder gesteigert**, gilt: Ist der erste Be-standteil betroffen, wird getrennt geschrieben; ist die ganze Verbindung betroffen, schreibt man zusammen. (S. R 4.7)

eine äußerst notleidende Bevölkerung – eine große Not leidende Bevölkerung;

ein grauenerregenderes Ereignis,
eine schwerwiegendere Entscheidung

4.4.5 Verbindungen mit Adjektiven oder adjektivischen Bestandteilen

Auch bei Verbindungen mit adjektivischen Bestandteilen muss man darauf achten, ob eine Steigerung oder Erweiterung vorliegt.

R 4.17
– Verbindungen mit einem **einfachen unflektierten graduierenden Adjektiv** können getrennt geschrieben oder zusammengeschrieben werden. Bei Steigerung oder Erweiterung des ersten Bestandteils gilt nur Getrenntschreibung. Ist die ganze Verbindung betroffen, schreibt man nur zusammen. In Zweifelsfällen entscheidet der Akzent. (S. R 4.9)

schwer krank/schwerkrank
sehr schwer krank, schwerst krank

Er ist höchstpersönlich gekommen./
Das ist eine höchst persönliche Angelegenheit.

– **nicht** + Adjektiv: beide Schreibweisen gelten
Aber: Bezieht sich die Verneinung auf eine größere Einheit, muss getrennt geschrieben werden.
(S. R 4.9)
eine nichtrostende/nicht rostende Schraube; eine gewöhnlich nicht rostende Schraube
(S. R. 4.9)

4.4.6 Zusammengesetzte Fremdwörter

R 4.18 Adjektiv + Substantiv

Hier bestimmt der Hauptakzent über die Schreibung: Liegt die Betonung auf der ersten Silbe, kann zusammengeschrieben oder getrennt geschrieben werden.

Hotdog/Hot Dog, Softdrink/Soft Drink

Bei gleich starker Betonung beider Silben wird getrennt geschrieben.

New Economy, High Society

Zur Schreibung mit Bindestrich s. R 4.23

4.4.7 Zahlen

R 4.19 **Zusammengeschrieben** werden
- alle mehrteiligen Ordnungszahlen

  der siebzehnte Geburtstag, der fünfhunderttausendste Teilnehmer, der zweimillionste Besucher
- mehrteilige Grundzahlen unter einer Million

  zweihundertsechsundsechzig (z. B. Euro-Eintrag auf einem Scheck)

Getrennt geschrieben werden Grundzahlen über einer Million.

zwei Millionen dreitausendvierhundert

Auch Dezimalzahlen schreibt man getrennt.

eins Komma acht

Zusammen oder getrennt:

Bruchzahlen auf -tel und -stel vor Maßangaben können zusammengeschrieben oder getrennt geschrieben werden.

eine Hundertstelsekunde/eine hundertstel Sekunde

Jahrzehntangaben mit -iger

die Achtzigerjahre/die achtziger Jahre

Zur Schreibung in Ziffern/mit Bindestrich s. R 4.21

4.4.8 Zusammenfassung: Fälle, in denen Zusammen- und Getrenntschreibung möglich ist

Hier noch einmal im Überblick die Fälle, in denen beide Schreibungen alternativ möglich sind:

R 4.20 Man kann zusammenschreiben wie auch getrennt schreiben in allen Fällen, in denen sich keine Entscheidung darüber treffen lässt, ob eine idiomatisierte Gesamtbedeutung vorliegt. (S. R 4.8)

sich etw. bewusstmachen/bewusst machen;

sich zu etw. bereiterklären/bereit erklären

bessergehen/besser gehen

Man schreibt zusammen oder getrennt bei Verben mit einem resultativen Adjektiv (s. R 4.15)

kleinschneiden/klein schneiden; blaufärben/blau färben

Ebenso sind beide Schreibungen möglich bei Verbindungen mit adjektivisch gebrauchten Partizipien, wenn nicht zu entscheiden ist, ob es sich um eine Zusammensetzung oder eine syntaktische Fügung handelt; (s. R 4.7).

allein erziehend/alleinerziehend, ratsuchend/Rat suchend

In einigen festen Verbindungen von Substantiven und Verben sind beide Schreibweisen möglich, da nicht entscheidbar ist, ob es sich um eine Zusammensetzung oder eine Wortgruppe handelt; (s. R 4.6)

achtgeben/Acht geben; haltmachen/Halt machen

Bei einfachen (nicht gesteigerten, nicht erweiterten) graduierenden Adjektiven kann man zusammenschreiben oder getrennt schreiben; (s. R 4.9)

allgemeingültig/allgemein gültig; enganliegend/eng anliegend; nahverwandt/nah verwandt; schwerverdaulich/schwer verdaulich

Ebenso sind beide Schreibungen möglich bei Verbindungen von *nicht(s)* mit Adjektiv; (s. R 4.9)

nichtöffentlich/nicht öffentlich

Bei bestimmten adverbial gebrauchten Substantiven sind beide Schreibungen möglich; der Schreibende entscheidet selbst, ob er sie als Zusammensetzung oder Wortgruppe ansehen will; (s. R 4.3)

imstande sein/im Stande, anstelle/an Stelle, aufgrund/auf Grund, aufseiten/auf Seiten, mithilfe/mit Hilfe, zugunsten/zu Gunsten, zuwege/zu Wege bringen

In wenigen Fällen, in denen man die Fügung mit einem substantivischen ersten Bestandteil als untrennbares zusammengesetztes Verb oder als trennbare Wortgruppe ansehen kann, sind beide Schreibungen möglich. (s. R. 4.4)

gewährleisten/Gewähr leisten; brustschwimmen/Brust schwimmen; marathonlaufen/Marathon laufen

4.5 Bindestrichsetzung

Bei der Bindestrichsetzung handelt es sich um eine Sonderform der Getrennt- und Zusammenschreibung. Die verbundene Wortgruppe wird als Zusammensetzung behandelt, ohne dass sie zusammengeschrieben wird.

R 4.21 Bindestrich wird gesetzt in Zusammensetzungen:

- bei Einzelbuchstaben, Abkürzungen und Ziffern

  C-Dur, T-Shirt, UV-bestrahlt, 100-prozentig, 8-jährig, eine 8-Jährige, 100-m-Lauf

- bei substantivierten Infinitiven mit mehreren Bestandteilen

  ein Kopf-an-Kopf-Rennen, dieses In-den-Tag-hinein-Leben

- in Zusammensetzungen mit Wortgruppen (besonders bei Farbadjektiven), um zu betonen, dass zwei Eigenschaften nebeneinander bestehen

  er ist traurig-ängstlich; sie trägt ein rotblau-gestreiftes Kleid

- Bei Zahladjektiven mit *-fach* kann man mit oder ohne Bindestrich schreiben (auch bei Substantivierungen), ebenso bei Jahrzehntangaben mit *-iger.*

  dreifach; 3fach oder 3-fach;

  das Dreifache, das 3fache, das 3-Fache

  die 80-er/80er Jahre

- zur Hervorhebung einzelner Bestandteile

  Das ist nur eine Kann-Bestimmung! Sie hat eine große Ich-Stärke;

- bei unübersichtlichen Zusammensetzungen

  mathematisch-physikalisch, Biomüll-Abfuhr, Lotto-Annahmestelle

- zur Vermeidung von Missverständnissen

  die Hoch-Zeit des Barock, Musik-Erleben

- bei Zusammentreffen von drei gleichen Buchstaben

  Tee-Ei, Ballett-Tänzer, dass-Satz

- bei Zusammensetzungen, die einen Eigennamen enthalten

  Baden-Württemberg, Käthe-Kollwitz-Schule

- in Aneinanderreihungen

  Hals-Nasen-Ohrenarzt, Mitte-Links-Koalition; das Entweder-Oder, 8-Wochen-Reise

- Zur Zusammen- und Getrenntschreibung bei Zahlen s. R 4.19

R 4.22 Bindestriche werden als Ergänzungszeichen verwendet, wenn ein zweimal vorkommender Wortteil ausgelassen werden soll (Ersparnisfügung).

Getrennt- und Zusammenschreibung:

hell- und dunkelgrün, An- und Verkauf

R 4.23 Bei fremdsprachigen Zusammensetzungen kann man zur Verdeutlichung statt der Zusammenschreibung auch mit Bindestrich schreiben.

Aircondition/Air-Condition; Callcenter/Call-Center; Fastfoodkette/Fastfood-Kette

Bei Substantivierungen aus einem Substantiv und einem Adverb schreibt man das Adverb nach dem Bindestrich klein.

Feedback/Feed-back; Workout/Work-out; Countdown/Count-down

Zur Zusammen- und Getrenntschreibung von zusammengesetzten Fremdwörtern s. R 4.18.

Zu Groß- und Kleinschreibung bei fremdsprachigen Bindestrichwörtern s. R 3.22.

4.6 Zusammenfassende Empfehlungen zur Getrennt- und Zusammenschreibung

1. Wichtigstes Kriterium zur Zusammenschreibung ist der zusammenfassende Wortakzent.

2. Zusammengeschrieben werden vor allem die Wörter, die einen (neuen) gemeinsamen Ausdruck bilden. Dazu gehören immer Substantive und Substantivierungen.

3. In vielen Fällen ist die Schreibung davon abhängig, ob die Teile zu einer Bedeutung verschmelzen oder umgekehrt die Bedeu-

tung der einzelnen Wörter besonders hervorgehoben wird.
4. Bindestriche ermöglichen Wortverbindungen und heben die einzelnen Bestandteile zugleich hervor. Werden sie aber zu häufig gebraucht, verpufft diese Wirkung (ähnlich wie beim zu häufigen Gebrauch von Anführungsstrichen und Klammern).

5. Worttrennung

Im Vergleich zur alten Regelung weisen die neuen Regelungen verschiedene Vereinfachungen auf. Sprechsilben bilden nun die Grundlage für die Trennsilben. Dadurch wird vor allem der Umgang mit Fremdwörtern erleichtert. Wer früher keine Kenntnisse der alten Sprachen (Latein, Griechisch) besaß und keine Kenntnisse des Französischen, hatte es in vielen Fällen schwer, die Sinneinheiten darauf basierender und von solchen abgeleiteter Fremdwörter zu erkennen, mithin korrekt zu trennen. Aber die Trennung nach Sprechsilben hat auch Konsequenzen für die Trennung von in die deutsche Sprache integrierten Fremdwörtern.

5.1 Die Trennung mehrsilbiger einfacher Worteinheiten

R 5.1 Mehrsilbige einfache Worteinheiten werden so getrennt, wie sie sich beim langsamen Lesen in Silben zerlegen lassen (vgl. § 107). Das gilt aber nicht für einzelne Vokale am Wortanfang (s. R 5.6).

Kel-ler
The-a-ter
Na-ti-o-nen
No-ta-ri-at
Ei-er
Städ-te

5.2 Die Trennung von „st"

R 5.2 Die Konsonantenverbindung „st" wird nun getrennt.

Was mit Hilfe von Eselsbrücken früher in der Schule gelehrt wurde, gilt nicht mehr: „Trenne nie ‚st', denn es tut ihm weh!". Die Neuregelung entspricht der allgemeinen Trennungsregel für Konsonanten: Wenn mehrere Konsonanten in einer Worteinheit hintereinander stehen, überträgt man den letzten Konsonanten auf die folgende Zeile.

Traditionell wird getrennt:

Karp-fen
mod-rig
Him-mel

Nunmehr werden nach Sprechsilben auch sämtliche Einheiten mit „st" getrennt:

Els-ter
Pos-ter
trös-ten
Wes-tern

5.3 Die Konsonantenverbindung „ck"

R 5.3 Die Konsonantenverbindung „ck" wird nicht mehr getrennt.

Vor den neuen Regelungen galt für die Kombinationen wie „ch", „sch", „ph", „rh", „sh" und „th", dass man diese am Zeilenende nicht getrennt hat, weil sie wie ein einzelner Laut ausgesprochen werden. Das „ck" war früher eine Ausnahme des Deutschen (als festgelegte Schreibweise für „kk"). Deshalb hatte man die „ck"-Variante bei der Trennung wieder auf die Grundform zurückgeführt: Ein „k" blieb auf der einen Zeile, das andere „k" rückte bei Trennung auf die nächste; vgl. zur früheren Trennung **Bäk-ker*.

Mit der Neuregelung wird folglich die Trennung vereinfacht: *Ha-cke, le-cker, Lü-cke*

5.4 Konsonantenverbindungen in Fremdwörtern

R 5.4 Verbindungen aus Konsonant + „l", „n" oder „r" in Fremdwörtern werden entweder vor dem letzten Konsonanten getrennt, oder sie können ungetrennt in die neue Zeile rücken.

Vor den Neuregelungen durften solche Verbindungen nicht getrennt werden. Nunmehr wird es Schreiber(inne)n freigestellt, die eine oder die andere Trennungsvariante zu wählen:

Fe-bruar oder *Feb-ruar*
Hyd-rau-lik oder *Hy-drau-lik*
Mag-net oder *Ma-gnet*
Sig-nal oder *Si-gnal*

Die Trennung nach Sprechsilben stellt im Vergleich zur früheren Regelung denen eine Erleichterung dar, die in zahlreichen Fällen diesbezügliche Korrektheitszweifel hatten; wer stets ohne Zweifel die vertraute Trennung praktizieren konnte, kann dies auch weiterhin.

5.5 Trennung ursprünglich zusammengesetzter Einheiten

R 5.5 Als solche nicht mehr erkannte ursprüngliche Zusammensetzungen können wie Simplizia nach Sprechsilben getrennt werden.

Auch hier stehen nunmehr bei Fremdwörtern zwei Trennungsmöglichkeiten nebeneinander, da heute (im Unterschied zu früher über die alten Sprachen vermittelte Kenntnisse) nicht mehr davon auszugehen ist, dass diese nach ihren Bestandteilen analysiert werden können:

Chi-rurg und *Chir-urg*
Pä-da-go-gik und *Päd-a-go-gik*
In-ter-es-se und *In-te-res-se*
Nos-tal-gie und *Nost-al-gie*
Al-ler-gie und *All-er-gie*

Aber diese Regelung betrifft nicht nur als Fremdwörter eingeschätzte Einheiten, sondern ebenso deutschsprachige Ausdrücke, welche ursprünglich (aber als solche nicht mehr erkannte) Zusammensetzungen darstellen:

da-rauf oder *dar-auf*
ein-an-der oder *ei-nan-der*
he-ran oder *her-an*
hi-nauf oder *hin-auf*
vor-über oder *vo-rüber*
wa-rum oder *war-um*
Mai-nau oder *Main-au*
Klei-nod oder *Klein-od*

Anmerkung: Falsch getrennt ist nach wie vor zum Beispiel:
*bi-ologisch statt bio-lo-gisch,
*bis-exu-ell statt bi-se-xu-ell.

5.6 Abtrennung von Einzelvokalen

R 5.6 Ein einzelner Vokal am Wortanfang darf nicht abgetrennt werden.

Abend
Ufer
Ofen
Idyll
üben

Die ursprünglichen Neuregelungen sahen in solchen Fällen eine Abtrennung vor. Etliche Wörterbücher, die in dem Zeitraum kurz nach den 1996 erschienenen „Amtlichen Regelungen" entstanden sind, verzeichnen solche Trennungen. Entsprechende Angaben in solchen Wörterbüchern sind nunmehr als Fehler einzuschätzen. Im Rahmen der Nachbesserungen der Rechtschreibregelungen (nach 1996) wurde die Möglichkeit der Abtrennung von Einzelbuchstaben zurückgenommen.

5.7 Hinweis zu lesehemmenden Trennungen

Obwohl möglich und korrekt, sollten Einheiten nicht an gewissen Trennungsfugen getrennt werden, wenn dadurch missverständliche Lesarten entstehen.

6. Die Zeichensetzung

6.1 Satzschlusszeichen

Das Ende eines Ganzsatzes (einfacher Satz, Satzreihe oder Satzgefüge) zeigt man in der Regel durch ein Satzschlusszeichen wie Punkt, Fragezeichen, Ausrufezeichen an.

6.1.1 Der Punkt

Z 1.1 Ein Punkt steht am Schluss von Aussagesätzen.

Das Unwetter brach los.

Aussagesätze können durch Komma oder Semikolon abgetrennt werden; ihre Zusammengehörigkeit wird dadurch unterstrichen (vor allem durch das Semikolon).

Blitze zuckten, Donnerschläge folgten, Regen prasselte hernieder.

Ebenso plötzlich hörte es wieder auf; Ruhe kehrte ein.

Z 1.2 *Kein* Punkt steht nach Überschriften und Werktiteln.

Benzinpreise alarmieren Autofahrer
Mein schönstes Erlebnis

Kein Punkt steht nach wörtlicher Rede, wenn der Satz weitergeht. Schließt der Satz mit wörtlicher Rede, folgt kein zweites Schlusszeichen (vgl. Z 4.3–Z 4.5).

„Heute gehe ich ins Kino", rief Thomas, „du kannst mitkommen, wenn du Zeit hast."

6.1.2 Das Ausrufezeichen

Z 1.3 Das Ausrufezeichen steht am Schluss von Sätzen, die eine Aufforderung, einen Wunsch oder eine nachdrückliche Behauptung enthalten.

Machen Sie doch Platz!
Könnten wir uns doch morgen schon wiedersehen!
Glaub mir, er war es, ich habe ihn wiedererkannt!

Z 1.4 Ausrufezeichen stehen auch nach
– kurzen Befehlen, Bitten, Ausrufen
  Zurücktreten!
  Hilfe!
  Ein toller Ausblick!
– entsprechenden Überschriften und Titeln
  Urlauber gerettet!

6.1.3 Das Fragezeichen

Z 1.5 Das Fragezeichen steht am Schluss
– von Fragesätzen und Kurzfragen
  Möchtest du noch etwas Tee? Genug?
  Wo warst du, Adam?
– von entsprechenden Überschriften und Titeln
  Mörder gefasst?

Z 1.6 Kein Fragezeichen steht nach indirekten Fragen.

Lena fragte, ob ich mitkomme.
Bob erkundigte sich danach, wie es dir geht.

6.2 Kommasetzung

6.2.1 Zur Gliederung im einfachen Satz

6.2.1.1 Grundregeln

Z 2.1 Der so genannte einfache Satz mit den Satzgliedern Subjekt, Prädikat, Objekt, mit adverbialer Bestimmung und einfachen Attributen enthält kein Komma!

Eine Tagung ging zu Ende.

In Bremen ging am Freitag eine Tagung über die Beseitigung von Sondermüll zu Ende.

In Bremen ging am letzten Freitag eine Tagung des BUND über die Beseitigung von oft schwer zu verhinderndem Sondermüll zu Ende.

Z 2.2 Wird der einfache Satz unterbrochen durch Aufzählungen, Entgegensetzungen oder Nachträge, dann muss ein Komma gesetzt werden.

In Bremen, dem kleinsten Bundesland, ging am Freitag eine Tagung über die Beseitigung von giftigem, gefährlichem, aber oft schwer zu verhinderndem Sondermüll zu Ende.

(Vgl. genauer die nachfolgenden Regeln.)

6.2.1.2 Aufzählungen

Z 2.3 Teile einer Aufzählung werden durch Komma voneinander getrennt, wenn sie nicht durch „und" oder „oder" verbunden sind. Aufgezählt werden können

– einzelne Wörter
  Diese herrliche, großartige Landschaft!
– Satzteile und Wortgruppen
  Wir kaufen Mohrrüben, rote Paprikaschoten und grüne Bohnen.
  Sie tritt energisch an, holt schnell auf und erreicht unerwartet als Erste das Ziel.

Z 2.4 Zwischen zwei Adjektiven steht dann kein Komma, wenn sie nicht gleichrangig sind.

Im Zweifelsfall helfen folgende **Proben**:

Gleichrangige Adjektive kann man vertauschen oder durch „ebenso wie" verbinden.

Adjektive, die nicht gleichrangig sind, lassen sich nicht vertauschen: Das letzte Adjektiv ist enger mit dem Substantiv verbunden.

- gleichrangig mit Komma
  eine alte, graue Mauer
  ▶ eine ebenso alte wie graue Mauer
- nicht gleichrangig ohne Komma
  eine schöne goldene Uhr
  ▶ nicht: eine ~~goldene schöne~~ Uhr
  (Sinn: eine schöne Golduhr; die Uhr ist 1. aus Gold und 2. auch noch schön),
  das schmackhafte chinesische Essen, die allgemeine politische Lage, helles friesisches Bier

6.2.1.3 Entgegensetzungen

Z 2.5 Entgegensetzungen werden durch Komma abgetrennt. Entgegenstellende Wörter sind z. B.: aber, sondern, einerseits – andererseits, teils – teils.

Sie tritt noch an, aber sie verfehlt den Sieg.
Einerseits durch die Bilder beeindruckend, andererseits inhaltlich dürftig.

Kein Komma steht bei ausschließenden oder vergleichenden Wörtern: oder, entweder – oder, sowohl – als auch, beziehungsweise, wie, als.
Jetzt kommen sowohl mein Freund als auch seine Schwester morgen mit uns.
Wir waren schneller als erwartet. Es lief alles wie gewünscht.

Aber: Folgt ein vollständiger Vergleichssatz, steht ein Komma:
Alles lief, wie wir es uns gewünscht hatten.

6.2.1.4 Zusätze und Nachträge

Z 2.6 Zusätze und Nachträge werden mit Komma abgetrennt:

- Beifügungen im gleichen Fall (Appositionen)
  Birgit, unserer besten Läuferin, wurde der Pokal überreicht.
- Hervorhebungen mit „und zwar", „insbesondere", „nämlich", „z. B.", „vor allem"
  Birgit hatte als Letzte in der Staffel noch den Sieg gerettet, und zwar bravourös!
- nachgestellte Erläuterungen
  Birgit hockte noch auf dem Rasen, sichtlich außer Atem.

6.2.2 Zur Abtrennung von Teilsätzen

Vor allem in längeren Sätzen, die aus mehreren Teilsätzen (Hauptsätzen und Nebensätzen) bestehen, ist das Komma ein unerlässliches Mittel der Gliederung und Übersichtlichkeit.

Nachdem das Unwetter,	*Nebensatz 1. Grades*
das den ganzen Tag über gewütet hatte,	*Nebensatz 2. Grades*
abgezogen war,	*Nebensatz 1. Grades*
trat plötzlich Ruhe ein.	***Hauptsatz***

Z 2.7 Teilsätze werden voneinander durch Komma getrennt, wenn sie nicht durch „und" oder „oder" verbunden sind.

Diese Grundregel lässt sich noch wie folgt unterteilen:

6.2.2.1 Hauptsätze

Z 2.8 Hauptsätze können – statt durch Schlusszeichen oder Semikolon – durch Komma voneinander getrennt werden (vgl. Z 1.1).

Das Gewitter verzog sich, die Natur wurde wieder ruhig.

Kein Komma steht in der Regel, wenn Hauptsätze durch folgende Bindewörter verbunden sind: *und, oder, beziehungsweise, weder – noch, entweder – oder.*

Das Gewitter verzog sich und die Natur wurde wieder ruhig.

Auch erlaubt: Das Gewitter verzog sich, und die Natur wurde wieder ruhig.

6.2.2.2 Nebensätze

Z 2.9 *Nebensätze* werden von Hauptsätzen durch Komma abgetrennt.

Das Komma steht **vor und nach** dem eingeschobenen Nebensatz.

Thomas sagte, *dass er morgen kommen wird.* Obwohl *Anja so müde war,* sagte sie zu. Das Buch, *das er hatte ausleihen wollen,* vergaß er.

Eine wichtige Voraussetzung der korrekten Kommasetzung ist das Erkennen von Nebensätzen.

Z 2.10 *Nebensätze* werden **von anderen Nebensätzen** durch Komma abgetrennt, soweit sie nicht durch „und" oder „oder" verbunden (und damit gleichrangig) sind.

Thomas sagte, dass er morgen kommen würde, wenn Anja nichts dagegen haben würde.

Obwohl Anja müde war und morgen gern ausgeschlafen hätte, sagte sie zu.

6.2.3 Kann-Regeln zur eigenen Entscheidung

Die Regeln für die Zeichensetzung erlauben eine Reihe von eigenen Entscheidungen. Meist geht es darum, mithilfe der Kommasetzung das Verstehen und die Übersichtlichkeit zu erleichtern. Die wichtigsten Fälle werden im Folgenden dargestellt.

6.2.3.1 Einheit, Nachtrag oder Aufzählung?

Oft liegt es im eigenen Ermessen, ob eine Fügung mit dem einfachen Satz eine Einheit bildet (ohne Komma, s. Z 2.1), ob sie als Zusatz bzw. Nachtrag (Abtrennung durch Komma, s. Z 2.6) oder als Aufzählung (einfaches Komma Z 2.3) verstanden werden soll. In solchen Fällen entscheidet der/die Schreibende selbst.

Z 2.11 Kann-Regeln für folgende Fälle:
– Nachtrag oder nicht?

Die ganze Familie(,) samt Kindern und Enkeln(,) besuchte die Großeltern.

Alle Ausgaben(,) wie Fahrt und Aufenthalt(,) werden ersetzt. (Beispielhafte Erläuterungen zum Substantiv)

– Zusatz von Konjunktion abtrennen (betonen)?

Alle Ausgaben werden ersetzt, *vorausgesetzt(,) dass* man sie auch nachweisen kann.

6.2.3.2 Erweiterte Infinitive

Z 2.12 Infinitivgruppen grenzt man mit Komma ab, wenn eine der folgenden Bedingungen erfüllt ist:
– Die Infinitivgruppe wird durch um, ohne, statt, anstatt, außer, als eingeleitet.

Er öffnete den Schrank, um die Bücher wieder hineinzustellen.

– Die Infinitivgruppe hängt von einem Substantiv ab.

Sie hatte den Traum, mit ihrer Firma noch erfolgreicher zu sein.

– Die Infinitivgruppe hängt von einem Korrelat oder einem Verweiswort ab.

Susanne liebt es, ihrem Freund lange Briefe zu schreiben.

Wenn ein bloßer Infinitiv vorliegt, können im zweiten und dritten der genannten Fälle die Kommas weggelassen werden, wenn es dadurch nicht zu Missverständnissen kommen kann.

Z 2.13 Werden Infinitiv-, Partizip- und vergleichbare Wortgruppen **als Zusätze angekündigt oder nachgestellt,** *müssen* sie nach Z 2.6 durch Komma abgetrennt werden.

Daran, *ihn doch noch aufzuhalten,* dachte sie nicht schnell genug. **So,** *über das ganze Gesicht lachend,* begrüßte sie ihn am nächsten Tag. Sie saß auf der Terrasse, *ganz in Decken verpackt.*

6.2.3.3 Empfehlungen zur Kommasetzung bei Infinitiven und Partizipien

Wer geringe Schwierigkeiten hat, erweiterte Infinitive und Partizipien im Satz zu erkennen, sollte sie immer durch Komma abtrennen. Dadurch vermeidet man Missverständnisse und die Gefahr, Ausnahmeregelungen zu übersehen (vgl. Z 2.12/Z 2.13).

Wer Schwierigkeiten mit dem schnellen Erkennen solcher Wortgruppen hat, sollte auf jeden Fall darauf achten, lange Sätze ausreichend durch Kommas zu gliedern und Nachträge durch Kommas abzutrennen (vgl. Z 2.13). Bei kurzen Sätzen werden der/dem Schreibenden kaum Fehler unterlaufen.

6.2.3.4 Durch „und" verbundene gleichrangige Teilsätze und selbständige Sätze

Z 2.14 Sind gleichrangige Teilsätze, Wortgruppen oder Wörter durch *und, oder, beziehungsweise/bzw., sowie* (= und), *wie* (= und), *entweder ... oder, nicht ... noch, sowohl ... als (auch), sowohl ... wie (auch)* oder durch *weder ... noch* verbunden, so setzt man kein Komma.

Aber: Handelt es sich um eine Reihung von selbständigen Sätzen, die durch *und, oder, beziehungsweise/bzw., entweder – oder, nicht – noch* oder durch *weder – noch* verbunden sind, kann man ein Komma setzen, um die Gliederung des Ganzsatzes deutlich zu machen.

Z 2.15 Vor „und" steht ein Komma,
- wenn es in der Verbindung „und zwar" eine nachgestellte Erläuterung einleitet

  Der Reiseleiter sprach einige Reisende persönlich an, *und zwar* diejenigen, die den Bustransfer noch nicht bezahlt hatten.
- wenn ein Nachtrag oder Einschub vorausgeht

  Die Reisenden hockten auf ihren Plätzen, sichtlich erschöpft, *und* dösten.
- wenn ein eingeschobener Nebensatz vorangeht

  Der Reiseleiter rief die Teilnehmer herbei, die sich auf der anderen Straßenseite eingefunden hatten, *und* stieg als Letzter in den Bus.

6.3 Doppelpunkt, Gedankenstrich, Apostroph, Klammern

Doppelpunkt, Gedankenstrich und Klammern können wirkungsvolle Gestaltungsmittel sein (etwa für Zusätze oder Überraschendes) – wenn sie nicht übertrieben häufig eingesetzt werden.

6.3.1 Doppelpunkt

Z 3.1 Der Doppelpunkt kündigt etwas an:
- wörtliche Rede

  Thomas sagte: „Ich komme morgen."
- Aufzählungen, besondere Angaben, erläuternde Einzelheiten

  Bisher habe ich folgende Länder kennen gelernt: Belgien, Frankreich und Italien.
- Zusammenfassungen und Schlussfolgerungen

  Daraus ergibt sich: Du solltest mehr für deine Kondition tun.

Großgeschrieben wird nach Doppelpunkt: immer bei wörtlicher Rede und bei ganzen Sätzen (vgl. R 3.1).

6.3.2 Gedankenstrich und Apostroph

Z 3.2 Der **Gedankenstrich** wird häufig bei deutlichen Sprechpausen verwendet, und zwar
- um Unerwartetes anzukündigen

  Er erschrak aufs Äußerste – ein Fremder stand in seinem Zimmer.

  (oft auch Doppelpunkt möglich)

  (Er erschrak aufs Äußerste: Ein Fremder stand in seinem Zimmer.)
- um Zusätze oder Nachträge einzugrenzen

  In diesem Moment – die Feier war noch nicht zu Ende – schrie jemand im Saal auf.

  (Nach eingeschobenen Ganzsätzen – Parenthesen – steht kein Punkt, wohl aber Frage- oder Ausrufezeichen.)

  So, meine Damen und Herren – und ich betone dies hier ganz bewusst! –, kann es nicht weitergehen!

Z 3.3 Außer als Gedankenstrich und Bindestrich (vgl. R 4.15–R 4.17) werden waagerechte Striche u. a. noch benutzt
- als Einsparungs- oder **Ergänzungszeichen** (vgl. R 4.13)

  Haupt- und Nebengebäude
- als Gliederungszeichen oder **Spiegelstrich**

Keinen Punkt setzt man
- nach frei stehenden Zeilen
- am Ende von Parenthesen
- nach Abkürzungspunkten (usw.)

Z 3.4 Der **Apostroph** steht als Auslassungszeichen für ausgelassene Laute oder Buchstaben, die normalerweise gesprochen oder geschrieben würden.

's ist unglaublich! So 'n Blödsinn!
Ku'damm (für: Kurfürstendamm)

Apostroph wird auch beim Genitiv nach Namen gesetzt, die auf -s (auch -ss, -ß, -tz, -z, -x) enden.

Hans' Geburtstag,
Aristoteles' Philosophie

Kein Apostroph steht
- bei Verschmelzung von Präposition und Artikel,
  Folgen Sie mir aufs Revier!
- bei ungebeugten Adjektiven,
  ein einzig Wort
- bei ausgelassenem Schluss-e.
  Die Reu ist lang.
  Ich lass dich nicht weg.

6.3.3 Klammern – oder Gedankenstriche oder Kommas?

Z 3.5 Durch Setzen von Klammern kann man Zusätze und Nachträge deutlich vom übrigen Text unterscheiden.

Susanne (15 Jahre, 10. Klasse) sucht ständigen Chatpartner.

Bei eingeklammerten ganzen Sätzen steht ein Schlusspunkt nur, wenn diese für sich stehen, also nicht in einen anderen Satz einbezogen sind.

Beim internationalen Schülertreffen (mit mehreren holländischen Bands) war wirklich etwas los.

Tina erhielt den Preis für den originellsten Song. (Der Text war eigentlich ein „alter Hut", aber Melodie und Rhythmus wirkten neu.)

6.3.4 Empfehlungen zur Setzung von Kommas, Klammern oder Gedankenstrichen

Bei Nachträgen und Einschüben hat man oft die Wahl, ob man sie durch Kommas, Klammern oder Gedankenstriche vom übrigen Satz abgrenzen will.

1. Von den eher ungewöhnlichen Mitteln sollte man keinen übertrieben häufigen Gebrauch machen, sonst verlieren sie ihre Wirkung. Klammern sollte man beispielsweise nicht verwenden, um sich die Mühe eines klaren Satzbaus zu ersparen, sondern einsetzen für zusätzliche Angaben, wie sie auch in Fußnoten stehen könnten:
Sie isst gern Obst (besonders Trauben und Bananen). Besser: Sie isst gern Obst, besonders Trauben und Bananen.

2. Der eingeklammerte Zusatz muss in seiner grammatischen Form zum übrigen Satz passen: Auf der Ausstellung Cebit in Hannover) konnte man sich auch von ausländischen Anbietern (Amerikaner, Japaner) das Neueste vorführen lassen. Besser: Auf der Ausstellung Cebit in Hannover konnte man sich auch von ausländischen Anbietern, z. B. von Amerikanern oder Japanern, das Neueste vorführen lassen. Auch: ... Anbietern (Amerikanern, Japanern) ...

3. Ob man Klammern, Gedankenstriche oder Kommas benutzt, hängt von der erwarteten Wirkung ab. Kommas heben den Einschub weniger hervor. Klammern fallen mehr auf, enthalten Zusatzinformationen, die aber nicht als vorrangig erscheinen. Gedankenstriche sollte man vor allem für Einschübe und Ganzsätze (Parenthesen) verwenden, die bewusst, z. B. als Kommentar, hervorgehoben werden sollen.

4. Vergleiche: Auch dieses Bild des Künstlers, ein Stillleben, war in einem verwaschenen Blau gehalten. Auch dieses Bild des Künstlers (es ist wohl sein letztes) ist in einem verwaschenen Blau gehalten. Auch dieses letzte Bild des Künstlers – und technisch gesehen kann man es noch als sein gelungenstes bewerten! – beeindruckte niemanden.

6.4 Anführungszeichen, wörtliche Rede und Zitat

6.4.1 Anführungszeichen

Z 4.1 In Anführungszeichen setzt man
- wörtliche Rede
  Der Minister sagte: „Wir beginnen die humanitäre Offensive mit einer Lebensmittelsendung."
- Zitate (wörtlich wiedergegebene Textstellen)
  Der Minister nannte die Hilfsaktion eine „humanitäre Offensive".

- zitierte Titel (bei kurzen, als Titel erkennbaren Namen auch ohne Anführungszeichen; zur Großschreibung und Deklination vgl. R 3.2)

  "Tonio Kröger" hat mir gut gefallen. In Deutsch lesen wir den "Kaukasischen Kreidekreis". Goethes "Faust" steht erst später auf dem Plan. (**Auch:** Goethes Faust, da in diesem Zusammenhang als Werktitel erkennbar)

- Ausdrücke, die man erläutern, in übertragener Bedeutung oder als ironisch verstanden wissen will

  (Nicht übertrieben häufig verwenden!)

  Die Präposition "wegen" verlangt den Genitiv. Der Ausdruck "Humor" wird oft unbedacht für alle möglichen komischen Darstellungen benutzt. Die "Formel-1" konnte er "nur" einmal gewinnen!

6.4.2 Wörtliche Rede: Anführungszeichen, Satzzeichen, Groß- und Kleinschreibung

Z 4.2 Ein Begleitsatz kündigt häufig die wörtliche Rede an, unterbricht sie oder folgt ihr.

Grundsätzlich gilt: Satzzeichen, die zur wörtlichen Rede gehören, stehen innerhalb der Anführungszeichen; Satzzeichen, die zum Begleitsatz gehören, außerhalb. Punkte stehen als Schlusszeichen nur am Ende des Gesamtsatzes; endet dieser mit wörtlicher Rede, so steht kein zweites Schlusszeichen. Großgeschrieben wird am Anfang des Gesamtsatzes und nach Doppelpunkt.

Einzelheiten kann man sich am besten anhand der Stellung des Begleitsatzes merken:

Z 4.3 **Begleitsatz vorn:**
- Doppelpunkt nach Begleitsatz
- danach Großschreibung
- kein zweites Schlusszeichen

Ulrike fragte: "Hast du heute schon etwas vor?"

Tim antwortete: "Der Film im Gloria soll gut sein."

Z 4.4 **Begleitsatz hinten:**
- *Begleitsatz* durch Komma abgetrennt
- kein Schlusspunkt am Ende der wörtlichen Rede
- Kleinschreibung zu Beginn des Begleitsatzes

"Hast du heute schon etwas vor?", *fragte Ulrike.*

"Der Film in der Schauburg soll gut sein", *antwortete Tim.*

Z 4.5 **Begleitsatz eingeschoben:**
- Begleitsatz in Kommas eingeschlossen
- danach Kleinschreibung
- Schlusszeichen vgl. Z 4.3 und Z 4.4

"Tim", *fragte Tina*, "hast du heute schon etwas vor?"

"Nein, überhaupt nicht!", *meinte Tim*, "der Film im Gloria soll gut sein."

6.4.3 Wörtlich zitieren

Z 4.6 **Zitierregeln**

1. Zitate werden durch Anführungszeichen gekennzeichnet.
2. Wörtliche Textübernahmen müssen dem Original entsprechen, auch in Rechtschreibung, Zeichensetzung und Grammatik.
3. Auslassungen werden durch drei Punkte gekennzeichnet; sie dürfen den Sinn des Originals nicht entstellen. ("Auslassungen werden ... gekennzeichnet ...")
4. Müssten bei einem Zitat zu viele Änderungen vorgenommen werden (s. 2. und 3.), so ist es sinnvoller, den ganzen Satz zu zitieren oder auf das Zitat zu verzichten.
5. Sind im Original schon Anführungszeichen enthalten, so werden diese im Zitat durch einfache An- und Abführungsstriche ersetzt.

A a

A, a das [aː] <-, -> *der 1. Buchstabe des Alphabets:* „Andreas" schreibt man mit „A".; ■ **das A und O** *das Wichtigste, das Notwendigste, die Hauptsache* Schreiben ist das A und O im Beruf eines Journalisten.; ■ **Wer A sagt, muss auch B sagen.** *Wer eine Sache beginnt, muss sie auch zu Ende führen.* Jetzt hast du unserem Sohn schon die Teilnahme am Skikurs versprochen, da sollten wir ihm auch noch Geld für Skier geben: Wer A sagt, muss auch B sagen.; ■ **von A bis Z** *von Anfang bis Ende, komplett, vollständig* In dem Artikel wird die Herstellung des Geräts von A bis Z beschrieben.

Ä, ä das [ɛː] <-, -> *der Umlaut des „a":* Das Wort „Ärmel" schreibt man mit „Ä".

Aal der [ˈaːl] <-(e)s, -e> ❶ *ein sehr langer und dünner Fisch, der wie eine Schlange aussieht:* frischer/gebackener/geräucherter Aal ◆ -fang, -korb, -suppe, Fluss-, Räucher- ❷ ■ **sich winden wie ein Aal** *versuchen, aus einer schwierigen oder peinlichen Situation herauszukommen;* ■ **glatt wie ein Aal sein** *verwendet, um das Verhalten oder das Wesen einer Person zu beschreiben, der es immer gelingt, schwierigen oder problematischen Situationen auszuweichen* Der Typ ist glatt wie ein Aal.
► aalglatt

ab [ap] **I.** *adv (umg.)* ■ **ab sein** *nicht mehr befestigt sein* Der Knopf ist ab.; ■ **auf und ab** *immer wieder ein Stück in die eine Richtung und dann wieder zurück* Während sie auf ihn wartete, lief sie die Straße auf und ab.; ■ **ab und zu** *(≈ manchmal) verwendet, um auszudrücken, dass etwas in unregelmäßigen Abständen geschieht* Ich gehe ab und zu ins Kino, aber nicht jede Woche.; ■ **Hamburg ab 7.26 Uhr** *verwendet, um den Zeitpunkt der Abfahrt eines Zuges, Busses oder Schiffs bzw. den Zeitpunkt des Abflugs eines Flugzeugs anzugeben* **II.** *präp +Akk. verwendet, um auszudrücken, dass etwas von einem bestimmten Zeitpunkt an gilt:* Ab morgen werde ich nicht mehr rauchen (≈ Morgen ist der erste Tag, an dem ich nicht mehr rauche).; Ab nächster Woche gelten neue Tarife.; ■ **Kinder ab zwölf Jahre** *Kinder, die zwölf Jahre alt sind oder älter* **III.** *präp +Dat. verwendet, um auszudrücken, von welcher Stelle an etwas gilt:* Ab hier Betreten verboten.

Ạb·bau der [ˈapbaʊ] <-(e)s> /kein Plur./ ❶ *(↔ Aufbau) der Vorgang, dass etwas in seine Bestandteile zerlegt wird:* der Abbau des Baugerüsts/des Zirkuszelts/der Zuschauertribüne ❷ BERGB. *der Vorgang, dass Bodenschätze wie Eisenerz oder Kohle aus dem Boden herausgeholt werden:* der Abbau von Braunkohle/Eisenerz/Kupfer ❸ WIRTSCH. *(≈ Verringerung) der Vorgang, dass man die Zahl von etwas kleiner macht:* der Abbau von Arbeitsplätzen

ạb·bau·en <baust ab, baute ab, hat abgebaut> **I.** *mit OBJ* ■ **jmd. baut etwas ab** ❶ *(↔ aufbauen) in seine Bestandteile zerlegen:* eine Bühne/ein Gerüst/ein Zelt abbauen ❷ BERGB. *Bodenschätze wie z.B. Kohle oder Eisen aus dem Boden holen:* Kohle abbauen ❸ WIRTSCH. *(≈ reduzieren, verringern) die Zahl von etwas kleiner machen:* Das Unternehmen muss Arbeitsplätze abbauen. **II.** *ohne OBJ* ■ **jmd. baut ab** *verwendet, um auszudrücken, dass die körperlichen und geistigen Fähigkeiten eines Menschen (im Alter) geringer werden:* Seit ihrem sechzigsten Geburtstag hat sie stark abgebaut: Sie kann nicht mehr gut laufen und verlässt nur selten das Haus.

ạb·bei·ßen <beißt ab, biss ab, hat abgebissen> ■ *mit OBJ* ■ **jmd. beißt etwas (von etwas** *Dat.)* **ab** *in etwas beißen und ein Stück davon abtrennen:* ein Stück (vom Apfel) abbeißen; Der Hund beißt ein Stück von der Wurst ab.

ạb·be·stel·len <bestellst ab, bestellte ab, hat abbestellt> *mit OBJ (↔ bestellen)* ❶ ■ **jmd. bestellt etwas ab** *sagen, dass man etwas, das man bestellt oder abonniert hat, nicht mehr haben will:* ein Abonnement/eine Zeitung abbestellen ❷ ■ **jmd. bestellt jmdn./etwas ab** *einen Auftrag zurücknehmen:* Wir haben den Handwerker wieder abbestellt. ► Abbestellung

ạb·bie·gen <biegst ab, bog ab, hat/ist abgebogen> *ohne OBJ* ■ **jmd. biegt (irgendwohin) ab** *(sein) mit einem Fahrzeug die Straße verlassen, auf der man bisher gefahren ist, und nach links oder rechts in eine andere Straße hineinfahren:* in eine Seitenstraße abbiegen; nach links/rechts abbiegen; Biegen Sie an der nächsten Kreuzung rechts ab!

ạb·bil·den <bildest ab, bildete ab, hat abgebildet> *mit OBJ* ■ **jmd. bildet jmdn./**

etwas ab jmdn. oder etwas auf einer Fotografie, einem Bild oder in einer Zeichnung darstellen: Auf Seite 15 ist ein Schloss abgebildet. ▶ Abbildung

ab·bre·chen <brichst ab, brach ab, hat/ist abgebrochen> I. mit OBJ (haben) ❶ ■ jmd. bricht etwas ab (von etwas Dat.) ab einen Teil von etwas wegnehmen, indem man Kraft anwendet: einen Ast vom Baum abbrechen; ein Stück Schokolade von der Tafel abbrechen ❷ ■ jmd. bricht etwas ab (≈ abreißen) ein Gebäude zerstören: ein altes Haus abbrechen ❸ ■ jmd. bricht etwas ab vor dem geplanten Ende beenden: die Lehre/das Studium/die Verhandlungen abbrechen; ■ sich einen abbrechen (umg.) sich (in ungeschickter Weise) große Mühe bei etwas geben Er schien sich fast einen abzubrechen; dennoch brachte er die Maschine nicht zum Laufen. II. ohne OBJ ■ etwas bricht ab (sein) ❶ an einer bestimmten Stelle (in zwei Teile) brechen: Der Bleistift ist abgebrochen. ❷ plötzlich aufhören: Die Verbindung brach während des Telefongesprächs plötzlich ab.

ab·bren·nen <brennst ab, brannte ab, hat/ist abgebrannt> I. mit OBJ ■ jmd. brennt etwas ab (haben) etwas anzünden und brennen lassen, bis es nicht mehr da ist: Fackeln/ein Feuerwerk abbrennen II. ohne OBJ ■ etwas brennt ab (sein) (≈ niederbrennen) brennen, bis es nicht mehr da ist; durch Feuer zerstört werden: Die Scheune ist abgebrannt.; ■ abgebrannt sein (umg.) kein Geld mehr haben Kannst du mir vielleicht etwas Geld leihen? Ich bin momentan völlig abgebrannt.

ab·bu·chen <buchst ab, buchte ab, hat abgebucht> mit OBJ ■ jmd. bucht etwas (von etwas Dat.) ab BANKW. einen Geldbetrag von einem Konto nehmen; ■ etwas abbuchen lassen etwas (regelmäßig) bezahlen, indem durch die Bank eine bestimmte Geldsumme vom eigenen Konto auf das Konto des Verkäufers oder Vermieters übertragen wird Wir lassen die Miete jeden Monat von unserem Konto abbuchen; Wenn man einen Dauerauftrag hat, wird die Miete automatisch (vom eigenen Konto) abgebucht.

Abc das [abeˈtseː] <-> /kein Plur./ (umg.) das Alphabet: Er geht schon in die Schule, aber er kann noch nicht einmal das Abc.

ab·de·cken mit OBJ ❶ ■ jmd. deckt etwas ab etwas entfernen, das anderes bedeckt: das Tuch von der Schüssel abdecken ❷ ■ jmd. deckt etwas ab etwas, das auf etwas anderem liegt, wegnehmen; ■ den Tisch abdecken das benutzte Geschirr von einem Tisch nehmen ❸ ■ jmd. deckt etwas mit etwas Dat. ab (zum Schutz) mit etwas bedecken: eine Grube mit Brettern abdecken; Im Winter decken wir die Blumen mit Tannenzweigen ab.

ab·dre·hen <drehst ab, drehte ab, hat abgedreht> mit OBJ ■ jmd. dreht etwas ab ❶ etwas zumachen oder ausschalten: das Gas/das Licht/das Wasser/den Wasserhahn abdrehen ❷ eine bestimmte Szene für einen Film drehen: Die bestimmte Szene im Park haben wir schon abgedreht.

Abend der [ˈaːbn̩t] <-s, -e> (↔ Morgen) die Zeit des Tages von Sonnenuntergang bis Mitternacht: am frühen/späten Abend; Ich gehe heute Abend ins Kino.; gestern/heute/morgen Abend; ■ Es ist noch nicht aller Tage Abend. es besteht noch Hoffnung; ■ ein bunter Abend eine Abendveranstaltung mit Unterhaltungsprogramm; ■ Heilig(er) Abend der 24. Dezember; ■ Man soll den Tag nicht vor dem Abend loben. (Sprichwort) verwendet, um auszudrücken, man solle nicht zu früh glauben, den Ausgang einer Sache zu kennen; ■ Je später der Abend, desto netter die Gäste. (scherzh.) verwendet als Begrüßung für Gäste, die spät kommen ◆ -dämmerung, -nachrichten, -zeitung, Montag-, Sommer-; siehe auch **Dienstagabend** ❷ …abend /als Zweitglied in Komposita/ am Abend¹ stattfindende Veranstaltung im Zusammenhang mit der Sache, die im ersten Wortteil ausgedrückt ist: Elternabend, Informationsabend, Vortragsabend

Abend·es·sen das <-s, -> (≈ Abendbrot) (meist kalte) Mahlzeit am Abend: Bei uns gibt es meist gegen 19.00 Uhr Abendessen.; den Tisch für das Abendessen decken

Abend·kas·se die <-, -n> (↔ Vorverkauf) die Kasse, an der man direkt vor Beginn einer Veranstaltung Eintrittskarten kaufen kann: Wir hatten Glück und konnten noch an der Abendkasse Konzertkarten kaufen.

abends [ˈaːbn̩ts] adv (↔ morgens) am Abend: Die Veranstaltung findet abends statt.

Aben·teu·er das [ˈaːbn̩tɔyɐ] <-s, -> ein Erlebnis, das aufregend und oft auch gefährlich ist: Die Fahrt durch Sibirien war ein großes Abenteuer.; ein Abenteuer bestehen/erleben; Als Kind träumte er von den Abenteuern der Indianer. ▶ abenteuerlich, Abenteurer ◆ -film, -spielplatz, -urlaub, Reise-

aber ['aːbɐ] I. *konj* ❶ *verwendet, um einen Gegensatz zwischen der Aussage des Hauptsatzes und der des Nebensatzes auszudrücken:* Die Kinder schlafen, aber die Mutter ist noch wach.; Es regnet, aber es ist nicht kalt. ❷ *verwendet, um eine Behauptung einzuschränken:* Die Portionen sind knapp, aber sehr sättigend.; Er ist talentiert, aber faul. II. *part (umg.)* ❶ *verwendet, um auszudrücken, dass eine Aufforderung dringend ist:* Jetzt aber schnell!; Aber jetzt nichts wie weg hier! ❷ *(≈ vielleicht) verwendet, um auszudrücken, dass man etwas nicht erwartet hat und erstaunt ist:* Die Kinder sind aber groß geworden!; Das ist aber eine schöne Überraschung!

Aber ohne Wenn und Aber *ohne, dass es mit irgendwelchen Bedingungen verbunden ist oder von etwas abhängt* Er hat mir ohne Wenn und Aber Geld geliehen.

ab·fah·ren <fährst ab, fuhr ab, hat/ist abgefahren> *ohne OBJ* ■ **jmd. fährt ab** (sein) *(≈ losfahren) die Fahrt beginnen:* Der Zug fährt in fünf Minuten ab.; Wann werdet ihr morgen abfahren?; ■ **(voll) auf etwas/jemanden abfahren** *(umg.) von etwas oder jmdm. begeistert sein* Diese Musik ist doch out; auf die fährt heute kein Mensch mehr ab!; Meine Tochter fährt (voll) auf diesen Schauspieler ab. Sie ist ganz verrückt nach ihm.

Ab·fahrt die <-, -en> ❶ *(↔ Ankunft) Beginn einer Fahrt:* Die Abfahrt ist um 7.00 Uhr. ❷ *Ausfahrt auf einer Autobahn:* Wir müssen die nächste Abfahrt nehmen, um nach Lübeck zu kommen.

Ab·fall der <-(e)s, Abfälle> *(≈ Müll) Dinge oder Reste von etwas, die nicht mehr verwendet werden und deshalb weggeworfen oder entsorgt werden:* den Abfall in eine Mülltonne werfen; Brauchst du das noch, oder ist es Abfall? ▸ -beseitigung, -tonne

Ab·fall·ei·mer der <-s, -> *(≈ Mülleimer) ein Behälter, in den man Abfall wirft:* Der Abfalleimer ist voll und muss geleert werden.; etwas in den Abfalleimer werfen

ab·flie·gen <fliegst ab, flog ab, ist abgeflogen> *ohne OBJ* ■ **jmd. fliegt ab** *in einem Flugzeug starten, eine Fahrt beginnen:* Ich fliege am Montag nach Peking ab.; Wir fliegen um 11 Uhr morgens in Frankfurt ab. ▸ Abflug

ab·fra·gen <fragst ab, fragte ab, hat abgefragt> *mit OBJ* ■ **jmd. fragt jmdn./jmdm. etwas ab** *jmds. Wissen und Kenntnisse überprüfen, indem man ihm Fragen stellt:* Vokabeln abfragen

ab·fül·len <füllst ab, füllte ab, hat abgefüllt> *mit OBJ* ■ **jmd. füllt etwas (in etwas** *Akk.*) **ab** *etwas (meist eine Flüssigkeit) von einem größeren Gefäß in ein kleineres Gefäß füllen:* (Wein) in Flaschen abfüllen; ■ **jemand füllt jemanden ab** *(umg.) betrunken machen* Sie wollten ihren Kollegen abfüllen, also ihn betrunken machen. ▸ Abfülldatum

Ab·gas das <-es, -e> */meist Plur./ das Gas, das bei der Verbrennung von Treibstoff in einem Verbrennungsmotor entsteht:* die Abgase der Autos ▸ Auto-, Industrie-

ab·ge·ben <gibst ab, gab ab, hat abgegeben> I. *mit OBJ* ❶ ■ **jmd. gibt etwas (bei jmdm./irgendwo) ab** *(≈ aushändigen) jmdm. etwas, das man bei sich hatte, geben:* Bitte geben Sie Ihren Schlüssel an der Rezeption ab.; Der Postbote kann das Päckchen bei den Nachbarn abgeben. ❷ ■ **jmd. gibt etwas ab** *(≈ äußern) Äußerungen zu etwas machen:* einen Kommentar abgeben ❸ ■ **jmd. gibt etwas ab** *zu etwas geeignet sein; etwas darstellen:* Sie wird einmal eine gute Mutter abgeben.; eine gute/ schlechte Figur abgeben ❹ ■ **jmd. gibt jmdm. etwas ab** *jmdm. ein Stück von etwas, das man selbst hat, geben:* Gibst du mir etwas von deiner Schokolade ab? II. *mit SICH* ❶ ■ **jmd. gibt sich mit etwas** *Dat.* **ab** *sich beschäftigen:* In ihrer Freizeit gibt sie sich gerne mit Pferden ab.; Mit so einer Kleinigkeit gebe ich mich nicht ab. ❷ ■ **jmd. gibt sich mit jmdm. ab** *(umg. abwert.) zu jmdm. Kontakt haben, der einen schlechten Einfluss auf jmdn. ausübt:* Mir gefällt es nicht, dass sie sich immer mit diesem Jungen abgibt.

ab·ge·hen <gehst ab, ging ab, ist abgegangen> I. *mit OBJ* ■ **jmd. geht etwas ab** *jmd. geht einen Weg nochmal entlang, um etwas zu überprüfen:* Ich bin den ganzen Weg nochmal abgegangen, aber ich habe meinen Schlüssel nicht gefunden. II. *ohne OBJ* ❶ ■ **jmd. geht ab** *die Schule beenden oder vorzeitig verlassen:* Sie ist nach der neunten Klasse abgegangen. ❷ ■ **etwas geht ab** *(umg.) sich lösen:* Da ist ja schon wieder ein Knopf abgegangen! ❸ ■ **etwas geht jmdm. ab** *mangeln, fehlen:* Dafür geht mir jegliches Verständnis ab. ❹ ■ **jmd. geht ab** *als Schauspieler von der Bühne treten:* nach dem dritten Akt von der Bühne abgehen; **Das geht ja ab hier!** *(jugendspr.) Hier ist tolle Stimmung!*

ab·ge·macht *interj verwendet, um auszudrücken, dass man mit einem Vorschlag einverstanden ist:* Abgemacht! Wir treffen uns vor dem Kino!

Ab·ge·ord·ne·te der/die ['apgəˌɔrdnətə] <-n, -n> *ein Mann oder eine Frau, der bzw. die Mitglied des Parlaments ist:* eine Abgeordnete der Bürgerpartei

ab·ge·schlos·sen *adj /nicht steig./* ❶ *so, dass etwas in sich geschlossen ist und eine Einheit bildet:* ein abgeschlossener Bereich ❷ *(≈ vollendet) so, dass man einen Abschluss besitzt; fertig, beendet:* eine abgeschlossene Ausbildung

ab·ge·wöh·nen **I.** *mit OBJ* ■ **jmd. gewöhnt jmdm. etwas ab** *(↔ angewöhnen) bewirken, dass jmd. etwas nicht mehr tut:* Kann man dem Jungen dieses Verhalten nicht abgewöhnen? **II.** *mit SICH* ■ **jmd. gewöhnt sich etwas ab** *mit einer schlechten Gewohnheit aufhören:* Er hat sich das Rauchen abgewöhnt.

ab·gren·zen <grenzt ab, grenzte ab, hat abgegrenzt> **I.** *mit OBJ* ■ **jmd. grenzt etwas ab** ❶ *(≈ definieren) genau angeben, was etwas ist oder umfasst und wie es sich von anderen (vergleichbaren) Dingen unterscheidet:* ein genau abgegrenztes Arbeitsgebiet ❷ *ein Gebiet von einem anderen deutlich trennen:* den Garten durch einen Zaun abgrenzen **II.** *mit SICH* ■ **jmd. grenzt sich (von jmdm./etwas) ab** *deutlich machen, dass man sich von jmdm. oder etwas unterscheidet:* sich von der Meinung eines anderen abgrenzen ▸ Abgrenzung

ab·gu·cken <guckst ab, guckte ab, hat abgeguckt> *ohne OBJ* ■ **jmd. guckt jmdm. etwas ab** *(umg.: ≈ abschauen) etwas, das man bei jmdm. gesehen hat, in der gleichen Weise übernehmen:* Eure Aufsätze sind identisch. Wer hat von wem abgeguckt?

ab·ha·ken *mit OBJ* ■ **jmd. hakt etwas ab** ❶ *an ein geschriebenes Wort einen Haken machen:* Namen in einer Liste abhaken ❷ *(umg.) etwas als erledigt ansehen:* Den Besuch bei meiner Oma haben wir also ebenfalls abgehakt.

Ab·hang der <-(e)s, Abhänge> *eine Stelle, an der das Gelände eine Art schräge Fläche bildet und nach unten abfällt:* Das Auto kam von der Straße ab und stürzte den Abhang hinunter.

ab·hän·gen <hängst ab, hing ab, hat abgehangen> **I.** *mit OBJ* ❶ ■ **jmd. hängt etwas ab** *aus einer Befestigung lösen:* das Bild abhängen; einen Waggon abhängen ❷ ■ **jmd. hängt jmdn. ab** *(umg.) überholen und weit hinter sich lassen; schneller oder besser sein:* das langsame Auto/die Konkurrenz abhängen **II.** *ohne OBJ* ■ **etwas hängt von jmdm./etwas ab** *durch jmdn. oder etwas bestimmt sein:* Alles hängt vom Wetter ab!; Ob es ein Erfolg wird, hängt ganz allein von dir ab!

ab·hän·gig *adj /nicht steig./* ❶ *so, dass jmd./etwas durch etwas bestimmt wird:* Ob das Gartenfest stattfinden kann, ist vom Wetter abhängig. ❷ *(↔ selbstständig) so, dass man auf die finanzielle Unterstützung von jmdm. angewiesen ist:* als Student immer noch von den Eltern abhängig sein ❸ *(≈ süchtig) so, dass man regelmäßig Drogen o.Ä. braucht, weil man danach süchtig ist:* vom Alkohol abhängig sein/werden ▸ alkohol-, drogen-

-ab·hän·gig *als Zweitglied zusammengesetzter Adjektive, mit Betonung immer auf dem Erstglied; drückt aus,* ❶ *dass etwas durch das mit dem Erstglied Bezeichnete bedingt ist, auf ihm beruht bzw. darauf zurückzuführen ist:* temperaturabhängige Längenveränderungen von Rohrleitungen ▸ fall-, leistungs-, temperatur-, verbrauchs-, wetter-, zeit- ❷ *dass jemand von dem geprägt/abhängig ist, was mit dem Erstglied bezeichnet wird:* alkoholabhängige Jugendliche beim Komasaufen ▸ alkohol-, drogen-, rauschgift-, tabletten-

Ab·hän·gig·keit die <-, -en> ❶ *(↔ Selbstständigkeit, Unabhängigkeit) der Zustand, dass jmd. von jmdm. oder jmds. Hilfe abhängig ist:* die Abhängigkeit von den Eltern ❷ *(≈ Sucht) /kein Plur./ der Zustand, dass jmd. regelmäßig Drogen nehmen muss:* die Abhängigkeit vom Alkohol/Rauschgift ▸ Alkohol-, Drogen-

ab·he·ben <hebst ab, hob ab, hat abgehoben> **I.** *mit OBJ* ❶ ■ **jmd. hebt etwas (von etwas** *Dat.***) ab** *anheben und zur Seite bewegen:* den Deckel vom Topf abheben ❷ ■ **jmd. hebt ab** TELEKOMM. *(↔ auflegen) den Telefonhörer von der Gabel nehmen* ❸ ■ **jmd. hebt etwas von etwas** *Dat.* **ab** *(↔ einzahlen) einen Geldbetrag von einem Konto nehmen:* Geld vom Konto abheben **II.** *ohne OBJ* ❶ ■ **jmd./etwas hebt ab** *den Kontakt mit dem Erdboden verlieren und in die Höhe steigen:* Das Flugzeug/Die Rakete hebt vom Boden ab. ❷ ■ **jmd. hebt ab** *(umg. übertr.) jeglichen Bezug zur Wirklichkeit verlieren:* durch den plötzlichen Ruhm und das viele Geld abheben **III.** *mit SICH* ■ **jmd./etwas hebt sich (von etwas** *Dat.***) ab** *sich von etwas unterscheiden:* Seine Arbeit hebt sich deutlich von der der anderen ab.

ab·ho·len *mit OBJ* ■ **jmd. holt jmdn./et-**

was ab *jmdn. oder etwas an einem Ort in Empfang nehmen und mit sich nehmen:* Ich hole dich morgen am Bahnhof ab.; Die bestellten Bücher sind da und können abgeholt werden.

Ab·i·tur *das* |abiˈtuːɐ̯| <-s, -e> /*meist Sing.*/ (≈ *Reifeprüfung*) *die Prüfung, mit der jmd. das Gymnasium abschließt und die ihn zum Studium an einer Hochschule berechtigt:* für das Abitur lernen; nächstes Jahr Abitur machen; Abitur haben ▪ -jahrgang, -prüfung

Ab·i·tu·ri·ent *der*, **Ab·i·tu·ri·en·tin** |abituˈri̯ɛnt| <-en, -en> *jmd., der bald das Abitur macht oder es gerade gemacht hat*

ab·kau·fen <kaufst ab, kaufte ab, hat abgekauft> *mit OBJ* ▪ **jmd. kauft jmdm. etwas ab** (↔ *verkaufen*) *gegen Geld etwas von jmdm. übernehmen:* Er möchte uns das Auto/die Wohnung abkaufen.; ▪ **jemandem etwas (nicht) abkaufen** *(umg.) jmdm. etwas (nicht) glauben* Diese Geschichte wird dir niemand abkaufen.

ab·ko·chen <kochst ab, kochte ab, hat abgekocht> *mit OBJ* ▪ **jmd. kocht etwas ab** *etwas so lange kochen, bis es steril und ganz sauber ist:* Wasser abkochen

Ab·kom·men *das* <-s, -> *eine Abmachung (zwischen Staaten), die durch einen Vertrag geregelt ist:* ein zwischenstaatliches Abkommen

ab·kom·men <kommst ab, kam ab, ist abgekommen> *ohne OBJ* ▪ **jmd. kommt von etwas** *Dat.* **ab** ❶ *sich vom Weg oder Thema entfernen:* Das Schiff ist vom Kurs abgekommen.; Der Wagen kam von der Fahrbahn ab und prallte gegen einen Baum.; Komm nicht vom Thema ab! ❷ (≈ *aufgeben*) *nicht mehr weiter als Ziel haben:* von einer Idee/einem Plan abkommen

ab·küh·len *mit SICH* ▪ **etwas kühlt sich ab** (↔ *erwärmen*) *kühler werden:* Nach dem Gewitter hat sich die Luft stark abgekühlt.; ▪ **etwas kühlt sich ab** *etwas verliert an Intensität* Ihr Verhältnis zueinander hat sich schnell abgekühlt. ▸ Abkühlung

ab·kür·zen <kürzt ab, kürzte ab, hat abgekürzt> *mit OBJ* ❶ ▪ **jmd. kürzt etwas ab** *einen kürzeren Weg wählen:* Weil wir den Weg abgekürzt haben, waren wir schon so früh zu Hause. ❷ ▪ **jmd. kürzt etwas ab** *etwas dadurch kürzer machen, dass man etwas weglässt:* eine Rede abkürzen ❸ ▪ **jmd. kürzt etwas mit etwas** *Dat.* **ab** *nicht ein Wort in voller Länge schreiben, sondern es durch bestimmte (Anfangs-)Buchstaben ersetzen:* „Zum Beispiel" kürzt man mit „z.B." ab.

Ab·kür·zung *die* <-, -en> ❶ *eine Folge von Buchstaben, die als Kurzform für ein Wort steht:* Die Abkürzung von „zum Beispiel" ist „z.B.". ❷ (↔ *Umweg*) *ein Weg, der kürzer ist als ein anderer und der zum gleichen Ziel führt:* Ich kenne/nehme eine Abkürzung.

Abkürzungen sind im engeren Sinne bloße Kurzformen von Ausdrücken. Wirklich neue Worteinheiten entstehen durch die Bildung solcher Einheiten nicht. Neben Abkürzungen für Maßeinheiten ("km"), Gewichtsbezeichnungen ("kg") u.a.m. ("und anderes mehr") wird die verkürzte Form mit einem Punkt abgeschlossen, so wie man das Wort „Abkürzung" mit "Abk." abkürzt. Häufig werden auch die Anfangsbuchstaben einer Wortgruppe oder der Teile eines zusammengesetzten Wortes zu einer Abkürzung zusammengefügt, wie in "DV" für "Datenverarbeitung" oder "LKW/LkW" für „Lastkraftwagen". Häufig gebrauchte Abkürzungen können den Rang von Wörtern erlangen, wie z.B. der Ausdruck „Laser", der auf „light amplification by stimulated emission of radiation" zurückgeht. In letzterem Fall wissen oft nur noch die wenigsten Benutzer, wofür die verkürzte Schreibweise einmal genau gestanden hat. Verschiedene Abkürzungen lassen sich nach einiger Zeit sogar flektieren, wie z.B. "LKW" als „die LKWs", oder können Bestimmungswörter in Komposita werden, wie "LKW-Fahrer". Die Bildung von Abkürzungen jeder Art (auch hier nicht erwähnter Untertypen!) und in jedem Wortschatzbereich (Alltagssprache und Fachsprache gleichermaßen) zählt in vielen heutigen Sprachen zu den dynamischen Prozessen im Bereich der Wortbildung.

Ab·lauf *der* <-(e)s, Abläufe> *die Art und Weise, in der bestimmte Ereignisse oder Punkte eines Programms einander folgen:* den Ablauf der Veranstaltung besprechen; Der genaue Ablauf des Unfalls ist noch unklar. ▪ Programm-, Tages-

ab·le·gen I. *mit OBJ* ▪ **jmd. legt etwas ab** ❶ *an eine bestimmte Stelle legen:* die Bücher auf dem Tisch ablegen ▸ Ablage ❷ (≈ *aufgeben*) *mit etwas aufhören:* alte Gewohnheiten/das Rauchen ablegen **II.** *ohne OBJ* ❶ ▪ **jmd. legt ab** *(geh.:* ≈ *ausziehen)* Deine Jacke kannst du hier ablegen.; Legen Sie doch ab! ❷ ▪ **etwas legt ab** SEEW. *sich in Bewegung setzen und das Ufer verlassen:* Das Schiff legt ab.

ab·leh·nen *mit OBJ* ❶ ▪ **jmd. lehnt jmdn./etwas ab** *(↔ annehmen) gegen jmdn. oder etwas eingestellt sein und ihn oder es nicht haben wollen:* jede fremde Hilfe ablehnen; einen Antrag ablehnen; Die Eltern lehnen den Freund ihrer Tochter ab. ❷ ▪ **jmd. lehnt etwas ab** *(↔ bewilligen, genehmigen) offiziell sagen, dass ein Wunsch oder ein Antrag nicht erfüllt wird:* einen Antrag/eine Bitte/ein Gesuch ablehnen

ab·len·ken *mit OBJ* ▪ **jmd. lenkt (jmdn.) (von etwas** *Dat.***) ab** *die Gedanken vom Thema wegführen; die Konzentration von jmdm. auf etwas anderes lenken:* Ich kann mich nicht auf den Brief konzentrieren, denn die laute Musik lenkt mich ab.; Plötzlich sprach er über ein anderes Thema, um von den Problemen abzulenken.; jemanden bei der Arbeit/vom Thema ablenken

ab·le·sen *mit OBJ* ▪ **jmd. liest etwas ab** ❶ *bei einer Rede oder einem Vortrag nicht frei sprechen, sondern die Sätze so sagen, wie sie auf Papier geschrieben sind und vor dem Redner liegen* ❷ *lesen, welchen Messwert ein Zähler*[2] *anzeigt:* den Stromverbrauch am Zähler ablesen ▸ Ablesung

ab·ma·chen[1] *mit OBJ* ▪ **jmd. macht etwas ab** *(umg.: ≈ entfernen) bewirken, dass etwas nicht mehr da ist, wo es war:* einen Knopf vom Mantel abmachen; den Kaugummi von der Hose abmachen

ab·ma·chen[2] *mit OBJ* ▪ **jmd. macht etwas (mit jmdm.) ab** *(umg.: ≈ vereinbaren) eine Sache verabreden oder vereinbaren:* Ich habe mit ihm abgemacht, dass wir uns um 17 Uhr treffen.; Wir haben abgemacht, dass wir heute ins Kino gehen.; ▪ **Abgemacht!** *Ausruf, der eine Vereinbarung bekräftigt*

Ab·ma·chung *die* <-, -en> *(≈ Vereinbarung) eine Abmachung treffen*

ab·ma·len *mit OBJ* ▪ **jmd. malt etwas ab** *(≈ abzeichnen) etwas so malen, dass es genau einem anderen Bild entspricht:* ein Bild malen

ab·mel·den I. *mit OBJ* ▪ **jmd. meldet etwas ab** *(↔ anmelden) einer offiziellen Stelle mitteilen, dass man ein Fahrzeug, ein Telefon o.Ä., das man besitzt, nicht mehr benutzt:* sein Auto/den Fernseher/das Motorrad/das Telefon abmelden ▸ Abmeldung II. *mit SICH* ❶ ▪ **jmd. meldet sich (bei jmdm./etwas) ab** *(↔ anmelden) einer offiziellen Stelle mitteilen, dass man umzieht oder dass man nicht mehr Mitglied sein möchte:* sich beim Sportverein abmelden ▸ Abmeldung ❷ ▪ **jmd. meldet sich (bei jmdm.) ab** *jmdm., meist einem Chef, mitteilen, dass man in der nächsten Zeit nicht da ist:* Vor seinem Urlaub hat er sich bei seinem Chef abgemeldet. ▸ Abmeldung

ab·mes·sen <misst ab, maß ab, hat abgemessen> *mit OBJ* ▪ **jmd. misst etwas ab** *die Länge, Höhe, Breite usw. von etwas feststellen:* eine Entfernung abmessen; den Schrank abmessen

ab·neh·men <nimmst ab, nahm ab, hat abgenommen> I. *mit OBJ* ❶ ▪ **jmd. nimmt etwas ab** *(≈ entfernen) etwas entfernen, das irgendwo befestigt war:* ein Bild von der Wand abnehmen; den Gips/Verband abnehmen ❷ ▪ **jmd. nimmt ab** TELEKOMM. *(↔ auflegen) am Telefon den Hörer hochheben, wenn jmd. anruft:* Das Telefon klingelt. Kannst du bitte mal abnehmen? ❸ ▪ **jmd. nimmt jmdm. etwas ab** *jmdm. bei einer Sache helfen, indem man etwas für ihn trägt oder eine schwere oder unangenehme Arbeit für ihn macht:* Darf ich Ihnen den Koffer abnehmen?; Er hat mir einen Teil der Arbeit abgenommen. ❹ ▪ **jmd. nimmt jmdm. etwas ab** *von jmdm. etwas kaufen:* Ich bin froh, dass er mir mein altes Fahrrad abgenommen hat.; Die Firma nimmt der Bäckerei täglich 1000 Brötchen ab. ▸ Großabnehmer ❺ ▪ **jmd. nimmt jmdm. etwas ab** *jmdm. etwas wegnehmen:* Die Polizei hat ihm gestern den Führerschein abgenommen.; ▪ **jemandem etwas (nicht) abnehmen** *(umg.) jmdm. etwas (nicht) glauben* Diese Geschichte nehme ich dir nicht ab! II. *ohne OBJ* ❶ ▪ **etwas nimmt ab** *(≈ sinken ↔ zunehmen) weniger oder geringer werden:* Die Zahl der Touristen hat weiter abgenommen. ❷ ▪ **jmd. nimmt ab plus Gewichtsangabe** *(↔ zunehmen) an Gewicht verlieren:* Er hat durch die Krankheit mindestens zehn Kilo abgenommen. ❸ ▪ **jmd. nimmt ab (plus Angabe des Gewichts)** *(↔ zunehmen) durch eine Diät bewirken, dass man an Gewicht verliert:* Er hat in drei Monaten fünf Kilo abgenommen.; Ich möchte kein Eis essen, denn ich nehme gerade ab.

Ab·nei·gung *die* <-, -en> *(↔ Vorliebe) das Gefühl, dass man etwas nicht mag:* Sie hat eine Abneigung gegen Computer.

Abon·ne·ment *das* [abɔnəˈmãː] <-s, -s> *eine Art Vertrag zwischen einem Kunden und einem Anbieter, der dafür sorgt,* *dass der Kunde regelmäßig und meist billiger eine Zeitschrift, Theaterkarten o.Ä. erhält:* sein Abonnement für das Theater verlängern; das Abonnement der Tageszeitung kündigen ● Theater-, Zeitschriften-, Zeitungs-

Abon·nent *der*, **Abon·nen·tin** [abɔˈnɛnt] <-en, -en> *jmd., der regelmäßig eine Zeitung, eine Zeitschrift o.Ä. gegen Bezahlung erhält:* Als Abonnent bekommt man die Zeitung etwas billiger. ● Zeitungs-

abon·nie·ren [abɔˈniːrən] <abonnierst, abonnierte, hat abonniert> *mit OBJ* ■ **jmd. abonniert etwas** *ein Abonnement für etwas abschließen:* eine Zeitung abonnieren

ab·räu·men *mit OBJ* ■ **jmd. räumt etwas ab** *etwas, das an einer Stelle steht, nehmen und wegtragen:* das Geschirr abräumen

ab·rech·nen I. *mit OBJ* ■ **jmd. rechnet etwas ab** *Dat. eine Rechnung über etwas machen:* mit der Firma die Kosten für eine Reise abrechnen ● Abrechnung II. *ohne OBJ* ■ **jmd. rechnet (mit jmdm.) ab** *(umg.) jmdn. für etwas, das er getan hat, bestrafen, indem man sich an ihm rächt:* Mit dir werde ich noch abrechnen!

Ab·rei·se *die* <-, -n> *(↔ Ankunft) das Wegfahren, der Beginn einer Reise:* bis zur Abreise noch den Koffer packen müssen; Bei seiner Abreise waren alle sehr traurig. ●-tag

ab·rei·sen <reist ab, reiste ab, ist abgereist> *ohne OBJ* ■ **jmd. reist ab** *(↔ ankommen) einen Ort verlassen, um an einen anderen Ort zu reisen:* Die Gäste reisen am Freitag ab.; nach München abreisen

Ab·rüs·tung *die* <-> /kein Plur./ MILIT., POL. *der Vorgang, dass ein Staat die Zahl seiner Waffen, besonders seiner Atomwaffen, kleiner macht/verringert:* Die Abrüstung ist ein wichtiges Thema auf der Konferenz. ● abrüsten ●-sverhandlungen

Ab·sa·ge *die* <-, -n> *(↔ Zusage) ablehnender Bescheid; Mitteilung darüber, jemand werde etwas nicht tun oder hinnehmen:* Ich habe auf meine Einladung nur Absagen erhalten.; Drei der eingeladenen Professoren haben uns Absagen geschickt.; jemandem eine Absage erteilen

ab·sa·gen I. *mit OBJ* ■ **jmd. sagt etwas ab** *mitteilen/sagen, dass man etwas nicht tun wird:* Leider muss er den Termin absagen.; Das Treffen ist wegen Krankheit abgesagt worden. II. *ohne OBJ* ■ **jmd. sagt (jmdm.) ab** *sagen, dass man zu einem* *Treffen nicht kommen kann:* Für morgen muss ich (dir) leider absagen.

ab·schal·ten I. *mit OBJ* ■ **jmd. schaltet etwas ab** *(≈ ausmachen ↔ anschalten) den Schalter so stellen, dass ein Gerät nicht mehr in Betrieb ist bzw. dass kein Strom mehr fließt; die Funktion von etwas beenden:* ein Gerät/eine Maschine/den Strom abschalten II. *ohne OBJ* ■ **jmd. schaltet ab** *(umg.)* ❶ *nicht aufmerksam sein; in Gedanken woanders sein:* Der Unterricht ist immer so langweilig, dass die meisten Schüler schon nach kurzer Zeit abschalten. ❷ *(≈ entspannen) sich erholen, sich ausruhen:* In den Ferien will ich einmal richtig abschalten.

ab·schi·cken <schickst ab, schickte ab, hat abgeschickt> *mit OBJ* ■ **jmd. schickt etwas ab** *etwas zur Post oder zum Briefkasten bringen, damit es zum Empfänger befördert wird:* den Brief/das Paket abschicken

ab·schie·ben <schiebst ab, schob ab, hat abgeschoben> *mit OBJ (haben)* ■ **jmd. schiebt jmdn. ab** POL. *auf einen gerichtlichen Beschluss hin eine Person aus einem Land in ein anderes Land schicken, weil die Person in dem ersten Land unerwünscht ist:* Flüchtlinge abschieben; Ihr Asylantrag wurde abgelehnt. Deshalb wird sie jetzt abgeschoben. ● Abschiebung

Ab·schied *der* [ˈapʃiːt] <-(e)s, -e> *(↔ Begrüßung) der Vorgang, dass jmd. von einer anderen Person oder von einer Institution weggeht und sich verabschiedet:* Der Abschied von den Freunden/den Kollegen/den Eltern fällt ihr schwer.; Ich wollte noch Abschied nehmen, doch er war schon weg. ●-sfeier, -sgeschenk, -sgruß

ab·schlep·pen *mit OBJ* ■ **jmd. schleppt etwas ab** *ein Auto oder ein anderes Fahrzeug, das defekt ist oder falsch geparkt ist, durch ein spezielles Fahrzeug von einem Ort an einen anderen transportieren:* falsch geparkte Fahrzeuge abschleppen; Wir hatten eine Panne mit dem Auto und mussten abgeschleppt werden. ● Abschleppdienst

ab·schlie·ßen <schließt ab, schloss ab, hat abgeschlossen> ❶ ■ **jmd. schließt etwas ab** *mit einem Schlüssel zumachen:* das Büro/den Schrank/das Zimmer abschließen ❷ ■ **jmd. schließt etwas ab** *beenden:* eine Arbeit/ein Projekt abschließen ❸ ■ **jmd. schließt etwas (mit jmdm.) ab** *einen Vertrag unterschreiben:* eine Versicherung abschließen

Ab·schnitt *der* <-(e)s, -e> ❶ *ein bestimm-*

ter Teil eines Weges: Der erste Abschnitt der Strecke ist der schwierigste. ● Strecken- ② *(≈ Passage) ein bestimmter Teil eines Textes:* Welchen Abschnitt im Text sollen wir bis morgen lesen? ③ *(≈ Phase) eine bestimmte Zeit in jmds. Leben:* Mit dem Umzug beginnt ein neuer Abschnitt in ihrem Leben. ● Entwicklungs-, Lebens-

Ab·sen·der der, **Ab·sen·de·rin** <-s, -> ① *jmd., der einen Brief, ein Paket o.Ä. abschickt:* Ist Ihnen der Absender bekannt? ② *(auf einem Briefumschlag) Name und Adresse der Person, die einen Brief, ein Paket o.Ä. abschickt:* Man kann den Absender nicht lesen.; Vergessen Sie nicht, Ihren Absender auf den Brief zu schreiben!

Ab·sicht die ['apzɪçt] <-, -en> *der Wille, etwas zu tun:* Das war keine böse Absicht!; Das hast du doch mit Absicht gemacht!; War das Absicht oder Zufall?; Er hat die Absicht, ein Studium zu beginnen.; ■ **nicht in jemandes Absicht liegen** *(geh.) von jmdm. nicht gewollt sein* Es lag nicht in seiner Absicht, ihr Schwierigkeiten zu bereiten.; ■ **ernste Absichten (auf jemanden) haben** *jmd. heiraten wollen*

ab·sicht·lich ['apzɪçtlɪç] *adj /nicht steig./ (↔ unabsichtlich) so, dass jmd. etwas mit Absicht macht:* Er hat sie absichtlich verletzt.; Das habe ich dir absichtlich nicht gesagt.

ab·stam·men ohne OBJ ■ **jmd. stammt (von etwas/jmdm.) ab** *Nachkomme von jmdm. sein:* Er stammt von einem reichen Mann ab. ▶ Abstammung, Abstammungsurkunde

ab·stim·men I. mit OBJ ■ **jmd. stimmt etwas (mit etwas** Dat.**/auf etwas** Akk.**) ab** *zu einer Sache die andere Sache so wählen, dass ein harmonischer Eindruck entsteht:* die Vorhänge mit den Tapeten abstimmen; den Wein auf das Essen abstimmen II. ohne OBJ ■ **jmd. stimmt (über etwas** Akk.**) ab** *(≈ wählen) in einer Art Wahl seine Stimme für oder gegen etwas abgeben:* über ein Gesetz abstimmen ▶ Abstimmung

Ab·teil das [ap'tail] <-s, -e> *abgegrenzter Raum mit Sitzplätzen in einem Eisenbahnwagen:* Das vorderste Abteil des Wagens ist reserviert. ● Nichtraucher-, Raucher-

Ab·tei·lung die [ap'tailʊŋ] <-, -en> ① *einzelner Bereich einer Firma mit besonderen Aufgaben:* In unserer Abteilung werden die Projekte geplant.; eine Abteilung aufbauen/leiten/mit einer anderen Abteilung zusammenlegen ● -sleiter(in), -sversammlung, Entwicklungs-, Forschungs-, Marketing-, Personal-, Vertriebs-, Werbe- ② *einzelner Bereich in einem Kaufhaus oder Supermarkt, in dem es bestimmte Produkte gibt:* Entschuldigung, in welcher Abteilung finde ich Geschenkpapier/Strümpfe/Zeitschriften?; Die Spielwarenabteilung ist im ersten Stock. ● Elektro-, Haushaltswaren-, Lebensmittel-, Schreibwaren-, Spielwaren-

ab·trock·nen <trocknest ab, trocknete ab, hat/ist abgetrocknet> *mit OBJ* ■ **jmd. trocknet jmdn./etwas (mit etwas** Dat.**) ab** *(haben) jmdn. oder etwas mit einem Tuch o.Ä. reiben, damit er, sie oder es trocken wird:* Nach dem Baden trocknet sie das Kind ab.; Ich trockne mir die Füße (mit dem Handtuch) ab.; Er trocknet (das Geschirr) ab.

Ab·wart der, **Ab·war·tin** <-(e)s, -e/Abwärte> SCHWEIZ. *Hausmeister:* einen Arbeitsplatz als Abwart annehmen

ab·wärts ['apvɛrts] *adv (↔ aufwärts) verwendet, um auszudrücken, dass eine Bewegung von oben nach unten verläuft:* dem Weg abwärts folgen; ■ **abwärts gehen** *nach unten führen* Die Fahrt/Die Straße geht abwärts.; ■ **es geht mit jemandem/etwas abwärts** *es geht jmdm. oder etwas immer schlechter* Mit ihrer Gesundheit/der Wirtschaft geht es abwärts.

ab·wa·schen <wäschst ab, wusch ab, hat abgewaschen> I. mit OBJ ■ **jmd. wäscht etwas ab** *etwas mit Wasser und Seife sauber machen:* (das Geschirr) abwaschen II. ohne OBJ ■ **jmd. wäscht ab** *Geschirr spülen:* Ich musste noch abwaschen, weil nicht genug sauberes Geschirr für die Gäste da war. ▶ Abwasch

ab·we·send ['apveːznt] *adj* ① *(↔ anwesend) /nicht steig./ so, dass jmd. zu einem bestimmten Zeitpunkt nicht an einem bestimmten Ort ist:* bei einer Veranstaltung abwesend sein ② *(↔ aufmerksam) in Gedanken versunken, nicht konzentriert:* einen abwesenden Eindruck machen

Ab·we·sen·heit die <-> /kein Plur./ ① *(↔ Anwesenheit) der Zustand, dass jmd. nicht an einem bestimmten Ort ist:* Während meiner Abwesenheit passierte viel.; ■ **durch Abwesenheit glänzen** *(iron.) nicht da sein (und dadurch unangenehm auffallen)* Die neue Kollegin glänzt bei Besprechungen meist durch Abwesenheit. ② *(↔ Aufmerksamkeit) der Zustand, dass jmd. unkonzentriert und mit seinen Gedanken nicht bei der Sache ist:* geistige Abwesenheit

Ach [ax] ▪ **mit Ach und Krach** *(umg.) gerade noch so; mit Mühe und sehr knapp* Sie schaffte die Prüfung nur mit Ach und Krach.

ach [ax] *interj* ▪ **Ach!** *verwendet, um Erstaunen oder Überraschung auszudrücken.* Ach, du hast gestern angerufen?; ▪ **Ach Gott!/Ach je!** *verwendet, um auszudrücken, dass man etwas bedauert oder es schlimm findet* Ach je! Der arme Mann tut mir leid.; ▪ **Ach so!** *verwendet, um auszudrücken, dass man etwas plötzlich verstanden hat* Ach so! Jetzt verstehe ich das Problem.; ▪ **Ach was!** *verwendet, um unhöflich auszudrücken, dass man von einem Vorschlag nichts hält oder dass man jmds. Aussage für nicht wahr hält*

Ach·sel die [ˈaksl̩] <-, -n> ❶ *die untere, gewölbte Seite des Übergangs vom Oberarm zum Körper:* unter den Achseln schwitzen ❷ *(≈ Schulter)* ▪ **die/mit den Achseln zucken** *die Bewegung machen, bei der man die Schultern hebt und wieder senkt, um auszudrücken, dass man etwas nicht weiß* Als ich ihn nach der Lösung des Problems fragte, zuckte er nur mit den Achseln.

Acht [axt] ▪ **außer Acht lassen** *nicht beachten* Dieses Problem müssen wir außer Acht lassen.; ▪ **sich in Acht nehmen** *vorsichtig sein* Nimm Dich vor ihm in Acht, denn er ist ein Betrüger.; ▪ **Gib Acht!** *Pass auf!* ◆ Schreibung mit Bindestrich → R 3.21, R 4.15 das Außer-Acht-Lassen

acht [axt] *num die Ziffer 8* ◆ Kleinschreibung → R 3.16 alle acht Tage; der achte Mai; um acht Uhr; Schlag acht Uhr; Kinder über acht Jahre; Sie sind acht Personen.; Wir sind zu acht.; die ersten/letzten acht; acht mal vier; Acht und acht macht/ist sechzehn.; Das macht acht zwanzig.; ◆ Großschreibung → R 3.4, R 3.16 eine Acht schreiben; mit der Acht (Linie 8) fahren; am Achten des Monats; ◆ Schreibung mit Ziffer 8fach (achtfach); ◆ Schreibung mit Ziffer und Bindestrich → R 4.15 8-jährig (achtjährig); 8-mal (achtmal); 8-malig (achtmalig); 8-teilig (achtteilig)

ach·tel [ˈaxtl̩] *num der achte Teil von etwas:* ein achtel Zentner; drei achtel Liter; ein achtel Kilogramm ◆ Groß- und Zusammenschreibung ein Achtelliter; das/ein Achtelkilogramm

Ach·tel das [ˈaxtl̩] <-s, -> ❶ *der achte Teil von etwas:* Ihnen steht ein Achtel des Erbes zu.; drei Achtel des Ganzen; in drei Achtel aller Fälle ❷ *(als Portionsangabe in Bezug auf Wein) ein achtel Liter Wein:* Bitte ein Achtel Rotwein! ◆ Zusammenschreibung ein Achtelkilogramm; im Dreiachteltakt

ach·ten [ˈaxtn̩] I. *mit OBJ* ▪ **jmd. achtet jmdn./etwas** *(≈ respektieren) mit Respekt betrachten:* seine Eltern achten; fremdes Eigentum achten; Ich achte ihn sehr. II. *ohne OBJ* ▪ **jmd. achtet auf etwas** *Akk. seine Aufmerksamkeit auf etwas richten:* auf den Verkehr achten; auf die Kinder achten

acht·jäh·rig [ˈaxtjɛːrɪç] *adj /nicht steig./ / nur attr./ acht Jahre alt:* ein achtjähriger Junge ◆ Schreibung mit Ziffer und Bindestrich → R 4.15 ein 8-jähriger Junge; der/die 8-Jährige; ◆ Großschreibung → R 3.7 der/die Achtjährige

Ach·tung die [ˈaxtʊŋ] <-> /kein Plur./ ❶ *Wertschätzung und Respekt, die jmdm. zukommen:* sich Achtung verschaffen; eine hohe Achtung genießen; ▪ **Alle Achtung!** *Ausruf, um Bewunderung für jmdn. oder etwas auszudrücken* Ich weiß nicht, wie sie ihr Studium mit Kind geschafft hat. Alle Achtung! ❷ *Ausruf, um Aufmerksamkeit zu erlangen oder um auf eine Gefahr hinzuweisen:* Achtung! Achtung! Alle mal herhören!; Achtung! Pass auf! Dort ist ein Loch in der Straße.

Acker der [ˈakɐ] <-s, Äcker> *der Boden, auf dem ein Bauer Getreide etc. anbaut:* Der Bauer pflügt den Acker.; ▪ **den Acker bestellen** *pflügen und säen* Der Bauer hat den Acker schon bestellt. ◆ -land, -fläche, Getreide-, Kartoffel-

Adel der [ˈaːdl̩] <-s> /kein Plur./ ❶ *die Klasse innerhalb der Gesellschaft, die Besitz und einen Titel durch Geburt ererbt hat:* dem Adel angehören ❷ ▪ **aus dem Adel**/ **von Adel** *zu einer adeligen Familie gehörend, von adeliger Herkunft:* Er stammt aus dem niederen Adel.; Sie ist von Adel.; ▪ **Adel verpflichtet** *Von Personen, die einer gewissen gesellschaftlichen Klasse oder Schicht angehören, wird ein vorbildliches Verhalten erwartet* ◆ -sfamilie, -sprivilegien, -stitel, Land-

Ader die [ˈaːdɐ] <-, -n> ❶ ANAT. *Leitung für das Blut im Körper von Menschen und Tieren; Blutgefäß:* Die Adern treten vor Anstrengung hervor.; unter der hellen Haut die Adern sehen können; ▪ **jemanden zur Ader lassen** *(veralt.) jmdm. Blut abnehmen;* ▪ **jemanden zur Ader lassen** *(umg. übertr.) von jmdm. viel Geld für etwas nehmen* ◆ Hauptschlag-, Puls- ❷ / kein Plur./ *Veranlagung:* eine künstlerische/musikalische Ader haben; ▪ **für et-**

was keine Ader haben *gegenüber einer Sache nicht aufgeschlossen sein*

Ad·jek·tiv *das* ['atjɛkti:f] <-s, -e> SPRACHWISS. *(≈ Eigenschaftswort) Wortart und zugleich das zugehörige Wort mit der Funktion, Substantive näher zu bestimmen. Adjektive haben meist Steigerungsformen und werden dekliniert:* „Schön" *und* „groß" *sind Adjektive.; der Komparativ/Superlativ eines Adjektivs; die Steigerungsformen des Adjektivs* ◆ -attribut, -deklination, -flexion, -komparation, -objekt, -valenz

Ad·ler *der* ['a:dlɐ] <-s, -> *ein großer Raubvogel mit einem großen Schnabel, großen Krallen und mit braun-schwarzem Gefieder: Der Adler wird häufig auch als* „König der Lüfte" *bezeichnet.* ◆ See-, Weißkopf-

Ad·res·se *die* [a'drɛsə] <-, -n> *(≈ Anschrift) Name, Straße, Hausnummer und Wohnort einer Person: Kannst du mir mal bitte deine Adresse geben?; Telefonnummer und Adresse notieren;* ■ **bei jemandem an die falsche Adresse kommen** *(umg.) an die falsche Person geraten; von jmdm. abgewiesen werden Bei ihm ist sie mit ihrer Meinung an die falsche Adresse geraten, denn er hat sie sehr unfreundlich behandelt und weggeschickt.* ◆ Adressbuch

ad·res·sie·ren [adrɛ'si:rən] <adressierst, adressierte, hat adressiert> *mit OBJ* ■ **jmd. adressiert etwas (an jmdn.)** *jmds. Anschrift auf etwas schreiben:* den Brief an die Eltern adressieren; Einladungen adressieren

Ad·vent *der* [at'vɛnt] <-(e)s, -e> ❶ *die vier vorausgehende Sonntage einschließende Zeit vor Weihnachten* ❷ *einer der vier Sonntage vor Weihnachten:* erster Advent ◆ -(s)kalender, -skranz

---

Im christlichen Brauchtum finden Kinder im **Adventskalender** traditionell an jedem Adventstag hinter einem zu öffnenden Papptürchen eine Überraschung, die vor allem aus Süßigkeiten (insbesondere aus Schokolade) besteht. Der Kalender umfasst die vier Wochen vor Weihnachten und ist mit Christbäumen, Weihnachtsmännern, Lebkuchen und anderen Weihnachtsmotiven verziert. Adventskalender lassen sich in vielen Varianten käuflich erwerben; oft erstellt man sie aber auch selbst. Es gibt auch Adventskalender, die inhaltlich nicht religiös gehalten sind; und es gibt sogar Adventskalender für Erwachsene.

Ad·verb *das* [at'vɛrp] <-s, Adverbien> SPRACHWISS. *(≈ Umstandswort) Wort-art und zugleich das zugehörige Wort mit der Funktion, Umstände der Zeit (das Wann), des Ortes (das Wo), der Modalität (das Wie) etc. in einem Satz auszudrücken:* Die Wörter „dort" und „bald" sind Adverbien. ▶ adverbial

Af·fe *der* ['afə] <-n, -n> ❶ ZOOL. *das dem Menschen nah verwandte und diesem oft ähnlich sehende Säugetier:* Schimpansen, Gorillas und Paviane sind sehr verschiedene Affen.; Nicht alle Affen sind Menschenaffen. ◆ -nbaby, -nhorde, Menschen- ❷ *(umg. abwert.) eitle oder arrogante Person:* So ein (blöder/dummer/eingebildeter) Affe!; Was will dieser Affe hier?; ■ **Mich laust der Affe!** *(umg.) verwendet, um auszudrücken, dass man sehr überrascht ist* Mich laust der Affe! War das nicht eben meine alte Schulfreundin Heidi?

Af·fen- ['afən] *als Erstglied zusammengesetzter Substantive, mit Betonung (meist) auf beiden Teilen; drückt ein überdurchschnittliches Ausmaß des mit dem Zweitglied Bezeichneten aus, intensiviert dies und verleiht ihm zusätzliche (meist negative) Konnotationen:* Es ist eine Affenschande, dass er für so viel Geld nichts tut. ◆ -geschwindigkeit, -hitze, -kälte, -liebe (nur Erstglied betont), -schande, -spektakel (nur Erstglied betont), -tempo

af·fen- ['afən] *(jugendspr.) als Erstglied einiger zusammengesetzter Adjektive, mit Betonung stets auf beiden Teilen; drückt ein überdurchschnittliches Ausmaß des mit dem Zweitglied Bezeichneten aus:* Seine Musik ist nicht nur affengeil; sie ist oberaffengeil! ◆ -geil, -stark

Agen·tur *die* [agɛn'tu:ɐ] <-, -en> ❶ WIRTSCH. *Büro zur Vermittlung von etwas:* Sie hat ihren Partner durch eine Agentur gefunden. ◆ Partnervermittlungs-, PR-, Werbe- ❷ *kurz für* „Nachrichtenagentur" ◆ -meldung

aha, aha [a'ha/a'ha:] *interj Ausruf, der ausdrückt, dass jmd. etwas (endlich) verstanden hat:* Aha, so hast du das gemeint!; Aha, wenn man das weiß, versteht man die ganze Sache!; ■ **ein Aha-Erlebnis haben** *(umg.) (endlich) einen Zusammenhang verstehen* Das Aha-Erlebnis hat lange auf sich warten lassen; aber jetzt hat sie die Mathematikaufgabe verstanden.

äh·neln <ähnelst, ähnelte, hat geähnelt> *ohne OBJ* ■ **jmd./etwas ähnelt jmdm./etwas** *sich ähnlich sehen; ähnliche oder fast gleiche Eigenschaften haben:* Die beiden Brüder ähneln einander.

ah·nen ['a:nən] <ahnst, ahnte, hat ge-

ahnt> *mit OBJ* **jmd. ahnt etwas** ❶ *aus einem Gefühl heraus etwas vermuten oder voraussehen:* Das habe ich schon immer geahnt!; Ich konnte ja nicht ahnen, dass ich krank werde.; Er hat bereits geahnt, dass er eine Absage bekommen würde. ❷ *etwas nicht deutlich, sondern nur ungenau sehen:* Man konnte seine Gestalt in den Dunkeln/im Nebel nur ahnen.; ▪ **Ach, du ahnst es nicht!** *(umg.) verwendet, um auszudrücken, dass man von einer (meist unangenehmen) Nachricht überrascht ist*

ähn·lich |'ɛːnlɪç| *adj so, dass zwei Personen oder Dinge relativ viele Merkmale gemeinsam haben:* ähnliche Dinge/Ideen/Interessen/Vorstellungen; Sie sieht/ist ihrer Mutter ähnlich.; Er hatte eine ähnliche Idee.; ▪ **Das sieht dir/ihm ähnlich!** *(umg.) dieses negative Verhalten verwundert niemanden, der dich/ihn kennt* Er hat mal wieder nicht auf uns gewartet. Das sieht ihm ähnlich. ◆ Großschreibung → R 3.7 etwas Ähnliches

Ah·nung die <-, -en> ❶ *(≈ Vorgefühl) eine unklare Vermutung oder ein unklares Gefühl über etwas, das in der Zukunft passieren könnte:* eine bestimmte/böse/ungewisse Ahnung haben ❷ *(umg.) /kein Plur./ eine gewisse Vorstellung oder Kenntnis von etwas:* von etwas viel/(über)haupt keine Ahnung haben; Weißt du, wo mein Schlüssel ist? — Keine Ahnung!; ▪ **null Ahnung haben** *(umg.) überhaupt keine Vorstellung von etwas haben*

Aids das |eɪts| <-> */kein Plur./meist ohne Artikel/* MED. *(≈ HIV, Immunschwächekrankheit) Kurzwort aus „Acquired Immune Deficiency Syndrome"; eine Krankheit, die meist beim Geschlechtsverkehr durch Körperflüssigkeiten übertragen wird, die das Abwehrsystem zerstört und meist zum Tod führt*

Aka·de·mi·ker der, **Aka·de·mi·ke·rin** |aka'deːmɪkɐ| <-s, -> *(≈ Hochschulabsolvent) jmd., der im Studium an einer Hochschule abgeschlossen hat:* Viele Akademiker finden nur schwer einen Arbeitsplatz. ◆ akademisch

Ak·ku·sa·tiv der |'akuzatiːf| <-s, -e> SPRACHWISS. *der Kasus des direkten Objekts, der 4. Fall/Kasus (Wenfall):* Die Präposition „für" steht mit Akkusativ. ◆ -objekt

Akt der |akt| <-(e)s, -e> ❶ *Handlung, Tat:* der feierliche Akt der Grundsteinlegung; ein Akt der Menschlichkeit/Verzweiflung ❷ THEAT. *einzelner Teil in einem Theaterstück:* Pause nach dem dritten Akt ❸ KUNST *künstlerische Darstellung des nackten menschlichen Körpers:* ein männlicher/weiblicher Akt ◆ -bild, -foto, -fotografie, -malerei

Ak·tie die |'aktsi̯ə| <-, -n> WIRTSCH. *eine Urkunde über den Anteil am Kapital eines Unternehmens, das an der Börse gehandelt wird:* der Handel mit Aktien an der Börse; Die Aktien fallen/steigen.; Geld in Aktien anlegen; ▪ **Na, wie stehen die Aktien?** *(umg.) Na, wie geht's?*

Ak·ti·on die |ak'tsi̯oːn| <-, -en> ❶ *eine genau geplante Handlung, die einem bestimmten Zweck dient:* eine gemeinsame Aktion planen; eine militärische Aktion durchführen; eine geheime polizeiliche Aktion; Die ganze Aktion dauerte keine fünf Minuten.; ▪ **jemand ist in Aktion** *(umg.) jmd. ist gerade mit etwas beschäftigt* Störe mich bitte nicht, ich bin gerade (voll) in Aktion. ❷ SCHWEIZ. *Sonderangebot:* Aktion! Alles zum halben Preis!

ak·tiv |ak'tiːf| *adj (↔ passiv) so, dass man sich engagiert und handelt:* sich aktiv an etwas beteiligen; ein sehr aktiver Schüler; Sie setzt sich aktiv für den Umweltschutz ein. ◆ Aktivität

Ak·tiv das |'aktiːf| <-s, -e> */meist Sing./* SPRACHWISS. *(↔ Passiv) Form des Verbs, die ausdrückt, dass das Subjekt des Satzes etwas tut:* Die meisten Verben können sowohl im Aktiv als auch im Passiv stehen.

Ak·ti·vi·tät die <-, -en> *ein beobachtbares, in Raum und Zeit vor sich gehendes Tun, das überhaupt erst dann als bestimmtes Tun der und der anderen Personen vermittelbar ist, wenn es sprachlich gefasst/erfasst und damit als Handlung bestimmter Art interpretiert/gedeutet wird:* Die Aktivität von Hans (das, was dieser gerade tut) interpretiert Peter als ein „Gehen", und damit als eine komplexe Handlung (und nicht etwa als eine andere Aktivität bzw. die Handlung des „Laufens")

ak·tu·ell |ak'tu̯ɛl| *adj* ❶ */nur attr., nicht steig./ so, dass es gegenwärtig existiert oder vorhanden ist:* die aktuellen Entwicklungen/Fragen/Meldungen/Probleme ❷ *ganz neu und modern:* die aktuellsten Meldungen/Trends; Jetzt sind kurze Hosen aktuell.

Ak·zent der |ak'tsɛnt| <-(e)s, -e> ❶ SPRACHWISS. *(Betonung) der Sachverhalt, dass beim Aussprechen eines Wortes eine der Silben mit etwas mehr Kraft gesprochen wird als die anderen:* Der Akzent des Wortes „Akzent" liegt auf der zweiten Silbe. ◆ Wort- ❷ *die Art, wie jmd. bestimmte Wörter ausspricht:* einen amerikanischen/schwäbischen Akzent haben ▶ akzentfrei ❸ *besondere Hervorhebung von etwas:* auf etwas einen besonderen Akzent setzen

Alarm der [a'larm] <-(e)s, -e> *ein Signal, das vor einer Gefahr warnt:* Alarm auslösen/schlagen; ■ **blinder/falscher Alarm** *Alarm, der versehentlich ausgelöst wurde* Die Feuerwehr rückte aus, um den Brand zu löschen; aber es war ein blinder/falscher Alarm.; ■ **blinder/falscher Alarm** *unnötige Aufregung, für die es keinen Grund gibt* Falscher Alarm! Ihr braucht nicht mehr zu suchen, denn ich habe meine Schlüssel wiedergefunden. ◆ -anlage, -bereitschaft, -signal, -zustand, Feuer-, Flieger-, Probe-

alar·mie·ren [alar'mi:rən] <alarmierst, alarmierte, hat alarmiert> *mit OBJ* ❶ ■ *jmd. alarmiert jmdn./etwas warnen, beunruhigen:* alle Anwohner alarmieren ❷ ■ *etwas alarmiert jmdn. beunruhigen:* alarmierende Neuigkeiten ❸ ■ *jmd. alarmiert jmdn./etwas zu Hilfe rufen:* die Feuerwehr/den Krankenwagen/die Polizei alarmieren ▶ Alarmierung

Alb·traum, a. **Alp·traum** der <-(e)s, Albträume/Alpträume> ❶ *ein Traum, bei dem man große Angst empfindet, weil man in ihm etwas erlebt, das sehr bedrohlich ist:* Letzte Nacht hatte ich einen schlimmen Albtraum. ❷ *ein schlechtes Erlebnis, eine unangenehme Vorstellung von jmdm./etwas, oder eine negative Erinnerung an jmdn. oder etwas:* Unser letzter Urlaub war der reinste Albtraum!; Dieser Typ ist ein echter Albtraum!

Ali·bi das <-s,-s> ❶ *Nachweis, dass man zur Tatzeit nicht am Ort eines Verbrechens/einer sonstigen Straftat war:* Der Verdächtige hatte ein hieb- und stichfestes Alibi. ❷ *(übertr.: ≈ Vorwand) eine Rechtfertigung; Ausrede; Entschuldigung:* Sie suchte nach einem Alibi für ihr unmögliches Vorgehen und redete sich aus mit ihrer Krankheit heraus.

Ali·bi- *als Erstglied einiger zusammengesetzter Substantive; drückt aus, dass das mit dem Zweitglied Bezeichnete nur in der Rolle eines Vorwands/nur zur Vertuschung anderer Verhältnisse oder Beziehungen bzw. auch zwecks Vortäuschung falscher Sachverhalte verwendet wird:* Das ist nur ihr Alibifreund! In Wirklichkeit ist sie mit einer Frau zusammen. ◆ -frau, -freund(in), -karte, -mann, postkarte, -urlaub

Al·ko·hol der ['alkoho:l] <-s> /kein Plur./ ❶ CHEM. *eine farblose, brennbare Flüssigkeit, die z.B. zum Desinfizieren verwendet wird und die als Bestandteil mancher Getränke dafür sorgt, dass diese (ab einer bestimmten Menge des Konsums) einen Rausch bewirken können:* reinen Alkohol enthalten ❷ *Getränke wie Wein oder Bier, die betrunken machen können, weil sie Alkohol¹ enthalten:* keinen/regelmäßig/selten/viel Alkohol trinken; An Jugendliche unter 16 Jahren wird kein Alkohol verkauft. ▶ Alkoholiker(in), alkoholisch, Alkoholismus ◆ -missbrauch, -test, -verbot

al·ko·hol·frei adj /nicht steig./ *ohne Alkohol¹:* alkoholfreies Bier

All das <-s> /kein Plur./ (≈ Weltraum) ins All fliegen; die Erforschung des Alls; die unendlichen Weiten des Alls

al·l-(-e, -es) ['al(ə, əs)] pron ❶ /meist Plur./ *verwendet, um auszudrücken, dass sämtliche Mitglieder einer Gruppe oder Elemente einer Menge betroffen sind:* Alle Mitarbeiter sind zur Versammlung gekommen (≈ nicht nur einige).; Alle Menschen sind sterblich.; Alle Bauteile wurden überprüft. ❷ /meist Sing./ *vollständig, gesamt:* Das ist alles für dich.; ■ **Alles Gute!** *verwendet, um auszudrücken, dass man jmdm. viel Glück für die Zukunft wünscht* Alles Gute zum Geburtstag!; ■ **auf alle Fälle** *unbedingt, auf jeden Fall; egal, was dazwischenkommt* Im nächsten Jahr musst du uns auf alle Fälle mal besuchen.; ■ **alles in allem** *insgesamt gesehen* Es hat zwar oft geregnet, aber alles in allem war es ein schöner Urlaub.; ■ **vor allem** *besonders* In diesem Restaurant ist es oft sehr voll, vor allem am Wochenende.; ■ **jemand/etwas ist jmds. Ein und Alles** *jmd./etwas ist sehr wichtig für jmdn.; jmd./etwas ist jmds. ganzer Lebensinhalt* Ihr Enkelkind ist ihr Ein und Alles.; ■ **ein für alle Mal** *für immer* Jetzt ist aber ein für alle Mal Schluss damit!

al·lein [a'laɪn] adj ❶ *so, dass keine andere Person dabei ist:* Er war ganz allein in dem großen Zimmer.; Ich sehe mir den Film allein an, denn meine Freundin mag keine Krimis.; ■ **alleingelassen** *so, dass man auf sich selbst gestellt ist und keine Hilfe hat* Er fühlt sich mit seinen Problemen alleingelassen. ❷ (≈ *einsam*) *ohne die Gesellschaft anderer Menschen:* Sie ist oft allein, denn ihr Mann arbeitet sehr viel.; sich allein fühlen ❸ (≈ *selbstständig*) *ohne die Hilfe von anderen:* Das kleine Kind kann schon allein stehen.; Hast du die Rechenaufgabe ganz allein gelöst?; **alleinstehen** *nicht verheiratet sein* eine alleinstehende Frau ♦ Zusammenschreibung → R 4.6; Großschreibung → R 3.4 die gesetzliche Gleichstellung der Alleinstehenden; die finanzielle Unterstützung der Alleinerziehenden

al·lein·er·zie·hend, al·lein er·zie·hend *adj so, dass man ohne Partner oder Partnerin allein ein Kind aufzieht:* Als alleinerziehende Mutter hat sie es nicht leicht, auch mal Zeit für sich selbst zu finden.

al·ler- ['alɐ] *als Erstglied verwendet mit Adjektiven, um etwas besonders zu betonen:* Du bist meine allerbeste Freundin! (≈ von allen guten Freundinnen die beste Freundin); Vergiss deinen Pass nicht, denn das ist das Allerwichtigste! (≈ von allen wichtigen Dingen die wichtigste Sache)

al·ler·dings ['alɐ'dɪŋs] **I.** *adv* ❶ (≈ *aber, jedoch*) *verwendet, um eine Aussage einzuschränken:* Sie hat gute Zensuren, allerdings nicht in Sport.; Wir haben ein hervorragendes Produkt geschaffen; das Budget wurde allerdings überschritten. ❷ *verwendet, wenn man sein „Ja" betonen will (und dabei auch seinen Ärger ausdrücken möchte):* Wartest du schon lange? — Allerdings! (≈ Ja — und ich ärgere mich darüber) **II.** *part* (≈ *in der Tat*) *verwendet, um eine Aussage zu bekräftigen:* Das war allerdings unhöflich von dir!

Al·ler·gie *die* [alɛr'giː] <-, -gien> MED. *eine übermäßig starke Reaktion des Körpers auf bestimmte Stoffe in der Umwelt (z.B. Staub oder Haare von Tieren):* eine Allergie gegen Getreide haben ♦ Allergiker(in), allergisch ♦-test, Hausstaub-, Pollen-, Sonnen-

Al·ler·welts- ['alɐ'vɛlʦ] *als Erstglied einiger weniger zusammengesetzter Substantive; drückt aus, dass das mit dem Zweitglied Bezeichnete durchschnittlich ist, nichts Außergewöhnliches darstellt bzw. auch allgemein bekannt und wenig interessant erscheint. Gelegentlich wird mit dem Kompositum umgekehrt aber auch Bewunderung für besondere Vielseitigkeit ausgedrückt (Allerweltskern, Allerweltsmaterial):* Mit dem Thema Jugendsprache kommt man zwar immer ins Fernsehen rein; aber das ist doch ein Allerweltsthema ♦-geschmack, -gesicht, -kerl, -material, -mittel, -name, -thema, -wort

all·ge·mein ['algəmaɪn] *adj* ❶ */nicht steig./ bei vielen Menschen verbreitet oder zu finden:* die allgemeine Meinung; Das Thema ist von allgemeinem Interesse.;

Nach allgemeiner Auffassung … ❷ */nicht steig./ alle Mitglieder einer Gemeinschaft betreffend:* allgemeines Wahlrecht; die allgemeine Wehrpflicht, die in Deutschland vor 2011 gab ❸ *so, dass nur eine relativ einfache Sicht von etwas gegeben wird und Einzelheiten nicht berücksichtigt werden:* zu Beginn einige allgemeine Ausführungen machen; Das ist viel zu allgemein, denn es fehlen wichtige Details.; **im Allgemeinen** *fast immer, normalerweise* Im Allgemeinen ist er fleißig. ♦ Allgemeinheit ♦ Großschreibung → R 3.27 im Allgemeinen

all·mäh·lich [al'mɛːlɪç] *adj* /*nicht steig./ (↔ plötzlich) so, dass etwas langsam und nach und nach passiert:* Ihr Deutsch wird allmählich besser.; Es wird allmählich dunkel/Herbst.; Wir sollten allmählich aufbrechen/gehen.

All·round- ['ɔːlraʊnd] *als Erstglied einiger zusammengesetzter Substantive, mit Betonung immer auf dem Erstglied; drückt aus, dass das mit dem Zweitglied Bezeichnete auf eine Person zutrifft,* ❶ *die auf dem genannten Gebiet besonders vielseitig ist:* Er ist ein Allroundkünstler: Er macht Musik, malt, und schreibt auch noch Liebesromane. ♦-künstler(in), -musiker(in), -spieler(in), -sportler(in) ❷ *die generell besonders vielseitig ist:* Ihr fällt alles leicht, was sie in Angriff nimmt. Sie ist wirklich ein Allroundtalent! ♦-genie, -talent

All·tag *der* ['alta:k] <-(e)s, -e> /*meist Sing./ das normale Leben, das häufig als langweilig und monoton empfunden wird:* der gewöhnliche/graue/normale Alltag; Dieses ausgefallene Kleid eignet sich nicht für den Alltag.; Am Montag nach den Ferien begann wieder der Alltag. ♦ alltagstauglich ♦-sproblem, -ssituation, -sstress, Berufs-, Krankenhaus-, Schul-

all·täg·lich [al'tɛːklɪç, 'altɛːklɪç] *adj* (≈ *gewöhnlich) so normal, wie es im Alltag vorkommt:* eine alltägliche Geschichte/Situation; den alltäglichen Pflichten nachgehen

Al·pha·bet *das* [alfa'beːt] <-(e)s, -e> *die Buchstaben eines Schriftsystems, mit denen die Wörter einer Sprache geschrieben werden:* das kyrillische/lateinische Alphabet; das Alphabet lernen ♦ alphabetisch, alphabetisieren

als [als] *konj* ❶ *mit erläuternden Zeitangaben verwendet, um auszudrücken, dass das im Nebensatz ausgedrückte Geschehen sich zu dem im Hauptsatz ausgedrückten Geschehen gleichzeitig oder nachzeitig verhält:* Als ich ein Kind war, mussten wir auch am Samstag in die Schule gehen.; Als ich nach Hause kam, machte ich mich an die Arbeit.; Als ich nach Hause kam, war er schon gegangen. ❷ *verwendet, um bei einem Vergleich auszudrücken, dass zwei Dinge ungleich sind:* Sie ist größer als er.; Wir machen das anders als ihr. ❸ *verwendet, um die genannte Person oder Sache in ihrer Wichtigkeit oder Beschaffenheit zu betonen:* Wer sonst als er sollte das tun?; Kein anderer/geringerer als der Präsident schaltete sich ein.; Er redet nichts als dummes Zeug. ❹ *nach einem Substantiv oder einem Personalpronomen (Beziehungswort) verwendet, um ein Substantiv als Erläuterung anzuschließen; der grammatische Fall des Substantivs nach „als" richtet sich nach dem des Beziehungswortes:* Sie als Lehrerin sollte das wissen.; Ihm als behandelndem Arzt muss man vertrauen können.; Als Politiker hat er Einfluss.; ▪ **als ob/ wenn** *in Vergleichssätzen verwendet zum Ausdruck einer Annahme oder Täuschung* Er tat so, als ob er nicht verstünde.; ▪ **sowohl ... als** (**auch**) **...** *etwas trifft auf beide oder alle genannten Elemente zu* sowohl gestern als auch heute; sowohl Eltern als auch Kinder

al·so ['alzo] I. *adv* ❶ *verwendet, um eine logische Schlussfolgerung einzuleiten:* Die Tür ist nicht abgeschlossen, also muss jemand zu Hause sein.; Ich bin krank, also bleibe ich zu Hause. ❷ *verwendet, um etwas zusammenzufassen oder zu erläutern, das man bereits gesagt hat:* Busse, Straßenbahnen und Züge, also die öffentlichen Verkehrsmittel; Das betrifft alle, also Kinder und Erwachsene gleichermaßen. II. *part verwendet, um Ausrufe oder Fragen zu verstärken:* Also, kann ich jetzt gehen?; Also, wenn du mich fragst ...; Na also, ich habe es ja gleich gesagt!; ▪ **Also gut!** *verwendet, um auszudrücken, dass man jmds. starkem Drängen nachgibt und tut, was er oder sie will* Also gut! Ich komme mit ins Kino.

alt [alt] <älter, am ältesten> *adj* ❶ *(↔ jung) so, dass jmd. oder etwas schon lange gelebt oder existiert hat:* ein alter Baum/Betrieb/Mann/Wein; eine alte Frau/Kultur/Sprache/Weisheit; Dafür ist sie zu alt/noch nicht alt genug.; Das Brot ist alt; es ist vertrocknet. ❷ *in einem bestimmten Alter:* Wie alt bist du?; die ältere Schwester; Sie ist älter als du. ❸ */nur attr./ (≈ langjährig) so, dass es etwas schon lange (in dieser Form) gegeben hat:* ein alter Brauch/Freund/Kollege/Traum/Streit; ein altes Leiden/Vorurteil ❹ */nur attr., nicht steig./ (≈ ehemalig)* das alte Dresden; ein alter Klassenkamerad von mir ❺ */ nur attr., nicht steig./ (umg. abwert.: ≈ notorisch, unverbesserlich) verwendet, um auszudrücken, dass jmd. immer schon für die genannte Eigenschaft bekannt war:* Du alter Schwindler!; Sie ist eine alte Lügnerin.; So ein alter Nörgler hat immer etwas zu kritisieren!; ▪ **alles beim Alten lassen** *nichts verändern* Ich bin dafür, dass wir alles beim Alten lassen.; ▪ **alt aussehen** *(umg.) ratlos sein, im Nachteil sein* Wenn die andere Mannschaft auch am Wettbewerb teilnimmt, werden wir ziemlich alt aussehen.; ▪ **jemand wird** (**irgendwo**) **nicht alt** (**werden**) *(umg.) jmd. wird irgendwo nicht lange bleiben* Heute abend werde ich hier nicht alt, denn ich bin ziemlich müde.; ▪ **Man/Jeder ist nur so alt, wie man/er sich fühlt.** *verwendet, um auszudrücken, dass es nicht auf das tatsächliche Alter, sondern auf die grundsätzliche Einstellung zum Leben ankommt* Sie ist zwar schon achtzig Jahre alt, geht aber jedes Wochenende zum Tanzen. Man ist eben nur so alt, wie man sich fühlt. ◆ Großschreibung → R 3.7 Daran erfreuten sich Alt und Jung.

Alt der <-s, -e> */meist Sing./* MUS. *tiefe Frauenstimme:* Ich singe Alt, meine Freundin aber Sopran.

Alt·bau der <-(e)s, Altbauten> *(↔ Neubau) ein altes, vor längerer Zeit gebautes Haus, das meist sehr hohe Räume hat:* Wir wohnen in einem Altbau. ◆ -sanierung, -wohnung

Al·ter das ['altɐ] <-s> */kein Plur./* ❶ *die Gesamtheit der Lebensjahre:* ein biblisches/gesegnetes/hohes Alter erreichen; Er hat Kinder im schulpflichtigen Alter.; Sie ist in meinem Alter. ❷ *(↔ Jugend) das Altsein; die Zeit im Leben, die nach dem Berufsleben kommt:* im Alter gebrechlich sein; Sie ist finanziell gut abgesichert und kann ihr Alter genießen.; Auch im Alter fährt sie noch jeden Tag Fahrrad.; ▪ **im Alter von ...** *verwendet, um auszudrücken, wie alt jmd. war, als etwas passiert ist* Im Alter von 80 Jahren ist sie gestorben.; Er konnte schon im Alter von drei Jahren lesen.

al·ter·na·tiv *adj /nicht steig./* ❶ *(geh.) so, dass man zwischen zwei Möglichkeiten wählen kann:* zwei alternative Ideen/Methoden/Termine/Vorschläge ❷ *(geh.) so, dass es im Gegensatz zur Tradition oder* zu dem, was bisher üblich war, steht: Dieser Arzt bietet alternative Behandlungsmethoden an.; alternative Technologien der Energiegewinnung ❸ *so, dass man von den üblichen bürgerlichen Anschauungen und Wertvorstellungen abweicht und besonders viel Wert auf Umweltschutz und Naturverbundenheit legt:* eine alternative Lebensweise; die alternative Bewegung/Szene

Al·ters·heim das <-(e)s, -e> (≈ Altenheim) *ein Heim, in dem alte Menschen wohnen und auch betreut werden:* Unsere Nachbarin kann nicht mehr allein einkaufen und kochen; deshalb zieht sie in ein Altersheim.

Alt·stadt die [ˈaltʃtat] <-, Altstädte> *der historische Teil einer Stadt, in dem die ältesten Häuser stehen:* eine Führung durch die Prager Altstadt; die schmalen Gassen/historischen Gebäude/gemütlichen Lokale der Altstadt; Wir wohnen in der Altstadt.

am [am] *präp art* ❶ (≈ „an dem") *am* 1. November; am Abend/Morgen; am Anfang/Ende ❷ *mit Adjektiven verwendet, um eine Form des Superlativs zu bilden:* am liebsten; am besten; am meisten ❸ *(umg.) verwendet, um auszudrücken, dass der genannte Vorgang sich gerade vollzieht und noch nicht abgeschlossen ist:* am Kochen/Rechnen/Überlegen/Verzweifeln sein; Ich war gerade am Putzen, als das Telefon läutete.

Amei·se die [ˈaːmaɪzə] <-, -n> ZOOL. *eines der vielen kleinen Insekten, die rotbraun oder schwarz sind und deren Bau die Form eines Hügels oder Haufens hat:* Ameisen errichten Ameisenhügel.

Am·mann der [ˈaman] <-(e)s, Ammänner> SCHWEIZ. *Gemeindevorsteher, Bürgermeister in einem Dorf:* Morgen wird ein neuer Ammann gewählt.

Am·nes·tie die [amnɛsˈtiː] <-, -tien> *Aufhebung einer Strafe für Gefangene durch ein Gesetz:* eine Amnestie erlassen/gewähren; unter die Amnestie fallen ■ amnestieren

Am·pel die [ˈampl̩] <-, -n> ❶ *eine Anlage, mit der der Straßenverkehr geregelt wird, indem die Farben Rot, Gelb und Grün angeben, wann man halten muss und wann man fahren darf:* bei Rot über die Ampel fahren; Der Fahrer hatte die Ampel übersehen.; Als die Ampel auf Grün schaltete, fuhr er los. • Verkehrs- ❷ *ein Gefäß für Zimmerpflanzen, das man an einem Haken an die Decke hängt:* In der Zimmerecke hängt eine Ampel mit Grünpflanzen. • Blumen-

Amt das [amt] <-(e)s, Ämter> ❶ *eine offi-* *zielle Funktion mit bestimmten Rechten und Pflichten, deren Inhaber(in) gewählt wird:* das Amt des Bürgermeisters/des Elternsprechers/des Universitätsrektors; in ein Amt gewählt werden; ein Amt anstreben/ausüben/niederlegen/übergeben ❷ (≈ *Behörde*) *eine staatliche Institution, die bestimmte Bereiche des staatlich-gesellschaftlichen Lebens (in einer Region) verwaltet:* das Amt für Verkehrsplanung • Einwohnermelde-, Finanz-, Verkehrs- ❸ *das Gebäude, in dem ein Amt² untergebracht ist:* aufs/zum Amt gehen ❹ (≈ *Aufgabe*) *eine Aufgabe, die man übernommen hat oder zu der man sich verpflichtet hat:* In diesem Monat ist es ihr Amt, die Straße zu kehren.; Er hat das schwere Amt übernommen, der Familie die Unglücksnachricht zu übermitteln.; ■ **von Amts wegen** *offiziell* Von Amts wegen dürfte ich Ihnen darüber keine Auskunft geben.; ■ **in Amt und Würden** *(oft iron.) in einer festen (beruflichen) Position* Der neue Direktor ist seit drei Monaten in Amt und Würden.; ■ **seines Amtes walten** *seinen Aufgaben oder Pflichten nachkommen* Ich walte nur meines Amtes.; ■ **das Auswärtige Amt** *(in Deutschland) offizielle Bezeichnung für das Außenministerium*

amt·lich *adj* /nicht steig./ ❶ *von einem Amt² stammend, rechtmäßig:* eine amtliche Bestätigung; amtliche Dokumente ❷ (≈ *offiziell*) *so, dass es dienstlich und nicht privat ist:* Er sagte, er sei in amtlichem Auftrag hier.

amü·sant [amyˈzant] <amüsanter, am amüsantesten> *adj lustig und unterhaltsam:* ein amüsantes Buch; ein amüsanter Abend

amü·sie·ren [amyˈziːrən] <amüsierst, amüsierte, hat amüsiert> **I.** *mit OBJ* ■ **etwas amüsiert jmdn.** (≈ *erheitern*) *bewirken, dass jmd. über etwas lachen muss oder etwas lustig findet:* Der Gedanke amüsierte ihn. **II.** *mit SICH* ❶ **jmd. amüsiert sich** *sich vergnügen:* Amüsiert euch gut! ❷ **jmd. amüsiert sich über jmdn./etwas** *durch jmdn. oder etwas erheitert werden:* Er amüsierte sich über das Verhalten des Kindes.

an [an] **I.** *präp* ❶ *+Dat. verwendet, um eine Orts- oder Zeitangabe zu machen:* Das Bild hängt an der Wand.; an meinem Geburtstag; an der Universität studieren ❷ *+Dat./Akk. verwendet als Verbindung zu einem Präpositionalobjekt; Frage: Woran?:* an einem Buch schreiben; an einer Krankheit sterben; an einer Versammlung teilnehmen; an jemanden glauben; sich an jemanden wenden ❸ +*Akk. verwendet, um eine gerichtete Bewegung auszudrücken; Frage: Wohin?:* das Bild an die Wand hängen; ans Telefon gehen ❹ +*Dat.* ■ **A an B** KOCH. *(geh.) verwendet, um auszudrücken, dass eine Speise oder ein Hauptgericht A zusammen mit einer Beilage oder Soße B serviert wird* Der Hauptgang besteht aus gebratenen Wachteln an einer Trüffelsoße. **II.** *adv* ❶ ■ **an die ...** *(≈ etwa) mit einer Zahlenangabe verwendet, um auszudrücken, dass es nicht der genaue Zahlenwert, sondern ein ungefährer Wert ist:* Es waren an die 3000 Zuschauer im Stadion. ❷ *(↔ ab) in Fahrplänen zur Angabe der Ankunftszeit eines Zuges o.Ä.:* Köln an 13.24 Uhr; ■ **von nun an** *ab jetzt* Von nun an werde ich mein Leben ändern.; ■ **an sein** *(umg.) eingeschaltet sein, in Betrieb sein* Das Licht ist an.

An·al·pha·bet der, **An·al·pha·be·tin** ['anǀalfabeːt] <-en, -en> *Person, die weder lesen noch schreiben kann (oder nur in ganz geringem Ausmaß dazu in der Lage ist):* Es gibt Schreib- und Lesekurse für Analphabeten, sowie Selbsthilfegruppen. ▸ Analphabetismus

ana·ly·sie·ren <analysierst, analysierte, hat analysiert> *mit OBJ* ■ **jmd. analysiert etwas** *(geh.) etwas genau untersuchen, indem man seine einzelnen Teile und ihre Beziehungen betrachet:* ein Gedicht/die Lage/ein Problem/die Situation analysieren ▸ Analyse

An·bau[1] der <-(e)s, -ten> *(↔ Hauptgebäude) ein Gebäudeteil, der erst später an ein bereits bestehendes Gebäude angebaut wurde:* Im Anbau des Museums befindet sich ein Restaurant.

An·bau[2] der <-(e)s> */kein Plur./* LANDW. *das Pflanzen von Getreide, Gemüse o.Ä. auf großen Feldern, um damit Geld zu verdienen:* der Anbau von Getreide/Kaffee/Reis/Tabak/Weizen; Der Anbau von Kartoffeln bringt nur wenig Gewinn. ◆ Getreide-, Reis-, Weizen-

an·bau·en[1] **I.** *mit OBJ* ■ **jmd. baut etwas (an etwas** *Akk.***) an** *etwas einem vorhandenen Gebäude hinzufügen:* eine Garage/Veranda an ein Haus anbauen **II.** *ohne OBJ* ■ **jmd. baut an** *ein Gebäude erweitern:* Wir müssen anbauen, denn der Platz reicht nicht mehr.

an·bau·en[2] <baust an, baute an, hat angebaut> *mit OBJ* ■ **jmd. baut etwas an** LANDW. *bestimmte Pflanzen auf einem Feld o.Ä. pflanzen und dort wachsen lassen, um damit Geld zu verdienen:* Kartoffeln/Wein/Weizen/Zuckerrüben anbauen; Auf dem Feld wurde letztes Jahr Mais angebaut.

an·be·ten <betest an, betete an, hat angebetet> *mit OBJ* ■ **jmd. betet jmdn. an** ❶ REL. *jmdn. oder etwas religiös (als Gottheit) verehren:* einen Gott anbeten ❷ *(übertr.) bewundern, verehren:* Die Fans beten diesen Sänger regelrecht an.; betet seine neue Freundin an.

an·bie·ten <bietest an, bot an, hat angeboten> **I.** *mit OBJ* ❶ ■ **jmd. bietet jmdm. etwas an** *sagen, dass jmd. etwas haben kann:* Wir haben ihm die Wohnung mehrfach angeboten.; Darf ich dir noch eine Tasse Tee anbieten? ❷ ■ **jmd. bietet etwas an** *als Ware zum Verkauf bieten:* Das Kaufhaus bietet auch Sportartikel an. **II.** *mit SICH* ■ **jmd./etwas bietet sich an** *seine Dienste bieten:* sich jemandem als Fremdenführer anbieten; ■ **etwas bietet sich an** *etwas ist eine sinnvolle oder vernünftige Möglichkeit* Es bietet sich an, erst zu dir zu fahren.

an·bin·den <bindest an, band an, hat angebunden> *mit OBJ* ❶ ■ **jmd. bindet etwas (an etwas** *Akk.***) an** *mit einer Leine, einer Schnur o.Ä. etwas an etwas anderem festmachen:* den Hund an einen Zaun anbinden; Er hat das Fahrrad mit einem Schloss an einen Laternenpfahl angebunden. ❷ ■ **jmd. bindet etwas an etwas** *Akk.* an AMTSSPR. *etwas in ein System integrieren:* eine Stadt (an das Eisenbahnnetz) anbinden; ■ **kurz angebunden sein** *sehr unfreundlich und abweisend zu jmdm. sein* Sie hat mir nicht viel erzählt, denn sie war sehr kurz angebunden.

an·bren·nen <brennst an, brannte an, hat/ist angebrannt> **I.** *mit OBJ* ■ **jmd. brennt etwas an** *(haben) (≈ anzünden) in Brand setzen:* einen Holzstapel anbrennen **II.** *ohne OBJ* ■ **etwas brennt an** *(sein)* ❶ *(≈ sich entzünden) zu brennen beginnen:* Das trockene Holz/Stroh brennt leicht an. ❷ KOCH. *beim Kochen oder Braten zu viel Hitze bekommen (und deshalb schwarz werden):* Der Grießbrei/Das Schnitzel ist angebrannt.; ■ **nichts anbrennen lassen** *(umg.) keine Gelegenheit zu einer Liebesaffäre auslassen* Er ist dafür bekannt, dass er nichts anbrennen lässt.

An·den·ken das <-s, -> ❶ *ein Gegenstand, der an etwas erinnert:* Andenken verkaufen; Der Ring ist ein Andenken an meine Mutter.; ein Andenken aus dem Urlaub mitbringen ◆ -laden, Reise- ❷ */kein Plur./*

die Erinnerung: jemandes Andenken/das Andenken an jemanden in Ehren halten; ▪ **zum Andenken an …** *zur Erinnerung an …* zum Andenken an die Mutter ein Foto bei sich tragen

an·den·ken <denkst an, dachte an, hat angedacht> *mit OBJ* ▪ **jmd. denkt etwas an** *beginnen, über etwas nachzudenken:* Man müsste mal neue Strategien andenken.; Das Projekt ist bereits angedacht, aber noch nicht gestartet.

an·de·re(-r, -s) ['andərə] *pron* ① *verwendet, um sich auf diejenigen Mitglieder einer Gruppe zu beziehen, die bei der genannten Sache nicht beteiligt, gemeint o.Ä. sind; nicht diese(r, s):* Nicht dieser Mann, sondern der andere hat mich bestohlen.; Zwei Mitarbeiter haben Urlaub, die anderen sind in der Firma. ② *verwendet, um sich auf die sonstigen Dinge, Personen oder Möglichkeiten zu beziehen, die neben etwas ebenfalls existieren:* Es gibt diese Lösung, aber es gibt auch andere gute Lösungen.; Versuche es doch mal in einem anderen Geschäft.; ▪ **andere Saiten aufziehen** *(umg.) jmdn. strenger behandeln* Wenn du so frech zu mir bist, muss ich wohl andere Saiten aufziehen.; ▪ **unter anderem** *auch, außerdem* Es waren viele Gäste auf der Feier, unter anderem meine Schwester.; ▪ **zum anderen** *andererseits* Zum anderen müssen wir bedenken, dass …; ▪ **alles andere als (zufrieden)** *überhaupt nicht (zufrieden)* Mit dieser Note war der Schüler alles andere als zufrieden.

an·de·rer·seits, *a.* **an·der·seits,** *a.* **and·rer·seits** ['andərezaits] *adv (in Verbindung mit „einerseits") verwendet, um auszudrücken, dass etwas gegen etwas spricht, das bereits genannt worden ist:* Einerseits wollte er helfen, andererseits hatte er Angst, sie anzusprechen.

än·dern ['ɛndɐn] <änderst, änderte, hat geändert> I. *mit OBJ* ① **jmd. ändert etwas** *etwas anders machen:* die Lage/einen Text ändern; Ich kann es leider nicht ändern.; Das ändert die Lage nicht wesentlich. ② *(Kleidungsstücke) enger oder weiter bzw. kürzer machen:* den Anzug/das Kleid beim Schneider ändern lassen ▸ Änderungsschneiderei II. *mit SICH* ▪ **jmd./etwas ändert sich** *anders werden:* Es ändert sich wieder nichts.; Sie hat sich ziemlich geändert.

an·ders ['andɐs] *adv* ① *verwendet, um auszudrücken, dass jemand/etwas im Vergleich zu einer anderen Person/Sache mit anderen Merkmalen ausgestattet ist:* anders aussehen/denken; anders denkend/geartet/gläubig/lautend; anders Denkende/Geartete/Gläubige; Ich habe es mir anders überlegt.; Es geht nicht anders. ② *(mit unbestimmtem Pronomen oder Fragepronomen) sonst:* wer/wo/wie anders; jemand/niemand/nirgendwo anders ▪ Getrennt- oder Zusammenschreibung der/die anders Denkende/Andersdenkende

an·ders·wo ['andɐsvoː] *adv an einem anderen Ort:* Wenn du die Strümpfe nicht in diesem Geschäft bekommst, musst du es nochmal anderswo versuchen.

an·dert·halb ['andethalp, andet'halp] *num einundeinhalb:* Wir treffen uns in anderthalb Stunden.

Än·de·rung die <-, -en> *der Vorgang, dass etwas von einem Zustand in einen neuen Zustand mit anderen Eigenschaften übergeht:* Änderungen des Klimas/der weltpolitischen Lage; Bitte beachten Sie Änderungen des Fahrplans/des Programms/der Tagesordnung!

an·deu·ten <deutest an, deutete an, hat angedeutet> I. *mit OBJ* ▪ **jmd. deutet etwas an** ① *etwas nicht direkt sagen, sondern nur einen versteckten Hinweis geben:* einen Gedanken/eine Vermutung/einen Wunsch andeuten; Er hat angedeutet, dass er bald heiraten wird. ② *beim Malen oder Zeichnen etwas nur mit dünnen Strichen als Skizze entwerfen, aber nicht im Detail ausgestalten:* Der Zeichner deutet mit wenigen Strichen ein Gesicht an.
II. *mit SICH* ▪ **etwas deutet sich an** *etwas ist bereits in Ansätzen zu erkennen:* Ein Aufschwung/Eine Wende deutet sich an.

An·deu·tung die <-, -en> ① *versteckter Hinweis:* eine Andeutung über etwas machen ② *kaum sichtbares Anzeichen:* die Andeutung eines Lächelns ▸ andeutungsweise

an·eig·nen <eignest an, eignete an, hat angeeignet> *mit SICH* ▪ **jmd. eignet sich etwas an** ① *sich ohne zu fragen etwas nehmen, das Eigentum einer anderen Person ist:* Sie hat sich meinen Stift angeeignet. ② *erlernen:* sich ein höfliches Benehmen/bestimmte Kenntnisse/umfangreiches Wissen aneignen

an·ei·n·an·der *adv verwendet, um auszudrücken, dass ein Geschehen wechselseitig ist:* Wenn z.B. A und B aneinander denken, heißt das, dass A an B denkt und B an A.: sich aneinander erinnern; ▪ **aneinan-**

derfügen *zwei Dinge so verbinden, dass sie an einer Seite Kontakt haben* die beiden Teile aneinanderfügen; **sich aneinanderfügen** *zusammenhängen und jeweils an einer Seite Kontakt haben* Die Reihenhäuser fügen sich aneinander.; ■ **aneinandergeraten** *(sich zu streiten beginnen)* Wegen dieser Sache gerieten die Brüder aneinander. Seitdem sind sie zerstritten.; ■ **aneinandergrenzen** *eine gemeinsame Grenze haben* Die Grundstücke grenzen aneinander.; **sich aneinanderklammern** *(von zwei Personen) sich gegenseitig festhalten* Ängstlich klammerten sie sich aneinander.; **sich aneinanderkuscheln** *(von zwei Personen) sich zärtlich an die andere Person schmiegen* ♦ Getrenntschreibung → R 4.8 aneinander denken; sich aneinander gewöhnen; ♦ Zusammenschreibung → R 4.5, 4.6 aneinanderfügen; aneinandergeraten; aneinanderreihen; aneinanderstoßen

an·er·ken·nen [ˈanɛɐ̯kɛnən] <erkennst an, erkannte an, hat anerkannt> *mit OBJ* ❶ **jmd. erkennt etwas an** *sagen, dass man die Leistung von jmdm. bemerkt und ein Lob aussprechen:* jemandes Arbeit/Erfolge/Leistungen lobend anerkennen ❷ **jmd. erkennt jmdn./etwas an** *jmdn. oder etwas akzeptieren und respektieren:* den neuen Kollegen/Lehrer anerkennen ❸ **jmd. erkennt etwas an** *etwas für gültig erklären:* Beim Wechsel der Universität wurden mir alle Scheine anerkannt.; einen Staat diplomatisch anerkennen; ein Urteil/die Vorschriften anerkennen

an·fah·ren <fährst an, fuhr an, hat/ist angefahren> I. *ohne OBJ* ❶ **ein Fahrzeug fährt an** *(sein) starten, die Fahrt beginnen, sich in Bewegung setzen:* Der Zug fährt an. ❷ **jmd. kommt (irgendwie) angefahren** *(sein) jmd. nähert sich mit einem Fahrzeug:* Er kam mit quietschenden Reifen angefahren. II. *mit OBJ* ❶ **jmd. fährt jmdn. an** *(haben) eine Person mit einem Fahrzeug streifen:* Der Autofahrer hat einen Radfahrer angefahren.; Der Fußgänger ist angefahren worden. ❷ **jmd. fährt jmdn. an** *(umg.) plötzlich laut und heftig zu jmdm. sprechen:* „Lass mich in Ruhe!", fuhr sie ihn an. ❸ **jmd. fährt einen bestimmten Ort an** *einen bestimmten Ort zum Ziel haben:* Wir haben den nächsten Parkplatz angefahren.; Der Bus fährt auch die Haltestelle „Schlossplatz" an.

an·fäl·lig [ˈanfɛlɪç] *adj (≈ empfindlich)* mit der Neigung dazu, für Störungen anfällig sowie gegen Krankheiten nicht sehr widerstandsfähig zu sein: Er ist sehr anfällig für Erkältungskrankheiten

-an·fäl·lig [ˈanfɛlɪç] *als Zweitglied zusammengesetzter Adjektive, mit Betonung auf dem Erstglied; drückt aus,* ❶ *dass jemand oder etwas leicht durch das mit dem Erstglied Bezeichnete beeinträchtigt bzw. von ihm ergriffen werden kann:* Man möchte eine weniger krisenanfällige Basis für das wirtschaftliche Wachstum sichern. ♦ bakterien-, frost-, krisen-, stress- ❷ *dass etwas in nachteiliger Weise zu dem neigt, was mit dem Erstglied bezeichnet wird:* Dieser Receiver ist sehr reparaturanfällig. ♦ fehler-, korruptions-, stör-/störungs-, reparatur-

An·fang der <-(e)s, Anfänge> ❶ /kein Plur./ (↔ Ende) *der erste Teil oder Abschnitt von etwas:* Anfang Mai; Anfang nächsten Jahres; der Anfang des Weges ❷ /meist Plur./ *erster Abschnitt einer Entwicklung:* die Anfänge der Menschheit; in den Anfängen stecken; ■ **von Anfang an** *von Beginn an* Sie war von Anfang an eine gute Schülerin.; ■ **den Anfang machen** *(umg.) als erster mit etwas beginnen* Ich mache den Anfang, wenn sonst niemand will.; ■ **von Anfang bis Ende** *komplett, vollständig* Ich habe das Buch von Anfang bis Ende gelesen.; ■ **der Anfang vom Ende** *der Beginn einer negativen Entwicklung, die zum Scheitern von etwas führt* Dass er arbeitslos wurde, war der Anfang vom Ende.; ■ **Aller Anfang ist schwer!** *(Sprichwort) verwendet, um auszudrücken, dass jmd. etwas im Laufe der Zeit schon lernen wird* Es ist nicht schlimm, wenn du Fehler machst! Aller Anfang ist schwer!; ■ **etwas nimmt seinen Anfang** *(geh.) beginnen* So nahm diese Geschichte ihren Anfang.

an·fan·gen <fängt an, fing an, hat angefangen> I. *mit OBJ* ❶ **jmd. fängt etwas an** *beginnen:* eine Arbeit/ein neues Leben/Streit anfangen; zu regnen anfangen; Du willst wohl Streit anfangen? ❷ **jmd. fängt etwas mit jmdm./etwas** *Dat.* **an** *(umg.) tun, machen:* Was sollen wir jetzt (damit/mit ihm) anfangen? II. *ohne OBJ* ■ **etwas fängt an** *beginnen:* Das neue Jahr/Das Konzert fängt gleich an.; Der Weg fängt hier an.; Wir müssen wieder von vorn anfangen.; ■ **bei einer Firma o.Ä. anfangen** *bei einer Firma o.Ä. zu arbeiten beginnen* Er fängt diesen Monat in diesem Restaurant als Koch an.

An·fän·ger der, **An·fän·ge·rin** <-s,

anfangs – angehen

-> (↔ *Fortgeschrittener*) *jmd., der etwas noch nie (oder nicht oft) gemacht hat und daher keine Erfahrung hat:* Dieser Fehler passiert nicht nur Anfängern.; Anfänger im Autofahren sein ◆ -fehler, Berufs-

an·fangs *adv am Anfang, zu Beginn:* Er war anfangs nicht sehr erfolgreich.

an·fas·sen <fasst an, fasste an, hat angefasst> *mit OBJ* ❶ ■ **jmd. fasst etwas an** (≈ *berühren*) *die Hand auf etwas legen:* Fass mich nicht an! ❷ ■ **jmd. fasst jmdn. irgendwie an** *jmdn. irgendwie behandeln:* Sie fasst die Kinder sehr hart an. ❸ ■ **jmd. fasst etwas an** (*umg.*) *mit einer neuen Aufgabe beginnen:* eine Arbeit/Sache geschickt anfassen; ■ **Fass doch mal mit an!** (*umg.*) Hilf doch mal mit!

an·fer·ti·gen <fertigst an, fertigte an, hat angefertigt> *mit OBJ* ■ **jmd. fertigt etwas an** (≈ *erstellen*) *einen Gegenstand oder eine geistige Leistung schaffen bzw. herstellen:* einen Tisch anfertigen; ein Gutachten anfertigen lassen ◆ Anfertigung

an·for·dern <forderst an, forderte an, hat angefordert> *mit OBJ* ■ **jmd. fordert etwas an** *jmdn. darum bitten, dass man etwas geschickt bekommt; bestellen:* Informationen/einen Katalog anfordern; Der Polizeibeamte forderte Verstärkung an.

An·fra·ge *die* <-, -n> *Bitte (um Auskunft/ Lieferung/Reparatur etc.):* Informationen erhalten Sie auf Anfrage unter folgender Adresse: ...; Wir haben eine schriftliche Anfrage an die Firma gerichtet.

an·fra·gen <fragst an, fragte an, hat angefragt> *ohne OBJ* ■ **jmd. fragt (bei jmdn.) an** *um Auskunft bitten, sich erkundigen:* Ich muss beim Theater anfragen, ob man noch Karten für das Konzert bekommen kann.

an·füh·ren <führst an, führte an, hat angeführt> *mit OBJ* ❶ ■ **jmd. führt jmdn./ etwas an** (≈ *leiten*) *der Führer einer Gruppe von Personen sein:* den Festzug/eine Gruppe anführen ❷ ■ **jmd. führt etwas (als etwas** *Akk.***) an** *(als Beweis) erwähnen, nennen:* ein Beispiel/eine wissenschaftliche Untersuchung/die neuesten Forschungsergebnisse/ein Zitat anführen; Er führte dies als Beweis an. ❸ ■ **jmd. führt jmdn. an** (*umg.:* ≈ *foppen*) *durch bewusstes Täuschen bewirken, dass jmd. das Falsche glaubt:* Da habt ihr euch aber tüchtig anführen lassen!

An·füh·rer *der*, **An·füh·re·rin** <-s, -> *jmd., der anderen sagt, was sie tun sollen:* der Anführer einer Bande

An·ga·be[1] *die* ['angabə] <-, -n> ❶ / *meist Plur.* / (≈ *Information*) *Mitteilung über einen Sachverhalt; Information:* nähere Angaben über etwas machen; eine Angabe zur Bedeutung/Grammatik/Phonetik im Wörterbuch machen ❷ / *kein Plur.* / (*umg. abwert.:* ≈ *Prahlerei*) *Formulierungen oder ein Verhalten, mit denen man in übertriebener und oft pejorativer oder ärgerlicher Weise das eigene Können oder den eigenen Besitz betont:* Das ist doch alles nur Angabe!; Reine Angabe! Da ist nichts dahinter! ❸ SPORT (*bei Ballspielen:* ≈ *Aufschlag*) *der Vorgang, dass bei bestimmten Ballsportarten der Ball nach einer Spielunterbrechung durch einen Spieler wieder ins Spielfeld geschlagen wird und das Spiel fortgesetzt werden kann:* Der Gegner hat Angabe!

An·ga·be[2] *die* <-, -n> ÖSTERR. *Anzahlung*

an·ge·ben <gibst an, gab an, hat angegeben> I. *mit OBJ* ■ **jmd. gibt etwas an** ❶ *jmdm. etwas als Information geben:* Bitte Namen und Adresse angeben! ❷ (≈ *vorgeben*) *bestimmen:* die Richtung/ die Richtung/den Ton angeben II. *ohne OBJ* ■ **jmd. gibt an** ❶ (*umg. abwert.:* ≈ *prahlen*) *sich wichtig machen und in übertriebener Weise den eigenen Besitz oder das eigene Können betonen:* Gib doch nicht immer so an!; Er gibt bei jeder Gelegenheit an! ◆ Angabe, Angeber(in) ❷ SPORT *den Ball einwerfen:* Du musst angeben!

an·geb·lich ['ange:plɪç] I. *adj* / *nicht steig.* / *so, dass etwas nicht bewiesen ist und daher nur behauptet wird:* ihr angeblicher Freund II. *adv* / *nicht steig.* / *verwendet, um auszudrücken, dass etwas nicht bewiesen ist und nur behauptet wird:* Er fährt angeblich einen Rolls-Royce.

An·ge·bot *das* <-(e)s, -e> ❶ *etwas, das jmd. zur Verfügung stellt und das jmd. nehmen, kaufen, nutzen o.Ä. kann:* jemandem ein Angebot machen; Vielen Dank für Ihr freundliches Angebot!; ein Angebot bereitwillig/gern/nur ungern/zögernd akzeptieren/annehmen; das kulturelle Angebot der Großstadt nutzen ❷ / *kein Plur.* / WIRTSCH. *die angebotenen Waren:* ein reichhaltiges Angebot (an Waren); Angebot und Nachfrage bestimmen in der Marktwirtschaft den Preis. ◆ Waren- ❸ WIRTSCH. *eine bestimmte Ware, die für einen kurzen Zeitraum zu einem besonders günstigen Preis angeboten wird:* Das Angebot gilt nur bis Ende des Monats.; Diese Woche sind Tomaten im Angebot. ◆ Sonder-

an·ge·hen <gehst an, ging an, hat/ist an-

gegangen> I. *mit OBJ* ❶ ■ **etwas geht jmdn. an** *(sein) jmdn. betreffen, in den Interessenbereich oder Zuständigkeitsbereich von jmdm. fallen:* Das geht dich überhaupt nichts an!; Was geht mich das an?; Was etwas/jemanden/mich angeht, ... ❷ ■ **jmd. geht jmdn. an** *(sein)* SÜDDT., ÖSTERR., SCHWEIZ. *(≈ angreifen) Kritik, Vorwürfe o.Ä. gegen jmdn. vorbringen:* Sie ist ihn in aller Öffentlichkeit angegangen. ❸ ■ **jmd. geht etwas an** SÜDDT., ÖSTERR., SCHWEIZ. *(haben) in Angriff nehmen:* eine Arbeit/ein Problem angehen; ein Projekt mit großem Elan angehen; Der Läufer ist die ersten Kilometer wahrscheinlich zu schnell angegangen. II. *ohne OBJ (sein)* ❶ ■ **jmd. geht gegen etwas** *Akk.* **an** *(≈ vorgehen) gegen etwas kämpfen:* gegen ein Problem angehen ❷ ■ **etwas geht an** *die Funktion beginnen, starten:* Die Heizung/Das Licht/Die Lüftung geht an. III. *mit ES* ■ **es geht nicht an, dass ...** *(sein) /nur mit der Negation „nicht"/ möglich oder erträglich sein:* Es/Das kann (so) nicht angehn!

an·ge·hö·ren <gehörst an, gehörte an, hat angehört> *ohne OBJ* ■ **jmd. gehört etwas** *Dat.* **an** *zu etwas gehören, Mitglied von etwas sein:* einer Art/Familie/Gattung angehören

An·ge·hö·ri·ge *der/die* <-n, -n> ❶ *(≈ Mitglied) jmd., der etwas angehört:* die Angehörigen einer Firma/eines Stammes ❷ */im Plur./ Familienmitglieder/:* seine Angehörigen besuchen; Die Angehörigen trauern um den Verstorbenen.

An·ge·klag·te *der/die* <-n, -n> *jmd., der beschuldigt wird, eine Straftat begangen zu haben und deshalb vor Gericht steht:* Der Angeklagte wird befragt.; Im Zweifel für den Angeklagten.

An·gel die ['aŋl] <-, -n> *Gerät zum Fangen von Fischen, das aus einem langen Stab besteht, an dem eine Art Faden mit einem Haken am Ende befestigt ist:* die Angel auswerfen; eine stärkere Angel für größere Fische brauchen ◆ -haken, -rute

An·ge·le·gen·heit *die* <-, -en> ❶ *(≈ Vorfall) etwas, das sich ereignet hat und für bestimmte Personen eine bestimmte Bedeutung hat:* Das ist eine lästige/peinliche Angelegenheit.; Man hoffte, die ganze Angelegenheit würde schnell in Vergessenheit geraten. ❷ *(≈ Sache) etwas, das jmdn. in irgendeiner Form betrifft:* Das ist nicht meine Angelegenheit.; Kümmere dich um deine eigenen Angelegenheiten!; sich in jmds. Angelegenheiten einmischen ◆ Geschäfts-, Privat-

an·geln ['aŋln] <angelst, angelte, hat geangelt> I. *mit OBJ* ■ **jmd. angelt etwas** *mit der Angel einen Fisch fangen und aus dem Wasser ziehen:* einen großen Hecht angeln II. *ohne OBJ* ■ **jmd. angelt** *den Angelsport ausüben:* angeln gehen III. *mit SICH* ■ **jmd. angelt sich jmdn./etwas** *(umg. scherzh.) durch eigene Anstrengung bekommen:* sich ein Stück Kuchen/ einen Mann angeln

an·ge·lo·ben *mit OBJ* ■ **jmd. gelobt etwas an** ÖSTERR. *zum Dienstantritt vereidigen:* eine Regierung angeloben ▶ Angelobung

an·ge·mes·sen *adj* ❶ *so, dass es im richtigen Verhältnis zu etwas steht:* etwas für angemessen halten; ein angemessener Preis ▶ Angemessenheit ❷ *zu einem bestimmten Anlass oder für einen bestimmten Zweck passend:* angemessene Kleidung; Sein Verhalten war der Situation nicht angemessen. ▶ Angemessenheit

an·ge·nehm *adj* ❶ *(≈ nett) so, dass man einen Menschen wegen seiner Art gern mag:* ein angenehmer Kollege/Mensch/ Mitarbeiter/Nachbar ❷ *(≈ wohltuend) so, dass man sich dabei wohl fühlt:* angenehmes Klima/Wetter ❸ *so, dass es jmds. eigenen Wünschen entspricht:* Es wäre mir sehr angenehm, wenn ...; (Ich wünsche Ihnen eine) angenehme Reise!; ■ **das Angenehme mit dem Nützlichen verbinden** *etwas, das man tun muss, mit etwas verbinden, das Spaß macht* Als Lehrerin kann sie manchmal das Angenehme mit dem Nützlichen verbinden, indem sie die Schulhefte bei schönem Wetter auf dem Balkon korrigiert.

an·ge·se·hen <angesehener, am angesehensten> *adj so, dass man jmdm. oder etwas viel Respekt entgegenbringt:* eine angesehene Persönlichkeit

An·ge·stell·te *der/die* <-n, -n> *(↔ Selbständiger/Selbstständiger) jmd., der in einer Firma oder bei einer Institution als Beschäftigter arbeitet:* Er arbeitet als Angestellter.; Als leitender Angestellter ist er für eine Abteilung verantwortlich. ◆ Bank-, Büro-

an·ge·wöh·nen <gewöhnst an, gewöhnte an, hat angewöhnt> I. *mit OBJ* ■ **jmd. gewöhnt jmdm. etwas an** *(↔ abgewöhnen) bewirken, dass jmd. eine bestimmte Gewohnheit entwickelt:* den Kindern Disziplin/Ehrlichkeit/Ordnung/Pünktlichkeit/Sauberkeit angewöhnen II. *mit SICH* ■ **jmd. gewöhnt sich etwas an** *(↔ abge-*

wöhnen) eine bestimmte Gewohnheit annehmen: Wann hat sie sich das Rauchen angewöhnt?

An·ge·wohn·heit die <-, -en> *(≈ Gewohnheit) etwas, das jmd. regelmäßig und ohne darüber nachzudenken tut (und das oft auf andere eine bestimmte Wirkung hat):* eine gute/schlechte/seltsame Angewohnheit; Ich habe die Angewohnheit, vor dem Frühstück ein Glas Wasser zu trinken.

an·grei·fen <greifst an, griff an, hat angegriffen> *mit OBJ/ohne OBJ* ❶ ■ **jmd. greift jmdn./etwas an** MILIT. *(↔ verteidigen) den Kampf gegen jmdn./etwas beginnen:* (im Morgengrauen) den Feind mit Panzern/Raketen angreifen ❷ ■ **jmd. greift jmdn./etwas an** *(≈ kritisieren) schwere Vorwürfe gegen jmdn./etwas erheben:* den Minister/den Vorstand in aller Öffentlichkeit angreifen ❸ ■ **etwas greift etwas an** *Schaden zufügen:* Der saure Regen hat das Bauwerk stark angegriffen.; Die Anstrengung der vergangenen Tage hat ihn angegriffen.; angegriffen aussehen; eine angegriffene Gesundheit haben ❹ ■ **jmd. greift an** SPORT *versuchen, durch einen besonderen Einsatz oder eine besondere Anstrengung eine Entscheidung herbeizuführen:* Alle rechnen damit, dass der Favorit auf dieser Etappe frühzeitig angreift. ▸ Angreifer(in), Angriff

an·gren·zen <grenzt an, grenzte an, hat angegrenzt> *ohne OBJ* ■ **etwas grenzt an etwas** *Akk.* **an** *sich in direkter Nachbarschaft befinden; eine gemeinsame Grenze haben:* An die Klinik grenzt ein Park an.; das angrenzende Grundstück

Angst die [aŋst] <-, Ängste> *der Zustand, dass man sich sehr vor jmdm. oder etwas fürchtet:* in Angst sein; berechtigte/entsetzliche/große/riesige/schreckliche/übertriebene Angst vor etwas/jemandem haben; Angst um etwas/jemanden haben; Mir ist angst (und bange).; jemandem Angst (und Bange) machen; Ich habe Angst vor der Prüfung/vor dem Hund/vor der Reaktion meines Vaters.; ■ **es mit der Angst zu tun bekommen** *(umg.) plötzlich Angst bekommen* Als sie den großen Hund vor sich sah, bekam sie es mit der Angst zu tun.; ■ **(tausend) Ängste ausstehen** *sehr viel Angst haben* Wo warst du nur? Ich habe tausend Ängste ausgestanden. ▸ -schweiß, -zustand, Prüfungs-, Todes-, Versagens-

ängst·lich ['ɛŋstlɪç] **I.** *adj* ❶ *(≈ furchtsam) so, dass jmd. leicht Angst bekommt:* Er war ein ängstliches Kind. **II.** *adv* ❶ *voller Angst:* ängstlich um sich blicken ❷ *(≈ sorgfältig) so, dass man größte Sorgfalt auf etwas verwendet:* ängstlich auf etwas bedacht sein; ■ **(mit etwas) nicht so ängstlich sein** *(umg.) es (mit etwas) nicht so eilig haben oder genau nehmen*

an·gur·ten <gurtest an, gurtete an, hat angegurtet> *mit SICH* ■ **jmd. gurtet sich an** *(≈ anschnallen) zur größeren Sicherheit im Auto oder im Flugzeug einen Gurt anlegen und so den Körper am Sitz befestigen:* sich im Auto/Flugzeug angurten

an·ha·ben <hast an, hatte an, hat angehabt> *mit OBJ* ❶ ■ **jmd. hat etwas an** *(umg.) bestimmte Kleidung tragen; mit etwas bekleidet sein:* eine tolle Hose/ein neues Kleid anhaben; Gestern hatte er einen dicken Pullover an. ❷ ■ **jmd./etwas kann jmdm./etwas etwas anhaben** *schaden, etwas Schlechtes nachweisen:* jemandem etwas/nichts anhaben können; Er kann mir gar nichts anhaben!

an·hal·ten <hältst an, hielt an, hat angehalten> **I.** *mit OBJ* ❶ ■ **jmd. hält jmdn./etwas an** *(≈ stoppen) den Gang, die Fahrt oder die Funktion von jmdm. oder etwas unterbrechen:* ein Fahrzeug/eine Maschine/eine Uhr anhalten ❷ ■ **jmd. hält jmdn. zu etwas** *Dat.* **an** *(≈ ermahnen) jmdm. sagen, er solle zukünftig etwas tun oder beachten:* Der Lehrer hält die Schülerin zu größerer Ordnung an. **II.** *ohne OBJ* ■ **etwas hält an** *stoppen:* Der Bus/Der Fahrer hielt an.; an der Bushaltestelle anhalten; ■ **die Luft/den Atem anhalten** *für eine kurze Zeit das Atmen absichtlich unterbrechen;* ■ **die Luft/den Atem anhalten** *vor Staunen oder Spannung ganz still sein* Das Publikum hielt den Atem an, als der Trapezkünstler seine neueste Nummer zeigte.

An·hal·ter der, **An·hal·te·rin** ['anhaltɐ] <-s, -> *(≈ Tramper) jmd., der reist, indem er oder sie an der Straße steht, Autos durch Handzeichen anhält und sich von Autofahrern kostenlos in deren Fahrzeugen mitnehmen lässt:* eine Anhalterin mitnehmen; Am Straßenrand stand ein Anhalter.; ■ **per Anhalter fahren** *(umg.) sich von Autofahrern mitnehmen lassen*

An·hang der <-(e)s, Anhänge> ❶ *ein zusätzlicher Textteil, der hinter einem Text steht und weitere Informationen, Hinweise, Angaben o.Ä. enthält:* Bildtafeln finden sich im Anhang. ❷ */kein Plur./ (umg.) Familie, Lebenspartner, enge Freunde:* mit Anhang (zu einer Party) kommen ▸ Familien-

an·hän·gen¹ <hängst an, hängte an, hat angehängt> *mit OBJ* ■ **jmd. hängt etwas an etwas** *Akk.* **an** ① *bewirken, dass etwas (durch eine feste Verbindung) mit etwas verbunden ist:* einen Wohnwagen an das Auto anhängen ② ■ **jmd. hängt jmdm. etwas an** *(umg. abwert.) (zu Unrecht) behaupten, dass jmd. etwas Schlechtes getan hat:* Sie haben mir den Diebstahl angehängt.; Das lasse ich mir nicht anhängen!

an·hän·gen² <hängst an, hing an, hat angehangen> *ohne OBJ* ■ **jmd. hängt etwas an** *Dat.* **an** *(geh.) sich mit etwas verbunden fühlen und dafür eintreten:* einer Sekte/einer Lehre/einem Vorbild anhängen

An·hän·ger¹ der <-s, -> ① *ein Wagen, der an ein Fahrzeug angehängt und von diesem gezogen wird:* Möbel auf den Anhänger laden ◆ Fahrrad-, Wohnwagen- ② *an einer Kette getragener Schmuck:* ein silberner Anhänger mit einem Rubin ③ *mit einem Namen versehenes Schild(chen), das an einem Gepäckstück befestigt wird, oder auch ein Schild(chen) an einem Schlüssel* ◆ Gepäck-, Schlüssel-

An·hän·ger² der, **An·hän·ge·rin** <-s, -> *(≈ Befürworter) eine Person, die für eine Sache eintritt:* ein Anhänger einer Glaubensrichtung/Ideologie/Lehre/Partei/Sekte; ein fanatischer/langjähriger/überzeugter Anhänger einer These ▸ Anhängerschaft

an·hö·ren <hörst an, hörte an, hat angehört> I. *mit OBJ* ■ **jmd. hört etwas an** ① *bewusst hören:* Musik anhören; ein Gespräch anhören ② ■ **jmd. hört jmdm. an** *hören, was jmd. zu sagen hat:* jemanden vor einem Ausschuss/vor Gericht anhören; Fachleute zu einem Problem anhören ▸ Anhörung ③ ■ **jmd. hört jmdm./etwas etwas an** *beim Zuhören erkennen:* ihrer Stimme die Erregung anhören; der Aufnahme anhören, dass sie sehr alt ist II. *mit SICH* ① ■ **jmd. hört sich etwas/jmdn. an** *konzentriert zuhören:* Der Chef hört sich die Vorschläge seiner Mitarbeiter gerne an. ② ■ **etwas hört sich irgendwie an** *beim Hören einen bestimmten Eindruck vermitteln:* Die Musik hört sich schrecklich an.; ■ **Das hört sich ja gut an!** *das ist viel versprechend*

an·ket·ten *mit OBJ* ■ **jmd. kettet jmdn./ein Tier an etwas** *Dat.* **an** *mit einer Kette festmachen:* den Hund am Tor anketten; Ich komme sofort; ich muss nur noch mein Fahrrad anketten.

an·kla·gen *mit OBJ* ■ **jmd. klagt jmdn./etwas einer Sache an** ① RECHTSW. *die begründete Behauptung aufstellen, dass jmd. gegen ein Gesetz verstoßen hat:* jemanden des Mordes/wegen Mordes/der Steuerhinterziehung anklagen ② ■ **jmd. klagt jmdn./etwas an** *Vorwürfe machen:* den Vater/das Schicksal/sich selbst anklagen

an·kle·ben <klebst an, klebte an, hat/ist angeklebt> I. *mit OBJ* ■ **jmd. klebt etwas an etwas** *Akk.* **an** *(haben) mit Klebstoff oder Klebeband befestigen:* ein Schild an den Briefkasten ankleben; ein Weihnachtsmann mit einem angeklebten Bart II. *ohne OBJ* ■ **jmd. klebt an etwas** *Dat.* **an** *(sein) an etwas haften, kleben bleiben:* Er ist an der frischen Farbe angeklebt.

an·kom·men <kommst an, kam an, ist angekommen> I. *ohne OBJ* ① ■ **jmd. kommt irgendwo an** *ein bestimmtes Ziel erreichen:* Bist du gut angekommen?; Die Bergsteiger sind nie am Gipfel angekommen.; Die Expedition kam am Südpol an. ② ■ **jmd. kommt (mit etwas** *Dat.)* **bei jmdm. an** *sich sehr häufig mit einer Sache an jmdn. wenden und den anderen damit belästigen:* Sie kommt ständig mit ihren Problemen bei mir an. ③ ■ **jmd./etwas kommt irgendwie bei jmdm. an** *(umg.) bei jmdm. eine bestimmte Reaktion hervorrufen:* Die neue Mode kommt vor allem bei jungen Leuten sehr gut an. II. *mit ES* ■ **es kommt auf jmdn./etwas an** *es hängt von jmdm. oder etwas ab:* Es kommt auf das Wetter an, ob wir am Wochenende grillen.; ■ **Es kommt (mir) darauf an, ob ...** *es hängt (für mich) davon ab, ob ...* Es kommt darauf an, ob du mitkommen möchtest.; ■ **Es kommt (mir) darauf an, dass ...** *es ist (mir) wichtig, dass ...* Es kommt mir darauf an, dass wir gemeinsam an dem Projekt arbeiten.; ■ **es d(a)rauf ankommen lassen** *(umg.) etwas tun, auch wenn es schädliche Folgen haben kann* Lass es nicht darauf ankommen!; ■ **gegen jemanden/etwas nicht ankommen** *gegen jmdn. oder etwas machtlos sein* Gegen meinen neuen Kollegen komme ich nicht an.

an·kün·di·gen <kündigst an, kündigte an, hat angekündigt> I. *mit OBJ* ■ **jmd. kündigt etwas an** *sagen, dass in der Zukunft etwas geschehen wird:* Protestaktionen/eine Veranstaltung/schlechtes Wetter ankündigen; Er hat seinen Besuch schon letzte Woche angekündigt. II. *mit SICH* ■ **etwas kündigt sich an** *in seinen Anfängen sichtbar werden:* Der Frühling kündigt sich (mit den ersten warmen Tagen) an.

Ankunft – anmelden

• Ankündigung

An·kunft die ['ankʊnft] <-, Ankünfte> / Plur. selten / *der Vorgang, dass jmd./etwas an einem Ort ankommt:* Die Ankunft des Zuges verzögert sich um einige Minuten.; Seit ihrer Ankunft ist nichts mehr, wie es war. •-sdatum, -sflüge, -shalle, -stafel, -sterminal, -szeit, -szeiten

An·la·ge die <-, -n> ❶ *eine technische Vorrichtung, die bestimmten Zwecken dient:* eine Anlage zur Müllsortierung • Alarm-, Beleuchtungs-, Bewässerungs-, Kühl-, Scheibenwisch-, Sende-, Signal-, Solar-, Stereo-, Wasch- ❷ (≈ *Park*) *eine in bestimmter Weise (mit Bäumen, Wasser, Rasen usw.) gestaltete Freifläche oder Grünfläche:* in den Anlagen spazieren gehen; öffentliche Anlagen •Freizeit-, Garten-, Kur-, Park- ❸ WIRTSCH. (≈ *Investition*) *etwas, in das man sein Geld investiert:* Diese Aktie ist eine gute Anlage für dein Geld. •-berater(in), -kapital, -papier, -vermögen ❹ /nur Plur./ *geistige oder körperliche Voraussetzungen:* Er hat die Anlagen zu einem guten Sportler. ❺ *ein Dokument, das zusammen mit einem Brief an jmdn. geschickt wird:* Weiteres entnehmen Sie bitte der Anlage des Briefes.; Als Anlage erhalten Sie … ❻ EDV *eine Datei, die zusammen mit einer E-Mail an jmdn. geschickt wird:* die Anlage abspeichern/öffnen

An·lass der ['anlas] <-es, Anlässe> ❶ *Grund für etwas:* Sie hat ohne jeden Anlass gekündigt.; Zu einem Streit besteht kein Anlass.; etwas zum Anlass nehmen; beim geringsten Anlass •veranlassen ❷ *Feier:* ein festlicher/offizieller Anlass •Fest-

an·läss·lich ['anlɛslɪç] *präp* +Gen. (geh.: ≈ *wegen*) *wegen, aufgrund von:* Anlässlich des Festumzugs sind folgende Straßen heute gesperrt: …; Wir möchten euch anlässlich unserer Hochzeit einladen.

An·laut der <-(e)s, -e> SPRACHWISS. (↔ *Auslaut*) *der erste Laut eines Wortes oder einer Silbe:* Im Anlaut wird das „D" stimmhaft ausgesprochen. •-tabelle, -veränderung

an·leh·nen <lehnst an, lehnte an, hat angelehnt> I. *mit OBJ* ❶ **jmd. lehnt etwas an etwas** *Akk.* **an** ❶ *einen Gegenstand in einer leicht geneigten Stellung so gegen ein relativ großes und stabiles Objekt stellen, dass er stehen bleibt:* das Brett/die Leiter an die/der Wand anlehnen ❷ *etwas ähnlich wie ein Vorbild gestalten:* Der Autor lehnte seinen Roman an den Dracula-Stoff an. II. *ohne OBJ* ❸ **jmd. lehnt etwas an** *nicht vollständig schließen:* die Tür/das Fenster (nur) anlehnen; Die Tür war nur angelehnt. III. *mit SICH* ❶ **jmd. lehnt sich an etwas** *Akk.* **an** *sich so zu einer Wand oder einem großen Gegenstand stellen, dass der Rücken festen Kontakt damit hat:* sich (mit dem Rücken) an die/der Wand anlehnen; sich an den Baumstamm/den Schrank anlehnen ❷ **jmd. lehnt sich (bei/mit etwas** *Dat.***) an etwas** *Akk.* **an** *nachahmen:* sich mit seinem Entwurf an ein Vorbild anlehnen • Anlehnung

An·lei·tung die <-, -en> ❶ (≈ *Instruktion*) *das Anleiten:* unter Anleitung von … ❷ (≈ *Gebrauchsanweisung*) *ein schriftlicher Text, der beschreibt, wie man etwas Bestimmtes machen soll:* Bitte lesen Sie erst die Anleitung!; Ich weiß nicht, wie das Gerät funktioniert. Hast du die Anleitung irgendwo gesehen? • Betriebs-, Gebrauchs-

An·lie·ger der, **An·lie·ge·rin** <-s, -> (≈ *Anwohner*) *jmd., dessen Grundstück an etwas, z.B. eine Straße, angrenzt:* In dieser Straße gibt es nur Parkplätze für Anlieger.; ■ **Anlieger frei** *nur Anwohner oder Anlieger dürfen in diese Straße fahren* •-grundstück, -parkplatz, -verkehr

an·ma·chen <machst an, machte an, hat angemacht> *mit OBJ* ❶ **jmd. macht etwas an** (umg.: ≈ *anschalten* ↔ *ausmachen*) *einschalten:* das Licht/das Radio anmachen ❷ **jmd. macht etwas an etwas** *Dat.* **an** (umg.: ↔ *abmachen*) *an etwas befestigen:* ein Bild (an der Wand) anmachen ❸ **jmd. macht etwas an** (↔ *ausmachen*) *anzünden:* Feuer/den Ofen anmachen ❹ **jmd. macht etwas an** *weitere Zutaten oder Stoffe hinzufügen und mischen:* den Salat mit Essig und Öl anmachen; den Gips anmachen ❺ **jmd. macht jmdn. an** (umg. abwert.) *versuchen, das (sexuelle) Interesse eines Mannes oder einer Frau auf sich zu lenken:* Er macht sie ständig an. • Anmache ❻ **jmd./etwas macht jmdn. an** (umg.) *gefallen:* Der Film macht mich (überhaupt nicht) an. ❼ **jmd. macht jmdn. an** (umg.) *jmdn. beschimpfen; sich mit jmdm. streiten:* Der Lehrer hat mich heute blöd angemacht.; Mach' mich nicht an!

an·mel·den I. *mit OBJ* ❶ **jmd. meldet jmdn. bei etwas** *Dat.* **an** (↔ *abmelden*) *offiziell registrieren lassen:* ein Kind bei einer Schule anmelden; bereits angemeldet sein ❷ **jmd. meldet etwas an** *sagen, dass man einen Anspruch auf etwas hat:* Bedenken/Rechte anmelden ❸ **jmd. meldet etwas an** (↔ *abmelden*) *ein Ge-*

rät, ein Auto o.Ä. offiziell registrieren lassen: das Auto/den Fernseher/das Radio anmelden ❹ ■ **jmd. meldet etwas an** *(≈ ankündigen) sagen, dass etwas geschehen wird:* Er hat sein Kommen angemeldet. **II.** *mit SICH* ■ **jmd. meldet sich an** *(↔ abmelden) sich offiziell registrieren lassen:* sich beim Einwohnermeldeamt/ polizeilich anmelden; Ich habe mich zu einem Sprachkurs angemeldet.

An·mel·dung die <-, -en> ❶ *der Vorgang, dass man sich für einen bestimmten Zweck irgendwo registrieren lässt, wie z.B. für die Teilnahme an einem Kurs oder für einen Arzttermin:* die Anmeldung zum Deutschkurs/beim Arzt ❷ *Mitteilung der Anwesenheit bei den Behörden/der Polizei:* polizeiliche Anmeldung

an·nä·hen <nähst an, nähte an, hat angenäht> *mit OBJ* ■ **jmd. näht etwas an etwas** *Dat.* **an** *etwas durch Nähen (an einem Stoff) festmachen:* einen Knopf am Hemd annähen

an·neh·men <nimmst an, nahm an, hat angenommen> *mit OBJ* ■ **jmd. nimmt etwas an** ❶ *(≈ entgegennehmen) etwas, das jmd. einem geben will, nehmen:* einen Auftrag/ein Paket annehmen ❷ *(≈ akzeptieren ↔ ablehnen) sich einverstanden erklären:* eine Einladung/einen Gesetzesentwurf/einen Vorschlag annehmen; Er/ Seine Bewerbung ist angenommen worden. ❸ *(≈ vermuten) glauben, dass in Bezug auf eine Sache etwas der Fall sei:* Ich nehme an, du wirst mir helfen.; Angenommen, dass ... ❹ *(↔ ablegen) sich aneignen:* einen neuen Namen/schlechte Angewohnheiten annehmen ❺ *(≈ erreichen) einen bestimmten (negativen) Zustand erreichen:* immer schlimmere Ausmaße/Formen annehmen; ■ **sich einer Sache/einer Person annehmen** *sich um eine Sache oder eine Person kümmern* Sie nahm sich der Kinder an.

an·no ['ano] *adv (veralt.) im Jahre:* anno 1970; ■ **anno dazumal** *(umg.) in der Vergangenheit, vor einer sehr langen Zeit* Ich war mal anno dazumal in Italien, seitdem nie wieder.; ■ **Anno Domini** *(abgekürzt: A.D.) im Jahre des Herrn*

An·non·ce die [aˈnɔŋsə] <-, -n> *(≈ Anzeige, Inserat) ein kurzer Text, den man in einer Zeitung oder Zeitschrift abdrucken lässt und in dem es z.B. um die Suche nach einer Wohnung oder Arbeitsstelle geht:* eine Annonce aufgeben/in die Zeitung setzen ♦ Heirats-, Stellen-, Wohnungs-, Zeitungs-

an·o·nym [anoˈnyːm] *adj* ❶ *von einer ungenannten Person stammend:* ein anonymer Anruf/Brief ❷ *so, dass man unbekannt oder ungenannt bleibt:* anonym bleiben wollen; ein anonymer Anrufer ❸ *so, dass es unpersönlich wirkt und es nicht viele Kontakte zwischen Menschen gibt:* anonyme Großstadtsiedlungen/Wohnblocks ► Anonym, Anonymität

an·ord·nen <ordnest an, ordnete an, hat angeordnet> *mit OBJ* ■ **jmd. ordnet etwas an** ❶ *(≈ befehlen) die (verbindliche) Anweisung geben, dass jmd. etwas tun soll:* eine Untersuchung anordnen ❷ *nach bestimmten Regeln ordnen:* die Bilder an der Wand neu anordnen; die Waren nach dem Preis anordnen

An·ord·nung die <-, -en> ❶ *(≈ Befehl, Weisung) das Anordnen:* Ich habe die Anordnung, nichts darüber zu sagen. ❷ ■ **auf jmds. Anordnung** *auf jmds. Anweisung:* auf Anordnung des Arztes nicht mehr rauchen ❸ *(≈ Ordnung) die Art, wie etwas aufgestellt ist:* die Anordnung der Bücher im Regal

an·pas·sen <passt an, passte an, hat angepasst> **I.** *mit OBJ* ■ **jmd. passt etwas an etwas** *Dat./*an etwas *Akk.* an ❶ *einen Gegenstand in Größe oder Form so machen, dass er in etwas hineinpasst:* das Bild an den Rahmen anpassen ❷ *sein Verhalten oder eine Aktivität so gestalten, dass es einer Situation angemessen ist:* die Mittel dem Zweck anpassen **II.** *mit SICH* ■ **jmd. passt sich an jmdn./etwas an** *sein Verhalten auf die Umgebung abstimmen:* sich an seine Umgebung anpassen/ seiner Umgebung anpassen; sich schnell an das Klima anpassen ► Anpassung

an·pro·bie·ren <probiert an, probierte an, hat anprobiert> *mit OBJ* ■ **jmd. probiert etwas an** *etwas anziehen, um zu sehen, ob es die richtige Größe hat (und einem gefällt):* Anzüge/Hüte/Kleidung/ Schuhe anprobieren ► Anprobe

An·rai·ner der, **An·rai·ne·rin** <-s, -> SÜDDT., ÖSTERR. *Nachbar(in)* ♦ -staat

an·rech·nen <rechnest an, rechnete an, hat angerechnet> *mit OBJ* ■ **jmd. rechnet (jmdm.) etwas an** ❶ *für etwas eine Rechnung schreiben:* Die Kosten für diese Reparatur rechne ich Ihnen nicht an. ❷ *als Händler beim Kauf eines neuen Gerätes das alte Gerät des Kunden nehmen und vom Kaufpreis des neuen Gerätes einen gewissen Betrag (als Gegenwert des alten Gerätes) abziehen:* das alte Auto noch mit 500 Euro anrechnen; ■ **jemandem etwas**

hoch anrechnen *jmds. Verhalten als sehr gut anerkennen* Ich rechne es ihm hoch an, dass er trotz seiner Krankheit zu meinem Geburtstag gekommen ist.

an·re·den <redest an, redete an, hat angeredet> *mit OBJ* ❶ **jmd. redet jmdn. (irgendwie) an** *in einer bestimmten Weise ansprechen:* Er hat mich einfach so auf der Straße angeredet.; Er redete sie unfreundlich an. ❷ **jmd. redet jmdn. als etwas/irgendwie an** *(≈ ansprechen) jmdn. mit einem bestimmten Namen ansprechen:* Er hat ihren Chef mit dem Vornamen an. ▸ Anredeform ❸ **jmd. redet gegen etwas** *Akk.* **an** *besonders laut sprechen, weil in der Umgebung sehr viel Lärm ist:* Gegen den Krach der Motoren konnte sie nicht lange anreden.

An·rei·se die <-, -n> *(≈ Abreise) die Reise zu einem Ort hin:* Die Anreise erfolgt mit Bus oder Pkw. ▸ anreisen

An·ruf der <-(e)s, -e> *der Vorgang, dass jmd. jmdn. per Telefon zu erreichen versucht:* Er hat seit Stunden auf ihren Anruf warten. Sie hat nicht einmal auf den Anrufbeantworter gesprochen, um eine Nachricht zu hinterlassen.; Um Mitternacht kam der erlösende Anruf — : Es war alles gut gegangen.; Ich muss noch ganz schnell einen Anruf machen.; Da war ein Anruf für Sie, ein Herr Schulze ... ▸ Anrufbeantworter ♦ Telefon-

an·ru·fen <rufst an, rief an, hat angerufen> I. *mit OBJ* ❶ **jmd. ruft jmdn. an** *am Telefon jmds. Nummer wählen, um eine Verbindung herzustellen und mit dem anderen zu sprechen:* Rufst du mich mal an?; Sie könnte ruhig öfter anrufen!; Hier ist meine Nummer, falls du mich anrufen willst:...; Wieder hat mich das ganze Wochenende niemand angerufen! ❷ *(geh.)* **bei jmdm. Hilfe erbitten:** die Gerichte/Gott anrufen II. *ohne OBJ* **jmd. ruft an** *jmd. meldet sich telefonisch:* Hat jemand angerufen?; Ich habe gestern schon einmal angerufen.; Darf ich mal bei Ihnen anrufen?; Er ruft täglich bei mir an.

An·sa·ge die <-, -n> *(≈ Durchsage)* ❶ *ein kurzer Text, den jmd. vor einer Radio- oder Fernsehsendung spricht, in dem ganz kurz der Inhalt der Sendung angesagt wird:* eine Ansage im Radio machen ❷ *eine Information, die über Lautsprecher einer großen Zahl von Menschen gegeben wird:* eine Ansage im Fußballstadion ♦ Lautsprecher-

an·sa·gen <sagst an, sagte an, hat angesagt> I. *mit OBJ* ❶ **jmd. sagt etwas an** *einen (kurzen) Text sprechen, mit dem jmd. oder etwas angekündigt wird:* einen Künstler/eine Sendung ansagen II. *mit SICH* **jmd. sagt sich an** *seinen Besuch ankündigen:* sich für den Abend bei jemandem ansagen

an·schaf·fen <schaffst an, schaffte an, hat angeschafft> I. *mit OBJ* ❶ **jmd. schafft etwas an** *(≈ kaufen) etwas kaufen, das einen größeren Wert hat:* sich ein Auto/eine neue Waschmaschine anschaffen ▸ Anschaffung ❷ **jmd. schafft jmdm. etwas an** SÜDDT., ÖSTERR. *befehlen* II. *ohne OBJ* **jmd. schafft an** *(umg.) als Prostituierte arbeiten:* Früher hat sie angeschafft.; anschaffen gehen

an·schal·ten <schaltest an, schaltete an, hat angeschaltet> *mit OBJ* **jmd. schaltet etwas ein** *(≈ anmachen, einschalten ↔ ausschalten) in Betrieb setzen, indem man einen Schalter, einen Knopf, einen Hebel o.Ä. betätigt:* Schaltest du mal bitte den Fernseher/das Licht/die Waschmaschine an?

an·schau·en <schaust an, schaute an, hat angeschaut> *mit OBJ* **jmd. schaut etwas an** SÜDDT., ÖSTERR., SCHWEIZ. *ansehen, die Augen auf jmdn./etwas richten:* Schau dir das Foto nochmal genau an!

an·schau·lich *adj (≈ klar) so, dass man es gut verstehen und nachvollziehen oder sich vorstellen kann; deutlich:* ein anschauliches Beispiel geben ▸ Anschaulichkeit

an·schei·nend *adv /nicht steig./ verwendet, um auszudrücken, dass man von bestimmten äußeren Anzeichen auf etwas schließen könnte:* Anscheinend wird das Wetter wieder besser, denn die Wolken verschwinden.; Ich habe mich anscheinend erkältet; ich muss dauernd niesen.

An·schlag der <-(e)s, Anschläge> ❶ *verbrecherischer Überfall oder Angriff mit Waffen, Bomben o.Ä.:* einem Anschlag zum Opfer fallen; die Anschläge vom/des 11. September 2001 ♦ Bomben-, Brand-, Giftgas-, Mord-, Selbstmord-, Terror- ❷ */kein Plur./* TECHN. *die äußerste Position, die man an einem Schalter einstellen kann:* Dreh den Knopf bis zum Anschlag! ❸ *(≈ Aushang) ein geschriebener Text, der an einer öffentlich zugänglichen Stelle an etwas befestigt ist:* etwas durch (einen) Anschlag bekannt machen ❹ *das Anschlagen von Tasten bei einer Schreibmaschine, der Tastatur eines Computers, oder von Saiten bei einem Instrument:* einen harten Anschlag haben; 200 Anschläge pro Minute schreiben

an·schlie·ßen <schließt an, schloss an, hat angeschlossen> I. *mit OBJ* ❶ ▪ **jmd. schließt etwas (an etwas** *Akk.***) an** *mit etwas verbinden:* einen Wasserhahn (an die Leitung)/ein Gerät (ans Stromnetz) anschließen; einen Ort ans Telefonnetz anschließen; Dem Kurhotel ist ein Schwimmbad angeschlossen. ❷ ▪ **jmd. schließt etwas (an etwas** *Akk.***) an** *etwas mit einem Schloss so befestigen, dass es niemand mitnehmen kann:* ein Fahrrad anschließen ❸ ▪ **jmd. schließt (etwas** *Dat.***/an etwas** *Akk.***) an** *folgen lassen:* Ich möchte (deinen/an deine Äußerungen) noch eine Frage anschließen. II. *ohne OBJ* ❶ ▪ **etwas schließt an etwas** *Akk.* **an** *(≈ angrenzen) eine gemeinsame Grenze mit etwas haben:* Unser Garten schließt an einen Park an. ❷ ▪ **jmd. schließt an etwas** *Akk.* **an** *einen Gedanken fortführen:* Ich möchte an das Gesagte anschließen. III. *mit SICH* ▪ **jmd. schließt sich etwas** *Dat.***/an etwas** *Akk.* **an** *(für eine bestimmte Unternehmung) sich zum Mitglied einer Gruppe machen:* sich einer/an eine Gruppe anschließen; Er schloss sich den Kollegen an und nahm an der Stadtführung teil. ❷ ▪ **jmd. schließt sich jmdm./an etwas** *Akk.* **an** *zustimmen:* Ich schließe mich der Meinung meines Vorredners/meinem Vorredner an. ❸ ▪ **etwas schließt sich an etwas** *Akk.* **an** *einander folgen:* Eine Frage schloss sich an die andere an.; An die Stadtbesichtigung schließt sich ein Konzertbesuch an.

An·schluss der ['anʃlʊs] <-es, Anschlüsse> ❶ */kein Plur./ Anbindung an ein System oder Netz:* der Anschluss an das Abwassernetz; Der (Telefon-)Anschluss ist gestört. ❷ *auf einer Reise die Möglichkeit zum Umsteigen in einen anderen Zug/ein anderes Flugzeug/einen anderen Bus o.Ä., mit dem die Reise fortgesetzt wird:* Vom Westbahnhof aus haben Sie folgende Anschlüsse: … ◆ -flug, -zug ❸ */kein Plur./ das Mithalten mit einer Entwicklung:* den Anschluss an das Weltniveau verlieren; (im Beruf/in der Schule) den Anschluss verpassen ❹ */kein Plur./ menschlicher Kontakt:* keinen Anschluss in der neuen Klasse finden; Das Mädchen ist immer so einsam; sie hat irgendwie keinen Anschluss.; ▪ **im Anschluss an etwas** *unmittelbar nach etwas* Im Anschluss an den Vortrag besteht die Möglichkeit, Fragen zu stellen.; ▪ **den Anschluss verpassen** *den Zug beim Umsteigen nicht mehr erreichen oder bei etwas nicht mehr mitkommen*

an·schnal·len I. *mit OBJ* ▪ **jmd. schnallt etwas an** *(↔ abschnallen) etwas irgendwo mit Schnallen befestigen:* seine Skier anschnallen II. *mit SICH* ▪ **jmd. schnallt sich an** *(≈ angurten) sich im Auto oder Flugzeug während der Fahrt bzw. während des Fluges mit einem Gurt am Sitz festmachen:* sich im Auto anschnallen

an·schrei·ben <schreibst an, schrieb an, hat angeschrieben> *mit OBJ/ohne OBJ* ❶ ▪ **jmd. schreibt etwas an etwas** *Akk./Dat.* **an** *etwas auf eine Tafel o.Ä. schreiben:* einen Text an die/der Tafel anschreiben ❷ ▪ **jmd. schreibt jmdn. an** *sich an jmdn. schriftlich wenden:* jemanden/eine Behörde (in einer Angelegenheit) anschreiben ❸ ▪ **jmd. schreibt etwas an** *etwas auf die Rechnung setzen lassen und später bezahlen:* Ich habe kein Geld dabei. Kann ich (das) anschreiben lassen?

An·schrei·ben das <-s, -> *ein Brief, der zusammen mit etwas anderem verschickt wird:* das Anschreiben zu einer Bewerbung

An·schrift die <-, -en> *(≈ Adresse) Straße, Hausnummer und Ort, wo jmd. wohnt:* die Anschrift des Empfängers auf den Briefumschlag schreiben; Teilen Sie uns Änderungen Ihrer Anschrift bitte mit! ◆ -enaufkleber, -enfeld, -enwechsel, Geschäfts-, Heimat-, Privat-, Urlaubs-

An·se·hen das <-s> */kein Plur./ (≈ Achtung, Autorität) der gute Ruf, den jmd. oder etwas besitzt:* Der Autor ist durch diesen Roman zu hohem Ansehen (bei Lesern und Kritikern) gelangt.; Politiker können durch falsche Entscheidungen schnell an Ansehen verlieren.; Das Ansehen der Firma könnte Schaden nehmen.; ▪ **etwas ohne Ansehen der Person tun** *etwas tun, indem man alle gleich behandelt* ◆ -sverlust

an·se·hen <siehst an, sah an, hat angesehen> *mit OBJ* ❶ ▪ **jmd. sieht jmdn./etwas an** *(≈ betrachten) die Augen auf jmdn. oder etwas richten:* jemanden aufmerksam/erstaunt/fragend/freundlich ansehen; Das muss ich (mir) einmal genauer ansehen.; Wollen wir uns heute einen Film ansehen? ❷ ▪ **jmd. sieht jmdm./etwas an** *beim Betrachten von jmdm. oder etwas sofort etwas erkennen können:* Das sieht man dem Sportler/diesem einfachen Gerät nicht an, was in ihm steckt. ❸ ▪ **jmd. sieht jmdn./etwas als jmdn./etwas an** *einschätzen, für etwas halten:* eine Angelegenheit als erledigt ansehen; jemanden als seinen Freund ansehen; ■ **etwas nicht mit ansehen können** *etwas nicht ertragen können* Ich kann es nicht mit ansehen, wie du deine Gesundheit ruinierst.

An·sicht die <-, -en> ❶ *(≈ Meinung)* Meiner Ansicht nach ist das falsch.; der Ansicht sein, dass …; Ich bin ganz Ihrer Ansicht.; altmodische Ansichten haben/vertreten ◆ -ssache ❷ *der sichtbare Teil von etwas; das Bild, das etwas von einer bestimmten Seite aus bietet; Bild/Abbildung von etwas (z.B. einer Stadt):* die vordere Ansicht des Hauses; ein Kalender mit Ansichten von Berlin; ■ **zur Ansicht** *zur genaueren Prüfung* eine Ware zur Ansicht dalassen ◆ -skarte; Gesamt-, Hinter-, Seiten-, Vorder-

An·spra·che die <-, -n> ❶ *(≈ Rede) die sprachlichen Äußerungen, die eine Person zu einem bestimmten Anlass öffentlich einer Gruppe von Menschen gegenüber macht:* eine Ansprache halten ◆ Begrüßungs-, Fest- ❷ SÜDDT., ÖSTERR. *Kontakt zu Mitmenschen:* zu Hause keine Ansprache haben; unter der mangelnden Ansprache leiden

an·spre·chen <sprichst an, sprach an, hat angesprochen> I. *mit OBJ* ❶ ■ **jmd. spricht jmdn. an** *sich an jmdn. sprachlich wenden; mit jmdm. ein Gespräch beginnen:* jemanden auf der Straße ansprechen; jemanden auf ein Thema/wegen etwas ansprechen ❷ ■ **jmd. spricht etwas an** *zur Sprache bringen:* ein Thema ansprechen ❸ ■ **jmd./etwas spricht jmdn. an** *gut gefallen:* Diese Musik spricht ihn an.; sich (von jemandem) angesprochen fühlen; Moderne Kunst spricht mich überhaupt nicht an. ◆ angesprochen II. *ohne OBJ* ❶ **etwas spricht bei jmdm. an** *die gewünschte Wirkung haben:* Die Medizin spricht bei ihr gut/ hervorragend/schlecht an. ❷ ■ **etwas spricht irgendwie an** *in einer bestimmten Weise reagieren:* Die Bremsen sprechen gut an.; Der Patient spricht auf die Behandlung gut an.

An·spruch der <-(e)s, Ansprüche> ❶ / *meist Plur./ die Erwartungen, die jmd. an jmdn. oder etwas stellt:* hohe Ansprüche an jemanden stellen; Die Position ist mit einem hohen Anspruch verbunden.; Sie wird dem Anspruch in jeder Beziehung gerecht. ◆ anspruchsvoll, Anspruchsdenken ❷ *(≈ Anrecht) ein Recht, das jmd. auf etwas hat:* auf etwas Anspruch erheben/ haben; Ich habe einen Anspruch auf ein Hotelzimmer mit Balkon; schließlich habe ich dafür bezahlt.; ■ **in Anspruch nehmen** *sehr beschäftigen* Die Arbeit nimmt mich momentan sehr in Anspruch.; ■ **etwas in Anspruch nehmen** *von etwas Gebrauch machen* Ich werde Ihr Angebot in Anspruch nehmen.; Beim Umzug werde ich seine Hilfe in Anspruch nehmen. ◆ Besitz-, Rechts-

an·spruchs·los *adj (↔ anspruchsvoll) so, dass man nicht viele Ansprüche stellt; einfach:* ein anspruchsloser Mensch; eine anspruchslos eingerichtete Wohnung ◆ Anspruchslosigkeit

An·stalt die ['anʃtalt] <-, -en> ❶ *(veralt.: ≈ Schule)* nach drei Verweisen (von) der Anstalt verwiesen werden ◆ -serziehung ❷ *(verhüll.) Heilstätte für psychisch kranke Personen:* in eine Anstalt eingewiesen werden ◆ Heil-, Irren- ❸ *Institution, Behörde:* eine Anstalt des öffentlichen Rechts; ■ **Anstalten machen** *anfangen, etwas zu tun* Er macht keine Anstalten, für die Prüfungen zu lernen. ◆ Justizvollzugs-, Vollzugs-

An·stand der <-(e)s /kein Plur./ *gutes Benehmen:* Das verbietet der Anstand.; keinen Anstand haben

an·stän·dig I. *adj* ❶ *so, dass es auf eine gute Erziehung zurückzuführen ist: anständiges Benehmen;* Ein anständiger Mensch würde das niemals tun. ❷ *so, dass es auf einen guten Charakter zurückzuführen ist:* ein anständiger Kerl; Das ist aber anständig von dir! ❸ *(umg.: ≈ ordentlich) so, dass man damit zufrieden sein kann:* ein anständiges Essen bekommen; anständige Kleidung tragen; anständige Resultate erzielen II. *adv (umg.: ≈ richtig) ziemlich intensiv:* jemandem anständig die Meinung sagen

an·statt [an'ʃtat] I. *präp + Gen. verwendet, um auszudrücken, dass eine Sache an der Stelle einer anderen getan usw. wird:* Sie hat anstatt (der) Rosen Nelken gekauft. II. *konj drückt aus, dass das im Hauptsatz ausgedrückte Geschehen sich ereignete, obwohl etwas anderes möglich oder wünschenswert gewesen wäre:* Wir waren im Kino, anstatt für die Prüfung zu lernen.; ■ **anstatt dass …** *(umg.: ≈ anstatt)* Anstatt dass du schimpfst, solltest du lieber helfen.

an·ste·cken <steckst an, steckte an, hat angesteckt> I. *mit OBJ* ❶ ■ **jmd. steckt jmdn. an** *etwas an jmds. Finger oder Kleidungsstück befestigen:* einen Ring anstecken; ein Abzeichen/eine Brosche anstecken ❷ ■ **jmd. steckt etwas**

an *(≈ anzünden)* bewirken, dass etwas brennt: ein Haus/die Kerzen/eine Zigarette anstecken ❺ **jmd. steckt jmdn. (mit etwas** *Dat.*) **an** MED. *(≈ infizieren) eine Krankheit an jmdn. übertragen*: jemanden mit Grippe anstecken; eine ansteckende Krankheit ❹ **jmd. steckt jmdn. (mit etwas** *Dat.*) **an** *ähnliche Reaktionen bei anderen hervorrufen*: jemanden mit seiner guten Laune anstecken; ein ansteckendes Lachen II. *mit SICH* **jmd. steckt sich (bei jmdm.) (mit etwas** *Dat.*) **an** MED. *durch Kontakt die Krankheit, die eine andere Person hat, auch bekommen*: Er hat sich bei ihr mit Grippe angesteckt. ▸ Ansteckung

an·ste·ckend *adj /nicht steig./ so, dass sich etwas (insbesondere eine Krankheit) leicht auf andere Personen überträgt*: eine ansteckende Krankheit

an·ste·hen <stehst an, stand an, hat angestanden> *ohne OBJ* ❶ **jmd. steht (für etwas** *Akk.*) **an** *in einer Schlange stehen und darauf warten, dass man etwas kaufen oder irgendwo eintreten kann*: für Konzertkarten lange anstehen müssen ❷ **etwas steht an** *noch folgen*: Was steht heute noch an?; das (für Sonntag) anstehende Fest

an·stel·le, an Stel·le *präp* +*Gen.* *(≈ anstatt) verwendet, um auszudrücken, dass eine Sache eine andere ersetzt*: Es kam der Direktor anstelle der Lehrerin.

an·stel·len <stellst an, stellte an, hat angestellt> I. *mit OBJ* ❶ **jmd. stellt etwas an etwas** *Dat./Akk.* **an** *(≈ anlehnen) einen Gegenstand gegen etwas neigen und ihn so stehen lassen*: das Fahrrad an der/die Wand anstellen ❷ **jmd. stellt etwas an** *(≈ einschalten ↔ abstellen) ein Gerät einschalten*: das Radio anstellen ❸ **jmd. stellt jmdn. an** *(↔ entlassen) jmdm. einen Arbeitsplatz geben*: einen Schlosser anstellen; jemanden zum Reinigen der Räume anstellen ❹ **jmd. stellt etwas an** *(von Kindern) etwas Verbotenes tun*: Na, was habt ihr wieder angestellt? ❺ **jmd. stellt etwas an** *(umg. scherzh.) unternehmen*: Was wollen wir heute noch anstellen? II. *mit SICH* ❶ **jmd. stellt sich irgendwo an** *sich an das Ende einer Schlange stellen*: sich an der Kasse anstellen ❷ **jmd. stellt sich irgendwie an** *(umg.) sich in einer bestimmten Weise verhalten*: Stell dich nicht so an!; Das Kind stellte sich bei der Aufgabe sehr geschickt/äußerst ungeschickt an.

an·sto·ßen <stößt an, stieß an, hat/ist angestoßen> I. *ohne OBJ* ❶ **jmd. stößt mit jmdm. (auf etwas** *Akk.*) **an** *(haben) als Symbol für gemeinsame Freude gefüllte Gläser leicht gegeneinander stoßen und etwas dazu sagen, z.B. einen Wunsch*: auf den Erfolg/die Gesundheit/das neue Jahr anstoßen ❷ **jmd. stößt irgendwo an** *(sein) ohne Absicht gegen etwas stoßen und sich dabei wehtun*: Ich bin am Tisch angestoßen. ❸ **jmd. stößt (bei jmdm.) an** *(sein) durch sein Verhalten Ärger erregen*: mit einer Bemerkung bei jemandem anstoßen II. *mit OBJ* ❶ **jmd. stößt jmdn. an** *(haben) einen (leichten) Stoß geben, z.B. um jmdm. heimlich etwas zu sagen*: jemanden mit dem Ellbogen/Fuß anstoßen

an·stren·gen <strengst an, strengte an, hat angestrengt> I. *mit OBJ* ❶ **jmd. strengt etwas an** *sehr bemühen*: sein Gedächtnis anstrengen ❷ **etwas strengt jmdn. an** *(≈ ermüden) jmdn. viel Kraft kosten*: Die Arbeit strengt sie sehr an.; Die Computerarbeit ist anstrengend für die Augen.; sehr angestrengt aussehen ❸ **jmd. strengt etwas (gegen jmdn.) an** RECHTSW. *veranlassen*: einen Prozess (gegen jemanden) anstrengen II. *mit SICH* **jmd. strengt sich an** *sich sehr bemühen bzw. engagieren und viel Arbeit leisten, um ein Ziel zu erreichen*: sich sehr anstrengen, um etwas zu erreichen; Sie muss sich sehr anstrengen, um die Versetzung zu schaffen.

an·stren·gend *adj so, dass etwas Mühe und Kraft erfordert*: ein anstrengender Tag; Die lange Reise war sehr anstrengend.

An·teil der ['antail] <-s, -e> ❶ *der Teil von etwas, welcher einer Person als Teil einer Gruppe zusteht*: seinen Anteil (an etwas) fordern; Alle erhalten den gleichen Anteil vom Erbe. ▸ anteilig ❷ *etwas, als Bestandteil einer Substanz oder als Untermenge einer Menge*: Das Gas enthält einen hohen Anteil von Stickstoff.; Der Anteil der Studienabbrecher liegt in diesem Fach bei zwanzig Prozent. ❸ WIRTSCH. *Unternehmensbeteiligung sowie Beteiligung an Kosten im Rahmen eines Beschäftigungsverhältnisses*: Anteile abstoßen/erwerben; ■ **Anteil an etwas nehmen** *mitwirken oder Interesse zeigen* Er nahm Anteil an dem lebhaften Gespräch.; ■ **Anteil an etwas zeigen** *Interesse oder Mitgefühl zeigen* Sie zeigte Anteil an seiner Trauer.; ■ **Anteil an etwas haben** *bei etwas mitwirken, an etwas beteiligt sein* Sie hatte großen Anteil am Erfolg der Firma. ◆ Arbeitgeber-, Arbeitnehmer-, Eigen-, Kapital-, Markt-

An·teil·nah·me die ['antailna:mə] <-> /

kein Plur./ ❶ *(≈ Mitgefühl) gefühlsmäßige/innere Beteiligung am Schicksal anderer Menschen, vor allem im Falle eines traurigen Anlasses:* Anteilnahme ausdrücken ❷ *(≈ Interesse) der Umstand, dass (viele) Menschen sich von einer Sache betroffen fühlen und sie etwas über die Sache wissen wollen:* unter reger Anteilnahme der Bevölkerung stattfinden

An·ten·ne die [an'tɛnə] <-, -n> *technisches Gerät zum Empfang von Radio- oder Fernsehsendern:* eine Antenne auf dem Dach haben ◆ Auto-, Fernseh-, Satelliten-

an·tik [an'tiːk] *adj /nicht steig./* ❶ */nur attr./ (in unserer Kultur vor allem) das griechisch-römische Altertum betreffend:* eine antike Statue; die antike Mythologie ❷ *(≈ altertümlich) alt und wertvoll:* antike Möbel; antik aussehen

An·ti·ke die [an'tiːkə] <-> */kein Plur./ (in unserer Kultur vor allem) das griechisch-römische Altertum:* Helden/Mythen/Sagen/Schauplätze der Antike

An·ti·qua·ri·at das [antikva'rĭaːt] <-(e)s, -e> *ein Geschäft, in dem man vor allem alte oder gebrauchte Bücher kaufen kann:* Dieses alte Buch habe ich in einem Antiquariat gekauft. ▸ antiquarisch, Antiquar(in)

An·ti·qui·tät die [antikvi'tɛːt] <-, -en> */meist Plur./ ein altes Kunstwerk, ein altes Möbelstück, ein alter wertvoller Gebrauchsgegenstand:* Sie haben ihr ganzes Haus mit Antiquitäten eingerichtet.; Antiquitäten sammeln ◆ -enhändler(in)

An·trag der ['antraːk] <-(e)s, Anträge> *(≈ Gesuch, Anfrage) ein Schreiben, in dem jmd. eine offizielle Stelle um etwas bittet oder das es zu etwas auffordert:* einen Antrag (auf etwas) stellen; Auf Antrag von Frau Müller wird über den Punkt abgestimmt.; **jemand macht jemandem einen Antrag** *jmd. fragt jmdn., ob sie oder er ihn bzw. sie heiraten möchte:* Er hat ihr letzte Woche einen Antrag gemacht. ◆ -sformular, Asyl-, Kredit-

an·tref·fen <triffst an, traf an, hat angetroffen> *mit OBJ* ❶ **jmd. trifft jmdn./etwas an** *jmdn. oder etwas an einem Ort vorfinden:* jemanden zu Hause antreffen ❷ **jmd. trifft jmdn./etwas (irgendwie) an** *jmdn. in einer bestimmten Verfassung vorfinden:* jemanden bei guter Gesundheit antreffen; Ich traf ihn noch am späten Vormittag im Bademantel an.; sehr interessiertes Publikum antreffen

An·tritt der <-(e)s, -e> */Plur. selten./* ❶ *das Beginnen von etwas:* bei Antritt der Ausbildung/der Lehre/der Reise/des Studiums ❷ *das offizielle Übernehmen von etwas:* bei Antritt des Amtes/des Erbes ◆ -srede

Ant·wort die ['antvɔrt] <-, -en> ❶ *die Äußerungen, mit denen man reagiert, wenn jmd. eine Frage gestellt hat:* jemandem eine Antwort geben; eine ausführliche/freche/freundliche/knappe/mürrische Antwort ◆ -brief, -schreiben ❷ *etwas, das eine (angemessene) Reaktion auf etwas darstellt:* Weitere Friedensbemühungen sind unsere Antwort auf diesen Terroranschlag.

ant·wor·ten ['antvɔrtn̩] <antwortest, antwortete, hat geantwortet> I. *mit OBJ* ■ **jmd. antwortet etwas** *etwas als Antwort geben:* Er antwortete nichts.; Sie antwortete mit einem knappen „Nein". II. *ohne OBJ* ❶ **jmd. antwortet jmdm. (auf etwas** *Akk.***)** *auf etwas eine Antwort geben:* auf einen Brief/eine Frage/ein Schreiben/einen Vorschlag/einen Vorwurf antworten ❷ ■ **jmd. antwortet (auf etwas** *Akk.***) mit etwas** *Akk. (≈ reagieren) etwas als Reaktion auf etwas zeigen:* mit einem breiten Grinsen/einem höhnischen Lachen/einem vielsagenden Lächeln/einem Schulterzucken antworten

an·ver·trau·en <vertraust an, vertraute an, hat anvertraut> I. *mit OBJ* ❶ ■ **jmd. vertraut jmdm. etwas an** *(≈ offenbaren) jmdm. etwas sagen, das bisher niemand weiß und auch niemand wissen soll:* jemandem ein Geheimnis anvertrauen ❷ ■ **jmd. vertraut jmdm./etwas jmdm. an** *vertrauensvoll überlassen:* jemandem ein Kind zur Pflege anvertrauen; jemandem eine schwierige Arbeit anvertrauen II. *mit SICH* ■ **jmd. vertraut sich jmdm. an** *jmdm. ein persönliches Geheimnis verraten oder etwas mitteilen/sagen, was für die betroffene Person sehr bedrückend ist:* Schließlich vertraute sich die Schülerin ihrem Klassenlehrer an.

An·walt der, **An·wäl·tin** ['anvalt] <-(e)s, Anwälte> ❶ *(≈ Rechtsanwalt) ein Jurist, der jmdn. in einem Rechtsstreit berät oder (besonders vor Gericht) vertritt:* sich einen Anwalt nehmen ◆ -skanzlei, Rechts- ❷ *(≈ Fürsprecher) jmd., der sich für eine Sache oder für bestimmte Personen einsetzt:* sich zum Anwalt einer Sache machen; sich als Anwalt der sozial Benachteiligten verstehen

An·wei·sung die <-, -en> ❶ */kein Plur./ (≈ Auftrag, Befehl) eine Äußerung, mit der man sehr energisch von jmdm. verlangt, dass er oder sie etwas tun soll:* auf Anweisung von …; strenge Anweisungen haben

② *(≈ Instruktion) Hinweise zum Bedienen eines Gerätes:* die Anweisungen in der Gebrauchsanleitung genau befolgen **③** BANKW. *(≈ Überweisung) ein Auftrag an die Bank, Geld vom eigenen Konto auf ein anderes Konto zu überweisen:* eine Anweisung unterschreiben ◆ Zahlungs-

an·wen·den <wendest an, wandte/wendete an, hat angewandt/angewendet> *mit OBJ* **❶** ■ **jmd. wendet etwas an** *benutzen, gebrauchen:* ein Gerät/eine Methode/eine Technik anwenden; Dieses Gesetz wird hier nicht angewandt/angewendet. **❷** ■ **jmd. wendet etwas auf etwas** *Akk.* **an** *etwas, das allgemein gültig ist, auf einen konkreten Fall übertragen:* ein Gesetz/einen Paragraphen auf einen Fall anwenden; Dieses Modell lässt sich leicht auf unsere Situation anwenden. ▸ Anwendung

an·we·send *adj* /nicht steig./ (↔ *abwesend*) *so, dass man (gerade) an einem bestimmten Ort ist:* bei einer Veranstaltung anwesend sein

An·we·sen·heit die <-> /kein Plur./ **❶** (↔ *Abwesenheit*) *der Sachverhalt, dass jmd. zu einem bestimmten Zeitpunkt an einem bestimmten Ort ist, an dem gerade etwas geschieht:* in Anwesenheit von ...; In Anwesenheit zahlreicher Gäste wurde die Ausstellung eröffnet.; die Anwesenheit überprüfen ◆ -sliste **❷** (↔ *Abwesenheit*) *Vorhandensein:* die Anwesenheit von Bodenschätzen vermuten

An·zahl die <-> /kein Plur./ *eine bestimmte Zahl oder Menge von etwas:* Eine große Anzahl (von) Menschen nahm an der Demonstration teil.

an·zah·len <zahlst an, zahlte an, hat angezahlt> *mit OBJ* ■ **jmd. zahlt etwas auf etwas** *Akk.* **an** *beim Kauf von etwas erst einen Teil des gesamten Kaufpreises bezahlen:* 100 Euro auf den Kühlschrank anzahlen; das Auto anzahlen ▸ Anzahlung

An·zei·ge die <-, -n> **❶** *der Vorgang, dass jmd. eine Straftat an die Polizei meldet:* gegen jemanden Anzeige erstatten; eine Anzeige wegen Körperverletzung; die Anzeige zurückziehen ◆ Selbst-, Straf- **❷** *(≈ Annonce) ein (kurzer) Text in einer Zeitung, in der jmd. etwas öffentlich bekannt gibt:* eine Anzeige in der Zeitung aufgeben/schalten ◆ Geburts-, Heirats-, Klein-, Kontakt-, Todes-, Werbe-, Wohnungs- **❸** *Vorrichtung zum Ablesen von Werten oder Informationen:* ein Messgerät mit analoger/digitaler Anzeige ◆ -instrument

an·zei·gen <zeigst an, zeigte an, hat angezeigt> *mit OBJ* **❶** ■ **jmd. zeigt jmdn. (wegen etwas** *Gen.***) an** *jmdn., der eine Straftat begangen hat, bei der Polizei melden:* den Nachbarn wegen nächtlicher Ruhestörung anzeigen; Noch ein Wort und ich zeige Sie an! **❷** ■ **jmd. zeigt etwas an** *(veralt.) (in der Zeitung) mit einer Anzeige² bekannt geben:* seine Hochzeit/Verlobung anzeigen **❸** ■ **etwas zeigt etwas an** *Werte oder Informationen angeben:* Die Uhr zeigt die Zeit, das Thermometer die Temperatur an.; Die Tafel zeigt die Abfahrt des Zuges an.

an·zie·hen <ziehst an, zog an, hat angezogen> **I.** *mit OBJ* **❶** ■ **jmd. zieht (jmdm.) etwas an** *(≈ anlegen) (einer Person) Kleidung anlegen:* sich die Schuhe anziehen; mit Mantel, Schal und Mütze warm angezogen sein; Die Mutter zieht dem Kind eine Jacke an. **❷** ■ **jmd. zieht etwas an** *befestigen, festmachen:* eine Schraube anziehen; die Handbremse anziehen **❸** ■ **jmd./etwas zieht jmdn./etwas an** *bewirken, dass Menschen oder Tiere in größerer Menge herkommen:* Motten werden vom Licht angezogen.; Die Ausstellung zieht zahlreiche Besucher an. **❹** ■ **etwas zieht etwas an** PHYS. *durch Magnetismus bewirken, dass Partikel zu einem Objekt gezogen werden und darauf haften:* Der Magnet zieht Eisen an. **II.** *ohne OBJ* ■ **etwas zieht an** *(umg.)* **❶** *beschleunigen:* Der Wagen zieht gut an. **❷** *steigen:* Die Preise ziehen an. **III.** *mit SICH* **❶** ■ **jmd. zieht sich an** *sich ankleiden:* Ich komme gleich; ich muss mich nur noch anziehen. **❷** ■ **jmd. zieht sich (irgendwie) an** *einen bestimmten Kleidungsstil haben:* Sie zieht sich eher elegant/meist sportlich an.

An·zug¹ der <-(e)s, Anzüge> **❶** *eine aus Sakko und passender Hose (aus dem gleichen Stoff) bestehende elegante Kleidung für Männer:* ein eleganter/zweireihiger Anzug; Als Vertreter muss er während der Arbeitszeit einen Anzug tragen. ◆ -hose, Nadelstreifen-, Tweed- **❷** *eine Bekleidung, die eine bestimmte Funktion erfüllt* ◆ Bade-, Jogging-, Strampel-, Taucher-, Trainings-

An·zug² ■ **im Anzug sein** *(umg.) sich nähern* Ich glaube, es ist ein Gewitter im Anzug.; Bei ihm ist eine Erkältung im Anzug.; Seine Mutter ist im Anzug (= kommt bald).

an·zün·den <zündest an, zündete an, hat angezündet> *mit OBJ* ■ **jmd. zündet etwas an** *machen, dass etwas zu brennen* *beginnt:* ein Feuer/ein Streichholz/eine Zigarette anzünden ▸ (Zigaretten-)Anzünder

Ap·fel der ['apfl] <-s, Äpfel> *die bekannte essbare runde Frucht, die an Bäumen wächst, eine rote, grüne oder gelbe Schale sowie im Inneren kleine braune Kerne hat, und die (mehr oder weniger) süß schmeckt:* im Herbst Äpfel ernten; Die Äpfel sind noch nicht reif/sauer.; Äpfel vom Bodensee/aus Südtirol; einen Apfel essen/pflücken/schälen; ■ **in den sauren Apfel beißen müssen** *(umg.) etwas Unangenehmes tun müssen* Du wirst wohl in den sauren Apfel beißen müssen und dich bei ihm entschuldigen.; ■ **Der Apfel fällt nicht weit vom Stamm.** *verwendet, um auszudrücken, dass jmd. in seinem Verhalten dem Vater oder der Mutter sehr ähnlich ist* ▸-baum, -kuchen, -mus, -saft, -schorle, -wein

Ap·fel·schor·le die <-, -n> *ein Getränk aus Apfelsaft und Mineralwasser*

Ap·fel·si·ne die [apfl'ziːnə] <-, -n> *(≈ Orange) eine Zitrusfrucht mit einer orangefarbenen Schale:* Apfelsinen pressen/schälen ▸-nsaft

Apo·s·t·roph der [apo'stroːf] <-s, -e> SPRACHWISS. *ein kleiner, senkrechter, leicht erhöht angebrachter Strich als Zeichen für einen weggelassenen Buchstaben:* Die Schreibung „ist's" enthält einen Apostroph.

Apo·the·ke die [apo'teːkə] <-, -n> *ein Fachgeschäft, in dem Medikamente (sowie auch Kosmetika) verkauft werden und das von einer Person mit einer wissenschaftlichen Ausbildung geleitet wird:* in der Apotheke ein Rezept vorlegen; Beim Einbruch in die Apotheke wurden Betäubungsmittel gestohlen. ▸ apothekenpflichtig, Apotheker(in)

Ap·pa·rat der [apa'raːt] <-(e)s, -e> ❶ *(aus mehreren Teilen bestehendes) technisches Gerät:* Der Apparat ist kaputt.; den Apparat anschließen/ausschalten/einschalten; ■ **Bitte bleiben Sie am Apparat!** *Aufforderung am Telefon, den Hörer nicht aufzulegen und zu warten* Bitte bleiben Sie am Apparat, ich verbinde Sie! ▸ Fernseh-, Foto-, Radio-, Rasier-, Telefon- ❷ */kein Plur./ alle Hilfsmittel und Personen, die für eine bestimmte Aufgabe zuständig sind:* der gesamte Apparat der Stadtverwaltung ▸ Verwaltungs- ❸ *Bücher, die für die wissenschaftliche Arbeit zusammengestellt worden sind:* ein wissenschaftlicher Apparat; Im Apparat finden Sie alle wichtigen Bücher zu diesem Seminar!; In der Bibliothek wurde ein Apparat zu dieser Vorlesung eingerichtet. ▸ Hand-, Semester-, Seminar- ❹ *ein System von Organen, die eine gemeinsame Funktion haben* ▸ Verdauungs- ❺ *(umg.) etwas, das aufgrund seiner Größe, Beschaffenheit o.Ä. von der Norm abweicht, ungewöhnlich ist und deshalb erstaunt:* Dieser Pilz ist ja wirklich ein ziemlicher Apparat!

Ap·pe·tit der [apə'tiːt] <-(e)s> /kein Plur./ *das Bedürfnis, etwas Bestimmtes zu essen:* Appetit auf Obst bekommen; einen gesunden/kräftigen Appetit haben; Der Anblick hat ihm den Appetit verdorben.; ■ **Guten Appetit!** *Wunschformel, die man (höflicherweise) vor dem gemeinsamen Essen den anderen Personen am Tisch gegenüber äußert* Guten Appetit zusammen! ▸ appetitanregend, appetitlich ▸ Getrenntschreibung → R 4.8 ein den Appetit anregender Anblick; ■ Zusammenschreibung → R 4.8 ein appetitanregendes Getränk

Ap·plaus der [a'plaʊs] <-es, -e> /meist Sing./ *(≈ Beifall) das Händeklatschen, mit dem die Zuschauer vor allem nach einem Konzert, Theaterstück o.Ä. zeigen, dass es ihnen gut gefallen hat:* viel Applaus bekommen ▸ applaudieren

Ap·ri·ko·se die [apri'koːzə] <-, -n> *eine kleinere, runde Frucht mit einer gelb-orangen, samtigen Schale, die man essen kann, und die einen glatten, relativ großen Stein hat* ▸-nmarmelade, -nschnaps

Ap·ril der [a'prɪl] <-(s), (-e)> /meist Sing./ *der vierte Monat des Jahres:* das wechselhafte Wetter im April; ■ **der 1. April** *Tag, an dem man anderen Leuten einen Streich spielt* sich zum 1. April einen Streich ausdenken; ■ **jemanden in den April schicken** *mit jmdm. am 1. April einen Scherz machen* Die Schüler haben den Lehrer in den April geschickt.; ■ **April, April!** *Ausruf, den man nach einem Aprilscherz benutzt, um den Scherz aufzulösen* Du hast ein Loch in der Hose! April, April! ▸-scherz

Am 1. April werden manche Leute Opfer eines **Aprilscherzes**, indem sie auf einen Spaß oder Ulk reinfallen. Wenn an diesem Tag jemandem eine Geschichte erzählt wird, die nicht der Wahrheit entspricht, und wenn das Gegenüber dem Glauben schenkt, dann hat man diese Person, wie man sagt, *in den April geschickt*. Und die Person, auf deren

Scherz jemand eingegangen ist, äußert sodann zum Abschluss *April, April.* Es ist übrigens gängig geworden, dass man auch im Rundfunk und im Fernsehen am 1. April zur allgemeinen Erheiterung Berichte über eigenartige Vorkommnisse sendet; wenn die erlogenen Berichte gut gemacht sind, klingen sie nahezu glaubwürdig.

ap·ro·pos [aproˈpoː] *adv* ▪ **apropos ...** *(≈ was ... betrifft; übrigens (was ich noch zu ... sagen wollte)) verwendet, um auszudrücken, dass einem zu einem bestimmten Wort, das gerade erwähnt wurde, noch etwas einfällt:* Apropos Gesundheit: Ich muss morgen zum Arzt!

Ära die [ˈɛːra] <-, Ären> */meist Sing./ (geh.: ≈ Periode, Phase, Zeitalter) ein bestimmter Zeitabschnitt in der Geschichte, der von einer Person oder Sache besonders geprägt wird:* die Ära Adenauer/Gorbatschow; die Ära der modernen Raumfahrt

Ar·beit die [ˈarbaɪt] <-, -en> ❶ */kein Plur./ körperliche oder geistige Tätigkeit:* jemandem viel Arbeit machen; an die Arbeit gehen; Das ist anstrengende/harte/eine schwere Arbeit.; geistige/körperliche/wissenschaftliche Arbeit; In dem Buch steckt die Arbeit von Jahren. ❷ */kein Plur./ als Beruf ausgeübte Tätigkeit:* zur Arbeit gehen; Sie hat wieder Arbeit gefunden/die Arbeit verloren. ◆ -smoral, -stag, -swoche, -szeit ❸ */kein Plur./ (umg.) Arbeitsort:* auf der Arbeit sein/zur Arbeit gehen; Auf der Arbeit bin ich telefonisch zu erreichen. ❹ *Ergebnis einer Tätigkeit:* Das ist eine sehr gründliche/gute Arbeit.; eine wissenschaftliche Arbeit (zu einem Thema) anfertigen ◆ Semester-, Seminar- ❺ SCHULE *schriftlicher Leistungstest:* eine Arbeit in Mathematik schreiben ❻ *Mühe, Anstrengung:* Es war eine ganz schöne Arbeit, die Wohnung zu renovieren.; mit jemandem Arbeit haben ► **Getrennt- oder Zusammenschreibung** → R 4.16 Arbeit suchende Menschen, die Arbeit Suchenden/ Arbeitsuchenden; sich als arbeitsuchend/ Arbeit suchend melden

ar·bei·ten [ˈarbaɪtn̩] <arbeitest, arbeitete, hat gearbeitet> I. *ohne OBJ* ❶ ▪ **jmd. arbeitet (an etwas** *Dat.***)** *körperlich oder geistig tätig sein, um ein bestimmtes Ergebnis zu erzielen:* angestrengt/fleißig/ konzentriert/unablässig arbeiten; an einem Projekt/über ein Thema arbeiten; mit dem Computer/auf dem Feld/im Garten/im Labor/in der Werkstatt arbeiten ❷ ▪ **jmd. arbeitet (irgendwo)** *beruflich in einer bestimmten Firma, Institution o.Ä. angestellt sein:* im öffentlichen Dienst/an einer Schule/bei der Firma X/als Übersetzer(in)/freiberuflich arbeiten; Er arbeitet seit kurzer Zeit wieder (in seiner alten Firma).; die arbeitende Bevölkerung ❸ ▪ **etwas arbeitet** *regelmäßig funktionieren:* Die Lunge/der Motor arbeitet. ❹ ▪ **jmd. arbeitet mit jmdm.** *durch ständiges Üben ausbilden:* mit einem Schüler/ Sportler/Tier arbeiten; Der Dompteur/die Dompteurin arbeitet seit zwei Jahren mit den Löwen „Samba" und „Simba". II. *mit OBJ* ▪ **jmd. arbeitet etwas** *(handwerklich) herstellen:* ein Kleid arbeiten; ein sauber gearbeitetes altes Möbelstück; ein in Gold gearbeitetes Armband III. *mit SICH* ▪ **jmd. arbeitet sich irgendwohin** *sich zu einem Ort durchkämpfen:* sich nach vorn arbeiten; sich durch einen Berg von Post arbeiten; ▪ **an sich/seinen Fähigkeiten arbeiten** *sich zu verbessern versuchen* Er muss noch stark an sich arbeiten, wenn er den Wettkampf gewinnen möchte.; ▪ **in jemandem arbeitet etwas** *etwas beschäftigt jmdn. stark* Sie hat diese Enttäuschung noch nicht vergessen; denn man merkt richtig, wie es in ihr arbeitet.

Ar·bei·ter der, **Ar·bei·te·rin** <-s, -> *(↔ Angestellter) jmd., der beruflich körperliche Arbeit verrichtet:* ein fleißiger/gelernter/ ungelernter Arbeiter ◆ -familie, -kind, -viertel, Bau-, Fabrik-, Dock-, Gruben-, Industrie-, Werft-

Ar·beit·ge·ber der, **Ar·beit·ge·be·rin** <-s, -> *(↔ Arbeitnehmer) Person oder Einrichtung, die andere gegen Lohn oder Gehalt beschäftigt:* Er möchte den Arbeitgeber wechseln. ◆ -verband

Ar·beit·neh·mer der, **Ar·beit·neh·me·rin** <-s, -> *(↔ Arbeitgeber) Person, die bei einer Firma o.Ä. gegen Lohn oder Gehalt arbeitet:* Die Gewerkschaft vertritt die Interessen der Arbeitnehmer. ◆ -vertreter(in)

ar·beits·los *adj /nicht steig./ ohne Arbeit; so, dass man keinen Arbeitsplatz hat:* arbeitslos werden; seit einem halben Jahr arbeitslos sein; Es gibt viele arbeitslose Lehrer. ► Arbeitslose(r), Arbeitslosigkeit

Ar·beits·lo·sen·geld das <-(e)s, -er> *Geldbetrag, den der Staat für eine begrenzte Zeit an Arbeitslose zahlt:* Arbeitslosengeld erhalten; Zur Zeit leben wir vom Arbeitslosengeld.

Ar·beits·platz der <-es, Arbeitsplätze> ❶ *(≈ Arbeitsstelle) eine geplante*

und definierte Position in einem Unternehmen, in der jemand eine bestimmte Arbeit verrichtet und dafür ein Gehalt/einen Lohn erhält: Das Unternehmen bietet 1.500 Arbeitsplätze.; den Verlust des Arbeitsplatzes befürchten; Viele haben heute Angst um ihren Arbeitsplatz.; Wir müssen Arbeitsplätze erhalten/schaffen. ◆ -abbau, -suche, -tausch, -verlust, -wechsel, -zusage ❷ *der konkrete Platz (Büro, Schreibtisch), an dem jmd. arbeitet:* Herr Müller ist gerade nicht an seinem Arbeitsplatz. Denn er macht Mittagspause. ◆ -beleuchtung, -einrichtung, -reinigung

Ar·chi·tekt der, **Ar·chi·tek·tin** [arçi'tɛkt] <-en, -en> *jmd., dessen Beruf es ist, Pläne für den Bau von Häusern zu entwerfen und der dies an einer Universität studiert hat:* Der Architekt besichtigt den Bau/zeichnet einen Plan. ◆ architektonisch, Architektur ◆ Innen-, Landschafts-, Städtebau-

Är·ger der ['ɛrgɐ] <-s> */kein Plur./* ❶ *starkes Gefühl der Unzufriedenheit und leichter Wut:* Ärger verspüren; seinem Ärger Luft machen; jemandem seinen Ärger anmerken ❷ *Schwierigkeiten, Unannehmlichkeiten:* jemandem Ärger machen; Wenn du das machst, bekommst du/gibt es Ärger!; So ein Ärger!

är·ger·lich adj ❶ *so, dass man Ärger verspürt:* ärgerlich über/auf etwas/jemanden sein; eine ärgerliche Reaktion ❷ *so, dass es Ärger erregt:* eine ärgerliche Panne; das Ärgerlichste daran ist, dass ...

är·gern ['ɛrgɐn] <ärgerst, ärgerte, hat geärgert> I. *mit OBJ* ▪ **jmd./etwas ärgert jmdn.** *jmdm. Ärger bereiten, jmdn. wütend machen:* Der Junge ärgert seine kleine Schwester.; Ihre Unpünktlichkeit ärgert mich.; Das Geschrei ärgert den Nachbarn. II. *mit SICH* ▪ **jmd. ärgert sich über jmdn./etwas** *Ärger empfinden, ein Gefühl leichter Wut haben:* Sie ärgert sich über seine ständige Unpünktlichkeit.; sich über einen Fehler ärgern; ▪ **sich schwarz ärgern** *(umg.) sich sehr ärgern* Ich könnte mich schwarz ärgern, dass ich das Kleid nicht gekauft habe.

Arm der [arm] <-(e)s, -e> ❶ ANAT. *der Teil des menschlichen Körpers, der von der Schulter bis zur Hand reicht:* die Arme anwinkeln/ausbreiten/strecken/verschränken; der linke/rechte Arm; sich den Arm brechen; knochige/magere/muskulöse/sehnige/starke Arme; Er nahm sie in den Arm, um sie zu trösten. ◆ -bewegung, -bruch, Ober-, Unter- ❷ *ein Bauteil, das ungefähr horizontal ist und relativ weit (vom Zentrum der Konstruktion) nach außen ragt:* der Arm eines Krans; ein Leuchter mit acht Armen ❸ *(übertr.) Einflussbereich:* einen langen Arm haben; der Arm des Gesetzes; jemanden der Mafia in die Arme treiben; ▪ **jemanden auf den Arm nehmen** *(umg.) einen Scherz mit jmdm. machen* Du hast mich ja ganz schön auf den Arm genommen!; ▪ **jemandem unter die Arme greifen** *(umg.) jmdm. helfen* Wir müssen ihr unter die Arme greifen.; ▪ **jemandem in die Arme laufen** *(umg.) jmdn. zufällig treffen* Er ist gestern in der Stadt seinem alten Schulfreund in die Arme gelaufen.

arm [arm] <ärmer, am ärmsten> adj ❶ *(↔ reich) so, dass man nur sehr wenig Dinge besitzt und nur wenig oder gar kein Geld hat:* aus armen Verhältnissen kommen; die tiefe Kluft zwischen Arm und Reich ❷ *wenig gehaltvoll:* arme Böden; arm an Bodenschätzen/Nährstoffen sein; um eine Attraktion ärmer sein ❸ *bedauernswert:* Du Arme(r)!; Die arme Frau ist blind.; *(umg.)* Meine armen Füße! Ich kann nicht mehr laufen!; *(umg.)* arm dran sein

-arm *als Zweitglied zusammengesetzter Adjektive, mit Betonung immer auf dem Erstglied; drückt aus, dass das mit dem Erstglied Bezeichnete nur gering ausgeprägt bzw. in geringer Menge vorhanden ist:* rauscharme Verstärker für verschiedene Anwendungen ◆ abgas-, fantasie-, fett-, gefühls-, geräusch-, ideen-, kalk-, kalorien-, knitter-, kontakt-, niederschlags-, nikotin-, rausch-, stickstoff-

Ar·mee die [ar'me:] <-, -meen> *Militär, bewaffnete Truppe, Streitkräfte:* bei der Armee sein; in der Armee dienen ◆ -einheit, -führung, -general

Är·mel der ['ɛrml] <-s, -> *der Teil eines Kleidungsstücks, der die Arme bedeckt:* ein Hemd mit langen/kurzen Ärmeln; ▪ **die Ärmel hochkrempeln** *(umg.) mit einer Arbeit beginnen und versuchen, möglichst viel zu schaffen* Lass uns jetzt die Ärmel hochkrempeln, denn dann sind wir heute Abend mit der Arbeit/dem Tapezieren/dem Umzug fertig.; ▪ **etwas aus dem Ärmel schütteln** *(umg.) etwas schnell und leicht können/schaffen* Auch ich kann so schnell keine Lösung aus dem Ärmel schütteln! ◆ -länge

Ar·mut die ['armu:t] <-> */kein Plur./* ❶ *(↔ Reichtum) der Zustand, dass jmd. sehr arm ist und ihm die Dinge fehlen, die*

zum Leben notwendig sind: in Armut leben ◆ -sflüchtling, -sgrenze, -srisiko ❷ *(≈ Kargheit) der Zustand, dass von etwas nur sehr wenig vorhanden ist:* die Armut seiner Sprache; geistige Armut

ar·ro·gant [aroˈɡant] *adj (abwert.) mit einer sehr eingebildeten und überheblichen Art, die auf andere oft verletzend wirkt:* eine arrogante Art haben; jemanden arrogant ansehen; arrogant wirken; Seine arrogante Art nervt mich. ▶ Arroganz

Art die [aːɐ̯t] <-, -en> ❶ */kein Plur./ bestimmte Weise oder Verhaltensweise, Charaktereigenschaften, Wesen:* eine angenehme Art haben; die Art und Weise, wie jemand etwas tut; Das ist nicht ihre Art. ▶ Machart ◆ Gemüts-, Lebens-, Sinnes-, Wesens- ❷ BIOL. *(≈ Spezies) Gattung, Sorte; die niedrigste Kategorie in der Klassifikation der Lebewesen:* vom Aussterben bedrohte Arten; ■ **aus der Art schlagen** *völlig anders sein* Alle ihre Kinder haben studiert, nur die jüngste Tochter schlägt aus der Art und wird Schauspielerin. ◆ artspezifisch ◆ Getreide-, Pflanzen-, Tier-

ar·tig [ˈaːɐ̯tɪç] *adj ≈ lieb, brav ↔ ungezogen, frech) im Verhalten den Vorstellungen von Erwachsenen in besonderem Maße entsprechen:* Der Vater ermahnt das Kind, artig zu sein.; Das ist wirklich ein artiges Kind; es verhält sich artig

-ar·tig [aːɐ̯tɪç] *als Zweitglied zusammengesetzter Adjektive, mit Betonung immer auf dem Erstglied; drückt aus, dass etwas von ähnlicher oder gleicher Beschaffenheit ist wie das mit dem Erstglied Bezeichnete bzw. damit vergleichbar:* eine lawinenartige Verbreitung von Dateien ◆ blitz-, bös-, brei-, explosions-, flucht-, gummi-, gut-, katzen-, krebs-, lawinen-, palast-, panik-, ruck-, schlag-, sintflut-, überfall-, wellen-, wolkenbruch-

Ar·ti·kel der [arˈtiːkl̩, arˈtɪkl̩] <-s, -> ❶ SPRACHWISS. *im Deutschen ein Begleitwort, das vor einem Substantiv steht und das in einer bestimmten und einer unbestimmten Form auftritt:* „Der", „die" und „das" sind Artikel.; der bestimmte/der unbestimmte Artikel ◆ -deklination, -endungen, -formen, -gebrauch ❷ *Ware in einem Geschäft:* alle Artikel um 50% reduzieren ◆ -auszeichnung, -code, -etiketten, -verzeichnis ❸ *Beitrag in einer Zeitung oder Zeitschrift:* einen interessanten Artikel lesen; einen Artikel schreiben ◆ -serie, Zeitungs- ❹ RECHTSW. *Abschnitt eines Gesetzes:* Artikel 1 des Grundgesetzes

Arz·nei die [aːɐ̯ʦˈnaɪ̯] <-, -en> *(≈ Heilmittel, Medikament) Mittel gegen Krankheiten:* eine Arznei einnehmen ◆ -buch, -mittel, -mittelgesetz, -pflanze

Arzt der, **Ärz·tin** [aːɐ̯ʦt] <-es, Ärzte> *jmd., der Medizin studiert hat und der kranke Menschen behandelt:* einen Arzt aufsuchen; Der Arzt gibt eine Spritze/schreibt ein Rezept/stellt eine Diagnose/untersucht Patienten bzw. Patientinnen/verschreibt ein Medikament.; Er hat sich beim Arzt einen Termin geben lassen/musste beim Arzt lange warten/sollte mal wieder zum Arzt gehen.; Der Arzt bildet sich zum Facharzt weiter, hat seine eigene Praxis/führt zusammen mit einem Kollegen eine Gemeinschaftspraxis/nimmt an einem Fachkongress teil.; ■ **praktischer Arzt** *(≈ Allgemeinmediziner) ein Arzt, der sich nicht auf ein bestimmtes Fachgebiet spezialisiert hat* einen Termin beim praktischen Arzt vereinbaren; ■ **bis der Arzt kommt** *(Jargon) in extremer Intensität, Menge o.Ä.;* bis zum Abwinken Mehrere DJs tanzten die ganze Nacht auf und ließen das Motto des Abends Wirklichkeit werden: „Tanzen bis der Arzt kommt!" ◆ -besuch, -termin, Augen-, Fach-, Frauen-, Haus-, Haut-, Tier-, Zahn-

Arzt·pra·xis die <-, -praxen> *Räume des Arztes, in denen er seinen Beruf ausübt und in welche die Patienten kommen:* Hat die Arztpraxis heute geöffnet?

Asche die [ˈaʃə] <-, (-n)> *der Stoff, der übrig bleibt, wenn etwas verbrennt:* die Asche der Zigarette; Hast du die Asche aus dem Kamin/Ofen entfernt?; ■ **etwas in Schutt und Asche legen** *etwas völlig zerstören* Die Bombenangriffe haben die Stadt in Schutt und Asche gelegt. ◆ -nbecher, -neimer, -ntonne, -nurne

aß [aːs] *Prät. von* **essen**

Ast der [ast] <-(e)s, Äste> *einer der Teile eines Baumes oder Strauches, die direkt aus dem Stamm wachsen und aus Holz sind;* ein dickerer Zweig: einen Ast absägen; ein knotiger/kräftiger Ast; ■ **an dem Ast sägen, auf dem man sitzt** *(umg.) durch sein Verhalten die eigene Lebensgrundlage gefährden* Du solltest nicht an dem Ast sägen, auf dem du sitzt.; ■ **sich einen Ast lachen** *(umg.) sehr lachen* Bei dem Witz habe ich mir einen Ast gelacht. ◆ -gabel, -loch

äs·the·tisch [ɛsˈteːtɪʃ] *adj (geh.: ↔ unästhetisch) so geschmackvoll und schön, dass es auf den Betrachter eine sehr angenehme Wirkung hat:* eine besonders ästhetische Ladeneinrichtung ▶ Ästhetik, Ästhetizismus

As·tro·lo·gie die [astro'loːgiː] <-> /kein Plur./ (≈ Sterndeutung) die Beschäftigung mit Sternen und Sternbildern mit dem Ziel, daraus Erkenntnisse über die Menschen und das menschliche Schicksal gewinnen zu können: an Astrologie glauben ▸ Astrologe, Astrologin, astrologisch

As·tro·no·mie die <-> Wissenschaft von den Himmelskörpern: die zentrale Rolle von Mathematik und Physik in der Astronomie ▸ Astronom(in), astronomisch

Asyl das [a'zyːl] <-s, -e> ❶ POL. Zuflucht oder Schutzort für politisch Verfolgte: jemandem Asyl gewähren; Asyl beantragen/erhalten/suchen ● -antrag, -bewerber(in), -recht, -verfahren ❷ (veralt.) Heim für Obdachlose oder andere Menschen, die Not leiden: ein Asyl für Obdachlose; Letzte Nacht hat sie im Asyl geschlafen. ● Obdachlosen-

Asy·lant der, **Asy·lan·tin** [azy'lant] <-en, -en> politisch Verfolgter, der Schutz in einem anderen Land bekommen hat: Asylanten aufnehmen ● -enrecht, -enwohnheim, -enzahl

Atem der ['aːtəm] <-s> /kein Plur./ die ein- und ausgeatmete Luft: Atem holen; den Atem anhalten; Er war völlig außer Atem, weil er rennen musste, um den Bus noch zu erreichen.; ● **jemanden in Atem halten** jmdn. nicht zur Ruhe kommen lassen Die Kinder halten die junge Mutter ganz schön in Atem. ▸ atemlos, Atemlosigkeit, atemraubend ● -alkoholtest, -beschwerden, -gifte, -maske, -organe, -zug

Athe·ist der, **Athe·is·tin** [ate'ɪst] <-en, -en> ein Mensch, der nicht an Gott glaubt ▸ Atheismus, atheistisch

Ath·let der, **Ath·le·tin** [at'leːt] <-en, -en> ein Sportler, der an einem Wettkampf teilnimmt ▸ athletisch ● Modell-

At·las¹ der ['atlas] <-, -se/Atlanten> ein (relativ großes) Buch, das Landkarten enthält: etwas im Atlas nachschlagen ● Heimat-, Sprach-

At·las² der ['atlas] <-> /kein Plur./ ein Gebirge in Nordafrika

at·men ['aːtmən] <atmest, atmete, hat geatmet> **I.** mit OBJ ■ **jmd. atmet etwas** (≈ einatmen) Er atmet genussvoll die kühle Luft. **II.** ohne OBJ ■ **jmd. atmet (irgendwie)** Luft in die Lungen einziehen und verbrauchte Luft von sich geben: Der Patient atmet schwer.; Der Schwerverletzte atmete noch.; tief atmen ▸ Atmung, Atmungsorgane

At·mo·sphä·re die [atmo'sfɛːrə] <-, -n> ❶ /kein Plur./ die Lufthülle der Erde: die verschiedenen Schichten der Atmosphäre; die Atmosphäre durch Umweltverschmutzung zerstören ● Erd- ❷ (≈ Klima) eine bestimmte (gefühlsmäßig wahrnehmbare) Stimmung, die irgendwo herrscht: In der Abteilung herrscht eine angespannte/freundschaftliche/gute/kollegiale/nette Atmosphäre. ● Arbeits- ❸ /kein Plur./ (≈ Flair) die Eigenschaft eines Ortes, sehr stimmungsvoll zu sein und starke Gefühle zu erzeugen: Paris/Prag ist eine Stadt mit viel Atmosphäre.

Atom das [a'toːm] <-s, -e> die kleinste Einheit der Materie, von der man früher annahm, sie sei unteilbar: Spaltung von Atomen; der Aufbau des Atoms ● -bombe, -energie, -industrie, -kern, -kraftwerk, -krieg, -meiler, -müll, -strom, -test, -transport, -U-Boot, -versuch, -waffe, -wirtschaft

Ato·mi·sie·rung die <-> /kein Plur./ Aufspalten von etwas in (kleine) Einheiten ▸ atomisieren ● -senergie, -stemperatur

Atom·phy·sik die <-> /kein Plur./ (≈ Kernphysik) Wissenschaft von den Atomen und ihrer Umwandlung ▸ Atomphysiker(in)

atom·waf·fen·frei adj /nicht steig./ POL. so, dass in keine Atomwaffen enthält: eine atomwaffenfreie Zone

ätsch [ɛːtʃ] interj (umg.) verwendet, um auszudrücken aus, dass jmd. Schadenfreude über etwas empfindet: Ätsch! Ich war zuerst hier!

At·ten·tat, At·ten·tat das ['atn̩taːt] <-(e)s, -e> Mordanschlag auf jmdn., der im öffentlichen Leben steht: ein Attentat auf einen Politiker verüben; Das Attentat konnte verhindert werden.; einem Attentat zum Opfer fallen ▸ Attentäter(in)

At·test das [a'tɛst] <-(e)s, -e> eine Bescheinigung vom Arzt, auf der steht, dass man krank oder gesund ist: Ich brauche ein ärztliches Attest für den Arbeitgeber.; (jemandem) ein Attest ausstellen ● Gesundheits-, Schul-

At·tri·but das [atri'buːt] <-(e)s, -e> ❶ SPRACHWISS. ein Wort, das andere Wörter näher bestimmt; Beifügung, Ergänzung: In „das schöne Kleid" ist „schöne" das Attribut. ▸ Attribuierung, Attribution ● -satz ❷ (geh.) einer Person zugeordnetes charakteristisches Merkmal oder auch Objekt: der Schlüssel als Attribut bei Darstellungen des Apostels Petrus

au|a) ['au(a)] interj verwendet, um auszudrücken, dass einem plötzlich etwas wehtut: Au, jetzt habe ich mir in den Finger geschnitten!

auch [au̯x] **I.** *adv (≈ ebenfalls) verwendet, um auszudrücken, dass neben einer Sache A gleichzeitig eine Sache B der Fall ist oder zutrifft; Stellung vor dem Bezugswort im Satz:* Sie kann nicht nur kochen, sondern auch backen.; Mein Freund sieht sich den Film an; und auch ich (= ich ebenfalls) gehe heute ins Kino. **II.** *part verstärkend bei Fragen und Aussagen:* Wirst du auch wirklich da sein?; Wir feiern im Garten, auch wenn es regnet.; Er hat verschlafen, weshalb er auch zu spät gekommen ist.; ▪ **wie dem auch sei** *egal, wie es ist* Wie dem auch sei, ich komme nicht mit.; ▪ **Wozu auch?** *Welchen Sinn hat es?* Sie arbeitet nicht. — Wozu auch? Bei den reichen Eltern!

auf [au̯f] **I.** *präp +Dat.* ❶ *verwendet, um auszudrücken, dass ein Objekt sich an der Oberfläche von etwas befindet und dort festen Kontakt hat:* Auf dem Tisch stehen eine Flasche Wein und zwei Gläser. ❷ *verwendet, um auszudrücken, dass das Gesagte in den Räumen einer bestimmten Institution geschieht:* auf der Bank etwas zu erledigen haben; auf der Post ein Paket abholen **II.** *präp +Akk.* ❶ *verwendet, um auszudrücken, dass eine Bewegung von oben kommt und dann an der Oberfläche eines Objekts endet:* Teller auf den Tisch stellen; sich auf den Boden setzen ❷ *verwendet, um auszudrücken, dass man eine Institution aufsucht, um dort etwas zu erledigen:* einen Brief auf die Post bringen ❸ *verwendet, um auszudrücken, dass jmd. zu einem bestimmten Zeitpunkt Teil einer Institution ist:* Auf der Schule war er eher ein Einzelgänger. ❹ *verwendet, um auszudrücken, dass etwas von der genannten Person ausgeht:* auf ärztlichen Rat eine Diät beginnen; ▪ **auf Deutsch** *in deutscher Sprache;* ▪ **auf einmal** *plötzlich;* ▪ **auf jeden Fall** *was immer auch passiert;* ▪ **auf keinen Fall** *niemals;* ▪ **auf der Geige spielen** *Geige spielen;* ▪ **auf diese Weise** *so* **III.** *adv* ❶ *(umg.: ↔ zu) offen:* Die Tür ist auf. ❷ *(umg.) wach:* Sie ist noch nicht auf.; ▪ **auf und ab gehen** *hin und her gehen;* ▪ **ein ständiges Auf und Ab** *eine ständige Auf- und Abwärtsbewegung;* ▪ **von klein auf** *seit der Kindheit* **IV.** *interj (umg.) verwendet, um andere Personen dazu aufzufordern, einen Weg anzutreten oder mit einer Aktivität zu beginnen:* Auf! Los! Bewegt euch endlich!

auf·bau·en <baust auf, baute auf, hat aufgebaut> *mit OBJ* ❶ ▪ **jmd. baut etwas auf** *aufstellen, nach und nach errichten:* ein Zelt aufbauen ❷ ▪ **jmd. baut etwas auf** *die Entwicklung von etwas fördern und gestalten:* Sein Vater hat die Firma aufgebaut.; Der Trainer hat den jungen Sportler langsam aufgebaut. ❸ ▪ **jmd. baut jmdn. auf** *Mut zusprechen; motivieren:* Nach der Niederlage musste sie ihren Mann wieder aufbauen.

auf·be·wah·ren <bewahrst auf, bewahrte auf, hat aufbewahrt> *mit OBJ* ▪ **jmd. bewahrt etwas auf** *an einem bestimmten Ort sorgfältig verwahren/lagern:* ein Andenken an den Großvater/Bargeld/Gepäck/Wertsachen aufbewahren; wichtige Dokumente sicher aufbewahren; Könntest du diese Kette für mich aufbewahren?; Das Medikament müssen Sie im Kühlschrank aufbewahren. ▸ Aufbewahrung

auf·bla·sen <bläst auf, blies auf, hat aufgeblasen> **I.** *mit OBJ* ▪ **jmd. bläst etwas auf** *durch Blasen mit Luft füllen:* den Luftballon aufblasen ▸ aufblasbar **II.** *mit SICH* ▪ **jmd. bläst sich auf** *(umg. abwert.) sich wichtig tun:* Blase dich bloß nicht so auf!

auf·blei·ben <bleibst auf, blieb auf, ist aufgeblieben> *ohne OBJ* ❶ ▪ **etwas bleibt auf** *(umg.) offen bleiben:* Das Fenster bleibt auf; Die Geschäfte bleiben mittags auf. ❷ ▪ **jmd. bleibt auf** *(umg.) nicht schlafen gehen:* Die Kinder wollen noch ein bisschen aufbleiben.

auf·bli·cken <blickst auf, blickte auf, hat aufgeblickt> *ohne OBJ* ❶ ▪ **jmd. blickt auf** *den Blick heben; aufsehen:* vom Buch kurz aufblicken ❷ ▪ **jmd. blickt zu jmdm. auf** *(≈ aufsehen) verehren:* zu einem Vorbild aufblicken

auf·bre·chen <brichst auf, brach auf, hat/ist aufgebrochen> **I.** *mit OBJ* ▪ **jmd. bricht etwas auf** *(haben) etwas, das verschlossen ist, mit Gewalt öffnen:* ein Schloss/einen Schrank/die Tür aufbrechen **II.** *ohne OBJ (sein)* ❶ ▪ **etwas bricht auf** *sich öffnen:* Die Knospen brechen auf.; Die Erdkruste brach auf und bildete eine tiefe Spalte. ❷ ▪ **jmd. bricht (zu etwas** *Dat.***) auf** *eine Reise oder Aktivität beginnen:* Wir brechen morgen früh zur Wanderung auf. ▸ Aufbruch

auf·dring·lich *adj (abwert.: ≈ lästig) so, dass jmd. immer und überall dabei sein möchte und andere dadurch stört:* Sie ist eine aufdringliche Person. ▸ Aufdringlichkeit

auf·ei·n·an·der [au̯f|ai̯nandɐ] *adv* ❶ *verwendet, um auszudrücken, dass zwischen zwei Personen oder Dingen eine gegenseitige Abhängigkeit besteht:* A und B sind schon seit Wochen aufeinander böse. (≈ A ist auf B böse und B ist auf A böse.); aufeinander angewiesen sein; aufeinander einschlagen ❷ *verwendet, um auszudrücken, dass ein Objekt auf dem anderen ist oder auf das andere gelangt:* Die Bücher liegen aufeinander. ● Zusammenschreibung → R 4.8 aufeinanderbeißen; aufeinanderfolgen; aufeinanderlegen; aufeinanderprallen; aufeinanderstapeln; aufeinanderstoßen

Auf·ent·halt der ['aʊf|ɛnthalt] <-(e)s, -e> ❶ *die Zeit, während der man an einem bestimmten Ort ist:* ein einjähriger Aufenthalt im Ausland; der Aufenthalt in einem Hotel ❷ *die Zeit, die man beim Wechseln von Eisenbahnzügen oder Flugzeugen an einem bestimmten Umsteigebahnhof oder Flughafen verbringt:* Sie haben eine halbe Stunde Aufenthalt in Singen.

Auf·ent·halts·er·laub·nis die <-, -se> *die offizielle Erlaubnis, für begrenzte Zeit in einem Land zu leben:* eine Aufenthaltserlaubnis beantragen/verlängern

auf·es·sen <isst auf, aß auf, hat aufgegessen> *mit OBJ* ■ **jmd. isst etwas auf** *alles essen, was da ist; vollständig essen:* den Kuchen/Salat aufessen

auf·fal·len <fällt auf, fiel auf, ist aufgefallen> *ohne OBJ* ❶ **jmd./etwas fällt auf** *die Aufmerksamkeit erwecken:* durch besonderen Fleiß auffallen; Seine neue Frisur fällt sofort auf. ❷ **etwas fällt jmdm. (an jmdm.) auf** *für jmdn. besonders deutlich sein:* Sein Fleiß fällt mir an ihm/an seiner Arbeit auf.; Mir ist aufgefallen, dass du in der letzten Zeit sehr viel arbeitest.; Ihr ist an seinem Verhalten nichts aufgefallen.

auf·fäl·lig *adj* (↔ *unauffällig*) *so, dass es die Aufmerksamkeit auf sich zieht:* auffällige Farben/Muster; Sein Benehmen auf der Party war sehr auffällig. ▸ Auffälligkeit

Auf·fas·sung die <-, -en> (≈ *Meinung*) *die besondere Art und Weise, wie ein Mensch einen Sachverhalt wahrnimmt und bewertet:* nach meiner Auffassung; verschiedener Auffassung sein; eine andere Auffassung haben ● -sgabe, -sunterschied, -svermögen

auf·for·dern <forderst auf, forderte auf, hat aufgefordert> *mit OBJ* ■ **jmd. fordert jmdn. zu etwas** *Dat.* **auf** *sagen, dass jmd. etwas tun soll:* jemanden zum Bleiben/Gehen/Tanzen auffordern; Der Lehrer hat den Schüler mehrmals aufgefordert, den Unterricht nicht zu stören. ▸ Aufforderung

auf·fres·sen <frisst auf, fraß auf, hat aufgefressen> *mit OBJ* ■ **ein Tier frisst etwas auf** *alles fressen, was da ist:* Der Hund hat sein Futter aufgefressen.; ■ **etwas frisst jemanden auf** *verwendet, um auszudrücken, dass etwas jmdm. alle Kraft raubt* Die Arbeit/der Kummer/die Sorge/der Stress/die Trauer frisst ihn (noch) auf.

auf·fri·schen <frischst auf, frischte auf, hat/ist aufgefrischt> **I.** *mit OBJ* ■ **jmd. frischt etwas auf** *(haben) erneuern; wieder frisch machen:* Erinnerungen/die Farbe/Kenntnisse/Sprachkenntnisse auffrischen ▸ Auffrischung **II.** *ohne OBJ* ■ **etwas frischt auf** *(sein) stärker werden:* Der Wind frischt auf. ▸ Auffrischung

auf·füh·ren <führst auf, führte auf, hat aufgeführt> **I.** *mit OBJ* ■ **jmd. führt etwas auf** ❶ THEAT. *auf der Bühne als Schauspiel zeigen:* ein modernes Stück/eine Komödie aufführen ▸ Aufführung ❷ (≈ *auflisten*) *alle Dinge einzeln nennen, die zu etwas gehören:* alle Beispiele aufführen **II.** *mit SICH* ■ **jmd. führt sich irgendwie auf** *(umg.) sich in der genannten (negativen) Weise benehmen:* sich affig/dumm/unverschämt aufführen

Auf·ga·be die <-, -n> ❶ *ein Auftrag, den man von jmdm. bekommt:* Sie hat es sich zur Aufgabe gemacht, alten und einsamen Menschen zu helfen.; Ich muss noch ein paar Aufgaben erledigen, dann habe ich Zeit. ❷ *zu lösendes Problem; Übungsstück im Unterricht:* eine schwierige Aufgabe lösen/stellen ● Haus-, Rechen-, Text- ❸ *Schließung, Beendigung:* die Aufgabe des Geschäfts ● Geschäfts-

Auf·gang der <-(e)s, Aufgänge> ❶ *eine Treppe, ein Weg o.Ä. mit Richtung nach oben:* den rechten Aufgang hinaufgehen; der Aufgang zur Loge ● Treppen- ❷ /kein Plur./ (↔ *Untergang*) *der Vorgang, dass Sonne oder Mond am Himmel sichtbar werden:* bei Aufgang der Sonne ● Mond-, Sonnen-

auf·ge·ben <gibst auf, gab auf, hat aufgegeben> **I.** *mit OBJ* ❶ ■ **jmd. gibt etwas auf** (≈ *verzichten*) *eine Absicht oder Vorstellung, die man bisher hatte, nicht mehr weiterverfolgen; etwas nicht schaffen oder machen:* Den Traum vom Rennfahrer musste er nach dem Unfall aufgeben.; einen Plan aufgeben ❷ ■ **jmd. gibt jmdm. etwas auf** (≈ *auftragen*) *jmdm. etwas als Aufgabe geben:* jemandem Hausaufgaben/ein Rätsel aufgeben ❸ ■ **jmd. gibt etwas auf** *etwas zur Weiterleitung, Aufbewahrung oder Bearbeitung geben:* einen Brief bei der Post aufgeben; Gepäck aufgeben;

eine Anzeige in der Zeitung aufgeben ❹ **jmd. gibt etwas auf** *mit etwas aufhören*: ein Geschäft/ein Hobby/das Rauchen aufgeben ❺ **jmd. gibt jmdn. auf** *nicht mehr daran glauben, dass man jmdm. noch helfen kann*: Die Ärzte hatten ihn bereits aufgegeben.; II. *ohne OBJ* **jmd. gibt auf** *nicht mehr weitermachen, etwas nicht bis zum Ende schaffen*: Zum Schluss hat sie doch aufgegeben.; Kurz vor dem Ziel musste der Rennfahrer aufgeben.

auf·ge·regt *adj* (↔ *ruhig*) *nervös und unruhig*: vor der Prüfung sehr aufgeregt sein ▸ Aufgeregtheit

auf·grund, auf Grund [aufgrunt] *präp* +*Gen.* (≈ *wegen, veranlasst durch*) *verwendet, um den Grund von etwas anzugeben*: Die Wanderung musste aufgrund/auf Grund des Regens abgesagt werden.

auf·hän·gen <hängst auf, hing auf, hat aufgehängt> I. *mit OBJ* ❶ **jmd. hängt etwas auf** *einen Gegenstand an einen Ort hängen*: das Bild aufhängen; die Wäsche aufhängen; Sie hat (den Telefonhörer) aufgehängt. ❷ **jmd. hängt jmdn. auf** *jmdn. töten, indem man ihm einen Strick um den Hals legt und ihn an etwas, das erhöht ist, hängt*: jemanden aufhängen ❸ **jmd. hängt jmdm. etwas auf** (*umg.*) *zu etwas Ungewolltem überreden*: sich viel Arbeit/eine überteuerte Ware aufhängen lassen II. *mit SICH* **jmd. hängt sich auf** (≈ *erhängen*) *sich selbst töten, indem man sich einen Strick um den Hals legt und sich an etwas, das erhöht ist (wie z.B. einen Ast), hängt*: Er hat sich aufgehängt, weil er keinen Ausweg mehr aus seiner Situation gesehen hat.

auf·he·ben <hebst auf, hob auf, hat aufgehoben> *mit OBJ* **jmd. hebt etwas auf** ❶ *mit den Händen vom Fußboden hochnehmen*: Mir ist ein Blatt Papier auf den Fußboden gefallen. Kannst du es bitte aufheben? ❷ (↔ *wegwerfen*) *nicht wegwerfen und als Erinnerung behalten*: Briefe (zur Erinnerung) aufheben ❸ *ungültig machen*: ein Urteil aufheben; Die Einnahmen heben die Ausgaben auf. ❹ (*geh.*) *förmlich beenden*: die Tafel/die Versammlung aufheben

auf·hö·ren <hörst auf, hörte auf, hat aufgehört> *ohne OBJ* **jmd./etwas hört auf** (↔ *anfangen*) *eine Tätigkeit beenden oder einstellen; Schluss sein, zu Ende sein*: Sie hörte nicht auf zu singen.; Lasst uns hier aufhören!; Plötzlich hörte der Sturm auf.; Also, da hört bei mir der Spaß auf!

auf·klä·ren <klärst auf, klärte auf, hat aufgeklärt> I. *mit OBJ* ❶ **jmd. klärt etwas auf** *Zusammenhänge herausfinden und die Hintergründe untersuchen, um Unwissenheit zu beseitigen*: ein Verbrechen aufklären ❷ **jmd. klärt jmdn. auf** *jmdm. die Zusammenhänge erläutern*: Kannst du mich mal darüber aufklären? II. *mit SICH* **etwas klärt sich auf** *verständlich werden*: Die Sache hat sich aufgeklärt.; **jemanden (sexuell) aufklären** *jmdn. über Sexualität informieren* die Kinder rechtzeitig aufklären

Auf·klä·rung *die* <-> /*kein Plur.*/ ❶ *Untersuchung und Herausfinden der Zusammenhänge*: die Aufklärung des Verbrechens ◆ -sbogen, -sgespräch, -squote, -srate ❷ *das Erläutern von Sachverhalten*: die sexuelle Aufklärung; Aufklärung über die Gefahren von Aids ◆ -sbuch, -sfilm, -skampagne, -smaterial, -sunterricht ❸ MILIT. *Erkunden der Lage*: die militärische Aufklärung ◆ -sbataillon, -sdrohne, -sflugzeug, -satellit ❹ *geistige Strömung des 18. Jahrhunderts in Europa*: Philosophen/Vertreter der Aufklärung ◆ -sdrama, -sepoche, -szeitalter, Gegen-

auf·knöp·fen <knöpfst auf, knöpfte auf, hat aufgeknöpft> *mit OBJ* **jmd. knöpft etwas auf** (↔ *zuknöpfen*) *die Knöpfe öffnen*: die Bluse/den Mantel aufknöpfen

-auf·kom·men *als Zweitglied einiger zusammengesetzter Substantive, mit Betonung immer auf dem Erstglied; drückt aus, dass es sich bei dem mit dem Erstglied Bezeichneten um eine (statistisch festgestellte) Menge/Anzahl handelt*: Wegen des hohen Verkehrsaufkommens hat es einen Stau gegeben. ◆ Fahrgast-, Verkehrs-, Zuschauer-

auf·lö·sen <löst auf, löste auf, hat aufgelöst> I. *mit OBJ* ❶ **jmd. löst etwas in etwas** *Akk.* **auf** *eine feste Substanz in eine Flüssigkeit werfen, damit die Substanz sich in sehr viele winzige Partikel verwandelt, die in der Flüssigkeit verteilt sind*: die Tablette in Wasser auflösen ❷ **jmd. löst etwas auf** *nicht mehr weiter bestehen lassen; etwas schließen*: die Wohnung/sein Konto auflösen; den Vertrag/den Verein auflösen ❸ **jmd. löst etwas auf** *aufklären, eine Lösung finden*: einen Widerspruch/ein Rätsel auflösen ▸ Auflösung II. *mit SICH* ❶ **etwas löst sich auf** *nicht mehr weiter bestehen*: Die Partei hat sich aufgelöst. ❷ **etwas löst sich (in etwas** *Akk.*) **auf** *aufgelöst I.1 werden*: Der Zucker hat sich im Wasser aufgelöst.

auf·ma·chen <machst auf, machte auf, hat aufgemacht> I. *mit OBJ* ▪ **jmd. macht etwas auf** ❶ *(umg.:* ↔ *zumachen) öffnen:* einen Knopf/die Tür aufmachen ❷ *(umg.) eröffnen:* ein Geschäft aufmachen ❸ *gestalten:* Diese Werbung ist ansprechend/gut aufgemacht. II. *mit SICH* ▪ **jmd. macht sich irgendwohin auf** *(≈ aufbrechen) die Reise oder Fahrt zu einem Ort beginnen:* sich nach Berlin aufmachen; Ich muss mich langsam aufmachen, denn es ist schon spät. III. *ohne OBJ* ▪ **etwas macht auf** ❶ *(umg.) öffnen:* Heute machen die Geschäfte nicht auf. ❷ *(umg.) eröffnet werden:* Hier haben viele neue Restaurants aufgemacht.

auf·merk·sam *adj* ❶ *(*↔ *unaufmerksam) wach und konzentriert; so, dass man alles bemerkt:* aufmerksam zuhören; jemanden auf etwas aufmerksam machen ❷ *höflich, zuvorkommend:* Das ist sehr aufmerksam von Ihnen!; Sie ist immer sehr aufmerksam und hat auch gestern der Gastgeberin als Dank einen Blumenstrauß mitgebracht.

Auf·merk·sam·keit *die* <-, -en> ❶ */kein Plur./ Konzentration; wache Beobachtung einer Sache:* Gegen Ende der zweistündigen Rede ließ die Aufmerksamkeit des Publikums nach. ◆-sdefizit-Syndrom ❷ *ein kleines Geschenk, das man jmdm. aus Dank oder Höflichkeit macht:* Das ist nur eine kleine Aufmerksamkeit!

Auf·nah·me *die* <-, -n> ❶ */kein Plur./ (≈ Beginn) die Aufnahme der Verhandlungen* ❷ */kein Plur./ Empfang:* die Aufnahme im Heim/Krankenhaus; eine freundliche Aufnahme ◆-untersuchung ❸ */kein Plur./ Zulassung:* ihre Aufnahme in den Verein/die Universität ◆-gebühr, -prüfung ❹ *Empfangsraum oder -schalter, in dem die Aufnahme² erfolgt:* sich in der Aufnahme melden ❺ *ein Foto oder eine Aufzeichnung auf Film, Tonband o.Ä.:* im Urlaub viele Aufnahmen machen; sich eine alte Aufnahme der Beatles anhören ◆ Farb-, Nah-, Schwarzweiß-, Tonband-

auf·neh·men <nimmst auf, nahm auf, hat aufgenommen> *mit OBJ* ❶ ▪ **jmd. nimmt etwas auf** *vom Boden hochheben:* den Koffer aufnehmen ❷ ▪ **jmd. nimmt etwas auf** *beginnen:* sein Studium aufnehmen; Kontakt mit jemandem aufnehmen ❸ ▪ **jmd. nimmt jmdn. auf** *Mitglied werden lassen:* jemanden an der Universität/in eine Partei aufnehmen ❹ ▪ **jmd. nimmt jmdn. auf** *jmdn. empfangen und eventuell auch unterbringen:* die Gäste freundlich aufnehmen; Patienten aufnehmen; jemanden herzlich empfangen ❺ ▪ **jmd. nimmt etwas auf etwas** *Akk. auf etwas auf Tonband/Kassette/Video o.Ä. festhalten:* etwas auf Band/auf einen Film aufnehmen; Daten/ein Protokoll/ eine Anzeige aufnehmen; die Hochzeit auf Video aufnehmen ❻ ▪ **jmd. nimmt etwas auf** *(er)fassen:* (geistig) nichts mehr aufnehmen können; Das Becken nimmt abfließendes Wasser auf. ❼ ▪ **jmd. nimmt etwas irgendwie auf** *irgendwie empfangen:* eine Neuigkeit gelassen aufnehmen; ein Theaterstück begeistert aufnehmen

auf·pas·sen <passt auf, passte auf, hat aufgepasst> *ohne OBJ* ❶ ▪ **jmd. passt auf** *aufmerksam sein:* Pass auf!; Wenn der Lehrer etwas erklärt, müssen die Schüler genau aufpassen. ❷ ▪ **jmd. passt auf jmdn./etwas auf** *jmdn./etwas beaufsichtigen:* auf die Kinder/die Taschen aufpassen, damit nichts passiert

Auf·preis *der* <-es, -e> *(≈ Zuschlag) Geld, das man zusätzlich bezahlen muss:* einen Aufpreis zahlen; Gegen einen Aufpreis von 50 Euro wird das Sofa sofort geliefert.

auf·räu·men <räumst auf, räumte auf, hat aufgeräumt> *mit OBJ/ohne OBJ* ▪ **jmd. räumt etwas auf** *irgendwo Ordnung schaffen:* Sie hat (das Zimmer) aufgeräumt.; im Büro aufräumen; ▪ **mit etwas aufräumen** *mit etwas Schluss machen, etwas beseitigen* mit Gerüchten/Vorurteilen aufräumen

auf·recht [ˈaʊfrɛçt] *adj* ❶ *(*↔ *gebeugt) mit so gerader Körperhaltung, dass der Oberkörper fast senkrecht ist:* in aufrechter Haltung ❷ *ehrlich:* eine aufrechte Gesinnung; ein aufrechter Humanist ◆ Getrenntschreibung → R 4.8 aufrecht sitzen; aufrecht stehen; aufrecht stellen

auf·re·gen <regst auf, regte auf, hat aufgeregt> I. *mit OBJ* ▪ **jmd./etwas regt jmdn. auf** ❶ *heftige Gefühle hervorrufen:* Das regt den Kranken unnötig auf. ❷ *(umg.) ärgern:* Die Eltern aufregen; Du regst mich wirklich auf!; Der Lärm regt mich auf. II. *mit SICH* ▪ **jmd. regt sich auf** *sich ärgern und dem (laut) Ausdruck verleihen:* sich über den Lärm/die Politik aufregen

auf·re·gend <aufregender, am aufregendsten> *adj* ❶ *so spannend, dass man ganz davon in Anspruch genommen wird:* ein aufregendes Abenteuer ❷ *sehr interessant:* eine aufregende Frau

Auf·re·gung *die* <-, -en> *der Zustand, dass jmd. voller Unruhe und Nervosität wegen etwas ist:* vor Aufregung etwas vergessen/

rot werden; Nur keine Aufregung!; Im Büro waren alle Kollegen in heller Aufregung.; Er konnte in der Nacht vor der Prüfung vor Aufregung nicht schlafen.

Auf·ruf der <-(e)s, Aufrufe> (≈ *Appell*) *der Vorgang, dass jmd. Menschen öffentlich zu etwas auffordert:* ein Aufruf an die Bevölkerung; ein Aufruf, für die Opfer zu spenden ◆ Spenden-

auf·ru·fen <rufst auf, rief auf, hat aufgerufen> *mit OBJ/ohne OBJ* ❶ ▪ **jmd. ruft jmdn. auf** *jmds. Namen laut aussprechen, um sich an die Person zu wenden:* einen Schüler/jemandes Namen aufrufen ❷ ▪ **jmd. ruft jmdn. zu etwas** *Akk.* **auf** *jmdn. zu einer Sache auffordern:* (jemanden) zum Streik/zu Spenden aufrufen ❸ ▪ **jmd. ruft etwas auf** EDV *aktivieren:* eine Datei/ein Programm aufrufen

auf·run·den <rundest auf, rundete auf, hat aufgerundet> *mit OBJ* ▪ **jmd. rundet etwas auf** MATH. (↔ *abrunden*) *einen Betrag auf den nächstgrößeren Zehner, Hunderter o.Ä. erhöhen:* 1029 Euro auf 1030 Euro aufrunden ▸ Aufrundung

auf·rüs·ten <rüstest auf, rüstete auf, hat aufgerüstet> *mit OBJ/ohne OBJ* ❶ ▪ **jmd. rüstet auf** (↔ *abrüsten*) *die Anzahl an Waffen und Soldaten erhöhen:* Das Land rüstet (seine Armee) auf. ▸ Aufrüstung ❷ ▪ **jmd. rüstet etwas auf** *ein technisches Gerät durch bestimmte zusätzliche Geräte oder Module erweitern und damit seine Leistungsfähigkeit steigern:* den Computer aufrüsten

auf·sa·gen <sagst auf, sagte auf, hat aufgesagt> *mit OBJ* ▪ **jmd. sagt etwas auf** *einen Text aus dem Gedächtnis vortragen, ohne ihn abzulesen:* ein Gedicht aufsagen

Auf·satz der <-es, Aufsätze> ❶ *eine (wissenschaftliche) schriftliche Darstellung zu einem bestimmten Thema:* einen Aufsatz schreiben/verfassen ◆ -beurteilung, -didaktik, -sammlung, -unterricht ❷ *ein Teil, das auf etwas anderes gesetzt wird:* der Schrank hat einen Aufsatz ◆ -filter, -herd, -waschbecken

auf·schlie·ßen <schließt auf, schloss auf, hat aufgeschlossen> I. *mit OBJ/ohne OBJ* ▪ **jmd. schließt (etwas) auf** (↔ *abschließen*) *mit dem Schlüssel öffnen:* (jemandem) die Tür aufschließen; Hast du (die Tür) schon aufgeschlossen? II. *ohne OBJ* ▪ **jmd. schließt zu jmdm. auf** *den Anschluss herstellen:* zum Vordermann aufschließen

Auf·schluss der <-es, Aufschlüsse> *Aufklärung, Auskunft, korrekte Informationen:* Können Sie mir darüber Aufschluss geben? ▸ aufschlussreich

Auf·schnitt der <-(e)s> /kein Plur./ KOCH. *in Scheiben geschnittene Wurst- oder Käsesorten:* frischen Aufschnitt kaufen ◆ -platte, Käse-, Wurst-

auf·schrei·ben <schreibst auf, schrieb auf, hat aufgeschrieben> *mit OBJ* ▪ **jmd. schreibt etwas auf** *auf einem Blatt Papier notieren:* (jemandem) eine Nachricht aufschreiben; (sich) eine Adresse/Telefonnummer aufschreiben; Was ich mir nicht aufschreibe, vergesse ich sofort.

auf·schrei·en <schreist auf, schrie auf, hat aufgeschrien> *ohne OBJ* ▪ **jmd. schreit auf** *plötzlich schreien:* vor Schreck aufschreien ▸ Aufschrei

Auf·schrift die <-, -en> *etwas, das auf etwas geschrieben ist:* ein Paket mit der Aufschrift „Vorsicht Glas!"; die Aufschrift auf der Flasche

Auf·schwung der <-(e)s, Aufschwünge> ❶ *Verbesserung der wirtschaftlichen Lage:* der wirtschaftliche Aufschwung; auf einen Aufschwung hoffen ◆ Wirtschafts- ❷ SPORT *die Bewegung, die man macht, um sich auf ein Turngerät zu schwingen:* einen Aufschwung (am Reck) machen; ▪ **jemandem neuen Aufschwung geben** *jmdm. neue Hoffnung oder neuen Mut geben*

auf·set·zen <setzt auf, setzte auf, hat aufgesetzt> I. *mit OBJ* ▪ **jmd. setzt etwas auf** ❶ *etwas an eine bestimmte Position am eigenen Körper bringen:* den Rucksack aufsetzen; eine Brille/einen Hut/eine Kappe/eine Mütze aufsetzen ❷ KOCH. *etwas zum Kochen auf den Herd setzen:* das Essen/Kaffee/Wasser aufsetzen ❸ *etwas schriftlich entwerfen:* einen Brief aufsetzen ❹ *auf eine Unterlage setzen:* den Fuß falsch aufsetzen; den Stift zu steil aufsetzen II. *ohne OBJ* ▪ **etwas setzt auf** (↔ *abheben*) *wieder Kontakt mit dem Erdboden bekommen:* Das Flugzeug setzt gerade auf. III. *mit SICH* ▪ **jmd. setzt sich auf** *den Oberkörper in eine aufrechte Stellung bringen:* sich (im Bett) aufsetzen

Auf·sicht die <-, -en> ❶ *Überwachung und Kontrolle:* unter polizeilicher Aufsicht; der Aufsicht führende Lehrer ❷ *die Person, die Aufsicht[1] führt:* die Aufsicht etwas fragen; Studentische Aufsichten unterstützen den Schwimm-Meister. ◆ Getrennt- oder Zusammenschreibung → R 4.16 der/die Aufsicht Führende; der/die Aufsichtführende

auf·sper·ren <sperrst auf, sperrte auf, hat

aufgesperrt> *mit OBJ* **jmd. sperrt etwas auf** ① SÜDDT., ÖSTERR. *aufschließen:* die Tür aufsperren ② *(umg.) weit öffnen:* die Augen/den Mund aufsperren; **Sperr deine Ohren auf!** *Hör gefälligst zu!* Sperr deine Ohren auf! Was ich dir jetzt sage, ist wichtig!

Auf·stand *der* <-(e)s, Aufstände> *große Demonstration oder Revolte gegen eine Regierung oder Herrschaft:* der Aufstand des Volkes; **Mach' keinen Aufstand!** *(umg.) Reg' dich nicht auf!* Mach' keinen Aufstand; ich habe das schließlich nicht mit Absicht getan. ▪ Arbeiter-, Sklaven-, Volks-

auf·ste·hen <stehst auf, stand auf, hat/ist aufgestanden> I. *ohne OBJ* **etwas steht auf** *(haben) offen stehen:* Die Tür steht auf. II. *ohne OBJ* **jmd. steht auf** *(sein)* ① *sich von seinem Sitzplatz erheben:* (von seinem Platz) aufstehen ② *das Bett nach dem Schlafen verlassen:* Wochentags stehen wir gewöhnlich um 6 Uhr morgens auf.

auf·stei·gen <steigst auf, stieg auf, ist aufgestiegen> *ohne OBJ* ① **jmd. steigt auf etwas** *Akk.* **auf** (↔ *absteigen) auf etwas steigen:* auf ein Fahrrad/ein Pferd aufsteigen ② **etwas steigt auf** *nach oben steigen:* Der Nebel stieg aus dem Tal auf.; Ein Gefühl stieg in ihm auf. ③ **jmd. steigt auf** *in einen höheren Rang kommen:* beruflich/gesellschaftlich aufsteigen ④ **jmd. steigt auf** SPORT (↔ *absteigen) die Zulassung zu einer höheren Spielklasse erhalten:* Die Mannschaft hat gute Chancen, in der nächsten Saison aufzusteigen. ⑤ SCHULE ÖSTERR. *versetzt werden*

auf·stel·len <stellst auf, stellte auf, hat aufgestellt> I. *mit OBJ* **jmd. stellt etwas auf** ① *aufbauen:* ein Gerüst/ein Regal aufstellen ② *etwas (wieder) hinstellen, etwas nach oben stellen:* die Kegel (wieder) aufstellen; Der Hund stellt die Ohren auf. ③ *hinstellen:* eine Wache vor der Tür aufstellen; Schilder/Tafeln aufstellen ④ *etwas entwerfen und festlegen:* eine Liste/einen Plan/Regeln aufstellen ⑤ *öffentlich benennen:* einen Kandidaten/eine Mannschaft aufstellen; eine Behauptung aufstellen II. *mit SICH* **jmd. stellt sich auf** *sich in einer bestimmten Weise hinstellen oder gruppieren:* sich hintereinander aufstellen; **jemand ist in einer bestimmten Weise aufgestellt** *verwendet, um auszudrücken, dass eine Organisation, z.B. eine Firma, ihre Mitarbeiter in einer bestimmten Weise in Abteilungen organisiert hat* Nach der Umstrukturierung sind wir für die Anforderungen des Marktes gut/hervorragend/ideal/optimal aufgestellt. ② **etwas stellt sich auf** *sich auf richten, nach oben richten:* Die Nackenhaare stellen sich auf.; **einen Rekord aufstellen** *die beste Leistung erbringen, die in einer Sportart/einem Land/in einem bestimmten Zeitraum jemals erzielt wurde*

auf·stüt·zen <stützt auf, stützte auf, hat aufgestützt> I. *mit OBJ* **jmd. stützt etwas auf** *ein Körperteil auf etwas stützen:* die Ellenbogen aufstützen; den Kopf aufstützen II. *mit SICH* **jmd. stützt sich auf etwas** *Akk.* **auf** *sich auf etwas stützen oder an etwas festhalten:* sich auf den Tisch aufstützen

auf·su·chen <suchst auf, suchte auf, hat aufgesucht> *mit OBJ* **jmd. sucht jmdn./etwas auf** *zu jmdm./etwas gehen:* den Arzt/den Speiseraum aufsuchen

auf·tau·chen <tauchst auf, tauchte auf, ist aufgetaucht> *ohne OBJ* ① **jmd./etwas taucht irgendwo auf** *(wieder) erscheinen:* aus dem Wasser/aus einer Grube auftauchen; in der Ferne/aus dem Nebel auftauchen; *(übertr.)* Mein Freund ist nach langer Zeit wieder aufgetaucht. ② **etwas taucht auf** *entstehen:* Fragen/Probleme sind aufgetaucht.

auf·tau·en <taust auf, taute auf, hat/ist aufgetaut> I. *mit OBJ* **jmd. taut etwas auf** *(haben) (Gefrorenes) zum Tauen bringen:* das Fleisch auftauen II. *ohne OBJ (sein)* ① **etwas taut auf** (↔ *gefrieren) etwas, das gefroren ist, taut:* Der See/das tiefgefrorene Gemüse/das Eis ist aufgetaut. ② **jmd. taut auf** *(umg. übertr.) die Schüchternheit verlieren:* Jetzt taut er langsam auf.

auf·tei·len <teilst auf, teilte auf, hat aufgeteilt> *mit OBJ* **jmd. teilt etwas (auf jmdn.) auf** *ein Ganzes in einzelne Teile zerlegen:* Sein Vermögen wurde unter den Erben aufgeteilt. ▪ Aufteilung

Auf·trag *der* ['aʊftraːk] <-(e)s, Aufträge> ① *eine größere Aufgabe:* jemandem den Auftrag geben, etwas zu tun; **in jemandes Auftrag handeln** *etwas anstelle einer anderen Person mit ihrer Erlaubnis tun* Ich handle im Auftrag meines Mannes/meiner Firma. ▪ Auftraggeber(in), Auftragnehmer(in) ♦ -sarbeit, -skiller, -smord, -swerk ② WIRTSCH. (≈ *Bestellung) Anweisung an eine Firma, eine bestimmte Ware zu liefern oder eine bestimmte Arbeit auszuführen:* einen Auftrag an eine Firma vergeben; nicht genügend Aufträge haben; etwas bei jemandem in Auftrag geben; einen Auftrag annehmen/bearbeiten/bestätigen/erhalten ▸ Auftraggeber(in), Auftragnehmer(in) ♦-sbestätigung, -srückgang, -ssumme, Milliarden-

Auf·tre·ten *das* <-s> /kein Plur./ ① *Vorkommen:* das Auftreten einer Krankheit; beim Auftreten von Schwierigkeiten ♦-shäufigkeit, -swahrscheinlichkeit ② (≈ Benehmen) *die bestimmte Art des Verhaltens einer Person, die eine gewisse Ausstrahlung oder Wirkung ergibt:* ein bestimmtes/forsches/selbstsicheres/sicheres Auftreten haben

auf·tre·ten <trittst auf, trat auf, ist/hat aufgetreten> I. *ohne OBJ* ① ■ **jmd. tritt irgendwie auf** *den Fuß irgendwie auf den Boden setzen:* fest/geräuschvoll/leise/vorsichtig auftreten ② ■ **jmd. tritt als jmd. auf** THEAT., FILM *in einem Film oder Theaterstück eine bestimmte Rolle spielen:* in der Rolle des Faust/als Faust/im Film auftreten ③ ■ **jmd. tritt irgendwie auf** *sich verhalten:* sehr selbstbewusst auftreten; Sie tritt immer betont höflich auf. ④ ■ **etwas tritt auf** *(plötzlich) entstehen:* Krankheiten/Probleme treten oft unverhofft auf. II. *mit OBJ* ■ **jmd. tritt etwas auf** *durch einen Tritt öffnen:* die Tür auftreten

Auf·tritt *der* <-(e)s, -e> ① THEAT., FILM *das Auftreten eines Schauspielers auf der Bühne oder im Film:* sein Auftritt im dritten Akt ♦-sangst, -sverbot, -svertrag ② (umg.) *ein bestimmtes Verhalten:* Mit solchen Auftritten hat er sich viele Feinde gemacht.

auf·wa·chen <wachst auf, wachte auf, ist aufgewacht> *ohne OBJ* ① ■ **jmd. wacht auf** (↔ *einschlafen*) *aufhören zu schlafen:* Durch den Lärm auf der Straße bin ich mitten in der Nacht aufgewacht.; Er braucht keinen Wecker, denn er wacht jeden Morgen von selbst um 6 Uhr auf. ② *(umg. abwert.) etwas oder eine Entwicklung, die schon länger andauert, (zu spät) bemerken:* Die Behörden sind zu spät aufgewacht.

auf·wach·sen <wächst auf, wuchs auf, ist aufgewachsen> *ohne OBJ* ■ **jmd. wächst (irgendwie) auf** *seine Kindheit und Jugend verbringen; groß werden:* Sie ist in einfachen Verhältnissen aufgewachsen.; Er ist auf einem Bauernhof/in der Stadt aufgewachsen.

Auf·wand *der* ['aufvant] <-(e)s> /kein Plur./ *das, was für etwas benötigt wird; Einsatz von Kraft und Mitteln:* einen großen Aufwand (an Arbeit) erfordern; mit geringem/ohne großen Aufwand ▸ aufwändig/aufwendig ♦-sanalyse, -sentschädigung, Arbeits-, Kosten-, Zeit-

auf·wärts ['aufvɛrts] *adv* (↔ *abwärts*) *nach oben:* Der Fahrstuhl fuhr aufwärts.; ■ **es geht irgendwo/mit jemandem/etwas (wieder) aufwärts** *irgendwo wird die Lage besser oder es geht jmdm. besser* Nach seiner Krankheit geht es langsam wieder mit ihm aufwärts. ▸ Aufwärtsbewegung, Aufwärtstrend

auf·we·cken <weckst auf, weckte auf, hat aufgeweckt> *mit OBJ* ■ **jmd./etwas weckt jmdn. auf** *jmdn. wach machen:* Lautes Rufen/Der Donner weckte sie auf.; das Kind aufwecken

auf·wi·schen <wischst auf, wischte auf, hat aufgewischt> *mit OBJ/ohne OBJ* ■ **jmd. wischt (etwas) auf** ① *mit einem Lappen entfernen:* Wasser/Schmutz (vom Boden) aufwischen; Sie wischte den verschütteten Saft auf. ② *etwas mit einem Lappen und Wasser sauber machen:* Ich muss noch (das Bad/den Fußboden) aufwischen.

auf·zäh·len <zählst auf, zählte auf, hat aufgezählt> *mit OBJ* ■ **jmd. zählt etwas auf** *nacheinander einzeln nennen:* alle Zutaten aufzählen ▸ Aufzählung

Auf·zeich·nung *die* <-, -en> TV (↔ *Live-übertragung*) *ein Film, der etwas zeigt, das bereits in der (jüngeren) Vergangenheit passiert ist:* die Aufzeichnung einer Sendung vom vergangenen Sonntag; die Aufzeichnung des gestrigen Fußballspiels anschauen ▸ aufzeichnen ♦-sformat, -sgerät, -ssoftware

Auf·zug *der* <-(e)s, Aufzüge> ① (≈ *Fahrstuhl, Lift*) *ein Gerät in der Form einer Kabine, die (an einem Seil gezogen) in einem Schacht auf- und abfährt und Menschen oder Gegenstände in die verschiedenen Etagen eines Hauses transportiert:* den Aufzug benutzen/nehmen; mit dem Aufzug stecken bleiben ♦ Personen-, Speisen- ② THEAT. (≈ *Akt*) Nach dem dritten Aufzug gibt es eine Pause. ③ *(abwert.) Art der Kleidung:* Willst du in diesem Aufzug ins Theater gehen?

Au·ge *das* ['augə] <-s, -n> ① *eines der beiden Sehorgane von Menschen und Tieren:* mit den Augen zwinkern; etwas mit bloßem Auge sehen können; blaue/braune Augen haben; Ihre Augen leuchten/strahlen/tränen. ♦-nlid, -nbraue, -nwimper ② *Punkte im Karten- oder Würfelspiel:* Ein Ass zählt elf Augen. ♦-nzahl ③ ■ **etwas**

ins Auge fassen *(umg.) etwas planen* Wir werden dieses Projekt für nächstes Jahr ins Auge fassen.; ■ **ins Auge gehen** *(umg.) missglücken* Dieser Plan könnte ins Auge gehen. ■ **in meinen Augen ...** *meiner Meinung nach* In meinen Augen ist er ein Betrüger.; ■ **ins Auge fallen** *offensichtlich oder deutlich sein* Der Druckfehler ist mir sofort ins Auge gefallen.; ■ **unter vier Augen** *(umg.) zu zweit und ohne Zeugen* Das besprechen wir aber unter vier Augen.; ■ **ein Auge zudrücken** *großzügig über einen Fehler hinwegsehen* Dieses Mal hat er ein Auge zugedrückt.; ■ **jemanden aus den Augen verlieren** *jemanden lange Zeit nicht treffen und den Kontakt verlieren* Nach der Schulzeit haben wir uns aus den Augen verloren.; ■ **die Augen vor etwas verschließen** *etwas verdrängen, etwas nicht wahrhaben wollen* Wir dürfen nicht länger die Augen vor der Situation der Obdachlosen in unserer Stadt verschließen.; ■ **jemandem die Augen öffnen** *jmdm. die meist unangenehme Wahrheit über jmdn./etwas/eine Situation sagen* Ihr Mann betrügt sie und ich finde, dass wir ihr endlich die Augen über ihn öffnen sollten.

Gebräuchliche Redewendungen: "Du kannst nichts vor ihr verstecken, denn sie hat Augen wie ein Luchs" (bedeutet so viel wie: 'Sie sieht immer alles'); "Der Unfall ereignete sich vor meinen Augen" ('Ich habe zusehen können, wie sich der Unfall ereignete'); "Ich kann das mit bloßem Auge unterscheiden" ('Ich kann das ohne Brille erkennen'); "Mir ist so schwindelig, dass mir schon fast schwarz vor Augen ist" ('Ich bin fast bewusstlos'); "Komm mir bloß nicht mehr unter die Augen!" ('Ich möchte dich nicht mehr wiedersehen'); "Ich werde diese Sache im Auge behalten" ('Ich werde den Verlauf beobachten'); "Als er sie nach den langen Jahren wieder sah, konnte er seinen Augen nicht trauen" ('war er so überrascht, dass er es fast nicht für möglich hielt'); "Um dich durch diese Prüfung zu bringen, muss ich aber beide Augen zudrücken" ('da muss ich aber sehr nachsichtig sein'); "Kann ich dich unter vier Augen sprechen?" ('Kann ich dich alleine sprechen, ohne dass jemand dabei ist?').

Au·gen·blick der ['a̯ugn̩blɪk] <-(e)s, -e> *(≈ Moment) eine ganz kurze Zeitspanne:* Im Augenblick habe ich keine Zeit.; im letzten Augenblick; (Einen) Au-

genblick bitte! ◆ -sidee, -ssache

au·gen·blick·lich ['a̯ugn̩blɪklɪç] I. *adj / nicht steig./* ❶ *(sofort, umgehend) ohne zu zögern:* etwas augenblicklich erledigen ❷ *(≈ gegenwärtig, momentan) im Moment des Sprechens bestehend:* die augenblickliche Lage II. *adv /nicht steig./* ❶ *(≈ sofort, umgehend) ohne zu zögern:* sich augenblicklich bei jemandem melden müssen ❷ *(≈ momentan) zurzeit:* Ich bin augenblicklich sehr beschäftigt.

Au·gust der [a̯u'gʊst] <-(e)s, -e> */meist Sing./ der achte Monat des Jahres:* im August in den Urlaub fahren

aus [a̯us] I. *präp +Dat.* ❶ *verwendet, um die räumliche oder zeitliche Herkunft von etwas auszudrücken:* aus dem Haus kommen; aus dem Urlaub schreiben; aus dem Fenster fallen; aus Deutschland kommen; aus dem 18. Jahrhundert stammen ❷ *verwendet, um auszudrücken, dass die genannte Sache der Grund für etwas ist:* Sie hat ihn nur aus Spaß ein wenig geärgert.; Aus Versehen wurde der Brief nicht abgeschickt. ❸ *verwendet, um auszudrücken, dass etwas aus dem genannten Material ist:* aus Holz (hergestellt) sein II. *adv (umg.)* ❶ *(≈ vorbei, vorüber) so, dass es sein Ende erreicht hat und nicht mehr andauert:* Das Spiel/Das Theater ist aus. ❷ *(↔ an) so, dass es nicht mehr aktiv/in Betrieb ist:* Das Licht/das Feuer/der Ofen ist aus. ❸ *zur Bezeichnung der räumlichen Herkunft:* vom Platz aus sprechen; ■ **auf etwas aus sein** *(umg.) etwas beabsichtigen* Er ist doch nur darauf aus, an ihr Geld zu kommen.; ■ **Von mir aus...** *(umg.) Ich habe nichts dagegen.* Von mir aus können wir gerne ins Kino gehen.; ■ **weder ein noch aus wissen** *hoffnungslos oder ratlos sein* Nach dem Tod ihres Mannes weiß sie weder ein noch aus.

Aus das <-> */kein Plur./* SPORT *der Raum außerhalb des Spielfeldes:* Der Ball war schon im Aus. ◆ -ball

aus·ar·bei·ten <arbeitest aus, arbeitete aus, hat ausgearbeitet> *mit OBJ* ■ **jmd. arbeitet etwas aus** *(in allen Einzelheiten) erarbeiten bzw. schriftlich vorbereiten:* ein Referat ausarbeiten; Ich muss das noch fertig ausarbeiten. ■ Ausarbeitung

aus·at·men <atmest aus, atmete aus, hat ausgeatmet> *mit OBJ/ohne OBJ* ■ **jmd. atmet (etwas) aus** *(↔ einatmen) Atemluft durch Mund oder Nase entweichen lassen:* kräftig ausatmen ■ Ausatmung

Aus·bau der <-(e)s, -ten> *Erweiterung/ Vergrößerung eines Gebäudes, einer*

Straße o.Ä.: der Ausbau des Daches ◆*-arbeiten, -gebiet, Flughafen-, Innen-, Straßen-*

aus·bau·en <baust aus, baute aus, hat ausgebaut> *mit OBJ* ■ **jmd. baut etwas aus** ❶ *mit der Hilfe von Werkzeugen etwas aus etwas herausnehmen, das dort mit Schrauben o.Ä. befestigt war:* den Motor aus dem Auto ausbauen; ausgebaute Maschinenteile ❷ *etwas durch Bauen erweitern oder vergrößern:* ein Haus/eine Straße/eine Wohnung ausbauen ❸ *weiterentwickeln; in Art und Umfang auf ein besseres Niveau bringen:* die Beziehungen zum Nachbarland ausbauen; seine Position ausbauen

aus·bil·den <bildest aus, bildete aus, hat ausgebildet> I. *mit OBJ* ❶ ■ **jmd. bildet jmdn. (zu etwas** *Dat.***)** *eine Ausbildung geben; einen Beruf o.Ä. lehren:* Informatiker/Lehrlinge ausbilden; jemanden zum Tischler ausbilden ❷ ■ **etwas bildet etwas aus** *als Teil von sich entstehen lassen:* Blüten/Kiemen ausbilden II. *mit SICH* ■ **etwas bildet sich aus** *entstehen:* Gliedmaßen bilden sich aus.

Aus·bil·dung *die* <-, -en> ❶ *das Erlernen eines Berufes:* eine Ausbildung zur Verkäuferin beginnen/machen ◆*-sberuf, -sbetrieb, -splatz, -sstelle, Berufs-, Spezial-, Zusatz-* ❷ *Lehr- oder Studienzeit:* während der Ausbildung bei den Eltern wohnen; eine gute Ausbildung genießen

Aus·blick *der* <-(e)s, -e> ❶ *(≈ Aussicht) Blick über etwas; Sicht in die Ferne:* Von der Burg bot sich ein herrlicher Ausblick über das gesamte Tal. ❷ *Vorschau, Vorausschau auf Kommendes:* ein Ausblick auf kommende Entwicklungen; ein Ausblick auf das nächste Semester

aus·bor·gen <borgst aus, borgte aus, hat ausgeborgt> *mit OBJ* ■ **jmd. borgt jmdm. etwas aus** *(≈ ausleihen) jmdm. etwas für eine bestimmte Zeit zur Benutzung überlassen:* dem Nachbarn Werkzeug ausborgen

aus·bre·chen <brichst aus, brach aus, ist/hat ausgebrochen> I. *ohne OBJ (sein)* ❶ ■ **jmd. bricht aus etwas** *Dat.* **aus** *sich (gewaltsam) befreien, fliehen, davonlaufen:* aus dem Gefängnis ausbrechen ❷ ■ **etwas bricht aus** *plötzlich entstehen:* Die Grippe ist ausgebrochen.; Lauter Jubel brach aus.; Ein Feuer/Der Krieg ist ausgebrochen.; ■ **in Tränen/Gelächter ausbrechen** *zu weinen/lachen beginnen* Als sie von dem Unfall hörte, brach sie in Tränen aus. ❸ ■ **jmd./etwas bricht aus die ursprüngliche Richtung verlassen:** Das Auto bricht seitlich aus.; Das Pferd ist nervös und will ausbrechen. ❹ ■ **ein Vulkan bricht aus** *ein Vulkan wird aktiv und schleudert Lava und Gestein hervor:* Forscher befürchten, dass der Vesuv bald ausbrechen könnte. ▶ Ausbruch II. *mit OBJ* ■ **jmd. bricht etwas aus** *(haben) herausbrechen:* (jemandem/sich) einen Zahn ausbrechen; am Baum einige Zweige ausbrechen

aus·bür·gern ['aʊsbʏrɡrn̩] <bürgerst aus, bürgerte aus, hat ausgebürgert> *mit OBJ* ■ **jmd. bürgert jmdn. aus** *jmdm. die Staatsangehörigkeit wegnehmen:* einen Verbrecher ausbürgern ▶ Ausbürgerung

Aus·dau·er *die* <-> /kein Plur./ ❶ SPORT *die Fähigkeit, eine körperliche Leistung über einen langen Zeitraum erbringen zu können:* abwechselnd die Kraft und die Ausdauer trainieren ◆*-belastung, -gymnastik, -sport, -test, -training* ❷ *die Eigenschaft, sich einer Sache eine lange Zeit und ohne Nachlassen des Interesses zu widmen:* Er hat bei dem Projekt enorme Ausdauer bewiesen.; Sie besitzt große/wenig/keine Ausdauer.

Aus·deh·nung *die* <-, -en> *Größe, Umfang:* Das Land hat eine Ausdehnung von … ▶ ausdehnen

aus·den·ken <denkst aus, dachte aus, hat ausgedacht> *mit OBJ* ■ **jmd. denkt sich etwas aus** ❶ *konzipieren, planen:* (sich) einen Plan/eine Überraschung ausdenken ❷ *etwas erfinden:* sich eine Geschichte ausdenken; ■ **nicht auszudenken sein** *(in den Folgen) fürchterlich sein* Es ist gar nicht auszudenken, was alles hätte passieren können.

Aus·druck[1] *der* <-(e)s, Ausdrücke> ❶ */kein Plur./ die Art und Weise, wie man spricht und schreibt:* einen gewandten/guten Ausdruck haben ◆*-svermögen, -skraft, -sschwäche* ❷ */kein Plur./ Miene; äußerliches Zeichen im Gesicht, aus dem hervorgeht, wie man sich fühlt:* einen angespannten/entspannten/fröhlichen/heiteren/strengen Ausdruck im Gesicht haben ◆*-sweise, Gesichts-* ❸ */kein Plur./ etwas nach außen hin Sichtbares:* ein Ausdruck seiner Dankbarkeit; etwas deutlich zum Ausdruck bringen; einer Sache Ausdruck verleihen ❹ *ein Wort oder eine Wendung:* ein mundartlicher/treffender Ausdruck; ■ **Ausdrücke gebrauchen** *Schimpfwörter verwenden* Ich mag es nicht, wenn du vor den Kindern solche Ausdrücke gebrauchst. ◆*Fach-, Mode-*

Aus·druck[2] *der* <-(e)s, Ausdrucke> EDV

der auf Papier gedruckte Inhalt einer Datei: von einer Datei einen Ausdruck machen; einen sauberen Ausdruck haben ● Computer-

aus·drü·cken <drückst aus, drückte aus, hat ausgedrückt> I. *mit OBJ* ■ **jmd. drückt etwas aus** ❶ *auf etwas drücken, damit die darin enthaltene Flüssigkeit austritt:* einen Schwamm/eine Zitrone/den Putzlappen ausdrücken ❷ *durch Drücken löschen:* die Zigarette ausdrücken ❸ *seine Gedanken in Worte fassen:* seinen Dank ausdrücken; Ich weiß nicht, wie ich es ausdrücken soll ... II. *mit SICH* ■ **jmd. drückt sich irgendwie aus** *sich in einer bestimmten Weise verständlich machen:* sich deutlich/höflich/undeutlich/unverständlich/verständlich ausdrücken

aus·drück·lich I. *adj /nicht steig./* (≈ *explizit*) *besonders betont:* mit meiner ausdrücklichen Erlaubnis; Er hat den Kindern ausdrücklich verboten, mit dem Messer zu spielen. II. *adv /nicht steig./* *deutlich, klar:* Ich möchte ausdrücklich betonen, dass ...

aus·ei·n·an·der [aʊsǀaiˈnandɐ] *adv so, dass etwas voneinander getrennt ist oder dabei zwei Teile entstehen; eines vom anderen getrennt:* Die Häuser liegen weit auseinander.; ■ **jemand hält etwas auseinander** *jemand unterscheidet etwas* Die Kinder sind einander so ähnlich, dass ich sie nicht auseinanderhalten kann.; ■ **Personen gehen auseinander** *eine Freundschaft beenden* Sie waren zwei Jahre befreundet; dann sind sie auseinandergegangen.; ■ **jemand setzt sich mit jemandem/etwas auseinander** *sich intensiv und kritisch mit jmdm./etwas beschäftigen* Mit diesem Problem müssen wir uns mal auseinandersetzen.; ■ **jemand setzt jemandem etwas auseinander** *ein Thema/ein Problem darstellen* Sie hat ihm das Problem auseinandergesetzt. ● Getrenntschreibung → R 4.8 die Schüler auseinander setzen; weit auseinander liegen; etwas auseinander schreiben; ● Zusammenschreibung → R 4.5 auseinanderbrechen; auseinandernehmen; auseinanderschreiben; ● Zusammenschreibung → R 4.6

Aus·ei·n·an·der·set·zung die [aʊsǀaiˈnandɐzɛtsʊŋ] <-, -en> *ein Streit wegen etwas:* Wir hatten eine ernste Auseinandersetzung.

Aus·fahrt die <-, -en> ❶ (↔ *Einfahrt*) *der Ort, an dem ein Fahrzeug aus etwas herausfährt:* die Ausfahrt aus der Garage; Bitte nicht vor der Ausfahrt parken!

● -(s)signal, Hafen-, Hof- ❷ (≈ *Spazierfahrt*) *eine Ausfahrt ins Grüne* ❸ (≈ *Abfahrt*) *eine Stelle, an der man eine Autobahn verlassen kann:* Wir müssen die nächste Ausfahrt nehmen. ● -sschild, -(s)straße, Autobahn-

Aus·fall der <-(e)s, Ausfälle> ❶ *der Vorgang, dass eine Maschine o.Ä. plötzlich nicht mehr funktioniert:* der Ausfall des Motors ● -erscheinung, -zeit ❷ *Verlust; der Vorgang, dass sich etwas plötzlich löst:* der plötzliche Ausfall der Haare ● Haar-, Strom-, Zahn- ❸ *die Menge, die nicht produziert werden kann, weil die Maschinen zur Produktion nicht funktionieren:* Die Werksleitung beklagt große Ausfälle. ● -entschädigung, -risiko, -versicherung

aus·fal·len <fällt aus, fiel aus, ist ausgefallen> *ohne OBJ* ■ **etwas fällt aus** ❶ (↔ *stattfinden*) *nicht stattfinden:* Heute fällt die letzte Stunde aus. ❷ ■ **etwas fällt aus** *nicht mehr funktioniert:* Der Motor/Der Strom fiel aus. ❸ ■ **etwas fällt aus** *sich ablösen:* Die Haare/Zähne fallen ihr aus. ❹ ■ **etwas fällt irgendwie aus** *ein bestimmtes Ergebnis bringen:* Der Aufsatz ist gut ausgefallen.; Die Ernte ist reichlich ausgefallen.

Aus·flug der <-(e)s, Ausflüge> *eine (kleinere) Reise oder eine kleine Wanderung, die man zum Spaß unternimmt:* einen Ausflug an den Bodensee machen ● -sdampfer, -sziel, Betriebs-, Familien-, Schul-, Tages-, Wochenend-

aus·fra·gen <fragst aus, fragte aus, hat ausgefragt> *mit OBJ* ■ **jmd. fragt jmdn. (nach/über jmdn./etwas** *Akk.*) **aus** *etwas genau von jmdm. (über jmdn./etwas) wissen wollen:* jemanden nach/über etwas ausfragen; Sie hat mich über unsere Nachbarn ausgefragt.

Aus·fuhr die <-, -en> WIRTSCH. (≈ *Export*) *der Verkauf von Waren ins Ausland:* zur Ausfuhr bestimmt sein ● -bescheinigung, -bestimmungen, -genehmigung, -kontrolle, -verbot, Getreide-, Güter-

aus·füh·ren <führst aus, führte aus, hat ausgeführt> *mit OBJ* ❶ ■ **jmd. führt etwas aus** WIRTSCH. (≈ *exportieren* ↔ *einführen*) *Waren ins Ausland verkaufen:* Autos ausführen ❷ ■ **jmd. führt etwas aus** *erledigen:* einen Auftrag/eine Reparatur ausführen ❸ ■ **jmd. führt etwas irgendwie aus** (≈ *darstellen*) *genauer darstellen:* Lassen Sie mich das noch etwas näher ausführen. ❹ ■ **jmd. führt ein Tier aus** *spazieren führen:* den Hund ausführen ❺ ■ **jmd. führt jmdn. aus** *mit jmdm. aus-*

gehen: Er führte seine Frau an ihrem Geburtstag zum Essen aus.

aus·führ·lich, **aus·führ·lich** *adj umfangreich und mit vielen Details:* ein ausführlicher Bericht; etwas ausführlich beschreiben ▸ Ausführlichkeit

Aus·füh·rung *die* <-, -en> ❶ *die Verwirklichung von etwas bzw. Durchführung einer Aktivität an einem Gerät:* die Ausführung eines Vorhabens; die Ausführung einer Reparatur dauert lange ◆-sbefehle, -shinweise, -stermin ❷ *(≈ Variante) eine Variante in der Gestaltung einer Ware:* Möbel in den verschiedensten Ausführungen; Der Lautsprecher ist in der Ausführung „Buche" und in der Ausführung „Eiche" erhältlich. ◆ Luxus-, Sonder-, Standard-, Qualitäts- ❸ */meist Plur./ eine (längere) Rede, in der jmd. etwas erklärt:* Ich komme zum Ende meiner Ausführungen.

aus·fül·len <füllst aus, füllte aus, hat ausgefüllt> *mit OBJ* ❶ **jmd. füllt etwas aus** *bestimmte Angaben in ein Formular o.Ä. hineinschreiben:* ein Formular/einen Fragebogen ausfüllen ❷ **etwas füllt etwas aus** *voll machen:* Die Möbel füllen den Raum gut aus.; eine Pause mit Gesprächen ausfüllen ❸ **etwas füllt etwas aus** *eine gewisse Zeit beanspruchen:* Der Tag war mit einem Museumsbesuch ausgefüllt. ❹ **etwas füllt jmdn. aus** *befriedigen:* Diese Aufgabe füllt mich nicht ganz aus.

Aus·gang *der* <-(e)s, Ausgänge> ❶ *die Stelle, an der man aus einem Gebäude herausgeht:* am Ausgang warten ◆-stür, Haupt-, Hinter-, Neben-, Not-, Seiten- ❷ *das, was am Ende einer Sache als Ergebnis erscheint:* auf den Ausgang des Buches/Spieles gespannt sein ◆ Prozess-, Wahl- ❸ */kein Plur./ die Erlaubnis auszugehen:* keinen Ausgang haben; bis Mitternacht Ausgang haben

aus·ge·ben <gibst aus, gab aus, hat ausgegeben> ◆ I. *mit OBJ* ❶ **jmd. gibt etwas für etwas aus** *bezahlen; Geld verbrauchen:* Geld (für etwas) ausgeben ❷ **jmd. gibt etwas (an jmdn.) aus** *verteilen:* Essen ausgeben ❸ **jmd. gibt etwas aus** *in Umlauf bringen:* Banknoten/Briefmarken ausgeben ▸ Ausgabe II. *mit SICH* ■ **jmd. gibt sich als jmd./etwas aus** *so tun, als ob man jmd./etwas sei:* sich als Rechtsanwalt ausgeben; ■ **einen ausgeben** *(umg.) sich bereit erklären, in Gemeinschaft mit anderen in einer Kneipe oder einem Lokal die Getränke für alle zu bezahlen* Heute möchte ich einen ausgeben.

aus·ge·hen <gehst aus, ging aus, ist ausgegangen> *ohne OBJ* ❶ **jmd. geht aus** *die Wohnung/das Haus verlassen, um (meist abends) in ein Lokal/ins Kino/ins Theater usw. zu gehen:* abends noch ein bisschen ausgehen ❷ **etwas geht aus** *ausfallen:* Die Federn/Die Haare gehen aus. ❸ **etwas geht aus** *alles verbrauchen:* Uns geht das Geld/die Geduld aus. ❹ **etwas geht irgendwie aus** *in einer bestimmten Weise enden:* schlecht ausgehen; Der Film ist gut ausgegangen. ❺ **jmd. geht von etwas Akk. aus** *als Voraussetzung betrachten; annehmen, dass ...:* Wir können davon ausgehen, dass ... ❻ **etwas geht von jmdm. aus** *jmd. ist der Urheber von etwas:* Der Vorschlag ist von ihr ausgegangen.; Von ihm geht viel Optimismus aus. ❼ **etwas geht aus** *aufhören zu leuchten oder plötzlich kaputt gehen:* Das Licht/Der Motor ist ausgegangen.; ■ **leer ausgehen** *nichts bekommen* Er ist mal wieder leer ausgegangen und hat kein Geschenk bekommen.

aus·ge·las·sen *adj fröhlich und entspannt; unbeschwert:* Auf dem Fest herrschte eine ausgelassene Stimmung.; ausgelassen feiern ▸ Ausgelassenheit

aus·ge·nom·men *konj außer:* Alle sind eingeladen, ausgenommen meine Schwester.

aus·ge·rech·net [ˈaʊsɡəreçnət] *adv (umg.) gerade so, wie man es nicht erwartet oder wünscht:* Ausgerechnet mir musste das passieren!; Ausgerechnet heute, wo ich keine Zeit habe, möchte er mich besuchen.

aus·ge·schlos·sen *adj /nicht steig./ /nur attr./ unmöglich, nicht wahr:* Das ist völlig ausgeschlossen!; Ausgeschlossen! Das kann gar nicht stimmen.

aus·ge·zeich·net [ˈaʊsɡətsaiçnət] *adj / nicht steig./ hervorragend, sehr gut:* ein ausgezeichneter Wein/Tennisspieler; Es geht mir ausgezeichnet!; eine ausgezeichnete Leistung

Aus·gleich *der* <-(e)s, -e> ❶ *Herstellung eines Gleichgewichts:* einen Ausgleich zwischen den Parteien herstellen; einen Ausgleich erzielen; zum Ausgleich Sport treiben ◆-sverfahren ❷ *Ersatz, durch den ein Mangel ausgeglichen wird:* Zum Ausgleich dafür bekommst du etwas anderes. ◆-sabgabe, -szulage ❸ SPORT *Treffer zum Gleichstand:* in der 90. Minute den Ausgleich schießen ◆-streffer

aus·hal·ten <hältst aus, hielt aus, hat ausgehalten> ◆ I. *mit OBJ* ■ **jmd. hält etwas aus** *(≈ ertragen) etwas Unangenehmes ertragen:* den Lärm nicht mehr aushalten; es

Aushang – auslegen

irgendwo nicht aushalten können; Sie ist sehr tapfer und hält große Schmerzen aus. **II.** *ohne OBJ* ▪ **jmd. hält aus** *durchhalten:* noch lange aushalten können; ▪ **jemanden aushalten** *(umg. abwert.) jmds. Lebensunterhalt bezahlen* Sie lässt sich von ihm aushalten.

Aus·hang der <-(e)s, Aushänge> *ein Text, den jmd. an einer bestimmten Stelle an die Wand gehängt hat, damit Leute ihn sehen und lesen können:* einen Aushang machen; Die Klausurergebnisse werden per Aushang bekannt gegeben.

aus·hän·gen <hängst aus, hängte/hing aus, hat ausgehängt/ausgehangen> **I.** *mit OBJ* <hängst aus, hängte aus, hat ausgehängt> ▪ **jmd. hängt etwas aus** ❶ *an öffentlicher Stelle hinhängen und dort bekannt machen/bekanntmachen:* ein Plakat aushängen; eine Mitteilung am schwarzen Brett aushängen ❷ *etwas aus seiner Aufhängung heben:* die Tür aushängen; ein ausgehängtes Fenster **II.** *ohne OBJ* <hängt aus, hing aus, hat ausgehangen> ▪ **etwas hängt aus** *öffentlich angeschlagen sein:* Die Anzeige hat lange ausgehangen.

Aus·he·bung die <-, -en> SCHWEIZ. *Einberufung zur Armee:* Die Aushebung traf den Studenten völlig unerwartet.

Aus·hil·fe die <-, -n> *jmd., der in einer Firma, einem Laden o.Ä. nicht dauerhaft arbeitet, sondern nur dann, wenn zusätzliche Hilfe bzw. Arbeitskraft gebraucht wird:* in einer Kneipe/einem Büro als Aushilfe arbeiten; für die Hauptsaison einen Kellner zur Aushilfe suchen ▪ aushelfen, Aushilfsbedienung, Aushilfsfahrer(in), Aushilfsjob, Aushilfstätigkeit, aushilfsweise

aus·ken·nen <kennst aus, kannte aus, hat ausgekannt> *mit SICH* ▪ **jmd. kennt sich irgendwo/mit etwas** *Dat.* **aus** *Bescheid wissen; etwas gut kennen; wissen, wie man mit etwas umgeht:* sich in einer Stadt/mit Tieren gut auskennen

Aus·kunft die <['aʊskʊnft] <-, Auskünfte> ❶ *Information:* eine Auskunft erteilen/geben; um Auskunft bitten ◆-sgebühr, -spflicht, -sverweigerung, -sverpflichtung, Bahn-, Flug-, Telefon-, Zug- ❷ */kein Plur./ Stelle, die Informationen gibt:* bei der Auskunft nach einer Telefonnummer fragen; bei der Auskunft anrufen ◆-sbüro, -sdienst, -sschalter, -sstelle

aus·la·chen <lachst aus, lachte aus, hat ausgelacht> *mit OBJ* ▪ **jmd. lacht jmdn. aus** *über jmdn. lachen; sich über jmdn. lustig machen; jmdn. verspotten:* jemanden wegen etwas auslachen; Lass dich nicht auslachen!

aus·la·den <lädst aus, lud aus, hat ausgeladen> *mit OBJ* ❶ ▪ **jmd. lädt etwas aus** *aus einem Fahrzeug laden:* Gepäck aus dem Auto/das Auto ausladen ❷ ▪ **jmd. lädt jmdn. aus** *eine Einladung rückgängig machen:* einen Gast wieder ausladen; Da sie sich sehr über ihn geärgert hatte, lud sie ihn wieder aus.

Aus·land das ['aʊslant] <-(e)s> */kein Plur./* *(↔ Inland) von einem Land aus gesehen alle anderen Länder:* ins Ausland fahren; im Ausland sein; aus dem Ausland kommen; Ihre Tochter lebt im Ausland. ◆-samt, -saufenthalt, -skorrespondent(in), -sstudium, -stournee

Aus·län·der der, **Aus·län·de·rin** ['aʊslɛndɐ] <-s, -> *Person, die aus einem ausländischen Staat stammt:* einen Ausländer heiraten ◆-beauftragte(r), -feindlichkeit, -gesetz, -recht

aus·län·disch adj /nicht steig./ *aus dem Ausland stammend:* ausländische Erzeugnisse; eine ausländische Familie

aus·las·sen <lässt aus, ließ aus, hat ausgelassen> *mit OBJ* ❶ ▪ **jmd. lässt etwas aus** *weglassen:* versehentlich einen Buchstaben auslassen ❷ ▪ **jmd. lässt etwas an jmdm.** *aus jmdn. etwas spüren lassen:* seine Wut an jemandem auslassen; Du sollst nicht immer deine schlechte Laune an mir auslassen. ❸ ▪ **jmd. lässt etwas aus** KOCH. *beim Erhitzen Fett aus etwas herauslösen:* Fett/Speck auslassen ❹ ▪ **jmd. lässt etwas aus** *(umg.) ausgeschaltet lassen:* das Licht auslassen ❺ ▪ **jmd. lässt etwas aus** *(umg.) ausgezogen lassen:* die Jacke auslassen; ▪ **sich über etwas/jemanden auslassen** *sich ausführlich über etwas oder jmdn. äußern*

aus·lau·fen <läuft aus, lief aus, ist ausgelaufen> *ohne OBJ* ❶ ▪ **etwas läuft aus** *herauslaufen, Flüssigkeit verlieren:* Die Milch läuft aus; wahrscheinlich ist die Flasche kaputt. ❷ ▪ **ein Schiff läuft aus** SEEW. *den Hafen verlassen:* Das Schiff läuft aus. ❸ ▪ **etwas läuft aus** *die Gültigkeit verlieren:* Der Vertrag läuft zum Monatsende aus.

Aus·laut der <-(e)s, -e> SPRACHWISS. *der letzte Laut eines Wortes:* im Auslaut stehen ◆-verhärtung

aus·le·gen <legst aus, legte aus, hat ausgelegt> *mit OBJ* ❶ ▪ **jmd. legt etwas mit etwas** *Dat.* **aus** *den Boden von etwas vollständig mit etwas belegen:* das Zimmer/den Fußboden mit Teppich auslegen

② ▪ **jmd. legt etwas aus** *gut sichtbar hinlegen:* Waren im Schaufenster auslegen; Köder für Ratten auslegen ③ ▪ **jmd. legt jmdm. etwas aus** *jmdm. kurzzeitig Geld leihen:* dem Freund Geld auslegen; Könntest du mir ein paar Euro auslegen? ④ ▪ **jmd. legt etwas aus** *inhaltlich interpretieren:* ein Gedicht/die Bibel auslegen ⑤ ▪ **jmd. legt etwas für etwas** *Akk.* **aus** *für eine bestimmte Leistung planen:* Die Konzerthalle ist für 5000 Besucher ausgelegt.

Aus·le·gung die <-, -en> *(≈ Interpretation)* Erklärung und Deutung des Inhalts eines Textes: die Auslegung von Bibelstellen

aus·lei·hen <leihst aus, lieh aus, hat ausgeliehen> *mit OBJ* ① ▪ **jmd. leiht jmdm. etwas aus** *etwas für eine begrenzte Zeit jmdm. geben und es dann wieder von ihm zurückbekommen:* dem Freund ein Buch ausleihen ② ▪ **jmd. leiht bei jmdm. etwas aus** *etwas für eine begrenzte Zeit von jmdm. bekommen und es ihm dann wieder zurückgeben:* (sich) bei einem Freund ein Buch ausleihen

aus·ma·chen <machst aus, machte aus, hat ausgemacht> *mit OBJ* ① ▪ **jmd. macht etwas aus** *(umg.) löschen:* das Feuer/die Kerzen ausmachen ② ▪ **jmd. macht etwas aus** *(umg.) ausschalten:* den Fernseher/die Heizung ausmachen ③ ▪ **jmd. macht mit jmdm. etwas aus** *vereinbaren, verabreden:* (mit jemandem) einen Treffpunkt/Termin ausmachen; als ausgemacht gelten; Wir haben ausgemacht, dass wir uns um 19.30 Uhr am Kino treffen. ④ ▪ **etwas macht etwas aus** *betragen:* Wie viel Euro macht der Unterschied zwischen dem teuren und dem billigen Hotel aus? ⑤ ▪ **jmd. macht jmdn./etwas aus** *(mit Mühe) entdecken:* im Dunkeln/in der Ferne eine Gestalt ausmachen ⑥ ▪ **etwas macht jmdm. etwas aus** *(umg.) stören:* Das macht mir nichts aus!; Macht es Ihnen etwas aus, wenn ich das Fenster öffne?

Aus·maß das <-es, -e> ① *der Grad/die Größenordnung von etwas:* Erst nach Tagen wurde das ganze Ausmaß der Katastrophe sichtbar. ② *Größe:* eine Fläche mit den Ausmaßen von zehn Fußballfeldern

Aus·nah·me die ['aʊsnaːmə] <-, -n> *etwas, das von einer Regel abweicht:* ohne Ausnahme; für jemanden eine Ausnahme machen; Es ist eine Ausnahme, dass die Kinder heute bis Mitternacht aufbleiben dürfen.; Leider können wir keine Ausnahme machen.; ▪ **Ausnahmen bestätigen die Regel** *man sollte sich über Abweichungen von der Regel nicht wundern;* ▪ **mit Ausnahme von** *außer, bis auf* Mit Ausnahme von Thomas fahren alle mit. ◆ -athlet(in), -fall, -regelung, -situation, -zustand

aus·nahms·wei·se *adv* abweichend von der Regel: heute ausnahmsweise rauchen; Heute muss er ausnahmsweise länger arbeiten.

aus·nut·zen, *a.* **aus·nüt·zen** <nutzt aus, nutzte aus, hat ausgenutzt> *mit OBJ* ▪ **jmd. nutzt jmdn./etwas aus** *jmdn. oder etwas zum eigenen Vorteil benutzen:* jemanden (schamlos) ausnutzen; sich nicht ausnutzen lassen; das schöne Wetter ausnutzen; Er nutzt die Gutmütigkeit seiner Eltern nur aus.

aus·pa·cken <packst aus, packte aus, hat ausgepackt> **I.** *mit OBJ* ▪ **jmd. packt etwas aus** *(↔ einpacken) aus der Verpackung nehmen; etwas leeren:* das Geschenk auspacken; den Koffer auspacken **II.** *ohne OBJ* ▪ **jmd. packt aus** *(umg.) Neuigkeiten oder Geheimnisse erzählen:* Nun pack schon aus!; bei einem Verhör auspacken

aus·pro·bie·ren <probierst aus, probierte aus, hat ausprobiert> *mit OBJ* ▪ **jmd. probiert etwas aus** *probieren, testen:* ein neues Gerät/Rezept ausprobieren

Aus·puff der <-(e)s, -e> KFZ *an einem Fahrzeug eine Art Rohr, durch das die Abgase aus dem Motor ins Freie gelangen:* den Auspuff reparieren; Der Auspuff ist kaputt. ◆ -anlage, -rohr, -topf

aus·rech·nen <rechnest aus, rechnete aus, hat ausgerechnet> *mit OBJ* ▪ **jmd. rechnet etwas aus** *(≈ errechnen) durch Rechnen ein Ergebnis bestimmen:* eine Rechenaufgabe/einen Preis ausrechnen; ▪ **sich etwas ausrechnen** *(umg.) erwarten* Bei dem Wettbewerb rechnet er sich gute Chancen aus.

Aus·re·de die <-, -n> *etwas, das als Entschuldigung für etwas genannt wird, aber nicht der wirkliche Grund ist:* eine Ausrede suchen; um Ausreden nie verlegen sein; Ich glaube nicht, dass sie krank ist. Das ist nur eine Ausrede, weil er nicht mitkommen will.

aus·rei·chen <reicht aus, reichte aus, hat ausgereicht> *ohne OBJ* ▪ **etwas reicht aus** *genügen, genug sein:* Die Vorräte/Ihre Kenntnisse reichen aus.

aus·rei·chend *adj (↔ unzureichend) genug:* eine ausreichende Portion Essen; ausreichende Kenntnisse; noch ausreichend Brot zu Hause haben

Ausreise – ausscheiden

Aus·rei·se die <-, -n> *(↔ Einreise) Verlassen eines Landes:* bei der Ausreise einen Ausweis brauchen ◆-antrag, -genehmigung, -verbot

aus·rei·sen <reist aus, reiste aus, ist ausgereist> *ohne OBJ* ▪ **jmd. reist aus etwas** *Dat.* **aus** *(↔ einreisen) ein Land verlassen:* aus Deutschland ausreisen

aus·rich·ten <richtest aus, richtete aus, hat ausgerichtet> *mit OBJ* ❶ ▪ **jmd. richtet jmdm. etwas aus** *jmdm. im Auftrag von jmdm. eine bestimmte Information geben:* Solltest du mir etwas ausrichten?; jemandem einen Gruß ausrichten ❷ ▪ **jmd. richtet etwas aus** *als Verantwortliche(r) veranstalten; etwas planen und durchführen:* ein Fest/eine Hochzeit/die Weltmeisterschaften ausrichten ❸ ▪ **jmd. richtet etwas aus** *(umg.) bewirken:* nichts/etwas ausrichten können ❹ ▪ **jmd. richtet etwas irgendwie aus** *nach bestimmten Vorgaben aufstellen:* die Kegel richtig ausrichten; das Teleskop auf den Mars ausrichten ❺ ▪ **jmd. richtet etwas auf etwas** *Akk.* **aus** *auf jmdn. oder etwas einstellen:* die Politik auf die Bedürfnisse der Bevölkerung ausrichten

Aus·ruf der <-(e)s, -e> *etwas, das jmd. plötzlich ruft:* ein erschrockener Ausruf; ein Ausruf der Freude

aus·ru·fen <rufst aus, rief aus, hat ausgerufen> *mit OBJ* ▪ **jmd. ruft etwas aus** ❶ *laut rufen:* „Das ist ja schrecklich!", rief sie aus. ❷ *öffentlich verkünden und in Kraft setzen:* das Kriegsrecht/die Republik ausrufen ❸ *über Lautsprecher bekannt geben/bekanntgeben:* die Abfahrtszeiten ausrufen; jemanden ausrufen lassen

Aus·ru·fe·zei·chen, a. **Aus·ru·fungs·zeichen** das <-s, -> *das Interpunktionszeichen, das die Form eines senkrechten Striches mit einem Punkt darunter hat und das einen Ausruf kennzeichnet:* Am Ende des Satzes „Helft mir doch!" steht ein Ausrufezeichen.

aus·ru·hen <ruhst aus, ruhte aus, hat ausgeruht> **I.** *mit SICH* ▪ **jmd. ruht sich aus** *sich erholen:* sich ein wenig ausruhen; Ich muss mich von der Arbeit/von der Wanderung ausruhen. **II.** *ohne OBJ* ▪ **jmd. ruht aus** *jmd. ruht, um sich zu entspannen:* nach der Anstrengung ausruhen; ausgeruht aussehen

aus·rut·schen <rutschst aus, rutschte aus, ist ausgerutscht> *ohne OBJ* ▪ **jmd. rutscht (auf etwas** *Akk.***) aus** *hinfallen, weil es glatt oder rutschig ist:* auf dem Eis/auf einer Bananenschale ausrutschen

Aus·sa·ge die <-, -n> ❶ *eine mündliche Äußerung oder Feststellung, die eine Person macht:* Nach Aussage von Kollegen war Herr Meier ein sehr guter Mitarbeiter.; Die Aussagen des Politikers zu diesem Thema waren sehr widersprüchlich. ◆-absicht, -kraft ❷ RECHTSW. *die Beschreibung eines Unfalls oder einer Tat bei der Polizei oder vor Gericht:* eine Aussage (zu etwas) machen/widerrufen; die Aussage verweigern; Es steht Aussage gegen Aussage. ◆-verweigerung, Falsch-, Zeugen- ❸ *der Inhalt/Gehalt eines Textes oder einer mündlichen Äußerung, welcher sich durch Deutung/Interpretation erschließen lässt:* die künstlerische Aussage des Romans ❹ MATH., SPRACHWISS. *in der formalen Logik ein Satz, dem sich Eigenschaften zuschreiben lassen, und der als wahr oder falsch beurteilt werden kann* ◆-form, -funktion, -nlogik, All-, Existenz-

aus·sa·gen <sagst aus, sagte aus, hat ausgesagt> *mit OBJ/ohne OBJ* ❶ ▪ **jmd. sagt etwas aus** RECHTSW. *eine Aussage² machen:* vor Gericht (etwas) gegen jemanden aussagen ❷ ▪ **etwas sagt etwas aus** *zu erkennen geben:* Das Kunstwerk sagt viel/wenig (über den Künstler) aus.

aus·schal·ten <schaltest aus, schaltete aus, hat ausgeschaltet> **I.** *mit OBJ* ❶ ▪ **jmd. schaltet etwas aus** *(↔ einschalten) mit einem Schalter ausmachen:* das Licht/ein Gerät ausschalten ❷ ▪ **jmd. schaltet jmdn./etwas aus** *verhindern, dass jmd./etwas wirksam wird:* ungünstige Einflüsse ausschalten; den Konkurrenten ausschalten **II.** *mit SICH* ▪ **etwas schaltet sich aus** *etwas geht von selbst aus:* der Herd schaltet sich selbstständig aus

Aus·schank der ['ausʃaŋk] <-(e)s, Ausschänke> /meist Sing./ ❶ /kein Plur./ *Ausgabe von Getränken:* Kein Ausschank von Alkohol an Jugendliche unter 16 Jahren! ◆-anlage, -lizenz, -theke, Bier-, Getränke-, Kaffee-, Wein- ❷ *Raum oder Theke zur Ausgabe von Getränken:* am Ausschank stehen

aus·schei·den <scheidest aus, schied aus, hat/ist ausgeschieden> **I.** *mit OBJ* ▪ **jmd. scheidet etwas aus** *(haben)* BIOL. *absondern, abgeben:* Kot/Schweiß/Urin ausscheiden ▸ Ausscheidung **II.** *ohne OBJ (sein)* ❶ ▪ **jmd. scheidet aus etwas** *Dat.* **aus** *nicht mehr aktiv teilnehmen/mitmachen:* aus dem Amt/Berufsleben ausscheiden; Der Sportler ist in der zweiten Runde ausgeschieden. ❷ ▪ **etwas scheidet für**

ausschimpfen – außer

jmdn. aus *nicht in Betracht kommen:* Diese Lösung/Möglichkeit scheidet für mich aus.

aus·schimp·fen <schimpfst aus, schimpfte aus, hat ausgeschimpft> *mit OBJ* ■ **jmd. schimpft jmdn. aus** *mit jmdm. laut und heftig schimpfen:* ein Kind (wegen etwas) ausschimpfen

aus·schla·fen <schläfst aus, schlief aus, hat ausgeschlafen> I. *mit OBJ* ■ **jmd. schläft etwas aus** *schlafen, bis die Nachwirkungen eines Rausches verflogen sind:* einen Rausch ausschlafen II. *ohne OBJ* ■ **jmd. schläft aus** *so lange schlafen, bis man von selbst aufwacht und sich erholt fühlt:* Am Wochenende kann ich endlich einmal ausschlafen.

aus·schlag·ge·bend *adj entscheidend:* von ausschlaggebender Bedeutung sein ◆ Großschreibung → R 3.7 das Ausschlaggebende; Ausschlaggebendes

aus·schlie·ßen <schließt aus, schloss aus, hat ausgeschlossen> *mit OBJ* ❶ ■ **jmd. schließt jmdn. aus** *(umg.:* ≈ *aussperren) aus Versehen die Wohnungs- oder die Haustür zuschließen und nicht daran denken, dass jmd. anderes keinen Schlüssel hat und nicht in die Wohnung/ das Haus gelangen kann:* Man hatte ihn ausgeschlossen und er hatte keinen Schlüssel. ❷ ■ **jmd. schließt etwas aus** *nicht für möglich halten; nicht wirksam werden lassen:* jeden Zweifel/Irrtum von vornherein ausschließen; Einen Fehler können wir ausschließen. ❸ ■ **jmd. schließt jmdn./etwas von etwas** *Dat.* **aus** *jmdn. nicht mitmachen lassen; jmdn./etwas nicht einbeziehen:* jemanden (von der Teilnahme/aus einer Partei) ausschließen; vom Umtausch ausgeschlossen sein; Mord kann als Todesursache ausgeschlossen werden.

aus·schließ·lich [ˈaʊsʃliːslɪç] I. *adj /nicht steig./ uneingeschränkt:* sein ausschließliches Recht II. *adv /nicht steig./ allein, nur:* Es war ausschließlich seine Leistung.

Aus·schluss *der* <-es, Ausschlüsse> *Verbot, an etwas teilzunehmen, irgendwo Mitglied zu sein oder von etwas zu wissen:* unter Ausschluss der Öffentlichkeit stattfinden; sein Ausschluss aus der Partei ◆ -grund, -klage, -verfahren, Partei-, Vereins-

Aus·schnitt *der* <-(e)s, -e> ❶ *Halsöffnung an Kleidungsstücken:* einen tiefen Ausschnitt haben ◆ Bauch-, Hals-, Rücken- ❷ *Teil eines Ganzen:* ein Ausschnitt aus einem Buch; Von diesem Film habe ich nur einen Ausschnitt gesehen. ◆ Bild-, Buch-, Text-, Wörterbuch-

Aus·schrei·tung *die* <-, -en> */meist Plur./ (meist bei Demonstrationen) gewalttätige Handlung, die von einer Gruppe von Leuten ausgeht:* Während der Demonstration kam es zu Ausschreitungen.

Aus·schuss *der* <-es, Ausschüsse> ❶ *Arbeitsgruppe mit besonderen Aufgaben:* im Ausschuss mitarbeiten; einen Ausschuss zur Vorbereitung des Festes einsetzen ◆ -beratung, -mitglied, Parlaments-, Partei-, Prüfungs-, Regierungs-, Sonder-, Vereins-, Wahl- ❷ *fehlerhafte Ware:* Ausschuss produzieren ◆ -arbeit, -quote, -ware

Aus·se·hen *das* <-s> */kein Plur./ äußeres Erscheinungsbild:* ein gesundes Aussehen haben

aus·se·hen <siehst aus, sah aus, hat ausgesehen> I. *ohne OBJ* ■ **jmd./etwas sieht irgendwie aus** *ein bestimmtes äußeres Erscheinungsbild haben:* gepflegt/ gesund/hübsch/ungepflegt/gut/schlecht aussehen; so ähnlich aussehen wie jemand/etwas; ■ **etwas sieht nach etwas aus** *(umg.) etwas lässt etwas erwarten* Das sieht nach einer Grippe/nach Regenwetter aus.; ■ **Es sieht so aus, als ob …** *es ist wahrscheinlich, dass …* Es sieht so aus, als ob es bald aufhört zu regnen. II. *mit ES* ■ **es sieht irgendwie mit etwas aus** *(umg.) etwas wird sich in einer bestimmten Weise entwickeln:* Es sieht gut/ schlecht aus mit unserem Vorhaben.

au·ßen [ˈaʊsn̩] *adv (↔ innen) die äußere Seite:* nach außen gehen; von außen kommen; außen vergoldet sein; ■ **außen vor vernachlässigt** Er ist immer außen vor, wenn sich die Klassenkameraden verabreden.; etwas außen vor lassen ► Außenbezirk, Außenspiegel

au·ßer [ˈaʊsɐ] *präp +Dat. abgesehen von, mit Ausnahme von:* Außer ihm ist niemand gekommen.; ■ **außer sich sein/geraten** *sehr erregt sein; etwas ganz besonders stark fühlen* außer sich sein vor Freude/Zorn; ■ **außer Betrieb** *so, dass es nicht funktioniert; ausgeschaltet* Der Fahrstuhl ist außer Betrieb.; ■ **außer Haus** *unterwegs* Mein Kollege ist gerade außer Haus.; ■ **außer Acht lassen** *nicht berücksichtigen* Dieses Problem können wir außer Acht lassen.; ■ **außer Stande/außerstande sein** *nicht in der Lage* außer Stande sein/außerstande, etwas zu tun ◆ Getrennt- und Zusammenschreibung → R 4.20 sich außer Stande/außerstande fühlen zu helfen

au·ßer- [ˈaʊsɐ] *als Vorsilbe von Adjektiven; drückt aus, dass etwas außerhalb dessen liegt bzw. sich vollzieht, was mit dem Adjektiv im Zweitglied bezeichnet wird:* Suche nach außerirdischem Leben bislang erfolglos ◆ -atmosphärisch, -beruflich, -bewusst, -dienstlich, -ehelich, -europäisch, -fahrplanmäßig, -familiär, -gerichtlich, -irdisch, -parlamentarisch, -parteilich, -planmäßig, -schulisch, -sinnlich, -tariflich, -universitär, -unterrichtlich

au·ßer·dem *adv auch noch, darüber hinaus:* Wir brauchen Milch, Butter, und außerdem noch Brot.

au·ßer·halb I. *präp +Gen. (↔ innerhalb) nicht in einem bestimmten Zeitraum; nicht an einem bestimmten Ort:* außerhalb der Geschäftsstunden; außerhalb seines Herrschaftsbereiches; Die Kinder dürfen nicht außerhalb des Gartens spielen. II. *adv (umg.) weit entfernt von der Stadt:* weit außerhalb wohnen; Ich wohne außerhalb.

äu·ßern [ˈɔysɐn] <äußerst, äußerte, hat geäußert> I. *mit OBJ* ▪ **jmd. äußert etwas** *etwas sagen, etwas ausdrücken, etwas aussprechen:* seine Wünsche/Zweifel äußern; Was hat er geäußert? II. *mit SICH* ❶ ▪ **jmd. äußert sich (zu etwas** *Dat.***)** *seine Meinung sagen oder eine Bemerkung machen:* sich zu etwas/über jemanden äußern; Ich will mich zu seinem Verhalten nicht äußern. ▸ Äußerung ❷ **etwas äußert sich** *sichtbar werden:* Die Krankheit äußert sich in Fieber und Gliederschmerzen.

Aus·sicht *die* <-, -en> ❶ *eine weite/gute Sicht, meist von einem erhöhten Punkt aus:* Von diesem Berg/dem Kirchturm hat man eine schöne Aussicht auf die Stadt. ❷ *Hoffnung, Möglichkeit in der Zukunft:* gute berufliche Aussichten haben; Es besteht keine Aussicht auf Erfolg/auf Besserung der Lage; ▪ **in Aussicht stellen** *versprechen* Sein Chef hat ihm eine höhere Position in Aussicht gestellt.; ▪ **in Aussicht haben** *erwarten; sehr gute Chancen haben; sicher glauben, dass etwas in der Zukunft eintritt* Sie hat eine neue Arbeitsstelle in Aussicht.

aus·sichts·los *adj (↔ aussichtsreich) hoffnungslos:* eine aussichtslose Lage; ein aussichtsloser Versuch ▸ Aussichtslosigkeit

aus·sie·deln <siedelst aus, siedelte aus, hat ausgesiedelt> *mit OBJ* ▪ **jmd. siedelt jmdn. aus etwas** *Dat.* **aus** *zwingen, seinen bisherigen Wohnort zu verlassen:* die Bewohner eines Tales vor dem Bau eines Staudammes aussiedeln ▸ Aussiedler(in), Aussiedelung/Aussiedlung

aus·span·nen <spannst aus, spannte aus, hat ausgespannt> I. *mit OBJ* ▪ **jmd. spannt ein Tier aus** LANDW. *(↔ anspannen) ein Tier, das einen Wagen o.Ä. zieht, von dem Wagen lösen:* die Pferde ausspannen; ▪ **jemandem die Freundin/den Freund ausspannen** *(umg.) jmdm. die Freundin oder den Freund wegnehmen* Er hat seinem besten Freund die Freundin ausgespannt II. *ohne OBJ* ▪ **jmd. spannt aus** *(umg.) sich erholen, entspannen:* in den Ferien richtig ausspannen können ▸ Ausspannung

Aus·spra·che *die* <-, -n> ❶ */kein Plur./ die Art und Weise zu sprechen bzw. die Realisierung von Sprachlauten:* eine deutliche Aussprache haben; die Aussprache des „th" im Englischen ◆ -angabe, -norm, -störung, -wörterbuch, Bühnen- ❷ *ein ernsthaftes Gespräch mit jmdm., um ein Problem zu klären:* mit jemandem eine Aussprache haben ◆ -angebot

aus·spre·chen <sprichst aus, sprach aus, hat ausgesprochen> I. *mit OBJ* ▪ **jmd. spricht etwas aus** ❶ *artikulieren; Laute produzieren:* einen Laut/ein Wort/einen Satz richtig aussprechen ❷ *äußern, (offen) sagen:* seine Gedanken/Sorgen offen aussprechen II. *ohne OBJ* ▪ **jmd. spricht aus** *zu Ende sprechen:* Bitte lassen Sie mich aussprechen! III. *mit SICH* ❶ ▪ **jmd. spricht sich über etwas** *Akk.* **aus** *im Gespräch mit jmdm. ein (persönliches) Problem klären; sich offenbaren:* sich mit jemandem (über seine Ängste) aussprechen; Nach vielen Jahren hat sie sich endlich mit ihrer Mutter ausgesprochen. ❷ ▪ **jmd. spricht sich über/für/gegen jmdn./etwas aus** *(geh.) seine Meinung äußern:* sich lobend über jemanden/etwas aussprechen; sich für/gegen die Todesstrafe aussprechen

Aus·stat·tung *die* <-, -en> *Ausrüstung, Gestaltung:* Wohnungen mit modernster Ausstattung; die Ausstattung eines Buches/Films; den Auftrag für die Ausstattung eines Büros bekommen ▸ ausstatten ◆ Buch-, Bühnen-, Innen-, Wohn-

aus·stei·gen <steigst aus, stieg aus, ist ausgestiegen> *ohne OBJ* ❶ ▪ **jmd. steigt aus etwas** *Dat.* **aus** *(↔ einsteigen) ein Fahrzeug verlassen:* aus dem Auto/Bus aussteigen ❷ ▪ **jmd. steigt aus etwas** *Dat.* **aus** *(umg.) bei etwas nicht mehr mitmachen:* Die Firma ist aus dem Projekt/Vertrag ausgestiegen. ❸ ▪ **jmd. steigt aus**

(umg.) ein anderes Leben beginnen, als es die Gesellschaft erwartet; nicht länger nach den Normen der Gesellschaft leben: Sie ist ausgestiegen und lebt ganz nach ihren eigenen Vorstellungen. ▸ Aussteiger(in)

aus·stel·len <stellst aus, stellte aus, hat ausgestellt> *mit OBJ* ▪ **jmd. stellt etwas aus** ❶ *öffentlich zeigen:* Bilder im Museum ausstellen ❷ *schreiben:* Pässe/Zeugnisse ausstellen; jemandem ein Rezept ausstellen ❸ *(umg.: ≈ ausschalten ↔ einschalten) die Funktion von etwas beenden:* den Fernseher/den Kühlschrank ausstellen

Aus·stel·lung die <-, -en> ❶ *Veranstaltung, bei der Kunstwerke oder wirtschaftliche Produkte gezeigt werden:* die Ausstellung eröffnen ◆-sbesucher, -sfläche, -sgelände, -skatalog, -sstück, Gemälde-, Sonder- ❷ *Fertigstellen eines amtlichen Dokuments:* die Ausstellung des Reisepasses

aus·su·chen <suchst aus, suchte aus, hat ausgesucht> *mit OBJ* ▪ **jmd. sucht etwas aus** *auswählen; zwischen verschiedenen Möglichkeiten wählen:* Darf ich mir etwas aussuchen?; ein Buch/ein Kleid/ein Auto aussuchen

Aus·tausch der <-(e)s /kein Plur./ ❶ *der Ersatz von jmdm./etwas:* der Austausch eines Spielers; im Austausch ein anderes Gerät erhalten ◆-gerät, -motor, -teil ❷ *wechselseitiges Geben; gegenseitiges Mitteilen oder Besuchen:* der Austausch von Ideen/Gefangenen; Unsere Schule bietet einen Austausch mit einer Schule in England an. ◆Gefangenen-, Schüler-, Studenten-

aus·tau·schen <tauschst aus, tauschte aus, hat ausgetauscht> I. *mit OBJ* ▪ **jmd. tauscht etwas aus** ❶ *ersetzen:* alte Batterien gegen neue austauschen; einen Spieler (gegen einen anderen) austauschen ❷ *einander geben, sich gegenseitig etwas mitteilen:* Gedanken/Erinnerungen (miteinander) austauschen II. *mit SICH* ▪ **jmd. tauscht sich mit jmdm. über etwas** Akk. **aus** *sich unterhalten, sich etwas mitteilen:* sich (über etwas) austauschen; Wir tauschen uns regelmäßig über die Neuigkeiten aus.

aus·tei·len <teilst aus, teilte aus, hat ausgeteilt> *mit OBJ/ohne OBJ* ▪ **jmd. teilt etwas aus** ❶ *(↔ einsammeln) etwas verteilen; mehreren Personen etwas geben:* Spielkarten austeilen; die Post austeilen; Essen austeilen ❷ *(umg.: ↔ einstecken) andere und ihre Gefühle verletzen:* Er hat ordentlich (Prügel/Schläge) ausgeteilt.

aus·tra·gen <trägst aus, trug aus, hat ausgetragen> I. *mit OBJ* ▪ **jmd. trägt etwas aus** ❶ *von Haus zu Haus gehen und Post oder Zeitungen o.Ä. in die Briefkästen verteilen:* Briefe/Zeitungen austragen ❷ *zu Ende führen:* einen Streit austragen ❸ *(≈ durchführen) durchführen, machen:* einen Wettkampf austragen ▸ Austragung II. *mit SICH* ▪ **jmd. trägt sich aus etwas** Dat. **aus** *(↔ eintragen) seinen Namen aus einer Liste wieder streichen; seine Anmeldung zu etwas rückgängig machen:* Sie trug sich aus der Teilnehmerliste wieder aus.; **ein Kind/eine Schwangerschaft austragen** *ein Kind bis zur völligen Reife im Leib tragen*

aus·tre·ten <trittst aus, trat aus, hat/ist ausgetreten> I. *mit OBJ* ▪ **jmd. tritt etwas aus** *(haben) durch Treten löschen:* ein Feuer/die Glut austreten II. *ohne OBJ (sein)* ❶ ▪ **jmd. tritt aus etwas** Dat. **aus** *(↔ eintreten) einen Verein oder eine Organisation freiwillig verlassen, indem man die Mitgliedschaft kündigt:* aus der Kirche/einem Verein/der Partei austreten ❷ ▪ **jmd. muss/geht austreten** /nur im Infinitiv/ *(umg. o veralt.) zur Toilette gehen:* austreten gehen; Ich muss mal austreten. ❸ ▪ **etwas tritt aus** *(↔ eindringen) entweichen:* Aus/An der undichten Stelle ist Gas ausgetreten.

Aus·tri·a·zis·mus der <->

Als **Austriazismus** bezeichnet man einen für das Österreichische weithin typischen, für das übrige deutsche Sprachgebiet hingegen unüblichen und als fremdartig wahrgenommenen Ausdruck. Beispiel: *Lamperl* (statt „Lampe"). Der Ausdruck *Austriazismus* leitet sich von der latinisierten Landesbezeichnung *Austria* ab. Etliche dieser Ausdrücke stammen aus der Amtssprache, so *Erlagschein* für „Einzahlungsschein". Bekannte Beispiele sind auch solche aus dem Bereich der Lebensmittelbezeichnungen, teils noch aus Zeiten des österreichisch-ungarischen Vielvölkerstaates, so z.B. *Marille* (Aprikose), oder auch *Faschiertes* (Hackfleisch). Austriazismen werden in diesem Wörterbuch (entsprechend der Praxis auch in anderen Wörterbüchern) durch die Angabe „österr." gekennzeichnet, ohne dass damit theoretische Probleme zum Status des österreichischen Deutsch berührt werden.

Aus·tritt der <-(e)s, -e> *(↔ Eintritt) der Vorgang, dass jmd. die Mitgliedschaft in* *einer Organisation kündigt:* der Austritt aus der Partei/dem Sportverein/der Kirche

Aus·ver·kauf *der* <-(e)s, Ausverkäufe> *der Vorgang, dass in einem Laden alle seine Waren zu besonders günstigen Preisen verkauft, weil er schließen wird:* Ausverkauf wegen Geschäftsaufgabe

Aus·wahl *die* <-> /kein Plur./ ❶ *eine bestimmte Wahl treffen:* eine Auswahl treffen ◆ -entscheidung, -möglichkeit ❷ *Menge, aus der man wählen kann:* eine reiche Auswahl an ...; Hier ist die Auswahl nicht groß genug. ❸ *eine bestimmte Menge oder ein Ausschnitt von einer größeren Menge:* eine Auswahl aus seinen Werken; die Auswahl, die uns bei den Wettkämpfen vertritt ◆ -mannschaft, -orchester

aus·wäh·len <wählst aus, wählte aus, hat ausgewählt> *mit OBJ* ■ **jmd. wählt etwas aus** *eine bestimmte Wahl treffen:* jemanden/etwas aus einer Menge auswählen; ausgewählte Teile des Programms zeigen

aus·wan·dern <wanderst aus, wanderte aus, ist ausgewandert> *ohne OBJ* ■ **jmd. wandert irgendwohin aus** (≈ emigrieren ↔ einwandern) *sein Heimatland für immer verlassen, um in einem anderen Land zu leben:* nach Amerika auswandern ▸ Auswanderer/Auswanderin, Auswanderung

aus·wär·tig [ˈaʊ̯svɛrtɪç] *adj* /nicht steig./ ❶ *so, dass jmd. nicht im gleichen Ort lebt oder etwas nicht im gleichen Ort ist:* die auswärtige Schüler; auswärtige Firmen; Für die auswärtigen Besucher des Konzerts stehen genügend Parkplätze zur Verfügung. ❷ POL. *das Ausland betreffend:* der auswärtige Dienst; ■ **das Auswärtige Amt** *das Außenministerium* der Leiter des Auswärtigen Amtes

aus·wärts [ˈaʊ̯svɛrtɪç] *adv* ❶ *außerhalb des Hauses oder Ortes:* Sie kommt von auswärts.; auswärts essen; Die Fußballmannschaft spielt heute auswärts. ❷ *nach außen:* mit auswärts gerichteten Füßen

aus·wa·schen <wäschst aus, wusch aus, hat ausgewaschen> *mit OBJ* ❶ ■ **jmd. wäscht etwas aus** *Flecken oder Schmutz durch Waschen entfernen:* den Fleck/die Bluse auswaschen; die Farbe/den Pinsel auswaschen ❷ ■ **etwas wäscht etwas aus** *durch Wasser aushöhlen:* Der Regen hat die Felsen/den Weg ausgewaschen.

aus·wech·seln <wechselst aus, wechselte aus, hat ausgewechselt> *mit OBJ* ■ **jmd. wechselt etwas aus** *entnehmen und etwas anderes oder jmd. anderen* *dafür einsetzen; jmdn./etwas gegen jmd./etwas anderes austauschen:* kaputte Teile/die Batterien auswechseln; einen Spieler auswechseln ▸ Auswechselung/Auswechslung

Aus·weg *der* <-(e)s, -e> *die einzige noch mögliche Lösung für ein Problem oder eine kritische Situation:* Wir müssen einen Ausweg aus dieser Situation finden.; Der letzte Ausweg ist, unser Haus zu verkaufen.; ■ **keinen Ausweg mehr wissen** *ratlos sein, keine Lösung wissen* Ich weiß keinen Ausweg mehr aus dieser Situation.

aus·weg·los *adj so, dass es keinen Ausweg gibt; ohne Hoffnung auf eine Lösung:* eine ausweglose Situation ▸ Ausweglosigkeit

aus·wei·chen <weichst aus, wich aus, ist ausgewichen> *ohne OBJ* ❶ ■ **jmd. weicht jmdm./etwas aus** *jmdm./etwas aus dem Weg gehen/fahren, um einen Zusammenstoß zu vermeiden:* dem Auto/Fahrradfahrer ausweichen; einem Hindernis ausweichen; einem Schlag/Geschoss ausweichen ❷ ■ **jmd. weicht jmdm./einer Sache aus** *versuchen, etwas (Unangenehmes) zu vermeiden:* jemandem/einem Problem ausweichen; ausweichend antworten ❸ ■ **jmd. weicht auf etwas** *Akk.* **aus** *etwas anderes nehmen, weil das Gewünschte schon vergeben/besetzt ist:* auf einen anderen Termin/Raum ausweichen

Aus·weis *der* [ˈaʊ̯svaɪ̯s] <-es, -e> ❶ *Dokument, das die Identität eines Bürgers ausweist:* einen Ausweis beantragen/verlängern/ausstellen/kontrollieren ◆ Personal- ❷ *Dokument, das von einer Institution als Bestätigung oder Nachweis für etwas ausgestellt wurde und in dem Informationen über den Inhaber enthalten sind:* Ich muss noch meinen Ausweis für die Bibliothek verlängern lassen. ◆ Bibliotheks-, Mitglieds-, Studenten-

aus·wei·sen <weist aus, wies aus, hat ausgewiesen> I. *mit OBJ* ❶ ■ **jmd. weist jmdn. aus** *zum Verlassen des Landes zwingen; jmdm. den Aufenthalt in einem Land verbieten:* jemanden (aus dem Land) ausweisen ❷ ■ **etwas weist jmdn. als etwas aus** *etwas zeigt, dass jmd. eine bestimmte Eigenschaft oder Funktion besitzt:* Sein erster Roman weist ihn als begabten Schriftsteller aus.; Ihre Bücher weisen sie als große Kennerin der europäischen Kulturgeschichte aus. ❸ ■ **jmd./etwas weist etwas** *Akk.* **aus** *etwas zeigen, kennzeichnen:* Die Rechnung weist alle Kosten aus. ❹ ■ **jmd. weist etwas** *Akk.* **aus** BAUW. *etwas für eine bestimmte Nut-*

Ausweisung – Automat

zung vorsehen: ein Gelände als Bauland ausweisen II. *mit SICH* ❶ ■ **jmd. weist sich aus** *den Pass oder Ausweis vorzeigen:* Können Sie sich ausweisen? ❷ ■ **jmd. weist sich** (**als jmd./etwas**) **aus** *sich zeigen; sich erweisen:* Er weist sich als guter Handwerker aus.

Aus·wei·sung die <-, -en> *der Vorgang, dass jmd. gezwungen wird, ein Land zu verlassen:* die Ausweisung unerwünschter Personen aus dem Land ◆-sgrund, -sschutz, -sverfahren, -sverfügung, Sofort-

aus·wen·dig *adv so, dass man etwas aus dem Gedächtnis kann und keine Textvorlage dazu braucht:* ein Gedicht auswendig lernen; Das kenne ich schon auswendig!; die Vokabeln auswendig können; ■ **etwas schon auswendig können** *(umg.)* etwas schon so oft gesehen oder gehört haben, dass man es leid ist Es ist immer dasselbe! Ich kann deine Vorwürfe schon auswendig!

aus·wer·ten <wertest aus, wertete aus, hat ausgewertet> *mit OBJ* ■ **jmd. wertet etwas aus** *prüfen und daraus Erkenntnisse gewinnen; untersuchen:* ein Experiment/Ergebnisse auswerten ▸ Auswertung

aus·wir·ken <wirkt aus, wirkte aus, hat ausgewirkt> *mit SICH* ■ **etwas wirkt sich** (**irgendwie**) (**auf etwas** *Akk.*) **aus** *Wirkung zeigen, Folgen haben:* sich positiv/gut (auf etwas) auswirken; Der Stress im Beruf wirkt sich negativ auf sein Privatleben aus. ▸ Auswirkung

aus·zah·len <zahlst aus, zahlte aus, hat ausgezahlt> I. *mit OBJ* ■ **jmd. zahlt jmdm. etwas aus** *jmdm. das Geld geben, das ihm zusteht:* jemandem seinen Lohn/Anteil auszahlen; einen Teilhaber auszahlen ◆Auszahlung II. *mit SICH* ■ **etwas zahlt sich aus** *sich lohnen:* Das zahlt sich nicht aus.; Am Ende des Schuljahres wird es sich auszahlen, dass er so viel lernt und immer fleißig ist, denn er wird sicher eine gute Note bekommen.

aus·zäh·len <zählst aus, zählte aus, hat ausgezählt> *mit OBJ* ❶ ■ **jmd. zählt etwas aus** *die genaue Anzahl von etwas durch Zählen bestimmen:* nach der Wahl die Stimmen auszählen ❷ ■ **jmd. zählt jmdn. aus** SPORT *der Schiedsrichter in einem Boxkampf zählt von 1-10, um so den kampfunfähigen Boxer als Verlierer zu erklären:* einen Boxer auszählen

Aus·zeich·nung die <-, -en> ❶ *Beschriftung von Produkten mit einem Preis:* die Auszeichnung von Obst und Gemüse ◆-setiketten, -spistole, -sschild ❷ *Ehrung wegen besonderer Leistungen:* eine Aus-

zeichnung erhalten; eine Prüfung mit Auszeichnung bestehen ◆Leistungs-

aus·zie·hen <ziehst aus, zog aus, hat/ist ausgezogen> I. *mit OBJ* ■ **jmd. zieht jmdn./etwas aus** *(haben)* ❶ *(↔ anziehen)* ein Kleidungsstück ablegen bzw. jmdn. entkleiden: seine Schuhe ausziehen; ein Kind/einen Kranken ausziehen ❷ *verlängern:* den Tisch/die Antenne ausziehen II. *ohne OBJ* ❶ ■ **jmd. zieht** (**aus etwas** *Dat.*) **aus** *(sein) (↔ einziehen)* sein gesamtes Eigentum, seine Möbel usw. aus der Wohnung, in der man bisher gewohnt hat, transportieren und nicht mehr dort wohnen: aus einem Haus/einer Wohnung ausziehen; Er ist gestern ausgezogen. ❷ ■ **jmd. zieht aus** *losziehen:* ausziehen, um die Welt kennen zu lernen. III. *mit SICH* ■ **jmd. zieht sich etwas aus** *(haben) (↔ anziehen)* ein Kleidungsstück ablegen: sich die Schuhe ausziehen

Aus·zu·bil·den·de der/die <-n, -n> *jmd., der gerade einen Beruf lernt:* Auszubildende in einer Bank sein

Aus·zug der <-(e)s, Auszüge> ❶ */kein Plur./ das Verlassen einer Wohnung durch einen Umzug:* Vor dem Auszug müssen wir die Wohnung renovieren. ◆-sfrist, -sparty, -sprotokoll, -srenovierung ❷ *eine ausgewählte Stelle aus einem Buch/einem Artikel etc.:* ein Auszug aus einem Buch ◆Text- ❸ BANKW. *Nachricht über den Kontostand:* sich einen Auszug von der Bank holen ◆Bank-, Konto- ❹ CHEM. *Extrakt:* ein wässriger Auszug aus Kamillenblüten ◆-smittel, -sprodukt

Au·to das ['au̯to] <-s, -s> *kurz für „Automobil", Kraftfahrzeug:* Auto fahren ◆-abgase, -atlas, -fahrer(in), -schlange, -sitz

Au·to·bahn die <-, -en> *eine sehr breite Straße mit zwei getrennten Fahrbahnen, die nur für Kraftfahrzeuge bestimmt ist:* auf die Autobahn auffahren; von der Autobahn abfahren ◆-ausfahrt, -dreieck, -gebühr, -kreuz

Au·to·bio·gra·fie, *a.* **Au·to·bio·gra·phie** die [au̯tobiogra'fi:] <-, -fien/-phien> *(literarische) Beschreibung des eigenen Lebens:* gern Autobiografien lesen ▸ autobiographisch/autobiografisch

Au·to·mat der [au̯to'maːt] <-en, -en> ❶ *Verkaufsgerät zur Selbstbedienung:* ein Automat für Fahrkarten/Getränke ◆-enbecher, -enkaffee, Fahrkarten-, Fahrschein-, Geld-, Getränke-, Kaffee-, Münz-, Spiel-, Zigaretten- ❷ *Maschine, die den Arbeitsablauf selbst steuert:* Die Wasserflaschen werden von Automaten gewaschen und abgefüllt

Au·to·ma·tik die <-, -en> /meist Sing./ ① technische Vorrichtung zur selbstständigen Regelung einer Tätigkeit: eine komplizierte Automatik ◆-betrieb, -tor, -tür, Belichtungs-, Abschalt-, Einschalt- ② KFZ an einem Fahrzeug eine automatische Schaltung: Er fährt nur Automatik.

au·to·ma·tisch [au̯toˈmaːtɪʃ] adj /nicht steig./ ① so, dass es sich selbständig regelt und steuert: Die Tür schließt sich automatisch. ② (umg.) so, dass es zur Routine gehört und auf jeden Fall gemacht wird: Haben Sie auch den Vergaser überprüft? — Ja, das machen wir automatisch.

au·to·nom [au̯toˈnoːm] adj /nicht steig./ ① POL. unabhängig in Verwaltung, Kultur und Politik: eine autonome Republik ② radikal und oft aggressiv gegenüber der Staatsgewalt: autonome Gruppen

Au·to·no·mie die [au̯tonoˈmiː] <-, -mien> /meist Sing./ politische, verwaltungsmäßige und kulturelle Unabhängigkeit von Regionen/Ländern/Gemeinden: die rechtliche Autonomie

Au·tor der, **Au·to·rin** [ˈau̯toːɐ̯] <-s, Autoren> Person, die ein Buch oder einen sonstigen Text schreibt/verfasst/veröffentlicht: Wer ist der Autor dieses Buches/Artikels/Berichts?; Er ist ein viel gelesener Autor. ◆-engruppe, -enlesung, -enrechte ▸ autorisieren, autorisiert, Autorisierung

au·to·ri·tär [au̯toriˈtɛːɐ̯] adj /nicht steig./ (geh. abwert.) ① (↔ antiautoritär) streng; so, dass man Gehorsam fordert: autoritäre Erziehung ② POL. undemokratisch: ein autoritäres Regime

Au·to·ri·tät die [au̯toriˈtɛːt] <-, -en> ① /kein Plur./ Ansehen und die damit verbundene Macht; Durchsetzungskraft: sich Autorität verschaffen; die Autorität der Eltern ② Person, die wegen ihres fachlichen Könnens anerkannt ist: Dieser Professor ist eine große Autorität. ◆-sperson ▸ autoritätsgläubig

Axt die [akst] <-, Äxte> (≈ Beil) scharfes Werkzeug zum Fällen von Bäumen: mit der Axt arbeiten

Azu·bi [aˈtsuːbi, ˈaːtsubi] <-s, -s> kurz für „Auszubildende(r)": Unser Azubi hat gerade Urlaub.

B b

B, b das [beː] <-s, -s> der zweite Buchstabe des Alphabets: ein großes „B"; ein kleines „b"

BA der [biːˈeː] <-s, -s> Abkürzung von „Bachelor of Arts"; ein akademischer Grad: einen BA-Abschluss in Geschichte haben

Ba·bel das ① (≈ Sündenbabel, Babylon) ein Ort wilder Ausschweifungen ② eine Weltstadt, in der viele Sprachen gesprochen werden; **der Turmbau von Babel** die biblische Erzählung vom Ursprung der Sprachen

Ba·by das [ˈbeːbi] <-s, -s> (≈ Säugling) ein Kleinkind im ersten Lebensjahr; **ein Baby erwarten** (umg.) schwanger sein ◆-artikel, -ausstattung, -boom, -fläschchen, -kost, -nahrung, -phon, -sitz

Ba·by·lon das <-s> Ruinenstadt am Euphrat, von der die Bibel berichtet, dass sie voller Laster und Sünden gewesen sei

Ba·by·sit·ter der, **Ba·by·sit·te·rin** [ˈbeːbizɪtɐ] <-s, -> jmd., der in Abwesenheit der Eltern gegen Bezahlung auf ein Baby aufpasst: Wenn wir ins Theater gehen wollen, brauchen wir für diese Zeit einen Babysitter.

Ba·by·zel·le die [ˈbeːbi...] <-, -n> TECHN. kleine, längliche Batterie von 1,5 Volt

Bach der [bax] <-(e)s, Bäche> ein kleiner Fluss, der nicht tief und nicht breit ist: Hörst du, wie der Bach murmelt/plätschert/rauscht?; Ein kleiner Bach schlängelt sich durch die Wiesen. ▸ Bächlein ◆-bett, -forelle, Gebirgs-

bach·ab adv SCHWEIZ. einen Bach hinab

Back·blech das <-s, -e> ein großes flaches Stück Metall, auf das man beim Backen den Teig legt

Back·bord das <-(e)s> /kein Plur./ SEEW. (↔ Steuerbord) (in Fahrtrichtung gesehen) die linke Seite des Schiffes ▸ backbords

Ba·cke die [ˈbakə] <-, -n> (≈ Wange) der Teil des Gesichts, der sich rechts bzw. links von Mund und Nase befindet: rote Backen haben; Er hat Zahnschmerzen und eine dicke, geschwollene Backe.; mit vollen Backen kauen; **Au Backe!** (umg.)

verwendet, um auszudrücken, dass etwas Negatives geschehen ist (und dass es unangenehme Folgen haben wird) Au Backe, die Vase ist in tausend Scherben zersprungen! Was machen wir bloß? ⇨ -nbart, -nknochen, -nzahn

ba·cken [ˈbakn̩] <backst/bäckst, backte/buk, hat gebacken> *mit OBJ/ohne OBJ*
① ■ **jmd. backt (etwas)** *einen Kuchenteig bereiten und diesen im heißen Ofen garen:* Am Sonntag will ich einen Pflaumenkuchen backen.; Früher wurde bei uns jeden Samstag gebacken. ▶ Backblech, Backform, Backhefe, Backpulver, Backrezept ② ■ **jmd. backt etwas** *eine Speise im heißen Ofen garen:* Die Forelle wird nach diesem Rezept im Ofen gebacken.; ■ **etwas gebacken bekommen/kriegen** *(umg.) etwas erfolgreich durchführen* ▶ Backofen, Backröhre

Bä·cker der, **Bä·cke·rin** [ˈbɛkɐ] <-s, -> *jmd., der beruflich Brot und andere Backwaren herstellt und verkauft* ⇨ -brot, -bursche, -geselle, -handwerk, -innung, -laden, -lehrling, -meister(in)

Bä·cke·rei die [bɛkəˈraɪ] <-, -en> ① *ein Betrieb, in dem Brot und Backwaren hergestellt werden* ⇨ -betrieb, Groß- ▶ Backstube, Backware, Backwerk, Backofen ② *das Handwerk des Bäckers:* Er will Bäckerei und Konditorei erlernen. ③ *ein Geschäft, in dem Brot und Backwaren verkauft werden*

Back·gam·mon das [bɛkˈgɛmən] <-(s)> *ein Strategie- und Würfelspiel*

Back·ground der [ˈbɛkgraʊnt] <-s> /kein Plur./ ① *die sozialen und kulturellen Lebensbedingungen, aus denen jmd. kommt:* Er kommt aus einem kleinen Bergdorf und hat einen ganz anderen Background als sie, die in einer großen Industriestadt aufgewachsen ist. ② *Kenntnisse und Erfahrungen, die jmd. für eine bestimmte Aufgabe braucht:* Wir brauchen einen Mitarbeiter mit künstlerischem Background.

Back·obst das <-(e)s> /kein Plur./ *(≈ Dörrobst, Trockenobst) getrocknetes Obst*

Back·pfei·fe die <-, -n> *(umg. o veralt.: ≈ Ohrfeige) Schlag mit der flachen Hand auf die Wange*

Back·pflau·me die <-, -n> *(≈ Dörrpflaume, Trockenpflaume) getrocknete Pflaume*

Back·slash der [ˈbɛkslɛʃ] <-s, -s> EDV *ein Zeichen, das wie ein Schrägstrich von links oben nach rechts unten aussieht und das man braucht, wenn man Computerverzeichnissen Namen gibt:* Um einen Pfadnamen zu schreiben, benötigt man das Zeichen Backslash.

Back·up das [ˈbɛkˌap] <-s, -s> EDV *(≈ Sicherungskopie) eine Kopie, die man als Sicherung von einer Datei herstellt:* regelmäßig Backups von von der laufenden Arbeit machen

Bad das [baːt] <-(e)s, Bäder> ① *das Baden in der Badewanne:* ein Bad einlaufen lassen/nehmen; Bei Verspannungen tut ein heißes Bad gut. ⇨ -ezusatz, Schaum-, Wannen- ② *das Baden im Meer oder einem See:* das tägliche Bad im Meer ⇨ -estrand, -everbot ③ *(≈ Badezimmer) der Raum in einem Haus oder einer Wohnung, in dem man in einer Badewanne baden oder sich unter der Dusche reinigen kann* ⇨ -ewanne, -ezimmer, -ezimmergarnitur, -reiniger, -vorleger ④ *kurz für „Schwimmbad":* Ich fahre noch für zwei Stunden ins Bad. ⇨ -eanstalt, -eanzug, -earzt, -ehaube, -ehose, -ekappe, -emantel, -emeister(in), -esachen, -eschuh, -etasche, -etuch, -ezeug ⑤ *eine Bezeichnung, die Kurorte ihrem Namen voranstellen dürfen:* eine Kur in Bad Säckingen machen ⇨ -ekur, -eort

ba·den [ˈbaːdn̩] <badest, badet, badete, hat gebadet> **I.** *mit OBJ* ■ **jmd. badet jmdn.** *jdn. in einer Badewanne mit warmem Wasser reinigen:* Die Mutter badet das Baby.; Die Pflegerin badet die alte Dame. **II.** *ohne OBJ* ■ **jmd. badet** ① *sich in der Badewanne mit warmem Wasser reinigen* ② *(≈ schwimmen)* Sie badet am liebsten im Meer.; ■ **mit etwas baden gehen** *(umg. abwertt.) erfolglos sein* Er ist mit seiner Geschäftsidee baden gegangen.

Ba·den das <-s> /kein Plur./ *westlicher Landesteil von Baden-Württemberg* ▶ Badener(in), badensisch

Ba·den-Würt·tem·berg <-s> *deutsches Bundesland*

ba·disch adj /nicht steig./ *zu Baden gehörend:* badische Weine

Bad·min·ton das [ˈbɛtmɪntn̩] <-> /kein Plur./ SPORT *nach festen Regeln gespieltes Federballspiel*

baff adj /nicht steig./ *(umg.) überrascht:* Da bin ich aber baff.; total/völlig baff sein

BAfög, a. **Ba·fög** das <-s> /kein Plur./ AMTSSPR. *(nach der Abkürzung von „Bundesausbildungsförderungsgesetz") eine finanzielle Unterstützung, die (unter bestimmten Umständen) Studenten vom Staat erhalten:* Hast du für dieses Semester schon Bafög beantragt? ▶ -antrag, -empfänger(in)

Ba·ga·ge die [ba'ga:ʒ(ə)] <-> /kein Plur./ ❶ (≈ *Gesindel*) (abwert.) *verwendet als Schimpfwort für eine Gruppe von Menschen* ❷ (veralt. oder ÖSTERR. *Reisegepäck*

Ba·ga·tel·le die <-, -n> ❶ (≈ *Kleinigkeit*) *ein unwichtiges Detail:* Es lohnt sich nicht, über diese Bagatelle lange zu diskutieren. ❷ MUS. *kleines, zweiteiliges Instrumentalstück*

ba·ga·tel·li·sie·ren <bagatellisierst, bagatellisierte, hat bagatellisiert> *mit OBJ* ■ **jmd. bagatellisiert etwas** (geh.: ≈ *herunterspielen* ↔ *übertreiben*) *ein Problem als kleiner darstellen, als es in Wirklichkeit ist:* Analphabetismus ist ein gesellschaftliches Problem, das man nicht bagatellisieren sollte.

Ba·ga·tell·sa·che die <-, -n> ❶ *unbedeutende Angelegenheit* ❷ RECHTSW. *kleiner, unbedeutender Rechtsstreit*

Bag·ger der ['bagɐ] <-s, -> *eine schwere Baumaschine mit einem Greifarm, an dessen Ende sich eine Art große Schaufel befindet, mit der Erde ausgehoben wird:* für die Bauarbeiten einen Bagger benötigen ◆ -fahrer, -führer, -loch, Schaufel-

bag·gern <baggerst, baggerte, hat gebaggert> I. *mit OBJ* ■ **jmd. baggert etwas** *mit einem Bagger ausheben:* Der Baggerführer baggert ein Loch. II. *ohne OBJ* ■ **jmd. baggert** *mit einem Bagger arbeiten:* Der Bautrupp baggert seit einer Woche.

Ba·guette das [ba'gɛt] <-s,-s> *Stangenweißbrot (nach französischer Art)*

bah interj *Ausruf des Ekels oder der Verachtung:* Bah, die Küche sieht ja furchtbar aus, hier muss mal richtig geputzt werden!

bä·hen <bäht, bähte, hat gebäht> *ohne OBJ* ■ **ein Tier bäht** (≈ *blöken*) *die für Schafe typischen Laute von sich geben:* Die Schafe bähten laut.

Bahn die ['ba:n] <-, -en> ❶ *die bestimmte Strecke, auf der sich etwas bewegt:* Die Kugel rollte in der vorgesehenen Bahn.; Elektronen bewegen sich auf bestimmten Bahnen um den Atomkern. ❷ (≈ *Spur*) *ein Streifen auf der Fahrbahn* ❸ SPORT *abgegrenzte Strecke für sportliche Wettkämpfe* ◆ Aschen-, Eis-, Radrenn-, Rodel- ❹ ASTRON. *vorberechneter Kurs, den ein Objekt durchläuft:* Der Satellit erreichte die vorgesehene Bahn. ◆ Erdumlauf-, Flug-, Mond-, Satelliten- ❺ *Weg, der in einem unwegsamen Gelände geschaffen wird:* Wir haben im Schnee eine Bahn freigeschaufelt.; Der Fluss hat sich eine neue Bahn gebrochen. ❻ *ein breiter Streifen aus Papier oder Stoff:* Tapete zu Bahnen schneiden ◆ Stoff- ❼ *kurz für „Eisenbahn":* Ich fahre mit der Bahn.; Er holt sie von der Bahn ab.; ■ **etwas in die richtigen Bahnen lenken** (geh.) *etwas so organisieren, dass es die gewünschte Entwicklung hat;* ■ **sich Bahn brechen** (geh.) *sich durchsetzen;* ■ **jemanden aus der Bahn werfen** (umg.) *bewirken, dass jmd. sehr mutlos und verstört wird, weil sich wegen eines negativen Geschehens sein Leben stark verändert* Die plötzliche Arbeitslosigkeit hat ihn aus der Bahn geworfen.; ■ **freie Bahn für etwas haben** (umg.) *etwas ohne Hindernisse tun können* ◆ -anlagen, -damm, -fahrkarte, -fahrt, -frachtbrief, -gelände, -linie, -netz, -post, -reise, -schiene, -schranke, -schwelle, -spedition, -station, -strecke, -tarif, -taxi, -übergang, -verbindung, -verkehr, -wärter(in), -zustellung

bahn·bre·chend adj /nicht steig./ (≈ *umwälzend*) *so, dass es eine völlig neue Entwicklung einleitet:* eine bahnbrechende Entdeckung/Erfindung/Technologie

Bahn·card® die <-, -s> *eine Ausweiskarte, die dazu berechtigt, Fahrkarten (der Deutschen Bahn AG) zu ermäßigten Preisen zu erwerben*

bahn·ei·gen adj /nicht steig./ *der Institution Deutsche Bahn AG gehörend* ■ Bahneigentum

bah·nen <bahnst, bahnte, hat gebahnt> *mit OBJ* ■ **jmd. bahnt** (jmdm.) **einen Weg** ❶ (gegen einen bestimmten Widerstand) *einen Weg schaffen:* mit der Schaufel im tiefen Schnee einen Weg bahnen ❷ *bewirken, dass man oder jmd. irgendwohin gehen kann:* Er bahnte seinem Sohn den Weg zum Erfolg.; Der Schauspieler bahnte sich einen Weg durch die Menge.

Bahn·fracht·brief der <-(e)s, -e> *vorgedrucktes Begleitpapier für Frachtgut, das mit der Eisenbahn transportiert wird (mit den Angaben über Empfänger, Gewicht usw.)*

Bahn·hof der <-(e)s, Bahnhöfe> *eine aus Bahnhofsgebäude und Bahnsteigen bestehende Anlage, an der die Züge abfahren und ankommen:* Ich hole dich vom Bahnhof ab.; Kannst du mich zum Bahnhof bringen?; Nicht alle Züge halten an diesem Bahnhof.; Vor dem Bahnhof parken ständig Taxis.; die Fahrkartenschalter/die Gleisanlagen/das Stellwerk/die Wartehalle des Bahnhofs; ■ **nur Bahnhof verstehen** (umg.) *nicht verstehen, worum es geht;* ■ **jemanden mit großem Bahnhof emp-**

fangen *(umg.) jmdn. festlich und in Anwesenheit vieler Menschen empfangen* ◆ -sbüfett/buffet, -sbuchandlung, -sgaststätte, -sgebäude, -shalle, -smission, -srestaurant, -sviertel, -svorstand, -svorsteher(in), Bus-, Güter-, Kopf- Sack-, Ziel-

bahn·la·gernd *adj /nicht steig./ so dass Güter auf den Bahnhof gelagert werden, bis der Empfänger sie abholt*

Bähn·ler *der*, **Bähn·le·rin** <-s, -> SCHWEIZ. *Eisenbahnangestellter*

Bahn·steig *der* <-s, -e> *eine erhöhte Plattform, die in einem Bahnhof neben den Schienen verläuft und den Fahrgästen das Ein- und Aussteigen ermöglicht* ◆ -kante, Hoch-, Tief-

Bah·re *die* ['baːrə] <-, -n> *(≈ Trage) eine Art Gestell, auf dem man Kranke, Verletzte oder Tote transportiert* ◆ Toten-, Trag-

Bai *die* [baj] <-, -en> GEOGR. *Meeresbucht*

Bais·se *die* ['bɛːsə] <-, -n> WIRTSCH. *(↔ Hausse) das Fallen von Börsenkursen* ◆ -spekulant ▶ Baissier

Ba·jaz·zo *der* <-s, -s> THEAT. *komische Figur im italienischen Theater*

Ba·jo·nett *das* <-(e)s, -e> MILIT. *(früher) eine scharfe Klinge, die auf einem Gewehrlauf befestigt wird*

Ba·ke *die* <-, -n> ❶ *Verkehrszeichen an Autobahnabfahrten* ❷ SEEW. *Signalzeichen in der Schifffahrt*

Bak·schisch *das* <-(e)s, -e> *(umg.) eine kleine Geldsumme, die man jmdm. (als Bestechung) gibt*

Bak·te·rie *die* <-, -n> *(≈ Bazille) mikroskopisch kleines, einzelliges Lebewesen:* Es gibt nicht nur Bakterien, die Krankheiten erregen, sondern auch solche, die dem Menschen von Nutzen sind.; Bakterien unter dem Mikroskop betrachten ◆ -nruhr, Fäulnis-, Darm-

bak·te·ri·ell *adj /nicht steig./ durch Bakterien hervorgerufen:* eine bakterielle Infektion

Bak·te·rio·lo·gie *die* <-> */kein Plur./ Wissenschaft von den Bakterien* ▶ Bakteriologe, Bakteriologin, bakteriologisch

bak·te·ri·zid *adj /nicht steig./* MED. *so, dass es Bakterien abtötet* ▶ Bakterizid

Ba·la·lai·ka *die* <-, Balalaiken/-s> *ein russisches Saiteninstrument*

Ba·lan·ce *die* [ba'lãːs] <-, -n> *(≈ Gleichgewicht)* ❶ PHYS. *der Zustand, in dem entgegengesetzt wirkende Kräfte gleich stark sind:* Die beiden Waagschalen sind jetzt in der Balance.; Ein Seiltänzer hält die Balance mit Hilfe einer Stange. ◆ -akt, Fließ-, Kräfte- ❷ *(geh.) seelische Ausgeglichenheit:* Nach der Krise scheint sie jetzt wieder ihre Balance gefunden zu haben.

ba·lan·cie·ren [balaŋˈsiːrən, balãˈsiːrən] <balancierst, balancierte, hat/ist balanciert> I. *mit OBJ* ▪ **jmd. balanciert etwas (auf etwas** *Dat.) (haben) im Gleichgewicht halten:* einen Ball auf dem Kopf balancieren; Sie balanciert gerade ein volles Tablett. II. *ohne OBJ* ▪ **jmd. balanciert irgendwo/irgendwie** *(sein) auf etwas gehen, das sehr schmal ist, und dabei sein Gleichgewicht halten:* Er balanciert auf einem Seil.; Sie balancierte sehr geschickt an dem Felsenrand entlang.

bald [balt] *adv* ❶ *(≈ gleich, in Kürze) so, dass vom Moment der Äußerung bis zu einem bestimmten Zeitpunkt in der Zukunft nur wenig Zeit vergeht:* Wir sind bald fertig.; Nur Geduld, wir sind bald am Ziel.; Keine Sorge, ich komme bald wieder! ❷ *(umg.: ≈ fast) beinahe:* Das Ordnen der Papiere hat bald zwei Stunden gedauert.; ▪ **bald ..., bald ...** *verwendet, um auszudrücken, dass zwei Situationen sich abwechseln* Bald kommt er, bald geht er!

Bal·da·chin *der* <-(e)s, -e> *eine Art Überdachung aus Stoff, die an vier Stangen befestigt ist und die man (zum Beispiel bei Prozessionen) tragen kann*

Bäl·de *in* **Bälde** *(veralt. oder geh.) bald, innerhalb kurzer Zeit* Der Brief wird sie in Bälde erreichen.

bal·digst *adv (veralt.: ≈ schnellstens) so bald wie möglich:* Ich erwarte, dass diese Aufgabe baldigst erledigt wird.

Bal·d·ri·an *der* <-s, -e> ❶ BOT. *eine Heilpflanze* ◆ -gewächs, -pflanze, -wurzel ❷ */kein Plur./* BOT. *Ölextrakt aus der Wurzel des Baldrians¹, das eine beruhigende Wirkung hat* ◆ -tabletten, -tinktur, -tropfen, -wurzel

Balg¹ *der* <-(e)s, Bälge> ❶ *(≈ Fell) die Haut, die man einem getöteten Tier abgezogen hat* ❷ *(≈ Blasebalg) Teil eines Geräts, der aus einem in Falten gelegten, festen Material besteht, mit dem man beim Zusammenpressen einen Luftstrom erzeugen kann:* Einige Musikinstrumente (z.B. das Harmonium, das Akkordeon) haben Bälge.

Balg² *das* <-s, Bälger> *(umg. oft abwert.) kleines Kind:* ein schreiendes/ungezogenes Balg; Was für ein süßes Balg!

bal·gen <balgst, balgte, hat gebalgt> *mit SICH* ▪ **jmd./ein Tier balgt sich mit jmdm./einem Tier (um etwas** *Akk.) miteinander ringen und sich dabei am Boden wälzen (um etwas zu bekommen):*

Die Kinder balgen sich auf der Wiese.; Zwei Knaben haben sich um den Ball gebalgt.; Die Hunde balgen sich um den Knochen.

Bal·ken der ['balkn] <-s, -> ❶ *Holz, das zu einer Art langen und dicken Stange gesägt ist, die man beim Bauen benutzt, damit sie andere Bauteile trägt oder stützt* ◆ -decke, -konstruktion, Holz-, Quer-, Stütz- ❷ *auf den Schulterklappen einer Uniform eine Art Strich, der (durch Aussehen und Anzahl) den Dienstgrad kennzeichnet;* **lügen, dass sich die Balken biegen** *(umg. abwert.) ohne Skrupel lügen*

Bal·ken·code der <-s, -s> WIRTSCH. *auf Waren ein aufgedrucktes Feld mit vielen schwarzen Strichen auf weißem Grund, in denen eine Information steckt, die von einem Computer gelesen werden kann* ◆ -lesegerät

Bal·ken·dia·gramm das <-s, -e> *(≈ Säulendiagramm ↔ Tortendiagramm) eine grafische Darstellung von Zahlenwerten in der Form von Säulen mit unterschiedlicher Länge*

Bal·kon der [bal'kɔn, bal'ko:n, bal'kõ:] <-s, -s/-e> ❶ *ein Anbau, der in einer gewissen Höhe an der Außenseite eines Gebäudes angebracht ist und den man z.B. benutzt, um darauf zu sitzen* ◆ -geländer, -möbel, -pflanze, -tür, -zimmer ❷ THEAT. *(≈ Galerie) erhöhter Teil des Zuschauerraums (mit Sitzplätzen)*

Bal·ko·ni·en ■ **Urlaub auf Balkonien** *(umg. scherzh.) verwendet, um auszudrücken, dass jmd. den Urlaub nicht an einem Ferienort verbringt, sondern den Balkon¹ der eigenen Wohnung zur Erholung nutzt* Bei anhaltend schlechter Wirtschaftslage könnte Urlaub auf Balkonien wieder häufiger werden.

Ball der [bal] <-(e)s, Bälle> ❶ SPORT *Gegenstand in Form einer Kugel, die zum Spielen bzw. als Sportgerät dient:* Der Ball ist rund.; den Ball annehmen/schießen/treffen/zuspielen ◆ -annahme, -führung, -gefühl, -spiel, -verlust, Basket-, Feder-, Fuß-, Gummi-, Hand-, Leder-, Tennis-, Volley- ❷ SPORT *im Rahmen des Spiels eine bestimmte Bewegung des Balls¹:* Dieser Ball war für den Tormann unhaltbar. ❸ *etwas, das wie eine Kugel geformt ist:* Die Sonne geht als feuriger Ball unter. ◆ Erd-, Sonnen-, Schnee- ❹ *große, meist offizielle Veranstaltung, bei der getanzt wird* ◆ -kleid, -schuhe, Abitur-, Abschluss-, Presse-, Silvester- ❺ **am Ball bleiben** *(umg.) etwas weiterverfolgen*

bal·la·bal·la *(umg. abwert.)* **I.** *adj /nicht steig./ /nur präd./ nicht ganz bei Verstand:* Um das zu machen, muss man schon ballaballa sein. **II.** *interj verwendet, um auf unhöfliche Weise jmds. Aussage als falsch oder völlig unwichtig abzutun:* „Ich hätte einen Vorschlag, was wir tun könnten." — „Ballaballa. Nicht wir müssen etwas tun, sondern die anderen!"

Ball·ab·ga·be die <-, -n> SPORT *(↔ Ballannahme) das Weiterspielen des Balls an einen anderen Spieler der eigenen Mannschaft:* bei der Ballabgabe noch Schwächen haben

Bal·la·de die <-, -n> LIT., MUS. *ein Gedicht (oder ein Lied), in dem eine Geschichte erzählt wird* ◆ balladesk ◆ -nbuch, -ndichter

Bal·last, Bal·last der <-(e)s> /kein Plur./ ❶ LUFTF., SEEW. *zusätzliche Gewichte, mit denen Schiffe oder Flugzeuge beladen werden, um eine gleichmäßige Gewichtsverteilung zu erreichen* ❷ *(geh.: ≈ Bürde) etwas, das überflüssig ist und als eine Belastung empfunden wird:* Beim Umzug empfand sie ihre vielen Bücher nur noch als Ballast.; sich von überflüssigem Ballast trennen

Bal·last·stof·fe *Plur. pflanzliche Bestandteile der Nahrung, die vom Körper nicht verwertet werden können, aber die wichtig sind, weil sie der Anregung der Darmtätigkeit dienen:* Vollkornbrot enthält viele Ballaststoffe. ◆ ballaststoffreich

Bäll·chen das <-s, -> *kleiner Ball:* den Teig zu Bällchen formen ◆ Hackfleisch-, Kartoffel-

Bal·len der <-s, -> ❶ *Stoff, der zu einem Bündel geschnürt ist, das wie ein Zylinder aussieht* ◆ Stoff- ❷ ANAT. *Muskelgruppe an der Innenseite der Hände und der Unterseite der Füße* ◆ Hand-, Fuß-

bal·len <ballst, ballt, hat geballt> **I.** *mit OBJ* ■ **jmd. ballt die Faust** *die Hand fest schließen und zusammenpressen:* Er ballte vor Wut die Faust und schlug auf den Tisch. **II.** *mit SICH* ■ **jmd./etwas ballt sich** *(zu etwas Dat.) sich als große Masse von etwas an einem Ort zusammendrängen:* Am Himmel ballen sich die Wolken.; mit geballter Kraft/Wucht; In diesen Tagen ballten sich die dramatischen Ereignisse. ▶ Ballung

Bal·le·ri·na die <-, Ballerinen> *Solotänzerin in einem Ballett³*

Bal·lett das [ba'lɛt] <-(e)s, -e> ❶ /kein Plur./ *die Kunst des klassischen Tanzes:* Nach dem Abitur möchte sie zum Ballett. ◆ -ausbildung, -kleid, -schuhe, -schule,

Ballistik–Band

-schüler(in), -tänzer(in) ❷ *ein einzelnes Werk des Balletts¹*: ein klassisches Ballett aufführen; ein Ballett von Strawinsky ◆-musik ❸ *eine Gruppe von Tänzern, die ein Ballett² tanzen* ◆-abend, -korps, -bühne, -direktor, -ensemble, -meister, -theater

Bal·lis·tik die <-> /kein Plur./ *Lehre von der Flugbahn der Geschosse* ▸ ballistisch

Bal·lon der [baˈlõː, baˈloːn] <-s, -s/-e> ❶ *eine Art Gummiblase, die mit Luft oder Gas gefüllt wird und so eine (annähernd) runde Kugel ergibt* ◆Gas-, Luft- ❷ *ein großes Glasgefäß in der Form einer Kugel* ❸ *ein Luftfahrzeug, bei dem an einem großen Ballon¹ aus Stoff, welcher mit Gas oder heißer Luft gefüllt ist, eine Art großer Korb (die Gondel) hängt* ◆-fahrer(in), -gondel, -hülle, Gas-, Heißluft-, Versuchs- ❹ ■ **einen Ballon kriegen** *(umg.) einen roten Kopf bekommen*

Bal·lungs·ge·biet das <-(e)s, -e> *Gebiet, in dem sehr viele Menschen leben*: Ballungsgebiete wie das Ruhrgebiet oder der Rhein-Neckar-Raum

Bal·sam der <-s, -e> /Plur. selten/ ❶ *Harze und ätherische Öle, die zu einer zähflüssigen Substanz vermischt sind* ▸ balsamisch ❷ MED. *eine Salbe zur Linderung von Schmerzen* ❸ *(geh. übertr.) etwas, das Trost und Linderung für einen Schmerz spendet*: Seine Worte waren wie Balsam für meine Seele.

bal·sa·mie·ren <balsamierst, balsamierte, hat balsamiert> *mit OBJ* ■ **jmd. balsamiert etwas (mit etwas** *Dat.***)** ❶ (≈ *mumifizieren) einen Leichnam mit konservierenden Mitteln behandeln, um ihn vor Verwesung zu schützen*: Durch Balsamieren konnten Mumien über Jahrtausende erhalten bleiben. ❷ *(geh.) jmdn. oder etwas mit Balsam oder anderen wohlriechenden oder heilkräftigen Mitteln einreiben*: die Haut abends mit einer wertvollen Nährcreme balsamieren

Bal·tis·tik die <-> /kein Plur./ *Wissenschaft von den Sprachen, von Geschichte und Kultur des Baltikums*

Ba·lus·t·ra·de die <-, -n> (≈ *Brüstung) eine Art (aufwändig gearbeitetes) Geländer*

Balz die <-> /kein Plur./ ZOOL. *Paarungszeit und Paarungsspiel einzelner Vogelarten*: Die Wildtauben sind gerade in der Balz.; Vögel bei der Balz beobachten ▸ balzen ◆-gesang, -verhalten, -zeit

Bam·bus der <-/-ses, -se> ❶ *eine schnell wachsende tropische Pflanze, deren hoher Stengel verholzt und lange, sehr harte Rohre entwickelt* ❷ *die harten Röhren des Bambus¹*: Aus Bambus kann man Möbel und sogar Häuser bauen. ◆-rohr, -sprossen, -strauch, -wald

Bam·mel ■ **Bammel vor etwas haben** *(umg.) vor etwas Angst haben*

ba·nal *adj (abwert.: ≈ abgedroschen, geistlos, trivial) so, dass es oberflächlich ist und keine wichtigen Inhalte vermittelt*: ein banaler Film ▸ Banalität

ba·na·li·sie·ren <banalisierst, banalisierte, hat banalisiert> *mit OBJ* ■ **jmd. banalisiert etwas** *(geh.: ≈ herunterspielen) etwas Wichtiges so behandeln, als ob es banal wäre*: Sie versucht, die Probleme zu banalisieren

Ba·na·ne die [baˈnaːnə] <-, -n> ❶ *eine in den Tropen wachsende Staudenpflanze* ◆-nplantage ❷ *die längliche, leicht gekrümmte Frucht der Banane¹, deren Schale gelbbraun und deren Fruchtfleisch weiß ist*: eine Banane schälen; zum Frühstück ein Müsli mit Banane essen ◆-neis, -nschale, -nshake, -nsplit, -nstaude

Ba·na·nen·re·pu·blik die <-, -en> *(umg. abwert.) ein kleiner, wirtschaftlich unterentwickelter Staat im tropischen Mittelamerika*

Ba·na·nen·ste·cker der <-s, -> ELEKTROTECHN. *schmaler, einpoliger Stecker*

Ba·nau·se der, **Ba·nau·sin** [baˈnaʊ̯zə] <-n, -n> *(umg. abwert.: ≈ Ignorant) ein Mensch ohne Sinn für Kunst, der für kulturelle Dinge kein Verständnis hat*: Dieser Banause kann ein gutes Konzert doch gar nicht schätzen! ▸ Banausentum ◆Kultur-, Kunst-

Band¹ das [bant] <-(e)s, Bänder> ❶ *ein langes schmales Stück Stoff*: das mit farbigen Bändern geschmückte Haar der Mädchen ◆Haar-, Hals-, Stoff- ❷ TECHN. *kurz für „Tonband"*: die Sendung auf Band mitschneiden ▸ Bandgeschwindigkeit, Bandlaufwerk ❸ *kurz für „Fließband"*: am Band arbeiten ▸ Bandgeschwindigkeit ❹ ANAT. /meist Plur./ *elastisches, dehnbares Gewebe, das die beweglichen Teile des Skeletts verbindet*: Sehnen und Bänder ▸ Bänderriss ❺ TECHN. *(≈ Frequenzbereich)* ■ **am laufenden Band** *(umg.) ständig, ohne Unterbrechung*

Band² der [bant] <-(e)s, Bände> ❶ *ein gebundenes (meist großes) Buch*: Dieser wertvolle Band vereint Bilder und Gedichte aus zwanzig Jahren künstlerischen Schaffens. ◆Bild-, Foto- Gedicht-, Kunst- ❷ *ein einzelnes Buch aus einer Buchreihe*

oder einer Gesamtausgabe: eine Goethe-Ausgabe in vierzehn Bänden; ■ **etwas spricht Bände** *aus etwas kann man sehr viele Schlüsse über etwas ziehen* Sein Verhalten spricht Bände.

Band[3] die |bɛnt| <-, -s> *eine Gruppe von Musikern, die einen der Stile der modernen Musik spielt* ◆ -leader, -name, Country-, Jazz-, Rock-

Ban·da·ge die |banˈdaːʒə| <-, -n> MED. *(≈ Stützverband) ein fester Verband, der ein verletztes Körperteil stützen oder schützen soll:* vom Orthopäden eine Bandage verordnet bekommen; ■ **mit harten Bandagen kämpfen** *(umg.) hart und ohne Rücksicht kämpfen*

ban·da·gie·ren |bandaˈʒiːrən| <bandagierst, bandagierte, hat bandagiert> *mit OBJ* ■ **jmd. bandagiert etwas** *(≈ verbinden) mit einer Bandage umwickeln:* das Knie bandagieren

Band·brei·te die <-> */kein Plur./ (umg.) das Spektrum, das etwas umfasst oder die Vielfalt, die etwas hat:* Sein Wissen ist von enormer Bandbreite.; Die Einführungsvorlesung deckt natürlich nicht die ganze Bandbreite des Faches ab.

Ban·de die <-, -n> ❶ SPORT *die feste Umrandung einer Spielfläche oder eines Spielfeldes:* mit dem Ball die Bande treffen ◆ -nwerbung ❷ *(abwert.) verbrecherische Gruppe:* Mitglied einer kriminellen Bande sein ◆ -nbildung, -nführer, -nkrieg, -nkriminalität, -nwesen, Diebes-, Jugend-, Räuber-, Schmuggler-, Schlepper-

Ban·del, *a.* **Bän·del** das <-s, -> SCHWEIZ. *schmales Band, Schnur;* ■ **jemanden am Bändel haben** *jmdm. nicht von der Seite weichen und ihn unter Kontrolle halten*

Ban·de·ro·le die <-, -n> ❶ *Klebemarke aus Papier auf steuerpflichtigen Import- oder Exportwaren:* Die Banderole an der Zigarettenschachtel ist beschädigt. ◆ -nsteuer ❷ *(≈ Spruchband)*

bän·di·gen <bändigst, bändigte, hat gebändigt> *mit OBJ* ■ **jmd. bändigt jmdn./ein Tier** (**mit etwas** *Dat.*) ❶ *(≈ zähmen) machen, dass ein Tier ruhig ist und sich unter Kontrolle bringen lässt:* ein wildes Pferd bändigen ❷ *zur Ruhe oder zur Aufmerksamkeit bringen:* Am Montag haben es Lehrer oft schwer, die Kinder in der Schule zu bändigen. ❸ ■ **jmd. bändigt etwas** (**mit etwas** *Dat.*) *(geh.) unter Kontrolle halten:* Sie bändigt ihre widerspenstigen Haare mit einer Spange.

Ban·dit der, **Ban·di·tin** die <-en, -en> *Verbrecher, der Mitglied einer Bande*[2] *ist*

Band·lauf·werk das <-s, -e> EDV *Gerät zur Datenspeicherung auf Magnetbändern*

Band·lea·der der |ˈbɛntliːdɐ| <-s, -> MUS. *Leiter einer Jazzband*

Band·maß das <-es, -e> *ein Metermaß, das man aufrollen kann*

Band·schei·be die <-, -n> ANAT. *eine der Knorpelscheiben, die jeweils zwischen zwei Wirbeln der Wirbelsäule liegen:* wegen Problemen mit der Bandscheibe zum Orthopäden gehen ◆ -nleiden, -nschaden, -noperation, -nvorfall

Band·wurm der <-(e)s, Bandwürmer> *ein Parasit, der im Darm von Tieren und Menschen leben kann* ◆ -befall

bang, *a.* **ban·ge** |ˈbaŋ(ə)| <banger/bänger, am bangsten/am bängsten> *adj furchtsam und ängstlich:* Bange Stunden vergingen, bis sie endlich die positive Antwort bekam.; bange Minuten vor der Prüfung; bange Ahnungen; jemandem Angst und Bange machen; Bange machen/Bangemachen gilt nicht.

ban·gen <bangst, bangte, hat gebangt> *mit OBJ* ■ **jmd. bangt um jmdn./etwas** *(geh.) große Angst und Sorge (um jmdn. oder etwas) haben:* Man bangt um das Leben der vermissten Kinder.

Ban·jo das |ˈbanjo, ˈbɛndʒo| <-s, -s> *ein Saiteninstrument, das wie eine Gitarre mit einem runden Resonanzkörper aussieht* ◆ -spieler

Bank[1] die |baŋk| <-, Bänke> ❶ *ein Gegenstand aus Holz oder Metall, der in Gärten oder Parks steht und auf dem man sitzen kann:* Bei schönem Wetter sind alle Bänke am Seeufer belegt. ◆ Garten-, Holz-, Park- ❷ *kurz für „Sandbank";* ■ **etwas auf die lange Bank schieben** *(umg.) etwas immer wieder aufschieben*

Bank[2] die |baŋk| <-, -en> WIRTSCH. ❶ *eine Institution, bei der man sein Geld auf einem Konto aufbewahren kann, die die Kontoführung erledigt und z.B. Überweisungen durchführt und Kredite gewährt:* ein Konto bei einer Bank eröffnen; Geld von der Bank holen; mit der Bank einen Sparvertrag abschließen; sich von der Bank einen Kontoauszug holen; mit seiner Bank wegen der Finanzierung eines Wohnungskaufes reden; die Abteilungen/die Angestellten/die Direktion/das Gebäude/die Öffnungszeiten/die Schalterhalle/der Vorstand einer Bank ◆ -anweisung, -auskunft, -automat, -enaufsicht, -filiale, -geheimnis, -geschäft, -guthaben, -kauffrau, -kaufmann, -konto, -kredit, -leitzahl, -note, -schalter, -schließfach, -tresor, -überweisung, -verbindung, -verkehr, -vollmacht ▸ Banker/Bänker, Bankier ❷ *das Gebäude, in dem eine Bank¹ untergebracht ist:* die Angestellten/ die Bankleitzahl/die Geldautomaten/ die Geschäftsstunden/die Schalterhalle einer Bank

-bank [baŋk] *als Zweitglied zusammengesetzter Substantive, mit Betonung auf dem Erstglied; drückt aus, dass es sich um eine Institution zur Sammlung und Aufbewahrung des mit dem Erstglied Bezeichneten handelt:* In der Tierklinik wurde eine Blutbank für Hunde eingerichtet. ♦Augen-, Blut-, Daten-, Organ-, Samen-

Ban·kett *das* <-(e)s, -s/-e> *(geh.) feierliche Veranstaltung mit einem Festessen:* Zum Bankett war Prominenz aus Kultur und Politik geladen. ♦Fest-

Ban·kett, Ban·ket·te *das* <-(e)s, -e> *befestigter Straßenrand*

Ban·king *das* [ˈbɛŋkɪŋ] <-s> /kein Plur./ *Bankwesen, Bankgeschäfte, Bankverkehr* ♦Online-

Bank·nach·bar *der* <-n, -n> *Schüler, der neben einem anderen Schüler auf der Schulbank sitzt*

Ban·ko·mat *der* <-s, -en> BANKW. ≈ *Bankautomat*

Ban·k·rott *der* <-(e)s, -e> ❶ WIRTSCH. *(≈ Konkurs, Pleite) der Sachverhalt, dass eine Firma kein Geld mehr hat, um Gehälter und Rechnungen zu bezahlen:* Wenn die Zahlungen ausbleiben, wird die Firma Bankrott machen. ♦-erklärung ❷ *(übertr.) Scheitern, Zusammenbruch:* Alle Zeitungen sprachen von einem politischen Bankrott.; *siehe auch* **bankrott** ♦Großschreibung → R 3.3 Bankrott anmelden/erklären/gehen/machen

ban·k·rott *adj /nicht steig./* WIRTSCH. *(≈ zahlungsunfähig)* Das Unternehmen ist bankrott. *siehe auch* **Bankrott** ♦Kleinschreibung → R 3.3 bankrott sein/werden; jmdn. bankrott machen; ♦Zusammenschreibung → R 4.6 bankrottgehen

Bank·we·sen *das* <-s> /kein Plur./ *alles, was mit Banken und den von ihnen durchgeführten Geschäften zusammenhängt*

Bann *der* <-(e)s> /kein Plur./ ❶ REL., GESCH. *(≈ Exkommunikation) Ausweisung oder Ausschluss aus einer kirchlichen Gemeinschaft (im Mittelalter)* ♦-bulle, -fluch, Kirchen- ❷ *eine magische Kraft oder faszinierende Wirkung, die von etwas ausgeht:* Der Krimi zog alle in seinen Bann.; Die Konzertbesucher standen noch ganz im Banne der Musik.

ban·nen <bannst, bannte, hat gebannt> *mit OBJ* ■ **jmd. bannt jmdn./etwas** ❶ *(geh.) mit magischen Kräften fesseln:* Der Magier hat die Geister gebannt. ❷ ■ **die Gefahr ist gebannt** *eine Bedrohung ist abgewendet.* Nach stundenlangen Löscharbeiten ist jetzt die Gefahr gebannt, dass das Feuer und die benachbarten Häuser übergreifen könnte.

Ban·ner *das* <-s, -> ❶ *(≈ Flagge) Fahne mit einem Herrscherwappen* ♦-träger ❷ EDV *(≈ Werbebanner) auf einer Website erscheinendes Werbeemblem*

Bap·tis·mus *der* <-> /kein Plur./ REL. *Lehre evangelischer Freikirchen, die als Bedingung für die Taufe ein persönliches Bekenntnis voraussetzt* ▸ Baptist, Baptistin, baptistisch

Bar *die* <-, -s> ❶ *ein Nachtlokal, in dem man (manchmal zu Livemusik) alkoholische Getränke zu sich nimmt* ♦-dame, -frau, -keeper, -mixer, Cocktail-, Hotel-, Tanz- ❷ *ein sehr kleines Lokal, in dem man (meist stehend) Kaffee trinkt* ♦Espresso- ❸ *(≈ Theke, Tresen) Schanktisch, an dem man im Stehen oder auf Barhockern sitzend alkoholische Getränke trinkt:* an der Bar stehen ♦-hocker, Haus-, Keller-

bar [baːɐ̯] *adj /nicht steig./* ❶ WIRTSCH. *so, dass mit Münzen oder Scheinen und nicht per Scheck oder Überweisung bezahlt wird:* Ich bezahle in bar. ▸ Barbestand, Barbetrag, Barbezüge, Bargeld, Bargeldgeschäft, Bargeschäft, Barkauf, Barscheck, Barvermögen, Barzahlung ❷ */nur attr./ (geh.) absolut, völlig:* Das ist barer Unsinn. ❸ */mit Gen./ (veralt.) nackt, bloß:* Trotz der Kälte war er baren Hauptes. ❹ */mit Gen./ (geh.) völlig ohne:* Er war bar jeden Bewusstseins für die Folgen seines Handelns.; ■ **etwas für bare Münze nehmen** *(umg.) etwas naiv glauben und nicht weiter hinterfragen*

Bär *der,* **Bä·rin** [bɛːɐ̯] <-en, -en> ❶ *ein großes und sehr starkes Raubtier mit einem dichten braunen, schwarzen oder weißen Fell und breitem, massigem Körper:* Der Bär ist ein guter Schwimmer/hat ein Schaf gerissen/ hält Winterschlaf in einer Höhle. ♦-enfell, -enjunges, -entatze, Braun-, Eis-, Grizzly-, Panda-, Schwarz- ❷ ■ **der Große Bär/der Kleine Bär** *Bezeichnung zweier Sternbilder;* ■ **jemandem einen Bären aufbinden** *(umg.) jmdn. zum Scherz anschwindeln;* ■ **hungrig/stark sein wie ein Bär** *(umg.) überaus hungrig oder stark sein*

Ba·ra·cke *die* <-, -n> *eine Art primitives*

Haus, in dem Menschen meist für kurze Zeit untergebracht sind ♦Bau-, Holz-, Wellblech-

Bar·bar *der;* **Bar·ba·rin** [bar'ba:ɐ̯] <-s/-en, -en> ❶ *(abwert.) brutaler und primitiver Mensch:* sich wie ein Barbar aufführen ♦-entum ❷ *(abwert.) unzivilisierter, ungebildeter Mensch* ❸ GESCH. *im antiken griechischen und römischen Kulturkreis die Bezeichnung für Nichtgriechen bzw. Nichtrömer*

Bar·ba·rei *die* <-> */kein Plur./ (abwert.) Grausamkeit, Unmenschlichkeit*

bar·ba·risch *adj* ❶ *(abwert.: ≈ brutal) grausam und unmenschlich:* ein barbarisches Regime ❷ *(abwert.) unzivilisiert und derb:* Sein Tischsitten sind barbarisch. ❸ *(umg.) sehr:* barbarisch heiß/kalt

Bar·be·cue *das* ['ba:bɪkju:] <-s, -s> ❶ *auf dem Rost gegrilltes Fleisch* ♦-sauce ❷ *(≈ Grillparty)* zum Barbecue eingeladen sein

Bar·de *der* <-n, -n> GESCH. *Sänger mittelalterlicher Heldenlieder*

Ba·re(s) *das* */kein Plur./ Barbetrag, Bargeld:* eine Ware nur gegen Bares bekommen

Bä·ren- *als Erstglied zusammengesetzter Substantive, mit Betonung auf beiden Teilen; drückt aus, dass das mit dem Zweitglied Bezeichnete von außerordentlicher Größe bzw. sehr ausgeprägt ist:* Als er vom Turnen kam, hatte er einen Bärenhunger. ♦-hunger, -kälte, -kraft

bä·ren- *als Erstglied zusammengesetzter Adjektive, mit Betonung auf beiden Teilen; drückt aus, dass das mit dem Zweitglied Bezeichnete von außerordentlicher Größe bzw. sehr ausgeprägt ist:* Seit er sehr viel trainiert, ist er bärenstark geworden. ♦-ruhig, -stark

Bä·ren·dienst *der* ▪ jemandem einen Bärendienst erweisen *(umg.) jmdm. zu helfen versuchen, ihm aber dabei schaden*

Bä·ren·dreck *der* <-s> */kein Plur./* SÜDDT., ÖSTERR., SCHWEIZ. *Lakritzstange oder -bonbon*

Bä·ren·haut ▪ auf der Bärenhaut liegen *(umg.) faul sein*

Ba·rett *das* <-(e)s, -e/-s> *(≈ Baskenmütze) eine Mütze, die wie eine flache Scheibe aussieht, leicht schräg auf den Kopf gesetzt wird und die Teil mancher Uniformen bzw. Amtstrachten ist*

bar·fuß ['ba:ɐ̯fu:s] *adj /nicht steig./ ohne Schuhe und Strümpfe:* im Sommer barfuß über die Wiese laufen

Bar·geld·ge·schäft *das* <-s, -e> *Geschäft, bei dem der Kaufpreis sofort bar bezahlt wird*

bar·geld·los *adj /nicht steig./ so, dass nicht mit Bargeld, sondern nur mit Kreditkarten, Schecks, Überweisungen o.Ä. bezahlt wird:* bargeldloser Zahlungsverkehr

bä·rig *adj (umg.)* ❶ *sehr groß und stark:* Für so einen bärigen Kerl sind zwei schwere Koffer doch kein Problem. ❷ *großartig, außergewöhnlich:* in einer bärigen Stimmung sein

Ba·ri·ton *der* <-s, -s/-e> ❶ */kein Plur./ mittelhohe Männerstimmlage zwischen Tenor und Bass:* Er hat einen sehr kräftigen Bariton. ❷ *Sänger, der Bariton¹ singt:* ein gefeierter Bariton

Bar·kas·se *die* <-, -n> SEEW. ❶ *größeres Motorboot* ❷ *größtes Beiboot auf Kriegsschiffen*

Bar·ke *die* <-, -n> SEEW. *kleines Ruderboot* ♦Fischer-, Fluss-

barm·her·zig *adj (≈ gütig ↔ unbarmherzig) so, dass man sehr gut zu anderen Menschen ist, besonders wenn diese in Not sind;* ▪ ein barmherziger Samariter *(geh.) Person mit ausgeprägter Nächstenliebe* ♦Barmherzigkeit

Ba·rock *der/das* [ba'rɔk] <-s> */kein Plur./ eine Stilrichtung in der europäischen Kunst von ca. 1600 bis 1750:* ein Gemälde/eine Kirche aus dem Barock ♦-dichtung, -kirche, -maler, -möbel, -musik, -oper, -stil, -theater, -zeitalter

ba·rock [ba'rɔk] *adj /nicht steig./* ❶ *aus dem Barock stammend:* ein barockes Gemälde ❷ *(übertr.) im üppigen Stil des Barocks:* ein barocker Stil

Ba·ro·me·ter *das* <-s, -> *Gerät zum Messen des Luftdrucks:* Das Barometer fällt/steht auf Regen/steigt. ♦-stand

Ba·ron *der;* **Ba·ro·nin** <-s, -e> *Anrede für einen Freiherrn*

Ba·ro·ness, **Ba·ro·nes·se** *die* <-, -en> *Tochter eines Barons*

Bar·ras *der* <-> */kein Plur./* SÜDDT. ❶ *(≈ Kommissbrot)* ❷ *das Militärwesen, die Armee:* zum Barras gehen

Bar·rel *das* ['bɛrəl] <-s, -s> *in England und Nordamerika gebräuchliches Hohlmaß:* Der Preis für das Barrel Rohöl ist gestiegen.

Bar·ren *der* <-s, -> ❶ *ein aus Edelmetall gegossener Quader* ♦Gold-, Silber- ❷ SPORT *ein Turngerät, bei dem zwei lange Stangen, die Holme, parallel angeordnet sind:* ein sauberer Abgang vom Barren ♦-turnen, Stufen-

Bar·ri·e·re *die* [ba'ri̯e:rə] <-, -n> ❶ *(≈ Schranke) eine Absperrung, die*

jmdn. von etwas fernhalten soll: eine Barriere errichten; Wer Eintritt bezahlt hat, wird durch die Barriere gelassen. ❷ SCHWEIZ. *Bahnschranke*

Bar·ri·ka·de die [bari'ka:də] <-, -n> POL. *Hindernis, das bei Straßenkämpfen auf der Straße errichtet wird;* ■ **auf die Barrikaden gehen** *(umg.) sich gegen etwas auflehnen*

Barsch der <-(e)s, -e> ZOOL. *im Süßwasser lebender Raubfisch*

barsch adj *(≈ brüsk, schroff) auf eine grobe Art unfreundlich:* eine barsche Antwort; Er war sehr barsch und hat mich schnell abgefertigt.; Der barsche Ton des Verkäufers gefällt mir nicht. ▸ Barschheit

Bar·sor·ti·ment das <-(e)s, -e> *Buchhandelsbetrieb zwischen Buchhandel und Verlag*

Bart der [ba:ɐ̯t] <-(e)s, Bärte> ❶ *die Haare, die bei Männern an Kinn, Wangen und über der Oberlippe wachsen:* sich einen Bart stehen/wachsen lassen; ein dichter/gepflegter/grauer Bart; sich den Bart abnehmen/abrasieren/stutzen ▸ bartlos, Bartträger ◆ -binde, -flaum, -schneider, -stoppeln, -wuchs, Backen-, Damen-, Dreitage-, Schnauz-, Schnurr-, Voll- ❷ *das vordere Ende eines Schlüssels;* ■ **etwas hat einen Bart** *(umg. abwert.) etwas ist schon lange bekannt* Der Witz hat doch schon einen Bart, der ist uralt!; ■ **der Bart ist ab!** *(umg.) jetzt ist aber Schluss damit!;* ■ **ein Streit um (des) Kaisers Bart** *(umg.) ein überflüssiger Streit*

Bart·flech·te die <-, -n> ❶ MED. *ansteckende bakterielle Entzündung der Haarbalgdrüsen, bes. im Bartbereich:* Seine Bartflechte muss vom Hautarzt behandelt werden. ❷ BOT. *auf Nadelbäumen wachsende Flechtenart*

bär·tig adj /nicht steig./ *(↔ bartlos) so, dass ein Mann einen Bart hat*

ba·sal adj /nicht steig./ *(geh.: ≈ grundlegend) zu den Grundlagen gehörend:* ein basaler Irrtum, basale Kenntnisse

Ba·salt der <-(e)s, -e> *schwarzes Vulkangestein, das besonders im Straßenbau verwendet wird*

Ba·sal·tem·pe·ra·tur die <-, -en> MED. *am Morgen vor dem Aufstehen gemessene Körpertemperatur der Frau, die zur Feststellung des Eisprungs benutzt werden kann*

Ba·sar, Ba·zar der <-s, -e> ❶ *Marktviertel orientalischer Städte* ❷ *Verkaufsveranstaltung zu wohltätigen Zwecken:* Der Kindergarten veranstaltet einen Basar. ◆ Bücher-, Kuchen-, Wohltätigkeits-

Ba·se die <-, -n> ❶ SÜDDT. *(veralt.: ≈ Kusine)* ❷ SCHWEIZ. *(≈ Tante)* ❸ CHEM. *(↔ Säure) Substanz, die alkalisch reagiert*

Base·ball der ['be:sbɔ:l] <-s> /kein Plur./ SPORT *amerikanisches Schlagballspiel* ◆ -feld, -spieler

BASIC das ['be:sɪk] <-> /kein Plur./ EDV *eine einfache Programmiersprache*

ba·sie·ren [ba'zi:rən] <basiert, basierte, hat basiert> mit OBJ ■ **etwas basiert auf etwas** *Dat. etwas als Grundlage haben:* Der Film basiert auf einem Drama von Shakespeare.; Die Theorie basiert auf der Annahme, dass …

Ba·si·li·ka die <-, Basiliken> ❶ *Kirche aus frühchristlicher Zeit* ❷ *Kirchenbau mit erhöhtem Mittelschiff:* im Urlaub in Griechenland eine Basilika besuchen

Ba·si·li·kum das <-s> /kein Plur./ BOT. *stark riechende Gewürz- und Heilpflanze:* die Tomatensoße mit Basilikum würzen

Ba·sis die <-, Basen> ❶ *(≈ Fundament, Grundlage, Voraussetzung) die Grundlage, auf der man etwas aufbauen kann:* Solide Grundkenntnisse sind die Basis, um später den Aufbaukurs besuchen zu können. ◆ -ausstattung, -demokratie, -gruppe, -station, -wissen, Gesprächs-, Verhandlungs-, Vertrauens- ❷ MILIT. *Gelände als Stützpunkt für militärische Operationen* ◆ Luftwaffen- ❸ POL. *(↔ Parteispitze) die breite Masse der Parteimitglieder:* Wir müssen die Basis von der Notwendigkeit von Reformen überzeugen.

ba·sisch adj /nicht steig./ CHEM. *(↔ sauer) in der Art einer Base³:* Die Substanz reagiert basisch.

Bas·ket·ball der <-s, Basketbälle> SPORT ❶ /kein Plur./ *eine Ballsportart, bei der jede Mannschaft versucht, den Ball in den Korb[4] der gegnerischen Mannschaft zu werfen* ◆ -bundesliga, -feld, -mannschaft, -schuh, -spieler(in) ❷ *der Ball beim Basketball[1]*

bass ■ **bass erstaunt sein** *sehr erstaunt sein*

Bass der [bas] <-es, Bässe> ❶ /kein Plur./ *die tiefste Stimmlage bei Männern:* im Bass singen ▸ Bassist ❷ *die tiefste Stimmlage, die nur bestimmte Instrumente spielen können* ◆ -geige, -gitarre, -instrument ❸ *jmd., der Bass[1] singt* ▸ Bassist ❹ *kurz für „Bassgeige" oder „Bassgitarre":* den Bass spielen ▸ Bassist, Bassistin ❺ /meist Plur./ *(↔ Höhen) die tiefen Töne einer Musikaufnahme:* kraftvolle Bässe

Bas·sin das [ba'sɛ̃ː] <-s, -s> *(≈ Becken) künstlich angelegtes Wasserbecken, besonders zum Baden und Schwimmen:* Das Wasser im Bassin muss erneuert werden.

bass·las·tig adj *so, dass in einem Musikstück der Bass dominiert:* ein basslastiger Song; Die Aufnahme ist zu basslastig geraten.

Bast der <-(e)s, -e> ❶ BOT. */kein Plur./ eine Pflanzenfaser, die besonders zum Flechten von Gegenständen verwendet wird:* eine Pflanze mit Bast am Bambusstock festbinden ◆-korb, -matte, -rock, -untersetzer ❷ ZOOL. *Bewuchs am Hirschgeweih*

bas·ta ■ **und** (**damit**) **basta!** *(umg.) drückt aus, dass etwas vom Sprecher als endgültig betrachtet und keine weitere Diskussion erwünscht wird* Ich sage nein, und damit basta!

Bas·tard der <-(e)s, -e> ❶ *(veralt.) unehelich geborenes Kind eines Adligen und einer nicht standesgemäßen Frau* ❷ *(abwert.) ein Schimpfwort für jmdn., den man als minderwertig ansieht* ❸ BIOL. *(≈ Hybrid, Kreuzung) ein Tier oder eine Pflanze, die aus der Kreuzung verschiedener Rassen oder Arten hervorgegangen ist*

Bas·tei die <-, -en> *(veralt.) vorspringender Teil alter Festungsbauten*

bas·teln ['bastln] <bastelst, bastelte, hat gebastelt> I. *mit OBJ* ■ **jmd. bastelt etwas** *durch kleine Handwerksarbeiten (als Hobby) anfertigen:* Die Kinder basteln ein Mobile/Modellflugzeuge. II. *ohne OBJ* ■ **jmd. bastelt** (**an etwas** *Dat.*) *sich (als Hobby) mit der handwerklichen Anfertigung kleiner Dinge beschäftigen:* Sie bastelt gern.; Er bastelt an seiner Modelleisenbahn. ◆ Bastelarbeit, Bastelei

Bas·ti·on die <-, -en> *ein Bollwerk, das zur Verteidigung einer Burg, Festungsanlage o.Ä. dient*

bat [baːt] *Prät. von* **bitten**

Ba·tail·lon das [batal'joːn] <-s, -e> MILIT. *eine Heereseinheit, die aus mehreren Kompanien besteht*

Ba·tik das <-, -en> ❶ */kein Plur./ künstlerisches Färben von Stoffen mit Hilfe von Wachs* ◆-farbe ❷ *kunstvoll gefärbter Stoff* ▸ batiken ◆-kleid, -tuch

Ba·tist der <-(e)s, -e> *sehr feines Baumwollgewebe:* eine Bluse aus Batist ▸ batisten ◆-taschentuch

Bat·te·rie die [batəˈriː] <-, -rien> ❶ ELEKTROTECHN. *Stromquelle aus mehreren Zellen:* Die Batterie ist leer/muss ausgetauscht werden/kann im Sondermüll entsorgt werden. ◆-betrieb, -fach, Taschenlampen- ❷ MILIT. *kleinste Truppeneinheit bei der Artillerie* ◆Geschütz-, Mörser- ❸ *(umg.) eine große Anzahl gleicher Dinge:* Im Keller stand eine ganze Batterie Konservenbüchsen.

bat·te·rie·be·trie·ben adj */nicht steig./ so, dass es den elektrischen Strom aus Batterien erhält:* ein batteriebetriebenes Radio

Bat·zen der <-s, -> ❶ *(umg.: ≈ Klumpen) ein größeres Stück eines Materials:* ein Batzen Lehm ❷ *(umg.) eine große Menge von etwas:* ein Batzen Geld

Bau¹ der [bau] <-(e)s> */kein Plur./* ❶ *das Bauen allgemein:* Der Bau des Hauses hat im Frühjahr begonnen. ◆Haus-, Instrumenten-, Schiffs-, Straßen- ❷ *kurz für eine „Baustelle" im Zusammenhang mit dem Bauen von Häusern/Gebäuden:* auf dem Bau arbeiten ◆-amt, -antrag, -arbeiten, -arbeiter(in), -aufsicht, -behörde, -boom, -dezernat, -finanzierung, -firma, -genehmigung, -gerüst, -handwerk, -holz, -hütte, -ingenieur(in), -konzern, -kran, -land, -leiter(in), -material, -plan, -platz, -schutt, -senator(in), -spekulant(in), -stadtrat/-stadträtin, -stahl, -stoff, -unternehmen, -wirtschaft ❸ *die bestimmte Weise, in der etwas zusammengesetzt oder geformt ist:* den Bau eines Dramas analysieren; den Bau des Skeletts studieren ◆Körper-, Satz-, Vers-

Bau² der <-(e)s, Bauten> *größeres, bedeutendes Gebäude:* Am Marktplatz stehen mehrere Bauten aus der Renaissancezeit.; ■ **im Bau sein** *(umg.) im Gefängnis sein* ◆Backstein-, Barock-, Flach-, Pracht-, Stein-

Bau³ der <-(e)s, -e> ZOOL. *eine Erdhöhle, wie sie bestimmten Säugetieren als Unterschlupf dient:* Der Fuchs legt einen Bau an. ◆Dachs-, Fuchs-, Kaninchen-

Bau·ar·bei·ten die <-> *Plur. die Arbeiten auf einer Baustelle:* eine Umleitung wegen Bauarbeiten

Bau·art die <-, -en> *die Art und Weise, wie etwas gebaut ist:* Dieses Gerät ist von einer völlig neuen Bauart.

Bauch der [baux] <-(e)s, Bäuche> ❶ *(≈ Leib) unterer vorderer Teil des Rumpfes zwischen Zwerchfell und Becken* ◆-decke, -muskulatur, -umfang ❷ *stark vorgewölbter Bauch¹:* Im Alter bekam er einen Bauch.; ein dicker Bauch ❸ *(umg.: ≈ Magen)* Nachdem sie zu viel gegessen hatten, tat allen der Bauch weh.; ■ **mit etwas auf den Bauch fallen** *(umg.) einen Misserfolg erleben;* ■ **sich den Bauch vollschlagen** *(umg. abwert.) viel essen;*

■ **Voller Bauch studiert nicht gern** wenn man viel gegessen hat, kann man nicht mehr gut lernen; ■ **jemand sagt etwas aus dem hohlen Bauch** (umg.) jmd. sagt etwas unvorbereitet und ohne genaue Kenntnisse

bauch·frei adj /nicht steig./ so, dass ein Kleidungsstück den Bauch nicht bedeckt: ein bauchfreies Top/T-Shirt

bau·chig adj so, dass ein Gefäß in der Mitte einen größeren Durchmesser hat als an den Enden: eine bauchige Flasche/Vase

Bauch·lan·dung die <-, -en> ❶ ein Sturz, bei dem jmd. mit dem Bauch auf dem Boden aufschlägt ❷ (umg.) Misserfolg

Bauch·na·bel der <-s, -> ANAT. die kleine runde Vertiefung am Bauch des Menschen

bauch·re·den (baust, er baute, hat gebaut) I. mit OBJ ■ **jmd. baut etwas** ❶ ein Gebäude oder eine Straße errichten: Die Regierung lässt eine neue Autobahn bauen. ❷ (≈ fertigen) einen technischen Gegenstand nach einem Entwurf ausführen: Die Firma baut Maschinen für die Verpackungsindustrie. II. ohne OBJ ■ **jmd. baut (an etwas** Dat.) ein Haus errichten (lassen): Wir müssen ziemlich sparen, weil wir bauen.; An diesem Bürokomplex wird schon seit letztem Jahr gebaut.; ■ **man kann auf ... bauen** (umg.) man kann sich auf ... verlassen

Bauch·stück das <-(e)s, -e> Stück vom Bauch eines geschlachteten Tieres

Bauch·tanz der <-es, Bauchtänze> orientalischer Tanz, bei dem die Tänzerin Bauchmuskeln und Hüften rhythmisch bewegt ◆ -gruppe

bau·en ['baʊən] <baust, er baute, hat gebaut> I. mit OBJ ■ **jmd. baut etwas** ❶ ein Gebäude oder eine Straße errichten: Die Regierung lässt eine neue Autobahn bauen. ❷ (≈ fertigen) einen technischen Gegenstand nach einem Entwurf ausführen: Die Firma baut Maschinen für die Verpackungsindustrie. II. ohne OBJ ■ **jmd. baut (an etwas** Dat.) ein Haus errichten (lassen): Wir müssen ziemlich sparen, weil wir bauen.; An diesem Bürokomplex wird schon seit letztem Jahr gebaut.; ■ **man kann auf ... bauen** (umg.) man kann sich auf ... verlassen

Bau·er[1] der, **Bäu·e·rin** ['baʊɐ] <-n, -n> ❶ (≈ Landwirt) jmd., der eigenes Land besitzt, darauf Getreide und andere Nutzpflanzen anbaut und Viehzucht betreibt: Der Bauer bestellt die Felder/betreibt Viehhaltung/füttert die Hühner/ melkt die Kühe/mistet den Stall aus. ◆ -ndorf, -nhaus, -nhof, -ngarten, -nmöbel, -nstube, -nverband, Gemüse-, Obst- ❷ eine Schachfigur: einen Bauern opfern

Bau·er[2] das <-s, -> (≈ Vogelkäfig) Der Vogel sitzt im Bauer. ◆ Vogel-

Bäu·er·chen ■ **ein Bäuerchen machen** (nur in Bezug auf ein Baby verwendet) rülpsen Nachdem es getrunken hatte, machte das Baby sein Bäuerchen.

bäu·er·lich adj /nicht steig./ (≈ ländlich, rustikal) die Lebensweise des Bauern betreffend oder typisch für sie: Zeugnisse bäuerlicher Kultur

Bau·ern·bub der <-en, -en> SÜDDT., ÖSTERR., SCHWEIZ. Sohn eines Bauern; junger Mann vom Land

Bau·ern·fän·ger der <-s, -> (abwert.) betrügerischer Mensch, der besonders unerfahrene Menschen schädigt: in die Fänge eines Bauernfängers geraten ▶ Bauernfängerei

Bau·ern·ka·len·der der <-s, -> Sammlung von Bauernregeln, die nach dem Ablauf der Jahreszeiten geordnet sind und sich besonders auf das Wetter beziehen

Bau·ern·lüm·mel der <-s, -> (abwert.) rüpelhafter junger Mann vom Land

Bau·ern·re·gel die <-, -n> einfacher, meist gereimter Spruch über das voraussichtliche Wetter und seine Auswirkungen auf die Ernte

bau·ern·schlau adj /nicht steig./ so, dass man pfiffig und gewitzt ist und seinen eigenen Vorteil wahrt

Bau·ers·frau die <-, -en> (≈ Bäuerin)

bau·fäl·lig adj (≈ morsch) so, dass ein Gebäude nicht mehr stabil ist: Das baufällige Haus ist einsturzgefährdet. ▶ Baufälligkeit

Bau·hof der <-s, Bauhöfe> ein Platz, auf dem Baustoffe gelagert werden

Bau·jahr das <-(e)s, -e> ❶ das Jahr, in dem etwas gebaut wurde: Das Baujahr dieses Gebäudes geht aus den Unterlagen hervor. ❷ der bei einem Bauvorhaben verstreichende Zeitabschnitt von einem Jahr

Bau·kas·ten der <-s, Baukästen> ein Kasten, in dem zueinander passende Teile zusammengestellt sind, mit denen man (vor allem Kinder) im Spiel etwas bauen kann ◆ Holz-, Metall-

Bau·kas·ten·sys·tem der <-s, -e> eine Methode, mit der größere Objekte oder Anlagen aus einheitlichen, aufeinander abgestimmten kleineren Einzelteilen hergestellt werden: ein Fertighaus im Baukastensystem

bau·lich adj /nicht steig./ auf das Bauen bezogen: bauliche Veränderungen

Baum der [baʊm] <-(e)s, Bäume> eine große Pflanze mit Stamm, Ästen, Zweigen und Blättern oder Nadeln, die mehrere Meter hoch wächst: Im Frühjahr blühen die Bäume.; Der Orkan hat viele Bäume entwurzelt.; Bei Bäumen unterscheidet man Laubbäume und Nadelbäume.; Ein Baum blüht/trägt Früchte/verliert im Herbst seine Blätter.; die Äste/Blätter/ Jahresringe/der Stamm/die Wurzel/die

Zweige des Baumes; ■ **Bäume ausreißen können** *(umg.)* *kerngesund sein und sehr viel leisten können;* ■ **Bäume ausreißen können** *sehr kraftvoll und dynamisch sein* Er ist noch jung und glaubt, dass er Bäume ausreißen kann.; ■ **Bäume wachsen nicht in den Himmel.** *(Sprichwort) Jedes Wachstum hat Grenzen.* ● -krone, -rinde, -stamm, -sterben, -struktur, -stumpf, -wurzel, Ahorn-, Apfel-, Birn-, Kastanien-, Kirsch-, Laub-, Nadel-, Obst-, Tannen-

Bau·markt der <-(e)s, Baumärkte> *ein großes Geschäft, das Dinge anbietet, die man für Arbeiten in Haus und Garten benötigt:* zum Baumarkt fahren, um das Material für die Renovierung der Wohnung zu kaufen

Baum·blü·te die <-> /kein Plur./ ❶ *das Blühen der Bäume* ❷ *die Zeit, in der die Bäume blühen:* Während der Baumblüte ist Nachtfrost besonders gefährlich.

Bau·meis·ter der <-s, -> *(veralt.:* ≈ *Architekt) jmd., der nach Plänen Gebäude entwirft und das Bauen anleitet:* Elias Holl, ein berühmter Baumeister der Renaissance

bau·meln <baumelt, baumelte, hat gebaumelt> *mit OBJ* ■ **etwas baumelt (von etwas** *Dat.) lose schwingend herabhängen:* Sie sitzt auf der Mauer und lässt die Beine baumeln.; Es gab keine Lampe, von der Decke baumelte nur eine Glühbirne.

Baum·gren·ze die <-> /kein Plur./ *die Höhe, ab der im Gebirge keine Bäume mehr wachsen können*

Baum·haus das <-es, Baumhäuser> *eine Konstruktion mit Boden, Wänden und Dach, die in den Ästen eines Baumes gebaut wurde:* die Kinder spielen im Baumhaus

baum·los *adj /nicht steig./ ohne Baumbewuchs:* ein baumloser Platz

Baum·schu·le die <-, -n> *Gärtnerei, die Bäume und Sträucher zieht und verkauft*

Baum·wol·le die <-> /kein Plur./ ❶ *eine Pflanze mit großen Blättern, gelben Blüten und walnussgroßen Kapselfrüchten, aus deren Samenfäden Garn gemacht wird* ❷ *die (geernteten) Samenfäden der Baumwolle¹* ❸ *Gewebe aus Baumwollstoff:* ein T-Shirt/Unterwäsche aus Baumwolle ● Baumwollbluse, baumwollen, Baumwollplantage, Baumwolltuch

bau·reif *adj /nicht steig./* ❶ *für den Baubeginn fertig ausgearbeitet:* Die Unterlagen für das Hochhaus sind baureif. ❷ *erschlossen und zur Bebauung freigegeben:* ein baureifes Grundstück

bäu·risch <bäurischer, am bäurischsten> *adj (abwert.) grob, schwerfällig:* Er hat bäurische Manieren.

Bausch ■ **in Bausch und Bogen** *(umg.) völlig; ohne genauere Unterscheidung* Der Entwurf wurde in Bausch und Bogen verurteilt.

bau·schen <bauschst, bauschte, hat gebauscht> **I.** *mit OBJ* ■ **etwas bauscht etwas** *(≈ aufblähen) durch Luftzug bewirken, dass etwas prall gespannt wird:* Der Wind bauscht die Segel. **II.** *mit SICH* ■ **etwas bauscht sich** *Falten schlagen und sich wölben:* Ihr Rock bauscht sich im Wind.

Bau·spa·ren das <-s> /kein Plur./ *das Sparen auf der Grundlage eines Bausparvertrages bei einer Bausparkasse* ● Bauspardarlehen, Bausparförderung, Bausparkasse, Bausparprämie, Bausparvertrag

Bau·stein der <-(e)s, -e> ❶ *ein Stein zum Bauen¹* ❷ *(≈ Element) Bestandteil von etwas, auf dem etwas aufgebaut ist oder wird:* Bausteine einer Theorie; Bausteine der Zellen; Diese kleine Erbschaft war ein Baustein seines späteren großen Vermögens.

Bau·stil der <-s, -e> *der bestimmte architektonische Stil, in dem ein Gebäude gestaltet ist*

Bau·teil das <-s, -e> ❶ *vorgefertigtes Teil zum Bau von Maschinen und technischen Anlagen* ● -recycling ❷ *Teil eines Bauwerks:* Das hintere Bauteil wurde in einer späteren Periode hinzugefügt.

Bau·wei·se die <-, -n> *die Art und Weise, wie etwas gebaut ist*

Bau·werk das <-(e)s, -e> *großes Gebäude, das durch seine Architektur beeindruckt:* ein von Schinkel entworfenes Bauwerk

Bau·we·sen das <-s> /kein Plur./ *Gesamtheit der Vorgänge und Einrichtungen, die mit dem Bauen zusammenhängen*

Bay·ern <-s> *deutsches Bundesland:* Der Freistaat Bayern ist das größte Bundesland Deutschlands. ● Bayer, Bayerin, bay(e)risch

Ba·zar der <-s, -e> *siehe* **Basar**

Ba·zil·le die <-, -n> *(umg.:* ≈ *Bazillus)*

Ba·zil·lus der <-, Bazillen> MED. *ein Krankheitserreger*

be·ab·sich·ti·gen [bə'ʔapzɪçtɪɡn̩] <beabsichtigst, beabsichtigte, hat beabsichtigt> *mit OBJ* ■ **jmd. beabsichtigt etwas zu tun** *(geh.) etwas tun wollen:* Die Familie beabsichtigt den Verkauf der Villa.

be·ach·ten <beachtest, beachtete, hat beachtet> *mit OBJ* ❶ **jmd. beachtet jmdn./etwas** *bewusst zur Kenntnis nehmen:* Sein Verhalten war unauffällig und

beachtlich – beargwöhnen

niemand hat ihn beachtet.; Er hat ihr neues Kleid kaum beachtet. ❷ **jmd. beachtet etwas** *(↔ missachten) bewusst berücksichtigen und sich danach richten:* die Bestimmungen/Regeln/Vorschriften beachten

be·acht·lich *adj (≈ beträchtlich, stattlich) ziemlich groß oder ziemlich viel:* beachtliche Fortschritte/eine beachtliche Geldsumme; Der Film hatte einen beachtlichen Erfolg.

Be·ach·tung die <-> /kein Plur./ ❶ *das Beachten¹:* einer Sache keine Beachtung schenken; Dieses besondere Buch verdient Beachtung. ❷ *das Beachten²:* Schon Kinder sollen die Beachtung der Verkehrsregeln üben.

be·ackern <beackerst, beackerte, hat beackert> *mit OBJ* ▪ **jmd. beackert etwas** ❶ *mit Pflug und Egge bearbeiten:* ein Feld beackern ❷ *(umg.) genau bearbeiten, gründlich durcharbeiten*

Be·am·te der, **Be·am·tin** [bəˈ|amtə] <-n, -n> *Person, die im öffentlichen Dienst oder im Dienst einer Körperschaft des öffentlichen Rechts steht, der normalerweise nicht gekündigt werden kann, und die im Ruhestand eine Pension bekommt:* seit zwei Monaten Beamter auf Probe sein; Beamter im Schuldienst/bei der Polizei/in der Finanzverwaltung ◆-nanwärter(in), -nbesoldung, -nbund, -nlaufbahn, -npension, -nrecht, -nstelle

Be·am·ten·deutsch das <-s> /kein Plur./ *(abwert.: ≈ Amtsdeutsch) Amtssprache, die unverständlich, langatmig und umständlich ist*

Be·am·ten·tum das <-s> /kein Plur./ ❶ *beruflicher und sozialer Stand des Beamten mit den dazugehörenden Rechten und Pflichten* ❷ *(≈ Beamtenschaft) alle Beamten*

be·ängs·ti·gend *adj so, dass es Angst macht:* eine beängstigende Entwicklung/Prognose/Situation

be·an·spru·chen [bəˈ|anʃpruxn̩] <beanspruchst, beanspruchte, hat beansprucht> *mit OBJ* ❶ **jmd. beansprucht etwas** *sagen, dass man etwas haben will (und der Meinung sein, dass es einem zusteht):* eine Schadensersatzleistung beanspruchen ❷ **jmd. beansprucht jmdn.** *Hilfe von jmdm. annehmen:* Ich habe dich heute schon sehr beansprucht. ❸ **jmd. beansprucht jmdn./etwas** *jmds. Zeit und Kraft erfordern:* Der anstrengende Beruf beansprucht ihn völlig. ❹ **etwas beansprucht etwas** *etwas abnutzen:* Der Teppich im Flur wird stark beansprucht. ▸ Beanspruchung

be·an·stan·den [bəˈ|anʃtandn̩] <beanstandest, beanstandete, hat beanstandet> *mit OBJ* ▪ **jmd. beanstandet etwas** (an etwas *Dat.*) *(≈ reklamieren) die Qualität einer Leistung oder einer Ware als ungenügend ansehen und diesen Mangel nicht hinnehmen/akzeptieren:* Ich möchte die Reinigung dieser Jacke beanstanden: Die Flecken sind noch nicht beseitigt!

Be·an·stan·dung die <-, -en> *(≈ Reklamation) das Beanstanden*

be·an·tra·gen <beantragst, beantragte, hat beantragt> *mit OBJ* ▪ **jmd. beantragt (bei jmdm./etwas) etwas** *einen Antrag stellen und damit verlangen, dass etwas genehmigt oder ausgefertigt wird:* ein Stipendium beantragen; ein Visum beantragen; Der Angestellte beantragt Urlaub.; Ich beantrage, über diesen Vorschlag abzustimmen. ▸ Beantragung

be·ant·wor·ten <beantwortest, beantwortete, hat beantwortet> *mit OBJ* ❶ ▪ **jmd. beantwortet (jmdm.) etwas** *eine Antwort auf eine Frage geben:* Der Lehrer beantwortet dem Schüler die Frage. ▸ Beantwortung ❷ **jmd. beantwortet etwas** *sich auf ein Schreiben hin schriftlich äußern:* einen Brief beantworten ▸ Beantwortung ❸ ▪ **jmd. beantwortet etwas mit etwas** *Dat. auf etwas reagieren:* Er beantwortete ihr freundliches Lächeln mit einem fragenden Blick.

be·ar·bei·ten <bearbeitest, bearbeitete, hat bearbeitet> *mit OBJ* ❶ ▪ **jmd. bearbeitet etwas** (mit etwas *Dat.*) *an einem Material arbeiten:* Der Bildhauer bearbeitet den Marmor mit dem Meißel.; Er bearbeitet den Boden im Garten mit der Hacke. ❷ ▪ **jmd. bearbeitet etwas** *an einem Thema arbeiten:* Er bearbeitet dieses Problem in seiner Doktorarbeit. ❸ ▪ **jmd. bearbeitet etwas** (für etwas *Akk.*) *etwas für die besonderen Zwecke von etwas umgestalten:* Er hat das Orchesterstück für Streichquartett bearbeitet. ❹ ▪ **jmd. bearbeitet jmdn.** *(umg.) versuchen, jmdn. zu etwas zu überreden:* Ich werde ihn bearbeiten, dass er morgen mitkommt.

Be·ar·bei·tung die <-, -en> ❶ /kein Plur./ *das Bearbeiten:* Die Bearbeitung der Aufgabe ist sehr aufwändig. ◆-sgebühr ❷ *etwas, das bearbeitet worden ist:* Eine neue Bearbeitung des Wörterbuchs liegt nun vor.

be·arg·wöh·nen <beargwöhnst, beargwöhnte, hat beargwöhnt> *mit OBJ*

■ **jmd. beargwöhnt jmdn./etwas** *mit Misstrauen betrachten:* den neuen Nachbarn beargwöhnen

Beat der [bi:t] <-s> /kein Plur./ ❶ *kurz für "Beatmusik"* ❷ *(in Jazz und Rockmusik) ein bestimmter Rhythmus*

be·at·men <beatmest, beatmete, hat beatmet> *mit OBJ* ■ **jmd./etwas beatmet jmdn.** MED. *Atemluft zuführen:* Der Patient muss künstlich beatmet werden. ▸ Beatmung

be·auf·sich·ti·gen [bə'|aʊfzɪçtɪɡn̩] <beaufsichtigt, beaufsichtigte, hat beaufsichtigt> *mit OBJ* ■ **jmd. beaufsichtigt jmdn./etwas** *auf jmdn. oder etwas aufpassen:* Die Klasse wird auf der Schulreise von zwei Lehrern beaufsichtigt. ▸ Beaufsichtigung

be·auf·tra·gen <beauftragst, beauftragte, hat beauftragt> *mit OBJ* ■ **jmd. beauftragt jmdn. (mit etwas** *Dat.***)** *jmdm. den Auftrag geben, etwas zu tun:* Er ist mit der Aufklärung des Falles beauftragt.; Ich beauftrage Sie, diese Reklamation zu bearbeiten.

Be·auf·trag·te der/die <-n, -n> *jmd., der einen Auftrag auszuführen hat:* ein Beauftragter der Regierung ◆ General-, Regierungs-, Sonder-

Beau·ty·farm die ['bju:tifarm] <-, -en> *(≈ Schönheitsfarm)* Unsere Beautyfarm bietet Ihnen ein perfektes Wellnesswochenende für nur 700 Euro.

be·bau·en <bebaut, bebaute, hat bebaut> *mit OBJ* ■ **jmd. bebaut etwas (mit etwas** *Dat.***)** ❶ *auf einem Gelände Gebäude errichten:* Das Grundstück wird mit Einfamilienhäusern bebaut. ▸ Bebauungsdichte, Bebauungsplan ❷ *den Boden bestellen und für den Anbau nutzen:* ein Feld mit Kartoffeln bebauen

Be·ben das ['be:bn̩] <-s, -> ❶ *(≈ Erschütterung) der Vorgang, dass etwas Großes und Schweres vibriert:* bei der Explosion das Beben der Mauern spüren; Ein Beben durchläuft die Rakete vor dem Start. ❷ *kurz für "Erdbeben":* Das Beben legte die Stadt in Schutt und Asche.; ein Beben der Stärke 8 ❸ *(geh.) leichtes Zittern als Zeichen der Erregung:* Als er mit seiner Rede begann, war ein Beben in seiner Stimme.

be·ben ['be:bn̩] <bebst, bebte, hat gebebt> *ohne OBJ* ■ **jmd./etwas bebt** ❶ *(≈ erzittern) von einer starken Vibration durchlaufen werden:* Die Erde bebt. ❷ *infolge starker Erregung zittern:* Vor Aufregung bebten mir die Knie.

be·bil·dern <bebilderst, bebilderte, hat bebildert> *mit OBJ* ■ **jmd. bebildert etwas (mit etwas** *Dat.***)** *(≈ illustrieren) etwas mit Bildern versehen* ▸ Bebilderung

Be·cher der ['bɛçɐ] <-s, -> *ein Trinkgefäß von relativ hoher, zylindrischer Form:* ein Becher Milch ◆ Kaffee-, Zinn-

be·chern <becherst, becherte, hat gebechert> *mit OBJ/ohne OBJ* ■ **jmd. bechert** *(umg.) viel Alkohol trinken:* Sie bechern die ganze Nacht.; Er hat heute schon viel Wein gebechert.

be·cir·cen *siehe* **bezirzen**

Be·cken das <-s, -> ❶ *kurz für "Waschbecken"* ❷ *kurz für "Schwimmbecken"* ◆ -rand ❸ ANAT. *der Teil des menschlichen Skeletts, der die Verbindung zwischen den Beinen und der Lendenwirbelsäule herstellt und die Eingeweide in der Bauchhöhle stützt* ◆ -endlage, -gurt, -knochen ❹ MUS. *Schlaginstrument, das aus zwei Metallscheiben besteht, die aneinander geschlagen werden*

beck·mes·sern <beckmesserst, beckmesserte, hat gebeckmessert> *ohne OBJ* ■ **jmd. beckmessert** *(geh. abwert.) auf kleinliche Art kritisieren*

Bec·que·rel das [bɛkə'rɛl] <-s, -> PHYS. *Maßeinheit für die Aktivität einer radioaktiven Substanz*

Be·dacht ■ **mit Bedacht** *(geh.) mit Umsicht und Überlegung* Sie handelte in schwierigen Situationen stets mit Bedacht.

be·dacht <bedachter, am bedachtesten> *adj* ❶ *(≈ besonnen) so, dass man über etwas sorgfältig nachgedacht hat:* Er hat sehr bedacht und klug gehandelt. ❷ ■ **jemand ist auf etwas bedacht** *jmd. achtet sehr darauf, dass …* Er war grundsätzlich auf seinen Vorteil bedacht.; Wir sind sehr darauf bedacht, unseren guten Ruf zu wahren.

be·däch·tig *adj (≈ besonnen) so, dass man langsam, betont ruhig und überlegt handelt:* Sie gingen sehr bedächtig ans Werk. ▸ Bedächtigkeit

be·dan·ken <bedankst, bedankte, hat bedankt> *mit SICH* ■ **jmd. bedankt sich bei jmdm.(mit etwas** *Dat.***) für etwas** *jmdm. seinen Dank für etwas sagen:* Er bedankte sich bei ihr (mit einem Blumenstrauß) für ihre Hilfe.

Be·darf der [bə'darf] <-(e)s> /kein Plur./ *etwas, das in einer bestimmten Situation benötigt wird:* Der Bedarf an Wasser ist gestiegen.; Für meinen persönlichen Bedarf brauche ich nicht viel Geld.; ■ **jemandes Bedarf ist gedeckt** *(umg. scherzh.) jmd.*

hat endgültig genug von etwas Jetzt waren wir an jedem Wochenende auf einer Party. Mein Bedarf ist erst einmal gedeckt. ◆-sartikel, -sdeckung, -sgut, Energie-, Finanz-

be·dau·er·lich *adj zu bedauern:* ein bedauerlicher Irrtum

be·dau·er·li·cher·wei·se *adv (≈ leider) verwendet, um auszudrücken, dass etwas negativ ist und man es bedauert:* Bedauerlicherweise ist mir ein Fehler unterlaufen.

Be·dau·ern *das* <-s> /kein Plur./ (↔ Freude) ① *mitfühlende Anteilnahme; Traurigkeit:* Ich habe mit großem Bedauern auf die Reise verzichten müssen. ② *der Zustand, dass man mit jmdm. Mitgefühl hat:* Sie drückte ihm ihr Bedauern über den tragischen Vorfall aus.

be·dau·ern <bedauerst, bedauerte, hat bedauert> *mit OBJ* ① ■ **jmd. bedauert etwas** *(≈ bereuen) ausdrücken, dass einem etwas Leid tut oder dass etwas besser nicht hätte geschehen sollen:* Ich bedauere, dass ich nicht rechtzeitig kommen konnte. ② ■ **jmd. bedauert jmdn.** *(≈ bemitleiden) traurig sein, weil es jmdm. nicht gut geht oder jmd. ein Problem hat:* Sie ist wirklich zu bedauern.

be·dau·erns·wert *adj* (↔ beneidenswert) *so, dass man Mitleid haben muss:* Als wir den Hund fanden, war er in einem bedauernswerten Zustand.

be·de·cken <bedeckst, bedeckte, hat bedeckt> *mit OBJ* ■ **jmd. bedeckt etwas/ jmdn.** (**mit etwas** *Dat.*) *etwas auf etwas oder jmdn. legen:* Der Gärtner bedeckt das Beet mit einer Folie.; Schnee bedeckt die Felder.; Sie bedeckte ihr Gesicht mit den Händen.

be·deckt *adj (≈ bewölkt)* ein bedeckter Himmel; ■ **sich bedeckt halten** *(umg.) keinen eindeutigen Standpunkt beziehen*

Be·de·ckung *die* <-, -en> ① *das Bedecken:* Wegen des aufkommenden Regens mussten wir uns mit der Bedeckung der Zementsäcke beeilen. ② *(≈ Abdeckung) etwas, das zum Bedecken benutzt wird:* Als Bedeckung dient eine Plane. ◆Kopf-

Be·den·ken *das* <-s, -> *(≈ Skepsis, Vorbehalt) eine Einstellung, die durch Zweifel und Befürchtungen zustande kommt:* Ich habe Bedenken, deinem Plan zuzustimmen.

be·den·ken <bedenkst, bedachte, hat bedacht> *mit OBJ* ① ■ **jmd. bedenkt etwas** *bei seinen Überlegungen berücksichtigen:* Hast du auch bedacht, welche Konsequenzen dein Handeln hat? ② ■ **jmd. bedenkt jmdn. mit etwas** *Dat. (geh.)*

jmdn. mit etwas beschenken: Seine Tante hatte ihn in ihrem Testament reich bedacht.

be·den·ken·los *adj* /nicht steig./ ① *(≈ skrupellos) ohne Skrupel:* Er hat bedenkenlos und ohne Rücksicht auf andere gehandelt. ▶ Bedenkenlosigkeit ② *(≈ ohne weiteres) so, dass keine Zweifel nötig sind:* Dieses Geld kannst du bedenkenlos von mir annehmen: Ich brauche es wirklich nicht!

be·den·kens·wert *adj so, dass man darüber nachdenken sollte*

be·denk·lich *adj* ① *so, dass es Besorgnis erregt:* eine bedenkliche Situation; Die Prüfung ist schon bedenklich nahe, und du hast immer noch nichts dafür gelernt. ② *(≈ fragwürdig) so, dass es zweifelhaft ist und man es nicht einfach akzeptieren kann.:* Seine politischen Ansichten sind sehr bedenklich. ③ *(≈ besorgt) so, dass jmd. Sorgen hat:* Er hatte eine bedenkliche Miene aufgesetzt.

Be·denk·zeit *die* <-, -en> *die Zeit bis zu einer Entscheidung, in der man nachdenken kann*

be·dep·pert *adj (umg.) dumm, verlegen, ratlos:* ein bedeppertes Gesicht machen

be·deu·ten <bedeutet, bedeutete, hat bedeutet> I. *mit OBJ* ① ■ **etwas bedeutet (jmdm.) etwas** *eine bestimmte Bedeutung haben:* Was soll das bedeuten?; Was bedeutet eigentlich der Ausdruck/das Wort „historisch"?; Das lateinische Wort „rex" bedeutet „König". ② ■ **jmd. bedeutet jmdm. etwas** *einen großen Wert für jmdn. haben:* Meine Freunde bedeuten mir viel.; Seine Musik bedeutet ihm alles. II. *ohne OBJ* ■ **jmd. bedeutet (jmdm.) etwas (mit etwas** *Dat.*) *(geh.) ein Zeichen geben:* Mit einer Handbewegung bedeutete er mir, ich solle mich setzen.

be·deu·tend <bedeutender, am bedeutendsten> *adj* ① *so, dass jmd. oder etwas von vielen sehr anerkannt ist:* ein bedeutender Dichter/Politiker/Staatsmann/ Wissenschaftler; Bedeutende Ereignisse werfen ihren Schatten voraus. ② */verstärkend bei Verben und im Komparativ/ (≈ beträchtlich, sehr) eine bedeutend große Summe;* Er hat sich bedeutend weiterentwickelt. ◆Großschreibung → R 3.7 das Bedeutende; nichts Bedeutendes; um ein Bedeutendes

be·deut·sam *adj* ① *(≈ bedeutungsvoll) besonders wichtig und folgenreich:* eine bedeutsame These aufstellen ▶ Bedeutsamkeit ② *(≈ vielsagend) so, dass etwas eine* *noch unbekannte Bedeutung/Bedeutsamkeit hat:* Sie schenkte ihm ein bedeutsames Lächeln.

Be·deu·tung die <-, -en> ❶ *der Sinn, den man in einer Handlung oder Gegebenheit sieht:* Der Traum hat eine tiefere Bedeutung.; die Bedeutung von etwas erst später verstehen ❷ SPRACHWISS. *der sprachliche Inhalt (= die Inhaltsseite eines sprachlichen Zeichens), der mit der Ausdrucksseite (Regeln der Schreibung und der Lautgestalt/Lautung) eines Wortes stets verbunden ist:* Die Wörter einer Sprache haben meist mehr als nur eine Bedeutung.; Es lassen sich drei Bedeutungen des Wortes ... unterscheiden.; In der Bedeutung X müsste man das Wort als ... übersetzen. ◆-slehre, -stheorie, -sumfang, -sunterschied, -swandel, -swörterbuch ❸ *Wichtigkeit, Wert:* Das ist nichts von Bedeutung.; Er hat dem Geld nie große Bedeutung beigemessen. ▶ Bedeutsamkeit

be·deu·tungs·los adj /nicht steig./ (↔ *bedeutungsvoll) unwichtig, ohne besonderen Sinn:* eine bedeutungslose Feststellung ▶ Bedeutungslosigkeit

be·deu·tungs·schwer adj /nicht steig./ *(geh.) von großer Bedeutung:* eine bedeutungsschwere Entscheidung treffen

Be·deu·tungs·un·ter·schied der <-s, -e> *Unterschied zwischen zwei Bedeutungen²*

be·deu·tungs·voll <bedeutungsvoller, am bedeutungsvollsten> adj ❶ *wichtig, bedeutsam¹:* Das war ein bedeutungsvoller Schritt, um den Friedensprozess voranzubringen. ❷ *vielsagend, bedeutsam²:* eine bedeutungsvolle Geste

Be·deu·tungs·wan·del der <-s> /kein Plur./ SPRACHWISS. *der Vorgang, dass die Bedeutung² von Wörtern sich im Laufe der Sprachgeschichte verändert*

be·die·nen <bedienst, bediente, hat bedient> I. *mit OBJ* ▪ **jmd. bedient jmdn.** ❶ *jmdm. Speisen und Getränke servieren:* Die Kellnerin bedient die Gäste.; Es dauerte eine Ewigkeit, bis wir bedient wurden. ❷ *einen Kunden beraten, ihm Waren anreichen oder an der Kasse abrechnen:* Ich möchte gern ein Paar Schuhe kaufen. — Können Sie mich bedienen? ❸ ▪ **jmd. bedient etwas** *ein technisches Gerät gebrauchen:* Sie bedient den Rasenmäher/den Staubsauger. ❹ ▪ **etwas bedient etwas** *(fachspr.: ≈ anfahren)* Die Haltestelle „Katharinenstraße" wird wegen Bauarbeiten momentan nicht bedient. ❺ ▪ **jmd. bedient etwas** BANKW. ▪ **ein Darlehen bedienen** *die fällige Tilgungsrate eines Darlehens zurückzahlen* II. *ohne OBJ* ▪ **jmd. bedient (irgendwo)** ❶ *(≈ servieren)* Der Student bedient in den Semesterferien in einer Pizzeria. ❷ *Kunden betreuen:* Sie bedient in einem Möbelgeschäft. ❸ *beim Kartenspiel die richtige Farbe ausspielen:* Wer bedient? III. *mit SICH* ❶ **jmd. bedient sich (an etwas** *Dat.) sich Speisen und Getränke nehmen:* Ich bediene mich schon mal an der Salatbar.; Bitte, bedienen Sie sich! ❷ ▪ **jmd. bedient sich einer Sache** *Gen. (geh.) etwas benutzen:* Er bediente sich seiner guten Beziehungen.; ▪ **bedient sein** *(umg.) genug haben* Also, mir reicht's jetzt! Ich bin bedient für heute!

Be·die·ner·füh·rung die <-, -en> EDV *Benutzerführung innerhalb eines Computerprogramms*

Be·die·ne·rin die <-, -nen> SÜDDT., ÖSTERR. *(≈ Haushaltshilfe) Frau, die stundenweise im Haushalt hilft*

be·diens·tet adj /nicht steig./ ÖSTERR. *angestellt*

Be·diens·te·te der/die <-n, -n> ❶ AMTSSPR. *Angestellte(r) im öffentlichen Dienst* ❷ *jmd., der bei einer Privatperson gegen Lohn Dienst tut*

Be·die·nung die <-, -en> ❶ *(≈ Kellnerin, Serviererin) Person, die in einer Gaststätte den Gästen das Essen und die Getränke bringt, und die auch kassiert* ❷ */kein Plur./ das Bedienen von Geräten* ◆-sanleitung, -sanweisung, -sfehler, Fehl- ❸ SÜDDT., ÖSTERR. *Hausgehilfin*

be·die·nungs·freund·lich adj *(≈ benutzerfreundlich) für den Benutzer einfach in der Handhabung*

be·din·gen <bedingst, bedingte, hat bedingt> *mit OBJ* ▪ **etwas bedingt etwas** *(≈ bewirken, verursachen) zur Folge haben, Ursache oder Voraussetzung für etwas sein:* Ein winziger Fehler bedingte den Systemabsturz.

be·dingt adj /nicht steig./ *nur mit Einschränkungen oder nur in einem bestimmten Sinne:* Das ist nur bedingt richtig.; Ich kann Ihnen meine Zusage nur bedingt geben.

-be·dingt *als Zweitglied zusammengesetzter Adjektive, mit Betonung auf dem Erstglied; drückt aus, dass das mit dem Erstglied Bezeichnete der Grund/die Ursache für etwas ist bzw. darin gründet:* eine altersbedingte Entlassung ◆alters-, angst-, gefühls-, krankheits-, preis-, saison-, teuerungs-, umwelt-, verletzungs-, witterungs-, zeit-, zufalls-

Be·din·gung die <-, -en> ❶ etwas, das gefordert wird und das erfüllt sein muss, damit etwas anderes geschehen kann: Die Bedingungen für die Zusammenarbeit waren klar definiert.; Ich mache es nur unter der Bedingung, dass …; Bitte, dann stellen Sie Ihre Bedingungen! ◆ Teilnahme-, Vertrags-, Zahlungs- ❷ /meist Plur./ (≈ Umstände) gegebene Verhältnisse: Dieses Kunstwerk ist unter sehr schwierigen Bedingungen des Künstlers entstanden.; Sie hatte in ihrer Studienzeit sehr günstige Bedingungen. ◆ Arbeits-, Existenz-, Lebens-, Natur-, Trainings-, Umwelt-

Be·ding·ungs·form die <-, -en> SPRACHWISS. (≈ Konditional) Modus, der insbesondere mit „wenn" die Bedingung ausdrückt: im Deutschen durch „würde" plus Infinitiv z.B. in „Er würde nach Stuttgart fliegen, wenn er genügend Geld hätte"

be·din·gungs·los adj (≈ uneingeschränkt, vorbehaltlos) an keine Bedingungen¹ gebunden: sich jmdm. bedingungslos unterwerfen; jmdm. bedingungslos vertrauen

be·drän·gen <bedrängt, bedrängte, hat bedrängt> mit OBJ ❶ ■ jmd. bedrängt jmdn. (mit etwas Dat.) immer wieder zu jmdm. kommen und energisch etwas von jmdm. verlangen: Er bedrängte sie mit Forderungen/Fragen. ❷ ■ etwas bedrängt jmdn. belasten, bedrücken: Die Sorgen um ihre Gesundheit bedrängen sie sehr.

Be·dräng·nis die <-, -se> Druck, unter dem jmd. steht: in Bedrängnis geraten

be·dro·hen <bedrohst, bedrohte, hat bedroht> mit OBJ ❶ ■ jmd. bedroht jmdn. (mit etwas Dat.) sich so verhalten, als wolle man jmdn. angreifen: Er gab zu Protokoll, der Mann habe ihn mit einem Messer bedroht. ❷ ■ etwas bedroht etwas eine Gefahr für etwas sein: Ausbrechende Seuchen bedrohen jetzt die Kriegsregion. ▶ Bedrohtheit

be·droh·lich <bedrohlicher, am bedrohlichsten> adj (≈ gefährlich) so, dass davon eine Gefahr ausgeht: sich in einer bedrohlichen Situation befinden ◆ lebens-

Be·dro·hung die <-, -en> ❶ das Bedrohen¹ ❷ das Bedrohtsein: die Bedrohung durch das Hochwasser; die Bedrohung des Friedens/der Gesundheit

be·drü·cken mit OBJ ■ etwas bedrückt jmdn. belasten, traurig machen: Die vielen Sorgen bedrücken ihn.

Be·drückt·heit die <-> /kein Plur./ (↔ Unbeschwertheit) die Traurigkeit, die durch eine belastende Situation entsteht: Man konnte der Frau ihre Bedrücktheit ansehen.

be·dür·fen <bedarf, bedurfte, hat bedurft> ohne OBJ ■ jmd./etwas bedarf etwas Gen. (geh.) brauchen, nötig haben: Sie bedurfte der Hilfe ihrer Freundin.; Es bedarf einiger Mühe, diese Aufgabe zu lösen.

Be·dürf·nis das [bəˈdʏrfnɪs] <-ses, -se> (≈ Verlangen) der Zustand, dass jmd. etwas braucht: das Bedürfnis nach Liebe und Zärtlichkeit; die Bedürfnisse der Konsumenten ▶ bedürfnislos ◆ Liebes-, Mitteilungs-, Ruhe-, Schlaf-, Schutz-

be·dürf·tig [bəˈdʏrftɪç] adj (≈ mittellos) so, dass man arm ist und viele Dinge nicht hat: Spenden für Bedürftige sammeln ▶ Bedürftige(r)

-be·dürf·tig [bədʏrftɪç] Als Zweitglied zusammengesetzter Adjektive, mit Betonung stets auf dem Erstglied; drückt aus, dass das mit dem Erstglied Bezeichnete besonders gebraucht/benötigt wird: eine pflegebedürftige Person ◆ behandlungs-, erholungs-, harmonie-, hilfs-, kritik-, liebe-, pflege-, reform-, reperatur-, ruhe-, schutz-, trost-, verbesserungs-, wärme-

Beef·steak das [ˈbiːfsteːk] <-s, -s> KOCH. Steak vom Rind

be·ei·den, be·ei·di·gen <beeidest, beeidete, hat beeidet> mit OBJ ■ jmd. beeidet etwas auf etwas einen Eid leisten: eine Aussage vor Gericht beeiden

be·ei·digt adj /nicht steig./ so, dass man einen Eid geleistet hat: Man zog einen beeidigten Dolmetscher hinzu.

be·ei·len <beeilst, beeilte, hat beeilt> mit SICH ■ jmd. beeilt sich (mit etwas Dat.) (↔ trödeln) ❶ sich so verhalten, dass man etwas in möglichst kurzer Zeit macht: Beeile dich!; Wir müssen uns beeilen, sonst verpassen wir den Zug.; Sie beeilte sich mit ihrer Arbeit, um es abends noch ins Kino zu schaffen. ❷ ausdrücken, dass man nicht zögert, etwas zu tun: Er beeilte sich zu versichern, dass er mithelfen wolle. ▶ Beeilung

be·ein·dru·cken [bəˈʔaɪndrʊkn̩] <beeindruckst, beeindruckte, hat beeindruckt> mit OBJ ■ jmd. beeindruckt jmdn. (mit etwas Dat.) auf jmdn. einen sehr positiven Eindruck machen: Er versuchte seinen Chef mit guten Leistungen zu beeindrucken.

be·ein·flus·sen [bəˈʔaɪnflʊsn̩] <beeinflusst, beeinflusste, hat beeinflusst> mit OBJ ■ jmd./etwas beeinflusst jmdn./etwas auf etwas einen Einfluss ausüben:

leicht zu beeinflussen sein; Er ist sehr stark durch seinen Lehrer beeinflusst.; Die gute Stimmung ihrer Kollegen hat sie positiv beeinflusst. ▸ Beeinflussung

be·ein·träch·ti·gen <beeinträchtigt, beeinträchtigte, hat beeinträchtigt> *mit OBJ* ▪ **etwas beeinträchtigt etwas** *den Erfolg von etwas oder das Wohlbefinden von jmdm. verringern:* Das schlechte Wetter hat die Veranstaltung erheblich beeinträchtigt.; Ihr häufiges Kranksein in den letzten Wochen hat sie sehr beeinträchtigt. ▸ Beeinträchtigung

Beel·ze·bub der <-s> /kein Plur./ REL. *der (oberste) Teufel;* ▪ **den Teufel mit dem Beelzebub austreiben** *(geh.) ein Übel durch ein anderes bekämpfen*

be·en·den <beendest, beendete, hat beendet> *mit OBJ* ▪ **jmd. beendet etwas** *(≈ abschließen ↔ anfangen, beginnen) zu einem Ende, zum Abschluss bringen:* sein Studium beenden; ein Gespräch beenden; eine Freundschaft beenden ▸ Beendigung

be·en·gen <beengst, beengte, hat beengt> *mit OBJ* ▪ **etwas beengt jmdn.** *das Gefühl von Enge geben:* Die Kleider/Die strengen Vorschriften beengen mich.

be·er·ben <beerbst, beerbte, hat beerbt> *mit OBJ* ▪ **jmd. beerbt jmdn.** *(↔ vererben) jmds. Nachlass erhalten:* Die Tochter beerbt ihre Eltern.

be·er·di·gen |bəˈʔeːɐ̯dɪɡn̩| <beerdigst, beerdigte, hat beerdigt> *mit OBJ* ▪ **jmd. beerdigt jmdn.** *(≈ beisetzen, bestatten) einen Verstorbenen auf einem Friedhof begraben*

Be·er·di·gung die <-, -en> *das Beerdigen (≈ Begräbnis, Bestattung)* Die Beerdigung findet am Freitag statt.; Zur Beerdigung waren zahllose Freunde und Verwandte gekommen.

Bee·re die |ˈbeːrə| <-, -n> *eine kleine runde Frucht, in deren saftigem Fleisch sich Samenkerne befinden:* aus den Beeren Marmelade kochen; Beeren pflücken/sammeln/zu Saft verarbeiten

Bee·ren·aus·le·se die <-, -n> *Wein aus vollreifen, ausgelesenen Trauben*

Beet das |ˈbeːt| <-(e)s, -e> *ein abgegrenztes (kleineres) Stück Boden in einem Garten oder Park, auf dem etwas angebaut wird:* Beete anlegen/umgraben; das Beet mit Blumen bepflanzen ▪ Blumen-, Früh-, Gemüse-

Bee·te die <-> /nur Plur./ siehe **Bete**

be·fä·hi·gen <befähigst, befähigte, hat befähigt> *mit OBJ* ▪ **etwas befähigt jmdn. zu etwas** *Dat. jmdm. die Fähigkeit geben, etwas zu tun:* Ihre Kenntnisse befähigen sie zu dieser Tätigkeit.; Er ist ein sehr befähigter Mitarbeiter.

Be·fä·hi·gung die <-, -en> *(≈ Qualifikation ↔ Unfähigkeit) Eignung/Tauglichkeit für eine bestimmte Aufgabe oder Tätigkeit:* Er stellte seine Befähigung unter Beweis.

be·fahr·bar *adj /nicht steig./ so, dass man mit einem Fahrzeug dort fahren kann:* Wegen eines Unfalls ist dieser Autobahnabschnitt zur Zeit nicht befahrbar.; Seit Wintereinbruch ist die Straße nur mit Schneeketten befahrbar. ▸ Befahrbarkeit

be·fah·ren <befährst, befuhr, hat befahren> *mit OBJ* ▪ **jmd. befährt etwas** (mit etwas *Dat.*) *auf einer Straße oder einem Weg mit einem Fahrzeug fahren:* Diese Straße ist stark befahren.

be·fal·len <befällt, befiel, hat befallen> *mit OBJ* ❶ **etwas befällt jmdn.** *(als Krankheit oder negative Entwicklung) plötzlich auftreten:* Auf dem Heimweg wurde er plötzlich von Schwindel befallen.; Sorgen/Zweifel befielen ihn. ❷ **etwas befällt etwas** *(als Schädling oder Krankheit) etwas angreifen und beschädigen:* Der Käfer befällt vor allem Nadelbäume.; Die Haut des Tieres ist von Milben befallen.

be·fan·gen *adj* ❶ *(≈ gehemmt, verlegen) so, dass man durch etwas in Verlegenheit gebracht ist und sich nicht locker und ungezwungen geben kann:* Beim Vorstellungsgespräch machte sie einen befangenen Eindruck. ❷ RECHTSW. *(≈ parteiisch) voreingenommen:* Das Gericht erklärte den Zeugen für befangen.

Be·fan·gen·heit die <-> /kein Plur./ ❶ *(≈ Schüchternheit) Verlegenheit:* Ihre Befangenheit ließ ihr die Röte ins Gesicht steigen. ❷ RECHTSW. *(≈ Parteilichkeit) Voreingenommenheit:* Der Richter wurde wegen Befangenheit abgelehnt. ▪-santrag

be·fas·sen <befasst, befasste, hat befasst> I. *mit OBJ* ▪ **jmd. befasst jmdn. mit etwas** *Dat.* AMTSSPR. *jmdm. die Aufgabe übertragen, etwas zu bearbeiten:* Er ist gerade mit der Bearbeitung des Falls befasst worden. II. *mit SICH* ▪ **jmd. befasst sich mit etwas/jmdm.** *(≈ auseinandersetzen, beschäftigen) sich mit etwas/jmdm. beschäftigen:* Mit diesem Thema müssen wir uns noch befassen.

be·feh·den <befehdest, befehdete, hat befehdet> *mit OBJ* ▪ **jmd. befehdet jmdn.** *(geh.) bekämpfen:* Diese beiden Familien/Stämme befehden einander seit Jahrzehnten. ▸ Fehde

Be·fehl der [bə'fe:l] <-(e)s, -e> ❶ *(≈ Anordnung, Anweisung) Anordnung von einer Person, die eine gewisse Autorität besitzt, etwas ohne Widerrede zu tun:* einen Befehl ausführen; einem Befehl Folge leisten; einen Befehl verweigern ❷ MILIT. *(≈ Order) ein militärischer Befehl¹, der von Vorgesetzten ausgegeben wird:* einem Befehl ausführen/verweigern ◆ -sbereich, -sgewalt, -sverweigerung, Dienst-, Marsch-, Schieß- ▶ Befehlshaber(in) ❸ EDV *eine Art Anweisung, die der Benutzer einem Computer durch das Bedienen bestimmter Tasten gibt* ◆ -sfolge

be·feh·len [bə'fe:lən] <befiehlst, befahl, hat befohlen> *mit OBJ* ■ **jmd. befiehlt (jmdm.) etwas** *(≈ anordnen) einen Befehl¹ geben:* Von dir lasse ich mir nichts befehlen!; Er befahl ihnen, ihm bedingungslos zu gehorchen.

be·feh·lend *adj /nicht steig./ (≈ gebieterisch) in der Art und in dem Tonfall, in dem man Befehle gibt:* mit einem befehlenden Ton sprechen

be·fehls·ge·mäß *adj /nicht steig./ einem Befehl entsprechend:* Er meldete sich befehlsgemäß bei seinem Vorgesetzten.

be·fes·ti·gen <befestigst, befestigte, hat befestigt> *mit OBJ* ■ **jmd. befestigt etwas (mit etwas** *Dat.)* ❶ *etwas irgendwo mit einer festen Verbindung anbringen:* ein Regal mit Dübeln an der Wand befestigen ❷ *stabil machen:* einen Deich befestigen ▶ Befestigung

be·feuch·ten <befeuchtest, befeuchtete, hat befeuchtet> *mit OBJ* ■ **jmd. befeuchtet etwas** *(≈ anfeuchten) feucht machen:* sich die Lippen befeuchten

Beff·chen das <-s, -> REL. *die weiße Halsbinde, die zur Tracht protestantischer Geistlicher gehört*

Be·fin·den das <-s> /kein Plur./ *(≈ Verfassung) (gesundheitlicher) Zustand:* Der Arzt erkundigte sich nach dem Befinden der Patientin. ◆ Allgemein-, Wohl-

be·fin·den <befindest, befand, hat befunden> I. *mit OBJ* ■ **jmd. befindet etwas für irgendwie** *(geh.) in einer bestimmten Weise beurteilen:* Die Kollegen haben seinen Vorschlag für gut befunden.; etwas für ausreichend/passend/richtig/schlecht befinden II. *ohne OBJ* ■ **jmd. befindet über jmdn./etwas** RECHTSW. *(geh.) urteilen:* Der Richter hat über die Schuld des Angeklagten zu befinden. III. *mit SICH (≈ sein)* ❶ ■ **jmd./etwas befindet sich irgendwo** *an einem bestimmten Ort sein:* Der Lichtschalter befindet sich neben der Tür.; Wo befindet sich die Garderobe? ❷ ■ **jmd./etwas befindet sich irgendwie** *in einem bestimmten Zustand sein:* Er befindet sich im Irrtum.; Sie hat sich inzwischen erholt und befindet sich wohl.; Wir befinden uns in der glücklichen Lage, einen großen Garten zu haben.

Be·find·lich·keit die <-, -en> *(geh.) der seelische Zustand, in dem sich jmd. befindet:* Ihre Befindlichkeit ist labil.

be·fle·cken <befleckst, befleckte, hat befleckt> *mit OBJ* ■ **jmd. befleckt etwas** *(geh.) Flecken auf etwas machen:* die Tischdecke beflecken

be·flie·gen <befliegst, beflog, hat beflogen> *mit OBJ* ■ **jmd. befliegt etwas** LUFTF. *eine Strecke planmäßig fliegen:* Seit letzter Woche wird diese Route ebenfalls beflogen.; Dies ist eine stark beflogene Strecke.

be·flis·sen *adj (geh.: ≈ strebsam, (über-)eifrig) bemüht, alles richtig zu machen:* Der Schüler zeigt sich den Lehrern gegenüber sehr beflissen. ▶ Beflissenheit, bildungsbeflissen, dienstbeflissen

be·flü·geln <beflügelst, beflügelte, hat beflügelt> *mit OBJ* ■ **etwas beflügelt jmdn.** *anregen, motivieren:* Das frühlingshafte Wetter beflügelt ihre Stimmung.

be·fol·gen <befolgst, befolgte, hat befolgt> *mit OBJ* ■ **jmd. befolgt etwas** *(↔ missachten) sich in seinem Handeln nach etwas richten:* einen Ratschlag/eine Vorschrift befolgen

be·för·dern <beförderst, beförderte, hat befördert> *mit OBJ* ❶ ■ **jmd. befördert jmdn./etwas** *(≈ transportieren) jmdn. oder etwas mit einem Fahrzeug an einen Ort bringen:* Das Busunternehmen hat in diesem Jahr mehr Fahrgäste befördert als im letzten. ❷ ■ **jmd. befördert jmdn.** *jmdm. eine höhere (berufliche) Stellung geben:* Er ist zum Abteilungsleiter befördert worden.

Be·för·de·rung die <-, -en> ❶ /kein Plur./ *(≈ Transport) der Vorgang, dass Personen oder Waren mit einem Fahrzeug an einen Ort gebracht werden:* die Beförderung der Reisenden ◆ -saufkommen, -sbedingung, -sgebühr, -sgut, Gepäck-, Personen- ❷ *die Versetzung in eine höhere Position:* Beförderung zum Abteilungsleiter

be·frach·ten <befrachtest, befrachtete, hat befrachtet> *mit OBJ* ■ **jmd. befrachtet etwas (mit etwas** *Dat.) (geh. abwert.: ≈ überladen) in etwas zu viel von etwas einbringen:* Das Referat war mit zu vielen Details befrachtet.

be·frackt *adj /nicht steig./ mit einem Frack bekleidet:* ein befrackter Kellner

be·fra·gen <befragst, befragte, hat befragt> *mit OBJ* ■ **jmd. befragt jmdn.** ❶ *hinsichtlich einer bestimmten Sache jmdm. Fragen stellen:* Ich habe ihn zu seinen Plänen befragt.; Der Polizist hat alle Zeugen befragt. ❷ *eine Befragung durchführen:* Die Marktforscher befragten Kunden in den Kaufhäusern.

Be·fra·ger der, **Be·fra·ge·rin** <-s, -> *jmd., der eine Befragung durchführt*

Be·fra·gung die <-, -en> (≈ *Umfrage*) *das systematische Stellen von gezielten Fragen, um bestimmte Erkenntnisse zu gewinnen:* die Befragung der Zuschauer ◆ Bürger-, Kunden-, -Volks-, Zuschauer-

be·frei·en <befreist, befreite, hat befreit> *mit OBJ* ❶ ■ **jmd. befreit jmdn.** *jmdn., der gefangen war, frei machen:* Nach zehn Tagen wurden die Entführten befreit. ❷ ■ **jmd. befreit jmdn. von etwas** *Dat. ein Übel, eine Plage von jmdm. nehmen:* Dieses Medikament hat mich von meinem lästigen Husten befreit. ❸ ■ **jmd. befreit jmdn. von etwas** *Dat. jmdn. von einer Zahlung oder Pflicht freistellen:* Ich bin von Zuzahlungen bei Rezepten befreit.; Er wurde von der Teilnahme an der Konferenz befreit. ▸ Befreier, Befreiung, Befreiungsarmee, Befreiungsbewegung, Befreiungsversuch

be·frem·den *mit OBJ* ■ **etwas befremdet jmdn.** (≈ *erstaunen, stutzig machen*) *einen seltsamen und unangenehmen Eindruck auf jmdn. machen:* Sein Verhalten befremdete mich.

Be·frem·den das <-s> */kein Plur./ der Zustand, dass etwas befremdet:* Die Rede des Parteivorsitzenden hat bei vielen Befremden ausgelöst. ▸ Befremdung

be·frem·dend *adj* (≈ *merkwürdig*) *so, dass es Befremden auslöst:* ein befremdendes Verhalten

be·freun·den <befreundest, befreundete, hat befreundet> *mit SICH* ■ **jmd. befreundet sich mit jmdm.** (≈ *anfreunden*) *Freundschaft schließen:* Wir befreundeten uns während unserer Schulzeit.

befrie·den *etwas befriedet etwas* POL. *(geh.) (in einem Land) den Frieden herbeiführen:* das nach langen Kriegsjahren befriedete Land ▸ Befriedung

be·frie·di·gen <befriedigst, befriedigte, hat befriedigt> I. *mit OBJ* ■ **jmd. befriedigt jmdn./etwas befriedigt jmdn.** (≈ *zufrieden stellen*) *bewirken, dass jmd. zufrieden ist:* Ihre neue Aufgabe befriedigt sie in keiner Weise. II. *mit SICH* ■ **jmd. befriedigt sich** (≈ *masturbieren*)

be·frie·di·gend [bə'friːdɪɡnt] *adj /nicht steig./* ❶ *so, dass es jmdn. zufrieden macht:* Wir haben eine befriedigende Lösung des Problems gefunden. ❷ SCHULE *so, dass ein Schüler/eine Schülerin die mittlere Schulnote 3 (= „befriedigend") bekommt:* Die Mehrzahl der Schüler erbrachte befriedigende und gute Leistungen.

Be·frie·di·gung die <-> */kein Plur./* ❶ *die Zufriedenstellung; das Befriedigen:* die Befriedigung der Bedürfnisse ◆ Bedürfnis-, Ersatz-, Selbst- ❷ (≈ *Zufriedenheit*) Die Nachricht erfüllte ihn mit einer tiefen Befriedigung.

be·fris·ten <befristest, befristete, hat befristet> *mit OBJ* ■ **jmd. befristet etwas (auf etwas** *Akk.*) *zeitlich begrenzen:* Der Arbeitsvertrag ist auf ein Jahr befristet. ▸ befristet, Befristung

be·fruch·ten <befruchtest, befruchtete, hat befruchtet> *mit OBJ* ■ **etwas befruchtet etwas** ❶ BIOL. *als Samenzelle sich mit einer Eizelle vereinigen* ❷ (≈ *inspirieren*) *geistig anregen, mit neuen Ideen versehen:* Die Ideen des Wissenschaftlers haben auch die Arbeit seiner Schüler befruchtet.

Be·fruch·tung die <-, -en> BIOL. *die Vereinigung der männlichen Samenzelle und der weiblichen Eizelle, so dass ein neues Lebewesen entsteht*

Be·fug·nis die <-, -se> (≈ *Genehmigung*) *die Erlaubnis, dass man etwas tun darf:* für etwas keine Befugnis haben

be·fugt [bə'fuːkt] *adj /nicht steig./* (≈ *bevollmächtigt*) *mit der Erlaubnis ausgestattet, dass man etwas tun darf:* Er ist befugt, Auskunft zu erteilen.

be·füh·len <befühlst, befühlte, hat befühlt> *mit OBJ* ■ **jmd. befühlt jmdn./etwas** (≈ *betasten*) *prüfend mit den Fingern betasten:* Der Arzt befühlt den Bauch der Patientin.

Be·fund der <-(e)s, -e> ❶ *festgestelltes Ergebnis:* Der Befund des Sachverständigen informiert über den Zustand der Heizungsanlage. ❷ MED. (≈ *Diagnose*) *Der Befund der Laboruntersuchung liegt vor.;* ■ **ein negativer/positiver Befund** *der Sachverhalt, dass man die fragliche Krankheit nicht hat/hat*

be·fürch·ten <befürchtest, befürchtete, hat befürchtet> *mit OBJ* ■ **jmd. befürchtet etwas** *Angst haben, dass etwas eintreten oder der Fall sein könnte:* Sie befürch-

tet, durch die Prüfung zu fallen.
Be·fürch·tung die <-, -en> (≈ *Sorge, Verdacht*) *Erwartung einer unangenehmen Sache; schlimme Ahnung:* Meine Befürchtungen haben sich bewahrheitet.

be·für·wor·ten [bə'fy:ɐ̯vɔrtn̩] <befürwortest, befürwortete, hat befürwortet> *mit OBJ* ■ **jmd. befürwortet etwas** (≈ *begrüßen, gutheißen* ↔ *ablehnen*) *für etwas sein; sich für etwas einsetzen:* Die Bank befürwortet den Kreditantrag.; Ich befürworte das Anliegen der Bürgerinitiative. ▶ Befürwortung

Be·für·wor·ter der, **Be·für·wor·te·rin** <-s, -> (↔ *Gegner*) *jmd., der etwas befürwortet:* eine Diskussion zwischen Befürwortern und Gegnern des Projekts

be·gabt [bə'ga:pt] *adj* (≈ *fähig, talentiert*) *mit bestimmten Talenten ausgestattet:* Sie gilt als künstlerisch sehr begabt.; eine begabte Schülerin

Be·gab·ten·för·de·rung die <-> */kein Plur./* *Unterstützung besonders begabter Schüler(innen) und Studenten/Studentinnen durch Geld oder bestimmte Maßnahmen*

Be·ga·bung die <-, -en> (≈ *Fähigkeit, Talent*) *die Eigenschaft, dass jmd. auf einem Gebiet große Leistungen erbringen kann, weil er von Natur aus bestimmte Fähigkeiten hat:* Ihre Begabung wurde schon sehr früh erkannt.; eine künstlerische/musische/sprachliche Begabung ▶ -sförderung, -stest

be·gan·gen *Part. Perf. von* **begehen**

be·ge·ben <begibst, begab, hat begeben> I. *mit SICH* ■ **jmd. begibt sich irgendwohin** *(geh.) an einen bestimmten Ort gehen:* Er begab sich nach dem Anruf sofort nach Hause. II. *mit ES* ■ **es begibt sich** *(veralt. oder geh.) sich ereignen:* Was hat sich alles in der Zwischenzeit begeben?; Es begab sich eines Tages, dass … geschah.

Be·ge·ben·heit die <-, -en> (≈ *Ereignis, Vorfall*) *etwas, das geschehen ist (und erzählt werden kann):* Dem Roman liegt eine wahre Begebenheit zugrunde.; Diese Geschichte erzählt von einer heiteren/interessanten/ seltsamen Begebenheit.

be·geg·nen [bə'ge:gnən] <begegnest, begegnete, ist begegnet> *mit OBJ* ❶ ■ **jmd. begegnet jmdm./etwas** *(ohne Absicht) mit jmdm. zusammentreffen:* Ich begegne ihm etwas auf dem Weg zum Bahnhof. ❷ ■ **jmd. begegnet etwas** *Dat. mit etwas konfrontiert werden:* Den Forschern begegneten vielen Schwierigkeiten.; Wir sind bei unserer Arbeit immer wieder uralten Ängsten/großem Misstrauen/unüberwindbaren Vorurteilen begegnet. ❸ ■ **jmd. begegnet etwas** *Dat.* **mit etwas** *Dat. auf etwas reagieren:* Sie begegnete seiner arroganten Art mit Heiterkeit.; Er begegnete den Gefahren mit Mut und Klugheit.

Be·geg·nung die <-, -en> ❶ *das Zusammentreffen; der Umstand, sich zu begegnen:* eine flüchtige/folgenreiche/interessante/zufällige Begegnung ❷ SPORT *sportlicher Wettkampf:* Die Begegnung zwischen den beiden Handballmannschaften endete unentschieden.; Und hier die Ergebnisse der anderen Begegnungen des Wochenendes …

Be·geg·nungs·stät·te die <-, -n> *ein Ort, der eingericht wurde, damit sich bestimmte Gruppen von Menschen dort regelmäßig treffen können:* eine Begegnungsstätte für Senioren

be·geh·bar *adj* /*nicht steig.*/ *so, dass man darin oder darauf laufen kann:* Im tiefen Winter sind viele Wanderwege im Gebirge nicht begehbar. ▶ Begehbarkeit

be·ge·hen <begehst, beging, hat begangen> *mit OBJ* ■ **jmd. begeht etwas** ❶ *einen Weg entlang laufen, um ihn unter bestimmten Aspekten zu studieren:* Die Abfahrtsläufer begehen vor dem Rennen die Strecke. ▶ Begehung ❷ *etwas Negatives tun:* Er hat kein Verbrechen begangen. ❸ *(geh.) feiern:* Sie begehrt ihren 83. Geburtstag.; das Firmenjubiläum in einem festlichen Rahmen begehen

be·geh·ren <begehrst, begehrte, hat begehrt> *mit OBJ* ❶ ■ **jmd. begehrt jmdn.** *ein starkes (sexuelles) Verlangen nach jmdm. spüren:* Er begehrte sie, wie er noch nie eine Frau begehrt hatte. ❷ ■ **jmd. begehrt etwas** *(geh.) etwas heftig verlangen:* Sie begehrte dringend, ihn zu einem klärenden Gespräch zu treffen.

Be·geh·ren das <-s, -> *(geh.) starkes Verlangen:* ihr leidenschaftliches Begehren, dieses Bild zu besitzen; Bürger-Begehren mit dem Ziel, einen Volksentscheid über ein Vorhaben zu initiieren ▶ Bürger-, Volks-

be·geh·rens·wert *adj* (≈ *attraktiv*) *so, dass man für andere (sexuell) attraktiv ist*

be·gehrt *adj* (≈ *attraktiv, beliebt*) *so, dass es vielen Menschen als gut erscheint und es viele gern haben wollen:* ein begehrtes Reiseziel; Ausbildungsplätze in diesem Beruf sind selten und begehrt.

Be·ge·hung die <-, -en> *das Begehen¹:*

die Begehung des Streckenabschnitts

be·geis·tern <begeisterst, begeisterte, hat begeistert> **I.** *mit OBJ* ■ **jmd./etwas begeistert jmd.** *(≈ berauschen, mitreißen) mit Begeisterung erfüllen:* Der Star begeisterte erneut die Fans. **II.** *mit SICH* ■ **jmd. begeistert sich für jmdn./etwas** *ein starkes Interesse für etwas haben:* Er begeistert sich nur für die Spiele seiner Lieblingsmannschaft.

Be·geis·te·rung die <-> /kein Plur./ *(≈ Enthusiasmus, Leidenschaft) der Zustand, dass jmd. von Freude und Erregung erfüllt wird, weil er etwas sehr beeindruckend, gut, interessant o.Ä. findet:* Die Begeisterung des Publikums war riesig.; Auf dem Höhepunkt des Konzerts kannte die Begeisterung der Massen keine Grenze mehr.; Er übt diesen Sport mit Begeisterung aus. ▶ begeisterungsfähig ◆ Musik-, Natur-, Sport-, Technik-

Be·gier·de die <-, -n> *(≈ Begehren, Gier) starkes und leidenschaftliches Verlangen nach Genuss:* Seine Begierde war stärker als sein Verstand. ▶ Wissbegierde

be·gie·rig *adj von großem Verlangen nach etwas erfüllt:* Ich bin begierig zu hören, wie die Geschichte ausgegangen ist. ▶ lernbegierig, wissbegierig

be·gie·ßen <begießt, begoss, hat begossen> *mit OBJ* ■ **jmd. begießt etwas (mit etwas** *Dat.)* *mit etwas übergießen:* regelmäßig den Braten begießen; ■ **etwas begießen** *(umg.) ein Ereignis (mit alkoholischen Getränken) feiern* Unser Wiedersehen muss begossen werden!

Be·ginn der [bəˈgɪn] <-s> /kein Plur./ *(≈ Anfang, Start ↔ Ende) der Augenblick, in dem etwas anfängt:* der Beginn der Theatervorstellung; Zu Beginn des Rennens war das Tempo hoch.; vom Beginn kann man noch nicht auf das Ende schließen

be·gin·nen [bəˈgɪnən] <beginnst, begann, hat begonnen> **I.** *mit OBJ* ■ **jmd. beginnt etwas** *(↔ beenden) mit etwas anfangen:* Er begann einen Streit mit seinen Nachbarn.; Sie beginnt eine Ausbildung als Bankkauffrau. **II.** *ohne OBJ* ■ **etwas beginnt** *(↔ enden) zu einer bestimmten Zeit oder an einem bestimmten Ort anfangen:* Der Film beginnt um 20 Uhr.; Die Reise begann morgens am Hauptbahnhof.

be·glau·bi·gen <beglaubigt, beglaubigte, hat beglaubigt> *mit OBJ* ■ **jmd. beglaubigt jmdm. etwas** AMTSSPR. *bestätigen, dass eine Kopie dem Original entspricht:* sich von einem Notar die Urkunde beglaubigen lassen ▶ Beglaubigung

be·glei·chen <begleichst, beglich, hat beglichen> *mit OBJ* ■ **jmd. begleicht (jmdm.) etwas** *(Schulden oder eine Rechnung) bezahlen:* Ich begleiche die Rechnung in bar.

be·glei·ten <begleitest, begleitete, hat begleitet> *mit OBJ* ❶ ■ **jmd. begleitet jmdn.** *mit jmdm./etwas zur Gesellschaft oder zum Schutz mitgehen/mitfahren etc.:* Ich begleite dich noch ein Stück! ▶ Begleitflugzeug, Begleitperson ❷ ■ **jmd. begleitet etwas** *Anteil am Vorhaben oder der Situation einer Gruppe von Menschen nehmen und sie (psychologisch) betreuen:* Der Prozess wird von einem Psychologen und einem Geistlichen begleitet. ❸ MUS. *passend zum Gesang von jmdm. ein Instrument spielen:* Er begleitet die Sängerin auf dem Klavier. ▶ Begleitinstrument, Begleitmusik

Be·glei·ter der, **Be·glei·te·rin** <-s, -> ❶ *jmd., der (immer) bei jmdm. ist:* Er war in diesen Jahren ihr ständiger/treuer Begleiter. ◆ Flug-, Reise-, Zug- ❷ *jmd., der einen Solisten begleitet³:* Der Begleiter am Flügel hielt sich dezent im Hintergrund. ◆ Klavier- ❸ KOCH. *etwas, besonders ein bestimmter Wein, den man zu bestimmten Speisen genießt:* Dieser kräftige Rotwein ist ein ausgezeichneter Begleiter zu dunklem Fleisch und würzigen Käsesorten.

Be·gleit·er·schei·nung die <-, -en> *etwas, das sich als Folge einer Entwicklung einstellt:* Stress ist eine Begleiterscheinung vieler Berufe.

Be·gleit·text der <-es, -e> *Text, der als Erläuterung einer Darstellung beigefügt ist:* Bei diesen beiden Fotos wurden die Begleittexte vertauscht.

Be·glei·tung die <-, -en> ❶ /kein Plur./ *das Begleiten von jmdn.:* Sie kam in Begleitung ihres Freundes. ◆ Damen- ❷ *das Begleiten auf einem Instrument:* die Begleitung der Arie auf dem Klavier ◆ Klavier-, Orchester-, Orgel-

be·glü·cken <beglückst, beglückte, hat beglückt> *mit OBJ* ❶ ■ **etwas beglückt jmdn.** *Dat. (geh.) glücklich machen:* ein beglückendes Erlebnis ❷ ■ **jmd. beglückt jmdn. mit etwas** *Dat. (geh. scherzh.) beschenken:* Er hat mich mit einer Vase beglückt.

be·glück·wün·schen <beglückwünschst, beglückwünschte, hat beglückwünscht> *mit OBJ* ■ **jmd. beglückwünscht jmdn. (zu etwas** *Dat.)* *(≈ gratulieren) Glückwünsche aussprechen;* sa-

gen, dass man sich sehr über jmds. Erfolg freut: jmdn. zu seinem Erfolg/zur bestandenen Prüfung beglückwünschen

be·gna·det *adj mit sehr großem Talent ausgestattet:* ein begnadeter Pianist; ein begnadetes Talent

be·gna·di·gen <begnadigst, begnadigte, hat begnadigt> *mit OBJ* ▪ **jmd. begnadigt jmdn.** *sagen, dass jmd. die restliche Strafe nicht im Gefängnis absitzen muss:* Der Gefangene wurde nach zehn Jahren Haft begnadigt. ▸ Begnadigung, Begnadigungsgesuch

be·gnü·gen <begnügst, begnügte, hat begnügt> *mit SICH* ▪ **jmd. begnügt sich mit etwas** *Dat. mit etwas zufrieden sein und nicht mehr verlangen:* sich mit einem kleinen Imbiss begnügen

be·gra·ben <begräbst, begrub, hat begraben> *mit OBJ* ❶ ▪ **jmd. begräbt jmdn.** *einen Leichnam beerdigen:* Seine sterblichen Überreste wurden in aller Stille begraben. ❷ ▪ **jmd. begräbt etwas** *(übertr.) aufgeben, beenden:* Nach Jahren begruben sie endlich ihren Streit.; Er hat alle seine Hoffnungen begraben (≈ Er hat aufgehört, auf bestimmte Dinge zu hoffen).; ▪ **Da liegt der Hund begraben!** *(umg.) Das ist die Ursache des Übels!*

Be·gräb·nis das [bəˈgrɛːpnɪs] <-ses, -se> *(≈ Beerdigung, Bestattung) der Vorgang, dass ein Toter in einem Sarg oder die Asche eines Toten in einer Urne in der Erde vergraben wird:* Das Begräbnis findet auf dem örtlichen Friedhof statt. ◆-feier, -feierlichkeit, -kosten, -stätte, Staats-

be·gra·di·gen <begradigst, begradigte, hat begradigt> *mit OBJ* ▪ **jmd. begradigt etwas** *durch Baumaßnahmen bewirken, dass etwas gerade wird:* einen Fluss begradigen ▸ Begradigung

be·grap·schen <begrapschst, begrapschte, hat begrapscht> *mit OBJ* ▪ **jmd. begrapscht jmdn./etwas** *(umg. abwert.: ≈ betätscheln) (in einer als unangenehm und belästigend empfundenen Weise) anfassen (vor allem als Mann eine Frau):* Er begrapschte sie am Bein.

be·grei·fen <begreifst, begriff, hat begriffen> *mit OBJ* ▪ **jmd. begreift etwas** *(≈ verstehen) geistig erfassen und im Zusammenhang verstehen:* die Aufgabenstellung begreifen; Von Grammatik hat sie wirklich gar nichts begriffen.; Nun begreife das doch endlich!

be·greif·lich *adj (≈ verständlich ↔ unbegreiflich) leicht zu verstehen:* Das war doch eine völlig begreifliche Reaktion!; Es ist mehr als begreiflich, wenn sie ihn nie mehr sehen will.

be·greif·li·cher·wei·se *adv (≈ natürlich) verständlicherweise:* Begreiflicherweise war sie über seinen Vorschlag nicht erfreut.

be·gren·zen <begrenzt, begrenzte, hat begrenzt> *mit OBJ* ❶ ▪ **jmd. begrenzt etwas auf etwas** *Akk. eine bestimmte Grenze für etwas festlegen:* Die Teilnehmerzahl des Kurses ist auf zehn Personen begrenzt.; Seine Kenntnisse auf diesem Gebiet sind begrenzt. ❷ ▪ **etwas begrenzt etwas** *eine Grenze bilden:* Der Zaun begrenzt das Grundstück. ▸ Begrenzung

Be·griff der <-(e)s, -e> ❶ *(umg.: ≈ Wort) ein sprachlicher Ausdruck, der eine bestimmte Bedeutung hat:* Was versteht man unter dem Begriff (korrekt wäre: Wort/Ausdruck) „Grammatik"?; Begriffe (= Wörter) raten; Die Kindergärtnerin meint, die Kinder könnten im Kindergarten schon "Begriffe" aus Buchstabennudeln zusammensetzen und diese „Begriffe" dann essen (= gemeint sind eigentlich Wörter/Ausdrücke, obwohl es hier sogar nur Buchstaben als materielle Einheiten sind!).; Die Quizmaster fragen ständig nach der Bedeutung von „Begriffen", wo es sich doch nur um Wörter/Ausdrücke handeln kann. ❷ *(fachspr.: ↔ Wort, Ausdruck) Einheit des abstrakten (!) Wissens über Merkmale/Eigenschaften von etwas, das man sich vorstellen und dann sprachlich (im Deutschen, im Englischen etc.) mit entsprechenden Ausdrücken fassen kann:* in der Mathematik und Physik einen Begriff definieren; Das Kind verfügt bereits über den Begriff des Pferdes, kann also immer ein Pferd z.B. von einer Kuh unterscheiden (egal, ob die Tiere in ihrem Wahrnehmungsraum vorhanden sind, oder nicht) ◆-sbestimmung, -sbildung, Allgemein-, Fach-, Spezial- ❸ *die Vorstellung, die jmd. von etwas hat:* Ich glaube, die haben gar keinen Begriff, wie schwer diese Aufgabe ist!; ▪ **schwer von Begriff sein** *(umg. abwert.) einen Sachverhalt nur sehr langsam verstehen*; ▪ **Das ist doch ein Begriff!** *Das ist doch etwas, was man normalerweise kennt!* Der Prado in Madrid ist unter Kunstkennern ein Begriff!; ▪ **im Begriff sein** (etwas zu tun) *gerade anfangen, etwas zu tun* Wir sind im Begriff aufzubrechen.

be·griffs·stut·zig *adj (abwert.) so, dass man nur schwer begreift, was jmd. meint:* Sie war so begriffsstutzig, dass sie die Frage nicht verstehen konnte. ▸ Begriffsstutzigkeit

Be·griffs·ver·wir·rung die <-, -en> *der Umstand, dass Wörter/sprachliche Ausdrücke z.B. in einem Text nicht einheitlich verwendet werden, so dass Missverständnisse entstehen:* Wenn man unter "Freiheit" einmal dies und einmal jenes versteht, kann es zu Begriffsverwirrungen kommen

be·grün·den <begründest, begründete, hat begründet> *mit OBJ* ❶ **jmd. begründet (jmdm.) etwas** *Gründe dafür angeben, warum etwas so ist:* Meinen Verdacht kann ich dir begründen. ❷ **etwas begründet etwas** *(geh.) die Grundlage für etwas schaffen:* Die Erfindung begründete den Weltruf der Firma.

Be·grün·der der, **Be·grün·de·rin** <-s, -> *jmd., der etwas begründet hat:* Der Gelehrte gilt als Begründer der modernen Verhaltensforschung.

be·grün·det *adj /nicht steig./ so, dass es (gute) Gründe dafür gibt:* Das ist zweifelsohne ein begründeter Einwand.; Ich habe begründete Zweifel daran, dass diese Behauptung stimmt.

Be·grün·dung die <-, -en> ❶ *das Angeben einer Ursache:* Die Begründung ihrer Vorgehensweise wurde mit Spannung erwartet.; Er hat ohne Begründung in der Schule gefehlt. ❷ *(≈ Argument) das, was man sagt, um zu begründen¹:* Wie kann man aus der Theorie eine Begründung des Sachverhalts herleiten?

be·grü·nen <begrünt, begrünte, hat begrünt> *mit OBJ* **jmd. begrünt etwas** *irgendwo Rasenflächen anlegen und Blumen oder Bäume anpflanzen:* den Innenhof begrünen; ein begrüntes Dach ▸ Begrünung

be·grü·ßen <begrüßt, begrüßte, hat begrüßt> *mit OBJ* ❶ **jmd. begrüßt jmdn.** *jmdn. willkommen heißen; freundlich empfangen:* Ich begrüße dich auch im Namen der Kollegen. ❷ **jmd. begrüßt etwas** *(≈ befürworten, billigen, zustimmen ↔ ablehnen) etwas positiv bewerten:* Dieser Vorschlag wurde von allen Seiten begrüßt.

Be·grü·ßung die <-, -en> *das Begrüßen¹:* eine freundliche/herzliche/offizielle Begrüßung; Zur Begrüßung gab es einen Aperitif. ◆ -sansprache, -skuss, -srede

be·güns·ti·gen <begünstigt, begünstigte, hat begünstigt> *mit OBJ* ❶ **jmd. begünstigt jmdn.** *(≈ bevorzugen) den Vorzug geben:* Bei der Stellenvergabe wurden Bewerberinnen mit Fremdsprachenkenntnissen begünstigt. ❷ **etwas begünstigt etwas** *fördern, positiv beeinflussen:* Das milde Wetter begünstigt das Wachstum der Pflanzen. ❸ **jmd. begünstigt etwas** AMTSSPR. *bei etwas Negativem, z.B. einem Verbrechen, helfen:* Durch sein Verhalten hat er das Verbrechen begünstigt.

Be·güns·ti·gung die <-, -en> ❶ /kein Plur./ *das Begünstigen* ❷ AMTSSPR. *unerlaubte Unterstützung eines Handels, bei der man zum Beispiel mit dienstlichen Mitteln private Zwecke oder eine kriminelle Handlung fördert:* Begünstigung im Amt ist verboten.

be·gut·ach·ten *mit OBJ* ▪ **jmd. begutachtet jmdn./etwas** *genau betrachten und sich dadurch ein kritisches Urteil über eine Sache bilden:* Der Sachverständige begutachtet die Baumängel. ▸ Begutachtung

be·gü·tert *adj (≈ vermögend) sehr wohlhabend:* Als Besitzer einer Firma sind ihre Eltern recht begütert.

be·haart [bəˈhaːɐ̯t] *adj (≈ haarig) mit Haaren bewachsen:* eine behaarte Männerbrust

be·hä·big *adj* ❶ *korpulent und in seinem Verhalten träge:* ein behäbiger Mensch ❷ *so, dass man sich langsam und schwerfällig bewegt:* Behäbig stand er endlich von seinem Sitz auf und machte Platz. ▸ Behäbigkeit

be·haf·tet *adj /nicht steig./* ▪ **jemand/etwas ist mit etwas Negativem behaftet** *jmd. oder etwas wird etwas Negatives nicht los* Nach ihrer Scheidung war sie mit einem Makel behaftet.; Das Lokal ist mit einem sehr zweifelhaften Ruf behaftet.

be·ha·gen *mit OBJ /nur 3. Pers./* ▪ **etwas behagt jmdm.** *(≈ zusagen) gefallen, angenehm sein:* Dieser Vorschlag behagte ihm gar nicht, er machte ihn sogar Angst.

Be·ha·gen das <-s> /kein Plur./ *das angenehme Gefühl und die Zufriedenheit, die man spürt, wenn man sich sehr wohl fühlt:* Die Kinder aßen mit sichtlichem Behagen. ▸ Wohlbehagen

be·hag·lich *adj (≈ gemütlich)* ❶ *so, dass etwas Behagen macht:* Im Wohnzimmer war es behaglich warm. ❷ *so, dass jmd. Behagen empfindet:* Behaglich streckte er sich im warmen Badewasser aus.

Be·hag·lich·keit die <-> /kein Plur./ *(≈ Gemütlichkeit) gemütliche Atmosphäre:* Der Kamin verleiht dem Wohnzimmer viel Behaglichkeit.

be·hal·ten <behältst, behielt, hat behal-

ten> *mit OBJ* **①** ■ **jmd. behält etwas** *(↔ zurückgeben) etwas, das man bekommen hat, nicht zurückgeben oder hergeben (müssen):* Er behielt das Geschenk. **②** ■ **jmd. behält jmdn./etwas irgendwo** *dort lassen, wo jmd. oder etwas ist:* Die Ärztin behielt den Patienten im Krankenhaus.; Behalte den Schirm lieber bei dir! — Es sieht nach Regen aus! **③** ■ **jmd. behält etwas** *(↔ verlieren) etwas nicht verlieren oder sich nicht nehmen lassen:* Sie behielt ihren Arbeitsplatz.; Er behielt trotz allem seinen Humor. **④** ■ **jmd. behält jmdn./etwas in Erinnerung** *jmdn. oder etwas im Gedächtnis bewahren;* ■ **etwas für sich behalten** *nicht weitererzählen* Ich kann diese Neuigkeit sehr wohl für mich behalten.; ■ **etwas im Auge behalten** *auf etwas gut achtgeben*

Be·häl·ter *der* <-s, -> *ein Gefäß, das dazu dient, eine Substanz in ihm zu lagern oder zu transportieren:* Was wird in den großen Behältern gelagert? ◆ Benzin-, Gas-, Metall-, Öl-, Wasser-

Be·hält·nis *das* <-ses, -se> *(kleinerer) Behälter, in dem etwas aufbewahrt wird*

be·hän·de *adj (≈ flink) schnell und geschickt:* Das Kind kletterte behände an dem Seil hoch. ▶ Behändigkeit

be·han·deln <behandelst, behandelte, hat behandelt> *mit OBJ* **①** ■ **jmd. behandelt jmdn./etwas** *etwas als Thema besprechen oder bearbeiten:* Wir behandelten gestern die Novelle/Schiller/das Drama der Shakespearezeit.; Der Film behandelt das Problem der Emigration. **②** ■ **jmd. behandelt jmdn./etwas irgendwie** *gegenüber jmdn. oder etwas ein bestimmtes Verhalten zeigen:* Ich habe sie immer freundlich/zuvorkommend behandelt.; Man sollte die Sache diskret behandeln. **③** ■ **jmd. behandelt jmdn.** MED. *ärztlich betreuen:* Das Unfallopfer wurde vom Notarzt behandelt. **④** ■ **jmd. behandelt etwas mit etwas** *Dat. ein Material mit einer pflegenden Substanz bearbeiten:* Ich habe das Holz mit Leinöl behandelt.; ■ **jemanden wie Luft behandeln** *(umg.) jmdn. nicht beachten;* ■ **jemanden/etwas wie ein rohes Ei behandeln** *(umg.) jmdn. oder etwas äußerst vorsichtig behandeln*

Be·hand·lung *die* <-, -en> **①** MED. *(≈ Therapie) das Behandeln³ durch jmdn., der einen Heilberuf ausübt:* Diese Behandlung kann ambulant/nur stationär durchgeführt werden. ◆ -sfehler, -smethode, -sstuhl, -szeitraum, -szimmer **②** *die Art und Weise, wie jmd. mit jmdm. umgeht:* Diese Behandlung muss ich mir von Ihnen nicht gefallen lassen.

be·hand·schuht *adj /nicht steig./ Handschuhe tragend:* Die Baronin reichte ihm ihre behandschuhte Hand zur Begrüßung.

Be·hang *der* <-(e)s, Behänge> **①** *etwas, das an etwas hängt:* Die Kirschbäume haben in diesem Jahr einen reichen Behang. ◆ Wand-, Weihnachtsbaum- **②** *(in der Jägersprache) die Ohren des Hundes*

be·hän·gen <behängst, behängte, hat behängt> *mit OBJ* ■ **jmd. behängt etwas mit etwas** *Dat. etwas an etwas hängen:* Wir behängen den Weihnachtsbaum mit Strohsternen.

be·har·ren <beharrst, beharrte, hat beharrt> *mit OBJ* ■ **jmd. beharrt auf etwas** *Dat. an seiner Position festhalten:* Trotz aller Argumente lässt er sich nicht abbringen, sondern beharrt auf seiner Meinung.

be·harr·lich *adj (≈ unermüdlich, zielstrebig) so, dass man sich mit Ausdauer um etwas bemüht oder an etwas festhält:* Beharrlich versuchte sie, das Problem zu lösen.; Er kämpfte beharrlich um den Sieg.; ein beharrlicher Charakter ▶ Beharrlichkeit

Be·har·rungs·ver·mö·gen *das* <-s> */kein Plur./ Ausdauer, Standhaftigkeit:* Er hat ein ziemliches Beharrungsvermögen. — Er wohnt schon seit 30 Jahren in derselben Wohnung!

be·hau·chen <behauchst, behauchte, hat behauchen> *mit OBJ* ■ **jmd. behaucht etwas** **①** *den Atem auf etwas richten:* die Gläser der Brille behauchen **②** SPRACHWISS. *(≈ aspirieren) Konsonanten mit einem Hauchlaut aussprechen*

be·hau·en *mit OBJ* ■ **jmd. behaut etwas** *(Stein) in eine bestimmte Form schlagen:* Der Steinmetz behaut einen Marmorblock.

be·haup·ten [bə'hauptn̩] **I.** *mit OBJ* ■ **jmd. behauptet etwas** **①** *äußern, dass etwas so und nicht anders ist, ohne dafür einen Beweis zu liefern:* Das kann er zwar behaupten, aber nicht beweisen. **②** *erfolgreich verteidigen:* Sie behauptete ihre Stellung im Team. **II.** *mit SICH* ■ **jmd. behauptet sich** (durch etwas *Akk.*) *sich durchsetzen und seine Position sichern:* Er konnte sich in seiner neuen Stellung durch Fleiß behaupten.; Bei der großen Konkurrenz durch zwei Supermärkte konnte sich der kleine Laden nicht behaupten.

Be·haup·tung *die* <-, -en> **①** *eine Äußerung, mit der man etwas als Tatsache hinstellt:* Wie kommen Sie dazu, eine solche

Behauptung aufzustellen?; Das sind Behauptungen, für die es keine Beweise gibt. ❷ MATH. (≈ Hypothese) eine Annahme, die noch nicht bewiesen ist

Be·hau·sung die <-, -en> (abwert.) notdürftige Wohnung: eine einfache/primitive Behausung

be·he·ben <behebst, behob, hat behoben> mit OBJ ▪ jmd. behebt etwas ❶ ▪ einen Schaden beheben reparieren Der Mechaniker behob den Schaden in wenigen Minuten. ❷ ÖSTERR. Geld vom Konto abheben

be·hei·ma·tet adj /nicht steig./ (≈ heimisch) an einem Ort, in einem Gebiet zu Hause: Ihre Familie ist im Sauerland beheimatet.

be·hei·zen <beheizt, beheizte, hat beheizt> mit OBJ ▪ jmd. beheizt etwas durch Heizen warm machen: ein beheiztes Schwimmbad; ein gut beheiztes Wohnzimmer; die beheizte Heckscheibe eines Autos ▸ beheizbar, Beheizung

Be·helf der <-(e)s, -e> /meist Sing./ (≈ Notlösung) provisorische Lösung: Dies ist nur ein Behelf, bis wir die Ersatzteile bekommen. ◆ Not-

be·hel·fen <behilfst, behalf, beholfen> mit SICH ▪ jmd. behilft sich (mit etwas Dat.) ❶ etwas als vorübergehende Lösung verwenden: Ich behelfe mich vorübergehend mit einem Ersatzgerät. ❷ versuchen, ohne Hilfe auszukommen: Ich behelfe mich, bis die Putzhilfe aus dem Urlaub zurück ist.

be·helfs·mä·ßig adj /nicht steig./ (≈ provisorisch) so, dass man es nur vorübergehend als Lösung akzeptiert: eine behelfsmäßige Lösung/Reparatur/Unterkunft

Be·helfs·un·ter·kunft die <-, Behelfsunterkünfte> vorübergehende, provisorische Unterkunft: Die Flüchtlinge wurden in Behelfsunterkünften untergebracht.

be·hel·li·gen mit OBJ ▪ jmd./etwas behelligt jmdn. (mit etwas Dat.) belästigen, bedrängen: Ich will dich mit dieser Aufgabe nicht auch noch behelligen.

be·her·ber·gen mit OBJ ▪ jmd. beherbergt jmdn. (≈ unterbringen) Gästen eine Unterkunft geben: Wir beherbergen die Besucher in unserem Gästezimmer. ▸ Beherbergung

be·herr·schen <beherrschst, beherrschte, hat beherrscht> I. mit OBJ ❶ ▪ jmd. beherrscht jmdn. über jmdn. oder etwas Macht ausüben: Der Diktator beherrschte das Volk zwanzig Jahre lang. ▸ Beherrscher ❷ ▪ jmd. beherrscht etwas hinsichtlich einer Sache sehr gute Kenntnisse oder großes Können haben: eine Fremdsprache in Wort und Schrift beherrschen; Er beherrscht sein Handwerk als Schreiner perfekt.; Die Sängerin beherrscht ihre Stimme auch in den schwierigsten Passagen. ❸ ▪ etwas beherrscht etwas/jmdn. etwas übt großen Einfluss aus: Diese Idee beherrscht ihn vollständig.; Dieses Produkt beherrscht momentan den Markt. II. mit SICH ▪ jmd. beherrscht sich seine Gefühle unter Kontrolle halten: Er konnte seinen Zorn nur schwer beherrschen.

Be·herr·scher der <-s, -> jmd., der Herr über etwas ist: Der Weltumsegler fühlt sich als Beherrscher der Meere.

Be·herr·schung die <-> /kein Plur./ ❶ Kontrolle über etwas: Er verlor die Beherrschung über seinen Wagen. ❷ Kontrolle über sich selbst: Vor Wut hat er die Beherrschung verloren. ◆ Selbst- ❸ das Beherrschen I.2: Die Beherrschung dieses Handwerks erfordert viel Erfahrung.

be·her·zi·gen mit OBJ ▪ jmd. beherzigt etwas den Rat oder die Weisung von jmdm. befolgen: Ich habe deinen Rat beherzigt. ▸ Beherzigung

be·herzt adj (≈ unerschrocken) mutig und entschlossen: Durch sein beherztes Handeln konnte das Unfallopfer gerettet werden. ▸ Beherztheit

be·he·xen <behext, behexte, hat behext> mit OBJ ▪ jmd. behext jmdn./etwas jmd. oder etwas verzaubern: Sie hat ihn mit ihrem bösen Blick behext.

be·hilf·lich [bə'hɪlflɪç] ▪ jemandem behilflich sein jmdm. helfen Er war ihr beim Umzug behilflich.

be·hin·dern <behinderst, behinderte, hat behindert> mit OBJ ▪ jmd./etwas behindert jmdn./etwas (≈ erschweren) bewirken, dass jmd. oder etwas in seinem Handeln aufgehalten oder gestört wird und langsamer ans Ziel kommt: Dichter Nebel behindert den Verkehr.; Er hat durch ungeschicktes Parken die Durchfahrt behindert.

be·hin·dert adj /nicht steig./ so, dass man dauerhaft körperlich oder geistig beeinträchtigt ist: Seit seinem Unfall ist er behindert.; eine Selbsthilfegruppe für Eltern behinderter Kinder ▸ gehbehindert, körperbehindert

Be·hin·der·te der/die <-n, -n> behinderte Person: Dieser Bus besitzt auch Plätze für schwer Behinderte/Schwerbehinderte. ◆ -nsport, -nwerkstatt

be·hin·der·ten·ge·recht *adj /nicht steig./ so, dass in einem Gebäude oder in einem Verkehrsmittel alles (Toiletten usw.) in einer Art und Weise angelegt ist, dass Behinderte keine Probleme haben

Be·hin·de·rung *die* <-, -en> ❶ *ein Hindernis:* Die hohe Bordsteinkante ist eine Behinderung für Rollstuhlfahrer. ❷ *etw., das jmdn. behindert:* Er hat eine schwere geistige Behinderung.

Be·hör·de *die* [bə'hø:ɐ̯də] <-, -n> *(≈ Amt) eine staatliche Institution mit bestimmten Aufgaben:* einen Antrag bei einer Behörde einreichen ◆ Einwanderungs-, Gesundheits-, Justiz-, Schul-

Be·hör·den·ap·pa·rat *der* <-(e)s, -e> *Gesamtheit aller Behörden, die der Verwaltung eines Gebietes dienen*

be·hör·den·über·grei·fend *adj /nicht steig./* AMTSSPR. *mehrere Behörden betreffend:* Die Bearbeitung des Antrags kostet viel Zeit, da das Problem behördenübergreifend ist.

be·hörd·lich *adj /nicht steig./ (≈ amtlich) von einer Behörde ausgehend:* die behördlichen Vorschriften ▶ behördlicherseits

be·hü·ten <behütest, behütete, hat behütet> *mit OBJ* ■ **jmd. behütet jmdn.** *(veralt.: ≈ beschützen)* Sie hat das Kind vor einer großen Gefahr behütet.

be·hut·sam *adj sorgsam und vorsichtig:* beim Ansprechen des Problems behutsam vorgehen; Mit behutsamen Griffen tastet der Arzt die schmerzende Stelle ab. ▶ Behutsamkeit

bei [baɪ] *präp +Dat.* ❶ *verwendet, um auszudrücken, dass etwas in der räumlichen Nähe von jmdm./etwas ist:* Der Laden liegt direkt bei der Kreuzung.; Ich trage das Bild immer bei mir.; ein kleiner Ort bei Frankfurt; gleich beim Bahnhof ❷ *verwendet, um auszudrücken, dass etwas in jmds. Wohn-, Lebens- oder Arbeitsbereich liegt:* bei uns zu Hause; bei einer Firma arbeiten; bei einer Party sein ❸ *verwendet, um auszudrücken, dass sich etwas in einer bestimmten Zeitspanne oder zu einem bestimmten Zeitpunkt vollzieht:* bei Tag und bei Nacht; Vorsicht bei Ankunft des Zuges! ❹ *verwendet, um auszudrücken, dass etwas die genannte Qualität hat oder sich unter den genannten Umständen vollzieht:* Er ist bei guter Gesundheit.; Bist du noch bei Verstand?; bei gutem Wetter/bei strömendem Regen ❺ *verwendet, um auszudrücken, dass jmd. jmds. Dienstleistung in Anspruch nimmt (und dazu in dessen Geschäft o.Ä. ist):* Er war heute beim Friseur.; Beim Fachhändler konnte ihr geholfen werden.; Entsprechende Formulare erhält man bei allen Finanzämtern. ❻ *im Werk eines Autors:* die Hauptfiguren bei Fontane; die Deutung der Geschichte bei Hegel ❼ *zur Angabe eines Zahlenwertes:* Die Temperatur liegt bei 10° C. ❽ *in Beteuerungsformeln:* Ich schwöre bei Gott!

bei·be·hal·ten <behältst bei, behielt bei, hat beibehalten> *mit OBJ* ■ **jmd. behält etwas bei** *etwas weiterhin so tun wie bisher:* Er hat diese Gewohnheit beibehalten.

Bei·boot *das* <-(e)s, -e> SEEW. *(auf einem Schiff mitgeführtes) kleineres Boot:* Die Mannschaft ließ das Beiboot herab, um an Land zu gehen.

bei·brin·gen <bringst bei, brachte bei, hat beigebracht> *mit OBJ* ■ **jmd. bringt jmdm. etwas bei** *(≈ lehren) jmdm. eine Fähigkeit oder bestimmte Kenntnisse vermitteln:* Der Lehrer bringt den Schülern die Grundregeln der Multiplikation bei.; Niemand hat ihm gutes Benehmen beigebracht.; Soll ich dir die Tanzschritte beibringen?

Beich·te *die* <-, -n> ❶ REL. *der Vorgang, dass jmd. einem Priester im Rahmen eines speziellen Gesprächs seine Sünden mitteilt:* zur Beichte gehen ▶ Beichtgeheimnis, Beichtstuhl, Beichtvater ◆ Ohren- ❷ *Geständnis/Eingeständnis (einer Schuld)*

beich·ten *mit OBJ* ■ **jmd. beichtet (jmdm.) etwas** ❶ REL. *die Beichte ablegen:* dem Priester seine Sünden beichten ❷ *(≈ gestehen) etwas Bedrückendes bekennen:* Er hat seiner Mutter alles gebeichtet.

bei·de ['baɪdə] *pron* ❶ *verwendet, um auszudrücken, dass die genannte Sache sich auf jedes einzelne von zwei Dingen oder auf jede einzelne Person von zwei Personen bezieht:* Sie lud beide zu ihrem Fest ein.; Beide Straßen führen nach Rom.; Er war beide Mal(e) mit mir im Urlaub.; einer der beiden Freunde; in unser beider Interesse; Das gilt für beides: den Transfer und die Ankunft.; Du hast dich in beidem getäuscht.; Sie haben beide Häuser verkauft.; keins von beiden; in beiden Fällen ❷ */kein Plur./ verwendet, um auszudrücken, dass die eine Sache die andere nicht ausschließt:* Ich habe beides vor — im Urlaub mich zu erholen und zu arbeiten.; Er liebt beides: das Theater und die Oper.; Wir brauchen beides — das Auto und die Fahrräder. ◆ Kleinschreibung → R 3.15 wir beide; die(se) beiden; alle(s) beide(s); einer von (den) beiden; ◆ Getrenntschreibung beide Mal(e)

bei·der·lei *adj /nicht steig./ /mit Gen./* von denen eine wie von dem anderen: Der Zoo besaß Löwen beiderlei Geschlechts.

bei·der·sei·tig *adj /nicht steig./ (≈ gegenseitig)* so, dass beide Seiten zu einer Sache ihre Zustimmung gegeben haben: Der Streit wurde in beiderseitigem Einvernehmen beendet.

bei·dre·hen <drehst bei, drehte bei, hat beigedreht> *ohne OBJ* ■ **etwas dreht bei** SEEW. ❶ *den Bug des Schiffes gegen den Wind drehen:* Wegen des starken Sturmes ließ er beidrehen. ❷ *die Fahrt eines Schiffes (bis zum Stillstand) verlangsamen:* Das Schiff drehte bei und die Passagiere gingen von Bord.

beid·sei·tig *adj /nicht steig./ (↔ einseitig)* auf beiden Seiten: ein beidseitig beschriebenes Blatt Papier

beid·seits *präp +Gen.* auf beiden Seiten von etwas: beidseits des Flusses

bei·ei·n·an·der [bai|aɪˈnandɐ] *adv (≈ zusammen)* gemeinsam mit jemandem; ■ **sie nicht alle beieinander haben** *(umg. abwert.)* nicht ganz bei Verstand sein, geistig ein wenig verwirrt sein; ■ **gut/schlecht beieinander sein** gesundheitlich in gutem oder schlechtem Zustand sein ● Getrenntschreibung → R 4.8 Wir möchten gern noch eine Stunde beieinander sein.; ● Zusammenschreibung → R 4.5 beieinanderbleiben; beieinanderhaben; beieinanderstehen

Bei·fah·rer der, **Bei·fah·re·rin** <-s, -> *(↔ Fahrer)* jmd., der in einem Kraftfahrzeug neben dem Fahrer sitzt: Auch für den Beifahrer besteht Gurtpflicht. ◆ -airbag, -sitz

Bei·fall der <-s> */kein Plur./* ❶ *(≈ Applaus)* alle Äußerungen, Gesten, Ausrufe usw., mit denen Menschen zeigen, dass sie jmdm. zustimmen oder dass sie von jmds. Darbietung begeistert sind: Die Sängerin wurde mit stürmischem Beifall gefeiert.; Das Publikum spendete nach der Aufführung viel Beifall. ◆ -sbekundung, -skundgebung, -sruf ❷ *Zustimmung:* Sein Vorschlag wurde mit Beifall aufgenommen; ■ **Beifall klatschen** *die Handflächen mehrmals gegeneinander schlagen, um Beifall¹ auszudrücken*

bei·fäl·lig *adj (≈ zustimmend ↔ ablehnend)* so, dass es Anerkennung und Zustimmung ausdrückt: Sie nickte beifällig.

Bei·fang der <-(e)s> */kein Plur./* Teil des Fischfangs, der nicht aus der hauptsächlichen gefangenen Fischart besteht: Außer den Makrelen waren Heringe als Beifang im Netz.

bei·fü·gen <fügst bei, fügte bei, hat beigefügt> *mit OBJ* ■ **jmd. fügt etwas** *Dat.* **etwas bei** *(≈ beilegen)* zu etwas, das man an jmdn. schickt, eine Sache dazulegen: Dem Geschenk hatte sie eine Karte beigefügt.

Bei·fü·gung die <-, -en> ❶ *das Beifügen* ❷ SPRACHWISS. *(≈ Attribut)*

Bei·ga·be die <-, -n> *(≈ Zugabe)* etwas, das man jmdm. oder etwas zusätzlich zu etwas anderem gibt: Man bringe das Wasser unter Beigabe von etwas Salz zum Kochen.; Ich habe ihm ein Buch und als Beigabe eine Flasche Wein geschenkt. ◆ Grab-

beige [beːʃ] *adj /nicht steig./ (≈ sandfarben)* von einem dunklen Gelb: ein beiger Anzug

bei·ge·ben <gibst bei, gab bei, hat beigegeben> *mit OBJ* ■ **jmd. gibt etwas** *Dat.* **etwas bei** *(geh.)* etwas als Ergänzung hinzufügen: Man sollte dem Teig eine Prise Salz beigeben.; ■ **klein beigeben** *(umg.)* einlenken, sich fügen

Bei·ge·schmack der <-s> */kein Plur./* ❶ neben dem eigentlichen Geschmack wahrnehmbarer ungewohnter Geschmack einer Speise: Die Suppe hat einen bitteren Beigeschmack. ❷ *(übertr.)* etwas, das einer Sache (als zusätzliche Eigenschaft) anhaftet: Seine Antworten hatten einen Beigeschmack von Überheblichkeit.

Bei·heft das <-(e)s, -e> *ein Heft, das ein Buch oder eine Zeitschrift als Zusatz, Nachtrag oder Register ergänzt:* Der Aufsatz wird als Beiheft Nr. 3 zu dieser Buchreihe erscheinen.

Bei·hil·fe die <-, -n> ❶ *(≈ Unterstützung)* finanzielle oder materielle Hilfe: Wegen des Hochwasserschadens erhält die Familie eine einmalige Beihilfe.; Beamte erhalten eine Beihilfe zu den Leistungen der Krankenkasse. ◆ -antrag, Ausbildungs- ❷ RECHTSW. *vorsätzliche Hilfeleistung bei der Vorbereitung oder Ausführung einer Straftat:* Wer Beihilfe bei einer Straftat geleistet hat, wird vor Gericht angeklagt.

bei·ho·len <holst bei, holte bei, hat beigeholt> *mit OBJ* ■ **jmd. holt ewas bei** SEEW. *das Segel einziehen*

Bei·koch der, **Bei·kö·chin** <-s, Beiköche> *(≈ Hilfskoch)* ein Koch, der bei einem Chefkoch mitarbeitet und bestimmte unterstützende Arbeiten ausführt

bei·kom·men <kommst bei, kam bei, ist beigekommen> *mit OBJ* ❶ ■ **jmd. kommt jmdm. irgendwie bei** *jmdm. ge-*

wachsen sein und sich ihm gegenüber durchsetzen können: Er konnte seinem Gegenüber nur schwer beikommen. ❷ (≈ *lösen*) ■ **jmd. kommt etwas irgendwie bei** *mit einer Sache fertig werden können:* Sie versuchte dem Problem auf eine andere Weise beizukommen.

Bei·kost die <-> /kein Plur./ *zusätzliche Nahrung:* Der Patient soll auf eine vitaminreiche Beikost achten.

Beil das <-(e)s, -e> *ein Werkzeug mit breiter Schneide und relativ kurzem Stiel, das man zum Zerkleinern von Holz oder Fleisch benutzt:* das Beil schärfen ◆ Fleischer-, Hand-, Kriegs-, Küchen-

bei·la·den <lädst bei, lud bei, hat beigeladen> *mit OBJ* ❶ ■ **jmd. lädt etwas bei** *etwas zusätzlich zu einer Ladung hinzuladen:* Kleinere Kisten können der Fracht noch beigeladen werden. ❷ ■ **jmd. lädt jmdn. bei** RECHTSW. *jmdn. amtlich zu einer Verhandlung vor dem Verwaltungsgericht laden:* Die beigeladene Firma legte gegen diese Entscheidung Berufung ein.

Bei·la·dung die <-, -en> ❶ *das Beiladen¹:* die Beiladung von Möbeln ❷ (≈ *Nebenlast*) *zusätzliche Ladung, die zu der eigentlichen Ladung hinzugeladen wird:* Das Schiff hat meist Beiladungen an Bord. ❸ RECHTSW. *die Vorladung von Personen, die nicht direkt am Prozess beteiligt, aber an ihm interessiert sind:* Auf Antrag erfolgen mehrere Beiladungen.

Bei·la·ge die <-, -n> ❶ *eine Speise, die zu einem Hauptgericht gegessen wird:* Zum Steak gibt es als Beilage Salat und Kartoffeln. ◆ Gemüse- ❷ *etwas, das einem Druckwerk beigelegt ist:* die literarische Beilage einer Zeitung ◆ Literatur-, Mode-, Roman-, Werbe-

bei·läu·fig adj ❶ *so, dass etwas wie zufällig bzw. nebenher geäußert erscheint:* eine beiläufige Bemerkung machen ▶ Beiläufigkeit ❷ ÖSTERR. *etwa, ungefähr*

bei·le·gen <legst bei, legte bei, hat beigelegt> *mit OBJ* ❶ ■ **jmd. legt etwas Dat. etwas bei** *etwas dazulegen:* Das Rückporto habe ich dem Brief beigelegt. ❷ ■ **jmd. legt einen Streit bei** *beenden:* Die Nachbarn legten ihren Streit bei.

Bei·le·gung die <-, -en> /Plur. selten/ *das Beilegen²:* Über die Beilegung des Streits waren beide Parteien erfreut.

bei·lei·be adv (≈ *wahrhaftig*) *wirklich, in der Tat:* Er ist beileibe kein Held!

Bei·leid das <-(e)s> /kein Plur./ *die Anteilnahme daran, dass jmd. gestorben ist:* Mein herzliches Beileid!; Aufrichtiges Beileid!; den Angehörigen sein Beileid aussprechen ◆ -sbesuch, -sbrief, -skarte, -sschreiben, -stelegramm

Bei·leids·be·zei·gung die <-, -en> *das Ausdrücken des Beileids:* Bei der Trauerfeier nahm sie unter Tränen die Beileidsbezeigungen entgegen.; Von Beileidsbezeigungen am Grabe bitten wir abzusehen.

bei·lie·gen <liegt bei, lag bei, hat beigelegen> *ohne OBJ* ■ **etwas liegt etwas** Dat. **bei** *etwas wird zusammen mit etwas geliefert:* Der heutigen Ausgabe unserer Zeitung liegen Prospekte der Firma XYZ bei.

bei·lie·gend adj /nicht steig./ *in der Anlage beigelegt*

beim [baim] /Präp. + Artikel = „bei dem"/ Er verletzte sich beim Arbeiten.; Wir sind gerade beim Mittagessen.

Bei·men·gung die <-, -en> *die Beimischung von etwas zu einer Sache:* die Beimengung einer Farbe zu einer anderen ▶ beimengen

bei·mes·sen <misst bei, maß bei, hat beigemessen> *mit OBJ* ■ **jmd. misst etwas ... Bedeutung bei** (≈ *zuschreiben*) *glauben, dass etwas eine bestimmte Bedeutung hat:* Dieser Sache habe ich früher nur geringe/große/kaum/keine/übertriebene Bedeutung beigemessen.

bei·mi·schen <mischst bei, mischte bei, hat beigemischt> *mit OBJ* ■ **jmd. mischt etwas etwas bei** (≈ *beimengen*) *zu einer Sache etwas dazumischen:* einer Teesorte eine andere beimischen ▶ Beimischung

Bein das [bain] <-(e)s, -e> ❶ *eines der beweglichen Körperteile, die beim Menschen und bei Tieren zum Stehen und Gehen dienen:* das linke/rechte Bein; die Beine übereinanderschlagen; die Beine von sich strecken; kurze/lange/sehnige/wohlgeformte Beine ◆ -prothese ❷ *eines der Elemente, auf denen ein Möbelstück steht:* Der Tisch wackelt, weil ein Bein zu kurz ist.; Ein Tisch mit drei Beinen kann nicht wackeln. ◆ Stuhl-, Tisch- ❸ ■ **jemandem ein Bein stellen** (umg. übertr.) *jmdm. Schwierigkeiten bereiten;* ■ **jemandem Beine machen** (umg.) *jmdn. antreiben, jmdn. davonjagen;* ■ **etwas auf die Beine stellen** (umg.) *aufbauen, Erfolg haben;* ■ **jemandem etwas ans Bein binden** *jmdm. eine lästige Aufgabe oder Pflicht übertragen;* ■ **auf einem Bein kann man nicht stehen** (umg.) *verwendet, um jmdn. dazu aufzufordern, noch ein Glas Schnaps o.Ä. zu trinken;* ■ **mit beiden Beinen im Leben stehen** (umg.) *realistisch und tüchtig sein;* ■ **mit einem**

Bein im Gefängnis stehen *(umg.) etwas getan haben, das fast schon illegal ist;* ▪ **etwas steht auf schwachen Beinen** *(umg.) etwas ist nicht gut oder sicher begründet;* ▪ **Lügen haben kurze Beine** *(Sprichwort) Lügen werden meist schnell aufgedeckt;* ▪ **schon früh auf den Beinen sein** *(umg.) morgens früh aufstehen und aktiv sein;* ▪ **wieder auf die Beine kommen** *(umg.) wieder gesund werden*

Gebräuchliche Redewendungen: "Du hast deine Aufgaben nicht zur vollsten Zufriedenheit erledigt; da hast du dir sicher kein Bein ausgerissen" (bedeutet so viel wie: 'Du hast dich sicher dabei nicht angestrengt'); "Für heute machen wir Schluss; ich sehe, ihr könnt euch nicht mehr auf den Beinen halten" ('Ich sehe, ihr seid sehr müde'); "Versprochen, in ein paar Tagen ist er wieder auf den Beinen" ('In ein paar Tagen ist er wieder gesund'); "Wenn alles gut geht, wird das Projekt genehmigt; dies steht aber noch auf wackligen Beinen" ('Die Sache ist noch unsicher'); "Er steht wirklich mit beiden Beinen auf der Erde" ('Er ist äußerst realistisch').

bei·nah, bei·na·he [ˈbaɪnaː(ə)] *adv (≈ fast) verwendet um auszudrücken, dass etwas fast geschehen wäre, aber dann doch nicht eingetreten ist:* Ich wäre beinahe hingefallen.; Wir sind beinahe schon da.; Das habe ich beinahe vergessen. ▪ Beinahezusammenstoß

Bei·na·me *der <-ns, -n> ein Name, den jmd. meist wegen einer bestimmten Eigenschaft zusätzlich zu seinem eigentlichen Namen erhalten hat:* Zar Iwan erhielt den Beinamen „der Schreckliche".

Bein·bruch *der <-(e)s, Beinbrüche>* MED. *Bruch eines Beinknochens:* Der komplizierte Beinbruch muss operativ behandelt werden.; ▪ **Das ist doch kein Beinbruch!** *(umg.) Das ist doch nicht so schlimm!*

be·in·hal·ten [bəˈɪnhaltn̩] *mit OBJ* ▪ **etwas beinhaltet etwas** ❶ *etwas als Inhalt in sich haben:* Diese Tasche beinhaltet unseren gesamten Reiseproviant. ❷ AMTSSPR. *(geh.: ≈ bedeuten) etwas zum Inhalt haben:* Das Schreiben beinhaltet, dass Ihr Antrag abgelehnt wurde.

bein·hart *adj (≈ unerbittlich)* Er will in diesem Konflikt nicht nachgeben. Da ist er beinhart!

Bein·haus *das <-es, Beinhäuser> Gebäude auf einem Friedhof, in dem ausgegrabene Gebeine aufbewahrt werden*

Bei·ord·nung *die <-, -en> /Plur. selten/* ❶ RECHTSW. *gerichtliche Bestellung eines Pflichtverteidigers* ❷ SPRACHWISS. *(≈ Nebenordnung)*

bei·pa·cken *<packst bei, packte bei, hat beigepackt> mit OBJ* ▪ **jmd. packt etwas** *Dat.* **etwas bei** *(≈ beilegen) zu einer Sache etwas hinzupacken:* Der Büchersendung wurde ein Prospekt beigepackt.

Bei·pack·zet·tel *der <-s, -> der Zettel, der einem Medikament beiliegt und Hinweise für die Anwendung und Informationen über den Inhalt enthält:* Laut Beipackzettel hat dieses Medikament keine Nebenwirkungen.; Lesen Sie den Beipackzettel oder fragen Sie Ihren Arzt oder Apotheker!

bei·pflich·ten [ˈbaɪpflɪçtn̩] *<pflichtest bei, pflichtete bei, hat beigepflichtet> mit OBJ* ▪ **jmd. pflichtet jmdm. (in etwas** *Dat.***) bei** *(≈ zustimmen ↔ widersprechen) sagen, dass man jmds. Meinung teilt:* Du musst mir beipflichten, dass er im Recht ist.

Bei·pro·gramm *das <-s, -e> zusätzlich zu einer Veranstaltung laufende Nebenveranstaltungen:* Im Beiprogramm der Sportartikelmesse konnten sich die Besucher selbst an Kletterwänden versuchen oder sonst ihre Fitness testen.

Bei·rat *der <-(e)s, Beiräte> eine Gruppe von (sachkundigen) Personen, die einer Behörde, Gesellschaft, Vereinigung o.Ä. als Berater dienen:* Dem Verlag steht ein wissenschaftlicher Beirat zur Seite.

be·ir·ren *mit OBJ /nur im Inf./* ▪ **jmd. lässt sich durch etwas beirren** *jmd. wird unsicher:* Der Redner ließ sich durch die Zwischenrufe nicht beirren.

bei·sam·men [baɪˈzamən] *adv (≈ zusammen)* Wir waren den ganzen Tag beisammen.; ▪ **gut beisammen sein** *(umg.) gut genährt sein, leichtes Übergewicht haben;* ▪ **nicht alle beisammen haben** *(umg. abwert.) nicht ganz bei Verstand sein*

Bei·sam·men·sein *das <-s> /kein Plur./ die Situation, dass mehrere Menschen sich irgendwo zusammen aufhalten und sich unterhalten:* ein gemütliches/geselliges/zwangloses Beisammensein

Bei·schlaf *der <-s> /kein Plur./* AMTSSPR. *(≈ Geschlechtsverkehr)*

bei·schlie·ßen *<schließt bei, schloss bei, hat beigeschlossen> mit OBJ* ▪ **jmd. schließt etwas** *Dat.* **etwas bei** ÖSTERR. *einer Sendung beigeben*

Bei·sein ▪ **in jemandes Beisein** *in jmds. Anwesenheit* Der Zeuge wiederholte seine

Aussage im Beisein des Angeklagten.

bei·sei·te adv ❶ auf die Seite, zur Seite: Er stellte den Stuhl beiseite.; ein Buch beiseitelegen ❷ (≈ abseits) so, dass es am Rande des Geschehens ist (und daher weniger beachtet wird): ein Thema beiseitelassen; ■ **jemand hält sich beiseite** jemand verhält sich zurückhaltend Bei unangenehmen Aufgaben hielt er sich immer beiseite.; ■ **jemand hat etwas beiseite geschafft** (umg.) jmd. hat etwas, das er unerlaubt besitzt, versteckt Der Dieb hat den gestohlenen Schmuck ins Ausland beiseitegeschafft.; ■ **jemand legt etwas Geld beiseite** (umg.) Ich möchte dieses Geld für den Urlaub beiseitelegen.; ■ **Scherz beiseite!** (umg.) verwendet, um (nach einem Scherz) zu betonen, dass etwas, das man nun sagen wird, ernst gemeint ist

bei·set·zen <setzt bei, setzte bei, hat beigesetzt> mit OBJ ■ **jmd. setzt jmdn. bei** (geh.) beerdigen, bestatten: Die Urne soll morgen beigesetzt werden.

Bei·set·zung die <-, -en> (≈ Beerdigung, Begräbnis) die feierliche Handlung, bei der der Sarg oder die Urne in die Erde gebracht wird: Zur Beisetzung waren nur die engsten Angehörigen erschienen. ◆-sfeierlichkeiten

Bei·sit·zer der, **Bei·sit·ze·rin** <-s, -> AMTSSPR. Mitglied eines offiziellen Gremiums, einer Kommission

Bei·spiel das ['baiʃpiːl] <-s, -e> ein Einzelfall (ein einzelnes Ereignis, ein einzelner Gegenstand, eine einzelne Person), an dem etwas Allgemeines veranschaulicht wird: Können Sie ein Beispiel dafür geben/nennen?; Mir fällt leider gerade kein gutes Beispiel ein.; Viele Komponisten der Barockzeit, wie zum Beispiel Bach, Händel, Vivaldi, sind noch heute berühmt.; ■ **jemand nimmt sich ein Beispiel an jemandem** jmd. sieht jmdn. als Vorbild an; ■ **Das ist ohne Beispiel!** Das ist noch nie vorgekommen!; ■ **jemand sollte sich an jemandem ein Beispiel nehmen** jmd. sollte handeln wie eine andere Person ◆ Muster-, Parade-

bei·spiel·haft adj /nicht steig./ (≈ vorbildlich) so, dass andere Menschen es als Vorbild betrachten sollten: Er hat sich in dieser Situation beispielhaft verhalten.

bei·spiel·los adj /nicht steig./ ❶ (≈ außergewöhnlich) in seiner Art einzigartig, noch nie dagewesen: in seiner Erfolg; Mit beispiellosem Einsatz hat sie diese schwierige Aufgabe gelöst. ❷ (≈ unverschämt) Das war eine beispiellose Frech-

heit.

bei·spiels·wei·se adv (≈ zum Beispiel) Nehmen wir beispielsweise an, dass...

bei·ßen ['baisn̩] <beißt, biss, hat gebissen> I. mit OBJ ❶ ■ **jmd. beißt etwas** mit den Zähnen erfassen und zerkleinern: Die alte Frau kann das Brot nicht mehr beißen. ❷ ■ **ein Tier beißt jmdn.** mit den Zähnen angreifen und dadurch verletzen: Der Hund hat den Mann gebissen.; ■ **Hunde, die bellen, beißen nicht.** (Sprichwort) jmd., der besonders viel schimpft, droht o.Ä., ist eher harmlos und fügt anderen keinen wirklichen Schaden zu II. ohne OBJ ❶ ■ **jmd. beißt in etwas** Akk. die Zähne in ein Stück Nahrung eindringen lassen: in den Apfel/in das belegte Brot beißen ❷ ■ **etwas beißt irgendwo** ein brennendes Gefühl verursachen: Der Qualm beißt in den Augen.; Der Pfeffer beißt auf der Zunge. III. mit SICH ■ **etwas beißt sich** (mit etwas Dat.) (umg.) nicht zusammen passen: Diese Farben beißen sich.; Das rote Kleid beißt sich mit dem rosa Schal.

bei·ßend adj ❶ so scharf und stechend, dass es beißt II.3: beißender Qualm ❷ (≈ sarkastisch) so ironisch, dass eine Äußerung verletzend wirkt: beißender Spott; eine beißende Satire

Beiß·zan·ge die <-, -n> ❶ eine Zange, mit der man Nägel aus etwas ziehen kann ❷ (umg. abwert.) eine streitsüchtige Frau

Bei·stand der <-(e)s /kein Plur./ die (moralische) Unterstützung, die man jmdm. in einer schwierigen Situation gibt: einen Freund um Beistand bitten

bei·ste·hen <stehst bei, stand bei, hat beigestanden> ohne OBJ ■ **jmd. steht jmdm. (in etwas Dat.) bei** praktische Hilfe und/oder moralische Unterstützung geben: Er hat mir in der Not beigestanden.

Bei·strich der <-(e)s, -e> (veralt.: ≈ Komma)

Bei·trag der ['baitraːk] <-(e)s, Beiträge> ❶ Anteil, mit dem sich jemand an einer größeren gemeinsamen Sache beteiligt: Was ist sein Beitrag zu diesem Projekt?; ein Sammelband mit Beiträgen namhafter Autoren ❷ ein Aufsatz, der in einem Buch oder einer Zeitschrift abgedruckt ist: Das Buch enthält Beiträge von bekannten Wissenschaftlern. ❸ (≈ Beitragszahlung) ein Geldbetrag, den man für eine Sache regelmäßig an jmdn. zahlt: Die Versicherung hat die Beiträge erhöht.; Über viele Jahre konnten wir die Beiträge stabil halten ... ◆-serhöhung, -ssatz, -ssenkung, -szahlung,

-szeit, Versicherungs- ▸ Beitragszahler(in) ④ SCHWEIZ. *Subvention, Zuschuss*

bei·trags·pflich·tig *adj /nicht steig./ so, dass man Beiträge³ bezahlen muss:* Die Mitgliedschaft in diesem Verein ist beitragspflichtig.

bei·tre·ten <trittst bei, trat bei, ist beigetreten> *mit OBJ* ▪ **jmd. tritt etwas** *Dat.* **bei** ① *(≈ eintreten) sich bei einer Vereinigung oder Organisation als Mitglied eintragen lassen:* Er ist der Gewerkschaft beigetreten. ② POL. *einem Vertrag oder Pakt durch Unterschrift verbindlich zustimmen*

Bei·tritt *der* <-(e)s> *(≈ Eintreten) das Beitreten:* Sein Beitritt zu dieser Organisation war keine Überraschung. ▸-serklärung, -sverhandlung

Bei·wa·gen *der* <-s, -> *(mit einem Sitzplatz für einen Beifahrer ausgestatteter) Wagen, der seitlich neben einem Motorrad angebracht ist:* ein Motorrad mit Beiwagen

bei·woh·nen <wohnst bei, wohnte bei, hat beigewohnt> *ohne OBJ* ▪ **jmd. wohnt etwas** *Dat.* **bei** *(geh.) bei etwas als Gast oder Zuschauer teilnehmen:* einer Gerichtsverhandlung beiwohnen

Bei·ze *die* <-, -n> ① *Chemikalie zur Behandlung von Holz* ▸ abbeizen ② *Färbemittel für Textilien* ③ KOCH. *(≈ Marinade) eine würzige Flüssigkeit zum Einlegen von Fleisch oder Fisch:* Das Wild soll mehrere Tage in der Beize liegen.

bei·zei·ten *adv (≈ rechtzeitig) zur rechten Zeit, früh genug:* Ich möchte beizeiten dort sein.

bei·zen <beizt, beizte, hat gebeizt> *mit OBJ* ▪ **jmd. beizt etwas (mit etwas** *Dat.***)** ① *Holz oder Textilien mit einer Beize¹ ² behandeln:* Wir wollen den Tisch dunkel beizen. ② KOCH. *(≈ marinieren) Speisen in Beize³ einlegen:* gebeizter Lachs

bei·zie·hen <ziehst bei, zog bei, hat beigezogen> *mit OBJ* ▪ **jmd. zieht jmdn./etwas bei** ÖSTERR. *hinzuziehen, jdn. zu Rate ziehen*

be·ja·hen [bəˈjaːən] <bejahst, bejahte, hat bejaht> *mit OBJ* ▪ **jmd. bejaht etwas** *(↔ verneinen) Auf eine Frage mit einem Ja antworten.:* Sie bejahte die Frage. ▸ Bejahung

be·jahrt *adj (geh.: ≈ betagt) von relativ hohem Alter:* ein bejahrter Mann

be·jam·mern <bejammerst, bejammerte, hat bejammert> *mit OBJ* ▪ **jmd. bejammert etwas** *(abwert.) wehleidig und übertrieben beklagen:* sein eigenen Schicksal bejammern

be·kämp·fen <bekämpfst, bekämpfte, hat bekämpft> *mit OBJ* ① **be·kämpft jmdn.** *gegen jmdn. oder etwas kämpfen und zu besiegen oder zu vernichten suchen:* einen politischen Gegner bekämpfen ② **jmd. bekämpft etwas** *etwas zu verhindern oder zu überwinden suchen, indem man Maßnahmen dagegen ergreift:* eine Seuche bekämpfen; die Arbeitslosigkeit bekämpfen ▸ Bekämpfung

be·kannt [bəˈkant] *adj* ① *vielen Menschen vertraut:* Das ist eine bekannte Geschichte.; Dieses Problem ist der Öffentlichkeit seit langem bekannt.; Der Politiker gab seinen Rücktritt bekannt. ② *berühmt, anerkannt:* Sie war eine bekannte Sängerin. ③ *so, dass zwei Menschen zwar nicht befreundet sind, aber sich kennen und öfter Kontakt haben:* Ich bin erst seit kurzem mit ihm bekannt.; ▪ **jemanden mit jemandem bekanntmachen** *jemandem jemanden vorstellen und den Namen der vorgestellten Person sagen* Darf ich Sie miteinander bekannt machen? Frau Müller, dies ist mein Chef, Herr Schulze. Herr Schulze, dies ist meine Nachbarin, Frau Müller.; ▪ **jemand gibt etwas bekannt** *öffentlich eine Nachricht mitteilen* Wir möchten unsere Verlobung bekanntgeben. ▸ Zusammenschreibung → R 4.6; Großschreibung → R 3.4 das Bekanntmachen

Be·kann·te *der/die* <-n, -n> *jmd., mit dem man nicht unbedingt befreundet ist, den man aber gut kennt und öfters trifft:* viele Bekannte, aber nur wenige Freunde haben

Be·kann·ten·kreis *der* <-es, -e> *alle Bekannten eines Menschen:* einen großen Bekanntenkreis haben

be·kann·ter·wei·se *adv (≈ bekanntermaßen) wie bekannt ist, wie man weiß*

Be·kannt·heits·grad *der* <-(e)s, -e> *Grad des Bekanntseins einer Person oder Sache in der Öffentlichkeit:* ein Fußballer/Politiker/Showstar mit einem hohen Bekanntheitsgrad

be·kannt·lich *adv wie bekannt, wie man weiß:* Bekanntlich ist der kommende Freitag ein Feiertag.

Be·kannt·ma·chung *die* <-, -en> *öffentliche Mitteilung:* eine amtliche Bekanntmachung lesen

Be·kannt·schaft *die* <-, -en> ① *Beginn eines Kontakts oder einer persönlichen Beziehung:* Ich freue mich, ihre Bekanntschaft zu machen. ② *ein Mensch, den jmd. kennengelernt hat:* Er brachte seine neue Bekanntschaft mit. ▸ Reise-, Urlaubs-

be·keh·ren <bekehrst, bekehrte, hat be-

kehrt> **I.** *mit OBJ* ▪ **jmd. bekehrt jmdn. zu etwas** *Dat. bewirken, dass jmd. seinen bisherigen Glauben oder seine bisherigen Ansichten ablegt und einen neuen Glauben oder neue Ansichten annimmt:* Sie bekehrte ihn zu ihrer Weltanschauung. **II.** *mit SICH* ▪ **jmd. bekehrt sich zu etwas** *Dat. sich zu einem anderen Glauben bekennen:* Er bekehrte sich zum Christentum. ▸ Bekehrung

be·ken·nen <bekennst, bekannte, hat bekannt> **I.** *mit OBJ* ▪ **jmd. bekennt etwas (vor jmdm.)** *zugeben, dass man etwas getan hat:* Er bekannte seinen Fehler/seine Schuld (vor den Kollegen). **II.** *mit SICH* ▪ **jmd. bekennt sich zu jmdm./etwas** *offen sagen, dass man für etwas ist oder auf der Seite von jmdm. steht:* Er bekannte sich zu seinen Taten.; Sie bekennt sich zum Christentum.; Der Schauspieler bekennt sich ganz offen zu seiner jungen Geliebten.

Be·ken·ner·brief *der* <-(e)s, -e> *ein Brief, in dem sich eine terroristische Vereinigung öffentlich zu einem Anschlag bekennt*

Be·kennt·nis *das* <-ses, -se> ❶ *(≈ Geständnis) der Vorgang, dass man öffentlich etwas zugibt:* ein Bekenntnis ablegen ◆ Schuld-, Sünden- ❷ *öffentliches Eintreten für etwas:* ein Bekenntnis zur Demokratie ablegen ❸ *(≈ Konfession) Zugehörigkeit zu einer Religion:* das Bekenntnis des christlichen Glaubens ◆ Glaubens-

be·kie·ken <bekiekst, bekiekte, hat bekiekt> *mit OBJ* ▪ **jmd. bekiekt jmdn./etwas** NORDDT. *genau betrachten:* Lass das Kind mal bekieken!

be·kifft *adj (umg.) durch den Konsum von Haschisch berauscht:* einen bekifften Eindruck machen

be·kla·gen I. *mit OBJ* ▪ **jmd. beklagt etwas** *Schmerz und Trauer über etwas ausdrücken:* Die Angehörigen beklagen seinen Tod.; Er beklagt sein Schicksal. **II.** *mit SICH* ▪ **jmd. beklagt sich (bei jmdm.) über etwas** *Akk. Kritik an etwas oder Unzufriedenheit mit etwas äußern:* Ich habe mich nicht über das Essen beklagt!

be·kla·gens·wert *adj (≈ bedauerlich) so, dass Anlass besteht, darüber zu klagen:* Das Haus befindet sich in einem beklagenswerten Zustand.

be·kla·gens·wür·dig *adj (≈ beklagenswert)*

Be·klag·te *der/die* <-n, -n> RECHTSW. *derjenige, gegen den in einem Zivilprozess geklagt wird*

be·kle·ben <beklebst, beklebte, hat beklebt> *mit OBJ* ▪ **jmd. beklebt etwas (mit etwas** *Dat.) etwas auf etwas kleben:* die Wände mit Postern bekleben

be·kle·ckern <bekleckerst, bekleckerte, hat bekleckert> *mit SICH* ▪ **jmd. bekleckert sich (mit etwas** *Dat.) (umg.: ≈ beschmutzen) die eigene Kleidung mit etwas Flüssigem oder Breiigem beschmutzen:* Das Kind bekleckert sich mit Tomatensoße.

be·kleck·sen <beklecksst, beklekste, hat bekleckst> *mit OBJ* ▪ **jmd. beklekst etwas (mit etwas** *Dat.) Kleckse auf etwas machen:* Sie hat ihre Hände und die Tischdecke mit Tinte bekleckst.

be·klei·den <bekleidest, bekleidete, hat bekleidet> *mit OBJ* ❶ ▪ **jmd. bekleidet jmdn. mit etwas** *Dat. (≈ anziehen) mit Kleidung versehen:* mit Hemd und Hose bekleidet sein ❷ ▪ **jmd. bekleidet etwas** *(geh.) (ein Amt, einen Posten) innehaben:* ein Amt bekleiden

Be·klei·dung *die* <-, -en> *(≈ Kleidung)* ◆ -sindustrie, Berufs-, Damen-, Herren-, Kinder-, Sport-

be·klem·men <beklemmst, beklemmte, hat beklemmt> *mit OBJ* ▪ **etwas beklemmt jmdn.** *(≈ bedrücken) bewirken, dass jmd. sich unwohl fühlt:* Die Stille beklemmte ihn. ▸ Beklemmung

be·klem·mend *adj (≈ beängstigend, bedrückend) so (still und angespannt), dass man sich dabei unwohl fühlt:* Das Schweigen war beklemmend.

be·klom·men *adj von Angst und Unruhe erfüllt:* ein beklommenes Schweigen

be·kloppt *adj (umg. abwertend.: ≈ blöd, verrückt) nicht ganz bei Verstand:* Um sich so zu verhalten, muss man schon ganz schön bekloppt sein. ▸ Bekloppte(r)

be·ko·chen <bekochst, bekochte, hat bekocht> *mit OBJ* ▪ **jmd. bekocht jmdn.** *(abwertend.: ≈ beköstigen) für jmdn. kochen:* Er lässt sich immer noch von seiner Mutter bekochen.

be·kom·men <bekommst, bekam, hat/ist bekommen> **I.** *mit OBJ (haben)* ❶ ▪ **jmd. bekommt (von jmdm.) etwas** *(≈ erhalten) Empfänger einer Nachricht/eines Geschenks/eines Geldbetrags sein:* einen Brief/ein Paket/eine Mail/ein Telegramm bekommen; Das Kind hat zum Geburtstag von seinen Eltern einen Baukasten bekommen.; Er bekommt sein Gehalt immer in der Monatsmitte. ❷ ▪ **jmd. bekommt etwas** *(≈ kriegen) bei jmdm. stellt sich der genannte Zustand ein:* graue Haare bekommen; Hunger bekommen; Sie hat die Grippe bekommen. ❸ ▪ **jmd. bekommt**

etwas *etwas für sich erreichen:* Ich habe den Zug gerade noch bekommen.; Er hat die Stelle nicht bekommen. **II.** *ohne OBJ (sein)* ❶ *etwas bekommt jmdm. (irgendwie) auf jmdn. die genannte Wirkung haben:* Der Schnaps auf leeren Magen sollte ihm schlecht bekommen.; Der Klimawechsel ist mir gut bekommen. ❷ *etwas bekommt jmdm. für jmdn. bekömmlich sein:* Das Essen ist mir nicht bekommen.

be·kömm·lich *adj* (≈ *verträglich, zuträglich*) *so, dass man es gut verträgt:* Fettes Essen ist schwer bekömmlich.

be·kös·ti·gen <beköstigst, beköstigte, hat beköstigt> *mit OBJ* ▪ **jmd. beköstigt jmdn.** *(geh.) jmdn. regelmäßig mit Essen versorgen:* sich selbst beköstigen ▸ Beköstigung

be·kräf·ti·gen <bekräftigst, bekräftigte, hat bekräftigt> *mit OBJ* ▪ **jmd. bekräftigt etwas (mit etwas** *Dat.*) *nachdrücklich bestätigen:* Er konnte seine Behauptung mit Beispielen bekräftigen. ▸ Bekräftigung

be·krän·zen <bekränzt, bekränzte, hat bekränzt> *mit OBJ* ▪ **jmd. bekränzt jmdn./etwas mit etwas** *Dat. mit Kränzen oder Girlanden schmücken:* die Stirn mit Lorbeer bekränzen

be·kreu·zi·gen <bekreuzigst, bekreuzigte, hat bekreuzigt> *mit SICH* ▪ **jmd. bekreuzigt sich** REL. *das Kreuzzeichen mit einer Bewegung der Hand über Stirn und Brust andeuten:* Sie bekreuzigte sich beim Eintreten in die Kirche. ▸ Bekreuzigung

be·krie·gen <bekriegst, bekriegte, hat bekriegt> *mit OBJ* ▪ **jmd. bekriegt jmdn. (wegen etwas** *Gen.*) *Krieg gegen jmdn. führen:* ein Land bekriegen; sich gegenseitig bekriegen

be·krit·teln <bekrittelst, bekrittelte, hat bekrittelt> *mit OBJ* ▪ **jmd. bekrittelt jmdn. (wegen etwas** *Gen.*) *(abwert.) kleinlich tadeln, kleinlich an jmdn. herumkritisieren*

be·krit·zeln <bekritzelst, bekritzelte, hat bekritzelt> *mit OBJ* ▪ **jmd. bekritzelt etwas (mit etwas** *Dat.*) *etwas mit Kritzeleien versehen:* die Wände bekritzeln

be·küm·mern <bekümmerst, bekümmerte, hat bekümmert> *mit OBJ* ▪ **etwas bekümmert jmdn.** *(≈ bedrücken) bewirken, dass jmd. sich Sorgen macht und deprimiert ist:* Die Krankheit ihres Mannes bekümmert sie.

be·kun·den <bekundest, bekundete, hat bekundet> *mit OBJ* ▪ **jmd. bekundet etwas** *(geh.) etwas zum Ausdruck bringen und deutlich zeigen:* Sie bekundeten reges Interesse an dem Vortrag. ▸ Bekundung

be·lä·cheln <belächelst, belächelte, hat belächelt> *mit OBJ* ▪ **jmd. belächelt jmdn./etwas** *über jmdn. oder etwas spöttisch lächeln:* Ihre Naivität wurde von allen belächelt.

be·la·den <belädst, belud, hat beladen> *mit OBJ* ▪ **jmd. belädt jmdn./etwas mit etwas** *Dat. eine Last auf jmdn. oder in etwas packen:* Er belädt das Auto mit dem Gepäck; Sie war mit ihren Einkäufen schwer beladen. ▸ Beladung

Be·lag *der* <-(e)s, Beläge> ❶ (≈ *Schutzschicht, Überzug*) *eine Schicht, die als Schutz auf die Oberfläche von etwas aufgebracht ist:* die Tischplatte aus Holz mit einem Belag schützen ◆ Boden-, Brems-, Straßen- ❷ *eine Schmutzschicht, die sich auf etwas gebildet hat:* den Belag mit Wasser und Seife entfernen ◆ Zahn- ❸ *Wurst oder Käse, die man auf eine Scheibe Brot legt*

be·la·gern <belagerst, belagerte, hat belagert> *mit OBJ* ▪ **jmd. belagert etwas/jmdn.** ❶ MILIT. *(eine Stadt, Festung o.Ä.) zum Zweck der Eroberung einschließen und umzingelt halten:* Das feindliche Heer belagert die Burg. ▸ Belagerung, Belagerungszustand ❷ *(umg.) sich wartend und neugierig um jmdn. oder etwas drängen:* einen Verkaufsstand belagern; Die Reporter belagern den Theaterausgang.

be·la·gert *adj umzingelt, umstellt oder blockiert:* Die Kinokasse wurde regelrecht belagert.

be·läm·mert *adj (umg.) betreten, niedergeschlagen:* Er sah ganz belämmert aus.

Be·lang *der* <-(e)s, -e> ❶ ▪ **von Belang** (≈ *von Bedeutung und Wichtigkeit*) Dieser Einwand ist hier nicht von Belang! ❷ */nur Plur./* (≈ *Angelegenheiten, Interessen*) *die kulturellen Belange unserer Stadt;* Ihre Belange interessieren mich nicht!

be·lan·gen <belangst, belangte, hat belangt> *mit OBJ* ▪ **jmd. belangt jmdn. wegen etwas** AMTSSPR. (≈ *verantwortlich machen, verklagen*) *jmdn. gerichtlich zur Verantwortung ziehen:* Wegen des Diebstahls wurde er gerichtlich belangt. ▸ Belangung

be·lang·los *adj* (≈ *unwichtig*) *nebensächlich, unwichtig:* eine belanglose Bemerkung ▸ Belanglosigkeit

be·las·sen <belässt, beließ, hat belassen> *mit OBJ* ▪ **jmd. belässt etwas irgendwie** *etwas in seinem gegenwärtigen*

Zustand lassen: die Bilder vorläufig an dieser Wand belassen; Wir wollen es dabei bewenden lassen.; ■ **alles beim Alten belassen** *nichts verändern*

be·last·bar *adj* ⊕ *so beschaffen, dass man etwas belasten¹ kann:* eine bis zu 30 Tonnen belastbare Autobahnbrücke ❷ *so, dass man jmdn. belasten² kann:* Für diesen Job muss man belastbar und flexibel sein. ▸ Belastbarkeit

be·las·ten <belastest, belastete, hat belastet> *mit OBJ* ❶ ■ **etwas belastet etwas** *etwas dem Gewicht von etwas aussetzen:* Der Fahrstuhl wurde zu stark belastet. ❷ (≈ *beanspruchen*) ■ **etwas belastet jmdn.** *jmdn. stark beanspruchen oder jmdm. eine Sorge auflegen:* Die Arbeit belastete ihn zunehmend.; Ich will dich nicht mit meinen Problemen belasten. ❸ ■ **etwas belastet etwas** *eine schädliche Wirkung haben:* Gifte belasten die Gewässer. ❹ **etwas belastet jmdn.** RECHTSW. *als schuldig erscheinen lassen:* Der Zeuge belastete den Angeklagten. ❺ ■ **etwas belastet etwas** WIRTSCH. *mit einer finanziellen Last belegen:* Das Haus ist mit einer Hypothek belastet.; ein Konto belasten

be·läs·ti·gen [bəˈlɛstɪɡn̩] <belästigst, belästigte, hat belästigt> *mit OBJ* ❶ ■ **jmd. belästigt jmdn.** *(mit etwas Dat.) jmdn. aufdringlich stören und damit unangenehm sein:* Die Kinder belästigen ihn mit dauerndem Klingeln. ❷ ■ **jmd. belästigt jmdn.** *jmdm. gegenüber zudringlich werden:* Sie wurde von einem Betrunkenen belästigt. ▸ Belästigung

Be·las·tung *die* <-, -en> ❶ */kein Plur./ das Belasten, das Belastetwerden:* die zulässige Belastung einer Brücke ◆ -sfähigkeit ❷ *die starke Beanspruchung von etwas oder jmdm.:* Der Motor konnte dieser Belastung nicht länger standhalten.; Sie war der starken seelischen Belastung nicht länger gewachsen. ◆ -sfähigkeit, -sprobe ❸ */kein Plur./ mit einer Wirkung, die schädlich ist:* die Belastung des Trinkwassers mit Schadstoffen ◆ -sgrenze, -sprobe, Schadstoff-, Umwelt- ❹ RECHTSW. */kein Plur./ die Beschuldigung des Angeklagten (durch einen Zeugen)* ◆ -smaterial, -szeuge/-zeugin ❺ WIRTSCH. *die Belegung mit einer finanziellen Last:* die Belastung des Kontos; die Belastung des Hauses mit einer Hypothek; Die monatliche Belastung beträgt fünfhundert Euro.

be·laubt *adj mit Blättern bedeckt:* dicht belaubte Bäume ▸ Belaubung

be·lau·ern <belauerst, belauerte, hat belauert> *mit OBJ* ■ **jmd./ein Tier belauert jmdn./ein Tier** *lauernd (aus dem Hinterhalt) beobachten, was jmd. tut:* Der Hund belauert die Katze.

be·lau·fen *mit SICH* ■ **etwas beläuft sich auf einen Betrag/Wert** (≈ *betragen*) *etwas macht einen bestimmten Betrag oder Wert aus:* Das Gesamtgewicht beläuft sich auf 700 Kilogramm.

be·lau·schen <belauschst, belauschte, hat belauscht> *mit OBJ* ■ **jmd. belauscht jmdn./etwas** *absichtlich heimlich mithören, was jmd. sagt:* Unser Gespräch wurde belauscht. ▸ Lauschangriff

Bel·can·to, Bel·kan·to *der* <-s> */kein Plur./ italienische Gesangskunst, bei welcher der schöne Klang und die schöne Melodie besonders betont werden*

be·le·ben <belebst, belebte, hat belebt> I. *mit OBJ* ❶ ■ **jmd. belebt etwas** (*mit etwas Dat.*) (≈ *anregen*) *lebhafter machen, in Schwung bringen:* Konkurrenz belebt das Geschäft. ❷ ■ **etwas belebt etwas** *lebendig(er) gestalten:* Der Park wird durch einen künstlichen Wasserfall belebt. ❸ ■ **jmd. belebt etwas** *mit Leben erfüllen, zum Leben erwecken:* alte Bräuche beleben II. *mit SICH* ■ **etwas belebt sich** *lebhafter werden:* Der Umsatz belebt sich langsam.; Die Straßen beleben sich.

be·le·bend *adj* (≈ *anregend, erfrischend*) Espresso/Grüner Tee hat eine belebende Wirkung.

be·lebt *adj* ❶ (≈ *lebendig* ↔ *unbelebt*) *so, dass sich die biologischen Lebensprozesse darin abspielen:* belebte Materie ❷ *so, dass jmd. neue Kraft in sich spürt:* Er fühlte sich nach dem Kaffee gestärkt und belebt. ❸ *so, dass sich viele Menschen dort aufhalten:* Die Straßen sind um diese Uhrzeit sehr belebt.

Be·le·bung *die* <-> */kein Plur./ das Beleben, das Belebtwerden:* Der Stadtrat diskutierte über Möglichkeiten zur Belebung der Innenstadt. ◆ Neu-, Wieder-

Be·leg *der* <-(e)s, -e> ❶ WIRTSCH. (≈ *Bon, Kassenzettel, Quittung*) *schriftlicher Nachweis, dass man eine Ware bezahlt hat:* die für die Steuererklärung notwendigen Belege sortieren ◆ Buchungs-, Spenden-, Zahlungs- ❷ (≈ *Quelle*) *schriftlicher Nachweis, Zeugnis:* Der Beleg für dieses Zitat befindet sich in der Fußnote.; Für dieses historische Ereignis gibt es viele Belege in Dokumenten. ◆ -text, Quellen-, Text-

be·le·gen <belegst, belegte, hat belegt> *mit OBJ* ❶ ■ **jmd. belegt etwas mit etwas** *Dat. etwas auf etwas legen:* Sie belegt das Brot mit einer Scheibe Käse. ❷ **jmd. belegt etwas** *sich als Teilnehmer irgendwo einschreiben:* Die Studentin belegt eine Vorlesung in Biologie. ❸ **jmd. belegt etwas** *etwas reservieren:* Diese beiden Plätze sind schon belegt.; Das Hotel ist voll belegt. ❹ **jmd. belegt etwas mit etwas** *Dat. nachweisen:* Der Kauf lässt sich mit einer Quittung belegen.; die These mit einem Zitat belegen ❺ **jmd. belegt etwas** SPORT *einen bestimmten Platz in einer Rangordnung erreichen:* Erwartungsgemäß belegten die Favoriten die ersten Plätze.; Sie belegte einen guten zweiten Platz.

Be·leg·ex·em·pl·ar das <-(e)s, -e> *Pflichtexemplar eines Buches oder Artikels, das Bibliotheken und anderen Stellen als Nachweis der Veröffentlichung zugeschickt wird:* Die Bibliothek erhielt zwei Belegexemplare des Buches.

Be·leg·le·ser der <-s, -> EDV *ein Gerät, das Belege[1] automatisiert einliest und verbucht*

Be·leg·schaft die <-, -en> *die Gesamtheit der Mitarbeiter eines Betriebes* ▸ -smitglied, -sversammlung

Be·leg·sta·ti·on die <-, -en> *Station in einem Krankenhaus, für die ein nicht fest angestellter Arzt zuständig ist*

Be·leg·stel·le die <-, -n> *Stelle in einem Buch, einem Zeitschriftenartikel o.Ä., aus der ein verwendetes Zitat stammt:* die Belegstelle für diesen Ausdruck suchen

be·legt adj ❶ *mit einem Belag³ bedeckt:* belegte Brote ❷ *(≈ besetzt) so, dass es bereits jmd. in Anspruch genommen hat:* Alle Plätze waren belegt. ❸ *(≈ heiser)* Der Sänger hatte eine belegte Stimme.

be·leh·ren <belehrst, belehrte, hat belehrt> *mit OBJ* ■ **jmd. belehrt jmdn. über etwas** *Akk.* AMTSSPR. *jmdn. über etwas informieren, das ihn angeht und für ihn wichtig ist:* Der Polizist wurde belehrt, wie er sich in dieser Situation zu verhalten hat.; Der Angeklagte wurde über seine Rechte und Pflichten belehrt.

Be·leh·rung die <-, -en> ❶ *das Belehren:* eine innerbetriebliche Belehrung durchführen ▸ Arbeitsschutz- ❷ *(abwert.: ≈ Zurechtweisung) der Vorgang, dass jmd. jmdm. sagt, wie etwas richtig zu handhaben ist:* Ich habe deine ständigen Belehrungen satt.

be·leibt adj *(verhüll.: ≈ dick, korpulent ↔ hager, mager) ein beleibter Herr* ▸ Beleibtheit

be·lei·di·gen [bəˈlaɪdɪɡn̩] <beleidigst, beleidigte, hat beleidigt> *mit OBJ* ■ **jmd. beleidigt jmdn. (durch etwas** *Akk.***/mit etwas** *Dat.*) *(≈ kränken, verletzen) jmds. Gefühle durch bestimmte Ausdrücke oder Handlungen verletzen:* beleidigende Worte sprechen; einen beleidigenden Brief schreiben

Be·lei·di·gung die <-, -en> ❶ *das Beleidigen:* eine Anzeige wegen Beleidigung eines Polizeibeamten erhalten ▸ -sklage, Beamten- ❷ *eine beleidigende Äußerung oder Handlung:* Ich höre mir deine Beleidigungen nicht länger an!

be·lei·hen <beleihst, belieh, hat beliehen> *mit OBJ* ■ **jmd. beleiht etwas** *etwas als Pfand anbieten und dafür Geld erhalten:* Um das Geld von der Bank zu erhalten, mussten sie ihr Grundstück beleihen. ▸ Beleihung

be·le·sen adj *(≈ bewandert) so, dass man viele Bücher gelesen hat und daher über ein großes Wissen verfügt:* Trotz seiner vielen Bücher war er nur wenig belesen. ▸ Belesenheit

be·leuch·ten *mit OBJ* ■ **jmd. beleuchtet jmdn./etwas (mit etwas** *Dat.*) *(≈ anstrahlen) einen Lichtschein auf etwas werfen:* die Bühne/den Eingang/den Platz/die Straße beleuchten

Be·leuch·tung die <-> /kein Plur./ ❶ *das Beleuchten:* für eine ausreichende Beleuchtung des Arbeitsplatzes sorgen ❷ *die Lampen, die irgendwo vorhanden sind:* die Beleuchtung einschalten ▸ -sanlage, -sbrücke, -stechnik

be·leum·det, be·leu·mun·det adj AMTSSPR. *so, dass man einen bestimmten Ruf hat:* Sie ist bestens bzw. gut beleumundet/beleumdet.

bel·fern <belferst, belferte, hat gebelfert> *ohne OBJ (umg.)* ❶ **ein Tier belfert** *(≈ kläffen) misstönend bellen:* Der Hund belfert schon seit Stunden. ❷ **jmd. belfert** *(≈ schimpfen)* Er belferte durch das ganze Treppenhaus.; unhöfliche Worte durchs Telefon belfern

be·lich·ten <belichtest, belichtete, hat belichtet> *mit OBJ* ■ **jmd. belichtet etwas** FOTOGR. *Licht auf einen Film, Fotopapier oder eine Platte einwirken lassen:* den Film lange belichten, um besondere Effekte zu erzielen ▸ Belichtung, Belichtungsmesser, Belichtungszeit ▸ über-, unter-

Be·lie·ben das <-s> /kein Plur./ *(≈ Ermessen, Gutdünken) die persönliche Vorliebe, die jmd. in Bezug auf etwas hat;* ■ **nach Belieben** *nach eigenem Wunsch*

be·lie·ben <beliebst, beliebte, hat be-

liebt> *mit OBJ* ❶ ■ **jmdm. beliebt etwas** *(geh.) jmd. hat Lust, etwas zu tun:* Ihr könnt tun, was euch beliebt. ❷ *(iron.) etwas zu tun pflegen; die Neigung haben, etwas zu tun:* Sie beliebt lange zu schlafen.; Der Herr beliebt nun doch zu kommen.

be·lie·big [bəˈliːbɪç] *adj* (↔ *bestimmt) so, dass aus einer Gesamtheit etwas zufällig herausgegriffen wird:* Nennen Sie ein beliebiges Beispiel!; Man kann jeden beliebigen Mitarbeiter fragen. ◆ Großschreibung → R 3.7 jeder Beliebige; alles Beliebige; etwas Beliebiges

Be·lie·big·keit die <-> /kein Plur./ *beliebige Beschaffenheit:* die Beliebigkeit der ausgewählten Beispiele

be·liebt [bəˈliːpt] *adj* ❶ *so, dass jmd. oder etwas von vielen Menschen als sympathisch angesehen wird und allgemein geschätzt wird:* ein beliebter Ferienort; Lange Zeit war Italien der Deutschen beliebtestes Urlaubsland.; Dieser Lehrer ist bei seinen Schülern nicht gerade/sehr/überaus beliebt. ❷ *häufig angewandt oder benutzt:* eine beliebte Ausrede; ein beliebtes Gesprächsthema

Be·liebt·heit die <-> /kein Plur./ (≈ *Popularität) das Beliebtsein:* Die Sängerin erfreut sich großer Beliebtheit.

be·lie·fern <belieferst, belieferte, hat beliefert> *mit OBJ* ■ **jmd. beliefert jmdn.** (**mit etwas** *Dat.) etwas an einen Abnehmer liefern:* Der Supermarkt wird jeden Mittwoch mit frischen Waren beliefert. ▸ Belieferung

Bel·kan·to der <-s> *siehe* **Belcanto**

bel·len [ˈbɛlən] <bellt, bellte, hat gebellt> *ohne OBJ* ■ **ein Tier bellt** *die für einen Hund typischen Laute von sich geben:* Der Hund bellte, als der Briefträger kam.; Füchse bellten in der Nacht. ▸ Gebell

Bel·le·tris·tik die <-> /kein Plur./ (≈ *Unterhaltungsliteratur* ↔ *Klassiker) die Art von in Buchhandel angebotener Literatur, die unterhaltsam und spannend ist, aber nicht immer hohe Qualität hat* ▸ belletristisch

be·loh·nen <belohnst, belohnte hat belohnt> *mit OBJ* ■ **jmd. belohnt jmdn. mit etwas** *Dat.* (**für etwas** *Akk.) jmdu. zum Dank oder als Anerkennung etwas geben:* Für seine Hilfsbereitschaft wurde er reichlich belohnt.; Sie hat das Kind für seine Hilfe mit fünf Euro belohnt.

Be·loh·nung die <-, -en> ❶ /kein Plur./ *das Belohnen* ❷ *etwas, das man jmdm. aus Dankbarkeit oder als Anerkennung gibt:* dem ehrlichen Finder eine Belohnung geben

be·lüf·ten <belüftest, belüftete, hat belüftet> *mit OBJ* ■ **jmd. belüftet etwas** *dafür sorgen, dass an einen Ort frische Luft kommt:* ein schlecht belüftetes Zimmer ▸ Belüftung, Belüftungsanlage, Belüftungsschacht

be·lü·gen <belügst, belog, hat belogen> *mit OBJ* ■ **jmd. belügt jmdn.** *jmdm. eine Lüge sagen:* Sie haben sich gegenseitig belogen.; Damit belügst du dich doch selbst!

be·lus·ti·gen <belustigst, belustigte, hat belustigt> *mit OBJ* ■ **etwas belustigt jmdn.** *(geh.: ≈ amüsieren, erheitern) etwas ruft bei jmdm. Heiterkeit hervor:* mit einem belustigtem Lächeln

Be·lus·ti·gung die <-, -en> ❶ *etwas, das der Unterhaltung und dem Zeitvertreib dient:* Auf dem Sommerfest gab es vielerlei Belustigungen. ❷ /kein Plur./ *das Belustigtsein:* etwas mit Belustigung beobachten

be·mäch·ti·gen <bemächtigst, bemächtigte, hat bemächtigt> *mit SICH* ❶ ■ **jmd. bemächtigt sich etwas** *Gen.* (≈ *sich aneignen, an sich nehmen) jmd. bringt etwas in seine Gewalt oder seinen Besitz:* Er hat sich des fremden Eigentums bemächtigt. ❷ *(geh.)* ■ **etwas bemächtigt sich einer Person** *etwas überkommt, ergreift jmdn.:* Angst bemächtigte sich seiner.

be·ma·len <bemalst, bemalte, hat bemalt> *mit OBJ* ■ **jmd. bemalt etwas** *etwas durch Malen z.B. mit Bildern versehen:* einen Teller/eine Wand bemalen ▸ Bemalung

be·män·geln <bemängelst, bemängelte, hat bemängelt> *mit OBJ* ■ **jmd. bemängelt etwas** (≈ *beanstanden, monieren* ↔ *gutheißen, loben) als Mangel oder Fehler kritisieren:* die Qualität einer Ware bemängeln ▸ Bemängelung/Bemänglung

be·mannt *adj* /nicht steig./ (↔ *unbemannt) mit einer Mannschaft versehen:* die bemannte Raumfahrt

be·män·teln <bemäntelst, bemäntelte, hat bemäntelt> *mit OBJ* ■ **jmd. bemäntelt etwas** *jmd. verbirgt etwas vor anderen, indem er die Situation als schöner oder besser darstellt, als sie ist:* einen Fehler/ein Problem bemänteln ▸ Bemäntelung/Bemäntlung

be·merk·bar *adj* /nicht steig./ ■ **jemand macht sich bemerkbar** *jmd. macht auf sich aufmerksam* Sie machten sich mit lauten Rufen bemerkbar.

be·mer·ken <bemerkst, bemerkte, hat bemerkt> *mit OBJ* ■ **jmd. bemerkt et-**

was ❶ (≈ *erkennen, wahrnehmen*) *auf etwas aufmerksam werden:* Niemand bemerkte, dass er den Raum verließ. ❷ (≈ *äußern, sagen*) Nebenbei bemerkt: wo ist eigentlich deine Mutter?; Haben sie dazu etwas zu bemerken?

be·mer·kens·wert *adj* (≈ *beachtlich, bedeutend*) *so gut, dass es Beachtung und Aufmerksamkeit verdient:* eine bemerkenswerte Leistung

Be·mer·kung die <-, -en> *(kurze) mündliche oder schriftliche Äußerung:* Er machte im Gespräch eine sehr treffende Bemerkung.; Der Lehrer schreibt seine Bemerkungen an den Rand des Aufsatzes. ◆ Neben-, Rand-, Zwischen-

be·mes·sen <bemisst, bemaß, hat bemessen> *mit OBJ* ❶ (≈ *festlegen*) **jmd. bemisst etwas irgendwie** *etwas nach Schätzung oder nach einem bestimmten Maß abmessen oder zuteilen:* Er hat die Zeit zu knapp bemessen.; Die Portionen sind in diesem Restaurant sehr reichlich bemessen. ❷ **jmd. bemisst etwas nach etwas** *Dat.* Der Anteil der Mieter an den Nebenkosten wird nach einer Pauschale bemessen.

be·mit·lei·den [bə'mɪtlaɪdn̩] <bemitleidest, bemitleidete, hat bemitleidet> *mit OBJ* **jmd. bemitleidet jmdn.** (**wegen etwas** *Dat.*) *Mitleid mit jmdm. empfinden:* die Trauernden bemitleiden; Bilde dir bloß nicht ein, dass ich dich dafür bemitleide! ▸ Bemitleidung

be·mit·lei·dens·wert *adj* (≈ *bedauernswert*) *in einem Zustand, der Mitleid erregt:* ein bemitleidenswerter Mensch

be·mo·geln <bemogelst, bemogelte, hat bemogelt> *mit OBJ* **jmd. bemogelt jmdn.** (*umg.:* ≈ *beschummeln*) *nicht ganz ehrlich sein; in harmloser Weise betrügen:* Er hat mich beim Kartenspiel bemogelt.

be·moost *adj /nicht steig./ von Moos bedeckt:* ein bemooster Stein

be·mü·hen <bemühst, bemühte, hat bemüht> **I.** *mit OBJ* **jmd. bemüht jmdn. wegen etwas** *Dat.* (*geh.*) *jmdm. Mühe machen, indem man ihn um eine kleine Hilfe bittet:* Ich bemühe Sie nur ungern, aber ... **II.** *mit SICH* ❶ **jmd. bemüht sich um jmdn.** *sich um jmdn. kümmern:* Er sah, dass die alte Frau eben auf der Straße gestürzt war, und bemühte sich gleich um sie. ❷ **jmd. bemüht sich, etwas zu tun** *sich Mühe geben:* Sie bemühten sich vergeblich, den Zug zu erreichen.

Be·mü·hung die <-, -en> ❶ */kein Plur./ das Bemühen* ❷ *etwas, das man tut, um ein bestimmtes Ergebnis zu erzielen:* Trotz aller Bemühungen konnte sie ihr Ziel nicht erreichen.; Ich danke Ihnen für Ihre Bemühungen!

be·mut·tern <bemutterst, bemutterte, hat bemuttert> *mit OBJ* **jmd. bemuttert jmdn.** *(wie eine Mutter) für jmdn. (oft in übertriebener Weise) sorgen:* Sie bemuttert ihren kleinen Bruder ▸ Bemutterung

be·nach·bart [bə'naxbaːɐ̯t] *adj* (≈ *angrenzend*) *in der Nachbarschaft; nahe gelegen:* im benachbarten Ort einkaufen

be·nach·rich·ti·gen <benachrichtigst, benachrichtigte, hat benachrichtigt> *mit OBJ* **jmd. benachrichtigt jmdn.** (≈ *informieren, verständigen*) *in Kenntnis setzen:* Wir haben sofort den Arzt benachrichtigt.

Be·nach·rich·ti·gung die <-, -en> ❶ / *kein Plur./ das Benachrichtigen:* Eine Benachrichtigung der Angehörigen ist sofort erfolgt. ❷ (≈ *Mitteilung, Nachricht*) Ich habe ihr eine Benachrichtigung geschickt. ◆ -sschreiben

be·nach·tei·li·gen [bə'naːxtaɪlɪɡn̩] <benachteiligst, benachteiligte, hat benachteiligt> *mit OBJ* **jmd. benachteiligt jmdn.** (**bei etwas** *Dat.*) (↔ *bevorzugen*) *jmdn. in einen Nachteil bringen, indem man ihm nicht das gleiche Recht zugesteht wie anderen:* Sie benachteiligte die ältere Tochter gegenüber der jüngeren.; Immer fühlt er sich benachteiligt.

be·nach·tei·ligt *adj /nicht steig./* (↔ *bevorzugt*) *in einem Zustand, in dem man ungerecht behandelt wird:* Er fühlte sich von seinem Lehrer gegenüber seinen Mitschülern benachteiligt. ▸ Benachteiligung

be·nannt *adj /nicht steig./ mit einem bestimmten Namen versehen:* Diese Pflanze ist nach ihrem Entdecker benannt.

Be·ne·fiz das <-es, -e> *eine Veranstaltung, die wohltätigen Zwecken dient* ◆ -konzert, -spiel, -veranstaltung

Be·neh·men das <-s> */kein Plur./* (≈ *Auftreten, Betragen, Verhalten*) *die Gesamtheit der Umgangsformen eines Menschen:* Sein Benehmen war tadellos.; ein freches/gutes/höfliches/schlechtes/ tadelloses Benehmen

be·neh·men <benimmst, benahm, hat benommen> *mit SICH* **jmd. benimmt sich irgendwie** (≈ *sich betragen, sich verhalten*) *sich in einer bestimmten Weise verhalten:* sich gut/schlecht/tadellos benehmen

be·nei·den <beneidest, beneidete, hat beneidet> *mit OBJ* **jmd. beneidet**

jmd. (um etwas *Akk.*) *auf jmdn. neidisch sein:* Er beneidet seinen Freund um dessen neues Auto.

be·nei·dens·wert *adj* (↔ *bedauernswert*) *in einer so guten Lage, dass andere Menschen Neid empfinden könnten:* Ihre künstlerische Begabung ist beneidenswert.

be·nen·nen <benennst, benannte, hat benannt> *mit OBJ* ■ **jmd. benennt etwas (nach jmdm.)** *mit einem Namen versehen:* Man benannte den Platz nach dem berühmten Dichter/Politiker …

Be·nen·nung die <-, -en> ❶ /kein Plur./ *das Benennen* ❷ *Name oder Bezeichnung für etwas:* Für diese Pflanze gibt es unterschiedliche Benennungen.

be·net·zen <benetzt, benetzte, hat benetzt> *mit OBJ* ■ **jmd./etwas benetzt etwas** *(dichter.) feucht machen:* Tau benetzt das Gras.; Sie benetzt ihre Stirn mit Eau de Cologne.

Ben·gel der <-s, -> ❶ *(umg.)* NORDDT. *(ungezogener) junger Bursche:* So ein frecher Bengel! ❷ LANDSCH. *(veralt.: ≈ Knüppel) (kurzes) Holzstück;* ■ **den Bengel zu hoch werfen** SCHWEIZ. *unberechtigte Ansprüche oder Forderungen stellen*

Be·nimm·re·gel die <-, -n> *(umg.) Regel für gutes Benehmen*

be·nom·men *adj wie betäubt:* Als er aus der Narkose erwachte, fühlte er sich noch sehr benommen.; Nach der Prüfung fühlte sie sich noch ganz benommen.

be·no·ten <benotest, benotete, hat benotet> *mit OBJ* ■ **jmd. benotet jmdn./etwas** (≈ *zensieren*) *eine Note geben:* die Klassenarbeit benoten

---

Die Leistungsbeurteilung mit Noten (Schulnoten) ist die **Benotung**. In deutschen Schulen werden die Noten 1 bis 6 vergeben. Dabei ist die 1 ("sehr gut") die beste, die 6 ("ungenügend") die schlechteste **Note**. Dies ist in manchen Ländern genau umgekehrt: In Bulgarien z.B. und in den meisten Kantonen der Schweiz gilt die 6 als die beste Note. In anderen Ländern wiederum umfasst das Notensystem nur eine andere Anzahl von Stufen (in Österreich: von 1 bis 5); in verschiedenen Ländern ist auch der Skalenumfang wesentlich anders. Die amtlichen Erlasse (Stand: 2011) für Schulen in Deutschland sehen vor, dass im ersten Schulhalbjahr der ersten Klasse vorrangig eine schriftliche Leistungsbewertung (ohne Ziffernnote) erfolgt. Spätestens im zweiten Schulhalbjahr der ersten Klasse werden aber in den Fächern Deutsch und Mathematik Ziffernnoten vergeben, ab der zweiten Klasse sodann in allen Fächern. Es gibt Halbjahres- und Schuljahresnoten für die Fächer sowie für Sozial- und Lernverhalten. Bei der Notengebung sollen diagnostizierte Lernstörungen berücksichtigt werden. An gymnasialen Oberstufen und anderen Schularten gibt es ein Punktesystem, das der besseren Vergleichbarkeit und Berechnung der Endnote in Ziffern dient. Insgesamt fallen Einzelregelungen zur Benotung in Deutschland in den Kompetenzbereich der einzelnen Bundesländer. Vor allem im außerschulischen Bereich werden auch Zwischennoten geben (1,3, 1.7 usw.). Generell gilt für die Noten 1 bis 6 bzw. „sehr gut" bis „ungenügend": Die Note „sehr gut" wird erteilt, wenn die Leistung den Anforderungen in besonderem Maße entspricht; die Note „gut" wird erteilt, wenn die Leistung den Anforderungen voll entspricht; die Note „befriedigend" wird erteilt, wenn sie den Anforderungen im Allgemeinen entspricht, die Note „ausreichend", wenn die Leistung zwar Mängel aufweist, sie aber im Ganzen den Anforderungen entspricht. Als „mangelhaft" gilt sodann eine Leistung, die den Anforderungen nicht entspricht, jedoch erkennen lässt, dass die notwendigen Grundkenntnisse vorhanden und die Mängel in absehbarer Zeit behoben werden können. Die selten vergebene Note „ungenügend" wird vergeben, wenn selbst die Grundkenntnisse so lückenhaft sind, dass die Mängel in absehbarer Zeit nicht behoben werden können.

---

be·nö·ti·gen <benötigst, benötigte, hat benötigt> *mit OBJ* ■ **jmd. benötigt etwas** (≈ *bedürfen, brauchen) zu einem bestimmten Zweck nötig haben:* Ich benötige deine Hilfe.; Er benötigt dringend eine Wohnung.

be·nutz·bar *adj /nicht steig./ zum Benutzen geeignet:* Dieses Gerät ist nicht mehr benutzbar.

be·nut·zen <benutzt/benützt, benutzte/benützte, hat benutzt/benützt> *mit OBJ* ❶ ■ **jmd. benutzt etwas für/als etwas** *Akk. in bestimmter Weise für einen Zweck verwenden:* Ich benutze den Raum zum Nähen und Bügeln.; Er benutzt das Buch als Nachschlagewerk. ❷ ■ **jmd. benutzt etwas** (≈ *gebrauchen) benutztes Geschirr;*

ein benutztes Taschentuch; Dieses Handtuch ist schon benutzt, aber ich kann dir ein frisches geben. ❸ **jmd. benutzt jmdn.** *(abwert.: ≈ ausnutzen) einen Menschen ohne Rücksicht so behandeln, dass er nur den eigenen Zwecken und zum eigenen Vorteil dient:* Der Kerl benutzt dich doch nur!

Be·nu̱t·zer der, **Be·nu̱t·ze·rin** <-s, -> *jmd., der etwas benutzt¹:* die Benutzer der Bibliothek ◆-handbuch, -identifikation, -kreis, -name, -oberfläche, -ordnung, Wörterbuch-

be·nu̱t·zer·freund·lich *adj so gestaltet, dass es einfach und angenehm zu handhaben ist:* ein benutzerfreundliches Wörterbuch ► Benutzerfreundlichkeit

Be·nu̱t·zung die <-> */kein Plur./ (≈ Anwendung, Gebrauch, Verwendung) das Benutzen:* die Benutzung der Bibliothek ◆-sordnung, Wörterbuch-

Ben·zi̱n das [bɛnˈtsiːn] <-s> */kein Plur./ Erdölprodukt, das vor allem als Treibstoff für Verbrennungsmotoren dient* ◆-filter, -gutschein, -hahn, -kanister, -motor, -preis, -pumpe, -stand, -tank, -verbrauch ► benzinbetrieben, benzinsparend

be·o̱b·ach·ten [bəˈʔoːbaxtn̩] <beobachtest, beobachtete, hat beobachtet> *mit OBJ* ❶ **jmd. beobachtet jmdn./etwas** *aufmerksam den Blick auf jmdn. oder etwas richten und deutlich wahrnehmen, was geschieht:* Ich konnte genau beobachten, wie der Einbrecher die Tür aufbrach. ❷ **jmd. beobachtet jmdn./etwas** *jmdn. oder etwas immer wieder prüfend betrachten:* Der Arzt beobachtet den Verlauf der Krankheit.; Die Verkehrswacht beobachtet den Verkehr aus der Luft. ❸ **jmd. beobachtet jmdn.** *jmdn. (heimlich) überwachen:* Die Polizei beobachtet einen Tatverdächtigen.; sich beobachtet fühlen ❹ **jmd. beobachtet eine Regel** *(geh.) ein Gesetz, eine Vorschrift oder eine Regel beachten und einhalten:* die Gesetze beobachten

Be·o̱b·ach·ter der, **Be·o̱b·ach·te·rin** <-s, -> *jmd., der etwas oder jmdn. beobachtet:* ein aufmerksamer/kritischer/neutraler/unparteiischer Beobachter ◆-status

Be·o̱b·ach·tung die <-, -en> ❶ */kein Plur./ das Beobachten* ◆-sgabe, -ssatellit, -sstation ❷ *etwas, das jmd. beobachtet:* die Beobachtungen notieren/der Polizei melden ❸ *Einhaltung von Vorschriften und Regeln:* Es wird Wert auf die Beobachtung der Vorschriften gelegt.

be·o̱r·dern <beorderst, beorderte, hat beordert> *mit OBJ* ▪ **jmd.beordert jmdn. irgendwohin** *sagen, dass jmd. an einen bestimmten Ort kommen soll:* Er wurde zu seinem Vorgesetzten beordert.; das Taxi zum Bahnhof beordern

be·pu̱·dern <bepuderst, bepuderte, hat bepudert> *mit OBJ* ▪ **jmd. bepudert etwas (mit etwas** *Dat.*) *mit Puder bestreuen:* den Kuchen mit Staubzucker bepudern; sich die Nase bepudern

be·que̱m [bəˈkveːm] *adj* ❶ *so, dass man sich beim Benutzen von etwas wohl fühlt:* Ich mag bequeme Schuhe.; ein bequemer Sessel ❷ *(≈ mühelos) so, dass ein Problem ohne größere Anstrengung gelöst werden kann:* Immer wählt er die bequemste Lösung. ❸ *(≈ faul, träge) so, dass ein Mensch sich nicht gerne anstrengt:* Der ist doch viel zu bequem!; ▪ **Bitte, machen Sie es sich bequem!** *(Anrede an einen Gast) bitte, setzen Sie sich!*

be·que̱·men <bequemst, bequemte, hat bequemt> *mit SICH* ▪ **jmd. bequemt sich zu etwas** *Dat. sich endlich widerwillig zu etwas entschließen:* Er bequemt sich endlich dazu, seinen Platz der alten Dame anzubieten.; Sie hat sich nach einigem Zögern doch noch zu dieser lästigen Arbeit bequemt.

Be·que̱m·lich·keit die <-, -en> ❶ *(≈ Komfort) eine angenehme Einrichtung, die das Leben erleichtert:* das Zimmer mit allen Bequemlichkeiten ausstatten ❷ */kein Plur./ angenehme, behagliche Lebensweise:* In den Ferien liebt er die Bequemlichkeit. ❸ */kein Plur./ (≈ Faulheit, Nachlässigkeit, Trägheit)* Aus Bequemlichkeit hat sie die Wohnung nicht aufgeräumt.

be·ra̱p·pen <berappst, berappte, hat berappt> *mit OBJ* ▪ **jmd. berappt etwas (für etwas** *Akk.*) *(umg.: ≈ bezahlen) für etwas (widerwillig) zahlen:* Für die Renovierung musste ich 3000 Euro berappen.

be·ra̱·ten <berätst, beriet, hat beraten> **I.** *mit OBJ* ▪ **jmd. berät jmdn.** *eine Beratung geben:* Der Verkäufer hat die Kundin gut beraten.; Ich lasse mich jetzt vom Rechtsanwalt beraten. **II.** *mit SICH* ▪ **jmd. berät sich mit jmdm.** *(über etwas Akk.) sich mit jmdm. ausführlich besprechen:* Sie beriet sich mit ihrem Freund über den Kauf eines Autos.

be·ra̱·tend *adj /nicht steig./ so, dass man nicht aktiv entscheidet, sondern nur seinen Rat zu etwas gibt:* Prof. Meier besitzt nur eine beratende Funktion in diesem Gremium.

Be·ra·ter der, **Be·ra·te·rin** <-s, -> *Person mit dem Beruf, andere fachkundig zu beraten und beim Lösen von Problemen zu unterstützen:* Berater des Bundeskanzlers ⇨ Berufs-, Finanz-, Ehe-, Rechts-, Steuer-

Be·ra·ter·stab der <-(e)s, Beraterstäbe> *Gruppe von mehreren Beratern, die einer Person zur Verfügung stehen*

be·rat·schla·gen <beratschlagst, beratschlagte, hat beratschlagt> *ohne OBJ* ■ **jmd. beratschlagt mit jmdm. über etwas** *Akk.* (≈ *sich besprechen) gemeinsam überlegen und ausführlich besprechen:* Das Paar beratschlagte, ob es nicht umziehen sollte.

Be·ra·tung die <-, -en> ❶ *der Vorgang, dass jmd. einer anderen Person fachkundig Informationen über etwas gibt und Unterstützung für das Lösen von Problemen anbietet* ⇨ -sgespräch, -sstelle, -sunternehmen, Berufs-, Ehe-, Finanz-, Lebens-, Rechts-, Steuer- ❷ (≈ *Besprechung) der Vorgang, dass eine Gruppe von Personen gemeinsam über ein Problem spricht und zu einer Lösung kommen will:* Die Minister sitzen schon seit vier Stunden in einer Beratung hinter verschlossenen Türen.; Das Gericht zieht sich zur Beratung zurück. ⇨ -sausschuss, -sgremium

be·rau·ben <beraubst, beraubte, hat beraubt> *mit OBJ* ■ **jmd. beraubt jmdn. etwas** *Gen. jmdm. (gewaltsam) etwas stehlen:* Sie wurde ihres ganzen Geldes beraubt.

be·rau·schen <berauschst, berauschte, hat berauscht> I. *mit OBJ* ■ **etwas berauscht jmdn.** ❶ *in einen Rauschzustand versetzen:* Der Sieg der Fußballmannschaft hat die Fans berauscht. ❷ *(übertr.) in höchste Erregung versetzen:* Sie waren von der Musik ganz berauscht. II. *mit SICH* ■ **jmd. berauscht sich an/mit etwas** *Dat.* ❶ *sich betrinken:* Sie berauschten sich am Wein. ❷ *(übertr.) von etwas zu schwärmen beginnen:* sich an einer neuen Idee berauschen

be·rau·schend *adj* ❶ *mit einer Wirkung, die jmdn. in einen Rauschzustand versetzen kann:* ein berauschender Duft; die berauschende Wirkung des Alkohols ❷ *(umg.)* ■ **nicht berauschend** *(umg.) ziemlich schlecht* Deine Noten waren auch nicht gerade berauschend.

be·rauscht *adj /nicht steig./ im Zustand eines Rausches:* von Alkohol/Drogen berauscht

be·re·chen·bar *adj* ❶ *so, dass man es ausrechnen kann:* Die Kosten sind berechenbar. ❷ (↔ *unberechenbar) so, dass man in seiner Wesensart relativ stabil ist und andere nicht mit unerwartetem Verhalten überrascht*

be·rech·nen <berechnest, berechnete, hat berechnet> *mit OBJ* ■ **jmd. berechnet etwas** ❶ (≈ *ausrechnen, errechnen) durch Rechnen feststellen:* die Wohnfläche eines Hauses berechnen ❷ *in Rechnung stellen:* für die Reparatur einen Betrag von 150 Euro berechnen

be·rech·nend *adj (abwert.) so, dass man nur seinen eigenen Vorteil sucht:* Sie ist sehr berechnend.; ein berechnender Charakter

Be·rech·nung die <-, -en> ❶ *das Ausrechnen von etwas:* Ihre Berechnungen stimmten bis ins kleinste Detail. ⇨ -sgrundlage ❷ */kein Plur./ (abwert.) die Haltung, dass man nur an seinen eigenen Vorteil denkt:* Diesen Vorschlag machte er aus purer Berechnung.

be·rech·ti·gen [bə'rɛçtɪgn] <berechtigst, berechtigte, hat berechtigt> *mit OBJ* ■ **etwas berechtigt jmdn. zu etwas** *Dat. jmdm. das Recht geben, etwas zu tun:* Das Ticket berechtigt uns zum Eintritt ins Museum. ⇨ Berechtigte(r)

Be·rech·ti·gung die <-, -en> ❶ (≈ *Befugnis, Recht) etwas, das jmdm. das Recht zu etwas gibt:* die Berechtigung zur Bedienung einer Maschine erwerben ⇨ -sschein ❷ (≈ *Rechtmäßigkeit, Richtigkeit) Die Berechtigung des Einspruchs wurde vom Gericht anerkannt.*

be·re·den <beredest, beredete, hat beredet> *mit OBJ* ■ **jmd. beredet etwas (mit jmdm.)** (≈ *beraten, erörtern) etwas mit jmdm. besprechen:* ein Problem zuerst einmal mit einem Freund bereden

be·red·sam *adj* (≈ *mitteilsam, redegewandt) so, dass man sprachlich überzeugt:* ein sehr beredsamer Versicherungsvertreter

Be·red·sam·keit die <-> */kein Plur./* (≈ *Redegewandtheit) die Fähigkeit, sich sprachlich überzeugend ausdrücken zu können:* etwas mit großer Beredsamkeit darlegen

be·redt *adj* (≈ *beredsam)*

be·reg·nen <beregnest, beregnete, hat beregnet> *mit OBJ* ■ **jmd. beregnet etwas (mit etwas** *Dat.***)** *etwas durch künstlichen Regen bewässern:* Im Sommer muss der Rasen regelmäßig beregnet werden. ⇨ Beregnung, Beregnungsanlage

Be·reich der <-(e)s, -e> ❶ (≈ *Bezirk) ein Gebiet, das sich durch ein Merkmal von anderen Gebieten abgrenzt:* Es gibt in der

Stadt auch Bereiche, die man besser meidet. ❷ *Sach- oder Fachgebiet:* im Bereich der Naturwissenschaften ❸ *Gebiet der Zuständigkeit; Kompetenzbereich:* In meinem Bereich entscheide allein ich. ◆ Arbeits-, Aufgaben-, Wirkungs-

be·rei·chern <bereicherst, bereicherte, hat bereichert> I. *mit OBJ* ■ **etwas bereichert jmdn.** *reicher an Wissen und Erfahrung machen:* Die Zuhörer konnten ihr Wissen bereichern. II. *mit SICH* ■ **jmd. bereichert sich (an etwas** *Dat.***/durch etwas** *Akk.***)** *reich werden dadurch, dass man sich finanzielle Vorteile auf Kosten anderer verschafft:* Er bereichert sich am Eigentum anderer.; Durch unredliche Geschäftsmethoden hat er sich bereichert.

Be·rei·che·rung die <-> /kein Plur./ ❶ *das Bereichern, das Sichbereichern* ❷ *(≈ Gewinn, Nutzen) eine Ergänzung oder Erweiterung von etwas, die man als Vorteil ansieht:* Der neue Mitarbeiter ist eine Bereicherung für unsere Firma.; Ihre musikalischen Beiträge bei dem Fest waren eine echte Bereicherung.

be·rei·fen <bereifst, bereifte, hat bereift> *mit OBJ* ■ **jmd. bereift etwas (mit etwas** *Dat.***)** ❶ *etwas mit Reifen versehen:* ein Auto bereifen ▶ Bereifung ❷ */meist im Part. Perf./ etwas mit Reif überziehen:* Am Morgen waren die Bäume bereift.

be·rei·ni·gen <bereinigst, bereinigte, hat bereinigt> *mit OBJ* ■ **jmd. bereinigt etwas (durch etwas** *Akk.***)** *(≈ beilegen, klären, regeln) einen Konflikt diskutieren und beilegen:* Im Gespräch konnten alle Probleme bereinigt werden. ▶ Bereinigung

be·rei·sen <bereist, bereiste, hat bereist> *mit OBJ* ■ **jmd. bereist etwas** *als Reisender unterwegs sein:* Er hat die halbe Welt/ganz Europa bereist.

be·reit [bəˈraɪt] *adj* /nicht steig./ /nur präd./ *vorbereitet, fertig:* Der Zug steht zur Abfahrt bereit.; Er ist zu allem bereit.

-be·reit [bəˈraɪt] *als Zweitglied zusammengesetzter Adjektive, mit Betonung auf dem Erstglied; drückt aus,* ❶ *dass jemand (grundsätzlich) den Willen hat, das mit dem Erstglied Bezeichnete auszuführen oder zu befördern:* Er zeigt sich bisher wenig diskussionsbereit ◆ dialog-, diskussions-, friedens-, kompromiss-, konzessions-, opfer-, verhandlungs-, verständigungs- ❷ *dass etwas (z.B. ein Gerät) sofort zur Verfügung steht bzw. eine Person darauf vorbereitet und in der Lage ist, das mit dem Erstglied Bezeichnete unmittelbar auszuführen:* Sie steht schon abfahrbereit am Haueingang ◆ abfahr-, abwehr-, aufbruch-, aufnahme-, betriebs-, einsatz-, fahr-, funktions-, griff-, kampf-, reise-, sprung-, start-

be·rei·ten <bereitest, bereitete, hat bereitet> *mit OBJ* ■ **jmd. bereitet etwas** ❶ *(≈ zubereiten) eine Mahlzeit anrichten:* das Essen bereiten ❷ *(≈ zufügen, zuteil werden lassen) verursachen:* Das Kind bereitet seinen Eltern viel Freude/Kummer.

be·reit·hal·ten <hältst bereit, hielt bereit, hat bereitgehalten> *mit OBJ* ■ **jmd. hält etwas bereit** *zum Gebrauch bereit haben:* den Fahrschein zur Kontrolle bereithalten

be·reits [bəˈraɪts] I. *adv (≈ schon ↔ erst) verwendet, um auszudrücken, dass etwas früher eintritt als man erwarten würde:* Bereits am nächsten Tag reisten sie ab.; Bereits bei einer Anwendung pro Tag stellt sich eine deutliche Wirkung ein. II. *part (≈ allein, sogar) verwendet, um auszudrücken, dass etwas ausreichend ist, um eine bestimmte Wirkung zu erzielen:* Bereits beim Geruch von Alkohol wird mir übel.

Be·reit·schaft die <-, -en> ❶ /kein Plur./ *das Bereitsein, Bereitwilligkeit:* die Bereitschaft zu helfen ❷ *eine einsatzbereite Einheit, besonders bei der Polizei:* Mehrere Bereitschaften waren im Einsatz. ◆ -sdienst, -spolizei

be·reit·ste·hen <steht bereit, stand bereit, hat bereitgestanden> *ohne OBJ* ■ **jmd./etwas steht (für etwas** *Akk.***) bereit** *vorbereitet sein und zur Verfügung stehen:* Es steht alles für den Empfang bereit.

be·reit·stel·len <stellt bereit, stellte bereit, hat bereitgestellt> *mit OBJ* ■ **jmd. stellt etwas bereit** *zur Verfügung stellen:* Wann können Sie die Geldmittel bereitstellen? ▶ Bereitstellung

be·reit·wil·lig *adj gern zu etwas bereit:* Die Einheimischen gaben den Touristen bereitwillig Auskunft. ▶ Bereitwilligkeit

be·reu·en <bereust, bereute, hat bereut> *mit OBJ* ■ **jmd. bereut etwas** *(≈ bedauern) Reue über etwas empfinden:* eine Tat bitter bereuen

Berg der [bɛrk] <-(e)s, -e> ❶ *(↔ Tal) eine große Erhebung in der Landschaft, die höher als ein Hügel ist:* die Berge der Alpen; in den Bergen klettern/Skitouren machen/wandern; hohe Berge besteigen ◆ -abhang, -bahn, -bauer/-bäuerin, -dorf, -führer(in), -geist, -gipfel, -hotel, -kamm, -kette, -kuppe, -land, -massiv, -not, -rücken, -rutsch, -schuh, -see, -volk, -wand, -wanderung ❷ *(umg.: ≈ Haufen) Anhäufung von Dingen:* Nach dem Urlaub hatte sich ein Berg von schmutziger Wäsche angesammelt. ♦ Akten-, Schulden- ❸ ■ **über den Berg sein** *(umg.) eine schwierige Situation überwunden haben (oder nach einer Krankheit wieder gesund sein);* ■ **über alle Berge sein** *(umg.) geflüchtet sein;* ■ **die Haare stehen jemandem zu Berge** *(umg.) jmd. ist entsetzt;* ■ **Berge versetzen können** *(umg.) etwas tun können, was fast unmöglich ist;* ■ **mit etwas hinter dem Berg halten** *etwas mit Absicht noch nicht mitteilen* Sie haben mit ihren Heiratsplänen noch einige Zeit hinter dem Berg gehalten.

-berg [bɛrk] *als Zweitglied zusammengesetzter Substantive, mit Betonung auf dem Erstglied; drückt aus, dass das mit dem Erstglied Bezeichnete (in besorgniserregender Weise) eine unerwartete/unnötig große Menge darstellt:* Vielleicht bleibt der von den Kultusministerien vorausgesagte Studentenberg aus. ♦ Betten-, Butter-, Schulden-, Studenten-

berg·ab [bɛrk'ap] *adv (↔ bergauf) vom Berg in Richtung Tal, den Berg hinunter:* Auf dem Rückweg ging es meistens bergab.

berg·an *adv (≈ bergauf ↔ bergab) vom Tal in Richtung Berggipfel*

Berg·ar·bei·ter der, **Berg·ar·bei·te·rin** <-s, -> *jmd., der in einem Bergwerk arbeitet* ♦ -siedlung, -streik

berg·auf [bɛrk'aʊ̯f] *adv (↔ bergab) den Berg hinauf;* ■ **es geht mit jemandem/etwas bergauf** *(umg.) gesundheitlich oder wirtschaftlich verbessert sich die Situation einer Person oder Sache*

Berg·bau der <-s> */kein Plur./ der Abbau von Bodenschätzen in Bergwerken* ♦ -industrie, -region ▸ bergbaulich

ber·gen <birgst, barg, hat geborgen> *mit OBJ* ❶ ■ **jmd. birgt jmdn. (aus etwas** *Dat.) /meist im Passiv/ Menschen aus einer Notsituation retten:* Der Verletzte konnte in letzter Minute aus dem Fahrzeug geborgen werden. ❷ ■ **jmd. birgt etwas** */meist im Passiv / Material aus einer Unfallsituation in Sicherheit bringen:* Das Wrack des untergegangenen Schiffes konnte geborgen werden. ❸ ■ **etwas birgt etwas** *(geh.) enthalten:* Der tropische Regenwald birgt noch unentdeckte Pflanzen.

Berg·mann der <-(e)s, Bergleute> */selten Plur. Bergmänner/ (≈ Bergarbeiter, Grubenarbeiter) jmd., der im Bergwerk arbeitet* ▸ bergmännisch

Berg·pre·digt die <-> */kein Plur./* REL. *auf einem Berg gehaltene Predigt von Jesus Christus:* eine theologische Abhandlung über die Bergpredigt

berg·stei·gen <ist berggestiegen> *ohne OBJ /nur im Inf. und Part. Perf./ im Hochgebirge klettern:* Wir verbringen unseren Urlaub diesmal mit Bergsteigen in den Alpen. ▸ Bergsteiger(in)

Berg-und-Tal-Bahn die <-, -en> *(≈ Achterbahn) eine Bahn (auf Rummelplätzen), bei der Wagen auf einer abwechselnd steil hinauf- und hinunterführenden Strecke fahren*

Berg-und-Tal·fahrt die <-, -en> *Fahrt, bei der es abwechselnd steil hinauf und hinunter geht*

Ber·gung die <-, -en> */Plur. selten/ Rettung von Menschen und Sicherung von Material bei Unfällen oder Katastrophen:* Die Bergung aller Unfallopfer dauerte Stunden. ♦ -saktion, -sarbeit, -sfahrzeug, -shubschrauber, -sschiff, -strupp

Berg·wacht die <-, -en> *eine Organisation, die Menschen in Bergnot rettet:* Bei der Lawinenkatastrophe koordinierte die Bergwacht die Rettungsmaßnahmen.

Berg·werk das <-(e)s, -e> *(≈ Grube) technische Anlage für den Bergbau und die dazu gehörenden Einrichtungen:* in das Bergwerk einfahren; ein stillgelegtes Bergwerk ♦ Kohle-

Be·richt der <-(e)s, -e> *mündliche oder schriftliche Darstellung eines Sachverhalts:* einen Bericht über den Vorfall anfordern; ein ausführlicher/detaillierter/genauer Bericht über die Geschehnisse ♦ -szeitraum, Augenzeugen-, Bild-, Erlebnis-, Polizei-, Tatsachen-, Zeitungs-

be·rich·ten <berichtest, berichtete, hat berichtet> I. *mit OBJ* ■ **jmd. berichtet jmdm. etwas** *einen Sachverhalt, ein Geschehen sachlich und nüchtern darstellen:* Er hat ihnen den Hergang des Unfalls ausführlich/bis ins letzte Detail/genau berichtet.; Sie hat alles berichtet, was sie beobachtet hat. II. *ohne OBJ* ■ **jmd. berichtet von etwas** *Dat. eine Reportage über etwas ausstrahlen oder abdrucken:* Das Fernsehen berichtet live von dem Fußballspiel.; Alle Tageszeitungen berichteten von dem Skandal.

Be·richt·er·stat·tung die <-> */kein Plur./ das Berichten von Ereignissen und das Weitergeben von Informationen:* eine unsachliche Berichterstattung durch die Medien ▸ Berichterstatter(in)

be·rich·ti·gen [bəˈrɪçtɪɡn̩] <berichtigst, berichtigte, hat berichtigt> *mit OBJ* ❶ ■ **jmd. berichtigt etwas** *(≈ korrigieren) etwas Fehlerhaftes beseitigen und* *durch das Richtige ersetzen:* Der Schüler berichtigt seinen Schulaufsatz.; Ich muss noch die Fehler im Manuskript berichtigen.; einen Irrtum berichtigen ❷ **jmd. berichtigt jmdn.** *die Aussagen von jmdm. korrigieren:* Bitte berichtigen Sie mich, wenn ich etwas Falsches sage.

Be·rich·ti·gung die <-, -en> ❶ *(≈ Korrektur) das Berichtigen:* die Arbeit zur Berichtigung zurückgeben ❷ *das Berichtigte:* In der Berichtigung der Hausaufgabe sind immer noch Fehler enthalten.

be·rie·seln <berieselst, berieselte, hat berieselt> *mit OBJ* ❶ **jmd. berieselt etwas** (**mit etwas** *Dat.*) *durch leichtes Besprühen mit Wasser ständig gleichmäßig feucht halten:* die Pflanzen im Gewächshaus berieseln ❷ **jmd. berieselt jmdn.** (**mit etwas** *Dat.*) *(umg. abwert.) etwas auf jmdn. dauernd unbewusst einwirken lassen:* Im Supermarkt wird man ständig von Musik berieselt. ▸ Berieselung

be·rin·gen <beringst, beringte, hat beringt> *mit OBJ* **jmd. beringt ein Tier** *am Bein eines Vogels einen Ring anbringen:* die Tauben beringen

be·ringt *adj so, dass es mit einem Ring versehen ist:* eine beringte Hand

be·rit·ten *adj mit Pferden ausgerüstet:* die berittene Polizei

Ber·lin <-s> *Hauptstadt von Deutschland und deutsches Bundesland* ▸ Berliner(in), berlinerisch/berlinisch

Ber·li·ner der, **Ber·li·ne·rin** [bɛrˈliːnə] <-s, -> ❶ *Einwohner Berlins* ❷ */nur Maskulinum/ mit Marmelade gefülltes und mit Zucker bestreutes Schmalzgebäck*

ber·li·nern <berlinerst, berlinerte, hat berlinert> *ohne OBJ* **jmd. berlinert** *(umg.) im Dialekt der Stadt Berlin sprechen*

Bern·har·di·ner der <-s, -> *eine großer, kräftiger Hund mit weißem Fell, das große gelbbraune Flecken aufweist:* Bei dem Unglück wurden Bernhardiner als Lawinensuchhunde eingesetzt.

Bern·stein der <-(e)s, -e> *aus fossilem Baumharz entstandener gelblich-brauner Stein, der zu Schmuck verarbeitet wird* ▸ -anhänger, -kette

bers·ten <birst, barst, ist geborsten> *ohne OBJ* ❶ **etwas birst** ❶ *(geh.) unter großem Druck plötzlich auseinanderbrechen:* Der Kessel barst mit einem lauten Knall. ❷ **zum Bersten voll sein** *stark überfüllt sein*

be·rüch·tigt *adj für eine negative Eigenschaft bekannt:* Er ist ein berüchtigter Falschspieler.

be·rück·sich·ti·gen [bəˈrʏkzɪçtɪɡn̩] <berücksichtigst, berücksichtigte, hat berücksichtigt> *mit OBJ* **jmd. berücksichtigt jmdn./etwas** (**bei etwas** *Dat.*) *bei seinen Planungen und Handlungen beachten, in seine Überlegungen miteinbeziehen:* die Wünsche der Freundin berücksichtigen ▸ Berücksichtigung

Be·ruf der [bəˈruːf] <-(e)s, -e> *(≈ Arbeit, Beschäftigung) eine Tätigkeit, die man dauerhaft ausübt, für die man eine bestimmte Ausbildung besitzt und mit der man seinen Lebensunterhalt verdient:* Sie ist Ärztin/Lehrerin von Beruf.; Erfolg im Beruf haben; es im Beruf zu etwas bringen ▸ -sanfänger(in), -sausübung, -sausbildung, -sberatung, -sbildungsprojekt, -sbildungszentrum, -sboxer(in), -sehre, -serfahrung, -sfachschule, -sgenossenschaft, -skleidung, -skrankheit, -sleben, -srisiko, -sschule, -ssoldat(in), -ssportler(in), -sverband, -svorbereitung, -swahl, -swunsch, -sziel, Ausbildungs-, Lehr-

be·ru·fen¹ <berufst, berief, hat berufen> I. *mit OBJ* **jmd. beruft jmdn. zu etwas** *Dat.* AMTSSPR. *(≈ ernennen) in ein Amt einsetzen:* zur Richterin berufen werden II. *mit SICH* **jmd. beruft sich auf etwas** *Akk. etwas zu seiner Rechtfertigung heranziehen:* Er berief sich auf das Grundgesetz/auf seine Rechte als Mitarbeiter.

be·ru·fen² *adj /nicht steig./ zu etwas bestimmt:* Sie fühlte sich zur Sängerin berufen.; Er ist dazu berufen, anderen zu helfen.; **aus berufenem Munde etwas hören** *hören, was ein Kenner zu etwas sagt*

be·ruf·lich *adj /nicht steig./ auf den Beruf bezogen:* beruflicher Aufstieg/Erfolg/Ehrgeiz; Beruflich konnte sie sich mit diesem Schritt verbessern.; Er ist beruflich sehr engagiert.

be·rufs·be·glei·tend *adj /nicht steig./ so, dass man es neben dem Beruf absolviert:* eine berufsbegleitende Weiterbildung

Be·rufs·bild das <-(e)s, -er> *alles, was einen bestimmten Beruf hinsichtlich der Ausbildung, Tätigkeit und Aufstiegsmöglichkeiten ausmacht*

Be·rufs·le·ben das <-s> */kein Plur./ (≈ Arbeitsleben ↔ Ruhestand) der Lebensabschnitt, in dem man einen Beruf ausübt:* mitten im Berufsleben stehen

Be·rufs·schu·le die <-, -n> *Schule, die neben der praktischen Berufsausbildung im Betrieb ein- bis zweimal in der Woche besucht werden muss:* eine kaufmännische Berufsschule besuchen ▸ Berufsschullehrer(in)

be·rufs·tä·tig adj /nicht steig./ so, dass man einen Beruf ausübt: halbtags berufstätig sein ▸ Berufstätige, Berufstätigkeit

Be·rufs·ver·kehr der <-s> /kein Plur./ (dichter) Straßenverkehr vor Beginn und nach Ende der Arbeitszeit vieler Arbeitnehmer: die Entlastung des Berufsverkehrs durch die Benutzung öffentlicher Verkehrsmittel

Be·ru·fung die <-, -en> ❶ (≈ Ruf) Angebot, ein Amt in einem wissenschaftlichen, politischen oder künstlerischen Bereich anzunehmen: Sie erhielt eine Berufung auf den Lehrstuhl für Philosophie. ◆-skommission, -sliste ❷ REL. eine innere Notwendigkeit, die jmd. spürt und ihn zum Handeln zwingt ❸ RECHTSW. (≈ Revision) Einspruch gegen ein Urteil, so dass ein Gericht einer höheren Instanz neu verhandeln muss: Der Angeklagte legte Berufung gegen das Urteil des Landgerichts ein. — Jetzt wird das Oberlandesgericht angerufen.; Das Urteil akzeptieren wir nicht, wir gehen in die Berufung. ◆-skläger, -srichter(in), -surteil, -sverhandlung, -sweg

be·ru·fungs·fäh·ig adj /nicht steig./ RECHTSW. so, dass man die Möglichkeit hat, vor Gericht Berufung einzulegen

be·ru·hen <beruhst, beruhte, hat beruht> ohne OBJ ■ etwas beruht auf etwas Dat. (≈ basieren) als Grundlage oder Ausgangspunkt haben: Das Ergebnis beruht auf völlig falschen Zahlen.; ■ etwas auf sich beruhen lassen eine (meist negative) Angelegenheit nicht weiter verfolgen

be·ru·hi·gen [bə'ruːɪɡn̩] <beruhigst, beruhigte, hat beruhigt> I. mit OBJ ■ jmd./etwas beruhigt jmdn. (↔ aufregen) sprachlich oder in anderer Weise bewirken, dass jmd. wieder ruhig wird: Der Arzt beruhigt seinen Patienten.; Ihr Brief hat ihn wieder beruhigt. II. mit SICH ■ jmd./etwas beruhigt sich ❶ innerlich ruhiger werden, zur Ruhe kommen: Sie konnte sich nur schwer beruhigen. ❷ an Unruhe verlieren,: Der Verkehr hat sich beruhigt.; Das Meer hat sich nach dem Sturm wieder beruhigt.

Be·ru·hi·gung die <-> /kein Plur./ das Beruhigen: Tabletten zur Beruhigung der Nerven; die Beruhigung des Wetters ◆-smittel, -sspritze

be·rühmt [bə'ryːmt] adj wegen besonderer Eigenschaften oder Leistungen sehr bekannt: ein berühmter Opernsänger; ■ **berühmt-berüchtigt sein** durch negative Merkmale oder Leistungen einen schlechten Ruf haben Er ist berühmt-berüchtigt für seine Affären.

Be·rühmt·heit die <-, -en> ❶ /kein Plur./ weitreichender Ruhm: Durch ihre ungewöhnlichen Auftritte erlangte die Modeschöpferin Berühmtheit. ❷ berühmte Person: Bei der Premiere sah man viele Berühmtheiten.

be·rüh·ren <berührst, berührte, hat berührt> mit OBJ ❶ ■ **jmd. berührt jmdn./etwas** (mit etwas Dat.) (≈ anfassen) einen Kontakt (mit der Hand) herstellen: den Sitznachbarn leicht an der Schulter berühren ❷ **jmd. berührt etwas** (≈ anschneiden) ein Thema im Gespräch erwähnen: Dieses peinliche Thema möchte ich lieber nicht berühren. ❸ ■ **etwas berührt jmdn.** (≈ ergreifen, nahegehen) in bestimmter Weise auf jmdn. wirken: Ihr Tod hat alle berührt.

Be·rüh·rung die <-, -en> ❶ das Berühren mit den Händen oder einem Körperteil: Vermeiden Sie die Berührung der Ausstellungsstücke. ◆-sbildschirm ❷ Kontakt oder Begegnung mit etwas: Wir kamen mit vielen Menschen in Berührung. ◆-sangst

be·sa·gen mit OBJ ■ **etwas besagt etwas** (≈ bedeuten) Dieses Ergebnis besagt nicht viel.

be·sagt adj /nicht steig./ AMTSSPR. so, dass von jmdm. oder etwas in einem bestimmten Zusammenhang bereits die Rede war: Es war tatsächlich die besagte Person.

be·sänf·ti·gen <besänftigst, besänftigte, hat besänftigt> mit OBJ ■ **jmd./etwas besänftigt jmdn.** (≈ beruhigen, beschwichtigen ↔ aufregen) bewirken, dass jmds. innere Erregung nachlässt: Ihre Stimme besänftigte seinen Zorn. ▸ Besänftigung

be·sänf·ti·gend adj (≈ beruhigend, beschwichtigend) mit der Wirkung, dass jmds. innere Erregung nachlässt: Ihr Zureden wirkte besänftigend auf das Kind.

Be·satz der <-es, Besätze> ❶ Dekor, das auf ein Kleidungsstück aufgenäht ist: Der Mantel hat einen Besatz aus Pelz. ❷ LANDW. Viehbestand (im Verhältnis zur Weidefläche) ❸ LANDW. Fischbestand in einem Teich oder Bach ❹ JAGDW. Wildbestand in einem Revier

Be·sat·zung die <-, -en> ❶ (≈ Crew) die Personen, die die Mannschaft eines größeren Fahrzeuges (bes. Schiffes, Flugzeugs oder Raumschiffes) bilden: Die Besatzung des Flugzeugs begrüßt die Passagiere an Bord. ◆-smitglied, Schiffs- ❷ /kein Plur./

MILIT. *Truppen, die ein fremdes Land besetzt halten:* Die Besatzung wurde verstärkt. ◆ -sarmee, -sgebiet, -smacht, -struppen

be·sau·fen <besäufst, besoff, hat besoffen> *mit SICH* ▪ **jmd. besäuft sich** *(umg. abwert.: ≈ sich betrinken)*

be·schä·di·gen <beschädigst, beschädigte, hat beschädigt> *mit OBJ* ▪ **jmd./etwas beschädigt etwas** *Schaden an etwas verursachen:* Das Sturm beschädigte das Haus.; Unbekannte haben die Telefonzelle beschädigt.

be·schä·digt *adj /nicht steig./* *(≈ defekt, kaputt) mit einem Schaden:* ein beschädigtes Auto

Be·schä·di·gung die <-, -en> ❶ */kein Plur./ das Beschädigen:* Die Beschädigung der Parkbank erfolgte mutwillig. ◆ Sach- ❷ *beschädigte Stelle:* Beschädigungen an der Hauswand beseitigen

be·schaf·fen¹ <beschaffst, beschaffte, hat beschafft> *mit OBJ* ▪ **jmd. beschafft (jmdm.) etwas** *(≈ besorgen) jmd. bringt (trotz Schwierigkeiten) etwas herbei:* Ich kann das Geld nicht so schnell beschaffen.; Er versuchte, das nötige Arbeitsmaterial bei verschiedenen Lieferanten zu beschaffen.

be·schaf·fen² *adj /nicht steig./* *(≈ geartet) mit bestimmten Eigenschaften versehen:* Er ist von Natur aus so beschaffen.; Das Klima hier ist so beschaffen, dass man mit plötzlichen Regenfällen rechnen muss.

Be·schaf·fen·heit die <-, -en> *Zustand, Qualität oder natürliche Eigenart einer Sache:* die Beschaffenheit eines Materials ◆ Boden-, Material-

Be·schaf·fung die <-> */kein Plur./ das Beschaffen:* die Beschaffung von Informationen, Waren, Drogen etc. ◆ -skriminalität, -spreis

be·schäf·ti·gen [bə'ʃɛftɪɡn] <beschäftigst, beschäftigte, hat beschäftigt> I. *mit OBJ* ❶ ▪ **jmd. beschäftigt jmdn.** *gegen Bezahlung als Angestellte bei sich arbeiten lassen:* Die Firma beschäftigt 200 Angestellte. ❷ ▪ **etwas beschäftigt jmdn.** *in Gedanken und Gefühlen bewegen:* Dieses Problem beschäftigt mich schon lange. II. *mit SICH* ▪ **jmd. beschäftigt sich (mit etwas** *Dat.***)** *(≈ befassen) etwas als Gegenstand seiner Aktivitäten oder als Bereich seiner Interessen haben:* Sie beschäftigt sich gern mit ihren Pflanzen.; Er beschäftigt sich im Kartenspiel mit auf die Fahrt, damit die Kinder sich beschäftigen können.

be·schäf·tigt [bə'ʃɛftɪçt] *adj /nicht steig./* ❶ *so, dass man viele Aufgaben und daher wenig Zeit hat:* Sie war beruflich derart beschäftigt, dass sie den Urlaub verschieben musste.; Wir sind gerade damit beschäftigt, die Möbel umzuräumen.; Er kann nicht ans Telefon kommen, er ist gerade beschäftigt. ❷ *bei einem Arbeitgeber angestellt:* Er ist seit einem Jahr bei der Firma beschäftigt.

Be·schäf·tig·te der/die <-n, -n> *(≈ Angestellte) jmd., der in einer Firma angestellt ist:* eine Firma mit dreihundert Beschäftigten

Be·schäf·ti·gung die <-, -en> ❶ *Tätigkeit, Zeitvertreib:* einer interessanten Beschäftigung nachgehen; Nach langjähriger Beschäftigung mit diesem Thema schreibt sie jetzt ein Buch darüber. ◆ -stherapeut(in), -stherapie, Freizeit-, Haupt-, Lieblings- ❷ *(≈ Arbeitsverhältnis) Anstellung bei einem Arbeitgeber:* einer Beschäftigung nachgehen; Ich suche eine neue/dauernde/geregelte Beschäftigung.; Die Dauer der Beschäftigung ist befristet. ◆ beschäftigungslos, beschäftigungssichernd ◆ -slage, -smaßnahme, -sprogramm, -sverhältnis, Teilzeit-, Vollzeit-

be·schal·len <beschallst, beschallte, hat beschallt> *mit OBJ* ▪ **jmd. beschallt jmdn./etwas (mit etwas** *Dat.***)** ❶ *in einem Raum oder einem Gebiet mit Hilfe von Lautsprechern Musik erklingen lassen:* den Platz mit Marschmusik beschallen ▸ Beschallung ❷ MED. *mit Ultraschall untersuchen oder behandeln* ❸ TECHN. *die Struktur von Werkstoffen mit Schall- und Ultraschallwellen untersuchen*

be·schä·men <beschämst, beschämte, hat beschämt> *mit OBJ* ▪ **jmd./etwas beschämt jmdn.** *(durch sein Verhalten) Scham empfinden lassen:* Er beschämte uns durch sein unmögliches Verhalten.; Deine Güte beschämt mich. ▸ Beschämung, beschämt

be·schä·mend <beschämender, am beschämendsten> *adj so, dass man sich für etwas schämen sollte:* Dein Betragen/Verhalten ist beschämend.; Ich finde es beschämend, wie unhöflich du dich benimmst.; Es ist beschämend, dass in dieser Gesellschaft die sozial Schwachen am meisten belastet werden.

be·schat·ten <beschattest, beschattete, hat beschattet> *mit OBJ* ❶ ▪ **jmd. beschattet jmdn.** *(≈ bespitzeln, überwachen) heimlich beobachten:* Die Polizei ließ den Verdächtigen beschatten ▸ Beschattung ❷ ▪ **jmd. beschattet etwas**

(geh.) Schatten verschaffen, vor der Sonne schützen: die Augen mit der Hand beschatten

be·schau·en <beschaust, beschaute, hat beschaut> *mit OBJ* ▪ **jmd. beschaut etwas** LANDSCH. *etwas prüfend anschauen:* Das muss ich mir näher beschauen. ▸ Beschauer(in)

be·schau·lich *adj (≈ behaglich, friedlich) in einer Art und Weise geruhsam, die ein Wohlgefühl vermittelt:* Das Ehepaar führt ein beschauliches Leben. ▸ Beschaulichkeit

Be·scheid der [bəˈʃait] <-(e)s, -e> ❶ / *ohne Plur. / Auskunft, Antwort:* Sag mir bitte rechtzeitig Bescheid, wann dein Zug ankommt. ❷ *schriftliche Mitteilung über eine offizielle Entscheidung:* Ich warte noch auf den Bescheid der Behörde. ◆ Renten-, Steuer- ❸ ▪ **jemandem Bescheid stoßen** *(umg.) jmdn. zurechtweisen;* ▪ **Bescheid wissen (über etwas)** *informiert sein (über etwas)*

be·schei·den[1] <bescheidest, beschied, hat beschieden> I. *mit OBJ* ❶ ▪ **jmd. bescheidet etwas irgendwie** AMTSSPR. *einen Bescheid[2] geben:* Sein Antrag wurde abschlägig beschieden. ❷ ▪ **etwas bescheidet jmdm. etwas** */ meist im Passiv /* *(geh.: ≈ vergönnen) zuteil werden lassen:* Das Schicksal hat uns ein unerwartetes Glück beschieden; Der Mannschaft war kein Erfolg beschieden. II. *mit SICH* ▪ **jmd. bescheidet sich mit etwas** *Dat. (geh.) sich begnügen:* Wegen ihres geringen Einkommens musste sie sich mit einer kleinen Wohnung bescheiden.

be·schei·den[2] *adj* ❶ *(≈ genügsam, schlicht) in seinen Ansprüchen maßvoll:* Sie ist ein bescheidener Mensch.; ein bescheidener Wunsch ❷ *(≈ gering)* Er besaß nur ein bescheidenes Einkommen. ❸ *(≈ zurückhaltend) so, dass man sich nicht in den Vordergrund stellt:* Er trat stets bescheiden auf. ❹ *(umg.) sehr enttäuschend:* Wir hatten einen äußerst bescheidenen Urlaub.; Ihre Leistungen sind mehr als bescheiden.

Be·schei·den·heit die <-> /kein Plur./ ❶ *bescheidene Art, bescheidenes Wesen:* Ihre Bescheidenheit war schon sprichwörtlich.; Es wäre falsche Bescheidenheit, nicht auf seine Stärken aufmerksam zu machen. ❷ *Einfachheit, Genügsamkeit:* die Bescheidenheit und Schlichtheit der Einrichtung

be·schei·ni·gen [bəˈʃainɪgn̩] <bescheinigst, bescheinigte, hat bescheinigt> *mit OBJ* ▪ **jmd. bescheinigt jmdm. etwas** ❶ *(≈ quittieren) schriftlich bestätigen:* den Empfang des Geldes bescheinigen ❷ *anerkennen oder bestätigen, dass jmd. eine bestimmte Eigenschaft hat:* Der Meister bescheinigte dem Lehrling großen Fleiß.

Be·schei·ni·gung die <-, -en> ❶ /kein Plur./ *das Bescheinigen:* Die Bescheinigung erfolgt durch die Quittung. ❷ *(≈ Beleg, Nachweis, Quittung) ein Dokument, mit dem etwas bescheinigt wird:* eine Bescheinigung über die Abgabe der Bücher ausstellen ◆ Empfangs-, Gehalts-

be·schei·ßen <bescheißt, beschiss, hat beschissen> *mit OBJ* ▪ **jmd. bescheißt jmdn. (um etwas** *Akk.)* *(umg.) jmdn. betrügen:* Die haben uns glatt um fünf Euro beschissen!

be·schen·ken <beschenkst, beschenkte, hat beschenkt> *mit OBJ* ▪ **jmd. beschenkt jmdn. mit etwas** *jmdm. ein Geschenk machen:* Zur Hochzeit wurde das junge Paar reich beschenkt.

be·sche·ren <bescherst, bescherte, hat beschert> *mit OBJ* ❶ ▪ **jmd. beschert jmdn.** *zu Weihnachten (am Heiligen Abend) beschenken:* Das Christkind beschert am Heiligen Abend alle Kinder. ❷ ▪ **etwas beschert jmdm. etwas** *zuteil werden lassen:* Die neue Aufgabe bescherte ihm eine Menge Probleme.; Jeder Tag beschert uns neue Überraschungen.

Be·sche·rung die <-, -en> *das Verteilen der Weihnachtsgeschenke:* Am Heiligen Abend ist Bescherung.; In einigen Gegenden ist es Brauch, dass die Bescherung am ersten Weihnachtstag morgens stattfindet.; ▪ **eine schöne Bescherung!** *(umg.) eine unangenehme Überraschung;* ▪ **Da liegt ja die ganze Bescherung!** *Da liegt ja alles kaputt am Boden!* Die Vase ist umgefallen und zerbrochen, das Wasser ausgelaufen. — Da liegt die ganze Bescherung!

> Am Heiligen Abend (24. Dezember) liegen Geschenke unter dem Weihnachtsbaum (auch genannt: „Christbaum"). Wenn das Christkind oder der Weihnachtsmann geklingelt hat, dürfen die Kinder den Weihnachtsbaum sehen und die Geschenke auspacken.

be·scheu·ert *adj (umg. abwert.)* ❶ *(≈ beschränkt, dumm, verrückt) nicht recht bei Verstand:* Sie ist wohl bescheuert, so etwas zu verlangen! ❷ *(≈ ärgerlich, unangenehm)* Da hast du mich in eine bescheuerte Situation gebracht.

be·schich·ten <beschichtest, beschich-

tete, hat beschichtet> *mit OBJ* ■ **jmd. beschichtet etwas** (**mit etwas** *Dat.*) *mit einer Schicht versehen:* mit Kunststoff beschichtete Oberflächen ▸ Beschichtung

be·schi·cken <beschickst, beschickte, hat beschickt> *mit OBJ* ■ **jmd. beschickt etwas** (**mit etwas** *Dat.*) TECHN. *Material zur Bearbeitung oder Verarbeitung einfüllen:* Die Arbeiter beschicken den Hochofen. ▸ Beschickung

be·schi·ckert *adj (umg.: ≈ angeheitert, beschwipst) in einer leicht betrunkenen, fröhlichen Stimmung:* Bei der Party waren alle leicht beschickert.

be·schie·ßen <beschießt, beschoss, hat beschossen> *mit OBJ* ❶ ■ **jmd. beschießt jmdn./etwas** (**mit etwas** *Dat.*) *auf etwas mit Schusswaffen schießen:* Die feindlichen Truppen beschießen die Stadt mit ihrer Artillerie. ❷ ■ **jmd. beschießt etwas** (**mit etwas** *Dat.*) *(fachspr.) etwas mit sehr großer Geschwindigkeit auf etwas aufprallen lassen:* Bei dem Experiment werden Atomkerne mit verschiedenen Elementarteilchen beschossen. ▸ Beschießung

Be·schil·de·rung *die* <-> */kein Plur./ Ausstattung der Verkehrswege mit Verkehrs- oder Hinweisschildern:* Wir haben uns wegen der irreführenden Beschilderung verfahren. ▸ beschildern

be·schimp·fen <beschimpfst, beschimpfte, hat beschimpft> *mit OBJ* ■ **jmd. beschimpft jmdn.** *Schimpfworte gegen jmdn. richten:* Sie beschimpften sich gegenseitig.

Be·schimp·fung *die* <-, -en> ❶ */kein Plur./ das Beschimpfen* ❷ *(≈ Schimpfwort) Äußerung, mit der man jmdn. beschimpft:* Das ist eine grobe Beschimpfung.; Ich habe seine lauten/wüsten Beschimpfungen auch gehört.

be·schir·men <beschirmst, beschirmte, hat beschirmt> *mit OBJ* ❶ ■ **jmd. beschirmt jmdn.** (**vor jmdm./etwas**) *(geh.: ≈ beschützen, verteidigen) jmdn. vor Gefahren beschützen* ❷ ■ **jmd. beschirmt etwas** *etwas in der Art eines Schirms über etwas halten:* die Augen mit der Hand beschirmen

be·schis·sen *adj (vulg.: ≈ miserabel, schlecht) sehr schlecht; sehr unangenehm:* Mir geht es zur Zeit beschissen.; Wir hatten im Urlaub beschissenes Wetter.

Be·schlag *der* <-(e)s, Beschläge> ❶ *ein Metallstück, das bewegliche Teile zusammenhält* ❷ *(≈ Hufeisen)* ■ **jemanden/etwas mit Beschlag belegen** *(umg.) etwas ganz für sich in Anspruch nehmen* Heute ist er von seiner Familie mit Beschlag belegt.

be·schla·gen[1] <beschlägt, beschlug, hat/ist beschlagen> I. *mit OBJ* ❶ ■ **jmd. beschlägt etwas** (**mit etwas** *Dat.*) *(haben) etwas mit einem Beschlag*[1] *versehen* ❷ ■ **jmd. beschlägt ein Tier** *(haben) einem Pferd Hufeisen anlegen* ❸ ■ **etwas beschlägt etwas** *(haben) sich auf etwas als Kondenswasser niederschlagen:* Wasserdampf hat die Scheiben beschlagen. II. *ohne OBJ* ■ **etwas beschlägt** *(sein) (≈ anlaufen) Kondenswasser auf sich sammeln:* Die Brille ist beschlagen. III. *mit SICH* ■ **etwas beschlägt sich** *Kondenswasser auf sich sammeln:* Das Fenster hat sich beschlagen.

be·schla·gen[2] *adj (umg.: ≈ bewandert) so, dass jmd. gute Kenntnisse in einer Sache hat:* Die Schülerin war in Physik ziemlich beschlagen. ▸ Beschlagenheit

be·schlag·nah·men <beschlagnahmst, beschlagnahmte, hat beschlagnahmt> *mit OBJ* ■ **jmd. beschlagnahmt etwas** (**von jmdm.**) AMTSSPR. *(≈ sicherstellen) in amtlichem Auftrag wegnehmen:* Die Waffe wurde von der Polizei beschlagnahmt. ▸ Beschlagnahme, Beschlagnahmung

be·schleu·ni·gen <beschleunigst, beschleunigte, hat beschleunigt> I. *mit OBJ* ■ **jmd. beschleunigt etwas** *schneller werden lassen:* Wie können wir das Verfahren beschleunigen?; die Fahrt beschleunigen II. *ohne OBJ* ■ **jmd./etwas beschleunigt** *schneller werden:* Das Auto beschleunigt sehr gut.; Auf der Zielgeraden beschleunigen die Läufer. III. *mit SICH* ■ **etwas beschleunigt sich** *(↔ verlangsamen) schneller werden:* Der Puls beschleunigt sich durch die Aufregung.

Be·schleu·ni·ger *der* <-s, -> ❶ PHYS. *(≈ Teilchenbeschleuniger) kernphysikalische Anlage, in der Elementarteilchen beschleunigt werden, um eine Kernumwandlung zu erzeugen* ❷ CHEM. *Katalysator, der chemische Reaktionen beschleunigen soll*

be·schleu·nigt *adj /nicht steig./ so, dass etwas schneller geworden ist:* eine beschleunigte Reaktion

Be·schleu·ni·gung *die* <-, -en> ❶ */kein Plur./ das Schnellerwerden, das Schnellermachen:* die Beschleunigung des Wirtschaftswachstums ❷ PHYS. *Zunahme der Geschwindigkeit innerhalb einer bestimmten Zeiteinheit* ◆ -svermögen

be·schlie·ßen <beschließt, beschloss, hat beschlossen> *mit OBJ* ■ **jmd. be-**

schließt etwas ① *(nach gründlicher Überlegung) sich für ein bestimmtes Handeln entscheiden:* Sie beschlossen, die Reise zu unterbrechen. ② POL. *über etwas beraten und abstimmen; sich mit Stimmenmehrheit für etwas entscheiden:* Das Gesetz wurde einstimmig beschlossen. ③ *(≈ abschließen, beenden) auf eine bestimmte Weise zu Ende führen:* Er beschloss seine Rede mit einer Anekdote.

Be·schluss der <-es, Beschlüsse> *(≈ Entscheidung) etwas, das (am Ende einer Beratung) beschlossen wird:* Wir müssen heute noch einen Beschluss fassen.; Falls die Kommission zu keinem Beschluss kommt … ◆ Gerichts-, Kommissions-, Mehrheits-, Regierungs- ▸ Beschlussfassung

be·schluss·fä·hig *adj /nicht steig./ so, dass die Voraussetzungen gegeben sind, dass ein Gremium einen Beschluss fassen kann:* Die Versammlung war nicht beschlussfähig, weil zu viele Mitglieder fehlten.

be·schluss·un·fä·hig *adj /nicht steig./ (↔ beschlussfähig) nicht beschlussfähig*

be·schmie·ren <beschmierst, beschmierte, hat beschmiert> *mit OBJ* ■ **jmd. beschmiert etwas mit etwas** *Dat.* ① *(≈ bestreichen) etwas Breiiges gleichmäßig auf der Oberfläche von etwas verteilen:* ein Brötchen mit Butter beschmieren ② ■ **jmd. beschmiert jmdn./etwas mit etwas** *Dat. jmdn. oder etwas mit etwas beschmutzen:* den Tisch mit Speiseresten beschmieren ③ *(abwert.) unsauber bemalen, verunstalten:* Das Kind hat die Wand mit Kritzeleien beschmiert.

be·schmut·zen <beschmutzt, beschmutzte, hat beschmutzt> *mit OBJ* ■ **jmd. beschmutzt jmdn./etwas** ① *schmutzig machen:* Sie hat sich beim Spielen das Kleid beschmutzt. ② *jmds. Ruf schädigen:* Er hat durch üble Nachrede den Ruf seines Bekannten beschmutzt.; Das Andenken eines Verstorbenen soll man nicht beschmutzen. ▸ Beschmutzung

be·schnei·den <beschneidest, beschnitt, hat beschnitten> *mit OBJ* ■ **jmd. beschneidet etwas** ① *durch Schneiden kürzen oder in die gewünschte Form bringen:* den Apfelbaum beschneiden ② *(≈ einschränken)* Du beschneidest meine Rechte!; jemanden in seinem Einkommen beschneiden ③ ■ **jmd. beschneidet jmdn./etwas** *die Vorhaut des Penis (aus rituellen oder medizinischen Gründen) ganz oder teilweise entfernen:* ein beschnittener Penis; Der Knabe wurde im Alter von dreizehn Jahren beschnitten. ▸ Beschneidung

Be·schnitt der <-(e)s /kein Plur./ *Vorgang des Beschneidens¹:* Der Beschnitt der Obstbäume erfordert viel Erfahrung.

be·schnüf·feln <beschnüffelst, beschnüffelte, hat beschnüffelt> *mit OBJ* ① ■ **ein Tier beschnüffelt etwas/jmdn.** *an etwas schnüffeln:* Der Hund beschnüffelte den Fremden. ② *(umg.) vorsichtig prüfen:* die neue Umgebung beschnüffeln ③ *(umg.: ≈ bespitzeln, observieren) ständig (heimlich) beobachten:* Er wurde vom Geheimdienst beschnüffelt.

be·schnup·pern <beschnupperst, beschnupperte, hat beschnuppert> *mit OBJ* ① ■ **ein Tier beschnuppert etwas/jmdn.** *prüfend an etwas riechen:* Die Katze beschnuppert den Futternapf. ② *(umg.) sich jmdm. mit einer gewissen Vorsicht nähern, weil er/sie fremd oder irgendwo neu ist:* den neuen Mitarbeiter erst einmal beschnuppern

be·schö·ni·gen [bə'ʃøːnɪɡn̩] <beschönigt, beschönigte, hat beschönigt> *mit OBJ* ■ **jmd. beschönigt etwas** *besser darstellen, als es in Wahrheit/tatsächlich ist:* Sie versuchte ihre eigenen Fehler zu beschönigen. ▸ beschönigend, Beschönigung

be·schrän·ken <beschränkst, beschränkte, hat beschränkt> I. *mit OBJ* ■ **jmd. beschränkt etwas/jmdn.** *(≈ begrenzen, einschränken) etwas begrenzen, einer Sache oder jmdm. Schranken setzen:* Er hat sie jahrelang in ihren Rechten beschränkt.; Wir müssen unsere Aktivitäten aus gesundheitlichen Gründen leider etwas beschränken. II. *mit SICH* ■ **jmd. beschränkt sich auf etwas** *Akk. sich mit etwas begnügen:* Ich beschränke mich bei meinen Ausführungen auf das Wesentliche. ▸ Beschränkung

be·schrankt *adj /nicht steig./ (↔ unbeschrankt) mit Schranken versehen:* ein beschrankter Bahnübergang

be·schränkt *adj* ① *(≈ begrenzt) räumlich oder zeitlich eingeschränkt:* Das ist nur in beschränktem Ausmaß möglich.; Wir haben nur beschränkten Platz zum Aufbewahren von Kleidung. ② *(abwert.: ≈ einfältig, engstirnig) geistig unbeweglich; nicht sehr weitblickend:* Er ist in seinen Ansichten sehr beschränkt.

Be·schränkt·heit die <-> /kein Plur./ ① *Begrenztheit:* Die Beschränktheit der Mittel lässt größere Planungen nicht zu.

② *(abwert.: ≈ Dummheit, Engstirnigkeit, Kleinlichkeit) geistige Unbeweglichkeit:* Man sieht ihm seine Beschränktheit förmlich an.

be·schrei·ben <beschreibst, beschrieb, hat beschrieben> *mit OBJ* ■ **jmd. beschreibt etwas/jmdn.** ① *(≈ schildern) ausführlich darstellen, wie jmd. oder etwas aussieht:* etwas anschaulich/ausführlich/detailliert beschreiben ② *auf etwas schreiben:* Die Blätter dürfen nur einseitig beschrieben werden. ③ **etwas beschreibt etwas** *sich in einer bestimmten Bahn bewegen:* Der Fluss beschreibt hier mehrere große Biegungen.

Be·schrei·bung die <-, -en> ① *das Beschreiben¹:* eine ausführliche Beschreibung des Weges ▸ Bild- ② *Zusammenstellung der Angaben über etwas* ▸ Personen-, Täter-

be·schrei·ten <beschreitest, beschritt, hat beschritten> *mit OBJ* ■ **jmd. beschreitet einen Weg** *(geh.) einen neuen Weg gehen:* völlig neue Wege im Umweltschutz beschreiten

be·schrif·ten [bəˈʃrɪftn̩] <beschriftest, beschriftete, hat beschriftet> *mit OBJ* ■ **jmd. beschriftet etwas (mit etwas** *Dat.) mit einer Beschriftung versehen:* die Etiketten der Einmachgläser beschriften

Be·schrif·tung die <-, -en> ① */kein Plur./ das Beschriften* ② *schriftlicher Zusatz, um den Inhalt zu kennzeichnen oder eine Funktion anzugeben:* Bei diesen Bildern fehlen noch die Beschriftungen; Ich muss noch eine Beschriftung auf dem Etikett anbringen.

be·schul·di·gen [bəˈʃʊldɪgn̩] <beschuldigst, beschuldigte, hat beschuldigt> *mit OBJ* ■ **jmd. beschuldigt jmdn. (einer Sache)** *(≈ vorwerfen) jmdm. Schuld an etwas geben:* Sie beschuldigten ihn zu Unrecht.; Er beschuldigte sie des Diebstahls.; Man hat ihn beschuldigt, den Kunden betrogen zu haben. ▸ Beschuldigung

Be·schuss der <-es> */kein Plur./* ① MILIT. *gezieltes Feuer aus Schusswaffen:* die feindliche Stellung unter Beschuss nehmen ② **jemanden/etwas unter Beschuss nehmen** *jmdn. oder etwas (in der Öffentlichkeit) scharf kritisieren* den Politiker durch gezielte Fragen unter Beschuss nehmen ③ PHYS. *das Beschießen:* der Beschuss der Teilchen mit Neutronen; **unter Beschuss geraten** *öffentlich heftig kritisiert werden* Die Regierung ist wegen ihrer Politik unter Beschuss geraten.

be·schüt·zen <beschützt, beschützte, hat beschützt> *mit OBJ* ■ **jmd. beschützt jmdn./ein Tier (vor etwas** *Dat.) dafür sorgen, dass eine Gefahr oder Bedrohung jmdm. nicht schaden kann:* Er beschützte seinen kleinen Bruder vor den anderen Jungen.; Sie hat die Katze vor dem Tierfänger beschützt. ▸ Beschützer(in)

be·schwat·zen <beschwatzt, beschwatzte, hat beschwatzt> *mit OBJ* ■ **jmd. beschwatzt jmdn. (zu etwas** *Dat.) (umg.)* ① *jmdn. zu etwas überreden:* Schließlich habe ich mich doch noch beschwatzen lassen, bei dem Ausflug mitzukommen. ② *(≈ bereden) etwas mit jmdm. ausführlich besprechen:* Das lässt sich am besten bei einer Tasse Kaffee beschwatzen.

Be·schwer·de die [bəˈʃveːɐ̯də] <-, -n> ① *(≈ Klage) eine Klage, mit der man sich über jmdn. oder etwas beschwert:* Ich werde bei Ihrem Vorgesetzten Beschwerde einlegen. ▸ -frist, -führer, -gegenstand, -recht, -schrift ② */im Plur./ körperliche Leiden, Schmerzen, Mühe:* Das Treppensteigen macht ihm Beschwerden. ▸ beschwerdefrei ▸ Altersbeschwerden, Herzbeschwerden, Magenbeschwerden, Verdauungsbeschwerden

be·schwe·ren [bəˈʃveːrən] <beschwerst, beschwerte, hat beschwert> I. *mit OBJ* ■ **jmd. beschwert etwas (mit etwas** *Dat.) etwas Schweres auf etwas legen:* die losen Blätter mit einem Stein beschweren II. *mit SICH* ① **jmd. beschwert sich über etwas** *Akk. (≈ reklamieren) sagen, dass man mit etwas sehr unzufrieden ist:* Er beschwerte sich bei der Geschäftsleitung über den schlechten Service. ② ■ **jmd. beschwert sich über jmdn.** *Klage über jmds. Verhalten erheben*

be·schwer·lich *adj (≈ anstrengend, mühevoll, strapaziös) so, dass es Beschwerden² bereitet und anstrengend ist:* Die Reise war lang und beschwerlich. ▸ Beschwerlichkeit

be·schwich·ti·gen <beschwichtigst, beschwichtigte, hat beschwichtigt> *mit OBJ* ■ **jmd. beschwichtigt jmdn.** *(≈ beruhigen, besänftigen) so zu jmdm. sprechen, dass er sich beruhigt:* Sie versuchte seinen Zorn zu beschwichtigen.; Sie haben durch eine Spende ihr schlechtes Gewissen beschwichtigt. ▸ Beschwichtigung

be·schwin·deln <beschwindelst, beschwindelte, hat beschwindelt> *mit OBJ* ■ **jmd. beschwindelt jmdn. (mit etwas** *Dat.) (umg.) jmdn. in einer unbedeutenden Sache (auf harmlose Art) belügen:* Das

Kind hat seine Mutter beschwindelt.

be·schwingt adj ❶ gut gelaunt und schwungvoll: Beschwingt und gelaunt fuhr sie nach der Party nach Hause. ❷ so, dass etwas gute Laune macht: ein beschwingte Melodie ▸ Beschwingtheit

be·schwipst [bəˈʃvɪpst] adj (umg.) leicht angetrunken: Schon nach einem Glas Sekt war sie beschwipst.

be·schwö·ren <beschwörst, beschwor, hat beschworen> mit OBJ ❶ ▪ jmd. beschwört etwas etwas durch einen Schwur bekräftigen: Er ist bereit, seine Aussage vor Gericht zu beschwören. ❷ ▪ jmd. beschwört etwas Vergangenes in der Vorstellung zurückrufen: Ich will jetzt nicht die Erinnerungen an die Jugend beschwören. ❸ ▪ jmd. beschwört jmdn. etwas zu tun anflehen: Ich beschwöre dich, mir zu helfen! ❹ ▪ jmd. beschwört jmdn. Geister oder Götter anrufen: Der Medizinmann beschwor die Götter. ▸ Beschwörung

be·see·len <beseelst, beseelte, hat beseelt> mit OBJ ▪ etwas beseelt jmdn. (geh.) mit einem positiven Gefühl erfüllen: Die Hoffnung beseelte ihn.; Künstler und Gelehrte waren vom Geist des Humanismus beseelt.

be·seelt adj (geh.) so, dass man innerlich von etwas erfüllt ist: der beseelte Ton des berühmten Geigers; Ihr Gesang ist ausdrucksvoll und beseelt. ▸ Beseeltheit

be·se·hen <besiehst, besah, hat besehen> mit OBJ ▪ jmd. besieht sich etwas (≈ anschauen) genau betrachten: sich einen Schaden genau besehen

be·sei·ti·gen [bəˈzaɪtɪɡn̩] <beseitigst, beseitigte, hat beseitigt> mit OBJ ❶ ▪ jmd. beseitigt etwas (mit etwas Dat.) (≈ entfernen) Flecken/eine Verschmutzung beseitigen ❷ aus dem Weg räumen: das Laub auf dem Gehweg beseitigen ❸ ▪ jmd. beseitigt jmdn. (verhüll.: ≈ ermorden, umbringen) töten: Der Täter beseitigte alle Mitwisser. ▸ Beseitigung

Be·sen der [ˈbeːzn̩] <-s, -> ❶ Gegenstand zum Kehren/Fegen und damit zum Reinigen: mit dem Besen die Wege kehren ◆ -stiel, Kehr- ❷ ▪ ich fresse einen Besen, wenn nicht ... (umg.) etwas ist so unwahrscheinlich, dass es mich sehr wundern würde, wenn nicht ...; ▪ Neue Besen kehren gut wenn jmd. ein neues Amt innehat, ist er am Anfang besonders eifrig und fleißig

Be·sen·wirt·schaft die <-, -en> SÜDDT. ein kleines (von Weinbauern betriebenes) Lokal, das nur wenige Wochen im Herbst geöffnet hat (und an einem Besen über der Tür erkennbar ist) ▸ Besenwirt(in)

be·ses·sen adj so, dass jmd. innerlich von etwas völlig beherrscht oder heftig ergriffen ist: Sie war von dieser fixen Idee besessen.; Er ist von seiner Arbeit besessen.; Wie besessen arbeitete der Komponist an dem letzten Satz seiner Sinfonie. ▸ Besessenheit ◆ kunst-, macht-

be·set·zen <besetzt, besetzte, hat besetzt> mit OBJ ❶ ▪ jmd. besetzt etwas (≈ belegen) irgendwo einen von mehreren Sitzplätzen reservieren: In der ersten Reihe sind alle Sitzplätze schon besetzt ❷ ▪ jmd. besetzt etwas mit jmdm. (≈ vergeben) eine Arbeitsstelle an jmdn. vergeben: Die Posten wurden völlig willkürlich besetzt. ❸ ▪ jmd. besetzt etwas mit jmdm. THEAT. einem Schauspieler eine Rolle geben: Das Stück wird völlig neu besetzt. ❹ ▪ jmd. besetzt etwas mit etwas Dat. verzieren: Sie besetzte die Bluse mit einer Borte. ❺ ▪ jmd. besetzt etwas MILIT. mit Waffengewalt in seinen Einfluss bringen: Die Truppen besetzten das feindliche Gebiet. ❻ ▪ jmd. besetzt etwas widerrechtlich in Besitz nehmen: Demonstranten besetzten für einige Stunden die Gleise.; ein Haus besetzen

Be·set·zer der, **Be·set·ze·rin** <-s, -> jmd., der ein Gebäude oder Grundstück widerrechtlich besetzt hält ◆ Haus-

be·setzt adj ❶ (≈ belegt) so, dass jmd. darauf sitzt: Alle Plätze sind schon besetzt. ❷ reserviert: Ist dieser Platz frei? — Nein, er ist schon besetzt. ❸ TELEKOMM. so, dass über eine Telefonleitung gerade ein Gespräch übermittelt wird: Momentan sind alle Leitungen besetzt. ▸ Besetztzeichen

Be·set·zung die <-, -en> ❶ /kein Plur./ das Besetzen ❷ Gesamtheit der Künstler, die ein Werk aufführen: die aktuelle Besetzung des Stückes bekanntgeben ◆ -sliste, Star-

be·sich·ti·gen [bəˈzɪçtɪɡn̩] <besichtigst, besichtigte, hat besichtigt> mit OBJ ▪ jmd. besichtigt etwas einen Rundgang durch eine Anlage, ein Gebäude o.Ä. machen, um es kennenzulernen: eine Ausstellung besichtigen

Be·sich·ti·gung die <-, -en> das Besichtigen: die Besichtigung der Baustelle durch einen Sachverständigen ◆ -serlaubnis, -stermin, -stour, -szeit

be·sie·deln <besiedelst, besiedelte, hat besiedelt> mit OBJ ▪ jmd. besiedelt etwas an einem Ort Häuser bauen und zu *leben beginnen:* Die Einwanderer besiedelten zuerst die Küstenregionen.; eine dicht besiedelte Gegend ▸ Besiedelung/Besiedlung, Besiedlungsdichte

be·sie·geln <besiegelst, besiegelte, hat besiegelt> *mit OBJ* ❶ ▪ **jmd. besiegelt etwas** (**mit etwas** *Dat.*) *bindend bestätigen:* Sie besiegelten ihre Abmachung mit einem Handschlag. ❷ ▪ **jmd. besiegelt etwas** *bewirken, dass etwas entschieden ist:* Durch diese Nachricht war ihr Schicksal endgültig besiegelt. ▸ Besiegelung

be·sie·gen <besiegst, besiegte, hat besiegt> *mit OBJ* ❶ ▪ **jmd. besiegt jmdn.** (**in etwas** *Dat.*) *den Sieg in Sport oder Kampf über jmdn. oder etwas erringen:* die gegnerische Mannschaft im Fußball besiegen ▸ Besiegte ❷ ▪ **jmd. besiegt etwas** *(übertr.:* ≈ *überwinden)* Er hat den Krebs besiegt.; Angst/Zweifel besiegen

be·sin·nen <besinnst, besann, hat besonnen> *mit SICH (geh.)* ❶ ▪ **jmd. besinnt sich auf etwas** *Akk. sich erinnern an:* Jetzt besinne ich mich wieder darauf! ❷ ▪ **jmd. besinnt sich** *nachdenken:* Er besann sich einen Augenblick, dann … ❸ ▪ **jmd. besinnt sich einer Sache** *sich einer Sache bewusst werden:* Sie besann sich dann doch noch ihrer Aufgabe/Verpflichtung.; ▪ **sich eines Besseren besinnen** *seinen Entschluss zum Besseren verändern*

be·sinn·lich *adj so ruhig und entspannend, dass es psychisch wohltuend ist:* einige besinnliche Stunden verbringen; die besinnliche Adventszeit ▸ Besinnlichkeit

Be·sin·nung die <-> */kein Plur./* ❶ *das Besinnen$^{1\,2}$ (≈ Bewusstsein) der Zustand, in dem man geistig klar und fähig zur bewussten Wahrnehmung ist:* Bei dem Unfall verlor sie die Besinnung. ❷ *(≈ Vernunft) normaler Zustand der Selbstbeherrschung:* Er war erst sehr erregt, konnte dann aber wieder zu Besinnung gebracht werden. ❸ *ruhiges Überlegen, Nachdenken:* In den Ferien hatte sie endlich Zeit für Muße und Besinnung ▸ besinnlich, Besinnlichkeit

be·sin·nungs·los *adj /nicht steig./* ❶ *(≈ bewusstlos, ohnmächtig)* Vor Schreck sank sie besinnungslos zu Boden. ▸ Besinnungslosigkeit ❷ *aufs höchste erregt, außer sich:* besinnungslos vor Wut sein

Be·sitz der [bə'zɪts] <-es> */kein Plur./* *(≈ Eigentum, Vermögen) alles, was jmd. besitzt:* Das Gemälde befindet sich im Besitz eines privaten Sammlers. ▸ -gier, -verhältnisse, Familien-, Grund-, Kunst-, Privat-

be·sitz·an·zei·gend *adj /nicht steig./* ▪ **besitzanzeigendes Fürwort** *Possessivpronomen*

be·sit·zen <besitzt, besaß, hat besessen> *mit OBJ* ▪ **jmd. besitzt etwas** ❶ *über einen Gegenstand als sein Eigentum verfügen:* Er besitzt eine wertvolle Gemäldesammlung. ❷ *eine Eigenschaft haben:* Sie besitzt viel Ausdauer/Temperament/nur wenig Geduld.

Be·sit·zer der, **Be·sit·ze·rin** <-s, -> *jmd., der etwas besitzt^1* ▸ -stolz, -wechsel, Auto-, Fabrik-, Haus-, Hotel-, Mit-

be·sitz·er·grei·fend *adj mit der Eigenschaft, dass man andere Menschen zu sehr für sich beansprucht:* Er ist in Ehe und Beruf sehr besitzergreifend. ▸ Besitzergreifung

be·sitz·los *adj /nicht steig./ (≈ mittellos) so, dass jmd. ohne Besitz^1 ist:* Er ist völlig besitzlos. ▸ Besitzlosigkeit

Be·sitz·tum das <-(e)s, Besitztümer> ❶ *Gesamtheit des Besitzes:* Er war bestrebt, sein Besitztum zu vermehren. ❷ */meist Plur./ großer Besitz an Gebäuden und Ländereien:* Die Kirche verfügt über große Besitztümer.

Be·sit·zung die <-, -en> *(geh.) größeres Grundstück:* Besitzungen auf dem Lande haben

be·sof·fen *adj (umg. abwertt.:* ≈ *blau) völlig betrunken:* Die Randalierer waren völlig besoffen. ▸ Besoffenheit

be·soh·len <besohlst, besohlte, hat besohlt> *mit OBJ* ▪ **jmd. besohlt etwas** *Schuhe mit Sohlen versehen:* Schuhe vom Schuster neu besohlen lassen ▸ Besohlung

be·sol·den <besoldest, besoldete, hat besoldet> *mit OBJ* ▪ **jmd. besoldet jmdn.** *(≈ entlohnen) Arbeitnehmern im öffentlichen Dienst, Beamten oder Soldaten ein bestimmtes Gehalt geben:* Beamte werden vom Staat besoldet.

Be·sol·dung die <-, -en> ❶ */kein Plur./ das Besolden* ❷ *Diensteinkommen, Dienstbezüge:* Die Besoldung wird dem Dienstalter angepasst. ▸ -sgruppe

be·son·de·re(r,s) [bə'zɔndərə] *adj /nicht steig./* ❶ *ungewöhnlich, speziell:* Sie gaben sich besondere Mühe.; eine besondere Freude; ein besonderer Augenblick ❷ *(≈ außerordentlich) besser als gewöhnlich:* Der Schüler besitzt besondere Fähigkeiten. ● Großschreibung → R 3.7 das Besondere; im Besonderen; etwas/nichts Besonderes

Be·son·der·heit die <-, -en> *(≈ Eigenart,*

Eigentümlichkeit, Spezialität) besonderes Merkmal, das für etwas typisch ist

be·son·ders [bəˈzɔndɐs] *adv* ❶ *(≈ hauptsächlich) vor allem:* Darauf müsst ihr besonders aufpassen! ❷ *sehr, ausdrücklich:* Dieses Bild ist besonders schön.; Ich hatte auf diesen Aspekt besonders hingewiesen.

be·son·nen *adj (≈ überlegt, bedächtig) so, dass man vor dem Handeln gut nachdenkt und sehr umsichtig ist:* besonnenes Handeln ▸ Besonnenheit

be·sor·gen <besorgst, besorgte, hat besorgt> *mit OBJ* ▪**jmd. besorgt etwas** ❶ *(≈ beschaffen, kaufen)* Ich muss noch die Weihnachtsgeschenke besorgen. ❷ *(≈ erledigen) (einen Auftrag) ausführen:* Die restlichen Arbeiten besorgte sein Assistent.

Be·sorg·nis *die* <-, -se> *(≈ Sorge) der Zustand, dass man wegen etwas Angst hat und beunruhigt ist:* Der Zwischenfall gab Anlass zur Besorgnis. ◆ Getrennt- oder Zusammenschreibung → R 4.16 Ihr Gesundheitszustand war Besorgnis erregend/besorgniserregend. Sie war in einem Besorgnis erregenden/besorgniserregenden Zustand.; Der Zwischenfall ist äußerst/höchst besorgniserregend.; Das ist ein noch besorgniserregenderer Zustand.; ein großer Besorgnis erregender Zustand

be·sorgt <besorgter, am besorgtesten> *adj* ❶ *so, dass man sich Sorgen macht:* Als sie von der Krankheit des Kindes erfuhr, war sie sehr besorgt. ▸ Besorgtheit ❷ *so, dass man sich um jmdn. kümmert:* Er ist sehr um ihr Wohlergehen besorgt.; ein besorgter Vater

Be·sor·gung *die* <-, -en> ❶ *Erledigung, Einkauf:* eine Besorgung im Supermarkt machen ❷ */kein Plur./ das Besorgen, das Erledigen:* Die Besorgung der Geschäfte nahm den ganzen Tag in Anspruch.

be·span·nen <bespannst, bespannte, hat bespannt> *mit OBJ* ▪**jmd. bespannt etwas (mit etwas** *Dat.***)** ❶ *etwas über etwas spannen:* die Wand mit Stoff bespannen; einen Rahmen mit einem Netz bespannen ▸ Bespannung ❷ *einen Wagen mit Zugtieren versehen:* die Kutsche mit vier Pferden bespannen

be·spiel·bar *adj /nicht steig./* SPORT *so, dass auf einem Platz gespielt werden kann:* Nach dem starken Regen ist der Fußballplatz nicht bespielbar. ▸ Bespielbarkeit

be·spie·len <bespielst, bespielte, hat bespielt> *mit OBJ* ▪**jmd. bespielt etwas** ❶ *Bild- oder Tondaten auf einem Datenträger aufzeichnen:* Das Videoband ist bis zum Ende bespielt worden. ❷ THEAT. *Gastspiele geben:* Unser Theater wird von einer Schauspieltruppe aus der Nachbarstadt bespielt. ❸ SPORT *einen Platz zum Spielen nutzen:* einen Fußballplatz bespielen

be·spit·zeln <bespitzelst, bespitzelte, hat bespitzelt> *mit OBJ* ▪**jmd. bespitzelt jmdn.** *(≈ ausspionieren, observieren, überwachen) (über einen längeren Zeitraum) heimlich beobachten:* Im Auftrag des Chefs bespitzelte er seine Mitarbeiter.

be·spre·chen <besprichst, besprach, hat besprochen> I. *mit OBJ* ❶ **jmd. bespricht etwas (mit jmdm.)** *über eine Angelegenheit sprechen; Meinungen austauschen:* die Aufgabenverteilung mit den Mitarbeitern besprechen ❷ ▪**jmd. bespricht etwas** *über ein Buch, eine Theateraufführung, einen Film oder eine CD eine Kritik schreiben:* Dieser Film ist kürzlich in der Zeitung besprochen worden. ❸ ▪**jmd. bespricht etwas** *auf einen Tonträger sprechen:* eine Kassette/ein Tonband besprechen ❹ ▪**jmd. bespricht etwas** *mit magischen Mitteln auf etwas einwirken:* Warzen besprechen II. *mit SICH* ▪**jmd. bespricht sich mit jmdm.** *eine Besprechung mit jmdm. haben:* Wir besprechen uns heute in der Konferenz über das Thema.

Be·spre·chung *die* <-, -en> ❶ *ausführliches Gespräch über eine bestimmte Sache:* eine Besprechung der Lage ◆-sraum, Einsatz-, Lage- ❷ *(≈ Rezension) ein Text, in dem der Inhalt eines Buches nach seiner Qualität beurteilt wird:* Die Besprechung des Romans war eher ablehnend. ◆-sexemplar, Buch- ❸ *das rituelle Beschwören eines Kranken mit dem Ziel, die Krankheit zu heilen:* die Besprechung der Krankheit durch den afrikanischen Medizinmann

be·spren·gen <besprengst, besprengte, hat besprengt> *mit OBJ* ▪**jmd. besprengt etwas (mit etwas** *Dat.***)** *etwas feucht machen, indem man Wasser darauf verspritzt:* den Rasen besprengen; Sie besprengt sich mit Parfüm.

be·spren·keln <besprenkelst, besprenkelte, hat besprenkelt> *mit OBJ* ▪**jmd. besprenkelt etwas (mit etwas** *Dat.***)** *mit vielen kleinen Flecken versehen:* das Tischtuch mit Kaffee besprenkeln

be·sprin·gen <bespringst, besprang, hat besprungen> *mit OBJ* ▪**ein Tier bespringt ein Tier** *(umg.: ≈ besteigen) ein männl. Tier steigt auf ein weibl. Tier und begattet es:* Der Hengst bespringt die

Stute.
be·sprit·zen <bespritzt, bespritzte, hat bespritzt> *mit OBJ* ■ **jmd./etwas bespritzt jmdn./etwas** (mit etwas *Dat.*) ❶ *durch Spritzen nass machen:* Die Kinder haben Spaß daran, sich im Freibad zu bespritzen. ❷ *durch Spritzen beschmutzen:* Das Auto bespritzte meinen Mantel.
be·sprü·hen <besprühst, besprühte, hat besprüht> *mit OBJ* ■ **jmd. besprüht etwas/jmdn.** (mit etwas *Dat.*) *auf etwas sprühen:* die Zimmerpflanzen besprühen; die Frisur mit Haarspray besprühen
be·spü·len <bespült, bespülte, hat bespült> *mit OBJ* ■ **etwas bespült etwas** *über etwas spülen, spülend berühren:* Der Fluss bespült das Ufer.
bes·ser ['bɛsɐ] <am besten> I. *adj /Komparativ von „gut"/* Es wird ihm bald besser gehen.; Durch seine neue Position wird er sich bald besser stellen.; besser Verdienende/ Besserverdienende; besser Gestellte/Bessergestellte; ■ **jemands bessere Hälfte** *(scherzh.) jmds. Ehefrau;* ■ **besser ist besser!** *(umg.) zur Vorsicht* Ich kann nicht auch noch darauf aufpassen, ob die Kollegen ihre Computer ausgeschaltet haben: — Ich habe Besseres zu tun!; ■ **Besseres zu tun haben** *sich um etwas nicht kümmern wollen oder können* Ich kann nicht auch noch darauf aufpassen, ob die Kollegen ihre Computer ausgeschaltet haben: — Ich habe Besseres zu tun! II. *adv /Komparativ von „gut"/ (geh.: ≈ lieber)* Gehe besser zum Arzt!; besser spät als nie; besser gesagt ◆ Großschreibung → R 3.4, R 3.7 das Bessere; sich eines Besseren besinnen; eine Wendung zum Besseren
bes·sern <besserst, besserte, hat gebessert> I. *mit OBJ* ■ **etwas bessert jmdn./etwas** *besser machen:* Auch eine strengere Erziehung besserte ihn nicht mehr. II. *mit SICH* ❶ ■ **etwas bessert sich** *(↔ verschlechtern) besser werden:* Das Wetter hat sich gebessert. ❷ ■ **jmd. bessert sich** *jmd. macht etwas besser als vorher:* Früher warst du oft unpünktlich, aber du hast dich inzwischen gebessert!
bes·ser·stel·len <stellst besser, stellte besser, hat besser gestellt> I. *mit SICH* ■ **jmd. stellt sich besser** *seine finanzielle und soziale Lage aufbessern:* Durch den Wechsel der Arbeitsstelle versuchte er sich besserzustellen. II. *mit OBJ* ■ **jmd. stellt jmdn. besser** *jmdn. in eine höhere Gehaltsklasse versetzen*
Bes·se·rung die ['bɛsəʊŋ] <-, -en> ❶ *(≈ Erholung, Genesung, Heilung) das Besserwerden des Gesundheitszustandes:* Der Kranke befindet sich auf dem Wege der Besserung.; Gute Besserung! ❷ *(≈ Verbesserung ↔ Verschlechterung) das Bessermachen:* sich für eine Besserung der Zustände einsetzen
Bes·ser·ver·die·nen·de, bes·ser Ver·die·nen·de der <-n, -n> *jmd. mit einem höheren Einkommen als der Durchschnitt der Bevölkerung:* Mit seinem Einkommen gehört er zu den Besserverdienenden.
Bes·ser·wis·ser der, **Bes·ser·wis·se·rin** <-s, -> *(abwert.: ≈ Alleswisser, Neunmalkluger, Rechthaber) jmd., der immer glaubt, er sei klüger als andere:* Dieser Besserwisser geht uns langsam auf die Nerven. ▸ Besserwisserei, besserwisserisch
Be·stand der <-(e)s, Bestände> ❶ */kein Plur./ (≈ Dauer, Kontinuität) das Bestehen, die Fortdauer von etwas:* den Bestand des Betriebes sichern; Er wollte etwas von Bestand schaffen. ❷ *vorhandene Menge von etwas:* Der Bestand an Rehen in diesem Waldgebiet ist recht groß. ◆ -skontrolle, Baum-, Tier-, Wald-, Wild-, Vieh- ❸ WIRTSCH. *(≈ Vorrat) die Warenmenge, die im Lager ist:* den Bestand an verderblichen Lebensmitteln überprüfen ◆ -saufnahme, -skontrolle, Lager-, Rest-, Waren-
be·stän·dig [bəʃ'tɛndɪç] *adj* ❶ *(≈ dauernd, ständig) ohne Unterbrechung:* in beständiger Furcht/Sorge sein; mit beständigem Fleiß arbeiten ❷ *(↔ unbeständig) gleichbleibend, ohne Veränderung:* Das Wetter bleibt beständig.; Die Aktienkurse sind zur Zeit beständig. ◆ wert- ❸ *widerstandsfähig, dauerhaft:* Das Material ist gegenüber Hitze beständig.
-be·stän·dig [bəʃtɛndɪç] *als Zweitglied zusammengesetzter Adjektive, mit Betonung stets auf dem Erstglied; drückt aus, dass etwas vertragen wird, widerstandsfähig ist und gegen das geschützt, was mit dem Erstglied bezeichnet wird:* säure- und hitzebeständiger Stahl ◆ bakterien-, feuer-, frost-, hitze-, kälte-, korrosions-, licht-, nässe-, salzwasser-, säure-, sonnen-, temperatur-, wetter-
Be·stän·dig·keit die <-> */kein Plur./ beständiges Wesen, beständige Beschaffenheit*
Be·stand·teil der <-(e)s, -e> *(≈ Element, Komponente) etwas, das Teil einer größeren Einheit ist:* Er zerlegte den Motor in seine Bestandteile.; ■ **sich in seine Bestandteile auflösen** *(umg.) kaputtgehen* ◆ Haupt-
be·stär·ken <bestärkst, bestärkte, hat bestärkt> *mit OBJ* ❶ ■ **jmd./etwas be-**

stärkt jmdn. (in etwas *Dat.*) (≈ *ermutigen*) *bewirken, dass jmd. seinen Standpunkt sicher und mit Nachdruck vertritt:* Sie hat ihn in seinem Vorhaben bestärkt. ❷ etwas bestärkt etwas *stärker machen:* Diese Hinweise bestärken meinen Verdacht, dass …

be·stä·ti·gen [bəˈʃtɛːtɪɡn̩] <bestätigst, bestätigte, hat bestätigt> I. *mit OBJ* ❶ jmd. bestätigt etwas *sagen, dass etwas so ist, wie es eine andere Person bereits annimmt:* Die Polizei bestätigte den Verdacht. ❷ jmd. bestätigt etwas *unterschreiben, dass man etwas erhalten hat:* Ich habe den Empfang des Pakets bestätigt. ❸ etwas bestätigt etwas *bekräftigen:* Seine Aussage bestätigt die Aussage der Zeugin. II. *mit SICH* ❶ etwas bestätigt sich *sich als wahr herausstellen:* Das Gerücht hat sich bestätigt. ❷ jmd. bestätigt sich *sein Selbstgefühl steigern:* Sie möchte sich gern in der neuen Aufgabe bestätigen.

Be·stä·ti·gung die <-, -en> ❶ /kein Plur./ *das Bestätigen* ❷ *Bescheinigung, mit der etwas bestätigt wird:* eine Bestätigung ausstellen

be·stat·ten [bəˈʃtatn̩] <bestattest, bestattete, hat bestattet> *mit OBJ* ■ jmd. bestattet jmdn. (≈ *beisetzen*) Er wurde feierlich bestattet.

Be·stat·tung die <-, -en> (≈ *Beerdigung, Beisetzung*) *Begräbnis:* Die Bestattung findet am Freitag statt. ♦-sinstitut, Erd-, Feuer-

be·stäu·ben <bestäubst, bestäubte, hat bestäubt> *mit OBJ* ■ jmd./etwas bestäubt etwas (mit etwas *Dat.*) ❶ *mit etwas wie mit Pulver bestreuen oder überziehen:* den Kuchen mit Puderzucker bestäuben ❷ BIOL. *durch Übertragung von Blütenstaub befruchten:* Die Bienen bestäuben die Apfelblüten. ▶ Bestäubung

be·stau·nen <bestaunst, bestaunte, hat bestaunt> *mit OBJ* ❶ jmd. bestaunt etwas (≈ *anstaunen*) *mit Staunen und Verwunderung betrachten:* Er bestaunte das neue Auto seines Freundes.; Das Kind bestaunt den langen Hals der Giraffe. ❷ jmd. bestaunt jmdn. (≈ *bewundern*) *Anerkennung und Respekt für jmdn. empfinden:* Ich kann diesen Künstler nur bestaunen.

bes·te [ˈbɛstə] *adj /Superlativ von „gut"/* *der beste Freund; ein Anzug aus bestem Stoff;* ■ der erste Beste *(umg.) jeder Beliebige;* ■ für jemanden ist das Beste gerade gut genug *jmd. stellt sehr hohe Ansprüche;* ■ jemanden zum Besten halten *einen Scherz mit jmdm. machen* Du willst mich wohl zum Besten halten?; ■ etwas zum Besten geben *etwas Interessantes erzählen* Ich will euch noch eine Anekdote zum Besten geben … ♦Kleinschreibung → R 3.8, R 3.9 am besten; Dieser Saft ist der beste.; ♦Großschreibung → R 3.4 Es ist das Beste.; zum Besten; sein Bestes tun

be·ste·chen <bestichst, bestach, hat bestochen> *mit OBJ* ❶ jmd. besticht jmdn. (mit etwas *Dat.*) (≈ *schmieren*) *durch unerlaubte Geschenke für sich gewinnen:* Er versuchte den Zollbeamten zu bestechen. ❷ jmd. besticht durch etwas (≈ *imponieren*) *großen Eindruck auf jmdn. machen:* Sie bestach durch ihr Wissen.

be·stech·lich *adj* (≈ *käuflich, korrupt*) *so, dass sich jmd. bestechen¹ lässt:* ein bestechlicher Beamte ▶ Bestechlichkeit

Be·ste·chung die <-, -en> ❶ /kein Plur./ (≈ *Korruption*) *das Bestechen¹* ♦-saffäre ❷ *der Akt der Bestechung:* Zeuge einer Bestechung sein ♦Beamten-

Be·steck das [bəˈʃtɛk] <-(e)s, -e/(-s)> ❶ *die Gesamtheit der Werkzeuge, mit denen man Essen zu sich nimmt oder mit deren Hilfe man das Essen zerkleinert bzw. serviert (z.B. Messer, Gabel und Löffel):* noch ein zusätzliches Besteck auflegen ♦-kasten, -schublade, Ess-, Fisch-, Kuchen-, Obst-, Silber-, Tafel- ❷ MED. *Für einen bestimmten medizinischen Zweck (z.B. eine Operation) zusammengestellter Satz von Instrumenten:* das chirurgische Besteck sterilisieren ♦Spritz-

Be·ste·hen das <-s> /kein Plur./ *das Bestehen I., II.:* Die Firma feiert ihr zehnjähriges Bestehen.; das Bestehen von Abenteuern/einer Prüfung

be·ste·hen <bestehst, bestand, hat bestanden> I. *mit OBJ* ■ jmd. besteht etwas *erfolgreich absolvieren:* Alle Kandidaten bestanden die Prüfung. II. *ohne OBJ* ❶ etwas besteht (irgendwie) *existieren:* Dieser Brauch besteht schon viele Jahrhunderte.; Es besteht kein Grund, dass … ❷ etwas besteht aus etwas *Dat. aus etwas zusammengesetzt sein:* Wasser besteht aus Wasserstoff und Sauerstoff. ❸ jmd. besteht auf etwas *Dat. auf etwas beharren:* Der Gast besteht auf einem Zimmer mit Balkon.

be·steh·len <bestiehlst, bestahl, hat bestohlen> *mit OBJ* ■ jmd. bestiehlt jmdn. *jmdm. etwas stehlen:* Er hat sie um einhundert Euro bestohlen.

be·stei·gen <besteigst, bestieg, hat bestiegen> *mit OBJ* ❶ **jmd. besteigt etwas** *auf etwas steigen:* einen Aussichtsturm/Berg besteigen ▶ Besteigung ❷ **jmd. besteigt etwas** *in ein Verkehrsmittel einsteigen:* einen Bus/ein Flugzeug besteigen ❸ **ein Tier besteigt ein Tier** *(≈ bespringen)*

be·stel·len <bestellst, bestellte, hat bestellt> *mit OBJ* ❶ **jmd. bestellt etwas (bei jmdm.)** *(≈ anfordern)* *Waren liefern lassen:* Diese Schuhe haben wir nicht am Lager, wir können sie aber bestellen.; Hiermit bestelle ich verbindlich die folgenden Artikel ...; Bis zur vollständigen Bezahlung bleibt die bestellte Ware Eigentum des Händlers.; aus einem Katalog/bei einem Versandhaus/per Internet bestellen ▶ Bestellblock, Bestellkarte, Bestellnummer ❷ **jmd. bestellt etwas** *(≈ reservieren)* Bitte bestellen Sie mir ein Einzelzimmer mit Dusche.; ein Taxi bestellen; Eintrittskarten bestellen ❸ **jmd. bestellt etwas** *sich in einem Lokal ein bestimmtes Gericht oder Getränk kommen lassen* ▶ Bestellung ❹ **jmd. bestellt jmdn. irgendwohin** *jmdn. bitten, an einen bestimmten Ort zu kommen:* Der Chef hat sie heute zu sich bestellt. ❺ **jmd. bestellt jmdn. zu etwas** *Dat.* AMTSSPR. *jmd. erteilt jmdm. den Auftrag zu etwas:* Das Gericht hat ihn in diesem Verfahren zum Gutachter bestellt. ❻ **jmd. bestellt jmdm. etwas** *jmdm. eine Nachricht ausrichten:* Ich soll dir Grüße bestellen. ❼ **jmd. bestellt etwas** *Land bebauen:* Der Bauer bestellt den Acker.; ■ **es ist gut/schlecht um jemanden bestellt** *es geht jmdm. gut/schlecht*

Be·stel·lung *die* <-, -en> ❶ *Auftrag zur Lieferung einer Ware:* Die Abteilung bearbeitet täglich Hunderte von Bestellungen.; eine Bestellung bestätigen/stornieren ◆ -sbearbeitung, Sammel- ❷ */kein Plur./ das Bestellen*⁶ ❸ *das Bestellen*⁷: die Bestellung des Feldes; ■ **jemandem eine Bestellung ausrichten** *jmdm. eine Mitteilung überbringen* ❹ *das Bestellen*³; ■ **die Bestellung aufnehmen** *als Ober notieren, welche Speisen und Getränke die Gäste (an einem bestimmten Tisch) wünschen* Der Ober nimmt die Bestellung auf.

bes·ten·falls *adv im günstigsten Fall:* er kann bestenfalls morgen hier sein

bes·tens *adv* ❶ *sehr gut, so gut wie möglich:* Es geht mir bestens. ❷ *sehr herzlich:* Er lässt sie bestens grüßen.

be·steu·ern <besteuerst, besteuerte, hat besteuert> *mit OBJ* ■ **jmd. besteuert etwas** *auf etwas Steuern erheben:* die Zinseinnahmen besteuern ▶ Besteuerung

Best·form *die* <-> */kein Plur./ höchste körperliche oder geistige Leistungsfähigkeit:* Die Sportlerin war in Bestform.

best·ge·klei·det *adj* /nicht steig./ *am besten gekleidet:* die bestgekleidete Dame des Abends

bes·ti·a·lisch *adj* ❶ *unvorstellbar roh und grausam:* ein bestialischer Mord ▶ Bestialität ❷ *(umg.) so intensiv, dass es unerträglich ist:* Was ist das für ein bestialischer Gestank?

Bes·tie *die* <-, -n> ❶ *wildes Tier:* Diese Bestie von Hund hat ein Kind angefallen. ❷ *grausamer Mensch:* Diese Bestie ermordete vier Menschen auf die grausamste Weise.

be·stim·men <bestimmst, bestimmte, hat bestimmt> I. *mit OBJ* ❶ **jmd. bestimmt etwas** *(≈ entscheiden, festlegen) sagen, was zu geschehen hat:* Der Einsatzleiter bestimmte den weiteren Ablauf. ❷ **jmd./etwas bestimmt etwas** *vorhersehen, im Voraus festlegen:* Er hat in seinem Testament bestimmt, wie sein Besitz verteilt werden soll.; Das Schicksal hat ihm bestimmt, dass er viel leiden muss. ❸ **jmd. bestimmt etwas** *(≈ ermitteln) feststellen, was etwas ist:* Blutwerte bestimmen; eine Pflanze bestimmen; die Bedeutung eines Wortes bestimmen bzw. einen wissenschaftlichen Terminus (aus der Mathematik und Physik) II. *ohne OBJ* ■ **jmd. bestimmt über etwas** *Akk. über jmdn. oder etwas verfügen:* Über meine Freizeit bestimme ich immer noch selbst!

be·stimmt [bəˈʃtɪmt] <bestimmter, am bestimmtesten> I. *adj* ❶ *(↔ beliebig) so, dass etwas ganz genau feststeht oder festgelegt ist:* Hier darf nur eine bestimmte Anzahl von Leuten hereinkommen.; Ich suche ein bestimmtes Buch. ❷ *(≈ nachdrücklich) so, dass man etwas energisch und entschieden sagt:* Sie antwortete höflich, aber bestimmt mit „Nein". II. *adv (≈ gewiss, sicher) verwendet, um auszudrücken, dass man etwas für sehr wahrscheinlich hält:* Du hast bestimmt Glück!

Be·stimmt·heit *die* <-> */kein Plur./* ❶ *(≈ Entschiedenheit; Festigkeit) eine Ausstrahlung, die zeigt, dass sich jmd. ganz sicher ist und keine Zweifel hat, dass er sich durchsetzen wird:* die Bestimmtheit seines Auftretens ❷ *(≈ Gewissheit, Sicherheit) der Zustand, dass etwas ganz si-*

cher ist: etwas mit Bestimmtheit behaupten/wissen

Be·stim·mung die <-, -en> ❶ (≈ *Vorschrift*) *eine Vorschrift/Regelung, die besagt/aussagt, was man tun muss:* sich an die gesetzlichen Bestimmungen halten ◆ Ausführungs-, Durchführungs-, Gesetzes- ❷ /kein Plur./ (≈ *Schicksal, Sendung*) *der Zustand, dass jmdm. eine bestimmte Zukunft vorgegeben ist:* Sie glaubte an ihre Bestimmung als Künstlerin. ◆ -szweck, Zweck- ❸ *Zielpunkt von etwas:* Das neue Gebäude wurde heute eingeweiht und seiner Bestimmung übergeben. ◆ -sbahnhof, -sflughafen, -shafen, -sland, -sort ❹ *das Feststellen oder Ermitteln, was etwas (gerade) ist oder welchen momentanen Wert etwas gerade hat:* die Bestimmung der Blutwerte ◆ Blutgruppen-, Gewichts-, Standort- ❺ BIOL. *das Feststellen, von welcher Art ein Lebewesen ist:* die Bestimmung einer Pflanze ◆ -sbuch ❻ SPRACHWISS. *ein Satzteil in Form einer freien genaueren Angabe:* eine adverbiale Bestimmung der Zeit oder des Ortes ◆ Umstands- ❼ PHILOS. (≈ *Definition*) *die Bestimmung eines Terminus in einem System/Netz von Termini*

be·stim·mungs·ge·mäß *adj* /nicht steig./ *der Vorschrift entsprechend:* die bestimmungsmäßige Anwendung eines Medikaments

be·stirnt *adj* /nicht steig./ (geh.) *mit Sternen bedeckt:* den bestirnten Himmel betrachten

Best·leis·tung die <-, -en> SPORT *die beste Leistung, die in einer Disziplin in einem bestimmten Zeitraum erbracht wurde:* Die Hochspringerin übertraf ihre eigene Bestleistung.

Best·mar·ke die <-, -n> SPORT (≈ *Rekord*) Er hat die Bestmarke erreicht und sogar noch übertroffen.

best·mög·lich *adj* /nicht steig./ *so gut wie möglich:* Sie bemühte sich in der Schule um bestmögliche Leistungen.

Best·no·te die <-, -n> SPORT *die höchste Bewertung in verschiedenen Sportdisziplinen (z.B. Eiskunstlauf, Kunstturnen), die durch Preisrichter vergeben wird:* Der Turner erhielt für seine hervorragende Kür die Bestnote.

Best.-Nr. *Abkürzung von "Bestellnummer"*

be·stra·fen <bestrafst, bestrafte, hat bestraft> *mit OBJ* ■ **jmd. bestraft jmdn.** (**für etwas** *Akk.*) *eine Strafe erteilen:* das Kind für sein freches Verhalten bestrafen ▸ Bestrafung

be·strah·len <bestrahlst, bestrahlte, hat bestrahlt> *mit OBJ* ❶ ■ **etwas bestrahlt jmdn./etwas** (≈ *anstrahlen, bescheinen*) *mit Strahlen hell erleuchten:* Die Sonne bestrahlt ihr Gesicht. ❷ ■ **jmd. bestrahlt jmdn./etwas** (**mit etwas** *Dat.*) MED. *mit speziellen Strahlen behandeln:* eine Geschwulst bestrahlen

Be·strah·lung die <-, -en> *das Bestrahlen*²: zweimal wöchentlich zur Bestrahlung gehen ◆ -stherapie

Be·stre·ben das <-s> /kein Plur./ (≈ *Absicht, Trachten*) *Absicht, Bemühen:* Es ist ihr Bestreben, es in Zukunft besser zu machen.

be·strebt *adj* /nicht steig./ *so, dass man sich ernstlich bemüht:* Der Chef war bestrebt, seine Angestellten freundlich zu behandeln.

Be·stre·bung die <-, -en> /meist Plur./ (≈ *Anstrengung, Bemühung*) All seine Bestrebungen waren vergeblich. ◆ Autonomie-, Reform-

be·strei·chen <bestreichst, bestrich, hat bestrichen> *mit OBJ* ■ **jmd. bestreicht etwas mit etwas** *Dat. etwas auf etwas streichen:* das Brot mit Butter bestreichen; einen Zaun mit Farbe bestreichen

be·strei·ken <bestreikst, bestreikte, hat bestreikt> *mit OBJ* ■ **jmd. bestreikt etwas** (ein Unternehmen) *durch Streik stillzulegen versuchen:* Der Flughafen wird heute bestreikt.

be·strei·ten <bestreitest, bestritt, hat bestritten> *mit OBJ* ❶ ■ **jmd. bestreitet etwas** (≈ *abstreiten, leugnen*) *(entschieden) behaupten, dass etwas nicht wahr ist:* Diese Tatsache habe ich auch nicht bestritten. ❷ ■ **jmd. bestreitet jmdm. etwas** *sagen, dass jmd. ein bestimmtes Recht nicht hat:* jmdm. das Recht auf freie Meinungsäußerung bestreiten ❸ ■ **jmd. bestreitet etwas mit etwas** *Dat. für etwas finanziell aufkommen:* Wovon soll ich dann meinen Lebensunterhalt bestreiten? ❹ ■ **jmd. bestreitet etwas** *durchführen:* Dieses Programm hat er ganz allein bestritten

be·streu·en <bestreust, bestreute, hat bestreut> *mit OBJ* ■ **jmd. bestreut etwas** (**mit etwas** *Dat.*) *mit einer losen, lockeren Schicht von etwas bedecken:* die Erdbeeren mit Zucker bestreuen; die Blumensamen mit Erde bestreuen

Best·sel·ler der <['bɛstsɛlɐ] -s, -> (≈ *Kassenschlager, Renner, Verkaufsschlager* ↔ *Ladenhüter*) *etwas (vor allem ein Buch), das sich überdurchschnittlich gut verkaufen lässt:* Das Buch wurde sofort zum Bestsel-

ler. ~-autor(in), Monats-, Welt-
best·si·tu·iert *adj /Superl. von „gut situiert"/* ÖSTERR. *(≈ wohlhabend) bestens situiert:* eine bestsituierte Familie
be·stü·cken <bestückst, bestückte, hat bestückt> *mit OBJ* ■ **jmd. bestückt etwas mit etwas** *Dat.* ❶ *mit etwas ausstatten:* Sie ist gut mit Kleidern bestückt. ❷ MILIT. *mit Geschützen oder Sprengköpfen ausrüsten:* Die Schiffe sind mit jeweils vierzig Kanonen bestückt. ▸ Bestückung
Be·stuh·lung die <-, -en> *Gesamtheit der Stühle oder Sitzplätze in einem öffentlichen Gebäude:* die Bestuhlung eines Kinosaals
be·stür·men <bestürmst, bestürmte, hat bestürmt> *mit OBJ* ❶ **jmd. bestürmt etwas** MILIT. *im Sturm angreifen:* eine feindliche Stellung bestürmen ❷ **jmd. bestürmt jmdn. wegen etwas** *Dat. heftig bedrängen:* Fans und Autogrammjäger bestürmten den Star.
be·stürzt *adj /nicht steig./ so, dass jmd. sehr erschrocken und traurig ist:* Alle waren bestürzt über den schrecklichen Unfall.
Be·stür·zung die <-> */kein Plur./ (≈ Bestürztheit, Betroffenheit) das Bestürztsein:* Mit Bestürzung vernahmen wir die Nachricht vom Tod unseres Freundes.
Be·such der [bə'zu:x] <-(e)s, -e> ❶ *das Besuchen:* der Tante einen Besuch abstatten ~Abschieds-, Antritts-, Arzt-, Ausstellungs-, Kino-, Konzert-, Kunden-, Theater-, Verwandten- ❷ */-(e)s, -er/ (≈ Gast, Gäste) jmd, der jmdn. besucht:* Besuch empfangen; den Besuch hereinbitten
be·su·chen <besuchst, besuchte, hat besucht> *mit OBJ* ❶ **jmd. besucht jmdn.** *bei jmdm. für eine bestimmte Zeit als Gast sein:* Meine Tante hat uns jedes Jahr besucht.; Besuche mich mal, wenn du in Tübingen bist. ❷ **jmd. besucht etwas** *als Teilnehmer, Kunde oder Klient einen Ort bzw. eine Person aufsuchen:* ein Konzert/eine Stadt/Versammlung besuchen ▸ Besuchszeit, Besuchszimmer
Be·su·cher der, **Be·su·che·rin** <-s, -> ❶ *jmd., der als Gast zu Besuch ist:* Unsere Besucher sitzen gerade im Garten. ❷ *jmd., der als Teilnehmer/Kunde/Klient jmdn. oder etwas aufsucht:* die Besucher der Messe ~-strom, -zahl, Ausstellungs-, Konzert-, Messe-, Theater-
be·su·deln <besudelst, besudelte, hat besudelt> *mit OBJ* ■ **jmd. besudelt etwas/jmdn. (mit etwas** *Dat.)* ❶ *(abwert.) jmdn. oder etwas sehr schmutzig machen:* Er hat sich mit Blut besudelt. ❷ *(übertr.)* Sein guter Ruf wurde besudelt.

Be·ta, Be·ta das <-(s), -s> *zweiter Buchstabe des griechischen Alphabets*
be·tagt *adj (geh.) schon ziemlich alt:* eine betagte Dame ▸ Betagtenheim, Betagtheit
be·tas·ten <betastest, betastete, hat betastet> *mit OBJ* ■ **jmd. betastet jmdn./etwas** *(≈ befühlen) prüfend die Finger über etwas gleiten lassen:* Der Arzt betastet den Bauch des Patienten.
be·tä·ti·gen <betätigst, betätigte, hat betätigt> **I.** *mit OBJ* ■ **jmd. betätigt etwas** *(≈ bedienen) etwas aktivieren, indem man einen Hebel drückt, eine Taste berührt o.Ä.:* Der Fahrer betätigte die Bremse. **II.** *mit SICH* ■ **jmd. betätigt sich als etwas** *Nom./irgendwie tätig sein:* Er betätigt sich in seiner Freizeit als Gärtner.; Seine Freundin betätigt sich auch künstlerisch/politisch.
Be·tä·ti·gung die <-, -en> ❶ *(≈ Aktivität) der Vorgang, dass jmd. irgendwie tätig oder aktiv ist:* Ein wenig sportliche Betätigung dürfte nicht schaden. ~-sdrang ❷ */kein Plur./ das Aktivieren (einer Funktion) eines Geräts:* die automatische Betätigung der Alarmanlage
be·tät·scheln <betätschelst, betätschelte, hat betätschelt> *mit OBJ* ■ **jmd. betätschelt jmdn./etwas** *(abwert.: ≈ begrapschen) in plumper Art und Weise mit der Hand berühren:* Für den plumpen Versuch, sie zu betätscheln, gab sie ihm eine Ohrfeige.
be·täu·ben <betäubst, betäubte, hat betäubt> *mit OBJ* ❶ **jmd. betäubt etwas (mit etwas** *Dat.) unempfindlich gegen Schmerzen machen:* Der Zahnarzt betäubt den Nerv, bevor er den Zahn zieht. ❷ **jmd. betäubt ein Tier (mit etwas** *Dat.) (durch Narkose) in eine Art von Schlaf versetzen:* Helfer betäuben den Elefanten, bevor der Tierarzt mit der Behandlung beginnen kann. ❸ **etwas betäubt jmdn.** *leicht benommen machen:* Der starke Geruch/der Lärm betäubte sie.
Be·täu·bung die <-, -en> ❶ */kein Plur./ das Betäuben:* eine örtliche Betäubung vornehmen ~-smittel, -smittelgesetz ❷ *Zustand des Betäubtseins:* Sie ist noch nicht aus der Betäubung erwacht.
Be·te, *a.* **Bee·te** die <-, -n> */Plur. selten/* ■ **Rote Bete** *rote Rüben* ▸ Großschreibung → R 3.17 ein Glas Rote Bete kaufen
be·tei·li·gen [bə'taɪlɪɡn] <beteiligst, beteiligte, hat beteiligt> **I.** *mit OBJ* ■ **jmd. beteiligt jmdn. an etwas** *Dat. einen Anteil geben:* Er beteiligte seine Partner am Ge-

winn. ▶ Teilhaber II. *mit SICH* ■ **jmd. beteiligt sich an etwas** *Dat.* ❶ *aktiv an etwas teilnehmen oder mitwirken:* Sie beteiligte sich lebhaft an der Diskussion. ❷ *einen Anteil von etwas zahlen:* Sie beteiligt sich an den Fahrtkosten.

Be·tei·lig·te der/die <-n, -n> *(≈ Mitwirkende, Teilhabende, Teilhaber) jmd., der sich beteiligt oder der beteiligt ist:* alle an dem Projekt Beteiligten

Be·tei·li·gung die <-, -en> ❶ */kein Plur./ (≈ Teilnahme) das Mitwirken:* Die Beteiligung an der Aktion ist gering. ❷ *der Zustand, dass jmd. finanziell Anteil an etwas hat:* die Beteiligung der Arbeitnehmer am Gewinn ◆ -sgesellschaft, Gewinn-, Umsatz-

be·ten <betest, betete, hat gebetet> *ohne OBJ* ■ **jmd. betet** *sich mit einem persönlichen Anliegen im Gebet an Gott wenden; zu Gott sprechen:* Ich werde für dich beten.; Lasset uns beten!; für den Frieden beten; das Vaterunser beten; Wir beten für unsere Brüder und Schwestern.; Jetzt kann man nur noch hoffen und beten. ▶ Gebet

be·teu·ern [baˈtɔyɐn] <beteuerst, beteuerte, hat beteuert> *mit OBJ* ■ **jmd. beteuert (jmdm.) etwas** *(≈ versichern) sehr nachdrücklich sagen, dass etwas nicht der Fall ist:* Er beteuerte ihre seine Unschuld.; Sie hat immer wieder beteuert, dass sie es nicht mit Absicht getan hat. ▶ Beteuerung

be·ti·teln <betitelst, betitelte, hat betitelt> *mit OBJ* ■ **jmd. betitelt jmdn./etwas (mit etwas** *Dat.)* ❶ *mit einem Titel versehen:* Der Aufsatz war mit … betitelt. ❷ *(umg.) beschimpfen:* Er betitelte ihn (mit) „Idiot".

Be·ton der [beˈtɔŋ, beˈtoːn] <-s, (-s)> *ein Baustoff, der aus Zement und Wasser gemischt wird und im gehärteten Zustand sehr fest ist:* ein Bauelement aus Beton gießen ◆ -mischer, -mischmaschine, -pfeiler, -platte, -silo, Guss-, Stahl-

be·to·nen <betonst, betonte, hat betont> *mit OBJ* ■ **jmd. betont etwas** ❶ *beim Aussprechen eines Wortes den Akzent auf eine bestimmte Silbe legen:* Dieses Wort betont er stets falsch.; Lateinische Wörter werden in der Regel auf der vorletzten Silbe betont. ❷ *besonders hervorheben:* Sie betonte nochmals die Gründe für diese Entscheidung.

be·to·nie·ren <betonierst, betonierte, hat betoniert> *mit OBJ* ■ **jmd. betoniert etwas** BAUW. *mit einer Schicht Beton versehen, mit Beton bauen:* eine Straße betonieren

be·tont *adj /nicht steig./ hervorgehoben, bewusst zur Schau getragen:* Er kleidet sich betont lässig.; Architektur von betonter Sachlichkeit

-be·tont *als Zweitglied zusammengesetzter Adjektive, mit Betonung stets auf dem Erstglied; drückt aus, dass das mit dem Erstglied Bezeichnete in besonderer Weise herausgehoben, unterstrichen bzw. zur Schau gestellt wird:* eine körperbetonte Kleidung mögen ◆ gefühls-, gemüts-, inhalts-, kampf-, körper-, leistung-, traditions-, zweck-

Be·to·nung die <-, -en> ❶ SPRACHWISS. *das Betonen¹:* Die Betonung liegt auf der vorletzten Silbe. ◆ In diesem Wörterbuch werden die Betonungs-Angaben methodisch dadurch gemacht, dass sie als kleiner Punkt (für Kürze) bzw. als kleiner Strich (für Länge) unter jeweilige Vokale des Stichworts/Lemmas gesetzt sind ◆ -sangabe ❷ *(≈ Herausstellung, Unterstreichung) nachdrückliche Hervorhebung:* die Betonung der eigenen Persönlichkeit

be·tö·ren <betörst, betörte, hat betört> *mit OBJ* ■ **jmd./etwas betört jmdn.** *(≈ bezaubern) durch verführerisches Benehmen bewirken, dass jmd. sich verliebt oder bezaubert fühlt:* Er ließ sich durch ihre Blicke betören.; ein betörender Duft ▶ Betörung

Be·tracht */kein Plur./* ■ **etwas in Betracht ziehen** *an etwas als Möglichkeit denken* Diesen Fall sollte man in Betracht ziehen.; ■ **etwas außer Betracht lassen** *nicht erwägen* Diese Überlegung hat er völlig außer Betracht gelassen.; ■ **in Betracht kommen** *geeignet sein* Sie kam für diese Aufgabe nicht in Betracht.

be·trach·ten <betrachtest, betrachtete, hat betrachtet> *mit OBJ* ❶ ■ **jmd. betrachtet etwas** *(≈ anschauen) etwas eingehend/lange/prüfend betrachten* ▶ Betrachter(in) ❷ ■ **jmd. betrachtet jmdn./etwas als etwas** *ansehen als:* Sie betrachtete ihn als guten Freund.

be·trächt·lich <beträchtlicher, am beträchtlichsten> *adj* ❶ *(≈ bedeutend, stattlich) ziemlich groß:* eine beträchtliche Entfernung; Er schuldet uns eine beträchtliche Summe.; Sie hat beträchtliche Fortschritte gemacht. ❷ *(≈ sehr)* Das Kind ist beträchtlich gewachsen. ◆ Großschreibung → R 3.7

Be·trag der <-(e)s, Beträge> *(≈ Summe) eine bestimmte Geldsumme:* einen Scheck über einen größeren Betrag ausstellen ◆ End-, Geld-, Rest-

Be·tra·gen das <-s> */kein Plur./ (das von*

jmdm. beurteilte) Benehmen oder Verhalten (eines Kindes oder Schülers): ein freches/gutes/schlechtes Betragen; Das Betragen des Schülers war vorbildlich.

be·tra·gen <beträgst, betrug, hat betragen> **I.** *mit OBJ* ▪ **etwas beträgt etwas** *ein bestimmter Betrag sein:* Die Kosten betragen 500 Euro. **II.** *mit SICH* ▪ **jmd. beträgt sich irgendwie** *(geh.: ≈ benehmen) ein bestimmtes Betragen zeigen:* Er hat sich im Unterricht immer gut betragen.

be·trau·en <betraust, betraute, hat betraut> *mit OBJ* ▪ **jmd. betraut jmdn. mit etwas** *Dat. (geh.) jmdm. etwas als Aufgabe geben:* Professor Müller wurde mit dem Amt des Dekans der Fakultät betraut.

be·trau·ern <betrauerst, betrauerte, hat betrauert> *mit OBJ* ▪ **jmd. betrauert jmdn./etwas** *um jmdn. trauern:* den Tod der Eltern betrauern

be·träu·feln <beträufelst, beträufelte, hat beträufelt> *mit OBJ* ▪ **jmd. beträufelt etwas mit etwas** *Dat. eine (geringe Menge) Flüssigkeit in einzelnen Tropfen auf etwas fallen lassen:* den Fisch mit Zitronensaft beträufeln; die Wunde mit Jodtinktur beträufeln

be·tref·fen <betrifft, betraf, hat betroffen> *mit OBJ* ▪ **etwas betrifft jmdn./etwas** ❶ *sich auf jmdn. oder etwas auswirken:* Die Umweltverschmutzung betrifft uns alle.; Besonders Kleinbetriebe sind von dem neuen Gesetz betroffen. ◆ betroffen, Betroffenheit ❷ *(≈ angehen) sich auf jmdn. oder etwas beziehen:* Was diese Sache betrifft …; Was mich betrifft …

be·tref·fend *adj /nicht steig./ die Sache oder Person, um die es geht oder von der gerade die Rede ist:* Die betreffende Seite fehlt!; Der betreffende Mitarbeiter soll sich melden.

Be·treff·zei·le *die* <-, -n> *(≈ Betreff) die erste (vom Rest des Textes abgesetzte) Zeile in einem förmlichen Schreiben, in der angegeben wird, worum es im Text geht*

be·trei·ben <betreibst, betrieb, hat betrieben> *mit OBJ* ❶ ▪ **jmd. betreibt etwas** *sich mit etwas beschäftigen:* Studien zu einem bestimmten Thema betreiben; die Malerei als Hobby betreiben ❷ ▪ **jmd. betreibt etwas** *etwas ausüben:* ein Geschäft/Handwerk betreiben ❸ ▪ **jmd. betreibt etwas mit etwas** *Dat. etwas zur Energieversorgung von etwas benutzen:* eine Heizung mit Gas betreiben; Früher wurden Mühlen mit Wasserkraft betrieben.

Be·trei·ben ▪ **auf jemandes Betreiben hin** *(geh.) verwendet, um auszudrücken, dass jmd. der Auslöser oder Verursacher von etwas ist* Auf Betreiben der Behörde wurde das Lokal geschlossen.

Be·trei·ber *der,* **Be·trei·be·rin** <-s, -> *Firma, die eine Anlage oder die Versorgung einer Anlage (mit Energie) betreibt:* Betreiber des Kraftwerks ist … ◆ -firma

be·tre·ten[1] <betrittst, betrat, hat betreten> *mit OBJ* ▪ **jmd. betritt etwas** *in etwas eintreten:* Die Laborräume darf man nur mit Schutzkleidung betreten.; Betreten verboten!

be·tre·ten[2] *adj peinlich berührt, verlegen:* Es herrschte betretenes Schweigen.; ein betretenes Gesicht machen

be·treu·en [bəˈtrɔyən] <betreust, betreute, hat betreut> *mit OBJ* ❶ ▪ **jmd. betreut jmdn.** *jmdn. pflegen und versorgen:* Die Pflegerin betreut die alte Dame. ❷ ▪ **jmd.,** *der nicht mehr mündig ist, geschäftlich und rechtlich vertreten:* Er ist geistig verwirrt und muss deshalb betreut werden. ❸ ▪ **jmd. betreut etwas** *sich verantwortlich um etwas kümmern:* Das Gebiet Südbaden betreut Herr Huber.; Als Trainer betreut Herr Huber auch die Jugendmannschaft.

Be·treu·er *der,* **Be·treu·e·rin** <-s, -> ❶ *jmd., der eine Person pflegt und versorgt:* die Betreuerin der behinderten Patientin ◆ Alten- ❷ *jmd., der eine Person, die nicht mehr mündig ist, rechtlich und geschäftlich vertritt:* Für den geistig verwirrten Patienten wird ein Betreuer bestellt. ❸ *jmd., der ein bestimmtes Arbeitsgebiet betreut* ◆ Kunden-

Be·trieb *der* [bəˈtriːp] <-(e)s, -e> ❶ *(≈ Unternehmen) eine Firma, die Produkte herstellt:* Den Betrieb hat sein Vater aufgebaut.; Der Betrieb beschäftigt rund dreihundert Mitarbeiter. ▸ betrieblich ◆ -sarzt/ -ärztin, -sausflug, -sergebnis, -sferien, -sfest, -sgelände, -sklima, -skosten, -skrankenkasse, -sleiter(in), -sordnung, -sprüfer(in), -srente, -sschließung, -sschutz, -ssicherheit, -sstilllegung, -sunfall, -sverlust, -szeitung, Dienstleistungs-, Familien-, Groß-, Handwerks-, Industrie-, Staats- ❷ */kein Plur./ (≈ Geschäftigkeit, Verkehr) lebhaftes Treiben:* Am Flughafen herrscht immer Betrieb. ◆ Hoch- ❸ *das Funktionieren eines Geräts oder einer Maschine:* Das Gerät ist in Betrieb.; den Betrieb aufnehmen; außer Betrieb sein ◆ -sanleitung, -sdauer, -serlaubnis, -ssystem, -stemperatur, -szeit, Batterie-, Dauer-, Netz-

be·trieb·sam *adj (≈ geschäftig) so, dass*

man fleißig und sehr aktiv ist: ein betriebsamer Mensch; betriebsam hin- und her eilen ▸ Betriebsamkeit

be·triebs·be·dingt *adj /nicht steig./ durch betriebliche Abläufe ausgelöst:* eine betriebsbedingte Störung

be·triebs·be·reit *adj /nicht steig./ bereit, in Betrieb³ genommen zu werden:* Nach der Aufwärmphase ist der Kopierer nun betriebsbereit. ▸ Betriebsbereitschaft

be·triebs·blind *adj /nicht steig./ (umg. abwert.) so, dass man durch Gewohnheit im Laufe der Zeit die Mängel und Fehler im eigenen Arbeitsbereich nicht mehr erkennen kann:* Wäre er nicht so betriebsblind, hätte er den Fehler längst entdeckt. ▸ Betriebsblindheit

Be·triebs·frie·den der <-s> /kein Plur./ RECHTSW. *ungestörtes Verhältnis zwischen Arbeitnehmern und Arbeitgebern, so dass beide Seiten ihren Pflichten nachkommen:* eine Störung des Betriebsfriedens

be·triebs·in·tern *adj /nicht steig./ nur für die Angehörigen eines Betriebs¹ bestimmt oder diesen zugänglich:* eine betriebsinterne Mitteilung

Be·triebs·nu·del die <-, -n> *(umg. scherzh.) unternehmungslustiger, geselliger, betriebsamer Mensch:* Unsere Sachbearbeiterin ist eine richtige Betriebsnudel.

Be·triebs·ob·mann der <-s, -obmänner> RECHTSW. *Arbeitnehmer, der in Kleinbetrieben die Funktion des Betriebsrats innehat*

Be·triebs·ord·nung die <-, -en> RECHTSW. *innerbetriebliche Regelung des Arbeitsablaufs sowie der Beziehungen der Betriebsangehörigen untereinander und zur Betriebsleitung*

Be·triebs·rat der, **Be·triebs·rä·tin** <-(e)s, Betriebsräte> ❶ *von den Mitarbeitern eines Betriebs gewählter Vertreter/gewählte Vertreterin zur Wahrnehmung ihrer Interessen* ◆-smitglied, -svorsitzende ❷ */nur maskulin/ Versammlung der Betriebsräte¹*

Be·triebs·wirt·schaft die <-> /kein Plur./ WIRTSCH. *(≈ Betriebswirtschaftslehre ↔ Volkswirtschaftslehre)*

Be·triebs·wirt·schafts·leh·re die <-> /kein Plur./ WIRTSCH. *(≈ Betriebswirtschaft ↔ Volkswirtschaftslehre) Zweig der Wirtschaftswissenschaften, der sich mit der Organisation, dem Aufbau und der Führung von Betrieben befasst* ▸ Betriebswirt(in), betriebswirtschaftlich

be·trin·ken <betrinkst, betrank, hat betrunken> *mit SICH* ■ **jmd. betrinkt sich (mit etwas** *Dat.) so viel trinken, dass man einen Rausch hat:* Er betrank sich sinnlos und lallte nur noch.

be·trof·fen *adj /nicht steig./* ❶ *(≈ berührt, bestürzt) durch etwas (Trauriges oder Negatives) innerlich bewegt:* ein betroffenes Gesicht machen; im Innersten von etwas betroffen sein ▸ Betroffenheit ❷ *so, dass jmd. oder etwas die Wirkung von etwas erfährt:* Auch unsere Gegend war von dem Unwetter betroffen.; Als Betroffener weiß man, dass ...

be·tro·gen *Part. Perf. von* **betrügen**

be·trü·ben <betrübst, betrübte, hat betrübt> *mit OBJ* ■ **etwas betrübt jmdn.** *(geh.: ≈ bedrücken, bekümmern ↔ erheitern) traurig stimmen:* Diese Nachricht hat uns sehr betrübt.

be·trüb·lich *adj (geh.: ≈ traurig) so, dass es Kummer bereitet:* Der betrübliche Vorfall ereignete sich gestern.

Be·trüb·nis die <-, -se> *(geh.: ≈ Traurigkeit) das Betrübtsein:* in tiefe Betrübnis versinken

Be·trug der <-(e)s> /kein Plur./ *das Täuschen bzw. Irreführen einer Person mit der Absicht, sich dadurch einen materiellen Vorteil zu verschaffen:* Sie ist wegen Betruges zu einer Gefängnisstrafe verurteilt worden.; Der Betrug konnte ihm nicht nachgewiesen werden. ◆Scheck-, Versicherungs-, Wahl-

be·trü·gen <betrügst, betrog, hat betrogen> *mit OBJ* ❶ ■ **jmd. betrügt jmdn. (um etwas** *Akk.) jmdn. bewusst die Unwahrheit sagen oder etwas vortäuschen, um sich einen materiellen Vorteil zu verschaffen:* einen Geschäftspartner um Millionen betrügen; Seine Schwester hat ihn um seinen Anteil des elterlichen Erbes betrogen. ❷ ■ **jmd. betrügt jmdn. (mit jmdm.)** *gegenüber dem Ehepartner oder dem Freund/der Freundin sexuell untreu sein:* Er betrügt seine Frau mit einer Kollegin.; Sie hat ihn jahrelang (mit anderen Männern) betrogen. ❸ ■ **jmd. betrügt jmdn. um etwas** *Akk. jmdn. um etwas bringen, was ihm rechtmäßig zusteht:* Sie wurde um ihren Lohn betrogen.

Be·trü·ger der, **Be·trü·ge·rin** <-s, -> *jmd., der andere betrügt:* Wir sind auf einen Betrüger hereingefallen. ▸ Betrügerei, betrügerisch

be·trun·ken [bə'tʀʊŋkn̩] *adj von Alkohol berauscht:* Der betrunkene Autofahrer wurde von der Polizei gestoppt.; in betrunkenem Zustand am Steuer erwischt werden ▸ Betrunkene, Betrunkenheit

Bett das [bɛt] <-(e)s, -en> ❶ *ein flaches*

Möbelstück, in dem eine Matratze liegt, auf der man schläft: Er geht ins Bett/liegt im Bett/macht das Bett. ◆ -bezug, -decke, -feder, -jacke, -laken, -tuch, -vorlage, -wanze, -wäsche, Doppel-, Ehe-, Feld-, Gäste-, Hotel-, Kinder-, Klapp-, Kranken-, Wasser- ❷ ■ **ans Bett gefesselt sein** *wegen Krankheit im Bett liegen müssen;* ■ **das Bett hüten** *(umg.) krank im Bett liegen;* ■ **sich ins gemachte Bett legen** *(umg. abwert.) ohne eigene Anstrengung ein angenehmes Leben finden* Er hat sich durch eine reiche Heirat ins gemachte Bett gelegt.; ■ **mit jemandem ins Bett gehen** *(umg.) mit jmdm. Geschlechtsverkehr haben*

Bẹt·tel ■ **jmd. schmeißt den Bettel hin** *(umg.) jmd. gibt eine Aufgabe auf, weil er frustriert ist*

bẹt·tel·arm *adj /nicht steig./ sehr arm*

bẹt·teln ['bɛtln̩] <bettelst, bettelte, hat gebettelt> *mit OBJ* ■ **jmd. bettelt um etwas** *Akk.* ❶ *auf der Straße fremde Menschen um einen kleinen Geldbetrag bitten, weil man sehr arm ist und keine Arbeit hat:* Der Obdachlose bettelt um Geld.; auf der Straße betteln ❷ *(besonders von Kindern) immer wieder um etwas bitten:* Die Kinder bettelten darum, ins Kino gehen zu dürfen.

Bẹt·tel·stab ■ **jemanden an den Bettelstab bringen** *jmdn. finanziell ruinieren* Seine Spielsucht/Trinkerei hat ihn an den Bettelstab gebracht.

bẹtt·lä·ge·rig *adj /nicht steig./ so krank, dass man längere Zeit oder auf Dauer im Bett liegen muss:* ein bettlägeriger Patient

Bẹtt·ler der, **Bẹtt·le·rin** <-s, -> *jmd., der bettelt¹*

Bẹtt·näs·ser der, **Bẹtt·näs·se·rin** <-s, -> *jmd., dem im Schlaf ungewollt Urin abgeht:* Durch die seelische Belastung wurde das Kind wieder zum Bettnässer. ▶ Bettnässen

Bẹtt·ru·he die <-> */kein Plur./ der Zustand, dass man den ganzen Tag im Bett liegen muss, weil man krank oder sehr schwach ist:* Der Arzt hat ihm Bettruhe verordnet.

Bẹtt·sze·ne die <-, -n> *Szene in einem Film, in der sexuelle Handlungen gezeigt werden:* Im Film wurde eine sehr freizügige Bettszene gezeigt.

Bẹtt·zeug das <-(e)s> */kein Plur./ ≈ Bettwäsche*

be·tụcht *adj (umg.: ≈ reich, wohlhabend)* Sie ist die Tochter betuchter Eltern.

be·tụ·lich *adj (abwert.) brav und bieder:* Die Handlung des Romans ist allzu betulich und ermüdend. ▶ Betulichkeit

beu·gen <beugst, beugte, hat gebeugt> I. *mit OBJ* ■ **jmd. beugt etwas** ❶ *(↔ strecken) einen Körperteil krümmen, anwinkeln:* den Arm beugen ❷ SPRACHWISS. *(≈ flektieren) ein Verb beugen* ❸ RECHTSW. *Gesetze willkürlich anwenden oder falsch auslegen:* Er glaubte, er könne die Gesetze beugen wie er wolle. II. *mit SICH* ❶ ■ **jmd. beugt sich über etwas** *Akk. sich so nach vorn neigen, dass der Oberkörper über der genannten Sache ist:* sich über die Brüstung/das Waschbecken beugen ❷ ■ **jmd. beugt sich etwas** *Dat. gezwungermaßen nachgeben, sich unterordnen:* Er beugte sich ihrem Willen.

Beu·le die ['bɔylə] <-, -n> *eine Schwellung des Hautgewebes als Folge einer starken Reizung:* die Beule mit einem kalten Umschlag kühlen ◆ Eiter-, Frost-

be·un·ru·hi·gen [bəˈʔʊnruːɪgn̩] <beunruhigst, beunruhigte, hat beunruhigt> I. *mit OBJ* ■ **etwas beunruhigt jmdn.** *(≈ aufregen ↔ beruhigen) in Unruhe versetzen:* Deine Mitteilung hat mich sehr beunruhigt.; Viele Mitarbeiter sind wegen der Entlassung der Kollegen stark/tief beunruhigt, sie fürchten jetzt um ihren eigenen Arbeitsplatz. II. *mit SICH* ■ **jmd. beunruhigt sich** *in Unruhe oder Sorge sein:* Beunruhige dich nicht wegen dieser Kleinigkeit! ▶ Beunruhigung

be·ur·kun·den <beurkundest, beurkundete, hat beurkundet> *mit OBJ* ■ **jmd. beurkundet etwas** *durch eine Urkunde bescheinigen:* den Vertrag durch einen Notar beurkunden lassen ▶ Beurkundung

be·ur·lau·ben <beurlaubst, beurlaubte, hat beurlaubt> *mit OBJ* ■ **jmd. beurlaubt jmdn.** **(wegen etwas** *Gen.***)** ❶ *(≈ entlassen, suspendieren) jmdm. (wegen Verdacht auf Fehlverhalten) sagen, er solle vorläufig nicht mehr zur Arbeit kommen:* Der Beamte wurde bis zur Klärung der Angelegenheit beurlaubt. ❷ *(≈ freigeben, freistellen) jmdm. Urlaub geben:* den Schüler für ein paar Tage beurlauben

be·ur·tei·len <beurteilst, beurteilte, hat beurteilt> *mit OBJ* ■ **jmd. beurteilt jmdn./etwas** *(≈ begutachten, einschätzen) ein Urteil abgeben:* Seine Leistung wurde sehr positiv beurteilt.; Das kann er doch gar nicht beurteilen!

Be·ur·tei·lung die <-, -en> ❶ */kein Plur./ das Beurteilen:* die Beurteilung eines Menschen ❷ *ein schriftliches Dokument, in dem jmd. beurteilt wird:* eine gute Beurteilung bekommen

Beu·te die <-> /kein Plur./ ❶ ein Tier, das ein Jäger erbeutet hat ◆ Jagd- ❷ ein Tier, das ein Raubtier erbeutet hat: Der Adler erhob sich mit seiner Beute in die Lüfte. ❸ etwas, das bei einem Einbruch oder Überfall gestohlen wird: die Beute des Bankϋberfalls verstecken; ■ **etwas wird eine Beute der Flammen** (übertr.) etwas wird bei einem Brand zerstört Das Haus wurde eine Beute der Flammen. ◆-kunst, Diebes-, Kriegs-

Beu·tel der <-s, -> ❶ eine einfache Tasche aus Stoff oder Leder ◆Einkaufs-, Leinwand-, Stoff- ❷ (≈ Tüte) kleiner Sack aus Plastik oder Papier ◆Müll-, Plastik- ❸ ZOOL. (bei bestimmten Tieren) eine (dem Transport des Jungtieres dienende) Hautfalte; ■ **tief in den Beutel greifen müssen** (umg.) viel Geld für etwas ausgeben müssen ◆-ratte, -tier

beu·teln <beutelst, beutelte, hat gebeutelt> mit OBJ ■ **etwas beutelt jmdn.** jmdm. schwierige Situationen bescheren: Das Schicksal hat ihn sehr gebeutelt.

Beu·te·zug der <-(e)s, Beutezüge> (≈ Raubzug) Der Einbrecher konnte nach seinem Beutezug entkommen.

be·völ·kern <bevölkerst, bevölkerte, hat bevölkert> I. mit OBJ ■ **jmd. bevölkert etwas** an einem Ort in großer Anzahl sein: Touristen bevölkern die Strände an der Costa Brava.; Schon viele Stunden vor dem Konzert bevölkerten Tausende das Festivalgelände. II. mit SICH ■ **etwas bevölkert sich** (mit jmdm.) sich mit Menschen füllen: An dem heißen Sommertag bevölkerte sich das Freibad schnell.; In der Innenstadt sind die Straßen noch bis in die Nacht mit jungen Leuten bevölkert.

Be·völ·ke·rung die <-> /kein Plur./ Gesamtheit der Einwohner eines bestimmten Gebietes: die einheimische Bevölkerung ◆-santeil, -sdichte, -sentwicklung, -sexplosion, -sgruppe, -spolitik, -srückgang, -steil, -swachstum, Erd-, Welt-, Zivil-

be·voll·mäch·ti·gen <bevollmächtigst, bevollmächtigte, hat bevollmächtigt> mit OBJ ■ **jmd. bevollmächtigt jmdn.** (zu etwas Dat.) (≈ befugen) jmdm. eine Vollmacht erteilen: Der Chef hat mich zum Abschluss dieses Vertrags bevollmächtigt.

be·voll·mäch·tigt adj /nicht steig./ (≈ befugt) so, dass man mit einer Vollmacht ausgestattet ist ▸ Bevollmächtigte, Bevollmächtigung

be·vor [bə'foːɐ̯] konj ❶ (≈ ehe ↔ nach-

dem) verwendet, um auszudrücken, dass die im Hauptsatz genannte Handlung vor der im Nebensatz genannten abläuft: Bevor wir kochen können, muss ich erst einkaufen.; Ich möchte mit dieser Aufgabe fertig sein, bevor er kommt.; Kurz bevor das Telefon klingelte, öffnete er die Haustür. ❷ ■ **bevor nicht** nennt im Nebensatz eine Bedingung, die erfüllt sein muss, damit die im Hauptsatz ausgedrückte Handlung geschehen kann Bevor nicht alle Teilnehmer da sind, kann die Besprechung nicht beginnen.

be·vor·mun·den <bevormundest, bevormundete, hat bevormundet> mit OBJ ■ **jmd. bevormundet jmdn.** jmdn. nicht selbstständig entscheiden lassen, sondern ihm (dauernd) Vorschriften machen: Ich lasse mich von dir nicht länger bevormunden! ▸ Bevormundung

be·vor·ra·ten <bevorratest, bevorratete, hat bevorratet> mit OBJ ■ **jmd. bevorratet etwas** AMTSSPR. einen Vorrat anlegen: einen Haushalt mit Lebensmitteln bevorraten

Be·vor·ra·tung die <-> /Plur. selten/ AMTSSPR. das Bevorraten ◆Haushalts-

be·vor·rech·tigt adj /nicht steig./ AMTSSPR. so, dass jmd. bevorzugt wird: Mütter mit Kindern werden bevorrechtigt behandelt.

be·vor·ste·hen <stehst bevor, stand bevor, hat bevorgestanden> ohne OBJ ❶ **ein Ereignis steht bevor** ein Ereignis wird bald eintreten: Die Geburt steht bevor. ❷ ■ **etwas steht jmdm. bevor** etwas (Negatives oder Unangenehmes) wird jmdn. bald betreffen: Nächsten Monat steht uns ein Umzug bevor.; Ihm steht eine Zahnoperation bevor.; Das Schlimmste stand uns erst noch bevor.

be·vor·zu·gen [bə'foːɐ̯ʦuːɡn̩] <bevorzugst, bevorzugte, hat bevorzugt> mit OBJ ❶ **jmd. bevorzugt etwas** (≈ vorziehen) lieber (haben) wollen: Sie bevorzugt zum Frühstück Tee, er Kaffee. ❷ ■ **jmd. bevorzugt jmdn.** (≈ begünstigen ↔ benachteiligen) (in unfairer Weise) jmdm. Vorteile vor anderen gewähren: jmdn. wegen seiner guten Beziehungen bevorzugen; Es ist nicht gut, wenn Eltern ein Kind vor einem anderen bevorzugen. ▸ Bevorzugung

be·wa·chen <bewachst, bewachte, hat bewacht> mit OBJ ❶ ■ **jmd. bewacht jmdn.** (≈ kontrollieren, überwachen) jmdn. scharf beobachten und an der Flucht hindern: die Gefangenen bewachen ▸ Bewacher ❷ ■ **jmd./ein Tier bewacht**

jmdn./ein Tier *(≈ beaufsichtigen, behüten, beschützen)* Die Katze bewacht ihre Jungen. ❸ **jmd. bewacht etwas** *(≈ überwachen)* aufpassen, dass nichts Unerlaubtes passiert: Die Polizisten bewachen das Botschaftsgebäude.; ein bewachter Campingplatz/Parkplatz ▸ Bewachung

be·wach·sen *adj /nicht steig./ so, dass Pflanzen auf einer Fläche wachsen und sie bedecken:* eine mit wildem Wein bewachsene Fassade; ein bewachsenes Dach ▸ Bewuchs

be·waff·nen <bewaffnest, bewaffnete, hat bewaffnet> *mit OBJ* ■ **jmd. bewaffnet jmdn.** *mit Waffen ausrüsten* ▸ Bewaffnung

be·wah·ren <bewahrst, bewahrte, hat bewahrt> *mit OBJ* ❶ ■ **jmd. bewahrt etwas** *(≈ aufbewahren)* längere Zeit aufheben: Viele alte Kleider hat sie in diesem Schrank bewahrt. ❷ ■ **jmd. bewahrt etwas** *(≈ beibehalten)* erhalten, behalten: eine Tradition bewahren; das Bewahren alten Brauchtums; Sie bewahrt die Fassung/ihren Humor.; Ruhe bewahren ❸ ■ **jmd. bewahrt etwas vor etwas** Dat. *(≈ behüten)* schützen: vor Schaden/Unheil bewahren

be·wäh·ren <bewährst, bewährte, hat bewährt> *mit SICH* ■ **jmd./etwas bewährt sich** *sich als geeignet herausstellen; sich als zuverlässig erweisen:* Sie hatte sich als treue Freundin bewährt.; Dieses Taschenmesser hat sich schon oft bewährt.

be·wahr·hei·ten <bewahrheitest, bewahrheitete, hat bewahrheitet> *mit SICH* ■ **etwas bewahrheitet sich** *(geh.: ≈ bestätigen)* sich als wahr herausstellen: Meine Befürchtungen haben sich bewahrheitet.

be·währt <bewährter, am bewährtesten> *adj so, dass sich etwas als geeignet erwiesen hat:* ein bewährtes Hausmittel ▸ Bewährtheit

Be·wäh·rung die <-, -en> ❶ */kein Plur./ das Sichbewähren* ◆-sprobe ❷ RECHTSW. *der Umstand, dass eine Freiheitsstrafe nicht im Gefängnis verbüßt werden muss, wenn eine verurteilte Person bestimmte Auflagen erfüllt (sich ständig meldet und den Eindruck macht, dass sie nicht wieder straffällig wird).*: Die Gefängnisstrafe wurde zur Bewährung ausgesetzt. ◆-auflage, -shelfer(in), -strafe, -szeit

be·wal·det *adj /nicht steig./ von Wald bedeckt:* Die Landschaft ist reich bewaldet. ▸ Bewaldung

be·wäl·ti·gen [bə'vɛltɪgn̩] <bewältigst, bewältigte, hat bewältigt> *mit OBJ* ■ **jmd.**

bewältigt etwas *(≈ meistern)* den Anforderungen einer schwierigen Aufgabe oder Situation gerecht werden: Wie soll ich das Chaos hier bewältigen?; Sie hat die Krise nach ihrer Scheidung endlich bewältigt. ▸ Bewältigung

be·wan·dert *adj (≈ erfahren, kundig) mit guten Kenntnissen auf einem Gebiet:* Er ist in der Literatur-/Musikgeschichte sehr bewandert.

Be·wandt·nis die <-, -se> *(geh.) wesentliches Merkmal, Beschaffenheit, Wesen, Charakter;* ■ **mit etwas hat es eine besondere/folgende Bewandtnis** ... *mit etwas sind besondere Umstände oder Eigenschaften verbunden* Mit diesem Erbstück hat es folgende Bewandtnis ...

be·wäs·sern <bewässerst, bewässerte, hat bewässert> *mit OBJ* ■ **jmd. bewässert etwas** *(den Boden) durch Zufuhr von Wasser feucht machen (weil es zu wenig natürliche Niederschläge gibt):* das Gemüsebeet bewässern ▸ Bewässerung

be·we·gen¹ [bə've:gn̩] <bewegst, bewegte, hat bewegt> I. *mit OBJ* ❶ ■ **jmd. bewegt etwas/jmdn.** *die Lage oder die Stellung von etwas verändern:* Der Arzt fragte, ob er das Bein bewegen könne.; Sie konnte den schweren Schrank nicht allein bewegen. ❷ ■ **etwas bewegt etwas** *etwas in Bewegung bringen oder halten:* Die Kraft des Wassers bewegt die Turbinen. ❸ ■ **etwas bewegt jmdn.** *ergreifen, berühren:* Seine Worte hatten sie tief bewegt. II. *mit SICH* ■ **jmd./etwas bewegt sich** ❶ *seine Position verändern:* Langsam bewegten sich die Tänzer durch den Raum. ❷ *sich in Bewegung bringen:* Da drüben im Gebüsch bewegt sich etwas.; Kinder wollen sich viel bewegen. ❸ *sich verhalten:* Er bewegt sich in der Öffentlichkeit sicher und klug.

be·we·gen² [bə've:gn̩] <bewegt, bewog, hat bewogen> *mit OBJ* ■ **jmd./etwas bewegt jmdn. zu etwas** Dat. *(≈ veranlassen)* verursachen, dass jmd. einen bestimmten Entschluss fasst: Dies bewog ihn schließlich dazu, die Stelle anzunehmen.

Be·weg·grund der <-(e)s, Beweggründe> *(≈ Motiv) etwas, das jmdn. zu einer bestimmten Handlung bewegt:* aus niedrigen Beweggründen handeln

be·weg·lich *adj* ❶ *so, dass man es bewegen kann:* eine Puppe mit beweglichen Armen und Beinen ❷ *(≈ agil) so, dass jmd. lebhaft und an Bewegung interessiert ist:* Gymnastik soll den Körper auch im Alter beweglich halten.; Bei diesem Job muss

Be·weg·lich·keit die <-> /kein Plur./ ① der Zustand, dass jmd. normal bewegliche[1] Gliedmaßen hat: Aufgrund der Krankheit ist die Beweglichkeit des Patienten stark eingeschränkt. ② der Zustand, dass jmd. lebhaft und an (geistiger oder körperlicher) Bewegung interessiert ist: Die geistige Beweglichkeit muss im Alter nicht unbedingt abnehmen. ③ (≈ Mobilität) der Zustand, dass jmd. bereit ist, viel zu reisen

man geistig beweglich bleiben. ③ (≈ mobil) so, dass jmd. bereit ist, viel unterwegs zu sein: Sind Sie für diesen Job beweglich genug, so dass Sie öfters Dienstreisen machen können?

be·wegt adj ① (≈ aufgewühlt) mit relativ starkem Wellengang: das bewegte Meer ② emotional betroffen: Nach der Rede waren alle Zuhörer tief bewegt. ▸ Bewegtheit ③ sehr reich an wechselnden Ereignissen: das bewegte Leben des Malers

Be·we·gung die [bə'veːɡʊŋ] <-, -en> ① das Bewegen eines Körperteils: Seine Bewegungen waren noch sehr unbeholfen. ◆ -sapparat, Dreh-, Kopf- ② /kein Plur./ körperliche Aktivität: auf viel Bewegung und gesunde Ernährung achten ◆ -sarmut, -sbad, -sdrang, -stherapie ③ der Vorgang, dass sich etwas bewegt, seine Lage verändert: die Bewegung der Planeten ④ /kein Plur./ inneres Bewegtsein, Erregung, Ergriffenheit: Er konnte vor Bewegung nicht sprechen. ⑤ gemeinsame (politische) Bestrebungen einer Gruppe von Menschen ◆ Frauen-, Friedens-, Protest-, Reform-, Studenten-, Widerstands-

Be·we·gungs·frei·heit die <-> /kein Plur./ ① Platz, der in ausreichendem Maße vorhanden ist, damit man Arme und Beine bewegen kann: Die großzügigen Abteile bieten dem Fahrgast reichlich Bewegungsfreiheit. ② (übertr.) Freiheit zum selbstständigen Handeln: Sie lassen ihren Kindern jede Bewegungsfreiheit.

be·we·gungs·los adj /nicht steig./ (≈ reglos) ohne jede Bewegung ▸ Bewegungslosigkeit

Be·we·gungs·mel·der der <-s, -> TECHN. ein Gerät, das alle in einem bestimmten Bereich stattfindenden Bewegungen registriert und in einer bestimmten Weise (durch Auslösen von Alarm o.Ä.) auf sie reagiert

be·wei·nen <beweinst, beweinte, hat beweint> mit OBJ ■ jmd. beweint jmdn. (geh.: ≈ beklagen, betrauern) um jmdn. weinen; jmdn. betrauern: die Toten/einen Verstorbenen beweinen

Be·weis der [bə'vaɪs] <-es, -e> ① (≈ Nachweis) eindeutiger Beleg dafür, dass es sich mit etwas tatsächlich so verhält, wie man zuvor vermutet hat: Der Beweis für seine Schuld konnte von der Polizei erbracht werden. ◆ -gegenstand, -material ② die Bestätigung dafür, dass etwas wirklich so ist, wie angenommen/wie zu vermuten: Er schenkte ihr den Ring zum Beweis seiner Liebe. ③ MATH. eine Folge logischer Schlussfolgerungen, womit eine mathematische Tatsache bewiesen wird ④ PHILOS. Schlussfolgerungen, die einen fraglichen Sachverhalt als sicher aufzeigt: ein logischer Beweis ◆ -führung

Be·weis·auf·nah·me die <-, -n> RECHTSW. richterliche Prüfung und Benutzung der Beweismittel in einem gerichtlichen Verfahren: Die Beweisaufnahme ist noch nicht abgeschlossen.

be·weis·bar adj /nicht steig./ so, dass man es beweisen kann: Diese These ist nicht beweisbar. ▸ Beweisbarkeit

be·wei·sen <beweist, bewies, hat bewiesen> mit OBJ ■ jmd. beweist etwas ① (≈ nachweisen) zeigen, dass eine Behauptung oder Annahme tatsächlich der Wirklichkeit entspricht ② (≈ zeigen) zu erkennen geben, dass man eine bestimmte Eigenschaft hat: Sie bewies ihre gute Erziehung/ihren Mut.; In dieser Diskussion hat er Klugheit bewiesen.

be·wen·den ■ es bei etwas bewenden lassen sich mit etwas zufriedengeben und nicht mehr verlangen Lassen wir es dabei bewenden!

be·wer·ben <bewirbst, bewarb, hat beworben> mit SICH ■ jmd. bewirbt sich (um etwas Akk.) sich um eine Stelle in einer Firma oder Institution bemühen, indem man schriftlich mitteilt, dass man dort gerne arbeiten würde: Sie hat sich um die freie Stelle als Sachbearbeiterin beworben.; Er hat sich in dieser Firma schon einmal beworben.

Be·wer·ber der, **Be·wer·be·rin** <-s, -> jmd., der sich bewirbt: Auf die Stellenanzeige haben sich mehr als hundert Bewerber gemeldet.

Be·wer·bung die <-, -en> ① /kein Plur./ der Vorgang, dass sich jmd. bewirbt ② (≈ Bewerbungsschreiben) ein Schreiben an eine Firma oder Institution, in welchem man mitteilt, dass man dort arbeiten möchte: Zu einer Bewerbung gehören ein Lebenslauf und ein Bewerbungsfoto. ◆ Blind-

Be·wer·bungs·ge·spräch das <-(e)s, -e> *Gespräch zwischen einem Bewerber/ einer Bewerberin und dem Personalchef/ der Personalchefin einer Firma:* sich auf das Bewerbungsgespräch vorbereiten; ein Handbuch mit Tipps für das Bewerbungsgespräch

Be·wer·bungs·ver·fah·ren das <-s, -> *Verfahren, dem man ausgesetzt ist, wenn man sich bewirbt*

be·wer·fen <bewirfst, bewarf, hat beworfen> *mit OBJ* ▪ **jmd. bewirft jmdn. (mit etwas** *Dat.***)** *etwas auf jmdn. werfen:* Die Kinder bewerfen sich mit Schnee.; Der Redner wurde von aufgebrachten Demonstranten mit faulen Eiern und Tomaten beworfen.

be·werk·stel·li·gen <bewerkstelligst, bewerkstelligte, hat bewerkstelligt> *mit OBJ* ▪ **jmd. bewerkstelligt etwas** *(≈ fertigbringen) ein schwieriges Problem lösen:* Ich weiß nicht, wie ich es bewerkstelligen soll, das Fahrrad ohne fremde Hilfe zu reparieren.

be·wer·ten <bewertest, bewertete, hat bewertet> *mit OBJ* ▪ **jmd. bewertet etwas** *(≈ beurteilen, einschätzen) etwas seinem Werte nach einschätzen:* die Leistungen in einer Prüfung bewerten; ein Grundstück bewerten

Be·wer·tung die <-, -en> ❶ */kein Plur./ das Bewerten* ❷ *bewertendes Urteil:* Die Preisrichter gaben ihre Bewertungen ab. ▪ -skriterium

be·wil·li·gen [bəˈvɪlɪɡn̩] <bewilligst, bewilligte, hat bewilligt> *mit OBJ* ▪ **jmd. bewilligt jmdm. etwas** *(≈ gewähren) offiziell mitteilen, dass jmd. etwas haben darf:* für ein Projekt Finanzmittel bewilligen ▶ Bewilligung

be·wir·ken <bewirkst, bewirkte, hat bewirkt> *mit OBJ* ▪ **jmd. bewirkt etwas** *(≈ verursachen) durch eine bewusste Aktivität die Ursache dafür sein, dass etwas geschieht:* Alle Bemühungen haben nichts bewirkt.; eine Änderung bewirken

be·wir·ten <bewirtest, bewirtete, hat bewirtet> *mit OBJ* ▪ **jmd. bewirtet jmdn. (mit etwas** *Dat.***)** *einem Gast zu essen und zu trinken geben:* Er bewirtete seine Gäste gut und reichlich. ▶ Bewirten

be·wirt·schaf·ten <bewirtschaftest, bewirtschaftete, hat bewirtschaftet> *mit OBJ* ▪ **jmd. bewirtschaftet etwas** *einen Betrieb leiten und dort arbeiten:* Er bewirtschaftet den Bauernhof gemeinsam mit seiner Familie. ▶ Bewirtschaftung

Be·wir·tung die <-, -en> ❶ */kein Plur./ das Bewirten:* eine gastfreundliche/reichliche Bewirtung ❷ *Essen und Trinken für den Gast; das, womit jmd. bewirtet wird* ▪ -skosten

be·wohn·bar *adj /nicht steig./ so beschaffen, dass man ein Haus/eine Gebäude bewohnen kann:* ein nicht mehr bewohnbares Gebäude

be·woh·nen <bewohnst, bewohnte, hat bewohnt> *mit OBJ* ▪ **jmd. bewohnt etwas** *in etwas wohnen:* ein Haus bewohnen; eine Etage bewohnen ▶ Bewohner(in), Mitbewohner(in)

be·wöl·ken <bewölkte, bewölkte, hat bewölkt> *mit SICH* ▪ **etwas bewölkt sich** *sich mit Wolken bedecken:* Der Himmel bewölkte sich.

Be·wöl·kung die <-> */Plur. selten/ alle Wolken, die man am Himmel sieht:* aufgelockerte/dichte/starke Bewölkung; Am Spätnachmittag zieht Bewölkung auf und es kann lokal zu Regenschauern kommen.

Be·wuchs der <-es> */kein Plur./ Gesamtheit der Pflanzen, mit denen etwas bewachsen ist:* ein üppiger Bewuchs

Be·wun·de·rer der, **Be·wun·de·rin** <-s, -/ nen> *jmd., der jmdn. oder etwas bewundert:* ein Bewunderer der Künste

be·wun·dern <bewunderst, bewunderte, hat bewundert> *mit OBJ* ❶ ▪ **jmd. bewundert jmdn.** *große Achtung und Verehrung für jmdn. empfinden:* einen Filmstar bewundern ❷ ▪ **jmd. bewundert etwas** *bestaunen, anerkennen:* seine großartigen Leistungen bewundern

be·wun·derns·wür·dig *adj (≈ bewundernswert) Bewunderung verdienend*

Be·wun·de·rung die <-> */kein Plur./ das Bewundern:* das Bild voller Bewunderung betrachten

be·wun·de·rungs·wür·dig *adj /nicht steig./ siehe* **bewundernswürdig**

be·wusst [bəˈvʊst] *adj* ❶ *so, dass man die Realität und die Konsequenzen von etwas erkennt:* Sie war sich dieser Gefahr durchaus bewusst.; Mir ist nicht bewusst, dass ich das gesagt habe.; ▪ **jemandem etwas bewusstmachen** *ein Thema so darstellen, dass jemand es klar und deutlich versteht* Er muss sich und den anderen zuerst einmal bewusstmachen, wie wichtig diese Entscheidung ist. ❷ *(≈ absichtlich, vorsätzlich) so, dass man etwas mit voller Absicht tut:* Es war eine bewusste Lüge. ❸ *(≈ besagt) bereits erwähnt:* Die bewusste Sache wollte ich nochmals ansprechen.

-be·wusst [bəvʊst] *als Zweitglied zusammengesetzter Adjektive, mit Betonung* *stets auf dem Erstglied; drückt aus, dass* ① *man das mit dem Erstglied Bezeichnete als besonders wichtig ansieht, um mögliche negative Folgen zu vermeiden:* energiebewusstes Bauen und Sanieren ◆ energie-, figur-, gesundheits-, kalorien-, konjunktur-, leistungs-, preis-, umwelt- ② *das mit dem Erstglied Bezeichnete Gegenstand von Wertauffassungen und Überzeugungen ist, die man vertritt und anstrebt:* ein engagierter und europabewusster Politiker ◆ emanzipations-, europa-, methoden-, mode-, pflicht-, problem-, sieges-, traditions-, verantwortungs-, ziel- ③ *man auf das mit dem Erstglied Bezeichnete besonders stolz ist und es anderen gegenüber hervorkehrt:* eine geschlechtsbewusste pädagogische Ausrichtung ◆ geschlechts-, klassen-, macht-, staats-

be·wusst·los *adj /nicht steig./ (≈ besinnungslos, ohnmächtig) ohne Bewusstsein[1]:* Nach dem Unfall war sie für kurze Zeit bewusstlos. ▸ Bewusstlosigkeit

Be·wusst·sein *das* <-s> */kein Plur./* ① MED. *der Zustand, dass ein Mensch mit allen Sinnen seine Umgebung erkennt:* Der Patient verlor das Bewusstsein/ist wieder bei Bewusstsein. ◆ -sverlust ② PSYCH. *die Fähigkeit, mit dem Verstand und den Sinnen die Umwelt zu erkennen und zu verarbeiten:* eine Erinnerung ins Bewusstsein rufen; Die möglichen Auswirkungen kamen ihm gar nicht zu Bewusstsein.; Sie musste ihm die negativen Aspekte erst zu Bewusstsein bringen. ◆ -schwelle, -störung, Selbst-, Unter- ③ *das bewusste Erkennen oder Wissen:* im Bewusstsein eigener Verantwortung/Stärke handeln; politisches/soziales Bewusstsein entwickeln ◆ -sbildung

be·wusst·seins·er·wei·ternd *adj /nicht steig./ so, dass man mit bestimmten Drogen eine Erweiterung des Bewusstseins[1][2] herbeiführen will:* Psychopharmaka mit bewusstseinserweiternder Wirkung einnehmen ▸ Bewusstseinserweiterung

be·wusst·seins·ver·än·dernd *adj /nicht steig./ so, dass das Bewusstsein[2] verändert:* die bewusstseinsverändernde Wirkung von Rauschgift ▸ Bewusstseinsveränderung

Be·wusst·wer·dung *die* <-> */kein Plur./ Vorgang des Entstehens von Bewusstsein:* der Prozess der Bewusstwerdung des Menschens

be·zah·len <bezahlst, bezahlte, hat bezahlt> I. *mit OBJ* ▪ **jmd. bezahlt etwas** (**mit etwas** *Dat.*) ① *Geld, ein Tauschmittel oder ein Zahlungsmittel als Gegenwert für eine erhaltene Ware oder Dienstleistung geben:* Ich bezahle die Ware gleich bar.; Der Kaufpreis wurde in zehn Raten bezahlt.; Herr Ober, wir würden gern bezahlen! ▸ Bezahlfernsehen ② *(übertr.) etwas für etwas geben:* Er musste diese Erfahrung mit seinem Leben bezahlen.; Viele Künstler mussten ihre Sensibilität mit einer Neigung zur Depression bezahlen. II. *ohne OBJ* ▪ **jmd. bezahlt** (**für etwas** *Akk.*) *Geld für etwas geben:* Sie können auch mit Scheck bezahlen.

Be·zah·lung *die* <-, -en> */Plur. selten/* ① */kein Plur./ das Bezahlen* ② *(≈ Entgelt, Gehalt, Lohn) die Geldsumme, die jmdm. für seine Arbeit bezahlt wird:* gegen eine gute/geringe Bezahlung arbeiten

be·zau·bern <bezauberst, bezauberte, hat bezaubert> *mit OBJ* ▪ **jmd./etwas bezaubert jmdn.** *(≈ begeistern, betören) entzücken und für sich einnehmen:* Sie bezauberte alle durch ihren Charme. ◆ bezaubernd, Bezauberung

be·zeich·nen <bezeichnest, bezeichnete, hat bezeichnet> *mit OBJ* ① ▪ **jmd./etwas bezeichnet etwas** *einen bestimmten sprachlichen Ausdruck für etwas verwenden:* Ich bezeichne dieses Verhalten als Frechheit.; Dieses Wort bezeichnet verschiedene Dinge. ② *(geh.)* ▪ **jmd. bezeichnet jmdm. etwas** *etwas genau angeben:* Sie bezeichnete ihm genau die Stelle, wo das vergessene Geschenk liegen musste.

be·zeich·nend *adj (≈ typisch) so, dass es für jmdn. oder etwas charakteristisch ist:* ein bezeichnendes Merkmal; Es ist für ihn bezeichnend, dass er schon wieder zu spät kommt.

Be·zeich·nung *die* <-, -en> ① */kein Plur./ (≈ Kennzeichen) das Bezeichnen, das Kenntlichmachen:* die genaue Bezeichnung der Umzugskartons ② *(≈ Name) ein Wort, mit dem etwas bezeichnet/benannt wird:* Diese Tabletten sind unter verschiedenen Bezeichnungen im Handel erhältlich. ◆ Berufs-

be·zei·gen <bezeigst, bezeigte, hat bezeigt> *mit OBJ* ▪ **jmd. bezeigt etwas** *(veralt.)* ① *einem Gefühl Ausdruck geben:* den Trauernden unser Mitgefühl bezeigen ▸ Bezeigung ② *(≈ zeigen) etwas zu erkennen geben:* in einer Sache großen Mut bezeigen

be·zeu·gen <bezeugst, bezeugte, hat bezeugt> *mit OBJ* ▪ **jmd. bezeugt etwas** *etwas als Zeuge erklären:* vor Gericht eine

Aussage unter Eid bestätigen ▶ Bezeugung

be·zich·ti·gen <bezichtigst, bezichtigte, hat bezichtigt> *mit OBJ* ■ **jmd. bezichtigt jmdn. einer Tat** *(geh.: ≈ beschuldigen) jmdm. die Schuld für etwas geben:* Er bezichtigte ihn des Mordes.

Be·zich·ti·gung *die* <-, -en> ❶ */kein Plur./ das Bezichtigen* ◆ Selbst- ❷ *bezichtigende Äußerung*

be·zie·hen <beziehst, bezog, hat bezogen> I. *mit OBJ* ❶ ■ **jmd. bezieht etwas in Räume einziehen:** Die Familie bezog eine neue Wohnung. ❷ ■ **jmd. bezieht etwas** *regelmäßig empfangen oder bekommen:* Er bezog ein festes Gehalt.; eine Zeitung beziehen ▶ Bezieher(in) ❸ ■ **jmd. bezieht etwas** *eine bestimmte Stellung einnehmen:* In dieser Frage bezog sie einen festen Standpunkt. ❹ ■ **jmd. bezieht etwas auf etwas** *Akk. etwas in einen Zusammenhang mit etwas bringen:* Er bezog ihre Äußerungen auf den Vorfall der letzten Woche. II. *mit SICH* ❶ ■ **jmd. bezieht sich auf etwas** *Akk. etwas erwähnen und zum Ausgangspunkt für die weiteren Aussagen machen:* Sie bezog sich auf unser Telefonat vergangener Woche. ❷ ■ **etwas bezieht sich auf etwas** *Akk. in einem inhaltlichen Zusammenhang stehen:* Die Bemerkung bezog sich auf die Ereignisse des Vortags. ❸ ■ **der Himmel bezieht sich** *der Himmel bewölkt sich*

Be·zie·hung *die* [bəˈtsiːʊŋ] <-, -en> ❶ */meist Plur./ (≈ Kontakt) Verbindung oder Kontakt zwischen Einzelnen/Gruppen:* zwischenmenschliche Beziehungen; geschäftliche/internationale/politische Beziehungen ❷ *Liebesbeziehung zwischen Mann und Frau:* in einer eheähnlichen/festen Beziehung leben; eine Beziehung aufgeben/haben/suchen; Sie hat ein Kind aus ihrer früheren Beziehung. ❸ *innerer Zusammenhang, wechselseitiges Verhältnis:* die Beziehung zwischen Angebot und Nachfrage; mit einer Sache in keiner Beziehung stehen ❹ ■ **in dieser Beziehung** *in dieser Hinsicht* In dieser Beziehung muss ich dir recht geben.

Be·zie·hungs·kis·te *die* <-, -n> *(umg.) komplizierte Liebesbeziehung zwischen zwei Menschen*

be·zie·hungs·wei·se *konj /abgekürzt mit „bzw."/ (≈ oder, (oder) anders/besser gesagt) drückt aus, dass zwei Umstände in gleichem Maße/ebenso auf etwas zutreffen, oder dass zwischen ähnlichen Umständen differenziert wird:* Viele seiner Freunde sind schon älter beziehungsweise im Ruhestand (= einige von ihnen sind recht alt, andere wahrscheinlich bereits im Ruhestand).; Sie kannte ihn gut beziehungsweise war mit ihm befreundet (= nachgeschobene Präzisierung im Sinne von „genauer gesagt")

be·zif·fern <bezifferst, bezifferte, hat beziffert> *mit OBJ* ■ **jmd. beziffert etwas auf etwas** *Akk. (geh.: ≈ schätzen, taxieren) den Betrag von etwas angeben:* Er bezifferte den Schaden auf 5.000 Euro. ▶ Bezifferung

Be·zirk *der* [bəˈtsɪrk] <-(e)s, -e> ❶ *(≈ Region) abgegrenztes Gebiet:* Sie ist Kundenbetreuerin für den Bezirk Augsburg. ❷ *eine Verwaltungseinheit in Ländern, Städten, Gemeinden:* die Bezirke der Stadt ◆ -samt, -sebene, -sgericht, -sregierung, -sverwaltung

be·zir·zen, *a.* **be·cir·cen** [bətsˈɪrtsn̩] <bezirzt/becirct, bezirzte/becircte, hat bezirzt/becirct> *mit OBJ* ■ **jmd. bezirzt jmd.** (**mit etwas** *Dat.) (umg. scherzh.: ≈ betören, umgarnen) jmdn. (wie eine Circe) verführen oder bezaubern:* Sie hat ihn völlig bezirzt.

-be·zo·gen *als Zweitglied zusammengesetzter Adjektive, mit Betonung stets auf dem Erstglied; drückt aus, dass sich etwas nach dem richtet bzw. etwas besonders intensiv an dem ausgerichtet ist, was mit dem Erstglied bezeichnet wird:* praxisbezogene Erfahrungen vermitteln ◆ anwendungs-, aufgaben-, beitrags-, einkommens-, fach-, familien-, gegenwarts-, ich-, inhalts-, körper-, länder-, leistungs-, objekt-, personen-, praxis-, produkt-, sach-, satz-, text-, theorie-, vergangenheits-, zukunfts-

Be·zug *der* [bəˈtsuːk] <-(e)s, Bezüge> ❶ *(≈ Überzug) Dasjenige, womit etwas bezogen oder überzogen wird:* der Bezug des Kissens ◆ -sstoff, Bett-, Kissen-, Schon- ❷ */nur Plur./ Gehalt, Einkommen:* Meine Bezüge wurden schon wieder gekürzt. ❸ */kein Plur./ das Beziehen einer Ware durch Kauf:* der Bezug einer Zeitung; der Bezug von Waren aus dem Ausland ◆ -sbedingungen, -spreis, -squelle ❹ */kein Plur./ sachlich bedingte Verbindung:* in Bezug auf jemanden/etwas; *(geh.)* Bezug nehmen auf …; AMTSSPR. mit/unter Bezug auf etwas

be·züg·lich *präp +Gen. (geh.) hinsichtlich:* Bezüglich Ihrer Nachfrage müssen wir Ihnen leider eine Absage erteilen.

Be·zugs·grö·ße *die* <-, -en> *Größe, Zahl, Größenordnung, nach der sich etwas richtet oder die Grundlage für die Berechnung* *von etwas ist:* von einer festen Bezugsgröße ausgehen

Be·zugs·per·son die <-, -en> PSYCH. *Person, mit der sich ein Mensch besonders zu Beginn seiner Entwicklung identifiziert/auseinandersetzt, und an der er sein Denken und Verhalten orientiert:* Eltern sind die ersten und wichtigsten Bezugspersonen.

Be·zugs·punkt der <-(e)s, -e> ❶ *Punkt, auf den eine räumliche Darstellung bezogen wird* ❷ *Orientierungsbasis für das Denken und Handeln:* Die Bezugspunkte ihres Vortrages waren die Ausführungen ihres Vorredners.

Be·zugs·sys·tem das <-s, -e> ❶ *Koordinatensystem, auf das bestimmte Werte bezogen werden* ❷ *das einer Sache zugrunde liegende System (von Überzeugungen, Beziehungen usw.):* Der Sportverein stellt für viele Jugendliche ein sinnvolles soziales Bezugssystem dar.

be·zu·schus·sen <bezuschusst, bezuschusste, hat bezuschusst> *mit OBJ* ▪ **jmd. bezuschusst etwas** *für eine Sache einen Zuschuss geben:* Die Gemeinde bezuschusst die Kindergartenplätze. ▸ Bezuschussung

be·zwe·cken <bezweckst, bezweckte, hat bezweckt> *mit OBJ* ▪ **jmd. bezweckt etwas** *(≈ beabsichtigen) eine bestimmte Absicht haben; ein bestimmtes Ziel mit etwas verfolgen:* Was bezweckt er mit seinen dauernden Anrufen?

be·zwei·feln <bezweifelst, bezweifelte, hat bezweifelt> *mit OBJ* ▪ **jmd. bezweifelt etwas** *Zweifel an etwas haben, nicht glauben wollen:* Ich bezweifle, dass ich es besser gemacht hätte.

be·zwin·gen <bezwingst, bezwang, hat bezwungen> *mit OBJ* ▪ **jmd. bezwingt etwas/jmdn.** ❶ *im (Wett-)Kampf besiegen:* den Gegner/die gegnerische Mannschaft bezwingen ❷ *(≈ bewältigen, meistern) ein Ziel unter großer Anstrengung erreichen:* einen Berg bezwingen ❸ *(≈ beherrschen, zügeln) ein Gefühl unterdrücken:* seine Leidenschaft bezwingen

Be·zwin·gung die <-> */kein Plur./ das Bezwingen, das Bezwungenwerden:* die Bezwingung der gegnerischen Mannschaft ▸ Bezwinger(in)

Bf. *Abkürzung von „Bahnhof"*

BFD·ler der, **BFD·le·rin** [beːɛfˈdeːlɐ] <-s, -> *Person, die sich zu Tätigkeiten im Rahmen des am 01. Juli 2011 in der Bundesrepublik Deutschland eingeführten „Bundesfreiwilligendienstes" (BFD) gemeldet/bereiterklärt hat, der den früheren Zivildienst (nach Abschaffung/Aussetzung der allgemeinen Wehrpflicht) ersetzen soll; vgl. auch unter „Bundesfreiwilligendienst" und „Bufdi"*

BGS *Abkürzung von „Bundesgrenzschutz"*

BH *(umg.) Abkürzung von „Büstenhalter"*

Bi·ath·lon das <-s, -s> SPORT *eine Disziplin des Wintersports, die aus Skilanglauf und Scheibenschießen besteht*

bib·bern <bibberst, bibberte, hat gebibbert> *mit OBJ (umg.)* ❶ ▪ **jmd. bibbert vor etwas** *Dat. (≈ zittern)* vor Kälte bibbern ❷ ▪ **jmd. bibbert um etwas** *Akk. um etwas zittern, Angst haben*

Bi·bel die [ˈbiːbl̩] <-, -n> ❶ */kein Plur./* REL. *die Gesamtheit der von den christlichen Kirchen als Wort Gottes anerkannten Schriften, die in das Alte und Neue Testament gegliedert sind:* die Bibel auslegen/kommentieren/übersetzen; auf die Bibel schwören ◆-auslegung, -gesellschaft, -konkordanz, -spruch, -stelle, -stunde, -übersetzung, Luther- ▸ bibelfest ❷ *ein gedrucktes Exemplar der Bibel¹:* eine alte Bibel ◆ Bilder-, Familien-, Taschen-

Bi·b·lio·gra·fie, *a.* **Bi·b·lio·gra·phie** die <-, -fien/-phien> *Verzeichnis aller Bücher/Veröffentlichungen eines Autors/einer Autorin oder aller wichtigen Bücher und Aufsätze zu einem bestimmten Thema, wobei im Unterschied zu einem bloßen Literaturverzeichnis die Auswertungsbasis angegeben werden muss:* eine Bibliografie zur Theorie des Dramas

bi·b·lio·gra·fie·ren, *a.* **bi·b·lio·gra·phie·ren** <bibliografierst, bibliografierte, hat bibliografiert> *mit OBJ* ▪ **jmd. bibliografiert etwas** ❶ *in einer Bibliografie nachschlagen, bibliografische Angaben aufsuchen:* einen Titel bibliografieren ❷ *Zu einem bestimmten Thema eine Bibliografie der im Zeitraum 1980 bis 2010 erschienenen Monographien in deutscher Sprache erstellen*

bi·b·lio·gra·fisch, *a.* **bi·b·lio·gra·phisch** *adj /nicht steig./ die Bibliografie betreffend:* bibliografische Angaben

Bi·b·lio·thek die [biblioˈteːk] <-, -en> ❶ *eine große Sammlung von Büchern* ◆ Leih-, Privat- ❷ *der Raum, in dem sich eine Bibliothek¹ befindet* ◆ Instituts-, Staats-, Stadt-, Universitäts- ◆-sbenutzer(in), -swissenschaft

Bi·b·lio·the·kar der, **Bi·b·lio·the·ka·rin** <-s, -e> *Angestellte(r) in einer Bibliothek* ◆ Diplom-

bi·b·lisch *adj /nicht steig./ die Bibel betref-*

fend, zu ihr gehörend, aus ihr stammend: ein biblisches Gleichnis; ■ **ein biblisches Alter erreichen** *ein sehr hohes Alter erreichen*

Bick·bee·re die <-, -n> BOT. NORDDT. (≈ *Heidelbeere*)

bie·der adj ❶ *(abwert.: ≈ kleinbürgerlich, spießig) langweilig und ohne Reiz, hausbacken und unoriginell:* Sie macht einen etwas biederen Eindruck. ❷ *(veralt.) rechtschaffen, verlässlich* ● Biederkeit

Bie·der·mann der <-(e)s, Biedermänner> *(abwert.: ≈ Spießer) beschränkter und kleinbürgerlich denkender Mensch*

Bie·der·mei·er das <-s> /kein Plur./ KUNST *deutsche Kunst- und Kulturepoche (etwa 1815 bis 1848):* ein Maler des Biedermeiers

Bie·der·mei·er·strauß der <-es, Biedermeiersträuße> *kurzer, rundlich gebundener Blumenstrauß im Stil des Biedermeier*

bieg·bar adj *so beschaffen, dass man es biegen kann:* ein biegbares Blech

bie·gen ['biːɡn̩] <biegst, bog, hat/ist gebogen> I. *mit OBJ* ■ **jmd. biegt etwas** *(haben) durch Ausüben einer Kraft einen (länglichen) Gegenstand (aus einem formbaren Material) in einer bestimmten Weise verformen:* Sie hat die Zweige beiseite gebogen.; Er hat den Draht wieder gerade gebogen. II. *ohne OBJ* ■ **jmd./etwas biegt irgendwohin** *(sein) (≈ abbiegen) so gehen oder fahren, dass man dabei einen Bogen macht:* Er ist um die Ecke in die Nebenstraße gebogen. III. *mit SICH* ■ **etwas biegt sich** *(haben) unter der Wirkung einer Kraft als (länglicher) Gegenstand (aus einem formbaren Material) in einer bestimmten Weise verformt werden:* Die Bäume biegen sich im Sturm.; Die Brücke hat sich unter der Last gebogen.; ■ **jemand biegt sich vor Lachen** *jmd. lacht sehr heftig;* ■ **jemand tut etwas auf Biegen und Brechen** *jmd. tut etwas unter allen Umständen*

bieg·sam adj *so, dass man es leicht biegen kann:* ein biegsamer Zweig ● Biegsamkeit

Bie·gung die <-, -en> *(≈ Kurve) eine Stelle, an der eine Straße, ein Weg oder ein Fluss nicht gerade verläuft* ◆ Fluss-, Straßen-, Weg-.

Bie·ne die ['biːnə] <-, -n> ❶ ZOOL. *ein Insekt, das Honig und Wachs produziert:* Der Imker züchtet Bienen.; Bienen sammeln Blütennektar/bilden Bienenvölker.; Die Bienen schwärmen aus. ◆ -nhaus, -nhonig, -nkönigin, -nschwarm, -nsprache, -nstock, -ntanz, -nwabe, -nwachs, -nzucht, -nzüchter(in) ❷ *(umg. o veralt.) hübsches Mädchen:* eine flotte Biene

bie·nen·flei·ßig adj /nicht steig./ (≈ *emsig*) *sehr fleißig*

Bi·en·na·le die [biɛˈnaːlə] <-, -n> *alle zwei Jahre stattfindende Ausstellung oder Schau besonders in der bildenden Kunst und im Film:* Der Film gewann einen Preis auf der diesjährigen Biennale in Venedig.

Bier das [biːɐ̯] <-(e)s, -e> *ein aus Hopfen, Malz, Hefe und Wasser durch Gärung hergestelltes alkoholisches Getränk:* ein alkoholfreies/kühles/obergäriges Bier; Das Bier ist abgestanden/ist frisch vom Fass/ schäumt im Glas.; noch mit auf ein Bier gehen/beim Bier sitzen/ zum Bier einen Schnaps bestellen; ■ **das ist nicht mein Bier** *(umg.) das ist nicht meine Sache* ◆ -bauch, -brauer, -deckel, -dose, -durst, -fass, -flasche, -glas, -hefe, -kasten, -kneipe, -krug, -schaum, -seidel, -trinker(in), -zelt, Alt-, Bock-, Malz-, Stark-, Weizen-.

bier·ernst adj /nicht steig./ *(umg.: ≈ todernst) übertrieben ernst und ohne jeden Humor:* ein bierernstes Gesicht machen

Biest das <-(e)s, -er> ❶ *(abwert.) lästiges, unangenehmes Tier:* Das Biest hat mich gestochen.; Nehmen sie doch das Biest an die Leine! ❷ *(abwert.) gemeiner, durchtriebener und hinterhältiger Mensch:* So ein elendes Biest!; Das Biest hat mich belogen.

bie·ten ['biːtn̩] <bietest, bot, hat geboten> I. *mit OBJ* ❶ ■ **jmd. bietet etwas** *bei einer Versteigerung o.Ä. eine bestimmte Menge Geld für etwas bieten:* Sie hat die höchste Summe für das Gemälde geboten. ❷ ■ **jmd./etwas bietet jmdm. etwas** *anbieten, in Aussicht stellen:* Ich biete Ihnen dafür sehr viel Geld.; Das Institut bietet ihm hervorragende Arbeitsbedingungen. ❸ ■ **etwas bietet jmdm. etwas** *gewähren, zur Verfügung stellen:* Sein Hobby bietet ihm die nötige Entspannung.; Dieses Hotel bietet sehr viel Komfort. ❹ ■ **jmd. lässt sich etwas bieten** *jmd. erduldet eine Zumutung:* Diese Unverschämtheit lasse ich mir nicht länger bieten! II. *ohne OBJ* ■ **jmd. bietet** *bei einer Versteigerung ein Angebot machen:* Bei dieser Auktion bietet auch Herr Schmidt von der Galerie... ● Bieter(in) III. *mit SICH* ■ **etwas bietet sich** *(≈ darbieten) etwas zeigt sich:* Unseren Augen bot sich ein herrlicher Anblick.; Hier bot sich uns die Gelegenheit, einen kleinen Ausflug zu machen.

Bi·ga·mie die <-> /kein Plur./ *der (gesetzlich strafbare Zustand), dass eine Person*

bigott–bilden

gleichzeitig mit zwei anderen Personen die Ehe geschlossen hat: in Bigamie leben

bi·gott *adj (abwert.)* ❶ *von übertriebenem Glaubenseifer geprägt; auf engstirnige Weise fromm:* bigotte Frömmigkeit ▸ Bigotterie ❷ *(≈ scheinheilig)* Ihrem bigotten Gerede kann man keinen Glauben schenken. ▸ Bigotterie

Bi·ker der, **Bi·ke·rin** ['baɪkɐ] <-s, -> ❶ *Motorradfahrer:* ein Treffen der Biker ❷ *jmd., der Mountainbike fährt*

Bi·ki·ni der [bi'ki:ni] <-s, -s> *zweiteiliger knapper Damenbadeanzug*

bi·la·bi·al *adj /nicht steig./* SPRACHWISS. *so, dass Laute mit beiden Lippen gebildet werden:* Die Laute „b", „m" und „p" werden bilabial gebildet. ▸ Bilabialität

Bi·lanz die <-, -en> ❶ WIRTSCH. *Aufstellung der Einnahmen und Ausgaben einer Firma* ◆-prüfer(in), -sanierung, -zahlen, Handels-, Jahres-, Schluss-, Zwischen- ❷ */kein Plur./ (≈ Ergebnis, Fazit) abschließender Überblick über etwas:* Sie war mit der Bilanz ihres Arbeitstags zufrieden.

bi·lan·zie·ren <bilanzierst, bilanzierte, hat bilanziert> I. *mit OBJ* ▪ **jmd. bilanziert etwas** ❶ WIRTSCH. *eine Bilanz über Einnahmen und Ausgaben innerhalb eines Zeitraumes einer Geschäftstätigkeit aufstellen:* Er bilanzierte das letzte Quartal. ▸ Bilanzierung ❷ *einen abschließenden Überblick über eine Sache geben:* Die Forschungsgruppe bilanzierte den erreichten Erkenntnisstand. II. *ohne OBJ* ▪ **jmd. bilanziert** BANKW. *im Soll und Haben dieselbe Summe zeigen:* Das Konto bilanziert.

bi·la·te·ral *adj /nicht steig./* ❶ POL. *von zwei Seiten ausgehend, zwei politische Partner betreffend:* bilaterale Verhandlungen zwischen zwei Staaten; Das bilaterale Abkommen wurde von beiden Außenministern unterzeichnet. ❷ SPRACHWISS. *(↔ monolateral) als sprachliches Zeichen aus zwei Seiten bestehend, die wechselseitig aufeinander bezogen sind, nämlich Ausdrucksseite (Regeln der Schreibung und Lautung) sowie Inhaltsseite (Regeln der Bedeutung):* Theorie des bilateralen Zeichens ▸ Bilateralität

Bild das [bɪlt] <-(e)s, -er> ❶ *(≈ Gemälde) mit künstlerischen Mitteln auf einer Fläche (aus Leinwand, Holz o.Ä.) Dargestelltes:* ein abstraktes Bild; die Bilder eines alten Meisters/des französischen Impressionismus/aus der Spätphase des Künstlers; In der Galerie hängen auch Bilder unbekannter Künstler. ◆-betrachtung, -diagonale, -erausstellung, -ergalerie, -erhaken, -errahmen, -ersammlung, -ergestaltung, -komposition, Aquarell-, Landschafts- ❷ *(umg.) Abbildung, Illustration:* Die Bilder in dem einen oder anderen Wörterbuch (wenn es kein Bildwörterbuch ist!) haben dann keine genuine Funktion, wenn sie nur der Ausschmückung dienen (und überhaupt kein Bezug zu den Stichwörtern/Lemmata gegeben ist); Bilder in einem Kinderbuch sind nahezu unentbehrlich ▸-band, -beilage, -ergeschichte, -wörterbuch ❸ *(≈ Foto) Fotografie:* Ich habe Bilder von unserem Ausflug mitgebracht. ◆-auflösung, -ausschnitt, -bearbeitung, -datei, -erkennung, -gestaltung, -raster, -umkehrung, -verarbeitung, Akt-, Farb-, Hochzeits-, Kinder-, Luft- ❹ FILM *(≈ Szene) ohne zeitliche Unterbrechung auf nur einem Schauplatz spielender Handlungsabschnitt eines Films* ❺ THEAT. *Abschnitt eines Theaterstückes mit unverändertem Bühnenbild:* ein Schauspiel in sieben Bildern ❻ LIT. *Veranschaulichung von Ideen, Gefühlen usw. durch symbolische oder metaphorische Ausdrucksweise:* Der Autor verwendet in seinem Werk viele Gleichnisse und Bilder. ❼ MATH. *einem Element durch Abbildung zugeordnetes (anderes) Element* ◆-gerade, -punkt ❽ *der Anblick, der sich jmdm. bietet:* Ich werde dieses Bild nie vergessen. ❾ *die Vorstellung von jmdm. oder etwas:* Bilder meiner Phantasie; Vor seinem geistigen Auge stiegen die alten Bilder auf. ◆Menschen-, Sinn-, Traum-, Welt-, Wunsch- ❿ *(≈ Ebenbild)* Sie ist ganz das Bild ihrer Mutter. ⓫ *(≈ Erscheinungsbild) alle Details, die zu etwas gehören:* das typische Bild einer Erkrankung ◆Krankheits- ⓬ *(≈ Anblick)* Als wir das Haus betraten, bot sich uns ein überraschendes Bild.; ▪ **über etwas im Bilde sein** *(umg.) alle relevanten Informationen über etwas haben;* ▪ **jemand ist ein Bild von etwas** *jmd. ist ein besonders prächtiges Exemplar von etwas* Er ist ein Bild von einem Mann!; ▪ **Schwaches Bild!** *(umg.) Das ist aber enttäuschend!*

bil·den ['bɪldn] <bildest, bildete, hat gebildet> I. *mit OBJ* ❶ ▪ **jmd. bildet etwas (aus etwas** *Dat.) etwas aus etwas herstellen oder formen:* Der Künstler bildet Figuren aus Ton. ❷ ▪ **jmd. bildet etwas** *entstehen lassen:* Der Kaktus bildet Ableger.; Bildet bitte einen Kreis!; Ich möchte mir gern selbst eine Meinung bilden. ❸ ▪ **jmd. bildet etwas** *etwas zusammenstellen:* eine Regierung bilden ❹ ▪ **etwas bildet etwas** *sein, darstellen:* Der Fluss bildet eine natürliche Grenze. ❺ **etwas bildet jmdn.** *Bildung vermitteln:* eine bildende Lektüre; Man soll Jugendliche schon früh musikalisch/künstlerisch bilden. **II.** *ohne OBJ* **etwas bildet** *Bildung vermitteln:* Lesen/Reisen bildet. **III.** *mit SICH* ❶ **etwas bildet sich** *(≈ entstehen)* Abends bildete sich Nebel.; Am Boden des Gefäßes bilden sich Kristalle. ❷ **jmd. bildet sich** *sich Wissen aneignen:* Er bildet sich durch Lektüre und den Besuch von Vorträgen. ▸ fort-, weiter-

bil·dend *adj /nicht steig./ so, dass etwas lehrreich ist*

Bil·der·buch das <-(e)s, Bilderbücher> *Buch (besonders für Kinder) mit vielen meist farbigen, großformatigen Bildern und wenig Text*

Bil·der·buch- *(umg.: ≈ Traum-) als Erstglied zusammengesetzter Substantive; drückt aus, dass das mit dem Zweitglied Bezeichnete als ideal/vorzüglich angesehen wird:* Die beiden führen eine Bilderbuchehe. ◆ -ehe, -ehefrau, -ehemann, -familie, -held, -hochzeit, -insel, -karriere, -landschaft, -landung, -sommer, -start, -tor, -wetter

Bil·der·rät·sel das <-s, -> ❶ *(≈ Rebus) Rätsel, dessen Lösungswort oder -satz aus der Bedeutung von Bildern und Zeichen zu erschließen ist* ❷ *Bild, in dem eine gesuchte Figur versteckt eingezeichnet ist*

Bil·der·schrift die <-, -en> *(≈ Piktographie) eine Schrift, in der nicht Buchstaben eines Alphabets die Wörter bilden, sondern in der Bildzeichen für bestimmte Bedeutungen stehen*

Bild·flä·che die <-, -n> *die Fläche eines Bildes, besonders eine Fläche, auf die ein Bild projiziert wird oder auf der es (fotografisch) erzeugt wird:* Für die Filmvorführung wurde eine riesige Bildfläche verwendet.; **auf der Bildfläche erscheinen** *(umg.) in Erscheinung treten;* **von der Bildfläche verschwinden** *(umg.) plötzlich verschwinden*

Bild·haf·tig·keit die <-> /kein Plur./ *bildhafte Beschaffenheit:* die Bildhaftigkeit der Ausdrucksweise des Dichters ▸ bildhaft

Bild·hau·er der, **Bild·hau·e·rin** <-s, -> *ein Künstler, der plastische Kunstwerke aus festen Werkstoffen wie Stein oder Metall schafft* ◆ -werkstatt ▸ Bildhauerei, bildhauerisch

bild·hübsch *adj /nicht steig./ (umg.) sehr hübsch:* Ihre Tochter ist bildhübsch.

Bild·jour·na·list der, **Bild·jour·na·lis·tin** <-en, -en> *Journalist/Journalistin, der/die Fotos (und Bildberichte) liefert:* als Bildjournalist für die Stadtzeitung arbeiten

bild·lich *adj (≈ anschaulich) so, dass es Bilder gebraucht, um etwas auszudrücken oder zu verdeutlichen:* eine sehr bildliche Ausdrucksweise; eine bildliche Darstellung

Bild·mi·scher der, **Bild·mi·sche·rin** <-s, -> *TV beim Fernsehen angestellte Person, die für das Mischen von akustischen und optischen Aufnahmen einer Fernseh-Livesendung während einer Übertragung zuständig ist*

bild·ne·risch *adj /nicht steig./ so, dass es die künstlerische Gestaltung eines Bildes betrifft oder auf ihr beruht:* Die Ausstellung gibt einen Überblick über das bildnerische Schaffen der Künstlerin.

Bild·nis das <-ses, -se> *(geh.: ≈ Porträt) bildliche Darstellung eines Menschen* ◆ Jugend-, Selbst-

Bild·punkt der <-(e)s, -e> ❶ MATH. *Bild eines Punktes unter einer Abbildung* ❷ EDV *(≈ Pixel) kleinstes Element bei der gerasterten, digitalisierten Darstellung eines Bildes auf einem Bildschirm oder mit Hilfe eines Druckers*

Bild·re·por·ter der, **Bild·re·por·te·rin** <-s, -> *Person, die Bilder, Bildberichte und Bildreportagen liefert* ▸ Bildreportage

Bild·röh·re die <-, -en> TV *Elektronenstrahlröhre, die das empfangene Bild auf einem Bildschirm wiedergibt*

Bild·schirm der <-(e)s, -e> ❶ TV *die große Fläche auf der Vorderseite eines Fernsehgeräts, auf der man Bilder sieht* ◆ -diagonale, Flach-, LCD-, Plasma- ❷ EDV *der Monitor eines Computers:* am Bildschirm die Helligkeit einstellen; Der Bildschirm flackert. ◆ -arbeit, -arbeitsplatz, -schoner, -text

bild·schön *adj /nicht steig./ (umg.: ≈ bildhübsch) sehr schön:* ein bildschönes Mädchen

Bil·dung die <-> /kein Plur./ ❶ *die Gesamtheit der in Bildungsinstitutionen erworbenen Kenntnisse und Fertigkeiten:* die berufliche/gymnasiale Bildung ◆ -sforschung, -sgang, -sminister(in), -smisere, -smonopol, -snotstand, -spolitik, -sreform, -ssenator(in), -sservice, -sstätte, -ssystem, Erwachsenen-, Hochschul-, Schul- ❷ *die Eigenschaft eines Menschen, dass er durch umfangreiches Wissen und gute Erziehung geprägt ist:* Bildung erwerben; Sie strahlt ein hohes Maß an Bildung aus. ◆ -seifer, -sgrad, -sgut, -slücke, -sniveau, Allgemein-, Persönlichkeits- ❸ *(≈ Entstehung, Formung) das Bilden I.2; I.3; III.1:* die Bildung von Kristallen ◆ Kristall-, Vermögens-, Willens-, Wort-

Bil·dungs·be·flis·sen *adj so, dass man bestrebt ist, sich Bildung² anzueignen*

Bil·dungs·bür·ger·tum *das <-s> /kein Plur./* ❶ *gebildete Schicht des Bürgertums* ❷ *Gesellschaftsschicht (besonders im 19. Jahrhundert), dessen Bildungsideal am klassischen Altertum orientiert war* ▸ Bildungsbürger(in), bildungsbürgerlich

Bil·dungs·dün·kel *der <-s> /kein Plur./ übertriebener Stolz auf die eigene Bildung²*

bil·dungs·feind·lich *adj* ❶ *so, dass es für die Aneignung von Bildung² ungünstig oder hinderlich ist:* Die bildungsfeindlichen Rahmenbedingungen wurden kritisiert. ❷ *so, dass jmd. gegenüber der Aneignung von Bildung² negativ eingestellt ist*

Bil·dungs·hun·ger *der <-s> /kein Plur./ starkes Verlangen danach, sich neues Wissen anzueignen* ▸ bildungshungrig

Bil·dungs·ro·man *der <-s, -e>* LIT. *Roman, in dem die geistige und charakterliche Entwicklung des Helden von der Kindheit bis zur Reifung dargestellt wird:* Goethes „Wilhelm Meister" ist ein Bildungsroman.

bil·dungs·sprach·lich *adj /nicht steig./ so, dass es der Sprache der gebildeten Schicht entstammt:* bildungssprachliche Ausdrücke; Ein unnötiger bildungssprachlicher Ausdruck ist "relevant" statt "bedeutsam".; Er versucht, andere mit seinen bildungssprachlichen Ausdrücken zu blenden, hat aber von nichts eine Ahnung.

Bil·dungs·weg *der <-(e)s, -e> das Durchlaufen der Bildungsstufen und Ausbildungsarten der schulischen und beruflichen Bildung;* ■ **der zweite Bildungsweg** *die Möglichkeiten wie Abendschulen, Fernschulen usw., die es einem berufstätigen Erwachsenen erlauben, nachträglich einen höheren Bildungsgrad zu erwerben* Er machte eine Schlosserlehre, dann auf dem zweiten Bildungsweg das Abitur, und studierte anschließend Maschinenbau.

Bil·dungs·werk *das <-(e)s, -e> Institution der Erwachsenenbildung:* evangelische/ katholische Bildungswerke ◆ Jugend-

Bil·dungs·we·sen *das <-s> /kein Plur./ die Gesamtheit aller Institutionen, Personen und Tätigkeiten, die der Erziehung und Bildung¹ ² dienen*

bi·lin·gu·al *adj /nicht steig./* SPRACHWISS. ❶ *so, dass man zwei Sprachen (annähernd auf muttersprachlichem Niveau) beherrscht:* ein Kind, das bilingual aufwächst ▸ Bilingualismus ❷ *(↔ monolingual ≈ zweisprachig) zwei Sprachen umfassend, mit zwei Sprachen als Gegenstandsbereich:* ein bilinguales Wörterbuch Deutsch-Russisch

Bil·lard *das* ['bɪljart] *<-s>* ❶ */kein Plur./ ein Spiel, bei dem Spieler eine kleine Kugel mit einem langen Stock über einen Tisch bewegen, der mit grünem Filz bespannt ist* ◆ -kugel, -stock ❷ *der Tisch, auf dem Billard¹ gespielt wird*

Bil·li·ar·de *die <-, -n> tausend Billionen*

bil·lig ['bɪlɪç] *adj* ❶ *(↔ teuer) so, dass für eine Ware oder Dienstleistung ein vergleichsweise niedriger Preis verlangt wird:* Noch nie waren CD-Player/Drucker/Festplatten so billig. ▸ Billigflug, Billigkräfte, Billiglohnarbeit ❷ *(abwert.: ≈ minderwertig ↔ hochwertig)* Er trägt einen billigen Anzug.; Man sieht gleich, dass der Mantel billig war. ▸ Billigware ❸ *(abwert.: ≈ mies) moralisch schlecht:* Seine billigen Tricks kennt inzwischen jeder.; Das ist eine billige Ausrede!

bil·li·gen *<billigst, billigte, hat gebilligt> mit OBJ* ■ **jmd. billigt etwas** ❶ *etwas genehmigen:* Das Ministerium hat den Vorschlag gebilligt. ❷ *(≈ zustimmen ↔ ablehnen) mit etwas einverstanden sein, etwas richtig finden:* Ich kann sein Benehmen nicht billigen.

Bil·li·gung *die <-, -en> /Plur. selten/ Zustimmung, Einverständnis:* Sein Plan konnte nicht die Billigung seiner Eltern erhalten.

Bil·li·on *die <-, -en> eine Million Millionen*

Bim·bam ■ **Heiliger Bimbam!** *(umg. scherzh.) drückt aus, dass jmd. erstaunt oder erschrocken ist*

Bim·bes *der/das <-> /kein Plur./ (umg.)* LANDSCH. *Geld*

Bim·mel *die <-, -n> (umg.: ≈ Klingel, Schelle) hell klingende kleine Glocke*

Bim·mel·bahn *die <-, -en> (umg.) Kleinbahn*

bim·sen *<bimst, bimste, hat gebimst> mit OBJ* ■ **jmd. bimst etwas** *(umg.: ≈ büffeln, pauken) etwas angestrengt lernen:* Für die Klassenarbeit bimst er lateinische Vokabeln.

Bims·stein *der <-s, -e> hellgraues, schaumig-poröses vulkanisches Gestein*

bi·när *adj /nicht steig./* MATH. *so, dass es mit den Ziffern 0 und 1 dargestellt ist:* eine binäre Darstellung/Schreibweise

Bi·när·sys·tem *das <-s, -e>* MATH. *Zahlensystem, das als Basis die Zahl Zwei ver-*

wendet und mithilfe von nur zwei Zahlenzeichen (0 und 1) alle Zahlen als Potenzen von 2 darstellt

Bin·de die ['bɪndə] <-, -n> ❶ *ein langer Streifen aus Verbandsstoff, mit dem man eine Wunde verbindet* ◆ Mull- ❷ *ein Streifen aus Stoff, den man sichtbar um ein Körperglied wickelt* ◆ Augen-, Arm- ❸ *kurz für „Monatsbinde";* ■ **sich einen hinter die Binde gießen** *(umg. scherzh.) Alkohol trinken*

Bin·de·ge·we·be das <-s> /kein Plur./ ANAT. *Stützgewebe aus Zellen und Fasern, das die Organe umhüllt und stützt* ▸ Bindegewebsschwäche

Bin·de·glied das <-(e)s, -er> ❶ *Zwischenstück in einer Kette* ❷ *(übertr.) etwas, das zwei Sachverhalte, Zustände, Abschnitte o.Ä. miteinander verbindet*

Bin·de·haut die <-, Bindehäute> ANAT. *(≈ Konjunktiva) durchsichtige Schleimhaut, die das Augenlid innen und den Augapfel vorn überzieht* ▸-entzündung

bin·den ['bɪndn̩] <bindest, band, hat gebunden> I. *mit OBJ* ❶ ■ **jmd. bindet etwas** (an etwas *Akk.*) *etwas mit einer Schnur umwickeln, so dass es zusammen hält oder an etwas befestigt wird:* die Blumen zu einem Strauß binden; die Schuhe binden; den Hund mit der Leine an den Baum binden ❷ ■ **jmd. bindet etwas** KOCH. *bewirken, dass etwas dickflüssiger wird:* eine Soße mit Mehl binden ❸ ■ **jmd. bindet ein Buch** *ein Buch in einen Einband fassen* ❹ ■ **etwas bindet jmdn.** *verpflichten:* Sie war vertraglich gebunden.; Er ist an bestimmte Regeln gebunden II. *mit SICH* ■ **jmd. bindet sich** ❶ *sich durch ein Versprechen festlegen:* sich durch eine Zusage binden ❷ *sich für einen Lebenspartner entscheiden:* Sie ist seit zwei Jahren fest gebunden.; ■ **jemandem sind die Hände gebunden** *(umg.) jmd. kann nicht so handeln, wie er möchte*

bin·dend adj *(≈ verpflichtend) so, dass man es unbedingt befolgen muss:* Meine Anweisungen sind absolut bindend.; eine bindende Zusage geben

Bin·der der <-s, -> *(≈ Krawatte)* einen farblich zur Jacke passenden Binder tragen

Bin·de·strich der <-s, -e> *ein Interpunktionszeichen in der Form eines waagerechten Striches, den man in bestimmten Schreibungen zwischen Wörter setzt, um anzuzeigen, dass die Wörter eine Einheit bilden*

Bin·de·wort das <-(e)s, Bindewörter> SPRACHWISS. *(≈ Konjunktion)*

Bind·fa·den der <-s, Bindfäden> *Faden zum Binden; dünne Schnur:* das Paket mit einem Bindfaden verschnüren

Bin·dung die <-, -en> ❶ PSYCH. *der Zustand, dass ein Mensch emotional eine enge Beziehung zu einem anderen Menschen oder zu einer Sache hat:* Sie hat eine sehr starke Bindung an ihre Mutter.; Er hat eine tiefe Bindung an seine Heimatstadt. ◆-sangst, Heimat-, Mutter-, Vater- ❷ *(≈ Skibindung) die Vorrichtung, die einen Skischuh mit dem Ski verbindet*

bin·nen präp + *Dat. (geh.: ≈ im Verlauf von) innerhalb eines bestimmten Zeitraums:* binnen kurzem; binnen einem Jahr

Bin·nen- *als Erstglied zusammengesetzter Substantive aus dem Bereich des Verkehrs; drückt aus, dass das mit dem Zweitglied Bezeichnete im Festland(sbereich), im Landesinneren oder innerhalb eines Staates gelegen ist bzw. sich darauf bezieht:* Als größter Binnenhafen Europas gelten die Duisburg-Ruhrorter Häfen. ◆-dock, -fischerei, -flotte, -gewässer, -hafen, -handel, -land, -markt, -meer, -schifffahrt, -see, -verkehr, -wasserstraße

bin·nen·bords adv SEEW. *(↔ außenbords) im Schiff*

bin·nen·deutsch adj *auf die deutsche Sprache nur innerhalb Deutschlands bezogen* ▸ Binnendeutsch, Binnendeutsche

Bin·nen·groß·schrei·bung die <-> /kein Plur./ SPRACHWISS.

Obwohl es nach den amtlichen Regelungen (= Normen) zur Rechtschreibung nicht korrekt ist, finden sich in vielen Bereichen des öffentlichen Lebens in großer Häufung Beispiele für die **Binnengroßschreibung**. Es ist dies die Schreibung mit Binnenmajuskel, also einem Großbuchstaben innerhalb eines Wortes. Wer sich außerhalb der orthografischen/orthographischen Normen setzt, hat gute Gründe dafür. Ein zentraler Grund für derartige Verschriftungstendenzen ist der, um jeden Preis Aufmerksamkeit erwecken zu wollen. Es kann sich dabei aber im Einzelfall auch um eine bloß unbedachte Anlehnung an die im Amerikanischen bzw. Englischen übliche Praxis handeln. Auffällig ist diese Erscheinungsform im gesamten Bereich der internationalen Werbung, z.B. auch bei Firmennamen, Logos usw. ("TimeOut", "BahnCard", "TeleBanking"), sowie im gesamten Bereich der Computertechnologie. Bekannt sind daneben Bestrebungen des

Feminismus, durch Binnengroßschreibung weibliche Formen sprachlich einzubeziehen, so in "LehrerInnen". Dadurch lassen sich zwar unschöne und gespreizt wirkende Doppel-Bezeichnungen der Art "Lehrerinnen und Lehrer" umgehen, besonders bei gehäuftem Vorkommen; beim mündlichen Vortrag entsprechender Passagen würden damit allerdings wiederum männliche Formen ausgeschlossen. Will man korrekt sein, bleibt nur, beide Formen voll auszusprechen. In vorliegendem Wörterbuch wird im Falle der Aufzählung von Komposita oft aus Gründen der Platzersparnis so verfahren, dass die jeweilige weibliche Form (falls in einfacher Art und Weise möglich) in Klammern angefügt wird, wie in "Mechaniker(in)".

Bịn·nen·reim der <-s, -e> *Reim innerhalb einer Verszeile*

bịn·nen·wirt·schaft·lich adj /nicht steig./ *so, dass es die Wirtschaft innerhalb eines Staates betrifft*

Bi·n·o·kel das <-s, -> *(veralt.) Brille oder Fernglas mit zwei Linsen für beide Augen*

bi·n·o·ku·lạr adj /nicht steig./ (fachspr.) *für das Sehen mit beiden Augen eingerichtet*

Bi·nọm das <-s, -e> MATH. *Summe oder Differenz aus zwei Gliedern* ▸ Binomialkoeffizient, Binominalreihe, Binominalverteilung, binomisch

Bịn·se die <-, -n> BOT. *eine grasähnliche Sumpfpflanze;* ■ **in die Binsen gehen** *(umg.) misslingen*

Bịn·sen·weis·heit die <-, -en> *allgemein bekannte Tatsache*

Bio-, bio- ① *drückt als Erstglied in Bildungen mit Substantiven und (einigen) Adjektiven aus, dass jmd. oder etwas in irgendeiner Weise mit Organischem, mit Leben/Lebewesen etc. in Verbindung steht:* Unter „Biogenese" versteht man in der Biologie die Entstehung des Lebens/der Lebewesen (d.h. einer biologischen Struktur/eines neuen Organismus) ◆ -aktiv, -chemie, -chemiker(in), -chemisch, -chip, -ethik, -feedback, -informatik, -genese, -kurve, -mechanik, -mechaniker(in), -medizin, -physik, -rhythmus, -sphäre, -technik, -technisch, -technologie, -technologisch, -wetter, -zentrum ② *drückt als Erstglied in Bildungen mit Substantiven (seltener mit Adjektiven) aus, dass jmd. oder etwas ökologisch richtigen Landbau betreibt:* Der Biobauer berücksichtigt beim Anbau ökologische Prinzipien. ◆ -bauer/-bäuerin, -brot, -diesel, -dynamisch, -garten, -gas, -gasspeicher, -gasverwertung, -gemüse, -haus, -kost, -laden, -masse, -müll, -nahrungsmittel, -produkt, -tonne, -treibstoff, -winzer

Bio·gra·fie, a. **Bio·gra·phie** die [biogra'fi:] <-, -n> ① *Beschreibung/Darstellung einer Lebensgeschichte:* Ich lese gerade eine Goethe-Biografie.; Viele Buchhandlungen haben ein eigenes Regal für Biografien von bekannten Persönlichkeiten. ▸ Biograph/Biograf, Biographin/Biografin, biographisch/biografisch ② (≈ *Lebensgeschichte)* Ich könnte dir aus meiner Biografie einige Erlebnisse erzählen.

Bio·lo·gie die [biolo'gi:] <-> /kein Plur./ *die Wissenschaft von den lebenden Organismen, den Tieren und dem Pflanzenreich* ▸ Biologe, Biologin, biologisch, biologisch-dynamisch

Bio·lu·mi·nes·zenz die <-> /kein Plur./ BIOL. *Lichtausstrahlung bei Lebewesen, besonders durch Leuchtbakterien und einige Planktonorganismen*

Bio·top das [bio'to:p] <-s, -e> *durch bestimmte Pflanzen und Tiere geprägter Lebensraum* ◆ Feucht-

BIP <-> /kein Plur./ WIRTSCH. *Abkürzung von „Bruttoinlandsprodukt"*

Bi·rẹtt das <-(e)s, -e> *eine Kopfbedeckung katholischer Geistlicher*

Bịr·ke die <-, -n> BOT. *ein Laubbaum mit schmalem Stamm, weißer Rinde und kleinen herzförmigen, hellgrünen Blättern* ◆ -nallee, -nholz

Bịrn·baum der <-(e)s, Birnbäume> BOT. *weiß blühender Obstbaum mit Birnen als Früchten*

Bịr·ne die ['bɪrnə] <-, -n> ① *die essbare, am unteren Ende charakteristisch verdickte saftige Frucht des Birnbaums mit grün-gelber Schale und süßem Geschmack* ② *(kurz für „Glühbirne")* die Birne auswechseln ③ *(umg. scherzh.) Kopf des Menschen:* sich die Birne anhauen; ■ **Äpfel und Birnen vergleichen** *(umg.) Dinge vergleichen, die man nicht vergleichen kann*

bịr·nen·för·mig adj /nicht steig./ *so, dass es die Form einer Birne hat*

bịs [bɪs] **I.** präp ① *+Akk. mit einer zeitlichen Angabe verwendet, um auszudrücken, dass der genannte Zeitpunkt das äußerste Ende einer Zeitspanne markiert:* Ich warte höchstens noch bis Mittwoch.; Bis Ende der Woche muss die Arbeit fertig sein.; Bis wann sind die Sachen fertig?; Bis morgen! ② /mit einer weiteren Präposition/ *verwendet, um auszudrücken, dass* *die genannte Sache die Obergrenze von etwas darstellt:* Jugendliche bis zu 16 Jahren dürfen den Film nicht sehen.; Das Flugzeug war bis auf den letzten Platz ausgebucht. ❸ *verwendet, um auszudrücken, dass die genannte Sache eine Ausnahme von etwas darstellt:* Bis auf jeden bin ich jeden Tag hier gewesen.; Bis auf den Kollegen X haben alle an der Besprechung teilgenommen. ❹ *mit einer räumlichen Angabe verwendet, um auszudrücken, dass der genannte Ort das Ziel einer Bewegung markiert oder das Ende einer Strecke darstellt:* Fahren Sie auch bis Köln?; Ich fahre bis Köln und dann noch weiter nach Bad Honnef.; Von hier bis zum Fenster sind es fünf Meter.; Bei dem Nebel kann man nicht bis ans andere Ufer sehen. **II.** *konj* ❶ *im Nebensatz verwendet, um auszudrücken, wann die im Hauptsatz genannte Handlung enden wird:* Wir rufen immer wieder dort an, bis sich jemand meldet.; Wir warten, bis ihr fertig seid. ❷ *im Nebensatz verwendet, um eine Bedingung zu nennen, die erfüllt sein muss, damit etwas eintritt:* Ich beachte ihn nicht, bis er sich bei mir entschuldigt.

Bi·sam *der* <-s, -e/-s> *Fell der Bisamratte* ◆ -ratte

Bi·schof *der*, **Bi·schö·fin** ['bɪʃɔf/'bɪʃø:f] <-s, Bischöfe> ❶ /*nur mask.*/ REL. *ein katholischer Priester von hohem Rang, der vom Papst für die Leitung eines Bistums ernannt wird* ◆ -shut, Erz-, Weih- ❷ REL. *hoher evangelischer Würdenträger, der von der Landessynode in die Leitung des Bistums gewählt wird* ◆ Landes-

bi·schöf·lich *adj* /*nicht steig.*/ *so, dass es einen Bischof betrifft, zu ihm gehört oder ihm zusteht:* das bischöfliche Ordinariat

Bi·se·xu·a·li·tät *die* <-> /*kein Plur.*/ ❶ BIOL. (≈ *Hermaphrodismus*) *Doppeltgeschlechtigkeit (der Blüten) von Pflanzen, deren Individuen identische Blüten mit sowohl männlichen, als auch weiblichen Organen haben* ❷ MED., PSYCH. *Nebeneinander von homo- und heterosexueller Veranlagung bei einem Menschen* ◆ bisexuell

bis·her [bɪs'he:ɐ̯] *adv* (≈ *bis jetzt, bislang*) *von einem unbestimmten Zeitpunkt an bis zum heutigen Tag:* Bisher haben wir das immer so gemacht.

bis·he·rig [bɪs'he:rɪç] *adj* /*nicht steig.*/ *so, dass es bisher so gewesen ist:* mein bisheriges Leben ◆ **Großschreibung → R 3.7** das Bisherige ◆ im Bisherigen

Bis·kuit *das/der* [bɪs'kvit, bɪs'kvi:t] <-(e)s, -s/-e> KOCH. *leichtes Gebäck aus Mehl, Eiern und Zucker*

bis·lang [bɪs'laŋ] *adv* (geh.: ≈ *bisher*)

Biss *der* [bɪs] <-es, -e> *der Vorgang, dass jmd. oder ein Tier in etwas beißt:* von dem Apfel nur einen Biss nehmen; der Biss eines Hundes; ▪ **jemand hat Biss** (umg.) *verwendet, um auszudrücken, dass jmd. (beruflich) sehr ehrgeizig und engagiert ist* ◆ -wunde, Schlangen-, Zecken-

biss·chen ['bɪsçən] *pron* /*indekl.*/ *verwendet, um eine geringe Menge von etwas zu bezeichnen:* Ein bisschen Glück gehört dazu!; Warten Sie bitte noch ein bisschen!; Es dauert ein bisschen länger.; Die Suppe könnte noch ein bisschen Salz vertragen.; ▪ **kein bisschen** (umg.) *überhaupt nicht* Das Kind hatte kein bisschen Angst.; ▪ **das bisschen ...** *drückt aus, dass man etwas eine geringe Bedeutung beimisst* Mit dem bisschen Schnupfen ist man doch noch nicht krank! ◆ **Kleinschreibung → R 3.15** das bisschen, ein klein bisschen

bis·sel *pron* SÜDDT., ÖSTERR. (umg.: ≈ *bisschen*)

Bis·sen *der* <-s, -> ❶ *die Menge fester Nahrung, die man auf einmal abbeißt:* nur einen Bissen von dem Apfel nehmen; Der Bissen blieb ihm fast im Hals stecken. ❷ *kleine Mahlzeit:* vor der Prüfung nur einen Bissen gegessen haben ◆ Lecker-

bis·serl *pron* SÜDDT., ÖSTERR. (umg.: ≈ *bisschen*)

bis·sig ['bɪsɪç] *adj* ❶ *so, dass ein Tier schnell zubeißt:* Vorsicht, bissiger Hund! ▶ Bissigkeit ❷ *mit der Neigung, unfreundliche Kommentare zu machen und scharfe Kritik abzugeben:* eine bissige Bemerkung machen

Biss·wun·de *die* <-, -n> *die durch einen Biss verursachte Wunde:* die Bisswunde vom Arzt behandeln lassen

Bis·tro, Bis·tro *das* <-s, -s> *kleines Lokal, in dem auch ein Imbiss eingenommen werden kann* ◆ -tisch

Bis·tum *das* <-s, Bistümer> (≈ *Diözese*) *der Bezirk, den ein Bischof verwaltet*

bis·wei·len *adv* (geh.) *manchmal, ab und zu, hin und wieder:* Bisweilen treffen wir uns auf einen Kaffee.

Bit *das* [bɪt] <-s, -s> EDV *Informationseinheit in der Datenverarbeitung*

Bit·te *die* <-, -n> *an jmdn. gerichteter Wunsch:* eine freundliche/höfliche Bitte äußern; jmdm. eine Bitte abschlagen/erfüllen; etwas nur auf jemands Bitte hin tun; Das war nur eine Bitte, keine Forderung! ▶ Bittgang, Bittgebet, Bittgesuch, Bittprozession

bit·te ['bɪtə] *part* ① *verwendet, um auf höfliche Weise etwas zu verlangen:* Darf ich bitte das Fenster öffnen?; Würdest du mir bitte die Butter reichen? ② *verwendet als Antwort auf eine Frage oder Bitte:* Ja, bitte, öffnen Sie ruhig das Fenster!; Bitte, hier ist die Butter! ③ *verwendet, um jmdn. aufzufordern, er solle sein Anliegen vortragen:* Ja, bitte, Sie wünschen?; ■ **na bitte!** *(umg.) verwendet, um auzudrücken, dass man etwas ohnehin gewusst oder angenommen hat;* ■ **Bitte?** *Verwendet, um jmdn. aufzufordern, eine sprachliche Äußerung zu wiederholen (weil man sie akustisch nicht verstanden hat)* ◆ Klein- oder Großschreibung schön bitte/Bitte sagen

bit·ten ['bɪtn̩] <bittest, bat, hat gebeten> *mit OBJ* ① ■ **jmd. bittet jmdn. um etwas** *eine Bitte aussprechen (um etwas zu erhalten); jmdn. fragen, ob er oder sie etwas Bestimmtes tun kann:* Ich bitte um Entschuldigung.; Sie hat um Auskunft/Hilfe gebeten. ② ■ **jmd. bittet jmdn. zu etwas** *Dat./* **sich** *(geh.) einladen:* Darf ich Sie zum Essen bitten?; Sie hat ihn für morgen nachmittag zu sich gebeten.

bit·ter ['bɪtɐ] *adj* ① *(↔ süß) sehr herb schmeckend:* der bittere Geschmack der Tropfen; Es gibt auch bittere Schokolade. ② *besonders heftig:* Das ist mein bitterer Ernst! ③ *schmerzlich:* die bittere Erkenntnis/Wahrheit

bit·ter- ['bɪtɐ] *(≈ sau-) als Erstglied zusammengesetzter Adjektive, mit Betonung auf beiden Teilen; drückt aus, dass das mit dem Zweitglied Bezeichnete in hohem Maße gegeben ist:* Das ist ja eine bitterböse Geschichte, die du erlebt hast!; -böse, -ernst, -kalt, -schwer, -wenig

Bit·ter·keit *die* <-> */kein Plur./* ① *bittere Beschaffenheit oder bitterer Geschmack von etwas:* Er mochte diesen Kräuterlikör gerade wegen seiner Bitterkeit. ② *(übertr.) ≈ Verbitterung) bitteres Wesen:* In ihr hat sich viel Bitterkeit angesammelt.

Bit·ter·le·mon *das* [...lɛmən] <-(s), -> *Getränk aus Zitronen- und Limettensaft mit geringem Chiningehalt*

bit·ter·lich *adj* ① *(als Verstärkung)* ■ **bitterlich frieren** *heftig frieren;* ■ **bitterlich weinen** *sehr weinen, schluchzen* ② *leicht bitter:* ein bitterlicher Geschmack

bit·ter·süß *adj /nicht steig./* ① *gleichzeitig bitter und süß:* ein bittersüßer Geschmack ② *gleichzeitig schmerzlich und schön:* ein bittersüßes Gefühl

Bitt·schrift *die* <-, -en> *(≈ Gesuch) umfangreiches Schriftstück, in dem eine Bitte vorgetragen wird (und das meist an eine höhere Stelle gerichtet ist)*

Bitt·stel·ler *der,* **Bitt·stel·le·rin** <-s, -> *Person, die förmlich um etwas bittet:* nicht wie ein Bittsteller erscheinen wollen

Bi·wak *das* <-s, -e/-s> *provisorisches Nachtlager im Freien*

BIZ ① *Abkürzung von „Bank für internationalen Zahlungsausgleich"* ② *Abkürzung von „Berufsinformationszentrum"*

bi·zarr *adj* ① *ungewöhnlich geformt:* bizarre Wolkenbildungen ② *sonderbar, merkwürdig, verschroben:* eine bizarre Persönlichkeit; ein bizarrer Charakter/Lebensstil

Bi·zeps *der* <-(es), -e> *Muskel im Oberarm, der den Unterarm beugt*

Bla·bla *das (umg. abwert.) unnützes Gerede*

Black·box, *a.* **Black Box** *die* ['blɛkbɔks, blɛk'bɔks] <-, -es> *(fachspr.) Teil eines kybernetischen Systems, dessen inneren Aufbau man nicht kennt, sondern nur aus beobachtbaren Reaktionen erschließen kann*

Black·out, *a.* **Black-out** *das* ['blɛk|aʊt] <-s, -s> ① PHYS. *plötzlicher Stromausfall oder Ausfall von Funkkontakten* ② MED. *plötzliches Schwarzwerden des Gesichtsfeldes (bei einem Kreislaufkollaps)* ③ *plötzliches kurzes Aussetzen des Bewusstseins, so dass die Wahrnehmung oder die Erinnerung kurz unterbrochen sind:* Bei der Prüfung hatte ich ein kleines Blackout.

blaf·fen, bläf·fen <blaffst. blaffte, hat geblafft> *ohne OBJ* ■ **jmd. blafft** *(abwert.) schimpfend sprechen:* „Passen Sie doch auf!" blaffte er. ▶ anblaffen

blä·hen <blähst, blähte, hat gebläht> I. *mit OBJ* ■ **etwas bläht etwas** *bewirken, dass etwas prall und aufgeblasen ist:* Der Wind bläht die Segel. II. *ohne OBJ* ■ **etwas bläht** *Blähungen verursachen:* Hülsenfrüchte blähen. III. *mit SICH* ■ **etwas bläht sich** *durch Wind aufgeblasen werden:* Die Gardinen/Segel blähen sich im Wind.

Blä·hung *die* <-, -en> */meist Plur./ Schmerzen, die durch angestaute Gase in Magen und Darm verursacht werden:* Nach dem Essen bekamen sie heftige Blähungen.

bla·ma·bel <blamabler, am blamabelsten> *adj so, dass es beschämend und peinlich ist:* Dein Verhalten war sehr blamabel.

Bla·ma·ge *die* [bla'ma:ʒə] <-, -n> *beschä-*

mender, peinlicher Vorfall: So eine Blamage kann ich mir in meiner Position nicht leisten.; Dieser Auftritt war eine einzige Blamage!

bla·mie·ren [bla'miːrən] <blamierst, blamierte, hat blamiert> I. *mit OBJ* ■ **jmd. blamiert jmdn. (vor jmdm.)** (≈ *bloßstellen*) *jmdn. in Verlegenheit bringen, lächerlich machen:* Er blamierte uns durch sein Verhalten.; Sie hat ihn vor allen Gästen blamiert. II. *mit SICH* ■ **jmd. blamiert sich** *sich in Verlegenheit bringen, lächerlich machen:* Sie blamierte sich vor allen Leuten.

blank *adj* ❶ *so sauber, dass es glänzt:* blanke Fensterscheiben; blank geputzte Schuhe ❷ *bloß, nicht bedeckt:* Er sitzt auf der blanken Erde; Sie trägt die Bluse auf der blanken Haut.; blanker Unsinn; ■ **blank sein** (umg.) *kein Geld haben*

blan·ko *adj /nicht steig./ nicht vollständig ausgefüllt:* ein Formular blanko unterschreiben ◆ Blankoscheck, Blankounterschrift, Blankovollmacht

Bla·se die <-, -n> ❶ *ein mit Luft gefüllter Hohlraum in einem flüssigen Stoff:* Im Wasser bildeten sich auf einmal lauter kleine Blasen. ◆ -nbildung, Luft-, Seifen- ❷ MED. *durch Reizung angeschwollene Stelle der Haut, die sich mit Flüssigkeit füllt:* Sie hat sich beim Wandern eine Blase gelaufen. ◆ -nbildung, Brand- ❸ ANAT. (≈ *Harnblase*) *das Organ, in dem sich der Harn sammelt* ◆ -nentzündung, -nkatheter, -nkrebs, -nschwäche, -nspiegelung, -nstein ❹ ANAT. *ein Hohlorgan* ◆ Frucht-, Gallen-

Bla·se·balg der <-(e)s, Blasebälge> *Gerät, das beim Zusammenpressen einen Luftstrom erzeugt*

bla·sen ['blaːzn̩] <bläst, blies, hat geblasen> I. *mit OBJ* ❶ ■ **jmd. bläst ein Instrument** *ein Blasinstrument spielen:* das Horn/die Trompete/die Tuba blasen ◆ Blaskapelle, Blasmusik, Blasorchester ❷ ■ **jmd. bläst etwas irgendwohin** *durch Blasen bewirken, dass etwas an eine bestimmte Stelle gelangt:* Er blies den Rauch in die Luft. ❸ ■ **etwas bläst etwas irgendwohin** *etwas in der Luft treiben lassen:* Der Wind bläst den Staub durch die Straßen. II. *ohne OBJ* ■ **jmd./etwas bläst (irgendwohin)** *einen Luftstrom erzeugen:* Er bläst in die Glut.; Der Wind bläst mir ins Gesicht.

Blä·ser der, **Blä·se·rin** <-s, -> *jmd., der ein Blasinstrument spielt* ◆ Blech-, Holz-

bla·siert *adj (abwertend.) so, dass jmd. herablassend und eingebildet ist:* ein blasierter Mensch

Blas·in·s·t·ru·ment das <-s, -e> *ein Musikinstrument, bei dem Töne dadurch erzeugt werden, dass man durch einen Hohlraum mit Löchern bläst:* Trompete und Klarinette gehören zu den Blasinstrumenten. ◆ Blech-, Holz-

Blas·phe·mie die <-, -mien> (≈ *Gotteslästerung*) *Beschimpfung, Verhöhnung Gottes* ▸ blasphemisch

blass [blas] *adj* ❶ (≈ *bleich*) *von sehr heller (Gesichts-)farbe:* Sie wurde plötzlich ganz blass. ❷ *so, dass die Farbe von etwas nur noch eine schwache Intensität hat:* ein blasses Rot; Die Schrift ist mit der Zeit blass geworden.; ■ **keinen blassen Schimmer haben** (umg.) *keine Ahnung haben* ▸ blassblau, blassrosa, verblassen

Bläs·se die <-> /kein Plur./ ❶ *sehr helle Gesichtsfarbe:* Sein Gesicht war von auffallender Blässe.; In früheren Zeiten galt Blässe als vornehm. ❷ (*übertr.*) *Langweiligkeit, Farblosigkeit:* Die Blässe seines Vortragsstils ermüdete alle.

Blatt das [blat] <-(e)s, Blätter> ❶ *einer der vielen Teile höherer Pflanzen, der bei den meisten Pflanzenarten eine für die Pflanze charakteristische Form und eine grüne Färbung hat, durch den die Pflanze atmet, Wasser verdunstet und das Sonnenlicht aufnimmt:* Im Herbst färben sich viele Blätter rot und gelb.; Die Blätter des Baumes sind sein Laub.; gelbe/gezackte/gefiederte/junge/rote/welke Blätter; Tabak gewinnt man aus den Blättern der Tabakpflanze. ◆ -ader, -grün, -nerv, -pflanze, -stiel, Baum-, Birken-, Blüten-, Efeu-, Salat- ❷ *ein gleichmäßig, meist rechteckig zugeschnittenes Stück Papier:* etwas auf ein Blatt Papier schreiben ◆ Flug-, Kalender-, Titel- ❸ *die Klinge einer Säge* ◆ Säge- ❹ (umg.: ≈ *Zeitung*) ◆ Abend-, Nachrichten-, Sensations-, Sonntags-, Wochen- ❺ ■ **etwas steht auf einem (ganz) anderen Blatt** (umg.) *etwas gehört in einen ganz anderen Zusammenhang (und kann von einer gegebenen Situation ausgehend nicht garantiert oder vorhergesagt werden)* Natürlich hast du einen hervorragenden Studienabschluss und einen Doktortitel; aber ob du irgendwo einen Job kriegst, das steht auf einem ganz anderen Blatt!; ■ **kein Blatt vor den Mund nehmen** (umg.) *offen seine Meinung sagen* Die Frau Schulze nimmt kein Blatt vor den Mund. Die sagt immer, was sie denkt.; ■ **ein unbeschriebenes Blatt sein** (umg.) *in einem be-*

stimmten Bereich oder im Hinblick auf eine bestimmte Sache nicht bekannt oder auffällig geworden sein Der XY ist kein unbeschriebenes Blatt. Sein letzter Arbeitgeber soll ihm gekündigt haben, weil er Geld aus der Kasse genommen hat.; ■ **Das Blatt hat sich gewendet.** *(umg.) Die Situation hat sich umgekehrt: Die Macht, der Vorteil o.Ä. liegt jetzt bei der Person, die vorher im Nachteil oder unterlegen war*

blät·tern ['blɛtɐn] <blätterst, blätterte, hat geblättert> *ohne OBJ* ❶ ■ **jmd. blättert in etwas** *Dat. die Seiten eines Buches oder einer Zeitschrift immer wieder umschlagen, ohne den gesamten Inhalt der Seiten zu lesen: im Wartezimmer gelangweilt in einer Zeitschrift blättern* ❷ ■ **etwas blättert von etwas** *Dat. sich in dünnen Schichten ablösen: Die Farbe blättert von der Wand.* ▸ abblättern

Blät·ter·wald *der <-(e)s> /kein Plur./ (scherzh.) Vielzahl von Zeitungen und Zeitschriften;* ■ **Es rauscht im Blätterwald.** *(umg.) die Presse schreibt sehr viel über eine bestimmte Sache*

Blatt·gold *das <-(e)s> /kein Plur./ fein ausgewalztes reines Gold: Die Heiligenfigur ist mit Blattgold überzogen.*

blatt·los *adj /nicht steig./ ohne Blätter: ein blattloser Baum*

blau [blaʊ] *adj* ❶ *von der Farbe des wolkenlosen Himmels: Das Wasser im Schwimmbecken leuchtet blau.; zum blauen Hemd eine gestreifte Krawatte tragen; Blau und Gelb sind die Farben der schwedischen Flagge.; Sie hat blaue Augen.* ◆azur-, dunkel-, hell-, himmel-, kornblumen-, türkis-, wasser- ❷ *(umg.;* ≈ *betrunken) Er war gestern so blau, dass er sich heute an nichts mehr erinnern kann.;* ■ **sein blaues Wunder erleben** *(umg.) in unangenehmer Weise überrascht sein;* ■ **jemand verspricht das Blaue vom Himmel herunter** *(umg. abwert.) jmd. verspricht Unmögliches;* ■ **mit einem blauen Auge davonkommen** *(umg.) mit geringerem Schaden als erwartbar davonkommen;* ■ **ein blauer Fleck** *(umg.) ein durch einen Schlag hervorgerufener Bluterguss unter der Haut* ◆Kleinschreibung → R 3.20 *Aal blau; ein blauer/Blauer Brief; die blaue Blume (als Sinnbild der Romantik); blauer/Blauer Montag;* ◆Großschreibung → R 3.7, R 3.17 *das Blau des Himmels; die Farbe Blau; der Blaue Reiter (eine Künstlergruppe); der Blaue Planet (die Erde); der Blaue Engel (Siegel für umweltschonende Produkte);* ◆Getrennt- oder Zusammenschreibung → R 4.15 *blau färben/blaufärben; blau streichen/ blaustreichen; blau gestreift/blaugestreift; siehe aber auch* **blaumachen**

blau·äu·gig *adj* ❶ */nicht steig./ mit blauen Augen* ❷ *(abwert.) auf naive Weise gutgläubig: Für dein Alter bist du reichlich blauäugig.* ▸ Blauäugigkeit

Blau·bee·re *die <-, -n> (≈ Heidelbeere)*

Blaue ■ **das Blaue vom Himmel herunterlügen** *(abwert.) ohne Bedenken lügen;* ■ **eine Fahrt ins Blaue** *(umg.) eine Fahrt ohne eigentliches Ziel, die nur der Unterhaltung dient*

Bläue *die <-> /kein Plur./ die blaue Farbe von etwas: die wolkenlose Bläue des Himmels*

blau·grau, *a.* **blau-grau** *adj /nicht steig./ gleichzeitig blau und grau: blaugraue Augen*

Blau·helm *der <-(e)s, -e> /meist im Plur./* MILIT. *(umg.) UNO-Soldat*

blau·ka·riert *adj /nicht steig./ so, dass etwas mit blauen Karos versehen ist: ein blaukariertes Hemd*

Blau·kraut *das <-s> /kein Plur./* SÜDDT., ÖSTERR. *(≈ Rotkohl)*

bläu·lich *adj von leicht blauer Farbe: ein bläuliches Glas*

Blau·licht *das <-(e)s> /kein Plur./* ❶ *flackerndes blaues Signallicht auf Krankenwagen, Notarztwagen und Fahrzeugen der Polizei: mit Sirene und Blaulicht ins Krankenhaus gefahren werden* ❷ *kurzwelliger Teil des sichtbaren Lichts, der zu Heilzwecken verwendet werden kann* ◆-laser

blau·ma·chen <machst blau, machte blau, hat blaugemacht> *ohne OBJ* ■ **jmd. macht blau** *(umg.) nicht in die Schule oder zur Arbeit gehen, weil man keine Lust hat: Er ist nicht krank, sondern er macht mal wieder blau.*

Blau·pa·pier *das <-s> /kein Plur./ blaues Pauspapier*

Blau·pau·se *die <-, -n> Lichtpause von einer durchsichtigen Vorlage, die weiße Linien auf einem bläulichen Papier ergibt*

Blau·schim·mel *der <-s> /kein Plur./ durch einen Pilz verursachte, sich schnell ausbreitende Krankheit des Tabaks*

Blau·stift *der <-(e)s, -e> Farbstift mit blauer Mine*

Bla·zer *der* ['bleːzɐ] *<-s, -> Herren- oder Damenjackett*

Blech *das* ['blɛç] *<-(e)s, -e>* ❶ *sehr dünn gewalztes Metall* ◆-büchse, -dach, -dose, -eimer, -hütte, -kanister, -schere ❷ *kurz für*

„Backblech", „Kuchenblech": den Kuchen vom Blech nehmen; **Blech reden** *(umg. abwert.)* Unsinn reden

ble·chen <blechst, blechte, hat geblecht> *mit OBJ/ohne OBJ* jmd. blecht (**für etwas** *Akk.*) *(umg.) (ungern) etwas bezahlen:* Für die schlampige Reparatur musste er auch noch eine Menge/viel Geld blechen.; Sie hat bereits genug geblecht.

ble·chern *adj /nicht steig./* ❶ *aus Blech:* ein blecherner Topf ❷ *so, dass es klingt, als ob man gegen Blech schlägt:* eine blecherne Computerstimme

Blech·la·wi·ne die <-, -n> *(umg.) sehr dichter Autoverkehr:* Am Wochenende rollt eine Blechlawine in die Berge.

Blech·mu·sik die <-> */kein Plur./ (oft abwert.) auf Blechblasinstrumenten gespielte Musik:* Auf dem Volksfest wird Blechmusik gespielt.

Blech·scha·den der <-s, Blechschäden> *(↔ Personenschaden) Schaden an der Karosserie eines Kraftfahrzeugs als Folge eines Unfalls:* Bei dem Unfall gab es keinen Personen-, sondern nur einen Blechschaden.

ble·cken <bleckst, bleckte, hat gebleckt> *mit OBJ* **jmd./ein Tier bleckt die Zähne** *(≈ fletschen) die Zähne sehen lassen;* **ein Hund bleckt die Zähne** *ein Hund zeigt seine Zähne (und signalisiert damit, dass er bereit ist zuzubeißen)*

Blei das <-(e)s> */kein Plur./* CHEM. *ein Schwermetall mit dem chem. Zeichen „Pb":* Das Benzin darf nicht mehr mit Blei versetzt werden.; Nach der Arbeit waren ihre Füße schwer wie Blei. ◆-akku, -band, -benzin, -gehalt, -gewicht, -mantel, -schürze, -soldat

Blei·be die <-, -n> */meist Sing./ (umg.) Ort, wo man dauerhaft bleiben kann:* auf der Suche nach einer neuen Bleibe sein

blei·ben ['blaɪbn̩] <bleibst, blieb, ist geblieben> *ohne OBJ* ❶ **jmd. bleibt (irgendwo)** *sich nicht von dem gegenwärtigen Aufenthaltsort entfernen:* Wir bleiben heute zu Hause.; Alle Gäste waren schon gegangen; nur sie war geblieben.; Er muss heute länger im Büro bleiben. ❷ **jmd./etwas bleibt irgendwie** *sich nicht verändern:* Bleiben Sie doch bitte sitzen!; Die Fenster/die Vorhänge bleiben offen/zu.; Die Daten bleiben jetzt so, wie sie sind. ❸ **jmd. bleibt bei etwas** *Dat. an etwas festhalten; etwas nicht verändern:* Er bleibt bei seinem Entschluss/seiner Behauptung.; Das war eine Frechheit! Dabei bleibe ich! ❹ **etwas bleibt zu tun** *zu tun übrig sein:* Die Wohnung ist leergeräumt. — Uns bleibt nur, alles noch einmal durchzufegen.; Das Fest war wunderschön! Deshalb bleibt uns nur, Ihnen nochmals herzlich für die Einladung zu danken. ◆Getrenntschreibung → R 4.8 bleiben lassen; hängen/liegen/sitzen/stehen bleiben

blei·bend *adj /nicht steig./* (≈ *dauerhaft) über die Zeit seine Bedeutung, Wirkung o.Ä. nicht verlierend:* Nach dem Unfall hatte er bleibende Schäden.; Nach den Milchzähnen kommen die bleibenden Zähne.; ein bleibender Eindruck; eine bleibende Erinnerung; Dinge von bleibendem Wert

Blei·be·recht das <-(e)s> */kein Plur./ Aufenthaltsrecht von ausländischen Mitbürgern im Inland, nachdem sie als Asylbewerber anerkannt worden sind*

bleich [blaɪç] *adj* ❶ (≈ *blass) so, dass jmd. sehr blass im Gesicht ist:* Vor Schreck wurde sie ganz bleich. ◆kreide-, toten- ❷ *so, dass die Farbe von etwas nicht intensiv ist:* das bleiche Licht des Mondes

blei·chen <bleichst, bleichte, hat gebleicht> **I.** *mit OBJ* jmd. bleicht etwas (**mit etwas** *Dat.*) (≈ *aufhellen) etwas bleicher oder weiß machen:* die Wäsche bleichen; die Haut bleichen ▸ Bleichcreme, Bleichmittel **II.** *ohne OBJ* etwas bleicht heller, farbloser werden

blei·ern *adj* ❶ *aus Blei hergestellt:* bleierne Rohre ❷ *mit der Farbe von Blei:* das bleierne Grau des Himmels ❸ *(übertr.) so, dass es schwer (wie Blei) lastet:* Sie verspürte eine bleierne Schwere in den Beinen.; bleierner Schlaf; bleierne Müdigkeit

blei·far·ben *adj /nicht steig./ mit der Farbe von Blei*

blei·frei *adj /nicht steig./* (↔ *bleihaltig) nicht verbleit:* bleifreies Benzin

Blei·fuß **mit Bleifuß fahren** *(umg.) immer mit Vollgas fahren*

blei·hal·tig *adj mit Blei als Bestandteil:* bleihaltiges Benzin

Blei·kris·tall das <-(e)s, -e> (≈ *Bleiglas) sehr schweres und wertvolles Kristallglas mit hohem Glanz:* Weingläser aus Bleikristall

Blei·stift der <-(e)s, -e> *ein Stift zum Schreiben oder Zeichnen mit einer Graphitmine, die von einem Holzmantel umschlossen ist:* mit einem harten/weichen Bleistift zeichnen; den Bleistift anspitzen ◆-mine, -spitzer, -strich, -zeichnung

Blei·stift·ab·satz der <-es, Bleistiftabsätze> *sehr dünner, hoher Absatz an Da-*

menschuhen

Blen·de *die* <-, -n> ❶ *eine Vorrichtung, die unerwünschte, direkt einfallende Lichtstrahlen fern hält:* die Blende herunterklappen ◆ Sicht- ▶ Blendschutz ❷ FOTOGR., FILM *Einrichtung in der Kamera zur Verkleinerung und Vergrößerung der Objektivöffnung* ◆ -einstellung, -öffnung, -nzahl ❸ FOTOGR., FILM *Blendenzahl:* mit Blende 8 fotografieren ❹ BAUW. *zur Gliederung oder Verzierung einer Fassade o.Ä. eingesetztes Bauteil* ▶ Blendmauerwerk ❺ CHEM. *durchscheinendes sulfidisches Mineral, das oft stark gefärbt ist* ❻ SEEW. *Abdeckung für Bullaugen zum Schutz gegen Wassereinbrüche und zur Verdunkelung* ❼ *Stoffstreifen der an Kleidung und Wäsche als Verzierung angebracht wird:* eine Jacke mit einer aufgesetzten Blende

blen·den ['blɛndn̩] <blendest, belendete, hat geblendet> *mit OBJ/ohne OBJ* ❶ ■**etwas blendet (jmdn.)** *Licht in jmds. Augen strahlen lassen, so dass dieser (fast) nicht mehr sehen kann:* Die Scheinwerfer blenden.; Er hat die Fahrerin des entgegenkommenden Autos geblendet.; Die Sonne blendet mich. ❷ ■**jmd. blendet (jmdn.)** *(abwert.) Kenntnisse und gute Eigenschaften vortäuschen, die man nicht oder nur in geringem Maße hat:* Sie blendet doch nur!; Er hatte alle Mitarbeiter durch sein souveränes Auftreten geblendet. ▶ Blender(in)

blen·dend ['blɛndn̩t] *adj /nicht steig./ (≈ ausgezeichnet, hervorragend) so, dass jmd. oder etwas einen großartigen Eindruck macht:* Du siehst blendend aus!; ■**jemand steht blendend da** *(umg.) jmd. lebt unter sehr günstigen Lebensumständen* Wieso beklagt er sich denn? Er steht doch blendend da!

blend·frei *adj /nicht steig./ (≈ blendungsfrei) ohne zu blenden¹:* eine blendfreie Schreibtischlampe

Bles·se *die* <-, -n> *weißer Stirnfleck bei Pferden und Rindern:* ein Fohlen mit einer Blesse

Bles·sur *die* <-, -en> *(veralt.:≈ Verletzung, Verwundung)* ❶ *eine Verletzung, die man bei einem Duell bekommt:* Der Korpsstudent hat sich beim Fechten einige Blessuren geholt. ❷ *(scherzh.) kleinere Verletzung*

Blick *der* [blɪk] <-(e)s, -e> ❶ *das Blicken:* Sie warf einen Blick in ihr Notizbuch.; Nach einem Blick auf die Uhr verabschiedete er sich schnell.; Ihre Blicke trafen sich.; den Blick senken; jemandem einen verstohlenen Blick zuwerfen ❷ *der Ausdruck der Augen beim Blicken:* ein freundlicher/ironischer/sanfter/spöttischer/ungläubiger/ vielsagender/wohlwollender/ zorniger Blick ❸ *(≈ Anblick, Ausblick) etwas, das man von einer Stelle aus sieht:* Von meinem Fenster aus hat man einen herrlichen Blick auf die Berge/auf die Bucht/auf die Landschaft/aufs Meer. ◆ Meer-, Panorama-, See- ❹ ■**auf den ersten Blick** *bei nur flüchtigem Hinsehen;* ■**Liebe auf den ersten Blick** *Liebe, die man gleich bei der ersten Begegnung für jmdn. empfindet;* ■**jemanden keines Blickes würdigen** *jmdn. bewusst nicht beachten*

blick·dicht *adj /nicht steig./ (↔ transparent) so, dass man durch etwas nicht hindurchsehen kann:* eine blickdichte Strumpfhose

bli·cken ['blɪkn̩] <blickst, blickte, hat geblickt> *ohne OBJ* ❶ ■**jmd. blickt irgendwohin** *(≈ schauen) in eine bestimmte Richtung sehen:* in die Weite blicken; nach links blicken ❷ ■**jmd. blickt irgendwie** *jmd. mit einem bestimmten Gesichtsausdruck ansehen:* freundlich/scheu/streng blicken; ■**sich blicken lassen** *(umg.) zu jmdm. kommen* Lass dich doch mal wieder bei uns blicken

Blick·fang *der* <-(e)s, Blickfänge> *etw., das die Blicke auf sich lenkt:* Ein riesiges abstraktes Gemälde war der Blickfang in dem ansonsten eher nüchternen Zimmer.

Blick·feld *das* <-(e)s> */kein Plur./ der Bereich, der mit den Augen erfasst werden kann:* in jemands Blickfeld geraten

Blick·kon·takt *der* <-(e)s, -e> *der Sachverhalt, dass zwei Personen sich gegenseitig ansehen:* Der Redner hielt Blickkontakt zu seinem Publikum.

Blick·win·kel *der* <-s, -> *(≈ Sicht) Perspektive, aus der man etwas betrachtet*

blieb [bli:p] *Prät. von* **bleiben**

blies [bli:s] *Prät. von* **blasen**

blind [blɪnt] *adj /nicht steig./* ❶ *ohne das Vermögen, sehen zu können, oder im Sehen stark behindert/beeinträchtigt:* er ist von Geburt an blind.; Sie ist durch eine Augenkrankheit auf einem Auge blind. ◆ farben-, schnee- ❷ *(umg.) ohne hinzusehen:* Sie konnte blind schreiben/tippen. ❸ *(übertr.) außer Kontrolle:* blind vor Hass/Wut; blinder Fanatismus/Hass ◆ -gläubig, -wütig ❹ *(≈ trüb) nicht mehr durchsichtig oder klar:* ein blinder Spiegel; Die Glasscheibe ist blind.; ■**blinder**

Alarm *unnötiger Alarm;* ■ **blinder Fleck** *Stelle, an der der Sehnerv ins Auge eintritt und an der man deshalb nichts sehen kann;* ■ **jeder hat einen blinden Fleck** *(übertr.) jeder ist in seiner Selbsterkenntnis eingeschränkt;* ■ **blinder Passagier** *ein Passagier an Bord eines Schiffes, der keine Schiffskarte hat* ◆ Getrennt- oder Zusammenschreibung der/die blind Gebor(e)ne/Blindgebor(e)ne

Blind·darm der <-(e)s, Blinddärme> ANAT. *der Teil des Dickdarms, an dem der Wurmfortsatz hängt* ◆-entzündung, -operation

Blin·de der/die <-n, -n> *jmd., der blind¹ ist: eine spezielle Filmsynchronisation für Blinde und Sehgeschädigte;* ■ **Er redet wie der Blinde von der Farbe.** *Er redet von etwas, das er nicht kennt.* ◆-nbrille, -nführer(in), -nheim, -nhund, -nlehrer, -nschrift, -nschule, -nstock

Blin·de·kuh·spiel das <-(e)s, -e> *ein Spiel, bei dem man mit verbundenen Augen einen der Mitspieler fängt und erraten muss, wer es ist*

Blind·gän·ger der <-s, -> ❶ MILIT. *Sprengkörper, dessen Ladung auf Grund eines Defektes nicht zündet* ❷ *(umg. abwert.) untauglicher Mensch, Versager*

blind·ge·bo·ren adj /nicht steig./ *von Geburt an blind* ▸ Blindgeborene/Blindgeborne

Blind·heit die <-> /kein Plur./ ❶ *der Zustand, dass jmd. blind¹ ist bzw. seine Sehkraft eingeschränkt ist: Ihre völlige Blindheit war angeboren.* ◆ Farben-, Nacht- ❷ *(übertr.: ≈ Verblendung) der Zustand, dass jmd. die Realität nicht richtig einschätzen kann: mit Blindheit geschlagen sein* ◆ Betriebs-

blind·lings adv *(≈ unbesonnen) ohne Vorsicht, ohne Bedenken: Sie rannte blindlings in ihr Verderben.; Er schlug blindlings um sich.; blindlings gehorchen*

blind·schrei·ben <schreibst blind, schrieb blind, hat blind geschrieben> ohne OBJ ■ *jmd. schreibt blind auf der Schreibmaschine oder der Tastatur eines Computers (mit zehn Fingern) schreiben, ohne auf die Tasten zu sehen: Von einer Sekretärin wird das Blindschreiben erwartet.*

blin·ken ['blɪŋkn̩] <blinkst, blinkte, hat geblinkt> ohne OBJ ■ *etwas blinkt in kurzen, regelmäßigen Abständen ein Lichtsignal aufleuchten lassen: Wenn die Betriebstemperatur erreicht ist, blinkt eine Kontrolllampe.*

Blin·ker der ['blɪŋkɐ] <-s, -> ❶ *(≈ Blink-*

leuchte) eine (kleinere) Lampe an der Vorderseite eines Autos, die blinkt und damit den anderen Verkehrsteilnehmern anzeigt, dass der Fahrer in die entsprechende Richtung abbiegen will: den Blinker setzen ❷ *metallisch blinkender Köder an der Angel zum Anlocken der Fische*

Blink·licht das <-(e)s, -er> *blinkendes Lichtsignal zur Verkehrsregelung, z.B. an Bahnübergängen und Kreuzungen* ◆-anlage

blin·zeln ['blɪntsln̩] <blinzelst, blinzelte, hat geblinzelt> ohne OBJ ■ *jmd. blinzelt die Augenlider bis auf einen Spalt zusammenkneifen: in der Sonne blinzeln*

Blin·zeln das <-s> /kein Plur./ *absichtliches Zwinkern mit den Augen, um zu zeigen, dass man mit etwas einverstanden ist oder einen Scherz macht: Er verabschiedete sich von ihr mit einem vielsagenden Blinzeln.*

Blitz der [blɪts] <-es, -e> ❶ *eine starke elektrische Entladung während eines Gewitters, die wie ein sehr heller und großer Lichtstrahl aussieht: Das Haus wurde vom Blitz getroffen.; Ein Blitz durchzuckt den Himmel, dann rollt der Donner.* ◆-schlag, Kugel- ❷ FOTOGR. *(≈ Blitzlicht)* ■ **wie vom Blitz getroffen** *(umg.) vor Schreck erstarrt;* ■ **wie ein geölter Blitz** *(umg.) sehr schnell;* ■ **wie ein Blitz aus heiterem Himmel** *(umg.) sehr überraschend* ▸ Blitzgerät, Blitzlicht, Blitzlichtaufnahme, Blitzlichtgerät, Blitzwürfel

Blitz- *als Erstglied zusammengesetzter Substantive, mit Betonung (meist, wie hier) auf beiden Teilen; drückt aus, dass das mit dem Zweitglied Bezeichnete sehr schnell (und oft in überraschender Weise) verläuft/wirkt/vonstatten geht: Er hat einen Blitzstart hingelegt; er war bereits weit weg, ehe die anderen Läufer nachkamen.* ◆-aktion, -angriff, -bewerbung, -besuch, -dating, -diät, -eis, -fieber, -hochzeit, -idee, -karriere, -reisen, -sieg, -start, -tempo, -umfrage, -versand, -verschluss, -vertrag, -zement

blitz- *als Erstglied einiger zusammengesetzter Adjektive, mit Betonung auf beiden Teilen; drückt aus, dass das mit dem Zweitglied Bezeichnete in äußerstem Maße gegeben ist bzw. sehr effektiv ausgeführt worden ist: Bei Frau Saubermann ist immer alles blitzsauber; deshalb traut sich auch niemand, sie zu besuchen.* ◆-blank, -gescheit, -sauber, -schnell

Blitz·ab·lei·ter der <-s, -> *Anlage, die dazu dient, Blitze von einem Gebäude ab-*

zuleiten; ■ **jemanden als Blitzableiter benutzen** *(umg.) an jmdm. seine Frustration oder seine Wut abreagieren*

blitz·ar·tig *adj /nicht steig./ wie ein Blitz; sehr schnell und überraschend:* Er reagierte blitzartig auf den Angriff.

blit·zen <blitzt, blitzte, hat geblitzt> **I.** *ohne OBJ* ■ **etwas blitzt** ❶ *(plötzlich) aufleuchten; im Licht glänzen:* Das Badezimmer blitzte vor Sauberkeit.; Ihre Zähne blitzten. ❷ *sichtbar oder deutlich werden:* Zorn blitzte aus seinen Augen. ❸ FOTOGR. *(umg.) ein Blitzlicht verwenden* **II.** *mit ES* ■ **es blitzt** *als Blitz¹ in Erscheinung treten:* Es blitzt und donnert.

Blitz·mer·ker *der* <-s, -> ❶ *(scherzh.) Mensch mit schneller Auffassungsgabe* ❷ *(iron.) Mensch, der nur langsam begreift*

Block *der* [blɔk] <-(e)s, Blöcke> ❶ *ein (meist würfel- oder quaderförmiges) Stück einer festen Substanz:* ein Block Marmor ◆-schokolade ❷ *ein an einer Seite geleimter Stapel von Blättern aus Papier* ◆Brief-, Notiz-, Papier-, Schreib- ❸ *(≈ Wohnblock) Gebäudekomplex:* Sie wohnt in dem Block, der gerade renoviert wurde. ◆-haus, Häuser-, Wohn- ❹ *ein Abschnitt von etwas:* Im ersten Block behandelt das Seminar ... ◆-seminar, -stunde, -unterricht, -veranstaltung ❺ POL., WIRTSCH. *in sich geschlossene Gruppe von wirtschaftlichen oder politischen Kräften in einer Partei oder Organisation oder zwischen Staaten* ◆-partei, -staat, Ost-

Blo·cka·de *die* <-, -n> ❶ POL. *als politisches Druckmittel eingesetzte militärische Absperrung aller Zufahrtswege eines Landes oder einer Stadt:* eine Blockade über ein Land verhängen ◆-politik, Hunger-, See- ❷ DRUCKW. *durch Blockieren gekennzeichnete Stelle im Schriftsatz* ❸ MED. *vorübergehender Ausfall von Teilen des Nervensystems*

Block·buch·sta·be *der* <-n, -n> *Buchstabe in Blockschrift:* Füllen Sie das Formular bitte in Blockbuchstaben aus!

Block·bus·ter *der* [ˈblɔkbʌstə] <-s, -> WIRTSCH. *etw., das außergewöhnlich erfolgreich ist und sich gut verkauft*

Block·flö·te *die* <-, -n> *Blasinstrument aus Holz:* Das Kind lernt auf der Blockflöte zu spielen.

block·frei *adj /nicht steig./* POL. *so, dass ein Staat keinem politischen Block angehört:* blockfreie Staaten

Block·hef·tung *die* <-, -en> *(↔ Fadenheftung) in der Buchbinderei angewandte Heftung, bei der der ganze Buchblock durch Drahtklammern seitlich zusammengehalten wird*

blo·ckie·ren [blɔˈkiːrən] <blockierst, blockierte, hat blockiert> **I.** *mit OBJ* ■ **jmd./etwas blockiert jmdn./etwas** *(versperren) eine solche Position einnehmen, dass dadurch der Zugang oder die Zufahrt zu etwas versperrt wird:* Das Auto blockiert die Einfahrt. **II.** *ohne OBJ* ■ **etwas blockiert** *sich nicht mehr bewegen lassen:* Die Bremse blockiert.

Blo·ckie·rung *die* <-, -en> ❶ */kein Plur./ das Blockieren, das Blockiertwerden* ❷ *(≈ Blockade) etw., das etwas blockiert* ❸ PSYCH. *kurze Hemmung oder Unterbrechung des Gedankengangs, der Erinnerung, der Wahrnehmung, oder des Handelns*

Block·satz *der* <-es> */kein Plur./* DRUCKW. *die gleichzeitig links- und rechtsbündige Ausrichtung eines Textes:* In den meisten Büchern verwendet man Blocksatz.

Block·schrift *die* <-> */kein Plur./ lateinische Druckschrift aus Großbuchstaben mit gleichmäßig starken Strichen*

blöd, blö·de [bløːt, ˈbløːdə] *adj (abwert.) dumm, töricht:* Was will der blöde Kerl? ▸Blödheit, Blödian/Blödmann, Blödhammel

blö·deln <blödelst, blödelte, hat geblödelt> *ohne OBJ* ■ **jmd. blödelt** *(umg.) sich absichtlich albern benehmen, absichtlich Unsinn reden:* Der Schüler blödelte und lenkte so die anderen vom Unterricht ab.

Blöd·sinn *der* <-(e)s> */kein Plur./ (abwert.: ≈ Unsinn) sinnloses und törichtes Reden oder Handeln:* Blödsinn reden; Hör doch auf mit diesem Blödsinn!; ■ **höherer Blödsinn** *(umg.: ≈ Nonsense) Gerede ohne tieferen Sinn*

blöd·sin·nig *adj (abwert.: ≈ unsinnig) eine blödsinnige Bemerkung machen; eine blödsinnige Handlung* ▸Blödsinnigkeit

blö·ken <blökst, blökte, hat geblökt> *ohne OBJ* ■ **ein Tier blökt** *das für Schafe typische Geräusch von sich geben*

blond [blɔnt] *adj (↔ dunkelhaarig) von einer hellen, gelblich-goldenen Haarfarbe:* ein blond gelockter Junge ◆dunkel-, hell-

blond·ge·färbt, blond ge·färbt *adj /nicht steig./ so, dass die Haare künstlich aufgehellt sind:* Gestern war ihr Haar brünett und heute ist es blondgefärbt.

blond·haa·rig *adj /nicht steig./ mit blondem Haar:* eine blondhaarige Frau

blon·die·ren <blondierst, blondierte, hat

blondiert> *mit OBJ* **jmd. blondiert Haare** *Haare mit chemischen Mitteln künstlich aufhellen* ▸ Blondierung

Blon·di·ne *die* <-, -n> *Mädchen oder Frau mit blondem Haar*

Blond·kopf *der* <-(e)s, Blondköpfe> *(≈ Blondschopf) Kind mit blondem Haar*

bloß [blo:s] I. *adj /nicht steig./* ❶ *nackt, unbekleidet:* mit bloßen Füßen herumlaufen; Er sitzt auf der bloßen Erde.; Sie schlugen mit bloßen Fäusten aufeinander ein. ❷ *nichts anderes als ...:* Das ist bloße Angeberei/bloßes Gerede!; Die bloße Vorstellung regt sie schon auf.; Er konnte es mit bloßem Auge erkennen. II. *adv /nicht steig./ (umg.) ≈ nur)* Mir hat es gut gefallen, bloß war ich etwas müde.; Er wollte dir doch bloß einen Gefallen tun! III. *part / verwendet, um eine Aussage zu verstärken oder einer Frage Nachdruck zu geben /* Geh nur bloß aus dem Weg!; Was ist bloß mit ihr los?

Blö·ße *die* <-, -n> ❶ *(geh.) das Nacktsein; die Nacktheit des Körpers oder eines Körperteils:* seine Blöße bedecken ❷ *Mangel an Deckung:* dem Gegner eine Blöße bieten; **sich eine/keine Blöße geben** *Schwäche/keine Schwäche zu erkennen geben*

bloß·le·gen <legst bloß, legte bloß, hat bloßgelegt> *mit OBJ* **jmd. legt etwas bloß** *(≈ aufdecken, freilegen) die Schicht, die etwas bedeckt, entfernen:* Die Archäologen legten die Mauerreste bloß.; Sie wollte ihm gern ihre Motive bloßlegen.

bloß·stel·len <stellst bloß, stellte bloß, hat bloßgestellt> I. *mit OBJ* **jmd. stellt jmdn. bloß** *(≈ blamieren) bewirken, dass jmd. in eine peinliche Situation gerät und lächerlich gemacht wird:* Sein angeblicher Freund stellte ihn in aller Öffentlichkeit bloß. ▸ Bloßstellung II. *mit SICH* **sich bloßstellen** *sich blamieren:* Mit dieser Bemerkung hatte er sich vor ihr blamiert.

blub·bern <blubberst, blubberte, hat geblubbert> *ohne OBJ* **etwas blubbert** *das Geräusch machen, das man hört, wenn eine Flüssigkeit kocht und sich Blasen bilden*

Bluff *der* [blʊf, blœf, blaf] <-s, -s> *(abwert.) Täuschungsmanöver, bewusste Irreführung:* Sein Angebot erwies sich später als Bluff.

bluf·fen [ˈblʊfn̩, ˈblœfn̩, ˈblafn̩] <bluffst, blufftet, hat gebluftt> *ohne OBJ* **jmd. blufft** *durch dreistes Auftreten bewusst irreführen, täuschen:* Er ließ sich nicht bluffen. ▸ Bluffer

blü·hen [ˈblyːən] <blühst, blüht, hat geblüht> *ohne OBJ* **etwas blüht** ❶ BOT. *Blüten[1] tragen:* Die Bäume blühen.; Im Park blühen die Rosen. ❷ *sich prächtig entwickeln:* Der Handel blühte zu jener Zeit. ❸ **etwas blüht jmdm.** *(umg.) verwendet, um auszudrücken, dass jmdm. etwas Unangenehmes bevorsteht:* Dir blüht noch was!

blü·hend *adj /nicht steig./* ❶ *Blüten tragend:* ein blühender Baum ❷ *jung und frisch (aussehend):* ein blühendes Aussehen haben; Er starb im blühenden Alter von zwanzig Jahren. ❸ **eine blühende Fantasie** *(umg.) eine übertrieben ausgeprägte Fantasie*

Blüm·chen *das* <-s, -> *kleine, zarte Blume*

Blüm·chen·kaf·fee *der* <-s, -s> *(umg. scherzh.) sehr dünner Bohnenkaffee*

Blu·me *die* [ˈbluːmə] <-, -n> ❶ *eine Pflanze von relativ geringer Höhe, die größere, auffallende Blüten hervorbringt:* Die Blumen blühen.; Blumen gießen/säen/schneiden/züchten ◆ -nbeet, -nbinder(in), -nerde, -nfreund, -ngarten, -ngeschäft, -ngruß, -nkorb, -nkranz, -nkübel, -nladen, -nmarkt, -npracht, -nrabatte, -nschale, -nschmuck, -nständer, -nvase, -nzwiebel, Balkon-, Schnitt-, Stoff- ❷ *(≈ Bukett) der intensive Duft, das konzentrierte Aroma von Wein, das aus dem Glas aufsteigt:* die Blume des Weines ❸ *Schaum auf dem gefüllten Bierglas:* die Blume vom Bier abtrinken ❹ *(Jägersprache) Schwanz des Hasen;* **etwas durch die Blume sagen** *(umg.) etwas nicht direkt sagen, sondern nur andeuten;* **Danke für die Blumen!** *(iron.) Danke für die kritischen Worte!*

Blu·men·kohl *der* <-(e)s> */kein Plur./ Kohl, dessen knolliger, dichter, heller Blütenstand als Gemüse gegessen wird* ◆ -bratling, -gratin, -suppe

Blu·men·meer *das* <-s, -e> *(übertr.) eine sehr große Menge von Blumen:* Er verwandelte die Wohnung seiner Angebeteten in ein Blumenmeer.

Blu·men·spra·che *die* <-, -n> *die Bedeutung, die bestimmte Blumen (nach allgemeinem Brauch) haben, wenn man sie verschenkt:* In der Blumensprache bedeuten rote Rosen „Liebe".

Blu·men·topf *der* <-(e)s, Blumentöpfe> *Topf zum Einpflanzen von Blumen:* Diese Pflanze braucht einen größeren Blumentopf.; **mit etwas keinen Blumentopf gewinnen können** *(umg.) mit etwas keinen Erfolg haben*

blü·me·rant *adj (umg.: ≈ flau, schwach, schwindlig, unwohl)* Mir ist ganz blümerant.

blu·mig *adj* ❶ *(oft abwert.)* so, dass eine Rede oder ein Schreiben viele Floskeln enthält: eine blumige Redeweise ❷ *so, dass es wie Blumen duftet:* ein blumiges Parfüm; Der Wein hat ein blumiges Bukett.

Blu·se *die* ['blu:zə] <-, -n> *ein (leichtes) Kleidungsstück für den Oberkörper, das Frauen und Mädchen zu Rock oder Hose tragen:* eine Bluse mit kurzen/langen/weiten Ärmeln

blu·sig *adj so, dass es wie eine Bluse geschnitten ist:* ein blusiges Oberteil

Blut *das* [blu:t] <-(e)s> */kein Plur./ die rote Flüssigkeit in den Adern von Menschen und Tieren, die dem Transport von Sauerstoff dient:* Der Verletzte hat viel Blut verloren.; Der Autofahrer hatte zuviel Alkohol im Blut.; die Blutkörperchen/die Blutplättchen/die Gerinnungsfaktoren im Blut; Blut wird nach Blutgruppen eingeteilt.; Blut spenden; kein Blut sehen können; ▪ **blaues Blut haben** *(umg.) von adliger Geburt sein;* ▪ **etwas gibt böses Blut** *(umg.) etwas stiftet Unfrieden;* ▪ **etwas liegt jemandem im Blut** *(umg.) etwas entspricht jmds. Veranlagung.;* ▪ **kaltes Blut bewahren** *beherrscht bleiben;* ▪ **Blut geleckt haben** *(umg.) von einer Sache nicht mehr ablassen wollen;* ▪ **Blut und Wasser schwitzen** *(umg.) in großer Aufregung sein* ◆-armut, -bahn, -bank, -bild, -druck, -erguss, -ersatzmittel, -faktor, -fettwert, -fleck, -gefäß, -gerinnsel, -gruppe, -hochdruck, -konserve, -körperchen, -krankheit, -krebs, -kreislauf, -plasma, -probe, -reinigung, -senkung, -serum, -spende, -spur, -stropfen, -sturz, -test, -transfusion, -übertragung, -untersuchung, -vergiftung, -verlust, -wäsche ▸ blutarm, blutbeschmiert, blutbeschmiert, blutbildend, blutgetränkt, blutreinigend, blutstillend, bluttriefend, blutunterlaufen ◆ Getrennt- oder Zusammenschreibung → R 4.16 ein Blut bildendes/blutbildendes Medikament; Blut reinigender/blutreinigender Tee; ein Blut saugendes/blutsaugendes Insekt; Blut stillend/blutstillend

Blut·al·ko·hol *der* <-s> */kein Plur./* MED. *Alkoholgehalt des Blutes nach dem Genuss von Alkohol* ◆-spiegel

Blut·ap·fel·si·ne *die* <-, -n> *(≈ Blutorange) Apfelsine mit teilweise blutrotem Fruchtfleisch*

Blut·bad *das* <-(e)s, Blutbäder> */Plur. selten/ (≈ Gemetzel, Massaker) grausiges Morden:* Die Terroristen richteten ein wahres Blutbad an.

Blut·bank *die* <-, -en> MED. *Einrichtung, in der Blutkonserven hergestellt, aufbewahrt und abgegeben werden*

blut·durs·tig *adj (geh. verhüll.: ≈ blutrünstig, mordgierig)* eine blutdürstige Bestie

Blü·te *die* ['bly:tə] <-, -n> ❶ BOT. *der Fortpflanzung dienende Teil einer Pflanze, mit meist farbigen Blättern und deutlicher Unterscheidung vom Spross* ◆-nblatt, -nkelchblatt, -nknospe, -npflanze, -npollen, -npracht, -nstaub ❷ */kein Plur./ das Blühen:* Bald beginnt wieder die Blüte der Obstbäume. ◆ Apfel-, Kirsch- ❸ *(umg. abwert.) /meist Plur./ gefälschte Banknote*

Blut·egel *der* <-s, -> ZOOL. *im Wasser lebender Ringelwurm mit zwei Saugnäpfen, der Blut aus Blutgefäßen menschlicher oder tierischer Körper heraussaugt*

blu·ten ['blu:tn] <blutest, blutete, hat geblutet> *ohne OBJ* ▪ **jmd./etwas blutet** *Blut verlieren:* Die Wunde blutet stark.; Der Patient blutete aus einer Wunde am Oberschenkel.

blü·ten·weiß *adj /nicht steig./ sehr weiß, leuchtend weiß:* blütenweiße Wäsche

Blu·ter *der,* **Blu·te·rin** <-s, -> MED. *jmd., der an der Bluterkrankheit leidet*

Blu·ter·krank·heit *die* <-> */kein Plur./* MED. *eine Krankheit, bei der das Blut nicht oder nur wenig gerinnungsfähig ist*

Blü·te·zeit *die* <-, -en> ❶ *Zeit des Blühens:* die Blütezeit der Kirschbäume ❷ *(übertr.) die Zeit, in der etwas den Höhepunkt seiner Entwicklung erreicht hat:* Es war die Blütezeit der Dampfmaschine.

blut·gie·rig *adj (≈ blutdürstig)*

blu·tig ['blu:tɪç] *adj so, dass es mit Blut befleckt ist;* ▪ **ein blutiger Anfänger** *(umg. abwert.) jmd., der überhaupt keine Vorkenntnisse von etwas hat*

blut·jung *adj /nicht steig./ sehr jung*

blut·leer *adj /nicht steig./* ❶ *ohne Blut* ▸ Blutleere ❷ *(übertr.) farblos, ohne Ausdruckskraft:* eine blutleere Theaterinszenierung

Blut·oran·ge *die* <-, -n> *(≈ Blutapfelsine)*

Blut·ra·che *die* <-> */kein Plur./ (veralt.) ein Mord in primitiven Gesellschaften (bzw. solchen ohne Rechtsordnung), der als Rache verübt wird, weil ein Angehöriger einer anderen Familie ein Mitglied der eigenen Familie getötet hat*

blut·rot *adj /nicht steig./ so rot wie Blut*

blut·rüns·tig *adj so, dass jmd. sehr grausam ist und viele Menschen getötet hat:* Er ging als blutrünstiger Herrscher in die Ge-

Blut·sau·ger der <-s, -> ❶ ZOOL. *ein Tier, das anderen lebenden Tieren oder Menschen Blut durch die Haut entzieht und sich dadurch ernährt, z.B. Flöhe oder Mücken* ❷ *(umg. abwert.) jmd., der sich auf Kosten anderer rücksichtslos bereichert*

Bluts·ban·de die <-> /kein Plur./ *enge Verbindung durch Blutsverwandtschaft*

Blut·schan·de die <-> /kein Plur./ RECHTSW. *(veralt.: ≈ Inzest, Inzucht) inzestuöse Beziehung; Geschlechtsverkehr zwischen Verwandten* ▸ Blutschänder(in), blutschänderisch

bluts·ver·wandt adj /nicht steig./ *so, dass man durch gleiche Abstammung verwandt ist* ▸ Blutsverwandte, Blutsverwandtschaft

Blut·tat die <-, -en> *(geh. verhüll.: ≈ Mord)*

Blu·tung die <-, -en> ❶ *das Bluten, das Austreten von Blut aus einem Blutgefäß:* innere Blutungen ♦ -störung ❷ *(≈ Menstruation, Regelblutung) Monatsblutung:* eine unregelmäßige Blutung haben

Blut·ver·gie·ßen das <-s> /kein Plur./ *(geh.) das Töten, zu dem es bei einer feindlichen Auseinandersetzung kommt:* Wann hat das Blutvergießen ein Ende?

Blut·wurst die <-, Blutwürste> *(≈ Rotwurst) Kochwurst aus Schweineblut und Speck*

Blut·zu·cker der <-s> /kein Plur./ MED. *im Blut enthaltener Traubenzucker* ♦ -bestimmung, -messgerät, -wert

BLZ *Abk. von* **Bankleitzahl**

BMX-Rad das <-(e)s, BMX-Räder> SPORT *kleines, besonders geländegängiges Fahrrad*

Bö(e) die <-, Böen> *plötzlicher starker Windstoß*

Bob der <-s, -s> SPORT *Rennschlitten für zwei bis vier Personen* ♦ -bahn, -mannschaft, -rennen, -sport

Bock der <-(e)s, Böcke> ❶ *männliches Tier (verschiedener Säugetiere), besonders bei geweih- und gehörntragenden Arten und bei Kaninchen* ♦ Reh-, Schaf-, Ziegen- ❷ TECHN. *ein Gestell, auf das man Werkstücke legt oder mit dem man z.B. Fahrzeuge in eine erhöhte Position bringt* ▸ aufbocken ♦ Rüst-, Säge- ❸ SPORT *verstellbares Turngerät, über das man Sprünge macht* ♦ -springen, -sprung ❹ ■ **(keinen/null) Bock auf etwas haben** *(jugendspr.) auf etwas (keine) Lust haben;* ■ **einen Bock haben** *bockig sein;* ■ **einen Bock abschießen** *einen Fehler machen*

bock·bei·nig adj /nicht steig./ *(umg.: ≈ bockig) störrisch, widerspenstig:* Wenn es nicht nach seinem Willen geht, stellt er sich bockbeinig an.

Bock·bier das <-(e)s, -e> *starkes Spezialbier*

bo·cken <bockst, bockte, hat gebockt> *ohne OBJ* ❶ ■ **jmd. bockt** *störrisch sein* ❷ ■ **ein Tier bockt** *nicht weitergehen wollen:* Das Pferd hat vor dem Hindernis gebockt.

bo·ckig adj *(≈ störrisch) eigensinnig und trotzig:* Das Kind gab eine bockige Antwort.; ein bockiges Tier ▸ Bockigkeit

Bocks·horn ■ **sich (nicht) ins Bockshorn jagen lassen** *(umg.) sich (nicht) einschüchtern lassen*

Bock·wurst die <-, Bockwürste> *Brühwurst aus Rind- und Schweinefleisch, die in heißem Wasser erwärmt wird:* Bockwurst mit Brötchen und Senf

Bo·den der [ˈboːdn̩] <-s, Böden> ❶ *die oberste Erdschicht:* fruchtbarer/lehmiger/sandiger/steiniger Boden ♦ -analyse, -austausch, -belastung, -beschaffenheit, -ertrag, -feuchtigkeit, -frost, -nähe, -nebel, -nutzung, -probe, -schätze, -schutzgesetz, -senke, -untersuchung, -verbesserung, -verdichtung, -verschmutzung, -verseuchung, Acker-, Lehm-, Sand- ❷ *der untere Teil von etwas:* Auf dem Boden der Kiste liegt Staub. ❸ *die Erdoberfläche, auf der man steht:* Der Hammer ist zu Boden gefallen.; das Werkzeug auf den Boden legen ♦ -gefecht, -kampf, -station, -streitkräfte, -truppen ❹ *der Boden³ in einem Wohnraum:* in Küche und Bad die Böden wischen ♦ -belag, -heizung, Fuß-, Holz-, Parkett- ❺ *(≈ Grund) die Fläche, die ein Gewässer nach unten begrenzt:* der Boden des Meeres/Teiches ❻ *Territorium:* auf deutschem/französischem Boden; ■ **auf fruchtbaren Boden fallen** *auf günstige Bedingungen treffen;* ■ **etwas aus dem Boden stampfen** *(umg.) etwas aus dem Nichts aufbauen* Man hat dort in der Wüste innerhalb von zwei Monaten eine Stadt aus dem Boden gestampft.; ■ **jemand hat festen Boden unter den Füßen** *(umg.) jmd. hat eine sichere Grundlage;* ■ **auf dem Boden von etwas** *auf der Grundlage von etwas;* ■ **am Boden zerstört sein** *(umg.) völlig niedergeschlagen sein;* ■ **an Boden gewinnen** *(umg. verhüll.) seinen Macht- oder Einflussbereich ausdehnen*

Bo·den·frei·heit die <-> /kein Plur./ KFZ *Abstand zwischen dem Boden eines Fahrzeuges und dem Erdboden:* die Bodenfreiheit messen

Bo·den·haf·tung die <-> /kein Plur./ KFZ Straßenlage eines Fahrzeugs

Bo·den·kun·de die <-> /kein Plur./ (≈ Pedologie) Wissenschaft, die sich mit der Entstehung, Veränderung und Beschaffenheit des Bodens[1] befasst

bo·den·lang adj /nicht steig./ bis zum Boden reichend: ein bodenlanges Kleid

bo·den·los adj /nicht steig./ ❶ (umg. abwert.: ≈ unerhört) eine bodenlose Frechheit ❷ (umg. abwert.) sehr schlecht: Die Mannschaft hat heute eine bodenlose Leistung geboten. ❸ sehr tief: Sie meinte in einen bodenlosen Abgrund zu stürzen.; Die Aktienkurse fielen ins Bodenlose.

Bo·den·per·so·nal das <-s> /kein Plur./ LUFTF. diejenigen Personen, die in den am Boden[3] stationierten Einrichtungen zur Sicherung des Flugverkehrs arbeiten

Bo·den·satz der <-es> /kein Plur./ (aus einer Flüssigkeit stammende) Partikel, die sich am Boden[2] eines Gefäßes abgesetzt haben

Bo·den·see der <-s> See im Alpenvorland, der vom Rhein durchflossen wird

bo·den·stän·dig adj ❶ lange an einem Ort ansässig; in einer bestimmten Region verwurzelt: ein bodenständiger Handwerksbetrieb ▶ Bodenständigkeit ❷ (≈ praktisch) in den Dingen des alltäglichen Lebens geschickt: ein bodenständiger Mensch

Bo·den·tur·nen das <-s> /kein Plur./ SPORT (≈ Geräteturnen) Turnübungen ohne Geräte, die auf dem mit Matten ausgelegten Boden durchgeführt werden: Europameisterin im Bodenturnen

Bo·den·übung die <-, -en> am Boden[4] durchgeführte (Turn-)Übung

Bo·dy der ['bɔdi] <-s, -s> Kurzform für „Bodysuit"

Bo·dy·buil·ding das ['bɔdibɪldɪŋ] <-s> / kein Plur./ das gezielte Aufbauen von Muskulatur durch Krafttraining an speziellen Geräten, in Verbindung mit spezieller Ernährung u.Ä.: im Fitnessstudio Bodybuilding betreiben ▶ Bodybuilder(in)

Bo·dy·guard der ['bɔdigaːd] <-s, -s> (≈ Leibwächter)

Bo·dy·suit der ['bɔdisjuːt] <-, -s> den Rumpf bedeckendes, eng anliegendes, einteiliges Kleidungsstück aus elastischem Material

Böe die <-, -n> (≈ Bö) heftiger Windstoß

Bo·gen der <-s, -/Bögen> ❶ (≈ Biegung) eine Stelle, an der sich die Richtung von etwas ändert: Der Fluss macht weiter südlich einen Bogen. ❷ eine Linie, die nicht gerade, sondern gekrümmt ist ▶ bogenförmig ❸ ein Mauerstück in der Form eines Bogens[2] ◆-pfeiler, Fenster-, Tor- ❹ eine Waffe in der Form eines gekrümmten Stabes, über den eine Sehne oder Schnur gespannt ist, die es erlaubt, einen Pfeil abzuschießen ◆-schießen, -schütze ❺ (geh.) ein einzelnes Blatt Papier ◆Brief- ❻ ein mit Rosshaar bespannter, gekrümmter Holzstock, mit dem man ein Streichinstrument spielt ◆-führung, Geigen- ❼ kurz für „Druckbogen" ◆-druckmaschine, einteilung, -falzmaschine, -format ❽ **den Bogen heraushaben** (umg.) verstanden haben, wie etwas zu machen ist; ▪ **einen großen Bogen um jemanden/etwas machen** (umg.) jmdn. oder etwas meiden; ▪ **den Bogen überspannen** (umg.) eine Sache übertreiben

Bo·gen·maß das <-es, -e> MATH. (≈ Arkus) Quotient aus Kreisbogenlänge und Radius

Bo·heme die [boˈɛːm/boˈɛːm, bɔˈhɛːm/bɔˈhɛːm] <-> /kein Plur./ ungebundenes Künstlerdasein ▶ Bohemien

Boh·le die <-, -n> aus einem Baumstamm herausgeschnittenes Holz mit vier Kanten, das als Baumaterial verwendet wird: einen Weg mit Bohlen belegen ◆-nbrett, -nbrücke, -nholz

Boh·ne die ['boːnə] <-, -n> ❶ BOT. zu den Schmetterlingsblütlern gehörende Gemüsepflanze, deren Samen in länglichen, fleischigen Hülsen sitzen ❷ als Gemüse verwendete Frucht der Bohne[1]: grüne Bohnen als Beilage reichen ◆-nsalat, -nstange, Busch-, Feuer-, Stangen-, Wachs- ❸ der Samenkern bei Kaffee- und Kakaopflanze; ▪ **nicht die Bohne** (umg.) überhaupt nicht ◆-nkaffee, Kaffee-

boh·nern <bohnerst, bohnerte, hat gebohnert> mit OBJ ▪ jmd. bohnert etwas (mit etwas Dat.) (einen Parkettboden) mit Wachs polieren ▶ Bohnermaschine, Bohnerwachs

boh·ren ['boːrən] <bohrst, bohrte, hat gebohrt> I. mit OBJ ❶ ▪ **jmd. bohrt ein Loch** (mit etwas Dat.) mit einem Werkzeug ein Loch in einem festen Material erzeugen: Sie bohrt ein Loch in die Wand. ❷ ▪ **jmd. bohrt etwas irgendwohin** etwas mit Kraft in etwas hineintreiben: Er bohrte einen Pfahl in die Erde. II. ohne OBJ ❶ ▪ **jmd. bohrt (in etwas Akk.)** ein Loch machen: Die Nachbarn bohren schon seit zwei Stunden.; Der Zahnarzt bohrt in einen Zahn. ▶ Bohrmaschine ❷ ▪ **jmd. bohrt (nach etwas Akk.)** auf der Suche nach Bodenschätzen in der Erde einen tie-

fen Schacht machen: Die Firma bohrt dort nach Öl. ▶ Bohrung ▶ Bohrinsel, Bohrloch, Bohrprobe, Bohrturm ❸ ▪ **jmd. bohrt** *(umg.)* drängend nachfragen: *Du kannst so lange bohren, wie du willst, ich verrate nichts.* **III.** *mit SICH* ▪ **etwas bohrt sich in etwas** *Akk. etwas dringt mit Gewalt in etwas ein:* Der Stachel bohrte sich in ihre Haut.

Boh·rer der <-s, -> TECHN. *spitzes, spiralförmiges Werkzeug zum Bohren I* ◆ Gewinde-, Metall-

bö·ig *adj mit Windböen einhergehend:* ein böiger Wind

Boi·ler der <-s, -> *(≈ Warmwasserbereiter) ein elektrisches Gerät, in dem warmes Wasser bereitet wird:* den Boiler entkalken

Bo·je die <-, -n> SEEW. *ein Gegenstand, der auf dem Meer schwimmt und mit einer Leine im Meeresboden verankert ist und ein Signal für Schiffe darstellt*

-bold [bɔlt] *als Zweitglied zusammengesetzter Substantive, mit Betonung auf dem Erstglied; drückt aus, dass bei einer männlichen Person die mit dem Erstglied bezeichnete Aktivität in unangenehmer Weise hervortritt, was Anlass zu abfälligen bzw. kritischen Bemerkungen ist:* Ärger mit einem Scherzbold, der ständig irgendwelche Leute anruft ◆ Lügen-, Rauf-, Sauf-, Scherz-, Streit-, Trunken-, Witz-

Böl·ler der <-s, -> ❶ *ein Feuerwerkskörper, der einen Lauten Knall (aber keinen Funkenregen) erzeugt:* das Knallen der Böller in der Silvesternacht ❷ MILIT. *(früher) ein kleines Geschütz*

böl·lern <böllerst, böllerte, hat geböllert> *mit OBJ/ohne OBJ* ▪ **jmd. böllert** (**mit etwas** *Dat.*) *(mit dem Böller) laut krachend schießen*

Bol·ler·wa·gen der <-s, -> NORDDT. *Handkarre zum Ziehen*

Boll·werk das <-(e)s, -e> GESCH. *(geh. verhüll.:* ≈ *Befestigungsanlage) Bauwerk zur Verteidigung einer Stadt gegen Angriffe*

Bol·zen der ['bɔltsn̩] <-s, -> *ein dicker Metall- oder Holzstift, der zum Verbinden von Metall- oder Holzteilen dient:* Die Verbindung der beiden Stahlträger erfolgt mit dicken Bolzen.

-bol·zen [bɔltsn̩] *als Zweitglied zusammengesetzter Substantive, mit Betonung auf dem Erstglied; drückt aus, dass bei einer insbesondere männlichen Person die mit dem Erstglied bezeichnete Eigenschaft in besonders aufdringlicher Weise zum Ausdruck gebracht bzw. hervorgekehrt wird:* Er war halt furchtbar nett und ein Charme-

bolzen; erst später hat sie bemerkt, wie sehr sie betrogen worden war. ◆ Charme-, Gefühls-, Heiterkeits-, Temperaments-

Bolz·platz der <-es, Bolzplätze> *(umg.) (Spiel)platz, auf dem Kinder Fußball spielen könen*

Bom·bar·de·ment das [bɔmbardə'mãː, bɔmbard'mãː] <-s, -s> MILIT. *das Bombardieren*

bom·bar·die·ren [bɔmbar'diːrən] <bombardierst, bombardierte, hat bombardiert> *mit OBJ* ▪ **bombardiert jmdn.** (**mit etwas** *Dat.*) ❶ *mit etwas beschießen:* die Angreifer von der Festung aus mit Kanonenkugeln bombardieren ❷ *mit Bomben angreifen:* Flugzeuge bombardieren eine Stadt. ❸ *(umg.) eine sehr große Menge an etwas auf jmdn. einstürmen lassen:* Die Redaktion wurde mit Briefen bombardiert.

Bom·bast der <-(e)s> /kein Plur./ *(≈ Prunk) übertriebener Aufwand:* Die Feierlichkeit wurde mit viel Bombast angekündigt.

bom·bas·tisch *adj (oft abwert.:* ≈ *prunkvoll) mit übertrieben viel Aufwand*

Bom·be die <-, -n> MILIT. *ein mit Sprengstoff gefüllter länglicher Hohlkörper aus Metall, der bei seiner Explosion schwere Zerstörungen hervorruft;* ▪ **wie eine Bombe einschlagen** *(umg.) große Verwirrung stiften* Die Nachricht schlug ein wie eine Bombe.; ▪ **Die Bombe ist geplatzt.** *(umg.) Das gefürchtete Ereignis ist eingetreten.* ◆ -nangriff, -nanschlag, -nattentat, -nexplosion, -ngeschwader, -nkrater, -nleger, -nterror

Bom·ben-, bom·ben- *als Erstglied zusammengesetzter Substantive und Adjektive, mit Betonung auf beiden Teilen; drückt aus, dass das mit dem Zweitglied Bezeichnete außerordentlich stark ausgeprägt bzw. prächtig ist:* Eine Firma macht ein Bombengeschäft (großes Geschäft), eine andere aber ein Geschäft mit Bomben (ebenfalls "Bombengeschäft", aber nur vorn betont) ◆ -erfolg, -fest, -form, -gehalt, -geschäft, -hitze, -job, -party, -rolle, -sicher, -stimmung

Bom·ben·form die <-> /kein Plur./ *(umg.) sehr gute körperliche Verfassung, besonders bei Sportlern:* Der Sprinter war in einer Bombenform.

Bom·ben·rol·le die <-, -n> *eine Rolle, in der ein Künstler/eine Künstlerin (im Theater, Film uw.) seine Fähigkeiten umfassend unter Beweis stellen kann*

Bom·ber der <-s, -> MILIT. *ein Kampfflug-*

Bomberjacke–Bordüre

zeug, das Bomben abwirft ◆-angriff, -pilot

Bọm·ber·ja·cke die <-, -n> *Jacke, die nach dem Vorbild von Fliegerkleidung gearbeitet ist*

bọm·big ['bɔmbɪç] *adj (umg.) großartig, außergewöhnlich gut:* Auf der Party war eine bombige Stimmung.

Bọm·mel die <-, -n> *(an Kleidungsstücken) kleine Wollkugel als Verzierung:* ein Schal mit Bommeln

Bon der [bɔŋ, bõː] <-s, -s> ❶ *(≈ Beleg) Kassenzettel einer Registrierkasse:* die Preise auf dem Bon nachprüfen ◆ Kassen- ❷ *Gutschein:* den Bon für ein freies Getränk einlösen

Bon·bon der/das [bɔŋ'bɔŋ, bõ'bõ] <-s, -s> *eine Süßigkeit in der Form eines harten, kleinen Klumpens, den man lutscht* ◆ -dose, -tüte, -papier, Frucht-, Husten-, Pfefferminz-

bon·bon·ro·sa [bɔŋ'bɔŋ..., bõ'bõ...] *adj / nicht steig./ als kitschig empfundener rosa Farbton*

Bond der <-s, -s> BANKW. *festverzinsliches, auf den Inhaber lautendes Wertpapier*

bon·gen ['bɔŋən] <bongst, bongte, hat gebongt> *mit OBJ* ■ *jmd. bongt etwas an einer Registrierkasse einen Zahlbetrag eintippen;* ■ **(Ist) gebongt!** *(umg.) (Das ist) abgemacht oder beschlossen!*

Bo·ni·tät die <-> /kein Plur./ WIRTSCH. *(finanzielle) Zuverlässigkeit einer Person oder Firma*

Bon·mot das [bõ'moː] <-s, -s> *treffende geistreiche Wendung; witzige Bemerkung*

Bon·sai der <-(s), -s> *ein Baum (als Topfpflanze), der durch die Anwendung eines traditionellen japanischen Zuchtverfahrens nicht nur in der Höhe, sondern auch in Zweigen und Blättern so stark verkleinert ist, dass er eine Art Miniatur eines Baumes darstellt*

Bo·nus der <-/-ses, -se/Boni> ❶ WIRTSCH. *etwas, das ein Kunde als eine Art Prämie beim Kauf von etwas zusätzlich als Vergünstigung erhält* ◆ -prämie ❷ *(≈ Plus, Vorteil) etwas, das jmdm. als Vorteil oder Vorsprung gegenüber den anderen angerechnet wird:* Vor Spielbeginn erhielten die Kinder einen Bonus von drei Punkten.; Es war ihr Bonus, dass sie zwei Fremdsprachen beherrschte.

Bon·ze der <-n, -n> *(umg. abwert.) hochrangiger Funktionär einer Partei oder Gewerkschaft, der große Privilegien genießt:* Die Bonzen haben Luxusgüter, und den einfachen Leuten fehlt es am Nötigsten. ◆ Partei- ▸ Bonzokratie

Boom der [buːm] <-s, -s> ❶ WIRTSCH. *plötzlicher wirtschaftlicher Aufschwung* ◆ Aktien-, Bau- ❷ *plötzliches Interesse an einer Sache:* Altes Blechspielzeug erlebt momentan einen regelrechten Boom.

boo·men ['buːmən] <boomt, boomte, hat geboomt> *ohne OBJ* ■ *etwas boomt (umg.) einen Boom erleben*

Boot das [boːt] <-(e)s, -e> *ein kleines Wasserfahrzeug:* mit einem Boot über den See fahren; ein Boot mit einem Außenbordmotor; ■ **Wir sitzen alle in einem Boot.** *(umg.) Wir sind alle in der gleichen schwierigen Situation.* ◆ -sfahrt, -shaken, -shaus, -sliegeplatz, -smann, -sverleih, Gummi-, Motor-, Paddel-, Rettungs-, Ruder-, Schnell-, Segel-, Tret-

boo·ten ['buːtn] <bootet, bootete, hat gebootet> *mit OBJ* ■ *jmd. bootet etwas (einen Computer) neu starten, wobei alle gespeicherten Anwenderprogramme neu geladen werden*

Bọrd[1] das <-(e)s, -e> *(≈ Brett, Gestell, Regal) an einer Wand befestigtes Brett zur Ablage von Büchern oder Geschirr* ◆ Bücher-

Bọrd[2] das <-(e)s, -e> /Plur. selten/ ❶ SEEW. *oberer Schiffsrand* ❷ ■ **an Bord** *im Inneren eines Schiffs, Flugzeugs oder Raumschiffs* Alle Passagiere sind an Bord.; An Bord der Raumstation ist auch ein japanischer Physiker.; ■ **über Bord gehen** *vom Schiffsdeck ins Wasser fallen;* ■ **etwas über Bord werfen** *(geh.) aufgeben* Er warf seine ehrgeizigen Pläne über Bord. ◆ -empfänger, -funker(in), -gerät, -instrument, -karte, -küche, -mechaniker(in), -personal, -radar, -verpflegung, -waffe, -werkzeug

Bọrd[3] das <-(e)s, -e/Börder> SCHWEIZ. *Rand, Böschung, Abhang*

Bọ̈r·de die <-, -n> GEOGR. *fruchtbare Niederung, ebener Landstrich:* die Magdeburger Börde

bor·deaux [bɔr'doː] *adj /nicht steig./ von der dunkelroten Farbe von rotem Wein* ◆ -farben, -rot

bord·ei·gen *adj /nicht steig./ so, dass es sich an Bord (eines Schiffes, Flugzeugs o.Ä.) befindet*

Bor·dell das <-s, -e> *ein Haus, in dem Prostitution betrieben wird*

Bọrd·stein der <-(e)s, -e> /selten Plur./ *der mit Steinen befestigte Rand des Bürgersteigs, der ihn von der Fahrbahn abgrenzt* ◆ -kante

Bor·dü·re die <-, -n> *(≈ Borte) schmückende Einfassung; Besatz für Kleider:*

eine Tischdecke mit einer handgestickten Bordüre

Borg ▪ jemandem etwas auf Borg geben *(umg.) jmdm. etwas ausleihen;* ▪ **etwas auf Borg kaufen** *(umg.) etwas auf Ratenzahlung kaufen*

bor·gen ['bɔrgn] <borgst, borgte, hat geborgt> *mit OBJ* ❶ ▪ **jmd. borgt jmdm. etwas** *(≈ leihen)* Kannst du mir dieses Buch bis zur nächsten Woche borgen? ❷ ▪ **jmd. borgt sich etwas (von jmdm.)** *sich etwas von jmdm. ausleihen:* Ich habe mir die Bohrmaschine vom Nachbarn geborgt.

Bor·ke *die* <-, -n> *(≈ Rinde) die äußere harte Schicht, die einen Baumstamm bedeckt*

Bor·ken·kä·fer *der* <-s, -> ZOOL. *Käfer, der überwiegend unter der Rinde von Bäumen lebt und sich von ihr ernährt* ◆-plage

bor·kig *adj /nicht steig./* ❶ *wie eine Borke geformt* ❷ *mit Borke bedeckt*

Born *der* <-(e)s, -e> ❶ *(geh. o veralt.) Brunnen, Wasserquelle:* ein kühler Born ❷ *(geh. o veralt.) Grund, Quelle:* Seine Bücher waren ihm ein Born beständiger Inspiration.

bor·niert *adj (abwert.) geistig so beschränkt, dass jmd. immer auf seinen Vorstellungen beharrt und nichts dazu lernen will:* Sie verhält sich ausgesprochen borniert.; Er hat bornierte Ansichten. ▸ Borniertheit

Bör·se *die* ['bœrzə] <-, -n> ❶ *(veralt.: ≈ Geldbeutel)* ◆ Geld- ❷ WIRTSCH. *Markt für Aktien, Devisen und vertretbare Waren, für die nach bestimmten festen Bräuchen Preise ausgehandelt werden:* die Börse in Frankfurt/New York; an der Börse handeln; Die Börse verlief heute lebhaft/ruhig. ◆-nbericht, -ngang, -nkrach, -nkurs, -nmakler(in), -nmitglied, -nplatz, -nratgeber, -nschwankung, -nspekulant(in), -nstart, -nsturz, -nzulassung ◆ börsenfähig, börsennotiert, börsenreif, Börsianer(in) ❸ *Gebäude der Börse*²

Bör·sen·ba·ro·me·ter *das* <-s> */kein Plur./* WIRTSCH. *(umg.) Stimmung an der Börse, die sich im Aktienkurs widerspiegelt*

Bör·sen·ver·ein *der* <-s> */kein Plur./ Spitzenverband des deutschen Buchhandels*

Bors·te *die* <-, -n> ❶ *eines der vielen steifen, dicken Haare bestimmter Säugetiere:* die Borsten des Schweins ◆ Rücken-, Schwanz-, Schweine-, Wildschwein- ❷ */nur Plur./ Teil einer Bürste, eines Pinsels o.Ä., der entweder aus gebündelten Borsten¹ oder aus Kunststoffborsten besteht* ◆ borstig ◆-npinsel

Bors·ten·tier *das* <-(e)s, -e> *(umg. scherzh.) Schwein*

Bor·te *die* <-, -n> *gewebtes, gemustertes Band, das als Verzierung auf Stoff aufgenäht wird:* Die Tischdecke ist mit Borten besetzt.

bös·ar·tig *adj* ❶ *so, dass jmd. anderen Menschen vorsätzlich schaden will:* ein bösartiger Nachbar ❷ *so, dass ein Tier leicht bereit ist zu beißen:* Vorsicht, das ist ein bösartiger Hund! ❸ *(↔ gutartig) so, dass eine Krankheit sehr gefährlich ist:* ein bösartiger Tumor

Bös·ar·tig·keit *die* <-> */kein Plur./* ❶ *bösartiges Wesen eines Menschen oder Tieres* ❷ MED. *(↔ Gutartigkeit) bösartiger Verlauf einer Krankheit*

Bö·schung *die* <-, -en> *kleiner Abhang:* Das Auto kam von der Straße ab und stürzte die Böschung hinunter. ◆-swinkel

bö·se ['bøːzə] *adj* ❶ *so, dass jmd. moralisch schlecht ist, weil er die Absicht hat, anderen Menschen Schaden zuzufügen* ❷ *so, dass etwas schlecht, übel, schädlich ist:* böse Erfahrungen; böse Zeiten erleben; eine böse Krankheit haben ❸ *(≈ ärgerlich)* Er hat sie sehr böse angesehen.; Bist du immer noch böse auf mich? ❹ *(umg.) so, dass ein Kind ungezogen und unartig ist:* Heute im Kindergarten war er böse. ❺ *(umg.) so, dass eine Verletzung entzündet ist:* eine böse Wunde haben; ▪ **nichts Böses ahnend** *nicht auf etwas Unangenehmes gefaßt* ◆ Kleinschreibung → R 3.20 jenseits von gut und böse; ◆ Großschreibung → R 3.7 das Gute und das Böse unterscheiden; im Guten wie im Bösen; der Böse; im Bösen auseinander gehen

Bö·se·wicht *der* <-(e)s, -er/-e> *(veralt.) böser Mensch, Schurke, Verbrecher*

bos·haft ['boːshaft] *adj* ❶ *so, dass jmd. absichtlich böse¹ handelt:* ein boshafter Mensch; boshafte Absichten; eine boshafte Gesinnung ❷ *(≈ maliziös) auf eine verletzende Art spöttisch:* eine boshafte Bemerkung; ein boshaftes Lächeln

Bos·haf·tig·keit *die* <-, -en> ❶ */kein Plur./ Bösartigkeit, Gemeinheit* ❷ *gemeine Bemerkung oder Tat:* Seine Boshaftigkeiten waren kaum mehr zu ertragen.

Bos·heit *die* <-, -en> ❶ */kein Plur./ das Bösesein, die Schlechtigkeit* ❷ *boshafte Tat* ❸ *(umg.) spöttische Bemerkung:* Ihre kleinen Bosheiten nahmen kein Ende.

Boss *der* <-es, -e> *(umg.: ≈ Chef)*

bös·wil·lig *adj so, dass man sich absichtlich*

böse und feindlich verhält: jmdm. böswillig einen Schaden zufügen ▸ Böswilligkeit

bot [bo:t] *Prät. von* **bieten**

Bo·ta·nik die [bo'ta:nɪk] <-> /kein Plur./ *Wissenschaft von den Pflanzen* ▸ Botaniker(in)

bo·ta·nisch *adj /nicht steig./ die Botanik betreffend:* ein botanisches Institut ◆ Großschreibung → R 3.17f. der Botanische Garten in München; das Botanische Institut der Universität

bo·ta·ni·sie·ren <botanisierst, botanisierte, hat botanisiert> *mit OBJ/ohne OBJ* ■ jmd. botanisiert (etw.) *Pflanzen zu Studienzwecken sammeln*

Böt·chen das <-s, -s> (≈ Bötlein) *kleines Boot*

Bo·te der, **Bo·tin** ['bo:tə] <-n, -n> ❶ *jmd., der in jmds. Auftrag Nachrichten oder Dinge überbringt:* ein Dokument durch einen Boten zustellen lassen; einen Boten beauftragen/schicken; ein zuverlässiger Bote ◆-ndienst, -nlohn, Boten-, Eil-, Gerichts-, Post-, Zeitungs- ❷ *(dichter.) Abgesandter, Verkünder:* Schwalben sind die Boten des Sommers. ◆ Götter-, Todes-, Unglücks-

Bo·ten·gang der <-(e)s, Botengänge> *der Vorgang, dass jmd. in jmds. Auftrag eine Botschaft oder einen Gegenstand zu jmdm. transportiert*

bot·mä·ßig *adj /nicht steig./ (geh. o veralt.) gehorsam, untertan:* ein botmäßiges Verhalten

Bot·schaft die ['bo:tʃaft] <-, -en> ❶ *eine (wichtige) Nachricht, die für jmdn. von Interesse ist:* eine geheime/willkommene Botschaft; eine Botschaft senden/übermitteln; die Botschaft hör' ich wohl, allein mir fehlt der Glaube! (Goethe: Faust) ◆ Freuden-, Schreckens- ❷ *die diplomatische Vertretung eines Staates im Ausland, die von einem Botschafter geleitet wird* ▸ Botschafter(in), Botschaftsrat/Botschaftsrätin, Botschaftssekretär(in) ❸ POL. *das Gebäude der Botschaft²:* eine Botschaft mit Polizei bewachen

Bot·schaf·ter der, **Bot·schaf·te·rin** <-s, -> POL. *ranghöchster diplomatischer Vertreter eines Staates im Ausland:* jmdn. zum Botschafter ernennen ◆-konferenz, -posten

Bot·tich der <-s, -e> *großes, wannenartiges Holzgefäß* ▸ Bier-, Brau-, Fisch-, Gär-, Holz-

Bot·tle·par·ty die ['bɔtlpa:tɪ, 'bɔtəlpa:ɐ̯tɪ] <-, -s> *eine Party, bei der jeder Gast eine Flasche eines (alkoholischen) Getränks mitbringen soll*

Bouil·lon die [bʊl'jɔŋ, bʊl'jõ:/bu'jõ:] <-, -s> KOCH. *(≈ Fleischbrühe)*

Bou·le·vard der [bulə'va:ɐ̯] <-s, -s> *breite Prachtstraße, die meist von Bäumen gesäumt ist* ◆-laden

Bou·quet [bu'ke:] *siehe* **Bukett**

bour·geois [bʊr'ʒoa] *adj /nicht steig./ bürgerliche Konventionen betreffend oder zu ihnen gehörend:* bourgeoise Ansichten

Bour·geoi·sie die [bʊrʒoa'zi:] <-> /kein Plur./ ❶ *(geh. o veralt.) wohlhabendes Bürgertum* ❷ GESCH. *herrschende Klasse im Kapitalismus* ❸ *selbstzufriedene bürgerliche Bevölkerung*

Bou·tique die [bu'ti:k, bu'tik] <-, -n> *kleiner Laden für Damenmode*

Bow·le die ['bo:lə] <-, -n> *Mischgetränk aus Wein, Sekt und Früchten:* für die Party eine Bowle ansetzen ◆-glas, Erdbeer-

Bow·ling das ['bo:lɪŋ] <-s> /kein Plur./ *amerikanische Art des Kegelspiels mit zehn Kegeln, die in einem gleichseitigen Dreieck angeordnet sind* ◆-bahn ▸ bowlen

Box die <-, -en> ❶ *einer der beiden Lautsprecher einer Stereoanlage:* die Boxen an den Verstärker anschließen ◆-enständer, Kompakt-, Lautsprecher-, Stand- ❷ *kastenförmiger Behälter* ◆ Brot-, Kosmetik- ❸ *Stallbereich eines Pferdes*

bo·xen ['bɔksn̩] <boxt, boxte, hat geboxt> I. *mit OBJ* ■ jmd. boxt jmdn. (in etwas Akk.) *mit der Faust an eine bestimmte Stelle schlagen:* Sie boxte mich in die Seite. II. *ohne OBJ* ■ jmd. boxt mit jmdm. SPORT *(nach festen Regeln) den Faustkampf ausüben;* ■ jemand boxt sich durchs Leben *(umg.) jmd. kämpft im Leben rücksichtslos für sich allein*

Bo·xer der, **Bo·xe·rin** <-s, -> ❶ SPORT *jmd., der das Boxen als Sport betreibt* ◆ Amateur-, Profi-, Schwergewichts- ▸ Boxhandschuh, Boxkampf, Boxverein ❷ /nur im Maskulinum/ *eine doggenartige Hunderasse mit breiter Nase*

Boy der [bɔy] <-s, -s> *Hotelbediensteter in Livree*

Boy·kott der [bɔy'kɔt] <-(e)s, -s/-e> *Weigerung, bestimmte Waren zu kaufen, weil man aus politischen oder wirtschaftlichen Gründen Druck auf das produzierende Land ausüben will:* Man rief zum Boykott dieser Waren auf.; Diesem Land sollte man den Boykott erklären. ◆-drohung, -erklärung, -maßnahmen

boy·kot·tie·ren [bɔykɔ'ti:rən] <boykottierst, boykottierte, hat boykottiert> *mit OBJ* ■ jmd. boykottiert jmdn./etwas *aus Protest die Beziehungen zu jmdm. ein-*

stellen oder bestimmten Waren nicht mehr kaufen

brab·beln <brabbelst, brabbelte, hat gebrabbelt> *mit OBJ* ■ **jmd. brabbelt etwas** *(umg. abwertr.) undeutlich vor sich hinreden:* Er brabbelt etwas in seinen Bart.

brach[1] [braːx] *Prät. von* **brechen**

brach[2] [braːx] *adj unbebaut, unbestellt:* ein bracher Acker

bra·chi·al *adj /nicht steig./ (geh.) so, dass jmd. handgreiflich, roh oder gewalttätig ist:* Er öffnete die Tür mit brachialer Gewalt.

Bra·chi·al·ge·walt *die* <-> */kein Plur./ (geh.) rohe Körperkraft:* eine Tür mit Brachialgewalt öffnen

brach·lie·gen <liegt brach, lag brach, hat brachgelegen> *ohne OBJ* ■ **etwas liegt brach** *nicht bebaut werden:* Der Acker/das Feld liegt brach.

brach·te ['braxtə] *Prät. von* **bringen**

Braille·schrift *die* ['bra(ː)jə...] <-> */kein Plur./ international gebräuchliche Blindenschrift*

Bran·che *die* ['brã:ʃə] <-, -n> WIRTSCH. ❶ *bestimmter Teilbereich der Wirtschaft:* die Umsatzentwicklung einer Branche ◆-nbeobachter(in), -nerfahrung, -nführer, -nkenner(in), -nkenntnis, -nriese, Wachstums-, Zukunfts- ❷ *berufliches Fachgebiet, Berufszweig:* Er hat in vielen Branchen Erfahrungen gesammelt. ▪ branchenüblich

Bran·chen·buch *das* ['brã:ʃən...] <-(e)s, Branchenbücher> *(≈ Branchenverzeichnis) Telefon- und Adressbuch, in dem alle Branchen und die zu ihnen gehörenden Firmen aufgezeichnet sind:* eine Glaserei im Branchenbuch suchen; Die „Gelben Seiten" sind das wohl bekannteste Branchenbuch/Branchenverzeichnis.

Brand *der* [brant] <-(e)s, Brände> ❶ *Feuer, das ein Gebäude erfasst hat und Schaden anrichtet:* Ein Brand bricht aus/wird von der Feuerwehr gelöscht/ konnte gerade noch verhindert werden. ◆-anschlag, -bekämpfung, -blase, -bombe, -direktor, -fackel, -herd, -katastrophe, -mauer, -narbe, -schaden, -schutz, -stelle, -wunde ❷ BOT. *Pilzkrankheit bei Pflanzen* ❸ *(umg.) starker Durst nach übermäßigem Alkoholgenuss:* Am Morgen nach der Party hatte er einen unglaublichen Brand.; ■ **etwas in Brand stecken** *etwas anzünden, und dadurch ein (großes) Feuer entstehen lassen*

brand- *als Erstglied zusammengesetzter Adjektive, mit Betonung auf beiden Teilen; drückt aus, dass das mit dem Zweitglied Bezeichnete in außerordentlichem Maße gegeben ist:* Dies ist ein brandaktueller Artikel zur Euro-Krise. ◆-aktuell, -eilig, -gefährlich, -heiß, -neu

bran·den <brandet, brandete, hat gebrandet> *mit OBJ/ohne OBJ* ■ **etwas brandet (gegen etwas** *Akk.) verwendet, um auszudrücken, dass Meerwasser mit großer Kraft gegen das Ufer gespült wird und dabei aufspritzt und schäumt:* Wellen branden gegen die Felsen.; Die See brandet stark.

Bran·den·burg *das* <-s> *deutsches Bundesland* ▪ Brandenburger(in), brandenburgisch

bran·dig *adj /nicht steig./* ❶ *brenzlich, leicht angebrannt schmeckend oder riechend* ❷ BOT. *von einem Brand verursachenden Pilz befallen (von Pflanzen gesagt)* ❸ MED. *von Gewebebrand befallen:* brandiges Gewebe

brand·mar·ken <brandmarkst, brandmarkte, hat gebrandmarkt> *mit OBJ* ■ **jmd. brandmarkt jmdn./etwas** *(öffentlich) bloßstellen, scharf kritisieren:* Er brandmarkte die unhaltbaren Zustände in der Gesellschaft. ▪ Brandmarkung

Brand·ro·dung *die* <-, -en> *das Roden durch Abbrennen der Bäume*

Brand·soh·le *die* <-, -n> *innere, aus Leder bestehende Sohle des Schuhs*

Brand·stif·ter *der*, **Brand·stif·te·rin** <-s, -> *jmd., der vorsetzlich einen Brand legt oder fahrlässig verursacht hat:* Die Polizei ermittelte den Brandstifter. ▪ Brandstiftung

Bran·dung *die* <-> */kein Plur./ Wellen, die sich am Strand oder an der Küste brechen:* Die Brandung hat den Felsen ausgehöhlt.; Die Brandung tost. ◆-serosion

brann·te ['brantə] *Prät. von* **brennen**

Brannt·wein *der* <-(e)s, -e> *ein aus Wein hergestelltes starkes alkoholisches Getränk* ◆-brennerei

Brat·ap·fel *der* <-s, Bratäpfel> KOCH. *im Backofen gegarter (und gewürzter) Apfel*

Bra·ten *der* ['braːtn] <-s, -> KOCH. *ein größeres Stück Fleisch, das gebraten wurde oder zum Braten bestimmt ist:* einen knusprigen Braten servieren; den Braten anschneiden; ■ **den Braten riechen** *(umg.) eine Sache durchschauen* ◆-platte, -saft, -fett, Enten-, Gänse-, Rinder-, Sauer-, Schmor-, Schweine-

bra·ten ['braːtn] <brätst, briet, gebraten> **I.** *mit OBJ* ■ **jmd. brät etwas** *in heißem Fett in einer Pfanne garen:* Der Koch brät den Fisch/das Schnitzel. ▪ Bratfett, Brathähnchen, Brathendl, Brathering, Brathuhn, Bratkartoffeln, Bratofen, Bratpfanne, Bratrost, Bratspieß, Bratwurst **II.** *ohne OBJ* ■ **etwas brät** *in heißem Fett in einer Pfanne gegart werden:* Die Schnitzel braten in der Pfanne.

Brä·ter *der* <-s, -> *eine ovale, größere Pfanne mit hohem Rand und Deckel, die man zum Braten und Schmoren bennutzt:* die vorbereitete Gans in den Bräter legen

brat·fer·tig *adj /nicht steig./ zum Braten fertig vorbereitet:* ein bratfertiger Sauerbraten

Brat·ling *der* <-s, -e> KOCH. *gebratener Kloß aus Gemüse, Kartoffeln oder Hülsenfrüchten* ◆ Gemüse-, Grünkern-

Brat·sche *die* ['braːtʃə] <-, -n> *(≈ Viola) Streichinstrument, das etwas größer als eine Violine und eine Quinte tiefer gestimmt ist* ▸ Bratscher/Bratschist, Bratscherin/Bratschistin

Brauch *der* [brauχ] <-(e)s, Bräuche> *eine Gewohnheit oder Sitte, die sich innerhalb einer Gemeinschaft oder Kultur herausgebildet hat* ◆ Advents-, Fastnachts-, Hochzeits-, ländlicher Brauch

brauch·bar *adj* ❶ *(↔ unbrauchbar) so, dass etwas für etwas (noch) benutzt werden kann oder tauglich ist:* Das alte Fahrrad ist durchaus noch brauchbar. ❷ *nützlich, geeignet:* brauchbare Ideen/Vorschläge ❸ *(≈ passabel) relativ gut:* Seine Arbeit ist nicht hervorragend, aber immerhin brauchbar.

Brauch·bar·keit *die* <-> */kein Plur./ von brauchbarer Beschaffenheit:* ein Gerät auf seine Brauchbarkeit prüfen

brau·chen ['brauχn̩] <brauchst, brauchte, hat gebraucht> *mit OBJ* ❶ ■ **jmd. braucht etwas (zu etwas** *Dat.*) *(≈ benötigen) als Werkzeug benötigen:* Zum Malen braucht man Pinsel und Farben. ❷ ■ **jmd. braucht jmdn. (für etwas** *Akk.*) *jmd. ist auf jmdn. angewiesen:* Für die Ausführung dieser Arbeit brauche ich fünf Leute. ❸ ■ **jmd. kann etwas brauchen** *Verwendung haben:* Kannst du Äpfel brauchen? Wir haben besonders viele im Garten. ❹ ■ **jmd. braucht etwas (für etwas** *Akk.*) *in etwas investieren:* Sie braucht ihre ganze Kraft für diese Arbeit.; Er braucht viel Geld für sein Hobby. ❺ ■ **jmd. braucht nicht plus Inf.** *tun müssen:* Er braucht nicht mehr zu kommen.; Es ist Sonntag, ich brauche heute nicht zu arbeiten

Brauch·tum *das* <-s, Brauchtümer> */meist Sing./ Gesamtheit der Bräuche, die im Laufe der Zeit entstanden sind:* das alte Brauchtum pflegen ◆ -sforschung

Brauch·was·ser *das* <-s> */kein Plur./ (↔ Trinkwasser) Wasser, das schon einmal für etwas gebraucht worden ist und das man weiter verwenden kann (vor allem in der Industrie)*

Braue *die* <-, -n> *einer der beiden Bogen über den Augen, die aus feinen Haaren bestehen;* ■ **die Brauen hochziehen** *seinem Erstaunen Ausdruck verleihen* ◆ -nbürstchen, Augen-

brau·en <braust, braute, hat gebraut> *mit OBJ* ■ **jmd. braut etwas** *Bier herstellen* ▸ Brauerei

braun [braun] *adj* ❶ *von der Farbe, die wie feuchte Erde aussieht:* Sie hat braune Augen.; das braune Fell des Bären ◆ dunkel-, hell-, kaffee-, rot- ❷ *(umg.) mit einem dunkleren Farbton durch längeren Aufenthalt im Freien:* ganz braun aus dem Urlaub kommen ◆ -gebrannt

Braun·bär *der* <-en, -en> *(in Nordamerika und und in Teilen Europas vorkommender) Bär mit braunem Fell*

Bräu·ne *die* <-> */kein Plur./ die braune Hautfarbe, die jmd. hat, weil er lange in der Sonne war* ◆ Sonnen-, Solariums- ▸ Bräunungslotion, Bräunungsmittel

bräu·nen <bräunst, bräunte, hat/ist gebräunt> **I.** *mit OBJ (haben)* ■ **jmd. bräunt etwas** KOCH. *etwas in zerlassener Butter kurz und mit geringer Hitze anbraten, damit es eine braune Färbung bekommt:* Sie bräunt die Zwiebeln in der Pfanne. **II.** *mit SICH (haben)* ■ **jmd. bräunt sich** *(≈ sich sonnen) die Sonne auf den Körper scheinen lassen, damit die Haut braun wird:* Sie bräunt sich in der Sonne. **III.** *ohne OBJ (sein)* ■ **etwas bräunt** KOCH. *braun werden:* Der Braten ist schon gebräunt.

Braun·koh·le *die* <-> */kein Plur./ (↔ Steinkohle) Kohle von brauner bis schwarzer Farbe, die in langen geologischen Zeiträumen aus abgestorbenen Wäldern entstanden ist:* Braunkohle im Tagebau abbauen ◆ -nabbau, -nrevier, -nverstromung

bräun·lich *adj /nicht steig./ sich im Farbton dem Braun nähernd, ins Braune spielend:* eine bräunliche Jacke

Braus ■ **in Saus und Braus leben** *sorglos und ohne materielle Einschränkungen leben*

Brau·se *die* <-, -n> */veralt./* ❶ *(≈ Dusche)* ◆ -kopf ❷ *stark sprudelnde Limonade* ◆ -limonade, -tablette

brau·sen <braus, brauste, hat gebraust> *ohne OBJ/mit OBJ* ❶ ■ **etwas**

braust um/über etwas *Akk. das Geräusch von starkem Wind machen:* Der Sturm braust um die Häuser/über die Felder. ❷ *(≈ rasen) schnell fahren:* Er braust über die Autobahn. ❸ ■ **jmd. braust sich** *jmd. duscht sich*

brau·send *adj /nicht steig./ wie das Geräusch von starkem Wind:* das brausende Geräusch des Sturmes

Braut die [braʊt] <-, Bräute> ❶ *eine Frau in den Wochen vor der Hochzeit:* Er stellte seine Braut den Verwandten vor. ❷ *eine Frau an ihrem Hochzeitstag:* Das Foto zeigt Braut und Bräutigam vor der Kirche. ◆ -kleid, -schleier, -strauß

Braut·el·tern die <-> /nur Plur./ *die Eltern der Braut*

Bräu·ti·gam der ['brɔʏtigam] <-s, -e> ❶ *ein Mann in den Wochen vor der Hochzeit:* Sie stellte ihren Bräutigam ihren Eltern vor. ❷ *ein Mann am Tag seiner Hochzeit:* Der Bräutigam sucht nach den Ringen.

Braut·jung·fer die <-, -n> *(≈ Brautführerin) meist unverheiratete Freundin oder Verwandte der Braut, die diese zur Trauung in die Kirche begleitet*

Braut·paar das <-(e)s, -e> ❶ *ein Paar, das verlobt ist und bald heiraten will* ❷ *Braut und Bräutigam am Hochzeitstag:* Das Brautpaar tauscht die Ringe.

brav *adj* ❶ *(≈ artig) so, dass ein Kind Erwachsenen gegenüber gehorsam ist:* ein braves Kind; Sei ein braver Junge! ❷ *(abwert.: ≈ bieder) zu schlicht und nicht besonders attraktiv:* Das Kleid wirkt viel zu brav.

bra·vis·si·mo *interj Sehr gut! Ausgezeichnet!*

bra·vo *interj verwendet, um auszudrücken, dass man etwas gut findet:* Bravo, das war genau die richtige Antwort. ◆ Klein- oder Großschreibung bravo/Bravo rufen

Bra·vo das <-s, -s> *Bravoruf, Beifallsruf:* Diese ausgezeichnete Leistung hat ein Bravo verdient.; Bravo rufen.

Bra·vour, *a.* **Bra·vur** die [bra'vuːɐ] <-> / *kein Plur./ großes Geschick, Meisterschaft:* Sie löste ihre Aufgabe mit Bravour.; Er hat das Examen mit Bravour bestanden.

BRD die *Abkürzung von „Bundesrepublik Deutschland"*

bre·chen ['brɛçn̩] <brichst, brach, hat/ist gebrochen> I. *mit OBJ (haben)* ❶ ■ **jmd. bricht etwas (von etwas** *Dat.)* *durch Anwendung von Kraft bewirken, dass ein fester Gegenstand in zwei oder mehrere Teile zerlegt wird:* Hat den Ast vom Baum gebrochen. ▶ Brecheisen ❷ ■ **jmd. bricht sich etwas** *jmd. zieht sich einen Knochenbruch zu:* Er hat sich das Bein gebrochen. ❸ ■ **jmd. bricht etwas** *(geh.) ein Versprechen oder einen Vertrag nicht einhalten:* Sie hat ihr Versprechen gebrochen. ❹ ■ **etwas bricht jmdn.** *den Widerstand von jmdm. überwinden:* Die Torturen haben seinen Willen gebrochen. ❺ ■ **etwas bricht jmdn.** *ein Ereignis ist für jmdn. so schrecklich, dass er daran zerbricht:* Das Schicksal hat ihn gebrochen. ❻ ■ **jmd. bricht etwas** *eine Grenze überschreiten:* Diese Rudermannschaft hat alle bisherigen Rekorde gebrochen. II. *ohne OBJ* ❶ ■ **jmd. bricht** *erbrechen:* Er hatte sich den Magen verdorben und musste den ganzen Tag brechen. ▶ Brechdurchfall, Brechmittel, Brechreiz ❷ ■ **jmd. bricht mit jmdm./etwas** *sich im Streit trennen:* Sie hat schon vor Jahren mit ihm gebrochen. ❸ ■ **etwas bricht** *(sein) unter dem Einfluss einer Kraft (als fester Gegenstand) in zwei oder mehrere Teile zerlegt werden:* Der Stab ist gebrochen.; Das Eis ist gebrochen. III. *mit SICH* ■ **etwas bricht sich (an/in etwas** *Dat.) abprallen, abgelenkt werden:* Die Wellen brechen sich an den Felsen.; Das Licht bricht sich im Tautropfen.; ■ **Streit vom Zaun brechen** *plötzlich Streit anfangen*

Bre·cher der <-s, -> *sehr hohe Meereswelle*

Bre·chung die <-, -en> PHYS. *Änderung der Richtung von Licht- und Schallwellen, wenn sie in ein anderes Medium eintreten* ◆ -sgesetz, -skoeffizient, -swinkel

Brei der [braɪ] <-(e)s, -e> ❶ *eine zähflüssige Substanz:* Der Klebstoff ähnelt einem dickflüssigen Brei. ❷ *eine dickflüssige Speise aus Hafer, Gries oder Gemüse:* Das Baby bekommt seinen Brei; ■ **um den heißen Brei herumreden** *(umg.) es nicht wagen, eine Sache direkt anzusprechen* ◆ Gries-, Milch-, Reis-

brei·ig *adj /nicht steig./ so zähflüssig wie Brei:* Die Soße ist zu breiig geworden.

Breis·gau das <-s> *Landschaft am Oberrhein*

breit [braɪt] *adj* ❶ */in Verbindung mit Maßangaben/ die genannte Breite aufweisend:* Der Fluss ist an dieser Stelle fünfzig Meter breit. ❷ *(↔ hoch, tief) in horizontaler Ebene und aus der Sicht des Betrachters von links nach rechts ausgedehnt:* ein breiter Kleiderschrank; Der Schrank ist achtzig Zentimeter breit, aber nur vierzig Zentimeter tief. ❸ *(↔ schmal) von einer* *relativ großen Breite:* Er hat breite Schultern.; ■ **die breite Masse** *die Mehrheit der Bevölkerung;* ■ **ein breites Echo finden** *auf großes Interesse bei vielen Menschen stoßen;* ■ **sich breitmachen** *viel Aufmerksamkeit und Raum einnehmen* sich auf dem Sofa breitmachen; ■ **jemanden breitschlagen** *überreden* Sie hat sich wieder breitschlagen lassen, eine zusätzliche Arbeit zu übernehmen. ◆ Kleinschreibung → R 3.20 weit und breit; ◆ Großschreibung → R 3.7 des Breiter(e)n darlegen; des Langen und Breiten; ◆ Getrennt- oder Zusammenschreibung → R 4.8 breit gefächert/ breitgefächert; breit gestreift/ breitgestreift; ◆ Zusammenschreibung → R 4.6

Breit·band·ka·bel *das* <-s, -> TECHN. *Spezialkabel zur Übertragung von Frequenzen mit großer Bandbreite*

breit·bei·nig *adj /nicht steig./ mit gespreizten, weit auseinandergestellten Beinen*

Brei·te *die* ['braɪtə] <-, -n> ❶ *(↔ Höhe, Tiefe) die (aus der Sicht des Betrachters von links nach rechts reichende) horizontale Erstreckung von etwas:* die Breite des Flusses/des Hauses/der Straße ◆ Schrank-, Zimmer- ▶ Breitwandfilm, Breitwandformat ❷ GEOGR. *(↔ Länge) die Entfernung eines Punktes der Erdoberfläche vom Äquator*

Brei·ten·grad *der* <-(e)s, -e> GEOGR. *Gebiet, das von bestimmten Breiten² begrenzt wird:* Jede Hemisphäre der Erde hat 90 Breitengrade.; Berlin liegt ziwschen dem 52. und 53. Breitengrad.

breit·ge·fä·chert, breit ge·fä·chert *adj / nicht steig./ so, dass es vielfältig ist und eine große Auswahl bietet:* eine breitgefächerte Ausbildung; ein breitgefächertes Sortiment

breit·ge·streift, breit ge·streift *adj /nicht steig./ mit breiten Streifen:* eine breitgestreifte Krawatte

breit·schla·gen <schlägt breit, schlug breit, hat breitgeschlagen> *mit OBJ* ■ **jmd. schlägt jmdn. breit (etwas zu tun)** *(umg.) jmdn. überreden:* Sie hat sich wieder breitschlagen lassen, die Festrede zu halten.

breit·schul·te·rig, breit·schult·rig *adj / nicht steig./ so, dass jmds. Schultern breit und kräftig sind:* ein breitschultriger Mann

Breit·sei·te *die* <-, -n> ❶ *(↔ Längsseite) die breitere Seite von etwas* ❷ MILIT. *das Abfeuern aller Geschütze auf der Längsseite eines Kriegsschiffes*

Bre·men <-s> *Stadt und deutsches Bundesland* ▶ Bremer(in)

Brem·se *die* ['brɛmzə] <-, -n> ❶ ZOOL. *großes, grauschwarzes bis braungelbes Insekt, das zu den Stechfliegen gehört* ❷ TECHN. *mechanische Vorrichtung zum Anhalten eines Fahrzeugs bzw. zum Verringern der Geschwindigkeit:* Die Bremsen quietschten, als er plötzlich halten musste. ◆ Felgen-, Fuß-, Hand-, Not-, Rücktritt-, Scheiben- ▶ Bremsbacke, Bremsbelag, Bremsflüssigkeit, Bremsklotz, Bremskraftverstärker, Bremsleuchte, Bremslicht, Bremspedal, Bremsprobe, Bremsrakete, Bremsscheibe, Bremsschlauch, Bremsspur, Bremstrommel, Bremsweg, Bremszylinder

brem·sen [: 'brɛmzn̩] <bremst, bremste, hat gebremst> **I.** *mit OBJ* ■ **jmd. bremst etwas** ❶ *die Bremse betätigen und so etwas verlangsamen oder zum Stillstand bringen:* Der Lokführer bremste den Zug.; Er bremste den Wagen gerade noch vor der roten Ampel. ❷ ■ **jmd./etwas bremst jmdn./etwas** *(übertr.) eine Entwicklung verlangsamen:* Man kann ihn in seinem Eifer kaum bremsen.; Wenn sie ins Erzählen kommt, ist sie nicht mehr zu bremsen. **II.** *ohne OBJ* ■ **jmd./etwas bremst** *zum Halten kommen:* Der Zug bremste plötzlich.; Der Faher hat zu spät gebremst.

brenn·bar *adj /nicht steig./ so, dass ein Material in Brand geraten kann:* ein schwer brennbares Material

Brenn·ele·ment *das* <-(e)s, -e> PHYS. *Teil einer Reaktoranlage, in dem sich Kernspaltungsprozesse vollziehen*

bren·nen ['brɛnən] <brennst, brannte, hat gebrannt> **I.** *mit OBJ* ❶ ■ **jmd. brennt etwas** (aus *etwas* Dat.) *aus einem Rohstoff durch Hitzeeinwirkung ein Produkt entstehen lassen:* Ziegeln aus Lehm brennen; In dieser Gegend brennen sich viele Leute ihren Schnaps selbst. ❷ ■ **jmd. brennt etwas** (auf *etwas* Akk.) EDV *Daten auf eine CD-ROM aufbringen:* die Daten auf eine CD brennen ❸ ■ **jmd. brennt etwas** (in *etwas* Akk.) *durch Feuer oder Glut ein Loch in etwas entstehen lassen:* Er brannte mit seiner Zigarette ein Loch in seinen Anzug. **II.** *ohne OBJ* ❶ ■ **etwas brennt** *Flammen oder Glut erzeugen und sich dabei verbrauchen:* Die Zigarette brennt.; Das trockene Holz brennt gut. ▶ Brennholz, Brennmaterial, Brennspiritus ❷ ■ **etwas brennt** *in Brand stehen:* Die Holzhütte brennt. ❸ ■ **etwas brennt** *vor Überanstrengung schmerzen:* Die Augen/die Füße brennen. ❹ ■ **etwas brennt in**

den Augen *die Augen stark reizen:* Der Qualm brennt in den Augen. ❺ **jmd. brennt auf etwas** *Akk. ein sehr starkes Verlangen nach etwas empfinden:* Ich brenne auf ein Wiedersehen mit ihr. ❻ **etwas brennt** *ein Leuchtkörper erzeugt Helligkeit:* Die Lampe/die Kerze brennt. ▸ Brenndauer ❼ **jmd. brennt vor etwas** *Dat. sehr erregt sein:* Er brennt immer vor Ungeduld, wenn die Ferien bevorstehen.

bren·nend *adj /nicht steig./* ❶ *(umg.: ≈ sehr)* an der Aufklärung des Unfalls brennend interessiert sein ❷ *(≈ stark) in sehr hohem Maße:* brennendes Verlangen; brennend an etwas interessiert sein

Bren·ner[1] *der* <-s> */kein Plur./* Gebirgspass in Österreich

Bren·ner[2] *der* <-s, -> *Gerät mit offener Flamme zum schnellen und starken Erhitzen von etwas* ◆ Gas-

Bren·ne·rei *die* <-, -en> ❶ */kein Plur./ die Herstellung von Branntwein* ❷ *Betrieb, der Branntwein herstellt* ◆ Schnaps- ❸ *(≈ Kaffeerösterei)* ◆ Kaffee-

Brenn·glas *das* <-es, Brenngläser> *(≈ Konvexlinse) speziell geschliffene Glaslinse*

Brenn·nes·sel *die* <-, -n> BOT. *eine Pflanze, deren Blättern bei Berührung ein brennendes Gefühl auf der Haut erzeugen*

Brenn·punkt *der* <-(e)s, -e> ❶ PHYS. *(≈ Fokus) der Punkt, in dem sich die Strahlen brechen, die in eine Linse einfallen:* den Brennpunkt einer Linse bestimmen ❷ MATH. *ein Punkt, um den Kegelschnitte konstruiert werden* ❸ CHEM. *(≈ Flammpunkt) die Temperatur, bei der sich ein Stoff entzündet und weiterbrennt* ❹ *(übertr.: ≈ Blickpunkt, Mittelpunkt) zentraler Punkt oder Stelle, auf die die allgemeine Aufmerksamkeit gerichtet ist:* Dieses Problem steht im Brennpunkt des Interesses.

Brenn·spie·gel *der* <-s, -> PHYS. *Hohlspiegel, in dessen Brennpunkt eingefallene Sonnenstrahlen eine so starke Temperatur erzeugen, dass man daran etwas entzünden kann*

Brenn·stab *der* <-(e)s, Brennstäbe> PHYS. *Einzelteil eines Brennelements, das in einen Kernreaktor eingebracht wird*

Brenn·stoff *der* <-(e)s, -e> *leicht entzündlicher Stoff, mit dem Wärme erzeugt wird:* fossile Brennstoffe

Brenn·stoff·zel·le *die* <-, -n> PHYS. *ein technisches Gerät, das aus Wasserstoff und (dem in der Luft enthaltenen) Sauerstoff Wasser erzeugt, wobei bei diesem Prozess nutzbare elektrische Energie frei wird* ◆ -nauto

Brenn·wei·te *die* <-, -n> FOTOGR. *Entfernung zwischen Objektiv und Film:* die Brennweite einstellen

brenz·lig *adj (umg.: ≈ gefährlich)* Wenn das Wasser weiter steigt, wird unsere Lage langsam brenzlig.

Bre·sche für jemanden in die Bresche springen *(umg.) jmdm. helfen, indem man an seiner Stelle etwas tut;* **für jemanden eine Bresche schlagen** *(umg.) sich für jmdn. einsetzen*

Brett *das* <-(e)s, -er> ❶ *ein langes, flaches Stück Holz:* aus Brettern einen Verschlag zimmern ◆ -erbude, -erwand, -erzaun ❷ *(≈ Spielbrett) die Holzplatte, auf der man beim Brettspielen die Figuren bewegt;* **ein Brett vor dem Kopf haben** *(umg.) etwas nicht sofort verstehen;* **schwarzes Brett** *Tafel in einem öffentlichen Gebäude, an dem Mitteilungen ausgehängt sind* eine Anzeige ans schwarze Brett hängen ◆ -spiel

Bre·vier *das* <-s,-e> ❶ REL. *Gebetbuch mit Stundengebeten* ❷ *Sammlung mit einzelnen Textstellen eines Dichters:* ein Goethe-Brevier

Bre·zel, *a.* **Bret·zel** *die* ['breːts̩l] <-, -n> *ein Gebäck, das wie eine Acht geformt und mit groben Salzkörnern bestreut ist* ◆ Laugen-, Salz-, Zucker-

Brief *der* [briːf] <-(e)s, -e> *ein Text, der mit der Hand oder Maschine auf ein Blatt Papier geschrieben ist, sich an eine bestimmte Person richtet und per Post transportiert wird:* einen geschäftlichen/privaten Brief schreiben; den Brief in den Umschlag stecken/zur Post bringen/in den Briefkasten einwerfen; **jemandem Brief und Siegel auf etwas geben** *(geh.) jmdm. etwas fest versprechen* ◆ -block, -bogen, -freund(in), -kopf, -kuvert, -öffner, -papier, -partner(in), -post, -schreiber(in), -sendung, -telegramm, -träger(in), -umschlag, -werbung, Abschieds-, Dankes-, Droh-, Express-, Geschäfts-, Liebes-, Privat-

Brief·ab·la·ge *die* <-, -n> *Behälter, in dem man Briefe ablegt, die noch beantwortet werden müssen*

Brief·be·schwe·rer *der* <-s, -> *ein Gegenstand, den man auf Papier legt, damit es nicht vom Wind fortgeweht werden kann*

Brief·ge·heim·nis *das* <-ses, -se> RECHTSW. *ein Grundrecht, das zusammen mit dem Post- und Fernmeldegeheimnis garantiert, dass persönliche schriftliche Mitteilungen nicht von staatli-*

chen Institutionen geöffnet werden dürfen: eine Verletzung des Briefgeheimnisses

Brie·fing das <-s, -s> *eine kurze Besprechung, in der jmd., der eine bestimmte Aufgabe ausführen soll, Informationen darüber erhält, was dabei zu beachten ist:* die Mitarbeiter zu einem Briefing zusammenrufen; der Werbeagentur ein Briefing für die neuen Anzeigen geben

Brief·kas·ten der <-s, Briefkästen> ➊ *speziell gekennzeichneter Sammelbehälter an Straßen, der regelmäßig geleert wird und in den man (frankierte) Briefe einwerfen kann, die man per Post schicken will* ➋ *eine Art Kasten an der Tür eines Hauses, in welchen eingehende Briefe (vom Briefträger) geworfen werden*

Brief·kas·ten·fir·ma die <-, Briefkastenfirmen> *(verhüll.) in betrügerischer Absicht gegründete Scheinfirma, die über keine echten Betriebsmittel verfügt, sondern lediglich über ihre Adresse und Bankverbindung (illegale) Geschäfte ablaufen lässt:* Über die Konten einer Briefkastenfirma in Liechtenstein wurden die finanziellen Transaktionen abgewickelt.

brief·lich adj /nicht steig./ *so, dass etwas durch einen Brief geschieht:* sich brieflich an die Behörde wenden; auf eine briefliche Antwort warten

Brief·mar·ke die <-, -n> *ein Postwertzeichen zum Freimachen von Postsendungen, das man auf einen Briefumschlag klebt* ◆ -nautomat, -nsammler(in), -nsammlung

Brief·ro·man der <-s, -e> LIT. *Roman, der ausschließlich oder überwiegend in Form von Briefen geschrieben wurde*

Brief·ta·sche die <-, -n> *kleine Mappe (aus Leder) für Ausweise und Geldscheine*

Brief·tau·be die <-, -n> *Taube mit einem sehr guten Orientierungssinn, die zur Überbringung von Nachrichten eingesetzt werden kann*

Brief·wahl die <-> /kein Plur./ POL. *bei Wahlen die Stimmabgabe durch einen Brief (in dem Fall, dass der Wähler/die Wählerin am Wahltag nicht persönlich anwesend sein kann)* ◆ -antrag, -unterlagen

Brief·wech·sel der <-s, -> ➊ *(≈ Korrespondenz) Austausch von Briefen:* mit einem Freund in regelmäßigem Briefwechsel stehen ➋ *Sammlung gedruckter Briefe von zwei Briefpartnern:* der Briefwechsel von Goethe und Schiller

briet [bri:t] Prät. von **braten**

Bri·ga·de die <-, -n> ➊ MILIT. *selbstständiger Verband des Heeres, der aus Truppenteilen verschiedener Waffengattungen besteht* ◆ -kommandeur ➋ GESCH. *kleinste Arbeitsgruppe in einem Produktionsbetrieb der ehemaligen DDR* ◆ -leiter

Bri·kett das <-s, -s/(-e)> *in die Form eines Quaders gepresste Braun- oder Steinkohle:* den Ofen mit Briketts heizen

Bril·lant der [brɪl'jant] <-en, -en> *geschliffener Diamant* ◆ -kette, -ohrring, -ring, -schliff

bril·lant [brɪl'jant] adj *(≈ glänzend) vortrefflich oder hervorragend:* ein brillanter Schauspieler, eine brillante Aufführung/Rede

Bril·lanz die <-> /kein Plur./ ➊ FOTOGR. *(≈ Bildschärfe) gestochene Schärfe einer Fotografie* ➋ *meisterhafte Technik bei der Darbietung von etwas:* die Brillanz seines Violinspiels

Bril·le die ['brɪlə] <-, -n> *zwei Linsen aus Glas oder Kunststoff, die (in ein Gestell gefasst) so vor den Augen des Benutzers getragen werden, dass sie die Sehleistung seiner Augen verbessern oder die Augen schützen:* eine elegante/goldene/randlose Brille; eine Brille mit dicken Gläsern; die Brille abnehmen/aufsetzen/putzen/ins Etui stecken/ verlegt haben ◆ -netui, -ngestell, -nglas, -nträger(in), Lese-, Schutz-, Sonnen-, Taucher-

bril·lie·ren [brɪl'ji:rən] <brillierst, brillierte, hat brilliert> *mit OBJ* ■ **jmd. brilliert mit etwas** Dat. *durch besondere Fähigkeiten oder Leistungen herausragen:* Der Pianist brilliert mit seinem virtuosen Spiel.

Brim·bo·ri·um das <-s> /kein Plur./ *(abwert.) unnützer Aufwand:* das ganze Brimborium zu Weihnachten

brin·gen ['brɪŋən] <bringst, brachte, hat gebracht> *mit OBJ* ➊ ■ **jmd. bringt etwas irgendwohin** *an einen bestimmten Ort transportieren:* Der Briefträger bringt die Post.; Bringe bitte den Mantel in die Reinigung! ➋ ■ **etwas bringt etwas** *als Folge nach sich ziehen:* Das bringt nur Ärger!; etwas bringt viel Anerkennung/Geld/Ruhm ➌ ■ **etwas bringt etwas** *ein bestimmtes Ergebnis bewirken:* Und was hat das jetzt gebracht?; Das bringt nichts. ➍ ■ **jmd. bringt es zu etwas** Dat. *durch Leistungen ein bestimmtes Ziel erreichen, das mit gesellschaftlichem Ansehen und materiellem Erfolg verbunden ist:* Er hat es immerhin bis zum Hauptmann/zum Professor gebracht.; Sie wollte es im Leben zu etwas bringen. ➎ ■ **jmd. bringt jmdn./ etwas in etwas** Akk. *bewirken, dass jmd. oder etwas in eine bestimmte Situation ge-*

rät: Du bringst mich immer wieder in Schwierigkeiten.; Nach dieser Aufregung konnte sie ihn kaum zur Ruhe bringen.; Die heftige Auseinandersetzung brachte ihn richtig in Rage. ❻ **jmd. bringt jmdn. irgendwo hin** *jmdn. an einen anderen Ort begleiten:* Die Mutter bringt das Kind ins Bett.; Nach dem Theaterbesuch brachte er sie nach Hause. ❼ **jmd. bringt jmdn. um etwas** *Akk. jmd. handelt so, dass ein anderer Schaden erleidet:* Diese öffentliche Mitteilung brachte seinen Partner um seinen guten Ruf.; **jemand/etwas bringt's (voll)** *(umg.) jmd. oder etwas ist sehr gut* Das Handy bringt's voll! Damit kann ich sogar ins Internet!

bri·sant *adj (geh. verhüll.: ≈ heikel) so, dass etwas großes Interesse erzeugt, weil es Anlass zu Diskussionen oder zu heftigen Kontroversen gibt:* Er vertrat eine brisante These.; Bei diesem brisanten Thema darf man sich auf heftige Diskussionen gefasst machen. ▸ Brisanz

Bri·se die <-, -n> *leichter Wind, besonders über dem Meer und an der Küste:* Vom Meer her weht eine leichte Brise.

Broc·co·li der *Plur. siehe* **Brokkoli**

Bröck·chen das <-s, -> *kleiner Brocken:* ein Bröckchen Brot

brö·ckeln <bröckelst, bröckelte, hat/ist gebröckelt> I. *mit OBJ* **jmd. bröckelt etwas in/auf etwas** *Akk. (haben) in Form vieler kleiner Stücke fallen lassen:* Er hat das Brot in die Suppe gebröckelt. II. *ohne OBJ* **etwas bröckelt (von etwas** *Dat.)* *(sein) etwas fällt in vielen kleinen Stücken von etwas herunter:* Der Putz bröckelt (von der Mauer).

Bro·cken der <-s, -> *ein größerer Klumpen von etwas:* ein Brocken Fleisch/Lehm; **ein harter Brocken sein** *(umg.) eine schwierige Aufgabe sein*

bro·cken <brockst, brockte, hat gebrockt> *mit OBJ* **jmd. brockt etwas in etwas** *Akk. etwa in Form von einzelnen Brocken in etwas fallen lassen:* Er brockt das Brot in die Suppe.

bröck·lig, *a.* **brö·cke·lig** *adj aus vielen kleinen Bröckchen bestehend, sodass ein Zerfallen/Auseinanderfallen droht:* eine bröcklige Mauer

bro·deln <brodelst, brodelte, hat gebrodelt> *ohne OBJ* **etwas brodelt** *mit sehr großer Hitze kochen:* Die Lava brodelt.

Bro·dem der <-s> */kein Plur./ (geh.) (einen üblen Geruch verbreitender) Dunst*

Broi·ler der <-s, -> OSTMDT. *gegrilltes Hähnchen*

Bro·kat der <-(e)s, -e> *schweres, gemustertes, meist mit Gold- oder Silberfäden gearbeitetes Gewebe:* eine Kissenhülle aus Brokat ◆ Gold-, Silber-

Bro·ker der <-s, -> ['broːkɐ, 'brouka] -> WIRTSCH. *jmd., der beruflich mit Wertpapieren handelt*

Brok·ko·li, *a.* **Broc·co·li** *Plur. blumenkohlähnliche Gemüseart*

Brom·bee·re die <-, -n> ❶ BOT. *zu den Rosengewächsen gehörende Pflanze, die in Ranken oder als Strauch wächst* ❷ *Frucht der Brombeere¹* ▸ Brombeerkonfitüre, Brombeerlikör, Brombeermarmelade, Brombeersaft, Brombeerstrauch

Bron·ze die ['brɔnsə, 'brõːsə] <-, -n> ❶ /kein Plur./ *eine Mischung aus Kupfer und Zinn* ❷ *Kunstgegenstand aus Bronze¹:* Er hat seine Bronzen in einer Galerie ausgestellt. ◆-relief ❸ SPORT (↔ Gold, Silber) *Medaille aus Bronze¹ für den dritten Platz in einem Wettbewerb* ◆-medaille ▸ bronzefarben/bronzefarbig, bronzen

Bro·sche die ['brɔʃə] <-, -n> *Schmuckstück, das mit einer Nadel angesteckt wird*

bro·schie·ren <broschierst, broschierte, hat broschiert> *mit OBJ* **jmd. broschiert etwas** DRUCKW. *Druckbogen in einen Umschlag aus Karton heften oder leimen* ▸ broschiert, Broschur, Bruschureinband

Bro·schü·re die [brɔˈʃyːrə] <-, -n> *leicht geheftetes, kleineres Druckwerk, das über etwas informiert* ◆ Informations-, Werbe-

Brö·sel der <-s, -> *(≈ Krümel) ein kleines Stückchen von einer festen, trockenen Substanz:* sich die Brösel von der Jacke klopfen ◆ Kuchen-, Semmel-

Brot das [broːt] <-(e)s, -e> ❶ *das Grundnahrungsmittel, das aus Mehl, Salz, Wasser und Hefe gebacken wird:* Die Gefangenen lebten von Wasser und Brot.; Unser tägliches Brot gib uns heute! ◆-kasten, -krume, -laib, -rinde, -scheibe, -schneidemaschine, Grau-, Knäcke, Kümmel-, Roggen-, Schwarz-, Vollkorn-, Weiß- ❷ *ein gebackenes Stück von Brot¹:* das Brot in Scheiben schneiden; beim Bäcker ein Brot und fünf Brötchen kaufen ◆-laib ❸ *eine Scheibe von Brot²:* ein Brot mit Käse/Wurst belegen; ein Brot mit Butter/Frischkäse/Marmelade bestreichen; für den Ausflug Brote machen ◆ Butter-, Frühstücks-, Käse-, Wurst-

Brot- *als Erstglied zusammengesetzter Substantive; drückt im Hinblick auf die erst im jeweiligen Kontext genauer bestimmten Tätigkeiten aus, dass man diese nicht etwa*

aus Leidenschaft oder aufgrund besonderer Zuneigung ausübt, sondern zum bloßen Geldverdienen: Die Tätigkeit als Taxifahrer blieb für den Dichter immer ein Brotberuf ◆ -arbeit, -beruf, -kunst, -studium

Bröt·chen *das* ['brø:tçən] <-s, -> *(≈ Semmel) ein meist rundes Gebäck, das aus Mehl, Salz, Wasser und Hefe gebacken wird:* frische/knusprige Brötchen zum Frühstück; Brötchen beim Bäcker holen; ■ **kleinere Brötchen backen** *(umg.) sich mit weniger zufrieden geben;* ■ **seine Brötchen verdienen mit ...** *(umg.) seinen Lebensunterhalt verdienen mit ...* ◆ Mohn-, Rosinen-, Sesam-

Bröt·chen·ge·ber *der* <-s, -> *(umg. scherzh.)* Arbeitgeber

Brot·ein·heit *die* <-, -en> MED. *Einheit zur Berechnung der Menge an Kohlenhydraten, die für Diabetiker sehr wichtig ist*

Brot·kas·ten *der* <-s, Brotkästen> *kastenartiger Behälter zum Aufbewahren von Brot²*

brot·los *adj /nicht steig./ so, dass das aus einer Tätigkeit zustande kommende Einkommen nicht ausreicht, um den Lebensunterhalt zu bestreiten:* Die Malerei war auch früher oft schon eine brotlose Kunst

Brot·neid *der* <-(e)s> /kein Plur./ *(geh.) Neid auf den Verdienst eines anderen*

Brot·rin·de *die* <-, -n> *äußere Kruste von Brot²:* eine knusprige Brotrinde

Brot·schrift *die* <-, -en> DRUCKW. *Schriftart für Bücher und Zeitungen, die besonders häufig verwendet wird. (In früheren Zeiten konnte man mit der Brotschrift einfacher und leichter Geld verdienen.)*

Brot·zeit *die* <-, -en> ❶ *Pause, während der man etwas isst (und trinkt)* ❷ */kein Plur./ das, was man zur Brotzeit¹ isst (und trinkt):* eine Brotzeit mit zur Arbeit nehmen

Brow·ser *der* ['braʊzə] <-s, -> EDV *Suchprogramm zur Suche von Dokumenten im Internet*

BRT *Abkürzung von "Bruttoregistertonne"*

Bruch *der* [brʊx] <-(e)s, Brüche> ❶ *das Brechen II.3 von etwas* ◆ -stelle, Achs-, Damm-, Rohr- ❷ */kein Plur./ Missachtung einer Abmachung* ◆ Ehe-, Friedens-, Vertrags- ❸ MATH. *kurz für "Bruchzahl"* ◆ -rechnung ❹ MED. *kurz für "Knochenbruch" oder "Eingeweidebruch"* ◆ -band, Arm-, Bein-, Leisten- ❺ *Abreißen einer wichtigen Verbindung:* der Bruch der Freundschaft; der Bruch mit der Tradition; ■ **etwas geht in die Brüche** *(umg.) eine Verbindung zwischen Menschen reißt ab* Ihre Freundschaft ging in die Brüche. ❻ *(umg. abwert.) ein minderwertiger Gegenstand:* Ihre so genannten Möbel hier: Das ist doch alles Bruch! ◆ -bude ❼ *(Jargon: ≈ Einbruch)* Kaum aus dem Gefängnis entlassen hatte er schon wieder einen Bruch gemacht.

bruch·fest *adj /nicht steig./ so, dass es nicht zerbrechen kann:* Brillengläser aus bruchfestem Kunststoff ▸ Bruchfestigkeit

brü·chig *adj (≈ morsch) so, dass es leicht brechen kann:* ein brüchiger Knochen; eine brüchige Beziehung

Bruch·lan·dung *die* <-, -en> ❶ *Flugzeugunglück, das durch eine missglückte Landung verursacht wird* ❷ *(übertr.) Misserfolg:* Mit seinem neuen Projekt erzielte er eine Bruchlandung.

Bruch·pi·lot *der* <-en, -en> *(umg. abwert.) jmd., der eine Bruchlandung hinter sich hat*

bruch·si·cher *adj /nicht steig./ gegen Zerbrechen gesichert:* Das Porzellan wird für den Transport bruchsicher verpackt.

Bruch·strich *der* <-(e)s, -e> MATH. *der kleine Strich innerhalb einer Bruchzahl, oberhalb dessen der Zähler¹ und unterhalb dessen der Nenner steht*

Bruch·stück *das* <-(e)s, -e> ❶ *Teil, das von etwas abgebrochen ist:* das Bruchstück einer Vase; Er konnte nur einzelne Bruchstücke des Gesprächs verstehen. ❷ *(≈ Fragment) unvollendeter Teil eines Kunstwerks:* Bisher wurden nur Bruchstücke seines literarischen Schaffens veröffentlicht.

bruch·stück·haft *adj so, dass nur Teile von etwas vorhanden sind:* Ich kann mich nur noch bruchstückhaft an diesen Abend erinnern.

Bruch·teil *der* <-(e)s, -e> *sehr kleiner Teil von etwas:* im Bruchteil einer Sekunde ◆ Sekunden-

Brü·cke *die* ['brʏkə] <-, -n> ❶ *ein Bauwerk, das es ermöglicht, einen Fluss, ein Tal oder eine Straße zu überqueren:* eine hölzerne/steinerne Brücke; eine Brücke über den Rhein ◆ -nbau, -ngeländer, -nkonstruktion, -npfeiler, -nrampe, -nträger, Autobahn- Eisenbahn-, Hänge-, Holz-, Stein- ❷ *etwas, das eine verbindende Funktion hat:* Die Kunst lässt Brücken zwischen Menschen verschiedener Nationen entstehen. ◆ -nfunktion ❸ *eine Zahnprothese, die eine Zahnlücke überbrückt* ◆ Basis-, Implantat- ❹ SEEW. *Kommandozentrale auf einem Schiff* ◆ Kommando- ❺ *(≈ Läufer) ein schmaler Teppich* ❻ SPORT *eine gym-*

nastische Übung, bei der der Körper so weit zurückgebogen wird, bis die Hände den Boden erreichen

Brü·cken·tag der <-(e)s, -e> *Arbeitstag, der zwischen zwei freien Tagen liegt und sich deshalb als Urlaubstag anbietet*

Bru·der der ['bruːdɐ] <-s, Brü·der> ❶ *männlicher Verwandter, der von denselben Eltern abstammt:* Mein Bruder ist älter als ich.; Sie hat noch zwei Brüder und eine Schwester. ◆-kuss, Zwillings- ❷ *Bezeichnung für einen Mönch oder Ordenspriester:* ein geistlicher Bruder ◆ Kloster-, Ordens- ❸ *(geh.) jmd., mit dem sich jmd. sehr verbunden fühlt (persönlich oder auf staatlicher Ebene):* Sie waren Brüder im Geiste. ◆-krieg, -land, -volk, Bundes-, Glaubens-

brü·der·lich adj /nicht steig./ *so, wie es unter Brüdern üblich ist:* sich etwas brüderlich teilen ▸ Brüderlichkeit

Bru·der·lie·be die <-> /kein Plur./ ❶ *Liebe zum Bruder* ❷ *christliche Nächstenliebe:* sich in Bruderliebe um die Armen kümmern

Bru·der·schaft die <-, -en> REL. *katholische Vereinigung von Geistlichen und Laien*

Brü·der·schaft die <-, -en> /Plur. selten/ *brüderliches Verhältnis, enge Freundschaft;* ▪ **Brüderschaft trinken** *den Beginn einer Duzfreundschaft feiern, indem man gemeinsam Wein o.Ä. trinkt, nachdem man sich das „Du" angeboten hat*

Brü·he die ['bryːə] <-, -n> ❶ KOCH. *(≈ Bouillon) eine klare Suppe, die durch das Kochen von Fleisch, Gemüse o.Ä. zubereitet wird:* eine Tasse heiße Brühe trinken ◆ Gemüse-, Hühner-, Rinder- ❷ *(abwert.) ein schlecht schmeckendes Getränk:* Und diese Brühe nennt ihr „Kaffee"? ❸ *(abwert.) verschmutztes Wasser:* In dieser schmutzigen Brühe kann man nicht baden.

brü·hen <brühst, brühte, hat gebrüht> *mit OBJ* ▪ *jmd. brüht etwas auf mit heißem Wasser zubereiten:* den Kaffee frisch brühen; frisch gebrühter Kaffee

brüh·heiß adj /nicht steig./ *kochend heiß:* eine brühheiße Flüssigkeit

brüh·warm adv /nicht steig./ *(umg.) als Nachricht total/völlig neu, sodass Anlass besteht, sofort darüber Mitteilung zu machen:* Natürlich musste sie die Neuigkeit brühwarm weitererzählen.

Brüh·wür·fel der <-s, -> *in Würfelform gepresster Extrakt aus Gemüse, Fleisch, Gewürzen o.Ä., der beim Auflösen in heißem Wasser eine Brühe¹ ergibt*

brül·len ['brʏlən] <brüllst, brüllte, hat gebrüllt> I. *mit OBJ* ▪ *jmd. brüllt etwas (≈ schreien ↔ flüstern) sehr laut rufen:* Er brüllte etwas über die Straße, was ich nicht verstand.; Der Offizier brüllte die Kommandos über den Hof. II. *ohne OBJ* ▪ *jmd. brüllt (≈ schreien) sehr laut schreien:* Das Kind brüllt schon seit Stunden.; Der Verletzte brüllte vor Schmerzen.; ▪ **zum Brüllen sein** *(umg.) sehr lustig sein;* ▪ **Gut gebrüllt Löwe!** *(umg.) Das hast du gut gesagt!*

Brumm·bär der <-en, -en> *(umg. abwert.) schlecht gelaunter, unfreundlicher Mensch*

brum·men <brummst, brummte, hat gebrummt> I. *mit OBJ* ▪ *jmd. brummt etwas* ❶ *einen langen tiefen Ton von sich geben:* Der Sänger brummte die tiefsten Töne nur, statt sie zu singen. ❷ *(≈ murmeln) etwas unverständlich artikulieren:* Er brummte eine Antwort vor sich hin, so dass ihn niemand verstehen konnte. ❸ *etwas in schlechter Laune äußern:* „So geht das nicht", brummte er. II. *ohne OBJ* ▪ *jmd./etwas brummt* ❶ *einen langen, tiefen Ton von sich geben:* Der Motor brummt.; Der Bär brummt. ❷ *(Jargon) eine Gefängnisstrafe verbüßen:* Er brummt seit einem Jahr. ❸ ▪ **jemandem brummt der Kopf** *jmd. hat Kopfschmerzen* Mir brummt nach dem stundenlangen Lernen der Kopf.

Brum·mer der <-s, -> *(umg.)* ❶ *eine große, meist lästige Fliege* ❷ *ein schwerer Lastkraftwagen*

brum·mig adj *(umg.) mürrisch, übel gelaunt:* ein brummiges Gesicht machen ▸ Brummigkeit

Brumm·schä·del der <-s> /kein Plur./ *(umg.: ≈ Kater) Kopfschmerzen nach übermäßigem Alkoholgenuss*

Brunch der [brantʃ, branʃ] <-(e)s, -e/ (e)s> *ein am späteren Vormittag eingenommenes reichhaltiges Frühstück, welches das Mittagessen ersetzt*

brun·chen ['brantʃn] <brunchst, brunchte, hat gebruncht> *ohne OBJ* ▪ *jmd. bruncht einen Brunch einnehmen*

brü·nett adj /nicht steig./ *mit bräunlicher Haarfarbe:* Sie ist ein brünetter Typ. ▸ die/ eine Brünette

Brunft die <-, Brünfte> *siehe* **Brunst**

Brun·nen der ['brʊnən] <-s, -> ❶ *eine eingefasste Anlage, bei der man aus einem Loch, das tief in die Erde gebohrt ist, Grundwasser entnehmen kann:* einen Brunnen bohren ◆-schacht, -wasser, Dorf-,

Brunst die <-, Brünste> /meist im Sing./ ZOOL. (≈ Brunft, Brunstzeit) Paarungszeit bei vielen Säugetieren, z.B. bei Rehen und Hirschen

brüns·tig adj /nicht steig./ ZOOL. so, dass ein Tier paarungsbereit ist: ein brünstiger Hirsch

brüsk adj (≈ barsch, schroff) unerwartet unhöflich: eine brüske Antwort geben; jmdm. brüsk den Rücken kehren

brüs·kie·ren <brüskierst, brüskierte, hat brüskiert> mit OBJ ▪ **jmd. brüskiert jmdn.**(mit etwas Dat./durch etwas Akk.); ▪ **etwas brüskiert jmdn.** (geh.) schroff und abweisend sein und damit jmdn. erschrecken und beleidigen: Er brüskiert sie mit seiner unfreundlichen Art.; Sein Verhalten hat mich brüskiert.

Brust die [brʊst] <-, Brüste> ❶ /kein Plur./ der vordere Teil des Oberkörpers: die behaarte Brust des Mannes; Die Pistolenkugel durchschlug die Brust.; Bei diesem Eingriff muss der Chirurg die Brust öffnen. ◆-bein, -fell, -haar, -korb, -muskel, -umfang, -warze, -wickel ❷ (≈ Brusthöhle) Innenraum des Rumpfes: Das Herz schlägt ihm in der Brust. ◆-schmerz, -entzündung ❸ eines der beiden Organe an der Vorderseite der Brust[1] der Frau: dem Kind die Brust geben; ▪ **einen zur Brust nehmen** (umg.) Alkohol trinken; ▪ **jemanden an die Brust drücken** jmdn. umarmen ◆-knoten, -krebs, -plastik, -schmerz, Mutter-

Brust·beu·tel der <-s, -> eine kleine Tasche, die an einem Band um den Hals unter der Kleidung getragen wird und vor der Brust[1] hängt und in der man meist Geld transportiert

brüs·ten <brüstest, brüstete, hat gebrüstet> mit SICH ▪ **jmd. brüstet sich (mit etwas** Dat.) **(vor jmdm.)** (abwertend.:≈ prahlen) zeigen, dass man sehr stolz auf sich ist, indem man immer wieder von seinem Erfolg spricht: Er brüstete sich schon wieder mit seiner Note.

Brust·schwim·men das <-s> /kein Plur./ SPORT eine Schwimmtechnik, bei der der Schwimmer mit der Brust auf dem Wasser liegt ▶ Brustschwimmer(in)

Brüs·tung die <-, -en> eine Schutzwand, ein Geländer an Balkonen und Brücken, die verhindern soll, dass jmd. abstürzt: Sie beugte sich über die Brüstung, um in den Hof hinunter zu sehen. ◆-swand, Balkon-, Fenster-, Holz-, Marmor-

Brut die <-> /kein Plur./ ❶ aus Eiern geschlüpfte Jungtiere: Die Amsel füttert ihre Brut. ❷ das Brüten[1] ◆-ei, -henne, -zeit, Vogel- ❸ (abwertend.:≈ Gesindel, Pack) Gruppe von Personen, die man ablehnt

bru·tal [bru'ta:l] adj (abwertend.:≈ barbarisch) roh und gewalttätig: ein brutaler Mensch; Das Opfer wurde brutal misshandelt.

Bru·ta·li·sie·rung die <-> /kein Plur./ das Verrohen: Nimmt die Brutalisierung an den Schulen zu?

Bru·ta·li·tät die <-, -en> ❶ /kein Plur./ Gewalttätigkeit, Rücksichtslosigkeit ❷ gewalttätige, rücksichtslose Tat

brü·ten <brütest, brütete, hat gebrütet> ohne OBJ ❶ **ein Tier brütet** als Vogel auf befruchteten Eiern sitzen: Die Vögel brüten in dieser Jahreszeit. ❷ ▪ **jmd. brütet über etwas** Dat. (umg.) über etwas angestrengt nachdenken: Seit Tagen schon brütete sie über dieser Aufgabe.

brü·tend adj /nicht steig./ ▪ **brütend heiß** sehr heiß; ▪ **brütende Hitze** sehr große Hitze

Brü·ter der <-s, -> PHYS. ▪ **schneller Brüter** Kernreaktor zur Erzeugung von spaltbarem Material

Brut·hen·ne die <-, -n> (≈ Glucke) Henne, die brütet[1]: Die Bruthenne sitzt auf dem Nest mit den Eiern.

Brut·kas·ten der <-s, Brutkästen> MED. ein Apparat zur Versorgung von Babys, die zu früh geboren wurden

Brut·schrank der <-(e)s, Brutschränke> ❶ beheizbarer Schrank, in dem Eier ausgebrütet werden ❷ BIOL., MED. (≈ Brutapparat) beheizbarer Laborschrank zur Aufzucht von Mikroorganismen

Brut·stät·te die <-, -n> ❶ (≈ Brutplatz) Ort, an dem die Eier ausgebrütet werden ❷ (abwertend.) Ort, an dem sich Seuchen, Ungeziefer und Verbrechen besonders gut entwickeln: eine Brutstätte der Kriminalität

brut·to ['brʊto] adv /nicht steig./ (↔ netto) ❶ ohne Abzug von Steuern und Steuern ▶ Bruttoeinkommen, Bruttoeinnahme, Bruttoertrag, Bruttogewinn, Bruttolohn, Bruttomonatsentgeld, Bruttowertschöpfung, Bruttozuwachs ❷ Warengewicht mit Verpackung ▶ Bruttogewicht

Brut·to·preis der <-es, -e> (↔ Nettopreis) Gesamtpreis vor Abzug von Rabatt

Brut·to·raum·zahl die <-, -en> SEEW. Einheit, mit der der Rauminhalt eines Schiffes errechnet wird

Brut·to·so·zi·al·pro·dukt das <-(e)s, -e> WIRTSCH. die Gesamtheit aller Dienst-

leistungen und Wirtschaftsgüter eines bestimmten Wirtschaftsbereiches innerhalb eines bestimmen Zeitraumes

brut·zeln <brutzelst, brutzelte, hat gebrutzelt> *(umg.)* **I. mit OBJ** ▪ **jmd. brutzelt etwas** *etwas braten:* Er brutzelt ein Schnitzel. **II. ohne OBJ / mit OBJ** ▪ **etwas brutzelt (irgendwo)** *gebraten werden:* Der Fisch brutzelt in der Pfanne.

BSE die [beˈɛsˈeː] <-> *(≈ Rinderwahnsinn) kurz für „bovine spongiforme Enzephalopathie", Seuche, die vor allem bei Rindern zu unheilbaren Veränderungen im Gehirn führt:* Sie isst aus Angst vor BSE kein Rindfleisch mehr.

Bub, **Bu·be** der <-en/-n, -en/-n> SÜDDT., ÖSTERR., SCHWEIZ. *(≈ Junge)*

Büb·chen das <-s, -> *(≈ Büblein) kleiner Bub*

Bu·ben·streich der <-(e)s, -e> *(≈ Jungenstreich, Dummerjungenstreich)*

Bu·ben·stück das <-s, -e> *(veralt.) üble Tat (≈ Schurkerei)*

Bü·be·rei die <-, -en> *(geh.)* siehe **Bubenstück**

Bu·bi der <-s, -s> ❶ *Koseform von „Bube"* ❷ *(abwert.) unreif wirkender junger Mann:* Was willst du denn mit so einem Bubi?

Buch das [buːx] <-(e)s, Bücher> ❶ *mehr oder minder viele bedruckte Bögen Papier, die zusammengeheftet sind und von einem oft festen Umschlag aus Pappe schützend umgeben werden:* Das Buch hat 1200 Seiten.; ein Buch lesen/aus dem Regal nehmen/wieder ins Regal stellen; das Impressum/der Klappentext/der Rücken/die Seitenzahl/der Umschlag eines Buches; in einem Buch blättern ❷ *ein längerer Text in der Form eines Buches¹:* wissenschaftliche Bücher; ein informatives/lehrreiches/spannendes Buch; die Besprechung/die Leser/die Rezension/der Titel/der Verlag eines Buches ❸ WIRTSCH. */nur Plur./ Verzeichnis der Einnahmen und Ausgaben eines Betriebes:* Einsicht in die Bücher verlangen; ▪ **etwas ist jemandem ein Buch mit sieben Siegeln** *(umg.) jmd. kann etwas überhaupt nicht verstehen;* ▪ **jemand redet wie ein Buch** *(umg. abwert.) jmd. redet andauernd* ▸ -auktion, -ausstattung, -ausstellung, -club/-klub, -decke, -deckel, -druck, -format, -herstellung, -hülle, -kritik, -markt, -preis, -reihe, -umschlag, -verlag, -verleih, -versand ▸ Bücherbrett, Bücherfreund(in), Büchermarkt, Bücherregal, Bücherschrank, Bücherstütze

Buch·be·spre·chung die <-, -en> *(≈ Rezension) kritische Würdigung eines Buches in den Medien:* eine Buchbesprechung in der Zeitung lesen

Buch·bin·den das <-s> */kein Plur./ die Herstellung von Bucheinbänden und das Binden von Buchblöcken zu einem Buch* ▸ Buchbinder(in), Buchbinderei

Buch·druck der <-(e)s> */kein Plur./ das Drucken von Büchern* ▸ Buchdrucker(in)

Bu·che die <-, -n> BOT. *ein Laubbaum* ▸ Rot-

Buch·ecker die <-, -n> BOT. *Frucht der Buche*

bu·chen <buchst, buchte, hat gebucht> **mit OBJ** ❶ ▪ **jmd. bucht etwas** *verbindlich im Voraus bestellen:* Sie buchen die Reise stets schon im Herbst.; Das ganze Hotel war belegt, zum Glück hatten wir gebucht. ❷ ▪ **jmd. bucht etwas (irgendwohin)** WIRTSCH. *innerhalb der Buchführung ein- oder ausgehende Geldbeträge bestimmten Konten zuweisen:* Buchen Sie den Betrag auf das Konto für Nebenkosten!; ▪ **etwas als Erfolg buchen** *etwas als Erfolg ansehen:* Er buchte seinen ersten Auftritt vor Publikum als Erfolg.

Bü·che·rei die [byːçəˈrai] <-, -en> *öffentliche Bibliothek:* Bücher aus der Bücherei ausleihen

Bü·cher·markt der <-(e)s, Büchermärkte> *(≈ Buchmarkt) Angebot, Nachfrage und Absatz von Büchern*

Bü·cher·weis·heit die <-, -en> *(meist abwert.: ≈ Buchgelehrsamkeit) rein theoretisches Wissen, das man nur aus Büchern hat*

Bü·cher·wurm der <-s, Bücherwürmer> *(umg.) jmd., der viel liest und Bücher liebt:* Er ist ein richtiger Bücherwurm.

Buch·füh·rung die <-, -en> WIRTSCH. *(≈ Buchhaltung) Aufzeichnung aller Geschäftseinnahmen und -ausgaben*

Buch·hal·ter der, **Buch·hal·te·rin** <-s, -> WIRTSCH. *jmd., der die Bücher³ eines Unternehmens führt*

Buch·hal·ter·see·le die <-, -n> *(abwert.) Mensch, der übertrieben genau und kleinlich ist*

Buch·hal·tung die <-> */kein Plur./* WIRTSCH. *Abteilung, die die Bücher³ eines Unternehmens führt*

Buch·han·del der <-s> */kein Plur./ (die Herstellung) und der Vertrieb von Büchern, Zeitschriften, Noten und Bilddrucken* ▸ Buchhändler(in)

Buch·hand·lung die <-, -en> *Geschäft, in dem man Bücher kaufen kann*

Buch·kri·tik die <-, -en> siehe **Buchbesprechung**

Buch·la·den der <-s, Buchläden> siehe **Buchhandlung**

Büch·lein das <-s, -> *kleines Buch*

Buch·ma·cher der, **Buch·ma·che·rin** <-s, -> *(umg.) jmd., der gewerblich Pferdewetten vermittelt*

Buch·markt der <-(e)s, Buchmärkte> siehe **Büchermarkt**

Buch·prü·fer der, **Buch·prü·fe·rin** <-s, -> WIRTSCH. *(≈ Bücherrevisor) öffentlich bestellter Sachverständiger für alle Fragen des betrieblichen Rechnungswesens* ▸ Buchprüfung

Buch·se die <-, -n> TECHN. *(≈ Steckdose) die Anschlussstelle für einen Stecker (bei elektrischen Geräten)*

Büch·se die ['bʏksə] <-, -n> ❶ *(≈ Dose) kleiner Behälter aus Blech mit Deckel:* eine Büchse mit Bonbons füllen ◆-nfleisch, -nmilch, -nöffner ❷ *(≈ Jagdgewehr)* Der Jäger bekam ein Reh vor die Büchse.

Buch·sta·be der ['buːxʃtaːbə] <-ns, -n> *eines der einzelnen Zeichen eines Alphabets, das einen Laut (Phon) oder eine Lautverbindung schriftlich realisiert bezeichnet:* ein kyrillischer/lateinischer Buchstabe; ein aus vier Buchstaben bestehendes Wort

Buch·sta·ben·schloss das <-es, Buchstabenschlösser> *Sicherheitsschloss mit verstellbaren Buchstaben, das nur geöffnet werden kann, wenn die richtige Buchstabenfolge eingestellt ist*

Buch·sta·bier·al·pha·bet das <-s, -e> *festgelegte Kennwörter für die einzelnen Buchstaben des Alphabets; Hilfsmittel beim Buchstabieren von Namen und schwierigen Wörtern:* Im deutschen Buchstabieralphabet steht der Name „Ida" für den Buchstaben „I".

buch·sta·bie·ren [buːxʃtaˈbiːrən] <buchstabierst, buchstabierte, hat buchstabiert> *mit OBJ* ■ **jmd. buchstabiert (jmdm.) (etwas)** *die einzelnen Buchstaben eines Wortes oder eines Namens einzeln aufsagen:* Sie musste ihren Namen am Telefon buchstabieren.

buch·stäb·lich adv ❶ *(↔ übertragen) dem Wortsinn entsprechend gemeint:* Wenn man ins Theater geht und von „Bühne" spricht, so meint man das buchstäblich und nicht im übertragenen Sinne von „Öffentlichkeit". ❷ *wirklich, tatsächlich, regelrecht:* Wir erreichten den Zug buchstäblich in der letzten Sekunde.; Sein Gesicht war buchstäblich blau.

Bucht die <-, -en> *Teil des Meeres, der sich in das Land hinein erstreckt*

Bu·chung die ['buːxʊŋ] <-, -en> *das Buchen I, II* ◆-sbeleg, -sfehler, -smaschine, -snummer

Bu·ckel der <-s, -> ❶ *(umg.: ≈ Rücken)* jmdm. den Buckel einreiben ❷ MED. *Wölbung der Wirbelsäule nach hinten als Folge der Deformierung einzelner Wirbelkörper* ❸ *(umg.) Hügel, kleine Erhebung;* ■ **Er/Sie … kann mir den Buckel herunterrutschen!** *(umg.) er/sie … möge mich in Ruhe lassen;* ■ **jemand hat einen breiten Buckel** *jmd. hält viel aus und ist sehr belastbar;* ■ **Es läuft mir kalt den Buckel herunter.** *Es schaudert mich.*

bu·ckeln <buckelst, buckelte, hat gebuckelt> I. *mit OBJ* ■ **jmd. buckelt etwas** *(umg.) etwas sehr Schweres (auf dem Rücken) tragen:* Alle diese Schwierigkeiten hat er allein gebuckelt.; Diese Pakete kann ich schon buckeln. II. *ohne OBJ* ❶ ■ **jmd. buckelt** *jmd. macht einen Buckel* ❷ ■ **jmd. buckelt vor jmdm.** *(umg. abwert.) jmd. verhält sich unterwürfig vor jmdm.:* Er buckelte vor ihr und wagte nicht mehr, ihr Widerstand entgegenzusetzen.

bü·cken ['bʏkn̩] <bückst, bückte, hat gebückt> *mit SICH* ■ **jmd. bückt sich** *den Oberkörper nach unten beugen*

buck·lig, bu·cke·lig adj *mit einem Buckel²,³:* ein bucklig gewordener Mensch; eine bucklige Landschaft ▸ der/die Bucklige

Blück·ling der <-s, -e> ❶ *(≈ Räucherhering)* ❷ *(veralt.) Verbeugung:* Der Diener verabschiedete sich mit vielen Bücklingen.

Bud·del, Bụt·tel die <-, -n> *(umg.)* NORDDT. *Flasche:* eine Buddel Rum

bud·deln <buddelst, buddelte, hat gebuddelt> I. *mit OBJ* ■ **jmd. buddelt etwas** *(umg.: ≈ graben)* Löcher buddeln II. *ohne OBJ* ■ **jmd. buddelt** *(umg.) zum Vergnügen in etwas graben:* Die Kinder buddeln im Sand.

Bud·dhis·mus der <-> */kein Plur./* REL. *Lehre Buddhas* ▸ Buddhist(in), buddhistisch

Bu·de die ['buːdə] <-, -n> ❶ *einfacher Marktstand:* Die Buden für den Markt werden aufgebaut. ◆Markt- ❷ *(abwert.: ≈ Hütte) baufälliges Haus* ❸ *(umg.) kleines Zimmer (insbesondere von Studenten);* ■ **jemandem die Bude einrennen** *(umg.) sich jmdm. durch Besuche aufdrängen;* ■ **eine sturmfreie Bude** *(umg.) ein Zimmer, in dem man zu jeder Tages- und Nachtzeit Besuch empfangen darf*

Bu·den·zau·ber der <-s> /kein Plur./ (umg.) ausgelassenes Fest, das jmd. in seinem eigenen Zimmer oder in seiner Wohnung feiert

Bud·get das [byˈdʒeː] <-s, -s> POL., WIRTSCH. Haushaltsplan einer Gemeinde, eines Staates, einer Institution ▸-abweichung, -kürzung

Buf·di der/die <-s, -s> POL. noch nicht eingespielte Selbst-Bezeichnung derjenigen Personen, die sich zu Tägigkeiten im Rahmen des von der Bundesregierung neu geschaffenen (seit dem 01. Juli 2011 geltenden) „Bundesfreiwilligendienstes" (BFD) in Krankenhäusern etc. bereiterklären, der als Ersatz für den vormaligen Zivildienst gilt; vgl. dazu auch unter „Bundesfreiwilligendienst" und „BFDler".

Bü·fett das [byˈfɛː] <-(e)s, -s/-e> ❶ Geschirrschrank, Anrichte ❷ Schanktisch einer Gaststätte ❸ zur Selbstbedienung angerichtete Speisen: ein kaltes/warmes Buffet

Büf·fel der <-s, -> ZOOL. ein großes Rind (in Asien und Afrika) ▸-leder, Wasser-

büf·feln [ˈbyfl̩n] <büffelst, büffelte, hat gebüffelt> mit OBJ/ohne OBJ ▪ **jmd. büffelt (etwas/für etwas** Akk.) (umg.: ≈ pauken) sehr intensiv lernen: Ich habe den ganzen Abend (Vokabeln) gebüffelt.

Bug der <-(e)s, -e> /Plur. selten / LUFTF., SEEW. vorderster Teil eines Schiffes oder Flugzeugs

Bü·gel der [ˈbyːɡl̩] <-s, -> ❶ kurz für „Kleiderbügel": den Anzug auf einen Bügel hängen ❷ am Ende gebogener Teil einer Brille ❸ Griff aus festem Material am oberen Teil von Handtaschen, Kannen, Geldbörsen o.Ä. ▸-säge

Bü·gel·fal·te die <-, -n> in eine Hose gebügelte Falte

bü·gel·frei adj /nicht steig./ so, dass man Kleidungsstücke nicht oder kaum bügeln muss

Bü·gel·griff der <-s, -e> Griff in der Form eines Bügels

bü·geln [ˈbyːɡl̩n] <bügelst, bügelte, hat gebügelt> ohne OBJ ▪ **jmd. bügelt (etwas)** (mit etwas Dat.) ein Bügeleisen über Kleidungsstücke führen, damit diese glatt werden ▸ Bügelautomat, Bügelbrett, Bügeleisen, Bügelmaschine, Bügeltisch, Bügelwäsche

bü·gel·tro·cken adj /nicht steig./ so, dass Bügelwäsche nicht ganz trocken ist und sie sich somit leichter bügeln lässt

Bug·gy der [ˈbagi] <-s, -s> ❶ kleines Auto mit offener Karosserie ❷ zusammenklappbarer Kinderwagen

bug·sie·ren <bugsierst, bugsierte, hat bugsiert> mit OBJ ❶ ▪ **jmd. bugsiert etwas** (mit etwas Dat.) **irgendwohin** SEEW. ein Schiff ins Schlepptau nehmen: Das Lotsenschiff bugsiert den Hochseefrachter in den Hafen. ❷ ▪ **jmd. bugsiert jmdn. irgendwohin** (umg.) an einen bestimmten Ort, an ein bestimmtes Ziel bringen: Er war so betrunken, dass sie ihn nach Hause bugsieren mussten.

bu·hen <buhst, buhte, hat gebuht> ohne OBJ ▪ **jmd. buht** Buhrufe von sich geben, um sein Missfallen auszudrücken: Nach dem Konzert buhten die Zuschauer.

buh·len <buhlst, buhlte, hat gebuhlt> mit OBJ ❶ ▪ **jmd. buhlt um etwas** Akk. (geh. abwert.) eifern: Der ergraute Schauspieler buhlt um die Gunst des Publikums. ❷ ▪ **jmd. buhlt mit jmdm./miteinander** (veralt.) eine Liebesbeziehung mit jmdm. haben: Sie buhlt mit ihm. ▸ die Buhle (= Geliebte)

Büh·ne die [ˈbyːnə] <-, -n> ❶ Spielfläche im Theater: Der Schauspieler betritt die Bühne. ▸-nanweisung, -nausstattung, -nbearbeitung, -nbeleuchtung, -nbild, -ndarsteller(in), -neingang, -neffekt, -nerfahrung, -nerfolg, -nfassung, -nmaler(in), -nmeister, -nmusik, -nstück, -nwerk, -nwirkung, -nscheinwerfer ❷ /nur Plur./ (≈ Theater) Die städtischen Bühnen haben die neue Spielsaison eröffnet. ❸ KFZ (≈ Hebebühne) ❹ SÜDDT., SCHWEIZ. Dachboden: Auf der Bühne bewahren wir Dinge auf, die wir gerade nicht brauchen.; ▪ **etwas über die Bühne bringen** (umg.) etwas meist Unangenehmes erfolgreich erledigen

Büh·nen·bild das <-(e)s, -er> THEAT. (≈ Bühnendekoration, Szenerie) künstlerische Ausgestaltung einer Bühne¹ mit Vorhängen, Wänden, Möbeln und anderen Gegenständen, die für die Aufführung gebraucht werden

Büh·nen·bild·ner der, **Büh·nen·bild·ne·rin** <-s, -> THEAT. jmd., der beruflich Bühnenbilder entwirft, gestaltet und deren Anfertigung leitet

Büh·nen·de·ko·ra·tion die <-, -en> THEAT. siehe Bühnenbild

Büh·nen·dich·tung die <-, -en> THEAT. (≈ Theaterstück) Dichtung für die Bühne

büh·nen·ge·recht adj /nicht steig./ THEAT. so beschaffen, dass es für die Aufführung auf der Bühne geeignet ist: eine bühnengerechte Neubearbeitung des Stoffes

Büh·nen·spra·che die <-> /kein Plur./ THEAT. (besonders artikulierte) Aussprache *auf der Bühne*

Buh·ruf *der* <-(e)s, -e> *Missfallen bekundender Ausruf aus dem Publikum:* Der Redner ging unter Buhrufen von der Tribüne ab.

Bu·kett *das* <-(e)s, -s/-e> ❶ *(geh.) großer Blumenstrauß* ◆ Blumen-, Hochzeits-, Rosen- ❷ *(≈ Bouquet) Duft, der einen Wein kennzeichnet:* Der Weinkenner erkennt die Weinsorte am Bukett.

Bu·ko·lik *die* <-> /kein Plur./ LIT. *Hirten- und Schäferdichtung (besonders der Antike)* ▸ bukolisch

Bu·let·te *die* <-, -n> KOCH. *(≈ Frikadelle) mit Ei, Semmelmehl und Zwiebeln vermengtes zu einem kleineren Klumpen geformtes und in der Pfanne gebratenes Hackfleisch*

Bu·li·mie *die* <-> /kein Plur./ MED. *krankhafte Störung des Essverhaltens, so dass sich übermäßiges Essen und Erbrechen abwechseln* ◆ -kranke ▸ Bulimiker(in), bulimisch

Bull·au·ge *das* <-s, -n> SEEW. *rundes Fenster im Schiffsrumpf*

Bull·dog·ge *die* <-, -n> ZOOL. *eine kurzhaarige, stämmige Hunderasse aus England*

Bull·do·zer *der* ['buldoːzɐ] <-s, -> TECHN. *(≈ Planierraupe) schweres Raupenfahrzeug für Erdbewegungen und zum Planieren*

Bul·le *der* ['bʊlə] <-n, -n> ❶ ZOOL. *geschlechtsreifes männliches Rind* ❷ *(umg. abwert.) Polizist*

Bul·len-, bul·len- *als Erstglied einiger zusammengesetzter Substantive und Adjektive, mit Betonung auf beiden Teilen; drückt aus, dass das mit dem Zweitglied Bezeichnete besonders stark ausgeprägt ist:* Im Konzertsaal herrschte eine Bullenhitze. ◆ Bullenhitze, bullenstark

bul·lern <bullert, bullerte, hat gebullert> *ohne OBJ* ■ etw./jmd. bullert (irgendwo/irgendwohin) *(umg.) dumpfe und rhythmische Geräusche von sich geben:* Das Feuer bullert im Ofen.; Jemand bullert an der Tür.

Bul·le·tin *das* [bylˈtɛː] <-s, -s> *amtlicher Bericht oder Krankenbericht:* Die Ergebnisse der Sitzung wurden in dem Bulletin … veröffentlicht.

Bu·me·rang, Bu·me·rang *der* <-s, -s/-e> *Wurfholz der Ureinwohner Australiens*

Bu·me·rang·ef·fekt *der* <-(e)s, -e> *(übertr.) eine Entwicklung, die letztlich auf die Person, die sie ausgelöst hat, (mit ihren negativen Effekten) zurückwirkt*

Bum·mel *der* ['bʊml] <-s, -> *(umg.) gemütlicher Spaziergang* ◆ Schaufenster-, Stadt-

Bum·me·lant *der*, **Bum·me·lan·tin** <-en, -en> *(abwert.) langsamer und träger Mensch*

Bum·me·lei *die* <-> /kein Plur./ *(abwert.) Trödelei, übermäßige Langsamkeit* ▸ bummelig/bummlig

bum·meln ['bʊml̩n] <bummelst, bummelte, hat/ist gebummelt> *ohne OBJ* ❶ ■ jmd. bummelt (bei etwas *Dat.*) *(haben) (umg.) trödeln:* Du hast ganz schön gebummelt. ❷ ■ jmd. bummelt (irgendwo) *(sein) (umg.) umherschlendern:* Ich bin im Park gebummelt.

Bum·mel·streik *der* <-(e)s, -s> *besonders langsames Verrichten der Arbeit als eine Form des Streiks*

Bum·mel·zug *der* <-(e)s, Bummelzüge> *(abwert.) Nahverkehrszug, der langsam fährt und oft anhält*

bums *interj* *verwendet, um das Geräusch nachzuahmen, das bei einem Fall oder Stoß entsteht*

Bums *der* <-es, -e> ❶ *(umg.) dumpfer Knall, Aufprall:* Mit einem lauten Bums fiel die Vase zu Boden ❷ *(umg. abwert.) billige Tanzveranstaltung*

bum·sen <bumst, bumste, hat gebumst> I. *mit OBJ* ■ jmd. bumst jmdn. *(vulg.) jmd. hat mit jmdm. Geschlechtsverkehr* II. *ohne OBJ* ■ jmd. bumst gegen etwas *Akk.* *(umg.)* ❶ *laut gegen etwas schlagen:* Er hat vor Verzweiflung seinen Kopf gegen die Wand gebumst. ❷ *sich an etwas stark stoßen:* In der Dunkelheit bumste er gegen den Schrank. ❸ ■ jmd. bumst *(vulg.) jmd. hat Geschlechtsverkehr mit jmdm.;* ■ Es hat gebumst! *(umg.) Es hat einen Verkehrsunfall gegeben.*

Bund[1] *der* <-(e)s, -e> *etwas, das zusammengebunden ist:* ein Bund Petersilie

Bund[2] *der* <-(e)s, Bünde> *offizieller Zusammenschluss einer bestimmten beruflichen oder sozialen Gruppe;* ■ den Bund fürs Leben schließen *(geh.) heiraten;* ■ Bund und Länder *die Regierung und die Bundesländer*

Bund[3] *der* <-(e)s, Bünde> *Abschluss einer Hose oder eines Rockes an der Taille*

Bund[4] ■ beim Bund *(umg.) bei der Bundeswehr*

Bund[5] *der* <-> *Organe/Institutionen/Behörden/Einrichtungen auf der übergeordneten staatlichen Ebene der Bundesrepublik Deutschland, im Unterschied zu der Länderebene:* der Bund und die Länder; Förderprogramme des Bundes ◆ -esmittel

Bün·del das <-s, -> *mehrere Dinge, die zusammengebunden sind*

bün·deln <bündelst, bündelte, hat gebündelt> *mit OBJ* ■ *jmd. bündelt etwas* ❶ *mehrere Dinge oder Ereignisse nach bestimmten Merkmalen zusammenfassen:* Aktivitäten bündeln ❷ *(≈ zusammenbinden)* Altpapier bündeln

Bun·des·amt das <-(e)s, -ämter> POL. *Amt auf der Ebene des Bundes der Bundesrepublik Deutschland, z.B. „Bundesamt für Bauwesen und Raumordnung", „Bundesamt für Bevölkerungsschutz und Katastrophenhilfe", „Bundesamt für Migration und Flüchtlinge"*

Bun·des·an·walt der, **Bun·des·an·wäl·tin** <-(e)s, -anwälte> RECHTSW. *Anwalt bei einem Bundesgericht* ◆-skammer

Bun·des·ar·beits·ge·richt das <-(e)s> / *kein Plur./ oberstes Bundesgericht für die Arbeitsgerichtbarkeit*

Bun·des·ar·chiv das <-s> */kein Plur./ Bundesbehörde zur Sammlung und Auswertung von Archivmaterial aus den Ministerien*

Bun·des·aus·bil·dungs·för·de·rungs·ge·setz das <-es> */kein Plur./ siehe* **BAföG**

Bun·des·bahn die <-, -en> */kein Plur./ staatliches Eisenbahnunternehmen* ◆-direktion

Bun·des·bank die <-> */kein Plur./* WIRTSCH. *zentrale Noten- und Währungsbank der Bundesrepublik Deutschland*

Bun·des·be·am·te der, **Bun·des·be·am·tin** <-n, -n> *Beamter des Bundes oder eines Bundesstaates*

Bun·des·be·hör·de die <-, -n> *eine Behörde der Bundesrepublik Deutschland*

Bun·des·bür·ger der, **Bun·des·bür·ge·rin** <-s, -> *Bürger der Bundesrepublik Deutschland*

Bun·des·fi·nanz·hof der <-(e)s> */kein Plur./* RECHTSW. *oberstes Bundesgericht für die Finanzgerichtbarkeit*

Bun·des·frei·wil·li·gen·dienst der <-es> */kein Plur./ Von der Bundesregierung der Bundesrepublik Deutschland beschlossene und vom 01. Juli 2011 an geltende gesetzliche Regelung, der entsprechend (nach zwischenzeitlich ausgesetzter/gegenwärtig nicht mehr gültiger allgemeiner Wehrpflicht) gegen geringfügige Bezahlung (durchschnittlich etwa 300 EUR) als Ersatz des vormals möglichen Zivildienstes für Personen jeglichen Alters (auch für Senioren/Seniorinnen) eine Tätigkeit in Krankenhäusern, Altersheimen und anderen Einrichtungen in Aussicht gestellt wird; Abkürzung: „BFD": sich für den Bundesfreiwilligendienst melden und als „BFDler/BFDlerin" bzw. (entsprechend der ganz aktuellen Selbstbezeichnung) als „Bufdi" tätig zu werden*

Bun·des·ge·biet das <-(e)s> */kein Plur./ Staatsgebiet der Bundesrepublik Deutschland*

Bun·des·ge·richt das <-(e)s, -e> RECHTSW. *Gericht in der Trägerschaft des Bundes, mit dem Teile der judikativen Staatsgewalt wahrgenommen werden, und zwar: Bundesarbeitsgericht, Bundesfinanzhof, Bundesgerichtshof, Bundessozialgericht, Bundesverwaltungsgericht, sowie Bundesverfassungsgericht (das als oberstes Staatsorgan eine Sonderstellung hat)*

Bun·des·ge·richts·hof der <-(e)s> */kein Plur./ vor allem als Revisionsgericht eines der fünf obersten Gerichte der Bundesrepublik Deutschland, dessen Aufgabe insbesondere die Sicherung der Rechtseinheit durch Klärung grundsätzlicher Rechtsfragen ist; abgekürzt als "BGH"*

Bun·des·ge·setz das <-es, -e> *ein Gesetz auf der staatlichen Ebene des "Bundes" (der Bundesrepublik Deutschland)*

Bun·des·grenz·schutz der <-es> */kein Plur./ dem Bundesinnenminister unterstehende Sonderpolizei des Bundes, zu deren Aufgaben gehört: grenzpolizeilicher Schutz des Bundesgebietes, Schutz von Verfassungsorganen des Bundes und von Bundesministerien, Unterstützung des „Bundesamtes für Verfassungsschutz" usw.; abgekürzt als "BGS"*

Bun·des·haupt·stadt die <-> *die Hauptstadt Berlin der Bundesrepublik Deutschland*

Bun·des·haus·halt der <-(e)s, -e> *(≈ Staatshaushalt)* WIRTSCH., POL. *Staatshaushalt der Bundesrepublik Deutschland, der jedes Jahr berechnet wird*

Bun·des·kanz·ler der, **Bun·des·kanz·le·rin** <-s, -> POL. *in der Bundesrepublik Deutschland der Vorsitzende/die Vorsitzende der Bundesregierung*

Bun·des·kanz·ler·amt das <-(e)s> POL. *Bundesbehörde der Bundesrepublik Deutschland mit der Aufgabe, den Bundeskanzler/die Bundeskanzlerin bei seiner/ihrer Arbeit zu unterstützen, die Arbeit der Bundesministerien zu koordinieren usw.*

Bun·des·kar·tell·amt das <-(e)s> */kein Plur./* RECHTSW. *Behörde auf der Ebene des Bundes, deren Aufgabe der Schutz des*

Wettbewerbs in Deutschland ist

Bun·des·land *das* <-(e)s, Bundesländer> *ein Land, das zusammen mit anderen Ländern einen Teil der Bundesrepublik Deutschland bildet*

Bun·des·li·ga *die* <-, Bundesligen> SPORT *die höchste Spielklasse in einer (Ball-)Sportart* ◆ *-club/-klub, -spiel, -verein*

Bun·des·mi·nis·ter *der,* **Bun·des·mi·nis·te·rin** <-s, -> POL. *der Minister oder die Ministerin eines bestimmten Amtsbereichs in der Bundesregierung*

Bun·des·mi·nis·te·ri·um *das* <-s, -ministerien> POL. *Ministerium auf der Ebene des Bundes der Bundesrepublik Deutschland*

Für die verschiedenen **Ministerien** auf der übergeordneten staatlichen Ebene des "Bundes" (der Bundesrepublik Deutschland, kurz "Deutschland" oder auch BRD) gibt es offizielle Bezeichnungen. Mit diesen sind meist mehrere Zuständigkeitsbereiche zusammengefasst, z.B. "Ministerium für Bildung und Forschung". Daneben sind traditionell Einwort-Bezeichnungen bei der Erwähnung des jeweiligen Ministeriums z.B. auch in den Medien üblich, so z.B. "Bundesbildungsministerium". Deshalb gibt es stets Parallel-Bezeichnungen. Wenn man Vollständigkeit anstrebt, kann das in einem Wörterbuch zu einer kaum zu überschauenden Vielfalt von sehr langen Stichwörtern (Lemmata) führen, auch mit nötigen Verweisen auf andere Stichwörter. Hinzu kommen sodann auch noch die Bezeichnungen der Personen, welche entsprechende Ämter bekleiden, nämlich Minister und Ministerinnen, z.B. *Bundesbildungsminister* und *Bundesbildungsministerin*. Nachfolgend finden sich sämtliche Bezeichnungen ohne Kommentare zu Einzelheiten jeweiliger Zuständigkeiten angereiht. Dazu werden auch dann bei der Bezeichnung von Personen, welche ein Ministerium vertreten, weibliche und männliche Formen berücksichtigt, wenn in der Geschichte der Bundesrepublik Deutschland bislang das eine oder andere Amt z.B. nur von einer männlichen Person bekleidet worden ist, wie im Falle des Bundesaußenministers. Auch werden aus Gründen der Übersichtlichkeit und der Kürze halber Formulierungsbestandteile jeweils ausgelassen. Die Ministerien heißen: "Auswärtiges Amt" (**Bundesaußenministerium**, B...minister/in); "Bundesministerium für Wirtschaft und Technologie" (**Bundeswirtschaftsministerium**, B...minister/in); "Bundesministerium der Finanzen" (**Bundesfinanzministerium**, B...minister/in); "Bundesministerium für Ernährung, Landwirtschaft und Verbraucherschutz" (**Bundeslandwirtschaftsministerium**, B...minister/in), aber aufgrund gängiger Doppelbezeichnung hier ebenso auch **Bundesverbraucherschutzministerium**, B...minister/in) für das gleiche Ministerium; "Bundesministerium des Innern" (**Bundesinnenministerium**, B...minister/in); "Bundesministerium der Justiz" (**Bundesjustizministerium**, B...minister/in); "Bundesministerium für Arbeit und Soziales" (**Bundesarbeitsministerium**, B...minister/in); "Bundesministerium der Verteidigung" (**Bundesverteidigungsministerium**, B...minister/in); "Bundesministerium für Familie, Senioren und Jugend" (**Bundesfamilienministerium**, B...minister/in); "Bundesministerium für Gesundheit" (**Bundesgesundheitsministerium**, B...minister/in); "Bundesministerium für Verkehr, Bau und Stadtentwicklung" (**Bundesverkehrsministerium**, B...minister/in); "Bundesministerium für Umwelt, Naturschutz und Reaktorsicherheit" (**Bundesumweltministerium**, B...minister/in); "Bundesministerium für Bildung und Forschung" (**Bundesbildungsministerium**, B...minister/in); "Bundesministerium für wirtschaftliche Zusammenarbeit und Entwicklung" (**Bundesentwicklungsministerium**, B...minister/in).

Bun·des·nach·rich·ten·dienst *der* <-es> /kein Plur./ *neben dem "Bundesamt für Verfassungsschutz" und dem "Militärischen Abschirmdienst" für die Auslandsaufklärung zuständiger Nachrichtendienst der Bundesrepublik Deutschland; abgekürzt als "BND": Der Bundesnachrichtendienst untersteht direkt dem Chef des Bundeskanzleramtes*

Bun·des·ob·li·ga·ti·on *die* <-, -en> WIRTSCH. *Wertpapier mit fester Verzinsung*

Bun·des·par·tei·tag *der* <-(e)s, -e> POL. *Parteitag einer Partei auf Bundesebene, und nicht auf Länderebene*

Bun·des·prä·si·dent *der* <-en, -en> *das Staatsoberhaupt der Bundesrepublik Deutschland*

Bun·des·pres·se·amt *das* <-(e)s> /kein

Plur./ (≈ "Presse- und Informationsamt der Bundesregierung") Presse- und Informationsamt der Bundesregierung, das als Informationsdrehscheibe sowohl Informationen für die Bundesregierung erstellt, als auch die Medien sowie Bürger/Bürgerinnen über die Arbeit der Bundesregierung informiert

Bun·des·rat *der <-(e)s> /kein Plur./ in Deutschland die aus Mitgliedern der Landesregierungen bestehende Länderkammer, welche auf Bundesebene das föderative System verkörpert*

Bun·des·recht *das <-(e)s> /kein Plur./* POL. *in Deutschland die gesamte Rechtsordnung, die aus den Gesetzen des Bundes besteht, insbesondere aus dem Grundgesetz, dann auch aus Parlamentsgesetzen, Rechtsverordnungen und Satzungen des Bundes*

Bun·des·re·gie·rung *die <-, -en>* POL. *(≈ Bundeskabinett, Kabinett) Staatsorgan der Bundesrepublik Deutschland, das sich aus Bundeskanzler(in) und den Bundesministern/Bundesministerinnen zusammensetzt*

Bun·des·re·pu·b·lik *die <-> /kein Plur./ Kurzform von „Bundesrepublik Deutschland"*

Bun·des·rich·ter *der,* **Bun·des·rich·te·rin** *<-s, ->* RECHTSW. *Richter(in) an einem Bundesgericht*

Bun·des·schatz·brief *der <-(e)s, -e>* WIRTSCH. *als Geldanlage käufliches Wertpapier der Bundesrepublik Deutschland*

Bun·des·so·zi·al·ge·richt *das <-(e)s> /kein Plur./* RECHTSW. *oberstes Bundesgericht für die Sozialgerichtsbarkeit*

Bun·des·staat *der <-(e)s, -en>* ❶ *(≈ Bundesrepublik) aus mehreren Bundesländern bestehender föderaler Gesamtstaat, welchem auf Bundes-Ebene mehrere Staatsorgane angehören* ❷ *ein föderalistischer Gliedstaat als Teil eines Gesamtstaates, wie z.B. im Falle der Vereinigten Staaten von Amerika*

Bun·des·stra·ße *die <-, -n> öffentliche Straße in der Bundesrepublik Deutschland, die Teil des zusammenhängenden Verkehrsnetzes aus Bundesfernstraßen ist*

Bun·des·tag *der <-(e)s> /kein Plur./* POL. *das Parlament der Bundesrepublik Deutschland*

Bun·des·tags·frak·ti·on *die <-, -en>* POL. *Fraktion einer Partei im Bundestag*

Bun·des·tags·mit·glied *das <-(e)s, -er>* POL. *Abgeordnete/Abgeordneter des Bundestags*

Bun·des·tags·prä·si·dent *der,* **Bun·des·tags·prä·si·den·tin** *<-en, -en>* POL. *vom Bundestag gewählter Präsident/gewählte Präsidentin mit der Aufgabe, die Sitzungen des Bundestages einzuberufen und zu leiten*

Bun·des·tags·wahl *die <-, -en>* POL. *Wahl der Abgeordneten des Bundestages durch die wahlberechtigten Bürger der Bundesrepublik Deutschland*

Bun·des·tags·wahl·kampf *der <-s, ...kämpfe> Wahlkampf der Parteien und Kandidaten vor einer Bundestagswahl*

Bun·des·trai·ner *der,* **Bun·des·trai·ne·rin** *<-s, ->* SPORT *Spitzentrainer einer Nationalmannschaft der Bundesrepublik Deutschland*

Bun·des·ver·band *der <-(e)s, Bundesverbände> Verband, der eine bestimmte Gruppe bundesweit repräsentiert*

Bun·des·ver·fas·sungs·ge·richt *das <-(e)s> /kein Plur./ oberstes Gericht als Staatsorgan der Bundesrepublik Deutschland, das für Fragen der Verfassung zuständig ist*

Bun·des·ver·samm·lung *die <->* POL. *staatliches Organ der Bundesrepublik Deutschland, welches einzig zur Wahl des Bundespräsidenten zusammentritt*

Bun·des·ver·wal·tungs·ge·richt *das <-(e)s> /kein Plur./ einer der fünf obersten Gerichtshöfe der Bundesrepublik Deutschland, der insbesondere als Revisionsinstanz für verwaltungsrechtliche (nicht aber verfassungsrechtliche) Angelegenheiten zuständig ist, z.B. für Revisionen gegen Entscheidungen von Oberverwaltungsgerichten*

Bun·des·vor·sit·zen·de *der/die <-n, -n> Vorsitzender/Vorsitzende einer als „Bund" bezeichneten Organisation*

Bun·des·vor·stand *der <-(e)s, Bundesvorstände> Vorstand einer als „Bund" bezeichneten Organisation*

Bun·des·wehr *die <-> /kein Plur./* POL. *die Streitkräfte der Bundesrepublik Deutschland* ●-soldat(in), -reform

Bun·des·zen·t·ra·le *die <-, -n>* POL. *nachgeordnete Behörde der Bundesrepublik Deutschland: die „Bundeszentrale für politische Bildung" und die „Bundeszentrale für gesundheitliche Aufklärung"*

Bund·fal·ten·ho·se *die <-, -n> relativ weit geschnittene Hose, in deren Bund Falten eingenäht sind*

bün·dig *adj /nicht steig./* ❶ BAUW. *so, dass es sich auf der gleichen Ebene befindet:*

bündig liegende Dielenbretter ❷ *so, dass es treffend und überzeugend ist:* ein bündiger Beweis ❸ *kurz und entschieden:* Er antwortet kurz und bündig.

Bünd·nis das <-ses, -se> ❶ *feste Verbindung zwischen gleichgesinnten Personen oder Gruppen:* ein Bündnis eingehen ❷ POL. *(≈ Pakt, Bund) meist vertraglich abgesicherte Verbindung zwischen Staaten zur Verfolgung gemeinsamer Interessen:* ein breites Bündnis gegen den Terrorismus ◆-freiheit, -partner, -politik

Bun·ga·low der ['bʊŋgalo] <-s, -s> *einstöckiges Wohnhaus mit Flachdach* ◆ Ferien-

Bun·ker der <-s, -> MILIT. *Luftschutzkeller*

bun·kern <bunkerst, bunkerte, hat gebunkert> *mit OBJ* ■ jmd. bunkert etwas (**irgendwo**) ❶ *Massengüter in einem Bunker einlagern* ❷ SEEW. *Brennstoff an Bord nehmen* ❸ *(umg.) verstecken:* Er hatte das Diebesgut in seinem Keller gebunkert.

Bun·sen·bren·ner der <-s, -> CHEM. *(≈ Gasbrenner)*

bunt [bʊnt] *adj (↔ einfarbig) mit verschiedenen Farben:* ein buntes Kleid; das bunte Herbstlaub; ein bunt gemischtes Programm; ■ **jemandem wird etwas zu bunt** *(umg.) jmd. hat genug von etwas* ◆ Getrennt- oder Zusammenschreibung → 4.17 ein bunt gefiederter/buntgefiederter Vogel; bunt schillernde/buntschillernde Fische; ein bunt gestreifter/buntgestreifter Schal; ein bunt geblümtes/buntgeblümtes Tuch; ein bunt gefärbter/buntgefärbter Stoff; bunt gemusterte/buntgemusterte Bettwäsche; eine bunt karierte/buntkarierte Krawatte

Bunt·me·tall das <-s, -e> *ungenaue Bezeichnung für Schwermetalle (außer Eisen), die selbst farbig sind oder farbige Legierungen bilden:* Kupfer, Blei, Zink, Nickel, Kobalt …

Bunt·sand·stein der <-(e)s> /kein Plur./ *meist roter Sandstein*

Bunt·specht der <-(e)s, -e> ZOOL. *ein Vogel mit schwarz-weiß-rotem Gefieder*

Bunt·stift der <-(e)s, -e> *Stift mit farbiger Mine*

Bunt·wä·sche die <-> /kein Plur./ *farbige Textilien*

Bür·de die <-, -n> *(geh.)* ❶ *schwere Traglast:* Der Baum brach unter der Bürde der Schneemassen zusammen. ❷ *Mühe, Kummer:* Er leidet unter der Bürde seines Amtes.

Burg die [bʊrk] <-, -en> *eine große, massiv befestigte Wohn- und Verteidigungsanlage des Mittelalters:* die Mauern/Türme/Zinnen/Zugbrücke einer Burg; der Bau/die Belagerung/die Zerstörung einer Burg; Die Ruine der Burg Wieladingen ist ein beliebtes Ausflugsziel. ◆-anlage, -fräulein, -graben, -graf/-gräfin, -hof, -ruine, -tor, -verlies, -wall

Bür·ge der <-n, -n> RECHTSW. *jmd., der eine Bürgschaft übernimmt oder der für etwas bürgt*

bür·gen <bürgst, bürgte, hat gebürgt> *mit OBJ* ■ jmd. bürgt für jmdn./etwas *für jmdn. oder eine Sicherheit garantieren:* Er wird das Geliehene zurückgeben—dafür bürge ich mit meinem Wort.; Mit meinem Besitz bürge ich für die Sicherheit des Darlehens.

Bür·ger, **Bür·ge·rin** ['bʏrgɐ] <-s, -> *jmd., der die Staatsbürgerschaft eines Landes besitzt*

Bür·ger·be·tei·li·gung die <-> /kein Plur./ *aktive Anteilnahme von Bürgern an politischen und gesellschaftlichen Fragen*

Bür·ger·ent·scheid der <-(e)s, -e> *Entscheidung der Bürger durch Abstimmung*

Bür·ger·fo·rum das <-s, Bürgerforen> *Forum, in dem Bürger organisiert sind, um politischen Einfluss zu nehmen*

Bür·ger·in·i·ti·a·ti·ve die <-, -n> *eine von Bürgern ins Leben gerufene Gruppierung, die ein bestimmtes Problem kritisch angeht und öffentliches Bewusstsein dafür schafft*

Bür·ger·krieg der <-(e)s, -e> *kriegerische Handlungen zwischen verschiedenen Gruppen innerhalb eines Staates* ◆-sflüchtling

bür·ger·lich *adj* /nicht steig./ ❶ *den Bürger betreffend:* die bürgerlichen Pflichten/Rechte ❷ *dem Bürgertum entsprechend:* einen bürgerlichen Beruf wählen ❸ *(abwert.) (sehr) konservativ:* bürgerliche Anschauungen

Bür·ger·meis·ter der, **Bür·ger·meis·te·rin** <-s, -> *jmd., der an der Spitze einer Stadtverwaltung steht*

Bür·ger·meis·ter·amt das ['bʏrgɐmaɪstɐamt] <-(e)s, Bürgermeisterämter> ❶ *Amt, Wirkungsbereich eines Bürgermeisters/einer Bürgermeisterin* ❷ *Gebäude der Stadt- und Gemeindeverwaltung*

bür·ger·nah *adj* /nicht steig./ *so, dass es an den tatsächlichen Bedürfnissen und Problemen der Bürger orientiert ist:* eine bürgernahe Politik machen ▶ Bürgernähe

Bür·ger·recht das <-(e)s, -e> RECHTSW., POL. *Gesamtheit der einem Staatsbürger zustehenden Rechte*

Bür·ger·recht·ler der, **Bür·ger·recht·le·rin** <-s, -> POL. *Person, welche sich dafür einsetzt, dass die Bürgerrechte für alle Bürger eines Staates gelten* ▸ Bürgerrechtskämpfer(in)

Bür·ger·rechts·be·we·gung die <-, -en> POL. *eine Bewegung, in der die Bürgerrechtler(innen) zusammengeschlossen sind*

Bür·ger·schaft die <-> /kein Plur./ ① *alle Bürger* ② POL. *das Parlament in Hamburg und Bremen*

Bür·ger·sprech·stun·de die <-, -n> *öffentliche Sprechstunde von Politikern für die Bürger*

Bür·ger·steig der <-(e)s, -e> *Gehweg für Fußgänger*

Bür·ger·ver·samm·lung die <-, -en> *Versammlung der Bürger einer Gemeinde*

Bürg·schaft die <-, -en> (≈ *Garantie*) *für jmdn. eine Bürgschaft übernehmen*

bur·lesk adj *schwankhaft, possenhaft; auf derbe Art komisch: ein burlesker Humor* ▸ Burleske

Bü·ro das [by'ro:] <-s, -s> *Raum für Arbeiten wie Schreiben, Organisieren usw., die im Zusammenhang mit der Verwaltung, dem Betreiben einer Firma oder Institution stehen* ◆ -angestellte, -arbeit, -artikel, -bedarf, -einrichtung, -fläche, -gebäude, -gehilfe/-gehilfin, -hochhaus, -klammer, -material, -möbel, -personal, -raum, -stuhl

Bü·ro·hengst der <-(e)s, -e> (*umg. abwert.*) *pedantischer, engstirniger Mensch*

Bü·ro·kraft die <-, Bürokräfte> *Person, die in einem Büro arbeitet*

Bü·ro·krat der, **Bü·ro·kra·tin** <-en, -en> (*abwert.*) *jmd., der in der Art der Bürokratie² handelt*

Bü·ro·kra·tie die <-, -tien> ① *Beamten- und Verwaltungsapparat eines Landes* ② (*abwert.*) *engstirnige, umständliche Beamtenwirtschaft* ▸ bürokratisch

Bü·ro·mensch der <-en, -en> (*abwert.*) *pedantische, nüchterne Bürokraft*

Bü·ro·stun·den <-> Plur. *Zeit, während der in einem Büro gearbeitet wird*

Bur·sche der <-n, -n> ① *ein junger Mann; Jugendlicher: ein flinker/strammer Bursche* ② (*abwert.*) *ein Mann: ein seltsamer Bursche*

Bur·schen·schaft die <-, -en> *eine Studentenverbindung, die nur männliche Studenten aufnimmt und die bestimmte alte Traditionen pflegt, die meist als politisch rechtsstehend eingeordnet werden*

bur·schi·kos adj *so, dass man (als Mädchen oder Frau) jungenhaft und ungezwungen wirkt: Ihr Benehmen war burschikos.*

Bürs·te die ['byrstə] <-, -n> *Gegenstand mit Handgriff und Borsten, den man über die Oberfläche von etwas bewegt, um Schmutz zu entfernen, sich die Haare zu glätten etc.* ◆ -nmassage, Haar-, Kleider-, Schuh-, Teppich-, Zahn-

bürs·ten <bürstest, bürstete, hat gebürstet> mit OBJ ■ *jmd. bürstet jmdn./etwas* (mit etwas Dat.) *mit einer Bürste behandeln, um es zu reinigen oder zu pflegen: Die Krankenkassen schlagen vor, sich nach jeder Mahlzeit die Zähne zu bürsten.; Die Massage mit einer Bürste war sehr wohltuend.*; ■ *etwas gegen den Strich bürsten* *mit etwas bewusst sehr anders als normal umgehen: Er spielte das Mozartstück wie eine Komposition von Bach und bürstete es damit richtig gegen den Strich.*

Bürs·ten·bin·der der <-s, -> (≈ *Bürstenmacher*) *jmd., der Bürsten und Besen herstellt*

Bürs·ten·schnitt der <-(e)s, -e> *sehr kurz geschnittene Haare*

Bus der [bʊs] <-ses, -se> *kurz für "Autobus" oder "Omnibus"* ◆ -bahnhof, -fahrer(in), -haltestelle, -linie, -reise, -schaffner(in)

Busch der <-es, Büsche> ① *eine Pflanze, deren viele Äste direkt aus dem Boden wachsen* ② /kein Plur./ *Trockengebiet in Afrika und Australien;* ■ *bei jemandem auf den Busch klopfen* (*umg.*) *unauffällig nachfragen;* ■ *im Busch sein* (*umg.*) *im Geheimen vorbereitet werden: Die Manager verhalten sich so merkwürdig zurückhaltend. Da scheint etwas im Busch zu sein.*

Bü·schel das <-s, -> *mehrere längliche Objekte, die zusammen eine Art Einheit bilden: ein Büschel Federn/Haare*

bü·schel·wei·se adv /nicht steig./ *in Büscheln: büschelweise Haare verlieren*

Bu·sen der ['bu:zn̩] <-s, -> /selten Plur./ *beide Brüste einer Frau: ein großer/kleiner/straffer/üppiger/voller Busen*

bu·sen·frei adj /nicht steig./ *mit unbedecktem Busen*

Bu·sen·freund der, **Bu·sen·freun·din** <-(e)s, -e> (*veralt.*) *sehr enger Freund/sehr enge Freundin*

Bu·sen·star der <-s, -s> (*umg. abwert.*) *Schauspielerin, die ihre Popularität vor allem ihren körperlichen Reizen, nicht ihrem schauspielerischen Können verdankt*

Busi·ness das ['bɪznɪs, 'bɪsnɛs] <-> /kein Plur./ *Geschäftsleben, profitorientiertes*

Geschäft

Bu·si·ness-Class die [ˈbɪznɪz klaːs, ˈbɪsnɛs klaːs] <-> /kein Plur./ LUFTF. *gehobene Sitzplatzkategorie in Passagierflugzeugen*

Bu·ße die <-, -n> ❶ /kein Plur./ REL. *Reue mit dem Willen, sich zu bessern:* Buße tun ❷ RECHTSW. *Geldstrafe, die man für ein geringfügiges Rechtsvergehen zahlen muss, z.B. wenn man falsch geparkt hat* ▸ Bußgeld, Bußgeldbescheid, Bußgeldkatalog, Bußgeldverhängung

bü·ßen <büßt, büßte, hat gebüßt> **I.** *mit OBJ* ■ **jmd. büßt etwas (mit etwas** *Dat.***)** *die negativen Konsequenzen eines Fehlers, den man gemacht hat, tragen müssen:* Er büßte alle seine Sünden.; Sie musste ihre Unvorsichtigkeit büßen. **II.** *ohne OBJ* ■ **jmd. büßt für etwas** *Akk.* *die negativen Konsequenzen von etwas tragen müssen:* Er büßte für seinen Leichtsinn.; Im Alter hat sie für ihren Lebenswandel gebüßt.

Bus·serl das <-s, -(n)> SÜDDT., ÖSTERR. *(umg.) Kuss:* jmdm. ein Busserl geben

Bus·si der <-s, -s> *siehe* **Busserl**

Buß- und Bet·tag der <-(e)s, -e> *der Buße gewidmeter Feiertag am Mittwoch vor Totensonntag, der nur noch in Sachsen arbeitsfreier Feiertag ist*

Büs·te/Büs·te die <-, -n> ❶ *Skulptur, die Kopf und Brust eines Menschen zeigt* ❷ *(veralt.) Busen*

Büs·ten·hal·ter der <-s, -> *die Brüste stützendes Wäschestück für Frauen; abgekürzt „BH"*

But·ler der [ˈbatlɐ] <-s, -> *Diener in einem gehobenen Haushalt*

Butt der <-(e)s, -e> ZOOL. NORDDT. *(≈ Scholle)*

Bütt die <-, -en> *Rednerpult im Karneval:* in die Bütt gehen ◆-enrede

Büt·ten·red·ner der, **Büt·ten·red·ne·rin** <-s, -> *Person, die eine Karnevalsrede hält:* Er war politischer Büttenredner im Kölner Karneval.

But·ter die [ˈbʊtɐ] <-> /kein Plur./ *ein aus Milch gewonnenes Fett als Brotaufstrich oder Bratfett:* ein halbes Pfund Butter; Butter dick aufs Brot schmieren; ■ **alles in Butter!** *(umg.) alles in Ordnung* ◆-cremetorte, -dose, -gebäck, -käse, -kuchen, -milch

But·ter·berg der <-(e)s, -e> *(umg.) großer Butterüberschuss, der auf Lager liegt*

But·ter·blu·me die <-, -n> BOT. *eine gelb blühende Wiesenblume:* einen Kranz aus Butterblumen flechten

But·ter·brot das <-(e)s, -e> *ein mit Butter bestrichenes Brot;* ■ **jemandem etwas aufs Butterbrot schmieren** *(umg. abwert.) jmdm. deutliche Vorhaltungen machen* ◆-papier

But·ter·fahrt die <-, -en> *(umg.)* ❶ *Schiffsfahrt mit der Möglichkeit, billig einzukaufen* ❷ ≈ *Kaffeefahrt*

but·ter·weich *adj* /nicht steig./ *sehr weich:* Manche Vorgesetzte sind knallhart, andere wiederum kumpelhaft und butterweich.

But·ton der [ˈbatn̩] <-s, -s> ❶ *Anstecker mit einem Emblem oder einem aufgedruckten Text* ❷ EDV *Bedienelement einer Benutzeroberfläche*

bye-bye [baɪˈbaɪ, baɪˈbaɪ] *adv (umg.) Auf Wiedersehen!*

Byte das [baɪt] <-(s), -(s)> EDV *Informationseinheit von acht Bits*

C c

C, c das [tseː] <-, -> *der 3. Buchstabe des Alphabets:* Das Wort „Camping" beginnt mit dem Buchstaben „C".

Ca·fé das [kaˈfeː] <-s, -s> ❶ *eine Gaststätte, in der vor allem Kaffee und Kuchen angeboten werden:* Wollen wir am Wochenende mal ins Café gehen? ◆ Eis-, Garten-, Internet-, Steh-, Straßen- ❷ SCHWEIZ. *Kaffee:* Zwei Cafés, bitte!

Ca·mi·on der [kamiɔn] <-s, -s> SCHWEIZ. *Lastwagen*

Cam·ping das [ˈkɛmpɪŋ] <-s> /kein Plur./ *der Vorgang, dass jmd. während des Urlaubs oder am Wochenende in einem Zelt oder Wohnwagen lebt:* In diesem Sommer fahren wir zum Camping nach Italien. ◆ -bus, -stuhl, -tisch, -wagen

Cam·ping·platz der [ˈkɛmpɪŋ...], Campingplätze> *ein Ort, an dem man sein Zelt oder seinen Wohnwagen aufstellen kann und der meist mit Wasser- und Stromanschlüssen und sanitären Einrichtungen ausgestattet ist:* Wir werden unsere Ferien auf einem Campingplatz verbringen.; Urlaub auf dem Campingplatz machen

CD die [tseːˈdeː] <-, -s> *Abkürzung von „Compactdisc": eine kleine Scheibe, auf der Musik digital gespeichert ist und die bei der Wiedergabe der Musik mit einem Abspielgerät, dem CD-Player, von einem Laserstrahl abgetastet wird:* eine CD anhören/einlegen/kopieren ◆ -hülle, -neuerscheinung, -Player, -ständer, Audio-, Doppel-

CD-ROM die [tseːdeˈrɔm] <-, -s> EDV *eine Art CD, deren Daten von einem Computer gelesen, aber nicht verändert werden können:* ein Lexikon auf CD-ROM

Cel·si·us [ˈtsɛlziʊs] PHYS. *Gradeinheit auf der Celsiusskala; internationale Maßeinheit der Temperatur:* Die Wassertemperatur an der Küste beträgt 23 Grad Celsius.

Cent der [sɛnt/tsɛnt] <-(s), -(s)> ❶ *kleinste europäische Währungseinheit:* Ein Euro hat einhundert Cent. ❷ *kleinste amerikanische Währungseinheit:* Ein Dollar hat einhundert Cent.

Cen·time [sãˈtiːm] <-s, -s> *(≈ Rappen) Münze in der Schweiz, 100 Centime/Rappen = 1 Franken:* Das kostet 13 Franken und 50 Centimes.

Cham·pi·g·non der [ˈʃampɪnjɔn, ˈʃãːpɪnjõ] <-s, -s> BOT. *(≈ Egerling) ein weißer oder brauner Pilz, den man essen kann:* Champignons pflücken/sammeln ◆ -cremesuppe

Chan·ce die [ˈʃãːs(ə)] <-, -n> ❶ *günstige Möglichkeit, Gelegenheit:* Ich habe die Chance, an eine andere Universität zu gehen.; Er hat seine Chance erkannt/genutzt/verpasst/vertrödelt/wahrgenommen.; Sie gab ihm eine letzte Chance.; eine zweite Chance bekommen ❷ /meist Plur./ *Erfolgsaussichten:* Der Rennfahrer hat keine Chancen mehr auf den Sieg.; Bei diesem Wetter haben die Bergsteiger keine Chancen, den Gipfel zu erreichen.; ■ **bei jemandem Chancen haben** *(umg.) die Aussicht haben, mit jmdm. (sexuellen) Kontakt zu bekommen* ◆ chancenlos ◆ -ngleichheit

Cha·os das [ˈkaːɔs] <-> /kein Plur./ *ein Zustand, in dem ein völliges Durcheinander herrscht und es überhaupt keine Ordnung gibt:* Nach dem Umzug herrschte erst einmal ein heilloses Chaos.; in einem Chaos leben ◆ Verkehrs-

Cha·ot der, **Cha·o·tin** [kaˈoːt] <-en, -en> ❶ *(abwert.) radikaler Mensch, der seine politischen Ziele mit Gewalt erreichen will:* An der Schlägerei waren Chaoten beteiligt. ❷ *(umg. abwert.) jmd., der unordentlich ist und auch sonst sich nicht um gesellschaftliche Erwartungen kümmert:* Er ist ein richtiger Chaot. Du musst mal seine Wohnung sehen!

cha·o·tisch [kaˈoːtɪʃ] *adj so, dass etwas durcheinander und/oder unordentlich ist; nicht geordnet:* Wir lebten die erste Woche nach dem Umzug in chaotischen Verhältnissen — kein Telefonanschluss, die ganze Wohnung voller Kisten …; Der Urlaub war ziemlich chaotisch: Wir mussten das Hotelzimmer wechseln, haben noch den Rückflug verpasst …

Cha·rak·ter der [kaˈraktɐ] <-s, -e> ❶ *persönliche Art (eines Menschen):* Er hat einen sehr schwierigen Charakter.; Eine solche Erfahrung prägt den Charakter. ◆ -eigenschaft, -zug ❷ *ein Mensch, dessen persönliche Art stark ausgeprägt ist:* Ich habe selten zwei derart unterschiedliche Charaktere gesehen. ❸ /kein Plur./ *Eigenschaft, Merkmal:* Sie liebt den unverwechselbaren Charakter dieser Landschaft.

cha·rak·te·ri·sie·ren [karakteriˈziːrən] <charakterisierst, charakterisierte, hat charakterisiert> *mit OBJ* ❶ ■ **jmd. cha-**

rakterisiert jmdn./etwas irgendwie *jmdn./etwas beschreiben, indem man bestimmte Merkmale als wesentlich hervorhebt:* Er hat seinen neuen Chef als sehr höflich charakterisiert. ❷ **etwas charakterisiert jmdn./etwas** *für jmdn./etwas kennzeichnend sein:* Leuchtende Farben charakterisieren den Stil dieses Malers.

cha·rak·te·ris·tisch [karakte'rɪstɪʃ] *adj (≈ typisch) so, dass es die besonderen Eigenschaften erkennen lässt oder für etwas/jmdn. kennzeichnend ist:* eine charakteristische Eigenschaft; Dieser Stil ist charakteristisch für diesen Autor.

Charme, *a.* **Scharm** der [ʃarm] <-s> */kein Plur./ gewinnendes Wesen eines Menschen; Liebenswürdigkeit:* Sie besitzt einen unwiderstehlichen Charme.; Ich liebe den Charme dieser Stadt. ▸ charmant

Chauf·feur der, **Chauf·feu·rin** [ʃɔ'føːɐ̯] <-s, -e> *jmd., der beruflich andere Personen mit dem Auto befördert:* Hohe Politiker(innen) haben oft einen Chauffeur. ▸ chauffieren

Check der [ʃɛk] <-s, -s> SCHWEIZ. *siehe* **Scheck**

Chef der, **Che·fin** [ʃɛf] <-s, -s> ❶ *Vorgesetzter, Leiter:* Die Firma bekommt einen neuen Chef. ◆ -arzt, -koch, Firmen- ❷ *(umg.) lose Anrede an einen Unbekannten:* Chef, haste mal 'nen Euro?

Che·mie die [çe'miː, ke'miː, ʃe'miː] <-> */kein Plur./* ❶ CHEM. *Wissenschaft, die sich mit den (Grund-)Elementen, ihren Eigenschaften und ihren Verbindungen beschäftigt:* Chemie studieren; Ohne Chemie wären die modernen Kunststoffe nicht denkbar. ❷ *(umg.) (Zusatz von) Chemikalien:* Das Eis schmeckt nach Chemie.; ■ **die Chemie stimmt zwischen zwei Personen** *(umg.) zwei Personen verstehen sich sehr gut* Zwischen meinem neuen Chef und mir stimmt einfach die Chemie. ▸ Chemiker(in), chemisch

-chen [çən] *produktives Wortbildungsmittel (Nachsilbe/Suffix) als Zweitglied zusammengesetzter Substantive; drückt meist eine Verkleinerung/Verniedlichung des mit dem Erstglied Bezeichneten aus; mit teils negativen (abwertenden), teils positiven (anerkennenden) Nebenbedeutungen; dient in Bezug insbesondere auf Personen auch dem Ausdruck zärtlicher Zuneigung; bewirkt oft einen Umlaut:* Durch Spenden kam ein schönes Sümmchen (= anerkennend gemeint im Sinne von „recht viel Geld") zusammen ◆ Ärm- (zu: Arm), Bäum- (zu: Baum), Bier-, Bild-, Fläsch- (zu: Flasche), Häus- (zu: Haus), Hünd- (zu: Hund), Kind-, Persön- (zu: Person), Spiel-, Sümm- (zu: Summe), Schätz- (zu: Schatz)

chic [ʃɪk] *adj /nur unflektiert/ siehe* **schick**

Chif·f·re die ['ʃɪfrə, 'ʃɪfɐ] <-s, -n> ❶ *Zeichen einer Geheimschrift:* die Chiffren entschlüsseln ❷ *Kenn-Nummer in Zeitungsanzeigen, die verwendet wird, um den Namen und die Adresse von demjenigen, der die Anzeige aufgibt, geheim zu halten:* sich auf das Inserat mit der Chiffre 6895 melden ▸ -anzeige

Chi·r·ur·gie die [çi...] <-, -n> ❶ */kein Plur./* MED. *(Lehre von der) Behandlung von Krankheiten durch operative Eingriffe:* Er ist Facharzt für Chirurgie. ▸ Chirurg(in), chirurgisch ❷ MED. *chirurgische Abteilung in einem Krankenhaus:* Der Patient wurde in die Chirurgie eingeliefert.

Chlor das [kloːɐ̯] <-s> */kein Plur./* CHEM. *ein Gas, das einen stechenden Geruch hat und sich schnell mit anderen Elementen verbindet; chemisches Zeichen: Cl:* Chlor wird häufig in Schwimmbädern zum Desinfizieren eingesetzt.

Chor der [koːɐ̯] <-(e)s, Chöre> ❶ MUS. *eine Gruppe von Sängern, die gemeinsam singen:* Sie singt im Chor.; einen Chor leiten ◆ -leiter, -probe, Gospel-, Kirchen-, Knaben-, Männer-, Schul- ❷ THEAT. *Gruppe von Schauspielern (im antiken Schauspiel), die die Handlung auf der Bühne kommentieren:* der Chor im antiken Drama ❸ *meist nach Osten ausgerichteter Teil einer Kirche mit Hauptaltar:* Der Chor dieser Kirche ist sehr alt.

Christ der, **Chris·tin** [krɪst] <-en, -en> REL. *jmd., der sich als Getaufter zur christlichen Religion bekennt; Angehöriger des Christentums:* Er ist ein bekennender/gläubiger/überzeugter Christ. ▸ Christenheit, Christentum

Christ- [krɪst] *als Erstglied zusammengesetzter Substantive; drückt aus,* ❶ *dass das mit dem Zweitglied Bezeichnete sich auf das Weihnachtsfest bezieht:* den Christbaum schmücken ◆ -baum, -fest, -geschenk, -kind, -mette, -nacht, -schmuck, -stern ❷ *dass die mit dem Zweitglied bezeichnete Person Anhänger(in) bzw. Mitglied der christlich-demokratischen Partei ist* ◆ -demokrat(in)

christ·lich ['krɪst...] *adj /nicht steig./* ❶ *auf Christus zurückgehend:* die christliche Religion ❷ *der Lehre Christi entsprechend:* die christliche Nächstenliebe ❸ *sich zur Lehre Christi bekennend:* Vertreter der christlichen Kirchen trafen sich zu einem

Meinungsaustausch. ❹ *im Christentum verankert:* die Kunst des christlichen Abendlands; ■**Christlicher Verein Junger Menschen** (**CVJM**) *ein christlicher Jugendverband;* ■**christliche Zeitrechnung** *Zeitrechnung seit Christi Geburt* nach christlicher Zeitrechnung

Chris·tus der ['krɪst...] <-i> /kein Plur./ *kurz für Jesus Christus;* ■**vor Christi Geburt/vor Christus** *vor unserer Zeitrechnung, vor dem Jahre Null;* ■**nach Christi Geburt/nach Christus** *nach unserer Zeitrechnung; nach dem Jahre Null*

Chrom das [kro:m] <-s> /kein Plur./ *sehr hartes, silberweiß glänzendes Metall; chemisches Zeichen: Cr:* aus Chrom sein ▸ verchromen

Chro·nik die ['kro:nɪk] <-, -en> *geschichtliche Darstellung, in der die Ereignisse in zeitlich genauer Reihenfolge aufgezeichnet werden:* die Chronik einer Epoche/Familie ◆ Familien-, Schul-, Stadt-

chro·nisch ['kro:nɪʃ] *adj* /nicht steig./ ❶ MED. *so, dass jmd. dauerhaft an einer Krankheit leidet:* Sein Husten ist bereits chronisch. ❷ *(umg.) so, dass ein Zustand andauernd gegeben ist:* Sie leidet unter chronischem Geldmangel.

chro·no·lo·gisch [kro...] *adj* /nicht steig./ *so, dass die Ordnung einer Sache dem zeitlichen Ablauf von etwas oder der zeitlichen Abfolge von bestimmten Ereignissen entspricht:* Die Ereignisse sind in chronologischer Reihenfolge zusammengefasst.; historische Ereignisse chronologisch darstellen

cir·ca ['tsɪrka] *adv (Abkürzung: ca.) ungefähr:* Der Strand ist circa 600 Meter entfernt.

cle·ver ['klɛvɐ] *adj* ❶ *schlau, pfiffig:* ein cleveres Kind ❷ *(≈ gerissen) so, dass jmd. raffiniert ist, taktisch geschickt vorgeht und geschickt alle Möglichkeiten nutzt:* Er ist ein cleverer Geschäftsmann.; Das war ein cleverer Plan.

Clinch [klɪntʃ, klɪnʃ] ■**mit jemandem im Clinch liegen** *(umg.) sich mit jmdm. streiten;* ■**in den Clinch gehen** SPORT *den Gegner beim Boxen (in regelwidriger Weise) umklammern*

Cli·que die ['klɪkə, 'kli:kə] <-, -n> ❶ *(umg. abwert.) Gruppe, Gemeinschaft, die sich nach ihren eigenen Regeln verhält und die nur ihre eigenen Interessen verfolgt:* eine Clique bilden ❷ *(umg.) Gruppe von Freunden:* Wir waren gestern mit unserer ganzen Clique im Kino.

Clown der, **Clow·nin** [klaʊn] <-s, -s> *jmd., der im Zirkus oder Varieté Späße macht:* Im Zirkus hat mir der Clown mit seinen Späßen am besten gefallen.; ■**sich zum Clown machen** *(abwert.) sich lächerlich machen* Ich mach' mich doch nicht zum Clown!

Club der <-s, -s> *siehe* **Klub**

co·die·ren <codierst, codierte, hat codiert> *mit OBJ* ■**jmd. codiert etwas;** *siehe* **kodieren**

Coif·feur der, **Coif·feu·se** [koa'fø:ɐ̯, koa'fø:zə] <-s, -e> SCHWEIZ. *Friseur, Friseurin*

Co·la® die/das ['ko:la] <-, -s> *eine Limonade von brauner Farbe, die süß schmeckt und Koffein enthält:* Ein(e) Cola bitte!

Com·pact Disk <-, -s> *siehe* **CD**

Com·pu·ter der [kɔm'pju:tɐ] <-s, -> EDV *(≈ Rechner) ein elektronisches Gerät, das Daten verarbeitet:* am Computer arbeiten; Daten in den Computer eingeben; der Arbeitsspeicher/der Bildschirm/der Drucker/die Festplatte/ die Maus/die Programme/der Scanner/die Tastatur des Computers ◆ -experte, -fachmann, -hersteller, -magazin, -programm, -spiel, -zeitalter, -zeitschrift

Con·tai·ner der [kɔn'te:nɐ] <-s, -> *ein großer Behälter zum Transport:* einen Container beladen ◆ -bahnhof, -hafen, -schiff

Co·py·shop der ['kɔpiʃɔp] <-s, -s> *Geschäft, in dem man kopieren kann:* in den Copyshop gehen

Couch die [kaʊtʃ] <-, -s> *ein breites Sofa mit zwei seitlichen Lehnen, auf dem man auch liegen kann:* Er lag auf der Couch und schaute Fernsehen. ◆ Bett-

Cou·sin der, **Cou·si·ne** [ku'zɛ̃:] <-s, -s> *(≈ Vetter) Sohn/Tochter des Onkels oder der Tante:* Ich habe zwei Cousins und drei Cousinen.

Cou·vert das [ku've:ɐ̯, ku'vɛ:ɐ̯] <-s, -s> SCHWEIZ. *Briefumschlag, Kuvert:* zehn Couverts kaufen

Creme, *a.* **Krem** die, *a.* **Kre·me** die ['krɛ:m] <-, -s> ❶ *Salbe zur Hautpflege:* nach dem Duschen eine Creme benutzen ◆ -dose, -tube, Bräunungs-, Feuchtigkeits-, Fett-, Gesichts-, Hand-, Nacht-, Sonnen-, Tages- ❷ *eine weiche Masse, z.B. aus Sahne, als Füllung für Süßigkeiten und Torten:* das Gebäck mit Creme füllen; ■**die Crème de la Crème** *(iron.) die oberste (und vornehmste) Schicht der Gesellschaft* Auf der Gala war nur die Crème de la Crème anwesend. ◆ -torte, Butter-, Kaffee-, Sahne-, Schokoladen-

Cur·ry das ['kœri] <-s, -s> KOCH. ❶ *(≈ Curry-*

pulver) scharfe, dunkelgelbe Gewürzmischung aus Indien: ein Gericht mit Curry würzen ◆-wurst ❷ *Gericht indischer Herkunft aus Fleisch, Fisch oder Gemüse in scharfer, mit Curry¹ gewürzter Soße:* ein Curry essen

Cur·sor der ['kɔːɐ̯sə] <-s, -> EDV *eine blinkende Markierung auf dem Bildschirm, die anzeigt, an welcher Stelle die nächste Eingabe erscheinen wird:* den Cursor mit der Maus bewegen

Dd

D, d das [deː] <-, -> ❶ *der vierte Buchstabe des Alphabets:* ein großes „D"; ein kleines „d" ❷ MUS. *zweiter Ton der Grund-(C-Dur-)Tonleiter*

da [daː] I. adv ❶ (≈ *dort ↔ hier*) *verwendet, um auf eine bestimmte Stelle, einen bestimmten Ort hinzuweisen:* Ich wohne in dem Haus da drüben.; Da ist sie ja!; Der Schrank bleibt jetzt da, wo ich ihn hingestellt habe. ❷ (*umg.:* ≈ *zu dieser Zeit*) *verwendet, um auszudrücken, dass etwas zu einer bestimmten Zeit geschehen ist:* Was habt ihr gestern gemacht? Da waren wir im Konzert.; Zu Ostern, da fahre ich in den Urlaub!; Als er Schüler war, da gab es noch getrennte Schulen für Mädchen und Jungen. ❸ (*umg.:* ≈ *deshalb*) *verwendet, um auszudrücken, dass etwas aus dem genannten Grund geschieht:* Du hast ihm geholfen, da kann er sich ruhig mal bedanken! ❹ (*umg.) in diesem Zusammenhang:* Da fällt mir übrigens noch etwas ein, …; Wegen der Klassenarbeit? Da müsst ihr schon den Lehrer fragen! ❺ (≈ *hier ↔ fort, weg*) *verwendet, um auszudrücken, dass jemand anwesend oder etwas vorhanden ist:* Herr Krause ist schon da.; Ist deine Mutter gerade da?; Ist noch Brot da?; Der Zug müsste eigentlich schon da sein. ❻ (*umg.) verwendet, um auszudrücken, dass jemand bei Sinnen oder bei Kräften ist:* Morgens brauche ich immer etwas Zeit und eine Tasse Kaffee, bis ich richtig da bin.; Ich frage mich wirklich, ob sie noch richtig da ist!; Er war lange krank, aber jetzt ist er wieder voll da. ❼ *verwendet, um auszudrücken, dass jemand eine bestimmte Aufgabe oder etwas einen bestimmten Zweck hat:* Ich bin dazu da, dir zu helfen.; Wozu ist dieses Gerät da? II. konj ❶ (≈ *weil*) *verwendet, um im Nebensatz den Grund für die im Hauptsatz genannte Sache auszudrücken:* Da ich ihn gut kenne, habe ich zuerst ihn gefragt. ❷ (*geh. verhüll.:* ≈ *nachdem*) Jetzt, da die Buchmesse zu Ende ist, gibt es wieder freie Hotelzimmer. ◆ *Getrenntschreibung* → R 4.8 Wirst du morgen da sein?; Sie möchte da bleiben, wo sie geboren und aufgewachsen ist.; Ich will das Komma da haben, wo es hingehört.; Ich will da sitzen/stehen, wo ich am besten sehen kann.; Alles ist schon einmal da gewesen.; ein noch nie da gewesener Erfolg; Die Ausstellung zeigt Sensationelles und nie da Gewesenes.; *siehe aber auch* **Dagewesene**

DAAD der [deːʔaːʔaːˈdeː] <-> /*kein Plur.*/ *Abkürzung von „Deutscher Akademischer Austauschdienst"*

Der **Deutsche Akademische Austauschdienst** (**DAAD**) ist die größte Förderorganisation für den internationalen Austausch von Studierenden und Wissenschaftlern. Zu den wichtigsten Aufgaben zählen: Förderung der deutschen Sprache und Germanistik an ausländischen Hochschulen, Aufbau deutschsprachiger Studiengänge und Hochschulzusammenarbeit auch mit Entwicklungsländern. Bei der Schaffung vielfältiger fachlicher Kooperationen und Partnerschaften in allen Disziplinen kommt dem DAAD eine zentrale Vermittlerrolle unter anderem durch ein weltweites Netz von Lektoren und Lektorinnen zu. Im Rahmen des Engagements für seine ausländischen Stipendiaten/Stipendiatinnen bietet der DAAD Semesterstipendien sowie Jahres- und Promotionsstipendien und sprachliche Vorbereitungen auch durch Online-Sprachkurse an. Der DAAD ist Mitglied des „Netzwerk Deutsch". Dies ist eine Initiative nicht nur des DAAD, sondern auch des Auswärtigen Amtes, des Goethe-Instituts und der Zentralstelle für das Auslandsschulwesen zur Förderung von Deutsch als Fremdsprache, abgekürzt DaF (vgl. das Stichwort dazu).

Der sprachlichen Förderung liegt ein einheitlicher Sprachtest zugrunde, nämlich der „TestDaF", der offenbar gegenwärtig modifiziert wird. Neben diesen Aufgabenbereichen ist der DAAD des Weiteren z.B. auch der Förderung von Deutsch als Wissenschaftssprache verpflichtet, indem er Leitlinien zur Sicherung der Mehrsprachigkeit (Geltung von Deutsch neben Englisch) in den Wissenschaften entwickelt hat.

da·bei [daˈbai/ˈdaːbai] *adv* ❶ *verwendet, um auszudrücken, dass etwas nahe bei jmdm. oder etwas ist, einer Sache beigefügt ist oder in einem Preis inbegriffen ist:* Er war dabei, als der Unfall passierte.; Hast du deinen Fotoapparat dabei?; Da drüben wohnen wir, und ganz nahe dabei ist auch ein Schwimmbad.; Ist die Beschreibung (bei dem Gerät) dabei?; Sind im Preis schon die Eintrittsgelder dabei? ❷ /*verwendet, um die Wiederholung eines bereits genannten Substantivs oder Satzglieds zu vermeiden / bei einer Angelegenheit oder Tätigkeit:* Das Seminar ist sehr teuer und doch kommt nichts dabei (≈ bei dem Seminar) heraus.; Was ist schon dabei?; Ich habe mir nichts dabei gedacht.; Wir fahren gemeinsam in den Urlaub. Soll es dabei (≈ bei dem gemeinsamen Urlaub) bleiben? ❸ (≈ *nebenbei) verwendet, um auszudrücken, dass sich etwas gleichzeitig mit einem anderen Vorgang vollzieht:* Er macht Hausaufgaben und hört Musik dabei.; Sie kann lesen und dabei auch noch stricken! ❹ (≈ *jedoch) verwendet, um auszudrücken, dass die genannte Sache eigentlich keine richtige Begründung hat:* Ich kann das Rätsel nicht lösen; dabei ist es doch gar nicht so schwierig!; Sie ist mir böse; dabei habe ich ihr nie etwas getan. ◆ Getrenntschreibung → R 4.8 Was soll da schon dabei sein?; Bei der Sendung werden wieder bekannte Stars dabei sein.; Wir treffen uns morgen, falls es dabei bleibt.; Du darfst keine Angst dabei haben, sonst misslingt es!; Du solltest dabei stehen, nicht sitzen.; ◆ Großschreibung → R 3.7 Die Dabeigewesenen konnten sich noch gut erinnern.; *siehe auch* **Dabeigewesene**

da·bei·blei·ben ‹bleibst dabei, blieb dabei, ist dabeigeblieben› *ohne OBJ* ▪ **jmd. bleibt (bei etwas** *Dat.***) dabei** *eine Sache weiterführen:* Er hat eine Tischlerlehre angefangen und bleibt dabei. ◆ Zusammenschreibung → R 4.6 Wenn man einmal eine Sache begonnen hat, sollte man auch dabeibleiben.; Ich habe diese Meinung schon früher vertreten und bleibe auch dabei.; *siehe aber auch* **dabei**

Da·bei·ge·we·se·ne *der/die* ‹-n, -n› *jmd., der irgendwo anwesend war, als etwas Bestimmtes geschah:* Alle Dabeigewesenen können das bezeugen. ◆ Groß- und Zusammenschreibung einer der Dabeigewesenen; *siehe aber auch* **dabei**

da·bei·ha·ben ‹hast dabei, hatte dabei, hat dabeigehabt› *mit OBJ* ▪ **jmd. hat etwas/jmdn. dabei** *(umg.)* ❶ *mit sich führen, bei sich haben:* Hast du einen Stift dabei?; Den Führerschein sollte man immer dabeihaben.; Hat er immer seinen kleinen Bruder dabei? ❷ *an etwas teilnehmen lassen:* Er wollte seine Schwester nicht immer mit dabei haben. ◆ Zusammenschreibung → R 4.5 *siehe aber auch* **dabei**

da·bei·sit·zen ‹sitzt dabei, saß dabei, hat/ist dabeigesessen› *ohne OBJ* ▪ **jmd. sitzt (bei etwas/bei jmdm.) dabei** *sitzend (bei etwas oder jmdm.) anwesend sein:* Er sitzt in jeder Versammlung dabei. ◆ Zusammenschreibung → R 4.5 Sie hat sich nicht in das Gespräch eingemischt; sie hat/ist nur dabeigesessen.; *siehe aber auch* **dabei**

da·bei·ste·hen ‹stehst dabei, stand dabei, hat/ist dabeigestanden› *ohne OBJ* ▪ **jmd. steht (bei etwas/bei jmdm.) dabei** *stehend (bei etwas oder jmdm.) anwesend sein:* Sie konnte nur dabeistehen und hilflos zusehen. ◆ Zusammenschreibung → R 4.5 Sie haben/sind alle dabeigestanden und haben gehört, was ich gesagt habe.

da·blei·ben ‹bleibst da, blieb da, ist dageblieben› *ohne OBJ* ▪ **jmd. bleibt (irgendwo) da** *an einem bestimmten Ort bleiben und nicht fortgehen:* Wollen wir in den Urlaub fahren, oder wollen wir lieber dableiben? ◆ Zusammenschreibung → R 4.5 Lasst uns noch etwas dableiben, es ist gerade so gemütlich!; *siehe aber auch* **da**

da ca·po *adv* ❶ MUS. *(als Anweisung) wieder von vorne zu spielen* ❷ *als Beifallsruf in Theater oder Konzert:* Das Publikum will, dass das Stück noch einmal wiederholt wird, und ruft „da capo"!

Dach *das* [dax] ‹-s, Dächer› ❶ *der Teil eines Gebäudes, der es nach oben hin abschließt:* ein flaches/steiles Dach; ein Dach mit Schindeln/Stroh/Ziegeln decken; Der Sturm hat das Dach beschädigt.; unter dem Dach wohnen ◆-balken, -fenster, -gebälk, -gesims, -kammer, -luke, -pappe, -schiefer, -schräge, -wohnung, -ziegel, -Flach-, Haus-,

Pult-, Sattel-, Walm- ❷ *kurz für „Autodach": Das Auto überschlug sich und landete auf dem Dach.*; ■ **kein Dach über dem Kopf haben** *(umg.) (vorübergehend) keine Unterkunft haben;* ■ **unter einem (gemeinsamen) Dach wohnen** *zusammen in einem Haus oder einer Wohnung wohnen;* ■ **unter Dach und Fach** *(umg.) sicher (abgeschlossen) einen Vertrag/die Ernte unter Dach und Fach haben;* ■ **eins aufs Dach kriegen** *(umg.) Prügel oder eine strenge Zurechtweisung bekommen* ◆ -gepäckträger, -koffer

Dach·bo·den *der <-s, Dachböden> (≈ Boden, Speicher) der Raum, der sich direkt unter dem Dach eines Hauses befindet (und häufig zum Lagern ungebrauchter Gegenstände dient):* Auf dem Dachboden stehen Kartons mit alten Büchern.

Dach·de·cker *der*, **Dach·de·cke·rin** *<-s, -> jmd., der beruflich Dächer deckt und repariert* ▸ Dachdeckerei

Dach·first *der <-(e)s, -e>* BAUW. *(≈ Dachsattel, First) die waagerechte Kante, die zwei Dachflächen gemeinsam haben, die gegeneinander geneigt sind*

Dach·gar·ten *der <-s, Dachgärten> auf dem Flachdach eines Hauses angelegter Garten*

Dach·ge·sell·schaft *die <-, -en>* WIRTSCH. *eine Gesellschaft, die einem Konzern übergeordnet ist und diesen leitet*

Da·ch·glei·che *die <-, -n>* ÖSTERR. *Richtfest:* die Dachgleiche feiern

Dach·kän·nel *der <-s, ->* SCHWEIZ. *Dachrinne*

Dach·or·ga·ni·sa·ti·on *die <-, -en> eine Organisation, die mehreren Organisationen übergeordnet ist:* Der Deutsche Gewerkschaftsbund ist die Dachorganisation vieler Einzelgewerkschaften.

Dach·rin·ne *die <-, -n> an der unteren Kante eines Daches angebrachtes (nach oben hin offenes) Rohr, durch das Regenwasser (in senkrecht nach unten führenden geschlossenen Rohren) ablaufen kann*

Dachs *der* [daks] *<-es, -e>* ZOOL. *zu den Mardern gehörendes Säugetier mit grauem Fell, schwarz-weißem Kopf und einer langen Schnauze, das in Wäldern lebt*

Dach·scha·den ■ **jemand hat (wohl) einen Dachschaden** *(umg. abwert.) jmd. ist (wohl) verrückt*

Dach·stüb·chen *das <-s, -> kleine Dachkammer*

Dach·stuhl *der <-(e)s, Dachstühle>* BAUW. *(≈ Dachgestühl) tragendes Gerüst eines Daches (aus Holz), auf dem die Dachziegel befestigt werden*

dach·te ['daxtə] *Prät. von* **denken**

Dach·trau·fe *die <-, -n> (≈ Dachrinne)*

Da·ckel *der <-s, -> ein meist brauner Haus- und Jagdhund mit lang gestrecktem Kopf und krummen Vorderbeinen* ◆ Kurzhaar-, Zwerg-

da·durch ['da:dʊrç] *adv (≈ da hindurch) verwendet, um auszudrücken, dass sich eine Bewegung durch die genannte Sache hindurch vollzieht:* Die Stiefel haben Ösen. Dadurch werden die Schnürsenkel gezogen.; Das Fenster ist viel zu klein. Dadurch können die Diebe nicht ins Haus gelangt sein!; ■ **dadurch, dass ...** *(umg.: ≈ weil)* Dadurch, dass er zwei Fremdsprachen spricht, hat er bessere Chancen.

da·durch [da'dʊrç] *adv /verwendet, um die Wiederholung eines bereits genannten Substantivs oder Satzglieds zu vermeiden/ (≈ deshalb) durch diese Sache:* Er hat mir seine Hilfe angeboten. Dadurch (≈ durch seine Hilfe) habe ich die Arbeit rechtzeitig geschafft.; Ich habe mich ausgeruht und bin dadurch (≈ durch das Ausruhen) viel erholter.

da·für [da'fy:ɐ̯/'da:fy:ɐ̯] *adv* ❶ */verwendet, um die Wiederholung eines bereits genannten Substantivs oder Satzglieds zu vermeiden/ für die genannte Sache:* Die Idee stammt von mir und ich habe mich jahrelang dafür (≈ für diese Idee) eingesetzt.; Ich kenne diesen Vorschlag und bin dafür (≈ für diesen Vorschlag); Er kann nichts dafür!; Sie ist keine Künstlerin. Man könnte sie aber dafür (≈ für eine Künstlerin) halten. ❷ *verwendet, um auszudrücken, dass etwas als Gegenleistung für etwas gegeben wird:* Ich habe ihr ein Buch gegeben und dafür eine CD bekommen.; Er hat dafür 20 Euro bezahlt. ❸ *verwendet, um auszudrücken, dass etwas richtig erscheint, wenn man einen bestimmten Aspekt bedenkt:* Der Anzug ist teuer. Dafür passt er aber gut.; Er hat eine Menge Zeit geopfert, dafür aber auch viel erreicht. ❹ *(umg.: ≈ dagegen) verwendet, um auszudrücken, dass etwas als Mittel gegen etwas dient:* Sie haben Fieber? Dafür verschreibe ich Ihnen Tabletten.; Er leidet unter Verspannungen, aber dafür bekommt er Massagen. ◆ Getrenntschreibung → R 4.8 Es spricht einiges dafür, dass er von seinem Amt zurücktritt.; Sie wird wohl nichts dafür können, dass sie sich verspätet.; *siehe aber auch* **dafürkönnen**, **dafürsprechen**

Da·für·hal·ten ■ **nach meinem Dafürhal-**

dafürkönnen – daherbringen

ten *(geh.) meiner Meinung nach* Nach meinem Dafürhalten sollten wir die Direktion um Erlaubnis bitten.

da·für·kön·nen <kannst dafür, konnte dafür, hat dafürgekonnt> *mit OBJ* ■ **jmd. kann etwas dafür** *(umg.) schuld sein:* Er kann nichts dafür, dass er häufig krank ist. ◆ Zusammenschreibung → R 4.6 Niemand hat etwas dafürgekonnt, dass es so gekommen ist.

da·für·spre·chen, **da·für spre·chen** <spricht dafür, sprach dafür, hat dafürgesprochen> *mit OBJ* ■ **etwas spricht dafür, dass ...** ❶ *ein Anzeichen für etwas sein:* Es spricht einiges dafür, dass sie die neue Chefin wird. ❷ *ein Argument für etwas sein:* Es spricht alles dafür, dass wir die Wohnung jetzt kaufen. ◆ Zusammenschreibung → R 4.6 Was hat eigentlich dafürgesprochen, dass sie die Stelle bekam?

da·ge·gen [daˈgeːgn̩/ˈdaːgeːgn̩] *adv* ❶ *gegen die genannte Sache:* Dagegen ist nichts einzuwenden.; Sie stand neben dem Schrank und lehnte sich dagegen.; Er schlug mit dem Stock dagegen. ❷ ■ **etwas/nichts dagegen haben** *gegen/nicht gegen etwas eingestellt sein:* Ich habe nichts dagegen, dass er mitkommt. ❸ *im Vergleich zu jmdm. oder etwas:* Sie ist unerträglich; dagegen ist ihr Bruder das liebste Kind. ❹ *(≈ jedoch) verwendet, um auszudrücken, dass ein Gegensatz zwischen zwei Menschen, Dingen oder Sachverhalten besteht:* Ich habe ihr oft geschrieben, sie dagegen nur selten.; Sie ist blond, er dagegen schwarzhaarig. ◆ Getrenntschreibung → R 4.8 Was kann man denn dagegen haben, dass er hier einzieht?; Ich denke, keiner wird dagegen sein, dass du mitkommst.

da·ge·gen·hal·ten <hältst dagegen, hielt dagegen, hat dagegengehalten> *mit OBJ* ■ **jmd. hält etwas dagegen** ❶ *etwas gegen oder neben etwas halten:* Merkst du nicht, dass dieser Stoff eine andere Farbe hat als das Tuch? Halte ihn mal dagegen!; Siehst du das feine Muster im Stoff nicht? Nimm mal die Lampe und halte den Stoff dagegen! ❷ *(geh. verhüll.: ≈ entgegnen) als Gegenargument nennen:* Sie hielt dagegen, dass diese Theorie veraltet sei. ◆ Zusammenschreibung → R 4.6 Glaubst du, wir sollten dagegenhalten?

da·ge·gen·set·zen <setzt dagegen, setzte dagegen, hat dagegengesetzt> *mit OBJ* ■ **jmd. setzt etwas dagegen** *etwas gegen etwas sagen:* Was können wir dagegensetzen, wenn wir so belo-

gen werden? ◆ Zusammenschreibung → R 4.6 Sie wurde heftig angegriffen und konnte nichts dagegensetzen.

da·ge·gen·stel·len <stellst dagegen, stellte dagegen, hat dagegengestellt> *mit SICH* ■ **jmd. stellt sich dagegen** *sich widersetzen:* Er stellte sich mutig dagegen, als sein Freund angegriffen wurde. ◆ Zusammenschreibung → R 4.6 Sie hat sein Vorgehen verurteilt und sich von Anfang an dagegengestellt.

Da·ge·we·se·ne das <-n> */kein Plur./ das, was es bisher gegeben hat:* Die Ausstellung zeigt Sensationelles, noch nie Dagewesene. ◆ Zusammenschreibung → R 4.6 alles bisher Dagewesene in denn Schatten stellen; *siehe aber auch* **da**

da·ha·ben <hast da, hatte da, hat dagehabt> *mit OBJ* ■ **jmd. hat etwas da** *(umg.) zur Verfügung oder vorrätig haben:* Hast du noch etwas Brot da?; Wir können nicht alle Produkte dahaben. Auf Wunsch des Kunden bestellen wir die Sachen. ◆ Zusammenschreibung → R 4.6 sehe nach, ob ich das Buch noch dahabe.

da·heim [daˈhaim] *adv zu Hause:* wieder daheim sein ◆ Zusammenschreibung → R 4.5 Er wollte lieber daheimbleiben.; Ich möchte nicht dauernd daheimsitzen.

da·heim·ge·blie·ben *adj /nicht steig./ so, dass man zu Hause geblieben und nicht an einen anderen Ort gereist ist:* Sie schickt eine Urlaubskarte an die daheimgebliebene Freundin.

Da·heim·ge·blie·be·ne der/die <-n, -n> *jmd., der zu Hause geblieben ist (und nicht z.B. an einen Urlaubsort gefahren ist):* an die Daheimgebliebenen denken ◆ Zusammenschreibung → R 44.6 Er grüßte alle Daheimgebliebenen.

da·her [daˈheːɐ̯/ˈdaːheːɐ̯] *adv* ❶ *aus oder von einem bestimmten Ort; von dort:* Du stammst aus Dresden? Von daher komme ich auch!; Ich sollte in die Stadt? Daher komme ich gerade! ❷ *(≈ deswegen) aus einem bestimmten Grund:* Ihre Erkältung kommt daher, dass sie sich bei dem Wetter nicht warm genug anzieht.; Er hat es mir gesagt. Daher weiß ich es schon lange. ◆ Getrenntschreibung → R 4.8 Seine Vorsicht wird wohl daher kommen, dass man ihn gewarnt hat.; Das Missverständnis ist daher gekommen, dass wir uns nicht vorher abgesprochen haben.

da·her·brin·gen <bringst daher, brachte daher, hat dahergebracht> *mit OBJ* ■ **jmd. bringt etwas daher** SÜDDT., ÖSTERR. *von irgendwoher anschleppen:* Was hast du denn wieder dahergebracht?

da·her·ge·lau·fen *adj /nicht steig./ (umg. abwert.) ohne Ansehen und von zweifelhafter Herkunft:* Glaub doch nicht jedem dahergelaufenen Kerl, was er dir erzählt! ▶ Dahergelaufene

da·her·kom·men <kommst daher, kam daher, ist dahergekommen> *ohne OBJ* ■ **jmd. kommt irgendwie daher** *sich (auf bestimmte Weise) nähern:* Wir sahen ihn mit schnellen Schritten daherkommen. ◆Zusammenschreibung → R 4.5 Dann ist sie wieder dahergekommen und hat uns gestört.; Wie du wieder daherkommst! Zieh dich doch mal ordentlich an!; *siehe aber* **daher**

da·hin [daˈhɪn/ˈdaːhɪn] *adv* ❶ *bis zu einem bestimmten Ort oder Zustand:* Ist es noch weit bis dahin?; Leg das Buch bitte dahin (, wo du es weggenommen hast)!; Dahin hat ihn sein ewiges Lügen gebracht! ❷ *(≈ dann) bis zu einem bestimmten Zeitpunkt:* Wie lange dauert es noch bis dahin?; Bis dahin will ich mit der Arbeit fertig sein. ❸ ■ **dahin, dass ...** *in eine bestimmte gedankliche Richtung:* Meine Meinung geht dahin, dass ...; sich dahin gehend äußern/einigen, dass ...; ■ **Mir steht's bis dahin!** *(umg.) ich habe keine Lust mehr;* ■ **dahin sein** *(geh.) verloren oder vergangen sein* All mein Geld ist dahin!; Die schöne Jugendzeit ist dahin! ◆Getrenntschreibung → R 4.8 Unsere Bestrebungen sollten dahin gehen, dass ...; Ich bin zu der Feier eingeladen. Wollt auch ihr dahin gehen?; Ich habe die Tasche dahin gestellt.

da·hin·fal·len <fällt dahin, fiel dahin, ist dahingefallen> *ohne OBJ* ■ **etwas fällt (wegen etwas** *Dat.***) dahin** SCHWEIZ. *entfallen, wegfallen:* Seine Gründe dafür fallen dahin.

da·hin·flie·ßen <fließt dahin, floss dahin, ist dahingeflossen> *ohne OBJ* ■ **etwas fließt (irgendwie) dahin** *gleichmäßig in einer bestimmten Art fließen:* Der Bach fließt gemächlich dahin.; Seine Rede floss eintönig dahin.

da·hin·ge·hen <gehst dahin, ging dahin, ist dahingegangen> *ohne OBJ (geh.)* ❶ ■ **etwas geht (irgendwie) dahin** *in einer bestimmten Art vergehen:* Der Tag ist ohne große Ereignisse dahingegangen. ❷ ■ **jmd. geht dahin** *(verhüll.: ≈ dahinscheiden) sterben:* Er ist viel zu früh dahingegangen. ◆Zusammenschreibung → R 4.6 Er ließ ein paar Wochen dahingehen, ohne etwas zu unternehmen.; *siehe* **dahin**

da·hin·ge·stellt */nicht steig./* ■ **etwas bleibt/ist/sei dahingestellt** *etwas ist nicht sicher oder entschieden* Es sei einmal dahingestellt, ob Fortschritt immer ein Vorteil ist. ◆Zusammenschreibung → R 4.6 Ob er es wirklich getan hat, wollen wir einmal dahingestellt lassen.; *siehe aber* **dahin**

da·hin·sa·gen <sagst dahin, sagte dahin, hat dahingesagt> *mit OBJ* ■ **jmd. sagt etwas dahin** *etwas sagen, ohne sich viel dabei zu denken:* Das habe ich doch nur so dahingesagt. Nimm es nicht so ernst!; Er hatte das leichtfertig dahingesagt, sie damit aber sehr gekränkt.

da·hin·schei·den <scheidest dahin, schied dahin, ist dahingeschieden> *ohne OBJ* ■ **jmd. scheidet dahin** *(geh. verhüll.: ≈ dahingehen) sterben:* Er ist nach Jahren schwerer Krankheit dahingeschieden.; Sie schied nach langem Leiden dahin.

da·hin·schlep·pen <schleppst dahin, schleppte dahin, hat dahingeschleppt> *mit SICH* ❶ ■ **jmd. schleppt sich dahin** *sich mühsam und mit großer Anstrengung bewegen:* Nach einer Woche in der tropischen Hitze schleppten sich die Expeditionsteilnehmer nur noch dahin. ❷ *(übertr.) verwendet, um auszudrücken, dass etwas sehr viel Zeit benötigt, weil nur sehr kleine Fortschritte gemacht werden:* Die Verhandlungen schleppen sich nun schon über Wochen dahin.

da·hin·schwin·den <schwindet dahin, schwand dahin, ist dahingeschwunden> *ohne OBJ* ■ **etwas schwindet dahin** *(geh.) weniger werden:* Unsere Begeisterung/Der Vorrat an Lebensmitteln ist schnell dahingeschwunden.; Das harte Rennen fordert seinen Tribut: Die Kräfte der Athleten schwinden dahin.

da·hin·sie·chen <siechst dahin, siechte dahin, ist dahingesiecht> *ohne OBJ* ■ **jmd. siecht dahin** *lange Zeit sehr krank und dem Tode nahe sein:* Er starb, nachdem er viele Monate dahingesiecht war.

da·hin·ten, **da·hin·ten** *adv (≈ dort hinten) an jener Stelle, die vom Sprecher relativ weit entfernt ist:* Dahinten im Regal musst du nachschauen!

da·hin·ter [daˈhɪntɐ/ˈdaːhɪntɐ] *adv (↔ davor) hinter der genannten Sache:* Wenn du genau wissen willst, was hinter dem Schrank ist, musst du mal dahinter schauen!; ■ **jemand klemmt sich dahinter** *(umg.) jmd. fördert etwas mit aller Kraft* Wenn er sich richtig dahinterklemmt, kann er sein Projekt noch rechtzeitig verwirklichen.; ▪ **jemand kommt dahinter** *(umg.) jmd. findet etwas heraus* Sie möchte zu gern dahinterkommen, was ihr mit seiner Anspielung gemeint hat.; ▪ **etwas steckt dahinter** *(umg.) im Zusammenhang mit etwas gibt es noch eine (noch nicht bekannte) wichtige Sache* Es werden noch mehr Mitarbeiter angestellt. Da könnte mehr dahinterstecken. Vielleicht soll eine weitere neue Firma gegründet werden.; ▪ **jemand steht dahinter** *(umg.) jmd. befürwortet etwas und bekennt sich auch öffentlich dazu* Das war ein mutiger Vorschlag. Aber er wusste auch, dass die Geschäftsleitung dahintersteht. ◆ Zusammenschreibung → R 4.6

da·hi·n·ü·ber *adv an dieser Stelle, in dieser Richtung hinüber:* Nach etwa 500 Metern erreichst du eine Brücke; und dahinüber musst du fahren.

da·hin·ve·ge·tie·ren <vegetierst dahin, vegetierte dahin, ist dahinvegetiert> *ohne OBJ* ■ **jmd. vegetiert dahin** *(oft abwert.) unter elenden Umständen leben:* Viele Bewohner der Slums vegetieren in primitiven Hütten dahin.

da·hin·zie·hen <zieht dahin, zog dahin, ist dahingezogen> *ohne OBJ* ■ **etwas zieht (irgendwie) dahin** *sich gleichmäßig vorwärts bewegen:* Die Wolken zogen langsam/rasch am Himmel dahin

Dak·ty·lo·gra·phin die <-, -nen> SCHWEIZ. *Maschinenschreiberin*

Dak·ty·lo·s·ko·pie die <-> /kein Plur./ *Verfahren zum Abnehmen von Fingerabdrücken für kriminologische oder gerichtsmedizinische Untersuchungen*

Dak·ty·lus der <-, Daktylen> *Versmaß aus einer langen, betonten und zwei kurzen, unbetonten Silben:* ein Gedicht in Daktylen ▸ daktylisch

dal·li *interj (umg.) verwendet, um auszudrücken, dass sich jmd. beeilen soll;* ▪ **Nun mach mal dalli!** *Beeile dich!*

da·ma·lig *adj /nicht steig./ (↔ zukünftig) zu einem bestimmten Zeitpunkt in der Vergangenheit:* In der damaligen Zeit war vieles anders.; mein damaliger Lehrer; Die damaligen Verhältnisse erlaubten das nicht.

da·mals ['da:ma:ls] *adv zu einem bestimmten Zeitpunkt, der schon länger zurückliegt:* Damals, als Großvater noch ein junger Mann war …; Seit damals hat sich viel geändert; es liegt ja auch dreißig Jahre zurück.; Damals stand die Kirche noch, später wurde sie zerstört.

Da·mast der <-(e)s, -e> *ein einfarbiger feiner Stoff mit eingewebtem Muster:* Bettwäsche aus Damast

Da·me die ['da:ma] <-, -n> ❶ *(↔ Herr) höfliche Anrede und Bezeichnung für eine Frau:* Gestatten Sie, meine Damen?; Die Dame war vor Ihnen an der Reihe.; Meine sehr verehrten Damen und Herren! ◆-nbekleidung, -nfahrrad, -nmannschaft, -nmode, -noberbekleidung, -nrad, -nsalon, -nschuh, -nstrumpf, -nunterwäsche ❷ *eine vornehm wirkende Frau:* auftreten/sich benehmen/sich kleiden wie eine richtige Dame; Eine Dame tut so etwas nicht! ❸ *eine Karte beim Skat- oder Rommépiel:* eine Dame ausspielen ❹ *die neben dem König wichtigste Schachfigur* ❺ */kein Plur./ kurz für "Damespiel":* stundenlang Dame spielen

Da·men·be·kannt·schaft die <-, -en> *(veralt.) Bekanntschaft (eines Mannes) mit einer weiblichen Person*

Da·men·bin·de die <-, -n> *Binde³ für die Zeit der Monatsblutung*

da·men·haft *adj /nicht steig./ wie eine Dame²:* In dem eleganten Kostüm wirkt sie sehr damenhaft.

Da·men·sat·tel der <-s, -> ❶ *ein Reitsattel für Frauen, der so beschaffen ist, dass die Reiterin beide Beine auf einer Seite des Pferdes hält* ❷ *ein Fahrradsattel, der in seiner Form speziell auf die weibliche Anatomie abgestimmt ist*

Da·men·sitz der <-es, -e> *(↔ Herrensitz) Reitsitz im Damensattel*

Da·men·wahl die <-> /kein Plur./ *der Vorgang, dass beim Tanz die Frauen die Männer zum Tanz auffordern:* Jetzt ist Damenwahl!

Da·men·welt die <-> /kein Plur./ *(umg. o veralt.) Gesamtheit der Frauen*

Da·me·spiel das <-(e)s, -e> *(≈ Dame) ein Brettspiel für zwei Spieler, bei dem auf einem quadratischen Brett mit 12 schwarzen und 12 weißen runden, flachen Spielsteinen gespielt wird*

da·mit [da'mit/'da:mɪt] I. *adv* ❶ */verwendet, um die Wiederholung eines bereits genannten Substantivs oder Satzglieds zu vermeiden/ mit einer Sache:* Was willst du damit?; Dieses Brecheisen hier: Hat der Täter damit (≈ mit diesem Brecheisen) die Tür geöffnet?; Das hat damit gar nichts zu tun.; Damit hatten wir nicht gerechnet.; Weg/heraus damit! ❷ *(≈ demzufolge) verwendet, um eine Schlussfolgerung aus etwas einzuleiten:* Er ist krank. Damit entfällt seine Teilnahme am Fußballturnier. II. *konj verwendet, um im Nebensatz den*

Zweck der Aussage des Hauptsatzes zu nennen: Ich sage dir das, damit du Bescheid weißt.; Er wollte eine gute Ausbildung für seine Kinder, damit sie es im Leben leichter haben sollten.

Däm·lack der <-s, -e/-s> *(umg. abwert.) einfältiger, dummer Mensch*

däm·lich *adj (umg. abwert.:* ≈ *blöd)* ❶ *dumm und einfältig*: ein selten dämlicher Kerl ❷ *ungeschickt*: sich dämlich anstellen

Damm der [dam] <-(e)s, Dämme> ❶ *ein Erdwall, der dazu dient, dass das Wasser in einem Fluss nicht heraustreten und das Land neben dem Fluss überschwemmen kann*: einen Damm aufschütten/errichten/mit Sandsäcken sichern; Die Dämme sind gebrochen.; Das Wasser des Baches wird hinter einem Damm aufgestaut. ♦ -bruch, Stau- ❷ *Unterbau einer Straße oder Schiene*: Der Damm links und rechts der Schiene war von Unkraut überwuchert. ♦ Bahn- ❸ ANAT. *der Bereich zwischen After und äußeren Geschlechtsorganen beim Menschen*; ■ **nicht auf dem Damm sein** *(umg.) nicht ganz gesund sein*; ■ **wieder auf dem Damm sein** *(umg.) nach einer Krankheit wieder gesund sein*

däm·men *mit OBJ* ■ **jmd. dämmt etwas** ❶ *(Wasser) durch einen Damm stauen*: den Fluss dämmen ▸ eindämmen ❷ *etwas gegen Schall oder Wärme bzw. Kälte isolieren* ▸ Dämmplatte, Dämmstoff, Dämmung

däm·me·rig *adj /nicht steig./ siehe* **dämmrig**

Däm·mer·licht das <-(e)s> /kein Plur./ *das sehr schwache Licht in den ganz frühen Morgenstunden und den frühen Abendstunden, bei dem man gerade noch etwas sehen kann*: Im Dämmerlicht des Abends/Morgens konnte sie kaum etwas erkennen.

däm·mern ['dɛmɐn] <dämmert, dämmerte, hat gedämmert> **I.** *ohne OBJ* ❶ ■ **der Morgen dämmert** *es wird Tag* ■ **der Abend dämmert** *es wird Nacht* ❷ ■ **jmd. dämmert** *im Halbschlaf sein*: Sie saß im Sessel und dämmerte ein wenig. **II.** *mit ES* ■ **es dämmert** ❶ *Morgen oder Abend werden*: Es beginnt zu dämmern. ❷ ■ **jemandem dämmert es** *(umg.) jmd. versteht allmählich etwas* Jetzt dämmert's mir!; Es dämmerte nun endlich allen, dass das Spiel nicht mehr zu gewinnen war.

Däm·mer·schop·pen der <-s, -> *(veralt.:* ≈ *Abendschoppen* ↔ *Frühschoppen) kleiner Trunk (in Gesellschaft) am frühen Abend*: auf der Terrasse beim Dämmerschoppen sitzen

Däm·me·rung die <-> /kein Plur./ *die Übergangszeit zwischen Tag und Nacht, in der das Licht sehr schwach ist*: Die Dämmerung brach herein.; bei Anbruch der Dämmerung ♦ Abend-, Morgen-

Däm·mer·zu·stand der <-(e)s, Dämmerzustände> MED. *ein Zustand des Bewusstseins, in dem der Patient die Außenwelt nur sehr eingeschränkt wahrnehmen kann*

dämm·rig *adj /nicht steig./ so, dass es noch nicht oder nicht mehr ganz dunkel ist*: Es war schon dämmrig, als wir nach Hause kamen.; Der Morgen kündigt sich mit dämmrigem Licht an.

Däm·mung die <-, -en> TECHN. *Verfahren zur Isolierung von Gebäudeteilen, wobei insbesondere gegen Wärmeverluste verschiedene Materialien eingesetzt werden* ♦ Schall-, Wärme-

Da·mo·k·les·schwert das <-(e)s> /kein Plur./ *(geh.) eine drohende Gefahr, der jmd. dauernd ausgesetzt ist und die ihn jederzeit treffen kann*: Die Entlassung schwebte wie ein Damoklesschwert über den achtzig Mitarbeitern des Kleinbetriebs.

Dä·mon der <-s, Dämonen> *ein mächtiger böser Geist*: Ein Talisman soll vor Dämonen schützen.; von einem Dämon besessen sein ▸ Dämonismus

dä·mo·nisch *adj auf unheimliche Art fesselnd*: ein dämonisches Lachen; eine dämonische Kraft ausüben

Dampf der <-(e)s, Dämpfe> ❶ /kein Plur./ *(≈ Dunst) die feinen Wassertropfen, die in die Luft aufsteigen, wenn Wasser auf eine höhere Temperatur als 100° erhitzt wird.*: Der Dampf schlägt sich an den Fenstern nieder.; Aus den Kühltürmen des Kraftwerks steigt Dampf auf. ♦ -antrieb, -bad, -boot, -bügeleisen, -druck, -heizung, -kessel, -kochtopf, -lok(omotive), -maschine, -schiff, -strahl, -turbine, -ventil, -walze, -wolke ❷ /nur Plur./ CHEM. *(≈ Ausdünstungen) Stoffe, die aus bestimmten Chemikalien austreten und sich mit der Luft vermischen*: giftige Dämpfe einatmen; ■ **Dampf ablassen** *(umg.) seinen Ärger deutlich äußern* Ich habe lange nichts dazu gesagt, aber heute musste ich mal Dampf ablassen und so richtig meine Meinung sagen.; ■ **jemandem Dampf machen** *(umg.) eine Person, die zu träge oder zu faul ist, antreiben*

damp·fen <dampft, dampfte, hat gedampft> *ohne OBJ* ■ **etwas dampft** ❶ *so heiß sein, dass Dampf aufsteigt*: dampfend heiße Suppe; Die Klöße dampfen in der

Schüssel. ❷ *Dunst aufsteigen lassen:* Die Pferde dampfen.; Nach dem Regen dampft die Straße in der Sonne.

dämp·fen <dämpfst, dämpfte, hat gedämpft> *mit* OBJ ❶ **jmd./etwas dämpft etwas** *(≈ abschwächen) leiser machen:* Er dämpfte seine Stimme.; Der Teppich dämpft die Schritte.; gedämpfte Geräusche ❷ **etwas dämpft etwas** *bewirken, dass etwas schwächer oder weniger intensiv ist:* die Erregung/die Freude/den Zorn dämpfen; die Schmerzen dämpfen; Medikamente mit einer dämpfenden Wirkung ❸ **jmd. dämpft etwas** KOCH. *(≈ dünsten) in Dampf garen:* Zwiebeln in der Pfanne dämpfen; gedämpfte Kartoffeln ❹ **jmd. dämpft etwas** *mit Dampf glätten:* die Wäsche dämpfen

Dampf·er der <-s, -> ❶ kurz für „*Dampfschiff*" -erfahrt, Ausflugs-, Luxus-, Ozean-, Passagier- ❷ **auf dem falschen Dampfer sein** *(umg.) falsche Vorstellungen von etwas haben* Wenn du glaubst, du kannst mich mit deinen Schmeicheleien einwickeln, bist du aber auf dem falschen Dampfer. Ich durchschaue das.

Dämp·fer der <-s, -> ❶ MUS. *ein Teil, das man auf die Spitze bestimmter Instrumente setzt, um dem Klang eine bestimmte Färbung zu geben:* die Trompete mit Dämpfer spielen ❷ **jemand/etwas bekommt einen Dämpfer** *(umg. übertr.) durch etwas Negatives wird jmds. Stimmung oder eine Situation verschlechtert* Ihre Hoffnungen haben einen Dämpfer bekommen.; Er hat vom Chef einen kräftigen Dämpfer bekommen.

Dampf·kraft die <-> /kein Plur./ PHYS. *die Kraft, die durch den Druck von Dampf entsteht* -werk

Dämp·fung die <-> /kein Plur./ ❶ *das Abschwächen von Schall* ❷ MED. *das Abschwächen von Krankheitssymptomen:* ein Medikament zur Dämpfung des Hustenreizes/der psychischen Erregung

da·nach [da'na:x/'da:nax] adv ❶ *(≈ nachher ↔ davor) verwendet, um auszudrücken, dass etwas zeitlich nach der genannten Sache liegt:* Erst waren wir im Kino, danach noch in einem Restaurant.; Er kam als Sieger ins Ziel; lange danach kam die Verfolger.; Zuerst muss man die Milch erhitzen, danach das Puddingpulver einrühren. ❷ */verwendet, um die Wiederholung eines bereits genannten Substantivs oder Satzteils zu vermeiden / nach der genannten Sache:* Erst sah er den Hebel an der Wand, dann griff er danach (≈ nach dem Hebel); Du magst die Arbeit wohl nicht besonders, aber du wirst dich noch danach (≈ nach der Arbeit) sehnen.; Sie kennen jetzt die Vorschriften. Richten Sie sich bitte danach (≈ nach den Vorschriften)!; Mir ist nicht danach zu Mute. ❸ *(≈ so) dem entsprechend:* Er ist krank und sieht auch danach aus.; Wahrscheinlich ist Zimt in dem Kuchen; jedenfalls schmeckt er danach.

da·ne·ben adv ❶ *neben etwas:* Rechts daneben steht die Schule.; Er hat sein Auto dicht daneben abgestellt.; Dort sehen Sie das Rathaus, daneben ist das Naturkundemuseum.; Der Weg ist schlammig; wir müssen daneben im Gras gehen.; Im Regal liegt mein Buch. Die Brille wird wohl direkt daneben liegen. ❷ *verwendet, um auszudrücken, dass etwas sein Ziel nicht erreicht:* Der Schuss ging knapp daneben. ❸ *(≈ außerdem) verwendet, um auszudrücken, dass etwas zusätzlich zu einer Sache geschieht:* Sie ist berufstätig. Daneben studiert sie noch. ❹ *im Vergleich zu jmdm. oder etwas:* Er ist sehr gewandt. Daneben wirkt sein Bruder richtig ungeschickt.; **jemand ist völlig daneben** *(umg.) jmd. fühlt sich unwohl;* **etwas ist voll/völlig daneben** *(umg. abwert.) etwas ist in einer Situation überhaupt nicht angebracht* Sein dummes Grinsen war ja wohl voll daneben. • Zusammenschreibung → R 4.6 danebenschießen; danebentreffen

da·ne·ben·be·neh·men <benimmst daneben, benahm daneben, hat danebenbenommen> *mit* SICH **jmd. benimmt sich (bei etwas** *Dat.***) daneben** *(umg.) sich schlecht benehmen:* Musst du dich immer so danebenbenehmen?

da·ne·ben·ge·hen <geht daneben, ging daneben, ist danebengegangen> *ohne* OBJ **jmdm. geht etwas daneben** *(umg.: ≈ misslingen ↔ gelingen)* Der Versuch, die beiden verfeindeten Parteien zu versöhnen, ist gründlich danebengegangen. • Zusammenschreibung → R 4.6 Der Versuch, ihn umzustimmen, ist danebengegangen.; Auch die Wiederholungsprüfung ist leider danebengegangen.

da·ne·ben·ge·ra·ten <gerät daneben, ist danebengeraten> *ohne* OBJ **jmdm. gerät etwas daneben** *(↔ misslingen) (↔ gelingen) etwas misslingt jmdm.:* Das Essen ist mir heute danebengeraten.

da·ne·ben·hal·ten <hältst daneben, hielt daneben, hat danebengehalten> *mit* OBJ **jmd. hält etwas daneben** *(umg.) zum Vergleich heranziehen:* Wenn man seine bisherigen Leistungen danebenhält, ist doch eine drei in Mathematik gar nicht so schlecht. ◆ Zusammenschreibung → R 4.6 Wenn man die Ergebnisse der anderen Teilnehmer danebenhält, können wir mit uns ganz zufrieden sein.

da·ne·ben·lie·gen <liegt daneben, lag daneben, hat danebengelegen> *ohne OBJ* ■ *jmd. liegt* (**bei etwas** *Dat.*) **daneben** *(umg.) eine Sache falsch einschätzen:* Die Entfernung beträgt 298 Kilometer. Ich habe 250 geschätzt. So weit habe ich gar nicht danebengelegen! ◆ Zusammenschreibung → R 4.6 Du hast völlig danebengelegen, die Sache war ganz anders!

da·nie·der·lie·gen <liegt danieder, lag danieder, hat/ist daniedergelegen> *ohne OBJ* ■ **jmd. liegt danieder** *(geh.)* ❶ *krank sein:* Sie hat/ist mit einer Grippe mehrere Wochen daniedergelegen. ❷ *nicht gedeihen:* Die Wirtschaft/die Kultur des Landes lag danieder. ◆ Zusammenschreibung → R 4.6 Das Theater der Stadt hat/ist schon seit einiger Zeit daniedergelegen.

Dank der [daŋk] <-(e)s> *das Gefühl, dass man sich freut, weil jmd. etwas für einen getan hat oder jmd. einem etwas gegeben bzw. geschenkt hat:* jemandem Dank sagen/schulden; Ich wollte Ihnen meinen Dank aussprechen.; Ich bin Ihnen zu großem Dank verpflichtet.; aufrichtigen/herzlichen/verbindlichen Dank sagen; Vielen (herzlichen) Dank für eure Hilfe!; Wir wollen allen, die geholfen haben, unseren Dank abstatten.; ohne ein Wort des Dankes; keinen Dank erhalten/erwarten; ■ **Gott sei Dank!** *(umg.) Ausruf der Erleichterung* ◆ Getrennt- oder Zusammenschreibung → R 4.14 Wir wollen euch Dank sagen.; *siehe aber auch* **danksagen**

dank *präp +Dat. verwendet, um auszudrücken, dass die genannte (positive) Sache der Grund für etwas ist:* Er erreichte das Ziel dank seiner Geduld.; Dank seiner Erfahrung stellt das für ihn kein Problem dar. ◆ Kleinschreibung → R 3.12 Ich habe dank deiner Hilfe den Weg gefunden.

dank·bar [ˈdaŋkbaːɐ̯] *adj* ❶ (↔ *undankbar) so, dass jmd. von Dank erfüllt ist:* jemandem für etwas dankbar sein; für jede Hilfe dankbar sein; ein dankbares Publikum ❷ (≈ *lohnend) so, dass etwas ein gutes Ergebnis einbringt, ohne dabei viel Aufwand zu verursachen:* eine dankbare Aufgabe; Diese Grünpflanze ist sehr dankbar.

Dank·bar·keit die <-> /kein Plur./ (↔ *Undankbarkeit) das Bedürfnis, jmdm. für etwas zu danken:* Sie half ihm aus reiner Dankbarkeit.

dan·ke [ˈdaŋkə] *interj* ❶ *verwendet, um sich bei jmdm. für etwas zu bedanken:* danke sagen; Ich möchte allen danke (schön) sagen. ❷ ■ (**Nein**) **danke!** *verwendet, um ein Angebot höflich abzulehnen* Möchtest du noch Tee? (Nein) danke! ◆ Getrennt-oder Zusammenschreibung → R 4.20 Wir sagen danke schön/dankeschön.; *siehe* **Dankeschön**

dan·ken [ˈdaŋkn̩] I. *mit OBJ (geh.)* ❶ ■ **jmd. dankt jmdm. etwas** *mit Dank vergelten:* Ihre aufopferungsvolle Hilfe ist ihr schlecht gedankt worden.; Deinen großen Aufwand wird dir niemand danken! ❷ ■ **jmd. dankt jmdm./etwas etwas** *verdanken, zuschreiben:* Sie dankt diesem Arzt ihr Leben.; Es war auch dem Wetter zu danken, dass der Urlaub schön war.; ■ **nichts zu danken!** *verwendet als höfliche Erwiderung auf einen Dank* A: Vielen Dank für Ihre Hilfe! B: Nichts zu danken; das war doch selbstverständlich! II. *ohne OBJ* ■ **jmd. dankt** (**jmdm.**) (**für etwas** *Akk.*) ❶ *seinen Dank aussprechen:* jemandem für seine Hilfe/seine Einladung danken; Ich danke Ihnen für dieses Gespräch. ❷ *mit Dank ablehnen:* Möchten Sie noch Tee? Nein, ich danke!

Dan·ke·schön das <-s> /kein Plur./ *eine kleine Aufmerksamkeit, die man jmdm. als Dank für etwas gibt:* Der Sekt ist ein Dankeschön für deine Hilfe. ◆ Zusammen- und Großschreibung → R 4.20 Wir wollen euch heute ein Dankeschön sagen.

Dank·ge·bet das <-(e)s, -e> REL. (↔ *Bittgebet) ein Gebet, in dem Gott für etwas gedankt wird*

dank·sa·gen *ohne OBJ /nur Inf./ (geh.) danken* ◆ Getrennt-oder Zusammenschreibung → R 4.20 Wir wollen Gott loben und Dank sagen/danksagen.; *siehe* **Dank**

Dank·sa·gung die <-, -en> *die Äußerungen, mit denen man (mündlich oder schriftlich) seinen Dank ausdrückt, besonders für die Anteilnahme bei einem Todesfall*

dann [dan] *adv* ❶ *verwendet, um eine zeitliche, räumliche oder rangmäßige Folge von etwas auszudrücken:* Wir verabschiedeten uns. Dann gingen wir nach Hause.; Am Zugangfang befinden sich die Wagen der 1.Klasse; dann folgen die der 2.Klasse; Anne ist die Beste der Klasse, dann folgen Peter und Frank. ❷ *in der Form „wenn ...,* *dann ...*" *oder* „*dann ..., wenn ...*" *verwendet, um eine Folge auszudrücken, die unter einer bestimmten Bedingung eintritt:* Wenn du mir hilfst, dann helfe ich dir auch.; Wenn es regnet, dann müssen wir zu Hause bleiben.; Ich werde erst dann zustimmen, wenn ...; Selbst dann würde ich es nicht tun, wenn die Lage anders wäre. ❸ *(umg.) verwendet, um auf einen Zeitpunkt in der (unmittelbaren) Zukunft hinzuweisen:* Kommst du dann mal kurz vorbei?; Nächste Woche bin ich nicht da, denn dann habe ich schon Urlaub.; Wir sehen uns, bis dann! ❹ *(umg.:* ≈ *außerdem) verwendet, um auszudrücken, dass zusätzlich zu dem Genannten noch etwas dazukommt:* Es war sehr kalt; und dann noch dieser eisige Wind! ❺ *verwendet, um eine Folgerung auszudrücken:* (Sie ist nicht da.) Dann ist sie also doch krank?; (Du willst nicht bleiben?) Dann komm' doch einfach mit! ❻ *(umg.) verwendet, um sich (nicht formell) von jmdm. zu verabschieden:* Ich muss jetzt gehen, bis dann!; Also dann, bis später!

dạnn·zu·mal *adv* SCHWEIZ. *dann, in jenem Augenblick*

da·r·ạn [daˈran/ˈdaːran] *adv* ❶ *räumlich an etwas oder mit etwas verbunden:* ein Topf mit einem Henkel daran; Der Karton hat einen Griff. Daran kann man ihn hochheben. ❷ *(zeitlich) nahe an etwas:* Zuerst sahen wir einen Film, daran anschließend fand eine Diskussion statt.; Ich bin nahe daran, den Plan aufzugeben. ❸ */verwendet, um die Wiederholung eines bereits genannten Substantivs oder Satzteils zu vermeiden / an diese(r) Sache:* Er hat eine Narbe im Gesicht; daran (≈ an dieser Narbe) kann man ihn erkennen.; Ich muss noch ... anrufen; erinnere mich bitte daran (≈ dass ich anrufen muss)!; Daran liegt mir nicht viel; Daran glaube ich nicht.; Denk nicht mehr daran!; Es ist nichts Wahres daran, dass ... ♦ Getrenntschreibung → R 4.8 Ihr kennt die Regeln und müsst euch daran halten.; Das Radio ist kaputt. Ich kann nichts mehr daran machen.; Er ist nahe daran gewesen zu verzweifeln.

da·r·ạn·ge·hen <gehst daran, ging daran, ist darangegangen> *ohne OBJ* ▪ **jmd. geht (an etwas** *Akk.***) daran** *mit etwas anfangen:* Endlich darangehen, das Zimmer aufzuräumen. ♦ Zusammenschreibung → R 4.6 Sie muss endlich darangehen, das Autofahren zu lernen.; *siehe aber* **daran**

da·r·ạn·hal·ten <hältst daran, hielt daran, hat darangehalten> *mit SICH* ▪ **jmd.** **hält sich daran** *(umg.) sich bemühen oder beeilen:* Wenn er die Prüfung schaffen will, muss er sich aber ordentlich daranhalten. ♦ Zusammenschreibung → R 4.6 Wenn ihr pünktlich sein wollt, müsst ihr euch aber daranhalten!; *siehe aber* **daran**

da·r·ạn·ma·chen <machst daran, machte daran, hat darangemacht> *mit SICH* ▪ **jmd. macht sich (an etwas** *Akk.***) daran** *(umg.) mit etwas beginnen:* sich daranmachen, etwas zu tun ♦ Zusammenschreibung → R 4.6 Ich habe noch viel Arbeit; ich muss mich jetzt gleich daranmachen.; *siehe aber* **daran**

da·r·ạn·set·zen <setzt daran, setzte daran, hat darangesetzt> *mit OBJ* ▪ **jmd. setzt etwas daran** *jmd. wagt etwas dafür, dass ...:* Er hat seine Ehe darangesetzt, um seine Karriere voranzubringen.; Sie setzt ihre Gesundheit daran, diese Aufgabe allein zu bewältigen.; ▪ **jemand setzt alles daran, um ...** *jmd. unternimmt jede mögliche Anstrengung, um das Genannte zu erreichen* ♦ Zusammenschreibung → R 4.6 Er hat alles darangesetzt, sie zu überzeugen.; *siehe aber* **daran**

da·r·auf [daˈrauf/ˈdaːrauf] *adv* ❶ *verwendet, um auszudrücken, dass sich etwas (räumlich) auf der Oberfläche von etwas befindet:* Im Zimmer steht ein Tisch. Darauf liegen viele Zeitungen.; Das Papier ist zu dünn. Darauf kann ich nicht schreiben. ❷ *(*≈ *danach) verwendet, um auszudrücken, dass etwas (zeitlich) danach folgt:* gleich darauf folgen; am Tag darauf; Zuerst knurrte der Hund; darauf begann er zu bellen. ❸ *verwendet, um auf etwas hinzuweisen; verwendet, um einen Bezug herzustellen:* Ich weise dich darauf hin, dass ...; Darauf allein kommt es an!; Wir haben schon lange darauf gewartet.; Darauf vertraust du?; Darauf gebe ich dir mein Wort! ♦ Getrennt- oder Zusammenschreibung → R 4.13 am darauf folgenden/darauffolgenden Tag; In der Ecke steht ein Stuhl. Du kannst deine Sachen darauf legen.; etwas vorsichtig darauflegen

da·r·auf·fol·gend *adj /nicht steig./ so, dass es in einer Reihenfolge an nächster Stelle ist:* am darauffolgenden Tag

da·r·auf·hin, **da·r·auf·hin** *adv* ❶ *im Anschluss an (und als Folge von) etwas:* Das Experiment misslang. Daraufhin versuchte er es noch einmal. ❷ *im Hinblick auf etwas:* Wir müssen die Software daraufhin testen, ob sie für unsere Arbeit taugt.

da·r·aus [daˈraus/ˈdaːraus] *adv /verwen-*

det, um die Wiederholung eines bereits genannten Substantivs oder Satzteils zu vermeiden / aus der genannten Sache: Sie trug einen Korb. Daraus (≈ aus dem Korb) schaute ein Kätzchen hervor.; Ich habe mir Stoff gekauft. Daraus (≈ aus dem Stoff) will ich mir ein Kleid nähen.; Hier ist die Elbe noch ein kleiner Bach. Daraus (≈ aus dem kleinen Bach) wird später ein breiter Strom.; Daraus wird nichts!; Daraus mache ich mir nichts.

dar·ben <darbst, darbte, hat gedarbt> *ohne OBJ* ▪ **jmd. darbt** *(geh.)* Not leiden: Der König lebte in Saus und Braus, aber sein Volk musste darben.

dar·bie·ten <bietest dar, bot dar, hat dargeboten> **I.** *mit OBJ* ▪ **jmd. bietet etwas dar** ❶ *(≈ vorführen)* vor Zuschauern aufführen: Kunststücke/ein Theaterstück darbieten ❷ *in einer bestimmten Weise vermitteln oder vortragen:* den Lehrstoff interessant darbieten; Die Sendung will Nachrichten unterhaltsam darbieten. ❸ *(≈ kredenzen) Speisen und Getränke (in edlem Rahmen) anbieten:* Im Anschluss an die Vernissage wurden den Gästen feine Spezialitäten dargeboten. **II.** *mit SICH* ▪ **etwas bietet sich (jmdm.) dar** ❶ *sichtbar werden:* Uns bot sich ihnen eine herrliche Aussicht dar. ❷ *sich anbieten:* eine darbietende Gelegenheit zur Flucht nutzen

Dar·bie·tung *die* <-, -en> *(≈ Vorführung) das Darbieten¹:* künstlerische/musikalische/tänzerische Darbietungen

dar·brin·gen <bringst dar, brachte dar, hat dargebracht> *mit OBJ* ▪ **jmd. bringt etwas dar** *(geh.)* ❶ REL. *etwas als Opfer bringen* ❷ *geben:* Glückwünsche darbringen

da·r·ein, da·r·ein *adv* ❶ *(räumlich) da hinein:* Sie nahm einen Korb und setzte das Kätzchen darein. ❷ */verwendet, um die Wiederholung eines bereits genannten Substantivs oder Satzglieds zu vermeiden/ in die genannte Sache hinein:* Ich kenne die Situation, ich kann mich gut darein (≈ in die Situation) versetzen. ◆ Getrenntschreibung → R 4.8 Er gab ihr ein Mikrofon und ließ sie darein reden.; Das Abteil ist noch frei, wir können uns darein setzen.

da·r·ein·fü·gen <fügst darein, fügte darein, hat dareingefügt> *mit SICH* ▪ **jmd. fügt sich (in etwas** *Akk.***) darein** *sich fügen, an etwas anpassen:* Ihre Lebensumstände änderten sich. Sie konnte sich aber gut dareinfügen.

da·r·ein·re·den <redest darein, redete darein, hat dareingeredet> *ohne OBJ* ▪ **jmd. redet (jmdm.) darein** *(umg.) sich einmischen:* Es nützt nichts, wenn du ihm ständig dareinredest. ◆ Zusammenschreibung → R 4.6 Lass dir doch nicht immer von anderen dareinreden!; *siehe aber* **darein**

da·r·ein·set·zen <setzt darein, setzte darein, hat dareingesetzt> *mit OBJ* ▪ **jmd. setzt etwas darein** *(geh. verhüll.: ≈ daransetzen) einsetzen, dafür aufbieten:* Sie hat viel Mühe dareingesetzt, den Titel zu gewinnen. ◆ Zusammenschreibung → R 4.6 Wir müssen alles dareinsetzen, nicht zu verlieren.; *siehe aber* **darein**

da·r·in [da'rɪn/'da:rɪn] *adv* ❶ */verwendet, um die Wiederholung eines bereits genannten Substantivs oder Satzglieds zu vermeiden / (räumlich) in der genannten Sache:* Dort steht eine Tasse. Darin (≈ in der Tasse) ist Milch.; Der Boden war aufgeweicht. Das Auto blieb darin (≈ im Boden) stecken.; Der Kinderwagen ist groß. Die Kinder können zu zweit darin (≈ in dem Kinderwagen) sitzen. ❷ *(in Bezug auf dieses) hierin:* Darin ist sie ihm weit überlegen.; Darin kann ich dir nicht zustimmen.; Wir sind uns einig darin, dass ... ◆ Getrenntschreibung → R 4.8 Das Schloss ist kaputt. Der Schlüssel ist darin stecken geblieben.; Der Stuhl ist unbequem. Kannst du etwa gut darin sitzen?

dar·le·gen <legst dar, legte dar, hat dargelegt> *mit OBJ* ▪ **jmd. legt (jmdm.) etwas dar** *ausführlich erläutern und erklären:* jemandem seine Gründe ausführlich darlegen

Dar·le·hen, Dar·lehn *das* <-s, -> BANKW. *(≈ Kredit)* eine Geldsumme, die eine Bank einem Kunden für eine bestimmte Zeit leiht: ein Darlehen aufnehmen/beantragen/bewilligen/ gewähren/tilgen/zurückzahlen; den Hausbau/den Immobilienerwerb/den Wohnungskauf mit einem Darlehen finanzieren ◆-santrag, -sbetrag, -sgeber, -skasse, -snehmer, -svertrag, -szins

Darm *der* [darm] <-(e)s, Därme> ❶ ANAT. *beim Menschen und vielen Tieren das Verdauungsorgan zwischen Magen und After:* den Darm entleeren; eine Entzündung/Reizung des Darms ◆-ausgang, -blutung, -bruch, -entzündung, -erkrankung, -geschwür, -krebs, -verschluss, Dick-, Dünn-, Mast- ❷ *Wursthaut aus tierischem Darm¹* ◆Kunst-, Natur-

dar·nie·der·lie·gen <liegst darnieder, lag darnieder, hat darnieder gelegen> *ohne OBJ* ▪ **jmd. liegt darnieder** *(veralt.) siehe*

daniederliegen

dar·rei·chen <reichst dar, reichte dar, hat dargereicht> *mit OBJ* ■ **jmd. reicht jmdm. etwas dar** *(geh.)* ❶ *(≈ anbieten)* den Gästen Speisen und Getränke darreichen ❷ *(≈ überreichen)* ein Geschenk darreichen

dar·stel·len <stellst dar, stellte dar, hat dargestellt> *mit OBJ* ■ **jmd. stellt etwas/jmdn. irgendwie dar** ❶ *jmdn. oder etwas in einer bestimmten Weise beschreiben:* etwas detailliert/einseitig/genau/ mündlich/richtig/schriftlich/unvollständig darstellen; Das hat der Zeuge X aber ganz anders dargestellt. ❷ ■ **jmd. stellt jmdn. irgendwie dar** THEAT. *eine Rolle spielen:* Faust wird von einem Gastschauspieler dargestellt.; **die darstellende Kunst** *Schauspielerei oder Tanzkunst* ▸ darstellerisch ❸ ■ **etwas stellt jmdn./etwas dar** *(≈ zeigen, wiedergeben)* eine Darstellung von jmdm. oder etwas sein: Das Bild stellt Christus mit seinen Jüngern dar.; Was soll das Bild darstellen?; Wasser ist auf der Karte blau dargestellt. ❹ ■ **etwas stellt (für jmdn./etwas) etwas dar** *(≈ bedeuten)* Der Wiederaufbau des zerstörten Landes stellte eine enorme Leistung dar.; Seine Krankheit stellt für die Familie ein großes Problem dar.

Dar·stel·ler der, **Dar·stel·le·rin** <-s, -> *jmd., der (z.B. als Schauspieler oder Opernsänger) auf der Bühne eine bestimmte Rolle verkörpert:* Der Darsteller des Faust konnte in dieser Rolle nur wenig überzeugen. ◆ Charakter-, Laien-

Dar·stel·lung die <-, -en> ❶ */kein Plur./ das Darstellen* ❷ *etwas, womit etwas dargestellt¹ wird:* eine ausführliche/schriftliche/ wissenschaftliche Darstellung; Deiner Darstellung muss ich entschieden widersprechen.; Ich kann mich der Darstellung meines Kollegen nur anschließen.

Dar·stel·lungs·wei·se die <-, -n> *die Art und Weise, wie etwas dargestellt¹ wird:* eine abstrakte/anschauliche/ drastische/ plastische Darstellungsweise

da·r·ü·ber, **da·r·ü·ber** *adv* ❶ *(↔ darunter)* *(verwendet, um auszudrücken, dass sich etwas räumlich oberhalb von etwas befindet):* An der Wand steht ein Regal. Darüber hängt ein Bild. ❷ *(≈ mehr)* *(verwendet, um auszudrücken, dass etwas größer als eine bestimmte Menge oder ein bestimmtes Maß ist):* Er ist 40 Jahre oder darüber.; alle, die 2000 Euro verdienen und darüber; Temperaturen von 30 Grad und darüber ❸ */verwendet, um die Wiederholung eines bereits genannten Substantivs oder Satzglieds zu vermeiden/ über die genannte Sache:* Wir haben den Bericht im Fernsehen gesehen und uns dann darüber (≈ über den Bericht) unterhalten.; Physik studiert haben und viel darüber (≈ über Physik) wissen ❹ *verwendet, um auszudrücken, dass viel Zeit vergangen ist:* Sie redeten lange; und darüber ging der ganze Tag hin.; Er wollte das Buch noch zu Ende schreiben, aber er ist darüber gestorben.; ■ **darüber hinaus** *(≈ außerdem) verwendet, um auszudrücken, dass zu der genannten Sache noch etwas anderes hinzukommt* Sie hat und belogen und darüber hinaus auch noch bestohlen!; ■ **darüberstehen** *von etwas nicht berührt werden* Der Vorwurf trifft mich nicht, weil ich darüberstehe.; ■ **sich darübermachen** *(umg.) etwas beginnen* Ich habe noch viel zu tun, ich will mich gleich darübermachen.; ■ **darüberfahren** *über etwas wischen* mit dem Tuch über den Tisch fahren ◆ Zusammenschreibung → R 4.6 *siehe auch* **drüberfahren**, **drübermachen**, **drüberstehen**

da·r·ü·ber·ma·chen <machst darüber, machte darüber, hat darübergemacht> *mit OBJ* ■ **jmd. macht sich über etwas** *Akk.* **darüber** *(≈ drübermachen) sofort und eifrig mit einer Arbeit beginnen:* Die Hausaufgaben sind immer noch nicht gemacht; sie soll sich sofort darübermachen.

da·r·um [da'rʊm/'da:rʊm] *adv* ❶ *(≈ herum)* *(verwendet, um auszudrücken, dass etwas eine Sache räumlich umschließt):* darum herum gehen; einen Kreis darum (herum) ziehen; Hier ist das Geschenk! Ich wickle noch ein Geschenkpapier darum.; Hinter dem Haus ist eine Wiese. Darum (herum) ist eine Hecke gepflanzt. ❷ */verwendet, um die Wiederholung eines bereits genannten Substantivs oder Satzglieds zu vermeiden/ um die genannte Sache:* Er hat den Hund angeschafft, aber wollte sich dann nicht darum (≈ um den Hund) kümmern.; sich darum drücken, etwas zu tun; nicht darum herumkommen, etwas zu tun; Uns geht es darum, Klarheit zu schaffen.; Wir kämpfen darum, dass ... ❸ *(≈ deshalb) aus diesem Grund:* Sie ist meine Freundin; darum hilft sie mir.; Ich habe darum widersprochen, weil ich deine Meinung nicht teile.; Er hat seine Schwächen; darum kann man ihn aber nicht ganz verurteilen.; Ich bin nur darum gekommen, weil ich den Vortrag hören wollte.

da·r·um·bin·den <bindest darum, band darum, hat darumgebunden> *mit OBJ* ■ **jmd. bindet etwas um etwas darum** (≈ *drumbinden*) *um etwas binden:* Dein Rock ist sehr schön. Du solltest aber noch einen Gürtel darumbinden.

da·r·um·kom·men <kommst darum, kam darum, ist darumgekommen> *ohne OBJ* ■ **jmd. kommt (um etwas** *Akk.***) darum** ❶ *(geh.) etwas verlieren:* Sie hatte sich auf die Reise gefreut. Durch ihre Krankheit ist sie darumgekommen. ❷ *etwas vermeiden können:* Heute haben wir einen Aufsatz geschrieben. Weil er krank war, ist Paul darumgekommen. ◆ Zusammenschreibung → R 4.6 Du musst dich bei ihr entschuldigen! Du wirst wohl nicht darumkommen.; *siehe aber* **darum**

da·r·um·le·gen <legst darum, legte darum, hat darumgelegt> *mit OBJ* ■ **jmd. legt etwas um etwas/jmdn. herum** (≈ *drumlegen*) Der Blumentopf sieht nicht besonders gut aus. Ich würde eine Papiermanschette darumlegen.

da·r·um·ste·hen <stehst herum, stand darum, hat/ist darumgestanden> *ohne OBJ* ■ **Leute stehen(irgendwo) darum um etwas herum stehen:** Ein Clown zeigte seine Kunststücke auf dem Markt, während die Menge staunend darumstand. ◆ Zusammenschreibung → R 4.5 Dort ist wahrscheinlich ein Unfall passiert, und zwar wegen der vielen Leute, die darumstehen.; *siehe aber* **darum**

da·r·un·ter, da·r·un·ter *adv* ❶ (↔ *darüber*) *(verwendet, um auszudrücken, dass sich etwas räumlich unterhalb von etwas befindet) unter diesem:* Dort liegt meine Tasche; mein Schlüssel wird wohl darunter liegen.; Dort ist ein Regendach! Wir können uns darunter stellen. ❷ (↔ *darüber*) *(verwendet, um auszudrücken, dass etwas kleiner als eine bestimmte Menge oder ein bestimmtes Maß ist) weniger:* Er ist 18 Jahre oder darunter.; alle, die 1000 Euro verdienen und darunter; Temperaturen von -20 Grad und darunter; Unsere Schätzungen haben darunter gelegen. ❸ (≈ *dabei, dazwischen*) *(verwendet, um auszudrücken, dass etwas Teil von einer Gesamtheit ist):* Bei so vielen Äpfeln werden wohl auch ein paar schlechte darunter sein.; Es gibt Gesetze dafür; aber dieses Vergehen wird wohl nicht darunter fallen. ❹ *(verwendet, um einen Bezug zu einem bereits verwendeten Wort auszudrücken):* Am Beginn Ihrer Rede sprechen Sie von „Kulturgütern". Was verstehen Sie darunter? (≈ unter dem Wort/Ausdruck „Kulturgüter"); Darunter kann ich mir nichts vorstellen. ◆ Getrennt- oder Zusammenschreibung → R 4.16 darunter liegende/darunterliegende Temperaturwerte; darunter fallende Regelungen; auf dem Deckblatt und den darunterliegenden Blättern; *siehe auch* **drunterstellen**

da·r·un·ter·lie·gend *adj /nicht steig./ so, dass etwas (räumlich) unter etwas anderem liegt:* Das darunterliegende Buch ist das richtige.

das [das] **I.** *art Nom. und Akk. von „das":* Das Kind schläft.; Sie bereitet das Essen. **II.** *pron* ❶ *Nom. und Akk. von „das":* das Kind, das dort schläft; Ich meine das Haus, das dort gebaut wird. ❷ *(als Demonstrativpronomen):* Ich will das Kleid, nicht das andere. ❸ *(mit Relativpronomen oder Gliedsatz):* Wiederhole noch einmal das, was du eben gesagt hast.; Er ist nicht zufrieden? Das war doch klar!; Das müssen wir eben einfach ausprobieren. ◆ Schreibung mit 's' → R Das Buch, das er gerade liest.

Das wird mit nur einem „s" geschrieben. Es ist rückbezügliches Fürwort (**Relativpronomen**), wie in „Sie betrachtete das Haus, das sie gekauft hat". „Das" bezieht sich auf das Substantiv „Haus" in dem vorangehenden Hauptsatz; „das" in dem Nebensatz lässt sich hier durch „welches" ersetzen. So kommt es nicht zu Verwechslungen mit „dass". Ebenfalls mit einem „s" schreibt man das **Demonstrativpronomen** „das", wie in „Das habe ich aber nicht so gemeint!". Hier kann man für „das" meist „dieses" einsetzen, oder auch „dies". Außerdem ist „das" mit einem „s" auch noch der sächliche **Artikel**, wie in „Er hofft, das Auto bald kaufen zu können". Auch hier kann man zur Probe, um Verwechslungen mit „dass" auszuschließen, „dieses" dafür einsetzen; ebenso geht auch „jenes". In allen anderen Fällen handelt es sich um die Konjunktion **dass**. Die Konjunktion schreibt man mit zwei „s", also „dass". Vor der Rechtschreibreform gab es hierfür die Schreibung „daß", also mit sog. „Buckel-S" bzw. „Eszet", die sonst nur noch z.B. in „Ruß" vorkommt. Dadurch bestanden größere Unterschiede zwischen richtigem „dass" und „das". Wenngleich die Schreibung „dass" eine der wenigen bekannten und weithin befolgten Regelungen der Rechtschreibreform sein dürfte, kommt es zu ständigen Fehlschreibungen, auch weil man beim Tippen z.B. bei „dass" einfach ein „s" vergisst. Dies macht sich dann zusätzlich bei denjenigen als Fehler bemerkbar, die auch früher schon nicht in der Lage waren, trotz aller Hinweise und Eselsbrücken zwischen „dass" und „das" unterscheiden zu können. „Dass" leitet mehrere Typen von **Nebensätzen** ein: In „Er weiß, dass du schreiben kannst" ist der Nebensatz ein Objektsatz; „dass du schreiben kannst" ist Objekt des Hauptsatzes. Hier kann man die Frage stellen: „Was weiß er?". In „Dass du schreiben kannst, freut mich" ist der Nebensatz „Dass du schreiben kannst" Subjektsatz, nämlich das Subjekt des Hauptsatzes. Das wird durch die Frage „Wer oder was freut mich?" deutlich. Einen Attributsatz schließlich leitet „dass" ein in „Die Gefahr, dass man Fehler macht, ist gering". Hier wird durch den Nebensatz „dass man Fehler macht" der Ausdruck „Gefahr" näher bestimmt; der Nebensatz erfüllt somit die Rolle eines Attributs von „Gefahr". Daneben lassen sich etliche weitere Verwendungen in Nebensätzen sowie in Verbindung mit verschiedenen Adverbien, als Partizipialkonstruktion etc. unterscheiden. In keinem der Fälle aber kann es zu Verwechslungen geben, wenn man zur Probe und zur Unterscheidung von „das" den Ausdruck „die Tatsache, dass" einsetzt, auch wenn das nicht immer elegant wirkt, so für den Beispielsatz oben: „Er weiß um die/von der Tatsache, dass du schreiben kannst".

Da·sein das <-s> /kein Plur./ (≈ Existenz) das Leben: ein kümmerliches Dasein fristen; der täglich Kampf ums Dasein ◆Erden-, Sklaven-

da·sein, **da sein** <bist da, war da, ist da gewesen> ohne OBJ ■ **jmd./etwas ist da** ❶ vorhanden sein: Es müssten noch zwei Kilo Reis in der Küche sein. ❷ wirklich sein: Lange hatte sie darauf gewartet. Und jetzt war die Situation da. ❸ anwesend sein: Gestern war er noch da, heute ist er schon in Italien. ❹ existieren, leben: Es sind nicht mehr viele Verwandte da, die sie besuchen könnten.

da·selbst adv (geh. o veralt.) an diesem Ort, an dieser Stelle

da·sit·zen <sitzt da, saß da, hat/ist dagesessen> ohne OBJ ■ **jmd. sitzt da** an einem Platz sitzen (und nichts tun): Wir können doch nicht einfach so dasitzen und nichts tun! ◆Zusammenschreibung → R 4.5 Wir haben/sind stundenlang dagesessen und haben gewartet.; siehe aber **da**

das·je·ni·ge siehe **derjenige**

dass [das] konj ❶ verwendet, um einen Nebensatz einzuleiten, der direktes Objekt des Hauptsatzes ist: Ich bin dagegen, dass wir jetzt gehen.; Du sollst wissen, dass dich alle hier gern mögen. ❷ verwendet, um einen Nebensatz einzuleiten, der Subjekt des Hauptsatzes ist: Dass du überhaupt nichts erwähnt hast, ärgert mich besonders.; Dass du den Termin vergessen hast, ist gar nicht weiter schlimm. ❸ verwendet, um einen Nebensatz einzuleiten, der eine Folge der im Hauptsatz gemachten Aussage bezeichnet: Er war so müde, dass er sofort einschlief. ❹ ■ **Dass (bloß) nichts/keiner/niemand ...** an der Spitze von Sätzen mit einer Negation verwendet, um die Aussage zu verstärken: Dass bloß nichts verloren geht!; Dass mir bloß keiner mit Vorwürfen kommt! ◆Schreibung mit 'ss' → R Ich glaube nicht, dass er lügt.; ◆Getrenntschreibung → R 4.20 Wir teilen den Kuchen so, dass jeder etwas bekommt.; siehe aber **sodass**

das·sel·be pron verwendet, um auszudrücken, dass etwas mit etwas identisch ist: Das ist genau dasselbe.; Wir wohnen in demselben Hotel wie im vergangenen Jahr.

da·ste·hen <stehst da, stand da, hat dagestanden> ohne OBJ ❶ ■ **jmd. steht da** an einem Platz stehen: Er stand da und wartete auf den Bus. ❷ ■ **jmd. steht irgendwie da** in einer bestimmten (negativen) Situation sein: Sie steht ohne Angehörige da.; Er steht mittellos da. ❸ ■ **jmd. steht vor jmdm. da** gegenüber einer bestimmten Gruppe von Menschen in einer bestimmten Situation sein: Die Gäste erwarten, dass ich eine Rede halte. Da kann ich doch nicht mit leeren Händen dastehen.; Wie stehe ich denn vor den Leuten da, wenn ...

Date das [deɪt] <-s, -s> (umg.) Verabredung (eines Mannes mit einer Frau): Ich habe heute Abend ein Date (mit jemandem).

Da·tei die [da'taɪ] <-, -en> EDV auf einem Datenträger unter einem Namen gespeicherte, abrufbare Informationen, die eine Einheit bilden: eine Datei abspeichern/ anlegen/kopieren/löschen/ öffnen/schließen/verschieben ◆-anfang, -ende, -größe, -name, Grafik-, Text-

Da·tei·ma·na·ger der <-s, -> EDV ein Pro-

gramm zur Verwaltung von Anwendungen und Dateien

Da·ten ['da:tn̩] *Plur.* ❶ *Plur. von "Datum"* ❷ *Zahlen-(Werte), die durch statistische Erhebungen, Beobachtungen, Messungen usw. ermittelt werden:* Die Daten der verschiedenen Messstationen werden in einer Zentrale gesammelt und ausgewertet. ◆ -basis, -bestand, -erfassung, Personal- ❸ EDV *jede Art von Information, die ein Computer verarbeitet:* Daten in einen Rechner eingeben; Daten abrufen/kopieren/löschen/sichern/speichern/verarbeiten ◆ -austausch, -erfassung, -satz, -sicherung, -übertragung, -verarbeitung, -verschlüsselung ❹ ■ **technische Daten** *technische Angaben zu einem Gerät wie z.B. Gewicht, Größe, Leistung, Stromverbrauch usw.* die technischen Daten des neuen Modells ◆ *Getrenntschreibung* → R 4.9 Daten verarbeitende Maschinen

Da·ten·bank die <-, -en> /*Achtung: Der Plural lautet "Datenbanken", nicht „...bänke"*/ EDV *eine große Menge von Daten, die in einem Computer nach bestimmten Kriterien organisiert sind und komplexe Abfragen zulassen:* in verschiedenen Datenbanken recherchieren

Da·ten·satz der <-es, Datensätze> EDV *eine Gruppe von Daten in einer Datei, die in bestimmter Hinsicht zusammengehören*

Da·ten·schutz der <-es> /*kein Plur./* EDV *Maßnahmen zum Schutz von Personen bei der Verarbeitung ihrer Daten:* Der Datenschutz verbietet die Weitergabe dieser Informationen. ◆ -beauftragte, -gesetz

Da·ten·trä·ger der <-s, -> EDV *etwas, auf dem Daten gespeichert werden können:* Disketten oder Magnetbänder dienen als Datenträger.

Da·ten·ty·pist der, **Da·ten·ty·pis·tin** <-en, -en> (≈ *Datenerfasser(in))* jmd., der beruflich Daten über eine Tastatur in einen Rechner eingibt

da·tie·ren <datierst, datierte, hat datiert> **I.** *mit OBJ* ❶ ■ **jmd. datiert etwas** *mit einem Datum versehen:* einen Brief datieren ❷ ■ **jmd. datiert etwas auf etwas** *Akk. ein Entstehungsdatum bestimmen:* einen Fund auf das 12. Jahrhundert datieren **II.** *ohne OBJ* ■ **etwas datiert aus etwas** *Dat. aus einer Zeit stammen:* Dieser Fund datiert aus dem frühen Mittelalter.

Da·tie·rung die <-, -en> *das Datieren*[12]

Da·tiv der ['da:ti:f] <-s, -e> SPRACHWISS. *neben dem Nominativ, dem Genitiv und dem Akkusativ einer der vier Fälle oder Kasus des Deutschen, der auch als „dritter Fall" bezeichnet wird:* In dem Satz „Hans schenkt seiner Schwester ein Buch" steht das Wort „Schwester" im Dativ. ◆ -objekt

da·to ■ **bis dato** *(umg.) bis heute, bisher* Bis dato habe ich noch keine Antwort auf meine Bewerbung erhalten.

Da·tum das ['da:tʊm] <-s, Daten> ❶ *Zeitangabe eines bestimmten Tages (nach dem Kalender):* Das heutige Datum ist der 1. April 2005. ◆ -sangabe, -(s)stempel, Bestell-, Eingangs-, Geburts- ❷ *Zeitpunkt:* ein historisches Datum; ein Bild jüngeren Datums

---

Datumsangaben lassen sich im Deutschen auf verschiedene Weisen darstellen: 04.02.2005, 04.02.05, 4.2.2005, 4.2.05, 4. Februar 2005, 4. Febr. 05, oder nach der amerikanischen Schreibweise auch: 2005-02-04 bzw. 05-02-04. Im Satzzusammenhang sind, je nach Länge der eingegliederten Datumsangabe, unterschiedliche Schreibweisen gebräuchlich: Zweigliedrige Tages- und Uhrzeitangaben mit Präposition stehen ohne Komma: „Nicht vergessen: Ihr habt [am] Mittwoch um 10 Uhr eine Konferenz". Bei einer Datumsangabe im Akkusativ (ohne „am") wird die Angabe, wenn sie eine Aufzählung bildet, mit einem Komma, wenn es sich um eine Apposition handeln soll bzw. die Fügung als Apposition interpretiert wird, durch zwei Kommata abgetrennt: „Wir kommen am 30. Oktober, 15.45 Uhr [,] an", oder „Ihr reist am nächsten Dienstag, den 17. Juni [,] ab". Steht der Wochentag im Dativ (mit „am"), so wird die Monatsangabe durch zwei Kommata abgetrennt, sofern sie ebenfalls in diesem Kasus steht: „Am Donnerstag, dem 25. Dezember, befand er sich bereits auf der Rückreise".

Dau·er die ['daʊɐ] <-> /*kein Plur./ die Zeit, die etwas benötigt:* für die Dauer seiner Ausbildung; für die gesamte Dauer ihres Aufenthalts; ■ **auf (die) Dauer** *für unbegrenzte Zeit* Der Lärm ist auf die Dauer unerträglich.; ■ **von Dauer sein** *so, dass etwas längere Zeit besteht* Ihr Fleiß war leider nicht von Dauer. ◆ -arbeitsplatz, -frost, -obst, -regen, -schaden, -wirkung, Aufenthalts-, Gültigkeits-, Reise-

Dau·er·auf·trag der <-(e)s, Daueraufträge> BANKW. *ein Auftrag, den jmd. einer Bank gibt, damit sie regelmäßig - z.B. immer am ersten Tag eines Monats - einen bestimmten Geldbetrag auf das Konto ei-

ner anderen Person überweist

Dau·er·bren·ner der <-s, -> *(umg.) eine Sache oder ein Thema, das lange Zeit öffentliches Interesse erregt:* Der Betrugsskandal entwickelte sich zum Dauerbrenner in den Medien.

dau·er·haft adj ❶ *(≈ beständig) einen langen Zeitraum anhaltend:* eine dauerhafte Beziehung ❷ *widerstandsfähig:* ein dauerhaftes Material ▸ Dauerhaftigkeit

Dau·er·lauf der <-(e)s, Dauerläufe> SPORT *längerer Lauf mit gleichmäßiger Geschwindigkeit:* Sie macht jeden Morgen einen Dauerlauf im Park.; Statt „Jogging" sagte man früher "Dauerlauf". ▸ Dauerläufer(in)

Dau·er·mie·ter der, **Dau·er·mie·te·rin** <-s, -> *ein Mieter, der eine Wohnung über einen längeren Zeitraum bewohnt*

dau·ern¹ ['daʊən] <dauert, dauerte, hat gedauert> *ohne OBJ* ▪ **etwas dauert** ❶ *(≈ sich hinziehen) sich über eine bestimmte Zeit erstrecken:* Die Versammlung dauert lange/bis zum Abend/zwei Stunden.; Das dauert aber wieder!; Wie lange dauert das denn noch?; Dauert es noch lange? ❷ *(geh.) Bestand haben:* Ihre Freundschaft wird dauern. ▸ andauern

dau·ern² ['daʊən] <dauerst, dauerte, hat gedauert> *mit OBJ* ▪ **etwas dauert jmdn.** *(geh. verhüll.: ≈ leid tun) Mitleid erregen:* Die armen Kinder dauerten ihn.

dau·ernd ['daʊənt] adj /nicht steig./ ❶ *(≈ beständig) so, dass es fortwährend und regelmäßig ist:* Ihr dauerndes Gerede störte ihn.; eine dauernde Bedrohung darstellen ❷ *so, dass es häufig vorkommt und störend ist:* dauernde Belästigungen; Ihr dauerndes Gerede störte ihn.

Dau·er·par·ker der, **Dau·er·par·ke·rin** <-s, -> *(↔ Kurzparker) jmd., der sein Fahrzeug über einen längeren Zeitraum am gleichen Ort parkt*

Dau·er·stel·lung die <-, -en> *eine berufliche Anstellung auf lange Zeit*

Dau·er·wel·le die <-, -n> *durch chemische Mittel für längere Zeit erzeugte Locken oder Wellen im Haar:* sich vom Frisör eine Dauerwelle machen lassen

Dau·er·wurst die <-, Dauerwürste> *lange haltbare, geräucherte Wurst*

Dau·er·zu·stand der <-(e)s> /kein Pl./ *eine (oft negative) Situation, die dauernd gegeben ist:* Der Stress ist zum Dauerzustand geworden.

Dau·men der ['daʊmən] <-s, -> *der kräftigste Finger der Hand, der zum Körper hin weist:* am Daumen lutschen; ▪ **jemandem die Daumen drücken/halten** *(umg.) jmdm. viel Glück wünschen;* ▪ **über den Daumen gepeilt** *(umg.) grob geschätzt* Es werden über den Daumen gepeilt 5000 Zuschauer gewesen sein. ◆ -nagel

dau·men·breit adj /nicht steig./ *so breit wie ein Daumen:* das Gemüse in daumenbreite Stücke schneiden

Dau·men·re·gis·ter das <-s, -> *bestimmte Stellen, die in den Buchblock eines Wörterbuchs so eingeschnitten sind, dass man einen bestimmten alphabetischen Abschnitt aufschlägt, wenn man an die entsprechende Stelle greift*

Dau·ne die <-, -n> /meist Plur./ *Flaumfeder der Gans oder Ente:* ein Kissen mit Daunen füllen ◆ -nbett, -ndecke, -njacke

da·von, da·von adv ❶ *räumlich von etwas (weg):* Dort ist das Rathaus. Ich wohne nicht weit davon.; Wir folgten dem Weg. Davon zweigten wieder zwei Wege ab. ❷ *aus diesem Grund:* Es hatte geklingelt. Davon war er aufgewacht.; Das kommt davon, dass du dich nicht warm angezogen hast. ❸ *(in Bezug auf etwas) von diesem:* Ich gehe davon aus, dass ...; Ich habe ihn davon abgehalten, ...; Wir haben davon gesprochen, dass wir verreisen wollen.; Das Gegenteil davon ist wahr! ❹ *verwendet, um auszudrücken, dass etwas ein Teil von einer Menge ist:* die Hälfte davon; etwas davon essen/wegnehmen; Wir sind zu fünft in der Mannschaft; drei davon sind Frauen. ❺ *aus einem Material:* Ich habe Stoff gekauft. Davon nähe ich mir ein Kleid.; ▪ **auf und davon** *weg* Der Vogel ist auf und davon geflogen. ◆ Getrenntschreibung → R 4.13 Das ist davon gekommen, dass er so viel raucht.; Der Stoff ist schön. Ich kann mir eine Bluse davon machen

da·von·blei·ben <bleibst davon, blieb davon, ist davongeblieben> *ohne OBJ* ▪ **jmd. bleibt (von etwas** Dat.**) davon** *sich von etwas fernhalten, nicht berühren:* Du sollst davonbleiben!

da·von·flie·gen <fliegst davon, flog davon, ist davongeflogen> *ohne OBJ* ▪ **ein Tier fliegt davon** *wegfliegen:* Die Zugvögel sind davongeflogen. ◆ Zusammenschreibung → R 4.5 Der Vogel ist durch das offene Fenster davongeflogen.

da·von·ge·hen <gehst davon, ging davon, ist davongegangen> *ohne OBJ* ▪ **jmd. geht davon** ❶ *(≈ weggehen) sich entfernen:* Sie ging ohne ein Wort davon. ❷ *(geh. verhüll.: ≈ dahinscheiden) ster-*

ben: Er ist vor einigen Wochen davongegangen.

da·von·kom·men <kommst davon, kam davon, ist davongekommen> *ohne OBJ* ■ **jmd. kommt (mit/vor etwas** *Dat.)* **davon** *etwas ohne Schaden überstehen:* Wir sind noch einmal davongekommen.; mit dem Schrecken davonkommen; ■ **mit dem Leben davonkommen** *sein Leben retten können* ◆ Zusammenschreibung → R 4.6 mit ein paar blauen Flecken davonkommen

da·von·lau·fen <läufst davon, lief davon, ist davongelaufen> *ohne OBJ* ■ **jmd. läuft (vor jmdm./etwas) davon** *vor einer Gefahr oder Bedrohung flüchten:* Du musst dich den Problemen stellen. Du kannst nicht immer einfach davonlaufen!

da·von·ma·chen <machst dich davon, machte sich davon, hat sich davongemacht> *mit SICH* ■ **jmd. macht sich davon** *(umg.) heimlich weglaufen:* sich ohne Abschied einfach davonmachen ◆ Zusammenschreibung → R 4.6 Er hat sich klammheimlich davongemacht.

da·von·tra·gen <trägst davon, trug davon, davongetragen> *mit OBJ* ■ **jmd. trägt etwas davon** ① *wegtragen:* Die Diebe hatten ihre Beute schon davongetragen. ② *(geh.) erleiden:* bei einem Unfall eine Verletzung davontragen ③ *(geh.) erringen:* bei einem Wettkampf den Sieg davontragen

da·vor [da'foːɐ̯/'daːfoːɐ̯] *adv* ① *(↔ dahinter) (räumlich) vor etwas:* Dort hinten ist das Rathaus. Davor ist eine Bushaltestelle.; ein Fenster mit Gardinen davor; Das Bild ist nicht zu sehen, weil jemand davor steht.; Die Tür ließ sich nicht öffnen, weil jemand einen Sessel davor geschoben hatte. ② *(↔ danach) (zeitlich) vorher:* Wir müssen morgen eine Entscheidung treffen. Davor sollten wir uns noch einmal beraten.; unmittelbar davor stattfinden ③ *(in Bezug auf etwas) vor diesem:* Ich habe Angst/Hochachtung davor.; Er hat mich davor gewarnt. ◆ Zusammenschreibung → R 4.5 eine Gardine davorhängen; Seine Augen schmerzten. Deshalb hat er seine Hände davorgehalten.; Ich kann es nicht sehen, wenn du davorstehst.; Ich bin erst in Hamburg aufgewacht. Die davorliegenden Haltestellen habe ich verschlafen.

da·vor·le·gen <legst davor, legte davor, hat davorgelegt> *mit OBJ* ■ **jmd. legt etwas (vor etwas) davor** *etwas vor etwas legen:* eine Kette davorlegen

da·vor·set·zen <setzt davor, setzte davor, hat davorgesetzt> *mit OBJ* ■ **jmd. setzt etwas/jmdn. vor etwas/jmdn.** *vor etwas setzen:* Er machte den Fernseher an und setzte das Kind davor.

da·vor·sit·zen <sitzt davor, saß davor, hat davorgesessen> *ohne OBJ* ■ **jmd. sitzt davor** *vor etwas sitzen:* Ich konnte es nicht sehen, denn jemand saß davor.

da·vor·ste·hen <stehst davor, stand davor, hat davorgestanden> *ohne OBJ* ■ **jmd. steht davor** *vor etwas stehen:* Er sah es nicht, obwohl er davorgestanden hat.

DAX *der* [daks] <-> /kein Plur./ WIRTSCH. *Abkürzung von „Deutscher Aktienindex"; eine Maßzahl, die den Durchschnittspreis der dreißig wichtigsten deutschen Aktien angibt:* Der DAX fällt/steigt.

da·zu [da'tsuː/'daːtsuː] *adv* ① *zu diesem Zweck:* Was brauche ich dazu?; Dazu musst du dich aber etwas mehr anstrengen!; Du kannst ihn ruhig um Hilfe bitten. Dazu ist er ja da. ② *zusätzlich zu etwas:* Sie sang und tanzte dazu.; Er ist faul und auch noch frech dazu!; Ich nehme einen Kaffee und ein Stück Torte dazu. ③ *in Bezug auf etwas:* Dazu sage ich nichts.; Er war nicht immer ein guter Redner. Erst jahrelange Übung hat ihn dazu gemacht.; ■ **dazu gehören** *notwendig sein* Er sagte, dass einiges (Wissen) dazu gehört, den Test zu bestehen.; ■ **dazu kommen** *(zusätzlich) ergänzt oder berücksichtigt werden* Sie ist nicht besonders gut in der Schule. Dazu kommt, dass sie lange krank war.; Das Gerät kostet 3000 Euro. Dazu kommt noch Mehrwertsteuer.; ■ **(nicht) dazu kommen** *(keine) Zeit haben* Ich bin nicht dazu gekommen, die Vokabeln zu lernen.; ■ **dazu tun** *beitragen* Was kann ich noch dazu tun?; Sie hat nichts dazu getan. Wir haben alles allein gemacht.; *siehe aber* **dazugehören, dazukommen, dazutun**

da·zu·ge·hö·ren <gehörst dazu, gehörte dazu, hat dazugehört> *ohne OBJ* ■ **jmd. gehört (zu etwas/jmdm.) dazu** *dabei sein, beteiligt sein:* Das gehört mit (zu dem Gerät) dazu.; Sie wollte auch gern dazugehören. ◆ Zusammenschreibung → R 4.5 Ich möchte dieses Gerät kaufen. Können Sie mir zeigen, was (an Einzelteilen) dazugehört?; Er hat nie zu unserer Klasse richtig dazugehört.; *siehe aber* **dazu**

da·zu·ge·sel·len <gesellst dich dazu, gesellte sich dazu, hat sich dazugesellt> *mit SICH* ■ **jmd. gesellt sich zu jmdm. dazu** *zu der genannten Person oder dem genannten Personenkreis gehen* *und in seiner Gesellschaft bleiben:* Da sein Nachbar der einzige war, den er auf der Party kannte, gesellte er sich zu ihm.

da·zu·kom·men <kommst dazu, kam dazu, ist dazugekommen> *ohne OBJ* ❶ ■ **jmd. kommt dazu** *an einen Ort oder zu einem Kreis von Personen hinzukommen:* Ich weiß nicht, was ihr besprochen habt. Ich bin eben erst dazugekommen. ❷ ■ **etwas kommt zu etwas** *Dat.* **dazu** *zu einer Menge hinzukommen und die Menge noch größer machen:* 15.000 Euro ist der Preis für die Grundausstattung. Für Extras können leicht noch 10.000 Euro dazukommen. ◆ Zusammenschreibung → R Alle neu Dazugekommenen hören bitte gut zu!; *siehe aber* **dazu**

da·zu·ler·nen <lernst dazu, lernte dazu, hat dazugelernt> *mit OBJ* ■ **jmd. lernt etwas dazu** *sein Wissen erweitern:* Man muss sein Leben lang dazulernen.; *siehe aber* **dazu**

Da·zu·tun *das* <-s> /kein Plur./ *der Vorgang, dass jmd. durch sein Handeln zu etwas beiträgt:* Das ist ohne mein Dazutun passiert.

da·zu·tun <tust dazu, tat dazu, hat dazugetan> *mit OBJ* ■ **jmd. tut etwas** *Akk.* (**zu Sache** *Dat.*) **dazu** *(≈ hinzutun) eine Sache/einen Geldbetrag zu einer Sache/ einem Geldbetrag hinzufügen:* Wenn du noch ein paar Euro dazutust, reicht es vielleicht.; Vielleicht müssen wir noch etwas Salz dazutun!; *siehe aber* **dazu**

da·zu·zäh·len <zählst dazu, zählte dazu, hat dazugezählt> *mit OBJ* ■ **jmd. zählt etwas/jmdn. dazu** *zu etwas hinzurechnen, dazuaddieren:* Hast du die Ausgaben von gestern dazugezählt?

da·zwi·schen *adv* ❶ *ungefähr in der Mitte zwischen zwei Dingen oder Personen:* Da vorn sitzen Lisa und Marie. Dazwischen ist noch ein Platz frei. ❷ *(übertr.) so, dass es weder der einen noch der anderen von zwei Positionen entspricht:* Ich kann mich nicht entscheiden. Meine Meinung liegt irgendwo dazwischen. ❸ *zeitlich zwischen etwas:* Vormittags und nachmittags haben wir Unterricht. Dazwischen haben wir eine Stunde Mittagspause. ❹ *(≈ darunter) unter einer Menge:* Dort liegt die Post. Für dich ist leider kein Brief dazwischen. ◆ Getrenntschreibung → R 4.12 Links und rechts von mir fuhren große LKWs. Ich musste dazwischen fahren.; Ich glaube, dieses Teil muss hier dazwischen kommen.; Erst spricht Herr Müller, später Frau Meyer. Ich werde (in der Zeit) dazwischen vortragen.

da·zwi·schen·fah·ren <fährst dazwischen, fuhr dazwischen, ist dazwischengefahren> *ohne OBJ* ■ **jmd. fährt (bei etwas** *Dat.*) **dazwischen** *(umg.) sich energisch einmischen:* Wenn ihr euch dauernd streitet, muss ich doch dazwischenfahren.; Er ist bei ihrem Vortrag einfach dazwischengefahren und hat sie unterbrochen. ◆ Zusammenschreibung → R 4.6 Der Hund ist dazwischengefahren, als man seinen Herrn angriff.; *siehe aber* **dazwischen**

da·zwi·schen·fun·ken <funkst dazwischen, funkte dazwischen, hat dazwischengefunkt> *ohne OBJ* ■ **jmd. funkt (bei etwas** *Dat.*) **dazwischen** *(umg.) sich einmischen und dadurch etwas stören:* Warum kann er nicht einfach zuhören? Immer muss er dazwischenfunken!

da·zwi·schen·kom·men <kommst dazwischen, kam dazwischen, ist dazwischengekommen> *ohne OBJ* ❶ ■ **etwas kommt (jmdm.) dazwischen** *sich in der Zwischenzeit ereignen und dadurch etwas Geplantes verhindern oder aufhalten:* Wenn nichts dazwischenkommt, gehen wir morgen ins Schwimmbad.; Es kann natürlich immer etwas dazwischenkommen, aber man muss trotzdem planen! ❷ ■ **etwas/jmd. kommt (jmdm.) dazwischen** *sich einmischen und bei etwas stören:* Wenn uns da nur keiner dazwischenkommt! ◆ Zusammenschreibung → R 4.6 Er kommt heute nicht zum Training. Ihm ist wahrscheinlich etwas dazwischengekommen.; *siehe aber* **dazwischen**

da·zwi·schen·lie·gen <liegst dazwischen, lag dazwischen, hat dazwischengelegen> *ohne OBJ* ■ **etwas liegt dazwischen** *zeitlich zwischen bestimmten Terminen sein:* In den Tagen, die dazwischenliegen, werde ich verreisen.

da·zwi·schen·re·den <redest dazwischen, redete dazwischen, hat dazwischengeredet> *ohne OBJ* ■ **jmd. redet (jmdm.) dazwischen** *reden, während andere sprechen:* Ihr sollt nicht immer dazwischenreden, wenn ich Radio höre. ◆ Zusammenschreibung → R 4.5 Wenn du immer dazwischenredest, verstehe ich gar nichts!; *siehe aber* **dazwischen**

da·zwi·schen·tre·ten <trittst dazwischen, trat dazwischen, ist dazwischengetreten> *ohne OBJ* ■ **jmd. tritt dazwischen** ❶ *zwischen zwei Dinge oder Personen treten, vermittelnd eingreifen* ❷ *(≈ einschreiten) sich bei einem Streit einmi-*

schen und dafür sorgen, dass der Streit beendet wird: bei einem Streit mutig dazwischentreten; Das ist nur seinem beherzten Dazwischentreten zu verdanken. ◆ Zusammenschreibung → R 4.6 Wenn er nicht dazwischengetreten wäre, hätte es eine Schlägerei gegeben.; *siehe aber* **dazwischen**

dB *Abkürzung von „Dezibel"*

DB *Abkürzung von „Deutsche Bahn"*

DDR die <-> /*kein Plur.*/ GESCH. *Abkürzung von „Deutsche Demokratische Republik"*

Die **Deutsche Demokratische Republik** war von 1949 bis 1990 ein Staat im geteilten Deutschland. Sie wurde am 07. Oktober 1949 gegründet, die Bundesrepublik kurz zuvor am 23. Mai 1949. Hervorgegangen ist die DDR aus der 1947 entstandenen „Sowjetischen Besatzungszone" (SBZ), nachdem der besiegte NS-Staat Hitler-Deutschlands in vier Besatzungszonen der Siegermächte aufgeteilt worden war. Die DDR war wirtschaftlich, kulturell und sozial in der gesamten Zeit ihres Bestehens an der damaligen Sowjetunion orientiert und von ihr abhängig. Die politische Macht lag in den Händen der „Sozialistischen Einheitspartei Deutschlands" (SED), die alle gesellschaftlichen Bereiche der „sozialistischen Gesellschaftsordnung" politisierte und kontrollierte. Unter anderem aufgrund verschiedener Repressionen und erhöhter Arbeitsnormen kam es am 17. Juni 1953 zu einem landesweiten Volksaufstand, der von den in der DDR stationierten sowjetischen Truppen niedergeschlagen wurde (der sog. „Juniaufstand"). Weiterhin aber waren große Bevölkerungsteile mit der politischen Führung nicht einverstanden. Eine zunehmende Abwanderung in den Westen konnte erst durch den Bau der Berliner Mauer 1961 (Baubeginn 12./13. August 1961) gestoppt werden. Der damalige Vorsitzende des Staatsrates, Walter Ulbricht, hatte kurz zuvor noch auf einer Pressekonferenz verlautbaren lassen: „Niemand hat die Absicht, eine Mauer zu errichten". Neben der Mauer wurden sonstige Grenzsicherungsanlagen verschärft (Selbstschussanlagen, Minensperren etc.); bei Fluchtversuchen sind mehrere hundert Personen an der innerdeutschen Grenze getötet worden. Die Mauer ist zum Symbol der Teilung Deutschlands geworden, die Trennung insgesamt zum Symbol des „Kalten Krieges", bezeichnet auch als der „Eiserne Vorhang", womit die ideologische Auseinandersetzung zwischen Ost und West und die tatsächlich kaum zu überwindende Mauer gleichermaßen gemeint sind. Wesentliches Organ zur Überwachung oppositioneller Aktivitäten war das „Ministerium für Staatssicherheit" (MfS), bis heute bekannt und berüchtigt als „Stasi". Zahlreiche verhaftete Regimegegner sind von der Bundesrepublik freigekauft worden. Unter anderem diese Devisenzuflüsse (und daneben auch Kredite) ermöglichten den Weiterbestand der DDR trotz zunehmender Staatsverschuldung. Wesentliche Stationen der weiteren Entwicklung sind: der sog. „Grundlagenvertrag" zwischen BRD und DDR, der Reformkurs des damaligen sowjetischen Präsidenten Michael Gorbatschow, sowie schließlich der Fall der Berliner Mauer. Im Rahmen der unter dem damaligen Bundeskanzler Willy Brandt eingeleiteten „neuen Ostpolitik" wurde am 21. Dezember 1972 der Grundlagenvertrag geschlossen. In ihm ging es unter anderem um die Entwicklung gutnachbarlicher Beziehungen auf gleichberechtigter Basis; außerdem traten die beiden deutschen Staaten der UNO bei („United Nations Organization"/„Organisation der Vereinten Nationen"). Gleichwohl wurden autoritäre Maßnahmen gegen Kritiker des DDR-Regimes nicht geringer; auch blieb das Verhältnis der beiden deutschen Staaten weiterhin angespannt. Der mit den Schlagwörtern „Glasnost" ('Offenheit', 'Informationsfreiheit') und „Perestroika" ('Umbau', 'Umgestaltung') verbundene Reformkurs von Gorbatschow ist von der Führung der DDR nicht akzeptiert worden, obwohl dadurch der Druck auf sie stärker wurde. Die Entwicklung mündete schließlich in einer unterschiedlich motivierten Bürgerrechtsbewegung, in deren Folge seit dem 25.09.1989 ständige Massendemonstrationen (die „Montagsdemonstrationen") gegen die Staatsführung der DDR durchgeführt wurden, bis diese zunehmend die Kontrolle verlor. Entscheidend war eine Massenflucht von DDR-Bürgern über Ungarn in den Westen, welche am 02. Mai 1989 dadurch ausgelöst worden ist, dass Ungarn seine Grenze zu Österreich geöffnet hatte und ab dem 11. September 1989 auch DDR-Bürgern ganz offiziell die Ausreise nach Österreich erlaubte. Auch der Rücktritt des damaligen Staatsratsvorsitzenden Erich Honecker (am 18. Oktober 1989) und verschiedene personelle Veränderungen konnten den Machtverfall der Staatspartei nicht aufhalten. Die Parole dieser erstmals friedlich verlaufenden Revolution war bekanntlich „Wir sind das Volk", wobei Ereignisse rund um die Nicolai-Kirche in Leipzig eine zentrale Rolle spielten. Schließlich ist die DDR nach zahlreichen komplizierten Verhandlungen auf nationaler und internationaler Ebene nach Artikel 23 dem Geltungsbereich des Grundgesetzes der Bundesrepublik beigetreten.

D-Dur das <-s> /kein Plur./ MUS. *eine Tonart*

Dead·line die ['dɛdlaɪn] <-, -s> *(≈ Termin) letztmöglicher Termin, bis zu dem eine Arbeit getan sein muss:* Bis zur Deadline muss der Artikel fertig sein.

Deal der [di:l] <-s, -s> *(umg.) Handel; Geschäft:* Der Deal ging von der Öffentlichkeit weitgehend unbemerkt über die Bühne.; Er schlug einen Deal vor …

dea·len ['di:lən] <dealst, dealte, hat gedealt> ohne OBJ ▪ **jmd. dealt (mit etwas** *Dat.)* (umg.) *mit Drogen handeln:* Er wurde verhaftet, als er vor einer Schule dealte.; Er soll mit Kokain gedealt und andere krumme Geschäfte gemacht haben.; Es kommt vor, dass Schüler auch dealen.

Dea·ler der, **Dea·le·rin** ['di:lɐ] <-s, -> *(umg.) Person, die mit Drogen handelt:* Der Dealer wurde zu drei Jahren Gefängnis verurteilt.; Nicht wenige Dealer sind selbst süchtig. ◆ Drogen-

De·ba·kel das <-s, -> *(geh. verhüll.: ≈ Desaster) ein völliger Misserfolg, der oft das Ende einer Sache bedeutet:* Die misslungene Präsentation war ein Debakel. Wegen ihr haben wir den Auftrag nicht bekommen.

De·bat·te die <-, -n> *(≈ Diskussion) ein (lebhaftes) Gespräch, in dem Personen mit unterschiedlichen Meinungen über etwas diskutieren:* eine lebhafte Debatte über etwas führen; Ein Thema beherrscht die politische Debatte: die Arbeitslosigkeit.; ▪ **etwas zur Debatte stellen** *vorschlagen, dass etwas besprochen wird* Ich stelle meinen Vorschlag zur Debatte.; ▪ **zur Debatte stehen** *Thema des Gesprächs sein* Das steht hier nicht zur Debatte. ◆ Grundsatz-, Parlaments-, Partei-, Regierungs-

de·bat·tie·ren <debattierst, debattierte, hat debattiert> ohne OBJ ▪ **jmd. debattiert über etwas** *Akk. eine Debatte führen:* mit jemandem über ein Thema debattieren

de·bil adj *(veralt.) durch eine Behinderung in den geistigen Fähigkeiten eingeschränkt:* ein debiles Kind ▶ Debilität

De·büt das [de'by:] <-s, -s> *jmds. erster öffentlicher Auftritt in einer bestimmten Rolle oder Eigenschaft:* sein Debüt (als Schauspieler/Schriftsteller) geben ◆ -album ▶ Debütant(in)

de·chif·frie·ren <dechiffrierst, dechiffrierte, hat dechiffriert> *mit OBJ* ▪ **jmd. dechiffriert etwas** *(≈ entschlüsseln ↔ chiffrieren) einen Code entziffern:* Es gelang dem Geheimdienst, die Nachricht zu dechiffrieren.

Deck das <-(e)s, -s> *die Fläche auf der Oberseite eines Schiffes:* Alle Mann an Deck!; das Deck schrubben ◆ Ober-, Promenaden-, Zwischen-

Deck·blatt das <-(e)s, Deckblätter> ❶ *Titelblatt eines Buches oder Heftes* ❷ *äußeres Blatt einer Zigarre*

De·cke die ['dɛkə] <-, -n> ❶ *(≈ Tischdecke) ein größeres Stück Stoff, das man als Dekoration oder zum Schutz auf einen Tisch legt:* eine Decke auf den Tisch legen ❷ *(≈ Bettdecke) ein größeres Stück (Woll-)Stoff, das man im Bett auf sich oder jmdn. legt:* unter die Decke kriechen; wegen der Kälte sich mit einer zusätzlichen Decke zudecken ◆ Stepp-, Woll- ❸ *die Fläche, die einen Raum nach oben hin abschließt:* auf einer Leiter stehen und die Decke streichen; die hohen Decken der Altbauwohnung ◆ -nbalken, -nbeleuchtung, -nlampe, -nleuchte, -nmalerei, Holz-, Zimmer- ❹ ▪ **an die Decke gehen** *(umg.) sehr ärgerlich werden;* ▪ **mit jemandem unter einer Decke stecken** *(umg. abwert.) mit jmdm. gemeinsam eine schlechte oder kriminelle Sache tun;* ▪ **jemandem fällt die Decke auf den Kopf** *(umg. scherzh.) jmd. hat Langeweile*

De·ckel der ['dɛkl] <-s, -> ❶ *das Teil eines Behältnisses, das es nach oben hin verschließt:* der stabile Deckel einer Truhe; den Deckel einer Flasche öffnen/fest verschließen/fest zuschrauben ◆ -korb, Kasten-, Kofferraum-, Topf- ❷ *(≈ Buchdeckel) eine der beiden harten Flächen, die die Seiten eines Buches oder einer Akte nach vorn und nach hinten begrenzen* ❸ ▪ **jemandem was auf den Deckel geben** *(umg. scherzh.) jmdn. zurechtweisen*

de·ckeln <deckelst, deckelte, hat gede-

ckelt> mit OBJ ■ jmd. deckelt jmdn. (umg.) unfreundlich zurechtweisen: Der Vater hat den Sohn wegen seiner schlechten Noten gedeckelt.

de·cken ['dɛkn̩] <deckst, deckte, hat gedeckt> I. mit OBJ ❶ ■ jmd. deckt etwas **über etwas** Akk. (≈ breiten) ein Tuch, eine Plane o.Ä. so über etwas legen, dass es ganz darunter verborgen ist: ein Tuch über etwas decken; eine Plane über den Holzstapel decken ❷ ■ jmd. deckt etwas (**mit etwas** Dat.) Speisen und Geschirr auftragen: den Tisch decken; Ich habe für uns beide gedeckt. ▸ Gedeck ❸ ■ **jmd. deckt jmdn.** das Wissen über jmds. Verbrechen für sich behalten: Er begeht Steuerhinterziehung, und du deckst ihn auch noch. ❹ SPORT als Verteidiger einen Stürmer unter Kontrolle halten: einen gegnerischen Spieler decken ▸ Manndeckung ❺ ■ jmd./etwas deckt etwas ausreichend Mittel bereitstellen: Wir können den Bedarf decken.; Das Konto/der Scheck ist nicht gedeckt.; Der Schaden ist durch die Versicherung gedeckt. ❻ ■ **ein Tier deckt ein Tier** (≈ begatten) Der Rüde deckt die Hündin.; ein Pferd decken lassen II. ohne OBJ ■ etwas deckt nichts hindurchscheinen lassen: Die Farbe deckt gut. ▸ Deckfarbe, Decklack, Deckplatte, Deckschicht III. mit SICH ■ **etwas deckt sich mit etwas** Dat. (≈ übereinstimmen) den gleichen Inhalt haben: Seine Aussage deckte sich mit der ihren.; Unsere Ansichten decken sich in diesem Punkt völlig.

de·ckend adj /nicht steig./ so, dass eine Farbe vollständig den Untergrund abdeckt und man nicht sehen kann, was darunter ist: zum Malen eine deckende Farbe benutzen

Deck·fäh·ig·keit die <-> /kein Plur./ Eigenschaft einer Farbe, deckend zu sein

Deck·man·tel der <-s> /kein Plur./ (abwert.) Vorwand (für ein schlechtes Verhalten): Unter dem Deckmantel der Nächstenliebe betrügt er alte Menschen.

Deck·na·me der <-ns, -n> vereinbarter Name, mit dem man sich auf etwas bezieht, das geheim bleiben soll: Das Projekt läuft unter dem Decknamen „Morgenstern".

De·ckung die <-, -en> ❶ MILIT., SPORT /kein Plur./ Schutz vor feindlichem Feuer oder vor einem gegnerischen Angriff: in Deckung gehen; jemandem Deckung geben; Volle Deckung! ❷ WIRTSCH., BANKW. Bereitstellung von erforderlichen Mitteln: die Deckung des Bedarfs an Lebensmitteln; das Konto hat keine ausreichende Deckung ◆-sbetrag, -slücke ❸ Übereinstimmung: die Ansichten der Gesprächspartner zur Deckung bringen

Deck·wort das <-(e)s, Deckwörter> (≈ Codewort) ein Wort, das nur Eingeweihte verstehen und das etwas Geheimes bezeichnet

De·co·der der [dɪˈkoʊdɐ] <-s, -> Gerät zur Entschlüsselung kodierter Signale

De·col·le·té das <-s, -s> SCHWEIZ. Dekolleté

De·duk·ti·on die <-, -en> PHILOS. (≈ Schlussfolgerung ↔ Induktion) Ableitung des weniger Allgemeinen oder Besonderen aus dem Allgemeinen

de·duk·tiv adj /nicht steig./ (≈ induktiv) so, dass das Besondere aus dem Allgemeinen erschlossen wird: eine deduktive Herangehensweise

de·es·ka·lie·rend adj so, dass es stufenweise abgeschwächt oder verringert wird: Die Maßnahme hatte eine deeskalierende Wirkung auf den Konflikt. ▸ Deeskalation, deeskalieren

De·fac·to-An·er·ken·nung die <-> /kein Plur./ RECHTSW. Anerkennung eines Sachverhalts aufgrund bestimmter Tatsachen, aber ohne rechtliche Begründung

De·fä·tis·mus der <-> /kein Plur./ (≈ Mutlosigkeit) Haltung, in der man nicht an einen Erfolg oder guten Ausgang von etwas glaubt ▸ defätistisch

De·fekt der <-(e)s, -e> Schaden, Mangel: Das Gerät hat einen Defekt.; einen Defekt beheben/haben ◆-ursache, Reifen-, Motor-

de·fekt adj /nicht steig./ /nicht Adverb/ schadhaft, mangelhaft, beschädigt: Das Gerät ist defekt.; ein defektes Bauteil

de·fek·tiv adj /nicht Adverb/ fehlerhaft, lückenhaft

De·fek·ti·vum das <-s, Defektiva> SPRACHWISS. ein Wort, bei dem Formen der Flektion fehlen: Die Wörter „Dank" (ohne Plural) und „Leute" (ohne Singular) sind Beispiele für Defektiva.

de·fen·siv, de·fen·siv adj ❶ (↔ offensiv) so, dass es nur der Verteidigung dient: defensive Waffen; eine defensive Spielweise ❷ so, dass man Gefahrensituationen durch bedachtes Handeln ausweicht: eine defensive Fahrweise

De·fen·si·ve die <-, -n> (↔ Offensive) Position, aus der man sich verteidigen muss: in der Defensive sein; aus der Defensive heraus spielen

De·fi·lee das [defiˈleː] <-s, -s> feierliches Vorbeimaschieren oder Vorüberziehen (an einer hochgestellten Persönlichkeit)

de·fi·nie·ren [defi'niːrən] <definierst, definierte, hat definiert> **I.** *mit OBJ* ▪ **jmd. definiert etwas** (**als etwas** *Akk.*) *einen sprachlichen Ausdruck der Bedeutung nach genau bestimmen:* Gerade einfache alltägliche Ausdrücke wie „Haus" lassen sich niemals in einem wissenschaftlichen Sinne definieren. **II.** *mit SICH* ▪ **jmd. definiert sich über etwas** *Akk.* **den Sinn des eigenen Lebens durch etwas oder jmdn. bestimmt sehen:* Er definiert sich nur über seinen Erfolg.; Sie definiert sich am stärksten über ihre Kinder.

de·fi·niert *adj /nicht steig./ (fachspr.) so, dass ein Ausdruck/Terminus exakt (z.B. quantitativ) genau bestimmt oder durch eine Festsetzungsdefinition festgelegt ist:* Auf die Versuchsanordnung wirkt eine definierte Kraft …

De·fi·ni·ti·on die [defini'tsi̯oːn] <-, -en> *die Angabe der Bedeutung eines Terminus, indem dieser in einem Netz von Termini einen genau bestimmten Platz hat:* Es gibt verschiedene Definitionen für diesen Terminus.; Diese Definition ist nicht ausreichend/ist zu vage/ist eindeutig.

de·fi·ni·tiv, **de·fi·ni·tiv** *adj /nicht steig./ (geh. verhüll.: ≈ endgültig)* Unsere Entscheidung ist definitiv.

de·fi·ni·to·risch *adj /nicht steig./ durch eine Definition*

de·fi·zi·ent *adj /nicht steig./ mangelhaft, untauglich*

De·fi·zit das ['deːfitsɪt] <-(e)s, -e> ❶ WIRTSCH. *(≈ Fehlbetrag) Geld, das (gemessen an einer bestimmten Vorgabe) irgendwo fehlt:* ein Defizit in der Kasse feststellen ◆ Haushalts- ❷ *(geh. verhüll.: ≈ Lücke, Mangel)* Sie hat noch Defizite auf diesem Gebiet/in ihrer Prüfungsvorbereitung. ◆ Informations-, Wissens- ❸ *(geh. verhüll.: ≈ Fehler)* Das Programm hat Defizite, die noch beseitigt werden müssen. ▸ defizitär

De·fla·ti·on die <-, -en> WIRTSCH. *(↔ Inflation) Sinken des Preisniveaus:* Wirtschaftsexperten sagten eine Deflation voraus. ◆-spolitik ▸ deflationistisch

de·for·mie·ren <deformierst, deformierte, hat deformiert> *mit OBJ* ▪ **jmd. deformiert etwas** ❶ TECHN. *etwas aus seiner ursprünglichen Form bringen:* Nach dem Brand waren die Eisenträger durch die Hitze völlig deformiert. ❷ *(geh.) eine schädliche Wirkung auf etwas ausüben:* jmds. Charakter deformieren ▸ Deformierung

De·for·mi·tät die <-, -en> *(≈ Deformation) Abweichung vom normalen Körperbau durch Entwicklungsstörungen oder äußere Einflüsse*

De·fros·ter der <-s, -> KFZ *Anlage zur Beheizung der Scheiben in Kraftfahrzeugen*

def·tig *adj* ❶ *so, dass Essen in Bezug auf die Zutaten relativ einfach, aber schmackhaft und sättigend ist:* deftiges Essen; deftige Hausmannskost; die deftige bayerische Küche ❷ *(abwert.: ≈ derb)* deftige Späße

De·gen der <-s, -> *(↔ Säbel, Schwert) eine Waffe mit einer langen, geraden, schmalen Klinge:* mit dem Degen fechten; den Degen ziehen ◆-fechter(in)

De·ge·ne·ra·ti·on die <-, -en> *(↔ Regeneration)* ❶ BIOL., MED. *(≈ Verfall)* die Degeneration von Gewebe/Organen infolge einer Krankheit oder der natürlichen Alterung und Abnutzung ▸ degenerativ ❷ *(geh.) (körperlicher oder kultureller) Abstieg im Laufe einer langen Entwicklung:* Degeneration ist häufig die Folge von Inzucht.; die Degeneration der Gesellschaft durch Überfluss und Wohlstand

de·ge·ne·rie·ren <degenerierst, degenerierte, ist degeneriert> *ohne OBJ* ▪ **jmd./etwas degeneriert** ❶ MED. *(↔ regenerieren) durch Degeneration verfallen:* ein degeneriertes Organ ❷ *(körperlich oder geistig) im Laufe der Entwicklung entarten:* Der Adel ist im Laufe der Zeit immer mehr degeneriert.

de·gra·die·ren <degradierst, degradierte, hat degradiert> *mit OBJ* ▪ **jmd. degradiert jmdn.** ❶ MILIT. *(als Bestrafung) im Rang zurückstufen:* einen Offizier wegen eines Vergehens degradieren ❷ *(übertr.) herabwürdigen, erniedrigen:* Der Künstler fühlte sich zum Hobbymaler degradiert. ▸ Degradierung

De·gres·si·on die <-, -en> WIRTSCH. *(↔ Progression) fortschreitende Senkung des Steuersatzes bei abnehmendem Einkommen*

De·gus·ta·ti·on die <-, -en> SCHWEIZ. *das Prüfen, Probieren, Kosten von Lebensmitteln*

de·gus·tie·ren <degustierst, degustierte, hat degustiert> *mit OBJ* ▪ **jmd. degustiert etwas** SCHWEIZ. *Lebensmittel kosten, probieren*

dehn·bar *adj /nicht steig./* ❶ *(≈ elastisch) so, dass man ein Gewebe etwas in die Länge ziehen kann, ohne einen Riss zu verursachen:* ein dehnbarer Stoff ❷ *(≈ vage ↔ eindeutig) nicht klar bestimmt:* ein dehnbarer Ausdruck/ein dehnbares Wort ▸ Dehnbarkeit

deh·nen <dehnst, dehnte, hat gedehnt> **I.** *mit OBJ* ■ **jmd. dehnt etwas** ❶ *in die Länge oder Breite ziehen:* ein Gummiband dehnen ❷ *strecken:* die Muskeln dehnen ▶ Dehnübung ❸ *einen Laut langgezogen aussprechen:* die Silben dehnen; die gedehnte Aussprache eines Lautes **II.** *mit SICH* ■ **etwas dehnt sich** *sich verlängern oder verbreitern:* Die Schuhe dehnen sich noch beim Tragen. ❷ ■ **jmd. dehnt sich** *sich strecken:* Nach dem Aufstehen dehnt sie sich ausgiebig. ❸ ■ **etwas dehnt sich** *viel Raum oder Zeit beanspruchen:* Die Versammlung dehnte sich bis in den späten Abend.; Eine weite Ebene dehnte sich vor ihnen. ▶ Dehnung

Deh·nungs·fu·ge die <-, -n> BAUW. *Trennfuge zwischen zwei Bauteilen mit unterschiedlicher Wärmeausdehnung*

Deh·nungs-h das <-, -> SPRACHWISS. *in deutschen Wörtern der Buchstabe „h" als Kennzeichen dafür, dass der vorhergehende Vokal lang ausgesprochen wird:* Auch das Wort „Dehnung" enthält ein Dehnungs-h.

Deh·nungs·zei·chen das <-s, -> SPRACHWISS. *ein Schriftzeichen, das die Dehnung eines Lautes kennzeichnet, also anzeigt, dass man den Laut lang ausspricht*

de·hy·d·rie·ren <dehydrierst, dehydrierte, hat dehydriert> *mit OBJ* ■ **jmd. dehydriert etwas** CHEM. *Wasser aus einer Verbindung abspalten* ▶ Dehydrierung

Deich der <-(e)s, -e> *ein Erddamm, den man zum Schutz gegen Hochwasser aufgeschüttet hat:* Helfer sichern die Deiche mit Sandsäcken.; Die Frage, die alle bewegt, lautet: Werden die Deiche halten? ◆ -bau, -schleuse, Außen-, Fluss-, See-

Deich·sel die <-, -n> *Stange zum Ziehen und Lenken eines Pferdewagens oder Handwagens:* die Deichsel des Handwagens

deich·seln <deichselst, deichselte, hat gedeichselt> *mit OBJ* ■ **jmd. deichselt etwas** *(umg.) fertig bringen, geschickt durchführen:* Er hat die schwierigen Verhandlungen geschickt gedeichselt.

dein [daɪn ('daɪnə, 'daɪnə, 'daɪns)] *pron* (↔ *mein)* ❶ *verwendet, um auszudrücken, dass etwas der Besitz der angesprochenen Person ist:* Ist der Wagen da drüben dein Auto? — Nein, der gehört meinem Bruder. ❷ *verwendet, um auszudrücken, dass etwas in einer bestimmten Weise zu der angesprochenen Person gehört oder zu einem bestimmten Zeitpunkt mit ihr in einer Beziehung steht:* Wie geht es deinem Mann (≈ dem Mann, der als Ehemann zu dir gehört)?; Dein Zug (≈ der Zug, den du benutzt) fährt gleich!; Mein Hotelzimmer (≈ das Zimmer, das ich im Hotel bewohnt habe) war schön ruhig. ❸ *verwendet, um auszudrücken, dass etwas in einer bestimmten Weise von der angesprochenen Person Person ausgeht:* Spare dir deine Ratschläge (≈ die Ratschläge, die du gibst)!; Wie sind deine Prüfungen (≈ die Prüfungen, die du absolviert hast) gelaufen? ❹ *am Ende von Briefen verwendet, um auszudrücken, dass der Schreiber sich in einer engen Beziehung zum Adressaten sieht:* Viele Grüße, deine Petra; ■ **Mein und Dein nicht unterscheiden können** *(verhüll.)* im Verdacht stehen, dass man stiehlt ◆ Kleinschreibung → R Liebe Andrea, vielen Dank für deinen Brief!

dei·ne, dei·ner, dei·nes *pron Personalpronomen der 2. Pers.(du) Sing. Gen.*

dei·ner·seits *adv von dir aus:* Gibt es deinerseits noch Bedenken?

dei·nes·glei·chen *pron alle, die so sind wie du:* Für dich und deinesgleichen ist das doch kein Problem!

dei·net·we·gen *adv wegen dir:* Wir sind nur deinetwegen zu spät gekommen!

dei·ni·ge *pron /der/die/das: Possessivpronomen, das wie ein Substantiv verwendet wird / (veralt.) etwas, das dir gehört:* Wessen Mantel ist das. Ist es der deinige?; Du hast das Deinige zu der Sache beigetragen.; ■ **das deinige/Deinige** *deinen Anteil* Du musst das deinige/Deinige dazu tun.; ■ **die deinigen/Deinigen** *deine Angehörigen* ◆ Groß- oder Kleinschreibung → R 3.7 Grüße bitte die deinigen/Deinigen von mir!

de·in·stal·lie·ren ['deːʔɪnstaliːrən] <deinstallierst, deinstallierte, hat deinstalliert> *mit OBJ* ■ **jmd. deinstalliert etwas** (↔ *installieren) abbauen:* Die Handwerker deinstallieren die alte Heizungsanlage.

De·ka das <-/-s, -> ÖSTERR. *kurz für Dekagramm*

De·ka·de die <-, -n> *Zeitraum von zehn Tagen, Wochen, Monaten oder Jahren* ▶ dekadisch

de·ka·dent *adj (geh.) im kulturellen Verfall begriffen:* eine dekadente Gesellschaft ▶ Dekadenz

De·ka·gramm das <-s, -e> *zehn Gramm*

De·ka·li·ter der <-s, -> *zehn Liter*

De·ka·log der <-s> */kein Plur./* REL. *die zehn Gebote der Bibel*

De·ka·me·ter der <-s, -> *zehn Meter*

De·kan der, **De·ka·nin** <-s, -e> ❶ REL. *(in der christlichen Kirche) höherer (protestantischer) Geistlicher* ❷ *Vorsteher des Fachbereichs einer Universität:* der Dekan der philosophischen Fakultät; zum Dekan gewählt werden

De·ka·nat das <-s, -e> ❶ REL. *Amt oder Bezirk eines Dekans¹* ❷ *Verwaltung eines Fachbereichs einer Universität*

De·kla·ma·ti·on die <-, -en> LIT., THEAT. ❶ *das künstlerisch gestaltete Sprechen eines Textes* ❷ *(abwert.) übertriebene Art, einen Text vorzutragen*

de·kla·ma·to·risch *adj so, dass der Vortrag eines Textes ausdrucksvoll und auf Wirkung bedacht ist:* Seine Rede erschien allzu deklamatorisch.

de·kla·mie·ren <deklamierst, deklamierte, hat deklamiert> *mit OBJ* ▪ **jmd. deklamiert etwas** ❶ *einen Text kunstvoll vortragen:* ein Gedicht deklamieren; Dann deklamierte er die noch berühmteren Verse … ❷ *auf übertriebene Weise einen Text vortragen:* Sie hat das Gedicht pathetisch deklamiert.

De·kla·ra·ti·on die <-, -en> ❶ POL. *feierliche öffentliche Verkündung:* die Deklaration der Menschenrechte/der Republik ❷ WIRTSCH. *offizielle Angabe über den Inhalt von etwas, die man beim Zoll oder der Steuerbehörde macht* ❸ *Auflistung der Inhaltsstoffe eines Arzneimittels oder Kosmetikums*

de·kla·rie·ren <deklarierst, deklarierte, hat deklariert> *mit OBJ* ▪ **jmd. deklariert etwas** ❶ POL. *öffentlich verkünden* ❷ WIRTSCH. *beim Grenzübertritt für den Zoll angeben:* Waren beim Zoll deklarieren; Haben Sie etwas zu deklarieren? ❸ ▪ **jmd. deklariert jmdn./etwas als etwas** *jmdn. oder etwas feierlich als etwas bezeichnen:* jemanden als seinen Freund deklarieren

de·kla·riert *adj /nicht steig./ so, dass es erklärt oder offenkundig ist:* Er ist ein deklarierter Kriegsgegner.

de·klas·sie·ren <deklassierst, deklassierte, hat deklassiert> *mit OBJ* ▪ **jmd. deklassiert jmdn.** ❶ *jmdn. sozial herabsetzen:* Er fühlte sich durch ihre Äußerung deklassiert. ❷ SPORT *überlegen besiegen:* den Gegner deklassieren ▸ Deklassierung

De·kli·na·ti·on die [deklina'tsi̯oːn] <-, -en> ❶ SPRACHWISS. *Beugung der Substantive, Adjektive, Pronomina und Numeralia* ❷ PHYS. *Abweichung der Magnetnadel von der Nordrichtung* ❸ ASTRON. *Abweichung eines Gestirns vom Himmelsäquator*

de·kli·nie·ren [dekli'niːrən] <deklinierst, deklinierte, hat dekliniert> *mit OBJ* ▪ **jmd. dekliniert etwas** SPRACHWISS. ❶ *(≈ flektieren) die Form eines Substantivs, Adjektivs, Artikels oder Pronomens bilden, die von seiner syntaktischen Funktion im Satz gefordert wird* ❷ *(≈ durchdeklinieren) alle Formen eines Substantivs, Adjektivs, Artikels oder Pronomens nennen*

de·kli·nier·bar *adj /nicht steig./* SPRACHWISS. *so, dass es dekliniert werden kann*

de·ko·die·ren <dekodierst, dekodierte, hat dekodiert> *mit OBJ* ▪ **jmd. dekodiert etwas** *(≈ entschlüsseln ↔ kodieren) eine verschlüsselte Nachricht dekodieren*

De·kol·le·tee, a. **De·kol·le·té** das [dekɔl'teː] <-s, -s> *tiefer Ausschnitt an Damenkleidern:* ein Abendkleid mit einem gewagten Dekolletee

De·kom·pen·sa·ti·on die <-, -en> MED. *(↔ Kompensation) die deutlich erkennbare Verringerung der Leistungsfähigkeit eines Organs, das durch Kompensation überlastet wurde* ▸ dekompensieren

De·kom·po·si·ti·on die <-, -en> *(↔ Komposition) das Auflösen von etwas in seine Bestandteile* ▸ dekomponieren

de·kom·pri·mie·ren <dekomprimierst, dekomprimierte, hat dekomprimiert> *mit OBJ* ▪ **jmd. dekomprimiert etwas** TECHN. *(↔ komprimieren) den Druck von etwas verringern* ▸ Dekomprimierung

De·kon·ta·mi·na·ti·on die <-, -en> PHYS. *(↔ Kontamination) das Entgiften von radioaktiv verseuchten Geräten und Kleidern* ▸ dekontaminieren

De·kon·zen·t·ra·ti·on die <-, -en> *(≈ Entflechtung ↔ Konzentration) das Aufheben einer konzentrischen Ordnung oder Verteilung:* die Dekonzentration der Verwaltung

De·kor der/das <-s, -s/-e> *etwas, z.B. ein Muster, das zur Verzierung auf einen Gegenstand gemalt oder gedruckt ist:* Porzellan mit handgemaltem Dekor

De·ko·ra·teur der, **De·ko·ra·teu·rin** [dekoraˈtøːɐ̯] <-s, -e> *jmd., der beruflich Schaufenster oder Kulissen gestaltet*

De·ko·ra·ti·on die <-, -en> ❶ */kein Plur./ das Gestalten von Schaufenstern oder Kulissen* ❷ *das, womit etwas ausgestaltet ist:* die Dekoration auf der Bühne/im Schaufenster/im Zimmer ◆ -smalerei, -sstoff, -sstück, Fest-, Innen-, Tisch-, Wand-

de·ko·ra·tiv *adj so, dass es etwas in wirkungsvoller Weise schmückt:* ein dekoratives Muster; Blumen dekorativ im Zimmer verteilen

de·ko·rie·ren [deko'ri:rən] <dekorierst, dekorierte, hat dekoriert> *mit OBJ* **①** ▪ **jmd. dekoriert etwas** *kunstvoll gestalten:* einen Raum dekorieren **②** ▪ **jmd. dekoriert jmdn. mit etwas** *Dat. (≈ auszeichnen) einen Orden verleihen:* jemanden (mit dem Verdienstkreuz) dekorieren; ein hoch dekorierter Wissenschaftler ▶ Dekorierung

De·kret das <-(e)s, -e> *Verordnung durch eine Behörde:* ein Dekret erlassen

de·kre·tie·ren <dekretierst, dekretierte, hat dekretiert> *mit OBJ* ▪ **jmd. dekretiert ewas** *(geh.) verfügen, bestimmen, anordnen:* eine Maßnahme dekretieren

De·le·ga·ti·on die [delega'tsi̯oːn] <-, -en> **①** *(≈ Abordnung) eine Gruppe von Personen, die im Auftrag einer Institution in ein Land oder an einen Ort reisen und diese Institution offiziell vertreten:* Die Delegation aus Russland wurde vom Außenminister empfangen. ◆ -sleiter, Regierungs- **②** RECHTSW. *das Übertragen einer Vollmacht oder Befugnis auf eine andere Person*

de·le·gie·ren <delegierst, delegierte, hat delegiert> *mit OBJ* **①** ▪ **jmd. delegiert jmdn.** *(≈ abordnen) sagen, dass jmd. eine bestimmte Aufgabe übernehmen soll und ihn dafür freistellen:* jemanden zu einem Kongress/in einen Ausschuss delegieren **②** ▪ **jmd. delegiert etwas an jmdn.** *eine Aufgabe übertragen oder weitergeben:* Aufgaben/Kompetenzen/Rechte an Mitarbeiter delegieren

De·le·gier·te der/die <-n, -n> *Abgesandte(r):* als Delegierte am Parteitag teilnehmen

de·lek·tie·ren <delektierst, delektierte, hat delektiert> *mit SICH* ▪ **jmd. delektiert sich an etwas** *Dat. (geh.) genießen:* Im Verlauf der Festspiele konnten sich die Opernliebhaber an drei verschiedenen Werken delektieren.

Del·fin der <-s, -e> *siehe* **Delphin**

de·li·kat *adj (geh.)* **①** *(≈ wohlschmeckend) sehr erlesen und gut:* ein delikater Wein; Das Festessen begann mit einer delikater Vorspeisen. **②** *(≈ heikel) so, dass es leicht Schwierigkeiten oder Konflikte hervorrufen kann und daher mit besonderer Vorsicht behandelt werden muss:* eine delikate Angelegenheit; ein delikates Problem **③** *(geh. verhüll.: ≈ taktvoll) ein Problem delikat behandeln*

De·li·ka·tes·se die <-, -n> *(geh.)* **①** *eine besonders erlesene und wohlschmeckende Speise, die meist besonders teuer ist:* Räucherlachs ist eine Delikatesse.; ein Geschäft für Delikatessen **②** */kein Plur./ (geh.) Takt, Feingefühl:* Diese Angelegenheit erfordert viel Delikatesse.

De·likt das [de'lɪkt] <-(e)s, -e> RECHTSW. *(≈ Straftat) eine Handlung, die gegen das Gesetz verstößt und strafbar ist:* Er steht wegen eines schweren Delikts vor Gericht. ◆ Eigentums-, Verkehrs-

De·lin·quent der, **De·lin·quen·tin** <-en, -en> *(geh. verhüll.: ≈ Verbrecher) jmd., der eine Straftat begangen hat* ▶ Delinquenz

De·li·ri·um das <-s, Delirien> *(geh.) der Zustand, dass die Tätigkeit des Verstands eingeschränkt und das Bewusstsein nicht klar ist, z.B. als Folge einer Krankheit oder von Drogenkonsum:* im Delirium sein

Del·le die <-, -n> *(umg.) kleine Vertiefung:* Das Auto hat nur eine kleine Delle bekommen.; Der Rodelhang ist voller gefährlicher Dellen.

de·lo·gie·ren [delo'ʒiːrən] <delogierst, delogierte, hat delogiert> *mit OBJ* ▪ **jmd. delogiert jmdn.** ÖSTERR. *zum Ausziehen aus der Wohnung zwingen:* jemanden delogieren, weil er die Miete nicht mehr zahlen kann ▶ Delogierung

Del·phin, *a.* **Del·fin** der <-s, -e> **①** ZOOL. *ein Meeressäugetier, das wie ein großer Fisch mit silbrig-grauer Haut aussieht und sehr intelligent ist* ▶ Delphinarium **②** SPORT *kurz für „Delphinschwimmen"*

Del·phin·schwim·men, *a.* **Del·fin·schwim·men** das <-s> */kein Plur./* SPORT *ein Schwimmstil, bei dem beide Arme gleichzeitig in einer kreisförmigen Bewegung aus dem Wasser bewegt werden, während der Unterkörper eine Art Wellenbewegung ausführt*

del·phisch *adj /nicht steig./* **①** *zu der altgriechischen Kultstätte Delphi gehörend:* das Delphische Orakel **②** *(geh.) rätselhaft und nicht eindeutig:* ein delphischer Spruch

Del·ta¹ das <-(s), -s> *der vierte Buchstabe des griechischen Alphabets*

Del·ta² das <-s, -s/Delten> *Mündung eines (großen) Flusses, die sich wie ein Fächer in kleinere Flußarme aufteilt:* das Delta der Donau/des Nil

del·ta·för·mig *adj /nicht steig./ so geformt, dass es aussieht wie der griechische Buchstabe Delta (etwa dreieckig)*

de luxe [dəˈlyks] */häufig nachgestellt/ mit allem Luxus ausgestattet* ◆ De-luxe-Ausstattung

dem *pron art Dat. von „der", „das":* Ich gebe dem Freund, dem ich Geld schulde, den Betrag zurück.; Ich singe dem Kind, dem ich etwas vorgelesen habe, ein Lied vor.

De·m·a·go·ge *der,* **De·m·a·go·gin** <-n, -n> *(abwert.:* ≈ *Volksverführer) jmd., der mit seinen politischen Reden die Bevölkerung aufhetzt:* ein von skrupellosen Demagogen aufgehetztes Volk ▸ demagogisch

De·m·a·go·gie *die* <-> /*kein Plur./ (abwert.:* ≈ *Volksverführung) das Aufhetzen der Bevölkerung, z.B. durch politische Reden:* Was er sagt, ist doch pure Demagogie!

de·mas·kie·ren <demaskierst, demaskierte, hat demaskiert> *(geh.)* **I.** *mit OBJ* ▪ **jmd. demaskiert jmdn./etwas** *(*≈ *entlarven) bewirken, dass jmds. vorgetäuschte gute Identität als falsch erkannt wird und seine wahre Identität sichtbar wird:* jemanden als skrupellosen Verbrecher demaskieren **II.** *mit SICH* ▪ **jmd. demaskiert sich (durch etwas** *Akk.) sich (als etwas Schlechtes) offenbaren:* Durch sein Verhalten hat er sich als hinterhältiger Betrüger demaskiert. ▸ Demaskierung

De·men·ti *das* <-s, -s> *(geh.) offizielle Darstellung, dass eine zuvor von anderer Seite gemachte Behauptung falsch ist:* Nach den Rücktrittsgerüchten gab der Minister ein Dementi (≈ sagte, dass diese Gerüchte falsch seien und er nicht zurücktreten werde).

de·men·tie·ren [dɛmɛn'ti:rən] <dementierst, dementierte, hat dementiert> *mit OBJ* ▪ **jmd. dementiert etwas** *(geh.) (offiziell) sagen, dass eine bestimmte (öffentlich gemachte) Behauptung falsch ist:* Die Regierung ließ die Meldung nicht dementieren.; Das ist bereits offiziell dementiert worden.

dem·ent·spre·chend *adj* /*nicht steig./ (*≈ *demgemäß) so, dass etwas bestimmten anderen Tatsachen entspricht bzw. auf diese abgestimmt ist:* Sie hatte ihre Pflichten vernachlässigt und erhielt eine dementsprechend scharfe Rüge.; Ihr seid hier zu Gast. Benehmt euch bitte auch dementsprechend!; Meine Tochter räumt ja nie ihr Zimmer auf. Dementsprechend sieht es hier auch aus.

De·menz *die* <-, -en> MED. *(*≈ *Dementia) Verlust bereits erworbener Denkfähigkeiten, was zur Beeinträchtigung kognitiver, sozialer und emotionaler Fähigkeiten führt:* an Demenz leiden

de·mi·li·ta·ri·sie·ren <demilitarisierst, demilitarisierte, hat demilitarisiert> *mit OBJ* ▪ **jmd. dimilitarisiert etwas** POL., MILIT. *entmilitarisieren* ▸ Demilitarisierung

De·mis·si·on *die* <-, -en> *(geh.) Rücktritt von einem Amt:* die Demission des Ministers

de·mis·si·o·nie·ren <demissionierst, demissionierte, hat demissioniert> *ohne OBJ* ▪ **jmd. demissioniert** SCHWEIZ. *zurücktreten, seinen Rücktritt erklären* ▸ Demissionär

dem·nach *adv (*≈ *folglich) verwendet, um auszudrücken, dass eine Aussage aus dem vorher Gesagten folgt:* Die Leute warten noch am Bahnsteig. Demnach ist der Zug noch nicht angekommen.

dem·nächst ['de:mnɛːçst, de:m'nɛːçst] *adv (*≈ *bald) in der näheren Zukunft:* Demnächst (sehen Sie) in diesem Kino ...

De·mo *die* <-, -s> *(umg.) kurz für „Demonstration"*

De·mo·bi·li·sie·rung *die* <-> /*kein Plur./ (*↔ *Mobilisierung) Abrüstung*

De·mo·gra·phie, De·mo·gra·fie *die* <-> / *kein Plur./ Wissenschaft von der (zahlenmäßigen) Bevölkerungsentwicklung* ▸ demographisch/demografisch

De·mo·krat *der,* **De·mo·kra·tin** <-en, -en> ❶ *Person mit demokratischer Gesinnung:* Er ist auch in Zeiten der Diktatur ein Demokrat geblieben. ❷ *Mitglied einer demokratischen Partei* ▪ Christ-, Sozial-

De·mo·kra·tie *die* [demokra'tiː] <-, -tien> POL. ❶ /*kein Plur./ die Regierungsform, bei der eine gewählte Volksvertretung die politische Macht ausübt:* eine parlamentarische Demokratie; in einem Land für die Demokratie eintreten ❷ *Land mit einer Demokratie[1] als Staatsform:* die jungen Demokratien in Afrika ❸ /*kein Plur./ das Prinzip, Entscheidungen durch die Mehrheit treffen zu lassen:* innerbetriebliche Demokratie; der Ruf nach mehr Demokratie in der Unternehmenskultur ▪ Basis-

De·mo·kra·tie·be·we·gung *die* <-, -en> POL. *eine Bewegung, die in einem Land für die Etablierung einer Demokratie[1] kämpft*

De·mo·kra·tie·ver·ständ·nis *das* <-es> / *kein Plur./* POL. *Vorstellungen und Einstellungen zur Demokratie[1]*

de·mo·kra·tisch [demo'kra:tɪʃ] *adj* /*nicht steig./* ❶ *den Prinzipien der Demokratie[1] [3] folgend:* eine demokratische Verfassung; eine demokratische Entscheidung ❷ *zur Partei der Demokraten gehörend:* der demokratische Präsidentschaftskandidat

de·mo·kra·ti·sie·ren <demokratisierst,

demokratisierte, hat demokratisiert> *mit OBJ* ▪ **jmd. demokratisiert etwas** POL. *(geh.) etwas nach demokratischen Grundsätzen umgestalten:* ein Land demokratisieren

de·mo·lie·ren <demolierst, demolierte, hat demoliert> *mit OBJ* ▪ **jmd. demoliert etwas** *(geh.) (absichtlich) beschädigen:* Betrunkene Jugendliche haben die Telefonzellen demoliert. ▸ Demolierung

De·monst·rant der, **De·monst·ran·tin** <-en, -en> *jmd., der an einer Demonstration teilnimmt*

De·monst·ra·ti·on die [demɔnstra'tsi̯oːn] <-, -en> ❶ *der Vorgang, dass sehr viele Menschen sich auf einem öffentlichen Platz versammeln oder durch die Straßen einer Stadt ziehen und dabei mit Sprechchören und Plakaten ihre politische Meinung zeigen, nämlich wofür bzw. wogegen sie eingestellt sind:* die Demonstration der neofaschistischen Organisation/Partei muss verboten werden ◆ -srecht, -sverbot, Friedens-, Massen-, Protest- ❷ *der Vorgang, dass jmd. etwas deutlich zeigt:* Der Aufmarsch der Flotte wird als eine Demonstration der Stärke gewertet. ◆ Macht- ❸ *(≈ Vorführung) der Vorgang, dass jmd. vor einem Publikum eine bestimmte Handlung ausführt, um damit einen Sachverhalt vorzuführen:* Nach dieser Demonstration durch den Leiter des Workshops zweifelten die Teilnehmer nicht mehr an der Richtigkeit dieser These.

de·monst·ra·tiv *adj so, dass etwas offen zur Schau gestellt wird:* sich demonstrativ von jemandem abwenden

De·monst·ra·tiv·pro·no·men das <-s, Demonstrativpronomina> SPRACHWISS. *Wortart und zugleich ein Wort, mit dem der Sprecher auf etwas hinweist:* Das Wort „dieser" ist ein Demonstrativpronomen.

de·monst·rie·ren <demonstrierst, demonstrierte, hat demonstriert> I. *mit OBJ* ❶ ▪ **jmd. demonstriert etwas** *zur Schau stellen:* Sie demonstrierte Gelassenheit/ guten Willen/Stärke. ❷ ▪ **jmd. demonstriert (jmdm.) etwas** *zum besseren Verständnis vorführen:* (jemandem) die Benutzung eines Gerätes demonstrieren; Darf ich Ihnen demonstrieren, wie man das macht? II. *ohne OBJ* ▪ **jmd. demonstriert (für/gegen etwas** *Akk.***)** *an einer Demonstration¹ teilnehmen:* Sie demonstrierten für/gegen das neue Gesetz.

De·mon·ta·ge die [demɔn'taːʒə] <-, -n> ❶ */kein Plur./ der Vorgang, dass eine Anlage in ihre einzelnen Bestandteile zerlegt und abgebaut wird:* die Demontage einer Fabrikanlage ❷ *(geh. abwert.) der Vorgang, dass jmd. oder etwas schrittweise in seiner Macht, Bedeutung oder seinem Ansehen geringer gemacht wird:* eine Demontage der demokratischen Grundrechte; die Demontage einer Führungsperson

de·mon·tie·ren <demontierst, demontierte, hat demontiert> *mit OBJ* ❶ ▪ **jmd. demontiert etwas** *in seine Bestandteile zerlegen und abbauen:* eine Anlage demontieren ❷ ▪ **jmd. demontiert jmdn.** *(geh. abwert.) schrittweise die Macht, Bedeutung oder das Ansehen einer Person geringer machen:* den politischen Gegner demontieren

de·mo·ra·li·sie·ren <demoralisierst, demoralisierte, hat demoralisiert> *mit OBJ* ▪ **jmd./etwas demoralisiert jmdn.** *(≈ entmutigen) bewirken, dass jmd. seinen Mut und seine Zuversicht verliert:* Der ständige Misserfolg hat ihn völlig demoralisiert. ▸ Demoralisierung

De·mo·s·ko·pie die <-> */kein Plur./ (≈ Meinungsforschung) Verfahren, durch Untersuchungsmethoden (z.B. gezielte Befragungen) herauszufinden, welche Meinungen in der Bevölkerung zu einem bestimmten Thema bestehen* ▸ demoskopisch

de·mo·ti·viert *adj (≈ motiviert) so, dass jmd. ohne Motivation ist:* ein demotivierter Schüler

De·mut die <-> */kein Plur./ die Bereitschaft, etwas als Gegebenheit hinzunehmen, nicht darüber zu klagen und sich selbst als eher unwichtig zu betrachten:* etwas in Demut ertragen

de·mü·tig *adj so, dass jmd. bereit ist, etwas in Demut hinzunehmen:* Er nahm demütig alle Schicksalsschläge hin.

de·mü·ti·gen I. *mit OBJ* ▪ **jmd. demütigt jmdn.** *in erniedrigender Weise kränken:* jemanden durch eine herablassende Behandlung demütigen II. *mit SICH* ▪ **jmd. demütigt sich** *sich erniedrigen:* Man zwang ihn, sich vor allen Anwesenden zu demütigen. ▸ Demütigung

de·muts·voll *adj /nicht steig./ siehe* **demütig**

den I. *pron art Akk. von „der":* Er mag den Hund, den ich ihm geschenkt habe. II. *art Dat. von Plur. „die":* Sie singt den Kindern ein Lied vor.

De·na·tu·ra·li·sa·ti·on die <-> */kein Plur./ (≈ Ausbürgerung ↔ Naturalisation) das Entziehen der Staatsbürgerschaft*

de·na·tu·ra·li·sie·ren <denaturalisierst,

denaturalisierte, hat denaturalisiert> *mit OBJ* **jmd. denaturalisiert jmdn.** *(≈ ausbürgern ↔ naturalisieren) jmdm. die Staatsbürgerschaft entziehen*

de·na·tu·rie·ren <denaturierst, denaturierte, hat denaturiert> *mit OBJ* **jmd. denaturiert etwas** CHEM. *etwas durch chemische Umwandlung so verändern, dass es seine ursprüngliche Qualität und wichtige Inhaltsstoffe verliert:* Denaturierte Lebensmittel haben deutlich weniger Vitamine als naturbelassene Lebensmittel. ▸ Denaturierung

Den·d·ro·lo·gie die <-> /*kein Plur.*/ *die wissenschaftliche Erforschung der Bäume, Sträucher und Gehölze* ▸ dendrologisch

de·nen *pron Dat. Plur. von „die":* die Freunde, denen ich vertraut habe

Deng·lisch das <-(s)> *(scherzh. zu „Deutsch" und „Englisch") verwendet, um auszudrücken, dass jmds. Deutsch mit zu vielen und größtenteils überflüssigen oder vermeidbaren englischen Ausdrücken durchsetzt ist* ▸ denglisch

Denk·an·stoß der <-es, Denkanstöße> *Anregung/Anlass, sich zu einer bestimmten Frage Gedanken zu machen:* Die Zusammenarbeit mit Informatikern hat Linguisten wertvolle Denkanstöße beschert.

Denk·art die <-, -en> *(≈ Denkweise) die typische Art und Weise, wie jmd. denkt:* eine typisch kleinbürgerliche Denkart

denk·bar I. *adj* /*nicht steig.*/ *(≈ vorstellbar) so, dass es sich denken lässt oder dass es möglich ist:* eine denkbare Lösung; Es ist denkbar, dass er noch kommt. **II.** *adv* /*nicht steig.*/ *(≈ sehr) mit intensivierender Wirkung vor Adjektiven verwendet:* Das war aber denkbar knapp!; Damit haben wir die denkbar beste Lösung des Problems.

Den·ke die <-> /*kein Plur.*/ *(umg.) persönlich bestimmte Denkart:* Der junge Professor hat eine flotte Denke.

den·ken ['dɛŋkn̩] <denkst, dachte, hat gedacht> **I.** *mit OBJ* ❶ *etwas als Gegenstand seiner Gedanken haben:* Was denkst du gerade? ❷ **jmd. denkt etwas** *(≈ annehmen, glauben)* Ich denke, du hast das schon erledigt!; Er hatte gedacht, man würde ihm helfen. ❸ **jmd. denkt etwas von jmdm.** *über jmdn. eine bestimmte Meinung haben:* Das habe ich nicht von dir gedacht!; Schlechtes von jemandem/ über jemanden denken ❹ **jmd. denkt sich etwas (bei etwas** *Dat.) mit etwas eine bestimmte Absicht verfolgen:* Was hast du dir dabei gedacht? **II.** *ohne OBJ*

❶ **jmd. denkt** *(≈ überlegen) durch die Aktivität des Verstands zu Aussagen, Gedanken und Schlussfolgerungen gelangen:* klar/logisch/wissenschaftlich denken; Er war so müde, dass er kaum denken konnte.; Störe mich nicht beim Denken! ▸ Denken, Denkleistung, Denkmodell, Denkmuster, Denkvermögen, Denkvorgang ❷ **jmd. denkt irgendwie** *eine bestimmte Gesinnung haben:* Er denkt ziemlich bürokratisch/politisch/pragmatisch/ technokratisch. ❸ **jmd. denkt (über etwas** *Dat.) urteilen, meinen:* Wie denkst du darüber? ❹ **jmd. denkt (an etwas** *Akk.) in seiner Erinnerung behalten und nicht vergessen:* Hast du an unseren Hochzeitstag gedacht?; Ich werde immer daran denken. ▸ Andenken ❺ **jmd. denkt (an etwas** *Akk.) an etwas Interesse haben:* Er denkt nur an sich.; Ich muss auch an die Zukunft denken. ◆ Anspruchs-, Konkurrenz-, Prestige-, Profit- ❻ **jmd. denkt (an etwas** *Akk.) eine Absicht haben, planen:* Wir denken daran, bald umzuziehen.; **(überhaupt) nicht an etwas denken** *(umg.) nicht die Absicht haben, etwas zu tun* Ich denke überhaupt nicht daran, ihr zu helfen!; **etwas gibt jemandem zu denken** *etwas macht jmdn. auf etwas aufmerksam;* **Wer hätte das gedacht!** *(umg.) Ausdruck der Überraschung*

-den·ken [dɛŋkn̩] *als Zweitglied zusammengesetzter Substantive, mit Betonung auf dem Erstglied; drückt aus, dass die mit dem Erstglied genannte Orientierung/ Ausrichtung als übertrieben einseitig und damit als negative Einstellung angesehen wird:* Konkurrenzdenken aus Angst um den Arbeitsplatz ◆ Anspruchs-, Autoritäts-, Gruppen-, Konkurrenz-, Konsum-, Partei-, Profit-, Wunsch-, Zuständigkeits-

Den·ker der, **Den·ke·rin** <-s, -> *(≈ Philosoph) jmd., der über Grundprobleme der Wissenschaft und des Lebens intensiv nachdenkt (und darüber schreibt):* eine Buchreihe über die großen Denker unseres Jahrhunderts

Denk·fa·b·rik die <-, -en> *(umg.) ein Zentrum der Forschung und Entwicklung:* Forschungszentren sind die Denkfabriken eines Landes.

Denk·fä·hig·keit die <-> /*kein Plur.*/ *(≈ Denkvermögen) die Fähigkeit, klar und logisch denken zu können*

denk·faul *adj (abwert.) so, dass sich jmd. nicht gern geistig anstrengt:* ein denkfauler Mensch

Denk·ge·wohn·heit die <-, -en> /*meist*

Plur./ die Gewohnheit, auf eine bestimmte Weise zu denken: Unsere Kultur ist von bestimmten festen Denkmodellen und Denkmodellen geprägt.; mit alten Denkgewohnheiten brechen

Denk·mal das ['dɛŋkmaːl] <-s, Denkmäler/ (Denkmale)> ❶ *ein Kunstwerk, das zur Erinnerung an Personen oder Ereignisse geschaffen worden ist:* ein Denkmal für die Opfer des Nationalsozialismus ◆Goethe-, Krieger-, Schiller- ❷ *ein Gegenstand der Geschichte, der Kunst oder Natur, der unbedingt erhalten werden soll, weil er eine bleibende Bedeutung hat:* Diese Kirche ist ein Denkmal der Baukunst des Mittelalters.; Dieser über 500 Jahre alte Baum ist ein Denkmal und darf nicht gefällt werden.; ■ **jemand hat sich ein Denkmal gesetzt** *(geh.) jmd. hat etwas Großes geschaffen, das von bleibendem Wert ist und seinen Tod überdauern wird* ◆-kunde, -pflege, Bau-, Industrie-, Kultur-, Natur-

denk·mal·ge·schützt *adj /nicht steig./ so, dass etwas unter Denkmalschutz steht:* die denkmalgeschützte historische Innenstadt

Denk·mal·schutz der <-es> /kein Plur./ *staatliche Maßnahmen zur Bewahrung erhaltenswerter (alter) Gebäude:* Dieses Gebäude steht unter Denkmalschutz. ▶ Denkmalschützer(in)

Denk·schrift die <-, -en> *schriftliche Äußerung zu wichtigen öffentlichen Themen, die an eine offizielle Stelle gerichtet ist*

Denk·sport der <-s> /kein Plur./ *das Lösen von kniffligen Rätseln* ◆-aufgabe

Denk·spruch der <-(e)s, Denksprüche> *(≈ Sinnspruch)*

Den·kungs·art die <-, -en> siehe **Denkart**

Denk·ver·mö·gen das <-s> /kein Plur./ *(≈ Verstand) die Fähigkeit zu denken*

Denk·wei·se die <-, -n> *(≈ Mentalität) Denkart*

denk·wür·dig *adj so bedeutend, dass es wert ist, in Erinnerung zu bleiben:* ein denkwürdiges Datum/Ereignis

Denk·zet·tel ■ **jemandem einen Denkzettel geben/verpassen** *(umg.) jmdn. so strafen, dass er noch lange daran denkt* Dem Meier habe ich einen Denkzettel verpasst. Der führt so schnell keine Privatgespräche mehr auf Firmenkosten!

denn ['dɛn] **I.** *konj* ❶ *verwendet, um im Nebensatz eine (bekannte) Ursache der Aussage des Hauptsatzes zu nennen:* Zieh dich warm an, denn es ist kalt!; Ich verzeihe ihm, denn er wusste nicht, was er tat. ❷ *(geh.) /in Verbindung mit einem Komparativ/* Sie ist heute schöner denn je.; Er ist als Manager erfolgreicher denn als Arzt. **II.** *part (umg.)* ❶ *verwendet, um Überraschung oder Zweifel auszudrücken:* Kannst du denn schon lesen?; Kann man das denn in einem Tag schaffen? ❷ *verwendet, um Verärgerung auszudrücken:* Was soll das denn schon wieder heißen?; Ha man denn nie genug getan? ❸ *verwendet, um eine Frage weniger gezielt, sondern eher beiläufig klingen zu lassen:* Wie läuft denn so die Arbeit?; Geht es dir denn wenigstens besser?; ■ **es sei denn, ...** *(geh.) außer, wenn ...* Ich rede nicht mehr mit dir; es sei denn, du entschuldigst dich.; ■ **geschweige denn** *(geh.) verwendet, um auszudrücken, dass etwas noch viel weniger erwartet werden kann als etwas anderes* Sie hat keine Zeit für einen kurzen Besuch, geschweige denn für eine ganze Woche Ferien.

den·noch *adv (≈ trotzdem) verwendet, um auszudrücken, dass etwas der Fall ist, obwohl es Gründe gibt, die es theoretisch verhindern könnten:* Sie hat selbst wenig Geld, dennoch leiht sie uns etwas.

De·no·tat das <-s, -e> SPRACHWISS. *vom Sprecher bezeichneter Gegenstand oder Sachverhalt in der außersprachlichen Wirklichkeit; das jeweils einzelne Bezugsobjekt:* Das Denotat des Ausdrucks/Wortes „Hund" ist der einzelne Hund (der gerade draußen bellt), den man sehen und anfassen kann/könnte ▶ denotativ

De·no·ta·ti·on die <-, -en> SPRACHWISS. *(≈ Konnotation) derjenige Aspekt eines sprachlichen Zeichens, bei dem es ausschließlich um den Bezug auf etwas in der (vorgestellten oder tatsächlichen) Welt geht, im Unterschied zu jeweiligen Nebenbedeutungen/Konnotationen*

den·tal *adj /nicht steig./* ANAT. *zu den Zähnen gehörig* ▶ Dentalhygiene, Dentallabor

Den·tal·laut der <-(e)s, -e> SPRACHWISS. *(≈ Dental, Zahnlaut) Konsonant, der mit der Zungenspitze an den Schneidezähnen gebildet wird:* Zu den Dentallauten gehören beispielsweise „d" und „t"

Den·tist der, **Den·tis·tin** <-en, -en> *(ver-alt.) Zahnarzt ohne Hochschulprüfung*

de·nu·kle·a·ri·sie·ren <denuklearisierst, denuklearisierte, hat denuklearisiert> *mit OBJ* ■ **jmd. denuklearisiert etwas** *von Atomwaffen befreien* ▶ Denuklearisierung

De·nun·zi·a·ti·on die <-, -en> *(abwert.) eine Anzeige durch einen Denunzianten* ▶ Denunziant(in)

de·nun·zie·ren <denunzierst, denunzierte, hat denunziert> *mit OBJ* ❶ *jmd.* **denunziert jmdn. bei etwas** *Dat. (abwert.) jmdn. aus niederen Beweggründen bei einer Behörde anzeigen:* jemanden bei der Polizei denunzieren ❷ *jmd.* **denunziert etwas als etwas** *(abwert.) etwas öffentlich als negativ beurteilen oder kritisieren, so dass dadurch zugleich eine Person angegriffen wird:* eine Rede des politischen Gegners als ideologisches Programm denunzieren

Deo das ['de:o] <-s, -s> *(umg.) kurz für „De(s)odorant"* ◆-roller, -spray, -stift

De·o·do·rant das [de|odo'rant] <-s, -s> *ein kosmetisches Mittel gegen Körpergeruch, das auf die Achselhöhlen aufgetragen oder aufgesprüht wird*

de·o·do·rie·ren [de|odo'ri:rən] <deodorierst, deodorierte, hat deodoriert> *mit OBJ* ▪ *jmd.* **deodoriert etwas** *(geh.) den Körpergeruch hemmen*

De·par·te·ment das [departə'mɛnt] <-(e)s, -e> SCHWEIZ. ❶ *Teil der Bundes- oder Kantonsverwaltung* ❷ *Ministerium*

De·per·so·na·li·sa·ti·on die <-, -en> MED., PSYCH. *eine psychische Störung, bei der sich jmd. nicht mehr als Person fühlt und seinen Körper als fremd und nicht zu ihm gehörig empfindet*

de·pla·ciert, a. **de·plat·ziert** [depla'tsi:ɐt] *adj (geh.) so, dass es in einer bestimmten Umgebung unpassend und unangemessen ist:* Seine dauernden Kommentare während des Festvortrags waren völlig deplatziert.

De·po·nie die [depo'ni:] <-, -nien> *Platz, auf dem Müll (endgültig) gelagert wird* ◆ Atommüll-, Müll-, Sondermüll-

de·po·nie·ren [depo'ni:rən] <deponierst, deponierte, hat deponiert> *mit OBJ* ▪ **jmd. deponiert etwas irgendwo** ❶ *(≈ hinterlegen) etwas für eine bestimmte Zeit jmdm. geben oder an einem bestimmten Ort lagern, damit es sicher verwahrt ist:* Er hat das Geld in einem Safe deponiert.; Wir haben einen Hausschlüssel beim Nachbarn deponiert. ❷ *(umg. scherzh.) etwas irgendwo hinlegen:* Wo hast du die Autoschlüssel deponiert?

De·por·ta·ti·on die <-, -en> *der Vorgang, dass einzelne Menschen oder ganze Volksgruppen aus ihrem Lebensraum zwangsweise an einen anderen Ort verschleppt werden:* die Deportation von Juden in die Konzentrationslager zur Zeit des Nationalsozialismus/Hitlerfaschismus, wo sie dann ermordet worden sind

de·por·tie·ren <deportierst, deportierte, hat deportiert> *mit OBJ* ▪ **jmd. deportiert jmdn.** *(≈ verschleppen) jmdn. zwangsweise an einen anderen Ort bringen:* Die Häftlinge sind deportiert worden. ▶ Deportierung

De·pot das [de'po:] <-s, -s> ❶ *eine (staatliche) Stelle zur Aufbewahrung oder Lagerung von Gegenständen oder Stoffen (in großen Mengen)* ◆-gebühr ❷ BANKW. *eine Abteilung einer Bank, in der Wertsachen gelagert werden* ❸ *eine Art große Garage für Straßenbahnen, Busse oder Lokomotiven:* die Straßenbahn ins Depot fahren ❹ MED. *eine Ablagerung einer Substanz in einem Organ* ◆-präparat ❺ SCHWEIZ. *Pfand für Entliehenes*

Depp der <-en, -en> SÜDDT., ÖSTERR. *(abwert.) Dummkopf*

dep·pert *adj /nicht steig./* SÜDDT., ÖSTERR. *(abwert.≈ blöd, dumm)*

De·pres·si·on die [deprɛ'sio:n] <-, -en> ❶ MED., PSYCH. *eine psychische Störung, bei der man sich sehr traurig, lustlos und ohne Hoffnung fühlt und oft keine Aktivität mehr zeigt:* an schweren Depressionen leiden; in eine Depression fallen; eine Depression medikamentös behandeln ❷ WIRTSCH. *(↔ Boom) Phase des wirtschaftlichen Niedergangs*

de·pres·siv *adj /nicht steig./* ❶ *so, dass jmd. an Depressionen leidet:* Er ist schon seit vier Monaten depressiv. ❷ *von Depression hervorgerufen, zur Depression gehörig:* eine depressive Phase/Verstimmung haben; depressive Schuldgefühle haben ▶ Depressivität

de·pri·mie·ren [depri'mi:rən] <deprimierst, deprimierte, hat deprimiert> *mit OBJ* ▪ **etwas deprimiert jmdn.** *(≈ niederdrücken) bewirken, dass jmd. entmutigt und niedergeschlagen wird:* Diese schlechten Aussichten deprimieren mich.; Bei trübem Wetter ist sie immer deprimiert.

De·pri·va·ti·on die <-, -en> PSYCH. *Mangel oder Verlust an Zuwendung; fehlende Zuwendung:* die Deprivationen, unter denen Kinder von Suchtkranken leiden

De·pu·tat das <-(e)s, -e> ❶ *eine Sachleistung, die zusätzlich zum Lohn oder Gehalt erbracht wird:* Ein Schullehrer auf dem Dorf bekam früher zusätzlich zum Gehalt noch ein Deputat an Holz, Kohlen und Lebensmitteln. ❷ *die Anzahl der Unterrichtsstunden einer Lehrkraft:* Sie unterrichtet mit einem halben Deputat.

De·pu·ta·ti·on die <-, -en> *eine Gruppe*

von Abgesandten einer Regierung oder einer anderen offiziellen politischen Institution

de·pu·tie·ren <deputierst, deputierte, hat deputiert> *mit OBJ* ■ **jmd. deputiert jmdn.** *einen Bevollmächtigten abordnen* ▸ Deputierte

der [deːɐ̯] **I.** *art /der bestimmte Artikel in der maskulinen Form; die Form des Femininums lautet „die", die Form des Neutrums „das"/* ❶ *verwendet, um auszudrücken, dass es die durch das Substantiv bezeichnete Person oder Sache nur einmal gibt:* das Universum; die Regierung der Bundesrepublik Deutschland; der Maler Paul Klee ❷ *verwendet, um auszudrücken, dass die durch das Substantiv bezeichnete Person oder Sache in einer gegebenen Situation dem Sprecher und dem Hörer gleichermaßen bekannt sind und es völlig eindeutig ist, wer oder was gemeint ist:* Ist der Computer da überhaupt angeschlossen?; Das Regal reicht fast nicht mehr aus. ❸ *verwendet, um auszudrücken, dass die durch das Substantiv bezeichnete Person oder Sache die gleiche ist, die in einem vorangegangenen Satz schon erwähnt wurde:* Die Firma hatte zwei Geschäftsführer und einen Prokuristen. Der Prokurist hat vor zwei Jahren gekündigt. ❹ *verwendet vor Substantiven, die weiter modifiziert werden:* Er hatte das Gefühl, dass niemand ihn mochte.; Beschreiben Sie bitte den Traum, den Sie hatten! ❺ *verwendet vor Substantiven, die Eigennamen darstellen:* der Daimler-Chrysler-Konzern; das Radsport- Magazin „tour"; die Zeitschrift „Stereo" ❻ *(umg.) verwendet vor Personennamen, wenn die Person eindeutig bekannt ist bzw. die Personen eindeutig bekannt sind:* Die Schulzes aus dem Nachbarhaus ziehen weg.; Heute kommt noch der Robert vorbei. ❼ *verwendet vor Personennamen, wenn die Person eine prominente Frau ist, die weithin bekannt ist:* die Monroe (≈ die (berühmte) Marilyn Monroe); die Dietrich (≈ die (berühmte) Marlene Dietrich) ❽ *(umg.: ≈ pro)* Salatköpfe zu einem Euro das Stück; bei Zigarettenpreisen von drei Euro die Packung … ❾ *verwendet, um auszudrücken, dass die durch das Substantiv bezeichnete Sache als Gattungsbezeichnung gemeint ist:* Der Computer hat die Arbeitswelt verändert (≈ der Computer als Phänomen); jeder einzelne Computer hat zu dieser Veränderung beigetragen). **II.** *pron /Demonstrativpronomen in der maskulinen Form; die Form des Femininums lautet „die", die Form des Neutrums „das"/ verwendet, um auf die durch das Substantiv bezeichnete Person oder Sache hinzuweisen, die in einer gegebenen Situation dem Sprecher und dem Hörer gleichermaßen gegenwärtig sind und es völlig eindeutig ist, wer oder was gemeint ist:* Der Koffer (nicht der andere) war es.; Wir haben einen Arzt gerufen. Hoffentlich kann der ihr helfen! **III.** *pron /Relativpronomen in der maskulinen Form; die Form des Femininums lautet „die", die Form des Neutrums „das"/*

der·art *adv (≈ dermaßen) so, in solchem Maße, auf solche Weise:* Er hat sich derart aufgeregt, dass er lange nicht einschlafen konnte.

der·ar·tig *adj /nicht steig./ so beschaffen, so geartet:* Derartige Vorkommnisse dürfen sich nicht wiederholen.; etwas Derartiges ◆ Großschreibung → R 3.7 Hast du Derartiges schon einmal erlebt?

derb ['dɛrp] *adj* ❶ *(≈ grob, unsanft) im Umgang mit jmdm. oder etwas nicht feinfühlig und z.B.nicht darauf achtend, dass es dem anderen vielleicht Schmerzen zufügt:* jemanden derb anfassen ❷ *(≈ rau, grob) mit relativ wenig bearbeiteter und daher rauer und unebener Oberfläche:* derber Stoff ❸ *mit zweideutigen und ein wenig obszönen Bemerkungen oder einem anstößigen Verhalten:* derbe Späße/Witze

Der·by das ['dɛrbi] <-(s), -s> ❶ *Pferderennen* ❷ *sportliche Begegnung, Wettkampf:* das heutige Derby zwischen den beiden lokalen Vereinen

de·re·gu·lie·ren <deregulierst, deregulierte, hat dereguliert> *mit OBJ* ■ **jmd. dereguliert etwas** *(↔ regulieren) regelnde Maßnahmen aufheben* ▸ Deregulierung

de·ren *pron Gen. Sing. und Plur. von „die":* Die Schülerin, deren Heft ich hier habe …; Die Häuser, deren Dächer man von hier aus sehen kann …

de·rent·we·gen *adv wegen dieser:* Die Frau, derentwegen er sie verlassen hat …

der·glei·chen *pron (geh.) so etwas:* Er hatte dergleichen noch nie erlebt.; Dergleichen hatte man noch nie gesehen.

De·ri·vat das <-(e)s, -e> ❶ CHEM. *abgeleitete chemische Verbindung* ❷ SPRACHWISS. *(≈ Ableitung) Ergebnis der Ableitung eines Wortes aus einem anderen, z.B.* "Neuheit" *aus* "neu" ▸ derivativ

De·ri·va·ti·on die <-, -en> SPRACHWISS. *(≈ Ableitung) Bildung eines neuen Wortes aus einem Ursprungswort* ▸ derivativ

der·je·ni·ge ['deːɐ̯jeːnɪgə] *pron /Demonstrativpronomen in der maskulinen Form; die Form des Femininums lautet „diejenige", die Form des Neutrums „dasjenige"/* ① *verwendet mit einem Substantiv, an das ein Relativsatz angeschlossen ist, welcher eine Eigenschaft der durch das Substantiv bezeichnete Person oder Sache bezeichnet:* Diejenigen Kursteilnehmer, die Computergrundkenntnisse haben, können diese Einführung überspringen. ② *verwendet wie ein Substantiv, um (intensiv) auf die bezeichnete Person oder Sache hinzuweisen, die ansonsten nicht näher bezeichnet ist:* Derjenige, der keine Fahrkarte hat, muss Strafe zahlen.

der·lei *pron* ① *(≈ dergleichen) von solcher Art:* Derlei Bemerkungen finde ich unfair. ② *so etwas:* Derlei kommt öfter vor.

der·ma·ßen *adv derart, so sehr:* Musst du dich dermaßen aufregen?; Der Hörsaal war dermaßen überfüllt, dass niemand auf den eintretenden Professor achtete.

Der·ma·to·lo·gie *die* <-> */kein Plur./* MED. *Lehre von den Hautkrankheiten bzw. die dermatologische Abteilung einer Klinik* ▸ Dermatologe, Dermatologin, dermatologisch

der·sel·be [deːɐ̯'zɛlbə] *pron verwendet, um auszudrücken, dass zwischen zwei Dingen oder Zuständen einer Sache Identität besteht:* Er ist derselbe geblieben wie früher.; Sie sitzen immer auf demselben Platz im Theater.

der·weil *adv (geh. verhüll.: ≈ inzwischen)* Sie begann derweil zu arbeiten.

der·zeit ['deːɐ̯ˌtsait] *adv (≈ gegenwärtig) zum momentanen Zeitpunkt:* Dieses Buch ist derzeit vergriffen.; der derzeit schnellste Einhundertmeterläufer der Welt

der·zei·tig *adj /nicht steig./ (≈ gegenwärtig)* Seine derzeitige Freundin arbeitet bei der Zeitung.; die derzeitige Lage am Arbeitsmarkt

Des *das* <-, -> MUS. *um einen Halbton erniedrigtes D*

des *art Gen. Sing. von „der" und „das":* Das Bild des Kindes/des Vaters

De·sas·ter *das* <-s, -> *(geh. verhüll.: ≈ Katastrophe) ein großes Unglück mit verhängnisvollen Folgen:* Niemand konnte dieses Desaster vorhersehen.; Der Flug des Luftschiffes endete mit einer Brandkatastrophe — ein Desaster, von dem sich die Luftschifffahrt nie mehr erholen sollte.

de·sas·t·rös *adj (geh.) katastrophal, verhängnisvoll:* Die Expedition endete desaströs mit dem Tod aller Bergsteiger.

de·sa·vou·ie·ren [dɛsavu'iːrən] <desavouierst, desavouierte, hat desavouiert> *mit OBJ (geh.)* ① **jmd. desavouiert jmdn.** POL. *in der Öffentlichkeit bloßstellen* ② **jmd. desavouiert etwas** POL. *etwas, das offiziell gilt, nicht anerkennen* ▸ Desavouierung

De·sen·si·bi·li·sie·rung *die* <-> */kein Plur./* MED. *der Vorgang, dass man den Organismus gegen bestimmte Allergene unempfindlich macht, indem man ihn an sie allmählich gewöhnt:* Ziel der Behandlung war die Desensibilisierung der Patientin gegen Pollen.

De·ser·teur *der* [dezɛr'tøːɐ̯] <-s, -e> MILIT. *ein Soldat, der sich unerlaubt von der Truppe entfernt:* Auf Deserteure wartete die Verurteilung vor dem Kriegsgericht und der Tod durch Erschießen.

de·ser·tie·ren <desertierst, desertierte, ist desertiert> *ohne OBJ* **jmd. desertiert** MILIT. *sich unerlaubt von der Truppe entfernen:* Viele Soldaten sind gegen Kriegsende desertiert.

des·glei·chen *adv (geh. verhüll.: ≈ ebenfalls)* Die Reisegruppe wartete vor dem Museum, desgleichen der Reiseleiter.

des·halb ['dɛshalp] *adv (≈ darum) aus diesem Grunde:* Seid ihr nur deshalb gekommen?; Er ist krank. Deshalb fehlt er heute.

De·si·de·rat *das* <-(e)s, -e> *(geh.) etwas, dessen Erforschung notwendig oder mindestens wünschenswert ist:* ein dringendes Desiderat der Forschung

De·sign *das* [di'zain] <-s, -s> ① *die Gestaltung eines Produkts hinsichtlich seines optischen Erscheinungsbildes und seiner Benutzbarkeit:* ein Gerät in modernem/zeitgemäßem Design ◆ Auto-, Industrie-, Möbel- ② */kein Plur./ die Kunst und Wissenschaft der Produktgestaltung:* Sie studiert Design.; die Stars des italienischen Designs

De·si·g·ner *der*, **De·si·g·ne·rin** [di'zainɐ] <-s, -> *jmd., der sich beruflich mit der Gestaltung und dem Entwerfen vor allem hochwertiger Produkte beschäftigt:* Das Sofa wurde von einem bekannten Designer entworfen. ◆-bett, -brille, -kleidung, -marke, -möbel, -mode, -tasche, -ware

De·si·g·ner-Dro·ge *die* [di'zainɐ...] <-, -n> *synthetisch hergestelltes Rauschgift*

de·si·g·nie·ren <designierst, designierte, hat designiert> *mit OBJ* **jmd. designiert jmdn.** *(≈ bestimmen) für ein Amt vorsehen:* der designierte Nachfolger des Ministers

de·si·g·niert *adj /nicht steig./ (geh.) so, dass jmd. für ein Amt vorgesehen ist:* der designierte Nachfolger des Präsidenten

des·il·lu·si·o·nie·ren <desillusionierst, desillusionierte, hat desillusioniert> *mit OBJ* ■ **jmd./etwas desillusioniert jmdn.** *(geh.) jmdn., der sich falsche Vorstellungen macht, dadurch enttäuschen, dass man ihm die tatsächliche Realität vor Augen führt:* Zahlreiche Abenteurer kehrten von so genannten „Goldrausch" desillusioniert zurück.

Des·in·fek·ti·on die <-, -en> MED. *(≈ Desinfizierung) Abtöten von Keimen und Bakterien:* die Desinfektion der Operationsinstrumente ◆-smittel, -sspray

des·in·fi·zie·ren [dɛs|ɪnfi'tsi:rən/dez|ɪnfi'tsi:rən] <desinfizierst, desinfizierte, hat desinfiziert> *mit OBJ* ■ **jmd. desinfiziert etwas** MED. *etwas von Keimen oder Bakterien befreien:* chirurgische Instrumente desinfizieren

Des·in·te·gra·ti·on die <-> /kein Plur./ *(geh.: ↔ Integration) Mangel an Integration; schrittweise Auflösung von etwas, das ein integriertes Ganzes ist:* die Desintegration einer Gesellschaft nach Kriegsende

Des·in·te·r·es·se das <-s> /kein Plur./ *(geh. verhüll.: ≈ Gleichgültigkeit) der Sachverhalt, dass jmd. keinerlei Interesse an etwas zeigt:* mit einem Vorschlag bei den Kollegen auf völliges Desinteresse stoßen ▸ desinteressiert

de·skrip·tiv, de·skrip·tiv *adj /nicht steig./ (fachspr.: ↔ präskriptiv) nur den Zustand von etwas beschreibend/feststellend, nicht aber, wie etwas sein könnte/sollte:* eine rein deskriptive Darstellung; eine deskriptive Grammatik ▸ Description

Desk·top·pu·b·li·shing, *a.* **Desk·top-Pu·b·li·shing** das ['dɛsktɔppʌblɪʃɪŋ] <-> /kein Plur./ EDV *Erstellung von Satz und Layout von Texten mit Hilfe des Computers*

De·s·o·do·rant das [dɛs|odo'rant] <-s, -s> *(≈ Deodorant) Mittel gegen Körpergeruch* ◆-spray, -stift

de·s·o·do·rie·ren [dɛs|odo'ri:rən] <desodorierst, desodorierte, hat desodoriert> *mit OBJ* ■ **jmd. desodoriert etwas** *den Körpergeruch hemmen*

de·so·lat *adj (geh.) so heruntergekommen, dass es trostlos und hoffnungslos erscheint:* Das Haus befand sich in einem desolaten Zustand.

des·ori·en·tie·ren <desorientierst, desorientierte, hat desorientiert> *mit OBJ* ■ **jmd./etwas desorientiert jmdn.** *(↔ orientieren) falsch unterrichten, verwirren:* Mit gezielten Fehlinformationen sollte die Bevölkerung im Kriegsgebiet desorientiert werden. ▸ Desorientierung

des·ori·en·tiert, des·ori·en·tiert *adj (geh.) unzureichend oder falsch informiert (und deshalb verwirrt):* Wir waren in der fremden Umgebung völlig desorientiert.

de·s·pek·tier·lich *adj (geh. verhüll.: ≈ abfällig) ohne den nötigen Respekt:* Sie machte sehr despektierliche Bemerkungen über ihren Chef.

de·s·pe·rat *adj (geh.) so, dass jmd. verzweifelt und hoffnungslos ist:* sich in einer desperaten Lage befinden

Des·pot, Des·po·tin <-en, -en> ❶ POL. *(≈ Tyrann) Person, die eine unumschränkte Gewaltherrschaft ausübt:* ein grausamer Despot ❷ *(abwert.) herrische Person:* Die Abteilungsleiterin hatte den Ruf, eine Despotin zu sein.

des·po·tisch *adj* ❶ POL. *so, dass jmd. eine unumschränkte Macht (mit Gewalt) ausübt:* ein despotischer Fürst ▸ Despotismus ❷ *(abwert.) so, dass jmd. (in einer Machtposition) herrisch und rücksichtslos (zu seinen Untergebenen) ist:* von seinem despotischen Chef unterdrückt werden

des·sen *pron Gen. von „der", „das":* der Junge/das Kind und dessen Eltern; ■ **dessen ungeachtet** *(geh.) trotzdem* Sie war krank. Dessen ungeachtet ging sie zur Arbeit.

Des·sert das [dɛ'se:ɐ̯] <-s, -s> *(≈ Nachspeise)* Eis zum Dessert anbieten ◆-löffel, -teller, -wein

Des·sous das [dɛ'su:] <-, -> /meist im Plur./ *(geh.) elegante Damenunterwäsche*

de·sta·bi·li·sie·ren <destabilisierst, destabilisierte, hat destabilisiert> *mit OBJ* ■ **jmd. destabilisiert etwas** *(geh.) aus dem Gleichgewicht bringen:* die politische Lage destabilisieren ▸ Destabilisierung

de·s·til·lie·ren <destillierst, destillierte, hat destilliert> *mit OBJ* ■ **jmd. destilliert etwas** CHEM. *eine Flüssigkeit verdampfen und den Dampf wieder eine Flüssigkeit werden lassen:* Alkohol destillieren; destilliertes Wasser ▸ Destillierapparat, Destillierung

des·to ['dɛsto] *konj (≈ um so)* je mehr, desto besser

de·s·truk·tiv, de·s·truk·tiv *adj (geh.)* ❶ *(≈ zerstörerisch) so, dass es Dinge zerstört:* die destruktive Kraft einer Bombe ❷ *(↔ konstruktiv) so, dass jmd. oder etwas nicht dazu beiträgt, dass Situationen besser gemacht und Probleme gelöst werden:* Durch ihre destruktive Haltung hat sie jeden Versuch, das Problem zu lösen,

des·we·gen ['dɛs've:gn̩] *adv (≈ aus diesem Grunde)* Der Zug hatte Verspätung. Deswegen war ich fünf Minuten später im Büro.

De·s·zen·denz die <-, -en> ① Verwandtschaft in absteigender Linie ② ASTRON. Untergang eines Gestirns

De·s·zen·denz·the·o·rie die <-, -en> BIOL. *(≈ Abstammungslehre)* die Lehre, nach der die höheren Lebewesen aus den niederen hervorgegangen sind

De·tail das [de'tai̯] <-s, -s> *(geh. verhüll.: ≈ Einzelheit)* etwas bis ins kleinste Detail beschreiben; ein Automodell mit vielen realistischen Details; ■ **ins Detail gehen** Einzelheiten erklären oder diskutieren Wir können später noch ins Detail gehen, sollten jetzt aber über die allgemeinen Fakten sprechen.

de·tail·ge·nau [de'tai̯...] *adj* so, dass es bis ins Detail übereinstimmt: eine detailgenaue Kopie

de·tail·lie·ren [detai̯'ji:rən] <detailliert, detaillierte, hat detailliert> *mit OBJ* ■ **jmd. detailliert etwas** bis ins Detail erklären, darstellen: Er detailliert seine Vorgehensweise.

de·tail·liert [deta'ji:ɐ̯t] *adj (geh.)* sehr genau: etwas detailliert beschreiben

De·tail·list der, **De·tail·lis·tin** [detaj'jɪst/detaj'lɪst] <-en, -en> SCHWEIZ. Einzelhändler

De·tek·tei die <-, -en> Detektivbüro

De·tek·tiv der, **De·tek·ti·vin** [detɛk'ti:f] <-s, -e> jmd., der beruflich Personen beobachtet oder Verbrechen aufklärt ● -geschichte, -roman, Privat-, Polizei-

De·tek·tor der <-s, -toren> PHYS., TECHN. ein Gerät, mit dem man bestimmte Stoffe oder Vorgänge nachweisen kann ● Lügen-, Metall-

De·ter·mi·nan·te die <-, -n> ① *(geh.)* etwas, das einen Sachverhalt oder eine Entwicklung (mit)bestimmt: Das Buch analysiert die Determinanten der derzeitigen gesellschaftlichen Entwicklung und diskutiert Lösungsvorschläge namhafter Wissenschaftler. ② MATH. Rechenhilfsmittel der Algebra ③ BIOL. noch ungeklärter Faktor in der Keimentwicklung, der für die Vererbung und Entwicklung bestimmend ist

De·ter·mi·na·ti·on die <-, -en> ① *(fachspr.: ≈ Abgrenzung, Bestimmung)* Bestimmung eines fraglichen Ausdrucks/eines Terminus durch einen untergeordneten, der ihn näher bestimmt/eingrenzt ② BIOL. die Festlegung, durch die eine Keimzelle darauf ausgerichtet ist, ein bestimmtes Organ in einer bestimmten Weise auszubilden ③ PSYCH. der Sachverhalt, dass alle psychischen Phänomene durch angeborene oder durch erworbene Faktoren bedingt sind

de·ter·mi·nie·ren <determinierst, determinierte, hat determiniert> *mit OBJ* ■ **jmd. determiniert etwas** *(geh.)* im Voraus festlegen, bestimmen

De·to·na·ti·on die <-, -en> starke, laute Explosion: Bei der Sprengung hörte man mehrere Detonationen.

de·to·nie·ren <detoniert, detonierte, ist detoniert> *ohne OBJ* ■ **etwas detoniert** *(geh.)* lautstark explodieren: Die Bombe detonierte.

Deu·te·lei die <-, -en> *(abwert.)* eine übertriebene Art, etwas zu deuten ● Stern-

deu·ten ['dɔy̯tn̩] **I.** *mit OBJ* ■ **jmd. deutet etwas** *(≈ interpretieren)* den Sinn von etwas erklären: Ich kann seine Worte nicht deuten.; einen Traum deuten **II.** *ohne OBJ* ① ■ **jmd. deutet auf etwas** Akk. **/irgendwo hin** mit dem Finger oder einem Gegenstand eine Geste machen, die jmds. Blick auf eine Person, einen Gegenstand oder in eine bestimmte Richtung lenkt: Er deutete zur Tür.; Sie deutet mit dem Finger auf ihren Nachbarn. ② ■ **etwas deutet auf etwas** Akk. vermuten lassen; ein Anzeichen für etwas sein: Ihre Beschwerden deuten auf eine Grippe.

Deu·ter der, **Deu·te·rin** <-s, -> jmd., der eine Sache interpretiert oder auslegt ● Stern-

deut·lich ['dɔy̯tlɪç] *adj* ① so, dass man es gut, klar und genau wahrnehmen kann: Der Leuchtturm ist in der Ferne deutlich zu sehen.; laut und deutlich sprechen ② *(≈ explizit)* so, dass es eindeutig und unmissverständlich ist: jemandem etwas ganz deutlich sagen; Muss ich erst deutlich werden?

Deut·lich·keit die <-> /kein Plur./ ① Klarheit; gute Wahrnehmbarkeit: die Deutlichkeit, mit der man ein Bild/ein Geräusch wahrnimmt ② *(≈ Explizitheit)* Unmissverständlichkeit: jemandem etwas in aller Deutlichkeit sagen

deutsch *adj /nicht steig./* ① zu Deutschland und seinen Bürgern gehörend: die deutsche Geschichte; die deutsche Regierung; das deutsche Volk ② in der Sprache, die in Deutschland, in Österreich, in (Teilen) der Schweiz etc. gesprochen wird: die deutsche Sprache; Der Kursleiter spricht mit den Lernern deutsch.; ■ **Deutsche**

Deutsch–Deutsche

Demokratische Republik GESCH. *einer der beiden deutschen Staaten (von 1949 bis 1990)* ◆Kleinschreibung Geschichte wird französisch und alle anderen Fächer werden deutsch unterrichtet.; den Unterricht deutsch halten; ◆Großschreibung der Deutsche Schäferhund; der Deutsch-Französische Krieg

Deutsch (das) <-(s)> ❶ */ohne Artikel / die deutsche Sprache:* Sie lernt seit vier Jahren Deutsch.; Er hat es auf Deutsch gesagt. ◆-kenntnisse, -kurs, -lehrwerk, -lerner(in), -unterricht ❷ */mit Artikel / die deutsche Sprache in ihrer besonderen Verwendung durch eine Gruppe oder Person:* der eigentümliche Tonfall seines Deutsch; das Deutsch der Beamten ◆Amts-, Beamten-, Juristen- ❸ SCHULE */ohne Artikel / die deutsche Sprache und Literatur als Schulfach:* Sie ist Lehrerin für Deutsch und Französisch.; Er unterrichtet Deutsch und Latein am Gymnasium.; in Deutsch immer gute Noten haben; ▪ **auf gut Deutsch** *(umg.) in direkter Weise und ohne Umschweife ausgedrückt;* ▪ (**Oder**) **verstehst du kein Deutsch?** *(umg.) verwendet, um auszudrücken, dass man sich über jmds. Verhalten ziemlich ärgert, weil dieser (vor allem eine Aufforderung oder Anweisung) ignoriert oder nicht zu verstehen scheint* ◆Großschreibung → R 3.17 Deutsch als Muttersprache sprechen; Deutsch und Mathematik unterrichten; ◆Kleinschreibung → R 3.19 sich auf deutsch unterhalten; ◆Großschreibung → R 3.18 der Deutsche Bundestag; Deutscher Schäferhund

Mit dem Ausdruck **Deutsch als Fremdsprache** (**DaF**) bezieht man sich auf unterschiedliche Bereiche der Beschäftigung mit der deutschen Sprache als Nicht-Muttersprache: auf den konkreten Sprachunterricht für Nichtdeutschsprachige, auf darauf bezogene wissenschaftliche Untersuchungen, Forschungsprojekte und methodische Ansätze, sowie auf Studiengänge innerhalb und außerhalb der Germanistik. Institutionalisiert wurde DaF als Fach erst Ende der 70er und Anfang der 80er Jahre des letzten Jahrhunderts. Es entstand in verschiedenen Ausprägungen und unter zahlreichen Bezeichnungen (als „interkulturelle Linguistik", „Deutsch als Zweitsprache" u.a.m.), sowie in unterschiedlichen fachlichen Kontexten (im Rahmen der Sprachlehrforschung, der Fremdsprachendidaktik u.a.m.). Die Schwerpunktsetzungen sind auch heute nicht einheitlich. Mit dem damit verwandten Ausdruck *Deutsch als Zweitsprache* bezieht man sich heute oft auf denjenigen Bereich des Faches, in dem es um Fragen des Spracherwerbs und der Sprachvermittlung innerhalb des deutschen Sprachraums geht, hier insbesondere für Minderheiten und Migranten. DaF umfasst als Fach neben Arbeitsfeldern aus Sprachwissenschaft, Sprachdidaktik, Literaturwissenschaft und Psychologie auch die Landeskunde. Die längste Tradition hat DaF unter den deutschsprachigen Ländern in Deutschland; ansonsten sind sehr enge Beziehungen zwischen dem Fach DaF und der Auslandsgermanistik gegeben. Vor große Herausforderungen wurde das Fach im Zuge der Neuorientierungen der Germanistik vor allem in Mittel-, Ost- und Südosteuropa gestellt, die mit den grundlegenden politischen Wandlungen einhergingen. Konzeptionelle Veränderungen im Bereich DaF gibt es zunehmend (auch) innerhalb der Europäischen Union insofern, als sich durch stärkere Mobilität der Studierenden und der Lehrkräfte die Grenzen zwischen Muttersprachen- und Fremdsprachenphilologien sowie die zwischen DaF und „Deutsch als Zweitsprache" verwischen. Zentral gefördert wird DaF von dem DAAD (vgl. das Stichwort dazu).

Deutsch·ar·beit die <-, -en> SCHULE *eine schriftliche Arbeit im Fach Deutsch:* Morgen schreiben wir in der Schule eine Deutscharbeit.

deutsch-deutsch adj */nicht steig./ /nur attr./* GESCH. *die Beziehungen zwischen der Bundesrepublik und der DDR betreffend:* ein Stück deutsch-deutscher Geschichte

Deut·sche[1] das <-n> *die Deutsche Sprache:* des Deutschen mächtig sein; *siehe auch* **Austriazismus**, **Helvetismus**

Deutsch ist Landessprache in Deutschland, Österreich und der Deutschschweiz, in Liechtenstein und Luxemburg. Als Minderheitensprache spielt Deutsch ferner eine Rolle in Südtirol, in Ostbelgien, im südlichen Dänemark und in anderen mittel- und osteuropäischen Staaten. Die wichtigste Varietät (vgl. das Stichwort) des deutschen Sprache ist heute die übergeordnete deutsche Standardsprache (daneben bezeichnet als

Hochsprache, Schriftsprache, Literatursprache). Sie überdacht eine Vielzahl regionaler Mundarten bzw. Dialekte (vgl. das Stichwort) und andere Varietäten, weshalb sie auch als *Leitvarietät* bezeichnet wird. Im Hinblick auf die Entwicklung des Deutschen werden mehrere Abschnitte angesetzt: Althochdeutsch (Ahd.) ist die älteste schriftlich bezeugte Form des Hochdeutschen (ca. 750 bis 1050). Mittelhochdeutsch (Mhd.) umfasst hochdeutsche Varietäten zur Zeit des Hochmittelalters (ca. 1050 bis 1350). Frühneuhochdeutsch (Fnhd.) stellt die Übergangsstufe zum heutigen Deutsch dar und fällt in eine wichtige Kulturepoche, die große Auswirkungen auf die Entwicklung der deutschen Sprachgeschichte hatte (z.B. der Buchdruck und Luthers Bibelübersetzung von 1545). Neuhochdeutsch (Nhd.) wird für das Stadium der deutschen Sprache seit Mitte des 17. Jahrhunderts angesetzt.)

Deut·sche² der/die <-n, -n> *jmd., der die deutsche Staatsangehörigkeit hat*

Deutsch·land das <-s> *der Staat in Mitteleuropa, in dem die Deutschen leben:* die Bevölkerung/die Geschichte/die Grenzen/die Hauptstadt Deutschlands; die Teilung/die Wiedervereinigung Deutschlands ◆ Nord-, Ost-, Süd-, West-

Deutsch·land·rei·se die <-, -n> *eine Reise durch Deutschland:* Auf seiner Deutschlandreise machte er in vielen Städten Station.

deutsch·land·weit *adj /nicht steig./ so, dass es ganz Deutschland betrifft oder für ganz Deutschland gilt:* eine deutschlandweite Werbekampagne

deutsch·spra·chig *adj /nicht steig./* ❶ *so, dass dort die deutsche Sprache gesprochen wird:* im deutschsprachigen Ausland ❷ *so, dass es in deutscher Sprache geschrieben ist oder die deutsche Sprache darin benutzt wird:* deutschsprachige Rundfunksendungen im Ausland empfangen können; eine deutschsprachige Zeitung

Deutsch·tü·me·lei die <-> */kein Plur./* *(abwert.) übertriebene Betonung der deutschen Wesensart*

Deutsch·un·ter·richt der <-(e)s> */kein Plur./ Schulunterricht in deutscher Sprache und Literatur*

Deu·tung die <-, -en> *(≈ Interpretation) darin bestehende geistige Aktivität, dass man selbst dann versucht, in etwas einen Sinn zu erkennen, wenn dieser sich nicht leicht erschließt:* die Deutung eines Traums; Dieses späte Werk des Dichters scheint sich Deutungen immer wieder zu entziehen. ◆ -sansatz, -sversuch

De·vi·se die <-, -n> *(≈ Motto, Wahlspruch) ein kurzer Satz oder eine kurze Wendung, in der eine Leitlinie enthalten ist, gemäß der jmd. immer handelt oder zu handeln versucht:* „Niemals aufgeben!" ist seine Devise.

De·vi·sen <-> *Plur.* WIRTSCH. *Zahlungsmittel in fremder Währung:* Waren in Devisen bezahlen ◆ -abteilung, -bedarf, -bestimmung, -börse, -handel, -kurs, -markt, -reserve, -schmuggel, -spekulation, -sperre

de·vot *adj (geh. abwert.) so, dass sich jmd. übertrieben unterwürfig verhält und seinen eigenen Wert völlig unterordnet:* eine devote Haltung einnehmen

De·vo·ti·o·na·li·en die <-> *Plur. Gegenstände, die eine religiöse Bedeutung haben (und die man kaufen kann, z.B. Kreuze, Heiligenbilder usw.)*

De·zem·ber der [de'tsɛmbɐ] <-(s), -> *der zwölfte Monat des Jahres*

de·zent [de'tsɛnt] *adj zurückhaltend und unaufdringlich:* dezente Farben/Farbtöne/Muster; Mode von einer dezenten Eleganz; sich dezent im Hintergrund halten

de·zen·tral, de·zen·t·ral *adj /nicht steig./ (geh.: ↔ zentral) auf verschiedene Stellen aufgeteilt und nicht nur von einer einzigen Stelle aus gelenkt:* eine dezentrale Energieversorgung mit vielen kleinen Kraftwerken

de·zen·t·ra·li·sie·ren <dezentralisierst, dezentralisierte, hat dezentralisiert> *mit OBJ* ■ *jmd. dezentralisiert etwas (geh.: ↔ zentralisieren) Aufgaben oder Funktionen auf verschiedene Stellen aufteilen:* die Verwaltung dezentralisieren, indem man Aufgaben und Verantwortung an untergeordnete Stellen weitergibt ▶ Dezentralisation

De·zer·nat das <-(e)s, -e> AMTSSPR. *Geschäftsbereich einer Behörde*

De·zer·nent der, **De·zer·nen·tin** <-en, -en> AMTSSPR. *Person, die ein Dezernat leitet* ◆ Kultur-

De·zi·bel das <-s> */kein Plur./* PHYS. *Einheit der Lautstärke*

de·zi·diert *adj (geh.) bestimmt, entschieden und energisch:* Er ist dafür bekannt, dass er immer sehr dezidiert seine Meinung sagt.

de·zi·mal *adj /nicht steig./* MATH. *so, dass es auf die Grundzahl 10 bezogen ist* ▶ Dezimalklassifikation, Dezimalrechnung, Dezimalstelle

De·zi·mal·bruch der <-(e)s, Dezimalbrüche> MATH. *Bruchzahl, die dezimal ausgedrückt ist und mit einem Komma geschrieben wird:* einen gemeinen Bruch in einen Dezimalbruch umwandeln; Einen Bruch mit dem Zähler drei und dem Nenner vier kann man als Dezimalbruch 0,75 (gesprochen: „nullkommasiebenfünf" oder „nullkommafünfundsiebzig") darstellen.

de·zi·mie·ren <dezimierst, dezimierte, hat dezimiert> *mit OBJ* ▪ *jmd. dezimiert etwas verringern, reduzieren:* Die Zahl der in Freiheit lebenden Tiger ist erheblich dezimiert worden.; Schonungsloses Jagen dezimierte die Büffelherden Nordamerikas.

DFB der [de:|ɛf'be:] <-s> /kein Plur./ *Abkürzung von „Deutscher Fußball-Bund"*

DFÜ die [de:|ɛfy:] <-> /kein Plur./ EDV *Abkürzung von „Datenfernübertragung"*

DGB der [de:ge:'be:] <-s> /kein Plur./ *Abkürzung von „Deutscher Gewerkschaftsbund"*

Dia das <-s, -s> *kurz für „Diapositiv"* ♦-betrachter, -vortrag

Di·a·be·tes der <-> /kein Plur./ MED. *(≈ Zuckerkrankheit) kurz für „Diabetes mellitus"; eine Krankheit, bei der der Blutzuckerspiegel erhöht ist* ♦-patient-, -therapie ▸ Diabetiker(in), Diabetikerkost

di·a·bo·lisch *adj (geh.) teuflisch und boshaft:* ein diabolisches Lachen

dia·chron *adj (geh.: ↔ synchron) im geschichtlichen Verlauf betrachtet:* diachrone Motivforschung; diachrone Sprachwissenschaft ▸ Diachronie

Di·a·dem das <-s, -e> *kostbarer Kopf- oder Stirnschmuck:* ein mit Diamanten besetztes Diadem

Di·a·gno·se die [dia'gnoːzə] <-, -n> MED. *der Vorgang, dass ein Arzt durch eine Untersuchung bei einem Patienten eine Krankheit feststellt:* Der Arzt stellt eine Diagnose. ♦-verfahren, -zentrum, Fehl- ▸ Diagnostiker(in)

di·a·gnos·ti·zie·ren <diagnostizierst, diagnostizierte, hat diagnostiziert> *mit OBJ* ▪ *jmd. diagnostiziert etwas* MED. *eine Krankheit feststellen:* Bei ihm wurde eine Verkrümmung der Wirbelsäule diagnostiziert.

dia·go·nal *adj /nicht steig./ so, dass eine Gerade in einem Viereck von links unten nach rechts oben oder von rechts unten nach links oben verläuft:* diagonale Streifen

Dia·go·na·le die <-, -n> MATH. *eine Gerade, die zwei nicht nebeneinander liegende Ecken eines Vielecks verbindet*

Dia·gramm das [dia'gram] <-(e)s, -e> *grafische Darstellung von Größenverhältnissen oder Zahlenwerten* ♦ Säulen-, Torten-

Di·a·kon der, **Di·a·ko·nin** <-s, -e/-en> REL. *kirchlicher Amtsträger oder Geistlicher*

Di·a·ko·nat das <-(e)s, -e> ❶ *Amt eines Diakons* ❷ *Wohnung eines Diakons* ❸ *Pflegedienst an Hilfsbedürftigen (besonders im Krankenhaus)*

Di·a·ko·nie die <-> /kein Plur./ *sozialer Dienst der evangelischen Kirche im Bereich Krankenpflege und soziale Fürsorge* ▸ diakonisch

Di·a·ko·nis·se/, Di·a·ko·nis·sin die <-, -n/-nen> REL. *Krankenschwester im Sozialdienst der evangelischen Kirche*

Di·a·lekt der [dia'lɛkt] <-(e)s, -e> *(≈ Mundart) eine regionale Variante einer Sprache, die in einem bestimmten Gebiet gesprochen wird:* Man kann ihn nur schwer verstehen, weil er (starken) Dialekt spricht. ♦-forschung, -geographie, -sprecher

---

Unter einem **Dialekt** bzw. einer **Mundart** versteht man die Ausprägungsform einer Sprache (nämlich eine Varietät; vgl. das Stichwort) unter dem Gesichtspunkt der räumlichen Ausdehnung/Reichweite. Historisch betrachtet bilden Dialekte die Grundlage für die Ausbildung aller weiteren sprachlichen Varietäten (Standard- bzw. Hochsprache, Gruppensprachen etc.). Dialekte haben sich ohne eine Normierung herausgebildet: Der Weg führte von den jeweiligen regionalen Dialekten über einzelne Schreibdialekte zur Schriftsprache, die als dann so bezeichnete *Standardsprache* lehrbar und lernbar wurde, indem sie insbesondere der Schreibung nach (Rechtschreibung) normiert, in Grammatiken und Wörterbüchern festgelegt, und schließlich auch gesprochen worden ist. Der regionalen Reichweite nach werden unterschieden: Dorfmundart, Stadtmundart und Regionalmundart. Die entsprechenden Forschungen setzen verstärkt im 19. Jahrhundert ein. Der zugehörige Forschungszweig ist die **Dialektologie**. Für die räumliche Erfassung von Dialektvarianten im deutschsprachigen Raum und ihre Aufzeichnung in Karten bzw. Atlanten ist seit 1879 der in Marburg ansässige „Deutsche Sprachatlas" als Institut ein zentraler Bezugspunkt. In der Soziolinguistik werden Dialektbesonderheiten insbesondere im Hinblick auf schichtenspezifischen Sprachgebrauch und Aspekte des sozialen Prestiges betrachtet. Dialekte lassen sich nach verschiedenen Merkmalen einordnen: räumliche Erstreckung, sprachlicher Status, kommunikative Leistungsfähigkeit etc. Eine genaue Einschätzung der jeweiligen Dialektverhältnisse kann allerdings nur kleinräumig und bezogen auf eine bestimmte Sprachgemeinschaft erfolgen. Viele Bereiche des öffentlichen Lebens werden (abgesehen von der Deutschschweiz) in den Mundarten nicht verschriftlicht. Dialekte bzw. Mundarten dienen vor allem der Solidarisierung von Sprechern/Sprecherinnen, zeigen lokale Loyalität und Gruppenzugehörigkeit an. Dialekte wurden noch im 19. Jahrhundert in allen deutschsprachigen Gebieten, davon in vielen vornehmlich, gesprochen. Heute sind die ursprünglichen Dialekte in nicht wenigen Gegenden, insbesondere in niederdeutschen Sprachlandschaften (Norddeutschland) und in industrialisierten Gebieten, nicht mehr voll im Gebrauch. Als wichtigste Auffälligkeit der sprachlichen Wirklichkeit kann seit Ende des 20. Jahrhunderts gelten, dass sich sprachlicher Gebrauch nicht mehr zwischen extremen Polen abspielt, nämlich lautreine Hochsprache (Bühnendeutsch bzw. Bühnenaussprache) auf der einen Seite, regional begrenzte Mundart auf der anderen Seite. Zu ganz wesentlichen Ausgleichsbewegungen haben u.a. beigetragen: durch die Medien beeinflusste Ausbreitung des informellen Charakters großer Bereiche der Öffentlichkeit sowie Veränderungen im Freizeitverhalten und im Berufsleben. So entstand eine regional gefärbte Umgangssprache (vgl. das Stichwort dazu), die in den Regionen unterschiedlich ausgeprägt ist und für Dialekte eintritt (wie am ehesten im Norden), während es vor allem im Süden auch noch grundlegende Ortsdialekte gibt; dazwischen sind aber sämtliche Varianten und Mischungsverhältnisse möglich. Es ist also eine Fortentwicklung zu einem Sprachkontinuum feststellbar, wobei die Wertschätzung von Dialekten seit Jahrzehnten zugenommen hat, und zwar nicht nur im Rahmen nostalgischer Bezugnahmen auf die eine oder andere Mundart. Heute wird beim Wechsel zwischen den Varietäten eine situationsadäquate Sprachbeherrschung als vorteilhaft angesehen.

Di·a·lek·tik die <-> /kein Plur./ ❶ PHILOS. *Methode der Erkenntnisgewinnung aus Gegensätzen, die einander bedingen* ❷ *rhetorische Kunst der Diskussion in Rede und Gegenrede* ❸ *(geh.) die einer Sache innewohnende Gegensätzlichkeit:* objektive Dialektik ▸ Dialektiker

di·a·lek·tisch adj /nicht steig./ *zur Dialektik gehörig*

Di·a·log der [dia'lo:k] <-(e)s, -e> ❶ *(geh.:* ↔ *Monolog) Gespräch zwischen zwei oder mehreren Personen:* einen angeregten Dialog führen ❷ *Gespräch zwischen Vertretern verschiedener Gruppen, die sich um gegenseitiges Verständnis bemühen:* der interreligiöse/interkulturelle Dialog ❸ *(geh. verhüll.:* ≈ *Austausch) den Dialog zwischen Hochschulen und Wirtschaft intensivieren*

Di·a·log·form die <-> /kein Plur./ *literarische Form, bei der Dialoge als wesentliches Gestaltungsmittel eingesetzt werden:* eine Erzählung in Dialogform

di·a·lo·gisch adj /nicht steig./ *so, dass es in Dialogform verfasst ist*

Dia·ly·se die <-, -n> ❶ MED. *(*≈ *Blutwäsche) das regelmäßige Reinigen von Blut bei nierenkranken Patienten* ◆-apparat, -station, -zentrum ❷ CHEM., PHYS. *Verfahren zur Trennung von Flüssigkeiten* ▸ dialytisch

Di·a·mant der [dia'mant] <-en, -en> *ein sehr harter Edelstein:* ein mit Diamanten besetzter Ring ◆-enhändler(in), -enkollier, -enring, -nadel, -ring, -schliff, -schmuck

di·a·man·ten adj /nicht steig./ ❶ *aus oder mit Diamant(en) gefertigt:* ein diamantener Ring ❷ *so, dass es einem Diamanten ähnlich, mit ihm vergleichbar ist:* diamantener Glanz; ein Stein von diamantener Härte; **diamantene Hochzeit** 60. Hochzeitstag

dia·me·tral adj /nicht steig./ ❶ MATH. *auf einem Durchmesser gelegen* ❷ *(geh.) einander genau entgegengesetzt:* diametral entgegengesetzte Ansichten haben

Dia·po·si·tiv das <-s, -e> *(geh.) durchsichtige Fotografie, die auf eine Leinwand projiziert werden kann*

Di·ar·rhö die <-> /kein Plur./ MED. *(*≈ *Durchfall)*

Di·a·s·po·ra die <-> /kein Plur./ ❶ REL. *ein Gebiet, in dem eine religiöse Minderheit lebt und von einer Mehrheit mit anderer Konfession umgeben ist:* in der Diaspora leben ❷ *die religiöse Minderheit, die in der Diaspora[1] lebt*

dia·s·to·lisch adj /nicht steig./ MED. *(*↔ *systolisch) den Blutdruck im Augenblick der Erschlaffung des Herzmuskels* *betreffend:* der diastolische Wert

Di·ät die [di'ɛːt] <-, -en> *(≈ Schonkost) eine bestimmte Art der Ernährung für Kranke oder Übergewichtige:* Diät halten/verordnet bekommen; eine eiweißreiche/strenge Diät ◆ -assistent(in), -joghurt/-jogurt, -koch/-köchin, -kur, -plan, -schokolade, Reduktions- ◆ **Großschreibung** → R 3.4 Er muss Diät leben.

Di·ä·ten die [di'ɛːtn] <-> *Plur.* POL. *Bezüge der Abgeordneten eines Parlaments:* die Diäten erhöhen ◆ -erhöhung

di·ä·te·tisch *adj /nicht steig./* MED. *der Diät entsprechend oder die Diät betreffend*

Dia·to·nik die <-> */kein Plur./* MUS. ❶ *das Dur-Moll-System* ❷ *(↔ Chromatik) das Fortschreiten einer Tonfolge in der Tonleiter, die sieben Stufen hat*

dich *pron Akk. von „du"*

Di·cho·to·mie die <-, -mien> ❶ PHILOS., SPRACHWISS. *(≈ Zweiteilung) Gliederung nach zwei Gesichtspunkten* ❷ BOT. *die Zweiteilung als die Grundform, in der sich viele Pflanzen verzweigen* ▸ dichotomisch

dicht [dɪçt] *adj* ❶ *von einer großen Dichte¹:* Die Bäume stehen zu dicht (beieinander).; Es herrschte dichter Verkehr.; dicht bevölkerte Landstriche ◆ -gedrängt, -besiedelt ❷ *(≈ undurchdringlich) so, dass man nicht sehen kann, was dahinter ist:* dichte Bewölkung; dichter Nebel ❸ *undurchlässig:* Das Fass/der Reifen ist nicht dicht.; das Dach dicht machen ◆ luft-, wasser- ❹ ▪ **nicht (ganz) dicht sein** *(umg. abwert.) verrückt sein* ◆ **Getrennt-oder Zusammenschreibung** → R 4.15 eine dicht behaarte/ dichtbehaarte Brust; dicht gedrängt/dichtgedrängt am Eingang warten; *siehe auch* **dichtmachen**

-dicht [dɪçt] *als Zweitglied zusammengesetzter Adjektive, mit Betonung auf dem Erstglied; drückt aus, dass etwas im Hinblick auf das mit dem Erstglied Bezeichnete geschützt bzw. gegen es gesichert ist:* Eine schalldichte Isolierung kann man auch nachträglich anbringen. ◆ gas-, luft-, regen-, schall-, wasser-, wind-

Dich·te die <-, (-n)> ❶ *das Ausmaß, in dem gleichartige Dinge irgendwo verteilt sind:* die Dichte der Besiedlung; die Dichte des Verkehrs ◆ Bevölkerungs-, Einwohner-, Verkehrs- ❷ PHYS. *das Verhältnis zwischen Masse und Volumen:* die Dichte der Luft

dich·ten¹ ['dɪçtn] *mit OBJ/ohne OBJ* ▪ **jmd. dichtet (etwas)** *ein Gedicht verfassen:* Verse dichten; In seiner Freizeit dichtet er. ▸ Dichtkunst

dich·ten² ['dɪçtn] *mit OBJ* ▪ **jmd. dichtet etwas** *(≈ abdichten) dicht machen:* ein Leck dichten

Dich·ter der, **Dich·te·rin** ['dɪçtɐ] <-s, -> ⊕ *jmd., der Gedichte schreibt* ⊖ *(veralt.) Person, die literarische Werke verfasst*

dich·te·risch *adj auf die Dichtkunst bezogen:* das dichterische Werk Heinrich Heines; ▪ **dichterische Freiheit** *die Freiheit des Dichters, aus künstlerischen Gründen vom alltäglichen Realismus abzuweichen*

Dich·ter·le·sung die <-, -en> *(öffentliche) Lesung eines Dichters aus seinen Werken*

Dich·ter·ling der <-s, -e> *(abwert.: ≈ Versemacher) unbegabter, schlechter Dichter*

dicht·hal·ten <hältst dicht, hielt dicht, hat dichtgehalten> *ohne OBJ* ▪ **jmd. hält dicht** *(umg.) nichts verraten:* Ich hoffe, du kannst dichthalten!

Dicht·kunst die <-> */kein Plur./* ❶ *dichterisches Schaffen* ❷ *(≈ Poesie) Dichtung als Kunstgattung*

dicht·ma·chen <machst dicht, machte dicht, hat dichtgemacht> **I.** *mit OBJ* ▪ **jmd. macht etwas dicht** *jmd. schließt etwas:* den Laden um achtzehn Uhr dichtmachen **II.** *ohne OBJ* ▪ **jmd. macht dicht** *(umg.) schließen:* Wenn das Geschäft nicht bald besser geht, können wir in einem halben Jahr dichtmachen.; *siehe aber* **dicht**

Dich·tung¹ die ['dɪçtʊŋ] <-, -en> */kein Plur./* LIT. ❶ *(≈ Lyrik) die Gedichte:* die Dichtung des achtzehnten Jahrhunderts ❷ *Gesamtheit der Literatur (einer Zeit oder eines Autors):* die Dichtung der Klassik; die deutsche Dichtung des Barockzeitalters

Dich·tung² die ['dɪçtʊŋ] <-, -en> TECHN. *Werkstück zur Abdichtung zwischen zwei Geräteteilen:* eine defekte/poröse Dichtung auswechseln ◆ -sgummi, -sscheibe

dick [dɪk] *adj* ❶ *(umg.: ≈ korpulent, übergewichtig ↔ schlank) so, dass jmd. im Verhältnis zu seiner Körpergröße ein zu hohes Körpergewicht hat:* Sie ist dick geworden.; Sind Dicke wirklich gemütlicher? ❷ *von relativ großem Umfang oder Durchmesser:* ein dicker Baumstamm; ein dickes Seil ❸ *zäh und dickflüssig:* den Saft so lange kochen, bis er dick wird; eine dicke Soße ▸ eindicken ❹ *(umg.) dicht und undurchdringlich:* im dicksten Gewühl/Nebel ❺ *so, dass relativ viel von einer Substanz auf etwas gebracht wird:* das Brett dick mit Farbe bestreichen; dick Butter aufs Brot streichen; ▪ **dicke Freunde** *(umg.) eng vertraute Freunde;* ▪ **es dick(e) haben** *(umg.) es satt haben* Jetzt habe ich es aber dick(e)!; **durch dick und dünn** *(umg.) durch alle Freuden und Schwierigkeiten mit jemandem durch dick und dünn gehen*

-dick [dɪk] *als Zweitglied zusammengesetzter Adjektive, mit Betonung auf dem Erstglied; drückt aus, dass etwas im Sinne von „so dick wie ein…" (ungefähr) diejenige Dicke aufweist, die mit dem Erstglied genannt wird:* ein armdicker Aal ◆ arm-, bleistift-, daumen-, finger-

dick·bau·chig *adj so, dass es stark nach außen gewölbt ist:* eine dickbauchige Flasche

Dick·darm der <-(e)s, Dickdärme> ANAT. *der auf den Dünndarm folgende Darmabschnitt* ◆ -entzündung

Di·cke die <-, -n> *der Abstand zwischen den äußeren Begrenzungsflächen eines Körpers:* Bretter mit einer Dicke von zwei Zentimetern

di·cke *adv (umg.) reichlich, vollauf (genug):* Davon haben wir dicke!

dick·fel·lig *adj (umg. abwert.) die Eigenschaft, dass jmd. unempfindlich gegen Ermahnungen und Missbilligungen ist:* Bei ihm wirst du wohl nichts erreichen, denn er ist ziemlich dickfellig.

dick·flüs·sig *adj (≈ zähflüssig)* ein dickflüssiger Saft

Dick·häu·ter der <-s, -> *Bezeichnung für verschiedene Tiere, die groß sind und eine relativ dicke Haut haben, z.B. Elefanten, Nashörner*

Di·ckicht das <-(e)s, -e> ❶ *dicht wachsendes Gebüsch:* sich im Dickicht verstecken ❷ *(umg.: ≈ Dschungel) etwas, das kompliziert und undurchschaubar ist:* das Dickicht der Paragraphen und Verordnungen

Dick·kopf der <-(e)s, Dickköpfe> *(umg.)* ❶ *eigensinnige Person:* Sie wird sich schon durchsetzen, denn sie ist ein ziemlicher Dickkopf. ❷ *eigensinniges Wesen:* einen Dickkopf haben; seinen Dickkopf durchsetzen ◆ dickköpfig

Dick·köp·fig·keit die <-> /kein Plur./ *(umg.) dickköpfiges, eigensinniges Wesen:* Seine Dickköpfigkeit nervt mich! Er will einfach keinen Rat annehmen.

dick·lip·pig *adj mit relativ dicken Lippen:* ein dicklippiger Mund

Dick·ma·cher der <-s, -> *(umg.) Nahrungsmittel mit vielen Kalorien, dessen (häufiger) Genuss übergewichtig macht*

Dick·milch die <-> /kein Plur./ *saure Milch*

Dick·mit·tel das <-s, -> KOCH. *Mittel zum Andicken, z.B. einer Soße*

Dick·wanst der <-(e)s, -e> *(umg. abwert.) dicke Person*

Di·dak·tik die <-> /kein Plur./ *(fachspr.) Theorie des Unterrichts bzw. des Lehrens (der Vermittlung von Lehrstoff) und des Lernens* ▸ Didaktiker(in), didaktisch ◆ Fremdsprachen-, Literatur-, Sport-, Sprach-

die [diː] *pron art Nom. Sing. und Plur. und Akk. Sing. und Plur. von „die":* die Katze, die dort sitzt; Ich pflege die Katze, die ich gefunden habe.; die Katzen, die dort sitzen; Ich pflege die Katzen, die ich gefunden habe.

Dieb der, **Die·bin** [diːp] <-(e)s, -e> *jmd., der etwas gestohlen hat:* Der Dieb konnte gefasst werden.; den Dieb auf frischer Tat ertappen ◆ -esbeute

die·bes·si·cher *adj /nicht steig./ so, dass etwas vor Dieben gesichert ist:* die diebessichere Aufbewahrung der Wertsachen in einem Tresor

die·bisch *adj* ❶ *so, dass jmd. dazu neigt, häufig zu stehlen:* die diebische Elster ❷ *so, dass man es mit heimlicher Freude tut:* sich diebisch die Hände reiben/über etwas freuen

Dieb·stahl der ['diːpʃtaːl] <-(e)s, Diebstähle> *rechtswidrige Aneignung fremden Eigentums:* der Polizei einen Diebstahl melden ◆ -sdelikt, -ssicherung

die·je·ni·ge *siehe* derjenige

Die·le die <-, -n> ❶ *einzelnes Brett eines Holzfußbodens:* die Dielen streichen ❷ *(≈ Flur) ein meist kleinerer Vorraum, in den man nach dem Betreten eines Hauses oder einer Wohnung als erstes gelangt und von dem aus man die einzelnen Zimmer betritt:* den Mantel in der Diele ablegen ◆ -nschrank

die·nen ['diːnən] *ohne OBJ* ❶ **jmd. dient bei etwas** *Dat. in abhängiger Stellung seine Pflicht erfüllen:* Er hat viele Jahre bei seinem Herrn gedient.; beim Militär dienen ❷ **jmd./etwas dient etwas** *Dat. (aus eigenem Wunsch) für etwas tätig sein oder sich für etwas einsetzen:* jmd./etwas dient der Allgemeinheit/dem Fortschritt/einer guten Sache ❸ **jmd. kann mit etwas** *Dat.* **dienen** *helfen:* Womit kann ich dienen? ❹ **jmd./etwas dient (jmdm./etwas) (zu etwas** *Dat.***)** *für etwas nützlich sein oder für einen bestimmten Zweck gebraucht werden:* Wozu dient das?; einem guten Zweck dienen; Damit ist mir nicht gedient.; Der Tisch dient (uns) als Unterlage.

Die·ner der, **Die·ne·rin** ['diːnɐ] <-s, -> ❶ GESCH. *jmd., der bei jmdm. angestellt* *ist, um in dessen Haushalt alle anfallenden Arbeiten zu verrichten:* Der Diener des Grafen sollte verschiedene Besorgungen machen. ◆ Haus-, Kammer- ▸ Dienerschaft ◉ ▪ **einen Diener machen** *(veralt.) eine Verbeugung machen*

dien·lich *adj (geh.) einer Sache förderlich und für diese nützlich:* Ich würde es für dienlich halten, wenn ...; Sein Verhalten war seiner Beförderung wenig/sehr dienlich. ▸ Dienlichkeit

Dienst der [di:nst] <-(e)s, -e> ❶ */kein Plur./ berufliche Arbeit (bei einer öffentlichen Einrichtung):* morgens seinen Dienst antreten; Der Arzt ist seit vierundzwanzig Stunden im Dienst.; Auch sonntags habe ich, da ich Polizist bin, in diesem Monat Dienst.; der Dienst habende Arzt; die Dienst tuenden Beamten ◆ -fahrt, -jubiläum, -pistole, -raum, -reise, -stelle, -waffe, -wagen, -wohnung ❷ */kein Plur./ Tätigkeit als Diener(in):* beim König/bei einem Fürsten im Dienst stehen ◆ -personal ❸ */kein Plur./ Tätigkeitsbereich in einer Behörde:* im gehobenen Dienst tätig sein; der diplomatische/öffentliche Dienst ❹ *Hilfe:* jemandem einen Dienst erweisen; ▪ **im Dienst(e) einer Sache** *zum Nutzen einer Sache;* ▪ **jemand ist außer Dienst** *jmd. ist im Ruhestand* im Dienst(e) der Wahrheit; ▪ **in/außer Dienst stellen** *in Betrieb nehmen/stilllegen;* ▪ **jemandem gute Dienste leisten** *jmdm. nützlich sein;* ▪ **jemandem einen schlechten Dienst erweisen** *jmdm. trotz guter Absichten schaden* ◆ Getrennt-oder Zusammenschreibung → R 4.16 der Dienst habende/diensthabende Wachmann; Dienst leistend/dienstleistend

Diens·tag der ['di:nsta:k] <-(e)s, -e> *der zweite Tag der Woche*

Diens·tag·abend der <-s, -e> *am Dienstagabend* ◆ Zusammenschreibung → R 4.1 Jeden Dienstagabend gehe ich zum Sport.

diens·tag·abends *adv* Wir treffen uns immer dienstagabends. ◆ Zusammenschreibung → R 4.1 Die Versammlung ist immer dienstagabends.

diens·tä·gig *adj /nicht steig./ an einem Dienstag stattfindend:* unser gewohntes dienstägiges Treffen

diens·täg·lich *adj /nicht steig./ jeden Dienstag stattfindend:* das diensttägliche Training

diens·tags *adv an jedem Dienstag:* Dienstags haben wir Sport. ◆ Getrenntschreibung Wir treffen uns immer dienstags abends.; *siehe aber auch* **dienstagabends**

Dienst·äl·tes·te der/die <-n, -n> *diejenige Person einer Gruppe mit den meisten Dienstjahren*

Dienst·an·wei·sung die <-, -en> *(≈ Dienstvorschrift) die Gesamtheit der Vorschriften, die die dienstlichen Belange in einem bestimmten Bereich betreffen:* eine Dienstanweisung befolgen

Dienst·auf·sichts·be·schwer·de die <-, -n> RECHTSW. *formlose Beschwerde (gegen einen Verwaltungsakt) bei der übergeordneten Behörde*

Dienst·be·reich der <-(e)s, -e> *Bereich, für den jmd. aufgrund seiner beruflichen Stellung zuständig ist*

Dienst·ent·he·bung die <-, -en> RECHTSW. *vorläufiges Verbot von Amtshandlungen bei gleichzeitiger Einleitung eines Disziplinarverfahrens*

dienst·frei *adj /nicht steig./ in Bezug auf den Dienst¹ arbeitsfrei:* einen dienstfreien Tag haben

Dienst·ge·ber der <-s, -> ÖSTERR. *Arbeitgeber*

Dienst·grad der <-(e)s, -e> *beim Militär oder bei der Polizei der bestimmte Rang, den jmd. innerhalb der Hierarchie einnimmt* ◆ Mannschafts-, Offiziers-

Dienst·herr der, **Dienst·her·rin** <-(e)n, -en> ❶ *(veralt.) Arbeitgeber:* mehrfach den Dienstherren wechseln ❷ *vorgesetzte Behörde:* Das Innenministerium ist der Dienstherr der Polizei.

Dienst·leis·ter der <-s, -> WIRTSCH. *Firma, die Dienstleistungen erbringt* ◆ EDV-, Finanz-

Dienst·leis·tung die <-, -en> WIRTSCH. *Arbeit oder Leistung in der Wirtschaft, die nicht direkt der Herstellung von Waren dient, sondern mit der für den Kunden ein Problem gelöst oder eine Aufgabe abgenommen wird:* Geschäfte, Banken oder Hotels bieten Dienstleistungen an. ◆ -sangebot, -sbetrieb, -sgewerkschaft, -sunternehmen

Dienst·leis·tungs·be·reich der <-(e)s, -e> *Bereich der Wirtschaft, zu dem alle Firmen und Einrichtungen gehören, die Dienstleistungen anbieten*

Dienst·leis·tungs·ge·sell·schaft die <-> */kein Plur./ (↔ Industriegesellschaft) eine Gesellschaft, in der Dienstleistungsbetriebe eine bestimmende Rolle spielen*

Dienst·leis·tungs·sek·tor der <-s> */kein Plur./* WIRTSCH. *die Gesamtheit der Dienstleistungsbetriebe:* den Dienstleistungssektor in einer Region stärken

dienst·lich *adj /nicht steig./* ❶ *(≈ geschäftlich ↔ privat) die Ausübung des Berufes betreffend:* Ich bin dienstlich hier.; Er muss dienstlich verreisen.; eine dienstliche Angelegenheit; Möchten Sie ihn dienstlich oder privat sprechen?; seinen dienstlichen Verpflichtungen nachkommen ❷ *mit einen formellen, unpersönlichen Charakter:* in dienstlichem Ton mit jemandem reden; Erst war er sehr freundlich, dann jedoch wurde er dienstlich …

Dienst·mar·ke *die* <-, -n> *eine Plakette, mit der sich Kriminalbeamte und Polizisten in Zivil ausweisen können* ◆ Polizei-

Dienst·neh·mer *der* <-s, -> ÖSTERR. *Arbeitnehmer*

Dienst·ord·nung *die* <-, -en> *Gesamtheit der Dienstvorschriften*

Dienst·sa·che *die* <-, -n> *amtliche Angelegenheit:* etwas zur Dienstsache erklären

Dienst·stel·le *die* <-, -n> *Behörde, Amt:* Wenden Sie sich an die zuständige Dienststelle!

Dienst·ver·hält·nis *das* <-ses, -se> *Angestelltenverhältnis (im öffentlichen Dienst):* ein Dienstverhältnis eingehen

Dienst·weg *der* <-(e)s> */kein Plur./* AMTSSPR. *vorgeschriebener Ablauf der Bearbeitung einer Angelegenheit:* auf dem Dienstweg; den Dienstweg einhalten

dies·be·züg·lich ['diːsbətsyːklɪç] *adj /nicht steig./ /nicht präd./ (geh.) so, dass es sich auf diese Sache bezieht:* Haben Sie diesbezüglich noch Fragen?

Die·sel *der* ['diːzl̩] <-s, -> ❶ *kurz für „Dieselkraftstoff":* Diesel tanken ◆ -kraftstoff ❷ *(umg.) Motor oder Fahrzeug mit Dieselantrieb:* einen Diesel fahren ◆ -antrieb, -lok, -lokomotive, -motor

die·sel·be *pron* Sie ist dieselbe geblieben wie früher.; Sie setzen sich immer auf dieselbe Seite.; *siehe* **derselbe**

die·ser, die·se, die·ses *pron* ❶ *verwendet, um auf jmdn. oder etwas deutlich hinzuweisen, der oder das in der Situation unmittelbar anwesend ist:* Diese Hose passt nicht mehr.; Dieser Brief kam gestern.; Dieses Haus wird abgerissen. ❷ *verwendet, um sich auf einen Zeitraum zu beziehen, der noch andauert:* Die Arbeit muss diesen Monat fertig werden. ❸ *mit einem Substantiv oder Eigennamen verwendet, um eine bestimmte Wertung folgen zu lassen:* Diese neuen Bildschirme sind ganz hervorragend.; Besonders fleißig scheint dieser Herr Schmitz nicht zu sein. ❹ *(≈ dies) verwendet, um sich auf den Inhalt eines ganzen Textes oder Textabschnitts zu beziehen:* Er erklärte alle sprachlichen Ausdrücke und die Zusammenhänge. Dies versetzte uns in die Lage …; Er war in guter Form. Dies(es) war ausschlaggebend für seinen Sieg. ❺ *(↔ jene, jener, jenes) verwendet, um in Bezug auf zwei Personen oder Dinge sich auf die eine Person oder Sache (im Gegensatz zur anderen) zu beziehen:* So unterschiedlich können Brüder sein. Dieser ist extrem fleißig, jener regelrecht arbeitsscheu.

die·sig ['diːzɪç] *adj so, dass es dunstig oder (leicht) regnerisch ist:* diesiges Wetter

dies·jäh·rig *adj /nicht steig./ (↔ letztjährig) so, dass es in diesem Jahr stattfindet:* unser diesjähriger Urlaub

dies·mal ['diːsmaːl] *adv dieses Mal:* Diesmal helfe ich dir noch, aber beim nächsten Mal machst du es allein! ◆ Zusammenschreibung → R 4.3 Hat es diesmal geklappt?; *siehe aber* **Mal**

dies·sei·tig *adj /nicht steig./ (geh.: ↔ jenseitig) auf dieser Seite gelegen:* am diesseitigen Ufer

Dies·seits *das* <-> */kein Plur./ (geh.: ↔ Jenseits) die Welt; das irdische Leben, in dem man an einen materiellen Körper gebunden ist*

dies·seits *präp +Gen. (geh.: ↔ jenseits) auf meiner/unserer Seite:* diesseits der Grenze

Diet·rich *der* <-s, -e> *ein Werkzeug, mit dem man Schlösser öffnen kann, ohne den dazu gehörigen Schlüssel zu haben:* Der Einbrecher hat einen Dietrich die Tür geöffnet.

dif·fa·mie·ren <diffamierst, diffamierte, hat diffamiert> *mit OBJ* ■ *jmd. diffamiert jmdn. (geh. abwert.: ≈ verleumden) jmdn. öffentlich durch falsche Behauptungen in einen schlechten Ruf bringen:* jemanden als Lügner diffamieren; diffamierende Äußerungen ◆ Diffamierung

Dif·fe·ren·ti·al, *a.* **Dif·fe·ren·zi·al** *das* <-(e)s, -e> ❶ MATH. *Zuwachs einer Funktion bei einer Änderung ihres Arguments* ◆ -gleichung, -rechnung ▸ Differentiation/Differenziation ❷ KFZ *kurz für „Differenzialgetriebe"*

Dif·fe·renz *die* [dɪfəˈrɛnts] <-, -en> ❶ *(geh.) feststellbarer Unterschied zwischen Zahlen oder Werten:* Die Messungen ergaben eine Differenz von 20 cm.; eine unerhebliche Differenz zwischen Einnahmen und Ausgaben ❷ MATH. *Ergebnis einer Subtraktion:* Die Differenz von 10 und 8 ist 2. ❸ */meist Plur./ (geh. verhüll.: ≈ Mei-*

Dif·fe·ren·zi·al das <-(e)s, -e> siehe **Differential**

dif·fe·ren·zie·ren <differenzierst, differenzierte, hat differenziert> I. *ohne OBJ* ▪ **jmd. differenziert etwas** *etwas durch präzisere Unterscheidungen genauer oder einem Sachverhalt angemessener machen:* Können Sie die Frage etwas differenzieren? II. *ohne OBJ* ▪ **jmd. differenziert zwischen etwas** *Dat. (geh.) genau zwischen etwas unterscheiden:* Zwischen diesen beiden Aspekten/Ausdrücken/Konzepten/Punkten muss man genau differenzieren.; Er differenziert bei seinen Behauptungen zu wenig. III. *mit SICH* ▪ **etwas differenziert sich** *(fachspr.) sich vom Einfachen zum Komplizierten entwickeln:* Die einfachen Lebewesen der Urzeit haben sich im Laufe der Entwicklungsgeschichte immer weiter differenziert.

Dif·fe·ren·ziert·heit die <-> /kein Plur./ *die Eigenschaft, dass etwas von differenzierter Beschaffenheit ist:* die innere Differenziertheit eines literarischen Werkes; die Differenziertheit der von der Firma angebotenen Arbeitszeitmodelle

dif·fe·rie·ren <differierst, differierte, hat differiert> *ohne OBJ* ▪ **etwas differiert (um etwas** *Akk.***)** *(geh.) sich unterscheiden:* Unsere Ergebnisse differieren erheblich/um einen gewissen Betrag.; differierende Ansichten zu einem Problem haben

dif·fi·zil *adj (geh.) schwierig und kompliziert:* eine diffizile Frage

dif·fus *adj (geh.)* ❶ PHYS. *unregelmäßig ausgebreitet:* diffuses Licht ❷ *(geh. verhüll.: ≈ verschwommen) undeutlich und nicht klar abgegrenzt:* von etwas nur eine diffuse Vorstellung haben; diffuse Schmerzen

di·gi·tal [digiˈtaːl] *adj /nicht steig./* ❶ TECHN. *in Ziffern dargestellt:* eine digitale Anzeige/Uhr ❷ *(↔ analog) so, dass es im binären System erfolgt:* digitale Informationsverarbeitung ▸ Digitalzeitalter

di·gi·ta·li·sie·ren <digitalisierst, digitalisierte, hat digitalisiert> *mit OBJ* ▪ **jmd. digitalisiert etwas** ❶ TECHN. *in Ziffern darstellen* ❷ EDV *ein analoges Signal in einen digitalen Datenstrom umwandeln* ▸ Digitalisierung

Di·glos·sie die <-, -sien> SPRACHWISS. *Form der Mehrsprachigkeit innerhalb ein und derselben Sprache einer Sprachgemeinschaft*

Dik·ta·phon, *a.* **Dik·ta·fon** das <-s, -e> *(≈ Diktiergerät) Gerät zur Aufnahme und Wiedergabe eines gesprochenen Textes*

Dik·tat das [dɪkˈtaːt] <-(e)s, -e> ❶ *ein Text, der die Niederschrift eines mündlich vorgelesenen Textes ist:* Heute schreiben wir ein Diktat. ❷ /kein Plur./ *das Diktieren zur schriftlichen Aufzeichnung:* Er sprach das Diktat sehr undeutlich.; nach Diktat schreiben; die Sekretärin zum Diktat rufen ❸ *(geh.) etwas von außen Aufgezwungenes:* sich dem Diktat der Mode unterwerfen

Dik·ta·tor der, **Dik·ta·to·rin** [dɪkˈtaːtoːɐ̯] <-s, -toren> POL. *Staatschef, der seine unumschränkte politische Macht mit Gewalt ausübt*

dik·ta·to·risch *adj /nicht steig./* ❶ *so, dass jmd. mit uneingeschränkter Macht ausgestattet ist:* ein diktatorisches Regime ❷ *(übertr.) in der Art eines Diktators:* Die Chefin griff bisweilen zu diktatorischen Maßnahmen.

Dik·ta·tur die [dɪktaˈtuːɐ̯] <-, -en> POL. ❶ /kein Plur./ *eine totalitäre Staatsform, in der für die einen Einzelnen oder eine Gruppierung eine nahezu uneingeschränkte Macht besteht und es keine (nennenswerte) Opposition gibt:* eine Diktatur errichten/stürzen; das Leiden des Volkes unter der Diktatur ◆ Militär-, Partei- ❷ *ein Land, in dem eine Diktatur¹ herrscht:* die Umwandlung von Diktaturen in Demokratien

dik·tie·ren [ˈdɪkˈtiːrən] <diktierst, diktierte, hat diktiert> *mit OBJ* ▪ **jmd. diktiert (jmdm.) etwas** ❶ *einen Text vorsprechen, damit eine andere Person ihn aufschreibt:* jemandem einen Text diktieren ▸ Diktiergerät ❷ *(geh.) Vorschriften machen; etwas in einer bestimmten Weise bestimmen:* die Mode/die Preise diktieren

Dik·ti·on die <-, -en> *(geh.)* ❶ *(≈ Stil) die individuelle sprachliche Eigenart einer Person, einen bestimmten Wortschatz zu verwenden:* eine differenzierte/gehobene/klare Diktion ❷ *(≈ Artikulation) bestimmte Art der Aussprache:* eine ausdrucksvolle/deutliche Diktion

Di·lem·ma das [diˈlɛma] <-s, -s/Dilemmata> ❶ *(geh. verhüll.: ≈ Zwickmühle) eine Situation, in der man zwischen zwei unangenehmen Dingen wählen muss:* einen Ausweg aus einem Dilemma suchen ❷ *(fachspr.) ein (scheinbar) unlösbares theoretisches Problem:* das Dilemma der Vorstellung, dass Licht aus Teilchen, oder aber nicht aus Teilchen, sondern aus Wellen besteht

Di·let·tant der, **Di·let·tan·tin** <-en, -en> *(geh. verhüll.: ≈ Amateur)* ❶ *jmd., der sich nicht nicht als Fachmann, sondern als Laie mit einer Sache beschäftigt:* Ich bin nur eine Dilettantin auf diesem Gebiet. ❷ *(abwert.: ≈ Stümper) jmd., der etwas nicht gut kann, es aber trotzdem tut:* Das ist das Werk eines hoffnungslosen Dilettanten!

di·let·tan·tisch adj ❶ *wie ein Dilettant^1:* eine Sache dilettantisch betreiben ❷ *(umg. abwert.) wie ein Dilettant^2:* Durch sein völlig dilettantisches Vorgehen hatte er den Verdächtigen gewarnt.

Di·let·tan·tis·mus der <-> */kein Plur./* ❶ *(↔ Professionalismus) Beschäftigung mit einer Sache als Dilettant^1:* Sie sind weit über bloßen Dilettantismus hinaus. ❷ *(umg. abwert.: ≈ Stümperhaftigkeit) Verhalten als Dilettant^2:* Sein Dilettantismus hat uns wieder einen guten Kunden gekostet.

Di·men·si·on die [dimɛnˈzi̯oːn] <-, -en> ❶ */nur Plur./ räumliche oder zeitliche Abmessungen einer Sache:* Die Explosion hat einen Krater von gewaltigen Dimensionen hinterlassen. ◆ Raum-, Zeit- ❷ MATH., PHYS. *Länge, Breite oder Höhe von etwas:* Eine Fläche hat zwei, ein Körper hat drei Dimensionen. ❸ */nur Plur./ (geh.) das Ausmaß, die Intensität von etwas:* ein Unglück von verheerenden Dimensionen

Di·mi·nu·tiv der <-s, -e> SPRACHWISS. *(≈ Verkleinerungsform) eine sprachliche Form, mit der man ausdrückt, dass ein Gegenstand ein relativ kleiner Vertreter seiner Kategorie ist (z.B. „Häuschen" im Sinne von „kleines Haus"), oder mit der man ausdrückt, dass der Sprecher eine positive emotionale Einstellung hat („Kindchen", „Häschen")*

dim·men <dimmst, dimmte, hat gedimmt> *mit OBJ* ▪ **jmd. dimmt etwas** *(das Licht) mithilfe eines Dimmers regulieren:* das Licht der Stehlampe dimmen

Dim·mer der <-s, -> ELEKTROTECHN. *stufenloser Helligkeitsregler:* eine Lampe mit Dimmer

DIN die [diːn] <-> */kein Plur./ Abkürzung von „Deutsche Industrienorm"* ◆ -A4-Blatt

Di·ner das [diˈneː] <-s, -s> *(geh.) festliches Essen:* zu einem offiziellen Diner eingeladen sein

Ding das [dɪŋ] <-(e)s, -e> ❶ *ein nicht genau bezeichneter Gegenstand:* Ich muss meine Dinge noch vom Tisch wegräumen. ❷ */nur Plur./ eine nicht genau bezeichnete Angelegenheit oder Tatsache:* Wir haben einige Dinge besprochen.; Dort geschehen angeblich sonderbare Dinge. ◆ Gefühls-, Glaubens-, Privat- ❸ */Plur.: Dinger/ (umg. abwert.) ein Gegenstand, den man nicht mag oder dessen Namen man nicht kennt:* Was sind denn das für komische Dinger?; ▪ **ein Ding drehen** *(umg.) eine Straftat begehen*

ding·fest ▪ **jemanden dingfest machen** *verhaften* Die Polizei konnte den Verbrecher dingfest machen.

ding·lich adj */nicht steig./ gegenständlich und real*

Dings, Dings·da der/das/die <-> */kein Plur./ (umg.) verwendet, um auszudrücken, dass der Sprecher den Namen einer Sache oder Person nicht kennt oder ihn nicht für wichtig hält:* Gib mir mal bitte das Dings(da) zum Schreiben!

Ding·wort das <-(e)s, Dingwörter> *(≈ Substantiv)*

di·nie·ren <dinierst, dinierte, hat diniert> *ohne OBJ* ▪ **jmd. diniert** *(geh.) festlich speisen:* Die Konferenzteilnehmer dinierten am Abend in einem französischen Restaurant.

Din·kel der <-s> */kein Plur./ (≈ Spelt, Spelzweizen) eine Weizenart* ◆ -bier, -brei, -brot

Din·ner das [ˈdɪnɐ] <-s, -s> *(festliches) Abendessen:* zum Dinner eingeladen sein

Di·no der <-s, -s> *(umg. scherzh.) kurz für „Dinosaurier"*

Di·no·sau·ri·er der <-s, -> *eine der Riesenechsen, die in der Urzeit gelebt haben und ausgestorben sind*

Di·o·de die <-, -n> TECHN. *Elektronenröhre mit zwei Elektroden (Anode und Kathode)*

di·o·ny·sisch adj */nicht steig./* ❶ *zum altgriechischen Gott Dionysos gehörend* ❷ *(geh.) wild und rauschhaft:* ein dionysisches Fest

Di·op·trie die <-, -trien> PHYS., MED. *Maßeinheit für den Brechwert von Linsen*

di·ö·ze·san adj */nicht steig./* REL. *so, dass es eine Diözese betrifft oder zu einer Diözese gehört* ◆ Diözesan

Di·ö·ze·se die <-, -n> REL. *(≈ Bistum) Amtsgebiet eines katholischen Bischofs*

Dip der <-s, -s> KOCH. *würzige, kalte, dickflüssige Soße zum Eintauchen kleiner Häppchen:* Zu den Gemüsesticks wurde ein Dip gereicht.

Diph·the·rie die [dif...] <-> */kein Plur./* MED. *eine gefährliche Infektionskrankheit*

der Mandeln und des Kehlkopfes

Di·ph·thong der [dif...] <-(e)s, -e> SPRACHWISS. *Doppelvokal: „Ei", „au" und „eu" sind Diphthonge.*

di·ph·thon·gie·ren [dif...] <diphthongierst, diphthongierte, hat diphthongiert> *mit OBJ* ■ **jmd. diphthongiert etwas** SPRACHWISS. *einen Vokal in einen Diphthong umbilden* ► Diphthongierung

Di·p·lom das [di'plo:m] <-(e)s, -e> ❶ *amtliche Urkunde über den Abschluss einer Ausbildung an einer Fachschule* ◆-übersetzer(in), Meister- ❷ *amtliche Urkunde über den Abschluss des Studiums an einer Universität oder Fachhochschule: sein Diplom als Ingenieur/Pharmazeut/Physiker/Psychologe machen* ◆-urkunde

Di·p·lo·mand der, **Di·p·lo·man·din** <-en, -en> *jmd., der vor einer Diplomprüfung steht* ► Diplomarbeit

Di·p·lo·mat der, **Di·p·lo·ma·tin** [diplo'ma:t] <-en, -en> ❶ POL. *jmd., der als Beamter im auswärtigen Dienst sein Land offiziell vertritt: als Diplomat im Ausland arbeiten* ◆-enlaufbahn ❷ *(übertr.) jmd., der geschickt zu verhandeln versteht: Er ist kein Diplomat: Er sagt immer ohne Umschweife, was er denkt.*

Di·p·lo·ma·ten·kof·fer der <-s, -> *eleganter (schwarzer) Aktenkoffer*

Di·p·lo·ma·tie die <-> /kein Plur./ ❶ POL. *Interessensvertretung eines Staates im Ausland* ❷ *Verhandlungsgeschick: Mit viel Diplomatie kam er schließlich doch zum Ziel.* ◆ Geheim-, Reise-

di·p·lo·ma·tisch [diplo'ma:tiʃ] *adj* ❶ POL. /*nicht steig.*/ *die zwischenstaatlichen Beziehungen betreffend: die diplomatische Vertretung eines Landes im Ausland; die diplomatischen Beziehungen zu einem Land abbrechen* ❷ *so, dass man sich dezent und taktvoll verhält, aber für das eigene Ziel arbeitet: bei etwas sehr diplomatisch vorgehen*

di·p·lo·mie·ren <diplomierst, diplomierte, hat diplomiert> *mit OBJ* ■ **jmd. diplomiert jmdn.** *jmdm. ein Diplom erteilen*

Di·p·lo·mier·te der/die <-n, -n> *jmd., der ein Diplom hat*

Di·p·lom·in·ge·ni·eur der, **Di·p·lom·in·ge·ni·eu·rin** [...inʒenjø:r] <-s, -e> *Ingenieur, der sein Studium mit einem Diplom abgeschlossen hat*

Di·pol der <-s, -e> PHYS. *Einheit von zwei gleich großen elektrischen oder magnetischen Ladungen, die einander entgegengesetzt sind* ◆-antenne, -dichte, -kraft, -molekül, -moment, -strahlung

dir *pron Dat. von „du"*

di·rekt [di'rɛkt] **I.** *adj* ❶ *so, dass die Bewegung zu einem Ziel hin auf kürzestem Wege und ohne Umweg erfolgt: Fahrt ihr direkt ins Theater? Nein, wir fahren erst bei Hans vorbei.; Das Mädchen ist nach der Schule direkt nach Hause gegangen (und nicht erst zu ihrer Freundin).* ► Direktflug ❷ *(≈ sofort) unverzüglich; ohne, dass eine Pause dazwischen ist: Direkt nach der Besprechung der Abteilungsleiter folgt um vierzehn Uhr die Besprechung der Gebietsleiter.* ► Direktreportage ❸ /*nicht steig.*/ *nahe bei etwas: Wir wohnten direkt am Meer.; Wir haben unseren Garten direkt am Haus.* ❹ /*nicht steig.*/ *ohne Vermittlung: Ich möchte direkt mit dem Vorgesetzten sprechen.; etwas direkt beim Hersteller (ohne Zwischenhandel) kaufen* ❺ /*nicht steig.*/ *(umg.: ↔ indirekt) ohne Umschweife, klar und deutlich: eine sehr direkte Frage; eine offene, direkte Art haben* **II.** *adv (umg.: ≈ geradezu) verwendet, um auszudrücken, dass man von etwas leicht überrascht ist: Du bist ja direkt braun geworden!; Heute morgen hat sie mich direkt mal angelächelt.*

Di·rekt·heit die <-> /kein Plur./ *direkte Art, direkte Beschaffenheit: die Direktheit ihrer Äußerungen*

Di·rek·ti·on die <-, -en> ❶ *Leitung eines Unternehmens: Dem Prokuristen wurde die Direktion der Firma übertragen.* ◆-sassistent(in) ❷ *Gesamtheit der Personen, die ein Unternehmen leiten* ◆-ssekretär(in) ❸ *Gesamtheit der Büroräume, in denen die Geschäftsleitung untergebracht ist* ❹ SCHWEIZ. *kantonales Ministerium*

Di·rek·ti·ve die <-, -n> *eine Anweisung, die von einer übergeordneten Stelle gegeben wird* ► direktiv

Di·rekt·kan·di·dat der, **Di·rekt·kan·di·da·tin** <-en, -en> POL. *jmd., der in einem Wahlkreis persönlich kandidiert*

Di·rekt·man·dat das <-(e)s, -e> POL. *Mandat, das ein Kandidat in einem Wahlkreis persönlich erringt*

Di·rek·tor der, **Di·rek·to·rin** [dɪ'rɛkto:ɐ̯] <-s, -toren> *jmd., der eine Firma oder Institution leitet* ◆-posten, Bank-, Fabrik-, Schul-, Zoo-

Di·rek·to·ri·um das <-s, Direktorien> *aus mehreren Personen bestehende Leitung eines Unternehmens: das Direktorium einer Versicherungsgesellschaft*

Di·rekt·re·por·ta·ge die <-, -n> TV *(≈ Livereportage) Reportage, die unmittelbar vom Ort des Geschehens übertragen wird*

Di·rekt·über·tra·gung die <-, -en> TV (≈ *Livesendung*) *Sendung, die direkt vom Aufnahmeort übertragen wird*

Di·rekt·wahl die <-, -en> POL. *Wahlsystem, bei dem der Kandidat vom Wähler direkt gewählt wird*

Di·ri·gent der, **Di·ri·gen·tin** <-en, -en> *Person, die ein Orchester oder einen Chor dirigiert; Leiter eines Orchesters* ◆ Chor-, Gast-, Orchester- ◆ -enpult

di·ri·gie·ren [diri'gi:rən] <dirigierst, dirigierte, hat dirigiert> *mit OBJ* ■ **jmd. dirigiert etwas** ❶ MUS. *eine Orchester- oder Choraufführung leiten und dabei mit den Händen und dem Dirigentenstab anzeigen, wann welche Musiker in welcher Weise spielen müssen:* ein Konzert/ein Orchester/eine Sinfonie von Beethoven dirigieren ❷ *führen; leiten:* den Verkehr/die Wirtschaft dirigieren; Sie dirigierte alle zur Tür hinaus.

di·ri·gis·tisch adj / nicht steig. / WIRTSCH., POL. *staatlich gelenkt:* mit dirigistischen Maßnahmen in die Wirtschaft eingreifen ▸ Dirigismus

Dirndl das <-s, -> ❶ SÜDDT., ÖSTERR. *eine für Bayern, Österreich und die Schweiz typische Art von Trachtenkleid, zu dem insbesondere eine weiße Bluse und eine Schürze gehören:* Die Sängerinnen traten im Dirndl auf. ❷ ÖSTERR. *junges Mädchen*

Dir·ne die <-, -n> *(abwert.:* ≈ *Nutte) Prostituierte*

Dis das <-s, -> MUS. *ein um einen halben Ton erhöhtes D*

Disco die *siehe* **Disko**

Dis·count der [dɪs'kaʊnt] <-s, -s> WIRTSCH. ❶ *Möglichkeit, die Waren in Selbstbedienung verbilligt zu erwerben* ❷ *siehe* **Discountgeschäft**

Dis·coun·ter der [dɪs'kaʊntɐ] <-s, -> WIRTSCH. *Discountgeschäft*

Dis·count·ge·schäft das [dɪs'kaʊnt...] <-(e)s, -e> *Geschäft des Einzelhandels, in dem Produkte, die nicht preisgebunden sind, mit hohen Rabatten (und in Selbstbedienung) verkauft werden*

Dis·har·mo·nie die <-, -nien> *(geh.:* ↔ *Harmonie)* ❶ *die Tatsache, dass etwas nicht zusammenpasst:* die Disharmonie der Farben/der Töne ❷ *Unstimmigkeit, Streit:* Die Disharmonie in dieser Familie ist offensichtlich.

dis·har·mo·nie·ren <disharmonierst, disharmonierte, hat disharmoniert> *ohne OBJ* ■ **etwas disharmoniert** *(geh.) nicht oder schlecht zusammenpassen:* Die Farben dieses Bildes disharmonieren.; Die Töne dieses Musikstückes disharmonieren.; Leider disharmonieren diese beiden Kollegen.

dis·har·mo·nisch, **dis·har·mo·nisch** adj *(geh.) so, dass etwas schlecht zusammenpasst:* eine disharmonische Farbzusammenstellung/Komposition

dis·junkt adj /nicht steig./ ❶ *(in der Logik) so, dass sprachliche Ausdrücke einander ausschließen, jedoch in einer höheren Gattung zusammengehören:* „Frau" und „Mann" sind disjunkte Ausdrücke/Wörter. ❷ MATH. *(≈ elementefremd) so, dass Mengen kein gemeinsames Element besitzen:* disjunkte Mengen

Dis·kant der <-s, -e> MUS. *hohe Stimmlage*

Dis·ken *Plur. Plural von Diskus*

Dis·ket·te die [dɪs'kɛtə] <-, -n> EDV *ein Datenträger in Form einer flachen Kunststoffscheibe:* eine Datei auf Diskette speichern; die Diskette ins Diskettenlaufwerk einführen ◆ -nlaufwerk

Disk·jo·ckei, *a.* **Disk·jo·ckey** der <-s, -s> *Person, die bei Tanzveranstaltungen oder im Radio Musik auf Schallplatten oder CDs auswählt und präsentiert*

Dis·ko, *a.* **Dis·co** die ['dɪsko] <-, -s> *(umg.)* ❶ *(Lokal für) Jugendtanzveranstaltung(en) mit Musik von Schallplatten oder CDs* ◆ -abend, -besuch ❷ *(≈ Diskomusik)*

Dis·ko·gra·fie die <-, -fien> *Schallplattenverzeichnis mit den genauen Daten eines Komponisten oder Interpreten*

Dis·kont der <-(e)s, -e> WIRTSCH. *Vorzinsen* ◆ -erhöhung, -satz, -senkung

dis·kon·ti·nu·ier·lich, **dis·kon·ti·nu·ier·lich** adj /nicht steig./ *(↔ kontinuierlich) nicht zusammenhängend, sondern mit Unterbrechungen:* eine diskontinuierliche Entwicklung

Dis·ko·thek die [dɪsko'te:k] <-, -en> *(Lokal für) Jugendtanzveranstaltung(en) mit Musik von Schallplatten oder CDs*

dis·kre·di·tie·ren <diskreditierst, diskreditierte, hat diskreditiert> *mit OBJ* ■ **jmd. diskreditiert jmdn.** *(geh.) in einen schlechten Ruf bringen:* einen Politiker diskreditieren

Dis·kre·panz die <-, -en> *(geh.) Missverhältnis zwischen zwei Dingen oder Personen:* Die Diskrepanz zwischen Worten und Taten des Politikers war unübersehbar.

dis·kret [dɪs'kre:t] adj ❶ *so, dass jmd. rücksichtsvoll ist:* sich sehr diskret verhalten; sich nach dem Besuch am Krankenbett diskret zurückziehen ❷ *so, dass es unauffällig ist und von niemandem bemerkt wird:*

ein diskreter Hinweis ❸ PHYS., MATH. (↔ kontinuierlich) /nicht steig./ so, dass es aus einzelnen abgegrenzten Elementen besteht und nicht ein fortlaufendes Kontinuum ist: diskrete Werte

Dis·kre·ti·on die [dɪskre'tsi̯oːn] <-> /kein Plur./ (geh.) Verschwiegenheit, die man über vertrauliche Dinge wahrt: Bitte behandeln Sie diese Informationen mit absoluter Diskretion.; Ich bin mir deiner Diskretion sicher.

dis·kri·mi·nie·ren [dɪskrimi'niːrən] <diskriminierst, diskriminierte, hat diskriminiert> *mit OBJ* ▪ **jmd. diskriminiert jmdn.** ❶ einen Menschen aus bestimmten Gründen (meist wegen seiner Zugehörigkeit zu einer bestimmten Gruppe) benachteiligen und herabsetzen, indem man ihn schlechter als andere Menschen behandelt: jemanden wegen seiner Hautfarbe/Religion diskriminieren ❷ durch negative Äußerungen jmds. Ansehen schaden

Dis·kri·mi·nie·rung die <-, -en> ❶ /kein Plur./ Herabsetzung durch Benachteiligung: die Diskriminierung ethnischer Minderheiten ❷ diskriminierende Handlung

Dis·kurs der <-es, -e> (geh.) mündliche oder schriftliche Erörterung eines Themas: einen lebhaften Diskurs über etwas führen; der philosophische/politische Diskurs

dis·kur·siv adj /nicht steig./ ❶ PHILOS. so, dass etwas von Ausdruck zu Ausdruck logisch fortschreitet: dikursive Logik ❷ (geh.) so, dass es gesprächsweise, erörternd erfolgt: die diskursive Herangehensweise an ein Problem

Dis·kus der <-/-ses, -se/Disken> SPORT eine flache runde Wurfscheibe ◆ -werfer(in)

Dis·kus·si·on die [dɪskʊ'si̯oːn] <-, -en> ❶ lebhaftes (oft kontrovers geführtes) Gespräch über ein Thema oder Problem ◆ -sforum, -sgegenstand, -sgrundlage, -srunde, -sveranstaltung, Fernseh-, Podiums- ❷ die öffentliche Meinungsbildung und Berichterstattung über ein Thema: die Diskussion in den Medien über das Thema ... verfolgen

Dis·kus·wer·fen das <-s> /kein Plur./ SPORT eine Disziplin der Leichtathletik, bei der ein Diskus möglichst weit geworfen wird ▶ Diskuswerfer(in)

dis·ku·ta·bel adj /nicht steig./ (↔ indiskutabel) so, dass man es in Erwägung ziehen kann

dis·ku·tie·ren [dɪskuˈtiːrən] <diskutierst, diskutierte, hat diskutiert> I. *mit OBJ* ▪ **jmd. diskutiert etwas** in einer Diskussion über etwas seine Meinungen austauschen: Wir haben lange über diese Frage diskutiert. II. *ohne OBJ* ▪ **jmd. diskutiert mit jmdm.** (über etwas Akk.) in einer Diskussion erörtern: ein Problem/einen Vorschlag diskutieren

dis·pa·rat adj /nicht steig./ (geh.) so, dass es nicht zueinander passt oder sich widerspricht: zwei disparate Aussagen

dis·pen·sie·ren <dispensierst, dispensierte, hat dispensiert> *mit OBJ* ▪ **jmd. dispensiert jmdn. von etwas** Dat. (geh.) eine Verpflichtung aufheben: einen Schüler vom Unterricht dispensieren

Dis·play das [dɪs'pleː, 'dɪspleː] <-s, -s> ❶ EDV digitales Anzeigefeld für bestimmte Daten: die Telefonnummer vom Display des Telefons ablesen ❷ WIRTSCH. Aufsteller zur Warenpräsentation

dis·po·ni·bel adj /nicht steig./ so beschaffen, dass man darüber (sofort frei) verfügen kann: disponible Gelder

dis·po·nie·ren <disponierst, disponierte, hat disponiert> *mit OBJ* ▪ **jmd. disponiert (irgendwie) (über etwas** Akk.) ❶ im Voraus planen: Sie hatte gut disponiert und alle Termine eingehalten. ❷ (≈ verfügen) die Entscheidungsbefugnis haben und sagen können, was mit etwas geschehen soll: über sein Geld jederzeit disponieren können

dis·po·niert adj /nicht steig./ /nicht attr./ (geh.) zu etwas veranlagt; zu etwas neigend: Er ist zu Erkältungen besonders disponiert.

Dis·po·si·ti·on die <-, -en> (geh.) ❶ Planung in Bezug auf Mengen, Kapazitäten o.Ä.: seine Dispositionen ändern ❷ gegliederter Entwurf eines Textes ❸ **zur Disposition** zur freien Verfügung: Mein Auto steht zu eurer Disposition.; einen bestimmten Betrag zur Disposition haben ❹ MED. Veranlagung: eine Disposition zu allergischen Erkrankungen haben

dis·pro·por·ti·o·niert adj (geh.) nicht in einem ausgewogenen Verhältnis

Dis·put der <-(e)s, -e> (geh. verhüll.: ≈ Auseinandersetzung) Streitgespräch über ein bestimmtes Thema: in einen Disput eingreifen

dis·pu·tie·ren <disputierst, disputierte, hat disputiert> *ohne OBJ* ▪ **jmd, disputiert (mit jmdm.) (über etwas** Akk.) (veralt. oder fachspr.) eine gelehrte Diskussion führen ▶ Disputation

dis·qua·li·fi·zie·ren [dɪskvalifi'tsiːrən] <dis-

qualifizierst, disqualifizierte, hat disqualifiziert> I. *mit OBJ* **jmdn. wegen etwas** *Dat.* (**von etwas** *Dat.*) **disqualifizieren** SPORT (↔ *qualifizieren*) *wegen Regelverletzung von einem Wettkampf ausschließen:* Wer des Dopings überführt wird, wird disqualifiziert. II. *mit SICH* **jmd. disqualifiziert sich mit etwas** *Dat. (geh.: ↔ qualifizieren) sich als ungeeignet erweisen:* Mit ihrem Verhalten hat sie sich als Erzieherin disqualifiziert.

Dis·sens der <-es, -e> *(geh.) Meinungsverschiedenheit:* In diesem Punkt des Vertrages gibt es noch Dissens zwischen beiden Parteien.

Dis·ser·ta·ti·on die [dɪsɛrta'tsi̯oːn] <-, -en> *(≈ Doktorarbeit) wissenschaftliche Arbeit zur Erlangung der Doktorwürde* ▸ dissertieren

Dis·si·dent der, **Dis·si·den·tin** <-en, -en> *jmd., dessen politische Ansichten grundlegend vom herrrschenden System seines Staates abweichen (und der als Folge dessen oft verfolgt wird):* Das Regime verfolgt alle Dissidenten gnadenlos.

Dis·si·mi·la·ti·on die <-, -en> *(↔ Assimilation)* ① SPRACHWISS. *(↔ Assimilation) Vorgang und Ergebnis der Differenzierung zweier ähnlicher Laute, wodurch sie sich dann deutlicher voneinander unterscheiden* ② BIOL. *Abbau und Verbrauch von Körpersubstanz bei gleichzeitiger Gewinnung von Energie*

dis·so·nant *adj unschön und missgestimmt klingend:* dissonante Töne

Dis·so·nanz die <-, -en> ① MUS. *nicht harmonischer Klang:* Das Musikstück ist voller Dissonanzen. ② *(geh. übertr.) Unstimmigkeiten:* Zwischen den beiden Kollegen gibt es Dissonanzen.

Dis·tanz die [dɪs'tants] <-, -en> ① *(geh.) eine (größere) räumliche oder zeitliche Entfernung:* Etwas schon aus großer Distanz erkennen können.; ein Rennen über eine Distanz von 15 km ② *(geh.) persönliche Zurückhaltung:* Distanz wahren; auf Distanz gehen ③ SPORT *vorgesehene Rundenzahl beim Boxkampf:* ein Kampf über die Distanz von zwölf Runden

dis·tan·zie·ren [dɪstan'tsiːrən] <distanzierst, distanzierte, hat distanziert> I. *mit OBJ* **jmd. distanziert jmdn.** SPORT *überlegen besiegen:* In Rennen vom letzten Sonntag distanzierte er seine wichtigsten Konkurrenten um zehn Sekunden. II. *mit SICH* **jmd. distanziert sich (von jmdm./etwas)** *(geh.)* ① *seine Ablehnung von etwas offen erklären:* Der Minister distanzierte sich von den Äußerungen des Regierungssprechers. ② *die Beziehungen zu jmdm. abbrechen:* Nach seiner Scheidung distanzierten sich viele Freunde von ihm.

dis·tan·ziert *adj (geh.) so, dass sich jmd. zurückhaltend verhält und keinen persönlichen Kontakt sucht:* sich distanziert verhalten; Seine distanzierte Art kann ihm leicht als Arroganz ausgelegt werden. ▸ Distanziertheit

Dis·tan·zie·rung die <-, -en> *das Distanzieren*

Dis·tel die <-, -n> *krautig blühende Pflanze mit stacheligen Blättern und Stengeln*

Dis·ti·chon das <-s, Distichen> LIT. *Verseinheit, die aus einem Hexameter und einem Pentameter zusammengesetzt ist*

dis·tin·guiert [dɪstɪŋ'giːɐ̯t] *adj (geh.) so, dass sich jmd. in Aussehen und Verhalten betont vornehm gibt:* Sie wirkt im schwarzen Kostüm sehr distinguiert.

Dis·tri·bu·ti·on das <-, -en> *(fachspr.)* ① *die Art, in der bestimmte Elemente verteilt sind:* eine komplementäre Distribution ② WIRTSCH. *einer der Kanäle, mit denen Waren vertrieblich an die Kunden gebracht werden* ▸-skanal

dis·tri·bu·tiv *adj /nicht steig./* ① SPRACHWISS. *so, dass es in bestimmten Lautumgebungen vorkommt* ② MATH. *so, dass es nach dem Distributivgesetz verknüpft ist*

Dis·trikt der <-(e)s, -e> *Verwaltungsbezirk*

Dis·zi·p·lin die [dɪstsi'pliːn] <-, -en> ① *die (konsequente) Einhaltung von Regeln:* in der Schule Disziplin halten ▸ Schul-, Selbst- ② *Teilgebiet im Sport oder in der Wissenschaft:* die leichtathletischen Disziplinen; die verschiedenen Disziplinen innerhalb der Medizin ▸ interdisziplinär ▸ Fach-, Sport-

dis·zi·p·li·när *adj /nicht steig./* ÖSTERR. siehe **disziplinarisch**

dis·zi·p·li·na·risch *adj /nicht steig./* AMTSSPR. *so, dass es die Einhaltung von Regeln betrifft:* disziplinarische Maßnahmen ▸ Disziplinarmaßnahme

dis·zi·p·li·nie·ren <disziplinierst, disziplinierte, hat diszipliniert> *mit OBJ* ① **jmd. diszipliniert jmdn.** *(geh.) zur Einhaltung der Regeln veranlassen:* Diese Klasse ist schwer zu disziplinieren. ② **jmd. diszipliniert etwas** *in eine strengere Form bringen:* Sie versucht, ihren Arbeitsstil zu disziplinieren.

dis·zi·p·li·niert *adj unter Einhaltung von Regeln:* disziplinierte Schüler; sich diszipliniert verhalten ▸ Diszipliniertheit

Dis·zi·p·li·nie·rung die <-, -en> das Disziplinieren

di·to adv dasselbe; ebenso

Di·va die <-, -s/Diven> gefeierte Schauspielerin oder Sängerin ◆ Film-, Opern-

di·ver·gent adj ❶ (geh.) entgegengesetzt/unterschiedlich verlaufend: Ihre Ansichten waren sehr divergent. ❷ MATH. ohne einen Grenzwert: Die Folge der natürlichen Zahlen ist divergent.

Di·ver·genz die <-, -en> ❶ (geh.) Meinungsverschiedenheit: mit jemandem Divergenzen haben ❷ MATH. (↔ Konvergenz) das Nichtvorhandensein von Grenzwerten

di·ver·gie·ren <divergierst, divergierte, ist divergiert> ohne OBJ ▪ etwas divergiert (geh.) voneinander abweichen: Unsere Meinungen divergieren in diesem Punkt.; divergierende Auffassungen

di·vers adj /nicht steig./ (geh.) mehreres; verschiedene Dinge: Wir konnten zwischen diversen Angeboten wählen.

di·vi·die·ren <dividierst, dividierte, hat dividiert> mit OBJ ▪ jmd. dividiert etwas MATH. (≈ teilen ↔ multiplizieren) eine Zahl durch eine andere teilen: 10 dividiert durch 2 ergibt 5.

Di·vi·si·on die <-, -en> ❶ MATH. (↔ Multiplikation) Teilung einer Zahl durch eine andere ❷ MILIT. Abteilung eines Heeres ◆ Panzer-

Di·vi·si·o·när der <-s, -e> SCHWEIZ. ❶ Befehlshaber einer Division[2] ❷ zweithöchster Offiziersgrad (in Friedenszeiten)

DJ der ['di:dʒeɪ] <-(s), -s> (umg.) kurz für „Diskjockey"

DJing das ['di:dʒeɪŋ] (Jargon) das Plattenauflegen eines DJs

dl Abkürzung von „Deziliter"

DLRG Abkürzung von „Deutsche Lebens-Rettungs-Gesellschaft"

DM [de:'|ɛm] ❶ GESCH. Abkürzung von „Deutsche Mark" ❷ SPORT (↔ EM, WM) Abkürzung von „Deutsche Meisterschaft"

dm Abkürzung von „Dezimeter"

d-Moll das <-> /kein Plur./ MUS. Tonart mit einem B

do. Abkürzung von „dito"

doch [dɔx] I. konj (≈ aber) drückt im Nebensatz etwas aus, das im Gegensatz zur Aussage des Hauptsatzes steht: Sie wäre gern gekommen, doch sie hatte keine Zeit.; Der Geist ist willig, doch das Fleisch ist schwach. II. adv ❶ (≈ trotzdem) trotz der genannten Sache: Ich habe es ihm verboten, aber er hat es doch gemacht. ❷ (≈ aber ja) betont als Antwort verwendet, um auszudrücken, dass gerade das, was in einer Frage verneint oder als fraglich angesehen wird, der Fall ist: Du hast die Prüfung nicht bestanden? Doch!; Du hast das nicht etwa so hingenommen? Doch! Was hätte ich denn machen sollen? III. part ❶ unbetont verwendet, um eine Frage beiläufiger klingen zu lassen: Wie war das doch gleich? ❷ unbetont verwendet, um eine Äußerung in einem (ohnehin emphatischen) Ausrufesatz zusätzlich zu intensivieren: Das konnte er doch nicht wissen!; Das ist doch nicht dein Ernst!; Wenn er doch käme!

Docht der <-(e)s, -e> die dünne Schnur in einer Kerze, deren oberes Ende angezündet wird

Dock das <-(e)s, -s> SEEW. Anlage zum Bau oder zur Reparatur von Schiffen: Das Schiff liegt im Dock. ◆ -arbeiter, -hafen

Do·cke die <-, -n> ❶ Garn, das lose zu einem Bündel zusammengedreht ist ❷ walzenförmiges Holz- oder Metallstück ❸ SÜDDT. Puppe

Dog·ma das ['dɔgma] <-s, Dogmen> ❶ (geh. abwert.) eine Lehre mit dem Anspruch auf absolute Gültigkeit: eine Meinung zum Dogma erheben ❷ REL. ein Glaubenssatz, dessen Gültigkeit als absolut betrachtet wird: das Dogma von der Unfehlbarkeit des Papstes

Dog·ma·tik die <-> /kein Plur./ ❶ (geh. abwert.) eine dogmatische[1] Haltung ❷ REL. wissenschaftliche Darstellung der christlichen Glaubenslehre

Dog·ma·ti·ker der, **Dog·ma·ti·ke·rin** <-s, -> ❶ (geh. abwert.) unkritischer Verfechter einer Lehrmeinung ❷ REL. Lehrer der Dogmatik[2]

dog·ma·tisch [dɔg'ma:tɪʃ] adj /nicht steig./ ❶ (geh. abwert.) so, dass man starr an einmal gefassten Meinungen festhält: ein dogmatischer Führungsstil ❷ REL. ein Dogma[2] betreffend

Dog·ma·tis·mus der <-> /kein Plur./ ❶ unkritische Durchsetzung eines Standpunktes: der Dogmatismus seiner Weltanschauung ❷ REL. unvermeidliche Voraussetzungen für fundamentale Glaubenswahrheiten

Dog·men Plur. von „Dogma"

Dok·tor der, **Dok·to·rin** ['dɔkto:ɐ̯] <-s, -toren> ❶ ein akademischer Grad, für dessen Erlangung man ein abgeschlossenes Hochschulstudium als Voraussetzung haben muss und den man durch das Schreiben sowie Veröffentlichen einer (umfangreichen) wissenschaftlichen Arbeit und *das Absolvieren einer mündlichen Prüfung erlangt:* seinen Doktor (in Theologie) machen; Sie ist Doktor/Doktorin der Naturwissenschaften/der Philosophie. ◆ -arbeit ❷ *(umg.) Arzt; Ärztin:* zum Doktor gehen; Mein Kind lässt sich nicht gerne von einem Doktor untersuchen.

Dok·to·rand der, **Dok·to·ran·din** <-en, -en> *jmd., der an einer Doktorarbeit schreibt*

Dok·tor·spiel das <-s, -e> /meist Plur./ *Kinderspiel, in dem (oft aus sexueller Neugier) eine ärztliche Untersuchung nachgeahmt wird*

Dok·tor·va·ter der, **Dok·tor·mut·ter** <-s, Doktorväter> *Person, die als Professor/Professorin einen Doktoranden oder eine Doktorandin während der Zeit der Anfertigung einer Dissertation/Doktorarbeit wissenschaftlich betreut und berät*

Dok·t·rin die [dɔk'tri:n] <-, -en> ❶ *(geh.) eine als absolut gültig erklärte Lehrmeinung:* unverändert an einer Doktrin festhalten ❷ *politischer (programmatischer) Grundsatz:* die Doktrin von der Gewaltenteilung

Do·ku·ment das [doku'mɛnt] <-(e)s, -e> ❶ *amtliches Schriftstück oder Urkunde:* Können Sie die geforderten Dokumente vorlegen?; Wir benötigen beglaubigte Kopien aller Dokumente. ◆ -enmappe ❷ *Beleg für Ereignisse oder Lebenszusammenhänge (der Vergangenheit):* Die ausgestellten Schiffe sind eindrucksvolle Dokumente der Schiffbaukunst der Wikinger. ▸ Dokumentarbericht

Do·ku·men·tar·film der <-(e)s, -e> /↔ Spielfilm/ *ein Film, der über Tatsachen berichtet:* ein Dokumentarfilm über eine Polarexpedition ▸ Dokumentarfilmer(in)

do·ku·men·ta·risch adj /nicht steig./ /↔ fiktional/ *so, dass es Tatsachen berichtet oder belegt:* dokumentarische Aufnahmen/Fotos

Do·ku·men·ta·ti·on die [dokumɛnta'tsi̯o:n] <-, -en> *(geh.)* ❶ *eine geordnete Sammlung von sprachlichen, fotografischen oder gegenständlichen Belegen, welche die Entwicklung von etwas darstellt:* eine Dokumentation über die Geschichte des alten Schlosses; eine wissenschaftliche Dokumentation zum Thema „Gentechnik" ◆ -szentrum ❷ *Beweis, Beispiel:* eine Dokumentation unserer Hilfsbereitschaft ❸ *dokumentarische Sendung im Radio oder Fernsehen*

do·ku·men·ten·echt adj /nicht steig./ *so, dass eine Schreibflüssigkeit oder Druckfarbe beständig ist und von einem Dokument¹ nicht wieder entfernt werden kann:* dokumentenechte Tinte verwenden

do·ku·men·tie·ren <dokumentierst, dokumentierte, hat dokumentiert> *(geh.)* **I.** mit OBJ ▪ **jmd. dokumentiert etwas** ❶ *durch Dokumente² belegen:* Der Film dokumentiert die Leiden der Bevölkerung im Krieg. ❷ *(≈ bekunden) etwas für andere deutlich zeigen:* seinen guten Willen dokumentieren **II.** mit SICH ▪ **etwas dokumentiert sich (durch Akk. /in etwas Dat.)** *sich offenbaren:* Darin dokumentiert sich seine demokratische Gesinnung.

Dol·by® das ['dɔlbi] <-, -s> TECHN. *kurz für „Dolby-System"*

Dol·by-Sys·tem das <-s, -e> TECHN. *ein von R.M. Dolby entwickeltes Verfahren zur Verminderung des Rauschens bei Tonaufzeichnungen und der Tonwiedergabe*

Dolch der [dɔlç] <-(e)s, -e> *ein Messer (als Waffe), dessen Klinge auf beiden Seiten scharf geschliffen ist:* den Dolch ziehen ◆ -klinge, -spitze, -stich, -stoß

Dol·de die <-, -n> BOT. *schirmähnlicher Blütenstand* ◆ -ngewächs, Blüten-

Dol·lar der ['dɔlar] <-(s), -s> *eine Währungseinheit:* der amerikanische/australische/neuseeländische Dollar ◆ -kurs, -reserve ◆ *im Zusammenhang mit Zahlenangaben endungsloser Plur.* 500 Dollar kosten

Dol·metsch der <-(e)s, -e> ÖSTERR. *siehe* **Dolmetscher**

dol·met·schen ['dɔlmɛtʃn] <dolmetschst, dolmetschte, hat gedolmetscht> *mit OBJ/ohne OBJ* ▪ **jmd. dolmetscht (etwas)** *in einer Situation von jmdm. gemachte mündliche Äußerungen sofort in eine andere Sprache übersetzen:* ein Gespräch dolmetschen; Er dolmetscht für den Außenminister.; bei einer Konferenz dolmetschen

Dol·met·scher der, **Dol·met·sche·rin** ['dɔlmɛtʃɐ] <-s, -> *jmd., der beruflich dolmetscht:* als Dolmetscher(in) und Übersetzer(in) beim Europäischen Parlament arbeiten

Dom der [do:m] <-(e)s, -e> ❶ *ursprünglich die Bezeichnung für eine Kirche an einem Bischofssitz, heute oft allgemein Bezeichnung einer großen Kirche:* der Mailänder Dom; der Dom von Sankt Blasien ❷ *drehbare Kuppel einer Sternwarte*

Do·main die [dɔ'me:n] <-, -s> *logisches Teilnetz in einem internationalen Netzwerk (Internet), das über einen bestimm-*

ten Namen angesprochen wird: länderspezifische Domains wie „de" für Deutschland, „bg" für Belgien, „fr" für Frankreich; öffentliche bzw. kommerzielle Domains wie „edu" für „educational", „net" für „Netz" (Internetprovider und Organisationen)

Do·mä·ne die <-, -n> ❶ (≈ Spezialgebiet) *ein Arbeitsgebiet, auf dem jmd. besondere Fähigkeiten hat:* Der Film ist nicht seine Domäne, denn er ist ein ausgesprochener Theaterschauspieler. ❷ GESCH. *Landgut, das dem Staat gehört*

do·mes·ti·zie·ren <domestiziert, domestizierte, hat domestiziert> *mit OBJ* ■ **jmd. domestiziert ein Tier/etwas** *aus wilden Tieren und Pflanzen Haustiere und Kulturpflanzen machen:* domestizierte Rassen ▸ Domestikation, Domestizierung

do·mi·nant [domi'nant] *adj* ❶ BIOL. *mit einem vorherrschenden Merkmal und andere Merkmale verdrängend:* dominant vererbte Merkmale ❷ *(fachspr.) so, dass man andere zwingt, sich unterzuordnen:* das dominante Männchen in der Affengruppe ❸ *so, dass ein Charaktermerkmal an jmdm. besonders auffällt:* ein dominanter Charakterzug

Do·mi·nanz die <-> /kein Plur./ ❶ BIOL. *die Fähigkeit, andere Erbmerkmale zu verdrängen:* die Dominanz eines Merkmals ❷ *(fachspr.) die Fähigkeit, andere zur Unterordnung zu zwingen:* die Dominanz eines Einzelnen in einer Gruppe ❸ *das Vorherrschen eines Merkmals im Charakter einer Person:* die Dominanz seiner Intelligenz

do·mi·nie·ren [domi'niːrən] <dominierst, dominierte, hat dominiert> I. *mit OBJ* ■ **jmd. dominiert jmdn./etwas** *jmd. oder etwas so beherrschen, dass man die eigenen Eigenschaften und Vorlieben aufprägt und diejenigen anderer nicht gelten lässt:* Sie dominiert die Klasse/ihren Ehemann. II. *ohne OBJ* ■ **jmd./etwas dominiert** *vorherrschen:* Diese Meinung dominiert in der Klasse.; Der Forscher nimmt eine dominierende Stellung in seinem Fach ein.

Do·mi·no der <-s, -s> ❶ *ein Spiel mit Spielsteinen, die nach bestimmten Regeln aneinander gelegt werden müssen* ❷ *ein schwarzes Maskenkostüm:* zum Kostümball im Domino erscheinen

Do·mi·zil das <-s, -e> *(geh.) das Zuhause:* Wir besichtigten unser neues Domizil.

Domp·teur der, **Domp·teu·se** [dɔmp'tøːɐ̯] <-s, -e> *jmd., der Tiere dressiert und vorführt:* Eine Gruppe Löwen wurde von ihrer Dompteuse vorgeführt.

Do·na·tor der, **Do·na·to·rin** <-s, -to­ren> SCHWEIZ. *Geber, Spender, Stifter*

Do·nau die <-> *zweitgrößter Strom Europas, der bei Donaueschingen entspringt und in Rumänien ins Schwarze Meer mündet*

Do·nau·län·der die <-> Plur. *die Länder, durch die die Donau fließt*

Dö·ner der <-s, -> *kurz für „Dönerkebab"* ◆-bude, -gewürz, -spieß, -teller

Dö·ner·ke·bab, Dö·ner·ke·bap der [døˈnɛrkeˈbap] <-(s), -s> *am Drehspieß gegartes und in kleine Stücke geschnittenes Hammelfleisch, das mit Joghurtsoße und Salat in einem Stück Fladenbrot serviert wird*

Don Ju·an der [dɔnˈxuan] <- -s, - -s> *(geh. verhüll.: ≈ Frauenheld) ein Mann, den viele Frauen (sexuell) sehr attraktiv finden und der Beziehungen mit vielen Frauen hat:* Dieser Mann ist wahrlich kein Don Juan!

Don·ner der ['dɔnɐ] <-s, -> ❶ *das laute Krachen, das man während eines Gewitters hört und das auf einen Blitz folgt:* Der Donner grollt/kracht/rollt. ❷ *lautes dumpfes Geräusch:* der Donner der Geschütze/der Wellen ◆Geschütz- ❸ ■ **wie vom Donner gerührt sein** *(umg.) vor Schrecken starr sein*

Don·ner·bal·ken der <-s, -> *(umg.) (primitive) Toilette (in einem militärischen Feldlager)*

Don·ner·litt·chen, a. **Don·ner·lütt·chen** *interj (umg.)* NORDDT. *(≈ Donnerwetter) Ausruf des Erstaunens*

don·nern ['dɔnɐn] <donnert, donnerte, hat/ist gedonnert> I. *ohne OBJ* ❶ ■ **etwas donnert** *(haben) ein lautes Geräusch verursachen:* Die Geschütze donnern. ❷ ■ **jmd. donnert an etwas** *Akk. (haben) (umg.) heftig anstoßen:* Er hat/ist mit dem Kopf an die Tür gedonnert. ❸ ■ **etwas donnert durch/über etwas** *Akk. (sein) sich mit lautem Geräusch bewegen:* Der Lastwagen ist durch die Ortschaft gedonnert.; Die Flugzeuge donnerten über unsere Köpfe hinweg. ❹ ■ **jmd. donnert gegen etwas** *Akk. (haben) mit lautem Geräusch gegen etwas schlagen:* mit Fäusten gegen die Tür donnern. II. *mit ES* ■ **es donnert** *(haben) (das Geräusch des Donners¹ ist zu hören):* Es blitzt und donnert.

Don·ners·tag der ['dɔnɐstaːk] <-s, -e> *der vierte Tag der Woche*

Don·ners·tag·abend der <-s, -e> *am Don-*

nerstagabend ◆ Zusammenschreibung → R 4.1 Jeden Donnerstagabend gehe ich zum Sport.

don·ners·tag·abends *adv an jedem Donnerstagabend:* Wir treffen uns immer donnerstagabends. ◆ Zusammenschreibung → R 4.1 Die Versammlung ist immer donnerstagabends.

don·ners·tä·gig *adv an jedem Donnerstag:* das donnerstägige Treffen des Sportvereins

don·ners·tags *adv an jedem Donnerstag:* Donnerstags haben wir Sport.; Wir treffen uns immer donnerstags.abends.; *siehe aber auch* **donnerstagabends**

Don·ner·stim·me *die* <-, -n> *gewaltige, laut dröhnende Stimme:* Seine Donnerstimme war im ganzen Haus zu hören.

Don·ner·wet·ter *das* ['dɔnɐvɛtɐ] **I.** *(umg.) heftige Schelte:* Du kannst dich auf ein großes Donnerwetter gefasst machen! **II.** *interj verwendet, um großes Erstaunen auszudrücken:* Donnerwetter! Das hätte ich nicht gedacht.

doof [do:f] <doofer, am doofsten> *adj (umg. abwert.: ≈ blöd) dumm und einfältig:* Wie kann man nur so doof sein!

Doof·heit *die* <-, -en> ❶ *(umg. abwert.) / kein Plur. / Dummheit; beschränkte, einfältige Art* ❷ *doofe Bemerkung, doofe Handlung:* Hör doch endlich mit deinen Doofheiten auf!

do·pen <dopst, dopte, hat gedopt> *mit OBJ* ▪ **jmd. dopt jmdn.** (**mit etwas** *Dat.*) SPORT *(sich) verbotene Mittel (Medikamente) verabreichen, die die Leistung eines Sportlers steigern:* Dem Läufer wurde die Silbermedaille aberkannt, weil er sich gedopt hatte.; Der Rennfahrer behauptete, er sei gegen seinen Willen gedopt worden.; Der Skandal brachte ans Licht, dass in vielen Mannschaften über Jahre hinweg systematisch gedopt wurde.

Do·ping *das* ['do:pɪŋ] <-s> /kein Plur./ SPORT *Einnahme verbotener Mittel (Medikamente) zur Leistungssteigerung:* Die Sportlerin wurde wegen Dopings gesperrt.; Wie verbreitet ist das Doping im Hochleistungssport? ◆ -fall, -mittel, -probe, -skandal, -sperre, -sünder, -substanz, Anabolika-, Blut-, EPO-

Dop·pel *das* ['dɔpl̩] <-s, -> ❶ *(≈ Duplikat) ein zweites Exemplar, das von einem Schriftstück angefertigt wurde:* Ich habe hier noch ein Doppel des Briefes. ❷ SPORT *(bei Tennis und Tischtennis) Spiel zu viert:* ein gemischtes Doppel beim Tischtennis ❸ *als Erstglied zahlreicher zusammengesetzter Substantive; drückt aus, dass etwas aus zwei Teilen besteht oder in doppelter Weise vorkommt* ◆ -album, -begabung, -belichtung, -bett, -bild, -boden, -CD, -fenster, -flinte, -griff, -haus, -hochzeit, -kabine, -klick, -naht, -sieg, -stern, -stockbus, -tür, -zimmer

Dop·pel·agent *der*, **Dop·pel·agen·tin** <-en, -en> *Person, die für zwei Länder gleichzeitig als Spion arbeitet*

dop·pel·bö·dig *adj /nicht steig./ (verhüll.) so, dass etwas vordergründig akzeptabel und auf den zweiten Blick problematisch ist:* Ihre Moral ist doppelbödig.

Dop·pel·de·cker *der* <-s, -> ❶ LUFTF. *Flugzeug mit zwei übereinander liegenden Tragflächen* ❷ *(umg.) doppelstöckiger Autobus*

dop·pel·deu·tig *adj /nicht steig./ so, dass man es auf zweierlei Arten deuten kann:* eine doppeldeutige Bemerkung

Dop·pel·gän·ger *der*, **Dop·pel·gän·ge·rin** *Person, die einer anderen sehr ähnelt:* Entweder er war es selbst, oder es war sein Doppelgänger.

dop·pel·glei·sig *adj /nicht steig./ (↔ eingleisig) so, dass zwei Gleise nebeneinander liegen:* Die Strecke ist doppelgleisig befahrbar.

Dop·pel·haus·halt *der* <-(e)s, -e> *zwei Haushalte, die von einer Person oder einer Familie geführt werden:* Berufsbedingt führt sie einen Doppelhaushalt: Sie hat eine Wohnung in München und wohnt während der Arbeitswoche in einem möblierten Zimmer in Stuttgart.

Dop·pel·le·ben *das* <-s> /kein Plur./ ▪ **jemand führt ein Doppelleben** *jmd. hat eine bestimmte Existenz und daneben heimlich noch eine andere*

Dop·pel·mo·ral *die* <-> /kein Plur./ *ein moralisches Doppelleben:* Die 68er haben die bürgerliche Moral als Doppelmoral beschimpft.; Jemand, der vor anderen als Asket auftritt, aber heimlich ausschweifend lebt, muss sich schon den Vorwurf der Doppelmoral gefallen lassen.

dop·peln <doppelst, doppelte, hat gedoppelt> *mit OBJ* ▪ **jmd. doppelt etwas** ❶ *ein Duplikat herstellen* ❷ ÖSTERR. *(Schuhe) besohlen*

Dop·pel·pack *der* <-s, -s> *eine Packung, die zwei Einheiten der gleichen Ware enthält:* Den Doppelpack gibt es zu einem günstigen Preis.; T-Shirts im Doppelpack zu zehn Euro

Dop·pel·pass *der* <-es, Doppelpässe> ❶ *(umg.) doppelte Staatsbürgerschaft* ❷ SPORT *im Fußball schneller, direk-*

ter Ballwechsel zwischen zwei Spielern derselben Mannschaft mit dem Ziel, die gegnerische Verteidigung zu umspielen

Dop·pel·punkt der <-(e)s, -e> *das Interpunktionszeichen von zwei übereinander gesetzten Punkten „:": vor der direkten Rede einen Doppelpunkt setzen, und bei einem vollständigen Satz anschließend mit einem Großbuchstaben*

Dop·pel·reim der <-(e)s, -e> LIT. *Endreim mit der folgenden Zeile, der zwei Hebungen hat und sich auf drei oder vier Silben erstreckt: „Klinggeister" bildet mit „Singmeister" einen Doppelreim.*

Dop·pel·sei·te die <-, -n> *zwei Blätter eines Buches oder einer Zeitschrift: Der Artikel füllt eine ganze Doppelseite der heutigen Ausgabe.*

dop·pelt ['dɔplt] **I.** *adj /nicht steig./* ❶ *(↔ einfach) die zweifache Menge von etwas: die doppelte Menge; ein doppelter Espresso/Wodka* ❷ *(≈ zweifach) in zwei Exemplaren existierend oder vorkommend: doppelt sehen/vorkommen* ❸ *(abwert.) unehrlich: eine doppelte Moral; ein doppeltes Spiel mit jemandem treiben* **II.** *adv /nicht steig./ sehr viel mehr: doppelt aufpassen müssen; doppelt so viel/ schnell/schön*

Dop·pe·lung die <-, -en> *das Doppeltnehmen*

Dop·pel·ver·die·ner der, **Dop·pel·ver·die·ne·rin** <-s, -> */meist Plur./* ❶ *Ehepaar, bei dem beide Partner berufstätig sind* ❷ *jmd., der zwei Einkommen hat*

Dop·pel·zent·ner der <-s, -> *zwei Zentner; hundert Kilogramm*

Dopp·lung die <-, -en> *siehe* **Doppelung**

Do·ra·do das <-s, -s> *(geh.) ein Ort, der sehr gute Bedingungen für etwas bietet: Das Gebiet ist ein wahres Dorado für Mountainbiker.*

Dorf das [dɔrf] <-(e)s, Dörfer> ❶ *eine Siedlung auf dem Land, die kleiner als eine Stadt ist: in einem Dorf in Thüringen wohnen; An das Leben auf dem Dorf haben wir uns schnell gewöhnt.; Die jungen Leute zieht es vom Dorf in die Stadt.; Seine Verlobte kam vom Dorf, eine Bauerntochter.* ◆-bevölkerung, -bewohner(in), -gemeinde, -gemeinschaft, -leben, -platz, -schule, Bauern-, Berg-, Fischer- ❷ */kein Plur./ (↔ Stadt) ländliche Umgebung: auf dem Dorf(e) aufwachsen/wohnen* ❸ */kein Plur./ die Einwohnerschaft eines Dorfes: Das ganze Dorf war auf den Beinen.; Bei der Ernte hilft das ganze Dorf (≈ alle Einwohner des Dorfes) mit.* ❹ ■ **Das sind für mich böhmische Dörfer!** *(umg.) davon verstehe ich überhaupt nichts;* ■ **Potemkinsche Dörfer zeigen** *(geh.) Blendwerke vorführen, falsche Tatsachen vortäuschen;* ■ **die Kirche im Dorf lassen** *(umg.) sich ans Gegebene halten, an Gebräuchen nichts ändern*

Dorf·trot·tel der <-s, -> *(umg. abwert.) Person, die im Dorf für ihre Dummheit bekannt ist und deshalb verspottet wird*

Dorn der [dɔrn] <-(e)s, -en/-e> ❶ */Plur. Dornen./* BOT. *ein (kleines) scharfes und spitzes Teil an manchen Pflanzen: sich an den scharfen/spitzen Dornen der Rose verletzen;* ■ **keine Rose ohne Dornen** *(Sprichwort) es gibt keine gute Sache, die nicht auch ihre Nachteile hat;* ■ **jemandem ein Dorn im Auge sein** *für jmdn. ein Ärgernis sein* ❷ */Plur. Dorne /* TECHN. *spitzer Metallstift als Werkzeug zum Erweitern von Löchern*

dor·nen·reich *adj /nicht steig./* ❶ *(≈ dornenvoll) voller Dornen¹: ein dornenreicher Strauch* ❷ *(geh.) voller Leiden und Schwierigkeiten: ein dornenreiches Leben*

dor·nig *adj* ❶ *voller Dornen¹: ein dorniges Gestrüpp* ❷ *(geh. übertr.) voller Schwierigkeiten und Leiden: einen dornigen Weg vor sich haben*

Dorn·rös·chen das <-s> */kein Plur./ eine Märchenfigur;* ■ **im Dornröschenschlaf liegen** *vor sich hinträumen; über lange Zeit unverändert bleiben*

dör·ren <dörrst, dörrte, hat/ist gedörrt> **I.** *mit OBJ* ■ **jmd./etwas dörrt etwas** *(haben) etwas trocknen: Man hat das Fleisch gedörrt, um es haltbar zu machen.* ▶ Dörrfleisch, Dörrobst **II.** *ohne OBJ* ■ **etwas dörrt** *(sein) etwas trocknet: Der Fisch ist an der Luft gedörrt.*

Dörr·obst das <-(e)s> */kein Plur./ getrocknetes Obst: im Backofen gedörrtes Obst*

dor·sal *adj /nicht steig./* ❶ MED. *zum Rücken gehörend oder an der Rückseite liegend* ❷ SPRACHWISS. *(↔ apikal) so, dass ein Laut mit dem Zungenrücken gebildet wird: Das „ch" in „ich" ist ein dorsaler Laut.*

dort [dɔrt] *adv* ❶ *(↔ hier) an einer bestimmten, vom Sprecher weiter weg liegenden Stelle: Dort (drüben/hinten) steht meine Tasche.; Bist du schon einmal dort gewesen?* ❷ *verwendet, um sich auf etwas vorher Erwähntes zu beziehen: Ich war heute morgen im Café. Dort (≈ im Café) habe ich Zeitung gelesen.; Wir sind gestern bis Seite 5 gekommen. Dort (≈ auf Seite 5) machen wir jetzt weiter.* ❸ ■ **da und dort**

verwendet, um auszudrücken, dass etwas an verschiedenen Stellen oder Orten vorkommt, es aber kein systematisches Muster gibt Da und dort findet man auf der Insel noch völlig unberührte Bauerndörfer. • Zusammenschreibung → R 4.5 Könnt ihr sie noch ein paar Tage dortbehalten?; Er möchte noch etwas dortbleiben.

dort·her *adv (↔ dorthin) von dem erwähnten Ort her; von da; von dort:* Wollt ihr in die Stadt gehen? Ich komme von dorther.

dort·hin *adv (↔ dorther) an den erwähnten Ort hin; nach dort:* Du gehst ins Kino? Kannst du mich dorthin mitnehmen?

dor·tig *adj /nicht steig./* ① *sich an einem entfernten, zuvor schon genannten Ort befindend:* Wir waren in Leipzig. Das dortige Theater … ② *so, dass es dort geschieht, sich dort ereignet oder dort der Fall ist:* Die dortigen Ereignisse beherrschten heute alle Tageszeitungen.; Wir kennen die dortigen Verhältnisse nicht genügend.

dort·zu·lan·de *adv dort in dem erwähnten Land:* Ist das dortzulande so üblich? • Zusammenschreibung → R 4.3 Dortzulande feiert man kein Weihnachten.; *siehe aber auch* **Lande**

DOS [dɔs] EDV *Abkürzung von „Disc Operating System"; ein Betriebssystem*

Do·se die ['doːzə] <-, -n> ① *kleinerer Behälter aus Metall, Glas oder Keramik mit einem Deckel:* eine Dose für Kekse/Schmuck/Zucker • Keks-, Schmuck-, Zucker- ② *kurz für „Konservendose":* Fisch aus der Dose • Bier-, Fisch-, Konserven- ③ *(umg.) Steckdose*

dö·sen ['døːzn̩] <döst, döste, hat gedöst> *ohne OBJ* ① **jmd. döst** *(umg.)* ① *im Halbschlaf sein:* Ich habe nur ein wenig gedöst. ② *unaufmerksam sein:* Hör auf zu dösen und pass endlich auf!; ■ **jemand döst vor sich hin** *jmd. befindet sich in einem geistigen Dämmerzustand*

Do·sen·öff·ner der <-s, -> (≈ *Büchsenöffner*) *Werkzeug zum Öffnen von Konservendosen*

Do·sen·pfand das <-s> /kein Plur./ *(in Deutschland) auf Getränkedosen und bestimmte Flaschen erhobenes Pfand*

do·sie·ren [doˈziːrən] <dosierst, dosierte, hat dosiert> *mit OBJ* ■ **jmd. dosiert etwas** *bestimmte Mengen eines Stoffes zum Gebrauch abmessen:* ein Medikament richtig/zu hoch dosieren

Do·sie·rung die <-, -en> ① /kein Plur./ *das Abmessen einer bestimmten Menge eines Stoffes zum Gebrauch:* Auf die richtige Dosierung des Medikaments kommt es

an! ② (≈ *Dosis*)

Do·sis die ['doːzɪs] <-, Dosen> *abgemessene Menge:* Diese Dosis des Medikaments/Rauschgifts ist tödlich.; eine hohe Dosis an Strahlung abbekommen • Über-

Dos·sier das [dɔˈsi̯eː] <-s, -s> *zusammengehöriges (umfangreiches) Aktenmaterial:* ein Dossier anlegen

do·tiert *adj /nicht steig./ (geh.) so, dass es mit Geldmitteln ausgestattet ist:* einen gut dotierten Posten suchen; Die Stelle ist mit 5000 Euro dotiert.; Der Schriftsteller nimmt heute den mit 10.000 Euro dotierten Preis der XY Stiftung entgegen.

Do·tie·rung die <-, -en> *das Ausstatten mit Sach- und Geldwerten*

Dot·ter der <-s, -> (≈ *Eidotter, Eigelb*) *das Gelbe im Ei:* das Eiweiß vom Dotter trennen

dot·ter·gelb *adj /nicht steig./ so gelb wie ein Eidotter ist:* eine dottergelbe Blume

dou·beln ['duːbl̩n] <doubelst, doubelte, hat gedoubelt> *mit OBJ* ■ **jmd. doubelt jmdn.** FILM *beim Drehen eines Films einen Schauspieler in gefährlichen Situationen durch ein Double ersetzen:* In dieser Szene ist der Star gedoubelt worden.

Dou·b·le das ['duːbl̩] <-s, -s> FILM *Person, die beim Drehen eines Films in gefährlichen Situationen einen Schauspieler ersetzt*

down [daʊn] *adj (umg.: ↔ high) erschöpft und niedergeschlagen:* völlig down sein

Down·load der ['daʊnloʊd] <-s, -s> EDV *das Herunterladen von Daten aus dem Internet auf einen PC:* ein kostenloser Download

down·load·bar ['daʊnloʊd…] *adj /nicht steig./* EDV *so, dass man es herunterladen kann:* ein downloadbares Programm

down·loa·den ['daʊnloʊdn̩] <downloadest, downloadete, hat downgeloadet> *mit OBJ* ■ **jmd. downloadet etwas** EDV (≈ *herunterladen*) *Daten aus dem Internet auf einem PC abspeichern:* Er will ein paar Musiktitel downloaden.

Do·zent der, **Do·zen·tin** [doˈtsɛnt] <-en, -en> *jmd., der an einer Universität lehrt und nicht Professor(in) ist* • -enstelle, Privat-

do·zie·ren <dozierst, dozierte, hat doziert> *ohne OBJ* ① ■ **jmd. doziert über etwas** Akk. *(geh. abwert.) arrogant und in belehrender Weise vortragen:* Sie doziert gern über Erziehung.; in einem dozierenden Ton sprechen ② ■ **jmd. doziert an einer Universität lehren**

Dr. *Abkürzung des akademischen Grads*

„Doktor": Frau/Herr Dr. Müller; ■ **Dr. h.c.** *Ehrendoktor (von lateinisch „honoris causa" = ‚ehrenhalber');* ■ **Dr. h.c. mult.** *mehrfacher Ehrendoktor;* ■ **Dr. jur.** *Doktor der Rechtswissenschaft;* ■ **Dr. med.** *Doktor der Medizin;* ■ **Dr. phil.** *Doktor der Philosophie;* ■ **Dr. rer. nat.** *Doktor der Naturwissenschaft;* ■ **Dr. theol.** *Doktor der Theologie*

Dra·che *der* ['draxə] <-n, -n> *ein Fabelwesen in der Art eines großen Ungeheuers, das von einem Helden besiegt werden muss* ◆ -ntöter

Dra·chen *der* <-s, -> ❶ *aus Papier oder Kunststoff und leichten Holmen gebaute Konstruktion an einer langen Schnur, die man (als Spielzeug) vom Wind in die Höhe tragen lässt:* Die Kinder lassen im Herbst Drachen steigen. ❷ SPORT *aus großen Stoffbahnen und leichten Holmen konstruiertes Fluggerät* ◆ -flieger ❸ *(umg. abwertend) zänkische Frau:* Sie ist ein richtiger Drachen.

Dra·chen·flie·gen *das* <-s> /kein Plur./ SPORT *das Gleiten in der Luft an einem Drachen²*

Dra·gee, *a.* **Dra·gée** *das* [dra'ʒeː] <-s, -s> ❶ MED. *(≈ Pille) ein Dragee täglich einnehmen* ❷ *eine Art Bonbon:* ein Dragee mit Himbeergeschmack

Draht *der* [draːt] <-(e)s, Drähte> *eine sehr dünne Schnur aus Metall oder Kunststoff:* Draht auf eine Rolle wickeln; ■ **ein heißer Draht** *(umg.) eine direkte (telefonische) Verbindung;* ■ **einen/keinen guten Draht zu etwas/jemandem haben** *(umg.) eine/keine gute Beziehung zu etwas oder jmdm. haben;* ■ **auf Draht sein** *(umg.) geistig rege sein* ◆ -bespannung, -bürste, -stift, -zange, Form-, Kunststoff-, Walz-

Draht·aus·lö·ser *der* <-s, -> FOTOGR. *Vorrichtung an Fotoapparaten zur Betätigung des Verschlusses*

Draht·esel *der* <-s, -> *(umg. scherzh.) Fahrrad*

drah·tig *adj schlank und durchtrainiert:* ein drahtiger junger Mann ▸ Drahtigkeit

draht·los *adj /nicht steig./* TELEKOMM. *so, dass es über Funk funktioniert und nicht an Leitungen gebunden ist:* ein drahtloses Telefon; drahtlos telefonieren

Draht·seil *das* <-(e)s, -e> *Seil aus zusammengedrehten Stahldrähten:* etwas mit einem Drahtseil sichern; ■ **Nerven wie Drahtseile haben** *(umg.) sehr starke Nerven haben, nervlich stark belastbar sein*

Draht·seil·akt *der* <-(e)s, -e> ❶ *Vorführung (im Zirkus), bei der ein Akrobat auf einem quer über die Manege gespannten Seil balanciert* ❷ *(übertr.) eine sehr schwierige Angelegenheit:* Die Vermittlung zwischen den feindlichen Regierungen entpuppte sich als Drahtseilakt, der jederzeit scheitern konnte.

Draht·zie·her *der*, **Draht·zie·he·rin** <-s, -> *(abwertend) Person, die eine Sache aus dem Hintergrund in ihrem Sinne steuert:* Die wirklichen Drahtzieher blieben unbekannt.

dra·ko·nisch *adj /nicht steig./ (geh.) so, dass jmd. sehr streng und rücksichtslos ist:* eine drakonische Strafe verhängen

Drall *der* <-(e)s> /kein Plur./ ❶ PHYS. *Drehung eines fliegenden Körpers um die eigene Achse:* dem Ball/dem Geschoss Drall geben ❷ *(umg. abwertend) Drang in eine bestimmte Richtung:* Diese Partei hat einen deutlichen Drall nach rechts. ◆ Links-, Rechts-

drall *adj so, dass jmd. einen rundlichen, kräftigen Körperbau hat:* ein dralles junges Mädchen ▸ Drallheit

Dra·ma *das* ['draːma] <-s, Dramen> ❶ THEAT. *(↔ Komödie) literarische Gattung, bei der (als Trauerspiel oder Lustspiel) durch die beteiligten Personen eine Handlung auf der Bühne dargestellt wird:* ein Drama von Shakespeare; ein fünfaktiges Drama ❷ *bewegendes, verhängnisvolles Geschehen:* Das Drama der Flugzeugentführung nahm eine überraschende Wendung.; Niemand konnte diesem Drama unbeteiligt zusehen.; ■ **ein Drama aus etwas machen** *(umg. abwertend) aus einer Kleinigkeit eine schwierige Situation werden lassen* Mach' doch nicht gleich ein Drama, wenn du mal fünf Minuten warten musst! ◆ Geisel-

Dra·ma·ti·ker *der*, **Dra·ma·ti·ke·rin** <-s, -> *Person, die Dramen¹ verfasst*

dra·ma·tisch *adj* [dra'maːtɪʃ] ❶ THEAT. *zu den Dramen¹ gehörend:* das dramatische Werk Brechts ❷ *spannend und aufregend:* dramatische Ereignisse; Das Spiel wurde erst zum Schluss dramatisch.

dra·ma·ti·sie·ren [dramati'ziːrən] <dramatisiert, dramatisierte, hat dramatisiert> *mit OBJ* ■ **jmd. dramatisiert etwas** ❶ LIT. *etwas in der Form eines Dramas¹ darstellen:* einen Roman/einen Stoff dramatisieren ❷ *(geh. abwertend) einer Sache mehr Bedeutung beimessen, als ihr zukommt:* Du solltest das Ganze nicht dramatisieren. So schlimm ist es doch gar nicht!

dran [dran] *adv (umg.)* ❶ *(≈ daran) an et-*

was: Dort steht mein Glas, stoß nicht dran! ❷ *an der Reihe:* Jetzt bist du dran!; Ich bin heute in Englisch dran gewesen. ❸ **jmd. ist irgendwie dran** *in einer bestimmten Situation sein:* Er ist arbeitslos und arm dran; da ist sein Bruder als Inhaber eines florierenden Geschäfts besser dran. ❹ **etwas ist an etwas** *Dat.* **dran** *verwendet, um auszudrücken, dass etwas der Wahrheit bis zu dem genannten Grade entspricht:* Da wird schon was dran sein.; An dem Gerücht ist absolut nichts dran. *siehe* **daran**

dran·blei·ben <bleibst dran, blieb dran, ist drangeblieben> *ohne OBJ* **jmd. bleibt (an jmdm./etwas) dran** *(umg.) hartnäckig verfolgen:* an einem Ausreißer/Ziel dranbleiben ◆ Zusammenschreibung → R 4.6 Wenn ihr das schaffen wollt, müsst ihr aber dranbleiben.

Drang der [draŋ] <-(e)s> /kein Plur./ *starkes inneres Begehren:* der Drang nach Emanzipation/Freiheit/Selbstverwirklichung; Dieser Drang musste ausgelebt werden/war kaum zu zügeln/war stärker als jede Vernunft. ◆ Freiheits-, Schaffens-

drän·geln ['drɛŋln] <drängelst, drängelte, hat gedrängelt> I. *mit OBJ/ohne OBJ* **jmd. drängelt (jmdn.)** *(umg.)* ❶ *(andere) beiseite schieben:* jemanden zur Tür drängeln; Drängle nicht so! ❷ *zur Eile antreiben:* Man muss ihn immer drängeln, sonst macht er überhaupt nichts.; Drängle nicht! Ich bin ja schon fertig! II. *mit SICH* **jmd. drängelt sich irgendwohin** *jmd. schiebt andere vor sich her oder zur Seite, um schneller an sein Ziel zu kommen:* sich zur Konzertkasse drängeln; sich in der Warteschlange nach vorne drängeln ▸ Drängler(in)

drän·gen ['drɛŋən] <drängst, drängte, hat gedrängt> I. *mit OBJ* **jmd. drängt jmdn. irgendwohin** ❶ *beiseite schieben:* jemanden in die Ecke/von seinem Platz drängen ❷ **jmd. drängt jmdn. zu etwas** *Dat. mit energischen Worten dazu bewegen, etwas zu tun:* jemanden zur Teilnahme an einem Lehrgang/zu einer Entscheidung drängen ❸ **jmd. drängt jmdn. (zu etwas** *Dat.***)** *schnelles Handeln verlangen:* jemanden zum Aufbruch drängen; Dränge mich nicht, ich brauche Zeit! II. *ohne OBJ* **jmd. drängt irgendwohin** *versuchen, irgendwohin zu gelangen:* Die Menge drängte zum Ausgang.; Die Firma drängt mit ihren neuen Angeboten auf den Markt. III. *mit SICH* ❶ **jmd. drängt sich irgendwo** *als größere Menge eng beieinander stehen:* Die Neugierigen drängten sich am Fenster. ❷ **jmd. drängt sich danach plus Inf.** *als einer von vielen energisch versuchen etwas zu tun:* Die Fans drängten sich danach, ihrem Idol die Hand schütteln zu dürfen.

Drang·sal die <-> /kein Plur./ *(geh.) Leid, Not, bedrängte Lage:* Wie konnte ein Mensch diese Drangsal, diese Not nur so lange erdulden?

drang·sa·lie·ren <drangsaliert, drangsalierte, hat drangsaliert> *mit OBJ* **jmd. drangsaliert jmdn./ein Tier (mit etwas** *Dat.***)** *(umg. abwertl.) quälen, peinigen:* jemanden mit Fragen drangsalieren; sein Pferd mit Sporen drangsalieren

dran·hal·ten <hälst dich dran, hielt sich dran, hat sich drangehalten> *mit SICH* **jmd. hält sich dran**; *siehe* **daranhalten**

dran·kom·men <kommst dran, kam dran, ist drangekommen> *ohne OBJ (umg.)* ❶ **jmd. kommt (mit etwas** *Dat.***) dran** *mit etwas an der Reihe sein:* Du kommst zuerst dran. ❷ **jmd. kommt dran** SCHULE *(↔ drannehmen) vom Lehrer aufgerufen werden:* Ich bin heute in Mathematik drangekommen. ❸ **jmd. kommt dran** *erreichen können:* Kannst du mir die Vase heruntergeben? Ich komme nicht dran.; Ich habe keine Karten für das Konzert; aber er weiß, wie wir drankommen. ◆ Zusammenschreibung → R 4.6 Kann ich auch mal drankommen?

dran·krie·gen <kriegst dran, kriegte dran, hat drangekriegt> *mit OBJ* **jmd. kriegt jmdn. dran** *(umg.) jmdn. überlisten, reinlegen:* Da habt ihr mich aber mächtig drangekriegt!; Von dem lasse ich mich nie wieder drankriegen!

dran·neh·men <nimmst dran, nahm dran, hat drangenommen> *mit OBJ* **jmd. nimmt jmdn. dran** *(umg.: ↔ drankommen) nacheinander befragen oder bedienen, bearbeiten, behandeln o.Ä.:* Der Lehrer hat mich heute in Physik drangenommen.; den nächsten Patienten drannehmen

dran·wa·gen <wagst dran, wagte dran, hat drangewagt> *mit SICH* **jmd. wagt sich an jmdn./etwas dran** *(umg.) den Mut haben, auf jmdn. oder etwas zuzugehen:* Wagen wir uns an die Aufgabe dran!

dras·tisch ['drastɪʃ] *adj (abwertl.)* ❶ *(≈ krass) so, dass es in einer negativen Art und Weise deutlich ist:* ein drastisches Beispiel von Umweltkriminalität ❷ *sehr wirksam und spürbar:* eine drastische Erhöhung der Preise; eine drastische Strafe

drauf *adv (umg.: ≈ darauf)* ❶ *auf die Oberseite von etwas:* Dort ist meine Tasche. Lege bitte das Buch drauf! ❷ *zusätzlich:* noch eins drauf geben; ▪ **drauf und dran sein, etwas zu tun** *(umg.) im Begriff sein, etwas zu tun;* ▪ **gut/schlecht drauf sein** *(umg.) gut/schlecht gelaunt sein; siehe* **darauf**

Drauf·ga·be *die* <-, -n> ÖSTERR. *Zugabe:* Das Orchester spielte noch eine Draufgabe.

Drauf·gän·ger *der,* **Drauf·gän·ge·rin** <-s, -> *Person, die ohne viel Überlegung oder ohne Rücksicht auf Gefahren handelt:* Man kann ihn nicht bremsen, er ist eben ein richtiger Draufgänger.

drauf·ge·hen <gehst drauf, ging drauf, ist draufgegangen> *ohne OBJ* ❶ ▪ **etwas geht für etwas** *Akk.* **drauf** *(umg.) verbraucht werden:* Für den Urlaub ist mein ganzes Geld draufgegangen. ❷ ▪ **jmd. geht bei etwas** *Dat.* **drauf** *(salopp) sterben:* Sie hätte bei diesem Unfall draufgehen können!

drauf·ha·ben <hast drauf, hatte drauf, hat draufgehabt> *mit OBJ* ▪ **jmd. hat etwas drauf** *(umg.) für etwas sehr begabt sein:* Sie hat ganz schön was drauf in Physik!

drauf·le·gen <legst drauf, legte drauf, hat draufgelegt> *mit OBJ* ▪ **jmd. legt etwas drauf** *(umg.) zusätzlich bezahlen:* Unser Geld reicht noch nicht; du musst noch etwas drauflegen. ◆ Zusammenschreibung → R 4.6 Oma hat auf unser Erspartes noch etwas draufgelegt.

drauf·los *adv (umg.) ohne lange nachzudenken:* Einfach drauflos! Es wird schon klappen!

drauf·los·ge·hen <gehst drauflos, ging drauflos, ist drauflosgegangen> *ohne OBJ* ▪ **jmd. geht drauflos** *(umg.) stürmisch und ohne festes Ziel vorwärtsgehen:* Sie hatten kein Ziel und sind einfach drauflosgegangen. ◆ Zusammenschreibung → R 4.6 Lasst uns einfach drauflosgehen, ...

drauf·los·re·den <redest drauflos, redete drauflos, hat drauflosgeredet> *ohne OBJ* ▪ **jmd. redet drauflos** *(umg.) schnell und ohne Überlegung reden:* Sie hat ohne nachzudenken einfach drauflosgeredet. ◆ Zusammenschreibung → R 4.6 Er war nicht vorbereitet und hat in der Vorlesung einfach so drauflosgeredet.

drauf·los·schla·gen <schlägst drauflos, schlug drauflos, hat drauflosgeschlagen> *ohne OBJ* ▪ **jmd. schlägt drauflos** *(umg.) ohne Besinnung zuschlagen:* Er war betrunken und hat drauflosgeschlagen.

drauf·los·stür·zen <stürzt drauflos, stürzte drauflos, ist drauflosgestürzt> *ohne OBJ* ▪ **jmd. stürzt drauflos** *(umg.) eilig auf etwas losrennen:* Als das Geschäft öffnete, stürzte er drauflos

drauf·los·wirt·schaf·ten <wirtschaftest drauf los, wirtschaftete drauf los, hat drauflosgewirtschaftet> *ohne OBJ* ▪ **jmd. wirtschaftet drauflos** *(umg.) ohne Überlegung wirtschaften:* Sie ist pleite, denn sie hat einfach drauflosgewirtschaftet.

drauf·ma·chen <machst drauf, machte drauf, hat draufgemacht> *mit OBJ* ▪ **jmd. macht einen drauf** *(umg.) lange und ausgiebig (meist in Verbindung mit viel Alkohol) feiern:* Nach der bestandenen Prüfung haben sie einen draufgemacht.

drauf·ste·hen <stehst drauf, stand drauf, hat draufgestanden> *mit OBJ* ▪ **etwas steht auf etwas** *Dat.* **drauf** *(umg.) darauf geschrieben stehen:* Sieh mal nach, ob mein Name auch mit draufsteht! ◆ Zusammenschreibung → R 4.5 Ich denke, das muss auf der Gebrauchsanleitung draufstehen.

drauf·zah·len <zahlst drauf, zahlte drauf, hat draufgezahlt> *mit OBJ/ohne OBJ* ▪ **jmd. zahlt (bei etwas** *Dat.***) drauf** *(umg.) bei etwas einen Verlust machen:* bei einem Geschäft draufzahlen müssen ▸ Draufzahlgeschäft

drau·ßen ['draʊsn] *adv* ❶ *(↔ drinnen) außerhalb eines Raumes:* nach draußen gehen; lieber draußen warten; Wer ist da draußen? ❷ *vom Sprecher weit weg:* draußen auf dem Meer; die Schiffe draußen; draußen an der Front ❸ ▪ **jemand ist draußen** *(umg.) jmd. hat die Übung in etwas verloren* Ich habe zwei Jahre kein Französisch gesprochen! Ich bin ganz draußen.

drech·seln <drechselst, drechselte, hat gedrechselt> *mit OBJ/ohne OBJ* ❶ ▪ **jmd. drechselt (etwas) (auf etwas** *Dat.***)** *Holz auf einer Drehbank bearbeiten:* gedrechseltes Holzspielzeug ❷ ▪ **jmd. drechselt etwas** *etwas sprachlich kunstvoll und zugleich steif formulieren:* Reime/Sätze drechseln

Drechs·ler *der,* **Drechs·le·rin** <-s, -> *jmd., der beruflich drechselt[1]*

Dreck *der* [drɛk] <-(e)s> /kein Plur./ ❶ (≈ *Schmutz) Rückstände von Erde, Staub, Ruß o.Ä., die sich unerwünschterweise irgendwo ablagern oder an etwas haften:* Meine Schuhe waren nach der Wanderung voller Dreck.; Die Ecken sind schwer zu reinigen, da kann sich Dreck ansammeln. ▸ verdreckt ◆ -spritzer ❷ *(vulg. abwert.) minderwertige Sache:* Kümmere dich um deinen eigenen Dreck!; Was hast du denn da für einen Dreck gekauft?; ▪ **jemanden aus dem Dreck ziehen** *(umg.) jmdm. aus Schwierigkeiten heraushelfen;* ▪ **etwas in den Dreck ziehen** *(umg.) über etwas sehr abfällig und verächtlich sprechen;* ▪ **Dreck am Stecken haben** *(umg.) Schuld auf sich geladen haben;* ▪ **jemanden wie den letzten Dreck behandeln** *(umg.) jmdn. sehr schlecht behandeln;* ▪ **Das geht dich einen Dreck an!** *(vulg.) das geht dich gar nichts an;* ▪ **die Karre aus dem Dreck ziehen** *(umg.) eine scheinbar hoffnungslos missratene Sache wieder in Ordnung bringen*

Dreck- [drɛk] *als Erstglied zusammengesetzter Substantive, mit Betonung auf dem Erstglied; drückt aus, dass das mit dem Zweitglied Bezeichnete in drastischer Weise als äußerst unangenehm/negativ eingeschätzt wird:* Sonst sieht er sehr adrett aus; aber wenn man seine Wohnung sieht, dann kann man nur sagen: Er haust in einem Dreckstall; er ist wirklich ein Dreckfink! ◆ -nest, -sau, -schleuder, -stall, -stück, -wetter, -zeug; *siehe auch* **Drecks-**

Dreck·fink der <-en, -en> *(umg.: ≈ Dreckspatz, Schmutzfink) jmd., der sehr schmutzig ist (oder dazu neigt, sich immer wieder schmutzig zu machen):* Mensch Peter; du bist ein kleiner Dreckfink! Gerade habe ich dir ein frisches Hemd angezogen!

Dreck·hau·fen der <-s, -> *(umg.) ein Haufen von Dreck*

dre·ckig ['drɛkɪç] *adj* ❶ *(≈ schmutzig) voller Dreck¹:* dreckige Hände/Schuhe haben; Laufe mit deinen dreckigen Schuhsohlen bloß nicht über den Wohnzimmerteppich! ❷ *(umg. abwert.) so, dass jmd. gemein und unverschämt ist:* ein dreckiges Grinsen; Seine dreckige Lache ist abstoßend.; ▪ **es geht jemandem dreckig** *(umg.) es geht jmdm. schlecht*

Drecks- [drɛks] *(≈ Scheiß-) als Erstglied zusammengesetzter Substantive, mit Betonung auf dem Erstglied; drückt aus, dass das mit dem Zweitglied Bezeichnete in sehr drastischer Weise als äußerst unangenehm/negativ eingeschätzt wird:* Das Drecksgesindel aus jener Vorstadt beraubt und prügelt jeden, der zu nahe kommt. ◆ -arbeit, -ding, -gesindel, -hund, -kerl, -leben, -pack, -stadt, -staat; *siehe auch* **Dreck-**

Dreck·sack der <-(e)s, Drecksäcke> *(vulg. abwert.) gemeiner Kerl (Schimpfwort)*

Dreck·schwein das <-(e)s, -e> *(vulg. abwert.)* ❶ *Person, die schmutzig ist:* Das Dreckschwein hat hier alles schmutzig gemacht! ❷ *niederträchtige Person:* Das Dreckschwein hat uns alle ausgenutzt und dann verraten.

Dreck·stall der <-(e)s, Dreckställe> *(vulg. abwert.) sehr schmutzige und unordentliche Wohnung; sehr vernachlässigter Raum*

Dreck·wet·ter das <-s> */kein Plur./ (umg. abwert.) sehr schlechtes Wetter mit Regen oder Schneematsch:* So ein Dreckwetter!; bei diesem Dreckwetter keinen Hund vor die Tür jagen

Dreh [dre:] <-(e)s, -s/-e> *(umg.)* ❶ *Trick, Kunstgriff:* Kannst du mir diesen Dreh mal zeigen? ❷ ▪ **den Dreh heraushaben** *(umg.) verstanden haben, wie man etwas machen muss;* ▪ **so um den Dreh (herum)** *ungefähr um diese Zeit; ungefähr so viel, so weit, so hoch, so schnell* Die Höchstgeschwindigkeit liegt bei 120 km/h oder so um den Dreh herum.; Der Anteil liegt bei drei Prozent, oder so um den Dreh.

Dreh·ach·se die <-, -n> *Achse, um die eine Drehung erfolgt*

Dreh·ar·beit die <-, -en> */meist Plur./* FILM *das Drehen eines Films*

Dreh·bank die <-, Drehbänke> *Maschine, in der ein eingespanntes Werkstück rotiert und mit einem Werkzeug bearbeitet wird*

dreh·bar *adj /nicht steig./ so, dass man es drehen kann:* eine drehbare Bühne

Dreh·buch das <-(e)s, Drehbücher> FILM *die schriftliche Vorlage für einen Film, die die Figuren und den Verlauf der Handlung beschreibt* ◆ -autor(in)

dre·hen ['dre:ən] <drehst, drehte, hat gedreht> I. *mit OBJ* ▪ **jmd. dreht etwas** ❶ *etwas so um die eine Achse bewegen, dass es eine kreisförmige Bewegung macht:* ein Rad/eine Schraube drehen ❷ *wenden:* etwas hin und her drehen; den Kopf drehen ❸ *(bestimmte Produkte) mit kreisenden Bewegungen mit den Händen oder maschinell formen:* Papierkügelchen/Zigaretten drehen; Granaten/Seile drehen ❹ *(umg. abwert.) im eigenen Interesse beeinflussen:* etwas so drehen, dass man davon den größten Nutzen hat II. *mit OBJ/ohne OBJ* ▪ **jmd. dreht (etwas) (irgendwo)** FILM *einen Film machen:* einen Film drehen; Hier ist ein Film der beliebten Kinderserie „Willi wills wissen" mit Helmar Weitzel gedreht worden.; Sie dreht gerade in Hollywood. ▶ Drehpause **III.** *ohne OBJ* ❶ ■ *etwas dreht die Bewegungsrichtung ändern:* Der Wind drehte plötzlich.; Das Schiff dreht. ❷ ■ *jmd./etwas dreht (an etwas Dat.) eine Kreisbewegung mit etwas ausführen:* jemand dreht an einem Knopf/Rad/Schalter **IV.** *mit SICH* ❶ ■ *jmd./etwas dreht sich sich um die eigene Achse bewegen:* sich im Kreis drehen; Die Schallplatte dreht sich. ❷ ■ *etwas dreht sich um etwas Akk. (umg.) sich um etwas handeln:* Um was dreht es sich?; es dreht sich darum, dass ...; ■ **ein Ding drehen** *(umg.) ein Verbrechen begehen;* ■ **alles dreht sich nur um ...** *(umg.) es geht bei jmdm. oder etwas nur um ...*

Dre·her *der*, **Dre·he·rin** *die* <-s, -> *jmd., der beruflich an einer Drehbank arbeitet*

Dreh·er·laub·nis *die* <-> /*kein Plur.*/ FILM *die Genehmigung, an einem bestimmten Ort zu filmen:* eine Dreherlaubnis erteilen

Dreh·kreuz *das* <-es, -e> *an Durchgängen (als Sperre) befindliches drehbares Metallkreuz, das jeweils nur eine Person hindurchlässt:* Am Eingang zum Werksgelände muss man ein Drehkreuz passieren.

Dreh·mo·ment *das* <-s, -e> PHYS. *Maß für die Drehwirkung der einen drehbaren Körper angreifenden Kräfte*

Dreh·or·gel *die* <-, -n> *ein mit einer Kurbel betriebenes orgelähnliches (fahrbares) Musikinstrument*

Dreh·ort *der* <-(e)s, -e> FILM *Ort, an dem ein Film gedreht wird*

Dreh·punkt *der* <-(e)s, -e> *Punkt, um den eine Drehung stattfindet*

Dreh·schal·ter *der* <-s, -> *Schalter, den man durch Drehen betätigt*

Dreh·schei·be *die* <-, -n> ❶ (≈ *Töpferscheibe*) ❷ *drehbare Plattform zum Umsetzen von Lokomotiven* ❸ (*übertr.*) *wichtiger Handels- oder Verkehrsknotenpunkt:* Der Hafen ist eine Drehscheibe für den Ost-West-Handel.

Dreh·strom *der* <-(e)s> /*kein Plur.*/ ELEKTROTECHN. (≈ *Dreiphasenstrom*) *Strom, bei dem drei Wechselströme miteinander verbunden sind* ◆-generator

Dreh·tag *der* <-(e)s, -e> FILM *Tag, an dem Aufnahmen zu einem Film gemacht werden:* Nach zwanzig Drehtagen war der Film fertig.

Dre·hung *die* <-, -en> *das Drehen I, III, IV.1:* eine ganze/halbe Drehung machen

Dreh·zahl *die* <-, -en> KFZ *Anzahl der Umdrehungen in einer bestimmten Zeit* ◆-messer

Dreh·zeit *die* <-, -en> FILM *die Zeit, die zum Drehen eines Films nötig ist*

drei [draj] *num die Zahl 3:* drei Kilometer; Wir nehmen die (ersten) drei.; Einer von uns dreien muss gehen.; Das Glas ist drei viertel voll.; Wir treffen uns um drei.; Wir treffen uns um drei viertel sieben.; ein drei viertel Liter; ■ **nicht bis drei zählen können** *(umg. abwert.) nicht besonders klug sein* ◆ Kleinschreibung → R 3.16 Die drei haben uns geholfen.; Die Besprechung ist um drei (≈ findet um drei statt).; drei Komma fünf; ◆ Getrenntschreibung → R 4.20 Es ist drei viertel drei.; Ich nehme einen drei viertel Liter Bier.; *siehe aber auch* **Viertel**

Drei *die* [draj] <-, -en> *die Zahl Drei* eine Drei würfeln; Die (Nummer) Drei ist an der Reihe.; in Mathematik eine Drei (≈ *die Schulnote Drei*) haben ◆ Großschreibung → R 3.7 Er hat eine Drei geschrieben/mit Drei bestanden.; eine Drei ziehen

Drei·ak·ter *der* <-s, -> THEAT. *Bühnenstück mit drei Akten*

Drei·bett·zim·mer *das* <-s, -> *Zimmer in einem Hotel oder Krankenhaus mit drei Betten:* ein Dreibettzimmer reservieren

Drei·eck *das* [ˈdraɪ|ɛk] <-(e)s, -e> *eine geometrische Figur mit drei Ecken:* ein gleichschenkliges Dreieck; den Flächeninhalt eines Dreiecks berechnen

drei·eckig *adj* /*nicht steig.*/ *so, dass es die Form eines Dreiecks hat*

Drei·ecks·be·zie·hung *die* <-, -en> (≈ *Dreiecksverhältnis*) *intimes Verhältnis zwischen drei Pesonen*

Drei·ecks·ko·mö·die *die* <-, -n> THEAT. *Komödie, die von einer Dreiecksbeziehung handelt*

Drei·ei·nig·keit *die* <-> /*kein Plur.*/ REL. (≈ *Dreifaltigkeit*) *in der christlichen Religion die Einigkeit von Vater, Sohn und Heiligem Geist*

drei·er·lei *adj* /*nicht steig.*/ *von drei Arten oder Sorten:* Dazu habe ich dreierlei zu bemerken ...; Ich muss heute noch dreierlei erledigen.; dreierlei verschiedene Bedeutungen

drei·fach *adj* /*nicht steig.*/ *so, dass es dreimal so viel ist:* Er verdient das Dreifache.; um das Dreifache größer sein ◆ Großschreibung → R 3.7 Es kostet das Dreifache.

Drei·fach·steck·do·se *die* <-, -n> *Steckdose für drei Stecker*

Drei·fal·tig·keits·fest *das* <-(e)s, -e> REL. (≈ *Trinitatis*) *Fest der Dreieinigkeit (am ersten Sonntag nach Pfingsten)*

Drei·fa·mi·li·en·haus das <-es, Dreifamilienhäuser> *Haus mit drei Wohnungen (für drei Familien)*

Drei·heit die <-> */kein Plur./ die Einheit von drei Wesen, die zusammengehören*

drei·hun·dert num Kardinalzahl „300"

drei·jäh·rig adj */nicht steig./ drei Jahre alt:* ein dreijähriges Kind; ein dreijähriger Baum; Beim Pferderennen gehen heute die Dreijährigen an den Start. ◆ Großschreibung → R 3.7 Das wissen doch schon die Dreijährigen!

drei·jähr·lich adj */nicht steig./ sich alle drei Jahre wiederholend:* Dieses Musikfestival findet dreijährlich statt.

Drei·kampf der <-(e)s> */kein Plur./* SPORT *eine Mehrkampfdisziplin, die aus 100-m-Lauf, Weitsprung und Kugelstoßen besteht*

Drei·klang der <-(e)s, Dreiklänge> MUS. *ein Akkord aus drei Tönen*

Drei·kö·nigs·fest das <-(e)s, -e> REL. *Fest der Heiligen Drei Könige (am 6. Januar)*

Drei·kö·nigs·tag der <-(e)s> */kein Plur./ christliches Fest am 6. Januar*

drei·köp·fig adj */nicht steig./ aus drei Personen bestehend:* eine dreiköpfige Familie; ein dreiköpfiges Team

drei·mo·na·tig adj */nicht steig./* ① *drei Monate dauernd:* ein dreimonatiges Praktikum ② *drei Monate alt:* ein dreimonatiges Baby

Drei·rad das <-(e)s, Dreiräder> *(kleines) Kinderfahrrad mit drei Rädern*

Drei·raum·woh·nung die <-, -en> *(≈ Dreizimmerwohnung) Wohnung mit drei Zimmern*

Drei·satz der <-es> */kein Plur./ (≈ Dreisatzrechnung)* MATH. *ein Rechenverfahren, bei dem man aus drei bekannten eine vierte unbekannte Größe bestimmt*

drei·spra·chig adj */nicht steig./* ① *in drei Sprachen abgefasst:* ein dreisprachiger Gedichtband ② *so, dass jmd. drei Sprachen spricht:* Das Kind wächst dreisprachig auf.

drei·ßig num Kardinalzahl „30": über dreißig (Jahre alt) sein; die dreißiger Jahre ◆ Großschreibung → R 3.19 Das Möbelstück stammt aus den Dreißigern.; Er ist in den Dreißigern.

Drei·ßi·ger·jah·re die <-> *Plur. die Jahre 30 bis 39 eines jeden Jahrhunderts:* die Mode der Dreißigerjahre

drei·ßig·jäh·rig adj */nicht steig./ dreißig Jahre alt:* eine dreißigjährige Zusammenarbeit; Sie ist bereits dreißigjährig an einer schweren Krankheit gestorben. ◆ Großschreibung → R 3.17 der Dreißigjährige Krieg; alle (über) Dreißigjährigen

Drei·Bigs·tel das <-s, -> *der dreißigste Teil von etwas:* ein Dreißigstel

dreist adj *unverschämt, frech und anmaßend:* eine dreiste Lüge

drei·stel·lig adj */nicht steig./ so, dass die Zahlenangabe aus drei hintereinanderfolgenden Ziffern besteht:* eine dreistellige Summe zahlen

Drei·ster·ne·ho·tel das <-s, -s> *Hotel, das der Kategorie „drei Sterne" angehört und ein gehobenes Niveau bietet*

Dreis·tig·keit die <-, -en> *Unverschämtheit, Frechheit:* Er besaß die Dreistigkeit, uns zu belügen.

drei·stu·fig adj */nicht steig./ so, dass es aus drei Stufen besteht:* ein dreistufiges Verfahren

drei·stün·dig adj */nicht steig./ drei Stunden dauernd:* ein dreistündiger Vortrag

drei·tä·gig adj */nicht steig./ drei Tage dauernd:* eine dreitägige Reise

drei·tei·lig adj */nicht steig./ aus drei Teilen bestehend:* ein dreiteiliges Kostüm

drei·vier·tel·lang [...'fɪr...] adj */nicht steig./ so, dass die Länge drei Viertel der normalen Länge beträgt:* ein dreiviertellanger Rock

Drei·vier·tel·li·ter·fla·sche die [...fɪr...] <-, -n> *Flasche, in die dreiviertel Liter Flüssigkeit hineinpasst:* eine Dreiviertelliterflasche Wein

Drei·vier·tel·mehr·heit die [...'fɪr...] <-, -en> *Mehrheit von mindestens 75 Prozent der abgegebenen Stimmen:* Der Kandidat erhielt die Dreiviertelmehrheit.

Drei·vier·tel·stun·de die [...fɪr...] <-, -n> *Zeitraum von 45 Minuten:* Die Fahrt mit dem Zug dauerte eine Dreiviertelstunde.

drei·wö·chig adj */nicht steig./ drei Wochen dauernd:* ein dreiwöchiger Lehrgang

drei·zehn num Kardinalzahl „13"

drei·zehn·jäh·rig adj */nicht steig./ dreizehn Jahre alt:* ein dreizehnjähriges Mädchen; die dreizehnjährige Kooperation der beiden Firmen

drei·zei·lig adj */nicht steig./ so, dass ein Text drei Zeilen lang ist:* ein dreizeiliger Vers

Drei·zim·mer·woh·nung die <-, -en> *siehe* **Dreiraumwohnung**

Dres. *Abkürzung von „Doktores":* Praxisgemeinschaft Dres. Müller, Schmidt und Meyer

Dre·sche die <-> */kein Plur./ (umg.) Prügel, Schläge:* Dresche kriegen

dre·schen <drischst, drosch, hat gedro-

schen> *mit OBJ/ohne OBJ* ❶ ▪ **jmd. drischt (etwas)** LANDW. *Getreide so bearbeiten, dass die Körner herausfallen:* Getreide/Korn dreschen; Nach dem Ernten wird gedroschen. ▶ Dreschmaschine ❷ ▪ **jmd. drischt jmdn.;** ▪ **jmd. drischt auf etwas** *Akk. (vulg.) heftig schlagen:* jemanden windelweich dreschen; mit einem Stock auf etwas dreschen

Dre·scher *der* <-s, -> *jmd. der drischt¹*

Dresch·fle·gel *der* <-s, -> LANDW. *Gerät zum manuellen Dreschen¹*

Dress *das* <-es, -e> *eine Sportbekleidung, die aus Trikot und passender Sporthose besteht:* Die Mannschaft spielt im gelben Dress.

dres·sie·ren <dressierst, dressierte, hat dressiert> *mit OBJ* ▪ **jmd. dressiert ein Tier** *einem Tier bestimmte Fähigkeiten oder Kunststücke antrainieren:* einen Hund dressieren; ein dressierter Affe ▶ Dresseur(in)

Dres·sing *das* <-s, -s> KOCH. *Salatsoße, Marinade* ◆ Joghurt-, Kräuter-

Dress·man *der* ['drɛsmən] <-s, Dressmen> *männliches Model*

Dres·sur *die* <-, -en> ❶ */kein Plur./ das Abrichten eines Tieres:* die Dressur von Tigern ❷ *durch Abrichten erworbene Fertigkeit:* Die Löwen führten eine schwierige Dressur vor. ◆ -akt, -halsband, -kunststück, -reiten

drib·beln <dribbelst, dribbelte, hat gedribbelt> *ohne OBJ* ▪ **jmd. dribbelt** SPORT *den Ball durch kurze Stöße vorantreiben:* am gegnerischen Spieler vorbei dribbeln ▶ Dribbling

drif·ten <dreiftest, driftete, ist gedriftet> *ohne OBJ* ▪ **etwas driftet irgendwohin** *etwas treibt schwimmend ohne bestimmte Richtung auf dem Wasser:* Das Floß driftet über das Wasser.

Drill *der* <-(e)s, -> */kein Plur./* MILIT. *hartes (mechanisches) Training von Fertigkeiten:* der tägliche Drill

dril·len <drillst, drillte, hat gedrillt> *mit OBJ* ▪ **jmd. drillt jmdn.** ❶ MILIT. *hart trainieren:* die Soldaten im Exerzieren drillen ❷ *(abwertend.) durch ständiges Wiederholen üben:* die Schüler in Grammatik drillen; Er war auf diese Fragen gedrillt.

Dril·ling *der* <-s, -e> *eines von drei gleichzeitig von derselben Mutter geborenen Kindern*

drin *adv (umg.) innerhalb eines Raumes oder Gefäßes:* Wir warten drin.; In der Flasche ist gar nichts mehr drin!; Sie ist eben noch drin gewesen.; ▪ **das ist nichts mehr/noch etwas drin** *(umg.) da ist nichts mehr/noch etwas zu machen;* ▪ **etwas ist bei/mit jemandem nicht drin** *(umg.) mit jmdm. nicht zu machen sein* Betrug ist bei ihm nicht drin.

drin·gen <dringst, drang, ist gedrungen> *ohne OBJ* ❶ ▪ **jmd. dringt auf etwas** *Akk. nachdrücklich fordern, dass etwas geschieht:* Der Kunde dringt auf pünktliche Lieferung. ❷ ▪ **etwas dringt irgendwohin** *an eine Stelle gelangen:* Die Nachricht ist an die Öffentlichkeit gedrungen.; Das Sonnenlicht dringt durch die Wolken.; Das Geschoss ist bis in die Lunge gedrungen.

drin·gend ['drɪŋənt] *adj* ❶ *so wichtig und eilig, dass es keinen Aufschub duldet:* die dringendsten Reparaturen sofort erledigen; ein dringendes Anliegen haben; Wir können nicht länger warten, denn die Sache ist viel zu dringend! ❷ *(≈ akut) so konkret, dass sofort eine Maßnahme erfolgen muss:* Es besteht dringender Tatverdacht. ❸ *(≈ nachdrücklich) so, dass man keinen Zweifel daran lässt, dass die eigenen Äußerungen wichtig und ernst sind:* eine dringende Warnung aussprechen

dring·lich *adj siehe* dringend

Dring·lich·keit *die* <-> */kein Plur./* ❶ *(≈ Wichtigkeit) der Umstand, dass etwas dringend¹ ist:* die Dringlichkeit des Antrags ❷ *Nachdrücklichkeit:* jemanden mit aller Dringlichkeit zu etwas auffordern/vor etwas warnen

Dring·lich·keits·stu·fe *die* <-, -n> *Grad der Dringlichkeit¹ einer bestimmten Maßnahme:* die höchste Dringlichkeitsstufe

Drink *der* <-(s), -s> *ein (alkoholisches) Getränk:* jemandem einen Drink anbieten

drin·nen ['drɪnən] *adv (↔ draußen) innerhalb eines Raumes:* drinnen und draußen; sich lieber drinnen aufhalten

drit·te *adj /nicht steig./* am dritten Tag; wir waren zu dritt; Jeder Dritte ist unter dreißig.; der Dritte im Bunde sein; die Dritte Welt; ▪ **aus dritter Hand** *gebraucht* etwas aus dritter Hand kaufen; ▪ **der lachende Dritte** *(umg.) derjenige, der bei etwas als Unbeteiligter gewinnt* Bei ihrem Streit war ich der lachende Dritte. ◆ Großschreibung → R 3.17 das Dritte Reich (= die Zeit der Hitler-Diktatur/des Hitlerfaschismus in Deutschland)

Drit·tel *der* ['drɪtl] <-s, -> *der dritte Teil von etwas:* Jeder bekommt ein Drittel.

drit·tens *adv an dritter Stelle:* ... und drittens fehlt es uns an dem nötigen Personal.

Drit·te-Welt-La·den *der* <-s, ...-Läden> *ein Geschäft, in dem Waren aus Entwicklungsländern verkauft werden*

Dritt·land das <-(e)s, Drittländer> POL. *Land, das außerhalb einer bestimmten vertraglichen Beziehung steht:* Es wurde vereinbart, diese Technik nicht an Drittländer weiterzuverkaufen.

dritt·letz·te *adj /nicht steig./ vom Ende her gesehen an dritter Stelle:* der drittletzte Punkt auf der Tagesordnung; als Drittletzter ins Ziel kommen

Dritt·mit·tel *Plur.* AMTSSPR. *Gelder, die Hochschulen aus Stiftungen oder aus der Wirtschaft für Projekte erhalten:* ein Forschungsprojekt aus Drittmitteln finanzieren

Dritt·staat der <-(e)s, -en> POL., RECHTSW. *ein Staat, in den Asylbewerber abgeschoben werden dürfen:* sichere Drittstaaten

Drive der [draif] <-s, -s> ① *(umg.) Schwung:* Die Party hatte richtig Drive. ② *(umg.) Neigung:* Ich würde ja gern mitkommen, aber mir fehlt der richtige Drive. ③ MUS. *treibender Rhythmus in Rock- oder Jazzmusik*

DRK das <-> */kein Plur./ Abkürzung von „Deutsches Rotes Kreuz“*

Dro·ge die ['dro:gə] <-, -n> *(≈ Rauschgift) eine der Substanzen, die in verschiedenen Weisen konsumiert (getrunken, geraucht, in die Blutbahn gespritzt) werden, die den Konsumenten in einen stark euphorischen Zustand versetzen, eine körperliche und psychische Abhängigkeit erzeugen und oft langfristig die Gesundheit sowie die sozialen Bindungen des Konsumenten zerstören;* ■ **harte/weiche Drogen** *Drogen, die sehr schnell/weniger schnell abhängig machen* unter dem Einfluss von Drogen stehen/immer wieder zu Drogen greifen/nicht von der Droge loskommen/immer öfter Drogen konsumieren; Die Droge macht sehr schnell abhängig/verändert die Persönlichkeit/kann tödlich sein.; Der Gitarrist starb an einer Überdosis der Droge.; die Dealer/das Einstiegsalter/die Erstkonsumenten einer Droge ◆ -nberatungsstelle, -ndealer, -nentzug, -nfahndung, -nhandel, -nhändler, -nkonsum, -nmafia, -nmissbrauch, -npolitik, -nrazzia, -nstrich, -nsucht, -ntherapie, -ntote, Designer-, Mode-, Party-

Drö·ge·ler der <-s, -> SCHWEIZ. *Drogenabhängiger*

dro·gen·ab·hän·gig *adj /nicht steig./ von Rauschgift abhängig:* ein drogenabhängiger Jugendlicher ► Drogenabhängige

Dro·gen·pro·b·lem das <-s, -e> ① *Abhängigkeit von Drogen:* Ich glaube, sie hat ein Drogenproblem. ② */kein Plur./ die Schwierigkeiten, die sich für Gesellschaft und Politik aus dem Umgang mit Drogen ergibt:* das Drogenproblem diskutieren

dro·gen·süch·tig *adj /nicht steig./ siehe* **drogenabhängig**

Dro·gen·sze·ne die <-> */kein Plur./ Personengruppe, die im Zusammenhang mit Drogensucht und Drogenhandel in einem Gebiet auftritt:* Im Bahnhofsviertel der Stadt gibt es eine offene Drogenszene.

Dro·ge·rie die [drogə'ri:] <-, -rien> *ein Geschäft, in dem man vor allem Körperpflegemittel, Reinigungsmittel und bestimmte Heilmittel kaufen kann* ◆ -artikel, -kette, -markt, -waren

Dro·gist der, **Dro·gis·tin** <-en, -en> *jmd., der beruflich in einer Drogerie arbeitet*

Droh·brief der <-(e)s, -e> *ein Brief, in dem Drohungen gegen den Empfänger ausgesprochen werden*

dro·hen ['dro:ən] <drohst, drohte, hat gedroht> *ohne OBJ* ① ■ **jmd. droht (jmdm.) (mit etwas** *Dat.*) *jmdm. etwas Unangenehmes so ankündigen, dass es ihn ängstigt:* jemandem mit der Faust drohen; eine drohende Geste mit der Hand; Man drohte ihr, sie zu entlassen/mit Entlassung.; Du kannst mir nicht drohen! ② ■ **etwas droht** *sich unheilvoll ankündigen:* Uns droht Gefahr.; Am Horizont droht ein Gewitter/Sturm.; sich vor der drohenden Gefahr in Sicherheit bringen ③ ■ **jmd./etwas droht plus Inf.** *verwendet, um auszudrücken, dass etwas Negatives unmittelbar bevorsteht:* Der Kranke droht zu sterben.; Das Haus droht einzustürzen.

Droh·ne die <-, -n> ① ZOOL. *männliche Biene* ② *(übertr. abwert.) Person, die auf Kosten anderer lebt* ③ MILIT. *unbemannter militärischer Flugkörper, der fern- oder programmgesteuert zu seinem Ausgangspunkt zurückkehren kann* ◆ Aufklärungs-

dröh·nen <dröhnt, dröhnte, hat gedröhnt> *ohne OBJ* ① ■ **etwas dröhnt** *ein dumpfes, lautes Geräusch verursachen:* Die Motoren dröhnen.; eine dröhnende Stimme; dröhnender Beifall ② ■ **etwas dröhnt von etwas** *Dat. von einem dumpfen, lauten Geräusch erfüllt sein:* Die Luft dröhnt von den Motoren der Hubschrauber.; ■ **jemandem dröhnt der Kopf** *jmd. hat starke Kopfschmerzen*

Dröh·nen das <-s> */kein Plur./ ein dröhnendes Geräusch:* das Dröhnen der Motoren

Dröh·nung die <-, -en> *(umg.)* ❶ *(Jargon) Rauschgiftdosis*: eine (volle) Dröhnung ❷ *Rauschzustand*

Dro·hung die ['dro:ʊŋ] <-, -en> *sprachlich/verbal oder mit nichtsprachlichen Ausdrucksmitteln (nonverbal z.B. mit Gesten) ausgeführte Handlung, mit der jemand Aggressionen zeigt; das Drohen¹*: seine Drohung wahr machen; wilde Drohungen ausstoßen; ■ **leere Drohungen** *nicht ernst gemeinte Drohungen*

drol·lig *adj so, dass es nett und rührend ist*: ein drolliges Kätzchen; Das ist ja eine drollige Geschichte!

Drops der/das <-, -> */meist Plur./ Bonbon mit Fruchtgeschmack*: dem Kind eine Rolle Drops schenken ◆ Frucht-, Pfefferminz-

Drosch·ke die <-, -n> GESCH. *leichte Pferdekutsche zur Personenbeförderung* ◆ -nplatz, -nstand

dros·seln <drosselst, drosselte, hat gedrosselt> *mit OBJ* ■ **jmd. drosselt etwas** ❶ *die Leistung oder die Zufuhr von etwas verringern*: die Heizung/den Motor drosseln; in gedrosseltem Tempo fahren ❷ *(übertr.) jmdn. in einer bestimmten Weise einschränken*: ihren Eifer drosseln; Er drosselte ihn, bei dem Versuch, noch mehr zu arbeiten.; die Lautstärke der Stimme drosseln

drü·ben ['dry:bn̩] *adv auf der gegenüberliegenden Seite von etwas*: Wir wohnen auf dieser Seite der Straße; unsere Freunde wohnen da drüben.; Auf dieser Seite des Flusses ist die Altstadt; dort drüben beginnt die Neustadt.

drü·ber *adv (umg.: ≈ darüber) über etwas*: Hier ist unsere Wohnung, das Büro ist drüber.; Ich habe schon viel drüber gelesen. *siehe* **darüber**

drü·ber·fah·ren <fährst drüber, fuhr drüber, ist drübergefahren> *ohne OBJ* ■ **jmd. fährt drüber** *(umg.)* ❶ *über etwas streichen*: mit der Hand drüberfahren ❷ *(umg.) mit einem Fahrzeug über etwas fahren*: Da ist eine alte Brücke: Können wir da drüberfahren?

drü·ber·ma·chen <machst drüber, machte drüber, hat drübergemacht> *mit SICH* ■ **jmd. macht sich (über etwas** *Akk.*) **drüber** *(umg.) mit etwas beginnen*: sich mit Eifer drübermachen ◆ Zusammenschreibung → R 4.5 Wir haben noch viel Arbeit. Wollen wir uns gleich drübermachen?

drü·ber·ste·hen <stehst drüber, stand drüber, hat drübergestanden> *ohne OBJ* ■ **jmd. steht (über etwas** *Akk.*) **drüber** *(umg.) so überlegen sein, dass man von etwas Unangenehmem nicht berührt wird*: Du kannst mich ruhig beschimpfen! Da stehe ich doch drüber! ◆ Zusammenschreibung → R 4.5 Wenn man drübersteht, erträgt man auch böse Unterstellungen.

Druck¹ der [drʊk] <-s, Drücke> ❶ PHYS. *die Kraft, die auf eine Fläche wirkt*: hoher/ niedriger Druck; enormen Drücken ausgesetzt sein; den Druck erhöhen/messen/ senken ◆ -abfall, -anstieg, -ausgleich, -kessel, -luft, -ventil, Luft-, Wasser-, Erd-, Über-, Unter- ❷ */kein Plur./ das Drücken*: etwas durch Druck auf eine Taste in Gang setzen; mit Druck auf eine Ader den Blutstrom unterbrechen ◆ Hände-, Knopf- ❸ */kein Plur./ (≈ Zwang) Druck auf jemanden ausüben*; jemanden unter Druck setzen; (hinter eine Sache) Druck machen; ■ **jemanden unter Druck setzen** *jmdn. bedrohen, ihn einschüchtern, unter Drohungen etwas von ihm verlangen* ◆ Erfolgs-, Leistungs-, Zeit- ❹ *(Jargon) Heroininjektion*: sich einen Druck setzen (≈ sich Heroin spritzen)

Druck² der [drʊk] <-s, -e> ❶ */kein Plur./* DRUCKW. *das Drucken*: Das Buch befindet sich/ist noch im Druck. ◆ -auftrag, -auflage, -erlaubnis, -bogen, -fehler, -industrie, -kalkulation, -korrektur, -maschine, -papier, -verbot ❷ KUNST *ein gedrucktes Bild*: eine Ausstellung alter Drucke ◆ -grafik, -muster, -vorlage ❸ */kein Plur./* DRUCKW. *die Art, wie gedruckt worden ist* ◆ Farb-, Schwarzweiß-, Stoff-

Druck·buch·sta·be der <-n/-ns, -n> *gedruckter oder die Druckschrift nachahmender Buchstabe*: Für das Formular bitte Druckbuchstaben verwenden!

Drü·cke·ber·ger der <-s, -> *(umg. abwert.) Person, die alles versucht, um nicht arbeiten zu müssen*

dru·cken ['drʊkn̩] <druckst, druckte, hat gedruckt> *mit OBJ/ohne OBJ* ■ **jmd. druckt (etwas) (auf etwas** *Akk.*) *maschinell Texte in einer großen Zahl von Exemplaren auf Papier aufbringen*: Bücher/einen Text/ein Muster/Zeitungen drucken; eine fett/halbfett/kursiv gedruckte Überschrift; ■ **lügen wie gedruckt** *(umg. abwert.) in unverschämter Weise lügen*

drü·cken ['drʏkn̩] <drückst, drückte, hat gedrückt> I. *mit OBJ* ■ **jmd. drückt etwas/jmdn.** ❶ *(≈ pressen) eine bestimmte Kraft auf die Oberfläche von etwas einwirken lassen*: eine Zitrone drücken, bis der Saft herausläuft; jemandem die Hand drücken; jemandem (ans Herz) drücken ❷ (≈ belasten) Die Sorge um seine Kinder drückt ihn. **II.** *mit OBJ/ohne OBJ* ❶ **jmd. drückt (etwas)**; **jmd. drückt (auf etwas** *Akk.*) *durch Druck betätigen*: einen Knopf/Schalter drücken; auf eine Taste drücken; Wenn du drückst, geht die Türe auf. ❷ **etwas drückt (jmdn.)** *zu eng sein und daher ein unangenehmes Gefühl verursachen*: Die Schuhe drücken mich.; Der Verband drückt. ❸ **etwas drückt etwas** *bewirken, dass etwas geringer oder schlechter wird*: die Löhne/Preise drücken; auf die Stimmung/das Niveau drücken; eine gedrückte Stimmung **III.** *mit SICH* ❶ **jmd. drückt sich in etwas** *Akk.* *sich mit Kraft in etwas hineinpressen*: jmd. drückt sich in die Ecke/Kabine/in den Stuhl ❷ **jmd. drückt sich vor etwas** *Dat. (umg. abwert.) jmd. entzieht sich einer Aufgabe oder einer Verantwortung*: sich vor einer Arbeit/Pflicht drücken; Er drückt sich vor dem Militärdienst.; **jemanden an die Wand drücken** *(umg.) jmdn. in seiner Existenz vernichten*; **jemanden drückt irgendwo der Schuh** *(umg.) jmd. hat Sorgen (wegen einer Sache)*; **die Schulbank drücken** *(umg.) zur Schule gehen*

drü·ckend *adj so stark, dass es sehr belastend ist*: drückende Hitze/Schwüle/Sorgen

Dru·cker¹ *der*, **Dru·cke·rin** [ˈdrʊkɐ] <-s, -> *jmd., der beruflich druckt*

Dru·cker² *der* [ˈdrʊkɐ] <-s, -> EDV *Gerät zum Ausdrucken von Daten*: Papier in den Drucker einlegen ◆-kabel, Laser-, Tintenstrahl-

Drü·cker *der* <-s, -> *Knopf zum Anschalten oder Öffnen von etwas*: den Drücker an der Tür betätigen; **am Drücker sein** *(umg.) die Entscheidungsgewalt haben*; **auf den letzten Drücker** *(umg.) im letzten Moment*

Dru·cke·rei *die* <-, -en> *Betrieb, in dem Bücher oder Zeitungen gedruckt werden*

Dru·cker·pres·se *die* <-, -n> DRUCKW. *Maschine zum Drucken*

Dru·cker·zei·chen *das* <-s, -> DRUCKW. (≈ *Buchdruckerzeichen, Druckermarke*) *Haus- oder Firmenmarke eines Druckers, besonders in alten Büchern und frühen Drucken*

Druck·er·zeug·nis *das* <-ses, -se> DRUCKW. *etwas, das gedruckt worden ist*: Tageszeitungen, Magazine und andere Druckerzeugnisse

Druck·fah·ne *die* <-, -n> DRUCKW. (≈ *Fahne) zum Zweck der Korrektur hergestellter Abzug eines gesetzten Druckes, der noch nicht auf Seitenformat gebracht wurde*

druck·fest *adj* TECHN. *widerstandsfähig gegen einen bestimmten Druck*: druckfestes Material

druck·frei *adj /nicht steig./* DRUCKW. *zum Druck freigegeben*

Druck·knopf *der* <-(e)s, Druckknöpfe> ❶ *Knopf an Kleidungsstücken, der durch Drücken geschlossen wird* ◆-verschluss ❷ TECHN. *Knopf zum Ein- oder Ausschalten, der durch Drücken II.1 betätigt wird*

Druck·le·gung *die* <-, -en> DRUCKW. *das Drucken*: die Drucklegung eines Buches

Druck·mit·tel *das* <-s, -> *etwas, mit dem auf jmdn. Zwang ausgeübt werden kann*: die hohe Arbeitslosigkeit als Druckmittel für Lohnkürzungen benutzen

druck·reif *adj /nicht steig./* ❶ DRUCKW. *so, dass es ohne weitere Bearbeitung gedruckt werden kann*: ein druckreifes Manuskript ❷ *sprachlich perfekt ausgedrückt*: Sie formuliert nahezu druckreif.

Druck·schrift *die* <-, -en> ❶ */kein Plur./ Schrift in Druckbuchstaben*: Das Formular bitte in Druckschrift ausfüllen! ❷ *ein gedruckter (nicht gebundener) Text*

Druck·sor·te *die* <-, -n> ÖSTERR. *Formblatt, Formular*

Druck·ver·fah·ren *das* <-s, -> DRUCKW. *Verfahren, nach dem Bilder oder Texte vervielfältigt werden*: Hochdruck, Tiefdruck und Offsetdruck sind Druckverfahren.

Druck·ver·merk *der* <-(e)s, -e> DRUCKW. (≈ *Impressum) Vermerk des Verlages in einem gedruckten Werk*: Im Druckvermerk eines Buches findet man Angaben darüber, wann und wo es erschienen ist.

drum [ˈdrʊm] *adv kurz für „darum"*; **sei's drum** *(umg.) das macht nichts, wir nehmen das in Kauf*; **mit allem Drum und Dran** *(umg.) mit allem, was dazugehört*

Drum·he·r·um *das* <-s> */kein Plur./ (umg.) alles, was zu einer Sache dazugehört*: Ich würde mich auf die Feier freuen, wenn das ganze Drumherum nicht wäre.

Drum·mer *der*, **Drum·me·rin** [ˈdrʌmɐ] <-s, -s> *jmd., der in einer Band Schlagzeug spielt*

drum·rum *adv kurz für „drumherum"*

Drums [drʌms] MUS. *(im Zusammenhang mit Rock- und Jazzmusik) Schlagzeug*

drun·ten *adv* SÜDDT., ÖSTERR. (≈ *dort unten*) drunten im Tal

drun·ter *adv (umg.: ≈ darunter) unter etwas:* Er hebt den Deckel, um zu sehen, was drunter ist.; Er trägt einen Bademantel und nichts drunter.; ■ **drunter und drüber gehen** *(umg.) durcheinander gehen siehe* **darunter**

drun·ter·stel·len <stellt drunter, stellte drunter, hat druntergestellt> *mit OBJ* ■ **jmd. stellt etwas/sich (unter etwas** *Akk.)* **drunter** *(umg.)* Hier ist ein Dach; da können wir uns drunterstellen.; Das Rohr ist hier undicht und tropft; da muss man einen Eimer drunterstellen. ◆ Zusammenschreibung → R 4.5 Wo hast du das druntergestellt?

Drü·se *die* <-, -n> ANAT. *ein Organ, das Körpersäfte bildet und absondert* ◆ -nentzündung, Keim-, Schild-

Dschun·gel *der* <-s, -> ❶ *tropischer Regenwald:* das Leben im Dschungel ❷ *(übertr.) etwas Undurchdringliches oder Verwirrendes:* der Dschungel der Großstadt/von Paragraphen ◆ Paragraphen-

DSG *Abkürzung von „Deutsche Schlafwagen- und Speisewagen-Gesellschaft"*

dto. *kurz für „dito"*

du [du:] *pron* ❶ *als Personalpronomen der zweiten Person verwendet, um sich als Sprecher auf die angesprochene Person zu beziehen, wenn man die angesprochene Person gut kennt und zu ihr ein vertrauliches, familiäres oder freundschaftliches Verhältnis hat; kennt man die angesprochene Person nicht bzw. will oder muss man zu ihr eine höfliche Distanz wahren, sagt man „Sie":* Kannst du das verstehen?; Du hast jetzt Urlaub, ich aber muss noch zwei Wochen arbeiten.; Du, schau mal! Was ist das hier? ❷ *(umg.: ≈ man) als Indefinitpronomen verwendet, um auszudrücken, dass das Subjekt eine nicht näher bezeichnete Person ist und die Aussage allgemeine Gültigkeit hat:* Da freust du dich auf den Urlaub, und dann regnet es!; Da kannst du einfach nichts machen; das kann niemand ändern.; ■ **Leute wie du und ich** *(umg.) ganz normale Menschen* ◆ Groß- oder Kleinschreibung → R 3.23 Liebe Anne, kannst Du meinen Brief schnell beantworten?

Du *das* [du:] <-(s), -(s)> *die Anrede mit „du" (im Gegensatz zur Anrede mit „Sie"):* das vertraute Du; jemandem das Du anbieten; jemandem mit Du anreden; mit der Natur auf Du und Du leben (≈ sehr naturverbunden leben) ◆ Großschreibung → R 3.9 mit etwas/jemandem auf Du und Du stehen

du·al *adj /nicht steig./ (fachspr.) so, dass es aus zwei Elementen besteht:* ein duales Ausbildungssystem

Du·al *der* <-s, -e> SPRACHWISS. *ein Numerus, der ausdrückt, dass es sich um zwei Personen oder Dinge handelt bzw. eine Verbform für (zwei) zusammengehörende Tätigkeiten/Vorgänge:* Duale finden sich im Slawischen und im Baltischen.

Du·a·lis·mus *der* <-> */kein Plur./* PHILOS. *(≈ Monismus) eine Lehre, die zwei Grundprinzipien des Seins annimmt, die sich ergänzen oder sich widersprechen* ▸ dualistisch

du·a·lis·tisch *adj /nicht steig./ (geh.) den Dualismus betreffend, auf ihm beruhend:* eine dualistische Religion; ein dualistischer Ansatz

Du·a·li·tät *die* <-> */kein Plur./ (geh.) Zweiheit, Doppelheit, Wechselseitigkeit:* eine Dualität von Axiomen

Dub·bing *das* ['dabiŋ] <-s, -s> *das Überspielen und Kopieren von Video- und Tonaufnahmen*

Dü·bel *der* <-s, -> TECHN. *eine Kunststoffhülse, die fest in einer Mauer verankert wird und in die eine Schraube hineingedreht wird* ▸ dübeln

du·bi·os *adj (geh. abwert.) so zweifelhaft und ungewiss, dass es Verdacht erregt:* dubiose Geschäfte/Machenschaften

Du·b·let·te *die* <-, -n> ❶ *doppelt vorhandenes Stück (einer Sammlung):* die Dubletten einer Briefmarkensammlung tauschen ❷ *Nachahmung eines Edelsteins* ❸ *zwei übereinandergepresste Schmucksteine*

du·cken <duckst, duckte, hat geduckt> I. *mit OBJ* ❶ **jmd. duckt jmdn.** *(≈ erniedrigen) jmdn. schlecht behandeln und seine Würde und seinen Wert bewusst nicht respektieren:* Er ist von seinem Vorgesetzten immer geduckt worden. II. *mit SICH* ❶ ■ **jmd. duckt sich** *sich bücken:* sich ducken, um einem Schlag auszuweichen; sich unter den Tisch ducken; in geduckter Haltung durch eine Tür gehen ❷ ■ **jmd. duckt sich vor jmdm.** *seine eigene Meinung und seine eigenen Bedürfnisse nicht aussprechen, weil man Angst vor jmdm. hat:* sich vor dem Chef ducken

Duck·mäu·ser *der,* **Duck·mäu·se·rin** <-s, -> *(umg. abwert.) Person, die nicht aufzubegehren wagt und sich duckt II.2:* Sie hat nicht widersprochen, die Duckmäuserin!

du·deln <dudelst, dudelte, hat gedudelt> *ohne OBJ/mit OBJ* ■ **etwas dudelt**

(**etwas**) *(umg. abwert.) eintönige Musik machen:* In der Küche dudelte das Radio Schlagermusik.; Muss diese Musik/das Radio den ganzen Tag dudeln? ▸ Gedudel

Du·del·sack der <-(e)s, Dudelsäcke> *ein für Schottland und Irland typisches Blasinstrument, das einen relativ hohen, durchdringenden Grundton erzeugt:* den Dudelsack blasen

Du·ell das <-s, -e> ❶ GESCH. *ein Kampf zwischen zwei Personen, der geführt wird, um einen Streit zu entscheiden oder um die Ehre einer der beiden Personen wieder herzustellen:* jemanden zum Duell fordern ▸ duellieren ❷ *sportlicher Zweikampf:* Es läuft alles auf ein Duell zwischen den beiden Tabellenersten hinaus. ❸ *(geh.) Wortgefecht:* Die beiden Diskussionsteilnehmer lieferten sich ein heftiges Duell. ◂ Rede-

Du·ett das <-(e)s, -e> MUS. *Singstück für zwei Stimmen*

Duft der [dʊft] <-(e)s, Düfte> *angenehmer Geruch:* der Duft von Blumen/Parfüm; ein berauschender/betörender/sinnlicher/süßer/süßlicher/überwältigender/würziger Duft; Der Duft ihres Parfums erfüllte den Raum/weckte angenehme Erinnerungen/verzauberte ihn.; ■ **sich den Duft der großen weiten Welt um die Nase wehen lassen** *(umg.) in ferne Länder reisen, um diese kennen zu lernen* ◂ -kerze, -mischung, -wasser, -wolke

duf·te *interj /nicht Adverb/ (umg. o veralt.) verwendet, um Begeisterung und Zustimmung auszudrücken:* ein attraktives Mädchen eine „dufte Biene" nennen; Das ist ja dufte!

duf·ten <duftest, duftete, hat geduftet> *ohne OBJ* ▪ **jmd./etwas duftet (nach etwas** Dat./**irgendwie)** *einen bestimmten Duft abgeben:* Die Rose/Seife duftet herrlich.; In der Küche duftet es nach Sonntagsbraten.; herrlich duftende Blumen; frisch aufgebrühter, aromatisch duftender Kaffee

duf·tig *adj so, dass ein Textil zart, leicht und fein ist:* ein duftiges Sommerkleid

Duft·no·te die <-, -n> *eine typische Art von Duft:* die feminine/frische/herbe/maskuline/würzige Duftnote eines Parfüms

dul·den [ˈdʊldn̩] <duldest, duldete, hat geduldet> **I.** *mit OBJ* ❶ ▪ **jmd. duldet etwas** *zulassen, dass etwas geschieht:* keine Einmischung dulden; Das kann ich keinesfalls dulden!; Die Sache duldet keinen Aufschub! ❷ ▪ **jmd. duldet jmdn./etwas** *erlauben, dass jmd. oder etwas irgendwo ist:* In meinem Garten dulde ich keine Hunde!; Er duldet keine Fremden in seinem Haus.; Er hatte das Gefühl, dass er im Haus seines Onkels nur geduldet war. **II.** *mit OBJ/ohne OBJ* ▪ **jmd. duldet (etwas)** *(geh.) (Unangenehmes) ertragen:* still und ohne Widerspruch dulden; Was sie alles dulden mussten!

Dul·der·mie·ne die <-, -n> *(umg. iron.) absichtlich aufgesetzter Gesichtsausdruck, der Mitleid erregen soll*

duld·sam *adj so nachsichtig, dass man viel erträgt:* duldsam gegenüber den Fehlern anderer sein; ein duldsamer Mensch ▸ Duldsamkeit

Dult die <-, -en> SÜDDT., ÖSTERR. *Jahrmarkt*

dumm [dʊm] <dümmer, am dümmsten> *adj (abwert.)* ❶ (↔ klug, schlau) *so, dass es unklug und ohne Verstand ist:* dummes Zeug reden; So ein dummer Kerl, dass er das nicht begreift!; Du bist doch nicht dumm! Dir kann man nichts vormachen!; Das war dumm von dir.; sich dumm stellen (≈ sich so verhalten, dass andere glauben, man würde nichts verstehen) ❷ *so, dass es unangenehm ist oder jmdn. irritiert:* eine dumme Sache; Diese ewige Warterei wird mir jetzt zu dumm.; Das hätte dumm ausgehen können!; Lass doch mal dein dummes Räuspern! ❸ *(umg.) so, dass es jmdm. schwindelig ist:* Mir wurde ganz dumm im Kopf. ❹ *(vulg. abwert.) Gebrauch in Schimpfwörtern:* Du dumme Kuh!; Das dumme Schwein hat es nicht einmal gemerkt!; ■ **jemandem dumm kommen** *(umg.) unverschämt zu jmdm. sein;* ■ **dumm wie Bohnenstroh** *sehr dumm¹;* ■ **jemanden dumm machen** *jmdn. übervorteilen;* ■ **jemandem wird etwas zu dumm** *jmd. wird etwas lästig; jmd. wird einer Sache überdrüssig;* ■ **jemanden für dumm verkaufen** *jmdn. überlisten oder betrügen wollen;* ■ **sich dumm stellen** *so tun, als ob man nichts wüsste oder verstehen würde*

dumm·dreist *adj (abwert.) so, dass jmd. in einer plumpen Art frech ist:* eine dummdreiste Frage

Dum·me der/die <-n, -n> *(umg.)* ❶ *jmd., der dumm ist:* Du bist doch kein Dummer/keine Dumme! ❷ *jmd., der (durch seine Naivität) das Opfer von jmdm. oder der Geschädigte eines Betrugs ist;* ■ **für etwas einen Dummen/eine Dumme finden** *eine(n) Gutmütige(n)/Hilfsbereite(n) ausnützen;* ■ **immer der/die Dumme sein** *der/die Betrogene/Benach-*

teiligte sein

Dum·mer·jan der <-s, -e> *(umg.: meist von einem Erwachsenen gegenüber einem Kind verwendet) Dummkopf, dummer Kerl:* Nun habe keine Angst, du kleiner Dummerjan! Der Hund tut dir doch nichts!

dum·mer·wei·se adj */nicht steig./ (umg.) so, dass etwas durch einen unglücklichen Zufall geschehen ist und nun lästig ist:* Meinen Ausweis habe ich dummerweise vergessen.

Dumm·heit die <-, -en> *(abwert.)* ❶ */kein Plur./ mangelnder Verstand:* Ihre Dummheit bringt uns am Ende noch Schaden ein. ❷ *dumme Handlung:* eine Dummheit begehen/bereuen; Macht bitte keine Dummheiten! ◆ Riesen-

Dumm·kopf der <-(e)s, Dummköpfe> *(umg. abwert.) Schimpfwort für eine Person:* So ein Dummkopf!; Dieser Dummkopf hat nicht nur seinen Ausweis verloren, sondern auch die Geldbörse.

Dumm·schwät·zer der <-s, -> *(umg. abwert.) jmd., der dummes Zeug redet*

Dum·my der ['dami] <-s, -s> *eine der Puppen, die beim Testen des Unfallverhaltens von Autos auf die Sitzplätze gesetzt werden*

düm·peln <dümpelt, dümpelte, hat gedümpelt> ohne OBJ ■ **etwas dümpelt irgendwo** NORDDT. *auf dem Wasser liegen und leicht schaukeln:* Der Kahn dümpelt auf dem Wasser.

dumpf adj ❶ *(↔ hell) gedämpft und tief klingend:* ein dumpfes Geräusch; Die Musik/das Radio klingt dumpf. ❷ *(↔ frisch) feucht und muffig:* Im Keller riecht es dumpf.; Eine dumpfe Schwüle lastet auf der Stadt. ❸ *(abwert.: ↔ aufgeschlossen, wach) beschränkt und geistig unbeweglich:* dumpf vor sich hinstarren; die dumpfe Enge der kleinbürgerlichen Welt ❹ *(≈ diffus, vage) undeutlich bzw. nicht klar zu identifizieren/zu erfassen:* ein dumpfes Gefühl haben; etwas dumpf ahnen; einen dumpfen Schmerz verspüren ► Dumpfheit

Dumpf·ba·cke die <-, -n> *(umg. abwert.) einfältiger, törichter Mensch*

Dum·ping das ['dampɪŋ] <-s> */kein Plur./* WIRTSCH. *die Vorgehensweise, dass ein Unternehmen viel geringere Preise für seine Produkte verlangt als die Konkurrenz und damit das Ziel verfolgt, die Konkurrenz auszuschalten* ◆ -preis

Dü·ne die ['dy:nə] <-, -n> *Sandhügel am Meer oder in der Wüste*

Dung der <-(e)s> */kein Plur./ als Dünger verwendete Ausscheidungen von Tieren*

dün·gen ['dʏŋən] <düngst, düngte, hat gedüngt> mit OBJ ■ **jmd. düngt etwas** *Pflanzen mit Dünger versorgen:* ein Beet/Pflanzen düngen

Dün·ger der <-s, -> *eine Substanz, die man Pflanzen gibt, die zusätzliche Nährstoffe enthält und dafür sorgt, dass die Pflanzen schneller und besser wachsen:* mineralischer/organischer Dünger

Dun·kel das ['dʊŋkl] <-s> */kein Plur./ (geh. verhüll.: ≈ Dunkelheit)* im Dunkel der Nacht; ■ **etwas liegt im Dunkeln** *etwas Zukünftiges ist ganz ungewiss* Die Zukunft liegt im Dunkeln.

dun·kel <dunkler, am dunkelsten> adj ❶ *(↔ hell) so, dass sehr wenig oder kein Licht da ist und man nicht sehen kann:* die dunkle Nacht; Es wird langsam dunkel.; Im Zimmer ist es dunkel. ❷ *(↔ hell) so, dass es von einer Farbe mit viel Schwarzanteil ist:* ein dunkler Anzug; ein dunkles Rot ◆ -braun, -grün, -haarig ❸ *(↔ hell) mit einem tiefen Klang:* eine dunkle Stimme; dunkel klingen; Der Laut wird eher dunkel ausgesprochen. ❹ *so, dass eine Angelegenheit sehr unerfreulich ist und man nicht gern darüber spricht:* das dunkelste Kapitel in seinem Leben ❺ *(↔ klar) ziemlich unklar und unverständlich, weshalb man nur ahnen kann, was der Hintergrund/die Bedeutung von etwas ist:* etwas dunkel ahnen; der dunkle Sinn der Rede/des Textes/der Verse ❻ *(abwert.) undurchschaubar und daher verdächtig:* dunkle Geschäfte machen; Im Lokal trafen sich öfters auch dunkle Gestalten aus dem Rotlichtmilieu.; ■ **im Dunkeln tappen** *noch keine Anhaltspunkte haben und die Zusammenhänge von etwas noch nicht kennen* Bei der Fahndung nach dem Sexualverbrecher tappt die Polizei noch völlig im Dunkeln. ◆ Großschreibung → R 3.17 Die Spur verlor sich im Dunkeln.

Dün·kel der <-s> */kein Plur./ (geh. abwert.) Hochmut:* Er ist klug und doch völlig ohne jeden Dünkel.

dun·kel·häu·tig adj */nicht steig./ (↔ hellhäutig) mit einer dunklen Hautfarbe:* Er verträgt die Sonne besser, da er dunkelhäutig ist.

Dun·kel·heit die <-> */kein Plur./* ❶ *(≈ Finsternis) der Zustand, dass etwas dunkel¹ ist:* bei Einbruch der Dunkelheit; sich in der Dunkelheit fürchten; wegen der Dunkelheit nichts sehen können ❷ *(≈ Rätselhaftigkeit) der Zustand, dass etwas dunkel⁵, nicht interpretierbar oder erklärbar ist:* die Dunkelheit dieser Textstelle/vieler

Dun·kel·kam·mer die <-, -n> FOTOGR. *Entwicklungsraum für Filmnegative*

dun·keln <dunkelt, dunkelte, hat gedunkelt> *mit ES* ■ **es dunkelt** *(geh.) dunkel¹ werden:* Der Abend kommt. Es dunkelt allmählich.

Dun·kel·zif·fer die <-, -n> *die Zahl der Fälle (einer negativen Sache, insbesondere von Verbrechen), die nicht öffentlich oder polizeilich bekannt werden:* Bei Gewalt in der Familie muss man mit einer hohen Dunkelziffer rechnen.

dün·ken ['dʏŋkən] <dir dünkt, ihm dünkte, ihm hat gedünkt> *(geh.)* **I.** *mit SICH* ■ **jmd. dünkt sich irgendwie** *sich selbst irrigerweise für etwas halten:* Du dünkst dich besser als die andern. **II.** *mit ES* ■ **es dünkt jmdn.** *scheinen; so vorkommen:* Mich dünkt, er kommt nicht mehr.

dünn [dʏn] *adj* ❶ *(↔ dick) von relativ kleinem Umfang oder Durchmesser:* ein dünner Faden; ein dünner Baumstamm; junge Bäume mit dünnen Ästen ❷ *(umg.: ≈ mager) sehr schlank:* Er ist aber sehr dünn geworden. ❸ *(↔ zähflüssig) mit wenig Gehalt an festen Stoffen ausgestattet:* eine dünne Brühe; Der Honig/Sirup ist sehr dünn geraten.; Ich habe die Soße dünn gemacht. ❹ *(↔ dicht) so, dass auf einer bestimmten Fläche eine relativ geringe Anzahl von etwas ist:* ein dünn besiedeltes Land; Seine Haare werden dünn. ❺ *kraftlos, leise:* eine dünne Stimme; ■ **sich dünne machen** *(umg.) verschwinden, sich davonmachen* Wir klingelten an seiner Haustür und machten uns dünne.; ■ **dünn gesät sein** *selten vorkommen* Wirklich kompetente Mitarbeiter sind dünn gesät. ◆ Getrennt- oder Zusammenschreibung → R 4.16 in einer dünn besiedelten/dünnbesiedelten Gegend wohnen; ein dünn bevölkertes/dünnbevölkertes Land

dün·ne·ma·chen <machst dünne, machte dünne, hat dünnegemacht> *mit SICH* ■ **jmd. macht sich dünne** *(umg.) heimlich oder rasch verschwinden*

dünn·ge·sät, dünn ge·sät *adj /nicht steig./ (umg.: ≈ rar) selten vorkommend/vorhanden:* Die Arbeitsplätze in diesem Bereich sind heutzutage dünngesät/dünn gesät.

dünn·ma·chen *mit SICH* ■ **jmd. macht sich dünn** *(umg.) heimlich weggehen:* Wo ist der Paul schon wieder? Er hat sich wahrscheinlich wieder dünn(e)gemacht! ◆ Zusammenschreibung → R 4.6 Hier wird es brenzlig! Wollen wir uns nicht lieber dünnmachen?

Dünn·pfiff der <-s> */kein Plur./ (umg.: ≈ Durchfall)*

Dunst der [dʊnst] <-(e)s, Dünste> ❶ *(stickige) Luft, die unangenehm riecht:* feuchte/giftige/warme Dünste ausströmen; Der Dunst von Zigaretten erfüllte den Raum. ◆ -abzugshaube ❷ */kein Plur./ neblige Luft:* Das Tal liegt im Dunst.; Abendlicher Dunst breitet sich aus.; ■ **blauer Dunst** *(umg.)* Zigarettenrauch; ■ **keinen blassen Dunst haben** *(umg.) keine Ahnung haben*

düns·ten <dünstest, dünstete, hat gedünstet> **III.** *mit OBJ* ■ **jmd. dünstet etwas** KOCH. *bei geschlossenem Deckel in wenig Flüssigkeit gar werden lassen:* den Fisch/das Gemüse dünsten; gedünstetes Fleisch **II.** *ohne OBJ* ■ **etwas dünstet** KOCH. *etwas gart:* Während das Gemüse dünstet, kann ich den Fisch zubereiten.

Dunst·glo·cke die <-, -n> *Dunst¹ ², der geschlossen über einem Gebiet liegt:* Die Stadt liegt unter einer Dunstglocke.

duns·tig *adj /nicht steig./* ❶ *(≈ verhangen ↔ klar) leicht neblig:* Am Morgen war es noch etwas dunstig; dann aber wurde es schön.; dunstiges Wetter ❷ *voller stickiger Luft:* In der Kneipe war es dunstig.; in einem dunstigen Zimmer sitzen

Dunst·wol·ke die <-, -n> *Schwall von Dunst, Ausdünstungen:* Als er die Kellertür öffnete, schlug ihm eine Dunstwolke entgegen.

Dü·nung die <-> */kein Plur./* SEEW. *durch Wind erzeugter Seegang*

Duo das <-s, -s> ❶ *Musikstück für zwei Instrumente* ❷ *zwei Musiker, die gemeinsam musizieren* ❸ *(umg.) zwei Personen, die häufig zusammen auftreten:* ein räuberisches Duo; ein fröhliches Duo

Du·pli·kat das <-(e)s, -e> *(geh. verhüll.: ≈ Abschrift, Zweitschrift) eine zweite Ausfertigung eines Dokuments, die mit dem Original identisch ist:* von einer Urkunde ein Duplikat anfertigen lassen

du·pli·zie·ren <duplizierst, duplizierte, hat dupliziert> *mit OBJ* ■ **jmd. dupliziert etwas** *(geh.) verdoppeln*

Du·pli·zi·tät die <-, -en> *(geh.) doppeltes Vorkommen von etwas:* die Duplizität der Ereignisse

Dur das <-> */kein Plur./* MUS. *(↔ Moll) Tongeschlecht mit großer Terz im Grunddreiklang:* eine Sinfonie in Dur ◆ akkord, -tonleiter

durch [dʊrç] **I.** *präp +Akk.* ❶ *verwendet,*

um auszudrücken, dass eine Bewegung quer zu etwas verläuft: durch den Fluss schwimmen (und am anderen Ufer des Flusses an Land gehen); durch die Tür gehen (und in einem anderen Zimmer sein); durch die Finger/Gardinen sehen; Die Kälte dringt durch die Kleidung. ❷ *verwendet, um auszudrücken, dass ein physischer Gegenstand oder eine Substanz kein Hindernis für etwas ist:* durch die Gardinen sehen können; Die Kälte dringt durch die Kleidung.; Die Lichtstrahlen dringen durch das Wasser. ❸ *(≈ während) verwendet, um auszudrücken, dass ein Prozess über die gesamte Zeitdauer von etwas wirksam ist:* Der Kalender mit seinen aufregenden Sportfotos soll den Fan durch das ganze Jahr begleiten.; Sie weinte die ganze Nacht durch. ❹ *verwendet, um auszudrücken, dass etwas der Begleitumstand oder das Mittel ist, das zu etwas führt:* etwas durch Zufall erfahren; durch einen Unfall ums Leben kommen; durch Fleiß viel erreichen ❺ MATH. *verwendet, um auszudrücken, dass die nach „durch" genannte Zahl der Divisor einer Division ist.:* eine Zahl durch eine andere teilen; Sechs (geteilt) durch zwei ist drei. **II.** *adv (umg.)* ❶ *verwendet, um auszudrücken, dass nach einer bestimmten Uhrzeit ein wenig Zeit vergangen ist:* Es ist schon fünf (Uhr) durch (≈ Es ist wenige Minuten nach fünf Uhr). ❷ *(≈ vorbei) verwendet, um auszudrücken, dass jmd. oder etwas eine bestimmte Stelle passiert und sich dann in Richtung auf ein Ziel weiter bewegt:* Du darfst hier nicht durch.; Der Zug ist schon durch. ❸ KOCH. *(umg.: ≈ gar)* Ist das Fleisch gut durch?; Ich hätte mein Steak gern gut durch.; ■ **durch und durch** *vollkommen* durch und durch nass sein; ■ **bei jemandem unten durch sein** *jmds. Zuneigung (dauerhaft) verloren haben;* ■ **durch etwas hindurch müssen** *Schwierigkeiten, Leiden, eine schwere Zeit überwinden müssen* Er hat die Scheidung beantragt. — Da muss ich jetzt durch. ◆ Getrenntschreibung → R 4.8 Der Bus wird schon lange durch sein.; Es wird schon fünf Uhr durch sein.; Bei dem bin ich jetzt unten durch!; Ich habe die ganze Nacht durch getanzt/gearbeitet/Musik gehört.

durch·ar·bei·ten <arbeitest durch, arbeitete durch, hat durchgearbeitet> **I.** *ohne OBJ* ■ **jmd. arbeitet durch** *(umg.) ohne Unterbrechung arbeiten:* Ich habe seit gestern Abend durchgearbeitet.; Ich habe den ganzen Tag über ohne Mittagspause durchgearbeitet. **II.** *mit OBJ* ❶ ■ **jmd. arbeitet etwas durch** *intensiv bearbeiten:* einen Entwurf/einen Text durcharbeiten ❷ ■ **jmd. arbeitet etwas durch** KOCH. *(≈ durchkneten) mit (kräftigen) Handbewegungen dafür sorgen, dass eine Masse gleichmäßig verrührt wird:* einen Teig ordentlich durcharbeiten **III.** *mit SICH* ■ **jmd. arbeitet sich (durch etwas** *Akk.***) durch** *(umg.) sich den Weg bahnen:* sich durch dichtes Gestrüpp durcharbeiten; Hier haben sie die Akte zurück! Ich habe mich durchgearbeitet. ◆ Zusammenschreibung → R 4.6 Machen wir eine Pause, oder wollen wir durcharbeiten?

durch·at·men <atmest durch, atmete durch, hat durchgeatmet> *ohne OBJ* ■ **jmd. atmet durch** *(besonders nach einer körperlichen oder psychischen Anspannung oder einem Schreck) tief Luft holen:* Erst einmal kräftig durchatmen!

durch·aus *adv* ❶ *verwendet, um auszudrücken, dass die genannte Sache in der Tat passieren könnte, dass mit einer tatsächlichen Wahrscheinlichkeit mit ihr zu rechnen ist:* Solche Fehler können durchaus vorkommen.; Ein sehr gutes Rennrad kann durchaus 5000 Euro kosten.; Das ist durchaus möglich. ❷ *(≈ bestimmt) verwendet, um zu betonen, dass es absolut keinen Grund gibt, die genannte Sache zu bezweifeln:* Hast du das vergessen? Nein, durchaus nicht! ❸ *(≈ unbedingt) verwendet, um auszudrücken, dass jmd. sich durch nichts von etwas abhalten lässt:* Wenn du das durchaus willst, sollst du es haben!; Sie wollte das durchaus selbst tun.

durch·bie·gen <biegst durch, bog durch, hat durchgebogen> **I.** *mit OBJ* ■ **jmd. biegt etwas durch** *mit Kraft bewirken, dass etwas eine gebogene Form bekommt:* einen Stab so durchbiegen, dass er bricht **II.** *mit SICH* ■ **etwas biegt sich durch** *unter der Einwirkung einer Kraft eine gebogene Form bekommen:* Das Brett hat sich unter der Last durchgebogen.

durch·blät·tern <blätterst durch, blätterte durch, hat durchgeblättert> *mit OBJ* ■ **jmd. blättert etwas durch** *etwas nur oberflächlich beim Blättern lesen:* einen Katalog durchblättern

Durch·blick *der* <-(e)s, -e> ❶ *(umg.) / kein Plur./ Verständnis:* Mir fehlt der Durchblick.; einen besseren Durchblick in Mathematik bekommen ❷ *Blick durch eine Öffnung oder Lücke:* Der Wald gewährte an einigen Stellen einen Durchblick ins Tal.

durch·bli·cken <blickst durch, blickte durch, hat durchgeblickt> *ohne OBJ* ▪ **jmd. blickt (bei etwas** *Dat.***) durch** ❶ *(umg.)* verstehen: Ich blicke (da) nicht durch.; Blickst du in Chemie noch durch? ❷ *durch eine kleine Öffnung sehen:* Hier ist ein kleiner Spalt in der Mauer; da können wir durchblicken.

Durch·blu·tung die <-> /kein Plur./ MED. *Versorgung des Gewebes mit Blut:* mit Massagen für eine bessere Durchblutung der Haut sorgen

durch·boh·ren <durchbohrst, durchbohrte, hat durchbohrt> *mit OBJ* ▪ **jmd./etwas durchbohrt etwas** *(bohrend) durch etwas dringen:* ein Brett mit Nägeln/Schrauben durchbohren; Die Tür ist von Schüssen durchbohrt worden.; Die Kugel hat sein Herz durchbohrt.; Mehrere Tunnel durchbohren den Berg.; ▪ **jemanden mit Blicken durchbohren** *(übertr.) jmdn. durchdringend ansehen; siehe aber* **durchbohren**

durch·boh·ren <bohrst durch, bohrte duch, hat durchgebohrt> I. *mit OBJ* ▪ **jmd./etwas bohrt etwas durch** ❶ *ein Loch (in etwas) machen, das so tief ist, dass man vollständig hindurchbohren kann:* das Brett vollständig durchbohren; Ich habe die Wand ganz durchgebohrt. ❷ *etwas so tief in etwas hineinbohren, dass es am anderen Ende wieder austrifft:* den Finger durch etwas durchbohren; Er hat den Korkenzieher ganz durch den Korken durchgebohrt. II. *mit SICH* ▪ **jmd./etwas bohrt sich durch** *bohrend erreichen:* Die Keime/die Regenwürmer haben sich bis an die Erdoberfläche durchgebohrt.; Die Tunnelbauer haben sich bis ans andere Ende des Berges durchgebohrt.; *siehe aber* **durchbohren**

durch·bra·ten <brätst durch, briet durch, hat durchgebraten> *mit OBJ/ohne OBJ* ▪ **jmd. brät etwas durch/etwas brät durch** *etwas so lange braten, dass es vollständig gar ist:* Ich brate den Fisch durch.; Während das Fleisch durchbrät, kann man das Gemüse zubereiten.; gut durchgebraten sein

durch·bre·chen <brichst durch, brach durch, hat/ist durchgebrochen> I. *mit OBJ* ▪ **jmd. bricht etwas durch** *(haben)* ❶ *zerteilen:* Kannst du das Brot/den Stab durchbrechen? ❷ BAUW. *einen Durchbruch[1] machen:* eine Öffnung (durch die Wand) durchbrechen; Es ist am besten, du brichst die Wand hier durch. II. *ohne OBJ (sein)* ❶ ▪ **etwas bricht durch** *in zwei Teile brechen:* Das Brett ist durchgebrochen. ❷ ▪ **etwas bricht durch** *in etwas einsinken:* Die Dielen sind morsch, deshalb bist du durchgebrochen. ❸ ▪ **jmd./ etwas bricht (durch etwas** *Akk.***) durch** *durch etwas hindurchdringen:* Die Sonne ist (durch die Wolken) durchgebrochen.; Der Feind ist durch unsere Linien durchgebrochen.; Der erste Zahn bricht durch.; *siehe aber* **durchbrechen**

durch·bre·chen <durchbrichst, durchbrach, hat durchbrochen> *mit OBJ* ❶ ▪ **jmd. durchbricht etwas** *mit Gewalt durchdringen:* die gegnerischen Linien durchbrechen; Das Flugzeug hat die Schallmauer durchbrochen. ❷ ▪ **etwas durchbricht etwas** *mit Zwischenräumen versehen:* Die Fassade wird von Fenstern durchbrochen.; durchbrochene Strümpfe; *siehe aber* **durchbrechen**

durch·bren·nen <brennst durch, brannte durch, ist durchgebrannt> *ohne OBJ* ❶ ▪ **etwas brennt durch** *schmelzen und entzweigehen:* Die Glühbirne/Sicherung ist durchgebrannt. ❷ ▪ **jmd. brennt (mit jmdm.) durch** *(umg.) heimlich weglaufen:* Unser Hund ist (uns) schon wieder durchgebrannt.; Er ist mit seiner Geliebten durchgebrannt.

durch·brin·gen <bringst durch, brachte durch, hat durchgebracht> *mit OBJ* ❶ ▪ **jmd. bring jmdn. durch** *durch intensives Pflegen bewirken, dass jmd. eine sehr schwere Krankheit übersteht und wieder gesund wird:* Die Ärzte hatten ihn aufgegeben, aber sie hat ihn durchgebracht. ❷ ▪ **jmd. bring jmdn. durch** *(in einer schweren Zeit) für jmds. Unterhalt sorgen:* Die Mutter hat die Kinder in der schweren Zeit allein durchbringen müssen. ❸ ▪ **jmd. bring etwas durch** *(umg. abwertend.) durch Verschwenden eine Geldsumme vollständig aufbrauchen:* Er hat sein gesamtes Erbe in wenigen Jahren durchgebracht. ❹ ▪ **jmd. bring etwas durch** *erreichen, dass es genehmigt wird:* einen Antrag/Gesetzesvorschlag durchbringen ❺ ▪ **jmd. bring etwas (durch etwas** *Akk.***) durch** *(umg.) durch eine Öffnung bringen:* Ich habe den Faden nicht durch die Öse durchgebracht.

Durch·bruch der <-(e)s, Durchbrüche> ❶ BAUW. *Öffnung im Mauerwerk:* einen Durchbruch für eine Tür machen ❷ *ein mühevoll erarbeiteter Erfolg:* Mit diesem Film gelang ihm der Durchbruch als Schauspieler. ❸ MILIT. *ein punktueller Sieg über* *den Gegner, durch den dessen Aufstellung unterbrochen wird:* ein Durchbruch durch die gegnerischen Linien

durch·den·ken <durchdenkst, durchdachte, hat durchdacht> *mit OBJ* ▪ **jmd. durchdenkt etwas** *in Gedanken eine präzise Konstruktion von etwas machen:* eine Sache gut durchdenken, bevor man sie beginnt; ein wohl durchdachter Plan; *siehe aber* **durchdenken**

durch·den·ken <denkst durch, dachte durch, hat durchgedacht> *mit OBJ* ▪ **jmd. denkt etwas durch** *etwas gründlich bis in jede Einzelheit in Gedanken durchgehen; in allen Einzelheiten vorstellen; siehe aber* **durchdenken**

durch·drän·ge(l)n <dräng(el)st durch, dräng(el)te durch, hat durchgedräng(el)t> *mit SICH* ▪ **jmd. drängelt sich (durch etwas** *Akk.***) durch** *(umg.) durch etwas mit leichter Gewalt zu gelangen versuchen:* sich durch die Menge/ durch eine enge Tür durchdrängeln

durch·dre·hen <drehst durch, drehte durch, hat/ist durchgedreht> **I.** *mit OBJ* ▪ **jmd. dreht etwas durch** *(haben) mit einem Fleischwolf zerkleinern:* Ich habe das Fleisch (mit dem Fleischwolf) durchgedreht. **II.** *ohne OBJ* ❶ ▪ **jmd./etwas dreht durch** *(sein) (umg.) die Ruhe oder den Verstand verlieren:* Dreh' doch nicht gleich durch! Du schaffst das schon!; Ich glaube, jetzt ist sie vollkommen durchgedreht! ❷ ▪ **jmd./etwas dreht durch** *(haben)* KFZ *auf dem Untergrund keinen Halt finden und daher keinen Vortrieb erzeugen:* Die Räder haben im Schnee durchgedreht.

durch·drin·gen <dringst durch, drang durch, ist durchgedrungen> *ohne OBJ* ▪ **jmd./etwas dringt (irgendwohin) durch** *hindurchgelangen:* Die Feuchtigkeit ist durch ihre Kleider durchgedrungen.; Durch die Rolladen kann kein Sonnenstrahl durchdringen.; Die Nachricht ist bis zu uns durchgedrungen.; *siehe aber* **durchdringen**

durch·drin·gen <durchdringst, durchdrang, hat durchdrungen> *mit OBJ* ▪ **etwas durchdringt etwas/jmdn.** ❶ *hindurchkommen:* Die Feuchtigkeit durchdringt unsere Kleider.; Die Strahlung kann die Bleihülle nicht durchdringen. ❷ *ganz erfüllen:* Ein Gefühl der Freude durchdrang uns.; ganz von einem Gefühl durchdrungen sein; *siehe aber* **durchdringen**

durch·drin·gend *adj so, dass es stark und intensiv ist:* durchdringende Kälte; ein durchdringender Schmerz/Schrei; jemanden durchdringend ansehen

Durch·drin·gung die <-> /kein Plur./ *(geh.) das vollständige Verstehen von etwas:* von einer Durchdringung der Gedanken Kants noch weit entfernt sein

durch·drü·cken <drückst durch, drückte durch, hat durchgedrückt> *mit OBJ* ❶ ▪ **jmd. drückt etwas (durch etwas** *Akk.***) durch** *(≈ durchpressen) mit Druck bewirken, dass etwas durch ein Sieb o.Ä. hindurchgelangt:* gekochte Kartoffeln (durch ein Sieb) durchdrücken ❷ ▪ **jmd. drückt etwas durch** *eine gerade Haltung einnehmen lassen:* die Knie/den Rücken durchdrücken ❸ ▪ **jmd. drückt etwas durch** *(umg.: ≈ durchsetzen) mit energischem Auftreten bewirken, dass den eigenen Wünschen entsprochen wird:* seine Meinung durchdrücken; Sie hat (es) durchgedrückt, dass sie mehr Geld bekommt. ❹ ▪ **jmd. drückt etwas durch** *(umg.)* Wäsche im Waschbecken mit der Hand waschen

Durch·ein·an·der das <-s> /kein Plur./ *(Zustand der) Unordnung:* In seinem Zimmer herrscht ein großes Durcheinander.; Nach dem Feueralarm entstand ein großes Durcheinander unter den Anwesenden.

durch·ei·n·an·der [dʊrçǀainandɐ] *adv so, dass es keine Ordnung (mehr) aufweist:* Die Bücher liegen alle durcheinander. ♦ Zusammenschreibung → R 4.5 Du darfst die beiden Sachen nicht durcheinanderbringen.; Wenn es so durcheinandergeht, verstehe ich gar nichts.; Jetzt sind mir deine und meine Fotos durcheinandergeraten.; Die Kinder sind wild durcheinandergelaufen.; Ihr dürft nicht alle durcheinanderreden.; Der Wind hat meine Notizen durcheinandergewirbelt.

durch·ei·n·an·der·kom·men <kommst durcheinander, kam durcheinander, ist durcheinandergekommen> *ohne OBJ* ▪ **jmd. kommt (bei etwas** *Dat.***) durcheinander** *die Übersicht verlieren und verwirrt werden:* Sie kam bei den Prüfungsfragen völlig durcheinander.

durch·ein·a·n·der·wer·fen <wirfst durcheinander, warf durcheinander, hat durcheinandergeworfen> *mit OBJ* ▪ **jmd. wirft etwas durcheinander** *(umg.) so umherwerfen, dass es in Unordnung gerät:* Kleidungsstücke durcheinanderwerfen

durch·fah·ren <fährst durch, fuhr durch, ist durchgefahren> *ohne OBJ* ▪ **jmd./etwas fährt (irgendwo) durch** ❶ *fahrend durch etwas hindurchgelangen:* Wir sind/

der Zug ist gerade durch einen Tunnel durchgefahren.; Wir sind gerade durch Nürnberg durchgefahren. ❷ *ununterbrochen fahren:* Fährt der Zug in Fürth durch, oder hält er?; Wir sind ohne Zwischenhalt bis an die Ostsee durchgefahren.; Wir sind fünf Stunden/bis zum nächsten Morgen durchgefahren.; an der Ampel bei Rot durchfahren; *siehe aber* **durchf_a_hren**

durch·f_a_h·ren <durchfährst, durchfuhr, hat durchfahren> *mit OBJ* ❶ **jmd./etwas durchfährt etwas** *fahrend durchqueren:* Wir haben gerade einen Tunnel durchfahren.; Wir haben Berlin/die ganze Schweiz im Bus durchfahren. ❷ **etwas durchfährt jmdn.** *(übertr.) als plötzliche Idee über jmdn. kommen:* Plötzlich durchfuhr mich ein Gedanke.; *siehe aber* **d_u_rchfahren**

D_u_rch·fahrt die <-, -en> ❶ *eine Stelle zum Hindurchfahren:* Hier kommt eine enge Durchfahrt. ❷ */kein Plur./ das Durchfahren:* Durchfahren verboten!; an der Grenze freie Durchfahrt haben ❸ *Durchreise:* Wir sind nur auf der Durchfahrt; wir wollen nicht bleiben.

D_u_rch·fahrts·Ba·ße die <-, -n> *Straße, die durch eine Ortschaft führt*

D_u_rch·fall der ['dʊrçfal] <-(e)s> */kein Plur./* MED. *(als Folge einer Erkrankung oder des Genusses unbekömmlicher Nahrungsmittel) schnelle und häufige Ausscheidung von dünnflüssigem Stuhl:* Durchfall haben

durch·fal·len ['dʊrçfalən] <fällst durch, fiel durch, ist durchgefallen> *ohne OBJ* **jmd./etwas fällt (durch etwas** *Akk.***) durch** ❶ *durch eine Öffnung fallen:* Das Geldstück ist hier durch das Gitter durchgefallen. Ich bekomme es nicht wieder heraus. ❷ SCHULE *eine Prüfung nicht bestehen:* Sie ist in Geschichte durchgefallen.

durch·fau·len <fault durch, faulte durch, ist durchgefault> *ohne OBJ* **etwas fault durch** *bis ins Innerste faulen; durch Fäulnis zerstört werden:* Der Holzboden fault langsam durch.

durch·fe·gen <fegst durch, fegte durch, hat/ist durchgefegt> *mit OBJ* **jmd./etwas fegt etwas durch** *durch Fegen säubern:* die Straße durchfegen

durch·feuch·ten <durchfeuchtest, durchfeuchtete, hat durchfeuchtet> *mit OBJ* **jmd./etwas durchfeuchtet etwas** *ganz feucht machen, völlig mit Feuchtigkeit durchdringen:* den Stoff durchfeuchten

durch·fin·den <findest durch, fand durch, hat durchgefunden> *mit SICH* **jmd. findet sich (durch etwas** *Akk.***) durch** *den Weg durch etwas hindurch finden:* Wir haben nicht bis zu dir/durch die Stadt durchgefunden.; Sie konnten sich nicht durch den Wald/zu uns durchfinden.

durch·for·schen <durchforschst, durchforschte, hat durchforscht> *mit OBJ* **jmd. durchforscht etwas** *gründlich durchsuchen:* Die Polizei hat die Gegend gründlich nach dem Täter durchforscht.; Ich habe meine Aufzeichnungen durchforscht und nichts gefunden. ▸ Durchforschung

durch·fors·ten <durchforstest, durchforstete, hat durchforstet> *mit OBJ* **jmd. durchforstet etwas** ❶ *durchsuchen:* Sie haben die Unterlagen nach etwas Verdächtigem durchforstet. ❷ LANDW. *ausholzen:* Der Wald wird regelmäßig durchforstet.

durch·fra·gen <fragst durch, fragte durch, hat durchgefragt> *mit SICH* **jmd. fragt sich (irgendwo) durch** *durch Fragen irgendwohin finden:* Ich habe mich zu euch/zum Bahnhof durchgefragt.

durch·frie·ren <durchfrierst, durchfror, ist durch(ge)froren> *ohne OBJ* ❶ **jmd./etwas friert durch** *bis ins Innerste kalt werden, auskühlen:* Meine Füße sind ganz durchfroren. ❷ **jmd. friert durch** *vollständig gefrieren:* Die Eiswürfel sind durchgefroren.

D_u_rch·fuhr die <-, -en> *(≈ Transit) der Transport von Waren von einem Staat in einen anderen durch einen dritten hindurch* ◆-bestimmungen, -zoll

durch·führ·bar adj */nicht steig./ so, dass man etwas durchführen/realisieren kann:* Unser Plan ist nicht durchführbar. ▸ Durchführbarkeit

durch·füh·ren ['dʊrçfyːrən] <führst durch, führte durch, hat durchgeführt> *mit OBJ* **jmd. führt etwas durch** ❶ *in die Tat umsetzen:* etwas so durchführen, wie es geplant ist; Wir haben das Sportfest erfolgreich durchgeführt.; Dieses Mitarbeiterteam hat zahllose Projekte durchgeführt.; Das Gelände ist für zwei Tage vollständig gesperrt, weil Physiker der Universität hier ein Experiment durchführen. ❷ *(≈ machen)* Die Reparaturen werden noch diese Woche durchgeführt.; Die Polizei hat eine Untersuchung durchgeführt. ❸ *auf dem Weg durch etwas begleiten:* Besucher durch alle Räume des Schlosses durchführen

Durch·füh·rung die <-> /kein Plur./ Umsetzung, Realisierung: Der Plan war gut, aber seine Durchführung bereitete Schwierigkeiten.; Die Durchführung eines solchen Projekts sollte man nur erfahrenen Leuten anvertrauen. ◆-sbestimmung, -sverordnung

Durch·gang der <-(e)s, Durchgänge> ❶ *eine Stelle, an der man hindurchgehen/hindurchfahren kann, um auf eine andere Seite zu gelangen:* In dieser Mauer gibt es keinen Durchgang. ◆-sstraße, -sverkehr ❷ */kein Plur./ das Durchgehen:* Durchgang verboten! ❸ *ein (in sich geschlossener) Teil eines Ablaufs oder Prozesses, der mehrere Teile umfasst:* Wir waren im ersten Durchgang dran.; Die Wahl erfolgt in mehreren Durchgängen.

durch·gän·gig adj /nicht steig./ *so, dass etwas ständig der Fall ist oder ohne Ausnahme und ganz allgemein geschieht:* Das Telefon ist durchgängig besetzt.; Wir haben durchgängig geöffnet.; Das ist kein Einzelfall, der Fehler wurde durchgängig gemacht.

Durch·gangs·bahn·hof der <-(e)s, Durchgangsbahnhöfe> *(↔ Kopfbahnhof, Sackbahnhof) Bahnhof, durch den die Gleise hindurchlaufen*

Durch·gangs·la·ger das <-s, -> *Lager zur vorübergehenden Unterbringung von Flüchtlingen oder Vertriebenen*

durch·ge·ben <gibst durch, gab durch, hat durchgegeben> mit OBJ ■ **jmd. gibt etwas durch** ❶ *durch eine schmale Öffnung hindurchreichen:* Mach bitte die Tür auf, damit ich dir die Tasche durchgeben kann! ❷ *herumreichen (und verteilen):* Würden Sie die Anwesenheitsliste bitte durchgeben? ❸ *weiterleiten:* Diese Meldung wurde soeben im Radio durchgegeben.; anrufen und kurz eine Nachricht durchgeben

durch·ge·hen <gehst durch, ging durch, hat/ist durchgegangen> I. mit OBJ ■ **jmd. geht etwas durch** *(unter einem bestimmten Aspekt) prüfen:* Ich habe/bin die Arbeit noch einmal auf Fehler durchgegangen. II. ohne OBJ ❶ ■ **jmd./etwas geht (durch etwas** Akk.**) durch** *durch etwas gehen oder laufen:* Hier müssen wir durchgehen.; Seid ihr hier durchgegangen? ❷ ■ **etwas geht (durch etwas** Akk.**) durch** *(umg.) sich durch etwas bringen lassen:* Meinst du, dass der Schrank hier durchgeht?; Der Faden will hier einfach nicht durchgehen. ❹ ■ **jmd./ein Tier geht durch** *(umg.) ausbrechen:* Die Pferde sind durchgegangen.; Sein Frau ist (ihm) mit einem anderen durchgegangen.; ■ **die Nerven gehen mit jemandem durch** *(umg.) jmd. wird sehr wütend, weil er unter großer nervlicher Anspannung steht* ❺ ■ **etwas geht (bei jmdm./etwas) durch** *(umg.) hingenommen werden:* Meinst du, das geht so durch?; Kann man das so durchgehen lassen?; Diese Frechheit kann ich (ihm) nicht einfach so durchgehen lassen. ❻ ■ **etwas geht bis zu etwas** Dat. **durch** *(umg.) andauern:* Die Feier ist bis zum nächsten Morgen durchgegangen.; Wir haben durchgehend geöffnet.

durch·grei·fen <greifst durch, griff durch, hat durchgegriffen> ohne OBJ ❶ ■ **jmd. greift (durch etwas** Akk.**) durch** *durch etwas hindurch fassen:* Er hat (durch den Zaun) durchgegriffen. ❷ ■ **jmd. greift (gegen jmdn.) durch** *energisch für Ordnung sorgen:* Hier muss mal richtig durchgegriffen werden.; Die Polizei hat gegen die Randalierer durchgegriffen.

durch·grei·fend adj *so, dass jmd. drastische Maßnahmen ergreift oder es zu einschneidenden Änderungen kommt:* eine durchgreifende Änderung

durch·hal·ten ['dʊrçhaltn] <hältst durch, hielt durch, hat durchgehalten> mit OBJ /ohne OBJ ■ **jmd. hält (etwas/bei etwas** Dat.**) durch** *Erschöpfung oder Müdigkeit überwinden und bis zum Erreichen eines bestimmten Ziels aushalten:* Trotz ihrer Erschöpfung hat sie im Wettkampf bis zum Schluss durchgehalten.; Wenn ich jetzt keinen Kaffee bekomme, halte ich nicht mehr lange durch.

durch·hän·gen <hängst durch, hing durch, hat durchgehangen> ohne OBJ ❶ ■ **etwas hängt durch** *etwas ist nicht straff gespannt:* Die Wäscheleine hängt durch. ❷ ■ **jmd. hängt durch** *(umg. übertr. abwert.) müde, erschöpft sein und nichts tun können:* Nach Abgabe meiner Arbeit habe ich zwei Tage durchgehangen.

durch·hau·en <haust durch, haute/hieb durch, hat durchgehauen> mit OBJ ❶ ■ **jmd. haut etwas durch** *mit einem Schlag zerteilen:* Er haut/hieb das Seil mit einer Axt durch. ❷ ■ **jmd. haut jmdn. durch** /Prät. nur: „haute durch"/ *verprügeln:* Die Jungen hauten ihn richtig durch.

durch·ja·gen <durchjagst, durchjagte, hat

durchjagt> *mit OBJ* ❶ **jmd./etwas durchjagt etwas** *jagend, rasend durchqueren:* Mit seinen Auto durchjagte er das Gebiet. ❷ **etwas durchjagt jmdn.** *als Idee oder Gefühl plötzlich über jmdn. kommen:* Sie wurde von einem Schreck durchjagt.; *vergleiche aber* **durchjagen**

durch·ja·gen <jagst durch, jagte durch, ist durchgejagt> *ohne OBJ* ❶ **jmd. jagt durch** *sich jagend, rasend durch etwas hindurchbewegen:* Gerade eben ist er hier durchgejagt. ❷ **jmd. jagt jmdn./ein Tier durch etwas** *Akk. (Menschen, Tiere) durch etwas treiben, jagen:* Die Treiber jagten die Füchse durch den Wald. ❸ **jmd. jagt etwas durch etwas** *Akk. (umg.) etwas sehr schnell bearbeiten:* ein Werkstück durch die Maschine jagen; *vergleiche aber* **durchjagen**

durch·käm·men <kämmst durch, kämmte durch, hat durchgekämmt> *mit OBJ* **jmd. kämmt etwas durch** ❶ *mit dem Kamm glätten:* Sie hat ihr Haar mit einer Bürste durchgekämmt. ❷ *gründlich durchsuchen:* Die Polizei hat den ganzen Wald durchgekämmt.; *siehe auch* **durchkämmen**

durch·käm·men <durchkämmst, durchkämmte, hat durchkämmt> *mit OBJ* **jmd. durchkämmt etwas** *durchsuchen:* Die Polizei hat den ganzen Wald durchkämmt.; *siehe auch* **durchkämmen**

durch·knöp·fen <knöpfst durch, knöpfte durch, hat durchgeknöpft> *mit OBJ* **jmd. knöpft etwas durch** *von oben bis unten knöpfen:* ein durchgeknöpftes Kleid

durch·kom·men <kommst durch, kam durch, ist durchgekommen> *ohne OBJ* ❶ **jmd. kommt (durch etwas** *Akk.*) **durch** *hindurchgelangen:* Ob wir durch diesen kleinen Felsspalt durchkommen? ❷ **jmd. kommt (durch etwas** *Akk.*) **durch** *(als Teilabschnitt einer Reise) durchfahren:* Auf unserer Reise sind wir auch durch das Erzgebirge/durch Waldshut durchgekommen. ❸ **jmd. kommt (zu jmdm./etwas) durch** *Dat. (umg.) mit Mühe irgendwohin gelangen:* Wir sind nicht bis zu dir durchgekommen, denn es waren zu viele Leute da. ❹ **jmd. kommt durch** TELEKOMM. *eine telefonische Verbindung zu jmdm. erhalten:* Ich bin nicht durchgekommen; es war andauernd besetzt. ❺ **jmd. kommt (mit etwas** *Dat.*) **(bei etwas** *Dat.*) **durch** *(umg.) Erfolg haben:* Er ist mit seinem Vorschlag (bei der Kommission) durchgekommen.; Sie ist bei der Prüfung durchgekommen. ❻ **jmd. kommt durch** *(umg.) eine Krankheit oder einen Unfall überleben:* Hoffentlich wird er durchkommen!

durch·kreu·zen <durchkreuzt, durchkreuzte, hat durchkreuzt> *mit OBJ* **jmd. durchkreuzt etwas** *zum Scheitern bringen:* Der Chef hat ihre Urlaubspläne durchkreuzt.

durch·las·sen <lässt durch, ließ durch, hat durchgelassen> *mit OBJ* **jmd. lässt jmdn./etwas durch** *erlauben, dass jmd. oder etwas an jmdm. oder etwas vorbeikommt oder durch etwas hindurchkommt:* Das Sieb lässt nur ganz feinen Staub durch.; Der Pförtner hat uns nicht durchgelassen.; Lassen Sie mich bitte durch?

durch·läs·sig *adj* (↔ *undurchlässig*) *so, dass dass Stoffe, Strahlen oder Wärme hindurchdringen können:* ein durchlässiges Netz; Die Fenster sind nur teilweise durchlässig. ◆feuchtigkeits-, kälte-, licht-, luft-, wärme-, wasser-

Durch·laucht, Durch·laucht *die* <-, -en> *Anrede für Adelige:* Ihre Durchlaucht, gestatten Sie!

Durch·lauf *der* <-(e)s, Durchläufe> ❶ (≈ *Durchgang*) *ein (in sich geschlossener) Teil eines Gesamtablaufs:* Die Werkstücke werden in mehreren Durchläufen bearbeitet.; Er ist vorläufiger Sieger nach dem ersten Duchlauf des Wettkampfes. ❷ *eine Stelle, an der etwas durchlaufen kann:* Zwischen den beiden Wasserbecken befindet sich ein schmaler Durchlauf.

durch·lau·fen <läufst durch, lief durch, ist/hat durchgelaufen> I. *mit OBJ* **jmd. läuft etwas durch** *(haben) durch Laufen abnutzen:* Schuhe/einen Teppich durchlaufen II. *ohne OBJ* **jmd./etwas läuft (durch etwas** *Akk.*) **durch** *(sein)* ❶ *hindurchgehen:* Durch dieses Tor sind wir durchgelaufen.; Hier können wir nicht durchlaufen. ❷ *durchqueren:* Wir sind durch ganz Berlin durchgelaufen. ❸ *(durch etwas) hindurchfließen:* Hier ist Regenwasser durchgelaufen.; Der Kaffee ist noch nicht durchgelaufen. ❹ *ohne Unterbrechung laufen:* Wir sind bis zum Nachmittag durchgelaufen. ❺ *nicht unterbrochen werden:* eine durchlaufende Mauer; *siehe auch* **durchlaufen**

durch·lau·fen <durchläufst, durchlief, hat durchlaufen> *mit OBJ* ❶ **jmd. durchläuft etwas** *sich einem Prozess unterwerfen oder einem Prozess unterworfen werden:* Sie durchläuft eine Ausbildung zur Bankkauffrau.; Der Antrag muss noch die Verwaltung durchlaufen. ❷ **etwas**

durchläuft jmdn. *(geh.)* *(als meist angenehmes Gefühl) plötzlich und intensiv über jmdn. kommen:* Ein wohliges Gefühl durchlief ihn.; Ein Zittern durchlief ihren Körper. ❷ **jmd. durchläuft etwas** *laufend durchqueren:* Auf der Suche nach diesem Laden haben wir die ganze Stadt durchlaufen.; siehe auch **durchlaufen**

Durch·lauf·er·hit·zer der <-s, -> *ein Gerät, das hindurchlaufendes Wasser erhitzt*

durch·lei·ten <leitest durch, leitete durch, hat durchgeleitet> *mit OBJ* ■ **jmd. leitet etwas durch** *etwas durch etwas fließen lassen:* Wasser durch ein Rohr leiten

durch·le·sen ['dʊrçle:zn̩] <liest durch, las durch, hat durchgelesen> *mit OBJ* ■ **jmd. liest etwas durch** *von Anfang bis Ende lesen:* Ich habe das Buch/den Text gründlich durchgelesen.

durch·leuch·ten <durchleuchtest, durchleuchtete, hat durchleuchtet> *mit OBJ* ❶ ■ **jmd. durchleuchtet etwas/jmdn.** MED. *(≈ röntgen)* sich die Lungen durchleuchten lassen ❷ ■ **jmd. durchleuchtet etwas** *untersuchen:* Das Problem sollte mal gründlich durchleuchtet werden.

durch·lö·chern <durchlöcherst, durchlöcherte, hat durchlöchert> *mit OBJ* ■ **jmd. durchlöchert etwas** ❶ *viele Löcher in etwas machen:* Die Schüsse durchlöcherten die Tür. ❷ *(übertr.) unwirksam machen:* ein Gesetz durch viele Ausnahmeregelungen durchlöchern

Durch·lüf·tung die <-, -en> */Plur. selten/ der Sachverhalt, dass frische Luft in etwas hineingelangen kann:* Nur durch geeignete Dämm-Maßnahmen an der Gebäudehülle sowie durch regelmäßige Durchlüftung bzw. mit Hilfe einer Lüftungsanlage lässt sich Schimmelbildung verhindern.

durch·ma·chen ['dʊrçmaxn̩] <machst durch, machte durch, hat durchgemacht> **I.** *mit OBJ* ■ **jmd. macht etwas durch** ❶ *etwas Negatives erleben:* Sie hat in/während ihrer Kindheit viel durchmachen müssen.; Er hat eine schlimme Krankheit durchgemacht. ❷ *hinter sich bringen:* Danach hat er eine Ausbildung zum Schlosser durchgemacht. **II.** *mit OBJ/ohne OBJ* ■ **jmd. macht (etwas) durch** *(umg.) ohne Unterbrechung feiern oder arbeiten:* Wir haben die ganze Nacht durchgemacht, dann war die Arbeit fertig.; Wir machen durch bis Morgen früh.

Durch·marsch der <-(e)s, Durchmärsche> ❶ *das Marschieren durch ein Gebiet:* Die Truppen befinden sich auf dem Durchmarsch zur Grenze. ❷ *(umg. scherzh.: ≈ Durchfall)* Sie ist krank. Sie hat einen schlimmen Durchmarsch.

durch·men·gen <mengst durch, mengte durch, hat durchgemengt> *mit OBJ* ■ **jmd. mengt etwas durch** *gründlich miteinander vermischen:* den Teig durchmengen

Durch·mes·ser der ['dʊrçmɛsɐ] <-s, -> *das Doppelte des Radius:* der Durchmesser eines Kreises/einer Kugel

durch·mo·geln <mogelst durch, mogelte durch, hat durchgemogelt> *mit SICH* ■ **jmd. mogelt sich (durch etwas** *Akk.***) durch** *mit Tricks Erfolg haben:* Er hat sich bei der Prüfung ohne zu lernen durchgemogelt.

durch·müs·sen <musst durch, musste durch, hat durchgemusst> *ohne OBJ* ■ **jmd. muss (durch etwas** *Akk.***) durch** *(umg.)* ❶ *irgendwo hindurchgelangen müssen:* Wo muss das Kabel durch?; Durch diesen Bach werden wir wohl durchmüssen. ❷ *etwas Schwieriges ertragen müssen:* Da gibt es keine Ausreden. Da musst du durch!

durch·näs·sen [dʊrç'nɛsn̩] <durchnässt, durchnässte, hat durchnässt> *mit OBJ* ■ **etwas durchnässt jmdn./etwas** *vollständig nass machen:* Der Regen hatte uns völlig durchnässt.; ganz durchnässt sein

durch·neh·men ['dʊrçne:mən] <nimmst durch, nahm durch, hat durchgenommen> *mit OBJ* ■ **jmd. nimmt etwas durch** SCHULE *als Unterrichtsthema behandeln:* Was habt ihr heute in Deutsch durchgenommen?

durch·pau·sen <paust durch, pauste durch, hat durchgepaust> *mit OBJ* ■ **jmd. paust etwas durch** *eine Zeichnung oder ein Bild mit Hilfe von durchsichtigem Papier kopieren:* Das Bild hast du sicher durchgepaust!

durch·peit·schen <peitschst durch, peitschte durch, hat durchgepeitscht> *mit OBJ* ❶ ■ **jmd. peitscht jmdn. durch** *auspeitschen:* einen Sklaven durchpeitschen lassen ❷ ■ **jmd. peitscht etwas durch** *(umg. abwert.) mit Macht und Schnelligkeit durchsetzen:* ein Gesetz/einen Plan durchpeitschen

durch·pres·sen <presst durch, presste durch, hat durchgepresse> *mit OBJ* ■ **jmd. presst etwas (durch etwas** *Akk.***) durch** *etwas mit Druck durch etwas hindurchdrücken:* gekochtes Obst durch ein Sieb drücken; Wasser durch enge Rohre durchpressen

durch·prü·geln <prügelst durch, prügelte

durch, hat durchgeprügelt> *mit OBJ* ■ **jmd. prügelt jmdn. durch** *(umg.) verprügeln, verhauen:* Er prügelte seinen Gegner durch.

durch·que·ren <durchquerst, durchquerte, hat durchquert> *mit OBJ* ■ **jmd./ etwas durchquert etwas** *die Strecke von einem bis zum anderen Ende von etwas zurücklegen:* ein Gebiet/ein Tal/eine Wüste durchqueren

Durch·que·rung die <-, -en> *das Durchqueren:* die Durchquerung der Wüste

durch·rech·nen <rechnest durch, rechnete durch, hat durchgerechnet> *mit OBJ* ■ **jmd. rechnet etwas durch** *etwas rechnend prüfen:* eine Aufgabe noch einmal durchrechnen; Wir haben das Angebot durchgerechnet und müssen es leider ablehnen.

durch·reg·nen <regnet durch, regnete durch, hat durchgeregnet> *mit ES* ❶ ■ **es regnet durch** *es hört nicht auf zu regnen:* Es regnet jetzt schon seit zwei Tagen (ununterbrochen) durch. ❷ ■ **es regnet (durch etwas** *Akk.***) durch** *Regenwasser dringt durch eine normalerweise wasserdichte Schicht durch:* Seit einiger Zeit regnet es (durch unser Dach) durch.

Durch·rei·se ■ **jemand ist auf der Durchreise** *jmds. Aufenthalt an einem Ort ist nicht von Dauer, sondern nur die Folge einer Reiseunterbrechung* Wir wollen nicht länger bleiben; wir sind auf der Durchreise.

durch·rei·sen ['dʊrçraɪzn̩] <reist durch, reiste durch, ist durchgereist> *ohne OBJ* ■ **jmd. reist (irgendwo) durch** *ohne längeren Aufenthalt durch ein Gebiet oder einen Ort reisen:* Wir sind dort auf dem Weg in unseren Urlaub nur durchgereist; die Stadt haben wir nicht ausführlich anschauen können.

Durch·rei·sen·de der/die <-n, -n> *jmd., der auf der Durchreise ist*

durch·rei·ßen <reißt durch, riss durch, hat/ist durchgerissen> **I.** *mit OBJ* ■ **jmd. reißt etwas durch** *(haben) durch Reißen zertrennen:* Er hat das Stück Papier/Stoff durchgerissen.; Der Kontrolleur hat die Eintrittskarte in der Mitte durchgerissen. **II.** *ohne OBJ* ■ **etwas reißt durch** *(sein) durch Reißen zertrennt werden:* Der Stoff/das Papier ist durchgerissen.

durch·ros·ten <rostet durch, rostete durch, ist durchgerostet> *ohne OBJ* ■ **etwas rostet durch** *durch Rost löchrig oder brüchig werden:* Das Fass/die Karosserie ist durchgerostet. ▶ Durchrostung

durch·rüh·ren <rührst durch, rührte durch, hat durchgerührt> *mit OBJ* ■ **jmd. rührt etwas durch** *eine Masse durch Rühren kräftig durchmischen:* Hast du den Teig gut durchgerührt?

Durch·sa·ge die ['dʊrçza:gə] <-, -n> *Mitteilung über Lautsprecher, Radio oder Fersehen:* Bitte achten Sie auf die Durchsage(n) am Bahnsteig.; Über eine Durchsage im Radio haben wir gerade erfahren, dass unser Gebiet evakuiert werden soll.

durch·sa·gen ['dʊrçza:gn̩] <sagst durch, sagte durch, hat durchgesagt> *mit OBJ* ❶ ■ **jmd. sagt etwas durch** *über Lautsprecher mitteilen:* Die Zugverspätung ist durchgesagt worden. ❷ ■ **jmd. sagt jmdm. etwas durch** *etwas weitersagen:* Heute fällt die zweite Schulstunde aus. Sag' es bitte den anderen durch.

durch·sä·gen <sägst durch, sägte durch, hat durchgesägt> *mit OBJ* ■ **jmd. sägt etwas durch** *mit einer Säge durchtrennen:* Ich habe den Ast/das Brett durchgesägt.

durch·schau·en <durchschaust, durchschaute, hat durchschaut> *ohne OBJ* ■ **jmd. durchschaut jmdn./etwas** *die wahren Zusammenhänge erkennen, die hinter einer bestimmten äußeren Erscheinung verborgen sind:* Er hat deinen Betrug durchschaut.; Es hat keinen Sinn, sie durchschaut dich!

durch·schei·nen <scheint durch, schien durch, hat durchgeschienen> *ohne OBJ* ■ **etwas scheint (durch etwas** *Akk.***) durch** *etwas wird durch etwas anderes hindurch sichtbar:* Es ist noch bewölkt, aber hier und da hat schon die Sonne durchgeschienen.; Die Sonne hat durch die Vorhänge durchgeschienen.; Das Papier ist so dünn, dass die Tinte auf der Rückseite des Blattes durchscheint.; Die bunte Unterwäsche scheint durch das Oberhemd durch.

durch·schei·nend *adj so dünn, dass man hindurchblicken kann:* ein durchscheinender Stoff

Durch·schlag der <-(e)s, Durchschläge> ❶ KOCH. *siebähnliches Küchengerät:* die gekochten Spaghetti durch einen Durchschlag gießen ❷ *mit Kohlepapier angefertigte Durchschrift:* Den Durchschlag des Formulars bekommen Sie.

durch·schla·gen <schlägt durch, schlug durch, hat/ist durchgeschlagen> **I.** *mit OBJ (haben)* ❶ ■ **jmd. schlägt etwas durch** *mit einem Schlag in zwei Teile zerlegen:* Er hat das Seil mit einer Axt durchgeschlagen. ❷ ■ **jmd. schlägt etwas**

(**durch etwas** *Akk.*) **durch** *mit Schlägen durch etwas treiben*: Ich habe den Nagel ganz (durch das Brett) durchgeschlagen. **II.** *ohne OBJ* ❶ **etwas schlägt durch** *(sein) weiter vordringen*: Die Nässe ist an einigen Stellen durchgeschlagen. ❷ **etwas schlägt auf jmdn. durch** *als Eigenschaft vererbt werden*: Das Temperament des Vaters ist auf den Sohn durchgeschlagen. **III.** *mit SICH* ❶ **jmd. schlägt sich irgendwohin durch** *irgendwohin gelangen*: Sie konnten sich mit Mühe zur nächsten Stadt durchschlagen. ❷ **jmd. schlägt sich irgendwie durch** *auf eine bestimmte Weise Schwierigkeiten meistern*: Es war eine schwere Zeit, aber wir haben uns immer irgendwie durchgeschlagen.

durch·schla·gen <durchschlägt, durchschlug, hat durchschlagen> *mit OBJ* ■ **etwas durchschlägt etwas** *gewaltsam durchdringen*: Das Geschoss hat das Dach durchschlagen.

durch·schla·gend *adj von großer Wirkung*: ein durchschlagender Beweis; durchschlagenden Erfolg haben

durch·schlän·geln <schlängelst durch, schlängelte durch, hat durchgeschlängelt> *mit SICH* ■ **jmd. schlängelt sich (durch etwas** *Akk.*) **durch** *sich geschickt durch etwas hindurchbewegen*: Er hat sich durch die Wartenden durchgeschlängelt.

durch·schlüp·fen <schlüpfst durch, schlüpfte durch, ist durchgeschlüpft> *ohne OBJ* ❶ **jmd./ein Tier schlüpft (durch etwas** *Akk.*) **hindurch** *sich geschickt durch etwas hindurchbewegen*: Durch diese Öffnung muss die Katze durchgeschlüpft sein! ❷ **jmd. schlüpft (durch etwas** *Akk.*) **hindurch** *sich geschickt dem Zugriff von jmdm. entziehen*: Die Einbrecher sind der plötzlich erschienenen Polizei doch noch durch die Finger geschlüpft.

durch·schmo·ren <schmorst durch, schmorte durch, ist durchgeschmort> *ohne OBJ* ■ **etwas schmort durch** *etwas geht durch übermäßige Hitzeentwicklung kaputt*: Die elektrische Leitung ist durchgeschort.

durch·schnei·den <schneidest durch, schnitt durch, hat durchgeschnitten> *mit OBJ* ■ **jmd. schneidet etwas (mit etwas** *Dat.*) **durch** *in zwei Teile schneiden*: Ich habe den Faden durchgeschnitten.; Man hat ihm die Kehle durchgeschnitten.

durch·schnei·den [dʊrçˈʃnaɪdn̩] <durchschneidest, durchschnitt, hat durchschnitten> *mit OBJ* ❶ **jmd. durchschneidet etwas (mit etwas** *Dat.*) *in zwei Teile schneiden*: Ich habe den Faden (mit einer Schere) durchschnitten. ❷ **etwas durchschneidet etwas** *(geh.) zerteilen*: Das Schiff durchschnitt die Wellen.

Durch·schnitt der [ˈdʊrçʃnɪt] <-(e)s, -e> *(≈ Mittelwert) der Betrag, der sich ergibt, wenn man mehrere Beträge addiert und das Ergebnis durch die Anzahl der Beträge dividiert*: Der Durchschnitt beträgt/liegt bei 2,8.; im Durchschnitt; über/unter dem Durchschnitt liegen ◆-seinkommen, -slohn, -sgeschwindigkeit, -spreis, -swert

durch·schnitt·lich [ˈdʊrçʃnɪtlɪç] *adj /nicht steig./* ❶ *so, dass es im Durchschnitt liegt*: ein durchschnittliches Einkommen von 2000 Euro haben ❷ *so, dass es nicht herausragend ist*: Er ist in der Schule weder schlecht noch gut, sondern durchschnittlich.

Durch·schnitts- [ˈdʊrçʃnɪts] *als Erstglied zusammengesetzter Substantive, mit Betonung auf dem Erstglied; drückt aus, dass das mit dem Zweitglied Bezeichnete ungefähr dem Mittelmaß/einem Mittelwert entspricht, also weder von besonders positiver noch negativer Auffälligkeit ist*: Das Durchschnittsgesicht ist Testobjekt von Psychologen/Psychologinnen, welche die Gesichtswahrnehmung untersuchen ◆-abitur, -alter, -arbeitszeit, -bildung, -bürger, -denken, -dorf, -einkommen, -erlös, -ertrag, -familie, -figur, -gehalt, -geschmack, -geschwindigkeit, -gesicht, -größe, -guthaben, -haus, -jahreseinkommen, -kosten, -körpergröße, -länge, -leben, -lebenserwartung, -leistung, -lohn, -maße, -menge, -mensch, -miete, -patient, -preis, -publikum, -schüler

Durch·schnitts·no·te die <-, -n> *Note, die als Mittelwert (aus allen Noten) errechnet wurde*: Mit einer Durchschnittsnote von 1,3 ist die Schülerin die beste des diesjährigen Abiturjahrgangs.

durch·schrei·ben <schreibst durch, schrieb durch, hat durchgeschrieben> **I.** *mit OBJ* ■ **jmd. schreibt etwas durch** *eine Durchschrift von etwas herstellen, z.B. mithilfe von Kopierpapier* **II.** *ohne OBJ* ■ **jmd. schreibt durch** *jmd. schreibt ohne Unterbrechung*: Ich konnte gestern die Arbeit an meinem Roman nicht beenden und habe die ganze Nacht durchgeschrieben.

Durch·schrift die <-, -en> *mit Kohlepapier hergestellte Kopie*: Die Durchschrift des Formulars ist für Sie.

Durch·schuss der <-es, Durchschüsse>

❶ DRUCKW. *Zwischenraum zwischen den Zeilen* **❷** *der Vorgang, dass eine Kugel etwas durchdringt:* Im Krieg erlitt er mehrere Durchschüsse am Bein.

durch·se·hen <siehst durch, sah durch, hat durchgesehen> *mit OBJ* ▪ **jmd. sieht etwas durch** ❶ *schnell und oberflächlich prüfen:* Ich habe die Arbeit/das Manuskript schon durchgesehen. ❷ *durchsuchen:* Ich habe meine Sachen durchgesehen, aber deine Schlüssel nicht gefunden.

durch·setz·bar *adj /nicht steig./ so beschaffen, dass es durchgesetzt werden kann:* Dieser Beschluss ist nur schwer durchsetzbar. ▪ Durchsetzbarkeit

durch·set·zen <setzt durch, setzte durch, hat durchgesetzt> **I.** *mit OBJ* ❶ ▪ **jmd. setzt etwas durch** *durch Entschiedenheit erreichen, dass etwas geschieht:* Er hat seinen Plan durchgesetzt. **II.** *mit SICH* ❶ ▪ **jmd. setzt sich (gegen jmdn./etwas) durch** *bewirken, dass andere sich dem eigenen Willen unterordnen:* Er kann sich einfach nicht durchsetzen.; Sie hat dies sogar gegen den Willen der Direktion durchgesetzt. ❷ ▪ **etwas setzt sich durch** *allmählich anerkannt werden:* Diese Auffassung hat sich endlich durchgesetzt.; ▪ **seinen Kopf durchsetzen** *(umg.) erreichen, dass die eigenen Vorstellungen verwirklicht werden; siehe aber* **durchsetzen**

durch·set·zen <durchsetzt, durchsetzte, hat durchsetzt> *mit OBJ* ▪ **jmd. setzt etwas mit jmdm./etwas** *unter etwas mischen:* eine Gruppe mit Spionen durchsetzen; Der Aufsatz war mit Fehlern durchsetzt.; *siehe aber* **durchsetzen**

durch·seu·chen <durchseucht, durchseuchte, hat durchseucht> *mit OBJ* ▪ **etwas ist/wird mit etwas** *Dat.* **durchseucht** *vollständig verseuchen:* Der Viehbestand ist mit dem BSE-Virus durchseucht.

Durch·sicht die <-> /kein Plur./ ❶ *schnelles und oberflächliches Durchlesen eines Textes:* die Durchsicht der Manuskripte ❷ *rasche Kenntnisnahme von etwas:* bei Durchsicht der Bücher ❸ *(≈ Inspektion) (technische) Überprüfung:* ein Auto zur Durchsicht bringen

durch·sich·tig *adj (≈ transparent ↔ undurchsichtig)* ❶ *so, dass man hindurchsehen kann:* ein durchsichtiger Stoff ❷ *(umg. abwert.: ≈ durchschaubar) so, dass man davon nicht getäuscht werden kann:* ein durchsichtiger Plan; ein durchsichtiges Argument

Durch·sich·tig·keit die <-> /kein Plur./ *(≈ Transparenz ↔ Undurchsichtigkeit) durchsichtige Beschaffenheit*

durch·si·ckern <sickert durch, sickerte durch, ist durchgesickert> *ohne OBJ* ❶ ▪ **etwas sickert (durch etwas** *Akk.***) durch** *hindurchdringen:* Das Blut ist durch den Verband durchgesickert. ❷ ▪ **etwas sickert (bis zu jmdm.) durch** *allmählich bekannt werden:* Diese Neuigkeit ist auch bis zu uns durchgesickert.

durch·spre·chen <sprichst durch, sprach durch, hat durchgesprochen> *mit OBJ* ▪ **jmd. spricht etwas durch** *mit jmdm. etwas ausführlich besprechen:* Wir haben den Plan in allen Einzelheiten durchgesprochen.

durch·sprin·gen <durchspringst, durchsprang, hat durchgesprungen> *mit OBJ* ▪ **jmd. durchspringt etwas** *(geh.) mit einem Sprung durchqueren:* Der Löwe durchsprang den brennenden Reifen.

durch·ste·hen <stehst durch, stand durch, hat durchgestanden> *mit OBJ* ▪ **jmd. steht etwas durch** *(umg.) bis zum Ende ertragen:* Wir haben die schwere Zeit gemeinsam durchgestanden.

durch·stei·gen <steigst durch, stieg durch, ist durchgestiegen> *ohne OBJ* ❶ ▪ **jmd. steigt (durch etwas** *Akk.***) durch** *durch etwas hindurchklettern:* Er ist hier (durch das Kellerfenster) durchgestiegen. ❷ ▪ **jmd. steigt durch** *(umg.: ≈ mitkommen) zu einem Verständnis gelangen können:* Dieses Thema war mir zu schwierig! Da bin ich nicht durchgestiegen.

durch·stö·bern <durchstöberst, durchstöberte, hat durchstöbert> *mit OBJ* ▪ **jmd. durchstöbert etwas** *(umg.: ≈ durchsuchen)* Wir haben die Bodenkammer nach alten Kleidern durchstöbert.

durch·sto·ßen <durchstößt, durchstieß, hat durchstoßen> *mit OBJ* ▪ **jmd./etwas durchstößt etwas** *durch eine feste Schicht stoßen:* Das Küken durchstößt die Schale mit dem Schnabel.

durch·sto·ßen <stößt durch, stieß durch, hat/ist durchgestoßen> **I.** *mit OBJ* ▪ **jmd. stößt etwas durch** *(haben)* ❶ *ein Loch in etwas stoßen:* Ich habe mit dem Bohrhammer die Wand durchgestoßen. ❷ *durchscheuern:* Er hat die Ärmel seiner Jacke durchgestoßen. **II.** *ohne OBJ* ▪ **jmd. stößt (zu jmdm./etwas) durch** *(sein) (gegen einen Widerstand oder unter schwierigen Umständen) an einen Ort gelangen:* Die feindlichen Truppen sind bis zur nächsten Stadt durchgestoßen.; Endlich sind wir bis zu euch durchgestoßen!

durch·strei·chen ['dʊrçʃtraiçn̩] <streichst durch, strich durch, hat durchgestrichen> *mit OBJ* ■ **jmd. streicht etwas durch** *einen Strich durch ein geschriebenes Wort machen, um es als falsch zu kennzeichnen:* Alle falsch geschriebenen Wörter habe ich durchgestrichen.

durch·strei·fen <durchstreifst, durchstreifte, hat durchstreift> *mit OBJ* ■ **jmd. durchstreift etwas** *ziellos durchwandern:* Er hat die Stadt ohne ein festes Ziel durchstreift.

durch·sty·len ['dʊrçstailən] <stylst durch, stylte durch, hat durchgestylt> *mit OBJ* ■ **jmd. stylt etwas/jmdn. durch** *(umg.) etwas ganz nach einem bestimmten Stil einheitlich gestalten:* eine durchgestylte Wohnung

durch·su·chen <durchsuchst, durchsuchte, hat durchsucht> *mit OBJ* ■ **jmd. durchsucht etwas/jmdn.** *eine gründliche Suche an einem Ort durchführen:* Seine Wohnung ist durchsucht worden.

Durch·su·chung die <-, -en> *das Durchsuchen:* die Durchsuchung einer Wohnung durch die Polizei; Bei der polizeilichen Durchsuchung der Büroräume/des Lagers/des Kellers/der Privatwohnung/der Redaktion wurde belastendes Material sichergestellt.

durch·tre·ten <trittst durch, trat durch, hat/ist durchgetreten> I. *mit OBJ* ■ **jmd. tritt etwas durch** *(haben) auf ein Pedal bis zum Anschlag treten:* Sie hat das Gaspedal voll durchgetreten. II. *ohne OBJ* ❶ ■ **jmd. tritt (durch etwas** *Akk.***) durch** *(sein) nach außen durchdringen:* Die Feuchtigkeit ist durch die Wand durchgetreten. ❷ ■ **jmd. tritt durch** *irgendwohin rücken:* Die Fahrgäste waren nach hinten durchgetreten, um für die anderen Platz zu machen.

durch·trie·ben *adj (abwert.) schlau und hinterhältig:* ein durchtriebener Bursche

durch·wach·sen *adj /nicht steig./* ❶ KOCH. *so, dass Speck Streifen von Fleisch bzw. Fleisch Streifen von Fett enthält:* durchwachsener Speck ❷ *(umg. scherzh.) gerade leidlich; nicht ungetrübt; mittelmäßig:* Das Wetter/die Stimmung war durchwachsen.

durch·wa·gen <wagst durch, wagte durch, hat durchgewagt> *mit SICH* ■ **jmd. wagt sich durch etwas** *Akk.* **durch** *wagen, durch etwas hindurchzugehen:* Sie wagte sich nicht allein durch den dunklen Wald.

Durch·wahl die <-> */kein Plur./* TELEKOMM. *die direkte Telefonnummer, durch deren Wählen man die gewünschte Person ohne Vermittlung erreicht:* Können Sie mir die Durchwahl von Herrn Dr. Kunz geben?

durch·wär·men <durchwärmst, durchwärmte, hat durchwärmt> *mit OBJ* ■ **etwas durchwärmt etwas/jmdn.** *gründlich erwärmen:* Der Tee hat uns wieder durchwärmt.; Der Ofen durchwärmt das Zimmer.

durch·weg(s) ['dʊrçvɛk(z), dʊrç'veːk(s)] *adv ohne Ausnahme:* Seine Haare sind mittlerweile durchweg grau.

durch·wer·fen <wirfst durch, warf durch, hat durchgeworfen> *mit OBJ* ■ **jmd. wirft etwas (durch etwas** *Akk.***) durch** *etwas (durch eine Öffnung) hindurchwerfen*

durch·wüh·len <wühlst durch, wühlte durch, hat durchgewühlt> *mit OBJ* ■ **jmd. durchwühlt etwas** *rücksichtslos durchsuchen:* Wir haben alles durchgewühlt und nichts gefunden.; *siehe auch* **durchwühlen**

durch·wüh·len <durchwühlst, durchwühlte, hat durchwühlt> *mit OBJ* ■ **jmd./etwas durchwühlt etwas** *sich wühlend durch etwas hindurcharbeiten:* Der Maulwurf durchwühlt die Erde.; *siehe auch* **durchwühlen**

durch·wurs·teln, *a.* **durch·wurs·teln** <wurstelst durch, wurstelte durch, hat durchgewurstelt> *mit SICH* ■ **jmd. wurstelt sich (durch etwas) durch** *(umg.) mit Mühe zurechtkommen:* Wir haben nicht viel zum Leben, aber wir wursteln uns so durch.

durch·zäh·len ['dʊrçtsɛːlən] <zählst durch, zählte durch, hat durchgezählt> *mit OBJ/ohne OBJ* ❶ ■ **jmd. zählt etwas durch** *durch Zählen überprüfen:* Sie haben das Geld mehrfach durchgezählt.; Wir müssen noch einmal durchzählen, ob alles stimmt. ❷ ■ **jmd. zählt durch** *eine Gruppe (von Personen) dadurch abzählen, dass man jeden einzelnen in genauer Abfolge die nächste ganze Zahl sagen lässt:* Sind wir alle wieder beisammen? Bevor wir losfahren bitte einmal durchzählen. — „Eins!" „Zwei!" …

durch·zie·hen <ziehst durch, zog durch, hat/ist durchgezogen> I. *mit OBJ* ■ **jmd. zieht etwas (durch etwas** *Akk.***) durch** *(haben)* ❶ *durch etwas hindurchziehen:* Ich habe den Faden durch die Nadel durchgezogen. ❷ *(umg.) (mit einer gewissen Energie und Schnelligkeit) erledigen:* Sie haben das gemeinsam durchgezogen.; Das müssen wir noch durchziehen, dann haben wir alles geschafft. **II.** *ohne OBJ* ▪ **jmd. zieht (irgendwo) durch** *(sein)* durchmarschieren: Die Truppen sind durch diese Stadt durchgezogen.; Hier ist eine Herde Elefanten durchgezogen. **III.** *mit SICH* ▪ **etwas zieht sich (durch etwas** *Akk.***) durch** *(haben)* durchgängig vorhanden sein: Dieser Fehler hat sich durch die gesamte Arbeit durchgezogen.

durch·zie·hen <durchziehst, durchzog, hat durchzogen> *mit OBJ* ▪ **etwas durchzieht etwas** in verschiedenen Richtungen durch etwas laufen: Adern durchziehen das Gewebe.; Die Ebene ist von Flüssen durchzogen.; Schulkinder durchziehen die ganze Stadt.

Durch·zug der |'dʊrçtsuːk| <-(e)s> */kein Plur./* starker Luftzug in einem Raum: im Zimmer Durchzug machen

durch·zwän·gen <zwängst durch, zwängte durch, hat durchgezwängt> *mit OBJ* ▪ **jmd. zwängt etwas/sich (durch etwas** *Akk.***) durch** hindurchdrängen, hindurchschieben: Sie zwängten sich durch die Menschenmenge.; Der Einbrecher zwängte sich durch das kleine, offene Fenster.

dür·fen |'dʏrfn̩| <darfst, durfte, hat dürfen/gedurft> *ohne OBJ* ▪ **jmd. darf (etwas)** ❶ *die Erlaubnis haben:* Darf man hier rauchen?; Er hat nicht kommen dürfen.; Er hat nicht ins Kino gedurft. ❷ *verwendet, um eine höfliche Bitte auszusprechen:* Darf ich Sie um einen Gefallen bitten? ❸ *das Recht haben:* Tiere darf man nicht quälen.; Er darf sich mit gutem Gewissen zur Ruhe setzen. ❹ *in die Lage versetzt sein:* Sie dürfen sich wohlhabend nennen.; Ihr dürft euch freuen!; ▪ **das dürfte wohl das ... sein** *das ist wahrscheinlich das ...;* ▪ **Das darf doch (wohl) nicht wahr sein!** *(umg.) Das ist ja unglaublich!*

dürf·tig *adj* ❶ *(≈ armselig)* so arm, dass es Mitleid erregt: eine dürftige Behausung ❷ *mit so wenig Ergebnissen, Fakten o.Ä., dass es unzulänglich ist:* Für ein Jahr Arbeit ist das ein sehr dürftiges Ergebnis!

dürr *adj* ❶ *(≈ trocken)* so, dass Pflanzen oder Teile von Pflanzen ohne Saft sind: dürre Äste/Blätter/Zweige ❷ *sehr mager:* Sie ist richtig dürr. ❸ *so karg, dass Boden unfruchtbar ist:* dürrer Boden

Dür·re die |'dʏrə| <-, -n> *eine bestimmte (längere) Zeit ohne Regen:* In dem Land herrschte eine große Dürre.; von einer verheerenden Dürre heimgesucht werden

Durst der |dʊrst| <-(e)s> */kein Plur./* ❶ *(↔ Hunger)* das Verlangen nach Flüssigkeit: Durst haben; seinen Durst löschen; Der Durst war schlimmer als der Hunger. ❷ ▪ **Durst auf ...** *das Verlangen nach einem bestimmten Getränk:* Durst auf ein Bier haben ❸ *(übertr.) intensives Verlangen nach etwas:* der Durst nach Freiheit/nach Rache; ▪ **einen über den Durst trinken** *(umg.) mehr Alkohol trinken, als man vertragen kann* ▸ durstlöschend, durststillend, Durstlöscher ◆ Kaffee-

durs·ten <durstest, durstete, hat gedurstet> *ohne OBJ* ▪ **jmd. durstet** *(geh.) Durst¹ verspüren:* Wir mussten lange dursten.

dürs·ten <dürstest, dürstete, hat gedürstet> *(geh.)* **I.** *ohne OBJ* ▪ **jmd. dürstet (nach etwas** *Dat.***)** *sich nach etwas sehnen:* Das Land dürstet nach Freiheit.; Sie dürsteten richtig nach guter Literatur.; Er dürstete nach Rache. **II.** *mit ES* ▪ **Es dürstet jmdn. (nach etwas** *Dat.***)** ❶ *jmd. hat ein starkes Verlangen nach etwas:* Es dürstete ihn nach Gerechtigkeit. ❷ *(veralt.) Durst haben:* Mich dürstet (es).; Es dürstet mich.

durs·tig |'dʊrstɪç| *adj* so, dass man Durst¹ verspürt: Nach der langen Wanderung waren wir durstig.

-durs·tig |dʊrstɪç| *als Zweitglied zusammengesetzter Adjektive, mit Betonung auf dem Erstglied; drückt aus, dass jemand auf das mit dem Zweitglied Bezeichnete sehr stark ausgerichtet ist und es in heftiger Weise verlangt:* Die rachedurstige Ehefrau möchte während des Scheidungsverfahrens am liebsten erreichen, dass ihr Noch-Ehemann als Bettler endet. ◆ abenteuer-, freiheits-, rache-, taten-, wissens-

durst·lö·schend *adj /nicht steig./ so, dass ein Getränk den Durst¹ besonders gut löscht:* ein durstlöschendes Getränk

durst·stil·lend *adj /nicht steig./* siehe **durstlöschend**

Durst·stre·cke die <-, -n> *eine entbehrungsreiche Zeit:* eine finanzielle Durststrecke hinter sich haben

Du·sche die |'duːʃə/'dʊʃə| <-, -n> ❶ *eine Vorrichtung zur Reinigung des Körpers, die Wasser in dünnen Strahlen auf den Benutzer fließen lässt:* in die/unter die Dusche gehen; Sie stand gerade unter der Dusche, als das Telefon klingelte. ▸ Duschgel, Duschhaube, Duschkabine, Duschvorhang, Duschwanne, Duschzelle ❷ *der Raum, in dem sich eine Dusche¹ befindet* ❸ *das Duschen:* eine kalte/warme Dusche nehmen; ■**eine kalte Dusche** *(umg.)* *eine unerwartete starke Enttäuschung* Die Worte des Chefs waren eine kalte Dusche für ihn.

du·schen, du·schen |ˈduːʃn̩/ˈdʊʃn̩| <duschst, duschte, hat geduscht> *mit OBJ/ohne OBJ* ■**jmd. duscht (jmdn.)** *unter der Dusche reinigen:* Ich habe die Kinder geduscht.; Duschen Sie täglich?

Dü·se die <-, -n> TECHN. *ein sich nach vorn verengendes Rohr, das die Fließgeschwindigkeit von austretenden Gasen oder Flüssigkeiten erhöht:* die Düsen eines Flugzeuges ◆-nantrieb, -nflugzeug, Gas-, Kraftstoff-, Spritz-

Du·sel der <-s (o. Pl.)> ❶ SCHWEIZ. *leichter Rausch* ❷ *(umg.) Gefühl der leichten Betäubung:* nach dem Schlafen noch im Dusel sein, weshalb einem dann ganz duselig/duslig ist; im Dusel etwas umwerfen ▶ duselig, duslig ❸ *(umg.) unverhofftes Glück:* Da hast du aber Dusel gehabt.

dü·sen <düst, düste, ist gedüst> *ohne OBJ* ■**jmd./etwas düst** *(umg.) (schnell) fahren:* Wir sind am Wochenende mal schnell nach Hamburg gedüst.

duss·lig, *a.* **dus·se·lig** adj *(umg.)* ❶ *(abwert.:* ≈ *begriffsstutzig)* ein dussliger Kerl; Steh nicht so dusslig herum. Hilf mir lieber! ❷ *leicht benommen:* Vom Karussellfahren wird mir immer ganz dusslig.; Ich werde von dem Medikament ganz dusslig im Kopf.

dus·ter, *a.* **düs·ter** adj ❶ *dunkel und unheimlich:* ein düsteres Haus; Der Maler malt sehr düstere Bilder/mit sehr düsteren Farben. ❷ *nichts Gutes verheißend:* düstere Aussichten; ein düsteres Gesicht machen

Düs·ter·heit die <-> /kein Plur./ (≈ *Düsterkeit) düstere Beschaffenheit:* Die Düsterheit des Raumes war bedrückend.

Dutt der <-(e)s, -s/-e> *langes Haar, das zu einem Knoten aufgesteckt ist:* einen Dutt tragen

Du·ty-free-Shop der |ˈdjuːtɪˈfriːʃɔp| <-s, -s> *(in Flughäfen) ein Laden, in dem man bestimmte Waren zollfrei kaufen kann*

Dut·zend das <-s, -/-e> ❶ /Plur.: Dutzend/ *(veralt.) eine Menge von 12 Stück:* ein/drei Dutzend Eier kaufen; Ich habe gleich ein ganzes Dutzend bestellt.; Ich habe das jetzt schon ein paar dutzend/Dutzend Mal wiederholt. ❷ /Plur./ *(umg.) sehr viele:* Dutzende Schaulustige waren gekommen.; Es meldeten sich viele dutzend(e)/Dutzend(e) Bewerber.; Die Geräte gingen zu dutzenden/Dutzenden kaputt. ◆Groß- oder Kleinschreibung viele dutzend(e)/Dutzend(e) Versuche machen; etwas einige dutzend(e)/Dutzend(e) Male üben

dut·zend·fach adv /nicht steig./ *(umg.) sehr häufig:* Wir haben es dutzendfach umsonst versucht.

dut·zend·mal adv *(umg.) sehr häufig:* Das habe ich dir doch schon dutzendmal gesagt!; Sie ist bestimmt schon dutzendmal zu spät gekommen.

dut·zend·wei·se adj /nicht steig./ ❶ *(umg.) in großen Mengen:* Sie hat dieses Buch gleich dutzendweise gekauft, um es an ihre Freunde zu verschenken.; Die Geräte haben dutzendweise versagt. ❷ *in einer Anzahl zu je zwölf Stück:* Wir verkaufen die Eier nur dutzendweise.

du·zen <duzt, duzte, hat geduzt> *mit OBJ* ■**jmd. duzt jmdn.** *(↔ siezen) jmdn./einander mit „du" anreden:* Sie duzt ihre Kollegen.; Wir duzen uns/einander schon lange. ▶ Duzfreund

DVD die |deːfauˈdeː| <-, -s> EDV *Abkürzung von „Digital Versatile Disc"; eine Art CD, die eine besonders große Menge von Daten speichern kann und auf der (meistens) ein Film, manchmal aber auch Musik gespeichert ist* ◆-Laufwerk, -Player

Dy·na·mik die <-> /kein Plur./ ❶ PHYS. *Lehre von der Bewegung von Körpern unter dem Einfluss von Kräften* ◆Thermo- ▶ dynamisch ❷ *Bewegung, Fortentwicklung:* die Dynamik der wirtschaftlichen Entwicklung ▶ dynamisch

Dy·na·mit das <-s> /kein Plur./ *Sprengstoff (aus Nitroglyzerin)*

Dy·na·mo der |dyˈnaːmo, ˈdynamoː| <-s, -s> TECHN. *Maschine zur Erzeugung von elektrischer Energie aus mechanischer Energie* ◆-meter

Dy·nas·tie die <-, -tien> *(geh.) Herrscherhaus; fürstliches, hochadeliges Geschlecht:* die Dynastie der Wittelsbacher ▶ Dynast, dynastisch

dz *Abkürzung von „Doppelzentner"*

D-Zug der |ˈdeːtsuːk| <-s, D-Züge> *Abkürzung von „Durchgangszug"; Schnellzug, der nicht an jeder Station hält* ◆-wagen

E, e das [eː] <-, -> *der fünfte Buchstabe des Alphabets:* Das Wort „Ecke" beginnt mit dem Buchstaben „E".

Eb·be die [ˈɛbə] <-, -n> /meist Sing./ (↔ *Flut) der Zustand, dass das Wasser am Meer niedrig steht:* Wenn Ebbe ist, bewegt sich das Wasser vom Ufer weg, und bei Flut kehrt es wenige Stunden später wieder zurück.; **in der Kasse/im Geldbeutel ist Ebbe** *(umg. scherzh.) es ist kein Geld vorhanden*

eben¹ [ˈeːbn̩] <ebener, am ebensten> adj (≈ *flach) so, dass eine Fläche überall gleichmäßig hoch ist:* Das Land ist ganz eben, ohne Berge oder Täler.; Ein Fußballplatz muss eben sein.

eben² [ˈeːbn̩] adv ① *in diesem Moment, gerade jetzt:* Eben kommt er ins Zimmer.; Sie hat den Zug gerade eben noch erreicht. ② (≈ *gerade) vor ganz kurzer Zeit:* Sie ist eben gefahren. ③ *(umg.)* LANDSCH. (≈ *schnell, kurz)* Kannst du eben (mal) kommen? ④ *verwendet, um eine Aussage zu verstärken:* Er ist eben leider nie pünktlich.; Dann gehe ich eben zu Fuß. ⑤ (≈ *genau) verwendet, um auf eine Aussage mit „Ja" zu antworten:* Wir müssen den Schirm mitnehmen, es fängt gleich an zu regnen. — Eben!

Ebe·ne die [ˈeːbənə] <-, -n> ① *ein Stück flaches Land:* Sie kamen vom Gebirge zurück in die Ebene. ② *Teil einer Hierarchie:* Das Problem wird auf höchster politischer Ebene diskutiert. ③ *Stockwerk in einem großen Gebäude:* Sie fuhr mit dem Fahrstuhl zur Ebene 3.

-ebe·ne [eːbənə] *als Zweitglied zusammengesetzter Substantive, mit Betonung auf dem Erstglied; drückt aus, dass sich eine Aktivität/Tätigkeit auf den mit dem Erstglied bezeichneten Zuständigkeitsbereich im Rahmen einer Hierarchie bezieht bzw. etwas auf entsprechender Stufe durchgeführt/behandelt wird:* Wahlen auf der Gemeindeebene (= Kommunalebene) durchführen ◆ Betriebs-, Gemeinde-, Gewerkschafts-, Kantons-, Kommunal-, Landes-, Minister-, Regierungs-

eben·falls [ˈeːbn̩fals] adv (≈ *gleichfalls) auch, genauso:* Als sie die Stelle verließ, kündigte er ebenfalls.; **(danke), ebenfalls!** *Dasselbe wünsche ich Ihnen/dir/euch auch.* Guten Appetit! — Danke, ebenfalls!

eben·so [ˈeːbn̩zoː] adv (≈ *genauso) in gleicher Weise:* Er isst ebenso wenig wie sie.; Er hört ebenso gern Musik wie sie.

EC der <-, -s> *kurz für „Eurocityzug"*

echt [ɛçt] adj ① (≈ *original) nicht künstlich oder gefälscht:* Sind das echte Perlen?; Ist die Unterschrift auch echt? ② (≈ *aufrichtig, ehrlich) ganz ehrlich; wahrhaftig:* Seine Freude war echt. ③ *typisch:* ein echter Münchner; **Echt?** *(umg.: ≈ wirklich) verwendet, um eine Aussage zu verstärken* Würdest du das echt für mich tun?; Das ist echt gut!

-echt [ɛçt] *als Zweitglied zusammengesetzter Adjektive, mit Betonung auf dem Erstglied; drückt aus,* ① *dass etwas die mit dem Erstglied bezeichnete Qualität trotz äußerer Einflüsse behält, somit widerstandsfähig und unempfindlich gegen etwas ist:* eine wasserechte Tinte für Körperbemalung ◆ farb-, gefühls-, kuss-, licht-, motten-, säure-, wasser- ② (≈ *-beständig, -fest) dass das mit dem Erstglied Bezeichnete ohne Schaden zu nehmen getan/ausgeführt werden kann:* eine kochechte Textilfarbe zum koch- und lichtechten Einfärben aller Textilien, die in einer Waschmaschine waschbar sind ◆ bügel-, koch-

Eck das [ɛk] <-(e)s, -e(n)> SÜDDT., ÖSTERR. (≈ *Ecke) Stelle, an der sich zwei Straßen treffen:* Die Haltestelle ist dort vorne am Eck.

Eck- [ɛk] *als Erstglied zusammengesetzter Substantive, mit Betonung auf dem Erstglied; drückt aus, dass das mit dem Zweitglied Bezeichnete als Richtschnur gelten oder der Orientierung im Rahmen von Berechnungen dienen soll:* statistische Eckdaten zur Entwicklung der Kommunalfinanzen/der Studierendenzahlen; ein Eckwert bei der Umsetzung der Ziele in der Landespolitik ◆ -daten, -lohn, -wert

EC-Kar·te die [eːˈtseː...] <-, -n> *kurz für „Eurochequekarte":* In vielen Läden kann man auch mit EC-Karte bezahlen.

Ecke die [ˈɛkə] <-, -n> ① *der Punkt, an dem zwei Linien oder Kanten zusammentreffen:* Ich habe mich an der Ecke des Tisches gestoßen.; Das Buch ist an den Ecken beschädigt. ② *Stelle, an der sich zwei Wände, zwei Häuserzeilen, zwei Straßen treffen:* Du kannst das Paket dort in die Ecke stellen.; Der Laden ist an der Ecke Königstraße/Kaiserstraße. ◆ Haus-, Straßen-,

Zimmer- ❸ *(umg.) Gegend:* Diese Ecke Deutschlands ist bei Touristen besonders beliebt.; ■ **(gleich) um die Ecke sein/ wohnen** *(umg.) (gleich) in der Nähe sein/ wohnen;* ■ **jemanden um die Ecke bringen** *(umg.) jmdn. umbringen;* ■ **an allen Ecken und Enden sparen** *(umg.) überall sparen;* ■ **bis irgendwohin ist es (noch) 'ne ganze Ecke** *(umg.) bis irgendwohin ist es (noch) ziemlich weit*

eckig ['ɛkɪç] *adj (↔ rund) mit Kanten/ Ecken:* Der Tisch ist eckig. ◆ drei-, vier-

edel ['e:dl] *adj* ❶ *(veralt.) adlig, vornehm:* Sie stammt aus einer edlen Familie. ❷ *(≈ kostbar, teuer) von sehr guter Qualität:* ein edler Pelzmantel

Edel- ['e:dl] *als Erstglied zusammengesetzter Substantive, mit Betonung auf dem Erstglied;* ❶ LIT., GESCH. *drückt aus, dass die mit dem Zweitglied bezeichnete Person (heute meist in Märchen, Sagen etc. vorkommend) adliger Herkunft ist:* Das Edelfräulein sitzt im Turm und wartet auf den Ritter; die Komödie „Der Bürger als Edelmann" von Moliére ◆ -frau, -fräulein, -mann ❷ *drückt im Hinblick auf Produkte/ Materialien/Tierarten/Pflanzenarten aus, dass das mit dem Zweitglied Bezeichnete als hochwertig gilt, weil es sich aufgrund besonderer Eigenschaften von anderem der gleichen/ähnlichen Art abhebt:* auf den Edeldruck für repräsentative/exklusive Drucksachen spezialisierte Firma für Medien-Design ◆ -distel, -druck, -fisch, -holz, -kastanie, -katze, -krimi, -marder, -nelke, -nuss, -pilz, -stahl, -stein, -tanne, -ziege ❸ *drückt oft ironisch und scherzhaft aus, dass das mit dem Zweitglied Bezeichnete als hochwertig/als etwas Besseres gilt/gelten will, weil es sich aufgrund besonderer Eigenschaften von anderem der gleichen/ähnlichen Art abhebt:* Edelkitsch als Souvenir aus fürstlichem Hause: aber Kitsch bleibt Kitsch! ◆ -bordell, -ganove, -kitsch, -nutte

Edi·tor, Edi·tor der, **Edi·to·rin** ['e:dito:ɐ̯] <-s, -toren> ❶ *Herausgeber (eines Buches)* ▸ editorisch ❷ */kein Femininum/* EDV *ein Programm zum Bearbeiten von Texten*

Ef·fekt der [ɛˈfɛkt] <-(e)s, -e> ❶ *die Wirkung, die etwas auf jmdn. hat:* Das Medikament hat den Effekt, dass die Schmerzen bald nachlassen. ❷ *(≈ Eindruck) etwas, das eine bestimmte Wahrnehmung hervorruft:* Die optischen Effekte der Bühnenshow waren überwältigend. ◆ Farb-, Klang-, Licht-, Überraschungs-

ef·fek·tiv [ɛfɛkˈtiːf] *adj* ❶ *(≈ wirksam) so, dass etwas - gemessen am Aufwand - eine große Wirkung hat:* Sie arbeitet sehr genau und effektiv.; Dies ist ein sehr effektives Mittel gegen Grippe. ❷ *tatsächlich:* Sie haben effektiv nichts erreicht.

egal [eˈgaːl] *adj /nicht steig./ /nur präd./ (umg.: ≈ einerlei) verwendet, um auszudrücken, dass es jmdm. gleichgültig ist, ob etwas gemacht wird oder nicht:* Es ist mir ganz egal, ob wir mit dem Auto fahren oder mit der Bahn.; Egal, was du machst: Ich fahre jedenfalls nach Hause!

ehe ['eːə] *konj (↔ nachdem) bevor:* Ruf mich bitte an, ehe du gehst.

Ehe die ['eːə] <-, -n> *die Gemeinschaft von Mann und Frau, die durch die Heirat entsteht:* eine Ehe schließen; Sie führten eine glückliche/harmonische Ehe.; Er hatte Kinder aus erster Ehe.; ■ **in wilder Ehe leben** *(veralt.) unverheiratet zusammenleben*

Ehe·frau die <-, -en> *die Frau, mit der ein Mann verheiratet ist*

ehe·ma·lig ['eːəmaːlɪç] *adj /nicht steig./ / nur attr./ (↔ zukünftig) einstig, früher:* Auf diesem Foto siehst du auch meinen ehemaligen Freund.

Ehe·mann der <-(e)s, Ehemänner> *der Mann, mit dem eine Frau verheiratet ist*

Ehe·paar das <-(e)s, -e> *ein Mann und eine Frau, die miteinander verheiratet sind*

eher ['eːɐ] *adv* ❶ *(≈ früher ↔ später) verwendet, um auszudrücken, dass bis zum Eintreffen von etwas weniger Zeit vergeht:* Kannst du nicht ein bisschen eher kommen? ❷ *(≈ lieber) verwendet, um auszudrücken, dass etwas mehr von jmdm. gewollt wird als etwas anderes:* Ich würde eher ins Kino als ins Theater gehen.

Ehe·schlie·ßung die <-, -en> *der offizielle Akt, durch den eine Ehe gültig wird:* die Eheschließung beim Standesbeamten

Eh·re die ['eːrə] <-, -n> ❶ */kein Plur./ (≈ Würde) das öffentliche Ansehen, das jmd. als Person hat:* Er fühlt sich in seiner Ehre gekränkt, weil man ihn öffentlich kritisiert hat. ◆ -nbürger, -ndoktor, -nmitglied, Berufs-, Familien-, Standes- ❷ */kein Sing./ Wertschätzung, Respekt:* Ihm zu Ehren wurde bei dem Fest eine feierliche Rede gehalten.; ■ **jemandem die letzte Ehre erweisen** *zu jmds. Beerdigung gehen;* ■ **etwas in Ehren halten** *(umg.) etwas mit Respekt behandeln und aufbewahren;* ■ **jemanden mit Ehren überhäufen** *(umg.) jmdm. öffentliche Auszeichnungen*

oder Ehrungen geben

eh·ren ['eːrən] *mit OBJ* ▪ *jmd. ehrt jmdn. (mit etwas Dat.) jmd. zeigt jmdm., dass er großen Respekt vor ihm hat:* Für seine Verdienste wurde der große Künstler mit einem Preis geehrt.; ▪ **Sehr geehrte Damen und Herren!** *gebraucht als respektvolle Anrede vor einem Publikum* ▸ Ehrung

eh·ren·amt·lich *adj /nicht steig./ so, dass man eine Arbeit macht, die für andere Menschen wichtig ist, ohne dafür Geld zu bekommen:* Viele soziale Projekte könnten ohne ehrenamtliche Mitarbeiter nicht existieren.

eh·ren·wert <ehrenwerter, am ehrenwertesten> *adj (geh. verhüll.: ≈ achtbar, anständig) so, dass man etwas/jmd. respektieren muss:* ein ehrenwerter Beruf

Ehr·geiz der ['eːɐ̯gaɪ̯ts] <-es> /kein Plur./ *(≈ Ambitionen) ausgeprägtes Streben nach Erfolg, Anerkennung und Geltung:* Er ist voller Ehrgeiz.; Aus übertriebenem Ehrgeiz will sie besser sein als alle Kollegen. ▸ ehrgeizig

ehr·lich ['eːɐ̯lɪç] *adj* ❶ *(≈ anständig, redlich) so, dass andere Menschen einem vertrauen können:* Diebe sind keine ehrlichen Leute.; ein ehrlicher Handwerker/Kassierer ▸ Ehrlichkeit ❷ *(≈ aufrichtig) so, dass man die Wahrheit sagt und nicht lügt:* Sag mir ehrlich: Hast du den Teller zerbrochen?; ▪ **Ehrlich währt am längsten.** *Man soll immer ehrlich sein; das ist auf die Dauer am besten.;* ▪ **Ehrlich? Wirklich?**

Ei das [aɪ̯] <-(e)s, -er> ❶ *das Nahrungsmittel, das vom Huhn kommt:* Wünschen Sie ein Ei zum Frühstück? ◆ -erschale, -eruhr ❷ *das ovale Gebilde, das aus dem Körper von bestimmten weiblichen Tieren kommt und aus dem sich junge Tiere entwickeln:* In dem Nest der Amsel liegen drei Eier.; Wenn das Ei ausgebrütet ist, kommt der junge Vogel aus der Schale.; ▪ **das Ei des Kolumbus** *(umg.) eine erstaunlich einfache Lösung;* ▪ **Sie gleichen einander wie ein Ei dem andern.** *(umg.) Sie sind sich zum Verwechseln ähnlich* ◆ Ameisen-, Vogel-

Ei·che die ['aɪ̯çə] <-, -n> BOT. *ein Laubbaum mit länglich-runden Früchten*

Ei·chel die ['aɪ̯çl̩] <-, -n> BOT. *Frucht der Eiche:* im Herbst Eicheln sammeln

Eich·hörn·chen das ['aɪ̯çhœrnçən] <-s, -> ZOOL. *ein kleines Nagetier mit rotbraunem Fell und buschigem Schwanz, das sehr gut auf Bäumen klettern kann*

Eid der [aɪ̯t] <-(e)s, -e> RECHTSW. *(≈ Schwur) eine Versicherung/Bestätigung, die vor Gericht und z.B. auch bei der Übernahme eines hohen Amtes etc. dazu abgegeben wird, dass man die Wahrheit sagt bzw. sich an die bestehenden Gesetze hält:* Er hat einen Eid abgelegt/geleistet/geschworen.; Der neue Bundespräsident legte einen Eid auf die Verfassung/das Grundgesetz der Bundesrepublik Deutschland ab.; Sie musste vor Gericht unter Eid aussagen. ◆ Amts-, Dienst-, Mein- ▸ beeiden, eidesfähig, eidesstattlich, Vereidigung ◆ Getrenntschreibung an Eides statt

Ei·er·be·cher der <-s, -> *ein kleines Gefäß, in das man bei Tisch gekochte Eier stellt*

Ei·fer der ['aɪ̯fɐ] <-s> /kein Plur./ *starkes Bemühen; Streben; Fleiß; Tatendrang:* Alle waren mit großem Eifer bei der Sache.; ▪ **blinder Eifer** *Eifer ohne Überlegung* ◆ Arbeits-, Lern-

Ei·fer·sucht die ['aɪ̯fɐzʊxt] <-> /kein Plur./ *eine übersteigerte Furcht/Angst, die Liebe und Beachtung eines Menschen zu verlieren bzw. dessen Zuneigung mit anderen teilen zu müssen:* Sie hat ihn aus krankhafter Eifersucht ständig kontrolliert.

ei·fer·süch·tig ['aɪ̯fɐzʏçtɪç] <eifersüchtiger, am eifersüchtigsten> *adj voller Eifersucht*

ei·gen ['aɪ̯gn̩] *adj /nicht steig./* ❶ *einer Person selbst gehörend:* Er kauft sich ein eigenes Auto.; Du solltest dir eine eigene Meinung bilden. ❷ *(≈ separat) nicht von anderen Personen benutzt:* ein eigener Eingang ❸ *(veralt.) seltsam, merkwürdig:* In manchen Angelegenheiten ist sie sehr eigen.; ▪ **in eigener Sache** *eine Person selbst betreffend* Sie ist in eigener Sache unterwegs.; ▪ **auf eigenen Füßen stehen** *(umg.) von niemandem abhängig sein;* ▪ **sein eigener Herr sein** *von niemandem Vorschriften bekommen;* ▪ **etwas sein Eigen nennen** *etwas besitzen* ▸ aneignen, zueignen

Ei·gen- ['aɪ̯gn̩] *als Erstglied zusammengesetzter Substantive, mit Betonung auf dem Erstglied; drückt aus, dass das mit dem Zweitglied Bezeichnete auf jemand/etwas selbst bezogen ist bzw. ihm zugehörig ist, oder dass etwas auf die Initiative einer Person zurückgeht:* eine Baumaßnahme in Eigenregie, die der Bauherr selbst ausführt ◆ -anteil, -bewegung, -dynamik, -gebrauch, -geschmack, -hilfe, -interesse, -kapital, -leistung, -marke, -regie, -schwingung, -verantwortung, -vorsorge, -werbung

-ei·gen [aɪ̯gn̩] *als Zweitglied zusammengesetzter Adjektive, mit Betonung auf dem*

Erstglied; drückt aus, ❶ *dass etwas (eine Institution/Einrichtung etc.) dem mit dem Erstglied Bezeichneten angehört/zugehörig ist bzw. in dessen Besitz: die landeseigene Verwaltung eines Bundeslandes im Auftrag des Bundes (nach Gesetzen der Bundesebene des Staates)* ◆*betriebs-, bundes-, firmen-, gewerkschafts-, landes-, staats-, universitäts-, verlags-, volks-, werks-* ❷ *dass etwas charakteristisch für das mit dem Erstglied Bezeichnete ist bzw. diesem der Art nach entsprechend/zugehörig: eine an den körpereigenen Rhythmus angepasste Behandlung* ◆*körper-, wesens-, zeit-*

Ei·gen·art die [ˈaɪɡnˌaːɐ̯t] <-, -en> ❶ *besondere Eigenschaft:* Diese Blume hat die Eigenart, dass sie nur einen Tag lang blüht. ❷ *(≈ Gewohnheit) ein Verhalten, das typisch für jmdn. ist:* Er hat die Eigenart, eine Tasse immer nur halb auszutrinken.

ei·gen·hän·dig [ˈaɪɡnhɛndɪç] *adj /nicht steig./ /nur attr./ von jmdm. selbst (und nicht von einem anderen) gemacht:* Wir benötigen dazu Ihre eigenhändige Unterschrift.; Ich habe die Arbeit eigenhändig erledigt.

Ei·gen·na·me der <-ns, -n> *(↔ Appellativum, Gattungsname) Name einer einzelnen Person, eines Ortes, eines Produktes usw.:* In einem allgemeinen einsprachigen/mehrsprachigen Wörterbuch stehen auch verschiedene Eigennamen von Personen, Orten, Produkten/Waren usw.

Den **Eigennamen** kommt innerhalb der Wortklasse der Substantive eine Sonderrolle zu. Im Unterschied zu den auch als *Appellativa* bezeichneten **Gattungsnamen** (z.B. *Blume, Rose*) ist der Eigenname eine große Bezeichnungsfreiheit gegeben. In ihrer identitätsstiftenden und identitätserhaltenden Funktion dienen sie der dauerhaften Benennung in einem Akt der Zuordnung (der gleichsam ein Taufakt ist) zu einem bestimmten Individuum: Dies gilt für Personennamen (Vornamen, Familiennamen, Pseudonyme etc.), Ortsnamen (*Stuttgart*), Namen von Tieren (Bello), Namen für Gegenstände, Produkte, Flüsse, Regionen usw. gleichermaßen. Eine zentrale Rolle kommt ihnen nicht nur im Alltagsleben, sondern vor allem auch im Bereich der wissenschaftlichen Terminologiebildung zu. Der Forschungszweig, in dem man sich mit Fragen der Namen generell beschäftigt, ist die Namenforschung (auch: *Onomastik*). Obwohl Eigennamen sprachliche Zeichen wie andere auch sind, gibt es insbesondere zu Fragen ihrer sprachlichen Bedeutung unterschiedliche Auffassungen in Sprachwissenschaft und Logik. Da jede Sprache sie aufweist, werden Eigennamen als sprachliches Universale angesehen. Bei der Übersetzung in andere Sprachen verändert man sie in der Schreibung (normalerweise) nicht; aber die Großschreibung ist zumindest im Deutschen kein markantes Kennzeichen, da auch andere Substantive großgeschrieben werden. Eigennamen weisen unter anderem auch grammatische Besonderheiten auf: Eine Pluralbildung gibt es z.B. bei ihnen zumindest in den klaren Fällen nicht, und bei Gebrauch mit Artikel handelt es sich um Sonderbedingungen (vgl. z.B. den Gattungsnamen *der Adler*, aber *der junge Brahms*). Dies gilt allerdings nur für prototypische Eigennamen, denen die zugeordneten zentralen Eigenschaften in vollem Umfang zukommen. Einwohnernamen, Völkernamen usw. fallen in eine Grauzone zwischen Eigennamen und Gattungsnamen: Sie können (z.B. *Stuttgart*) den bestimmten und unbestimmten Artikel annehmen (*der/ein Stuttgarter*) und im Plural ein Kollektiv (*die Stuttgarter*) bezeichnen.

Ei·gen·schaft die [ˈaɪɡnʃaft] <-, -en> *(≈ Qualität) Merkmal, das zum Wesen einer Person oder Sache gehört:* Er besitzt viele gute Eigenschaften.; Dieses Material hat die Eigenschaft, sich leicht zu verformen.; ■ **in jmds. Eigenschaft als …** *in der Rolle als …* In seiner Eigenschaft als Chef hat er diesen Plan verändert.

ei·gen·sin·nig [ˈaɪɡnzɪnɪç] <eigensinniger, am eigensinnigsten> *adj (≈ dickköpfig) so, dass man unbedingt bei seiner Meinung/seinem Willen bleiben will:* Er hört nicht auf seine Freunde, sondern hält eigensinnig an seinen Plänen fest.

ei·gent·lich[1] [ˈaɪɡntlɪç] *adj /nicht steig./ / nur attr./ (≈ tatsächlich, wirklich)* ❶ *nicht, wie es scheint, sondern wie es wirklich ist:* Den eigentlichen Grund für seine plötzliche Abreise hat er uns erst später genannt. ❷ *wie es zu Beginn war; im Anfang:* Er arbeitet jetzt als Gärtner, aber sein eigentlicher Beruf ist Kaufmann.

ei·gent·lich[2] [ˈaɪɡntlɪç] *adv* ❶ *wirklich:* Sie sieht noch sehr jung aus, aber eigentlich ist sie schon älter. ❷ *(≈ zwar) verwendet, um etwas einzuschränken:* Du hast eigentlich

Recht, aber …; Er will eigentlich keine Schokolade mehr essen, aber …

Ei·gen·tum *das* <-s> */kein Plur./ das, was jmd. als Besitz hat:* Er hat das Haus gekauft. Es ist sein Eigentum. ▸ Eigentümer(in) ◆-swohnung, Privat-, Staats-

ei·gen·tüm·lich, **ei·gen·tüm·lich** *adj* ❶ *(≈ eigenartig) sonderbar, merkwürdig:* Sie hat eigentümliche Gewohnheiten. ❷ *(≈ bezeichnend, typisch) charakteristisch für jmdn. oder etwas:* mit dem ihm eigentümlichen Sinn für Humor

ei·gen·wil·lig <eigenwilliger, am eigenwilligsten> *adj* ❶ *(≈ eigensinnig) so, dass man auf seinem eigenen Willen beharrt* ❷ *(≈ unkonventionell) so, dass man nach eigenen Ideen handelt und sich anderen wenig anpasst*

eig·nen [ˈaignən] <eignest, eignete, hat geeignet> *mit SICH* ▪ **jmd./etwas eignet sich (irgendwie) als/für etwas** *Akk. die nötigen Fähigkeiten und Eigenschaften für etwas besitzen:* Sie eignet sich besonders gut für diesen Beruf.; Die Vase eignet sich als Geschenk. ▸ Eignung

Ei·le *die* [ˈailə] <--> */kein Plur./ der Umstand, dass man nur wenig Zeit hat, um etwas zu tun:* Die Mutter treibt die Kinder zur Eile an, damit sie noch pünktlich zur Schule kommen.; Ich habe in der Eile das Geschenk vergessen.; ▪ **in Eile sein** *gerade keine/wenig Zeit haben* Ich bin in Eile, denn ich muss noch meinen Zug erreichen.; ▪ **Eile mit Weile!** *Sei schnell, aber mache Pausen!* ▸ eilig

ei·len [ˈailən] <eilst, eilte, hat/ist geeilt> **I.** *ohne OBJ* ▪ **etwas eilt** *(haben) (≈ etwas ist dringend) schnell erledigt werden müssen:* Die Antwort eilt. Deshalb schicke ich schicke Brief gleich noch ab. **II.** *ohne OBJ* ▪ **jmd. eilt irgendwohin** *(sein) jmd. geht/fährt schnell irgendwohin:* Sie ist dem Kind gleich zu Hilfe geeilt. ▸ beeilen

Ei·mer *der* [ˈaimɐ] <-s, -> *ein rundes Gefäß aus Kunststoff oder Metall, das man an einem Henkel trägt:* ein Eimer Wasser; ▪ **im Eimer sein** *(umg.) kaputt oder zerstört sein* Das Gerät ist im Eimer. Man kann es nicht mehr reparieren. ◆ Abfall-, Müll-, Putz-

ein¹ [ain] *adv von außen nach innen;* ▪ **bei jemandem ein und aus gehen** *(umg.) bei jmdm. häufiger Gast sein;* ▪ **nicht mehr ein noch aus wissen** *völlig ratlos sein*

ein² [ain] **I.** *num* Ein Euro ist zu wenig; gib mir lieber zwei!; In einem Monat habe ich die Prüfung.; Sie hat zwei Kinder; das eine geht schon zur Schule.; ▪ **ein für alle Mal(e)** *(umg.) endgültig* Das sage ich dir jetzt ein für alle Mal!; ▪ **in einem fort** *(umg.) ständig;* ▪ **jemandes Ein und Alles** *(umg.) das Einzige, Wichtigste für jmdn.* Du bist doch mein Ein und Alles.; ▪ **Das ist mir alles eins!** *(umg.) Das ist mir alles egal!* **II.** *pron verwendet, um eine unbestimmte Person zu bezeichnen:* Einer nach dem anderen kam an die Reihe.; Einer muss es ja gewesen sein!; Das muss einem doch gesagt werden! **III.** *art unbestimmter Artikel:* Kannst du mir einen Apfel geben?; Wir müssen uns ein neues Auto kaufen.

ei·n·an·der [aiˈnandə] *pron (≈ sich/euch/uns (gegenseitig)) verwendet, um auszudrücken, dass eine Handlung oder Beziehung zwischen Personen wechselseitig ist;* ▪ **X und Y haben stets einander geholfen** *X hat Y geholfen und Y hat X geholfen;* ▪ **A und B können einander nicht leiden** *A mag B nicht und B mag A nicht*

ein·at·men <atmest ein, atmete ein, hat eingeatmet> *mit OBJ/ohne OBJ* ▪ **jmd. atmet (etwas** *Akk.***) ein** *(↔ ausatmen) Luft durch die Nase holen:* Er stand am offenen Fenster und atmete tief ein. ▸ Einatmung

Ein·bahn·stra·ße *die* <-, -n> *Straße, die nur in einer Richtung befahren werden darf*

ein·be·ru·fen <berufst ein, berief ein, hat einberufen> *mit OBJ* ❶ ▪ **jmd. beruft etwas** *Akk.* **ein** *mehrere Personen dazu auffordern, dass sie sich zu einem bestimmten Termin an einem bestimmten Ort versammeln:* eine Versammlung einberufen ❷ ▪ **jmd. beruft jmdn. ein** MILIT. *(≈ einziehen) anordnen, dass jmd. seinen Wehrdienst leistet* ▸ Einberufung

ein·be·zie·hen <beziehst ein, bezog ein, hat einbezogen> *mit OBJ* ▪ **jmd. bezieht jmdn./etwas (in etwas** *Akk.***) ein** *(≈ berücksichtigen) darauf achten, dass etw./jmd. bei etwas dazu gehört:* Die Eltern bezogen auch die Wünsche der Kinder ein, als sie den Urlaub planten. ▸ Einbeziehung

ein·bil·den <bildest ein, bildete ein, hat eingebildet> *mit SICH* ❶ ▪ **jmd. bildet sich etwas** *Akk.* **ein** *etwas glauben, was nicht der Realität entspricht:* Ich habe mir eingebildet, dass ein Kind schreit; dabei war es nur die Katze. ❷ ▪ **jmd. bildet sich etwas** *Akk.* **auf etwas** *Akk.* **ein** *arrogant und übertrieben stolz sein, weil man etwas besitzt oder getan hat:* Er bildet sich etwas darauf ein, dass er einen reichen Va-

Ein·bil·dung die <-> ❶ /kein Plur./ (≈ Vorstellung, Illusion) der Umstand, dass sich jdm. etwas einbildet¹: Dieser Zustand existiert doch nur in seiner Einbildung. ❷ /kein Plur./ (≈ Arroganz, Hochmut) die Eigenschaft, dass jmd. sich selbst für zu wichtig nimmt und die eigene Bedeutung überschätzt: Aus Einbildung grüßt er die Nachbarn nicht mehr.

Ein·blick der <-(e)s, -e> ❶ (≈ Kenntnis) der Umstand, dass man die wichtigsten Merkmale einer Situation erfasst: Sie versuchte, sich einen Einblick in die finanzielle Lage der Firma zu verschaffen. ❷ das Lesen in Dokumenten, um sie zu überprüfen: Einblick in die Akten nehmen

ein·bre·chen¹ <bricht ein, brach ein, ist eingebrochen> ohne OBJ ❶ ■ etwas bricht ein (≈ zusammenbrechen) in einzelne Teile brechen und zusammenfallen: Vorsicht, der Steg bricht ein! ❷ ■ jmd. bricht ein durch etwas hindurchbrechen: Er ist auf dem Eis eingebrochen.

ein·bre·chen² <brichst ein, brach ein, hat/ist eingebrochen> mit OBJ ■ jmd. bricht in etwas Akk. ein (haben o sein) einen Einbruch² begehen: Gestern ist in ein Kaufhaus eingebrochen worden.; Zwei Männer sind in das Haus eingebrochen und haben Geld und Schmuck entwendet.

Ein·bruch¹ der ['aɪnbrʊx] <-(e)s> /kein Plur./ (≈ Anbruch) Beginn: Wir fahren bei Einbruch der Dunkelheit/der Nacht. ◆ Kälte-, Winter-

Ein·bruch² der ['aɪnbrʊx] <-(e)s, Einbrüche> das gewaltsame Eindringen in ein Haus, eine Wohnung oder ein Gebiet: Bei dem Einbruch in die Villa wurde ein großes Fenster zerstört. ◆ -sdiebstahl, Bank-

ein·bür·gern ['aɪnbʏrgɐn] <bürgerst ein, bürgerte ein, hat eingebürgert> I. mit OBJ ■ jmd. bürgert jmdn. ein (↔ ausbürgern) die Staatsangehörigkeit verleihen: Er wurde schließlich in den/die Vereinigten Staaten eingebürgert. ▶ Einbürgerung II. mit SICH ■ etwas bürgert sich ein zur Gewohnheit werden: Es bürgert sich immer mehr ein, dass man über Weihnachten in Urlaub fährt.

ein·che·cken <checkst ein, checkte ein, hat eingecheckt> mit OBJ/ohne OBJ ■ jmd. checkt (jmdn./etwas) ein LUFTF. am Flughafen sein Gepäck abgeben und sich registrieren lassen: Hast du schon das Gepäck eingecheckt?; Wir müssen jetzt einchecken!

ein·cre·men, ein·kre·men mit OBJ ■ jmd. cremt jmdn./etwas ein Creme auf die Haut reiben: Die Mutter cremt das Baby ein.; Ich möchte mir noch das Gesicht eincremen.

ein·deu·tig ['aɪndɔʏtɪç] <eindeutiger, am eindeutigsten> adj ❶ (↔ mehrdeutig, vieldeutig, zweideutig) so klar, dass es keine Missverständnisse gibt: Das ist der eindeutige Beweis dafür, dass seine Annahme stimmt.; Dieses Gesetz ist nicht eindeutig formuliert. ▶ Eindeutigkeit ❷ (≈ deutlich) genau zu erkennen: Sie arbeitet eindeutig schneller als ihre Kollegin.

ein·drin·gen <dringst ein, drang ein, ist eingedrungen> ohne OBJ ■ jmd./etwas dringt (in etwas Akk.) ein (gewaltsam) in etwas gelangen: Die giftigen Dämpfe sind in die Fabrikhalle eingedrungen.; Die Einbrecher sind durch die Hintertür in das Gebäude eingedrungen.

ein·dring·lich ['aɪndrɪŋlɪç] adj so, dass jmd. etwas dringend möchte: eine eindringliche Bitte/Warnung

Ein·dring·ling der <-s, -e> jmd., der irgendwo eingedrungen ist: Der nächtliche Eindringling konnte unerkannt entkommen.

Ein·druck der ['aɪndrʊk] <-(e)s, Eindrücke> ❶ die Art, wie jmd. oder etwas auf jmdn. wirkt: Ich habe den Eindruck, dass ...; Seine Worte können bei den anderen leicht einen ganz falschen Eindruck erwecken. ❷ eine positive Wirkung, die jmd. oder etwas auf jmdn. macht: Sie hat einen großen Eindruck auf mich gemacht.; Solch eine Leistung wird Eindruck machen. ▶ eindrucksvoll ◆ Gesamt-, Sinnes-

ein·ein·halb ['aɪn|aɪnhalp/aɪn|aɪn'halp] num ein Ganzes plus die Hälfte davon (1,5): Wir sehen uns dann in eineinhalb Wochen, also in zehn Tagen.; siehe auch **anderthalb**

ei·ner·lei adj /nur präd./ ■ etwas ist jmdm. einerlei etwas ist jmdm. nicht wichtig: Es ist ihm einerlei, ob wir heute oder morgen wegfahren. ▶ Einerlei

ei·ner·seits ['aɪnɐzaɪts] adv (↔ andererseits) verwendet, um zwei gegensätzliche Dinge miteinander zu vergleichen: Einerseits hat er recht, andererseits muss er auch ihre Position verstehen.

ein·fach¹ ['aɪnfax] <einfacher, am einfachsten> adj ❶ (↔ schwierig) so, dass die Lösung eines Problems nicht schwer ist: Die Prüfungsaufgaben waren einfach. ❷ nicht sehr teuer: Sie trug einfache Kleidung.; eine einfache Mahlzeit ❸ so, dass eine Fahrkarte nur für eine Richtung gilt:

Ich brauche eine einfache Fahrkarte nach München. ❹ *nicht doppelt:* ein einfacher Knoten

ein·fach² ['ainfax] *part verwendet, um eine Aussage zu verstärken:* So etwas tut man einfach nicht.; Erik ist einfach super!

Ein·fach·heit die <-> /kein Plur./ ❶ *die Eigenschaft, nicht schwierig zu sein:* die Einfachheit einer Aufgabe ❷ *die Eigenschaft, schlicht und nicht teuer zu sein:* ein Leben in Einfachheit und Bescheidenheit führen

Ein·fahrt die <-, -en> ❶ (↔ *Ausfahrt*) *die Stelle, an der man in einen Hof oder eine Garage hineinfährt:* Einfahrt freihalten! ◆ Tor- ❷ *das Einfahren II:* Vorsicht bei der Einfahrt des Zuges!

Ein·fall der ['ainfal] <-(e)s, Einfälle> (≈ *Idee*) *plötzlicher Gedanke:* Das war ein guter/genialer/verrückter Einfall!

ein·fal·len <fällt ein, fiel ein, ist eingefallen> *ohne OBJ* ❶ **etwas fällt ein** (≈ *einstürzen*) *in einzelne Teile zerfallen und einstürzen:* Die alte Hütte fällt bald ein. ❷ ■ **jmd./etwas fällt (in etwas** *Akk.*) **ein** *eindringen:* Das Licht fällt durch das Fenster ein. ❸ **etwas fällt jmdm. ein** *jmd. hat einen Einfall:* Mir fällt gerade ein, was wir ihm schenken könnten. ❹ ■ **etwas fällt jmdm. ein** *jmd. erinnert sich an etwas:* Mir ist gerade wieder eingefallen, was ich dich noch fragen wollte.; ■ **Was fällt dir ein!** *verwendet, um auszudrücken, dass man über jmdn. empört ist!* Das ist eine Frechheit! Was fällt dir eigentlich ein!; ■ **Das fällt mir nicht im Traum(e) ein!** *Das werde ich auf keinen Fall tun!*

ein·far·big *adj /nicht steig./* (↔ *bunt, mehrfarbig*) *von nur einer Farbe*

Ein·fluss der <-es, Einflüsse> ❶ *die Wirkung, die jmd. oder etwas auf jmdn. hat:* Er übt einen schlechten Einfluss auf seinen Bruder aus.; Sie stand noch unter dem Einfluss des Medikaments. ❷ (≈ *Macht*) *die Eigenschaft, dass jmd. in der Gesellschaft oder in einer Gruppe als sehr wichtig gilt und gut seinen Willen durchsetzen kann:* Er hat in der Partei großen Einfluss. ◆ -bereich ▸ beeinflussen, einflussreich

ein·frie·ren <friert ein, fror ein, hat eingefroren> *mit OBJ* ■ **jmd. friert etwas ein** (↔ *auftauen*) *Nahrung im Kühlschrank bei sehr kalten Temperaturen lagern*

ein·fü·gen *mit OBJ* ❶ ■ **jmd. fügt etwas (in etwas** *Akk.*) **ein** *etwas in etwas einsetzen:* Ich habe in den Text noch eine Anmerkung eingefügt. ❷ ■ **jmd. fügt sich (in etwas) ein** *sich sozial anpassen:* Der neue Schüler fügt sich gut in die Klasse ein.

Ein·füh·lungs·ver·mö·gen das <-s> /kein Plur./ *die Fähigkeit, die Gefühle anderer Menschen verstehen zu können:* Sie hat viel Einfühlungsvermögen.

Ein·fuhr die <-, -en> WIRTSCH. (≈ *Import* ↔ *Ausfuhr, Export*) *das Einführen*² *von Waren aus dem Ausland* ◆ -zoll

ein·füh·ren <führt ein, führte ein, hat eingeführt> *mit OBJ* ❶ ■ **jmd. führt jmdn. in etwas ein** *etwas zum ersten Mal erklären:* Der Lehrer führt die Schüler in die lateinische Grammatik ein. ❷ ■ **jmd. führt etwas ein** WIRTSCH. (≈ *importieren* ↔ *ausführen*) *Waren aus dem Ausland zum Verkauf in ein Land bringen:* Güter im Wert von vielen Millionen Euro einführen ❸ ■ **jmd. führt etwas ein** *mit einer neuen Regel oder Gewohnheit beginnen:* Vor drei Jahren wurde in diesem Betrieb die 35-Stunden-Woche eingeführt. ❹ ■ **jmd. führt jmdn. irgendwo ein** *jmdn. in einer gesellschaftlichen Gruppe bekannt machen:* Sie führte ihren neuen Freund in ihren Freundeskreis ein.

Ein·füh·rung die <-, -en> ❶ WIRTSCH. *das Einführen*³ *von etwas Neuem* ❷ *das Einführen*⁴ *einer Person in die Gesellschaft* ❸ (≈ *Anleitung*) *ein Text, der in die Grundlagen eines Gebiets einführt*¹*:* Dieses Buch bietet eine gute Einführung¹ in die Verhaltensbiologie.

Ein·ga·be die <-, -n> ❶ AMTSSPR. *offizielle Bitte an eine Behörde:* bei einem Amt eine Eingabe machen ❷ EDV *das Eingeben von Daten* ◆ -taste

Ein·gang der ['aiŋgaŋ] <-(e)s, Eingänge> (↔ *Ausgang*) *die Tür, durch die man ein Gebäude betritt* ◆ Haus-, Neben-

ein·gangs ['aiŋgaŋs] *adv* (geh.) *am Anfang (eines Textes):* Wie bereits eingangs erwähnt, ...

ein·ge·ben <gibst ein, gab ein, hat eingegeben> *mit OBJ* ■ **jmd. gibt etwas in etwas** *Akk.* **ein** EDV *Informationen durch Bedienen der Tasten in einen Computer tippen:* Daten eingeben

ein·ge·bil·det <eingebildeter, am eingebildetsten> *adj* ❶ */nicht steig./* *nur in der Vorstellung, nicht wirklich:* Seine Krankheit ist nur eingebildet. ❷ *(abwert.: ≈ arrogant) so, dass man glaubt, wertvoller zu sein als alle anderen:* Der Junge ist sehr eingebildet und findet deshalb keine Freunde.

ein·ge·hen <gehst ein, ging ein, ist eingegangen> **I.** *mit OBJ* ■ **jmd. geht etwas ein** *bei etwas mitmachen:* Sie ist dieses Risiko/diese Wette tatsächlich eingegangen.

II. *ohne OBJ* ❶ ▪ **etwas geht ein** *(≈ einlaufen) ein Kleidungsstück wird beim Waschen kleiner:* Die Hose ist beim Waschen eingegangen. ❷ ▪ **eine Pflanze/ein Tier geht ein** *verkümmern, sterben:* Die Palme ist mir eingegangen. ❸ ▪ **jmd. geht auf etwas/jmdn. ein** *etw./jmdn. beachten und seine Wünsche berücksichtigen:* Auf meine Fragen ist er überhaupt nicht eingegangen.; Er sollte mehr auf seine Kinder eingehen.

ein·ge·hend ['aɪngəənt] *adj /nur attr./ gründlich, sorgfältig:* Nach eingehender Prüfung der Akten sind wir zu dem Ergebnis gekommen, dass ...

ein·ge·ste·hen <gestehst ein, gestand ein, hat eingestanden> *mit OBJ* ▪ **jmd. gesteht etwas ein** *sagen, dass man etwas getan hat, was nicht richtig war:* Sie hat ihren Fehler eingestanden. ▸ Eingeständnis

Ein·ge·weih·te der/die <-n, -n> *jmd., dem man etwas Geheimes gesagt hat:* Nur die Eingeweihten wussten von seinen Plänen.

ein·ge·wöh·nen <gewöhnst ein, gewöhnte ein, hat eingewöhnt> *mit SICH* ▪ **jmd. gewöhnt sich irgendwo ein** *sich an eine neue Umgebung gewöhnen*

ein·gie·ßen <gießt ein, goss ein, hat eingegossen> *mit OBJ* ▪ **jmd. gießt (jmdm.) etwas ein** *ein Getränk aus einer Flasche oder Kanne in ein Trinkgefäß gießen:* Sie gießt dem Kind ein Glas Milch ein.

ein·grei·fen <greifst ein, griff ein, hat eingegriffen> *mit OBJ* ▪ **jmd. greift (in etwas** *Akk.*) **ein** *auf etwas, das andere tun, einwirken und es so verändern:* Wenn die Schüler zu laut sind, muss der Lehrer eingreifen.

ein·hal·ten <hältst ein, hielt ein, hat eingehalten> *mit OBJ* ▪ **jmd. hält etwas ein** *so handeln, dass man eine Regel oder Bestimmung erfüllt;* ▪ **eine Frist/einen Termin einhalten** *eine Aufgabe bis zu dem Zeitpunkt erledigen, der durch eine Frist oder einen Termin festgelegt ist*

Ein·heit die ['aɪnhaɪt] <-, -en> ❶ */kein Plur./ ein Ganzes, das aus einzelnen Teilen zusammengesetzt ist:* Die Europäische Union soll die politische Einheit Europas schaffen.; die Einheit eines Volkes ❷ MILIT. *eine militärische Truppe* ❸ *(fachspr.) Maßeinheit:* Die Einheit zum Messen der Länge ist der Meter. ◆-sgröße, -snorm, -spreis ❹ *Element einer Menge:* Einheiten des Wortschatzes

ein·heit·lich ['aɪnhaɪtlɪç] <einheitlicher, am einheitlichsten> *adj für alle und überall gleich:* einheitliche Kleidung ▸ vereinheitlichen

ei·nig ['aɪnɪç] *adj /nicht steig./* ❶ *so, dass mehrere Personen einer Meinung sind:* Alle Parteien sind sich in diesem Punkt einig. ❷ *so, dass mehrere Personen einen gemeinsamen Beschluss fassen:* Sie wurden sich über die Bedingungen des Vertrags einig.

ei·ni·ge ['aɪnɪgə] *pron* ❶ *verwendet, um eine kleinere Anzahl von etwas zu bezeichnen:* In einigen Tagen kommt er zurück.; Ich habe bereits einige Mal(e) nachgefragt. ❷ *ziemlich wenig:* Einiges Geld habe ich noch. ❸ *ziemlich viel:* Er hat darin einige Erfahrung.

ei·ni·gen ['aɪnɪgn] <einigst, einigte, hat geeinigt> *mit SICH* ▪ **jmd. einigt sich (mit jmdm.) (auf/über etwas** *Akk.*) *eine gemeinsame Lösung finden):* Wir haben uns auf einen neuen Termin geeinigt.; Sie haben sich über den Preis geeinigt.

ei·ni·ger·ma·ßen ['aɪnɪgɐmaːsn̩] *adv* ❶ *(≈ ziemlich) ein wenig:* Die Fahrt war einigermaßen anstrengend. ❷ *verwendet, um auszudrücken, dass etwas nicht schlecht, aber auch nicht wirklich gut ist:* Gestern war ich krank; heute geht es mir einigermaßen.

Ein·kauf der <-(e)s, Einkäufe> ❶ *das Einkaufen:* Kannst du heute den Einkauf erledigen/machen? ◆-stasche, -swagen ❷ */meist Plur./ die Waren, die man eingekauft hat:* Hilfst du mir, die Einkäufe die Treppe hochzutragen?

ein·kau·fen <kaufst ein, kaufte ein, hat eingekauft> *mit OBJ/ohne OBJ* ▪ **jmd. kauft etwas ein** *für Geld in einem Geschäft etwas holen:* Kannst du noch (etwas) Obst einkaufen?; Ich muss nach der Arbeit noch einkaufen.

Ein·kaufs·bum·mel der <-s, -> *ein langsames Gehen durch Läden in einer Stadt, bei dem man etwas kauft, was einem gerade gefällt:* Ich habe bei dem Einkaufsbummel einen neuen Mantel gefunden.

Ein·kaufs·zen·t·rum das <-s, Einkaufszentren> *ein großes Gebäude, in dem mehrere Geschäfte untergebracht sind*

Ein·klang der <-(e)s> */kein Plur./ (≈ Übereinstimmung) der Zustand, dass verschiedene Dinge so miteinander verbunden werden können, dass sie zusammen passen:* Er war bemüht, Familie und Beruf in Einklang zu bringen.

Ein·kom·men das <-s, -> *(≈ Gehalt, Lohn) das Geld, das man regelmäßig als Lohn für seine Arbeit oder als Gewinn aus einem Geschäft bekommt:* Als ... hat sie ein gutes/festes/hohes/niedriges Einkommen. -ssteuer, Jahres-, Monats-

Ein·künf·te die <-> /nur Plur./ Einkommen: Sie hat ihr monatliches Gehalt und dazu noch weitere Einkünfte, da sie eine Wohnung vermietet.

ein·la·den <lädt ein, lud ein, hat eingeladen> mit OBJ ❶ **jmd. lädt etwas (in etwas** Akk.**) ein** Dinge in ein Fahrzeug hineintun: Kannst du die Koffer in den Kofferraum einladen? ❷ **jmd. lädt jmdn. (zu etwas** Dat.**) ein** sagen, dass jmd. als Gast zu einem kommen soll: Wir hatten all unsere Freunde zu seinem Geburtstag eingeladen. ❸ **jmd. lädt jmdn. (zu etwas** Dat.**) ein** jmdn. bitten bei etwas teilzunehmen (und für ihn bezahlen): Er hat sie ins Theater eingeladen.

Ein·la·dung die <-, -en> die Äußerung, mit der man jmdn. bittet, an einem Fest oder einer Veranstaltung teilzunehmen: Wir erhielten eine Einladung zur Hochzeit. -sschreiben, -skarte, Geburtstags-, Hochzeits-

Ein·lass der ['ainlas] <-es, Einlässe> /kein Plur./ (≈ Zutritt) das Einlassen¹ bei öffentlichen Veranstaltungen: Einlass erst ab 18 Jahren!; Das Konzert beginnt um 20 Uhr; Einlass ist ab 19 Uhr.

ein·las·sen <lässt ein, ließ ein, hat eingelassen> I. mit OBJ ❶ **jmd. lässt jmdn. ein** hereinlassen ❷ **jmd. lässt etwas ein** (↔ ablassen) das Badewasser einlassen II. mit SICH ❶ **jmd. lässt sich auf etwas** Akk. **ein** jmd. ist bereit, sich intensiv mit etwas zu beschäftigen: Er hat sich auf riskante Geschäfte eingelassen. ❷ **jmd. lässt sich mit jmdm. ein** (umg. abwert.) mit jmdm. Kontakt haben: Er hat sich mit Kriminellen eingelassen.; **ein Mann lässt sich mit einer Frau ein** ein Mann hat intimen Kontakt mit einer Frau Sie bereut es, dass sie sich so schnell mit ihm eingelassen hat.

ein·le·ben <lebst ein, lebte ein, hat eingelebt> mit SICH **jmd. lebt sich in etwas** Dat. **ein** sich an einen neuen Ort gewöhnen: Sie hat sich gut in Berlin eingelebt.

ein·le·gen <legst ein, legte ein, hat eingelegt> mit OBJ **jmd. legt etwas in etwas** Akk. **ein** ❶ etwas in etwas hineintun: Sie hat einen Film in ihren Fotoapparat eingelegt. ❷ Lebensmittel in eine Flüssigkeit tun: Gurken in Essig einlegen ❸ **jmd. legt etwas ein** einen Zeitraum auf besondere Weise füllen: eine Pause einlegen; eine besondere Schicht einlegen, um die Arbeit zu schaffen; **Beschwerde bei Gericht einlegen** RECHTSW. das Urteil eines Gerichts bei einem höheren Gericht prüfen lassen

ein·lei·ten <leitest ein, leitete ein, hat eingeleitet> mit OBJ ❶ **jmd. leitet etwas (mit etwas** Dat.**) ein** beginnen, eröffnen: Das Fest wurde durch eine Rede eingeleitet.; Er hat seinen Aufsatz mit einem geschickt gewählten Zitat eingeleitet. ❷ **jmd. leitet etwas (mit etwas** Dat.**) ein** bewirken, dass etwas beginnt: ein Verfahren bei einem Gericht einleiten; **eine Geburt einleiten** Medikamente geben, damit eine Geburt beginnt Wenn die Wehen zu lange dauern, warten manche Ärzte nicht länger, sondern leiten ein. ❸ **jmd. leitet etwas in etwas ein** eine Flüssigkeit in etwas hineinfließen lassen: Abwässer in einen Fluß einleiten

Ein·lei·tung die <-, -en> ❶ (↔ Nachwort) ein Text, der am Anfang eines Textes steht und den Leser/die Leserin in die Thematik sowie die Vorgehensweise einführt: Das Buch hat eine lange Einleitung. ❷ das Einleiten

ein·mal ['ainma:l] adv ❶ vor einiger Zeit, früher: Hier bin ich schon einmal gewesen. ❷ in einiger Zeit, später: Wirst du mich später einmal besuchen? ❸ ein einziges Mal: Ich habe ihn erst einmal gesehen.; **auf einmal** plötzlich Auf einmal tauchte er aus der Dunkelheit auf.; **auf einmal** zugleich Sie kamen alle auf einmal.; **noch einmal** ein zweites Mal Kannst du das noch einmal wiederholen?; **Einmal ist keinmal.** Ein einziger Fehler ist nicht so schlimm. Schreibung mit Ziffer und Bindestrich → 4.15 1-mal; 1- bis 2-mal

ein·ma·lig ['ainma:lɪç] adj /nicht steig./ ❶ /nicht steig./ (↔ mehrmalig) so, dass es nur einmal erfolgt: Er erhielt eine einmalige Zahlung. ❷ so, dass es nur einmal/selten existiert: Es bot sich mir eine einmalige Chance/Gelegenheit. ❸ (≈ einzigartig) von besonders guter Qualität: Diese Reise war ein einmaliges Erlebnis! Einmaligkeit

Ein·mann- [ain'man] als Erstglied zusammengesetzter Substantive, mit Betonung auf dem Erstglied; drückt aus, ❶ dass das mit dem Zweitglied Bezeichnete von einer einzigen Person betrieben werden kann/ betrieben wird bzw. zu dessen Betätigung eine einzige Person ausreicht: Der Einmannunterhalter versucht es diesmal mit einer Bauchrednershow. -betrieb, -boot, -firma, -flugzeug, -hubschrauber, -orchester, -ruderboot, -theater, -torpedo, -unterhalter,

einmischen – einrichten

-unternehmen ❷ *dass das mit dem Zweitglied Bezeichnete für eine einzelne Person gedacht ist bzw. für diese ausreicht:* Einmannverpflegung mit langer Haltbarkeit, die es z.B. bei der Bundeswehr gibt ◆ -kocher, -pack, -packung, -paket, -verpflegung, -zelt

ein·mi·schen <mischst ein, mischte ein, hat eingemischt> *mit OBJ* ■ **jmd. mischt sich ein** *jmd. greift in eine Handlung / ein Gespräch ein, obwohl es ihn gar nicht betrifft:* Er mischt sich in den Streit der Nachbarn / fremde Angelegenheiten ein. ▶ Einmischung

Ein·nah·me die ['aɪnaːmə] <-, -n> ❶ / *kein Plur. /* (≈ *Eroberung*) *das Einnehmen²:* Die Einnahme der feindlichen Festung erwies sich als schwierig. ❷ */meist Plur. /* Einkommen: Heute hatten wir hohe Einnahmen.; Die öffentlichen Einnahmen gehen weiter zurück. ❸ *das Einnehmen¹:* Die pünktliche Einnahme der Medikamente ist wichtig.

ein·neh·men <nimmst ein, nahm ein, hat eingenommen> *mit OBJ* ❶ ■ **jmd. nimmt etwas ein** *(geh.) Essen zu sich nehmen:* Wir nehmen jeden Tag pünktlich um 12 Uhr das Mittagessen ein. ❷ ■ **jmd. nimmt etwas ein** *Geld verdienen:* Heute habe ich relativ viel Geld eingenommen. ❸ ■ **jmd. nimmt etwas ein** *sich auf einen Sitzplatz setzen:* Bitte nehmen Sie Ihre Plätze ein! ❹ ■ **jmd. nimmt etwas ein** MILIT. *erobern:* Sie nahmen nach erbittertem Kampf das feindliche Gebiet ein.; ■ **jemanden für etwas / sich einnehmen** *jmdn. von etwas oder sich überzeugen oder begeistern*

ein·ord·nen I. *mit OBJ* ■ **jmd. ordnet etwas in etwas** *Akk.* **ein** *in eine bestimmte Ordnung bringen:* Er ordnet gerade die neuen Bücher ins Regal ein. II. *mit SICH* ■ **jmd. ordnet sich (in etwas** *Akk.***) ein** ❶ *seinen Platz in einer Gruppe finden:* Die Schülerin ordnet sich gut in die Klasse ein. ❷ KFZ *auf eine bestimmte Fahrbahn wechseln:* Du musst dich vor der nächsten Kreuzung rechts einordnen.

ein·pa·cken ['aɪnpakn̩] <packst ein, packte ein, hat eingepackt> *mit OBJ / ohne OBJ* ❶ ■ **jmd. packt etwas (in etwas** *Akk.***) ein** (≈ *einwickeln*) *etwas in ein besonderes Papier einwickeln:* Würden Sie bitte das Buch in Geschenkpapier einpacken? ❷ ■ **jmd. packt etwas ein** *in eine Tasche / einen Koffer / einen Karton tun:* Er packt seine Einkäufe in einen Beutel ein.; Ich packe für die Reise warme Kleidung ein.; Nächste Woche ziehen wir um; und wir sind immer noch beim Einpacken!; ■ **einpacken können** *(umg.)* aufgeben müssen Mit deinen schlechten Kenntnissen in Mathematik kannst du einpacken.

ein·par·ken <parkst ein, parkte ein, hat eingeparkt> *ohne OBJ* ■ **jmd. parkt irgendwo ein** *ein Auto parken*

ein·pla·nen <planst ein, plante ein, hat eingeplant> *mit OBJ* ■ **jmd. plant jmdn. / etwas ein** *etwas so planen, dass etwas anderes dazu passt:* Deinen Besuch habe ich jetzt für morgen eingeplant.

ein·prä·gen <prägst ein, prägte ein, hat eingeprägt> *mit OBJ* ■ **jmd. prägt jmdm. / sich etwas ein** *etwas ganz genau im Gedächtnis speichern:* Ich habe dem Kind jedes Wort eingeprägt, das es sagen soll.; Er hat sich das Bild mit allen Details genau eingeprägt.

ein·räu·men <räumst ein, räumte ein, hat eingeräumt> *mit OBJ* ❶ ■ **jmd. räumt etwas ein** *etwas an einen bestimmten Platz im Raum tun:* Gestern sind wir umgezogen, und heute räumen wir schon ein Zimmer ein. ❷ ■ **jmd. räumt jmdm. etwas ein** *jmd. gibt zu, dass ein anderer Recht hat und er einen Fehler gemacht hat:* Er hat endlich eingeräumt, dass er sich vielleicht geirrt hat.

ein·re·den <redest ein, redete ein, hat eingeredet> I. *mit OBJ* ■ **jmd. redet jmdm. etwas ein** *durch Äußerungen bewirken, dass jmd. etwas glaubt:* Diese Werbung will mir einreden, dass ich diese Ware unbedingt brauche.; Hat dir das dein neuer Freund eingeredet? II. *ohne OBJ* ■ **jmd. redet auf jmdn. ein** *eindringlich mit jmdm. reden:* Sie redete stundenlang auf ihn ein, aber er blieb bei seiner Meinung.

ein·rei·chen <reichst ein, reichte ein, hat eingereicht> *mit OBJ* ■ **jmd. reicht etwas ein** *ein Dokument / Formular an eine Behörde schicken:* eine Doktorarbeit bei der Fakultät einreichen

Ein·rei·se die <-, -n> (↔ *Ausreise*) *der Vorgang, dass jmd. die Grenze zu einem anderen Land überschreitet* ▶ einreisen ◆ -erlaubnis, -verbot, -visum

ein·rich·ten <richtest ein, richtete ein, hat eingerichtet> I. *mit OBJ* ❶ ■ **jmd. richtet etwas mit etwas** *Dat.* **ein** *eine Wohnung mit Möbeln, Vorhängen und Teppichen gestalten:* Wie wirst du die neue Wohnung einrichten? ❷ ■ **jmd. richtet etwas ein** *(geh.) Zeit für etwas einplanen:* Können Sie es einrichten, mich um sechs Uhr zu treffen? ❸ ■ **jmd. richtet etwas ein**

neu schaffen, eröffnen: Das Büro wurde eben erst eingerichtet.; ein neues Konto einrichten II. *mit SICH* ❶ **jmd. richtet sich (auf jmdn./etwas) ein** *(geh.) sich vorbereiten:* Ihr müsst euch auf einige Schwierigkeiten einrichten. ❷ **jmd. richtet sich irgendwie ein** *sein Leben/ seine Wohnung auf bestimmte Weise gestalten:* Sie haben sich luxuriös eingerichtet.

Ein·rich·tung die <-, -en> ❶ *alle Möbel einer Wohnung (≈ Ausstattung)* eine Wohnung mit einer einfachen/eleganten/modernen/Einrichtung ◆ Wohnungs- ❷ */kein Plur./ das Einrichten I.3:* Es geht um die Einrichtung eines Sparkontos. ❸ *(≈ Institution) das, was eingerichtet I.3 worden ist:* eine kulturelle/soziale/öffentliche Einrichtung; Die Schule ist eine öffentliche Einrichtung.; Diese Kindergarten ist eine kirchliche Einrichtung.

Eins die [ains] <-, -en> ❶ *die Ziffer 1:* Sie hat eine Eins gewürfelt.; Das Fußballspiel steht gerade bei eins zu null. ❷ *(≈ Einser) (im deutschen Schulsystem) die beste Schulnote:* in Mathematik und Sport eine Eins haben ❸ *sehr gute Bewertung:* Das ist eins A ("Ia") Qualität!

eins [ains] I. *num* ❶ *die erste Zahl in der Reihe der Zahlen:* Eins und eins ist zwei. ❷ *die Uhrzeit eine Stunde nach zwölf Uhr:* Es ist schon halb eins. II. *pron etwas:* Sie wollte ihm eigentlich eins auswischen.; Eins möchte ich dir noch sagen III. *adj* ❶ *(≈ einig ↔ uneins) gleicher Meinung:* wir sind darin eins, dass … ❷ *dasselbe:* Das macht keinen Unterschied: Das ist doch alles eins!; **jemandem eins sein** *(umg.) gleichgültig (sein)* Sie war ihm völlig eins geworden.

ein·sam ['ainza:m] <einsamer, am einsamsten> *adj* ❶ *mit wenigen sozialen Kontakten hat und viel/oft allein:* Alte Menschen sind oft einsam. ❷ *(≈ abgelegen) so, dass dort keine anderen Gebäude sind:* ein einsames Haus am Waldrand ❸ *so, dass dort wenig/keine Menschen sind:* ein ruhiger, einsamer Strand; nachts in einer einsamen Gegend ▸ Einsamkeit

Ein·satz der <-es, Einsätze> ❶ *(≈ Engagement) Kraft und Mut, die jmd. für eine Aufgabe einsetzt:* Sie arbeiteten mit großem Einsatz/unter Einsatz aller Kräfte für das Projekt. ❷ *das Verwenden von Geräten/ Personen für eine bestimmte Aufgabe:* Erst der Einsatz von Computern macht diese Arbeit möglich.; Man diskutiert noch über den geplanten militärischen Einsatz.

◆ -truppe, -wagen, Feuerwehr-, Polizei- ❸ *die Geldsumme, die man bei einem Glücksspiel oder einer Wette gibt:* einen riskanten Einsatz geben ❹ *ein Behälter, den man in einen anderen Behälter einsetzt:* Zu diesem Kochtopf gehört ein Einsatz zum Dämpfen; **unter Einsatz ihres Lebens** *unter Lebensgefahr*

ein·schal·ten <schaltest ein, schaltete ein, hat eingeschaltet> I. *mit OBJ* **jmd. schaltet etwas ein** ❶ *in Betrieb setzen:* Schalte doch bitte das Licht/den Fernseher ein. ❷ *bewirken, dass jmd. aktiv in ein Problem eingreift wird:* Wir werden wohl die Polizei einschalten müssen. II. *mit SICH* **jmd. schaltet sich (in etwas Akk.) ein** *eingreifen:* Wenn die Schüler so laut sind, muss sich der Lehrer einschalten.

ein·schät·zen <schätzt ein, schätzte ein, hat eingeschätzt> *mit OBJ* **jmd. schätzt jmdn./etwas irgendwie ein** *(≈ bewerten) in bestimmter Weise beurteilen:* Sie hatten die Situation falsch eingeschätzt und deshalb Probleme bekommen.; Er hat seine Fähigkeiten realistisch eingeschätzt und die Aufgabe gut gelöst. ▸ Einschätzung

ein·schla·fen <schläfst ein, schlief ein, ist eingeschlafen> *ohne OBJ* ❶ **jmd./ein Tier schläft ein** *beginnen zu schlafen:* Nach dem anstrengenden Tag bin ich schon früh eingeschlafen. ❷ **etwas schläft ein** *langsam weniger werden und schließlich ganz enden:* Unser Kontakt schlief mit der Zeit ein.

ein·schla·gen <schlägst ein, schlug ein, hat/ist eingeschlagen> I. *mit OBJ (haben)* ❶ **jmd. schlägt etwas ein** *auf etwas kräftig schlagen, so dass es zerbricht:* Jemand hat die Fensterscheibe eingeschlagen. ❷ **jmd. schlägt etwas (in etwas Akk.) ein** *etwas kräftig in etwas hineinschlagen:* einen Nagel in die Wand einschlagen ❸ **jmd. schlägt etwas (in etwas Akk.) ein** *etwas in Papier einwickeln:* Soll ich Ihnen das Buch in Geschenkpapier einschlagen? II. *ohne OBJ* **etwas schlägt (in etwas Akk.) ein** *(sein) etwas dringt mit Krach ein:* Ein Blitz/Eine Bombe ist in das Haus eingeschlagen

ein·schlie·ßen <schließt ein, schloss ein, hat eingeschlossen> *mit OBJ* ❶ **jmd. schließt etwas in etwas Akk. ein** *etwas in einen Schrank tun und diesen abschließen:* Dokumente im Schreibtisch einschließen ❷ **etwas schließt etwas ein** *etwas enthält etwas:* Sein kritisches Urteil schließt auch ein Lob ein.

ein·schließ·lich ['ainʃliːslɪç] **I.** *präp +Gen.* (≈ *inklusive*) *so, dass die genannte Sache einen Geldbetrag enthält:* Dies ist der Preis einschließlich (der) Mehrwertsteuer. **II.** *adv* **von X bis einschließlich Y** *etwas gilt von X bis zum Ende von Y* Wir haben von Mittwoch bis einschließlich Freitag geschlossen (auch Freitag ist geschlossen).

ein·schnei·dend ['ainʃnaidnt] <einschneidender, am einschneidendsten> *adj mit deutlich negativen Konsequenzen für jmd.:* Der Unfall war ein einschneidendes Ereignis in seinem Leben.; Die Regierung beschloss einschneidende Maßnahmen zur Bekämpfung der Inflation.

ein·schrän·ken <schränkst ein, schränkte ein, hat eingeschränkt> **I.** *mit OBJ* ▪ **jmd. schränkt etwas ein** (≈ *reduzieren, vermindern*) *weniger von etwas konsumieren oder etwas seltener tun:* Sie sollten das Rauchen einschränken. **II.** *mit SICH* ▪ **jmd. schränkt sich ein** *sparen:* Seit Vater arbeitslos ist, müssen wir uns (finanziell) ziemlich einschränken.

Ein·schrän·kung die <-, -en> ❶ *das Einschränken II:* Wir hatten vor dem Umzug verschiedene Einschränkungen hinnehmen müssen. ❷ *die Ausnahme einer Aussage:* Ich stimme Ihnen ohne Einschränkung zu.

Ein·schrei·ben das <-s, -> *ein Brief/Päckchen, das man bei der Post abgibt mit dem Auftrag, dass der Empfänger es nur bekommt, wenn er den Empfang schriftlich bestätigt:* Diese Urkunde schicke ich nur per Einschreiben.

ein·schrei·ben <schreibst ein, schrieb ein, hat eingeschrieben> *mit SICH* ▪ **jmd. schreibt sich (irgendwo) (in etwas** *Akk.)* **ein** (≈ *immatrikulieren*) *jmd. meldet sich irgendwo an, indem er seinen Namen in eine Liste schreibt:* Sie wollte sich an der Universität einschreiben.; Hast du dich schon in die Liste für den Kurs eingeschrieben? ▸ Einschreibung

ein·se·hen <siehst ein, sah ein, hat eingesehen> *mit OBJ* ❶ ▪ **jmd. sieht etwas ein** *(prüfend) hineinsehen:* Können wir die Akten/Unterlagen einsehen. ❷ ▪ **jmd. sieht etwas ein** (≈ *verstehen*) *etwas erkennen und akzeptieren:* Ich habe seine Argumente eingesehen.; Ich sehe nicht ein, dass ich wieder die Arbeit der anderen machen soll. ❸ ▪ **jmd. sieht etwas ein** *erkennen, dass man etwas Falsches getan hat:* Er hat seinen Fehler/sein Unrecht eingesehen.; ▪ **ein Einsehen haben** *merken, dass etwas nicht geht* Als das Gewitter schon ganz nahe war, hatten die Bergsteiger endlich ein Einsehen und kehrten um.

ein·sei·tig ['ainzaitɪç] <einseitiger, am einseitigsten> *adj* ❶ */nicht steig./* (↔ *beidseitig*) *nur eine Seite betreffend:* Das Papier ist einseitig beschrieben.; eine einseitige Lähmung ❷ (↔ *ausgewogen*) *so, dass man von etwas nur einen Teil sieht oder gelten lässt:* Der Artikel in der Zeitung ist parteiisch, denn er stellt das Ereignis sehr einseitig dar.; Nur Fast-food essen; — Das ist eine sehr einseitige Ernährung!

ein·set·zen ['ainzɛtsn̩] <setzt ein, setzte ein, hat eingesetzt> **I.** *mit OBJ* ❶ ▪ **jmd. setzt etwas (in etwas** *Akk.)* **ein** (≈ *einfügen*) *bewirken, dass etwas Teil von etwas ist:* Sollen wir nicht ein Fenster in das Dach einsetzen lassen? ❷ ▪ **jmd. setzt etwas ein** *jmd. verwendet etwas:* Am Wochenende werden zusätzliche Züge eingesetzt.; Sie setzte alle Kräfte ein, um das Rennen zu gewinnen. ❸ ▪ **jmd. setzt etwas (bei etwas** *Dat.)* **ein** *jmd. gibt Geld zum Einsatz (im Glücksspiel oder bei einer Wette):* Er hat viel Geld (beim Spiel) eingesetzt. ❹ ▪ **jmd. setzt etwas ein** *jmd. riskiert etwas:* Er hat sein Leben eingesetzt. **II.** *ohne OBJ* ▪ **etwas setzt irgendwann ein** *(geh.) anfangen:* Der Winter setzte dieses Jahr relativ spät ein. **III.** *mit SICH* ▪ **jmd. setzt sich (für jmdn./etwas) ein** (≈ *sich bemühen, engagieren*) *sich sehr anstrengen, damit ein Ziel erreicht wird/es jmdm. gut geht:* Sie hatte sich sehr für das Projekt eingesetzt.; Der Lehrer setzt sich für jeden seiner Schüler ein.

Ein·sicht die <-, -en> ❶ *Erkenntnis, Verstehen von etwas, was lange nicht klar war:* Ich bin zu der Einsicht gekommen, dass … ❷ */kein Plur./* AMTSSPR. *die Erlaubnis, etwas einsehen zu dürfen:* Wir werden Einsicht in die Akten beantragen.

ein·sich·tig ['ainzɪçtɪç] <einsichtiger, am einsichtigsten> *adj* ❶ *mit Einsicht:* Er war einsichtig und versprach, zukünftig besser zu arbeiten. ❷ *so, dass etwas leicht zu verstehen ist:* Das sind einsichtige Argumente/Gründe.

ein·sil·big ['ainzɪlbɪç] <einsilbiger, am einsilbigsten> *adj* ❶ */nicht steig./* SPRACHWISS. (↔ *mehrsilbig*) *aus einer Silbe bestehend:* "Rad" ist ein einsilbiges Wort. ❷ *(umg.:* ≈ *wortkarg) so, dass man nur ungern spricht:* Sie ist eine einsilbige Person. ▸ Einsilbigkeit

ein·spa·ren <sparst ein, sparte ein, hat

eingespart> *mit OBJ* jmd. spart etwas ein *weniger Geld ausgeben als vorher:* Überall werden Arbeitskräfte/Kosten eingespart.

ein·ste·hen <stehst ein, stand ein, ist eingestanden> *ohne OBJ* jmd. steht für jmdn./etwas ein ❶ *für etwas Verantwortung übernehmen:* Dies ist ein erstklassiges Produkt. Dafür stehe ich ein!; Für die Folgen dieser Entscheidung stehe ich ein. ❷ *Schaden ersetzen:* Für den Schaden steht der Verursacher ein.

ein·stei·gen <steigst ein, stieg ein, ist eingestiegen> *ohne OBJ* jmd. steigt (in etwas *Akk.*) ein ❶ *heimlich in ein Haus steigen:* Die Diebe sind über den Balkon eingestiegen. ❷ *in ein Fahrzeug steigen:* Bitte einsteigen, Türen schließen selbsttätig. Vorsicht bei der Abfahrt! ❸ *(umg.) irgendwo eine Tätigkeit beginnen:* Er ist in die Politik/in die Firma seines Freundes eingestiegen.

ein·stel·len <stellst ein, stellte ein, hat eingestellt> I. *mit OBJ* ❶ jmd. stellt jmdn. ein *(↔ entlassen) eine Arbeitsstelle besetzen:* Man plant, neue Arbeiter/Aushilfen/Führungskräfte einzustellen. ❷ jmd. stellt etwas ein *etwas beenden, was man längere Zeit gemacht hat:* Wegen des schlechten Wetters wird der Schiffsverkehr eingestellt.; Die Lieferung der Zeitschrift wird eingestellt. ❸ jmd. stellt (an/bei etwas *Dat.*) etwas ein *an der Skala eines technischen Geräts einen Wert wählen:* beim Fernseher den Kontrast/am Radio einen anderen Sender einstellen II. *mit SICH* ❶ jmd. stellt sich (irgendwo) ein *herbeikommen:* Es hatten sich unerwartet viele Besucher eingestellt. ❷ jmd. stellt sich (auf etwas *Akk.*) ein *sich innerlich bereit machen:* Reisende müssen sich am Flughafen auf längere Wartezeiten einstellen. ❸ jmd. stellt sich (auf etwas *Akk.*) ein *anpassen:* Er hatte sich auf fremde Gewohnheiten einzustellen.

Ein·stel·lung die <-, -en> ❶ *(≈ Gesinnung) die Art, wie man über jmdn./etwas denkt:* eine politische/religiöse Einstellung ❷ *das Einstellen von Arbeitskräften:* Die Einstellung eines weiteren Technikers ist bereits geplant. ❸ */kein Plur./* AMTSSPR. *das Einstellen I.2:* Die Einstellung des Verfahrens war die Folge.

Ein·stu·fungs·test der <-(e)s, -s> SCHULE *Test zur Ermittlung von Kenntnissen, um jemand einem Kurs genau zuordnen zu können*

Ein **Einstufungstest** ist ein Instrument zur Einteilung der Teilnehmer(innen) von Sprachkursen in Gruppen unterschiedlichen Niveaus. Er besteht in der Ermittlung von Vorkenntnissen der Einzustufenden. Bei **Weiterführungstests** hingegen wird nach dem Besuch eines Kurses festgestellt, wie sich der weitere Lernweg im Rahmen des jeweils angebotenen Kursangebots gestalten soll. Einstufungs- und Weiterführungstests sind an den Kurs- bzw. Lehrplänen für jeweilige Stufen ausgerichtet. Für Einstufungstests sind vor allem kurze Schreibaufgaben in den Bereichen Wortschatz und Grammatik zu bewältigen; Kompetenz im mündlichen Sprachgebrauch wird gewöhnlich in Form eines authentischen Gesprächs über z.B. persönliche Interessen ermittelt. Schriftliche Aufgaben bestehen bevorzugt in korrekturfreundlichen Verfahren, die auch zeitsparend und unabhängig von subjektiven Urteilen erfolgen können. Am bekanntesten sind „Multiple-Choice-Aufgaben"; es sind dies so bezeichnete *geschlossene* Aufgaben, bei denen nach einem kurzen Einleitungsteil (Fragestellung bzw. Einleitungssatz) die jeweils korrekten Lösungen angekreuzt bzw. zugeordnet werden müssen. Für Deutsch als Fremdsprache, abgekürzt DaF (vgl. das Stichwort dazu), gibt es einen Test, der weltweit angeboten sowie zentral erstellt und ausgewertet wird: den „TestDaF". Es ist dies mit Teilnehmern/Teilnehmerinnen aus 175 Nationen der wichtigste Sprachtest für das Studium sowie für akademische Berufe (Lehrkräfte im Bereich DaF und Lektoren/Lektorinnen ausländischer Hochschulen). Der Test wird seit 2001 weltweit als Prüfung für ausländische Studieninteressenten und Studieninteressentinnen zum Nachweis deutscher Sprachkenntnisse angeboten. TestDaF wurde im Auftrag des DAAD (vgl. unter dem Stichwort) entwickelt. Der Test ist auch von allen deutschen Hochschulen anerkannt. Er ermöglicht den Hochschulen eine differenzierte Zulassung ausländischer Studierender je nach dem erforderlichen Sprachniveau in den Bereichen Leseverstehen, Hörverstehen, sowie schriftlicher und mündlicher Ausdruck. Geregelt wird die Anerkennung der sprachlichen Studierfähigkeit ausländischer Studierender durch die „Rahmenordnung über deutsche Sprachprüfungen für das Studium an deutschen Hochschulen". Diese Rahmenordnung ist im Jahre 2004 von der Hochschulrektorenkonferenz und der Kultusministerkonferenz beschlossen worden.

ein·stün·dig *adj /nicht steig./ eine Stunde dauernd*

ein·stür·zen *<stürzt ein, stürzte ein, ist eingestürzt> ohne OBJ* ■ **etwas stürzt ein** *zusammenfallen, zusammenbrechen:* Vorsicht, die Decke stürzt ein!

einst·wei·len ['aɪnst'vaɪlən] *adv (≈ vorläufig) in der Zeit bis zu einem bestimmten Zeitpunkt:* Wir wissen nicht, wie das Resultat sein wird. Einstweilen können wir nur abwarten.

ein·tei·len *<teilst ein, teilte ein, hat eingeteilt> mit OBJ* ❶ ■ **jmd. teilt etwas ein** *etwas mit einer bestimmten Absicht in sinnvolle Teile gliedern:* seine Kräfte/Nahrungsmittel/Zeit einteilen; Ich habe nur wenig Geld dabei; also muss ich es mir beim Einkaufen gut einteilen. ❷ ■ **jmd. teilt jmdn.(in/für etwas** *Akk.***) ein** *mit einer bestimmten Funktion ausstatten:* Der Chef hat ihn für diese besondere Arberit eingeteilt.

ein·tö·nig ['aɪntøːnɪç] *<eintöniger, am eintönigsten> adj (≈ gleichförmig) langweilig ist und keine Abwechslung bietend:* eine eintönige Arbeit

ein·träch·tig ['aɪntrɛçtɪç] *<einträchtiger, am einträchtigsten> adj (≈ friedlich) so, dass man gut zusammenlebt:* Menschen und Tiere leben hier einträchtig nebeneinander. ▸ Eintracht

ein·tref·fen *<triffst ein, traf ein, ist eingetroffen> ohne OBJ* ❶ ■ **jmd./etwas trifft (irgendwo) ein** *ankommen:* Die Ware ist noch nicht eingetroffen.; Ich treffe am Freitag um 14 Uhr dreißig ein. ❷ ■ **etwas trifft ein** *geschehen, wie man es erwartet hat:* Meine Hoffnungen/Befürchtungen/Erwartungen sind eingetroffen.

ein·tre·ten *<trittst ein, trat ein, hat/ist eingetreten>* I. *mit OBJ* ■ **jmd. tritt etwas ein** *(haben) durch Treten zerstören:* Vor Wut hat er die Tür eingetreten. II. *ohne OBJ (sein)* ❶ ■ **jmd. tritt (in etwas** *Akk.***) ein** *in einen Raum gehen:* Treten Sie ein!; Er trat leise in das Zimmer ein. ❷ ■ **jmd. tritt (in etwas** *Akk.***) ein** *irgendwo Mitglied werden:* Sie ist in ein Kloster/in einen Verein eingetreten. ❸ ■ **jmd. tritt für jmdn./etwas** *Akk.* **ein** *sich für jmdn./etwas einsetzen:* Sie ist immer für ihn eingetreten. ❹ ■ **etwas tritt ein** *sich ereignen:* Das Unglaubliche trat ein.; Sollte der Fall eintreten, dass ...

Ein·tritt *der <-(e)s, -e>* ❶ *das Eintreten II.1:* Eintritt verboten! ❷ *(↔ Austritt) der Beginn einer längeren Zeitspanne:* Eintritt ins Berufsleben; Eintritt in das Schulalter ❸ *(≈ Beitritt) das Eintreten²:* Sie entschloss sich zum Eintritt in die Partei. ❹ *das Geld, das man bei Veranstaltungen für den Eintritt¹ bezahlt:* Für die Ausstellung wird wenig Eintritt verlangt.; **Eintritt frei!** *Es wird kein Eintrittsgeld verlangt* ◆-spreis

Ein·tritts·kar·te *die <-, -n> (≈ Billett) ein Stück Papier, das zeigt, dass man Eintritt⁴ bezahlt hat*

Ein·ver·neh·men *das* ['aɪnfɛɐ̯neːmən] *<-s> /kein Plur./ der Zustand, dass mehrere Personen eine gute Beziehung miteinander haben und sich über etwas einigen können:* Sie haben in gegenseitigem Einvernehmen den Vertrag gekündigt.; Sie trennten sich schließlich in gutem Einvernehmen. ▸ einvernehmlich

ein·ver·stan·den ['aɪnfɛɐ̯ʃtandn̩] *adj /nicht steig./ /nur präd./ so, dass man in etwas einwilligt:* Ich bin damit einverstanden.; ■ **sich mit etwas einverstanden erklären** *einer Sache zustimmen*

Ein·ver·ständ·nis *das* ['aɪnfɛɐ̯ʃtɛntnɪs] *<-ses, -se> /meist Sing./ (≈ Einwilligung) Zustimmung zu etwas, weil man einverstanden ist:* Die Tochter bat die Eltern um ihr Einverständnis für die Reise.; Die Eltern gaben der Tochter ihr Einverständnis. ◆-erklärung

Ein·wand *der* ['aɪnvant] *-(e)s, Einwände> eine Äußerung, mit der man zu erkennen gibt, dass man etwas anders sieht oder etwas nicht ist:* ein berechtigter/unerwarteter Einwand; Es erhob sich kein Einwand gegen den Beschluss.

ein·wan·dern *<wanderst ein, wanderte ein, ist eingewandert> ohne OBJ* ■ **jmd. wandert in etwas** *Akk.* **ein** *(≈ immigrieren) in ein fremdes Land kommen, um dort auf Dauer zu leben:* Wir wollen nach Kanada/in die USA einwandern. ▸ Einwanderung

ein·wand·frei ['aɪnvantfraɪ] *adj /nicht steig./* ❶ *(≈ fehlerfrei) ohne Fehler:* Das ist ein einwandfreies Produkt. ❷ *(≈ vorbildlich, korrekt) so, dass man nichts Negatives darüber sagen kann:* Der Junge hat ein einwandfreies Benehmen.

Ein·weg·fla·sche *die <-, -n> (↔ Mehrwegflasche, Pfandflasche) Flasche, die nach dem Gebrauch als Altglas in einen Contai-*

ner geworfen wird

ein·wei·hen <weihst ein, weihte ein, hat eingeweiht> *mit OBJ* ❶ ▪ **jmd. weiht etwas ein** *feierlich und öffentlich zum ersten Mal gebrauchen:* Das neue Schauspielhaus wurde feierlich eingeweiht. ▸ Einweihung ❷ ▪ **jmd. weiht jmdn./etwas (in etwas** *Akk.***) ein** *(umg.) ein Geheimnis mitteilen:* Er weihte sie in seinen Plan ein.

ein·wen·den <wendest ein, wendete/wandte ein, hat eingewendet/eingewandt> *mit OBJ* ▪ **jmd. wendet etwas (gegen jmdn./etwas) ein** *einen Einwand äußern:* Gegen deine Argumente kann ich nichts einwenden.

ein·wi·ckeln <wickelst ein, wickelte ein, hat eingewickelt> *mit OBJ* ▪ **jmd. wickelt etwas (in etwas** *Akk.***) ein** *etwas mit Papier oder Stoff bedecken, so dass es von allen Seiten bedeckt ist:* ein Geschenk in buntes Papier einwickeln

ein·wil·li·gen ['aɪnvɪlɪɡn̩] <willigst ein, willigte ein, hat eingewilligt> *ohne OBJ* ▪ **jmd. willigt (in etwas** *Akk.***) ein** *(≈ zustimmen) sagen, dass man mit etwas einverstanden ist:* Sie willigte schließlich in den Vertrag ein.

Ein·woh·ner der, **Ein·woh·ne·rin** ['aɪnvoːnɐ] <-s, -> *Person, die irgendwo lange Zeit wohnt:* die Einwohner der Stadt X ▸ Einwohnerschaft

Ein·woh·ner·mel·de·amt das <-(e)s, Einwohnermeldeämter> *(in Deutschland) die Behörde, bei der man seine neue Adresse melden muss, wenn man umgezogen ist*

Ein·zahl die ['aɪntsaːl] <-> /*kein Plur.*/ SPRACHWISS. *(↔ Mehrzahl) Singular*

ein·zah·len <zahlst ein, zahlte ein, hat eingezahlt> *mit OBJ* ▪ **jmd. zahlt etwas (auf/in etwas** *Akk.***) ein** *(↔ abheben) Geld auf ein Konto geben:* Sie hat regelmäßig Geld auf ihr Sparkonto eingezahlt.

Ein·zel·fall der <-(e)s, Einzelfälle> ❶ *etwas, das nur einzeln vorkommt (≈ Sonderfall)* ❷ *etwas, das nur als einzelnes Ereignis angesehen wird* ◆ -prüfung

Ein·zel·heit die <-, -en> *(≈ Detail) ein kleiner Teil/ein kleines Merkmal von etwas Ganzem:* unwichtige Einzelheiten; Es ist wichtig, dass du als Zeuge alle Einzelheiten erzählst!

Ein·zel·kind das <-(e)s, -er> *ein Kind, das keine Geschwister hat*

ein·zeln ['aɪntsl̩n] *adj /nicht steig./ (↔ zusammen) jeder/jede/jedes für sich allein:* Sie kamen alle einzeln.; Ich habe einen einzelnen Schuh gefunden.; ▪ **jeder Ein-**

zelne *jeder ohne Ausnahme* Jeder einzelne Zeuge musste bei der Polizei aussagen.

Ein·zel·teil das <-(e)s, -e> *einzelnes Teil von etwas:* Er zerlegte die Maschine in ihre Einzelteile.

Ein·zel·un·ter·richt der <-s> /*kein Plur.*/ *Unterricht für eine Person allein*

Ein·zel·zim·mer das <-s, -> *(↔ Doppelzimmer) Zimmer im Hotel oder Krankenhaus mit nur einem Bett:* Ich habe im Hotel ein Einzelzimmer gebucht.

ein·zie·hen <ziehst ein, zog ein, hat/ist eingezogen> **I.** *mit OBJ (haben)* ❶ ▪ **jmd. zieht etwas ein** *einen Teil des Körpers zu sich heran ziehen:* Er zog den Bauch/den Kopf ein. ❷ ▪ **jmd. zieht etwas ein** AMTSSPR. *Geld kassieren:* Wie viel Steuergelder wurden in diesem Zeitraum eingezogen?; Die Miete wird monatlich eingezogen. ❸ ▪ **jmd. zieht etwas ein** *eine staatliche Behörde nimmt etwas aus dem öffentlichen Gebrauch:* Die Polizei hat seinen Führerschein eingezogen.; Die alten Geldscheine wurden eingezogen. ❹ ▪ **jmd. zieht jmdn. ein** MILIT. *(≈ einberufen) zum Militärdienst holen:* Man zog alle Wehrpflichtigen ein. ❺ ▪ **jmd. zieht etwas ein** TECHN. *einbauen:* in ein Haus eine weitere Wand einziehen **II.** *ohne OBJ (sein)* ❶ ▪ **jmd. zieht (in etwas** *Akk.***) ein** *seine Möbel und seinen sonstigen Hausrat in eine Wohnung oder ein Haus bringen, um dort zu wohnen:* Nächste Woche ziehen wir in die neue Wohnung ein. ❷ ▪ **etwas zieht (in etwas** *Akk.***) ein** *als Flüssigkeit in eine Oberfläche eindringen:* Die Sonnencreme zieht schnell ein.; Das Pflegemittel muss in das Leder einziehen.; ▪ **Informationen über jemanden/etwas einziehen** *sich über jmdn. oder etwas erkundigen*

ein·zig ['aɪntsɪç] **I.** *adj /nicht steig./ so, dass es niemand anderes/keine andere Sache gibt:* Sie ist meine einzige Freundin.; Das sind meine einzigen grünen Strümpfe, die ich habe.; Kein einziger hat ihn besucht. **II.** *adv /nicht steig./ allein:* Das war das einzig Richtige.; ▪ **einzig und allein** *nur* Dies war einzig und allein deine Schuld ▸ Einzigkeit

ein·zig·ar·tig ['aɪntsɪçlaːɐ̯tɪç] <einzigartiger, am einzigartigsten> *adj einmalig, sehr gut:* eine einzigartige Leistung

Eis das [aɪs] <-es> /*kein Plur.*/ ❶ *Wasser in gefrorenem Zustand:* Das Eis schmilzt/taut.; auf dem Eis ausrutschen ◆ -fläche, -schicht, -würfel ❷ SCHWEIZ. *(≈ Glace) eine*

Süßspeise aus Milch, Zucker und verschiedenen Aromen, die kalt genossen wird: Ich hätte gern ein Eis mit Schlagsahne/mit heißen Himbeeren.; ■ **etwas auf Eis legen** *(umg.) etwas verschieben* Wir haben aus finanziellen Gründen das Projekt auf Eis gelegt.; ■ **das Eis ist zwischen ihnen gebrochen** *(übertr.) zwei fremde Personen sind sich näher gekommen* ◆-becher, Speise-

Eis·die·le die <-, -n> *[≈ Eiscafé] ein Lokal, in dem man besonders Eis² essen kann*

Ei·sen das [ˈaizn̩] <-s, -> *ein schweres Metall von grauer Farbe;* ■ **zum alten Eisen gehören** *(umg. abwert.) alt und nicht mehr nützlich sein;* ■ **ein heißes Eisen (anpacken)** *(umg.) ein peinliches Thema ansprechen oder eine schwierige Aufgabe übernehmen;* ■ **mehrere Eisen im Feuer haben** *(umg.) sich mehrere Möglichkeiten offen lassen* ◆-industrie, -kette

Ei·sen·bahn die [ˈaizn̩baːn] <-, -en> *[≈ Bahn] das öffentliche Verkehrsmittel, das Menschen und Güter mit Zügen auf der Schiene transportiert:* Wir fahren mit der Eisenbahn. ◆-brücke, -netz, -schiene, -schranke, -verkehr, -wagen, -waggon

ei·sig <eisiger, am eisigsten> adj *[≈ eiskalt]* ❶ *sehr kalt:* Auf dem Gipfel des Berges weht ein eisiger Wind. ❷ *sehr unfreundlich:* ein eisiger Blick; eisige Stimmung

eis·lau·fen <läuft eis, lief eis, ist eisgelaufen> ohne OBJ (sein) *mit Schlittschuhen über eine Eisfläche gleiten:* Kommst du mit zum Eislaufen?

Eis·wür·fel der <-s, -> *Eis¹ in Form eines kleinen Würfels, mit dem man Getränke kühlt*

ei·tel [ˈaitl̩] <eitler, am eitelsten> adj *(abwert.: ≈ selbstgefällig) so, dass man gern bewundert werden will:* Sie ist sehr eitel und schaut oft in den Spiegel.

Ei·ter der [ˈaite] <-s> */kein Plur./* MED. *die gelbliche Flüssigkeit, die aus einer infizierten Wunde austritt* ▶ eitern, eitrig ◆-bakterien, -pickel

Ei·weiß das [ˈaivais] <-es, -e> ❶ */↔ Eigelb)* *der Teil in einem Ei, der vor dem Kochen klar und nach dem Kochen weiß aussieht* ❷ BIOL., CHEM. *Grundstoff der Zellen und der organischen Stoffe*

Ekel¹ der [ˈeːkl̩] <-s> */kein Plur./ [≈ Abscheu] das Gefühl, dass man gegen etwas große Abneigung hat:* Vor Ekel musste sie sich übergeben.; Er hat einen Ekel vor Spinnen. ▶ ekelerregend

Ekel² das [ˈeːkl̩] <-s, -> *(umg. abwert.) Person, die sich sehr unangenehm benimmt:* Er ist ein richtiges Ekel!

ekeln [ˈeːkl̩n] <ekelst, ekelte, hat geekelt> **I.** ohne OBJ ■ **jmdm./jmdn. ekelt vor jmdm./etwas** *jmd. empfindet Ekel vor jmdm./etwas:* Mich/Mir ekelt vor dir. **II.** mit SICH ■ **jmd. ekelt sich vor jmdm./etwas** *jmd. empfindet Ekel vor jmdm. oder etwas:* Sie ekelt sich vor Würmern.

Ele·fant der [eleˈfant] <-en, -en> ZOOL. *großes Säugetier in Afrika und Indien mit langem Rüssel*

ele·gant [eleˈɡant] adj ❶ *schön geformt und besonders wertvoll:* Sie trug ein elegantes Abendkleid.; Er hat seine Wohnung sehr elegant eingerichtet. ❷ *schön in der Bewegung:* elegante Schritte, elegante Formulierungen ▶ Eleganz

elek·trisch [eˈlɛktrɪʃ] adj */nicht steig./ mit Elektrizität betrieben:* Kühlschrank, Radio und Computer sind elektrische Geräte.; Manche elektrischen Geräte werden mit Batterien betrieben.

Elek·tri·zi·tät die [elɛktritsiˈtɛːt] <-> */kein Plur./ [≈ Strom] die Form von Energie, die in großen Kraftwerken erzeugt wird und an die jeder Haushalt angeschlossen ist:* Elektrizität ist eine Kraft, die zwischen positiven und negativen Teilchen wirkt.

Elek·tro·nik die [elɛkˈtroːnɪk] <-> */kein Plur./* ELEKTROTECHN. *ein Bereich der Elektrotechnik (der Technik, die elektrische Geräte entwickelt)* ▶ elektronisch

Ele·ment das [eleˈmɛnt] <-(e)s, -e> ❶ CHEM. *einer der chemischen Grundstoffe:* Eisen ist ein chemisches Element. ❷ *[≈ Bestandteil) etwas, das (zusammen mit anderen Teilen) Teil von etwas ist:* die Elemente einer Theorie; die Elemente eines Gebäudes ▶ elementar ❸ *Grundkräfte in der Natur:* Die vier Elemente sind Feuer, Wasser, Erde und Luft. ❹ MATH. *ein Teil einer Menge:* A, B und C sind Elemente der Menge M.; ■ **in seinem Element sein** *(umg.) so leben/handeln können, wie es zu einem passt* Im Sportunterricht ist sie in ihrem Element.

Elend das [ˈeːlɛnt] <-(e)s> */kein Plur./ Armut, Not, schlimme Lebensbedingungen:* Wir helfen, wo das Elend am größten ist.; das Elend der Armen; ■ **ein Häufchen Elend sein** *in einem elenden Zustand sein*

elend [ˈeːlɛnt] <elender, am elendsten> adj ❶ *[≈ übel] so, dass man sich sehr schlecht fühlt, weil man krank oder sehr* *deprimiert ist:* Sie fühlt sich elend. ❷ *(≈ armselig, kümmerlich) so, dass die Lebensbedingungen sehr schlecht sind:* Sie wohnen in einer elenden Behausung.; Er führt ein elendes Leben.

elf [ɛlf] *num die Zahl 11:* Wir sind zu elfen/elft.

Elf die [ɛlf] <-, -en> ❶ *die Zahl 11* ❷ SPORT *Fußballmannschaft:* Die Elf betritt das Spielfeld.

Elf·me·ter der [ɛlf'me:tɐ] <-s, -> SPORT *im Fußball der direkte Schuss auf das Tor:* Der Torwart hat den Elfmeter gehalten.

Eli·te die [e'li:tə] <-, -n> *die Gruppe der Besten in einem bestimmten Bereich:* Diese Personen gehören zur geistigen/intellektuellen/politischen Elite des Landes. ◆-förderung, -mannschaft, Kultur-, Sport-

Ell·bo·gen der ['ɛlbo:gn̩] <-s, -> ANAT. *das Gelenk zwischen Oberarm und Unterarm;* ▪ **seine Ellbogen gebrauchen** *(umg.) ohne Rücksicht auf andere nur im eigenen Interesse handeln;* ▪ **keine Ellbogen haben** *(umg.) sich nicht durchsetzen können*

El·tern ['ɛltɐn] <-> *Plur. Vater und Mutter eines Kindes:* Sie hat ihren Eltern viel Freude gemacht.; Die Eltern sorgen für ihre Kinder. ▪ Großeltern, Urgroßeltern ◆-haus, -initiative, -liebe, -paar

E-Mail die <-, -s> EDV *schriftliche Nachricht, die man von Computer zu Computer schickt*

Eman·zi·pa·ti·on die [emantsipa'tsi̯o:n] <-> */kein Plur./* ❶ *Befreiung aus gesellschaftlicher Abhängigkeit:* die Emanzipation der Farbigen in den USA ❷ *Gleichstellung und Gleichberechtigung der Frau mit dem Mann* ▪ emanzipieren, emanzipiert

emi·g·rie·ren [emi'gri:rən] <emigrierst, emigrierte, ist emigriert> *ohne OBJ* ▪ **jmd. emigriert irgendwohin** *(sein) (↔ immigrieren) aus dem eigenen Land auswandern, weil man dort aus politischen oder religiösen Gründen nicht mehr leben kann.:* Sie emigrierte 1933 in die USA. ▪ Emigrant(in), Emigration

Emis·si·on die [emɪ'si̯o:n] <-, -en> *das Abgeben von schädlichen Stoffen in die Umwelt:* Die Emissionen der chemischen Industrie müssen gesenkt werden.

Emo·ti·on die [emo'tsi̯o:n] <-, -en> *starkes Gefühl:* Emotionen wie Wut, Ärger, Freude ... ▪ emotional, Emotionalität

emp·fahl [ɛm'pfa:l] *Prät. von* **empfehlen**

emp·fand [ɛm'pfant] *Prät. von* **empfinden**

Emp·fang der [ɛm'pfaŋ] <-(e)s, Empfänge> ❶ */kein Plur./ das Entgegenneh-*

men von etwas, das jmd. gebracht/geschenkt etc. wird: Wir haben die Lieferung bereits in Empfang genommen. ◆-bescheinigung, -bestätigung ❷ *(feierliche) Begrüßung:* Am Sonntag findet ein großer Empfang für alle Konferenzteilnehmer statt. ◆Sekt-, Steh- ❸ TECHN. *die Qualität, mit der man Signale empfängt²:* Im Radio rauscht es: — Der Empfang ist gestört. ▪ Fernseh-, Rundfunk-, Satelliten-

emp·fan·gen [ɛm'pfaŋən] <empfängst, empfing, hat empfangen> *mit OBJ* ❶ ▪ **jmd. empfängt etwas** *bekommen* ❷ ▪ **jmd. empfängt jmdn.** *als Gäste im Rahmen eines Festaktes begrüßen:* Der Botschafter empfängt die Diplomaten (mit einem Festakt). ❸ ▪ **jmd. empfängt etwas (mit etwas** *Dat.)* ELEKTROTECHN. *mit einem technischen Gerät registrieren:* Er empfängt diesen Sender nicht.

Emp·fän·ger der, **Emp·fän·ge·rin** [ɛm'pfɛŋɐ] ❶ *jmd., der etwas erhält oder erhalten soll:* der Empfänger des Briefes ❷ */keine weibliche Form/* ELEKTROTECHN. *elektrisches Gerät zum Empfang³*

Emp·fäng·nis die <-> */kein Plur./ der Vorgang, dass eine Frau schwanger wird*

Emp·fäng·nis·ver·hü·tung die <-> */kein Plur./ alles, was zu vermeiden hilft, dass eine Frau nach dem Geschlechtsverkehr mit einem Mann schwanger wird:* Die Anti-Baby-Pille ist eine wirksame Form der Empfängnisverhütung.

emp·feh·len [ɛm'pfe:lən] <empfiehlst, empfahl, hat empfohlen> I. *mit OBJ* ▪ **jmd. empfiehlt (jmdm.) jmdn./etwas** *jmdm. sagen, dass jmd./etwas sehr gut ist:* Dieses Restaurant kann ich nur empfehlen.; Kannst du mir einen guten Arzt empfehlen? II. *mit SICH* ▪ **jmd./etwas empfiehlt sich** *von Vorteil sein:* Es empfiehlt sich, die Tabletten vor dem Essen einzunehmen.

emp·fin·den [ɛm'pfɪndn̩] <empfindest, empfand, hat empfunden> *mit OBJ* ▪ **jmd. empfindet etwas** *wahrnehmen, fühlen:* Hunger/Durst/Kälte empfinden; Freude/Reue/Scham empfinden; Dieses Verhalten habe ich als Beleidigung empfunden.; ▪ **etwas/viel für jemanden empfinden** *jmdn. sehr gern mögen* ▪ Empfindung

emp·find·lich [ɛm'pfɪntlɪç] <empfindlicher, am empfindlichsten> *adj* ❶ *(≈ sensibel) so, dass man schnell gekränkt ist:* Sie ist eine empfindliche Person.; Bei solchen Bemerkungen ist er sehr empfindlich. ❷ *(≈ sensitiv, reizbar) so, dass ein Körper-*

organ leicht gereizt wird: empfindliche Augen/Haut ❸ *schmerzlich:* ein empfindlicher Verlust

emp·fing [ɛmˈpfɪŋ] *Prät. von* **empfangen**

emp·fun·den [ɛmˈpfʊndn̩] *Part. Perf. von* **empfinden**

em·pört *adj sehr ärgerlich und aufgeregt:* Ich war sehr empört über ihr Benehmen. ▸ Empörung

En·de das [ˈɛndə] <-s, -n> ❶ */kein Plur./ der Zeitpunkt, zu dem etwas aufhört:* Dies war dann das Ende des Gesprächs.; Die Arbeit muss bis zum Ende der Woche fertig sein. ▸ Endeffekt, Endergebnis ❷ *die Stelle, an der etwas aufhört:* Fahren Sie bis zum Ende der Straße, dann …; ■ **Ende vierzig … sein** *so alt sein, dass man in ein oder zwei Jahren fünfzig wird;* ■ **ein gutes/schlechtes Ende nehmen** *eine gute/schlechte Wirkung haben;* ■ **am Ende sein** *(umg.) nicht mehr weiter wissen/können* Er ist mit seinen Kräften am Ende.; ■ **das Ende vom Lied** *(umg.) das enttäuschende Resultat;* ■ **am Ende der Welt sein** *ganz weit weg sein* Dieses Dorf liegt ja am Ende der Welt!; ■ **das dicke Ende** *(umg.) das Unangenehme* Das dicke Ende kommt erst noch. ▸ Endstation

en·den [ˈɛndn̩] <endest, endete, hat geendet> *ohne OBJ* ■ **jmd./etwas endet** ❶ ■ **etwas endet (irgendwann)** *zeitlich aufhören:* Das Semester endet am 28. Februar.; Diese Arbeit endet nie. ❷ ■ **etwas endet (irgendwo)** *räumlich aufhören:* Die Straße endet nach 500 Metern.

end·gül·tig *adj /nicht steig./ (↔ vorläufig) ohne, dass mit einer Änderung zu rechnen ist:* Meine Entscheidung ist endgültig.

end·lich [ˈɛntlɪç] *adv nach langer Wartezeit:* Das Projekt ist nach fünf Jahren endlich fertig geworden.; Können wir jetzt endlich losfahren?

end·los *adj so, dass der Eindruck entsteht, etwas würde kein Ende nehmen:* eine endlose Debatte; endloses Warten

En·dung die <-, -en> SPRACHWISS. *letzter Teil eines Wortes:* Welche Endung hat dieses Wort im Genitiv?

Ener·gie die [enɛrˈgiː] <-, -gien> ❶ TECHN., PHYS. *mechanische oder elektrische Kraft:* In einer Turbine wird Wasserkraft in elektrische Energie umgewandelt. ◆-bedarf, -quelle, -verbrauch, -versorgung, Atom-, Bewegungs-, Solar- ❷ */kein Plur./ körperliche oder seelische Kraft eines Menschen:* Nach dem Urlaub ging sie mit neuer Energie an die Arbeit. ▸ energisch

eng [ɛŋ] <enger, am engsten> *adj* ❶ *(≈ schmal) nicht groß, nicht breit:* ein enges Tal; In dem engen Büro ist kein Platz für einen weiteren Schrank. ❷ *so, dass ein Kleidungsstück dicht am Körper ist:* Die Hose ist viel zu eng. ❸ *(≈ dicht) mit sehr wenig Zwischenraum:* In dem Fahrstuhl standen sie eng beieinander. ❹ *so, dass man sich menschlich sehr nahe ist:* Sie waren enge Freunde.; enge Verwandte; ■ **jemand sieht etwas nicht so eng** *jmd. ist tolerant* Was ist denn schon dabei, wenn sie sich die Haare grün färbt? Das muss man doch nicht so eng sehen!

en·ga·gie·ren [ãgaˈʒiːrən] <engagierst, engagierte, hat engagiert> **I.** *mit OBJ* ■ **jmd. engagiert jmdn.** *einem Künstler/einer Künstlerin den Auftrag geben, bei einer Aufführung mitzuwirken:* Der Intendant engagierte den Künstler. **II.** *mit SICH* ■ **jmd. engagiert sich (für jmdn./etwas)** *(≈ sich einsetzen) intensiv und gern für ein bestimmtes Ziel arbeiten:* Er engagiert sich im Umweltschutz. ▸ Engagement

en·ga·giert <engagierter, am engagiertesten> *adj mit viel Engagement²:* Sie ist eine engagierte Lehrerin/Politikerin.

En·gel der [ˈɛŋl̩] <-s, -> ❶ REL. *in der christlichen Religion ein Wesen, das nahe bei Gott ist und als Bote Gottes zu den Menschen kommen kann:* Engel werden auf Bildern oft als Menschen mit Flügeln dargestellt. ❷ *(umg.) ein Mensch, der unerwartet hilft:* Er war ihr rettender Engel. ◆ Schutz-

eng·stir·nig [ˈɛŋʃtɪrnɪç] <engstirniger, am engstirnigsten> *adj (abwert.: ≈ beschränkt) so, dass man keine fremden Meinungen akzeptiert*

En·kel der, **En·ke·lin** [ˈɛŋkl̩] <-s, -> *(≈ Enkelkind) das Kind des Sohnes oder der Tochter:* Die Großmutter passt auf ihre Enkel auf.

enorm [eˈnɔrm] *adj /nicht steig./ sehr groß, ungeheuer:* ein enormer Erfolg; ein enorm heißer Tag; enorme Kräfte/Schwierigkeiten

ent·beh·ren [ɛntˈbeːrən] <entbehrst, entbehrte, hat entbehrt> *mit OBJ* ■ **jmd. entbehrt jmdn./etwas** *etwas/jmdn. nicht (mehr) haben, es/ihn aber dringend brauchen:* Die Flüchtlinge müssen Nahrung, Kleidung und Medikamente entbehren.; Ich kann meine Sekretärin nicht entbehren. ▸ Entbehrung, unentbehrlich

ent·bin·den <entbindest, entband, hat entbunden> **I.** *mit OBJ* ■ **jmd. entbindet jmdn. von etwas** *Dat. jmd. befreit jmdn. von einer Pflicht:* Er ist von seiner Schwei-

gepflicht entbunden worden und wird nun vor Gericht aussagen. II. *ohne OBJ* ▪ **eine Frau entbindet** *als Frau ein Kind gebären*
Ent·bin·dung die <-, -en> *Geburt:* Bei der Entbindung hat eine Hebamme geholfen.
ent·de·cken <entdeckst, entdeckte, hat entdeckt> *mit OBJ* ▪ **jmd. entdeckt jmd./etwas** ❶ *etwas finden, was bisher unbekannt war:* Diese Insel wurde erst um 1900 entdeckt.; eine neue Pflanzenart entdecken ❷ *(heraus)finden, erkennen:* Wir haben das Versteck entdeckt.; Er konnte keine Fehler entdecken.; Wir entdeckten ihn unter den Zuschauern. ▪ Entdeckung
En·te die ['ɛntə] <-, -n> ❶ ZOOL. *ein Vogel, der im Wasser schwimmt und einen breiten Schnabel hat* ❷ *(umg.) eine Zeitungsmeldung, der man nicht glauben kann*
En·ter-Tas·te die <-, -n> EDV *Eingabetaste am Computer*
ent·fer·nen [ɛnt'fɛrnən] <entfernst, entfernte, hat entfernt> I. *mit OBJ* ▪ **jmd. entfernt etwas** (≈ *beseitigen*) *bewirken, dass etwas nicht mehr da ist:* Kannst du den Fleck (auf der Tischdecke) entfernen? II. *mit SICH* ▪ **jmd. entfernt sich (von jmdm./etwas)** (≈ *fortgehen*) *irgendwo weggehen:* Langsam entfernten sich die Radfahrer.
ent·fernt[1] <entfernter, am entferntesten> *adj* ❶ *in einer bestimmten Entfernung:* Die nächste Raststätte ist noch 5 Kilometer (von hier) entfernt. ❷ */nur attr./ nicht direkt; nicht nah:* Wir sind entfernte Verwandte.
ent·fernt[2] *adv kaum, gering:* Sie sind sich nur entfernt ähnlich.; ▪ **nicht im Entferntesten** *keineswegs*
Ent·fer·nung die <-, -en> (≈ *Distanz*) *die Strecke, die zwischen zwei Dingen liegt:* Wir pflanzen den nächsten Baum in fünf Metern Entfernung.; Die Entfernung zwischen den beiden Städten beträgt 20 Kilometer.
ent·frem·den <entfremdest, entfremdete, hat entfremdet> I. *mit OBJ* ▪ **jmd. entfremdet etwas (von etwas** *Dat.***)** *etwas anders verwenden, als es sonst eigentlich verwendet wird:* Man hat den Saal seinem eigentlichen Zweck entfremdet. II. *mit SICH* ▪ **jmd. entfremdet sich (von jmdm.)** *sich von den anderen innerlich entfernen, so dass man sich fremd fühlt:* Der Sohn hat einige Jahre im Ausland gelebt und hat sich dabei seiner Familie entfremdet.
ent·füh·ren <entführst, entführte, hat entführt> *mit OBJ* ▪ **jmd. entführt jmdn./etwas** *jmdn. mit Gewalt an einen anderen Ort bringen und dort festhalten, um andere zu erpressen:* Zwei Männer haben ein Flugzeug entführt und die Passagiere als Geiseln genommen.; Die Täter fordern ein hohes Lösegeld für die entführten Geiseln.
ent·ge·gen[1] [ɛnt'ge:gn̩] *präp +Dat. im Gegensatz zu etwas:* Entgegen meinen Erwartungen kam er doch noch.; Das ist entgegen unserer Abmachung.
ent·ge·gen[2] [ɛnt'ge:gn̩] *in Richtung auf jmdn./etwas:* Sie geht auf das Haus zu. Da kommt er ihr schon an der Tür entgegen.
ent·ge·gen·ge·hen <gehst entgegen, ging entgegen, ist entgegengegangen> *ohne OBJ* ▪ **jmd. geht jmdm. entgegen** *in jmds. Richtung gehen:* Wir sind ihnen auf der Straße entgegengegangen.; ▪ **dem Ende entgegen gehen** *bald aufhören* Der Regen geht schon dem Ende entgegen.
ent·ge·gen·kom·men <kommst entgegen, kam entgegen, ist entgegengekommen> *ohne OBJ* ▪ **jmd. kommt jmdm. entgegen** ❶ (≈ *entgegengehen*) Sie ist uns auf halbem Weg entgegengekommen. ❷ *(übertr.) auf die Wünsche von jmdm. eingehen:* Der Verkäufer ist uns entgegengekommen und hat uns die Ware 20% billiger verkauft.
ent·ge·gen·kom·mend <entgegenkommender, am entgegenkommendsten> *adj hilfsbereit, gefällig:* Er zeigt sich sehr höflich und entgegenkommend.
ent·geg·nen [ɛnt'ge:gnən] <entgegnest, entgegnete, hat entgegnet> *mit OBJ* ▪ **jmd. entgegnet jmdm. etwas** *jmdm. antworten und dabei eine andere Meinung zeigen:* Sie entgegnete ihm daraufhin, dass …
Ent·gelt das <-s> */kein Plur./ Bezahlung:* Er hat für ein geringes Entgelt gearbeitet.
ent·hal·ten <enthältst, enthielt, hat enthalten> I. *mit OBJ* ▪ **etwas enthält etwas** *als Inhalt haben:* Die Flasche enthält einen Liter Saft.; Das Buch enthält umfangreiche Literaturhinweise. II. *mit SICH* ▪ **jmd. enthält sich etwas** *Gen. auf etwas verzichten:* Er enthält sich des Rauchens.; ▪ **(bei einer Abstimmung) sich der Stimme enthalten** *nicht Ja und nicht Nein sagen* 17 Abgeordnete enthielten sich im Parlament der Stimme. ▪ enthaltsam, Enthaltsamkeit
ent·hül·len <enthüllst, enthüllte, hat enthüllt> *mit OBJ* ▪ **jmd. enthüllt etwas** *(geh.)* ❶ *die Hülle von etwas wegneh-*

men: Das Denkmal wurde feierlich enthüllt. ❷ *(übertr.: ≈ verraten, offenlegen) etwas, das lange geheimgehalten wurde, öffentlich bekannt machen:* Er hat seine Pläne/sein Geheimnis endlich enthüllt; Die Presse enthüllte den Skandal.

En·thu·si·as·mus der [ɛntu'zi̯asmʊs] <-> /kein Plur./ *große Begeisterung:* Sie ging mit großem Enthusiasmus an die Arbeit. ▶ enthusiastisch

ent·kom·men <entkommst, entkam, ist entkommen> *ohne OBJ* ■ **jmd. entkommt jmdm./etwas** *vor etwas flüchten können:* Der Polizist hatte die Diebin beinahe gefasst, aber sie ist trotzdem entkommen.; Wir sind der Gefahr mit knapper Not entkommen.

ent·lang [ɛnt'laŋ] **I.** *präp +Dat./Akk. parallel zu etwas:* Entlang dem Ufer gibt es einen Radweg.; Die ganze Straße entlang waren Autos geparkt. **II.** *adv einer Strecke folgend:* Die Zuschauer stellten sich der Strecke entlang auf, um das Radrennen zu beobachten.

ent·las·sen <entlässt, entließ, hat entlassen> *mit OBJ* ❶ ■ **jmd. entlässt jmdn.** *als Arbeitgeber das Arbeitsverhältnis kündigen:* Man hatte 200 Arbeiter entlassen. ❷ ■ **jmd. entlässt jmdn. aus etwas** *Dat./***in etwas** *Akk. (≈ freilassen) erlauben, dass jmd. weggeht:* jmdn. aus dem Gefängnis/der Schule/dem Krankenhaus entlassen; Er wurde aus der Verantwortung entlassen.; Die junge Demokratie wurde in eine ungewisse Zukunft entlassen. ▶ Entlassung

ent·le·gen [ɛnt'le:gn̩] <entlegener, am entlegensten> *adj von anderen bewohnten Orten weit entfernt:* Er lebt allein auf einem entlegenen Bauernhof.

ent·mün·di·gen [ɛnt'mʏndɪgn̩] <entmündigst, entmündigte, hat entmündigt> *mit OBJ* ■ **jmd. entmündigt jmdn.** ❶ RECHTSW. *(veralt.) als Gericht beschließen, dass jmd. nicht mehr als mündig gilt:* Der geistig schwer behinderte Mann wurde entmündigt. ▶ Entmündigung ❷ *(umg.) einen Erwachsenen Menschen so behandeln, als ob er nicht selbst über sich bestimmen könnte:* Und ich gehe dennoch heute abend weg: Ich lasse mich von dir nicht entmündigen!

ent·rüs·tet *adj /nicht steig./ empört* ▶ Entrüstung

ent·schä·di·gen <entschädigst, entschädigte, hat entschädigt> *mit OBJ* ■ **jmd. entschädigt jmdn. (für etwas** *Akk.)* ❶ *jmdm. eine Geldsumme geben, um einen Verlust/Schaden auszugleichen, den er erlitten hat:* Das Unfallopfer wurde angemessen entschädigt. ▶ Entschädigung ❷ *jmdm. für seine Mühe oder Kosten einen Ersatz geben:* Die Freude über das gute Resultat hat ihn für seine Mühe entschädigt.

ent·schei·den <entscheidest, entschied, hat entschieden> **I.** *mit OBJ* ■ **jmd. entscheidet etwas** *etwas bestimmen/festlegen:* Der Chef hat entschieden, dass das Projekt verändert werden muss. **II.** *ohne OBJ* ■ **jmd. entscheidet über etwas** *Akk. eine Entscheidung treffen:* Wir entscheiden morgen über das weitere Vorgehen. **III.** *mit SICH* ■ **jmd. entscheidet sich für jmdn./etwas** *eine von mehreren Möglichkeiten wählen:* Wie habt ihr euch entschieden?; Ich denke, ich entscheide mich für das teurere Modell.

ent·schei·dend [ɛnt'ʃaidn̩t] <entscheidender, am entscheidendsten> *adj (≈ grundlegend) mit wichtigen Folgen:* Dies war ein entscheidender Fehler/Fortschritt.

ent·schie·den [ɛnt'ʃi:dn̩] <entschiedener, am entschiedensten> *adj /nur attr./ mit einer sehr festen Meinung zu etwas, und diese auch deutlich machend:* Er ist ein entschiedener Gegner dieses Gesetzesvorschlags.; Sie trat entschieden für den Frieden ein. ▶ Entschiedenheit

ent·schlie·ßen <entschließt, entschloss, hat entschlossen> *mit SICH* ■ **jmd. entschließt sich zu etwas** *Dat. sich entscheiden für etwas:* Wozu hast du dich entschlossen?; Ich habe mich entschlossen, die Stelle zu kündigen.

ent·schlos·sen [ɛnt'ʃlɔsn̩] <entschlossener, am entschlossensten> *adj energisch, entschieden:* Sie hat sehr schnell und entschlossen gehandelt.; ■ **kurz entschlossen/kurzentschlossen** *ohne langes Überlegen* Wir sind kurz entschlossen/kurzentschlossen ins Kino gegangen.; ■ **fest entschlossen sein etwas zu tun** *etwas unbedingt tun wollen* Sie ist fest entschlossen, sich bei ihm zu beschweren.

ent·schul·di·gen [ɛnt'ʃʊldɪgn̩] <entschuldigst, entschuldigte, hat entschuldigt> **I.** *mit OBJ* ❶ ■ **jmd. entschuldigt jmdn./etwas (mit etwas** *Dat.) Gründe nennen, die jmds. (negatives) Verhalten erklären sollen:* Sie entschuldigte ihre schlechten Leistungen mit der familiären Situation. ❷ ■ **jmd. entschuldigt jmdn. bei jmdm.** *Erklären, warum jmd. fehlt:* Sie entschuldigt ihre Kollegin beim Chef. **II.** *mit SICH* ■ **jmd. entschuldigt sich (bei jmdm.)**

(**für etwas**) *sagen, dass das eigene negative Handeln einem Leid tut:* Er entschuldigt sich dafür, dass er sie gekränkt hat.

> Das können Sie z.B. sagen: „Entschuldigung!"; „Entschuldigen Sie!"; „Entschuldigen Sie, bitte!"; „Entschuldigen Sie vielmals!"; „Verzeihung!"; „Ich bitte Sie vielmals um Verzeihung!". Das können Sie z.B. darauf antworten: „Macht nichts!"; „Das macht doch nichts!"; „Ist schon in Ordnung!"; „Kein Problem!". In Österreich ist auch üblich: „Nichts passiert!".

Ent·schul·di·gung die <-, -en> ❶ *das Entschuldigen* ❷ SCHULE *schriftliches Entschuldigen I.2:* Die Eltern schrieben dem Sohn eine Entschuldigung für die Schule. ❸ *die sprachliche Formel, mit der man sich für etwas entschuldigt II:* Entschuldigung, das war nicht böse gemeint. ❹ *die sprachliche Formel, mit der man eine fremde Person anspricht, die man etwas fragen will:* Entschuldigung, wo geht es hier zum Bahnhof?

ent·setz·lich [ɛntˈzɛtslɪç] <entsetzlicher, am entsetzlichsten> *adj* (≈ *furchtbar*) *sehr schlimm:* Wir hatten entsetzliche Angst.; Diese entsetzliche Hitze bringt mich noch um.

ent·setzt *adj* /nicht steig./ *voller Schrecken, schockiert:* Sie war entsetzt über den brutalen Film. ▸ Entsetzen

ent·span·nen <entspannst, entspannte, hat entspannt> I. *mit OBJ* ■ **jmd. entspannt etwas** *locker werden lassen:* Entspanne den Muskel! II. *ohne OBJ* ■ **jmd. entspannt** *ausruhen:* Er legt sich fünf Minuten hin und entspannt. III. *mit SICH* ■ **jmd./etwas entspannt sich** ❶ *sich ausruhen, erholen:* Beim Lesen entspannt er sich von der Arbeit. ❷ *sich lockern:* Ihre Gesichtszüge entspannten sich langsam. ❸ *weniger gefährlich sein:* Die Lage im Krisengebiet hat sich entspannt.

ent·spre·chen <entsprichst, entsprach, hat entsprochen> *ohne OBJ* ■ **jmd./etwas entspricht etwas** *Dat.* ❶ *zu etwas passen, was man sich vorstellt:* Sie entsprach den Anforderungen und wurde eingestellt. ❷ *mit etwas übereinstimmen:* Seine Aussage entspricht der Wahrheit.

ent·spre·chend [ɛntˈʃprɛçn̩t] *adj* /nicht steig./ ❶ *zu einer Situation passend:* Bei dem schlechten Wetter musst du dich entsprechend anziehen.; den Aufgaben entsprechend ❷ *zuständig:* Du musst dich bei der entsprechenden Behörde melden.

ent·ste·hen <entstehst, entstand, ist entstanden> *ohne OBJ* ■ **etwas entsteht** ❶ *als etwas Neues beginnen:* Das Leben entsteht mit der Befruchtung einer Eizelle.; Hier entsteht ein neues Gebäude. ▸ Entstehung ❷ *Folge von etwas sein:* Durch den Unfall ist ein großer Schaden entstanden.; Es sollte nicht der Eindruck entstehen, dass …; Sind Ihnen dadurch Kosten entstanden?

ent·täu·schen <enttäuschst, enttäuschte, hat enttäuscht> *mit OBJ* ■ **jmd./etwas enttäuscht jmdn.** *nicht so positiv sein, wie jmd. es erwartet hat:* Sie wollte ihre Eltern nicht enttäuschen.; Der Film, der von so vielen gelobt wurde, hat uns enttäuscht. ▸ enttäuschend

ent·we·der [ˈɛntveːdɐ] *konj* ■ **entweder … oder …** *verwendet, um zwei alternative Möglichkeiten zu beschreiben* Entweder ruft er mich an, oder schreibt einen Brief.

ent·wi·ckeln <entwickelst, entwickelte, hat entwickelt> I. *mit OBJ* ■ **jmd. entwickelt etwas** ❶ *erfinden, konstruieren:* technische Geräte entwickeln; Wer hat den ersten Mikrochip entwickelt?; eine Theorie entwickeln ❷ FOTOGR. *aus einem Film/eine digitale Datei ein Papier-Foto/Papier-Fotos entstehen lassen:* Ich lasse die Filme gleich morgen entwickeln. II. *mit SICH* ■ **jmd. entwickelt sich (zu etwas** *Dat.*) *über längere Zeit entstehen/zu etwas werden:* Das Mädchen hat sich zu einer jungen Frau entwickelt.

Ent·wick·lung die <-, -en> ❶ *das Entwickeln I.1* ❷ FOTOGR. *das Entwickeln I.2* ❸ *der Prozess, in dem jmd./etwas sich (zu etwas) entwickelt II:* Sie ist noch jung; ihre Entwicklung ist noch lange nicht abgeschlossen. ◆-shilfe, -sstadium, Kultur-

Ent·wurf der <-(e)s, Entwürfe> ❶ *ein Text, der vorläufig als Grundlage für etwas dient:* Bis wann ist der schriftliche Entwurf deines Referats fertig? ◆ Gesetz-, Haushalts-, Vertrags- ❷ (≈ *Skizze*) *eine Zeichnung, die als Plan dient* ◆ Haus-

ent·zü·ckend [ɛntˈtsʏknt] <entzückender, am entzückendsten> *adj* (≈ *hübsch*) *so, dass es jmdm. sehr gefällt:* Das Kind sieht in seinem Kleid entzückend aus

ent·zün·den <entzündest, entzündete, hat entzündet> I. *mit OBJ* ■ **jmd. entzündet etwas** *anzünden:* ein Feuer entzünden II. *mit SICH* ■ **etwas entzündet sich** MED. *eine Stelle im Körper wird heiß und schmerzt:* Die Wunde hat sich entzündet. ▸ Entzündung

Epi·de·mie die <-, -mien> MED. *eine Krankheit, die viele Menschen zur gleichen Zeit bekommen* ▶ epidemisch

Epo·che die [e'pɔxə] <-, -n> *ein historischer Zeitraum:* die Epoche der großen Entdeckungen; Die Epoche des Barock

er [eːɐ̯] *pron 3. Person sing. mask.:* Diesen Mann kenne ich; er wohnt im Haus gegenüber.

Er·bar·men das [ɛɐ̯'barmən] <-s> */kein Plur./* (≈ *Mitleid*) *Mitgefühl für einen in Not geratenen Menschen bzw. ein in Not geratenes Tier:* Sie hatte Erbarmen mit ihm.

er·bar·men <erbarmst, erbarmte, hat erbarmt> *mit SICH* ▪ **jmd. erbarmt sich jmds./etwas** *Gen. Mitleid haben und helfen:* Sie erbarmte sich seiner/des Tieres.

Er·be¹ der, **Er·bin** [ɛrbə] <-n, -n> *jmd., der erbt* ◆ Allein-, Haupt-, Mit-, Thron-

Er·be² das ['ɛrbə] <-s> */kein Plur./* ❶ (≈ *Erbteil*) *der Besitz, den jmd. erbt:* das mütterliche Erbe ❷ *Tradition:* Noch heute fasziniert das kulturelle Erbe jener Epoche. ◆ Weltkultur-

er·ben ['ɛrbn̩] <erbst, erbte, hat geerbt> *mit OBJ/ohne OBJ* ▪ **jmd. erbt (etwas) (von jmdm.)** *als Erbe erhalten:* Er wird das Haus einmal von seinen Eltern erben.

Er·bre·chen das <-s> */kein Plur./* *der Vorgang, dass sich jmd. erbricht*

er·bre·chen <erbrichst, erbrach, hat erbrochen> I. *mit OBJ* ▪ **jmd. erbricht etwas** *Nahrung aus dem Magen unverdaut wieder durch den Mund abgeben:* Er ist vielleicht krank, denn er hat das Essen erbrochen. II. *mit SICH* ▪ **jmd. erbricht sich** (≈ *sich übergeben*) *Nahrung erbrechen:* Ihr wurde übel; deshalb musste sie sich erbrechen.

Erb·schaft die ['ɛrpʃaft] <-, -en> *das, was jmd. erbt:* Er hat eine Erbschaft gemacht. ◆ -(s)steuer

Erb·se die ['ɛrpsə] <-, -n> BOT. *kleine, grüne, kugelförmige Früchte, die man als Gemüse isst* ◆ -neintopf, -nsuppe

Erd·ap·fel der <-s, Erdäpfel> SÜDDT. *Kartoffel*

Erd·be·ben das <-s, -> *heftige Bewegung aus dem Inneren der Erde:* ein leichtes/ schweres Erdbeben; Bei dem Erdbeben wurden viele Häuser zerstört. ◆ -gebiet, -opfer

Erd·bee·re die ['eːɐ̯tbeːrə] <-, -n> *eine rote, süß schmeckende Frucht, die im frühen Sommer geerntet wird* ▶ Erdbeerkuchen, Erdbeermarmelade

Erd·bo·den der <-s> */kein Plur./* *der Boden, auf dem man steht:* Sie hat die Äpfel vom Erdboden aufgesammelt.

Er·de die ['eːɐ̯də] <-, -n> ❶ */kein Plur./* (≈ *Welt*) *der vom Menschen bewohnte Planet:* Wie groß ist der Abstand zwischen Erde und Mond?; ▪ **Mutter Erde** *die Natur, der wir alle angehören* ▶ Erdgeschichte, Erdmittelpunkt ❷ */kein Plur./* *Erdboden:* Die Vase ist mir auf die Erde gefallen. ❸ (≈ *Blumenerde*) *der Stoff, in dem die Pflanzen wachsen:* Die Erde im Blumentopf ist schon ganz trocken. ◆ Blumen-, Garten-, Kompost- ❹ *(umg.) ein bestimmtes Stück Land:* Er ist in heimatlicher Erde begraben.; ▪ **jemanden unter die Erde bringen** *daran schuld sein, dass jmd. vorzeitig stirbt* Der jahrelange Streit mit den Verwandten hat sie unter die Erde gebracht.; ▪ **unter der Erde liegen** *tot und beerdigt sein* ▶ Beerdigung

Erd·gas das <-es> */kein Plur./* *brennbares Gas, das als Rohstoff in der Erde vorkommt*

Erd·ge·schoss das <-es, -e> *die Etage eines Hauses, in der sich die Hauseingangstür befindet*

Erd·nuss die <-, Erdnüsse> BOT. *eine Art von Nüssen, die man gesalzen isst*

Erd·öl das ['eːɐ̯tʔøːl] <-s> */kein Plur./* *der Rohstoff, aus dem Benzin und Heizöl hergestellt werden:* Erdöl fördern/verarbeiten/exportieren

Erd·teil der <-, -e> (≈ *Kontinent*) *einer der großen Teile, aus denen die Erde¹ besteht:* Australien ist ein Erdteil.

er·eig·nen <ereignet, ereignete, hat ereignet> *mit SICH* ▪ **etwas ereignet sich** (≈ *passieren*) *stattfinden, geschehen:* Gestern hat sich ein Unfall ereignet.

Er·eig·nis das [ɛɐ̯'ʔaignɪs] <-ses, -se> *etwas Besonderes, das geschehen ist:* In den Nachrichten werden wir über die Ereignisse des Tages informiert.; ▪ **ein freudiges Ereignis** *(umg.) eine Geburt;* ▪ **große Ereignisse werfen ihren Schatten voraus** *es gibt Anzeichen, dass ein großes Ereignis bevorsteht* ▶ Kriegs-, Natur-

er·fah·ren [ɛɐ̯'faːrən] <erfährst, erfuhr, hat erfahren> *mit OBJ* ❶ ▪ **jmd. erfährt etwas von jmdm./durch jmdn.** *von jmdm. Informationen bekommen:* Wie ich von ihr erfahren habe, …; Sie erfuhr in den Gesprächen einige interessante Neuigkeiten. ❷ ▪ **jmd. erfährt etwas** (≈ *erleben*) *selbst die Erfahrung von etwas machen:* Er hat nie wirklichen Kummer erfahren.

er·fah·ren [ɛɐ̯'faːrən] <erfahrener, am er-

fahrensten> *adj mit zahlreichen Kenntnissen in einem Bereich ausgestattet; routiniert, kundig:* ein erfahrener Lehrer

Er·fah·rung die <-, -en> ❶ /kein Plur./ *das Wissen und Können, das man aus eigenen Erlebnissen (und nicht nur aus Büchern) hat:* Alle Kollegen schätzen seine große Erfahrung.; Er fliegt schon über 10 Jahre mit viel Erfahrung als Pilot.; Ich weiß dies aus eigener Erfahrung. ◆ -saustausch, -swissen, Berufs-, Geschäfts-, Lebens- ❷ *(geh.) ein bestimmtes Erlebnis:* Die Gastfreundschaft dieser Menschen war eine wunderbare Erfahrung.

er·fin·den <erfindest, erfand, hat erfunden> *mit OBJ* ▪ **jmd. erfindet etwas** ❶ *forschen und dabei etwas entdecken, was man technisch nutzen kann:* Wer hat eigentlich das Telefon erfunden? ❷ *sich ausdenken:* Wie erfindest du nur immer neue Geschichten? ▸ Erfinder(in), erfinderisch

Er·fin·dung die <-, -en> ❶ *das Erfinden* ❷ *das, was erfunden worden ist:* Das Telefon ist eine wichtige Erfindung! ❸ *das, was jmd. sich ausgedacht hat:* Die Geschichte ist nicht wahr, sondern reine Erfindung!

Er·folg der [ɛɐ̯'fɔlk] <-(e)s, -e> (↔ *Misserfolg) ein gutes Ergebnis, das man erreicht hat:* Sie hat viel Erfolg in ihrem Beruf.; Helmar hatte viel Erfolg mit seiner Kindersendung "Willi wills wissen".; Das Theaterstück war ein voller Erfolg. ▸ erfolgreich, erfolgsprechend ◆ -schance, -smeldung, Publikums-

er·frie·ren <erfrierst, erfror, hat/ist erfroren> *ohne OBJ (sein)* ❶ ▪ **jmd. erfriert vor Kälte sterben:** Die Bergsteiger sind erfroren. ❷ ▪ **etwas erfriert** *ein Körperteil wird durch Kälte gefühllos und stirbt ab.:* Seine Füße sind erfroren.

er·fri·schen <erfrischst, erfrischte, hat erfrischt> I. *mit OBJ* ▪ **etwas erfrischt jmdn.** *etwas ist angenehm kühl:* Das Baden im See hat mich erfrischt. II. *mit SICH* ▪ **jmd. erfrischt sich (mit etwas** *Dat.)* *Er hat sich durch kaltes Duschen erfrischt.*

Er·fri·schung die <-, -en> ❶ *ein kühles Getränk, das erfrischt:* Sie nahmen erst mal eine Erfrischung zu sich. ❷ *das Erfrischen:* Die Erfrischung durch ein Bad/eine kalte Dusche tat mir gut.

er·fül·len <erfüllst, erfüllte, hat erfüllt> I. *mit OBJ* ❶ ▪ **jmd. erfüllt etwas** *jmd. tut das, was man von ihm erwartet:* Er erfüllt seine Pflicht.; Sie erfüllt ihm einen Wunsch. ❷ ▪ **etwas erfüllt etwas** *etwas ist so, wie es sein soll:* Dieses Gerät erfüllt genau meinen Zweck. II. *mit SICH* ▪ **etwas erfüllt sich** *etwas, was man erwartet oder gehofft hat, geschieht:* Endlich erfüllte sich ihr Wunsch.; ▪ **ein erfülltes Leben** *ein Leben, in dem man zufrieden gewesen ist* ▸ Erfüllung

er·gän·zen [ɛɐ̯'gɛntsn̩] <ergänzt, ergänzte, hat ergänzt> I. *mit OBJ* ❶ ▪ **jmd. ergänzt etwas (durch etwas** Akk.) *jmd. fügt etwas hinzu, was fehlt:* Hast du schon die Vorräte ergänzt? ❷ ▪ **jmd. ergänzt etwas** *jmd. sagt etwas zu einem Text oder einer Rede:* Darf ich an dieser Stelle noch ergänzen, dass ... II. *mit SICH* ▪ **Personen/Dinge ergänzen sich** *Eigenschaften haben, die gut zusammenpassen:* Er und seine Freundin ergänzen sich sehr gut. ▸ Ergänzung

Er·geb·nis das [ɛɐ̯'geːpnɪs] <-ses, -se> (≈ *Resultat) das, was am Ende einer bestimmten Aufgabe oder Arbeit erreicht ist:* Das Gespräch hat zu einem guten Ergebnis geführt.; ein unerwartetes/positives/enttäuschendes Ergebnis ◆ Arbeits-, Forschungs-, Wahl-

er·grei·fen <ergreifst, ergriff, hat ergriffen> *mit OBJ* ❶ ▪ **jmd. ergreift etwas** *mit der Hand fassen und festhalten:* Er ergriff den Stock und ging davon. ❷ ▪ **jmd. ergreift jmdn.** (≈ *festnehmen) jmdn. polizeilich festhalten:* Der Täter konnte kurze Zeit später ergriffen werden. ▸ Ergreifung ❸ ▪ **etwas ergreift jmdn.** *(geh. verhüll.: ≈ bewegen) starke Gefühle in jmdm. erwecken:* Der Film hatte uns zutiefst ergriffen.; ▪ **einen Beruf ergreifen** *(geh.) einen Beruf wählen und auszuüben beginnen;* ▪ **die Initiative/Flucht ergreifen** *aktiv werden;* ▪ **die Macht ergreifen** *die Macht übernehmen* ▸ Ergriffenheit

Er·halt der <-(e)s> /kein Plur./ ❶ *das Empfangen von etwas:* Sie müssen den Erhalt des Pakets bestätigen. ❷ *das Bewahren von Gegenständen oder Werten:* für den Erhalt des alten Hauses sorgen

er·hal·ten <erhältst, erhielt, hat erhalten> *mit OBJ* ▪ **jmd. erhält etwas** ❶ *bekommen:* Ich habe einen Brief/ein Geschenk/einen Auftrag erhalten. ❷ *bewahren:* Man sollte dieses schöne alte Haus unbedingt erhalten und nicht abbrechen. ▸ erhaltenswert

er·hal·ten *Part. Perf. zu* **erhalten**

er·heb·lich [ɛɐ̯'heːplɪç] <erheblicher, am erheblichsten> *adj sehr viel:* Der Sturm hat erheblichen Schaden angerichtet.

er·hei·tern [ɛɐ̯'haɪtɐn] <erheiterst, erheiterte, hat erheitert> *mit OBJ* ▪ **jmd./et-**

was erheitert jmd. *fröhlich stimmen:* Die lustige Geschichte hat die Gäste erheitert. ▸ Erheiterung, heiter

er·hö·hen <erhöhst, erhöhte, hat erhöht> **I.** *mit OBJ* ■ **jmd. erhöht etwas** *bewirken, dass eine Geldsumme höher wird:* die Preise/Steuern erhöhen **II.** *mit SICH* ■ **etwas erhöht sich (um/auf etwas** *Akk.)* *(≈ ansteigen) höher werden, wachsen:* Die Preise haben sich schon wieder erhöht.; ■ **erhöhte Temperatur haben** *leichtes Fieber haben*

er·ho·len <erholst, erholte, hat erholt> *mit SICH* ■ **jmd. erholt sich (von etwas** *Dat.) sich nach Anstrengungen ausruhen und wieder neue Kräfte sammeln:* Wir wollen uns im Urlaub so richtig erholen. ▸ erholsam, Erholung

er·in·nern [ɛɐ̯'ʔɪnɐn] <erinnerst, erinnerte, hat erinnert> **I.** *mit OBJ* ■ **jmd./etwas erinnert jmdn. an etwas** *Akk. bewirken, dass jmd. sich an etwas erinnert:* Dieses Bild erinnert mich an ein Ereignis in meiner Schulzeit. **II.** *mit SICH* ■ **jmd. erinnert sich an jmdn./etwas** *wieder an jmdn./etwas denken, den/das man früher kannte:* Ich hatte es fast vergessen, — aber jetzt erinnere ich mich daran; Ich erinnere mich noch gut an unser letztes Treffen. ▸ Erinnerung

er·käl·ten <erkältest, erkältete, hat erkältet> *mit SICH* ■ **jmd. erkältet sich** *Husten und Schnupfen bekommen:* Ich habe mich erkältet. ▸ Erkältung

er·ken·nen <erkennst, erkannte, hat erkannt> *mit OBJ* ❶ ■ **jmd. erkennt jmdn./etwas** *merken, dass man jmdn./etwas kennt:* An seinen roten Haaren habe ich ihn sofort erkannt; Erkennen Sie die Melodie?; eine Krankheit frühzeitig erkennen ❷ ■ **jmd. erkennt jmdn./etwas** *klar sehen:* Ich kann den Kirchturm in der Ferne kaum erkennen. ❸ ■ **jmd. erkennt etwas** *begreifen, beurteilen:* Ich erkannte nur zu deutlich, dass ...; Sie erkannte die böse Absicht dahinter nicht.

er·klä·ren <erklärst, erklärte, hat erklärt> **I.** *mit OBJ* ■ **jmd./etwas erklärt (jmdm.) etwas** ❶ *sagen, wie etwas funktioniert oder aufgebaut ist:* Kannst du mir das Computerspiel erklären? ❷ *(≈ begründen) den Grund für etwas sagen:* Erkläre mir bitte, weshalb du schon wieder zu spät kommst. ❸ *offiziell sagen, bekannt geben:* Der Minister erklärte seinen Rücktritt. **II.** *mit SICH* ■ **etwas erklärt sich** *zu einer Erklärung gelangen:* Das wird sich nach einiger Zeit von selbst erklären.; ■ **jemand erklärt sich einverstanden** *jmd. sagt, dass er oder sie einverstanden ist*

Er·klä·rung die <-, -en> ❶ *Erläuterung, mit der jmd. etwas erklärt¹ wird:* den Erklärungen des Lehrers folgen ❷ *Kommentar, mit dem man jmd. einen Grund angibt:* Sie hat doch für alles eine Erklärung. ❸ *offizielle Mitteilung, mit der jmd. etwas offiziell bekanntgegeben wird:* Er gab vor der Presse eine Erklärung ab. ◆ Beitritts-, Regierungs-

er·kun·di·gen [ɛɐ̯'kʊndɪɡn̩] <erkundigst, erkundigte, hat erkundigt> *mit SICH* ■ **jmd. erkundigt sich nach jmdm./etwas** *(≈ fragen) nach einer bestimmten Sache fragen:* Ich werde mich nach den neuen Fahrpreisen erkundigen.

er·lau·ben [ɛɐ̯'laʊbn̩] <erlaubst, erlaubte, hat erlaubt> **I.** *mit OBJ* ■ **jmd. erlaubt (jmdm.) etwas** *(↔ verbieten) die Erlaubnis geben:* Ihre Eltern erlauben ihr nicht, dass sie bei ihrem Freund übernachtet. **II.** *mit SICH* ■ **jmd. erlaubt sich etwas** *sich das Recht nehmen, etwas zu tun (meist gegen den Willen eines andern):* Er denkt wohl, er könne sich hier alles erlauben.; ■ **Was erlauben Sie sich?** *drückt aus, dass man sich über jmds. Verhalten sehr ärgert* Das ist eine Frechheit :— Was erlauben Sie sich (eigentlich)?

Er·laub·nis die [ɛɐ̯'laʊpnɪs] <-, -se> /meist Sing./ *(≈ Einverständnis) zustimmende Äußerung zu einer Aktivität:* um Erlaubnis bitten; die Erlaubnis zu ... geben; Die Eltern haben dem Kind die Erlaubnis gegeben, bis 20 Uhr bei dem Fest zu bleiben.

er·le·ben <erlebst, erlebte, hat erlebt> *mit OBJ* ❶ ■ **jmd. erlebt etwas** *eine Erfahrung machen:* Diejenigen, die den Krieg erlebt haben, ...; Sie erlebten zum ersten Mal die Liebe.; Wir haben ein wundervolles Konzert erlebt. ❷ ■ **jmd./etwas erlebt etwas** *eine bestimmte Phase durchmachen:* Die Wirtschaft erlebt momentan einen Aufschwung. ❸ ■ **jmd. erlebt jmdn. als jmdn.** *in der Gegenwart von jmdm. den Eindruck haben, dieser habe bestimmte Eigenschaften:* Der Lehrer sagte, er habe das Mädchen immer als sehr gute und beliebte Schülerin erlebt.; ■ **Du kannst gleich was erleben!** *(umg.) verwendet, um auszudrücken, dass man jmdn. bestrafen wird* Wenn du nicht sofort aufhörst, deine kleine Schwester zu ärgern, dann kannst du was erleben!

er·le·di·gen [ɛɐ̯'le:dɪɡn̩] <erledigst, erledigte, hat erledigt> *mit OBJ* ❶ ■ **jmd. erledigt etwas** *eine Arbeit fertig machen* *oder eine Aufgabe erfüllen:* Ich habe noch einiges zu erledigen. ▸ Erledigung ❷ **jmd. erledigt jmdn.** *(umg.) töten;* **für jemanden erledigt sein** *(umg.) sich um jmdn. oder etwas nicht mehr kümmern* Er ist ab sofort für mich erledigt.

er·mah·nen <ermahnst, ermahnte, hat ermahnt> *mit OBJ* ▪ **jmd. ermahnt jmdn.** (**zu etwas** *Dat.) jmdn. auffordern, etwas Bestimmtes zu tun:* Die Lehrerin ermahnte die Schüler zur Vorsicht. ▸ Ermahnung

er·mög·li·chen [ɛɐ̯'møːklɪçn̩] <ermöglichst, ermöglichte, hat ermöglicht> *mit OBJ* ▪ **jmd. ermöglicht (jmdm.) etwas** *jmdm. etwas möglich machen:* Die Eltern versuchten, ihren Kindern eine gute Ausbildung zu ermöglichen. ▸ Ermöglichung

er·mor·den <ermordest, ermordete, hat ermordet> *mit OBJ* ▪ **jmd. ermordet jmdn.** *gewaltsam töten:* Man hat ihn überfallen und dann ermordet. ▸ Ermordung

er·mü·dend <ermüdender, am ermüdendsten> *adj so, dass man davon müde wird:* eine ermüdende Diskussion ▸ ermüden, Ermüdung, Ermüdungserscheinung, Ermüdungszustand

er·mun·tern [ɛɐ̯'mʊntɐn] <ermunterst, ermunterte, hat ermuntert> *mit OBJ* ▪ **jmd./etwas ermuntert jmdn.** (**zu etwas** *Dat.) freundlich auffordern; ermutigen:* Sie ermunterte ihn, die Prüfung zu wiederholen. ▸ Ermunterung

er·näh·ren <ernährst, ernährte, hat ernährt> I. *mit OBJ* ▪ **jmd./ etwas ernährt jmdn.** *versorgen; für den Unterhalt sorgen:* Ich habe eine Familie zu ernähren.; Seine Malerei hat ihn viele Jahre ernährt. II. *mit SICH* ▪ **jmd. ernährt sich** (**irgendwie**) (**von etwas** *Dat.) von einer bestimmten Art von Nahrung leben:* Wir ernähren uns vegetarisch. ▸ Ernährer(in)

Er·näh·rung die <-> */kein Plur./ die Nahrung, von der sich jmd. ernährt II:* Wir bevorzugen eine vegetarische Ernährung. ▸ -splan, -sstörung, -swissenschaft ▸ ernährungsbedingt

er·nen·nen <ernennst, ernannte, hat ernannt> *mit OBJ* ▪ **jmd. ernennt jmdn.** (**zu etwas** *Dat.) jmdm. offiziell ein Amt geben:* Er wurde zum Minister ernannt. ▸ Ernennung, Ernennungsurkunde

er·neu·ern <erneuerst, erneuerte, hat erneuert> I. *mit OBJ* ▪ **jmd. erneuert etwas** *etwas Altes durch etwas Neues ersetzen:* Wir mussten das Dach erneuern. II. *mit SICH etwas wird aus eigener Kraft wieder neu:* Unsere Gesellschaft muss sich kulturell erneuern. ▸ erneuerbar, Erneuerer, Erneuerin, Erneuerung

Ernst der [ɛrnst] <-es> */kein Plur./ durch Nachdenklichkeit und Seriosität gekennzeichneter Zustand einer Person, sowie auch der bedenkliche/problematische Zustand von etwas:* Man hatte den Ernst der Lage nicht erkannt.; **allen Ernstes** *tatsächlich;* **jemand macht mit etwas Ernst** *jmd. tut etwas wirklich, womit er vorher gedroht hat* Jetzt hat er wirklich Ernst gemacht und Anzeige erstattet.; **Das kann doch nicht dein Ernst sein!** *Es kann doch nicht sein, dass du das wirklich meinst!;* **der Ernst des Lebens** *der harte Alltag* Bald kommst du aus der Schule.Dann beginnt für dich der Ernst des Lebens!

ernst [ɛrnst] *adj* ❶ (↔ *fröhlich,heiter) nachdenklich und sorgenvoll:* Als sie vom Arzt kam, machte sie ein ernstes Gesicht. ❷ *bedeutungsvoll, bedeutungsschwer:* Es war ihm ein ernstes Anliegen; ernste Musik ❸ *ehrlich:* Ich gebe dir jetzt einen ernst gemeinten Rat. ❹ *bedrohlich, schlimm:* Es war eine sehr ernste Situation. ▸ ernstnehmen

Ern·te die ['ɛrntə] <-, -n> ❶ LANDW. *das Ernten¹* ❷ LANDW. *der Ertrag dessen, was man erntet¹:* Die Bauern bringen die Ernte ein.; Der Sturm hat einen Teil der Ernte vernichtet.

ern·ten ['ɛrntn̩] <erntest, erntete, hat geerntet> *mit OBJ* ▪ **jmd. erntet etwas** ❶ *Getreide, Obst und Gemüse, die man angebaut hat, vom Feld bzw. aus dem Garten holen:* Wir werden morgen die Äpfel ernten.; Die Bauern ernten den Weizen. ❷ *(umg. übertr.) bekommen, erhalten:* Dafür erntete ich nichts als Undank.

er·öff·nen <eröffnest, eröffnete, hat eröffnet> *mit OBJ* ❶ ▪ **jmd. eröffnet etwas** *etwas beginnen, was neu eingerichtet worden ist:* einen Laden eröffnen; ein Konto eröffnen; Morgen wird die Ausstellung eröffnet. ❷ ▪ **jmd. eröffnet etwas** AMTSSPR. *offiziell mitteilen, dass etwas begonnen hat:* Ich eröffne hiermit die Sitzung. ❸ ▪ **jmd. eröffnet jmdm. etwas** *(geh.) jmdm. etwas sehr Wichtiges sagen:* Sie eröffnete ihm, dass sie einen anderen liebt. ▸ Eröffnung

er·ör·tern <erörterst, erörterte, hat erörtert> *mit OBJ* ▪ **jmd. erörtert etwas** (**mit jmdm.**) *Akk. genau über ein Problem oder Thema (mit jmdm.) sprechen:* Habt ihr die Lage/das Problem schon erörtert? ▸ Erörterung

ero·tisch [e'ro:tɪʃ] <erotischer, am erotischsten> *adj* (≈ *sinnlich*) *sexuell anregend:* Sie unterhielten sich über die erotische Ausstrahlung dieser Frau/dieses Mannes. ▸ Erotik

er·pres·sen <erpresst, erpresste, hat erpresst> *mit OBJ* ■ **jmd. erpresst jmdn. (mit etwas** *Dat.*) *durch Drohungen jmdn. dazu zwingen, Geld zu geben oder etwas zu tun:* Er wurde von unbekannten Tätern erpresst und zahlte eine Summe von zehntausend Euro.; Man versucht, die Regierung zur Freilassung der Gefangenen zu erpressen. ▸ Erpresser(in), Erpressung

er·pro·ben <erprobst, erprobte, hat erprobt> *mit OBJ* ■ **jmd. erprobt etwas** *probieren, ob etwas funktioniert:* Wir müssen die neuen Materialien noch genau erproben.

er·ra·ten <errätst, erriet, hat erraten> *mit OBJ* ■ **jmd. errät etwas** *durch Raten auf etwas kommen:* Hast du das Lösungswort erraten?

er·re·gen <erregt, erregte, hat erregt> I. *mit OBJ* ■ **jmd./etwas erregt jmdn./etwas** ❶ *bewirken:* Ihr Auftritt erregte großes Aufsehen/einigen Ärger.; Er hatte bereits ihren Verdacht erregt. ❷ *aufregen:* Der Streit hatte sie erregt. ❸ *in sexueller Erregung versetzen:* Ihr Anblick erregte ihn. II. *mit SICH* ■ **jmd. erregt sich (über etwas** *Akk.*) *sich aufregen:* Sie erregt sich ständig über die Nachbarn. ▸ Erregung

er·rei·chen <erreichst, erreichte, hat erreicht> *mit OBJ* ❶ ■ **jmd. erreicht etwas** *verwirklichen:* Endlich hatte sie ihr Ziel erreicht. ❷ ■ **jmd. erreicht etwas** *an einen Zielpunkt kommen:* Wir erreichen den Bahnhof in wenigen Minuten.; Wir haben den Bus gerade noch erreicht. ❸ ■ **jmd. erreicht jmdn. unter etwas** *Dat.* TELEKOMM. *eine telefonische Verbindung zu jmdm. haben:* Unter welcher Nummer kann ich Sie telefonisch erreichen?

Er·run·gen·schaft die [ɛɐ̯'rʊŋənʃaft] <-, -en> *ein bedeutendes Ergebnis, eine große Leistung:* Die technischen Errungenschaften jener Zeit beeindrucken noch heute.

Er·satz der [ɛɐ̯'zats] <-es> /kein Plur./ *Person oder eine Sache, welche an die Stelle einer nicht mehr verfügbaren Person oder nicht mehr vorhandenen Sache tritt:* Wir konnten für den erkrankten Spieler noch keinen Ersatz finden.

Er·satz·teil das <-s, -e> *Teil eines Geräts, das ein defektes Teil ersetzen kann* ♦ -lager

er·schaf·fen <erschaffst, erschuf, hat erschaffen> *mit OBJ* ■ **jmd. erschafft jmdn./etwas** ❶ REL. *jdn. oder etwas durch göttliche Kraft entstehen lassen:* Gott hat den Menschen erschaffen ❷ (geh.) *etwas kreativ hervorbringen:* Goethe hat mit seinem „Faust" eine Figur erschaffen, die …

er·schei·nen <erscheinst, erschien, ist erschienen> *ohne OBJ* ■ **jmd./etwas erscheint irgendwann/irgendwo/irgendwie** ❶ *als Druckwerk publiziert werden:* Das Buch erscheint im nächsten Jahr/später als geplant.; Die Zeitschrift erscheint monatlich/vierteljährlich. ❷ *sichtbar werden:* Auf dem Foto erscheinen Streifen, die ich nicht erklären kann. ❸ *dorthin kommen, wo man erwartet wird:* Er musste vor Gericht erscheinen.; Erscheint bitte pünktlich! ❹ *einen Eindruck machen:* Seine Art erscheint manchmal (als) arrogant; dabei ist er nett.; Seine Ausführungen erschienen (mir) ganz logisch. ▸ Erscheinung

er·schie·ßen <erschießt, erschoss, hat erschossen> *mit OBJ* ■ **jmd. erschießt jmdn. (mit etwas** *Dat.*) *mit einer Schusswaffe töten:* Er hatte sich mit einer Pistole erschossen.; ■ **ganz erschossen sein** (umg.) *völlig erschöpft sein*

er·schla·gen <erschlägst, erschlug, hat erschlagen> *mit OBJ* ■ **jmd. erschlägt jmdn.** *durch Schläge töten:* Er hat ihn mit einem Beil erschlagen.; ■ **vom Blitz erschlagen werden** *durch Blitzschlag getötet werden;* ■ **Das erschlägt mich (förmlich)!** *Das überrascht mich sehr!*

Er·schöp·fung die <-> /kein Plur./ *sehr große Schwäche/Müdigkeit als Folge einer Anstrengung:* Wir arbeiteten bis zur Erschöpfung. ▸ erschöpft

er·schre·cken¹ <erschreckst, erschreckte, hat erschreckt> *mit OBJ* ■ **jmd. erschreckt jmdn.** *bewirken, dass jmd. in Schrecken gerät:* Sie hat mich zu Tode erschreckt.; Musst du deinen Bruder immer so erschrecken?

er·schre·cken² <erschrickst, erschrak, hat/ist erschrocken> I. *ohne OBJ* ■ **jmd. erschrickt (vor jmdm./etwas)** *(sein)* *in Schrecken geraten:* Ich erschrecke sehr leicht. II. *mit SICH* ■ **jmd. erschrickt sich (vor jmdm./etwas)** *(haben)* (umg.) *in Schrecken geraten:* Ich habe mich zunächst fürchterlich erschrocken.

er·set·zen <ersetzt, ersetzte, hat ersetzt> *mit OBJ* ❶ ■ **jmd./etwas ersetzt etw.** *etwas an die Stelle von etwas anderem bringen:* den alten Stuhl durch einen neuen ersetzen; ein defektes Teil ersetzen ❷ *jmd. ersetzt jmdm. etwas jmdm. etwas geben, um einen Schaden/Verlust auszugleichen:* Du musst mir den Schaden ersetzen.

erst [eːɐ̯st] **I.** *adv* ❶ *(≈ zuerst) verwendet, um auszudrücken, dass eine Sache erfolgt oder erfolgt sein muss, bevor etwas anderes geschieht:* Ich muss das erst fertig machen; dann komme ich.; Erst regnete es, und dann begann es zu schneien. ❷ *(↔ schon) verwendet, um auszudrücken, dass etwas später als erwartet eintritt:* Der nächste Bus fährt erst in zehn Minuten.; Ich werde ihn erst nächste Woche wiedersehen.; Ich habe mir erst die halbe CD angehört. **II.** *part* ❶ *schon:* Hätten wir doch erst Ferien! ❷ *gerade, noch mehr:* Da war er erst recht beleidigt.

Er·stau·nen das <-s> */kein Plur./ das Erstauntsein:* Sie versetzt mich immer wieder in Erstaunen.; Zu meinem großen Erstaunen sind wirklich alle gekommen.

er·stau·nen <erstaunst, erstaunte, hat/ist erstaunt> **I.** *mit OBJ* *jmd./etwas erstaunt jmdn. (haben) bewirken, dass andere Menschen staunen:* Sein Verhalten hat alle erstaunt. **II.** *ohne OBJ* *jmd. erstaunt (über etwas Akk.) (sein) in Erstaunen geraten:* Ich bin erstaunt über deine Ausdauer.

ers·te [ˈeːɐ̯stə] *num* ❶ *das zeitlich früheste:* Es war das erste Mal, dass …; Sie war die Erste, die …; Karl der Erste; der Erste Weltkrieg; der Erste Mai; **der erste beste** *der, der zufällig als erster kommt (und meist nicht der beste ist)* Sie hat in vielen Läden nach einem passenden Mantel gesucht — und schließlich hat sie den ersten besten gekauft! ❷ *das qualitativ Beste:* die erste Geige spielen; erster Klasse fahren ❸ *das Höchste (in der Rangfolge):* der Erste Vorsitzende

erst·mals [ˈeːɐ̯stmaːls] *adv zum ersten Mal:* Ich sah ihn erstmals in München.

Erst·spra·che die <-, -n> SPRACHWISS. *die zuerst erlernte Sprache:* die Muttersprache

Der Ausdruck **Erstsprache** wird gewöhnlich mit dem gleichgesetzt, was man unter **Muttersprache** versteht. Aufgrund naheliegender Fragen des Spracherwerbs ist er in der Zusammensetzung *Erstspracherwerb* fest verankert. Vor allem wird der Ausdruck auch im Unterschied zum Erwerb einer Zweitsprache, dem Zweitspracherwerb, bzw. zu dem einer Fremdsprache (vgl. die Stichwörter dazu) verwendet. In solchen Zusammenhängen wird die Erstsprache auch als „L1", die Zweitsprache als „L2" abgekürzt. Darüber hinaus lassen bilinguale Situationen (sog. *Bilingualismus*, im engeren Sinne verstanden als die muttersprachliche Kompetenz in zwei Sprachen) und Fragen der Mehrsprachigkeit von Migrantenkindern weitere Probleme erkennen, weshalb im Hinblick darauf manchmal zwischen den Ausdrücken *Erstsprache* und *Muttersprache* unterschieden wird. Die Aneignung einer Erstsprache im Sinne von *Muttersprache* verläuft in der frühen Kindheit in mehreren Phasen, ohne dass es dazu einer Unterweisung, also einer gesteuerten Anleitung von außen, bedarf. Der Erstspracherwerb umfasst wie jeder Prozess einen Ausgangszustand; dies sind hier genetische (artspezifische/biologische/angeborene) Voraussetzungen. Für Art und Umfang des weiteren Verlaufs ist sodann der Zugang zu sprachlichen Äußerungen der Bezugsperson(en) erforderlich (der Input bzw. das Sprachangebot der Umgebungssprache), sowie ein Antrieb bzw. Anlässe zum Voranschreiten des Prozesses. Ein relativ stabiler Zustand (wenn auch nicht als Endzustand zu bezeichnen) muss etwa zwischen dem dritten und dem fünften/sechsten Lebensjahr erreicht sein, um von einem Kind sagen zu können, es seien die wesentlichen sprachlichen Regeln verinnerlicht und damit kognitiv verfügbar geworden. Dies umfasst passives sprachliches, nur zu einem geringen Teil dem Bewusstsein zugängliches, Wissen auf allen sprachlichen Ebenen: Syntax und Morphologie, Phonologie, sowie Semantik und Pragmatik. Die Grundprinzipien des Satzbaus werden gewöhnlich bereits im Alter von drei Jahren erworben. Mit Schuleintritt ist die weitere Entwicklung durch Unterrichtung bestimmt.

Er·trag der [ɛɐ̯ˈtraːk] <-(e)s, Erträge> ❶ *Gewinn* ❷ LANDW. *Ernte²*

er·tra·gen <erträgst, ertrug, hat ertragen> *mit OBJ* *jmd. erträgt jmdn./etwas aushalten, erdulden:* Ich kann diesen Lärm nicht mehr ertragen.

er·trin·ken <ertrinkst, ertrank, ist ertrunken> *ohne OBJ* *jmd./ein Tier ertrinkt sterben, weil Wasser in die Lunge gerät* ▸ Ertrinken, Ertrinkende

er·wa·chen <erwachst, erwachte, ist er-

wacht> *ohne OBJ* ▪ **jmd./etwas erwacht (aus etwas)** ❶ *aufwachen:* Er erwachte aus einem Traum/einer Illusion. ❷ *entstehen:* Seine Neugierde erwachte.; ▪ **ein böses Erwachen** *eine schlimme Überraschung*

er·wach·sen [ɛɐ̯'vaksn̩] <erwachsener, am erwachsensten> *adj so, dass man kein Kind und kein Jugendlicher mehr ist:* Sie hat zwei erwachsene Söhne.

Er·wach·se·ne *der/die* <-n, -n> *Person, die erwachsen ist*

Er·wach·se·nen·bil·dung *die* <-> *Bildungsmaßnahme für Erwachsene*

Unter **Erwachsenenbildung** versteht man die Fortsetzung oder Wiederaufnahme organisierten Lernens, und zwar im Anschluss einer wie auch immer gearteten ersten Bildungsphase. Andere Ausdrücke dafür sind **Weiterbildung** und *Andragogik*. Die Förderung der Erwachsenenbildung ist gesetzlich geregelt, auch im Zusammenhang mit dem Konzept des lebenslangen Lernens. Für die Erwachsenenbildung gelten in Deutschland je nach Bundesland eigene Sonderregelungen. Träger der Erwachsenenbildung sind neben den Volkshochschulen verschiedene Organisationen, Einrichtungen und Verbände, die thematisch weit gestreut sind und als Bildungswerk bzw. Bildungseinrichtungen verschiedene Angebote umfassen: Bundeszentrale und Landeszentralen für politische Bildung, gemeinnützige und private, gewerkschaftliche, kirchliche sowie universitäre Einrichtungen, und Bildungseinrichtungen in Betrieben. Neben Einrichtungen, die Kurse mit Präsenz anbieten, gibt es auch neue Formen der Erwachsenenbildung ausschließlich über das Internet. Getragen werden die Einrichtungen nicht nur durch Teilnehmergebühren, sondern auch durch Zuschüsse entsprechender Dachorganisationen sowie durch kommunale und staatliche Leistungen.

er·war·ten <erwartest, erwartete, hat erwartet> *mit OBJ* ❶ ▪ **jmd. erwartet etwas** *auf etwas warten, was kommen wird:* Ich erwarte einen Brief von ihm. ❷ ▪ **jmd. erwartet etwas (von jmdm.)** *hoffen, dass etwas geschieht:* Ich erwarte (mir) bessere Leistungen von dir.; ▪ **ein Kind erwarten** *schwanger sein* ▹ Erwartung

Er·werb *der* [ɛɐ̯'vɛrp] <-(e)s, -e> *die Aneignung/das Erwerben/die Erlangung/das Erreichen von etwas* ◆ Geld-, Neben-, Sprach-

er·wer·ben <erwirbst, erwarb, hat erworben> *mit OBJ* ▪ **jmd. erwirbt etwas** ❶ *bekommen, gewinnen:* Sie hatte erhebliches Ansehen/beträchtliches Wissen erworben. ❷ *durch Arbeit erlangen:* sich seinen Lebensunterhalt erwerben ▹ erwerbslos ❸ *kaufen:* Sie haben das Haus (käuflich) erworben.

er·werbs·los *adj /nicht steig./ arbeitslos* ▹ Erwerbslosigkeit

er·wi·dern [ɛɐ̯'viːdɐn] <erwiderst, erwiderte, hat erwidert> *mit OBJ* ▪ **jmd. erwidert (jmdm.) etwas (auf etwas** *Akk.*) ❶ *entgegnen:* Darauf erwiderte sie, dass … ❷ *(geh.) jmdm. das Gleiche geben, was man von ihm bekommen hat:* einen Besuch erwidern; Sie erwidert seine Liebe nicht. ▹ Erwiderung

er·wi·schen [ɛɐ̯'vɪʃn̩] <erwischst, erwischte, hat erwischt> *mit OBJ* ▪ **jmd. erwischt jmdn./etwas** ❶ *(umg.) jmdn. dabei antreffen, dass er etwas Verbotenes tut:* Er wurde im Kaufhaus beim Stehlen erwischt. ❷ *(umg.) zufällig bekommen:* Er erwischte gerade noch den letzten Bus.; Sie erwischte das größte Stück Kuchen.

Erz *das* [eːɐ̯ts, ɛɐ̯ts] <-es, -e> *ein Mineral, das ein Metall enthält:* wertvolle Erze; Erz abbauen/gewinnen/schmelzen ◆ -bergbau, -gewinnung, -gießerei, -vorkommen

Erz- [ɛɐ̯ts] *als Erstglied zusammengesetzter Substantive* ❶ *mit Betonung nur auf dem Erstglied; drückt aus, dass das mit dem Zweitglied Bezeichnete einen hohen Rang in einer Hierarchie innehat oder grundsätzlicher (althergebrachter) Natur ist:* Im Oktober 2011 ist das Freiwillige Soziale Jahr im Erzbistum Paderborn gestartet worden (nach dem Bundesfreiwilligendienst BFD; vgl. das Stichwort dazu unter „B") ◆ -bischof, -bistum, -diözese, -engel, -herzog(in), -herzogtum ❷ *mit Betonung auf beiden Teilen; drückt aus, dass das mit dem Zweitglied Bezeichnete mit seinen negativen Eigenschaften in extremer Weise auf jemand (seltener: auf etwas) zutrifft:* Der Erzgauner hat eine Million unterschlagen, obwohl er schon einmal wegen einer ähnlichen Sache bestraft worden war. ◆ -bösewicht, -faschist(in), -gauner, -halunke, -lügner(in), -lump, -schurke, -schurkin, -schelm, -übel (= übler Zustand) ❸ *mit Betonung nur auf dem Erstglied; drückt aus, dass die mit dem Zweitglied bezeichnete negative Beziehung schon lange währt/anhält/dauert:* Er ist ihr Erzrivale seit der Schulzeit ◆-feind(in), -feindschaft, -rivale, -rivalin

erz- [ɛrts] (≈ extrem) als Erstglied zusammengesetzter Adjektive; mit Betonung stets auf beiden Teilen; drückt aus, dass das mit dem Zweitglied Bezeichnete in seinen Eigenschaften besonders ausgeprägt ist: Es ist eigentlich kaum zu glauben, was diese erzkonservative Tea-Party-Bewegung in Amerika politisch alles vertritt! ◆-böse, -dumm, -faul, -katholisch, -konservativ, -protestantisch, -reaktionär, -solide

er·zäh·len <erzählst, erzählte, hat erzählt> mit OBJ ❶ **jmd. erzählt (jmdm.) etwas** Akk. von etwas berichten: Sie erzählt ein Urlaubserlebnis. ❷ **jmd. erzählt etwas** jmd. etwas in Form einer Geschichte mitteilen/vermitteln: Der Großvater erzählt dem Enkel ein Märchen.; ■ **Du kannst mir viel erzählen!** Das glaube ich dir nicht!; ■ **Dem werde ich was erzählen!** Dem werde ich aber gehörig/mit Nachdruck meine Meinung sagen! ▸ Erzähler(in)

Er·zäh·lung die <-, -en> ❶ das, was jmd. erzählt¹: Er hat mir wieder den größten Unsinn erzählt. ❷ LIT. kürzeres Werk der erzählenden Dichtung: eine der berühmten Erzählungen von Thomas Mann lesen

er·zeu·gen <erzeugst, erzeugte, hat erzeugt> mit OBJ ■ **jmd. erzeugt etwas** bewirken, dass etwas entsteht: Strom erzeugen; eine Wirkung erzeugen ▸ Erzeuger, Erzeugnis

er·zie·hen <erziehst, erzog, hat erzogen> mit OBJ ■ **jmd. erzieht jmdn. (zu etwas** Dat.) (insbesondere) Kinder in ihrer Entwicklung begleiten/fördern, sie formen und zu einem bestimmten Verhalten anleiten: Die Eltern erzogen ihre Kinder zur Höflichkeit.; Sie wurde in einem Heim erzogen. ▸ Erzieher(in), erzieherisch

Er·zie·hung die <-> /kein Plur./ das Erziehen: Sie genoss eine gute/liberale/strenge Erziehung. ◆-smethode, -sstil, Kinder-, Kunst-, Musik-

es¹ [ɛs] pron /Personalpronomen der 3. Pers. Sing. Neutrum/ ❶ auf ein Substantiv im Nominativ bezogen: Wo ist das Buch? Es liegt auf dem Tisch.; Das Kind ist sechs Jahre alt. Es kommt demnächst in die Schule. ❷ auf ein Objekt im Akkusativ bezogen: Nimm das Buch und lege es auf den Tisch!

es² [ɛs] pron /(unpersönliches Pronomen) in unpersönlichen Konstruktionen verwendet, um die grammatische Funktion des Subjekts zu besetzen …/ ❶ verwendet als formales Subjekt: Es regnet.; Es ist schon spät.; Es ist jetzt zehn Uhr. ❷ verwendet als formales Objekt: Es gehört sich, dass …; Es geht um …; Sie hat es eilig.; Ich weiß es nicht. ❸ verwendet in Bezug auf einen Nebensatz: Ich mag es nicht, wenn du mich unterbrichst.; Es wird sich zeigen, ob die Information stimmt. ❹ verwendet in einer Passivkonstruktion: Es wurde getanzt und gesungen.

Esel der ['eːzl̩] <-s, -> ZOOL. ein Tier, das einem Pferd ähnlich, aber kleiner ist und ein graues Fell und lange Ohren hat: Der Esel schreit IA!; Früher haben Esel schwere Säcke getragen.; ■ **du Esel!** du dummer Mensch! Pass doch auf, du Esel!; ■ **er ist ein geduldiger Esel** er lässt sich von anderen alles aufladen, ohne zu protestieren; ■ **er ist störrisch wie ein Esel** er tut nicht, was man ihm von ihm will ◆Last-, Reit-

Esels·brü·cke die <-, -n> (übertr.) ein (manchmal gereimter) Spruch als Merkhilfe im Rahmen von Lernprozessen: Die Anfangsbuchstaben aus „Nie ohne Seife waschen" ergeben die Reihenfolge der Himmelsrichtungen.

Esels·ohr das <-s, -en> (umg. übertr.) ein Knick an einer Seite im Buch: Mach bloß keine Eselsohren in das Buch, denn ich habe es aus der Bibliothek!

Es·sen das ['ɛsn̩] <-s, -> ❶ /kein Plur./ Nahrung: Das Einkommen reicht gerade für Miete und Essen. ❷ /kein Plur./ Mahlzeit: Das Essen ist fertig.; Wir haben Gäste zum Essen eingeladen.; Das Essen schmeckt mir gut. ❸ eine Mahlzeit als gesellschaftliches Ereignis: Der Senator gibt heute Abend ein Essen (für einhundert Gäste). ◆Abend-, Abschieds-, Arbeits-, Fest-, Mittag-

es·sen ['ɛsn̩] <isst, aß, hat gegessen> I. mit OBJ/ohne OBJ ■ **jmd. isst etwas** eine Mahlzeit einnehmen: Ich esse gern Gemüse/kein Fleisch.; Er hat um 13 Uhr zu Mittag gegessen. II. ohne OBJ ■ **jmd. isst (irgendwie)** eine Mahlzeit zu sich nehmen, die besondere Eigenschaften hat: Wollen wir französisch/italienisch essen?; Wir essen oft erst abends warm.; ■ **essen wie ein Spatz** sehr wenig essen; ■ **Es wird nichts so heiß gegessen, wie es gekocht wird.** Man stellt sich etwas viel schlimmer vor, als es ist.

Es·sig der ['ɛsɪç] <-s, -e> eine saure Flüssigkeit, die aus Wein hergestellt wird: Salat mit Essig und Öl anmachen; ■ **mit etwas ist es Essig** (umg.) aus etwas wird nichts

Unser Auto ist kaputt — mit dem Urlaub ist es Essig!

Ess·löf·fel der <-s, -> *(↔ Teelöffel) großer Löffel, mit dem man z.B. Suppe isst*

Ess·zim·mer das <-s, -> *Zimmer, in dem gewöhnlich gegessen wird*

Eta·ge die [e'taːʒə] <-, -n> *Stockwerk eines Hauses:* Er wohnt in/auf der 3. Etage. ◆-nwohnung

Etat der [e'taː] <-s, -s> WIRTSCH. *das Geld, das man in einem Haushalt insgesamt hat*

Ethik die ['eːtɪk] <-, -en> ❶ PHILOS. *die Lehre vom guten Leben und Handeln nach allgemeinen Grundsätzen* ❷ */kein Plur./ die Normen, nach denen ein Mensch im Leben grundsätzlich handelt* ▸ ethisch ◆-kommission, Bio-, Sozial-

Eti·kett das <-(e)s, -e(n)/-s> *ein kleines Schild aus Papier, das man z.B. auf Waren klebt und auf dem der Preis oder Informationen über die Waren stehen*

et·li·che ['ɛtlɪçə] pron (geh.) *einige:* Ich hatte etliche Male bei ihr angerufen.

et·wa¹ ['ɛtva] I. adv *(≈ ungefähr) drückt aus, dass die Zahl nicht ganz genau angegeben ist:* Die Reparatur kostet etwa 700 Euro. II. *part verwendet, um eine Frage zu verstärken:* Hat sie etwa einen Unfall gehabt?; Meinst du etwa, es war mein Fehler?

et·wa² ['ɛtva] adv SCHWEIZ. *bisweilen, manchmal*

et·was¹ ['ɛtvas] */Indefinitpronomen/* ❶ *verwendet, um eine nicht näher bestimmte Sache zu bezeichnen:* Gibt es etwas Neues?; Ich weiß etwas, das ...; Sie hat kaum etwas gesehen. ❷ *verwendet, um eine Sache zu bezeichnen, die erst später genauer ausgeführt wird:* Etwas freut mich besonders, nämlich das Lob meines Kollegen. ❸ *verwendet, um eine kleine Menge zu bezeichnen:* Ist noch etwas von der Torte da?; ■ **das gewisse Etwas haben** *(umg.) reizvoll sein*

et·was² ['ɛtvas] part *(≈ ein bisschen) verwendet, um eine kleine Menge oder einen geringen Grad von etwas auszudrücken:* Es ist noch etwas kühl.; Wir wollen noch etwas spazieren gehen.

EU die [eː'uː] <-> */kein Plur./* POL. *Abkürzung von „Europäische Union"*

eu·er, eu·re pron *Pronomen der 2. Pers. Plur., das Besitz anzeigt:* Ist das euer Auto?; Wo sind eure Kinder?

Eu·ro der <-s, -s> *die europäische Währungseinheit*

Eu·ro·pa das [ɔy'roːpa] <-s> */kein Plur./ im Osten an Asien grenzender Kontinent, auf dem Frankreich, Spanien, England, Deutschland und andere Länder liegen*

Eu·ro·scheck der <-s, -s> BANKW. *der Scheck, der in ganz Europa gültig ist:* Ich möchte gern mit Euroscheck bezahlen.

EU-Staat der [eː'uː...] <-(e)s, -en> *Staat, der Mitglied der EU ist*

evan·ge·lisch [evan'geːlɪʃ] adj */nicht steig./ /nur attr./* REL. *(≈ protestantisch) zu einer der christlichen Kirchen gehörig, die sich auf Martin Luther gründet:* Er nimmt am evangelischen Religionsunterricht teil.

even·tu·ell [evɛn'tu̯ɛl] I. adj */nicht steig./ / nur attr./ möglicherweise eintretend; unter Umständen:* eventuelle Probleme berücksichtigen; eventuelle Fragen beantworten ▸ Eventualfall, Eventualität II. adv */nicht steig./ (umg.) vielleicht:* Ich komme eventuell ein bisschen später.

ewig ['eːvɪç] adj */nicht steig./* ❶ *über aller Zeit (gültig), immer:* Christen glauben an die Auferstehung und das ewige Leben nach dem Tode.; ewiges Licht, ewige Stadt (Rom) ▸ Ewigkeit ❷ *sich ständig wiederholend:* Der ewige Wechsel von Ebbe und Flut wird vom Mond verursacht. ❸ *(umg.) sehr lange dauernd:* Ich habe die ewigen Diskussionen satt!; ■ **ein ewiger Student** *Ein Student, der schon sehr lange studiert*

Ex- [ɛks] *als Erstglied zusammengesetzter Substantive, mit Betonung (meist, wie in den Beispielen hier) auf dem Erstglied; drückt im Hinblick auf Personen aus, dass das mit dem Zweitglied Bezeichnete sich auf einen früheren Zustand/Status bezieht:* Sie will ihren Exmann (kurz: ihren „Ex", wie auch „der/die Ex" für sonstige beendete Partnerschaften) eigentlich zurückgewinnen. ◆-beatle, -chef(in), -frau, -freund, -gatte, -gattin, -general, -häftling, -kanzler(in), -lover, -mann, -minister(in), -präsident(in), -student(in), -verlobte(r), -weltmeister(in)

Ex·a·men das [ɛ'ksaːmən] <-s, -/ Examina> *Prüfung (vor allem zum Abschluss eines Studiums):* Ich habe letztes Frühjahr das Examen gemacht.; Alle Kandidaten haben das schriftliche Examen bestanden. ◆-sarbeit, Doktor-, Magister-, Staats-

Exis·tenz die [ɛksɪs'tɛnts] <-, -en> ❶ */kein Plur./ das Dasein oder Vorhandensein:* Die Existenz von Lebewesen außerhalb der Erde ist umstritten.; Ich wusste nichts von der Existenz dieses Fotos.; die Existenz Gottes beweisen ◆-beweis, -philosophie ❷ *das menschliche Leben:* Die menschliche Existenz bleibt ein Rätsel.; eine armselige Existenz fristen ▸ existentiell ❸ *das menschliche Leben unter dem Aspekt des finanziellen Abgesichertseins und des ökonomischen Auskommens:* Er wollte sich eine gesicherte Existenz aufbauen.; Die Rezession hatte eine ganze Reihe von Existenzen vernichtet.; ▪ **eine verkrachte Existenz** *(umg. abwert.) eine im Leben gescheiterte Person* ▸-kampf, -minimum

exis·tie·ren [ɛksɪsˈtiːrən] <existierst, existierte, hat existiert> *ohne OBJ* ▪ **jmd./etwas existiert** ❶ *da sein, bestehen:* Es existieren keinerlei Beweise. ❷ *in finanzieller Hinsicht leben:* Von diesem Gehalt kann doch kein Mensch existieren.

exo·tisch [ɛˈksoːtɪʃ] <exotischer, am exotischsten> *adj fremdartig (und deshalb reizvoll):* exotische Düfte/Fische/ Früchte/Länder

Ex·pe·ri·ment *das* [ɛksperiˈmɛnt] <-(e)s, -e> ❶ *ein naturwissenschaftlicher Versuch, durch den man etwas entdecken oder beweisen will:* Die Forscher wagten das Experiment.; Der Physiklehrer hat ein Experiment aufgebaut. ▸ experimentell, experimentieren ❷ *riskantes Handeln:* Vorsicht, bloß keine Experimente!

Ex·per·te *der,* **Ex·per·tin** [ɛksˈpɛrtə] <-n, -n> *(≈ Fachmann ↔ Laie) jmd., der auf einem bestimmten Fachgebiet ein besonderes und sicheres Wissen hat:* Nach Meinung von Experten …; den Rat eines Experten einholen ▸ Finanz-, Steuer-

ex·plo·die·ren <explodierst, explodierte, ist explodiert> *ohne OBJ* ❶ ▪ **etwas explodiert** *mit einem lauten Knall wird etwas plötzlich vollständig zerstört:* Eben ist eine Bombe explodiert. ❷ ▪ **jmd. explodiert** *jmd. wird sehr wütend und schreit laut:* Heute ist der Chef richtig explodiert.

Ex·plo·si·on *die* [ɛksploˈzi̯oːn] <-, -en> *Explodieren:* Sie brachten die Bombe zur Explosion.

Ex·port *der* [ɛksˈpɔrt] <-(e)s, -e> WIRTSCH. *(↔ Import) Ausfuhr von Waren ins Ausland* ▸ exportieren

ex·tern [ɛksˈtɛrn] *adj /nicht steig./* ❶ *(geh.: ↔ intern) von außen:* Ich lasse diese Arbeiten extern erledigen. ❷ SCHULE *an einer anderen Schule:* Er darf die Prüfung extern ablegen.

ex·tra [ˈɛkstra] *adj /nicht steig./* ❶ *gesondert:* Er wollte die Getränke extra bezahlen. ❷ *zusätzlich:* auf einem extra Blatt Papier Notizen machen ❸ *speziell, ausschließlich:* Das habe ich extra für dich gekauft.

Ex·tra- [ˈɛkstra] *als Erstglied zusammengesetzter Substantive;* ❶ *mit Betonung nur auf dem Erstglied; drückt aus, dass das mit dem Zweitglied Bezeichnete eine Ausnahme von der Regel darstellt, als Besonders hinzukommt und damit eine Sonderrolle spielt:* ein Supersportwagen der Extraklasse ▸-ausgabe, -blatt, -bonus, -chor, Extravaganz, -klasse, -ordinarius, -platz, -post, -raum, -tour (= eigenwilliges Verhalten/Vorgehen), -urlaub, -vorstellung, -wurst (= Wurstsorte in Österreich; sonst: „jmdm. eine Extrawurst braten" = „bei jmdm. eine Ausnahme machen") -zimmer ❷ *mit Betonung auf dem Zweitglied; drückt in fachsprachlichen Ausdrücken aus, dass etwas außerhalb des mit dem Zweitglied bezeichneten bekannten Bereichs liegt und in einen anderen Bereich übergreift:* Eine Extraversion (lang betont auf dem „o") ist eine Tendenz zu offenem, entgegenkommendem Verhalten (als Dimension der Persönlichkeit), im Unterschied zur Introversion" ▸-polation, -systole, -version, -zellulärflüssigkeit

ex·tra- [ˈɛkstra] *als Erstglied zusammengesetzter Adjektive;* ❶ *mit unterschiedlicher Betonung auf dem Erst- oder auf dem Zweitglied (meist auf dem Zweitglied); drückt in fachsprachlichen Ausdrücken aus, dass etwas außerhalb des mit dem Zweitglied bezeichneten (bekannten) Bereichs liegt und in einen anderen Bereich übergreift:* extralinguale (nichtsprachliche) Faktoren wie Raum und Person zu sprachlichen Daten in Beziehung setzen ▸-funktional, -galaktisch, -korporal, -lingual, -pyramidal, -zellular/-zellulär ❷ *(≈ besonders, super-) mit Betonung auf dem Erstglied; drückt aus, dass die mit dem Zweitglied bezeichnete Eigenschaft/Qualität an etwas in besonderer Weise/vorzüglich ausgeprägt ist:* ein Laden für extralange Hosen ▸-fein, -flach, -groß, -gut, -lang, -stark

ex·tra·va·gant [ˈɛkstravagant, ɛkstravaˈgant] *adj (geh.) besonders auffallend, weil es nicht üblich ist:* extravagante Kleidung/Mode/Schuhe

Ex·trem *das* [ɛksˈtreːm] <-s, -e> ❶ *ein sehr hoher Wert auf einer Skala:* Dieser Winter war sehr kalt: Das Extrem waren 20 Grad Minus. ❷ *(umg. abwert.) äußerster Standpunkt;* ▪ **jemand fällt von einem Extrem ins andere** *jmd. verhält sich widersprüchlich* Er fiel von einem Extrem ins andere: Erst bat er freundlich um die Auskunft, dann brüllte er los.

ex·trem <extremer, am extremsten> *adj*

äußerst ..., an die Grenzen gehend: extreme Belastungen/Temperaturen

ex·zel·lent [ɛkstsɛˈlɛnt] *adj /nicht steig./ (geh.: ≈ ausgezeichnet) sehr gut*

F f

F, f *das* [ɛf] <-, -> *der sechste Buchstabe des Alphabets:* Das Wort „Freude" beginnt mit dem Buchstaben F.

fa·bel·haft [ˈfaːblhaft] *adj /nicht steig./ (umg.) sehr gut, ausgezeichnet:* Wir hatten im Urlaub fabelhaftes Wetter.; Sie kann fabelhaft tanzen.

Fa·brik *die* [faˈbriːk] <-, -en> *eine große Firma, in der bestimmte Produkte in großen Mengen mit Hilfe von Maschinen hergestellt werden:* Die Fabrik stellt Elektromotoren/Haushaltsgeräte/ Spielwaren/ Textilien her. ▸ Fabrikation ◆-arbeiter, -gebäude, -gelände, -ware, Metallwaren-, Möbel-, Schuh-, Textilwaren-

-fa·brik [fabriːk] *als Zweitglied zusammengesetzter Substantive, mit Betonung auf dem Erstglied; drückt aus, dass im negativen Sinne an einem Ort/an einer Einrichtung wie in einer Fabrik in Serienproduktion bzw. fließbandmäßig gearbeitet wird, wo es eigentlich auf individuelle Gestaltung/individuelles Handeln ankäme:* aus öffentlichen oder privaten Mitteln finanzierte Denkfabriken; eine Klinik als Patientenfabrik mit Pflege im Akkord ◆ Bildungs-, Buch-, Denk-, Gesundheits-, Ideen-, Illusions-,Lehr-, Lern-, Medien-, Patienten-

Fach *das* [fax] <-(e)s, Fächer> ❶ *ein abgetrennter Teil in einem Möbelstück oder in einer Tasche:* ein Fach im Schreibtisch öffnen; alle Fächer der Brieftasche nach etwas durchsuchen ◆ Besteck-, Geheim-, Handy-, Schub- ❷ *(≈ Gebiet) das Arbeitsgebiet, auf dem jmd. tätig ist:* Er hat ein großes Wissen und beherrscht sein Fach.; Welches Fach haben Sie studiert?; sich auf ein Fach spezialisieren ◆ -arbeiter, -arzt/-ärztin, -sprache, -wissen, -zeitschrift, Studien- ❸ SCHULE *ein Unterrichtsfach:* in drei Fächern eine Eins erhalten; ■ **vom Fach sein** *(umg.) ein Fachmann sein* ◆ Haupt-, Lieblings-, Neben-, Pflicht-, Wahl-

-fach [fax] *als Zweitglied zusammengesetzter Adjektive, mit Betonung auf dem Erstglied; drückt aus, dass etwas in derjenigen Anzahl/Menge vorhanden ist, die mit dem Erstglied genau oder nicht genau als* „größer 1" *bezeichnet wird:* Er ist ein mehrfacher Mörder (hat mindestens zwei Menschen umgebracht) ◆ zwei-, drei-, vier- usw., mehr-, viel-

Fach·hoch·schu·le *die* <-, -n> *eine Art Hochschule, an der die Studenten auch praktisch ausgebildet werden:* Design/ Druckereiwesen/Elektrotechnik/Mediengestaltung an der Fachhochschule studieren

Fach·mann *der,* **Fach·frau** <-(e)s, Fachleute> *(≈ Experte ↔ Laie) eine Person, die Spezialkenntnisse auf einem bestimmten Gebiet hat:* Er ist Fachmann auf dem Gebiet der Elektrotechnik. ▸ fachmännisch

Fach·spra·che *die* <-, -n> *die zu einem (wissenschaftlichen) Fach/zu einer Disziplin gehörende Sprache, die vor allem durch den Gebrauch besonderer Ausdrücke (wenn diese im wissenschaftlichen Sinne definiert sind: die Termini) gekennzeichnet ist, und die eine der Varietäten (Gruppensprachen, Mundarten, Jugendsprache etc.) einer Gemeinsprache/Standardsprache darstellt:* Die Fachsprache ist in vielen Bereichen (z.B. Erziehungswissenschaft, Literaturwissenschaft) überhaupt nicht präziser als die Gemeinsprache/Alltagssprache.; die präzise Fachsprache der Physik, die auf der Hilfswissenschaft der Mathematik basiert ▸ fachsprachlich ◆-enforschung

Fach·werk·haus *das* <-es, Fachwerkhäuser> *ein Haus, das mit Balken aus Holz gebaut ist, die man von außen sehen kann:* ein historischer Marktplatz mit vielen alten Fachwerkhäusern

Fa·den *der* [ˈfaːdn̩] <-s, Fäden> *eine sehr dünne Schnur, mit der man etwas näht oder zubindet:* das Paket mit einem Faden verschnüren; den Faden in eine Nadel einfädeln und den Knopf annähen; Der Chirurg vernäht die Wunde mit einem speziellen Faden.; ■ **der rote Faden** *(umg.) ein Gedanke oder Motiv, das öfter vorkommt und für den Sinn einer Geschichte wichtig ist;* ■ **alle Fäden in der Hand halten** *(umg.) alles kontrollieren;* ■ **den Faden**

verlieren *(umg.) nicht mehr genau wissen, worüber man spricht;* **etwas hängt am seidenen Faden** *(geh.) etwas ist in Gefahr* Nach dem Unfall hing sein Leben am seidenen Faden. einfädeln Baumwoll-, Bind-

fä·hig [ˈfɛːɪç] <fähiger, am fähigsten> *adj* ❶ *so, dass man etwas tun kann:* Sie ist nicht fähig zu lügen.; Nach dem Unfall war er nicht fähig, seine Beine zu bewegen. ❷ *(≈ kompetent) so, dass man sein Fach sehr gut beherrscht:* ein fähiger Mitarbeiter

-fä·hig [fɛːɪç] *als Zweitglied zusammengesetzter Adjektive, mit Betonung auf dem Erstglied; drückt aus,* ❶ *dass eine Person oder Sache zu dem gut in der Lage oder geeignet ist, was mit dem Erstglied bezeichnet wird (mit interpretationsabhängigen Überschneidungen zur Bedeutung unter „3."):* Frauen im gebärfähigen Alter (die gebären/ein Kind zur Welt bringen können) anpassungs-, aufnahme-, ausbau-, denk-, flug-, gebär-, kritik-, leidens-, leistungs-, lern-, saug-, schul-, verhandlungs-, wandlungs-, widerstands- ❷ *dass man mit einer Person oder Sache dasjenige gut durchführen kann, was mit dem Erstglied bezeichnet wird:* Diese Butter ist auch direkt aus dem Kühlschrank streichfähig. dehn-, manövrier-, sende-, steigerungs-, strapazier-, streich-, transport-, verbesserungs-, vernehmungs-, wiederverwendungs- ❸ *dass etwas die mit dem Erstglied genannte Voraussetzung erfüllt:* Die Regelungen zu beihilfefähigen Medikamenten (zu Medikamenten, für die man eine Beihilfe beantragen kann) sind sehr komplex. beihilfe-, einigungsfähig-, endlager-, lexikon-, mehrheits-, recycling-, urlaubs-, weltmarkt-, nuklear-

Fahn·dung die <-, -en> *der Vorgang, dass die Polizei intensiv nach einem Verbrecher sucht* fahnden

Fah·ne die [ˈfaːnə] <-, -n> *ein großes (rechteckiges) Tuch, das die Farben und Zeichen eines Landes bzw. einer Vereinigung trägt und als ihr Symbol gilt:* die amerikanische/deutsche/italienische Fahne; die Fahne eines Fußballvereins; Die Fahne flattert im Wind.; **seine Fahne nach dem Wind hängen** *(abwert.) sich immer der gerade herrschenden Meinung anschließen;* **eine Fahne haben** *(umg. abwert.) unangenehm aus dem Mund nach Alkohol riechen* Man merkt, dass er Bier getrunken hat: Er hat nämlich eine Fahne!

Fahr·aus·weis der <-es, -e> ❶ AMTSSPR. *Fahrkarte:* Die Fahrausweise bitte! ❷ SCHWEIZ. *Führerschein*

Fahr·bahn die <-, -en> *der Teil der Straße, auf dem Fahrzeuge fahren:* Vorsicht, glatte Fahrbahn! Gegen-

Fäh·re die [ˈfɛːrə] <-, -n> *ein Schiff, das Personen und Fahrzeuge regelmäßig auf einer bestimmten Strecke über einen Fluss oder einen See oder übers Meer befördert:* mit der Fähre nach England fahren Auto-, Personen-

fah·ren [ˈfaːrən] <fährst, fuhr, hat/ist gefahren> Ⅰ. *mit OBJ* **jmd. fährt etwas** ❶ *(haben) ein Fahrzeug bewegen:* Haben Sie den Wagen gefahren?; Sie lernt Auto/Fahrrad/Ski fahren. ❷ */haben/ ein Fahrzeug besitzen:* Er fährt einen teuren Sportwagen. ❸ *(sein) mit einem Fahrzeug eine Strecke zurücklegen:* Wir sind heute 500 Kilometer gefahren. ❹ **jmd. fährt jmdn./etwas irgendwohin** *(haben) jmdn. oder etwas mit einem Fahrzeug an einen Ort bringen:* Sie hat ihre Mutter zum Bahnhof gefahren. Ⅱ. *ohne OBJ* ❶ **jmd. fährt (mit etwas** *Dat.***) (irgendwohin)** *(sein) sich mit einem Fahrzeug irgendwohin begeben:* Ich bin mit dem Auto/dem Rad/dem Schiff gefahren.; Heute fahren wir nach Berlin/in den Urlaub. ❷ **jmd. fährt irgendwie** *(sein) ein Fahrzeug in bestimmter Weise bewegen:* schnell/vorsichtig fahren ❸ **etwas fährt** *(sein) sich (als Fahrzeug) fortbewegen:* Das Auto fährt über die Kreuzung.; Der Zug fährt durch den Tunnel. ❹ **etwas fährt** *(als Verkehrsmittel) regelmäßig sich auf einer Strecke bewegen:* Der Bus fährt täglich/viertelstündlich.

Fah·rer der, **Fah·re·rin** [ˈfaːre] <-s, -> *jmd., der ein Fahrzeug lenkt:* Der Fahrer konnte gerade noch bremsen. Auto-, Bus-, Fahrrad-, Motorrad-, Rad-

Fahr·gast der <-(e)s, Fahrgäste> *ein Person, die von einem öffentlichen Verkehrsmittel befördert wird:* Fahrgäste, bitte einsteigen! Der Zug fährt jetzt ab!; Im Taxi sitzen zwei Fahrgäste.

Fahr·kar·te die <-, -n> *(≈ Fahrschein, Ticket) eine Art Ausweis, den man kauft, wenn man mit einem öffentlichen Verkehrsmittel fahren will:* Eine Fahrkarte nach Basel, hin und zurück, bitte!; die Fahrkarten kontrollieren -automat, -nschalter, Bus-, Zug-

Fahr·leh·rer der, **Fahr·leh·re·rin** <-s, -> *jmd., der beruflich Menschen das Autofahren beibringt*

Fahr·plan der <-(e)s, Fahrpläne> *eine Art*

Tabelle, in der man lesen kann, wann der Zug oder Bus abfährt und wann er am Ziel ist: An der Haltestelle hängt der neue Fahrplan.; Laut Fahrplan müsste der Bus/Zug jetzt kommen. ▸fahrplanmäßig ◆-auskunft, -wechsel, Sommer-, Winter-

Fahr·rad das ['faːɐ̯raːt] <-(e)s, Fahrräder> *(≈ Rad, Velo) ein Fahrzeug mit zwei Rädern, das man mit den Beinen antreibt:* das Fahrrad putzen/reparieren; Sie fährt täglich mit dem Fahrrad zur Arbeit.; Wollen wir Fahrrad fahren oder nehmen wir das Auto? ◆-anhänger, -händler, -sattel, -ständer, Damen-, Herren-, Kinder-

Fahr·schein der <-(e)s, -e> *(≈ Fahrkarte)* ◆-kontrolle

Fahr·schu·le die <-, -n> *Unternehmen, in dem man das Fahren eines Kraftfahrzeuges erlernen und den Führerschein erwerben kann*

Fahr·spur die <-, -en> *der Teil der Fahrbahn, der in eine Richtung führt:* eine Autobahn mit drei Fahrspuren in jeder Richtung

Fahr·stuhl der <-(e)s, Fahrstühle> *(≈ Aufzug, Lift) eine Kabine, in der Personen in einem Gebäude durch die Etagen hinauf und hinab transportiert werden:* Sie fährt in den sechsten Stock mit dem Fahrstuhl.

Fahrt die [faːɐ̯t] <-, -en> ❶ */kein Plur./ das Fahren:* die Fahrt des Autos bremsen/verlangsamen; nach mehreren Stunden Fahrt im Zug ◆Heim-, Rück-, Weiter- ❷ *eine Reise mit einem Fahrzeug:* verschiedene Fahrten unternehmen; Die Fahrt führt uns zunächst zum Bodensee.; eine erlebnisreiche/herrliche/zweistündige Fahrt; eine Fahrt zum Mond; ■ **in voller Fahrt** *mit großer Geschwindigkeit;* ■ **in Fahrt sein** *(umg.) wütend sein oder nicht aufhören zu reden;* ■ **in Fahrt kommen** *(umg.) wütend werden oder anfangen, viel zu reden* ◆Entdeckungs-, Studien-, Urlaubs-

Fahr·zeug das <-s, -e> *ein technisches Gerät, mit dem man fahren kann*

fair [fɛːɐ̯] <fairer, am fairsten> adj ❶ *so, dass man in seinem Handeln gerecht, ehrlich und anständig ist:* ein faires Urteil; Wenn du ihn kritisierst, solltest du aber fair bleiben. ▸Fairness, unfair ❷ SPORT *den sportlichen Regeln entsprechend:* ein fairer Wettkampf

Fak·tor der ['faktoːɐ̯] <-s, -toren> ❶ *eine Ursache, die (zusammen mit anderen) Einfluss auf etwas hat:* ein bestimmender/entscheidender/wichtiger Faktor; Das Wetter wird von unterschiedlichen Faktoren bestimmt. ◆Wirtschafts-, Zeit- ❷ MATH. *die Zahl, mit der eine andere Zahl multipliziert wird:* mit Faktor 3 multiplizieren ▸faktoriell ◆-enanalyse

Fak·tum das ['faktʊm] <-s, Fakten/Fakta> *(geh. verhüll.: ≈ Fakt ↔ Hypothese) eine (bewiesene) Tatsache:* ein längst bekanntes Faktum ▸faktisch ◆Faktenmaterial, Faktenwissen

Fa·kul·tät die [fakʊl'tɛːt] <-, -en> *eine Abteilung an einer Universität, an der mehrere Fächer zusammengefasst sind:* die juristische/medizinische/neuphilologische/philosophische/theologische Fakultät ◆-sbeschluss, -sordnung, -ssitzung

Fall¹ der [fal] <-(e)s> */kein Plur./* ❶ *das Fallen¹:* der Fall aus 2000 Metern Höhe; der lautlose Fall der Schneeflocken ❷ *(≈ Sturz) das Fallen²:* sich beim Fall vom Gerüst schwer verletzen ❸ *das Fallen³:* der Fall einer Stadt nach langer Belagerung; der Fall der Berliner Mauer; ■ **zu Fall kommen** *(geh.) stürzen oder scheitern:* auf der Treppe zu Fall kommen; Der Präsident ist durch eine Intrige zu Fall gekommen.; ■ **jemanden zu Fall bringen** *(geh.) bewirken, dass jmd. stürzt oder scheitert*

Fall² der [fal] <-(e)s, Fälle> ❶ *eine Situation, die eintreten kann:* im günstigsten/schlimmsten Fall(e); auf jeden Fall/auf alle Fälle; für den Fall/gesetzt den Fall, dass wir verlieren, … ◆Krankheits-, Not-, Unglücks- ❷ *ein Faktum, mit dem sich Fachleute befassen:* ein juristischer/medizinischer Fall; ein akuter Fall von Blinddarmentzündung; ein komplizierter/hoffnungsloser/besonders schwerer Fall; einen Fall besprechen ◆Mord-, Rechts- ❸ SPRACHWISS. *(≈ Kasus) die Form der Deklination:* der erste/dritte Fall; ein Adjektiv/Pronomen/Substantiv in den zweiten Fall setzen; ■ **auf jeden Fall** *ganz bestimmt;* ■ **auf alle Fälle** *unbedingt;* ■ **auf keinen Fall** *absolut nicht;* ■ **gesetzt den Fall, dass …** *(geh.) angenommen, dass …;* ■ **jemand/etwas ist nicht mein Fall** *(umg.) jmd. oder etwas gefällt mir nicht*

Fal·le die ['falə] <-, -n> ❶ *eine List, mit der man jmdn. täuscht:* Die Polizei hat dem Dieb eine Falle gestellt.; Vorsicht bei dieser Frage! Das ist eine Falle! ❷ *ein Gerät, mit dem Tiere gefangen werden:* Fallen im Wald aufstellen ◆Fuchs-, Mause- ❸ SCHWEIZ. *(Tür/)Klinke* ❹ *(umg.: ≈ Bett) sich in die Falle hauen*

fal·len ['falən] <fällst, fiel, ist gefallen> ohne OBJ ❶ ■ **jmd./etwas fällt** (**von etwas** Dat.) *sich schnell und plötzlich von oben nach unten bewegen und* *dann auf dem Boden auftreffen:* Die Äpfel fallen vom Baum.; Regen/Schnee fällt vom Himmel.; Mir ist das Glas aus der Hand gefallen. ❷ **jmd. fällt** *zu Boden stürzen:* Sie ist gefallen und hat sich das Bein gebrochen.; Sie fielen todmüde ins Bett.; auf die Knie fallen ❸ **jmd./etwas fallen** *vernichtet oder besiegt werden:* Viele Soldaten fielen in dieser Schlacht.; Nach langer Belagerung ist die Festung gefallen.; Regierungen fallen. ❹ **etwas fällt** *(≈ sinken ↔ steigen) an Wert oder Höhe geringer werden:* Die Temperatur fällt.; Der Wasserspiegel fällt.; Die Aktien/Börsenkurse fallen.; Die Preise fallen. ❺ **jmd. fällt in etwas** *Akk. (plötzlich) in einen Zustand geraten:* in Ohnmacht/in tiefen Schlaf fallen ❻ **etwas fällt auf jmdn./etwas** *treffen:* Ein Schatten fiel auf den Weg.; Ihr Geburtstag fällt dieses Jahr auf einen Freitag. ❼ **etwas fällt in/unter etwas** *Akk. zu etwas gehören:* Das fällt nicht in meinen Bereich.; unter ein Gesetz fallen; **etwas fallen lassen** *(übertr.) (Pläne) aufgeben, auf etwas verzichten;* ■ **mit der Tür ins Haus fallen** *(umg. abwertr.) sofort auf ein Thema zu sprechen kommen;* ■ **nicht auf den Mund gefallen sein** *(umg.) gut reden können;* ■ **nicht auf den Kopf gefallen sein** *nicht dumm sein*

fäl·len [ˈfɛlən] <fällst, fällte, hat gefällt> *mit OBJ* **jmd. fällt etwas** ❶ *den Stamm (eines Baumes) oberhalb der Erde abtrennen:* einen Baum fällen ❷ *als gültig verkünden:* eine Entscheidung/ein Urteil fällen

fäl·lig [ˈfɛlɪç] *adj /nicht steig./* ❶ *(≈ zahlbar) so, dass etwas gezahlt werden muss:* Die Miete ist vom Monatsersten fällig.; einen fälligen Betrag zahlen ❷ *so, dass etwas zu bestimmter Zeit getan werden muss:* Nach vier Stunden Fahrt ist eine Pause fällig.; Jetzt wäre aber eine Entschuldigung fällig!

falls [fals] *konj (≈ wenn) für den Fall, dass …:* Falls es regnet, verschieben wir das Fest.

falsch [falʃ] <falscher, am falschesten> *adj* ❶ *(↔ richtig) so, dass es nicht der Wirklichkeit entspricht:* sich falsch ausdrücken; Diese Rechnung stimmt nicht, sie ist falsch.; Deine Entscheidung war falsch. ❷ *(umg.: ↔ echt) nicht original, nicht gültig:* falsche Banknoten/Zähne/Juwelen; Der Dieb hat unter falschem Namen im Hotel übernachtet. ◆-geld ❸ *(↔ ehrlich) so, dass es täuscht:* ein falsches Lächeln; jemandem falsche Versprechungen machen ▶ Falschheit ❹ *unpassend, nicht erlaubt:* etwas im falschen Moment sagen; falsch parken; ■ **jemand gerät (mit einer Bitte) an den Falschen** *jmd. wird mit einer Bitte abgewiesen* Mit seiner erneuten Bitte um Gehaltserhöhung ist er bei seinem Chef aber an den Falschen geraten!; ■ **Falsch verbunden!** *drückt aus, dass man nicht die korrekte Telefonnummer gewählt hat;* ■ **falschliegen** *(umg.) sich irren;* ■ **falschspielen** *(umg.) betrügen;* ■ **jmd. fälscht etwas** *eine Kopie von etwas machen, um andere damit zu betrügen:* Geld/Kunstwerke/Urkunden fälschen; jemandes Unterschrift fälschen ▶ Fälschung ◆ Zusammenschreibung → R 4.6

fälsch·li·cher·wei·se *adv (geh.) durch einen Fehler oder Irrtum:* jemanden fälschlicherweise verdächtigen/verhaften

Fal·te die [ˈfaltə] <-, -n> ❶ *eine Stelle in einem Kleidungsstück, wo der Stoff absichtlich gefaltet ist:* eine Hose mit korrekt gebügelten Falten ◆ Bügel-, Bund- ❷ *eine Stelle, wo ein Stoff nicht glatt ist:* Das Hemd hat nach dem Waschen viele Falten, ich muss es noch bügeln. ❸ *eine der Linien in der Haut, die sich bilden, wenn man älter wird:* das Gesicht eines alten Mannes mit vielen Falten ◆ Lach-, Sorgen-, Stirn-

fal·ten [ˈfaltn̩] *mit OBJ* **jmd. faltet etwas** *Papier oder Stoff entlang einer Linie umlegen und damit in eine bestimmte Form bringen:* Er faltete den Brief und steckte ihn in den Umschlag.; ein Hemd/ein Tischtuch falten und in den Schrank legen

Fa·mi·lie die [faˈmiːli̯ə] <-, -n> ❶ *Eltern und ihr(e) Kind(er):* Wir bieten Urlaub für die ganze Familie.; eine kinderreiche Familie (≈ eine Familie mit vielen Kindern); eine Familie ernähren; Familie Mayer ist verreist. ◆ -nausflug, -nberatungsstelle, -nbuch, -ndrama, -ngericht, -nglück, -nstammbuch, -npolitik, - nrecht ❷ *alle Personen, die miteinander verwandt sind:* Zur Geburtstagsfeier der Großmutter traf sich die ganze Familie.; aus guter/reicher/wohlhabender Familie stammen; ■ **Das bleibt in der Familie.** *(umg.) das bleibt geheim;* ■ **Das kommt in den besten Familien vor.** *(umg.) Das ist nicht so schlimm, das kann vorkommen.* ◆ -nbesitz, -nbild, -nereignis, -nfeier, -ngeheimnis, -ngeschichte, -nkreis, -nmitglied, Groß-, Klein-

Fa·mi·li·en·na·me der <-ns, -n> *(≈ Nachname ↔ Vorname) der Name, der angibt, zu welcher Familie man gehört:* Wie ist Ihr Familienname? — Schmidt.

Fan der [fɛn] <-s, -s> *jmd., der sich sehr für etwas oder eine Person begeistert*: die Fans einer Fußballmannschaft; Sie ist ein Fan dieses Sängers. ◆-club/-klub, -magazin, Fußball-, Jazz-, Musik-

fa·na·tisch [fa'na:tɪʃ] <fanatischer, am fanatischsten> *adj (abwert.) so, dass man eine Sache mit extremem Eifer vertritt und andere Meinungen nicht respektiert*: ein fanatischer Anhänger dieser Lehre; fanatischer Glaube/Hass ▻ Fanatismus

fand [fant] *Prät. von* **finden**

Fang der [faŋ] <-(e)s, Fänge> ❶ /kein Plur./ *das Fangen von Tieren*: der Fang von wild lebenden Tieren ◆Fisch-, Wal- ❷ *ein Tier, das gefangen worden ist*: Die Fischer kehren mit reichem Fang heim.; ■ **in jemands Fänge geraten** *(übertr.)* unter den Einfluss von jmdm. geraten, der böse und gefährlich ist

fan·gen ['faŋən] <fängst, fing, hat gefangen> I. *mit OBJ/ohne OBJ* ❶ ■ **jmd. fängt jmdn./ein Tier** *eine Person oder ein Tier in seine Gewalt bringen und festhalten*: den Dieb verfolgen und fangen; Fische fangen; Die Katze hat eine Maus gefangen. ❷ ■ **jmd. fängt etwas** *etwas, das in der Luft fliegt, ergreifen*: einen Ball (mit den Händen) fangen; Sie kann gut fangen. II. *mit SICH* ■ **jmd. fängt sich** *sich unter Kontrolle bringen*: Er stolperte, konnte sich aber fangen, so dass er nicht stürzte.; Nach dem Schock musste sie sich erst mal wieder fangen.

Fan·ta·sie, *a.* **Phan·ta·sie** die [fanta'zi:] <-, -sien> ❶ /kein Plur./ *die Fähigkeit, sich Dinge ausdenken und vorstellen zu können*: Das Kind hat mit viel Fantasie ein Bild gemalt.; Er ist sehr rational und hat leider wenig Fantasie. ▻ fantasielos, fantasievoll ❷ *(≈ Einbildung) etwas, das nur in der Vorstellung existiert, aber nicht in der Wirklichkeit*: Das ist doch bloße Fantasie, das hast du dir ausgedacht!; die Fantasien eines Künstlers/Träumers; sexuelle Fantasien ▻ fantasieren

fan·tas·tisch <fantastischer, am fantastischsten> *adj* ❶ *(↔ realistisch) voll von Dingen, die es nur in der Fantasie gibt*: Sie liest gerne fantastische Geschichten, denn er hat eine Vorliebe für historische Romane. ❷ *(↔ alltäglich) so ungewöhnlich, dass man es kaum glauben kann*: ein fantastisches Erlebnis ❸ *sehr gut, großartig*: ein fantastischer Pianist ❹ *sehr hoch*: ein fantastisches Gebirge; fantastische Preise

Far·be die ['farbə] <-, -n> ❶ *die optische Erscheinung, in der alle Dinge wahrgenommen werden*: Die Ampel hat drei Farben: Rot, Gelb und Grün.; Das Meer hat viele Farben: manchmal ist es blau, manchmal grau, manchmal grün.; Welche Farbe hat das neue Kleid?; kräftige/leuchtende/zarte Farben ◆Grund-, Leucht-, Pastell- ❷ *eine Flüssigkeit, die eine bestimmte Farbe*[1] *hat und die man mit einem Pinsel auf die Oberfläche von etwas streicht*: Ich möchte Türen und Fenster neu streichen und kaufe deshalb mehrere Dosen mit weißer Farbe.; Der Maler steht vor seinem Gemälde und trägt mit dem Pinsel Farbe auf.; Die Kinder mischen die Farben mit Wasser. ▻ Farbkasten, Farbstift, Farbstoff ◆Öl-, Mal-, Wasser-, Wand- ❸ /kein Plur./ *das Aussehen der Haut nach einigen Tagen, wenn man oft an der Sonne war*: Er hat in den zwei Tagen in den Bergen Farbe bekommen: — Bald ist er richtig braun!; ■ **in Farbe** *(↔ schwarzweiß) so, dass es die natürlichen Farben wiedergibt* Alte Fotos sind noch schwarzweiß, neue Fotos dagegen meist in Farbe.; ■ **die Farben eines Landes** *die Farben der Flagge eines Landes*; ■ **Farbe bekennen** *sagen, was man wirklich denkt* ▻ Farbfilm

fär·ben ['fɛrbn] I. *mit OBJ* ■ **jmd./etwas färbt etwas** *die Farbe von etwas verändern*: Die untergehende Sonne färbt den Himmel rot.; Sie hat sich die Haare gefärbt. II. *mit SICH* ■ **etwas färbt sich irgendwie** *eine bestimmte Farbe bekommen*: Der Himmel färbte sich rot.; Im Herbst färben sich die Blätter an den Bäumen gelb, rot und braun.

Farb·fern·se·her der <-s, -> *(↔ Schwarzweißfernseher) ein Fernsehgerät, das Bilder farbig zeigt*

far·big ['farbɪç] <farbiger, am farbigsten> *adj* ❶ *mit mehreren Farben*: Das Kind hat ein sehr farbiges Bild gemalt. ❷ /nicht steig./ *(↔ schwarzweiß) so, dass es die natürlichen Farben abbildet*: ein farbiges Foto; farbige Fernsehbilder ❸ /nicht steig./ *(↔ farblos) getönt*: farbige Brillengläser; eine farbige Flüssigkeit ❹ /nicht steig./ *(↔ weiß) so, dass man eine dunkle Hautfarbe hat*: farbige Menschen ❺ *(übertr.: ≈ lebhaft) so, dass man sich etwas gut vorstellen kann*: eine farbige Schilderung

Fa·sching der ['faʃɪŋ] <-s, -e/-s> SÜDDT., ÖSTERR. *(≈ Fastnacht) Karneval(szeit)*: Fasching feiern ◆-sfeier, -szug

Fa·schis·mus der [fa'ʃɪsmʊs] <-> /kein Plur./ GESCH. *ein politisches System mit einer undemokratischen, rassistischen und*

nationalistischen Ideologie: der deutsche Faschismus unter Hitler; der italienische Faschismus unter Mussolini; in der Zeit des Faschismus ▸ faschistisch

Fass das |fas| <-es, Fässer> ❶ *ein Gefäß, das aus Holz oder Metall besteht und in dem man Flüssigkeiten aufbewahrt und transportiert:* ein Fass Bier/Öl/Wein; ein hölzernes Fass; Bier vom Fass zapfen ◆ Bier-, Wasser-, Wein- ❷ *die Menge einer Flüssigkeit, die in ein Fass¹ passt:* zwei Fässer Wein kaufen; ■ **ein Fass aufmachen** *(umg.) etwas feiern;* ■ **ein Fass ohne Boden** *(abwert.) eine Sache, in die man viel Geld oder Arbeit steckt, ohne einen Erfolg zu sehen*

Fas·sa·de die |faˈsaːdə| <-, -n> ❶ *die vordere Seite eines Hauses (die man von der Straße aus sieht):* ein Hotel mit einer schön gestalteten Fassade ◆ Außen- ❷ *die äußere Erscheinung von etwas, die etwas vortäuscht:* Sie zeigt eine schöne Fassade, hat aber einen reinen Charakter.; ■ **etwas ist nur Fassade** *(umg. abwert.) etwas ist nur da, um einen bestimmten Eindruck zu erwecken* Seine Freundlichkeit ist nur Fassade: In Wirklichkeit ist er kalt und rücksichtslos

fas·sen |ˈfasn̩| <fasst, fasste, hat gefasst>
I. mit OBJ ❶ **jmd./etwas fasst etwas** *(≈ ergreifen) (mit der Hand) nach etwas greifen und es festhalten:* Fassen Sie die Stange mit beiden Händen!; jemanden am Ärmel fassen ❷ **jmd. fasst jmdn.** *gefangen nehmen:* Die Polizei hat den Dieb schnell gefasst. ❸ **jmd. fasst etwas (in Worte)** *formulieren:* seine Gedanken in Worte fassen ❹ **etwas fasst etwas** *als Inhalt aufnehmen können:* Der Tank fasst tausend Liter.; Das Stadion fasst zehntausend Zuschauer. ❺ **jmd. fasst etwas** *(≈ verstehen) als Gedanken/Vorstellung aufnehmen können:* Ich kann mein Glück einfach nicht fassen.; Es ist nicht zu fassen, was da geschehen ist. ▸ Fassungsvermögen
II. ohne OBJ ■ **jmd. fasst an etwas** *Akk. mit der Hand nach etwas greifen:* sich/jemandem an die Stirn fassen **III. mit SICH** ■ **jmd. fasst sich** *wieder zur Ruhe kommen:* Nach der Aufregung hat er sich bald wieder gefasst.; ■ **sich kurz fassen** *kurz das Wesentliche sagen;* ■ **jemand fasst sich ein Herz** *(umg.) jmd. traut sich, etwas zu tun;* ■ **einen Entschluss fassen** *sich endlich zu etwas entschließen*

Fas·sung die <-, -en> ❶ *ein Rahmen, in dem etwas befestigt ist:* die silberne Fassung einer Armbanduhr ❷ *der Teil in einer elektrischen Lampe, in den man die Glühbirne schraubt* ❸ */kein Plur./ (≈ Beherrschung) die Fähigkeit, die eigenen Gefühle nicht ganz zu zeigen:* Im Streit mit dem Kollegen ist er wütend geworden und ganz aus der Fassung geraten; die Fassung bewahren/verlieren ▸ fassungslos ❹ *die sprachliche Form eines Textes:* den Text in eine bessere Fassung bringen; Von diesem Gedicht gibt es eine frühe und eine späte Fassung.

fast |fast| *adv (≈ beinahe) nahe an einem bestimmten Zustand oder einer bestimmten Maßzahl:* Er hat fast zehn Stunden gearbeitet.; Sie wiegt fast siebzig Kilogramm.

Fast·food, *a.* **Fast Food** das |ˈfaːstˈfuːd| <-(s)> *bestimmte Speisen, z.B. Hamburger, die in speziellen Imbisslokalen schnell zubereitet und dort oder gleich auf der Straße gegessen werden:* Es ist sehr ungesund, sich nur von Fastfood zu ernähren.

Fast·nacht die <-> */kein Plur./ die beiden letzten Tage im Fasching, an denen nach bestimmten Traditionen gefeiert wird:* Fastnacht feiern ◆ -sbrauch, -sumzug

fas·zi·nie·ren |fastsiˈniːrən| *mit OBJ* ■ **jmd./etwas fasziniert jmdn.** *sehr stark auf jmdn. wirken, so dass er Interesse an etwas bekommt und es bewundert:* Er ist fasziniert von den neuesten technischen Erfindungen.; Es fasziniert mich, wie diese Tänzerin sich bewegt.; ein faszinierender Anblick ▸ Faszination

fa·tal <fataler, am fatalsten> *adj so, dass etwas schlechte Folgen hat:* ein fataler Fehler; ein Irrtum mit fatalen Folgen

faul |faul| <fauler, am faulsten> *adj* ❶ *durch Bakterien verdorben:* ein faules Ei; Der Apfel hat eine faule Stelle. ❷ *(umg. abwert.) irgendwie verdächtig:* An der Sache ist doch etwas faul.; Was sind denn das für faule Ausreden? ❸ *(abwert.: ↔ fleißig) so, dass man keine Lust hat zu lernen oder zu arbeiten:* nur faul herumsitzen statt zu arbeiten; ein fauler Schüler; ■ **faule Witze machen** *(umg. abwert.) schlechte und primitive Witze machen* ▸ Faulheit

fau·len·zen |ˈfaulɛntsn̩| <faulenzt, faulenzte, hat gefaulenzt> *ohne OBJ* ■ **jmd. faulenzt** *(umg. abwert.) faul³ sein, nichts tun:* Während ihr hier faulenzt, müssen wir hart arbeiten!; im Urlaub in der Sonne liegen und faulenzen ▸ Faulenzer(in)

fau·lig |ˈfaulɪç| *adj /nicht steig./ faul¹:* fauliges Obst/Wasser

Faust die |faust| <-, Fäuste> *die Hand in der Stellung, dass alle Finger nach innen zeigen:* vor Wut die Fäuste ballen; die

Hand zur Faust ballen; ■**mit der Faust auf den Tisch hauen** *(umg.) energisch dafür sorgen, dass die eigene Meinung beachtet wird;* ■**etwas auf eigene Faust tun** *(umg.) etwas ohne fremde Hilfe tun* auf eigene Faust eine Lehrstelle suchen ◆-schlag

Fau·teuil der [foˈtœj] <-s, -s> ÖSTERR., SCHWEIZ. *Sessel*

Fax das <-, -(e)> ❶ *kurz für „Telefax(gerät)"* ◆-anschluss, -gerät, -nummer ❷ *eine durch ein Fax[1] gesendete Nachricht:* jemandem ein Fax schicken

fa·xen [ˈfaksn̩] <faxt, faxte, hat gefaxt> *mit OBJ/ohne OBJ* ■**jmd. faxt jmdm. etwas** *(umg.) ein Fax schicken:* jemandem ein Dokument/eine Nachricht faxen

Fa·xen <-> *Plur. (umg.)* ❶ *(≈ Grimassen)* Die Kinder machten Faxen hinter dem Rücken des Lehrers. ❷ *(abwert.) ein dummer Scherz:* Was sind denn das für Faxen?; Macht keine Faxen!

Fe·ber der [ˈfeːbɐ] <-s, -> ÖSTERR. *Februar*

Fe·b·ru·ar der [ˈfeːbruaːɐ̯] <-(s), -e> *der zweite Monat des Jahres*

Fe·der die [ˈfeːdɐ] <-, -n> ❶ *eines der vielen weichen Gebilde, die aus der Haut von Vögeln wachsen:* Der Vogel putzt seine Federn.; Das Kissen ist mit Federn von Gänsen gefüllt. ▶ federleicht ◆ Gänse-, Vogel- ❷ *ein spitzes Metallstück, das in einem Griff steckt und zum Schreiben oder Zeichnen benutzt wird:* mit Tinte und Feder schreiben; eine Zeichnung mit einer Feder anfertigen ◆-halter, -strich, -zeichnung, Schreib- ❸ TECHN. *ein Metallstück in Form einer Spirale, das dazu dient, Druck oder Stöße auszugleichen:* die Federn in einer Matratze; ■**in den Federn liegen** *(umg.) im Bett liegen;* ■**sich mit fremden Federn schmücken** *(umg. abwert.) den Erfolg einer anderen Person für sich selbst in Anspruch nehmen;* ■**Federn lassen müssen** *(umg.) Nachteile hinnehmen müssen;* ■**zur Feder greifen** *etwas schreiben* ▶ federn, Federung ◆ Federkernmatratze

Fee die [feː] <-, -n> *eine weibliche Märchenfigur, die zaubern und den Menschen Wünsche erfüllen kann:* eine böse/gute/schöne Fee ▶ feenhaft ◆ -nmärchen, -nschloss

Feed·back das [ˈfiːdbɛk] <-s, -s> *(≈ Rückmeldung) die Reaktion, mit der man zeigt, dass man eine Äußerung/ein Verhalten des Gegenübers verstanden hat; Rückmeldung:* Nach seinem Vortrag bekam er von einigen Kollegen ein positives Feedback.; Ich bin dir dankbar, wenn du mir ein kritisches Feedback gibst.

fe·gen [ˈfeːɡn̩] <fegst, fegte, hat/ist gefegt> I. *mit OBJ/ohne OBJ* ■**jmd. fegt etwas** *(haben)* ❶ *mit dem Besen säubern:* Er fegt gerade den Hof.; Hast du schon gefegt? ❷ SÜDDT., SCHWEIZ. *(≈ wischen) mit Lappen säubern:* die Spüle fegen; Ich muss nur noch fegen, dann ist alles sauber. II. *ohne OBJ* ■**etwas fegt irgendwohin/über etwas** *Akk. (sein) (umg.) sich sehr schnell bewegen:* Der Hund fegte hinter dem Stock her.; Ein Sturm fegte über das Feld.

Fehl- [feːl] *als Erstglied zusammengesetzter Substantive, mit Betonung auf dem Erstglied; drückt aus,* ❶ *dass das mit dem Zweitglied Bezeichnete nicht korrekt (ausgeführt) ist oder nicht richtig gehandhabt wird/worden ist:* Schwerwiegendes wissenschaftliches Fehlverhalten (z.B. das Abschreiben aus nicht exakt als Zitat gekennzeichneten anderen Schriften) kann zur Aberkennung/Entziehung des Doktortitels führen ◆-alarm, -bedienung, -belegung, -besetzung, -deutung, -diagnose-, -einschätzung, -entscheidung, -entwicklung, -ernährung, -farbe, -funktion, -haltung, -information, -interpretation, -investition, -kalkulation, -konstruktion, -planung, -schluss, -spekulation, -sprung, -tritt, -verhalten, -urteil, -wurf, -zündung ❷ *dass das mit dem Zweitglied Bezeichnete nicht (mehr) vorhanden ist:* Fehlzeiten von Mitarbeitern/Mitarbeiterinnen aufgrund einer Erkrankung nehmen zu; man meldet sich wieder häufiger krank. ◆-bestand, -gewicht, -zeit

fehl- [feːl] *als Erstglied zusammengesetzter Adjektive (eigentlich Partizipien als Verben); mit Betonung auf dem Erstglied; drückt aus, dass das mit dem Zweitglied Bezeichnete nicht korrekt ist oder nicht richtig gehandhabt wird/worden ist:* Manche fragen sich, ob Vegetarier(innen) fehlernährt sind (= sich falsch ernähren) ◆-besetzt (zu: fehlbesetzen), -ernährt (zu: fehlernähren), -gebildet (zu: fehlbilden), -gesteuert (zu fehlsteuern), -interpretiert (zu: fehlinterpretieren), -geleitet (zu: fehlleiten)

feh·len [ˈfeːlən] I. *ohne OBJ* ❶ ■**jmd./etwas fehlt** *jmd./etwas ist nicht an seinem üblichen Platz:* Der Schüler fehlt heute in der Schule wegen Krankheit.; An deinem Hemd fehlt ein Knopf. ❷ ■**etwas fehlt jmdm.** *Dat. von etwas ist zu wenig vorhanden:* Mir fehlen noch zehn Euro, dann kann ich mir das Fahrrad kaufen.; Ihm fehlt der Mut, das Risiko zu wagen. ❸ ■**jmd./**

etwas fehlt jmdm. *(umg.) jmd./etwas wird von jmdm.(schmerzlich) vermisst:* Du fehlst mir sehr. Wann kommst du wieder? **II.** *mit ES* ▪ **es fehlt jmdm. an etwas** *nicht ausreichend vorhanden sein:* Den Flüchtlingen fehlt es an Wasser, Nahrung, Kleidung und Medikamenten.; ▪ **jemandem fehlt etwas** *(umg.) jmd. ist krank* Du siehst schlecht aus. Fehlt dir etwas?; ▪ **Das hat gerade noch gefehlt!** *(umg.) das können wir jetzt überhaupt nicht gebrauchen;* ▪ **Weit gefehlt!** *(geh.) das ist völlig falsch;* ▪ **es fehlte nicht viel, und ... wäre geschehen** *beinahe wäre ... geschehen*

Feh·ler der ['fe:lɐ] <-s, -> ❶ *ein falsches Verhalten:* Ich glaube, es war ein Fehler, ihm zu vertrauen.; einen Fehler begehen/bereuen/wieder gutmachen ❷ *etwas, das nicht richtig ist oder nicht mit einer Regel übereinstimmt:* Der Schüler hat im Diktat viele Fehler gemacht.; Ich lese den Text nochmal durch und korrigiere die Fehler. ◆ Denk-, Druck-, Rechen-, Schreib- ❸ *(≈ Mangel) eine kleine Stelle, an der etwas nicht perfekt oder beschädigt ist:* Der Stoff hat einige kleine Fehler im Muster.; den Fehler im Computerprogramm suchen ◆ Material- ❹ *(≈ Schwäche ↔ Stärke) eine schlechte Eigenschaft im Charakter eines Menschen:* Er hat vor allem einen Fehler: er ist geizig.; Jeder Mensch hat Fehler!; die Fehler des anderen tolerieren können

Fehl·in·for·ma·ti·on die <-, -en> *eine falsche Information*

Fehl·kon·s·t·ruk·ti·on die <-, -en> *(abwert.) ein Gerät, das nicht gut funktioniert, weil es falsch konstruiert worden ist*

fehl·schla·gen <schlägt fehl, schlug fehl, ist fehlgeschlagen> *ohne OBJ* ▪ **etwas schlägt fehl** *(≈ misslingen) etwas hat keinen Erfolg:* Das kann gar nicht fehlschlagen, denn wir haben alles bedacht!

Fei·er die ['faiɐ] <-, -n> *ein Fest, bei dem ein besonderes Ereignis gemeinsam mit anderen Menschen gefeiert wird (z.B. ein Geburtstag, eine Hochzeit, ein bestandenes Examen):* eine Feier im engsten Familienkreis/im Kollegenkreis; Zu dieser Feier sind alle recht herzlich eingeladen.; ▪ **zur Feier des Tages** *(umg.) um diesen Anlass zu würdigen* Zur Feier des Tages wurde Champagner bestellt. ▶ feierlich, Feierlichkeit ◆-stunde, Abschieds-, Betriebs-, Jubiläums-, Trauer-, Weihnachts-

Fei·er·abend der ['faiɐ|a:bn̩t] <-s, -e> ❶ *die Zeit, die man nach der täglichen Arbeit noch hat:* Was machst du heute am Feierabend?; Ich wünsche Ihnen einen schönen Feierabend! ❷ */kein Plur./ das Ende der Dienstzeit:* Wir machen um fünf Uhr Feierabend.; ▪ **Jetzt ist aber Feierabend (damit)!** *(umg.) das dulde ich nicht länger*

fei·ern ['faiɐn] <feierst, feierte, hat gefeiert> *mit OBJ/ohne OBJ* ❶ ▪ **jmd. feiert (etwas)** *seine Freude über ein positives Ereignis dadurch ausdrücken, dass man andere Menschen zu einem gemeinsamen Fest einlädt:* den Geburtstag im engsten Familienkreis feiern; Im Mai feiern sie Hochzeit.; Mit einem Festessen, Musik und Tanz wurde bis in die Nacht gefeiert. ❷ ▪ **jmd. feiert jmdn.** *jmdn. (laut) ehren:* Das Publikum feierte den Dirigenten mit langem Beifall.; Der Olympiasieger wurde nach seiner Rückkehr gefeiert.

Fei·er·tag der ['faiɐta:k] <-(e)s, -e> *(↔ Werktag) ein Tag, an dem nicht gearbeitet wird, weil er an ein wichtiges (meist religiöses) Ereignis erinnert:* An Sonn- und Feiertagen bleibt die Behörde geschlossen.; Wir sind über die Feiertage verreist. ▶ feiertäglich ◆-ruhe, Weihnachts-

fei·ge ['faigə] <feiger, am feigsten> *adj (↔ mutig) so, dass man Angst hat, etwas Wichtiges zu tun:* Er war zu feige, um öffentlich zu protestieren. ▶ Feigheit

Feig·ling der ['faiklɪŋ] <-s, -e> *(abwert.) jmd., der feige ist:* Sie ist ein Feigling, warum hat sie nicht ehrlich ihre Meinung gesagt?

fein [fain] <feiner, am feinsten> **I.** *adj* ❶ *(↔ grob) aus relativ kleinen oder relativ dünnen Bestandteilen bestehend:* ein feines Gewebe; feiner Sand/Staub; fein gemahlenes Korn; ein fein gesponnenes Netz ❷ *zart, anmutig:* ein feines Gesicht ❸ *hohen Ansprüchen gerecht werdend:* vorzügliches Essen und dazu feine Weine; fein riechen/schmecken ▶ Feinkost ❹ *sehr gut:* Fein, dass du mitkommst; Das habt ihr wirklich fein gemacht! ❺ *fähig, alles gut wahrzunehmen und zu unterscheiden:* ein feines Gespür für etwas haben; ein feines Gehör/eine feine Nase haben ❻ *sehr vornehm:* die feinen Leute; feine Manieren haben; sich fein anziehen; ▪ **sich feinmachen** *sich besonders schön anziehen* **II.** *adv (umg.) sehr, genau:* etwas fein säuberlich abschreiben; Du musst jetzt fein still sitzen!; ▪ **vom Feinsten** *(umg.) auserlesen* In diesem Hotel ist alles vom Feinsten!; ▪ **fein heraus sein** *(umg.) nicht (wie die anderen) in Schwierigkeiten sein*

Feind der, **Fein·din** [faint] <-(e)s, -e> (≈ Gegner ↔ Freund) jmd., der gegen jmdn./etwas ist und diese Person oder Sache bekämpft: sich jemanden zum Feind machen; die Feinde der Demokratie; Er ist ein Feind solcher Politik. ▸ feindlich, Feindschaft ◆-bild, Tod-

-feind·lich [faindlɪç] *als Zweitglied zusammengesetzter Adjektive, mit Betonung auf dem Erstglied; drückt aus,* ❶ *dass es eine besonders negative Einstellung zu dem mit dem Erstglied Bezeichneten gibt:* Manche machen nur dumme ausländerfeindliche Witze; aber neofaschistische Gruppen zeigen eine erhebliche Gewaltbereitschaft gegen Ausländer(innen) ◆ ausländer-, fortschritts-, frauen-, reform-, regierungs-, staats-, technik-, zivilisations- ❷ *dass im Hinblick auf das mit dem Erstglied Bezeichnete besonders negative Folgen zu erwarten sind:* Eine familienfeindliche Politik mit allen negativen Folgen für Familien wird oft in vielerlei Hinsicht beklagt. ◆ familien-, kommunikations-, lebens-

Fein·schme·cker der, **Fein·schme·cke·rin** <-s, -> jmd., der gern sehr gute und teure Speisen isst ◆-lokal

feist [faist] <feister, am feistesten> *adj (abwert.:* ≈ *fett) sehr dick:* ein feistes Gesicht ▸ Feistigkeit

Feld das [fɛlt] <-(e)s, -er> ❶ *Acker, auf dem Gemüse oder Getreide angebaut wird:* Der Bauer bestellt/pflügt das Feld.; Auf den Feldern wächst Gerste/Roggen/Weizen. ◆-arbeit, -rand ❷ (≈ *Gebiet) ein bestimmter Bereich des Wissens oder ein (wissenschaftliches) Arbeitsgebiet:* ein großer Erfolg auf dem Feld der Genforschung; auf verschiedenen Feldern forschen ❸ *geometrische Fläche:* einzelne Felder einer Tabelle/eines Formulars ❹ SPORT (≈ *Spielfeld) Platz, auf dem gespielt wird:* Die Spieler kommen auf das Feld gelaufen. ❺ PHYS. *ein Raum, in dem bestimmte Kräfte wirken:* ein elektrisches/magnetisches Feld; ▪ **das freie Feld** *(geh.) ein offenes, nicht abgegrenztes Gebiet* sich im freien Feld bewegen; ▪ **etwas ins Feld führen** *(geh.) etwas als Argument verwenden;* ▪ **gegen jemanden/etwas zu Felde ziehen** *(geh.) jmdn. oder etwas bekämpfen;* ▪ **jemanden aus dem Feld schlagen** *(geh.) jmdn. besiegen*

Feld·ste·cher der <-s, -> Fernglas

Feld-Wald-und-Wiesen-
[ˈfɛltˈvalt|ʊntˈviːzn̩] (≈ *Allerwelts-) als Erstglied zusammengesetzter Substantive, mit* Betonung auf dem Erstglied; drückt in abfälliger Weise aus, dass die mit dem Zweitglied bezeichnete Tätigkeit/Ausrichtung einer Person oder Sache aufgrund mangelnder Konzentration auf einen wesentlichen/zentralen Punkt und der Beschäftigung mit allem Möglichen nur von mittelmäßiger, oberflächlicher und damit durchschnittlicher Art ist: sich aus Bestandteilen verschiedener Religionen und philosophischer Orientierungen eine Feld-Wald-und-Wiesen-Religion bzw. Feld-Wald-und-Wiesen-Philosophie zusammenbasteln, die jeder Eigenart entbehrt ◆-dichter, -doktor, -philosophie, -religion, -programm

Fell das [fɛl] <-(e)s, -e> ❶ /Plur. selten/ *die Haare, die auf der Haut von Tieren wachsen:* Die Katze hat ein schwarzes/glänzendes Fell. ◆ Bären-, Lamm-, Schaf- ❷ (≈ *Pelz) Haut (und Haare) eines Tieres, die man für Kleidung verwendet:* Felle zu Kleidung verarbeiten; eine mit Fell bespannte Trommel; ▪ **ein dickes Fell haben** *(umg.) viel ertragen können, ohne beleidigt zu sein*

Fels[1] der [fɛls] <-> /kein Plur./ *harter Stein:* eine Schicht aus hartem Fels; In diesen Höhen gibt es nur noch nackten Fels. ▸ felsig ◆-brocken, -masse, -spalte

Fels[2] der [fɛls] <-ens/-en, -en> *(geh. verhüll.:* ≈ *Felsen) ein großes Stück Fels*[1]*:* Der Bergsteiger klettert in den Felsen.; Ein Fels ragte aus dem Wasser. ◆-engipfel, -enküste

fe·mi·nin [femiˈniːn] <femininer, am femininsten> *adj* ❶ (↔ *maskulin) typisch weiblich:* Sie wirkt in ihrem Kleid sehr feminin.; ein feminine Ausstrahlung/Frisur ❷ /nicht steig./ SPRACHWISS. (↔ *maskulin) so, dass es das weibliche Genus hat:* „Stadt" ist feminin.

Fe·mi·nis·mus der [femiˈnɪsmʊs] <-> /kein Plur./ *eine Ideologie und gesellschaftliche Bewegung, die die Gleichberechtigung der Frau in allen Lebensbereichen und eine Veränderung der gesellschaftlichen Rollen von Frauen erreichen möchte* ▸ feministisch

Fens·ter das [ˈfɛnstɐ] <-s, -> ❶ *die Öffnung in einer Wand, die durch Glas das Sonnenlicht scheint:* ein Fenster kippen/öffnen/schließen; die Fenster putzen; ein Fenster zum Hof/zur Straße ◆-rahmen, -scheibe ❷ *die Öffnung in einem Fahrzeug, die mit Glas versehen ist:* die Fenster eines Autos/Flugzeugs ❸ EDV *ein abgegrenzter Bereich auf der Benutzeroberfläche des Bildschirms;* ▪ **weg vom Fenster sein** *(umg.) keine Chancen oder keinen*

Einfluss mehr haben

Fe·ri·en [ˈfeːri̯ən] *Plur.* ❶ *die Tage im Jahr, in denen kein Schulunterricht stattfindet:* die Ferien zu Ostern, zu Pfingsten und zu Weihnachten ◆-beginn, -ende, Oster-, Pfingst-, Weihnachts- ❷ *die Tage im Jahr, in denen Behörden und große Betriebe nicht arbeiten:* Die Firma/die Behörde macht über Weihnachten Ferien. ❸ *(umg.) Urlaub:* in die Ferien fahren; seine Ferien planen; seine Ferien im Ausland verbringen; ▪ **die großen Ferien** *die unterrichtsfreie Zeit im Sommer*

fern [fɛrn] <ferner, am fernsten> **I.** *adj* ❶ *(↔ nahe¹) räumlich weit weg:* von fernen Ländern träumen; etwas von fern beobachten/hören ❷ *(↔ nahe²) zeitlich weit weg:* die ferne/fernere Zukunft; Der Tag des Examens ist nicht mehr fern. **II.** *präp +Dat. (geh.) weit entfernt von etwas:* fern der Küste; fern jeder menschlichen Siedlung; ▪ **jemandem fernliegen** *nicht die Absicht haben, etwas zu tun* Es liegt mir fern, ihn zu verdächtigen.; ▪ **jemandem fernstehen** *zu jmdm. keine nähere Beziehung haben* fernstehende Bekannte; ▪ **sich von jemandem fernhalten** *mit jmdm. keinen persönlichen Kontakt haben* Von diesen Leuten solltest du dich lieber fernhalten. ◆lebens-, praxis-, realitäts- ◆Zusammenschreibung → R 4.6

Fern- [fɛrn] *als Erstglied zusammengesetzter Substantive, mit Betonung auf dem Erstglied; drückt aus, dass das mit dem Zweitglied Bezeichnete eine große räumliche Distanz aufweist, über große Distanzen geht, oder auf etwas weit Entferntes bezogen ist:* die radiologische Fernüberwachung kerntechnischer Anlagen als Instrument der atomrechtlichen Aufsichtsbehörde ◆-abitur, -beziehung, -blick, -diagnose, -heilung, -heizung, -hochschule, -kabel, -pendlerpauschale, -radweg, -reise, -trainer, -tourismus, -trauung, -universität, -unterricht, -überwachung, -wanderung, -wirkung, -zeugung, -ziel, -zug, -zugriff

-fern [fɛrn] *als Zweitglied zusammengesetzter Adjektive, mit Betonung auf dem Erstglied; drückt aus, dass jemand oder etwas weit von dem entfernt ist bzw. ohne Bezug zu dem, was mit dem Erstglied bezeichnet wird:* Manche Gesundheitsratschläge erscheinen als völlig lebensfern ◆gegenwarts-, lebens-, praxis-, realitäts-, wirklichkeits-, zivilisations-

Fern·be·die·nung *die* <-, -en> /kein Plur./ *Gerät, mit dem man elektrische Geräte bedienen kann, ohne sie zu berühren:* die Fernbedienung des Fernsehers

fern·blei·ben <bleibst fern, blieb fern, ist ferngeblieben> *ohne OBJ (sein)* ▪ **jmd. bleibt (von) etwas** *Dat.* **fern** *absichtlich an etwas nicht teilnehmen:* Er ist der Veranstaltung/dem Unterricht ferngeblieben.

fer·ner [ˈfɛrnɐ] **I.** *adv (geh.) in Zukunft:* Er wird auch ferner für uns arbeiten. **II.** *konj (geh. verhüll.: ≈ außerdem)* Für den Kuchen brauchen wir Mehl, Zucker und Butter, ferner Rosinen und Zitronat.; ▪ **unter „ferner liefen"** *(umg.) auf einem untergeordneten Platz* Er hat sie nur unter „ferner liefen" erwähnt.

Fern·ge·spräch *das* <-(e)s, -e> *(↔ Ortsgespräch) Telefongespräch über eine größere Distanz*

fern·ge·steu·ert *adj /nicht steig./ (≈ ferngelenkt) durch Fernbedienung:* Die Rakete erreicht ferngesteuert ihr Ziel.

Fern·glas *das* <-es, Ferngläser> *ein optisches Gerät mit zwei Linsen, mit dem man Objekte in größerer Distanz größer sehen kann als mit bloßen Augen:* Durch das Fernglas kann ich sogar die Menschen oben auf dem Felsen erkennen.

Fern·licht *das* <-es> /kein Plur./ KFZ *Scheinwerfer, der auf weite Entfernung strahlt:* mit Fernlicht fahren

Fern·seh·ap·pa·rat *der* <-(e)s, -e> *Fernseher*

Fern·se·hen *das* [ˈfɛrnzeːən] <-s> /kein Plur./ ❶ TECHN. *eine Technologie, mit der man über große Entfernungen bewegte Bilder und Ton von einem Sender zu einem Empfangsgerät übertragen kann:* die Erfindung des Fernsehens ◆Fernsehantenne, Fernsehgerät, Fernsehprogramm, Fernsehsender, Fernsehsendung ❷ *die von Fernsehsendern gesendeten Programme:* Was gibt es heute im Fernsehen? ❸ *die Fernsehsender:* Er arbeitet als Journalist/Kameramann beim Fernsehen.; Das Fernsehen überträgt das Konzert ab 21 Uhr.

fern·se·hen [ˈfɛrnzeːən] <siehst fern, sah fern, hat ferngesehen> *ohne OBJ* ▪ **jmd. sieht fern** *Sendungen im Fernsehgerät anschauen:* Wir haben den ganzen Abend ferngesehen.

Fern·se·her *der* [ˈfɛrnzeːɐ] <-s, -> *(umg.) ein Gerät zur Wiedergabe von Fernsehsendungen:* einen neuen Fernseher kaufen; viele Stunden vor dem Fernseher verbringen ◆Farb-

Fern·spre·cher *der* <-s, -> *ein Telefon, das öffentlich aufgestellt ist und gegen Geld oder Telefonkarte benutzt werden*

kann: die Fernsprecher im Bahnhof

Fern·ver·kehr der ‹-s› /kein Plur./ (↔ *Nahverkehr*) *der Verkehr, der Personen und Güter über große Entfernungen transportiert:* Er arbeitet als LKW-Fahrer im Fernverkehr.; die Züge im Fernverkehr

Fern·weh das ‹-s› /kein Plur./ (↔ *Heimweh*) *die Sehnsucht nach fernen Ländern:* Fernweh (nach fremden Ländern) haben

Fer·se die ['fɛrzə] ‹-, -n› ❶ ANAT. *der hintere Teil des Fußes:* Blasen an den Fersen haben ❷ *der Teil des Strumpfes, der die Ferse bedeckt:* Der Strumpf hat ein Loch in der Ferse.; ▪ **jemandem auf den Fersen sein/bleiben** *(umg.) nicht aufhören, jmdn. zu verfolgen*

fer·tig ['fɛrtɪç] *adj* /nicht steig./ ❶ *so, dass die Arbeit an etwas vollendet ist:* ein fertiges Manuskript/Produkt; Das Haus ist jetzt endlich fertig (gebaut).; Komm bitte! Das Essen ist fertig! ▸ fertigstellen ❷ (≈ *bereit*) *so, dass etwas getan ist, damit etwas Neues beginnen kann:* Wir sind fertig zur Abreise.; Hast du deinen Koffer schon fertig gepackt? ❸ *(umg.) so, dass man am Ende seiner Kräfte/ Mittel ist:* vor Anstrengung/ Hitze völlig fertig sein; Er ist finanziell und gesundheitlich völlig fertig.; ▪ **jemanden fix und fertig machen** *jmdn. so anstrengen, dass er müde und erschöpft ist* Dieses Examen hat mich fix und fertig gemacht.; ▪ **mit jemandem fertig sein** *(umg.) keine Beziehung mehr zu jmdm. haben (wollen);* ▪ **etwas fertigbringen** *fähig sein, etwas zu tun* Ich bringe es nicht fertig, ihn zu belügen.; ▪ **mit etwas fertigwerden** *(umg.) etwas bewältigen* Sie ist mit den schrecklichen Erlebnissen nie ganz fertig geworden.; ▪ **mit jemandem fertigwerden** *(umg.) jmdm. körperlich oder geistig in einer Auseinandersetzung überlegen sein* Der Lehrer muss mit einem aggressiven Schüler fertig werden.; ▪ **etwas fertigstellen** *etwas so bearbeiten, dasss es am Ende fertig ist*

-fer·tig [fɛrtɪç] *als Zweitglied zusammengesetzter Adjektive, mit Betonung auf dem Erstglied; drückt aus,* ❶ (≈ *bereit, ·fähig*) *dass etwas bzw. mit etwas sofort und ohne weitere Vorbereitungen begonnen werden kann, was mit dem Erstglied genannt wird:* Bei der Haushaltsauflösung sind leider auch viele durchaus gebrauchsfertige Dinge zurückgeblieben (Möbel, Elektrogeräte etc.).; schrankfertige Wäsche, die sofort in den Schrank getan werden kann; tassenfertiger Tee, mit dem man sofort Tee in einer Tasse machen kann ◆ ausgeh-, back-, bezugs-, brat-, druck-, einbau-, gebrauchs-, koch-, marsch-, reise-, trink-, schlüssel-, schrank-, tassen-, versand- ❷ (≈ *·gewandt*) *dass jemand eine besondere Fertigkeit besitzt, die mit dem Erstglied bezeichnet wird:* Die Figur in der Sage war ein bösartiger, aber sehr kunstfertiger Zwerg, der ein altes Handwerk ausübte.; Diese Teppichhändler waren raffinierte, aber ebenso sprachfertige (= eloquente) Leute. ◆ kunst-, sprach-

Fer·tig·keit die ‹-, -en› /kein Plur./ *(geh.) die Fähigkeit, etwas geschickt zu tun:* eine große Fertigkeit im Malen/Nähen haben; die für diesen Beruf erforderlichen Fertigkeiten ◆ Finger-, Lese-, Rede-

Fes·sel¹ die ['fɛsl] ‹-, -n› /meist Plur./ *ein Strick, mit dem man jmdn. oder ein Tier festbindet:* die Fesseln lockern/lösen/sprengen; ▪ **jemanden in Fesseln legen** *jmdn. für längere Zeit festbinden*

Fes·sel² die ['fɛsl] ‹-, -n› *der schmale Teil des Beines über den Fußgelenken:* schlanke Fesseln haben

fes·seln ['fɛsln] ‹fesselst, fesselte, hat gefesselt› *mit OBJ* ❶ ▪ **jmd. fesselt jmdn./etwas** (an etwas *Akk.*) *jmdn. oder etwas festbinden:* Er fesselte ihm (die) Arme und (die) Beine.; Sie fesselten die Geisel an einen Stuhl. ❷ ▪ **jmd. fesselt jmdn.** (mit etwas *Dat.*) (≈ *faszinieren*) *Interesse und Aufmerksamkeit auf sich lenken:* Der Magier fesselt die Zuschauer mit seiner Darbietung.; ein fesselnder Roman; fesselnd erzählen können; ▪ **ans Bett/den Rollstuhl gefesselt sein** *(wegen einer Krankheit) im Bett liegen müssen oder auf den Rollstuhl angewiesen sein*

Fest das [fɛst] ‹-(e)s, -e› ❶ (≈ *Feier*) *eine Veranstaltung, bei der mehrere Menschen zusammenkommen, um miteinander fröhlich zu sein (meist bei Essen und Trinken):* ein Fest feiern/geben; zu einem Fest eingeladen sein ◆ ·besucher, ·gast, ·gelände, Abschiedsfest-, Garten-, Hochzeits-, Sommer-, Stadt-, Volks- ❷ *ein Feiertag, an dem ein wichtiges religiöses Ereignis gefeiert wird:* Weihnachten ist ein christliches Fest.; ▪ **Frohes Fest!** *Frohe Weihnachten!* ◆ Oster-, Pfingst-, Weihnachts-

fest [fɛst] ‹fester, am festesten› *adj* ❶ *hart und stabil:* ein festes Material; festen Boden unter den Füßen haben ❷ (↔ *locker*) *so, dass etwas mit etwas anderem eng verbunden ist und nur mit viel Kraft herausgelöst werden kann:* Der Zahn sitzt noch ganz fest im Kiefer.; ein im Boden fest verwurzelter Baum ❸ *kräftig:* die Lippen fest aufeinander pressen; ein fester Händedruck; mit fester Stimme sprechen ❹ *(≈ sicher) nur schwer zu verändern:* einen festen Glauben/Willen haben; der festen Überzeugung sein; etwas fest vereinbaren/versprechen; ein festes Honorar/einen festen Preis vereinbaren ◆ feuer-, wetter- ❺ *(≈ ständig) beständig, dauerhaft:* ihr fester Freund; ein fester Wohnsitz; für zwei Jahre fest angelegtes Geld

-fest [fɛst] *als Zweitglied zusammengesetzter Adjektive, mit Betonung auf dem Erstglied; drückt aus,* ❶ *(≈ -beständig) dass etwas dasjenige aushält/erträgt, was mit dem Erstglied bezeichnet wird, so dass kein Schaden dadurch entstehen kann; oft in der Werbung vorkommend:* kochfeste Socken und Unterwäsche ◆ bügel-, feuer-, frost-, hitze-, kälte-, koch-, krisen-, kugel-, stoß-, wasch-, waschmaschinen-, wetter-, winter- ❷ *dass etwas dasjenige nicht tut, was mit dem Erstglied bezeichnet wird; oft in der Werbung vorkommend:* knitterfeste Ware aus textilen Rohstoffen, die auch bei hoher Beanspruchung nicht knittert ◆ abrieb- (zu: abreiben), bruch- (zu: brechen), knitter-, rutsch- (zu: rutschen), verschleiß- ❸ *dass jemand oder etwas im Hinblick auf das mit dem Erstglied Bezeichnete Beständigkeit/Stabilität zeigt:* ortsfeste Leitern mit Wandbefestigung ◆ charakter-, orts-, prinzipien- ❹ *dass jemand in großem Ausmaß zu dem in der Lage ist, was mit dem Erstglied bezeichnet wird:* In studentischen Verbindungen muss man sehr trinkfest sein, da viel Alkohol getrunken wird ◆ trink- ❺ *dass jemand sehr viel von dem versteht, was mit dem Erstglied bezeichnet wird:* Besonders bibelfeste Christen sind oft sehr dogmatisch und lehnen z.B. sogar eine Scheidung ab. ◆ bibel-, satzungs-

fest·fah·ren <fährst fest, fuhr fest, hat festgefahren> *mit SICH* ▪ **jmd./etwas fährt sich fest** ❶ *nicht weiterfahren können:* Wir haben uns mit dem Auto im Schlamm festgefahren.; Das Auto hat sich im Sand festgefahren. ❷ *(umg. übertr.) nicht weiterkommen:* Die Gespräche/Verhandlungen haben sich festgefahren.

fest·hal·ten <hältst fest, hielt fest, hat festgehalten> I. *mit OBJ* ▪ **jmd. hält etwas fest** ❶ *(↔ loslassen) (mit den Händen) ergreifen und halten:* Kannst du mal kurz die Leine festhalten?; Während ich das Bild festhalte, kannst du den Nagel einschlagen. ❷ *(≈ aufzeichnen) in Bild, Ton oder Schrift dokumentieren:* die wichtigsten Beschlüsse im Protokoll festhalten; Die Rede ist auf Tonband festgehalten worden. ❸ ▪ **jmd. hält jmdn. fest** *nicht weggehen lassen:* Die Polizei hat den Dieb mehrere Stunden auf dem Revier festgehalten.; Ich bin noch im Büro festgehalten worden, deshalb komme ich etwas zu spät. II. *ohne OBJ* ▪ **jmd. hält an etwas Akk. fest** *(↔ aufgeben) beibehalten, auf etwas bestehen:* an einer Gewohnheit festhalten; Er hat die ganze Zeit an seiner Meinung festgehalten. III. *mit SICH* ▪ **jmd. hält sich an etwas Akk. fest** *mit den Händen etwas greifen, um nicht zu fallen:* Halte dich fest, sonst fällst du um.; sich am Geländer festhalten

Fest·land *das* ['fɛstlant] <-(e)s> /*kein Plur.*/ ❶ *(≈ Kontinent ↔ Insel) eine große Fläche der Erde mit Land:* die dem asiatischen Festland vorgelagerten Inseln ❷ /*kein Plur.*/ *(↔ Meer) das Land im Gegensatz zum Meer:* nach wochenlanger Fahrt über den Ozean endlich Festland erreichen

fest·le·gen <legst fest, legte fest, hat festgelegt> *mit OBJ* ❶ ▪ **jmd. legt etwas fest** *bestimmen, anordnen:* Regeln für ein Spiel festlegen; den Preis/einen Zeitpunkt/die Gebühren/eine Strafe festlegen ❷ ▪ **jmd. legt jmdn. auf etwas Akk. fest** *verpflichten:* jemanden auf etwas festlegen; Ich will mich nicht festlegen, vielleicht komme ich doch später.

fest·lich <festlicher, am festlichsten> *adj wie bei einem Fest; zu einem Fest gehörend:* ein festlicher Umzug; festliche Stimmung; festlich gekleidet sein ▪ Festlichkeit

Fest·nah·me *die* <-, -n> *der Vorgang, dass die Polizei jmdn. festnimmt*

fest·neh·men <nimmst fest, nahm fest, hat festgenommen> *mit OBJ* ▪ **jmd. nimmt jmdn. fest** *in Haft nehmen:* Die Polizei konnte den Täter wenige Stunden nach der Tat festnehmen.

Fest·plat·te *die* <-, -n> EDV *(≈ Harddisc) der Speicher in einem Computer:* Dateien auf (der) Festplatte speichern

fest·set·zen <setzt fest, setzte fest, hat festgesetzt> I. *mit OBJ* ❶ ▪ **jmd. setzt etwas fest** *bestimmen:* einen Termin festsetzen ❷ ▪ **jmd. setzt jmdn. fest** *(umg.) in Haft nehmen:* einen Täter festsetzen II. *mit SICH* ▪ **etwas setzt sich irgendwo fest** ❶ *sich ansammeln und haften bleiben:* Der Schmutz hatte sich in den Ecken festgesetzt. ❷ *(übertr.) im Gedächtnis bleiben:* Diese Idee hat sich in seinem Kopf festgesetzt.

fest·ste·hen <stehst fest, stand fest, hat festgestanden> *ohne OBJ* ▪ **etwas steht**

fest·stel·len – Feuerwerk

fest *endgültig (beschlossen) sein:* Der Termin für die Konferenz steht schon fest! Wir können ihn nicht verschieben.

fest·stel·len *mit OBJ* ❶ **jmd. stellt etwas fest** *herausfinden, prüfen:* jemandes Personalien feststellen; feststellen, ob noch genügend Vorräte vorhanden sind; Die Wissenschaftler haben festgestellt, dass … ❷ **jmd. stellt etwas fest** *erkennen, bemerken:* Ich habe festgestellt, dass mein Schlüssel weg ist.; feststellen, dass die Kinder groß geworden sind ❸ **jmd. stellt etwas fest** *etwas Wichtiges deutlich sagen:* Ich möchte feststellen, dass ich nicht einverstanden bin. ▸ Feststellung ❹ **jmd. stellt etwas fest** TECHN. *festmachen:* den Hebel in einer Position feststellen

Fett das [fɛt] <-(e)s, -e> ❶ */kein Plur./* ein Bestandteil des Körpers (unter der Haut) bei Mensch und Tier: ein Stück Fleisch mit viel Fett daran; Das Fett verhindert, dass sich die Enten im kalten Wasser unterkühlen.; Fett am Bauch ansetzen ❷ *Nahrungsmittel, das aus pflanzlichem oder tierischem Fett¹ gewonnen wird:* Fleisch in viel Fett braten ◆ Brat-, Pflanzen-, Kokos- ❸ *eine Substanz, mit der man Maschinen schmiert:* eine Achse mit Fett schmieren; ■ **jemand sitzt im Fett** *(umg.) jmd. lebt in materiell guten Verhältnissen*

fett [fɛt] <fetter, am fettesten> *adj* ❶ *(↔ mager) reich an Fett²:* fettes Essen; zu fett essen/kochen ▸ fettig ❷ *(umg. abwert.: ↔ dünn) sehr dick:* Sie ist ziemlich fett geworden. ❸ DRUCKW. *(↔ mager) als Buchstabe mit besonders dicken Linien gestaltet:* ein fett gedruckter Buchstabe; eine fette Überschrift

Fet·zen der [ˈfɛtsn̩] <-s, -> ❶ *ein unregelmäßig abgerissenes Stück Stoff oder Papier:* ein Fetzen Papier/Stoff ❷ *(übertr.) einzelne, unzusammenhängende Teile von etwas:* die Fetzen einer Melodie/eines Gesprächs; ■ **sich streiten, dass die Fetzen fliegen** *(umg.) sich heftig streiten*

feucht [fɔyçt] <feuchter, am feuchtesten> *adj (↔ trocken) ein wenig nass:* den Tisch mit einem feuchten Lappen abwischen; Die Wände der Wohnung sind feucht.; feuchte Luft; feuchtes Wetter ▸ Feuchtigkeit

feu·dal [fɔyˈdaːl] *adj /nicht steig./* ❶ GESCH. *auf den Feudalismus bezogen, zu ihm gehörend:* eine feudale Gesellschaftsordnung ▸ Feudalgesellschaft, Feudalherrschaft, Feudalismus, feudalistisch, Feudalstaat, Feudalsystem ❷ *den Adel betreffend:* ein feudales Schloss; feudale Kreise der Gesellschaft ❸ *vornehm; prachtvoll:* ein feudales Essen; eine feudal eingerichtete Wohnung

Feu·er das [ˈfɔyɐ] <-s, -> ❶ */kein Plur./* die Flammen, durch die etwas brennt und Licht und Wärme erzeugt: Feuer machen; sich ans Feuer setzen; etwas auf kleinem Feuer kochen ◆ Herd-, Kamin-, Kohlen-, Lager- ❷ *(≈ Brand) der Vorgang, dass etwas brennt:* ein Feuer anzünden/löschen; Im Dach ist Feuer ausgebrochen.; Das Feuer hat große Teile des Waldes vernichtet. ❸ */kein Plur./* MILIT. *der Gebrauch von Schusswaffen:* das Feuer einstellen/eröffnen ❹ */kein Plur./ (≈ Temperament)* leidenschaftliche Begeisterung: Man spürt das innere Feuer dieses Musikers.; Diese Frau hat aber Feuer!; ■ **Haben Sie Feuer?** *Können Sie mir Ihr Feuerzeug geben?*; ■ **für jemanden durchs Feuer gehen** *alles für jmdn. tun*; ■ **für etwas keine Hand ins Feuer legen** *für etwas nicht garantieren*; ■ **jemand spielt mit dem Feuer** *jmd. ist leichtsinnig und fordert eine Gefahr heraus*; ■ **jemand fängt Feuer** *jmd. verliebt sich*; ■ **Feuer und Flamme für etwas sein** *(umg.) begeistert für etwas sein* Sie ist Feuer und Flamme für deinen Vorschlag.

Feu·er·lö·scher der <-s, -> *ein rotes Gerät, das in öffentlichen Gebäuden hängt und mit dem man Schaum auf ein (kleineres) Feuer sprühen kann, um es zu löschen*

feu·ern <feuerst, feuerte, hat gefeuert> I. *mit OBJ* ❶ ■ **jmd. feuert (etwas)** *heizen:* einen Ofen feuern; Holz/Kohle/Öl feuern ❷ ■ **jmd. feuert etwas irgendwohin** *(umg.) etwas irgendwohin werfen:* die Tasche in die Ecke feuern ❸ ■ **jmd. feuert jmdn.** *(umg.) entlassen:* Nach zwanzig Jahren in der Firma haben sie ihn einfach gefeuert! II. *ohne OBJ* ■ **jmd. feuert (auf etwas** *Akk.***)** MILIT. *schießen:* auf ein Ziel feuern; ■ **jemandem eine feuern** *(umg.) jmdm. eine Ohrfeige geben*

Feu·er·wa·che die <-, -n> *Gebäude der Feuerwehr (mit Feuerwehrleuten und Geräten):* Die Feuerwache ist bei Tag und beim Nacht bereit zum Einsatz.

Feu·er·wehr die <-, -en> *die Institution, die die Aufgabe hat, Feuer zu bekämpfen oder auch bei Katastrophen zu helfen:* bei der freiwilligen Feuerwehr arbeiten; die Feuerwehr alarmieren/rufen

Feu·er·werk das <-(e)s, -e> *das Anzünden kleiner Raketen, die bunt aufleuchten:* Zu Silvester machen viele Familien vor dem Haus ein Feuerwerk.; Beim Sommerfest gibt es zum Abschluß ein großes Feuerwerk. ▸ -skörper

Feu·er·zeug das <-(e)s, -e> *ein kleines Gerät, mit dem man z.B. Zigaretten anzündet*

Feuil·le·ton das [fœjə'tɔ̃:/'fœjətɔ̃] <-s, -s> ❶ *unterhaltender Teil einer Zeitung, der sich mit Themen aus Kultur und Literatur beschäftigt* ❷ *ein literarischer Artikel:* ein Feuilleton schreiben ▸ Feuilletonist(in), feuilletonistisch

Fie·ber das ['fi:bɐ] <-s, -> /*Plur. selten*/ MED. *hohe Temperatur des Körpers:* Er ist krank und liegt mit hohem Fieber im Bett.; Fieber messen ◆ -thermometer

fie·bern ['fi:bɐn] <fieberst, fieberte, hat gefiebert> *ohne OBJ* ❶ ▪ **jmd. fiebert** *Fieber haben:* Der Patient fiebert wieder. ❷ ▪ **jmd. fiebert vor etwas** *Dat. (geh.) aufgeregt und nervös sein:* vor Spannung fiebern ❸ ▪ **jemand fiebert nach etwas** *etwas unbedingt haben wollen:* Sie fiebert danach, endlich zu verreisen.

fiel [fi:l] *Prät. von* **fallen**

fies [fi:s] <fieser, am fiesesten> *adj (umg. abwert.:* ≈ *gemein) nicht sympathisch, böse:* ein fieser Kerl; Sie hat sich richtig fies verhalten.

Fi·gur die [fi'gu:ɐ̯] <-, -en> ❶ *(≈ Statur) die äußere Form des Körpers, die ein Mensch hat:* eine kräftige/rundliche/schlanke/sportliche Figur ❷ *eine (bedeutende) Persönlichkeit:* eine bedeutende Figur der Geschichte ◆ Identifikations-, Leit-, Vater- ❸ KUNST *ein Charakter in einem Roman oder einem Drama:* die Figuren in einem Film/Roman/Theaterstück ◆ Märchen-, Roman- ❹ *künstlerische Abbildung, Statue:* Die kleine griechische Figur stellt den Liebesgott Amor dar.; die Figur eines kleinen Elefanten aus Porzellan; ▪ **eine gute/schlechte Figur bei etwas machen** *(umg.) einen guten/schlechten Eindruck bei etwas machen*

fik·tiv [fɪk'ti:f] *adj /nicht steig./ (geh.) nur erfunden oder in der Vorstellung existierend:* Die Geschichte spielt in einem fiktiven Land.; Wir müssen unseren Berechnungen einen fiktiven Betrag zugrunde legen, da wir die genaue Summe nicht kennen. ▸ Fiktion

Fi·let das [fi'le:] <-s, -s> KOCH. *ein zartes Stück Fleisch ohne Knochen sowie ein Stück Fisch ohne Gräten* ◆ -braten, -stück, Schweine-, Rinder-

Fi·li·a·le die [fi'lja:lə] <-, -n> *(≈ Zweigstelle) ein zweites/weiteres Geschäft/Büro der gleichen Art:* Diese Bank hat in der Stadt mehrere Filialen.

Film der [fɪlm] <-(e)s, -e> ❶ *bei analogen Kameras eine Rolle aus lichtempfindlichem Kunststoff, auf die Bilder aufgenommen werden können:* einen neuen Film in die Kamera einlegen; einen Film belichten/entwickeln ❷ *eine Folge von bewegten Bildern, die wirkliche Begebenheiten oder eine erdachte Geschichte darstellen:* einen Film drehen; in einem Film mitspielen; sich einen Film im Kino ansehen ▸ Verfilmung ◆ Dokumentar-, Fernseh-, Kriminal-, Spiel- ❸ /*kein Plur.*/ *(umg.) die Gesamtheit der Personen und Firmen, die Filme² drehen:* beim Film arbeiten; Sie wollte schon immer zum Film.

fil·men ['fɪlmən] *mit OBJ/ohne OBJ* ▪ **jmd. filmt (etwas)** *mit einer Kamera Filme² machen:* Tiere filmen

Fil·ter der ['fɪltɐ] <-s, -> ❶ *ein Gerät, um Stoffe voneinander zu trennen:* einen Filter für Schadstoffe in den Schornstein einbauen; den Kaffee durch den Filter laufen lassen ◆ Kaffee-, Luft-, Papier-, Wasser- ❷ *der Teil einer Zigarette, der einen Teil der Giftstoffe aus dem Rauch entfernen soll:* Zigaretten mit/ohne Filter ❸ FOTOGR., PHYS. *eine Linse, die einzelne Farben des Lichts nicht durchlässt:* einen Filter vor das Objektiv setzen ◆ Farb-

fil·tern ['fɪltɐn] <filterst, filterte, hat gefiltert> *mit OBJ* ▪ **jmd. filtert etwas** *durch einen Filter¹ laufen lassen:* den Kaffee filtern; die Abgase filtern ▸ Filterung

Filz der [fɪlts] <-es, -e> ❶ *ein sehr dichter Stoff aus Wolle:* ein Hut/Pantoffeln aus Filz ◆ -hut, -pantoffeln ❷ *(umg. abwert.:* ≈ *Klüngel) ein System von Korruption unter Personen, die öffentliche Ämter haben:* Das ist doch alles ein Filz. ◆ Parteien-

Fim·mel der ['fɪml] <-s, -> *(umg. abwert.:* ≈ *Tick) eine seltsame Angewohnheit oder Vorliebe:* Er hat den Fimmel, sein Auto jede Woche zu waschen. ◆ Mode-, Putz-

Fi·na·le das [fi'na:lə] <-s, -/Finals> ❶ */Plur.: Finale/ Ende einer Veranstaltung oder Aufführung:* Zum Finale des Stadtfestes gibt es ein großes Feuerwerk.; das Finale einer Sinfonie ❷ /*Plur.: Finals*/ SPORT *Endspiel:* sich für das Finale qualifizieren; Die Finals der Weltmeisterschaften finden in der nächsten Woche statt. ◆ Achtel-, Halb-, Viertel-

Fi·nanz·amt das <-(e)s, Finanzämter> *die Behörde, die die Steuern einzieht* ▸ Finanzbeamter, Finanzbeamtin

Fi·nan·zen [fi'nantsn̩] <-> *Plur.* ❶ WIRTSCH. *die in eingenommenen und ausgegebenen Gelder einer Firma/Institution:* die Finanzen einer Firma verwalten ▸ Finanzminister, finanzkräftig, finanzschwach ◆ Staats- ❷ *(umg.) das Geld, das man zur Verfügung hat:* Meine Finanzen sind etwas knapp.

fi·nan·zi·ell [finanˈtsi̯ɛl] *adj /nicht steig./* ❶ *auf die Finanzen bezogen:* finanzielle Probleme/Sorgen haben ❷ *mit Geld:* den Sohn finanziell unterstützen; sich finanziell an einem Unternehmen beteiligen

fi·nan·zie·ren [finanˈtsiːrən] <finanzierst, finanzierte, hat finanziert> *mit OBJ* ▪ **jmd. finanziert etwas** *das Geld für etwas bereitstellen:* ein Projekt finanzieren; sein Studium mit Gelegenheitsarbeiten finanzieren

fin·den [ˈfɪndn̩] <findest, fand, hat gefunden> I. *mit OBJ* ❶ ▪ **jmd. findet etwas** *durch Suchen oder zufällig etwas entdecken:* Ich dachte, ich habe meine Schlüssel verloren, aber jetzt habe ich sie wiedergefunden.; Ich kann meine Brille nirgends finden.; In Alaska hatte man Gold gefunden.; Ich habe in ihm einen Freund gefunden.; Hast du eine Arbeit gefunden?; Wer findet die Lösung des Rätsels? ❷ ▪ **jmd. findet jmdn./etwas irgendwie** *von jmdm./etwas eine Meinung haben:* Wie beurteilst du diesen Roman? Ich finde ihn sehr spannend.; Ich fand den Vortrag sehr interessant.; Er findet die neue Kollegin langweilig.; Ich finde, er ist sehr nett. So, findest du? II. *ohne OBJ* ▪ **jmd. findet irgendwohin** *irgendwohin gelangen:* Ich habe nicht nach Hause gefunden.; Wie finde ich zum Bahnhof? III. *mit SICH* ▪ **etwas findet sich** *sich irgendwie einstellen:* Alles Weitere wird sich finden. ▸ Finder

Fin·der·lohn *der* <-s> /kein Plur./ *eine Belohnung (durch Geld), die man jmdm. gibt, der etwas gefunden hat und es dem Besitzer/der Besitzerin wiedergegeben hat:* Ich habe meinen Geldbeutel mit 100 Euro verloren; dem Mann, der ihn gefunden hat, habe ich dann 10 Euro Finderlohn gegeben.

fing [fɪŋ] *Prät. von* **fangen**

Fin·ger *der* [ˈfɪŋɐ] <-s, -> ❶ *eines der fünf Glieder einer Hand:* der kleine Finger; einen Ring am Finger tragen; mit dem Finger auf jemanden zeigen ◆ Mittel-, Zeige- ❷ *der Teil eines Handschuhs, der einen Finger¹ umschließt:* ein Handschuh mit abgeschnittenen Fingern; ▪ **lange Finger machen** *(umg.) stehlen;* ▪ **die Finger von etwas lassen** *sich entscheiden, etwas Riskantes nicht zu tun* Von diesem Geschäft möchte ich lieber die Finger lassen.; ▪ **jemandem auf die Finger sehen** *(umg.) jmdn. kontrollieren;* ▪ **sich etwas aus den Fingern saugen** *(umg.) etwas frei erfinden;* ▪ **jemandem auf die Finger klopfen** *(umg.) jmdn. ermahnen oder kontrollieren;* ▪ **den Finger auf die Wunde legen** *(umg.) auf ein Problem oder Übel deutlich hinweisen;* ▪ **jemanden um den kleinen Finger wickeln** *(umg.) jmdn. sehr leicht beeinflussen können;* ▪ **überall seine Finger im Spiel haben** *(umg.) an allem beteiligt sein;* ▪ **sich die Finger nach etwas lecken** *(umg.) begierig auf etwas sein;* ▪ **keinen Finger für etwas krumm machen** *(umg.) für etwas nichts tun;* ▪ **sich die Finger verbrennen an etwas** *(umg.) bei etwas Schaden erleiden*

Redewendungen: "Sie möchte den Posten unbedingt haben, denn sie leckt sich alle Finger danach" ('Sie ist begierig darauf'); "Ich weiß, dass es gut ausgehen wird; mein kleiner Finger sagt mir das!" ('Ich habe es im Gespür/Ich ahne das!'); "Die Sache ist zu gefährlich für dich; lass lieber die Finger davon!" ('Lass es sein; hüte dich lieber davor!'); "Er muss aber auch überall seine Finger im Spiel haben!" ('Er muss auch an allen Geschäften beteiligt sein!'); "Er hat während der ganzen Tagung nicht einen einzigen Finger krumm gemacht" ('Er hat sich nicht gerührt/sich nicht beteiligt'); "Dass es ein Misserfolg werden würde, das konnte man sich doch an fünf/zehn Fingern abzählen!" ('Das war äußerst klar'); "Da hast du dir aber ein Riesen-Projekt durch die Finger/Lappen gehen lassen!" ('Da hast du eine große Sache versäumt!'); "Das schaffst du schon; das machst du doch mit dem kleinen Finger!" ('Das bedeutet für dich doch keine Anstrengung!').

Fin·ger·spit·zen·ge·fühl *das* <-s> /kein Plur./ (≈ Taktgefühl) *Einfühlungsvermögen und sensibles Verhalten:* Sie hat das nötige Fingerspitzengefühl, um mit schwierigen Kollegen gut auszukommen.

fins·ter [ˈfɪnstɐ] <finst(e)rer, am finstersten> ❶ (↔ hell) *sehr dunkel:* in finst(e)rer Nacht; nachts, im finsteren Wald; Finstere Wolken zogen am Himmel auf. ▸ Finsternis, Sonnenfinsternis ❷ *so, dass jmd. schlechte Laune hat man das in seinem Gesicht sehen kann:* ein finsteres Gesicht machen; jemanden finster ansehen ❸ *(abwert.: ↔ vertrauenerweckend) so, dass jmd. vielleicht etwas Böses plant oder* *etwas Böses geschehen könnte:* ein finsterer Geselle; finstere Absichten/Pläne haben; in einer finsteren Gegend wohnen; einen finsteren Verdacht haben ❹ *(abwert.) unwissend, primitiv:* im finstersten Mittelalter; finsterer Aberglaube; Es herrschten finstere Zustände in diesem Land.

Fir·ma die ['fɪrma] <-, Firmen> *ein (privates) Unternehmen, das Waren produziert, mit ihnen handelt oder Dienstleistungen anbietet* ◆ Computer-, Import-, Vertriebs-

Fisch der [fɪʃ] <-(e)s, -e> ❶ *ein im Wasser lebendes Tier, das eine mit Schuppen bedeckte Haut hat und mit Flossen schwimmt:* Fische können nur im Wasser leben.; Fische fangen; tauchen und Fische beobachten; Im Aquarium schwimmen Fische. ▸ Fischfang ◆-schuppe, -schwanz, -schwarm, See-, Süßwasser- ❷ KOCH. *Fisch¹ als Speise:* gebratener/gekochter/geräucherter/panierter Fisch ◆-brötchen, -filet, -gericht, -semmel, -suppe ❸ *Name eines Sternzeichens:* Er ist im März geboren, im Sternzeichen „Fische".; ▪ **kleine Fische** *(umg.) unbedeutende Kleinigkeiten;* ▪ **stumm wie ein Fisch sein** *(umg.) nichts sagen;* ▪ **weder Fisch noch Fleisch sein** *(umg. abwert.) nicht richtig einzuordnen sein*

Fi·scher der, **Fi·sche·rin** ['fɪʃɐ] <-s, -> *jmd., der beruflich Fischfang betreibt* ◆ Hochsee-, Küsten-

Fis·kus der ['fɪskʊs] <-> */kein Plur./ (geh.) alle Institutionen des Staates, die für Finanzen zuständig sind:* Steuern an den Fiskus abführen

Fi·so·le die [fi'zo:lə] <-, -n> ÖSTERR. *grüne Bohne*

fit [fɪt] <fitter, am fittesten> adj *(körperlich) leistungsfähig:* sich mit Sport fit halten; körperlich und geistig fit bleiben/sein ▸ Fitness ◆ top-

fix [fɪks] <fixer, am fixesten> adj ❶ */nicht steig./ so, dass etwas feststeht und nicht verändert wird:* einen fixen Termin vereinbaren; die fixen Kosten mit berücksichtigen ❷ *(umg.) flink:* etwas ganz fix erledigen; Das ist aber fix gegangen! ❸ *(umg.) schnell dabei, etwas zu tun/verstehen:* Du musst etwas Geduld haben, denn sie ist nicht ganz so fix.; ▪ **eine fixe Idee haben** *eine (falsche) Vorstellung haben, an der man fanatisch festhält;* ▪ **fix und fertig sein** *(umg.) ganz erschöpft* Er ist von der Arbeit fix und fertig.

fi·xie·ren <fixierst, fixierte, hat fixiert> **I.** mit OBJ ▪ **jmd. fixiert etwas (irgendwo)** ❶ *schriftlich festhalten:* Ich habe unser Gespräch im Protokoll fixiert. ❷ TECHN. *festmachen:* Ein Bild an der Wand fixieren. **II.** mit SICH ▪ **jmd. fixiert sich auf jmdn./etwas** *jmd. bindet sich emotional an eine Person/eine Vorstellung:* Er hat sich stark auf seinen Vater fixiert.

flach [flax] <flacher, am flachsten> adj ❶ *(≈ eben ↔ hügelig) platt, gleichmäßig in der Höhe wie Hügel oder Berge gibt:* ein flaches Gelände; Norddeutschland ist ziemlich flach. ❷ *(↔ hoch) niedrig, nah am Boden:* sich flach auf den Boden legen; Schuhe mit flachen Absätzen; ein flacher Tisch ❸ *(≈ seicht ↔ tief) so, dass Wasser nicht sehr tief ist:* ein flaches Gewässer; An dieser Stelle ist der Fluss ganz flach. ❹ *so, dass sich nicht aus einer (gedachten) Ebene heraussteht oder sich über diese erhebt:* flache Schuhe; einen flachen Bauch/eine flache Brust haben ❺ *(abwert.: ≈ oberflächlich, banal) geistig nicht besonders anspruchsvoll:* Das war nur flache Unterhaltung ohne jeden Anspruch.; Das Buch/Das Gespräch ist mir zu flach.; ▪ **das flache Land** *(umg.) das Gebiet außerhalb der Stadt* auf das flache Land ziehen ▸ Flachheit

Flä·che die ['flɛçə] <-, -n> ❶ MATH. *eine geometrische Figur mit einer Ausdehnung in Länge und Breite:* Ein Würfel hat sechs Flächen.; den Inhalt/die Größe einer Fläche berechnen ◆-ninhalt, -nmaß ❷ *ein ebenes Gebiet mit einer bestimmten Ausdehnung:* Auf dieser Fläche bauen sie Gemüse an.; Der See ist auf seiner ganzen Fläche gefroren. ◆ Acker-, Gewerbe-, Wasser-, Wohn-

flach·fal·len <fällt flach, fiel flach, ist flachgefallen> ohne OBJ ▪ **etwas fällt flach** *(umg.: ≈ ausfallen) nicht stattfinden:* Der Ausflug fällt flach, weil das Wetter zu schlecht ist.

flach·sen ['flaksn] <flachst, flachste, hat geflachst> ohne OBJ ▪ **jmd. flachst** *(umg.) Scherze machen:* Flachst du oder ist das dein Ernst?

fla·ckern ['flakɐn] <flackerst, flackerte, hat geflackert> ohne OBJ ▪ **etwas flackert** *unruhig brennen oder leuchten:* Das Feuer/die Taschenlampe flackert.

Flag·ge die ['flagə] <-, -n> *eine Fahne als Symbol eines Landes:* die Flagge eines Landes; Das Schiff fährt unter deutscher Flagge.; ▪ **Flagge zeigen** *sich öffentlich zu etwas bekennen* ◆ National-

Flair das [flɛːɐ] <-s> */kein Plur./ (geh.) die besondere Atmosphäre, die ein Ort, eine*

Situation oder eine Person hat: Die Stadt hat ein fast südliches Flair.; Dem Festival fehlte es am nötigen Flair.; Er hat das Flair eines Gentleman.

flam·bie·ren |flam'biːrən| <flambierst, flambierte, hat flambiert> *mit OBJ* ■ **jmd. flambiert etwas** KOCH. *eine Speise mit Alkohol übergießen und anzünden:* Eis mit flambierten Pfirsichen

Flam·me die |'flamə| <-, -n> ❶ *das Leuchten des Feuers:* die Flamme eines Kerze; mit blauer/roter Flamme brennen ◆Gas- ❷ *Kochstelle:* ein Herd mit vier Flammen; das Essen auf kleiner Flamme kochen; ■ **in Flammen stehen** *brennen;* ■ **in Flammen aufgehen** *verbrennen;* ■ **etwas den Flammen übergeben** *(geh.) etwas verbrennen*

Fla·sche die |'flaʃə| <-, -n> ❶ *ein Gefäß (meist aus Glas), in dem man Flüssigkeiten aufbewahrt:* eine Flasche Bier/Saft/Wein; eine Flasche Öl; eine Flasche entkorken/öffnen/verschließen; eine ganze Flasche Wasser trinken ◆-nautomat, -nhals, -npfand, Bier-, Einweg-, Milch-, Pfand- ❷ *(umg. abwert.: ≈ Schwächling, Versager) jmd., der nicht viel kann und feige ist:* Diese Flasche hat doch nicht den Mut, sich zu wehren!

flat·tern |'flatɐn| <flatterst, flatterte, hat/ist geflattert> *ohne OBJ* ❶ ■ **ein Tier flattert mit den Flügeln** *(haben) mit den Flügeln schnelle Bewegungen machen/fliegen:* Der Vogel flatterte aufgeregt (mit den Flügeln).; Der Schmetterling flattert von Blume zu Blume. ❷ ■ **etwas flattert irgendwo** *(haben) vom Wind bewegt werden:* Die Fahnen flattern im Wind.; Die Blätter sind zu Boden geflattert. ❸ ■ **etwas flattert** *(haben) sich ungleichmäßig bewegen:* Der Puls flattert.; Seine Hände flattern vor Aufregung.

flau |flaʊ| <flauer, am flauesten> *adj* ❶ *so, dass man sich unwohl fühlt:* ein flaues Gefühl haben; Mir wird ganz flau im Magen: — Ich glaube, ich werde krank! ❷ *so, dass man (geschäftlich) wenig erreicht:* eine flaue Stimmung an der Börse; Die Geschäfte gehen flau. ▶ Flauheit

Flau·te die <-, -en> ❶ *der Zustand, dass auf dem Meer kein Wind weht:* Sobald die Flaute vorbei ist, bekommt das Segelschiff wieder Fahrt. ❷ *der Zustand, dass man gerade keine guten Geschäfte macht:* Die Firma hat zur Zeit sehr wenig Aufträge — eine richtige Flaute!

flech·ten |'flɛçtn̩| <flichst, flocht, hat geflochten> *mit OBJ* ■ **jmd. flicht etwas** *mehrere Bündel von etwas (Haare/Wollfäden/Zweige) mehrfach übereinander und untereinander legen:* die Haare zu einem Zopf flechten; aus Weidenzweigen einen Korb flechten

Fleck, a. **Fle·cken** der |flɛk| <-(e)s, -e> ❶ *eine schmutzige Stelle auf einem Stoff:* Das Hemd/Die Tischdecke hat Flecken.; sich einen Fleck auf das Hemd machen ▶ fleckig ◆Blut-, Fett-, Schmutz-,Tinten- ❷ *eine Stelle, die sich in der Farbe von der Umgebung unterscheidet:* Die Katze hat ein schwarzes Fell und einen weißen Flecken auf der Brust. ❸ *(umg.) Ort, Gegend:* Der Stein lässt sich nicht vom Fleck bewegen.; Das ist ein schöner Flecken, wo ihr Urlaub machen wollt.; ■ **ein blauer Fleck** *(umg.) ein Bluterguss unter der Haut;* ■ **vom Fleck weg** *(umg.) sofort;* ■ **nicht vom Fleck kommen** *(umg.) sich nicht von der Stelle bewegen können;* ■ **ein weißer Fleck auf der Landkarte** *eine unbekannte Gegend*

Fle·der·maus die |'fleːdɐmaʊs| <-, Fledermäuse> *ein kleines Säugetier mit Flügeln, das nachts herumfliegt:* Die Höhle wird von Fledermäusen bewohnt.

Fle·gel der |'fleːgl̩| <-s, -> *(abwert.: ≈ Lümmel, Rüpel) ein junger Mann, der sich nicht anständig benimmt:* Dieser Flegel hat mir doch die Tür vor der Nase zugeschlagen! ▶ flegelhaft, Flegelhaftigkeit

fle·hen |'fleːən| *ohne OBJ* ■ **jmd. fleht um etwas** *Akk. (geh.) intensiv um etwas Wichtiges bitten:* um Gnade/Hilfe flehen; jemandem einen flehenden Blick zuwerfen ▶ anflehen, flehentlich

Fleisch das |'flaɪʃ| <-(e)s> /kein Plur./ ❶ *die weichen Teile des Körpers von Tieren und Menschen, die vor allem aus Muskeln bestehen:* Die Wunde ging tief ins Fleisch und blutete stark. ❷ KOCH. *das Fleisch¹ von Tieren als Nahrung:* fettes/mageres/sehniges Fleisch; das Fleisch braten/kochen/würzen ◆-gericht, Kalb-, Rind-, Schweine- ❸ *(≈ Fruchtfleisch) die feste Substanz im Inneren von Früchten:* ein Pfirsich mit festem Fleisch ❹ *(veralt. geh.) der menschliche Körper im Hinblick auf seine sinnlichen Bedürfnisse (vor allem Sexualität):* die Bedürfnisse des Fleisches; Der Geist ist willig, doch das Fleisch ist schwach.; ■ **jemand schneidet sich ins eigene Fleisch** *(umg.) jmd. fügt sich selbst einen Schaden zu;* ■ **jemandem in Fleisch und Blut übergehen** *(umg.) jmdm. zur Gewohnheit werden und deshalb nicht viel Nachdenken erfordern;*

Fleischer – fließend

■ **vom Fleisch(e) fallen** *(umg.) sehr abmagern;* ■ **sein eigen Fleisch und Blut** *(veralt. geh.) die eigenen Kinder* ◆ fleischlich

Flei·scher der, **Flei·sche·rin** <-s, -> *(≈ süddt. Metzger, norddt. Schlachter) jmd., der beruflich Tiere schlachtet und Fleisch² verarbeitet bzw. verkauft* ◆ -geschäft, -geselle, -handwerk, -meister(in)

Fleisch·hau·e·rei die <-, -en> ÖSTERR. *siehe* **Metzgerei**

Fleisch·lai·berl das <-> /kein Plur./ ÖSTERR. *siehe* **Frikadelle**

Fleiß der <-es> /kein Plur./ *(↔ Faulheit) eifriges, konzentriertes Arbeiten:* voller Fleiß arbeiten; Der Mitarbeiter zeigt wenig Fleiß.; ■ **Ohne Fleiß kein Preis!** *Nur durch Fleiß erreicht man etwas.;* ■ **mit Fleiß** SÜDDT. *absichtlich* ◆ fleißig

fle·xi·bel [flɛ'ksiːbl̩] <flexibler, am flexibelsten> *adj* ❶ *(≈ biegsam, elastisch) so, dass man es leicht biegen kann:* ein flexibles Material ❷ *so, dass jmd. oder etwas sich leicht an verschiedene Situationen und Aufgaben anpasst:* ein flexibler Mitarbeiter; flexible Arbeitszeiten; ein Gerät flexibel einsetzen ◆ Flexibilität

Fle·xi·on die [flɛˈksi̯oːn] <-, -en> SPRACHWISS. *die Beugung eines Wortes in seinen grammatischen Formen:* die Flexion der unregelmäßigen Verben ◆ -skategorien, -sklasse, -sparadigma, Innen-, Wurzel- ◆ flektieren, Flexiv

fli·cken ['flɪkn̩] <flickst, flickte, hat geflickt> *mit OBJ* ■ **jmd. flickt etwas** *(≈ ausbessern) einen Gegenstand (meist aus Stoff) reparieren:* Du hast ein Loch in der Hose. Soll ich es dir flicken?; Socken/ ein elektrisches Kabel/einen Reifen flicken

Flie·der der ['fliːdɐ] <-s> /kein Plur./ *ein Strauch mit duftenden weißen oder violetten Blüten* ◆ -strauch

Flie·ge die ['fliːɡə] <-, -n> ❶ ZOOL. *ein kleines, schwarzes Insekt mit Flügeln, das fliegt und brummt:* Fliegen schwirren um das Obst herum. ◆ Frucht-, Obst-, Schmeiß- ❷ *eine Schleife, die Männer anstelle einer Krawatte tragen:* eine Fliege umbinden; ■ **keiner Fliege etwas zuleide tun** *(umg.) friedfertig sein;* ■ **zwei Fliegen mit einer Klappe schlagen** *(umg.) zwei Dinge zugleich erledigen;* ■ **umfallen wie die Fliegen** *(umg.) (von Personen) in großer Zahl krank werden oder sterben*

flie·gen ['fliːɡn̩] <fliegst, flog, hat/ist geflogen> I. *mit OBJ (haben)* ❶ **jmd. fliegt ein Flugzeug irgendwohin** *als Pilot ein Flugzeug steuern:* Der Pilot fliegt die Maschine nach München. ❷ ■ **jmd. fliegt jmdn./etwas irgendwohin** *mit dem Flugzeug transportieren:* Er hat die Passagiere/die Fracht nach Venezuela geflogen. II. *ohne OBJ (sein)* ❶ **jmd. fliegt irgendwohin** *mit dem Flugzeug reisen:* Er ist nach Spanien/von Frankfurt nach London geflogen. ❷ ■ **ein Tier fliegt** *sich mit Flügeln durch die Luft bewegen:* Die Bienen/die Schmetterlinge/die Vögel fliegen. ❸ ■ **etwas fliegt irgendwohin** *durch die Luft getrieben werden:* Die Blätter fliegen durch die Luft.; Eine Feder fliegt zu Boden.; Ein Ball fliegt durch das Fenster. ❹ *(umg.: ≈ eilen) sich sehr schnell auf jmdn. oder etwas zu bewegen:* Sie flog in seine Arme. ❺ *(umg.) hinfallen:* Er flog auf die Nase. ❻ ■ **jmd. fliegt aus etwas** *Dat. (umg.) entlassen werden:* Er ist aus der Firma geflogen.; Der Schüler ist von der Schule geflogen.; ■ **auf jemanden/etwas fliegen** *(umg.) von jmdm. oder etwas spontan sehr begeistert sein* Sie fliegt auf den Filmstar.; ■ **eine fliegende Untertasse** *(scherzh.) ein unbekanntes Flugobjekt*

Flie·ger der <-s, -> *(umg.) Flugzeug*

flie·hen ['fliːən] <fliehst, floh, ist geflohen> *ohne OBJ* ■ **jmd. flieht vor etwas** *Dat. (≈ flüchten) von einem Ort weglaufen, weil dort eine Gefahr ist:* ins Ausland/aus dem Gefängnis fliehen; Tausende Menschen flohen vor den herannahenden Truppen.

Fließ·band das <-(e)s, Fließbänder> *ein maschinell betriebenes Band in einer Fabrik, an dem die Produkte bearbeitet werden:* am Fließband arbeiten ◆ -arbeit

flie·ßen ['fliːsn̩] <fließt, floss, ist geflossen> *ohne OBJ* ❶ **etwas fließt irgendwohin** *sich als Flüssigkeit irgendwohin bewegen:* Der Fluss fließt ins Meer.; Das Wasser fließt in das Becken/über den Beckenrand.; Das Blut fließt in den Adern ❷ **etwas fließt** *sich gleichmäßig (irgendwo) bewegen:* In den Leitungen fließt Strom.; Der Verkehr fließt wieder ungehindert. ❸ **etwas fließt** *(≈ tropfen) Flüssigkeit abgeben:* Meine Nase fließt dauernd. ❹ ■ **etwas fließt in etwas** *Akk. (übertr.) in größeren Mengen irgendwohin gelangen:* Informationen fließen; In dieses Projekt sind viele öffentliche Gelder geflossen.; ■ **ein Zimmer mit fließendem Wasser** *ein Zimmer mit einem Waschbecken*

flie·ßend *adj* /nicht steig./ ❶ *so, dass etwas fließt¹,²,³:* ein fließender Übergang; fließendes Wasser ❷ *nicht deutlich:* fließende Grenzen ❸ *ohne Unterbrechungen:* eine Sprache fließend sprechen

fl**ink** [flɪŋk] <flinker, am flink(e)sten> *adj* schnell und geschickt: ein flinkes Mädchen; flink klettern/rechnen können ▶ Flinkheit

Flit·ter·wo·chen <-> *Plur.* die ersten Wochen nach der Hochzeit (in denen ein Paar meist eine Hochzeitsreise macht): in die Flitterwochen fahren; die Flitterwochen in Venedig verbringen

flocht [flɔxt] *Prät. von* **flechten**

flog [floːk] *Prät. von* **fliegen**

floh [floː] *Prät. von* **fliehen**

Floh der [floː] <-(e)s, Flöhe> ZOOL. *ein kleines Insekt, das Blut saugt und Krankheiten übertragen kann:* Der Hund hat Flöhe.; Mich hat ein Floh gebissen.; ■ **jemandem einen Floh ins Ohr setzen** (umg.) *in jmdm. unerfüllbare Wünsche wecken;* ■ **die Flöhe husten hören** (umg.) *besonders vorsichtig und etwas misstrauisch sein*

Floh**·markt** der <-(e)s, Flohmärkte> *ein Markt, auf dem vor allem Privatleute alte und gebrauchte Gegenstände verkaufen*

Ein **Flohmarkt**, auch bezeichnet als *Trödelmarkt*, ist eine Marktveranstaltung, auf der in erster Linie Privatanbieter gebrauchte Gegenstände (Trödelkram) verkaufen können. Betreiber von Neuwaren müssen eine gültige Reisegewerbekarte haben. Wo sich gewerbliche Anbieter übermäßig breitmachen, wird dies von vielen als unangenehm empfunden. Eine Anmeldung ist nicht nötig. Denn auf Termine und Plätze wird durch rechtzeitige Plakatierung hingewiesen; viele Flohmärkte finden regelmäßig (oft an Samstagen) statt. Nicht angeboten werden dürfen: Waffen, Tiere, pornografische Artikel, sowie Kühlschränke, Herde usw. Der Verkauf von Lebensmitteln ist nur nach Genehmigung erlaubt. Die Veranstalter von Flohmärkten erheben Standgebühren, die teilweise recht hoch sind (bis zu mindestens acht EUR pro Meter); Betreiber von Neuwaren zahlen mehr; auch gibt es Pauschalpreise für eine Standfläche plus PKW. Für die angebotenen Artikel muss man sich überlegen bzw. aushandeln, was man dafür haben will. Immerhin will man ein Plus machen und nicht nur die Standgebühr herausbekommen. Für viele hat der Flohmarkt im Wesentlichen einen Unterhaltungswert. Jemand hat gesagt: „Wer auf dem Flohmarkt reich wird, wird nie wieder arm".

Flop der [flɔp] <-s, -s> (umg.) *ein (geschäftlicher) Misserfolg:* Das ganze Fest war ein riesengroßer Flop.

floss [flɔs] *Prät. von* **fließen**

Flos**·se** die [ˈflɔsə] <-, -n> ❶ ZOOL. *eines der Körperteile von Fischen, die sie zum Schwimmen gebrauchen:* die Flossen eines Fisches ◆ Schwanz- ❷ *(≈ Schwimmflosse) eine Art Schuh für Taucher oder Schwimmer, dessen Oberfläche groß ist und mit dem man sich gut im Wasser fortbewegen kann:* mit Flossen schwimmen/tauchen ◆ Schwimm- ❸ *(umg. abwert.) Hand:* Nimm gefälligst deine Flossen von meiner Schulter!

Flö**·te** die [ˈfløːtə] <-, -n> *ein Musikinstrument aus Holz mit Löchern, in die man hinein bläst:* Flöte spielen; eine Komposition für Gitarre und Flöte ▶ flöten ◆ -nmusik, Block-, Quer-, Ton-

flott [flɔt] <flotter, am flottesten> *adj* ❶ *schnell (und geschickt):* die Arbeit flott erledigen; ein flotter Tänzer ❷ *modern und elegant:* flott gekleidet sein ❸ SEEW. *seetüchtig:* Das Boot ist nicht flott.

Fluch der [fluːx] <-(e)s, Flüche> ❶ *eine Äußerung, mit der Unheil/Verderben/Schlechtes gewünscht wird:* Viele Leute glauben, dass ein Fluch eine magische Wirkung hat. ▶ verfluchen ❷ *in großer Wut/im Zorn gemachte Äußerung:* einen derben Fluch ausstoßen ▶ fluchen ❸ */kein Plur./ etwas, das großes Unglück bringt:* Hunger und Krankheit sind ein Fluch für die Menschheit.

Flucht die [flʊxt] <-> */kein Plur./ das Fliehen:* die Flucht vor den Verfolgern/aus dem Gefängnis; ■ **die Flucht ergreifen** *fliehen;* ■ **jemanden in die Flucht schlagen** *jmdn. veranlassen zu fliehen;* ■ **die Flucht nach vorn antreten** *etwas Gefährliches angreifen* ◆ -gefahr, -helfer, -plan, -reaktion

flüch·ten [ˈflʏçtn̩] <flüchtest, flüchtete, ist/hat geflüchtet> **I.** *ohne OBJ* ■ **jmd. flüchtet vor jmdm./etwas** (sein) *vor jmdm./etwas fliehen:* Alle flüchteten, als der Sturm losbrach.; vor dem Terror/dem Krieg flüchten; Sie sind zu Verwandten ins Ausland geflüchtet. **II.** *mit SICH* (haben) ❶ ■ **jmd./ein Tier flüchtet sich irgendwohin** *einen sicheren Ort suchen und sich dort verbergen:* Das Tier hat sich in seine Höhle geflüchtet. ❷ ■ **jmd. flüchtet sich in etwas** *Akk. sich sehr intensiv be-*

stimmten Gedanken hingeben, um damit eine schlimme Situation zu verdrängen: Sie hat sich in ihre Phantasien geflüchtet.

flüch·tig ['flʏçtɪç] <flüchtiger, am flüchtigsten> *adj* ❶ *auf der Flucht:* Der Täter ist noch flüchtig, aber die Polizei ist ihm auf der Spur. ❷ *(≈ oberflächlich ↔ gründlich) nicht genau und gründlich, sondern nur schnell:* die Akten flüchtig durchsehen; Er hat sehr flüchtig gearbeitet und dabei viele Fehler gemacht.; eine flüchtige Bekanntschaft ▸ Flüchtigkeit ❸ *(geh.) von kurzer Dauer:* ein flüchtiger Blick/Kuss; jmdn. nur flüchtig begrüßen

Flücht·ling der <-s, -e> *jmd., der wegen großer Gefahr aus seinem Land flüchten muss* ◂-slager, Kriegs-

Flug der [fluːk] <-(e)s, Flüge> ❶ /kein Plur./ *die Fortbewegung durch die Luft:* der Flug der Vögel/der Fledermäuse; der Flug einer Rakete ▸ fliegen, Flügel ▸ Vogel- ❷ *die Fortbewegung in der Luft in einem Flugzeug:* einen Flug buchen; Der nächste Flug nach Paris geht in sechs Stunden.; Hatten Sie einen angenehmen Flug?; ▪ **Die Zeit vergeht wie im Fluge** *(umg.) die Zeit vergeht sehr schnell* ◂-angst, -erfahrung, -gast, -lärm, -linie -personal, -preis, -reise, -wetter, Inlands-, Transatlantik-

Flug·blatt das <-(e)s, Flugblätter> *ein bedrucktes Blatt Papier (mit einem Text, der über etwas Aktuelles informiert), das kostenlos in großen Mengen verteilt wird:* auf der Straße Flugblätter verteilen; mit Flugblättern Werbung machen/zu einer Demonstration aufrufen

Flü·gel der ['flyːgl̩] <-s, -> ❶ *einer der beiden Körperteile bei Vögeln und Insekten, mit deren Hilfe sie fliegen:* die Flügel eines Insekts/Vogels; mit den Flügeln schlagen ❷ *(umg.: ≈ Tragfläche) eine der beiden Flächen seitlich am Flugzeug:* der linke/rechte Flügel eines Flugzeugs ❸ *eine Seite einer zweiteiligen Fläche, Sache oder Gruppe:* der rechte Flügel eines Gebäudes; den rechten Flügel des Fensters öffnen; die beiden Flügel eines Altars; der linke Flügel der Lunge/der Nase; der linke Flügel einer Partei ◂ Haupt-, Seiten- ❹ MUS. *ein besonders großes Klavier, auf dem man bei Konzerten spielt und dessen Deckel geöffnet werden kann:* ein Klavierkonzert auf dem Flügel spielen; ▪ **etwas verleiht jemandem Flügel** *etwas ermutigt jmdn.;* ▪ **jemand lässt die Flügel hängen** *(umg.) jmd. ist mutlos* Konzert-

Flug·ge·sell·schaft die <-, -en> *eine große Firma, deren Flugzeuge regelmäßig auf bestimmten Strecken fliegen:* Die „Lufthansa" ist eine deutsche Fluggesellschaft.

Flug·ha·fen der <-s, Flughäfen> *das Gelände, auf dem Flugzeuge starten und landen, zusammen mit den Gebäuden, in denen die Passagiere auf ihren Flug warten* ◂-gebäude, -halle, -restaurant

Flug·ti·cket das <-s, -s> *ein Ausweis, der zum Mitreisen in einem Passagierflugzeug berechtigt:* ein Flugticket ausstellen/kaufen

Flug·zeug das <-(e)s, -e> *ein Fahrzeug, das (meist von Motoren angetrieben) in der Luft fliegt:* militärische und zivile Flugzeuge; Alle Passagiere befinden sich an Bord des Flugzeugs.; Ein Flugzeug startet/erreicht eine bestimmte Flughöhe/landet. ◂-besatzung, -modell, -technik, -typ, Düsen-, Passagier-, Segel-, Sport-, Verkehrs-

Flur¹ der [fluːɐ̯] <-(e)s, -e> *ein (langer) Gang in einer Wohnung oder einem Gebäude, von dem aus man in verschiedene Zimmer gehen kann:* aus dem Klassenzimmer auf den Flur gehen; die Schuhe im Flur lassen

Flur² die [fluːɐ̯] <-, -en> *Land, das nicht bebaut ist:* durch Wald und Flur streifen

Fluss der [flʊs] <-es, Flüsse> ❶ *ein größeres fließendes Gewässer:* Erst entspringt eine Quelle, daraus wird dann ein Bach, schließlich ein Fluss, der in einen anderen Fluss oder ins Meer mündet.; Die Hauptstadt liegt an einem breiten Fluss. ◂-gebiet, -mündung, -ufer, Grenz-, Neben- ❷ /kein Plur./ *(geh.) der (ununterbrochene) Ablauf einer Sache:* der Fluss der Zeit; den Fluss einer Rede unterbrechen; Die Verhandlungen kommen/geraten langsam in Fluss. ◂ Gedanken-, Informations-

flüs·sig ['flʏsɪç] <flüssiger, am flüssigsten> *adj* ❶ *so, dass etwas fließen kann:* Wasser ist flüssig.; flüssiger Honig; flüssige Nahrung zu sich nehmen ◂ dick-, dünn- ❷ *gleichmäßig, ohne Unterbrechung:* Das Kind geht seit einem Jahr zur Schule und kann schon flüssig schreiben.; ein flüssiger Vortrag; Der Verkehr auf der Autobahn läuft/ist flüssig. ❸ *(als Geld) verfügbar:* flüssiges Kapital; ▪ **Geld flüssigmachen** *Geld für etwas zur Verfügung stellen*

Flüs·sig·keit die <-, -en> *eine Substanz, die flüssig ist (nicht fest und nicht gasförmig):* Wasser, Milch, Saft, Öl sind Flüssigkeiten.

flüs·tern ['flʏstɐn] <flüsterst, flüsterte, hat geflüstert> *mit OBJ/ohne OBJ* ▪ **jmd. flüstert (etwas)** *sehr leise sprechen:* Sie hat ihm ein Geheimnis ins Ohr geflüstert.; ■ **jemandem (et)was flüstern** *(umg.) jmdm. etwas Unangenehmes sagen* Dir werde ich was flüstern!

Flut die [fluːt] <-, -en> ❶ */kein Plur./* (↔ Ebbe) *das regelmäßige Ansteigen des Wassers im Meer:* Nach der Ebbe kommt wieder die Flut.; Ebbe und Flut nennt man auch die „Gezeiten". ❷ */nur Plur./ (geh.) große Mengen von Wasser:* die Fluten des Amazonas; ■ **sich in die Fluten stürzen** *ins Wasser springen;* ■ **eine Flut von ...** *eine unerwartet große Menge von ...* eine Flut von Briefen ◆-welle

Foh·len das [ˈfoːlən] <-s, -> *ein junges Pferd*

Föhn der [føːn] <-(e)s, -e> ❶ */kein Plur./* METEOR. *ein warmer Wind am Rande der Alpen* ▸ föhnig ◆-wetter ❷ *ein elektrischer Haartrockner, der einen warmen Luftstrom erzeugt:* die Haare mit einem Föhn trocknen

föh·nen [ˈføːnən] *mit OBJ* ■ **jmd. föhnt etwas** *mit einem Föhn² trocknen:* sich/jemandem die Haare föhnen

Fol·ge die [ˈfɔlɡə] <-, -n> ❶ (≈ Reihe) *eine Reihe von Dingen, die zeitlich nacheinander auftreten:* eine Folge von Tönen/Zahlen; eine Folge von Gedanken ❷ *ein einzelner Teil, der zu einer Serie gehört:* Im Fernsehen hat eine fünfteilige Serie zum Thema „Europa" begonnen. Ich habe gestern die erste Folge gesehen.; In der nächsten Folge berichten wir über ... ❸ */meist Plur./* (≈ Konsequenz) *etwas, das als Ergebnis von etwas geschieht:* die Folgen der Umweltverschmutzung/einer Krankheit; die verheerenden Folgen des Wirbelsturms; Seine Entscheidung hatte schlimme Folgen.; Kleine Ursache, große Folgen; ■ **in der Folge** *(geh.) danach* In der Folge will man auch die anderen Gebäude restaurieren.; ■ **Folge leisten** *(geh.) befolgen; gehorchen* einer Aufforderung/einem Befehl Folge leisten ◆Rechts-, Todes-, Unfall-

fol·gen [ˈfɔlɡn̩] <folgst, folgte, ist gefolgt> *ohne OBJ (sein)* ❶ ■ **jmd./etwas folgt jmdm./etwas** *hinter jmdm./etwas her gehen oder fahren:* Sie ging voraus; er folgte ihr.; Wir sind dem Auto mit dem Taxi gefolgt, solange es möglich war. ▸ verfolgen ❷ ■ **etwas folgt etwas** *zeitlich nach etwas kommen:* am folgenden Tag; Als Nächstes folgt (im Programm) eine Sonate von Mozart.; Er folgte seinem Vorgänger im Amt des Präsidenten.; den Worten auch Taten folgen lassen ❸ ■ **jmd. folgt jmdm./etwas** *geistig erfassen; verstehen:* einer Vorstellung/einem Geschehen mit Interesse folgen; Ich kann Ihnen nicht ganz folgen.; Nur wenige Studenten konnten der Vorlesung folgen. ❹ ■ **etwas folgt aus etwas** *Dat. eine Konsequenz aus etwas sein:* daraus folgt, dass ...; angenommen, dass ..., dann folgt daraus, dass ... ▸ folgerichtig, folglich ❺ ■ **jmd. folgt etwas** *Dat. einer Sache gemäß handeln oder sein:* einem Beispiel folgen; Ihre Kleidung folgt immer der Mode. ❻ ■ **jmd. folgt jmdm.** *gehorchen:* Die Kinder folgen nicht.; Der Hund folgt (ihr) aufs Wort.

fol·gend *adj /nicht steig./* ❶ *so, dass es zeitlich nach etwas kommt:* Am Sonntag hat es geregnet, aber an den folgenden Tagen war schönes Wetter.; auf der folgenden Seite (im Buch) ❷ *verwendet, um auszudrücken, dass gleich bestimmte Dinge oder Personen genannt werden:* Dazu möchte ich Folgendes sagen: ...; Uns sind folgende Kosten entstanden: ...; ■ **Im Folgenden** *im Text, der jetzt kommt* Ich habe die These dargestellt. Im Folgenden möchte ich einige Beispiele dafür geben.

fol·gen·der·ma·ßen [ˈfɔlɡn̩dɐˈmaːsn̩] *adv auf folgende Art und Weise:* Das machen wir folgendermaßen: ...

fol·gern [ˈfɔlɡɐn] <folgerst, folgerte, hat gefolgert> *mit OBJ* ■ **jmd. folgert etwas aus etwas** *Dat. (geh.) eine Schlussfolgerung ziehen:* Was folgerst du aus seinem Verhalten/seiner These? ▸ Folgerung

folg·sam [ˈfɔlkzaːm] <folgsamer, am folgsamsten> *adj* (≈ gehorsam) *so, dass man Anweisungen sofort ausführt:* folgsame Kinder; Der Hund legte sich folgsam hin. ▸ Folgsamkeit

Fo·lie die [ˈfoːliə] <-, -n> *eine dünne Fläche aus Kunststoff oder Metall, mit der man etwas abdeckt:* Lebensmittel sind oft in Folie aus Plastik verpackt, damit sie länger frisch bleiben. ◆Alu-, Klarsicht-, Plastik-

Fol·ter die [ˈfɔltɐ] <-, -n> ❶ *das Foltern:* Amnesty International ist eine Organisation, die weltweit gegen Folter protestiert.; unter der Folter ein Geständnis ablegen ◆-methode, -qual ❷ *(geh. übertr.) etwas, das jmdn. quält:* die Folter des langen Wartens; ■ **jemanden auf die Folter spannen** *(umg.) jmdm. bewusst Informationen vorenthalten* Spann mich doch nicht so lange auf die Folter! Rede schon!

fol·tern [ˈfɔltɐn] <folterst, folterte, hat gefoltert> *mit OBJ* ■ **jmd. foltert jmdn.** *jmdn. quälen, um bestimmte Informatio-*

nen oder Geständnisse von ihm zu erzwingen: einen politischen Gefangenen foltern

Fon·due das [fõ'dy:] <-s, -s> KOCH. *ein Gericht, das man am Tisch zubereitet, indem man Fleisch in heißes Öl oder Brot in geschmolzenen Käse taucht* ▸ -gabel, Fleisch-, Käse-

fop·pen ['fɔpn] <foppst, foppte, hat gefoppt> *mit OBJ* ■ **jmd. foppt jmdn.** *(umg.: ≈ necken) jmdm. zum Scherz die Unwahrheit sagen:* Ihr wollt mich foppen, ihr seid doch nicht wirklich den ganzen Weg gelaufen! ▸ Fopperei

for·dern ['fɔrdɐn] <forderst, forderte, hat gefordert> *mit OBJ* ❶ **jmd. fordert etwas (von jmdm.)** *(≈ verlangen) sehr energisch sagen, dass man etwas von jmdm. haben will:* Die Gewerkschaft fordert eine Lohnerhöhung von den Arbeitgebern.; Ich fordere von dir eine Entschuldigung/, dass du dich entschuldigst.; Er fordert von uns das Geld zurück, das er uns geliehen hat. ❷ **etwas fordert jmdn.** *anstrengen; herausfordern:* Die neue Arbeit fordert ihn sehr.; In der Schule ist sie nicht ausreichend gefordert.; ■ **Ein Unfall/Unglück fordert ... Opfer/Menschenleben/Tote.** *Bei einem Unfall/Unglück sind ... Menschen gestorben.* Der Flugzeugabsturz forderte 200 Menschenleben. ▸ herausfordern

för·dern ['fœrdɐn] <förderst, förderte, hat gefördert> *mit OBJ* ❶ **jmd. fördert jmdn./etwas** *mit Geld oder mit seinem Einfluss unterstützen:* besonders begabte Studenten fördern; die Jugendarbeit finanziell fördern ❷ **jmd. fördert etwas** *(≈ voranbringen) bewirken, dass etwas immer besser wird:* den technischen Fortschritt fördern ❸ **jmd. fördert etwas** BERGB. *Bodenschätze abbauen:* Erdgas/Erdöl/Kohle fördern

For·de·rung die <-, -en> ❶ *das, was man fordert¹:* eine berechtigte Forderung stellen; Die Arbeitgeber wollen die Forderungen der Gewerkschaft nicht erfüllen. ❷ *eine Geldsumme, die man zurück haben möchte:* Die Bank hat hohe Forderungen an ihn.

För·de·rung die <-, -en> /kein Plur./ ❶ *das Fördern¹:* die Förderung von begabten Schülern ❷ *das Fördern³:* die Förderung von Erdöl

Form die [fɔrm] <-, -en> ❶ *(≈ Gestalt) die Art, wie etwas von außen aussieht:* eine quadratische/runde/unregelmäßige Form haben; mit dem Stift die Form der Blüte aufs Papier zeichnen ▸ Gesichts-, Kopf- ❷ *(≈ Gestalt) die Art und Weise, wie etwas vorkommt oder verwirklicht ist:* Arten und Formen in der Natur; die verschiedenen Formen menschlichen Zusammenlebens; die Formen politischen Handelns ▸ Lebens-, Natur-, Staats-, Wirtschafts- ❸ *die Art, wie etwas offiziell festgelegt ist:* etwas in Form eines Vertrages festhalten; die Lehrveranstaltung in Form eines Seminars abhalten ❹ *die Art, wie etwas kreativ gestaltet ist:* Er hat für seinen Roman eine ganz neue Form gefunden.; ein Märchen in Form eines Theaterstücks schreiben ▸ Balladen-, Gedicht-, Lied-, Roman- ❺ *(≈ Umgangsform) gutes gesellschaftliches Benehmen:* Du solltest bei deiner berechtigten Kritik die Form wahren.; sich in aller Form entschuldigen ▸ formell ❻ *ein Gefäß, in das man eine Masse gibt, die darin dann fest wird:* den Teig in eine runde Form gießen; Die Kinder spielen im Sandkasten mit bunten Formen.; ■ **gut/schlecht in Form sein** *in guter/schlechtem körperlichem Zustand sein* Der Sportler ist heute sehr gut in Form.; ■ **etwas nimmt feste Formen an** *ein Projekt wird deutlicher und entwickelt sich* ▸ Back-, Guss-, Kuchen-

for·mal [fɔr'ma:l] *adj /nicht steig./* ❶ *auf die Form⁴ bezogen:* der formale Aufbau des Textes; die formale Gestaltung des Gedichts ❷ *die Form³:* Dieses Protokoll entspricht nicht den Vorschriften, denn es hat formale Mängel.; Der Vertrag ist wegen eines formalen Fehlers ungültig. ▸ Formalität ❸ *(↔ real) der offiziellen Form entsprechend, aber nicht wirklich:* Der Lehrstuhl ist zwar formal Teil des Instituts, arbeitet aber völlig selbstständig.; Die Gleichberechtigung ist zwar formal auf dem Papier, aber nicht tatsächlich verwirklicht.

For·mat das [fɔr'ma:t] <-(e)s, -e> ❶ *eine immer gleiche, bestimmte Form¹ oder Größe, in der Papier hergestellt wird:* ein Blatt Papier im Format DIN A4; Fotos im Format 9 x 13 Zentimeter entwickeln lassen ❷ EDV *eine bestimmte Art der Speicherung von Dateien:* eine Datei von einem Format in ein anderes konvertieren ❸ *(geh.) jmds. große Bedeutung als Persönlichkeit:* ein Künstler/Wissenschaftler von Format; Diese Schauspielerin hat Format.

for·ma·tie·ren [fɔrma'ti:rən] <formatierst, formatierte, hat formatiert> *mit OBJ* ■ **jmd. formatiert etwas** EDV *einen Datenträger so vorbereiten, dass darauf neue*

Daten gespeichert werden können: formatierte Disketten kaufen ▸ Formatierung

Form·blatt das <-(e)s, Formblätter> AMTSSPR. *Formular:* ein Formblatt ausfüllen

For·mel die [ˈfɔrml] <-, -n> ❶ CHEM. *die Art, wie man die chemische Zusammensetzung eines Stoffes schriftlich ausdrückt* ❷ MATH., PHYS. *eine Gleichung, die ein allgemein gültiges Gesetz ausdrückt:* die Formel zur Berechnung des Kreisumfangs; Der Mathematiklehrer füllt die Tafel mit Formeln. ◆-sammlung ❸ *ein immer wieder verwendeter sprachlicher Ausdruck:* die Formel eines Eides; Am Ende des Briefs steht die Formel „Mit freundlichen Grüßen, Ihr ... "; eine gebräuchliche/stereotype Formel ◆ Eides- Gruß- ▸ formelhaft ❹ *ein kurzer Satz, der etwas Kompliziertes ganz einfach ausdrückt:* eine verständliche Formel für etwas finden

for·mell [fɔrˈmɛl] <formeller, am formellsten> *adj* ❶ *so, wie es den Vorschriften entspricht:* den Vertrag formell durch die Unterschrift besiegeln ❷ *so, dass es den Umgangsformen entspricht:* einen formellen Antrittsbesuch machen; Er hat sich sehr formell betragen.

for·men [ˈfɔrmən] **I.** *mit OBJ* ▪ **jmd. formt etwas** ❶ *eine bestimmte äußere Form¹ geben:* Lehm zu einer Kugel formen; mit den Händen einen Trichter formen; aus Knetmasse Figuren formen ❷ *(charakterlich) bilden, erziehen:* jemanden zu einem großen Künstler formen **II.** *mit SICH* ▪ **etwas formt sich** *eine bestimmte Form¹ bekommen:* Der Ton formte sich unter seinen Händen zu einer Vase.

-för·mig [fœrmɪç] *als Zweitglied zusammengesetzter Adjektive; mit Betonung auf dem Erstglied; drückt aus, dass etwas (ungefähr) die Form des mit dem Erstglied Bezeichneten hat:* eine pilzförmige Wolke nach einer Atomexplosion ◆ ei-, ellipsen-, glocken-, herz-, hufeisen-, keil-, kreis-, kugel-, pilz-, quadrat-, stern-, strahlen-, stromlinien-, treppen-

förm·lich [ˈfœrmlɪç] <förmlicher, am förmlichsten> *adj* ❶ *der Vorschrift entsprechend:* die förmliche Übergabe der Urkunden/Zeugnisse; etwas förmlich beantragen ❷ *(abwert.: ≈ formell) nur den Regeln der Höflichkeit entsprechend:* eine sehr förmliche Begrüßung; Warum bist du so förmlich? ❸ *(umg.) regelrecht; geradezu:* Er explodierte förmlich vor Wut.

form·los *adj /nicht steig./* ❶ *ohne feste Form¹:* eine formlose Masse ❷ AMTSSPR.*ohne vorgeschriebene Form³:* ein formloses Schreiben aufsetzen; einen formlosen Antrag stellen

For·mu·lar das [fɔrmuˈlaːɐ̯] <-s, -e> *(amtliches) Papier, in das bestimmte Informationen eingetragen werden sollen:* ein Formular ausfüllen, in dem eines Ausweis zu beantragen ◆ Anmelde-, Antrags-

for·mu·lie·ren [fɔrmuˈliːrən] *mit OBJ* ▪ **jmd. formuliert etwas** *(≈ ausdrücken) in eine bestimmte sprachliche Form bringen:* etwas geschickt/präzise formulieren; eine Frage/einen Gedanken formulieren ▸ Formulierung

for·schen [ˈfɔrʃn] <forschst, forschte, hat geforscht> *ohne OBJ* ❶ ▪ **jmd. forscht irgendwo** *wissenschaftlich arbeiten:* auf einem Gebiet/an einem Problem forschen ❷ ▪ **jmd. forscht nach jmdm./etwas** *intensiv suchen/fragen:* nach einem Vermissten forschen ▸ Forscher(in), nachforschen

For·schung die <-, -en> ❶ *das Arbeiten mit wissenschaftlichen Methoden auf einem Gebiet:* neueste Forschungen auf dem Gebiet der Genetik; die Forschungen eines Teams von Wissenschaftlern ▸ Erforschung ◆ Sprach-, Verhaltens- ❷ */kein Plur./ (≈ Wissenschaft) die forschende Tätigkeit auf einem Gebiet:* der neueste Stand der Forschung; große Geldsummen in die Forschung investieren ◆-sergebnis, -smethode, -sprojekt

Förs·ter der, **Förs·te·rin** [ˈfœrste] <-s, -> *jmd., der beruflich für ein Waldgebiet und die dort lebenden Tiere zuständig ist*

fort [fɔrt] *adv* ❶ *(≈ weg) nicht mehr dort, wo es vorher war:* Meine Brille ist fort.; Jetzt ist alles Geld fort.; Die Schlüssel können doch nicht einfach fort sein! ❷ *an einem entfernten Ort:* Wir sind im August für drei Wochen fort.; Sie wohnte weit fort von ihrer Heimat.; ▪ **in einem fort** *ohne Unterbrechung* Es hat die ganze Woche in einem fort geregnet.; ▪ **und so fort** *und so weiter* Ihr stellt euch bitte in alphabetischer Reihenfolge auf. Erst kommt Anton, dann Britta, dann Conrad, und so fort.

fort·be·ste·hen <bestehst fort, bestand fort, hat fortbestanden> *ohne OBJ* ▪ **etwas besteht fort** *(geh.) weiterhin existieren, andauern:* Diese Regeln werden nicht geändert, sondern bestehen fort.; Unsere Freundschaft wird immer fortbestehen. ▸ Fortbestand

fort·be·we·gen <bewegst fort, bewegte fort, hat fortbewegt> *mit SICH* ▪ **jmd./etwas bewegt sich fort** *jmd./etwas be-*

fortbilden – Fracht

wegt sich von einem Ort zum anderen: Das verletzte Tier konnte sich nur mühsam fortbewegen ▸ Fortbewegung

fort·bil·den <bildest fort, bildete fort, hat fortgebildet> I. *mit OBJ* ▪ **jmd. bildet jmdn. fort** *(≈ schulen) zusätzliches Wissen (für den Beruf) vermitteln:* Der Trainer bildet die Mitarbeiter in Zeitmanagement fort. II. *mit SICH* ▪ **jmd. bildet sich fort** *zusätzliches Wissen (für seinen Beruf) erwerben:* Er hat sich in Abendkursen auf eigene Kosten fortgebildet. ▸ Fortbildung

fort·fah·ren <fährst fort, fuhr fort, hat/ist fortgefahren> *ohne OBJ* ❶ ▪ **jmd. fährt fort** *(≈ wegfahren; sein) an einen anderen Ort fahren:* Er ist gestern fortgefahren. ❷ ▪ **jmd. fährt mit etwas** *Dat.* **fort** *(geh. verhüll.: ≈ fortsetzen; haben) weitermachen:* Der Redner hat mit dem Vortrag fortgefahren.; Sie fuhr fort, ihr Lied zu singen.; Gestatten Sie, dass ich fortfahre?

fort·füh·ren <führst fort, führte fort, hat fortgeführt> *mit OBJ* ❶ ▪ **jmd. führt etwas fort** *(≈ weiterführen) von jmdm. übernehmen und weiterhin betreiben:* Sein Werk wurde von seinem Nachfolger fortgeführt. ▸ Fortführung ❷ ▪ **jmd. führt jmdn. fort** *(≈ wegführen) an einen anderen Ort führen:* Man führte die Gefangenen fort.

fort·ge·schrit·ten <fortgeschrittener, am fortgeschrittensten> *adj* ❶ *so, dass jmd. Fortschritte gemacht hat* ❷ *so, dass etwas in einem späteren Stadium ist:* Die Krankheit ist weit fortgeschritten.; in fortgeschrittenem Alter

fort·pflan·zen <pflanzt fort, pflanzte fort, hat fortgepflanzt> *mit SICH* ▪ **jmd./ein Tier/etwas pflanzt sich fort** *(≈ sich vermehren) Kinder bekommen:* Pflanzen/Tiere/Menschen pflanzen sich fort.

fort·schi·cken <schickst fort, schickte fort, hat fortgeschickt> *mit OBJ* ▪ **jmd. schickt jmdn. fort** *(≈ wegschicken) jmdm. sagen, dass er an einen anderen Ort gehen soll:* Er hat die Kinder für den Nachmittag fortgeschickt.

fort·schrei·ten <schreitest fort, schritt fort, ist fortgeschritten> *ohne OBJ* ▪ **etwas schreitet fort** *(geh.)* ❶ *sich positiv weiterentwickeln:* Wie schreiten die Arbeiten fort?; Der Bau der Brücke schreitet weiter fort. ❷ *sich negativ weiterentwickeln:* Die Krankheit schreitet weiter fort.; die fortschreitende Zerstörung

Fort·schritt der ['fɔrtʃrɪt] <-(e)s, -e> ❶ */ kein Plur./ die Gesamtentwicklung der Gesellschaft zu einer höheren Stufe hin:* der soziale/technische/wissenschaftliche Fortschritt; der rasche Fortschritt in der Gentechnik; an den Fortschritt glauben ▸ fortschrittlich ❷ *die einzelne Entwicklung von etwas/jmdm.:* Das Projekt hat große Fortschritte gemacht.; Die Schülerin hat im vergangenen Jahr große Fortschritte gemacht.

fort·set·zen <setzt fort, setzte fort, hat fortgesetzt> I. *mit OBJ* ▪ **jmd. setzt etwas fort** *weiterhin tun:* den Weg allein fortsetzen; ein Gespräch am nächsten Tag fortsetzen II. *mit SICH* ▪ **etwas setzt sich fort** ❶ *sich räumlich weiter ausbreiten:* Die Mauer setzt sich hinter der Straße fort. ❷ *weiter andauern:* Dieses Problem setzte sich im letzten Jahr fort.

Fo·to das ['fo:to] <-s, -s> *kurz für „Fotografie":* ein Foto machen ▸ Erinnerungs-, Familien-, Farb-, Kinder-, Pass-, Urlaubs-

Fo·to·ap·pa·rat, *a.* **Pho·to·ap·pa·rat** der <-(e)s, -e> *(≈ Kamera) kleines Gerät, mit dem man fotografiert:* einen Film/eine Chipkarte in den Fotoapparat einlegen; den Fotoapparat auf die Reise mitnehmen

Fo·to·graf, *a.* **Pho·to·graph** der, **Fo·to·gra·fin/Pho·to·gra·phin** [foto'gra:f] <-en, -en> *jmd., der beruflich fotografiert:* Die Passbilder habe ich von einem Fotografen machen lassen.

Fo·to·gra·fie, *a.* **Pho·to·gra·phie** die [fotogra'fi:] <-, -n> ❶ *ein Bild, das man mit einem Fotoapparat macht:* sich alte Fotografien ansehen ❷ */kein Plur./ die Kunst und das Verfahren des Fotografierens:* die Erfindung der Fotografie; Ihr Hobby ist die Fotografie. ▸ fotografisch

fo·to·gra·fie·ren [fotogra'fi:rən] <fotografierst, fotografierte, hat fotografiert> *mit OBJ/ohne OBJ* ▪ **jmd. fotografiert (jmdn./etwas)** *ein Foto von jmdm./etwas machen:* Sie fotografiert hauptsächlich Menschen und Landschaften.; Er kann gut fotografieren.

Fo·to·ko·pie die [fotoko'pi:] <-, -pien> *(≈ Kopie) ein Dokument, das fotomechanisch hergestellt wird und das ein anderes genau abbildet:* Ich lege das Buch auf die Glasplatte des Fotokopierers und mache eine Kopie von der Seite. ▸ Fotokopiergerät

Fo·to·ko·pie·rer der <-s, -> *Gerät zum Fotokopieren*

Foul das [faul] <-s, -s> SPORT *ein Verstoß gegen eine Regel:* In der zweiten Halbzeit häuften sich die Fouls. ◆-spiel

Fracht die [fraxt] <-, -en> ❶ *(≈ Ladung) Dinge, die in großen Behältern transpor-*

tiert werden: die Fracht ausladen/an Bord nehmen ◆-flugzeug, -verkehr, -versicherung, Schiffs- ❷ *die Gebühr, die für den Transport einer Fracht¹ zu bezahlen ist*

Frack der [frak] <-(e)s, -s/Fräcke> *ein eleganter schwarzer Anzug, der z. B. von Orchestermusikern als Berufskleidung getragen wird*

Fra·ge die ['fra:gə] <-, -n> ❶ *das Fragen:* jmdm. eine Frage stellen; an jmdn. eine Frage richten; eine kluge/wichtige/interessante Frage stellen; eine Frage beantworten/bejahen/verneinen; War das eine Frage oder eine Aussage?; Habe ich damit Ihre Frage beantwortet? ◆-satz, Informations-, Prüfungs-, Scherz- ❷ *(≈ Thema) ungelöstes/noch zu klärendes Problem bzw. zu erörterndes Thema:* Das betrifft die Frage der Rentenreform.; wichtige Fragen diskutieren/entscheiden; Politische Fragen interessieren ihn besonders.; ■ **eine rhetorische Frage** *eine Frage, die man stellt, obwohl man die Antwort schon kennt;* ■ **Das ist eine Frage des ...** *es hängt alles vom ... ab* Das ist eine Frage der Geduld/des Geldes/der Zeit.; ■ **jemanden in Frage stellen** *Zweifel an jmdm. oder etwas haben;* ■ **etwas in Frage/infrage stellen** *gefährden oder unsicher machen* Deine Krankheit stellt unsere Planung in Frage/infrage.; ■ **in Frage/infrage kommen** *erlaubt oder möglich sein* Das kommt überhaupt nicht in Frage/infrage!; Sie hat im Geschäft zwei Kleider gesehen, die zum Kauf in Frage kommen.; ■ **ohne Frage** *(geh.) ganz bestimmt* Sie ist ohne Frage eine große Künstlerin. ◆-Bürgerrechts-, Diszplin-, Ermessens-, Geld-, Geschmacks-, Glaubens-, Kosten-, Lebens-, Macht-, Schicksals-, Stil-, Umwelt-, Verfahrens-; *siehe auch* **infrage**

fra·gen ['fra:gn̩] I. *mit OBJ* ❶ ■ **jmd. fragt jmdn. (etwas)** *zu jmdm. sprechen, um etwas von ihm zu erfahren:* Darf ich Sie fragen, wie spät es ist?; Kleine Kinder fragen viel.; Ich könnte Sie noch vieles fragen. ❷ ■ **jmd. fragt jmdn. nach etwas** *Dat. zu jmdm. sprechen, um von ihm eine bestimmte Information zu bekommen:* jemanden nach dem Weg/nach der Zeit/nach seinem Namen fragen ❸ ■ **jmd. fragt nach jmdm./etwas** *Interesse an jmdm./etwas haben:* Sie fragt nicht danach, was die Nachbarn über sie denken. II. *mit SICH* ■ **jmd. fragt sich etwas** *über etwas nachdenken oder sich über etwas unsicher sein:* Ich frage mich, ob er wohl noch kommt. III. *mit ES* ■ **es fragt sich, ob ...** *unsicher oder zweifelhaft sein:* Es fragt sich, ob wir Recht haben.; Sie ruft dich an; es fragt sich nur wann.

Fra·ge·bo·gen der <-s, Fragebögen> *ein amtliches Formular mit Fragen, die man beantworten soll*

Fra·ge·wort das <-(e)s, Fragewörter> SPRACHWISS. *ein Wort, das einen Fragesatz einleitet*

Fra·ge·zei·chen das <-s, -> *das Satzzeichen „?", das an das Ende von Fragesätzen gesetzt wird*

Frag·ment das [fra'gmɛnt] <-(e)s, -e> ❶ *(geh.: ≈ Bruchstück) ein Teil, der von etwas übriggeblieben ist:* Bei den Ausgrabungen fand man Fragmente alter Malereien/einer antiken Siedlung ◆Säulen- ❷ *ein Kunstwerk, das nicht fertig geworden ist:* Das Buch/die Oper ist ein Fragment geblieben. ► fragmentarisch ◆Roman-

frag·wür·dig ['fra:kvʏrdɪç] <fragwürdiger, am fragwürdigsten> *adj (abwert.) so, dass eine Person oder eine Situation keinen guten Eindruck macht und man moralische Zweifel bekommt:* ein fragwürdiges Verhalten; in fragwürdige Gesellschaft geraten ► Fragwürdigkeit

Frak·ti·on die [frak'tsi̯oːn] <-, -en> POL. *alle Abgeordneten einer Partei im Parlament:* die Fraktionen im Bundestag; Die Fraktion stimmt geschlossen gegen den Vorschlag. ◆-sbeschluss, -svorstand, Bundestags-

Fran·ken¹ ['fraŋkn̩] <-s> *Region im Norden Bayerns und Baden-Württembergs* ◆-wein

Fran·ken² der ['fraŋkn̩] <-s, -> WIRTSCH. *die Währungseinheit der Schweiz:* ein Schweizer Franken

fraß [fra:s] *Prät. von* **fressen**

Frau die [frau̯] <-, -en> ❶ *eine erwachsene, weibliche Person:* eine junge/alte/berufstätige/erfolgreiche/gebildete/schöne Frau; Aus dem kleinen Mädchen ist eine Frau geworden.; Er kennt viele Frauen.; Das Thema interessiert Frauen und Männer gleichermaßen. ◆-enarzt/-enärztin, -enbewegung ❷ *(≈ Ehefrau) die Frau¹, mit der jmd. verheiratet ist:* eine Frau finden/heiraten; Meine Frau ist Spanierin.; sich von seiner Frau scheiden lassen; seine Frau verlieren ❸ *verwendet als Anrede für erwachsene weibliche Personen:* Spreche ich mit Frau Müller?; Frau Schulze, ist Ihr Mann gerade zu sprechen?

Fräu·lein das ['frɔʏlai̯n] <-s, -s> ❶ *(veralt.) eine nicht verheiratete Frau:* ein junges Fräulein; Guten Tag, Fräulein Schmidt! ❷ *(veralt.) Anrede für eine Kellnerin:* Fräulein, die Rechnung bitte!

Die Anrede **Fräulein** hat ganz wesentlich mit Fragen der Gleichstellung der Frau zu tun. Sie muss heute als nicht mehr zeitgemäß und veraltet angesehen werden. Deshalb wird sie weder in der Geschäfts-, noch in der Privatkorrespondenz verwendet. Auch im Rahmen von Bewerbungen junger Mädchen im Alter zwischen 15 und 18 Jahren werden diese mit „Frau" angeschrieben. Teils hat die Anrede mit „Fräulein" auch in Deutschland noch bei der Anrede im Café oder Restaurant (insbesondere bei der älteren Bevölkerung) überlebt, was vielleicht auch an einer fehlenden Entsprechung für „Ober" liegen mag. Statt „Herr Ober, bitte zahlen" wird man aber, wenn die Bedienung eine Frau ist, heute eher „Zahlen, bitte", oder ähnliche Formulierungen wählen. Dies war bis über die Mitte der 70er Jahre hinaus in Deutschland allerdings ganz anders: Zu jener Zeit war „Fräulein" die förmliche Anrede für eine unverheiratete Frau jeglichen Alters. Man nimmt dies z.B. heute bei der Betrachtung älterer Filme mit Schmunzeln zur Kenntnis, oder auch bei der Lektüre älterer dichterischer Arbeiten. Die Anrede mit „Fräulein" war vor allem gebräuchlich für Frauen als Angestellte in Warenhäusern und Büros; bekannt ist das „Fräulein vom Amt" (bei handvermittelten Telefongesprächen). Auch war „Fräulein" die übliche Anrede von Lehrerinnen. Seinen Grund hat dies in gesetzlichen Regelungen des 19. Jahrhunderts, nach denen eine Beschäftigung von Frauen strikt auf die Zeit vor der Ehe beschränkt war. Erst im Jahre 1977 ist übrigens in der BRD ein Gesetz verabschiedet worden, nach dem verheiratete Frauen sich nicht mehr die Genehmigung des Ehemanns einholen müssen, um eine Arbeit aufnehmen zu dürfen. Die DDR (vgl. das Stichwort) war diesbezüglich fortschrittlicher. Denn schon 1951 wurde per Ministerialbeschluss verfügt, dass unverheiratete weibliche Personen ohne Genehmigung die Bezeichnung „Frau" im Sinne auch der sprachlichen Gleichstellung führen durften. In der BRD hat die Frauenbewegung seit den 1970er Jahren ganz wesentlich darauf Einfluss genommen, das kritisierte Diminutiv (Verkleinerungs- bzw. Verniedlichungsform) „Fräulein" aufgrund damit verbundener überholter gesellschaftlicher Wertvorstellungen abzuschaffen. In den 1980er Jahren kamen dann verschiedene Vorschläge zur Vermeidung „sexistischen Sprachgebrauchs" hinzu. Die deutsche UNESCO-Kommission hat sich im Jahre 1993 dieser Sichtweise angeschlossen. Ein „Männlein" gibt es übrigens nur in einem einzigen Kontext: „Ein Männlein steht im Walde, ganz still und stumm. Es hat von lauter Purpur ein Mäntlein um" (Kinderlied/Volksweise von Hoffmann von Fallersleben aus dem Jahre 1843).

frech [frɛç] <frecher, am frechsten> *adj* ① *ohne Respekt:* ein freches Kind; freche Antworten geben ▸ Frechheit ② *auffällig und ein bisschen provozierend:* eine freche Frisur; freche Zeichnungen

frei [fraɪ] <freier, am freiesten> *adj* ① *so, dass man politisch/persönlich unabhängig ist und zu nichts gezwungen wird:* ein freies Land; ein freier Mitarbeiter; ein freies Leben führen; Die Gefangenen sind seit gestern wieder frei.; einen Hund frei laufen lassen ▸ befreien ② *an keine Form oder Vorschrift gebunden:* die freie Rede halten; in der Musik/im Theater frei improvisieren; eine freie Übersetzung/Auslegung eines Textes ③ */nicht steig./ ohne (dienstliche) Verpflichtungen:* Heute haben wir frei.; ein freier Nachmittag ④ */nicht steig./ so, dass es keine Hindernisse (mehr) gibt:* eine freie Meinungsäußerung; die freie Wahl des Berufes; etwas frei entscheiden können ⑤ */nicht steig./ so, dass etwas offen ist und nichts daran angrenzt:* über das freie Feld laufen; unter freiem Himmel schlafen; bei schönem Wetter ins Freie gehen ⑥ */nicht steig./ ohne Hilfsmittel:* (ohne Manuskript) frei sprechen; frei auf einem Balken balancieren ⑦ */nicht steig./ (leer, unbesetzt) so, dass niemand oder nichts den Platz beansprucht:* eine freie Stelle wieder besetzen; Ist dieser Platz noch frei?; Die Wohnung/das Haus ist schon lange frei. ⑧ */nicht steig./ (≈ kostenlos) so, dass man nichts dafür bezahlen muss:* freier Eintritt für Kinder unter fünf Jahren; freie Verpflegung haben; ■ **frei Haus** WIRTSCH. *ohne Transportkosten bis ins Haus* etwas frei Haus liefern; ■ **frei von etwas** *(geh.) ohne etwas* frei von Krankheit/Schuld; ■ **auf freiem Fuß sein** *nicht in Haft sein* Der Täter ist noch/wieder auf freiem Fuß.; ■ **aus freien Stücken** *freiwillig* Sie hat das aus freien Stücken getan.; ■ **freie Hand haben** *frei entschei-*

den können Sie haben völlig freie Hand bei der Planung.

-frei [fraɪ] *als Zweitglied zusammengesetzter Adjektive, mit Betonung auf dem Erstglied; drückt aus, dass* ❶ *das mit dem Erstglied Bezeichnete nicht besteht/vorhanden ist:* Einen fehlerfreien Text sieht man heute kaum. ◆ akzent-, alkohol-, angst-, atomwaffen-, eis-, emotions-, falten-, fehler-, fieber-, gewalt-, ideologie-, kalorien-, konflikt-, nikotin-, risiko-, schmerz-, störungs-, tabu-, vorurteils- ❷ *das mit dem Erstglied Bezeichnete nicht gezahlt werden muss:* Verschiedene Einkünfte/Einkommen sind steuerfrei. ◆ abgaben-, beitrags-, gebühren-, kosten-, porto-, sozialversicherungs-, steuer-, zoll-, zuschlags- ❸ *(≈ -fest) das mit dem Erstglied Bezeichnete nicht eintreten kann:* rostfreier Stahl ◆ knitter-, rost- ❹ *das mit dem Erstglied Bezeichnete nicht getan werden muss:* reparaturfreie Armaturen für Autos ◆ bügel-, pflege-, reparatur-, wartungs- ❺ *etwas nicht zu dem mit dem Erstglied Bezeichneten gehört bzw. nicht an dem damit Bezeichneten beteiligt ist:* blockfreie Staaten, die keinem Militärblock angehören und sich meist neutral verhalten; Kreisfreie Städe sind in Deutschland nach dem Kommunalrecht solche Gemeinden, die keinem Landkreis angehören und die somit ihre Aufgaben in eigener Zuständigkeit erledigen. ◆ block-, bündnis-, kreis- ❻ *es (zu einem gegenwärtigen Zeitpunkt) keine Verpflichtung zu dem mit dem Erstglied Bezeichneten gibt:* in der vorlesungsfreien Zeit eine Seminararbeit schreiben ◆ arbeits-, dienst-, schul-, unterrichts-, vorlesungs- ❼ *im Hinblick auf Kleidungsstücke das mit dem Erstglied Bezeichnete nicht bedeckend ist:* knöchelfreie Schuhe ◆ hals-, knie-, knöchel-, rücken-, schulter-, waden- ❽ *eine unerwünschte Wirkung im Hinblick auf das mit dem Erstglied Bezeichnete nicht eintritt:* Sie kauft nur schadstofffreie/schadstoff-freie Kindermöbel und schadstofffreies/schadstoff-freies Spielzeug. ◆ blend-, knautsch-, rost-, schadstoff-, splitter-, störungs-, verschleiß-

Frei·bad das <-(e)s, Freibäder> *ein Schwimmbad unter freiem Himmel:* Im Sommer öffnen die Freibäder.

frei·be·ruf·lich adj */nicht steig./ (↔ angestellt) so, dass man beruflich arbeitet, ohne irgendwo angestellt zu sein:* ein freiberuflicher Journalist

frei·ge·ben <gibst frei, gab frei, hat freigegeben> **I.** *mit OBJ* ▪ **jmd. gibt etwas frei** *den Zugang zu etwas erlauben:* Die neue Autobahnstrecke wurde heute für den Verkehr freigegeben.; Dieser Film ist erst für Jugendliche ab 16 freigegeben. **II.** *ohne OBJ* ▪ **jmd. gibt jmdm. frei** *(≈ beurlauben) sagen, dass jmd. an einem bestimmten Tag nicht arbeiten muss:* Der Chef hat uns heute freigegeben.

frei·ge·big ['fraɪɡeːbɪç] <freigebiger, am freigebigsten> *adj (≈ großzügig ↔ geizig) so, dass man anderen gern und reichlich vom eigenen Besitz abgibt:* ein freigebiger Mensch ▸ Freigebigkeit

frei·hal·ten <hältst frei, hielt frei, hat freigehalten> *mit OBJ* ▪ **jmd. hält (jmdm.) etwas frei** *dafür sorgen, dass ein Platz (für jmdn.) frei bleibt:* Kannst du mir meinen Platz freihalten?; Kannst du den Nachmittag für mich freihalten?; Einfahrt freihalten!

Frei·heit die ['fraɪhaɪt] <-, -en> ❶ */kein Plur./ der Zustand, unabhängig, nicht unterdrückt oder gefangen zu sein:* in Freiheit leben; wieder in Freiheit sein; einem Tier die Freiheit schenken; die Freiheit des Denkens/Geistes/der Wissenschaft; Wir haben die Freiheit zu tun, was wir für richtig halten. Presse. ◆ -sstrafe, Gedanken-, Meinungs-, Presse-, Rede-, Religions- ❷ */meist Plur./ besondere Rechte, etwas zu tun, was andere nicht tun dürfen:* seinen Kindern/Mitarbeitern viele Freiheiten lassen; sich einige Freiheiten erlauben; Das sind dichterische Freiheiten. ❸ */nur Plur./* POL. *Grundrechte:* die bürgerlichen/demokratischen Freiheiten ▸ freiheitlich

frei·las·sen <lässt frei, ließ frei, hat freigelassen> *mit OBJ* ▪ **jmd. lässt jmdn./ein Tier frei** *bewirken, dass jmd./ein Tier nicht mehr gefangen ist:* Gefangene freilassen; ein gefangenes Tier wieder freilassen; *siehe aber auch* **frei**

frei·lich ['fraɪlɪç] *adv* ❶ *(≈ allerdings) (einschränkend) jedoch, aber:* Ich hatte freilich nicht angenommen, dass es so teuer werden würde. ❷ *(umg.) (um eine Zustimmung zu bekräftigen) gewiss, bestimmt:* Weißt du das auch schon? Ja, freilich!; Freilich will ich helfen; ich weiß nur nicht, wie.

frei·mü·tig ['fraɪmyːtɪç] <freimütiger, am freimütigsten> *adj so, dass man offen sagt oder zeigt, was man denkt:* freimütig seine Meinung sagen ▸ Freimut, Freimütigkeit

frei·spre·chen <sprichst frei, sprach frei, hat freigesprochen> *mit OBJ* ▪ **jmd. spricht jmdn. frei** RECHTSW. *(als Richter) sagen, dass jmd. an etwas keine Schuld* *hat oder seine Schuld nicht zu beweisen ist:* Er wurde wegen Mangels an Beweisen freigesprochen. ▸ Freispruch

frei·ste·hen <stand frei, hat freigestanden> *ohne OBJ* ❶ **etwas steht jmdm. frei** *etwas ist jmdm. erlaubt zu tun:* Es steht Ihnen frei, sich bei meinem Chef zu beschweren. ❷ **etwas steht frei** *eine Wohnung/ein Haus ist nicht vermietet:* Die Wohnung steht seit 6 Monaten frei.

Frei·tag¹ der ['fraɪtaːk] <-(e)s, -e> *der fünfte Tag der Woche:* am Freitagabend

Frei·tag² der ['fraɪtaːk] <-(e)s, -e> SCHWEIZ. *(arbeits)freier Tag*

frei·wil·lig ['fraɪvɪlɪç] *adj /nicht steig./ aus eigenem Willen, ohne Zwang:* Er hat sich freiwillig für diese Aufgabe gemeldet.; **die freiwillige Feuerwehr** *alle, die sich bei der Feuerwehr zum Dienst verpflichtet haben (ohne Bezahlung)* ▸ Freiwilligkeit

Frei·zeit die <-> */kein Plur./ die Zeit außerhalb der Arbeitszeit:* In seiner Freizeit treibt er Sport. ◆ -aktivitäten, -gestaltung, -kleidung

frei·zü·gig <freizügiger, am freizügigsten> *adj* ❶ *(≈ locker) nicht streng nach den Vorschriften:* eine freizügige Erziehung; ein freizügiges Leben führen; Bestimmungen freizügig auslegen ❷ *(verhüll.) so, dass etwas Sexualität und sexuelle Reize offen zeigt:* ein ziemlich freizügiger Film; freizügig gekleidet sein ❸ *frei in der Wahl seines Aufenthaltsortes:* freizügig reisen können ▸ Freizügigkeit

fremd [frɛmt] <fremder, am fremdesten> *adj* ❶ *(↔ vertraut) unbekannt; nicht vertraut:* Auf dem Fest sah sie nur fremde Gesichter/Menschen.; Die Umgebung war ihm fremd.; Angst vor allem Fremden haben; Ich bin fremd hier, können Sie mir den Weg zeigen? ▸ Fremdheit ❷ *zu einem anderen Land gehörend:* fremde Kulturen/Menschen/Religionen/Sprachen/Völker; fremde Länder kennen lernen ❸ *(↔ eigen) von anderen; zu anderen gehörend:* Das ist fremdes Eigentum.; ein fremdes Kind annehmen; ein fremdes Grundstück betreten; etwas ohne fremde Hilfe schaffen

-fremd [frɛmt] *als Zweitglied zusammengesetzter Adjekive, mit Betonung auf dem Erstglied; drückt aus,* ❶ *(≈ -fern) dass jemand/etwas nicht an dem ausgerichtet/ orientiert ist, das mit dem Erstglied bezeichnet wird:* In Wörterbüchern gibt es oft realitätsfremde (nicht an dem tatsächlichen Sprachgebrauch ausgerichtete) Angaben, z.B. die Vergangenheitsform „buk" (zu „backen") statt „backte". ◆ lebens-, praxis-, realitäts-, wirklichkeits- ❷ *dass etwas normalerweise nicht zu dem mit dem Erstglied Bezeichneten gehört:* Man unterscheidet zwischen körpereigenen und körperfremden (Pilze, Viren) Stoffen.; Dieser Brauch wird als ortsfremd angesehen, da es ihn in dem Ort/der Gemeinde/dem Dorf traditionell eigentlich in der Form nicht gibt. ◆ art-, berufs-, betriebs-, branchen-, fach-, gewebs-, körper-, orts-, studien-, wesens- ❸ *dass jemand in dem mit dem Erstglied bezeichneten Bereich fremd/ein Fremder/eine Fremde ist:* Das Bürgerbüro bietet Hilfe für ortsfremde Minderjährige ohne Begleitung an, die sich in einem Ort/ einer Gemeinde aufhalten.; ein revierfremder Hund, der das Revier/sein Territorium/seinen Bereich noch nicht kennt ◆ orts-, revier-

Frem·de¹ die ['frɛmdə] <-> */kein Plur./ (↔ Heimat) Land, das jmdm. fremd ist:* Was willst du in der Fremde?

Frem·de² der/die ['frɛmdə] <-n, -n> ❶ *jmd., den man nicht kennt:* ein Fremder stand vor der Tür ❷ *jmd., der nicht zu einer bestimmten Gruppe gehört:* Das ist unsere Angelegenheit, das geht Fremde gar nichts an. ❸ *Person, die aus einem anderen Land kommt:* Der Fremde wurde neugierig bestaunt. ◆ -nverkehr, -nzimmer

Fremd·spra·che die <-, -n> *eine Sprache, die nicht die eigene Muttersprache ist:* mehrere Fremdsprachen beherrschen; ein Lehrbuch für Deutsch als Fremdsprache ▸ fremdsprachig ◆ -nkorrespondent(in)

Als **Fremdsprache** gilt jede Sprache, die sich eine Person nach abgeschlossenem Erstspracherwerb (Erwerb einer Muttersprache) aneignet. Eine Fremdsprache wird im gesteuerten Spracherwerb vor allem im schulischen Unterricht erworben, aber auch durch Sprachkurse außerhalb der Schule, sowie auch autodidaktisch im Eigenstudium. Davon unterschieden wird der Erwerb einer Zweitsprache im Kindesalter sowie im Erwachsenenalter ohne Unterricht (vgl. unter *Zweitspracherwerb*). Fremdsprachenkenntnisse lassen sich nach den Gesichtspunkten der aktiven oder passiven Sprachbeherrschung, sowie der im mündlichen oder schriftlichen Bereich beurteilen. In vielen beruflichen Tätigkeitsfeldern gilt die Beherrschung mindestens einer Fremdsprache als Schlüsselqualifikation.

Fremd·wort das <-(e)s, Fremdwörter> *das Ergebnis der Übernahme eines sprachlichen Ausdrucks aus einer Gebersprache in eine Nehmersprache mit meist geringem Grad der Anpassung an die Nehmersprache, weshalb die übernommene Einheit als „fremd" empfunden wird.*: Fremdwörter richtig benutzen; Viele Fremdwörter stammen aus dem Lateinischen oder Griechischen.; ▪ **etwas ist für jemanden ein Fremdwort** *etwas ist jmdm. völlig fremd und nicht von ihm zu erwarten* Höflichkeit ist wohl ein Fremdwort für Dich!

Fres·sen das ['frɛsn̩] <-s> /kein Plur./ *(umg.) Nahrung für Tiere*: einem Hund sein Fressen geben; ▪ **ein gefundenes Fressen** *(umg.) etwas, das jmdm. sehr willkommen ist* Sein Fehler war ein gefundenes Fressen für seinen missgünstigen Kollegen.

fres·sen ['frɛsn̩] <frisst, fraß, hat gefressen> I. *mit OBJ/ohne OBJ* ❶ **ein Tier frisst (etwas)** *als Tier Nahrung aufnehmen*: Die Katze frisst ihr Futter.; Der Vogel frisst mir aus der Hand. ▶ Fleischfresser, Pflanzenfresser ❷ **jmd. frisst (etwas)** *(vulg.) gierig und viel essen*: Wer hat denn die ganze Schüssel leer gefressen? II. *mit OBJ* ▪ **etwas frisst etwas** *in großen Mengen verbrauchen*: Die Arbeit frisst viel Zeit.; Der Kühlschrank frisst viel Strom. III. *ohne OBJ* ▪ **etwas frisst an etwas** *Dat. allmählich zerstören*: Der Rost frisst am Metall. IV. *mit SICH* ▪ **etwas frisst sich in etwas** *Akk. in etwas allmählich eindringen*: Der Bohrer frisst sich in das Holz.; Der Rost frisst sich in das Metall.; ▪ **jemanden gefressen haben** *(umg.) jmdn. nicht leiden können* ▶ Fraß

Freu·de die ['frɔydə] <-, -n> ❶ (↔ *Trauer*) /kein Plur./ *das intensive Gefühl, dass man hat, wenn man etwas Gutes erlebt*: Sein Sohn macht ihm viel Freude.; jemandem eine/wenig Freude bereiten; die Freude über einen Gewinn/an der Natur/an der Arbeit ◆Entdecker-, Lebens- ❷ /nur Plur./ *(geh.) freudige Erlebnisse bzw. Ereignisse*: die Freuden des Lebens/des Winters; die kleinen Freuden des Alltags

-freu·dig [frɔydɪç] *als Zweitglied zusammengesetzter Adjektive, mit Betonung auf dem Erstglied; drückt aus,* ❶ *dass eine besonders positive Einstellung bzw. starke Neigung bei jemandem/bei etwas im Hinblick auf das mit dem Erstglied Bezeichnete gegeben ist bzw. jemand etwas gern und oft macht*: Eine bergfreudige Person hält sich gern in den Bergen auf.; eine besonders kostümfreudige Theaterszene mit vielen unterschiedlichen Kostümen ◆arbeits-, auskunfts-, berg-, camping-, entscheidungs-, entschluss-, farb-, fortschritts-, genuss-, import-, innovations-, kommunikations-, kontakt-, kostüm-, reise-, spendier-, trink- ❷ *dass etwas besonders gut im Hinblick auf das mit dem Erstglied Bezeichnete ist*: Ein bergfreudiger Motor bewältigt Berge problemlos.; ein rieselfreudiger Sand; ein startfreudiger Motor ◆berg-, riesel-, start-

freu·en ['frɔyən] I. *mit OBJ* ▪ **etwas freut jmdn.** *Freude¹ bereiten*: Ihr Geschenk freute ihn sehr. II. *mit SICH* ❶ **jmd. freut sich über etwas** *Akk.*; ▪ **jmd. freut sich, dass …** *Freude empfinden*: Er freut sich über das Geschenk. ❷ *etwas mit Freude¹ erwarten*: Wir freuen uns auf die Ferien.; Sie freuen sich auf ihr erstes Kind. III. *mit ES* ▪ **es freut jmdn., dass …** *es bereitet jmdm. Freude¹, dass …*: Es freut mich, dass Sie daran gedacht haben. ▶ freudig

Freund der, **Freun·din** ['frɔynt] <-(e)s, -e> ❶ *eine Person, die man gut kennt, gern hat und zu der man Vertrauen hat*: ein guter/langjähriger/treuer/wahrer Freund; Uli ist mein bester Freund.; Ich habe in ihm einen guten Freund gefunden.; gemeinsame Freunde haben; mit Freunden in den Urlaub fahren; Lass uns Freunde bleiben! ◆Jugend-, Schul-, Studien- ❷ *eine Person, zu der man eine (dauerhafte) sexuelle Beziehung hat*: Ist das der neue Freund deiner Tochter?; Er hat noch keine feste Freundin. ❸ /keine weibliche Form/ *jmd., der ähnliche Ziele aktiv verfolgt*: die politischen Freunde um sich versammeln ◆Partei-, Sports- ❹ *jmd., der etwas Bestimmtes mag*: Sie ist ein großer/kein Freund von Fußball.; Er ist kein Freund von vielen Worten. ◆Kunst-, Musik-, Tier- ❺ (≈ *Förderer*) *jmd., der etwas fördert*: der Verein der Freunde der Universität ❻ *(übertr.) verwendet, um auszudrücken, dass eine gefühlsmäßige Beziehung zwischen etwas/einem anderen Lebewesen und dem Menschen besteht*: Der Hund ist der beste Freund des Menschen.

Als **falsche Freunde**, genauer: „falsche Freunde des Übersetzers", (engl. *false friends*, franz. *faux amis*), bezeichnet man Wörter oder Wendungen verschiedener Sprachen mit ähnlichen oder identischer Form, aber unterschiedlicher Bedeutung, z.B. ital. *caldo* = „warm" (aber nicht „kalt"), franz. *figure* = „Gesicht" (aber nicht: „Figur"), engl. *eventually* = „gelegentlich" (aber nicht „eventuell"), engl. *to become* = „werden" (aber nicht „bekommen"). Falsche Freunde, zu denen es auch mehrere Wörterbücher gibt, stellen im Zusammenhang mit Übersetzungen dann ein Problem dar, wenn scheinbare Entsprechungen nicht als unzutreffend erkannt werden. Im Alltagsleben werden solche Parallelen gern im Scherz verwendet.

freund·lich ['frɔyntlɪç] <freundlicher, am freundlichsten> adj ❶ *so, dass jmd. nett und höflich zu anderen Menschen ist:* ein freundliches Lächeln; freundlich bedient/empfangen werden.; Wären Sie so freundlich, mir zu helfen? ❷ *so, dass es angenehme Gefühle hervorruft:* freundliches Wetter; die Räume in freundlichen Farben streichen; Die Stimmung an der Börse war freundlich.

-freund·lich [frɔyntlɪç] *als Zweitglied zusammengesetzter Adjektive, mit Betonung auf dem Erstglied; drückt aus,* ❶ *dass eine positive Einstellung im Hinblick auf das mit dem Erstglied Bezeichnete gegeben ist:* Sie haben ein kinderfreundliches Hotel gewählt. ▸ hunde-, katzen-, kinder-, menschen-, presse-, regierungs- ❷ *dass etwas (politisch) von besonderem Vorteil für Personen(gruppen) oder Sachen ist, die mit dem Erstglied bezeichnet werden, oder dass das mit dem Erstglied Bezeichnete günstig/nicht unvorteilhaft für jemand/etwas ist:* In einem benutzerfreundlichen Wörterbuch wird man z.B. keine Abkürzungen verwenden, die nicht in den Umtexten erläutert sind.; umweltfreundliche Materialien für die Gebäudedämmung einsetzen ▸ arbeitgeber-, arbeitnehmer-, behinderten-, benutzer-, familien-, fußgänger-, haut-, magen-, mieter-, umwelt-, verbraucher-, wartungs-, zuschauer-

Freund·lich·keit die <-, -en> ❶ /kein Plur./ *die Eigenschaft, freundlich zu sein:* Freundlichkeit gegenüber den Kunden; jemanden mit großer Freundlichkeit willkommen heißen ❷ *eine freundliche Tat:* Kann ich Sie um eine Freundlichkeit bitten?

Freund·schaft die <-, -en> *die Beziehung zwischen Freunden¹:* mit jemandem Freundschaft schließen; Die beiden verbindet eine jahrelange herzliche Freundschaft.; ▪ **in aller Freundschaft** *ohne Streit zu beabsichtigen* Er hat es ihm in aller Freundschaft gesagt. ▸ freundschaftlich

Frie·de(n) der ['fri:də, 'fri:dn] <Friedens> / kein Plur./ ❶ (↔ *Krieg*) *der Zustand, dass Völker und Staaten miteinander gute Beziehungen haben und Konflikte nicht mit Waffen und Gewalt austragen:* den Frieden sichern; für den Frieden demonstrieren; Der Friede(n) dauerte nicht lange. ▸ Friedenspolitik, Friedensvertrag, Welt- ❷ *der Zustand, dass man ein Gefühl von Sicherheit, Ruhe und Harmonie hat:* Wir sind dankbar, dass wir hier in Ruhe und Frieden leben können.; ▪ **jemanden in Frieden lassen** *jmdn. nicht ärgern/stören;* ▪ **mit jemandem Frieden machen** *einen Streit beenden*

fried·fer·tig adj /nicht steig./ *so, dass man bereit ist, sich mit jmdm. ohne Streit zu einigen:* ein friedfertiger Charakter/Mensch ▸ Friedfertigkeit

Fried·hof der ['fri:tho:f] <-(e)s, Friedhöfe> *das Gelände, auf dem Tote beerdigt werden:* jemanden auf dem Friedhof beisetzen/begraben/bestatten; ein Grab auf dem Friedhof besuchen ▸ -sgärtnerei, -skapelle, -smauer, -sruhe

fried·lich ['fri:tlɪç] <friedlicher, am friedlichsten> adj ❶ *nicht auf Krieg ausgerichtet; dem Frieden dienend:* einen Konflikt friedlich lösen; die friedliche Nutzung der Kernenergie ❷ (umg.) *nicht auf Streit ausgerichtet:* Eigentlich bin ich ein friedlicher Mensch, aber …; friedlich zusammenleben/miteinander arbeiten ❸ *ruhig und ungestört:* eine friedliche Landschaft; ein friedliches Bild ▸ Friedlichkeit

frie·ren ['fri:rən] <frierst, fror, hat/ist gefroren> I. *ohne OBJ* ❶ jmd. friert *(haben) Kälte verspüren:* Mir ist kalt; ich friere.; Ich friere an den Füßen. ❷ ▪ **etwas friert** *(sein) bei Frost erstarren:* Das Wasser ist zu Eis gefroren. II. *mit ES* ❶ ▪ **es friert** *(haben) (Temperatur) unter den Gefrierpunkt sinken:* Heute Nacht wird es frieren. ❷ ▪ **es friert jmdn.** *(haben) (umg.) jmd. verspürt Kälte:* Es friert mich entsetzlich.

Fri·ka·del·le die [frika'dɛlə] <-, -n> KOCH. *Gericht aus gebratenem Hackfleisch*

frisch [frɪʃ] <frischer, am frischesten> adj ❶ *(von Nahrung) gerade erst hergestellt/geerntet (und deshalb besonders gut):* der Duft von frischem Kaffee; frische Brötchen vom Bäcker holen; frisch gebackenen Kuchen essen; mit frisch geschnittenen Kräutern würzen; Das Fleisch/Gemüse/Obst ist nicht mehr ganz frisch. ❷ *(von Nahrung) nicht künstlich haltbar gemacht:* frische Milch kaufen; Ich esse frisches Obst lieber als konserviertes. ❸ (≈ *sauber*) *neu und nicht benutzt:* Ich ziehe mir mal ein frisches Hemd an.; ein frisches Blatt Papier nehmen; zum Spülen frisches Wasser nehmen; frische Luft ins Zimmer lassen ❹ *so, dass es erst kürzlich geschehen ist:* frisch von der Schule/Universität kommen; Vorsicht, frisch gestrichen!; eine frische Erinnerung ❺ *kraftvoll:* mit frischen Kräften; wieder ganz frisch aussehen; frische Farben ❻ *kühl:* Heute ist es frisch draußen.; Das Wasser im See ist noch nicht ganz schön frisch.; ■ **jemanden auf frischer Tat ertappen** *(umg.) jmdn. bei etwas Verbotenem überraschen* Die Einbrecher wurden auf frischer Tat ertappt.; ■ **ein frischgebackenes Ehepaar** *(umg. scherzh.) ein Ehepaar, das gerade erst geheiratet hat* ♦ Frische ◆ Zusammenschreibung → R 4.6; Getrennt- oder Zusammenschreibung → R 4.16 eine Tasse mit frisch gebrühtem/frischgebrühtem Kaffee; Achtung, die Wand ist frisch gestrichen/frischgestrichen!; frisch geschnittene/frischgeschnittene Blumen

-frisch [frɪʃ] *als Zweitglied zusammengesetzter Adjekive, mit Betonung auf dem Erstglied; drückt aus,* ❶ *dass etwas (vor allem Nahrungsmittel/Genussmittel) gerade daher kommt, was mit dem Erstglied genannt wird, weshalb es als qualitativ sehr gut gilt:* postfrische Briefmarken in einem Zustand, in dem sie am Schalter verkauft worden sind; gartenfrisches Gemüse haltbar machen; kutterfrische Krabben ◆ garten-, kutter-, ofen-, post- ❷ *dass etwas (vor allem Nahrungsmittel/Genussmittel) unmittelbar im Anschluss an die mit dem Erstglied bezeichnete Tätigkeit verwendet werden kann, weshalb es (bei Nahrungsmitteln/Genussmitteln) als qualitativ sehr gut gilt, ansonsten als besonders interessant:* eine druckfrische (gerade gedruckte) Broschüre für Bürger, die sehr begehrt ist; fangfrischer Fisch (zu: fangen), röstfrischer (zu: rösten) Kaffee, schlachtfrische (zu: schlachten) Wurst ◆ druck-, ernte-, fang-, röst-, schlacht-

Fri·seur, *a.* **Fri·sör** der, **Fri·seu·rin, Fri·sö·rin** [friˈzøːr] <-s, -e> *jmd., der beruflich anderen Menschen die Haare schneidet und frisiert:* Meine Haare sind zu lang, ich muss mal wieder zum Friseur. ◆ -salon

fri·sie·ren [friˈziːrən] *mit OBJ* ❶ ■ **jmd. frisiert jmdn.** *das Haar in bestimmter Weise gestalten:* jemandem/sich die Haare mit dem Kamm frisieren ▸ Frisur ❷ ■ **jmd. frisiert etwas** WIRTSCH. *(umg. abwert.) fälschen:* eine Bilanz/Statistik frisieren ❸ KFZ *(umg.) durch bestimmte Manipulationen die Leistung eines Motors erhöhen*

Frist die [frɪst] <-, -en> *ein Zeitraum bis zu einem bestimmten Zeitpunkt, an dem etwas fertig/getan werden muss:* eine Frist setzen/einhalten/überschreiten/verlängern; sich an die Frist halten; Wir geben Ihnen eine Frist von zwei Wochen, um den Betrag zu bezahlen. ▸ fristgerecht, fristlos, kurzfristig, langfristig ◆ Liefer-, Zahlungs-

fris·ten [ˈfrɪstn̩] *mit OBJ* ■ **jmd. fristet sein Leben** *(geh.) Zeit unter negativen Umständen verbringen:* sein Leben in ärmlichen Verhältnissen fristen

-frit·ze [frɪtsə] *als Zweitglied zusammengesetzter Substantive, mit Betonung auf dem Erstglied; kennzeichnet in ironischer bzw. abfälliger Art und Weise den mit dem Erstglied genannten geschäftlichen Bereich einer männlichen Person:* Ihm hat solch ein Autofritze den Wagen repariert; aber am nächsten Tag musste der Wagen schon wieder in die Werkstatt. ◆ Auto-, Film-, Immobilien-

froh [froː] <froher, am frohesten> *adj* ❶ (↔ *traurig*) *so, dass man sich freut:* viele frohe Menschen kamen zum Fest; Ich bin froh, dass du mir geschrieben hast.; Sie können noch froh sein, dass nicht mehr passiert ist. ❷ (≈ *freudig*) *so, dass es Freude macht:* eine frohe Botschaft/Nachricht überbringen

fröh·lich [ˈfrøːlɪç] <fröhlicher, am fröhlichsten> *adj* ❶ (↔ *traurig*) *in freudiger Stimmung:* ein fröhliches Lachen; fröhlich und ausgelassen feiern ▸ Fröhlichkeit ❷ *ohne Sorgen:* Er ist überhaupt ein fröhlicher Mensch.

fromm [frɔm] <frommer/frömmer, frommste/frömmste> *adj* ❶ (≈ *gläubig*) *sehr stark an eine Religion gebunden:* ein frommer Mensch; sehr fromm erzogen sein; ein frommes Leben führen ▸ Fromme, Frommheit, Frömmigkeit ❷ *(abwert.) nur zum Schein religiös* ▸ Frömmelei, frömmeln, Frömmler(in), frömmlerisch

Front die [frɔnt] <-, -en> ❶ *die vordere Seite:* die Front eines Gebäudes ◆ -seite ❷ MILIT. *die Kampflinie, an der Truppen direkt auf den Feind treffen:* der Verlauf der Front; an die Front müssen; eine zweite Front eröffnen; ■ **Front gegen etwas machen** *sich einer Sache widersetzen;* ■ **an vorderster Front** *(übertr.) in einer wichtigen Position, in der man für/gegen etwas kämpft/sich für etwas sehr einsetzt* ◆ -bericht, -einsatz

fron·tal [frɔn'taːl] *adj /nicht steig./ direkt von vorn:* Zwei Autos sind frontal zusammengestoßen.; den Gegner frontal angreifen. ▸ Frontalunterricht, Frontalangriff, Frontalzusammenstoß

fror [froːɐ̯] *Prät. von* **frieren**

Frosch der [frɔʃ] <-(e)s, Frösche> ZOOL. *kleines Tier, das in und am Wasser lebt und gut springen kann:* Die Frösche quaken im Teich.; **einen Frosch im Hals haben** *(umg.) heiser sein* ◆-teich

Frost der [frɔst] <-(e)s, Fröste> *Temperaturen unter null Grad Celsius:* Im Winter herrschte bitterer/strenger Frost.; Bei Frost müssen die Pflanzen abgedeckt werden. ◆-nacht, -periode, Boden-, Nacht-

fros·tig ['frɔstɪç] *adj /nicht steig./* ❶ *sehr kalt:* eine frostige Nacht ❷ *(abwert.) unfreundlich:* ein frostiges Lächeln; ein frostiger Empfang

Frucht die [frʊxt] <-, Früchte> ❶ *der Teil von bestimmten Pflanzen, den man meist essen kann:* Der Apfel ist die Frucht des Apfelbaums.; Birnen, Orangen, Erdbeeren, Pflaumen sind Früchte.; eine Schale mit frischen Früchten auf den Tisch stellen ◆-saft ❷ *(geh. übertr.) Ergebnis:* die Frucht seiner Bemühungen; Unser Fleiß hat reiche Früchte getragen. ❸ SCHWEIZ. *Getreide;* **verbotene Früchte** *etwas, was man genießen möchte, was aber verboten ist*

frucht·bar <fruchtbarer, am fruchtbarsten> *adj* ❶ *so, dass Pflanzen dort gut wachsen und Früchte haben können:* ein fruchtbarer Boden ❷ *so, dass etwas produktiv und sinnvoll ist:* ein fruchtbares Gespräch führen ❸ *so, dass ein Mensch oder ein Tier (gerade) Kinder bekommen kann:* die fruchtbaren Tage der Frau ▸ Fruchtbarkeit

früh [fryː] <früher, am frühesten> **I.** *adj* ❶ *(↔ spät) zu Beginn des Tages:* am frühen Morgen; Es ist noch früh, noch nicht mal sechs Uhr.; sehr früh aufstehen/zu Bett gehen ❷ *zu Beginn des Jahres:* ein früher Winter; eine frühe Ernte/Obstsorte ❸ *zeitig im Bezug auf einen Zeitpunkt:* Wir müssen heute früher aufhören, da ich noch einen anderen Termin habe. ❹ *am Beginn einer Entwicklung:* seit früher Kindheit; ein frühes Werk des Künstlers; sein leider früh verstorbener Vater ❺ *am Beginn eines Zeitabschnitts:* das frühe Mittelalter; die frühen siebziger Jahre **II.** *adv am Morgen:* Wir sehen uns morgen früh/Früh!; am Montag früh/Früh; **früher oder später** *ganz bestimmt*

frü·her ['fryːɐ] **I.** *adj* ❶ *vor einem gegebenen Zeitpunkt liegend:* seine frühere Freundin; deine früheren Aussagen ❷ *lange Zeit zurückliegend:* in früheren Zeiten **II.** *adv in der Vergangenheit:* Früher war alles anders.; Ich kenne ihn von früher (her).; **früher oder später** *in jedem Fall* Früher oder später erfährst du es ja doch!

Früh·jahr das ['fryːjaːɐ̯] <-(e)s, -e> *Frühling* ◆-smode, -sputz

Früh·ling der ['fryːlɪŋ] <-s, -e> ❶ *(≈ Frühjahr) die Jahreszeit zwischen Winter und Sommer:* die ersten sonnigen Tage des Frühlings; Im Frühling öffnen wieder die Straßencafés. ◆-sanfang, -smonat, -ssonne, -stag, -swetter ❷ *(geh. übertr.) Jugendzeit:* der Frühling des Lebens; mit fünfzig Jahren einen zweiten Frühling erleben

Früh·stück das ['fryːʃtʏk] <-s, -e> *die erste Mahlzeit am Morgen:* ein leckeres/reichhaltiges Frühstück; zum Frühstück frische Brötchen/ein Ei/Kaffee/Marmelade servieren; Frühstück gibt es zwischen sieben und neun Uhr.; **das zweite Frühstück** *eine kleine Mahlzeit, die man am späteren Vormittag einnimmt* ▸ frühstücken ◆-stisch, -szeit

Frust der [frʊst] <-(e)s /kein Plur./ *(umg.) ein Gefühl von Enttäuschung und Langeweile (kurz für „Frustration"):* Sie hat großen Frust bei ihrer Arbeit.; Er erlebt in seiner Familie viel Frust. ▸ frustrieren, Frustration

Fuchs der, **Füch·sin** [fʊks] <-es, Füchse> ❶ ZOOL. *ein kleines, wild lebendes Tier mit rotbraunem Fell, das ähnlich wie ein Hund aussieht:* Der Fuchs geht auf die Jagd. ❷ */keine weibliche Form/ ein Pferd mit braunem Fell;* **jemand ist ein (schlauer) Fuchs** *(umg.) jmd. ist schlau*

fuch·teln ['fʊxtl̩n] *ohne OBJ* **jmd. fuchtelt mit etwas** *Dat. etwas in den Händen halten und die Hände heftig bewegen*

füg·sam ['fyːkzaːm] <fügsamer, am fügsamsten> *adj (≈ folgsam) so, dass man gehorcht:* ein fügsames Kind ▸ Fügsamkeit

Fü·gung die <-> /kein Plur./ ❶ *(geh.) ein günstiger Zufall:* eine glückliche Fügung; eine seltsame Fügung des Schicksals ❷ SPRACHWISS. *eine Wortgruppe, die eine sprachliche Einheit bildet, z.B. bei Vorliegen von Valenzbeziehungen (Wertigkeiten von Verben) oder auch im Rahmen idiomatischer Wendungen* ◆-spotenz, -swert, -swörterbuch

füh·len ['fyːlən] **I.** *mit OBJ* **jmd. fühlt etwas** ❶ *als körperliche Empfindung wahrnehmen:* Er fühlte den Schmerz kaum.; Hitze/Kälte fühlen; einen Druck im Magen fühlen; Er fühlte, wie jemand ihn an der Schulter berührte. ▸ **fühlbar** ❷ *emotional empfinden:* Mitleid/Trauer/Glück fühlen; Hass gegen jemanden fühlen; Sie fühlte, dass sie beobachtet wurde. ▸ **Gefühl** ❸ *mit den Händen ertasten:* jemandem den Puls fühlen **II.** *mit SICH* ■ **jmd. fühlt sich irgendwie** ❶ *seinen Körper irgendwie wahrnehmen:* sich krank fühlen; Fühlst du dich besser heute? ❷ *seinen seelischen Zustand irgendwie wahrnehmen:* sich glücklich/überflüssig/schuldig fühlen; sich jemandem überlegen fühlen

fuhr [fuːɐ̯] *Prät. von* **fahren**

füh·ren [ˈfyːrən] <führst, führte, hat geführt> **I.** *mit OBJ* ❶ ■ **jmd. führt etwas** *leiten:* einen Staat/eine Organisation/die Ermittlungen führen; ein Geschäft/Unternehmen führen ❷ ■ **jmd. führt etwas haben:** ein Konto führen; einen Titel führen; Diesen Artikel führen wir nicht. ❸ ■ **jmd./etwas führt etwas mit sich** *tragen:* den Ausweis mit sich führen ❹ ■ **jmd. führt etwas** *(geh.) tun:* ein Gespräch/einen Prozess führen; den Beweis für etwas führen; Krieg führen; ein aufregendes Leben führen ❺ ■ **jmd. führt jmdn. irgendwohin** *(Personen) irgendwohin geleiten:* Er führt Touristen durch die Stadt/Burganlage.; Er führte die Gäste zum Tor.; Hunde sind an der Leine zu führen!; jemanden in die Irre führen ❻ ■ **jmd. führt etwas irgendwohin** *etwas irgendwohin bewegen:* den Löffel zum Mund führen; die Hand an die Stirn führen; geschickt den Pinsel führen ❼ ■ **etwas führt zu etwas** *Dat. etwas zum Ergebnis haben:* Das führt ihn zu einer neuen Erkenntnis.; Das hat uns zur Einsicht geführt.; Das hat sie auf eine falsche Fährte geführt. **II.** *ohne OBJ* ■ **etwas führt zu etwas** *Dat.* /**irgendwohin** ❶ *einen Zweck haben:* Alle Versuche führten zu nichts.; Das führt zur Verarmung der Bevölkerung.; Diese Politik führt in den Ruin. ❷ *in einer Richtung verlaufen:* Der Weg führt zum Rathaus. ❸ *an der Spitze oder am besten sein:* die führende Mannschaft; die führenden Industrienationen; Führende Wissenschaftler haben das bestätigt. **III.** *mit SICH* ■ **jmd. führt sich irgendwie** *sich benehmen:* Der Häftling führt sich gut.

Füh·rer der, **Füh·re·rin** [ˈfyːrɐ] <-s, -> ❶ *eine Person, die Reisegruppen begleitet:* einen Bergtour einen Führer engagieren ◆ Fremden- ❷ *Leiter einer Organisation oder Gruppe:* die Führerin einer Partei/Organisation/Sekte; der Führer der Opposition ▸ **Anführer** ❸ */keine weibliche Form/ ein Buch mit praktischen Informationen über ein Land, in das man reisen möchte:* einen Führer für Paris/die Bretagne kaufen; ■ **der Führer** GESCH. *(im Nationalsozialismus) Bezeichnung für Adolf Hitler* ◆ Reise-

Füh·rer·aus·weis der <-(e)s, -e> SCHWEIZ. *Führerschein*

Füh·rer·schein der <-(e)s, -e> *die amtliche Erlaubnis, ein Fahrzeug fahren zu dürfen:* Mit 18 hat er gleich seinen Führerschein gemacht.

Füh·rung die <-, -en> ❶ */kein Plur./ (≈ Management) die Gruppe von Personen, die etwas leitet:* Die Führung des Unternehmens ist geschlossen zurückgetreten. ◆ Betriebs-, Partei- ❷ */kein Plur./ das (verantwortliche) Leiten:* jemandem die Führung einer Abteilung/Partei/Verhandlung übertragen ◆ -squalität, Geschäfts-, Gesprächs-, Prozess- ❸ */kein Plur./ eine Position, in der man besser/schneller ist als alle anderen:* Das Unternehmen liegt im Softwarebereich in Führung.; die Fußballmannschaft liegt mit 2:0 in Führung. ◆ Tabellen- ▸ **führend** ❹ */kein Plur./* AMTSSPR. *Verhalten:* Bei guter Führung kann ihm ein Teil der Strafe erlassen werden. ❺ *das Besichtigen eines interessanten Gebäudes/Museums (meist in der Gruppe) zusammen mit einer Person, die dazu Erklärungen geben kann:* als Reiseleiter eine Führung durch das Schloss/Museum anbieten ◆ Schloss-

fül·len [ˈfʏlən] <füllst, füllte, hat gefüllt> **I.** *mit OBJ* ❶ ■ **jmd. füllt etwas mit etwas** *Dat. mit etwas voll machen:* Er füllt die Badewanne mit Wasser.; die Gläser zur halb/bis zum Rand füllen; ein Regal mit Büchern füllen ❷ ■ **jmd. füllt etwas in etwas** *Akk. etwas in etwas hineintun:* Wasser in das Becken füllen; den Kaffee in die Tassen füllen ❸ ■ **etwas füllt etwas** *(geh.) einen Raum (ganz) einnehmen:* Die Zuschauer füllen den halben Saal.; Das Essen füllt den Magen.; Der Bericht füllt mehrere Seiten. **II.** *mit SICH* ■ **etwas füllt sich** *voll werden:* Der Saal füllte sich allmählich.

Fül·ler der [ˈfʏlɐ] <-s, -> *(umg.) kurz für* „Füllfederhalter"

Fül·lung die <-, -en> ❶ *Material, mit dem etwas/eine Speise gefüllt ist:* ein Kissen mit einer Füllung aus Daunen; eine Füllung aus Äpfeln und Nüssen für den Kuchen ◆ Torten- ❷ *Material, mit dem ein Loch im Zahn gefüllt ist:* die Füllung ist aus dem

Zahn gefallen Gold-, Zahn-
Fund der [fʊnt] <-(e)s, -e> ❶ *das Finden von etwas:* Er hat einen seltenen/überraschenden Fund gemacht.; ein Fund von antiken Münzen/Knochen in der Erde Leichen- ❷ *gefundene Sache:* einen Fund im Fundbüro abgeben; Im Museum sind wertvolle Funde aus der Steinzeit zu sehen. -büro

fun·da·men·tal [fʊndamɛnˈtaːl] *adj /nicht steig./ (geh. verhüll.: ≈ elementar) grundlegend, sich wichtig:* ein fundamentaler Unterschied; von fundamentaler Bedeutung für etwas/jemanden sein

Fun·da·men·ta·lis·mus der <-> /kein Plur./ *eine Richtung in religiösen oder politischen Gruppen, die die Grundlagen ihrer Lehre nur wörtlich und nicht sinngemäß versteht und deshalb zur Intoleranz neigt und teils die Vernichtung Andersdenkender zum Ziel hat:* Christlicher Fundamentalismus gründet sich allein auf den Bericht von der Schöpfung in der Bibel und lehnt die wissenschaftliche Evolutionslehre ab.; Islamistische Fundamentalisten haben die Ermordnung möglichst vieler Menschen vor, die nicht ihren religiösen Auffassungen entsprechen. Fundamentalist(in), fundamentalistisch

Fund·bü·ro das <-s, -s> *(≈ Fundamt) Stelle, an der ein gefundene Gegenstände abgegeben werden können*

fun·diert <fundierter, am fundiertesten> *adj (geh.) gut begründet:* eine fundierte Meinung zu etwas haben; fundierte Kritik an etwas üben

Fünf die [fʏnf] <-, -en> ❶ *die Zahl Fünf:* eine Fünf würfeln; Er wohnt in der … Straße, Haus Nummer Fünf. ❷ *eine sehr schlechte Note in der Schule:* Er hat in Mathematik wieder eine Fünf geschrieben.

fünf [fʏnf] *num* fünf Personen; fünf Finger an einer Hand; Wir treffen uns um fünf (Uhr).; Wir sind zu fünft.; **seine fünf Sinne beieinander haben** *(umg.) völlig normal sein;* **fünf (Minuten) vor zwölf** *(umg.) so, dass man schnell handeln muss*

Fün·fer der [ˈfʏnfɐ] <-s, -> ❶ *(umg.) ein Geldstück oder -schein im Wert von Fünf:* Hast du mir einen Fünfer? ❷ *ein Gewinn im Lotto, bei dem man fünf Zahlen richtig getroffen hat:* einen Fünfer im Lotto haben ❸ *Fünf²*

Fünf·tel das [ˈfʏnftl] <-s, -> *der fünfte Teil von etwas:* Jeder bekommt ein Fünftel von Hundert, das sind für jeden 20.

Fun·ke der <-ns, -n> *ein kleines Teilchen, das glimmt:* aus dem Kamin fliegen Funken; Die Räder schleifen auf den Schienen und sprühen Funken.; **keinen Funken Verstand haben** *(umg.) überhaupt keinen Verstand haben* Er hat keinen Funken Verstand im Kopf.

fun·keln [ˈfʊŋkl̩n] <funkelst, funkelte, hat gefunkelt> *ohne OBJ* **etwas funkelt** *(≈ glitzern) etwas leuchtet mal stark, mal schwächer:* An ihrem Ring funkelte ein Diamant.; Die Sterne funkeln am Himmel.; **jemandes Augen funkeln** *(übertr.) jmds. Augen zeigen, dass er sehr erregt ist* Seine Augen funkeln vor Zorn/Freude.

Fun·ken der [ˈfʊŋkn̩] <-s, -> *(≈ Funke)*

fun·ken [ˈfʊŋkn̩] I. *mit OBJ* **jmd. funkt (etwas)** *durch elektromagnetische Wellen Signale senden (und so Informationen übermitteln):* jemandem eine Nachricht funken; einen Notruf/SOS funken Funkgerät, Rundfunk II. *mit ES* **es funkt** *(umg.) Funken bilden:* Im Lichtschalter hat es gefunkt.; **bei jemandem hat es gefunkt** *jmd. hat etwas verstanden* Bei ihm hat es endlich gefunkt!; **zwischen zwei Personen hat es gefunkt** *zwei Personen haben sich ineinander verliebt* Schon am ersten Abend hat es zwischen ihnen gefunkt.

Fun·ker der, **Fun·ke·rin** <-s, -> *jmd., der mit einem Funkgerät Nachrichten übermittelt*

Funk·ti·on die [fʊŋkˈtsi̯oːn] <-, -en> ❶ */kein Plur./ das Funktionieren:* eine Funktion des Geräts ist gestört; die Funktion des Herzens unterstützen funktional, funktionsfähig ❷ *Position, die jmd. in einer Organisation innehat:* eine leitende/untergeordnete Funktion; eine Funktion übernehmen/innehaben/ausüben ❸ MATH. *eine Größe, die von einer oder mehreren anderen Größen abhängt und als Kurve in einem Koordinatensystem dargestellt wird (eine Funktion mit zwei Variablen)* ❹ *(übertr.) Aufgabe; Zweck; Leistung:* die Funktion der Sprache; die Funktion des Erzählers in einem Theaterstück; Welche Funktion hat dieser Schalter?; **in Funktion treten** *(geh.) tätig werden* Das Notaggregat tritt bei Stromausfall in Funktion.; **außer Funktion sein** *(geh.) nicht mehr tätig oder gültig sein* Die Anlage ist außer Funktion.; Diese Bestimmung ist außer Funktion.

funk·ti·o·nie·ren [fʊŋktsi̯oˈniːrən] *ohne OBJ* **etwas funktioniert (irgendwie)** *etwas arbeitet/läuft ohne Fehler:* Das Radio funktioniert nicht richtig.; Mein Gedächtnis funktioniert noch ganz gut.; Wie funktioniert das eigentlich?

für [fy:ɐ̯] *präp +Akk.* ❶ (↔ *gegen*) *verwendet, um auszudrücken, dass mit einer Handlung ein bestimmtes Ziel/ein bestimmter Zweck erreicht werde soll:* für ein Gesetz stimmen; für seine politische Meinung demonstrieren; Werbung für etwas machen; für die Prüfung lernen; für einen guten Zweck spenden ❷ *verwendet, um auszudrücken, dass etwas der Lohn oder der Gegenwert von etwas ist:* für Geld arbeiten; für etwas Geld bezahlen; Für diese Anerkennung lohnt sich unsere Anstrengung. ❸ *verwendet, um auszudrücken, dass etwas speziell für jmdn./etwas/ein Tier geeignet ist:* ein Buch für Kinder; Käfige für Vögel sollten nicht zu klein bemessen sein.; ein spezielles Regal für Weinflaschen ❹ *verwendet, um auszudrücken, dass etwas jmdn. besonders betrifft:* ein Brief/ein Geschenk/eine Nachricht/Post für dich; Das ist interessant/klar/schrecklich für ihn.; der Grund für ihr Versagen; für etwas verantwortlich sein; sich für etwas begeistern/interessieren ❺ (≈ *statt*) *verwendet, um auszudrücken, dass jmd./etwas einen anderen/etwas anderes ersetzt:* Kannst du nicht für mich hingehen?; Ich schäme mich für dich! ❻ *verwendet, um eine Zeitspanne auszudrücken:* für zwei Jahre ins Ausland gehen; für die nächsten zwei Stunden nicht gestört werden wollen ❼ *verwendet, um eine Wiederholung auszudrücken:* Tag für Tag dieselben Wege gehen; einen Text Wort für Wort korrigieren ❽ *verwendet, um auszudrücken, dass man sich von jmdm./etwas etwas vorstellt:* Er hält sich für einen Künstler.; Sie gab ihn für ihren Bruder aus.; Sie hält diese Frage für sinnvoll. ❾ *verwendet, um auszudrücken, dass etwas anders ist als üblich:* Das Kind ist schon sehr groß für sein Alter.; Für die Jahreszeit ist es zu kühl.; ■ **was für ein/eine/einen** *(umg.) welches/welche/welcher* Was für ein Kleid ziehe ich heute an?; Was habt ihr für ein Glück!; ■ **für sich** *allein/getrennt von anderen* Sie will für sich leben/bleiben.; Das musst du für dich behalten!; ■ **das Für und Wider abwägen** *prüfen, was für und was gegen etwas spricht*

Furcht die [fʊrçt] <-> /*kein Plur.*/ (*geh.*) *große Angst vor etwas:* Furcht vor etwas haben; vor Furcht zittern; jemandem Furcht einjagen/in Furcht versetzen; ein Furcht erregender Eindruck; ■ **keine Furcht kennen** *mutig sein* ▶ furchtlos, furchtsam

furcht·bar <furchtbarer, am furchtbarsten> *adj* (≈ *fürchterlich, schrecklich*) ❶ *so, dass es Furcht verursacht:* ein furchtbarer Traum; ein furchtbares Unglück ❷ *(umg. abwert.) sehr groß/intensiv:* ein furchtbarer Sturm/Lärm; ein furchtbarer Husten; eine furchtbare Hitze ❸ *(umg.) sehr:* Sie war furchtbar traurig.; Gestern war es furchtbar kalt.

fürch·ten ['fʏrçtn̩] <fürchtest, fürchtete, hat gefürchtet> **I.** *mit OBJ* ■ **jmd. fürchtet jmdn./etwas** ❶ *(geh.) Angst haben vor jmdm./etwas:* Er fürchtet nichts so sehr wie Streit.; Sie fürchtet die Einsamkeit/Wahrheit.; ein gefürchteter Verbrecher ❷ *(veralt. geh.) achten oder Respekt haben:* Gott/seine Eltern fürchten ❸ *(geh.) etwas Unangenehmes erwarten:* Sie fürchtet, kritisiert zu werden.; Ich fürchte, du hast Recht. **II.** *ohne OBJ* ■ **jmd. fürchtet um etwas** *Akk. (geh.) sich Sorgen machen um etwas:* Sie fürchtet um ihre Schönheit/Gesundheit.; Sie mussten um ihr Leben fürchten. **III.** *mit SICH* ■ **jmd. fürchtet sich (vor etwas)** *Furcht empfinden:* Er fürchtet sich in der Dunkelheit.; Sie fürchtet sich vor Spinnen.

fürch·ter·lich <fürchterlicher, am fürchterlichsten> *adj* ❶ *furchtbar¹:* ein fürchterlicher Anblick ❷ *(umg. abwert.) furchtbar²:* ein fürchterlicher Sturm; fürchterlicher Lärm ❸ *(umg. abwert.) so, dass es sehr schlecht ist:* ein fürchterlicher Film; Es war ein fürchterlicher Abend. ❹ *(umg.) furchtbar³:* fürchterlich viel wissen; fürchterlich dick sein

für·ei·n·an·der [fy:ɐ̯|ai̯'nandɐ] *adv der eine für den anderen:* Wir werden immer füreinander da sein.

Für·sor·ge die ['fy:ɐ̯zɔrɡə] <-> /*kein Plur.*/ ❶ *das Bemühen um Personen oder Sachen, die Hilfe/Pflege benötigen:* die elterliche Fürsorge für ihr Kind; den Grünpflanzen viel Fürsorge angedeihen lassen; Unsere Katze vertrauen wir im Urlaub der Fürsorge der Nachbarin an. ◆ -pflicht ▶ fürsorglich, Fürsorglichkeit ❷ *(veralt.) eine öffentliche Institution, die für die Betreuung von Menschen in Not sorgt:* bei der Fürsorge arbeiten; Unterstützung bei der Fürsorge beantragen ❸ *(umg. o veralt.) Geld von der Fürsorge²:* von der Fürsorge leben

Fu·si·on die [fu'zi̯o:n] <-, -en> ❶ CHEM., PHYS. *Verschmelzung von Atomkernen: die bei der Fusion frei werdende Energie* ◆ Kern- ❷ WIRTSCH. *Zusammenschluss von Unternehmen:* die Fusion zweier Großbanken ▸ fusionieren

Fuß der |fu:s| <-es, Füße> ❶ ANAT. *der unterste Teil des Beines, mit dem man auf dem Boden steht:* auf beiden Füßen stehen; kalte Füße haben; Das Pferd ist am linken hinteren Fuß verletzt. ▸-knöchel, -sohle ❷ *(umg.)* SÜDDT. *das Bein bei Menschen (und manchen Tieren)* ❸ *das, worauf ein Möbelstück oder ein Gegenstand steht:* der Fuß einer Lampe/eines Glases/einer Statue; ein Sessel mit vier Füßen ❹ */ kein Plur./ der untere Teil von etwas Hohem:* der Fuß des Berges; **Bei Fuß!** *Befehl an Hunde, neben dem Herrchen oder Frauchen zu gehen;* ▪ **zu Fuß gehen** *laufen (statt fahren)* Fahren wir oder gehen wir zu Fuß?; ▪ **gut/schlecht zu Fuß sein** *gut/schlecht laufen können;* ▪ **mit jemandem auf gutem/vertrautem Fuß stehen** *ein gutes/vertrauliches Verhältnis zu jmdm. haben;* ▪ **auf freiem Fuß** *frei/nicht gefangen* Die Täter befinden sich noch auf freiem Fuß.; ▪ **auf eigenen Füßen stehen** *selbstständig sein;* ▪ **irgendwo Fuß fassen** *irgendwo heimisch werden* Sie hat in der neuen Umgebung schnell Fuß gefasst.; ▪ **kalte Füße bekommen/kriegen** *(umg. übertr.) etwas Geplantes nicht tun, weil man Angst bekommen hat;* ▪ **etwas/jemanden mit Füßen treten** *etwas oder jmdn. mit Missachtung behandeln* die Rechte eines Volkes mit Füßen treten; ▪ **jemandem auf die Füße treten** *jmdn. kränken oder beleidigen;* ▪ **nicht Hand noch Fuß haben** *nicht realistisch sein*

Redewendungen: "Als wir den Rechtsanwalt eingeschaltet haben, hat sie ganz schön kalte Füße bekommen!" (... 'hat sie Angst bekommen'); "In dieser kargen Region hatte noch kein Wesen Fuß gefasst" (... 'hatte sich noch kein Lebewesen niedergelassen'); "Er kommt heute nicht mehr! Wie lange wollt ihr euch noch die Füße in die Beine stehen?" ('Wie lange wollt ihr noch warten?'); "Sie ist noch nicht erwachsen; sie kann noch nicht auf eigenen Füßen stehen" ('Sie ist nicht selbstständig'); "Er steckt in solchen Unannehmlichkeiten, dass ihm der Boden unter die Füße brennt!" ('Er hat sich in eine äußerst gefährliche Situation gebracht'); "Ihr Chef hat sie so schlecht behandelt, dass sie ihm am liebsten den ganzen Krempel vor die Füße werfen würde" (...'dass sie am liebsten kündigen würde').

Fuß·ball der |'fu:sbal| <-s, Fußbälle> ❶ / *kein Plur./* SPORT *ein Ballspiel für zwei Mannschaften, bei dem die Spieler den Ball nur mit dem Fuß (und mit dem Kopf), aber nicht mit der Hand berühren dürfen und bei dem es darum geht, möglichst viele Tore zu schießen:* sich für Fußball begeistern; gern Fußball spielen ▸-mannschaft, -platz, -spiel, -star, Damen-, Hallen- ❷ *der beim Fußball¹ benutzte Ball:* ein Fußball aus Leder

Fuß·bo·den der <-s, Fußböden> *der Boden eines Raumes in einem Gebäude:* den Fußboden wischen

Fuß·gän·ger der, **Fuß·gän·ge·rin** <-s, -> *Person, die zu Fuß geht* ▸-ampel, -brücke

Fuß·gän·ger·zo·ne die <-, -n> *eine Straße, in der keine Autos fahren dürfen:* In der Innenstadt gibt es mehrere Fußgängerzonen.

Fuß·no·te die <-, -n> ❶ *eine Anmerkung zu einem Text, die meist unten auf derselben Seite gedruckt ist:* ein Zusatzproblem in einer Fußnote erklären/erläutern ❷ *(übertr.) eine ergänzende Bemerkung:* zu dem Gesagten noch eine Fußnote machen

Fut·ter¹ das |'fʊtɐ| <-s> */kein Plur./ Nahrung für Tiere:* dem Hund/der Katze Futter geben ▸ Kraft-, Vogel-

Fut·ter² das |'fʊtɐ| <-s, -> *der Stoff, der von innen in ein Kleidungsstück genäht ist:* ein Mantel mit einem Futter aus Pelz; eine Schachtel mit einem Futter aus Samt

füt·tern¹ |'fʏtɐn| <fütterst, fütterte, hat gefüttert> I. *mit OBJ/ohne OBJ* ▪ **jmd. füttert jmdn. mit etwas** Dat. *Nahrung geben:* ein Kleinkind mit dem Löffel füttern; einen Hund mit Fleisch füttern II. *mit OBJ* ▪ **jmd. füttert etwas mit etwas** Dat. *(umg. übertr.) mit Material versorgen:* den Computer mit Daten füttern; den Ofen mit Kohle füttern

füt·tern² |'fʏtɐn| <fütterst, fütterte, hat gefüttert> *mit OBJ* ▪ **jmd. füttert etwas (mit etwas)** *in ein Kleidungsstück einen Futter² nähen:* einen Mantel mit Pelz füttern

Fu·tur das |fu'tuːɐ| <-s> */kein Plur./* SPRACHWISS. *Zeitform (Tempus-Kategorie) des Verbs, mit der etwas Zukünftiges ausgedrückt wird*

Gg

G, g das [ge:] <-, -> *der siebte Buchstabe des Alphabets:* ein großes „G"; ein kleines „g"

G-8 die [ge:'axt] <-, -> POL. *kurz für „Gemeinschaft führender Industrienationen"* ▶ -Gipfel, -Treffen

gab [ga:p] *Prät. von* **geben**

Ga·be die <-, -n> ❶ *(geh. verhüll.: ≈ Geschenk) etwas, das man jmdm. als Zeichen der Verehrung gibt:* Gold, Myrrhe und Weihrauch waren die Gaben der Heiligen Drei Könige. ❷ *(geh.: ≈ Spende) Geld, das man armen Menschen als Unterstützung schenkt:* Man bat um eine milde Gabe für die Armen. ❸ *(≈ Begabung, Talent) eine Eigenschaft oder Fähigkeit, die jmd. von Natur aus hat:* Er hat die Gabe eines guten Sprachgefühls. ❹ /kein Plur./ MED. *das Verabreichen eines Medikaments:* Die tägliche Gabe von Beruhigungsmitteln kann zur Abhängigkeit führen. ❺ SCHWEIZ. *Gewinn, Preis*

Ga·bel die ['ga:bl] <-, -n> ❶ *ein Gegenstand mit einem längeren Stiel und mehreren parallelen Zacken am vorderen Ende, den man zum Aufnehmen von Speisen benutzt:* Er legte Löffel, Messer und Gabel neben den Teller. ❷ LANDW. *landwirtschaftliches Gerät mit langem Stiel und mehreren Zinken, das man wie eine Art Schaufel benutzt* ◆ Heu-, Mist- ❸ *das drehbare Bauteil eines Fahrrads, an dem das Vorderrad befestigt ist*

ga·bel·för·mig adj /nicht steig./ *so geformt, dass sich etwas in zwei Hälften oder Teile aufteilt oder verzweigt:* Der Weg teilte sich in zwei gabelförmig auseinanderstrebende Pfade.

ga·beln <gabelt, gabelte, hat gegabelt> *mit SICH* ■ **etwas gabelt sich (in etwas** Akk.) *(von Wegen, Straßen o.Ä.) sich teilen und auseinanderstreben*

Ga·bel·stap·ler der <-s, -> *ein kleines Fahrzeug mit einer vorn angebrachten Hebevorrichtung, mit dessen Hilfe man schwere Lasten aufnehmen, transportieren und beispielsweise auf einen LKW laden kann* ◆ -fahrer

Ga·be·lung die <-, -en> *Stelle, an der sich ein Weg bzw. eine Straße gabelt*

Ga·ben·tisch der <-(e)s, -e> *Tisch, auf dem z.B. Weihnachts- oder Geburtstagsgeschenke liegen:* den Gabentisch aufbauen

ga·ckern <gackert, gackerte, hat gegackert> *ohne OBJ* ■ **ein Tier gackert** *die für Hühner typischen Laute von sich geben:* Die Hühner gackern.

gaf·fen <gaffst, gaffte, hat gegafft> *ohne OBJ* ■ **jmd. gafft** *(abwert.) neugierig und sensationslüstern auf etwas blicken, etwas anstarren:* An der Unfallstelle standen zahllose Schaulustige und gafften. ▶ Gaffer, Gafferin

Gaf·fe·rei die <-, -en> /meist Sing./ *(abwert.) das Gaffen*

Gag der ['gɛk] <-s, -s> ❶ *(≈ Sketch) witzige Einlage, kleine humorvolle, komische Darbietung im Theater, im Kabarett, in einem Film:* einen Gag einstudieren/präsentieren ❷ *(umg.) Besonderheit:* Der Gag bei der Sache war, dass ...

ga·ga adj /nicht steig./ /nur präd./ *(umg.) verrückt*

Ga·ge die ['ga:ʒə] <-, -n> *das Honorar, das ein Künstler für einen Auftritt erhält:* Der Manager des Schauspielers handelt die Gage aus.

Ga·gist die, **Ga·gis·tin** [ga:'ʒist] <-en, -en> *jmd., der Gage bekommt*

gäh·nen <gähnst, gähnte, hat gegähnt> *ohne OBJ* ■ **jmd. gähnt** *als Zeichen von Müdigkeit oder Langeweile geräuschvoll durch den weit geöffneten Mund einatmen:* Sie gähnte herzhaft/vor Müdigkeit.; Während des dreistündigen Vortrags mussten viele Zuhörer gähnen.

Ga·la die <-, -s> ❶ *festliche Kleidung für besondere Anlässe;* ■ **in Gala erscheinen** *festlich gekleidet sein* ◆ -anzug, -uniform ❷ *festliche Veranstaltung, zu der die Besucher in Gala¹ erscheinen* ◆ -abend

ga·lak·tisch adj /nicht steig./ ❶ ASTRON. /nur attr./ *zur Galaxis gehörend* ❷ *(umg.) besonders gut*

ga·lant adj *(geh. o veralt.) (als Mann gegenüber Frauen) betont höflich, aufmerksam und liebenswürdig:* Er half ihr galant aus dem Mantel. ▶ Galanterie

Ga·la·xie die <-, -xien> ASTRON. *ein großes Sternensystem außerhalb unserer Milchstraße*

Ga·la·xis die <-, Galaxien> ASTRON. ❶ /kein Plur./ *die Milchstraße, also unsere Galaxie* ❷ *(selten) Galaxie*

Ga·le·rie¹ die <-, -rien> ❶ *Geschäft oder großer Raum, in dem Kunstwerke ausgestellt und verkauft werden* ❷ *auf der Innenhofseite eines Schlosses um das Ober-*

geschoss führender Gang ❸ *prunkvoller, durch lange Fensterfronten hell gestalteter Festsaal in Schlössern* ❹ *schmaler Gang an der Fassade romanischer Kirchen*
Ga·le·rie² *die* <-, -rien> ÖSTERR. *Halbtunnel*
Ga·le·rie³ *die* <-, -rien> SCHWEIZ. *Tunnel mit fensterartigen Öffnungen auf der Talseite*
Ga·le·rist *der,* **Ga·le·ris·tin** <-en, -en> *jmd., der eine Galerie besitzt und mit Kunstwerken handelt*
Gal·gen *der* <-s, -> *eine Vorrichtung, an der Menschen durch Erhängen hingerichtet werden:* Der Mörder wurde zum Tod am Galgen verurteilt.
Gal·gen·frist *die* <-, -en> /meist Sing./ (umg. übertr.) *der kurze Zeitraum, der jmdm. bis zu einem unangenehmen Termin oder Ereignis noch bleibt oder gewährt wird:* Zum Glück hat mein Professor mir noch eine Galgenfrist bis nächsten Montag eingeräumt/gewährt. Dann aber muss ich die Seminararbeit aber abgeben.
Gal·gen·hu·mor *der* <-s> /kein Plur./ (umg.) *(bitterer) Humor, den man sich bewahrt, obwohl man sich in einer unangenehmen oder verzweifelten Lage befindet*
Gal·gen·strick *der* <-(e)s, -e> (umg. scherzh.: ≈ Schlitzohr) *Gauner, gerissener Mensch*
Gal·gen·vo·gel *der* <-s, Galgenvögel> (umg. abwert.) *ein verbrecherischer Mensch*
Ga·li·ons·fi·gur *die* <-, -en> ❶ *geschnitzte Figur an der Spitze alter Schiffe* ❷ *(übertr.) ein beliebter, bekannter Mensch, der zu Werbezwecken in den Vordergrund gerückt wird:* Man machte den beliebten Schauspieler zur Galionsfigur der Partei.
Gal·le *die* <-, -n> ❶ ANAT. *kurz für "Gallenblase"* ◆-nblase, -nkolik, -nleiden, -nstein ❷ *bitteres, von der Leber gebildetes Sekret, das bei der Fettverdauung hilft;* ■ **jemandem steigt/kommt die Galle hoch/schwillt die Galle/läuft die Galle über** *jmd. wird erkennbar wütend*
gal·le(n)·bit·ter *adj* /nicht steig./ *bitter wie Galle*²
Gal·lert, Gal·lert *das* <-(e)s> /kein Plur./ *(beispielsweise nach dem Einkochen und Erkaltenlassen von Knochenbrühe entstehende) zähe, durchsichtige Masse* ◆-masse ▸ gallertartig, gallertig
Gal·ler·te *die siehe* Gallert
gal·lig *adj* ❶ *sehr bitter (im Geschmack)* ❷ *boshaft:* galliger Humor
Gal·lig·keit *die* <-> /kein Plur./ *die Eigenschaft, gallig zu sein*

Gal·li·zis·mus *der* <-, Gallizismen>

Ein **Gallizismus** ist ein aus dem Französischen in eine andere Sprache übernommener Ausdruck (Wort, Wortkomplex, (Rede-)Wendung), z.B. *Portmonee, vis-à-vis, L'art pour l'art, Trottoir, Jalousie, Tournee, Milieu, galant, Chicorée, Cognac, Clou, Chiffre, Chausee*. In manchen Fällen handelt es sich um Ausdrücke, die eigentlich gar nicht ihren Ursprung in der französischen Sprache haben. Derartige Einheiten bezeichnet man als *Schein-Gallizismen*; ein Beispiel dafür ist der Ausdruck *Friseur*, dem im Französischen *coiffeur* entspricht. Die Bezeichnung *Gallizismus* leitet sich von *Gallien* ab, dem römischen Namen für das Gebiet des heutigen Frankreich. Gallizismen werden in diesem Wörterbuch, wie auch in anderen Wörterbüchern üblich, durch die Herkunftsangabe "franz." gekennzeichnet/markiert.

gal·lo·phil *adj* (≈ frankophil ↔ frankophob)
Gal·lo·phi·lie *die* <-> /kein Plur./ (≈ Frankophilie ↔ Frankophobie)
gal·lo·phob *adj* (≈ frankophob ↔ frankophil)
Gal·lo·pho·bie *die* <-> /kein Plur./ (≈ Frankophobie ↔ Frankophilie)
Ga·lopp *der* <-s, -s/-e> *die schnellste Gangart eines Pferdes;* ■ **im Galopp** (umg.: ≈ im Eiltempo) *sehr schnell* Ich musste meine Besorgungen heute im Galopp erledigen. ◆-bahn, -rennbahn, -rennen
ga·lop·pie·ren <galoppierst, galoppierte, hat/ist galoppiert> *ohne OBJ* ■ **jmd. galoppiert (irgendwohin)** *im Galopp reiten*
galt [galt] *Prät. von* gelten
Ga·ma·sche *die* <-, -n> /meist Plur./ *vom Fuß bis zum Knie reichende Beinbekleidung aus Stoff oder Leder*
Gam·be *die* <-, -n> MUS. *ein Streichinstrument* ▸ Gambist, Gambistin
Gam·ma *das* <-(s), -s> *der dritte Buchstabe des griechischen Alphabets* ◆-strahlen
Gam·me·lei *die* <-> /kein Plur./ (umg. abwert.) *das Gammeln*
Gam·mel·look *der* <-s, -s> (umg. abwert.) *gammeliger Kleidungsstil*
gam·meln <gammelst, gammelte, hat gegammelt> *ohne OBJ* ■ **jmd. gammelt** (umg. abwert.) *nichts tun bzw. ohne feste Arbeit und ohne Zukunftspläne ziellos in den Tag hineinleben:* Nachdem er sein Studium abgebrochen hatte, begann er zu gammeln.; Gammel nicht rum, hilf mir lie-

ber! ▸ gammelig/gammlig, Gammler(in), Gammelleben, Gammlertum

Gams die <-, -/-en> LANDSCH. *Gämse*

Gams·bart der <-(e)s, Gamsbärte> *Schmuck an (Trachten-)Hüten*

Gäms·bart der *siehe* **Gamsbart**

Gams·bock der <-(e)s, Gamsböcke> ZOOL. *männliche Gämse*

Gäms·bock der ZOOL. *siehe* **Gamsbock**

Gäm·se die <-, -n> ZOOL. *in den Gebirgen Europas lebendes Tier, das ungefähr wie eine Ziege aussieht*

Ga·neff der <-(s), -e/-s> ÖSTERR. *Ganove*

Gang der [gaŋ] <-(e)s, Gänge> ❶ *die Art und Weise, wie jmd. läuft:* Das Kleinkind hat noch einen unsicheren Gang.; Mit schwankendem Gang verließ der Betrunkene das Lokal. ❷ *das Gehen (zu einem bestimmten Zweck, mit einem bestimmten Ziel):* Mir graut vor dem Gang zum Zahnarzt.; Nach dem Mittagessen macht der Chef einen Gang durch die neue Fabrikhalle.; Bevor wir in den Urlaub fahren, muss ich noch einige Gänge erledigen. ❸ *(≈ Korridor) ein Raum in einer Wohnung, der oft lang und schmal ist, in dem man sich nicht dauerhaft aufhält und der dazu dient, die Zimmer der Wohnung zu verbinden:* Würdest du bitte die Schuhe im Gang ausziehen? ❹ *einer der aufeinander folgenden Teile einer Mahlzeit:* Das Menü bestand aus drei Gängen. ◆ Fisch-, Fleisch-, Haupt- ❺ *eines der an einem Getriebe wählbaren Übersetzungsverhältnisse:* Er schaltete vom ersten in den zweiten Gang.; Das Fahrrad verfügt über achtzehn Gänge.; ■ **in Gang bringen/in Gang setzen** *bewirken, dass etwas in Bewegung gerät oder zu funktionieren beginnt;* ■ **im Gange sein** *als gegen jmdn. oder etwas gerichtete Aktion (heimlich) vorbereitet werden* Es hat den Anschein, als sei eine Verschwörung im Gange.; ■ **seinen (geordneten) Gang gehen** *sich so entwickeln, wie es zu erwarten ist;* ■ **einen Gang zulegen** *(umg.) sein Tempo bei etwas steigern*

Gang die [gæŋ] <-, -s> ❶ *organisierte Gruppe von Verbrechern* ❷ *Bande von (verwahrlosten) Jugendlichen*

Gang·art die <-, -en> ❶ *eine der Arten, in die man den Laufstil von Pferden einteilt:* Trab ist eine der Gangarten des Pferdes. ❷ *die Art und Weise, wie sich beispielsweise eine Sportmannschaft gegenüber ihrem Gegner oder ein Vorgesetzter gegenüber seinen Mitarbeitern verhält:* Der Chef/Die Mannschaft hatte eine härtere Gangart angeschlagen.

gang·bar adj ❶ *(≈ gängig) gebräuchlich, allgemein üblich* ▸ Gangbarkeit ❷ *begehbar:* ein gangbarer Pfad ▸ Gangbarkeit

Gän·gel·band *(abwert.)* ■ **jemanden am Gängelband führen/haben/halten** *jmdn. bevormunden*

Gän·ge·lei die <-, -en> *(abwert.) das Gängeln*

gän·geln <gängelst, gängelte, hat gegängelt> mit OBJ ■ **jmd. gängelt jmdn./etwas** *(abwert.: ≈ bevormunden) jmdm. keine Handlungsfreiheit lassen, sondern ihm (dauernd) sagen, was er tun soll:* Sie konnte sich nie frei entfalten, weil sie immer nur gegängelt wurde.

gän·gig adj ❶ *(≈ gebräuchlich, üblich) so, dass es bei den meisten Menschen nicht anders ist:* Seine Ansicht/seine Meinung weicht erheblich von der gängigen ab. ❷ *viel gekauft, handelsüblich:* Wir führen alle gängigen Fabrikate/Marken. ▸ Gängigkeit

Gang·schal·tung die <-, -en> TECHN. *eine Vorrichtung, mit deren Hilfe man einen bestimmten Gang⁵ wählen kann:* Hat dein Fahrrad eine Gangschaltung?

Gang·steig der <-(e)s, -e> ÖSTERR. *Bürgersteig, Gehsteig*

Gangs·ter der [ˈgæŋstɐ] <-, -> *(abwert.) Schwerverbrecher:* Die Polizisten lieferten sich mit dem berüchtigten/gefürchteten Gangster eine Schießerei. ▸ Gangstertum ◆ -bande, -boss, -braut, -methode

Gang·way die [ˈgæŋweɪ] <-, -s> LUFTF., SEEW. *eine Art fahrbare Treppe zum Besteigen oder Verlassen eines Flugzeuges oder Schiffes*

Ga·no·ve der, **Ga·no·vin** <-n, -n> *(umg. abwert.) Betrüger, Dieb* ◆ -nsprache

Ga·no·ven·eh·re die <-> *siehe* **Gaunerehre**

Gans die [gans] <-, Gänse> ❶ *ein Wasservogel mit grauen oder weißen Federn, der größer als eine Ente und wegen seines Fleisches und seiner Federn als Nutztier gehalten wird:* Gänse schnattern/werden gemästet/werden gerupft/werden gebraten. ▸ Gänseei, Gänsefeder ❷ *(≈ Gänsebraten)* Zu Weihnachten gab es bei uns immer Gans. ▸ Gänsebraten, Gänsebrust, Gänsekeule, Gänseklein, Gänseleber, Gänseleberpastete, Gänseschmalz ❸ *(umg. abwert.) als Schimpfwort für eine Frau verwendet:* Diese dumme Gans!

Gän·se·blüm·chen das <-s, -> *eine kleine Wiesenblume mit weißen Blütenblättern*

Gän·se·füß·chen das <-s, -> *(umg.) An-*

führungszeichen: ein Wort in Gänsefüßchen setzen

Gän·se·haut die <-> /kein Plur./ *Bezeichnung für die durch Frieren oder durch Erschrecken ausgelöste Veränderung der Hautoberfläche, wobei sich die Haare aufstellen, so dass viele kleine Erhebungen entstehen*

Gän·se·marsch ■ im Gänsemarsch *(umg.) so, dass mehrere Personen in einer Reihe hintereinander laufen* Die Kinder gingen im Gänsemarsch über den Hof.

Gän·se·rich der <-s, -e> *(≈ Ganter) eine männliche Gans*

Gan·ter der <-s, -> NORDDT. *(≈ Gänserich)*

ganz [gants] I. *adj /nicht steig./* ❶ *(umg.) / nur präd./ unbeschädigt:* Du solltest die Gläser vor dem Umzug gut verpacken, damit sie ganz bleiben. ❷ *verwendet, um auszudrücken, dass die Gesamtheit der genannten Sache betroffen ist:* Er hatte seinen ganzen Bekanntenkreis zu der Party eingeladen — niemand fehlte.; Sie hat ganz Amerika bereist, nicht nur den Norden.; Sie müssen die Gebrauchsanweisung erst ganz lesen. ❸ *alle, alles:* Er hat das ganze Geld ausgegeben. ❹ *(umg.) verwendet, um eine Mengen-, Zahlenangabe zu verstärken:* Er hat eine ganze Menge CDs.; Das Flugzeug hatte ganze zwei Stunden Verspätung. ❺ *(umg.) nicht mehr als:* Die Lampe hat ganze 10 Euro gekostet. II. *adv* ❶ *vollständig:* Wir haben die Torte ganz aufgegessen.; Ich musste die Arbeit ganz allein machen.; Da bin ich ganz deiner Meinung. ❷ *sehr, überaus:* Er war ganz begeistert.; Sie wurde vor Schreck ganz blass. ❸ *ziemlich, relativ:* Die CD ist ganz gut.; ■ ganz und gar *vollständig* ◆ Großschreibung → R 3.4 das Ganze (bleiben lassen); ein (harmonisches) Ganzes (bilden); als Ganzes; das (große) Ganze; aufs Ganze gehen; im Ganzen (gesehen); im Großen und Ganzen; nichts Ganzes und nichts Halbes sein; ums Ganze (gehen)

Gän·ze ■ zur Gänze *vollständig*

Ganz·heit die <-> /kein Plur./ *(≈ Ungeteiltheit, Vollständigkeit) aus zusammengehörigen Teilen bestehende Einheit:* etwas in seiner/ihrer Ganzheit betrachten/erfassen ◆ -skosmetik, -smedizin, -smethode, -spsychologie

ganz·heit·lich *adj /nicht steig./ so, dass alle Aspekte einer Sache berücksichtigt und größere Zusammenhänge erkannt werden:* Wir sollten mit einer ganzheitlichen Betrachtungsweise an dieses Problem herangehen.; ganzheitliche Medizin ▷ Ganzheitlichkeit

ganz·jäh·rig *adj /nicht steig./ das ganze Jahr über:* Das Hotel ist ganzjährig geöffnet.

gänz·lich *adv (≈ völlig)* Diese Idee erscheint mir gänzlich undurchführbar.

ganz·sei·tig *adj /nicht steig./ /nur attr./ so, dass es eine ganze (Zeitungs-)Seite ausfüllt:* eine ganzseitige Anzeige

ganz·tä·gig *adj /nicht steig./ den ganzen Tag über:* Das Café ist ganztägig geöffnet.

ganz·tags *adv (↔ halbtags) so, dass etwas den ganzen (Arbeits-)Tag dauert:* Sie will wieder ganztags arbeiten. ▷ Ganztagsarbeit, Ganztagsbeschäftigung

Ganz·tags·schu·le die <-, -n> *Schule, die die Schüler ganztags besuchen*

Ganz·ton der <-(e)s, Ganztöne> MUS. *(↔ Halbton)* ◆ -leiter

ganz·zah·lig *adj /nicht steig./* MATH. *aus einer ganzen Zahl bestehend*

gar¹ [ga:ɐ̯] *adj /nicht steig./ /meist präd./ so lange gekocht oder gebraten, dass es weich und bekömmlich ist:* Das Fleisch/ Das Gemüse ist noch nicht gar.

gar² [ga:ɐ̯] *adj* ÖSTERR. *zu Ende:* Das Geld ist bald gar.

gar³ [ga:ɐ̯] I. *adv (≈ überhaupt) in Verbindung mit „nicht" und „kein" verwendet, um die Aussage zu verstärken:* Wir hatten damit gar kein Problem.; Das ist gar nicht wahr.; Natürlich konntest du das Buch nicht finden. Es existiert gar nicht! II. *part* ❶ *(≈ etwa) verwendet zum Ausdruck einer Verstärkung bei Vermutungen:* Er wird doch nicht gar einen Unfall gehabt haben? ❷ *verwendet zur Verstärkung eines steigernden „zu" oder „so":* Das hätte ich gar zu gerne gesehen.; Sie ist gar so schnell beleidigt. ❸ *(≈ wohl)* Er dachte gar, ich würde ihm das geliehene Geld schenken.

Ga·ra·ge die [ga'ra:ʒə] <-, -n> ❶ *ein einfacher Bau, in dem man ein Auto abstellt:* Ich stelle noch schnell das Auto/das Motorrad in die Garage. ◆ -neinfahrt, -nstellplatz, -ntor ❷ SCHWEIZ. *(Auto-)Werkstatt*

Ga·ra·gen·wa·gen der [ga'ra:ʒən...] <-s, -> *ein Auto, das immer in einer Garage abgestellt wurde, und das daher gut erhalten ist*

ga·ra·gie·ren [gara'ʒi:rən] <garagierst, garagierte, hat garagiert> *mit OBJ* **jmd. garagiert etwas** ÖSTERR., SCHWEIZ. *das Auto in die Garage stellen*

Ga·ra·gist der, **Ga·ra·gis·tin** <-en, -en> SCHWEIZ. *Inhaber einer Autoreparaturwerkstätte*

Ga·rant der, **Ga·ran·tin** <-en, -en> *eine*

Person, eine Institution, eine Firma o.Ä., die für die Sicherung oder Erhaltung von etwas bürgt: Dieses Unternehmen gilt seit Jahrzehnten als Garant innovativer, hochwertiger Produkte.

Ga·ran·tie die [garan'tiː] <-, -tien> ❶ *(≈ Gewähr) etwas, das die Sicherheit gibt, dass in der Zukunft irgendetwas der Fall sein wird:* Natürlich gibt es keine Garantie, dass wir an diesem Tag auch noch schönes Wetter haben werden. ❷ *schriftliche Zusicherung des Herstellers, dass er für eine bestimmte Zeit nach dem Kauf eines Produkts die Kosten für die Behebung eventueller Mängel übernimmt:* Der Fernseher hat noch ein halbes Jahr Garantie. ◆-anspruch, -frist, -karte, -leistung, -zeit ❸ */ meist Plur./* BANKW. *Bürgschaft*

ga·ran·tie·ren <garantierst, garantierte, hat garantiert> *mit OBJ* ▪ **jmd./etwas garantiert etwas** ❶ *zusichern:* Ich garantiere Ihnen, dass Sie für dieses Gerät auch in zehn Jahren noch Ersatzteile bekommen.; Wenn du so weitermachst, garantiere ich für nichts! ❷ *(≈ gewährleisten) dafür sorgen, dass etwas sicher ist:* Das Grundgesetz garantiert die Rechte des Bürgers.

ga·ran·tiert *adv /Part. Perf. zu „garantieren"/ (≈ bestimmt) verwendet, um auszudrücken, dass man sich über die genannte Sache ganz sicher ist:* Das hat er garantiert wieder vergessen.

Ga·r·aus jemandem/etwas den Garaus machen *dafür sorgen, dass jmd. oder etwas irgendwo nicht mehr ist/nicht mehr existiert* Ich werde dem Ungeziefer den Garaus machen!

Gar·be die <-, -n> ❶ LANDW. *zusammengebundene, zum Trocknen aufgestellte Bündel geschnittener Getreidehalme* ❷ MILIT. *mehrere, rasch aufeinander abgefeuerte Schüsse*

Gar·çon·ni·ère die [garsɔ'nｉɛːr] ÖSTERR. *Einzimmerwohnung*

Gar·de die <-, -n> ❶ *Leibwache* ◆-offizier ▸ Gardist ❷ *eine Gruppe eines Karnevalsvereins, die zur Karnevalszeit in farbenprächtigen Uniformen auftritt*

Gar·de·ro·be die [gardə'roːbə] <-, -n> ❶ */kein Plur./ die Gesamtheit der Oberbekleidung, die eine Person besitzt oder gerade trägt:* Sie besitzt eine sehr elegante Garderobe. ❷ *ein Möbelstück zum Aufhängen bzw. Ablegen von Hüten, Mänteln und Jacken* ◆-nständer ❸ *ein Raum (beispielsweise in einem Theater oder Museum), in dem Besucher ihre Jacken und Mäntel abgeben können* ◆-nfrau, -nhaken, -nmarke, -nständer

Gar·di·ne die [gar'diːnə] <-, -n> *(≈ Store) ein durchscheinender Vorhang, der eine Fensterfläche in ganzer Breite bedeckt:* Würdest du bitte die Gardinen aufziehen/ zuziehen?; ▪ **hinter schwedischen Gardinen** *(umg. scherzh.) im Gefängnis* ◆-nleiste, -nring, -nstange, -nstoff

Gar·di·nen·pre·digt die <-, -en> *(umg. scherzh.) Vorhaltungen in strafendem Ton:* Der Vater hielt dem Sohn eine Gardinenpredigt.

ga·ren <garst, garte, hat gegart> **I.** *mit OBJ* ▪ **jmd. gart etwas** *so lange kochen, bis es gar wird:* Ich habe den Braten drei Stunden gegart. **II.** *ohne OBJ* ▪ **etwas gart** *gar werden:* Während das Fleisch gart, können Sie die Beilagen herrichten.

gä·ren <gärte/gor, hat/ist gegärt/gegoren> *ohne OBJ* ▪ **etwas gärt (zu etwas** *Dat.)* **(haben)** ❶ *sich (teilweise) unter Bildung von Säure oder Alkohol zersetzen:* Der Most gärt. ▸ Gärmittel, Gärstoff ❷ *(sein) durch Gären¹ zu etwas anderem werden:* Der Wein ist zu Essig gegoren. ❸ *(haben) (übertr.) entstehen und allmählich stärker werden:* Die Wut gärte in ihm.

gar·ge·kocht *adj /nicht steig./ gar¹*

gä·rig <gäriger, am gärigsten> *adj (veralt.) durch Gären¹ ungenießbar geworden:* gäriger Apfelsaft

Gar·kü·che die <-, -n> *(≈ Speisegastwirtschaft)* ▸ Garkoch, Garköchin

Garn das <-(e)s, -e> *Nähfaden;* ▪ **jemandem ins Garn gehen** *(umg.) von jmdm. gestellt, gefasst werden;* ▪ **jemanden ins Garn locken** *jmdn. mit etwas anlocken und ihn so überlisten* ◆-knäuel, -rolle, -spule, Häkel-, Näh-, Stopf-

gar·nie·ren <garnierst, garnierte, hat garniert> *mit OBJ* ▪ **jmd. garniert etwas (mit etwas** *Dat.)* *Speisen mit Dekorationen versehen:* einen Salatteller mit Tomatenscheiben garnieren

Gar·ni·son die <-, -en> MILIT. ❶ *Truppenstandort* ❷ *alle an einem Standort stationierten Truppen* ◆-(s)kirche, -(s)stadt

Gar·ni·tur die <-, -en> ❶ *eine Reihe verschiedener, zusammengehörender, aufeinander abgestimmter Gegenstände, die einem bestimmten Zweck dienen:* eine Garnitur Unterwäsche ❷ *(umg.) die besten oder die weniger guten Vertreter aus einer Gruppe:* Die Mannschaft spielt heute mit der ersten/zweiten Garnitur. ❸ KOCH. *das, womit eine Speise garniert ist*

gars·tig *adj* ❶ *(veralt.) ungezogen, un-*

freundlich: Zu wem gehört dieses garstige Kind? ❷ *hässlich und böse:* In dem Märchen kommt eine garstige Hexe vor. ❸ *unangenehm, abscheulich:* Was für ein garstiges Wetter! ▸ Garstigkeit

Gar·ten der ['gartn̩] <-s, Gärten> ❶ *ein durch Zaun oder Hecke abgegrenztes (oft an ein Haus anschließendes oder zu ihm gehörendes) Grundstück, in dem Pflanzen wachsen, Blumenbeete angelegt sind und oft auch Bäume stehen:* Zum Haus gehört ein gepflegter/verwilderter Garten.; Bei schönem Wetter feiern wir das Fest in den Garten.; Ich arbeite zur Entspannung gern im Garten. ◆-anlage, -arbeit, -bank, -beet, -blume, -erde, -fest, -gemüse, -gerät, -grill, -haus, -häuschen, -kräuter, -laube, -party, -schlauch, -zaun, Gemüse-, Obst- ❷ *großflächige, parkähnliche Anlage:* Wir waren am Wochenende im botanischen/zoologischen Garten.; **der Garten Eden** REL. *das Paradies*

Gar·ten·bau der <-(e)s /kein Plur./ *intensiver Anbau von Gemüse, Obst oder Blumen*

Gar·ten·bau·aus·stel·lung die <-, -en> *Ausstellung, auf der gartenbauliche Erzeugnisse zur Schau gestellt werden*

Gar·ten·hag der <-s, -häge> SCHWEIZ. *(≈ Hag) Gartenzaun, Gartenhecke*

Gar·ten·lo·kal das <-s, -e> *(≈ Biergarten) Gaststätte, in der man im Freien sitzt*

Gar·ten·schau die <-, -en> *(≈ Gartenbauausstellung)*

Gar·ten·sitz·platz der <-es, -plätze> SCHWEIZ. *mit Platten belegte Fläche bei einem Haus für den Aufenthalt im Freien*

Gar·ten·sprit·ze die <-, -n> *(≈ Gartenschlauch)*

Gar·ten·stadt die <-, Gartenstädte> *Stadt mit vielen Grünflächen, die nahe einer Großstadt liegt*

Gar·ten·wirt·schaft die <-, -en> *(≈ Gartenlokal)*

Gar·ten·zwerg der <-(e)s, -e> *eine bunte Figur, die eine Art kleines Männchen mit Bart und Zipfelmütze darstellt und die oft als Dekoration in Gärten aufgestellt wird*

Gärt·ner der, **Gärt·ne·rin** <-s, -> *jmd., der beruflich Pflanzen für den Verkauf anbaut* ◆-handwerk

Gärt·ne·rei die <-, -en> *Betrieb, in dem Pflanzen für den Verkauf angebaut werden*

Gärt·ne·rin·art auf/nach Gärtnerinart KOCH. *mit bunter Gemüsebeilage*

gärt·ne·risch adj /nicht steig./ /nur attr./ *die Gärtnerei betreffend*

gärt·nern <gärtnerst, gärtnerte, hat gegärtnert> *ohne OBJ* ▪ **jmd. gärtnert** *(als Hobby) im Garten arbeiten*

Gä·rung die <-, -en> *das Gären*[1,2] ◆-sprozess, -sverfahren

Gar·zeit die <-, -en> *die Zeit(dauer), in der ein Nahrungsmittel beim Kochen oder Braten gar*[1] *wird*

Gas das [ga:s] <-es, -e> ❶ *ein Stoff, der nicht in fester und nicht in flüssiger Form existiert und meist farblos ist:* Unter den Gasen gibt es so genannte Edelgase.; Bei dieser chemischen Reaktion wird ein Gas frei. ◆-austritt, -behälter, -beleuchtung, -brenner, -druck, -explosion, -feuerzeug, -flamme, -flasche, -gemisch, -geruch, -hahn, -kessel, -lampe, -laterne, -leitung, -licht, -maske, -pistole, -vergiftung, -werk, -zähler ▸ gasförmig ❷ *ein Gas*[1]*, das man zum Kochen und Heizen verwendet* ◆-anschluss, -anzünder, -austritt, -boiler, -brenner, -flamme, -heizung, -herd, -kocher, -ofen, -verbrauch ▸ gasbeheizt, gasbetrieben ❸ KFZ *(umg.) kurz für „Gaspedal"*; **Gas geben** *(ein Fahrzeug) beschleunigen* ◆-pedal

Gas·kam·mer die <-, -n> GESCH. *im Nationalsozialismus/Hitler-Faschismus in den zahlreichen Konzentrationslagern (Auschwitz, Buchenwald etc.) ein Raum zur Tötung von insbesondere Juden durch Giftgas*

Gäss·chen das <-s, -> *kleine Gasse*

Gas·se die ['gasə] <-, -n> ❶ *kleine, enge Straße (zwischen zwei Häuserreihen):* Wir schlenderten durch die engen Gassen der Altstadt. ❷ *(übertr.) ein freier Weg, auf dem man ungehindert laufen kann:* Man bahnte dem bekannten Musiker eine Gasse durch die Menschenmenge.

Gas·sen·bub der <-en, -en> SÜDDT., ÖSTERR., SCHWEIZ. *Gassenjunge*

Gas·sen·hau·er der <-s, -> *(umg. o veralt.) ein sehr bekanntes, einfaches Lied:* einen Gassenhauer grölen

Gas·sen·jun·ge der <-n, -n> *(abwert.: ≈ Straßenjunge) Junge, der sich auf der Straße herumtreibt*

gas·sen·sei·tig adj /nicht steig./ ÖSTERR. *zur Straße hin gelegen:* das gassenseitige Fenster

Gas·sen·witz der <-es, -e> *derber Witz*

Gas·sen·wort das <-(e)s, Gassenwörter> *derbes Wort:* Wo hat das Kind nur diese Gassenwörter her?

Gas·si Gassi gehen *(umg.) mit einem Hund auf die Straße gehen oder spazieren gehen*

Gast der [gast] <-(e)s, Gäste> ❶ *jmd., der jmdm. einen Besuch macht und sich für eine gewisse Zeit in dessen Wohnung oder Haus aufhält:* Übers Wochenende sind bei uns Freunde zu Gast.; Biete den Gästen schon mal einen Aperitif an. ▸ Gästebett, Gästezimmer ❷ *jmd., der in einem Restaurant speist:* Der Gast an Tisch fünf hat nach der Weinkarte verlangt. ❸ *jmd., der in einem Hotel oder einer Pension übernachtet:* Unser Haus bietet dem Gast jeden erdenklichen Komfort. ▸ Gäste ❹ *Persönlichkeit (aus Kunst oder Politik), die an einer Veranstaltung teilnimmt:* Zur Einweihung des Museums erwartet man Gäste aus dem In- und Ausland.; Bei der Filmpremiere werden der Regisseur und die Hauptdarsteller zu Gast sein. ❺ SPORT *bei Ballspielen im Rahmen einer Liga die Mannschaft, die irgendwo ein Auswärtsspiel bestreitet:* Und damit steht es 3:2 für die Gäste.

Gast·ar·bei·ter der, **Gast·ar·bei·te·rin** <-s, -> *frühere Bezeichnung für einen ausländischen Arbeitnehmer*

In den 1950er Jahren gab es zur Zeit des sog. „Wirtschaftswunders" (vgl. das Stichwort dazu) in der Bundesrepublik bzw. BRD nicht genügend Arbeitskräfte. Dies führte zur Anwerbung ausländischer Arbeitnehmer (meist waren es Männer) aus anderen Ländern. Diese Personen, denen ein zeitlich befristeter Aufenthalt zur Erzielung eines Einkommens gewährt wurde, nannte man **Gastarbeiter**. In der früheren DDR (vgl. das Stichwort) nannte man diese Arbeiter übrigens „Vertragsarbeiter". Sie wurden seit den 60er Jahren im Rahmen der „sozialistischen Bruderhilfe" angeworben und stammten ab 1980 insbesondere aus Vietnam. Die Verhältnisse in der DDR müssen hier aber übergangen werden. Von einem nur vorübergehenden Aufenthalt in der BRD gingen die zuständigen Stellen ebenso wie die Gastarbeiter selbst zunächst aus. Schon der Bestandteil „Gast" in dem Wort „Gastarbeiter" beinhaltet keinen Daueraufenthalt. In den 1970er Jahren äußerte sich bereits allenthalben ein Unbehagen an der Bezeichnung. Im Anschluss an ein Preisausschreiben (1972 beim „Westdeutschen Rundfunk") wurde zunächst „ausländische Arbeitnehmer" favorisiert. Aber auch andere Benennungen (z.B. „Arbeitsimmigranten") konnten sich nicht durchsetzen. Kritisch hat man schon früh darauf hingewiesen, dass die Notwendigkeit einer wirksamen Integrationspolitik von Seiten der Politik nicht erkannt worden ist. Der erste Anstoß zur Anwerbung kam übrigens nicht aus der BRD, sondern (aufgrund insbesondere einer dortigen hohen Arbeitslosigkeit) mit Nachdruck aus Italien, woraufhin am 22. Dezember 1955 in Rom das erste Anwerbeabkommen mit der BRD geschlossen wurde. Weitere Anwerbeabkommen folgten: mit Griechenland und Spanien (1960), mit der Türkei (1961), mit Marokko (1963), mit Portugal (1964) usw. Der millionste Gastarbeiter (Armando Rodrigues aus Portugal) wurde 1964 feierlich vom damaligen Innenminister begrüßt und bekam als Begrüßungsgeschenk ein Moped. Die Arbeits- und Lebensbedingungen der Zuwanderer blieben lange Zeit äußerst bescheiden: Sie verrichteten schwere und schmutzige Arbeit als un- bzw. angelernte Arbeiter insbesondere in der Industrie, lebten in Holzbaracken oder in sonstigen einfachen Unterkünften. Vor allem kamen sie ohne Kenntnisse der hiesigen Lebensverhältnisse und ohne Sprachkenntnisse in die BRD; auch gab es z.B. mentalitätsbedingte Probleme. Insgesamt waren sie einzig darauf ausgerichtet, den größten Teil ihres Einkommens nach Hause zu schicken oder zu sparen, um sich im Heimatland später eine Existenz aufbauen zu können. Bereits die erste, sich abzeichnende Rezession in dem Zeitraum 1966/1967 führte zu Debatten um einen Anwerbestopp, der dann im Zuge der Energiekrise („Ölkrise") im Jahre 1973 vollzogen worden ist. Dies wiederum wurde zum Beginn eines Daueraufenthalts von „Gastarbeitern", da sie jetzt ihre Familien nachholten, um sich auf eine längere Zeit in dem für sie fremden Land einzurichten. Dadurch wurden die Kontakte zum Heimatland nach und nach geringer, was insbesondere für die Kinder der zweiten Generation gilt. Viele der ehemaligen „Gastarbeiter" sind deutsche Staatsbürger geworden, und viele von ihnen haben in der BRD eine bemerkenswerte Karriere gemacht. Auf der anderen Seite zählt zu den gravierenden Problembereichen, dass seit Jahren ausländerfeindliche Gewalttaten (insbesondere verübt von Neonazis in der ehemaligen DDR: Mölln, Hoyerswerda etc.) ein schlechtes Licht auf Deutschland werfen.

Heute bilden ehemalige „Gastarbeiter" mit ihren Nachkommen in Deutschland, darunter überwiegend Türken/Türkinnen, den größten Teil der Bürger mit Migrationshintergrund.

Gast·do·zent der, **Gast·do·zen·tin** <-en, -en> *Dozent, der als Gast an einer ausländischen Hochschule (zeitweise) tätig ist*

Gäs·te·buch das <-(e)s, Gästebücher> *ein Buch des Gastgebers, in das (meist prominente) Personen ihre Unterschrift und eine Widmung hineinschreiben, wenn sie irgendwo zu Gast waren*

Gast·fa·mi·lie die <-, -n> *Familie, die (im Rahmen eines Austausches) einen ausländischen Gast(schüler oder -studenten) aufnimmt*

gast·frei adj /nicht steig./ (geh.) *gastfreundlich*: ein gastfreies Haus führen/haben ▸ Gastfreiheit

Gast·frei·heit die <-> /kein Plur./ (geh.) *Gastfreundschaft*: In unserem Haus genießt jeder Gastfreiheit.

Gast·freund·schaft die <-> /kein Plur./ *die Eigenschaft, dass man bereitwillig Gäste bei sich aufnimmt und sie zuvorkommend behandelt* ▸ gastfreundlich

Gast·ge·ber der, **Gast·ge·be·rin** <-s, -> ❶ (↔ Gast) *jmd., der in seinem Haus Gäste beherbergt* ❷ SPORT *bei Ballspielen im Rahmen einer Liga die Mannschaft, die ein Heimspiel bestreitet*: Und damit steht es 2:1 für den/die Gastgeber.

Gast·ge·schenk das <-(e)s, -e> *Geschenk, das ein Gast seinen Gastgebern als Dank überreicht*: ein Gastgeschenk mitbringen

Gast·haus das <-es, Gasthäuser> *Lokal, in dem man essen, trinken (und übernachten) kann*: Wir wollen in einem einfachen Gasthaus auf dem Land einkehren.; Unser Gasthaus bietet auch Fremdenzimmer an.

Gast·hof der <-(e)s, Gasthöfe> (≈ *Gasthaus*)

Gast·hö·rer der, **Gast·hö·re·rin** <-s, -> *jmd., der nicht an einer Universität immatrikuliert (eingeschrieben) ist und nur an bestimmten Lehrveranstaltungen teilnimmt*

gas·tie·ren <gastierst, gastierte, hat gastiert> ohne OBJ ▪ *jmd. gastiert irgendwo (als Künstler) in einer fremden Stadt eine Vorstellung geben*: Das Anglistentheater der Universität gastierte mit Shakespeares Hamlet in einundzwanzig Städten.

Gast·kon·zert das <-(e)s, -e> *Konzert, das auf einer fremden Bühne stattfindet*: Wir geben nächste Woche ein Gastkonzert in Hamburg.

Gast·land das <-(e)s, Gastländer> *Land, in dem sich ein Ausländer als Besucher aufhält*

gast·lich adj (≈ *gastfreundlich*) *so, dass Gäste sich dort wohlfühlen können*: Wir wurden gastlich aufgenommen/bewirtet/empfangen. ▸ Gastlichkeit

Gast·mahl das <-(e)s, -e/Gastmähler> (geh.) (gehobenes) *Festessen für Gäste*: ein Gastmahl geben/veranstalten

Gast·mann·schaft die <-, -en> SPORT *die Mannschaft, die (als Gast) auf gegnerischem Boden spielt*

Gast·pro·fes·sor der, **Gast·pro·fes·so·rin** <-s, -en> *Professor, der als Gast an einer ausländischen Hochschule (zeitweise) lehrt* ▸ Gastprofessur

Gast·red·ner der, **Gast·red·ne·rin** <-s, -> *jmd., der als Gast irgendwo eine Rede hält*: Als Gastrednerin spricht beim Apothekerkongress die Gesundheitsministerin.

Gast·rol·le die <-, -n> FILM, THEAT., TV *von einem Künstler als Gast übernommene Rolle*: Sie hatte eine Gastrolle in dem TV-Krimi (übernommen).

Gas·tro·no·mie die <-> /kein Plur./ *das Gewerbe, das die Unterbringung und Bewirtung von Gästen in Hotels oder Restaurants betreibt*: sinkende Gästezahlen in der Gastronomie; das in der gehobenen Gastronomie übliche Preisniveau ▸ Gastronom(in), gastronomisch

Gast·schü·ler der, **Gast·schü·le·rin** <-s, -> *Schüler, der im Rahmen eines Austauschs die Schule eines anderen Landes besucht*

Gast·spiel das <-(e)s, -e> *Vorführung, Auftritt auf einer fremden Bühne, in einer fremden Stadt als Gast*: Der russische Zirkus gibt mehrere Gastspiele in deutschen Städten. ▸ -reise

Gast·stät·te die <-, -n> (≈ *Gasthaus, Lokal*) ▸ -ngewerbe

In Deutschland gibt es eine große Anzahl sehr verschiedener **Gaststätten**, nämlich Übernachtungs-, Verpflegungs- und Unterhaltungsgaststätten, die vom Gaststättengewerbe weiter unterteilt werden. Ein Restaurant beispielsweise ist ein Speiselokal, in dem man mittags und abends warme Mahlzeiten bekommen kann. Im Café dagegen kann unter zahlreichen alkoholfreien und besonders heißen Getränken gewählt werden; es werden aber auch Weine und Spirituosen angeboten.

Dazu wählt man aus einem reichhaltigen Kuchen- und Tortenangebot. Immer häufiger kann man auch kleine warme Mahlzeiten zu sich nehmen. Die typischsten Torten und Kuchen sind: Schwarzwälderkirschtorte, Käsekuchen, Apfelkuchen, Marmorkuchen, Biskuitrolle und Erdbeer- oder Himbeertorte. Ein Biergarten wiederum schenkt vornehmlich alkoholische Getränke aus, vor allem aber Bier. Einen Biergarten gibt es lediglich in der warmen Jahreszeit, da man im Freien, an schattigen Plätzen oder unter Bäumen sitzt. Das Pendant zum Biergarten ist die Weinstube, in der insbesondere Wein getrunken wird. Dieser stammt gewöhnlich aus der jeweiligen Region. Die Pizzeria wird zumeist von italienischen Besitzern/Besitzerinnen geführt, die italienische Spezialitäten, von Nudelgerichten über Fleisch- und Fischgerichte, aber auch sehr bekannte italienische Nachspeisen und selbstgemachtes Eis anbieten. Pizzerien verfügen, wie der Name bereits andeutet, im Besonderen über ein vielfältiges Angebot an Pizzen.

Gast·stu·be die <-, -n> *für die Gäste vorgesehener größerer Raum in einem Gasthaus*

Gast·vor·le·sung die <-, -en> *Vorlesung, die ein Gastdozent oder -professor hält*

Gast·wirt·schaft die <-, -en> *(≈ Gasthaus)* ▶ Gastwirt(in)

Gatsch der <-es> /kein Plur./ ÖSTERR. *Schlamm*

Gat·te der <-n, -n> *(geh.) Ehemann* ◆-nmord

Gat·ten·lie·be die <-> /kein Plur./ *(geh.) Liebe der Ehepartner zueinander*

Gat·ter das <-s, -> ❶ *ein einfacher Holzzaun* ❷ *ein aus Holzlatten gebautes Tor* ◆-tor

Gat·tin die <-, -nen> *(geh.) Ehefrau*

Gat·tung die <-, -en> ❶ *Tier- oder Pflanzenart: Diese Gattung von Tieren/von Pflanzen ist vom Aussterben bedroht.* ❷ *Gesamtheit von Dingen, die in ihren wesentlichen Merkmalen übereinstimmen: In der Literaturwissenschaft unterscheidet man die Gattungen Epik, Lyrik und Dramatik.*

Gat·tungs·be·griff der <-(e)s, -e> *übergeordneter sprachlicher Ausdruck/Terminus für mehrere Arten, die er umfasst: Unter den Gattungsbegriff der Säugetiere fallen auch wir Menschen.*

Gau·be die <-, -n> LANDSCH. *Erker* ◆-nfenster, Dach-

Gau·di die/das <-, -s> *(umg.)* SÜDDT. *Vergnügen, Spaß*

Gau·kel·bild das <-(e)s, -er> *(geh.) trügerisches (auf Sinnestäuschung beruhendes) Bild*

Gau·ke·lei die <-, -en> *(geh.: ≈ Gauklerei) Vortäuschung, Vorspiegelung* ▶ gaukelhaft, Gaukelspiel, Gaukler, Gauklerin, gauklerisch

Gaul der <-(e)s, Gäule> ❶ *(abwertl.) schlechtes Pferd: Ein edles Rennpferd ist dieser alte Gaul wohl nicht!* ❷ LANDSCH. *Pferd*

Gau·men der <-s, -> ANAT. *der obere Teil der Mundhöhle*

Gau·men·freu·de die <-, -n> /meist Plur./ *gute Speise, gutes Getränk: Erlesene Gaumenfreuden erwarten die Gäste*

Gau·men·kit·zel der <-s, -> *(geh.) Gaumenfreude*

Gau·men-R das <-s, -s> SPRACHWISS. *am Gaumenzäpfchen, der Uvula, artikulierter R-Laut*

Gau·men·se·gel das <-s, -> ANAT. *(≈ Velum) hinterer (weicher) Teil des Gaumens*

Gau·ner der, **Gau·ne·rin** <-s, -> *(abwertl.)* ❶ *Schwindler, Betrüger, (harmloser) Verbrecher* ◆-bande ❷ *(umg.) schlauer, durchtriebener Mensch*

gau·ne·risch adj /nicht steig./ *(≈ betrügerisch) nach Art eines Gauners¹*

gau·nern <gaunerst, gaunerte, hat gegaunert> *ohne OBJ* ▪ **jmd. gaunert** *Gaunereien verüben*

Gau·ner·spra·che die <-, -n> *(nur) unter Gaunern¹ gesprochene (Geheim-)Sprache* ▶ gaunersprachlich

ge·ach·tet adj *(≈ respektiert) so, dass man Achtung genießt: Er ist ein von allen Mitarbeitern geachteter Vorgesetzter.*

ge·äch·tet adj *(aus einer Gemeinschaft oder der Gesellschaft) ausgestoßen, weil man eine Verbrechen oder eine moralisch sehr schlechte Tat begangen hat* ▶ der/die Geächtete

Ge·äch·ze das <-s> /kein Plur./ *(abwertl.) ständiges Ächzen*

ge·adert adj /nicht steig./ *(≈ geädert) mit langen dünnen Strukturen, die an Adern erinnern: geadertes Gestein*

ge·ädert adj /nicht steig./ *(≈ geadert)*

Ge·al·ber das <-s> /kein Plur./ *(umg. abwertl.) albernes Verhalten*

Ge·al·be·re das <-s> /kein Plur./ *(umg. abwertl.) Gealber*

ge·ar·tet adj /nicht steig./ ▪ *irgendwie geartet von der genannten Art oder Be-*

schaffenheit: wie auch immer geartet ▶ Geartetheit

Ge·äst das <-(e)s> /kein Plur./ (geh.) die Äste eines Baumes

Ge·bäck das [gə'bɛk] <-(e)s> /kein Plur./ Nahrungsmittel wie Kuchen, Kekse usw., die man durch Backen hergestellt hat: Sie servierte Gebäck zum Kaffee. ◆-schale, -stück, -zange, Salz-

Ge·bal·ge das <-s> /kein Plur./ (umg. abwert.) ständiges Balgen

Ge·bälk das <-(e)s> /kein Plur./ Balkengefüge (im Dach eines Hauses)

Ge·bal·ler, **Ge·bal·le·re** das <-s> /kein Plur./ (umg. abwert.) ständiges Ballern: So langsam geht mir dieses Geballere an Fastnacht auf die Nerven!

ge·ballt *Part. Perf. zu* **ballen**

ge·bar [gə'baːɐ̯] *Prät. von* **gebären**

Ge·bär·de die <-, -n> (≈ Geste) eine Körperbewegung, die etwas Bestimmtes ausdrückt: Er machte eine abweisende/drohende/einladende Gebärde.

ge·bär·den <gebärdest, gebärdete, hat gebärdet> *mit SICH* jmd. gebärdet sich irgendwie sich auffällig in der genannten Weise verhalten: Es ist lächerlich, wie er sich gebärdet.; Sie hat sich wie eine Wahnsinnige gebärdet.

Ge·bär·den·spiel das <-(e)s> /kein Plur./ Gestik und Mimik

Ge·bär·den·spra·che die <-, -n> eine Art Sprache, die gehörlosen Menschen zur Verfügung steht und bei der Gebärden, Mimik und Körperhaltung dazu dienen, sprachliche Inhalte auszudrücken

ge·bä·ren [gə'bɛːrən] <gebärst, gebar, hat geboren> *mit OBJ* eine Frau gebärt ein Kind ein Kind zur Welt bringen

ge·bär·fä·hig *adj* /nicht steig./ so, dass eine Frau gebären kann: eine Frau im gebärfähigen Alter

Ge·bär·mut·ter die <-, Gebärmütter> (≈ Uterus) das Organ (bei Frauen und weiblichen Säugetieren), in dem sich die befruchtete Eizelle fortentwickelt

ge·bauch·pin·selt sich gebauchpinselt fühlen (umg. scherzh.) sich geschmeichelt oder geehrt fühlen

Ge·bäu·de das [gə'bɔydə] <-s, -> (großes) Haus

Ge·bäu·de·kom·plex der <-es, -e> mehrere Gebäude, die zusammen eine Einheit bilden

Ge·bäu·de·rei·ni·gung die <-, -en> ❶ /kein Plur./ das Reinigen von Gebäuden ❷ Betrieb, der Gebäude reinigt

Ge·bei·ne <-> Plur. (geh.) Skelett (eines Toten)

Ge·bell, **Ge·bel·le** das <-(e)s> /kein Plur./ (umg. abwert.) anhaltendes Bellen

ge·ben ['geːbn̩] <gibst, gab, hat gegeben> **I.** *mit OBJ* ❶ jmd. gibt (jmdm.) etwas etwas, das man selbst hat, in die Hand eines anderen legen: Wortlos gab er mir den Zettel.; Ich gebe Ihnen die Unterlagen morgen. ❷ jmd. gibt (jmdm.) etwas (≈ schenken) Hast du der Bedienung kein Trinkgeld gegeben?; Seine Mutter gibt ihm hin und wieder Geld. ❸ jmd. gibt jmdm. etwas für etwas Akk. (≈ bezahlen) Sie haben mir für das alte Auto noch 500 Euro gegeben. ❹ jmd. gibt etwas irgendwohin etwas zu einem bestimmten Zweck irgendwohin bringen: Ich muss den Computer zur Reparatur geben.; Kleider in die Reinigung geben ❺ jmd. gibt etwas bieten, gewähren: Der Politiker hat ein Interview gegeben. ❻ jmd. gibt jmdm. etwas (≈ verleihen) bewirken, dass etw. hat: Ihre Worte haben mir neue Hoffnung/neuen Mut gegeben. ❼ ein Tier gibt Milch ein weibliches Säugetier produziert Milch ❽ etwas gibt etwas (≈ ergeben) zum Ergebnis haben: Drei mal drei gibt neun. ❾ jmd. gibt etwas aufführen: Die Rockband gibt mehrere Konzerte in Deutschland. ❿ jmd. gibt etwas (≈ veranstalten) Wir geben morgen eine große Party. ⓫ jmd. gibt etwas (veralt.) unterrichten: Der Lehrer gibt neben Mathematik auch Physik. ⓬ jmd. gibt etwas (umg.: ≈ spielen) Er gibt hier den starken Mann, dabei ist ihm zum Weinen zumute. **II.** *ohne OBJ* jmd. gibt zu Beginn eines Kartenspiels die Karten an die einzelnen Spieler austeilen: Wer gibt? **III.** *mit SICH* ❶ jmd. gibt sich (irgendwie) sich in bestimmter Weise verhalten: Er hat sich stets als verständiger Freund gegeben. ❷ etwas gibt sich nachlassen (und aufhören): Anfangs drückten mich die neuen Schuhe ein wenig, aber das hat sich inzwischen gegeben. **IV.** *mit ES* es gibt jmdn./etwas ❶ existieren: Es gibt verschiedene Arten von Wörterbüchern. ❷ angeboten werden: Es gab allerlei Speisen und Getränke. ❸ eintreten, kommen: Es soll Regen geben.

Ge·ber der, **Ge·be·rin** <-s, -> jmd., der (jmdm.) etwas gibt

Ge·ber·land das <-(e)s, Geberländer> Land, das ein anderes Land (finanziell) unterstützt

Ge·ber·lau·ne jemand ist in Geberlaune jmd. ist in einer Stimmung, in der *man großzügig ist*

Ge·bet *das* [gə'beːt] <-(e)s, -e> *die Worte, mit denen man zu Gott spricht:* Der Priester spricht ein Gebet.; Möge der Herr unsere Gebete erhören!; jemanden in seine Gebete einschließen; ■ **jemanden ins Gebet nehmen** *(umg.) jmdn. eindringlich ermahnen, etwas zu tun oder etwas zu unterlassen* ◆ -buch, Bitt-, Dank-, Stoß-

ge·be·ten [gə'beːtn̩] *Part. Perf. von* **bitten**

ge·bets·müh·len·ar·tig *adj /nicht steig./ (umg. abwert.) so, dass jmd. etwas ständig mechanisch und nur als Floskel wiederholt, ohne dass dem Sinn noch viel Beachtung geschenkt wird*

Ge·biet *das* [gə'biːt] <-(e)s, -e> ❶ *(≈ Gegend) großer Landschaftsteil, geografische Region:* Weite Gebiete des Landes waren überschwemmt.; Dieses Gebiet steht unter Naturschutz. ◆ -sanspruch, -sabtretung ❷ *Sach-, Fachgebiet:* ein Fachmann auf dem Gebiet der Raumfahrttechnik; Das fällt nicht in mein Gebiet, da müssen Sie sich an meine Kollegin wenden.

ge·bie·ten <gebietest, gebot, hat geboten> I. *mit OBJ* ■ **jmd./etwas gebietet (jmdm.) etwas** *(geh.) dringend erfordern:* Die Situation gebietet schnelles Eingreifen/rasches Handeln/äußerste Vorsicht.; Deine Klugheit gebietet (es) dir, eine solche Chance zu nutzen. II. *ohne OBJ* ■ **jmd. gebietet über jmdn./etwas** *Herrschaft ausüben, Befehlsgewalt haben:* Der König gebietet über sein Land/über seine Armee.

Ge·bie·ter *der,* **Ge·bie·te·rin** <-s, -> *Herrscher, Herr*

ge·bie·te·risch *adj (≈ herrisch) so, dass man keinen Widerspruch duldet:* in gebieterischem Ton sprechen

Ge·biets·ho·heit *die* <-> */kein Plur./ (≈ Territorialhoheit)* die Gebietshoheit innehaben

Ge·biets·kran·ken·kas·se *die* <-, -n> ÖSTERR. *Ortskrankenkasse*

Ge·biets·re·form *die* <-, -en> *Reform der Gliederungsgebiete einer regionalen Verwaltung:* eine Gebietsreform auf Länderebene durchführen

ge·biets·wei·se *adj /nicht steig./ /nur attr./ auf gewisse Gebiete bezogen:* Für morgen wurde gebietsweise Regen vorhergesagt.

Ge·bil·de *das* <-s, -> *etwas, das irgendwie gebildet, geformt ist:* Ein Molekül/Ein Staat ist ein kompliziertes Gebilde.

ge·bil·det *adj /Part. Perf. zu „bilden"/ (↔ ungebildet) durch die Ausbildung (in der Schule, im Studium) mit einem relativ umfassenden Wissen ausgestattet:* ein sehr gebildeter Mensch

Ge·bil·de·te(r) *der/die* <-n, -n> *jmd., der gebildet ist*

Ge·bin·de *das* <-s, -> *verschiedene Blumen, die zu Dekorationszwecken zusammengebunden sind*

Ge·bir·ge *das* [gə'bɪrgə] <-s, -> ❶ *viele hohe Berge, die zusammen eine Gruppe mit einem einheitlichen Namen bilden:* Die Alpen sind das bekannteste Gebirge Europas. ◆ Hoch-, Mittel- ▷ Gebirgsbach, Gebirgsbewohner(in), Gebirgsdorf, Gebirgskette, Gebirgsklima, Gebirgsmassiv, Gebirgspass, Gebirgssee, Gebirgsvolk ❷ *die Region eines Gebirges¹:* Wir fahren dieses Jahr nicht ans Meer, sondern ins Gebirge.

ge·bir·gig [gə'bɪrgɪç] *adj so, dass sich irgendwo Berge befinden:* Wir fuhren durch den gebirgigen Süden des Landes.

Ge·birgs·jä·ger *der* <-s, -> MILIT. ❶ *Soldat, der speziell für den Einsatz im Gebirge ausgebildet ist* ❷ */kein Sing./ Kampftruppe von Gebirgsjägern¹*

Ge·biss *das* [gə'bɪs] <-es, -e> ❶ *die Gesamtheit der Zähne, die zusammen den Kauapparat eines Menschen oder eines Tieres bilden* ❷ *eine Zahnprothese, die ein Gebiss¹ ersetzt:* ein Gebiss tragen

Ge·blä·se *das* <-s, -> *ein Gerät, das einen Luftstrom erzeugt, der etwas kühlen, erwärmen oder belüften soll*

ge·bla·sen *Part. Perf. von* **blasen**

ge·blümt [gə'blyːmt] *adj /nicht steig./ mit einem Blumenmuster:* ein geblümtes Kleid

ge·bo·gen [gə'boːgn̩] *Part. Perf. von* **biegen**

ge·bongt *adj /nur präd./ (umg.) verwendet, um auszudrücken, dass man irgendetwas als in Ordnung oder erledigt ansieht oder dass man etwas verstanden hat:* Ist gebongt, ich komme dann so gegen vier bei dir vorbei und bringe die Bohrmaschine mit!

ge·bo·ren [gə'boːrən] *adj /Part. Perf. zu „gebären"/* ❶ *verwendet, um den Mädchennamen einer verheirateten Frau anzugeben:* Sie ist eine geborene Müller. ❷ *(≈ gebürtig) so, dass man an dem genannten Ort geboren wurde:* Er ist ein geborener Münchner. ❸ *so, dass man für die genannte Tätigkeit besonders talentiert ist:* Sie ist die geborene Schauspielerin.

ge·bor·gen [gə'bɔrgn̩] *adj so, dass man sich bei jmdm. oder an einem Ort sicher und beschützt fühlt:* Sie fühlte sich bei ihm geborgen. ▷ Geborgenheit

Ge·bot das <-(e)s, -e> *ein Grundsatz für das Handeln, den die Moral, die Religion oder die Vernunft vorschreibt:* Sie folgte stets dem Gebot der Menschlichkeit/dem Gebot der Nächstenliebe.; im Religionsunterricht die Zehn Gebote besprechen; ■ **etwas ist das Gebot der Stunde** *etwas ist aktuell besonders notwendig* ♦ Schweige-

ge·bot *Prät. von* **gebieten**

ge·bo·ten [gəˈboːtn̩] ❶ *Part. Perf. von* **bieten** ❷ *Part. Perf. von* **gebieten**

Ge·bots·schild das <-(e)s, -er> (↔ *Verbotsschild*) *ein Verkehrsschild, das zu einem bestimmten Handeln auffordert*

ge·bracht [gəˈbraxt] *Part. Perf. von* **bringen**

ge·brannt [gəˈbrant] *Part. Perf. von* **brennen**

Ge·bräu das <-(e)s, -e> (abwert.) *Bezeichnung für ein schlecht schmeckendes Getränk:* Dieses Gebräu soll Kaffee sein?

Ge·brauch der <-(e)s, Gebräuche> ❶ / *kein Plur.* / (≈ *Anwendung, Benutzung, Verwendung*) *die Anwendung/Benutzung von etwas zu einem bestimmten Zweck:* Der zu häufige Gebrauch dieses Medikaments kann zu Gesundheitsschäden führen.; Den unnötigen Gebrauch von Fremdwörtern sowie bildungssprachlichen Ausdrücken (wie z.B. "relevant" für "bedeutsam") sollte man vermeiden.; Ich musste den Gebrauch eines Wörterbuches erst üben.; Vor Gebrauch schütteln!; Solche Maschinen sind schon lange nicht mehr in/im Gebrauch.; Weshalb hast du von deinem Recht keinen Gebrauch gemacht? ❷ / *meist Plur.* / (≈ *Brauch*) *eine überkommene/überlieferte, in einer Gemeinschaft fest gewordene und wie eine rituelle Handlung in bestimmter Weise ausgeführte Aktivität (zu vorgegebenen Anlässen):* Sie hat sich lange Zeit mit den Sitten und Gebräuchen der Naturvölker beschäftigt.

ge·brau·chen <gebrauchst, gebrauchte, hat gebraucht> *mit OBJ* ❙ **jmd. gebraucht etwas (irgendwie)** ❶ (≈ *anwenden, benutzen, verwenden*) *zu einem bestimmten Zweck (als Werkzeug) benutzen:* Man sollte das Medikament nur entsprechend den Vorschriften des Beipackzettels gebrauchen.; Solche Dinge sind zu vielem zu gebrauchen.; Kannst du diese Werkzeuge gebrauchen? ❷ ■ **etwas gebrauchen können** (umg.) *benötigen* Du könntest eine Mütze gebrauchen.; Ich könnte jetzt (gut) eine Tasse Kaffee gebrauchen.

ge·bräuch·lich *adj* (≈ *üblich*) *so, dass es normalerweise gebraucht wird:* Dieses Wort ist heute nicht mehr gebräuchlich. ▸ Gebräuchlichkeit

Ge·brauchs·an·lei·tung die <-, -en> (≈ *Gebrauchsanweisung*)

Ge·brauchs·an·wei·sung die <-, -en> *ein schriftlicher Text, der mit einem Gerät mitgeliefert wird und in dem erklärt wird, wie man das Gerät korrekt benutzt*

Ge·brauchs·ar·ti·kel der <-s, -> (↔ *Luxusartikel*) *Artikel, den man (täglich) braucht*

ge·brauchs·fä·hig *adj* /*nicht steig.*/ *so, dass man es gebrauchen oder benutzen kann:* Ist dein Staubsauger wieder gebrauchsfähig?

ge·brauchs·fer·tig *adj* /*nicht steig.*/ *so, dass ein Produkt bereit für den Gebrauch ist:* eine gebrauchsfertige Wandfarbe

Ge·brauchs·ge·gen·stand der <-(e)s, Gebrauchsgegenstände> *etwas, das zum täglichen Gebrauch gedacht ist (und das man nicht besonders schonen muss)*

Ge·bräuchs·gü·ter <-> *Plur.* (≈ *Gebrauchsgegenstände*) *Güter für den (täglichen) Gebrauch*

ge·braucht [gəˈbrauxt] *adj* /*Part. Perf. zu* „gebrauchen"/ *so, dass etwas schon einen Vorbesitzer hatte:* Da mir eine neue Kamera zu teuer war, habe ich mir eine gebrauchte gekauft. ▸ Gebrauchtwagen, Gebrauchtwagenhändler

Ge·bre·chen das <-s, -> (geh.) *eine Krankheit, die einen Menschen dauerhaft körperlich oder geistig beeinträchtigt*

ge·brech·lich *adj* (≈ *altersschwach*) *mit einem Gebrechen behaftet:* Sie war zu jenem Zeitpunkt bereits alt und gebrechlich. ▸ Gebrechlichkeit

ge·bro·chen [gəˈbrɔxn̩] *adj* /*nicht steig.*/ ❶ *tief getroffen und deprimiert:* Seit dem Tod ihres Mannes war sie ein gebrochener Mensch. ❷ *so, dass man eine Fremdsprache mit starkem Akzent spricht und relativ viele Fehler macht:* Der Mann beschrieb mir in gebrochenem Englisch den Weg.

Ge·brü·der <-> *Plur.* (als Teil von Firmenbezeichnungen) (veralt.) *Brüder:* Gebrüder Schulze: Metallwaren

Ge·brüll das <-(e)s> /*kein Plur.*/ (abwert.) *anhaltendes Brüllen*

Ge·bühr die [gəˈbyːɐ] <-, -en> *Geldbetrag, der als Entgelt für eine Dienstleistung bezahlt werden muss:* eine Gebühr (für etwas) entrichten (müssen); Die Bank hat die Gebühren für die Kontoführung erhöht/gesenkt.; ■ **nach Gebühr** (geh.) *angemessen;* ■ **über Gebühr** (geh.) *mehr als nötig*

jemandes Geduld über Gebühr strapazieren ◆-enerhöhung, -enermäßigung

ge·büh·ren <gebührt, gebührte, hat gebührt> **I.** ohne OBJ ■ etwas gebührt jmdm. (geh. verhüll.: ≈ zustehen) der angemessene Lohn für jmds. Einsatz sein: Für seine uneigennützige Hilfe gebührt ihm unser Dank. **II.** mit SICH ■ etwas gebührt sich (geh.) sich gehören: Es gebührt sich nicht, in Kirchen laut zu sprechen.

Ge·büh·ren·an·zei·ger der <-s, -> Gerät (am Telefon), das die Anzahl der Gebühreneinheiten anzeigt

ge·büh·rend adj / nicht steig. / so, wie man es verdient hat: Die siegreiche Mannschaft wurde am Flughafen gebührend empfangen/begrüßt.

ge·büh·ren·der·ma·ßen adv so wie es sich für jmdn. oder etwas gebührt: Sein Abschluss wurde gebührendermaßen gefeiert.

ge·büh·ren·der·wei·se adv (≈ gebührendermaßen)

Ge·büh·ren·ein·heit die <-, -en> TELEKOMM. Zeiteinheit im Fernsprechverkehr, für die eine bestimmte Menge Geld zu bezahlen ist

ge·büh·ren·frei adj / nicht steig. / (↔ gebührenpflichtig) so, dass für etwas keine Gebühren zu entrichten sind ▸ Gebührenfreiheit

Ge·büh·ren·ord·nung die <-, -en> amtliche Tabelle, nach der in einem bestimmten Dienstleistungsbereich/Berufszweig die Gebühren zu berechnen sind ◆

ge·büh·ren·pflich·tig adj / nicht steig. / (↔ gebührenfrei) so, dass für etwas Gebühren zu entrichten sind

Ge·büh·ren·zäh·ler der <-s, -> (≈ Gebührenanzeiger)

ge·bühr·lich adj (veralt.: ≈ gebührend ↔ ungebührlich) so, wie es für etwas angemessen ist: etwas gebührlich bewundern

ge·bun·den [gəˈbʊndn̩] adj / Part. Perf. zu „binden"/ ❶ (≈ abhängig) so, dass man in einer dauerhaften Beziehung zu etwas steht und davon abhängig ist: Das können wir nicht selbst entscheiden, wir sind da an unsere Lieferanten gebunden. ❷ so, dass man einen festen Partner hat: Ab einem bestimmten Alter sind die meisten gebunden. ▸ Gebundenheit

-ge·bun·den [gəbʊndn̩] als Zweitglied zusammengesetzter Adjektive, mit Betonung auf dem Erstglied; drückt aus, dass etwas nur im Zusammenhang mit demjenigen zu sehen ist oder existiert, was mit dem Erstglied bezeichnet wird: ein Straßenfahrzeug, das mit einem Dieselmotor angetrieben und schienengebunden ist; Mietverträge sind personengebunden und werden nur durch die Unterschrift der zuständigen Person wirksam ◆fonds-, orts-, personen-, schienen-, standort-, termin-, zweck-

Ge·burt die [gəˈbuːɐ̯t] <-, -en> beim Menschen das Heraustreten eines Kindes oder bei Säugetieren eines Jungtieres aus dem Körper der Mutter: Das Paar freut sich auf die Geburt seines Kindes. ◆-enanstieg, -enrückgang, -enstatistik, -enüberschuss, -enzahl, -enziffer, -sdatum, -sfehler, -sgewicht, -shaus, -sjahr, -sland, -sort, -svorbereitungskurs

Ge·bur·ten·kon·trol·le die <-> /kein Plur./ Planung und Steuerung von Geburten: Empfängnisverhütung ist ein Mittel zur Geburtenkontrolle.

Ge·bur·ten·ra·te die <-, -n> (statistisch berechnete) Häufigkeit der Geburten (in einem bestimmten Zeitraum): Die Geburtenrate ist seit ein paar Jahren rückläufig.

ge·bur·ten·schwach <geburtenschwächer, am geburtenschwächsten> adj (↔ geburtenstark) so, dass relativ wenig Kinder geboren wurden: In diesem Jahr wird ein besonders geburtenschwacher Jahrgang eingeschult.

ge·bur·ten·stark <geburtenstärker, am geburtenstärksten> adj (↔ geburtenschwach) so, dass relativ viele Kinder geboren wurden: Vor zwei Jahren wurde ein besonders geburtenstarker Jahrgang eingeschult.

ge·bür·tig [gəˈbyrtɪç] adj / nicht steig. / verwendet, um anzugeben, dass man in dem genannten Ort oder in der genannten Region geboren wurde: Sie ist eine gebürtige Münchnerin/Sächsin.

Ge·burts·adel der <-s> /kein Plur./ vererbte Adelszugehörigkeit

Ge·burts·an·zei·ge die <-, -n> Anzeige einer Geburt (in einer Zeitung oder beim Standesamt)

Ge·burts·haus das <-(e)s, Geburtshäuser> das Haus, in dem jmd. geboren worden ist: Schillers Geburtshaus in Marbach besichtigen

Ge·burts·hil·fe die <-> /kein Plur./ die (medizinische) Hilfe, die einer gebärenden Frau bei der Geburt vom Geburtshelfer geleistet wird ▸ Geburtshelfer(in)

Ge·burts·mal das <-(e)s, Geburtsmäler> (≈ Muttermal)

Ge·burts·na·me der <-ns, -n> der (Familien-)Name, den man von Geburt an trägt: Sie will ihren Geburtsnamen nach der Heirat (bei)behalten.

Ge·burts·schein der <-(e)s, -e> (≈ *Geburtsurkunde*)

Ge·burts·tag der <-(e)s, -e> *der Jahrestag von jmds. Geburt, den man feiert:* Herzlichen Glückwunsch zum Geburtstag!; Er feierte am Wochenende seinen achtzigsten Geburtstag. ◆-sgeschenk, -skarte, -skuchen, -swünsche

> Zum Geburtstag wünscht man "Alles Gute zum Geburtstag!" oder "Herzlichen Glückwunsch zum Geburtstag!". Man singt "Hoch soll er/sie leben!" oder "Happy birthday to you!" bzw. mit der gleichen Melodie "Zum Geburtstag viel Glück!". Wenn man zum Geburtstag eingeladen ist, bringt man zum Geburtstagsfest/zur Geburtstagsfeier ein Geschenk mit. Meist gibt es aus Anlass eines Geburtstages eine Geburtstagstorte, teils auch mit Kerzen in der Zahl der Jahre, welche das Geburtstagskind erreicht hat. Für die scherzhafte Bezeichnung "Geburtstagskind" spielt das Alter der betroffenen Person übrigens keine Rolle. Ist man nicht zum Geburtstag eingeladen worden, kann man auch eine Geburtstagskarte als Gruß schicken.

Ge·burts·tags·kind das <-(e)s, -er> *(scherzh.) Die Person, die Geburtstag hat*

Ge·burts·tags·über·ra·schung die <-, -en> *Überraschung, die man jmdm. anlässlich seines Geburtstages bereitet:* Verrat ihm nichts. Die Feier soll eine Geburtstagsüberraschung werden!

Ge·burts·tags·wün·sche <-> *Plur. (gute) Wünsche zum Geburtstag*

Ge·burts·ur·kun·de die <-, -n> *amtliches Dokument, das jmds. Geburt beurkundet*

Ge·burts·we·he die <-, -n> /meist Plur./ *(die Geburt oder Entbindung einleitende) Wehe:* Die Geburtswehen setzen ein/haben begonnen.; in den Geburtswehen liegen

Ge·büsch das <-(e)s, -e> *Gruppe von Büschen, Sträuchern*

Geck der <-en, -en> *(abwert.) eitler, sich übertrieben modisch kleidender Mann*

ge·cken·haft adj *(abwert.) wie ein Geck:* sich geckenhaft kleiden ◆ Geckenhaftigkeit

ge·dacht [gəˈdaxt] adj /Part. Perf. zu „denken"/ ❶ **etwas ist irgendwie gedacht** *etwas ist als etwas gemeint* Das Buch war eigentlich als Geschenk gedacht.; So war das nicht gedacht! ❷ *so, dass es nicht real, sondern nur in der Vorstellung existiert:* Geht man entlang einer gedachten Linie zwischen Eingangstor und Hauptverwaltung …

ge·dach·te *Prät. von* **gedenken**

Ge·dächt·nis das <-ses, -se> ❶ /meist Sing./ *die Fähigkeit, sich an Dinge zu erinnern:* Sie hat ein gutes Gedächtnis.; Im Alter lässt das Gedächtnis oft nach.; Ich muss mir der Ereignisse von damals erst wieder ins Gedächtnis rufen.; Das habe ich völlig aus dem Gedächtnis verloren. ◆-lücke, -schwäche, -schwund, -training, -verlust ❷ /kein Plur./ *(geh.) ehrendes Andenken; Gedenken:* Zum Gedächtnis an den Wohltäter veranstaltete man eine große Feier. ◆-feier, -gottesdienst, -konzert

Ge·dächt·nis·pro·to·koll das <-s, -e> *aus dem Gedächtnis gefertigtes Protokoll*

Ge·dächt·nis·stüt·ze die <-, -n> *(umg.) etwas, das dabei hilft, dass man sich etwas Bestimmtes merken kann*

ge·dämpft adj (≈ *schumm(e)rig* ↔ *grell*) *so, dass die Beleuchtung nicht stark und hell, sondern eher schwach und diskret ist:* am Essplatz gedämpftes Licht bevorzugen

Ge·dan·ke der [ɡəˈdaŋkə] <-ns, -n> ❶ *ein bestimmter geistiger Inhalt, der als zusammenhängende Einheit gedacht wird:* Wir haben schon eine Reihe guter/vernünftiger Gedanken für das Projekt gesammelt.; seine Gedanken in einem Tagebuch festhalten ❷ (≈ *Einfall, Idee*) Plötzlich kam mir der rettende Gedanke.; bei einem Brainstorming die Gedanken aller Teilnehmer sammeln ❸ **in Gedanken** *in dem Zustand, in dem man konzentriert über etwas nachdenkt und nicht auf seine Umwelt achtet* Sie war ganz/tief in Gedanken. ❹ (≈ *Vorstellung*) Allein der Gedanke an diese Prüfung macht mich nervös. ❺ (≈ *Begriff*) Wir diskutierten über den Gedanken der Freiheit.; ■ **sich Gedanken (über jemanden/etwas) machen** *sich (um jmdn. oder um etwas) sorgen;* ■ **jemandes Gedanken lesen können** *erraten, was jmd. denkt*

Ge·dan·ken·aus·tausch der <-es> /kein Plur./ *ein Treffen, bei dem die Teilnehmer ihre Meinungen zu etwas äußern und sich die Meinungen der anderen Teilnehmer anhören:* Professoren aus vier Universitäten treffen sich am Rande der Konferenz zu einem Gedankenaustausch zum Thema „Universität und Berufsleben".

Ge·dan·ken·blitz der <-es, -e> *(umg. scherzh.) plötzlicher Einfall*

Ge·dan·ken·flug der <-(e)s, Gedankenflüge> *(übertr.) (geistig) hochfliegende,* *phantastische Gedanken:* Er konnte ihrem Gedankenflug nicht folgen.

Ge·dan·ken·gang der <-(e)s, Gedankengänge> *eine Folge zusammenhängender Gedanken, die zu einem bestimmten Ziel führt:* einem Gedankengang nicht ganz folgen können

Ge·dan·ken·gut das <-(e)s> /kein Plur./ *Gesamtheit von jmds. Gedanken:* das Gedankengut der Spätantike/Hegels

ge·dan·ken·los adj *(abwert.: ≈ unüberlegt) so, dass man nicht sorgfältig genug überlegt, welche Konsequenzen etwas haben kann:* Durch sein gedankenloses Handeln hätte er beinahe einen Unfall ausgelöst.

Ge·dan·ken·sprung der <-(e)s, Gedankensprünge> *der Vorgang, dass (in einem Gespräch) sehr plötzlich das Thema gewechselt wird*

Ge·dan·ken·strich der <-(e)s, -e> *ein Satzzeichen in der Form eines waagerechten Strichs, das dazu dient, einen gedanklichen Einschub in einem Satz kenntlich zu machen*

Ge·dan·ken·über·tra·gung die <-> /kein Plur./ *(≈ Telepathie) Fähigkeit, Gedanken oder Gefühle einer anderen Person unmittelbar wahrzunehmen*

ge·dan·ken·ver·lo·ren adj *(≈ gedankenversunken) so tief in Gedanken, dass man seine Umwelt nicht wahrnimmt:* gedankenverloren ins Weite/vor sich hin starren

ge·dan·ken·ver·sun·ken adj *(≈ gedankenverloren)*

Ge·dan·ken·welt die <-> /kein Plur./ *(≈ Gedankengut)*

ge·dank·lich adj /nicht steig./ /nur attr./ ❶ *auf Überlegungen beruhend:* Ihre Aussage steht doch in keinem gedanklichen Zusammenhang mit den Problemen, die wir hier erörtern. ❷ *in Gedanken:* Ich habe das Problem gedanklich erfasst/durchdrungen.

Ge·deck das <-(e)s, -e> *alle Gegenstände, die man beim Essen braucht:* Soll ich noch ein Gedeck mehr auflegen?

ge·deckt adj /Part. Perf. zu „decken"/ ❶ *so, dass Farben nicht grell und strahlend, sondern eher matt und ruhig sind:* eine in gedeckten Farben gehaltene Wohnungseinrichtung ❷ *so, dass einem Scheck die entsprechende Menge Geld auf einem Bankkonto entspricht:* Der Scheck war nicht gedeckt.

Ge·deih ■ **auf Gedeih und Verderb** *bedingungslos* Die Geiseln waren den Kidnappern auf Gedeih und Verderb ausgeliefert.

ge·dei·hen [gəˈdaɪən] <gedeihst, gedieh, ist gediehen> ohne OBJ ■ **etwas gedeiht irgendwie** ❶ *sich in positiver Weise entwickeln:* Die im Frühjahr eingesetzten Pflanzen gediehen prächtig. ❷ *(gut) vorangehen schreiten:* Wie weit ist deine Doktorarbeit inzwischen gediehen?

ge·den·ken <gedenkst, gedachte, hat gedacht> ohne OBJ (geh.) ❶ ■ **jmd. gedenkt jmds./einer Sache** *an jmdn. oder etwas ehrend zurückdenken:* In einer Schweigeminute gedachte man des verstorbenen Präsidenten. ▶ Gedenkfeier, Gedenkgottesdienst, Gedenkmarke, Gedenkminute, Gedenkstätte, Gedenkstein, Gedenktag, Gedenkveranstaltung ❷ ■ **jmd. gedenkt plus Inf.** *(geh. verhüll.: ≈ beabsichtigen) die Absicht haben:* Was gedenkt die Stadtverwaltung gegen die Missstände zu tun?

Ge·dicht das [gəˈdɪçt] <-(e)s, -e> *Sprachkunstwerk, das der Lyrik (neben Epik und Dramatik) mit den für sie unterscheidbaren Ausdrucksmitteln zugeordnet wird (Metrik, Rhythmus, mit oder ohne Reim, mit Versen oder verslos etc.):* Er hat ein Gedicht auswendig gelernt/aufgesagt/rezitiert.; Neben Romanen und Essays hat die Autorin auch zahlreiche Gedichte geschrieben/verfasst.; Gedichte expressionistischer Autoren; ■ **ein Gedicht sein** *(umg.) hervorragend sein* Der Wein/Das Essen war ein Gedicht. ▶ -band, -interpretation, -sammlung, -zyklus, Liebes-, Helden-

Ge·dicht·in·ter·pre·ta·ti·on die <-, -en> *das Interpretieren eines Gedichts (als literaturwissenschaftliche Arbeitsform)*

ge·die·gen adj ❶ *(≈ rein) so, dass es ausschließlich aus dem genannten Edelmetall besteht:* Der Ring ist aus gediegenem Gold. ❷ *qualitativ gut verarbeitet:* Die Kommode ist sehr gediegen. ❸ *gründlich, solide:* Sie hat gediegene Kenntnisse in Literaturwissenschaft. ▶ Gediegensein

ge·dieh [gəˈdiː] *Prät. von* **gedeihen**

ge·die·hen [gəˈdiːən] *Part. Perf. von* **gedeihen**

Ge·döns das <-es> /kein Plur./ LANDSCH. *(abwert.) Getue:* Nun mach doch kein solches Gedöns wegen dieser Kleinigkeit!

Ge·drän·ge das <-s> /kein Plur./ *der Zustand, dass viele Menschen gleichzeitig an einem bestimmten Ort sind und sich dort bewegen:* Vor Weihnachten herrscht in der Fußgängerzone/in den Kaufhäusern ein furchtbares Gedränge.; ■ **ins Gedränge geraten/kommen** *in (zeitliche) Schwie-*

rigkeiten kommen

ge·drängt *adj so, dass sehr viel von etwas auf relativ engem raum ist* ▸ Gedrängtheit

ge·drückt *adj /Part. Perf. zu „drücken"/ niedergeschlagen, deprimiert:* Weshalb war sie so gedrückter Stimmung? ▸ Gedrücktheit

ge·drun·gen *adj /Part. Perf. zu „dringen"/ (≈ untersetzt) so, dass jmd. nicht sehr groß, aber ziemlich kräftig und korpulent ist:* von gedrungener Gestalt.

Ge·du·del *das <-s> /kein Plur./ (abwert.) andauernd laufende Musik, die als störend empfunden wird:* Wie hältst du nur das ständige Gedudel aus dem Radio aus?

Ge·duld *die* [gə'dʊlt] *<-> /kein Plur./ die Fähigkeit oder Bereitschaft, etwas ruhig und beherrscht abzuwarten oder zu ertragen:* Diese Warterei stellt die Geduld auf eine harte Probe.; Meine Geduld ist am Ende!; sich in Geduld fassen/üben

ge·dul·den *<geduldest, geduldete, hat geduldet> mit SICH* ■ **jmd. geduldet sich** *Geduld haben und weiter warten:* Bitte gedulden Sie sich noch einen Augenblick!

ge·dul·dig *adj (↔ ungeduldig) so, dass man Geduld hat:* Sie ist eine geduldige Zuhörerin.; Er hat die Untersuchung geduldig über sich ergehen lassen.

Ge·dulds·fa·den ■ **jemandem reißt der Geduldsfaden** *(umg.) jmd. verliert die Geduld*

Ge·dulds·pro·be *die <-, -n> (Bewährungs-)Probe für die Geduld:* Ihre Trödelei hat mich auf eine harte Geduldsprobe gestellt.

Ge·dulds·spiel *das <-(e)s, -e> Spiel, für das man viel Konzentration und Geschicklichkeit braucht*

ge·dun·sen *adj (≈ aufgedunsen) so, dass es leicht angeschwollen ist:* ein vom Alkohol gedunsenes Gesicht ▸ Gedunsenheit

ge·eig·net [gə'|aɪɡnət] *adj (↔ ungeeignet) für einen bestimmten Zweck passend oder angemessen:* Er ist der geeignete Mann für diese Aufgabe: fleißig und willensstark.; Wir werden geeignete Maßnahmen ergreifen. ▸ Geeignetheit

Geest *die <-, -en> (fachspr.: ↔ Marsch(land)) höher gelegenes, trockenes Küstenland* ◆ -land

Ge·fahr *die* [gə'faːɐ̯] *<-, -en> bedrohliche Situation:* Die Bergsteiger gerieten in akute/ernste/tödliche Gefahr.; Die Geiseln sind inzwischen außer Gefahr.; Rauchen ist eine Gefahr für die Gesundheit.; Brandrodung stellt eine ernsthafte Gefahr für den Urwald dar.; ■ **(auch) auf die Gefahr hin, dass ...** *selbst wenn die Gefahr besteht, dass ...;* ■ **jemand läuft Gefahr, etwas zu tun** *es besteht die Gefahr, dass jmd. etwas tut* ◆ -enquelle, -enzone

ge·fähr·den [gə'fɛːɐ̯dn] *<gefährdest, gefährdete, hat gefährdet> mit OBJ* ■ **jmd./etwas gefährdet jmdn./etwas** *in Gefahr bringen:* Mit deiner leichtsinnigen Art gefährdest du nicht nur dich selbst. ▸ Gefährdung

Ge·fah·ren·herd *der <-(e)s, -e> Stelle, von der aus sich (immer wieder) Gefahren ergeben:* Die Region ist ein ausgesprochener Gefahrenherd: In den letzten drei Jahren gab es hier fünf Terroranschläge.

Ge·fah·ren·zu·la·ge *die <-, -n> finanzielle Vergütung, die ein Arbeitnehmer erhält, weil mit seiner Arbeit bestimmte Gefahren verbunden sind*

Ge·fahr·gut *das <-(e)s, Gefahrgüter>* AMTSSPR. *(für die Allgemeinheit) gefährliches (Transport-)Gut* ◆ -transport

ge·fähr·lich [gə'fɛːɐ̯lɪç] *adj voller Gefahr für jmdn. oder etwas:* Viele der frühen Expeditionen waren gefährliche Unternehmen.; Das ist eine gefährliche Krankheit.; Gefährliche neue Krankheiten wie SARS werden zu einer globalen Bedrohung. ▸ Gefährlichkeit

ge·fahr·los *adj ohne Gefahr:* An der Ampel können Fußgänger gefahrlos die Straße überqueren. ▸ Gefahrlosigkeit

Ge·fährt *das <-(e)s, -e> (scherzh.) Fahrzeug:* Hast du für dieses klapprige Gefährt wirklich noch 3000 Euro bezahlt?

Ge·fähr·te *der,* **Ge·fähr·tin** *die <-n, -n> jmd., der jmds. Freund und Begleiter ist und mit ihm Erlebnisse teilt* ◆ Lebens-

Ge·fäl·le *das <-s, -> ❶ der Grad, den die Neigung von etwas hat:* Die Straße hat ein starkes Gefälle. ❷ *(≈ Unterschied) das Ausmaß, in dem sich verschiedene soziale Gruppen unterscheiden:* Das soziale Gefälle in diesem Stadtteil ist besonders ausgeprägt.

ge·fal·len *<gefällst, gefiel, hat gefallen>* **I.** *ohne OBJ* ■ **jmd./etwas gefällt jmdm.** **(irgendwie)** Gefällt dir das Geschenk?; Es gefällt mir gar nicht, dass ...; Die Ausstellung hat mir hervorragend gefallen **II.** *mit SICH* ■ **jmd. gefällt sich irgendwie** *jmd. mag es, wenn er in einer bestimmten Rolle ist:* Er gefällt sich in der Rolle des großzügigen Gastgebers.; ■ **sich etwas gefallen lassen** *(umg.) etwas geduldig ertragen und hinnehmen*

ge·fal·len *Part. Perf. von* **fallen**

Ge·fal·len[1] der <-s, -> (≈ *Gefälligkeit*) *etwas, das man tut, um jmdm. eine kleine Hilfe zu geben*: Sie würden mir einen großen Gefallen tun, wenn …; Darf ich Sie um einen kleinen Gefallen bitten?

Ge·fal·len[2] das <-s> /kein Plur./ *der Zustand, dass man jmdn. oder etwas mag und sympathisch findet*: Sie hat offenbar Gefallen an ihm gefunden.

Ge·fal·le·ne der/die <-n, -n> *Soldat, der im Krieg gestorben ist*

ge·fäl·lig adj ❶ (≈ *ansprechend*) *so, dass es für viele attraktiv ist*: Sie achtet stets auf ein gefälliges Äußeres. ❷ (≈ *hilfsbereit*) *so, dass man anderen gern hilft*: Er hat sich mir damals gefällig erwiesen/gezeigt.

Ge·fäl·lig·keit die <-, -en> ❶ (≈ *Gefallen*) *etwas, das man aus Freundschaft oder Hilfsbereitschaft tut*: Könntest du mir die Gefälligkeit erweisen, nach meiner Katze zu sehen, solange ich nicht hier bin? ❷ /kein Plur./ *Hilfsbereitschaft*: Sie hat das damals aus reiner Gefälligkeit getan.

ge·fäl·lig·keits·hal·ber adv (umg.) *so, dass es als Gefälligkeit gedacht ist*

ge·fäl·ligst adv (umg.) *bei Aufforderungen verwendet, um auszudrücken, dass man ziemlich verärgert ist*: Mach gefälligst die Tür zu!; Lass mich gefälligst in Ruhe!

Ge·fall·sucht die <-> /kein Plur./ (abwert.: ≈ *Eitelkeit*) *übermäßiges Bedürfnis, anderen zu gefallen*

ge·fall·süch·tig adj (abwert.: ≈ *eitel*)

ge·fälscht adj /nicht steig./ (↔ *original, echt*) *so, dass es in betrügerischer oder unerlaubter Weise nachgemacht ist*: Seine Papiere waren gefälscht.

ge·fan·gen adj /Part. Perf. zu „fangen"/ ◆Getrenntschreibung → R 4.1 *jemanden gefangen halten; jemanden gefangen nehmen*

Ge·fan·ge·ne der/die <-n, -n> ❶ *Häftling, Sträfling*: Die Gefangenen wurden abgeführt/in ihre Zellen gesperrt/gut behandelt/freigelassen. ◆-nlager, -entransport ❷ (≈ *Kriegsgefangener*)

Ge·fan·gen·schaft die <-> /kein Plur./ ❶ *der Umstand, dass jmd. von jmdm. gefangen gehalten wird*: Der Soldat geriet in Gefangenschaft/wurde aus der Gefangenschaft entlassen. ❷ *der Zustand, dass ein Tier nicht in freier Wildbahn, sondern in einem Zoo o.Ä. lebt*: Erstmals gelang es, diese Tiere in Gefangenschaft zu züchten.

Ge·fäng·nis das [gəˈfɛŋnɪs] <-ses, -se> ❶ (≈ *Haftanstalt, Strafanstalt*) *ein stark gesichertes Bauwerk, in dem Verurteilte Freiheitsstrafen verbüßen*: Der Verbrecher sitzt seit mehreren Jahren im Gefängnis.; Sie wurde frühzeitig aus dem Gefängnis entlassen. ◆-arzt/-ärztin, -aufseher(in), -beamte/-beamtin, -geistliche(r), -insasse/-insassin, -seelsorge, -kleidung, -mauer, -wärter(in), -zelle ❷ *kurz für „Gefängnisstrafe"*: mit zehn Jahren Gefängnis bestraft werden

Ge·fa·sel das <-s> /kein Plur./ (umg. abwert.) *dauerndes unsinniges Gerede*

Ge·fäß das <-es, -e> ❶ *kleiner Behälter (für Flüssigkeiten)*: unter den tropfenden Wasserhahn ein Gefäß stellen ❷ ANAT. (≈ *Ader*) *eine der Leitungsbahnen im Körper von Menschen und Tieren, in denen Blut transportiert wird*: Rauchen schädigt die Gefäße. ◆-chirurg(in), -chirurgie, -erkrankung, -krankheit, -leiden, -system, -verkalkung, -wand ▸ erfäßerweiternd, gefäßverenge(r)nd

ge·fasst adj /Part. Perf. zu „fassen"/ (≈ *beherrscht, ruhig*) *so, dass man nicht aufgeregt ist und sich unter Kontrolle hat*: Er nahm die Nachricht vom Tod seines Großvaters sehr gefasst entgegen.; ■ **auf etwas gefasst sein** *mit dem Eintreten eines bestimmten Ereignisses rechnen und darauf vorbereitet sein;* ■ **sich auf etwas gefasst machen** *mit etwas Unangenehmen rechnen* Der kann sich auf etwas gefasst machen! ▸ Gefasstheit

Ge·fecht das <-(e)s, -e> ❶ MILIT. *kurze bewaffnete Auseinandersetzung feindlicher militärischer Truppen oder feindlicher bewaffneter Gruppen* ◆-sabschnitt, -sbereitschaft, -slinie, -spause ▸ gefechtsmäßig ❷ (übertr.) *Auseinandersetzung*: Vertreter der Regierung und der Opposition lieferten sich während der Debatte hitzige Gefechte.; ■ **jemanden außer Gefecht setzen** (umg.) *jmdn. daran hindern, wirksam zu handeln*

ge·fehlt adj /nicht steig./ SCHWEIZ. *missraten*

Ge·feil·sche das <-s> /kein Plur./ (abwert.) *ständiges Feilschen*

ge·feit ■ **gegen etwas gefeit sein** (geh.) *vor etwas sicher oder geschützt sein*

Ge·fie·der das <-s, -> (≈ *Federkleid*) *alle Federn eines Vogels*: Der Vogel putzt/plustert sein Gefieder.

ge·fie·dert adj /nicht steig./ *mit Federn versehen*: ein gefiederter Pfeil

ge·fiel Prät. von **gefallen**

Ge·fil·de das <-s, -> (geh.) *Landschaft, Gegend*

ge·fin·kelt adj ÖSTERR. *schlau, durchtrieben*

Ge·flecht das <-(e)s, -e> ❶ (≈ *Flechtwerk*)

etwas, das geflochten ist ❷ *(≈ Gewirr) ein dichtes Netz von Linien oder Strängen:* Die Forscher drangen durch das Geflecht der Kletterpflanzen in die Höhle vor.; Unter der Haut schimmert das Geflecht der Adern.

ge·fleckt *adj /nicht steig./ (von Tieren) mit einem Fell, das einzelne Flecken einer anderen Farbe als der Rest des Fells aufweist:* gefleckte Kühe

ge·flis·sent·lich *adj /nicht steig./ /nur attr./ absichtlich:* Die Rednerin hat den Zwischenruf geflissentlich überhört.

Ge·flü·gel das <-s> /kein Plur./ ❶ *Sammelbezeichnung für Hühner, Enten und Gänse* -farm, -hof, -zucht, -züchter(in) ▸ Geflügelhaltung ❷ *Fleisch von Geflügel[1] als Speise:* Fisch und Geflügel spielen in der Küche dieses Landes eine wichtige Rolle.

Ge·flüs·ter das <-s> /kein Plur./ *dauerndes Flüstern*

Ge·fol·ge das <-s, -> /meist Sing./ *Personen, die eine (bedeutende) Persönlichkeit begleiten:* Der König zog mit seinem Gefolge in die Stadt ein.

Ge·folg·schaft die <-> /kein Plur./ ❶ *(im Mittelalter) die treuen Anhänger einer (adligen) Person* ❷ */kein Plur./ Gehorsam:* Sie hatten ihm die Gefolgschaft verweigert/aufgekündigt.

Ge·folgs·mann der <-(e)s, Gefolgsmänner/-leute> *(≈ Anhänger) jmd., der zu jmds. Gefolgschaft gehört:* Der Revolutionär hatte viele Gefolgsmänner um sich geschart.

ge·formt *adj /nicht steig./ mit einer bestimmten Form ausgestattet:* geformt wie ... ▸ Geformtheit

Ge·fra·ge das <-s> /kein Plur./ *(abwert.) dauerndes Fragen*

ge·fragt *adj (≈ begehrt) so, dass es viele Menschen gibt, die jmdn. oder etwas haben wollen:* Computerspezialisten/Fachkräfte auf diesem Gebiet/ gute Handwerker sind sehr gefragt.

ge·frä·ßig *adj (abwert.) so, dass man zu gern und zu viel isst* ▸ Gefräßigkeit

Ge·frei·te der/die <-n, -n> MILIT. ❶ *ein (niedriger) militärischer Dienstgrad* ❷ *Person mit diesem Dienstgrad*

Ge·frier·brand der <-(e)s, Gefrierbrände> *Schäden an nicht sachgemäß tiefgefrorenen Lebensmitteln*

ge·frie·ren <gefriert, gefror, ist gefroren> *ohne OBJ* ■ *etwas gefriert so stark abgekühlt werden, dass festes Material sehr hart und Wasser zu Eis wird:* Die Pfützen sind gefroren.; Der Boden ist gefroren. ▸ Gefrierfach, Gefriergut, Gefrierpunkt, Gefrierschrank, Gefrierschutzmittel, Gefriertruhe

ge·frier·ge·trock·net *adj /nicht steig./ durch Gefriertrocknung haltbar gemacht:* gefriergetrocknete Küchenkräuter ▸ Gefriertrocknung

Ge·frier·gut das <-(e)s, Gefriergüter> *durch Gefrieren haltbar gemachte Lebensmittel*

Ge·fro·re·ne, Ge·fror·ne das <-n> /kein Plur./ *(veralt.)* SÜDDT., ÖSTERR. *Speiseeis*

Ge·frot·zel das <-s> /kein Plur./ *(umg. abwert.) ständiges Frotzeln*

Ge·fuch·tel, Ge·fuch·te·le das <-s> /kein Plur./ *(umg. abwert.) ständiges Fuchteln*

Ge·fü·ge das <-s, -> ❶ *eine Konstruktion aus verschiedenen Elementen:* Die Dachbalken bilden ein stabiles Gefüge. ❷ *(≈ Struktur) der genaue Aufbau von etwas:* das syntaktische Gefüge eines Satzes analysieren

ge·fü·gig *adj (abwert.) widerstandslos gehorsam:* Er wollte sie unter Androhung von Gewalt gefügig machen. ▸ Gefügigkeit

Ge·fühl das [gə'fy:l] <-(e)s, -e> ❶ *(≈ Empfindung) Wahrnehmung durch die Sinne:* man verspürt ein Gefühl von Kälte/von brennender Hitze auf der Haut/von Schwere in Armen und Beinen; Ich habe bei der Prüfung so viel geschrieben, dass ich gar kein Gefühl mehr in den Fingern habe. ❷ *(≈ Emotion) eine seelische Regung:* Sie überkam ein Gefühl der Angst/der Freude/der Panik/Wut.; Er konnte seine Gefühle nicht verbergen.; Sie ließ ihren Gefühlen freien Lauf.; Sie müssen Ihre Gefühle besser unter Kontrolle haben! ❸ */kein Plur./ (≈ Ahnung) der Vorgang, dass man etwas zwar nicht genau weiß, aber dass man instinktiv spürt, dass etwas der Fall sein oder geschehen wird:* Mein Gefühl sollte mich nicht täuschen.; Ich hatte von vornherein so ein mulmiges/ungutes Gefühl bei der Sache. ❹ *(≈ Gespür) die Fähigkeit, etwas souverän zu handhaben, weil man es sehr gut kennt oder viel Erfahrung hat:* Die Fahrpraxis wird ihm im Laufe der Zeit ein Gefühl für das Fahrzeug geben/verleihen.; Sie hat ein Gefühl für Musik.; ■ **das Höchste der Gefühle** *(umg.) das Äußerste, was man erwarten oder sich vorstellen kann; die Obergrenze;* ■ **etwas im Gefühl haben** *(umg.) etwas ahnen;* ■ **mit gemischten Gefühlen** *(umg.) so, dass man gleichzeitig Freude und Unbehagen spürt*

ge·fühl·los *adj /nicht steig./* ❶ *(≈ taub) ohne Gefühl¹; so, dass man an einem Körperteil nichts empfindet:* Meine Finger sind ganz gefühllos vor Kälte. ❷ *(≈ kalt) ohne Gefühl²:* Wie konnte sie ihn nur so gefühllos behandeln? ▸ Gefühllosigkeit

ge·fühls·arm *adj (≈ emotionslos) so, dass man nur selten starke Gefühle² hat* ▸ Gefühlsarmut

Ge·fühls·aus·bruch *der* <-(e)s, Gefühlsausbrüche> *plötzliche, starke und ungehemmte Gefühlsäußerung:* Er nahm ihren Gefühlsausbruch gelassen hin.

ge·fühls·be·tont *adj so, dass man sich stark von seinen Gefühlen leiten lässt*

Ge·fühls·du·se·lei *die* <-, -en> *(umg. abwert.) ein Denken und Handeln, bei dem sich jmd. viel zu stark von Gefühlen leiten lässt und zu wenig von der Vernunft* ▸ gefühlsduselig/gefühlsduslig

ge·fühls·kalt *adj (≈ gefühllos)* ▸ Gefühlskälte

Ge·fühls·la·ge *die* <-> */kein Plur./ die Situation, in der man sich hinsichtlich der eigenen Gefühle befindet:* In welcher Gefühlslage hat der Autor wohl dieses Gedicht geschrieben?; Existenzangst und Sorge um die Zukunft: — Sieht so die Gefühlslage der Nation aus?

Ge·fühls·le·ben *das* <-s> */kein Plur./ Gesamtheit aller Gefühle, die eine Person hat:* ein reges/starkes Gefühlsleben besitzen

ge·fühls·mä·ßig *adj /nicht steig./ die Gefühle betreffend:* Sie hat sich gefühlsmäßig sehr stark in die Sache eingebracht.

Ge·fühls·mensch *der* <-en, -en> *(↔ Verstandesmensch) jmd., der in seinem Verhalten hauptsächlich vom Gefühl bestimmt wird*

Ge·fühls·re·gung *die* <-, -en> *(≈ Emotion) ein bestimmtes Gefühl², das von jmdm. erlebt oder wahrgenommen wird:* Er hat die Tat offensichtlich ohne jede Gefühlsregung verübt.

Ge·fühls·sa·che ▪ **etwas ist (reine) Gefühlssache** *etwas wird ausschließlich dem Gefühl nach beurteilt* Also erlernen kann man das Komponieren eigentlich nicht, es ist mehr oder weniger Gefühlssache!

Ge·fühls·über·schwang *der* <-(e)s, Gefühlsüberschwänge> *Übermaß der Gefühle*

Ge·fühls·wal·lung *die* <-, -en> *der Vorgang, dass ein bestimmtes Gefühl plötzlich sehr stark (und unkontrollierbar) wird:* In einer plötzlichen Gefühlswallung ergriff er ihre Hände.

Ge·fühls·welt *die* <-> */kein Plur./ (≈ Gefühlsleben)* Sie hat seine Gefühlswelt ganz schön durcheinander gebracht.

ge·fühl·voll *adj mit viel Gefühl:* ein gefühlvoller Film

ge·fun·den *Part. Perf. von* **finden**

ge·furcht *adj mit Furchen:* ein gefurchtes Gesicht

ge·fürch·tet *adj so, dass man Angst vor jmdm. oder etwas hat:* ein gefürchteter Verbrecher

ge·füt·tert *adj /nicht steig./ (≈ wattiert) mit einem Futter versehen:* gefütterte Stiefel; ein gefütterter Briefumschlag

ge·ga·belt *adj /nicht steig./ mit einer Gabelung versehen*

ge·gan·gen [gəˈgaŋən] *Part. Perf. von* **gehen**

ge·ge·ben¹ [gəˈgeːbn̩] *Part. Perf. von* **geben**

ge·ge·ben² [gəˈgeːbn̩] *adj /nicht steig./* ❶ *so, dass es vorhanden ist:* Wir werden aus gegebenem Anlass eine Party veranstalten.; Ich hatte diese Kenntnisse als gegeben vorausgesetzt. ❷ *passend, günstig:* Ich werde zu gegebener Zeit darauf zurückkommen.

ge·ge·be·nen·falls *adv (abgekürzt: ggf.) in dem Fall, dass bestimmte Voraussetzungen dafür erfüllt sind*

Ge·ge·ben·heit *die* <-, -en> */meist Plur./ die bestimmten Umstände, die irgendwo herrschen:* Man muss die jeweiligen Gegebenheiten der Länder berücksichtigen.

ge·gelt *adj mit Haargel versehen:* eine gegelte Frisur

ge·gen [ˈgeːgn̩] **I.** *präp +Akk.* ❶ *(≈ an) verwendet, um auszudrücken, dass etwas in Richtung einer Sache weist:* Sie lehnte sich gegen das Auto.; Er lehnte die Leiter gegen die Wand. ❷ *(≈ entgegen) verwendet, um auszudrücken, dass etwas einer anderen Sache entgegenwirkt und sie zu überwinden versucht:* Der Schwimmer kämpfte gegen die Strömung an.; Man musste förmlich gegen den Lärm anschreien. ❸ *verwendet, um auszudrücken, dass etwas ungefähr im Bereich der genannten Sache ist:* Wir wollen gegen Abend ankommen.; Gegen Ende des Konzerts verließen die ersten Zuhörer den Saal. ❹ *drückt aus, dass jmd. die genannte Sache ablehnt, bekämpft oder verhindert:* Ich bin gegen jede Form von Gewalt.; Sind Sie für oder gegen die Atomkraft?; Gegen Sonnenbrand gibt es hochwirksame Sonnencremes. ▸ Gegenantrag, Gegenargument, Gegenbeispiel,

Gegenbewegung, Gegenentwurf, Gegenmaßnahme ⑤ *im Austausch für*: Dieses Medikament gibt es nur gegen Rezept. ⑥ *(umg.) im Vergleich*: Gegen ihn bist du ein Zwerg. ⑦ SPORT *verwendet, um auszudrücken, dass die genannten Parteien Gegner in einem sportlichen Wettkampf sind*: Das Spiel Brasilien gegen Italien wird im Fernsehen übertragen. **II.** *adv (≈ ungefähr)* Es waren gegen 500 Besucher auf dem Konzert.

Ge·gen·an·zei·ge die <-, -n> */meist Plur./* MED. *ein Umstand, der die Anwendung eines bestimmten Medikamentes verbietet*

Ge·gen·be·such der <-(e)s, -e> *ein Besuch, den man als Erwiderung eines erfolgten Besuches macht*: Letztes Jahr war unser Chor in Frankreich. Dieses Jahr erhalten wir einen Gegenbesuch vom Chor der französischen Partnerstadt.

Ge·gend die ['geːgn̩t] <-, -en> ① *ein bestimmter (kleinerer) Teil einer Landschaft*: Wir kamen durch eine einsame/gebirgige/verlassene Gegend. ② *(≈ Stadtviertel)* Er wohnt in einer vornehmen Gegend. ③ *(≈ Umland) der Bereich in der Nähe einer Stadt*: Sie ist in die Gegend um München gezogen. ④ *nicht näher bestimmbarer Körperbereich*: Schmerzen in der Gegend des Magens

Ge·gen·dar·stel·lung die <-, -en> *ein Text in einer Zeitung, in dem jmd. aus seiner Sicht etwas ganz anders beschreibt als es die Zeitung in einem früheren Artikel über ihn getan hat*

ge·gen·ei·n·an·der adv *verwendet, um auszudrücken dass zwischen zwei Dingen oder Personen (A und B) wechselseitig etwas geschieht oder wirkt*: gegeneinander antreten; gegeneinander kämpfen ■ Zusammenschreibung → R 4.5 gegeneinanderdrücken; gegeneinanderprallen; gegeneinanderpressen; gegeneinanderstellen; gegeneinanderstoßen

Ge·gen·fahr·bahn die <-, -en> *Fahrbahn für die in entgegengesetzter Richtung fahrenden Fahrzeuge*

Ge·gen·fra·ge die <-, -n> *Frage als Reaktion auf eine gestellte Frage*: Lassen Sie mich mit einer Gegenfrage antworten!

ge·gen·läu·fig adj */nicht steig./ so, dass es die entgegengesetzte Tendenz von etwas hat*: Nachdem die Wahlbeteiligung lange Zeit zurückging, ist jetzt eine gegenläufige Tendenz auszumachen: Sie steigt wieder.

Ge·gen·leis·tung die <-, -en> *(≈ Gegendienst) etwas, das man für jmdn. tut, weil dieser einem geholfen hat*: Wenn ihr mir beim Umziehen helft, repariere ich als Gegenleistung euer Auto.

Ge·gen·lie·be ■ **Gegenliebe finden/auf Gegenliebe stoßen** *Anklang, Zustimmung finden* Sein Vorschlag stieß auf wenig Gegenliebe.

Ge·gen·satz der <-es, Gegensätze> *(≈ Kontrast) (großer) Unterschied zwischen zwei Personen oder Dingen*: Der Gegensatz von Arm und Reich ist nicht zu übersehen.; Die beiden Aussagen stehen in einem eklatanten (offenkundigen) Gegensatz zueinander.; Unsere Gesellschaft ist voller Gegensätze. ■ **im Gegensatz** *im Unterschied* Im Gegensatz zu seinem Bruder ist er völlig unsportlich. ▸ gegensätzlich, Gegensätzlichkeit

ge·gen·sei·tig adj */nicht steig./ (≈ wechselseitig) verwendet, um auszudrücken, dass zwischen zwei Dingen oder Personen (A und B) ein wechselseitiges Geschehen erfolgt, d.h. was A mit B tut, tut auch B mit A*: Sie provozieren sich gegenseitig mit Unfreundlichkeiten.; Die elektronischen Bauteile können sich gegenseitig beeinflussen.

Ge·gen·sei·tig·keit die <-> */kein Plur./ wechselseitiges Verhältnis*: Ihre Antipathie beruht auf Gegenseitigkeit.

Ge·gen·spie·ler, **Ge·gen·spie·le·rin** <-s, -> *(≈ Widersacher) jmd., der genau die entgegengesetzten Ziele verfolgt wie man selbst*

Ge·gen·stand der <-(e)s, Gegenstände> ① *ein (nicht näher bestimmtes) Ding/Objekt, das eine bestimmte physische Ausdehnung und Form hat*: ein quaderförmiger/schwerer/scharfkantiger/elegant geformter Gegenstand ② */meist Sing./ (≈ Thema) etwas, das irgendwo behandelt/untersucht wird bzw. den Mittelpunkt gedanklicher Bemühungen bildet*: Die Dramen Schillers sind Gegenstand meiner mündlichen Prüfung. ③ *(≈ Objekt) etwas, das Ziel von etwas wird*: Die Neuinszenierung des Theaterstücks wurde zum Gegenstand heftiger Kritik.; Der Skandal war Gegenstand zahlreicher Fernsehberichte.

ge·gen·ständ·lich adj *(≈ dinglich, konkret ↔ gegenstandslos, abstrakt) mit der Eigenschaft, etwas Konkretes/Greifbares darzustellen*: gegenständliche Malerei; Seine frühen Bilder waren noch gegenständlich, die späteren abstrakt. ▸ Gegenständlichkeit

Ge·gen·stands·be·reich der <-(e)s, -e> *Bereich, zu dem etwas zuzuordnen ist*: Den Gegenstandsbereich eines Fremdwörterbuchs bilden Wörter, die in jeweiliger Sprache als fremd angesehen werden

ge·gen·stands·los adj /nicht steig./ ① (≈ hinfällig) so, dass es keine Begründung mehr hat und ungültig ist: Im Falle eines Irrtums meinerseits betrachten Sie mein Schreiben bitte als gegenstandslos! ② KUNST (↔ gegenständlich) abstrakt: gegenstandslose Malerei

ge·gen·steu·ern <steuerst gegen, steuerte gegen, hat gegengesteuert> ohne OBJ ■ jmd. steuert gegen ① (≈ gegenlenken) durch Lenken die Abweichung korrigieren, die entsteht, weil eine Kraft auf ein Fahrzeug wirkt: Als das Auto aus dem Tunnel kam und vom Seitenwind erfasst wurde, musste der Fahrer gegensteuern. ② (übertr.) Gegenmaßnahmen ergreifen: Wir müssen gemeinsam versuchen gegenzusteuern; die Entwicklung selbst können wir wohl nicht aufhalten.

Ge·gen·stim·me die <-, -n> bei einer Abstimmung gegen einen Kandidaten/einen Vorschlag abgegebene Stimme: Es gab fünfundzwanzig Gegenstimmen und eine Enthaltung.

Ge·gen·strö·mung die <-, -en> (übertr.) in Opposition zu jmdm. oder etwas verlaufende Entwicklung: Schon bald sollte eine Gegenströmung zur derzeitigen Politik einsetzen.

Ge·gen·stück das <-(e)s, -e> (≈ Pendant) etwas, das in einem anderen Umfeld jmdm./einer Sache funktional entspricht: Er ist Personalchef bei der Firma Müller und Schulze, also sozusagen das Gegenstück von unserem Herrn Meier.

Ge·gen·teil das ['ge:gn̩tail] <-s> /kein Plur./ etwas, das zu einer Sache die genau entgegengesetzten Eigenschaften aufweist: Er ist faul und unzuverlässig, das genaue Gegenteil seiner fleißigen und strebsamen Schwester.; Gestern hat er gerade das Gegenteil behauptet.; Ich bin nicht verärgert! Ganz im Gegenteil!

ge·gen·tei·lig adj /nicht steig./ das Gegenteil von etwas: Ich habe mit ihr darüber gesprochen, aber sie sieht das nicht so: Sie ist gegenteiliger Meinung/Auffassung.

Ge·gen·tor das <-(e)s, -e> SPORT (≈ Ausgleich) ein Tor der gegnerischen Mannschaft, das erzielt wird, nachdem man selbst bereits ein Tor erzielt hat: Die Mannschaft erzielte kurz darauf ein Gegentor.

Ge·gen·über das [ge:gn̩'y:bɐ] <-s, -> /meist Sing./ Person, mit der man ein Gespräch führt: Sein Gegenüber schien von seinen Argumenten völlig unbeeindruckt.

ge·gen·über [ge:gn̩'y:bɐ] I. präp +Dat. ① bezeichnet eine frontal entgegengesetzte Lage: Gegenüber dem Krankenhaus gibt es eine Apotheke. ② in Bezug auf die genannte Person oder Sache: Mir gegenüber ist sie immer höflich. II. adv auf der entgegengesetzten Seite: Er wohnt direkt/schräg gegenüber. ◆ Zusammenschreibung → R 4.5 gegenüberliegen; gegenüberstehen; gegenüberstellen

ge·gen·über·lie·gend adj /nicht steig./ so, dass es sich auf der anderen Seite befindet: Wir kamen mit einer Fähre ans gegenüberliegende Ufer.

ge·gen·über·sit·zen <sitzt gegenüber, saß gegenüber, hat gegenübergesessen> ohne OBJ ■ jmd. sitzt jmdm./etwas gegenüber auf der gegenüberliegenden Seite von jmdm. sitzen

ge·gen·über·ste·hen <stehst gegenüber, stand gegenüber, hat gegenübergestanden> ohne OBJ ① ■ jmd. steht jmdm./etwas gegenüber jmdm. zugewandt stehen: Im Bus stand ich plötzlich meinem alten Schulfreund gegenüber. ② ■ jmd. steht jmdm. gegenüber gegeneinander spielen: Die beiden Mannschaften standen sich im Finale zum ersten Mal gegenüber. ③ ■ jmd. steht etwas gegenüber mit etwas konfrontiert werden: Wir standen großen Schwierigkeiten gegenüber. ④ ■ jmd. steht jmdm./etwas irgendwie gegenüber eine bestimmte Einstellung zu jmdm. oder etwas haben: Ich stand diesem Plan zunächst skeptisch gegenüber.

ge·gen·über·stel·len <stellst gegenüber, stellte gegenüber, hat gegenübergestellt> mit OBJ ① ■ jmd. stellt jmdn. jmdm. gegenüber (≈ konfrontieren) zwei Menschen im gleichen Raum unmittelbar zusammenkommen lassen: Täter und Opfer wurden einander gegenübergestellt. ② ■ jmd. stellt etwas etwas Dat. gegenüber (≈ vergleichen) zwei Dinge betrachten und sehen, an welchen Stellen sie gleich bzw. verschieden sind: Wenn man die erste und die zweite Fassung des Textes gegenüberstellt, fällt auf, dass ... ▶ Gegenüberstellung

ge·gen·über·tre·ten <trittst gegenüber, trat gegenüber, ist gegenübergetreten> ohne OBJ ■ jmd. tritt jmdm./etwas gegenüber vor jmdn. oder etwas (hin)treten: Es fällt mir schwer, ihr nach diesen peinlichen Vorfällen gegenüberzutreten.

Ge·gen·ver·kehr der <-s> /kein Plur./

der Verkehr auf der Gegenfahrbahn: Es herrschte starker Gegenverkehr, so dass ich den Lastwagen nicht überholen konnte.

Ge·gen·vor·schlag der <-(e)s, Gegenvorschläge> *Vorschlag, der als Reaktion auf einen bereits gemachten Vorschlag gemacht wird:* Man schlug vor, beim Betriebsausflug ein Museum zu besuchen. Unser Gegenvorschlag war, im „Goldenen Bären" essen zu gehen.

Ge·gen·wart die ['ge:gnvart] <-> /kein Plur./ (↔ *Vergangenheit, Zukunft*) *die jetzige Zeit im Gegensatz zur Vergangenheit und zur Zukunft:* Es dürfte sich um einen der bedeutendsten Romane der Gegenwart handeln.; Welche Strömungen finden sich in der amerikanischen Literatur/Kunst der Gegenwart?; ■ **in jemandes Gegenwart** *in jmds. Anwesenheit* In Gegenwart des Kollegen wollte er keine Kritik üben. ▸ Gegenwartskunst, Gegenwartsliteratur, Gegenwartssprache

ge·gen·wär·tig adj /nicht steig./ (≈ *derzeit(ig)* ↔ *vergangen, zukünftig*) *so, wie es zum Zeitpunkt des Sprechens oder Schreibens der Fall ist oder zu einem nicht näher bestimmten Zeitpunkt der aktuellen Gegenwart:* Die gegenwärtige politische Lage in dem vom Bürgerkrieg heimgesuchten Land lässt sich nur schwer beurteilen.

ge·gen·warts·be·zo·gen adj *so, dass es an der Gegenwart (und ihren Problemen und Gegebenheiten) ausgerichtet ist (und nicht an Vergangenheit oder Zukunft)* ▸ Gegenwartsbezug

ge·gen·warts·fern adj (↔ *gegenwartsnah*) *nicht im Einklang mit der Gegenwart:* Er hat völlig gegenwartsferne Vorstellungen. ▸ Gegenwartsferne

ge·gen·warts·nah adj (↔ *gegenwartsfern*) *im Einklang mit der Gegenwart:* ein gegenwartsnahes Geschichtsverständnis ▸ Gegenwartsnähe

Ge·gen·wert der <-(e)s> /kein Plur./ *ein Wert, der einem anderen Wert entspricht:* Bei der Tombola gab es Preise im Gegenwert von 1000 Euro zu gewinnen.

Ge·gen·wind der <-(e)s> /kein Plur./ (↔ *Rückenwind*) *Wind, der der Fahrtrichtung eines Fahrzeugs entgegengesetzt ist:* Der starke Gegenwind macht das Radfahren an der Küste ziemlich anstrengend.

ge·gen·zeich·nen <zeichnest gegen, zeichnete gegen, hat gegengezeichnet> *mit OBJ* ▸ **jmd. zeichnet etwas gegen** AMTSSPR. *seine Unterschrift ebenfalls unter ein Schriftstück setzen, das bereits von jmdm. unterschrieben worden ist:* Den gegengezeichneten Vertrag reichen Sie bitte an uns zurück!

ge·gli·chen [gəˈglɪçn̩] *Part. Perf. von* **gleichen**

ge·glie·dert adj /Part. Perf. von „gliedern"/ *so, dass etwas eine Gliederung aufweist:* ein gut gegliederter Aufsatz

ge·glit·ten [gəˈglɪtn̩] *Part. Perf. von* **gleiten**

ge·glom·men [gəˈglɔmən] *Part. Perf. von* **glimmen**

ge·glückt adj /Part. Perf. von „glücken"/ *so, dass etwas gut gelungen ist:* Sie hat in ihrer Arbeit eine geglückte Verbindung zwischen den Themengebieten hergestellt.

Geg·ner der, **Geg·ne·rin** ['ge:gn̩] <-s, -> ❶ (≈ *Widersacher*) *jmd., der jmdn. oder etwas bekämpft:* Sie war ihm in der Diskussion eine ebenbürtige/unerbittliche Gegnerin.; Die Gegner und Befürworter dieses Planes trafen am Verhandlungstisch zusammen. ❷ SPORT *der oder die anderen Spieler oder Teilnehmer in einem Spiel oder Wettkampf:* Wir haben Stärken und Schwächen des Gegners genau analysiert.; Momentan hat er kaum einen ernst zu nehmenden Gegner. ❸ (≈ *Feind*) *in einer militärischen Auseinandersetzung die Armee, gegen die man kämpft:* Der Feldherr plante, den Gegner im Morgengrauen mit einem Angriff zu überraschen.

geg·ne·risch adj /nicht steig./ /nur attr./ *den Gegner betreffend, zu ihm gehörend, von ihm ausgehend:* den Ball ins gegnerische Tor schießen

Geg·ner·schaft die <-> /kein Plur./ ❶ *gegnerische Haltung:* Sie hat ihre Gegnerschaft offen zum Ausdruck gebracht. ❷ *Gesamtheit der Gegner:* Nun gehört auch noch der gesamte Aufsichtsrat zu seiner Gegnerschaft.

ge·gol·ten [gəˈgɔltn̩] *Part. Perf. von* **gelten**

ge·go·ren *Part. Perf. von* **gären**

ge·gos·sen [gəˈgɔsn̩] *Part. Perf. von* **gießen**

gegr. adj *Abkürzung von „gegründet"*

ge·gra·ben *Part. Perf. von* **graben**

ge·grif·fen [gəˈgrɪfn̩] *Part. Perf. von* **greifen**

ge·grün·det *Part. Perf. von* **gründen**

Ge·ha·be das <-s> /kein Plur./ (umg. abwert.: ≈ *Getue*) *ein Verhalten, das künstlich und unecht wirkt*

ge·habt [gəˈhaːpt] ■ **wie gehabt** *so wie bisher (üblich)* Sein Zustand ist wie gehabt, weder besser noch schlechter.

Ge·hack·te das <-n> /kein Plur./ Hackfleisch

Ge·halt[1] das [gəˈhalt] <-(e)s, Gehälter> (↔ *Lohn*) *das Geld, das ein Ange-*

stellter oder Beamter für seine berufliche Arbeit regelmäßig bekommt: Sie bezieht ein durchschnittliches/geringes/hohes Gehalt. ◆ -sabrechnung, -serhöhung, -sgruppe, -skonto, -skürzung, -sliste, -snachzahlung, -sverhandlung, -sbuchhaltung, -swunsch, -szettel, Durchschnitts-, Spitzen-

Ge·halt² der [gə'halt] <-(e)s, -e> ❶ *der geistige Inhalt von etwas und der Wert, der diesem beigemessen wird:* Experten streiten über den künstlerischen/literarischen Gehalt des Romans. ❷ *die Menge eines Stoffes, die in einem Gemisch ist:* Wie hoch ist der Gehalt an Gold bei diesen Münzen? ◆ Alkohol-, Fett-, Sauerstoff-, Säure-

ge·hal·ten *Part. Perf. von* **halten**

ge·hal·ten ▪ **gehalten sein, etwas zu tun** *zu etwas verpflichtet sein* Sie sind gehalten, mir diesbezüglich Rechenschaft abzulegen.

ge·halt·los *adj /nicht steig./ (↔ gehaltvoll) ohne inhaltlichen Gehalt²:* ▶ Gehaltlosigkeit

Ge·halts·vor·stel·lung die <-, -en> *Vorstellung, die sich jmd. über die Höhe seines Gehalts macht:* Meine Gehaltsvorstellungen bewegen sich zwischen … und … Euro.

ge·halt·voll *adj (↔ gehaltlos) reich an inhaltlichem Gehalt²:* ein gehaltvoller Essay

ge·han·di·kapt, ge·han·di·capt [gə'hɛndikɛpt] *adj /nicht steig./ behindert, benachteiligt:* Nach einem Schlag auf den Knöchel war der Stürmer sichtlich gehandikapt.; Durch den Ausfall wichtiger Spieler war die Mannschaft im Finale gehandikapt.

Ge·hän·ge das <-s, -> *etwas, das (herunter)hängt* ◆ Ohr-

ge·häs·sig *adj (abwert.) boshaft und missgünstig:* Mit seinen gehässigen Bemerkungen verdarb er uns den ganzen Abend.

Ge·häs·sig·keit die <-, -en> ❶ */kein Plur./* Boshaftigkeit ❷ *gehässige Bemerkung*

ge·häuft *adj /Part. Perf. zu „häufen"/* ❶ *wiederholt:* In der Nacht kam es gehäuft zu Zwischenfällen. ❷ ▪ **ein gehäufter Löffel** косн. *(↔ gestrichen) so, dass das Pulver (von Kaffee, Mehl, Zucker o.Ä.), das sich in einem Löffel befindet, eine Art kleinen Berg bildet* Danach gebe man einen gehäuften Teelöffel Backpulver in den Teig.

Ge·häu·se das <-s, -> ❶ *das feste Gebilde, das bestimmte Schnecken auf ihrem Rücken tragen:* das Gehäuse einer Schnecke ❷ *die feste Hülle, die eine Apparatur oder ein Gerät von allen Seiten umgibt:* Das Ge-

häuse der Uhr ist vergoldet. ❸ *der innere Teil von Äpfeln und Birnen, der die Samenkerne enthält*

geh·be·hin·dert *adj so, dass man nicht normal gehen kann, weil man durch eine Krankheit ein Problem mit den Beinen oder den Gelenken hat* ▶ Gehbehinderte, Gehbehinderung

Ge·he·ge das <-s, -> *in einem Wald oder einem Zoo ein Gelände, das mit einem Zaun abgesperrt ist und in dem bestimmte Tiere leben:* Im Zoo wird das Gehege der Zebras neu gestaltet.; ▪ **jemandem ins Gehege kommen** *(umg.) jmds. Absichten oder Pläne stören* ◆ Wild-

ge·heim *adj* ❶ *so, dass nur bestimmte Personen davon wissen (dürfen/können/sollen):* Man hatte eine geheime Abmachung getroffen.; Im Tresor befinden sich streng geheime Unterlagen.; Sollte es vor dem Spiel etwa geheime Absprachen gegeben haben?; Sie kennt meine geheimsten Gedanken/Wünsche. ▶ Geheimabkommen, Geheimabsprache, Geheimbund, Geheimdiplomatie, Geheimfach, Geheimgang, Geheimkonto, Geheimlehre, Geheimschrift, Geheimzahl ❷ *(≈ mysteriös) so rätselhaft, dass man es nur mit dem Verstand nicht erklären kann:* Es schien, als seien hier geheime Kräfte im Spiel gewesen.; ▪ **im Geheimen** *im Verborgenen, heimlich;* ▪ **geheimtun** *etwas vor jmdm. verbergen* ◆ Großschreibung → R 3.4, R 3.7 im Geheimen; ◆ Zusammenschreibung → R 4.6

Ge·heim·dienst der <-(e)s, -e> *die Organisation eines Staates, die versucht, in geheimer Mission Informationen beispielsweise über militärische und strategisch relevante Daten anderer Länder zu bekommen* ▶ Geheimagent(in), geheimdienstlich ◆ -chef, -mitarbeiter, -zentrale

Ge·heim·hal·tung die <-> */kein Plur./ der Umstand, dass etwas geheim gehalten wird:* Er ist zur absoluten/strikten Geheimhaltung verpflichtet. ▶ geheim halten

Ge·heim·nis das <-ses, -se> *etwas, das geheim ist:* Sie vertraute mir ein Geheimnis an.; Hast du das Geheimnis verraten?; Ich habe nie ein Geheimnis daraus gemacht, dass … ◆ Betriebs-, Staats-

Ge·heim·nis·krä·mer der, **Ge·heim·nis·krä·me·rin** <-s, -> */meist Sing./ jmd., der über seine Angelegenheiten zu anderen nicht offen spricht, sondern gern Geheimnisse hat* ▶ Geheimniskrämerei

Ge·heim·nis·trä·ger der, **Ge·heim·nis·trä·ge·rin** <-s, -> *jmd., der (beruflich) Zugang*

zu geheimen Sachverhalten hat

Ge·heim·nis·tu·er der, **Ge·heim·nis·tu·e·rin** <-s, -> (≈ *Geheimniskrämer*) ▸ Geheimnistuerei

ge·heim·nis·um·wit·tert *adj /nicht steig./ so, dass man dort etwas Geheimnisvolles vermutet:* eine geheimnisumwitterte Insel

ge·heim·nis·um·wo·ben *adj /nicht steig./* (≈ *geheimnisumwittert*)

ge·heim·nis·voll *adj* (≈ *mysteriös*) *so, dass es keine Erklärung dafür gibt und viele Rätsel damit verbunden sind:* Die geheimnisvollen Vorgänge wurden nie ganz aufgeklärt.

Ge·heim·rats·ecken <-> *Plur.* (*umg. scherzh.*) *die kahlen Stellen, die manche Männer durch Haarausfall oberhalb der Schläfen bekommen*

Ge·heim·sa·che die <-> /kein Plur./ *geheime Angelegenheit:* etwas zur Geheimsache erklären

Ge·heim·spra·che die <-, -n> *eine geheime Sprache, die nur von Eingeweihten verstanden wird*

Ge·heim·tipp der <-s, -s> *etwas noch relativ Unbekanntes, das aber sehr empfehlenswert ist:* Dieses Lokal/Diese Internetadresse ist ein echter Geheimtipp.

Ge·heiß **auf jemandes Geheiß** *auf jmds. Anordnung hin*

ge·hemmt *adj so, dass man Hemmungen hat:* Er verhält sich immer so gehemmt mir gegenüber. ▸ Gehemmtheit

ge·hen <gehst, ging, ist gegangen> **I.** ohne OBJ ❶ **jmd. geht** *sich aufrecht in mittlerem Tempo so fortbewegen, dass immer ein Fuß Kontakt mit dem Erdboden hat:* Er gebückt/langsam/schnell/zu Fuß.; Ich brauche keinen Aufzug, ich gehe lieber. ❷ **jmd. geht irgendwohin** *gehen¹ und dabei ein bestimmtes Ziel anstreben oder einen bestimmten Zweck verfolgen:* Ich gehe baden/einkaufen/nach Hause/schlafen/spazieren. ❸ **jmd. geht** (≈ *weggehen*) *einen Ort verlassen:* Wollt ihr etwa schon gehen?; Der Kollege ist bereits gegangen (= nicht mehr am Arbeitsplatz). ❹ **jmd. geht irgendwohin** *sich irgendwohin begeben, um dort eine Ausbildung zu machen, zu arbeiten, sich zu erholen:* Sie geht noch in die Schule/auf die Universität.; Er geht ins Ausland.; Ich gehe nächste Woche in Urlaub. ❺ **jmd. geht ...** *einen neuen Lebensabschnitt, ein bestimmtes Alter erreichen:* Wann gehst du in Rente?; Er geht auf die 60 zu. ❻ **jmd. geht als etwas** *eine bestimmte Verkleidung tragen:* Er geht zum Fasching als Clown. ❼ **jmd. geht an etwas** *etwas unerlaubterweise benutzen:* Geh bloß nicht an meine Stereoanlage! ❽ **etwas geht in etwas** *Akk.* (*umg.*) *Platz haben:* Geht meine Reisetasche noch in den Kofferraum? ❾ **jmd. geht mit jmdm.** *(als Jugendliche) eine Beziehung miteinander haben:* Seit wann geht ihr miteinander? ❿ **etwas geht jmdm. irgendwohin** *reichen:* Das Wasser geht ihm bis zum Bauch. ⓫ **etwas geht irgendwohin** *fahrplanmäßig fahren oder fliegen:* Der Zug geht noch bis München. ⓬ **etwas geht auf etwas** *in eine Richtung zeigen:* Der Eingang geht auf die Straße.; Die Zimmer gehen auf Süden. ⓭ *treffen* **etwas geht irgendwohin** Der Ball ging ins Tor. ⓮ **etwas geht** (**irgendwie**) *funktionieren:* Das Radio geht nicht mehr.; Die Uhr geht falsch. ⓯ **etwas geht irgendwie** *ablaufen, verlaufen:* Ist bei der Prüfung alles gut gegangen? ⓰ **etwas geht** *läuten, klingeln:* Das Telefon geht. ⓱ **etwas geht gegen jmdn./etwas** *gerichtet sein:* Seine Anspielungen gehen eindeutig gegen mich. ⓲ **etwas geht über etwas** *Akk. übersteigen:* Das geht über meine Möglichkeiten. ⓳ **etwas geht in etwas** *Akk. in eine neue Phase, ein neues Stadium eintreten:* Das Spiel geht in die Verlängerung. ⓴ **etwas geht irgendwie** *sich verkaufen lassen:* Dieses Produkt geht gut/überhaupt nicht. ㉑ **ein Wunsch geht in Erfüllung** *ein Wunsch wird erfüllt* Mein Wunsch ging endlich in Erfüllung.; ▸ **etwas geht zu Bruch** *etwas zerbricht;* ▸ **etwas geht in Druck/Produktion** *etwas wird gedruckt oder produziert* Das Manuskript geht nächste Woche in Druck. **II.** mit ES ❶ **jmdm. geht es irgendwie** *sich in der genannten körperlichen Verfassung befinden:* Es geht ihm gut/hervorragend/miserabel/schlecht.; Nie ging es mir besser als heute.; Ihr ist es vor zehn Jahren noch nicht so gut gegangen. ❷ **es geht** (**in/bei etwas** *Dat.*) **um etwas** *Akk. etwas ist irgendwo das Thema:* Worum geht es in diesem Film?; ▸ **wo jemand geht und steht** *immerzu, überall;* ▸ **in sich gehen** *über sein Verhalten nachdenken, um es zu ändern;* ▸ **sich gehen lassen** *sich nicht beherrschen, sich keine Selbstdisziplin auferlegen;* ▸ **gegangen werden** (*umg. scherzh.*) *entlassen werden;* ▸ **sich gehenlassen** *sich nicht beherrschen, sich nicht gut benehmen* Du darfst dich nicht so gehenlassen, wenn Besuch da ist! ▸ Getrenntschreibung → R 4.8 baden/schlafen/spazieren gehen; vorwärts gehen

Ge·hęt·ze das <-s> /kein Plur./ (abwert.) ❶ ständiges Hetzen: Dieses dauernde Gehetze nach Geld ist unerträglich. ❷ (≈ Hetzerei) Aufwiegelei

ge·hętzt adj so, dass man hetzen muss(te): Sie kam immer total gehetzt an. ▸ Gehetztheit

ge·hęu·er adj /nicht steig./ /nur präd./ ▪ etwas ist jemandem nicht (ganz) geheuer etwas ist jmdm. unheimlich oder verdächtig

Ge·hịl·fe der, **Ge·hịl·fin** <-n, -n> ❶ (geh. verhüll.: ≈ Helfer) jmd., der jmdm. bei etwas hilft ❷ RECHTSW. Komplize

Ge·hịl·fen·schaft die <-> /kein Plur./ SCHWEIZ. Beihilfe

Ge·hịrn das <-(e)s, -e> das Organ von Mensch und höheren Tieren, das Sitz des Gedächtnisses und des Bewusstseins ist und alle Funktionen des Organismus steuert ▸ -blutung, -erschütterung, -hälfte, -operation, -tumor, -zelle

Ge·hịrn·haut die <-> /kein Plur./ MED. siehe **Hirnhaut**

Ge·hịrn·wä·sche die <-> /kein Plur./ der Versuch, durch bestimmte Maßnahmen und psychischen Druck jmds. Urteilskraft und (politische) Einstellung gewaltsam zu verändern

Geh·mi·nu·te die <-, -n> in Minuten gemessene Strecke, die man zu Fuß zurücklegt: Der Bahnhof ist nur drei Gehminuten von hier entfernt.

ge·ho·ben adj /Part. Perf. zu „heben"/ ❶ (sozial) höher stehend: ein gehobenes Viertel ❷ (≈ gewählt) Er bediente sich einer gehobenen Ausdrucksweise. ❸ ▪ **in gehobener Stimmung** in froher Stimmung und guter Laune ❹ **gehobene Ansprüche** Ansprüche, die mehr verlangen als das Alltägliche oder Durchschnittliche Der Wagen stellt auch gehobene Ansprüche zufrieden.

Ge·höft, **Ge·hö̱ft** das <-(e)s, -e> (abgelegener) Bauernhof

Ge·hölz das <-es, -e> ❶ kleines Wäldchen: sich in einem Gehölz verstecken ❷ /kein Sing./ Bäume und Sträucher: Förster kümmern sich um die verschiedensten Arten von Gehölzen.

Ge·hör das <-(e)s> /kein Plur./ die Fähigkeit, hören zu können: Im Alter lässt das Gehör nach.; **nach dem Gehör spielen** ein Instrument spielen, ohne dabei die Melodie von Noten abzulesen; ▪ **(kein) Gehör finden** (nicht) beachtet werden; ▪ **jemandem/einer Sache (kein) Gehör schenken** jmdn. oder etwas (nicht) anhören; ▪ **sich Gehör verschaffen** dafür sorgen, dass man angehört wird ▸ -fehler, -nerv, -schaden

ge·họr·chen <gehorchst, gehorchte, hat gehorcht> ohne OBJ ❶ ▪ **jmd./ein Tier gehorcht jmdm.** jmds. Anweisungen Folge leisten: Der Hund gehorcht aufs Wort. ❷ ▪ **etwas gehorcht etwas** etwas wird durch bestimmte Gesetzmäßigkeiten gesteuert: Es ist noch wenig erforscht, welchen Gesetzen diese Systeme gehorchen.

ge·hö·ren I. ohne OBJ ❶ ▪ **etwas gehört jmdm.** jmds. Eigentum sein: Das Buch gehört mir.; Wem gehört die Jacke da? ❷ ▪ **etwas gehört zu etwas** Dat. erforderlich sein: Es gehört Mut dazu, seine Meinung so offen zu sagen. ❸ ▪ **jmd. gehört zu etwas** Dat. Teil sein von: Du gehörst jetzt zur Familie.; Er hat viele Jahre zu dieser Abteilung gehört. ❹ ▪ **etwas gehört zu etwas** Dat. an einer bestimmten Stelle passend sein: Das gehört jetzt aber nicht zum Thema. II. mit SICH ▪ **etwas gehört sich (nicht)** sich (nicht) ziemen, (un)angebracht sein: Ein solches Verhalten gehört sich einfach nicht.

ge·hör·ge·schä·digt adj /nicht steig./ so, dass man einen Gehörfehler hat ▸ Gehörschaden

ge·hö·rig adj /nicht steig./ (umg.: ≈ gründlich) so, dass es ziemlich heftig ist und eine starke Wirkung hat: Ich habe ihr gehörig die Meinung gesagt.; Du hast mir einen gehörigen Schrecken eingejagt.

ge·hör·los adj /nicht steig./ so, dass jmd. nicht über die Fähigkeit des Hörens verfügt ▸ Gehörlose, Gehörlosigkeit

Ge·hörn das <-(e)s, -e> die Hörner eines Tieres

Ge·hor·sam der <-(e)s> /kein Plur./ das Verhalten, dass man Befehlen oder Aufforderungen sofort Folge leistet: In der Ausbildung der Soldaten wurde unbedingter Gehorsam verlangt. ▸ gehorsam

Ge·hor·sams·pflicht die <-> /kein Plur./ die Pflicht, jmds. Befehlen Folge zu leisten: die Gehorsamspflicht des Soldaten gegenüber dem Vorgesetzten

Ge·hör·schutz der <-es> /kein Plur./ etwas, das man sich in die Ohren steckt oder auf den Ohren trägt, um bei großem Lärm das Gehör zu schützen

Geh·steig der <-(e)s, -e> (≈ Bürgersteig)

Geht·nicht·mehr, **Geht·nicht·mehr** ▪ **bis zum Gehtnichtmehr** (umg.) bis zum Überdruss Wir haben das Stück bis zum Gehtnichtmehr geübt.

Ge·hu·pe das <-s> /kein Plur./ (umg. abwert.) dauerndes Hupen

Geh·weg der <-(e)s, -e> ❶ (≈ Bürgersteig) ❷ Fußweg

Gei·fer der <-s> /kein Plur./ aus dem Maul von Tieren (oder dem Mund von Menschen) rinnender Speichel

gei·fern <geiferst, geiferte, hat gegeifert> ohne OBJ ❶ **ein Tier geifert** Speichel aus dem Mund laufen lassen: Der Hund geifert. ❷ **jmd. geifert über jmdn./etwas** (umg. abwert.) bösartig über jmdn. schimpfen

Gei·ge die <-, -n> ein kleineres Saiteninstrument, dessen Saiten vom Spieler mit einem Bogen gestrichen werden; ▪ **die erste Geige spielen** (umg.) die führende Rolle spielen; ▪ **die zweite Geige spielen** (umg.) wenig zu sagen haben; ▪ **nach jemandes Geige tanzen** (umg.) ohne zu widersprechen das tun, was ein anderer von jmdm. verlangt Ich kann nicht verstehen, dass sie immer nach seiner Geige tanzt. ▸ Geigenbauer(in), Geigenspiel, Geigenspieler/Geiger, Geigenspielerin/Geigerin

gei·gen <geigst, geigte, hat gegeigt> mit OBJ/ohne OBJ ▪ **jmd. geigt (etwas)** (umg.) Geige spielen: Sie geigt ein Stück von Beethoven.; Sie geigt gerade.; ▪ **jemandem etwas geigen** (umg.) jmdm. heftig die Meinung sagen

Gei·ger·zäh·ler der <-s, -> PHYS. ein Gerät, das die Stärke von radioaktiver Strahlung misst

geil [gaɪl] adj ❶ (jugendspr.) verwendet, um auszudrücken, dass man etwas sehr gut findet: Wir haben geile Musik gehört.; Das war ein geiles Konzert/Video. ❷ ▪ **geil auf ...** (jugendspr.) so, dass man etwas sehr gern haben will Er ist ganz geil auf dieses Motorrad. ❸ (vulg.) gierig nach Sex: Was wollte der geile Bock?

-geil [gaɪl] als Zweitglied zusammengesetzter Adjektive, mit Betonung auf dem Erstglied; drückt in negativer/abfälliger Weise aus, dass jemand das mit dem Erstglied Bezeichnete unbedingt haben/erreichen/erlangen will und geradezu darauf versessen ist: Manche Studierende sind übermäßig ehrgeizig, ja geradezu karrieregeil. ▸ geld-, karriere-, konsum-, macht-, sensations-

Gei·sel die <-, -n> eine Person, die von jmdm. entführt und mit Gewalt irgendwo festgehalten wird, um dadurch ein Lösegeld oder die Durchsetzung bestimmter Forderungen zu erpressen: Die Bankräuber haben den Kassierer als Geisel genommen.; Es heißt, die Geiseln seien noch am Leben. ▸ -befreiung ▸ Geiselnahme, Geiselnehmer(in)

Gei·sel·dra·ma das <-s, Geiseldramen> dramatisch verlaufende Geiselnahme

Geiß die <-, -en> ZOOL. SÜDDT., ÖSTERR., SCHWEIZ. weibliche Ziege

Gei·ßel die <-, -n> ❶ (≈ Plage) etwas, das für viele Menschen sehr schlimm ist: Die Pest war eine Geißel der Menschheit. ❷ ein Stab, an dessen Ende Riemen oder Schnüre befestigt sind und der als Peitsche verwendet wird

gei·ßeln <geißelst, geißelte, hat gegeißelt> mit OBJ ▪ **jmd. geißelt jmdn./etwas** (≈ anprangern) sehr heftig anklagen oder verurteilen: Der Minister geißelte insbesondere die Missachtung der Menschenrechte in diesem Land. ▸ Geißelung

Geiß·lein das <-s, -> kleine Geiß: das Märchen vom Wolf und den sieben Geißlein

Geist¹ der <-(e)s> /kein Plur./ ❶ (≈ Intellekt, Verstand, Kognition) traditionelle Bezeichnung für die Gesamtheit der menschlichen Fähigkeiten, zu höheren denkerischen (kognitiven) Leistungen in der Lage zu sein: Bewusstseinsprozesse verschiedener Art, nämlich z.B. (sprachliche) Reflexion, logische Schlussfolgerung, Urteilsbildung im Hinblick auf Vergangenheit, Gegenwart und Zukunft usw.: die erstaunlichen Fähigkeiten des Geistes; Körper, Geist und Seele bilden eine Einheit.; Sein Geist ist verwirrt. ❷ (≈ Gesinnung) die zentrale Idee, die für das Wesen einer Sache charakteristisch ist: Mit seinem Dopingvergehen hat der Sportler gegen den olympischen Geist verstoßen.; Heiterkeit und Fairness machen den Geist dieser Wettkämpfe aus. ❸ ▪ **im Geiste** in der Fantasie, in der Vorstellung Im Geiste sah er das neue Haus/Auto schon vor sich. ❹ (geh.) Sinn: Du hast ganz in meinem Geist(e) gehandelt.; der Geist der Aufklärung/des achtzehnten Jahrhunderts; ▪ **den/seinen Geist aufgeben** (umg. scherzh.) kaputtgehen

Geist² der <-(e)s, -er> ❶ der Mensch im Hinblick auf den Umfang seiner verstandesmäßigen Fähigkeiten: Kleinere Geister lehnten die Ideen des Denkers ab. ▸ Geistesgabe ❷ ein Wesen, das man sich als überirdisch vorstellt und das nicht an einen Körper oder eine materielle Form gebunden ist: Der Medizinmann beschwört die Geister.; Der Heilige Geist kam über die

Apostel. ❸ (≈ *Gespenst*) *eine Spukgestalt:* In dem alten Schloss soll es Geister geben.; Der Geist des Toten erscheint angeblich immer um Mitternacht.; ■ **von allen guten Geistern verlassen sein** *(umg.) etwas völlig Unvernünftiges tun* ◆ -erbeschwörer, -erbeschwörung, -ererscheinung, -ergeschichte, -erstunde

Geis·ter·bahn die <-, -en> *eine auf Jahrmärkten aufgebaute Anlage, bei der man in kleinen Wagen durch abgedunkelte Räume fährt, wobei einen veschiedene unheimliche Geräusche und Erscheinungen erschrecken (sollen)*

Geis·ter·fah·rer der, **Geis·ter·fah·re·rin** <-s, -> *(umg.) jmd., der auf der Autobahn in der falschen Richtung fährt*

Geis·ter·hand die **wie von/durch Geisterhand** *so, als würde es durch eine unsichtbare Hand oder Kraft getan oder bewegt*

geis·tern <geisterst, geisterte, ist gegeistert> *ohne OBJ* ❶ ■ **jmd. geistert irgendwo** *(umg.) irgendwo ziellos umherlaufen:* Sie konnte nicht schlafen und geisterte die ganze Nacht durchs Haus. ❷ ■ **etwas geistert irgendwo** *als Idee irgendwo präsent sein:* Geistert diese Idee immer noch durch seinen Kopf?

Geis·ter·stadt die <-, Geisterstädte> *eine Stadt, die wie ausgestorben ist, weil keine Menschen zu sehen sind*

geis·tes·ab·we·send *adj* (≈ *zerstreut*) *so unkonzentriert, dass man nicht bei der Sache ist und dauernd an etwas anderes denkt* ▶ Geistesabwesenheit

Geis·tes·ar·bei·ter der, **Geis·tes·ar·bei·te·rin** <-s, -> *jmd., der geistig und nicht körperlich arbeitet*

Geis·tes·blitz der <-(e)s, -e> *(umg.) plötzlicher (guter) Einfall*

Geis·tes·ga·be die <-, -n> /meist Plur./ *geistige Fähigkeit*

geis·tes·ge·gen·wär·tig *adj schnell und besonnen:* Er handelte sehr geistesgegenwärtig und verhinderte so größeres Unheil. ▶ Geistesgegenwart

Geis·tes·ge·schich·te die <-> /kein Plur./ *die Geschichte der politischen, wissenschaftlichen und philosophischen Strömungen einer Epoche oder eines Landes* ▶ geistesgeschichtlich

geis·tes·ge·stört *adj so, dass jmd. an einer Krankheit des Geistes oder der Psyche leidet* ▶ Geistesgestörte, Geistesgestörtheit

Geis·tes·grö·ße die <-> /kein Plur./ (≈ *Genialität*) *die Eigenschaft, dass jmd. hervorragende geistige Fähigkeiten besitzt:* Sein Artikel war nicht gerade ein Zeichen von Geistesgröße.

Geis·tes·hal·tung die <-, -en> *die grundsätzliche innere Einstellung, die jmd. gegenüber etwas besitzt*

geis·tes·krank *adj /nicht steig./* (≈ *geistesgestört*) *Der Attentäter war offensichtlich geisteskrank.* ▶ Geisteskranke, Geisteskrankheit

Geis·tes·le·ben das <-s> /kein Plur./ *alles, was irgendwo auf wissenschaftlichem und kulturellem Gebiet geschieht:* das Geistesleben in Nachkriegsdeutschland

geis·tes·schwach *adj /nicht steig./ (veralt.) geistig behindert* ▶ Geistesschwäche

Geis·tes·ver·fas·sung die <-> /kein Plur./ *die bestimmte geistige Situation/Lage, in der sich jmd. gerade befindet:* Ich bin jetzt nicht in der Geistesverfassung, diese Person zu sehen.

geis·tes·ver·wandt *adj /nicht steig./ so, dass man ähnliche Anschauungen und Meinungen besitzt* ▶ Geistesverwandtschaft

Geis·tes·wis·sen·schaft die <-, -en> /meist Plur./ (↔ *Naturwissenschaften*) *diejenigen Wissenschaften, die sich mit Sprache, Literatur und Kultur beschäftigen* ▶ Geisteswissenschaftler(in), geisteswissenschaftlich

geis·tig *adj /nicht steig./ /nur attr./ in Bezug auf das Denkvermögen, den Verstand:* Die körperliche Tätigkeit im Garten ist ein Ausgleich zu seiner geistigen Arbeit im Beruf.; geistig minderbemittelt/rege/träge

geist·lich *adj /nicht steig./ /nur attr./ die Religion oder die Kirche betreffend:* der geistliche Würdenträger der katholischen Kirche

Geist·li·che der <-n, -n> (≈ *Priester*)

geist·los *adj (abwert.) mit so wenig neuen oder reizvollen Ideen, dass es langweilig und nichtssagend ist:* Er fand die geistlosen Gespräche auf der Party einfach furchtbar.

geist·reich *adj intelligent und witzig:* Er fiel in der Diskussion durch mehrere geistreiche Bemerkungen auf.

Geiz der <-es> /kein Plur./ *die Eigenschaft, dass man zwanghaft und übertrieben sparsam ist:* Er würde niemals Geld spenden, das lässt sein Geiz nicht zu.; Das ist keine Sparsamkeit mehr, das ist schon Geiz! ▶ geizig

gei·zen <geizt, geizte, hat gegeizt> *ohne OBJ* ■ **jmd. geizt (mit etwas** *Dat.*) *etwas nur sparsam einsetzen:* Die Entwickler haben mit pfiffigen Detaillösungen nicht gegeizt.

Geiz·hals der <-es, Geizhälse> *(abwert.)* geizige Person

Geiz·kra·gen der <-s, -> *(umg. abwert.: ≈ Geizhals)*

Ge·jam·mer das <-s> */kein Plur./ (umg. abwert.)* dauerndes Jammern: Höre mit dem Gejammer auf und tue endlich was!

Ge·kei·fe das <-s> */kein Plur./ (umg. abwert.)* dauerndes Schimpfen

Ge·ki·cher das <-s> */kein Plur./ (umg. abwert.)* dauerndes Kichern: Das Gekicher in der Klasse geht dem Lehrer auf die Nerven.

Ge·kläff, Ge·kläf·fe das <-(e)s> */kein Plur./ (umg. abwert.)* dauerndes Bellen: Vom Hof hört man das Gekläff der Hunde.

Ge·klap·per das <-s> */kein Plur./ (umg.)* (dauerndes) Klappern: Aus der Küche dringt das Geklapper von Geschirr.

Ge·klim·per das <-s> */kein Plur./ (umg. abwert.)* dauerndes Klimpern: Ich weiß, dass er dieses Klavierstück üben muss, aber ich kann das Geklimper nicht mehr hören!

Ge·klin·gel das <-s> */kein Plur./ (umg. abwert.)* anhaltendes Klingeln

Ge·klirr, Ge·klir·re das <-(e)s> */kein Plur./ (umg. abwert.)* ständiges Klirren

Ge·klop·fe das <-s> */kein Plur./ (umg. abwert.)* dauerndes Klopfen

ge·knickt adj */Part. Perf. zu „knicken"/* niedergeschlagen, enttäuscht

ge·kocht adj */nicht steig./* (≈ gar ↔ roh) gekochtes Gemüse

ge·konnt adj */Part. Perf. zu „können"/* meisterhaft: Der Stürmer passte den Ball gekonnt in den Strafraum.

Ge·kräch·ze das <-s> */kein Plur./ (umg. abwert.)* dauerndes Krächzen: Dein Gekrächze neulich am Telefon war kaum zu verstehen.

Ge·kreisch, Ge·krei·sche das <-s> */kein Plur./ (umg. abwert.)* anhaltendes Kreischen: Kannst du mal dafür sorgen, dass die Kinder mit ihrem Gekreisch aufhören?

Ge·krit·zel das <-s> */kein Plur./ (umg. abwert.)* unleserliche (Hand-)Schrift

Ge·krö·se das <-s, -> (≈ Eingeweide) Gedärm

ge·krümmt adj (↔ gerade) so, dass es nicht (mehr) gerade, sondern bogenförmig verläuft: Ihr Rücken war von der vielen Arbeit ganz gekrümmt.

ge·küns·telt adj *(abwert.)* nicht echt und natürlich wirkend: Sie lachte etwas gekünstelt.

Gel das <-s, -e/-s> ❶ zähflüssige Substanz: Mit einem speziellen Gel gefüllte Polster sollen diesen Fahrradsattel bequemer machen. ❷ ein Kosmetikum in der Form eines Gels[1]: Das Präparat gibt es als Creme oder als Gel. ◆ Haar-

Ge·la·ber das <-s> */kein Plur./ (umg. abwert.)* nichtssagendes, dummes Gerede

Ge·läch·ter das <-s, -> lautes Lachen: Als er das hörte, brach er in schallendes Gelächter aus.

ge·lack·mei·ert adj */nicht steig./ (umg. scherzh.)* hintergangen, betrogen: Ich fühlte mich gelackmeiert. ◆ Gelackmeierte

Ge·la·ge das <-s, -> ein Fest, bei dem im Übermaß gegessen und getrunken wird

Ge·lähm·te der/die <-n, -n> jmd., der seinen Körper oder einzelne Gliedmaßen nicht bewegen kann

Ge·län·de das <-s, -> ❶ ein Stück Landschaft in seiner natürlichen Beschaffenheit: Mountainbikes eignen sich auch für hügeliges/unwegsames Gelände.; Das Gelände macht den Wettkampf zu einer echten Herausforderung.; Die Soldaten machen im Gelände militärische Übungen. ◆ -abschnitt, -formen, -wagen ❷ ein Stück abgegrenztes Land: Auf diesem Gelände werden Messehallen errichtet. ◆ Ausstellungs-, Firmen-, Messe-

ge·län·de·gän·gig adj so, dass ein Fahrzeug in unwegsamem Gelände fahren kann ▸ Geländegängigkeit

Ge·län·der das <-s, -> eine Stange, die entlang einer Treppe angebracht ist, und an der man sich festhalten kann

Ge·län·de·spiel das <-(e)s, -e> ein Spiel, das im (freien) Gelände stattfindet: Die Jugendfreizeit hat ein Geländespiel vorbereitet.

ge·lang Prät. von **gelingen**

ge·lan·gen <gelangst, gelangte, ist gelangt> *ohne OBJ* ❶ **jmd. gelangt irgendwohin** an einen bestimmten Ort kommen: Er konnte aus eigener Kraft nicht mehr ans rettende Ufer gelangen. ❷ **etwas gelangt irgendwohin** irgendwohin geraten (ohne dass dies von jmdm. gewollt ist): Die vertraulichen Informationen gelangten an die Öffentlichkeit.; Die Chipfertigung erfolgt in einem Raum, in den keinerlei Staub gelangen darf.; Gelangen Erreger in die Wunde, kommt es zu einer Infektion. ❸ **jmd. gelangt zu etwas** Dat. zu etwas kommen, etwas erreichen: Er gelangte zu Ruhm und Ehre.; Ich gelangte schließlich zu der Überzeugung/zu der Erkenntnis, dass …

ge·las·sen [gəˈlasn] adj */Part. Perf. zu „lassen"/* so ruhig und beherrscht, dass man jmdm. seine Gefühle nicht anmerkt: Was auch passierte, er blieb stets gelassen. ▸ Gelassenheit

Ge·la·ti·ne die [ʒela'tiːnə] <-> /kein Plur./ *eine Substanz, die man zum Eindicken und Binden von Speisen sowie zur Herstellung von Sülze verwendet*

ge·läu·fig adj *so, dass es oft vorkommt und daher allgemein bekannt ist:* Er hat einen ganz geläufigen Namen, aber er ist mir im Augenblick entfallen.; Dieses Wort/Diese Redensart ist mir nicht geläufig. ▸ Geläufigkeit

ge·launt [gə'laʊnt] adj /nicht steig./
■ **jmd. ist irgendwie gelaunt** *jmd. hat die genannte Stimmung:* Er war an diesem Morgen bestens/gut/hervorragend/ miserabel/unglaublich schlecht gelaunt. ◆ Getrennt-oder Zusammenschreibung → R 4.16 gut gelaunt/gutgelaunt; schlecht gelaunt/schlechtgelaunt

Gelb das [gɛlp] <-s, -/-s> ❶ *gelber Farbton:* Gibt es diesen Pullover auch in einem zarteren/kräftigeren Gelb?; ein in leuchtendem Gelb lackiertes Fahrrad ❷ *die Stellung der Verkehrsampel, bei der gelbes Licht leuchtet:* Er fuhr bei Gelb noch schnell über die Kreuzung.

gelb [gɛlp] adj *von der Farbe der Zitronenschale:* die gelben Flaumfedern eines Kükens; das rote, gelbe oder grüne Licht der Verkehrsampel; gelbe Wiesenblumen;
■ **das gelbe Trikot** SPORT *das Trikot des Führenden in einem Etappenradrennen;*
■ **die gelben Seiten**® *(≈ Branchentelefonbuch) ein spezielles Telefonbuch, in dem man nur die Nummern von Firmen und Geschäften findet* ◆ Großschreibung → R 3.17 Gelbe Rüben; die Gelbe Karte; das Gelbe Trikot; die Gelben Seiten ®

gelb·braun adj /nicht steig./ *(≈ ocker(farben)) von der Farbe von Sand*

Gel·be ■ **das Gelbe vom Ei sein** *(umg.) das Beste, Vorteilhafteste sein* Dieser Vorschlag ist nicht gerade das Gelbe vom Ei.

gelb·lich adj *nicht mit einem reinen gelben Farbton, sondern mit einem Anteil von Gelb* ◆ Getrenntschreibung → R 4.9 gelblich grün; gelblich rot

Geld das [gɛlt] <-(e)s, -er> ❶ /kein Plur./ *die vom Staat hergestellten Münzen und Banknoten, die als Zahlungsmittel verwendet werden:* Er hat viel Geld ausgegeben/ benötigt/auf seinem Konto eingezahlt/ gespart/ überwiesen/verdient/verschwendet.; Hier kann man reichlich Geld sparen.; Das kostet mich eine beträchtliche Menge/ schöne Stange Geld.; Geld macht nicht unbedingt glücklich.; Bei der Sache geht es doch nur ums Geld. ◆ -betrag, -entwertung, -geschenk, -kassette, -not, -quelle, -schein, -schrank, -sorgen, -spende, -strafe, -stück, -summe, -transport, -umtausch, -verschwendung, -wechsel ❷ /meist Plur./ *viel Geld[1]:* Sie hat ihre Gelder angelegt/investiert.; Es sollen beträchtliche Gelder in die Parteikasse geflossen sein.; ■ **im Geld schwimmen** *(umg.) viel Geld haben;*
■ **Geld wie Heu haben** *(umg.) sehr reich sein;* ■ **Geld unter die Leute bringen** *(umg.) Geld ausgeben;* ■ **sein Geld zum Fenster hinauswerfen/zum Schornstein hinausjagen** *(umg.) sein Geld verschwenden;* ■ **sein Geld arbeiten lassen** *Geld so anlegen, dass man Zinsen bekommt;* ■ **zu Geld kommen** *reich werden;* ■ **etwas zu Geld machen** *verkaufen* ◆ Spenden-

Geld·au·to·mat der <-en, -en> *ein Automat, an dem man mithilfe seiner Scheckkarte Geld von seinem Konto abheben kann*

Geld·beu·tel der <-s, -> *(≈ Portmonee) eine (kleine) Tasche aus Leder oder Kunststoff, in der man sein Bargeld mit sich trägt*

Geld·bör·se die <-, -n> *(geh. verhüll.: ≈ Geldbeutel)*

Geld·bu·ße die <-, -n> *(≈ Geldstrafe)*

Geld·fra·ge ■ **etwas ist nur eine Geldfrage** *ob etwas gemacht werden kann, hängt nur davon ab, ob man genügend Geld hat*

Geld·hahn ■ **jemandem den Geldhahn zudrehen** *jmdm. kein Geld mehr geben*

Geld·hei·rat die <-> /kein Plur./ *der Umstand, dass jemand eine Person nur deshalb heiratet/geheiratet hat, weil diese über viel Geld verfügt*

Geld·in·sti·tut das <-s, -e> *Bank, Sparkasse*

geld·lich adj /nicht steig./ /nur attr./ *(≈ finanziell) das Geld, die Finanzen betreffend*

Geld·mit·tel <-> Plur. *das Geld, das irgendwo zur Verfügung steht:* Meine Geldmittel sind inzwischen erschöpft.

Geld·sa·che die <-, -n> /meist Plur./ *eine Geld betreffende Angelegenheit:* In Geldsachen versteht er keinen Spaß.

Geld·sack der <-(e)s, Geldsäcke> ❶ *ein Sack, der (Münz-)Geld enthält* ❷ *(umg. abwert.) jmd., der reich (und gleichzeitig geldgierig) ist*

Geld·se·gen der <-s> /kein Plur./ *eine (größere) Menge Geld, die jmdm. (überraschend) zuteil wird:* Der frisch gebackene Lottogewinner weiß noch gar nicht, dass

Geld·sor·te die <-, -n> BANKW. *(ausländische) Währungseinheit*

Geld·stra·fe die <-, -n> *eine Strafe, die darin besteht, dass jmd. einen bestimmten Geldbetrag bezahlen muss:* jemanden mit einer Geldstrafe belegen

Geld·wä·sche die <-> /kein Plur./ *(umg. abwert.) das Unwandeln von Geldern illegaler Herkunft (z.B. aus Drogenhandel und Prostitution) in legale Zahlungsmittel oder Geschäfte* ▸ Geldwäscher(in)

Geld·wech·sel der <-s> /kein Plur./ *(≈ Geldumtausch)*

Ge·lee der/das [ʒeˈleː] <-s, -s> *mit Zucker gekochter, stark eingedickter Fruchtsaft, den man als Brotaufstrich isst*

Ge·le·ge das <-s, -> *von Vögeln und Reptilien an einem Ort abgelegte Eier*

ge·le·gen [ɡəˈleːɡn̩] adj /Part. Perf. zu „liegen"/ ▪ **etwas kommt jemandem gelegen** *etwas ist günstig für jmdn.* Dein Besuch kommt mir momentan gar nicht gelegen, da ich sehr beschäftigt bin.

Ge·le·gen·heit die [ɡəˈleːɡn̩haɪt] <-, -en> ① *eine Situation, die günstig für jmdn. ist und die Möglichkeit bietet, dass er etwas Bestimmtes tun kann:* Ich musste lange auf diese Gelegenheit warten.; Ich habe diese einmalige/seltene Gelegenheit verpasst.; Sie haben anschließend die Gelegenheit, dem Referenten Fragen zu stellen.; Diese Gelegenheit lasse ich mir nicht entgehen.; Bei der Gelegenheit wollte ich fragen, ob ... ② *(≈ Anlass)* Diesen Anzug trage ich nur zu besonderen Gelegenheiten; ▪ **die Gelegenheit beim Schopf(e) fassen/ergreifen/packen/nehmen** *einen einmaligen, günstigen Augenblick schnell ausnutzen*

Ge·le·gen·heits·ar·beit die <-, -en> *(≈ Gelegenheitsjob) kurzfristige (und vorübergehende) Beschäftigung* ▸ Gelegenheitsarbeiter(in)

Ge·le·gen·heits·dich·tung die <-, -en> *Dichtung, die zu einem bestimmten Anlass verfasst worden ist, z.B. für eine Hochzeit*

Ge·le·gen·heits·kauf der <-(e)s, Gelegenheitskäufe> ① *ein Kauf, zu dem man sich aufgrund eines günstigen Preises spontan entschließt* ② *bei einem Gelegenheitskauf¹ erworbener Gegenstand*

ge·le·gent·lich [ɡəˈleːɡn̩tlɪç] adj /nicht steig./ ① *(≈ manchmal ↔ immer) so, dass es nur ab und zu und nicht regelmäßig geschieht:* Ich fahre nur gelegentlich mit dem Auto, meist benutze ich die Straßenbahn oder das Rad. ② *zu einem Zeitpunkt, an dem es günstig ist:* Wir sollten gelegentlich den Keller aufräumen.

ge·leh·rig adj *so, dass jmd. schnell lernt:* ein gelehriger Schüler

ge·lehrt adj /Part. Perf. zu „lehren"/ *von großer (akademischer) Bildung:* gelehrte Frauen des Mittelalters wie Hildegard von Bingen ▸ Gelehrte, Gelehrtheit

Ge·lehr·ten·streit der <-(e)s, -e> / meist Sing./ *wissenschaftlicher (Meinungs-)Streit unter Gelehrten*

Ge·lei·se das <-s, -> SCHWEIZ. *Gleis*

Ge·leit das <-(e)s, -e> *(geh.) eine Begleitung, die man jmdm. zum Schutz oder als Ehrung mitgibt;* ▪ **freies/sicheres Geleit** RECHTSW. *die Garantie, jmdn. weder anzugreifen noch gefangen zu nehmen, während er etwas Bestimmtes tut;* ▪ **jemandem das letzte Geleit geben** *(geh. verhüll.) an jmds. Beerdigung teilnehmen*

ge·lei·ten <geleitest, geleitete, hat geleitet> *mit OBJ* ▪ **jmd. geleitet jmdn.** (**irgendwohin**) *(geh. verhüll.: ≈ begleiten) jmdn. zum Schutz oder als Ehrung begleiten*

Ge·leit·wort das <-(e)s, -e> *(geh.: ≈ Vorwort) ein einleitender Text, der vor dem eigentlichen Inhalt (eines Buches) steht:* eine Publikation mit einem Geleitwort versehen

Ge·lenk das <-(e)s, -e> ① ANAT. *ein Körperteil, das eine bewegliche Verbindung zwischen Knochen bildet* ▸ -entzündung, -kapsel, -kopf, -pfanne, -rheumatismus, Arm-, Fuß-, Schulter-, Sprung- ② TECHN. *bewegliche Verbindung zwischen Teilen einer Konstruktion*

ge·len·kig adj *so, dass jmds. Körper leicht beweglich ist:* Turner und Artisten müssen gelenkig sein. ▸ Gelenkigkeit

ge·lernt adj /Part. Perf. zu „lernen"/ *so, dass man die genannte Sache im Rahmen einer Lehre erlernt hat:* Er ist gelernter Elektriker.

Ge·lieb·te der/die <-n, -n> *eine Person, mit der man als verheiratete Person eine außereheliche sexuelle Beziehung unterhält:* Seine Frau hat herausgefunden, dass er eine Geliebte hat.

ge·lie·fert adj /nicht steig./ ▪ **geliefert sein** *(umg.: ≈ erledigt, verloren)* Wenn sie ihn erwischen, ist er geliefert.

Ge·lier·mit·tel das <-s, -> *eine Substanz, die man zur Herstellung von Gelee verwendet und die dafür sorgt, dass Fruchtsaft dick wird* ▸ Gelierzucker

ge·lin·de adj /nicht steig./ *vorsichtig (for-*

muliert): Das ist — gelinde gesagt — eine Frechheit.

ge·lin·gen [gəˈlɪŋən] <gelingt, gelang, ist gelungen> *ohne OBJ* ■ **jmdm. gelingt etwas** *zu einem positiven Ausgang, einem guten Ergebnis kommen:* Der Kuchen ist dir gut gelungen.; Es gibt Tage, an denen einem nichts gelingt.; Manchen Menschen scheint alles zu gelingen.

gell *part (umg.)* SÜDDT. *(≈ nicht wahr?)* verwendet, um auszudrücken, dass der Sprecher eine Bestätigung seiner Aussage vom Hörer wünscht: Du kommst doch auch, gell?

gel·len <gellt, gellte, hat gegellt> *ohne OBJ* ■ **etwas gellt** *hell und durchdringend schallen:* Schreie gellten durch die Nacht.

ge·lo·ben <gelobst, gelobte, hat gelobt> *mit OBJ* ■ **jmd. gelobt (jmdm.) etwas** *Akk. (geh.) feierlich versprechen oder schwören:* Der Minister gelobt Treue gegenüber der Verfassung.

Ge·löb·nis *das* <-ses, -se> *(geh.) das öffentlich gegebene, feierliche Versprechen, dass man etwas Bestimmtes tun wird:* Die Rekruten legen ein Gelöbnis ab.

ge·löst *adj /Part. Perf. zu „lösen"/ (≈ entspannt) so, dass man sich frei von Stress und Problemen fühlt:* Nach der bestandenen Prüfung wirkte er sehr gelöst. ▸ Gelöstheit

Gel·se *die* <-, -n> ÖSTERR. *Stechmücke*

gel·ten [ˈɡɛltn̩] <giltst, galt, hat gegolten> **I.** *ohne OBJ* ❶ ■ **etwas gilt (für jmdn./ etwas)** *Gültigkeit haben:* Diese Fahrkarte gilt nicht in ICE-Zügen!; Die Regeln gelten für alle.; Das gilt auch für dich!; Es gelten unsere Geschäftsbedingungen. ❷ ■ **jmd./ etwas gilt (als) etwas** *Nom. irgendwie beurteilt, eingeschätzt werden:* Er gilt als kompetenter Fachmann auf diesem Gebiet.; Italienische Schuhe gelten als besonders elegant. ❸ ■ **etwas gilt jmdm.** *für jmdn. bestimmt oder an jmdn. gerichtet sein:* Die Bemerkung/Der Gruß galt dir. ❹ ■ **etwas gilt etwas** *Dat. (geh.) auf ein Ziel hin gerichtet sein:* In dieser Zeit galt mein alleiniges Interesse der Fertigstellung meiner Doktorarbeit. **II.** *mit ES* ■ **es gilt (etwas zu tun)** *es kommt auf etwas an:* Es gilt, jetzt keine Zeit mehr zu verlieren.; ■ **etwas geltend machen** *auf berechtigte Ansprüche hinweisen und sie durchsetzen wollen*

Gel·tung *die* <-> */kein Plur./ (≈ Gültigkeit)* ■ **an Geltung verlieren** *bedeutungslos werden;* ■ **zur Geltung bringen** *vorteilhaft wirken lassen;* ■ **zur Geltung kommen** *durch etwas vorteilhaft wirken* ◆ -sbereich, -sdauer

Gel·tungs·be·dürf·nis *das* <-ses> */kein Plur./ (≈ Geltungsdrang) das Bedürfnis, von anderen beachtet und für seine Leistungen anerkannt zu werden*

Gel·tungs·drang *der* <-(e)s> */kein Plur./ (≈ Geltungsbedürfnis)*

Gel·tungs·sucht *die* <-> */kein Plur./ das übermäßige Bedürfnis, von anderen beachtet und anerkannt zu werden*

Ge·lüb·de *das* <-s, -> *feierliches Versprechen:* Der Priester hat ein Gelübde abgelegt.

ge·lun·gen [ɡəˈlʊŋən] *adj /Part. Perf. zu „gelingen"/ (umg.) witzig, originell:* Das war eine gelungene Idee!

ge·lüs·ten *mit ES* ■ **jmdn. gelüstet es nach etwas** *Dat. (geh. oder scherzh.) jmd. spürt ein starkes Verlangen nach etwas:* Es gelüstet mich nach Schokolade.

Ge·mach *das* <-(e)s, Gemächer> *(geh.) großer, vornehmer Wohnraum:* Im linken Flügel des Schlosses befinden sich die Gemächer der Gräfin.

ge·mäch·lich *adj (↔ hastig) langsam und ohne Hast:* Er kam gemächlichen Schrittes auf mich zu. ▸ Gemächlichkeit

Ge·mächt *das* <-(e)s, -e> *(scherzh.) das männliche Geschlechtsteil*

Ge·mahl *der* <-(e)s, -e> */meist Sing./ (geh.) Ehemann*

Ge·mah·lin *die* <-, -nen> *(geh.) Ehefrau*

Ge·mäl·de *das* [ɡəˈmɛːldə] <-s, -> *(von einem Maler geschaffenes) Bild:* Das ist ein Gemälde von van Gogh. ◆ -ausstellung, -galerie, Öl-

ge·mäß [ɡəˈmɛːs] **I.** *adj /nicht steig./ jmdm. oder etwas entsprechend:* Er suchte eine seinen Fähigkeiten gemäße Stellung. **II.** *präp +Dat. entsprechend, laut:* Seinem Wunsch gemäß übernahm sein Sohn das Geschäft.; Gemäß Paragraph 198 kam das Gericht zu der Auffassung, dass …

-ge·mäß [ɡəmɛːs] *(≈ -gerecht, -getreu-, -mäßig) als Zweitglied zusammengesetzter Adjektive, mit Betonung auf dem Erstglied; drückt aus, dass etwas zu dem passt/dem entspricht bzw. den Erfordernissen dessen entspricht, was mit dem Erstglied bezeichnet wird:* von Bundesgesetzen hinunter bis zu verfassungsgemäßen Gemeindesatzungen ◆ alters-, art-, auftrags-, befehls-, erfahrungs-, erwartungs-, fach-, frist-, kind-, natur-, ordnungs-, pflicht-, programm-, sach-, standes-, termin-, traditions-, turnus- (mit festgelegtem Wechsel), vereinbarungs-, verfassungs-, vertrags-, wahrheits-, weisungs-, wunsch-, zeit-

ge·mä·ßigt [gəˈmɛːsɪçt] *adj /Part. Perf. zu „mäßigen"/* ❶ *politisch nicht extrem:* Er vertritt gemäßigte Ansichten. ❷ *so, dass es nicht extrem ist:* Diese Tiere leben weder in den Tropen, noch in den Polarregionen, sondern nur in den gemäßigten Zonen unserer Erde.

Ge·mäu·er *das* <-s, -> *(abwert.) (altes) Bauwerk*

Ge·mau·le *das* <-s> */kein Plur./ (umg. abwert.) (ständiges) Maulen:* Ich habe dieses ewige Gemaule ums Essen satt!

Ge·mau·schel *das* <-s> */kein Plur./ (umg. abwert.) (ständiges) Mauscheln*

Ge·me·cker *das* <-s> */kein Plur./ (umg. abwert.) dauerndes Meckern*

ge·mein [gəˈmaɪn] *adj* ❶ *(≈ niederträchtig) hinterhältig und voller Bosheit:* Die gemeine Bemerkung hat sie tief verletzt.; Seine Mitschüler hatten ihn gemein behandelt. ❷ *(umg.: ≈ ärgerlich) unerfreulich:* Ich finde es gemein, dass ich die bessere Note nur um einen Punkt verpasst habe. ❸ *(umg.) sehr intensiv:* Ich hatte gemeine Kopfschmerzen. ❹ *(umg.) sehr:* Das hat gemein weh getan. ❺ BOT., ZOOL. *ohne besondere Merkmale:* die gemeine Stubenfliege ❻ **etwas mit jmdm./etwas gemein haben** *mit jmdm. oder etwas eine gemeinsame Eigenschaft haben:* Er hat nichts mit seinem Bruder gemein. • Großschreibung → R 3.17 die Gemeine Stubenfliege

Ge·mein·de *die* [gəˈmaɪndə] <-, -n> ❶ *(in Deutschland) kleinste Verwaltungseinheit eines Staates:* Die Gemeinden sind zu einem Zweckverband zusammengeschlossen.; Bund, Länder und Gemeinden •-behörde, -bezirk, -eigentum, -haus, -verwaltung ❷ *(≈ Pfarrei) der Menschen (in einer Stadt), für die ein Priester zuständig ist:* Die Gemeinde bekommt einen neuen Priester.; die evangelische/katholische Gemeinde •-haus, -mitglied, -pfarrer, Pfarr- ❸ *die Menschen, die in einer Gemeinde[1] leben:* Die Gemeinde wählt einen neuen Bürgermeister. ❹ *die Menschen, die in einer Gemeinde[2] leben:* Die ganze Gemeinde hatte gespendet, um eine neue Kirchturmglocke zu finanzieren. ❺ *alle Besucher eines Gottesdienstes:* Der Pfarrer sprach zur versammelten Gemeinde. ❻ *Verwaltungsgebäude einer Gemeinde[1]:* Ich muss den Antrag noch zur Gemeinde bringen. ❼ *eine Gruppe von Menschen, die etwas verbindet:* Die Gemeinde der treuesten Fans hat bereits die Plätze unmittelbar vor der Bühne eingenommen.

Ge·mein·de·am·man *der* <-(e)s, -männer> SCHWEIZ. *Gemeindevorsteher*

Ge·mein·de·bann *der* <-(e)s> */kein Plur./* SCHWEIZ. *Gemeindegebiet*

Ge·mein·de·hel·fer *der*, **Ge·mein·de·hel·fe·rin** <-s, -> *Angestellter der (evangelischen) Kirchengemeinde:* Die neue Gemeindehelferin engagiert sich besonders in der Jugendarbeit.

Ge·mein·de·pfle·ge *die* <-> */kein Plur./ soziale Fürsorge der (evangelischen) Kirchengemeinde*

Ge·mein·de·prä·si·dent *der* <-en, -en> SCHWEIZ. *Gemeindevorsteher*

Ge·mein·de·rat *der*, **Ge·mein·de·rä·tin** <-(e)s, Gemeinderäte> ❶ *Gremium der gewählten Vertreter einer Gemeinde[1]* ❷ *ein Mitglied des Gemeinderates[1]*

Ge·mein·de·ver·samm·lung *die* <-, -en> SCHWEIZ. *Versammlung aller Stimmberechtigten einer Gemeinde, um über wichtige Angelegenheiten zu beschließen und zu wählen*

Ge·mein·de·woh·nung *die* <-, -en> ÖSTERR. *Sozialwohnung*

ge·mein·ge·fähr·lich *adj (für andere Menschen) sehr gefährlich:* Die Fahndung nach dem gemeingefährlichen Verbrecher läuft bereits.

Ge·mein·gut *das* <-(e)s> */kein Plur./ (geh.) etwas, das der Allgemeinheit gehört;* **zum Gemeingut werden** *allgemein bekannt werden* Dieses Lied ist längst Gemeingut geworden.

Ge·mein·heit *die* <-, -en> ❶ */kein Plur./ (≈ Schlechtigkeit) gemeine[1] Art:* Das hat er doch aus purer Gemeinheit getan. ❷ *gemeine[1] Handlung:* Ich traue ihm jede Gemeinheit zu. ❸ *(umg.) etwas Unerfreuliches, Ärgerliches:* Ich hatte mich so auf dieses Konzert gefreut, und jetzt fällt es aus — so eine Gemeinheit!

ge·mein·hin *adv (geh. verhüll.: ≈ gewöhnlich) normalerweise:* Man geht gemeinhin davon aus, dass …

ge·mein·nüt·zig *adj so, dass etwas nicht auf Gewinn ausgerichtet ist, sondern dem allgemeinen Wohl dient:* ein gemeinnütziger Verein ▸ Gemeinnützigkeit

Ge·mein·platz *der* <-es, Gemeinplätze> *(abwert.: ≈ Binsenweisheit) eine allgemein bekannte Redensart, die nichtssagend und abgegriffen ist:* nur Gemeinplätze von sich geben; Wir sind alle nur

Menschen!

ge·mein·sam [gə'mainza:m] *adj /nicht steig./* ① *gleichzeitig mehreren Personen gehörend:* Er zog aus ihrer gemeinsamen Wohnung aus. ② *so, dass bestimmte Dinge oder Eigenschaften (bei zwei oder mehreren Personen) übereinstimmen:* Die Liebe zu guter Literatur war ihnen gemeinsam.; Die beiden Brüder haben nichts (miteinander) gemeinsam. ③ *so, dass mehrere Personen etwas zusammen tun:* Wir haben einen gemeinsamen Ausflug unternommen.; Wir sollten gemeinsam versuchen, eine Lösung zu finden.

Ge·mein·schaft die <-, -en> ① *eine Gruppe von Menschen, die zusammenleben (und zusammenarbeiten):* Die Einwohner des Dorfes bilden eine verschworene Gemeinschaft.; Er schätzt das Leben und Arbeiten in der Gemeinschaft. ② POL. */in bestimmten Wendungen/ mehrere Staaten, die in einer bestimmten Weise ein organisiertes Ganzes bilden:* die Europäische Gemeinschaft; die Gemeinschaft Unabhängiger Staaten (GUS) ③ **in Gemeinschaft mit jmdm./etwas** *in Zusammenarbeit mit jmdm. oder etwas:* Das Konzert wurde in Gemeinschaft mit einem privaten Rundfunksender veranstaltet.

ge·mein·schaft·lich *adj /nicht steig./* ① *einer Gemeinschaft¹ gehörend oder sie betreffend:* Sie vertritt die gemeinschaftlichen Interessen der Schüler. ② (≈ *gemeinsam*) *so, dass es von allen zusammen geleistet wird:* Die gemeinschaftlichen Anstrengungen führen schließlich zum Ziel.

Ge·mein·schafts·an·schluss der <-es, Gemeinschaftsanschlüsse> TELEKOMM. *ein Hauptanschluss, der sich auf verschiedene Fernsprechanschlüsse aufteilt*

Ge·mein·schafts·ge·fühl das <-(e)s> / *kein Plur./ das Bewusstsein, zu einer Gruppe von Menschen zu gehören*

Ge·mein·schafts·geist der <-es> */kein Plur./ die Bereitschaft, sich für andere Menschen in der Gemeinschaft einzusetzen:* Mit diesem Alleingang hat er nicht gerade Gemeinschaftsgeist bewiesen.

Ge·mein·schafts·kü·che die <-, -n> *von mehreren Mietern (oder Bewohnern einer Wohngemeinschaft) gemeinsam genutzte Küche*

Ge·mein·schafts·le·ben das <-s> */kein Plur./ das Leben in einer Gemeinschaft:* In meiner früheren WG konnte von Gemeinschaftsleben keine Rede sein, denn jeder kümmerte sich nur um sich selbst.

Ge·mein·schafts·pra·xis die <-, Gemeinschaftspraxen> *von mehreren Ärzten geführte Praxis*

Ge·mein·schafts·schu·le die <-, -n> *Schule für Kinder aller Konfessionen*

Ge·mein·schafts·sinn der <-(e)s> */kein Plur./* (≈ *Gemeinschaftsgeist*)

ge·mein·ver·ständ·lich *adj /nicht steig./ für alle verständlich:* Der Wissenschaftler gab eine gemeinverständliche Einführung in sein Fachgebiet.

Ge·mein·wohl das <-(e)s> */kein Plur./ das Wohlergehen der Allgemeinheit:* etwas dient dem Gemeinwohl

Ge·men·ge das <-s, -> (≈ *Gemisch*)

ge·mes·sen *adj /Part. Perf. zu „messen"/* ■ **gemessenen Schrittes** *(geh.) ruhig und würdevoll* Gemessenen Schrittes trat das Hochzeitspaar vor den Altar.

Ge·met·zel das <-s, -> (≈ *Blutbad, Massaker*) *der Vorgang, dass gleichzeitig sehr viele Menschen getötet werden:* Regierungstruppen haben ein Gemetzel unter den Dorfbewohnern angerichtet.

Ge·misch das <-(e)s, -e> *etwas, das aus zwei oder mehreren Substanzen besteht*

ge·mischt *adj /Part. Perf. zu „mischen"/ so, dass Männer und Frauen dazu Zutritt haben:* Sie singt in einem gemischten Chor.; Er geht in die gemischte Sauna.

Ge·mun·kel das <-s> */kein Plur./* (*umg.*) *(heimliches) Gerede*

Ge·mur·mel das <-s> */kein Plur./ dauerndes Murmeln:* Im Publikum erhob sich ein Gemurmel.

Ge·mü·se das [gə'my:zə] <-s, -> *Pflanzen wie Bohnen, Erbsen, Karotten, Spargel usw., die man meist in gegarter Form als (warme) Mahlzeit bzw. als Beilage zu Mahlzeiten isst:* Möchtest du Salat oder Gemüse zum Braten?; Er baut sein Gemüse selbst an. ◆ -anbau, -beet, -beilage, -eintopf, -garten, -gärtner(in), -händler(in), -handlung, -konserve, -saft

ge·mus·tert *adj /nicht steig./ mit einem bestimmten Muster versehen:* eine bunt gemusterte Krawatte

Ge·müt das [gə'my:t] <-(e)s, -er> */kein Plur./* (≈ *Psyche*) *alle seelischen und vom Gefühl ausgehenden Kräfte und Empfindungen eines Menschen:* Das Kind hat ein fröhliches/sonniges/zartes Gemüt.; Er ist zwar körperlich ein Riese, er hat jedoch ein sanftes Gemüt.; ■ **etwas erhitzt die Gemüter** *etwas versetzt Menschen in Aufregung* Die Diskussion erhitzte die Gemüter.; ■ **jemandem aufs Gemüt schlagen** *deprimierend auf jmdn. wirken;* ■ **sich etwas zu Gemüte führen** *sich Kenntnisse* *aneignen, z.B. durch Lesen* Vor der Prüfung solltest du dir dieses Buch noch einmal zu Gemüte führen. ◆-szustand

ge·müt·lich *adj* ❶ *(≈ behaglich) mit einer angenehmen Atmosphäre, in der man sich wohl und entspannt fühlt:* Das Lokal besitzt eine gemütliche Atmosphäre.; Manche gehen abends aus, aber viele lieben es am Feierabend gemütlich.; ein gemütlicher Abend vor dem Fernseher ❷ *zwanglos und gesellig:* Wir saßen gemütlich beisammen. ❸ *freundlich und umgänglich:* Er ist ein gemütlicher älterer Herr. ❹ *(≈ gemächlich) so langsam, dass es nicht allzu anstrengend ist:* Nach dem Essen haben wir einen gemütlichen Spaziergang gemacht. ▸ Gemütlichkeit

Ge·müts·art *die* <-, -en> *(≈ Temperament)* Er ist von ruhiger Gemütsart.

Ge·müts·be·we·gung *die* <-, -en> *(≈ Emotion) sichtbare Regung des Gefühls (als Reaktion auf etwas)*

ge·müts·krank *adj /nicht steig./* MED., PSYCH. *an Depressionen leidend* ▸ Gemütskranke, Gemütskrankheit

Ge·müts·la·ge *die* <-, -n> *(momentaner) Zustand des Gemüts*

Ge·müts·mensch *der* <-en, -en> *(umg.) ein freundlicher Mensch, der sich nicht aus der Ruhe bringen lässt*

Ge·müts·ru·he in aller Gemütsruhe *so, dass man etwas ruhig und gelassen tut und sich durch niemanden nervös machen lässt* Wir warteten schon, während er noch in aller Gemütsruhe seinen Koffer packte.

Gen *das* [ge:n] <-s, -e> */meist Plur./ Erbfaktor, Erbanlage* ◆-diagnostik, -doping, -forscher(in), -forschung, -labor, -lebensmittel, -manipulation, -technik ▸ genmanipuliert, gentechnisch, genverändert

ge·nau [gəˈnaʊ] <genauer, am genau(e)sten> *adj* ❶ *(≈ exakt ↔ ungefähr) so, dass es nicht nur ungefähr von etwas geschätzt ist, sondern präzise dem tatsächlichen Wert entspricht:* Können Sie mir die genaue Uhrzeit sagen?; Die genauen Zahlen liegen noch nicht vor. ❷ *(≈ sorgfältig) so, dass alle Details berücksichtigt werden:* Wir werden den Vorfall genau untersuchen.; Können Sie uns eine genaue Beschreibung des Täters geben? ❸ *sehr gut:* Ich kenne ihn genau. ❹ *besonders aufmerksam:* Ihr müsst jetzt genau aufpassen. ❺ *(umg.) verwendet, um auszudrücken, dass man derselben Meinung ist:* „So kann es nicht weitergehen!" „Genau!" ❻ *(umg.: ≈ endgültig)* Ich kann dir noch nicht genau sagen, ob ich das bis zum Wochenende erledigen kann. ◆ Getrenntschreibung → R 4.8, 4.16 *genau nehmen; genau genommen; die Karten werden genau so verteilt, dass jeder Spieler …;* ◆ Großschreibung → R 3.4, R 3.7 *etwas des Genaueren erläutern; nichts Genaues wissen;* ◆ Groß- oder Kleinschreibung → R 3.9 *aufs Genau(e)ste/genau(e)ste*

Ge·nau·ig·keit *die* <-> */kein Plur./* ❶ *(≈ Präzision) die Eigenschaft, dass etwas seine Aufgabe mit großer Exaktheit ausführt und es keine Abweichungen gibt:* Die Waage funktioniert mit großer Genauigkeit. ❷ *(≈ Sorgfalt)* Die Arbeit erfordert Fleiß und Genauigkeit.

ge·nau·so [gəˈnaʊzo:] *adv im gleichen Maße* ◆ Getrenntschreibung *Du kannst genauso gut den Bus nehmen.; Sie arbeitet genauso viel.; Das stört mich genauso wenig.; Das dauert genauso lang(e).; Sie war genauso oft krank wie ich.*

Gen·darm *der* [ʒanˈdarm, ʒäˈdarm] <-en, -en> ÖSTERR., SCHWEIZ. *Polizist*

Gen·dar·me·rie *die* [ʒandarməˈri:, ʒãdarməˈri:] <-, -rien> ÖSTERR., SCHWEIZ. ❶ *Einheit der Polizei auf dem Land* ❷ *Gesamtheit der Gendarmen*

ge·nehm *adj* **jemandem genehm sein** *(geh.) jmdm. angenehm und willkommen sein* Dieser Termin ist mir sehr genehm.

ge·neh·mi·gen [gəˈne:mɪɡn̩] <genehmigst, genehmigte, hat genehmigt> **I.** *mit OBJ* **jmd. genehmigt** (**jmdm.**) **etwas** *die Erlaubnis zu etwas geben:* Der Antrag wurde genehmigt. **II.** *mit SICH* **jmd. genehmigt sich etwas** *(umg. scherzh.) etwas zu sich nehmen:* Soll ich mir noch ein Gläschen Wein genehmigen?

Ge·neh·mi·gung *die* <-, -en> *(offizielle) Erlaubnis:* Ich muss erst beim Amt eine Genehmigung einholen.

Ge·neh·mi·gungs·pflicht *die* <-> */kein Plur./* AMTSSPR. *die gesetzliche Verpflichtung, etwas genehmigen zu lassen* ▸ genehmigungspflichtig

ge·neigt *adj* **zu etwas geneigt sein** *bereit sein, etwas zu tun;* **jemandem geneigt sein** *(geh.) jmdm. wohlgesinnt sein*

Ge·ne·ra <-> *Plur. von* **Genus**

Ge·ne·ral *der* <-(e)s, -e/Generäle> ❶ */kein Plur./* MILIT. *ein hoher militärischer Dienstgrad* ❷ MILIT. *Träger dieses Dienstgrads* ◆-leutnant, Brigade-, Luftwaffen-

Ge·ne·ral- [genəˈra:l] *als Erstglied zusammengesetzter Substantive; mit Betonung auf dem Erstglied; drückt aus,* ❶ *dass das mit dem Zweitglied Bezeichnete generell* *gilt/wirksam ist (und Endgültigkeitscharakter hat):* Generalreinigung von Objekten bei einer Bauübernahme mit allen Reinigungsarbeiten ◆ -ablass, -absage, -angriff, -absolution, -amnestie, -audienz, -auftrag, -beichte, -reinigung, -bevollmächtigung, -debatte, -ermächtigung, -inspektion, -klausel, -reinigung, -streik, -überholung, -untersuchung, -urteil, -versammlung, -vollmacht ❷ *dass jemand oder etwas in dem mit dem Zweitglied bezeichneten Bereich den höchsten Rang innehat/die höchste Instanz ist:* Das Generallandesarchiv (z.B. in Karlsruhe für Baden-Württemberg) hat die Aufgabe, verschiedene Amtsarchive zu sichern, z.B. Gerichtsakten und Urkunden. ◆ -gouvernement, -inspekteur(in), -intendant(in), -konsul(in), -landesarchiv, -unternehmer(in), -vikar, -vikariat

ge·ne·ral- [genaˈraːl] *als Erstglied zusammengesetzter Adjektive; mit Betonung auf dem Erstglied; drückt aus, dass das mit dem Zweitglied Bezeichnete generell in einem Bereich gilt/wirksam ist bzw. grundlegenden Charakters ist:* eine generalpräventive (grundlegend vorbeugende) Wirkung durch das Strafrecht erzielen ◆ -bevollmächtigt, -präventiv, -saniert, -überholt

Ge·ne·ral·bun·des·an·walt der, **Ge·ne·ral·bun·des·an·wäl·tin** <-(e)s, -anwälte> *oberster Staatsanwalt beim Bundesgerichtshof*

Ge·ne·ral·di·rek·tor der, **Ge·ne·ral·di·rek·to·rin** <-s, -en> ❶ */kein Plur./ Position des obersten Leiters eines großen Wirtschaftsunternehmens* ❷ *jmd., der Generaldirektor¹ ist* ▶ Generaldirektion

ge·ne·ra·li·sie·ren [genaraliˈziːrən] <generalisierst, generalisierte, hat generalisiert> *mit OBJ/ohne OBJ* ■ **jmd. generalisiert** (etwas *Akk.*) *(geh.) verallgemeinern:* Es gibt zu viele verschiedene Fälle. Das kann man nicht generalisieren.; Er generalisiert gern. ▶ Generalisierung

Ge·ne·ra·list der, **Ge·ne·ra·lis·tin** <-en, -en> (↔ *Spezialist*) *jmd., dessen Interessen breit gefächert sind und der Kenntnisse auf vielen Gebieten hat*

Ge·ne·ral·kon·su·lat das <-(e)s, -e> *Amtssitz eines hochrangigen Konsuls*

Ge·ne·ral·pau·se die <-, -n> MUS. *Pause für alle Instrumente:* eine Generalpause einlegen

Ge·ne·ral·pro·be die <-, -n> *letzte (Theater-)Probe vor der Premiere*

Ge·ne·ral·se·kre·tär der, **Ge·ne·ral·se·kre·tä·rin** <-s, -e> *Leiter der Verwaltung einer großen Organisation oder Partei*

Ge·ne·ral·staats·an·walt der, **Ge·ne·ral·staats·an·wäl·tin** <-(e)s, Generalstaatsanwälte> *oberster Staatsanwalt beim Oberlandesgericht*

Ge·ne·ral·stab der <-(e)s, Generalstäbe> MILIT. *ein Kreis von hohen Offizieren, der den obersten Befehlshaber und die Heeresleitung berät* ◆ -schef, -soffizier

Ge·ne·ral·streik der <-s, -s> *Streik aller Berufstätigen (ohne Rücksicht auf ihren Berufszweig):* Die Gewerkschaften rufen zum Generalstreik auf.

ge·ne·ral·über·ho·len *mit OBJ /nur im Inf. und im Part. Perf. verwendet/ einer sehr gründlichen technischen Überprüfung und Wartung unterziehen:* Das Flugzeug wird generalüberholt. ▶ Generalüberholung

Ge·ne·ral·ver·samm·lung die <-, -en> *Versammlung aller Beteiligten*

Ge·ne·ra·ti·on die [genəraˈtsi̯oːn] <-, -en> ❶ *Gesamtheit der Angehörigen einer etwa gleichen Altersstufe/mit ungefähr gleichem Geburtsdatum:* Man befragte die jüngere/die ältere Generation nach ihren Wünschen für die Zukunft.; Meine Generation hat den Krieg erlebt. ❷ *einzelne Stufe der Geschlechterfolge:* Das Geschäft ist seit vier Generationen in Familienbesitz. ❸ *ein Zeitraum von ungefähr dreißig Jahren:* Das kann noch Generationen dauern. ❹ *Geräte und Maschinen, die ungefähr den gleichen Entwicklungsstand haben:* Nächstes Jahr kommt eine neue Generation von Computern auf den Markt.

Ge·ne·ra·ti·o·nen·ver·trag der <-(e)s / kein Plur./ *das soziale System, in dem jeweils die im Berufsleben stehende Generation die Renten der Rentner bezahlt*

Ge·ne·ra·ti·ons·kon·flikt der <-(e)s, -e> *der Konflikt, der sich aus der Tatsache ergeben kann, dass ältere und jüngere Menschen teilweise sehr unterschiedliche Ansichten über viele Dinge haben:* Wenn Kinder, Eltern und Großeltern zusammen in einem Haus wohnen, kann der Generationskonflikt spürbar werden.

Ge·ne·ra·ti·ons·un·ter·schied der <-(e)s, -e> *Unterschied in Anschauung und Verhaltensweise zwischen den unterschiedlichen Generationen*

ge·ne·ra·tiv *adj /nicht steig./ /nur attr./* ❶ BIOL. *auf die Fortpflanzung bezogen* ❷ SPRACHWISS. *so, dass es der linguistischen Theorie der generativen Grammatik verpflichtet ist:* generative Grammatik/Semantik/Wortbildung

Ge·ne·ra·tor der <-s, -toren> *eine Maschine, die mechanische Energie in elektrischen Strom umwandelt*

ge·ne·rell *adj /nicht steig./ so, dass es allgemein gültig ist oder angewendet werden kann:* Es geht hier um die Frage, wie man generell in solchen Fällen verfahren soll.; Es gibt keine generelle Lösung für das Problem.

ge·ne·rös *adj (geh.) großzügig* ▸ Generosität

ge·nervt *adj so, dass jmd. durch etwas irritiert oder gestört wird und deshalb ärgerlich wird*

Ge·ne·se die <-, -n> *(fachspr.) Entstehung, Entwicklung:* die Genese einer Krankheit

ge·ne·sen [gəˈneːzn̩] <genest, genas, ist genesen> *ohne OBJ* ▪ **jmd. genest (von etwas** *Dat.) (geh.) gesund werden* ▸ Genesende(r)

Ge·ne·sis, Ge·ne·sis die <-> /kein Plur./ REL. *(≈ Schöpfungsgeschichte) der biblische Bericht über die Erschaffung der Welt*

Ge·ne·sung die <-, -en> /meist Sing./ *(geh.) das Gesundwerden:* Die Genesung des Patienten macht gute Fortschritte. ▸ -sprozess, -surlaub, -swünsche

Ge·ne·sungs·heim das <-(e)s, -e> *Erholungsheim, Sanatorium*

Ge·ne·tik die <-> /kein Plur./ BIOL. *das Teilgebiet der Biologie, das sich mit der Vererbung befasst* ▸ Genetiker(in) ♦ Human-

ge·ne·tisch *adj /nicht steig./ /nur attr./ auf die Genetik bezogen, zu ihr gehörend:* die genetische Disposition eines Menschen

Gen·fer See der <-s> *ein See in der Schweiz, an dem unter anderem die Städte Genf und Lausanne liegen*

ge·ni·al [geˈni̯aːl] *adj* ❶ *überdurchschnittlich begabt und (auf einem bestimmten Gebiet) über sehr große Fähigkeiten verfügend:* geniale Komponisten wie Mozart ❷ *(umg.) sehr gut, hervorragend:* eine geniale CD/Fete; Es war eine geniale Idee von dir, auf diese Party zu gehen.

ge·ni·a·lisch *adj /nicht steig./ (geh.) in der Art eines Genies:* eine genialische Ader besitzen

Ge·ni·a·li·tät die <-> /kein Plur./ *große Begabung mit außergewöhnlichen geistigen, vor allem schöpferischen Fähigkeiten:* Die Konstruktion verrät die Genialität des Erfinders.

Ge·nick das [gəˈnɪk] <-(e)s, -e> *der untere, hintere Teil des Halses;* ▪ **jemandem/einer Sache das Genick brechen** *(umg.) jmdn. oder etwas scheitern lassen, zugrunde richten* ♦ -schlag, -starre

Ge·nie das [ʒeˈniː] <-s, -s> ❶ /kein Plur./ *überdurchschnittliche schöpferische, geistige Begabung:* das Genie eines Künstlers ❷ *ein Mensch, der über Genie¹ verfügt*

ge·nie·ren [ʒeˈniːrən] <genierst, genierte, hat geniert> *mit SICH* ▪ **jmd. geniert sich (vor jmdm.)** *in der Gegenwart anderer Menschen gehemmt sein, weil man sich wegen etwas schämt:* Beim Umkleiden genierte sie sich als einzige vor ihren Mitschülerinnen.

ge·nieß·bar *adj (↔ ungenießbar) so, dass man etwas als Nahrungsmittel verzehren kann*

ge·nie·ßen [gəˈniːsn̩] <genießt, genoss, hat genossen> *mit OBJ* ▪ **jmd. genießt etwas** ❶ *aus einer Sache für sich Freude, Genuss und Wohlbehagen ableiten:* Er genoss sein Leben in vollen Zügen.; Ich habe dieses Konzert sehr genossen.; die angeregte Unterhaltung mit einem Freund/ das köstliche Essen/die schönen Urlaubstage am Meer/die spannende Lektüre genießen; ▪ **jemand ist (nur) mit Vorsicht zu genießen** *jmd. ist eher unfreundlich und schnell gereizt* ❷ *(geh.) erhalten:* Er genoss eine gute Ausbildung.; Sie genießt hohes Ansehen bei ihren Freunden.

Ge·nie·ßer der, **Ge·nie·ße·rin** <-s, -> *jmd., der gern bestimmte Dinge, vor allem gutes Essen, guten Wein usw., genießt* ▸ genießerisch

Ge·nie·streich der <-(e)s, -e> *(umg.) eine besonders originelle Tat, mit der jmd. einen Erfolg erzielt*

Ge·nie·trup·pe die <-, -n> MILIT. SCHWEIZ. *Pioniertruppe*

ge·ni·tal *adj /nicht steig./ /nur attr./ die Genitalien betreffend*

Ge·ni·tal das *siehe* **Genitale**

Ge·ni·ta·le das <-s, Genitalien> /meist Plur./ MED. *Geschlechtsorgan*

Ge·ni·tiv der [ˈgeːnitiːf] <-s, -e> SPRACHWISS. *zweiter Fall, Wes-Fall:* Der Genitiv von „Haus" lautet „Hauses".; Das Attribut/Objekt steht im Genitiv. ♦ -attribut, -kompositum, -konstruktion, -objekt, -präposition

Ge·ni·us der <-, Genien> *(geh. verhüll.:* ≈ *Genie)* Der Genius Shakespeares wird von vielen bewundert.

Ge·nom das <-s, -e> BIOL. *im Chromosomensatz gespeicherte Erbanlage* ♦ -analyse

Ge·nör·gel das <-s> /kein Plur./ *(abwert.) ständiges Nörgeln:* Dein ewiges Genörgel über das Essen reicht mir jetzt!

ge·noss [gəˈnɔs] *Prät. von* **genießen**

Ge·nos·se der, **Ge·nos·sin** <-n, -n> *(Par-*

tei-)Kamerad ◆Partei-, Zimmer-
ge·nọs·sen [gəˈnɔsn̩] *Part. Perf. von* **genießen**
Ge·nọs·sen·schaft *die* <-, -en> *ein Zusammenschluss mehrerer Personen, beispielsweise Handwerker oder Bauern, mit dem Ziel, ihre gleichen wirtschaftlichen Interessen durch gemeinschaftlichen Geschäftsbetrieb zu fördern* ▸ genossenschaftlich ◆-smitglied
Gen·re *das* [ˈʒã:rə] <-s, -s> *Gattung bzw. Art, besonders in der Kunst:* Das Buch lässt sich nur schwer einem literarischen Genre zuordnen. ◆-bild, -malerei
Gen·t·le·man *der* [ˈdʒɛntlmən] <-s, Gentlemen> *ein gebildeter Mann, der sich durch Charakter und Anstand auszeichnet*
gen·t·le·man·like [ˈdʒɛntlmənlaɪk] *adv* / *nicht steig.*/ *nach Art eines Gentlemans:* sich gentlemanlike verhalten; Ganz gentlemanlike half er ihr aus dem Mantel.
ge·nug [gəˈnuːk] *adv* ❶ (≈ *ausreichend*) *so, dass die vorhandene Menge ausreicht, um alle Bedürfnisse zu befriedigen:* Du brauchst dich nicht zu beeilen, wir haben noch genug Zeit.; Es ist genug Essen für alle da.; Er bekommt nie genug. ❷ /*nachgestellt*/ *angemessen:* Er ist schon alt genug, um das zu entscheiden.; Ist die Wohnung groß genug?
Ge·nü·ge ▪ **einer Sache Genüge tun/leisten** (*geh.*) *eine Sache gebührend berücksichtigen*; ▪ **zur Genüge** (*oft abwert.*) *in ausreichendem Maß*
ge·nü·gen [gəˈnyːɡn̩] <genügst, genügte, hat genügt> *ohne OBJ* ❶ ▪ **etwas genügt für etwas** *Akk.* (≈ *(aus)reichen*) *genug sein:* Für diese Prüfung genügt eine Woche Vorbereitung.; Das genügt fürs Erste.; Hast du genügend Geld dabei? ❷ ▪ **jmd./etwas genügt etwas** *Dat.* (≈ *gerecht werden*) *die Fähigkeiten oder Eigenschaften haben, die irgendwo erwartet werden:* Der Bewerber genügt den Anforderungen.; Das Gerät gehört zur Luxusklasse und genügt höchsten Ansprüchen.
ge·nüg·sam *adj* ❶ (≈ *bescheiden*) *so, dass man mit wenig zufrieden ist:* Ein genügsamer Mensch stellt keine großen Ansprüche. ❷ *so, dass ein Tier wenig Nahrung braucht:* Die genügsamen Maulesel sind gute Lastentiere. ▸ Genügsamkeit
Ge·nug·tu·ung *die* [gəˈnuːktuːʊŋ] <-> / *kein Plur.*/ *die innere Befriedigung, die jmd. hat, weil er etwas bekommt, was ihm seiner Meinung nach zusteht:* Seine Beförderung war ihm eine große Genugtuung.
ge·nu·in *adj* /*nicht steig.*/ (*geh.*) *echt:* eine genuine Frage
Ge·nus *das* [ˈɡɛnʊs] <-, Genera> SPRACHWISS. *grammatisches Geschlecht:* Im Deutschen gibt es drei Genera, nämlich Maskulinum, Femininum und Neutrum.

Dem **Genus** bzw. dem grammatischen Geschlecht nach gehören im Deutschen die Substantive den Maskulina, den Feminina, oder den Neutra an. Angezeigt wird das Genus mit dem bestimmten Artikel: *der Mann, die Frau, das Kind*. Da das Deutsche eine flektierende Sprache ist, werden Markierungen für das Genus sowie für Numerus und Kasus auf Teile von Nominalgruppen verteilt, nämlich auf Artikel, Adjektive und Nomina, zwischen denen Kongruenz (Übereinstimmung darin) besteht: *des großen Hauses, dem großen Hause* usw. Da im Deutschen das grammatische Geschlecht oft nicht mit dem natürlichen bzw. biologischen Geschlecht, nämlich dem **Sexus**, übereinstimmt (vgl. *das Kind*), stellt das Genus insbesondere für Lerner des Deutschen als Zweit- oder Fremdsprache ein großes Problem dar: Die Nomina müssen überwiegend einzeln mit dem richtigen Genus gelernt werden! Beim Einprägen des Genus helfen gleichwohl einige Regelmäßigkeiten; generelle Regelungen zum Genusgebrauch gibt es nicht: Bei Personen- und Verwandtschaftsbezeichnungen stimmen Genus und Sexus meist überein (*der Onkel, die Tante*), aber *das Weib*. Maskulina sind: Bezeichnungen der Jahreszeiten, der Monate, der Tage (*der Winter*), der Himmelsgegenden und Witterungsbedingungen (*der Norden, der Regen*), Abstrakta z.B. auf *-ismus* (*der Feminismus*). Feminina sind fast alle Wörter mit dem „Schwa"-Laut (Murmellaut „ə") am Ende (*die Sache*), auch z.B. Baumbezeichnungen und viele Blumenbezeichnungen (*die Eiche, die Tulpe*), Substantivierungen von Zahlen (*die Zehn*), Substantive z.B. mit den Endungen *-heit, -schaft, -keit* (*die Heiterkeit*). Neutra sind z.B.: Substantivierungen außer solchen von Zahlen (*das Ich, das Grün, das Laufen*), Bezeichnungen z.B. für Metalle und viele chemische Elemente (*das Silber, das Helium*, aber *der Schwefel*), und Verkleinerungsformen (*das Höschen* bzw. *die Hose*). Die Kategorie des Genus wird in den Sprachen ganz unterschiedlich ausgedrückt. Agglutinierende Sprachen wie das Türkische haben kein Genus und kennen damit auch nicht die Probleme der Zuweisung eines Nomens zum Maskulinum, Femininum und Neutrum. Dass im Deutschen grammatisches Geschlecht und natürliches Geschlecht oft auseinanderfallen, ist seit den 80er Jahren einer der Kritikpunkte des Feminismus gewesen. Hauptargument war, Frauen würden sprachlich „zum Verschwinden" gebracht. Dies gilt für viele Maskulina und zugehörige Personal- und Possessivpronomina (*Wer schwanger ist, „der" soll kommen!*), aber insbesondere auch für den Gebrauch generischer Formen, die als Gattungsnamen oder Typenbezeichnungen der verallgemeinernden Bezeichnung dienen: *der Mensch, der Flüchtling*. In einer frühen Phase ist es im Hinblick auf Maskulina zu überzogenen Forderungen und Vorschlägen gekommen, z.B. *die Menschin, die Mitgliederin*. Die Absurdität derartiger Prägungen ist offenkundig. Aber es ist längst in allen Wörterbüchern und sonstigen Texten üblich geworden, Parallelformen anzusetzen, wo dies möglich ist: *der Lehrer, die Lehrerin*. Gelegentlich können unschöne Doppelformen in Texten umgangen werden: *Lehrende, Studierende*. Das oft verwendete Binnen-„I", wie in „LehrerInnen", wird meist nicht befürwortet, weil damit z.B. im mündlichen Vortrag Männer ausgeschlossen werden. In diesem Wörterbuch werden Feminina den maskulinen Formen angehängt und nicht gesondert verzeichnet, um das Wörterbuch dem Stichwort-Bestand nach nicht unnötig aufzublähen. Mit einem Schrägstrich zwischen Artikelangaben der Art „die/der" wird angezeigt, dass beide Artikel zutreffen (z.B. *der/die Auszubildende*). Manchmal wird der Einfachheit halber, wo dies möglich ist, im Rahmen der Kommentierung so verfahren: *Lehrer(in), Unternehmer(innen)*. Ein Genus wird sowohl Ausdrücken ohne Singular (*Eltern, Kosten*), als auch vielen Eigennamen (z.B. *Nordrhein-Westfalen*) nicht zugeordnet.

Ge·nu·schel *das* <-s> /kein Plur./ *(abwert.)* dauerndes Nuscheln: Bei deinem Genuschel kann man dich ja kaum verstehen!

Ge·nuss *der* [gə'nʊs] <-es, Genüsse> ❶ / kein Plur./ *das Genießen¹*: Vor dem Genuss von Alkohol/von Zigaretten wird immer wieder gewarnt. ❷ *Freude, Annehmlichkeit*: Die perfekte Akustik ließ das Konzert zu einem echten Genuss werden.; ■ **in den Genuss von etwas kommen** *etwas erhalten, das man haben will oder das einem zusteht*

ge·nuss·fä·hig *adj* fähig, etwas zu genießen

ge·nuss·freu·dig *adj* so, dass man gern und häufig genießt

Ge·nuss·gift *das* <-(e)s, -e> *ein Genussmittel, das unter Umständen schädliche Wirkungen haben kann*: Während dieser Diät sollte man Genussgifte wie Alkohol, Zigaretten und Kaffee vermeiden.

ge·nüss·lich *adj* so, dass man etwas bewusst genießt¹

Ge·nuss·mensch *der* <-en, -en> *jmd., der genussfreudig ist*

Ge·nuss·mit·tel *das* <-s, -> *etwas, das man nicht wegen seines Nährwertes genießt, sondern weil es gut schmeckt oder anregt, zum Beispiel Schokolade, Kaffee oder Tabak*

ge·nuss·voll *adj* genüsslich

ge·öff·net *adj* /nicht steig./ (≈ *offen*) *so, dass Geschäftsstunden sind und man einen Laden o.Ä. betreten kann*: Wir haben morgen nur bis 19 Uhr geöffnet.

Geo·gra·fie, *a.* **Geo·gra·phie** *die* [geogra'fi:] <-> /kein Plur./ ❶ *die Wissenschaft von der Erde und ihrem Aufbau, von den Erscheinungen der Erdoberfläche, von der Wechselwirkung zwischen Erde und Mensch* ▸ Geograf/Geograph, Geografin/Geographin, geografisch/geographisch ❷ (≈ *Erdkunde*) *das Schulfach, in dem Geografie¹ unterrichtet wird*

Geo·lo·gie *die* <-> /kein Plur./ *die Wissenschaft von der Entstehung, Entwicklung und Veränderung der Erde* ▸ Geologe, Geologin, geologisch

Geo·me·t·rie *die* <-> /kein Plur./ MATH. *das Teilgebiet der Mathematik, das sich mit ebenen und räumlichen Gebilden beschäftigt* ▸ geometrisch

ge·ord·net *adj* so, dass eine bestimmter Ordnung herrscht: in geordneten Verhältnissen leben

Geo·wis·sen·schaft *die* <-, -en> /meist Plur./ *Wissenschaft von der Erde*

geo·zen·t·risch *adj* /nicht steig./ *die Erde als Mittelpunkt betreffend*: eine mittelalterliche geozentrische Vorstellung vom Universum

Ge·päck *das* [gə'pɛk] <-(e)s> /kein Plur./ *Gesamtheit der z.B. für eine Reise zusammengepackten Gegenstände (Taschen,*

Koffer etc.): Ich muss noch mein Gepäck am Gepäckschalter aufgeben.; Sie reist mit leichtem Gepäck.; das Gepäck in den Kofferraum laden ◆-abfertigung, -aufbewahrung, -kontrolle, -netz, -schließfach, -stück, -träger, -versicherung, -wagen

ge·pfef·fert *adj (umg.)* übertrieben hoch: In dem Lokal haben sie gepfefferte Preise.

ge·pflegt *adj /Part. Perf. zu „pflegen"/* ❶ durch sorgfältige Pflege in einem guten Zustand: Der Garten wirkt sehr gepflegt. ❷ so, dass jmd. ein korrektes Erscheinungsbild hat: Wer im Beruf viel mit Kunden zu tun hat, muss auf ein gepflegtes Äußeres achten. ❸ niveauvoll und kultiviert: In dem Restaurant kann man sehr gepflegt essen.; Entspannen Sie in unserer Hotelbar bei Spitzenweinen oder einem gepflegten Pils. ▶ Gepflegtheit

Ge·pflo·gen·heit *die* [gəˈpfloːɡn̩haɪt] <-, -en> *(geh.)* Gewohnheit

ge·pierct [gəˈpiːɐ̯st] *adj /nicht steig./* mit einem Piercing versehen: ein gepiercter Bauchnabel

Ge·plän·kel *das* <-s, -> harmloser Streit, scherzhaftes Wortgefecht ◆Wort-

ge·plant *adj /nicht steig./* so, dass man etwas gewollt und bewusst auf seine Realisierung hingearbeitet hat: Das Umsatzplus im zweiten Halbjahr war geplant.; Unser zweites Kind war eigentlich nicht geplant.

Ge·plap·per *das* [gəˈplapɐ] <-s> */kein Plur./ (umg. oft abwert.)* dauerndes Plappern

Ge·plät·scher *das* <-s> */kein Plur./* das von fließendem Wasser erzeugte Geräusch

Ge·pol·ter *das* <-s> */kein Plur./ (dauerndes)* Poltern, lautes Rumpeln

Ge·prän·ge *das* <-s, -> *(geh.)* Prunk

Ge·qua·ke *das* <-s> */kein Plur./* ständiges Quaken *(von Fröschen)*

Ge·quat·sche *das* <-s> *(umg. abwert.)* dauerndes Quatschen: Ihr Gequatsche hält ja kein Mensch aus!

Ge·quen·gel *das* <-s> */kein Plur./ (abwert.)* ständiges Quengeln: Das Gequengel der Kinder geht mir auf die Nerven!

Ge·ra·de *die* [gəˈraːdə] <-n, -n> MATH. eine Linie von unendlicher Ausdehnung

ge·ra·de [gəˈraːdə] **I.** *adj* ❶ nicht gekrümmt: eine gerade Linie zeichnen; Kannst du den Draht wieder gerade biegen? ❷ nicht schräg: Die Mauer ist völlig gerade. ❸ (≈ aufrichtig) Sie ist ein gerader Mensch, der immer offen seine Meinung sagt. ❹ (≈ genau) Eben hast du das gerade Gegenteil behauptet. **II.** *adv* ❶ (≈ momentan) in diesem Moment: Ich kann nicht mitkommen, weil ich gerade zu tun habe. ❷ (≈ soeben) Er ist gerade gegangen. **III.** *part* ❶ (≈ ausgerechnet) verwendet, um auszudrücken, dass man das Genannte im Zusammenhang mit einer bestimmten Person oder Sache für besonders unpassend oder unerwartet hält: Gerade du musst dich darüber beklagen!; Weshalb darf gerade er diese Rolle spielen?; Muss der Zug gerade heute so viel Verspätung haben? ❷ ■**nicht gerade ...** verwendet, um eine Verneinung abzuschwächen: Ich verdiene nicht gerade viel in diesem Beruf.; Das hast du nicht gerade toll gemacht. ❸ verwendet, um auszudrücken, dass jmd. etwas mit Mühe und Not erreicht hat: Sie hat die Prüfung gerade noch geschafft.; Wir haben den Bus gerade noch erreicht. ◆ Getrenntschreibung → R 4.8 eine Kerze gerade halten; sie soll gerade sitzen/gerade stehen; ◆Zusammenschreibung → R 4.6, 4.15 einen Draht geradebiegen; den Teppich geradelegen

ge·ra·de·aus [gəraˈdaˈ|aʊ̯s] *adv* in gerader Linie und ohne nach links oder rechts abzubiegen: Wenn Sie zum Bahnhof wollen, müssen Sie einfach nur geradeaus fahren.

ge·ra·de·bie·gen <biegst gerade, bog gerade, hat geradegebogen> *mit OBJ* ■**jmd. biegt etwas gerade** *(umg.)* in Ordnung bringen: Er hat die Sache wieder geradegebogen.

ge·ra·de·her·aus *adv* (≈ direkt, freimütig, offen) so, dass man nicht viele Umschweife macht und klar seine Meinung sagt: Sie sagt stets geradeheraus ihre Meinung.

ge·rä·dert *adj (umg. übertr.)* sehr erschöpft: Nach der Bergtour waren wir völlig gerädert.; Ich fühle mich heute wie gerädert.

ge·ra·de·so *adv* (≈ ebenso) ◆Getrenntschreibung geradeso gut; geradeso viel

ge·ra·de·ste·hen <stehst gerade, stand gerade, hat/ist geradegestanden> *ohne OBJ* ■**jmd. steht für etwas** *Akk.* **gerade** *(umg.)* die Folgen tragen, sich verantworten: Als Manager muss er für die wirtschaftliche Entwicklung der Firma geradestehen.

ge·ra·de·wegs *adv* ❶ (≈ direkt) ohne einen Umweg zu machen: Er ging nach der Schule geradewegs nach Hause. ❷ ohne Umschweife: Sie kam geradewegs auf dieses Thema zu sprechen.

ge·ra·de·zu, **ge·ra·de·zu** *adv* beinahe, wirklich: Das ist geradezu unmöglich!; Das ist ein geradezu idealer Termin.

Ge·rad·heit die <-> /kein Plur./ das Geradesein

ge·rad·li·nig adj ❶ in gerader Richtung ❷ (≈ aufrichtig) Er ist eine geradlinig denkende Persönlichkeit. ▸ Geradlinigkeit

ge·ram·melt adj /nicht steig./ **gerammelt voll** (umg.) so voll, dass niemand mehr hineinpasst Der Konzertsaal war in Kürze gerammelt voll.

ge·rän·dert adj /nicht steig./ mit einem Rand versehen: vor Müdigkeit geränderte Augen haben

Ge·ran·gel das <-s> /kein Plur./ (umg.) ❶ (harmlose) Rauferei ❷ der Vorgang, dass mehrere Personen (in harmloser Weise) um etwas kämpfen: Es lohnt sich, früh zu kommen; nachher geht wieder das Gerangel um die besten Sitzplätze los.

ge·rann Prät. von **gerinnen**

Ge·rant der [ɡəˈrant] <-en, -en> SCHWEIZ. Geschäftsführer eines Gastwirtschaftsbetriebs

Ge·ra·schel das <-s> /kein Plur./ (umg.) dauerndes Rascheln

Ge·rät das [ɡəˈrɛːt] <-(e)s, -e> ❶ ein Werkzeug, ein Apparat, eine Maschine zu einem bestimmten Zweck: Zum Umgraben ist nicht eine Schaufel, sondern ein Spaten das richtige Gerät.; Aus technischer Sicht ist das teuerste Gerät nicht unbedingt das beste. ◆-eschuppen ❷ SPORT eine Vorrichtung in der Art zweier hoher Stangen, zwischen denen eine Querstange befestigt ist, an der bestimmte Turnübungen ausgeführt werden: Er turnt am liebsten an den Geräten, besonders an Reck oder Barren.; Der Turner zeigt einen perfekten Abgang vom Reck. ◆-eturnen, -eübung ❸ /kein Plur./ (≈ Ausrüstung) Gesamtheit von Geräten[1]: Die Feuerwehr prüft regelmäßig ihr Gerät. ❹ (umg. scherzh.) verwendet, um auszudrücken, dass ein Gegenstand ungewöhnlich groß, schwer usw. ist: Was, fünfzehn Kilo wiegt dieser Kürbis? Mein Gott, ist das ein Gerät!

ge·ra·ten [ɡəˈraːtn̩] <gerätst, geriet, ist geraten> ohne OBJ ❶ **jmd./etwas gerät irgendwohin** zufällig irgendwohin gelangen: Das Auto geriet auf die falsche Fahrbahn. ❷ **jmd./etwas gerät in etwas** Akk. in einen unangenehmen Zustand, eine unangenehme Situation kommen: Unverhofft geriet die Expedition in Schwierigkeiten.; Das Schiff geriet in einen Sturm. ❸ **etwas gerät irgendwie** ausfallen, gelingen: Der Kuchen ist gut/schlecht geraten. ❹ **jmd. gerät nach jmdm.** (veralt.) ähnlich werden: Das Kind ist nach dem Vater/nach der Mutter geraten.

Ge·ra·te·wohl **aufs Geratewohl** (umg.) auf gut Glück Wir haben unsere Räder aus dem Keller geholt und sind aufs Geratewohl losgefahren.

ge·räu·chert adj /nicht steig./ so dass ein Nahrungsmittel durch Rauch haltbar gemacht worden ist: geräucherter Aal/Schinken

ge·raum adj /nicht steig./ /nur attr./ (geh.) beträchtlich: Ich habe das Buch vor geraumer Zeit gelesen.

ge·räu·mig [ɡəˈrɔʏmɪç] adj so, dass viel Platz zur Verfügung steht: Sie hat eine geräumige Wohnung. ▸ Geräumigkeit

Ge·rau·ne das <-s> /kein Plur./ (geh.) ständiges Raunen: Ein beifälliges Geraune erhob sich, als der Pianist auf die Bühne trat.

Ge·räusch das [ɡəˈrɔʏʃ] <-(e)s, -e> ein hörbarer Klang, der von etwas erzeugt wird: In der Hotelküche hört man das Klappern von Geschirr und viele andere Geräusche.; Ich habe ein dumpfes/verdächtiges Geräusch im Keller gehört. ◆-dämmung, -dämpfung, -pegel ▸ geräuscharm, geräuschdämmend, geräuschempfindlich, geräuschlos, Geräuschlosigkeit, geräuschvoll

Ge·räusch·ku·lis·se die <-> /kein Plur./ ständig im Hintergrund vorhandene, nicht bewusst wahrgenommene Geräusche

ger·ben <gerbst, gerbte, hat gegerbt> mit OBJ **jmd. gerbt etwas** Häute und Felle zu Leder verarbeiten ▸ Gerber(in), Gerberei, Gerbstoff

ge·recht [ɡəˈrɛçt] adj ❶ moralisch angemessen und dem geltenden Recht sowie allgemeinen Wertmaßstäben entsprechend: ein gerechtes Urteil/eine gerechte Strafe; Ich finde es nicht gerecht, dass …; Es wäre viel gerechter, wenn alle das Gleiche bekämen. ❷ so, dass jmd. gerecht[1] entscheidet: Er war stets ein gerechter Richter. ❸ so, dass niemand bevorzugt wird: Das Kind hat die Bonbons gerecht verteilt.; **jemandem/einer Sache gerecht werden** jmdn. oder eine Sache angemessen beurteilen

-ge·recht [ɡəˈrɛçt] (≈ -gemäß, -konform) als Zweitglied zusammengesetzter Adjektive; mit Betonung auf dem Erstglied; drückt aus, dass etwas dem wesentlich entspricht, was mit dem Erstglied bezeichnet wird: eine produktgerechte Verpackung, die den Produkteigenschaften entspricht; eine tiergerechte Haltung, bei der Tiere ihre Verhaltensweisen und Bedürfnisse ausleben und befriedigen können ◆ alters-, art-, bedarfs-, behinderten-, bühnen-, familien-, fernseh-, frist-, fuß-, gesundheits-, jugend-, kind-, körper-, leistungs-, markt-, maßstabs-, medien-, milieu-, produkt-, protokoll-, saison-, situations-, termin-, tier-, umwelt-, verkaufs-

ge·rech·ter·wei·se adv richtigerweise: Man muss gerechterweise sagen, dass …

ge·recht·fer·tigt adj /nicht steig./ mit einer Rechtfertigung für etwas: Seine Befürchtungen sind absolut gerechtfertigt.

Ge·rech·tig·keit die <-> /kein Plur./ ① das Gerechtsein (als Prinzip) bzw. gerechtes Verhalten: Ein solches Gesetz würde die soziale Gerechtigkeit gefährden. ◆-sgefühl, -ssinn ② etwas, das als gerecht¹ angesehen wird: Ihm ist schließlich doch noch Gerechtigkeit widerfahren.; Die Gerechtigkeit nimmt ihren Lauf.

Ge·re·de das [gə'reːdə] <-s> /kein Plur./ (umg. abwert.) ① (≈ Geschwätz) als inhaltslos oder überflüssig empfundene sprachliche Äußerungen ② abfälliges Reden über eine nicht anwesende Person; ■ **ins Gerede kommen** Gegenstand des Klatsches/eines Gerüchts werden

ge·re·gelt adj (≈ geordnet) so, dass etwas eine bestimmte Ordnung hat: einen geregelten Tagesablauf haben

ge·reift adj /nicht steig./ so, dass jmd. oder etwas Reife besitzt: eine gereifte Persönlichkeit; Ein gereifter Käse hat mehr Aroma.

ge·reizt adj /Part. Perf. zu „reizen"/ überempfindlich, aggressiv: Weshalb hat er so gereizt reagiert? ▶ Gereiztheit

Ge·ren·ne das <-s> /kein Plur./ (umg. abwert.) das Zurücklegen vieler Wege, um ein bestimmtes Ziel zu erreichen: Ich war in vier Läden und habe doch keinen Anzug gefunden: soviel Gerenne für nichts!

Ge·richt¹ das [gə'rɪçt] <-(e)s, -e> RECHTSW. ① die Institution, die im Falle eines Rechtsstreits das Urteil fällt und die Strafen verhängen kann: Das Gericht lädt Zeugen vor/tagt/vertagte sich.; Der Streit wurde vor Gericht entschieden.; Das Gericht kommt zu folgendem Urteil: … ◆-sakte, -sarzt/-ärztin, -sbeschluss, -sdolmetscher(in), -sentscheid, -skosten, -smediziner(in), -sreferendar(in), -sreporter(in), -ssaal, -ssachverständige(r), -sverhandlung, -stermin, -surteil, Arbeits-, Bundesverfassungs-, Verwaltungs- ② ein Gebäude, in dem ein Gericht¹ untergebracht ist; ■ **hart mit jemandem ins Gericht gehen** jmdn. energisch zurechtweisen

Ge·richt² das [gə'rɪçt] <-(e)s, -e> auf eine bestimmte Weise zubereitete Nahrungsmittel, die in einer bestimmten Weise kombiniert werde: Er kocht deftige/schmackhafte/typisch italienische Gerichte. ◆Fertig-, Fisch-

ge·richt·lich adj /nicht steig./ /nur attr./ von einem Gericht¹, mithilfe des Gerichts¹ durchgeführt: Die gerichtliche Untersuchung des Falles ist abgeschlossen.; Ich überlege noch, ob ich gegen ihn gerichtlich vorgehen soll.

Ge·richts·bar·keit die <-> /kein Plur./ ① Befugnis zur Rechtsprechung ② alle Gerichte¹

ge·richts·be·kannt adj dem Gericht¹ bekannt: ein gerichtsbekannter Straftäter

Ge·richts·hof der <-es, Gerichtshöfe> Gericht¹ höherer Instanz

ge·richts·no·to·risch adj /nicht steig./ /nur attr./ vom Gericht¹ zur Kenntnis genommen: ein gerichtsnotorischer Straftäter

Ge·richts·ord·nung die <-> /kein Plur./ die Gerichtsbarkeit regelnde Ordnung

Ge·richts·schrei·ber der, **Ge·richts·schrei·be·rin** <-s, -> SCHWEIZ. Jurist, der für die Kanzleigeschäfte eines Gerichtes¹ verantwortlich ist, das Protokoll führt und die Urteile redigiert (sowie beratende Stimme in den Gerichtssitzungen hat)

Ge·richts·ver·fah·ren das <-s, -> die Untersuchung eines Falles vor Gericht¹ mit abschließender Urteilsverkündung: Gegen den mutmaßlichen Täter wurde bereits ein Gerichtsverfahren eingeleitet.

Ge·richts·voll·zie·her der, **Ge·richts·voll·zie·he·rin** <-s, -> Beamter, der Vorladungen zustellt oder Pfändungen vornimmt

Ge·richts·weg ■ **auf dem Gerichtsweg** mithilfe des Gerichts¹ auf dem Gerichtsweg gegen jemanden vorgehen

ge·rie·ben [gə'riːbn̩] adj /Part. Perf. zu „reiben"/ (≈ durchtrieben) schlau, gerissen: Der Kleine ist schon jetzt ein geriebener Schlingel.

ge·ring [gə'rɪŋ] adj ① in Bezug auf die Menge, das Ausmaß oder die Größe nicht sehr groß, sondern unbeträchtlich oder klein: Eine geringe Menge Rotwein verfeinert die Soße.; Wir haben auf der heutigen Etappe nur eine geringe Entfernung zurückgelegt. ② in Bezug auf den Grad, die Intensität oder das Maß minimal, niedrig oder unbedeutend: Diese Aspekte sind nur von geringer Bedeutung.; Du hast dir nicht die geringste Mühe gegeben! ◆Getrennt- oder Zusammenschreibung → R 4.16 gering achten/geringachten; gering schätzen/geringschätzen; ◆Großschreibung

→ R 3.4, R 3.7 ein Geringes tun; um ein Geringes erhöhen; nichts Geringeres als …; es geht sie nicht das Geringste an; es ist das Geringste, was er tun kann; es stört mich nicht im Geringsten; auch der Geringste hat Anspruch auf …; kein Geringerer als …

Ge·rịng·ach·tung die <-> /kein Plur./ (≈ Geringschätzung)

ge·rịn·gelt adj /nicht steig./ mit ringförmig verlaufenden Streifen: ein geringeltes T-Shirt

ge·rịng·fü·gig adj in sehr geringem, nicht nennenswertem Maße: Die neueste Version des Computerspiels wurde nur geringfügig verbessert. ▸ Geringfügigkeit

ge·rịng·schät·zig adj voller Geringschätzung: Sie lächelte geringschätzig.; Er sah mich mit einem geringschätzigen Blick an.

Ge·rịng·schät·zung die <-> /kein Plur./ die Art, eine Person oder Sache mit einer gewissen Verachtung und Herablassung zu betrachten

ge·rịngs·ten·falls adv (geh. verhüll.: ≈ zumindest) Du hast geringstenfalls den entstandenen Schaden zu ersetzen.

ge·rịngst·mög·lich adj /nicht steig./ so gering wie möglich: Der Schaden ist geringstmöglich zu halten.

ge·rịn·nen [gəˈrɪnən] <gerinnt, gerann, ist geronnen> ohne OBJ ▪ etwas gerinnt den Vorgang durchlaufen, bei dem eine Flüssigkeit Klümpchen bildet und fest wird: Die Milch ist geronnen.; Bei Menschen, die an der Bluterkrankheit leiden, gerinnt das Blut nicht. ▸ Gerinnung, gerinnungsfähig, Gerinnungsfähigkeit, gerinnungshemmend, Gerinnungsmittel

Ge·rịp·pe das [gəˈrɪpə] <-s, -> (≈ Skelett)

ge·rịppt adj /nicht steig./ mit Rippenmuster: ein gerippter Stoff

ge·rịs·sen [gəˈrɪsn̩] adj /Part. Perf. zu „reißen"/ (umg.) (auf eine gemeine Art) schlau und auf den eigenen Vorteil bedacht: Er ist ein äußerst gerissener Geschäftsmann.

Germ die <-> /kein Plur./ ÖSTERR. Backhefe ▸-knödel

Ger·ma·ne der, **Ger·ma·nin** <-n, -n> Angehöriger eines nordeuropäischen Volksstammes

ger·ma·nisch adj /nicht steig./ /nur attr./ die Germanen betreffend, zu ihnen gehörend, von ihnen stammend: Er erforscht die germanischen Sprachen.

ger·ma·ni·sie·ren <germanisiert, germanisierte, hat germanisiert> mit OBJ ▪ jmd. germanisiert etwas ❶ SPRACHWISS. eindeutschen: ein Fremdwort germanisieren ❷ GESCH. der deutschen Sprache oder Kultur angleichen ▸ Germanisierung

Ger·ma·nịs·mus der <-, Germanismen> SPRACHWISS. ❶ sprachliche Eigentümlichkeit des Deutschen ❷ Entlehnung aus dem Deutschen

Ger·ma·nịs·tik die <-> /kein Plur./ Wissenschaft von der deutschen Sprache und Literatur ▸ Germanist(in), germanistisch

gern, ger·ne [gɛrn(ə)] <lieber, am liebsten> adv ❶ mit einem positiven Gefühl bei einer Sache/Angelegenheit: Ich komme gern mit ins Kino.; Er ist ein gern gesehener Gast. ❷ ohne weiteres: Das will ich dir gern glauben. ❸ nach Möglichkeit: Ich würde gern noch den Brief zu Ende lesen, dann komme ich mit. ❹ (umg.) leicht, schnell: In Ecken bilden sich gern Spinnweben. ❺ ▪ **gernhaben** (sehr) mögen „Liebst du sie?"; „Nein, ich habe sie einfach gern."; ▪ **der kann/die kann/du kannst mich gern haben** (umg. iron.) mit dem/mit der/mit dir will ich nichts mehr zu tun haben ◆ Getrenntschreibung → R 4.16 gern gesehen; allzu gern; ◆ Zusammenschreibung → R 4.6

Ge·rọ̈ll das <-(e)s> /kein Plur./ viele Gesteinsbrocken: Bei Hochwasser führt der Fluss viel Geröll mit sich. ◆-halde

ge·rọn·nen Part. Perf. von **gerinnen**

Gers·te die <-> /kein Plur./ eine Getreideart ◆-nkorn

Gers·ten·saft der <-(e)s> /kein Plur./ (scherzh.) Bier

Ger·te die <-, -n> biegsamer, dünner Stock

ger·ten·schlank adj /nicht steig./ sehr schlank: Als Model muss man gertenschlank sein.

Ge·ruch der [gəˈrʊx] <-(e)s, Gerüche> das, was mit der Nase wahrgenommen werden kann: In der Luft lag ein scharfer/stechender/süßlicher/würziger Geruch.; In der Bibliothek herrschte ein Geruch nach Staub und Papier. ▸ geruchlos, geruchsempfindlich, geruchsfrei

Ge·ruchs·sinn der <-(e)s> /kein Plur./ die Fähigkeit, mit Hilfe dafür zuständiger Organe Gerüche wahrnehmen zu können

Ge·rücht das [gəˈrʏçt] <-(e)s, -e> etwas, das im Gespräch als Behauptung weitergetragen wird, aber unbestätigt ist: Es geht das Gerücht um, dass …; Gerüchten zufolge soll er sich in Berlin aufhalten.

Ge·rüch·te·kü·che die <-> /kein Plur./ (umg. abwert.) Ort, an dem viele Gerüchte entstehen

ge·rüch·te·wei·se adv nur als Gerücht: etwas gerüchteweise erfahren

ge·ru·hen <geruhst, geruhte, hat geruht> *ohne OBJ* ■ **jmd. geruht etwas zu tun** *(geh. o veralt. oder iron.) sich herablassen:* Geruht der Herr Sohn auch endlich aufzustehen?

ge·rührt *adj (≈ ergriffen) so, dass man Rührung empfindet:* Gerührt nahm er die Glückwünsche entgegen.

ge·ruh·sam *adj (≈ behaglich)* Eigentlich sollte es ein geruhsamer Abend werden. ▸ Geruhsamkeit

Ge·rum·pel das [gəˈrʊmpl̩] <-s> /kein Plur./ *(oft abwert.) ständiges Rumpeln:* Kannst du mal mit dem Gerumpel aufhören! Ich verstehe sonst kein Wort!

Ge·rüm·pel das [gəˈrʏmpl̩] <-s> /kein Plur./ *(abwert.) alte, nicht mehr brauchbare Gegenstände:* Wir müssen inzwischen das Auto im Hof parken, weil die ganze Garage voller Gerümpel ist.

Ge·run·di·um das <-s, Gerundien> SPRACHWISS. *gebeugter Infinitiv des lateinischen Verbs*

Ge·rüst das <-(e)s, -e> ❶ *ein Gestell, das an Hauswänden aufgestellt wird, wenn die Wände gestrichen werden oder Reparaturen gemacht werden müssen:* Für die Malerarbeiten am Haus wurde ein Gerüst aufgestellt. ◆ Bau- ❷ *die grobe Gliederung eines Textes, die noch nicht in den Details ausgearbeitet ist:* Das Gerüst für meine Diplomarbeit steht bereits.

Ge·sab·ber das <-s> /kein Plur./ *ständiges Sabbern*

ge·sal·zen *adj /Part. Perf. zu „salzen"/ (umg.)* ❶ *(von Preisen: ≈ gepfeffert) sehr hoch:* In diesem Lokal haben sie gesalzene Preise. ❷ *grob:* Dem werde ich einen gesalzenen Brief schreiben!

ge·samt [gəˈzamt] *adj /nicht steig./ /nur attr./ in Bezug auf eine genannte Sache/Angelegenheit alles ausnahmslos und vollständig einschließend:* Die gesamten Arbeiten wurden in nur zwei Jahren geleistet.; Die Firma trägt die gesamten Kosten.; Das Unwetter hat die gesamte Ernte vernichtet. ▸ Gesamtausgabe, Gesamtbetrag, Gesamtbevölkerung, Gesamtkosten, Gesamtkunstwerk, Gesamtsumme, Gesamtübersicht, Gesamtwerk, Gesamtwert, Gesamtzahl, Gesamtzusammenhang

Ge·samt·ar·beits·ver·trag der <-(e)s, Gesamtarbeitsverträge> SCHWEIZ. *Tarifvertrag*

Ge·samt·deutsch·land das <-s> /kein Plur./ *ganz Deutschland, insbesondere hinsichtlich der Einheit der westlichen und der östlichen Bundesländer* ▸ gesamtdeutsch

Ge·samt·ein·druck der <-(e)s, Gesamteindrücke> *der Eindruck, den man unter Berücksichtigung aller Aspekte von einer Sache hat*

ge·samt·eu·ro·pä·isch *adj /nicht steig./ ganz Europa betreffend*

ge·samt·ge·sell·schaft·lich *adj /nicht steig./ die gesamte Gesellschaft betreffend:* ein gesamtgesellschaftliches Phänomen

ge·samt·haft *adv* SCHWEIZ. *insgesamt*

Ge·samt·heit die <-> /kein Plur./ *alle beteiligten Personen, Sachen, Vorgänge oder Erscheinungen, die zusammengehören:* Noch kann man die Probleme in ihrer Gesamtheit nicht abschätzen.

Ge·samt·la·ge die <-> /kein Plur./ *die allgemeine Lage, die (vor allem unter einem bestimmten Aspekt) irgendwo herrscht:* Die wirtschaftliche Gesamtlage ist als kritisch einzuschätzen.

Ge·samt·schu·le die <-, -n> *eine Schule, die einen Grund-, Haupt-, Realschul- und Gymnasialzweig in sich vereint, und von welcher Schulform es verschiedene Ausführungen gibt:* kooperative und integrierte Gesamtschule

Ge·samt·sieg der <-(e)s, -e> SPORT *der Sieg bei einem sportlichen Wettbewerb, der aus mehreren Disziplinen oder Etappen besteht*

Ge·sand·te der/die, **Ge·sand·tin** <-n, -n> *diplomatischer Vertreter eines Staates in einem anderen Staat*

Ge·sandt·schaft die <-> /kein Plur./ *Gruppe mehrerer Gesandter*

Ge·sang der [gəˈzaŋ] <-(e)s, Gesänge> ❶ /kein Plur./ *das Singen:* Er hat meinen Gesang auf der Gitarre begleitet.; Sie erkennt die Vögel am Gesang. ❷ /nur Plur./ *Lied:* Der Chor singt gregorianische Gesänge.; Ich habe mir eine CD mit den Gesängen der heimischen Vogelarten gekauft. ❸ /kein Plur./ *das Singen als Kunstform und (Studien-)Fach:* Sie hat am Konservatorium Gesang studiert. ◆ -sausbildung, -slehrer(in)

Ge·sang·buch das <-(e)s, Gesangbücher> *ein Buch mit Text und Noten von (Kirchen-)Liedern*

ge·sang·lich *adj /nicht steig./ /nur attr./ den Gesang betreffend:* eine gesangliche Darbietung

Ge·säß das [gəˈzɛːs] <-es, -e> *der Teil des Körpers, auf dem man sitzt*

Ge·säß·ta·sche die <-, -n> *Tasche am Ge-*

säßteil einer Hose

ge·schä·digt *adj* so, dass jmd./etwas einen Schaden davongetragen hat: ein geschädigtes Gehör ▸ Geschädigte

ge·schafft *adj (umg.)* müde, erschöpft

Ge·schäft *das* [gəˈʃɛft] <-(e)s, -e> **❶** (≈ Handel) (kaufmännische) Unternehmung, die auf Gewinn abzielt und bei der etwas zum Kauf angeboten wird, was andere zu einem bestimmten Preis erwerben: Die Geschäfte gehen gut/stocken.; Das Geschäft kommt zustande/ist perfekt.; Sie haben ein Geschäft abgeschlossen. ◆ -sabschluss, -smethode, -spartner(in), -spraktik(en), -ssitz, -sverkehr, -sbedingungen **❷** /kein Plur./ Verkauf, Absatz: Zu Saisonbeginn wird sich das Geschäft wieder beleben. **❸** /kein Plur./ Gewinn: Damit hast du ein gutes Geschäft gemacht. **❹** Betrieb, Unternehmen, Firma: Er übernimmt das Geschäft seines Vaters. ◆ -santeil, -saufgabe, -sauflösung, -sbüro, -sjubiläum, -skapital, -sleitung, -sbüro, -sstrategie, -swagen, -srückgang **❺** Laden: Wann öffnen die Geschäfte? ◆ -sgründung, -sinhaber(in), -sviertel **❻** *zu erledigende Aufgabe*: Das ist ein ziemlich undankbares Geschäft!; ▪ **sein Geschäft erledigen/machen/verrichten** *(umg.)* den Darm oder die Blase entleeren **❼** SCHWEIZ. Verhandlungs-, Abstimmungsgegenstand

Mit dem Ausdruck **Geschäft** bezeichnet man das Kaufen oder Verkaufen von Waren oder Leistungen mit dem Ziel, einen Gewinn zu erzielen. Umgangssprachlich spricht man von einem „Handel". **Redewendungen**: „Ich bin mit ihm ins Geschäft gekommen" (‚Ich habe ihn als Geschäftspartner gewonnen'); „Willst du mit uns ins Geschäft einsteigen?" (‚Möchtest du an unseren Geschäften beteiligt sein?'); „Ich muss dieses Geschäft tätigen/abwickeln" (‚Ich muss diesen Handel zu Ende bringen'); Frage: „Wie gehen/laufen die Geschäfte?" und Antwort: „Die Geschäfte gehen gut!"; „Geschäft ist Geschäft" (‚Ein Geschäft ist eben/halt so, wie ein Geschäft ist: Wenn es ums Geld geht, kann man auf Gefühle usw. keine Rücksicht nehmen'). In einem weiteren Sinne bezeichnet man mit „Geschäft" unter anderem auch einen Laden (wie in „Lebensmittelgeschäft"), sowie einen Betrieb/eine Firma/ein Unternehmen, was in Komposita wie „Geschäftsführung", „Geschäftsbericht" etc. zum Ausdruck kommt. Wendungen zu „Ge-

schäft" im Sinne von „Laden" sind z.B.: „Sie hat letzten Monat in der Hauptstraße ein Geschäft eröffnet"; „Jeden Tag kommt er müde aus dem Geschäft nach Hause".

Ge·schäf·te·ma·cher *der,* **Ge·schäf·te·ma·che·rin** <-s, -> *(abwert.)* jmd., der aus allem ein Geschäft¹ machen will, um möglichst viel Gewinn zu erzielen ▸ Geschäftemacherei

ge·schäf·ten <geschäftest, geschäftete, hat geschäftet> *ohne OBJ* ▪ **jmd. geschäftet** *Akk.* SCHWEIZ. **❶** ein Geschäft oder Gewerbe betreiben **❷** mit jmdm. Geschäfte machen, geschäftlich verkehren

ge·schäf·tig *adj* (≈ betriebsam) so, dass irgendwo sehr viele Menschen sehr aktiv sind: In der Fußgängerzone herrschte geschäftiges Treiben. ▸ Geschäftigkeit

ge·schäft·lich [gəˈʃɛftlɪç] *adj* /nicht steig./ /nur attr./ **❶** (≈ beruflich ↔ privat) Er ist zurzeit geschäftlich unterwegs. **❷** *die Geschäfte¹ betreffend*: Die Firma besitzt geschäftliche Kontakte nach Amerika.

Ge·schäfts·bü·cher <-> *Plur.* Bücher, in denen die geschäftlichen Ereignisse (eines Unternehmens) eingetragen werden: Einblick in die Geschäftsbücher nehmen/erhalten

ge·schäfts·fä·hig *adj* /nicht steig./ RECHTSW. (↔ geschäftsunfähig) so, dass eine Person (rechtlich gesehen) Geschäfte abschließen kann: Der Junge ist noch nicht volljährig, also nur beschränkt geschäftsfähig. ▸ Geschäftsfähigkeit

Ge·schäfts·feld *das* <-(e)s, -er> *ein Bereich, in dem ein Unternehmen tätig ist*: neue Geschäftsfelder erschließen

Ge·schäfts·frau *die* <-, -en> *siehe* **Geschäftsmann**

Ge·schäfts·füh·rung *die* <-, -en> (≈ Geschäftsleitung) die in der Hierarchie eines Unternehmens oberste Abteilung, die die Unternehmensziele vorgibt und alle Vorgänge steuert ▸ Geschäftsführer(in)

Ge·schäfts·ge·heim·nis *das* <-ses, -se> *siehe* **Betriebsgeheimnis**

Ge·schäfts·jahr *das* <-es, -e> (≈ Wirtschaftsjahr) ein Kalenderjahr unter dem Aspekt der wirtschaftlichen Aktivität und vor allem der Gewinne: Das letzte Geschäftsjahr war nicht so ertragreich, wie wir es erwarteten.

Ge·schäfts·la·ge *die* <-> /kein Plur./ **❶** *die wirtschaftliche Situation eines Unternehmens*: Die Geschäftslage ist momentan kritisch. **❷** *die Lage eines Unterneh-*

mens als (Wirtschafts-)Standort: Wir eröffnen den Laden in guter Geschäftslage, nämlich genau im Stadtzentrum.

Ge·schäfts·leu·te <-> *Plur.* ❶ *Plural von: Geschäftsmann* ❷ *alle Geschäftsmänner und Geschäftsfrauen*

Ge·schäfts·mann *der*, **Ge·schäfts·frau** <-(e)s, Geschäftsmänner/Geschäftsleute> *jmd., der ein Geschäft⁴ leitet oder Geschäfte¹ tätigt*

ge·schäfts·mä·ßig *adj /nicht steig./* ❶ *auf Geschäftliches bezogen* ❷ *sehr sachlich und daher unpersönlich wirkend:* etwas in geschäftsmäßigem Tonfall sagen

Ge·schäfts·ord·nung *die* <-, -en> *die Vorschriften, die das Funktionieren eines Parlaments, eines Amts oder eines Vereins regeln*

Ge·schäfts·raum *der* <-(e)s, Geschäftsräume> *(≈ Büro) für geschäftliche Angelegenheiten benutzter Raum:* Unsere Geschäftsräume befinden sich in der ersten Etage.

ge·schäfts·schä·di·gend *adj so, dass etwas dem geschäftlichen Ansehen schadet:* geschäftsschädigendes Verhalten

Ge·schäfts·sinn *der* <-(e)s> */kein Plur./ Gespür für gute Geschäfte¹*

Ge·schäfts·stel·le *die* <-, -n> *(eine Art) Zweigstelle oder externes Büro einer Institution*

Ge·schäfts·stra·te·gie *die* <-, -n> *Art und Weise des Vorgehens in geschäftlichen Dingen:* Unsere Firma verfolgt eine konservative Geschäftsstrategie.

Ge·schäfts·tä·tig·keit *die* <-> */kein Plur./ geschäftliche Tätigkeit:* eine rege Geschäftstätigkeit entwickeln

ge·schäfts·tüch·tig *adj geschickt im Anbahnen und Abschließen guter Geschäfte¹:* ein geschäftstüchtiger Lehrling ▶ Geschäftstüchtigkeit

ge·schäfts·un·fä·hig *adj /nicht steig./* RECHTSW. *(↔ geschäftsfähig) nicht geschäftsfähig* ▶ Geschäftsunfähigkeit

Ge·schäfts·vor·gang *der* <-(e)s, Geschäftsvorgänge> *(in die Geschäftsbücher einzutragendes) geschäftliches Ereignis*

Ge·schäfts·welt *die* <-> */kein Plur./* ❶ *alle Geschäftsleute* ❷ *der Lebensbereich, zu dem die Geschäfte⁴ gehören*

Ge·schäfts·zeit *die* <-, -en> */meist Plur./ die Zeit, in der ein Laden oder eine Geschäftsstelle für Kunden geöffnet ist*

Ge·schäfts·zim·mer *das* <-s, -> *(≈ Büro) Zimmer für geschäftlicher Angelegenheiten*

Ge·schäfts·zweig *der* <-(e)s, -e> *(≈ Branche)*

ge·schah [gəˈʃaː] *Prät. von* **geschehen**

Ge·schä·ker *das* <-s, -> *(oft abwert.) dauerndes Schäkern:* Ihr Geschäker mit dem neuen Mitarbeiter gefällt mir überhaupt nicht.

ge·schätzt *adj so, dass jmdm. Wertschätzung entgegengebracht wird:* ein von allen geschätzter Kollege

ge·scheckt [gəˈʃɛkt] *adj /nicht steig./ (von Tierfell: ≈ scheckig) gefleckt:* ein geschecktes Fell

Ge·sche·hen *das* [gəˈʃeːən] <-s> */kein Plur./ (≈ Vorgang) etwas, das sich als Vorfall ereignet* ◆Kriegs-, Tages- ▶ Geschehnis

ge·sche·hen [gəˈʃeːən] <geschieht, geschah, ist geschehen> *ohne OBJ* ❶ **etwas geschieht** *(≈ sich ereignen, passieren) sich als Handlung oder Vorgang in der Realität vollziehen:* Was ist geschehen?; Erst geschieht tagelang nichts, dann jagen sich die Ereignisse.; Wann geschah das Unglück? ❷ **etwas geschieht** *ausgeführt werden:* Das Verbrechen geschieht bereits letzte Woche. ❸ **etwas geschieht jmdm.** *widerfahren, zustoßen:* Wenn du aufpasst, kann dir nichts geschehen.; ▪ **es ist um jemanden geschehen** *jmd. ist verloren, finanziell oder gesundheitlich ruiniert;* ▪ **es ist um etwas geschehen** *ein Vorfall beendet die Existenz von etwas;* ▪ **etwas geschieht jemandem recht** *jmd. verdient etwas* Es geschieht ihm recht, dass sie ihn beim Abschreiben erwischt hat.

-ge·sche·hen [gəʃeːən] *als Zweitglied zusammengesetzter Substantive; mit Betonung auf dem Erstglied; drückt aus, dass Abläufe/Vorkommnisse/Aktivitäten in dem mit dem Erstglied bezeichneten Bereich generell in ihrem Umfang erfasst werden:* Wenn Vereinsvorsitzende sich in das aktuelle Spielgeschehen einmischen, lenken sie die Spieler nur ab. ◆Arbeits-, Gegenwarts-, Gruppen-, Krankheits-, Kriegs-, Schul-, Spiel-, Tages-, Tat-, Unfall-, Unterrichts-, Verkehrs-, Wetter-, Zeit-

ge·scheit [gəˈʃait] *adj* ❶ *klug, intelligent:* Er ist ein gescheiter Bursche. ❷ *kluge Gedanken enthaltend:* der gescheite Plan ❸ *(umg.: ≈ vernünftig)* Sei doch gescheit und lass es bleiben!

Ge·schenk *das* [gəˈʃɛŋk] <-(e)s, -e> *etwas, das man jmdm. zu einem bestimmten Anlass gibt, um der Person eine Freude zu machen:* Er hat seiner Freundin zum Geburtstag ein teures Geschenk gemacht.;

Unter dem Weihnachtsbaum stapelten sich die Geschenke.; Das lange Wochenende in Paris ist ein Geschenk meines Mannes.; ▪ **ein Geschenk des Himmels** *etwas, das einen völlig unerwartet aus einer bestimmten Situation befreit oder erlöst* ▸ -artikel, -boutique, -packung, -papier

Ge·schich·te die [gəˈʃɪçtə] <-, -n> ❶ *(≈ Erzählung) Schilderung eines Ereignisses bzw. ein (längerer) Text, in dem jmd. über ein (vergangenes) Geschehen berichtet:* Die Großmutter erzählt den Kindern Geschichten.; Die Geschichte spielt im alten Russland.; ▪ **etwas ist eine lange Geschichte** *etwas ist so kompliziert, dass man es nicht mit wenigen Worten erklären kann* ❷ */kein Plur./ die politische, kulturelle und gesellschaftliche Entwicklung einer bestimmten Region:* Er interessiert sich für die Geschichte Deutschlands.; ein Buch über die Geschichte der Stadt Augsburg ▸ Geschichtsbuch, Geschichtslehrer(in), Geschichtsschreiber(in), Geschichtsschreibung, Geschichtswerk ❸ *Wissenschaft von der Geschichte²:* Er studiert Alte/Mittlere/Neue Geschichte und Germanistik.; Ein Historiker ist ein Wissenschaftler auf dem Gebiet der Geschichte. ▸ Geschichtsforschung, Geschichtsstudium, Geschichtswissenschaft ❹ *(umg.) Angelegenheit:* Kannst du dich an diese merkwürdige/seltsame Geschichte von damals noch erinnern?; ▪ **Geschichte machen** *etwas Entscheidendes für die Entwicklung der Menschheit leisten*

-ge·schich·te [gəʃɪçtə] *als Zweitglied zusammengesetzter Substantive; mit Betonung auf dem Erstglied; drückt aus,* ❶ *dass das mit dem Erstglied Bezeichnete eine Erkrankung ist, die längere Zeit andauert bzw. angedauert hat:* Mit ihrer Rückengeschichte muss sie endlich einmal zum Arzt gehen! ▸ Herz-, Magen-, Nieren-, Rücken-, Unterleibs- ❷ *(abwert.) dass das mit dem Erstglied Bezeichnete ein sexuelles Abenteuer ist:* Dauernd plaudern Fernsehstars über die Bettgeschichten mit ihren früheren Partnern/Partnerinnen, wobei sie alle sexuellen Einzelheiten preisgeben. ▸ Bett-, Dreiecks-, Frauen-, Männer-, Weiber-

ge·schicht·lich *adj /nicht steig./ /nur attr./* ❶ *auf die Geschichte² bezogen* ❷ *den historischen Tatsachen entsprechend:* Aufgrund der wenigen schriftlichen Quellen kann über die geschichtlichen Ereignisse nur spekuliert werden. ▸ Geschichtlichkeit

Ge·schichts·be·wusst·sein das <-s> /kein Plur./ *die Eigenschaft, dass man sich dessen bewusst ist, dass Menschen und ihr Leben immer Teil von geschichtlichen Prozessen bzw. der Geschichte² sind*

Ge·schichts·dra·ma das <-s, Geschichtsdramen> *eine Form des Dramas, die historische Stoffe behandelt:* die Geschichtsdramen Schillers

Ge·schichts·kllit·te·rung die <-> /kein Plur./ *die mit einer bestimmten Absicht verfälschte Darstellung oder Deutung geschichtlicher Ereignisse*

ge·schichts·los *adj /nicht steig./ ohne Bewusstsein für die Geschichtlichkeit von Ereignissen* ▸ Geschichtslosigkeit

Ge·schichts·stun·de die <-, -n> SCHULE *Schulstunde im Unterrichtsfach Geschichte*

ge·schichts·träch·tig *adj so, dass die Geschichtlichkeit eines Ereignisses oder Ortes zum Ausdruck kommt:* ein geschichtsträchtiger Moment

Ge·schichts·un·ter·richt der <-s> /kein Plur./ SCHULE *Unterricht im Schulfach Geschichte*

Ge·schick¹ das [gəˈʃɪk] <-(e)s, -e> ❶ *(geh.) Schicksal* ❷ */meist Plur./ die politischen und wirtschaftlichen Verhältnisse:* Der Seniorchef wachte fast zwei Jahrzehnte über die Geschicke der Firma.

Ge·schick² das [gəˈʃɪk] <-(e)s> /kein Plur./ *(geh.) die Fähigkeit, etwas schnell und gekonnt auszuführen:* Er hat Geschick zum Schnitzen.; Sie hat Talent und Geschick.

Ge·schick·lich·keit die <-> /kein Plur./ *Geschick²:* Ich musste seine handwerkliche Geschicklichkeit bewundern.

Ge·schick·lich·keits·prü·fung die <-, -en> SPORT *(im Motorsport) eine Prüfung, bei der es besonders auf die Fahrtechnik und Geschicklichkeit des Fahrers ankommt*

ge·schickt *adj* ❶ *mit großem Geschick²:* Er ist ein geschickter Bastler. ❷ *gewandt und klug:* Er stellt geschickte Fragen.; Sie hat sich geschickt verteidigt.

Ge·schie·be das <-s> /kein Plur./ *(umg. abwert.) dauerndes Schieben*

Ge·schimp·fe das <-s> /kein Plur./ *(umg. abwert.) ständiges Schimpfen*

Ge·schirr das [gəˈʃɪr] <-(e)s, -e> ❶ *Dinge aus Porzellan und Glas, die man zum Essen und Trinken benutzt:* Sie besitzen elegantes/wertvolles Geschirr. ❷ */kein Plur./ alle Dinge, die man zum Kochen und Essen benutzt:* Wer wäscht heute das Ge-

schirr ab? ◆-spülmaschine, -tuch ▸ Geschirrspüler ❸ *die Riemen, mit denen ein Pferd oder ein anderes Zugtier vor den Wagen gespannt wird*
Ge·schirr·wasch·ma·schi·ne die <-, -n> SCHWEIZ. *Geschirrspülmaschine*
Ge·schiss das <-es> /kein Plur./ (umg.) *unnötiges Getue:* Mach doch kein Geschiss wegen einer solch kleinen Sache!
ge·schlän·gelt adj /nicht steig./ *so, dass etwas in Schlangenlinien verläuft:* eine geschlängelte Wegstrecke
ge·schlaucht adj (umg.) *müde, erschöpft*
Ge·schlecht das [gəˈʃlɛçt] <-(e)s, -er> ❶ / kein Plur./ *die Merkmale, aufgrund derer Lebewesen als männlich oder aber als weiblich bestimmt werden:* Welches Geschlecht hat der Hund? ◆-smerkmal, -sumwandlung, -sunterschied ❷ *alle Lebewesen, die von gleicher Geschlechtszugehörigkeit sind/die das gleiche Geschlecht haben:* das männliche und das weibliche Geschlecht ◆-szugehörigkeit, -sgenosse ▸ geschlechtsspezifisch ❸ *kurz für "Geschlechtsteil"* ◆-steil, -sorgan, -skrankheit ❹ (geh.) *Familie, Sippe:* Er stammt aus einem alten/vornehmen Geschlecht. ❺ SPRACHWISS. *Genus;* ■ **das starke Geschlecht** *(umg. scherzh.) die Männer;* ■ **das schwache/schöne Geschlecht** *(umg. scherzh.) die Frauen*
Ge·schlech·ter·fol·ge die <-, -n> *Abfolge der Generationen*
Ge·schlech·ter·kampf der <-(e)s, Geschlechterkämpfe> *(oft scherzh.) Kampf der Geschlechter² untereinander:* Trotz der Emanzipationsbewegung tobt der Geschlechterkampf weiter.
Ge·schlech·ter·rol·le die <-, -n> *die (soziale) Rolle, die das jeweilige Geschlecht² einnimmt:* Heutzutage sind die Geschlechterrollen nicht mehr so eindeutig zu definieren wie früher.
Ge·schlech·ter·ver·hält·nis das <-ses, -se> *das Verhältnis der Geschlechter² zueinander*
ge·schlecht·lich adj /nicht steig./ /nur attr./ ❶ (≈ *sexuell*) *mit jemandem geschlechtlich verkehren* ❷ BIOL. (↔ *ungeschlechtlich*) *das Geschlecht¹ betreffend:* Das Buch beschreibt die biologischen Vorgänge bei der geschlechtlichen Fortpflanzung. ▸ Geschlechtlichkeit
Ge·schlechts·akt der <-(e)s, -e> (≈ *Geschlechtsverkehr, Koitus*) *der Vorgang, dass sich Mann und Frau sexuell vereinigen:* den Geschlechtsakt vollziehen
ge·schlecht(s)·los adj /nicht steig./ (≈ *asexuell*) *so, dass ein Lebewesen keine Geschlechtszugehörigkeit hat:* ein geschlechtsloses Wesen
ge·schlechts·neu·t·ral adj /nicht steig./ *weder männlich noch weiblich:* eine geschlechtsneutrale Anredeformel
ge·schlechts·reif adj /nicht steig./ *so alt und so weit körperlich entwickelt, dass sich ein Lebewesen fortpflanzen kann:* ein geschlechtsreifes Weibchen ▸ Geschlechtsreife
Ge·schlechts·trieb der <-(e)s> /kein Plur./ (≈ *Sexualtrieb*)
Ge·schlechts·ver·kehr der <-s> /kein Plur./ (≈ *Geschlechtsakt*) Sie sagte aus, es sei in dieser Nacht zum Geschlechtsverkehr mit dem Angeklagten gekommen.
Ge·schlechts·wort das <-(e)s, -e> SPRACHWISS. *Artikel*
ge·schlif·fen adj /Part. Perf. zu „schleifen"/ *(in Bezug auf die äußere Form und das Verhalten) perfekt, tadellos:* Sie hat geschliffene Manieren. ▸ Geschliffenheit
ge·schlos·sen [gəˈʃlɔsn̩] adj /nicht steig./ /Part. Perf. zu „schließen"/ ❶ (≈ *vollzählig*) *so, dass alle Personen, die zu einer Gruppe gehören, anwesend sind:* Die Familie kam geschlossen zu dieser Feier. ❷ *so, dass nur Eingeladene dazugehören:* Im Nebenzimmer des Gasthauses feiert eine geschlossene Gesellschaft. ❸ *in sich zusammenhängend:* Er ist zu schnell durch die geschlossene Ortschaft gefahren.
Ge·schmack der [gəˈʃmak] <-(e)s, -schmäcke/Geschmäcker> ❶ *das, was man beim Essen und Trinken wahrnimmt:* Er lobte besonders den süßen/scharfen/süß-sauren/exotischen/fruchtigen/frischen Geschmack des Essens.; Die Erdbeeren sind ganz frisch und ausgezeichnet im Geschmack.; der unvergleichliche Geschmack frischer Trüffel ❷ *die Fähigkeit, Schönes von Hässlichem zu unterscheiden und seine Umgebung mit schönen und passenden Dingen zu gestalten:* Er hat viel/wenig/keinen/einen guten/einen schlechten Geschmack.; Sie hat ihre Wohnung mit viel Geschmack eingerichtet. ❸ (geh.) *die Mode, die zu einer bestimmten Zeit oder in einer bestimmten Epoche am wichtigsten ist:* In dem Haus ist ein Zimmer, das ganz im Geschmack des Biedermeiers eingerichtet ist. ◆ Zeit- ❹ *persönliche Vorliebe:* Das ist nicht mein/nach meinem Geschmack.; Die CD trifft genau meinen Geschmack.; ■ **an etwas Geschmack finden** *an etwas Freude oder Spaß finden;* ■ **an etwas Geschmack ge-**

winnen/einer Sache Geschmack abgewinnen/auf den Geschmack kommen *die angenehmen Seiten einer Sache langsam entdecken*

ge·schmack·lich adj /nicht steig./ /nur attr./ *den Geschmack¹ ² betreffend*: eine geschmackliche Verirrung

ge·schmack·los adj ① *ohne Geschmack¹*: Das Essen war nicht würzig, sondern völlig geschmacklos. ② *ohne Geschmack²*: Wie kann man seine Wohnung derart geschmacklos einrichten? ③ *taktlos und unverschämt*: Er kränkte sie mit dieser geschmacklosen Bemerkung.

Ge·schmack·lo·sig·keit die <-, -en> ① / kein Plur./ *Taktlosigkeit* ② *geschmacklose³ Äußerung oder Handlung*

Ge·schmack(s)·sa·che die <-> /kein Plur./ *eine Frage des Geschmacks⁴*: Mir gefällt diese Musik nicht; aber das ist Geschmackssache.

Ge·schmacks·emp·fin·dung die <-> / kein Plur./ *(≈ Geschmackssinn)*

Ge·schmacks·fra·ge die <-, -n> *Frage des Geschmacks⁴*

Ge·schmacks·nerv der <-s, -en> *für die Geschmacksempfindung zuständiger Nerv*

ge·schmacks·neu·tral adj /nicht steig./ *so, dass etwas keinen spezifischen Geschmack¹ aufweist*: eine geschmacksneutrale Gemüsesorte

Ge·schmacks·rich·tung die <-, -en> ① *eine der verschiedenen Varianten eines Geschmacks¹*: Es gibt Whiskys in vielen unterschiedlichen Geschmacksrichtungen. ② *eine der verschiedenen Varianten eines Geschmacks⁴*: Das Einrichtungshaus führt Möbel in ganz verschiedenen Geschmacksrichtungen.

Ge·schmacks·sa·che siehe **Geschmacksache**

Ge·schmacks·sinn der <-(e)s> /kein Plur./ *die Fähigkeit, den Geschmack¹ wahrzunehmen*

Ge·schmacks·stoff der <-(e)s, -e> CHEM. *ein Stoff, der den Geschmackssinn anspricht*: ohne künstliche Geschmacksstoffe

Ge·schmacks·ver·ir·rung die <-, -en> *(abwert.) Abweichung vom guten Geschmack²*: Was für ein unmöglicher Lampenschirm: — Dein Bruder leidet wohl an Geschmacksverirrung!

Ge·schmacks·ver·stär·ker der <-s, -> CHEM. *ein Stoff, der den Eigengeschmack von etwas verstärkt*

ge·schmack·voll adj (↔ geschmacklos) *mit Geschmack²*: Sie ist stets geschmackvoll gekleidet.; eine geschmackvoll eingerichtete Wohnung

Ge·schmat·ze das <-s> /kein Plur./ *(umg. abwert.) (dauerndes) Schmatzen*

Ge·schmei·de das <-s, -> *(geh.) (wertvoller) Schmuck*

ge·schmei·dig adj ① *weich*: Das Leder ist sehr geschmeidig. ② *anmutig und kraftvoll*: Sie bewegt sich geschmeidig wie eine Katze.

Ge·schmeiß das <-es> /kein Plur./ ① *(geh.) Ungeziefer* ② *(abwert.) Gesindel*

Ge·schmier, Ge·schmie·re das <-(e)s> / kein Plur./ *(umg. abwert.)* ① *ein Text, der unsauber (mit der Hand) geschrieben ist und den man nur schwer lesen kann*: Dein Geschmier kann doch kein Mensch lesen! ② *niveauloser Text*

Ge·schnet·zel·te das <-n> /kein Plur./ LANDSCH. *Gericht aus dünnen, kleinen Fleischstücken in Soße* ◆ Puten-, Schweine-

ge·schnie·gelt adj (oft abwert.: ≈ herausgeputzt) *so, dass man auf sein äußeres Erscheinungsbild (übertrieben) viel Mühe verwendet hat*: ein geschniegelter Typ; **geschniegelt und gebügelt** *sorgfältig zurechtgemacht*

Ge·schöpf das [gəˈʃœpf] <-(e)s, -e> ① *(≈ Kreatur) Lebewesen jeder Art*: Geschöpfe Gottes ② *eine literarische Figur, die ein Autor erfunden und ausgestaltet hat*: Dr. Hannibal Lecter ist das Geschöpf des amerikanischen Schriftstellers Thomas Harris.

Ge·schoss¹ das [gəˈʃɔs] <-es, -e> *etwas, das aus einer Schusswaffe abgefeuert wird*: Das Geschoss hinterließ ein Loch von drei Zentimetern Durchmesser.

Ge·schoss² das [gəˈʃɔs] <-es, -e> *(≈ Stockwerk)* Wir wohnen im obersten Geschoss. ◆ Ober-, Unter-

ge·schraubt adj /Part. Perf. zu „schrauben"/ *(abwert.: ≈ gestelzt) so, dass jmds. sprachliche Ausdrucksweise nicht natürlich klingt, sondern übertrieben geschliffen ist*: Seine Ausdrucksweise war ziemlich geschraubt. ◆ Geschraubtheit

Ge·schrei das <-s> /kein Plur./ ① *(umg. oft abwert.) dauerndes Schreien* ② *(umg.) lautes Jammern wegen Kleinigkeiten*: Deswegen brauchst du doch kein solches Geschrei zu machen.

Ge·schreib·sel das <-s> /kein Plur./ *(umg. abwert.) minderwertig Geschriebenes*

ge·schult adj *(≈ geübt) so, dass man etwas sofort erkennt, weil man viel Erfahrung* *hat:* ein geschultes Auge besitzen

Ge·schütz *das <-es, -e> schwere Feuerwaffe;* ■ **schweres Geschütz auffahren** *(umg.) jmdm. sehr scharf entgegengetreten, sehr energisch kritisieren* ◆-feuer

Ge·schwa·der *das <-s, ->* MILIT. *Verband von Schiffen oder Flugzeugen*

Ge·schwa·fel *das <-s> /kein Plur./ (umg. abwert.) langes, dummes Reden, dauerndes Schwafeln*

Ge·schwätz *das <-es> /kein Plur./* ❶ *anhaltendes, dummes Reden* ❷ *(umg. abwert.) Unsinn, Klatsch:* Ich gebe nichts auf das Geschwätz anderer Leute.

ge·schwät·zig [gə'ʃvɛtsɪç] *adj (umg. abwert.) so, dass man allzu gern redet:* eine geschwätzige Art haben/besitzen ▶ Geschwätzigeit

ge·schweift *adj /nicht steig./* ❶ *mit einem Schweif* ❷ **geschweifte Klammern** *(↔ eckige, runde, spitze Klammern) so, dass Klammern eine bogenförmig runde Form haben, bei der eine kleine Spitze nach außen zeigt* einen Ausdruck in geschweifte Klammern setzen

ge·schwei·ge [gə'ʃvaigə] *adv* ■ **nicht A, geschweige denn B** *nicht A und erst recht nicht B* Sie wollte ihm nicht zuhören, geschweige denn seine Entschuldigung annehmen.

ge·schwind *adj* SÜDDT. *schnell:* Ich gehe geschwind zum Einkaufen.

Ge·schwin·dig·keit *die* [gə'ʃvɪndɪçkait] *<-, -en>* ❶ *(≈ Tempo) die Eigenschaft bewegter Körper, pro Zeiteinheit eine bestimmte Wegstrecke zurückzulegen:* Der Wagen kam mit hoher Geschwindigkeit von der Fahrbahn ab.; Die Geschwindigkeit beträgt 45 Kilometer pro Stunde. ◆-sbegrenzung, -smesser, -süberschreitung ❷ *das Verhältnis der geleisteten Arbeit zur benötigten Zeit:* Das System verarbeitet Daten mit rasender Geschwindigkeit.

Ge·schwis·ter [gə'ʃvɪstɐ] *<-> Plur. zwei oder mehrere Personen, die Brüder und/oder Schwestern sind*

ge·schwol·len [gə'ʃvɔlən] *adj /Part. Perf. zu „schwellen"/ (abwert.) affektiert, hochtrabend, schwülstig:* eine geschwollene Ausdrucksweise

Ge·schwo·re·ne *der/die* [gə'ʃvoːrənə] *<-n, -n>* RECHTSW. *Laienrichter*

Ge·schwo·re·nen·ge·richt *das <-(e)s, -e>* ❶ RECHTSW. *(veralt.) Schwurgericht* ❷ RECHTSW. *für schwerwiegende Verbrechen zuständiges Gericht[1], dem auch Geschworene angehören*

Ge·schwulst *die <-, Geschwülste> (≈ Tu-*

mor) ein Gebilde, das sich in einem Organ durch krankhaftes Zellwachstum gebildet hat ◆Krebs-, Tochter-

Ge·schwür *das <-(e)s, -e> (meist eitrige) Entzündung* ◆Darm-, Magen-, Zahn-

Ge·selch·te *das <-n> /kein Plur./* SÜDDT., ÖSTERR. *Rauchfleisch*

Ge·sel·le *der,* **Ge·sel·lin** *<-n, -n>* ❶ *ein Handwerker, der seine Lehrzeit mit einer Prüfung beendet hat* ◆Bäcker-, Handwerks-, Fleischer-, Maurer-, Schlosser-, Schneider-, Schreiner- ❷ *(veralt.) Bursche*

ge·sel·len *<gesellst, gesellte, hat gesellt> mit* SICH ❶ ■ *jmd. gesellt sich zu jmdm. sich jmdm. anschließen:* Nachdem es eine Weile allein gespielt hatte, gesellte sich das Kind zu den anderen. ❷ ■ **etwas gesellt sich zu etwas** *hinzukommen:* Zu seinen privaten Problemen gesellte sich die Sorge um den Arbeitsplatz.

ge·sel·lig [gə'zɛlɪç] *adj* ❶ *so, dass man gern in Gesellschaft anderer Menschen ist:* Er ist ein geselliger Typ, der sich in der Gemeinschaft wohl fühlt. ❷ *zwanglos und unterhaltsam:* Wir wollen uns morgen zu einem geselligen Beisammensein treffen.

Ge·sel·lig·keit *die <-> /kein Plur./ zwangloser Umgang/Verkehr mit anderen Menschen* ▶ gesellig

Ge·sell·schaft *die* [gə'zɛlʃaft] *<-, -en>* ❶ *die Menschen, die in einem Land unter bestimmten politischen, sozialen und wirtschaftlichen Verhältnissen zusammenleben:* Welche Werte bestimmen die heutige Gesellschaft? ◆-skritik, -skritiker(in), -sordnung, -spolitik, -sschicht ▶ gesellschaftskritisch, gesellschaftspolitisch ❷ */kein Plur./ Umgang:* Sie ist in schlechte Gesellschaft geraten.; Er legte keinen Wert auf meine Gesellschaft. ❸ */kein Plur./ soziale Oberschicht:* Er wurde bei dieser Gelegenheit in die Gesellschaft eingeführt. ❹ *Gruppe von Menschen, die beisammen sind:* Im Nebenraum des Gasthauses feiert eine fröhliche/ausgelassene/geschlossene Gesellschaft. ◆-sraum, -sreise, -szimmer ❺ *Zusammenschluss von Menschen mit gemeinsamen Interessen oder Zielen:* Damals wurde diese literarische Gesellschaft gegründet. ❻ WIRTSCH. *Handels-, Industrieunternehmen; Firma;* ■ **jemandem Gesellschaft leisten** *bei jmdm. sein*

Ge·sell·schaf·ter *der,* **Ge·sell·schaf·te·rin** *<-s, ->* WIRTSCH. *Teilhaber an einer Gesellschaft[6]*

ge·sell·schaft·lich *adj /nicht steig./ /nur attr./* ❶ *die Gesellschaft[1] betreffend; so-*

zial: Die gesellschaftlichen Verhältnisse haben sich in den vergangenen Jahrzehnten stark gewandelt. ❷ *in der Gesellschaft[1]:* Er hat sich gesellschaftlich verbessert. ❸ *in der Gesellschaft[3] üblich:* Er beherrscht die gesellschaftlichen Umgangsformen.

Ge·sẹll·schafts·an·zug der <-(e)s, Gesellschaftsanzüge> *Anzug für eine festliche Abendgesellschaft*

ge·sẹll·schafts·fä·hig adj *so, dass jmd. oder etwas den Maßstäben der Gesellschaft[3] entspricht:* Seit der Geburt ihres unehelichen Kindes scheint sie in manchen Kreisen nicht mehr gesellschaftsfähig zu sein.

Ge·sẹll·schafts·leh·re die <-> /kein Plur./ ❶ SCHULE *(≈ Gemeinschaftskunde) Schulfach, das Geographie, Geschichte und Sozialkunde umfasst* ❷ *Soziologie*

Ge·sẹll·schafts·spiel das <-(e)s, -e> *ein unterhaltsames Spiel für mehrere Personen*

Ge·sẹll·schafts·stück das <-(e)s, -e> THEAT. *Theaterstück, dessen Thematik in der höheren Gesellschaft anzusiedeln ist*

Ge·sẹll·schafts·tanz der <-es, Gesellschaftstänze> *ein Paartanz, dessen Schritte festgelegt sind:* Der Walzer ist ein Gesellschaftstanz.

Ge·sẹll·schafts·wis·sen·schaft die <-, -en> ❶ /kein Sing./ *Soziologie* ❷ /meist Plur./ *Wissenschaften, die die Gesellschaft[1] als Untersuchungsgegenstand haben* ▸ gesellschaftswissenschaftlich

ge·sẹngt ▪ *wie eine gesengte Sau fahren (umg.) zu schnell fahren*

Ge·sẹtz das [gə'zɛts] <-es, -e> ❶ *vom Staat festgesetzte, rechtlich bindende Vorschrift:* Das neue Gesetz wurde im Parlament eingebracht/beraten/verabschiedet. ◆-buch, -esänderung, -esbrecher(in), -esbruch, -eslücke, -essammlung/-sammlung, -estext, -esübertretung ❷ *ein Prinzip, auf dem Vorgänge/Abläufe beruhen:* Wie lautet das Gesetz der Gravitation/das Gesetz von Angebot und Nachfrage?

Ge·sẹtz·ent·wurf, **Ge·sẹtz·es·ent·wurf** der <-(e)s, Gesetzentwürfe> POL. *Entwurf eines Gesetzes:* dem Parlament einen Gesetzentwurf vorlegen

Ge·sẹtz·es·hü·ter der, **Ge·sẹtz·es·hü·te·rin** <-s, -> */(scherzh.) Polizist*

ge·sẹtz·es·kun·dig adj *so, dass man sich in den Gesetzen[1] auskennt*

Ge·sẹtz·es·no·vel·le die <-, -n> POL. *Ergänzung oder Nachtrag zu einem bestehenden Gesetz[1]:* eine Gesetzesnovelle einbringen

Ge·sẹtz·zes·ta·fel die <-, -n> /meist Plur./ REL. *(in der Bibel) die steinernen Tafeln, auf denen die Zehn Gebote stehen*

ge·sẹtz·zes·treu adj *so, dass man die Gesetze[1] befolgt:* ein gesetzestreuer Bürger ▸ Gesetzestreue

Ge·sẹtz·zes·vor·la·ge die <-, -n> POL. *Gesetzentwurf*

Ge·sẹtz·ge·ber der <-s, -> POL. *staatliche Instanz (meist das Parlament), die Gesetze[1] verabschiedet*

ge·sẹtz·ge·be·risch adj /nicht steig./ /nur attr./ POL. *die Gesetzgebung betreffend:* das gesetzgeberische Verfahren ▸ Gesetzgebungsverfahren

ge·sẹtz·lich adj /nicht steig./ /nur attr./ *durch ein Gesetz[1] festgelegt:* Du hättest dich an die gesetzlichen Bestimmungen halten sollen. ▸ Gesetzlichkeit

ge·sẹtz·los adj *ohne Gesetz[1] oder Gesetze[1] missachtend:* In dieser Stadt herrschen seit geraumer Zeit gesetzlose Zustände. ▸ Gesetzlosigkeit

ge·sẹtz·mä·ßig adj /nicht steig./ ❶ *rechtmäßig, legal:* Sie ist zweifelsfrei die rechtmäßige Besitzerin. ❷ *durch ein Gesetz[2] geregelt; regelmäßig (ablaufend):* Wir haben es hier mit einer gesetzmäßigen Entwicklung zu tun.

Ge·sẹtz·mä·ßig·keit die <-, -en> *gesetzmäßige Beschaffenheit*

ge·sẹtzt adj *reif, besonnen, fest in seinen Ansichten:* Auch du wirst im Alter gesetzter werden. ▸ Gesetztheit

ge·sẹtz·wid·rig adj *so, dass etwas gegen das Gesetz verstößt:* eine gesetzwidrige Tat verüben ▸ Gesetzwidrigkeit

Ge·seuf·ze das <-s> /kein Plur./ *(umg.) ständiges Seufzen:* Lass doch das Geseufze: Ruf ihn einfach an.

ge·si·chert adj *so, dass etwas sicher oder geschützt ist:* etwas aus gesicherter Quelle erfahren haben

Ge·sicht das [gə'zɪçt] <-(e)s, -er> ❶ *vordere Seite des Kopfes* ◆-screme/-skrem(e), -sfarbe, -sform, -shälfte, -slähmung, -smuskel, -snerv, -speeling, -spflege ❷ *Miene, Gesichtsausdruck;* ▪ *jemandem etwas offen ins Gesicht sagen jmdm. deutlich die Meinung sagen;* ▪ *sein wahres Gesicht zeigen sein wahres Wesen zeigen;* ▪ *ein langes Gesicht machen enttäuscht blicken;* ▪ *den Tatsachen ins Gesicht sehen vor der Realität nicht zurückschrecken;* ▪ *jemanden zu Gesicht bekommen jmdn. sehen;* ▪ *das Gesicht verlieren durch sein Verhalten Ansehen und*

Respekt verlieren; ■ **das Gesicht wahren** *in einer schwierigen Situation so tun, als ob alles in Ordnung wäre* ◆ -sausdruck

Ge·sichts·er·ker *der* <-s, -> *(scherzh.) Nase*

Ge·sichts·feld *das* <-(e)s> /kein Plur./ *das, was man mit unbewegtem Auge erfassen kann:* ein eingeschränktes Gesichtsfeld haben/besitzen

Ge·sichts·kon·trol·le *die* <-, -n> *(oft scherzh.) Kontrolle, bei der jmd. nach dem äußeren Eindruck beurteilt wird:* Wir müssen erst noch die Gesichtskontrolle des Türstehers überstehen.

Ge·sichts·mas·ke *die* <-, -n> ❶ *eine Maske, die man (z.B. im Karneval) vor dem Gesicht trägt* ❷ *ein kosmetisches Präparat, das auf das Gesicht aufgetragen wird und dort eine bestimmte Zeit einwirkt*

Ge·sichts·punkt *der* <-(e)s, -e> *Aspekt, Blickwinkel:* Derartige Produktionsverfahren sind unter wirtschaftlichen Gesichtspunkten heute nicht mehr rentabel.

Ge·sichts·straf·fung *die* <-, -en> *(operative) Straffung der Gesichtshaut:* eine Gesichtsstraffung vornehmen lassen; *siehe auch* **Lifting**

Ge·sichts·ver·lust *der* <-(e)s, -e> *(übertr.: ↔ Gesichtswahrung) Verlust von Ansehen/Respekt*

Ge·sichts·wah·rung *die* <-> /kein Plur./ *(↔ Gesichtsverlust)*

Ge·sichts·win·kel *der* <-s, -> *Perspektive:* Es kommt darauf an, aus welchem Gesichtswinkel man die Sache betrachtet.

Ge·sichts·zug *der* <-(e)s, Gesichtszüge> /meist Plur./ *typische, charakteristische Ausprägung eines Gesichts¹:* Sie hat edle/feine/harte/ebenmäßige Gesichtszüge.

Ge·sims *das* <-es, -e> *fensterbrettartiger Mauervorsprung* ◆ -brett

Ge·sin·del *das* <-s> /kein Plur./ *(abwert.: ≈ Pack) heruntergekommene, arme, zur Kriminalität neigende Menschen*

ge·sinnt *adj* /nicht steig./ *eine Meinung vertretend:* Ich war ihm durchaus freundlich gesinnt. ◆ Getrenntschreibung → R 4.3 gut gesinnt; gleich gesinnt sein; anders gesinnt sein

Ge·sin·nung *die* <-, -en> *grundsätzliche Art, in der jmd. denkt:* Ich kenne seine politische Gesinnung nicht.

Ge·sin·nungs·ge·nos·se *der,* **Ge·sin·nungs·ge·nos·sin** <-n, -n> *jmd., der die gleiche (politische) Gesinnung hat*

ge·sin·nungs·los *adj so, dass man keine (positive) Gesinnung/Haltung aufweist:* ein gesinnungsloser Machtmensch ▶ Gesinnungslosigkeit

Ge·sin·nungs·lump *der* <-en, -en> *(abwert.) jmd., der gesinnungslos ist oder seine Gesinnung opportunistisch ändert*

Ge·sin·nungs·schnüf·fe·lei *die* <-, -en> *(abwert.) (als aufdringlich empfundenes) Ausforschen der Gesinnung von jmdm.*

ge·sin·nungs·treu *adj so, dass man seinen Gesinnungen treu ist oder bleibt* ▶ Gesinnungstreue

Ge·sin·nungs·wech·sel *der* <-s, -> *Wechsel der Gesinnung*

ge·sit·tet *adj mit guten Manieren, wohlerzogen:* ein gesittetes Wesen haben

Ge·socks *das* <-es> /kein Plur./ *(abwert.) Gesindel, Pack*

Ge·söff *das* <-s, (-e)> *(umg. abwert.) schlecht schmeckendes Getränk*

ge·son·dert *adj /nicht steig./ einzeln, extra:* Die Geräte werden gesondert verpackt.

Ge·sot·te·ne(s) *das* <-n> /kein Plur./ LANDSCH. *gekochtes Fleischgericht*

Ge·spann *das* <-(e)s, -e> ❶ *zwei Menschen, die gut zueinander passen:* Die zwei sind/bilden ein gutes Gespann. ❷ *Zugtiere, die gemeinsam einen Wagen ziehen* ❸ *ein Wagen mit einem Gespann¹*

ge·spannt *adj /Part. Perf. zu „spannen"/* ❶ *neugierig, erwartungsvoll:* Da bin ich aber mal gespannt!; Sie öffnete gespannt ihr Geschenk. ❷ *angespannt; so, dass es einen unterschwelligen Konflikt gibt:* Die Lage im Krisengebiet ist nach wie vor gespannt.

Ge·spannt·heit *die* <-> /kein Plur./ *das Gespanntsein*

Ge·spenst *das* [gəˈʃpɛnst] <-(e)s, -er> ❶ *(≈ Geist) ein spukendes Wesen in Menschengestalt, das Furcht verbreitet (das jedoch nicht wirklich existiert):* In der alten Burg soll es Gespenster geben. ◆ -ergeschichte, -erglaube, -erstunde ❷ *Gefahr:* Man sollte jetzt nicht das Gespenst eines neuen Krieges heraufbeschwören.; ■ **Gespenster sehen** *(umg.) sich etwas einbilden*

ge·spens·tisch *adj (≈ unheimlich) sehr unheimlich:* Vor dem Unwetter herrschte gespenstische Stille

ge·sperrt *adj /nicht steig./* ❶ *nicht zugänglich, abgeschlossen:* eine gesperrte Zufahrt; ein gesperrtes Konto ❷ *(vom Schriftsatz her) mit größeren Abständen zwischen den Buchstaben gedruckt*

Ge·spie·le *der,* **Ge·spie·lin** <-n,

-n> ❶ *Spielkamerad, Freund* ❷ *(scherzh.) Geliebte(r)*

ge·spielt *adj /nicht steig./ (≈ vorgetäuscht) nicht echt:* etwas mit gespieltem Entsetzen/Erstaunen sagen

Ge·spons *der* <-es, -e> *(scherzh.) Ehemann* ◆ Ehe-

Ge·spött jemandem zum Gespött machen *jmdn. lächerlich machen;* zum Gespött (der Leute) werden *sich lächerlich machen und verspottet werden*

Ge·spräch *das* [gə'ʃprɛːç] <-(e)s, -e> ❶ *(≈ Unterhaltung) mündlicher Austausch von Gedanken zwischen mindestens zwei Personen:* Wir führten ein gutes/langes/intensives/offenes/vertrauliches/fachliches/dienstliches Gespräch. ◆-sanalyse, -sleiter(in), -srunde, -sthema, -stherapie ❷ *(≈ Telefonat) kurz für „Telefongespräch":* Legen Sie das Gespräch bitte auf mein Zimmer. ◆ Fern-, Nah-, Orts-

ge·sprä·chig *adj so, dass man sich gern mit anderen Menschen unterhält* ◆ Gesprächigkeit

ge·sprächs·be·reit *adj bereit zum Gespräch*

Ge·sprächs·be·reit·schaft *die* <-> /*kein Plur./ Bereitschaft zum Gespräch:* Gesprächsbereitschaft zeigen/signalisieren

Ge·sprächs·ge·gen·stand *der* <-(e)s, Gesprächsgegenstände> *Gegenstand/Thema eines Gesprächs*

Ge·sprächs·kreis *der* <-es, -e> *Gruppe von Leuten, die Gespräche miteinander führen*

Ge·sprächs·pau·se *die* <-, -n> *Pause im Gespräch:* eine Gesprächspause zu überbrücken versuchen

ge·sprächs·wei·se *adj /nicht steig./ durch oder im Gespräch:* etwas gesprächsweise anklingen lassen

Ge·sprächs·zeit *die* <-, -en> *Sprechzeit*

ge·spreizt *adj /Part. Perf. zu „spreizen"/ (abwert.) geziert, gekünstelt, unnatürlich:* Sie hat sich sehr gespreizt ausgedrückt. ◆ Gespreiztheit

ge·spren·kelt *adj /nicht steig./ mit kleinen Punkten versehen:* Die Eier dieses Vogels sind gesprenkelt.

Ge·spritz·te *der* <-n, -n> ÖSTERR. *Weinschorle*

Ge·spür *das* <-s> /*kein Plur./ die Fähigkeit, etwas gefühlsmäßig und instinktiv zu erfassen:* Für so etwas hat er überhaupt kein/ein feines/gutes Gespür.

Ge·stalt *die* [gə'ʃtalt] <-, -en> ❶ *die äußere Erscheinung des Menschen bezüglich seines Körperbaus:* Er ist von gedrungener/hagerer/schmächtiger Gestalt.; ein Mann von der Gestalt eines Hünen ❷ *eine Person, die man nur undeutlich erkennen kann:* am Ende der Straße gerade noch schemenhaft eine Gestalt erkennen können ❸ *bedeutende Persönlichkeit der Geschichte:* Cicero und Seneca waren Gestalten der römischen Geschichte. ❹ *(≈ Figur) literarische Figur:* die zentrale Gestalt eines Romans ❺ *die sichtbare äußere Form von etwas:* Das Sternbild hat die Gestalt eines Wagens.; in Gestalt von etwas/in Gestalt einer Sache *erscheinend, vorhanden seiend als;* Gestalt annehmen/gewinnen *langsam Wirklichkeit werden*

ge·stal·ten [gə'ʃtaltn̩] <gestaltest, gestaltete, hat gestaltet> I. *mit OBJ* jmd. gestaltet etwas *einer Sache eine bestimmte Form geben:* Die Dozenten sind bemüht, die Workshops abwechslungsreich zu gestalten.; Schüler des Leistungskurses Kunst haben das Mosaik im Innenhof des Gymnasiums gestaltet.; Es gibt viele Möglichkeiten, die Freizeit zu gestalten. II. *mit SICH* etwas gestaltet sich irgendwie *sich in einer bestimmten Art und Weise entwickeln:* Die Bergungsarbeiten gestalten sich äußerst schwierig.

ge·stalt·los *adj /nicht steig./ (≈ formlos) so, dass es keine (erkennbare) Gestalt hat* ◆ Gestaltlosigkeit

Ge·stal·tung *die* <-, -en> /*meist Sing./ das Gestalten I, Gestaltetsein*

Ge·stal·tungs·kraft *die* <-, Gestaltungskräfte> *die Kraft, etwas kreativ zu gestalten*

Ge·stal·tungs·wil·le *der* <-ns> *der Wille, etwas (kreativ) zu gestalten*

Ge·stam·mel *das* <-s> /*kein Plur./ (abwert.) undeutlich hervorgebrachte, gestotterte Worte, Sätze:* Sein Gestammel war kaum zu verstehen.

ge·stand *Prät. von* **gestehen**

ge·stan·den *Part. Perf. von* **gestehen**

ge·stän·dig [gə'ʃtɛndɪç] *adj /nicht steig./ so, dass man eine kriminelle Tat gesteht:* Sein inzwischen geständiger Komplize hat auch verraten, dass weitere Überfälle geplant waren. ◆ Geständigkeit

Ge·ständ·nis *das* [gə'ʃtɛntnɪs] <-ses, -se> *eine Äußerung, in der jmd. sagt, dass er ein Verbrechen begangen hat:* Der Festgenommene hat überraschend ein Geständnis abgelegt. ◆ Schuld-, Teil-

Ge·stän·ge *das* <-s, -> *mehrere Stangen, die zusammen eine Konstruktion bilden:* Das Zelt besteht aus Zeltleinwand, Spannseilen und einem Gestänge.

Ge·stank der [gəˈʃtaŋk] <-(e)s> /kein Plur./ (abwert.) übler Geruch: Im Stall herrschte ein unbeschreiblicher Gestank. ▸ Aas-, Abgas-, Benzin-, Schwefel-

ge·stat·ten [gəˈʃtatn̩] <gestattest, gestattete, hat gestattet> **I.** mit OBJ ▪ jmd./etwas gestattet jmdm./etwas etwas Akk. (förmlich) genehmigen, erlauben: Der Arzt gestattete ihm einen kurzen Besuch auf der Intensivstation.; Der Zutritt zu diesen Räumen ist nur den Mitarbeitern gestattet.; Gestatten Sie mir eine Erklärung! **II.** mit SICH ▪ jmd. gestattet sich etwas (umg.) sich die Freiheit nehmen, sich gönnen: Er gestattete sich eine ausgiebige Pause.

ge·stat·tet adj /nicht steig./ (≈ erlaubt) Rauchen ist nicht gestattet.

Ges·te die [ˈgɛstə/ˈgeːstə] <-, -n> ❶ Bewegung von Körperteilen (besonders der Arme und Hände), durch die man etwas Bestimmtes zum Ausdruck bringt: Sie machte eine einladende/entschuldigende Geste.; Er begleitete seinen Vortrag mit lebhaften Gesten.; eine Geste als nichtsprachliche (nonverbale) Äußerungsform neben verbalen Ausdrucksmitteln ❷ Handlung, die etwas indirekt zum Ausdruck bringt: Es war eine nette Geste von ihm, dass er mir zum Dank Blumen geschenkt hat.

Ge·steck das <-(e)s, -e> kunstvoll angeordnete Blumen, Zweige

ge·ste·hen <gestehst, gestand, hat gestanden> **I.** mit OBJ/ohne OBJ ▪ jmd. gesteht (jmdm.) (etwas Akk.) eine kriminelle Tat zugeben: Er gestand den Einbruch.; Sie hat nach einem langen Verhör gestanden. **II.** mit OBJ etwas zugeben, offen aussprechen: Ich gestehe ganz offen, dass ich daran überhaupt nicht gedacht habe.; Sie gestand ihm ihre Liebe.

Ge·stein das <-(e)s, -e> die festen mineralischen Bestandteile der Erde: Die gesamte Insel besteht aus vulkanischem Gestein. ♦-sader, -sart, -sblock, -sbrocken, -sformation, -skunde, -smasse

Ge·stell das <-(e)s, -e> eine meist aus Holz- oder Metallteilen bestehende Konstruktion, die etwas trägt oder die zur Aufbewahrung von etwas dient: Im Raum standen lediglich ein Tisch und ein paar einfache Gestelle mit Büchern und Aktenordnern. ♦ Bücher-, Flaschen-, Holz-

ge·stellt adj /Part. Perf. zu „stellen"/ unnatürlich: Gebt euch einfach ganz natürlich! Das Foto soll so nicht gestellt wirken.

ge·stelzt adj /Part. Perf. zu „stelzen"/ (abwert.) unnatürlich, gekünstelt: Sie sprach sehr gestelzt.

ges·tern [ˈgɛstɐn] adv am Tage vor dem heutigen: Gestern früh hätte ich beinahe verschlafen.; Was ist gestern Abend/Mittag/Morgen/Nachmittag/früh (besonders. österr. auch) Früh passiert?; Er hat mich erst gestern angerufen.; ▪ **(nicht) von gestern sein** (umg.) (nicht) altmodisch, rückständig sein

Ges·tik die <-> /kein Plur./ Gesamtheit der Gesten, die das Sprechen außer z.B. am Telefon begleiten, als Teil nonverbaler/nichtsprachlicher Äußerungsformen/Ausdrucksmittel; Teil der in trivialen Darstellungen auch so bezeichneten „Körpersprache")

ges·ti·ku·lie·ren <gestikulierst, gestikulierte, hat gestikuliert> ohne OBJ ▪ jmd. gestikuliert heftige Bewegungen mit den Armen und Händen ausführen, um auf sich aufmerksam zu machen oder um das, was man sagt, zu unterstreichen: Da sie von der anderen Straßenseite aus nicht hören konnte, begann sie wild/lebhaft zu gestikulieren. ▸ Gestikulation

Ge·stirn das <-(e)s, -e> (hell) leuchtender Himmelskörper ♦ Doppel-, Drei-, Nacht-, Sieben-, Tages-, Zentral-

ge·stirnt adj /nicht steig./ mit Sternen: der gestirnte Himmel

ges·tisch adj /nicht steig./ /nur attr./ mithilfe von Gesten: ein gestisch ausdrucksvolles Spiel

Ge·stö·ber das <-s, -> Schneeflocken, die vom Wind in eine Richtung getrieben werden ♦ Schnee-

Ge·stöhn, Ge·stöh·ne das <-(e)s> (umg. abwert.) dauerndes Stöhnen

Ge·stot·ter das <-s> /kein Plur./ (umg. meist abwert.) (dauerndes) Stottern

Ge·stram·pel das <-s> /kein Plur./ ständiges Strampeln: Hör auf mit dem Gestrampel, sonst fällst du noch herunter!

ge·streckt ▪ **in gestrecktem Galopp** in schnellem Galopp

ge·streift adj /nicht steig./ mit Streifen versehen ♦ Getrennt-oder Zusammenschreibung → R 4.17 quer gestreift/quergestreift; längs gestreift/längsgestreift

ge·stri·chelt adj /nicht steig./ mit (vielen) feinen) Strichen versehen: eine gestrichelte Linie

ge·stri·chen adj /nicht steig./ /Part. Perf. zu „streichen"/ so, dass etwas nicht stattfindet: Der Flug wurde gestrichen.; gestrichene Vergünstigungen

ge·strickt *adj /nicht steig./* ❶ *durch Stricken hergestellt:* ein selbst gestrickter Pullover ❷ ▪ **einfach gestrickt sein** *(umg. abwert.)* ein schlichtes Gemüt besitzen

gest·rig *adj /nicht steig./* ❶ *zu dem Tag gehörend, der vor dem Tag der Äußerung liegt:* Was habt ihr am gestrigen Abend gemacht? ❷ *(≈ altmodisch) rückständig* ●Großschreibung → R 3.7 eine reichlich gestrige Auffassung vertreten

Ge·strüpp das <-(e)s, -e> *wild wachsendes, dichtes Gebüsch*

Ge·stüt das <-(e)s, -e> *ein Betrieb, in dem Pferde gezüchtet werden*

Ge·such das <-(e)s, -e> AMTSSPR. *(≈ Eingabe) eine offizielle schriftliche Bitte, die jmd. an eine Behörde richtet:* ein Gesuch einreichen

Ge·su·del das <-s> */kein Plur./ (umg. abwert.: ≈ Sudelei) unordentlich Geschriebenes oder Gezeichnetes*

ge·sund [ɡəˈzʊnt] <gesünder, am gesündesten> *adj* ❶ *(↔ krank) so, dass alle Teile und Organe des Körpers intakt sind und funktionieren:* Das Kind ist körperlich und geistig gesund.; Nach der Kur fühlt sie sich viel gesünder. ❷ *so, dass man daran die Gesundheit von jmd. ablesen kann:* Ihr Gesicht hat eine gesunde Farbe. ❸ *so, dass es gut für jmds. Gesundheit ist:* Rauchen ist nicht gesund. ❹ *so, dass es auf einer soliden wirtschaftlichen Basis beruht:* Er ist Chef eines gesunden Betriebes. ❺ *natürlich, normal:* Das sagt einem doch der gesunde Menschenverstand.; Ein wenig gesunder Ehrgeiz dürfte dir nicht schaden. ●Getrennt- oder Zusammenschreibung → R 4.15 gesund machen/gesundmachen; gesund pflegen/gesundpflegen; ●Zusammenschreibung → R 4.6 gesundbeten; gesundschreiben; gesundschrumpfen; gesundstoßen

ge·sun·den [ɡəˈzʊndn̩] <gesundest, gesundete, ist gesundet> *ohne OBJ* ▪ **jmd. gesundet** *(geh. verhüll.: ≈ genesen) gesund werden*

Ge·sund·heit die <-> */kein Plur./ der Zustand des körperlichen und geistigen Wohlbefindens, in dem alle Teile und Organe des Körpers intakt sind und funktionieren:* Er ist bei bester Gesundheit.; Sie hat eine eiserne/robuste Gesundheit.; Wir wünschen dem Jubilar Gesundheit und ein langes Leben.; Gesundheit kann man nicht kaufen.; In seinem Alter sollte er mehr auf seine Gesundheit achten. ●-sexperte/-sexpertin, -sgefährdung, -spolitik, -sreform, -srisiko ▸ gesundheitsschädigend, gesundheitsschädlich

ge·sund·heit·lich *adj /nicht steig./ /nur attr./ auf die Gesundheit bezogen:* Seit wann hast du gesundheitliche Probleme?; Wie geht es dir gesundheitlich?

Ge·sund·heits·amt das <-(e)s, Gesundheitsämter> *die staatliche Behörde in einer Stadt oder in einem Landkreis, die für die Gesundheit der Einwohner zuständig ist*

Ge·sund·heits·apo·s·tel der <-s, -> *(scherzh.) jmd., der in übertriebener Weise auf eine gesunde Lebensführung achtet*

Ge·sund·heits·be·hör·de die <-, -n> *(≈ Gesundheitsamt)*

ge·sund·heits·be·wusst *adj so, dass man auf seine Gesundheit achtet:* auf eine gesundheitsbewusste Ernährung achten ▸ Gesundheitsbewusstsein

ge·sund·heits·för·dernd *adj förderlich für die Gesundheit:* gesundheitsfördernde Aufbaustoffe zu sich nehmen

ge·sund·heits·ge·fähr·dend *adj gefährlich für die Gesundheit:* Rauchen ist gesundheitsgefährdend. ▸ Gesundheitsgefährdung

Ge·sund·heits·pfle·ge die <-> */kein Plur./ der Gesundheit dienliche (Körper-)Pflege:* Gesundheitspflege betreiben

Ge·sund·heits·schutz der <-es> */kein Plur./ Schutz(vorrichtungen oder -maßnahmen) für die Erhaltung der Gesundheit*

Ge·sund·heits·we·sen das <-s> */kein Plur./ die Gesamtheit aller Personen und Institutionen, die sich um die medizinische Versorgung in einem Land kümmern:* Man diskutiert schon lange eine Reform des Gesundheitswesens.

Ge·sund·heits·zeug·nis das <-ses, -se> *(von einem Arzt ausgestelltes) Schriftstück, das bescheinigt, dass jmd. gesund ist (und nicht an einer ansteckenden Krankheit leidet)*

ge·sund·schrei·ben <schreibst gesund, schrieb gesund, hat gesundgeschrieben> *mit OBJ* ▪ **jmd. schreibt jmdn. gesund** *(↔ krankschreiben) als Arzt bescheinigen, dass jmd. (wieder) gesund und arbeitsfähig ist*

ge·sund·schrump·fen <schrumpfst gesund, schrumpfte gesund, hat gesundgeschrumpft> *mit OBJ* ▪ **jmd. schrumpft etwas gesund** *etwas, das zu groß geworden ist, auf eine Größe verkleinern, die wieder rentabel und wirtschaftlich erfolgreich ist:* Man muss die Firma gesundschrumpfen.; Der Konzern hatte sich gesundgeschrumpft.

ge·sund·sto·ßen <stößt gesund, stieß gesund, hat gesundgestoßen> *mit SICH* ■ **jmd. stößt sich (bei etwas** *Dat.*) **gesund** *bei einem Geschäft sehr viel Geld verdienen*

Ge·tier das <-(e)s /kein Plur./ *nicht näher bestimmte Tiere*

ge·tönt adj /nicht steig./ *mit einer Tönung versehen:* eine getönte Sonnenbrille; getönte Haare

Ge·tö·se das <-s> /kein Plur./ *(oft abwert.) lautes Tosen, Lärm:* Mach doch nicht solch ein Getöse um nichts!

ge·tra·gen [gə'tra:gn̩] adj /Part. Perf. zu „tragen"/ *langsam und feierlich:* Aus dem Radio erklang eine getragene Melodie.

Ge·tram·pel das <-s> /kein Plur./ *(umg. abwert.) dauerndes Trampeln:* Was ist das für ein Getrampel auf dem Gang?

Ge·tränk das [gə'trɛŋk] <-(e)s, -e> *zum Trinken bestimmte Flüssigkeit (mit der man z.B. den Durst stillt):* Auf der Party gab es alkoholische und alkoholfreie Getränke. ◆ -eautomat

Ge·trän·ke·aus·schank der <-(e)s, Getränkeausschänke> /meist Sing./ *das Ausschenken von Getränken*

Ge·trän·ke·markt der <-(e)s, Getränkemärkte> *ein Geschäft, in dem nur Getränke verkauft werden*

ge·trau·en <getraust, getraute, hat getraut> *mit SICH* ■ **jmd. getraut sich (etwas zu tun)** *(geh.) sich etwas trauen:* Sie getraute sich nicht, ihn anzusprechen.

Ge·trei·de das [gə'traidə] <-s, -> *eine Pflanze, die über lange Halme verfügt und deren Frucht aus Körnern besteht, die man zu Mehl verarbeitet:* Weizen ist ein wichtiges Getreide. ◆ -anbau, -brei, -einfuhr, -ernte, -feld, -handel, -korn, -sorte

Ge·trei·de·bau der <-s> /kein Plur./ *der Anbau von Getreide*

ge·treu [gə'trɔy] **I.** adj *(geh.) einer gegebenen Sache genau entsprechend:* Das war eine getreue Wiedergabe des Unfallhergangs. **II.** präp +Dat. *(geh. verhüll.:* ≈ *entsprechend)* Alles wurde getreu seinem letzten Willen ausgeführt.

-ge·treu [gətrɔy] *(*≈ *-gemäß, -gerecht, -mäßig) als Zweitglied zusammengesetzter Adjektive; mit Betonung auf dem Erstglied; drückt aus, dass etwas demjenigen genau entspricht, das mit dem Erstglied bezeichnet wird:* eine buchstabengetreue Transkription in den Editionswissenschaften; eine buchstabengetreue Übersetzung, die sich genau an den vorliegenden Text hält ◆ buchstaben-, detail-, klang-, laut-, lebens-, maßstab(s)-, natur-, original-, stil-, tatsachen-, text-, wahrheits-, wirklichkeits-, wort-

ge·treu·lich adj /nur attr./ *(geh.) treu, gemäß einer Vorgabe:* jemandem getreulich zur Seite stehen; einen Tathergang getreulich wiedergeben

Ge·trie·be das <-s, -> *der Teil einer Maschine, der die vom Motor erzeugte Bewegung überträgt:* Das Auto hat einen Schaden am Getriebe.

ge·trost adv *gerne, ohne Umschweife:* Sollten Sie Probleme haben, können Sie sich getrost an mich wenden.

Get·to, a. **Ghet·to** das <-s, -s> ❶ *(meist abwert.) abgetrennter Wohnbezirk einer Stadt, in dem eine bestimmte Gruppe von Menschen lebt* ❷ GESCH. *abgetrenntes Stadtviertel, in dem die jüdische Bevölkerung leben musste*

Get·to·i·sie·rung, a. **Ghet·to·i·sie·rung** die <-, -en> *(geh. oft abwert.) Isolierung oder Isoliertheit einer (zu einer Minderheit gehörenden) Bevölkerungsgruppe*

Ge·tue das <-s> /kein Plur./ *(umg. abwert.) übertrieben unecht, gekünstelt wirkendes Verhalten:* Soviel Getue wegen solch einer Kleinigkeit!

Ge·tüm·mel das <-s, -> *lautes Durcheinander vieler Menschen:* sich (mitten) ins Getümmel stürzen

ge·tupft adj /nicht steig./ *mit Tupfen:* eine getupfte Bluse

Ge·vat·ter der, **Ge·vat·te·rin** <-s, -> ❶ *(veralt.) Taufpate* ❷ *(veralt. oft scherzh.) nahestehende Person:* Gevatter Tod

Ge·viert das <-(e)s, -e> ❶ *Viereck, Quadrat* ❷ *umschlossener Platz, Hof*

Ge·wächs das [gə'vɛks] <-es, -e> ❶ *Pflanze* ◆ Garten-, Tropen- ❷ *Geschwulst, Tumor*

ge·wach·sen adj /Part. Perf. zu „wachsen"/ ■ **jemandem/einer Sache gewachsen sein** *einem Überlegenen standhalten, eine schwierige Aufgabe bewältigen*

Ge·wächs·haus das <-es, Gewächshäuser> *Treibhaus*

ge·wagt adj /Part. Perf. zu „wagen"/ ❶ *riskant, kühn:* Das ist ein gewagter Plan. ❷ *so, dass man aufgrund der gängigen Moralvorstellungen daran Anstoß nehmen könnte:* Der Ausschnitt ihres Kleides ist sehr gewagt.

ge·wählt adj /Part. Perf. zu „wählen"/ *nicht alltäglich, bewusst vornehm:* Sie drückt sich sehr gewählt aus. ▸ Gewählt-

Ge·währ die <-> /kein Plur./ Garantie, Sicherheit, Bürgschaft: Ich übernehme keine Gewähr dafür, dass …; Diese Angaben erfolgten wie immer ohne Gewähr.; Ich leiste Gewähr dafür.; siehe auch **gewährleisten**

ge·wahr adv ■ jemandes/einer Sache gewahr werden *(geh.)* jmdn. oder etwas wahrnehmen, erkennen

ge·wäh·ren <gewährst, gewährte, hat gewährt> *mit OBJ* ■ **jmd. gewährt (jmdm.) etwas** *Akk.* ❶ bewilligen: Man gewährte den Flüchtlingen Schutz/Asyl. ❷ erfüllen: Sie gewährte mir einen Wunsch/eine Bitte.; ■ **jemanden gewähren lassen** *jmdm. keine Vorschriften machen*

ge·währ·leis·ten [gə'vɛːɐ̯laɪstn̩] <gewährleistest, gewährleistete, hat gewährleistet> *mit OBJ* ■ **jmd. gewährleistet (jmdm.) etwas** *Akk. sicherstellen:* Die Sicherheit der Passagiere war zu jedem Zeitpunkt gewährleistet.; Wir haben einen glatten Übergang gewährleistet.; siehe aber auch **Gewähr**

Ge·währ·leis·tung die <-, -en> ❶ das Gewährleisten ❷ Mängelhaftung ❸ SCHWEIZ. Genehmigung/Bestätigung von kantonalen Verfassungen durch den Bund

Ge·währ·leis·tungs·frist die <-, -en> Frist, innerhalb der ein Verkäufer dem Käufer gegenüber für eventuelle Mängel an der Ware haftet

Ge·währ·leis·tungs·pflicht die <-, -en> gesetzliche Verpflichtung (des Verkäufers) zur Gewährleistung²

Ge·wahr·sam der <-s> /kein Plur./ ■ **jemanden in (polizeilichen) Gewahrsam nehmen/in (polizeilichem) Gewahrsam sein** *jmdn. verhaften oder in Haft sein*

Ge·währs·frau die <-, -en> siehe **Gewährsmann**

Ge·währs·mann der, **Ge·währs·frau** <-(e)s, Gewährsmänner/Gewährsleute> zuverlässige Person, auf dessen Aussage man sich stützt

Ge·währs·per·son die <-, -en> Gewährsmann oder -frau

Ge·walt die [gə'valt] <-, -en> ❶ /kein Plur./ Macht: Der Diktator missbrauchte die staatliche Gewalt.; Die Verschwörer haben die Gewalt an sich gerissen.; Die Terroristen brachten mehrere Geiseln in ihre Gewalt. ❷ /kein Plur./ das Einsetzen von körperlicher Stärke mit dem Ziel, jmdn. zu etwas zu zwingen, jmdn. zu verletzen; brutales Vorgehen: Ich bin gegen jede Art von Gewalt.; Die Täter wendeten brutale/ rohe Gewalt an. ❸ /kein Plur./ körperliche Kraft, mit der etwas erreicht wird: Die Tür ließ sich nur mit Gewalt öffnen. ❹ große Kraft eines Naturphänomens: Mit unvorstellbarer Gewalt stürzen die Schneemassen ins Tal.; ■ **sich/etwas in der Gewalt haben** *sich oder etwas beherrschen;* ■ **mit (aller) Gewalt** *unbedingt*

Ge·walt·akt der <-(e)s, -e> ❶ anstrengende Handlung, mit der in kurzer Zeit viel erreicht wird ❷ Anwendung von Gewalt²

Ge·walt·an·dro·hung die <-, -en> Androhung von Gewalt: von jemandem unter Gewaltandrohung ein Geständnis erzwingen

ge·walt·be·reit adj bereit, Gewalt anzuwenden: gewaltbereite Jugendliche ► Gewaltbereitschaft

Ge·walt·de·likt das <-(e)s, -e> unter Gewaltanwendung verübte Straftat

Ge·wal·ten·tei·lung die <-> /kein Plur./ POL. Trennung von gesetzgebender, richterlicher und ausführender Staatsgewalt und ihre Zuweisung an voneinander unabhängige Staatsorgane: eine Gewaltenteilung gibt es nur in einem demokratischen Rechtsstaat, nicht aber in Unrechtssystemen

ge·walt·frei adj /nicht steig./ ohne Anwendung von Gewalt²: eine gewaltfreie Demonstration

ge·wal·tig adj ❶ (umg.) eindrucksvoll (aufgrund der Größe): In Nordamerika gibt es einzigartige Wälder mit uralten, gewaltigen Mammutbäumen.; Die Pyramiden sind gewaltige Bauwerke. ❷ sehr stark, sehr intensiv: Bei der Kernspaltung werden gewaltige Kräfte freigesetzt.; Wir litten unter der gewaltigen Hitze/Kälte. ❸ sehr groß (in Menge, Anzahl): Eine gewaltige Zahl von Heuschrecken fiel über die Felder her. ❹ sehr beeindruckend: Der Sportler vollbrachte eine gewaltige Leistung.; Der Komponist hat ein gewaltiges Werk hinterlassen. ❺ sehr: Solltest du das glauben, dann hast du dich gewaltig getäuscht.

Ge·walt·kur die <-, -en> Radikalkur

ge·walt·los adj /nicht steig./ gewaltfrei, ohne Anwendung von Gewalt: einen Konflikt gewaltlos lösen ► Gewaltlosigkeit

Ge·walt·marsch der <-es, Gewaltmärsche> anstrengender, langer Marsch: einen Gewaltmarsch auf sich nehmen

Ge·walt·maß·nah·me die <-, -n> mit Gewalt ergriffene oder angewendete Maßnahme

Ge·walt·mensch der <-en, -en> jmd., der

ge·walt·sam adj (↔ friedlich) Nach dem gewaltsamen Umsturz herrscht Chaos in diesem Land. ▸ Gewaltsamkeit

Ge·walt·tat die <-, -en> unter Anwendung von Gewalt² begangene Straftat ▸ Gewalttäter(in), gewalttätig

Ge·walt·ver·bre·chen das <-s, -> unter Gewaltanwendung begangenes Verbrechen ▸ Gewaltverbrecher(in)

ge·walt·ver·herr·li·chend adj Gewalt als positiv und richtig darstellend: ein gewaltverherrlichender Film ▸ Gewaltverherrlichung

Ge·walt·ver·zicht der <-(e)s> /kein Plur./ POL. Verzicht auf die Anwendung militärischer Mittel, der von zwei oder mehreren Staaten vertraglich geregelt ist

Ge·wand das [gə'vant] <-(e)s, Gewänder> ❶ (geh.) festliches Kleidungsstück ❷ SÜDDT., ÖSTERR., SCHWEIZ. Kleidung

ge·wan·det adj /nicht steig./ (geh.) ein Gewand tragend: eine prunkvoll gewandete Statue

ge·wandt [gə'vant] adj /Part. Perf. zu „wenden"/ geschickt und sicher; flexibel; routiniert: Er ist ein gewandter Tänzer. ▸ Gewandtheit, redegewandt, sprachgewandt, weltgewandt, wortgewandt

ge·wann Prät. von **gewinnen**

Ge·wäsch das <-es> /kein Plur./ (umg. abwert.) leeres Gerede: Das Gewäsch der Nachbarn interessiert mich nicht.

Ge·wäs·ser das [gə'vɛsɐ] <-s, -> eine größere, natürliche Ansammlung von Wasser, wie z.B. ein See oder ein Fluss: Die Wasserqualität der stehenden und der fließenden Gewässer hat sich wieder verbessert. ◆-analyse, -belastung, -schutz

Ge·we·be das <-s, -> ❶ BIOL. Struktur aus gleichartigen Zellen ▸ Gewebsflüssigkeit, Gewebstransplantation ◆Fett-, Knochen-, Muskel-, Nerven- ❷ Stoff ◆Baumwoll-, Leinen-

Ge·wehr das [gə've:ɐ̯] <-(e)s, -e> eine Feuerwaffe mit relativ langem Lauf: Der Schuss wurde aus einem Gewehr abgegeben. ◆-kolben, -kugel, -lauf, -mündung, -schuss, Jagd-, Luft-, Maschinen-, Narkose-, Schieß-, Schnellfeuer-, Schrot-

Ge·weih das <-(e)s, -e> die Hörner, die bei bestimmten Wildtieren die erwachsenen männlichen Tiere haben: Hirsche und Rehböcke haben ein Geweih. ◆Elch-, Hirsch-

ge·weiht adj /nicht steig./ /Part. Perf. zu „weihen"/ REL. gesegnet: eine geweihte Hostie

ge·wellt adj /nicht steig./ mit Wellen oder Locken: gewelltes Haar; eine gewellte Linie

Ge·wer·be das [gə'vɛrbə] <-s, -> selbstständige berufliche Tätigkeit in bestimmten Berufszweigen ◆-betrieb, -steuer, -zweig ▸ gewerbetreibend

Ge·wer·be·amt das <-(e)s, Gewerbeämter> Gewerbeaufsichtsamt

Ge·wer·be·auf·sichts·amt das <-(e)s, Gewerbeaufsichtsämter> Amt, welches den Arbeitsschutz in Betrieben überwacht

Ge·wer·be·flä·che die <-, -n> Fläche, die gewerblich genutzt werden soll

Ge·wer·be·frei·heit die <-> /kein Plur./ Freiheit, ein Gewerbe nach Wahl ausüben zu dürfen

Ge·wer·be·ge·biet das <-(e)s, -e> Bereich einer Stadt, in dem Firmen und Industriebetriebe angesiedelt sind

Ge·wer·be·schein der <-(e)s, -e> Schein, der zur Ausübung eines Gewerbes berechtigt

ge·werb·lich adj /nicht steig./ /nur attr./ das Gewerbe betreffend: Diese Räume sind ausschließlich für die gewerbliche Nutzung bestimmt.

Ge·werk·schaft die [gə'vɛrkʃaft] <-, -en> Organisation der Arbeitnehmer zur Durchsetzung ihrer Interessen ◆-sführer(in), -sfunktionär(in), -smitglied, -sverband, -sversammlung, -svertreter(in), -svorsitzende ▸ Gewerkschafter/Gewerkschaftler, Gewerkschafterin/Gewerkschaftlerin

Ge·werk·schafts·bund der <-(e)s, Gewerkschaftsbünde> Vereinigung verschiedener Gewerkschaften: Deutscher Gewerkschaftsbund

ge·werk·schafts·nah <gewerkschaftsnäher, am gewerkschaftsnächsten> adj einer Gewerkschaft (politisch) nahestehend: eine gewerkschaftsnahe Partei

Ge·wicht das [gə'vɪçt] <-(e)s, -e> ❶ /kein Plur./ (wiegbare) Schwere eines Körpers: Voll beladen beträgt das Gewicht des Fahrzeugs mehr als vier Tonnen.; Sie sollten besser auf Ihr Gewicht achten! ◆-sangabe ❷ /kein Plur./ PHYS. Kraft, mit der ein Körper nach unten zieht ❸ Gegenstände mit einer bestimmten Schwere (die man beispielsweise zum Wiegen benutzt) ❹ /kein Plur./ Bedeutsamkeit: Du solltest dieser Angelegenheit nicht so viel Gewicht beimessen.; ■ **ins Gewicht fallen** Bedeutung haben

Ge·wicht·he·ben das <-s> /kein Plur./ SPORT eine Sportart, in der Gewichte gehoben oder gestemmt werden ▸ Gewichtheber, Gewichtheberin

ge·wịch·tig *adj sehr bedeutend:* Sie hat dabei ein gewichtiges Wort mitzureden.
▸ Gewichtigkeit

Ge·wịchts·ein·heit die <-, -en> *Maßeinheit, in der das Gewicht von etwas bestimmt wird*

Ge·wịchts·ver·la·ge·rung die <-> /kein Plur./ *Verlagerung des (eigenen) Gewichts*

ge·wieft *adj (umg.) (aus Erfahrung) schlau, gerissen:* ein gewiefter Halunke

Ge·wie·her das <-s> /kein Plur./ *dauerndes Wiehern*

ge·wịllt *adj /nicht steig./ (geh.) bereit:* Bist du gewillt, das zu tun?; Ich bin nicht gewillt, deine Launen länger zu ertragen.

Ge·wịm·mel das <-s> /kein Plur./ *Durcheinander von vielen kleinen Lebewesen*

Ge·wịn·de das <-s, -> *ein Rille in Form einer Spirale an einer Schraube oder einer Mutter:* Schrauben und Muttern haben ein Gewinde. ◆Links-, Rechts-, Schrauben-

Ge·wịnn der [gəˈvɪn] <-(e)s, -e> ❶ WIRTSCH. (↔ Verlust) *das Geld, das jmd. bei einem Geschäft (nach Abzug aller Kosten) verdient:* Im vergangenen Jahr verzeichnete das Unternehmen Gewinne in Millionenhöhe. ◆-maximierung ❷ *Preis, den man irgendwo gewinnen kann:* Den Siegern winken Gewinne im Wert von über zehntausend Euro. ◆-los, -quote ▸ Gewinner(in) ❸ *Bereicherung:* Der neue Spieler ist ein Gewinn für den Verein. ◆Getrennt- oder Zusammenschreibung → R 4.9, R 4.16 großen Gewinn bringend/gewinnbringende Investition; ◆Getrenntschreibung → R 4.9, R 4.16 großen Gewinn bringend; *siehe auch* **gewinnbringend**

Ge·wịnn·ab·füh·rung die <-, -en> AMTSSPR. *Ablieferung von Steueranteilen eines Gewinns an das Finanzamt*

Ge·wịnn·aus·schüt·tung die <-, -en> WIRTSCH. *Auszahlung von Anteilen an einem Gewinn*

Ge·wịnn·be·tei·li·gung die <-, -en> *Beteiligung der Arbeitnehmer am betrieblichen Gewinn*

ge·wịnn·brin·gend *adj so, dass es einen Gewinn bringt:* ein gewinnbringendes Geschäft ◆Zusammen- oder Getrenntschreibung → R 4.9, R 4.16 gewinnbringend/Gewinn bringend; ◆Zusammenschreibung → R 4.16 höchst gewinnbringend; gewinnbringender, am gewinnbringendsten; *siehe auch* **Gewinn**

ge·wịn·nen [gəˈvɪnən] <gewinnst, gewann, hat gewonnen> **I.** *mit OBJ/ohne OBJ* ▪ **jmd. gewinnt** (*etwas* Akk.) in einem Kampf, einem Wettkampf, einem Wettstreit, einem Spiel, einer Auseinandersetzung siegen: Die Gäste gewannen mit 2:0.; Wer hat gewonnen?; Der Exweltmeister gewinnt diese Etappe überlegen mit einem Vorsprung von zwei Minuten. **II.** *mit OBJ* ▪ **jmd. gewinnt etwas** Akk. (**aus etwas** Dat.) ❶ *aufgrund eigener Anstrengungen erlangen:* Er gewann hohes Ansehen/großen Einfluss. ❷ *herstellen:* Gummi gewinnt man aus Kautschuk. **III.** *ohne OBJ* ▪ **jmd./etwas gewinnt an etwas** Dat. *mehr bekommen:* Das Flugzeug gewinnt wieder an Höhe.

ge·wịn·nend *adj /Part. Perf. zu „gewinnen"/ sympathisch:* Sie hat ein gewinnendes Lächeln.

Ge·wịnn·span·ne die <-, -n> WIRTSCH. *Unterschied zwischen dem Einkaufs- oder Herstellungspreis einer Ware und ihrem Verkaufspreis*

Ge·wịnn·stre·ben das <-s> /kein Plur./ *Streben nach Gewinn*

Ge·wịn·nung die <-, -en> /meist Sing./ *Erzeugung, Förderung* ◆Erdöl-

Ge·wịnn·zahl die <-, -en> *eine Zahl, z.B. in einer Lotterie, die ausgelost wurde und mit der ein Gewinn verbunden ist:* Bei sechs richtigen Gewinnzahlen kann man eine Million Euro gewinnen.

Ge·wịn·sel das <-s> /kein Plur./ (abwert.) ❶ *dauerndes Winseln* ❷ *unwürdiges Bitten*

Ge·wịrr das <-(s)> ❶ *wirres Knäuel* ❷ *Durcheinander:* Wie soll man sich in diesem Gewirr von Gassen zurechtfinden?; In diesem Gewirr von Stimmen kann ich nichts verstehen.

ge·wịss *adj /nicht steig./* ❶ *ganz sicher (eintretend):* Gewiss ist das keineswegs, es ist im Gegenteil höchst unsicher. ❷ *sicherlich:* Die Vorstellung hat gewiss schon begonnen. ◆Großschreibung → R 3.4, R 3.7 etwas/nichts Gewisses

Ge·wịs·sen das [gəˈvɪsn̩] <-s, -> *Bewusstsein von Gut und Böse des eigenen Handelns:* Sein Gewissen regte sich.; Sie plagte ihr Gewissen.; Ich hatte ein gutes/schlechtes Gewissen.; ▪ **jemanden auf dem Gewissen haben** *an jmds. Tod oder Untergang (mit)schuldig sein;* ▪ **etwas auf dem Gewissen haben** *etwas verschuldet haben;* ▪ **jemandem ins Gewissen reden** *auf jmdn. wohlwollend einreden*

ge·wịs·sen·haft *adj (≈ sorgfältig) so, dass man sehr genau jedes Detail überprüft:* Alles ist gewissenhaft überprüft worden.
▸ Gewissenhaftigkeit

ge·wis·sen·los adj kalt und skrupellos: Die Bevölkerung ist entsetzt über das gewissenlose Vorgehen der Betrüger. ▶ Gewissenlosigkeit

Ge·wis·sens·bis·se <-> Plur. die Schuldgefühle, die man bekommt, weil einem bewusst ist, dass das eigene Handeln falsch ist

Ge·wis·sens·ent·schei·dung die <-, -en> eine Entscheidung, bei der das Gewissen ausschlaggebend ist: eine Gewissensentscheidung fällen

Ge·wis·sens·fra·ge die <-, -n> /meist Sing./ eine Frage, bei deren Beantwortung das Gewissen (und nicht so sehr rationale Gründe) ausschlaggebend ist: eine Gewissensfrage stellen

Ge·wis·sens·grün·de <-> Plur. Gründe, für die das Gewissen entscheidende Bedeutung hat: den Kriegsdienst aus Gewissensgründen ablehnen

Ge·wis·sens·kon·flikt der <-(e)s, -e> aus widerstreitenden Gewissensgründen resultierender Konflikt: in einen Gewissenskonflikt geraten

Ge·wis·sens·not die <-, Gewissensnöte> starker Gewissenskonflikt: in Gewissensnöte geraten

ge·wis·ser·ma·ßen adv sozusagen: Er ist gewissermaßen ein Seelenverwandter von mir.

Ge·wiss·heit die <-> /kein Plur./ Sicherheit: Das kann ich nicht mit Gewissheit sagen.; Ich musste mir darüber Gewissheit verschaffen, dass ...

Ge·wit·ter das [gəˈvɪtɐ] <-s, -> ein Unwetter mit Blitz und Donner und meist sehr starkem Regen: In den nächsten Tagen bestimmen Schauer und Gewitter unser Wetter.; Ein Gewitter zieht auf/braut sich zusammen/richtet schwere Schäden an. ◆ -wolke, Sommer-, Wärme-, Winter-

Ge·wit·ter·front die <-, -en> Gegen Abend zieht eine Gewitterfront vom Westen heran.

ge·wit·tern <gewittert, gewitterte, hat gewittert> mit ES ■ es gewittert es blitzt und donnert: Es gewitterte mehrere Stunden lang.

Ge·wit·ter·nei·gung die <-, -en> Wahrscheinlichkeit eines Gewitters: Die Gewitterneigung verstärkt sich im Laufe des Tages.

Ge·wit·ter·stim·mung die <-> /kein Plur./ (oft übertr.) allgemeine Stimmung vor einem Gewitter: Bei uns zu Hause herrscht zur Zeit Gewitterstimmung.

Ge·wit·ter·zie·ge die <-, -n> (abwert.) streitlustige Frau

ge·witt·rig adj mit der Neigung zu Gewittern: gewittrige Schauer

ge·witzt adj schlau: Er ist ein gewitzter Geschäftsmann.

ge·wöh·nen [gəˈvøːnən] I. mit OBJ ■ jmd. gewöhnt jmdn. an jmdn./etwas vertraut machen: Er musste die Katze erst an sich gewöhnen.; Der Trainer gewöhnt die Athleten an höhere Belastungen. II. mit SICH ■ jmd./etwas gewöhnt sich an jmdn./etwas vertraut werden: Die Augen müssen sich erst an die Dunkelheit gewöhnen.; Nach dem Umzug ins Ausland musste er sich erst an die neuen Sitten und an die neue Umgebung gewöhnen.

Ge·wohn·heit die [gəˈvoːnhaɪt] <-, -en> (unbewusst) automatisch ablaufende Handlung, Selbstverständlichkeit: Unsere Spielabende sind längst zur Gewohnheit geworden.; Das ist eine schlechte Gewohnheit von ihm.; Er tut dies aus reiner Gewohnheit.; Ich musste damals meine Gewohnheiten ändern.; Das ist die Macht der Gewohnheit! ◆ Ess-, Kauf-, Lebens-, Schlaf-, Trink-

ge·wohn·heits·ge·mäß adj /nicht steig./ einer bestimmten Gewohnheit gemäß: Er wollte gewohnheitsgemäß die Tür hinter sich ins Schloss fallen lassen.

ge·wohn·heits·mä·ßig adj /nicht steig./ aus Gewohnheit: etwas schon ganz gewohnheitsmäßig tun

Ge·wohn·heits·mensch der <-en, -en> jmd., dessen Leben von festen Gewohnheiten bestimmt, geprägt wird; siehe auch **Gewohnheitstier**

Ge·wohn·heits·recht das <-(e)s> /kein Plur./ RECHTSW. nicht schriftlich festgelegtes, aber durch Gewohnheit festgelegtes Recht

Ge·wohn·heits·sa·che die <-> /kein Plur./ etwas, war für jmdn. eine Gewohnheit ist: Das ist alles nur Gewohnheitssache.

Ge·wohn·heits·tier das <-(e)s, -e> (scherzh.) Gewohnheitsmensch

ge·wöhn·lich [gəˈvøːnlɪç] adj ❶ normal: Heute ist nichts Besonderes passiert, es war ein ganz gewöhnlicher Tag. ❷ üblich: Ich ging zur gewöhnlichen Zeit ins Bett. ❸ (abwert.) unfein, von niedrigem Niveau, ordinär: Er ist ein ziemlich gewöhnlicher Mensch.

Ge·wöhn·lich·keit die <-> /kein Plur./ das Gewöhnlichsein

ge·wohnt adj /nicht steig./ üblich, vertraut: Wir werden in gewohnter Weise vorgehen.; Nachdem er lange fort war, genoss er es, wieder in der gewohnten Umgebung zu sein.; ● **etwas gewohnt sein** *etwas als Selbstverständlichkeit betrachten*

ge·wöhnt *adj so, dass man an etwas gewohnt ist:* Ich bin es gewöhnt, morgens früh aufzustehen. ◆ Gewöhnung

ge·wöh·nungs·be·dürf·tig *adj so, dass man sich (erst) daran gewöhnen muss:* Dieses neue Spaghettigericht ist gewöhnungsbedürftig.

Ge·wöh·nungs·sa·che *die <-> /kein Plur./* Gewohnheitssache

Ge·wöl·be *das <-s, ->* gekrümmte Steindecke (in Kirchen, Sälen, Kellern) ◆-bogen

Ge·wöl·be·bo·gen *der <-s, -bögen> Bogen im Gewölbe*

ge·wölbt *adj mit einer Wölbung versehen:* eine gewölbte Decke

Ge·wühl *das <-(e)s> /kein Plur./* ❶ *(dauerndes) Wühlen, Herumsuchen* ❷ *lebhaftes Durcheinander (vieler Menschen, Tiere):* Am Beginn des Schlussverkaufes stürzten sich auch diesmal wieder viele Schnäppchenjäger ins Gewühl.

ge·wür·felt *adj /nicht steig./ mit einem Würfelmuster versehen:* eine gewürfelte Tagesdecke

Ge·würm *das <-s, -e> /meist Sing./ Würmer, Reptilien*

Ge·würz *das* [gə'vvrts] *<-es, -e> ein Mittel, mit dem man Speisen würzt und das entweder aus Pflanzen oder künstlich hergestellt wird:* Das Gewürz ist mir zu scharf. ◆-bord, -gurke, -handel, -mühle, -nelke, -pflanze

ge·würzt *adj /nicht steig./ so, dass Gewürz daran ist:* ein scharf gewürztes Gericht

gez. *adj kurz für „gezeichnet"*

Ge·zänk *das <-(e)s> /kein Plur./ (abwert.) dauerndes Zanken*

ge·zeich·net *adj /nicht steig./ Vermerk unter Schriftstücken, dass man es selbst unterschrieben hat*

Ge·zei·ten *<-> Plur. Wechsel von Ebbe und Flut* ◆-kraftwerk, -strom, -stromanlage, -wechsel

Ge·ze·ter *das <-s> /kein Plur./ (abwert.) dauerndes Schimpfen, Jammern mit schriller Stimme*

ge·zielt *adj /Part. Perf. zu „zielen"/ auf einen bestimmten Zweck ausgerichtet:* Der Kriminalbeamte stellte gezielte Fragen.

ge·zie·men *<geziemt, geziemte, hat geziemt> mit SICH* ● **etwas geziemt sich (nicht)** *(veralt.) sich gehören:* Hör auf damit, das geziemt sich nicht bei Tisch.

ge·ziert *adj /Part. Perf. zu „zieren"/ affektiert, nicht natürlich, gekünstelt:* Sie hat eine entsetzlich gezierte Ausdrucksweise. ◆ Geziertheit

Ge·zirp, Ge·zir·pe *das <-s> /kein Plur./ dauerndes Zirpen:* das Gezirp der Grillen

Ge·zweig *das <-(e)s> /kein Plur./ (geh.) Zweige*

Ge·zwit·scher *das <-s> /kein Plur./ dauerndes Zwitschern:* Hörst du das Gezwitscher der Vögel?

ge·zwun·gen *adj /Part. Perf. zu „zwingen"/ nicht aus freiem Willen und deshalb unnatürlich wirkend:* Sie lachte gezwungen.

ge·zwun·ge·ner·ma·ßen *adv so, dass es unter einem Zwang oder aus einer Notwendigkeit heraus geschieht:* Wir mussten den Urlaub gezwungenermaßen abbrechen.

GG *kurz für „Grundgesetz"*

ggfs. *adv kurz für „gegebenenfalls"*

Ghet·to *das <-s, -s> siehe* **Getto**

Ghet·to·i·sie·rung *die siehe* **Gettoisierung**

Ghost·wri·ter *der,* **Ghost·wri·te·rin** ['goʊstraɪtɐ] *<-s, -> (geh.) ein Autor, der beispielsweise für Prominente Reden, Memoiren usw. schreibt und selbst nicht als Verfasser in Erscheinung tritt*

Gicht *die <-> /kein Plur./* MED. *durch eine Stoffwechselstörung verursachte Erkrankung der Gelenke* ◆-anfall

Gie·bel *der <-s, -> dreieckige Abschlusswand eines (Sattel-)Daches an den Schmalseiten* ◆-fenster, Dach-

Gier *die* [giːr] *<-> /kein Plur./ heftiges, maßloses Verlangen:* Sein ganzes Tun wurde von einer hemmungslosen/unersättlichen Gier nach Macht und Reichtum bestimmt. ◆ Besitz-, Fress-, Geld-, Macht-, Mord-, Profit-, Rach-, Sensations-

gie·rig [giːrɪç] *adj voller Gier:* Er aß gierig den ganzen Teller leer.

-gie·rig [giːrɪç] *als Zweitglied zusammengesetzter Adjektive; mit Betonung auf dem Erstglied; drückt aus, dass eine besondere und äußerst negativ beurteilte Neigung gegeben ist, das mit dem Erstglied Bezeichnete tun/erhalten/erleben zu können:* Der Mann wusste während des Scheidungsverfahrens, dass er sich gegen seine rachgierige sowie geldgierige/raffgierige Ehefrau würde wehren müssen. ◆ geld-, gold-, macht-, mord-, profit-, rach-, raff-

gie·ßen [giːsn] *<gießt, goss, hat gegossen>* **I.** *mit OBJ/ohne OBJ* ■ **jmd. gießt (etwas** *Akk.***)** ❶ *Pflanzen mit Wasser ver-*

sorgen: Hast du die Blumen schon gegossen?; Während der heißen Sommertage muss man jeden Abend gießen. ▸ Gießkanne ❷ *etwas herstellen, indem man flüssiges Metall in eine Hohlform füllt und darin erstarren lässt:* In diesem Betrieb gießt man Glocken.; Sie sind in der Werkstatt und gießen. **II.** *mit OBJ* ■ **jmd. gießt etwas in etwas** *Akk. eine Flüssigkeit aus einem Gefäß irgendwohin fließen lassen:* Der Kellner goss den Wein in die Gläser. **III.** *mit ES* ■ **es gießt** (**irgendwie**) *(umg.) stark regnen:* Es gießt (in Strömen).

Gie·ße·rei die <-, -en> *ein Betrieb, in dem Gegenstände aus Metall durch Gießen I.2 hergestellt werden* ◆ Eisen-

Gieß·kan·nen·prin·zip das <-s> /kein Plur./ *gleichmäßige Verteilung z.B. von staatlichen Geldmitteln, ohne die unterschiedlichen Verhältnisse der Empfänger zu berücksichtigen*

Gift das [gɪft] <-(e)s, -e> *eine Substanz, die schädliche oder tödliche Auswirkungen für einen Organismus hat:* Das Gift hat seinen Körper zerstört.; ■ **auf etwas Gift nehmen können** *(umg.) etwas als ganz sicher betrachten können;* ■ **Gift und Galle speien/spucken** *(umg.) sehr wütend sein;* ■ **Gift für jemanden/etwas sein** *sehr schädlich für jmdn. oder etwas sein* ◆ -gas, -müll, -mülldeponie, -mülltransport, -pilz, -schlange, -spinne, -wolke, Insekten-, Nerven-, Rausch-, Ratten-, Schlangen-

gif·ten <giftest, giftete, hat gegiftet> **I.** *mit OBJ* ■ **etwas giftet jmdn.** *sehr ärgerlich machen:* Ihr Verhalten giftete ihn. **II.** *mit SICH* ■ **jmd. giftet sich** (**über etwas** *Akk.*) *sehr ärgerlich werden:* Als sie davon erfuhr, giftete sie sich gewaltig.

gif·tig ['gɪftɪç] *adj* ❶ *Gift enthaltend:* Im Labor sind die giftigen Chemikalien mit einem Totenkopf gekennzeichnet. ▸ Giftigkeit ❷ *(umg.) boshaft:* Er warf ihr einen giftigen Blick zu. ▸ Giftigkeit

Gift·nu·del die <-, -n> *(abwert.) giftige, missgünstige Frau*

Gift·sprit·ze die <-, -n> ❶ *Spritze, mit der zum Tode verurteilte Menschen hingerichtet werden* ❷ *(abwert.) Giftnudel*

Gift·zwerg der <-(e)s, -e> *(umg. abwert.) Schimpfwort für einen kleinen, boshaften Menschen*

Gi·gant der <-en, -en> ❶ *(geh.) Riese* ❷ *Person, die in einem bestimmten Bereich große Bedeutung erlangt hat:* Er ist ein Gigant des Radsports. ◆ Industrie-, Medien-

gi·gan·tisch *adj riesig, imposant:* Das ist ein gigantisches Bauwerk/Schiff.

Gim·mick der <-s, -s> *Werbegag*

ging [gɪŋ] *Prät. von* **gehen**

Gip·fel der ['gɪpfl̩] <-s, -> ❶ *der höchste Punkt eines Berges:* Morgen wird die Expedition den Gipfel erreichen. ◆ Berg-, Fels- ❷ *(umg.) das Äußerste der genannten Sache:* Das ist doch der Gipfel der Frechheit!

Gip·fe·li das <-s, -> SCHWEIZ. *mundartlich: Hörnchen*

gip·feln <gipfelt, gipfelte, hat gegipfelt> *ohne OBJ* ■ **etwas gipfelt in etwas** *Dat. in etwas seinen Höhepunkt erreichen:* Ihre Rede gipfelte in einem Aufruf zur Solidarität.

Gip·fel·tref·fen das <-s, -> POL. *Treffen führender (politischer) Persönlichkeiten*

Gips der <-es, -e> ❶ *eine Kalkart* ❷ *Pulver aus Gips¹, das man mit Wasser anrühren kann, um damit beispielsweise Löcher in der Wand auszufüllen, Figuren bzw. Büsten oder auch einen Verband bei Knochenbrüchen herzustellen* ◆ -büste, -figur, -verband

Gips·bein das <-(e)s, -e> *wegen eines Knochenbruchs mit einem festen Gipsverband umgebenes Bein*

gip·sen <gipst, gipste, hat gegipst> *mit OBJ* ■ **jmd. gipst etwas** *Akk.* ❶ *mit Gips ausbessern:* Wir müssen vor dem Streichen die Wand gipsen. ❷ *(umg.) einen Gipsverband anlegen:* Der Arzt hatte das gebrochene Bein gegipst.

Gir·lan·de die <-, -n> *eine Art langer Streifen aus buntem Papier oder verschiedenen Pflanzen, den man zur Dekoration bei Festen aufhängt:* Die Decke des Festsaals war mit Girlanden geschmückt.

Gi·ro das ['ʒiːro...] <-s, -s/Giri> *bargeldloser Zahlungsverkehr* ◆ -bank, -konto, -scheck

Gi·ro·ver·kehr der ['ʒiːro...] <-s> /kein Plur./ *über Girokonten abgewickelte Zahlungsweise*

Gischt die <-, -en> /Plur. selten/ *das schaumige, spritzende Wasser bei starkem Wellengang:* Gischt sprühte ihm ins Gesicht.

Gi·tar·re die [gi'tarə] <-, -n> *ein Musikinstrument mit einem langen Hals und meist sechs Saiten:* der Hals/die Saiten einer akustischen/elektrischen Gitarre; die Gitarre an den Verstärker anschließen/spielen/stimmen ◆ -nkonzert, -nsaite, -nunterricht, E-Gitarre, Konzert-

Git·ter das <-s, -> *eine Absperrung, die aus sich waagerecht und senkrecht kreuzenden Stäben aus Holz oder Metall besteht:*

Vor den Fenstern befinden sich massive Gitter aus Eisen.; ■ **hinter Gittern** *(umg.) ins oder im Gefängnis* ◆ -zaun ▶ gitterartig, gitterförmig

Gịt·ter·bett, Gịt·ter·bett·chen das <-s, -en/(-)> *(kleines) Bett für Kleinkinder, das (als Schutzvorrichtung) von einem Gitter umgeben ist*

Gịt·ter·rost der <-(e)s, -e> *mit Gitter verkleidete Abdeckung von Öffnungen*

Gịt·ter·werk das <-(e)s, -e> *Gebilde aus Gitter:* sämtliches Gitterwerk an einem Gebäude erneuern

Gla·ce die ['glasə] <-, -n> SCHWEIZ. *Speiseeis:* eine Glace essen

Gla·cé·hand·schuh, a. **Gla·cee·hand·schuh** ■ **jemanden mit Glacéhandschuhen anfassen** *(umg.) jmdn. überaus vorsichtig behandeln*

Glạnz der [glants] <-es> */kein Plur./* ❶ *die Eigenschaft, dass etwas glänzt¹:* Der Silberschmuck hatte seinen Glanz verloren und musste poliert werden. ❷ *einer Sache innewohnender, bewunderter großer Vorzug:* Der Glanz der Jugend/der Schönheit war längst verblasst.

glän·zen¹ ['glɛntsn̩] <glänzt, glänzte, hat geglänzt> *ohne OBJ* ■ **jmd./etwas glänzt** ❶ *(aufgrund einer sehr glatten oder sehr sauberen Oberfläche) Licht reflektieren, leuchten:* Das Auto glänzt vor Sauberkeit. ❷ *(übertr.) hervorragen, hervorstechen, sich auszeichnen:* Der Sportler glänzte durch gute Leistungen.

glän·zen² ['glɛntsn̩] <glänzt, glänzte, hat geglänzt> *mit OBJ* ■ **jmd. glänzt etwas** *Akk.* SCHWEIZ. *zum Glänzen bringen, polieren*

glän·zend adj */Part. Perf. zu „glänzen"/ (umg.) hervorragend:* Die Athletin hat bei den letzten Wettkämpfen glänzende Ergebnisse erzielt.; Das war ein glänzender Einfall.

Glạnz·idee die <-, -n> *(umg. oft iron.) sehr gute Idee*

Glạnz·leis·tung die <-, -en> *(oft iron.) sehr gute Leistung*

glạnz·los adj ❶ *ohne Glanz¹, matt, trübe:* glanzloses Haar ❷ *ohne Glanz², mittelmäßig:* ein glanzloses Abschlusszeugnis

Glạnz·punkt der <-es, -e> *(übertr.) Höhepunkt:* Der Glanzpunkt der Vorstellung war das Geigensolo.

Glạnz·rol·le die <-, -n> THEAT., FILM, TV *von einem Schauspieler besonders gut ausgefüllte Rolle:* Sein letzter Auftritt war unbestreitbar seine Glanzrolle.

Glạnz·stück das <-(e)s, -e> ❶ *sehr gute Leistung* ❷ *sehr wertvoller Gegenstand:* Dieses Gemälde ist das Glanzstück des Museums.

glạnz·voll adj ❶ *sehr gut, hervorragend:* eine glanzvolle Leistung ❷ *festlich, prunkvoll:* einen glanzvollen Auftritt haben

Glạs das [gla:s] <-es, Gläser> ❶ */kein Plur./ ein lichtdurchlässiges, leicht zerbrechliches Material:* Man kann optische Linsen aus Glas oder aus Kunststoff anfertigen.; Der Architekt entwirft überwiegend Bürohochhäuser aus Stahl, Beton und Glas. ◆ -auge, -fenster, -geschirr ❷ *Trinkgefäß aus Glas¹:* Dieses Glas ist für den Weißwein, das andere für das Mineralwasser.; Er hob sein Glas und prostete mir zu. ◆ -flasche, -reiniger, -scheibe, -scherbe, -tür, -vitrine, -ware ❸ *verwendet als Maßangabe:* Er hat schon drei Gläser Bier getrunken. ❹ *Behälter aus Glas¹:* Wir haben noch einige Gläser mit Marmelade im Vorratsraum. ◆ -gefäß, -kasten ❺ *kurz für „Brillenglas":* Die Gläser beschlagen. ❻ *kurz für „Fernglas"*

Glas·blä·ser der, **Glas·blä·se·rin** <-s, -> *jmd., der beruflich Glasgegenstände aus flüssigem Glas¹ herstellt*

Gla·ser der, **Gla·se·rin** <-s, -> *jmd., der beruflich Glasscheiben zuschneidet und einsetzt* ◆ Glaserwerkstatt ▶ Glaserei

glä·sern adj */nicht steig./ aus Glas¹ bestehend:* ein gläsernes Gefäß; *siehe aber auch* **glasig**

Glas·glo·cke die <-, -n> ❶ *Glocke aus Glas* ❷ *glockenförmige Haube aus Glas¹:* Käse unter einer Glasglocke aufbewahren

Glas·haus das <-es, Glashäuser> *Gewächshaus; Treibhaus*

gla·sig adj ❶ *durchsichtig wie Glas:* Du musst die Zwiebeln braten, bis sie glasig sind. ❷ *starr, ausdruckslos:* Sie hatte glasige Augen.

glas·klar, glas·klar adj */nicht steig./* ❶ *klar und durchsichtig wie Glas¹:* Das Wasser des Gebirgsbaches ist glasklar. ❷ *(umg.) völlig klar und deutlich:* Er hat sich doch glasklar ausgedrückt.

Glas·nu·del die <-, -n> *asiatische, durchsichtige Nudelsorte aus Reismehl*

Gla·sur die <-, -en> ❶ *dünne, glasartige Schicht auf Keramik- oder Porzellanwaren* ❷ *dünner Überzug aus Zucker oder Schokolade auf Gebäck*

glạtt [glat] <glatter/glätter, am glattesten/glättesten> adj ❶ *ohne Unebenheiten:* Der Tisch hat eine glatte Oberfläche. ❷ *rutschig:* Die Straßen waren glatt. ❸ *ohne Schwierigkeiten:* Die Landung des Flugzeuges/Die Fahrt verlief glatt. ❹ *(umg.)*

eindeutig, klar erkennbar: Das ist glatter Wahnsinn/eine glatte Lüge! ◆ Getrennt- oder Zusammenschreibung → R 4.15 glatt bügeln/glattbügeln; glatt hobeln/glatthobeln; glatt kämmen/glattkämmen; glatt polieren/glattpolieren; glatt rasieren/glattrasieren; glatt schleifen/glattschleifen; glatt streichen/glattstreichen

Glät·te die <-> /kein Plur./ *das Glattsein*[1] [2] ◆-bildung, Eis-, Schnee-, Straßen-

Glatt·eis das <-es> /kein Plur./ *nach Frost (auf dem Boden) entstehende Eisschicht;* ■ **jemanden aufs Glatteis führen** *(umg.) jmdn. überlisten wollen*

Glätt·ei·sen das <-s, -> SCHWEIZ. *Bügeleisen*

Glatt·eis·ge·fahr die <-, -en> *Gefahr, dass sich Glatteis bildet:* Fahr vorsichtig! Im Radio war heute von Glatteisgefahr die Rede.

glät·ten[1] <glättest, glättete, hat geglättet> *mit OBJ* ■ **jmd. glättet etwas** *Akk. glatt machen, ebnen:* Sie glättete Falten ihres Rocks.

glät·ten[2] <glättest, glättete, hat geglättet> *mit OBJ* ■ **jmd. glättet etwas** *Akk.* SCHWEIZ. *bügeln*

glatt·ge·hen *ohne OBJ* ■ **etwas geht glatt** *(umg.) unkompliziert ablaufen:* Bei der Prüfung ist alles glattgegangen.

glatt·weg *adv (umg.)* ❶ *ohne zu zögern, kurzerhand:* Sie hat meine Bitte glattweg abgelehnt. ❷ *eindeutig:* Das ist glattweg gelogen.

Glat·ze die <-, -n> *(umg.) haarloser, kahler Kopf:* eine Glatze haben/bekommen ◆ Halb-, Stirn-, Voll-

Glatz·kopf der <-es, Glatzköpfe> *(umg. oft abwert.) Mann mit Glatze*

glatz·köp·fig *adj /nicht steig./ mit einer Glatze*

Glau·be der ['glaʊbə] <-ns> /kein Plur./ ❶ *feste Überzeugung, die nicht auf Fakten/Beweisen, sondern auf dem Gefühl beruht:* Sein Glaube an die Zukunft ist unerschütterlich.; Er wurde von einem blinden/fanatischen/ unerschütterlichen Glauben getrieben.; Du solltest seinen Worten keinen Glauben schenken. ❷ *religiöse Überzeugung:* Ein fester Glaube bestimmte ihr Leben. ◆-sbruder, -sgemeinschaft, -skrise, -srichtung, -sschwester, -sstreit, Aberglaube, Gottes- ❸ *Religion:* Sie trat zum christlichen Glauben über.

glau·ben ['glaʊbn̩] <glaubst, glaubte, hat geglaubt> I. *mit OBJ/ohne OBJ* ■ **jmd. glaubt (an) etwas** *Akk. etwas für wahr, richtig oder möglich halten:* Sie glaubte ihm kein Wort mehr.; Ich kann einfach nicht glauben, dass …; Man glaubte dem Angeklagten nicht.; Ich glaube nicht an Wunder. II. *mit OBJ* ■ **jmd. glaubt etwas** *Akk. meinen, der Ansicht sein:* Ich glaube, dass dieser Plan gut ist.; Glaubst du, wir schaffen das bis morgen? III. *ohne OBJ* ■ **jmd. glaubt an etwas** *Akk.* ❶ *vertrauen:* Glaubst du noch an seine Ehrlichkeit? ❷ *aufgrund seiner religiösen Einstellung von der Existenz einer Person, Sache überzeugt sein:* Sie glaubt an die Auferstehung Christi.; ■ **dran glauben müssen** *(umg.) sterben*

Glau·bens·be·kennt·nis das <-ses, -se> ❶ *Zugehörigkeit zu einer Religionsgemeinschaft, Konfession* ❷ /kein Plur./ REL. *die (in einem Gebet zusammengefassten) wichtigsten Grundsätze der christlichen Religion* ❸ *Überzeugung:* Der Politiker legte in einer Rede sein politisches Glaubensbekenntnis ab.

Glau·bens·din·ge <-> Plur. *(Gesamtheit der) den Glauben betreffende Angelegenheiten:* in Glaubensdingen keinen Spaß verstehen

Glau·bens·ei·fer der <-s> /kein Plur./ *im Zusammenhang mit Glaubensdingen stehender Eifer:* Sie entwickelte einen regelrechten Glaubenseifer nach ihrer Bekehrung.

Glau·bens·frei·heit die <-> /kein Plur./ *Religionsfreiheit:* jemandem Glaubensfreiheit gewähren

Glau·bens·sa·che die <-, -n> *etwas, das nicht auf Beweisen, sondern auf dem Glauben beruht:* Das kann man nicht nachweisen. Das muss man als Glaubenssache akzeptieren.

glaub·haft *adj überzeugend:* Er konnte mir glaubhaft versichern, dass … ▶ Glaubhaftigkeit

gläu·big [gl'ɔybɪç] *adj (im christlichen Sinne oder im Sinne anderer Religionen) von der Existenz Gottes überzeugt, fromm:* Er ist gläubiger Christ/Moslem. ▶ Gläubige, Gläubigkeit

-gläu·big [glɔybɪç] *als Zweitglied zusammengesetzter Adjektive; mit Betonung auf dem Erstglied; drückt aus, dass eine besondere Neigung gegeben ist, das mit dem Erstglied Bezeichnete ungeprüft/unbesehen/vorurteilslos/kritiklos und damit ohne Zweifel anzuerkennen bzw. ihm zu vertrauen:* Man kann sich heute diese spießige, engstirnige, verlogene, verbrecherische und obrigkeitsgläubige Duckmäuser-Gesellschaft des Nazi-Regimes kaum noch vorstellen. ◆ autoritäts-, bibel-, obrigkeits-,

wissenschafts-, zukunfts-
Gläu·bi·ger der, **Gläu·bi·ge·rin** <-s, -> (↔ Schuldner) jmd., der einem anderen Geld geliehen hat

glaub·wür·dig adj verlässlich, glaubhaft: Du kannst ihm vertrauen - er hat mir glaubwürdig versichert, nichts damit zu tun zu haben. ▸ Glaubwürdigkeit

gleich [glaiç] I. adj /nicht steig./ ❶ völlig identisch: Man forderte gleichen Lohn für gleiche Arbeit.; Es sollte gleiches Recht für alle gelten. ❷ sehr ähnlich, vergleichbar: Alle Geschwister haben die gleiche Figur. ❸ unverändert: Die Preise sind seit Jahren gleich geblieben. II. adv /nicht steig./ ❶ sofort: Einen Moment, ich komme gleich. ❷ unmittelbar daneben: Er wohnt gleich am Bahnhof. ❸ zugleich: Er hat sich gleich drei Hemden gekauft. III. part ❶ (= doch, noch) unbetont in Ergänzungsfragen; Frage nach Bekanntem, das in Vergessenheit geraten ist: Wie war doch gleich Ihr Name?; Was hat der Lehrer gleich gesagt? ❷ verwendet, um seinen Unmut auszudrücken: Wenn wir jetzt nicht anfangen, können wir es gleich bleiben lassen. IV. präp +Dat. (geh.) wie: Er stolzierte gleich einem Pfau. ▸ Großschreibung → R 3.4, R 3.7 das Gleiche tun; Es kommt aufs Gleiche hinaus.; Gleiches mit Gleichem vergelten; ▸ Getrenntschreibung → R 4.9 gleich alt; gleich groß; gleich lang; gleich schnell; gleich weit; gleich bleiben(d); gleich denkend; ein gleich lautender Name; gleich geartete Verhältnisse; ein gleich gelagerter Fall; zwei gleich gesinnte Freunde; zwei gleich gestimmte Seelen; zwei gleich geschriebene Namen; ▸ Zusammenschreibung → R 4.2 gleichgeschlechtlich; gleichkommen; gleichmachen; gleichschalten; gleichsetzen; gleichstellen; gleichtun; gleichziehen

gleich·alt·rig, a. **gleich·al·te·rig** adj /nicht steig./ im gleichen Alter: Wir sind fast gleichaltrig.

gleich·ar·tig adj /nicht steig./ von der gleichen Art: Sie haben mit gleichartigen Problemen zu kämpfen. ▸ Gleichartigkeit

gleich·be·deu·tend adj /nicht steig./ so, dass etwas das Gleiche bedeutet wie etwas anderes: Das Schweigen war gleichbedeutend mit einer Absage.

Gleich·be·hand·lung die <-, -en> gleiche Behandlung: Von Gleichbehandlung kann in dieser Firma nicht die Rede sein!

gleich·be·rech·tigt adj /nicht steig./ so, dass man über die gleichen Rechte verfügt: Sie sind gleichberechtigte Geschäftspartner.

Gleich·be·rech·ti·gung die <-> /kein Plur./ der Zustand, dass auf bestimmten Gebieten gleiche Rechte für bestimmte Personengruppen herrschen: Ist die Gleichberechtigung der Frau/des Mannes überall durchgesetzt?

glei·chen ['glaiçn] <gleichst, glich, hat geglichen> ohne OBJ ▪ jmd./etwas gleicht jmdm./etwas (irgendwie) ähnlich sein: Sie gleicht ihrer Mutter.; Die Zwillinge gleichen sich wie ein Ei dem anderen.

glei·chen·tags adv SCHWEIZ. am gleichen Tag

glei·cher·ma·ßen adv in gleicher Weise, ebenso: Der Lehrer ist bei seinen Schülern wie bei seinen Kollegen gleichermaßen beliebt.

glei·cher·wei·se adv gleichermaßen

gleich·falls adv ebenfalls, auch: „Viel Glück!" „Danke, gleichfalls!"; Wir hatten gleichfalls Pech.

gleich·för·mig adj ohne Veränderung (ablaufend), eintönig: Diese gleichförmige Arbeit macht wahrlich kein Vergnügen.; Die Tage im Krankenhaus verliefen gleichförmig. ▸ Gleichförmigkeit

gleich·ge·stellt adj /nicht steig./ den gleichen Rang, die gleiche Stellung einnehmend: Was das Finanzielle betrifft, so sind wir gleichgestellt. ▸ Gleichstellung

Gleich·ge·wicht das <-(e)s, -e> ❶ der Zustand, dass ein Körper ausbalanciert ist: Der Seiltänzer verlor das Gleichgewicht und wäre beinahe verunglückt. ❷ innere Ausgeglichenheit: Er lässt sich durch nichts aus dem Gleichgewicht bringen. ❸ ausgeglichener Zustand: Solche Eingriffe in die Natur stören das ökologische Gleichgewicht.

gleich·gül·tig ['glaiçgʏltɪç] adj ❶ ohne Interesse, ohne Anteilnahme: Er steht dieser Sache völlig gleichgültig gegenüber. ❷ egal, unwichtig: Es ist gleichgültig, wie die Mannschaft heute spielt, sie ist in jedem Falle bereits abgestiegen.

Gleich·gül·tig·keit die <-> /kein Plur./ Teilnahmslosigkeit

Gleich·heit die <-> /kein Plur./ ❶ sehr große Übereinstimmung; Ähnlichkeit: Nachdem wir uns eine Weile unterhalten haben, stellten wir die Gleichheit unseres Musikgeschmackes fest. ❷ /kein Plur./ das Gleichsein bezüglich der Stellung/der Rechte: Es geht uns um die Gleichheit aller vor dem Gesetz.

Gleich·heits·(grund·)satz der <-es,

Gleichheits(grund)sätze> *Grundsatz/ Prinzip/Recht der Gleichheit*

Gleich·heits·prin·zip das <-s, -ien/-e> *Gleichheits(grund)satz*

Gleich·heits·zei·chen das <-s, -> MATH. *das Zeichen "=", das zur Kennzeichnung der absoluten Gleichheit[1] zweier Zahlen oder Größen benutzt wird:* A = B

Gleich·klang der <-(e)s> /kein Plur./ *Harmonie, Übereinstimmung:* Beiden wurde an diesem Abend der Gleichklang ihrer Seelen bewusst.

gleich·kom·men <kommst gleich, kam gleich, ist gleichgekommen> ohne OBJ ■ jmd./etwas kommt jmdm./etwas gleich ① *entsprechen:* Eine solche Unterstellung kommt einer Beleidigung gleich. ② *jmdn. erreichen, jmdm. gleichwertig sein:* An Ausdauer und Disziplin kommt ihm so schnell niemand gleich.

gleich·lau·fend *adj /nicht steig./ (oft übertr.) in die gleiche Richtung (ver)laufend:* gleichlaufende Tendenzen aufweisen

gleich·ma·chen <machst gleich, machte gleich, hat gleichgemacht> *mit OBJ* ■ jmd./etwas macht etwas *Akk.* gleich *bestehende Unterschiede beseitigen:* man kann nicht alle Menschen gleichmachen

Gleich·ma·che·rei die <-> /kein Plur./ (abwert.) *das Verhalten, verschiedene Sachverhalte oder Menschen in unangemessener Weise gleichzusetzen:* In diesem Fall hat es keinen Sinn, Gleichmacherei betreiben zu wollen.

gleich·mä·ßig ['glaɪçmɛːsɪç] *adj* ① *zu gleichen Teilen, im gleichen Ausmaß, ausgewogen:* Tragen Sie die Salbe gleichmäßig auf die betreffenden Stellen auf. ② *ausgeglichen, ohne Schwankungen:* Der Patient atmet gleichmäßig.

Gleich·mä·ßig·keit die <-> /kein Plur./ *der Zustand, dass etwas gleichmäßig ist oder verläuft*

Gleich·mut der/die <-(e)s> /kein Plur./ *ausgeglichener Gemütszustand, Gelassenheit:* Er nahm die Nachricht mit scheinbarem Gleichmut entgegen.

gleich·mü·tig *adj mit Gleichmut:* eine Sache gleichmütig ertragen ▶ Gleichmütigkeit

gleich·na·mig *adj /nicht steig./ /nur attr./ mit demselben Namen:* Der Film basiert auf dem gleichnamigen Drama von Shakespeare.

Gleich·nis das <-ses, -se> LIT. *kurze Erzählung, die eine (abstrakte) Vorstellung durch den Vergleich mit einer zweiten aus einem anderen, meist sinnlich-gegenständlichen Bereich anschaulicher oder eindringlicher macht, wobei beide Vorstellungen in einem wesentlichen Moment zusammenfallen; Parabel*

gleich·nis·haft *adj /nicht steig./ in der Art oder wie ein Gleichnis:* eine gleichnishafte Geschichte erzählen

gleich·ran·gig *adj /nicht steig./ auf oder von gleichem Rang:* Was ihre Mathematikleistungen betrifft, so sind sie fast gleichrangig. ▶ Gleichrangigkeit

gleich·sam *adv (geh.) sozusagen, gewissermaßen:* Sie hatte etwas gleichsam Unwirkliches, wie sie da auf einmal stand.

gleich·schal·ten <schaltest gleich, schaltete gleich, hat gleichgeschaltet> *mit OBJ* ■ jmd. schaltet jmdn./etwas gleich (abwert.) *(in Diktaturen) dafür sorgen, dass alle (politischen, wirtschaftlichen, kulturellen) Institutionen auf eine einheitliche Linie gebracht und der herrschenden Denkweise angepasst werden*

Gleich·schal·tung die <-> /kein Plur./ *das Gleichschalten:* die Gleichschaltung der Kirche im Nationalsozialismus

gleich·schen·ke·lig, gleich·schenk·lig *adj /nicht steig./* MATH. *so, dass ein Dreieck zwei gleich lange Seiten hat*

Gleich·schritt der <-(e)s> /kein Plur./ MILIT. *eine Art des Gehens oder Marschierens, bei der alle Beteiligten zur gleichen Zeit denselben Fuß nach vorne setzen und so im selben Rhythmus gehen:* Die Soldaten marschieren im Gleichschritt.

gleich·sei·tig *adj /nicht steig./* MATH. *so, dass eine geometrische Figur gleich lange Seiten hat*

gleich·set·zen <setzt gleich, setzte gleich, hat gleichgesetzt> *mit OBJ* ■ jmd. setzt jmdn./etwas jmdm./etwas gleich *als vergleichbar, gleich(wertig) betrachten:* Du kannst doch die damaligen Verhältnisse nicht mit den heutigen gleichsetzen. ▶ Gleichsetzung

Gleich·stand der <-(e)s> /kein Plur./ SPORT *gleiche Punktzahl bzw. Zahl von Toren:* Bei Gleichstand nach der Verlängerung wird das Spiel im Elfmeterschießen entschieden.

gleich·stel·len <stellst gleich, stellte gleich, hat gleichgestellt> *mit OBJ* ■ jmd. stellt jmdn./etwas (mit) jmdm./etwas gleich *auf die gleiche Stufe stellen:* Die Arbeiter wurden (mit) den Angestellten gleichgestellt.

Gleich·stel·lung die <-, -en> /meist Sing./ *das Gleichstellen:* Die Gleichstellung von Mann und Frau

Gleich·stel·lungs·be·auf·trag·te der/die

<-n, -n> *jmd., der sich beruflich mit der Gleichstellung (von Mann und Frau) beschäftigt*

Gleich·stel·lungs·ge·setz das <-es, -e> RECHTSW. *Gesetz, das die Gleichstellung (von Mann und Frau) sichert*

Gleich·strom der <-(e)s> /kein Plur./ ELEKTROTECHN. *(↔ Wechselstrom) elektrischer Strom, der immer in die gleiche Richtung fließt*

gleich·tun <tust gleich, tat gleich, hat gleichgetan> *mit OBJ* ▪ **jmd. tut es jmdm. (an/in etwas** *Dat.*) **gleich** *jmdn. nachahmen oder versuchen, die gleiche Leistung wie ein anderer zu erbringen:* Sie wollte es ihren älteren Geschwistern gleichtun und ebenfalls Artistin werden.

Glei·chung die <-, -en> MATH. *das Gleichsetzen zweier mathematischer Größen:* eine Gleichung aufstellen/lösen ▸ -ssystem

gleich·viel, gleich·viel adv *gleichgültig, wie dem auch sei:* Gleichviel, wir müssen trotzdem auf die anderen warten.

gleich·wer·tig adj /nicht steig./ *von gleichem Wert:* Die Mannschaft war ein gleichwertiger Gegner. ▸ Gleichwertigkeit

gleich·wie konj *(ebenso) wie*

gleich·wink·ke·lig, gleich·wink·lig adj / nicht steig./ MATH. *so, dass ein Dreieck zwei gleiche Winkel hat*

gleich·wohl, gleich·wohl adv *dennoch, trotzdem:* Ich muss gleichwohl darauf bestehen, dass ...

gleich·zei·tig adj /nicht steig./ *zur gleichen Zeit:* Wenn alle gleichzeitig sprechen, verstehe ich überhaupt nichts. ▸ Gleichzeitigkeit

gleich·zie·hen <ziehst gleich, zog gleich, hat gleichgezogen> *ohne OBJ* ▪ **jmd. zieht mit jmdm./etwas gleich** *eine ähnliche Leistung wie eine andere Person erbringen:* Sie hat mit der Rekordhalterin gleichgezogen und dieses Turnier nun ebenfalls acht Mal gewonnen.

Gleis das [glaɪs] <-es, -e> ❶ *der Fahrweg für Schienenfahrzeuge, der aus Holz- oder Betonschwellen und Schienen besteht* ▸-abschnitt, -arbeiten, -arbeiter, -bau, -übergang, -verlegung, Abstell-, Rangier- ❷ *Bahnsteig:* Der Zug fährt in wenigen Minuten auf Gleis 8 ein.; ▪ **aus dem Gleis bringen/werfen** *aus dem gewohnten Lebensrhythmus geraten*

glei·ßend adj *sehr hell glänzend:* Er wurde vom gleißenden Licht eines Scheinwerfers geblendet.

glei·ten ['glaɪtn̩] <gleitest, glitt, ist geglitten> *ohne OBJ* ▪ **jmd./etwas gleitet irgendwohin** ❶ *sich leicht und gleichmäßig bewegen:* Sie gleiten mit ihren Inlineskates über den glatten Asphalt. ❷ *schwebend fliegen:* Der Adler gleitet durch die Lüfte. ❸ *herabgleiten:* Die Schwimmerin gleitet vom Rand des Schwimmbeckens ins Wasser.

gleit·fä·hig adj *so, dass etwas gleiten kann:* gleitfähiger Kunststoff ▸ Gleitfähigkeit

Gleit·flug·zeug das <-(e)s, -e> *Segelflugzeug*

Gleit·schirm der <-(e)s, -e> *eine Art Fallschirm, den man benutzt, um von Bergen herab ins Tal zu segeln:* mit einem Gleitschirm fliegen

Gleit·zeit die <-> /kein Plur./ *Arbeitszeitregelung, bei der Anfang und Ende der Arbeitszeit innerhalb bestimmter Grenzen frei gewählt werden können*

Glet·scher der <-s, -> *sehr große zusammenhängende Eismasse im Hochgebirge* ▸-bach, -see, -tour, -zunge

glich [glɪç] *Prät. von* **gleichen**

Glied das <-(e)s, -er> ❶ *beweglicher Körperteil (z.B. Arm oder ein Bein) bei Mensch und Tier:* Das Kind zitterte vor Kälte an allen Gliedern.; Sie streckte ihre Glieder. ▸-erschmerz, Daumen-, Finger- ❷ (≈ *Penis*) *das männliche Glied; ein steifes Glied* ❸ *eines der Teile einer Kette:* Eine Kette ist so stark wie ihr schwächstes Glied. ▸-erkette ❹ *(übertr.) einzelnes Verbindungselement:* Das ist ein wichtiges Glied in der Beweiskette. ▸Binde-, Ketten-, Verbindungs-

glie·dern ['gliːdɐn] <gliederst, gliederte, hat gegliedert> I. *mit OBJ* ▪ **jmd. gliedert etwas** *Akk. in eine bestimmte Ordnung bringen:* Er hat seine Diplomarbeit in zehn Kapitel gegliedert. II. *mit SICH* ▪ **etwas gliedert sich in etwas** *Akk. eine bestimmte Gliederung aufweisen:* Das Bauprojekt gliedert sich in vier Phasen.

Glie·der·pup·pe die <-, -n> *Puppe mit beweglichen Gliedern*[1]

Glie·de·rung die <-, -en> ❶ /kein Plur./ *das Gliedern/Strukturieren:* Ich bin noch mit der Gliederung meines Aufsatzes beschäftigt. ▸Abschnitts-, Aufsatz- ❷ (≈ *Aufbau, Struktur*) *die Art, wie etwas gegliedert ist:* Das Deckengemälde weist eine klare Gliederung auf.

Glied·ma·ße die <-, -n> /meist Plur./ *ein Arm oder ein Bein*

Glied·satz der <-es, Gliedsätze> SPRACHWISS. *Nebensatz in der Rolle eines Satzgliedes*

glim·men ['glɪmən] <glimmt, glomm/

glimmte, hat geglommen/geglimmt> *ohne OBJ* ■ **etwas glimmt** *schwach und ohne Flamme brennen, glühen:* Die Reste des Lagerfeuers glimmen noch.; das Glimmen einer Zigarette auf weite Entfernung sehen können

Glimm·stän·gel der <-s, -> *(umg. scherzh.)* Zigarette

glimpf·lich *adj ohne größeren Schaden:* Wir sind bei dem Hochwasser glimpflich davongekommen.; Das ist ja noch mal glimpflich ausgegangen.

glit·schig *adj (umg.) feucht und glatt:* Der glitschige Fisch glitt ihm aus den Händen.

glitt [glɪt] *Prät. von* **gleiten**

Glit·ter der <-s> */kein Plur./* Flitter

glit·zern <glitzert, glitzerte, hat geglitzert> *ohne OBJ* ■ **etwas glitzert** *immer wieder hell aufblitzen und im Licht funkeln:* Das Meer/Der Schnee glitzert in der Sonne.

glo·bal *adj /nicht steig./* ❶ *so, dass die gesamte Erde und alle Menschen davon betroffen sind:* Stehen Naturkatastrophen im Zusammenhang mit der globalen Klimaveränderung? ❷ *(≈ umfassend) über ein globales Wissen verfügen* ❸ *allgemein und ohne große Tiefe:* Ich habe von diesen Problemen nur eine sehr globale Vorstellung.

glo·ba·li·siert *adj /nicht steig./ mit den Merkmalen der Globalisierung:* die globalisierte Finanzwelt

Glo·ba·li·sie·rung die <-> */kein Plur./ der Vorgang, dass vor allem wirtschaftliche Fragen nicht mehr nur innerhalb eines Landes relevant sind, sondern eine weltweite Ausdehnung bekommen:* In der Diskussion ging es um Gefahren und Chancen der zunehmenden Globalisierung der Wirtschaft/der Märkte. ◆ -sgegner

Glo·be·trot·ter der, **Glo·be·trot·te·rin** <-s, -> *jmd., der die ganze Welt bereist (hat)*

Glo·bus der <-ses, Globen/-se> ❶ */kein Plur./ die Erde:* Sie ist schon um den ganzen Globus gereist. ❷ *kleines Modell der Erdkugel:* ein beleuchteter Globus

Glo·cke die [ˈglɔkə] <-, -n> ❶ *ein Klangkörper, der kegelförmig, hohl, nach unten offen ist und mit einem Klöppel aus Metall versehen ist, welcher beim Anschlagen an die Wände des Klangkörpers einen (lauten) Ton erzeugt:* Die Glocken läuten. ◆ -ngeläut, -nklang, -nturm, Kirchen-, Kuh-, Schiffs-,Turm- ❷ LANDSCH. *(≈ Türklingel)* ❸ *ein Gerät, das ein akustisches Signal erzeugt, das auf etwas hinweist:* Die Glocke läutet zum Stundenwechsel/zur großen Pause.; Für den Läufer ertönte die Glocke zur letzten Runde.; ■ **etwas an die große Glocke hängen** *(umg. abwert.) etwas überall erzählen*

-glo·cke [glɔkə] *als Zweitglied zusammengesetzter Substantive; mit Betonung auf dem Erstglied; drückt aus,* ❶ *dass das mit dem Erstglied bezeichnete ungefähr die Form einer Glocke hat und zum Schutz über Nahrungsmittel gestülpt wird:* Eine Kuchenglocke schützt in den Sommermonaten vor Insekten. ◆ Butter-, Käse-, Kuchen- ❷ *dass das mit dem Erstglied Bezeichnete in der Atmosphäre ungefähr die Form einer Glocke hat:* Über Städten und Industriegebieten bilden die Abgase oft eine Dunstglocke. ◆ Dunst-, Rauch-

glo·cken·hell *adj /nicht steig./ klar und hell (wie eine Glocke klingend):* eine glockenhelle Stimme besitzen

Glo·cken·schlag der <-(e)s, Glockenschläge> *Schlag einer Glocke¹, welcher die Zeit angibt:* Beim Glockenschlag war es zehn Uhr.

Glo·cken·spiel das <-(e)s, -e> ❶ *meist an einem öffentlichen Gebäude angebrachtes und mit einer Uhr verbundenes Geläut, das aus der Reihung mehrerer Glocken¹ besteht und zu bestimmten Uhrzeiten eine Melodie erklingen lässt:* Zu jeder vollen Stunde ertönt das Glockenspiel im Rathaus. ❷ *ein Musikinstrument mit mehreren Plättchen aus Metall, auf die man mit einer Art kleinem Hammer schlägt, um so den Klang zu erzeugen*

Glo·cken·stuhl der <-(e)s, Glockenstühle> *die Balkenkonstruktion in einem Kirchturm, an der die Glocken¹ hängen*

Glo·cken·zei·chen das <-s, -> *(≈ Glockenschlag)* Beim Glockenzeichen ist es genau zwölf Uhr.

Glöck·ner der <-s, -> GESCH. *jmd., der die Kirchenglocken läutet:* der Glöckner von Notre Dame

glomm [glɔm] *Prät. von* **glimmen**

Glo·ria das <-s> */kein Plur./* ❶ *(oft iron.) Ruhm, Glanz* ❷ REL. *Lobgesang im christlichen Gottesdienst*

Glo·rie die <-> */kein Plur./ (geh.) Ruhm, Glanz*

Glo·ri·fi·ka·ti·on die <-> */kein Plur./ das Glorifizieren*

glo·ri·fi·zie·ren <glorifizierst, glorifizierte, hat glorifiziert> *mit OBJ* ■ **jmd. glorifiziert jmdn./etwas** *(geh.) verherrlichen:* Er wurde von der Bevölkerung als Held glorifiziert. ▸ Glorifizierung

glor·reich *adj (meist iron.) herrlich, großartig:* Das war wirklich eine glorreiche Idee!

Glos·sar das <-s, -e> *alphabetisches Wörterverzeichnis (mit Erklärungen):* das lateinisch-althochdeutsche Glossar „Abrogans" aus dem 8. Jahrhundert, ein auch als „Codex Abrogans" bezeichnetes Synonymenwörterbuch mit Übersetzungsgleichungen

Glos·se die <-, -n> ❶ *knapper, polemischer Presse-, Rundfunk- oder Fernsehkommentar zu einem aktuellen Ereignis* ❷ LIT., SPRACHWISS. *Bedeutungserklärung eines Ausdrucks in alten Handschriften*

Glot·ze die <-, -n> *(umg.) Fernseher:* Sitzt du schon wieder vor der Glotze?

glot·zen <glotzt, glotzte, hat geglotzt> *ohne OBJ* ▪ **jmd. glotzt (irgendwie)** *(umg. abwertr.) starr und dümmlich blicken:* Was glotzt ihr so blöde?

Glück das [glʏk] <-(e)s /kein Plur./ ❶ *besonders günstiger Zufall; erfreuliche Fügung des Schicksals:* Er hat bei dem Unfall unverschämtes Glück gehabt, dass ihm nichts Schlimmeres passiert ist. ❷ *das personifizierte Glück:* Ihr winkt/lacht das Glück. ❸ *angenehme, freudige Gemütsverfassung:* Manche Leute muss man zu ihrem Glück zwingen.; Was fehlt dir noch zu deinem Glück?; ▪ **sein Glück versuchen/probieren** *etwas mit der Hoffnung auf Erfolg tun;* ▪ **sein Glück machen** *erfolgreich sein;* ▪ **auf gut Glück** *ohne die Gewissheit eines Erfolges* ● Getrenntschreibung → R 4.9, R 4.16 Glück bringend; Glück verheißend

Glu·cke die <-, -n> *Henne*

glü·cken <glückt, glückte, ist geglückt> *ohne OBJ* ▪ **etwas glückt jmdm.** *gelingen:* Die Notlandung glückte.; Der Versuch wollte einfach nicht glücken.

glu·ckern <gluckert, gluckerte, hat gegluckert> *ohne OBJ* ▪ **etwas gluckert** *ein Geräusch von fließendem Wasser abgeben:* Das Wasser gluckert in der Zentralheizung.

glück·lich [ˈglʏklɪç] adj ❶ *erfolgreich:* Der glückliche Gewinner erhält einen Preis im Wert von 10.000 Euro. ❷ *günstig, vorteilhaft:* Du hast keinen glücklichen Zeitpunkt für deinen Besuch gewählt. ❸ *von Zufriedenheit erfüllt:* Sie ist ein glücklicher Mensch.; Ich bin wunschlos glücklich.

Glück·li·che der/die <-n, -n> *jmd., der (in den Augen anderer) Glück[1] bei etwas (gehabt) hat:* Du Glücklicher hast deine Prüfungen schon hinter dir!

glück·li·cher·wei·se adv *zum Glück:* Glücklicherweise gab es bei dem Unfall keine Verletzten.

Glücks·brin·ger der <-s, -> *ein Gegenstand, den man immer mit sich führt, weil man glaubt, er bringe Glück[1]*

glück·se·lig adj *sehr glücklich[3]:* Ein glückseliges Lächeln umspielte ihre Lippen. ▶ Glückseligkeit

gluck·sen <gluckst, gluckste, hat gegluckst> *ohne OBJ* ▪ **jmd./etwas gluckst** ❶ *gluckern* ❷ *ein dunkel klingendes Geräusch von sich geben, während man ein Lachen unterdrückt*

Glücks·fall der <-(e)s, Glücksfälle> *ein zufälliges Ereignis, das sehr erfreulich ist:* Es war ein Glücksfall, dass ich diese seltene CD noch bekommen habe.

Glücks·fee die <-, -n> *(scherzh.) eine weibliche Person, die bei Glücksspielen die Lose zieht und die Gewinner bekanntgibt*

Glücks·kä·fer der <-s, -> LANDSCH. *Marienkäfer*

Glücks·kind das <-(e)s, -er> *(umg.) jmd., der oft Glück[1] hat*

Glücks·pilz der <-(e)s, -e> *(umg.) Glückskind*

Glücks·rit·ter der, **Glücks·rit·te·rin** <-s, -> *leichtsinniger Mensch, der sorglos auf sein Glück vertraut*

Glücks·sa·che ▪ **etwas ist (reine) Glückssache** *etwas hängt nur von einem günstigen Umstand oder Zufall ab*

Glücks·spiel das <-(e)s, -e> *ein Spiel, bei dem das Glück (und nicht das Können) der Spieler über den Ausgang des Spiels entscheidet:* Roulette ist ein Glücksspiel. ▶ Glücksspieler(in)

glück(s)·strah·lend adj /nicht steig./ *vor Glück strahlend:* die glücksstrahlende Siegerin

Glücks·sträh·ne die <-, -n> *längere Reihe von glücklichen Zufällen:* eine Glückssträhne haben

Glück·wunsch der <-es, Glückwünsche> *Gratulation:* Herzlichen Glückwunsch zum Geburtstag!; Glückwünsche entgegennehmen

Glüh·bir·ne die <-, -en> *Glühlampe*

glü·hen <glühst, glühte, hat geglüht> *ohne OBJ* ▪ **jmd./etwas glüht** ❶ *ohne Flamme brennen, vor Hitze rot leuchten:* Die Kohlen im Gartengrill glühen noch. ❷ *(übertr.) ein rotes Gesicht haben:* Ihr Gesicht/Ihre Stirn glühte aus Nervosität vor der Prüfung. ❸ *einen sehr heißen Kopf oder Körper haben, weil man Fieber hat*

glü·hend adj /Part. Präs. „zu glühen"/ ❶ *sehr stark:* Sie wurde von glühendem

Hass/von einem glühenden Verlangen angetrieben. ❷ *leidenschaftlich:* Sie ist eine glühende Verehrerin dieses Schauspielers. ◆Getrenntschreibung → R 4.9 glühend rot; glühend heiß

Glüh·lam·pe *die* <-, -en> *der Gegenstand aus Glas in einer Lampe, der leuchtet*

Glüh·wein *der* <-(e)s, -e> *erhitzter, gewürzter Rotwein, den man besonders im Winter trinkt*

Glüh·würm·chen *das* <-s, -> ZOOL. *ein Leuchtkäfer*

Glut *die* <-, -en> ❶ *Masse, die glüht¹:* Bevor sie aufbrachen, traten sie noch die Glut des erloschenen Lagerfeuers aus. ❷ */kein Plur./ sehr große Hitze:* Diese Pflanzen haben besondere Strategien entwickelt, um in der sengenden Glut der Sonne überleben zu können. ◆Sonnen- ❸ */kein Plur./ (geh.) Leidenschaftlichkeit:* Sie entfachte erneut die Glut seiner Liebe.

glut·äu·gig *adj /nicht steig./ (übertr.) dunkle, feurige Augen besitzend:* eine glutäugige südamerikanische Schönheit

Glut·hauch *der* <-(e)s> */kein Plur./ (oft übertr. geh.) heißer Wind*

glut·rot *adj /nicht steig./ (geh. oft übertr.) rot wie Glut:* Glutrot ging die Sonne unter.

GmbH *die* <-, -s> *kurz für "Gesellschaft mit beschränkter Haftung"*

Gna·de *die* <-, -n> ❶ */kein Plur./ Gunst/ Wohlwollen gegenüber einem sozial oder beruflich Tieferstehendem:* Er hängt von der Gnade seines Vorgesetzten ab. ❷ *eine Tat aus Gnade¹:* Er hat mir eine Gnade erwiesen. ❸ *Milderung einer verdienten Strafe:* Der Verurteilte bat/flehte um Gnade. ❹ REL. *Vergebung der Sünden durch Gott;* ■ **die Gnade haben** *(iron.) sich herablassen:* Hättest du vielleicht die Gnade, endlich aufzustehen?; ■ **Gnade vor Recht ergehen lassen** *nachsichtig sein;* ■ **Euer Gnaden** *(veralt.) Anrede für hochrangige Personen*

Gna·den·be·weis *der* <-es, -e> *Beweis der Gnade¹*

Gna·den·brot *das* <-es> */kein Plur./ die Versorgung von einem alten Tier oder einem alten Menschen, das/der nicht mehr arbeiten kann, aus Mitleid oder als Dank:* Auf diesem Bauernhof gewährt man alten Pferden das Gnadenbrot.

Gna·den·frist *die* <-> */kein Plur./ die letzte Möglichkeit, die man jmdm. gibt, um endlich etwas zu erledigen bzw. einer Pflicht nachzukommen:* Ich gewähre/ gebe dir noch eine Gnadenfrist von zwei Tagen.

gna·den·los *adj ohne Nachsicht, ohne Mitleid, ohne Erbarmen:* jmdn. gnadenlos verfolgen ▸ Gnadenlosigkeit

gna·den·reich *adj* REL. *reich an Gnade¹:* ein gnadenreiches Jahr

Gna·den·schuss *der* <-es> */kein Plur./* ■ **jemand gibt einem Tier den Gnadenschuss** *jmd. tötet ein verletztes Tier, um es von seinem Leiden zu erlösen*

Gna·den·tod *der* <-es, -e> *(geh.) Euthanasie:* jmdn. den Gnadentod sterben lassen

gna·den·voll *adj* REL. *voller Gnade*

gnä·dig *adj* ❶ *(oft iron.) gütig, wohlwollend:* Sie war so gnädig, mir ihren Wagen zu leihen. ❷ REL. *voller Gnade* ❸ *nachsichtig, milde:* ein gnädiger Richter

Gnom *der* <-en/-s, -en/-e> *Kobold, Zwerg*

gno·men·haft *adj in der Art eines Gnomen:* ein gnomenhaftes Aussehen besitzen

Goal *das* ['goːl] <-s, -s> ÖSTERR., SCHWEIZ. *Tor*

Goal·get·ter *der* ['goːlɡɛtɐ] <-s, -> ÖSTERR., SCHWEIZ. *Torschütze*

Goal·kee·per *der* ['goːlkiːpɐ] <-s, -> ÖSTERR., SCHWEIZ. *Torwart*

Go·be·lin *der* [gobə'lɛ̃ː] <-s, -s> *Bildteppich für die Wand*

Go·ckel *der* <-s, -s> SÜDDT., ÖSTERR. *Hahn*

Go·der *der* <-s, -> ÖSTERR. *Doppelkinn*

Goe·the·In·sti·tut *das* <-(e)s, -e> *gemeinnütziger Verein zur Förderung der deutschen Sprache im Ausland; siehe auch* **Deutsch als Fremdsprache, DAAD**

Das **Goethe-Institut** (**GI**), mit Hauptsitz in München, verfolgt als Kulturinstitut der Bundesrepublik Deutschland das Ziel, die deutsche Sprache im Ausland und die kulturelle Zusammenarbeit mit anderen Ländern zu fördern. Mit seinem Netzwerk aus Goethe-Instituten, Kulturgesellschaften und anderen Einrichtungen, sowie mit Prüfungs- und Sprachlehrzentren erfüllt es so zentrale Aufgaben der auswärtigen Kultur- und Bildungspolitik. Zu seinem Aufgabenbereich gehört auch die Vermittlung eines umfassenden und aktuellen Deutschlandbilds im Ausland. Das Goethe-Institut führt Sprachkurse durch, erarbeitet Lehrmaterialien und ist im Bereich der Lehrerfortbildung tätig. Von dem Goethe-Institut in Zusammenarbeit mit anderen Organisationen entwickelte Standards im Unterricht „Deutsch als Fremdsprache" (vgl. das Stichwort) sind international anerkannt. Außerdem vermittelt das Goethe-Institut international Gastprofessuren und beteiligt sich an Forschungen sowie sprachpolitischen Initiativen.

Gold das <-(e)s) /kein Plur./ ❶ ein wertvolles Edelmetall: Der Kelch ist aus echtem/massivem/purem/reinem Gold.; In dieser Gegend hat man früher Gold gesucht/gewaschen. ❷ Gegenstand aus Gold¹, beispielsweise ein Schmuckstück, eine Münze; ▪ **Gold in der Kehle haben** eine sehr schöne Singstimme haben; ▪ **etwas ist nicht mit Gold zu bezahlen/ aufzuwiegen** etwas ist überaus kostbar, unersetzlich ◆ -barren, -kette, -krone, -legierung, -medaille, -münze, -plombe, -schmied(in), -staub, -währung, -zahn

gold·blond adj /nicht steig./ goldfarbenes Blond: goldblonde Locken haben

gold·braun adj /nicht steig./ ins Goldfarbene übergehendes Braun: ein goldbraun gebratenes Hähnchen

Gold·broi·ler der <-s, -> LANDSCH. goldbraunes Grillhähnchen

Gold·bro·kat der <-(e)s, -e> Brokatstoff mit eingewebten Goldfäden

gol·den adj /nicht steig./ ❶ aus Gold bestehend: Er kaufte sich eine goldene Uhr. ❷ wie Gold: Ihr Haar schimmerte golden. ❸ erfolgreich und schön: Er träumte von einer goldenen Zukunft. ◆ Großschreibung → R 3.17f. Prag bezeichnet man auch als die Goldene Stadt.; Die berühmte Persönlichkeit hat sich in das Goldene Buch der Stadt eingetragen.; Der Pfarrer predigte über die Geschichte vom Goldenen Kalb.; Sie feierten Goldene Hochzeit.

Gol·den Goal das ['goːldən 'goːl] <-s, -s> SPORT Spielentscheidung durch das erste Tor in der Nachspielzeit: ein Golden Goal erzielen

gold·far·ben adj /nicht steig./ mit einer goldenen Farbe: eine goldfarbene Handtasche

Gold·fie·ber das <-s> /kein Plur./ Goldrausch, Goldgier

Gold·fisch der <-(e)s, -e> ZOOL. ein Zierfisch, der eine rote oder rot-goldene Farbe hat: ein Aquarium mit Goldfischen besitzen; ▪ **einen Goldfisch an der Angel haben** (übertr. scherzh.) eine vermögende Person heiratswillig gemacht haben

Gold·fül·lung die <-, -en> (Zahn-)Füllung aus Gold: beim Zahnarzt eine Goldfüllung bekommen

gold·gelb adj /nicht steig./ von kräftigem Gelb: einen Pfannkuchen von beiden Seiten goldgelb backen

Gold·grä·ber der, **Gold·grä·be·rin** <-s, -> jmd., der irgendwo in der Erde nach Gold sucht: Goldgräber in Alaska/Australien

Gold·grä·ber·stim·mung die <-> /kein Plur./ (übertr.) (plötzlich) Gewinnaussichten haben: irgendwo herrscht Goldgräberstimmung

Gold·gru·be die <-, -n> (umg.) sehr einträgliches Geschäft: Dieser Laden ist eine wahre Goldgrube.

Gold·haar das <-s> /kein Plur./ (übertr.) goldblondes Haar

Gold·hams·ter der <-s, -> ZOOL. ein Nagetier ◆ -käfig

gol·dig adj (umg.) niedlich: Sie hat ein goldiges Kind.

Gold·kind das <-es, -er> sehr liebes Kind

Gold·preis der <-es, -e> WIRTSCH. Preis von Gold (an der Börse): Der Goldpreis ist schon wieder gefallen.

Gold·rausch der <-es> /kein Plur./ der Zustand, dass die Entdeckung von Goldvorkommen in einer Gegend dazu führt, dass viele Menschen als Goldgräber dorthin gehen

gold·rich·tig adj /nicht steig./ (umg.) absolut richtig: Das war eine goldrichtige Entscheidung.

Gold·schatz der <-es, Goldschätze> ❶ Schatz aus Goldmünzen: Der Bauer hat beim Pflügen einen Goldschatz gefunden. ❷ verwendet als Kosewort für jmdn., den man sehr mag oder dem man für etwas dankt: Du bist ein echter Goldschatz!

Gold·su·cher der, **Gold·su·che·rin** <-s, -> jmd., der beruflich nach Gold sucht; siehe auch **Goldgräber**

Gold·ton der <-(e)s, Goldtöne> Tönung ins Goldene: etwas weist einen warmen Goldton auf

Gold·waa·ge ▪ **alles/jedes Wort auf die Goldwaage legen** (umg.) alles wortwörtlich bzw. übergenau nehmen

Golf¹ der <-(e)s, -e> GEOL. große Meeresbucht, Meerbusen: der Golf von Mexiko

Golf² das <-s> /kein Plur./ SPORT ein Rasenspiel, bei dem Spieler versuchen, einen kleinen Ball mithilfe eines Schlägers über eine relativ große Distanz mit möglichst wenig Schlägen in ein Loch zu spielen ◆ -ball, -platz, Mini-

Golf·staat der <-(e)s, -en> GEOGR. Staat am Persischen Golf

Golf·strom der <-(e)s> /kein Plur./ GEOGR. eine warme Meeresströmung im Nordatlantik

Go·li·ath der <-s, -s> ❶ /kein Plur./ REL.

ein im alten Testament vorkommender Riese ❷ *ein sehr großer Mann*

Go·mor·rha ■ **(wie bei) Sodom und Gomorrah** *(übertr.) Zustand oder Ort, wo Dekadenz und Laster vorherrschen*

Gon·del *die* <-, -n> ❶ *ein langes, schmales, venezianisches Boot* ❷ *Seilbahnkabine* ❸ *der große Korb an einem Ballon*

Gon·del·bahn *die* <-, -en> SCHWEIZ. *Seilbahn*

Gong *der* <-s, -s> *ein Schlaginstrument (mit dem man beispielsweise ein Signal geben kann)*

gön·nen <gönnst, gönnte, hat gegönnt> *mit OBJ* ■ **jmd. gönnt jmdm. etwas** *Akk.* ❶ *das Glück, den Erfolg eines anderen neidlos sehen, anerkennen:* Ich gönne ihm sein gutes Zeugnis, denn er hat sehr viel dafür gearbeitet.; Er hat mir die Freude nicht gegönnt. ❷ *sich oder jmdm. etwas zukommen lassen:* Ich gönne mir jetzt eine kleine Pause.; Das Gewissen wird ihnen keine Ruhe gönnen.

Gön·ner *der,* **Gön·ne·rin** <-s, -> *jmd., der andere, besonders Künstler, finanziell unterstützt; Mäzen*

gön·ner·haft *adj (abwert.) in arroganter Weise freundlich, wohlwollend:* Er antwortete mit gönnerhafter Miene.

gor *Prät. von* **gären**

Gör *das* <-(e)s, -en> NORDDT. *(oft abwert.)* ❶ */meist Plur./ Kind* ❷ *(unartiges) kleines Mädchen*

gor·disch *adj /nicht steig./ /nur attr./* ■ **ein gordischer Knoten** *(übertr.) ein unlösbares Rätsel oder Problem;* ■ **den/einen gordischen Knoten durchhauen** *(übertr.) mit einer (scheinbar unüberwindlichen) Schwierigkeit fertig werden*

Gö·re *die* <-, -n> *Gör*

Go·ril·la *der* <-s, -s> ZOOL. *ein großer Menschenaffe*

Go·sche *die* <-, -n> *(oft abwert.)* LANDSCH. *Mund:* die Gosche halten

go·schert *adj* ÖSTERR. *vorlaut*

Gos·pel *das/der* <-s, -s> REL. *religiöses Lied der nordamerikanischen Schwarzen*
◆ -sänger(in)

Gos·se *die* <-, -n> ❶ *Rinnstein* ❷ *(abwert.) die unterste, als moralisch verkommen betrachtete Schicht der Gesellschaft:* Er ist in der Gosse aufgewachsen/gelandet.

Gös·sel *das* <-s, -> NORDDT. *(≈ Gänseküken)*

Go·tik *die* <-> */kein Plur./ Stilepoche der europäischen Kunst von der Mitte des 12. bis zum Ende des 15. Jahrhunderts*
◆ Backstein-, Früh-, Hoch-, Neu-

go·tisch *adj /nicht steig./ die Gotik betreffend, zu ihr gehörend, aus ihr stammend:* eine gotische Kathedrale

Gott *der* [gɔt] <-es/(-s), Götter> ❶ */kein Plur./* REL. *höchstes übernatürliches Wesen im Christentum/Islam/Judentum als Schöpfer der Welt und Lenker des Schicksals:* Sie beteten/vertrauten auf Gott.; Möge Gott ihm verzeihen!; ein gütiger/verzeihender Gott ❷ *eines von mehreren überirdischen, kultisch verehrten Wesen:* die griechischen/germanischen/römischen Götter; ■ **(großer, allmächtiger, guter, mein) Gott!**/o, **ach (du lieber, mein) Gott** *verwendet als Ausrufe des Bedauerns, der Verwunderung;* ■ **grüß (dich, euch, Sie) Gott!** LANDSCH. *verwendet als Grußformel;* ■ **weiß Gott** *wahrhaftig, wirklich* Das wäre weiß Gott nicht nötig gewesen.; ■ **so Gott will** *(umg.) wenn nichts dazwischen kommt;* ■ **leben wie Gott in Frankreich** *(umg.) im Überfluss leben;* ■ **Gott und die Welt** *alles Mögliche, alle möglichen Leute;* ■ **Gott sei Dank!** *verwendet als Ausruf der Erleichterung;* ■ **um Gottes willen** *verwendet als Ausruf des Entsetzens, des Bedauerns, der Überraschung;* ■ **leider Gottes** *(umg.) bedauerlicherweise;* ■ **wie ein junger Gott** *sehr schön* Er singt/tanzt wie ein junger Gott.

gott·be·gna·det *adj /nicht steig./ mit viel Talent und außerordentlichen Fähigkeiten:* Sie ist eine gottbegnadete Sängerin.

Got·ter·bar·men ■ **zum Gotterbarmen** *(umg.) sehr schlecht* Die Kapelle spielte zum Gotterbarmen.; *jämmerlich* Das Kind weinte zum Gotterbarmen.

Göt·ter·bo·te *der,* **Göt·ter·bo·tin** <-n, -n> *Bote einer Gottheit:* In der griechischen Mythologie ist Hermes der Götterbote.

Göt·ter·gat·te *der* <-n, -n> *(umg. scherzh.) Ehemann:* Was hat sich denn mein Göttergatte da wieder einfallen lassen?

gott·er·ge·ben *adj /nicht steig./ (übertrieben) demütig:* gottergeben auf die Verurteilung warten

Göt·ter·ge·schlecht *das* <-(e)s, -er> *Geschlecht von Göttern:* das Göttergeschlecht der Titanen in der griechischen Mythologie

göt·ter·gleich *adj /nicht steig./ Gott/einer Gottheit gleich/ähnlich:* eine göttergleiche Stimme besitzen

Göt·ter·sa·ge *die* <-, -n> LIT. *von Göttern handelnde Sage*

Göt·ter·spei·se die <-, -n> *eine Süßspeise*

Göt·ter·trank der <-(e)s> /*meist nur Sing.*/ *(übertr. scherzh.) sehr wohlschmeckendes Getränk*

Got·tes·acker der <-s, Gottesäcker> LANDSCH. *(geh.) Friedhof*

Got·tes·dienst der <-(e)s, -e> REL. *(≈ Messe) eine gemeinsame Feier zur Ehre Gottes, die meist in einer Kirche stattfindet, und bei der man betet und singt:* Am nächsten Sonntag wird ein ökumenischer Gottesdienst abgehalten.; ein katholischer/ evangelischer Gottesdienst

Got·tes·furcht die <-> /*kein Plur.*/ *achtungsvolle Demut gegenüber Gott* ▸ gottesfürchtig

Got·tes·ga·be die <-, -n> *(wie von Gott gegebene) wunderbare Gabe*

Got·tes·haus das <-es, Gotteshäuser> REL. *Kirche*

Got·tes·läs·te·rung die <-, -en> *Blasphemie* ▸ Gotteslästerer, Gotteslästerin

Got·tes·mann der <-(e)s, Gottesmänner> *(geh. oft scherzh.) (eifriger) Geistlicher*

Got·tes·mut·ter die <-> /*kein Plur.*/ REL. *Maria, die Mutter von Jesus*

Got·tes·sohn der <-(e)s> /*kein Plur.*/ REL. *Jesus*

Got·tes·ur·teil das <-(e)s, -e> GESCH. *(im Mittelalter) ein Urteil in Rechtsstreitigkeiten oder über Schuld und Unschuld, das durch ein (vermeintliches) Zeichen Gottes herbeigeführt wird*

gott·ge·fäl·lig adj *so, dass es Gott gefällt; so, wie Gott es haben will:* ein gottgefälliges Leben führen

gott·ge·ge·ben adj /*nicht steig.*/ *von Gott gegeben:* etwas als gottgegeben hinnehmen

gott·ge·sandt adj /*nicht steig.*/ REL. *von Gott gesandt*

gott·ge·weiht adj /*nicht steig.*/ REL. *für Gott bestimmt:* ein gottgeweihtes Leben führen wollen

gott·ge·wollt adj /*nicht steig.*/ REL. *von Gott beabsichtigt, geplant:* etwas als gottgewollt akzeptieren

Gott·heit die <-, -en> *ein Gott²:* Ich habe mir ein Buch über heidnische Gottheiten gekauft.

Göt·ti der <-s, -> SCHWEIZ. *Pate*

Göt·tin die <-, -nen> *eine weibliche Gottheit:* Die griechische Göttin der Liebe heißt Aphrodite. ◆ Liebes-, Sieges-

gött·lich adj ① *zu Gott¹ gehörend:* Die Gläubigen priesen die göttliche Allmacht. ② *von Gott¹ kommend:* Sie vertraute auf eine göttliche Eingebung. ③ *sehr gut, sehr schön:* Wir lauschten der göttlichen Musik.

gott·lob adv *(als Ausdruck der Erleichterung gebraucht) zum Glück:* Gottlob hat wenigstens einer daran gedacht!

gott·los adj ① *unmoralisch, verrucht:* gottlose Reden führen ② *ohne Gott:* ein gottloses Leben führen ▸ Gottlose, Gottlosigkeit

gotts·er·bärm·lich adj /*nicht steig.*/ *(umg.) sehr erbärmlich:* gottserbärmlich schluchzen

gotts·jäm·mer·lich adj /*nicht steig.*/ *(umg.) gottserbärmlich, sehr stark:* gottsjämmerlich frieren

Gott·va·ter der <-s> /*meist ohne Artikel; kein Plur.*/ REL. *Gott¹ als Vater von Jesus*

gott·ver·dammt adj /*nicht steig.*/ /*nur attr.*/ *(vulg.) verflucht:* Das ist eine gottverdammte Schweinerei!

gott·ver·las·sen adj *(umg. abwert.) so abseits und einsam gelegen, dass man es als trostlos, bedrückend empfindet:* In diesem gottverlassenen Dorf langweile ich mich zu Tode!

Gott·ver·trau·en das <-s> /*kein Plur.*/ *Vertrauen in Gott:* Nach diesem Schicksalsschlag war sein Gottvertrauen erschüttert.

Göt·ze der <-n, -n> ① *etwas (ein Mensch, ein Tier, ein Ding), das als Gott verehrt und angebetet wird* ② *etwas oder jmd., von dem man sich abhängig macht und dem gegenüber man unkritisch ist:* Fernsehen und Computer sind die Götzen unserer Zeit.

Göt·zen·die·ner der, **Göt·zen·die·ne·rin** <-s, -> *jmd., der Götzendienst leistet*

Göt·zen·dienst der <-es, -e> *Verehrung, Anbetung eines Götzen*

Götz·zi·tat das <-(e)s> *die Äußerung „Leck mich am Arsch" aus dem "Götz von Berlichingen" (von J. W. v. Goethe):* Die Stimmung in der Mannschaft war ziemlich gereizt. Da und dort soll man da schon mal das Götzzitat vernommen haben

Gour·met der |gur'me:| <-s, -s> *Feinschmecker* ◆ -lokal

Grab das |gra:p| <-(e)s, Gräber> ① *für die Beerdigung eines Toten ausgehobene Grube:* Die Angehörigen und Freunde nahmen am offenen Grab Abschied von dem Toten. ② *Platz auf einem Friedhof, an dem ein Toter beerdigt ist:* Vor Allerheiligen werden die Gräber geschmückt.; ▪ **jemanden zu Grabe tragen** *(geh.) jmdn. beerdigen;* ▪ **sich sein eigenes Grab schaufeln** *(umg.) sich durch sein leichtsinniges Verhalten selbst schaden;* ▪ **verschwie-**

gen wie ein Grab sein *(umg.) sehr verschwiegen sein* ◆-gewölbe, -hügel, -kammer, -licht, -räuber, -rede, -schänder(in), -schändung, -stätte

Grab·bel·tisch der <-(e)s, -e> *(umg. oft abwert.) großer Verkaufstisch mit Billigwaren in Kaufhäusern*

Gra·ben der <-s, Gräben> ❶ *lange, schmale Vertiefung im Erdreich:* Zur Bewässerung der Felder wurden Gräben ausgehoben.; Das Auto kam von der Straße ab und landete im Graben. ◆Wasser- ❷ MILIT. *kurz für „Schützengraben"* ◆-krieg

gra·ben <gräbst, grub, hat gegraben> **I.** *mit OBJ* ■ **jmd. gräbt etwas** *Akk. Erdreich wegbewegen und so eine Vertiefung/einen Gang in der Erde entstehen lassen:* Bevor wir den Baum einpflanzen können, müssen wir ein Loch graben.; Der Fuchs hat sich einen Bau gegraben.; Die Arbeiter mussten tief graben, um an die Leitungen/Rohre zu gelangen. **II.** *ohne OBJ* ■ **jmd. gräbt nach etwas** *Dat. grabend suchen:* In dieser Gegend hat man früher nach Gold/nach Kohle gegraben. **III.** *mit SICH* ■ **jmd. gräbt sich in etwas** *Akk. (geh.) mit großer Kraft oder Gewalt eindringen, einsinken:* Ihre Fingernägel gruben sich in seinen Arm.; Die Räder des Autos gruben sich in den Sand.

Grä·ber·feld das <-(e)s, -er> *Feld mit Gräbern*

Gra·bes·ru·he die <-> /kein Plur./ *(oft übertr.) tiefe Ruhe (wie im Grab):* es herrschte Grabesruhe

Gra·bes·stil·le die <-> /kein Plur./ *(oft übertr.) tiefe Stille (wie im Grab):* es herrschte Grabesstille

Gra·bes·stim·me die <-> /kein Plur./ *dunkle, unheimlich anmutende Stimme:* Das sagte er mit Grabesstimme, so dass es mir kalt den Rücken herunterlief.

Grab·ge·sang der <-(e)s, Grabgesänge> ❶ *Gesang bei der Beerdigung* ❷ *(übertr.) Auftakt des Endes (von etwas):* Diese Rückschläge waren der Grabgesang der Revolution.

Grab·le·gung die <-, -en> *Begräbnis:* die Grablegung Christi

Grab·mal das <-(e)s, Grabmäler> *prunkvolles Grab*

grab·schen *siehe* **grapschen**

Grab·scher der <-s, -> *(umg. abwert.) jmd., der grabscht*

Grab·stein der <-(e)s, -e> *auf einem Grab stehender Gedenkstein mit Namen und Geburts- und Todesdatum des Toten*

Grab·tuch das <-(e)s, Grabtücher> *(≈ Lei-chentuch) Tuch, mit dem der Leichnam eingehüllt wird:* das berühmte Grabtuch von Turin

Gra·bung die <-, -en> *das Graben nach Funden, die historisch und archäologisch wertvoll sein könnten:* Die Studenten nehmen an einer archäologischen Grabung teil.; *siehe auch* **Ausgrabung**

Grad der/das [graːt] <-(e)s, -/-e> ❶ /Plur. „Grad"/ *Maßeinheit der Temperatur:* Gestern waren fünfzehn Grad (Celsius) über/unter Null.; Er wäscht die Wäsche bei sechzig Grad. ❷ /Plur. „Grad"/ *Maßeinheit für Winkel:* Die Geraden bilden einen Winkel von fünfundvierzig Grad. ❸ /Plur. „Grade"/ *Ausmaß:* Der Grad der Wasserverschmutzung in den Seen hat erfreulicherweise abgenommen. ❹ /Plur. „Grade"/ *Rang:* Er hat den Grad eines Doktors in Philosophie erworben.; ■ **sich um hundertachtzig Grad drehen/ändern** *(umg.) sich oder seine Ansichten völlig verändern*

grad·aus *adv (umg.) siehe* **gerad(e)aus**

gra·die·ren <gradierst, gradierte, hat gradiert> *mit OBJ* ■ **jmd. gradiert etwas** *Akk. eine Gradeinteilung vornehmen* ▸ Gradierung

gra·du·ell *adj /nicht steig./* ❶ *fein, gerade noch erkennbar:* Die graduellen Unterschiede kann man leicht übersehen. ❷ *allmählich:* Man konnte eine graduelle Verbesserung seines Gesundheitszustandes erkennen.

gra·du·ie·ren <graduierst, graduierte, hat graduiert> *mit OBJ/ohne OBJ* ■ **jmd. graduiert (jmdn.)** *einen akademischen Grad erwerben oder verleihen*

gra·du·iert *adj /nicht steig./ einen akademischen Grad/Titel besitzend* ▸ Graduierte, Graduierung

Grad·un·ter·schied der <-(e)s, -e> *in Grad gemessener Unterschied:* der Gradunterschied beträgt ...

grad·wei·se *adv allmählich, graduell sich ändernd:* eine gradweise Veränderung an jemandes Wesen wahrnehmen

Grae·cum das <-s> /kein Plur./ *amtliche Prüfung im Altgriechischen; siehe auch* **Latinum**

Graf der, **Grä·fin** <-en, -en> *ein Adelstitel*

Gra·fie die *siehe* **Graphie**

Gra·fik, *a.* **Gra·phik** die <-, -en> ❶ /kein Plur./ *Sammelbezeichnung für künstlerische Zeichen- und Vervielfältigungstechniken* ❷ *künstlerische Zeichnung, mithilfe eines künstlerischen Verfahrens hergestellter Druck:* Morgen werden Grafiken von Picasso versteigert. ❸ *Diagramm, Schaubild:* Eine Grafik veranschaulicht den Verlauf der Aktienkurse im letzten halben Jahr.

Gra·fi·ker, *a.* **Gra·phi·ker** der, **Gra·fi·ke·rin** <-s, -> *jmd., der beruflich Grafiken² herstellt*

Gra·fik·kar·te, **Gra·phik·kar·te** die <-, -n> EDV *Bauteil eines Computers, das den Monitor steuert und das Monitorbild erzeugt*

Grä·fin die <-, -nen> *siehe* **Graf**

gra·fisch, *a.* **gra·phisch** *adj /nicht steig./ /nur attr./* ❶ *zur Grafik¹ gehörend* ❷ *schematisch, mit einem Diagramm dargestellt:* Der Verlauf der Aktienkurse im vergangenen halben Jahr lässt sich natürlich auch grafisch darstellen.

Graf·fi·to das <-s, Graffiti> *von anonymen Verfassern stammende Aufschrift (mit Bebilderung) an öffentlich zugänglichen Wänden sowie Verkehrsmitteln*

Graf·schaft die <-, -en> ❶ GESCH. *Amts-, Herrschaftsgebiet eines Grafen* ❷ *ein Verwaltungsbezirk (besonders in Großbritannien)*

Gral der <-s/ /kein Plur./ ❶ GESCH. *in der mittelalterlichen Literatur vorkommender wundertätiger Stein* ◆-sritter, -ssage, -ssuche ❷ REL. *heilige Schale, in der das Blut Jesu aufgefangen wurde*

Gram der <-(e)s> /kein Plur./ *(geh.) dauernder Kummer:* Sie ist von tiefem Gram gezeichnet.

grä·men <grämst, grämte, hat gegrämt>
I. *mit OBJ* ▪ *etwas grämt jmdn. (geh.) traurig machen:* Es grämte ihn, dass …
II. *mit SICH* ▪ *jmd. grämt sich (wegen jmdm./etwas) (über jmdn./etwas) wegen etwas traurig sein:* Er grämte sich über diesen Verlust.

gräm·lich *adj missmutig, verdrossen:* Er setzte eine grämliche Miene auf.

Gramm das [gram] <-s, (-e)> *eine Gewichtseinheit:* Tausend Gramm bilden ein Kilogramm.

Gram·ma·tik die [gra'matɪk] <-, -en> ❶ *Gesamtheit der Regeln einer Sprache als Teil des sprachlichen Wissens, oder auch der entsprechende Theoriebereich:* Sie beherrscht die deutsche Grammatik. ◆-regel, -unterricht, Schul-, Transformations-, Universal-, Valenz- ❷ *Lehrbuch der Grammatik¹:* Ich muss mir eine englische/französische Grammatik kaufen.

gram·ma·ti·ka·lisch *adj /nicht steig./* SPRACHWISS. *grammatisch*

gram·ma·tisch *adj /nicht steig./* SPRACH-WISS. ❶ *die Grammatik betreffend:* Wir mussten eine grammatische Analyse mehrerer Sätze vornehmen. ❷ *den Regeln der Grammatik entsprechend:* Der Satz ist grammatisch richtig/falsch.

Gram·mel die <-, -n> ÖSTERR. *Griebe*

Gra·na·te die <-, -n> *mit einer Sprengladung gefülltes Geschoss (das mit einem Geschütz abgeschossen wird)* ◆-enhagel, Hand- ▸ Granatsplitter

gra·na·ten·voll *adj /nicht steig./ (umg.) stark betrunken*

Grand·ho·tel das ['grã...] <-s, -s> *großes Luxushotel*

gran·di·os *adj großartig:* ein grandioser Auftritt

Gra·nit, **Gra·nit** der <-s, -e> *ein sehr hartes Gestein;* **bei jemandem auf Granit beißen** *bei jmdm. nichts erreichen können, auf absolute Ablehnung stoßen* Mit dieser Forderung beißt er bei mir auf Granit. ◆-felsen, -gestein

gra·ni·ten *adj /nicht steig./ (oft übertr.) aus oder hart wie Granit:* auf granitenen Widerstand stoßen

Gran·ne die <-, -n> BOT. *Borste an den Spelzen von Gräsern und Getreide*

gran·teln <grantelst, grantelte, hat gegrantelt> *ohne OBJ* ▪ **jmd. grantelt** *(umg.)* SÜDDT. *grantig sein*

gran·tig *adj (umg.)* SÜDDT., ÖSTERR. *schlecht gelaunt, mürrisch*

Gra·nu·lat das <-(e)s, -e> *eine Substanz in Form von Körnchen* ◆Kunststoff- ▸ granulieren

Grape·fruit die ['gre:pfru:t] <-, -s> *(≈ Pampelmuse) eine große, gelbe Zitrusfrucht* ◆-saft

Graph¹ der <-en, -en> MATH. *grafische Darstellung von Relationen, Funktionen in Form von Punktmengen, bei denen gewisse Punktpaare durch Kurven verbunden sind*

Graph² der <-s, -e> SPRACHWISS. *(≈ Buchstabe ↔ Graphem) kleinste, einmalig realisierte Einheit des Schriftsystems; korrekt betont mit kurzem „a"*

Gra·phem das <-s, -e> SPRACHWISS. *kleinstes, bedeutungsunterscheidendes (nicht: bedeutungstragendes) Element in einem Schriftsystem; siehe auch* **Phonem**

Gra·phie, **Gra·fie** die <-, -phien> SPRACH-WISS. *Schreibweise*

Gra·phik die *siehe* **Grafik**

Gra·phi·ker der, **Gra·phi·ke·rin** *siehe* **Grafiker**

gra·phisch *adj /nicht steig./ siehe* **grafisch**

Gra·pho·lo·gie, Gra·fo·lo·gie die <-> / kein Plur./ *Handschriftendeutung*

gra·pho·lo·gisch, gra·fo·lo·gisch adj / nicht steig./ / nur attr./ *die Handschriftendeutung betreffend:* ein graphologisches Gutachten für den Kriminalfall erstellen

grap·schen, a. **grab·schen** <grapschst, grapschte, hat gegrapscht> *ohne OBJ* ▪ **jmd. grapscht nach jmdm./etwas** *(umg.) nach jmdm., etwas fassen, greifen:* Er grapschte nach meiner Tasche.; Er grapschte nach mir. ▸ Grapscher

Gras das [gra:s] <-es, Gräser> ❶ BOT. *in vielen Arten vorkommende Pflanze mit hohen Halmen und langen schmalen Blättern:* Kannst du diese Gräser bestimmen? ◆ -boden, -büschel, -decke, -halm ❷ */kein Plur./ alle Gräser und sonstigen dicht wachsenden grünen Pflanzen, die auf einem Rasen/einer Weide wachsen:* Du solltest Gras mähen.; Hier werden die Kühe noch mit saftigem Gras gefüttert. ❸ *(verhüll.) Haschisch, Marihuana;* ▪ **ins Gras beißen** *(umg.) sterben;* ▪ **über etwas Gras wachsen lassen** *(umg.) warten, bis eine unangenehme Sache vergessen wird* ◆ Zusammenschreibung → R 4.2; grasbewachsen

gra·sen <grast, graste, hat gegrast> *ohne OBJ* ▪ **ein Tier grast** *ein Tier frisst Gras:* Die Kühe grasen auf der Weide.

Gras·fleck der <-(e)s, -en> ❶ *mit Gras bewachsenes Stück Boden* ❷ *durch zerriebenes Gras (auf Kleidung) verursachter Fleck*

Gras·fres·ser der <-s, -> ZOOL. *Gras fressendes Tier:* Kühe gehören zur Klasse der Grasfresser.

gras·grün adj /nicht steig./ *von sattem kräftigem Grün*

Gras·hüp·fer der <-s, -> ZOOL. *(umg.) Heuschrecke*

gra·sig adj *wie Gras:* grasig schmeckend

Gras·nar·be die <-, -n> *oberste, grasbewachsene Schicht des Erdbodens*

gras·sie·ren <grassiert, grassierte, hat grassiert> *ohne OBJ* ▪ **etwas grassiert irgendwo** *sich schnell verbreiten:* Momentan grassiert eine gefährliche Virusgrippe in Deutschland.

gräss·lich adj ❶ *grauenvoll, abscheulich:* Das grässliche Verbrechen konnte aufgeklärt werden. ❷ *(umg.) sehr unangenehm:* Wir hatten grässliches Wetter. ❸ *sehr groß, sehr intensiv:* Ich hatte grässliche Kopfschmerzen. ❹ *(umg.) überaus:* Es war grässlich kalt.

Gras·tep·pich der <-s, -e> *(dichtbewachsene) Grasdecke*

Grat der <-(e)s, -e> *oberste Kante eines Bergrückens*

Grä·te die ['grɛ:tə] <-, -n> *schmaler, dünner Teil des Fischskeletts*

grä·ten·frei adj /nicht steig./ *ohne Gräten:* Dieser Fisch ist nahezu grätenfrei.

grä·ten·los adj /nicht steig./ *ohne Gräten*

Gra·ti·fi·ka·ti·on die <-, -en> *finanzielle Sonderzuwendung, die ein Arbeitnehmer beispielsweise an Weihnachten erhält*

Gra·tin das/der [gra'tɛ̃] <-s, -s> *überbackenes Gericht* ◆ Kartoffel-

gra·ti·nie·ren <gratiniert, gratinierte, hat gratiniert> *mit OBJ* ▪ **jmd. gratiniert etwas** *überbacken*

gra·tis ['gra:tɪs] adv *kostenlos, umsonst*

Gra·tis·an·zei·ger der <-s, -> SCHWEIZ. *regelmässig erscheinendes Inseratenblatt*

Gra·tis·bei·la·ge die <-, -n> *kostenlose Beilage*

Gra·tis·ex·em·plar das <-s, -e> *kostenloses Exemplar:* ein Gratisexemplar von etwas bekommen

Gra·tis·mus·ter das <-s, -> *Gratisprobe*

Gra·tis·pro·be die <-, -n> *kostenlose Warenprobe*

Grät·sche die <-, -n> SPORT ❶ *Sprung mit seitwärts gespreizten Beinen* ❷ *Stellung mit seitwärts gespreizten Beinen:* Der Turner ging in die Grätsche.

grät·schen <grätschst, grätschte, hat gegrätscht> *ohne OBJ* ▪ **jmd. grätscht (über etwas** Akk.) *(im Sprung) die Beine seitwärts spreizen*

Gra·tu·lant der, **Gra·tu·lan·tin** <-en, -en> *jmd., der jmdm. gratuliert*

Gra·tu·la·ti·on die [gratula'tsi̯o:n] <-, -en> ❶ *das Gratulieren:* Zahlreiche Freunde und Bekannte erschienen zur Gratulation. ❷ *Glückwunsch:* Meine Gratulation zur bestandenen Führerscheinprüfung!

Gra·tu·la·ti·ons·schrei·ben das <-s, -> (≈ Glückwunschschreiben) *Schreiben, um jmdm. zu gratulieren*

gra·tu·lie·ren [gratu'li:rən] <gratulierst, gratulierte, hat gratuliert> *ohne OBJ* ▪ **jmd. gratuliert jmdm. (zu etwas** Dat.) *jmdn. aus einem bestimmten Anlass beglückwünschen:* Ich gratuliere ihm zum Geburtstag/zur bestandenen Prüfung.

Grat·wan·de·rung die <-, -en> *(übertr.) riskantes Vorgehen:* Das Vorstellungsgespräch kam einer Gratwanderung gleich.

grau [grau] <grauer, am grau(e)sten> adj ❶ *Farbton zwischen schwarz und weiß:* Ich bekomme langsam graue Haare.; Der Himmel hing voller grauer Wolken.

❷ (≈ trist) trostlos, langweilig: Er wollte dem grauen Alltag entfliehen. ❸ zeitlich sehr weit entfernt und unbestimmt: Das passierte doch in grauer Vorzeit. ◆ Getrennt-oder Zusammenschreibung → R 4.16 grau gestreift/graugestreift; grau meliert/graumeliert

Grau·bart der <-(e)s, Graubärte> (umg.) Mann mit einem grauen Bart

grau·braun adj /nicht steig./ Farbton zwischen grau und braun

Grau·brot das <-(e)s, -e> LANDSCH. Mischbrot aus Roggen- und Weizenmehl

Gräu·el der <-s, -> /meist Plur./ (geh.) grauenhafte, entsetzliche, abstoßende Gewalttat: Die Gräuel des Krieges sind unbeschreiblich.; ■ **jemandem ein Gräuel sein** von jmdm. als höchst widerwärtig angesehen werden

Gräu·el·tat die <-, -en> grauenhafte, entsetzliche Gewalttat: Im Krieg kommt es immer zu Gräueltaten.

Grau·en das [ˈgraʊən] <-s, -> ❶ /kein Plur./ Entsetzen: Sie wurde von einem eisigen/leisen Grauen erfasst. ❷ ein Entsetzen hervorrufendes Ereignis: Die Flüchtlinge schilderten das Grauen/die Grauen des Bürgerkriegs. ◆ Getrennt- oder Zusammenschreibung → R 4.16 Grauen erregend/grauenerregend; ◆ Getrenntschreibung → R 4.16 großes Grauen erregend; ◆ Zusammenschreibung → R 4.16 überaus grauenerregend; grauenerregender; am grauenerregendsten

grau·en[1] <graut, graute, hat gegraut> mit ES ■ **jmdm./jmdn. graut es (vor jmdm./etwas)** sich fürchten: Mir/Mich graut es vor der Prüfung.

grau·en[2] <graut, graute, hat gegraut> ohne OBJ ■ **etwas graut** (geh.) dämmern: Der Tag graut schon.

grau·en·er·re·gend adj so, dass es jmdm. graut: ein grauenerregendes Ereignis

grau·en·haft adj ❶ Angst und Schrecken hervorrufend: Das grauenhafte Unglück ereignete sich vergangene Nacht. ❷ (umg.) sehr groß, sehr intensiv: Ich hatte grauenhafte Kopfschmerzen. ❸ (umg.) sehr schlecht: Das Essen/Das Konzert war grauenhaft. ❹ (umg.) sehr: Die Musik war grauenhaft laut.

grau·en·voll adj grauenhaft

Grau·pe die <-, -n> /meist Plur./ Gersten- oder Weizenkorn ohne Hülse ◆ -nsuppe

Grau·pel die <-, -n> /meist Plur./ kleines, weiches Hagelkorn ◆ -schauer

grau·peln <graupelt, graupelte, hat gegraupelt> mit ES ■ **es graupelt** Graupel fällt vom Himmel: Es hat graupelt.

Graus der <-es> /kein Plur./ ■ **O Graus!** (umg. scherzh.) verwendet als Ausdruck des Erschreckens

grau·sam adj ❶ rücksichtslos, gefühllos: Er war ein grausamer Herrscher.; Man verhängte eine grausame Strafe.; Die Geiselnehmer waren sehr grausam zu/gegenüber ihrem Opfer. ❷ sehr unangenehm, qualvoll: Wir litten unter der grausamen Hitze/Kälte.; Es war eine grausame Enttäuschung, dass ... ❸ sehr; überaus: Es ist grausam kalt.

Grau·sam·keit die <-, -en> ❶ /kein Plur./ grausame Art ❷ grausame Handlung

Grau·schim·mel der <-s, -> ZOOL. graues Pferd

grau·sen <graust, grauste, hat gegraust> I. mit SICH ■ **jmd. graust sich (vor etwas** Dat.) ekeln und fürchten: Sie graust sich vor Spinnen. II. mit ES ■ **jmdm./jmdn. graust es (vor jmdm./etwas)** Ekel, Furcht empfinden: Es graust mir/mich allein bei dem Gedanken, dass ...

Grau·sen das <-s> /kein Plur./ Furcht und Ekel: Ihn packte das kalte Grausen.

grau·sig adj Grauen erregend, schrecklich: Spaziergänger machten im Wald eine grausige Entdeckung.

graus·lich adj SÜDDT., ÖSTERR. (umg.) grässlich, hässlich

Grau·tier das <-(e)s, -e> (scherzh.) Esel

Grau·zo·ne die <-, -n> Übergangsbereich: Juristisch gesehen spielt sich das in einer Grauzone ab.

Gra·veur der, **Gra·veu·rin** [graˈvøːɐ] <-s, -e> Handwerker, der graviert

gra·vie·ren <graviert, gravierte, graviert> mit OBJ ■ **jmd. graviert etwas** Akk. Schrift oder Verzierungen in hartes Material verschiedenster Art schneiden, ritzen oder stechen ◆ Graveur(in)

gra·vie·rend adj /Part. Präs. zu „gravieren"/ schwer wiegend: Das ist doch ein gravierender Unterschied.

Gra·vie·rung die <-, -en> ❶ das Gravieren ❷ eingravierte Schrift, Verzierung; siehe auch **Gravur**

Gra·vi·ta·ti·on die <-> /kein Plur./ Anziehungskraft; Schwerkraft ◆ -skraft

gra·vi·tä·tisch adj feierlich, würdevoll, gemessen: Sie schritt gravitätisch die Treppe herunter.

Gra·vur die <-, -en> eingravierte Schrift, Verzierung: etwas mit einer Gravur versehen

Gra·zie die <-, -n> ❶ /kein Plur./ Anmut ❷ (scherzh.) eine schöne junge Frau

gra·zil *adj* schlank und zierlich, zartgliedrig: Sie hat eine grazile Figur. ▸ Grazilität

gra·zi·ös *adj* anmutig, leicht: Sie tanzt sehr graziös.

Grä·zist der, **Grä·zis·tin** <-en, -en> Wissenschaftler der altgriechischen Sprache und Kultur

Green·card die ['gri:nka:d] <-, -s> (zeitlich befristete) Aufenthalts- und Arbeitsgenehmigung für Nicht-EU-Bürger

Green·peace die ['gri:npi:s] <-> /kein Plur./ internationale Umweltorganisation

Greif·arm der <-(e)s, -e> Teil eines technischen Geräts, mit dem Gegenstände erfasst und aufgenommen werden können

greif·bar *adj* ❶ sich in nächster Nähe befindend: Ich habe die Unterlagen momentan nicht greifbar. ❷ konkret: Die Pläne haben bereits greifbare Formen angenommen. ❸ in zeitlicher Nähe: Das Abitur ist in greifbare Nähe gerückt.

grei·fen ['graifn] <greifst, griff, hat gegriffen> I. *mit OBJ* ▪ jmd. greift etwas Akk. nehmen: Er griff sich eine Tüte Chips und setzte sich vor den Fernseher. II. *ohne OBJ* ▪ jmd./etwas greift (nach/zu etwas Dat.) ❶ die Hand ausstrecken (um etwas zu fassen): Das Kind griff nach der Hand der Mutter. ❷ (geh.) in bestimmter Absicht nehmen: Sie greift nach Feierabend gern zu einem guten Buch. ❸ TECHN. festen Kontakt haben; fest aufliegen: Auf der vereisten Fahrbahn griffen die Räder nicht mehr. ❹ wirksam sein, werden: Die Fördermaßnahmen greifen allmählich.; ▪ **zum Greifen nah(e)** sehr nah; ▪ **um sich greifen** sich ausbreiten Das Feuer hatte um sich gegriffen.

Greif·vo·gel der <-s, Greifvögel> ZOOL. ein Raubvogel mit kräftigen Krallen: Der Adler ist ein Greifvogel.

Greif·zan·ge die <-, -n> Zange, mit der man etwas fassen, greifen kann

grei·nen <greinst, greinte, hat gegreint> *ohne OBJ* ▪ jmd. greint (oft abwert.) weinen, jammern: ein Kind greint; Hör auf zu greinen, ich kaufe dir den Pulli ja!

Greis der, **Grei·sin** <-es, -e> alter, gebrechlicher Mensch

greis *adj* /nur attr./ sehr alt: Ihr Großvater ist ein greiser Mann.

grei·sen·haft *adj* wie ein Greis: ein greisenhaftes Aussehen besitzen ▸ Greisenhaftigkeit

Grei·sin die <-, -nen> siehe **Greis**

Greiß·ler der, **Greiß·le·rin** <-s, -> ÖSTERR. Krämer(in)

grell *adj* ❶ so hell, dass es blendet oder stört: Grelle Blitze machten die Nacht zum Tage. ❷ schrill: Sie hat eine grelle Stimme. ❸ (unangenehm) intensiv: Der Künstler hat dieses Bild bewusst in grellen Farben gemalt. ▸ Getrenntschreibung → R 4.9 grell beleuchtet; ▸ Zusammenschreibung → R 4.2 grellrot

Gre·mi·um das <-s, Gremien> Expertengruppe, die eine bestimmte Aufgabe erfüllen soll; Ausschuss, Kommission

Grenz·ab·fer·ti·gung die <-, -en> durch die Zollbeamten erledigte Formalitäten beim Grenzübergang

Grenz·be·reich der <-(e)s, -e> /kein Plur./ ❶ Bereich in der Umgebung einer Grenze¹ ❷ Bereich, in dem keine Steigerungen mehr möglich sind ❸ Bereich, in dem sich zwei benachbarte Wissenschaften überschneiden

Grenz·be·zirk der <-(e)s, -e> ❶ Zollbezirk an einer Grenze¹ ❷ Grenzgebiet

Gren·ze die ['grɛntsə] <-, -n> ❶ Staatsgrenze: 1989 kam es zur Öffnung der deutsch-deutschen Grenze. ▸ Grenzbeamte/Grenzbeamtin, Grenzbewohner(in), Grenzgebiet, Grenzpolizei, Grenzpolizist(in), Grenzposten, Grenzsicherung, Grenzsoldat(in), Grenzstadt, Grenzstreit(igkeit), Grenzübergang, Grenzverletzung, Grenzwall ❷ Trennungslinie, die zwei unterschiedliche geographische oder politische Gebiete voneinander trennt: Das Gebirge/Der Fluss bildet eine natürliche Grenze. ❸ Trennungslinie zwischen Gebieten, die im Besitz verschiedener Eigentümer sind: Wir haben an der Grenze zum Nachbargrundstück eine Hecke gepflanzt. ❹ das äußerste Maß: Die Grenzen meiner Geduld sind erreicht.; ▪ **sich (noch) in Grenzen halten** noch in erträglichem Ausmaß sein; ▪ **seine Grenzen kennen** wissen, was man leisten kann

gren·zen <grenzt, grenzte, hat gegrenzt> *ohne OBJ* ▪ etwas grenzt an etwas Akk. eine gemeinsame Grenze¹ ² ³ haben: An das Nachbargrundstück grenzt ein Fabrikgelände.

gren·zen·los *adj* /nicht steig./ ❶ unendlich: Sie blickte hinaus auf das grenzenlose Meer. ❷ uneingeschränkt: Ihre Liebe war grenzenlos. ❸ sehr groß, intensiv: Er war von grenzenlosem Hass/Ehrgeiz besessen.

Grenz·fall der <-(e)s, Grenzfälle> nicht eindeutig zu klärender Problemfall

grenz·über·schrei·tend *adj* /nicht steig./ über Grenzen¹ hinausgehend: Der grenzüberschreitende Handel/Verkehr wird zu-

nehmen.
Grenz·über·schrei·tung die <-, -en> *Grenzübertritt*
Grenz·über·tritt der <-(e)s, -e> ❶ *Übertreten einer Grenze¹* ❷ *Grenzübergang*
Grenz·wert der <-(e)s, -e> *äußerster, extremer, nicht zu überschreitender Wert*
grenz·wer·tig adj /nicht steig./ *so, dass etwas einen Grenzwert bildet oder darstellt*
Gret·chen·fra·ge die <-> /kein Plur./ (umg.) *entscheidende Frage; Gewissensfrage (benannt nach der bekannten Szene aus Goethes „Faust"):* jemandem die Gretchenfrage stellen
Grie·be die <-, -n> *ausgelassener Speck(würfel)* ◆-nschmalz, -nwurst
Grieß der <-es> /kein Plur./ *geschälte und geschrotete Getreidekörner* ◆-brei, -klößchen, -pudding
Griff der [grɪf] <-(e)s, -e> ❶ *das Greifen:* Beim Griff in die Manteltasche merkte er, dass er den Schlüssel verloren hatte. ❷ *Teil eines Gegenstandes, woran man ihn festhalten, tragen kann:* Das Messer hat einen hölzernen Griff.; Diese Koffer haben stabile Griffe.; ■ **etwas/alles im Griff haben** *etwas oder alles beherrschen, unter Kontrolle haben;* ■ **etwas in den Griff bekommen/kriegen** (umg.) *etwas meistern;* ■ **der Griff zur Droge/Flasche/Zigarette** (verhüll.) *regelmäßiger, suchtbedingter Drogen-, Alkohol-, oder Zigarettenkonsum*
griff [grɪf] *Prät. von* **greifen**
griff·be·reit adj /nicht steig./ *zum Gebrauch bereitliegend:* Ich habe die Unterlagen momentan nicht griffbereit.
Grif·fel der <-s, -> ❶ (umg.) *früher (50er/60er Jahre noch) übliches Schreibgerät für Schiefertafeln, auf welche Kinder in der Schule geschrieben haben* ◆-kasten ❷ BOT. *stielartiger Fortsatz des Fruchtknotens* ❸ /meist Plur./ (umg.) *Finger:* Nimm gefälligst deine Griffel da weg!
grif·fig¹ adj ❶ *einfach und prägnant:* Wir suchen noch nach einem griffigen Werbespruch für das neue Produkt. ❷ *so beschaffen, dass etwas darauf nicht rutscht:* Der Schnee auf den Pisten war sehr griffig. ▷ Griffigkeit
grif·fig² adj ÖSTERR. *grobkörnig:* griffiges Mehl
Grill der <-s, -s> ❶ *ein Gerät mit einem Rost, das entweder mit Holzkohle oder elektrisch erhitzt wird, um darauf Fleisch und Würstchen zu braten:* Wir haben uns einen neuen Grill für den Garten gekauft. ◆-brikett, -fest, -spieß ❷ KFZ *kurz für „Kühlergrill"*
Gril·le die <-, -n> ❶ *ein den Heuschrecken ähnliches Insekt:* Die Grillen zirpen. ❷ /meist Sing./ (veralt.) *sonderbarer Gedanke:* Er hat nichts als Grillen im Kopf.
gril·len ['grɪlən] <grillst, grillte, hat gegrillt> *mit OBJ/ohne OBJ* ■ **jmd. grillt (etwas)** *Speisen auf einem Grill zubereiten:* Wir wollen heute Abend Würstchen und Steaks im Garten grillen.
Grill·gut das <-(e)s> /kein Plur./ *zum Grillen verwendete Esswaren*
gril·lie·ren <grillierst, grillierte, hat grilliert> *mit OBJ* ■ **jmd. grilliert etwas** Akk. SCHWEIZ. *grillen*
Grill·zeit die <-, -en> *(Sommer-)Zeit, in der gegrillt wird:* Jetzt fängt wieder die Grillzeit an.
Gri·mas·se die <-, -n> *ein zu einem bestimmten Ausdruck verzerrtes Gesicht:* Hör doch auf, ständig Grimassen zu schneiden!
gri·mas·sie·ren <grimassierst, grimassierte, hat grimassiert> *ohne OBJ* ■ **jmd. grimassiert** *Grimassen schneiden*
Grimm der <-(e)s> /kein Plur./ (geh. o veralt.) *heftiger Zorn; Wut:* Sie war voller Grimm.
Grim·men das <-s> /kein Plur./ (umg.) *Magengrimmen/Magenschmerzen*
grim·mig adj ❶ *zornig, wütend:* Weshalb macht sie ein derart grimmiges Gesicht? ❷ *sehr groß:* Sie flüchteten vor der grimmigen Kälte ins Haus.
Grind¹ der <-(e)s, -e> *Schorf*
Grind² der <-(e)s, -e> SCHWEIZ. *Kopf*
grin·sen <grinst, grinste, hat gegrinst> *ohne OBJ* ■ **jmd. grinst (irgendwie)** *in einer bestimmten Weise lächeln:* Sie grinste frech/höhnisch/schadenfroh/spöttisch.
grip·pal adj /nicht steig./ /nur attr./ MED. *die Grippe betreffend, von einer Grippe ausgelöst:* Sie konnte wegen eines grippalen Infektes nicht zur Schule gehen.
Grip·pe die <-, -n> ❶ MED. *(vor allem im Frühjahr und im Herbst) auftretende ansteckende Viruserkrankung mit hohem Fieber* ◆-impfstoff, -mittel, -schutzimpfung ❷ (umg.) *(stärkere) Erkältungskrankheit*
grip·pe·krank adj /nicht steig./ *an Grippe erkrankt*
Grip·pe·wel·le die <-, -n> *epidemisch auftretende Grippe¹:* Nun hat die Grippewelle auch unsere Region erfasst.
Grips der <-es> /kein Plur./ (umg.) *Verstand:* Streng doch mal deinen Grips an!
grob [gro:p] <gröber, am gröbsten> adj

① *rau, nicht glatt:* Dafür benötigen wir einen groben Stoff **②** *nicht fein:* Für diesen Teig benötigen wir grob gemahlenes Mehl. **③** *derb wirkend:* Er hat grobe Hände/Gesichtszüge. **④** *nicht ganz genau, ungefähr:* Ich kann Ihnen das in groben Umrissen/Zügen erklären. **⑤** *schlimm:* Es war ein grober Fehler/Irrtum, dass ... **⑥** *(abwert.) unhöflich, barsch:* Er ist ein grober Mensch.; Sie hat meine höfliche Bitte grob zurückgewiesen. **⑦** *nicht sanft, nicht behutsam:* Sei doch nicht so grob!; ■ **aus dem Gröbsten heraus sein** *(umg.) das Schlimmste überstanden haben* ♦ Getrennt- oder Zusammenschreibung → R 4.16 grob gemahlen/grobgemahlen; grob gestrickt/grobgestrickt; ♦ Großschreibung → R 3.4, R 3.8 aus dem Gröbsten heraus sein; ♦ Groß- oder Kleinschreibung → R 3.9 jemanden aufs Gröbste/aufs gröbste beleidigen

Grob·ein·stel·lung die <-, -en> *grobe⁴ Einstellung eines technischen Geräts*

grob·ge·mah·len, grob ge·mah·len adj */nicht steig./* grobgemahlenes Mehl

Grob·heit die <-> **①** */kein Plur./* *unhöfliche Wesensart* **②** */meist Plur./* *unhöfliche Worte:* Er warf ihr Grobheiten an den Kopf.

Gro·bi·an der <-s, -e> *(umg. abwert.) Mann, der grob⁶ und rücksichtslos ist*

grob·schläch·tig adj *(abwert.) von großer und kräftiger, aber plumper Gestalt* ▶ Grobschlächtigkeit

Grog der <-s, -s> *heißes Getränk aus Rum, Zucker und Wasser*

grog·gy ['grɔgi] adj */nicht steig./ /nur präd./ (umg.) erschöpft, müde:* Er war nach dem anstrengenden Arbeitstag völlig groggy.

grö·len <grölst, grölte, hat gegrölt> *mit OBJ/ohne OBJ* ■ **jmd. grölt (etwas)** *(umg. abwert.) laut und nicht schön singen, schreien:* Der Betrunkene grölte auf dem Nachhauseweg.

Grö·le·rei die <-> */kein Plur./ (abwert.) dauerndes Grölen*

Groll der <-(e)s> */kein Plur./ (verborgener, starker) Ärger, Hass:* Weshalb hegst du einen Groll gegen ihn?

grol·len <grollst, grollte, hat gegrollt> *ohne OBJ* **①** ■ **jmd. grollt (mit jmdm.) (wegen jmdm./etwas)** *verärgert sein* **②** ■ **etwas grollt** *ein dumpfes Geräusch machen, verursachen:* Der Donner grollt in der Ferne.

Gros das [gro:/gro:s] <-, -> *(geh.) Mehrheit:* Das Gros der Abiturienten und Abiturientinnen studiert.

Gro·schen·blatt das ['grɔʃn...] <-(e)s, Groschenblätter> *(abwert.) billige, reißerische Zeitung auf geistig niedrigem Niveau*

Gro·schen·ro·man der <-s, -e> LIT. *(abwert.) billiger (Heft-)Roman auf geistig niedrigem Niveau*

groß [gro:s] <größer, am größten> adj **①** *(↔ klein) in Bezug auf die Länge, Breite, Höhe, den Umfang, das Volumen, den Durchschnitt etc. den Vergleichswert übertreffend:* Sie haben ein großes Haus/ein großes Auto. ▶ Großaktion, Großalarm, Großbetrieb, Großbürger, Großeinkauf, Großformat, Großindustrie, Großkapitalismus, Großmacht, Großunternehmen **②** *eine bestimmte Länge, Höhe aufweisend:* Die Frau war fast zwei Meter groß.; Die Schuhe sind mir zwei Nummern zu groß. **③** *älter:* Er hat eine größere Schwester. **④** *von relativ langer Dauer:* Es gab keine größeren Verzögerungen. **⑤** *von beträchtlicher Anzahl, Menge:* Der Laden hat eine größere Auswahl an Schuhen. **⑥** *heftig:* Ich hatte große Angst.; Das war ein großer Irrtum. **⑦** *gewichtig, bedeutungsvoll:* Der große Augenblick ist nun gekommen. **⑧** *bedeutend, berühmt:* Sie war eine große Künstlerin. **⑨** *großartig, glanzvoll:* Es war eine große Premierenfeier. **⑩** *(umg.) mit viel Aufwand:* Wir wollen morgen ganz groß ausgehen.; ■ **im Großen und Ganzen** *im Allgemeinen;* ■ **Groß und Klein** *jeder, alle* ♦ Großschreibung → R 3.4, R 3.7, R 3.17f. im Großen und Ganzen; Groß und Klein; es wäre das Größte, wenn ...; der Große Teich; ♦ Getrennt- oder Zusammenschreibung → R 4.15 groß gemustert/großgemustert; groß kariert/großkariert; groß gewachsen/großgewachsen; ein groß angelegter Plan; ♦ Getrenntschreibung → R 4.8 ein Wort ganz groß an die Tafel schreiben; Sie schreibt sehr groß (in großer Schrift).; *siehe aber* **großschreiben**

groß·an·ge·legt adj */nicht steig./ groß¹⁰:* Die Polizei startete eine großangelegte Suchaktion nach den vermissten Kindern.

groß·ar·tig adj *wunderbar, hervorragend:* eine großartige Leistung vollbringen ▶ Großartigkeit

Groß·buch·sta·be der <-ns, -n> *(↔ Kleinbuchstabe) groß geschriebener Buchstabe*

Grö·ße die <-, -n> **①** *Breite, Länge, Höhe, Tiefe, Umfang, Volumen von etwas:* Die Größe des Grundstücks beträgt 2.000 Quadratmeter.; Wir können Ihnen Abzüge der Fotos in unterschiedlichen Größen anbieten. **②** */meist Sing./ Körpergröße:* Der Täter war von mittlerer Größe. ❸ *Maß für die Größe von Kleidungsstücken, Schuhen* ❹ */meist Sing./ zahlen- oder mengenmäßiger Umfang:* Welche Größe haben die Schulklassen zurzeit im Durchschnitt? ❺ */meist Sing./ besondere Bedeutsamkeit:* Man wird sich wohl erst später der Größe dieses Augenblicks bewusst werden. ❻ *bedeutende Persönlichkeit:* Er ist eine Größe auf dem Gebiet der Kunst/der Musik/der Wissenschaft.

Groß·el·tern <-> *Plur. die Eltern der Eltern*
Grö·ßen·ord·nung die <-, -en> *Umfang, Ausmaß von etwas:* Die Renovierungskosten in der Größenordnung von mehreren Millionen Mark trägt der Staat.

gro·ßen·teils adv *überwiegend:* Es waren großenteils Leute in meinem Alter auf der Party.

Grö·ßen·ver·hält·nis das <-ses, -se> ❶ *vergleichender Maßstab zwischen (zwei) verschiedenen Dingen:* im Größenverhältnis von eins zu zwanzig zueinander stehen ❷ *Proportion:* Bei diesem Bild muss man von den eigentlichen Größenverhältnissen abstrahieren.

grö·ßen·ver·stell·bar adj /nicht steig./ *so, dass man die Größe von etwas individuell anpassen oder verstellen kann:* Dieser Sicherheitsgurt ist größenverstellbar.

Grö·ßen·wahn der <-(e)s> /kein Plur./ (abwert.) *krankhafte, maßlose Selbstüberschätzung* ▸ größenwahnsinnig

groß·flä·chig adj *eine große Fläche betreffend:* Er hat sich großflächige Verbrennungen zugezogen.

groß·her·zig adj *selbstlos:* eine großherzige Tat vollbringen ▸ Großherzigkeit

Gross·kind das <-(e)s, -er> SCHWEIZ. *Enkelkind*

groß·kot·zig adj (umg. abwert.) *prahlerisch, protzig:* Er hat ziemlich großkotzig dahergeredet. ▸ Großkotzigkeit

Groß·maul das <-(e)s, Großmäuler> (umg. abwert.) *Angeber* ▸ großmäulig

gross·mehr·heit·lich adv /nicht steig./ SCHWEIZ. *mit großer Mehrheit*

Groß·meis·ter der, **Groß·meis·te·rin** <-s, -> *jmd., der auf seinem Gebiet Großes leistet oder geleistet hat:* die Großmeister der abendländischen Kunst

Groß·mut die <-> /kein Plur./ *Toleranz und Großzügigkeit* ▸ großmütig

Groß·mut·ter die <-, Großmütter> (≈ Oma) *Mutter des Vaters oder der Mutter*

Groß·on·kel der <-s, -> *Bruder der Großmutter oder des Großvaters*

groß·po·rig adj *mit großen Poren:* eine großporige Haut besitzen

Gross·rat der <-(e)s, -räte> SCHWEIZ. *Mitglied eines Kantonsparlaments*

groß·räu·mig adj /nicht steig./ *sich weit erstreckend:* Die Polizei riegelte die Unfallstelle großräumig ab.

Groß·rein·ma·chen, **Groß·rei·ne·ma·chen** das <-s> /kein Plur./ (umg.) *gründliche Säuberung (im Haus);* siehe auch **Frühjahrsputz**

groß·schnau·zig adj (abwert.) *angeberisch:* eine großschnauzige Art besitzen

groß·schrei·ben <schreibst groß, schrieb groß, hat großgeschrieben> *mit OBJ* ■ **jmd. schreibt etwas** *Akk.* **groß** ❶ *mit einem großen Anfangsbuchstaben schreiben:* Im Deutschen werden Substantive großgeschrieben. ❷ *für sehr wichtig halten:* In der Gastronomie wird Höflichkeit großgeschrieben.

groß·spu·rig adj (abwert.) *eingebildet, arrogant, überheblich* ▸ Großspurigkeit

Groß·stadt die ['gro:ʃtat] <-, Großstädte> (↔ Kleinstadt) *Stadt mit großer Einwohnerzahl, großer Stadtfläche, dichtem Verkehrsnetz und regem kulturellem und wirtschaftlichem Leben* ▸ Großstädter(in), großstädtisch-verkehr

Groß·stadt·luft die <-> /kein Plur./ (umg.) *großstädtische Atmosphäre:* Er hat schon als Kind Großstadtluft geschnuppert.

Groß·tan·te die <-, -n> *Schwester der Großmutter oder des Großvaters*

Groß·teil der <-s> /kein Plur./ *der größte Teil von etwas:* Ich verbringe den Großteil meiner Freizeit mit Lesen.; Zum Großteil hast du dir die Konsequenzen selbst zuzuschreiben.

größ·ten·teils adv *hauptsächlich; überwiegend:* Es waren größtenteils Leute in meinem Alter auf der Party.

größt·mög·lich adj /nicht steig./ /nur attr./ *höchstmöglich:* sich (die) größtmögliche Mühe geben

groß·tun <tust groß, tat groß, hat großgetan> *ohne OBJ* ■ **jmd. tut (sich) groß (mit etwas** *Dat.***)** (geh.) *sich brüsten, angeben:* Immer muss sie sich mit ihrer vornehmen Abstammung großtun! ▸ Großtuer, Großtuerei, großtuerisch

Groß·va·ter der <-s, Großväter> (≈ Opa) *Vater des Vaters oder der Mutter*

Groß·wet·ter·la·ge die <-, -n> *die Wetterlage in einem größeren Gebiet*

groß·zie·hen <ziehst groß, zog groß, hat großgezogen> *mit OBJ* ■ **jmd. zieht ein Kind/ein Tier groß** (umg.) *aufziehen:* Sie hat drei Söhne großgezogen.

groß·zü·gig adj ❶ tolerant: etwas großzügig übergehen; großzügig über etwas hinwegsehen ❷ (↔ geizig) spendabel, freigebig ❸ weiträumig: Wir sind auf der Suche nach einer etwas großzügigeren Wohnung.

Groß·zü·gig·keit die <-> /kein Plur./ ❶ Toleranz ❷ Freigebigkeit ❸ Weiträumigkeit

gro·tesk adj merkwürdig/absonderlich und durch Übertreibung/Verzerrung lächerlich wirkend: Die Situation/Seine Aufmachung war grotesk.

Gro·tes·ke die <-, -n> KUNST, LIT. Darstellung einer verzerrten Wirklichkeit

gro·tes·ker·wei·se adv so, dass etwas grotesk anmutet

Grot·te die <-, -n> Felsenhöhle

grot·ten·schlecht adj /nicht steig./ (umg.) besonders schlecht: eine grottenschlechte Aufführung

Grou·pie das ['gru:pi] <-s, -s> (umg.) weiblicher Fan, der sexuellen Kontakt zu seinem Idol sucht

grub [gru:p] Prät. von **graben**

Grüb·chen das <-s, -> kleine Vertiefung im Kinn oder in der Wange: Beim Lächeln hat sie ein Grübchen.

Gru·be die <-, -n> ❶ Vertiefung im Erdboden: In der Grube sammelt sich Wasser. ❷ BERGB. ein Bergwerk unter der Erde, in dem mineralische Rohstoffe und Bodenschätze abgebaut werden ◆-narbeiter, -nbahn, -nexplosion, -ngas, -nlampe, -nunglück, Erz-, Gold-, Kies-, Kohlen-, Lehm-, Silber-, Ton-

Grü·be·lei die <-, -en> dauerndes Grübeln

grü·beln <grübelst, grübelte, hat gegrübelt> ohne OBJ ▪ jmd. grübelt (über jmdn./etwas) intensiv nachdenken: Sie grübelt schon tagelang über einem Problem.

Grüb·ler der, **Grüb·le·rin** <-s, -> jmd., der viel grübelt

grüe·zi ['gryətsi] interj SCHWEIZ. eine Grußformel

Gruft die <-, Grüfte> Grabgewölbe, Krypta

Gruf·ti der <-s, -s> (jugendspr.) Bezeichnung für einen älteren, etablierten Menschen

grum·meln <grummelst, grummelte, hat gegrummelt> ohne OBJ ▪ jmd. grummelt (wegen/über etwas Akk.) murren: Was grummelst du schon wieder?

grün [gry:n] adj /nicht steig./ ❶ von der Farbe frischen Grases: das grüne Gras; grüne Blätter ❷ noch nicht reif: Die Äpfel sind noch grün. ❸ (oft abwertend.) jung und ohne Erfahrung: Der Junge ist doch noch grün. ❹ POL. (von Ideen, Politik) so, dass der Umweltschutz in den Vordergrund gestellt wird; ▪ **jemanden grün und blau schlagen** (umg.) jmdn. sehr verprügeln; ▪ **sich grün und blau ärgern** (umg.) sich sehr ärgern; ▪ **jemanden nicht grün sein** (umg.) jmdn. nicht leiden können

Grün das [gry:n] <-s, -/-s> ❶ grüne Farbe, grünes Aussehen: Die Ampel zeigt Grün/steht auf Grün. ❷ /kein Plur./ grüne Pflanzen(teile): Ich freue mich schon darauf, wenn sich im Frühjahr das erste Grün zeigt.; ▪ **(das ist) dasselbe in Grün** (umg.) (das ist) das Gleiche, nichts anderes

Grün·an·la·ge die <-, -n> öffentliche Parkanlage

grün·blau adj /nicht steig./ Farbton zwischen grün und blau

Grund¹ der [grʊnt] <-(e) Gründe> (Anlass, Motiv, Ursache) etwas, das eine Handlung auslöst: nicht an den Grund seines merkwürdigen Verhaltens kommen; Aus welchem Grund bist du hier?; Das ist ein triftiger/schwer wiegender/einleuchtender/stichhaltiger/zwingender Grund.; Ich muss leider aus beruflichen/privaten Gründen absagen. ◆Beweg-, Haupt-

Grund² der [grʊnt] <-(e)s, Gründe> ❶ Erdboden: Das Haus steht auf festem/felsigen Grund. ❷ der Boden eines Gewässers: Das Schiff ist auf Grund gelaufen. ◆Meeres- ❸ ▪ **sich in Grund und Boden schämen** (umg.) sich sehr schämen; ▪ **von Grund auf/aus** völlig, ganz und gar; ▪ **einer Sache auf den Grund gehen** versuchen, etwas zu klären ◆Getrennt- oder Zusammenschreibung → R 4.20 zu Grund/aufgrund; etwas zu Grunde/zugrunde legen; zu Grunde/zugrunde liegen; etwas zu Grunde/zugrunde richten; zu Grunde/zugrunde gehen

Grund- [grʊnt] als Erstglied zusammengesetzter Substantive; mit Betonung auf dem Erstglied; drückt aus, dass das mit dem Zweitglied Bezeichnete ❶ die Basis von etwas bildet, zu der etwas hinzukommen kann, durch das es erweitert/aufgestockt/vervollständigt/verändert wird: einen Grundkurs Deutsch als Fremdsprache an der Volkshochschule besuchen ◆-anstrich, -ausstattung, -bedarf, -bedeutung, -bedürfnis, -bestandteil, -einstellung, -farbe, -fehler, -form, -frage, -gebühr, -gedanke, -gehalt, -haltung, -idee, -kenntnis(e), -konsens, -kurs, -linie, -lohn, -mauer, -muster, -pfeiler, -rente, -schnelligkeit, -sicherung, -stellung,

-stimmung, -stoff, -stufe, -tendenz, -übel, -überzeugung, -versorgung, -wissen, -zustand ❷ *mit Eigentumsverhältnissen zu tun hat:* Die Firma hat zu wenig Grundkapital. ◆-erwerb, -herr(in), -kapital, -schuld, -steuer, -vermögen, -zins ❸ *auf die verfassungsmäßige Ordnung bezogen ist:* die freiheitlich-demokratische Grundordnung der Bundesrepublik Deutschland ◆-gesetz, -recht(e), -ordnung ❹ *auf Bodenbeschaffenheiten bezogen ist:* Die in Norddeutschland und im Alpenvorland weit verbreiteten Grundmoränen sind eine Landschaftsform, die sich in der Eiszeit unter Gletschern und unter Inlandeis gebildet hat. ◆-düngung, -eis, -moräne, -wasser

grund- [grʊnt] *als Erstglied zusammengesetzter Adjektive; mit Betonung auf Erst- und Zweiglied; drückt aus, dass die mit dem Zweitglied bezeichnete Eigenschaft auf jemand oder etwas im Sinne von „durch und durch" bzw. „von Grund auf" in hohem Maße zutrifft:* Er ist ein grundgescheiter Junge; nur fehlt es ihm leider an Ausdauer. ◆-anständig, -ehrlich, -falsch, -gescheit, -gütig, -hässlich, -miserabel, -schlecht, -solid/-solide, -verdorben, -verkehrt, -verschieden

Grund·an·schau·ung die <-, -en> *grundsätzliche Anschauung:* Wir stimmen in unseren politischen Grundanschauungen überein.

Grund·be·deu·tung die <-, -en> ❶ */kein Plur./ grundsätzliche Bedeutung:* der Grundbedeutung einer Sache nachgehen ❷ SPRACHWISS. *ursprüngliche Bedeutung bzw. diejenige Bedeutung, die man für grundlegend ansieht, um andere Bedeutungen aus dieser erschließen zu können:* Die Grundbedeutung dieses Worts hat sich im Laufe der Jahrhunderte geändert.

Grund·be·din·gung die <-, -en> *grundlegende, unerlässliche Bedingung:* Eine Grundbedingung für unsere Beziehung ist, dass ...

Grund·be·griff der <-(e)s, -e> ❶ */meist Plur./ das elementare Wissen auf einem (Fach-)Gebiet:* In den kommenden Wochen werde ich Sie mit den Grundbegriffen der Chemie vertraut machen. ❷ *in einem Wissenschaftsbereich/in einem Fach/in einer Disziplin als bekannt vorausgesetzes sehr wichtiges Wort, vorausgesetzte Bezeichnung/Benennung bzw. vorausgesetzter Fach-Terminus:* Er hat noch nicht einmal die Grundbegriffe auf seinem Fachgebiet parat.

Grund·be·sitz der <-es> */kein Plur./ Grundeigentum*

Grund·be·stand·teil der <-(e)s, -e> *wichtigster Bestandteil:* Grundbestandteil dieser Creme ist ...

Grund·buch das <-(e)s, Grundbücher> AMTSSPR., RECHTSW. *amtliches Verzeichnis eines Bezirks über alle Grundstücke und deren Eigentümer:* sich ins Grundbuch eintragen lassen ◆-eintrag

Grund·buch·amt das <-(e)s, Grundbuchämter> AMTSSPR. *die Behörde, die das Grundbuch führt*

Grund·ei·gen·tum das <-s> */kein Plur./ (≈ Grundbesitz)*

Grund·ein·stel·lung die <-, -en> *(≈ Grundanschauung) grundsätzliche Einstellung:* Du musst etwas an deiner Grundeinstellung ändern.

Grund·eis das <-es> */nicht steig./ Eis am Grund von Gewässern*

grün·den ['grʏndn̩] <gründest, gründete, hat gegründet> **I.** *mit OBJ* ▪ jmd. **gründet etwas** *ins Leben rufen, neu schaffen:* Die Stadt wurde vor 800 Jahren gegründet. **II.** *ohne OBJ* ▪ **etwas gründet auf etwas** *Akk. sich auf etwas stützen, auf etwas beruhen:* Meine Hoffnungen gründen auf der Annahme, dass ...

Grün·der der, **Grün·de·rin** <-s, -> *jmd., der etwas neu schafft:* Der Großvater des jetzigen Inhabers war der Gründer des Unternehmens. ◆Firmen-, Unternehmens-

Grün·der·jah·re <-> *Plur.* GESCH. *Zeit des wirtschaftlichen Aufschwungs in Deutschland im letzten Drittel des 19. Jahrhunderts*

Grund·far·be die <-, -n> *eine der Farben Gelb, Rot und Blau, aus denen man alle anderen Farben mischen kann*

Grund·fes·ten <-> ▪ **an den Grundfesten von etwas rütteln** *(geh.) etwas Grundsätzliches in Frage stellen oder ändern wollen;* ▪ **etwas (bis) in die Grundfesten erschüttern** *(geh.) die elementarsten inneren Einstellungen ins Wanken bringen* Die Intrige hatte seinen Glauben an die Menschheit bis in die Grundfesten erschüttert.

Grund·flä·che die <-, -n> *Fläche eines Raumes; Fläche, auf der ein Körper steht*

Grund·fra·ge die <-, -n> *wesentliche Dinge betreffende Frage:* die Grundfragen des Lebens

Grund·ge·bühr die <-, -en> *die für eine Leistung (beispielsweise einen Telefonanschluss) grundsätzlich zu bezahlende Gebühr:* die Grundgebühr entrichten

Grund·ge·dan·ke der <-ns, -n> *einer Sa-*

che oder Idee zugrunde liegender Gedanke: Bei dieser Sache wurde ich von dem Grundgedanken geleitet, dass …

Grund·ge·halt *das* <-(e)s, Grundgehälter> *das Gehalt, das jmd. jeden Monat bekommt, ohne dass Zuschläge, Prämien etc. mitgerechnet werden*

grund·ge·scheit *adj /nicht steig./ (umg.) besonders gescheit:* Er ist ein grundgescheiter Junge, nur fehlt es ihm an Ausdauer.

Grund·ge·setz *das* <-es> /kein Plur./ POL. *die Verfassung der Bundesrepublik Deutschland* ◆ -änderung

grund·gü·tig *adj /nicht steig./ /nur attr./ durch und durch gütig:* Sie ist eine grundgütige alte Dame.; ■ **grundgütiger Himmel!** *um Himmels willen!*

Grund·hal·tung *die* <-, -en> *grundsätzliche Einstellung:* eine merkwürdige Grundhaltung besitzen

Grund·herr *der,* **Grund·her·rin** <-en, -en> *(veralt.) Grundbesitzer*

Grund·idee *die* <-, -n> *einer Sache zugrunde liegende Idee:* Die Grundidee war gut, nur …

grun·die·ren <grundierst, grundierte, hat grundiert> *mit OBJ* ■ **jmd. grundiert etwas (mit etwas** *Dat.)* **zum ersten Mal streichen:** Wir haben gestern unseren Zaun grundiert.

Grun·die·rung *die* <-, -en> ❶ /kein Plur./ *das Grundieren* ❷ *erste Farbschicht:* Warte mit dem Übermalen, bis die Grundierung getrocknet ist. ▸ Grundierfarbe

Grund·kennt·nis *die* <-, -se> /meist Plur./ *grundlegendes Wissen:* Grundkenntnisse auf einem Gebiet besitzen

Grund·kon·sens *der* <-es, -e> /meist Sing./ POL. *grundlegende Übereinkunft:* einen Grundkonsens erreicht haben

Grund·kurs *der* <-es, -e> (↔ *Aufbaukurs) der Unterricht, der die wichtigsten Kenntnisse in einem Fach vermittelt*

Grund·la·ge *die* <-, -n> (≈ *Basis) etwas, das die unerlässliche Voraussetzung für etwas anderes ist:* Lebenslanges Lernen ist eine Grundlage für den Erfolg.; Gesunde Ernährung ist die Grundlage für den sportlichen Erfolg.; Diese Vorwürfe entbehren jeglicher Grundlagen. ◆ -nforschung, Arbeits-, Diskussions-

grund·le·gend *adj /nicht steig./* ❶ (≈ *fundamental) sehr wesentlich und für den Charakter von etwas entscheidend:* Es ist doch ein grundlegender Unterschied, ob … ❷ *völlig:* Wir wollen diese Dinge in Zukunft grundlegend ändern.

Grund·le·gung *die* <-, -en> ❶ *Bildung einer Grundlage* ❷ *Herstellung eines Fundaments:* Die Arbeiter haben mit der Grundlegung des Baus angefangen.

gründ·lich ['gryntlıç] *adj* ❶ (↔ *oberflächlich) genau und sorgfältig:* Sie hat sich auf die Prüfung gründlich vorbereitet. ❷ *(umg.) sehr:* Da hast du dich gründlich geirrt!

Gründ·lich·keit *die* <-> /kein Plur./ (↔ *Oberflächlichkeit) Sorgfalt, Gewissenhaftigkeit*

Grund·li·nie *die* <-, -n> SPORT *(Tennis) den hinteren Teil des Spielfelds abgrenzende Linie:* hauptsächlich von der Grundlinie aus spielen

Grund·lohn *der* <-s, Grundlöhne> *Lohn abzüglich der Zuschläge; siehe auch* **Grundgehalt**

grund·los *adj /nicht steig./ keine Ursache habend, unbegründet:* jemanden grundlos verdächtigen

Grund·mus·ter *das* <-s, -> *(oft übertr.) grundsätzlich vorherrschendes Muster:* Ihre Vehaltensweisen sind vom Grundmuster her ähnlich.

Grund·nah·rungs·mit·tel *das* <-s, -> *ein Nahrungsmittel, das für die Lebenserhaltung notwendig ist:* Reis, Kartoffeln und Brot sind Grundnahrungsmittel.

Grün·don·ners·tag *der* <-(e)s, -e> *der Donnerstag vor Ostern*

Grund·pfei·ler *der* <-s, -> *(oft übertr.) Stützpfeiler:* die Grundpfeiler einer Autobahnbrücke; die Grundpfeiler unserer Gesellschaft

Grund·preis *der* <-es, -e> (↔ *Aufschlag, Zuzahlung) Preis ohne (eventuelle) Aufschläge:* nur den Grundpreis bezahlen müssen

Grund·prin·zip *das* <-s, -ien> *grundlegendes Prinzip:* sich von moralischen Grundprinzipien leiten lassen

Grund·re·chen·art *die* <-, -en> MATH. *eine der vier Rechenarten Addition, Subtraktion, Multiplikation und Division*

Grund·rech·nungs·art *die* <-, -en> (≈ *Grundrechenart)*

Grund·recht *das* <-(e)s, -e> /meist Plur./ RECHTSW. *unantastbares Recht des Einzelnen gegenüber dem Staat*

Grund·re·gel *die* <-, -n> *grundsätzlich geltende, wichtigste Regel:* die Grundregeln des Zusammenlebens

Grund·riss *der* <-es, -e> ❶ *Plan, der den waagerechten Schnitt eines Gebäudes wiedergibt* ❷ *(in ein bestimmtes Thema oder Fachgebiet einführende) kurze Über-*

blicksdarstellung

Grund·satz der <-es, Grundsätze> ❶ *feste (Verhaltens-)Regel:* Er ist stets seinen Grundsätzen treu geblieben. ❷ *allgemein verbindliche Regel, Norm, Grundprinzip:* Er hat die rechtsstaatlichen Grundsätze verletzt.

Grund·satz·de·bat·te die <-, -n> *Debatte um grundsätzliche Angelegenheiten:* eine Grundsatzdebatte über etwas führen

Grund·satz·ent·schei·dung die <-, -en> *Entscheidung, durch die etwas über den Einzelfall hinausgehend festgelegt wird*

Grund·satz·er·klä·rung die <-, -en> *Erklärung, die grundsätzliche Dinge betrifft:* eine Grundsatzerklärung abgeben

Grund·satz·fra·ge die <-, -n> *Frage, die grundsätzliche Dinge betrifft:* eine Grundsatzfrage stellen

grund·sätz·lich ['ɡrʊntzɛtslɪç] *adj* ❶ *einen Grundsatz² betreffend (und daher wichtig):* Wir müssen noch einige grundsätzliche Fragen diskutieren. ❷ *einem Grundsatz¹ folgend, aus Prinzip, ohne Ausnahme:* Ich lehne den Einsatz von Gewalt grundsätzlich ab. ❸ *eigentlich, im Prinzip:* Ich bin grundsätzlich mit dieser Lösung einverstanden, obgleich ich noch einige Verbesserungsvorschläge hätte.

Grund·satz·pro·gramm das <-s, -e> *grundsätzliche Dinge regelndes Programm:* ein Grundsatzprogramm aufstellen

Grund·satz·re·de die <-, -n> *Rede, in der Grundsätzliches angesprochen wird:* eine Grundsatzrede halten

Grund·schu·le die <-, -n> *die ersten vier Klassen umfassende Schule* ▸ Grundschüler(in), Grundschullehrer(in)

Grund·stein der <-(e)s, -e> *erster Stein, der beim Beginn eines Baues oft im Rahmen einer feierlichen Zeremonie gelegt bzw. gesetzt wird;* ■ **der Grundstein zu etwas sein** *der entscheidende Anfang von etwas sein;* ■ **den Grundstein zu etwas legen** *die Grundlage für die Entwicklung von etwas schaffen*

Grund·stein·le·gung die <-, -en> *der Vorgang, dass ein Grundstein gesetzt wird*

Grund·stim·mung die <-, -en> *vorwiegend vorhandene Stimmung:* Es herrschte an diesem Abend eine bedrückte Grundstimmung.

Grund·stück das <-(e)s, -e> *ein Stück Land, das jmd. besitzt:* Wir haben uns in einem Neubaugebiet ein Grundstück gekauft. ◆-sbesitzer(in), -smakler(in), -spreis

Grund·stu·di·um das <-s> /kein Plur./ (↔ Hauptstudium) *erster Teil eines Hochschulstudiums*

Grund·ten·denz die <-, -en> *das Wesentliche bestimmende Tendenz*

Grund·übel das <-s, -> *grundsätzlicher Fehler oder Missstand, der Ursache für andere Fehler oder Missstände ist:* Eines der Grundübel der heutigen Gesellschaft ist die Profitgier.

Grund·über·zeu·gung die <-, -en> *Überzeugung in grundsätzlichen Dingen:* Zu seinen Grundüberzeugungen stehen.

Grund·um·satz der <-es, Grundumsätze> MED. *der Kalorienverbrauch, den ein Mensch im Ruhezustand innerhalb eines Tages hat:* Der Grundumsatz lässt sich durch regelmäßigen Sport erhöhen.

Grün·dung die <-, -en> *Neuschaffung; der Vorgang, dass etwas gegründet wird:* Sie entschlossen sich zur Gründung einer Firma/einer Partei/eines Vereins. ◆-skapital, -smitglied, -sversammlung

Grund·ur·sa·che die <-, -n> *grundlegende, wesentliche Ursache:* der Grundursache von etwas nachgehen

Grund·ver·mö·gen das <-s, -> *Vermögen an Grundbesitz und Wohnraum*

Grund·ver·sor·gung die <-> /kein Plur./ *Versorgung mit dem Notwendigsten:* Zuerst einmal muss ihre Grundversorgung mit Lebensmitteln sichergestellt werden.

Grund·vo·r·aus·set·zung die <-, -en> *wesentliche, unerlässliche Voraussetzung:* Grundvoraussetzung für unsere Zusammenarbeit ist, dass …

Grund·was·ser das <-s> /kein Plur./ *sich im Erdboden sammelndes Wasser* ◆-spiegel, -stand

Grund·wert der <-(e)s, -e> /meist Plur./ *grundlegender, unerlässlicher Wert:* die Grundwerte unserer Gesellschaft

Grund·wis·sen das <-s> /kein Plur./ *Wissen über die Grundlagen von etwas:* sich das Grundwissen eines Fachgebiets aneignen

Grund·wis·sen·schaft die <-, -en> *die Grundlage für andere Wissenschaften bildende Wissenschaft:* Sprachwissenschaft als Grundwissenschaft, da alle Erfahrungen (im Alltag wie in den verschiedenen Fächern/Disziplinen/Wissenschaften) nur als sprachlich vermittelte Erkenntnisse anderen zugänglich gemacht werden können (abgesehen vom bloßen Zeigen auf etwas, falls das möglich ist); die Mathematik als Grundwissenschaft insbesondere in den Naturwissenschaften

Grund·wort·schatz der <-es> /kein Plur./ SPRACHWISS. (↔ *Aufbauwortschatz, Fachwortschatz*) *nach bestimmten Kriterien ausgewählte häufige, wichtige Wörter, die man beispielsweise lernen muss, um sich in einer Fremdsprache verständlich machen zu können*

Als **Grundwortschatz (GWS)** bezeichnet man zunächst einen Wortschatz, der nach dem einen oder anderen Kriterium begrenzt ist. Dafür finden sich zahlreiche Benennungen, so Lern-, Minimal-, Ziel-, Kern-, Modell-, Basis- und Mindestwortschatz, aber auch Grunddeutsch oder Elementarlexik. Außerdem bezieht man sich mit dem Ausdruck auf muttersprachliche wie auf fremdsprachliche GWS-Bücher gleichermaßen. Im muttersprachlichen Unterricht der Primarstufe (1. bis 4. Klasse) geht es darum, im Rahmen der Rechtschreib-Didaktik aus dem unbegrenzten Inventar lexikalischer Einheiten diejenigen auszuwählen, die zunächst rechtschreiblich „gesichert" werden sollen, um daran einen **Aufbauwortschatz** anschließen zu können. Seit den späten 70er Jahren des letzten Jahrhunderts gaben dazu einzelne Bundesländer amtliche Wortlisten heraus, die unterschiedlich umfangreich waren (zwischen 600 bis 890 Einheiten). Daneben hielt man einen klassenbezogenen GWS für empfehlenswert. Für das Zertifikat Deutsch als Fremdsprache wurden ebenfalls seit den 70er Jahren vom Volkshochschul-Verband und vom Goethe-Institut GWS-Listen herausgegeben. Für die Auswahl orientierte man sich an themenbezogenen und adressatenbezogenen Kriterien, um die sprachliche Bewältigung von Situationen des alltäglichen Lebens zu ermöglichen. Heute erscheinen diese Listen als problematisch und werden offenbar überarbeitet. Die Funktionswörter, nämlich Präpositionen, Konjunktionen, Partikel (Modalpartikel/Abtönungspartikel/Gradpartikel) usw., gehören in jeder Zusammenstellung einer GWS-Liste oder eines entsprechenden Wörterbuchs zum zentralen Bestand; bei den themenbezogenen Einheiten der Nennlexik (Substantive, Verben, Adjektive) sind die Unterschiede teils erheblich größer. Unter den GWS-Büchern reicht die Palette von bloßen Wortlisten bis zu Wörterbüchern mit mehr oder weniger reichhaltiger Kommentierung. Letztere können eine alphabetische Anordnung der Stichwörter aufweisen, oder eine nach Sachgruppen (Themengebieten). Besonders in der frühen Phase war eine starke Orientierung an Häufigkeiten und damit an die Frequenz-Lexikographie gegeben, die mit dem „Häufigkeitswörterbuch der deutschen Sprache" (1898) von F. W. Kaeding einsetzte. Als nicht minder problematisch sind auch später entwickelte Auswahlkriterien (Geläufigkeit, stilistische Neutralität, Basis für mögliche Ableitungen, Situations- und Textbezogenheit etc.) erkannt worden; bestenfalls können Darstellungen zum GWS nur einigermaßen plausibel sein: „Den" Grundwortschatz gibt es nur in der Werbung; entsprechende lexikographische Produkte sind ein Verkaufsschlager.

Grund·zahl die <-, -en> (↔ *Ordnungszahl*) Kardinalzahl

Grü·ne[1] das <-n> /kein Plur./ ■ **im Grünen/ins Grüne** *in der freien Natur oder in die freie Natur*

Grü·ne[2] der/die <-n, -n> *Angehöriger oder Anhänger einer Partei, die besonders für den Umweltschutz eintritt*

grü·nen <grünt, grünte, hat gegrünt> *mit ES* ■ **es grünt (irgendwo)** *die Bäume bekommen Blätter oder beginnen zu blühen*: Ich mag das Frühjahr, wenn es überall wieder grünt und blüht.

Grün·flä·che die <-, -n> ❶ Grünanlage ❷ /meist Plur./ *alle Parks, Gärten, Wiesen, die zu einer Stadt gehören* ♦ -amt

Grün·fut·ter das <-s> /kein Plur./ ❶ LANDW. *frisches Gras als Viehfutter* ❷ *(umg. abwertend.) Gemüse, Salat*: Gibt es heute etwa schon wieder Grünfutter?

grün·gelb adj /nicht steig./ *von zwischen Grün und Gelb gelegenem Farbton*

Grün·kern der <-s> /kein Plur./ *unreifes Dinkelkorn* ♦ -suppe

Grün·kohl der <-s> /kein Plur./ *ein Gemüse*

Grün·land das <-(e)s> /kein Plur./ LANDW. *Weidefläche*

grün·lich adj /nicht steig./ *von zart grüner Farbe*

Grün·schna·bel der <-s, Grünschnäbel> *(oft abwertend.) junger, unerfahrener (häufig vorlauter) Mensch; Neuling*

Grün·span der <-(e)s> /kein Plur./ *sich auf Kupfer und Messing bildender blaugrüner Überzug*

Grün·stich der <-(e)s> /kein Plur./ *Stich ins Grüne*: Die Fotos haben einen leichten

Grünstich.

grün·sti·chig adj /nicht steig./ Grünstich aufweisend

grun·zen <grunzt, grunzte, hat gegrunzt> ohne OBJ ■ jmd./ein Tier grunzt die dunklen, kehligen Laute von sich geben, die typisch für ein Schwein sind: Das Schwein grunzt.

Grün·zeug das ÖSTERR. Suppengrün

Grup·pe die ['grʊpə] <-, -n> ❶ kleinere Anzahl von mehreren, sich gleichzeitig an einem Ort befindlichen und (zufällig) zusammengehörenden Menschen/Tieren/Dingen: Jeweils fünf Schüler bilden eine Gruppe.; Siehst du da vorn die Gruppe von Bäumen? ❷ Menschen, die sich zu bestimmten Zwecken regelmäßig treffen: Unsere Gruppe setzt sich für den Umweltschutz ein. ◆-nsex, -ninteresse ❸ WIRTSCH. mehrere Firmen, die eine Einheit bilden ❹ kurz für „Rockgruppe"

Grup·pen·auf·nah·me die <-, -n> (≈ Gruppenfoto) eine Fotografie, die eine Gruppe¹ von Personen zeigt: eine Gruppenaufnahme machen

Grup·pen·bild das <-(e)s, -er> (≈ Gruppenaufnahme)

Grup·pen·bil·dung die <-> /kein Plur./ Bildung einer Gruppe

Grup·pen·dy·na·mik die <-> /nicht steig./ PSYCH. das jeweilige soziale Verhalten oder Verhältnis von Mitgliedern einer Gruppe¹ zueinander ▸ gruppendynamisch

Grup·pen·fo·to das <-s, -s> (≈ Gruppenaufnahme) sich zum Gruppenfoto aufstellen

grup·pen·spe·zi·fisch adj /nicht steig./ eine Gruppe betreffend: das gruppenspezifische Verhalten von Schülern

Grup·pen·the·ra·pie die <-, -ien> PSYCH. (↔ Einzeltherapie) eine Therapie, bei der mehrere Patienten zusammen behandelt werden und sich so auch gegenseitig helfen können: an einer Gruppentherapie teilnehmen

grup·pen·wei·se adv in Gruppen: sich gruppenweise aufstellen

grup·pie·ren <gruppierst, gruppierte, hat gruppiert> I. mit OBJ ■ jmd. gruppiert etwas (irgendwie/irgendwo) als Gruppe anordnen: Der Regisseur gruppiert die Statisten auf der Bühne.; Wir haben die Möbel im Wohnzimmer neu gruppiert. II. mit SICH ■ jmd. gruppiert sich (irgendwie/irgendwo) sich als Gruppe¹ in einer bestimmten Ordnung formieren: Vor dem zweiten Akt müssen sich die Statisten auf der Bühne neu gruppieren.

Grup·pie·rung die <-, -en> ❶ das Gruppieren I; die Anordnung ❷ Gruppe von Personen mit einer bestimmten ideologischen Einstellung: eine Gruppierung innerhalb einer Partei

Gru·sel der <-s> /kein Plur./ (≈ das Gruseln) Grusel empfinden

gru·se·lig, grus·lig adj schaurig, unheimlich, Angst hervorrufend: Der Film/Die Geschichte war ziemlich gruselig.

Gru·sel·mär·chen das <-s, -> gruseliges Märchen

gru·seln <gruselst, gruselte, hat gegruselt> I. mit SICH ■ jmd. gruselt sich (vor jmdm./etwas) sich vor etwas Unheimlichem fürchten: Ich gruselte mich ein wenig vor der unheimlichen alten Dame. II. mit ES ■ jmdn./jmdm. gruselt es (vor etwas Dat.) jmd. empfindet Furcht: Es gruselte ihr/sie vor der Dunkelheit.

Gruß der [gruːs] <-es, Grüße> ❶ bestimmte Worte und Gebärden, die man üblicherweise austauscht, wenn man jmdm. begegnet oder wenn man sich von jmdm. verabschiedet ❷ eine kleine Botschaft, die man jmdm. überbringen lässt: Bestelle Uli einen herzlichen Gruß von mir!; Ich soll euch auch Grüße von Andreas ausrichten.

grü·ßen ['gryːsn̩] <grüßt, grüßte, hat gegrüßt> I. mit OBJ/ohne OBJ ■ jmd. grüßt (jmdn.) jmdn. mit einem Gruß einen guten Tag wünschen oder willkommen heißen oder verabschieden: Seit dem Streit grüßt er seinen Nachbarn nicht mehr.; Sie grüßt stets freundlich/höflich.; Kannst du nicht grüßen? II. mit OBJ ■ jmd. grüßt jmdn. (von jmdm.) jmdm. einen Gruß² übermitteln: Grüße bitte deine Freundin von mir.; **Grüß dich!** (umg.) verwendet als Grußformel

gruß·los adj /nicht steig./ ohne zu grüßen: Er ging grußlos an mir vorüber.

Gruß·wort das <-(e)s, -e> eine kurze Ansprache, mit der jmd. beispielsweise die Teilnehmer einer Tagung begrüßt: Nach einem kurzen Grußwort ging er zur Besprechung der Themen über.

Grüt·ze die <-, -n> ❶ eine Süßspeise aus Beeren ❷ Getreidebrei ▸ Grützwurst

gu·cken ['kʊkn̩] <guckst, guckte, hat geguckt> ohne OBJ (umg.) ❶ ■ jmd. guckt irgendwohin den Blick in eine bestimmte Richtung wenden: Eine Frau guckt aus dem Fenster. ❷ ■ jmd. guckt irgendwie einen bestimmten Gesichtsausdruck haben: Er guckt fröhlich/grimmig/unfreundlich/verärgert.

Guck·fens·ter das <-s, -> kleines Fenster

Guck·in·die·luft der <-> /nicht steig./ *(umg.) jmd., der beim Gehen unachtsam ist:* Hans Guckindieluft *(in der Haustür); siehe auch* **Guckloch**

Guck·loch das <-(e)s, Gucklöcher> *(≈ Türspion) eine kleines Sichtfenster (in einer Tür), durch das man unbemerkt jmdn. sehen kann, der vor der Tür steht*

Gu·gel·hopf der <-(e)s, -e> SCHWEIZ. *Gugelhupf*

Gu·gel·hupf der <-(e)s, -e> SÜDDT., ÖSTERR. *Napfkuchen*

Güg·ge·li das <-s, -> SCHWEIZ. *Brathähnchen*

Gu·lasch, Gu·lasch das/der <-(e)s, -s/-e> *ein scharf gewürztes Gericht aus (gröberen) Fleischstücken, Paprika und Tomaten*

Gu·lasch·ka·no·ne die <-, -n> *(umg. scherzh.) fahrbare Feldküche*

Gul·den der <-s, -> GESCH. *eine Goldmünze*

gül·den adj /nicht steig./ *(geh.) golden:* güldenes Haar

Gül·le die <-, -n> /meist Sing./ LANDW. LANDSCH. *eine als Dünger verwendete Mischung aus Jauche und Tierkot:* Gülle als Düngemittel verwenden

Gul·ly der/das <-s, -s> *in die Straßendecke eingelassener, vergitterter Schacht, durch den das Regenwasser in die Kanalisation abfließt*

gül·tig ['gʏltɪç] adj /nicht steig./ *so, dass es zu einem bestimmten Zeitpunkt rechtlich, gesetzlich anerkannt und wirksam ist:* Ist dein Personalausweis noch gültig oder schon abgelaufen?; Besitzen Sie eine gültige Fahrkarte?

Gül·tig·keit die <-> /kein Plur./ *das Gültigsein:* Gültigkeit besitzen ◆-sbereich

Gum·mi der/das <-s, -(s)> ❶ *elastisches Kautschukprodukt* ◆-ball, -band, -boot, -handschuh, -höschen, -knüppel, -mantel, -puppe, -reifen, -ring, -sohle, -stiefel, -tier, -tuch ▶ gummiartig ❷ *kurz für "Radiergummi"* ❸ *(umg.) Kondom*

gum·mie·ren <gummierst, gummierte, hat gummiert> *mit OBJ* ■ **jmd. gummiert etwas** *eine klebende Gummischicht auftragen:* gummierte Briefumschläge ▶ Gummierung

Gum·mi·zel·le die <-, -n> *mit Gummi[1] ausgekleidete Zelle für an Tobsucht leidende Patienten*

Gunst die <-> /kein Plur./ *(geh.)* ❶ *wohlwollende, freundliche Haltung gegenüber einer Person:* Er erlangte/verlor ihre Gunst. ◆-beweis ❷ *bestimmte Auszeichnung als Zeichen der Gunst[1]:* Er gewährte mir eine Gunst.; ■ **zu jemandes Gunsten** *zu jmds. Vorteil, Nutzen* ◆ Getrennt- oder Zusammenschreibung → R 4.20 *zu Gunsten/zugunsten*

Gunst·be·zei·gung die <-, -en> *(geh.) sichtbares Zeichen von jmds. Gunst[1]:* Mit Gunstbezeigungen dir gegenüber geht sie ja nicht gerade sparsam um!

Gunst·ge·werb·ler der, **Gunst·ge·werb·le·rin** <-s, -> *(umg. scherzh.) Prostituierte(r)*

güns·tig ['gʏnstɪç] adj ❶ *von Vorteil, gut geeignet, förderlich:* Wir sollten die günstige Gelegenheit nicht verstreichen lassen.; Die Wetterverhältnisse waren günstig für die Besteigung des Gipfels.; ein besonders günstiges Angebot ❷ *(umg.: ≈ preiswert)* Äpfel sind derzeit besonders günstig.

-güns·tig ['gʏnstɪç] *als Zweitglied zusammengesetzter Adjektive, mit Betonung auf dem Erstglied; drückt aus, dass das mit dem Erstglied Bezeichnete besonders vorteilhafte Eigenschaften hat bzw. sich etwas auf das mit dem Erstglied Bezeichnete positiv auswirkt:* ein zinsgünstiges Darlehen unter sehr vorteilhaften Bedingungen bekommen; Aufgrund der verkehrsgünstigen Lage werden sich dort schnell mehrere Unternehmen ansiedeln. ◆ import-, kosten-, preis-, verkaufs-, verkehrs-, wetter-, zins-

güns·ti·gen·falls, güns·tigs·ten·falls adv *bestenfalls:* Sie können günstigenfalls in zwei Monaten in die neue Wohnung einziehen.

Günst·ling der <-s, -e> *(oft abwert.) jmd., der von einer einflussreichen Person bevorzugt und gefördert wird*

Gur·gel die <-, -n> *(umg.: ≈ Kehle) jemandem (vor Wut) an die Gurgel gehen*

gur·geln <gurgelst, gurgelte, hat gegurgelt> *ohne OBJ* ■ **jmd. gurgelt (mit etwas** *Dat.)* *den Rachen spülen, indem man den Kopf nach hinten neigt und dabei eine Flüssigkeit, die man im Mund hat, durch Ausatmen der Luft bewegt, wobei ein gluckerndes Geräusch entsteht:* Er gurgelt jeden Tag mit Mundwasser.

Gur·ke die ['gʊrkə] <-, -n> *eine Frucht, die man roh als Salat oder eingemacht isst* ◆ -ngewürz, -nglas, -nkraut, -nsalat

gur·ken <gurkst, gurkte, hat/ist gegurkt> *ohne OBJ* ■ **jmd. gurkt irgendwohin** *(umg.) fahren, gehen*

gur·ren <gurrst, gurrte, hat gegurrt> *ohne OBJ* ■ **jmd./ein Tier gurrt** *weich rollende, kehlig-dumpfe Töne von sich geben* ❶ Die Tauben gurren. ❷ *(als Frau) gur-*

rende Laute zum Zweck der Schmeichelei von sich geben: „Du willst doch noch nicht gehen, oder?" gurrte sie.

Gurt der [gʊrt] <-(e)s, -e> ❶ *ein starkes, breites Band zum Tragen oder Halten von etwas:* Der Deckel der Kiste war mit Ledergurten gesichert. ❷ *kurz für „Sicherheitsgurt"*

Gür·tel der <-s, -> *ein Lederriemen, der in Schlaufen am Hosenbund getragen wird und der das Rutschen der Hose verhindert:* Während ich einen Gürtel trage, bevorzugt er Hosenträger.; ▪ **den Gürtel enger schnallen müssen** *(umg.) sich einschränken, sparen müssen* ♦ -schnalle, -tasche, Leder-

Gür·tel·li·nie ▪ **unterhalb der Gürtellinie** *unanständig, obszön* Der Witz lag bereits unterhalb der Gürtellinie.; ▪ **ein Schlag unter die Gürtellinie** *(umg.) eine unfaire, sehr verletzende Bemerkung oder Handlung* Seine Bemerkung war ein Schlag unter die Gürtellinie.

gür·ten <gürtest, gürtete, hat gegürtet> *mit OBJ* ▪ **jmd. gürtet sich** (**mit etwas** *Dat.*) *(veralt.) sich einen Gurt oder Gürtel umschnallen*

Gurt·muf·fel der <-s, -> *(umg.) jmd., der beim Autofahren ungern den Sicherheitsgurt anlegt*

Gurt·pflicht die <-> /kein Plur./ *(≈ Anschnallpflicht) gesetzliche Vorschrift, den Sicherheitsgurt beim Fahren anzulegen*

Gu·ru der <-s, -s> ❶ *religiöser Lehrer des Hinduismus und Buddhismus* ❷ *(umg.) jmd., der in einem bestimmten Bereich große Kenntnisse hat und dessen Meinung als maßgeblich anerkannt ist*

Guss der <-es, Güsse> ❶ *das Gießen eines Gegenstandes (aus Metall):* Das ist eine Glocke aus gutem Guss. ♦ -eisen ▸ gusseisern ❷ *(umg.) kurzer Regenschauer* ♦ Regen- ❸ *dünner Zucker- oder Schokoladenüberzug an Gebäck;* ▪ **(wie) aus einem Guss** *einheitlich, vollkommen in Bezug auf die Gestaltung* ♦ Schokoladen-, Torten-

Gus·to der <-s, -s> /meist Sing./ SÜDDT., ÖSTERR. *Lust:* Das kannst du ganz nach deinem Gusto machen.

Gut das [guːt] <-(e)s, Güter> ❶ *(materieller) Besitz:* Der Täter hatte sich an fremdem Gut vergriffen. ❷ *(geistiger, ideeller) Wert, Besitz:* Freiheit/Gesundheit ist ein kostbares Gut. ❸ /meist Plur./ *Ware:* Die Spedition hat sich auf den Transport sperriger Güter spezialisiert. ▸ Güteraustausch, Güterbeförderung, Güterhalle, Gütertransport, Güterverkehr ❹ *ein großer landwirtschaftlicher Besitz:* Der Sohn bewirtschaftet inzwischen das väterliche Gut.

gut <besser, am besten> *adj* ❶ *von zufriedenstellender und etwas über dem Durchschnitt liegender Qualität; ohne nachteilige Eigenschaften/Mängel:* Das war ein guter Film/Witz.; Er hat gute Ohren/Augen/ein gutes Gedächtnis. ❷ *seine Aufgaben gewissenhaft erfüllend:* Sie ist eine gute Schülerin/Studentin/Ärztin. ❸ *wirksam, nützlich:* Das raue Nordseeklima ist gut für die Bronchien. ❹ *günstig, passend, geeignet:* Uns bot sich eine gute Gelegenheit. ❺ *sich erfreulich auswirkend, angenehm:* Das ist eine gute Nachricht!; Wir hatten während des gesamten Urlaubs gutes Wetter. ❻ *relativ reichlich:* Die Bauern freuten sich über eine gute Ernte. ❼ *tadellos:* Der Arzt/Anwalt hat einen guten Ruf. ❽ *sittlich einwandfrei, wertvoll:* Sie ist ein guter Mensch.; Sie kämpfen für eine gute Sache. ❾ *freundlich gesinnt:* Er war stets ein guter Freund. ❿ *mindestens, wenn nicht noch mehr als:* Die Kiste wiegt gute zwanzig Kilo. ⓫ *besonderen Anlässen vorbehalten:* Sonntags zog er stets den guten Anzug an. ⓬ *leicht, mühelos geschehend:* Der Roman liest sich nicht so schwer wie der letzte, sondern ausgesprochen gut.; Du hast gut reden!; ▪ **es gut sein lassen** *(umg.) etwas mit etwas erledigt sein lassen;* ▪ **es gut getroffen haben** *Glück mit etwas haben;* ▪ **gut daran tun** *in Bezug auf etwas richtig handeln;* ▪ **gut und gerne** *(umg.) bestimmt; wenn nicht mehr* Auf der Feier waren gut und gerne 80 Gäste.; ▪ **so gut wie** *(umg.) einer Aufgabe fast völlig entsprechend, so dass Fehlendes kaum von Belang ist;* ▪ **im Guten wie im Bösen** *mit Güte und mit Strenge* ♦ Getrennt- oder Zusammenschreibung → R 4.16 gut gehen/gutgehen; gut tun/guttun; gut aussehend/gutaussehend; gut besucht/gutbesucht; gut bezahlt/gutbezahlt; gut dotiert/gutdotiert; gut gelaunt/gelaunt; gut gemeint/gutgemeint; gut informiert/gutinformiert; gut situiert/gutsituiert; gut sitzend/gutsitzend; gut unterrichtet/gutunterrichtet; gut verdienend/gutverdienend; ♦ Zusammenschreibung → R 4.6 gutheißen; gutschreiben; ♦ Großschreibung → R 3.4, R 3.7 jemandem etwas im Guten sagen; im Guten wie im Bösen; Gut und Böse unterscheiden können; Gutes und Böses; sein Gutes haben; des Guten zu viel tun; zum Guten lenken/wenden; etwas/nichts/viel/wenig Gutes; alles Gute;

jenseits von Gut und Böse

-gut *als Zweitglied zusammengesetzter Substantive, mit Betonung auf dem Erstglied; drückt aus,* ❶ *dass die mit dem Erstglied erfasste Menge von etwas für entsprechende Aktivitäten infrage kommt:* Die Anerkennung von Saat- und Pflanzengut als pflanzliches Vermehrungsmaterial regelt in Deutschland das Saatgutverkehrsgesetz. ◆ Back-, Einmach-, Gefrier-, Koch-, Pflanz-, Saat-, Wasch- ❷ *dass das mit dem Erstglied Bezeichnete als nicht näher differenzierte Menge erfasst wird:* Das Gedankengut der Aufklärung/Renaissance hatte Auswirkungen auf nachfolgende Epochen. ◆ Beute-, Bildungs-, Diebes-, Fracht-, Gedanken-, Gefahr-, Ideen-, Konsum-, Leer-, Leih-, Lied-, Strand-, Treib-, Wort-, Konsumgüter (nur im Plural)

Gut·ach·ten *das* <-s, -> *Urteil, Aussage, Bericht eines Sachverständigen/Experten:* Wir sollten ein ärztliches/juristisches/psychiatrisches Gutachten anfordern.

Gut·ach·ter *der,* **Gut·ach·te·rin** <-s, -> *jmd., der (beruflich) Gutachten erstellt:* einen Gutachter zu Rate ziehen

gut·ach·ter·lich *adj /nicht steig./ /nur attr./ eine gutachterliche Stellungnahme*

gut·ar·tig *adj /nicht steig./* ❶ (↔ *bösartig*) *nicht aggressiv:* Keine Angst, der Hund ist gutartig. ❷ MED. *keine Metastasen bildend:* Die gutartige Geschwulst muss glücklicherweise nicht operiert werden.

Gut·ar·tig·keit *die* <-> */kein Plur./ Qualität/Eigenschaft, gutartig zu sein:* Die Gutartigkeit des Hundes ist allen bekannt.

gut·be·tucht *adj /nicht steig./* (≈ *gutsituiert*) *so, dass jmd. viel Geld besitzt:* sich einen gutbetuchten Junggesellen angeln

gut·bür·ger·lich *adj /nicht steig./ /nur attr./ so, dass es in der Qualität, Lebensart dem Bürgertum entspricht:* Unser Landgasthof bietet gutbürgerliche Küche.

Gut·dün·ken *das* <-s> */kein Plur./ Belieben, Ermessen:* Du kannst mit deinen Ersparnissen nach deinem/eigenem Gutdünken verfahren.

Gü·te *die* <-> */kein Plur./* ❶ *freundliche, nachsichtige Einstellung:* Seine Güte kannte kaum Grenzen.; Hättest du die Güte, mir die Einkaufstaschen abzunehmen? ❷ *(gute) Qualität:* Die Güte dieser Ware wird von vielen Kunden geschätzt.; ■ **(ach) du meine/liebe Güte!** *(umg.) verwendet als Ausruf des Erschreckens, Erstaunens*

Gü·te·klas·se *die* <-, -n> *Klasse, in die eine Ware je nach ihrer Qualität eingeordnet wird:* Eier der Güteklasse eins

Gu·te·nacht·kuss *der* <-es, ...küsse> *Kuss vor dem Schlafengehen (in der Familie):* Bekomme ich heute abend keinen Gutenachtkuss?

Gü·ter·bahn·hof *der* <-(e)s, Güterbahnhöfe> *Bahnhof, auf dem Güter³ verladen werden*

Gü·ter·ge·mein·schaft *die* <-> RECHTSW. (↔ *Gütertrennung*) *gemeinsames Vermögen von Ehepartnern:* in Gütergemeinschaft leben

gut·er·hal·ten *adj /nicht steig./ immer noch in gutem Zustand:* ein guterhaltenes Jugendstilsofa

Gü·ter·recht *das* <-(e)s> */kein Plur./* RECHTSW. *eine gesetzliche Regelung, die das Vermögen von Ehepartnern betrifft* ► güterrechtlich

Gü·ter·tren·nung *die* <-> */kein Plur./* RECHTSW. *vertraglich vereinbarte Trennung des Eigentums zweier Ehepartner*

Gü·ter·um·schlag *der* <-(e)s> */kein Plur./ Umladen von Gütern*

Gü·ter·wa·gen *der* <-s, -> *Eisenbahnwagen für die Beförderung von Gütern*

Gü·ter·wag·gon *der* <-s, -s> *Eisenbahnwagen für die Beförderung von Gütern*

Gü·ter·zug *der* <-(e)s, Güterzüge> (↔ *Personenzug*) *Eisenbahnzug für den Transport von Gütern³*

gut·ge·baut *adj /nicht steig./ (Mann) von ansprechender Körperform:* Siehst du den gutgebauten Typen da hinten?

gut·ge·klei·det *adj /nicht steig./* Zum Vorstellungsgespräch musst du auf alle Fälle gutgekleidet erscheinen.

gut·gläu·big *adj so, dass ein ehrlicher Mensch auch bei anderen (stets) Ehrlichkeit und gute Absichten voraussetzt:* Mit dieser Masche hat der Betrüger schon viele allzu gutgläubige Menschen um ihr Geld gebracht. ► Gutgläubigkeit

Gut·ha·ben *das* <-s, -> *auf einem Bankkonto deponiertes Geld:* über ein ansehnliches Guthaben verfügen ◆ Bank-, Spar-, Zins-

gut·hei·ßen <heißt gut, hieß gut, hat gutgeheißen> *mit OBJ* ■ **jmd. heißt etwas gut** *billigen, für richtig halten:* Ich kann euren Plan/diese Entwicklung nicht gutheißen.

gut·her·zig *adj anderen gegenüber wohlwollend eingestellt:* Sie ist eine gutherzige alte Seele. ► Gutherzigkeit

gü·tig *adj nachsichtig, wohlwollend, freundlich:* ein gütiges Wesen besitzen

güt·lich *adj /nicht steig./ in freundlichem*

Einvernehmen, ohne Streit: Im Tarifkonflikt kam es doch noch zu einer gütlichen Einigung.; ▪ **sich an etwas gütlich tun** *mit Genuss essen bzw. trinken*

gut·mü·tig *adj sehr geduldig und friedlich:* Sei nicht immer so gutmütig allen gegenüber! ▸ Gutmütigkeit

gut·nach·bar·lich *adj /nicht steig./ so, dass man sich gut mit dem Nachbar(n)/ der Nachbarin bzw. mit den Nachbarn versteht:* auf gutnachbarlichem Fuß(e) miteinander stehen

Guts·be·sit·zer *der;* **Guts·be·sit·ze·rin** <-s, -> *Besitzer eines Gutes⁴*

Gut·schein *der* <-(e)s, -e> *Dokument, das dem Inhaber ein Anrecht auf etwas gibt:* Gegen Vorlage dieses Gutscheins erhalten Sie verbilligte Eintrittskarten.

gut·schrei·ben <schreibst gut, schrieb gut, hat gutgeschrieben> *mit OBJ* ▪ **jmd. schreibt (jmdm.) etwas gut** *als Guthaben eintragen, anrechnen:* Der Betrag wird Ihrem Konto gutgeschrieben.

Gut·schrift *die* <-, -en> BANKW. *(↔ Lastschrift) auf einem Konto positiv verbuchter Betrag*

Guts·hof *der* <-(e)s, Gutshöfe> *großer Bauernhof*

gut·si·tu·iert, gut si·tu·iert *adj /nicht steig./ (≈ gutbetucht)*

gut·tu·ral *adj mit kehliger Stimme sprechen:* eine gutturale Aussprache haben ▸ Guttural, Guttural-Laut

gut·wil·lig *adj bereitwillig/geneigt, den Wünschen anderer zu entsprechen, ohne Schwierigkeiten zu machen:* Sie ist eine gutwillige Schülerin. ▸ Gutwilligkeit

Gym·na·si·um *das* [gʏmˈnaːziʊm] <-s, Gymnasien> SCHULE ❶ *bis zum Abitur führende Schule* ▸ Gymnasialbildung, Gymnasialunterricht, Gymnasiast(in) ❷ *Gebäude, in dem sich ein Gymnasium¹ befindet*

Gym·nas·tik *die* <-> /kein Plur./ SPORT *als Sportart oder zu medizinischen Zwecken durchgeführte körperliche Übungen:* Sie macht morgens stets zehn Minuten Gymnastik.; Er macht Gymnastik zur Stärkung der Rückenmuskulatur. ◆-anzug, -band, -halle, -lehrer(in), -stunde ▸ gymnastisch

Gy·nä·ko·lo·gie *die* <-> /kein Plur./ MED. ❶ *(≈ Frauenheilkunde ↔ Andrologie) Teilgebiet der Medizin, das sich mit den spezifischen Erkrankungen des weiblichen Körpers beschäftigt* ▸ Gynäkologe, Gynäkologin, gynäkologisch ❷ *die gynäkologische Abteilung einer Klinik/eines Klinikums/eines Krankenhauses*

Gy·ros *das* <-> /kein Plur./ *Gericht aus am Drehspieß gebratenem, kräftig gewürztem und in kleine Stücke geschnittenem Fleisch* ◆-spieß, -teller

H h

H, h das [ha:] <-, -> *der 8. Buchstabe des Alphabets:* ein großes „H", ein kleines „h"

ha [ha/ha:] *interj verwendet, um auszudrücken, dass man eine (negative) Situation bereits geahnt oder vorausgesehen hat:* Ha, was sagst du nun?; Ha, ich habe es doch gewusst!

Haar das [ha:ɐ̯] <-(e)s, -e> ❶ *eines der vielen feinen, dünnen Gebilde, die aus der Haut des Menschen (besonders am Kopf) und aus der Haut von Tieren wachsen:* blonde/braune/dunkelblonde/graue/ schwarze/rote Haare; das erste graue Haar; Haare an den Beinen/auf der Brust haben; sich die Haare bürsten/kämmen/waschen ❷ */kein Plur./ (geh.) alle Haare¹, besonders die auf dem Kopf eines Menschen:* sich das Haar kämmen; dichtes/feines/ kräftiges/krauses/lockiges Haar haben ♦ -ansatz, -ausfall, -spray, -strähne, -wurzel ❸ *das Fell einiger Tiere:* ein Hund/eine Katze mit kurzem Haar ❹ ■ **jemand hat Haare auf den Zähnen** *(umg. abwert.) verwendet, um auszudrücken, dass jmd. oft mit anderen streitet und immer Recht haben möchte* Diese Frau hat Haare auf den Zähnen! Eine Diskussion mit ihr bringt nichts!; ■ **etwas an/bei den Haaren herbeiziehen** *(umg. abwert.) etwas anführen, was kaum mit der Sache zu tun hat* Diese Begründung ist aber wirklich an den Haaren herbeigezogen!; ■ **um ein Haar** *(umg.) beinahe* Um ein Haar hätte ich den Zug verpasst.; ■ **jemandem kein Haar krümmen** *(umg.) jmdm. nichts Böses tun;* ■ **kein gutes Haar an jemandem/etwas lassen** *jmdn. oder etwas schlecht machen* Sie lässt kein gutes Haar an ihrem neuen Kollegen.; ■ **jemandem stehen die Haare zu Berge** *(umg.) jmd. ist entsetzt* Als ich von dem Überfall gehört habe, standen mir alle Haare zu Berge.; ■ **sich in die Haare geraten** *(umg.) sich streiten* Die Geschwister geraten sich ständig in die Haare.; ■ **sich über etwas keine grauen Haare wachsen lassen** *(umg.) sich über etwas keine Sorgen machen* Es ist doch nicht schlimm, wenn du nicht kommen kannst. Darüber würde ich mir keine grauen Haare wachsen lassen.; ■ **ein Haar in der Suppe finden** *(umg.) an einer Sache etwas auszusetzen haben* Sie muss auch immer ein Haar in der Suppe finden. Redewendungen: "Ich habe mich so über dein Missgeschick geärgert; mir standen die Haare zu Berge!" ('Ich habe mich so darüber aufgeregt!'); "Du kannst dich noch so anstrengen; sie wird immer ein Haar in der Suppe finden" ('Sie wird immer etwas zu beanstanden haben'); "Sie hat einen so guten Charakter; sie würde niemandem ein Haar krümmen!" ('Sie ist sehr friedliebend'); "Darüber würde ich mir jetzt keine grauen Haare wachsen lassen!" ('Darüber würde ich mir keine Sorgen machen'); "Die beiden Jungen gleichen einander bis aufs Haar" (...'sind einander sehr ähnlich'); "Obwohl sie Freundinnen sind, geraten sie sich immer in die Haare, wenn sie sich sehen" (...'streiten sie sich immer'); "mit Haut und Haaren" ('ganz, vollständig').

haa·ren ['ha:rən] <haart, haarte, hat gehaart> *ohne OBJ/mit SICH* ■ **ein Tier/etwas haart** *Haare verlieren:* Die Katze haart (sich) im Frühjahr.; Die alte Pelzmütze haart.

haar·ge·nau *adj /nicht steig./ (umg.) sehr genau:* Das stimmt haargenau!; etwas haargenau erzählen

haa·rig ['ha:rɪç] *adj /nicht steig./* ❶ *stark behaart:* haarige Beine ❷ *(umg.) delikat, schwierig, problematisch, heikel, verfänglich, vertrackt:* Dies ist eine haarige Angelegenheit; Jetzt wird's haarig!

-haa·rig [ha:rɪç] *als Zweitglied zusammengesetzter Adjektive, mit Betonung auf dem Erstglied; bezieht sich auf die mit dem Erstglied genannte Eigenschaft des Haares:* ein grauhaariger Mann mit einer rothaarigen Frau ♦ braun-, dunkel-, glatt-, grau-, kraus-, kurz-, lang-, rot-, schwarz-, weiß-

Hab [ha:p] ■ **Hab und Gut** *(geh.) der gesamte Besitz eines Menschen* Im Krieg hatte er all sein Hab und Gut verloren.

ha·ben¹ ['ha:bn̩] <hast, hatte, hat gehabt> *ohne OBJ* ■ *jmd. hat/hatte plus Inf. als Hilfsverb verwendet zur Bildung der zusammengesetzten Zeiten:* Ich habe/ hatte das Buch schon gelesen.; Nächsten Monat werde ich das Buch dann wohl schon gelesen haben.

ha·ben² ['ha:bn̩] <hast, hatte, hat gehabt> **I.** *mit OBJ* ❶ ■ **jmd. hat etwas/ein Tier** *(≈ besitzen) verwendet, um auszudrücken,* *dass jmd. im Besitz von etwas/einem Tier ist:* Wir haben ein Haus/einen Hund/viele Bücher. ❷ **jmd./etwas hat/hatte plus zu plus Inf.** *(≈ müssen) verwendet, um auszudrücken, dass jmd./etwas etwas tun muss:* Die Kinder haben zu gehorchen. ❸ **jmd. hat etwas/jmdn.** *(als inhaltsleeres Verb) verwendet, um auszudrücken, dass etwas/jmd. zu jmdm. gehört:* Er hat einen großen Freundeskreis/zwei Kinder/graue Haare.; Sie hat keine Erfahrung/keinen Mut. ❹ **jmd. hat etwas** *verwendet, um auszudrücken, dass jmd. in einer Situation über etwas verfügt:* Er hat keinerlei Hilfe.; Hast du noch Geld, das du mir leihen kannst?; Kann ich mal dein Handy haben? ❺ **jmd. hat etwas** *verwendet, um auszudrücken, dass jmd. etwas als Ware anbietet:* Haben Sie frisches Obst?; Dieses Modell ist nicht mehr zu haben. ❻ **jmd. hat etwas** *(≈ innehaben) verwendet, um auszudrücken, dass jmd. jmdm. etwas verliehen oder als Aufgabe gegeben hat:* Er hat einen Doktortitel.; Wer hat die Leitung des Projekts?; Wir haben eine große Verantwortung. ❼ **jmd. hat etwas von etwas** *Dat. in bestimmter Weise von etwas profitieren oder in den Genuss von etwas kommen:* Was habe ich davon?; Wir haben wenig voneinander gehabt. ❽ **jmd. hat etwas** *an etwas (meist einer Krankheit) leiden:* Sie hat Lungenentzündung/hohes Fieber.; Er hat es mit dem Herzen. ❾ **jmd. hat etwas** *mit einer Zeitangabe verwendet, um auszudrücken, dass es eine bestimmte Uhrzeit ist:* Wir haben ein Uhr. ❿ **jmd. hat etwas plus Inf.** *zur Umschreibung eines Zustandes:* Ihr habt die Verpflichtung zu schweigen.; Ich habe den Wunsch, Urlaub zu machen.; Er hat kalte Hände/viel Arbeit.; eine Arbeit fertig haben; Ich habe es satt zu warten.; Du hast es gut!; Wie hätten Sie's denn gern? ⓫ **jmd. hat plus Inf.** *berechtigt sein:* Wer hat hier zu bestimmen?; Du hast mir nichts zu sagen! ⓬ **jmd./etwas hat etwas ...** *jmd. oder etwas besitzt in einem gewissen Maße die genannte Sache.:* Seine Ausstrahlung hat etwas Weltmännisches.; Ihr Stil hat etwas Poetisches. **II.** *mit SICH* **jmd. hat sich so** *(umg. abwertend.) sich übertrieben aufregen; etwas nicht gerne tun wollen; sich zieren:* Hab dich doch nicht so wegen dieser Nichtigkeit!; Habt euch nicht so, nehmt die Einladung einfach an!; **Ich hab's!** *(umg.) ich habe (heraus)gefunden, wonach ich gesucht habe* Ich hab's! Endlich weiß ich, wie dieses Gerät funktioniert!; **noch zu haben sein** *(umg.) unverheiratet sein* Die junge Schauspielerin ist noch zu haben.; **für etwas zu haben sein** *(umg.) sich für etwas begeistern lassen* Er ist für jeden Spaß zu haben.; **etwas nicht haben können** *(umg.) etwas nicht mögen* Ich kann es nicht haben, wenn beim Essen geraucht wird.; **etwas gegen jemanden haben** *jmdn. nicht leiden können* Was hast du gegen die neue Nachbarin?; **jemanden/etwas unter sich haben** *jmdn. oder etwas führen oder anleiten* Er hat zwölf Mitarbeiter unter sich.; **Es hat sich (damit)!/Damit hat es sich!** *(umg.) damit ist es erledigt* Jeder bekommt ein Stück Schokolade und damit hat es sich!; **Haste was, biste was.** *(umg.) wer reich ist, gilt auch als wichtig*

hab·gie·rig ['haːpɡiːrɪç] *adj* (↔ *bescheiden*) *so, dass man nie genug hat und immer mehr besitzen möchte:* Sie ist eine sehr habgierige Person. ▸ Habgier

ha·cken ['hakn̩] <hackst, hackte, hat gehackt> **I.** *mit OBJ* ❶ **jmd. hackt etwas** *etwas mit einem Werkzeug o.Ä. in kleine Stücke zerlegen:* Hast du schon Holz gehackt?; Ich muss noch Petersilie hacken.; einen alten Schrank in Stücke hacken ❷ **jmd. hackt etwas in etwas** *Akk. mit einem spitzen Gegenstand erzeugen:* ein Loch ins Eis hacken; eine Öffnung in die Bretterwand hacken; mit dem Schnabel ein Loch in das Ei hacken **II.** *mit OBJ/ohne OBJ* **jmd. hackt etwas** LANDW. *mit einer Hacke (be)arbeiten:* Sie muss noch ein Beet hacken.; Er hat stundenlang im Garten gehackt. **III.** *ohne OBJ* ❶ **ein Tier hackt (nach jmdm.)** *(≈ picken) mit dem Schnabel zubeißen:* Vorsicht, der Hahn hackt!; Der Vogel hackt immer nach mir. ❷ **jmd. hackt auf etwas** *Akk. (umg.) Tasten bei einem Instrument oder einer Tastatur hart und fest drücken:* auf dem Klavier/der Tastatur hacken ❸ **jmd. hackt (sich in etwas** *Akk.)* EDV *ohne Erlaubnis in ein fremdes Computersystem eindringen:* Er hat sich in das Computersystem der Regierung gehackt.

Ha·fen[1] *der* ['haːfn̩] <-s, Häfen> SEEW. *eine Anlage, von der aus Schiffe losfahren oder an der Schiffe ankommen und z.B. entladen werden:* einen Hafen anlaufen; in einen Hafen einlaufen; im Hafen liegen; **im Hafen der Ehe landen** *(umg. übertr.) heiraten* ◆-anlagen, -arbeiter, -becken, -gebühr, -rundfahrt, -stadt

Ha·fen[2] *der* ['haːfn̩] <-s, -> ÖSTERR. *Topf,*

Gefäß

Haft die [haft] <-> /kein Plur./ (≈ *Haftstrafe*) *eine Gefängnisstrafe; die Zeit, die Gefangene im Gefängnis sein müssen:* jemanden in Haft nehmen; seine Haft verbüßen; zu fünf Jahren Haft verurteilt werden; Er wurde früher/vorzeitig aus der Haft entlassen.

-haft [haft] *als Zweitglied zusammengesetzter Adjektive, mit Betonung auf dem Erstglied; drückt aus, dass etwas oder jemand von gleicher oder ähnlicher Art ist wie das mit dem Erstglied Bezeichnete:* Ihr marionettenhaftes Lächeln mag er überhaupt nicht. ◆ albtraum-/alptraum-, automaten-, balladen-, bild-, elfen-, feen-, gönner-, greisen-, helden-, kumpel-, laster-, lehrer-, märchen-, marionettenhaft-, meister-, reflex-, rüpel-, schalk-, schwatz-, stümper-, vorbild-, traum-

haft·bar ['haftbaːɐ̯] *adj* /nicht steig./ RECHTSW. *für die Folgen (von etwas) offiziell verantwortlich:* jemanden für entstandene Schäden haftbar machen; für einen entstandenen Schaden haftbar sein

haf·ten[1] ['haftn̩] <haftest, haftete, hat gehaftet> *ohne OBJ* ❶ ■ **etwas haftet auf etwas Dat./an etwas Dat.** (≈ *festkleben*) *eine relativ feste Verbindung mit einer Oberfläche eingehen:* Die Farbe haftet schlecht auf der Oberfläche.; Der Teig haftet am Löffel. ❷ ■ **etwas haftet auf etwas Dat.** *nicht abrutschen:* Die neuen Reifen haften auch auf nasser Fahrbahn.; gut haftende Sohlen; ■ **an jemandem haften bleiben** *(übertr.) immer zu jmdm. gehören* Sie ist an ihrem Freund viel zu lange haften geblieben/haftengeblieben. ◆ Getrennt-oder Zusammenschreibung → R 4.6 Der Schmutz ist an den Schuhsohlen haften geblieben/haftengeblieben.

haf·ten[2] ['haftn̩] <haftest, haftete, hat gehaftet> *ohne OBJ* ■ **jmd. haftet für jmdn./etwas** *für (die Folgen von) etwas verantwortlich sein und eventuell einen Schaden bezahlen müssen:* Eltern haften für ihre Kinder!; Für entstandene Schäden haften Sie selbst.; Sie haften mir dafür, dass alles rechtzeitig fertig wird.

Häft·ling der ['hɛftlɪŋ] <-s, -e> *jmd., der im Gefängnis ist, weil er ein Verbrechen begangen hat und von einem Gericht verurteilt wurde:* einen Häftling besuchen

Haft·pflicht die <-> /kein Plur./ RECHTSW. *die gesetzlich vorgeschriebene Pflicht, einen Schaden, der anderen zugefügt wurde, wieder gutzumachen:* In diesem Fall besteht keine Haftpflicht. ◆ -versicherung

Haf·tung[1] die ['haftʊŋ] <-, -en> /meist Sing./ RECHTSW. *die Verantwortung für Personen und deren Handlungen:* keine Haftung für jemanden/etwas übernehmen; Die Haftung für die Kinder tragen die Eltern.; ■ **Gesellschaft mit beschränkter Haftung (kurz: „GmbH")** WIRTSCH., RECHTSW. *ein Unternehmen, bei dem die Eigentümer nur begrenzt für Verluste haften*

Haf·tung[2] die <-, -en> /meist Sing./ PHYS., TECHN. *Fähigkeit eines Körpers, an einem anderen festzuhalten:* die Haftung mit dem Boden verlieren; die Haftung eines Reifens auf der Straße ◆ Boden-, Straßen-

Hag der [haːk] <-(e)s, -e/Häge> SCHWEIZ. *Hecke; Zaun:* über den Hag schauen; ■ **am Hag sein** SCHWEIZ. *nicht weiter wissen* Er hat die Prüfung nicht bestanden. Er ist völlig am Hag.

Ha·gel der ['haːgl̩] <-s> /kein Plur./ ❶ *Regen, der zu Eis gefroren ist und der in Form relativ großer Kugeln vom Himmel fällt, die schwere Schäden an Dächern und Autos anrichten können:* Die Ernte war vom Hagel zerstört worden. ◆ -korn, -schaden, -schauer ❷ *(übertr.) eine große Menge von etwas:* ein Hagel von Geschossen/Steinen/Vorwürfen

ha·geln ['haːgl̩n] <hagelt, hagelte, hat gehagelt> *mit ES* ❶ ■ **es hagelt** METEOR. *Hagel fällt:* Gestern hat es stark gehagelt. ❷ *(übertr.)* ■ **es hagelt etwas** *etwas kommt in großer Zahl über jmdn.* Es hagelte Vorwürfe/Proteste.

ha·ha [haːhaː] *interj verwendet, um ein Lachen anzudeuten oder um ironisch anzudeuten, dass man etwas gar nicht lustig findet:* Haha, dass ich nicht lache!

Hahn der [haːn] <-(e)s, Hähne> ❶ ZOOL. (↔ *Huhn*) *ein männliches Huhn:* Der Hahn kräht. ❷ TECHN. *eine Vorrichtung, um Gas, Wasser, Strom etc. auf- und abzudrehen:* den Hahn öffnen/schließen/zudrehen; Im Bad tropft der Hahn.; Das Bier aus dem Hahn zapfen.; ■ **der Hahn im Korb(e) sein** *(umg.) der einzige Mann unter vielen Frauen sein* In seiner Abteilung ist er der Hahn im Korb.; ■ **danach kräht kein Hahn (mehr)** *(umg. abwert.) das interessiert niemanden (mehr)* Das sind doch alte Geschichten! Danach kräht kein Hahn mehr! ◆ Gas-, Wasser-

Hähn·chen das <-s, -> *ein gebratenes Huhn als Speise:* ein halbes Hähnchen essen

Hai der [hai̯] <-(e)s, -e> *ein gefährlicher Raubfisch, der im Meer lebt:* In diesem Gebiet gibt es viele Haie. ◆ -fisch

-hai [haj] *als Zweitglied zusammengesetzter Substantive, mit Betonung auf dem Erstglied; drückt aus, dass eine Person in dem mit dem Erstglied bezeichneten Bereich rücksichtslos und skrupellos darauf bedacht ist, sich zu bereichern:* Manche suchen und finden einen Kredithai, der ihnen unter problematischen Bedingungen Geld leiht. ◆ Börsen-, Finanz-, Kredit-

hä·keln ['hɛːkl̩n] <häkelst, häkelte, hat gehäkelt> *mit OBJ/ohne OBJ* ■ **jmd. häkelt (etwas)** *(etwas) mit Hilfe einer besonderen Nadel aus einer Art Faden oder Wolle herstellen:* Topflappen/Spitzendeckchen häkeln; In ihrer Freizeit häkelt sie gern.

ha·ken ['haːkn̩] **I.** *mit OBJ* ■ **jmd. hakt etwas an etwas** *Dat.* /**in etwas** *Akk. etwas in etwas hineinhängen:* eine Strickleiter an einen Baum haken; die Daumen in den Gürtel haken **II.** *ohne OBJ* ■ **etwas hakt** *(umg.) klemmen, festhängen:* Mein Fahrrad ist kaputt, das Tretlager hakt irgendwo.

Ha·ken der <-s, -> ❶ *ein gekrümmtes Stück Metall, Holz oder Plastik, mit dem man etwas befestigen kann oder an das man etwas hängen kann:* das Bild/den Mantel an einen Haken hängen ◆ Bilder-, Kleider- ❷ *etwas, das die gekrümmte Form eines Hakens¹ hat:* hinter jede richtige Antwort einen Haken machen; Der Hase schlägt Haken, um seine Verfolger abzuschütteln. ◆ -nase ❸ SPORT *nach oben geführter Boxhieb:* einen linken Haken beim Gegner landen; **Die Sache hat einen Haken!** *(umg.) Bei der Sache gibt es ein Problem.* Die Sache hat nur einen Haken: Ich habe kein Geld.

halb [halp] *adj* ❶ *zur Hälfte:* Das Glas ist halb leer.; auf halbem Weg umkehren; die Tür halb offen lassen; ein halbes Brot kaufen; um halb acht; nach einer halben Stunde; Es ist schon halb (neun).; Wir nehmen zwei Halbe. ❷ *(↔ ganz) teilweise; nicht ganz:* halb sitzend, halb liegend lesen; halb reif; nur halb angezogen sein; sein Essen halb aufgegessen haben; sich halb rechts/links halten ❸ *(umg.) nicht so stark:* nur mit halber Kraft arbeiten ❹ *(umg.) fast ganz:* halb erfroren sein; halb tot vor Angst sein; sich halb totlachen; Die halbe Stadt weiß das schon.; Damit hatten wir schon halb gewonnen.; ■ **jemandem auf halbem Wege entgegenkommen** *(umg.) mit jmdm. einen Kompromiss eingehen* Wir können Ihnen auf halbem Weg entgegenkommen und übernehmen die Kosten für die Reparatur.; ■ **noch ein halbes Kind sein** *(umg.) noch nicht völlig erwachsen sein* Sie ist schwanger? Sie ist doch selbst noch ein halbes Kind!; ■ **sich wie ein halber Mensch fühlen** *(umg.) sich sehr unwohl fühlen* Durch ihre Behinderung fühlt sie sich häufig wie ein halber Mensch. ◆ Kleinschreibung → R 3.3 um halb neun; Die Uhr steht auf halb zwölf.; ◆ Großschreibung → R 3.4, R 3.7 nichts Halbes und nichts Ganzes; einen Halben trinken; ◆ Getrennt- oder Zusammenschreibung → R 4.16, 4.17 halb blind/halbblind; halb erfroren/halberfroren; halb erwachsen/halberwachsen; halb fertig/halbfertig; halb gar/halbgar; halb leer/halbleer; halb nackt/halbnackt; halb links/halblinks; halb offen/halboffen; halb rechts/halbrechts; halb reif/halbreif; halb tot/halbtot; halb verhungert/halbverhungert; halb wach/halbwach; ◆ Zusammenschreibung → 4.2 halbbitter; halbdunkel; halbfett; halbgebildet; halbherzig; halbhoch; halblang; halbleinen; halbmatt; halbrund; halbtrocken; halbwild

Hal·be die ['halbə] <-, -(n)> *(↔ Maß)* *ein halber Liter Bier:* eine Halbe bestellen; Zwei Halbe, bitte!

-hal·ber [halbɐ] *als Zweitglied zusammengesetzter Adjektive, mit Betonung auf dem Erstglied; drückt aus, dass das mit dem Erstglied Bezeichnete Grund/Voraussetzung/Anlass für etwas ist bzw. dem damit Bezeichneten Genüge getan/entsprochen wird:* Sie wird ihn anstandshalber besuchen, obwohl sie ihn nicht leiden kann; immerhin ist er der Chef ihres Sohnes. ◆ anstands-, ehren-, gesundheits-, interesse-, krankheits-, ordnungs-, sicherheits-, spaßes-, umstände-, vorsichts-

hal·bie·ren [hal'biːrən] <halbierst, halbierte, hat halbiert> *mit OBJ* ■ **jmd. halbiert etwas** ❶ *in zwei Hälften teilen:* einen Apfel mit dem Messer halbieren ❷ *(↔ verdoppeln) auf die Hälfte verringern:* den Arbeitsaufwand mit Hilfe des Computers halbieren

Halb·jahr das <-(e)s, -e> *(↔ Jahr; Vierteljahr) die Hälfte eines Jahres bzw. der Zeitraum von Januar bis Ende Juni oder von Juli bis Dezember:* im ersten Halbjahr des Jahres 2004

Halb·pen·si·on die <-> /kein Plur./ *(↔ Vollpension) eine (meist im Urlaub genutzte) Unterkunft mit Frühstück und warmem Abendbrot oder Mittagessen:* Wir haben eine Woche Halbpension gebucht.; ein Zimmer mit Halbpension buchen

Halb·schuh der <-s, -e> *(↔ Stiefel) ein*

geschlossener Schuh, der den Knöchel nicht bedeckt: Halbschuhe tragen; zum Anzug Halbschuhe tragen

Halb·spra·chig·keit die <-> (≈ *Semilingualismus*) *Sachverhalt der sprachlichen Unvollkommenheit gleichermaßen in Herkunftssprache und Zielsprache; siehe auch* **Zweitspracherwerb**

Unter dem Ausdruck **Halbsprachigkeit**, vorkommend meist als **doppelte bzw. doppelseitige Halbsprachigkeit**, versteht man den Umstand, dass insbesondere Migrantenkinder weder ihre Muttersprache (Herkunftssprache), noch das Deutsche (die Zweitsprache) hinreichend beherrschen. In beiden Sprachen wird lediglich eine Teilkompetenz erreicht, die nicht altersgemäß ist; die Hochsprache (Standardsprache, Schriftsprache) beider Sprachen bleibt entsprechenden Kindern fremd; die festzustellenden sprachlichen Defizite erstrecken sich auf Wortschatz und Grammatik gleichermaßen. In Deutschland werden Fehlentwicklungen dieser Art, die schwerwiegende Folgen haben können, besonders an türkischen Kindern festgemacht und in ihrem Ausmaß teils für dramatisch gehalten. Einen zentralen Grund für die doppelte Halbsprachigkeit erkennt man in der Vernachlässigung der Muttersprache; auch macht man dafür verantwortlich, dass Migrantenkinder die Zweitsprache (hier: Deutsch) nur außerhalb des familiären Kontextes erleben. Hinzu kommt oft die Ablehnung der Muttersprache durch die Umgebung. Ein kritischer Zeitpunkt für das Einsetzen der Halbsprachigkeit ist der Übergang in die Schule, in der ausschließlich Deutsch unterrichtet wird. Verschiedene Untersuchungen belegen, dass nicht etwa die Vernachlässigung der Muttersprache, sondern gerade umgekehrt eine gut entwickelte Muttersprache für die Aneignung einer Zweitsprache (vgl. das Stichwort *Zweitspracherwerb*) eine sehr wichtige Voraussetzung ist. Deshalb setzt man sich seit Jahren von verschiedenen Seiten dafür ein, die Mehrsprachigkeit in der Schule zu fördern. Diskutiert werden damit verbundene Probleme vor allem im Zusammenhang mit der Zweisprachigkeit, bezeichnet als *subtraktive Zweisprachigkeit*; oder diese Erscheinungsform wird dem Bilingualismus (derjenigen Zweisprachigkeit/Mehrsprachigkeit, bei der dem engeren Verständnis nach eine muttersprachliche Kompetenz in zwei Sprachen erreicht wird) zugeordnet und als *subtraktiver Bilingualismus* bezeichnet. Der Ausdruck „subtraktiv" verweist hierbei auf ein Minus bzw. Defizit. Der manchmal als Synonym verwendete Ausdruck *Semilingualismus* fällt nur teilweise mit *Halbsprachigkeit* zusammen, obwohl es sich bei ihm um eine Eindeutschung des Fremdworts handelt: Mit *Semilingualismus* werden in entsprechenden Fachtexten eher auch Bezüge zu Sprachstörungen und zur kognitionspsychologischen Seite der Problemlage hergestellt.

halb·tags *adj /nicht steig./* (↔ *ganztags*) *so, dass es den halben Tag über andauert:* Er arbeitet wegen der Kinder nur halbtags.; Ihre Tochter geht halbtags in den Kindergarten. ▸ Halbtagsarbeit, Halbtagskraft
halb·wegs ['halp'veːks] *adv (umg.:* ≈ *einigermaßen) teilweise, nur ein bisschen:* Sie waren halbwegs zufrieden mit uns.; Ich habe den Vortrag nur halbwegs verstanden.
half [half] *Prät. von* **helfen**
Hälf·te die ['hɛlftə] <-, -n> ❶ *der halbe Teil von etwas:* Jeder bekommt die Hälfte des Geldes.; Wir müssen nur die Hälfte des Preises bezahlen.; eine Arbeit erst zur Hälfte fertig haben ❷ *Mitte:* auf der Hälfte des Weges umkehren; ■ **jemandes bessere Hälfte** *(umg. scherzh.) jmds. Ehepartner(in)* Herr Meier kommt mit seiner besseren Hälfte zu dem Fest.
Hal·le die ['halə] <-, -n> ❶ (≈ *Fabrikhalle, Lagerhalle*) *ein großes Gebäude mit einem Innenraum, in dem gearbeitet oder etwas gelagert wird:* Er arbeitet in Halle 5. ◆-nmeister, Fabrik-, Lager-, Produktions- ❷ *(kurz für „Turnhalle") ein großer Raum, in dem man Sport machen kann:* Die Wettkämpfe finden bei schlechtem Wetter in der Halle statt. ◆-nsprecher, Schwimm-, Sport-, Tennis-, Turn- ❸ *(kurz für „Veranstaltungshalle") ein großer Raum, in dem größere Veranstaltungen stattfinden können:* für ein Konzert eine Halle mieten ◆-nmiete, Mehrzweck- ❹ *ein großer Raum in einem Gebäude:* Die Rezeption befindet sich in der Halle. ◆ Bahnhofs-, Empfangs-, Hotel-
hal·len [ˈhalən] <hallt, hallte, hat gehallt> *ohne OBJ* ❶ **etwas hallt** *wie ein Echo klingen:* Seine Schritte hallen im leeren Gang.; Eine Stimme hallt durch die Nacht. ❷ **etwas hallt von etwas** *Dat.*

voll von einem lauten Klang sein: Der Saal hallt vom Gelächter der Zuschauer.

hal·lo [ha'loː/'halo] *interj* ❶ *verwendet, um Aufmerksamkeit auf sich zu lenken:* Hallo, ist da jemand?; Hallo, hört mal alle zu! ❷ *Ausruf, um am Telefon den Gesprächspartner anzusprechen:* Hallo!; Hallo, wer spricht da? ❸ *(umg. jugendspr.) Ausruf zur Begrüßung:* Hallo Leute! ❹ *Ausdruck freudiger Überraschung:* Hallo, da seid ihr ja! ◆ Großschreibung → R 3.4 Es gab ein großes Hallo vom Wiedersehen.

Hal·lu·zi·na·ti·on die [halutsinaˈtsi̯oːn] <-, -en> <≈ *Sinnestäuschung) sinnliche Wahrnehmung (von Stimmen oder Objekten), die keine Grundlage in tatsächlichen Reizen hat, und die durch Krankheiten (insbesondere Psychosen), Drogen oder Schlafentzug zustande kommt:* Halluzinationen haben; Bei dem Kranken äußern sich Halluzinationen darin, dass er Stimmen von Verstorbenen hört

Halm der [halm] <-(e)s, -e> *der dünne Stängel von bestimmten Pflanzen; Stiel:* Die Halme des Getreides bewegen sich im Wind. ◆ Gras-, Stroh-

Hals der [hals] <-es, Hälse> ❶ ANAT. *der Teil des Körpers von Menschen und Tieren, der Kopf und Körper verbindet:* eine Kette um den Hals tragen; Die Giraffe hat einen langen Hals.; sich den Hals verdrehen/verrenken ❷ *das Innere des Halses¹:* einen rauen/entzündeten Hals haben; Der Arzt schaute ihm in den Hals.; Der Bissen blieb mir im Hals stecken. ❸ *etwas, das an einen Hals¹ erinnert, weil es schmal und relativ weit oben ist:* der Hals einer Flasche; der Hals der Gitarre; ▪ **einen langen Hals machen** *(umg.) sich in die Höhe recken (um besser sehen zu können)* Die Nachbarin machte einen langen Hals, um zu sehen, was auf der Straße passiert.; ▪ **aus vollem Halse** *(umg.) sehr laut* aus vollem Halse lachen/schreien; ▪ **sich den Hals brechen** *(umg.) schwer verunglücken* Du hättest dir dabei den Hals brechen können!; ▪ **sich etwas auf den Hals laden** *(umg.) eine unangenehme Arbeit übernehmen* Musst du dir das denn noch auf den Hals laden?; ▪ **sich den Hals (nach etwas/jemandem) verdrehen** *(umg.) auffällig etwas oder jmdm. nachblicken* Sobald er ein hübsches Mädchen sieht, verdreht er sich den Hals.; ▪ **jemanden auf dem Hals haben** *(umg. abwert.) jmdn. nicht mehr loswerden* Jetzt habe ich auch noch meine kleine Schwester auf dem Hals!; ▪ **jemandem zum Hals(e) heraushängen** *(umg. abwert.) für jmdn. unerträglich sein* Er/Sein Gerede hängt mir langsam zum Hals(e) heraus.; ▪ **etwas in den falschen Hals bekommen** *(umg.) etwas missverstehen und deshalb übel nehmen* So habe ich das nicht gemeint, du musst das in den falschen Hals bekommen haben.; ▪ **sich jemanden/etwas vom Hals schaffen** *(umg.) jmdn. oder etwas loswerden* Kannst du mir diesen Kerl nicht vom Hals schaffen?; ▪ **den Hals nicht voll kriegen können** *(umg. abwert.) nicht genug bekommen können* Kein Wunder, dass er dabei war, er kann ja den Hals nicht voll genug kriegen.; ▪ **Hals über Kopf** *(umg.) schnell und ohne nachzudenken* Er hat sich Hals über Kopf in sie verliebt.; ▪ **Hals- und Beinbruch!** *(umg.) Ausspruch, mit dem man jmdm. alles Gute wünscht*

Redewendungen: "Er konnte sich nicht mehr verabschieden, denn er ist Hals über Kopf abgereist" ('...sehr schnell abgereist'); "Ihr könnt nie den Hals voll genug bekommen/kriegen!" ('Ihr seid sehr habgierig'); "Er lachte aus vollem Hals" ('Er lachte äußerst laut'); "Er konnte nicht sprechen; er hatte einen Frosch im Hals" ('Er war so heiser, dass man ihn nicht verstehen konnte'); "Sie hat das bestimmt nicht so gesagt; das hast du sicher in den falschen Hals bekommen" ('Sie hat das nicht so gemeint; du brauchst ihr das nicht übelzunehmen'); "Er kann sich gar nichts leisten, denn er steckt über den Hals in Schulden" ('Er ist sehr verschuldet'); "Ich bin so aufgeregt! Mir schlägt das Herz bis zum Hals!" ('Ich bin sehr nervös vor Aufregung').

Halt der [halt] <-(e)s, -e> ❶ *etwas, das verhindert, dass man rutscht; Stütze:* keinen Halt finden; an einem Ast Halt suchen; sich Halt suchend umblicken ❷ *seelische Unterstützung in einer schwierigen Situation:* Sie war ihm ein Halt in schweren Zeiten.; ein Angebot für Halt suchende Jugendliche ❸ *(auf einer Fahrt oder Reise) Anhalten; Aufenthalt:* einen kurzen Halt einlegen; Nächster Halt ist der Rathausplatz.; an einer Raststätte Halt machen ◆ Getrennt-oder Zusammenschreibung → R 4.6 In Freiburg haben wir kurz Halt gemacht/haltgemacht.; ◆ Großschreibung → R 3.4 Plötzlich hatte jemand laut/ein lautes Halt gerufen.; *siehe auch* **halt**

halt [halt] I. *interj verwendet, um jmdn. dazu aufzufordern, nicht weiterzugehen* *bzw. eine Tätigkeit sofort zu beenden:* Halt! Bleiben Sie stehen!; Halt! Hier spricht die Polizei!; halt/Halt rufen **II.** *adv* SÜDDT., SCHWEIZ., ÖSTERR. *(≈ eben) verwendet, um auszudrücken, dass eine Tatsache so gegeben ist und man sie nicht ändern kann.:* Wer ständig viel isst, nimmt halt zu.; Das ist halt so!; Ich kann es halt nicht besser! ◆Klein- oder Großschreibung Wer hat da eben halt/Halt gerufen?; *siehe auch* **Halt**

halt·bar ['haltbaɐ̯] <haltbarer, am haltbarsten> *adj* ❶ *so, dass es lange Zeit zu gebrauchen ist:* haltbare Lebensmittel; eine Tasche aus haltbarem Material; haltbares Spielzeug ❷ *so, dass es überzeugend ist und gegen Widerstand bestehen kann:* Deine Behauptung ist so nicht haltbar.; Unser Platz an der Tabellenspitze ist kaum haltbar.

Halt·bar·keit die <-> /kein Plur./ *die Eigenschaft, dass etwas lange verwendet oder gelagert werden kann:* Spielzeug aus Holz hat eine große Haltbarkeit.; die Haltbarkeit der Milch/der Lebensmittel; eine begrenzte Haltbarkeit haben ◆-sdatum

hal·ten ['haltn̩] <hältst, hielt, hat gehalten> **I.** *mit OBJ* ❶ **jmd. hält etwas** *in der Hand haben und die Finger fest darum schließen:* eine Schaufel in der Hand halten; Kannst du mal den Schirm halten? ❷ **jmd. hält etwas irgendwo** *etwas irgendwohin nehmen und dort lassen:* die Hand vor den Mund halten; ein Schild in die Höhe halten; den Kopf gesenkt halten ❸ **jmd./etwas hält jmdn./etwas** *verhindern, dass jmd./etwas fällt:* Halt mich!; Ein Seil hält den Kletterer.; Die Hose wird von einem Gürtel gehalten.; Ihre Haare werden von einem Band gehalten. ❹ **jmd./etwas hält jmdn.(irgendwo)** *verhindern, dass jmd. geht oder einen Ort verlässt:* Wenn du gehen willst, kann ich dich nicht halten.; Was hält uns noch in dieser Stadt? ❺ **jmd. hält etwas** *behalten; besitzen:* Er hielt den Rekord im Schwimmen.; Der Konzern hält die Aktienmehrheit. ❻ **jmd. hält jmdn./etwas für jmdn./etwas** *glauben, dass jmd./etwas eine genannte Eigenschaft besitzt oder dass jmd./etwas jmd./etwas Bestimmtes ist:* Ich halte ihn nicht für einen Betrüger.; Er hält ihn/sich für einen großen Schauspieler.; Ich halte sie für klug. ❼ **jmd. hält etwas** *etwas durchführen; abhalten:* Audienz/Ausschuss/Mittagsschlaf/Wache halten ❽ **jmd. hält es mit jmdm./etwas** *sein Verhältnis zu jmdm. oder etwas irgendwie gestalten:* Wie willst du es mit deinen Eltern halten?; Das Zimmer war in einem dunklen Rot gehalten.; Wie hältst du es mit dem Alkohol? ❾ **jmd. hält etwas** *einhalten:* ein Versprechen halten ❿ **jmd. hält etwas** *nicht verändern:* das Tempo/den Ton halten ⓫ **jmd. hält ein Tier** *ein Tier im eigenen Haushalt leben lassen:* (sich) einen Hamster/einen Hund/eine Katze/einen Kanarienvogel/einen Wellensittich halten **II.** *mit OBJ/ohne OBJ* ❶ **jmd. hält (einen Ball)** SPORT *als Tormann einen Ball nicht ins Tor lassen:* einen Ball/einen Schuss auf das Tor halten; Der Torwart hat gehalten/hält gut. ❷ **jmd./etwas hält etwas** *(etwas) nicht heraus lassen:* Das Fass hält das Wasser.; Er kann den Urin/das Wasser nicht mehr halten.; Mal sehen, ob die Dichtung/das Fass jetzt hält.; Der Reifen/Das Ventil hat nicht gehalten. **III.** *ohne OBJ* ▪ **etwas hält** ❶ *Bestand haben; nicht kaputtgehen:* Mal sehen, ob der Knoten/das Papier/die Tüte hält.; Die Frisur hält.; Das schöne Wetter hat nicht gehalten. ❷ *(≈ stoppen) anhalten:* Der Bus hält an der Haltestelle.; Plötzlich hielt der Zug auf freier Strecke. **IV.** *mit SICH* ❶ **etwas hält sich** *nicht verderben, nicht schlecht werden:* Die Nahrungsmittel/Die Blumen halten sich noch einige Zeit. ❷ **jmd. hält sich** *sich behaupten; sich durchsetzen:* Sie wird sich als Vorsitzende nicht halten können.; Er hält sich gut! ❸ **jmd. hält sich an etwas** *Dat. irgendwo festen Halt haben:* Kannst du dich noch auf der Leiter halten?; Er konnte sich nicht mehr halten und fiel in die Tiefe. ❹ **jmd. hält sich irgendwo** *sich irgendwo aufhalten:* sich abseits/im Hintergrund halten ❺ **jmd. hält sich irgendwie** *eine bestimmte Haltung einnehmen:* sich gerade halten; ▪ **sich an jemanden halten** *(umg.) sich an jmdn. wenden* Sie können sich an den Abteilungsleiter halten.; ▪ **sich an etwas halten** *etwas befolgen* Halten Sie sich an die Anweisungen!; ▪ **an sich halten müssen** *sich beherrschen müssen* Sie musste an sich halten, um nicht laut zu schreien.; ▪ **auf etwas halten** *Wert auf etwas legen;* ▪ **auf sich halten** *auf sein Aussehen bzw. seinen Ruf achten* Er hält viel auf sich.; ▪ **gehalten sein, etwas zu tun** *etwas tun müssen* Wir sind gehalten, alle zu informieren.; ▪ **eine Rede halten** *vor Zuhörern einen längeren Text sprechen* Der Politiker hielt eine Rede.; ▪ **etwas geschlossen halten** *zu lassen* Bitte alle Türen geschlossen halten!;

■ **jemanden auf dem Laufenden halten** *jmd. mit aktuellen Informationen versorgen* Wir werden Sie natürlich auf dem Laufenden halten.; ■ **zu jemandem halten** *jmdm. beistehen, jmdn. unterstützten* Er hat immer zu mir gehalten.
Hal·te·stel·le die [<-, -n] *ein mit einem Schild, Sitzbänken usw. ausgestatteter Platz, an dem ein Bus, eine Straßenbahn o.Ä. regelmäßig hält:* An der Haltestelle standen bereits um die fünfzig Leute.; Bitte beachten Sie, dass die Linie 10 die Haltestelle „Forsthaus" nicht mehr anfährt. ◆Bus-, End-, Straßenbahn-
-hal·tig [haltɪç] *als Zweitglied zusammengesetzter Adjektive, mit Betonung auf dem Erstglied; drückt aus, dass die mit dem Erstglied bezeichnete Substanz vorhanden ist:* Das Wasser hier ist sehr kalkhaltig. ◆alkohol-, eisen-, eiweiß-, gold-, jod-, kalk-, kupfer-, metall-, nikotin-, salz-, sauerstoff-, säure-, schlamm-, silber-, wasser-, zucker-
Hal·tung die ['haltʊŋ] <-, -en> ❶ *(kurz für „Körperhaltung") eine bestimmte Stellung des Körpers:* eine aufrechte/gebeugte/gute/schlechte Haltung haben ❷ *jmds. inneres Gleichgewicht:* Sie versuchte verzweifelt, angesichts der schrecklichen Nachricht Haltung zu bewahren. ❸ *eine bestimmte Einstellung/Meinung gegenüber einer Person oder Sache:* eine ablehnende/zögerliche/positive Haltung einnehmen/haben; eine fortschrittliche Haltung haben ❹ */kein Plur./ das Halten (von Tieren):* Die Haltung von Schlangen erfordert viel Erfahrung.
Ham·mer der ['hamɐ] <-s, Hämmer> ❶ *ein Werkzeug zum Schlagen und Klopfen, das aus einem Stiel aus Holz und einem schweren Stück Metall an einem Ende besteht:* mit dem Hammer Nägel in die Wand schlagen ❷ *(umg.) etwas unglaublich Schlechtes oder Gutes:* Du hast dir ja gestern einen Hammer geleistet!; Das ist ja wohl ein Hammer, was du da behauptest!; Das Konzert gestern war wirklich der Hammer! ❸ SPORT *ein Wurfgerät, das man möglichst weit werfen muss:* den Hammer werfen; ■ **einen Hammer haben** *(umg.) nicht ganz normal sein* Du hast wohl 'nen Hammer?; ■ **unter den Hammer kommen** *(umg.) in einer Auktion versteigert werden* Am Wochenende kommen viele wertvolle Gemälde unter den Hammer. ◆-wurf
Hams·ter der ['hamstɐ] <-s, -> ZOOL. *ein kleines Nagetier mit dicken Backen, das oft als Haustier gehalten wird:* Die Kinder wünschen sich einen Hamster.
hams·tern ['hamstɐn] <hamsterst, hamsterte, hat gehamstert> *mit OBJ/ohne OBJ* ■ jmd. hamstert etwas *(umg. abwert.) mehr kaufen oder nehmen, als man braucht, weil man einen Vorrat anlegen will (besonders weil man glaubt, dass die genannten Waren in der Zukunft knapp werden könnten):* Die Bevölkerung hatte Mehl und Brot gehamstert.; Als bekannt wurde, dass die Preise steigen würden, wurde gehamstert. ▶ Hamsterkäufe
Hand die [hant] <-, Hände> ❶ *einer der beiden Körperteile des Menschen, die sich am Ende der Arme befinden, mit denen man greift und Dinge hält:* etwas in der Hand halten; jemandem die Hand geben; eiskalte/feuchte/warme Hände haben; die Hände mit einer Handcreme pflegen ❷ *(geh. übertr.) eine Person, die etwas tut:* Helfende Hände waren zur Stelle.; Wir brauchen jede Hand zur Vorbereitung des Festes.; Er ist die rechte Hand seines Chefin. ❸ */in bestimmten Wendungen/ Besitzer:* die öffentliche Hand; ein Unternehmen in privater Hand; etwas aus zweiter Hand kaufen ❹ *Seite:* zur linken Hand sitzen; Rechter Hand sehen Sie das Opernhaus. ❺ *Mengen- oder Größenmaß:* eine Hand voll Reis; eine Hand breit offen stehen ❻ ■ **(bei etwas) mit Hand anlegen** *(umg.) helfen* Kannst du bitte mal gerade Hand anlegen?; ■ **auf der Hand liegen** *(umg.) offensichtlich sein* Es liegt doch auf der Hand, dass er ein Betrüger ist.; ■ **etwas unter der Hand kaufen** *(umg.) etwas auf nicht rechtmäßigem Weg kaufen* Dieses Buch bekommt man nur unter der Hand.; ■ **mit leeren Händen dastehen** *(umg.) ohne etwas zu besitzen (oder mitgebracht zu haben) dastehen* Nach der Scheidung steht sie mit leeren Händen da.; ■ **jemandem freie Hand lassen** *(umg.) jmdn. nach seinem Belieben entscheiden lassen* Der Chef lässt seinen Mitarbeitern freie Hand.; ■ **bei etwas die Hand im Spiel haben** *(umg.) an etwas beteiligt sein* Sie hat bei diesem Erfolg die Hand mit im Spiel gehabt.; ■ **etwas in die Hand nehmen** *(umg.) sich um etwas kümmern* Wenn wir das bis morgen schaffen wollen, muss ich es wohl selbst in die Hand nehmen.; ■ **alle Hände voll zu tun haben** *(umg.) sehr beschäftigt sein* Es tut mir leid, ich habe keine Zeit, denn ich habe im Moment alle Hände voll zu tun.; ■ **Eine Hand wäscht die andere.** *(umg.) wer mir hilft, dem helfe ich auch;* ■ **seine Hände in**

Unschuld waschen *(umg.) für etwas nicht die Verantwortung übernehmen wollen;* ▪ **die Hände über dem Kopf zusammenschlagen** *(umg.) über etwas entsetzt sein* Du wirst die Hände über dem Kopf zusammenschlagen, wenn ich dir sage, wo ich gestern war.; ▪ **von der Hand in den Mund leben** *(umg.) alles Geld für den täglichen Bedarf ausgeben müssen;* ▪ **in festen Händen sein** *(umg.) einen festen Lebenspartner haben* Der Prinz ist seit zwei Jahren in festen Händen.; ▪ **etwas aus erster Hand wissen** *(umg.) etwas direkt vom Urheber erfahren* Ich weiß aus erster Hand, dass die Meldung falsch ist.; ▪ **etwas von langer Hand vorbereiten** *(umg.) etwas sehr gründlich vorbereiten* Der Einbruch wurde von langer Hand vorbereitet.; ▪ **Hand und Fuß haben** *(umg.) gründlich vorbereitet oder durchdacht sein* Ihre Rede hatte Hand und Fuß.; ▪ **sich mit Händen und Füßen gegen etwas wehren** *(umg.) sich mit aller Entschlossenheit gegen etwas wehren* Er wehrt sich mit Händen und Füßen dagegen, am Wochenende arbeiten zu müssen.; ▪ **von Hand** *(geh.) mit der Hand* Die Arbeit wird hier noch von Hand gemacht.; ▪ **zu Händen von ...** *(bei Briefen) an ... persönlich* zu Händen von Herrn Müller ♦ Getrennt- oder Zusammenschreibung → R 4.17 eine Hand voll/handvoll Kirschen; nur eine Hand breit/handbreit entfernt

---

Gebräuchliche Redewendungen: "Mir sind die Hände gebunden" ('Ich kann nichts für dich tun, denn ich habe auf diese Angelegenheit keinen Einfluss; ich bin in diesem Punkt machtlos'); "Bei der diesjährigen Feier hat er mir die Hand geschüttelt" ('Diesmal hat er mich begrüßt'); "Darauf gebe ich dir meine Hand!" ('Ich verspreche dir das'); "Er hat zwei linke Hände" ('Er ist sehr ungeschickt'); "Er hat doch überall seine Hände im Spiel!" ('Er ist an allem beteiligt bzw. wirkt an allem im Hintergrund mit'); "Im Augenblick habe ich alle Hände voll zu tun!" ('Im Augenblick bin ich sehr beschäftigt'); "Für ihn lege ich meine Hände ins Feuer!" ('Für ihn stehe ich ein/verbürge ich mich'); "Es ist so dunkel, dass man die Hand nicht vor den Augen sehen kann!" ('Es ist stockdunkel'); "Er trägt seine Frau auf Händen" ('Er verwöhnt seine Frau sehr'); "Das sage ich dir nur hinter vorgehaltener Hand" ('Das sage ich dir nur im Vertrauen'); "Die Energiewende geht Hand in Hand mit der Entwicklung neuer Technologien" ('Mit der Energiewende geht die Entwicklung neuer Technologien einher').

Hand·ar·beit die <-, -en> ❶ */kein Plur./ Arbeit, die mit der Hand und nicht mit Maschinen ausgeführt wird:* in Handarbeit hergestellt werden; Das ist alles reine Handarbeit.; Das erfordert viel Handarbeit.; Eine Manufaktur ist eine Fabrik, in der Produkte weitgehend in Handarbeit hergestellt werden. ❷ *ein Stück, das mit der Hand gearbeitet wurde:* Das Möbelstück ist eine wertvolle alte Handarbeit. ❸ *Sammelbezeichnung für verschiedene Formen der Herstellung von Kleidung und Textilien in Handarbeit¹, wie z.B. Stricken, Häkeln, Sticken usw.:* Großmutter saß über einer Handarbeit.

Han·del der ['handl̩] <-s> */kein Plur./* ❶ *das Kaufen und Verkaufen von Waren:* der Handel mit Lebensmitteln/Rohstoffen; Handel treiben; den Handel beleben ▸ Händler ❷ *eine geschäftliche Abmachung in Bezug auf den Handel¹:* einen Handel abschließen; Das ist ein guter/schlechter Handel. ❸ *alle Unternehmen, die Waren kaufen und verkaufen:* Der Handel in der Kleinstadt hat sich gut entwickelt.; Der Handel ist für eine Verlängerung der Ladenöffnungszeiten. ♦ Einzel-, Groß-, Zwischen- ♦ Getrenntschreibung → R 4.8 die Handel treibenden Bewohner der Küstenstädte

Han·deln das ['handl̩n] <-s> */kein Plur./* ❶ *(≈ Feilschen) als Käufer gegenüber dem Verkäufer einen immer niedrigeren Preis bieten und als Verkäufer versuchen, den Preis zu erhöhen, bis Käufer und Verkäufer sich auf einen für beide akzeptablen Preis geeinigt haben:* durch Handeln weniger bezahlen müssen ❷ *das Tätigwerden:* Jetzt ist unser Handeln gefragt! ❸ *jmds. Verhalten:* Ich kann euer Handeln nicht verstehen.

han·deln ['handl̩n] <handelst, handelte, hat gehandelt> **I.** *mit OBJ /meist im Passiv/* ▪ **jmd. handelt etwas** *kaufen und verkaufen:* Aktien werden an der Börse gehandelt.; Schweinefleisch wird gegenwärtig zu günstigen Preisen gehandelt. **II.** *ohne OBJ* ❶ ▪ **jmd. handelt mit etwas** *Dat. kaufen und verkaufen:* mit Aktien/Gebrauchtwagen handeln ❷ ▪ **jmd. handelt mit jmdm.** *verhandeln:* mit jemandem um etwas handeln; Ich habe mit dem Verkäufer gehandelt, um einen günstigeren Preis zu erzielen. ❸ **jmd. handelt (irgendwie)** *etwas tun:* Wir müssen endlich handeln!; in Notwehr handeln; Ich finde, ihr habt richtig/verantwortungsvoll gehandelt. ❹ **etwas handelt von etwas** *Dat. etwas zum Gegenstand haben:* Das Buch handelt vom Dreißigjährigen Krieg. **III.** *mit SICH/mit ES* ❶ **es handelt sich um etwas** *Akk. um etwas gehen:* Worum handelt es sich denn?; Es handelt sich darum, dass wir möglichst gut vorbereitet sein müssen. ❷ **bei jmdm. handelt es sich um jmdn.** *jmd. ist jmd.:* Bei ihm handelt es sich um einen bekannten Fachmann.; Bei der Anruferin handelte es sich um meine Schwester.

Hand·fe·ger der <-s, -> *eine Art kleiner Besen, mit dem man kleinere Verschmutzungen beseitigt:* den Dreck mit dem Handfeger zusammenkehren

Hand·ge·päck das <-s> /kein Plur./ *ein kleineres Gepäckstück, das man während der Reise bei sich trägt und z.B. im Flugzeug an seinem Platz haben darf:* Ich habe einen Koffer und Handgepäck.

hand·greif·lich *adj /nicht steig./* ❶ *so, dass man Gewalt anwendet:* (gegen jemanden) handgreiflich werden; eine handgreifliche Auseinandersetzung ❷ *deutlich sichtbar oder einsehbar:* ein handgreiflicher Beweis; jemandem etwas handgreiflich vor Augen führen

-hän·dig [hɛndɪç] *als Zweitglied zusammengesetzter Adjektive, mit Betonung auf dem Erstglied; drückt aus, dass etwas unter Einsatz der mit dem Erstglied bezeichneten Anzahl bzw. Seitigkeit von Händen ausgeführt wird:* die beidhändige Tennisrückhand ◆beid-, ein-, links-, rechts-, vier-, zwei-

hän·disch ['hɛndɪʃ] *adj /nicht steig./ (umg.) ÖSTERR., SCHWEIZ. mit der Hand; manuell:* eine Arbeit händisch tun; die Ware händisch verpacken

hand·lich ['hantlɪç] *adj so, dass etwas klein, leicht und gut zu benutzen bzw. leicht zu transportieren ist; praktisch:* eine handliche, leichte Kamera; Das neue Format dieser Zeitschrift ist nicht gerade sehr handlich! ▸ Handlichkeit

Hand·lung die ['handlʊŋ] <-, -en> ❶ *eine bestimmte Tat; Aktivität:* eine unbedachte Handlung; Du bist für deine Handlungen selbst verantwortlich. ❷ FILM, LIT., THEAT. *das, was in einem Film, einem Buch, einem Theaterstück o.Ä. passiert:* ein Film/Buch/Theaterstück mit einer spannenden Handlung; Die Handlung des Romans ist fesselnd/spannend/nimmt einen überraschenden Verlauf.

Hand·mehr das <-s> /kein Plur./ SCHWEIZ. *eine offene Abstimmung durch Handheben:* etwas durch freies/offenes Handmehr beschließen

Hand·schrift die ['hantʃrɪft] <-, -en> ❶ *die Art und Weise, wie jemand schreibt:* eine leserliche/unleserliche/schöne Handschrift haben ❷ *so, das etwas für jmdn./etwas typisch ist:* Das Bild/Die Inszenierung trägt die Handschrift des Künstlers.; Das Verbrechen trägt die Handschrift der Mafia. ❸ *ein handgeschriebener alter Text:* alte Handschriften aus dem 13. Jahrhundert entdecken

hand·schrift·lich *adj /nicht steig./ mit der Hand geschrieben:* eine handschriftliche Notiz; einen Lebenslauf handschriftlich anfertigen

Hand·schuh der <-s, -e> *eine Art Kleidungsstück aus Stoff oder Leder, das man über die Hände zieht, um die Hände zu schützen oder zu wärmen:* im Winter Handschuhe anziehen ◆Faust-, Finger-, Gummi-, Leder-, Schutz-

Hand·ta·sche die <-, -n> *eine (kleinere) Tasche, in der Frauen Dinge wie Geldbörse, Lippenstift usw. mit sich tragen:* sich die Handtasche über die Schulter hängen

Hand·tuch das <-(e)s, Handtücher> *ein größeres Tuch, mit dem man sich die Hände oder den Körper abtrocknet:* sich mit einem Handtuch abtrocknen; frische Handtücher ins Badezimmer legen; ■ **das Handtuch werfen** *(umg.) aufgeben, nicht weitermachen* Kurz vor Ende des Studiums hat er das Handtuch geworfen.

Hand·um·dre·hen ■ **im Handumdrehen** *mühelos und sehr schnell* Im Handumdrehen war alles fertig.

Hand·werk das <-(e)s, -e> ❶ *eine Arbeit, die man als Beruf ausübt und die vorwiegend mit der Hand und ohne große industrielle Anlagen oder Maschinen ausgeübt wird:* das Handwerk des Schneiders/Schusters/Tischlers ◆-sberuf ❷ *die Gesamtheit der Handwerksbetriebe:* Dem Handwerk geht es wirtschaftlich sehr schlecht. ❸ **jemandem das Handwerk legen** *(umg.) eine kriminelle Handlung verhindern* Die Polizei konnte dem Einbrecher das Handwerk legen.; ■ **sein Handwerk verstehen** *(umg.) auf seinem Gebiet sehr gut sein* Keine Sorge, er versteht sein Handwerk.; ■ **Handwerk hat golde-**

nen Boden *(Sprichwort)* an Handwerk besteht immer Bedarf und damit immer auch eine Gewinnmöglichkeit

Hand·wer·ker der, **Hand·wer·ke·rin** <-s, -> *eine Person, die einen Handwerksberuf ausübt:* Elektriker sind Handwerker.; Wir haben heute die Handwerker im Haus.

Han·dy das ['hɛndɪ] <-s, -s> TELEKOMM. *(≈ Mobiltelefon) ein kleines Funktelefon, das man bei sich trägt:* das Handy aufladen; neue Klingeltöne für das Handy aus dem Internet herunterladen; jemanden auf dem Handy anrufen; jemandem mit dem Handy eine SMS schicken ◆ -empfang, -fach, -mast, -nummer, -tasche, -vertrag

Hang der [haŋ] <-(e)s, Hänge> ❶ *(≈ Abhang) eine Stelle, an der der Erdboden leicht abfällt; schräge Seite eines Berges:* das Haus an einen Hang bauen; ein grüner/sanfter/steiler Hang ❷ *eine Neigung oder Vorliebe für etwas:* einen Hang zur Übertreibung haben; Sie hatte schon immer einen Hang zur Schauspielerei.

hän·gen¹ ['hɛŋən] <hängst, hängte, hat gehängt> I. *mit OBJ* ❶ ▪ **jmd. hängt etwas an etwas** *Akk. (≈ aufhängen) etwas in (meist) einem Punkt oder an einer Stelle an etwas so befestigen, dass es nach unten weist:* Wir haben das Bild an die Wand gehängt.; Ich habe die Wäsche auf die Leine gehängt. ❷ ▪ **jmd. hängt etwas an etwas** *Akk. irgendwo befestigen:* die Uhr an die Kette hängen; Er hat den Anhänger an das Auto gehängt. ❸ ▪ **jmd. hängt etwas aus etwas** *Dat. irgendwo hinaushalten:* Sie hat ihren Kopf zu weit aus dem Fenster gehängt. ❹ ▪ **jmd. hängt jmdn.** *durch Aufhängen hinrichten:* Der zum Tode Verurteilte soll gehängt werden. II. *mit SICH* ❶ ▪ **jmd. hängt sich an jmdn.** *jmdm. folgen:* Sie hängte sich an die Gruppe. ❷ ▪ **jmd. hängt sich an etwas** *Akk. sich irgendwo festhalten:* Er hängte sich (mit den Händen) an einen Ast.; ▪ **sich ans Telefon hängen** *(umg.) (für längere Zeit) telefonieren* Ich werde mich ans Telefon hängen und versuchen, weitere Informationen zu bekommen. ◆ Konjugation im Imperfekt und Perfekt beachten Die Mutter hängte die Wäsche auf die Leine.; Die Mutter hat die Wäsche auf die Leine gehängt.; *siehe aber auch* **hängen²**

hän·gen² ['hɛŋən] <hängst, hing, hat/ist gehangen> *ohne OBJ* ❶ ▪ **jmd./etwas hängt an etwas** *Dat. irgendwo aufgehängt sein:* Das Bild hing an der Wand.; Die Decke hat/ist auf der Leine gehangen.; Der Verbrecher hat/ist am Galgen gehangen.; die Kleidung im Schrank hängend aufbewahren ❷ ▪ **etwas hängt an etwas** *Dat. irgendwo befestigt sein:* Der Hund hing an der Leine.; die Wäsche noch eine Stunde auf der Leine hängen lassen; An der Lokomotive haben/sind nur drei Wagen gehangen. ❸ ▪ **etwas hängt an etwas** *Dat. irgendwie hinunterhängen:* Ihre Arme hingen leblos am Körper.; Die vollen Zweige des Apfelbaumes hingen am/zu Boden. ❹ ▪ **etwas hängt in etwas** *Dat. festkleben/nicht weggehen:* Der Gestank/Der Rauch hängt in den Kleidern.; Dichter Nebel hängt im Tal. ❺ ▪ **jmd. hängt an jmdm./etwas** *Dat. eine starke emotionale Bindung zu jmdm. oder etwas haben und sich nicht trennen wollen:* Sie hat/ist schon immer sehr an ihrer Mutter gehangen.; Er hängt sehr an seiner Heimatstadt. ❻ ▪ **etwas hängt** *(umg.) blockieren:* Der Mechanismus hängt, irgendwo ist etwas kaputt.; Ihr seid ja immer noch nicht fertig. Woran hängt es denn noch? ❼ ▪ **jmd. hängt irgendwo** *(umg. abwertr.) irgendwo nutzlos die Zeit verbringen:* stundenlang vor dem Fernseher hängen; Sie haben/sind wieder den ganzen Abend in der Kneipe gehangen. ❽ ▪ **etwas hängt voll mit etwas** *Dat. mit etwas behängt sein:* Die Leine hängt voller Wäsche.; Im Herbst hat der Baum voller Äpfel gehangen.; ▪ **an jemandes Lippen hängen** *(geh.) jmdm. gespannt lauschen* Die Schülerin hängt an den Lippen ihres Lehrers.; ▪ **an der Strippe/am Telefon hängen** *(umg.) (längere Zeit) telefonieren* Sie hat/ist immer stundenlang an der Strippe gehangen.; ▪ **hängenbleiben** SCHULE *(umg. abwert.) eine Klasse wiederholen müssen* Er ist im letzten Jahr hängen geblieben.; ▪ **jemanden hängenlassen** *jemandes Erwartung enttäuschen* Ich dachte, er würde mir helfen, aber er hat mich hängengelassen. ◆ Konjugation im Imperfekt und Perfekt beachten Die Wäsche hing auf der Leine.; Die Wäsche hat/ist auf der Leine gehangen.; *siehe aber auch* **hängen¹**

Hans·dampf [hans'dampf, 'hansdampf] ▪ **ein Hansdampf in allen Gassen** *(umg. abwert.) eine Person, die sich überall ein bisschen, aber nirgendwo richtig auskennt, und die bei allen möglichen Arbeiten und Aufgaben dabei sein möchte* Er ist ein richtiger Hansdampf in allen Gassen.

han·tie·ren [han'tiːrən] <hantierst, hantierte, hat hantiert> *ohne OBJ* ❶ ▪ **jmd. hantiert** *(umg.) irgendwas tun:* Er hantiert schon seit Stunden im Keller.

② ▪ **jmd. hantiert mit etwas** *Dat.* **an etwas** *Dat. etwas umgehen und sich in einer Weise an etwas zu schaffen machen:* mit einem Werkzeug (am Fahrrad) hantieren

Ha·rass der ['haras] <-es, -e> SCHWEIZ. *eine Lattenkiste zum Verpacken von Obst, Gemüse oder Getränkeflaschen:* einen schweren Harass tragen

Har·ke die ['harkə] <-, -n> NORDDT. *(≈ Rechen) ein Gerät für die Gartenarbeit, dessen Vorderteil wie ein Kamm geformt ist und das zum Glätten der Erde oder zum Entfernen von Laub benutzt wird:* mit der Harke arbeiten; ▪ **jemandem zeigen, was eine/'ne Harke ist** *(umg.) jmdn. stark kritisieren* Dem werd' ich schon zeigen, was eine Harke ist! ▸ harken

harm·los *adj* **①** *keinen Schaden verursachend und nicht gefährlich:* Diese Medizin ist harmlos.; ein völlig harmloser Hund **②** *ohne Hintergedanken:* ein harmloser Witz; Ich habe nur ganz harmlos gefragt.; Der Vorschlag war ganz harmlos gemeint. ▸ Harmlosigkeit

Har·mo·nie die [harmo'niː] <-, -nien> **①** / kein Plur. / *(geh.) ein ausgewogenes Verhältnis zwischen Personen oder Dingen; ein friedliches Miteinander:* Die Menschen lebten in Harmonie.; die Harmonie der Farben **②** MUS. *der melodische Zusammenklang mehrerer Einzeltöne:* die Harmonie wechseln ◆ -lehre

har·mo·nisch [har'moːnɪʃ] *adj* **①** *(↔ disharmonisch) wohlklingend:* ein harmonischer Klang **②** *gut zusammenpassend und ausgewogen:* harmonische Farben; ein harmonisches Paar

Harst der [harst] <-(e)s, -e> SCHWEIZ. *Gruppe, Haufen, Schar:* ein Harst Touristen

hart [hart] <härter, am härtesten> **I.** *adj* **①** *(↔ weich) so, dass ein Material sehr fest ist und sich nicht leicht verformen lässt:* Hartes Holz lässt sich schlecht schnitzen.; ein harter Bleistift; eine harte Matratze; Ich habe den Ball aufgepumpt, er ist ganz hart.; Die Erbsen/Die Kartoffeln sind noch hart (≈ noch nicht gar).; ein hart gekochtes Ei (≈ ein gekochtes Ei, dessen Eiweiß und Eigelb fest sind) **②** *so stark, dass es kaum zu erschüttern ist:* eine harte Währung; ein harter Bursche **③** *schwer (zu ertragen):* harte Arbeit/Zeiten; hart arbeiten müssen; Es ist hart für ihn, dass er seine Familie verloren hat. **④** *mit wenig Mitgefühl:* ein hartes Herz haben; jemanden mit harten Worten tadeln; Die schrecklichen Erlebnisse haben ihn hart werden lassen.; Sie fasst die Kinder zu hart an.; Die Polizei ging hart gegen die Demonstranten vor. **⑤** *so intensiv oder stark, dass es als schlecht empfunden wird:* ein harter Winter; harte Drogen; hartes Licht; ein harter Kontrast **⑥** *heftig; ungebremst:* eine harte Landung; hart zuschlagen; ein harter Konsonant **II.** *adv ganz nahe:* hart an der Grenze; hart an der Pleite vorbei; ▪ **harte Drinks/Getränke** *(umg.) (viel) Alkohol enthaltende Drinks/Getränke* Ich vertrage keine harten Drinks/Getränke.; ▪ **hartes Wasser** *(umg.) Wasser, das sehr viel Kalk enthält*; ▪ **jetzt geht es hart auf hart** *(umg.) jetzt kann auf nichts mehr Rücksicht genommen werden* Das können wir nicht mehr berücksichtigen, denn jetzt geht es hart auf hart.; ▪ **jemand ist hart gesotten** *(umg.) kaum zu einem Kompromiss zu bewegen oder kaum zu beeindrucken* ein hart gesottener Bursche/Gauner ◆ Getrennt- oder Zusammenschreibung → R 4.17 hart gefroren/hartgefroren; hart gekocht/hartgekocht; hart gesotten/hartgesotten

hart·her·zig *adj (↔ weichherzig) so, dass man ohne Gefühl und ohne Mitleid ist:* Seinen alten Eltern gegenüber war er sehr hartherzig.; eine hartherzige Entscheidung ▸ Hartherzigkeit

hart·nä·ckig ['hartnɛkɪç] *adj* **①** *(≈ beharrlich) so, dass jmd. einen sehr starken Willen hat, etwas zu erreichen:* ein hartnäckiger Verfolger/Widerstand; hartnäckig an einer einmal gefassten Meinung festhalten; sich hartnäckig weigern, etwas zu tun ▸ Hartnäckigkeit **②** *so, dass etwas in unerwünschter und lästiger Art und Weise lange Zeit besteht/vorhanden bleibt:* ein hartnäckiger Schnupfen; ein hartnäckiges Gerücht ▸ Hartnäckigkeit

Ha·se der [haːzə] <-n, -n> **①** *ein wild lebendes Nagetier mit braunem Fell und langen Ohren:* Ein Hase hoppelt über das Feld. **②** *ein männlicher Hase¹:* ein Hase und eine Häsin **③** KOCH. *Fleisch vom Hasen¹:* Am Sonntag gibt es bei uns Hase. ◆ -nbraten **④** ▪ **ein alter Hase sein** *(umg.) langjährige, große Erfahrung in etwas haben* Auf diesem Gebiet ist er ein alter Hase.; ▪ **falscher Hase** KOCH. *(umg.) Hackbraten;* ▪ **sehen, wie der Hase läuft** *(umg.) sich ansehen, wie eine Sache sich entwickelt* Wir müssen erst sehen, wie der Hase läuft.; ▪ **da liegt der Hase im Pfeffer** *(umg.) dort ist die eigentliche oder entscheidende Ursache*

Hass der [has] <-es> /kein Plur./ ❶ (↔ *Liebe*) *sehr starkes Gefühl der Feindschaft/der feindseligen Abneigung:* von tiefem Hass erfüllt sein; Der Hass auf beiden Seiten behindert den Friedensprozess.; mit seinen Reden den Hass schüren ❷ *(umg.:* ≈ *Wut) ein sehr starkes Gefühl von Wut:* einen richtigen Hass auf jemanden kriegen

has·sen ['hasn̩] *mit OBJ/ohne OBJ* ▪ **jmd. hasst jmdn./etwas** ❶ *Hass¹ empfinden:* Sie sagt, sie hasse die Mörder ihres Sohnes. ❷ *(umg.) etwas nicht mögen:* Meine Tochter hasst Klassenarbeiten.; Ich hasse es, gestört zu werden.

häss·lich ['hɛslɪç] *adj* ❶ (↔ *hübsch*) *so, dass man es nicht schön oder unästhetisch findet:* ein hässliches Gesicht; ein hässliches Haus ▸ Hässlichkeit ❷ (↔ *angenehm*) *unangenehm:* hässliches Wetter ❸ *(*≈ *gemein) so, dass es gemein oder bösartig ist:* eine hässliche Art haben; Seid doch nicht so hässlich zu ihr!

Hast die [hast] <-> /kein Plur./ *große Eile:* etwas mit/in großer Hast tun ▸ hasten, überhasten, hastig

Hau·be die ['haʊbə] <-, -n> ❶ *eine Kopfbedeckung für Frauen, z.B. bei Nonnen, Krankenschwestern oder auch bei traditioneller Kleidung:* Die Krankenschwester setzt ihre Haube auf. ❷ *ein Gegenstand, der dazu dient, etwas abzudecken oder nach oben hin abzuschließen:* eine Haube über den Käse setzen; Eine Haube bedeckt den Turm. ❸ *Schnee, der wie eine Haube² auf etwas liegt:* eine Haube aus Schnee ❹ *(kurz für „Motorhaube") eine Art Deckel, der den Motor eines Autos abdeckt:* Kannst du mal die Haube öffnen? ❺ ZOOL. *das Kopfgefieder bei bestimmten Vogelarten;* ▪ **jemanden unter die Haube bringen** *(umg. o veralt.) jmdn. verheiraten* Wir müssen sie bald unter die Haube bringen.; ▪ **unter die Haube kommen** *(umg. o veralt.) sich verheiraten* Es wird Zeit, dass er endlich unter die Haube kommt.

Hauch der ['haʊx] <-(e)s, -e> ❶ *Luft, die man ausatmet:* der letzte Hauch des Sterbenden ❷ *ein leichter Luftzug:* in kühler/ warmer Hauch ❸ *ein leichter Anflug oder eine geringe Menge von etwas:* einen Hauch von Puder auf die Wangen auftragen; Ein Hauch von Frühling liegt in der Luft.; nicht den Hauch einer Ahnung haben

hau·chen ['haʊxn̩] <hauchst, hauchte, hat gehaucht> I. *mit OBJ* ▪ **jmd. haucht etwas** ❶ *durch sanfte Atemluft erzeugen:* ein Loch in den Schnee/das Eis hauchen ❷ *leise flüstern:* Er hauchte leise ihren Namen. II. *ohne OBJ* ▪ **jmd. haucht auf/in etwas** *Akk. Atemluft auf etwas strömen lassen:* auf das Brillenglas hauchen; in seine kalten Hände hauchen

hau·en ['haʊən] <haust, haute/hieb, hat gehauen> I. *mit OBJ* ❶ ▪ **jmd. haut jmdn.** */haute/ (umg.) schlagen:* Meine Schwester hat mich gehauen! ❷ ▪ **jmd. haut etwas in etwas** *Akk. /hieb/ in etwas schlagen:* eine Inschrift in einen Stein hauen; ein in Stein gehauenes Bildnis ❸ ▪ **jmd. haut etwas** */haute/hieb/ abtrennen; zerstückeln:* Gras hauen; Fleisch/Knochen hauen; etwas in Stücke/ kurz und klein hauen ❹ ▪ **jmd. haut etwas irgendwohin** */haute/ (umg.) mit Schwung werfen:* die Tasche in die Ecke hauen II. *ohne OBJ* ▪ **jmd. haut auf etwas** *Akk. /haute/hieb/ irgendwohin schlagen:* mit der Faust auf den Tisch hauen; mit der Zeitung nach einer Fliege hauen III. *mit SICH* ❶ ▪ **jmd. haut sich** */haute/ (umg.) sich prügeln:* Müsst ihr euch immer hauen? ❷ ▪ **jmd. haut sich irgendwohin** */haute/ (umg.) sich mit Schwung irgendwohin fallen lassen:* sich in einen Sessel/ins Bett hauen; ▪ **sein Geld auf den Kopf hauen** *(umg.) alles Geld (schnell) ausgeben* Am Wochenende hat er sein ganzes Geld auf den Kopf gehauen.

Hau·fen der ['haʊfn̩] <-s, -> ❶ *eine Ansammlung von Dingen, die ungeordnet übereinander liegen:* ein Haufen Sand/ Steine; ein Haufen schmutziger Wäsche; Ein Haufen Spielzeug lag in der Mitte des Zimmers.; alles auf einen großen Haufen werfen ❷ *(umg.) eine große Menge von etwas:* So ein Haufen Geschenke!; Das muss doch einen Haufen Geld gekostet haben.; ein ganzer Haufen Leute; ▪ **etwas über den Haufen werfen** *(umg.) seine Absichten ändern* Diesen Plan haben wir längst über den Haufen geworfen.; ▪ **jemanden über den Haufen rennen** *(umg.) jmdn. umrennen* Sie war so aufgeregt, dass sie das Kind über den Haufen gerannt hat.; ▪ **jemanden über den Haufen schießen** *(umg.) jmdn. erschießen*

häu·fig ['hɔʏfɪç] *adj* (↔ *selten*) *in einem bestimmten Zeitraum relativ oft vorkommend:* ein häufiger Besucher; Diese Frage ist mir schon häufig gestellt worden.; Wir sehen uns häufig.

Haupt das [haʊpt] <-(e)s, Häupter> ❶ *(geh.) Kopf:* sein Haupt bedecken;

sich nachdenklich über das Haupt streichen; Der Löwe hob sein stolzes Haupt.; ■**erhobenen Hauptes** *stolz* Erhobenen Hauptes verließ er das Zimmer. ❷ *(umg.) Anführer; der oberste Leiter von etwas:* das Haupt der Familie; Er ist das Haupt der Verschwörung; ■**ein gekröntes Haupt** *(geh.) König(in)* Bei diesem Ball erschienen viele gekrönte Häupter.

Haupt·bahn·hof der <-(e)s, Hauptbahnhöfe> *der wichtigste Bahnhof in einer (Groß-)Stadt:* am Hauptbahnhof ankommen/umsteigen müssen

Haupt·be·ruf der <-(e)s, -e> *(↔ Nebenberuf) der Beruf, den man hauptsächlich ausübt:* Er ist im Hauptberuf Lehrer. ▶ hauptberuflich

Haupt·dar·stel·ler der, **Haupt·dar·stel·le·rin** <-s, -> THEAT., FILM *(↔ Nebendarsteller) Person, die die wichtigste Rolle in einem Stück/Film spielt:* Der Hauptdarsteller ist ein berühmter Schauspieler/erhält einen Preis.

Haupt·ein·gang der <-s, Haupteingänge> *(↔ Nebeneingang) wichtigste Tür an einem (großen) Gebäude:* Wir treffen uns am Haupteingang.

Haupt·ge·bäu·de das <-s, -> *(↔ Nebengebäude) in einem Komplex von mehreren Gebäuden das größte und wichtigste Gebäude:* An das Hauptgebäude des Krankenhauses schließen sich mehrere Nebengebäude an.

Haupt·ge·richt das <-(e)s, -e> *(↔ Vorspeise, Nachspeise) das wichtigste Gericht bei einem Menü mit mehreren Gängen:* Als Hauptgericht gibt es Rinderfilet.

Haupt·ge·winn der <-s, -e> *der größte Gewinn bzw. der preis bei einem Spiel (z.B. einem Preisausschreiben, einer Lotterie etc.):* Du hast den Hauptgewinn gezogen!; Der Hauptgewinn ist eine Reise in die Karibik.

Haupt·mann der ['haʊptman] <-(e)s, Hauptleute> MILIT. ❶ *ein Offiziersdienstgrad beim Militär* ❷ *jmd., der den Dienstgrad eines Hauptmanns¹ innehat:* Er ist Hauptmann.

Haupt·sa·che die ['haʊptzaxə] <-, -n> *(↔ Nebensache) das Wichtigste:* Die Schule ist für sie im Moment die Hauptsache.; (Die) Hauptsache (ist), du wirst wieder gesund.; ■**in der Hauptsache** *vor allem* In der Hauptsache wurden Geldprobleme besprochen.

Haupt·schu·le die <-, -n> *an die Grundschule anschließende Schule, die mit der 9. Klasse abschließt:* Er geht zur Hauptschule. ▶ Hauptschüler(in) ◆ Hauptschulabschluss

Haupt·stadt die <-, Hauptstädte> *die Stadt, in der sich der Regierungssitz eines Landes befindet:* Wien ist die Hauptstadt von Österreich.

Haupt·stra·Be die <-, -n> ❶ *die wichtigste Geschäfts- oder Verkehrsstraße eines Ortes:* Sie wohnt an einer/der Hauptstraße. ❷ *(↔ Nebenstraße) eine Straße, auf der man Vorfahrt hat:* Wir befinden uns auf der Hauptstraße, die man Vorfahrt hat.

Haus das [haʊs] <-es, Häuser> ❶ *ein aus Beton, Steinen, Ziegeln usw. gebautes Gebäude, das in verschiedene Räume und Stockwerke aufgeteilt ist und das Menschen als Wohnung oder Arbeitsraum dient:* ein Haus abreißen/bauen/bewohnen/kaufen/planen/renovieren; ein altes/baufälliges/neues/verfallenes Haus; Das Haus steht direkt an der Kreuzung/hat zwei Stockwerke/wurde renoviert/verfügt über einen großen Garten. ◆ -flur, -tür, Bauern-, Fachwerk-, Geschäfts-, Hoch-, Wohn- ❷ *verwendet, um ein Unternehmen, eine Institution oder Theater zu bezeichnen:* Unser Haus bietet Ihnen einen umfangreichen Service.; Ein Schreiben aus dem Hause des Umweltministers.; Bei der Uraufführung war das Haus bis auf den letzten Platz ausverkauft. ❸ *die Bewohner oder Besucher eines Hauses/eines Theaters:* Das ganze Haus war schon früh auf den Beinen.; Das ganze Haus spendete ihnen Applaus. ❹ *(geh.) Adelsfamilie:* das Haus Habsburg/der Grimaldis; ■**altes Haus** *(umg. o veralt.) Anrede für einen langjährigen, guten Freund* Na, altes Haus, wie geht's?; ■**außer Haus essen** *(umg.) in einem Restaurant oder bei Freunden essen* Am Wochenende essen wir oft außer Haus.; ■**von Haus(e) aus** *(umg.) ursprünglich* Er ist von Haus(e) aus Chemiker/ein ruhiger Mensch.; ■**mit der Tür ins Haus fallen** *(umg.) ohne Umschweife zur Sache kommen* Er ist gleich mit der Tür ins Haus gefallen und hat gesagt, was er will.; ■**in einer Sache zu Hause sein** *(umg.) sich in einer Sache sehr gut auskennen* Auf diesem Gebiet bin ich zu Hause.; ■**ins Haus stehen** *(umg.) bevorstehen* Es stehen viele Veränderungen ins Haus.; ■**nach Hause/nachhause** *in die eigene Wohnung oder Heimat* nach Hause/nachhause gehen; ■**zu Hause/zuhause** *in der eigenen Wohnung oder Heimat* Bist du heute Abend zu Hause/zuhause?; ■**Haus halten/haushalten** *(sparsam) wirtschaf-*

ten Sie verstand es schon immer, gut Haus zu halten/hauszuhalten. ◆Getrennt-oder Zusammenschreibung → R 4.20

Haus·ar·rest der <-(e)s, -e> RECHTSW. *ein Strafe, bei der es der oder dem Bestraften verboten ist, das Haus zu verlassen:* jemanden unter Hausarrest stellen; Der Junge hat von seinen Eltern eine Woche Hausarrest bekommen.

Haus·arzt der, **Haus·ärz·tin** <-es, Hausärzte> *ein Arzt für Allgemeinmedizin, zu dem man zuerst geht, wenn man krank ist:* Der Hausarzt macht einen Hausbesuch/schreibt eine Überweisung an einen Facharzt.; einen Termin beim Hausarzt machen

Haus·auf·ga·be die <-, -n> *eine schriftliche oder mündliche Schulaufgabe, die zu Hause gemacht werden soll:* seine Hausaufgaben erledigen/machen/vergessen haben; ■**seine Hausaufgaben machen** *(umg. übertr.) sich auf eine Sache gründlich vorbereiten* Der Politiker hat seine Hausaufgaben gemacht und sich gut über das Thema informiert.

Haus·be·such der <-(e)s, -e> *Arztbesuch bei einem Patienten zu Hause:* Herr Dr. Schmidt ist nicht da, er macht gerade einen Hausbesuch.

Haus·frau die <-, -en> ❶ *eine (verheiratete) Frau, die sich um den Haushalt ihrer Familie kümmert:* Die Arbeit einer Hausfrau wird viel zu häufig gering geschätzt. ❷ *eine Frau, die nicht berufstätig ist:* Sind Sie berufstätig? Nein, ich bin Hausfrau. ❸ ÖSTERR. *Vermieterin eines möblierten Zimmers*

Haus·frie·dens·bruch der <-(e)s> /kein Plur./ RECHTSW. *unerlaubtes Betreten eines fremden Grundstücks oder Hauses:* Hausfriedensbruch begehen

Haus·halt der <-(e)s, -e> ❶ *alle Personen, die zusammen in einer Wohnung oder einem Haus leben:* ein Haushalt mit vier Personen; Hat jeder Haushalt eine Waschmaschine?; Mein erwachsener Sohn gehört nicht mehr zum Haushalt. ◆Einpersonen-, Mehrpersonen-, Single- ❷ /kein Plur./ *alle Arbeiten, die in einer Wohnung oder einem Haus notwendig sind, wie z.B. Putzen, Kochen, Waschen etc.:* den Haushalt machen/führen ◆-sarbeit ❸ WIRTSCH., POL. *die Gesamtheit der Ausgaben und Einnahmen einer Gemeinschaft:* der Haushalt des Landes/der Stadt; etwas aus dem laufenden Haushalt bezahlen; den Haushalt beschließen/verabschieden ◆Staats-

häus·lich [hɔyslɪç] *adj* ❶ *im oder am eigenen Haus:* häusliches Glück; häusliche Krankenpflege ❷ *so, dass man gern zu Hause ist:* Er ist ein häuslicher Typ und verreist nicht gern.

Haus·in·ha·bung die <-, -en> ÖSTERR. *Eigentümer des Hauses:* bei der Hausinhabung anrufen

Haus·meis·ter der, **Haus·meis·te·rin** <-s, -> ❶ *eine Person, die vom Hausbesitzer bestimmt wird und die für Ordnung und Sauberkeit, Reparaturen etc. am und im Haus verantwortlich ist:* der Hausmeister einer Schule/eines großen Wohnhauses ❷ SCHWEIZ. *(veralt.) Hausbesitzer*

Haus·num·mer die <-, -n> *die Zahl, mit der die Häuser in einer Straße gekennzeichnet sind und die am Haus sichtbar angebracht ist:* Welche Hausnummer hast du?

Haus·ord·nung die <-, -en> ❶ *die Vorschriften, die das Leben in einem Haus regeln:* die Hausordnung unseres Mietshauses/unserer Schule ❷ *der schriftliche Text, in dem die Hausordnung¹ dargestellt ist:* Die Hausordnung hängt im Flur.

Haus·räu·ke die <-, -n> SCHWEIZ. *kleines Fest, das man feiert, wenn man in ein neues Haus/eine neue Wohnung gezogen ist:* eine Hausräuke feiern

Haus·tier das <-(e)s, -e> ❶ *ein Tier, das zur wirtschaftlichen Nutzung (im Haus) gehalten wird:* Kühe, Schweine, Schafe und Hühner sind Haustiere. ❷ *ein Tier, das zur Freude (im Haus) gehalten wird:* sich einen Hund/eine Katze als Haustier halten

Haus·tür die <-, -en> *die Tür am Eingang eines Hauses, die meist verschlossen ist:* die Haustür aufschließen/abschließen

Haut die [haʊt] <-, Häute> ❶ /kein Plur./ *das Organ, das die gesamte Körperoberfläche beim Menschen und bei Tieren bedeckt:* eine dunkle/helle/rosige Haut haben; die glitschige, schuppige Haut eines Fisches; sich die Haut eincremen/verbrennen; eine empfindliche Haut haben ◆-creme/-krem/-kreme, -pflege, -krankheit, -klinik, -transplantation ❷ *eine Tierhaut, die zur Weiterverarbeitung zu Leder bestimmt ist:* die Häute von Kühen/Schlangen/Schweinen zu Leder verarbeiten ❸ *die Schale bestimmter Früchte und Gemüse:* die Haut eines Pfirsichs; Zwiebeln haben viele Häute. ❹ *eine dünne Schicht, die etwas bedeckt oder umgibt:* Wenn man Milch kocht, entsteht auf der Oberfläche eine Haut.; die Haut einer Wurst abziehen; Der See hatte eine dünne Haut aus Eis.; Die äußere Haut eines Flugzeugs besteht aus Aluminium. ❺ *hautartige Gebilde:* Häute an den Vordergliedmaßen dienen den Fledermäusen zum Fliegen.; ▪ **eine gute/ehrliche Haut** *(umg.) ein guter/ehrlicher Mensch* Ich glaube ihm, er ist eine ehrliche Haut.; ▪ **eine dicke Haut haben** *(umg.) nicht übermäßig empfindlich sein* Das stört mich nicht, ich habe eine dicke Haut.; ▪ **mit Haut und Haaren** *(umg.) völlig* mit Haut und Haaren dabei sein; ▪ **nur Haut und Knochen sein** *(umg.) völlig abgemagert sein* Seit ihrer Diät ist sie nur noch Haut und Knochen.; ▪ **mit heiler Haut davonkommen** *(umg.) bei etwas Gefährlichem (glücklicherweise) keinen Schaden nehmen* Bei dem Unfall bin ich mit heiler Haut davongekommen.; ▪ **wegen etwas aus der Haut fahren** *(umg.) sich über etwas aufregen* Wegen jeder Kleinigkeit fährt er aus der Haut.; ▪ **auf der faulen Haut liegen** *(umg. abwert.) nichts tun* Er träumt davon, mal einen ganzen Tag auf der faulen Haut zu liegen.; ▪ **nass bis auf die Haut sein** *(umg.) völlig durchnässt sein* Ich bin nass bis auf die Haut, weil ich meinen Regenschirm zu Hause vergessen habe.; ▪ **sich seiner Haut wehren** *(umg.) sich wehren;* ▪ **jemandem unter die Haut gehen** *(umg.) bei jmdm. starke Empfindungen auslösen* Der Tod ihres Nachbarn ging ihr unter die Haut.; ▪ **nicht in jemandes Haut stecken wollen** *nicht an jmds. Stelle sein wollen* Ich möchte nicht in seiner Haut stecken.

haut·eng *adj /nicht steig./ (↔ weit) so, dass ein Kleidungsstück sehr eng am Körper anliegt:* ein hautenges Kleid

Haut·far·be die <-, -n> *die Farbe der menschlichen Haut¹:* eine blasse Hautfarbe haben; Menschen mit dunkler Hautfarbe

he [he:] *interj verwendet, um jmdn. auf sich aufmerksam zu machen:* He du, was machst du da?; He da, kommen Sie mal her!; He, was soll denn das?

Heb·am·me die ['he:p|amə] <-, -n> *eine Frau, die beruflich bei Geburten hilft:* die Hebamme rufen

He·bel der ['he:bl] <-s, -> ❶ PHYS., TECHN. *eine Art langer Stab, mit dem man etwas Schweres leichter bewegen oder heben kann:* eine schwere Kiste mit Hilfe eines Hebels kippen ❷ *ein Griff an einem Gerät zum Ein- und Ausschalten:* einen Hebel betätigen/umlegen/herunterdrücken; ▪ **alle Hebel in Bewegung setzen** *(umg.) alles versuchen, um sein Ziel zu erreichen* Er hat alle Hebel in Bewegung gesetzt, um die Stelle zu bekommen.; ▪ **am längeren Hebel sitzen** *(umg.) eine bessere Position und daher auch mehr Macht und Einfluss als eine andere Person haben* Da kann man nichts machen, er sitzt am längeren Hebel.

he·ben ['he:bn] <hebst, hob, hat gehoben> I. *mit OBJ* ❶ **jmd. hebt jmdn./etwas (auf etwas** *Akk.) durch eine Kraft bewirken, dass jmd. oder etwas nach oben gelangt:* eine schwere Kiste heben; ein Kind auf die Schulter heben; einen Container auf ein Schiff heben ❷ **jmd./ein Tier hebt etwas** *nach oben strecken:* den Kopf/den rechten Arm heben; Der Hund hob ein Bein. ❸ **jmd. hebt etwas** *(geh.: ↔ versenken) etwas, das versunken oder vergraben ist, nach oben holen:* ein versunkenes Schiff heben; einen vergrabenen Schatz heben ❹ ▪ **etwas hebt etwas** *aufwerten oder verbessern:* das Lebensniveau heben; die Stimmung heben; Dein Lob hat sein Selbstbewusstsein gehoben. II. *mit SICH* ▪ **etwas hebt sich** ❶ *(↔ senken) sich nach oben bewegen:* Der Theatervorhang hebt sich. ❷ *(↔ verschlechtern) sich verbessern:* Die Stimmung hob sich.; ▪ **einen heben** *(umg.) Alkohol trinken* Komm, darauf heben wir einen!

he·cheln ['hɛçln] <hechelst, hechelte, hat gehechelt> *ohne OBJ* ▪ **ein Tier hechelt** *mit offenem Maul atmen:* Der Hund hechelt.

Hecht der [hɛçt] <-(e)s, -e> *ein Raubfisch im Süßwasser:* einen Hecht angeln; ▪ **ein toller Hecht** *(umg. abwert.) ein attraktiver Mann* Er glaubt, er sei ein ganz toller Hecht.; ▪ **ein dürrer Hecht** *(umg. abwert.) ein Mann oder Junge, der dünn ist* Hast du ihn mal wieder gesehen? Er ist ein ganz dünner Hecht.

Heck das [hɛk] <-s, -s/-e> *der hintere Teil eines Schiffes, Autos oder Flugzeugs:* Das Heck des Autos wurde bei dem Unfall leicht beschädigt.; Unsere Plätze befinden sich im Heck des Schiffes/Flugzeugs.

He·cke die ['hɛkə] <-, -n> *eine dicht gepflanzte Reihe von Büschen, die z.B. als Grenze um ein Haus mit Garten gepflanzt werden:* Zwischen beiden Grundstücken verläuft eine Hecke.; sich hinter der Hecke verstecken ◆ -nschere

Heer das [he:ɐ] <-(e)s, -e> ❶ MILIT. *(↔ Marine, Luftwaffe) Armeeeinheiten, die auf dem Land kämpfen:* der Oberkommandierende des Heeres ❷ MILIT. *die Gesamtheit der Armeeeinheiten eines Landes:* das siegreiche/feindliche Heer ❸ *(umg.) eine große Menge von etwas: das Heer der Arbeitslosen; ein Heer von Ameisen*

He·fe *die* ['heːfə] <-, -n> *Stoff, den man z.B. in einen Kuchenteig oder einen Brotteig gibt, damit der Teig größer und dadurch lockerer wird:* warten, bis die Hefe aufgegangen ist; die Hefe für den Teig ansetzen ◆ -kuchen, -teig, -weizen, Trocken-

Heft *das* [hɛft] <-(e)s, -e> ❶ *(≈ Schreibheft) viele Blätter leeres Papier, die zusammengebunden sind und einen dünnen Umschlag haben:* etwas/die Hausaufgaben in sein Heft schreiben; die Hefte austeilen/einsammeln ❷ *eine gedruckte Broschüre oder eine Ausgabe einer Zeitschrift:* Der Beitrag ist in Heft 2 der Zeitschrift erschienen.

hef·ten ['hɛftn̩] <heftest, heftete, hat geheftet> *mit OBJ* ❶ ■ **jmd. heftet etwas an etwas** *Akk. befestigen:* ein Plakat an die Tür heften ❷ ■ **jmd. heftet etwas** *mit Faden oder Klammern zusammenfügen:* ein Buch heften ❸ ■ **jmd. heftet etwas** *vorläufig zusammennähen:* eine Naht/einen Saum heften; ■ **die Augen/seinen Blick auf etwas heften** *(geh.) etwas ständig ansehen* Er heftete seinen Blick auf den Boden.; ■ **sich an jemandes Fersen heften** *jmdn. verfolgen* Der Detektiv heftet sich an die Fersen des Diebes.

hef·tig ['hɛftɪç] *adj* ❶ *stark; gewaltig:* ein heftiger Sturm; heftige Zweifel an etwas haben; Deine Kritik ist etwas zu heftig ausgefallen.; Plötzlich gab es einen heftigen Ruck. ▸ Heftigkeit ❷ *aufbrausend; unbeherrscht:* Er hat eine ziemlich heftige Art.; Sei doch nicht immer gleich so heftig! ▸ Heftigkeit

he·gen ['heːɡn̩] *mit OBJ* ❶ *pflegen und umsorgen:* den Wald und das Wild hegen; ein kleines Kind hegen und pflegen ❷ ■ **jmd. hegt etwas** *(geh.) haben:* Er hegte tiefe Gefühle für sie.; einen Verdacht hegen

Hehl [heːl] ■ **keinen Hehl aus etwas machen** *etwas nicht verbergen* Er machte keinen Hehl aus seinen Gefühlen für sie.

Hei·de[1] *die* <-> */kein Plur./* ❶ *eine sandige, baumlose und unbebaute Landschaft, in der es aber viele Gräser und Sträucher gibt:* die blühende/grüne Heide ❷ */kein Plur./* NORDDT., OSTMDT. *ein Kiefernwald auf sandigem Boden:* die Lüneburger Heide ❸ */kein Plur./* BOT. *(≈ Heidekraut)*

Hei·de[2] *der,* **Hei·din** <-n, -n> REL. *(abwert.) aus der Sicht besonders religiöser Personen eine solche Person, die nicht an einen Gott glaubt, die nicht der christlichen, jüdischen oder muslimischen bzw. nicht der eigenen Religion angehört, und die bekehrt werden müsste:* Heide sein; Der Fundamentalist wollte den Heiden töten oder bekehren.

Hei·den- *als Erstglied zusammengesetzter Substantive, mit Betonung auf beiden Teilen; drückt aus, dass das mit dem Zweitglied Bezeichnete sehr intensiv ist bzw. von großer Menge:* Das kostet ein Heidengeld!; Die vielen Fehler auszumerzen war eine Heidenarbeit! ◆ -angst, -arbeit, -geld, -lärm, -respekt, -spaß, -spektakel

heid·nisch *adj /nicht steig./ so, dass man nicht an (den christlichen) Gott glaubt:* heidnischer Glaube; heidnische Völker

hei·kel <heikler, am heikelsten> *adj* ❶ *(≈ haarig) so schwierig, dass man es sehr vorsichtig behandeln muss:* Das ist eine heikle Angelegenheit/ein heikles Thema. ❷ *wählerisch:* Sie war mit dem Essen schon immer sehr heikel.

Heil *das* <-(e)s> */kein Plur./* ❶ *jmds. persönliches Wohlergehen:* sein Heil in der Familie/im Alkohol suchen ❷ REL. *die Erlösung von Sünden:* das ewige Heil seiner Seele suchen; ■ **sein Heil in der Flucht suchen** *(umg.) fliehen*

heil *adj /nicht steig./* ❶ *unverletzt:* Er ist heil am Fuße der Skipiste angekommen.; Sie hat den Sturz heil überstanden. ❷ *(umg.) wieder gesund:* Ist das Bein wieder heil? ❸ *(umg.)* NORDDT. *ganz oder intakt:* Die Uhr ist auf den Boden gefallen und heil geblieben!

heil·bar *adj /nicht steig./* (↔ *unheilbar*) *so, dass eine Krankheit geheilt werden kann:* eine heilbare Krankheit

hei·len <heilst, heilte, hat/ist geheilt> I. *mit OBJ (haben)* ❶ ■ **jmd. heilt jmdn.** *gesund machen:* Der Arzt/Die Medizin hat den Patienten (von der Krankheit) geheilt. ❷ ■ **jmd. heilt etwas** *eine Krankheit beseitigen:* Einige Krankheiten können noch nicht geheilt werden. II. *ohne OBJ* ■ **etwas heilt** *(sein) gesund werden:* Die Wunde ist geheilt.; ■ **jemanden von etwas heilen** *(umg. übertr.) jmdn. von einem Laster befreien* Die schwere Krankheit hat ihn vom Rauchen geheilt.

hei·lig ['haɪlɪç] *adj /nicht steig./* ❶ *aus religiösen Gründen Gegenstand der Verehrung:* die heiligen Stätten einer Religion; Dieser Berg ist für die Indianer heilig.; Der Ganges ist ein heiliger Fluss für die Hindus.; das Heilige Land/Grab ❷ *zum oder zur Heiligen erklärt:* jemanden heilig sprechen; die heilige Elisabeth; der heilige Sebastian ❸ *von Gott kommend (in der christlichen Religion):* die heiligen Sakramente; die heilige Taufe ❹ *(geh.) von großem moralischen Wert, so dass nicht daran zu zweifeln ist:* Die Freiheit ist ein heiliges Gut.; Dir ist nichts heilig!; der heilige Krieg ❺ *(umg.) sehr groß:* mit heiligem Ernst; einen heiligen Zorn bekommen; ▪ **Heiliger Bimbam!** *(umg.) Ausruf des Erstaunens oder Erschreckens;* ▪ **die Heilige Nacht** *Weihnachten;* ▪ **der Heilige Vater** *der Papst;* ▪ **jemandem etwas hoch und heilig versprechen** *(umg.) jmdm. etwas ganz fest versprechen;* ▪ **etwas heilighalten** *als heilig ansehen* Man soll den Feiertag heilighalten.; ▪ **jemanden heiligsprechen** *erklären, dass eine Person von der katholischen Kirche als heilig angesehen wird* Der Papst hat sie heiliggesprochen. ◆ Großschreibung → R 3.17 der Heilige Abend/Heiliger Abend; die Heilige Allianz; der Heilige Geist; das Heilige Grab; die Heilige Jungfrau; der Heilige Krieg; die Heilige Schrift; die Heiligen Drei Könige; die Heilige Stadt (Jerusalem); das Heilige Römische Reich Deutscher Nation; ◆ Zusammenschreibung → R 4.6; Kleinschreibung → R 3.20 das heilige Abendmahl; eine heilige Handlung

heil·los [ˈhaɪlloːs] *adj /nicht steig./ (abwert.) ungeheuer, sehr schlimm:* ein heilloses Durcheinander; sich heillos verirrt haben

Heil·mit·tel das <-s, -> ❶ (≈ *Medikament*) *ein Mittel oder eine Maßnahme, um wieder gesund zu werden:* natürliche Heilmittel; Gegen diese Krankheit gibt es jetzt ein Heilmittel. ❷ *(übertr.) Hilfe gegen etwas:* Schlaf ist das beste Heilmittel gegen Müdigkeit.; In dieser Krise wusste keiner ein Heilmittel.

Heil·prak·ti·ker der, **Heil·prak·ti·ke·rin** <-s, -> *Person, die jenseits der wissenschaftlichen medizinischen Forschung Kranke mit alternativen (teils völlig wirkungslosen) Methoden und meist ohne chemische Stoffe behandelt:* Mein Arzt konnte mir nicht helfen, so dass ich einen Heilpraktiker aufgesucht habe.

heil·sam [ˈhaɪlzaːm] *adj /nicht steig./ nützlich, indem es jmdn. dazu bringt, anders zu denken:* Das war eine heilsame Erfahrung für ihn.

Hei·lung die [ˈhaɪlʊŋ] <-, -en> *der Vorgang, dass jmd./etwas wieder gesund wird:* die Heilung eines Kranken/einer Wunde

Heim das [haɪm] <-(e)s, -e> ❶ */meist Sing./ Wohnung oder Haus, in der/dem man lebt:* in ein neues Heim einziehen; ein gemütliches Heim; für ein eigenes Heim sparen ❷ *eine Haus, in dem bestimmte Gruppen von Menschen betreut werden und wohnen:* ein Heim für Blinde/Obdachlose/Kinder; zur Kur in ein Heim der Krankenkasse fahren; seine Kindheit in einem Heim verbringen ◆ Alten-, Behinderten-, Blinden-, Kinder-

Hei·mat die [ˈhaɪmat] <-> */kein Plur./* ❶ (↔ *Fremde) das Land oder die Gegend, wo man geboren und aufgewachsen ist oder wo man sich zu Hause fühlt, weil man schon lange dort wohnt:* nach einer langen Zeit in der Fremde in die Heimat zurückkehren; die Heimat verlassen müssen; eine neue Heimat finden ❷ *das ursprüngliche Herkunftsland von etwas:* Die Heimat der Kartoffel ist Südamerika.; Das Känguruh hat seine Heimat in Australien.; Die Heimat der Olympischen Spiele ist das alte Griechenland.

Hei·mat·stadt die <-, Heimatstädte> *die Stadt, in der man (geboren und) aufgewachsen ist:* Was ist Ihre Heimatstadt?

heim·fah·ren <fährst heim, fuhr heim, ist heimgefahren> **I.** *mit OBJ* ▪ **jmd. fährt jmdn. heim** *jmdn. mit dem Auto nach Hause bringen:* Ich habe das Auto dabei, ich kann dich heimfahren. **II.** *ohne OBJ* ▪ **jmd. fährt heim** *nach Hause fahren:* Es ist schon spät, wollen wir jetzt heimfahren?

Heim·fahrt die <-, -en> *die Fahrt nach Hause:* sich auf der Heimfahrt befinden; Ist das auf der Heimfahrt passiert?

hei·misch [ˈhaɪmɪʃ] *adj /nicht steig./* ❶ *zum einem bestimmten Land/Ort gehörend:* die heimische Bevölkerung/Industrie; die Pflanzen/Tiere, die dort heimisch sind ❷ *so, dass man einen Ort gut kennt und sich dort wohl fühlt:* sich in einer Gegend heimisch fühlen; in einer neuen Umgebung schnell heimisch werden

heim·keh·ren [ˈhaɪmkeːrən] <kehrst heim, kehrte heim, ist heimgekehrt> *ohne OBJ* ▪ **jmd. kehrt heim** *nach Hause kommen:* aus dem Ausland/aus der Gefangenschaft/aus dem Krieg/von einer Reise heimkehren; Ihr Mann ist aus dem Krieg nicht heimgekehrt. ▶ Heimkehr

heim·lich [ˈhaɪmlɪç] *adj /nicht steig./ so, dass man etwas geheim hält oder etwas so tut, dass andere nichts merken:* eine heimliche Liebe; jemandem heimlich etwas zuflüstern; gern vor anderen heimlich tun; Er hat viele heimliche Anhänger, die sich nie offen zu ihm bekennen würden.; ▪ **heimlich, still und leise** *(umg.) ganz leise und so, dass es niemand merkt* Heimlich, still und leise verließ sie das Fest.; ▪ **heimlichtun** *sich so verhalten, als ob man ein Geheimnis verbergen will* Ich mag es nicht, wenn ihr immer so heimlich tut. ◆ Zusammenschreibung → R 4.6

Heim·rei·se die <-, -n> *die Reise nach Hause:* sich auf der Heimreise befinden

heim·su·chen <suchst heim, suchte heim, hat heimgesucht> *mit OBJ* ❶ ▪ **jmd./etwas sucht jmdn./etwas heim** *(≈ befallen, hereinbrechen) als ein sehr schlimmes und negatives Ereignis über jmdn. oder etwas kommen:* Das Land ist von einem schweren Unwetter/einer Heuschreckenplage/vom Krieg heimgesucht worden.; von einer schweren Krankheit/Albträumen heimgesucht werden ▸ Heimsuchung ❷ ▪ **jmd. sucht jmdn./etwas heim** *(umg. scherzh.) besuchen:* Wann dürfen wir euch mal heimsuchen?; Am Wochenende wurde sie mal wieder von ihrer Verwandtschaft heimgesucht.

heim·tü·ckisch ['haɪmtʏkɪʃ] *adj* ❶ *hinterlistig oder boshaft:* Ich mag seine heimtückische Art nicht.; ein heimtückischer Mord/Überfall ▸ Heimtücke ❷ *in unvorhergesehener Weise gefährlich:* eine heimtückische Krankheit

heim·wärts ['haɪmvɛrts] *adv nach Hause:* Jetzt geht es heimwärts!

Heim·weh das <-s> */kein Plur./ (↔ Fernweh) die Sehnsucht nach dem Zuhause oder der Heimat; der starke Wunsch, in die Heimat zurückzukehren:* In der Ferne befiel sie ein fürchterliches Heimweh.; Hast du im Ferienlager Heimweh gehabt?

Heim·we·sen das <-s, -> SCHWEIZ. *Bauernhof, großes Grundstück:* ein großes Heimwesen besitzen

-hei·ni [haɪni] *(≈ -fritze) als Zweitglied zusammengesetzter Substantive, mit Betonung auf dem Erstglied; drückt aus, dass eine männliche Person in abfälliger Weise/negativ im Hinblick auf das charakterisiert wird, was das Erstglied benennt:* Der Versicherungsheini hat die Frau dazu gebracht, eine Versicherung zu kündigen und bei ihm eine neue abzuschließen. ◆ Bücher-, Versicherungs-

Hei·rat die ['haɪraːt] <-, -en> *Das Eingehen einer ehelichen Verbindung zwischen einer (normalerweise) Mann und Frau:* Er ist durch seine Heirat zu Geld gekommen.; Sie sprachen schon nach zwei Wochen von Heirat.; Er sagte, eine Heirat komme für ihn nicht in Frage, er bleibe lieber Junggeselle. ◆ -anzeige, -sannonce, -sschwindler, -surkunde, -svermittler(in), -sversprechen

hei·ra·ten ['haɪraːtn̩] *mit OBJ/ohne OBJ* ▪ **jmd. heiratet (jmdn.)** *die Ehe mit jmdm. schließen:* Er hat seine frühere Schulfreundin geheiratet.; Sie hat schon sehr jung geheiratet.; Sie haben gestern geheiratet.; Er hat nach München geheiratet.

hei·ser ['haɪzɐ] *adj /nicht steig./ so, dass die Stimme durch eine Erkältung oder viel Reden fast nicht zu hören ist oder anders klingt:* eine heisere Stimme haben; Ich bin erkältet und heiser.; sich heiser sprechen/singen; Er redet heute ganz heiser.

heiß ['haɪs] *adj* ❶ *(↔ kalt) so, dass es sehr warm ist:* glühend/kochend heiß; heißer Kaffee; Mir ist/wird heiß.; ein heißer Sommertag ❷ *leidenschaftlich; heftig:* eine heiße Diskussion; ein heißer Kampf/Streit; heiße Liebe; ihr heiß geliebtes Kind; Der heiß ersehnte Tag war gekommen.; ein heiß umkämpfter Posten ❸ *(umg.) sehr schwierig; heikel:* ein heißes Thema; Das wird heiß! ❹ *(umg.) mitreißend:* heiße Musik/Rhythmen; ein heißes Rennen ❺ *(umg. jugendspr.) sehr gut:* ein heißer Typ; Das Konzert gestern war (echt) heiß!; Sein Auto ist ein heißer Schlitten! ❻ *(umg.) mit guter Aussicht auf Erfolg:* ein heißer Tipp; zu den heißen Favoriten zählen ❼ *(umg.) so, dass ein Tier zur Paarung bereit ist:* Die Hündin ist heiß. ❽ *(vulg.) sexuell erregt:* jemanden heiß machen; ▪ **jemandem die Hölle heiß machen/heißmachen** *(umg.) jmdn. unter Druck setzen* Er hat mir schon die Hölle heiß gemacht, weil er das Geld noch nicht bekommen hat.; ▪ **ein heißes Eisen anfassen** *(umg.) sich mit einem bekannten Problem auseinander setzen* Mit dieser Frage fassen Sie ein heißes Eisen an.; ▪ **einen heißen Draht zu etwas/jemandem haben** *(umg.) gute Kontakte zu jmdm. oder etwas haben* Er hat einen heißen Draht zum Bürgermeister. ◆ Getrennt- oder Zusammenschreibung → R 4.16, 4.17 heiß begehrt/heißbegehrt; heiß gelaufen/heißgelaufen; heiß geliebt/heißgeliebt; heiß umstritten/heiß umstritten

hei·ßen ['haɪsn̩] <heißt, hieß, hat geheißen> I. *ohne OBJ* ❶ ▪ **jmd./etwas heißt irgendwie** *genannt werden, einen Namen haben:* Er heißt Paul mit Vornamen.; Die Stadt heißt Dresden. ❷ ▪ **etwas heißt etwas** *(≈ bedeuten) eine bestimmte Be-*

deutung haben: Was soll das heißen?; Für uns alle heißt das, dass wir noch mehr sparen müssen. ❸ ▪ **etwas heißt etwas auf etwas** *Akk. eine bestimmte Entsprechung in einer anderen Sprache haben:* Was heißt „Leben" auf Französisch? ❹ ▪ **etwas heißt etwas** *zur Folge haben:* Das heißt, dass wir das Auto verkaufen müssen.; Heißt das, dass ihr nicht mitkommt? **II.** *mit ES* ▪ **es heißt, dass ...** ❶ *behauptet werden:* Es heißt, dass er ins Ausland gegangen ist. ❷ *notwendig sein:* Jetzt heißt es aufpassen/schnell handeln. **III.** *mit OBJ* ❶ ▪ **jmd. heißt jmdn. etwas** *(veralt. geh.) nennen; als etwas bezeichnen:* jemanden einen Dummkopf heißen; Er wurde von seinen Eltern Hans geheißen. ❷ ▪ **jmd. heißt jmdn. plus Inf.** *(geh.) jmdm. befehlen, etwas zu tun:* jemanden heißen, etwas zu tun; Wer hat dich geheißen, die Briefe wegzuwerfen?; ▪ **das heißt, ...** *unter der Bedingung oder Einschränkung, dass ...* Ich treibe gern Sport, das heißt, wenn ich Zeit dazu habe.; ▪ **Was soll denn das heißen?** *(umg.) Ausruf der Empörung über eine Äußerung* Du kommst natürlich wieder zu spät! Was soll denn das (schon wieder) heißen?

hei·ter ['haɪtɐ] *adj* ❶ *(↔ trüb) sonnig und hell; so, dass nur wenig oder keine Wolken am Himmel sind:* Das Wetter wird heute heiter bis wolkig.; ein heiterer Frühlingstag ❷ *(↔ ernst) fröhlich; so, dass man innerlich ausgeglichen ist:* ein heiterer Mensch; Sie hat ein heiteres Gemüt.; eine heitere Gesellschaft ❸ *lustig:* eine heitere Geschichte; Es wurde ein heiterer Abend.; ▪ **aus heiterem Himmel** *(umg.) sehr plötzlich* Aus heiterem Himmel ist er abgereist.; ▪ **Das kann ja heiter werden!** *(umg. iron.) das wird sicher unangenehm* Meine Schwiegermutter kommt auch zum Fest! Das kann ja heiter werden!

hei·zen ['haɪtsn̩] <heizt, heizte, hat geheizt> *mit OBJ/ohne OBJ* ▪ **jmd. heizt etwas** *mit einem Ofen oder einer Heizung bewirken, dass es in einem Raum warm ist:* ein Haus/ein Zimmer heizen; einen Kessel/einen Ofen mit Kohle heizen; Heute müssen wir nicht heizen.; mit Gas heizen

Hei·zung die <-, -en> ❶ *(≈ Heizungsanlage) eine Anlage, die das Heizen in einem Haus regelt:* eine neue Heizung einbauen lassen; die Wartung der Heizung ❷ *(≈ Heizkörper) ein Gerät in einem Zimmer, das Wärme abgibt und den Raum heizt:* die Heizung aufdrehen ❸ */kein Plur./ das Heizen:* Ist die Heizung mit Öl billiger als mit Gas?

Hek·tik die ['hɛktɪk] <-> /kein Plur./ *(abwert.) Nervosität, weil man in großer Eile ist, aber noch etwas erledigen muss:* Sie verfällt leicht in Hektik.; die Hektik der Großstadt; ▪ **Mach nicht so eine Hektik!** *(umg.) Reg dich nicht so auf!; Bleib ruhig!* Mach nicht so eine Hektik, wir schaffen das schon!

hek·tisch ['hɛktɪʃ] *adj voller Unruhe; so, dass man sehr nervös ist, z.B. weil man in Eile oder aufgeregt ist:* die hektische Atmosphäre der Großstadt; hektisch aufspringen/mit den Armen fuchteln; hektisch reden

Held der, **Hel·din** ['hɛlt] <-en, -en> ❶ *eine Sagengestalt, die sich durch großen Mut und kühne Taten auszeichnet:* die Helden der griechischen/germanischen Sagen ♦ -enmythos ❷ *eine Person, die sich durch außergewöhnliche Taten auszeichnet:* Die Heimkehrer wurden als Helden gefeiert.; die Helden des Krieges ❸ *die Hauptfigur eines Buches oder eines Theaterstückes:* den jugendlichen Helden spielen; der positive Held des Stückes ♦ Anti- ❹ ▪ **Du bist (mir) ja ein Held!** *(umg. iron.) das ist nicht gerade mutig oder klug von dir*

hel·fen ['hɛlfn̩] <hilfst, half, hat geholfen> *ohne OBJ* ❶ ▪ **jmd./etwas hilft jmdm. (bei etwas** *Dat.)* *unterstützen, Hilfe leisten:* Ich helfe dir, die Taschen zu tragen.; Er hilft ihr beim Lernen.; einer alten Frau über die Straße helfen; jemandem in den Mantel/aus dem Bus helfen ❷ ▪ **etwas hilft (jmdm.) (bei etwas** *Dat.)* *nützlich sein:* Bei Schnupfen helfen Dampfbäder.; Das hilft ihr, den Schmerz zu überwinden.; Da hilft nun alles nichts, ...; Da hilft kein Jammern und Klagen ...; ▪ **sich nicht (mehr) zu helfen wissen** *nicht wissen, was man tun soll* Seit sie den Unfall hatte, weiß sie sich nicht mehr zu helfen.; ▪ **jemandem ist nicht mehr zu helfen** *(umg.) bei jmdm. sind alle guten Ratschläge umsonst* Mach doch was du willst, dir ist ja nicht mehr zu helfen!

hell ['hɛl] *adj* ❶ *(↔ dunkel) mit viel Licht:* helles Licht; am hellen Tag; ein helles Zimmer ♦ Helligkeit ❷ *so, dass es nicht von dunkler Farbe ist:* helle Farben/Haare/Haut ❸ *(↔ tief) in einer hohen, klaren Tonlage:* die hellen Stimmen der Kinder; ein heller Klang/Ton ❹ *(umg.) klug:* ein heller Kopf/Bursche; Er ist nicht gerade sehr hell(e). ❺ *(umg.) völlig:* helle Begeisterung/Wut; Das ist heller Wahnsinn.; Du erzählst hellen Blödsinn.

Hell·se·he·rei die [hɛlzeːəˈraɪ] <-> /kein Plur./ die angebliche/vermeintliche Fähigkeit, die Zukunft voraussagen zu können: an Hellseherei glauben ▸ hellsehen, Hellseher(in)

Helm der [ˈhɛlm] <-(e)s, -e> eine Art Hut aus einem harten Material, den man über den Kopf zieht und der den Kopf vor den Folgen eines Sturzes, Unfalls oder Angriffs schützt: der Helm eines Ritters/eines Soldaten; Motorradfahrer müssen einen Helm tragen.; das Visier eines Helms ◆-pflicht, Fahrrad-, Motorrad-, Schutz-, Stahl-, Sturz-

Hel·ve·tis·mus der <-> siehe auch **Austriazismus**

> Als **Helvetismus** bezeichnet man einen für das Schweizerdeutsche typischen, für das übrige deutsche Sprachgebiet hingegen unüblichen und als schweizerisch empfundenen Ausdruck. Beispiele: *Jupe* („Rock"), *einnachten* („Nacht werden"), *Morgenessen* („Frühstück"). Helvetismen werden in diesem Wörterbuch durch die Angabe „schweiz." gekennzeichnet, wie das auch in anderen Wörterbüchern üblich ist. Der Ausdruck *Helvetismus* geht zurück auf den keltischen Volksstamm der Helvetier bzw. auf den lateinischen Namen *Helvetia* für die Schweiz.

Hemd das [ˈhɛmt] <-(e)s, -en> ① (≈ Oberhemd) ein Kleidungsstück für Männer mit Kragen, Knöpfen und langen oder kurzen Ärmeln: ein kurzärmeliges/langärmeliges Hemd anziehen; ein weißes/kariertes/gestreiftes Hemd tragen ◆Baumwoll-, Holzfäller-, Kurzarm-, Langarm-, Ober-, Polo- ② (≈ Unterhemd) ein Kleidungsstück, meist ohne Ärmel, das man unter der Kleidung direkt auf dem Oberkörper trägt: Es ist kein Wunder, dass du frierst, du hast ja kein Hemd drunter!; ■ **kein Hemd (mehr) auf dem Leib haben** (umg.) sehr arm sein; ■ **für jemanden das letzte Hemd geben** (umg.) alles, was man hat, für jmdn. opfern

hem·men [ˈhɛmən] <hemmst, hemmte, hat gehemmt> mit OBJ ■ jmd./etwas hemmt etwas (geh.) ① bremsen: die schnelle Fahrt hemmen; Der Fluss wird in seinem Lauf von einem Wehr gehemmt. ② behindern: eine Entwicklung hemmen; das Wachstum hemmen; alles Hemmende beseitigen

Hen·del das [ˈhɛndl] <-s, -n> ÖSTERR. (≈ Hähnchen, Brathähnchen) ein gegrilltes Huhn: ein Hendel essen

Hengst der [hɛŋst] <-es, -e> (↔ *Stute*) das männliche Tier bei Pferden, Eseln, Zebras und Kamelen: ein schwarzer Hengst

Hen·kel der [ˈhɛŋkl] <-s, -> ein Griff, an dem man einen Behälter festhalten kann: der Henkel an der Tasse/Tasche/Gießkanne; der Henkel am Eimer/Korb

her [heːɐ̯] adv ① verwendet, um die Richtung anzugeben, aus der jmd./etwas kommt: Wo kommen Sie her?; von Osten her; Von oben her fällt Licht in den Raum. ② verwendet, um eine Zeitspanne anzugeben: Wie lang ist das her?; Ich kenne ihn noch von früher her.; Das wird wohl zwei Jahre her sein, dass er geheiratet hat. ③ verwendet, um einen Aspekt anzugeben, unter dem etwas betrachtet wird: Von der Lage her ist die Wohnung schön, aber ...; Vom Technischen her ist das Gerät in Ordnung, vielleicht bedienst du es nicht richtig.; ■ **hinter jemandem her sein** (umg.) jmdn. verfolgen Die Polizei ist hinter den Entführern her.; ■ **hinter jemandem/etwas her sein** jmdn./etwas gerne besitzen wollen Er ist schon seit mehreren Monaten hinter dieser Frau her.; Ich bin hinter einem alten Buch her, aber ich habe es bis jetzt in keinem Laden finden können.; ■ **Her zu mir!** (vulg.) unhöfliche Aufforderung zum Herkommen; ■ **Her damit!** (vulg.) unhöfliche Aufforderung, etwas herzugeben ◆Getrenntschreibung → R 4.8 Das muss doch schon Jahre her sein, ...

he·r·ab [hɛˈrap] adv (↔ *hinauf*) verwendet, um auszudrücken, dass etwas von einer höheren Stelle zu einer tieferen bewegt wird: Von oben herab/Vom Himmel herab war ein Geräusch zu hören.

he·r·ab·ge·setzt adj /nicht steig./ billiger als normal: Diese Tasche war herabgesetzt.

he·r·ab·set·zen <setzt herab, setzte herab, hat herabgesetzt> mit OBJ ① ■ **jmd. setzt etwas herab** (↔ *anheben, erhöhen*) senken: Der Zugfahrer setzte das Tempo herab.; Das Geschäft setzt ab Montag die Preise herab.; Wir verkaufen alle Waren zu herabgesetzten Preisen. ② ■ **jmd. setzt jmdn. herab** etwas oder jmdn. schlecht machen: jemandes Leistungen/Verdienste herabsetzen

he·r·an [hɛˈran] adv so, dass sich etwas nähert: Sobald der Tag heran ist, ...; Wenn der Zug nahe genug heran ist, ... ◆Getrenntschreibung → R 4.8 Als die Verfolger bis auf wenige Meter heran waren, ...

he·r·an·fah·ren <fährt heran, fuhr heran,

her·an·na·hen <nahst heran, nahte heran, ist herangenaht> *ohne OBJ* ■ *etwas naht heran (geh.) sich nähern:* Er hatte den herannahenden Zug nicht bemerkt.; Die Tiere spüren, dass der Frühling herannaht.

her·an·wach·sen <wächst heran, wuchs heran, ist herangewachsen> *ohne OBJ* ■ *jmd. wächst heran jmd. wächst und wird reifer; groß/erwachsen werden:* Die Kinder sind zu Jugendlichen herangewachsen.

her·auf [hɛˈraʊf] *adv* (↔ *herunter*) verwendet, um auszudrücken, dass eine Bewegung von unten nach oben verläuft: Auf den Berg herauf geht es sich schwerer als herunter.

her·auf·be·schwö·ren <beschwörst herauf, beschwor herauf, hat heraufbeschworen> *mit OBJ* ■ *jmd./etwas beschwört etwas herauf* ❶ *zurück ins Gedächtnis bringen:* Die Bilder beschworen die Erlebnisse ihrer Kindheit in ihr herauf. ❷ *herbeiführen; etwas verursachen:* ein schreckliches Unglück/einen Streit heraufbeschwören

her·aus [hɛˈraʊs] *adv* (umg.: ↔ *hinein*) verwendet, um auszudrücken, dass eine Bewegung vom Inneren von etwas beginnt und nach außen gerichtet ist: Ist der Splitter nun aus deinem Finger heraus?; Endlich war die Neuigkeit heraus.; Es ist noch nicht heraus, wann wir uns treffen. • Getrenntschreibung → R 4.8 Als wir aus der Stadt heraus waren, hielten wir an.

her·aus·be·kom·men <bekommst heraus, bekam heraus, hat herausbekommen> *mit OBJ* ❶ ■ *jmd. bekommt etwas heraus beim Bezahlen als Wechselgeld bekommen:* Ich habe noch zwei Euro herausbekommen. ❷ ■ *jmd. bekommt etwas heraus herausfinden oder lösen:* Hast du herausbekommen, wo der Bahnhof ist?; Ich habe das Rätsel/die Aufgabe nicht herausbekommen. ❸ ■ *jmd. bekommt etwas (aus etwas Dat.) heraus entfernen können:* Er hat den Nagel herausbekommen.

her·aus·fah·ren <fährst heraus, fuhr heraus, hat/ist herausgefahren> I. *mit OBJ* ■ *jmd. fährt etwas heraus (haben)* ❶ *etwas nach draußen transportieren:* Hast du den Abfall zur Mülldeponie herausgefahren? ❷ SPORT *durch Fahren erzielen:* einen Rekord/eine gute Zeit herausfahren II. *ohne OBJ (sein)* ❶ ■ *jmd. fährt aus etwas Dat. heraus nach draußen fahren:* aus der Stadt/aus dem Tunnel/aus der Garage herausfahren ❷ ■ *jmd. fährt aus etwas Dat. heraus schnell herauskommen:* erschrocken aus dem Bett herausfahren ❸ ■ *jmdm. fährt etwas heraus (≈ herausrutschen) versehentlich entweichen:* Das Wort ist mir so herausgefahren.

her·aus·fin·den <findest heraus, fand heraus, hat herausgefunden> I. *mit OBJ* ❶ ■ *jmd. findet jmdn./etwas heraus unter vielen entdecken:* Ich kenne ihn so gut, ich würde ihn unter Tausenden herausfinden. ❷ ■ *jmd. findet etwas heraus ermitteln, entdecken:* herausfinden, wie etwas funktioniert II. *ohne OBJ* ■ *jmd. findet aus etwas Dat. heraus den Weg nach draußen finden:* aus dem Wald (wieder) herausfinden; Danke, Sie müssen mich nicht begleiten. Ich finde allein heraus.

her·aus·for·dern <forderst heraus, forderte heraus, hat herausgefordert> *mit OBJ* ❶ ■ *jmd. fordert jmdn. heraus* SPORT *jmdn. anbieten, sich mit ihm in (sportlichen) Kampf zu messen/zu vergleichen* ❷ ■ *jmd. fordert etwas heraus etwas durch sein Verhalten heraufbeschwören:* jemandes Protest herausfordern; das Schicksal herausfordern

He·r·aus·for·de·rung *die* <-, -en> ❶ SPORT *ein Kampf, bei dem jemand einen Gegner herausfordert, der bereits in dieser Disziplin einen Titel gewonnen hat:* Er hat die Herausforderung angenommen. ❷ *eine schwierige, aber interessante Aufgabe:* Die neue Arbeit im Ausland ist eine echte Herausforderung für ihn.

her·aus·ge·ben <gibst heraus, gab heraus, hat herausgegeben> I. *mit OBJ/ohne OBJ* ❶ ■ *jmd. gibt jmdn./etwas heraus zurückgeben:* Die Einbrecher wurden aufgefordert, die Geiseln herauszugeben.; Er hat mein Buch genommen und will es nicht wieder herausgeben! ❷ ■ *jmd. gibt etwas heraus herausreichen:* Kannst du mir mal den Schlüssel herausgeben? ❸ ■ *jmd. gibt etwas heraus veröffentlichen:* ein Buch/eine Zeitschrift herausgeben II. *mit OBJ/ohne OBJ* ■ *jmd. gibt jmdm. etwas heraus als Wechselgeld geben:* Ich habe nur 100 Euro, können Sie mir 30 Euro herausgeben?; Haben Sie kein Kleingeld? Ich kann nicht herausgeben.

he·r·aus·ge·hen <gehst heraus, ging heraus, ist herausgegangen> *ohne OBJ* ❶ ▪ **jmd. geht heraus** *ins Freie gehen:* Bei dem schönem Wetter können wir ja ein bisschen herausgehen. ❷ ▪ **etwas geht heraus** *(umg.) sich entfernen lassen:* Der Fleck ist herausgegangen.; Der Nagel geht nicht heraus.; ▪ **aus sich herausgehen** *(umg.) lebhafter werden und offener sein, obwohl man normalerweise eher still und schüchtern ist* Sie geht nur selten aus sich heraus.

He·r·aus·geld das <-(e)s, -er> SCHWEIZ. *Wechselgeld:* Die Verkäuferin hat mir zu viel Herausgeld gegeben.

he·r·aus·hal·ten <hältst heraus, hielt heraus, hat herausgehalten> I. *mit OBJ* ❶ ▪ **jmd. hält etwas heraus** *nach draußen halten:* beim Abbiegen die Hand heraushalten; die Hand aus dem Autofenster heraushalten ❷ ▪ **jmd. hält jmdn. (aus etwas** *Dat.***) heraus** *jmdn. oder etwas von einer Sache/deren Einfluss oder Auswirkungen fernhalten:* Er hielt sie aus der ganzen Sache heraus. II. *mit SICH* ▪ **jmd. hält sich aus etwas** *Dat.* **heraus** *sich nicht in etwas einmischen; sich nicht in etwas verwickeln lassen:* sich aus einem Streit heraushalten; Bei euren Geschäften haltet ihr mich bitte heraus!

he·r·aus·kom·men [hɛˈraʊskɔmən] <kommst heraus, kam heraus, ist herausgekommen> *ohne OBJ* ❶ ▪ **jmd. kommt aus etwas** *Dat.* **heraus** *einen Raum verlassen (können):* Ich sah die Zuschauer aus dem Kino herauskommen. ❷ ▪ **jmd. kommt aus etwas** *Dat.* **heraus** *sich aus etwas befreien:* in einer Schlinge hängen und nicht wieder herauskommen; aus einem Vertrag nicht wieder herauskommen ❸ ▪ **etwas kommt heraus** *an die Öffentlichkeit kommen:* Wir wollten es geheim halten, jetzt ist es doch herausgekommen.; Das Buch wird im Herbst herauskommen.; Der neue Spielplan ist noch nicht herausgekommen. ❹ ▪ **etwas kommt bei etwas** *Dat.* **heraus** *(umg.) als Ergebnis haben:* Mal sehen, was dabei herauskommt.; Was ist bei deiner Rechenaufgabe herausgekommen?; Es wird nichts Gutes dabei herauskommen.; Das kommt eigentlich auf dasselbe heraus. ❺ ▪ **etwas kommt irgendwie heraus** *zur Geltung kommen:* Auf diesem Hintergrund kommen die Farben gut heraus.; mit einer Idee/einem Hit groß herauskommen; Ich habe das nicht böse gemeint, auch wenn es so herausgekommen ist.; Das eigentliche Problem ist bei seiner Rede nicht richtig herausgekommen.; ▪ **mit irgendetwas herauskommen** *(umg.) irgendetwas nach langem Zögern gestehen* Endlich kam sie mit der Wahrheit heraus.

he·r·aus·neh·men <nimmst heraus, nahm heraus, hat herausgenommen> I. *mit OBJ* ❶ ▪ **jmd. nimmt etwas aus etwas** *Dat.* **heraus** *entnehmen; aus etwas nehmen:* sich einen Apfel aus dem Korb herausnehmen; ein Kleid aus dem Schrank herausnehmen ❷ ▪ **jmd. nimmt etwas heraus** *außer Betrieb setzen:* den dritten Gang herausnehmen; Wenn du die Bässe herausnimmst, klingt es nicht so dumpf. II. *mit SICH* ▪ **jmd. nimmt sich etwas heraus** *sich erlauben, etwas Freches oder Unerlaubtes zu tun:* Sie hat sich zu viele Freiheiten herausgenommen.; Was nehmen Sie sich eigentlich heraus?; Er nahm sich die Frechheit heraus, mich anzulügen.

he·r·aus·re·den *mit SICH* ▪ **jmd. redet sich aus etwas** *Dat.* **heraus** *etwas als Entschuldigung gebrauchen:* Versuche gar nicht erst, dich herauszureden, ich weiß, dass du schuld bist.; Er kann sich nicht immer mit seiner Krankheit/auf seine Krankheit herausreden.

he·r·aus·rei·ßen <reißt heraus, riss heraus, hat herausgerissen> *mit OBJ* ❶ ▪ **jmd. reißt etwas aus etwas** *Dat.* **heraus** *aus der Befestigung reißen; heftig herausziehen:* einen Zahn/eine Pflanze herausreißen; eine (aus einem Buch) herausgerissene Seite ❷ ▪ **jmd. reißt jmdn. aus etwas** *Dat.* **heraus** *bei etwas Gewohntem unterbrechen:* jemanden aus seiner gewohnten Umgebung/Beschäftigung herausreißen ❸ ▪ **jmd. reißt etwas heraus** *(umg.) etwas, das sich eventuell negativ auswirken könnte, wieder ausgleichen:* Der Schlussläufer konnte die schwachen Leistungen der anderen noch herausreißen.; Er wäre beinahe sitzengeblieben, aber die guten Leistungen in Mathematik haben ihn herausgerissen.

he·r·aus·rü·cken <rückst heraus, rückte heraus, hat/ist herausgerückt> I. *mit OBJ (haben)* ❶ ▪ **jmd. rückt etwas heraus** *nach außen rücken:* einen Stuhl aus einer Reihe herausrücken ❷ *(umg.) etwas an jmdn. geben, was diesem gehört:* Er hat das Buch nicht wieder herausgerückt. II. *ohne OBJ (sein)* ❶ ▪ **jmd. rückt heraus** *nach außen rücken:* Alle sitzen in einer Reihe; nur einer ist mit seinem Stuhl herausgerückt. ❷ ▪ **jmd. rückt mit etwas** *Dat.* **heraus** *(umg.) etwas sagen, dass* *man bisher geheim gehalten hat:* Letztlich ist er mit der Wahrheit/Sprache herausgerückt.

he·r·aus·stel·len <stellst heraus, stellte heraus, hat herausgestellt> **I.** *mit OBJ* ❶ **jmd. stellt etwas heraus** *nach draußen stellen:* Im Frühling können die Gaststätten ihre Tische herausstellen. ❷ **jmd. stellt etwas heraus** *hervorheben, besonders betonen:* Sie stellte in ihrem Vortrag die wichtigsten Ergebnisse ihrer Arbeit heraus. **II.** *mit SICH* ▪ **etwas stellt sich heraus** *sich zeigen, deutlich werden:* Unsere Vermutungen stellten sich als richtig heraus.; Es stellte sich heraus, dass sie gelogen hatte.

he·r·aus·wach·sen <wächst heraus, wuchs heraus, ist herausgewachsen> *ohne OBJ* ❶ ▪ **etwas wächst aus etwas** *Dat.* **heraus** *aus etwas wachsen:* ein verfallenes Haus, aus dessen Dach Bäume herauswachsen; sich die (gefärbten) Haare herauswachsen lassen ❷ ▪ **jmd. wächst aus etwas** *Dat.* **heraus** *(umg.) für etwas zu groß werden:* aus einem Kleidungsstück herauswachsen; Das Kind ist aus den Schuhen herausgewachsen.

her·bei [hɛɐ̯ˈbaɪ̯] *adv (geh.) an diese Stelle:* Herbei, herbei! Wir brauchen Hilfe!

her·bei·ei·len <eilst herbei, eilte herbei, ist herbeigeeilt> *ohne OBJ* ▪ **jmd. eilt herbei** *schnell irgendwohin kommen:* Viele Neugierige waren herbeigeeilt.; Die Helfer eilten schnell herbei.

her·bei·füh·ren [hɛɐ̯ˈbaɪ̯fyːrən] <führst herbei, führte herbei, hat herbeigeführt> *mit OBJ* ▪ **jmd. führt etwas herbei** *bewirken, dass etwas eintritt:* eine Entscheidung/Einigung herbeiführen

her·bei·ru·fen <rufst herbei, rief herbei, hat herbeigerufen> *mit OBJ* ▪ **jmd. ruft jmdn./etwas herbei** *zu sich rufen:* Wir sollten schnell Hilfe herbeirufen!; den Freund herbeirufen

Her·ber·ge die [ˈhɛrbɛrɡə] <-, -n> ❶ *(kurz für „Jugendherberge") eine Art einfaches Gasthaus, in dem man übernachten kann:* in einer Herberge übernachten ◆ Jugend- ❷ *(veralt. geh.) gastliche Aufnahme:* Weil sie nirgends Herberge finden konnten, mussten sie im Freien übernachten.

Herbst der [hɛrpst] <-(e)s, -e> *die Jahreszeit zwischen Sommer und Winter, in der die Tage kürzer werden und die Blätter sich bunt färben:* im Herbst ist es oft sehr stürmisch.; ▪ **im Herbst des Lebens** *(geh. übertr.) Lebensabschnitt, in dem man alt wird:* den Herbst des Lebens genießen ▶ herbstlich ◆ -anfang, -sonne, -tag, -zeit

Herd der [heːɐ̯t] <-(e)s, -e> ❶ *eine Vorrichtung zum Kochen und Backen:* ein elektrischer Herd; ein Herd, der mit Gas/Kohle/Öl geheizt wird; einen Topf auf den Herd stellen/vom Herd nehmen ❷ *(umg.) Ausgangspunkt, Quelle:* den Herd einer Krankheit suchen; der Herd des Erdbebens/Feuers ❸ *(veralt. übertr.) das eigene Zuhause;* ▪ **am heimischen Herd** *(veralt. oder geh.) im eigenen Zuhause;* ▪ **Ein eigener Herd ist Goldes wert.** *(Sprichwort) es ist wichtig und erstrebenswert, einen eigenen Haushalt zu führen und unabhängig zu sein*

Her·de die [ˈheːɐ̯də] <-, -n> ❶ *eine Gruppe von gleichen Tieren, die in einer Gemeinschaft leben:* eine Herde Büffel/Elefanten/Rinder/Schafe; eine Herde Rinder auf die Weide treiben ◆ Elefanten-, Rentier-, Rinder-, Vieh- ❷ *(umg. abwert.) eine Gruppe (willenloser) Menschen:* in der Herde mitlaufen

Her·der-In·s·ti·tut das <-(e)s> *Institutsname, der auf den deutschen Schriftsteller, Übersetzer, Theologen und Philosophen der Weimarer Klassik, Johann Gottfried Herder (1744-1803), zurückgeht*

Unter diesem Namen gibt es in Deutschland zwei Einrichtungen mit unterschiedlicher Schwerpunktsetzung und Tradition: das **Herder-Institut in Leipzig** und das **Herder-Institut in Marburg**. Das Herder-Institut für „Deutsch als Fremdsprache" an der Universität Leipzig hat eine lange Tradition in der ehemaligen DDR: Es wurde 1956 als selbständiges Institut für Ausländerstudien zur Vermittlung deutscher Sprachkenntnisse an der damaligen Karl-Marx-Universität Leipzig gegründet und erhielt 1961 den Namen „Herder-Institut". Bis zur Wendezeit 1989/90 war es die wichtigste Institution der DDR für den Bereich „Deutsch als Fremdsprache". Im Rahmen der Strukturveränderungen in den jetzt neuen Bundesländern erhielt das Institut ein neues Profil: Das Herder-Institut wurde einer Fakultät unter anderem mit dem Studiengang „Deutsch als Fremdsprache" zugeordnet. Neben Lehrveranstaltungen zählen zu den Aktivitäten des Instituts z.B. Sommerkurse für Germanisten/Germanistinnen, Deutschlehrerinnen und Deutschlehrer, sowie für Studierende. Das im Jahre 1950 gegründete Herder-Institut in Marburg ist und war eine der zentralen Einrichtungen des historischen Ostmitteleuropa-Forschung. Es ist seit 1992 Mitglied der „Leibniz-Gemeinschaft". Thematisch beschäftigt es sich mit der Kultur Polens, Estlands, Lettlands, Litauens usw. Es betreibt Forschungs- und Entwicklungsprojekte, organisiert Tagungen, vergibt Stipendien, und es bietet eine der besten Spezialbibliotheken zur Geschichte und Kultur Ostmitteleuropas. Neuerdings sind auch verschiedene Online-Angebote hinzugekommen.

he·r·ein [hɛˈraɪ̯n] *adv verwendet, um auszudrücken, dass sich jmd./etwas von draußen in einen Raum hineinbewegt:* Bitte kommt doch herein!; ■ **Herein!** *Aufforderung an jmdn., der an die Tür geklopft hat, den Raum zu betreten*

he·r·ein·fal·len <fällt herein, fiel herein, ist hereingefallen> *ohne OBJ* ❶ ■ **jmd. fällt in etwas Akk. herein** *in etwas stürzen, in etwas fallen:* Hier ist eine tiefe Grube. Passt auf, dass ihr nicht hereinfallt!; Durch einen Türspalt fiel Licht herein. ❷ ■ **jmd. fällt auf jmdn./etwas Akk. herein** *(umg.) betrogen werden:* auf einen Betrüger/Betrug hereinfallen; Mit der neuen Wohnung sind sie aber ganz schön hereingefallen!

he·r·ein·kom·men <kommst herein, kam herein, ist hereingekommen> *ohne OBJ* ❶ ■ **jmd. kommt herein** *nach drinnen kommen; in einen Raum oder ein Gebäude kommen:* Ihr könnt gern (zu uns) hereinkommen! ❷ ■ **etwas kommt herein** *geliefert werden:* Soeben sind frische Blumen hereingekommen. ❸ ■ **etwas kommt herein** *(umg.) eingenommen werden:* Ich muss viel arbeiten, damit (genügend) Geld hereinkommt.

her·ge·ben <gibst her, gab her, hat hergegeben> *mit OBJ* ❶ ■ **jmd. gibt jmdm. etwas her** *jmdm. etwas geben; aus der Hand geben:* Gib mir bitte den Schlüssel (wieder) her! ❷ ■ **jmd. gibt etwas her** *(zeitweise) weggeben:* Das Buch gebe ich nicht her; Ich gebe mein Auto nicht gern (für andere) her. ❸ ■ **etwas gibt etwas her** *(umg.) ergiebig sein:* Das Thema gibt nicht viel her.

her·ge·hen <gehst her, ging her, ist hergegangen> **I.** *ohne OBJ* ■ **jmd. geht neben jmdm. her** *neben jmdm. laufen:* Sie gingen nebeneinander her und unterhielten sich. **II.** *mit ES* ■ **es geht irgendwie her** *(umg.) irgendwie ablaufen:* Bei der Diskussion geht es heiß her.; Auf der Party ist es hoch hergegangen.

her·kom·men <kommst her, kam her, ist hergekommen> *ohne OBJ* ❶ ■ **jmd. kommt her** *sich nähern:* Komm doch mal her zu mir! ❷ ■ **jmd. kommt irgendwoher** *abstammen; geboren oder aufgewachsen sein:* Er kommt aus Basel. Und wo kommst du her? ❸ ■ **etwas kommt irgendwoher** *herstammen:* Wo kommt dieses Fleisch her?; Wo kommt denn plötzlich so viel Geld her?

her·kömm·lich [ˈheːɐ̯kœmlɪç] *adj /nicht steig./ auf Gewohnheiten und Traditionen beruhend; so, wie man es immer schon gemacht hat:* das Brot auf herkömmliche Art und Weise backen

Her·kunft die [ˈheːɐ̯kʊnft] <-, Herkünfte> */meist Sing./* ❶ *Ort, Familie und Umgebung, in der man aufgewachsen ist:* Sie kann ihre einfache Herkunft nicht verleugnen.; Der Herkunft nach ist er Schweizer. ❷ *Ort, an dem etwas hergestellt worden oder entstanden ist:* die Herkunft eines Produkts/einer Ware; die Herkunft eines Wortes

her·ma·chen **I.** *mit SICH* ■ **jmd. macht sich über etwas Akk. her** *(umg.)* ❶ *etwas in Angriff nehmen; sich auf etwas stürzen:* Er machte sich über das Essen/die Arbeit her. ❷ *jmdn. oder etwas heftig angreifen:* Die Kritiker machten sich über die Autorin/den Roman her. **II.** *mit OBJ* ■ **etwas macht etwas her** *(umg.) repräsentieren:* Er macht etwas/nicht viel her.

he·r·o·ben [hɛˈroːbn̩] *adv* SÜDDT., ÖSTERR. *(hier) oben:* Heroben hat man eine gute Sicht!

Herr der [hɛr] <-(e)n, -en> ❶ *(geh.: ↔ Dame) Mann:* Ein älterer Herr stand vor der Tür.; Ein Herr hat nach Ihnen gefragt.; 100-Meter-Lauf der Herren ◆ -enfahrrad, -enmagazin, -enmode, -entoilette ❷ *(↔ Herrin) Gebieter oder Besitzer:* ein gütiger/strenger Herr; seinem Herrn gehorchen; Gott der Herr; Herr über große Ländereien sein ❸ *(↔ Dame) Anrede:* Mein Herr, …; Sehr geehrte Damen und Herren, …; ■ **sein eigener Herr sein** *(umg.) von anderen (beruflich) unabhängig sein; selbständig sein, selbst bestimmen können* Ich habe keinen Chef. Ich bin mein eigener Herr.; ■ **einer Sache Herr werden** *(geh.) etwas (nach anfänglichen Schwierigkeiten) beherrschen*

Herr·gott der [ˈhɛrɡɔt] <-s> */kein Plur./* ❶ *(umg.: ≈ Gott)* der liebe Herrgott

② SÜDDT., ÖSTERR. *ein Kruzifix;* ■ **Herrgott noch mal!** *(umg.) Ausruf der Verärgerung* Herrgott noch mal, kannst du nicht besser aufpassen?

herr·lich *adj (≈ wunderbar) sehr schön; prächtig:* herrliches Wetter; ein herrlicher Urlaub; Dort ist es einfach herrlich!

Herr·schaft die ['hɛrʃaft] <-, -en> ① *die Macht; die Staatsgewalt:* an die Herrschaft kommen; die Herrschaft in einem Land ausüben/haben; unter der Herrschaft eines Diktators stehen; Während der Herrschaft Augusts des Starken wurde der Dresdner Zwinger gebaut.; die Herrschaft des Geldes ② */nur im Plur./ (geh.) die anwesenden Damen und Herren:* Die Herrschaften begaben sich in den Saal.; Sehr geehrte Herrschaften, ... ③ *(geh.) Gebieter(in):* Der Kutscher fuhr seine Herrschaft nach Hause.; Ihre Herrschaft war recht zufrieden mit ihr.

herr·schen ['hɛrʃn] <herrschst, herrschte, hat geherrscht> *ohne OBJ* ① ■ **jmd. herrscht (über jmdn.)** *regieren oder Macht ausüben:* über ein Land herrschen; allein herrschen; Ein König/ein Diktator herrscht über das Volk.; die in diesem Land herrschende Fürstenfamilie; Heutzutage herrscht nur das Geld. ② ■ **irgendwo herrscht etwas** *spürbar oder vorhanden sein:* Im Land herrscht eine große Dürre/Hungersnot.; Hier herrscht ein freundlicher Umgangston.; die dort herrschende Kälte; gegen den damals herrschenden Geschmack verstoßen

herrsch·süch·tig *adj (abwert.) so, dass jmd. unbedingt die Macht über andere haben will:* eine herrschsüchtige Art haben ► Herrschsucht

her·stel·len <stellst her, stellte her, hat hergestellt> *mit OBJ* ■ **jmd. stellt etwas her** ① WIRTSCH. *produzieren:* Waren/Produkte maschinell/von Hand herstellen; im Ausland hergestellte Waren ► Herstellung ② *zu Stande bringen; erreichen:* eine Telefonverbindung herstellen; einen Kontakt/Ordnung herstellen; den ursprünglichen Zustand herstellen ③ *irgendwohin stellen:* Hier können wir den Schrank herstellen.; Du kannst deine Sachen hier herstellen.

her·über [hɛ'ryːbɐ] *adv von einer Seite bis zu einer anderen:* Wie weit ist es bis auf die andere Seite herüber?

her·um [hɛ'rʊm] *adv* ① *zur Angabe einer Bewegungsrichtung, rundum:* links/rechts/im Kreis/verkehrt herum; Wie lang ist der Weg um den See herum? ② *in der Nähe oder Umgebung:* Alle um uns herum waren schon informiert.; sich um das Haus herum aufhalten ③ *vergangen:* wenn eine Stunde/der Tag/die Frist herum ist; ■ **um ... herum** *(umg.) ungefähr so um Mittag herum;* Der Karpfen wiegt um (die) zwei Kilogramm herum. ◆ Getrenntschreibung → R 4.8 Sobald die Nacht herum ist, ...

he·r·um·är·gern <ärgerst herum, ärgerte herum, hat herumgeärgert> *mit SICH* ■ **jmd. ärgert sich mit jmdm./etwas herum** *(umg.) sich (über einen längeren Zeitraum) sehr über jmdn./etwas ärgern:* Mit euch/diesem Problem ärgere ich mich schon ziemlich lange herum.

he·r·um·bum·meln <bummelst herum, bummelte herum, hat/ist herumgebummelt> *ohne OBJ* ■ **jmd. bummelt herum** ① *(haben) ohne Fleiß oder Eile arbeiten; sich viel Zeit lassen; trödeln:* Während des letzten Schuljahres hat er ziemlich herumgebummelt. ② *(sein) langsam und ohne Ziel laufen:* Wir sind ein bisschen in der Stadt herumgebummelt.

he·r·um·fah·ren <fährst herum, fuhr herum, hat/ist herumgefahren> I. *mit OBJ* ■ **jmd. fährt jmdn./etwas irgendwo herum** *(haben) jmdn. oder etwas ohne bestimmtes Ziel fahren:* Sie haben die Möbel in der ganzen Stadt herumgefahren, weil sie unser Haus nicht gefunden haben. II. *ohne OBJ (sein)* ① ■ **jmd. fährt irgendwo herum** *ohne bestimmtes Ziel mit einem Fahrzeug fahren:* Wir sind einfach nur so (in der Gegend) herumgefahren. ② ■ **jmd. fährt um etwas** *Akk.* **herum** *mit einem Fahrzeug eine Fahrt um etwas machen:* Wir sind um den See herumgefahren. ③ ■ **jmd. fährt um etwas** *Akk.* **herum** *mit einem Fahrzeug ausweichen:* um ein Hindernis/um die Stadt herumfahren

he·r·um·füh·ren [hɛ'rʊmfyːrən] I. *mit OBJ* ① ■ **jmd. führt jmdn. irgendwo herum** *jmdm. den Weg um etwas herum zeigen:* die Besucher um das gesamte Gebäude herumführen ② ■ **jmd. führt jmdn. um etwas** *Akk.* **herum** *jmdn. an etwas vorbeiführen:* einen Blinden um ein Hindernis herumführen ③ ■ **jmd. führt jmdn. irgendwo herum** *jmdn. an verschiedene Stellen führen, um etwas zu zeigen:* die Besucher im Haus/in der Stadt herumführen; Sollen wir euch ein bisschen herumführen?; ■ **jemanden an der Nase herumführen** *jmdn. täuschen* Sie hat mich an der Nase herumgeführt. II. *ohne OBJ* ■ **etwas führt um etwas** *Akk.* **herum** ① *etwas umgibt etwas:* Der Weg führt um den See herum. ❷ *ausweichen:* um die Hindernisse herumfahren; Die Straße führt um Berlin herum und nicht hinein.

he·r·um·ge·hen <gehst herum, ging herum, ist herumgegangen> *ohne OBJ* ❶ ■ **jmd. geht um etwas** *Akk.* **herum** *etwas umrunden:* Wir sind (ganz) um den See herumgegangen. ❷ ■ **jmd. geht um etwas** *Akk.* **herum** *ausweichen:* Ich mag diese Gegend nicht. Es ist besser, wenn wir darum herumgehen. ❸ ■ **jmd. geht irgendwo herum** *irgendwo umhergehen, ohne ein Ziel zu haben:* Wir sind einfach so im Park herumgegangen. ❹ ■ **jmd./etwas geht herum** *von einem zum anderen gehen:* Könntest du bei der Party herumgehen und jedem Gast ein Glas Sekt anbieten?; Die Neuigkeit ist schon herumgegangen.; Lass in Liste herumgehen lassen; Es geht das Gerücht herum, dass er nach Berlin ziehen wird. ❺ ■ **etwas geht herum** *vergehen:* Der Tag/Die Zeit ist schnell herumgegangen.; ■ **jemandem im Kopf herumgehen** *(umg.) jmdn. beschäftigen* Was du gesagt hast, ist mir noch lange im Kopf herumgegangen.

he·r·um·hor·chen <horchst herum, horchte herum, hat herumgehorcht> *ohne OBJ* ■ **jmd. horcht (irgendwo) herum** *(umg.) viele Leute nach etwas fragen:* Ich werde mal herumhorchen, wer noch mitmachen will.

he·r·um·kom·men <kommst herum, kam herum, ist herumgekommen> *ohne OBJ (umg.)* ❶ ■ **jmd. kommt irgendwie herum** *reisen:* Er ist viel herumgekommen. ❷ ■ **jmd. kommt um etwas** *Akk.* **herum** *etwas nicht tun oder ertragen müssen; etwas vermeiden können:* Wir sind noch einmal um die Klassenarbeit herumgekommen.; Er ist um die Strafe herumgekommen. ❸ ■ **jmd. kommt um etwas** *Akk.* **herum** *um etwas herumfahren oder herumgehen können:* Wie kommen wir um den See herum? Ich sehe keinen Weg.

he·r·um·krie·gen <kriegst herum, kriegte herum, hat herumgekriegt> *mit OBJ* ■ **jmd. kriegt jmdn. herum** *(umg.: ≈ herumbekommen)* ❶ *überreden:* Letztlich konnte er sie doch herumkriegen, mit ihm ins Kino zu gehen. ❷ ■ **jmd. kriegt etwas herum** *hinter sich bringen:* Ich werde die Zeit schon irgendwie herumkriegen.

he·r·um·lie·gen <liegst herum, lag herum, hat herumgelegen> *ohne OBJ* ■ **etwas liegt irgendwo herum** *(umg.) etwas liegt an einer Stelle, an die es nicht gehört und an der es stört:* Überall liegen deine Sa-

chen herum!; ■ **jmd. liegt (irgendwo) herum** *jmd. liegt (irgendwo) faul:* Er liegt ständig auf dem Sofa herum und sieht fern.

he·r·um·lun·gern <lungerst herum, lungerte herum, hat/ist herumgelungert> *ohne OBJ* ■ **jmd. lungert herum** *(umg. abwert.) faul sein oder nichts tun:* Sie haben/sind den ganzen Tag nur herumgelungert.

he·r·um·schnüf·feln <schnüffelst herum, schnüffelte herum, hat herumgeschnüffelt> *ohne OBJ* ■ **jmd. schnüffelt in etwas** *Dat.* **herum** *(umg. abwert.) ausspionieren; sich neugierig fremde Sachen ansehen:* Was schnüffelst du in meinen Sachen herum? Das geht dich gar nichts an!

he·r·um·ste·hen <stehst herum, stand herum, hat herumgestanden> *ohne OBJ* ■ **jmd./etwas steht irgendwo herum** *(umg. abwert.) ohne Zweck irgendwo stehen:* Müssen wir denn noch lange hier herumstehen und warten?; Meine Tasche muss irgendwo dort hinten herumstehen.

he·r·um·trei·ben <treibst herum, trieb herum, hat herumgetrieben> *mit SICH* ■ **jmd. treibt sich irgendwo herum** *(umg. abwert.) jmd. hält sich an verschiedenen Orten auf, ohne etwas Nützliches zu tun:* Du treibst dich nur in der Gegend herum.Tu doch mal was Nützliches!

he·r·un·ten [hɛˈrʊntn̩] *adv* SÜDDT., ÖSTERR. *(hier) unten:* Herunten ist es sehr gemütlich.

he·r·un·ter [hɛˈrʊntɐ] *adv von oben nach unten:* Vom Berg herunter hat man einen herrlichen Ausblick.; ■ **herunter sein** *(umg.) von der Arbeit erschöpft sein* Nach dem anstrengenden Tag werde ich sicher völlig herunter sein. ◆ Getrenntschreibung → R 4.8 Wenn die Rollos herunter sind, ist es im Zimmer dunkel.

he·r·un·ter·ge·kom·men I. *Part. Perf. von* **herunterkommen** II. *adj* ❶ *so, dass jmd. ungepflegt und unordentlich ist:* ein heruntergekommener Mann ❷ *so, dass etwas kaputt oder verfallen ist:* ein heruntergekommenes Haus

he·r·un·ter·han·deln <handelst herunter, handelte herunter, hat heruntergehandelt> *mit OBJ* ■ **jmd. handelt etwas herunter** *(umg.) versuchen, einen Verkäufer durch Handeln dazu zu bringen, dass man die Ware billiger bekommt:* Der Preis war mir zu hoch; ich habe ihn noch etwas heruntergehandelt.

he·r·un·ter·kom·men [hɛˈrʊntɐkɔmən] <kommst herunter, kam herunter, ist heruntergekommen> *ohne OBJ* ❶ ■ **jmd.**

kommt herunter *nach unten kommen:* Kommt schnell vom Baum/von der Bank/in den Hof herunter! ❷ **jmd. kommt von etwas** *Dat.* **herunter** *in der Lage sein, irgendwo nach unten zu kommen:* Ich komme nicht mehr vom Baum herunter. ❸ **jmd./etwas kommt herunter** *(umg. abwert.) in einen schlechten Zustand geraten:* Das Stadtviertel kommt immer mehr herunter.; Dein Freund/Die Gegend hier sieht ziemlich heruntergekommen aus!

he·r·un·ter·ma·chen <machst herunter, machte herunter, hat heruntergemacht> *mit OBJ* ❶ **jmd. macht jmdn./etwas herunter** *(umg.)* ❶ *jmdn./etwas in der Öffentlichkeit schlecht machen:* Sie hat ihn vor allen Anwesenden heruntergemacht. ❷ **jmd. macht etwas herunter** *(umg.) entfernen:* ein Plakat (von der Wand) heruntermachen; den Deckel (vom Glas) heruntermachen

he·r·un·ter·neh·men <nimmst herunter, nahm herunter, hat heruntergenommen> *mit OBJ* ▪ **jmd. nimmt etwas herunter** ❶ *etwas aus einer erhöhten Position zu sich nach unten holen:* Kannst du bitte die Bücher vom Regal herunternehmen? ❷ ÖSTERR. *entfernen:* ein Etikett herunternehmen

he·r·un·ter·schlu·cken <schluckst herunter, schluckte herunter, hat heruntergeschluckt> *mit OBJ* ▪ **jmd. schluckt etwas herunter** ❶ *schlucken:* einen Bissen/die Medizin herunterschlucken ❷ *(übertr.) nicht aussprechen; so tun, als ob etwas nicht da ist; sich nicht wehren:* eine kritische Bemerkung herunterschlucken; Wenn du deinen Ärger immer herunterschluckst, wird sich nie etwas ändern.

her·vor [hɛɐ̯ˈfoːɐ̯] *adv von hinten nach vorn oder von innen nach außen:* Sie steht hinter der Tür? Hervor mit ihr!; Ihr habt Fotos mitgebracht? Hervor damit!

her·vor·brin·gen <bringst hervor, brachte hervor, hat hervorgebracht> *mit OBJ* ❶ **jmd. bringt etwas hervor** *herausholen:* Wo hat er plötzlich das Messer hervorgebracht? ❷ **jmd./etwas bringt etwas hervor** *erzeugen, produzieren:* Der Baum hat Blüten hervorgebracht.; Die Stadt hat viele berühmte Leute hervorgebracht.; Der Schriftsteller brachte sehr bedeutende Werke hervor. ❸ **jmd. bringt etwas hervor** *etwas sagen/äußern:* eine Entschuldigung hervorbringen

her·vor·ge·hen <gehst hervor, ging hervor, ist hervorgegangen> *ohne OBJ (geh.)* ❶ **jmd. geht aus etwas** *Dat.* **hervor** *entstammen:* Aus der Ehe sind drei Kinder hervorgegangen. ❷ **jmd. geht aus etwas** *Dat.* **als etwas hervor** *sich als etwas zeigen:* aus einem Streit als Sieger/Unterlegener hervorgehen ❸ **etwas geht aus etwas** *Dat.* **hervor** *zu erkennen sein, deutlich werden:* Aus ihrem Brief geht hervor, dass sie im Urlaub ist.; Aus den Akten geht hervor, dass er betrogen hat.

her·vor·he·ben <hebst hervor, hob hervor, hat hervorgehoben> *mit OBJ* ❶ **etwas hebt etwas hervor** *auffällig werden lassen; besonders betonen:* Der Lidstrich hebt ihre Augen hervor.; Das enge Kleid hebt ihre schlanke Figur hervor. ❷ **jmd. hebt jmdn./etwas hervor** *besonders betonen, auf etwas aufmerksam machen:* Der Redner hob die besonderen Leistungen des Siegers hervor.; Ich möchte hervorheben, dass ich völlig unschuldig an allem bin.

her·vor·ho·len <holst hervor, holte hervor, hat hervorgeholt> *mit OBJ* ▪ **jmd. holt etwas hervor** *etwas holen, das nicht offen daliegt, sondern verborgen ist:* den Koffer unter dem Schrank hervorholen; Plötzlich holte der Bankräuber eine Pistole hervor.

her·vor·ra·gen [hɛɐ̯ˈfoːɐ̯aːgn̩] <ragst hervor, ragte hervor, hat hervorgeragt> *ohne OBJ* ❶ **etwas ragt aus etwas** *Akk.* **hervor** *etwas ist höher als die Umgebung und zeigt nach oben, nach vorne oder nach draußen:* Der Nagel ragt aus der Wand hervor.; Der Turm ragt aus dem Wald hervor.; Seine lange Nase ragt weit aus seinem Gesicht hervor. ❷ **jmd. ragt hervor** *besser sein als andere:* Sie ragt unter ihren Klassenkameraden durch gute Leistungen hervor.

her·vor·ra·gend *adj sehr gut:* hervorragende Leistungen; ein hervorragender Politiker

her·vor·tre·ten <trittst hervor, trat hervor, ist hervorgetreten> *ohne OBJ* ❶ **etwas tritt aus etwas** *Dat.* **hervor** *aus der Umgebung herausragen:* Aus der Ebene traten die ersten Hügel hervor. ❷ **jmd. tritt mit etwas** *Dat.* **hervor** *an die Öffentlichkeit treten:* Der Dirigent ist auch mit eigenen Kompositionen hervorgetreten. ❸ **etwas tritt hervor** *deutlich werden:* Der Unterschied zwischen beiden Brüdern trat immer deutlicher hervor. ❹ **jmd. tritt hinter etwas** *Dat.* **hervor** *(geh.) hinter etwas hervorkommen:* Er trat hinter der Tür hervor.; Die Sonne tritt hinter den Wolken hervor. ⑤ **jmd. tritt hervor** *einen Schritt nach vorne machen*: Die Schüler, die ich aufrufe, treten bitte hervor.

her·vor·tun <tust hervor, tat hervor, hat hervorgetan> *mit SICH* ① **jmd. tut sich als etwas hervor** *auf einem Gebiet etwas sehr gut machen und deshalb auffallen*: Sie hat sich als großartige Sängerin hervorgetan. ② **jmd. tut sich mit etwas** *Dat.* **hervor** *(umg. abwert.) sich wichtig tun*: Ständig muss er sich mit seinen reichen Freunden hervortun.

Herz das [hɛrts] <-ens, -en> ① ANAT. *das Organ bei Menschen und Tieren, das das Blut durch die Adern pumpt*: Das Herz schlägt.; am Herzen operiert werden; ein schwaches Herz haben ◆ -infarkt, -operation, -versagen ② *(übertr.) das Wesen eines Menschen, das sich in seinem Verhalten ausdrückt*: ein gütiges/hartes/kaltes/weiches Herz haben ③ /kein Plur./ *das Innerste einer Sache*: im Herzen Europas/Afrikas ④ *Kosewort*: Mein Herz! ⑤ /kein Plur./ *Farbe beim Kartenspiel*: Ich spiele Herz.; Herz ist Trumpf.; ■ **jemandem sein Herz ausschütten** *(geh.) jmdm. seine Sorgen anvertrauen* Ich habe ihm mein Herz ausgeschüttet.; ■ **jemandem blutet das Herz** *(geh.) jmd. empfindet großen Schmerz* Mir blutet das Herz, wenn ich daran denke, dass ich das Auto verkaufen muss.; ■ **jemandem das Herz brechen** *(umg.) jmdn., der einen liebt, unglücklich machen, weil man die Liebe nicht (mehr) erwidert* Er hat schon vielen Frauen das Herz gebrochen.; ■ **etwas auf dem Herzen haben** *(umg.) niedergeschlagen oder bedrückt sein* Wenn du etwas auf dem Herzen hast, kannst du mich immer anrufen.; ■ **jemanden ins Herz schließen** *(umg.) jmdm. lieb gewinnen* Die Eltern haben den Freund ihrer Tochter schnell ins Herz geschlossen.; ■ **etwas auf Herz und Nieren prüfen** *(umg.) etwas sehr genau prüfen* Wir müssen den Vertrag erst auf Herz und Nieren prüfen.; ■ **sich ein Herz fassen** *(umg.) sich überwinden, etwas Schwieriges zu tun* Er hat sich ein Herz gefasst und ihr seine Liebe gestanden.; ■ **ein Herz und eine Seele sein** *(umg.) sich sehr gern haben und nie streiten* Die Geschwister sind ein Herz und eine Seele.; ■ **jemandem aus dem Herzen sprechen** *(umg.) das aussprechen, was ein anderer denkt* Du sprichst mir aus dem Herzen, denn das habe ich auch gerade gedacht.; ■ **sich etwas zu Herzen nehmen** *etwas wichtig nehmen* Den Rat deiner Eltern solltest du dir zu Herzen nehmen.; ■ **jemandem etwas ans Herz legen** *intensiv auf etwas hinweisen* Sie hat ihm ans Herz gelegt, endlich zum Arzt zu gehen.; ■ **jemandes Herz klopft vor Freude/Aufregung/Angst** *jmd. ist sehr aufgeregt wegen etwas* Vor der Prüfung klopfte mein Herz vor Aufregung.

Her·zens·lust ■ **nach Herzenslust** *(geh.) so viel man will; so, wie es einem gefällt* nach Herzenslust schlafen/essen/tanzen

herz·haft *adj* ① *kräftig*: ein herzhafter Händedruck; ein herzhaftes Lachen ② *von würzigem oder kräftigem Geschmack*: Möchten Sie den Käse herzhaft oder pikant? ▶ Herzhaftigkeit

her·zie·hen <ziehst her, zog her, hat/ist hergezogen> I. *mit OBJ (haben)* ① **jmd. zieht etwas zu sich her** *(umg.) näher zu sich ziehen*: Er zog den Stuhl näher zu sich her. ② **jmd. zieht etwas hinter sich her** *etwas ziehend bewegen*: den Schlitten hinter sich herziehen II. *ohne OBJ* ① **jmd. zieht her** *(sein) in der Nähe eine Wohnung nehmen*: Er ist aus einem anderen Stadtteil hergezogen. ② **jmd. zieht hinter/neben/vor etwas** *Dat.* **her** *neben/hinter/vor etwas laufen*: Die Kinder zogen winkend neben dem Zirkuswagen her. ③ **jmd. zieht über jmdn. her** *(umg. abwert.) über jmdn. schlecht reden*: Immer wenn sie das Zimmer verließ, zogen ihre Kolleginnen über sie her.

-her·zig [hɛrtsɪç] *als Zweitglied zusammengesetzter Adjektive, mit Betonung auf dem Erstglied; drückt aus, dass ein Mensch oder Tier seinem Gemüt oder Charakter nach die mit dem Erstglied bezeichnete Eigenschaft hat*: Hunde gelten im Allgemeinen als treuherzig und intelligent. ◆ gut-, hart-, kalt-, mild-, treu-, warm-, weich-

Herz·klop·fen das <-s> /kein Plur./ *spürbares heftiges Klopfen des Herzens*: vor Aufregung Herzklopfen haben/bekommen

herz·lich *adj* ① *freundlich und mit innerer Anteilnahme*: herzliche Worte; jemanden herzlich empfangen; jemandem herzlich danken; herzlichen Anteil an jemandes Schicksal/Leid nehmen; Ich möchte euch herzlich bitten, …; Herzliche Grüße, …; ■ **Herzlichen Dank!** *verwendet, um Dank auszudrücken* Herzlichen Dank für Ihre Mühe!; ■ **Herzlichen Glückwunsch!** *verwendet, um jmdm. (zu etwas) zu gratulieren* Herzlichen Glückwunsch (zum Geburtstag/zur bestandenen

Prüfung)!; ■ **herzliches Beileid** *verwendet, um Mitgefühl auszudrücken, wenn jmd. gestorben ist* jemandem herzliches Beileid ausdrücken/übermitteln ❷ *(umg.) sehr:* herzlich lachen/weinen; Wir helfen dir herzlich gern.; Das interessiert mich herzlich wenig. ◆ Groß- oder Kleinschreibung → R 3.9 jemanden auf das herzlichste/Herzlichste begrüßen

herz·lich·keit die <-, -en> ❶ */kein Plur./ Freundlichkeit und innere Anteilnahme:* jemanden mit großer Herzlichkeit willkommen heißen ❷ *herzliche Tat:* jemanden mit lauter Herzlichkeiten überschütten

herz·zer·rei·ßend *adj so, dass es großes Mitgefühl oder Mitleid hervorruft:* herzzerreißend weinen; Das ist ja eine herzzerreißende Geschichte.

he·te·ro·se·xu·ell [ˈheterozɛksu̯ɛl, heterozɛˈksu̯ɛl] *adj /nicht steig./* (↔ homosexuell) *sich vom anderen Geschlecht sexuell angezogen fühlend:* eine heterosexuelle Partnerschaft; heterosexuell veranlagt sein ▸ Heterosexualität

Hetz·ze die [ˈhɛt͡sə] <-, -n> */meist Sing./* ❶ *(umg.) große Eile:* Sie sind in großer Hetze abgereist.; Ich hatte nur eine Stunde zum Aufräumen, das war vielleicht eine Hetze. ❷ */kein Plur./ (abwert.) Aufruf zum Hass gegen jmdn./etwas:* rassistische/politische Hetze; Die Neonazis hetzen gegen das demokratische System der Bundesrepublik Deutschland, weil sie sich den Hitlerfaschismus zurückwünschen.; Sie betreiben ständig Hetze gegen den neuen Klassenkameraden.

hetz·zen [ˈhɛt͡sn̩] <hetzt, hetzte, hat/ist gehetzt> I. *mit OBJ* ■ **jmd. hetzt jmdn./ein Tier** *(haben) jagen:* Die Jäger hetzten den Hirsch. II. *ohne OBJ* ❶ ■ **jmd. hetzt** *(haben) sich beeilen, sehr in Eile sein:* Nun hetzt doch nicht so! ❷ ■ **jmd. hetzt irgendwohin** *(sein) schnell irgendwohin gehen:* Wir sind zum Bahnhof gehetzt. ❸ ■ **jmd. hetzt gegen jmdn.** *(haben) zum Hass gegen jmdn./etwas aufrufen:* Sie hetzen ständig gegen ihre Nachbarn. III. *mit SICH* ■ **jmd. hetzt sich** *(haben) sich zur Eile treiben:* Warum hast du dich so gehetzt?

Hetz·ze·rei die <-, -en> *(umg. abwert.)* ❶ */kein Plur./ ständige Eile:* Die andauernde Hetzerei macht mich noch krank! ❷ */kein Plur./ der Vorgang, dass ständig Schlechtes über jmdn. erzählt wird:* Lass deine Hetzerei gegen meine Freundin! ❸ *feindselige Äußerung:* die Hetzereien der neofaschistischen NPD; den Hetzereien der anderen keine Beachtung schenken

Heu das [hɔy] <-(e)s> */kein Plur./* ❶ *getrocknetes Gras:* das Pferd mit Heu füttern; Heu wenden/machen ◆ -ernte ❷ *(umg. übertr.) (viel) Geld:* eine Menge Heu haben; Geld wie Heu haben; ■ **im Heu übernachten** *auf dem Heuboden übernachten* In den Ferien haben wir im Heu übernachtet.

Heu·che·lei die [hɔyçəˈlai] <-, -en> *(abwert.)* ❶ */kein Plur./ das Vorspielen von Gefühlen, die man in Wirklichkeit nicht hat oder nicht so meint:* Ohne Mitleid ist doch pure Heuchelei! ❷ *Äußerungen, die Gefühle vortäuschen sollen:* Er hat genug von ihren Heucheleien.

heu·er [ˈhɔyɐ] *adv* ÖSTERR. *in diesem Jahr:* Heuer fahren wir nicht in den Urlaub.

heu·len [ˈhɔylən] <heulst, heulte, hat geheult> *ohne OBJ* ❶ ■ **jmd. heult** *(umg.) weinen:* Du musst doch deswegen nicht gleich heulen!; das große Heulen kriegen ❷ ■ **ein Tier heult** *klagende Laute von sich geben:* die Wölfe/Seehunde heulen ▸ Heuler ❸ ■ **etwas heult** *lange, hohe Töne erzeugen:* der Sturm/die Sirene heult; ■ **das heulende Elend kriegen** *(umg.) sich sehr schlecht fühlen;* ■ **etwas ist einfach zum Heulen** *etwas ist zum Verzweifeln* Es ist einfach zum Heulen mit deinem Benehmen.

Heu·schnup·fen der <-s> */kein Plur./* MED. *eine Allergie gegen Gräser etc., bei der z.B. die Nase läuft und die Augen tränen:* sehr starken Heuschnupfen haben

heu·te [ˈhɔytə] *adv* ❶ *an dem Tag, an dem der Sprecher spricht oder der Verfasser eines Textes schreibt:* heute früh/Früh; heute Morgen; heute Mittag; heute Abend; von heute an; ab/bis heute; heute vor/in acht Tagen ❷ *in der Gegenwart, in der heutigen Zeit:* die Jugend/die Frau von heute; ■ **von heute auf morgen** *in sehr kurzer Zeit, sehr plötzlich* Er hat sich von heute auf morgen von seiner Frau getrennt.; Von heute auf morgen hatten sie alles verloren.; ■ **bis heute** *bis zu diesem Tag* Bis heute habe ich nichts davon gewusst.; ■ **von heute an** *ab diesem Tag (an dem der Sprecher spricht)* Von heute an werde ich nicht mehr rauchen. ◆ Großschreibung → R 3.4 ganz im Heute; das Heute und das Morgen

heu·tig [ˈhɔytɪk] *adj /nicht steig./* ❶ *heute stattfindend/von heute; der Tag, der jetzt im Moment ist:* der heutige Konzert; die heutige Zeitung ❷ *gegenwärtig; in dieser Zeit:* die heutige Jugend;

heut·zu·ta·ge ['hɔʏtsuta:gə] *adv in der jetzigen Zeit, in der Gegenwart:* Heutzutage ist das alles kein Problem mehr.

He·xe *die* ['hɛksə] <-, -n> ❶ *(alte) böse Frau im Märchen, die zaubern kann:* Die Hexe lockte Hänsel und Gretel in ihr Haus. ❷ *(umg. übertr. abwert.) eine böse (alte) Frau:* Unsere Nachbarin ist eine alte Hexe. ❸ GESCH., REL. *Frau, die mit dem Teufel im Bunde ist:* Sie wurde als Hexe auf dem Scheiterhaufen verbrannt. ◆-nverbrennung, -nwahn ▶ hexen, Hexer, Hexerei

hi [haɪ] *interj Ausruf zur Begrüßung; hallo:* Hi, wie geht's?

hieb- und stich·fest ■ *etwas ist hieb- und stichfest etwas ist so, dass es keine Zweifel gibt* Seine Erklärungen sind hieb- und stichfest.; ein hieb- und stichfestes Alibi haben

hielt [hi:lt] *Prät. von* **halten**

hier [hi:ɐ̯] *adv (↔ dort)* ❶ *an diesem Ort:* hier in diesem Raum; Wir wollen hier bleiben.; Ich will das Buch hier behalten.; Von hier bis dort sind es 200 Kilometer.; Wir fahren von hier aus ab.; Sind Sie von hier? ❷ *zu einem bestimmten Zeitpunkt:* Hier beginnt ein neuer Abschnitt in unserem Leben.; Hier setzte plötzlich Regen ein. ❸ *(umg.) auf etwas hinweisend, das man erwähnt:* Dieses Buch hier musst du mal lesen.; Hier haben wir einen ganz schwierigen Fall.; Das müssen wir hier einmal außer Acht lassen.; ■ **hier zu Lande** *in unserer Gegend* Hier zu Lande ist das so Brauch. ◆Getrenntschreibung → R 4.13 Du kannst das Buch hier gern behalten.; Ich werde hier bleiben, bis du kommst.; Willst du deine Jacke hier in der Wohnung lassen?; ◆Zusammenschreibung → R 4.5 Ich möchte ihn gern hierbehalten.; Kannst du noch ein wenig hierbleiben?; Soll ich dir das Auto hierlassen?

Hi·e·r·ar·chie *die* [hirar'çi:] <-, -chien> *(geh.) streng festgelegte Ordnung von oben nach unten, z.B. im Rahmen von systematischen Darstellungen (Termini, wissenschaftliche Sachverhalte) und im gesellschaftlichen Leben (Positionen beim Militär, in Firmen etc.):* Beim Militär herrscht eine strenge Hierarchie.; sich einer Hierarchie unterordnen; in der Mathematik die Hierarchie von Ordnungsrelationen, die in einem Baum oder Graphen definiert werden ▶ hierarchisch

hie·r·auf ['hi:raʊf, hi:'raʊf] *adv* ❶ *räumlich auf etwas:* Können wir uns hierauf setzen? ❷ *zeitlich auf etwas folgend:* Zuerst aßen wir Abendbrot, hierauf gingen wir zu Bett. ❸ *infolgedessen, deswegen:* Er war vom Regen völlig durchnässt, hierauf bekam er einen Schnupfen.

hier·bei ['hi:ɐ̯baɪ, hi:r'baɪ] *adv* ❶ *während etwas geschieht:* Er arbeitete am Computer. Hierbei hörte er Radio. ❷ *in diesem Zusammenhang, bei dieser Gelegenheit:* Es handelt sich hierbei um eine harmlose Erkrankung.; Ich möchte hierbei erwähnen, dass …

hier·her ['hi:ɐ̯he:ɐ̯/hi:r'he:ɐ̯] *adv (bis) an diese Stelle:* Das Seil reicht bis hierher!; Kommt bitte mal hierher!; Bis hierher und nicht weiter!; Ich weiß nicht, ob diese Frage hierher gehört.; Bitte ordne alle hierher gehörigen Bücher ein! ◆Getrenntschreibung → R 4.8 In der letzten Unterrichtsstunde sind wir bis hierher gekommen.; Weißt du, ob der Stuhl hierher gehört?; Das sind alles nicht hierher gehörige Themen.

hier·mit ['hi:ɐ̯mɪt/hiɐ̯'mɪt] *adv* ❶ *mit Hilfe von etwas:* Hiermit konnte er beweisen, dass er unschuldig ist.; Weißt du, was man hiermit macht? ❷ *(allgemein) mit etwas:* Hiermit bin ich aber nicht zufrieden.; Ich muss mich hiermit noch gründlich beschäftigen. ❸ *feierliche Formel, um eine öffentliche Erklärung einzuleiten:* Hiermit eröffne ich das neue Stadion/die Festwoche.; Hiermit erkläre ich euch zu Mann und Frau.

hier·zu·lan·de, *a.* **hier zu Lande** ['hi:ɐ̯tsulandə] *adv in diesem Land, in dieser Gegend:* Hierzulande ist es üblich, dass man zu Ostern ein großes Feuer anzündet. ◆Zusammen- oder Getrenntschreibung → R 4.14 Hierzulande/hier zu Lande feiert man das Weihnachtsfest auf diese Art und Weise.

hie·sig ['hi:zɪç] *adj /nicht steig./ (≈ einheimisch) so, dass etwas/jmd. aus diesem Ort/Land ist:* die hiesige Bevölkerung; Er muss sich an die hiesigen Sitten und Gebräuche gewöhnen.; Er ist sicherlich kein Hiesiger.

hieß [hi:s] *Prät. von* **heißen**

Hi-Fi-An·la·ge *die* ['haɪfaɪ..., haɪ'fi:...] <-, -n> *ein Gerät zum Musikhören, das meist aus einem Verstärker, einem CD-Spieler, einem Radio o.Ä. besteht:* Er hat eine neue Hi-Fi-Anlage.

Hil·fe *die* ['hɪlfə] <-, -n> ❶ *Unterstützung:* ärztliche/finanzielle/selbstlose Hilfe erhalten; um Hilfe bitten/rufen/flehen; jemandem seine Hilfe anbieten/verweigern; jemandem zur Hilfe eilen; bei einem Unfall erste Hilfe leisten ❷ *Person oder Organisation, die hilft:* Erst nach vielen Stunden war Hilfe zur Stelle.; Für die Erntezeit stellte er eine Hilfe ein.; als Hilfe in einem Haushalt arbeiten ◆Getrennt-oder Zusammenschreibung → R 4.16 nach Hilfe suchend; sich hilfesuchend umschauen; ◆Kleinschreibung → R 3.20 einen Lehrgang für erste Hilfe absolvieren

-hil·fe [hɪlfə] *als Zweitglied zusammengesetzter Substantive, mit Betonung auf dem Erstglied; drückt aus, dass eine Person in dem mit dem Erstglied bezeichneten Bereich eine niedere, ungelernte Tätigkeit ausübt, indem sie anderen zuarbeitet:* Da sie sehr verschuldet war und keine Ausbildung hatte, musste sie als Putzhilfe arbeiten. ◆Büro-, Haushalts-, Küchen-, Putz-

hilf·los [ˈhɪlfloːs] *adj* ❶ *so, dass man jmds. Hilfe braucht:* ein hilfloses kleines Kind; schwer verletzt und hilflos am Boden liegen ❷ *so, dass jmd./es nicht sehr geschickt ist:* sich mit hilflosen Worten herausreden; Er wirkt in dieser fremden Umgebung ziemlich hilflos.

hilf·reich *adj* ❶ *hilfsbereit:* ein hilfreicher Mensch; jemandem hilfreich zur Seite stehen ❷ *nützlich:* ein hilfreicher Hinweis; Vielen Dank, das war sehr hilfreich für mich!

hilfs·be·reit *adj immer bereit zu helfen; so, dass man gerne hilft:* seinen Mitschülern gegenüber immer hilfsbereit sein; ein hilfsbereiter Mensch ▸ Hilfsbereitschaft

Hilfs·kraft die <-, Hilfskräfte> *Person, die gegen Bezahlung jmdm. bei einer Arbeit hilft, aber nicht besonders qualifiziert ist:* Im Sommer stellt das Restaurant zusätzliche Hilfskräfte ein.

Him·mel der [ˈhɪml] <-s, -> ❶ *(↔ Erde) der Luftraum über der Erde, den man sieht, wenn man im Freien nach oben blickt:* ein trüber/klarer/bewölkter Himmel; die Wolken am Himmel; in den Himmel hineinragen; Vögel kreisen am Himmel ❷ REL. *(↔ Hölle) dort, wo Gott wohnt; das Paradies:* in den Himmel kommen; im Himmel sein ❸ *(übertr.) das Ziel aller Sehnsüchte:* den Himmel auf Erden haben; sich wie im Himmel fühlen ❹ *(übertr.) das Schicksal/Gott:* Der Himmel möge das verhüten!; Das weiß der Himmel (allein)!; Das war ein Zeichen des Himmels.; Um Himmels willen!; ▪ **im sieb(en)ten Himmel sein/schweben** *(umg.) sehr glücklich oder verliebt sein* Seit zwei Wochen schwebt/ist er im siebten Himmel.; ▪ **aus heiterem Himmel** *(umg.) sehr plötzlich und überraschend* Er ist aus heiterem Himmel böse geworden.; ▪ **Himmel und Erde in Bewegung setzen** *(umg.) alles Mögliche versuchen* Er hat Himmel und Erde in Bewegung gesetzt, um eine neue Stelle zu finden; ▪ **jemanden in den Himmel heben** *(geh.) jmdn. übermäßig bewundern* Er hebt seine Frau in den Himmel.; ▪ **zum Himmel schreien** *(umg.) empörend sein* Es ist ein Unrecht, das zum Himmel schreit; ▪ **das Blaue vom Himmel herunterlügen** *(umg.) jmdn. schamlos belügen* Glaub ihm bloß nicht! Er lügt doch das Blaue vom Himmel herunter!; ▪ **Ach, du lieber Himmel!** *(umg.) Ausruf des Erschreckens* Ach, du lieber Himmel! Das hatte ich ja ganz vergessen!

Him·mels·rich·tung die <-, -en> *Norden, Süden, Osten und Westen:* die Himmelsrichtung bestimmen; ▪ **aus allen Himmelsrichtungen** *(umg.) von überall her* Die Besucher kamen aus allen Himmelsrichtungen.

him·mel·weit [ˈhɪmlˌvaɪt] *adj /nicht steig./ (umg.) sehr groß:* ein himmelweiter Unterschied

hin [hɪn] I. *adv* ❶ *räumlich auf etwas zu:* Wie weit ist es bis zu dir hin?; zu jemandem hin sprechen; Wo sollen wir denn jetzt noch hin?; einmal Stuttgart hin und zurück ❷ *entlang:* Die Bahnlinie verläuft neben dem Fluss hin.; Der Weg verläuft durch die Wiesen hin. ❸ *zeitlich entfernt:* auf viele Jahre hin; Es ist noch lange/eine Weile hin, bis …; Bis zur Prüfung ist es nicht mehr lange hin. II. *adj (umg.)* ❶ *kaputt; erschöpft; verloren:* Der Wecker ist hin.; Ich bin total hin.; Ihr Ruf ist hin. ❷ *sehr begeistert:* Sie war von der Aufführung ganz hin (und weg).; ▪ **hin und her** *(umg.) auf und ab oder vor und zurück* Er läuft auf dem Bürgersteig hin und her.; ▪ **hin und wieder** *(umg.) manchmal* Hin und wieder gehen wir ins Kino.; ▪ **nach außen hin** *(umg.) äußerlich nach außen* hin so tun, als ob …; ▪ **auf etwas hin** *aufgrund* Ich habe das auf deine Empfehlung hin getan. ◆Getrenntschreibung → R 4.8 Ihr werdet von dem Film total hin sein.

hi·n·ab [hɪˈnap] *adv (geh.) nach unten:* den Fluss/die Straße hinab

hin·ar·bei·ten <arbeitet hin, arbeitete hin, hat hingearbeitet> *ohne OBJ* **jmd. arbeitet auf etwas** *Akk.* **hin** *anstreben; sich anstrengen, um ein bestimmtes Ziel zu erreichen:* auf ein Ziel hinarbeiten

hi·n·auf [hɪ'naʊf] *adv nach oben:* die Treppe/auf den Turm hinauf

hi·n·auf·fah·ren <fährst hinauf, fuhr hinauf, hat/ist hinaufgefahren> I. *mit OBJ* ■ **jmd. fährt etwas hinauf** *(haben) mit einem Fahrzeug nach oben bringen:* Er hat den Gast/das Gepäck hinaufgefahren. II. *ohne OBJ* ■ **jmd. fährt hinauf** *(sein) nach oben fahren:* Der Gast ist mit dem Lift hinaufgefahren.

hi·n·auf·stei·gen <steigst hinauf, stieg hinauf, ist hinaufgestiegen> *ohne OBJ* ■ **jmd. steigt auf etwas Akk. hinauf** *nach oben steigen:* die Treppe/auf die Leiter/auf den Aussichtsturm hinaufsteigen

hi·n·aus [hɪ'naʊs] *adv* ❶ *eine räumliche Grenze überschreitend:* aus dem Land/Zimmer hinaus sein; in den Garten hinaus; über das Tor/Ziel hinaus ❷ *eine zeitliche Grenze überschreitend; länger als:* über das Alter von 65 Jahren hinaus berufstätig sein; über die Frist von 10 Jahren hinaus ❸ *für die Dauer von:* auf Jahre hinaus planen/gut versorgt sein; ■ **hoch hinaus wollen** *(umg.) nach gesellschaftlichem Erfolg streben* Er will hoch hinaus. ◆ Getrenntschreibung → R 4.8 Als die Gäste hinaus waren, gingen wir zu Bett.

hi·n·aus·ge·hen [hɪ'naʊsgeːən] <gehst hinaus, ging hinaus, ist hinausgegangen> *ohne OBJ* ❶ ■ **jmd. geht hinaus** *einen Raum verlassen:* Wollen wir nicht ein wenig hinausgehen?; Alle waren (aus dem Zimmer) hinausgegangen. ❷ ■ **etwas geht auf etwas Akk. hinaus** *in einer Richtung liegen:* ein Fenster/Zimmer, das zum Hof hinausgeht ❸ ■ **etwas geht über etwas Akk. hinaus** *überschreiten oder übertreffen:* über seine Befugnisse hinausgehen; Ihre Hilfsbereitschaft geht weit über das normale Maß hinaus.

hi·n·aus·leh·nen <lehnst hinaus, lehnte hinaus, hat hinausgelehnt> *mit SICH* ■ **jmd. lehnt sich aus etwas Dat. hinaus** *jmd. beugt den Oberkörper aus etwas hinaus:* Sie lehnte sich aus dem Fenster hinaus.; Bitte nicht hinauslehnen!

hi·n·aus·schie·ben <schiebst hinaus, schob hinaus, hat hinausgeschoben> *mit OBJ* ■ **jmd. schiebt etwas hinaus** ❶ *nach draußen schieben:* ein Auto auf die Straße hinausschieben; jemanden zur Tür hinausschieben ❷ *auf einen späteren Zeitpunkt verschieben:* eine Arbeit/einen Termin hinausschieben

hi·n·aus·wer·fen <wirfst hinaus, warf hinaus, hat hinausgeworfen> *mit OBJ* ❶ ■ **jmd. wirft etwas hinaus** *nach draußen werfen:* Gegenstände aus dem Fenster hinauswerfen; Bitte nichts hinauswerfen! ❷ ■ **jmd. wirft etwas hinaus** *(umg.) etwas entfernen:* Diesen Punkt werden wir wohl aus dem Programm hinauswerfen müssen. ❸ ■ **jmd. wirft jmdn. hinaus** *(umg.) unfreundlich hinausschicken oder entlassen:* einen unhöflichen Gast hinauswerfen; Die Firma hat ihn nach so vielen Jahren einfach hinausgeworfen!

hi·n·aus·zö·gern <zögerst hinaus, zögerte hinaus, hat hinausgezögert> I. *mit OBJ* ■ **jmd. zögert etwas hinaus** *machen, dass etwas später passiert als möglich oder nötig wäre:* den Abschluss eines Vertrages hinauszögern; die Abreise hinauszögern II. *mit SICH* ■ **etwas zögert sich hinaus** *länger dauern als geplant:* Der Abschluss der Bauarbeiten zögert sich noch hinaus.

Hin·blick ■ **im/in Hinblick auf etwas** *unter Berücksichtigung von* Im Hinblick auf die leeren Kassen muss gespart werden.; Im Hinblick auf seine schwache Gesundheit sollte er sich etwas schonen.

hin·brin·gen <bringst hin, brachte hin, hat hingebracht> *mit OBJ* ■ **jmd. bringt jmdn./etwas hin** ❶ *jmdn./etwas an einen bestimmten Ort bringen:* Wenn du nicht kommen kannst, werde ich dir die Unterlagen hinbringen.; Findet sie das Haus allein oder soll ich sie hinbringen? ❷ *(umg.) schaffen, zustande bringen:* Ich weiß nicht wie, aber irgendwie werden wir das schon hinbringen.; Wie hast du das nur allein hingebracht? ❸ *(umg.) hinter sich bringen:* Irgendwie müssen wir die Zeit bis zur Zugabfahrt noch hinbringen.

hin·dern ['hɪndɐn] <hinderst, hinderte, hat gehindert> I. *mit OBJ* ■ **jmd. hindert jmdn. an etwas** *Dat. verhindern, dass jmd. etwas tut:* jemanden an etwas hindern; Ihre Verletzung hindert sie an der Teilnahme.; Wie kann ich ihn hindern, das zu tun? II. *mit OBJ/ohne OBJ* ■ **etwas hindert (jmdn.) bei etwas** *Dat. stören oder hemmen:* jemanden bei etwas hindern; Ihre Verletzung hindert (sie) beim Laufen.; Mach das Radio aus, denn die Musik hindert (mich) beim Arbeiten.

Hin·der·nis *das* ['hɪndɐnɪs] <-ses, -se> *etwas, das das Fortkommen verhindert oder behindert; Schwierigkeit:* Umgestürzte Bäume und andere Hindernisse versperrten unseren Weg.; jemandem für sein berufliches Fortkommen ständig Hindernisse in den Weg legen

hin·deu·ten <deutest hin, deutete hin, hat

hingedeutet> *ohne OBJ* ❶ ■ **jmd. deutet auf etwas** *Akk.* **hin** *in eine Richtung zeigen:* mit dem Finger/dem Kopf auf die Tür hindeuten; Er deutete (mit der Hand) auf das Bild hin, während er sprach. ❷ ■ **etwas deutet auf etwas** *Akk.* **hin** *vermuten lassen:* Alles deutet darauf hin, dass wir verlieren werden.; Alle Vorzeichen deuten auf eine Grippe/ein Unwetter hin.

hin·durch [hɪn'dʊrç] *adv* ❶ *auf der einen Seite hinein und auf der anderen Seite hinaus:* Durch die Wand hindurch war Lärm zu hören.; Wir konnten sie durch das Fenster hindurch beobachten.; Wir sind gleich ganz durch den Wald hindurch. ❷ *während; innerhalb einer bestimmten Zeitdauer:* das ganze Jahr hindurch ◆Getrenntschreibung → R 4.8 Wann werden wir durch den Berg von Arbeit hindurch sein?

hi·n·ein [hɪn'ain] *adv* ❶ *von draußen nach drinnen:* Dort hinein sind sie verschwunden.; Nun aber schnell hinein mit euch! ❷ *(bis) zu einem Zeitpunkt:* bis tief in die Nacht hinein; bis in den späten Vormittag hinein schlafen ❸ *(übertr.)* etwas bis in die letzte Einzelheit hinein erläutern; ins Ungewisse hinein planen

hi·n·ein·fin·den <findest hinein, fand hinein, hat hineingefunden> I. *ohne OBJ* ■ **jmd. findet in etwas** *Akk.* **hinein** *den Weg nach drinnen finden:* Ich kann nicht in das Gebäude/den Saal hineinfinden. II. *mit SICH* ■ **jmd. findet sich in etwas** *Akk.* **hinein** ❶ *mit etwas vertraut werden; lernen, mit einer neuen Situation umzugehen:* Allmählich findet sie sich in ihre neue Rolle als Mutter hinein. ❷ *sich mit etwas abfinden:* Er kann sich einfach nicht in sein Schicksal hineinfinden.

hi·n·ein·ge·hen <gehst hinein, ging hinein, ist hineingegangen> *ohne OBJ* ❶ ■ **jmd. geht in etwas** *Akk.* **hinein** *nach drinnen gehen:* Es ist kalt, lasst uns hineingehen!; in den Supermarkt hineingehen ❷ ■ **etwas geht in etwas** *Akk.* **hinein** *(umg.)* hineinpassen: Meine Füße gehen einfach nicht in die Schuhe hinein.

hi·n·ein·stei·gern <steigerst hinein, steigerte hinein, hat hineingesteigert> *mit SICH* ■ **jmd. steigert sich in etwas** *Akk.* **hinein** *(umg.) sich von einer Sache immer mehr beherrschen lassen; eine Sache viel zu ernst nehmen und deshalb sehr starke Gefühle entwickeln:* sich in seine Verzweiflung/eine Vorstellung/seine Wut hineinsteigern

hi·n·ein·ver·set·zen <versetzt hinein, versetzte hinein, hat hineinversetzt> *mit SICH* ■ **jmd. versetzt sich in jmdn./etwas hinein** *sich vorstellen, man sei in der Lage eines anderen:* sich in jemandes Lage hineinversetzen; Wenn ich mich in ihn hineinversetze, …; sich vorkommen, als sei man in eine andere Zeit hineinversetzt

hin·fah·ren <fährst hin, fuhr hin, hat/ist hingefahren> I. *mit OBJ* ■ **jmd. fährt jmdn./etwas hin** *(haben) mit einem Fahrzeug transportieren:* Wenn du willst, kann ich dich hinfahren.; Du musst den Koffer nicht tragen; ich kann sie dir auch hinfahren. II. *ohne OBJ (sein)* ❶ ■ **jmd. fährt hin** *irgendwohin fahren:* Er ist auch zum Konzert hingefahren.; Ich fahre am Wochenende nach Berlin. Wollt ihr ebenfalls hinfahren? ❷ ■ **etwas fährt über etwas** *Akk.* **hin** *über etwas streichen:* Ein leichter Wind fuhr über die Wiese hin.; mit der Hand darüber hinfahren

Hin·fahrt die <-, -en> *die Fahrt (von hier) zu einem bestimmten Ort hin:* Auf der Hinfahrt sind wir in einen Stau geraten.; Ich möchte nur eine Karte für die Hinfahrt; die Rückfahrkarte kaufe ich später.

hin·fal·len <fällst hin, fiel hin, ist hingefallen> *ohne OBJ* ■ **jmd. fällt hin** *auf die Erde fallen:* Er ist gestolpert und hingefallen.

Hin·flug der <-(e)s, Hinflüge> *der Flug von hier zu einem Ziel:* Ich habe nur einen Hinflug gebucht.

hin·füh·ren <führst hin, führte hin, hat hingeführt> I. *mit OBJ* ■ **jmd. führt jmdn. zu etwas** *Dat.* **hin** ❶ *jmdn. irgendwohin bringen:* jemanden zu seinem Platz hinführen; Sie kennen sich hier nicht aus. Könnt ihr sie zum Treffpunkt hinführen? ❷ *jmdn. in die Lage versetzen, etwas zu tun:* die Schüler zum selbstständigen Arbeiten/zu einer Erkenntnis hinführen II. *ohne OBJ* ■ **etwas führt zu etwas** *Akk.* **hin** ❶ *irgendwohin verlaufen und irgendwo ein Ziel haben:* Wo führt diese Straße hin? ❷ *ein Ziel haben:* Wo führt diese Ausbildung hin?; ■ **Wo soll das hinführen?** *Wo soll das enden?* Wo soll deine Faulheit noch hinführen?

hing *Prät. von* **hängen**

Hin·ga·be die <-> /*kein Plur.*/ ❶ *großer persönlicher Einsatz für etwas:* seine Hingabe für die Arbeit ❷ *große Begeisterung:* etwas mit viel Hingabe tun; Er malt mit großer Hingabe.

hin·ge·ben <gibst hin, gab hin, hat hingegeben> I. *mit OBJ* ■ **jmd. gibt etwas hin** *(geh.) opfern:* Er hat alles, was er besitzt, den Armen/für die Armen hingegeben. **II.** *mit SICH* ❶ ■ **jmd. gibt sich einer Sache hin** *etwas mit großem Eifer und großer Freude tun:* Sie hat sich dieser neuen Aufgabe ganz hingegeben. ❷ ■ **jmd. gibt sich einer Sache hin** *sich ausliefern:* sich seinem Schmerz/einer trügerischen Hoffnung hingeben ❸ ■ **jmd. gibt sich jmdm. hin** *(geh. verhüll.) sexuell mit jmdm. verkehren:* Sie hat sich ihm hingegeben. ▸ hingebungsvoll

hin·ge·gen [hɪn'geːɡn̩] *konj jedoch:* Ich hingegen bin der Meinung, …; Alle waren einverstanden. Er hingegen wollte zustimmen.

hin·ge·hen <gehst hin, ging hin, ist hingegangen> *ohne OBJ* ❶ ■ **jmd. geht hin** *an einen bestimmten Ort gehen:* Ich gehe zu der Feier. Wirst du auch hingehen? ❷ ■ **etwas geht hin** *gerade noch annehmbar sein:* Es kann gerade noch so hingehen, wenn du heute fehlst; aber morgen musst du kommen. ❸ ■ **etwas geht hin** *(geh.) vergehen:* Die Zeit/Die Jugend/Der Sommer war hingegangen. ❹ ■ **jmd. geht hin** *(geh. verhüll.) sterben:* Im vergangenen Jahr ist seine Frau gestorben; wenig später ist auch er hingegangen. ▸ der/die Hingegangene

hin·hal·ten <hältst hin, hielt hin, hat hingehalten> *mit OBJ* ❶ ■ **jmd. hält jmdm. etwas hin** *jmdm. etwas reichen/geben:* Er hielt ihr den Brotkorb hin. ❷ ■ **jmd. hält jmdn. hin** *(umg.) jmdn., der sich auf etwas Hoffnungen macht, sehr lange auf eine Antwort warten lassen; jmdn. auf unbestimmte Zeit vertrösten:* Jetzt habt ihr uns lange genug hingehalten!; Sie hielt ihn von Tag zu Tag hin.

hin·ken ['hɪŋkn̩] <hinkst hin, hinkte, hat/ist gehinkt> *ohne OBJ* ■ **jmd. hinkt** ❶ *ungleichmäßig laufen, indem man ein Bein nachzieht:* Seit seinem Unfall hinkt er.; Er hat schon immer gehinkt. ❷ *mit ungleichmäßigen Schritten irgendwohin gehen:* Sie ist mit ihrem Gipsbein zur Tür/über die Straße gehinkt.; ■ **Der Vergleich hinkt.** *verwendet, um auszudrücken, dass man zwei Sachen nicht miteinander vergleichen kann* Der Vergleich hinkt, denn es handelt sich doch um zwei ganz verschiedene Dinge.

hin·kni·en <kniest hin, kniete hin, hat/ist hingekniet> **I.** *ohne OBJ* ■ **jmd. kniet vor jmdm./etwas hin** *auf die Knie gehen:* Er ist vor dem Altar hingekniet. **II.** *mit SICH* ■ **jmd. kniet sich hin** *sich auf die Knie niederlassen:* Wir haben uns hingekniet.

hin·le·gen <legst hin, legte hin, hat hingelegt> **I.** *mit OBJ* ❶ ■ **jmd. legt etwas irgendwo hin** *etwas an eine Stelle legen:* Wo soll ich das Buch hinlegen? ❷ ■ **jmd. legt etwas hin** *(umg.) etwas darbieten:* Das Ensemble hat eine erstklassige Vorstellung hingelegt. ❸ ■ **jmd. legt etwas hin** *(umg.) bezahlen müssen:* Wie viel musstest du dafür hinlegen?; Dafür habe ich 200 Euro hinlegen müssen! **II.** *mit SICH* ■ **jmd. legt sich hin** *sich zum Entspannen oder Schlafen in ein Bett oder auf ein Sofa legen:* Er hat sich für eine Stunde hingelegt.; ■ **sich der Länge nach hinlegen** *(umg.) hinfallen* Er ist ausgerutscht und hat sich der Länge nach hingelegt.

hin·neh·men <nimmst hin, nahm hin, hat hingenommen> *mit OBJ* ■ **jmd. nimmt etwas hin** ❶ *etwas Unangenehmes akzeptieren und sich nicht dagegen wehren:* Er nahm ihre Beleidigungen/ihr Verhalten kommentarlos hin.; Das können wir nicht einfach so hinnehmen. Das gibt noch ein Nachspiel! ❷ *irgenwohin mitnehmen:* Können wir den Hund dort mit hinnehmen?

hin·rei·chend *adj so, dass es ausreicht; genug:* Wir haben noch hinreichend Getränke im Haus.; Alle sind hinreichend informiert worden.

Hin·rei·se *die* <-, -n> *die Reise von hier zu einem Ziel:* Wir befinden uns auf der Hinreise.; Auf der Hinreise haben wir in Hamburg übernachtet.

hin·rei·ßen <reißt hin, riss hin, hat hingerissen> *mit OBJ* ■ **jmd./etwas reißt jmdn. hin** *begeistern:* von jemandem/etwas ganz hingerissen sein; die Zuschauer zu Beifallsstürmen hinreißen; ein hinreißender Film; ein hinreißendes kleines Mädchen; ■ **sich zu etwas hinreißen lassen** *(umg.) sich zu etwas überreden lassen* Lasst euch nicht zu unbedachten Handlungen hinreißen!

hin·rei·ßend *adj* (≈ *bezaubernd*) *so, dass jmd./etwas außergewöhnlich schön ist:* ein hinreißendes Mädchen/Kleid

hin·rich·ten <richtest hin, richtete hin, hat hingerichtet> *mit OBJ* ■ **jmd. richtet jmdn. hin** *jmdn., der zum Tode verurteilt wurde, töten; die Todesstrafe vollstrecken:* Der zum Tode Verurteilte wurde hingerichtet. ▸ Hinrichtung

Hin·schied *der* <-(e)s, -e> SCHWEIZ. *(geh.) Tod:* den Hinschied des Vaters mitteilen

hin·se·hen <siehst hin, sah hin, hat hingesehen> *ohne OBJ* ■ **jmd. sieht hin**

(↔ *wegsehen*) *seinen Blick auf etwas richten; betrachten, angucken:* Du musst schon hinsehen, wenn du etwas erkennen willst.; Er hat sehr genau hingesehen, damit er nichts verpasst.

hin·set·zen <setzt hin, setzte hin, hat hingesetzt> **I.** *mit OBJ* ❶ ■ **jmd. setzt jmdn. hin** *jmdn. aufrecht setzen:* Das Kind hat bis jetzt gelegen. Nun hat es die Mutter hingesetzt. ❷ **jmd. setzt jmdn./etwas hin** *irgendwohin stellen/platzieren:* Wo hast du meine Tasche hingesetzt?; Wo habt ihr den Ehrengast hingesetzt? **II.** *mit SICH* ■ **jmd. setzt sich hin** Wir haben uns inzwischen hingesetzt.; Wenn du das schaffen willst, musst du dich jetzt hinsetzen und anfangen!

Hin·sicht die <-, -en> */meist Sing./ Blickwinkel:* in wirtschaftlicher/wissenschaftlicher Hinsicht; In gewisser/einer/dieser Hinsicht hast du Recht.; ■ **in Hinsicht auf ...** *was ... betrifft* Gibt es in Hinsicht auf den Stundenplan noch Fragen?

hin·sicht·lich *präp* +Gen. *(geh.) bezüglich; was ... betrifft:* Hinsichtlich Ihrer Einwände kann ich Sie beruhigen.; Hinsichtlich der Pünktlichkeit gibt es einige Beschwerden.

hin·stel·len <stellt hin, stellte hin, hat hingestellt> **I.** *mit OBJ* ❶ ■ **jmd. stellt etwas hin** *etwas an einen bestimmten Platz stellen:* Hier können wir das Bett hinstellen. ❷ ■ **jmd. stellt jmdn./etwas als jmdn. hin** *etwas über jmdn. oder etwas behaupten, was aber nicht der Wahrheit entspricht:* Man hat ihn als Lügner hingestellt.; Sie haben es so hingestellt, als sei ich daran schuld. **II.** *mit SICH* ❶ ■ **jmd. stellt sich hin** *sich an einen bestimmten Platz stellen:* Du kannst dich hier hinstellen und einfach warten. ❷ **jmd. stellt sich als jmdn. hin** *so tun, als sei man etwas/jmd.:* Er stellt sich immer als arglos/dumm/Trottel hin, dabei ist er ziemlich gerissen.

hin·ten *adv* (↔ *vorne*) *auf der Rückseite:* Das Haus hat hinten noch einen Garten.; Lasst uns nach hinten gehen.; Immer müssen wir hinten stehen!; Von hinten kamen laute Zwischenrufe.; jemanden von hinten sehen; sich die Haare nach hinten kämmen; ■ **jemanden am liebsten von hinten sehen** *(umg.) auf jmds. Gesellschaft keinen Wert legen* Da kommt der Typ schon wieder. Den sehe ich am liebsten von hinten!; ■ **jemanden von hinten und vorne bedienen** *(umg.) alles für jemanden tun* Sie bedient ihren Mann von hinten bis vorne und er macht nichts.; ■ **es jemandem hinten und vorne reinstecken** *(umg.) jmdn. übertrieben verwöhnen* Sie kriegt es doch von ihren Eltern von hinten und vorne reingesteckt.; ■ **nicht mehr wissen, wo hinten und vorn ist** *(umg.) völlig orientierungslos sein, nicht mehr wissen, was man tun soll* Ich bin so im Stress; ich weiß gar nicht mehr, wo hinten und vorn ist.; ■ **hinten und vorne nicht reichen/langen** *(umg.) nicht ausreichend sein* Sein Gehalt reicht/langt hinten und vorne nicht.

hin·ter ['hɪntɐ] **I.** *präp* ❶ +Dat. *an/auf der Rückseite von etwas, im Rücken von jmdm.:* Er stand hinter ihr.; Das Auto ist hinter dem Haus geparkt. ❷ +Dat. *zeitlich zurückliegend:* Das habe ich schon lange hinter mir.; Die Schulzeit lag schon lange hinter ihm. ❸ +Akk. *auf die abgewandte Seite von etwas oder jmdm.:* Das Buch ist hinter den Tisch gerutscht.; Er ist hinter sie getreten. **II.** *adj hinten befindlich:* die hintere Reihe; am hinteren Ende **III.** *adv* SÜDDT., ÖSTERR. *nach hinten:* Wie weit ist es bis dort hinter?; ■ **hinter jemandes Rücken** *(umg.) heimlich* Hinter dem Rücken ihrer Eltern trifft sie sich mit ihrem Freund.; ■ **hinter jemanden stellen** *(umg.) jmdn. unterstützen, jmdn. verteidigen* Die Eltern stellen sich hinter ihre Tochter.; ■ **hinter Schloss und Riegel** *(umg.) eingesperrt, im Gefängnis* Der Verbrecher sitzt nun endlich hinter Schloss und Riegel.; ■ **etwas hinter sich bringen** *(umg.) etwas Unangenehmes (widerwillig) tun* Ich mag dort nicht anrufen, aber ich muss es wohl hinter mich bringen.; ■ **etwas hinter sich haben** *(umg.) etwas Unangenehmes überstanden haben* Endlich habe ich die Prüfung hinter mir.; ■ **etwas hinter sich lassen** *(umg.) an etwas nicht mehr denken* Er ließ die alten Freunde hinter sich.; ■ **hinter etwas kommen** *etwas herausfinden, etwas erkennen* Ich bin endlich hinter sein Geheimnis gekommen.

Hin·ter·blie·be·ne der/die ['hɪntɐ'bliːbənə] <-n, -n> RECHTSW. *noch lebende Familienangehörige; Person, die von einem Verstorbenen/einer Verstorbenen zurückgelassen wird:* den Hinterbliebenen sein Beileid aussprechen

hin·te·re ['hɪntərə] *adj so, dass es sich am Ende/an der Rückseite befindet:* in der hinteren Reihe sitzen

hin·ter·ei·n·an·der [hɪntɐ|ai̯'nandɐ] *adv* ❶ *zeitlich aufeinander folgend:* Sie feierten drei Tage hintereinander. ❷ *räumlich* *aufeinander folgend; einer hinter dem anderen:* Die Autos mussten hintereinander fahren.; Die Namen in der Liste waren hintereinander geschrieben. ◆Getrenntschreibung → R 4.13 hintereinander aufstellen; hintereinander weggehen; ◆Zusammenschreibung → R 4.5 Es war so eng, wir mussten hintereinandergehen.; in mehreren hintereinanderliegenden Jahren

Hin·ter·ge·dan·ke der <-ns, -n> *heimliche Absicht:* etwas ohne jeden Hintergedanken tun; Mein Hintergedanke dabei war, …

hin·ter·ge·hen [hɪntɐˈgeːən] <hintergehst, hinterging, hat hintergangen> *mit OBJ* ■ **jmd. hintergeht jmdn.** *(geh.) jmds. Vertrauen missbrauchen; jmdn. betrügen:* Seine beste Freundin hat ihn hintergangen.; Ich bin hintergangen worden.

Hin·ter·grund der <-(e)s, Hintergründe> ❶ *der weiter hinten liegende Teil dessen, was man sieht:* Im Hintergrund sieht man die Berge.; Sie stand im Hintergrund.; der Hintergrund eines Bildes; sich deutlich vom Hintergrund abheben ❷ *die zugrunde liegenden Bedingungen oder Umstände:* Die Handlung spielt sich vor dem Hintergrund des 2. Weltkrieges ab.; jemandes sozialer Hintergrund; die Hintergründe eines Mordes aufklären; ■ **im Hintergrund bleiben** *keine Aufmerksamkeit erregen* Seine Frau bleibt lieber im Hintergrund.; ■ **sich im Hintergrund halten** *keine Aufmerksamkeit auf sich ziehen wollen* Sie hält sich gerne im Hintergrund.; ■ **in den Hintergrund treten** *an Bedeutung verlieren* Angesichts dieser Katastrophe treten alle anderen Probleme in den Hintergrund.

Hin·ter·halt der <-(e)s, -e> *ein Ort, an dem man sich versteckt, um jmdn. zu überfallen:* in einem Hinterhalt liegen; jemanden aus dem Hinterhalt erschießen/überfallen

hin·ter·häl·tig [ˈhɪntɐhɛltɪç] *adj (abwertend.) mit bösen Absichten, gemein:* ein hinterhältiger Mensch; Sie hatten einen hinterhältigen Plan ausgeheckt. ▸ Hinterhältigkeit

hin·ter·her [hɪntɐˈheːɐ̯/ˈhɪntɐheːɐ̯] *adv* ❶ *danach* (Betonung vorn): Hinterher ist man immer klüger. ❷ *jmdm. oder etwas folgend:* Wo geht es lang? Immer dem Reiseführer hinterher!; Sie sind dem Verbrecher/Ausreißer hinterher.; ■ **hinterher sein** *(umg.) zurückgeblieben sein* Lass ihn nur, er ist immer ein bisschen hinterher!; *nicht den Anschluss verlieren wollen* Bei den Hausaufgaben der Kinder muss man immer hinterher sein.; *etwas haben wollen* Er ist nur hinter ihrem Geld her. ◆Getrenntschreibung → R 4.8 Sie ist schon immer ein wenig hinterher gewesen.; Bei der Ordnung bin ich nicht so hinterher.

hin·ter·her·lau·fen [hɪntɐˈheːɐ̯laʊfn̩] <läuft hinterher, lief hinterher, ist hinterhergelaufen> *ohne OBJ* ■ **jmd. läuft jmdm. hinterher** ❶ *jmdm. laufend folgen:* Alle sind dem Reiseleiter hinterhergelaufen. ❷ *(umg.) versuchen, jmds. Aufmerksamkeit und Zuneigung zu gewinnen:* einem Mädchen hinterherlaufen ❸ *etwas unbedingt erreichen wollen:* dem Erfolg/dem Geld hinterherlaufen

Hin·ter·kopf der <-(e)s, Hinterköpfe> *der hintere Teil des Kopfes:* einen Schlag auf den Hinterkopf bekommen; ■ **etwas im Hinterkopf haben** *(umg.) an etwas denken* Ich hätte noch eine Idee im Hinterkopf.

hin·ter·las·sen [hɪntɐˈlasn̩] <hinterlässt, hinterließ, hat hinterlassen> *mit OBJ* ❶ ■ **jmd. hinterlässt etwas** *zurücklassen:* Spuren hinterlassen; Unordnung hinterlassen ❷ ■ **jmd. hinterlässt jmdm. etwas** *vererben:* Er hat seiner Frau ein Vermögen hinterlassen.

Hin·ter·las·se·ne <-> *Plur.* SCHWEIZ. *die Hinterbliebenen:* Die Hinterlassenen trauern um den Toten.

hin·ter·le·gen [hɪntɐˈleːgn̩] *mit OBJ* ■ **jmd. hinterlegt etwas** ❶ *an einem sicheren Ort aufbewahren lassen:* den Schlüssel bei der Nachbarin hinterlegen; sein Testament beim Anwalt hinterlegen ❷ *jmdm. etwas als Sicherheit geben, wenn man etwas ausleiht oder mietet:* Wenn man ein Boot mietet, muss man Geld/seinen Ausweis als Sicherheit hinterlegen.; eine Kaution hinterlegen

hin·ter·lis·tig *adj so, dass man die Absicht hat, jmdn. zu täuschen, um ihm zu schaden:* ein hinterlistiger Mensch; eine hinterlistige Tat ▸ Hinterlist

Hin·tern der [ˈhɪntɐn] <-s, -> *(umg.: ≈ Po, Popo) der Teil des Körpers, auf dem man sitzt:* einen dicken Hintern haben; ■ **sich auf den Hintern setzen** *(umg.) hinfallen* Beim Eislaufen habe ich mich auf den Hintern gesetzt.; *fleißig lernen* Sie muss sich noch tüchtig auf den Hintern setzen, wenn sie die Prüfung schaffen will.; ■ **ein paar auf den Hintern kriegen** *(umg.) Schläge bekommen* Wenn du nicht gleich still bist, kriegst du ein paar auf den Hintern.; ■ **jemandem/jemanden in den Hintern treten** *(umg.) jmdn. zur Eile oder zum*

Mitmachen antreiben Man muss ihn wirklich in den Hintern treten, damit er mal aktiv wird.

hin·ter·rücks ['hɪntɐryks] *adv* ① *von hinten:* jemanden hinterrücks erschießen ② *heimtückisch:* jemanden hinterrücks verleumden

Hin·ter·tref·fen ■ **im Hintertreffen sein/ ins Hintertreffen geraten/gelangen/ kommen** *(umg.) Nachteile hinnehmen müssen; eine schlechtere Position als andere* Wir sind bei dem Wettkampf ins Hintertreffen geraten, weil ein Spieler krank geworden ist.

Hin·ter·tür die <-, -en> *Tür auf der Rückseite eines Gebäudes:* ein Haus durch die Hintertür betreten; ■ **sich noch eine Hintertür offen halten** *(übertr.) sich einen Ausweg offen halten* Sie haben sich nicht endgültig entschieden, sondern sich noch eine Hintertür offen gehalten.; ■ **durch die Hintertür** *(übertr.) auf Umwegen* Ihr Plan ist abgelehnt worden. Jetzt versuchen sie, ihn durch die Hintertür doch noch zu verwirklichen.

hin·ter·zie·hen [hɪntɐ'tsiːən] <hinterziehst, hinterzog, hat hinterzogen> *mit OBJ* ■ **jmd. hinterzieht etwas** RECHTSW. *nicht zahlen:* Steuern hinterziehen

hi·n·ü·ber [hɪ'nyːbɐ] *adv* ① *von dieser Seite auf die andere Seite:* Wie weit ist es bis zum anderen Ufer hinüber?; Wo soll ich die Sachen hinstellen? Dort hinüber. ② *(umg.) tot:* Er ist hinüber. ③ *(umg.) nicht mehr zu gebrauchen:* Die Kaffeemaschine ist hinüber.; Kauf dir mal eine neue Hose; die alte ist doch völlig hinüber! ● Getrenntschreibung → R 4.8 Der Computer wird wohl hinüber sein. Oder wollen wir ihn noch einmal reparieren lassen?

hi·n·un·ter [hɪ'nʊntɐ] *adv* ① *nach unten:* Geht es hier oder dort hinunter? ② *(umg.) hinuntergeschluckt:* Ist die Tablette nun hinunter?

hi·n·un·ter·ge·hen <gehst hinunter, ging hinunter, ist hinuntergegangen> *ohne OBJ* ① ■ **jmd. geht hinunter** *nach unten gehen:* Er ist in den Keller hinuntergegangen. ② ■ **etwas geht hinunter** *abwärts verlaufen oder führen:* Der Weg ins Dorf geht dort hinunter.; Hier geht es in den Keller hinunter.

Hin·weg der <-es, -e> *der Weg zu einem Ziel hin:* Der Hinweg kam mir länger vor als der Rückweg.

hin·weg [hɪn'vɛk] *adv* ① *(veralt. geh.) fort:* Hinweg mit dir! ② *zeitlich oder räumlich über etwas hin:* über mehrere Jahre hinweg; Kontakte über die Grenze hinweg; über den Zaun hinweg; ■ **über jemandes Kopf hinweg** *ohne die betreffende Person zu fragen* Ich weiß davon nichts, denn das wurde über meinen Kopf hinweg entschieden.

hin·weg·set·zen <setzt hinweg, setzte hinweg, hat/ist hinweggesetzt> I. *ohne OBJ* ■ **jmd. setzt über etwas** *Akk.* **hinweg** *(haben o sein) über etwas springen:* Der Hund hat/ist über den Zaun hinweggesetzt. II. *mit SICH* ■ **jmd. setzt sich über etwas** *Akk.* **hinweg** *(haben) etwas nicht beachten:* sich über ein Verbot/eine Warnung hinwegsetzen

Hin·weis der ['hɪnvaɪs] <-es, -e> ① *Angabe oder Information; nützlicher Tipp:* jemandem einen Hinweis geben; sachdienliche Hinweise, die zur Ergreifung des Täters führen; Hinweise zur verwendeten Literatur finden Sie am Ende des Buches. ② *Erklärung:* jemandem Hinweise für seine Arbeit geben; Hinweise für die Pflege eines Elektrogerätes ③ *Anzeichen:* ein Hinweis auf seine schwierige finanzielle Lage; ein Hinweis auf eine schwere Erkrankung

hin·wei·sen <weist hin, wies hin, hat hingewiesen> I. *mit OBJ/ohne OBJ* ■ **jmd. weist jmdn. auf etwas** *Akk.* **hin** *aufmerksam machen:* jemanden auf einen Fehler hinweisen; Ich möchte (Sie) darauf hinweisen, dass Sie im Halteverbot stehen. II. *ohne OBJ* ■ **etwas weist auf etwas** *Akk.* **hin** ① *vermuten lassen:* Alle Anzeichen weisen auf einen zeitigen Winter/ eine schwere Erkrankung hin. ② *aufmerksam machen:* Das Schild weist auf freie Wohnungen/die Autobahnauffahrt hin.

hin·wer·fen <wirfst hin, warf hin, hat hingeworfen> I. *mit OBJ* ■ **jmd. wirft etwas hin** ① *etwas einfach so irgendwohin werfen:* Sie hat ihre Tasche einfach hier hingeworfen. ② *etwas einfach so dahersagen/ schreiben/zeichnen:* (jemandem) einen Gruß hinwerfen; ein paar hingeworfene Sätze; etwas mit ein paar hingeworfenen Strichen andeuten ③ *(umg.) plötzlich aufgeben:* die Arbeit hinwerfen II. *mit SICH* ■ **jmd. wirft sich hin** *sich zu Boden werfen:* Als Schüsse fielen, warfen sie sich schnell hin.

Hinz [hɪnts] ■ **Hinz und Kunz** *(umg. abwert.) alle möglichen Leute* Auf dem Fest trafen sich Hinz und Kunz.

hin·zie·hen <ziehst hin, zog hin, hat/ist hingezogen> I. *mit OBJ* ■ **jmd. zieht etwas hin** *(haben) ziehend irgendwohin be-*

wegen: Sie zog ihre Freundin/den Teller zu sich hin. **II.** *ohne OBJ* ① ▪ **jmd. zieht irgendwo hin** *(sein) an einen bestimmten Ort ziehen und dort wohnen:* Er ist erst kürzlich zu mir hingezogen. ② ▪ **etwas zieht üer etwas** *Akk.* **hin** *(geh.) sich über etwas hinbewegen:* Wolken zogen über den Himmel hin.; Vogelschwärme sind über uns hingezogen. **III.** *mit SICH* ▪ **etwas zieht sich hin** *(haben) (lange) dauern:* Die Feierlichkeiten zogen sich über mehrere Wochen hin.; Die Rede hat sich hingezogen.; ▪ **sich zu jemandem hingezogen fühlen** *jmdn. gern mögen* Er fühlt sich sehr zu seiner neuen Kollegin hingezogen.

hin·aus [hɪnˈaʊ̯s] *adv außerdem; darüber hinaus:* Hinzu kommt, dass …

hin·zu·fü·gen <fügt hinzu, fügte hinzu, hat hinzugefügt> *mit OBJ* ▪ **jmd. fügt etwas hinzu** ① *dazugeben:* dem Teig noch etwas Mehl hinzufügen ② *ergänzend sagen:* Ich möchte (meinen Äußerungen) noch etwas hinzufügen.; Wollen Sie noch etwas hinzufügen?

hin·zu·kom·men [hɪnˈtsuːkɔmən] <kommst hinzu, kam hinzu, ist hinzugekommen> *ohne OBJ* ① ▪ **jmd. kommt hinzu** *zusätzlich irgendwohin kommen:* Ich kam gerade hinzu, als sich der Unfall ereignete.; Er ist erst später zur Mannschaft hinzugekommen. ② ▪ **etwas kommt hinzu** *zusätzlich dazukommen:* Zu seiner schweren Krankheit kam noch eine Lungenentzündung hinzu.; Sie hat Schwierigkeiten in der Schule. Hinzu kommt, dass sie lange krank war.; Hier muss noch etwas Salz hinzukommen.

Hi·obs·bot·schaft die [ˈhiːɔps…] <-, -en> *schlechte, unerwartete Neuigkeit:* Er kam mit einer Hiobsbotschaft.

Hirn das [hɪrn] <-(e)s, -e> ① ANAT. *Gehirn:* das menschliche Hirn ② KOCH. *das Hirn¹ geschlachteter Tiere:* Heute gibt es Hirn. ③ *(umg.) Verstand:* sein Hirn anstrengen; sich das Hirn zermartern

Hirn·ge·spinst das <-(e)s, -e> *(umg. abwert.) etwas Eingebildetes; eine Fantasie; eine Idee, die der Realität fern ist:* Das sind doch nur Hirngespinste!

hirn·ris·sig *adj (umg. abwert.) so, dass etwas keinen Sinn hat; unsinnig:* Es ist doch völlig hirnrissig, das zu versuchen!; Wer hatte denn diese hirnrissige Idee?

Hirt, Hir·te der [ˈhɪrt(ə)] <-(e)n, -(e)n> *jmd., der Tiere wie Schafe, Schweine, Gänse o.Ä. hütet:* Der Hirte zieht mit den Tieren in die Berge ◆Schaf-, Schweine-, Ziegen-

his·sen [ˈhɪsn̩] *mit OBJ* ▪ **jmd. hisst etwas** *an einem Mast nach oben ziehen:* eine Fahne/die Segel hissen

His·to·ri·ker der, **His·to·ri·ke·rin** [hɪsˈtoːrikɐ] <-s, -> *Person, die sich wissenschaftlich mit Geschichte befasst:* Er ist ein bekannter Historiker.

his·to·risch [hɪsˈtoːrɪʃ] *adj /nicht steig./* ① *die Vergangenheit betreffend:* historisch belegte Ereignisse; historische Fakten/Überlieferungen ② *die Geschichte betreffend:* ein historischer Atlas; die historische Forschung/Wissenschaft ③ *sehr wichtig oder bedeutsam:* ein historischer Augenblick; Der Fall der Berliner Mauer war ein Ereignis von historischer Bedeutung.

Hit der [hɪt] <-s, -s> ① *(umg.) ein sehr beliebtes und bekanntes Lied:* sein neuester Hit; Der Schlager wurde zu einem Hit. ② *(umg.) eine Sache oder Ware, die sehr beliebt ist:* Grüne Haare/Weite Hosen sind jetzt der neueste Hit.

Hit·ze die [ˈhɪtsə] <-> */kein Plur./* ① (↔ *Kälte) hohe Temperatur:* Hier (im Zimmer) ist aber eine Hitze!; bei glühender Hitze arbeiten müssen; den Kuchen bei mittlerer Hitze backen ② *sehr warmes Wetter:* Draußen herrscht eine drückende/sengende Hitze.; Bei dieser Hitze können wir nur noch schwimmen gehen! ③ *(umg.) erregter Zustand:* Sie gerieten in Hitze und schrien sich an.; ▪ **in der Hitze des Gefechts** *(umg.) in der Aufregung* Das habe ich in der Hitze des Gefechts vergessen.
◆Getrennt-oder Zusammenschreibung → R 4.16 ein Hitze abweisendes/hitzeabweisendes Material

hit·zig [ˈhɪtsɪç] *adj* ① *aufbrausend:* ein hitziger Mensch; ein hitziges Gemüt haben ② *heftig, intensiv:* ein hitziges Wortgefecht; ein hitziger Kampf

hm *interj Ausdruck von Zweifel oder Nachdenken:* Hm, was sagst du dazu?; Hm. Ich weiß nicht, was ich davon halten soll.

hob [hoːp] *Prät. von* **heben**

Hob·by das [ˈhɔbi] <-s, -s> *Beschäftigung in der Freizeit, die man regelmäßig und gern macht:* Sein Hobby ist das Angeln.; ein gefährliches Hobby haben ◆-gärtner(in), -keller, -maler(in), -musiker(in), -sportler(in)

Hoch das [hoːx] <-s, -s> ① *Ausruf, um jmdn. oder etwas zu feiern:* Ein dreifaches Hoch auf das Geburtstagskind! ② METEOR. *(kurz für Hochdruckgebiet) eine Wetterlage, die schönes Wetter bringt:* Ein ausgedehntes/kräftiges Hoch bestimmt unser

Wetter.

hoch [ho:x] <höher, am höchsten> **I.** *adj* (↔ *niedrig*) ❶ *weit in die Höhe/nach oben:* Das Haus ist (50 Meter) hoch.; Wie hoch fliegt das Flugzeug?; Die Alm liegt 3000 Meter hoch.; hoher Wellengang ❷ *groß, umfangreich, intensiv:* ein hoher Betrag; ein hohes Alter erreichen; hohe Temperaturen ❸ *bedeutend; von wichtigem gesellschaftlichem Rang:* eine hohe/hoch stehende Persönlichkeit; ein hoher Gast; eine höhere Schule besuchen; sich an höherer Stelle beschweren; auf höheren Befehl handeln ❹ *(moralisch) wertvoll:* hohe/hoch gesteckte Ziele verfolgen; hohe Ideale haben; das hohe Gut der Freiheit; nach Höherem streben ❺ *(geh.) zeitlich fortgeschritten:* die hohe Zeit des Barock; Es war hoher Mittag/Sommer.; Es ist/wird hohe/höchste Zeit, dass wir aufbrechen. ❻ *auf einer Skala am oberen Ende:* hohe Frequenzen/Töne **II.** *adv* ❶ *nach oben; aufwärts:* Da vorne geht es hoch.; Die Hände hoch!; einen Stuhl hoch schrauben; Die Schranke muss hoch sein, ehe wir fahren können. ❷ *außerordentlich/sehr;* ▪ **hoch zu Ross sein** *(umg.) eingebildet sein* Ich mag sie nicht, weil sie immer so hoch zu Ross ist.; ▪ **jemandem etwas hoch anrechnen** *(umg.) jmds. Leistung oder Taten anerkennen* Ich rechne ihm hoch an, dass er mir in dieser schwierigen Situation geholfen hat.; ▪ **die Nase hoch tragen** *(umg.) eingebildet sein, arrogant sein* Sie trägt die Nase immer sehr hoch; dabei weiß ich gar nicht, warum.; ▪ **hoch hinauswollen** *(umg.) ehrgeizig sein* Er arbeitet sehr viel, denn er will hoch hinaus.; ▪ **jemandem zu hoch sein** *(umg.) für jmdn. unverständlich sein* Das ist mir einfach zu hoch! Geht es nicht etwas verständlicher? ◆Zusammenschreibung → R 4.2 hochaktuell; hochanständig; hochgeschlossen; hochgiftig; ◆Großschreibung → R 3.17 der Hohe Priester; die Hohen Tauern; das Hohe Lied Salomo; das Hohe Haus; ◆Kleinschreibung → R 3.20 die hohe Schule (des Reitens); Der Präsident bat das hohe Haus, sich von den Plätzen zu erheben.; ◆Getrennt- oder Zusammenschreibung → R 4.16, 4.17 hoch begabt/hochbegabt sein; hoch bezahlt/hochbezahlt; hoch entwickelt/hochentwickelt; hoch industrialisiert/hochindustrialisiert; hoch konzentriert/hochkonzentriert; hoch motiviert/hochmotiviert; hoch qualifiziert/hochqualifiziert; jemanden hoch achten/hochachten; jemanden höher achten; jemanden hoch schätzen/hochschätzen

Hoch·ach·tung die <-> */kein Plur./ großer Respekt:* Hochachtung vor jemandem/jemandes Leistung haben; große Hochachtung für den Lehrer empfinden

hoch·ak·tu·ell *adj /nicht steig./ sehr aktuell; so, dass es für die Gegenwart sehr wichtig ist:* ein hochaktuelles Problem diskutieren; sich einen hochaktuellen Pullover kaufen ◆Zusammenschreibung → R 4.2 eine hochaktuelle Nachricht

Hoch·deutsch das [ˈhoːxdɔyt͡ʃ] <-s> */kein Plur./ dialektfreies Deutsch:* Wie heißt das auf Hochdeutsch?

hoch·deutsch [ˈhoːxdɔyt͡ʃ] *adj /nicht steig./ deutsch ohne Dialekt:* hochdeutsch sprechen

Hoch·ge·bir·ge das <-s, -> *hohes Gebirge, mit Bergen, die sich bis (weit) über die Baumgrenze erheben, wie z.B. die Alpen:* Wir gehen gerne im Hochgebirge wandern.; die Hochgebirge Zentralasiens

hoch·ge·hen <gehst hoch, ging hoch, ist hochgegangen> *ohne OBJ* ❶ **jmd. geht hoch** *nach oben gehen:* von der Straße in die Wohnung hochgehen; Wollt ihr mit mir auf den Turm hochgehen? ❷ **etwas geht hoch** *sich nach oben heben:* Der das Signal/der Vorhang wird gleich hochgehen.; Der Ballon ging ganz langsam hoch. ❸ **jmd. geht hoch** *(umg.) zornig werden:* Sie geht bei jeder Kleinigkeit gleich hoch. ❹ **etwas geht hoch** *(umg.) explodieren:* Die Bombe ist hochgegangen. ❺ **etwas geht hoch** *(umg.) entdeckt werden:* Im letzten Moment ist unser Plan doch noch hochgegangen.; eine Verbrecherbande hochgehen lassen

hoch·ge·lobt <-, -> *adj so, dass es häufig gelobt wird:* das hochgelobte Buch des Autors

Hoch·haus das <-es, Hochhäuser> *Haus, das sehr viel höher ist als ein normales Wohnhaus:* die Hochhäuser in Frankfurt/Manhattan

hoch·he·ben <hebst hoch, hob hoch, hat hochgehoben> *mit OBJ* ▪ **jmd. hebt jmdn./etwas hoch** *nach oben heben:* die Hand hochheben; ein Kind (auf die Schultern) hochheben

Hoch·mut der [ˈhoːxmuːt] <-s> */kein Plur./ (abwert.) Arroganz, unberechtigter Stolz, Überheblichkeit und Herablassung gegenüber anderen:* voller Hochmut sein; ▪ **Hochmut kommt vor dem Fall.** *(umg.) wer sich selbst überschätzt, wird irgendwann dafür bestraft* ▸ hochmütig

Hoch·rech·nung die <-, -en> *bei einer Wahl die Berechnung eines noch nicht endgültigen Ergebnisses:* Nach bisherigen Hochrechnungen ist mit einem Wahlsieg der Opposition zu rechnen.

Hoch·sai·son die <-, (-s)> *(≈ Hauptsaison) die Zeit, in der die meisten Menschen in den Urlaub fahren und in der es deshalb an manchen Orten sehr viel Betrieb gibt:* Er kann das Geschäft zur Hochsaison nicht schließen.; Im Sommer ist in den Seebädern immer Hochsaison.

Hoch·schu·le die ['ho:ʃu:lə] <-, -n> *(≈ Universität) wissenschaftliche Lehr- und Forschungseinrichtung, an der man studieren und einen akademischen Grad erwerben kann:* die Zusammenarbeit zwischen verschiedenen Hochschulen ◆ Hochschulreife, Hochschulstudium, Fach-

Hoch·som·mer der <-s, -> *die Mitte des Sommers:* mitten im Hochsommer Urlaub machen

höchs·te adj Superl. von „hoch": das höchste Gebäude der Stadt

höchs·tens ['høçstn̩s] adv ❶ *(↔ mindestens) nicht mehr als:* Ich gebe höchstens zehn Euro dafür. ❷ *(≈ bestenfalls) im besten Fall; nur noch:* Hier kann höchstens noch ein Wunder helfen.

Höchst·ge·schwin·dig·keit die <-, -en> ❶ *(↔ Mindestgeschwindigkeit) die Geschwindigkeit, die man irgendwo maximal fahren darf:* Die zulässige Höchstgeschwindigkeit ist hier wegen Bauarbeiten herabgesetzt worden. ❷ *die Geschwindigkeit, die ein Fahrzeug von der technischen Ausstattung her maximal fahren kann:* die Höchstgeschwindigkeit eines Fahrzeuges

Hoch·was·ser das <-s, -> ❶ *Überschwemmung; Wasserstand, bei dem das Wasser über die Ufer steigt:* Hier hat es in der letzten Zeit mehrere Hochwasser gegeben. ❷ *Höchststand der Flut im Wechsel der Gezeiten:* Um 14 Uhr ist Hochwasser.

hoch·wer·tig ['ho:xveːɐ̯tɪç] adj */nicht steig./ von sehr guter Qualität:* hochwertige Nahrungsmittel/Stoffe

Hoch·zeit die ['hɔxtsait] <-, -en> *Eheschließung:* Wir sind in diesem Jahr zu drei Hochzeiten eingeladen.; ■ **goldene Hochzeit** *der 50. Hochzeitstag* Meine Großeltern feiern morgen goldene Hochzeit.; ■ **auf allen Hochzeiten (gleichzeitig) tanzen** *(umg.) sich an vielen Dingen gleichzeitig beteiligen (und dadurch nichts gründlich machen)* Du kannst nicht auf allen Hochzeiten gleichzeitig tanzen! ◆ -sfeier, -sgast, -sgeschenk, -sgesellschaft, -skleid, -skuchen, -skutsche, -spaar

Hoch·zeit die <-, -en> *Blütezeit:* in der Hochzeit des Barocks

hoch·zie·hen <ziehst hoch, zog hoch, hat hochgezogen> **I.** *mit OBJ* ■ **jmd. zieht etwas hoch** ❶ *nach oben ziehen:* einen Eimer am Seil aus dem Brunnen hochziehen; die Hosen hochziehen ❷ *heben:* die Augenbrauen/Schultern hochziehen **II.** *mit SICH* ■ **jmd. zieht sich an etwas Akk. hoch** *(umg.) sich aufregen:* Sie zieht sich an jeder Kleinigkeit hoch.; ■ **die Nase hochziehen** *(umg.) geräuschvoll Luft oder Schleim durch die Nase einatmen* Brauchst du ein Taschentuch, weil du dauernd die Nase hochziehst?

ho·cken ['hɔkn̩] <hockst, hockte, hat/ist gehockt> **I.** *ohne OBJ* ■ **jmd. hockt** ❶ */haben/sein/ auf dem Boden sitzen oder in die Knie gehen und so verharren:* Er hat/ist in der Ecke/auf dem Boden gehockt.; Die Henne hockt auf den Eiern. ❷ */haben/sein/ (umg.)* SÜDDT., ÖSTERR. *sich dauernd aufhalten:* Ich habe/bin den ganzen Tag hinter dem Schreibtisch gehockt.; Müsst ihr denn immer bei Mutter hocken? **II.** *mit SICH* ■ **jmd. hockt sich irgendwohin** *(haben) sich so irgendwohin setzen, dass man sich relativ klein macht:* Sie hat sich auf die Bank/in die Ecke gehockt.

Ho·cker der <-s, -> *ein Stuhl ohne Lehne:* sich auf einen Hocker setzen; ■ **jemanden nicht vom Hocker reißen** *(umg.) jmdn. nicht besonders begeistern* Dieser Film hat mich nicht vom Hocker gerissen. ◆ Bar-, Klavier-

Hof der [hoːf] <-(e)s, Höfe> ❶ *abgegrenzter Platz hinter einem Haus oder in der Mitte von mehreren Häusern, um den herum meist Mauern sind:* Die Kinder spielen im/auf dem Hof. ◆ Hinter-, Innen- ❷ *Bauernhof:* einen großen Hof bewirtschaften ❸ */kein Plur./ Wohnsitz eines Königs oder Fürsten:* am Hofe Augusts des Starken ◆ Königs- ❹ *alle Personen, die zu einem Hof³ gehören:* Der gesamte Hof zog mit dem König in die Sommerresidenz. ❺ *heller Nebel um Mond oder Sonne:* Der Mond hat einen Hof.; ■ **jemandem den Hof machen** *(geh.) jmdn. umwerben, mit jmdm. flirten* Er hat ihr den Hof gemacht.

hof·fen ['hɔfn̩] **I.** *mit OBJ* ■ **jmd. hofft etwas** *jmd. wünscht, dass etwas in der Zukunft passiert:* Hoffen wir das Beste für dich!; Wir hoffen, dass alles gut geht. **II.** *ohne OBJ* ■ **jmd. hofft auf etwas** *jmd. wünscht sich etwas:* Für morgen hoffen wir auf besseres Wetter.; Ich hoffe auf Besserung.

hof·fent·lich ['hɔfn̩tlɪç] *adv so, wie man es hofft; so, wie es zu wünschen wäre:* Hoffentlich ist ihm nichts passiert!; Du willst doch hoffentlich nicht schon wieder ein neues Auto kaufen!

Hoff·nung die ['hɔfnʊŋ] <-, -en> ① *positive Erwartung für die Zukunft:* Ich habe die Hoffnung, dass unser Plan doch noch gelingt.; jemandem falsche Hoffnungen machen; die Hoffnung nicht verlieren ② *Person oder Sache, in die große Erwartungen gesetzt werden:* Er war die große Hoffnung seiner Eltern.; Das war unsere einzige/letzte Hoffnung.; ■ **guter Hoffnung sein** *(umg. verhüll.) schwanger sein* Unsere Nachbarin ist guter Hoffnung.

höf·lich ['hø:flɪç] *adj so, dass man sich freundlich und rücksichtsvoll benimmt:* ein höflicher Mensch; höfliches Verhalten; jemanden höflich grüßen/um etwas bitten ▸ höflicherweise, Höflichkeit

Hö·he die ['hø:ə] <-, -n> ① *Größe/Abstand von unten bis oben:* die Höhe eines Berges/Turmes/Zimmers; In einer Höhe von 5000 m errichteten sie ein Basislager.; auf/in einer Höhe von 1000 m fliegen ② *eine Stelle, die weiter oben ist:* etwas in die Höhe heben; in die Höhe schweben/steigen; den Urlaub in der Höhe verbringen ③ *auf einer (gedachten) Linie oder auf einem Niveau:* Wir sitzen auf gleicher Höhe/auf verschiedenen Höhen im Parkett.; Das Schiff befand sich auf der Höhe von Helgoland, als das Unglück passierte.; auf der Höhe der Zeit/technischen Entwicklung sein ④ *die messbare Größe oder Menge:* die Höhe der Geschwindigkeit/Strahlung; die Höhe der Besucherzahl/Löhne/Verluste ⑤ *der (nicht messbare) Grad:* die Höhe seines Ansehens/Bewusstseins; Das Gespräch bewegte sich auf einer (geistigen) Höhe, der ich nicht folgen konnte. ⑥ *Erhebung im Gelände:* die Höhen der Eifel/des Thüringer Waldes; In der Ferne sieht man die Höhen des Vorgebirges.; ■ **Das ist doch wohl die Höhe!** *(umg.) Ausruf der Empörung* Er hat mir das Geld gestohlen! Das ist doch wohl die Höhe!; ■ **auf der Höhe sein** *(umg.) so, dass man geistig oder körperlich/gesundheitlich bestimmten Anforderungen gewachsen ist* Trotz seines hohen Alters ist er noch voll auf der Höhe.; ■ **in die Höhe fahren** *(umg.) aufspringen* Als er die Türklingel hörte, fuhr er in die Höhe.

Hö·he·punkt der <-es, -e> ① *der Zeit-*punkt/Moment, in dem man ganz oben von etwas ist:* auf dem Höhepunkt einer Entwicklung/Laufbahn; Er hat den Höhepunkt seiner Karriere erreicht ② *der schönste Moment/Augenblick:* Ihr Auftritt war der Höhepunkt des Abends. ③ *Orgasmus:* (nicht) zum Höhepunkt kommen ④ MED. *Krise:* Der Höhepunkt der Krankheit ist überschritten; jetzt wird es besser.; Die Krankheit hat ihren Höhepunkt überschritten.

hohl [ho:l] *adj* ① *so, dass es innen leer ist:* ein hohles Fass; einen hohlen Zahn haben; Der Baum ist innen ganz hohl. ② *nach innen gebogen:* Der Spiegel ist hohl und nicht bauchig.; hohle Wangen haben; Wasser in der hohlen Hand auffangen ③ *so, als würde es aus einem leeren Raum kommen:* ein hohles Donnern/Husten; eine hohle Stimme; hohl klingen ④ *(umg. abwert.) nichtssagend/dumm:* Das sind nichts als hohle Worte/Phrasen!; Der Kerl ist doch völlig hohl!

Höh·le die ['hø:lə] <-, -n> ① *leerer Raum (meist unter der Erde oder in einem Berg):* unterirdische Höhlen im Felsen; Früher lebten die Menschen in Höhlen.; Die Kinder haben sich eine Höhle in den Schnee gegraben. ② *Behausung eines Tieres:* die Höhle eines Bären ③ *(umg. abwert.) schlechte Wohnung:* Diese Wohnung ist eine fürchterliche Höhle. ④ ANAT. *Augenhöhle:* Seine Augen lagen in tiefen Höhlen.

Hohn der [ho:n] <-(e)s> /*kein Plur.*/ *der Vorgang, dass man offen zeigt, dass man jmdn./etwas verachtet und man sich auf eine verletzende Art darüber lustig macht:* Aus seinen Worten sprach der blanke Hohn.; ■ **nur Spott und Hohn ernten** *für sein Handeln nicht belohnt, sondern ausgelacht werden* Er hat für diese Aktion nur Spott und Hohn geerntet. ♦ Getrennt-oder Zusammenschreibung → R 4.14 Hohn lachend/hohnlachend; allen guten Vorsätzen Hohn sprechen/hohnsprechen

höh·nisch ['hø:nɪʃ] *adj voller Hohn; schadenfroh:* Du brauchst gar nicht so höhnisch zu grinsen!; ein höhnisches Lachen; eine höhnische Rede

Ho·kus·po·kus der [ho:kʊs'po:kʊs] <-> I. /*kein Plur.*/ ① *(umg.) Täuschung:* Der Zauberkünstler führte allerlei Hokuspokus vor. ② *(umg. abwert.) lächerliches Handeln:* Was soll dieser ganze Hokuspokus? Komm endlich zur Sache! II. *interj Zauberformel:* Hokuspokus Fidibus!

ho·len ['ho:lən] <holst, holte, hat geholt> I. *mit OBJ* ① ■ **jmd. holt jmdn./etwas** *ir-*

gendwo nehmen und herbringen: das Auto aus der Werkstatt holen; die Kinder aus der Schule holen; jemanden ins Zimmer holen ❷ **jmd. holt etwas aus etwas** *Dat. irgendwo herausnehmen:* Geld aus der Tasche holen; ein Buch aus dem Schrank holen; die Gurken aus dem Fass holen ❸ **jmd. holt etwas** *etwas gewinnen:* die Goldmedaille/einen Titel holen ❹ **jmd. holt etwas** *(umg.) einkaufen:* Brot/Milch holen gehen ❺ **jmd. holt jmdn.** *zu sich rufen:* Wir sollten einen Arzt/die Polizei holen. **II.** *mit SICH* **jmd. holt sich etwas** *(umg.) krank werden:* sich eine Erkältung/eine Grippe holen; Wer weiß, was ich mir bei der Kälte gestern geholt habe!; **Atem/Luft holen** *einatmen* Nun hol erstmal Luft. Dann kannst du erzählen, was passiert ist!; **sich den Tod holen** *(umg.) sich stark erkälten* Du musst doch bei der Kälte eine Jacke anziehen, sonst holst du dir ja den Tod!

Höl·le die [hœlə] <-, -n> */meist Sing./* ❶ */kein Plur./* REL. *Reich des Teufels, in das nach dem Tod diejenigen kommen, die in ihrem Leben viele Sünden begangen haben:* für seine Sünden in die Hölle kommen; zur Hölle fahren ❷ *(übertr.) Zustand oder Ort schrecklicher Qualen:* die Hölle des Krieges; Es war die Hölle für sie.; Sie machte ihm das Leben zur Hölle.; **sich zur Hölle scheren können** *(umg.) von jmdm. oder irgendwoh sehr ungeduldet sein* Scher dich zur Hölle! Ich will dich hier nicht mehr sehen!; **die Hölle auf Erden haben** *(umg.) sehr leiden müssen* In ihrer Ehe hat sie die Hölle auf Erden.; **jemandem die Hölle heiß machen** *(umg.) jmdn. stark bedrängen oder unter Druck setzen* Ich habe ihm die Hölle heiß gemacht, aber er will mir einfach nicht die Wahrheit sagen.

Höl·len- [hœlən] *als Erstglied zusammengesetzter Substantive, mit Betonung auf beiden Teilen; drückt aus, dass das mit dem Zweitglied Bezeichnete von besonderer Intensität ist:* Es macht einen Höllenspaß, mit diesem Auto zu fahren. ◆-durst, -galopp, -gelächter, -gestank, -hitze, -krach, -lärm, -qual, -schmerz, -spaß, -spektakel, -tempo

höl·lisch ['hœlɪʃ] **I.** *adj /nicht steig./* ❶ *aus oder von der Hölle:* das höllische Feuer ❷ *(umg.) sehr groß/stark:* höllische Schmerzen/Qualen; höllischer Lärm **II.** *adv /nicht steig./ (umg.) sehr:* höllisch aufpassen müssen; Das tut höllisch weh!; höllisch schnell fahren

Holz das [hɔlts] <-es, Hölzer> ❶ */kein Plur./ Material, das aus Baumstämmen gewonnen wird:* abgelagertes/feuchtes/frisch geschnittenes/trockenes Holz; mit Holz heizen; Holz für ein Lagerfeuer sammeln; ein Haus/Möbel/Türen aus Holz ❷ *Holzsorte:* edle/tropische Hölzer; Intarsien aus verschiedenen Hölzern ❸ *eine Latte aus Holz:* die Hölzer zu einer Kiste zusammenbauen; ein Holz in die Erde rammen ❹ *(umg.) Streichholz:* Hast du Hölzer mit?; **Holz machen** *(umg.) Holz (für ein Feuer) klein hacken* Bevor wir heizen können, müssen wir noch Holz machen.; **aus demselben Holz geschnitzt sein** *(umg.) sich charakterlich stark ähneln* Sie ist aus demselben Holz geschnitzt wie ihre Mutter.

höl·zern ['hœltsɐn] *adj /nicht steig./* ❶ *aus Holz:* eine hölzerne Puppe; ein hölzerner Tisch ❷ *(abwert.) ungeschickt; steif:* eine hölzerne Art haben; eine hölzerne Verbeugung/Begrüßung

ho·mo·gen [homo'geːn] *adj /nicht steig./ (geh.: ↔ heterogen) gleichmäßig aufgebaut:* eine homogene Gruppe; eine homogene Masse

ho·mo·se·xu·ell ['hoːmozɛksu̯ɛl, homozɛˈksu̯ɛl] *adj /nicht steig./ (↔ heterosexuell) so, dass man sich sexuell vom eigenen Geschlecht angezogen fühlt* ▸ Homosexualität

Ho·nig der ['hoːnɪç] <-s> */kein Plur./ eine dicke, süße, gelbe und klebrige Masse, die Bienen produzieren:* die Bienen sammeln Honig; Honig aufs Brot streichen; **jemandem Honig ums Maul schmieren** *(umg. abwert.) jmdn. durch Schmeicheleien für sich einnehmen* Sie schmiert ihrem Chef Honig ums Maul. Deshalb bevorzugt er sie immer.

Ho·nig·ku·chen·pferd **grinsen wie ein Honigkuchenpferd** *(umg. abwert.) (ein wenig dümmlich) vor Freude übers ganze Gesicht strahlen* Sie grinste wie ein Honigkuchenpferd, als sie von der Nachricht erfuhr.

Ho·no·rar das [hono'raːɐ̯] <-s, -e> *Geldbetrag, den man für eine erbrachte Leistung erhält:* gegen Honorar arbeiten

Hop·fen der ['hɔpfn̩] <-s, -> BOT. *Pflanze, die besonders zur Herstellung von Bier benutzt wird:* Hopfen anbauen/ernten; **bei jemandem/etwas ist Hopfen und Malz verloren** *(umg.) jmd. oder etwas ist verloren bzw. lohnt keine Mühe mehr* Ich habe ihm schon so oft bei den Hausaufgaben geholfen; aber bei ihm ist Hopfen und Malz verloren.

Hor·de die ['hɔrdə] <-, -n> *(umg. abwertend.) wilde, ungeordnete Gruppe von Personen:* Eine Horde randalierender Fans zog durch die Straßen.; Eine ganze Horde Kinder stürmte auf den Platz.

hö·ren ['høːrən] **I.** *mit OBJ/ohne OBJ* ▪ **jmd. hört etwas** ❶ *mit den Ohren wahrnehmen:* Geräusche/Musik/Schüsse hören; Er hört gut/schwer.; Hörst du die Amsel singen?; Man konnte ihn lachen hören. ❷ *erfahren:* Hast du schon das Neueste gehört?; Ich habe schon davon gehört.; Ich habe lange nichts mehr von ihm gehört.; Wir haben von ihr einiges zu hören bekommen. **II.** *mit OBJ* ❶ ▪ **jmd. hört etwas** *anhören:* Ich höre gerne meine Lieblingsplatte.; Hörst du gerne klassische Musik? ❷ ▪ **jmd. hört jmdn.** RECHTSW. *eine Aussage aufnehmen:* In der Verhandlung wurden mehrere Zeugen gehört.; Sie verlangte, zu dem Fall gehört zu werden. ❸ ▪ **jmd. hört etwas.** *(veraltet.) (Vorlesungen) besuchen:* Sie hört Geschichte bei Professor Müller. **III.** *ohne OBJ* ❶ ▪ **jmd. hört** *gehorchen:* Kannst du nicht hören?; Wenn ihr auf mich/auf meinen Rat gehört hättet, wäre das nicht passiert! ❷ ▪ **ein Tier hört auf …** *(als Tier) angesprochen werden:* Der Hund hört auf den Namen „Waldi".; ▪ **Na, hör mal!** *(umg.) Ausruf des Protests* Na, hör mal! Musste das wirklich sein?; ▪ **jemandem vergeht Hören und Sehen** *(umg.) jmd. weiß gar nicht, wie ihm geschieht*

Hö·ren·sa·gen ['høːrənzaːɡn̩] ▪ **vom Hörensagen** *(umg.) etwas/jmdn. nur aus den Erzählungen anderer und nicht aus eigener Erfahrung kennen* Ich kenne das/sie nur vom Hörensagen.

Hö·rer¹ der, **Hö·re·rin** <-s, -> ❶ *Zuhörer (bei einer Radiosendung, einer Vorlesung, einem Vortrag etc.):* Sehr geehrte Hörerinnen und Hörer!; sich an alle Hörer wenden; ein sehr aufmerksamer Hörer ❷ *(geh.) Student(in):* Diese Vorlesung ist offen für Hörer aller Fakultäten.

Hö·rer² der <-s, -> TELEKOMM. *der bewegliche Teil des Telefons, in den man spricht und in dem man den Gesprächspartner hört:* den Hörer abnehmen/auflegen

Ho·ri·zont der [hoɾiˈt͡sɔnt] <-(e)s, -e> ❶ *Linie in der Ferne, an der sich Himmel und Erde scheinbar berühren:* Die Sonne versinkt am Horizont/geht über den Horizont auf. ❷ *Erfahrungen und geistige Fähigkeiten:* Das geht über meinen Horizont.; einen sehr begrenzten Horizont haben; ▪ **neue Horizonte erschließen** *(geh.) neue Möglichkeiten eröffnen* Der Aufenthalt im Ausland hat mir neue Horizonte erschlossen.

Hor·mon das [hɔrˈmoːn] <-s, -e> MED. *köpereigener Wirkstoff, der bestimmte Körperfunktionen steuert:* Hormone ausstoßen ▪ -behandlung, -präparat, -produktion, Geschlechts-

Horn das [hɔrn] <-(e)s, Hörner/Horne> ❶ */Plur. Hörner/ harter spitzer Körperteil am Kopf von bestimmten Tieren:* die Hörner einer Kuh/eines Schafbocks/einer Ziege/eines Stiers; gebogene/ gewaltige/spitze Hörner haben ❷ */Plur. Hörner/ (umg.) Beule:* Ich habe mich gestoßen; jetzt werde ich ein Horn am Kopf bekommen. ❸ */Plur. Horne/ Hornsubstanz:* Hufe bestehen aus Horn.; ein Brillengestell aus Horn anfertigen ❹ */Plur. Hörner/* MUS. *einfaches Blasinstrument:* Der Jäger bläst ins Horn.; ins Horn stoßen ❺ */Plur. Hörner/* KFZ *Hupe:* das Horn betätigen; ▪ **jemandem Hörner aufsetzen** *(umg.) Ehebruch begehen* Sie hat ihrem Ehemann Hörner aufgesetzt.; ▪ **in das gleiche Horn stoßen wie jemand** *(umg. abwertend.) die gleiche Meinung wie eine andere Person vertreten* Er ist dagegen; und seine Frau stößt ins gleiche Horn.; ▪ **den Stier bei den Hörnern fassen** *(umg.) ein Problem direkt angehen* Wir müssen endlich den Stier bei den Hörnern packen und eine Lösung finden.; ▪ **sich die Hörner abstoßen** *(umg.) (sexuelle) Erfahrungen sammeln* Er hat sich in seiner Jugend die Hörner abgestoßen.

Hörn·chen das <-s, -> ❶ *kleines Horn* ❷ *Gebäck, dessen gekrümmte Form entfernt an ein Horn¹ erinnert und das man besonders zum Frühstück isst:* Bringst du mir vom Bäcker bitte ein Hörnchen mit?

Ho·ros·kop das [horosˈkoːp] <-s, -e> *eine Aussage über jmds. Zukunft, die sich am Stand der Planeten orientiert:* sich ein Horoskop erstellen lassen; Was sagt dein Horoskop für heute?

Hor·ror der <-s> */kein Plur./ Abscheu, Entsetzen, Widerwille:* Er hatte einen Horror vor Spinnen. ▪ horrormäßig ▪ -film, -geschichte, -roman, -story

Hör·saal der <-(e)s, Hörsäle> *ein großer Saal für Vorlesungen in einer Universität:* im Hörsaal sitzen; Die Vorlesung findet in Hörsaal 5 statt.

Hort der [hɔrt] <-(e)s, -e> ❶ *(geh.) ein Ort, wo etwas ist:* Die Universität ist ein Hort der Wissenschaft.; Das Landhaus war ein Hort der Ruhe für sie. ❷ *Kindergarten:* Vormittags sind die Kinder im Hort. ❸ LIT. *Schatz:* der Hort der Nibelungen

Ho·se die ['ho:zə] <-, -n> *ein Kleidungsstück, das den Unterkörper und die Beine bedeckt:* eine kurze/lange/neue Hose; eine Hose/die Hosen anziehen; Die Hose rutscht/sitzt nicht richtig/spannt/ist zu weit.; ■ **die Hosen anhaben** *(umg.) innerhalb einer Gemeinschaft bestimmen, was getan wird* In ihrer Ehe hat er die Hosen an.; ■ **das Herz rutscht jemandem in die Hose** *(umg.) jmd. bekommt Angst* Vor lauter Aufregung ist mir das Herz in die Hose gerutscht.; ■ **die Hosen voll haben** *(vulg.) Angst haben* Wenn ich nur daran denke, dass ich mich in ein Flugzeug setzen soll, habe ich schon die Hosen voll.; ■ **sich in die Hose(n) machen** *(vulg.) Angst haben* Er macht sich immer in die Hose, wenn er zum Zahnarzt gehen muss.; ■ **in die Hose gehen** *(umg.) nicht gelingen* Ich glaube, die Prüfung ist in die Hose gegangen.; ■ **tote Hose sein** *(umg. abwert.) langweilig sein* In dieser Stadt ist tote Hose.

Ho·sen·sack der <-s, Hosensäcke> SCHWEIZ. *Hosentasche:* etwas in den Hosensack stecken

Ho·sen·ta·sche die <-, -n> *an eine Tasche, die seitlich in eine Hose eingenäht ist:* etwas in die Hosentasche(n) stecken; die Hände in den Hosentaschen haben

Ho·tel das [ho'tɛl] <-s, -s> *ein Haus, in dem Gäste gegen Bezahlung übernachten können (und ein Frühstück erhalten):* in einem erstklassigen/noblen/alten Hotel übernachten; Das Hotel ist ausgebucht.; Ich habe Ihnen ein Doppelzimmer im Hotel „Hasen" gebucht. ◆ -angestellter, -besitzer, -direktor, -gast, -halle, -page, -portier, -rechnung, -verzeichnis, -zimmer, Luxus-

hübsch [hʏpʃ] **I.** *adj* ❶ (↔ *hässlich*) *so, dass jmd./etwas gut aussieht und schön anzusehen ist:* ein hübsches Bild/Foto/Mädchen/Städtchen ❷ *(ziemlich) angenehm klingend:* eine hübsche Melodie ❸ (≈ *nett*) *(ziemlich) gut oder angenehm:* Es war doch schon ganz hübsch, was er da gezeigt hat. ❹ *(umg.) beträchtlich; sehr viel:* eine hübsche Summe ❺ *(umg. iron. abwert.) unangenehm:* Da sind wir ja in eine hübsche Geschichte hineingeraten! **II.** *adv (umg.) so, wie es sich gehört:* Nun mal hübsch der Reihe nach!; Immer hübsch langsam!; Nun streng dich mal hübsch an!

Hub·schrau·ber der <-s, -> *eine Art Flugzeug mit einem sehr großen Propeller auf dem Dach, das die Fähigkeit hat, (fast) senkrecht nach oben zu fliegen:* Ich bin noch nie in/mit einem Hubschrauber geflogen. ◆ Polizei-, Rettungs-

hu·cke·pack ['hʊkəpak] *adv (umg.) auf dem Rücken:* etwas/jemanden huckepack tragen

hu·deln ['hu:dl̩n] <hudelst, hudelte, hat gehudelt> *ohne OBJ* ■ **jmd. hudelt** SÜDDT. *(umg.) schnell und und nicht sehr gründlich arbeiten:* Hier haben die Bauarbeiter gehudelt; da muss deshalb noch einmal nachgearbeitet werden. ▸ Hudelei

Hü·gel der ['hy:gl̩] <-s, -> *kleine Erhebung in der Landschaft; kleiner Berg:* Die Stadt wurde auf einem Hügel erbaut.; Wollen wir nicht auf den Hügel steigen? Von dort hat man eine tolle Aussicht. ▸ hügelig

Huhn das [huːn] <-(e)s, Hühner> *ein großer Vogel, der oft in großer Zahl auf Bauernhöfen gehalten wird, weil er viele Eier produziert, die dem Menschen als Nahrung dienen:* Hühner im Garten halten; Hühner legen Eier.; ■ **mit den Hühnern aufstehen** *(umg.) sehr früh aufstehen* Mein Kollege steht immer mit den Hühnern auf.; ■ **Da lachen ja die Hühner!** *(umg.) das ist so dumm, dass man es nicht glauben kann*

Hül·le die ['hʏlə] <-, -n> ❶ *etwas, das eine Sache zum Schutz umgibt:* eine schützende Hülle aus Leder/Plastik/Stoff; von einer wärmenden Hülle umgeben sein; den Stift wieder in die Hülle stecken ◆ Klarsicht-, Plastik-, Schirm-, Schutz- ❷ ■ **in Hülle und Fülle** *(umg.) im Überfluss* Bei der Hochzeitsfeier gab es Essen in Hülle und Fülle.; ■ **die sterbliche Hülle** *(geh. verhüll.) der Körper eines Toten* Seine sterbliche Hülle wurde verbrannt.; ■ **die/alle Hüllen fallen lassen** *(umg.) sich ausziehen* Die Tänzerin ließ alle Hüllen fallen.

hül·len ['hʏlən] <hüllst, hüllte, hat gehüllt> *mit OBJ* ❶ *(geh.)* ■ **jmd. hüllt jmdn./etwas/sich in etwas** *(Akk.) einwickeln, bedecken:* etwas/jemanden/sich in eine Decke hüllen; seine Schultern in ein Tuch hüllen; das Geschenk in Papier hüllen ❷ *(übertr.)* ■ **etwas hüllt etwas** *(Akk.)* **in etwas** *(Akk.) umgeben:* Die Stadt war in Dunkel gehüllt.; Die Berge sind in Nebel gehüllt.; Die Sonne hüllt alles in helles Licht.; ■ **sich (über etwas) in Schweigen hüllen** *(umg.) über etwas nicht reden wollen* Über ihre Familie hüllt sie sich in Schweigen.

hu·man [huˈmaːn] *adj* ① *(geh.:* ↔ *inhuman) so, dass die Würde des Menschen geachtet wird; mit Respekt:* eine humane Politik; ein humaner Strafvollzug ② *(umg.) ohne Härte und gut zu ertragen; menschlich:* Der neue Chef ist doch ganz human.; Die Prüfungsfragen waren human.; eine humane Arbeitszeit haben ③ BIOL., MED. *den Menschen betreffend:* der humane Typ des Krankheitserregers der Rinderseuche BSE

Hu·mor der [huˈmoːɐ̯] <-s, -e> /*meist Sing.*/ ① *heiteres, fröhliches Wesen:* Er hat wirklich Humor. ② *die Fähigkeit, Unangenehmes und alltägliche Schwierigkeiten gelassen und heiter zu betrachten:* alles mit Humor ertragen; den Humor nicht verlieren; ■ **Humor ist, wenn man trotzdem lacht.** *auch wenn etwas mal nicht klappt oder mißlingt, sollte man es nicht zu ernst nehmen, sondern lieber darüber lachen* ③ *die Fähigkeit, lustig zu sein und Witze zu machen und zu verstehen:* viel/keinen (Sinn für) Humor haben; typisch englische/rheinische Humor; ■ **schwarzer Humor** *ein Humor, der sich über Makaberes lustig macht* Er mag den schwarzen Humor.; ■ **einen trockenen Humor haben** *die Fähigkeit haben, in bestimmten Situationen durch eine kurze und treffende, oft ironische Bemerkung andere zu erheitern* Er hat einen sehr trockenen Humor. ▶ humorvoll

Hund der [hʊnt] <-(e)s, -e> ① *ein beliebtes Haustier, das vom Wolf abstammt:* ein bissiger/gefährlicher/großer/harmloser/kläffender/kleiner/gelehriger/treuer/streunender Hund; (sich) einen Hund halten; den Hund ausführen/anleinen/dressieren; der Hund bellt/kläfft/jault ♦ -efutter, -ehütte, -eleine, -ezwinger, Blinden-, Jagd-, Polizei-, Schlitten-, Wach- ② *(umg. abwert.) Mensch, meist mit einer genannten Eigenschaft:* Er war schon immer ein armer Hund.; So ein falscher Hund! Hat er uns doch wieder betrogen!; Das interessiert doch keinen Hund!; ■ **vor die Hunde gehen** *(vulg.) elend sterben* Wenn er nicht mit dem Trinken aufhört, wird er eines Tages vor die Hunde gehen.; ■ **wie Hund und Katze sein** *(umg.) sich immer streiten* Die Geschwister sind wie Hund und Katz.; ■ **ein dicker Hund** *(umg.) eine Unverschämtheit* Es ist ein dicker Hund, dass wir an Wochenende arbeiten müssen.; ■ **bekannt sein wie ein bunter Hund** *(umg.) überall bekannt sein* Er ist in der Stadt bekannt wie ein bunter Hund.; ■ **mit etwas keinen Hund hinterm Ofen hervorlocken können** *(umg.) mit etwas niemanden begeistern können* Mit diesem Vorschlag wirst du keinen Hund hinter dem Ofen hervorlocken können.; ■ **auf den Hund kommen** *(umg.) in schlechten Verhältnissen sein* Er ist auf den Hund gekommen.; ■ **schlafende Hunde wecken** *(umg.) auf etwas aufmerksam machen, was besser unbeachtet bleiben sollte* Wenn ich ihn auf diesen Fehler aufmerksam mache, wecke ich nur schlafende Hunde.; ■ **Da wird ja der Hund in der Pfanne verrückt!** *(umg.) Das kann ich einfach nicht glauben!*; ■ **Hunde die bellen, beißen nicht.** *(umg.) jmd., der viel und laut droht oder schimpft, macht seine Drohungen in den meisten Fällen nicht wahr* Ich glaube nicht, dass du vor dem neuen Lehrer Angst haben musst. Hunde, die bellen, beißen nicht.; ■ **Da liegt der Hund begraben!** *das ist die Ursache des Problems* Da liegt der Hund begraben! Endlich habe ich es verstanden!

Hun·de- [ˈhʊndə] *(umg.) als Erstglied zusammengesetzter Substantive, mit Betonung auf beiden Teilen; drückt aus,* ① *dass das mit dem Zweitglied Bezeichnete in äußerstem Maße gegeben ist:* Es war eine Hundearbeit, diese tausend Einzelteile zusammenzubringen. ♦ -arbeit, -kälte ② *dass das mit dem Zweitglied Bezeichnete besonders minderwertig/schlecht ist:* Für diesen Hundelohn hat er auch am Wochenende noch den ganzen Tag arbeiten müssen. ♦ -fraß, -leben, -lohn, -wetter

hun·de- [ˈhʊndə] *(umg.) als Erstglied zusammengesetzter Adjektive, mit Betonung auf beiden Teilen; drückt aus, dass die mit dem Zweitglied bezeichnete Eigenschaft in höchstem Maße gegeben ist:* Er fühlte sich hundeelend, nachdem er so viel getrunken hatte. ♦ -elend, -kalt, -müde

hun·dert [ˈhʊndɐt] *num der Zahl 100:* Es sind genau hundert Stück!; Das habe ich dir doch schon hundert Mal gesagt! ♦ Kleinschreibung ein paar hundert Leute; einige/viele hunderte Menschen; zu hunderten angelaufen kommen; Es waren hunderte von Soldaten, die den Tod fanden.; etwas viele hundert Mal(e) wiederholen; *siehe aber auch* **Hundert²**

Hun·dert¹ die [ˈhʊndɐt] <-> /*kein Plur.*/ ① *die Zahl 100* ② *jmd. oder etwas mit der Nummer 100:* Die 100 kam als letztes ins Ziel.

Hun·dert² das [ˈhʊndɐt] <-s, -e> ① *Einheit von hundert Stück (Lebewesen oder*

Dinge) ein ganzes Hundert Briefumschläge; mehrere Hundert Soldaten ❷ *unbestimmte große Menge:* Hunderte von Menschen liefen herbei. ◆Großschreibung einige/viele Hunderte Menschen; zu Hunderten angelaufen kommen; Es waren Hunderte von Soldaten, die den Tod fanden.; etwas viele Hundert Mal(e) wiederholen; *siehe aber auch* **hundert**

hun·dert·pro·zen·tig ['hʊndɐtprotsɛntɪç] *adj /nicht steig./* ❶ *zu oder von hundert Prozent:* eine hundertprozentige Teilnahme; hundertprozentig reiner Alkohol; hundertprozentig reine Baumwolle ❷ *(umg.) völlig; ohne Einschränkung:* Man kann sich hundertprozentig auf ihn verlassen.; Wir stehen hundertprozentig hinter ihr. ❸ *so, dass jmd. absolut von etwas überzeugt ist:* ein hundertprozentiges Parteimitglied/ein hundertprozentiger Anhänger dieser Theorie ❹ *so, wie man sich jmdn. oder etwas vorstellt; typisch:* ein hundertprozentiger Bayer ◆Schreibung mit Ziffern → R 4.21 100-prozentig; 100%ig

Hun·ger der ['hʊŋɐ] <-s> /kein Plur./ ❶ *das Gefühl, das man hat, wenn man etwas essen muss:* großen Hunger haben; seinen Hunger stillen; Hunger bekommen; Ich habe überhaupt keinen Hunger!; Mir knurrt vor Hunger der Magen.; ■ **Guten Hunger!** *(umg.) Guten Appetit!;* ■ **Hunger ist der beste Koch.** *wenn man Hunger hat, schmeckt einem alles gut;* ■ **Der Hunger treibt's rein.** *wenn man Hunger hat, isst man auch etwas, das man sonst nicht mag oder nicht essen würde* ▶ hungrig ❷ *(umg.: ≈ Appetit) die plötzliche Lust, ein bestimmtes Nahrungsmittel zu essen:* Plötzlich bekam sie Hunger auf Pizza. ❸ *ein Mangel an Nahrungsmitteln; Not:* Es herrschte großer Hunger im Land. ◆-snot, -tod ❹ *(geh.) die Sehnsucht nach etwas:* der Hunger nach Freiheit/Liebe

hun·gern ['hʊŋɐn] <hungerst, hungerte, hat gehungert> I. *ohne OBJ* ❶ ■ **jmd. hungert** *nicht genug zu essen haben und deshalb Hunger leiden müssen:* In vielen Ländern der Welt müssen die Kinder hungern. ❷ ■ **jmd. hungert** *(umg.) fasten:* Er hungert eine Woche lang, um abzunehmen.; Sie hungerte sich schlank. ❸ ■ **jmd. hungert nach etwas** *(geh.) nach etwas verlangen:* Das Kind hungert nach Anerkennung/Liebe. II. *mit ES* ❶ ■ **jmdn. hungert (es)** *(geh.) Hunger haben:* Ihn/mich/sie hungert.; Es hungert ihn/mich/sie. ❷ ■ **jmdn. hungert (es) nach etwas** *(geh.) verlangen:* Ihn/uns hungert (es) nach Anerkennung/Liebe.

Hun·ger·tuch ■ **am Hungertuch nagen** *(umg.) wenig oder nichts zu essen haben, weil man kein Geld hat* Er nagt am Hungertuch.

-hung·rig [hʊŋrɪç] *(umg.) als Zweitglied zusammengesetzter Adjektive, mit Betonung auf dem Erstglied; drückt aus, dass jemand ein starkes Verlangen/Bedürfnis nach dem mit dem Zweitglied Bezeichneten hat:* Das lesehungrige Mädchen liest bis in die Nacht hinein aktuelle Romane. ◆abenteuer-, bildungs-, geld-, lebens-, leistungs-, lese-, macht-, reise-, sensations-, sex-, sonnen-

hu·pen ['hu:pn̩] *ohne OBJ* ■ **jmd. hupt (irgendwie)** KFZ *ein lautes Signal abgeben, um z.B. jmdn. zu warnen:* Der Fahrer hupte ungeduldig.; Der Autofahrer hupte, als das Kind auf die Straße lief. ▶ Hupe, Hupkonzert

hüp·fen ['hʏpfn̩] <hüpfst, hüpfte, ist gehüpft> *ohne OBJ* ■ **jmd. hüpft** *sich durch kleine Sprünge fortbewegen:* Der Frosch ist über den Weg gehüpft.; Die Kinder hüpften auf der Wiese.

Hür·de die ['hʏrdə] <-, -n> ❶ *ein schwieriges Problem, das man lösen muss, um ein bestimmtes Ziel zu erreichen:* Bis sie ihr Vorhaben verwirklicht haben, müssen sie noch eine Menge Hürden überwinden.; Mit dieser Genehmigung haben wir die letzte Hürde genommen. ❷ SPORT *eines der Hindernisse, die bei bestimmten Laufwettbewerben übersprungen werden müssen:* Der Läufer ist an einer Hürde gestürzt. ◆-nlauf

hur·ra [hʊ'ra:] *interj Ausruf des Jubels und der Zustimmung:* Alle haben damals hurra/Hurra geschrien.; Hurra, wir haben Ferien!

husch [hʊʃ] *interj (umg.)* ❶ *Ausruf, um jmdn. zur Eile zu drängen:* Husch, nach Hause mit dir!; Husch, husch, ins Bett! ❷ *Ausruf, um ein kleines Tier zu verscheuchen:* Husch, geh weg!; ■ **eine Aufgabe/Tätigkeit/Arbeit o.Ä. husch, husch erledigen/machen** *eine Aufgabe/Tätigkeit/Arbeit o.Ä. schnell und ohne große Sorgfalt erledigen/machen* Er arbeitet nicht sehr gründlich, sondern macht alles immer nur husch, husch.

Hus·ten der ['hu:stn̩] <-s> /kein Plur./ MED. ❶ *eine Erkrankung der Atemwege, die meist durch eine Erkältung hervorgerufen wird und bei der man häufig und stark husten muss:* Er hat Husten.; Du wirst sicher einen Husten bekommen!; einen trockenen Husten haben ◆Raucher- ❷ *das Husten:* Das Husten tut ihm weh.

hus·ten ['huːstn̩] I. *mit OBJ* ▪ **jmd. hustet etwas** *durch Husten ausspucken:* Blut/Schleim husten II. *ohne OBJ* ❶ ▪ **jmd. hustet** *jmd. stößt durch den Mund kurz und heftig Luft aus der Lunge nach außen, weil ihn z.B. etwas im Hals kratzt:* kräftig/laut/ständig/stark husten müssen ❷ ▪ **jmd. hustet** *an Husten leiden:* Das Kind hustet schon seit einigen Tagen.; ▪ **jemandem was/etwas husten** *(umg.) auf jmdn. keinerlei Rücksicht nehmen und nicht das tun, was er verlangt* Mein Chef hat mich gefragt, ob ich auch am Samstag arbeiten könnte. Aber dem werde ich was husten!

Hut¹ [huːt] ▪ **(vor jemandem/etwas) auf der Hut sein** *(geh.) sich vor jmdm. oder etwas in Acht nehmen* In dieser Stadt musst du auf der Hut sein, denn es gibt viele Diebe.

Hut² *der* [huːt] <-(e)s, Hüte> *eine Kopfbedeckung aus einem (im Gegensatz zu einer Mütze) relativ festen Material und einer Krempe:* den Hut absetzen/aufsetzen/tragen/ziehen; ▪ **mit jemandem/etwas nichts am Hut haben** *(umg.) jmdn. oder etwas nicht besonders mögen* Mit Literatur hat er nicht viel am Hut.; ▪ **Das kannst du dir an den Hut stecken!** *(umg.) darauf lege ich keinen Wert* Ich brauche dein Geld nicht! Das kannst du dir an den Hut stecken!; ▪ **jemandem geht der Hut hoch** *(umg.) jmd. ärgert sich* Mir geht der Hut hoch, wenn ich an den Streit denke.; ▪ **etwas unter einen Hut bringen** *(umg.) verschiedene Termine, Meinungen oder Personen miteinander abstimmen* Wir müssen sehen, ob wir alles unter einen Hut bringen können.; ▪ **ein alter Hut sein** *(umg. abwert.) altbekannt und langweilig sein* Diese Geschichte ist doch längst ein alter Hut!; ▪ **Hut ab (vor etwas/jemandem)!** *(umg.) Ausruf der Bewunderung für etwas oder jmdn.* Hut ab vor seiner Disziplin!; ▪ **jemand nimmt den/seinen Hut; jemand muss den/seinen Hut nehmen** *(umg.) jmd. tritt von einem Amt zurück oder muss von einem Amt zurücktreten* Der neue Chef musste nur nach wenigen Tagen wieder seinen Hut nehmen.; ▪ **jemand zieht vor jemandem/etwas den Hut** *(umg.) jmd. hat vor jmdm. oder etwas Respekt und bewundert eine Leistung oder Sache* Ich ziehe meinen Hut vor einer so tollen Leistung! ◆Cowboy-, Damen-, Filz-, Jäger-, Stroh-, Sonnen-, Zylinder-

hü·ten ['hyːtn̩] <hütest, hütete, hat gehütet> I. *mit OBJ* ❶ ▪ **jmd. hütet etwas** *(Akk.) bewachen:* Der Schäfer hütet die Schafe. ❷ ▪ **jmd. hütet jmdn./etwas** *(umg.) beaufsichtigen, auf jmdn./etwas aufpassen:* Die Oma hütet die Kinder/das Haus. II. *mit SICH* ❶ ▪ **jmd. hütet sich vor jmdm./etwas** *sich vor jmdm. oder etwas in Acht nehmen:* Hüte dich vor Betrügern!; Er muss sich wegen seiner Gesundheit vor jeglicher Aufregung hüten. ❷ ▪ **jmd. hütet sich (davor), etwas zu tun** *etwas nicht tun:* Ich werde mich (davor) hüten, ihm das zu verraten!; ▪ **das Bett hüten** *(umg.) krank sein* Der Arzt hat mir geraten, eine Woche lang das Bett zu hüten.; ▪ **seine Zunge hüten** *(umg.) aufpassen, was man sagt* Hüte deine Zunge und sei lieber still.

Hut·sche *die* ['hʊtʃə] <-, -n> ❶ SÜDDT., ÖSTERR. *Schaukel:* im Garten eine Hutsche haben ❷ SÜDDT., ÖSTERR. *kleiner Schemel:* auf der Hutsche sitzen

Hüt·te *die* ['hʏtə] <-, -n> ❶ *ein kleines, oft aus Holz gebautes einfaches Haus:* eine strohgedeckte Hütte; eine Hütte in den Bergen/an einem See/im Wald ❷ *ein kleines Haus in den Bergen, das Wanderern Schutz bietet:* Die Nacht verbrachten wir in einer Hütte. ❸ *(kurz für „Hundehütte") eine Art kleines Haus für einen Hund:* Der Hund verkroch sich in seine Hütte. ❹ TECHN. *Industrieanlage zur Gewinnung von Rohstoffen aus Erzen:* Er arbeitet in einer Hütte.

Hym·ne *die* ['hʏmnə] <-, -n> ❶ MUS. *Festgesang, mit dem jmd. oder etwas geehrt und gelobt wird:* eine Hymne intonieren/singen ❷ *kurz für „Nationalhymne":* die Hymne eines Landes singen/spielen; die deutsche/englische Nationalhymne ❸ LIT. *feierliches Gedicht, mit dem jmd. oder etwas geehrt und gelobt wird:* eine Hymne schreiben

Hyp·no·se *die* [hʏp'noːzə] <-, -n> MED. *schlafähnlicher Bewusstseinszustand, in den jmd. von einem Hypnotiseur durch Suggestion versetzt wird und in dem man Dinge tut, die man sonst nicht tun würde/könnte:* jemanden in Hypnose versetzen/ aus der Hypnose erwachen/aufwachen ▶ hypnotisieren, Hypnotiseur(in)

Hy·po·thek *die* [hypoˈteːk] <-, -en> ❶ WIRTSCH. *ein Kredit, den man bekommt, weil man dem Geldgeber eine Immobilie (ein Haus, eine Wohnung o.Ä.) als Pfand bieten kann:* Auf dem Haus liegt eine Hypothek.; eine Hypothek auf ein Haus aufnehmen; eine Hypothek tilgen ❷ *(umg.: ≈ Bürde)* Belastung, Schwierigkeit: Die unheilbare Krankheit ist eine schwere Hypothek für sie.

Hy·po·the·se die [hypo'te:zə] <-, -n> *(geh. verhüll.: ≈ Vermutung, Behauptung)* eine wissenschaftliche Annahme, die (noch) nicht bewiesen ist: eine Hypothese aufstellen/widerlegen

Hys·te·rie die [hystə'ri:] <-, -rien> ❶ MED., PSYCH. *(≈ Persönlichkeitsstörung, dissoziative Störung)* in Anfangszeiten der Psychoanalyse fast ausschließlich auf Frauen bezogene und deshalb heute oft als veraltet angesehene Bezeichnung für eine schwerwiegende neurotische Störung, die in unterschiedlichen Ausprägungsformen vorkommt: an Hysterie leiden ▸ Hysteriker(in), hysterisch ❷ *(umg.)* Zustand von übertriebener Nervosität und leichter Erregbarkeit, der dazu führt, dass man nicht mehr klar denken und vernünftig handeln kann: zur Hysterie neigen; Unter den Fans breitete sich Hysterie aus. ▸ hysterisch ◆ Massen-

I i

I, i das [i:] <-, -> der 9. Buchstabe des Alphabets: Das Wort „Internet" beginnt mit einem großen „I".; ■ **das Tüpfelchen auf dem „i"** die letzte Feinheit, die eine Sache vollkommen macht Der unerwartete Sonnenschein war bei der Hochzeit das Tüpfelchen auf dem „i".

Ich das [ɪç] <-(s), -(s)> *das Bewusstsein über die eigene Persönlichkeit gegenüber der Außenwelt*: das eigene Ich erkennen ▸ ichbezogen, ichhaft ◆ -bewusstsein, -gefühl, -mensch, -sucht

ich [ɪç] *pron Personalpronomen der 1. Pers. Sing.*: Ich gehe, du bleibst.; Mach' die Tür auf, ich bin's!

Ide·al das [ide'a:l] <-s, -e> ❶ /kein Plur./ *etwas, das als vollkommen/perfekt gilt*: Diese Statue verkörpert das klassische Ideal. ◆ Schönheits- ❷ *etwas, das einen sehr hohen (geistigen) Wert besitzt*: ein hohes Ideal verfolgen; einem Ideal treu bleiben; Er hat für seine Ideale gekämpft/seine Ideale verraten.; Es war ihr gelungen, ihre Ideale zu verwirklichen.; das Ideal der Chancengleichheit/Demokratie/Freiheit/Gerechtigkeit

ide·al [ide'a:l] *adj /nicht steig./* ❶ *(≈ optimal)* so, dass es die beste Möglichkeit darstellt oder sehr günstig ist; genau richtig: Die Wanderer wählten die ideale Route zum See.; Die beiden Geräte stellen eine ideale Kombination dar/ergänzen sich auf ideale Weise bzw. in idealer Weise.; Wir hatten im Urlaub die ganze Zeit ideales Wetter. ▸ Idealbesetzung, Ideallösung, Idealzustand ❷ *so, dass etwas vollkommen/perfekt ist*: ideale Proportionen; eine ideale Landschaft ▸ Idealfigur ❸ *(↔ real)* so, dass etwas nur in der Vorstellung existiert: Das sind alles ideale Erwartungen, aber die Wirklichkeit sieht anders aus.; In einer idealen Welt könnte man sich dies oder jenes vorstellen, aber leider geht das wohl nicht.

Idee die [i'de:] <-, -n> ❶ *ein (plötzlicher) Einfall zur Lösung eines Problems*: Ich habe eine Idee, wie wir das Problem lösen könnten. ◆ Fest-, Geschenk-, Produkt-, Reform-, Verkaufs- ❷ *ein Einfall/Gedanke, der das weitere Handeln bestimmt*: Ideen entwickeln/haben/vertreten/verwerfen/verwirklichen; Die Ideen des neuen Schulleiters fanden großen Zuspruch.; Er schilderte mir ausführlich seine politischen Ideen. ◆ -ngeschichte, -nreichtum, Grund-, Leit- ❸ *(umg.) ein klein wenig*: Ich glaube, du kannst noch eine Idee Salz an das Essen geben. ❹ PHILOS. *ein abstrakter Vorstellungsgehalt bzw. eine abstrakte Wesenheit; ein Urbild von etwas, das als prototypisch angesehen wird*: die Idee des Guten/Wahren/Schönen; die Ideen in der Philosophie Platons ❺ ■ **auf Ideen kommen** *(umg.)* seltsame Einfälle haben Das können wir auf keinen Fall so machen. Du kommst immer auf Ideen!; ■ **eine fixe Idee haben** *(umg.)* eine Vorstellung haben, die jmdn. nicht mehr loslässt Er hat die fixe Idee, verfolgt zu werden.; ■ **eine Idee zu kurz/zu lang/zu laut** *(umg.)* ein wenig zu kurz/zu lang/zu laut Der Rock ist eine Idee zu kurz/zu lang.; Die Musik ist eine Idee zu laut.

iden·ti·fi·zie·ren [idɛntifi'tsi:rən] <identifi-

zierst, identifizierte, hat identifiziert>
I. *mit OBJ* ① **jmd. identifiziert jmdn.**
jmdn. (wieder)erkennen; die Identität einer Person feststellen: Er konnte den Dieb identifizieren.; Das Opfer wurde als die Person identifiziert, die seit Mai letzten Jahres als vermisst gemeldet war. ② **jmd. identifiziert jmdn./etwas mit jmdm./ etwas** *jmdn. oder etwas mit jmdm. oder etwas gleichsetzen:* Noch heute wird der Schauspieler mit jener Rolle identifiziert, die ihn vor vielen Jahren berühmt machte. **II.** *mit SICH* ① **jmd. identifiziert sich ausweisen:* Können Sie sich identifizieren? ② **jmd. identifiziert sich mit jmdm.** *in einem anderen Menschen und dessen Handeln sich selbst wiedererkennen und daher für diesen Menschen Sympathie haben:* Mit dieser Figur des Films kann ich mich sehr gut identifizieren. ③ **jmd. identifiziert sich mit etwas** *Dat. glauben, dass das, was man tut, gut und wichtig ist und es daher engagiert und gern tun:* Sie identifiziert sich mit ihrer Arbeit.; Der Sportler identifiziert sich mit seiner Mannschaft.

iden·tisch [i'dɛntɪʃ] *adj /nicht steig./* ① *so, dass jmd. oder etwas derselbe oder dasselbe ist:* Er ist mit dem gesuchten Täter identisch.; In dem Fall waren Täter und Opfer identisch: Sie sind dieselbe Person. ② *(≈ übereinstimmend) in allen Merkmalen genau gleich:* von einem Dokument zwei identische Kopien anfertigen; Die beiden Unterschriften stammen von derselben Person, sie sind absolut identisch. ③ *(umg.: ≈ bedeutungsgleich, synonym) mit gleicher Bedeutung im Hinblick auf das, was damit bezeichnet wird:* Die Bedeutung des Wortes „Lindenbaum" ist im Hinblick auf das, was damit bezeichnet wird, identisch mit dem Wort „Linde".

Iden·ti·tät die [idɛntɪ'tɛːt] <-, -en> ① *die persönlichen Daten, wie Name, Adresse, Geburtstag:* Durch seinen Pass konnte er seine Identität nachweisen. ◆-sbeweis, -snachweis, -spapiere ② *völlige Gleichheit; Übereinstimmung in allen Merkmalen:* Die Identität des Verhafteten mit dem Täter ist erwiesen: Es ist eindeutig dieselbe Person.; Die Identität der beiden Urkunden wird hiermit bestätigt. ③ PSYCH. *die innere Einheit einer Person, die auch ihre Rolle in der Gesellschaft bestimmt:* Seit sie Abteilungsleiterin ist, scheint sie eine ganz neue Identität zu haben.; Der Erfolg hat aus dem unbekannten Jungen einen reichen Mann gemacht, denn er hat ihm eine neue Identi-

tät gegeben. ◆-skrise, -sproblem, -ssuche, -sverlust, Fremd-, Rollen-, Selbst-

Iden·ti·täts·kar·te die <-, -n> SCHWEIZ. *Personalausweis:* Bei der Kontrolle musste ich meine Identitätskarte zeigen.

Idi·ot der [i'diˌoːt] <-en, -en> *(umg. abwert.) Schimpfwort: dummer Mensch:* Bin ich denn nur noch von Idioten umgeben?; Welcher Idiot hat denn die Daten gelöscht?
▸ idiotisch ◆Voll-

Idol das [i'doːl] <-s, -e> ① *jmd., der sehr bewundert und verehrt wird:* Die Sängerin ist das Idol des jungen Mädchens. ◆ Film-, Jugend-, Pop-, Sport- ② REL. *eine Götterfigur, die von Heiden verehrt wird:* in einem alten Grab ein Idol finden

Idyl·le die [i'dʏlə] <-, -n> *friedliche, harmonische Atmosphäre:* In der Idylle dieses kleinen Dorfes haben wir uns gut erholt.; eine ländliche Idylle ▸ idyllisch ◆Dorf-, Familien-

ig·no·rie·ren [ɪgno'riːrən] <ignorierst, ignorierte, hat ignoriert> *mit OBJ* ① **jmd. ignoriert jmdn.** *eine Person absichtlich übersehen bzw. nicht beachten:* Bei dem Fest hat sie mich total ignoriert und so getan, als kenne sich mich gar nicht. ② **jmd. ignoriert etwas** *nicht beachten, als nicht wichtig ansehen:* Dieser Fehler ist nicht schlimm. Man kann ihn ignorieren.; Wer dieses Thema bearbeitet, sollte dieses Buch nicht ignorieren.

Ihr [iːɐ̯] *pron* ① *Possessivpronomen der 2. Pers. Sing. und Plur. in der Höflichkeitsform:* Ihre Aussage steht offensichtlich gegen meine.; Meine Herren, Ihr Zug wartet.; Ist das nicht Ihr Buch?; Das ist nicht mein Stift, sondern Ihrer.; Viele Grüße an die Ihren. ② *(geh.) alte Höflichkeitsform oder Anredeform:* Ihr mögt verzeihen, Majestät, dass ... ◆Großschreibung → R 3.23 Ist das Ihre Tasche?

ihr **I.** *pron* ① *Possessivpronomen der 3. Pers. Sing. fem.:* Die Frau stieg aus der Straßenbahn und ließ ihre Handtasche liegen. ② *Possessivpronomen der 3. Pers. Plur.:* Die Kinder spielten mit ihrer Eisenbahn. ③ *am Ende von Briefen verwendet, um auszudrücken, dass der Schreiber sich in einer engen Beziehung zum Adressaten sieht:* mit den besten Grüßen, Ihr Heinz Gruber **II.** *pron Personalpronomen im Nom. der 2. Pers. Plur. in vertraulicher Anrede:* Wollt ihr mit an den Strand?; Habt ihr meinen Bruder gesehen? ◆Klein- oder Großschreibung Sie hatte das ihre/Ihre getan.

il·le·gal ['ɪlegaːl] *adj /nicht steig./* (≈ *unge-*

setzlich ↔ legal) gegen das Gesetz verstoßend: eine illegale Handlung; illegale Einwanderung; Das Opfer gehörte lange Zeit einer illegalen Organisation an.

Il·lu·si·on die [ɪlu'zi̯oːn] <-, -en> ① *(↔ Realität) eine falsche, zu positive Vorstellung von der Wirklichkeit:* Mach dir keine Illusionen; das wird sich nicht mehr ändern!; Er hat ihr alle Illusionen geraubt/zerstört.; Nach dieser Erfahrung war er wieder um eine Illusion ärmer geworden. ▸ illusionär, illusionslos ② PSYCH. *(≈ Sinnestäuschung) die falsche Deutung von sinnlichen Wahrnehmungen:* Der Zauberer überrascht das Publikum mit seinen Illusionen. ③ KUNST *eine absichtliche Täuschung des Betrachters mit dem Ziel, bestimmte Effekte zu erzielen:* die Illusion der Raumtiefe erzeugen ▸ illusionistisch ◆ -sbühne, -seffekt, -stheater

Il·lus·t·ra·ti·on die [ɪlʊstra'tsi̯oːn] <-, -en> *(≈ Abbildung) eine Zeichnung in einem Buch, die den Text besser verständlich macht oder das Buch schöner macht:* Das Buch enthält viele Illustrationen.

il·lus·t·rie·ren [ɪlʊs'triːrən] <illustrierst, illustrierte, hat illustriert> *mit OBJ* ■ **jmd. illustriert etwas** ① *(≈ bebildern) Bilder für etwas malen; etwas mit Illustrationen ausstatten:* Die Künstlerin hat ein Märchenbuch illustriert. ② *(≈ verdeutlichen, veranschaulichen) ein Beispiel geben, an dem man etwas konkret erkennen kann:* Er illustrierte seine These anhand eines Beispiels.

Il·lus·t·rier·te die <-n, -n> *(≈ Magazin) eine Zeitschrift, die viele farbige Bilder enthält:* in einer Illustrierten blättern/lesen ◆ Fernseh-

im [ɪm] *präp +Dat.* ① */„in" + „dem"/ verwendet, um auszudrücken, dass jmd. oder etwas sich innerhalb von etwas befindet:* Wir warten im Garten.; Er ist im Wohnzimmer und liest die Zeitung. ② */nicht auflösbar/ in Verbindung mit Monatsnamen und Zeitangaben verwendet, um auszudrücken, dass etwas in den genannten Zeitraum fällt:* Er wollte im Oktober kommen.; Das Paket soll im Lauf des Dienstag eintreffen ③ */„im" (nicht auflösbar) + substantivierter Inf./ verwendet, um auszudrücken, dass sich etwas auf die genannte Sache bezieht oder sich im Zusammenhang mit ihr ereignet:* Er hat im Lesen noch einige Schwierigkeiten.; Er aß sein Brot im Laufen.; ■ **im Grunde genommen** *(umg.) eigentlich* Im Grunde genommen ist es mir egal, ob du zu mir kommst oder ob ich zu dir komme.; ■ **im Wesentlichen** *überwiegend* Im Wesentlichen haben wir über zwei Themen gesprochen.; ■ **im Großen und Ganzen** *in der Hauptsache; überwiegend* Im Großen und Ganzen bin ich mit meinen Leistungen zufrieden.

IM der [iːˈɛm] <-s, -s> GESCH. *Abkürzung von „Informeller Mitarbeiter" (des Ministeriums für Staatssicherheit der ehemaligen DDR)*

Image das [ˈɪmɪtʃ] <-(s), -s> *(≈ Ansehen) das Bild oder der Eindruck, den die Öffentlichkeit von einer Person oder Sache hat:* ein gutes/schlechtes Image haben; Er versucht, sein Image zu verbessern.; ■ **jemand will sein Image aufpolieren** *(umg.) jmd. tut bestimmte Dinge, damit andere (wieder) besser über ihn denken* Nach dem Skandal versucht sie, ihr Image wieder aufzupolieren. ◆ -berater, -kampagne, -pflege, -problem

Im·biss der [ˈɪmbɪs] <-es, -e> ① *eine kleine (Zwischen-)Mahlzeit, die man oft im Stehen isst:* einen Imbiss einnehmen; In der Pause gibt es Brezeln als Imbiss. ② *(kurz für „Imbissstube" oder „Imbissbude") ein einfaches Lokal, in dem kleine Gerichte angeboten werden, die man dort essen oder auch mitnehmen kann:* Wenn ich wenig Zeit zum Kochen habe, hole ich mir eine Bratwurst beim Imbiss.

imi·tie·ren [imi'tiːrən] <imitierst, imitierte, hat imitiert> *mit OBJ* ■ **jmd. imitiert jmdn./etwas** *nachmachen; kopieren; etwas so machen, wie man es von jmd. anderem/etwas anderem kennt:* Er kann die Stimmen von Prominenten gut imitieren.; Er hat den Bundeskanzler täuschend echt imitiert.; Er kann den Klang einer Trompete imitieren. ▸ Imitator

im·mer [ˈɪmɐ] **I.** *adv* ① *(≈ stets ↔ nie) ständig oder so, dass es sich oft wiederholt:* Sie war immer eine gute Kollegin.; Sie hat sich schon immer für Kunst interessiert.; Musst du immer so schreien?; Sie war nie anders; sie war immer so. ② *jedes Mal:* Immer, wenn ich sie sah, lächelte sie mich an. ③ */„immer" + Komparativ/ (≈ zunehmend) verwendet, um auszudrücken, dass sich etwas ständig steigert:* Das Wetter wird immer besser.; Er arbeitet immer mehr.; Sie kann Deutsch immer besser verstehen. **II.** *part* ■ **immer noch** *zusammen mit „noch" verwendet, um zu betonen, dass sich an der Gültigkeit der gemachten Aussage nichts geändert hat (besonders dann, wenn man dies glauben könnte* *oder dies behauptet wird)* Das Auto ist immer noch neu (≈ es ist noch keineswegs alt).; Er ist immer noch hungrig (≈ er ist noch nicht satt).; Das ist immer noch keine vernünftige Lösung (≈ auch nicht, wenn manche es glauben).; ▪ **auf immer und ewig** *(geh.) für alle Zeit* Er sagte, dass er sie auf immer und ewig lieben werde.; ▪ **was auch immer geschieht ...** *gleichgültig, was geschieht ...* Was auch immer geschieht, ich bin für dich da.; ▪ **schon immer** *von Anfang an* Sie hat ihm schon immer gefallen. ● Getrennt-oder Zusammenschreibung → R 4.16 Ich wünsche mir einen immer währenden/immerwährenden Frühling.

im·mer·hin ['ɪmɐhɪn, ɪmɐ'hɪn] *adv* ❶ *(≈ wenigstens, zumindest) verwendet, um auszudrücken, dass das Genannte das Geringste ist, was man erwarten kann:* Das Ergebnis ist zwar nicht sehr gut, aber er hat immerhin die Prüfung bestanden. ❷ *schließlich:* Du solltest sie anrufen; sie ist immerhin deine Freundin.

Im·mi·g·rant der, **Im·mi·g·ran·tin** <-en, -en> *(↔ Emigrant ≈ Einwanderer) Person, welche in einem Land, aus dem sie nicht stammt, dauerhaft leben will.* ▶ Immigration, immigrieren

---

Der Ausdruck **Immigrantendeutsch** ist noch wenig eingespielt; er findet sich auch als **Migrantendeutsch** zur Bezeichnung reduzierter sprachlicher Äußerungsformen in ethnischen Milieus, die unter dem Einfluss von Migrantensprachen entstehen. Als jugendsprachliche Äußerungsformen werden sie der Varietät (vgl. das Stichwort) der Jugendsprache zugeordnet, oder als *Kiezdeutsch* bzw. *multiethnische Jugendsprache* bezeichnet. Unter sprachsoziologischen Gesichtspunkten werden entsprechende Ausdrucksmittel auch als *Ethnolekt* bezeichnet, nämlich als Varietät bzw. Sprachstil einer ethnischen Minderheit. In Deutschland sind mit Immigrantendeutsch Ausprägungen eines Sprachgemischs vor allem türkischstämmiger Migranten gemeint, wobei in kreativer Weise das Deutsche mit dem Türkischen vermischt wird; daneben gibt es ähnliche Äußerungsformen auch durch den Sprachkontakt mit Angehörigen des früheren Jugoslawien; dazu finden sich auch die Bezeichnungen *Jugo-Deutsch* und *Balkan-Slang*. Für den türkisch-deutschen Sprachmix gibt es lange schon die Ausdrücke *Türkenslang* und *Türkendeutsch*. Dafür wurde außerdem im Anschluss an den gleichnamigen Buchtitel von Feridun Zaimoglu (1995) der Ausdruck *Kanak Sprak* besonders bekannt; daneben ist der Türkenslang durch verschiedene Comedians karikiert und über die Medien verbreitet worden. Derartige stilisierte sprachkünstlerische Ausformungen entsprechen nur wenig der sprachlichen Realität einer Sprachmischung z.B. in den Migrantenvierteln Berlins oder Hamburgs. Der Einfluss von Migrantensprachen auf Jugendliche der ethnischen Mehrheit wird als *Sprachkreuzung* bzw. *language crossing* bezeichnet. Es handelt sich dabei um türkische Grußwörter, Ausrufe, Anreden, Beschimpfungen usw., z.B. *weissdu, vaschtehs du?; normal, alder! Hey lan; krass; wo du wolle?; Ey, Mann, was Problem?; Tam tschuki* (aus *tamtam* und *cok iyi*), oder auch *lebeisch in Schweinefresserland; Isch mache disch Messer, Aalder.* Für die Einschätzung derartiger sprachlicher Äußerungen gilt zumindest überwiegend das Gleiche wie für (sonstige) jugendsprachliche Äußerungsformen: Sie werden (in diesem Falle) von ethnisch gemischten Jugendcliquen und von anderen Jugendlichen sprachspielerisch eingesetzt und meist auch von den Beteiligten nicht ernst genommen. Ein gravierender Einfluss auf „die" deutsche Sprache dürfte sich daraus nicht ableiten lassen.

Im·mo·bi·lie die [ɪmoˈbiːli̯ə] <-, -n> */meist Plur./ Grundstück, Haus, Wohnung etc., das/die jmd. besitzt:* Er hat eine Immobilie in München gekauft. ◆ -nfirma, -nhandel, -nkauf, -nmakler(in), -nmarkt

im·mun [ɪˈmuːn] *adj /nicht steig./* ❶ MED. *so, dass man eine Krankheit nicht sehr leicht bekommt oder schnell überwindet:* Er ist gegen diese Krankheit immun. ▶ Immunsystem ❷ *(umg. übertr.) so, dass man gegen etwas unempfindlich ist und darauf nicht stark reagiert:* Sie ist gegen Stress scheinbar immun. ❸ RECHTSW. *vor Strafverfolgung geschützt:* Als Abgeordneter ist er immun. ▶ Immunität

Im·pe·ra·tiv der ['ɪmperatiːf] <-s, -e> ❶ SPRACHWISS. *(≈ Befehlsform) die Form des Verbs, durch die eine Aufforderung ausgedrückt wird:* In dem Satz „Gib mir das Buch!" steht das Verb „geben" im Imperativ. ❷ PHILOS. *eine moralische Forderung; ein sittliches Gebot:* der kategorische

Imperativ bei Kant

Im·pe·ri·um das <-s, Imperien> ❶ (≈ Weltreich) ein großes Herrschaftsgebiet eines Staates: Das römische Imperium ❷ ein sehr großer Macht- bzw. Einflussbereich (eines Unternehmens/Konzerns): Im Laufe der Jahre hat der Medienkonzern ein Imperium aufgebaut ◆ Bier-, Finanz-, Industrie-, Öl-, Textil-

imp·fen ['ɪmpfn̩] <impfst, impfte, hat geimpft> mit OBJ ■ jmd. impft jmdn. dem Körper eines Menschen oder eines Tieres mit einer Spritze eine Art Medikament zuführen, das vor bestimmten Krankheiten schützt: Die Ärztin impft die Kinder gegen Masern.; Ich habe mich gegen Grippe impfen lassen. ▸ Impfung

im·pli·zit [ɪmpli'tsiːt] adj /nicht steig./ (geh.: ↔ explizit) so, dass etwas indirekt gesagt wird bzw. indirekt in einer Aussage enthalten ist: Er hat damit eine implizite Drohung ausgesprochen.; Ich habe seine Worte als impliziten Vorwurf verstanden.

im·po·nie·ren [ɪmpo'niːrən] <imponierst, imponierte, hat imponiert> ohne OBJ ■ jmd./etwas imponiert jmdm. (≈ beeindrucken) großen Eindruck machen und Bewunderung hervorrufen: Er wollte der neuen Kollegin imponieren.; Das war eine imponierende Leistung.; Seine Bildung imponiert mir. ▸ Imponiergehabe

Im·port der [ɪm'pɔrt] <-(e)s, -e> WIRTSCH. (≈ Einfuhr ↔ Export) die Einfuhr von Waren aus dem Ausland: Diese Produkte sind Importe aus Asien. ◆ -beschränkung, -firma, -geschäft, -zoll

im·pro·vi·sie·ren [ɪmprovi'ziːrən] <improvisierst, improvisierte, hat improvisiert> mit OBJ/ohne OBJ ■ jmd. improvisiert (etwas) ❶ etwas notdürftig und unvorbereitet tun: Sie improvisierten ein Mittagessen.; Er hatte sich nicht vorbereitet und musste bei der Prüfung improvisieren. ❷ etwas ohne Vorbereitung frei und spontan tun: Er improvisierte eine kurze Rede.; Der Jazzmusiker improvisiert (über ein Thema).

in [ɪn] I. präp ❶ +Dat. verwendet, um den Ort anzugeben, wo sich etwas befindet: Ich meine das Regal in der Küche. ❷ +Dat. verwendet, um den Zeitpunkt oder Zeitraum anzugeben, zu/in dem etwas geschieht: In diesem Jahr komme ich nicht mehr.; In einer Woche bin ich in Berlin. ❸ +Dat. verwendet, um die Umstände anzugeben, unter denen die genannte Sache zu sehen ist: In Wirklichkeit ist sie sehr schlau.; Das spielt sich alles nur in seiner Vorstellung ab. ❹ +Akk. zur Angabe eines Zeitraumes, über den sich etwas erstreckt: Die Geschichte geht bis in die zwanziger Jahre/Zwanzigerjahre zurück.; Ihre Erinnerungen reichen bis ins letzte Jahr. ❺ +Dat. verwendet, um auszudrücken, dass etwas Teil des Inhalts eines geschriebenen Texts ist: In seinem Roman taucht schon früh die Figur des … auf.; In keinem von Goethes Gedichten wird dies so deutlich wie in … ❻ +Akk. verwendet, um das Ziel anzugeben, zu dem man sich bewegt oder worauf sich etwas zubewegt: Er hängte die Jacke in den Schrank.; Sie schaute in das Wohnzimmer.; Er ging in die Küche. ❼ +Dat./Akk. verwendet, um eine grammatische Beziehung zur Nominalphrase herzustellen: Sie war fürchterlich in ihn verliebt.; Er ist gut in Mathematik. II. ■ in (sein) (↔ out (sein)) (umg.) gerade modern (sein) Ist Techno eigentlich noch in?

in·be·grif·fen ['ɪnbəɡrɪfn̩] adj /nicht steig./ (≈ inklusive) so, dass im Preis von etwas bestimmte Kosten schon enthalten sind: Die Miete beträgt 1.200 Euro, alle Nebenkosten inbegriffen.; Das Frühstück ist im Preis für die Übernachtung bereits inbegriffen.

in·dem [ɪn'deːm] konj ❶ verwendet, um im Nebensatz das Mittel oder die Begleitumstände anzugeben, die für die im Hauptsatz genannte Sache nötig sind; dadurch, dass: Indem du mehr lernst, bekommst du bessere Noten. ❷ (geh. verhüll.: ≈ während) verwendet, um auszudrücken, dass die im Nebensatz und die im Hauptsatz genannten Vorgänge gleichzeitig stattfinden: Indem ich noch überlegte, antwortete schon ein anderer.

in·des, **in·des·sen** [ɪn'dɛs(n̩)] konj ❶ in der Zwischenzeit: Indes(sen) waren alle Gäste gegangen. ❷ jedoch, aber, hingegen: Sie ist ruhig; er indessen ist aber sehr lebhaft.

in·di·rekt ['ɪndirɛkt] adj /nicht steig./ (≈ implizit ↔ direkt) nicht ausdrücklich; nicht direkt: Er hat mir indirekt gedroht.; Sie hat es mir indirekt zum Vorwurf gemacht.

in·dis·kret ['ɪndɪskreːt] adj (≈ taktlos) so, dass man sich zu direkt um sehr persönliche, intime Dinge anderer Personen kümmert und damit ihre Gefühle verletzt: Er hat sich für seine indiskrete Frage entschuldigt.; Sie verhält sich oft aufdringlich und indiskret.

In·di·vi·du·a·lis·mus der [ɪndividu̯a'lɪsmʊs] <-> /kein Plur./ (geh.: ↔ *Kollektivismus*) *eine Weltanschauung, die dem Individuum und seiner Entfaltung (gegenüber den Interessen der Gemeinschaft) den Vorrang gibt:* der Individualismus der modernen Gesellschaft

in·di·vi·du·ell [ɪndividu̯ɛl] *adj /nicht steig./* ① *so, dass es sich nach dem einzelnen Individuum und seinen speziellen Bedürfnissen richtet:* Wir werden eine individuelle Lösung des Problems suchen.; Der Unterricht wird ganz individuell auf das Wissen der Kursteilnehmer abgestimmt. ② *(≈ eigenständig) so, dass jmd./etwas von anderen Personen/Dingen unterscheidet und dadurch charakteristisch ist:* Der Garten besitzt eine sehr individuelle Note.

In·di·vi·du·um das [ɪndi'viːduʊm] <-s, Individuen> ① *(geh.) der einzelne Mensch (im Gegensatz zur Masse):* Individuum und Gesellschaft ② *(umg.) ein Mensch, den man als unangenehm empfindet oder der sich sehr auffällig benimmt:* ein verdächtiges Individuum; Vor dem Haustür schlich ein Individuum herum und verschwand dann plötzlich im Gebüsch.

in·dus·t·ri·a·li·sie·ren [ɪndʊstriali'ziːrən] <industrialisierst, industrialisierte, hat industrialisiert> *mit OBJ* ▪ **jmd. industrialisiert etwas** *auf industrielle Produktion umstellen, eine industrielle Produktion aufbauen; in einem Land/einer Region Industriebetriebe gründen:* Diese Region wurde bereits früh industrialisiert.; ein Land industrialisieren ▸ Industrialisierung

In·dus·t·rie die [ɪndʊs'triː] <-, -n> ① */meist Sing./ Gesamtheit der Unternehmen, die mit Maschinen (in großer Menge) Produkte herstellen:* Mit den deutschen/japanischen Industrie geht es aufwärts/abwärts.; Der Verband vertritt in erster Linie die Interessen der Industrie.; Zehntausende Arbeitsplätze wurden in der Industrie abgebaut. ② *alle Betriebe einer bestimmten Branche in einem bestimmten Gebiet:* Man war besorgt über die Lage der Eisen verarbeitenden Industrie. ◆-konzern, -standort, Chemie-, Pharma-, Schwer-

In·dus·t·rie·land das <-(e)s, Industrieländer> (↔ *Agrarland*) *ein Land, in dem es viel Industrie gibt:* ein hochentwickeltes Industrieland

In·dus·t·rie·zweig der <-(e)s, -e> *ein bestimmter Teilbereich der Industrie:* Die Metallindustrie ist ein wichtiger Industriezweig.

In·fek·ti·on die [ɪnfɛk'tsi̯oːn] <-, -en> ① MED. *(≈ Ansteckung) Ansteckung durch Krankheitserreger (Bakterien oder Viren):* sich eine Infektion zuziehen ◆-sgefahr, -sherd, -srisiko ② *(umg.) dadurch verursachte Entzündung, dass Krankheitskeime in eine Wunde hineingelangen:* Wenn du dich verletzt, musst du die Wunde sofort reinigen, weil du sonst eine Infektion bekommst.

In·fi·ni·tiv, **In·fi·ni·tiv** der ['ɪnfinitiːf, ɪnfini'tiːf] <-s, -e> SPRACHWISS. *die Grundform des Verbs:* den Infinitiv bilden; Der Infinitiv zu „läuft" ist „laufen".; In allgemeinen einsprachigen und mehrsprachigen Wörterbüchern bildet für Verben der Infinitiv die Nennform, die als Stichwort angesetzt wird (wie z.B. für Substantive der Nominativ Singular)

in·fi·zie·ren [ɪnfi'tsiːrən] <infizierst, infizierte, hat infiziert> I. *mit OBJ/mit SICH* ▪ **jmd. infiziert jmdn. (mit etwas** *Dat.*) MED. *(≈ anstecken) eine Krankheit, die man selbst hat, auf eine andere Person übertragen:* Er hat seine Partnerin mit Aids infiziert. II. *mit SICH* ▪ **jmd. infiziert sich mit etwas** *Dat.* MED. *(≈ sich anstecken) sich bei jmdm. anstecken und eine Krankheit bekommen:* Die Eheleute hatten sich während eines Urlaubs in Kenia mit Malaria infiziert.

In·fla·ti·on die [ɪnfla'tsi̯oːn] <-, -en> */meist Sing./* WIRTSCH. (↔ *Deflation*) *der Vorgang, dass die Preise immer weiter steigen und der Wert des Geldes immer geringer wird:* galoppierende/schleichende Inflation; eine Inflation von 1,8 Prozent im Monat ▸ inflationistisch ◆-srate

In·for·ma·ti·on die [ɪnfɔrma'tsi̯oːn] <-, -en> ① *ein bestimmtes Wissen über einen Gegenstand, eine Person oder einen Sachverhalt; Auskunft:* Informationen können Sie telefonisch anfordern unter …; Wir haben bislang nur spärliche Informationen über den Stand der Verhandlungen.; Das Internet macht Informationen weltweit verfügbar.; Ich habe eine wertvolle Information für Sie.; Agenten beschaffen Informationen über geheime Vorgänge und Pläne. ◆-sbeschaffung, -sbroschüre, -sflut, -sgesellschaft, -sgewinnung, -smenge, -svielfalt ② */kein Plur./ das Informieren:* Lesen Sie zu Ihrer Information bitte die beigefügte Broschüre!; die rechtzeitige Information der Reisenden durch eine Durchsage am Bahnsteig ③ */kein Plur./ eine Art Schalter (z.B. in einem Bahnhof oder einem Kaufhaus), an dem man Fragen stellen kann:* Ich werde mich schnell an der Information erkundigen.

in·for·mie·ren [ɪnfɔr'miːrən] <informierst, informiert, hat informiert> **I.** *mit OBJ* ■ **jmd. informiert jmdn. (über etwas** *Akk.*) *jmdm. Auskunft geben; jmdn. über etwas benachrichtigen:* Der Reiseleiter informiert die Reisenden über das Programm für die nächsten Tage.; Alle Mitarbeiter wurden durch ein Rundschreiben informiert. **II.** *mit SICH* ■ **jmd. informiert sich (bei jmdm./etwas) (über etwas** *Akk.*) *sich über etwas Informationen[1] beschaffen:* Ich habe mich vor der Reise eingehend (über das Land) informiert.

In·ge·ni·eur der; **In·ge·ni·eu·rin** [ɪnʒe'niˌøːɐ̯] <-s, -e> *jmd., der an einer Hochschule ein Studium der Technik absolviert hat:* Ihr Mann ist Ingenieur. ◆ Bau-, Elektro-, Maschinenbau-, Textil-

In·ha·ber der; **In·ha·be·rin** ['ɪnhaːbɐ] <-s, -> ❶ (≈ *Eigentümer) jmd., der etwas besitzt:* Inhaber einer Firma/eines Lokals/eines Unternehmens ◆ Firmen-, Geschäfts-, Konto- ❷ *jmd., der Träger eines Titels ist:* Sie ist Inhaberin des Weltrekords. ❸ RECHTSW. *jmd., der bestimmte Rechte hat:* Inhaber eines Amtes/einer Erlaubnis

in·haf·tie·ren [ɪnhaf'tiːrən] <inhaftierst, inhaftierte, hat inhaftiert> *mit OBJ* ■ **jmd. inhaftiert jmdn.** *(≈ verhaften) in Haft nehmen; ins Gefängnis bringen:* Die Polizei inhaftierte den Täter. ▶ Inhaftierung

in·ha·lie·ren [ɪnha'liːrən] <inhalierst, inhalierte, hat inhaliert> *mit OBJ/ohne OBJ* ■ **jmd. inhaliert (etwas)** ❶ *den Dampf von heißem Wasser, in dem bestimmte heilende Substanzen gelöst sind, einatmen, um eine Krankheit der Atemwege zu heilen:* Bei Schnupfen inhaliert er. ▶ Inhalation ❷ (≈ *paffen) beim Rauchen tiefe Lungenzüge machen:* den Rauch einer Zigarette inhalieren ▶ Inhalation

In·halt der ['ɪnhalt] <-(e)s, -e> /*meist Sing.*/ ❶ *etwas, das in einem Gefäß oder Behälter enthalten ist:* Lösen Sie den Inhalt des Beutels in 300 ml Wasser auf!; der Inhalt einer Flasche ❷ *das, was in einem Buch, einem Film oder in einem Gespräch dargestellt wird; Thema:* Kannst du den Inhalt des Buches/der Nachricht zusammenfassen?; Der Inhalt des Films ist schnell erzählt. ▶ inhaltsarm, inhaltsreich ❸ (≈ *Sinn, Gehalt) etwas, das etwas geistig ausfüllt:* Er wollte seinem Leben wieder einen Inhalt geben. ◆ Lebens- ❹ MATH. *Ausdehnung einer Fläche bzw. eines räumlichen Körpers:* Berechnen Sie den Inhalt des Rechtecks!

In·halts·ver·zeich·nis das <-ses, -se> *eine Liste der Kapitel(überschriften) und Überschriften der Abschnitte eines Buches oder einer (wissenschaftlichen) Arbeit:* das Inhaltsverzeichnis lesen

In·i·ti·a·ti·ve die [initsi̯a'tiːvə] <-, -n> ❶ *der Vorgang, dass jmd. als erster aktiv wird und bewirkt, dass etwas geschieht oder begonnen wird:* Sie hatte schließlich die Initiative ergriffen und ihn angerufen.; Er hat aus eigener Initiative gehandelt.; Auf wessen Initiative hin wurde das Projekt begonnen? ❷ /*kein Plur.*/ *Entschlusskraft:* Es mangelt ihm an Initiative. ❸ (*kurz für* „Bürgerinitiative") *ein Zusammenschluss von mehreren Bürgern, die ein bestimmtes Ziel erreichen wollen:* eine Initiative gegen den Bau der neuen Straße gründen

in·klu·si·ve [ɪnklu'ziːvə] *präp* +*Gen.* (↔ *exklusive) so, dass die genannte Sache darin mit enthalten ist; einschließlich:* Das ist der Preis der Waschmaschine, Lieferung inklusive.; inklusive aller Nebenkosten

in·kom·pe·tent ['ɪnkɔmpetɛnt] *adj* (↔ *kompetent) so, dass man auf seinem Arbeitsgebiet nicht das erforderliche Wissen und Können hat; unfähig:* Der Verkäufer war völlig inkompetent, denn auf keine Frage wusste er eine Antwort. ▶ Inkompetenz

in·kon·se·quent ['ɪnkɔnzekvɛnt] *adj* /*nicht steig.*/ (↔ *konsequent) so, dass jmd. widersprüchlich verhält oder ausdrückt; unlogisch:* bei der Erziehung der Kinder nicht inkonsequent sein; Für dieselbe Sache einmal loben und einmal bestrafen — Das ist doch inkonsequent! ▶ Inkonsequenz

In·kraft·tre·ten das <-s> /*kein Plur.*/ *der Zeitpunkt, zu dem ein Gesetz oder eine Anordnung gültig wird:* bei Inkrafttreten des Gesetzes

In·land das ['ɪnlant] <-(e)s> /*kein Plur.*/ ❶ (↔ *Ausland) das aus der Sicht des Sprechers eigene Land, in dem er Staatsbürger ist:* Urlaub im Inland wird immer beliebter. ❷ *das Landesinnere:* An der Küste weht ein frischer Wind; im Inland kann es bis zu dreißig Grad heiß werden. ◆ -sflug, -sgespräch, -sreise

in·ne·ha·ben <hast inne, hatte inne, hat innegehabt> *mit OBJ* ■ **jmd. hat etwas inne** *eine Position oder ein Amt besitzen:* Er hat das Amt des Vorsitzenden inne. ◆ Zusammenschreibung → R 4.6 Sie hat dort ein wichtiges Amt innegehabt.

in·nen ['ɪnən] *adv* (↔ *außen*) ❶ *innerhalb eines Raumes:* Innen ist es warm, draußen ist es eiskalt. ❷ *im Inneren eines Objekts:* Die Melone war innen faul.

In·nen·stadt die <-, Innenstädte> (≈ *City,*

Stadtzentrum) in der Mitte eines Stadtgebietes der Bereich, in dem die Hauptgeschäftsstraßen liegen: In der Innenstadt gibt es kaum noch Wohnungen, nur noch Geschäfte und Büros.

In·ne·re das ['ɪnərə] <Inner(e)n> /kein Plur./ ❶ *derjenige Teil von etwas, der von außen nicht sichtbar ist und einen umschlossenen Raum bildet:* Das Innere des Baumes war hohl.; Auch das Innere des Gerätes überzeugt durch eine makellos saubere Verarbeitung. ❷ *alle Gedanken, Gefühle und seelischen Regungen des Menschen:* Diese Vorstellungen beschäftigten ihr Inneres.; Er war in seinem tiefsten Inneren fest davon überzeugt, dass sie ihn noch liebt.

in·ne·re adj /nicht steig./ ❶ *im Inneren¹ von etwas gelegen:* Der innere Teil des Gebäudes war durch die Explosion völlig zerstört worden. ❷ *den geistig-seelischen Bereich betreffend:* Er strahlte eine ungeheure innere Ruhe aus. ❸ *eine Sache in ihren tiefsten Grundlagen betreffend:* Sie versteht viel vom inneren Aufbau des Computers. ❹ *das Inland bzw. die eigenen Angelegenheiten betreffend:* Die Politiker diskutierten über die inneren Probleme des Landes.

in·ner·halb ['ɪnɐhalp] **I.** *präp* +Gen. ❶ *(↔ außerhalb) im Inneren eines Bereichs liegend:* Innerhalb der Stadt sind Grundstücke extrem teuer. ❷ *in einem bestimmten Zeitraum:* Er wollte innerhalb der nächsten Stunde zurückrufen. **II.** *adv* ❶ *(↔ außerhalb) im Inneren von etwas:* Die Fahrkarte gilt innerhalb von ganz Deutschland. ❷ *im Verlauf von:* Ich sage Ihnen innerhalb von zwei Wochen Bescheid.

in·nert ['ɪnɐt] *präp* +Gen./Dat. ÖSTERR., SCHWEIZ. *binnen, innerhalb:* Sie wollte innert eines Tages/einem Tag wieder hier sein.

in·nig ['ɪnɪç] *adj (geh.)* ❶ *so, dass man ein sehr intensives Gefühl damit verbindet:* ein inniger Brief; Er liebt sie heiß und innig. ❷ *so, dass man eng verbunden ist:* Sie verband eine innige Freundschaft.

in·no·va·tiv [ɪnova'tiːf] *adj /nicht steig./ (fachspr.) so, dass es etwas erneuert:* innovative Maßnahmen; innovative Fähigkeiten eines Mitarbeiters; Auf der Messe wurde ein innovatives Verfahren zur ... vorgestellt. ▸ Innovation

in·of·fi·zi·ell ['ɪnʔɔfitsi̯ɛl] *adj /nicht steig./* ❶ *(↔ offiziell) nicht amtlich bestätigt; nicht dienstlich; nicht von offizieller Stelle ausgehend:* eine inoffizielle Mitteilung ❷ *nicht förmlich oder feierlich:* Wir haben hier gerade eine kleine inoffizielle Feier.

In·sas·se der, **In·sas·sin** ['ɪnzasə] <-n, -n> ❶ *jmd., der in einem Heim lebt oder in einem Gefängnis sitzt:* die Insassen eines Gefängnisses ❷ *jmd., der sich in einem Fahrzeug befindet:* Bei dem Unfall kamen alle Insassen ums Leben.

In·sel die ['ɪnzl̩] <-, -n> ❶ *ein Stück Land, das auf allen Seiten vom Meer umschlossen ist:* eine einsame Insel; die Inseln vor der Westküste Schottlands; Eine Fähre verkehrt zwischen der Insel und dem Festland. ◆-bewohner, -leben, -staat, Halb-, Kanal-, Karibik- ❷ *(übertr.) ein Ort, an dem ganz andere (meist bessere) Bedingungen herrschen als in der ihn umgebenden Welt:* Dieses Plätzchen ist eine Insel der Ruhe.

In·se·rat das [ɪnze'raːt] <-(e)s, -e> *(≈ Annonce) eine Anzeige, die man in einer Zeitung drucken lässt, weil man zum Beispiel etwas verkaufen, kaufen, vermieten oder mieten will:* ein Inserat aufgeben

in·se·rie·ren [ɪnze'riːrən] <inserierst, inserierte, hat inseriert> *mit OBJ/ohne OBJ* ■ **jmd. inseriert (etwas) in etwas** *Dat. ein Inserat aufgeben:* Er inserierte die Stelle in der Zeitung.; Er inserierte in der Zeitung.

ins·ge·heim, **ins·ge·heim** [ɪnsgə'haɪm, 'ɪnsgəhaɪm] *adv (≈ heimlich) im geheimen; ohne darüber zu sprechen:* Insgeheim machten sich alle über ihn lustig.; insgeheim auf etwas hoffen

ins·ge·samt [ɪnsgə'zamt, 'ɪnsgəzamt] *adv in der Summe, alles zusammen genommen:* Wir waren insgesamt mehr als fünfzig Teilnehmer.

in·so·fern [ɪnzo'fɛrn, ɪn'zoːfɛrn] **I.** *adv (≈ insoweit) (verwendet, um den Geltungsbereich einer Aussage einzuschränken) in dem Maße, dies betrifft:* Ich stimme ihm nur insofern zu, als er damit ... sagt. **II.** *konj wenn, falls:* Insofern ihr uns braucht, helfen wir natürlich mit.

in·stal·lie·ren [ɪnstaleˈliːrən] <installierst, installierte, hat installiert> *mit OBJ* ■ **jmd. installiert etwas** *ein technisches Gerät einbauen und anschließen:* Die Handwerker installieren gerade die Heizung. ▸ Installation

in·stän·dig ['ɪnʃtɛndɪç] *adj (≈ eindringlich) intensiv und nachdrücklich:* Er hat sie inständig darum gebeten.

In·s·tanz die [ɪn'stants] <-, -en> ❶ RECHTSW. *bestimmte Stufe eines Gerichtsverfahrens:*

Das Urteil wurde in zweiter Instanz bestätigt. ♦ -enweg ❷ *(zuständige) Behörde:* Alle polizeilichen Instanzen wurden informiert.

In·s·tinkt der [ɪnˈstɪŋkt] <-(e)s, -e> ❶ BIOL. *eine Verhaltensweise, die einem Lebewesen bereits angeboren ist und die es daher nicht erlernen muss:* der natürliche Instinkt; Jedes Tier folgt seinem Instinkt. ▶ -verhalten, instinktiv ❷ *(übertr.) das deutliche Gefühl, dass etwas der Fall ist:* ein untrüglicher/höherer/feiner Instinkt; Mein Instinkt sagt mir, dass er doch Recht hatte. ▶ instinktiv

In·s·ti·tut das [ɪnstiˈtuːt] <-(e)s, -e> ❶ *eine Einrichtung der Wissenschaft, an der Forschung betrieben wird, Publikationen erstellt und Tagungen veranstaltet werden:* Das "Institut für deutsche Sprache" (IdS) hat seinen Sitz in Mannheim.; Die Firma hat ein Institut mit der Marktforschung beauftragt. ♦ -sbibliothek, -sleitung, -sverwaltung, Forschungs- ❷ *Gebäude eines Instituts¹* ❸ RECHTSW. *gesetzlich festgelegte Einrichtung:* Die Ehe ist ein Institut. ▶ Institution ♦ Rechts-

In·s·t·ru·ment das [ɪnstruˈmɛnt] <-(e)s, -e> ❶ MUS. *(kurz für „Musikinstrument") ein Gerät, mit dem man Töne erzeugen und Musik produzieren kann, wie z.B. ein Klavier oder eine Gitarre:* Er kann drei Instrumente spielen.; Die Musiker stimmen die Instrumente. ▶ instrumental ♦ Blas-, Saiten-, Tasten- ❷ TECHN., MED. *ein (komplexes) Werkzeug oder Gerät für einen bestimmten Zweck:* chirurgische Instrumente desinfizieren ♦ Mess-, Navigations-, Operations- ❸ *(übertr.) jmd. oder etwas, den oder das man als Mittel für etwas benutzt:* Sie ist doch nur das Instrument ihres Chefs.

in·sze·nie·ren [ɪnstseˈniːrən] <inszeniert, inszenierte, hat inszeniert> *mit OBJ* ■ **jmd. inszeniert etwas** ❶ THEAT., FILM *als Verantwortlicher die Aufführung eines Bühnenstücks technisch und künstlerisch vorbereiten:* Der Regisseur ist dabei, ein neues Stück zu inszenieren. ▶ Inszenierung ❷ *(abwert. übertr.) mit Absicht eine Reaktion (bei seinen Mitmenschen) hervorrufen:* Sie musste natürlich einen Skandal inszenieren.

in·takt [ɪnˈtakt] *adj / nicht steig. /* ❶ *(≈ unbeschädigt) so, dass etwas nicht kaputt ist und funktioniert:* Der alte Herd ist immer noch intakt. ▶ Intaktheit ❷ *so, dass etwas ohne (große) Probleme ist:* Sie lebt in einer intakten Beziehung.; Kinder brauchen ein intaktes Familienleben. ▶ Intaktheit

In·te·g·ra·ti·on die [ɪntəgraˈtsi̯oːn] <-, -en> ❶ *(≈ Eingliederung) der Vorgang, dass jmd. bewusst durch bestimmte Maßnahmen dafür sorgt, dass jmd. ein Teil einer Gruppe wird:* Eine wichtige Aufgabe des Trainers ist die Integration des neuen Spielers (in die Mannschaft).; die Integration Behinderter in die Gesellschaft ❷ *Herstellung oder Vervollständigung einer Einheit:* die politische Integration Europas ❸ *Zustand, in dem jmd. integriert worden ist:* eine erfolgreiche Integration

in·tel·lek·tu·ell [ɪntɛlɛktuˈɛl] *adj* ❶ *verstandesmäßig, geistig:* Hier sind deine intellektuellen Fähigkeiten gefragt. ❷ *betont verstandesmäßig; nur auf den Intellekt ausgerichtet; sehr gebildet:* Kein Wunder, dass er das Bild nicht anbringen kann. Er ist eben ein intellektueller Mensch und kein Handwerker. ❸ *die Intellektuellen betreffend:* Man sieht sie häufig in intellektuellen Kreisen.

in·tel·li·gent [ɪntɛliˈɡɛnt] *adj* (≈ *klug*) *mit hoher Intelligenz ausgestattet:* Das Kind ist sehr intelligent.; Dies war keine besonders intelligente Frage.

In·tel·li·genz die [ɪntɛliˈɡɛn̩ts] <-, -en> ❶ *die Fähigkeit, besonders durch abstraktes logisches Denken Probleme lösen und zweckmäßig handeln zu können:* praktische/theoretische Intelligenz; eine niedrige/hohe/überdurchschnittliche Intelligenz; nur wenig Intelligenz besitzen; ■ **Künstliche Intelligenz** *ein Forschungsgebiet, in dem versucht wird, Mechanismen zu entwerfen, mit denen Maschinen oder Computer intelligentes Verhalten entwickeln können* ♦ -grad, -leistung, -prüfung, -test ❷ *Gesamtheit der geistig tätigen Personen:* Er zählt sicherlich zur Intelligenz seines Landes. ♦ -schicht

in·ten·siv [ɪntɛnˈziːf] *adj* ❶ (↔ *extensiv*) *gründlich und konzentriert:* Sie hat sehr intensiv für diese Prüfung gearbeitet. ❷ *sehr stark, heftig:* Der Maler verwendet überwiegend intensive Farben. ♦ arbeits-, geruchs-, geschmacks-, kosten-, zeit- ❸ *eingehend, durchdringend:* Man hatte intensive Verhandlungen geführt. ❹ LANDW. *so, dass man viel Geld und Arbeit für etwas einsetzt:* Auf diesem Bauernhof betreibt man intensive Viehhaltung. ♦ Intensivanbau, Intensivhaltung, Intensivkultur

In·ter·ci·ty® der [ɪntɐˈsɪti] <-s, -s> *(in Deutschland) ein schneller Eisenbahnzug, der zwischen Großstädten verkehrt, und für dessen Benutzung man zusätzlich zur

Fahrkarte einen besonderen Aufpreis bezahlen muss; abgekürzt „IC": Für den Intercity müssen Sie einen Zuschlag bezahlen! ◆ -zug, -zuschlag

in·te·r·es·sant [ɪntərɛˈsant] *adj* ❶ *(↔ uninteressant) so, dass ein bestimmter Inhalt Interesse weckt; anregend, spannend:* ein sehr interessanter Film/Roman/Vortrag; ■ **sich interessant machen** *(umg. abwert.) versuchen, jmds. Aufmerksamkeit zu gewinnen; sich wichtig machen wollen* Er will sich mit seinem Gerede doch nur interessant machen. ◆ hoch- ❷ *so, dass es einen geschäftlichen Vorteil verspricht:* Er hat mir einen interessanten Handel vorgeschlagen.; interessante Perspektiven

In·te·r·es·se *das* [ɪntəˈrɛsə] <-s, -n> ❶ */kein Plur./ (↔ Desinteresse) die Aufmerksamkeit und geistige Anteilnahme, die jmd. für eine Sache hat:* lebhaftes/geringes Interesse; privates/öffentliches Interesse; Ich habe den Artikel mit großem Interesse gelesen.; Das ist für mich nicht von Interesse.; Nach der anfänglichen Euphorie ließ das Interesse an dem neuen Computerspiel recht schnell nach. ◆ -ngebiet ❷ */meist Plur./ Neigung, Vorliebe:* Sie haben kaum gemeinsame Interessen. ❸ *die Neigung, etwas zu kaufen,* Haben Sie Interesse an diesem Schrank? ◆ Kauf- ❹ */meist Plur./ Bestrebung, Einflussbereich:* Er vertrat stets die Interessen seiner Partei.; ■ **etwas liegt in jemandes Interesse** *etwas ist für jmdn. von Nutzen oder von Vorteil* Ein solches Vorgehen liegt doch in unser aller Interesse. ◆ -nausgleich, -ngegensatz, -ngruppe, -npolitik, -nvertretung, Firmen-, Geschäfts-, Partei-, Verbands-

in·te·r·es·sie·ren [ɪntərɛˈsiːrən] <interessierst, interessierte, hat interessiert> **I.** *mit OBJ* ❶ ■ **etwas interessiert jmdn.** *etwas weckt jmds. Aufmerksamkeit:* Sport interessiert ihn sehr.; Nichts interessiert mich weniger als Autos. ❷ ■ **jmd. interessiert jmdn. für etwas** *Akk. jmds. Interesse auf etwas lenken:* Die Chefin konnte alle Mitarbeiter für das Projekt interessieren. **II.** *mit SICH* ■ **jmd. interessiert sich für etwas** *Akk.* ❶ *Interesse¹ haben:* Er interessiert sich sehr für Musik.; Sie hat sich nie sonderlich/immer schon leidenschaftlich für Sport interessiert. ❷ *die Absicht haben, etwas zu kaufen:* Ich interessiere mich für dieses Angebot. ❸ ■ **jmd. interessiert sich für jmdn.** *jmdn. kennenlernen wollen:* Er interessiert sich für die Freundin seiner Schwester.

in·ter·kul·tu·rell *adj /nicht steigerbar/ Beziehungen zwischen verschiedenen Kulturen betreffend:* interkultureller Dialog

Mit **Interkulturalität** wird die Gegebenheit von Begegnungen bzw. Kontakten zwischen verschiedenen „Kulturen" erfasst, wie es sie im Rahmen des Fremd- und Zweitsprachenunterrichts immer gibt. Dazu wurden seit den 70er Jahren und verstärkt in den 90er Jahren verschiedene Konzepte insbesondere des **interkulturellen Lernens** und der Ausbildung einer **interkulturellen Kompetenz** entwickelt, welche die zuvor als *kommunikativ* bezeichneten Konzepte weitgehend abgelöst haben. Kulturelle Lernprozesse können grundsätzlich durchaus als ungeplante und spontane Lernerfahrungen in Gang gesetzt werden. Im engeren Sinne sind derartige Konzepte allerdings auf Prozesse im Rahmen von Deutsch als Fremdsprache (vgl. das Stichwort) sowie des Fremdsprachenunterrichts generell, einschließlich entsprechender Austauschprogramme, gerichtet: Dazu gehört ein Lehr- und Lehrkontext mit Lehrwerken und Unterrichtstechniken, sowie die Bestimmung eines Lehr- und Lernziels, das als „interkulturelle Kompetenz" erfasst wird. Einzelheiten dazu werden in entsprechenden Curricula geregelt. Im Zweit- und Fremdsprachenunterricht gelangen die Lernenden in Kontakt mit einer für sie neuen Sprache, wodurch eine Beziehung zwischen den beteiligten Kulturen hergestellt wird, nämlich zwischen der „Herkunftskultur" und der „Zielkultur". Beispiele dafür sind neben Begrüßungsformeln und Manieren viele einstellungsbedingte Verhaltensweisen. Wesentlich ist, dass alle Konzepte vorsehen, über rein sprachliche Aspekte hinauszugehen: Hier spielt insbesondere die **interkulturelle Landeskunde** eine wichtige Rolle, welche die traditionelle Vermittlung landeskundlicher Daten und Fakten ablöst. Darüber hinaus gibt es das Konzept des „interkulturellen Trainings", mit dem Beteiligte im Bereich der Wirtschaft auf interkulturelle Kontakte vorbereitet werden, und das zunehmend auch für den Zweit- und Fremdsprachenunterricht an Gewicht gewinnt. Die Zielgröße der Befähigung zur interkulturellen Kompetenz beinhaltet neben sprachlichen Aspekten vor allem auch affektive und emotionale Aspekte, so das als *Empathie* bezeichnete

Einfühlungsvermögen in Eigenarten des Gegenübers mit anderem kulturellen Hintergrund. Verbunden sind mit all diesen Konzepten verschiedene Erwartungen, so der Abbau möglicher Vorurteile, ohne dass dies eine unkritische Übernahme problematischer gesellschaftlicher Auffassungen beinhalten muss. Eine Ausrichtung an Interkulturalität haben zahlreiche, unterschiedlich gefasste, Abteilungen und Studiengänge an Universitäten erhalten, so „interkulturelle Kommunikation", „Medien und interkulturelle Kommunikation", sowie „interkulturelle Germanistik".

in·tern [ɪnˈtɛrn] *adj /nicht steig./ (geh.: ↔ extern)* ① *nur den engsten, inneren Kreis einer Gruppe betreffend; nicht öffentlich und für Außenstehende bestimmt:* eine reine interne Angelegenheit der Abteilung; Wir wollen das Problem intern lösen. ◆ abteilungs-, bereichs-, fakultäts-, schul-, vereins- ② *in einem Internat lebend/wohnend:* die internen/externen Schüler einer Schule

In·ter·nat das [ɪntɛrˈnaːt] <-(e)s, -e> *eine Schule, zu der Wohnräume für die Schüler gehören und in der die Schüler ständig leben:* ein Internat besuchen

in·ter·na·ti·o·nal [ˈɪntɛnatsi̯onaːl, ɪntɛnaˈtsi̯onaːl] *adj /nicht steig./* ① *die Beziehungen zwischen mehreren Staaten betreffend:* internationale Abkommen/Beziehungen/Konzerne/Verträge ▸ Internationalität ② *über die nationalen Grenzen hinausgehend:* internationale Küche; Am Wochenende findet in Zürich ein internationales Leichtathletikmeeting statt. ▸ Internationalität

In·ter·net das [ˈɪntɛnɛt] <-s, -s> EDV *ein die ganze Welt umspannendes Netzwerk von Computern, die miteinander kommunizieren können:* stundenlang im Internet surfen; Ich habe mir diese Daten aus dem Internet heruntergeladen.; Wie verändert das Internet die Wirtschaft?; im Internet nach Informationen suchen; Besuchen Sie uns im Internet auf unserer Homepage! ◆ -adresse, -anschluss, -auktion, -banking, -café, -dienst, -fernsehen, -nutzer(in), -seite, -shopping, -zugang

In·ter·nist der, **In·ter·nis·tin** [ɪntɛrˈnɪst] <-en, -en> MED. *Arzt für innere Krankheiten:* zu einem Internisten gehen

In·ter·pre·ta·ti·on die [ɪntɛrpretaˈtsi̯oːn] <-, -en> *das Interpretieren¹ ² ³:* eine Interpretation des Romans lesen/schreiben

in·ter·pre·tie·ren [ɪntɛrpreˈtiːrən] <interpretierst, interpretierte, hat interpretiert> *mit OBJ* ① ■ **jmd. interpretiert etwas (als etwas** *Akk.)* (≈ *deuten, auslegen) aus einer Sache/einem Verhalten eine bestimmte Bedeutung herauslesen:* Ihre Schüchternheit wird manchmal als Arroganz interpretiert. ② ■ **jmd. interpretiert etwas** (≈ *erläutern, deuten) einen Text, ein Gemälde o.Ä. inhaltlich deuten, so dass sein Sinn erkennbar wird:* Wir mussten ein Gedicht interpretieren. ③ ■ **jmd. interpretiert etwas** MUS. (≈ *ausführen) ein Musikstück in einer bestimmten Weise vortragen:* Sie hatte das Lied sehr gefühlvoll interpretiert.

In·ter·punk·ti·on die [ɪntɛpʊŋkˈtsi̯oːn] <-, -en> SPRACHWISS. (≈ *Zeichensetzung) die Zeichen (und die Regelungen ihrer Verwendung), die man benutzt, um geschriebene Sätze zu gliedern:* die Regeln der Interpunktion lernen ◆ -sregel

In·ter·view das [ˈɪntɐvjuː, ˈɪntɛvjuː] <-s, -s> ① *ein öffentliches Gespräch, bei dem eine bekannte Persönlichkeit von einer anderen Person, z.B. einem Journalisten, zu privaten und öffentlichen Themen befragt wird:* Der Politiker hat ein Interview abgelehnt/gegeben. ◆ Fernseh-, Rundfunk-, Zeitungs- ② SOZIOL. *das gezielte Befragen von Personen aus einer bestimmten Bevölkerungsgruppe (zu statistischen Untersuchungen innerhalb der Meinungsforschung):* Der Wissenschaftler muss noch die Interviews auswerten.

in·ter·vie·w·en [ɪntɐˈvjuːən/ɪntɛvjuːən] <interviewst, interviewte, hat interviewt> *mit OBJ* ■ **jmd. interviewt jmdn.** *ein Interview durchführen:* Es war eine große Ehre für ihn, den bekannten Politiker interviewen zu dürfen.

in·tim [ɪnˈtiːm] *adj* ① (≈ *vertraut) so, dass man engen und häufigen Kontakt zu jmdm. hat und ihn sehr gut kennt:* Er ist ein intimer Freund der Familie.; Ihr Verhältnis scheint sehr intim zu sein.; Wir treffen uns nach der Prüfung zu einer kleinen Feier im intimen Kreis. ② *(verhüll.) so, dass man mit jmdm. sexuellen Kontakt hat:* Er ist mit ihr intim (geworden). ③ *(geh.) tief im Inneren eines Menschen verborgen:* Dies waren seine intimsten Sehnsüchte. ④ *so, dass man etwas sehr genau kennt und großes (Fach-)Wissen darüber hat:* Er ist ein intimer Kenner der Musikszene. ⑤ *gemütlich:* ein kleines, intimes Lokal; sich in der intimen Atmosphäre gut unterhalten können

in·to·le·rant ['ɪntolerant, ɪntole'rant] *adj* (↔ *tolerant*) ❶ *so, dass man keine andere Meinung außer der eigenen gelten lässt*: In dieser Frage nimmt er eine sehr intolerante Haltung ein. ▸ Intoleranz ❷ MED. *so, dass man bestimmte Stoffe nicht verträgt*: gegenüber einem Medikament intolerant sein

in·tran·si·tiv ['ɪntranziti:f] *adj* SPRACHWISS. (↔ *transitiv*) *so, dass ein Verb kein Akkusativobjekt benötigt*: Das Verb „wachsen" ist ein intransitives Verb. ▸ Intransitivität

in·tri·gie·ren [ɪntri'gi:rən] <intrigierst, intrigierte, hat intrigiert> *ohne OBJ* ▪ jmd. **intrigiert gegen jmdn.** *(geh.) andere Personen so beeinflussen, dass man damit jmdm. indirekt Schaden zufügen kann*: Er hat gegen den König intrigiert. ▸ Intrigant(in), Intrige

In·va·li·de der, **In·va·li·din** [ɪnva'li:də] <-n, -n> *jmd., der aufgrund eines körperlichen Leidens vollständig oder teilweise arbeitsunfähig ist*: Er ist früh zum Invaliden geworden. ◂ Kriegs-

In·ven·tar das [ɪnvɛn'ta:ɐ̯] <-s, -e> ❶ *alle Gegenstände, die zu einem Betrieb, einem Haus oder einem Raum gehören*: wertvolles Inventar besitzen ❷ *Verzeichnis aller zu einem Betrieb, Haus oder Raum gehörenden Gegenstände*: etwas ins Inventar aufnehmen; ▪ **lebendes Inventar** *Vieh* Zu dem Bauernhof gehört lebendes Inventar.; ▪ **totes Inventar** *Möbel* Das ist doch alles totes Inventar.; ▪ **zum lebenden Inventar gehören** *(umg. scherzh.) einer Firma schon sehr lange angehören* Herr Schmidt ist einer unserer längsten Mitarbeiter; er gehört zum lebenden Inventar dieser Firma. ◂-liste

In·ven·tur die [ɪnvɛn'tu:ɐ̯] <-, -en> WIRTSCH. (≈ *Bestandsaufnahme*) *der Vorgang, dass in einem Betrieb oder Geschäft gezählt und registriert wird, welche und wie viele Waren am Lager sind*: Wir machen morgen Inventur.; Wegen Inventur geschlossen.

in·ves·tie·ren [ɪnvɛs'ti:rən] <investierst, investierte, hat investiert> **I.** *mit OBJ/ohne OBJ* ▪ **jmd. investiert (etwas) (in etwas** *Akk.)* *Geld (langfristig) in etwas anlegen*: Das Unternehmen hat viel Geld in die Forschung investiert.; Die Firma hat versäumt zu investieren.; Geld in Aktien investieren **II.** *mit OBJ* ▪ **jmd. investiert etwas in etwas** *Akk. (umg. übertr.) auf jmdn. oder etwas viel Zeit und Energie verwenden*: Sie haben viel Zeit in die Erziehung ihrer Kinder investiert.; Ich habe meine ganze Kraft in diese Arbeit investiert. ▸ Investition

in·wie·fern I. *adv in welcher Hinsicht*: Inwiefern hat sich unsere Situation verschlechtert? **II.** *konj verwendet, um auszudrücken, in welcher Hinsicht das Gesagte gilt*: Wir sollten prüfen, inwiefern er eine Mitschuld trägt.

in·zwi·schen [ɪn'tsvɪʃn] *adv* ❶ (≈ *in der Zwischenzeit*) *verwendet, um sich auf die Zeit zu beziehen, die zwischen einem Ereignis der Vergangenheit und dem Sprechzeitpunkt vergangen ist*: Du hast die Firma vor drei Jahren verlassen, inzwischen hat sich dort viel geändert. ❷ (≈ *währenddessen*) *verwendet, um auszudrücken, dass eine Handlung gleichzeitig mit einer anderen abläuft*: Spüle du das Geschirr! Ich trage inzwischen mal den Müll runter!

ir·gend ['ɪrgnt] *adv* ❶ *verwendet, um auszudrücken, dass man die genannte Person oder Sache nicht kennt oder nicht für wichtig hält*: Da hat irgend so ein Bekannter von dir angerufen. ❷ *irgendwie*: Sie hat ihm geholfen, so lange sie irgend konnte.

ir·gend·ein ['ɪrgnt│aɪn] */Indefinitpronomen/ verwendet, um auszudrücken, dass die genannte Person oder Sache nicht genau bestimmt ist oder bestimmt werden kann*: Melden Sie sich, wenn Sie irgendeine Frage haben.

ir·gend·wann *adv verwendet, um auszudrücken, dass man den genauen Zeitpunkt nicht kennt*: Er wollte sie irgendwann besuchen.

ir·gend·was ['ɪrgnt'vas] */Indefinitpronomen / (umg.: ≈ irgendetwas) verwendet, um auszudrücken, dass eine Sache nicht näher bestimmt ist bzw. nicht genau benannt werden kann*: Bei der Sache ist doch irgendwas faul.

ir·gend·wie ['ɪrgnt'vi:] *adv* ❶ *auf irgendeine Art*: Ich werde die Prüfung schon irgendwie bestehen. ❷ *in irgendeiner Hinsicht*: Er kommt mir irgendwie bekannt vor.

ir·gend·wo ['ɪrgnt'vo:] *adv an einem unbestimmten Ort*: Ist hier irgendwo eine Toilette?

ir·gend·wo·hin ['ɪrgntvo'hɪn] *adv an ein unbestimmtes Ziel*: Sie will irgendwohin in den Süden.

Iro·nie die [iro'ni:] */kein Plur./* ❶ *feiner, versteckter Spott, mit dem jemand auf indirekte Weise jemand/etwas treffen will, indem er das Gegenteil dessen sagt, was er meint*: Ich konnte die Ironie aus seinen Worten heraushören.; Diesen Pfusch eine „wirklich erstklassige Arbeit" zu nennen, ist ja wohl allenfalls Ironie! ▸ Ironiker(in), ironisch ❷ *eine paradoxe Situation:* Ironie des Geschichte/des Schicksals

irr, ir·re ['ɪr(ə)] *adj verrückt, verwirrt:* Er ist irr(e).; ■ **echt irre!** *(umg.) toll, super* Deine neue Frisur ist echt irre!

ir·re·füh·ren <führst irre, führte irre, hat irregeführt> *mit OBJ* ■ **jmd. führt jmdn. irre** */oft im Part. Präs./ absichtlich täuschen, eine falsche Vorstellung hervorrufen:* Der Gegner sollte irregeführt werden.; Eine solche Behauptung ist absolut irreführend. ▸ Irreführung

ir·re·ma·chen <machst irre, machte irre, hat irregemacht> *mit OBJ* ■ **jmd./etwas macht jmdn. irre** *verwirren, durcheinanderbringen:* Lass dich von den Prüfern bloß nicht irremachen.

ir·ren ['ɪrən] <irrst, irrte, hat/ist geirrt> **I.** *ohne OBJ* ■ **jmd. irrt irgendwo** *(sein) (geh.) ziellos umherlaufen, den Weg nicht kennen:* Sie ist stundenlang durch die Straßen geirrt. **II.** *mit SICH (haben)* ❶ ■ **jmd. irrt sich** *etwas fälschlich für wahr halten:* Wenn ich mich nicht irre, beginnt der Film um 20.00 Uhr. ❷ ■ **jmd. irrt sich (in jmdm.)** *(≈ sich täuschen) jmdn. falsch einschätzen:* Du hast dich in ihr geirrt. ❸ ■ **jmd. irrt sich (in etwas** *Dat.***)** *sich verrechnen:* Er hatte sich in der Summe geirrt. ❹ ■ **jmd. irrt sich in etwas** *Dat. verwechseln:* Ich habe mich in der Türe geirrt.; ■ **Irren ist menschlich** *(Sprichwort) Jeder Mensch kann sich einmal irren.* Das macht nichts! Irren ist menschlich!; Es irrt der Mensch, solang' er strebt! (Goethe: „Faust")

ir·ri·tie·ren [ɪri'tiːrən] <irritierst, irritierte, hat irritiert> *mit OBJ* ❶ ■ **jmd./etwas irritiert jmdn.** *(≈ verwirren) bewirken, dass jmd. verwirrt und unsicher wird:* Sie ließ sich auch von solchen Fragen der Prüfer nicht irritieren. ❷ ■ **etwas irritiert jmdn.** *stören:* Die ständigen Anrufe irritieren ihn bei der Arbeit. ❸ ■ **etwas irritiert jmdn.** *(≈ ärgern)* Das ständige Hupen der Autos irritiert mich.

Irr·sinn der *Unvernunft, die sich im Handeln und Verhalten zeigt:* Es ist doch Irrsinn, bei diesem Orkan nach draußen zu gehen!

Irr·sinns- *(≈ Wahnsinns-) als Erstglied zusammengesetzter Substantive, mit Betonung auf beiden Teilen; drückt aus, dass das mit dem Zweitglied Bezeichnete ein normales Maß erheblich übersteigt:* Er kam mit einer Irrsinns-Geschwindigkeit angebraust. ◆ -geschwindigkeit, -hitze, -kälte, -preis

Irr·tum der ['ɪrtuːm] <-(e)s, Irrtümer> *der Sachverhalt, dass sich jmd. mit einer Einschätzung falsch liegt; Fehler, Versehen:* Ich glaube, dass dies ein großer Irrtum war.; Da befindest du dich aber im Irrtum!; Ihm ist ein Irrtum unterlaufen.; ein folgenschwerer Irrtum

irr·tüm·lich ['ɪrtyːmlɪç] *adj /nicht steig./ durch einen Irrtum; aus Versehen, ohne Absicht:* Ich bin irrtümlich von der Annahme ausgegangen, dass das Geld kommt.; Er hatte irrtümlich die falsche Telefonnummer notiert.

Is·lam der [ɪs'laːm] <-s> */kein Plur./* REL. *die Weltreligion, die durch den Propheten Mohammed begründet worden ist und deren Heilige Schrift der Koran ist:* sich zum Islam bekennen ▸ islamisch

iso·lie·ren [izo'liːrən] <isolierst, isolierte, hat isoliert> **I.** *mit OBJ* ❶ ■ **jmd. isoliert etwas** *Leitungen, Rohre oder Wände mit einem besonderen Material versehen, das vor Elektrizität, Wasser, Luft o.Ä. schützt:* Rohre isolieren; Wir müssen die Fenster isolieren, denn es zieht. ▸ Isolierung ❷ ■ **jmd. isoliert jmdn./ein Tier** *jmdn. oder ein Tier von anderen fern halten:* Man isolierte das kranke Tier, um eine Ansteckung zu verhindern. ❸ BIOL., CHEM. *einen Stoff aus einer Verbindung herauslösen und ihn dadurch in reiner Form erhalten:* Es gelang, die Substanz zu isolieren. **II.** *mit SICH* ■ **jmd. isoliert sich** *(≈ sich abkapseln) keinerlei Verbindung zu seiner Umwelt halten und dadurch immer einsamer werden:* Er hatte sich im Alter völlig isoliert. ▸ Isolation

J j

J, j das [jɔt] <-, -> *der 10. Buchstabe des Alphabets:* Das Wort „Junge" beginnt mit einem „J".

ja [ja:] *adv* ❶ *als Antwort auf eine Frage verwendet, um auszudrücken, dass man zustimmt:* Bist du einverstanden? — Ja (≈ ich bin einverstanden)!; Willst du noch etwas Tee? — Ja, bitte (≈ ich möchte noch Tee).; Er hat zu allen Vorschlägen ja/Ja gesagt. ❷ *als Antwort auf eine Aussage verwendet, um auszudrücken, dass man Zweifel hat und sich vergewissern möchte, ob die Aussage wirklich so gemeint ist:* Ihr dürft nun doch mitkommen. — Ja, wirklich?; Er hat die Prüfung gestern bestanden. — Ja? Das hätte ich nicht erwartet.; Ihr werdet mir doch helfen, ja? ❸ *in einer Aussage (unbetont) verwendet, um auszudrücken, dass das Gesagte bekannt ist oder der Sprecher glaubt, es sei bekannt:* Wie Ihnen allen ja bekannt sein dürfte, …; Ihr habt es ja selbst gesehen, …; Sie ist ja ganz talentiert, aber doch ziemlich faul. ❹ *(umg.: ≈ bloß, nur) in einer Aufforderung (betont) verwendet, um auszudrücken, dass die Aufforderung sehr ernst gemeint ist:* Seid ja vorsichtig!; Glaub das ja nicht!; ■ **zu allem Ja und Amen/ja und amen sagen** *(mit allem einverstanden sein)* Er wird bestimmt nichts dagegen haben, er sagt doch zu allem Ja und Amen. ◆ Groß- oder Kleinschreibung zu etwas ja/Ja sagen; ◆ Großschreibung → R 3.4 Die Abgeordneten haben (mit) Ja gestimmt.; Unser Ja zu dem Plan habt ihr.

Jacht, *a.* **Yacht** die [jaxt] <-, -en> SEEW. *ein kleines, meist luxuriös ausgestattetes Schiff, das jmd aus Vergnügen besitzt:* Die Jacht gehört einem Millionär. ◆-hafen, Motor-, Segel-

Ja·cke die [ˈjakə] <-, -n> *ein Kleidungsstück für Männer und Frauen, das über Hemd oder Pullover getragen wird:* eine dicke/leichte/modische/sportliche/ warme Jacke; eine Jacke anziehen/ausziehen/auf den Bügel hängen/über der Schulter tragen; ■ **Jacke wie Hose** *(umg.) vollkommen egal* Ob wir jetzt hier warten oder dort, das ist doch Jacke wie Hose! ◆-närmel, -ntasche, Kostüm-, Regen-, Sport-, Wind-, Winter-

Ja·ckett das [ʒaˈkɛt] <-s, -s/-e> *eine formelle Jacke für Männer, die meist mit einer passenden Hose kombiniert wird:* Das Jackett kann mit verschiedenen Anzughosen kombiniert werden.; Zum Jackett trug er ein weißes Hemd und eine Krawatte.

Jagd die [ja:kt] <-, -en> ❶ */kein Plur./ das Verfolgen von Tieren, um sie zu töten und später ihr Fleisch zu essen, oder um z.B. ihre Pelze zu Kleidung zu verarbeiten:* die Jagd auf Hasen/Füchse/Elefanten; auf Jagd gehen ❷ *jmdn. verfolgen:* Die Polizei macht Jagd auf den Verbrecher. ❸ *Veranstaltung, bei der Tiere, z.B. im Wald, gejagt werden:* Heute findet in diesem Gebiet eine Jagd statt. ◆ Hasen-, Hetz-, Treib- ❹ *(≈ Jagdrevier) Gebiet, in dem gejagt wird:* Er hat in der Nähe eine Jagd gepachtet. ❺ *(übertr.) heftiges Streben nach etwas:* die Jagd nach dem Geld/Glück/nach materiellem Reichtum

ja·gen [ˈja:gn̩] <jagst, jagte, hat/ist gejagt> **I.** *mit OBJ* ❶ ■ **jmd. jagt jmdn./ein Tier** *(haben) jmd. oder ein Tier verfolgen, um ihn/es zu fangen oder zu töten:* Elefanten/Hasen jagen; Krimis handeln meist davon, dass die Polizei einen Mörder jagt. ❷ ■ **jmd. jagt jmdn./ein Tier irgendwohin** *(haben) (umg.) jmdn. oder ein Tier an eine Stelle treiben:* die Hühner in den Stall jagen; Der Hund jagt die Katze durch den Garten. ❸ ■ **jmd. jagt jmdn.** *(haben) (umg. übertr.) zur Eile drängen:* Jag(e) mich doch nicht so! Schneller schaffe ich die Arbeit nicht! ❹ ■ **etwas jagt etwas** *sehr schnell aufeinander folgen:* Die Ereignisse/Termine jagen einander. ❺ ■ **jmd. jagt {jmdm.} etwas in etwas** *Akk. (haben) (umg.) mit Gewalt in etwas hineintreiben:* jemandem eine Kugel in den Kopf jagen; jemandem eine Spritze in den Arm jagen **II.** *ohne OBJ* ❶ ■ **jmd. jagt** *(haben) auf die Jagd gehen:* Heute wird in diesem Revier gejagt.; nach dem Glück/günstigen Angeboten jagen ❷ ■ **jmd. jagt nach etwas** *Dat. (haben) mit aller Kraft etwas zu erreichen versuchen:* Die Abenteurer jagten nach dem Glück. ❸ ■ **etwas jagt** *(sein) (≈ rasen) sich sehr schnell bewegen:* Sein Puls jagt. ❹ ■ **etwas jagt über etwas** *Akk. (sein) (≈ rasen) sich mit hoher Geschwindigkeit bewegen:* mit hoher Geschwindigkeit über die Straßen jagen; Ein Sturm jagte über das Land.

Jä·ger der, **Jä·ge·rin** [ˈjɛːgɐ] <-s, -> *jmd., der beruflich oder gelegentlich auf die Jagd nach Tieren geht:* Der Jäger verfolgt die Spuren eines Hirsches.

jäh [jɛː] *adj* ❶ *plötzlich steil nach unten abfallend*: ein jäher Abgrund; Es ging jäh in die Tiefe. ❷ (≈ *plötzlich, schlagartig) ganz schnell und ohne Vorankündigung geschehend*: Die Party fand ein jähes Ende.; Sie verstummte jäh.

Jahr das [jaːɐ̯] <-(e)s, -e> ❶ *der Zeitraum zwischen dem 1. Januar und dem 31. Dezember*: im Jahre 1962 geboren sein; Im kommenden Jahr machen wir in Frankreich Urlaub.; Dieses Jahr beendet er die Schule.; Dieses Jahr wird zum Jahr des Kindes erklärt. ❷ *ein Zeitraum von 365 Tagen*: heute vor zehn Jahren; Er ist 60 Jahre alt.; Innerhalb eines Jahres hat sich hier viel verändert.; Der Bau des Rathauses hat fünf Jahre gedauert.; Das Stipendium ist auf ein Jahr befristet. ❸ *gelebte Lebenszeit*: in die Jahre kommen (≈ alt werden); Mit den Jahren kommt auch die Erfahrung.; Die Jahre haben Spuren in seinem Gesicht hinterlassen.; viele Jahre lang; ▪ **in den besten Jahren** *jung (etwa zwischen 30 und 45 Jahre alt) und leistungsfähig* eine Frau/ein Mann in den besten Jahren; ▪ **Jahr für Jahr** *regelmäßig jedes Jahr* Sie fahren Jahr für Jahr im Sommer nach Italien. ▸ (sich) jähren, verjähren ◆ Geburts-, Geschäfts-, Kirchen-, Lebens-, Probe-, Schul-; *siehe auch* **jahrelang**

-jahr [jaːɐ̯] *als Zweitglied zusammengesetzter Adjektive, mit Betonung auf dem Erstglied; drückt aus,* ❶ *dass eine Jahresangabe auf das mit dem Erstglied Bezeichnete bezogen ist*: Das Sterbejahr des Autors war 1879. ◆ Bau-, Erscheinungs-, Geburts-, Sterbe-,Todes- ❷ *dass das mit dem Erstglied Bezeichnete in einem bestimmten Zeitraum beherrschend war, der mehrere Jahre umfasst*: In den schweren Aufbaujahren nach dem Kriege mussten alle mit anpacken. ◆ Aufbau-, Kriegs-, Not- ❸ *dass die mit dem Erstglied bezeichneten, bestimmten Jahre einen Lebensabschnitt einer Person darstellen*: Er dachte immer gern an seine Heidelberger Studienjahre zurück.; Für den Künstler waren die Italienjahre in erster Linie Lehrjahre. ◆ Dienst-, Ehe-, Gesellen-, Jugend-, Kinder-, Lehr-, Studenten-, Wander- ❹ *dass ein Jahr der mit dem Erstglied genannten historischen Persönlichkeit oder einem damit bezeichneten Ereignis gewidmet ist*: das Lutherjahr ◆ Darwin-, Einstein-, Europa-, Goethe-, Haydn-, Luther-, Schiller- ❺ *dass in einem bestimmten Jahr im Hinblick auf das mit dem Erstglied Bezeichnete die jeweiligen Umstände gegeben sind/waren*: Nach Meinung von Winzern hat der Jahrhundertsommer bewirkt, dass 2003 ein hervorragendes Weinjahr war.; Das Jahr 2011 war trotz zahlreicher Probleme insgesamt ein gutes Bienenjahr. ◆ Bienen-, Glücks-, Krisen-, Obst-, Regen-, Unglücks-, Wein- ❻ *dass ein Jahres-Zeitraum als Einheit der Zeitrechnung für das mit dem Erstglied Bezeichnete verwendet wird*: Das Unternehmen fasst seinen Jahresabschluss in einem Geschäftsjahr zusammen. ◆ Finanz-, Haushalts-, Kalender-, Kirchen-, Schul-, Studien- ❼ *dass das mit dem Erstglied genannte Gestirn eine Einheit der Zeitrechnung ist*: Aufgrund seiner Umlaufbahn hat ein Marsjahr 687 Tage. ◆ Mars-, Mond-, Sonnen-

jahr·aus [jaːɐ̯ˈ|aʊ̯s] ▪ **jahraus, jahrein** *verwendet, um auszudrücken, dass etwas regelmäßig und immer wieder (über viele Jahre hinweg) passiert* Jahraus, jahrein hat sie für ihre Familie gesorgt.

jah·re·lang [ˈjaːrəlaŋ] *adj /nicht steig./ mehrere Jahre andauernd*: jahrelang auf eine eigene Wohnung sparen; Durch seine jahrelange Arbeit in diesem Beruf hat er sehr viele Erfahrungen gewonnen.; *siehe aber auch* **Jahr**

Jah·res·wech·sel der <-s> /kein Plur./ (≈ *Jahreswende) der Wechsel vom 31. Dezember zum 1. Januar; der Beginn eines neuen Jahres*: Den Jahreswechsel verbrachten sie in einem Hotel in den Bergen.; gute Wünsche zum Jahreswechsel senden

Jah·res·zeit die <-, -en> *jeder der vier Abschnitte des Jahres, die sich vor allem durch das Wetter unterscheiden*: Die vier Jahreszeiten sind Frühling, Sommer, Herbst und Winter.; Sie zieht den Sommer allen anderen Jahreszeiten vor.; ▪ **die kalte/warme Jahreszeit** *der Winter/Sommer* In der kalten Jahreszeit wird es früh dunkel.; ▪ **die fünfte Jahreszeit** *(umg. scherzh.) der Karneval* Die fünfte Jahreszeit hat wieder begonnen.

Jahr·gang der <-(e)s, Jahrgänge> ❶ *die Menschen, die im gleichen Jahr geboren wurden*: Er ist Jahrgang 1940.; Wir sind der gleiche Jahrgang.; Die höheren/oberen Jahrgänge in der Schule nehmen an dem Schülerwettbewerb teil. ❷ *Erntejahr des Weines*: ein guter Jahrgang; ein 70er Jahrgang ❸ *Erscheinungsjahr einer Zeitschrift*: der (gesamte) Jahrgang 1998 einer Zeitschrift; Heft 5, Jahrgang 1990 der Zeitschrift …

Jahr·hun·dert das [jaːɐ̯ˈhʊndət] <-s,

-e> *ein Zeitraum von hundert Jahren, der von einem bestimmten Zeitpunkt an gezählt wird:* Das 20. Jahrhundert ist der Zeitraum von 1900 bis 1999.; Er ist noch im vorigen Jahrhundert geboren.; zu Beginn des 19. Jahrhunderts; das dritte Jahrhundert vor Christus (≈ v. Chr.) ◆-wechsel, -wende

Jahr·hun·dert- [ja:ɐ̯'hʊndɐt] *als Erstglied zusammengesetzter Substantive; mit Betonung auf beiden Teilen; drückt intensivierend aus, dass das mit dem Zweitglied Bezeichnete in dieser Art/Ausprägung bisher besonders selten war und ähnliches dieser Art an jeweiligem Ort übertrifft:* Das Elbhochwasser im Jahre 2002 war z.B. ein Jahrhunderthochwasser ◆-bauwerk, -ereignis, -hochwasser, -pleite, -projekt, -sommer, -wein

-jah·rig [jɛːrɪç] *als Zweitglied zusammengesetzter Adjektive, mit Betonung auf dem Erstglied; drückt aus,* ❶ *dass jmd. die mit dem Erstglied genannte Zahl von Jahren alt ist:* ein zehnjähriges Kind ◆ein-, zwei-, drei- usw. ❷ *dass etwas die mit dem Erstglied angegebene Dauer hat bzw. sich auf diesen größeren Zeitraum erstreckt:* ein einjähriger Forschungsaufenthalt in den USA; ein mehrjähriges Studium; der hundertjährige Kalender ◆ein-, hundert-, mehr-, viel-, zwei- ❸ *dass sich etwas auf den mit dem Erstglied angegebenen Jahreszeitraum bezieht:* der vorjährige Wein; Für die nächstjährige Auflage des Rennens will der Veranstalter die Streckenführung andern.; Das Museum ist ganzjährig geöffnet. ◆dies-, ganz-, halb-, letzt-, nächst-, vor- ❹ *dass jmd. mit dem Erstglied angegebenes, erforderliches Alter (nicht) im Hinblick auf die Mündigkeit erreicht hat:* Mit 18 ist man volljährig.; Ein vierzehnjähriges Kind ist minderjährig/nicht volljährig. ◆minder-, voll-

jähr·lich ['jɛːɐ̯lɪç] *adj /nicht steig./ so, dass es jedes Jahr stattfindet oder erfolgt:* Die Konferenz findet jährlich statt.; die jährlich ausgetragenen Meisterschaften; ein jährliches Einkommen von …

jäh·zor·nig *adj so, dass man oft sehr wütend wird, ohne dass es einen wirklichen Grund dafür gibt:* einen jähzornigen Charakter haben; Sie ist schon immer sehr jähzornig gewesen. ▸ Jähzorn

Ja·lou·sie die [ʒaluˈziː] <-, -sien> (≈ Rollladen) *eine Art fester Vorhang aus Metall, Holz oder Kunststoff, der an einem Fenster angebracht ist und den man heraufziehen oder herunterlassen kann, um z.B. einen Schutz vor der Sonne zu haben:* die Jalousien herunterlassen/hochziehen

jam·mern ['jamɐn] <jammerst, jammerte, hat gejammert> I. *mit OBJ/ohne OBJ* ■ jmd. jammert (über etwas *Akk.*) (≈ *lamentieren*) *über etwas klagen; mit etwas nicht zufrieden sein:* Sie jammerte, es gehe ihr schlecht.; Hör auf zu jammern!; Warum/Was jammerst du?; über das verlorene Geld jammern II. *mit OBJ* ■ etwas jammert jmdn. *(geh.) Mitleid erregen:* Er/Sein Elend jammert mich.

Jan·ker der ['jaŋkɐ] <-s, -> SÜDDT., ÖSTERR. *eine Art Strickjacke:* einen Janker anziehen

Jän·ner der ['jɛnɐ] <-s, -> ÖSTERR. *Januar:* im Jänner Geburtstag haben

Ja·nu·ar der ['janua:ɐ̯] <-(s), -e> *der erste Monat des Jahres:* am 10. Januar Geburtstag haben; Im Januar ist es meist sehr kalt.

Jar·gon der [ʒarˈgɔ̃ː] <-s, -s> ❶ SPRACHWISS. *Sprache einer bestimmten (Berufs-)Gruppe:* der Jargon der Jugend; der Jargon der Mediziner(innen)/Informatiker(innen)/Politiker(innen) ❷ *(abwert.:* ≈ *Slang) Bezeichnung für eine nicht besonders gepflegte Sprache:* im schlimmsten Jargon sprechen

jauch·zen ['jaʊxtsn̩] <jauchzt, jauchzte, hat gejauchzt> *ohne OBJ* ■ jmd. jauchzt (≈ *jubeln*) *vor Freude laut schreien:* Das Baby jauchzt.; Die Kinder spielten jauchzend im Wasser.

jau·len ['jaʊlən] *ohne OBJ* ■ jmd./ein Tier jault (≈ *heulen, winseln*) *einen langgezogenen (klagenden) Ton von sich geben:* Die Hunde/Wölfe jaulen.

Jau·se die ['jaʊzə] <-, -n> ÖSTERR. (≈ *Brotzeit, Vesper*) *eine kleine Mahlzeit, die man zwischen den Hauptmahlzeiten isst, und zu der es z.B. Brot, Wurst und Speck gibt:* Zur Jause gab es Brezeln und Bier.

Jazz der [dʒɛs, jats] <-> */kein Plur./* MUS. *eine moderne Musikrichtung, deren Ursprünge in der Musik der farbigen Bevölkerung Nordamerikas liegen:* Jazz ist ein Musikstil, bei dem man sehr gut improvisieren kann.; Ich höre am liebsten Jazz, Blues und Rock. ◆-band, -festival, -keller, -konzert, -musiker(in), -platte

je [jeː] I. *interj in Verbindung mit „ach" oder „oh" verwendet, um einen Ausruf (in Bezug auf etwas Negatives) zu verstärken:* Ach je, der Arme!; Oh je, das habe ich ganz vergessen! II. *präp +Akk.* (≈ *pro*) *für je de(-r, -s, -n):* Das Boot kostet 5 Euro Miete je angefangene Stunde.; der Verbrauch je Kopf der Bevölkerung III. *adv* ❶ (≈ *jeweils*) *verwendet, um auszudrücken, dass* *die genannte Zahl von Personen oder Dingen eine Art Einheit bildet:* die Reisegesellschaft in Gruppen zu je zehn Personen einteilen; nach je zehn Wörtern eine Pause machen ❷ *(≈ jemals) zu irgendeinem Zeitpunkt:* Habt ihr so etwas je gesehen?; Es ist schlimmer denn je. **IV.** *konj* ■ **je ..., desto/umso ...** *verwendet, um auszudrücken, dass etwas im gleichen Maß größer, besser, schlechter usw. wird wie etwas anderes:* Je eher wir anfangen, desto/umso besser ist es.; ■ **je nachdem** *verwendet, um auszudrücken, dass etwas von etwas anderem abhängig ist* Je nachdem, wann er kommt, können wir mit dem Essen beginnen.

Jeans die [dʒiːnz] <-, -> ❶ /kein Plur./ *ein kräftiger Stoff aus Baumwolle, der meist blau oder schwarz gefärbt ist und aus dem man besonders Hosen macht:* Meine neue Jacke ist aus Jeans. ◆ -anzug, -hose, -jacke, -rock ❷ *Hose aus Jeans¹:* sich (eine) neue Jeans kaufen; Seine Jeans ist/sind ihm zu eng geworden.

je·den·falls ['jeːdn̩fals] *adv* ❶ *(≈ sicher) auf jeden Fall:* Ich weiß nicht warum, aber jedenfalls fällt das Konzert heute aus. ❷ *(≈ wenigstens) zumindest:* Es ist alles gut gegangen, jedenfalls am Anfang.

je·de(-r, -s) ['jeːdə] **I.** *pron (↔ keiner) verwendet, um zu betonen, dass eine Aussage für alle einzelnen Mitglieder einer Gruppe gilt:* Das weiß doch jeder. **II.** *adj aus einer Menge oder Gesamtheit ohne Ausnahme alle betreffend:* Jeder Teilnehmer muss 20 Euro zahlen.; Ich habe sie jeden Tag besucht.; ■ **jedes Mal, wenn ... immer dann, wenn ...** Jedes Mal, wenn ich ihn treffe, hat er keine Zeit.

je·der·mann ['jeːdəman] *pron (≈ jeder ↔ niemand) alle Leute:* Das weiß doch inzwischen jedermann.; Das ist nicht jedermanns Sache *(≈ Nicht alle finden die genannte Sache gut).*

je·der·zeit ['jeːdɐˈtsait] *adv (≈ immer ↔ nie) zu jedem beliebigen Zeitpunkt:* Mit dem Handy ist sie jederzeit erreichbar.; Du kannst mich jederzeit um Hilfe bitten.

je·doch [jeˈdɔx] **I.** *adv (≈ aber) verwendet, um auszudrücken, dass etwas nicht der Fall ist, obwohl man es annehmen oder wünschen könnte:* Eine Antwort auf diese Frage hatte er jedoch nicht. **II.** *konj (≈ aber) verwendet, um im Nebensatz etwas auszudrücken, das im Widerspruch oder Gegensatz zur Aussage des Hauptsatzes steht:* Er hatte viel zu tun, konnte jedoch nicht alles selbst erledigen.

je·her ['jeːheːɐ̯] *adv* ■ **seit/von jeher** *(geh.) schon immer* Das haben wir von jeher so gemacht.

je·mals ['jeːmaːls] *adv zu irgendeinem beliebigen Zeitpunkt; irgendwann:* Hast du so etwas schon jemals gesehen?; Wird er das jemals begreifen?

je·mand ['jeːmant] *pron verwendet, um sich auf eine nicht näher bezeichnete oder unbekannte Person zu beziehen:* Es hat jemand angerufen, ich weiß aber nicht wer.; Kann mir jemand helfen?; Dürfte ich mal jemandes Telefon benutzen?; jemand anders/jemanden um Hilfe bitten; von jemand anders/jemand anderem/jemandem sprechen; Jemand Fremdes hat nach dir gefragt.; ■ **ein gewisser Jemand** *ein Unbekannter* Ein gewisser Jemand hat für Sie angerufen.

je·ne(-r, -s) ['jeːnə] *pron (↔ diese(-r, -s)) der/die/das, was (vom Sprecher aus gesehen) weiter weg ist:* Diesen Mann kenne ich, jenen nicht.; ■ **dieses und jenes** *alles Mögliche; verschiedene Dinge, die nicht weiter beschrieben/erläutert werden* Wir haben über dieses und jenes gesprochen.

Jen·seits das ['jeːnzaits] <-> *(geh.: ↔ Diesseits) das Leben nach dem Tod:* an ein Leben im Jenseits glauben; ■ **jemanden ins Jenseits befördern** *(umg. verhüll.) jmdn. töten*

jen·seits ['jeːnzaits] *präp +Gen.* ❶ *auf der anderen Seite von etwas:* jenseits der Berge; jenseits des Rheins ❷ *weit weg von:* jenseits des Lärms der Großstadt; ■ **jenseits von gut und böse** *(umg. abwert.) nicht mehr ganz ernst zu nehmen* Dieses Urteil ist doch jenseits von gut und böse.

jetzt [jɛtst] **I.** *adv verwendet, um auszudrücken, dass etwas im Moment des Sprechens der Fall ist oder sich ereignet:* Bist du jetzt fertig/zufrieden?; Jetzt können wir anfangen.; Früher war das anders als jetzt.; ■ **von jetzt an** *von nun an* Von jetzt an will ich ihn regelmäßig anrufen. **II.** *part (umg.: ≈ nun, eigentlich) verwendet, um eine Aussage oder Frage zu verstärken und eine gewisse Irritation auszudrücken:* Wer hat jetzt meinen Schlüssel?; Jetzt habe ich das schon wieder vergessen!; Was willst du denn jetzt schon wieder?

Jetzt das <-> /kein Plur./ *(geh.) die Gegenwart:* Wir leben im Hier und Jetzt, und nicht in irgendeiner Vergangenheit oder Zukunft.

je·wei·lig ['jeːvailɪç] *adj /nicht steig./ gerade vorhanden; zutreffend, entsprechend:* Das kommt auf die jeweiligen Bedingungen an.

je·weils ['je:vaɪls] *adv* gerade vorhanden oder gerade zutreffend/aktuell: sich der jeweils herrschenden Meinung anschließen; Diese Zeitschrift erscheint jeweils am Donnerstag.

Job *der* [dʒɔp] <-s, -s> ① (≈ Gelegenheitsarbeit) eine (meist befristete) Arbeit, die man macht, um (in erster Linie) Geld zu verdienen: einen Job für die Ferien suchen; Sie sieht ihre Arbeit nicht nur als Job, sondern es macht ihr wirklich Spaß. ▸ jobben ◆ Ferien-, Gelegenheits- ② *(umg.)* eine dauerhafte Arbeitsstelle: seinen Job verlieren; einen neuen Job finden; Tausende bangen jetzt um ihre Jobs. ③ *(umg.)* Beruf: einen anstrengenden Job haben; seinen Job gut machen ◆ Halbtags-

job·ben ['dʒɔbn̩] <jobbst, jobbte, hat gejobbt> *ohne OBJ* ■ jmd. jobbt *(umg.)* nur vorübergehend irgendwo arbeiten: in den Ferien in einer Pizzeria/einer Kneipe jobben; sich sein Studium durch Jobben finanzieren

Jo·ga, *a.* **Yo·ga** *der/das* ['jo:ga] <-(s)> /kein Plur./ aus Indien stammende Lehre, zu der körperliche und geistige Übungen gehören: Joga betreiben; ein Anhänger des Joga sein ◆ -lehrer, -schule, -übung

jog·gen ['dʒɔgn̩] <joggst, joggte, hat/ist gejoggt> *ohne OBJ* ① ■ jmd. joggt *(haben o sein) (regelmäßig)* eine bestimmte Strecke in einem nicht zu hohen Tempo *(als sportliche Übung)* laufen: Um fit zu bleiben, sind/haben sie regelmäßig gejoggt.; Sie joggt morgens eine halbe Stunde im Park. ② ■ jmd. joggt irgendwohin *(sein) (umg.)* in einem nicht zu hohen Tempo irgendwohin laufen: Er ist zum Tennisplatz gejoggt.

Jog·ging *das* ['dʒɔgɪŋ] <-s> /kein Plur./ SPORT das in nicht zu hohem Tempo erfolgende (regelmäßige) Laufen einer bestimmten Strecke (als sportliche Übung und um die Ausdauer zu trainieren): Beim Jogging verbrennt man viele Kalorien.; sich durch Jogging fit halten

Jo·gurt, **Jo·ghurt** *der/das/die* ['jo:gʊrt] <-s, -s> eine Speise aus Milch, die einen leicht sauren Geschmack hat: Jogurt/Joghurt mit Früchten; zum Frühstück einen Jogurt/Joghurt essen; fettarmer Joghurt ◆ Diät-, Erdbeer-, Frucht-, Mager-

jon·g·lie·ren [ʒɔŋˈliːrən] <jonglierst, jonglierte, hat jongliert> I. *ohne OBJ* ■ jmd. jongliert (mit etwas *Dat.*) ① in schnellem Wechsel Gegenstände in die Luft werfen und wieder auffangen: mit Bällen/Fackeln/Keulen jonglieren ② *(umg.)* mit etwas besonders geschickt umgehen: mit Zahlen jonglieren II. *mit OBJ* ■ jmd. jongliert etwas (≈ balancieren) geschickt im Gleichgewicht halten: Die Kellnerin jonglierte zwei volle Tabletts.

Jour·na·list *der*, **Jour·na·lis·tin** [ʒʊrnaˈlɪst] <-en, -en> (≈ Reporter) jmd., der berufsmäßig für eine Zeitung, das Radio oder das Fernsehen Berichte schreibt: als Journalist beim Fernsehen/beim Rundfunk/bei einer Zeitung arbeiten ▸ Journalismus ◆ Fernseh-, Sport-

Ju·bel *der* ['juːbl̩] <-s> /kein Plur./ lautes Freudengeschrei: Die Kinder brachen in Jubel aus.; Der Jubel des Publikums kannte keine Grenzen.; ■ **Jubel, Trubel, Heiterkeit** *(umg.)* ausgelassenes, fröhliches Treiben Überall herrschte Jubel, Trubel, Heiterkeit.

ju·beln ['juːbl̩n] <jubelst, jubelte, hat gejubelt> *ohne OBJ* ■ jmd. jubelt (über etwas *Akk.*) sich sehr freuen und das deutlich zeigen: Jubelnd begrüßten die Kinder den Zauberer.; Das Publikum jubelte.; Sie jubelte über die bestandene Prüfung.; Jubelt nur nicht zu früh!

Ju·bi·lä·um *das* [jubiˈlɛːʊm] <-s, Jubiläen> (≈ Jahrestag) Tag, an dem man feiert, dass es etwas seit einer bestimmten Zeit gibt: Die Stadt begeht in diesem Jahr ihr tausendjähriges Jubiläum. ◆ Dienst-, Ehe-, Gründungs-

ju·cken ['jʊkn̩] <juckst, juckte, hat gejuckt> I. *mit OBJ/ohne OBJ* ■ etwas juckt jmdn./jmdm. etwas verursacht auf der Haut ein kribbeliges Gefühl, dass man sich kratzen möchte: Der Mückenstich juckt (mich).; Mein Rücken juckt (mich/mir).; Mich/Mir juckt die Nase. II. *mit OBJ /nur mit „nicht", „wenig"/* ■ etwas juckt jmdn. nicht/wenig *(umg.)* etwas interessiert jmdn. nicht: Die Fünf in Mathe juckt mich doch nicht!; Es juckt ihn wenig, ob er die Prüfung besteht, oder ob sie nicht besteht. III. *mit SICH* ■ jmd. juckt sich *(umg.: ≈ reiben)* sich kratzen; mit den Fingernägeln über die Haut reiben: sich hinter den Ohren jucken IV. *mit ES* ■ **es juckt jmdn., etwas zu tun** *(umg.: ≈ reizen)* jmd. würde gern etwas tun: Es juckt mich, das einmal auszuprobieren.

Ju·gend *die* ['juːɡn̩t] <-> /kein Plur./ ① (↔ Alter) der Lebensabschnitt, in dem man kein Kind mehr, aber auch noch kein reifer Erwachsener ist: In meiner Jugend hatte man weniger Freiheiten.; Er hat in seiner Jugend viel Schlimmes durchgemacht.; Die meisten Menschen erinnern sich gern an ihre Jugend. ◆ -alter, -zeit ❷ *in einem noch nicht sehr hohen Alter, sondern zwischen ca. 12 und 20 Jahre alt:* Auf Grund seiner Jugend ist er noch sehr unerfahren.; Man muss diesen Leichtsinn wohl seiner Jugend zuschreiben. ❸ *alle jungen Menschen:* die heutige Jugend; eine Studie über Meinungen und Wünsche der Jugend ◆ -buch, -freund, -recht, Arbeiter-, Dorf-

Ju·gend·her·ber·ge die <-, -n> *preiswerte, einfache Unterkunft (besonders) für Jugendliche und Familien auf Wanderungen oder Reisen:* Unsere Zeit in der Jugendherberge war der Höhepunkt dieses Schuljahres.; Ich habe in der Jugendherberge übernachtet.

Die erste **Jugendherberge** wurde 1909 in Deutschland eröffnet. Die Idee war, das Reisen junger Menschen durch kostengünstige Übernachtungsmöglichkeiten zu fördern. Seit 1925 verbreiteten sich Jugendherbergen in der ganzen Welt. Heute gibt es in Deutschland weit über 500, in Österreich gut 200, und in der Schweiz etwa 100 Jugendherbergen. In Deutschland ist das „Deutsche Jugendherbergswerk" (DJH) mit rund 550 Jugendherbergen der größte Anbieter im Bereich der Jugendunterkünfte. Das DJH ist ein als gemeinnützig eingetragener Verein, in dem nach einheitlichen Qualitätsstandards gearbeitet wird und die Einrichtungen überwiegend von eigenen, geschulten Mitarbeitern/Mitarbeiterinnen geleitet werden. In Österreich und der Schweiz gibt es dem DJH entsprechende Vereine. Die Jugendherbergen haben unterschiedliche Angebotsprofile entwickelt, sodass sie vielfältige Programme für die jeweiligen Zielgruppen anbieten können: Gemeinschaftseinrichtungen (Aufenthaltsräume, Speiseräume, Cafeterias etc.) haben sie ohnehin; hinzu kommen meist Sporteinrichtungen und je nach Profil unterschiedliche kulturelle Angebote. Früher wurden Jugendherbergen überwiegend nur von Jugendlichen, insbesondere im Rahmen von Klassenfahrten, in Anspruch genommen. Heute sind auch Familien mit Kindern, ältere Menschen, Behinderte und Gruppen unterschiedlichen Alters willkommen.

Ju·gend·li·che der/die <-n, -n> (≈ *Teenager) junger Mensch im Alter zwischen ungefähr 14 und 18 Jahren:* Jugendliche haben hier nur in Begleitung Erwachsener Zutritt. ▶ jugendlich, Jugendlichkeit

Ju·li der ['juːli] <-(s), -s> *der siebte Monat des Jahres:* im Juli in den Urlaub fahren

jung [jʊŋ] <jünger, am jüngsten> adj ❶ (↔ *alt) mit noch nicht vielen Lebensjahren:* junge Leute; ein junger Autor; Sie ist noch sehr jung.; Er ist jünger als sein Bruder.; meine jüngste Tochter; ein junges Paar ❷ (≈ *jugendlich) dem äußeren Erscheinungsbild oder Verhalten nach jung:* Sie hat noch ein junges Gesicht.; jung aussehen; im Herzen jung bleiben ❸ (≈ *frisch, neu) noch nicht lange bestehend:* junger Wein; ein junges Unternehmen; eine junge Mutter; eine Zeitung jüngeren Datums; Sein jüngstes Buch ist eben erst erschienen.; ■ **Jung und Alt** *Menschen aus jeder Altersstufe* Auf dem Fest waren Jung und Alt versammelt. ▶ Jungbauer, Jungunternehmer ◆ **Getrenntschreibung** → R 4.9 Sie waren bereits sehr jung verheiratet (in jungen Jahren).; ◆ **Zusammenschreibung** → R 4.6 Sie sind jungverheiratet: — Gestern war die Trauung.

Jun·ge¹ der ['jʊŋə] <-n, -n/ Jungs> ❶ (≈ *süddt. Bub) Kind oder Jugendlicher männlichen Geschlechts:* In der Klasse sind 15 Jungen und 10 Mädchen. ❷ *(umg.) /in Verbindung mit einem Attribut / männliche Person:* Er ist ein netter Junge.; Einem so cleveren Jungen macht man so schnell nichts vor. ❸ / Plur.Jungs / *(umg.) vertrauliche Anrede für männliche Personen:* Junge, schau mal her!; Na Jungs, wie geht's? ❹ *eine Spielkarte beim Skat;* ■ **Junge, Junge!** *(umg.) Ausdruck der Anerkennung oder Bewunderung* Junge, Junge, eine dreihundertseitige Doktorarbeit? Das ist echt eine Leistung!

Jun·ge² das ['jʊŋə] <-n, -n> *ein junges, vor kurzem geborenes Tier:* eine Wölfin mit ihren Jungen; Ein Junges ist gestorben. ◆ Bären-, Enten-, Löwen-

Jung·fern- ['jʊŋfɛn] *als Erstglied zusammengesetzter Substantive, mit Betonung auf dem Erstglied; drückt aus, dass es sich bei dem mit dem Zweitglied Bezeichneten um etwas handelt, das zum ersten Mal geschieht und damit gleichsam eine Primiere ist:* die Jungfernfahrt/die erste Fahrt eines Luxusdampfers und die Jungfernreise/ Jungfernfahrt des Containerschiffs; der Jungfernflug des Tarnkappen-Bombers; die Jungfernrede des Abgeordneten im Parlament ◆ -fahrt, -flug, -rede, -reise

Jung·frau die ['jʊŋfraʊ] <-, -en> ❶ *(veralt.) eine Frau, die noch keinen Geschlechts-*

verkehr hatte: Mit sechzehn war sie keine Jungfrau mehr. ▸ jungfräulich, Jungfräulichkeit ❷ */kein Plur./ Name eines Sternzeichens:* Mein Sternzeichen ist Jungfrau! Was ist deins? ❸ *jmd., der im Zeichen der Jungfrau² geboren ist:* Er ist Mitte September geboren und daher Jungfrau.

Jung·ge·sel·le der <-n, -n> *(≈ Single) unverheirateter Mann:* ein eingefleischter/ überzeugter Junggeselle ◆-ndasein, -nleben

jüngst [jʏŋst] *adv (veralt.: ≈ kürzlich, neulich) vor kurzem:* Als wir jüngst in Regensburg waren ...; Ich habe ihn jüngst dort gesehen.

Ju·ni der ['juːni] <-(s), -s> *der sechste Monat des Jahres:* ein warmer Juni

Jupe der/das [ʒyːp] <-s, -s> SCHWEIZ. *Damenrock:* einen kurzen Jupe tragen

Ju·ra¹ der ['juːra] <-> */kein Plur./* GEOGR. *Name verschiedener Gebirge, die in der erdgeschichtlichen Periode des Jura² entstanden sind:* der Fränkische/Schweizer Jura

Ju·ra² das ['juːra] <-s> */kein Plur./ erdgeschichtliche Formation des Mesozoikums:* Diese Gesteinsschicht entstand im Jura.

Ju·ra³ ['juːra] <-> *Plur. (umg.: ≈ Juristerei) Wissenschaft, die sich mit dem Recht beschäftigt:* Sie hat Jura studiert. ◆-student(in), -studium

Ju·ra⁴ <-> *ein Kanton der Schweiz*

Ju·ry die [ʒyˈriː/ˈʒyːri] <-, -s> *eine Gruppe von Personen, die bei Wettkämpfen/Wettbewerben den Sieger/die Siegerin bestimmt:* Der Regisseur erhielt den Sonderpreis der Jury.; Mitglied der Jury sein

Jus das [juːs] <-> */meist ohne Artikel, kein Plur./* ÖSTERR. *Recht; Rechtswissenschaft; Jura:* Jus studieren

Ju·we·lier der, **Ju·we·lie·rin** [juveˈliːɐ] <-s, -e> *jmd., der beruflich Uhren und Schmuck herstellt sowie damit handelt:* Der Ring ist kaputt; ich muss ihn zum Juwelier bringen. ◆-geschäft

Jux der [jʊks] <-es, -e> */meist Sing./ (umg.) Scherz; Spaß:* sich einen Jux aus etwas machen; etwas nur aus Jux machen; ■ **aus Jux und Tollerei** *nur zum Spaß* Glaubst du, ich mache mir all diese Arbeit nur aus Jux und Tollerei? ▸ juxen

K, k das [kaː] <-, -> *der elfte Buchstabe des Alphabets:* Das Wort „Karte" beginnt mit einem großen „K".

Ka·bel das ['kaːbl̩] <-s, -> ❶ *mehrere Drähte, die elektrischen Strom leiten und durch eine Hülle aus Kunststoff nach außen isoliert sind:* Die Arbeiter verlegen elektrische Kabel. ◆-anschluss, -fernsehen, -klemme, -querschnitt, -rolle, -trommel, Fernseh-, Lautsprecher-, Netz-, Signal-, Strom- ❷ *ein sehr dickes Drahtseil:* Das Kabel der Seilbahn wird regelmäßig überprüft.

Ka·bi·ne die [kaˈbiːnə] <-, -n> ❶ *ein sehr kleiner, abgeteilter Raum, z.B. in einem Kaufhaus, in dem man Kleider anprobieren kann:* Zum Anprobieren dürfen Sie nicht mehr als drei Kleidungsstücke in die Kabine mitnehmen! ❷ *Wohn- und Schlafraum für Passagiere auf größeren Schiffen:* Wir haben eine Kabine mit Fenster. ❸ *Raum für die Passagiere in einem Flugzeug:* Die Luft in der Kabine ist schlecht.

Ka·bi·nett das [kabiˈnɛt] <-s, -e> ❶ POL. *die Gesamtheit aller Minister/Ministerinnen eines Staates:* Das Kabinett tritt zusammen.; über ein Thema im Kabinett beraten ◆-sbeschluss, -skrise, -smitglied, -ssitzung ❷ *kleiner Nebenraum, in dem spezielle Sammlungen besonderer Kunstobjekte aufbewahrt werden:* Die Arbeiten des Künstlers hängen im Kupferstichkabinett. ◆ Wachsfiguren-

Ka·bis der ['kaːbɪs] <-> */kein Plur./* SÜDDT., SCHWEIZ. *Kohl:* auf dem Markt Kabis kaufen ◆ Rot-, Weiß-

Ka·chel die ['kaxl̩] <-, -n> *(≈ Fliese) eine von vielen kleinen, relativ dünnen Platten (aus gebranntem Ton), die man zum Verkleiden von Wänden (beispielsweise in Bädern oder Küchen) benutzt:* im Bad bunte Kacheln haben ◆-ofen

ka·cheln ['kaxl̩n] <kachelst, kachelte, hat gekachelt> *mit OBJ* ■ **jmd. kachelt etwas** *mit Kacheln verkleiden:* Die Handwerker kacheln das Bad/die Küche.; bis zur Decke gekachelte Wände

Kaff das [kaf] <-s, -s/Käffer> *(umg. abwert.) kleiner, langweiliger Ort:* Ich lebe gerne in der Stadt und könnte mir nicht vorstellen, in einem Kaff auf dem Land zu wohnen.

Kaf·fee der ['kafe/ka'fe:] <-s, -s> ❶ /kein Plur./ geröstete (gemahlene) Kaffeebohnen: ein Pfund Kaffee kaufen; vakuumverpackter Kaffee ◆-bohne, -pulver ❷ /kein Plur./ ein (koffeinhaltiges) Getränk von leicht bitterem Geschmack und schwarzbrauner Farbe, das zubereitet wird, indem heißes Wasser über gemahlenen Kaffee¹ geschüttet wird: Sie hat einen heißen/ schwachen/schwarzen/starken Kaffee getrunken.; Er trinkt seinen Kaffee stets mit Milch und Zucker.; im Café ein Kännchen Kaffee bestellen (≈ eine Portion Kaffee, die ungefähr zwei Tassen entspricht) ◆-pause, -tafel, -zeit ❸ bestimmte Sorte von Kaffee¹: Welche Art von Kaffee magst du am liebsten? ◆ Espresso-, Filter-, Schon- ❹ ■ **etwas ist kalter Kaffee** (umg. abwert.) etwas ist schon lange bekannt Das brauchst du mir nicht zu erzählen, das ist doch kalter Kaffee!

Kaf·fee·haus das <-es, Kaffeehäuser> ÖSTERR. Café: im Kaffeehaus eine Melange trinken

Eine berühmte Institution Wiens sind die **Kaffeehäuser**. Zum Kaffee wird hier immer das obligatorische Glas Wasser serviert. Um die gewünschte Art von Kaffee zu erhalten, sollte man einige damit zusammenhängende Ausdrücke kennen: Eine so bezeichnete *Melange* ist ein Milchkaffee mit viel Milch. Was man sonst als *Espresso* bezeichnet, heißt hier *Mokka*. Wird er im Glas mit Sahne serviert, nennt man ihn *Einspänner*. Ein schwarzer Kaffe mit Milch ist ein *Brauner*.

Kaf·fee·pau·se die <-, -n> die Unterbrechung einer Tätigkeit, um Kaffee zu trinken: Nach dem Vortrag gibt es eine Kaffeepause.

Kä·fig der ['kɛːfɪç] <-s, -e> ❶ eine Art kleiner Raum, der von Stäben aus Metall umgeben ist und in dem man größere Tiere hält: Die Löwen gehen im Käfig auf und ab. ◆ Löwen-, Raubtier- ❷ ein kleiner Käfig zur Haltung von Haustieren: Der Goldhamster/Der Wellensittich sitzt im Käfig.; ■ **ein goldener Käfig** der Zustand, dass jmd. trotz großen Reichtums nicht frei und daher unglücklich ist Nach ihrer Hochzeit lebte sie in einem goldenen Käfig. ◆ Hamster-, Vogel-

kahl [kaːl] adj ❶ so, dass man keine Haare mehr auf dem Kopf hat: Wenn ihm weiterhin so viele Haare ausfallen, hat er bald einen kahlen Kopf. ❷ so, dass Bäume und Sträucher ohne Laub sind: Ich freue mich schon darauf, wenn die kahlen Bäume und Sträucher im Frühjahr wieder grün werden. ❸ leer und ohne Schmuck (wie z.B. Bilder, Pflanzen etc.): Sie wollte Bilder an die kahlen Wände ihrer neuen Wohnung hängen. ◆ Getrennt-oder Zusammenschreibung → R 4.15 Die Raupen werden den Baum kahl fressen/kahlfressen.; Er ließ sich den Kopf kahl scheren/kahlscheren.

Ka·jü·te die [ka'jyːtə] <-, -n> ein Raum auf einem Schiff, der zum Schlafen und Wohnen dient: In der Kajüte können drei Personen schlafen.

Ka·kao der [ka'kau] <-s> /kein Plur./ ❶ das Pulver, das zur Herstellung von Schokolade dient und aus den großen Samenkörnern des Kakaobaumes gewonnen wird: aus Kakao Schokolade herstellen ❷ ein Getränk aus Kakao¹, Milch und Zucker: Kinder trinken gerne Kakao.; ■ **jemanden/etwas durch den Kakao ziehen** (umg.) sich über jmdn. oder etwas lustig machen Das Kaberett hat den Politiker durch den Kakao gezogen.

Ka·len·der der [ka'lɛndɐ] <-s, -> eine Darstellung der einzelnen Tage, Wochen und Monate eines Jahres auf einem Blatt oder in einem Buch: Ich werde mir den Termin sofort in meinen Kalender eintragen.; auf/ in den Kalender schauen; ■ **sich etwas/ einen Tag im Kalender rot anstreichen** sich etwas besonders merken Dass du dieses Jahr an unseren Hochzeitstag gedacht hast, werde ich mir im Kalender rot anstreichen (≈ es ist so ungewöhnlich, dass ich es nicht vergessen werde). ◆-jahr, -woche, Abreiß-, Taschen-, Termin-, Wand-

kal·ken ['kalkn̩] <kalkst, kalkte, hat gekalkt> mit OBJ ■ **jmd. kalkt etwas** etwas (meist eine Wand) mit weißer Farbe streichen: die Wände kalken

kal·ku·lie·ren [kalku'liːrən] <kalkulierst, kalkulierte, hat kalkuliert> I. mit OBJ ■ **jmd. kalkuliert etwas** WIRTSCH. Kosten bzw. Preise im Voraus berechnen: Er hat die Kosten für den Neubau der Fabrikhalle kalkuliert. II. ohne OBJ ■ **jmd. kalkuliert** (ab)schätzen: Ich kalkuliere, dass ...; Sie kalkulierte blitzschnell/falsch/richtig. ▶ Kalkulation

Ka·lo·rie die [kalo'riː] <-, -rien> /meist Plur./ früher verwendete Maßeinheit für die Energie, die der Körper aus einer bestimmten Menge eines Lebensmittels ge-

winnen kann: Obst hat weniger Kalorien als Schokolade. ▸ kalorienarm, kalorienreich

kalt [kalt] <kälter, am kältesten> *adj* ❶ *(↔ warm) so, dass die Temperatur relativ niedrig ist und man friert:* Das Wasser ist mir zu kalt zum Baden.; Am Wochenende wird es wieder kälter.; Die Winter sind nicht mehr so kalt wie früher. ❷ *so, dass man einer Sache gegenüber gleichgültig ist; innerlich unberührt, unbeeindruckt:* Ihr Blick war kalt.; Während die Spieler den Sieg feierten, war der Trainer völlig kalt geblieben. ❸ *(↔ warmherzig) ohne Mitgefühl:* Kalt lächelnd drehte er sich um und ging. ❹ *auf unangenehme Weise intensiv:* Bei diesem Gedanken erfasste mich kaltes Entsetzen.; ▪ **jemandem ist kalt** *jmd. friert* Könntest du bitte das Fenster schließen? Mir ist kalt!; ▪ **jemandem die kalte Schulter zeigen** *jmdn. nicht beachten* Sie zeigte mir bei der Party die kalte Schulter.; ▪ **etwas kalt stellen** *etwas in den Kühlschrank stellen* Getränke für die Party kalt stellen; ▪ **der Kalte Krieg** *Bezeichnung der Epoche nach dem Zweiten Weltkrieg, die durch immer stärkeres Aufrüsten der USA und der UdSSR gekennzeichnet war;* ▪ **jemanden kaltstellen** *jemanden von etwas ausschließen* einen Konkurrenten kaltstellen; ▪ **kaltbleiben** *sich nicht aufregen;* ▪ **jemanden kaltlassen** *jemanden nicht emotional berühren* Diese Nachricht ließ ihn völlig kalt. ◆ Großschreibung → R 3.17 der Kalte Krieg; ◆ Getrenntschreibung → R 4.9, 4.16 (Getränke) kalt stellen; kalt lächelnd; ◆ Zusammenschreibung → R 4.6; Getrennt-oder Zusammenschreibung → R 4.16 kaltgeschlagenes Öl; kaltgepresst; kaltschweißen; kaltwalzen

Käl·te die [ˈkɛltə] <-> /kein Plur./ ❶ *(↔ Wärme) der Zustand, dass die Temperatur von etwas relativ niedrig ist:* Bei dieser Kälte muss man die Wohnung gut heizen.; eine beißende/durchdringende/große/scharfe Kälte ❷ *(↔ Wärme, Warmherzigkeit) das Fehlen innerer Anteilnahme:* Sie strahlt Arroganz und Kälte aus.

kalt·ma·chen <machst kalt, machte kalt, hat kaltgemacht> *mit OBJ* ▪ **jmd. macht jmdn. kalt** *(vulg.) töten, ermorden:* Er hat den Gegner kaltgemacht.; *siehe aber auch* **kalt**

kam [kaːm] *Prät. von* **kommen**

Ka·me·ra die [ˈkaməra] <-, -s> ❶ *ein Gerät zum Filmen:* Vor laufender Kamera hat er sie gefragt, ob sie ihn heiraten möchte. ◆-einstellung, -perspektive, -winkel, Digital-, Film-, Kleinbild-, Video- ❷ *(≈ Fotoapparat) ein Gerät zum Fotografieren:* das Objektiv der Kamera einstellen; einen neuen Film in die Kamera einlegen; ▪ **vor der Kamera stehen** *(als Schauspieler) bei Film- oder Fernsehaufnahmen mitwirken* Die berühmte Schauspielerin steht für einen neuen Film vor der Kamera.

Ka·me·rad der [kaməˈraːt] <-en, -en> *(≈ Gefährte) eine Person, mit der man einen bestimmten Lebensabschnitt gemeinsam erlebt:* In der Schule war er mein bester Kamerad.; Natürlich kennen die sich alle, das sind alte Kameraden!; ein guter Kamerad sein ▸ Kameradschaft ◆ Kriegs-, Schul-

ka·me·rad·schaft·lich *adj so fair, ehrlich und hilfsbereit, wie es der Art guter Freunde entspricht:* Er hat sich immer kameradschaftlich verhalten. ▸ Kameradschaftlichkeit

Ka·min der/das [kaˈmiːn] <-s, -e> ❶ LANDSCH. *Schornstein:* den Kamin reinigen lassen ◆ -feger, -kehrer ❷ *eine Art offener Ofen in einem Zimmer:* Im Winter saßen sie abends gern vor dem Kamin.

Kamm der [kam] <-(e)s, Kämme> ❶ *ein länglicher Gegenstand mit einzelnen Zacken, den man mit der Hand durchs Haar führt, um sich zu frisieren:* Wie siehst du denn aus? Hast du keinen Kamm benutzt? ❷ *der rote Hautstreifen auf dem Kopf eines Hahnes:* Der Hahn hat einen großen Kamm. ◆ Hahnen- ❸ *der höchste Teil eines Gebirges, der von weit oben betrachtet als eine Art Linie erscheint:* eine Wanderung am Kamm entlang; ▪ **alle(s) über einen Kamm scheren** *(abwert.) alle(s) gleich behandeln, ohne dabei auf wichtige Unterschiede zu achten* Du kannst nicht alles über einen Kamm scheren! Schließlich ist die Situation diesmal ganz anders. ◆ Berg-

käm·men [ˈkɛmən] <kämmst, kämmte, hat gekämmt> **I.** *mit OBJ* ▪ **jmd. kämmt (jmdm.) etwas** *mit einem Kamm¹ die Haare frisieren:* Er kämmt ihr das lange Haar. **II.** *mit SICH* ▪ **jmd. kämmt sich (etwas)** *sich die Haare frisieren:* Jeden Morgen kämmt er sich den Bart.; Seit wann kämmst du dich nicht mehr?

Kam·mer die [ˈkamɐ] <-, -n> ❶ *ein kleines Zimmer (zum Schlafen):* Das Kind schläft in der Kammer. ❷ *ein kleines Zimmer zum Aufbewahren von Dingen, beispielsweise von Vorräten:* Stell den Besen bitte in die Kammer. ◆ Besen-, Speise-, Vorrats- ❸ *eine*

Organisation, die für die Interessen einer bestimmten Berufsgruppe (beispielsweise der Ärzte oder Anwälte) arbeitet: Die Ärztekammer in der BRD ist eine Selbstverwaltung der Ärzte.

Kampf der [kampf] <-(e)s, Kämpfe> ❶ *eine (große) militärische Auseinandersetzung, bei der Waffen eingesetzt werden:* In der vergangenen Nacht lieferten sich die feindlichen Truppen erneut schwere Kämpfe.; Bei den Kämpfen gab es auf beiden Seiten beträchtliche Verluste. ◆ Boden-, Luft-, Nah- ❷ *eine Auseinandersetzung, bei der man mit körperlicher Kraft und Waffen versucht, den Gegner zu besiegen:* Im Kampf hatte Ritter Kunibert keinen Gegner zu fürchten.; ein Kampf Mann gegen Mann; ein Kampf auf Leben und Tod ◆ -sportart, Zwei- ❸ *das intensive Bemühen für oder gegen etwas:* Sie setzt sich im Kampf gegen die Umweltverschmutzung/die Drogensucht ein.; im Kampf für die Gleichberechtigung der Frau nicht nachlassen ❹ SPORT *Wettkampf, Spiel:* Die beiden Rennfahrer lieferten sich einen spannenden Kampf um den Titel.; Der Kampf endete unentschieden/mit einem Punktsieg von ...; der Kampf um den Etappensieg/um das Gelbe Trikot/um die Meisterschaft

kämp·fen ['kɛmpfn̩] <kämpfst, kämpfte, hat gekämpft> *ohne OBJ* ❶ ■ **jmd. kämpft (gegen jmdn./für jmdn.) (um etwas** *Akk.) eine militärische Auseinandersetzung/einen Kampf¹ austragen:* Die Truppen kämpfen seit Wochen.; Um die Hafenstadt wird seit Tagen erbittert gekämpft. ❷ ■ **jmd. kämpft (mit jmdm./ gegen jmdn.)** *in einer Auseinandersetzung mit körperlicher Kraft und Waffen versuchen, den Gegner zu besiegen:* Die Gegner kämpften erbittert/bis zur völligen Erschöpfung.; Die Gegner kämpfen mit allen Mittel, denn vom Ausgang dieses Kampfes hängt ihre Zukunft ab. ❸ ■ **jmd. kämpft für/gegen etwas** *Akk. intensiv für oder gegen etwas eintreten:* Sie kämpft gegen die Umweltverschmutzung/die Drogensucht.; Nelson Mandela kämpfte lange für die Gleichberechtigung der schwarzen Bevölkerung in Südafrika.; Er kämpfte lange mit sich, ob er das Amt übernehmen sollte oder nicht. ❹ ■ **jmd. kämpft (um etwas** *Akk.)* SPORT *sich im Sport mit einem Gegner messen:* Die beiden Läufer kämpften erbittert um den Sieg. ❺ ■ **jmd. kämpft** SPORT *(Jargon) jmd. ist bereits so erschöpft, dass man es sehen kann; aber* er versucht dennoch, das/sein Ziel zu erreichen bzw. den sportlichen Wettkampf zu gewinnen: *Das hat man so noch nicht gesehen: Armstrong muss kämpfen. Ja, es ist eindeutig, dass er kämpft.;* ■ **jemand kämpft mit den Tränen** *versuchen, nicht zu weinen, obwohl man eigentlich weinen möchte* Als sie von dem Prüfungsergebnis erfuhr, kämpfte sie mit den Tränen.

kämp·fe·risch *adj* ❶ *so, dass es (die Bereitschaft zum) Kampf ausdrückt:* Der Präsident bleibt bei seiner kämpferischen Haltung.; eine kämpferische Rede/ein kämpferischer Artikel ❷ *so, dass man viel wagt und bereit ist zu kämpfen, um ein Ziel zu erreichen:* eine kämpferische Person; Sie gibt sich sehr kämpferisch.

Ka·nal der [ka'naːl] <-s, Kanäle> ❶ *eine Art Straße aus Wasser für Schiffe, die künstlich angelegt wurde und eine Verbindung zwischen Flüssen, Seen und Meeren herstellt:* der Rhein-Main-Donau-Kanal ❷ *ein (großes) Rohr unter der Erde, durch das das (verschmutzte) Wasser geleitet wird, das in Haushalten verbraucht und benutzt wurde (z.B. für die Toilette):* den Kanal reinigen ◆ -arbeiter ❸ *(≈ Sender) ein Radio- oder Fernsehsender:* Wir empfangen 35 verschiedene Kanäle.; einen anderen Kanal einstellen; ■ **den Kanal voll haben** *(umg.) betrunken sein* Nach der Feier hatte er den Kanal bis oben hin.

Ka·na·li·sa·ti·on die [kanaliza'tsjoːn] <-, -en> ❶ *System von Kanälen²:* eine Kanalisation anlegen ◆ -ssystem ❷ /kein Plur./ *das Ausbauen eines Flusses, damit (größere) Schiffe darauf fahren können:* die Kanalisation des Flusses

Kan·di·dat der, **Kan·di·da·tin** [kandi'daːt] <-en, -en> ❶ *jmd., der sich um ein öffentliches Amt bewirbt und von anderen in dieses Amt gewählt werden möchte:* Sie wurde als Kandidatin für die Wahl aufgestellt. ► Kandidatur ◆ Betriebsrats-, Kanzler- ❷ *ein Student, der sich einer (Abschluss-)Prüfung unterzieht:* Außer mir haben sich noch fünf andere Kandidaten zur Prüfung gemeldet. ❸ *jmd., der an einer Spielshow oder einem Quiz im Fernsehen teilnimmt:* Der Kandidat hat 100 Punkte.; Die Kandidaten können eine Reise nach Mexiko gewinnen. ❹ ■ **jemand ist ein (sicherer) Kandidat für etwas** *es ist ziemlich wahrscheinlich, dass die genannte Sache in der Zukunft jmdm. zustößt* So, wie er Auto fährt, ist ein sicherer Kandidat dafür, in der nächsten Zeit einen Unfall zu bauen.

kan·di·die·ren [kandi'diːrən] <kandidierst, kandidierte, hat kandidiert> *ohne OBJ* ■ **jmd. kandidiert (für etwas** *Akk.*) POL. *sich als Kandidat[1] für ein öffentliches (politisches) Amt aufstellen lassen:* Er kandidiert für das Amt des Präsidenten.

Ka·nis·ter der [ka'nɪstɐ] <-s, -> *ein größeres, meist viereckiges Gefäß aus Metall oder Plastik, das man verschließen kann und in dem man Wasser, Benzin oder Öl transportieren kann:* den Kanister füllen ◆ Benzin-, Öl-, Wasser-

Kan·ne die ['kanə] <-, -n> *ein Gefäß für Flüssigkeiten mit einem Henkel, einer Vorrichtung, um die Flüssigkeit auszugießen und (meist) einem Deckel:* eine Kanne Kaffee/Milch/Tee; den heißen Kaffee in die Kanne füllen ◆ Kaffee-, Milch-, Öl-, Tee-

kann·te ['kantə] *Prät. von* **kennen**

Ka·no·ne die [ka'noːnə] <-, -n> ❶ *(≈ Geschütz) eine schwere Waffe mit einem langen Rohr, mit der man über eine große Entfernung eine Kugel auf ein Ziel schießen kann:* eine Kanone abfeuern; Kanonen zum Kampf aufstellen ◆ -nkugel, -nrohr, -nschuss, Bord- ❷ *(umg.) Pistole, Revolver:* Da zieht der Kerl plötzlich eine Kanone und hält sie mir vor die Nase! ❸ *(umg.: Könner) Bezeichnung für eine Person, die auf einem Gebiet (meist im Sport) außergewöhnlich gut ist:* Er ist eine richtige Kanone.; ■ **unter aller Kanone** *(umg. abwert.: ≈ unter aller Sau) so, dass die Qualität von etwas sehr schlecht ist* Deine Leistungen sind einfach unter aller Kanone; sie sind mehr als miserabel! ◆ Sports-

Kan·te die ['kantə] <-, -n> *der Rand einer Fläche; die Linie, die zwei Flächen bilden, die aufeinandertreffen:* Ich habe mich an der Kante des Tisches gestoßen.; Vorsicht, an den scharfen Kanten kann man sich verletzen!; ■ **etwas auf die hohe Kante legen** *(umg.) Geld sparen* Wir können im Augenblick nicht viel auf die hohe Kante legen.; ■ **etwas auf der hohen Kante haben** *(umg.) Geld gespart haben* Zum Glück haben wir etwas auf der hohen Kante, sonst könnten wir uns die neue Waschmaschine nicht leisten. ◆ Tisch-

Kan·ti·ne die [kan'tiːnə] <-, -n> *eine Art Restaurant in Betrieben und Kasernen, in dem die Mitarbeiter für wenig Geld ein Mittagessen bekommen:* gemeinsam mit den Kollegen in der Kantine essen; Zwischen Weihnachten und Neujahr bleibt unsere Kantine geschlossen.; Die Kantine bietet täglich zwei Mahlzeiten und ein Auswahlessen an. ◆ -nbetreiber, -nessen, -nmahlzeit, -npersonal, Betriebs-, Firmen-, Werks-

Kan·ton der [kan'toːn] <-(e)s, -e> ❶ *Bundesland der Schweiz:* im Kanton Zürich wohnen ▸ kantonal ◆ -sregierung, Halb- ❷ *Verwaltungsbezirk in Frankreich und Belgien:* in einem bestimmten Kanton wohnen

Ka·nu das ['kaːnu/ka'nuː] <-s, -s> ❶ *leichtes, schmales, offenes Boot der Indianer, dessen Enden nach oben gebogen sind* ❷ SPORT *ein (Sport-)Boot, das einem Kanu[1] ähnlich ist:* Er fährt in seiner Freizeit Kanu

Kan·zel die ['kantsl̩] <-, -n> ❶ *in einer Kirche ein erhöhter Ort, von dem aus der Pfarrer zur Gemeinde spricht, z.B. wenn er die Predigt hält:* von der Kanzel herab zur Gemeinde sprechen ❷ *(≈ Cockpit) in einem Flugzeug der sehr kleine Raum an der Spitze des Rumpfes, in dem der Sitz für den Piloten und die Steuerungsinstrumente sind:* Der Pilot sitzt in der Kanzel.

Kanz·lei die [kants'lai̯] <-, -en> ❶ *Büro eines Rechtsanwaltes:* Morgen bleibt unsere Kanzlei geschlossen.; in einer Kanzlei arbeiten ◆ -gehilfe/-gehilfin, Anwalts- ❷ GESCH. *eine Behörde, die Urkunden schrieb und den Schriftverkehr abwickelte* ◆ -beamte(r), -deutsch

Kanz·ler der, **Kanz·le·rin** ['kantslɐ] <-s, -> ❶ *(kurz für „Bundeskanzler" bzw. "Bundeskanzlerin") der Regierungschef bzw. die Regierungschefin in Deutschland oder Österreich* ❷ *kurz für „Reichskanzler"* ❸ *leitender Verwaltungsbeamter an einer Hochschule*

Ka·pa·zi·tät die [kapatsi'tɛːt] <-, -en> ❶ WIRTSCH. *Leistungsfähigkeit einer Firma oder eines Unternehmens:* die Kapazität der Firma ausbauen ◆ -sabbau, -sauslastung, -sengpass, -sgrenze, Über- ❷ *die Fähigkeit, etwas oder jmdn. aufzunehmen:* Der Öltank hat eine Kapazität von 2000 Litern.; Wenn die Zahl der Studienanfänger weiter ansteigt, ist die Kapazität der Universität bald erschöpft. ❸ PHYS. *die Fähigkeit, elektrische Ladung aufzunehmen und zu speichern; die hohe Kapazität haben* ❹ *jmd., der auf einem bestimmten Gebiet ein anerkannter Experte ist:* Sie ist eine Kapazität auf dem Gebiet der Literaturwissenschaft/der Medizin.

Ka·pel·le[1] die [ka'pɛlə] <-, -n> ❶ *ein abgetrennter Gebetsraum in einer Kirche, in dem zum Beispiel auch Babys getauft werden* ◆ Tauf- ❷ *eine kleine, einfache Kirche, in der vorwiegend Andachten und keine regelmäßigen Gottesdienste stattfin-*

den: eine kleine Kapelle in den Bergen; in einer Kapelle beten

Ka·pel·le² die <-, -n> MUS. *Orchester, das Unterhaltungs- und Tanzmusik spielt:* in einer Kapelle spielen; Bei der Hochzeitsfeier wird eine kleine Kapelle spielen. ◆ Blas-, Trachten-

ka·pie·ren [ka'piːrən] <kapierst, kapierte, hat kapiert> *mit OBJ* ■ **jmd. kapiert etwas** *(umg.: ≈ verstehen) etwas begreifen:* Ist das wirklich so schwer zu kapieren?

Ka·pi·tal das [kapi'taːl] <-s, -e/Kapitalien> ❶ *der gesamte Besitz einer Firma:* Der Konzern hat sein Kapital erhöht. ❷ *Vermögen (das irgendwo investiert wird und seinem Besitzer Gewinn bringen kann):* Das Kapital ist gewinnbringend/sicher angelegt.; Er hat sein Kapital in Immobilien/Wertpapieren angelegt. ❸ ■ **etwas ist jemandes Kapital** *eine bestimmte Eigenschaft ist von großem Wert für jmdn.* Seine Geduld ist sein ganzes Kapital.; ■ **Kapital aus etwas schlagen** *(abwert.) aus etwas einen Vorteil oder Gewinn ziehen* Er versucht, aus dem Leid der Familie Kapital zu schlagen.

ka·pi·tal [kapi'taːl] *adj /nicht steig./* ❶ *(umg.) sehr groß:* Die Anschaffung des teuren Geräts war ein kapitaler Fehler, denn jetzt wird es gar nicht gebraucht! ❷ *(in der Sprache der Jäger) außerordentlich groß:* Der Jäger hat einen kapitalen Bock geschossen.

Ka·pi·ta·lis·mus der [kapita'lɪsmʊs] <-> / *kein Plur./* (↔ *Sozialismus*) *die Wirtschaftsform mit Privateigentum und freier Marktwirtschaft:* im Kapitalismus leben ▸ Kapitalist, kapitalistisch ◆ Früh-, Spät-

Ka·pi·tän der [kapi'tɛːn] <-s, -e> ❶ SEEW., LUFTF. *jmd., der als Verantwortlicher ein Schiff oder ein größeres Flugzeug steuert und die Besatzung führt:* Der Kapitän stellt seine Crew vor.; als Kapitän zur See fahren ◆ -smütze, Schiffs- ❷ SPORT *der Spieler (z.B. im Fußball), der die Mannschaft anführt und repräsentiert* ◆ -srolle, Mannschafts-

Ka·pi·tel das [ka'pɪtl] <-s, -> ❶ *ein längerer Abschnitt in einem Text, der meist eine eigene Überschrift oder eine Nummer hat:* Der Roman verfügt über einundachtzig Kapitel.; Ich helfe dir gleich; ich möchte nur noch das letzte Kapitel des Krimis lesen. ◆ -einteilung, -gliederung, -überschrift ❷ ■ **etwas/jemand ist ein Kapitel für sich** *(umg.) eine unerfreuliche, problematische Angelegenheit oder eine schwierige/seltsame Person, über die man viel zu sagen hätte, aber über die man im Moment nicht sprechen möchte.* Mein neuer Chef ist ein Kapitel für sich.; Darüber möchte ich jetzt nicht sprechen; das ist ein Kapitel für sich.

Ka·pi·tu·la·ti·on die [kapitula'tsi̯oːn] <-, -en> ❶ *der Vorgang, dass man sich in einem Krieg als besiegt erklärt und nicht mehr weiterkämpft:* Die Truppen wurden zur Kapitulation gezwungen. ❷ *Vertrag über eine Kapitulation¹* ❸ *der Vorgang, dass man einen Plan o.Ä. nicht bis zum Ende ausführt, sondern resigniert aufgibt:* die Kapitulation vor den Problemen

ka·pi·tu·lie·ren [kapitu'liːrən] <kapitulierst, kapitulierte, hat kapituliert> *ohne OBJ* ❶ ■ **jmd. kapituliert (vor jmdm./etwas)** *sich (als Truppe oder als Staat dem Feind) ergeben:* Angesichts der aussichtslosen Lage musste die Armee kapitulieren. ❷ ■ **jmd. kapituliert (vor jmdm./etwas)** *keinen Mut mehr haben und aufgeben, weil man glaubt, keinen Erfolg mehr haben zu können:* Er kapitulierte vor so vielen unerwarteten Schwierigkeiten. ❸ ■ **jmd. kapituliert** *eine Kapitulation abschließen:* Das Land hat kapituliert.

Kap·pe die ['kapə] <-, -n> ❶ *eine Art Mütze, von der manchmal ein Teil über den Augen hervorragt, um die Augen vor dem Sonnenlicht zu schützen:* sich eine Kappe aufsetzen; eine Kappe tragen ◆ Bade-, Baseball-, Schild- ❷ *eine Art Verschluss von etwas, den man abnehmen kann:* Ich habe die Kappe von meinem Stift verloren.; ■ **etwas auf seine (eigene) Kappe nehmen** *(umg.) die Verantwortung für etwas übernehmen* Diese Fehler nehme ich auf meine (eigene) Kappe.

ka·putt [ka'pʊt] *adj /nicht steig./ (umg.)* ❶ *so, dass es nicht mehr funktioniert oder zerstört ist:* Das Auto/Der CD-Player/die Vase ist kaputt.; Wer hat die Vase kaputt gemacht/kaputtgemacht? ❷ *(≈ zerrüttet) so, dass es nicht mehr intakt ist und nicht mehr eine Einheit bildet:* Ihre Ehe ist kaputt. ❸ *so, dass jmd. am Rande der bürgerlichen Gesellschaft steht:* Er ist ein ziemlich kaputter Typ. ❹ *(≈ fertig) erschöpft:* Nach diesem langen Arbeitstag bin ich total kaputt. ❺ *gesundheitlich ruiniert:* Wenn sie weiter so viel arbeitet, macht sie sich kaputt.; Er hat sich mit Drogen kaputt gemacht/kaputtgemacht. ◆ *Getrennt- oder Zusammenschreibung →* R 4.14 kaputt machen/kaputtmachen; kaputt schlagen/kaputtschlagen; kaputt treten/kaputttreten; *siehe aber* **kaputtgehen, kaputtlachen**

ka·putt·ge·hen <gehst kaputt, ging kaputt, ist kaputtgegangen> *ohne OBJ* ■ **etwas geht kaputt** *(umg.)* ❶ *zerstört werden oder nicht mehr funktionieren:* Während des Umzugs sind einige Gläser kaputtgegangen.; Gestern ist unser Fernseher kaputtgegangen. ❷ *so sehr Schaden nehmen, es nicht mehr intakt ist:* Ihre Ehe ging kaputt. ❸ *ruiniert werden:* Der Betrieb ging kaputt.; Die wirtschaftliche Entwicklung hat viele kleine Betriebe kaputt gemacht/kaputtgemacht.

ka·putt·la·chen <lachst kaputt, lachte kaputt, hat kaputtgelacht> *mit SICH* ■ **jmd. lacht sich kaputt** *(umg.)* *sehr lachen:* Er hat sich über den Witz fast kaputtgelacht.; Du wirst dich kaputtlachen, wenn ich dir das erzähle!

Ka·pu·ze die [ka'puːtsə] <-, -n> *eine Kopfbedeckung, die an einem Mantel oder einer Jacke befestigt ist und die man z.B. aufsetzen kann, wenn es regnet oder windig ist:* sich die Kapuze aufsetzen ◆ -njacke

Ka·raf·fe die [ka'rafə] <-, -n> *eine Flasche aus Glas mit einem Stöpsel, in die man Wein oder Likör füllen kann:* Likör/Wasser/Wein in eine Karaffe füllen ◆ Wasser-, Wein-

Kar·fi·ol der [kar'fi̯oːl] <-s> /kein Plur./ ÖSTERR. Blumenkohl

Kar·frei·tag der [kaːɐ̯'fraitaːk] <-(e)s, -e> REL. *der Freitag vor Ostern, an dem der Kreuzigung Christi gedacht wird:* am Karfreitag kein Fleisch essen

karg [kark] <karger/kärger, am kargsten/am kärgsten> *adj* ❶ *(≈ spärlich ↔ reichhaltig)* *so, dass nur wenig von etwas vorhanden ist und es eine sehr einfache Qualität ist:* mit einem kargen Essen vorlieb nehmen ❷ *(≈ schmucklos)* *nicht wohnlich und gemütlich, sowie auch ein wenig ärmlich wirkend:* Der Raum war karg eingerichtet. ❸ *(↔ fruchtbar)* *wenig fruchtbar:* Was wächst schon auf diesem kargen Boden? ▸ Kargheit

ka·riert [ka'riːɐ̯t] *adj* /nicht steig./ ❶ *gemustert in der Art, dass sich senkrechte und waagerechte Linien kreuzen:* eine karierte Bluse ❷ *(↔ liniert)* *durch senkrechte und waagerechte Linien in viele gleichmäßige Vierecke aufgeteilt:* ein karierter Schreibblock; kariertes Papier ◆ klein-

Ka·ri·ka·tur die [karika'tuːɐ̯] <-, -en> *eine Zeichnung, bei der eine Eigenschaft einer Person besonders stark betont wird und dadurch lächerlich gemacht wird:* eine Karikatur eines Politikers; eine Karikatur zeichnen

ka·ri·kie·ren [kari'kiːrən] <karikierst, karikierte, hat karikiert> *mit OBJ* ■ **jmd. karikiert jmdn./etwas** *jmdn. oder etwas als Karikatur¹ darstellen:* einen Politiker karikieren

Kar·ne·val der ['karnəval] <-s, -e/-s> / meist Sing./ *(≈ Fasching, Fas(t)nacht)* SÜDDT. *die Zeit kurz vor dem Beginn der christlichen Fastenzeit vor Ostern, in der sich die Menschen verkleiden und bei bestimmten Veranstaltungen ausgelassen feiern:* Karneval feiern; Wie/Als was wirst du dich an/zu Karneval verkleiden? ◆ -sfeier, -skostüm, -sprinz, -sprinzessin, -sverein

Ka·rot·te die [ka'rɔtə] <-, -n> *(≈ Möhre)* Karotten haben viel Vitamin A.

Kar·ri·e·re die [ka'ri̯ɛːrə] <-, -n> *erfolgreicher beruflicher Aufstieg:* Sie hat eine steile Karriere hinter sich.; Er begann seine Karriere bei der XY Bank.; eine beispiellose/einmalige/glänzende/großartige Karriere; ■ **Karriere machen** *schnell beruflichen Erfolg haben und Anerkennung finden* Immer mehr junge Frauen machen heutzutage Karriere.

Kar·te die ['kartə] <-, -n> ❶ *ein rechteckiges Blatt aus einem festen Papier oder Karton, das einem bestimmten Zweck dient:* Er schreibt die neuen englischen Vokabeln auf Karten im Format DIN A 5. ❷ *(kurz für „Landkarte" oder „Seekarte")* *grafische Darstellung von den Straßen einer Stadt, eines Landes etc.:* eine Karte im Maßstab 1:10000; Kannst du Karten lesen? ❸ *(kurz für „Fahrkarte")* *ein Ticket, das man kaufen muss, um mit einem Zug, einem Bus o.Ä. fahren zu dürfen:* Vergessen Sie nicht, die Karten am Automaten zu entwerten! ❹ *(kurz für „Eintrittskarte")* *eine Art Bescheinigung dafür, dass man das Eintrittsgeld bezahlt hat:* Die Karten für das Konzert sind bereits ausverkauft.; Hast du schon Karten fürs Kino gekauft? ❺ *kurz für „Postkarte" oder „Ansichtskarte":* Wir haben unseren Freunden aus dem Urlaub Karten geschickt. ❻ *(kurz für „Speisekarte")* *in einem Restaurant der Überblick über die verschiedenen Speisen, die man dort essen kann:* Unsere reichhaltige Karte bietet auch regionale Spezialitäten. ❼ *(kurz für „Kreditkarte")* *ein kleiner Gegenstand in der Form eines kleinen Rechtecks aus Plastik, auf dem bestimmte persönliche Angaben gespeichert sind und mit dem man bezahlen kann, wenn man nicht mit Bargeld bezahlen möchte:* Zahlen Sie bar oder mit Karte? ❽ *(kurz für „Visitenkarte")*

ein kleines Stück Pappe oder Karton in der Form eines Rechtecks, auf dem jmds. Anschrift zu lesen ist: Darf ich Ihnen meine Karte überreichen? ❾ *kurz für „Spielkarte":* die Karten mischen ⊕ ▪ **die rote Karte** SPORT *(Fußball) der Platzverweis, mit dem der Schiedsrichter ein sehr schweres Foulspiel bestraft* Der Schiedsrichter zeigte dem Spieler die rote Karte.; ▪ **die gelbe Karte** SPORT *(Fußball) die erste Verwarnung, mit der der Schiedsrichter auf ein schweres Foulspiel reagiert* Für dieses Foulspiel bekam der Spieler die gelbe Karte; ▪ **jemandem die Karten legen** *jmdm. mithilfe von Spielkarten die Zukunft vorhersagen* Ich habe mir von einer alten Frau die Karten legen lassen.; ▪ **alle Karten in der Hand haben** *über alle Mittel und Möglichkeiten verfügen; bestimmen können, was geschieht* Er hat alle Karten in der Hand.; ▪ **sich nicht in die Karten schauen/sehen lassen** *niemanden in seine Absichten oder Pläne einweihen* Ich weiß nicht, was sie plant, denn sie lässt sich nicht in die Karten sehen.; ▪ **alles auf eine Karte setzen** *alles riskieren* Ich werde alles auf eine Karte setzen und hoffen, dass es klappt.; ▪ **auf die falsche Karte setzen** *eine Sache unterstützen, die keinen Erfolg hat* Ich fürchte, er hat mit seinem neuen Geschäft auf die falsche Karte gesetzt.

Kar·tei die [kar'tai] <-, -en> *eine geordnete Sammlung von Karten (beispielsweise zu einem bestimmten Thema oder Sachgebiet):* eine Kartei anlegen ♦-karte, -kasten, Vokabel-

Kar·tof·fel die [kar'tɔfl̩] <-, -n> ❶ *ein Gemüse mit einer braunen Schale, das unter der Erde wächst und das man als Speise kocht oder brät:* Wir haben vergangenen Winter zwei Zentner Kartoffeln verbraucht.; Schälst du bitte die Kartoffeln? ♦-brei, -gericht, -gratin, -salat, -schäler, -suppe, Brat- ❷ *Pflanze, an der die Kartoffeln[1] wachsen:* In dieser Gegend baut man vorwiegend Kartoffeln an. ♦-ernte

Kar·ton der [kar'tɔŋ, kar'tõ:, kar'to:n] <-s, -s/-e/-> ❶ *(≈ Pappe) dickes, steifes Papier:* Das Gerät wird in einer Verpackung aus festem Karton geliefert. ❷ *Schachtel aus Karton[1]:* Ich suche den Karton mit den alten Fotos.; Ich habe drei Kartons/Karton Konserven gekauft.

Ka·rus·sell das [karʊˈsɛl] <-s, -s/-e> *auf einem Volksfest eine Vorrichtung, die sich im Kreis dreht, auf der Sitze oder verschiedene nachgebaute Dinge (wie z.B. Autos oder Pferde) befinden, und mit der die Besucher mitfahren können:* Besonders Kinder fahren gerne Karussell/mit dem Karussell.

ka·schie·ren [ka'ʃiːrən] <kaschierst, kaschierte, hat kaschiert> *mit OBJ* ▪ **jmd. kaschiert etwas** *etwas verstecken; etwas geschickt so darstellen, dass es positiv erscheint und die Mängel nicht auffallen:* Es gelang ihr, ihre Unsicherheit während der Prüfung zu kaschieren.; Sie versuchte, ihren Po durch lange Pullover zu kaschieren.

Kä·se der ['kɛːzə] <-s, -> ❶ *ein Nahrungsmittel, das aus der Milch von Kühen, Schafen oder Ziegen hergestellt wird und das oft einen starken Geruch hat:* ein Laib Käse; ein mit Schinken und Käse belegtes Brot; ein mit Käse überbackener Auflauf ♦-aufschnitt, -messer, -platte, Frisch-, Hart-, Schafs-, Weich-, Ziegen- ❷ *(umg. abwert.) ≈ Quatsch) Unsinn:* Was er gesagt hat, ist doch Käse!

Ka·ser·ne die [ka'zɛrnə] <-, -n> MILIT. *mehrere Gebäude, die zusammengehören, die nach außen abgegrenzt sind und in denen Soldaten untergebracht sind:* in der Kaserne schlafen ♦-nanlage, -nhof, -ntor

Kas·per der ['kaspɐ] <-s, -> ❶ *lustige (männliche) Hauptfigur im Puppentheater:* Der Kasper rettet die Prinzessin. ❷ *(umg. scherzh.) alberner Mensch:* Du bist ein Kasper! Jetzt sei doch mal ernst!

Kas·sa die ['kasa] <-, Kassen> ÖSTERR. *Kasse:* Bitte an der Kassa zahlen!

Kas·se die ['kasə] <-, -n> ❶ *ein Kasten, in dem man Geld aufbewahrt und den man abschließen kann:* In der Kasse waren drei Hunderteuroscheine und ein paar Münzen.; Die Einbrecher haben die Kasse aufgebrochen. ❷ *(≈ Registrierkasse) in einem Laden das Gerät, in das die Preise der verkauften Waren eingegeben werden und das einen Beleg für den Kunden ausdruckt:* Die Verkäuferin tippt die Warenpreise in die Kasse. ▸ Kassierer(in) ♦-nbon ❸ *eine Stelle, an der man beispielsweise Waren oder Eintrittskarten bezahlt:* Ich stelle mich an die Kasse an.; Vor der Kasse hatte sich eine lange Schlange gebildet. ❹ *ein Schalter (in einer Bank oder einer Behörde), an dem Geld eingezahlt oder ausbezahlt wird:* an der Kasse Geld holen ❺ *kurz für „Krankenkasse":* Die meisten Kassen übernehmen die Kosten der Behandlung.; ▪ **(gut/schlecht/knapp) bei Kasse sein** *(umg.) (reichlich oder wenig) Geld haben* Ich kann nicht mit ins Kino kommen, denn ich bin momentan knapp

Kassenarzt–Kathedrale

bei Kasse.; ■ **jemanden zur Kasse bitten** *(umg.) jmdn. auffordern zu zahlen* Er wurde von der Polizei zur Kasse gebeten, weil er zu schnell gefahren ist.

Kas·sen·arzt der, **Kas·sen·ärz·tin** <-es, Kassenärzte> *ein Arzt, der das Recht und die Pflicht hat, Patienten/Patientinnen zu behandeln, die bei einer gesetzlichen Krankenkasse versichert sind, und nicht nur privatversicherte Patienten/Patientinnen:* bei einem Kassenarzt in Behandlung sein

Kas·sen·zet·tel der <-s, -> *(≈ Kassenbeleg) ein Streifen aus Papier, den man erhält, wenn man etwas gekauft hat, und auf dem alle eingekauften Produkte und ihre Preise aufgelistet sind:* Kann ich bitte den Kassenzettel bekommen?

Kas·set·te die [ka'sɛtə] <-, -n> ❶ *Kästchen, das man abschließen kann und in dem man beispielsweise Uhren und Schmuck oder Geld aufbewahrt:* das Geld in eine Kassette legen ◆ Geld-, Schmuck- ❷ *eine Art kleines Tonband in einem rechteckigen Kunststoffgehäuse, mit dem man etwas aufnehmen und abspielen kann (z.B. Musik oder einen Film):* Beim Kauf dieses Videorekorders/Kassettenrekorders erhalten Sie gratis fünf leere Kassetten.; die Kassette zum Übungsbuch anhören ◆ Musik-, Video-

Kas·set·ten·re·kor·der, *a.* **Kas·set·ten·re·cor·der** der <-s, -> *ein Gerät zum Abspielen und Aufnehmen von Kassetten:* eine Kassette in den Kassettenrekorder einlegen; etwas mit dem Kassettenrekorder aufnehmen

kas·sie·ren [ka'si:rən] <kassierst, kassierte, hat kassiert> I. *mit OBJ* ■ **jmd. kassiert etwas** ❶ *(umg.: ≈ einstecken) sich einfach etwas nehmen, was einem nicht gehört:* Er hat meinen Bleistift kassiert. ❷ *(umg.) wegnehmen, beschlagnahmen:* Die Polizei hat seinen Führerschein kassiert. ❸ *bekommen, einnehmen:* Der Makler hat eine ansehnliche Provision kassiert. ❹ *hinnehmen müssen:* Die Mannschaft kassierte am Wochenende eine herbe Niederlage. ❺ *einsammeln:* Die Lehrerin kassiert das Geld für die Klassenfahrt. II. *ohne OBJ* ■ **jmd. kassiert** *Geld für eine Ware oder eine Leistung einfordern/einsammeln, z.B. im Restaurant für Essen und Trinken:* Das Lokal schließt in wenigen Minuten, kann ich bitte kassieren? ▸ Kassierer(in)

Kas·ten der ['kastn̩] <-s, Kästen/(-)> ❶ *eine Kiste aus Holz oder Metall (mit Deckel), in der man etwas aufbewahrt oder transportiert:* die Werkzeuge wieder in den Kasten legen; ein Kasten aus Holz ◆ Farb-, Geigen-, Kartei-, Werkzeug- ❷ *ein Kasten¹ für Getränke, der einzelne Fächer hat, in die man die Flaschen stellen kann:* ein Kasten Bier/Mineralwasser ❸ SPORT *ein Turngerät in Form eines hölzernen Kastens¹, auf dessen Oberseite sich ein weiches Lederpolster befindet:* über den Kasten springen ❹ SÜDDT., ÖSTERR., SCHWEIZ. *Schrank:* die Kleider in den Kasten hängen ◆ Kleider-

Ka·sus der ['ka:zʊs] <-, Kasus> SPRACHWISS. *(≈ Fall) grammatischer Fall:* Im Deutschen gibt es vier Kasus, nämlich den Nominativ, den Genitiv, den Dativ, und den Akkusativ.

Ka·ta·log der [kata'lo:k] <-(e)s, -e> *ein Verzeichnis in Form eines (dickeren) Buches, in dem Waren, Bücher oder Gegenstände aufgeführt sind:* Die Bibliothekarin sucht im Katalog nach einem Buch.; Ich habe mir den Katalog des Versandhauses bestellt.; Der Katalog zur Ausstellung kostet 30 Euro.; den Katalog durchblättern

Ka·ta·ly·sa·tor der [kataly'za:tɔɐ̯] <-s, -toren> ❶ CHEM. *ein Stoff, der eine chemische Reaktion herbeiführt und beeinflusst, dabei aber selbst unverändert bleibt* ❷ KFZ *eine Vorrichtung am Auto zur Reinigung der Abgase:* ein Auto mit Katalysator fahren

Ka·ta·s·tro·phe die [katas'tro:fə] <-, -n> *großes, sehr schlimmes Unglück:* eine schreckliche Katastrophe; Bei der Katastrophe starben 500 Menschen. ◆ Brand-, Flut-, Umwelt-

Ka·te·go·rie die [katego'ri:] <-, -rien> *Klasse/Art/Sorte von etwas als Ergebnis einer Klassifikation:* Diese Art von Musik lässt sich keiner Kategorie zuordnen.; etwas in Kategorien einteilen

ka·te·go·risch [kate'go:rɪʃ] *adj* /nicht steig./ *(geh.) entschieden, mit Nachdruck:* Er lehnt die Anwendung von Gewalt kategorisch ab.

Ka·ter¹ der ['ka:tɐ] <-s, -> ZOOL. *(↔ Katze) männliche Katze:* Wir haben einen Kater als Haustier.

Ka·ter² der ['ka:tɐ] <-s, -> *(umg.) der Zustand, dass man sich nicht wohl fühlt, Kopfschmerzen hat und müde ist, weil am Abend zuvor zu viel Alkohol getrunken hat:* Nach der Party hatte er einen Kater. ◆ verkatert ◆ -frühstück

Ka·the·d·ra·le die [kate'dra:lə] <-, -n> *(≈ Dom) Bezeichnung der Hauptkirche am Sitz eines Bischofs (in England,*

Frankreich und Spanien): die Kathedrale von Canterbury besichtigen

ka·tho·lisch [ka'to:lɪʃ] *adj /nicht steig./ (↔ evangelisch) zu der christlichen Kirche gehörend, die den Papst als Oberhaupt hat:* ein katholischer Priester; Der Papst ist das Oberhaupt der katholischen Kirche.

Kat·ze die ['katsə] <-, -n> ❶ *das beliebte Haustier, das damit verbunden wird, dass es vor allem Mäuse fängt, und das man heute meist mit Katzenfutter verwöhnt:* Die Katze fängt Mäuse/schnurrt/streckt sich in der Sonne auf den warmen Steinen aus. ◆-nfutter, Angora-, Haus-, Perser-, Wild- ❷ *(↔ Kater) Bezeichnung für eine weibliche Katze¹:* Wir haben zwei Katzen und einen Kater. ❸ ZOOL. *Bezeichnung für in verschiedenen Arten vorkommende Raubtiere:* Löwen, Tiger und Leoparden sind Katzen. ◆ Groß-, Raub-, Wild- ❹ ■ **die Katze aus dem Sack lassen** *(umg.) etwas bekanntgeben, das bisher geheim war* Endlich ließ sie die Katze aus dem Sack: Sie war schwanger!; ■ **die Katze im Sack kaufen** *(umg.) etwas kaufen, ohne sich vorher von der Qualität überzeugt zu haben* Kann ich das Gerät bitte ansehen? Schließlich möchte ich nicht die Katze im Sack kaufen.; ■ **wie die Katze um den heißen Brei herumschleichen** *(umg.) über etwas Unangenehmes nur in Andeutungen sprechen, ohne den eigentlichen Kern der Sache zu berühren* Nun schleich doch nicht länger wie die Katze um den heißen Brei herum und sag endlich, was los ist.; ■ **für die Katz sein** *(umg.) vergebens sein; zu keinem Ergebnis führen* Seine ganze Arbeit/Bemühungen waren für die Katz.

Kat·zen·wä·sche die <-> /kein Plur./ *(umg. scherzh.) der Vorgang, dass man seinen Körper nicht sehr gründlich, sondern nur ganz kurz wäscht:* Ich habe verschlafen und nur eine Katzenwäsche gemacht.

Katz-und-Maus-Spiel das <-(e)s, -e> ■ **mit jemandem ein Katz- und Maus-Spiel treiben** *jmdm. Hoffnungen machen, diese nur teilweise und nur für kurze Zeit erfüllen und sich dann von der Person wieder abwenden* Sie treibt mit ihm ein Katz-und-Maus-Spiel.

Kau·der·welsch das ['kaudɐvɛlʃ] <-(s)> / kein Plur./ (abwert.) ❶ *(umg.) unverständliche Mischung verschiedener Sprachen:* Er sprach ein Kauderwelsch aus Deutsch und Italienisch. ❷ *unverständliche Sprechweise:* Ihr fürchterliches Kauderwelsch war nicht zu verstehen. ❸ *aufgrund vieler Fremd- oder Fachwörter schwer verständliche Ausdrucksweise:* Kann mir jemand das medizinische Kauderwelsch übersetzen?

kau·en ['kauən] <kaust, kaute, hat gekaut> I. *mit OBJ* ■ **jmd. kaut etwas** *in gleichmäßigen Bewegungen etwas mit den Zähnen zerkleinern:* die Nahrung gründlich kauen II. *ohne OBJ* ■ **jmd. kaut (an etwas** *Dat.***)** *aufgrund von Nervosität an etwas herumbeißen oder nagen:* Sie kaute während der Prüfung auf/an ihrem Bleistift/an ihren Fingernägeln.; ■ **an etwas zu kauen haben** *(umg.) Mühe mit etwas haben* An diesem Problem hatte er fünf Jahre zu kauen.

Kauf der [kauf] <-(e)s, Käufe> *das Kaufen, der Erwerb:* Der Kauf von Schuhen ist nicht einfach.; Der Kauf und Verkauf von Aktien will gut überlegt sein.; Hoffentlich hat er seinen Kauf noch nicht bereut!; ■ **etwas in Kauf nehmen** *etwas Unangenehmes akzeptieren (z.B., weil es dadurch andere Vorteile gibt)* Ich habe in Kauf genommen, dass ich jeden Tag eine Stunde zur Arbeit fahren muss; denn ich bin froh, dass ich überhaupt eine Stelle gefunden habe.; ■ **etwas zum Kauf anbieten** *etwas verkaufen wollen* ein Auto zum Kauf anbieten ◆-absicht, -beratung, -entscheidung

kau·fen ['kaufn̩] <kaufst, kaufte, hat gekauft> I. *mit OBJ* ❶ ■ **jmd. kauft etwas** *eine Ware bekommen, indem man Geld dafür bezahlt:* Wir haben das Auto gebraucht gekauft.; Er kauft sich jeden Monat eine CD.; Sie hat ihrem Mann als Geschenk ein Bildband über Italien gekauft.; Liebe kann man nicht kaufen. ◆ Aktien-, Auto- Wohnungs- ❷ ■ **jmd. kauft jmdn.** *jmdm. Geld geben und dafür verlangen, dass derjenige sich in einer bestimmten Weise verhält:* Wie sich später herausstellte, hatte man den Zeugen gekauft. II. *ohne OBJ* ■ **jmd. kauft** *einkaufen:* Das war das letzte Mal, dass ich hier gekauft habe!; Ich kaufe nur in Fachgeschäften.; ■ **sich jemanden kaufen** *(umg.) jmdm. gehörig die Meinung sagen* Den werde ich mir kaufen!

Kauf·haus das <-es, Kaufhäuser> *ein großes Geschäft mit verschiedenen Abteilungen, in denen verschiedene Arten von Waren angeboten werden:* die Abteilungen/ die Kundentoilette/das Restaurant/die Rolltreppen des Kaufhauses

Kauf·kraft die <-> /kein Plur./ WIRTSCH. *der Wert des Geldes einer Währung in Bezug*

auf die Menge der Waren, die man dafür kaufen kann: Die Kaufkraft wird immer geringer.

käuf·lich *adj /nicht steig./* ❶ *so, dass man es kaufen kann: Das Bild ist keine Dekoration; es ist käuflich (zu erwerben).* ❷ *(übertr.: ≈ bestechlich) so, dass man bereit ist, sich für Geld in einer bestimmten Weise zu verhalten: Der Zeuge ist nicht käuflich.* ▸ Käuflichkeit

Kauf·rausch *der <-es> /kein Plur./ (oft scherzh.) Zustand, in dem man viel kauft und dafür viel Geld ausgibt: in einen Kaufrausch geraten; Gestern hatte ich einen Kaufrausch und habe mir fünf T-Shirts, drei Blusen und drei Hosen gekauft.*

Kau·gum·mi *der/das <-s, -s> eine weiche Masse zum Kauen, die z.B. nach einer bestimmten Frucht schmeckt: Kaugummi kauen*

kaum [kau̯m] *adv* ❶ *fast nicht: Ich habe vor der Prüfung kaum geschlafen.* ❷ *nur mit Mühe: Der alte Mann schaffte es kaum noch bis ins dritte Stockwerk.* ❸ *wahrscheinlich nicht: Er wird kaum noch kommen.* ❹ *gerade (erst): Wir hatten kaum die Halle betreten, da begann das Konzert.* ❺ **kaum dass ...** *kurz nachdem Kaum dass er aufgelegt hatte, klingelte erneut das Telefon.*

Kau·ti·on *die* [kau̯ˈtsi̯oːn] *<-, -en> eine bestimmte Summe Geld, die man jmdm. als Sicherheit für etwas gibt und die man später zurückbekommt, wenn alles in Ordnung ist bzw. wenn alles ohne Probleme verlaufen ist: Der Gefangene wurde gegen eine Kaution von 10 000 Euro freigelassen.; Der Vermieter verlangt zwei Monatsmieten Kaution.; Wenn man ein Auto mieten möchte, muss man eine Kaution hinterlegen.*

Ka·va·lier *der* [kavaˈliːɐ̯] *<-s, -e> ein Mann, der sich Damen gegenüber besonders höflich, taktvoll und hilfsbereit verhält: Mein Mann ist ein richtiger Kavalier.;* ▪ **ein Kavalier alter Schule** *(umg.) ein Mann, der sich Frauen gegenüber auf traditionelle Weise wie ein Kavalier verhält Ihr neuer Freund ist ein Kavalier alter Schule.*

keck [kɛk] *adj* ❶ *so, dass jmd. frech, aber dabei nicht unsympathisch oder unhöflich ist: Sie ist bei der Versammlung ziemlich keck aufgetreten.; Das war eine kecke Antwort.* ❷ *auffallend und lustig wirkend: Er hat ein keckes Bärtchen.* ▸ Keckheit

Kee·per *der,* **Kee·pe·rin** *die* [ˈkiːpɐ] *<-s, -> SPORT ÖSTERR. Torhüter: Er ist der neue Keeper der Nationalmannschaft.*

Ke·gel *der* [ˈkeːgl] *<-s, -> ❶ MATH. ein geometrischer Körper, der einen Kreis als Grundfläche hat, nach oben schmaler wird und oben durch eine Spitze begrenzt wird: die Oberfläche eines Kegels berechnen* ❷ *etwas, das die Form eines Kegels¹ hat: der Kegel des erloschenen Vulkans* ❸ *eine der neun Figuren, die ungefähr die Form eines Kegels¹ haben und die man beim Kegeln treffen muss: Kegel schieben; Es sind fünf Kegel umgefallen.;* ▪ **mit Kind und Kegel** *mit allen Personen, die zu einer Familie gehören mit Kind und Kegel in den Urlaub fahren* ◆ **Getrenntschreibung** → R 4.8 *Kegel schieben/scheiben; Ich habe Kegel geschoben.*

ke·geln *<kegelst, kegelte, hat gekegelt> ohne OBJ* ▪ **jmd. kegelt** *als Spieler versuchen, eine Kugel so über eine Bahn rollen zu lassen, dass sie möglichst viele Kegel³ umwirft, die am Ende der Bahn aufgestellt sind: Er kegelt regelmäßig mit seinen Arbeitskollegen.*

Keh·le *die* [ˈkeːlə] *<-, -n> ❶ ANAT. (≈ Gurgel) der vordere Teil des Halses: Der Hund wäre mir beinahe an die Kehle gesprungen.* ❷ *Rachen: Sie hat eine heisere Kehle.;* ▪ **etwas schnürt jemandem die Kehle zu/zusammen** *jmdm. Angst und Kummer machen Die Aufregung hat mir die Kehle zugeschnürt, so dass ich gar nicht sprechen konnte.;* ▪ **aus voller Kehle** *laut aus voller Kehle ein Lied mitsingen;* ▪ **sich die Kehle aus dem Hals schreien** *(umg.) anhaltend laut schreien Die Mutter schreit sich die Kehle aus dem Hals, aber die Kinder wollen einfach nicht hören.*

keh·ren¹ [ˈkeːrən] *<kehrst, kehrte, hat/ist gekehrt> I. mit OBJ* ▪ **jmd./etwas kehrt etwas irgendwohin** *(haben) (≈ wenden) in eine bestimmte Richtung drehen: Er kehrte die Manteltaschen nach außen.; Der Wagen kehrte und kam zurück. II. mit SICH* ▪ **etwas kehrt sich gegen jmdn.** *(haben) sich gegen jmdn. oder etwas richten: Diese Politik kehrt sich gegen die Bevölkerung.;* ▪ **jemand ist in sich gekehrt** *jemand lebt sehr zurückgezogen und nimmt kaum etwas wahr, was um ihn herum passiert Nach dem Tod seiner Frau ist er völlig in sich gekehrt.*

keh·ren² *<kehrst, kehrte, hat gekehrt> mit OBJ/ohne OBJ* ▪ **jmd./etwas kehrt (etwas)** *(≈ fegen) mit einem Besen Schmutz von etwas entfernen: Ich kehre gerade die Treppe.; Er kehrt das Laub von der Straße.; Die Kehrmaschine kehrt die Rinnsteine.;*

Sie muss noch kehren.

Keh·richt der ['ke:rɪçt] <-s> /kein Plur./ ❶ (geh.) zusammengefegter Schmutz: den Kehricht in den Müll kippen ❷ SCHWEIZ. Müll: den Kehricht beseitigen ◆-beseitigung, -eimer, -sack, -verbrennung ❸ ■ **etwas geht jemanden einen feuchten Kehricht an** (umg.) etwas geht jmdn. überhaupt nichts an Es geht dich einen feuchten Kehricht an, mit wem ich mich treffe.; ■ **jemand interessiert/kümmert sich einen feuchten Kehricht für/um etwas** (umg.) jmd. interessiert oder kümmert sich überhaupt nicht für/um etwas Er interessiert sich einen feuchten Kehricht für die Wünsche seiner Frau.

kehrt·ma·chen <machst kehrt, machte kehrt, hat kehrtgemacht> ohne OBJ ■ **jmd. macht kehrt** (≈ umkehren) an einer Stelle anhalten und den Weg, den man gekommen ist, zurückgehen: An dieser Stelle machte er kehrt und ging nach Hause.

kei·fen ['kaɪfn̩] <keifst, keifte, hat gekeift> ohne OBJ ■ **jmd. keift** (abwert.) mit schriller, hoher Stimme grob schimpfen: Sie fing sofort an zu keifen. ▸ Keiferei

Keim der [kaɪm] <-(e)s, -e> ❶ BOT. (≈ Spross) das, was man als erstes sieht, wenn eine junge Pflanze sich entwickelt: ein zarter Keim ❷ die befruchtete Eizelle und der Embryo während der ersten Entwicklungsstufe ❸ Ursprung, erstes Anzeichen von etwas: Sie verspürte einen Keim der Hoffnung/der Liebe. ▸ aufkeimen ❹ /meist Plur./ BIOL., MED. Krankheitserreger; Bakterien etc.: Keime abtöten; ■ **etwas im Keim ersticken** (umg.) etwas bereits im Anfangsstadium unterdrücken Der Aufstand konnte im Keim erstickt werden.

kei·men ['kaɪmən] <keimt, keimte, hat gekeimt> ohne OBJ ■ **etwas keimt** ❶ BOT. Keime¹ ausbilden; zu wachsen beginnen: Die Tomatensamen keimen. ❷ (geh.) entstehen: In ihm keimte ein schlimmer Verdacht.

keim·frei adj /nicht steig./ (≈ steril) ohne Keime⁴; sehr sauber: etwas keimfrei machen

kein pron ❶ verwendet, um die völlige Abwesenheit von etwas auszudrücken: Kein Mensch war auf der Straße zu sehen.; Er fand kein sauberes Hemd im Schrank. ❷ vor einem Substantiv verwendet, um auszudrücken, dass nichts von der im Substantiv genannten Sache vorhanden ist: Er hat keine Schmerzen.; Sie spricht kein Deutsch.; Er hat kein Geld für einen neuen Fernseher. ❸ vor einem Adjektiv verwendet, um das Gegenteil auszudrücken: Das ist keine schlechte Wahl (≈ eine ziemlich gute Wahl!) ❹ (umg.: ≈ nicht einmal) verwendet, um auszudrücken, dass der genannte Betrag erstaunlich niedrig ist: Das Auto hat keine 2.000 Euro gekostet (≈ man hätte einen viel höheren Preis erwartet).; Beim Konzert waren keine 200 Besucher. ❺ /wie ein Substantiv verwendet/ niemand, nichts: Ich kenne keinen, der dir helfen könnte.; Er rief um Hilfe, aber keiner kam. ❻ /in Endstellung/ verwendet, um auszudrücken, dass etwas überhaupt nicht zutrifft: Lust habe ich zwar keine, aber ich komme trotzdem mit.; ■ **keine Ursache!** verwendet als Antwort auf einen Dank, um auszudrücken, dass man etwas gerne gemacht hat „Vielen Dank, dass Sie mir geholfen haben!" „Keine Ursache!"; ■ **auf keinen Fall** ganz sicher nicht, unter keinen Umständen Ich werde auf keinen Fall mitkommen.

kei·ner·lei ['kaɪnɐlaɪ] pron überhaupt kein oder nicht im geringsten: Dafür habe ich keinerlei Verständnis.

kei·nes·falls ['kaɪnəs'fals] adv auf keinen Fall: Diesem Vorschlag werde ich keinesfalls zustimmen.

kei·nes·wegs ['kaɪnəs'veːks] adv ganz und gar nicht: Das habe ich keineswegs gesagt.

Keks der/das [keːks] <-/es, -e> kleines trockenes und meist süßes Gebäck: Kekse essen; den Gästen Kekse und Tee anbieten; ■ **jemandem auf den Keks gehen** (umg.) jmdn. auf die Nerven gehen Diese Frau geht mir auf den Keks.; Dein Geschwätz geht mir auf den Keks. ◆-dose, Butter-, Schokoladen-

Kel·le die ['kɛlə] <-, -n> ❶ eine Art größerer Löffel, mit dem man Suppe aus dem Topf auf den Teller füllt: eine Kelle benutzen ◆Schöpf-, Suppen- ❷ eine flache runde Scheibe an einem längeren Stiel, mit der man Zeichen gibt: Der Polizist hob die Kelle, um den Wagen zu stoppen. ❸ ein Werkzeug des Maurers mit einer flachen Metallfläche und einem längeren Stiel: mit der Kelle den Mörtel auftragen

Kel·ler der ['kɛlɐ] <-s, -> ❶ die Etage eines Gebäudes, die ganz oder teilweise unter der Erde liegen: Das Haus hat einen feuchten Keller.; in den Keller gehen ▸ unterkellern ❷ Raum eines Kellers¹: Im Keller lagern wir Wein und Vorräte.; ■ **in den Keller fallen** (umg.) sehr tief sinken Die Aktien/Die Preise fielen in den Keller.

Kell·ner der, **Kell·ne·rin** ['kɛlnɐ] <-s,

-> (≈ Ober) jmd., der beruflich in einem Lokal die Gäste bedient: den Kellner rufen; dem Kellner ein Trinkgeld geben

ken·nen ['kɛnən] <kennst, kannte, hat gekannt> mit OBJ ❶ ■ jmd. **kennt etwas** *Informationen über etwas haben (durch eigene Anschauung und Erfahrungen):* Er kennt diese Gegend sehr gut, weil er dort aufgewachsen ist.; Ich kenne die Firma noch gut, weil ich vor zwanzig Jahren dort eine Lehre gemacht habe. ❷ ■ **jmd. kennt jmdn./etwas (als etwas)** *aufgrund bestimmter Eigenschaften einen Eindruck von jmdm./etwas haben:* Man kannte ihn bisher nur als Sänger, nicht als Schauspieler.; Wie ich sie kenne, hat sie die Arbeit längst schon erledigt.; Ich kenne mich doch so weit, dass ich von mir sagen kann: Diese Belastung halte ich aus. ❸ ■ **jmd. kennt etwas** (≈ *wissen*) *nennen können:* Ich kenne weder ihren Namen noch ihr Alter. ❹ ■ **jmd. kennt jmdn. mit jmdm. bekannt sein:** Wir kennen uns nun schon seit fast zehn Jahren. ❺ ■ **jmd. kennt etwas** *etwas erfahren haben und daher wissen, was und wie etwas ist:* Sie kannte dieses Gefühl sehr gut. ❻ ■ **jmd. kennt kein ...** *sich in seinem Handeln nicht (von etwas) beeinflussen lassen:* Er kannte kein Mitleid/keine Rücksicht/keine Skrupel. ❼ ■ **irgendwo kennt man kein ...** *etwas ist charakteristisch für etwas:* In diesem Dorf kennt man keinen Diebstahl.; ■ **sich nicht mehr kennen (vor Wut)** *außer sich sein vor Wut;* ■ **da kenne ich nichts** *(umg.) etwas mit großer Entschlossenheit oder sogar Rücksichtslosigkeit durchsetzen* Ich schwimme auch im Winter in offenen Seen! Da kenne ich nichts!; ■ **das kenne ich schon** *(umg.) davon will ich nichts mehr wissen* Das kenne ich schon, das brauchst du mir nicht mehr zu erzählen. ◆ Getrennt-oder Zusammenschreibung → R jemanden/etwas kennen lernen/kennenlernen

Kennt·nis die ['kɛntnɪs] <-, -se> ❶ /kein Plur./ *konkretes Wissen über etwas:* Die Behörden handelten ohne Kenntnis der Sachlage.; ■ **jemanden von etwas in Kenntnis setzen** *jmdn. über etwas informieren* den Chef über das Problem in Kenntnis setzen; ■ **etwas zur Kenntnis nehmen** *etwas beachten* Bitte nehmen Sie zur Kenntnis, dass ich ab morgen im Urlaub sein werde. ❷ /meist Plur./ *Fach-, Sachwissen:* Er verfügt über gründliche/umfassende Kenntnisse (in dieser Sprache/ in Mathematik).; Sie wollte ihre Kenntnisse auffrischen/erweitern/vertiefen.

Kenn·zei·chen das <-s, -> ❶ *Nummernschild, das vorne und hinten an einem Kraftfahrzeug angebracht ist:* Der Wagen mit dem amtlichen Kennzeichen ... wurde vergangene Nacht gestohlen. ❷ *(charakteristisches) Merkmal, an dem man jmdn. oder etwas erkennen kann:* keine besonderen Kennzeichen besitzen; Dies ist ein Kennzeichen aller Modelle dieser Baureihe.

kenn·zeich·nen ['kɛntsaiçnən] <kennzeichnest, kennzeichnete, hat gekennzeichnet> mit OBJ ❶ ■ **jmd. kennzeichnet etwas** *etwas sichtbar mit etwas markieren; mit einem Kennzeichen² versehen:* Man kennzeichnete den Wanderweg mit Schildern.; Die Giftmüllfässer wurden mit einem Totenkopf gekennzeichnet. ❷ ■ **jmd. kennzeichnet jmdn./etwas als etwas** *darstellen, charakterisieren:* Sie kennzeichnete ihn als ausdauernd/fleißig/mutig. ❸ ■ **etwas kennzeichnet jmdn./etwas (als etwas)** *ein charakteristisches Merkmal von jmdm. oder etwas sein:* Sein Verhalten kennzeichnet ihn als gut erzogenen/verantwortungsbewussten Menschen.

Ke·ra·mik die [ke'ra:mɪk] <-, -en> ❶ /kein Plur./ *gebrannter Ton:* Die Vase ist nicht aus Porzellan, sondern aus Keramik. ❷ *Gegenstand aus Keramik¹:* Noch bis zum Monatsende zeigt die Ausstellung alte Keramiken und andere Kunstgegenstände.

Kerl der [kɛrl] <-(e)s, -e/-s> *(umg.)* ❶ /mit einem qualifizierenden Adjektiv/ *eine männliche Person (der genannten Art):* so ein anständiger/blöder/feiner/fieser/gemeiner/netter/unverschämter Kerl ❷ *(abwert.) Schimpfwort für eine männliche Person:* Der Kerl ist einfach abgehauen! ❸ *ein liebenswerter Mensch:* Sie ist ein netter Kerl.

Kern der [kɛrn] <-(e)s, -e> ❶ *der feste innere Teil von bestimmten Früchten:* den Kern nicht mitessen ◆ Kirsch- ❷ PHYS. *kurz für „Atomkern"* ❸ *das Wesentliche, die Hauptsache:* Was ist eigentlich der Kern des Problems? ◆ -frage, -problem ❹ *wichtigster, aktivster Teil einer Gruppe:* Er gehört zum Kern der Aktivisten.; ■ **der harte Kern** *die Mitglieder einer Gruppe, die das größte Engagement oder die stärkste Überzeugung haben* Der harte Kern trifft sich jede Woche.

Kern·ener·gie die <-> /kein Plur./ *Atomenergie:* Er ist ein Gegner der Kernenergie. ◆ -befürworter, -gegner

kern·ge·sund adj /nicht steig./ völlig gesund: ein kerngesundes Mädchen

Kern·kraft·werk das <-(e)s, -e> (≈ Atomkraftwerk) eine Art Fabrik, in der man Energie aus der Spaltung von Atomkernen gewinnt: ein Gegner von Atomkraftwerken sein

Ker·ze die ['kɛrtsə] <-, -n> ein meist länglicher Gegenstand aus Wachs mit einer Art Faden in der Mitte, den man anzünden kann, damit man Licht bekommt: Als es dunkel wurde, zündete sie eine Kerze an.; eine mit Kerzen festlich geschmückte Kaffeetafel; Hast du die Kerze ausgeblasen?; am Adventskranz eine weitere Kerze anzünden

ker·zen·ge·ra·de, **ker·zen·gra·de** ['kɛrtsŋg(ə)'ra:də] adj /nicht steig./ mit einer völlig geraden Körperhaltung; ganz aufrecht: Sie saß während der ganzen Zeit kerzengerade auf ihrem Stuhl.

Ket·ch·up, a. **Ket·sch·up** der/das ['kɛtʃap] <-s, -s> eine würzige Tomatensoße: Pommes frites mit Ketschup essen

Ket·te die ['kɛtə] <-, -n> ❶ eine Art Band aus vielen Metallringen, die zusammenhängen: Der Hund wurde an der Kette gehalten. ◆ Fahrrad- ❷ (Hals- oder Arm-)Schmuck in der Art einer Kette¹ aus Gold oder Silber oder aus Perlen oder Edelsteinen auf einer Schnur: Er schenkte seiner Frau zum Geburtstag eine Kette. ◆ Gold-, Hals-, Perlen-, Silber- ❸ Menschen, die sich in einer Reihe aufstellen (und sich an den Händen halten): Die Demonstranten/Polizisten bildeten eine Kette. ❹ Serie (von gleichen oder ähnlichen Ereignisse oder Handlungen): Eine Kette unglücklicher Zufälle führte schließlich zu dem Unglück. ❺ mehrere Unternehmen an verschiedenen Orten, die zusammengehören: Die Drogeriemärkte/Hotels/Kinos gehören zu einer Kette. ◆ Drogerie-, Hotel- ❻ bei bestimmten sehr schweren Fahrzeugen (wie Panzern oder Planierraupen) eines von zwei Antriebselementen in der Art von sehr breiten Ketten¹, die sich über ein vorderes und ein hinteres Rad drehen ◆ -nfahrzeug, Panzer-

keu·chen ['kɔyçn̩] <keuchst, keuchte, hat/ist gekeucht> ohne OBJ ■ jmd. keucht ❶ (haben) schwer atmen: Er keuchte vor Anstrengung/unter der Last. ❷ (sein) sich schwer atmend fortbewegen: Sie keuchte die Treppen hinauf.

keusch [kɔyʃ] adj so, dass man (aufgrund bestimmter moralischer oder religiöser Grundsätze) sexuell enthaltsam lebt: ein keusches Leben führen ▸ Keuschheit

ki·chern ['kɪçɐn] <kicherst, kicherte, hat gekichert> ohne OBJ ■ jmd. kichert leise und mit hoher Stimme lachen: Sie kicherte vor sich hin.

kid·nap·pen ['kɪtnɛpn̩] <kidnappst, kidnappte, hat gekidnappt> mit OBJ ■ jmd. kidnappt jmdn. (≈ entführen) einen Menschen in seine Gewalt bringen und sagen, dass man ihn erst wieder seiner Familie übergeben wird, wenn diese (viel) Geld bezahlt: ein Kind kidnappen; Die Terroristen hatten einen Politiker gekidnappt und verlangten Lösegeld. ▸ Kidnapper(in), Kidnapping

Kies der [ki:s] <-es> /kein Plur./ ❶ viele kleine Steine, z.B. an einem Flussufer oder auf manchen Wegen, die den Erdboden wie eine geschlossene Oberfläche bedecken: Kies auf den Weg streuen ▸ gekiest ◆ -grube, -weg ❷ (umg.: ≈ Kohle) (viel) Geld: Er hat jede Menge Kies.

kif·fen ['kɪfn̩] <kiffst, kiffte, hat gekifft> ohne OBJ ■ jmd. kifft (umg.) Haschisch oder Marihuana rauchen: Heutzutage kiffen viele Jugendliche. ▸ Kiffer(in)

Ki·ke·ri·ki das [kɪkəri'ki:] <-(s), -s> verwendet, um das Geräusch anzudeuten, das ein Hahn macht; der Ruf des Hahnes: Wir wurden durch das morgendliche Kikeriki geweckt.

Kil·ler der, **Kil·le·rin** [kɪlɐ] <-s, -> kaltblütiger, skrupelloser (und bezahlter) Mörder: einen Killer für einen Mordanschlag anheuern/engagieren ▸ killen

Kil·ler- [kɪlɐ] als Erstglied zusammengesetzter Substantive, mit Betonung auf dem Erstglied; drückt aus, dass das mit dem Zweitglied Bezeichnete etwas verhindert oder äußerst gefährlich/schädlich für etwas ist: Die südamerikanischen Killerbienen werden immer stärker.; Mit seinem Killerpreis hat das Unternehmen die Angebote der Konkurrenten übertrumpft. ◆ -algen, -ameisen, -bakterien, -fisch, -grippe, -kirsche, -preis, -zelle

-kil·ler [kɪlɐ] als Zweitglied zusammengesetzter Substantive, mit Betonung auf dem Erstglied; drückt intensivierend (und besonders drastisch) aus, dass das mit dem Erstglied Bezeichnete durch etwas zerstört/beseitigt wird: Eine Mehrwertsteuererhöhung als Konjunkturkiller ◆ Job-, Konjunktur-, Ozon-, Schmutz-, Staub-, Tintenkiller

Ki·lo·gramm das ['ki:logram, ki:lo'gram] <-s, -e> Maßeinheit: 1000 Gramm: ein Kilogramm Kartoffeln kaufen

Ki·lo·me·ter der [kilo'me:tɐ, 'kilome:tɐ]

<-s, -> *Maßeinheit: 1000 Meter:* Der Stau war 10 Kilometer lang.; auf einer Strecke von zehn Kilometern; Bis zur nächsten Ortschaft sind es noch vier Kilometer.; pro Kilometer eine halbe Sekunde auf den Führenden aufholen ◆ -leistung, -zähler, Renn-, Trainings-

Kind das [kɪnt] <-(e)s, -er> ❶ *ein noch nicht geborener oder gerade erst oder erst vor kurzem geborener Mensch:* In diesem Saal liegen die neugeborenen Kinder.; Sie erwartet im Herbst ihr zweites Kind. ❷ *(↔ Erwachsener) ein junger, noch nicht erwachsener Mensch:* Der Eintritt ist frei für Kinder bis zu zehn Jahren.; Die Kinder sind groß geworden! ❸ *(↔ Eltern) jmds. unmittelbarer Nachkomme:* Wir waren zu Hause drei Kinder.; Unsere Kinder sind längst schon ausgezogen, um in anderen Städten zu studieren. ❹ */nur Plur./ (umg.) Anrede an mehrere Personen:* Kommt Kinder, wir müssen aufbrechen!; ▪ **von Kind auf** *seit den ersten Lebensjahren* Ich bin von Kind auf daran gewöhnt, jeden Morgen früh aufzustehen.; ▪ **das Kind mit dem Bade ausschütten** *(umg.) zu schnell handeln und dadurch etwas Negatives bewirken* Dadurch hat er das Kind mit dem Bade ausgeschüttet.; ▪ **sich bei jemandem lieb Kind machen** *(umg. abwert.) sich bei jmdm. einschmeicheln* Sie macht sich bei ihrem Chef lieb Kind.; ▪ **mit Kind und Kegel** *(umg.) mit allen Familienmitgliedern* Sie sind mit Kind und Kegel zu meinem Geburtstag gekommen.; ▪ **das Kind beim Namen nennen** *(umg.) eine unangenehme Sache direkt ansprechen* Nennen Sie das Kind doch endlich mal beim Namen!; ▪ **kein Kind von Traurigkeit sein** *(umg.) verwendet, um einen Menschen zu beschreiben, der viel Freude und Spaß am Leben hat und z.B. gerne feiert* Meine Tante ist kein Kind von Traurigkeit.; ▪ **jemand wird das Kind schon schaukeln** *(umg.) jmd. wird mit einer Sache schon zurecht kommen* Keine Sorge, wir werden das Kind schon schaukeln!

Kin·der·gar·ten der <-s, Kindergärten> *Einrichtung zur Betreuung von Kindern, die noch nicht zur Schule gehen, in der diese spielen können und bestimmte Dinge lernen:* Ihre Tochter geht in den Kindergarten.

kin·der·leicht ['kɪndɐ'laiçt] *adj /nicht steig./ (umg.) sehr leicht; sehr einfach:* Diese Aufgabe ist doch wirklich kinderleicht.

kin·der·reich *adj /nicht steig./ so, dass eine Familie viele Kinder hat:* Er stammt aus einer kinderreichen Familie.

Kind·heit die <-> */kein Plur./ der Lebensabschnitt, in dem man Kind ist:* Sie hatte eine freudlose/schöne/sorgenfreie/traurige/unbeschwerte Kindheit. ◆ -serlebnis

kin·disch ['kɪndɪʃ] *adj (oft abwert.) so, dass sich ein Erwachsener wie ein Kind benimmt; albern, unreif:* Sei doch nicht so kindisch!; Dieses kindische Benehmen/Getue/Herumalbern/Verhalten gefällt mir nicht.

Ki·no das ['ki:no] <-s, -s> ❶ *ein Raum oder Gebäude, in dem Filme gezeigt werden:* Wollen wir ins Kino gehen?; Was läuft gerade im Kino? ◆ -besucher(in), -center, -karte, -kasse, -saal ❷ *eine Vorstellung im Kino¹:* Das Kino beginnt um acht Uhr.

Ki·osk der ['ki:ɔsk/ki̯ɔsk] <-(e)s, -e> *kleiner, oft in einem frei stehenden Häuschen untergebrachter Laden, in dem Zeitschriften, Tabakwaren und Getränke verkauft werden:* am Kiosk eine Zeitung kaufen ◆ Bahnhofs-, Zeitungs-

Kip·ferl das ['kipfɐl] <-s, -n> SÜDDT., ÖSTERR. *Hörnchen, Plätzchen (süßes Gebäck):* Kipferl backen/essen

kip·pen ['kɪpn̩] <kippst, kippte, hat/ist gekippt> I. *mit OBJ (haben)* ❶ ▪ **jmd./etwas kippt etwas** *aus einer geraden in eine schräge Position bringen:* Würdest du bitte das Fenster kippen? ❷ ▪ **jmd./etwas kippt etwas irgendwohin** *etwas irgendwohin schütten:* Er kippte den Kaffee in die Dose.; Der Laster kippte den Kies auf die Straße. II. *ohne OBJ* ▪ **jmd./etwas kippt** *(sein)* ❶ *(≈ umfallen) auf die Seite fallen:* Die Vase kippte und fiel vom Schrank.; Das Auto drohte in der Kurve zu kippen. ❷ *eine negative Wende vollziehen:* Das Spiel ist in der zweiten Halbzeit gekippt.; ▪ **einen kippen** *(umg.) Alkohol trinken* am Wochenende einen kippen; ▪ **sich einen hinter die Binde kippen** *Alkohol, besonders Schnaps trinken* Er kippt sich gerne einen hinter die Binde.

Kir·che die ['kɪrçə] <-, -n> ❶ *ein (großes) Gebäude, meist auch mit einem Turm, in dem der Gottesdienst oder die Messe stattfindet; Gotteshaus:* Das ist eine barocke/gotische/romanische Kirche.; der Altar/die Heiligenfiguren/die Orgel/die Sitzbänke in einer Kirche; Die Menschen gehen sonntags zur Kirche. ❷ *(≈ Konfession) christliche Glaubensgemeinschaft:* Er gehört der evangelischen/katholischen Kirche an. ❸ *die Kirche² als Institution:* Die Kirche hat in dieser Frage einen eindeutigen Standpunkt bezogen.; Als Mann der Kirche musste er diese Haltung ablehnen. ❹ /kein Plur./ Gottesdienst: Er geht jeden Sonntag zur Kirche.; ▪ **die Kirche im Dorf lassen** *(umg.) eine Sache in einem vernünftigen Rahmen betrachten* Nun lass mal die Kirche im Dorf. Das ist doch gar nicht wahr, was du erzählt!; ▪ **die Kirche ums Dorf tragen** *(umg.) unnötig umständlich vorgehen*

Kir·sche die ['kɪrʃə] <-, -n> ❶ *eine Frucht, die klein, rund und rot ist, süß oder säuerlich schmeckt, an einem Baum wächst, und die einen langen Stiel sowie einen Kern hat:* Kirschen ernten/essen/pflücken ◆ Sauer-, Süß- ▷ Kirschbaum ❷ *der Baum, an dem Kirschen¹ wachsen:* Im Garten steht eine Kirche. ❸ */kein Plur./ das Holz des Kirschbaums:* Unser neuer Tisch ist aus Kirsche.; ▪ **mit jemandem ist nicht gut Kirschen essen** *(umg.) mit jmdm. ist es schwierig auszukommen* Mit meinem neuen Nachbarn ist nicht gut Kirschen essen, denn der fängt wegen jeder Kleinigkeit Streit an.

Kis·sen das ['kɪsn] <-s, -> *eine Hülle, die mit einem weichen Material gefüllt ist und als Unterlage zum Sitzen oder Liegen/Schlafen dient:* sich ein Kissen unterlegen; das Kissen aufschütteln ◆ Kopf-, Sofa-, Stuhl-

Kis·te die ['kɪstə] <-, -n> ❶ *rechteckiger Behälter (z.B. aus Holz):* Ich habe meine alten Bücher in eine Kiste gepackt. ◆ Bier-, Latten- ❷ *(umg. abwert.) altes, nicht besonders zuverlässiges Auto:* Mit dieser Kiste willst du nach Italien fahren?

kit·schig ['kɪtʃɪç] *adj (abwert.)* ❶ *so, dass etwas ohne künstlerischen Wert und geschmacklos ist:* Das Bild ist ziemlich kitschig. ❷ *unrealistisch und sentimental:* ein kitschiger Film/Roman ▷ Kitsch

Kitt·chen das ['kɪtçn] <-s, -> *(umg.) Gefängnis:* Er sitzt im Kittchen.; wegen etwas ins Kittchen kommen

Kit·tel der ['kɪtl] <-s, -> ❶ *eine Art Mantel, den man zum Schutz vor Schmutz über der Kleidung trägt:* zum Arbeiten einen Kittel anziehen ◆ Arzt-, Labor- ❷ SCHWEIZ., SÜDDT. *Jackett, Jacke:* Wo ist mein Kittel? Es ist kalt!

kit·zeln ['kɪtsl̩n] <kitzelst, kitzelte, hat gekitzelt> I. *mit OBJ* ❶ ▪ **jmd. kitzelt jmdn.** *durch wiederholtes Berühren bestimmter Körperstellen eine Empfindung herbeiführen, die zum Lachen reizt:* Sie kitzelt ihre kleine Schwester. ❷ *(umg.)* ▪ **etwas kitzelt jmdn.** *jmdm. Lust verschaffen, etwas (Gefährliches oder Verbotenes) zu tun:* Es kitzelt mich, das auch einmal zu probieren. II. *ohne OBJ* ▪ **etwas kitzelt** *durch (unabsichtliches) leichtes Berühren eine juckende Empfindung verursachen:* Hör auf, das kitzelt mich.; Das Härchen kitzelte ihn in der Nase.

kläf·fen ['klɛfn̩] <kläfft, kläffte, hat gekläfft> *ohne OBJ* ▪ **ein Tier kläfft** *(abwert.) mit hellen Tönen bellen:* Der Hund kläfft. ▷ Kläffer

Kla·ge die ['kla:gə] <-, -n> ❶ RECHTSW. *bei Gericht vorgebrachte Beschwerde gegen jmdn.:* Sie haben eine Klage gegen ihren Vermieter eingereicht. ❷ (≈ *Beschwerde) der Vorgang, dass jmd. über eine Sache oder jmds. Verhalten sehr verärgert ist und sagt, dass dies ihn nicht belastet:* Es gibt immer mehr Klagen über die neue Straße. ❸ */nur Plur./ die sprachlichen Äußerungen, Gesten und sonstige Verhaltensformen, die Schmerz und Trauer von Menschen zum Ausdruck bringen:* Die Trauernden brachen in laute Klagen aus.

kla·gen ['kla:gn̩] <klagst, klagte, hat geklagt> I. *mit OBJ* ▪ **jmd. klagt jmdm. etwas** *erzählen, dass man Sorgen hat:* Er klagte ihr sein Leid/seine Not. II. *ohne OBJ* ❶ ▪ **jmd. klagt (über jmdn./etwas)** *Unzufriedenheit äußern, sich beschweren:* Es nützt nichts, dauernd nur zu klagen! Du musst etwas dagegen unternehmen! ❷ ▪ **jmd. klagt (über jmdn./etwas)** *sagen, dass man unter etwas leidet:* Sie klagt über starke Kopfschmerzen. ❸ ▪ **jmd. klagt (über etwas** *Akk.*) *(geh.) sagen, dass man sehr traurig ist:* Er klagte über den Tod seiner Frau. ❹ ▪ **jmd. klagt (auf etwas** *Akk.*) RECHTSW. *bei Gericht eine Klage¹ vorbringen:* Er klagte (auf Schadenersatz).

Kla·mauk der [kla'maʊk] <-s> */kein Plur./ (umg. oft abwert.) (niveaulose) Komik:* Für meine Begriffe gab es in dem Film etwas zu viel Klamauk.

klamm [klam] *adj* ❶ *feucht und daher kühl:* Die Wäsche ist klamm. ❷ *vor Kälte starr:* Ich habe klamme Finger. ❸ *(umg.) knapp an Geld:* Im Moment bin ich klamm.

Kla·mot·ten [kla'mɔtn̩] <-> *Plur. (umg.) Kleidung(sstücke):* Sie hat viele Klamotten im Schrank.; In diesen Klamotten kannst du doch nicht ins Haus gehen!

Klang der [klaŋ] <-(e)s, Klänge> ❶ *ein Ton oder mehrere Töne, die man zusammen hört:* Ich vernahm einen lieblichen/metallischen Klang.; Woher kommen diese himmlischen/sphärischen/wundervollen Klänge? ❷ *der bestimmte Charakter einer Stimme oder eines Instruments:* Sie mag den warmen Klang seiner Stimme. ❸ */nur Plur./ eine Folge von Tönen, die eine Melodie ergeben:* Sie tanzten nach den Klängen eines Walzers. ◆ Walzer-

klap·pen ['klapn̩] <klappst, klappte, hat geklappt> I. *mit OBJ* ▪ **jmd. klappt etwas (irgendwohin)** *etwas, das mit etwas anderem an einer Seite verbunden ist, in eine andere Richtung bewegen:* Den Autositz kann man nach hinten klappen.; Er klappte den Mantelkragen nach oben. II. *ohne OBJ* ▪ **etwas klappt** *(umg.) gut verlaufen; gelingen; einen günstigen Ausgang haben:* Alles klappte hervorragend. III. *mit ES* ▪ **es klappt (mit etwas** *Dat.***)** *(umg.) in Ordnung gehen, passen:* Klappt es mit dem Termin am Donnerstag? — Ja!

klap·pern ['klapɐn] <klapperst, klapperte, hat geklappert> *ohne OBJ* ❶ ▪ **etwas klappert** *mehrfach ein kurzes, hartes Geräusch sich geben, weil zwei Gegenstände aufeinander schlagen:* An meinem Fahrrad klappert etwas. ❷ ▪ **jmd./etwas klappert (mit etwas** *Dat.***)** *ein Klappern¹ erzeugen:* Er klapperte vor Kälte mit den Zähnen.

Klaps der [klaps] <-es, -e> *(umg.) leichter, harmloser Schlag mit der Hand:* Sie gab dem kleinen Jungen einen Klaps auf den Popo.; ▪ **einen Klaps haben** *(umg.) verrückt sein* Wenn du mich fragst, hat diese Frau einen Klaps.

klar [klaːɐ] *adj* ❶ *(↔ trübe) so sauber oder so farblos, dass man hindurchsehen kann:* Das klare Quellwasser kann man bedenkenlos trinken.; ein klarer Schnaps; Sie putzte ihre Brillengläser und konnte endlich wieder klar sehen. ❷ *ohne Wolken und Nebel:* ein klarer Himmel; Bei klarer Nacht kann es stellenweise zu Bodenfrost kommen. ❸ *(≈ eindeutig) so, dass an etwas keinerlei Zweifel bestehen kann:* Die Mannschaft hat das Turnier klar gewonnen.; Sie waren als Mannschaft klar besser. ❹ *(≈ artikuliert) so, dass es gut gehört wird:* Auf der Bühne musst du klar und deutlich sprechen. ❺ *überlegt:* Sie konnte damals keinen klaren Gedanken mehr fassen.; Er kann sehr klar denken. ❻ *(≈ eindeutig) eindeutig, verständlich:* Ich verlange eine klare Antwort.; Könntest du dich klarer ausdrücken?; ▪ **sich über etwas klar/im Klaren sein** *genau wissen, welche Folgen sich ergeben* Ich bin mir darüber im Klaren, dass diese Entscheidung nicht von allen verstanden wird. ◆ Großschreibung → R 3.4, 3.7 sich über etwas im Klaren sein

klä·ren ['klɛːrən] <klärst, klärte, hat geklärt> I. *mit OBJ* ▪ **jmd./etwas klärt etwas** ❶ *etwas Ungeklärtes untersuchen und feststellen, wie es sich damit wirklich verhält:* Könnten Sie diese Fragen/Probleme bis nächste Woche klären? ❷ *reinigen:* In dieser Anlage wird das schmutzige Wasser geklärt. II. *mit SICH* ▪ **etwas klärt sich** *aufgeklärt/gelöst werden:* Die ganze Sache hat sich mittlerweile geklärt.

klar·ge·hen <geht klar, ging klar, ist klargegangen> *ohne OBJ* ▪ **etwas geht klar** *(umg.) reibungslos verlaufen:* Machen Sie sich keine Sorgen! Das geht schon klar.

klar·kom·men <kommst klar, kam klar, ist klargekommen> *ohne OBJ* ▪ **jmd. kommt (mit etwas** *Dat.***) klar** *(umg.: ≈ zurechtkommen) etwas ohne Schwierigkeiten schaffen:* Wirst du allein mit der Arbeit klarkommen?; Keine Angst, ich komme schon klar.; Er kommt gut mit der neuen Situation klar.

klar·le·gen <legst klar, legte klar, hat klargelegt> *mit OBJ erklären:* Kannst du mir den genauen Ablauf klarlegen?

klar·ma·chen <machst klar, machte klar, hat klargemacht> *mit OBJ* ▪ **jmd. macht (jmdm.) etwas klar** ❶ *(≈ veranschaulichen) jmdm. etwas deutlich machen; etwas erklären bzw. vor Augen führen:* Der Chemielehrer machte den Schülern mit einem Experiment klar, was passiert, wenn ... ❷ SEEW. *einsatzbereit machen:* Die Matrosen machten das Schiff klar zum Ablegen.

klar·se·hen *mit OBJ verstehen, Bescheid wissen:* Endlich habe ich das Problem verstanden! Jetzt sehe ich wieder klar!

klar·stel·len <stellst klar, stellte klar, hat klargestellt> *mit OBJ einen Irrtum beseitigen:* Er musste erst einmal klarstellen, was er wirklich gemeint hatte; denn der andere hatte ihn missverstanden.

Klar·text der <-(e)s, -e> ❶ *(umg.) deutliche, klare, verständliche Sprache:* Im Klartext heißt das, dass ...; Also, reden wir mal Klartext ... ❷ *unverschlüsselter Text:* Er verlas den Klartext des Funkspruches.; ▪ **Klartext reden/sprechen** *(umg.) deutliche Worte finden, um sein Anliegen zum Ausdruck zu bringen* Ich habe mit ihm Klartext geredet.

klar·wer·den, klar wer·den *ohne OBJ zur Einsicht kommen:* Langsam wurde ihm klar, was er falsch gemacht hatte.; Ich bin mir darüber klar geworden, dass ich mein Leben ändern muss.

Klas·se die ['klasə] <-, -n> ❶ (≈ *Schulklasse*) *mehrere Schüler, die dauerhaft als Gruppe gemeinsam Unterricht erhalten*: Heute macht die Klasse einen Ausflug.; In der Klasse sind dreißig Schüler. ◆-nlehrer, -nsprecher ❷ *ein Zeitraum von einem Jahr innerhalb einer mehrjährigen Schulausbildung*: Sein Sohn kommt nächstes Jahr schon in die dritte Klasse. ❸ *Klassenzimmer*: Die Lehrerin betrat die Klasse. ❹ *Gesellschaftsschicht*: Sie setzt sich für die Klasse der Ärmsten ein.; Er schimpfte auf die herrschende Klasse. ◆-ngesellschaft, -nkampf, -nunterschied ❺ SPORT *aufgrund von bestimmten Merkmalen zusammengefasste Gruppe*: Sie startet in der Klasse der Junioren. ◆ Amateur-, Halbliter-, Jugend-, Junioren-, Männer- ❻ *Qualitätskategorie*: Fahrkarten für die erste Klasse sind natürlich teurer.; ■ **(ganz) große Klasse sein** *(umg.)* sehr gut, sehr sympathisch sein Es ist ganz große Klasse, dass du uns hilfst.; ■ **eine Klasse für sich sein** *(umg.)* so gut sein, dass man keine Konkurrenten hat Die Autos dieser Marke sind eine Klasse für sich. ❼ MATH. *Menge beliebiger Objekte, definierbar durch deren Eigenschaften* ◆-nlogik ❽ BIOL., ZOOL. *eine Stufe in der Systematik*: die Klasse der Säugetiere

klas·se ['klasə] adj /nicht steig./ *(umg.) toll, großartig, hervorragend*: Das war ein klasse Film.; Sie hat klasse gespielt.; Das Konzert war klasse.

Klas·se- ['klasə] *als Erstglied zusammengesetzter Substantive, mit Betonung auf beiden Teilen; drückt intensivierend aus, dass die mit dem Zweitglied bezeichnete Person oder Sache als vorzüglich/bewundernswert eingeschätzt wird*: Das war ein Klasseschuss des Verteidigungsspielers. ◆-auto, -bier, -fahrer(in), -fahrrad, -fest, -figur, -film, -frau, -fußball, -hotel, -läufer(in), -leistung, -pianist(in), -sänger(in), -schuss, -spiel, -weib

Klas·sen·ar·beit die <-, -en> *eine schriftliche Prüfung/ein Test in der Schule*: Morgen schreiben wir eine Klassenarbeit.

Klas·si·fi·ka·ti·on die <-, -en> *systematische Einteilung oder Einordnung von Ausdrücken/Termini, Gegenständen, Erfahrungen etc. in Klassen (Gruppen) oder Unterklassen (Untergruppen)*: Die Fixsterne kann man nach ihren Lichtspektren in Spektralklassen einteilen ◆ Dezimal-

Klas·sik die ['klasɪk] <-> /kein Plur./ ❶ *Kultur und Kunst der griechischen und römischen Antike*: Statuen aus der römischen Klassik ❷ *eine Epoche, in der die bildende Kunst, die Literatur oder Musik eines Volkes ihren Höhepunkt erreicht*: die Literatur der Klassik ❸ *klassische² Musik*: Neben Rockmusik hört er auch gerne Klassik.

klas·sisch ['klasɪʃ] adj ❶ *die Klassik¹ betreffend*: klassische Statuen ❷ *die Klassik² betreffend, zu ihr gehörig, für sie typisch*: klassische Literatur ❸ *zur Musik gehörend, die von bedeutenden Komponisten früherer Zeit geschaffen wurde*: klassische Musik ❹ (≈ *zeitlos*) *so, dass es zu jeder Zeit modern oder elegant wirkt*: Sie trug ein klassisch geschnittenes Kostüm.; ein Anzug von klassischer Eleganz ❺ *(umg.) (auf eine unerfreuliche Weise) typisch*: Das ist doch mal wieder klassisch: Wochenende und Regen!

Klatsch der [klatʃ] <-(e)s, (-e)> ❶ *das Geräusch, das entsteht, wenn etwas in eine Flüssigkeit fällt oder wenn ein nasser Gegenstand auf etwas Hartes fällt*: Mit einem lauten Klatsch fiel der Stein ins Wasser. ❷ /kein Plur./ *(umg. abwert.: ≈ Gerede) das (Negative), was Leute über andere in deren Abwesenheit erzählen*: Du solltest auf den Klatsch nichts geben.

klat·schen¹ ['klatʃn] <klatschst, klatschte, hat geklatscht> **I.** *mit OBJ* ■ **jmd. klatscht etwas irgendwohin** *eine Masse so irgendwohin werfen, dass sie dort kleben bleibt*: Er klatscht die Farbe an die Wand. **II.** *ohne OBJ* ■ **jmd. klatscht (mit den Händen/mit der Hand)** *die Innenseiten der Hände mehrmals gegeneinander schlagen; applaudieren*: Die Zuschauer klatschten begeistert Beifall.; Das Publikum klatschte nach jedem dritten Satz des Redners.; Er klatschte, um sich Gehör zu verschaffen.; Der Spielführer klatschte in die Hände, um seine Mitspieler anzufeuern.; Er klatschte sich vor Begeisterung auf die Schenkel.

klat·schen² ['klatʃn] <klatschst, klatschte, hat geklatscht> *ohne OBJ* ■ **jmd. klatscht (über jmdn./etwas)** *(umg.: ≈ tratschen) etwas (Negatives) über andere in deren Abwesenheit erzählen*: Sie klatscht gern.

klau·en ['klaʊən] <klaust, klaute, hat geklaut> **I.** *mit OBJ* ■ **jmd. klaut etwas** *(umg.) etwas Kleineres stehlen*: Sie hat eine CD geklaut. **II.** *ohne OBJ* ■ **jmd. klaut** *(umg.) (gewohnheitsmäßig) stehlen*: Er hatte wiederholt geklaut.

Klau·sur die [klau'zuːɐ̯] <-, -en> ❶ schriftliche Prüfung (an der Universität): eine Klausur schreiben; in einer Klausur eine bestimmte Punktzahl errreichen; eine Klausur bestehen ❷ /kein Plur./ (gemäß einer klösterlichen Ordensregel oder Vorschrift) das Abgesondertsein, die Abgeschlossenheit, Abgeschiedenheit, Einsamkeit: Er ging in Klausur. ❸ der Bereich eines Klosters, den Fremde nicht betreten dürfen; ■ **in Klausur gehen** sich in die Einsamkeit zurückziehen

Kla·vier das [kla'viːɐ̯] <-s, -e> ein großes Tasteninstrument, dessen Saiten durch Hämmerchen angeschlagen werden: Klavier spielen; das Klavier stimmen ◆ -hocker, -konzert, -musik

kle·ben ['kleːbn̩] <klebst, klebte, hat geklebt> I. mit OBJ ❶ ■ **jmd. klebt etwas** etwas, das zerbrochen oder zerrissen ist, mit Klebstoff wieder zusammenfügen: Kann man die zerbrochene Vase/den Riss im Schlauchboot noch kleben? ❷ ■ **jmd. klebt etwas irgendwohin** mit Klebstoff an einer Stelle befestigen: Ich muss noch die Urlaubsbilder ins Album kleben. II. ohne OBJ ❶ ■ **jmd./etwas klebt (an etwas** Dat.) fest an etwas hängen, auf etwas haften: An der Schuhsohle klebt ein Kaugummi. ❷ ■ **etwas klebt (an etwas** Dat.) (durch Klebstoff) die Eigenschaft haben, irgendwo fest haften zu bleiben: Das Pflaster klebt nicht mehr. ❸ ■ **etwas klebt** klebrig sein: Die Finger des Kindes/Die Bonbons kleben. ❹ ■ **jmd. klebt an etwas** Dat. (umg. übertr.) mit Macht an etwas festhalten: Manche kleben immer noch an diesen alten Vorstellungen.; Er klebt an seinem Posten.; ■ **jemandem eine kleben** (umg.) jmdm. eine Ohrfeige geben Er hat ihm eine geklebt.; ■ **klebenbleiben** (umg.) eine Schulklasse wiederholen müssen Er ist einmal klebengeblieben.

Kleb·stoff der <-(e)s, -e> eine Art zähe Flüssigkeit, mit der man Dinge aneinander kleben oder an etwas festkleben kann: eine Flasche Klebstoff kaufen; etwas mit Klebstoff festkleben

kle·ckern ['klɛkɐn] <kleckerst, kleckerte, hat/ist gekleckert> (umg.) I. mit OBJ ■ **jmd. kleckert etwas auf etwas** Akk. (haben) unabsichtlich verschütten; auf etwas tropfen lassen und Flecken machen: Er hat sich Senf auf das Hemd gekleckert. II. ohne OBJ ❶ ■ **jmd. kleckert** (haben) mit heruntertropfender oder herunterlaufender Flüssigkeit (unabsichtlich) Flecken machen: Die Kinder haben beim Essen gekleckert.; Kleckere nicht so! ❷ ■ **etwas kleckert** (sein) heruntertropfen oder herunterlaufen und Flecken machen: Die Farbe ist auf den Fußboden gekleckert.

Kleid das [klait] <-(e)s, -er> ❶ ein einteiliges, vom Hals bis ungefähr über das Knie reichendes Kleidungsstück für Frauen und Mädchen: Sie trägt ein elegantes/extravagantes/dezentes/sommerliches/sportliches Kleid.; Sie trägt lieber Kleider als Hosen. ◆ Abend-, Bade-, Ball-, Sommer-, Strick- ❷ /nur Plur./ Kleidung: Er legte seine Kleider ab und ging ins Bad.; ■ **Kleider machen Leute.** (Sprichwort) verwendet, um auszudrücken, dass man hinter einem guten äußeren Erscheinungsbild eher eine erfolgreiche, wichtige o.Ä. Person vermutet Ich hätte ihn nicht wiedererkannt! Kleider machen Leute!

Klei·der <-> Plur. SCHWEIZ. Kleidung: Kleider und Schuhe waschen

Klei·der·bü·gel der <-s, -> ein Gegenstand aus Holz, Metall oder Plastik, auf den man Kleidung zum Aufbewahren oder Lüften hängen kann: die Jacke auf einen Kleiderbügel hängen

Klei·dung die <-> /kein Plur./ die Gesamtheit aller Kleidungsstücke (die jmd. trägt): Er trägt vor allem elegante/sportliche/ zweckmäßige Kleidung.; Viele Designer entwerfen außer Kleidung auch Brillengestelle und Schmuck. ◆ Arbeits-, Berufs-, Damen-, Herren-, Kinder-, Sommer-, Winter-

klein [klain] <kleiner, am kleinsten> adj ❶ (↔ groß) von relativ geringer Größe; von geringem Ausmaß: Sie haben nur ein kleines Haus.; Das Schlafzimmer vieler moderner Wohnungen ist oft sehr klein.; Mir reicht eine kleine Portion.; Bitte das Tagesessen und ein kleines Bier!; Sie muss klein schreiben, wenn der Text auf die Karte passen soll. ❷ wenig in Bezug auf Preis oder Zahl: Der FC Frischauf ist nur ein kleiner Verein.; Ich möchte Ihnen nur ein kleines Geschenk machen.; Wir sind heute eine kleine Runde.; Wir können das am besten im kleinen Kreis besprechen. ❸ nicht sehr groß oder hoch: Sie freute sich auch über den kleinen Gewinn.; Er erhält eine kleine Rente.; Eine kleine Gehaltserhöhung wäre schön.; die Kosten klein halten ❹ (↔ ausgiebig) nicht lang; relativ kurz: Wir machen jetzt eine kleine Pause.; Nur eine kleine Unterbrechung, dann geht es weiter! ❺ von geringerer Bedeutung, nicht ganz so erheblich: Mir ist ein kleines Missgeschick passiert.; Der Versuch kann schon beim kleinsten Fehler misslingen. ❻ *von niedriger beruflicher oder gesellschaftlicher Stellung; einfach, beschränkt, eng*: Er ist nur ein kleiner Angestellter/Handwerker.; ein kleiner Geist; Er kommt aus kleinen Verhältnissen. ❼ *(umg.: ↔ groß) jünger*: Ist das dein kleiner Bruder? ❽ *(umg.) noch nicht erwachsen*: Als ich noch klein war, träumte ich immer davon, dass ...; Dafür bist du noch zu klein. ❾ *mit wenig Aufwand*: Wir geben am Wochenende ein kleines Fest.; ■ **klein, aber oho** *(umg.) klein, aber beachtlich energisch, selbstbewusst, leistungsfähig o.Ä*. Die neue Kollegin ist klein, aber oho!; ■ **klein, aber fein** *(umg.) nicht sehr groß, aber gut* ein kleines, aber feines Hotel; ■ **der kleine Mann** *(umg.) ein gewöhnlicher Durchschnittsbürger, der nicht sehr vermögend ist, und der keine ausgeprägte eigene Meinung sowie nur wenig Einfluss hat* Bei vielen politischen Entscheidung hat der kleine Mann nichts zu sagen.; ■ **von klein auf** *(umg.) von Kindheit an* Von klein auf musste sie im Haushalt helfen.; ■ **klein anfangen** *(umg.) von der untersten Stufe (ohne Vermögen) beginnen* Wir können uns kein Haus kaufen. Wir müssen erstmal klein anfangen!; ■ **bis ins Kleinste** *sehr detailliert, mit vielen Einzelheiten* etwas bis ins Kleinste beschreiben; ■ **jemand wird ganz klein** *kleinlaut werden* ◆ Großschreibung → R 3.4, 3.7, 3.17f. etwas, nichts, viel, wenig Kleines; Groß und Klein; Kleine und Große; die Kleinen und die Großen; Der Kleine/Die Kleine (ist erst zwei Jahre alt); Die Gemeinde ist ein Staat im Kleinen.; Obwohl er kaum etwas getrunken hat, hat er einen Kleinen sitzen.; Du solltest in diesem Falle vom Kleinen auf das Große schließen.; Es ist mir ein Kleines, das zu tun.; Er hat den Plan bis ins Kleinste ausgefeilt.; das Kleine Walsertal; ◆ Getrennt-oder Zusammenschreibung → R 4.16 klein gemustert/kleingemustert; das klein Gedruckte/Kleingedruckte; klein gewachsen/kleingewachsen; ◆ Getrennt- oder Zusammenschreibung → R 4.15 klein hacken/kleinhacken; klein schneiden/kleinschneiden

Klein·geld das <-(e)s> /kein Plur./ (↔ *Geldscheine) Münzen (mit geringem Wert, im Gegensatz zu Papiergeld)*: Ich brauche Kleingeld für den Automaten.

Klei·nig·keit die ['klaɪnɪçkaɪt] <-, -en> ❶ *kleine, nicht wichtige Angelegenheit*: Ich muss im Büro bis heute Abend noch einige Kleinigkeiten erledigen.; Sie regt sich wegen jeder Kleinigkeit auf. ❷ *etwas, das nicht sehr teuer ist*: Ich habe dir eine Kleinigkeit mitgebracht. ❸ *eine Aufgabe, die wenig Mühe erfordert*: Das ist doch eine Kleinigkeit für dich!; ■ **sich nicht mit Kleinigkeiten abgeben** *sich nicht um Details oder unwichtige Dinge kümmern* Mit solchen Kleinigkeiten gebe ich mich nicht ab.; ■ **etwas kostet eine Kleinigkeit** *(umg. iron.) etwas ist sehr teuer* Dieses Auto kostet aber eine Kleinigkeit.

klein·ka·riert adj /nicht steig./ *(umg. abwert.) spießig, nicht weltoffen; so, dass man keine anderen Meinungen akzeptiert*: Ich hätte nicht gedacht, dass er ein derart kleinkarierter Mensch ist.; kleinkariert denken ▸ Kleinkariertheit

klein·krie·gen <kriegst klein, kriegte klein, hat kleingekriegt> *mit OBJ* ❶ ■ **jmd./etwas kriegt jmdn. klein** *(umg.) bewirken, dass jmd. völlig mutlos wird und aufgeben will*: Davon lasse ich mich noch lange nicht kleinkriegen. ❷ ■ **jmd. kriegt etwas klein** *(umg.) es fertig bringen, etwas kaputt zu machen*: Jetzt ist schon wieder ein Teller kaputt! Du kriegst aber auch alles klein!

klein·laut adj /nicht steig./ *so, dass man (plötzlich) bescheiden, verschämt und verlegen ist und daher leise spricht*: Er hat kleinlaut zugegeben, dass er den Schlüssel verloren hat.

klein·lich ['klaɪnlɪç] adj (abwert.: ↔ *großzügig) so pedantisch und genau, dass jmd. nicht mehr tolerant und großzügig ist*: Er ist ein kleinlicher Mensch, der einem jeden Fehler noch nach vielen Jahren vorwirft.

klein·schrei·ben <schreibst klein, schrieb klein, hat kleingeschrieben> *mit OBJ mit kleinen Anfangsbuchstaben schreiben*: ein Wort kleinschreiben; ■ **etwas kleinschreiben** *etwas gering einschätzen* In diesem Hotel wird Höflichkeit kleingeschrieben.

klem·men ['klɛmən] <klemmst, klemmte, hat geklemmt> I. *mit OBJ* ■ **jmd. klemmt (sich) etwas irgendwohin** ❶ *etwas drücken, an etwas drücken, unter, in etwas drücken, so dass es festsitzt oder festgehalten wird*: Er klemmte sich die Zeitung unter den Arm und ging.; Er klemmte etwas unter die Tür, so dass sie nicht nicht mehr zufallen konnte. ❷ ■ **jmd. klemmt sich etwas** (≈ *quetschen) mit einem Körperteil zwischen zwei aufeinanderschlagende Gegenstände geraten und sich dabei wehtun*: Ich habe mir den Finger in der Tür geklemmt. **II.** *ohne OBJ* ▪ **etwas klemmt sich nicht öffnen oder schließen lassen:** Die Tür klemmt.; ▪ **sich hinter etwas klemmen** *(umg.) ein Ziel energisch zu erreichen versuchen* Ich werde mich dahinterklemmen und eine Lösung finden.

Klemp·ner der, **Klemp·ne·rin** ['klɛmpnɐ] <-s, -> SÜDDT. *(≈ Flaschner) Installateur; ein Handwerker, der Gas- und Wasserleitungen installiert und repariert:* den Klempner rufen; Der Klempner prüft den Wasserdruck/verlegt Rohre/wechselt eine Dichtung aus.

klet·tern ['klɛtɐn] <kletterst, kletterte, ist geklettert> *ohne OBJ* ▪ **jmd./etwas klettert auf etwas** *Akk.***/über etwas** *Akk.* ❶ *mithilfe der Arme und Beine auf etwas hinauf- oder von etwas heruntersteigen:* Die Jungen sind auf den Baum/über die Mauer geklettert. ❷ ▪ **etwas klettert** *(umg.) steigen:* Die Benzinpreise klettern weiter. ❸ ▪ **jmd. klettert** SPORT *auf Berge steigen:* Sie sind in die Berge zum Klettern gefahren.

kli·cken ['klɪkn̩] <klickst, klickte, hat geklickt> *ohne OBJ* ❶ ▪ **etwas klickt** *einen kurzen, metallischen Ton von sich geben:* Die Kameras klickten. ❷ ▪ **jmd. klickt auf etwas** *Akk.* EDV *meist die linke Taste auf einer Computermaus drücken und damit das Symbol aktivieren, auf das der Cursor gerade zeigt:* Klicken Sie auf „Speichern" im Menü „Datei"! ▸ Doppelklick

Kli·ma das ['kli:ma] <-s, -s/-te> ❶ METEOR. *das Wetter, wie es für ein bestimmtes Gebiet typisch ist:* In dieser Region herrscht ein raues/ein mildes Klima.; Viele Tiere und Pflanzen haben sich hervorragend an das arktische/subtropische/tropische Klima angepasst. ❷ */kein Plur./ (übertr.) die Atmosphäre oder Stimmung, die an einem Ort herrscht:* Das politische Klima hat sich verändert.; In der Firma herrscht ein gutes/herzliches/frostiges/ schlechtes Klima. ◆ Arbeits-, Betriebs-

Kli·ma·an·la·ge die <-, -n> *ein Gerät, das die Temperatur in einem Raum regelt:* die Klimaanlage abschalten/einschalten

Klin·gel die ['klɪŋl̩] <-, -n> *kleine (Tür-, Fahrrad-)Glocke:* die Klingel an der Haustür drücken ◆ Fahrrad-, Tür-

klin·geln ['klɪŋl̩n] <klingelst, klingelte, hat geklingelt> **I.** *ohne OBJ* ❶ ▪ **jmd. klingelt** *(≈ läuten) die (Tür-)Klingel betätigen:* Ich habe mehrmals geklingelt, aber mir wurde nicht geöffnet. ❷ ▪ **etwas klingelt** *helle, metallische Töne von sich geben:* Das Handy/Das Telefon/Der Wecker hat geklingelt. **II.** *mit ES* ▪ **es klingelt** *(≈ es läutet) die Türklingel geht:* Kannst du mal an der Tür nachsehen? Ich glaube, es hat geklingelt.; ▪ **es klingelt bei jemandem** *(umg.) jmd. begreift etwas endlich* Jetzt hat es bei mir geklingelt!

klin·gen [klɪŋŋ̩] <klingt, klang, geklungen> *ohne OBJ* ▪ **etwas klingt irgendwie** *etw hört sich irgendwie an:* Was Sie sagen, klingt interessant.; Dieses Klavier klingt gut.

Kli·nik die ['kli:nɪk] <-, -en> *(auf die Behandlung bestimmter Krankheiten spezialisiertes) Krankenhaus:* in der Klinik liegen ◆ Unfall-, Uni-

Klin·ke die ['klɪŋkə] <-, -n> *der bewegliche Griff, mit dem man eine Tür öffnet oder schließt;* ▪ **Leute geben sich irgendwo die Klinke in die Hand** *(umg.) es herrscht irgendwo ein reges Kommen und Gehen* Zur Grippezeit gaben sich die Patienten beim Arzt die Klinke in die Hand.; ▪ **Klinken putzen** *(umg. abwertr.) von Tür zu Tür gehen, um etwas zu verkaufen oder um zu betteln* Er geht Klinken putzen.

klipp [klɪp] ▪ **klipp und klar** *(umg.) deutlich, offen* Ich habe ihr klipp und klar gesagt, dass sie ihr Verhalten ändern muss.

Kli·schee das [kli'ʃe:] <-s, -s> *(geh. abwertr.)* ❶ *Vorurteil:* Er denkt nur noch in Klischees.; gegen Klischees und Vorurteile ankämpfen müssen ❷ *(≈ Phrase) abgegriffene Redewendung:* Sie redet in Klischees.

klitsch·nass ['klɪtʃnas] *adj /nicht steig./ (umg.) völlig durchnässt:* Ich bin klitschnass nach Hause gekommen, weil ich meinen Schirm vergessen hatte.

Klo das [klo:] <-s, -s> *(umg.) (kurz für „Klosett") Toilette, WC:* aufs Klo gehen; Ich muss mal aufs Klo.

Klo·pa·pier das <-(e)s> */kein Plur./ (umg.: ≈ Toilettenpapier) Papier, um sich nach dem Gang zur Toilette sauber zu machen:* Klopapier benutzen; eine Rolle Klopapier

klo·nen ['klo:nən] <klonst, klonte, hat geklont> *mit OBJ* ▪ **jmd. klont etwas** BIOL. *im Labor mithilfe der Gentechnik ein weiteres, genetisch identisches Exemplar eines Tieres oder einer Pflanze erzeugen:* Das erste geklonte Schaf gab es in Schottland.

klö·nen ['klø:nən] <klönst, klönte, hat geklönt> *ohne OBJ* ▪ **jmd. klönt** NORDDT. *plaudern, sich unterhalten:* Wir haben stundenlang geklönt.

klop·fen ['klɔpfn̩] <klopfst, klopfte, hat geklopft> **I.** *mit OBJ* ❶ ▪ **jmd. klopft etwas** *(≈ ausklopfen) längere Zeit auf etwas* *schlagen, um so den Schmutz oder Staub zu entfernen:* Ich muss noch den Teppich klopfen. ❷ ■ **jmd. klopft etwas** *mehrmals auf etwas schlagen, um es weich zu machen:* Er klopft die Steaks. ❸ ■ **jmd. klopft etwas in etwas** *Akk. (≈ schlagen) etwas mit Schlägen in etwas treiben:* Sie klopft einen Nagel in die Wand. II. *ohne OBJ* ❶ ■ **jmd. klopft** *mehrmals leicht gegen eine Tür schlagen als Zeichen, dass man einen Raum betreten will:* Sie klopfte, aber niemand öffnete. ❷ ■ **das Herz klopft** *in unruhiger Bewegung sein:* Sein Herz klopfte vor Aufregung. ❸ ■ **etwas/ein Tier klopft** *Geräusche machen, die dumpf/pochend klingen:* Der Motor klopft.; Der Specht klopft. III. *mit ES* ■ **es klopft** *jmd. klopft von außen an eine Tür:* Kannst du mal an der Tür nachsehen? Ich glaube, es hat geklopft.; ■ **jemand klopft jemandem auf die Schulter** *jmdm. mehrmals leicht auf die Schulter klopfen, um etwas auszudrücken* Der Trainer klopfte seinen Spielern anerkennend auf die Schulter.

Kloß *der* [klo:s] <-es, Klöße> NORDDT. *(≈ Knödel) Speise in Form einer gekochten Teigkugel aus Mehl und einer Kartoffelmasse:* zum Braten Klöße essen; ■ **einen Kloß im Hals haben** *(umg.) vor Aufregung kaum sprechen können* Vor lauter Aufregung hatte ich einen Kloß im Hals.

Klos·ter *das* ['klo:stɐ] <-s, Klöster> *die Gebäude, in denen Mönche und Nonnen eines bestimmten Ordens an einem bestimmten Ort leben:* im Kloster leben; ein altes Kloster besichtigen ◆ -bruder, -frau, -kirche, schule-

Klub, Club *der* [klʊp] <-s, -s> *Vereinigung von Personen mit gemeinsamen Interessen:* einem Klub beitreten ◆ Fußball-, Kegel-, Ruder-, Skat-, Sport-

klug [kluːk] <klüger, am klügsten> *adj* ❶ (↔ *dumm*) *intelligent, gescheit:* ein kluger Kopf/Mensch ◆ Klugheit ❷ *vernünftig, umsichtig:* Das war eine kluge Entscheidung.; Sie hat sich in dieser Situation äußerst klug verhalten.; ■ **aus etwas nicht klug werden** *(umg.) etwas nicht verstehen* Ich werde daraus einfach nicht klug.; ■ **aus jemandem nicht (recht) klug werden** *(umg.) jmdn. nicht durchschauen* Ich werde aus ihr nicht klug.; ■ **Durch Schaden wird man klug.** *Aus Fehlern lernt man.* Du hast es mir ja nie glauben wollen, aber durch Schaden wird man klug.

knab·bern ['knabɐn] <knabberst, knabberte, hat geknabbert> I. *mit OBJ* ■ **jmd. knabbert etwas** *etwas Hartes oder Knuspriges in kleinen Stücken essen:* Sie knabbert Salzstangen. II. *ohne OBJ* ■ **jmd. knabbert (an etwas** *Dat.) kleine Stückchen von etwas abbeißen:* Er knabbert gern beim Fernsehen.; Das Kind knabbert an einem Keks; Der Hase knabbert an einer Möhre.; ■ **an etwas zu knabbern haben** *(umg.) mit etwas lange Kummer und Probleme haben* An dieser Nachricht wird er noch lange zu knabbern haben.

Kna·be *der* ['kna:bə] <-n, -n> ❶ *(geh. o veralt.) Junge:* In diese Klasse gehen 13 Knaben und 11 Mädchen. ❷ *(umg. scherzh.) Anrede für einen Mann:* Hallo, alter Knabe, wie geht's?

kna·cken ['knakn̩] <knackst, knackte, hat geknackt> I. *mit OBJ* ■ **jmd. knackt etwas** ❶ *(umg.) (eine Frucht mit einer harten Schale) öffnen:* Er knackt Nüsse. ❷ *(gewaltsam) aufbrechen:* Er wurde erwischt, als er ein Auto knacken wollte. II. *ohne OBJ* ❶ ■ **etwas knackt** *einen kurzen, harten, hellen Ton erzeugen:* Das Eis/Die Treppe knackte unter seinen Tritten. ❷ ■ **jmd. knackt** *(umg.) schlafen:* Ich muss erstmal eine Stunde knacken.

Knall *der* [knal] <-(e)s, (-e)> *ein plötzliches und sehr lautes Geräusch, das beispielsweise von einem Schuss ausgelöst wird:* Man hörte einen Knall. Dann trat Stille ein.; ■ **einen Knall haben** *(umg. abwert.) verrückt sein* Seine Mutter hat doch einen Knall!; ■ **Knall auf Fall** *(umg.) plötzlich und unerwartet* Er wurde Knall auf Fall entlassen. ▶ knallen ◆ Peitschen-

knall- [knal] *als Erstglied zusammengesetzter Adjektive, mit Betonung auf beiden Teilen; drückt intensivierend aus,* ❶ *dass die mit dem Zweitglied bezeichnete Farbe besonders intensiv/grell/auffallend ist:* Sie kam mit einem knallroten Kleid zur Prüfung. ◆ -blau, -bunt, -gelb, -grün, -orange, -rosa, -rot ❷ *dass das mit dem Zweitglied Bezeichnete in besonderem Ausmaß bzw. bis zur Grenze des Fassungsvermögens/des Erträglichen gegeben ist:* Als sie von dem schlimmen Vorfall erzählte, konnte er nicht mehr schlafen und war sofort knallwach.; Der Kühlschrank war bereits knallvoll; er aber packte noch mehr in ihn hinein. ◆ -eng, -hart, -hell, -voll, -wach

knapp *adj* ❶ (↔ *reichlich*) *sehr gering, nicht reichlich:* Der knappe Lohn reichte gerade aus, um das Nötigste zu kaufen.; Die Portionen waren in diesem Lokal eher knapp bemessen. ❷ *(≈ hauchdünn) gerade* *noch ausreichend:* Der Politiker wurde mit knapper Mehrheit wieder gewählt.; Die Läuferin gewann das Rennen mit einem knappen Vorsprung. ❸ *etwas weniger als:* Sie ist knapp drei Jahre alt.; Zu der Veranstaltung kamen nur knapp 200 Besucher. ❹ *so, dass ein Kleidungsstück sehr eng anliegt und nicht richtig passt:* Der Rock sitzt sehr knapp. ❺ *auf das Wesentliche beschränkt, nicht ausführlich:* Nach dem Spätfilm folgen die Kurznachrichten mit einer knappen Zusammenfassung der wichtigsten Ereignisse des Tages.; ■ **knapp bei Kasse sein** *wenig Geld haben* Er ist momentan knapp bei Kasse. ◆ *Getrenntschreibung* → R 4.8 jemanden knapp halten

Knast der [knast] <-(e)s, -e/Knäste> *(umg.)* ❶ */kein Plur./ Haftstrafe:* Sie bekam zwei Jahre Knast. ❷ *Gefängnis:* Er saß drei Jahre im Knast.

knei·fen ['knaifn̩] <kneifst, kniff, hat gekniffen> I. *mit OBJ* ■ **jmd./etwas kneift jmdn.** *zwicken, die Haut schmerzhaft (mit zwei Fingern) zusammenpressen:* Sie kniff ihn in den Arm.; Das Gummiband kneift mich. II. *ohne OBJ* ❶ ■ **jmd. kneift** *(umg. abwert.) sich drücken, etwas nicht tun wollen:* Als es ernst wurde, wollte er kneifen. ❷ ■ **etwas kneift** *(von zu engen Kleidungsstücken) sich schmerzhaft in die Haut eindrücken:* Die Hose kneift am Bauch.

Knei·pe die ['knaipə] <-, -n> *(umg.)* *ein kleineres Lokal, in dem vor allem Getränke (und kleine Gerichte) serviert werden:* Nach dem Kino sind wir noch in eine Kneipe auf ein Bier gegangen. ◆ -nbesuch, -ngast, -nluft, Eck-, Stamm-

Kne·te die ['kne:tə] <-> */kein Plur./ (umg.)* ❶ *Geld:* Ich habe mal wieder keine Knete. ❷ *eine weiche Masse, mit der man etwas formen kann:* Das Mädchen spielt gerne mit Knete.

kni·cken ['knɪkn̩] <knickst, knickte, hat/ist geknickt> I. *mit OBJ* ■ **jmd. knickt etwas** *(haben)* ❶ *etwas so biegen, dass es bricht, aber nicht ganz auseinander fällt:* einen Ast knicken ❷ *falten:* ein Blatt Papier knicken; Diese Dokumente sollte man nicht knicken. ► Knick II. *ohne OBJ* ■ **etwas knickt** *(sein) abbrechen und eine scharfe Kante bilden, ohne jedoch in zwei Teile zu zerfallen:* Bei dem Orkan knickten die Bäume wie Streichhölzer.

Knie das [kni:] <-s, -> ❶ ANAT. *das Gelenk zwischen Ober- und Unterschenkel:* Mein rechtes Knie tut weh. ◆ -beuge, -kehle, -scheibe ❷ *die Stelle, an der ein Rohr oder ein Fluss eine starke Biegung macht:* Im Knie des Rohres sitzt Dreck.; ■ **weiche Knie haben** *(umg.) sich (aus Angst) körperlich schwach fühlen* Vor der Prüfung hatte sie weiche Knie.; ■ **etwas übers Knie brechen** *(umg.) überstürzt entscheiden oder handeln* Wir sollten jetzt nichts übers Knie brechen.; ■ **jemanden auf/in die Knie zwingen** *(geh.) jmds. Widerstand brechen* Der Sportler konnte seinen Gegner in die Knie zwingen.; ■ **jemanden übers Knie legen** *(ein Kind) mit Schlägen bestrafen*

kni·en ['kni:ən, kni:n] <kniest, kniete, hat/ist gekniet> I. *ohne OBJ* ■ **jmd. kniet** *(haben o sein) die Haltung einnehmen, bei der beide Knie den Boden berühren:* Er kniete vor dem Altar. II. *mit SICH (haben)* ❶ ■ **jmd. kniet sich irgendwohin** *die Knie beugen, bis man auf einer Stelle kniet:* Er kniete sich neben sie. ❷ ■ **jmd. kniet sich in etwas** *Akk. (umg.) etwas intensiv und mit viel Energie tun:* Sie kniete sich in die Arbeit.

Kniff der [knɪf] <-(e)s, -e> ❶ *das Kneifen, Zwicken* ❷ *Trick, Kunstgriff:* Ich zeige dir ein paar Kniffe, die dir deine Arbeit erleichtern werden. ❸ *(≈ Trick) kleines Täuschungsmanöver:* Der Betrüger hat es schon mit allen Kniffen versucht. ❹ *Falte, Knick*

kniff·lig ['knɪflɪç] *adj schwierig, kompliziert:* eine knifflige Aufgabe/Situation

knis·tern ['knɪstɐn] <knisterst, knisterte, hat geknistert> *ohne OBJ* ❶ ■ **etwas knistert** *das helle, leise raschelnde Geräusch von sich geben, das man z.B. hört, wenn Falten in Papier gemacht werden:* Das Holz knisterte im Ofen. ❷ ■ **jmd. knistert mit etwas** *Dat. ein helles, leise raschelndes Geräusch erzeugen:* Ich mag es nicht, wenn die Theaterbesucher mit Bonbonpapieren knistern.

Knob·lauch der ['kno:blaʊx] <-(e)s> */kein Plur./ eine weiße Gewürzpflanze, die sehr gesund ist, aber sehr stark riecht und einen sehr intensiven Geschmack hat:* gerne Knoblauch essen; Fleisch mit Knoblauch würzen ◆ -butter, -brot, -zehe

Kno·chen der ['knɔxn̩] <-s, -> ❶ *einer der vielen Bestandteile des Skeletts von Menschen und Wirbeltieren:* Der Arzt musste den gebrochenen Knochen schienen.; Der Hund nagt an einem Knochen. ◆ -bruch, -gerüst, -mark, -splitter ❷ */nur Plur./ Glieder:* Pass auf, dass du dir nicht die Knochen brichst!; Mir tun sämtliche

Knochen weh.; ■ **bis auf die Knochen** *(umg.) vollständig, durch und durch* Er war nass bis auf die Knochen.; Sie hatte sich bis auf die Knochen blamiert.

Knö·del der <-s, -> SÜDDT., ÖSTERR. *Speise in Form einer gekochten Kugel aus Kartoffelteig:* Schweinebraten mit Knödeln und Kraut essen

Knopf der [knɔpf] <-(e)s, Knöpfe> ❶ *einer der kleinen, meist runden Teile, die an der Vorderseite von Kleidungsstücken angenäht sind und dazu dienen, diese zu verschließen:* Er löste die Krawatte und öffnete den obersten Knopf seines Hemdes.; Ich habe einen Knopf verloren. ◆ Glas-, Hemd-, Hosen- ❷ *eine Taste an technischen Geräten:* Drücken Sie den Knopf 1, um die CD-Schublade zu öffnen. ▸ Bedienknopf, Schaltknopf

knur·ren ['knʊrən] <knurrst, knurrte, hat geknurrt> ohne OBJ ❶ **ein Tier/etwas knurrt** *ein tiefes, drohendes Geräusch von sich geben:* Der Hund zerrte an der Leine und knurrte. ❷ jmd. knurrt *(übertr.) seine Unzufriedenheit oder Verärgerung über etwas mit undeutlicher Stimme zum Ausdruck bringen:* Er knurrte, weil er Überstunden machen musste.; ■ **jemandem knurrt der Magen (vor Hunger)** *der Magen produziert gurgelnde Laute als Anzeichen großen Hungers* Ich muss unbedingt etwas essen, denn mein Magen knurrt schon seit Stunden.

knusp·rig ['knʊsprɪç] adj *frisch gebacken und deshalb mit einer relativ festen, knackigen Oberfläche:* knusprige Brötchen zum Frühstück essen; ein knuspriges Hähnchen

knut·schen ['knuːtʃn̩] <knutschst, knutschte, hat geknutscht> I. mit OBJ ■ **jmd. knutscht jmdn.** *(umg.) heftig, innig küssen:* Ich könnte dich gerade knutschen. II. ohne OBJ ■ **jmd. knutscht (mit jmdm.)** *(umg.) sich innig küssen, schmusen:* Er hat den ganzen Abend mit ihr geknutscht?; Wir knutschten ein bisschen.

ko·chen ['kɔxn̩] <kochst, kochte, hat gekocht> I. mit OBJ ❶ ■ **jmd. kocht Kaffee/Tee** *Kaffee oder Tee zubereiten:* Sie kocht gerade eine Kanne Kaffee/Tee. ❷ ■ **jmd. kocht etwas** *eine Speise in sprudelndem heißem Wasser garen:* Soll ich Kartoffeln/Nudeln/Eier kochen? ❸ ■ **jmd. kocht etwas** *Wäsche bei einer Temperatur von 95 Grad waschen:* Baumwollunterwäsche kochen II. ohne OBJ ❶ ■ **jmd. kocht** *warme Speisen zubereiten:* Bist du gerade beim Kochen?; Am Wochenende koche ich gern für meine Gäste.; Meine Frau kocht hervorragend.; Kochen Sie auch so gerne italienisch? ❷ *(umg. übertr.) sehr wütend sein:* Als er das erfuhr, kochte er (vor Wut). ❸ ■ **etwas kocht** *(von Wasser) eine Temperatur von mehr als 100 Grad Celsius erreichen:* Das Wasser kocht.

ko·die·ren, a. **co·die·ren** [ko'diːrən] <kodierst, kodierte, hat kodiert> mit OBJ ■ **jmd./etwas kodiert etwas** *eine Botschaft verschlüsseln, indem man sie in eine Art Geheimsprache überträgt:* eine Nachricht/einen Text kodieren ▸ Kodierung

Kof·fer der ['kɔfɐ] <-s, -> *ein größeres, stabiles, meist rechteckiges Gepäckstück für die Reise:* Hast du den Koffer schon ausgepackt/gepackt?; ■ **aus dem Koffer leben** *(umg.) aus beruflichen Gründen ständig unterwegs sein* Ich freue mich auf ein Wochenende zu Hause, denn während der letzten Monate habe ich nur aus dem Koffer gelebt. ◆ -anhänger, Hartschalen-, Kosmetik-, Reise-, Rollen-

Kof·fer·raum der <-(e)s, Kofferräume> KFZ *Ort für Gepäck im hinteren Teil eines Autos:* etwas in den Kofferraum legen; die Kofferräume mancher Autos sind recht klein; das Gepäck im Kofferraum verstauen

Kohl der [koːl] <-(e)s, (-e)> ❶ *eine in vielen Arten vorkommende Gemüsepflanze mit großen Blättern:* Kohl ernten ◆ -kopf, Blumen-, Grün-, Rot-, Weiß- ❷ ■ **das macht den Kohl auch nicht mehr fett** *(umg.) darauf kommt es auch nicht mehr an* Ich kann dich doch auch noch nach Hause fahren! Dieser Umweg macht den Kohl auch nicht mehr fett.

Koh·le die ['koːlə] <-, -n> ❶ /kein Plur./ *ein Brennstoff, der wie glänzender schwarzer Stein aussieht:* In dieser Region wird vorwiegend Kohle abgebaut/gefördert.; mit Kohle heizen ◆ -nbergbau, -nbergwerk, -ngrube, -nlieferung, -nofen, Braun-, Heiz-, Stein- ❷ /meist Plur./ *als Brenn-, Heizmaterial verwendete Kohle[1]:* Wir lagern die Kohlen im Keller. ◆ -nkeller ❸ *(umg.) Geld:* Hast du genügend Kohle für ein Motorrad?; ■ **(wie) auf glühenden Kohlen sitzen** *(umg.) ungeduldig auf jmdn. oder etwas warten* Sie sitzt wie auf glühenden Kohlen: In fünf Minuten fährt der Zug, aber ihr Mann ist noch nicht da.

ko·kett [ko'kɛt] adj *(auf Frauen) so, dass man versucht, anderen (Männern) zu gefallen und deren Aufmerksamkeit zu erregen:* Sie lächelte kokett. ▸ Koketterie

Kol·le·ge der, **Kol·le·gin** [koˈleːgə] <-n, -n> jmd., der mit anderen die gleiche Arbeit macht oder im gleichen Betrieb arbeitet: nette Kollegen haben; mit den Kollegen einen Ausflug machen ▸ kollegial, Kollegialität ◆ Arbeits-, Berufs-

Kol·lek·tiv das [kɔlɛkˈtiːf] <-s, -e/-s> ❶ eine vor allem durch berufliche oder sonstige Interessen miteinander verbundene Gruppe von Personen ◆ Autoren-, Künstler- ❷ (≈ Team) eine Gruppe von Menschen, die ihre Arbeit gemeinsam machen (vor allem in der ehemaligen DDR): ein gutes Kollektiv sein

kol·lek·tiv [kɔlɛkˈtiːf] adj /nicht steig./ ❶ gemeinschaftlich: Jetzt hilft uns nur noch kollektives Handeln. ❷ (↔ individuell) alle Mitglieder einer Gruppe betreffend: Er kümmerte sich nur wenig um die kollektiven Interessen.

Kol·lek·tiv·lohn der <-(e)s, -löhne> ÖSTERR. Tarif: über den Kollektivlohn bezahlt werden

Kol·ler der [ˈkɔlɐ] <-s, -> (umg.) Zornausbruch, Wutanfall: einen Koller kriegen

Ko·lo·nie die [koloˈniː] <-, -nien> ❶ im entfernteren Ausland gelegenes Gebiet oder Land, das von einem technisch-ökonomisch höher entwickelten Staat beherrscht (und ausgebeutet) wird: Diese Länder waren einst britische/deutsche/französische/spanische Kolonien. ❷ eine Gruppe von Menschen gleicher Nationalität, die im Ausland an einem Ort lebt: die deutsche Kolonie in Paris ❸ eine Siedlung: In Zukunftsromanen werden Kolonien auf dem Mars beschrieben. ❹ eng zusammenlebende Tiere: Diese Vögel brüten in Kolonien. ◆ Vogel-

Ko·ma das [ˈkoːma] <-s, -s/-ta> MED. längerer Zustand der Bewusstlosigkeit: Nach dem schweren Unfall lag er mehrere Wochen im Koma.

kom·bi·nie·ren [kɔmbiˈniːrən] <kombinierst, kombiniert, hat kombiniert> I. mit OBJ ■ jmd. **kombiniert** etwas ❶ gedanklich mehrere Dinge miteinander verbinden und einen logischen Schluss daraus ziehen: Sie kombinierte sofort, dass … ❷ verschiedene Dinge in passender, zweckmäßiger Weise verbinden: Er kombiniert stets verschiedene Sakkos und Hosen. ▸ Kombination II. ohne OBJ ■ jmd. **kombiniert** Zusammenhänge gedanklich finden: Der Kommissar hatte also doch richtig kombiniert. ▸ Kombination, Kombinationsgabe

Kom·fort der [kɔmˈfoːɐ̯] <-s> /kein Plur./ Annehmlichkeit, Luxus, Bequemlichkeit: Das Auto bietet Ihnen jeglichen Komfort.; ein Zimmer mit wenig Komfort ▸ komfortabel ◆ Wohn-

ko·misch [ˈkoːmɪʃ] adj ❶ (↔ ernst, traurig) so witzig, dass man darüber lachen muss: Besonders komisch ist die Szene, in der … ▸ Komik, Komiker(in) ❷ (umg.) seltsam, merkwürdig: Er ist ein komischer Kauz/Typ.; Ich habe das komische Gefühl, dass …

Kom·ma das [ˈkɔma] <-s, -s/-ta> ein Interpunktionszeichen, das wie ein tiefgestellter, senkrechter kleiner Strich aussieht; das Komma verdeutlicht die grammatische Gliederung des Satzes, indem es Haupt- und Nebensatz trennt, Einschübe verdeutlicht und Aufzählungen gliedert: ein Komma setzen; Heute wird das Komma fälschlicherweise aus Unkenntnis ganz oft dann gesetzt, wenn eigentlich ein Punkt oder zumindest ein Semikolon (bei engem inhaltlichen Zusammenhang) angebracht wäre, nämlich zwischen zwei vollständigen Sätzen; vgl.: „Du kannst nicht immer nur klagen; du musst etwas dagegen unternehmen!" oder „Du kannst nicht immer nur klagen. Du musst etwas dagegen unternehmen!"

kom·men [ˈkɔmən] <kommst, kam, ist gekommen> I. ohne OBJ ❶ jmd./etwas **kommt** eintreffen: Der nächste Bus kommt in zehn Minuten.; Sie kommt in der Regel pünktlich. ❷ ■ jmd./etwas **kommt irgendwohin** sich auf ein Ziel hin bewegen und dorthin gelangen: Wir kamen erst spät nach Hause.; Wie kommt man von hier zum Bahnhof? ❸ ■ jmd./etwas **kommt irgendwoher** irgendwoher eintreffen: Sie kommt gerade aus New York. ❹ ■ jmd. **kommt durch etwas** Akk. durch etwas fahren oder gehen: Wir kamen durch ein wundervolles Tal. ❺ ■ jmd. **kommt zu etwas** Dat. an etwas teilnehmen: Kommst du zu der Besprechung/auf die Party? ❻ ■ jmd. **kommt zu jmdm.** besuchen: Nächste Woche wird ein Vertreter zu Ihnen kommen. ❼ ■ etwas **kommt** gebracht werden: Ist Post gekommen? ❽ ■ jmd. **lässt jmdn./etwas kommen** veranlassen, dass jmd. kommt/oder etwas gebracht wird: Ich ließ einen Arzt/eine Pizza kommen. ❾ ■ etwas **kommt jmdm. irgendwie** sich als Geschehen irgendwie darstellen: Dein Besuch kommt mir momentan nicht gelegen. ❿ ■ etwas **kommt** in Erscheinung treten: Die ersten Blüten kommen schon.

⑪ **jmd. kommt in etwas** *Akk./***zu etwas** *Dat. irgendwo aufgenommen oder eingestellt werden:* Wann kommst du in die Schule/in die Lehre?; Er kommt zur Bundeswehr. ⑫ **etwas kommt in etwas** *Akk. ordnungsgemäß aufgeräumt werden:* Die CD kommt ins Regal. ⑬ **jmd./etwas kommt in etwas** *Akk. in einen Zustand oder in eine Lage geraten:* Wir kamen in eine brenzlige Situation. ⑭ **jmd. kommt in etwas** *Akk. in eine Stimmung geraten:* Daraufhin kam sie erst recht in Rage/Wut. ⑮ **etwas kommt über jmdn.** *von einem (negativen) Gefühl ergriffen werden:* Ein Gefühl der Enttäuschung/Hilflosigkeit kam über sie. ⑯ **jmd. kommt zu etwas** *Akk. Zeit oder Gelegenheit für etwas finden:* Eigentlich wollte ich mein Zimmer aufräumen, aber momentan komme ich zu nichts. ⑰ **etwas kommt irgendwie** *sich ereignen:* Das Hochwasser kam unaufhaltsam. ⑱ **jmd. kommt zu etwas** *Akk. (wieder)erlangen:* Sie kam zu Geld/zu Ruhm.; Sie kamen an die Macht. ⑲ **jmd. kommt um etwas** *Akk. verlieren, einbüßen:* Er kam damals um sein gesamtes Vermögen. ⑳ **jmd. kommt hinter etwas** *Akk. etwas erfahren:* Sie kam hinter sein Geheimnis. ㉑ **etwas kommt irgendwann** *an der Reihe sein, folgen:* Wenn Sie den Rundgang im Museum machen, kommen erst die Gemälde und dann die Skulpturen. ㉒ **jmd. kommt irgendwoher** *stammen:* Sie kommt aus Berlin. ㉓ **etwas kommt von etwas** *Dat. seinen Ursprung, Grund in etwas haben:* Woher kommt das viele Geld?; Dass ich so müde bin, kommt daher, dass … ㉔ **jmd. kommt zu etwas** *Dat. zu etwas gelangen:* Ich bin zu dem Entschluss/zu der Erkenntnis gekommen, dass …; Wir kamen ihr zu Hilfe.; Dieses Thema kam nicht zur Sprache. ㉕ **jmd./etwas kommt auf jmdn./etwas** *eine Verteilung bezeichnend:* Auf 30 Schüler kommt ein Lehrer. ㉖ **jmd. kommt auf etwas** *Akk. einen Einfall haben:* Wie bist du denn darauf gekommen?; Wie sind sie gerade auf Ihren Vater gekommen? ㉗ **etwas kommt irgendwie/auf etwas** *Akk. kosten:* Die Renovierung kommt mich teuer.; Der Unfall kam ziemlich teuer. ㉘ **eine Idee/ein Einfall … kommt jmdm.** *jmd. hat eine Idee, einen Einfall …:* Da kommt mir die Idee, wir könnten doch … ㉙ **jmd. kommt jmdm. irgendwie** *(umg.) jmd. legt jmdm. gegenüber ein bestimmtes (negatives) Verhalten an den Tag:* Erst hat er durch seinen Fehler die Sache vermurkst. Dann ist er mir auch noch blöd/dumm/frech/pampig/unverschämt gekommen! II. *mit ES* ▪ **es kommt zu etwas** *Akk. eintreten, geschehen:* Nach dem Spiel kam es zu Ausschreitungen.; Wie konnte es dazu kommen?; ▪ **auf jemanden nichts kommen lassen** *(umg.) nicht dulden, dass Schlechtes über jmdn. gesagt wird* Auf meine Freunde lasse ich nichts kommen!; ▪ **im Kommen sein** *(umg.) (wieder) modern werden* Flache Schuhe sind wieder im Kommen.; ▪ **wieder zu sich kommen** *(umg.) (nach einer Ohnmacht) wieder das Bewusstsein erlangen* Langsam ist er wieder zu sich gekommen.; ▪ **Komm schon!** *beeile dich, mach schnell!* Komm schon! Wir müssen los!; ▪ **So weit kommt's noch!** *(umg.) so weit darf es auf keinen Fall kommen* Ich soll ihm helfen? So weit kommt's noch!; ▪ **etwas kommt nicht in Frage** *an etwas braucht man gar nicht erst zu denken; etwas ist ausgeschlossen* Es kommt nicht in Frage, dass du ins Schwimmbad gehst. Schließlich bist du krank!; ▪ **ums Leben kommen** *sterben* Seine Mutter ist bei einem Unfall ums Leben gekommen.; ▪ **Das kommt davon!** *da sieht man das negative Ergebnis oder die negative Folge* Kein Wunder, dass du eine Erkältung hast, wenn du auch immer ohne Jacke aus dem Haus gehst. Das kommt davon.; ▪ **Wer zuerst kommt, mahlt zuerst!** *(Sprichwort) wer zuerst (an)kommt, kommt zuerst an die Reihe oder kann sich das Beste auswählen* Wir waren zu spät und hatten keine Karten mehr bekommen. Wer zuerst kommt, mahlt zuerst.

Kom·men·tar der [kɔmɛnˈtaːɐ̯] <-s, -e> ① *genauere Erklärung zu etwas:* ein Kommentar zu einem Gesetz; einen Kommentar abgeben; ein Kommentar in einem Wörterbuch, der manchmal mit einer „Definition" verwechselt wird, wo es tatsächlich nichts im wissenschaftlichen Sinne zu „definieren" gibt, weil das überhaupt nicht möglich ist ◆ Bedeutungs-, Form- ② *kritische Stellungnahme zu einem aktuellen Thema (in Rundfunk, Fernsehen, Presse):* Der Redakteur äußerte sich in einem Kommentar zu den Anschlägen. ③ *mündliche Beschreibung eines (Sport-)Ereignisses:* den Kommentar zum Fußballspiel im Radio hören ◆ Sport- ④ *(oft abwert.) persönliche Anmerkung oder Stellungnahme:* Sie muss zu allem ihren Kommentar abgeben.

kom·men·tie·ren [kɔmɛn'tiːrən] <kommentierst, kommentierte, hat kommentiert> I. *mit OBJ* ▪ **jmd. kommentiert etwas** ❶ *eine persönliche Meinung zu etwas äußern:* Sie muss alles kommentieren. ❷ *einen Kommentar zu etwas schreiben oder mündlich von sich geben:* Herr Maier kommentierte den Roman/das aktuelle Tagesgeschehen/das Fußballspiel. II. *ohne OBJ* ▪ **jmd. kommentiert** *einen Kommentar schreiben oder sprechen:* Wer kommentierte?

kom·mer·zi·ell *adj* ❶ *(≈ geschäftlich) den Handel betreffend:* Er will seine Erfindung kommerziell nutzen. ❷ *(abwert.) (nur) auf Gewinn, Profit bedacht:* Sie denkt nur noch kommerziell. ▹ kommerzialisieren, Kommerzialisierung

Kom·mi·li·to·ne der, **Kom·mi·li·to·nin** [kɔmili'toːnə] <-n, -n> *(≈ Studienkollege) jmd., mit dem man zusammen studiert:* Er trifft sich mit seinen Kommilitonen zum Lernen.

Kom·mis·si·on die [kɔmi'si̯oːn] <-, -en> ❶ *eine Gruppe, die eine bestimmte Aufgabe hat:* eine Kommission bilden; Eine Kommission soll die Ursache des Flugzeugabsturzes untersuchen. ❷ *(veralt.) Bestellung von Ware;* ▪ **etwas in Kommission nehmen** WIRTSCH. *etwas annehmen, damit es für den Besitzer verkauft werden kann* Um meinen alten Plattenspieler zu verkaufen, gab ich ihn in einem Fachgeschäft in Kommission.

Kom·mo·de die [kɔ'moːdə] <-, -n> *ein Möbelstück in Form eines Kastens mit mehreren Schubladen:* etwas auf die Kommode stellen

kom·mu·nal [kɔmu'naːl] *adj /nicht steig./* POL. *so, dass es eine Gemeinde/einen Landkreis betrifft:* die kommunale Ebene ▹ Kommunalpolitik, Kommunalwahlen

Kom·mu·ni·ka·ti·on die [kɔmunika'tsi̯oːn] <-> */kein Plur./* ❶ *die Verständigung zwischen Menschen mithilfe von verbaler Sprache, mit Hilfe nichtsprachlicher Ausdrucksmittel (d.h. nonverbal mittels Gestik, Mimik etc.), oder mit Hilfe einer als eigenständige Sprache anerkannten Gebärdensprache:* Die Kommunikation untereinander war sehr schlecht.; Die Möglichkeiten der Kommunikation über das Internet werden mehr und mehr genutzt. ❷ TECHN. *der Austausch von Informationen zwischen Geräten:* Die Kommunikation zwischen den Geräten erfolgt über Bus-Leitungen.

Ko·mö·die die [ko'møːdi̯ə] <-, -n> ❶ */kein Plur./ (↔ Tragödie) eine dramatische Gattung, in der (auf heiter-lustige Art) menschliche Schwächen beleuchtet werden und es für die Probleme eine gute Lösung gibt:* Komödien schreiben ❷ *(≈ Lustspiel) ein Bühnenstück oder ein Film mit heiter-komischem Inhalt:* eine Komödie von Shakespeare im Theater sehen ❸ *kleines Theater:* Dieses Stück wird in der Komödie gespielt.; ▪ **(eine) Komödie spielen** *(umg.) etwas vortäuschen, jmdm. etwas vormachen* Ich würde ihm nicht glauben. Er spielt doch bloß (eine) Komödie.

kom·pakt [kɔm'pakt] *adj* ❶ *fest:* Das alte Haus verfügt über ein sehr kompaktes Mauerwerk. ❷ *relativ klein, aber mit allen Funktionen, die vergleichbare (physisch größere) Geräte ebenfalls haben:* Das neue Modell ist noch kompakter als sein Vorgänger, bietet aber mehr Funktionen. ▹ Kompaktheit, Kompaktkamera, Kompaktwagen

Kom·pa·ra·tiv der <-s, -e> SPRACHWISS. *erste Steigerungsform des Adjektivs:* Zu „alt" lautet der Komparativ „älter", der Superlativ „am ältesten" ▹ Komparation ◂-satz

Kom·pass der ['kɔmpas] <-es, -e> *ein Gerät, das ungefähr wie eine Uhr aussieht, auf dem ein Zeiger, die „Kompassnadel", immer nach Norden zeigt; mit dem Kompass kann man die Himmelsrichtungen (und die eigene Position) bestimmen:* Für die Wanderung brauchen wir Landkarten und einen Kompass.

kom·pa·ti·bel [kɔmpa'tiːbl̩] *adj /nicht steig./* ❶ *so, dass etwas mit etwas anderem verträglich oder vereinbar ist:* Diese Medikamente sind nicht kompatibel.; Eine solche Einstellung ist mit dem Leben eines Berufssportlers nicht kompatibel. ▹ Kompatibilität ❷ EDV *so, dass die Hard- und Software technisch harmonieren und miteinander betrieben werden können:* Dieser Drucker ist kompatibel mit allen gängigen PCs. ▹ Kompatibilität

kom·pen·sie·ren [kɔmpɛn'ziːrən] <kompensierst, kompensierte, hat kompensiert> *mit OBJ* ▪ **jmd. kompensiert etwas mit etwas** *Dat. (geh.) ausgleichen:* Er kompensiert den Stress im Beruf mit seinen Hobbys.; Er kompensierte seine Angst, indem er fortwährend mit anderen sprach. ▹ Kompensation

kom·pe·tent [kɔmpe'tɛnt] *adj* ❶ *(↔ inkompetent) so, dass jmd. etwas Bestimmtes gut kann; fähig:* eine kompetente Mitarbeiterin ❷ *zuständig, befugt:* Er war nicht kompetent, derartige Entscheidungen zu treffen.

Kom·pe·tenz die [kɔmpeˈtɛnts] <-, -en> ❶ *bestimmte Fähigkeiten auf einem Gebiet:* Schon am ersten Arbeitstag konnte der neue Mitarbeiter seine Kompetenz unter Beweis stellen. ◆Sach-, Sprach- ❷ *ein Bereich, für den man zuständig ist:* Sie hat ihre Kompetenzen eindeutig überschritten. ◆-bereich, -konflikt, -überschreitung, -verteilung

kom·plett [kɔmˈplɛt] *adj /nicht steig./* ❶ *vollständig:* Mir fehlen noch zwei Briefmarken, dann ist meine Sammlung komplett.; eine komplette Schlafzimmereinrichtung ❷ (≈ *vollzählig*) *so, dass alle da sind:* Sind wir komplett? Dann können wir gehen! ❸ (*umg.*) *völlig:* Bist du jetzt komplett verrückt geworden?

Kom·plex der [kɔmˈplɛks] <-es, -e> ❶ *mehrere eng zusammenhängende Dinge:* Wir werden diesen Komplex von Fragen und Problemen in der nächsten Stunde besprechen. ◆Fragen-, Problem-, Themen- ❷ *eine zusammenhängende Gruppe von Gebäuden:* Der Komplex dort hinten gehört zum Krankenhaus. ◆Gebäude- ❸ PSYCH. *ein psychisches Problem mit der eigenen Person:* Ein Mensch hat/ bekommt Komplexe wegen …; Sie hat Komplexe wegen ihrer Figur. ◆Minderwertigkeits-

kom·plex [kɔmˈplɛks] *adj (geh.)* kompliziert, vielschichtig, nicht einfach: Das ist eine sehr komplexe Thematik.

Kom·pli·ka·ti·on die [kɔmplikaˈtsi̯oːn] <-, -en> */meist Plur./ ein Problem, das zusätzlich zu anderen Schwierigkeiten hinzukommt:* Bei der Operation kam es zu keinerlei Komplikationen.

Kom·pli·ment das [kɔmpliˈmɛnt] <-(e)s, -e> *eine lobende, schmeichelnde Äußerung, mit der man einen Menschen erfreuen will:* Er machte ihr ein Kompliment über ihre neue Frisur.

Kom·pli·ze, *a.* **Kom·pli·ce** der, **Kom·pli·zin** [kɔmˈpliːtsə] <-n, -n> *(abwert.) Mittäter bei einer Straftat:* Er hatte noch einen Komplizen.

kom·pli·ziert [kɔmpliˈtsiːɐ̯t] *adj* ❶ (↔ *einfach*) *schwierig:* Das scheint ein kompliziertes Problem zu sein.; eine komplizierte Rechenaufgabe lösen ❷ MED. *schwer zu behandeln:* Er hat sich einen komplizierten Beinbruch zugezogen.

kom·po·nie·ren [kɔmpoˈniːrən] <komponierst, komponierte, hat komponiert> **I.** *mit OBJ* ▪ jmd. **komponiert** etwas ❶ *ein Musikstück schaffen:* Wann komponierte Beethoven seine fünfte Sinfonie? ▶ Komponist ❷ *(geh.) kunstvoll zusammenstellen; gestalten:* Sie hat ein wundervolles Menü komponiert. **II.** *ohne OBJ* ▪ jmd. **komponiert** *jmd. beschäftigt sich mit dem Komponieren:* Er komponierte bis ins hohe Alter.

Kom·po·si·ti·on die [kɔmpoziˈtsi̯oːn] <-, -en> ❶ */kein Plur./ das Komponieren I:* Wie lange war Mozart mit der Komposition dieser Messe beschäftigt? ❷ *ein Musikstück, das von einem Komponisten geschaffen wurde:* Die fünfte Sinfonie gehört zu den bekanntesten Kompositionen von Beethoven.; eine moderne Komposition ❸ *(geh.) die Art der Zusammenstellung, die (kunstvolle) Gestaltung:* Die Komposition dieses Gartens fasziniert die Besucher.

Kom·post der [kɔmˈpɔst, ˈkɔmpɔst] <-(e)s, -e> */meist Sing./ Gemisch aus weitgehend zersetzten pflanzlichen und tierischen Abfällen, das man als Dünger verwendet, gesammelt an einem Platz z.B. im Garten:* Obstschalen auf den Kompost werfen ▶ kompostierbar, kompostieren ◆-erde, -haufen

Kom·pott das [kɔmˈpɔt] <-(e)s, -e> *Speise aus gekochtem und gezuckertem Obst:* Kompott essen ◆Apfel-, Birnen-, Kirsch-

Kom·pro·miss der [kɔmproˈmɪs] <-es, -e> *die Lösung eines Konflikts, bei der jede Seite ein wenig nachgibt, so dass die Lösung von allen akzeptiert wird:* Wir sollten einen Kompromiss finden.; ein fauler/ guter/schlechter Kompromiss ▶ kompromissbereit, kompromissfähig, kompromisslos, Kompromisslosigkeit ◆-bereitschaft, -fähigkeit

Kon·di·ti·on die [kɔndiˈtsi̯oːn] <-, -en> ❶ */kein Plur./* SPORT (≈ *Form*) *(körperliche) Verfassung:* Seitdem ich regelmäßig Rad fahre, hat sich meine Kondition sehr verbessert.; Sie hat eine ausgezeichnete Kondition. ◆-straining ❷ */meist Plur./* WIRTSCH., BANKW. *Lieferungs- oder Zahlungsbedingung:* Zu welchen Konditionen hast du den Kredit erhalten?

kon·di·ti·o·nal [kɔnditsi̯oˈnaːl] *adj /nicht steig./* SPRACHWISS. *eine Bedingung kennzeichnend:* „Wenn" und „falls" sind konditionale Konjunktionen ▶ Konditional(is), Konditionalsatz

Kon·di·tor der, **Kon·di·to·rin** [kɔnˈdiːtoːɐ̯] <-s, -toren> *jmd., der beruflich Torten, Kuchen, Pralinen u.Ä. herstellt (und verkauft):* beim Konditor eine Torte bestellen ▶ Konditorei ◆-meister(in)

Kon·dom das [kɔn'do:m] <-s, -e> (≈ Präservativ) Gummihülle, die beim Sex zum Schutz vor Schwangerschaft oder Krankheiten (wie z.B. AIDS) über den Penis gezogen wird: ein Kondom benutzen

Kon·duk·teur der, **Kon·duk·teu·rin** [kɔndʊk'tø:ɐ̯] <-s, -e> SCHWEIZ. Schaffner: als Kondukteur arbeiten

Kon·fe·renz die [kɔnfe'rɛnts] <-, -en> ❶ (≈ Tagung) Zusammenkunft von Experten eines bestimmten Gebiets: Die europäischen Wirtschaftsminister trafen sich zu einer Konferenz.; Sie hat an einer Konferenz über neue Medien teilgenommen. ◆Arbeits-, Bischofs-, Lehrer-, Presse-, Wirtschafts- ❷ Besprechung, Sitzung: Der Chef ist momentan in einer Konferenz. ◆-raum, -zimmer

Kon·fes·si·on die [kɔnfɛ'si̯o:n] <-, -en> REL. Glaubensrichtung: Welcher Konfession ist Sie?; evangelischer/katholischer Konfession sein ▸ konfessionell, konfessionslos ◆-sschule

kon·fir·mie·ren [kɔnfɪr'mi:rən] <komfirmierst, konfirmierte, hat konfirmiert> mit OBJ ■ jmd. konfirmiert jmdn. einen jugendlichen evangelischen Christen im Rahmen einer gottesdienstähnlichen Feier in die Gemeinschaft der Erwachsenen aufnehmen und zum Abendmahl zulassen: Gestern hat der Pastor unserer Gemeinde meinen Sohn konfirmiert. ▸ Konfirmation

Kon·fi·tü·re die [kɔnfi'ty:rə] <-, -n> (geh.) Marmelade (mit ganzen Fruchtstücken): ein Brot mit Konfitüre essen ◆Erdbeerkonfitüre, Himbeerkonfitüre

Kon·flikt der [kɔn'flɪkt] <-(e)s, -e> (geh.) ❶ schwierige Situation als Folge unterschiedlicher Interessen, Forderungen oder Meinungen: Es kam zum offenen Konflikt zwischen Trainer und Spielern. ❷ bewaffnete Auseinandersetzung: Man versuchte bis zuletzt, einen militärischen Konflikt zu verhindern. ❸ (≈ Zwiespalt) Widerstreit von Interessen oder Aspekten: Würde man den Konflikt zwischen wirtschaftlichen Interessen und moralischen Bedenken lösen können?; ■ mit etwas in Konflikt geraten/kommen gegen etwas verstoßen mit dem Gesetz in Konflikt geraten ◆Gewissens-

kon·form [kɔn'fɔrm] adj /nicht steig./ übereinstimmend: Sie vertraten konforme Ansichten.; Wir sind in diesem Punkt konform.; ■ mit jemandem in etwas konformgehen völlig übereinstimmen In diesem einen Punkt gehen die Vertreter aller Parteien ausnahmsweise konform. ◆Zusammenschreibung → R 4.5

Kon·fron·ta·ti·on die [kɔnfrɔnta'tsi̯o:n] <-, -en> ❶ Gegenüberstellung von Personen, Dingen, Sachverhalten, die nicht übereinstimmen: Die Spannung in diesem Buch entsteht durch die Konfrontation von Vergangenheit und Gegenwart. ❷ Auseinandersetzung: Nach dem Spiel kam es erneut zu einer Konfrontation zwischen Hooligans und der Polizei.

kon·fron·tie·ren <konfrontierst, konfrontierte, hat konfrontiert> mit OBJ ❶ ■ jmd./etwas konfrontiert jmdn. mit etwas Dat. jmdn. in eine Situation bringen, in der er sich mit etwas (Negativem) auseinander setzen muss: Sie konfrontierte ihren Mann mit dem Entschluss, ihn verlassen zu wollen.; Diese Erfahrung konfrontierte ihn sehr intensiv mit sich selbst. ❷ ■ jmd. konfrontiert jmdn. mit jmdm. eine Person einer anderen gegenüberstellen: Der Angeklagte wurde mit den Zeugen konfrontiert.

kon·fus [kɔn'fu:s] adj ❶ verworren, nicht klar: Hast du seine konfusen Andeutungen verstanden? ❷ durcheinander, verwirrt: Nach dem Besuch von vier Vorträgen hintereinander war ich völlig konfus. ▸ Konfusion

Kon·gress der [kɔŋ'grɛs] <-es, -e> ❶ politische oder fachliche Tagung: Auf dem internationalen medizinischen Kongress sprachen auch in diesem Jahr wieder zahlreiche angesehene/namhafte/renommierte Wissenschaftler. ◆Ärzte-, Gewerkschafts-, Partei-, Welt- ❷ /kein Plur./ POL. das Parlament in den USA: etwas im Kongress beraten ◆-abgeordnete(r)

Kö·nig der ['kø:nɪç] <-(e)s, -e> ❶ der Herrscher in einer Monarchie: Ludwig I., König von Bayern ◆-reich, -shaus, -shof, -skrone, -spaar, -spalast, -sschloss ❷ eine Person oder Sache, die besonders wichtig oder besonders gut ist: Bei uns ist der Kunde König.; Dies ist der König der Weine. ❸ die wichtigste Figur im Schachspiel: den König schachmatt setzen ◆Herz-, Kreuz- ❹ in der Rangfolge an zweiter Stelle stehende Spielkarte in vielen Kartenspielen: den König ausspielen ◆Karo-, Herz-, Pik-, Kreuz-

kon·ju·gie·ren [kɔnju'gi:rən] <konjugierst, konjugierte, hat konjugiert> mit OBJ ■ jmd. konjugiert etwas SPRACHWISS. (≈ beugen, flektieren) die verschiedenen grammatischen Formen eines Verbs bilden: Die Konjugation des Verbs „gehen" im Präsens beginnt mit den Formen: „Ich gehe, du gehst, er/sie/es geht".

Kon·junk·tiv der ['kɔnjʊŋktiːf] <-s, -e> SPRACHWISS. *ein Modus des Verbs; die Möglichkeitsform (die man beispielsweise in der indirekten Rede verwendet)*: Der Nebensatz „Wenn du geredet hättest, Desdemona…" ist ein Satz im Konjunktiv.; Der Dubitativ (Ausdruck des Zweifels), der Irrealis (Ausdruck der Unmöglichkeit), der Kohortativ (Ausdruck einer Aufforderung oder Mahnung) und der Potentialis (Ausdruck der Möglichkeit) sind Beispiele für den Konjunktiv.

Kon·junk·tur die [kɔnjʊŋkˈtuːɐ̯] <-, -en> WIRTSCHAFTLICHE *Situation und Entwicklung eines Staates*: fallende/ steigende Konjunktur ▸konjunkturabhängig, konjunkturbedingt, konjunkturell ◆-aufschwung, -daten, -entwicklung, -krise, -prognose, -schwankung

Kon·kor·dat das [kɔŋkɔrˈdaːt] <-(e)s, -e> ❶ POL. *Vertrag zwischen einem Staat und dem Vatikan* ❷ SCHWEIZ. *Vertrag zwischen Kantonen*

kon·kret [kɔŋˈkreːt] adj ❶ *deutlich formuliert, präzise*: Habt ihr schon konkrete Urlaubspläne?; Sie hat den Sachverhalt an einem konkreten Beispiel veranschaulicht. ❷ *(↔ abstrakt) so, dass es anschaulich ist*: Konkrete Beispiele sind besser als abstrakte Erklärungen.

Kon·kur·renz die [kɔŋkʊˈrɛnts] <-, -en> ❶ */kein Plur./ das Konkurrieren*: Der Verkauf von Waren im Internet macht den traditionellen Geschäften zunehmend Konkurrenz. ❷ */kein Plur./ Gesamtheit der Konkurrenten im wirtschaftlichen Bereich*: Er hat bei der Konkurrenz gekauft. ◆-produkt ❸ *sportlicher Wettbewerb*: Sie hat alle Konkurrenzen in diesem Jahr gewonnen. ❹ */kein Plur./ Gesamtheit aller sportlichen Konkurrenten*: Der Rennfahrer konnte sich gegen eine starke Konkurrenz durchsetzen.; ■ **außer Konkurrenz** *(bei der Teilnahme an einem Wettkampf) außerhalb der offiziellen Wertung* Der Läufer startete außer Konkurrenz.

kon·kur·rie·ren [kɔŋkʊˈriːrən] <konkurrierst, konkurrierte, hat konkurriert> *ohne OBJ* ■ **jmd. konkurriert mit jmdm. (um etwas** Akk.**)** *im Wettbewerb stehen*: Mit den großen Firmen kann der kleine Betrieb nicht konkurrieren.; Mehrere Bewerber konkurrieren um diese Stelle.

Kon·kurs der [kɔŋˈkʊrs] <-es, -e> WIRTSCHAFT. *(≈ Insolvenz) der Vorgang/Zustand, dass eine Firma/ein Geschäft nicht mehr zahlen kann; Pleite*: Die Firma steht kurz vor dem Konkurs/ muss Konkurs anmelden/ geht in Konkurs. ◆-verfahren, -verwalter(in)

Kön·nen das ['kœnən] <-s> /kein Plur./ *(besondere) Fähigkeit, Fertigkeit*: Bei dieser Arbeit musste sie ihr gesamtes handwerkliches Können unter Beweis stellen.; Diese Leistung zeugt von Talent und Können.

kön·nen¹ ['kœnən] <kannst, konnte, hat gekonnt> **I.** *mit OBJ* ■ **jmd. kann etwas** (umg.) *fähig sein, etwas zu tun; etwas beherrschen*: Können Sie Russisch?; Er kann hervorragend turnen.; Keiner kann alles.; Sie kann, will aber nicht. **II.** *ohne OBJ* ❶ ■ **jmd. kann (irgendwohin)** (umg.) *dürfen*: Kann ich ins Freibad? ❷ ■ **jmd. kann nicht mehr** (umg.) *nicht mehr die Kraft oder Energie zu etwas haben*: Der Spieler wurde ausgewechselt, weil er nicht mehr konnte.; Können wir eine Pause machen? Ich kann nicht mehr!; ■ **für etwas nichts können/nichts dafür können** (umg.) *nicht schuld an etwas sein* Ich kann doch nichts dafür, dass deine Uhr weg ist.; ■ **Du kannst mich mal!** (umg.) *Ausdruck starker persönlicher Ablehnung* Ich will nicht mehr mit dir darüber reden! Du kannst mich mal!; ■ **Wie konntest du nur!** (umg.) *Ausdruck des Vorwurfs* Wie konntest du nur so etwas sagen/tun?; ■ **mit jemandem gut können** (umg.) *sich mit jmdm. gut verstehen* Er kann gut mit seinem Chef.; ■ **Können wir?** (umg.) *(in Situationen des Aufbruchs mit der Bedeutung) „Seid Ihr fertig? Können wir los?"* Es ist schon spät. Können wir?

kön·nen² ['kɔntə] <kannst, konnte, hat können> ■ **jmd./etwas kann etwas plus Inf.** */Hilfsverb/* ❶ *bereit sein, etwas zu tun*: Kannst du mir bitte den Pfeffer herüberreichen? ❷ *die Möglichkeit haben, etwas zu tun*: Diese Krankheit kann verschiedene Folgen haben.; Der Vulkan kann jederzeit wieder ausbrechen. ❸ *die Erlaubnis haben, etwas zu tun; dürfen*: Wer mit der Prüfung fertig ist, kann gehen. ❹ *müssen*: Der Computer ist abgestürzt. — Jetzt kann ich die ganze Seite noch einmal schreiben. ❺ *einen Grund, eine Berechtigung haben, etwas zu tun*: Wir können uns freuen, dass …; Sie kann einem wirklich Leid tun. ❻ *verwendet, um auszudrücken, dass man etwas vermutet oder eine Möglichkeit in Betracht zieht*: Sie kann den Termin auch vergessen haben.; Es kann durchaus sein, dass …; Unser Besuch kann jeden Moment kommen. ❼ *verwendet, um eine logisch notwendige Folge auszudrücken:* Wenn er jetzt noch nicht da ist, kann er nur aufgehalten worden sein. ❽ *jmdm. etwas verbieten:* Du kannst mir doch keine Befehle geben! ❾ *eine allgemeine Regel ausdrückend:* Vorsicht kann nie schaden. ▶ konsensfähig

konn·te *Prät. von* **können**

Kon·sens der [kɔn'zɛns] <-es, -e> /*meist Sing./ Übereinstimmung:* In der Diskussion konnte kein Konsens erreicht werden.; Es besteht ein Konsens unter allen Beteiligten darüber, dass ... ▶ konsensfähig ◆-gespräch, -partei

kon·se·quent [kɔnze'kvɛnt] *adj* ❶ *logisch zwingend, folgerichtig:* Ich habe mich konsequent an die Vorschriften gehalten.; Es war nur konsequent, dass sie gegangen ist. ❷ *so, dass man immer streng sein Ziel oder seinen Plan verfolgt:* Sie hat konsequent für die Prüfung gelernt.

Kon·se·quenz die [kɔnze'kvɛnts] <-, -en> ❶ */kein Plur./ eine Handlungsweise oder Haltung, bei der bestimmte Ziele oder Pläne auf jeden Fall erreicht werden sollen:* Sie verfolgte ihr Ziel mit äußerster Konsequenz. ❷ */nur Plur./ die Folgen oder Auswirkungen einer Sache:* Welche Konsequenzen die zunehmende Umweltverschutzung im Einzelnen hat, wird sich erst in den kommenden Jahren und Jahrzehnten zeigen. ❸ */kein Plur./ Folgerichtigkeit, Logik:* Über die Konsequenz einer derartigen Beiweisführung ließe sich streiten.; ■ **(aus etwas) die Konsequenzen ziehen** *nach einem Vorfall Folgerungen für sein zukünftiges Handeln ziehen* Der Minister zog die Konsequenzen aus seinem Fehler und trat zurück.

kon·ser·va·tiv ['kɔnzɛrvatif, kɔnzɛrva'tif] *adj* ❶ *(↔ progressiv) so, dass man gegen Veränderungen und für die traditionellen Werte ist:* Der Politiker ist konservativ eingestellt.; Sie vertritt konservative Ansichten. ▶ Konservative ❷ *nicht modern:* Zu derartigen Anlässen trug er bevorzugt konservative Anzüge/Kleidung. ❸ MED. *ohne Operation:* Das kranke Organ wurde konservativ behandelt.

Kon·ser·ve die [kɔn'zɛrvə] <-, -n> ❶ *Dose oder Glas, die/das luftdicht ist und Nahrung enthält, die lange haltbar ist:* eine Konserve öffnen; etwas in Konserven abfüllen ◆-nbüchse, -ndose, -nfabrik ❷ *dauerhaft haltbar gemachte Nahrung in einer Konserve¹:* Wir haben noch Konserven, die wir essen könnten. ❸ *(umg.) Musik auf einer Schallplatte, Kassette, CD o.Ä. (und nicht live):* Musik aus der Konserve (statt live)

kon·ser·vie·ren [kɔnzɛr'viːrən] <konservierst, konservierte, hat konserviert> *mit OBJ* ■ *jmd. konserviert etwas* ❶ *(Lebensmittel) durch geeignete Verfahren haltbar machen:* Lebensmittel konservieren ❷ *durch spezielle Behandlung erhalten:* Die Fresken hat ein Fachmann konserviert.

Kon·so·nant der <-en, -en> SPRACHWISS. *(↔ Vokal) ein Laut, bei dessen Artikulation der Luftstrom teilweise oder vollständig behindert wird; Mitlaut; die Laute, die keine Vokale sind:* „B", „c", „d", „f" sind Konsonanten.

kon·s·tant [kɔn'stant] *adj* ❶ *gleich bleibend:* Das Wasser in diesem See hat im Sommer eine konstante Temperatur von 24 Grad.; konstante Leistungen erbringen ❷ *ständig:* Wir haten konstant schönes Wetter. ❸ *beharrlich, mit festem Willen:* Sie weigerte sich konstant, dieses Projekt zu unterstützen.

Kon·s·tel·la·ti·on die [kɔnstɛla'tsjoːn] <-, -en> ❶ ASTRON. *Stellung der Planeten und des Mondes zur Sonne und zueinander:* die Konstellation der Planeten/Sterne ❷ *Gesamtsituation, die sich aus dem Zusammentreffen bestimmter Umstände ergibt:* eine ungünstige Konstellation ◆ Kräfte-, Macht-

Kon·s·ti·tu·ti·on die [kɔnstitu'tsjoːn] <-, -en> ❶ */kein Plur./ körperlicher/geistiger Zustand:* Seine körperliche Konstitution war nach dem Training hervorragend.; eine kräftige/schwache Konstitution haben ❷ *Gesamterscheinungsbild eines Menschen; Körperbau:* Er hatte die Konstitution eines Athleten. ❸ POL. *Verfassung eines Staates:* Die Konstitution des amerikanischen Staates hat vielfach auf Europa zurückgewirkt. ❹ *Bezeichnung für einen Erlass in der katholischen Kirche:* die apostolische Konstitution

Kon·s·truk·ti·on die [kɔnstrʊk'tsjoːn] <-, -en> ❶ *Planung, Entwurf:* Die Konstruktion dieses Autos hat Unsummen von Geld gekostet. ❷ MATH. *das Zeichnen einer geometrischen Figur:* Die Schülerin ist mit der Konstruktion eines Dreiecks beschäftigt. ❸ SPRACHWISS. *Bildung von Wörtern, Sätzen etc. nach den Regeln der Grammatik:* Wir üben heute die Konstruktion von Passivsätzen. ❹ *ein Objekt, das Ergebnis einer Konstruktion¹ ist:* Bei dieser Brücke handelt es sich um eine alte Konstruktion.

konstruktiv – Kontrolle

⑤ SPRACHWISS. *durch Konstruktion³ entstandene sprachliche Einheit:* Diese Konstruktion ist grammatisch nicht korrekt. ⑥ *(geh.) gedanklicher Aufbau:* Sie verbrachte Jahre mit der Konstruktion ihrer Theorie.

kon·s·t·ruk·tiv [kɔnstrʊkˈtiːf, ˈkɔnstrʊktiːf] *adj* ① *hilfreich; so, dass eine positive Entwicklung gefördert oder eine Verbesserung erreicht wird:* Ich erwarte bis nächste Woche konstruktive Vorschläge von Ihnen.; Ich habe nichts gegen konstruktive Kritik; nur die ewige Nörgelei geht mir auf die Nerven. ② *die Konstruktion¹ ² betreffend, darauf beruhend:* konstruktive Prinzipien

Kon·sum der [kɔnˈzuːm, ˈkɔnzuːm] <-s> / kein Plur./ *Verbrauch (von Nahrungsmitteln oder Genussmitteln):* Wir haben unseren Konsum von Fleisch und Wurst eingeschränkt.; Der Konsum von Alkohol/von Zigaretten schadet der Gesundheit. ◆ -artikel, -gesellschaft, -verhalten, -verzicht ■ Alkohol-, Bier-, Drogen-, Fleisch-, Zigaretten-

Kon·su·ment der, **Kon·su·men·tin** [kɔnzuˈmɛnt] <-en, -en> WIRTSCH. *Verbraucher; jmd., der etwas konsumiert:* ein anspruchsvoller Konsument

kon·su·mie·ren [kɔnzuˈmiːrən] <konsumierst, konsumierte, hat konsumiert> *mit OBJ* ■ **jmd. konsumiert etwas** *(Lebens-, Genussmittel) verbrauchen:* viel Obst konsumieren

Kon·takt der [kɔnˈtakt] <-(e)s, -e> ① *eine Verbindung oder Beziehung (zu Freunden oder Bekannten), die durch Gespräche und Treffen aufrecht erhalten wird:* Auch Jahre nach dem Abitur hält er den Kontakt zu seinen ehemaligen Mitschülern aufrecht.; Ich habe jeglichen Kontakt zu ihr verloren.; Die Polizei versuchte, mit den Entführern Kontakt aufzunehmen. ◆ -anzeige, -person ② *(geh.) Berührung:* Diese Flüssigkeit darf nicht mit den Augen in Kontakt kommen. ◆ Getrennt- oder Zusammenschreibung → R 4.16 Kontakt suchend/kontaktsuchend

kon·takt·freu·dig *adj* (↔ *kontaktarm*) *so, dass man gern andere Menschen kennen lernt; gesellig:* Er ist ein sehr kontaktfreudiger Mensch.

Kon·ti·nent, Kon·ti·nent der [kɔntiˈnɛnt/ ˈkɔntinɛnt] <-(e)s, -e> ① (≈ *Erdteil*) *einer der sechs Erdteile (Europa, Amerika, Asien, Afrika, Australien, Antarktis)* ② / kein Plur./ *Europa (im Gegensatz zu Großbritannien):* Der Engländer erzählte mir, dass er dieses Jahr auf dem Kontinent Ur-

laub machen wolle.

kon·ti·nu·ier·lich [kɔntinuˈiːɐ̯lɪç] *adj (geh.) ohne Unterbrechung, stetig:* Im Laufe des Schuljahres konnte sie ihre Leistungen kontinuierlich steigern.

Kon·ti·nu·i·tät die [kɔntinuiˈtɛːt] <-> / kein Plur./ *(geh.) lückenloser Zusammenhang; Stetigkeit, gleichmäßiger Fortgang:* Kontinuität in etwas bringen

Kon·to das [ˈkɔnto] <-s, Konten> ① BANKW. *für einen Kunden bei einer Bank geführte Aufstellung über die Guthaben oder die Schulden sowie die Zahlungen und Einnahmen dieses Kunden:* Jedes Konto hat eine Soll- und eine Habenseite.; Ich habe die Nummer meines Kontos vergessen.; Er hat viel/wenig Geld auf seinem Konto.; Sie muss noch Geld von ihrem Konto abheben. ◆ -abrechnung, -führung, -führungsgebühr, -nummer, Giro-, Spar- ② ■ **auf jemandes Konto** *(umg.) auf (jmds.) Rechnung* Die nächste Runde geht auf mein Konto.; ■ **auf jemandes Konto, auf das Konto einer Sache gehen/kommen** *(umg.) für etwas verantwortlich sein* Der Gegentreffer geht eindeutig auf das Konto des Torwarts.

Kon·to·aus·zug der <-(e)s, Kontoauszüge> BANKW., WIRTSCH. *schriftliche Mitteilung einer Bank, auf der die Einnahmen und Ausgaben auf einem Konto in der letzten Zeit und der aktuelle Kontostand verzeichnet sind:* bei der Bank einen Kontoauszug holen

Kon·to·in·ha·ber der, **Kon·to·in·ha·be·rin** <-s, -> BANKW. *jmd., der ein Konto hat:* An dieser Stelle muss die Adresse des Kontoinhabers angegeben werden.

Kon·to·num·mer die <-, -n> *eine Nummer, die einem Konto zugewiesen wurde und mit der es einem Inhaber zugeordnet wird:* die Kontonummer sicher aufbewahren und auswendig kennen

Kon·t·rast der [kɔnˈtrast] <-(e)s, -e> ① *auffälliger Unterschied, starker Gegensatz:* Der Kontrast zwischen dem, was er sagte und dem, was er tat, hätte nicht größer sein können. ② FOTOGR., FILM *Unterschied in der Helligkeit:* an einem Bildschirm den Kontrast einstellen ◆ Farb-

Kon·t·rol·le die [kɔnˈtrɔlə] <-, -n> ① *Aufsicht, dauerhafte Überprüfung:* Computer sind sehr wichtig für die technische Kontrolle des Kraftwerks. ② *Überprüfung, der jmd. oder etwas unterzogen wird:* Die Polizei kündigte an, regelmäßige/strenge/ gründliche Kontrollen durchzuführen. ◆ Ausweis-, Fahrzeug- ③ *Herrschaft über etwas:* In einer Kurve verlor der Fahrer die

Kontrolle über das Fahrzeug/geriet das Fahrzeug außer Kontrolle.

kon·t·rol·lie·ren [kɔntrɔ'liːrən] <kontrollierst, kontrollierte, hat kontrolliert> *mit OBJ* ▪ **jmd./etwas kontrolliert jmdn./etwas** ❶ *(≈ überprüfen)* durch bestimmte Methoden genau prüfen, dass etwas einen bestimmten Zustand hat: Mitarbeiter kontrollieren die Qualität unserer Produkte.; An der Grenze wurde unser Gepäck kontrolliert. ❷ *(≈ beherrschen, lenken)* Kontrolle³ über etwas ausüben: Der Konzern kontrolliert inzwischen den gesamten Markt.; Es war so glatt, dass der Fahrer seinen Wagen nicht mehr kontrollieren konnte.

Kon·ven·ti·on die [kɔnvɛn'tsi̯oːn] <-, -en> ❶ *(völkerrechtliches) Abkommen; Vereinbarung:* eine Konvention zum Schutz der Menschenrechte; die Genfer Konvention ❷ */meist Plur./* eine gesellschaftliche Verhaltensregel, die als Norm traditionell anerkannt ist; Gewohnheit: Er hat sich über alle Konventionen hinweggesetzt.; gegen eine Konvention verstoßen ▸ Sprach-, ▸ Konventionalität

kon·ven·ti·o·nell [kɔnvɛntsi̯o'nɛl] *adj* ❶ *(geh.: ↔ unkonventionell)* den Konventionen² entsprechend, herkömmlich: Er vertritt konventionelle Ansichten. ❷ *(≈ förmlich)* den Traditionen entsprechend: Auf dem Fest ging es sehr konventionell zu. ❸ MILIT. verwendet, um alle Waffen zu bezeichnen, die nicht zu den chemischen, biologischen und Kernwaffen gehören: Der Krieg wurde mit konventionellen Waffen geführt.

Kon·ver·sa·ti·on die [kɔnvɛrza'tsi̯oːn] <-, -en> */meist Sing./ (geh.:≈ Unterhaltung)* ein Gespräch, das nur zur Unterhaltung geführt wird und eher oberflächlich verläuft: Ich habe nichts gegen eine geistreiche/gepflegte Konversation.

Kon·zen·t·ra·ti·on die [kɔntsɛntra'tsi̯oːn] <-, -en> ❶ */kein Plur./* Zustand großer (geistiger) Aufmerksamkeit: Diese Aufgabe verlangt höchste Konzentration.; Sie kann stundenlang mit hoher Konzentration arbeiten. ❷ */kein Plur./* die Fähigkeit, sehr aufmerksam zu sein: Meine Konzentration lässt allmählich nach. ▸ -sfähigkeit ❸ */kein Plur./* der Vorgang, dass die gesamte (geistige) Aufmerksamkeit auf eine bestimmte Aufgabe gerichtet wird: Jetzt ist die Konzentration aller Kräfte/Gedanken auf dieses Ziel nötig. ❹ *Vereinigung, Verdichtung:* Die Fusion der Großbanken führte zu einer Konzentration der wirtschaftlichen Macht. ❺ CHEM. *der Anteil eines Stoffes in einem Gemisch:* Hierzu wird Schwefelsäure in hoher Konzentration verwendet.

kon·zen·t·rie·ren [kɔntsɛn'triːrən] <konzentrierst, konzentrierte, hat konzentriert> I. *mit OBJ* ❶ ▪ **jmd. konzentriert etwas auf etwas** *Akk.* alle Aufmerksamkeit auf einen Gedanken oder ein Ziel lenken: Wir müssen unsere Anstrengungen darauf konzentrieren, das neue Gerät so klein wie möglich zu konstruieren. ❷ ▪ **jmd. konzentriert jmdn.** irgendwo *auf engem Raum sammeln, zusammenziehen:* Die Polizisten wurden in der Stadtmitte konzentriert. II. *mit SICH* ❶ ▪ **jmd. konzentriert sich** *intensiv über etwas oder jmdn. nachdenken:* Bitte sei still, ich muss mich konzentrieren. ❷ ▪ **jmd. konzentriert sich auf etwas** *Akk.* sich mit hoher Intensität und Aufmerksamkeit einer Sache widmen: In den kommenden Wochen werde ich mich auf die Prüfungsvorbereitung konzentrieren.

Kon·zept das [kɔn'tsɛpt] <-(e)s, -e> ❶ *(skizzenhafter) Entwurf (für eine größere Arbeit, einen längeren Text o.Ä.):* Das Konzept für seine Diplomarbeit hat er bereits fertig gestellt. ❷ *konkreter Plan für ein größeres und längerfristiges Vorhaben:* Der Abteilungsleiter hat ein völlig neues Konzept entworfen/präsentiert/realisiert/vorgestellt. ▸ Marketing-, Vertriebs-, Werbe- ❸ ▪ **aus dem Konzept geraten/kommen** *bei einer Tätigkeit oder beim Reden vergessen, was man eigentlich tun oder sagen wollte* Jetzt bin ich aus dem Konzept geraten.; ▪ **jemanden aus dem Konzept bringen** *jmdn. ablenken* Ich habe mich durch seine Fragen aus dem Konzept bringen lassen.; ▪ **jemandem nicht ins Konzept passen** *mit jmds. Plänen nicht übereinstimmen* Es passt mir nicht ins Konzept, dass sie mich nächste Woche besuchen möchte.

Kon·zern der [kɔn'tsɛrn] <-s, -e> WIRTSCH. *ein Zusammenschluss von gleichartigen, rechtlich selbstständigen Unternehmen mit gemeinsamer Leitung und Verwaltung:* in einem großen Konzern arbeiten ▸ Industrie-, Rüstungs-

Kon·zert das [kɔn'tsɛrt] <-(e)s, -e> ❶ *eine Veranstaltung, bei der Musik öffentlich aufgeführt wird:* Er besuchte am Wochenende ein Konzert der Rolling Stones/der Wiener Philharmoniker.; ein Konzert geben ▸ -besucher(in), -halle, Jazz-, Klavier-, Live-, Rock- ❷ *musikalische Gattung:* Der

Komponist hat mehrere Konzerte für Klavier und Orchester geschrieben.

Ko·ope·ra·ti·on die [ko|opəra'tsi̯oːn] <-, -en> *Zusammenarbeit:* Dieses Gerät entstand in Kooperation mit der Technischen Hochschule.; Ich hoffe auf eine gute Kooperation! ▸ kooperationsbereit, kooperieren ◆-sbereitschaft, -spartner(in), -svertrag

ko·or·di·nie·ren <koordinierst, koordinierte, hat koordiniert> *mit OBJ* ▪ **jmd. koordiniert etwas** (geh.) *(mehrere Dinge, Personen, Sachverhalte oder Vorgänge im Hinblick auf ein Ziel) aufeinander abstimmen:* Alle Arbeiten werden von der Projektleitung koordiniert.; Pläne koordinieren ▸ Koordination

Kopf der [kɔpf] <-(e)s, Köpfe> ❶ *der Körperteil bei Menschen und Tieren, in dem das Gehirn liegt, und zu dem Augen und Ohren, Nase und Mund gehören:* ein großer/kleiner/runder Kopf; den Kopf zur Seite drehen; sich den Kopf an der Lampe stoßen ◆-stoß, -verletzung ▸ Kopfweh ❷ *(übertr.) eine Person von einer bestimmten Intelligenz:* Sie ist ein kluger Kopf.; Das ist einer der hellsten Köpfe unseres Fachbereichs.; Man kann sagen: Die besten Köpfe des Jahrhunderts waren an dieser Sache beteiligt. ❸ *leitende Persönlichkeit:* Er ist einer der führenden Köpfe des Unternehmens. ❹ *einzelner Mensch:* Pro Kopf kostet das Menü einundzwanzig Euro. ❺ *oberer, rundlicher Teil von etwas:* Die Blumen lassen die Köpfe hängen.; Ich brauche Schrauben mit flachen Köpfen. ❻ *der essbare, rundliche Teil von bestimmten Gemüsen und Salaten:* Ich hätte gerne einen Kopf Blumenkohl und einen Kopf Endiviensalat. ❼ ▪ **jemandem brummt der Kopf** (umg.) *jmd. hat starke Kopfschmerzen* Mir brummt heute der Kopf.; ▪ **nicht wissen, wo einem der Kopf steht** (umg.) *derart viel Arbeit haben, dass man nicht weiß, wo man beginnen soll* Ich weiß überhaupt nicht, wo mir der Kopf steht. Es ist noch so viel zu tun!; ▪ **Kopf stehen** (umg.) *völlig überrascht, verblüfft, verwirrt sein* Als wir das hörten, standen wir Kopf.; ▪ **nichts als jemanden/etwas im Kopf haben** (umg.) *nur an jmdn. oder etwas denken* Du hast nichts als dummes Zeug im Kopf.; ▪ **Kopf an Kopf** SPORT *dicht nebeneinander* Die Läufer gingen Kopf an Kopf durchs Ziel.; ▪ **Kopf hoch!** (umg.) *verwendet als Aufforderung an jmdn., nicht zu verzweifeln* Kopf hoch! Wir werden eine Lösung für das Problem finden.; ▪ **jemandem den Kopf waschen** (umg.) *jmdn. scharf zurechtweisen; jmdm. die Meinung sagen* Das kann so nicht weitergehen. Ich muss ihm mal den Kopf waschen.; ▪ **den Kopf in den Sand stecken** (umg.) *eine drohende Gefahr nicht sehen wollen* Es nützt doch nichts, wenn du jetzt den Kopf in den Sand steckst!; ▪ **sich an den Kopf fassen** (umg.) *kein Verständnis für etwas haben* Wenn man das hört, muss man sich ja an den Kopf fassen! Das gibt es doch gar nicht!; ▪ **jemandem über den Kopf wachsen** (umg.) *sich so entwickeln, dass jmd. eine Sache nicht mehr bewältigen kann* Ihre Probleme sind ihr über den Kopf gewachsen.; ▪ **über jemandes Kopf hinweg** *ohne jmdn. zu fragen* Diese Entscheidung wurde über meinen Kopf hinweg getroffen.; ▪ **Kopf und Kragen riskieren** (umg.) *sein Leben, seine Existenz aufs Spiel setzen* Er riskiert noch Kopf und Kragen, wenn er so weitermacht.; ▪ **nicht auf den Kopf gefallen sein** (umg.) *nicht dumm sein* Der Kleine Junge ist nicht auf den Kopf gefallen.; ▪ **den Kopf hängen lassen** (umg.) *mutlos sein, resignieren, aufgeben* Lass den Kopf nicht hängen! Wir schaffen das schon!; ▪ **mit dem Kopf gegen die Wand rennen** (umg.) *am Widerstand von jmdm. oder etwas scheitern* Er wird sich nicht ändern. Ich renne bei ihm mit dem Kopf gegen die Wand.; ▪ **jemandem etwas auf den Kopf zusagen** *Negatives, Persönliches ohne zu zögern, ganz direkt sagen* Er sagte ihr auf den Kopf zu, dass sie eine Lügnerin sei.; ▪ **jemanden vor den Kopf stoßen** (umg.) *jmdn. in plumper Weise kränken* Ich möchte dich doch nicht vor den Kopf stoßen!; ▪ **jemandem etwas an den Kopf werfen** (umg.) *jmdm. etwas Freches sagen* Dann hat sie ihm noch an den Kopf geworfen, dass er sie nie geliebt hätte.; ▪ **jemandem zu Kopf steigen** (umg.) *jmdn. überheblich, eingebildet machen* Der Erfolg ist ihr zu Kopf gestiegen.; ▪ **eine Rechenaufgabe im Kopf lösen** *etwas ohne Hilfsmittel ausrechnen* Kannst du diese Aufgabe im Kopf lösen?; ▪ **von Kopf bis Fuß** *von oben bis unten* Er ist stets von Kopf bis Fuß korrekt gekleidet.; ▪ **einen klaren/kühlen Kopf behalten/bewahren** *nicht nervös werden* Wenigstens er behält in dieser Situation einen kühlen Kopf.; ▪ **den Kopf verlieren** (umg.) *die Übersicht, Ruhe verlieren;* ▪ **jemandem den Kopf verdrehen** (umg.) *(durch sein Verhalten) erreichen, dass sich jmd. in einen verliebt* Er hat ihr den Kopf

verdreht.; ■ **sich etwas durch den Kopf gehen lassen** *sich etwas in Ruhe überlegen* Das muss ich mir nochmal durch den Kopf gehen lassen.; ■ **sich den Kopf zerbrechen** *(umg.) lange über die Lösung eines Problems nachdenken* Ich habe mir den ganzen Tag den Kopf darüber zerbrochen, was wir machen sollen, wenn es bei unserer Hochzeit regnet.; ■ **sich etwas in den Kopf gesetzt haben** *etwas unbedingt wollen* Er hat sich in den Kopf gesetzt, eines Tages eine Weltreise zu machen.; ■ **... und wenn du dich auf den Kopf stellst** *(umg.) verwendet, um auszudrücken, dass man etwas unter keinen Umständen tun oder erlauben wird* Ich werde nicht zustimmen, und wenn du dich auf den Kopf stellst.; ■ **sich etwas aus dem Kopf schlagen** *(umg.) einsehen, dass etwas unmöglich ist* Du kannst nicht mitfahren. Schlag dir das aus dem Kopf.; ■ **jemand steht Kopf** *(umg.) jmd. ist verwirrt und aufgeregt* Das ganze Kollegium stand Kopf, als es von den neuen Vorschriften hörte.; ■ **jemand macht sich einen Kopf** *(umg.) jmd. macht sich Sorgen* Da bist du ja endlich! Und ich mache mir einen Kopf!; ■ **kopfstehen** *aufgeregt und verwirrt sein* Die ganze Stadt steht kopf.
◆ Zusammenschreibung → R 4.5

Kopf·en·de das <-s, -n> *(↔ Fußende) der obere Teil eines Bettes, an dem man mit dem Kopf liegt*: am Kopfende eine Lampe aufstellen

-köp·fig [kœpfɪç] *als Zweitglied zusammengesetzter Adjektive, mit Betonung auf dem Erstglied; drückt aus,* ❶ *dass eine Gruppe die mit dem Erstglied genannte Anzahl von Personen umfasst*: Sie hat Essen für ihre vielköpfige Familie mit zwei Erwachsenen und sechs Kindern vorbereitet.
◆ drei-, zwei-, zehn- usw., viel- ❷ *dass etwas die mit dem Erstglied genannte Zahl oder Art von Köpfen hat*: die vielköpfige Hydra aus der griechischen Mythologie
◆ drei-, groß-, mehr-, viel-, zwei-, zehn- usw. ❸ *dass die mit dem Erstglied genannte Art des (vorhandenen oder nicht vorhandenen) Haarwuchses gegeben ist*: Er ist schon mit zwanzig Jahren nahezu glatzköpfig. ◆ glatz-, kahl-, kraus-, locken-

kopf·los *adj /nicht steig./ (umg.) (infolge großer Verwirrung) unfähig, klar zu denken oder sinnvoll zu handeln*: Als sie merkte, dass sie ihre Tasche verloren hatte, rannte sie kopflos zurück.; ein kopfloser Entschluss ► Kopflosigkeit

Kopf·schmerz der <-es, -en> */meist Plur./ Schmerzen im Kopf*: Ich hatte so starke Kopfschmerzen, dass ich eine Tablette nehmen und mich ins Bett legen musste.; dumpfe/rasende/stechende Kopfschmerzen; ■ **etwas bereitet/macht jemandem Kopfschmerzen** *(umg.) etwas bereitet jmdm. Sorgen* Die Prüfung bereitet mir jetzt schon Kopfschmerzen.

Kopf·sprung der <-(e)s, Kopfsprünge> *(≈ Hechtsprung) ein Sprung mit (den Händen und) dem Kopf voran ins Wasser*: einen Kopfsprung machen

kopf·über [kɔpfˈyːbɐ] *adv mit dem Kopf voran*: Er sprang kopfüber ins Wasser.

Ko·pie die [koˈpiː] <-, -pien> ❶ *(≈ Fotokopie) die originalgetreue Wiedergabe eines Textes o.Ä., die ein Kopiergerät erzeugt*: Ich habe von diesem Aufsatz eine Kopie gemacht. ◆ Farb- ❷ FOTOGR., FILM *Abzug, Doppel*: Von diesem Foto werde ich mehrere Kopien nachmachen lassen. ❸ EDV *eine von zwei oder mehreren identischen Dateien*: Glücklicherweise habe ich eine Kopie dieser Daten auf Diskette. ◆ Sicherungs- ❹ *(≈ Replikat) genaue Nachbildung*: Auf dem Brunnen steht eine Kopie der Statue, während das Original im Museum steht. ❺ *(oft abwert.: ≈ Imitation) minderwertige Nachahmung*: Die Perlenkette ist eine billige Kopie.

ko·pie·ren [koˈpiːrən] <kopierst, kopierte, hat kopiert> **I.** *mit OBJ* ❶ ■ **jmd. kopiert etwas** *eine Kopie¹ herstellen*: Ich habe meine Diplomarbeit dreimal kopiert. ❷ ■ **jmd. kopiert etwas** FOTOGR., FILM *eine Kopie² herstellen* ❸ ■ **jmd. kopiert etwas** EDV *eine Kopie³ herstellen*: Ich habe dir die Daten auf eine Diskette kopiert. ❹ ■ **jmd. kopiert etwas** *eine Kopie⁴ herstellen*: Der Fälscher hat das Gemälde detailgenau kopiert. ❺ ■ **jmd. kopiert jmdn.** *nachahmen, imitieren*: Er versucht doch nur, sein großes Vorbild zu kopieren. **II.** *ohne OBJ* ■ **jmd. kopiert** *jmd. ist mit dem Kopieren beschäftigt*: Herr Müller kopiert gerade.

Ko·pie·rer der <-s, -> *(kurz für „Kopiergerät") ein Gerät zum Kopieren*: den Kopierer einschalten

Korb der [kɔrp] <-(e)s, Körbe> ❶ *eine Art Behälter (häufig mit einem Griff), der aus einem biegsamen, von bestimmten Pflanzen stammenden Material hergestellt ist*: Sie hat aus Zweigen einen Korb geflochten.; Hast du meinen Korb mit dem Nähzeug gesehen?; Unsere Katze schläft in einem Korb.; Soll ich den Korb oder die Tasche zum Einkaufen mitnehmen? ◆ Einkaufs-, Henkel-, Obst-, Papier-, Wäsche-, Weiden- ❷ *ein bestimmtes Material, das von bestimmten Pflanzen stammt (das beispielsweise zur Herstellung von Möbeln verwendet wird):* Der Stuhl ist aus Korb. ◆-möbel, -sessel, -stuhl ❸ *die Gondel eines Heißluftballons:* der Korb des Ballons ❹ SPORT *ein Metallring mit einem Netz, in den man beim Basketball treffen muss, um Punkte zu erzielen;* ■ **jemandem einen Korb geben** *(umg.) jmds. Angebot ablehnen* Er forderte sie zum Tanz auf. Sie gab ihm jedoch einen Korb.

Kor·ken der ['kɔrkn̩] <-s, -> *Verschluss von Wein- oder Sektflaschen aus einem sehr leichten, braunem Material:* Der Korken sitzt fest.; Ich habe den Korken kaum aus der Flasche bekommen.

Kor·ken·zie·her der <-s, -> *ein Gerät, mit dem man Korken aus Flaschen zieht:* zum Öffnen der Weinflasche einen Korkenzieher benutzen

Korn[1] das <-(e)s, Körner> ❶ *fester Pflanzensamen:* Das Päckchen Radieschensamen enthält etwa 250 Körner.; Die Vögel picken Körner. ◆Pfeffer-, Reis-, Senf- ❷ *ein winziger Teil von einer festen Substanz:* Der Sand rinnt Korn für Korn in der Sanduhr von oben nach unten. ◆Hagel-, Sand-, Staub- ❸ */kein Plur./ Getreide:* In dieser Gegend wird vorwiegend Korn angebaut.; das Korn ernten/mahlen; ■ **jemanden/ etwas aufs Korn nehmen** *(umg.) sich über jmdn. oder etwas lustig machen* Der Kabarettist nimmt einen Politiker aufs Korn. ◆Hafer-, Weizen-

Korn[2] der <-(e)s> */kein Plur./ (umg.) aus Getreide gebrannter Schnaps:* nach dem Essen einen Korn trinken

Kör·per der ['kœrpɐ] <-s, -> ❶ *der Leib eines Menschen oder Tieres:* Das Nachschlagewerk enthält eine Abbildung des männlichen und des weiblichen Körpers.; Körper, Seele und Geist bilden die Einheit des Menschen.; „Ein gesunder Geist in einem gesunden Körper" war bereits ein Motto der Römer. ◆-gewicht, -größe, Ober-, Tier-, Unter- ❷ *die Gestalt eines Menschen oder Tieres:* Er hat einen gut gebauten/muskulösen/gebrechlichen Körper.; Kleidung, die den Körper bedeckt/betont/verhüllt ◆-kult, -pflege ❸ MATH. *eine dreidimensionale Figur:* die Oberfläche/ das Volumen eines Körpers berechnen ❹ PHYS., CHEM. *ein Gegenstand aus einem bestimmten Stoff:* Der feste/flüssige/gasförmige Körper muss noch genauer untersucht werden. ◆Beleuchtungs-, Flug-, Fremd-, Heiz-, Himmels- ❺ *ein Gegenstand, den man sehen, hören und tasten kann:* der Körper der Flasche ◆Flaschen-, Geigen-, Resonanz-, Vasen-

Kör·per·bau der <-s> */kein Plur./ die Art, wie ein Körper*[2] *gebaut ist; physische Gestalt von Mensch oder Tier:* Sie hat einen athletischen/zarten/kräftigen/makellosen/schlanken Körperbau.

kör·per·lich *adj /nicht steig./ den Körper*[1] [2] *betreffend, auf ihn bezogen:* Die Sportlerin ist in guter körperlicher Verfassung.; Ich bin die körperliche Arbeit nicht mehr gewohnt.; Er erlag ihren körperlichen Reizen.; Es war eine rein körperliche (≈ sexuelle) Anziehung. ▶ Körperlichkeit

Kör·per·schaft die <-, -en> RECHTSW. *eine mitgliedschaftlich verfasste Vereinigung/ Organisation, die den Status einer juristischen Person besitzt:* Vereine und Aktiengesellschaften sind z.B. privatrechtliche Körperschaften; Bund, Länder, Gemeinden z.B. sind im föderalen System der Bundesrepublik Deutschland Körperschaften des öffentlichen Rechts

Kör·per·teil der <-(e)s, -e> *bestimmter Teil des Körpers*[1]*, wie z.B. Arm, Bein etc.:* der verletzte Körperteil

Kor·rek·tur die [kɔrɛk'tuːɐ̯] <-, -en> *(geh.)* ❶ (≈ *Verbesserung, Berichtigung) der Vorgang, dass man in einem Text, einem Manuskript o.Ä. Fehler (meist mit einem roten Stift) kennzeichnet und die richtigen Wörter an den Rand des Textes schreibt:* Ich habe noch einige Korrekturen am Rand deines Aufsatzes angebracht. ◆Autoren-, Text- ❷ *eine einzelne Stelle, die korrigiert worden ist:* Auf der letzten Seite des Textes gab es noch drei Korrekturen. ❸ *Veränderung:* Der neue Minister hat Korrekturen in der Steuerpolitik angekündigt.

Kor·ri·dor der ['kɔrido:ɐ̯] <-s, -e> (≈ *Hausflur) eine Art Gang in einem Haus, von dem die Zimmer abgehen:* Die Garderobe befindet sich im Flur.

kor·ri·gie·ren [kɔri'gi:rən] <korrigierst, korrigierte, hat korrigiert> *mit OBJ/ohne OBJ* ■ **jmd. korrigiert (etwas)** ❶ *auf Fehler überprüfen und berichtigen:* Eigentlich wollte der Lehrer die Aufsätze bis heute korrigieren.; Sie hat bis spät in die Nacht korrigiert. ❷ *(positiv) verändern, so dass etwas genauer wird:* Sie hat ihre Meinung inzwischen korrigiert.; Ich möchte meine vorherige Bemerkung noch korrigieren …

kor·rupt [kɔ'rʊpt] *adj (abwert.)* ❶ (≈ *bestechlich) so, dass man bereit ist, sich durch unerlaubte Geschenke beeinflussen* *zu lassen:* Der korrupte Beamte wurde vor Gericht gestellt. ❷ *so, dass etwas moralisch verdorben ist:* ein korruptes Gesellschaftssystem ▶ Korruptheit, Korruption

Ko·se·na·me der <-n, -n> *zärtlicher, liebevoller Name für eine Person, zu der man eine sehr enge, vertrauliche Beziehung hat:* jemandem einen Kosenamen geben; Sein Kosename war „Bärchen".

Kos·me·tik die [kɔs'me:tɪk] <-, Kosmetika> ❶ */kein Plur./ (Mittel zur) Schönheitspflege der Haut und der Haare:* Zur dekorativen Kosmetik gehören Lippenstift, Make-up und Lidschatten, zur pflegenden Kosmetik gehören Gesichtswasser, Nachtcreme und Haarkur. ◆Gesichts-, Haut-, Natur- ❷ *(übertr.) eine oberflächliche Korrektur, die nur den Anschein einer Verbesserung hat:* Das Unternehmen berichtet, es habe positive Veränderungen gegeben. Aber ich glaube, das ist alles nur Kosmetik!

Kos·mo·naut der, **Kos·mo·nau·tin** [kɔsmo'naʊt] <-n, -en> *russischer Weltraumfahrer:* An Bord des Raumschiffes sind zwei russische Kosmonauten und zwei amerikanische Astronauten.

Kos·mo·po·lit der, **Kos·mo·po·li·tin** [kɔsmopo'li:t] <-en, -en> *(geh.: ≈ Weltbürger) jmd., der sich als Bürger der ganzen Welt versteht und dem die Zugehörigkeit zu einer bestimmten Nation nicht so wichtig ist:* Heute Paris, morgen New York: Er ist eben Kosmopolit!

Kost die [kɔst] <-> */kein Plur./ Essen, Nahrung:* Du solltest nur leichte Kost zu dir nehmen.; Er ist auf rein vegetarische Kost umgestiegen.; ■ **Kost und Logis frei** *kostenlose Verpflegung und Unterkunft* Das Gehalt der Hausangestellten war zwar nicht hoch; dafür hatten sie Kost und Logis frei. ◆Natur-, Roh-, Schon-

kost·bar ['kɔstbaːɐ̯] *adj* ❶ *(≈ edel) von großem Wert:* Überall im Haus lagen kostbare Teppiche.; kostbarer Schmuck; kostbare Kleider ▶ Kostbarkeit ❷ *wertvoll, sehr wichtig:* Meine Zeit ist mir zu kostbar, um sie mit solchen überflüssigen Dingen zu vergeuden.

Kos·ten ['kɔstən] <-> *Plur.* ❶ *(≈ Ausgaben) Geld, das man für etwas zahlen muss:* Wenn es um sein Hobby geht, scheut er keine Kosten.; Kosten aufbringen/einsparen/erstatten/sparen ◆Anschaffungs-, Fahrt-, Gerichts-, Lebenshaltungs-, Lohnneben- Reise- ❷ ■ **auf seine Kosten kommen** *in seinen Erwartungen zufrieden gestellt werden* In diesem Film kommt wirklich jeder auf seine Kosten; ■ **auf jemandes Kosten/auf Kosten von jemandem** *von jmds. Geld* Sie lebt auf Kosten ihrer Eltern.; ■ **auf jemandes Kosten/auf Kosten von jemandem/etwas** *zum Nachteil von jmdm. oder von etwas* Er hat sich auf ihre Kosten lustig gemacht.; Ständiger Stress geht auf Kosten der Gesundheit. ◆Getrennt- oder Zusammenschreibung → R 4.9, 4.16 Kosten sparend/kostensparend; eine Kostensparende/kostensparende Lösung; ◆Zusammenschreibung → R 4.5, R 4.16 eine kostensparendere Lösung; die kostensparendste Lösung; kostendeckend

kos·ten¹ ['kɔstən] <kostest, kostete, hat gekostet> *mit OBJ/ohne OBJ* ■ *jmd.* **kostet (etwas)** *(≈ probieren) etwas auf seinen Geschmack hin prüfen:* Würdest du bitte die Suppe kosten?; Ich habe schon gekostet.

kos·ten² ['kɔstən] <kostet, kostete, hat gekostet> *mit OBJ* ■ **etwas kostet (jmdn.) etwas** ❶ *einen bestimmten Preis haben:* Die CD kostet 15 Euro.; Der Eintritt für Studierende kostet die Hälfte.; Der Hausbau hat uns ein Vermögen gekostet. ❷ *etwas (von jmdm.) erfordern:* Die Fertigstellung meiner Diplomarbeit hat viel Zeit/Mühe/Anstrengung gekostet.; Warte einen Moment! Das kostet mich nur einen Anruf. ❸ *die Ursache für einen Verlust sein:* Die Schließung dieser Fabrik kostete 500 Arbeiter den Job.; Der Versuch, das Kind zu retten, kostete ihn das Leben.

kos·ten·los *adj /nicht steig./ (≈ gratis) so, dass man nichts dafür bezahlen muss:* Der Eintritt ist kostenlos!

köst·lich ['kœstlɪç] *adj* ❶ *(≈ delikat) so, dass etwas sehr gut schmeckt:* Könnte ich bitte noch ein Gläschen von diesem köstlichen Wein/einen Teller von dieser köstlichen Nachspeise haben? ▶ Köstlichkeit ❷ *(≈ amüsant) sehr unterhaltsam, vergnüglich:* Das war ein köstlicher Einfall/Witz.; sich köstlich amüsieren

Kost·pro·be die <-, -n> ❶ *eine kleine Menge einer Speise oder eines Getränks, die jmd zum Prüfen des Geschmacks isst oder trinkt:* Nicht so viel Fleisch! Ich wollte doch nur eine Kostprobe! ❷ *(übertr.) ein kleines Beispiel von etwas:* Die Sängerin gab eine Kostprobe ihres Könnens.

kost·spie·lig ['kɔstʃpiːlɪç] *adj sehr teuer:* Sie hat ein sehr kostspieliges Hobby. ▶ Kostspieligkeit

Kos·tüm das [kɔs'tyːm] <-s, -e> ❶ *eine (aufeinander abgestimmte) Kombination*

aus Jacke und Rock: Sie trägt ein Kostüm. ◆ Frühjahrs-, Reise- ❷ *(≈ Gewand) für eine bestimmte Zeit, einen gesellschaftlichen Stand oder eine Region typische Kleidung:* ein Kostüm, wie es damals die Handwerker/Kaufleute/Spielleute trugen ❸ *eine (Ver-)Kleidung, die man beispielsweise im Karneval trägt:* Hast du schon ein Kostüm für die Karnevalsfeier? ◆ Faschings-, Narren- ❹ THEAT. *Kleidung für eine bestimmte Rolle:* Der Schauspieler trägt ein sehr aufwendiges Kostüm. ◆ Rokoko-, Theater-

Ko·te·lett das [kɔtˈlɛt, ˈkɔtlɛt, kotəˈlɛt] <-s, -s/-e> ❶ *ein Stück Fleisch (mit Knochen) vom Schwein, Kalb, Hammel, Lamm:* ein Kotelett essen ❷ ÖSTERR. *Steak:* im Restaurant ein Kotelett bestellen

Ko·te·let·ten <-> *Plur. schmaler, meist kürzerer von den Ohren in Richtung Kinn verlaufender Bart:* Koteletten tragen

kot·zen [ˈkɔtsn̩] <kotzt, kotzte, hat gekotzt> *ohne OBJ* ■ **jmd. kotzt** *(vulg.: ≈ erbrechen) (sich) übergeben:* Er hatte so viel Alkohol getrunken, dass er kotzen musste.; ■ **das/etwas ist zum Kotzen** *das/etwas ist unerträglich* Ich finde dein Verhalten zum Kotzen!

Kot·zen der [ˈkɔtsn̩] <-s, -> ÖSTERR. *grobe Wolldecke*

kotz·übel [ˈkɔtsˈlyːbl̩] *adj /nicht steig./ (vulg.) äußerst übel, unwohl:* Mir ist kotzübel! Ich hätte den Fisch nicht essen sollen.

krab·beln [ˈkrabl̩n] <krabbelst, krabbelte, ist gekrabbelt> *ohne OBJ* ❶ **ein Kind krabbelt** *sich auf Händen und Füßen fortbewegen:* Das Baby krabbelt auf allen vieren durchs Zimmer ▸ Krabbelalter, Krabbelgruppe, Krabbelkind ❷ **ein Tier krabbelt** *mit raschen Bewegungen kriechen:* An der Decke krabbelt ein Käfer/eine Spinne.

Krach der [krax] <-(e)s, Kräche> ❶ */kein Plur./ ständiger Lärm:* Seitdem die Bauarbeiten im Gang sind, herrscht hier ein fürchterlicher/ohrenbetäubender/unerträglicher Krach. ❷ */kein Plur./ plötzlicher, sehr lauter Knall:* Mit einem Krach fiel die Tür ins Schloss. ❸ *(umg.) heftiger, lauter Streit:* Sie haben schon viel Krach mit ihr gehabt. ◆ Ehe-, Familien- ❹ *(umg.) Bankrott, wirtschaftlicher Zusammenbruch;* ■ **mit Ach und Krach** *(umg.) mit großer Mühe* Er hat die Prüfung mit Ach und Krach bestanden. ◆ Banken-, Börsen-

kra·chen [ˈkraxn̩] <krachst, krachte, hat/ist gekracht> I. *ohne OBJ* ■ **etwas kracht** ❶ *(haben) ein Geräusch auslösen, das sich wie ein Knall anhört:* Die Donner/Schüsse krachten nur so. ❷ *(sein) laut zerbrechen, zerreißen:* Plötzlich krachte das Eis und ich brach ein. ❸ *(sein) (umg.) laut gegen oder auf etwas prallen:* Das Auto krachte gegen einen Baum. II. *mit ES* ■ **es kracht** *(haben)* ❶ *(umg.) es gibt einen Zusammenstoß von Fahrzeugen:* „Passieren hier öfter Unfälle?" „Ja, auf dieser Kreuzung kracht es andauernd." ❷ *es gibt heftigen Streit:* Seit es bei ihnen gekracht hat, sprechen sie nicht mehr miteinander. ❸ *es donnert:* Der Blitz schlug ein und es krachte.; ■ **Bald kracht's!** *(umg.) Das sehe ich mir nicht länger an; gleich handle ich!* Hör endlich auf! Bald kracht's!

kräch·zen [ˈkrɛçtsn̩] <krächzt, krächzte, hat gekrächzt> *ohne OBJ* ❶ **ein Tier krächzt** *heiser schreien:* Raben krächzen. ❷ **jmd. krächzt** *heiser sprechen, raue Laute hervorbringen:* Ich kann heute nur krächzen, weil ich einen rauen Hals habe/heiser bin/erkältet bin.

Kraft die [kraft] <-, Kräfte> ❶ *körperliche Stärke:* Seine körperliche Kraft ist unglaublich.; Er strotzt vor Kraft.; bei Kräften sein; wieder zu Kräften kommen ◆ Körper-, Muskel- ❷ *seelische, geistige oder moralische Energie:* Ich bewundere die schöpferische Kraft der Künstlerin.; Sie hatte bereits viele Rückschläge hinnehmen müssen; aber dies ging über ihre Kraft.; die Kräfte anspannen/sammeln/verbrauchen/übersteigen ◆ Geistes-, Tat-, Vorstellungs-, Willens- ❸ *die Eigenschaft, eine bestimmte Wirkung zu erzeugen:* Seit ich dieses Buch gelesen habe, bin ich von der heilenden Kraft der Kräuter überzeugt.; die Kräfte der Natur ◆ Heil- ❹ PHYS. *Ursache für Bewegungsänderungen frei beweglicher Körper oder Formveränderungen:* Kraft ist Masse mal Beschleunigung.; elektrische/magnetische Kraft ❺ *eine Person, die Arbeit für jmdn. leistet:* Der Betrieb sucht andauernd neue Kräfte. ◆ Arbeits-, Büro-, Hilfs-, Reinigungs-, Schreib- ❻ */meist Plur./ eine einflussreiche Gruppe von Menschen:* Die fortschrittlichen/konservativen Kräfte vertreten die Ansicht, dass ... ❼ SEEW. *Motorleistung:* Das Schiff fuhr mit gedrosselter/voller Kraft.; ■ **die treibende Kraft sein** *derjenige sein, der etwas anregt* Bei diesem Projekt ist er die treibende Kraft.; ■ **außer Kraft setzen** *ungültig, unwirksam werden lassen* ein Gesetz außer Kraft setzen; ■ **in Kraft treten/sein/bleiben** *wirksam, gültig werden/sein/bleiben* Dieses Gesetz tritt mit Beginn des nächsten Jahres in Kraft.; ■ **in**

Kraft setzen *wirksam, gültig werden lassen* die neue Hausordnung in Kraft setzen ◆*Getrennt- oder Zusammenschreibung* → R 4.9, R 4.16 Kraft raubend/kraftraubend; eine Kraftraubende/kraftraubende Arbeit; ◆*Getrenntschreibung* → R 4.9, R 4.16 eine viel Kraft raubende Arbeit; ◆*Zusammenschreibung* → R 4.16 eine äußerst kraftraubende Arbeit; eine noch kraftraubendere Arbeit

kraft [kraft] *präp +Gen.* AMTSSPR. *aufgrund der Autorität:* Er hat kraft seines Amtes entschieden, dass …; Kraft Gesetzes muss diese Bestimmung eingehalten werden.

Kraft·fah·rer *der,* **Kraft·fah·re·rin** *<-s, ->* ❶ AMTSSPR. *jmd., der ein Kraftfahrzeug fährt:* Von dieser Regelung sind alle Kraftfahrer betroffen. ❷ *jmd., der beruflich ein Kraftfahrzeug fährt:* Er ist Kraftfahrer; deshalb ist er immer viel unterwegs.

Kraft·fahr·zeug *das <-(e)s, -e>* AMTSSPR. *(≈ Auto, Wagen) ein Fahrzeug, das durch einen Motor angetrieben wird und nicht auf Schienen fährt (Abk. „Kfz"):* Diese Straße ist für Kraftfahrzeuge aller Art gesperrt.; die Erlaubnis zum Führen (≈ Fahren) eines Kraftfahrzeugs

kräf·tig ['krɛftɪç] *adj* ❶ *gesund und stark, von körperlicher Kraft zeugend:* Sie hat einen kräftigen Jungen zur Welt gebracht.; Er besitzt eine kräftige Konstitution.; kräftige (≈ muskulöse) Oberarme ❷ *stark:* Sie hat einen kräftigen Händedruck. ❸ *intensiv (wirkend):* Ein kräftiges Hoch bestimmt in den kommenden Tagen unser Wetter.; Bei diesem Gemälde habe ich vorwiegend kräftige Farben verwendet.; Es hat kräftig geregnet. ❹ *derb, grob:* Er hat kräftig geflucht. ❺ *(≈ nahrhaft) reich an Nährstoffen:* eine kräftige Suppe; kräftiges Brot

-kräf·tig [krɛftɪç] *als Zweitglied zusammengesetzter Adjektive, mit Betonung auf dem Erstglied; drückt aus,* ❶ *dass das mit dem Erstglied Bezeichnete in großer Menge/reichlich vorhanden ist:* Sie schreibt eine aussagekräftige Bewerbung, in der alle wichtigen Argumente der Stellenausschreibung angesprochen sind. ◆aussage-, beweis-, ertrags-, finanz-, heil-, kapital- ❷ *dass jemand zu dem mit dem Erstglied Bezeichneten in hohem Maße in der Lage ist:* Die Firma ist besonders an kaufkräftigen Kunden interessiert, die genügend Geld für teure Sachen haben. ◆kauf-, lebens-, zahlungs-

kräf·ti·gen ['krɛftɪgn̩] *<kräftigst, kräftigte, hat gekräftigt>* **I.** *mit OBJ* ◆ **jmd. kräftigt etwas** *stark machen:* Nach Entfernung des Gipses kräftigte sie ihr geschwächtes Bein durch gezielte Übungen. **II.** *mit SICH* ◆ **etwas/jmd. kräftigt sich** *stark werden:* Die Muskulatur hat sich gekräftigt.; Nach der Krankheit hat er sich jetzt wieder gekräftigt.

Kraft·stoff *der <-(e)s, -e>* KFZ *ein Treibstoff, durch dessen Verbrennung im Motor Energie erzeugt wird (z.B. Benzin):* Kraftstoff tanken

Kraft·werk *das <-(e)s, -e> eine Art Fabrik, in der Elektrizität erzeugt wird* ◆Atom-, Kern-, Kohle-, Wasser-

Kra·gen *der* ['kra:gn̩] *<-s, -/Krägen> der Teil der Kleidung, der den Hals bedeckt oder umschließt:* der Kragen eines Hemdes/einer Bluse/eines Mantels; ein runder/spitzer Kragen; ▪ **etwas kostet jemandem/jemanden den Kragen** *(umg.) etwas bringt jmdn. um seine Arbeitsstelle* Dieses Verhalten wird dich eines Tages den Kragen kosten.; ▪ **jemandem platzt der Kragen** *(umg.) jmds. Geduld ist am Ende* Mir platzt gleich der Kragen!; ▪ **Kopf und Kragen riskieren** *sich in Gefahr begeben* Bei dieser Aktion riskierte er Kopf und Kragen. ◆Mantel-, Pelz-

Kram *der <-s> /kein Plur./ (abwert.)* ❶ *(≈ Krempel) alte, wertlose Gegenstände, unnützes Zeug, Plunder:* Kram aufheben/wegräumen; Wir sollten den alten Kram im Keller endlich wegwerfen. ❷ *eine lästige Aufgabe oder Arbeit, die man ungern erledigt:* Ich komme nach, wenn ich den ganzen Kram hier erledigt habe.; ▪ **jemandem nicht in den Kram passen** *jmdm. ungelegen kommen, lästig sein* Es passt mir überhaupt nicht in den Kram, dass ich morgen Besuch bekomme.; ▪ **den ganzen Kram hinschmeißen** *(umg.) aufgeben, mit etwas aufhören* Ich habe keine Lust mehr! Am liebsten würde ich den ganzen Kram hinschmeißen. ◆Papier-, Routine-, Verwaltungs-

Kran *der* [kra:n] *<-(e)s, -e/Kräne> ein fahrbares Gerät, mit dem man auf Baustellen schwere Gegenstände heben und transportieren kann:* Auf der Baustelle steht ein großer Kran. ◆-führer, Bau-

krank [kraŋk] *<kränker, am kränksten> adj* ❶ *(↔ gesund) so, dass man sich schlecht fühlt und (unter Schmerzen) leidet:* Sie ist geistig/körperlich/psychisch/schwer/unheilbar krank.; Wenn du krank bist, solltest du zum Arzt gehen.; Der ewige Lärm macht mich ganz krank.; Der kranke Baum musste gefällt werden.; Er stand auf und fühlte sich bereits krank.

◆ geistes-, grippe-, herz-, magen- ❷ *in dem Zustand, dass ein Teil eines Organismus bzw. ein Organ in seiner normalen Funktion gestört ist:* ein kranker Magen; eine kranke Leber; ein kranker Fuß ❸ *in dem Zustand, dass jmd. sich elend und geschwächt fühlt:* sich krank ärgern; Er ist vor Eifersucht ganz krank. ❹ *(übertr.) so, dass etwas durch bestimmte Missstände in schlechtem Zustand ist:* eine kranke Kultur; Die Wirtschaft ist krank.; Wie krank ist unsere Gesellschaft? ◆ Getrenntschreibung → R 4.8 krank sein; ◆ Zusammenschreibung → R 4.5 krankfeiern; kranklachen; krankmelden; krankschreiben

Kran·ke der/die <-n, -n> *jmd., der nicht gesund ist:* den Kranken besuchen

krän·keln ['krɛŋkl̩n] <kränkelst, kränkelte, hat gekränkelt> *ohne OBJ* ■ **jmd. kränkelt** *ständig oder immer wieder ein wenig krank sein:* Das Kind kränkelt seit einiger Zeit.

krän·ken ['krɛŋkn̩] <kränkst, kränkte, hat gekränkt> *mit OBJ* ■ **jmd./etwas kränkt jmdn.** *jmds. Gefühle verletzen:* Mit dieser Äußerung hat er sie zutiefst gekränkt.; Ihr Benehmen hat mich schwer gekränkt.; gekränkter Stolz; gekränkte Eitelkeit ► Kränkung

Kran·ken·be·such der <-(e)s, -e> *der Besuch bei einer kanken Person im Krankenhaus oder in deren Wohnung:* einen Krankenbesuch (bei jemandem) machen

Kran·ken·haus das <-es, Krankenhäuser> *(≈ Hospital, Klinik) Gebäude, in dem sich Kranke meist über eine gewisse Zeit zur Untersuchung und Behandlung aufhalten:* Er wurde ins Krankenhaus eingeliefert. ◆ -aufenthalt, -behandlung, -einweisung, Kreis-, Unfall-

Kran·ken·kas·sa die <-, -kassen> ÖSTERR. *Krankenkasse:* Beiträge für die Krankenkassa

Kran·ken·kas·se die <-, -n> *Versicherung, die notwendige medizinische Leistungen bezahlt:* die gesetzliche/private Krankenkasse ◆ -nbeitrag

Kran·ken·pfle·ger der, **Kran·ken·pfle·ge·rin** <-s, -> *Person, die für die Versorgung/Pflege kranker Personen zuständig ist:* Er arbeitet als Krankenpfleger.

Kran·ken·schein der <-s, -e> *(früher) ein Schein, den das Mitglied einer Krankenkasse im Falle eines Arztbesuches vorlegt, damit der Arzt die Behandlungskosten mit der Krankenkasse abrechnen kann:* einen Krankenschein vorlegen

Kran·ken·schwes·ter die <-, -n> *eine Frau, die beruflich (in einem Krankenhaus) kranke Menschen pflegt:* eine Ausbildung zur Krankenschwester machen

Kran·ken·wa·gen der <-s, -> *(≈ Rettungswagen) ein spezielles Auto bzw. ein spezieller kleiner Bus, mit dem Kranke transportiert werden:* einen Krankenwagen rufen

krank·haft adj /nicht steig./ ❶ *(≈ pathologisch) durch eine Krankheit ausgelöst:* Der Arzt diagnostizierte eine krankhafte Veränderung des Gewebes. ❷ *(≈ unnormal, abartig) so, dass jmd. sich nicht normal verhält:* krankhafte Eifersucht; Ihr Putzzwang ist krankhaft.; Er ist krankhaft ehrgeizig.

Krank·heit die <-, -en> ❶ *ein Zustand, in dem ein Lebewesen nicht gesund ist, da die normalen körperlichen oder seelischen Vorgänge gestört sind:* eine akute/chronische Krankheit; eine bösartige/harmlose Krankheit; einer Krankheit vorbeugen; an einer Krankheit leiden; eine Krankheit bekämpfen/bekommen/überwinden; Die Krankheit wird von Bakterien/Parasiten/Viren ausgelöst/hervorgerufen.; Sie will zunächst ihre Krankheit auskurieren. ◆ Erkältungs-, Frauen-, Haut-, Kinder- ❷ */kein Plur./ die Zeit, in der jmd. krank¹ ist:* Während seiner Krankheit konnte er kaum etwas essen.

krank·la·chen <lachst krank, lachte krank, hat krank gelacht> *mit SICH* ■ **jmd. lacht sich krank** *(umg.) sehr heftig lachen:* Wir haben uns bei der Komödie halb krankgelacht.

kränk·lich ['krɛŋklɪç] adj *ständig oder immer wieder ein wenig krank:* Sie ist ein kränkliches Kind.

krank·mel·den <meldest krank, meldete krank, hat krankgemeldet> *mit SICH* ■ **jmd. meldet sich krank** *den Arbeitgeber oder die Schule darüber informieren, dass man wegen einer Krankheit zu Hause bleiben muss* ► Krankmeldung

krank·schrei·ben <schreibst krank, schrieb krank, hat krankgeschrieben> *mit OBJ* ■ **ein Arzt schreibt jmdn. krank** *einem Patienten eine schriftliche Bestätigung geben, dass er für eine bestimmte Zeit wegen einer Krankheit nicht arbeiten kann:* Sie ist schon seit drei Monaten krankgeschrieben.; Der Arzt hat sie krankgeschrieben.

Kranz der [krants] <-es, Kränze> ❶ *zu einem kreisförmigen Gebinde geflochtene Blumen oder Zweige:* Auf dem Grab wurden zahlreiche Kränze niedergelegt.; Wir basteln für Advent einen Kranz. ⬥ Advents-, Blumen-, Lorbeer-, Trauer- ❷ *Kuchen in der Form eines Kranzes¹*: Frankfurter Kranz

krass [kras] <krasser, am krassesten> *adj* ❶ *verwendet, um auszudrücken, dass jmd. oder etwas die genannte Sache in besonders reiner oder intensiver Form vertritt*: Wir haben es hier mit einem krassen Fall von Betrug zu tun.; Er ist ein krasser Angeber/Außenseiter. ❷ *(≈ schroff) so, dass zwischen zwei Dingen ein sehr starker Unterschied besteht*: Ihre Ansichten/ Standpunkte stehen in krassem Gegensatz. ❸ *(jugendspr.) verwendet, um auszudrücken, dass jmd. oder etwas als sehr positiv eingeschätzt wird*: Dein Handy — echt krass! Was kostet denn so ein Teil?

Kra·ter der ['kraːtɐ] <-s, -> *ein Loch in der Erde, das durch einen Vulkanausbruch oder eine Explosion entstanden ist*: der Krater eines Vulkans ⬥ -landschaft, -see, Bomben-, Mond-, Vulkan-

krau·len¹ ['kraʊlən] <kraulst, kraulte, hat/ist gekrault> **I.** *mit OBJ* ▪ **jmd. krault etwas** *(haben o sein) beim Schwimmen in einem bestimmten Stil schwimmen*: Sie hat/ist diese Strecke in neuer Weltrekordzeit gekrault.; Er hat Bestzeit gekrault. **II.** *ohne OBJ* ❶ ▪ **jmd. krault** *(haben o sein) in einem bestimmten Stil schwimmen*: Er sprang ins Wasser und begann zu kraulen. ❷ ▪ **jmd. krault irgendwohin** *(sein) irgendwohin in einem bestimmten Stil schwimmen*: Ich bin ans andere Ufer gekrault.

krau·len² ['kraʊlən] <kraulst, kraulte, hat gekrault> *mit OBJ* ▪ **jmd. krault jmdn./ ein Tier** *liebevoll mit den Fingerspitzen streicheln*: Sie kraulte die Katze.

kraus [kraʊs] *adj* (↔ *glatt*) ❶ *wellig, faltig*: Der Stoff ist kraus geworden, ich muss ihn wieder bügeln. ❷ *stark gelockt*: Das Kind hat krauses Haar.; ▪ **die Stirn kraus ziehen** *Die Stirn in Falten legen* ⬥ Zusammenschreibung → R 4.5

Kraut das [kraʊt] <-(e)s, Kräuter> ❶ */meist Plur./ eine Heil- oder Würzpflanze*: Ich habe dir einen Tee aus Kräutern zubereitet. ❷ */kein Plur./ Stängel und Blätter, die man von bestimmten Nutzpflanzen entfernt, weil man sie nicht isst*: Kannst du das Kraut von den Möhren/Radieschen abmachen? ❸ SÜDDT., ÖSTERR. *(Weiß-)Kohl*: Zu Mittag gab es Schweinebraten mit Knödeln und Kraut. ❹ ▪ **dagegen ist kein Kraut gewachsen** *(umg.) gegen etwas kann man nichts unternehmen* Gegen seine Ungeduld ist kein Kraut gewachsen.; ▪ **wie Kraut und Rüben** *(umg.) unordentlich, durcheinander* Im Kinderzimmer sieht es aus wie Kraut und Rüben.; ▪ **etwas schießt ins Kraut** *(umg.) etwas wächst sehr üppig*

Kra·wall der [kra'val] <-s, -e> ❶ *Tumult, gewalttätiger Aufruhr; Unruhen*: Bei der Demonstration kam es nur zu wenigen Krawallen.; Nach Fußballspielen kommt es leider immer wieder zu Krawallen. ⬥ Straßen- ❷ */kein Plur./ Krach, Lärm*: Die Kinder machten draußen einen höllischen Krawall.; ▪ **jemand schlägt bei jemandem Krawall** *(umg.) jmd. beschwert sich bei jmdm. über etwas* Die Nachbarin schlägt Krawall, weil die Kinder auf der Straße spielen.

Kra·wat·te die [kra'vatə] <-, -n> *(≈ Schlips) ein langes und relativ schmales schmückendes Kleidungsstück in der Form eines Stoffbandes, das sich Männer mit einem besonderen Knoten um den Hals binden*: die Krawatte ablegen/binden/lockern/zurechtrücken/zuziehen ⬥ -knoten, -nmuffel, -nnadel

kra·xeln ['kraksl̩n] <kraxelst, kraxelte, ist gekraxelt> *ohne OBJ* ❶ **jmd. kraxelt** SÜDDT., ÖSTERR. *(umg.) auf einen Berg steigen*: auf einen Berg kraxeln ❷ ▪ **jmd. kraxelt auf etwas** *Akk. klettern*: Das Kind ist auf einen Baum gekraxelt.

kre·a·tiv [krea'tiːf] *adj (≈ schöpferisch) voller neuer Ideen und fähig, diese umzusetzen*: Sie ist künstlerisch sehr kreativ.; kreative Entwürfe/Fantasie/Gestaltung ▸ Kreativität

Kre·a·tur die [krea'tuːɐ̯] <-, -en> ❶ *(geh.) Lebewesen, Geschöpf (Gottes)*: eine Kreatur Gottes ❷ *ein Mensch, den man bedauert oder verachtet*: eine arme/erbärmliche/jämmerliche Kreatur

Kre·dit der [kre'diːt, kre'dɪt] <-(e)s, -e> ❶ WIRTSCH. *der Betrag, den jmd. von jmdm. oder einer Bank geliehen bekommt und für den man Zinsen zahlt*: Für den Kauf des Hauses mussten wir einen Kredit aufnehmen.; den Kredit und die Zinsen zurückzahlen ⬥ -geber, -laufzeit, -nehmer ❷ */kein Plur./ der Kauf eines Gegenstandes, ohne sofort zu bezahlen*: Er hat das Auto bestimmt auf Kredit gekauft. ❸ */kein Plur./ Vertrauen in die Ehrlichkeit und Fähigkeit einer Person*: Sie hat ihren Kredit bei mir verspielt.

Kre·dit·kar·te die [kre'diːt..., kre'dɪt...] <-, -n> *eine der Scheckkarte ähnliche Karte, mit der man ohne Bargeld bezahlen kann*:

mit Kreditkarte bezahlen

Krei·de die ['kraɪdə] <-, -n> *eine Art weißer Stift aus einem trockenen Material, mit dem man an eine Tafel schreiben kann*: Die Lehrerin schreibt mit Kreide an die Tafel.; ■ **bei jemandem tief in der Kreide stehen** *(umg.) Schulden bei jmdm. haben* Er steht bei den Banken tief in der Kreide.

krei·de·bleich adj /nicht steig./ *so, dass man im Gesicht ganz bleich/weiß ist*: Sie wurde vor Schreck kreidebleich.

Kreis der [kraɪs] <-es, -e> ❶ *eine runde, geometrische Figur, bei der alle Punkte den gleichen Abstand zum Mittelpunkt haben*: Berechnet bitte den Durchmesser/Radius/Umfang dieses Kreises! ❷ *eine Figur, Bewegung oder Gruppierung in der Form eines Kreises¹*: Die Kinder bildeten einen Kreis.; Der Adler zog seine Kreise am Himmel. ❸ *eine Gruppe von Menschen, die regelmäßig zusammenkommen*: Wir treffen uns regelmäßig im Kreis der Familie.; Er hat einen Kreis Gleichgesinnter um sich versammelt.; der berühmte Kreis der Prager Linguisten ♦Arbeits-, Benutzer-, Bekannten-, Bibel-, Experten-, Familien- Freundes-, Gesprächs-, Kollegen-, Literaten- ❹ /nur Plur./ *bestimmter Teil der Bevölkerung; soziale Gruppe*: Er verkehrt neuerdings nur noch in besseren Kreisen.; Aus gut unterrichteten Kreisen war zu hören, dass ... ❺ *kurz für „Landkreis"*: Zu welchem Kreis gehört dieser Ort?; die Stadt Krumbach, Kreis Günzburg; ■ **Kreise ziehen** *starke Auswirkungen haben* Der Skandal zieht immer größere Kreise.; ■ **sich im Kreis bewegen/drehen** *immer wieder dasselbe denken/sagen/tun, und deshalb zu keinem Ergebnis gelangen* So kommen wir nicht weiter. Wir drehen uns nur im Kreis!

krei·schen ['kraɪʃn̩] <kreischst, kreischte, hat gekreischt> ohne OBJ ■ **jmd./etwas kreischt** ❶ *mit hoher, schriller Stimme schreien*: Sie kreischte vor Schreck. ❷ *ein hohes, schrilles Geräusch von sich geben*: Als der Zug bremsen musste, kreischten die Räder.

krei·sen ['kraɪzn̩] <kreist, kreiste, hat/ist gekreist> ohne OBJ ❶ ■ **jmd./etwas kreist irgendwo** *(haben o sein) sich auf einer kreisförmigen Bahn bewegen*: Der Satellit kreist um die Erde.; Das Flugzeug hat/ist über der Stadt gekreist. ❷ ■ **jmd. kreist mit etwas** Dat. *(haben) mit einem Körperteil kreisförmige Bewegungen machen*: Bei der nächsten Übung müsst ihr mit den Armen/dem Becken/dem Kopf kreisen. ❸ ■ **etwas kreist um etwas** Akk. *(haben o sein) sich um ein bestimmtes Thema bewegen*: Seine Gedanken kreisten nur um eine Frage: Wie sollte er diese Prüfung jemals bestehen?

Kreiß·saal der <-(e)s, Kreißsäle> *Raum im Krankenhaus, in dem die Babys geboren werden*: Ihre Frau ist schon im Kreißsaal.

Krem·pel der ['krɛmpl̩] <-s> /kein Plur./ *(umg. abwert.: ≈ Kram) wertloses Zeug, Plunder*: Ich habe den Keller ausgeräumt und den ganzen Krempel weggeworfen.

kre·pie·ren [kre'piːrən] <krepierst, krepierte, ist krepiert> ohne OBJ ■ **jmd./ein Tier krepiert** *(umg. abwert.:≈ verenden) sterben*: Das angefahrene Reh krepierte.; Von mir aus kann dieser Typ krepieren!

Kreuz das [krɔʏts] <-es, -e> ❶ *ein grafisches Zeichen, das aus zwei sich rechtwinklig (oder schräg) kreuzenden Linien besteht*: Wenn Sie nicht verheiratet sind, machen Sie in dieses Kästchen bitte ein Kreuz. ▶ankreuzen ❷ REL. *das Symbol des christlichen Glaubens in der Form von rechtwinklig sich kreuzenden Linien*: das Kreuz schlagen ▶bekreuzigen ♦Altar-, Grab- ❸ *ein Gegenstand in Form eines Kreuzes¹ als Symbol, Orden oder Auszeichnung*: Er erhielt das Eiserne Kreuz. ♦Bundesverdienst- ❹ *ein Holzgerüst in Form eines Kreuzes¹, an das man im Altertum Menschen nagelte oder band, die zum Tode verurteilt waren*: Jesus Christus starb am Kreuz. ❺ *(übertr.) eine schwere Last, die jmdn. bedrückt*: Er hat sein Kreuz mit dieser Frau!; Es ist schon ein Kreuz mit der Grammatik! ❻ ANAT. *(umg.) der untere Teil des Rückens*: Nachdem ich den Garten umgegraben hatte, tat mir das Kreuz weh. ♦-schmerzen, Hohl- ❼ MUS. *ein Zeichen, das eine Note um einen halben Ton erhöht*: D-Dur ist eine Tonart mit zwei Kreuzen. ❽ *eine Spielfarbe im Kartenspiel*: Kreuz Bube ❾ ■ **jemanden aufs Kreuz legen** *(umg.) jmdn. hereinlegen, betrügen* Der Verkäufer hat mich aufs Kreuz gelegt.; ■ **zu Kreuze kriechen** *(umg.) demütig nachgeben* Ich werde nicht vor ihm zu Kreuze kriechen.; ■ **mit jemandem über Kreuz liegen** *mit jmdm. in Streit leben*; ■ **drei Kreuze hinter jemandem/etwas machen** *froh sein, wenn man mit jmdm. oder etwas nichts mehr zu tun hat* Ich mache drei Kreuze, wenn ich diese Prüfung bestanden habe.

kreuz ■ **kreuz und quer** *ohne Plan oder System* Auf der Suche nach einem Parkplatz fuhr er kreuz und quer durch die Innenstadt.

kreuz- |krɔyts| *als Erstglied zusammengesetzter Adjektive, mit Betonung auf beiden Teilen; drückt intensivierend aus, dass die mit dem Zweitglied bezeichnete Eigenschaft/Befindlichkeit in ganz besonderem Maße gegeben ist:* Auf der Party war es kreuzlangweilig, weshalb viele sehr früh fortgegangen sind. ◆ -anständig, -elend, -brav, -dämlich, -elend, -fidel, -gefährlich, -gemütlich, -langweilig, -lustig, -normal, -notwendig, -peinlich, -unglücklich, -vergnügt

Kreu·zung die <-, -en> *Stelle, an der zwei oder mehrere Straßen aufeinander treffen:* Der Verkehr auf dieser Kreuzung wird durch eine Ampelanlage geregelt.; An dieser Kreuzung gilt rechts vor links.; über eine Kreuzung fahren ◆ Straßen-, Verkehrs-

krib·beln ['krɪbl̩n] <kribbelst, kribbelte, hat gekribbelt> I. ohne OBJ ■ **etwas kribbelt** (umg.) *jucken:* Mein Rücken kribbelt. II. mit ES ■ **es kribbelt irgendwo** (umg.) ❶ *(irgendwo) jucken:* Es kribbelt mich in der Nase. ❷ *(von Insekten) in großer Zahl hin- und herlaufen:* Hier kribbelt und krabbelt es.; **es kribbelt jemanden in den Fingern** (umg.) *jmd. möchte sehr gern etwas tun* Es kribbelt mir in den Fingern, bei dir zu putzen.

krie·chen [kriːçən] <kriechst, kroch, ist gekrochen> ohne OBJ ❶ ■ **jmd. kriecht irgendwo** *sich auf Händen und Füßen vorwärts bewegen:* Auf der Suche nach der verlorenen Schraube kroch er über den Fußboden.; auf allen vieren kriechen ❷ ■ **ein Tier kriecht irgendwo** *mit dem Körper auf oder knapp über dem Boden vorwärtsgleiten:* Die Raupe/Die Schlange/Die Schnecke kroch davon. ❸ ■ **jmd./ein Tier kriecht in etwas** Akk. *sich in etwas hinein bewegen:* Er kroch frierend ins Zelt.; Der Hund kriecht in die Ecke. ❹ ■ **etwas kriecht irgendwo** *sich langsam fortbewegen:* Die Autokolonne kriecht an der Baustelle vorbei. ❺ ■ **jmd. kriecht vor jmdm.** (abwertend.) *gegenüber Vorgesetzten ein sehr unterwürfiges Verhalten zeigen, weil man hofft, dass man dadurch Vorteile hat:* Er kriecht vor seinem Chef. ▶ Kriecher, Kriecherin

Krieg der [kriːk] <-(e)s, -e> (↔ *Frieden*) *eine Auseinandersetzung zwischen zwei oder mehreren Staaten, bei der militärische Gewalt angewendet wird:* ein blutiger/grausamer Krieg; Wann ist dieser Krieg ausgebrochen?; einen Krieg beenden/erklären/führen/verhindern; ein gerechter/ heiliger/schmutziger Krieg; ein atomarer/ konventioneller Krieg; das Land mit Krieg überziehen; aus dem Krieg heimkehren; im Krieg fallen; **der kalte Krieg** GESCH. *nicht mit militärischen Mitteln geführter Krieg, sondern mit ideologischen, politischen und wirtschaftlichen Mitteln; insbesondere verwendet, um sich auf das Wettrüsten zwischen den USA und der Sowjetunion nach dem zweiten Weltkrieg bis hin zur sog. „Wendezeit" (die politischen Umwälzungen im Ostblock seit 1989) zu beziehen* ▶ kriegerisch ◆ Angriffs-, Bürger-, Glaubens- Völker-, Welt-, Wirtschafts- ◆ Getrenntschreibung → R 4.9, 4.16 Krieg führend

krie·gen ['kriːɡn̩] <kriegst, kriegte, hat gekriegt> mit OBJ ❶ ■ **jmd. kriegt etwas** (umg.) *bekommen:* Ich kriege noch 20 Euro von dir.; Hast du kein Geschenk gekriegt?; Du hast Post gekriegt.; Gleich kriegst du eine Ohrfeige!; Ich kriege langsam Hunger.; Wir kriegen morgen Besuch.; Hast du den Studienplatz gekriegt?; Die Pflanze kriegt Blüten. ❷ ■ **jmd. kriegt jmdn.** (umg.) *(ein)fangen:* Die Polizei hat den Dieb doch noch gekriegt.; Die Kinder spielen Kriegen.

Kri·mi der ['krɪmi, 'kriːmi] <-s, -s> (umg.) (kurz für „Kriminalroman" oder „Kriminalfilm") *eine spannende Geschichte über ein Verbrechen:* einen Krimi lesen ◆ -nalfall, -nalfilm, -nalpolizei, -nalroman

Kri·mi·na·li·tät die [kriminali'tɛːt] <-> / kein Plur./ ❶ *verbrecherische Handlungen, Straffälligkeit:* Er neigt zur Kriminalität. ❷ *alle vorkommenden Straftaten:* Die Kriminalität in der Stadt ist im vergangenen halben Jahr zurückgegangen. ◆ -srate, Computer-, Wirtschafts-

Krims·krams der ['krɪmskrams] <-(es)> / kein Plur./ (umg.) *Kram, wertloses Zeug:* In der obersten Schublade hat sich im Laufe der Zeit eine Menge Krimskrams angesammelt.

Krip·pe die ['krɪpə] <-, -n> ❶ *ein Behälter für das Futter von (Wild)Tieren:* Im Winter füllt der Förster die Krippen für Rehe und Hirsche mit Heu. ◆ Futter- ❷ *ein kleines Modell mit Figuren zur Darstellung der Heiligen Familie im Stall zu Bethlehem mit dem Jesuskind in einer Krippe¹:* An Weihnachten stellen wir die Krippe unter dem Weihnachtsbaum auf. ◆ Weihnachts- ❸ (kurz für „Kinderkrippe") *ein Ort, an dem Kinder bis drei Jahre betreut werden:* Sie bringt das Kind morgens in die/zur Krippe.

Kri·se die ['kri:zə] <-, -n> *Höhepunkt oder Wendepunkt einer gefährlichen Lage, entscheidender Abschnitt einer schwierigen Situation:* Das Land befindet sich momentan in einer politischen/wirtschaftlichen Krise.; Sie hat eine schwere seelische Krise durchgemacht/überwunden. ◆-nmanagement, -nsituation, Lebens-

Kri·te·ri·um das [krit'e:ri̯ʊm] <-s, Kriterien> *(geh.) ein kennzeichnendes Merkmal, nach dem man etwas beurteilt/einteilt/klassifiziert oder sich für etwas entscheidet:* Nach welchen Kriterien stellt der Personalchef neue Mitarbeiter ein?; ein brauchbares/objektives/subjektives Kriterium; ein Kriterium aufstellen/entwickeln/finden; Die Arbeitsgruppe soll Kriterien für die Qualitätsprüfung aufstellen.; etwas zum Kriterium für eine Auswahl/Entscheidung machen ▶ kriteriell

Kri·tik die [kri'ti:k, kri'tɪk] <-, -en> ❶ *(≈ Besprechung, Rezension) ein Text in einer Zeitung oder einer Fachzeitschrift, in dem der Autor über ein Buch, einen Film, ein Konzert o.Ä. eine Beurteilung abgibt:* Er schreibt Kritiken für die Zeitung.; eine vernichtende/wohlwollende Kritik ◆Buch-, Film-, Konzert-, Literatur-, Theater- ❷ */kein Plur./ die Gesamtheit aller Kritiker:* Die Kritik hat das Buch/den Film verrissen. ❸ */kein Plur./ das prüfende Einschätzen und Beurteilen von etwas:* eine harte/gerechte/offene/sachliche Kritik; Kritik äußern/üben ◆Gesellschafts-, Selbst-, Text-, Zeit- ❹ *(≈ Tadel) eine negative Beurteilung:* Er übte heftig Kritik an diesem Vorschlag.; Sie kann keine Kritik vertragen.; ■ **unter aller Kritik** *(umg.) sehr schlecht* Dieser Film war unter aller Kritik.

kri·tisch ['kri:tɪʃ, 'krɪtɪʃ] *adj* ❶ *(↔ kritiklos) so, dass man genau prüft und streng beurteilt:* Er hat sich mit dieser Thematik kritisch auseinander gesetzt.; ein kritischer Beitrag/Bericht; eine kritische Ausgabe der Werke von ...; ein aufmerksamer, kritischer Leser ❷ *(≈ ablehnend) so, dass man etwas negativ beurteilt und tadelt:* Sie äußerte sich kritisch zu diesen Plänen. ❸ *(≈ entscheidend) eine Wende ankündigend:* Das Kind ist gerade in einem kritischen Alter.; Die Verhandlungen haben eine kritische Phase erreicht. ❹ *gefährlich:* die kritische Phase einer Krankheit; ein kritischer Augenblick der politischen Verhandlungen

kri·ti·sie·ren [kriti'zi:rən] <kritisierst, kritisierte, hat kritisiert> *mit OBJ* ■ **jmd. kritisiert etwas** ❶ *(≈ tadeln) etwas negativ beurteilen:* Die Pläne des Ministers wurden scharf kritisiert. ❷ *(≈ rezensieren) ein Buch, einen Film o.Ä. fachlich beurteilen:* ein Buch kritisieren ❸ ■ **jmd. kritisiert jmdn.** *jmdn. oder jmds. Verhalten negativ beurteilen:* Mehrere Personen haben ihn wegen seines Verhaltens heftig kritisiert.

kroch [krɔx] *Prät. von* kriechen

Kro·ne die ['kro:nə] <-, -n> ❶ *eine Art goldener Reif, der reich verziert ist und den Könige oder Königinnen auf dem Kopf tragen:* eine Krone aufs Haupt setzen; eine Krone tragen ◆Herrscher-, Kaiser-, Königs- ❷ *die Familie, die durch einen König oder Kaiser repräsentiert wird:* Durch diesen Vorfall geriet die englische Krone in die Schlagzeilen. ❸ */kein Plur./ Vollendung, Höhepunkt:* Der Mensch gilt manchen Leuten immer noch als die Krone der Schöpfung.; Krone des Glücks/des Lebens ❹ *kurz für „Baumkrone"* ❺ *kurz für „Zahnkrone"* ❻ *Währungseinheit in Dänemark, Island, Norwegen, Schweden, der Slowakei und Tschechien;* ■ **einen in der Krone haben** *(umg.) leicht betrunken sein* Er hatte einen in der Krone.; ■ **Was ist dir denn in die Krone gefahren?** *(umg.) Was fällt dir denn plötzlich ein?;* ■ **jemand setzt einer Sache die Krone auf** *jmd. benimmt sich sehr unverschämt*

Krö·nung die ['krø:nʊŋ] <-, -en> ❶ *der Vorgang, dass jmd. zum König oder zur Königin gemacht wird:* bei der Krönung anwesend sein ◆-sfeier, -ssaal, -szeremonie, Kaiser-, Königs- ❷ *(übertr.) (abschließender) Höhepunkt:* Zur Krönung des Festes gab es ein riesiges Feuerwerk.; Der Gewinn der Weltmeisterschaft bildet/ist die Krönung ihrer sportlichen Laufbahn.

Krü·cke die ['krʏkə] <-, -n> ❶ *eine Art Stock mit Armstützen, der als Gehhilfe dient:* Sie hat sich den Knöchel gebrochen und muss jetzt an Krücken gehen. ❷ *der gebogene Griff an einem Gehstock oder Schirm* ▶ Krückstock ❸ *(umg. abwert.) unfähiger Mensch, Versager:* Ich verstehe nicht, weshalb der Trainer ausgerechnet diese Krücke in die Mannschaft aufgenommen hat.

Krug der [kru:k] <-(e)s, Krüge> ❶ *ein bauchiges Gefäß in der Art einer Kanne mit einem oder zwei Henkeln:* Sie sammelt Krüge aus Glas/Porzellan/Steingut.; einen Krug mit Milch/Wasser/Wein füllen ◆Milch-, Wasser- ❷ *die Menge an Flüssigkeit, die in einen Krug¹ passt:* Kannst du noch einen Krug Wasser zum Wein bestellen? ❸ *Gasthaus:* Er hat jeden Abend im

Krug gesessen und ein Bier getrunken. ◆Dorf-

Krü·mel der |ˈkryːml̩| <-s, -> (≈ Brösel) kleiner Rest von einem Brot, einem Kuchen, einem Plätzchen o.Ä.: die Krümel vom Tisch wischen

krü·meln |ˈkryːml̩n| <krümelst, krümelte, hat gekrümelt> ohne OBJ ❶ **etwas krümelt** in Krümel zerfallen: Das Brot krümelt. ❷ jmd. krümelt (beim Essen) viele Krümel machen: Nun krümele doch nicht so!

krumm |krʊm| <krummer/krümmer, am krummsten/am krümmsten> adj ❶ nicht gerade, sondern gebogen: Er hat eine krumme Nase/krumme Beine.; Ihr Rücken ist mit den Jahren ganz krumm geworden. ◆Krummmesser, Krummsäbel, Krummschwert ❷ (umg.: ≈ unredlich) nicht ganz legal, betrügerisch: Als es auf normalem Wege nicht klappte, versuchte er es auf die krumme Tour.; krumme Geschäfte machen; krumme Wege gehen; ■ **jemandem etwas krumm nehmen** (umg.) jmdm. etwas übel nehmen Ich nehme deine Bemerkung nicht krumm.; ■ **sich krummlegen** sich finanziell einschränken, um das gesparte Geld für einen bestimmten Zweck zu verwenden Wir müssen uns krummlegen, um das Studium der Tochter finanzieren zu können.; ■ **sich krummlachen** heftig lachen Er lacht sich krumm über den neuen Witz. ◆Zusammenschreibung → R 4.5

Kü·bel der |ˈkyːbl̩| <-s, -> ❶ ein meist größeres, rundes Gefäß mit einem oder zwei Henkeln: einen Kübel Wasser ausschütten ◆Abfall-, Wasser- ❷ ein sehr großer Topf für Pflanzen, die man im Winter ins Haus stellt: Ich muss die Palmen in größere Kübel pflanzen.; ■ **es gießt wie aus Kübeln** (umg.) es regnet heftig Heute gießt es wie aus Kübeln. ◆-pflanze

Kü·che die |ˈkʏçə| <-, -n> ❶ der speziell eingerichtete Raum in einer Wohnung oder einem Haus, in dem man kocht, backt, Speisen zubereitet und anrichtet: in der Küche stehen und das Essen vorbereiten; Die Küche ist so klein, dass kein Esstisch hineinpasst. ❷ alle Möbel, die der Einrichtung einer Küche dienen: Wir wollen uns eine neue Küche kaufen. ◆Einbau- ❸ (≈ Gastronomie) die Art der Speisen und ihrer Zubereitung: Er bevorzugt die chinesische/italienische/französische Küche.; Das Hotelrestaurant ist für seine feine Küche weit über die Grenzen der Region bekannt.; Dieses Hotel hat eine vorzügliche Küche. ❹ das Personal, das in der Küche eines Restaurants oder Gasthauses arbeitet: Ich werde Ihr Lob an die Küche weitergeben.; ■ **Warme Küche bis 23.00 Uhr.** verwendet, um auszudrücken, dass man in einem Lokal, einer Gaststätte o.Ä. bis zur genannten Uhrzeit warme Speisen bekommt/bestellen kann ◆-nchef

Ku·chen der |ˈkuːxn̩| <-s, -> ein (größeres) Gebäck aus Mehl, Eiern, Fett, Zucker und weiteren Zutaten: Ich mag Kuchen mit Streusel.; Wollen wir einen Kuchen backen?; zu Kaffee und Kuchen einladen; den Kuchen anschneiden ◆Biskuit-, Hefe-, Obst-, Rühr-

Kud·del·mud·del der/das |ˈkʊdl̩mʊdl̩| <-s> /kein Plur./ (umg.) Durcheinander: Wer soll sich bei diesem Kuddelmuddel denn noch auskennen?

Ku·gel die |ˈkuːɡl̩| <-, -n> ❶ ein geometrischer Körper, bei dem alle Punkte seiner Oberfläche den gleichen Abstand zu seinem Mittelpunkt haben: Die Erde ist eine Kugel.; Die Kinder formen den Schnee zu Kugeln. ◆Erd-, Glas-, Holz-, Papier- ❷ das Geschoss, das aus einer Feuerwaffe abgefeuert wird: eine Kugel vom Kaliber …; ■ **eine ruhige Kugel schieben** (umg.) sich bei der Arbeit nicht anstrengen (müssen) Er schiebt im Büro eine ruhige Kugel.; ■ **sich die Kugel geben** (umg.) sich erschießen Da kann ich mir ja gleich die Kugel geben. ◆Blei-, Gewehr-, Kanonen-, Pistolen-

ku·geln |ˈkuːɡl̩n| <kugelst, kugelte, hat/ist gekugelt> I. mit OBJ ■ jmd. kugelt etwas (haben) rollen lassen: Sie kugelte einen Ball über den Boden. II. ohne OBJ ■ etwas kugelt (sein) wie eine Kugel rollen: Das Fass kugelte über den Boden. III. mit SICH ■ jmd. kugelt sich (irgendwo) (haben) sich wie eine Kugel fortbewegen: Die Kinder kugelten sich im Schnee.; ■ **sich vor Lachen kugeln** sehr lachen Er hat sich vor Lachen gekugelt.

ku·gel·rund |ˈkuːɡl̩ʁʊnt| adj /nicht steig./ (umg.) ❶ rund wie eine Kugel: Er hat einen kugelrunden Kürbis geerntet. ❷ (scherzh.) ziemlich dick: Das Baby ist kugelrund.

Ku·gel·schrei·ber der <-s, -> Stift mit einer kleinen Kugel als Spitze, über die eine Art Tinte austritt: mit einem Kugelschreiber unterschreiben

Kuh die |kuː| <-, Kühe> ❶ ein weibliches Rind: Kühe auf die Weide treiben; Kühe melken ◆-euter, -mist, Milch- ❷ das weibliche Tier bestimmter großer Säugetiere:

Die Elefantenherde wird von einer mächtigen Kuh angeführt. ◆ Elefanten- ❸ *(umg. abwert.)* Schimpfwort für eine Frau, über die man sich geärgert hat: *Das war vielleicht eine blöde Kuh!*; ■ **eine heilige Kuh** *(umg.)* etwas Unantastbares, das nicht kritisiert oder verändert werden darf

kühl [ky:l] *adj* ❶ *ein bisschen kalt*: *Am Tag wurde es bereits wieder sehr warm, aber die Nächte waren immer noch kühl.*; *Das Bier/Der Wein könnte etwas kühler sein.* ❷ *(≈ distanziert) sehr zurückhaltend, unpersönlich*: *Der Empfang war kühl und keineswegs so herzlich, wie ich mir das vorgestellt hatte.* ❸ *(≈ nüchtern) vom Verstand geleitet, ohne Emotionen*: *Sie hat die Lage kühl und sachlich analysiert.*

küh·len ['ky:lən] <kühlst, kühlte, hat gekühlt> *mit OBJ* ❶ **jmd. kühlt etwas** *(↔ wärmen) gezielt dafür sorgen, dass etwas kühl¹ wird*: *Wir haben die Getränke gekühlt.* ❷ **etwas kühlt etwas** *(↔ wärmen) kühl¹ machen*: *Das Duschgel kühlt in angenehmer Weise die Haut.*; *Der Eisbeutel kühlt mir die Stirn.*

Kühl·schrank der <-(e)s, Kühlschränke> *(≈ Eisschrank) das Haushaltsgerät, in dem Lebensmittel kühl gehalten werden*: *Stell bitte die Milch und die Margarine in den Kühlschrank.*; *den Kühlschrank abtauen/anschließen/reinigen*

kühn [ky:n] *adj* ❶ *(≈ mutig ↔ feige) so, dass man trotz einer Gefahr mutig und furchtlos ist*: *Nur dem kühnen Einsatz der Feuerwehrleute ist es zu verdanken, dass der Brand sich nicht auf die Nachbarhäuser ausbreitete.*; *eine kühne Tat*; *ein kühner Taucher* ❷ *(≈ eigenwillig) in seiner Art neu und über das Übliche hinausgehend*: *Der Wissenschaftler hatte eine kühne These aufgestellt.*; *ein kühner Plan*; *ein kühnes Design*; *eine kühne Konstruktion* ❸ *(≈ dreist, gewagt) so, dass man ziemlich viel Mut braucht, um etwas zu behaupten*: *Was wollen Sie mir mit dieser kühnen Behauptung unterstellen?*

Ku·lis·se die [ku'lɪsə] <-, -n> ❶ THEAT. *eine Bühnendekoration, die einen bestimmten Schauplatz darstellt und den Bühnenraum nach hinten abschließt*: *Kulissen aufbauen/entwerfen/schieben/umbauen*; *Der Schauspieler verschwindet hinter der Kulisse.* ❷ *(übertr.) Hintergrund oder Rahmen von etwas*: *Das ausverkaufte Stadion bildet eine beeindruckende Kulisse für das Finalspiel.*; ■ **jemand schaut hinter die Kulissen** *jmd. sieht etwas, das vor der Öffentlichkeit meist verborgen ist*

Kult der [kʊlt] <-(e)s, -e> ❶ REL. *mit Riten, Orten und festen Zeiten verbundene Verehrung einer Gottheit*: *der Kult des Dionysos*; *Er beschäftigt sich mit dem Vergleich christlicher und heidnischer Kulte.* ◆ -bild, -gerät, -handlung, -stätte, Ahnen-, Heiligen-, Marien-, Sonnen-, Toten- ❷ *übertriebene verehrungsvolle, unkritische Haltung gegenüber einer Person oder Sache*: *Der Personenkult in kommunistischen Ländern*; *Der Starkult treibt viele zu den Castingshows.* ◆ Personen-, Star-

Kult- [kʊlt] *als Erstglied zusammengesetzter Substantive, mit Betonung auf dem Erstglied; drückt aus, dass die mit dem Zweitglied bezeichnete Person oder Sache dem Zeitgeschmack entspricht und deshalb als Gegenstand der Identifikation von einer Gruppe besonders geschätzt wird*: *Moshammer war eine Kultfigur der Modebranche.* ◆ -autor(in), -buch, -figur, -film, -objekt

Kul·tur die [kʊl'tuːɐ̯] <-, -en> ❶ *die Gesamtheit der geistigen, künstlerischen und wissenschaftlichen Leistungen, die ein Volk und/oder eine Epoche charakterisieren*: *Er hat ein Buch über die Zukunft der menschlichen Kultur geschrieben.*; *Sie hat sich viel mit der abendländischen Kultur/ mit der Kultur der Mayas beschäftigt.*; *frühe/versunkene Kulturen* ◆ Hoch-, Industrie- ❷ */kein Plur./ kultivierte Art, Bildung*: *Dieser Mensch hat doch keine Kultur!*; *Höflichkeit ist eine Frage der Kultur.* ◆ Gesprächs-, Tisch-, Wohn- ❸ */kein Plur./ Pflanzen züchten und anbauen*: *In diesem rauen Klima ist eine Kultur von Zitrusgewächsen nicht möglich.* ❹ *alle auf einem bestimmten Gebiet gezüchteten/angebauten Jungpflanzen*: *Nach drei bis vier Wochen können die Kulturen vom Gewächshaus ins Freiland gepflanzt werden.* ❺ BIOL., MED. *auf speziellen Nährböden gezüchtete Bakterien*: *Die Wissenschaftlerin hat bakteriologische Kulturen angelegt.*

Kum·mer der ['kʊmɐ] <-s> */kein Plur./* ❶ *seelischer Schmerz, Sorge, sehr traurige Stimmung*: *Der schlechte Gesundheitszustand seiner Frau bereitet ihm viel Kummer.*; *Den Kummer mit Alkohol hinunterzuspülen, ist keine Lösung.*; *schweren Kummer tragen*; *mit seinem Kummer fertig werden* ❷ *Problem, Schwierigkeit*: *Er ist Kummer mit seinem Sohn gewöhnt.*; *jemandem Kummer machen/zufügen*

küm·mer·lich ['kʏmɐlɪç] *adj* ❶ *(≈ schwächlich) im Wachstum zurückgeblieben*: *Auf dem Fensterbrett standen einige kümmerli-*

che Topfpflanzen. ❷ (≈ ärmlich) armselig: Sie lebten damals in kümmerlichen Verhältnissen. ❸ (abwert.: ≈ dürftig, kläglich) weit hinter den Erwartungen zurückbleibend: Mit dem kümmerlichen Notendurchschnitt dürfte es schwer werden, einen Ausbildungsplatz zu finden.; Sein Englisch ist kümmerlich.

küm·mern ['kʏmən] <kümmerst, kümmerte, hat gekümmert> **I.** *mit OBJ* ■ **etwas kümmert jmdn.** (≈ angehen) betreffen, interessieren: Was kümmern mich ihre Probleme? **II.** *mit SICH* ❶ ■ **jmd. kümmert sich um jmdn.** (≈ betreuen) für eine Person, Sache sorgen: Sie kümmert sich um ihre kleine Schwester.; Wer kümmert sich um das Haus, während ihr im Urlaub seid? ❷ ■ **jmd. kümmert sich um etwas** (≈ sich interessieren) sich befassen: Um das Gerede anderer Leute kümmere ich mich nicht.

Kum·pel der ['kʊmpl̩] <-s, -/-s> ❶ BERGB. Bergmann ❷ (umg.) Freund: Ich habe zufällig einen alten Kumpel von mir in der Stadt getroffen.

Kun·de¹ der, **Kun·din** ['kʊndə] <-n, -n> jmd., der (regelmäßig) in einem Geschäft oder bei einem Versand einkauft oder bestimmte Dienstleistungen in Anspruch nimmt: ein alter/anspruchsvoller/guter/schwieriger/zahlungskräftiger Kunde; neue Kunden gewinnen/werben; Die umfassende Beratung und das Vorführen der Geräte ist ein selbstverständlicher Dienst am Kunden.; ■ **Hier ist der Kunde König!** (umg.) hier versucht man den Wünschen des Kunden bestmöglich entgegenzukommen, ihn freundlich und kompetent zu bedienen ◆ Dauer-, Neu-, Stamm-

Kun·de² die ['kʊndə] <-> /kein Plur./ (veralt.) Nachricht: Zu später Stunde erreichte ihn die Kunde von der Krönung des Kaisers.

Kun·de³ die <-> /kein Plur./ (veralt.) als Zweitglied in Zusammensetzungen verwendet; ≈ Wissensgebiet ◆ Erd-, Heimat-, Natur-

Kun·den·dienst der <-(e)s> /kein Plur./ ❶ (≈ Service) alle Leistungen und Dienste, die ein Betrieb oder ein Fachgeschäft seinen Kunden bietet: Ich bin vom Kundendienst dieser Firma schwer enttäuscht. ❷ Stelle in einer Firma zur Betreuung von Maschinen oder Geräten: Sie wollte das Auto eigentlich schon vergangene Woche zum Kundendienst bringen.; Der hauseigene Kundendienst reagierte freundlich und kompetent/hatte den Fehler schnell gefunden/organisierte in nur einem Tag das benötigte Ersatzteil.

Kund·ge·bung die <-, -en> *eine öffentliche, politische Versammlung auf einer Straße oder einem Platz, bei der kurze Reden gehalten werden*: Vor der Demonstration gibt es eine Kundgebung auf dem Marktplatz, bei der Vertreter von Bürgerinitiativen sprechen werden.

kün·di·gen ['kʏndɪɡn̩] **I.** *mit OBJ* ■ **jmd. kündigt etwas** *einen Vertrag zu einem bestimmten Termin beenden*: Hast du das Zeitschriftenabonnement schon gekündigt?; Bevor wir umziehen, müssen wir die alte Wohnung rechtzeitig kündigen.; einen Kredit kündigen; eine Mitgliedschaft kündigen **II.** *ohne OBJ* ■ **jmd. kündigt (jmdm.)** ❶ jmds. Arbeitsvertrag lösen, jmdn. entlassen: Da er Geld unterschlagen hatte, kündigte ihm der Chef fristlos. ❷ sagen, dass man nicht mehr für jmdn./in einer Firma arbeiten möchte: Sie ging zu ihrem Chef hinein und kündigte. ❸ jmds. Mietverhältnis für beendet erklären: Mein Vermieter hat mir vor zwei Wochen gekündigt.; ■ **jemandem die Freundschaft kündigen** (umg.) die Freundschaft zu jmdm. abbrechen Er hat mir die Freundschaft gekündigt.

Kün·di·gung die <-, -en> ❶ *das Beenden eines Vertrages, eines Mietverhältnisses oder eines Arbeitsverhältnisses*: Sie besteht auf eine fristlose/fristgerechte/ordnungsgemäße Kündigung. ◆ -sfrist, -sgrund, -stermin ❷ *Brief mit einer Kündigung¹*: Ich werde ihm noch heute die Kündigung zuschicken. ◆ -sschreiben ❸ *Kündigungsfrist*: Uns wurde eine monatliche/vierteljährliche Kündigung zugesichert.

Kund·schaft die ['kʊntʃaft] <-> ❶ /kein Plur./ (≈ Kundenkreis) alle Kunden eines Geschäftes: Eine Befragung unserer Kundschaft hat ergeben, dass sie mit Angebot und Serviceleistungen unseres Unternehmens sehr zufrieden sind. ► Laufkundschaft ❷ LANDSCH. Käufer, Kunde¹: Ich muss aufhören zu telefonieren, im Laden ist Kundschaft.

künf·tig ['kʏnftɪç] **I.** adj /nicht steig./ (≈ kommend) in der Zukunft eintretend: Über die künftige Entwicklung lässt sich nur spekulieren.; künftige Zeiten; seine künftige Ehefrau **II.** adv /nicht steig./ in Zukunft: Das wollen wir künftig besser planen.

Kunst die [kʊnst] <-, Künste> ❶ Oberbegriff für Malerei, Musik, Literatur etc.: Er setzt sich dafür ein, die Kunst stärker zu fördern.; Ich interessiere mich für bildende/darstellende Kunst.; Sie drückt in der Kunst ihre Ideen und Gefühle aus.; ein Leben für die Kunst; Die Kunst ist lang, doch kurz ist unser Leben (Goethe: Faust) ◆-auffassung, -theorie ❷ /kein Plur./ Werk(e) eines bestimmten Künstlers, einer Epoche (als Anschauungs- und Studienobjekte): Ich habe mir ein Buch über die antike/europäische Kunst gekauft.; Sie studiert Kunst.; die antike/moderne Kunst; die abendländische/asiatische/ griechische/orientalische/römische Kunst; die Kunst der Antike/Gotik/Moderne/Renaissance; die Kunst eines Paul Klee/des Michelangelo ❸ *die besondere Fähigkeit und Geschicklichkeit, die man für etwas benötigt*: Sie beherrscht die Kunst, etwas Bedeutendes mit wenigen Worten zu sagen.; die Kunst des Gesprächs/der Höflichkeit/der Liebe/des Schenkens/des Schweigens ◆ Rede-, Überredungs-, Verführungs- ❹ **die schwarze Kunst** *Magie*; ▪ **das ist keine Kunst** *(umg.) das ist leicht* Das ist doch keine Kunst!; ▪ **mit seiner Kunst am Ende sein** *(umg.) nicht mehr weiterwissen* Was ihn betrifft, bin ich mit meiner Kunst am Ende.; ▪ **Kunst sein** *(umg.) nicht natürlich oder echt, sondern künstlich sein*; ▪ **eine brotlose Kunst** *(umg.) ein Gewerbe, mit dem man keinen großen Gewinn erzielen kann* Schriftstellerei kann eine brotlose Kunst sein.

Kunst- [kʊst] *als Erstglied zusammengesetzter Substantive, mit Betonung auf dem Erstglied; drückt aus, dass das mit dem Zweitglied Bezeichnete nicht natürlichen Ursprungs ist, sondern industriell/synthetisch/chemisch hergestellt bzw. nachgebildet ist*: Kunsthonig aus einer süßen Imitation von Bienenhonig ◆-haar, -harz-, -honig, -leder, -nebel, -stein

Kunst·hand·lung die <-, -en> *Geschäft eines Kunsthändlers, in dem Kunstgegenstände verkauft werden*: in einer Kunsthandlung arbeiten

Künst·ler der, **Künst·le·rin** ['kʏnstlɐ] <-s, -> ❶ *jmd., der beruflich im Bereich der Kunst¹ tätig ist, Kunstwerke schafft oder darstellend interpretiert*: Sie ist freischaffende Künstlerin.; Als Künstler gelangte er erst nach seinem Tod zu Ruhm und Wertschätzung.; ein moderner Künstler sein ◆-beruf, -dasein-, -natur, -persönlichkeit, -viertel ❷ *(übertr.) Könner*: Er ist ein Künstler seines Faches.

künst·lich ['kʏnstlɪç] *adj* ❶ *(↔ natürlich)* *nicht natürlich, sondern mit chemischen und technischen Mitteln hergestellt oder nachgemacht*: ein künstliches Gebiss; künstliche Aromastoffe; künstliche Beleuchtung; künstliche Blumen ❷ *nicht auf natürlichem Wege, sondern mithilfe von Geräten oder Apparaten*: Sie ließ sich künstlich befruchten.; Er wurde bei der Operation künstlich beatmet.; Bei anhaltender Trockenheit muss die Plantage künstlich bewässert werden. ❸ *(≈ gekünstelt) nicht wirklich vorhanden, sondern vorgetäuscht*: Ihr Lachen klang künstlich.; künstliche Freundlichkeit

Kunst·stoff der <-(e)s, -e> *(≈ Plastik ↔ Naturstoff) chemisch hergestelltes Material*: Viele Gebrauchsgegenstände sind aus Kunststoff: Plastiktüten, Plastikgeschirr, Kleidung und Schuhe aus Polyester.; Einteilung der verschiedenen Kunststoffe

Kunst·werk das <-(e)s, -e> ❶ *das Ergebnis künstlerischen Schaffens*: Dieser Film/Dieses Gemälde ist als Kunstwerk unübertroffen/ist ein Kunstwerk von hohem Rang/ von bleibendem Wert. ◆ Sprach- ❷ *(umg.) ein sehr kompliziertes, geschickt hergestelltes Gebilde*: Die Torte ist ja ein wahres Kunstwerk!

kun·ter·bunt ['kʊntɐbʊnt] *adj (umg.)* ❶ *gemischt, nicht einheitlich*: Wir haben ein kunterbuntes Programm für das Fest zusammengestellt. ❷ *wirr, ungeordnet*: Anfangs herrschte in der neuen Wohnung ein kunterbuntes Durcheinander. ❸ *mit vielen Farben, sehr bunt*: die kunterbunten Kostüme beim Karnevalsumzug

Kup·pel die ['kʊpl] <-, -n> *ein wie eine Halbkugel gewölbtes Dach über einem Raum*: Von weitem schon konnten wir die Kuppel des Petersdomes erkennen. ◆-dach, -gewölbe

Kur die [kuːɐ̯] <-, -en> ❶ *von Ärzten betreute (Heil-)Behandlung über einen längeren Zeitraum*: Die Kur war sehr wirksam. ◆ Diät-, Fasten- ❷ *Aufenthalt in einem Erholungsort zu Heilzwecken*: Sie war auf/zur Kur in Bad Säckingen.; Nach dem Herzinfarkt bekam er eine sechswöchige Kur zur Rehabilitation verschrieben.; eine Kur beantragen/einreichen/verschreiben ▸ kuren, kurieren ◆-gast, -haus, -ort

Kür die [kyːɐ̯] <-, -en> SPORT *(in bestimmten Sportdisziplinen: ↔ Pflicht) vom Sportler selbst zusammengestellte Übung*: Der Turner hat eine sensationelle Kür gezeigt.; Die Eiskunstläuferin ist eine erstklassige Kür gelaufen.; Der Eisläufer ist bei der Kür gestürzt. ◆ Damen-, Herren-

Ku·rier der [kuˈriːɐ̯] <-s, -e> (≈ *Eilbote*) *ein Bote, der eilige Botschaften und Sendungen zustellt*: Die Nachricht wurde durch einen Kurier überbracht. ◆ -gepäck, -post, Eil-, Fahrrad-

ku·ri·os [kuriˈoːs] *adj* (geh.) *seltsam, merkwürdig, sonderbar*: Hat er dir von dem kuriosen Vorfall erzählt?; Das ist ja eine kuriose Geschichte! ▸ Kuriosität

Kurs der [kʊrs] <-es, -e> ❶ SEEW., LUFTF. (≈ *Route*) *die Richtung, in die sich ein Schiff oder Flugzeug bewegt*: Das Schiff hält den Kurs/ist vom Kurs abgekommen.; einen geraden/neuen Kurs einschlagen; Kurs beibehalten/ändern ❷ SPORT *Rennstrecke*: Für den Slalomlauf wurde ein schwieriger Kurs gesteckt. ❸ WIRTSCH. *(Börsen-)Preis von Aktien oder Währungen*: Der Kurs dieser Aktie zog an/steht hoch.; Die Kurse fallen/steigen. ◆ Aktien-, Devisen-, Dollar-, Wechsel- ❹ *Lehrgang in einer Gruppe*: Sie hat mehrere Kurse für Fremdsprachen besucht. ◆ Abend-, Sprach-, Tanz-, Wochenend- ❺ *alle Teilnehmer eines Kurses[4]*: Der gesamte Kurs hat die Prüfung bestanden.; ■ **jemand/etwas steht hoch im Kurs** *jmd./etwas wird sehr geschätzt, ist beliebt* Er steht bei ihr hoch im Kurs

Kurs·buch das <-(e)s, Kursbücher> ❶ *Lehrbuch, das in einem Kurs[4] verwendet wird*: Bitte das Kursbuch auf Seite 15 aufschlagen! ❷ *Verzeichnis von Fahrplänen für Bus und Eisenbahn*: im Kursbuch eine günstige Verbindung suchen

Kur·ve die [ˈkʊrvə] <-, -n> ❶ *Linie, die nicht gerade ist, sondern in einem Bogen verläuft*: Der Skiläufer fuhr in großen Kurven ins Tal hinab. ❷ (≈ *Biegung*) *eine Stelle, an der eine Straße oder ein Weg nicht gerade verläuft*: Die Straße hat enge/scharfe/viele Kurven.; Biegen Sie bei der nächsten Kurve rechts ab.; vor der Kurve abbremsen ◆ Links-, Rechts- ❸ MATH. *eine gekrümmte Linie, die durch eine Gleichung dargestellt werden kann*: eine Kurve berechnen/zeichnen ❹ *eine Linie als grafische Abbildung, die den Verlauf einer Entwicklung darstellt*: Die Kurve zeigt den Kursverlauf dieser Aktie im vergangenen halben Jahr. ❺ (umg.) */nur Plur./ die weiblichen Rundungen*: Sie hat scharfe Kurven. ❻ **die Kurve kratzen** (umg.) *sich schnell und möglichst unauffällig entfernen* Bevor dein Vater nach Hause kommt, möchte ich die Kurve kratzen.; ■ **die Kurve kriegen** (umg.) *etwas doch noch schaffen oder erreichen* Endlich hat er die Kurve gekriegt und bereitet sich auf die Prüfung vor.

kurz [kʊrts] <kürzer, am kürzesten> *adj* ❶ (↔ *lang*) *nicht lang in Bezug auf die räumliche Ausdehnung*: Ich benötige ein kurzes Stück Schnur.; Sie hat jetzt ganz kurze Haare.; Wie komme ich auf dem kürzesten Weg zum Bahnhof? ❷ *nicht lang in Bezug auf die zeitliche Ausdehnung*: Wir machen dieses Jahr nicht eine lange, sondern mehrere kurze Urlaubsreisen. ❸ *(räumlich) nicht weit (vor, hinter, unter, über etwas)*: Kurz vor München ging uns das Benzin aus. ❹ *zeitlich nicht weit vor oder nach etwas*: Es war bereits kurz vor/nach Mitternacht. ❺ (↔ *ausführlich*) *knapp*: Können Sie mir eine kurze Zusammenfassung der letzten Unterrichtsstunde geben? ❻ *rasch*: Wir haben kurz entschlossen einen Ausflug gemacht. ❼ ■ **kürzer treten** *sich einschränken* In der nächsten Zeit musst du etwas kürzer treten.; ■ **alles kurz und klein schlagen** (umg.) *alles zerschlagen* Die Einbrecher haben alles kurz und klein geschlagen.; ■ **zu kurz kommen** *benachteiligt werden* Das älteste Kind kommt immer zu kurz.; ■ **jemanden kurz halten** *jmdm. aus erzieherischen Gründen relativ wenig Geld oder Essen geben* die Kinder kurz halten; ■ **den Kürzeren ziehen** (umg.) *bei einem Streit, einer Auseinandersetzung der Unterlegene sein* Bei diesem Streit habe ich den Kürzeren gezogen.; ■ **binnen kurzem** *innerhalb kurzer Zeit* Binnen kurzem wurde die Bank mehrfach überfallen.; ■ **seit kurzem** *seit nicht langer Zeit* Seit kurzem lernt sie Japanisch.; ■ **über kurz oder lang** *ziemlich bald* Über kurz oder lang müssen wir umziehen.; ■ **vor kurzem** *vor nicht langer Zeit* Ich habe sie vor kurzem getroffen.; ■ **sich (ganz) kurz fassen** *möglichst wenig Zeit mit Reden beanspruchen* Bitte fassen Sie sich kurz!; ■ **kurz und bündig** *präzis* Er hat das Projekt kurz und bündig erklärt.; ■ **kurz und gut** (scherzh.) *zusammenfassend kann man sagen*; ■ **es kurz machen** *nicht viel Aufhebens von etwas machen* Ich will es kurz machen: …; ■ **kurz und schmerzlos** (umg.) *rasch und ohne zu zögern*; ■ **kürzertreten** *sich schonen oder einschränken* Der Arzt meinte, sie solle mit dem Sport kürzer treten.; Wir müssen finanziell kürzer treten. ◆ *Getrennt- oder Zusammenschreibung* → R 4.15 kurz entschlossen/kurzentschlossen; kurz gebratene/ kurzgebratene Steaks; kurz gefasste/kurzgefasste Erklärungen; kurz geschnittene/ kurzgeschnittene Haare; ◆Zusammenschreibung → R 4.6 kurzarbeiten; kurzfassen; kurzhalten; kurzschließen; ◆Großschreibung → R 3.4, R 3.7 etwas Kurzes auf der Gitarre spielen; den Kürzeren ziehen

kurz·är·me·lig, **kurz·ärm·lig** *adj so, dass ein Kleidungsstück kurze Ärmel hat, also die Unterarme nicht bedeckt*: eine kurzärmelige/kurzärmlige Bluse tragen

kür·zen ['kʏrt͡sn̩] <kürzt, kürzte, hat gekürzt> *mit OBJ/ohne OBJ* ■ **jmd. kürzt etwas** ❶ *(↔ verlängern) kürzer machen*: Sie kürzte ihren Rock. ❷ *(↔ aufstocken) herabsetzen, verringern*: Man hatte ihr das Gehalt gekürzt. ❸ *(↔ ausbauen) in eine kürzere Form bringen*: Ich sollte das Einleitungskapitel kürzen.; Bei der Überarbeitung habe ich stark gekürzt. ❹ MATH. *(↔ erweitern) Zähler und Nenner eines Bruches durch die gleiche Zahl dividieren*: Du kannst diesen Bruch kürzen.; Wenn du kürzt, lässt sich einfacher weiterrechnen.

kur·zer·hand ['kʊrt͡sɐhant] *adv rasch und ohne zu überlegen*: Als er es mir angeboten hatte, bin ich kurzerhand mit ihm in den Urlaub gefahren.

kurz·fris·tig ['kʊrt͡sfrɪstɪç] *adj /nicht steig./* ❶ *ohne Vorankündigung, überraschend*: Dieser Film wurde kurzfristig ins Programm aufgenommen. ❷ *(↔ langfristig) nur kurze Zeit dauernd oder gültig*: Ich musste einen kurzfristigen Kredit aufnehmen. ❸ *möglichst rasch*: Ein dringendes Problem muss kurzfristig gelöst werden.

kurz·le·big ['kʊrt͡sleːbɪç] *adj /nicht steig./* ❶ *nicht lange lebend*: Bei dieser Art handelt es sich um sehr kurzlebige Insekten. ❷ *(↔ langlebig) nicht lange aktuell oder gültig*: Du kannst nicht jedem kurzlebigen Trend hinterherlaufen! ❸ *nur kurze Zeit funktionstüchtig*: Diese Teile des Geräts sind kurzlebig.

kürz·lich ['kʏrt͡slɪç] *adv vor kurzem, vor kurzer Zeit*: Ich habe erst kürzlich mit ihm telefoniert.

kurz·sich·tig *adj* ❶ *(↔ weitsichtig) so, dass man nur das scharf sehen kann, was sich in der Nähe befindet*: Sie ist kurzsichtig und muss eine Brille tragen. ▶ Kurzsichtigkeit ❷ *(↔ weitblickend) so, dass man nicht an die Folgen denkt; nicht vorausdenkend, nur das Nächstliegende beachtend*: eine kurzsichtige Entscheidung ▶ Kurzsichtigkeit

ku·scheln ['kʊʃln̩] <kuschelst, kuschelte, hat gekuschelt> **I.** *ohne OBJ* ■ **jmd. kuschelt (mit jmdm.)** *sich zärtlich aneinander schmiegen*: Das Pärchen kuschelte im warmen Bett. **II.** *mit SICH* ■ **jmd./ein Tier kuschelt sich an jmdn./ein Tier** *sich Geborgenheit und Wärme suchend anschmiegen*: Die jungen Kätzchen kuscheln sich an ihre Mutter.

ku·schen ['kʊʃn̩] <kuschst, kuschte, hat gekuscht> *ohne OBJ* ■ **jmd. kuscht (vor jmdm.)** ❶ *sich (unterwürfig) fügen, gehorchen*: Er kuschte vor seinem Chef. ❷ *(von Hunden) sich niederlegen*: Er sagte nur ein Wort, und der Hund kuschte.

Kuss der [kʊs] <-es, Küsse> *das Aufdrücken der gespitzten Lippen auf den Körper eines anderen Menschen, besonders auf dessen Lippen, als Zeichen der Liebe, zur Begrüßung und zum Abschied*: Sie gab ihm zum Abschied einen langen/leidenschaftlichen/zärtlichen Kuss. ◆Abschieds-, Bruder-, Hand-, Zungen-

küs·sen ['kʏsn̩] <küsst, küsste, hat geküsst> *mit OBJ* ■ **jmd. küsst jmdn./etwas** *jmdm. oder etwas einen Kuss geben*: Sie küsste ihn vor meinen Augen.; Er küsste ihre Hand.; Sie küssten sich/einander.; Der Sportler küsste den Siegerpokal.; Sie küsste andächtig das Heiligenbild.

Küs·te die ['kʏstə] <-, -n> *der Teil des Festlandes, der unmittelbar ans Meer angrenzt; Ufer*: eine steile/flache Küste ◆Felsen-, Meeres-, Sand-

Kut·sche die ['kʊtʃə] <-, -n> ❶ *Wagen, der von Pferden gezogen wird und in dem Personen sitzen können* ◆-nsitz, Pferde- ▶ Kutscher ❷ *(umg. abwert.) altes Auto*: Mit dieser Kutsche willst du ins Ausland fahren?

Kut·te die ['kʊtə] <-, -n> ❶ *weites, bodenlanges Gewand eines Mönchs*: eine Kutte tragen ❷ *(umg. scherzh.) eine weite, knielange Jacke*

Kut·ter der ['kʊtɐ] <-s, -> ❶ *kleines Segelboot mit einem Masten* ❷ *(bei der Fischerei in Küstennähe benutztes) Fischerboot*: mit einem Kutter aufs Meer fahren ◆Fisch-, Krabben-

Ku·vert, **Cou·vert** das [ku'veːɐ̯, ku'vɛːɐ̯] <-(e)s, -e/-s> LANDSCH. *Briefumschlag*: jemandem ein verschlossenes Kuvert übergeben

L, l das [ɛl] <-, -> *der zwölfte Buchstabe des Alphabets:* Das Wort „Liebe" beginnt mit einem großen „L".

la·bil [laˈbiːl] *adj* ❶ (↔ *stabil*) *nicht fest oder dauerhaft, sondern sich leicht verändernd:* Die politische Lage im Land ist sehr labil; es kann jederzeit zu einer Krise kommen. ▸ Labilität ❷ MED. *oft kränkelnd bzw. krank:* Er hat eine labile Gesundheit. ❸ PSYCH. *nicht zuverlässig oder leicht beeinflussbar:* Leider ist er eine labile Person.; Er hat einen labilen Charakter. ▸ Labilität

La·bor das [laˈboːɐ̯] <-s, -s/(-e)> *ein Raum, in dem wissenschaftliche oder medizinische Experimente, Untersuchungen oder Tests stattfinden:* Das Blut wird im Labor untersucht.; Experimente im Labor durchführen ▸ Laborant(in) ♦ -techniker(in), -tier, -tisch, -versuch, Chemie-, Dental-

lä·cheln [ˈlɛçl̩n] <lächelst, lächelte, hat gelächelt> *ohne OBJ* ▪ **jmd. lächelt (irgendwie)** *mit dem Mund bzw. den Lippen zeigen, dass einem jmd. oder etwas sympathisch ist, oder dass man sich freut:* Sie lächelte freundlich, als er ins Zimmer trat.; Beim Anblick der alten Fotos musste er immer lächeln.

Lä·cheln das [ˈlɛçl̩n] <-s> */kein Plur./ der Vorgang, dass eine Person lächelt:* Mit seinem freundlichen Lächeln gewann er schnell Sympathien.; ein verkrampftes Lächeln; ▪ **jemand hat für etwas nur ein müdes Lächeln übrig** *(umg.) jmd. interessiert sich für eine Sache nicht, da er sie für zu einfach oder zu schlecht hält* Für ihre Vorschläge hatten sie nur ein müdes Lächeln übrig.

la·chen [ˈlaxn̩] <lachst, lachte, hat gelacht> *ohne OBJ* ❶ **jmd. lacht (irgendwie)** (**über etwas** *Akk.*) (↔ *weinen*) *den Mund weit öffnen und Laute ausstoßen, um zu zeigen, dass etwas oder jmd. sehr lustig ist, oder dass man sich sehr freut:* Als er diese Geschichte hörte, musste er laut lachen.; Über diesen Witz konnten sie nicht mehr lachen.; schallend lachen; verlegen lachen ❷ ▪ **jmd. lacht über jmdn.** (≈ *verspotten*) *über bestimmte Eigenschaften einer Person beleidigende Bemerkungen machen:* Sie lachten immer über die Fehler der anderen.; In der Schule lachten sie immer über seine Leistungen beim Sport.; ▪ **aus vollem Halse lachen** *sehr laut und frei lachen* Er musste aus vollem Halse lachen, als er die Geschichte hörte.; ▪ **Das wäre ja gelacht, wenn …** *(umg.) es ist offensichtlich, dass jmd. etwas machen kann, das schwierig ist* Das wäre doch gelacht, wenn du diese Prüfung nicht schaffst!; ▪ **Dass ich nicht lache!** *(umg.) drückt die Überzeugung aus, dass etwas, das jmd. erzählt hat, falsch ist bzw. dass jmd. etwas nicht schafft* Du willst das Auto reparieren? Dass ich nicht lache!; ▪ **jemand hat (irgendwo) nichts zu lachen** *jmd. wird (irgendwo) streng behandelt oder sehr gefordert* An seinem neuen Arbeitsplatz hatte er bei dem strengen Chef und dauernden Überstunden nichts zu lachen.; ▪ **Du hast gut lachen!** *(umg.) meine Situation ist viel schwieriger als deine* Du hast gut lachen! Du musst die Prüfung ja nicht machen!; ▪ **Da gibt es nichts zu lachen!** *diese Angelegenheit ist sehr ernst;* ▪ **Wer zuletzt lacht, lacht am besten** *nur, wer am Schluss einer Angelegenheit Erfolg hat, kann sich freuen*

La·chen das [ˈlaxn̩] <-s> */kein Plur./ der Vorgang, dass eine Person lacht:* Im Zimmer war fröhliches Lachen zu hören.; das Lachen nicht unterdrücken können; ▪ **sich vor Lachen ausschütten** ▪ **vor Lachen nicht mehr können** ▪ **sich biegen vor Lachen** *(umg.) sehr stark lachen;* ▪ **Dir wird das Lachen noch vergehen!** *du wirst auch noch solche Probleme bekommen* Warte ab, bis du in einer solchen Situation bist. Dann wird dir das Lachen noch vergehen!; ▪ **das ist ja/doch zum Lachen** *das ist lächerlich* Sein neuer Hut ist ja zum Lachen!

lä·cher·lich [ˈlɛçɐlɪç] *adj (abwert.)* ❶ *komisch wirkend:* Das ist eine lächerliche Bemerkung.; Ihr solltet ihn nicht lächerlich machen. Er meint es sehr ernst! ❷ *so, dass etwas stört oder unsinnig ist:* Deine ständigen Erklärungen sind doch einfach lächerlich! ❸ *sehr klein oder unbedeutend:* Er verdient in seinem Aushilfsjob lächerliche fünf Euro pro Stunde.; Der Grund für ihren Streit war einfach lächerlich.; ▪ **etwas ins Lächerliche ziehen** *etwas schlecht machen, indem man Witze darüber macht* Ich finde es nicht nett, dass er ihre Arbeit ins Lächerliche zieht.; ▪ **jemanden lächerlich machen** *jmdn. vor anderen Leuten so darstellen, dass über ihn gelacht* *wird und es ihm peinlich ist* Sie hat ihren Mann vor allen Gästen lächerlich gemacht.; ■ **sich lächerlich machen** *sich abwerten, weil man etwas tut oder sagt, dass lächerlich[1] ist* Mach dich nicht lächerlich!

Lack der [lak] <-(e)s, -e> *eine Flüssigkeit, mit der man vor allem Dinge aus Holz oder Metall streicht, um sie zu schützen:* den Zaun mit farblosem Lack streichen; ■ **Der Lack ist ab!** *(umg. abwert.) etwas ist nicht mehr neu* Mein Computer geht wohl bald kaputt: — Der Lack ist eben ab!; ■ **Der Lack ist ab!** *jmd. sieht nicht mehr jung aus* Mit fünfzig Jahren ist sie eben kein junges Mädchen mehr! Der Lack ist ab! ◆-farbe, Auto-, Klar-, Matt-, Nagel-

La·ckel der ['lakl] <-s, -> *(umg. abwert.)* SÜDDT., ÖSTERR. *(≈ Tölpel, Trottel) jmd., der alles falsch macht:* Er ist ein richtiger Lackel.

la·ckie·ren [la'ki:rəns] *mit OBJ* **I.** ■ **jmd. lackiert etwas** *etwas mit Lack bestreichen:* die Tür frisch lackieren; Wir haben den Stuhl neu lackiert. **II.** *ohne OBJ* ■ **jmd. lackiert** *mit Lack streichen:* Nach dem Vorstreichen können wir lackieren. ▸ Lackierung

La·den der ['la:dn̩] <-s, Läden> ❶ *(≈ Geschäft) ein Raum oder ein ganzes Haus, in dem Waren angeboten werden, die man kaufen kann:* Der Laden an der Straßenecke hat die ganze Woche geöffnet.; In diesem Laden wird man freundlich bedient.; ein teurer Laden ◆-fläche, -geschäft, -miete, -preis, Blumen-, Buch-, Gemüse- Lebensmittel-, Schreibwaren-, Tabak-, Tee-, Zeitschriften- ❷ *(≈ Fensterladen, Rollladen) eine Art Schutz vor einem Fenster oder einer Tür, der sich aufklappen oder herunterrollen lässt:* am Abend die Läden vor den Fenstern schließen; ■ **Tante-Emma-Laden** *(scherzh.) ein kleiner Laden[1], der meistens in einem Wohngebiet oder in einem Dorf steht, und in dem man fast alles kaufen kann* In unserem Dorf gibt es keinen Supermarkt, sondern nur einen Tante-Emma-Laden.; ■ **den Laden schmeißen** *(umg.) durch gute Organisation dafür sorgen, dass ein Geschäft oder eine Firma problemlos läuft* Nach dem Tod ihres Mannes schmeißt sie den Laden ganz allein.; ■ **der Laden läuft** *(umg.) eine Firma oder ein Geschäft funktioniert problemlos* Er hat viel zu tun, denn der Laden läuft.; ■ **den Laden hinschmeißen** *(umg.) eine Tätigkeit beenden, weil man frustriert oder verärgert ist und keine Lust mehr hat* Manchmal möchte ich den ganzen Laden hinschmeißen.; ■ **So wie ich den Laden hier kenne …** *(umg.) verwendet, um auszudrücken, dass man bestimmte (oft negative) Verhältnisse an einem Ort sehr gut kennt* So wie ich den Laden hier kenne, dauert es mindestens noch eine Stunde, bis ich endlich an der Reihe bin. ◆Fenster-

la·den[1] ['la:dn̩] <lädst, lud, hat geladen> *mit OBJ* ■ **jmd. lädt jmdn. zu etwas** *Dat.* ❶ *(geh.) jmdn. als Gast einladen:* Der Bundespräsident lädt die Botschafter zum Neujahrsempfang.; Zum Konzert erschienen nur geladene Gäste. ❷ RECHTSW. *(≈ vorladen) jmdn. befehlen, dass er vor Gericht erscheint:* Der Staatsanwalt lädt ihn als Zeugen zur Verhandlung.

la·den[2] ['la:dn̩] <lädst, lud, hat geladen> *mit OBJ* ■ **jmd. lädt etwas (mit etwas** *Dat.***)** ❶ *Munition in eine Waffe tun:* die Pistole mit scharfer Munition laden ❷ *einen Akku an die Stromversorgung anschließen, damit er wieder voll wird:* Nach vier Stunden ist der Akku leer und man muss ihn wieder laden.

la·den[3] ['la:dn̩] <lädst, lud, hat geladen> *mit OBJ* ❶ ■ **etwas lädt etwas** *etwas wird mit etwas gefüllt und transportiert es:* Der Tanker lädt Rohöl und bringt es in die USA.; Das Flugzeug kann nur eine begrenzte Menge Gepäck laden. ❷ ■ **jmd. lädt etwas (mit etwas** *Dat.***)** *(≈ beladen) Sachen in ein Fahrzeug bringen, um sie zu transportieren:* Sie haben den Lastwagen mit Steinen geladen. ❸ ■ **jmd. lädt etwas irgendwohin** *(≈ einladen) etwas in ein Fahrzeug bringen, um es zu transportieren:* Für den Umzug hat er die Kisten in sein kleines Auto geladen. ❹ ■ **jmd./etwas lädt etwas** EDV *(↔ speichern) eine Daten- oder Programmdatei in den Arbeitsspeicher des Computers übertragen, um sie auszuführen:* Entpacken Sie die Datei und laden Sie das Programm von ihrer Festplatte.

La·den·schluss der <-es> /kein Plur./ *(≈ Geschäftsschluss) die Zeit, zu der ein Geschäft geschlossen wird:* Er geht oft erst kurz vor Ladenschluss einkaufen.; nach Ladenschluss

La·dung[1] die <-, -en> *amtliche Aufforderung, vor Gericht oder bei einer Behörde zu erscheinen:* Er bekam eine amtliche Ladung zugestellt.

La·dung[2] die <-, -en> ❶ *die Sachen, die von einem Fahrzeug transportiert werden:*

Der Lastwagen hat auf der Straße Ladung verloren. ❷ *(umg.) eine größere Menge:* Sie brachte eine ganze Ladung Kataloge mit.; Aus dem Fenster kippte jemand eine Ladung Wasser.

La·dung³ *die* <-, -en> ❶ PHYS. *die Menge der Elektrizität, die sich auf einem Körper befindet:* positive/negative Ladung ❷ MILIT. *die Munition, die sich in einer Waffe befindet:* ein Gewehr ohne Ladung ❸ *eine bestimmte Menge Sprengstoff*

lag [laːk] *Prät. von* **liegen**

La·ge *die* ['laːgə] <-, -n> ❶ *(≈ Situation) die äußeren Umstände, in denen sich jmd. befindet:* sich in einer schwierigen Lage befinden; sich in die Lage des Kollegen versetzen; jemandem aus einer schwierigen Lage helfen ◆ Finanz-, Not- ❷ *(≈ Position) die Anordnung von jmdm. oder etwas in Bezug auf den ihn/es umgebenden Raum:* in waagerechter/senkrechter Lage; seine Lage im Bett verändern; die Lage des Embryos im Mutterleib ◆ Schief-, Schräg- ❸ *ein Ort in Bezug auf die geografische Umgebung:* ein Haus in ruhiger/sonniger/verkehrsgünstiger Lage ❹ *Schicht:* Auf dem Bett befanden sich mehrere Lagen Decken. ❺ *(umg.) Getränke, die man in einem Lokal für die Anwesenden bestellt:* eine Lage Bier ausgeben; ■ **die Lage peilen** *(umg.) vorsichtig erkunden, wie die Situation ist* Bevor wir ihn fragen, sollten wir die Lage peilen.; ■ **in der Lage sein, etwas zu tun** *fähig sein, etwas zu tun* Ich bin nicht in der Lage, ihm zu helfen.; ■ **Ich bin in der glücklichen Lage, ...** *ich freue mich, ...* Ich bin in der glücklichen Lagen, Ihnen die Verlobung meiner Tochter mitteilen zu dürfen.; ■ **Herr der Lage sein** *eine Situation unter Kontrolle haben* In dem Chaos war er nicht mehr Herr der Lage.; ■ **nach Lage der Dinge** *in der jetzigen Situation; wie es momentan aussieht* Nach Lage der Dinge wird es für uns schwierig.

La·ger *das* ['laːgɐ] <-s, -> ❶ *ein Platz mit Zelten oder Hütten, auf dem Menschen für eine bestimmte Zeit untergebracht werden:* Die Truppen schlugen ihr Lager am Fluss auf.; Für die Flüchtlinge wurde ein Lager errichtet.; Die Gefangenen wurden in ein Lager gebracht. ◆ Arbeits-, Ferien-, Flüchtlings-, Gefangenen- ❷ *(veralt.) Schlafgelegenheit:* Sie bereiteten sich ein Lager aus Stroh.; ■ **ans Lager gefesselt sein** *(geh.) krank sein und nicht aufstehen können* ❸ *Personen oder Staaten, die eine gemeinsame politische oder ideologische Meinung haben:* Bei diesem Thema spaltete sich die Partei in zwei Lager.; die Parteien des konservativen Lagers; ins Lager des Gegners überwechseln ❹ *ein Raum oder eine Halle, in dem oder in der man Waren abstellt, die im Augenblick nicht gebraucht werden:* Die Firma hatte keine Ersatzteile mehr am Lager.; sich ein Lager anlegen; ■ **etwas auf Lager haben** *(umg.) etwas sofort erzählen oder sagen können* Er hatte ständig neue Witze auf Lager. ◆ -arbeiter(in), -bestand, -kosten, -raum, -verwalter(in), Getränke- Waffen-, Waren- ❺ GEOGR. *der Ort, an dem sich eine Schicht Metalle oder Kohle im Felsen befinden:* Nach langer Suche fanden sie ein ergiebiges Lager Erze.; in einem Kohlerevier ein neues Lager erschließen ❻ TECHN. *ein Maschinenteil, das andere Teile, die sich drehen oder schwingen, trägt oder führt:* Das Lager für die Radachse muss regelmäßig geschmiert werden.

La·ger·feu·er *das* <-s, -> *ein Feuer, das im Freien gemacht wird und an dem man Essen bereiten kann oder an dem man sich wärmt:* Nach der Wanderung machten sie am Abend ein Lagerfeuer.

la·gern ['laːgɐn] <lagerst, lagerte, hat gelagert> I. *mit OBJ* ❶ ■ **jmd. lagert etwas** *etwas so aufbewahren, dass man es später gebrauchen kann:* Früher lagerte man noch das Gemüse im Keller.; etwas kühl und trocken lagern ❷ ■ **jmd. lagert jmdn./etwas irgendwie** *jmdn. oder etwas in eine bestimmte Position legen:* den Patienten bequem lagern II. *ohne OBJ* ■ **jmd./etwas lagert irgendwo** ❶ *für einige Zeit an einer Stelle im Freien bleiben, um sich auszuruhen:* Die Truppen lagerten am Fluss. ❷ *irgendwo aufbewahrt sein, um später gebraucht zu werden:* Die Butter lagert im Kühlhaus.; Der Wein muss noch einige Zeit lagern. ❸ GEOGR. *im Boden vorkommen:* In diesem Gebiet lagern Eisenerze. III. *mit SICH* ■ **jmd. lagert sich irgendwo** *(geh.) sich für einige Zeit im Freien niederlassen, um eine Pause zu machen:* Die müden Wanderer lagerten sich im Schatten.; ■ **etwas ist irgendwie gelagert** *(geh.) etwas ist irgendwie beschaffen* Unser Fall ist ähnlich gelagert wie deiner.

lahm [laːm] *adj* ❶ */nicht steig./ so, dass man einen Körperteil nicht mehr bewegen kann:* Durch einen Unfall bekam er ein lahmes Bein. ❷ *(umg.) so, dass ein Körperteil ganz müde und ohne Kraft ist:* Vom vielen Tragen bekomme ich noch einen lahmen Arm! ❸ *(umg. abwert.: ≈*

langweilig) so, dass etwas nicht überzeugend oder langweilig ist: Das ist aber eine lahme Entschuldigung.; Was für ein lahmes Fußballspiel!; ■ **eine lahme Ente** *(umg. abwert.) eine Person, die langsam und für nichts zu begeistern ist* Meine neue Kollegin ist eine lahme Ente! Sie braucht für alles Stunden und jammert ständig über die viele Arbeit.

läh·men ['lɛːmən] <lähmst, lähmte, hat gelähmt> *mit OBJ* ■ **etwas lähmt jmdn.** ❶ *bewirken, dass jmd. den Körper oder einen Körperteil nicht mehr bewegen kann:* Das Gift lähmt die Muskulatur.; Seit dem Schlaganfall ist sie linksseitig gelähmt.; Er war wie gelähmt vor Angst. ❷ *bewirken, dass jmd. oder etwas ohne Antrieb ist oder nicht mehr funktioniert:* Die politische Krise lähmt die wirtschaftliche Entwicklung.

lahm·le·gen <legst lahm, legte lahm, hat lahmgelegt> *mit OBJ* ■ **jemand legt etwas lahm** *bewegungsunfähig machen:* Der Streik legte weite Teile der Metallindustrie lahm.

Laie der ['laɪə] <-n, -n> ❶ *(↔ Spezialist, Fachmann) eine Person, die auf einem bestimmten Gebiet unerfahren ist und keine oder nur wenige Kenntnisse hat:* Was Computer betrifft, bin ich ein absoluter Laie. ❷ REL. *jmd., der nicht ein geweihter Geistlicher ist:* Es wird gefordert, den Laien in der Kirche mehr Mitspracherechte einzuräumen. ◆ -nprediger

La·ken das ['laːkn̩] <-s, -> *Betttuch:* das Laken glatt ziehen; ein sauberes Laken ◆ Bett-, Spann-

lal·len ['lalən] **I.** *mit OBJ* ■ **jmd. lallt etwas** *unverständliche Laute von sich geben:* Der Betrunkene konnte nur noch Unverständliches lallen. **II.** *ohne OBJ* ■ **jmd. lallt** *nicht oder nicht mehr richtig sprechen können:* Der Betrunkene/Das Baby lallt.

La·met·ta das [la'mɛta] <-s> /kein Plur./ ❶ *viele Streifen aus Metall, die sehr dünn und lang sind und als Schmuck für den Weihnachtsbaum benutzt werden:* den Christbaum mit Kugeln und Lametta schmücken ❷ *(umg. abwert. iron.) Orden, die jmd. trägt:* Die Generäle hatten die Brust voller Lametta.

Lamm das [lam] <-(e)s, Lämmer> ❶ ZOOL. *das Junge von einem Schaf:* Die Schafe haben Lämmer bekommen. ❷ *(umg. übertr.) jmd., der viel Geduld hat und nie etwas Böses tut:* Sie ist ein richtiges Lamm! ❸ *das Fell eines Lamms¹:* eine Jacke aus Lamm ◆ -felljacke ❹ *das Fleisch des Lamms¹:* Am Sonntag gibt es Lamm mit Kartoffeln und grünen Bohnen. ◆ -braten, -fleisch, -keule, -kotelett ❺ ■ **das Lamm Gottes** REL. *(≈ Agnus Dei) verwendet als Bezeichnung für Jesus Christus*

Lam·pe die ['lampə] <-, -n> ❶ *ein Gerät, das (elektrisches) Licht erzeugt:* die Lampe anmachen/anschalten/ausmachen/ausschalten ◆ Decken-, Halogen-, Lese-, Öl-, Petroleum-, Schreibtisch- Steh-, Taschen-, Tisch- ❷ *innerhalb einer Lampe¹ das Teil, das Licht erzeugt:* Neonröhren und Glühbirnen sind Lampen. ◆ Glüh-, Halogen-, Neon-

Lam·pen·fie·ber das <-s> /kein Plur./ *die Aufregung oder Angst, die man spürt, wenn man öffentlich auftritt oder eine Prüfung hat:* Kurz vor seinem Auftritt hatte der Sänger Lampenfieber.; Ich habe schon Lampenfieber vor meiner Prüfung.

Land¹ das [lant] <-(e)s, Länder> ❶ *(≈ Erdboden) ein Gebiet, das vorwiegend benutzt wird, um Pflanzen anzubauen:* fruchtbares Land; das Land bearbeiten; auf dem Land arbeiten ◆ Acker-, Gras-, Weide- ❷ *(≈ Festland ↔ Wasser) auf der Erde der Teil, der nicht mit Wasser bedeckt ist:* Nach der Überfahrt waren sie froh, wieder Land zu betreten.; sich an Land retten können; Land in Sicht! ❸ *das Gebiet, das sich außerhalb der Städte befindet:* auf dem Land wohnen; Urlaub auf dem Land machen; auf das flache Land hinausfahren; ■ **etwas an Land ziehen** *(umg.) etwas bekommen, das Gegenstand langwieriger Verhandlungen war* Erst nach drei Wochen konnte sie den Auftrag an Land ziehen.; ■ **kein Land mehr sehen** *(umg.) nicht mehr wissen, wie es weiter geht* Er hat so viele Probleme, dass er kein Land mehr sieht.; ■ **(wieder) Land sehen** *(umg.) einen Ausweg sehen, neuen Mut finden* Nach all den Schwierigkeiten sieht sie wieder Land.; ■ **die Jahre ziehen/gehen ins Land** *(geh.) die Jahre vergehen* Bis er seine Meinung ändert, werden noch viele Jahre ins Land gehen.; ■ **Land unter melden** *melden, dass ein Gebiet am Meer vom Wasser überschwemmt worden ist*

Land² das [lant] <-(e)s, Länder> ❶ *(≈ Staat) ein Gebiet, das eine eigene Regierung hat und politisch unabhängig ist:* die europäischen Länder; benachbarte Länder; die Länder südlich des Äquators ❷ *(≈ Bundesland) in Deutschland und Österreich das Gebiet innerhalb des Staates, das eine eigene Regierung und Verfassung hat:* das Land Thüringen;

Österreich besteht aus neun Ländern.; ■ **das Land der aufgehenden Sonne** *Japan;* ■ **das Land der unbegrenzten Möglichkeiten** *die USA;* ■ **das Heilige Land** *der Teil Palästinas, der in der Bibel beschrieben ist;* ■ **wieder im Lande sein** *(umg.) wieder zu Hause sein* Er ist seit Montag wieder im Lande.; ■ **andere Länder, andere Sitten** *verwendet, um eine Situation im Ausland zu kommentieren, die aus der eigenen Sicht ungewöhnlich ist;* ■ **aus aller Herren Länder** *aus der ganzen Welt* Die Teilnehmer am Sprachkurs kamen aus aller Herren Länder. ◆ Getrennt- oder Zusammenschreibung → R 4.20 Hier zu Lande/hierzulande gibt es genug zu essen.; Dort zu Lande/dortzulande gibt es große Probleme.

land·ein·wärts [lant'|ainvɛrts] *adv von der Küste aus in Richtung des Landesinneren:* Der Sturm wandert weiter landeinwärts.

lan·den ['landn̩] <landest, landete, hat/ist gelandet> **I.** *ohne OBJ (sein)* ■ **jmd./etwas landet** ❶ *nach einem Flug wieder auf festem Untergrund aufsetzen:* Das Flugzeug ist gelandet.; Der Storch landete auf dem Dach des Hauses. ❷ *vom Wasser ans Land kommen:* Nach langer Fahrt landete das Schiff wieder an der Küste Englands.; Die alliierten Truppen landeten an der französischen Atlantikküste. ❸ *(umg.) irgendwohin geraten:* Wo sind wir denn hier gelandet?; Das alte Radio ist auf dem Müll gelandet.; Er ist im Gefängnis gelandet. **II.** *mit OBJ (haben)* ■ **jmd./etwas landet etwas** ❶ *aus der Luft auf den Boden bringen:* Der Pilot landete das Flugzeug sicher auf einem Feld.; Der Computer landete die Sonde auf dem Mars. ❷ *(umg.) etwas zustande bringen, Erfolg haben:* einen Treffer landen; einen Coup landen; ■ **bei jemandem (nicht) landen (können)** *(umg.) bei jmdm. (keinen) Anklang finden* Er konnte nicht bei ihr landen.

Land·kar·te die <-, -n> *eine Karte, auf der ein Land² oder ein großes Gebiet verkleinert und in grafischer Form dargestellt ist:* Auf dieser Landkarte sind sogar alle kleinen Wege aufgeführt.

länd·lich ['lɛntlɪç] *adj* ❶ *(↔ städtisch) zum Land (und nicht zur Stadt) gehörend:* ländliche Gemeinden ❷ *(≈ bäuerlich) wie auf dem Dorf oder auf dem Land üblich:* ländliche Sitten und Gebräuche; Die Küche bietet typisch ländliche Gerichte.

Land·schaft die ['lantʃaft] <-, -en> ❶ *ein Teil eines Landes mit bestimmten Eigenschaften/Merkmalen:* Die Landschaft bestand scheinbar nur aus Hügeln und Feldern.; eine gebirgige/hügelige Landschaft; Die Landschaft gefällt mir hier sehr gut. ◆ Gebirgs-, Küsten- ❷ KUNST *ein gemaltes Bild einer Landschaft¹:* Eine romantische Landschaft hing über dem alten Sofa. ◆ -smaler(in), -smalerei

land·schaft·lich *adj /nicht steig./ /nur attr./* ❶ *auf die Landschaft¹ bezogen:* die landschaftliche Schönheit der Alpen ❷ SPRACHWISS. *(≈ regional) so, wie in einer bestimmten Region gesprochen wird:* „Semmel" und „Schrippe" sind landschaftliche Bezeichnungen für „Brötchen".

Land·stra·ße die ['lantʃtraːsə] <-, -n> *eine Straße außerhalb von Städten und Ortschaften, die kleinere Ortschaften miteinander verbindet:* Nach dem Ende der Autobahn müssen Sie auf der Landstraße weiterfahren.

Land·tag der <-(e)s, -e> *das Parlament eines Bundeslandes:* Er ist Abgeordneter im Landtag.

Die Volksvertretungen/Landesparlamente der Länder heißen in den Bundesländern Deutschlands und Österreichs **Landtag**. Die regionalen Volksvertretungen in der Schweiz heißen je nach Kanton „Kantonsrat", „Großer Rat" oder „Landrat". In Deutschland ist die Bezeichnung „Landtag" aber nur auf die Länderparlamente der Flächenländer (z.B. Nordrhein-Westfalen) bezogen; in denjenigen Bundesländern, die zugleich Städte sind, gelten andere Bezeichnungen: in Berlin „Abgeordnetenhaus", in Bremen und Hamburg „Bürgerschaft". Die gewählten Abgeordneten der Länderparlamente/Landesparlamente sind als Landtagsabgeordnete „Mitglieder des Landtages" (MdL), für Berlin „Mitglieder des Abgeordnetenhauses" (MdA), für Bremen und Hamburg „Mitglieder der Bremischen Bürgerschaft" bzw. der „Hamburgischen Bürgerschaft". Der Landtag (entsprechendes gilt für die anderen Bezeichnungen) ist das zentrale Organ der Legislative im politischen System des jeweiligen Bundeslandes. Ihm steht der Landtagspräsident/die Landtagspräsidentin vor; die politische Zusammensetzung der Landtage wird in Landtagswahlen festgelegt. Im Landtag werden die Gesetze beschlossen bzw. geändert, soweit sie in die Gesetzgebungskompetenz eines Landes fallen. Der Landtag wählt auch den Ministerpräsidenten/die

Ministerpräsidentin des jeweiligen Bundeslandes.

Land·wirt·schaft die <-, -en> ❶ /kein Plur./ der Arbeitsbereich/Tätigkeitsbereich eines Bauern, wie z.B. Getreide anbauen oder Kühe und Schweine halten: Er arbeitet in der Landwirtschaft. ❷ ein Bauernhof: Sie betreiben eine kleine Landwirtschaft; hauptsächlich vermieten sie aber Zimmer an Feriengäste.

lang[1] [laŋ] <länger, am längsten> adj ❶ / einer Maßangabe nachgestellt / (↔ breit) /in Verbindung mit einer Zahlenangabe/ in einem bestimmten Maß in einer Richtung von einem Punkt zum anderen ausgedehnt: Die eine Seite ist nur 3 Meter lang.; Der Swimmingpool ist 20 Meter lang und 10 Meter breit. ❷ (↔ kurz) sehr weit in eine Richtung von einem Punkt zum anderen gehend: Die Straße ist aber wirklich lang.; Die Hosenbeine sind zu lang; ich muss sie kürzer machen.; Der Rhein ist länger als die Weser.; Lange Haare für Männer sind wieder modern. ❸ (↔ kurz) einen ziemlich großen Zeitraum umfassend: Endlich machen wir einen langen Urlaub.; Bei dieser langen Rede kam schnell Langeweile auf.; Wie lang sind die Sommerferien in diesem Jahr? ❹ (↔ kurz) viele Einzelheiten und viele Seiten umfassend: ein langer Brief; ein langes Manuskript ❺ so, dass die Ausdehnung von etwas exakt mit einer Maßangabe steht: Der Film ist 120 Minuten lang.; Sie hat zwei Stunden lang gewartet.; Die Schlange ist 2 Meter lang. ❻ (umg.: ↔ kurz) sehr groß gewachsen: ein langer Kerl; Der ist aber lang!; ■ **lang und breit** (umg.) sehr ausführlich und mit vielen Details Er hat mir lang und breit von seinem Autokauf erzählt.; ■ **seit langem** seit einer langen Zeit; ■ **über kurz oder lang** bald Über kurz oder lang wird das Restaurant geschlossen.; ■ **auf lange Sicht** künftig, auf Dauer Auf lange Sicht werden wir wohl umziehen müssen.; ■ **es nicht mehr lange machen** (vulg.) bald sterben Mein Nachbar wird es wohl nicht mehr lange machen. ◆ Kleinschreibung → R 3.13 seit/vor langem; ◆ Großschreibung → R 3.7 des Langen/Längeren; ◆ Getrenntschreibung → R 4.8, R 4.9 die Arme lang/noch länger strecken; ein Gummiband lang/noch etwas länger ziehen; ein länger gehegter Traum

lang[2] [laŋ] adv /nachgestellt / ... **lang fahren/gehen/laufen** (umg.) entlang: Wenn wir diese Straße lang gehen, kommen wir zum Bahnhof.; immer an der Wand lang

lan·ge ['laŋə] adv ❶ (umg.) einen relativ langen Zeitraum dauernd: Die Beratung dauert sehr lange.; Wir haben lange und gut zu Abend gegessen. ❷ seit einem relativ langen Zeitraum: Sie hat lange auf die Beförderung gewartet.; Das weiß ich schon lange.; Unsere letzte Begegnung ist sehr lange her.; ■ **noch lange nicht** bei weitem nicht Das ist noch lange nicht alles!

Län·ge die ['lɛŋə] <-, -n> ❶ (↔ Breite) die Ausdehnung, die etwas in einer Richtung im Raum von einem Punkt zum anderen hat (und die größer als die kürzere Seite, die „Breite" ist): Die Länge beträgt 5 Meter und die Breite 4 Meter. ❷ das Ausmaß der Länge[1]: die Länge des Zuges; die Länge einer Strecke messen; Die Gardine ist in vier verschiedenen Längen lieferbar.; Die Straße ist auf volle Länge von 10 km gesperrt. ❸ / kein Plur./ körperliche Größe eines Menschen: Die Basketballer fallen durch ihre Länge auf.; ■ **der Länge nach** mit dem ganzen Körper Er rutschte aus und fiel der Länge nach hin. ❹ /kein Plur./ zeitliche Ausdehnung: ein Film von drei Stunden Länge; eine Opernaufführung von beträchtlicher Länge ❺ /meist Plur./ (umg.) langweilige Stelle in einem Buch, Film oder Schauspiel: Der Film war gut, aber er hatte auch Längen. ❻ GEOGR. Abstand eines Ortes auf der Erde vom Nullmeridian: Die Stadt liegt auf 20 Grad westlicher Länge. ❼ SPORT ein Vorsprung, der der Länge[2] des Sportlers, des Pferdes oder des Sportgerätes entspricht: Die Schwimmerin gewann mit einer halben Länge Vorsprung.; Der Jockey gewann mit zwei Längen Vorsprung.; Das Boot der Mannschaft gewann mit einer knappen Länge Vorsprung.; ■ **etwas zieht sich in die Länge** etwas dauert länger als erwartet Die Diskussion zog sich in die Länge.; ■ **etwas in die Länge ziehen** etwas langsamer machen, so dass es lange dauert Sie zogen das Schachspiel ganz schön in die Länge. ◆ Boots-, Rad-

Lan·ge·wei·le die ['laŋəvaɪlə/laŋəv'aɪlə] <-> /kein Plur./ (↔ Kurzweil) das Gefühl, das eintritt, wenn man nichts zu tun hat und nicht weiß, wie man seine Zeit verbringen soll: Am Sonntag hatte sie immer Langeweile, weil nichts passierte.; etwas aus purer Langeweile tun

lang·fris·tig adj /nicht steig./ so, dass etwas länger dauert oder gültig ist: langfristige Ziele berücksichtigen; langfristig planen; ■ **langfristig gesehen** eine Entwick-

lung über einen längeren Zeitraum betrachtend Langfristig gesehen werden wir uns eine billigere Wohnung suchen müssen.

lang·jäh·rig *adj /nicht steig./* ❶ *so, dass etwas seit vielen Jahren andauert oder vorhanden ist:* ein langjähriger Konflikt ❷ *so, dass jmd. seit vielen Jahren eine bestimmte Rolle hat:* ein langjähriger Freund/Kollege/Mitarbeiter

Lang·lauf der *<-(e)s> /kein Plur./* eine *Wintersportart, bei der man in relativ ebenem Gelände auf schmalen Skiern lange Strecken fährt*

lang·le·big *adj /nicht steig./ (↔ kurzlebig) so, dass etwas lange Zeit gut funktioniert oder haltbar ist; von Dauer:* ein langlebiger Akku; langlebige und hochwertige Waren; ein langlebiger Brauch, der auch heute noch gepflegt wird ▸ Langlebigkeit

längs¹ [lɛŋs] *präp + Gen. seitlich (an etwas) entlang:* Längs der Küste erstrecken sich dichte Wälder.; Der Zaun verläuft längs des Weges.

längs² [lɛŋs] *adv (↔ quer) der längeren Seite nach verlaufend:* Der Stoff ist längs gestreift.; das Auto längs einparken ◆ Getrennt-oder Zusammenschreibung → R 4.16 ein längs gestreifter/längsgestreifter Anzug

lang·sam ['laŋza:m] *adj* ❶ *(↔ schnell) mit geringer Geschwindigkeit:* ein langsam fahrendes Auto; ein langsamer Vorgang; langsame Bewegungen ❷ *(↔ flink, schnell) so, dass jmd. etwas nicht schnell macht:* Leider arbeitet er ziemlich langsam. ❸ *(≈ schwerfällig) so, dass jmd. nicht schnell denkt oder lernt:* ein langsamer Schüler; langsam begreifen ❹ *allmählich; nach und nach:* ein langsames Ansteigen der Aktienkurse; Langsam reicht mir sein Verhalten!; ▪**langsam, aber sicher** *(umg.) nicht schnell, aber so, dass auf jeden Fall Fortschritte gemacht werden* Langsam, aber sicher kommt es zu Reformen.

Lang·schlä·fer der, **Lang·schlä·fe·rin** *<-s, -> (umg.: ↔ Frühaufsteher) jmd., der oft und gerne morgens lange schläft:* Er ist ein richtiger Langschläfer.

längst [lɛŋst] *adv schon seit langem:* Das weiß ich doch schon längst!; Das hat er schon längst erledigt!; ▪**längst nicht** *bei weitem nicht; gebraucht, um eine Verneinung zu verstärken* Meine alte Wohnung war längst nicht so teuer wie meine neue.

lang·wei·len ['laŋvaɪlən] *<langweilst, langweilte, hat gelangweilt>* I. *mit OBJ* ▪jmd./etwas **langweilt jmdn.** *jmd. oder etwas verursacht bei jmdm. Langeweile:* Der Film langweilt mich.; Der Redner langweilte das Publikum. II. *mit SICH* ▪jmd. **langweilt sich** *jmd. hat Langeweile:* Wir haben uns im Kino fürchterlich gelangweilt.

lang·wei·lig ['laŋvaɪlɪç] *adj so, dass jmd. oder etwas überhaupt nicht interessant ist und Langeweile verursacht:* ein langweiliger Abend; Er ist ein langweiliger Mensch, dem nichts Lustiges einfällt.

lang·wie·rig ['laŋviːrɪç] *adj so schwierig und kompliziert, dass es lange Zeit dauert:* langwierige Verhandlungen; eine langwierige Krankheit

Lap·pen der ['lapn̩] *<-s, ->* ❶ *ein Stück Stoff oder Leder, mit dem man etwas putzt oder aufwischt:* den Tisch mit einem Lappen abwischen; ▪etwas **geht etwas/jemandem durch die Lappen** *(umg.) jmd. oder ein Tier schafft es nicht, etwas/jmdn. zu erreichen oder zu fangen* Das Geschäft ist uns durch die Lappen gegangen.; Die Maus ist der Katze wieder durch die Lappen gegangen.; Dem Zoll ist schon wieder ein Schmuggler durch die Lappen gegangen. ◆ Putz-, Scheuer-, Spül-, Wasch- ❷ *(umg.) Führerschein:* Er hat seinen Lappen abgeben müssen.

Lap·top der ['lɛptɔp] *<-s, -s> EDV tragbarer Computer, der größer als ein Notebook ist:* mit dem Laptop im Zug arbeiten

Lärm der [lɛrm] *<-(e)s> /kein Plur./ (≈ Krach) Geräusche, die laut sind und stören:* ein ohrenbetäubender Lärm; Dauernder Lärm schadet der Gesundheit.; Macht nicht so einen Lärm!; ▪**viel Lärm um nichts** *(geh.) viel Aufregung wegen etwas, das gar nicht wichtig ist* Ich weiß nicht, warum er sich aufregt. Das ist wieder mal viel Lärm um nichts. ◆ -bekämpfung, -belästigung, -schutz, Flug-, Straßen-, Verkehrs-

las [la:s] *Prät. von* **lesen**

lasch [laʃ] *adj* ❶ *(umg.) ohne Kraft, ohne Energie; nicht konsequent:* ein lascher Händedruck; eine lasche Person; Sie erziehen ihre Kinder zu lasch. ❷ *(umg.) nicht ausreichend gewürzt:* Die Suppe ist lasch.

las·sen¹ ['lasn̩] *<lässt, ließ, hat gelassen>* I. *mit OBJ* ❶ ▪**jmd./etwas lässt jmdn./etwas plus Inf.** *jmdm./sich/einem Tier erlauben, etwas zu tun:* Wir lassen sie noch etwas schlafen; Die Kuh lässt das Kälbchen trinken. ❷ ▪**jmd. lässt jmdn. irgendwohin plus Inf.** *jmdm. erlauben, irgendwohin zu gehen:* Ich lasse dich nicht

lassen–Laster

ins Zimmer gehen.; Der Türsteher lässt die jungen Leute nicht eintreten. ❸ ▪**jmd. lässt etwas (irgendwohin) plus Inf.** *bewirken, dass etwas irgendwohin gelangt:* einen Ball fallen lassen; das Wasser aus der Wanne ablaufen lassen; einen Drachen steigen lassen ❹ ▪**jmd. lässt etwas irgendwo** *etwas nicht von einer Stelle bewegen:* Darf ich die Tasche in deinem Zimmer lassen?; Ich habe meinen Schirm im Büro gelassen.; ▪**etwas hinter sich lassen** *etwas ruhen lassen oder nicht mehr weiter machen, weil man seine Persönlichkeit entwickelt hat* Er hat die Zeit der Partys hinter sich gelassen und widmet sich nur noch der Familie. ❺ ▪**jmd. lässt jmdm. etwas** *jmd. erlaubt jmdm., etwas zu behalten:* Ich lasse dir die Bücher bis morgen.; Lass mir noch etwas Kuchen! ❻ ▪**etwas (sein) lassen** *(umg.) etwas nicht tun:* Lass das gefälligst, denn es stört mich!; Lass dein Geld stecken, es nützt nichts!; ▪**Lass/Lasst uns ...** *Aufforderung, gemeinsam etwas zu tun* 'Lasst uns ins Kino gehen!; ▪**einen (fahren) lassen** *(vulg. verhüll.) Luft aus dem Darm entweichen lassen* Hier stinkt es! Hast du einen fahren lassen? **II.** *mit SICH* ▪**etwas lässt sich plus Inf.** *etwas ermöglicht jmdm., etwas auf die genannte Weise zu tun:* Die Aufgabe lässt sich leicht rechnen.; Das Fenster lässt sich nicht schließen.; In Frankreich lässt es sich herrlich Urlaub machen.; ▪**Das muss man ihr/ihm lassen.** *(umg.) das muss man bei ihr oder ihm (widerwillig) anerkennen* Er kann gut mit Kindern umgehen: — Das muss man ihm lassen!

las·sen² ['lasn̩] <lässt, ließ, hat gelassen> *mit OBJ* ❶ ▪**jmd. lässt jmdn./etwas plus Inf.** *jmd. gibt jmdm. einen Auftrag oder zwingt ein Tier, etwas zu tun:* Sie lässt ihn immer den Abwasch machen.; Der Offizier lässt die Soldaten einen Gewaltmarsch machen.; Er lässt das Pferd noch schneller laufen. ❷ ▪**jmd. lässt etwas plus Inf.** *jmd. veranlasst, dass etwas gemacht wird:* Ich habe das Auto reparieren lassen.; Der Computer funktioniert nicht, aber ich habe schon einen Techniker holen lassen. ❸ ▪**jmd. lässt jmdn./sich/etwas plus Inf.**; ▪**jmd. lässt jmdm./sich/etwas plus Inf.** *jmd. veranlasst, dass jmd. etwas (meist gegen Bezahlung) tut:* Er lässt seinen Vater nur von einem Spezialisten untersuchen.; Ich lasse meinen Wagen jedes Jahr einmal genau von der Werkstatt prüfen.; Ich lasse mir nur alle zwei Monate die Haare schneiden.; Er lässt sich einen Anzug vom Schneider nähen.

läs·sig ['lɛsɪç] *adj* ❶ *(≈ locker) so, dass etwas ungezwungen und nicht förmlich ist:* eine lässige Art haben; lässige Kleidung bevorzugen ▶Lässigkeit ❷ *(umg.) ohne Schwierigkeiten:* Die Prüfung schaffe ich doch lässig!; Über den Zaun kommt man doch lässig drüber!

Las·so das/der ['laso] <-s, -s> *ein Seil, das am Ende eine Schlinge hat und mit dem man Rinder oder Pferde fangen kann:* das Lasso werfen

Last die [last] <-, -en> ❶ *etwas Schweres, das von jmdm. oder einem Tier oder einer Maschine getragen wird:* große Lasten mit Kamelen transportieren; Er brach unter der Last des Zementsackes zusammen. ❷ *eine Verpflichtung, die Mühe bereitet:* die Last der täglichen Arbeit; Kinder sind Last und Freude zugleich. ❸ *(geh.) Geld, das man jmdm. oder dem Staat schuldet:* mit der Steuererhöhung den Bürgern neue Lasten aufbürden; ▪**zu Lasten von ...** *auf Kosten von* die Kosten der Anlieferung gehen zu Lasten der Firma; ▪**jemandem zur Last fallen** *(abwert.) jmdm. Mühe bereiten und deshalb lästig werden* Er fällt ihr allmählich mit seiner Trinkerei zur Last.; ▪**jemandem etwas zur Last legen** *(geh.) jmdn. beschuldigen, etwas getan zu haben* Ihm wurde ein Verbrechen zur Last gelegt.; ▪**mit jemandem/etwas seine Last haben** *mit jmdm. oder etwas Mühe haben* Mit der Pflege ihres alten Vaters hat sie ihre Last. ◆Getrennt- oder Zusammenschreibung → R 4.20 Der Betrag geht zu Lasten/zulasten meines Kontos.

las·ten ['lastn̩] <lastet, lastete, hat gelastet> *ohne OBJ* ▪**etwas lastet auf jmdm./etwas** ❶ *etwas liegt als Last¹ auf jmdm. oder etwas:* Der Balken ist unentbehrlich; auf ihm lastet das gesamte Gewicht. ❷ ▪**etwas lastet auf jmdm.** *etwas bedrückt jmdn. und macht ihm Sorgen:* Die Erinnerungen an den Unfall lasten auf ihr. ❸ ▪**etwas lastet auf etwas** *Dat. etwas ist noch nicht bezahlt:* Auf dem Grundstück lasten Schulden. ❹ ▪**etwas lastet auf etwas** *Dat. etwas bereitet Probleme und Schwierigkeiten:* Eine unerträgliche Hitze lastete auf der Stadt.; Die Arbeitslosigkeit lastet auf der wirtschaftlichen Entwicklung.

Las·ter¹ der ['laste] <-s, -> *(umg.: ≈ Lastwagen)* Heute sind viele Laster auf der Straße unterwegs.

Las·ter² das ['lastɐ] <-s, -> (↔ Tugend) eine Angewohnheit, die als schlecht und unangenehm empfunden wird: einem Laster frönen; ein Laster haben; Das Rauchen ist ein teures Laster.

Läs·ter·maul das <-(e)s, Lästermäuler> (umg.) jmd., der schlecht über jmdn. / etwas redet: Sie ist ein richtiges Lästermaul.

läs·tern ['lɛstɐn] <lästerst, lästerte, hat gelästert> I. ohne OBJ ▪ jmd. lästert über jmdn./etwas Akk. (abwert.) abfällige, böse Bemerkungen über etwas oder jmdn. machen: Er lästerte gern über ihr seltsames Hobby.; Hinter seinem Rücken lästerte sie oft über ihren Chef. II. mit OBJ ▪ jmd. lästert Gott/den Glauben (geh.) jmd. äußert sich abfällig oder sehr schlecht über Gott oder den Glauben

läs·tig ['lɛstɪç] adj so aufdringlich, dass es stört und ärgert: Er wird mir langsam lästig mit seinen ständigen Fragen.; lästige Frager abwimmeln; Die Fliegen sind aber wirklich lästig!

-las·tig [lastɪç] als Zweitglied zusammengesetzter Adjektive, mit Betonung auf dem Erstglied; drückt aus, dass eine (extreme) Neigung zu dem mit dem Erstglied Bezeichneten gegeben ist: ein rechtslastiger/ politisch rechts ausgerichteter Politiker; Dies ist ein wortlastiger Film, in dem überwiegend gesprochen wird. ◆ kopf-, links-, theorie-, rechts-, wort-

Last·kraft·wa·gen der <-s, -> KFZ (≈ Lastwagen, LKW/LkW) ein großes Fahrzeug, mit dem Waren transportiert werden: einen Lastkraftwagen fahren

La·tein das <-s> ❶ die Sprache, die im antiken römischen Reich Amtssprache, im westlichen Mittelmeerraum auch Verkehrssprache war, und von der es später verschiedene Versionen/Weiterentwicklungen gab ▸ lateinisch, Latinistik, Latinisierung ◆ Kirchen-, Mittel-, Neu-, Vulgär- ❷ das Fach in der Schule, in dem die Sprache Latein unterrichtet wird: Wir hatten Griechisch; gleich haben wir Latein. ▸ lateinisch ◆ -unterricht, Schul-

-la·tein als Zweitglied zusammengesetzter Substantive, mit Betonung auf dem Erstglied; drückt aus, dass es sich um Übertreibungen/Prahlereien und unglaubwürdige Geschichten von Seiten derjenigen Personengruppe handelt, die mit dem Erstglied bezeichnet wird: Wenn z.B. von einem Jäger erzählt wird, ein Wildschwein habe aufgrund des Gewichts mit einem Traktor weggeschafft werden müssen, dann handelt es sich um Jägerlatein. ◆ Angler-, Gärtner-, Jäger-, Ski-

la·tent [la'tɛnt] adj (geh.: ↔ akut) so, dass etwas im Hintergrund vorhanden, aber noch nicht sichtbar ist; so, dass man es kaum bemerkt: eine latente Gefahr; Sie leidet an einer latenten Krankheit, die noch zu keinen akuten Schmerzen geführt hat. ▸ Latenz, Latenzzeit

La·ter·ne die [la'tɛrnə] <-, -n> ❶ eine Lampe, die in der Dunkelheit die Straße beleuchtet: Die Laternen sind schon an. ◆ -npfahl ❷ eine Art Lampe, die einen transparenten Schirm und eine Kerze oder einen Docht hat und oft an einem Stab befestigt ist: Einer der Sternsinger trägt eine Laterne.; Die Laternen der Kinder leuchteten im Dunkeln.

Lat·schen der ['laːtʃn̩] <-s, -> /meist Plur./ (umg. abwert.) ein Paar alte ausgetretene Schuhe: In diesen Latschen willst du in die Oper gehen?; ▪ **aus den Latschen kippen** (umg.) ohnmächtig werden Nach dem 1000-m-Lauf ist sie aus den Latschen gekippt.; die Fassung verlieren, sehr überrascht sein Nun kipp doch nicht gleich aus den Latschen! Ich will dir ja alles erklären.

lat·schen <latschst, latschte, ist gelatscht> ohne OBJ ▪ jmd. latscht (umg. abwert.) jmd. läuft ohne Lust und Energie: Müde latschte er nach der Arbeit nach Hause.

Lat·te die ['latə] <-, -n> ❶ langes, schmales Stück Holz mit vier Kanten: eine Latte befestigen ◆ Dach-, Holz- ❷ SPORT (↔ Pfosten) obere Begrenzung eines Tores: Der Schuss ging an die Latte. ❸ SPORT eine Stange, die auf zwei Stäben liegt und über die man beim Hochsprung oder Stabhochsprung springen muss: die Latte reißen; ▪ **eine lange Latte** (umg.) ein großer dünner Mensch Er ist eine ganz schön lange Latte.; ▪ **eine (lange) Latte von ...** (umg.) viele Dinge eine lange Latte von Vorstrafen haben; ▪ **nicht alle auf der Latte haben** (vulg. abwert.) verrückt sein Hast du nicht alle auf der Latte?

Laub das [laʊ̯p] <-(e)s> /kein Plur./ Blätter von Bäumen oder Sträuchern: Das Laub färbt sich im Herbst bunt.; das Laub vom Weg kehren ◆ Getrennt-oder Zusammenschreibung → R 4.16 Laub tragende/laubtragende Bäume

Lau·be die ['laʊ̯bə] <-, -n> kleines Haus aus Holz in einem Garten, das meist an einer Seite offen ist: Im Garten steht eine Laube.

lau·ern ['laʊ̯ɐn] <lauerst, lauerte, hat ge-

lauert> *ohne OBJ* ■ **jmd./etwas lauert auf jmdn./etwas** ❶ *sich verstecken und warten, dass etwas oder jmd. erscheint, das/den man fangen oder überfallen will:* Die Katze lauert auf ihre Beute.; Die Räuber lauerten im Park auf ihr Opfer. ❷ *gespannt warten, dass etwas passiert, das einen Vorteil bringen kann:* Auf diese Chance hatte sie schon lange gelauert.

Lauf *der* [laʊf] <-(e)s, Läufe> ❶ */kein Plur./ der Vorgang des sehr schnellen Gehens:* in vollem Lauf über einen Stein stolpern ❷ SPORT *ein Wettkampf, bei dem die Sportler eine bestimmte Strecke laufen müssen:* Der Athlet gewann den ersten Lauf. ◆ Dauer-, Eisschnell-, Hürden-, Langstrecken-, Marathon- ❸ */kein Plur./ die Bahn, in der sich etwas bewegt:* der Lauf der Elbe von der Quelle bis zu ihrer Mündung; der Lauf der Erde um die Sonne ❹ */kein Plur./ die Entwicklung von etwas:* der Lauf der Dinge; Ich bin gespannt, welchen Lauf die Angelegenheit noch nimmt.; im Lauf(e) der Zeit ❺ *bei Schusswaffen das Rohr, aus dem die Kugel kommt:* den Lauf des Gewehrs reinigen ◆ Gewehr- ❻ ZOOL. *Bein von Hasen, Hunden und Rehen:* der verletzte Lauf des Hasen; ■ **etwas freien Lauf lassen** *etwas nicht aufhalten und verhindern* seinen Tränen freien Lauf lassen; ■ **etwas nimmt seinen/ihren Lauf** *etwas geschieht, ohne dass es verhindert oder aufgehalten wird* Die Geschichte nimmt ihren Lauf.

lau·fen [ˈlaʊfn̩] <läufst, lief, hat/ist gelaufen> **I.** *ohne OBJ (sein)* ❶ ■ **jmd. läuft (irgendwie) (irgendwohin)** *sich zu Fuß von einem Punkt zu einem anderen bewegen:* langsam laufen; bergauf laufen; gegen einen Laternenpfahl laufen; Wollen wir laufen oder den Bus nehmen?; den Hund nebenher laufen lassen ❷ ■ **jmd. läuft (irgendwie)** *(≈ rennen) die Füße ganz schnell bewegen, um schnell vorwärts zu gelangen:* Lauf, sonst erreichst du den Zug nicht mehr! ❸ ■ **etwas läuft (irgendwie)** *etwas funktioniert auf eine bestimmte Art und Weise:* Das Gerät läuft störungsfrei.; ein Computerprogramm zum Laufen bringen ❹ ■ **etwas läuft irgendwohin** *etwas bewegt sich irgendwohin:* Das Wasser läuft aus der Wanne.; Aus dem Motor läuft Öl. ❺ ■ **etwas läuft irgendwo** *etwas bewegt sich irgendwo:* Das Förderband läuft auf Rollen. ❻ ■ **etwas läuft irgendwann (irgendwo)** *etwas steht in einem Programm und wird gezeigt:* Welcher Film läuft gerade im Kino? ❼ ■ **etwas läuft irgendwie** *etwas entwickelt sich oder geschieht auf eine bestimmte Art:* Na, wie läuft's?; Die Verhandlungen laufen gut.; Das Unternehmen läuft glänzend.; Wie läuft's denn so mit deiner neuen Freundin? ❽ ■ **etwas läuft plus Zeitangabe** *etwas ist für die genannte Zeit gültig:* Der Mietvertrag läuft ein Jahr. ❾ ■ **etwas läuft** *etwas ist noch nicht zu Ende:* Die Bewerbungsfrist läuft noch.; Gegen sie läuft eine Anzeige wegen Ladendiebstahl. ❿ ■ **etwas läuft irgendwie** *(umg.) etwas wird gut verkauft:* Das neue Modell läuft glänzend. ⓫ ■ **etwas läuft auf jmdn./jmds. Namen** *jmd. steht in einer Kartei o.Ä. als Besitzer von etwas:* Das Auto läuft auf meinen Vater. ⓬ ■ **der Käse läuft** *der Käse wird ganz weich und fließt:* Der Käse läuft, weil er nicht im Kühlschrank steht. ⓭ ■ **etwas läuft auf Grund** *ein Wasserfahrzeug bleibt an einer flachen Stelle im Wasser liegen:* Das Schiff ist auf Grund gelaufen. ⓮ ■ **jmdm. läuft die Nase** *die Nase von jmdm. tropft:* Mir läuft die Nase, hast du mal ein Taschentuch? **II.** *mit OBJ* ❶ *(sein)* ■ **jmd. läuft Rollschuh/Ski/Schlittschuh** *sich auf Rollschuhen/Skiern/Schlittschuhen bewegen* *(sein o haben)* ■ **jmd. läuft etwas** *Akk.* SPORT *in einem Wettkampf etwas machen, indem man läuft:* Er ist/hat einen neuen Rekord gelaufen.; Sie läuft die Strecke in 2 Minuten. **III.** *mit SICH* ❶ ■ **jmd. läuft sich irgendwie** *so lange laufen, bis man einen bestimmten Zustand erreicht hat:* sich warm laufen; sich müde laufen ❷ ■ **jmd. läuft sich etwas** *Akk.* **irgendwie** *so lange laufen, bis man einen bestimmten Zustand hat:* Ich habe mir die Füße wund gelaufen.; Hast du dir etwa Löcher in die Socken gelaufen?; ■ **etwas läuft wie geschmiert** *(umg.) etwas entwickelt sich sehr gut* Das neue Geschäft läuft wie geschmiert.; ■ **Da läuft bei mir nichts!** *(umg.) Dazu bin ich nicht bereit!* Ich soll für 8 Euro pro Stunde arbeiten? Da läuft bei mir nichts!; ■ **etwas ist gelaufen** *(umg.) etwas ist vorbei und kann nicht geändert werden* Die Prüfung ist gelaufen.; ■ **etwas laufen lassen/laufenlassen** *nicht eingreifen* Ich werde Dinge einfach laufen lassen/laufenlassen. ◆ Getrennt- oder Zusammenschreibung → R; Zusammenschreibung → R 4.6 Sie liebt das Schlittschuhlaufen.; Er ist zum Skilaufen gefahren.; *siehe aber auch* **laufenlassen**

lau·fend *adj /nicht steig./* ❶ */nur attr./ so, dass etwas immer wiederkehrt:* die laufenden Kosten für Miete, Strom und Wasser ❷ *noch nicht abgeschlossen:* die laufenden Verhandlungen; im Mai des laufenden Jahres ❸ *so, dass etwas von einem langen Stück abgeschnitten ist:* der laufende Meter Stoff; ▪ **auf dem Laufenden sein** *(umg.) gut über etwas Aktuelles informiert sein* jemanden auf dem Laufenden halten ◆ Großschreibung → R 3.7 Sie hält sich durch die Fernsehnachrichten auf dem Laufenden.

lau·fen·las·sen, lau·fen las·sen ['laʊfn̩] <lässt laufen, ließ laufen, hat laufengelassen/laufenlassen> *mit OBJ* ▪ **jemanden laufen lassen** *(umg.) jmdn. wieder frei lassen, nachdem man ihn schon gefasst hatte* Die Polizei hat den Verdächtigen wieder laufen lassen.

Lauf·werk das <-(e)s, -e> ❶ TECHN. *der Mechanismus, der eine Maschine antreibt:* das Laufwerk der Uhr ❷ EDV *das Gerät im oder am Computer, das einen Datenträger beschreiben oder lesen kann:* internes/externes Laufwerk; Der Computer hat zwei Laufwerke für CD-ROMs. ◆ CD-ROM-, Disketten-, DVD-, Festplatten-

Lau·ne die ['laʊnə] <-, -n> ❶ *ein Einfall, den jmd. spontan aus einer Stimmung heraus hat:* Aus einer Laune heraus kündigte sie plötzlich die Arbeit.; Das war nur so eine Laune von mir. ❷ *Stimmung, in der sich jmd. befindet:* gute/schlechte Laune haben ❸ */nur Plur./ Stimmungen, die jmd. hat und die schnell wechseln:* unter den Launen der Freundin leiden müssen; ▪ **jemanden bei Laune halten** *(umg.) dafür sorgen, dass jmd. in guter Stimmung bleibt* Während der langen Autofahrt müssen wir die Kinder mit Spielen bei Laune halten.

lau·nisch ['laʊnɪʃ] *adj so, dass jmd. sehr schnell seine Stimmung wechselt:* Er ist sehr launisch: Eben noch war er furchtbar wütend, und jetzt ist er wieder ganz freundlich.

lau·schen ['laʊʃn̩] <lauschst, lauschte, hat gelauscht> *ohne OBJ* ❶ ▪ **jmd. lauscht etwas** *Dat. sehr aufmerksam und konzentriert sein, um etwas zu hören:* Das Publikum lauschte gespannt der Musik.; dem Rauschen der Wellen lauschen ❷ ▪ **jmd. lauscht irgendwo** *heimlich einer Unterhaltung zuhören:* an der Tür/Wand lauschen

Laut der [laʊt] <-(e)s, -e> ❶ *ein Geräusch, das man mit dem Mund erzeugt und das man nur kurz hören kann:* ein schriller Laut; Sie gaben keinen Laut von sich. ❷ SPRACHWISS. *die auch als „Phon" bezeichnete, kleinste realisierte akustische Einheit, welcher auf der Ebene des abstrakten Sprachsystems/Regelsystems das Phonem als Schema/Muster aller Realisierungsmöglichkeiten entspricht:* einen Laut nicht richtig aussprechen; ▪ **Laut geben** *(in der Sprache der Jäger) bellen* Der Hund gab Laut.

laut[1] [laʊt] *adj (↔ leise)* ❶ *gut und weit zu hören:* eine laute Stimme; laute Musik hören; das Radio laut aufdrehen ❷ *(↔ ruhig) voller Lärm:* eine laute Gegend/Straße; ▪ **laut und deutlich** *so, dass etwas deutlich zu hören ist* Sie müssen laut und deutlich antworten.; ▪ **laut denken** *denken und dabei die Gedanken aussprechen* Manchmal hilft es, laut zu denken.; ▪ **laut werden** *bekannt werden* Es sind Klagen laut geworden.; ▪ **laut werden** *plötzlich mit lauter und wütender Stimme sprechen* Die Lehrerin muss erst laut werden, damit die Schüler ruhig werden.

laut[2] [laʊt] *präp* ❶ *+Gen. /mit nachfolgendem unflektierten Substantiv im Singular/ so, wie es irgendwo steht oder es jmd. gesagt hat:* Laut Wetterbericht soll morgen die Sonne scheinen.; Laut Gesetz ist ein solches Verhalten strafbar. ❷ *+Dat. /mit nachfolgendem flektierten Substantiv im Singular oder Plural/ so, dass es dem entspricht, was irgendwo geschrieben steht:* Laut dem Gesetz müssen Hunde gemeldet werden.; Laut den geltenden Gesetzen muss die Steuer bezahlt werden.

Laut·schrift die <-, -en> *ein Zeichensystem, das zur phonetischen Transkription (also der umschreibenden Darstellung) der gesprochenen Sprache entwickelt worden ist:* Verwendet wird hier, wie in anderen Wörterbuchern, die „internationale Lautschrift" (IPA: „International Phonetic Alphabet").

lau·ten ['laʊtn̩] <lautet, lautete, hat gelautet> *ohne OBJ* ❶ ▪ **etwas lautet irgendwie** *einen bestimmten Inhalt, bestimmte Formulierungen, Zahlen o.Ä. aufweisend:* Der Text lautet folgendermaßen: ...; Das ist nicht richtig, denn die Überschrift lautete anders. ❷ ▪ **etwas lautet auf etwas** *Akk. (geh.) etwas hat den Inhalt von etwas:* Die Anklage lautet auf Mord.

läu·ten ['lɔytn̩] <läutest, läutete, hat geläutet> I. *mit OBJ* ▪ **jmd. läutet etwas** *bewirken, dass eine Glocke klingt:* Er läutet die Glocken. II. *ohne OBJ* ❶ ▪ **etwas läutet** *Glocken erzeugen einen Ton:* Die Glocken läuten jeden Abend. ❷ ▪ **etwas läu-**

tet SÜDDT., ÖSTERR. *etwas klingelt:* Das Telefon läutet. ❸ ■ **jmd. läutet irgendwo** SÜDDT., ÖSTERR. *an der Haustür klingeln:* Du musst halt öfters bei ihm läuten. **III.** *mit ES* ■ **es läutet** SÜDDT., ÖSTERR. *an der Haustür wird geklingelt:* Geh mal an die Tür! Ich glaube, es hat geläutet.; ■ **etwas läuten hören** *(umg.) ein Gerücht hören* Ich habe da etwas läuten hören, aber ich bin mir nicht sicher.

laut·los ['lautlo:s] *adj ohne jegliches Geräusch:* sich mit lautlosen Schritten heranschleichen; sich lautlos entfernen ▸ Lautlosigkeit

Laut·spre·cher der <-s, -> *das Gerät an einem Radio, einer Stereoanlage, einem Fernseher o.Ä., durch das man die Töne hört:* Er hat sich für die Stereoanlage neue Lautsprecher gekauft.; die Ansage über Lautsprecher ◆-anschluss, -kabel

Laut·stär·ke die <-, -n> *die Intensität von Tönen:* Die hohe Lautstärke beim Konzert war unerträglich. ◆ Zimmer-

lau·warm ['lauvarm] *adj /nicht steig./ so, dass etwas warm, aber nicht heiß ist:* Die Suppe ist nur noch lauwarm.; lauwarmes Wasser/lauwarmer Tee/lauwarme Milch

La·va·bo das [la'va:bo] <-(s), -s> SCHWEIZ. *Waschbecken:* das Lavabo reinigen

La·wi·ne die [la'vi:nə] <-, -n> ❶ *eine große Masse von Schnee, die einen Berg herunterstürzt:* eine Lawine auslösen; Mehrere Skifahrer wurden von der Lawine begraben.; Eine Lawine geht ab. ◆-ngefahr, -nopfer, Geröll-, Schlamm-, Stein- ❷ *(übertr.) eine große Menge von etwas:* Der Artikel löste eine wahre Lawine von Leserbriefen aus.

-la·wi·ne [lavi:nə] *als Zweitglied zusammengesetzter Substantive, mit Betonung auf dem Erstglied; drückt aus, dass das mit dem Erstglied Bezeichnete der Menge nach als bedrohlich und der Tendenz nach weiter anschwellend empfunden wird, sodass es eventuell nicht mehr einzudämmen ist:* Aufgrund der Änderung des Gesetzes ist eine Prozesslawine zu erwarten, da viele jetzt Klage einreichen werden. ◆ Antrags-, Ausgaben-, Blech-, Kosten-, Prozess-, Schulden-

Le·ben das ['le:bn̩] <-s, -> ❶ *der Zustand, dass jmd. oder etwas lebt und nicht tot ist:* sein Leben retten; um sein Leben fürchten ◆-sversicherung ❷ *die Zeit, die jmd. lebt (von seiner Geburt bis zum Tod):* jemandem ein langes Leben wünschen; seinem Leben einen Sinn geben; sein Leben lang auf der Suche nach etwas sein; zum ersten Mal in seinem Leben ❸ *das Leben¹ als biologisches Phänomen generell:* Gibt es intelligentes Leben außerhalb der Erde?; die Entstehung des Lebens auf der Erde ❹ *die Art und Weise, wie man sein Dasein gestaltet:* ein sorgenfreies Leben genießen; ein aufregendes Leben führen ❺ *alles, was jmdn. täglich beeinflusst oder was jmd. täglich erlebt:* das Leben meistern; dem Leben einen Sinn geben; dem Leben nur Gutes abgewinnen; mit dem Leben nicht zurechtkommen ❻ *alles, was in einem Raum oder in der Öffentlichkeit geschieht (≈ Betriebsamkeit)* Auf der Straße herrschte reges Leben.; Endlich kommt mal Leben ins Haus! ❼ *etwas, das für jmdn. das Wichtigste ist:* Sein Leben war die Musik. ❽ ■ **...leben** *als Zweitglied verwendet, um auszudrücken, dass die es für die im Erstglied genannte Personengruppe typische Lebensform ist:* die Freuden des Studentenlebens; worauf es im Berufsleben ankommt; seine Beschreibung des Angestelltenlebens; ■ **das politische/gesellschaftliche/öffentliche/wirtschaftliche Leben** *alles, was im Bereich der Politik/Gesellschaft/Öffentlichkeit/Wirtschaft geschieht* sich aus dem politischen Leben zurückziehen; ■ **das ewige Leben** REL. *das Leben nach dem Tod* Er glaubt an das ewige Leben.; ■ **das werdende Leben** *das Kind, das im Bauch der Mutter heranwächst* das werdende Leben schützen; ■ **ein Kampf auf Leben und Tod** *ein Kampf, der erst mit dem Tod eines der Kämpfenden endet* Es war ein Kampf auf Leben und Tod.; ■ **einem Kind das Leben schenken** *(geh.) ein Kind gebären* Sie schenkte drei Kindern das Leben.; ■ **jemanden ums Leben bringen** *(geh.) jmd. töten* Er hat seine Frau ums Leben gebracht.; ■ **ums Leben kommen** *(umg.) verunglücken* Sie ist bei einem Autounfall ums Leben gekommen.; ■ **seinem Leben ein Ende setzen** ■ **sich das Leben nehmen** *sich selbst töten* Er war so verzweifelt, dass er seinem Leben ein Ende setzen wollte/sich das Leben nehmen wollte.; ■ **jemandem nach dem Leben trachten** *das Ziel haben, jmdn. zu töten* Er trachtet seinem Feind nach dem Leben.; ■ **seines Lebens nicht mehr sicher sein** *Gefahr laufen, getötet zu werden* In dieser Stadt ist man ja seines Lebens nicht mehr sicher!; ■ **(noch einmal) mit dem Leben davonkommen** *eine gefährliche Situation knapp überleben;* ■ **sein Leben aufs Spiel setzen/mit seinem Leben spie-**

len *sich in eine gefährliche Situation begeben* Er liebt Extremsportarten, wenn er dabei oft sein Leben aufs Spiel setzt.; ■ **seines Lebens nicht mehr froh werden** *so große Probleme haben, dass man immer unglücklich ist* Nach dem schrecklichen Unfall wird sie ihres Lebens nicht mehr froh.; ■ **etwas ins Leben rufen** *etwas gründen* eine Stiftung ins Leben rufen; ■ **wie das blühende Leben (aussehen)** *(umg.) gut und sehr gesund (aussehen)* Man merkt ihm sein Alter gar nicht an, denn er sieht wie das blühende Leben aus!; ■ **für sein Leben gern** *sehr gerne* Er trinkt für sein Leben gern Kaffee.; ■ **sich (mit etwas) durchs Leben schlagen** *(umg.) nur soviel Geld (mit etwas) verdienen, dass man davon gerade leben kann* Ich schlage mich mit kleinen Jobs durchs Leben.; ■ **Nie im Leben!** *(umg.) verwendet, um mit Nachdruck etwas völlig abzulehnen* Ich und Drogen? Nie im Leben!; ■ **jemandem das Leben zur Hölle machen** *(umg.) jmdm. große und schlimme Probleme machen* Er machte seiner Frau das Leben zur Hölle.; ■ **in jemanden kommt Leben** *(umg.) jmd. wird plötzlich aktiv* Sie stand gelangweilt in der Kneipe. Doch als sie ihn sah, kam auf einmal Leben in sie.; ■ **Leben in die Bude bringen** *(umg.) irgendwo gute Stimmung erzeugen* Bei der Hochzeitsfeier brachte nur die Band etwas Leben in die Bude.; ■ **etwas ist aus dem Leben gegriffen** *etwas ist sehr realistisch* Der Film ist wie aus dem Leben gegriffen.; ■ **Wie das Leben so spielt!** *verwendet, um eine Bemerkung zu etwas zu machen, was typisch für das Leben⁴ ist und was nicht mehr zu ändern ist* Wie das Leben so spielt! Erst hat er gewonnen, und dann wieder alles verloren. ◆ Getrennt-oder Zusammenschreibung → R 4.16 Leben spendend/lebensspendend; Leben zerstörend/lebenzerstörend

le·ben ['leːbn̩] <lebst, lebte, hat gelebt> I. *ohne OBJ* ❶ ■ **jmd. lebt** *auf der Welt sein und einen funktionierenden Organismus haben*: Seine Eltern leben nicht mehr.; Als der Arzt eintraf, lebte sie noch. ❷ ■ **jmd. lebt irgendwann** *jmd. ist zu einer bestimmten Zeit auf der Welt*: Goethe lebte von 1749 bis 1832. ❸ ■ **jmd./etwas lebt irgendwo** *jmd. oder etwas verbringt an einem Ort oder bei jmdm. die meiste Zeit*: Fische leben im Wasser.; In Grönland leben die Eskimos.; Er lebt noch bei seinen Eltern.; Sie lebt seit 10 Jahren in Leipzig. ❹ ■ **jmd. lebt irgendwie** *jmd. verbringt sein Leben in einer bestimmten Weise*: zufrieden leben; in Armut leben ❺ ■ **jmd. lebt von etwas** *Dat. jmd. ernährt sich von etwas*: Während des Studiums lebte er hauptsächlich von Reis und Nudeln. ❻ ■ **jmd. lebt von etwas** *Dat. jmd. bekommt von jmdm. oder etwas Geld, um sich davon Essen, Kleidung o.Ä. zu kaufen*: Er lebt vom Geld seiner Frau.; Von der Dichtkunst konnte er nicht leben. ❼ ■ **etwas lebt von etwas** *Dat. etwas hängt in seinem Erfolg oder seiner Wirkung von etwas ab*: Der Film lebt nur von den Spezialeffekten. ❽ ■ **jmd. lebt für jmdn./etwas** *jmd. oder etwas ist für jmdn. das wichtigste im Leben*: Sie lebt nur noch für ihre Tochter.; Er lebt nur für die Musik. II. *mit OBJ* ■ **jmd. lebt etwas** *jmd. gestaltet sein Leben in der genannten Weise*: Sie lebten ein erfülltes Leben.; ■ **Es lebe …!** ■ **Hoch lebe …!** *verwendet, um auszudrücken, dass man sich wünscht, dass eine Sache oder eine Person lange oder für immer so bleibt* Es lebe die Freiheit!; Es lebe der König!; ■ **Leben Sie wohl!** *(veralt.) Auf Wiedersehen!;* ■ **leben wie Gott in Frankreich** *verwendet, um auszudrücken, dass man sehr gut lebt, weil man sehr gutes Essen und sehr gute Getränke hat*

le·ben·dig [leˈbɛndɪç] *adj* ❶ (↔ *tot*) *so, dass etwas lebt I.1*: Eine Fliege ist auch ein lebendiges Wesen!; bei lebendigem Leib(e) verbrennen ❷ *so, dass etwas mit Inhalt erfüllt ist und praktiziert wird*: eine lebendige Demokratie; eine lebendige Tradition ❸ *lebhaft, munter*: eine lebendige Stadt; einen sehr lebendigen Unterricht machen; sehr lebendige Kinder haben; ■ **etwas wird wieder lebendig** *etwas, das schon vergessen war, kommt wieder zum Vorschein* Die alten Traditionen werden wieder lebendig.

Le·bens·abend *der* <-(e)s, -e> *(geh.) der letzte Lebensabschnitt, das Alter*: Nach der Pensionierung möchte er nun seinen Lebensabend genießen.; den Lebensabend im Altenheim verbringen müssen

Le·bens·ge·fahr *die* <-, -en> *eine Situation oder Gefahr, die jmds. Leben bedroht und tödlich sein kann*: Nach dem Unfall schwebte er in Lebensgefahr.; Vorsicht Hochspannung! Lebensgefahr! ► **lebensgefährlich**

Le·bens·ge·fähr·te *der,* **Le·bens·ge·fähr·tin** <-n, -n> *ein Partner, mit dem man sein Leben teilt, mit dem man aber nicht verheiratet ist*: Lange nach dem Tod seiner

Frau hat er eine neue Lebensgefährtin gefunden.

le·bens·läng·lich *adj* /nicht steig./ RECHTSW. *so, dass eine Strafe für den Rest des Lebens gilt:* eine lebenslängliche Gefängnisstrafe; zu „lebenslänglich" verurteilt werden; Der Mörder bekam lebenslänglich.

Le·bens·lauf *der* <-(e)s, Lebensläufe> ❶ *ein Text, in dem jmd. alle wichtigen Daten, wie Geburtsjahr, Geburtsort, Ausbildung, berufliche Erfahrungen o.Ä., zu seiner Person auflistet, und der für Bewerbungen gebraucht wird:* Für die Bewerbungsunterlagen musste er einen tabellarischen Lebenslauf schreiben. ❷ *alles, was man während seines Lebens bisher erlebt hat:* einen bewegten Lebenslauf haben

Le·bens·mit·tel *das* <-s, -> /meist. Plur./ (≈ Nahrungsmittel) *Produkte, die man täglich braucht, um sich zu ernähren:* Brot, Gemüse und Fleisch gehören zu den wichtigsten Lebensmitteln.

le·bens·mü·de *adj* /nicht steig./ *so, dass jmd. nicht weiterleben will, weil er keine Freude am Leben mehr hat:* Er war alt, krank und lebensmüde.; ▪ **Ich bin doch nicht lebensmüde!** *(umg. scherzh.)* verwendet, um auszudrücken, dass man etwas Gefährliches auf keinen Fall tun wird Auf diesem schmalen Steg über die Schlucht gehen? Ich bin doch nicht lebensmüde!

Le·bens·stan·dard *der* <-s, -s> *die Art und Weise, wie man lebt bzw. welche Dinge und Waren einem für das tägliche Leben zur Verfügung stehen:* Der Lebensstandard der Bevölkerung ist in den reichen Industrieländern höher als in den Entwicklungsländern.

Le·bens·un·ter·halt *der* <-(e)s> /kein Plur./ *das Geld, das notwendig ist, um Dinge wie Nahrung, Kleidung und Wohnung zu bezahlen:* Nach dem Studium musst du dir deinen Lebensunterhalt selbst verdienen.

Le·be·we·sen *das* <-s, -> *ein lebender Organismus:* Pflanzen, Tiere und Menschen sind Lebewesen.

Le·be·wohl *das* [leːbəˈvoːl] <-(e)s, -s/-e> *(geh.) der Abschied:* jemandem ein letztes Lebewohl zurufen; ▪ **jemandem Lebewohl sagen** *sich von jmdm. verabschieden* ● Getrenntschreibung „Lebe wohl!", rief er.

leb·haft [ˈleːphaft] *adj* ❶ (≈ lebendig) *voller Temperament:* ein sehr lebhaftes Kind ❷ *stark und sehr groß:* lebhafter Beifall; Die Thesen des Forschers erweckten lebhaftes Interesse in den Medien. ❸ *deutlich, klar:* lebhafte Erinnerungen; Das kann ich mir lebhaft vorstellen. ❹ *interessant, auffallend:* eine lebhafte Diskussion; lebhafte Farben

Leb·ku·chen *der* [ˈleːpkuːxn̩] <-s, -> *ein Gebäck aus dunklem Teig, das würzig schmeckt und das vor allem zur Weihnachtszeit gegessen wird:* Lebkuchen backen

le·cken[1] [ˈlɛkn̩] <leckst, leckte, hat geleckt> I. *mit OBJ* ❶ ▪ **jmd./ein Tier leckt etwas** *mit der Zunge über etwas streichen und es in den Mund bringen:* Das Kind leckt ein Eis.; Die Katze leckt die Milch. ❷ ▪ **ein Tier leckt sich/etwas** *mit der Zunge über etwas streichen, um es sauber zu machen:* Die Katze leckt sich.; Die Hündin leckt ihre Jungen. ❸ ▪ **jmd. leckt (sich) etwas von etwas** *Dat. mit der Zunge etwas von etwas entfernen:* Nach dem Essen leckte er (sich) das Fett von den Fingern. II. *ohne OBJ* ▪ **ein Tier leckt an etwas** *Dat. mit der Zunge über eine Stelle streichen:* Der Hund leckte an seiner Hand.; ▪ **seine Wunden lecken** *(umg. übertr.) sich lange gekränkt fühlen;* ▪ **sich die Finger nach etwas lecken** *(umg. übertr.) etwas gerne haben wollen;* ▪ **Leck mich am Arsch!** *(vulg.) Lass mich in Ruhe! Das interessiert mich nicht!;* ▪ **jemand/etwas sieht aus wie geleckt** *(umg.) jmd. oder etwas sieht extrem sauber und ordentlich aus*

le·cken[2] [ˈlɛkn̩] <leckt, leckte, hat geleckt> *ohne OBJ* ▪ **etwas leckt** *etwas ist undicht und hat ein Loch:* Das Boot leckt.

le·cker [ˈlɛkɐ] *adj so, dass etwas sehr gut schmeckt:* Das Essen war lecker!; Das sieht aber lecker aus!

Le·cker·bis·sen *der* <-s, -> ❶ *etwas, das sehr gut schmeckt:* Sie sucht sich beim Essen nur die Leckerbissen heraus. ❷ *etwas Besonderes, das jmd. sehr genießen kann:* Die Oper ist ein Leckerbissen für jeden Freund der Musik.

Le·der *das* [ˈleːdɐ] <-s, -> ❶ *Haut von einem Tier (z.B. einem Schwein oder Rind), die bearbeitet wurde, um sie haltbar zu machen und aus der verschiedene Dinge hergestellt werden:* Aus Leder werden vor allem Schuhe, Taschen und Gürtel hergestellt. ◆ -schuhe, -stiefel, -tasche, Kalbs-, Krokodil-, Rinds-, Schlangen- ❷ *(umg.) Fußball:* Das Leder rollt wieder.; das runde Leder; ▪ **jemandem ans Leder wollen**

(umg.) jmdn. angreifen wollen Er glaubt immer, dass man ihm aus Leder will.; ■ **zäh wie Leder sein** *(umg.) große Ausdauer besitzen* Er ist zäh wie Leder! Den haut so schnell nichts um.; ■ **gegen jemanden/etwas vom Leder ziehen** *über jmdn. oder etwas heftig schimpfen* Er zog gegen seine Kritiker ordentlich vom Leder.

le·dig ['le:dɪç] *adj /nicht steig./* ❶ *(↔ verheiratet) nicht verheiratet:* Er ist ledig.; eine ledige Mutter ❷ ■ **einer Sache ledig** *(geh.) frei von etwas; nicht mehr von etwas belastet:* Nun war er aller Verpflichtungen ledig.

le·dig·lich ['le:dɪklɪç] *adv (≈ nur) nichts mehr als/niemand anders als:* Ich verlange lediglich mein Recht.; Lediglich ihre Schwester kam, niemand sonst.

leer [le:ɐ̯] *adj* ❶ *(↔ voll) so, dass etwas nichts enthält; ohne Inhalt:* ein leerer Koffer/Magen/Raum; Er trinkt sein Glas schnell leer.; Nach dem Essen muss er allein den Tisch leer räumen. ❷ *(↔ bewohnt) ohne Menschen darin:* Die Stadt ist am Wochenende leerer als sonst.; Das Haus stand schon lange leer. ❸ *so, dass nichts darauf geschrieben steht:* ein leeres Blatt ❹ */nur attr./ (abwert.) ohne sinnvollen Inhalt; wertlos:* leeres Gerede; leere Sprüche ❺ *so, dass man einer Sache nicht glauben kann:* leere Versprechungen machen; leere Drohungen ❻ *so, dass etwas kein Gefühl und keinen Ausdruck zeigt:* mit leeren Augen vor sich hinstarren; ■ **ins Leere gehen** *keinen Erfolg haben oder keine Reaktion spüren* Ihre Ermahnungen gingen ins Leere. Es beachtete sie niemand.; ■ **leer ausgehen** *keinen Anteil von etwas bekommen* bei einer Erbschaft leer ausgehen ♦ Getrenntschreibung → R 4.16 Die Straßen waren wie leer gefegt/leergefegt.; Hier gibt es viele leer stehende/leerstehende Wohnungen.; leer gegessener/leergegessener Teller; ♦ Zusammenschreibung → R 4.15 leerlaufen; ein Fass leerlaufen lassen

-leer [le:ɐ̯] *(↔ -voll ≈ -arm, -schwach) als Zweitglied zusammengesetzter Adjektive, mit Betonung auf dem Erstglied; drückt aus, dass das mit dem Erstglied Bezeichnete als besonders gehaltlos/dürftig angesehen wird:* Die Ausführungen in dem vermeintlich wissenschaftlichen Beitrag sind in erschütternder Weise inhaltsleer ♦ ausdrucks-, gedanken-, inhaltsleer

lee·ren ['le:rən] *<leerst, leerte, hat geleert>* I. *mit OBJ (↔ füllen)* ❶ ■ **jmd. leert etwas** *etwas leer¹ machen:* einen Eimer leeren; den Briefkasten leeren ❷ ■ **jmd. leert etwas** *(geh.) ein Gefäß oder einen Behälter mit Essen oder Getränken leer¹ machen, indem man davon isst oder trinkt:* Auf einen Zug leert er den Becher Wein.; den Teller leeren ▸ Leerung II. *mit SICH* ■ **etwas leert sich** *aus einem Gebäude oder von einem Platz gehen die dort anwesenden Menschen allmählich weg:* Das Stadion leerte sich.; Erst gegen Nachmittag leerte sich der Markt allmählich.

le·gal [le'ga:l] *adj /nicht steig./ (↔ illegal) im Rahmen der Gesetze erlaubt; rechtmäßig:* etwas auf legalem Weg erreichen; eine legale Handlung ▸ legalisieren, Legalität

Le·g·as·the·nie die *<-> PSYCH., MED. andauernde und erhebliche Störung des Erwerbs der Schriftsprache, die als eine von anderen Erscheinungsformen (z.B. Minderbegabung und Sprachstörungen) unbedingt zu isolierende Entwicklungsstörung betrachtet werden muss, und von der (aufgrund verschiedener Wahrnehmungs- bzw. Bahnungsstörungen) etwa vier Prozent all der Kinder betroffen sind, bei denen ein ähnliches Erscheinungsbild (Lese-Rechtschreib-Schwierigkeiten/Lese-Rechtschreib-Störung) aufgrund lediglich mangelnden Kontaktes mit dem Schreiben und Lesen im Elternhaus diagnostiziert worden ist: Seriöse, aber auch sehr viele ganz unseriöse Legastheniker-Kurse werden angeboten, auch solche von Sekten (z.B. von der Scientology-Sekte).; Die mangelnde Automatisierung von Schreib- und Lesefertigkeiten bei Vorliegen von Legasthenie.* ▸ Legastheniker(in), legasthenisch

le·gen ['le:ɡn̩] *<legst, legte, hat gelegt>* I. *mit OBJ* ❶ ■ **jmd. legt etwas irgendwohin** *etwas mit einer Bewegung der Hand irgendwohin bringen, so dass es sich dort befindet:* Sie legt das Buch auf den Tisch. ❷ ■ **jmd. legt jmdm. etwas irgendwohin** *jmdn. mit etwas berühren oder bekleiden:* Er legt ihm väterlich die Hand auf die Schulter.; Sie legt ihm einen Schal um den Hals. ❸ ■ **jmd. legt jmdm. (irgendwie) irgendwohin** *jmdn. in eine bestimmte Lage bringen:* Die Sanitäter legten den Verletzten vorsichtig auf die Seite. ❹ ■ **jmd. legt etwas** *verlegen:* Der Techniker muss noch das Telefonkabel legen; dann ist die Anlage fertig. ❺ ■ **ein Tier legt ein Ei** ZOOL. *aus einem Tier kommt ein Ei:* Der Vogel legt ein Ei. II. *mit SICH* ❶ ■ **jmd./etwas legt sich irgendwohin** *sich in eine bestimmte Lage begeben:* Ich

Legende–Lehrer

lege mich ein paar Minuten aufs Sofa; dann geht es wieder besser.; Das Schiff hat sich auf die Seite gelegt. ❷ ▪ **etwas legt sich** *etwas wird schwächer:* Der Wind legte sich.; Sein Zorn hatte sich gelegt. ❸ ▪ **etwas legt sich irgendwohin** *etwas lastet auf jmdm. oder etwas:* Der Qualm legt sich uns auf die Lunge.; Sorgen legen sich auf ihre Seele.

Le·gen·de die [le'gɛndə] <-, -n> ❶ *Lebensgeschichte von Heiligen:* die Legende vom Heiligen Martin ❷ *(abwert.) eine Geschichte, die (seit langem) erzählt wird und an der nur wenig stimmt:* Dass er ein Musterschüler war, ist nur eine Legende, die er selbst verbreitet hat. ❸ *eine Person, die Außerordentliches erreicht oder geleistet hat und dafür sehr bekannt ist:* Er ist eine lebende Legende. ❹ *Erklärung der Zeichen und Symbole, die auf einer Landkarte, einem Plan o.Ä. verwendet werden:* die Legende einer Landkarte

Le·gis·la·ti·ve die [leɡɪsla'tiːvə] <-, -n> POL. *die Institution, die in einem Staat die Gesetze beschließt; die gesetzgebende Gewalt:* Das Parlament ist die Legislative im Land.

le·gi·tim [leɡi'tiːm] *adj (↔ illegitim)* ❶ RECHTSW. *rechtmäßig; nach Recht und Gesetz:* Die legitime Regierung des Landes wurde gestürzt. ❷ *(geh.) berechtigt; mit Anspruch auf etwas:* legitime Forderungen; Ich finde es legitim, dass er eine Entschuldigung verlangt. ▶ **Legitimation**

Leh·ne[1] die ['leːnə] <-, -n> *eine Stütze an einem Stuhl, einem Sessel oder einem Sofa, auf die man die Arme legen oder an die man den Rücken stützen kann:* Ein Hocker hat keine Lehne. ♦ Arm-, Sessel-, Stuhl-

Leh·ne[2] die ['leːnə] <-, -n> ÖSTERR. *Abhang*

leh·nen ['leːnən] <lehnst, lehnte, hat gelehnt> I. *mit OBJ* ▪ **jmd. lehnt sich/etwas an/gegen etwas** *Akk. jmd. stellt sich oder etwas schräg an oder gegen etwas Festes, das einen Halt gibt:* Sie lehnt das Fahrrad gegen die Hauswand.; Ich lehne mich mit dem Rücken an den Türrahmen. II. *ohne OBJ* ▪ **jmd./etwas lehnt irgendwo** *jmd. oder etwas steht irgendwo so, dass er oder es eine leicht schräge Haltung einnimmt und mit seinem Gewicht gegen einen festen Gegenstand, z.B. eine Wand, drückt:* Die Leiter lehnt an der Wand.; Er lehnte erschöpft am Türpfosten. III. *mit SICH* ▪ **jmd. lehnt sich irgendwohin** *jmd. stützt sich an oder auf etwas und beugt sich mit seinem Oberkörper darüber:* Der Lehrer lehnte sich über den Tisch.; Die Nachbarn lehnten sich aus dem Fenster, um die Ereignisse auf der Straße besser sehen zu können

Lehr·buch das <-(e)s, Lehrbücher> *(↔ Arbeitsbuch) Buch, das Wissen zu einem bestimmten Fach vermittelt und mit dem Schüler oder Studenten im Unterricht lernen oder arbeiten:* ein Lehrbuch der Medizin; ein Lehrbuch für Deutsch als Fremdsprache

Leh·re die ['leːrə] <-, -n> ❶ *die Ausbildung, die man macht, um einen Beruf zu lernen:* Die Lehre als Tischler dauert drei Jahre.; bei jemandem in die Lehre gehen ❷ *Erfahrung, die man gemacht hat und aus der man etwas gelernt hat:* eine bittere Lehre; ▪ **jemandem ist etwas eine Lehre** *jmd. hat aus einer (bitteren) Erfahrung etwas gelernt* Lass dir das eine Lehre sein! ❸ *die Grundlagen einer Philosophie oder einer Religion:* die Lehren des Platon; die Lehren des Augustinus; die Lehren des Buddhismus ❹ *die Theorien und das Wissen einer wissenschaftlichen Disziplin:* Die Lehre von der Relativität der Zeit haben nur wenige verstanden. ❺ */kein Plur./ Unterricht an einer Hochschule:* Professoren sollten Forschung und Lehre miteinander vereinbaren.

leh·ren ['leːrən] <lehrst, lehrte, hat gelehrt> I. *mit OBJ* ❶ ▪ **jmd. lehrt (jmdn.) etwas** *jmd. gibt jmdm. Informationen zu etwas und übt mit ihm, damit er Wissen und Fähigkeiten bekommt:* Er lehrt die Schüler Rechtschreibung und Grammatik.; Wer hat dich das Schwimmen gelehrt? ❷ ▪ **jmd. lehrt (jmdn.) plus Inf.** *jmd. vermittelt jmdm. Fähigkeiten und Kenntnisse, um etwas zu tun:* Er lehrt ihn schwimmen.; Die Musiklehrerin lehrte ihn Klavier spielen ❸ ▪ **etwas lehrt jmdn. etwas** *(geh.) etwas gibt jmdm. eine Lehre*[2]*:* Was lehrt uns dieses Buch?; Das Beispiel lehrt uns, dass Gewalt keine Probleme löst. II. *mit OBJ/ohne OBJ* ▪ **jmd. lehrt (etwas) (irgendwann) (irgendwo)** *jmd. vermittelt Schülern oder Studenten Wissen und Kenntnisse:* Er lehrt Geschichte in der 12. Klasse am Gymnasium.; Sie lehrte mehrere Jahre an der Universität Hamburg.

Leh·rer der, **Leh·re·rin** ['leːrɐ] <-s, -> ❶ *Person, die an einer Schule unterrichtet:* als Lehrer an einer Hauptschule unterrichten ♦ -ausbildung, -kollegium, -konferenz, -zimmer, Mathematik-, Nachhilfe- ❷ *jmd., der einen anderen Menschen fördert:* Sigmund Freud war sein

Lehrer.

Lehr·gang der <-(e)s, Lehrgänge> *ein Ausbildungskurs, in dem man in relativ kurzer Zeit bestimmte Fähigkeiten und Kenntnisse erlernt:* einen Lehrgang in erster Hilfe besuchen; Lehrgänge zum Maschinenschreiben anbieten

Lehr·jahr das <-(e)s, -e> *Zeitraum, in dem jmd. eine Lehre¹ macht:* Sie ist im dritten Lehrjahr.; ▪ **Lehrjahre sind keine Herrenjahre!** *(umg.) verwendet, um auszudrücken, dass man als Berufsanfänger keine Anordnungen geben kann und keine großen Ansprüche stellen soll*

Lehr·ling der ['leːɐ̯lɪŋ] <-s, -e> (≈ *Auszubildender*) *jmd., der eine Berufsausbildung macht:* Der Betrieb hat drei Lehrlinge.

Lehr·plan der <-(e)s, Lehrpläne> *eine Art Plan für jeweils ein Unterrichtsfach, in dem die einzelnen Bereiche und Themen aufgeführt werden, die die Schüler innerhalb einer bestimmten Zeit lernen sollen:* Auf dem Lehrplan für den Unterricht in Mathematik steht heute Bruchrechnen.; sich an den Lehrplan halten

Lehr·stel·le die <-, -n> (≈ *Ausbildungsplatz*) *in einem Betrieb eine Stelle für einen Lehrling, auf der er arbeitet und gleichzeitig einen Beruf lernt:* eine Lehrstelle als Tischler suchen; sich um eine Lehrstelle bewerben ◆-nmangel

Leib der [laɪp] <-(e)s, -er> *(geh. oder veralt.) Körper eines Menschen oder eines Tiers:* Er zitterte am ganzen Leib.; ▪ **der Leib des Herrn/Christi** REL. *die Hostie;* ▪ **mit Leib und Seele** *(umg.) mit großer Begeisterung* mit Leib und Seele Lehrer sein; ▪ **jemandem auf den Leib rücken** *(umg.) jmdn. immer wieder bedrängen* Er rückt mir ständig auf den Leib! Er möchte mit mir ins Kino gehen.; ▪ **einem Problem/einer Sache zu Leibe rücken** *ein Problem zu lösen versuchen;* ▪ **sich jemanden vom Leib halten** *(umg.) mit jmdm. nichts zu tun haben wollen* Diesen Typ muss ich mir vom Leib halten: Der nervt nur!; ▪ **etwas am eigenen Leib erfahren** *eine Erfahrung selbst machen* Ich habe am eigenen Leib erfahren, was es bedeutet, arbeitslos zu sein.

Leib·ge·richt das <-(e)s, -e> *(geh.) das Essen, das jmd. am liebsten mag:* Pizza ist sein Leibgericht.

Leib·wäch·ter der, **Leib·wäch·te·rin** <-s, -> *jmd., der beruflich eine wichtige oder berühmte Person vor Angriffen schützt:* Die Leibwächter schirmen den Präsidenten von der Menge ab.

Lei·che die ['laɪçə] <-, -n> *der Körper eines toten Menschen:* Die Polizei fand seine Leiche in einem Waldstück.; ▪ **wie eine wandelnde Leiche aussehen** *(umg.) sehr blass aussehen* Bist du krank? Du siehst wie eine wandelnde Leiche aus!; ▪ **über Leichen gehen** *(umg. abwert.) völlig rücksichtslos sein* Um seine Ziele zu erreichen, geht er über Leichen!; ▪ **Nur über meine Leiche!** *das werde ich mit allen Mitteln verhindern* Deine Mutter will uns besuchen? Nur über meine Leiche!; ▪ **eine Leiche im Keller haben** *(umg.) etwas Schlimmes zu verbergen haben* Ich vermute, dass er noch die eine oder andere Leiche im Keller hat.

leicht¹ [laɪçt] **I.** *adj* ❶ (↔ *schwer*) *von geringem Gewicht:* ein leichter Koffer; der leichte Rahmen des Rennrads ❷ *sehr dünn (von einem Stoff gesagt):* Er hatte einen leichten Sommeranzug an.; Im Sommer ist man meist leicht bekleidet. ❸ (↔ *heftig, kräftig, stark*) *nicht sehr intensiv:* ein leichter Regen; ein leichter Schaden; eine leichte Verletzung; Sie hatte nur eine leichte Erkältung und kann deshalb schon wieder arbeiten. ❹ (↔ *belastend* ≈ *bekömmlich*) *den Körper nicht oder nur wenig belastend:* leichte Kost; nur leichte Zigaretten rauchen ❺ (↔ *schwierig* ≈ *einfach*) *ohne große Mühe zu bewältigen; nicht kompliziert:* Die Aufgabe ist wirklich leicht.; ein leichter Text ❻ *mit nur geringem Einsatz von Kraft; mit wenig Krafteinsatz möglich:* Sie darf nach dem Unfall nur leichte Arbeit verrichten.; ▪ **etwas auf die leichte Schulter nehmen** *(umg.) etwas nicht ernst nehmen* Du solltest deine Verletzung nicht auf die leichte Schulter nehmen!; ▪ **Du hast leicht reden!** *(umg.) du hast nicht meine Probleme* Du hast leicht reden! Du musst ja nicht den ganzen Tag mit diesem Mann im Büro sitzen. **II.** *adv* ❶ *ohne Grund:* Sei ein bisschen vorsichtig mit ihm, er wird leicht wütend. ❷ *ohne Widerstand:* Es ist wirklich langweilig mit ihm! Bei jeder Diskussion gibt er leicht nach. ❸ *verwendet, um auszudrücken, dass etwas passiert oder passieren kann:* Wenn du weiter so schnell fährst, kann leicht ein Unfall passieren!; ▪ **jemand nimmt etwas auf die leichte Schulter** *etwas nicht so ernst nehmen* ◆ Großschreibung → R 3.7 Das ist für sie ein Leichtes.

leicht² [laɪçt] *adj* ▪ **jmd./etwas ist leicht zu plus Inf.** *mit jmdm. oder etwas kann man etwas ohne viel Mühe machen:* Die

Aufgabe ist wirklich leicht zu lösen.; Er ist leicht zu beeinflussen.

-leicht [laiçt] *als Zweitglied zusammengesetzter Adjektive, mit Betonung auf dem Erstglied; drückt aus, dass etwas im Hinblick auf das mit dem Erstglied Bezeichnete keinerlei Probleme/Schwierigkeiten bereitet:* Als pflegeleichtes Haustier gilt z.B. der Hamster. ◆ funktions-, gebrauchs-, pflege-

Leicht·ath·le·tik die <-> /kein Plur./ SPORT *Sammelbezeichnung für die Sportarten Laufen, Springen, Werfen und Stoßen:* Kugelstoßen ist eine Disziplin der Leichtathletik. ▸ Leichtathlet(in)

leicht·gläu·big *adj (abwert.) so, dass jmd. sehr schnell bereit ist, etwas zu glauben:* Der Betrüger fand viele leichtgläubige Opfer. ▸ Leichtgläubigkeit

Leicht·sinn der ['laiçtzɪn] <-(e)s> /kein Plur./ *(abwert.: ≈ Fahrlässigkeit ↔ Vorsicht) eine Haltung, bei der jmd. nicht überlegt, welche Folgen sein Handeln haben kann:* Bei diesem Wetter allein in den Bergen zu klettern ist der pure Leichtsinn!; Sein Leichtsinn beim Autofahren bringt ihn noch einmal ins Grab!

leicht·sin·nig ['laiçtzɪnɪç] *adj (≈ unvorsichtig, leichtfertig ↔ vorsichtig) so, dass jmd. sich keine Gedanken darüber macht, was er tut:* ein leichtsinniges Überholmanöver; Es ist leichtsinnig von ihr, nachts allein durch die Straßen zu laufen.

Leid das [lait] <-(e)s> /kein Plur./ *(≈ Kummer ↔ Freude) große seelische Schmerzen:* viel Leid erfahren; Das Leid der Kinder stimmte sie sehr traurig.; Die Trennung hat ihm viel Leid zugefügt.; ▪ **jemand/etwas tut jemandem Leid** *jmd. bedauert jmdn. oder etwas* Die alten Leute ohne Angehörige können einem richtig Leid tun.; Es tut mir Leid.; ▪ **jemandem sein Leid klagen** *(scherzh.) jmdm. ausführlich schildern, wie schlecht es einem (angeblich) geht* Er war froh, dass er endlich jemandem sein Leid klagen konnte.; ▪ **keiner Fliege etwas zu Leide tun können** *(umg.) ein sehr friedvoller und gutmütiger Mensch sein* Ich glaube nicht, dass er seine Frau geschlagen hat. Er kann doch keiner Fliege etwas zu Leide tun.; ▪ **Geteiltes Leid ist halbes Leid** *wenn man mit jmdm. über seinen Kummer sprechen kann, fühlt man sich besser, weil das eigene Leid nicht mehr als so groß empfunden wird;* ▪ **in Freud und Leid** *in guten und in schweren Zeiten* Er steht zu ihr in Freud und Leid.; ▪ **Tut mir Leid!** *Entschuldigung!* Tut mir Leid, aber ich kann nichts daran ändern. ◆ Getrennt- oder Zusammenschreibung → R 4.20 jemandem etwas zu Leide/zuleide tun

leid [lait] I. *adv* ▪ **jemandes/einer Sache leid sein/werden** ▪ **jemandem eine Sache leid haben** *jmd./etwas/eine Sache nicht mehr mögen oder nicht mehr haben wollen* Ich bin dein Geschwätz leid.; Er ist seinen Freund leid geworden.; Ich werde es allmählich leid, dich dauernd bitten zu müssen.; Ich habe dieses dauernde Gejammer jetzt wirklich leid! II. *adj* SCHWEIZ. *unangenehm, schlecht:* eine leide Angelegenheit; eine leide Sache

Lei·den das ['laidn̩] <-s, -> ① /meist Plur./ *seelische und körperliche Schmerzen:* die Leiden der Betroffenen lindern; Freuden und Leiden des Alltags ② *(geh.) lange und schlimme Krankheit:* die Ursachen seines Leidens herausfinden; ein inneres/unheilbares Leiden haben; nach langem, schwerem Leiden sterben; ▪ **von seinen Leiden erlöst werden** *(geh. verhüll.) nach langer Krankheit sterben* Unser Vater wurde von seinen Leiden erlöst.; ▪ **ein langes Leiden** *(umg. scherzh.) ein großer dünner Mensch*

lei·den ['laidn̩] <leidest, litt, hat gelitten> I. *mit OBJ* ① ▪ **jmd. leidet etwas** *jmd. erträgt körperliche oder seelische Schmerzen oder eine schlimme Situation:* Nach dem Unfall litt er heftige Schmerzen.; Sie litten großen Kummer.; Wir mussten keine Not leiden. ② ▪ **jmd./etwas leidet etwas** *(geh.) jmd. oder etwas verlangt oder mag etwas:* Das Problem leidet keinen Aufschub.; Sie leidet keinen Widerspruch.; Sie leidet keine Katzen im Haus. ③ ▪ **jmd. kann jmdn./etwas leiden** *(umg.) jmd. mag jmdn./etwas:* Er kann sie einfach nicht leiden.; Ich kann Operetten nicht leiden. II. *ohne OBJ* ① ▪ **jmd. leidet** *jmd. ist körperlichen oder seelischen Qualen ausgesetzt:* leidend aussehen; ein leidender Gesichtsausdruck; Man sieht es ihr an, wie sie leidet. ② ▪ **jmd. leidet unter etwas** *Dat. jmd. hat wegen etwas großen Kummer:* Das Kind leidet unter der Scheidung der Eltern.; Sie leiden unter den Launen des Lehrers. ③ ▪ **jmd./etwas leidet durch etwas** *Akk./unter etwas Dat. jmd. oder etwas nimmt Schaden durch den Einfluss von etwas:* Der Teppich hat durch die vielen Besucher gelitten.; Meine Haut hat durch die Sonne gelitten.; Viele Angestellte leiden unter Stress am Arbeitsplatz.; Ein großer Teil des Waldes hat unter dem

Leidenschaft–Leine

Waldbrand schwer gelitten. ❹ ■ **jmd. leidet an etwas** *Dat. jmd. hat eine Krankheit.:* Viele Menschen leiden an Diabetes.; Woran leidet sie? Sie hat Asthma.

Lei·den·schaft *die* [ˈlaɪdn̩ʃaft] <-, -en> ❶ *Zustand, in dem jmd. starke Gefühle empfindet:* Sie setzten sich voller Leidenschaft für diese Ideen ein.; Er versuchte, seine Leidenschaften zu zügeln. ❷ */kein Plur./ eine starke Liebe zu jmdm.:* Er gestand ihr seine Leidenschaft. ❸ */kein Plur./ Liebe zu Dingen, die man gerne mag:* Seine einzige Leidenschaft war der Radsport.; ■ **eine Leidenschaft für etwas haben** *etwas sehr gerne mögen und regelmäßig sehr große Lust zu etwas haben* Ich habe eine Leidenschaft für gutes Essen.

lei·den·schaft·lich *adj* ❶ *(≈ heftig) so, dass jmd. oder etwas voller Leidenschaft¹ ist:* leidenschaftlicher Hass; Sie verteidigte ihre These leidenschaftlich. ❷ *(≈ hingebungsvoll) so, dass jmd. oder etwas voller Leidenschaft² für jmdn. ist:* Sie umarmte ihn leidenschaftlich.; eine leidenschaftliche Liebe ❸ *(≈ begeistert) so, dass jmd. oder etwas voller Leidenschaft³ für etwas ist:* ein leidenschaftlicher Angler/Bergsteiger/ Fußballer; ■ **leidenschaftlich gern** *sehr gern* Sie isst leidenschaftlich gern Schokolade.

lei·der [ˈlaɪdɐ] *adv* ❶ *(≈ bedauerlicherweise* ↔ *glücklicherweise, zum Glück) verwendet, um auszudrücken, dass jmd. etwas bedauert:* Da kann ich leider nicht helfen.; Ich habe leider auch kein Geld bei mir. ❷ *verwendet als Antwort, mit der man zeigt, dass man etwas bedauert:* Hast du die Prüfung bestanden? — Leider nicht.; Hast du morgen Zeit? — Leider nein.; Bist du auch so erkältet? — Ja, leider.

leid·tun <tust leid, tat leid, hat leitgetan> *ohne OBJ Bedauern auslösen* ◆ Zusammenschreibung → R 4.6 Es hat mir leidgetan, dass ich sie gekränkt habe.

lei·hen [ˈlaɪən] <leihst, lieh, hat geliehen> *mit OBJ* ❶ ■ **jmd. leiht jmdm. etwas** *jmd. etwas für eine bestimmte Zeit geben, damit er es benutzen kann:* Ich leihe dir gern mein Auto, wenn ich es nicht brauche.; Kannst du mir kurz einen Stift leihen? ❷ ■ **jmd. leiht sich etwas (von jmdm.)** *jmdn. bitten, dass er einem etwas für eine bestimmte Zeit gibt, damit man es selbst benutzen kann:* Darf ich mir dein Buch leihen?; ■ **jemandem sein Ohr leihen** *(geh.) jmdm. zuhören* ◆ Großschreibung → R 3.4 das Geliehene

Leih·wa·gen *der* <-s, -> *(≈ Mietwagen) ein Auto, das man gegen eine Gebühr für eine bestimmte Zeit leihen kann*

Leim *der* [laɪm] <-(e)s, -e> *ein Klebstoff, der flüssig ist und mit dem man Holz, Tapeten oder Papier klebt:* Leim auf beide Seiten auftragen; ■ **jemandem auf den Leim gehen** *(umg.) auf die Tricks von jmdm. hereinfallen;* ■ **aus dem Leim gehen** *(abwert.) auseinanderfallen* Der Stuhl geht aus dem Leim.

lei·men [ˈlaɪmən] <leimst, leimte, hat geleimt> *mit OBJ* ❶ ■ **jmd. leimt etwas** *jmd. klebt etwas zusammen:* Das Holzauto kann man wieder leimen. ❷ ■ **jmd. leimt jmdn.** *(umg.) jmd. legt jmdn. mit Tricks herein:* Der hat mich ganz schön geleimt!

-lein [laɪn] *als Endung/Suffix von Substantiven insbesondere in manchen Textsorten (Märchen, Kinderliedern etc.), sowie teils landschaftlich;* ❶ *drückt eine Verkleinerung/Verniedlichung des mit dem Erstglied Bezeichneten aus; oft mit Umlaut und/oder Ausfall des „e"; entsprechend der Endung „-chen":* Ein Männlein steht im Walde, ganz still und stumm...(Kinderlied von Hoffmann von Fallersleben) ◆ Äug- (zu: Auge), Bäch- (zu: Bach), Bäum- (zu: Baum), Bett-, Brüder- (zu: Bruder), Eng- (zu: Engel), Figür- (zu: Figur), Häus- (zu: Haus), Kämmer- (zu: Kammer), Kätz- (zu: Katze), Kind-, Knäb- (zu: Knabe), Lämm- (zu: Lamm), Männ- (zu: Mann), Mäus- (zu: Maus), Mütter- (zu: Mutter), Näs- (zu: Nase), Ränz- (zu: Ranzen), Rös- (zu: Rose), Schwester-, Spätz- (zu: Spatz), Tisch-, Tüch- (zu: Tuch), Vög-/Vöge- (zu: Vogel), Zwerg- ❷ *steht als Bestandteil in verschiedenen überkommenen festen Verbindungen (phraseologischen Einheiten/ Wendungen), mit denen es tradiert wird, und weshalb die entsprechenden Ausdrücke der Bedeutung nach nicht stets in einfacher Weise erschließbar sind:* „sein Scherflein zu etwas beitragen" („einen kleinen Geldbetrag leisten"); zu: mhd. „scher(p)f"; „jmds. letztes Stündlein hat geschlagen" (veraltet oder noch scherzhaft) „jmds. Tod/Ende steht bevor/naht") ◆ Fähn- (zu: Fahne), Fräu- (zu: Frau), Mägde-/Mägd- (zu: Magd), Scherf-, Stünd- (zu: Stunde), Züng- (zu: Zunge)

Lei·ne *die* [ˈlaɪnə] <-, -n> ❶ *ein dünnes Seil, the die Wäsche auf die Leine hängen* ❷ *ein relativ kurzes Seil oder ein Lederband:* den Hund an die Leine nehmen; ■ **jemanden an der kurzen Leine halten** *(umg.) jmdm. wenig Freiheiten lassen*

Sie hält ihre Tochter an der kurzen Leine.; ■ **Zieh Leine!** *(vulg.)* Hau ab!

Lei·nen das ['lainən] <-s, -> ❶ *ein grober Stoff:* eine Hose aus Leinen tragen ⊕ *(≈ Leinwand¹) (in der Beschreibung von Gemälden)* Öl auf Leinen

lei·nen ['lainən] *adj /nicht steig./ aus Leinen:* ein leinenes Tuch

lei·se ['laizə] *adj* ❶ *(↔ laut) so, dass man etwas kaum hört:* ein leises Geräusch; eine leise Stimme ❷ *(≈ gering) so, dass etwas kaum vorhanden ist:* eine leise Hoffnung haben; ■ **jemand hat (von etwas) nicht die leiseste Ahnung** *jmd. weiß gar nichts (von etwas)* Von Computern habe ich nicht die leiseste Ahnung.

leis·ten ['laistn] <leistest, leistete, hat geleistet> I. *mit OBJ* ❶ ■ **jmd. leistet etwas** *(≈ vollbringen) jmd. tut oder schafft etwas, das viel Arbeit erfordert:* Er hat in seinem Leben viel geleistet.; Du hast gute Arbeit geleistet. ❷ ■ **etwas leistet etwas** *etwas hat eine bestimmte Stärke:* Was leistet der Motor?; Der Elektromotor leistet 2500 Watt.; ■ **einen wichtigen Beitrag leisten** *einen wichtigen Beitrag zu etwas hinzufügen* Er hat einen wichtigen Beitrag zur Forschung/zur Diskussion geleistet.; ■ **jemandem gute Dienste leisten** *jmdm. gut dienen; jmdm. nützlich sein* Mein altes Telefon leistet mir gute Dienste.; ■ **Widerstand/Gehorsam leisten** *sich gegen etwas wehren/gehorchen* Er fordert von seinen Kindern, dass sie Gehorsam leisten.; ■ **seinen Wehrdienst leisten** *freiwillig in der Bundeswehr den Militärdienst machen* Unser Sohn leistet gerade seinen Wehrdienst. II. *mit SICH* ❶ ■ **jmd. leistet sich etwas** *Akk. jmd. erlaubt sich etwas, das nicht gut ist oder andere stört:* sich einen Fehler leisten; Kannst du dir dieses Benehmen in der Schule leisten? ❷ ■ **jmd. leistet sich etwas** *Akk. jmd. kauft oder gönnt sich etwas, um sich eine Freude zu machen:* sich ein neues Kleid leisten; sich ein paar Tage Urlaub leisten ❸ ■ **jmd. leistet sich etwas** *Akk. jmd. hat genug Geld für etwas:* Ich weiß nicht, ob wir uns die Wohnung leisten können.

Leis·tung die ['laistʊŋ] <-, -en> ❶ *Ergebnis einer Arbeit:* eine hervorragende/mäßige Leistung; jemandes Leistungen anerkennen; nach Leistung bezahlt werden ❷ *der Prozess, bei dem jmd. etwas mit viel Arbeit erreicht:* eine wissenschaftliche/intellektuelle Leistung vollbringen; ■ **eine reife Leistung** *(umg.)* benutzt als Anerkennung für eine hervorragende Leistung¹ ² Sie hat die Prüfung mit Auszeichnung bestanden — eine reife Leistung! ❸ */nur Plur./ Geld, das eine Institution jmdm. zahlt:* Leistungen vom Sozialamt erhalten; die Leistungen der Krankenkasse in Anspruch nehmen; Leistungen der Versicherung ❹ *die Leistung¹ ² eines Organismus oder einer Maschine o.Ä.:* die Leistung des Gehirns; die Leistung des menschlichen Auges; die Leistung eines Motors verbessern; ein Kraftwerk mit 1000 Megawatt Leistung

leis·tungs·fä·hig *adj so, dass jmd. oder etwas Leistung¹ ² erbringen kann:* leistungsfähige Maschinen; eine leistungsfähige Wirtschaft; Auch im Alter ist sie leistungsfähig geblieben. ▸ Leistungsfähigkeit

lei·ten ['laitn] I. *mit OBJ* ❶ ■ **jmd. leitet jmdn. irgendwohin** *jmd. geht mit jmdm. irgendwohin, um ihm den Weg zu zeigen:* Höflich leitete sie ihn zur Tür. ❷ ■ **jmd./etwas leitet etwas irgendwohin** *jmd. oder etwas bewirkt, dass etwas irgendwohin geführt wird:* Die Stadt leitet die Abwässer in den Fluss.; Die Polizei leitet den Verkehr am Stadtzentrum vorbei. ❸ ■ **jmd. leitet etwas** *jmd. hat die Verantwortung für eine Gruppe von Personen oder für eine Organisation und gibt die Ziele für die Tätigkeiten vor:* eine Versammlung/eine Firma/ein Projekt leiten; in leitender Position arbeiten; leitende Angestellte ❹ ■ **jmd. lässt sich von etwas** *Dat. leiten jmd. lässt sich bei einer Entscheidung von etwas beeinflussen:* Ich lasse mich bei diesem Entschluss nur von meinem Gefühl leiten. II. *mit OBJ/ohne OBJ* ■ **etwas leitet (etwas)** ELEKTROTECHN., PHYS. *(↔ isolieren) etwas gibt Wärme oder elektrische Impulse weiter:* Das Material leitet Strom.; Metalle sind besonders gut leitende Materialien.; Kupfer leitet sehr gut.

Lei·ter¹ die ['laitɐ] <-, -n> *Gerät, das zwei Stangen (Holme) hat, die mit kleineren Stangen (Sprossen) verbunden sind, und auf das man hinaufsteigen kann:* Er legte die Leiter an den Baum und stieg hinauf, um die Äpfel zu pflücken. ◆ Feuerwehr-, Tritt-

Lei·ter² der ['laitɐ] <-s, -> ELEKTROTECHN., PHYS. *Material, das Wärme oder elektrische Impulse weitergibt:* Kupfer ist ein guter Leiter.

Lei·ter³ der, **Lei·te·rin** ['laitɐ] <-s, -> *jmd., der für etwas die Verantwortung hat und Ziele für die Tätigkeiten vorgibt:* der Leiter des Projekts; die Leiterin der Forschungsgruppe ◆-Abteilungs-, Heim-, Geschäfts-, Kurs-, Reise-, Schul-

Lei·tung die ['laɪtʊŋ] <-, -en> ❶ /kein Plur./ *Aufgabe oder Funktion, eine Gruppe von Personen oder etwas zu leiten I.3:* die Leitung der Versammlung übernehmen; die Leitung der Firma abgeben ◆ Diskussions-, Gesamt-, Versammlungs- ❷ *Gruppe von Personen, die etwas leiten I.3:* zur Leitung eines Unternehmens gehören; die Leitung für die Fehler zur Verantwortung ziehen ◆ Firmen-, Konzern-, Unternehmens- ❸ TECHN. *Rohr oder System von Rohren, durch das eine Flüssigkeit oder Gas irgendwohin gelangen:* eine Leitung für Abwasser; Die Leitung ist defekt. ◆-srohr, Benzin-, Gas-, Öl-, Wasser- ❹ TECHN. *Kabel oder Drähte, die Strom führen:* Die Leitung ist kaputt. ◆ Hochspannungs-, Strom- ❺ TECHN. *Kabel, das Telefone oder Kommunikationssysteme verbindet:* Die Leitung ist besetzt.; ■ **eine ziemlich lange Leitung haben** *(umg. abwert.) etwas sehr langsam begreifen* Es tut mir leid, aber ich verstehe das nicht. Ich habe wohl eine ziemlich lange Leitung heute.; ◆ **auf der Leitung stehen** *(umg.) in einer Situation etwas nicht sofort verstehen* Ich stehe gerade auf der Leitung. Was meinen Sie? ◆ Telefon-

Lek·ti·on die [lɛkˈtsi̯oːn] <-, -en> ❶ *(geh.) eine Erfahrung, eine Strafe oder ein Tadel, wodurch jemand dazu veranlasst werden soll, etwas in Zukunft besser zu machen:* jemandem eine Lektion erteilen; Das soll dir eine Lektion sein! ❷ *Teil eines Lehrbuchs mit einem zusammenhängenden Inhalt:* Wir sind in Englisch bei der 6. Lektion.

Lek·tü·re die [lɛkˈtyːrə] <-, -n> ❶ /kein Plur./ *das Lesen als Aktivität:* Die Schüler beschäftigen sich mit der Lektüre des „Faust".; Er verzichtet nicht auf die tägliche Lektüre der Zeitung. ❷ *der Gegenstand des Lesens:* Ich habe mir eine passende Lektüre für den Urlaub ausgesucht. ◆ Lieblings-, Urlaubs-

Lem·ma das [ˈlɛma] <-s, Lemmata> (≈ Stichwort) SPRACHWISS. *die in einem Wörterbuch den jeweiligen Wörterbuchartikel eröffnende Einheit, die einer Ordnung unterliegt (nach Sachgruppen, alphabetisch), und an die je nach vorgesehenem Datenangebot verschiedene Angaben (zur Grammatik, zur Bedeutung) adressiert sind:* Die Lemmazeichen (die ausgewählten, zu bearbeitenden Einheiten) nach einem Anordnungsprinzip (nach Sachgruppen oder alphabetisch) anordnen, sodass sie dann zum Lemma werden/eine Lemma-Reihe bilden und Angaben an sie adressiert werden. ▶ lemmatisch *siehe auch* **Wörterbuch**

len·ken [ˈlɛŋkn̩] <lenkst, lenkte, hat gelenkt> mit OBJ/ohne OBJ ❶ ■ **jmd. lenkt (etwas)** *jmd. bestimmt die Richtung von etwas:* Er lenkte das Fahrzeug nach rechts in eine Seitenstraße.; Sie lenkte ihre Schritte in eine andere Richtung.; Auf der Autobahn lenkt man fast immer geradeaus. ❷ ■ **jmd. lenkt etwas** *jmd. bestimmt die Entscheidungen in einer Organisation, einem Unternehmen, einer Firma o.Ä.:* die Wirtschaft/die Regierung/ein Unternehmen lenken; die Verhandlungen lenken ❸ ■ **jmd. lässt sich von jmdm./etwas lenken** *jmd. lässt sich von jmdm. oder etwas in seinem Handeln beeinflussen:* sich von seinen Freunden lenken lassen; von seinen Vorsätzen lenken lassen ❹ ■ **jmd./etwas lenkt etwas auf jmdn./etwas** *jmd. oder etwas bewirkt, dass sich die Aufmerksamkeit von jmdm. auf eine andere Sache oder Person richtet oder konzentriert:* Die Aufmerksamkeit der Zuschauer wurde auf die Musik gelenkt.; Sie lenkten den Verdacht auf einen Unschuldigen.; Er versuchte, das Gespräch auf ein anderes Thema zu lenken.

Len·ker[1] der <-s, -> (≈ Lenkstange) *eine Stange an einem Fahrrad oder Motorrad, mit der man lenkt[1]:* beide Hände am Lenker haben

Len·ker[2] der, **Len·ke·rin** <-s, -> ❶ ÖSTERR., SCHWEIZ. *Person, die ein Fahrzeug lenkt[1]:* Der Bus hatte Totalschaden; die Lenkerin erlitt einen Schock. ❷ *(geh.) Person, die etwas leitet I.3:* die Lenker des Staates/der Wirtschaft

Lenk·rad das <-(e)s, Lenkräder> *eine Art Rad, mit dem man in einem Auto, Bus, Lastwagen o.Ä. gelenkt[1] wird:* jemandem ins Lenkrad greifen; das Lenkrad nach rechts drehen

ler·nen [ˈlɛrnən] <lernst, lernte, hat gelernt> I. mit OBJ/ohne OBJ ❶ ■ **jmd. lernt etwas** *jmd. erkennt durch Erfahrung, wie er sein Verhalten ändern muss:* Pünktlichkeit und Zuverlässigkeit lernen; Eins habe ich daraus gelernt: Auf ihn kann man sich wirklich nicht verlassen. ❷ ■ **jmd. lernt (etwas)** *sich Wissen und Fähigkeiten aneignen:* Vokabeln lernen; Auto fahren lernen; für die Prüfung lernen; etwas auswendig lernen; Störe ihn nicht, er lernt gerade! ❸ ■ **jmd. lernt (einen Be-**

ruf) *eine Ausbildung in einem Beruf machen:* Er lernt Maurer.; Sie beherrscht noch nicht alles, denn sie lernt noch.; ■ **gelernt ist gelernt** *was man einmal gelernt und gut geübt hat, kann man immer gut Warum kannst du nur so gut kochen?* — Gelernt ist gelernt. **II.** *ohne OBJ* ■ **jmd. lernt irgendwie** *Schüler(in) sein (und dabei bestimmte Fähigkeiten zeigen):* Peter lernt fleißig/schlecht.; Sie geht noch nicht arbeiten. Sie lernt noch.

Le·se·buch *das* <-(e)s, Lesebücher> *ein Schulbuch, in dem viele (literarische) Texte, wie Gedichte, Geschichten, Erzählungen o.Ä., stehen*

le·sen[1] ['le:zn̩] <liest, las, hat gelesen> **I.** *mit OBJ/ohne OBJ* ❶ ■ **jmd. liest etwas** *etwas, das geschrieben ist (z.B. Wörter und Sätze) ansehen und dessen Inhalt erfassen können* ein Buch lesen; etwas gründlich lesen; Noten lesen können; Ich kann diese Handschrift nicht lesen.; Störe mich bitte nicht! Ich lese gerade. ❷ ■ **jmd. liest etwas** *einen Text laut vortragen:* Lies bitte den Text auf Seite 11!; Zuerst liest Luise; danach ist Andreas dran.; Der Schriftsteller liest heute im Theater aus seinen Werken. ❸ ■ **jmd. liest (etwas) irgendwo** *etwas ansehen und daraus etwas erkennen:* die Freude in jemandes Augen lesen; Ich kann in ihrem Gesicht lesen.; Der Jäger liest die Spuren der Tiere im Sand. ❹ ■ **jmd. liest (etwas) aus etwas** *sich etwas ansehen und daraus Schlüsse darüber ziehen, was in der Zukunft geschehen wird:* aus dem Kaffeesatz lesen; jemandem die Zukunft aus der Hand lesen; Sie liest aus den Karten. **II.** *mit OBJ* ■ **etwas liest etwas** EDV *gespeicherte Informationen erkennen:* Der Automat kann die Magnetkarte nicht lesen.; Der Computer liest die Dateien auf der Diskette. **III.** *ohne OBJ* ❶ ■ **jmd. liest irgendwo** (veralt.) *an einer Universität lehren:* Sie liest an der Universität Heidelberg. ❷ ■ **jmd. liest irgendwie** *sich mit Lesen I.1 beschäftigen:* Er liest gern. **IV.** *mit SICH* ■ **etwas liest sich irgendwie** *etwas ist in der genannten Weise geschrieben:* Das Buch liest sich leicht und flüssig.; ■ **die Messe lesen** *als Priester die Messe durchführen* Der Priester liest die Messe.

le·sen[2] ['le:zn̩] <liest, las, hat gelesen> *mit OBJ* ❶ ■ **jmd. liest etwas** *Früchte des Gemüse o.Ä. von etwas abnehmen und einsammeln:* Im Herbst wird in einigen Gebieten Wein gelesen.; Früher lasen Schüler in den Herbstferien Kartoffeln vom Acker.; die Krümel vom Boden lesen ❷ ■ **jmd. liest etwas** *die sehr vielen einzelnen Bestandteile, aus denen sich eine Menge von etwas zusammensetzt, einzeln prüfen und dabei die guten Bestandteile von den schlechten trennen:* Am Abend war sie damit beschäftigt, die Linsen zu lesen.

le·ser·lich *adj* (↔ *unleserlich*) *so klar, dass man es gut lesen kann:* eine leserliche Handschrift; Kannst du nicht etwas leserlicher schreiben?

Le·se·saal *der* <-(e)s, Lesesäle> *großer Raum einer Bibliothek, in dem man in den Büchern lesen kann:* Im Lesesaal darf nicht gesprochen werden, um die anderen nicht zu stören.

letz·te ['lɛtstə] *adj /nicht steig./ /nur attr./* ❶ *so, dass etwas zum Schluss einer Reihenfolge kommt:* der letzte Tag des Jahres; das letzte Haus in der Straße; Der Kapitän ging als Letzter von Bord. ❷ *so, dass etwas direkt vor dem jetzigen Zeitpunkt liegt:* unser letzter Urlaub; Das letzte Mal hatten wir dieses Thema besprochen.; Letzte Woche warst du noch einverstanden! ❸ *so, dass etwas zum Schluss als Rest vorhanden ist:* mit letzter Kraft; Das ist dein letzter Versuch.; etwas zum letzten Mal versuchen ❹ *so, dass etwas sehr aktuell ist:* die letzten Neuigkeiten/Nachrichten verkünden; die letzte Mode aus Paris; ■ **der/die/das Letzte** *(umg. abwert.) jmd. oder etwas, den/das man völlig ablehnt* Das ist doch das Letzte! Sie ist die Letzte, der ich vertrauen würde.; ■ **letzten Endes** *schließlich* Das ist doch letzten Endes völlig egal.; ■ **bis ins Letzte** *sehr genau und gründlich* etwas bis ins Letzte planen; ■ **sein Letztes geben** *mit aller Kraft, die man hat, etwas tun* Der Läufer gab sein Letztes, um das Ziel noch zu erreichen.; ■ **in letzter Zeit** *in dem Zeitraum, der direkt vor dem jetzigen Zeitpunkt liegt* In letzter Zeit gab es auf dieser Straße viele Unfälle.; ■ **der Letzte/letzte Wille** *das Testament* seinen letzten Willen aufschreiben; ■ **jemanden wie den letzten Dreck behandeln** *(umg.) jmdn. sehr schlecht oder unwürdig behandeln* Sie behandelt mich seit einiger Zeit wie den letzten Dreck.; ■ **die Letzte Ölung** (≈ *Krankensalbung*) *Sakrament in der katholischen Kirche, das Menschen kurz vor ihrem Tod empfangen* ♦ Großschreibung → R 3.7 Es ist das Letzte, was ich tun würde.; als Letzte eintreffen; bis zum Letzten konzentriert sein; ♦ Kleinschreibung

→ R 3.20 Es war sein letzter Wille, dass seine Frau das Haus erbt.

letz·tens |'lɛtstn̩s| *adv kürzlich, vor kurzer Zeit, neulich:* Letztens sind wir im Konzert gewesen.

leuch·ten |'lɔyçtn̩| <leuchtest, leuchtete, hat geleuchtet> *ohne OBJ* ❶ ▪ **etwas leuchtet** *etwas verbreitet Licht:* Das Licht der Kerzen leuchtet in der Dunkelheit.; Der Mond leuchtet am Himmel.; Das Meer war leuchtend blau. ❷ ▪ **jmd./etwas leuchtet (mit etwas** *Dat.***)** *irgendwohin den Lichtstrahl in eine bestimmte Richtung lenken:* Leuchte mal mit der Taschenlampe unter den Schrank!; Leuchte mir nicht dauernd ins Gesicht!; ▪ **seine/ihre Augen leuchten** *jmds. Freude zeigt sich in seinen Augen* Ihre Augen leuchteten, als sie die Stadt zum ersten Mal sah.; leuchtende Augen haben; ▪ **ein leuchtendes Vorbild** *ein großes Vorbild* Der berühmte Sportler war sein leuchtendes Vorbild. ♦ Getrenntschreibung → R 4.9 ein leuchtend blauer Himmel

Leucht·turm *der* <-(e)s, Leuchttürme> *ein Turm an der Küste, der zur Orientierung für die Schiffe Lichtsignale aussendet:* einen Leuchtturm besichtigen

leug·nen |'lɔygnən| <leugnest, leugnete, hat geleugnet> **I.** *mit OBJ/ohne OBJ* ▪ **jmd. leugnet (etwas)** *(≈ abstreiten ↔ gestehen) sagen, dass man das, wessen man beschuldigt wird, nicht getan hat:* Er leugnet die Tat.; Sie leugnet hartnäckig, dass sie von ihm Geld angenommen hat. **II.** *mit OBJ* ▪ **jmd. leugnet etwas** *(↔ anerkennen) jmd. sagt, dass etwas nicht wahr ist:* Willst du etwa leugnen, dass es kalt geworden ist?; Keiner hat ihre Klugheit geleugnet.; Man warf ihm vor, die Existenz Gottes geleugnet zu haben.

Leu·te |'lɔytə| <--> *Plur.* ❶ *eine nicht näher bestimmte Gruppe von Menschen:* fremde Leute; Die Menschen im Dorf waren einfache Leute. ❷ *die Menschen der Nachbarschaft oder in der Umgebung:* Es interessierte ihn nicht, was die Leute redeten. ❸ *(umg.) die Personen, die in einem Team für jmdn. oder ein Unternehmen arbeiten:* Die Firma schickte ihre Leute, um den Schaden zu beheben.; Auf meine Leute kann ich mich verlassen. ❹ *(umg.) Familienangehörige:* Am Wochenende habe ich mal wieder meine Leute besucht.; ▪ **etwas unter die Leute bringen** *(umg.) etwas öffentlich machen* eine Nachricht unter die Leute bringen; ▪ **unter die Leute gehen/kommen** *(umg.) ausgehen; andere Menschen kennen lernen* Ich bin schon lange nicht mehr unter die Leute gekommen.; ▪ **vor allen Leuten** *in der Öffentlichkeit* Musst du vor allen Leuten so laut schreien?; ▪ **Von jetzt an sind wir geschiedene Leute!** *(umg.) ab jetzt will ich nichts mehr mit dir zu tun haben*

-leu·te |lɔytə| *als Zweitglied zusammengesetzter Substantive, mit Betonung auf dem Erstglied; drückt aus, dass die mit dem Erstglied bezeichnete Personengruppe als Gesamtheit erfasst wird; fast nur (außer: „Nachbarsleute") in älteren Texten vorkommend:* Die Klagen der Frauensleute (= der Frauen) während der schlimmen Kriegszeiten; Dies hat schon viele Dichtersleute (= Dichter) vor Begeisterung in Entzücken versetzt. ♦ Dichters-, Försters-, Frauens-, Nachbars-, Reiters-

Le·xi·kon *das* |'lɛksikɔn| <-s, Lexika> ❶ *(≈ Wörterbuch) ein Nachschlagewerk, in dem die zu bearbeitenden Einheiten (meist Wörter) entweder nach dem Alphabet, oder aber nach Sachgruppen angeordnet sind, und in dem die zu bearbeitenden Einheiten nach einem Programm bearbeitet sind, indem verschiedene Angaben (zur Bedeutung, zur Grammatik etc.) gemacht werden:* Zum Gegenstandsbereich eines Lexikons können auch z.B. Symbole und Abkürzungen gehören; einen alltagssprachlichen Ausdruck/einen Fachterminus/Daten zu einem Maler/ein Symbol etc. im Lexikon nachschlagen; Gib mir doch mal bitte das Lexikon da herüber! ❷ SPRACHWISS. *die individuell verfügbaren lexikalischen Regeln, die zusammen mit den syntaktischen, morphologischen, phonologischen und pragmatischen Regeln das Gesamtsystem einer Sprache ausmachen, und worüber kompetente Sprecher(innen) verfügen müssen, wenn sie eine Sprache beherrschen:* das mentale Lexikon ❸ SPRACHWISS. *der Wortschatz einer Sprache im Gegensatz zur Grammatik, als Forschungsgegenstand der Lexikologie:* Lexikon und Grammatik

Le·xi·ko·gra·phie, Le·xi·ko·gra·fie *die* |lɛksikogra'fi:| <--> SPRACHWISS. *diejenige Praxis, die alle Tätigkeiten von der Planung bis zur Erstellung eines Wörterbuchs umfasst:* Die Lexikographin setzt zuerst ein Stichwort/Lemma an; dann macht sie eine Silbentrennungsangabe, eine Betonungsangabe, eine Flexionsangabe, eine Wortartenangabe, eine Genusangabe etc.; die Lexikographie als Praxis und die Wörterbuchforschung/Metalexikographie als der zugehörige Theoriebereich; Der erste Band des WLWF „Wörterbuch zur Lexikographie und Wörterbuchforschung" ist bereits erschienen. ▸ Lexikograph(in), lexikographisch/lexikografisch ◆ Computer-, Lerner-, Fach-, Sach-, Sprach-; siehe auch **Wörterbuch**

Le·xi·ko·lo·gie die [lɛksikoloˈgiː] <-> SPRACHWISS. *Lehre vom Wort und vom Wortbestand einer Sprache: Lexikologie und lexikalische Semantik* ▸ Lexikologe, Lexikologin, lexikologisch

li·be·ral [libeˈraːl] *adj* ❶ *(↔ autoritär) so, dass jmd. oder etwas die persönlichen Freiheiten eines Menschen nicht einschränkt; offen, tolerant: ein liberaler Vorgesetzter; Sie hat sehr liberale Auffassungen von der Ehe.; Die Chefin hat einen liberalen Führungsstil.* ❷ */nicht steig./* POL. *den Liberalismus betreffend: die liberale Partei; liberale Politik; die Partei der Liberalen* ▸ liberalisieren, Liberalisierung, Liberalismus

Licht das [lɪçt] <-(e)s, -er> ❶ */kein Plur./ (↔ Dunkelheit) das Phänomen, das die Umgebung oder etwas hell macht und bewirkt, dass man Dinge sehen kann: das Licht der Sonne; diffuses/helles/kaltes Licht; künstliches Licht; nicht genug Licht haben; die Brechung des Lichtes* ❷ *das elektrisch erzeugte Licht¹: Das Licht anmachen/ausschalten.; In der Wohnung brennt noch Licht.* ❸ */meist Plur./ Lampen, die leuchten: die Lichter der Großstadt* ❹ *(umg.) Lampe: Kannst du mal bitte das Licht anschalten?;* ■ **kein großes Licht sein** *(umg. abwertt.) nicht sehr intelligent sein Meine Bekannte ist kein großes Licht.;* ■ **grünes Licht für etwas geben** *die Erlaubnis für etwas geben Der Chef gibt grünes Licht für dieses Projekt.;* ■ **ans Licht kommen** *offenbar werden Irgendwann kommt jeder Betrug ans Licht!;* ■ **Licht in etwas bringen** *etwas aufklären Er konnte durch seine Aussage Licht in diese Angelegenheit bringen.;* ■ **etwas/sich ins rechte Licht rücken** *etwas oder sich vorteilhaft darstellen Es gelingt ihr immer wieder, sich ins rechte Licht zu rücken.;* ■ **in ein schiefes Licht geraten** *(abwert.) sich verdächtig machen Mit dieser Handlung ist er in ein schiefes Licht geraten.;* ■ **jemanden hinters Licht führen** *jmdn. täuschen Der Verkäufer hat uns hinters Licht geführt!;* ■ **jemandem geht ein Licht auf** *(umg.) jmd. versteht plötzlich die Zusammenhänge einer Sache Jetzt geht mir ein Licht auf!;* ■ **das ewige Licht** REL. *die Lampe, die in einer katholischen Kirche immer brennt und die die Gegenwart von Jesus Christus symbolisiert;* ■ **sein Licht unter den Scheffel stellen** *(geh.) so bescheiden sein, dass man seine positiven Eigenschaften nicht besonders betont, sondern sie sogar vor anderen versteckt Jetzt stellen Sie Ihr Licht mal nicht unter den Scheffel!;* ■ **das Licht der Welt erblicken** *(geh.) geboren werden Vor drei Tagen erblickte ihre Tochter das Licht der Welt.*

licht [lɪçt] *adj* ❶ *(↔ dicht) so, dass relativ wenige einzelne Objekte über eine bestimmte Fläche verteilt sind und es zwischen ihnen relativ große Zwischenräume gibt: lichte Haare; Der Wald wurde allmählich lichter.* ❷ TECHN. *von einer Innenseite zur anderen gemessen: Die Brücke hat eine lichte Höhe von 4,50 m.* ❸ *(geh.) hell: am lichten Tag; ein lichtes Blau; Um sie herum wurde es lichter und sie erkannte die Umgebung wieder.;* ■ **lichte Momente haben** *(übertr.) gelegentlich geistig klar sein*

Licht·bild das <-(e)s, -er> ❶ AMTSSPR. *Passfoto: Der Antrag ist zusammen mit einem Lichtbild einzureichen.* ❷ *ein Diapositiv: sich Lichtbilder von der Reise ansehen*

Licht·blick der <-(e)s, -e> *etwas, das jmdm. in einer schlechten Zeit Freude macht: Der Urlaub ist für mich der einzige Lichtblick im Jahr.*

Licht·hu·pe die <-, -n> KFZ *meist ein Hebel unter dem Lenkrad, mit dem man die Scheinwerfer kurz aufleuchten lassen kann, um damit ein Warnsignal zu geben: die Lichthupe betätigen*

Licht·schutz·fak·tor der <-s, -en> *ein Zahlenwert, der angibt, wie stark eine Sonnencreme die Haut vor UV-Strahlung schützt: Sonnenmilch mit Lichtschutzfaktor 12 kaufen*

Lich·tung die <-, -en> *eine Fläche im Wald, auf der keine Bäume stehen: Ein Reh trat auf die Lichtung.*

Lid das [liːt] <-(e)s, -er> *die bewegliche Haut, mit der man das Auge schließen kann: das obere/untere Lid; die Lider schminken;* ■ **jemandem werden die Lider schwer** *(geh.) jmd. wird müde Ich muss ins Bett, denn mir werden die Lieder ganz schwer.* ◆ -schatten, Augen-

lieb [liːp] *adj* ❶ *so, dass jmdn. sehr schätzt und liebt: mein lieber Mann; meine lieben Eltern* ❷ *verwendet, um jmdn. anzureden, den man gut kennt: Liebe Freunde, ...; Bist du einverstanden,* mein Liebes?; ❸ *freundlich, nett:* Sei ganz lieb gegrüßt von ...; Seid bitte lieb zu dem Kätzchen!; Sei bitte so lieb und hilf mir!; Das war aber lieb von dir! ❹ *(≈ brav) verwendet, um auzudrücken, dass ein Kind folgsam ist:* Ihr habt aber liebe Kinder!; Sei bitte lieb, wenn du bei Oma bist! ❺ *angenehm, willkommen:* Ihr seid uns immer liebe Gäste!; Das ist mir ganz lieb so.; Es ist mir lieber, wenn du ihn anrufst.; Es wäre mir lieber, wenn du mitkommst. ❻ *so, dass etwas Freundlichkeit zeigt:* liebe Worte; eine liebe Geste; liebe Grüße; ▪ **jemanden lieb gewinnen** *zu jmdm. allmählich Zuneigung entwickeln* Nach und nach gewann er das Kind lieb.; ▪ **jemanden lieb haben** *jmdn. lieben* Sie schworen einander, sich immer lieb zu haben.; ▪ **es wäre jemandem lieb, wenn ...** *jmd. wünscht sich, dass etwas der Fall wäre* Es wäre mir lieb, wenn du schon etwas früher kommen könntest.; ▪ **seine liebe Not mit etwas haben** *(umg.) mit etwas nur schlecht zurechtkommen* Mit dem neuen Auto habe ich meine liebe Not.; ▪ **mein Lieber/meine Liebe** *(umg.) verwendet, um jmdn. vertraulich anzusprechen und dabei auch einen leichten Vorwurf zum Ausdruck zu bringen* Das war aber ganz schön gewagt, mein Lieber! ◆ Großschreibung → R 3.7 So ist es mir das Liebste.; ◆ Getrennt- oder Zusammenschreibung → R 4.17 jemanden lieb haben/liebhaben; jemanden lieber haben; jemanden lieb gewinnen/liebgewinnen; eine lieb gewordene Gewohnheit

Lie·be die ['liːbə] <-, -n> ❶ */kein Plur./ starkes Gefühl der Zuneigung zu jmdm., den man schätzt oder der zur eigenen Familie gehört:* die Liebe der Eltern zu ihren Kindern; Er hat in seinem Elternhaus nur wenig Liebe erfahren. ❷ *die intensiven Gefühle zu jmdm., die auch eine sexuelle Anziehung beinhalten:* eine innige Liebe; die Liebe eines Mannes zu einer Frau; Liebe für jemanden empfinden; jemandem seine Liebe gestehen ❸ *jmd., für den man Liebe^2 empfindet:* Er war ihre erste große Liebe.; Er hatte seine alte Liebe wieder getroffen. ❹ *starkes Interesse für etwas, das man sehr mag, schätzt oder gerne tut:* seine Liebe zum Fußball entdecken; Die Musik ist seine heimliche große Liebe.; ▪ **Liebe auf den ersten Blick** *verwendet, um auszudrücken, dass jmd. jmdn. zum ersten Mal sieht und Liebe^2 empfindet* Es war Liebe auf den ersten Blick.; ▪ **Liebe geht durch den Magen** *(umg.) wenn jmd. gut kochen kann, dann wird die Liebe^2 größer;* ▪ **mit Liebe** *mit viel Sorgfalt* Sie hat das Fest mit viel Liebe vorbereitet.; ▪ **bei aller Liebe** *(umg.) trotz des Verständnisses für etwas* Bei aller Liebe! Mein neues Auto kann ich dir nicht leihen!; ▪ **Liebe machen** *(umg. verhüll.) Geschlechtsverkehr haben* Er wollte mit ihr Liebe machen.

lie·ben ['liːbn] *mit OBJ/ohne OBJ* ❶ ▪ **jmd. liebt jmdn.** *(≈ mögen, gern haben ↔ hassen) jmd. empfindet Liebe^1 für jmdn.:* Die Mutter liebt ihre Kinder. ❷ ▪ **jmd. liebt jmdn.** *(≈ lieb) (haben) (↔ hassen) jmd. empfindet Liebe^2 für jmdn.:* Eine Frau liebt ihren Mann.; Er hat sie schon immer geliebt. ❸ ▪ **jmd. liebt etwas** *(≈ achten, schätzen) jmd. schätzt etwas sehr und hat dazu eine sehr intensive Beziehung:* die Natur/den Frieden/die Freiheit lieben ❹ ▪ **jmd. liebt etwas** *(≈ mögen) jmd. mag etwas sehr gern:* Sie liebt schöne Kleider.; Er liebt selbstbewusste Frauen.; Ich liebe den Sommer mehr als den Winter.; Die Pflanze liebt es warm.; Sie liebt es nicht, bei der Arbeit gestört zu werden. ❺ ▪ **jmd. liebt jmdn.** *Geschlechtsverkehr miteinander haben:* An diesem Abend hat er sie zum ersten Mal geliebt. ❻ ▪ **jmd. liebt** *Liebe^2 empfinden:* So ist es, wenn man liebt.; Wenn man liebt, ist die Welt viel schöner. ◆ Getrenntschreibung → R 4.9 Sie haben einander lieben gelernt.

lie·bens·wür·dig *adj freundlich, höflich:* eine liebenswürdige Art haben; Würden Sie bitte so liebenswürdig sein, mir zu helfen? ▸ Liebenswürdigkeit

lie·ber ['liːbɐ] I. *adj* ❶ *Komp. von* **lieb** ❷ *Komp. von* **gern** II. *adv* ❶ *verwendet, um auszudrücken, dass man etwas anderes machen sollte:* Lass das lieber, sonst gibt es Ärger!; An deiner Stelle hätte ich lieber nichts gesagt.; Du wärest lieber nach Hause gegangen. ❷ ▪ **jmd./etwas ist/wäre jmdm. lieber** *verwendet, um auszudrücken, dass jmd. eine Person oder etwas einer anderen Person oder einer anderen Sache vorzieht:* Der Hausarzt ist zwar sehr gut, aber ein Internist wäre mir lieber.; Tee ist nicht schlecht, aber ein Kaffee wäre mir lieber.

Lie·bes·brief der <-(e)s, -e> *ein Brief, in dem man jmdm. schreibt, dass man ihn liebt:* einen Liebesbrief schreiben/bekommen

Lie·bes·kum·mer der <-s> */kein Plur./ Trauer und Kummer, die man empfindet, wenn man jmdn. liebt^2, der die Liebe*

nicht erwidert: Sie hat Liebeskummer.; Liebeskummer lohnt sich nicht, my Darling!
lie·be·voll *adj* ① *voller Liebe¹* ²*:* ein liebevoller Blick; einen Freund liebevoll in den Arm nehmen ② *so, dass jmd. jmdm. bei etwas hilft und sich um ihn kümmert:* eine liebevolle Pflege ③ *(↔ lieblos) so, dass etwas mit großer Sorgfalt und vielen Details gemacht ist:* ein liebevoll gedeckter Tisch
Lieb·ha·ber der, **Lieb·ha·be·rin** <-s, -> ① *jmd., der sich für etwas begeistert:* Er ist ein Liebhaber klassischer Musik.; Sie ist eine Liebhaberin guten Essens. ② *(↔ Geliebte) ein Mann, der eine Liebesbeziehung mit einer Frau hat, die verheiratet ist:* Sie ist verheiratet, hat aber seit Jahren schon einen Liebhaber. ③ *Sexualpartner(in):* Er ist ein zärtlicher Liebhaber.
lieb·ko·sen [liːpˈkoːzn̩] <liebkost, liebkoste, hat liebkost/geliebkost> *mit OBJ* ■ **jmd. liebkost jmdn.** *(geh. o veralt.) zärtlich streicheln und küssen:* Das Kind liebkoste die Katze.
lieb·lich [ˈliːplɪç] *adj* ① *(≈ anmutig) so, dass jmd. oder etwas schön anzusehen ist:* ein lieblicher Anblick; ein liebliches Gesicht; eine liebliche Landschaft ② *(≈ sanft) angenehme Gefühle hervorrufend:* liebliche Musik; ein lieblicher Duft ③ *(↔ herb) so, dass Wein leicht süß schmeckt:* lieblicher Wein; lieblich schmecken
Lieb·ling der [ˈliːplɪŋ] <-s, -e> ① *jmd., der von jmdm. oder etwas bevorzugt wird:* Der Lehrer hatte schon immer seine Lieblinge.; Sie war der Liebling des Publikums. ◆ Frauen-, Publikums- ② *eine Person, die man sehr liebt¹* ²*:* Er ist ihr Liebling.; ■ **(mein) Liebling!** *vertraute Anrede für jmdn., den man gern hat* Kommst du bald nach Hause, Liebling?
Lieb·lings- [ˈliːplɪŋs...] *als Erstglied zusammengesetzter Substantive; drückt aus, dass jemand oder etwas aus der Menge des mit dem Zweitglied Bezeichneten allem anderen vorgezogen wird:* Dieses Buch ist mein absolutes Lieblingsbuch. ◆ -beschäftigung, -buch, -dichter(in), -essen, -fach, -farbe, -film, -kind, -lied, -platz, -programm, -puppe, -schriftsteller(in), -schüler(in), -speise, -spielzeug, -sport, -thema, -wort
lieb·los [ˈliːploːs] *adj* ① *so, dass man zu jmdm. sehr unfreundlich ist:* einen Kunden lieblos bedienen; jemanden lieblos beiseite stoßen ② *(↔ liebevoll) ohne Liebe:* eine lieblose Umarmung; lieblos mit den Kindern umgehen ③ *(≈ schlampig ↔ liebevoll) so, dass man sich keine Mühe ge-* geben hat: Die Arbeit war lieblos gemacht.
Lied das [liːt] <-(e)s, -er> ① MUS. *eine Melodie, die man zusammen mit einem Text singt:* ein fröhliches/volkstümliches Lied anstimmen ◆ Kinder-, Volks-, Wander-, Weihnachts- ② *(übertr.) das Singen:* Die Amsel singt ihr Lied. ③ LIT. *ein langes Gedicht, das von Helden erzählt:* das Lied der Nibelungen; ■ **das alte Lied** *(umg. abwert.) immer dasselbe* Es ist doch das alte Lied mir dir: Du kommst nie pünktlich!; ■ **von etwas ein Lied singen können** *(umg.) etwas Unangenehmes aus eigener Erfahrung kennen* Ach Gott, davon kann ich auch ein Lied singen!; ■ **das Ende vom Lied** *(umg. abwert.) das (traurige) Ergebnis* Das ist nun das Ende vom Lied: Er liegt krank im Bett.
Lie·der·ma·cher der, **Lie·der·ma·che·rin** <-s, -> *jmd., der Lieder mit eigenen Texten schreibt und singt, in denen es oft um aktuelle politische und soziale Zustände geht:* Er war ein bekannter Liedermacher.; Sie hört gerne Liedermacher.
lief [liːf] *Prät. von* **laufen**
lie·fer·bar *adj /nicht steig./ (≈ vorrätig) so, dass eine Ware im Falle einer Bestellung sofort an den Käufer geliefert werden kann:* Dieses Modell ist zurzeit nicht lieferbar, aber Sie können es vorbestellen.
lie·fern [ˈliːfɐn] <lieferst, lieferte, hat geliefert> I. *mit OBJ/ohne OBJ* ■ **jmd./etwas liefert (jmdm.) (etwas)** *jmd. oder etwas bringt eine gekaufte und bestellte Ware zum Kunden:* Die Firma liefert die Waren pünktlich.; Der Schrank wird am Freitag geliefert.; Wir liefern kostenfrei im Umkreis von 50 km. ► Lieferung II. *mit OBJ* ① ■ **etwas liefert etwas** *ein Tier oder etwas stellt Nahrung oder Rohstoffe zur Verfügung:* Die Kühe liefern Milch und Fleisch.; Das Kraftwerk liefert genug Energie für zwei Städte. ② ■ **jmd./etwas liefert etwas** *etwas zur Verfügung stellen:* Dieser Skandal lieferte den Stoff für einen Film. III. *mit SICH* ■ **jmd./etwas liefert sich etwas (mit jmdm.)** *verwendet, um zusammen mit einem Substantiv ein Verb zu umschreiben;* ■ **sich eine Schlacht mit dem Gegner liefern** *mit einem Gegner Krieg führen;* ■ **sich ein heftiges Wortgefecht mit jemandem liefern** *mit jmdm. heftig diskutieren;* ■ **sich ein hervorragendes Spiel/einen fairen Kampf liefern** *mit jmdm. sehr gut spielen oder fair kämpfen*
Lie·ge die [ˈliːɡə] <-, -n> *ein einfaches, flaches Möbelstück, auf dem man sich ausru-*

hen oder liegen oder auch schlafen kann: Er lag im Garten auf der Liege.; Im Gästezimmer stand eine einfache Liege zum Übernachten.

lie·gen ['li:gn̩] <liegst, lag, hat gelegen *o* ÖSTERR., SCHWEIZ. ist> *ohne OBJ* ❶ ▪ **jmd./ etwas liegt irgendwo/irgendwie** *(↔ stehen, sitzen) sich in waagerechter Lage an einer Stelle oder in einer bestimmten Art befinden:* Sie muss noch einige Wochen im Bett liegen, bevor der Arzt ihr das Aufstehen gestattet.; bequem auf dem Bauch liegen; Er lag auf dem Bürgersteig, nachdem er ausgerutscht war.; Der Wein sollte liegend gelagert werden. ❷ ▪ **etwas liegt irgendwo** *eine Stadt befindet sich in einer bestimmten geografischen Lage:* Köln liegt am Rhein.; Hamburg liegt westlich von Rostock. ❸ ▪ **etwas liegt irgendwo** *etwas befindet sich oberhalb von etwas oder über etwas:* Nebel liegt über der Wiese.; Im Winter liegt hier überall Schnee.; Er hat den Stein auf der Erde liegen gelassen. ❹ ▪ **jmd./etwas liegt irgendwo** *jmd. oder etwas befindet sich an einer bestimmten Stelle in einer Reihenfolge:* Nach der fünften Runde liegt er immer noch auf dem dritten Platz.; Welche Mannschaft liegt an erster Stelle? ❺ ▪ **etwas liegt nach plus Ortsangabe/ Richtungsangabe** *etwas ist in einer bestimmten Richtung:* Der Balkon liegt nach Süden.; Das Schlafzimmer liegt nach der Straße. ❻ ▪ **etwas liegt jmdm.** *etwas entspricht der Neigung oder der Begabung von jmdm.:* Ich komme mit ihr nicht zurecht, ihre Art liegt mir einfach nicht.; Mathematik liegt ihm nicht besonders, aber er kann hervorragend singen. ❼ ▪ **etwas liegt an jmdm./etwas** *jmd. oder etwas verursacht etwas:* An wem hat/ist es gelegen, dass es schief gegangen ist?; Es lag am Wetter, dass der Zug sich verspätet hatte. ❽ ▪ **etwas liegt bei jmdm.** *etwas wird von jmdm. übernommen oder verursacht:* Die Entscheidung liegt bei dir!; **Das liegt bei dir/Ihnen!** *das hängt von dir oder Ihnen ab;* **An mir/uns soll es nicht liegen!** *(umg.) ich werde oder wir werden (bei der Durchführung von etwas) keine Probleme machen* Wir können die neuen Nachbarn gerne einladen. An mir soll es nicht liegen!; ▪ **jemand hat sich wund gelegen** *jmd. hat am Körper eine Wunde, weil er so lange auf dieser Köperstelle gelegen hat* Der Kranke hat sich wund gelegen.; ▪ **etwas liegt in Trümmern** *etwas ist zum großen Teil zerstört* Nach dem Krieg lagen fast alle großen Städte in Trümmern.; ▪ **im Koma liegen** *im Koma sein* Ihr Vater liegt seit drei Wochen im Koma.; ▪ **auf der Lauer liegen** *auf etwas lauern;* ▪ **jemandem liegt viel/wenig an etwas** *für jmdn. ist etwas sehr oder kaum wichtig* Mir liegt viel daran, dass wir uns wieder vertragen.; ▪ **jemanden/etwas links liegen lassen** *(umg.) jmdm. oder einer Sache keine Beachtung schenken* Seit einer Woche lässt sie mich links liegen.; ▪ **alles stehen und liegen lassen** *(umg.) auf der Stelle mit etwas aufhören* Als ich von dem Unfall hörte, ließ ich alles stehen und liegen und bin sofort ins Krankenhaus gefahren.; ▪ **etwas liegt jemandem fern** *etwas kommt für jmd. nicht in Betracht* Es liegt mir fern, ihn zu verurteilen.; ▪ **jemanden links liegen lassen/liegenlassen** *nicht beachten* Sie hat ihn einfach links liegen (ge)lassen.; ▪ **jemand bleibt liegen** *nicht aufstehen* Sie ist eine Stunde länger im Bett liegengeblieben.; ▪ **etwas bleibt liegen** *etwas wird irgendwo vergessen* Sein Hut ist im Auto liegengeblieben. ◆ Getrennt-oder Zusammenschreibung → R Ich habe mein Notizbuch zu Hause liegen lassen/liegenlassen.; ◆ Zusammenschreibung → R 4.5

Lie·ge·stuhl der <-(e)s, Liegestühle> *eine Art Stuhl aus Holz mit Stoffbespannung zum Sitzen oder Liegen im Freien, den man auch zusammenklappen kann:* sich in den Liegestuhl im Garten legen; Am Strand gab es Liegestühle und Sonnenschirme.

lieh [li:] *Prät. von* **leihen**

ließ [li:s] *Prät. von* **lassen**

Lift der [lɪft] <-(e)s, -e/-s> ❶ *(≈ Aufzug, Fahrstuhl) ein Aufzug in einem Gebäude:* Lass uns den Lift nehmen. ❷ *kurz für „Skilift":* Vor dem Lift gab es eine lange Schlange.

Li·kör der [li'køːɐ̯] <-s, -e> *(↔ Schnaps) ein süßes Getränk mit einem bestimmten Fruchtaroma und einem relativ niedrigen Alkoholgehalt:* einen Likör trinken ◆ -glas, Eier-, Kirsch-, Mandel-

li·la ['li:la] *adj /nicht steig./ unveränderlich / hellviolett:* der Kragen ihrer lila Jacke

Li·mo·na·de die [limo'naːdə] <-, -n> *ein Getränk ohne Alkohol aus Saft, Zucker und Wasser, das Kohlensäure enthält:* ein Glas Limonade trinken ◆ Zitronen-

lin·dern ['lɪndɐn] <lindertst, linderte, hat gelindert> *mit OBJ* ▪ **jmd./etwas lindert etwas** *eine schwere oder schlimme Situation etwas abschwächen:* Diese Tablette wird Ihre Schmerzen etwas lindern.;

die Not der Flüchtlinge lindern

Li·ne·al das [line'aːl] <-s, -e> *ein gerades Stück Holz oder Plastik, mit dem man gerade Striche ziehen und relativ kurze Entfernungen messen kann*: mit dem Lineal eine Linie ziehen

Lin·gu·is·tik die <-> *(≈ Sprachwissenschaft) diejenige Grundwissenschaft, in der theoriebezogene Antworten auf sämtliche Fragen zur Sprache gegeben werden* ▶ Linguist(in), linguistisch ◆ Computer-, Ethno-, Gender-, Historio-, Inter-, Kontakt-, Corpus-/Korpus-, Medien, Neuro-, Öko-, Paläo-, Patho-, Polito-, Psycho-, Schrift-, Sozio-, Text-, Varietäten-

Li·nie die ['liːnǐə] <-, -n> ❶ *ein längerer Strich, der meist gerade ist*: eine gepunktete/gestrichelte/wellenförmige Linie; mit Bleistift und Lineal eine Linie auf das Papier zeichnen ❷ *eine Strecke, auf der ein öffentliches Verkehrsmittel regelmäßig fährt bzw. fliegt*: Die Linie 11 fährt zum Bahnhof.; Diese Fluggesellschaft fliegt nicht auf dieser Linie. ◆ -nbus, -nflug, -nflugzeug, Bahn-, Bus-, Straßenbahn- ❸ *etwas, das in einer Reihe angeordnet ist*: sich/etwas in einer Linie aufstellen; Die Soldaten standen in einer Linie. ❹ *ein bestimmtes Prinzip, nach dem man sich richtet*: für die Verhandlungen eine gemeinsame Linie finden; Bei ihrem Vortrag war keine Linie zu erkennen. ❺ *eine Folge von Vorfahren*: In der väterlichen/mütterlichen Linie trat diese Krankheit mehrfach auf. ❻ *eine der großen Falten auf der Innenfläche der Hand*: Die Wahrsagerin las in den Linien seiner Hand und sagte ihm eine gute Zukunft voraus. ❼ MILIT. *die Soldaten, die in einer Reihe dem Feind gegenüber stehen*: die feindlichen Linien durchbrechen ❽ SPORT *Linie¹, die ein Spielfeld oder einen Teil des Spielfelds begrenzt*: Er ist über die Linie getreten.; ■ **in erster Linie** *vor allem* Er hat in erster Linie an sich gedacht.; ■ **auf der ganzen Linie** *(umg.) ganz und gar, völlig* Er hat auf der ganzen Linie versagt!; ■ **auf die schlanke Linie achten** *(umg. scherzh.) darauf achten, dass man nicht dick(er) wird* Für mich bitte keine Torte! Ich muss auf meine schlanke Linie achten. ◆ Mittel-, Seiten-

li·ni·en·treu adj /nicht steig./ *(abwertend) so, dass man sich strikt an die Vorgaben einer Partei oder einer politischen Organisation hält und keine Kritik daran übt*: linientreue Parteimitglieder

li·niert adj /nicht steig./ *(↔ kariert) mit Linien¹*: liniertes Papier

link [lɪŋk] adj *(umg. abwert.) verdächtig, betrügerisch, hinterhältig, falsch*: Das ist doch eine ganz linke Sache!; ■ **ein linker Hund** *eine höchst unzuverlässige und hinterhältige Person* Das ist ein ganz linker Hund! Der schmeichelt dir und macht sich vor anderen über dich lustig!; ■ **ein linkes Ding drehen** *ein Verbrechen begehen* Seine Vergangenheit ist nicht sauber. Er hat irgendein linkes Ding gedreht.

Link der <-s, -s> EDV *(kurz für „Hyperlink") in Internetdokumenten ein unterstrichener Ausdruck, den man anklicken kann, um zu einem anderen Dokument im Internet zu gelangen*: auf den Link klicken; einen interessanten Link finden ▶ verlinken

Lin·ke die ['lɪŋkə] <-n, -n> ❶ *(↔ Rechte) linke Hand*: Mit der Linken kann ich nicht schreiben. ❷ POL. *politische Richtung, die sich an sozialistischen oder kommunistischen Ideen orientiert*: Vertreter der Linken erhoben scharfen Protest.; ■ **zu jemandes Linken** *auf der linken Seite* Er nahm am Tisch zu ihrer Linken Platz.

lin·ke(-r, -s) adj ❶ *(↔ rechte(-r, -s)) auf der Seite, auf der das Herz ist*: mein linker Arm; die linke Straßenseite ❷ POL. *politisch an sozialistischen oder kommunistischen Ideen orientiert*: linke Parteien; der linke Flügel im Parlament

lin·ken ['lɪŋkn̩] <linkst, linkte, hat gelinkt> mit OBJ ■ **jmd. linkt jmdn.** *(umg. abwert.) jmdn. betrügen oder täuschen*: Bei dem Geschäft hat mich der Typ schwer gelinkt!

links [lɪŋks] adv ❶ *auf, zur oder nach der linken¹ Seite*: sich links von jemandem/etwas befinden; links an jemandem vorbeifahren; nach links abbiegen; links blinken; links außen spielen ❷ POL. *so, dass jmd. oder etwas politisch an sozialistischen oder kommunistischen Ideen orientiert ist*: Er ist schon seit jeher links.; links stehende Politiker; ■ **jemanden links liegen lassen** *(abwert.) jmdn. nicht beachten* Er lässt sie einfach links liegen.; ■ **mit links** *(umg.) mühelos* Das mache ich doch mit links! ◆ Getrennt-oder Zusammenschreibung → R 4.16 politisch links stehende/ linksstehende Abgeordnete; *siehe aber auch* **linksgerichtet**

Links·hän·der der, **Links·hän·de·rin** ['lɪŋkshɛndə] <-s, -> *(↔ Rechtshänder) jmd., der mit der linken¹ Hand geschickter ist als mit der rechten und meist auch mit der linken¹ Hand schreibt*: Mein Vater ist Linkshänder.

Links·ver·kehr der <-s> /kein Plur./

(↔ Rechtsverkehr) Straßenverkehr, bei dem das Fahren auf der linken Straßenseite Vorschrift ist: In Großbritannien herrscht Linksverkehr, in Deutschland Rechtsverkehr.

Lin·se¹ die ['lɪnzə] <-, -n> ❶ BOT. *eine Pflanze mit Samen, die essbar, klein, rötlich und gewölbt sind* ❷ *eines der Samenkörner der Linse¹*: Eintopf mit Linsen ◆-neintopf, -nsuppe

Lin·se² die ['lɪnzə] <-, -n> ❶ *eine gebogene Scheibe aus Kunststoff oder Glas, die Lichtstrahlen in eine bestimmte Richtung bricht, und die in optischen Geräten (Kameras, Mikroskopen o.Ä.) verwendet wird*: Die Linse der Kamera war verschmutzt. ❷ *(umg.) das Objektiv einer Kamera*: Er hatte ein interessantes Objekt vor der Linse. ❸ ANAT. *der Teil des Auges mit der Funktion einer (optischen) Linse*

Lip·pe die ['lɪpə] <-, -n> ❶ *der obere und der untere Rand des Mundes, der rot ist*: die Lippen spitzen; sich die Lippen schminken ◆-nstift, Ober-, Unter- ❷ **an jemandes Lippen hängen** *jmdm. gespannt und konzentriert zuhören* Während seiner Rede hing sie an seinen Lippen.; ■ **etwas nicht über die Lippen bringen** *es nicht fertig bringen, etwas zu sagen, weil es sehr unangenehm ist* Sie brachte die schreckliche Nachricht einfach nicht über die Lippen.; ■ **eine dicke Lippe riskieren** *(umg. abwert.) prahlerisch reden* Er riskiert gerne eine dicke Lippe.

> Redewendungen: „Er riskierte eine dicke Lippe damit" („Er prahlte maßlos damit'); „Während des ganzen Abends hing sie bewundernd an seinen Lippen" („Sie nahm jedes Wort auf, das er sagte'); „Dieses Wort bringst du wohl nicht über die Lippen, stimmt's?" („Das möchtest du wohl nicht aussprechen'); „So sehr sich der Zauberer auch anstrengte, das Geheimnis zu erfahren, kam es dem Zwerg nicht über die Lippen" („teilte es der Zwerg nicht mit').

Lip·pen·stift der <-(e)s, -e> ❶ *meist rot gefärbter Stift, den Frauen zum Schminken der Lippen benutzen*: einen roten Lippenstift kaufen ❷ */kein Plur./ die Farbe, die ein Lippenstift¹ hat*: Sie hat zu viel Lippenstift aufgetragen.

lis·peln ['lɪspln] <lispelst, lispelte, hat gelispelt> I. *ohne OBJ* ■ **jmd. lispelt** *beim Sprechen eines „s" mit der Zungenspitze an die Vorderzähne stoßen, so dass anstatt eines „s" ein Laut entsteht, der ungefähr wie ein englisches „th" klingt*: Sie kann nicht beim Radio arbeiten, weil sie so stark lispelt. II. *mit OBJ* ■ **jmd. lispelt jmdm. etwas irgendwohin** *etwas jmdm. leise und unverständlich sagen*: Sie lispelte ihm ihre Worte ins Ohr.

List die [lɪst] <-, -en> ❶ */kein Plur./ Verhalten, bei dem man jmdn. täuscht, um ein Ziel zu erreichen*: Die Betrüger gingen mit List vor. ❷ *Handlung, durch die man jmdn. täuscht, um etwas zu erreichen*: eine List anwenden; ■ **mit List und Tücke** *verwendet, um zu beschreiben, dass jmd. seine Ziele nur durch unfaire Mittel erreicht* Sie ging mit List und Tücke vor, um die Stelle zu bekommen.

Lis·te die ['lɪstə] <-, -n> ❶ *eine schriftliche Zusammenstellung von Personen oder Dingen, die untereinander geschrieben sind und etwas gemeinsam haben*: eine Liste der Gäste; eine Liste von Lebensmitteln; etwas von einer Liste streichen ◆Adress-, Einkaufs-, Literatur-, Preis-, Teilnehmer-, Warte- ❷ *ein Blatt Papier mit einer Liste¹*: Sie hat die Liste im Geschäft vergessen. ❸ *eine Liste¹ mit Kandidaten für eine Wahl*: jemanden auf eine Liste setzen; ■ **schwarze Liste** *(umg.) Zusammenstellung von Personen, die von einer Behörde oder einer Organisation als verdächtig oder nicht vertrauenswürdig angesehen werden* auf der schwarzen Liste stehen ◆Wahl-

Li·ter der ['liːtɐ] <-s, -> *eine Einheit, mit der das Volumen von Flüssigkeiten und Gasen oder die Größe eines Raumes angegeben wird*: ein halber Liter Bier; ein viertel Liter Wein; ein Liter Benzin; ein Kühlschrank mit 140 Litern Fassungsvermögen

Li·te·ra·tur die [lɪtəraˈtuːɐ̯] <-, -en> ❶ *Gesamtheit der veröffentlichten literarischen Werke (wie Romane, Erzählungen, Geschichten, Gedichte etc.)*: die englische/französische Literatur; die zeitgenössische Literatur ◆-lexikon, -zeitschrift, Kinder-, Trivial-, Unterhaltungs- ❷ *die wissenschaftlichen Schriften zu einem bestimmten Thema oder einem Fachgebiet*: sich Literatur zu einer Examensarbeit beschaffen; die aktuelle Literatur zu einem Thema in der Bibliothek recherchieren ◆-verzeichnis, Fach-, Primär-, Sekundär-

Lit·faß·säu·le die ['lɪtfaszɔylə] <-, -n> *eine dicke, nach dem Drucker E. Litfaß benannte Säule, auf die Plakate geklebt werden und die an der Straße oder auf einem Platz steht*: ein Plakat an die Litfaßsäule kleben

litt |lɪt| *Prät. von* **leiden**

live |laif| *adj /nur präd./* ❶ *so, dass etwas genau dann im Fernsehen oder Radio übertragen wird, wenn es stattfindet:* Wir übertragen das Spiel live aus dem Stadion.; Unsere Reporter sind live bei den Ereignissen dabei. ▸ Livebericht, Liveübertragung ❷ *so, dass jmd. ohne Hilfe von Tonaufzeichnungen singt oder Musik macht:* live singen ▸ Livekonzert

Li·zenz die |liˈtsɛnts| <-, -en> ❶ RECHTSW. *die offizielle Erlaubnis, etwas herzustellen, etwas zu nutzen, etwas herauszugeben o.Ä.:* die Lizenz für den Druck und Vertrieb eines Buches haben; ein Gerät in Lizenz herstellen ❷ SPORT *die offizielle Erlaubnis, um einen bestimmten Beruf im Sport auszuüben:* seine Lizenz als Trainer verlieren; eine Lizenz als Berufsboxer haben ◆ Trainer-

Lkw, *a.* **LKW** der |ˈɛlkaveː| <-(s), -(s)> *(kurz für „Lastkraftwagen")* *ein großer Wagen, auf dem Waren transportiert werden:* einen Lkw fahren

Lob das |loːp| <-(e)s, -e> */meist Sing./* (↔ *Tadel*) *anerkennende Bemerkung, mit der man die Leistung einer Person positiv beurteilt/honoriert:* für seine Arbeit ein Lob ernten; nur selten ein Lob hören; Lob verdienen; ■ **voll des Lobes sein** *jmdm. sehr viel Lob spenden* Die Lehrerin war aufgrund seiner guten Leistungen voll des Lobes.

lo·ben |ˈloːbn̩| <lobst, lobte, hat gelobt> *mit OBJ* ■ **jmd. lobt jmdn./etwas** (**für etwas** *Akk.*) (↔ *tadeln*) *jmdm. sagen, dass er etwas sehr gut gemacht hat oder dass etwas sehr gut ist:* Er wurde für seine Arbeit gelobt.; Ihr Fleiß wurde von allen gelobt.; lobende Worte für einen Mitarbeiter finden; jemanden/etwas lobend erwähnen; ■ **Das lob' ich mir!** *(umg.) das gefällt mir sehr* Sie ist immer pünktlich: — Das lob' ich mir!

Loch das |lɔx| <-(e)s, Löcher> ❶ *eine Stelle, an der nichts mehr ist, aber an der vorher etwas war:* ein Loch in der Straße; die Löcher im Strumpf stopfen; ein Loch bohren/graben; ein Loch im Zahn haben ❷ *(umg. abwertend) eine schlechte Wohnung:* in einem finstern, kalten Loch hausen ❸ *(vulg. abwertend) Gefängnis:* einen Verbrecher ins Loch stecken; ■ **jemandem Löcher in den Bauch fragen** *(umg.) jmdn. immer wieder mit Fragen belästigen* Meine Tochter fragt mir täglich Löcher in den Bauch.; ■ **auf/aus dem letzten Loch pfeifen** *(umg.) erschöpft sein, finanziell am Ende sein* Die Familie pfeift auf dem letzten Loch.; ■ **saufen wie ein Loch** *(vulg. abwertend) (regelmäßig) sehr viel Alkohol trinken* Ihr Nachbar säuft wie ein Loch.; ■ **Löcher in die Luft gucken/starren** *(umg.) geradeaus sehen, ohne etwas anzublicken* Er war abwesend und starrte Löcher in die Luft.

lo·chen |ˈlɔxn̩| <lochst, lochte, hat gelocht> *mit OBJ* ■ **jmd. locht etwas** *ein Loch oder Löcher mit einem Gerät in etwas machen:* ein Blatt Papier lochen; Geschäftsbriefe lochen und abheften; eine Fahrkarte lochen

Lo·cher der |ˈlɔxɐ| <-s, -> *ein Gerät, mit dem man zwei Löcher in ein Blatt Papier machen kann, um es in einen Ordner zu heften:* Kannst du mir bitte mal den Locher geben?

Lo·cke die |ˈlɔkə| <-, -n> *ein Haarbüschel, das eine geschwungene Form hat:* den Kopf voller Locken haben

lo·cken¹ |ˈlɔkn̩| <lockst, lockte, hat gelockt> *mit OBJ/ohne OBJ* ■ **jmd./etwas lockt jmdn./ein Tier** (**irgendwohin**) *versuchen, jmdn. oder ein Tier mit etwas Angenehmen an einen bestimmten Ort zu bringen:* Um neue Mitarbeiter zu gewinnen, versuchte die Firmenleitung, Spezialisten mit einem hohen Gehalt zu locken.; Sie lockte die Katze mit etwas Milch.; Das Frühlingswetter lockte uns ins Freie.; Die Ausstellung lockt mit vielen interessanten Angeboten.

lo·cken² |ˈlɔkn̩| <lockt, lockte, hat gelockt> *mit SICH* ■ **etwas lockt sich** *sich in Locken legen:* Bei Feuchtigkeit locken sich ihre Haare immer.

lo·cker |ˈlɔkɐ| *adj* ❶ (≈ *lose* ↔ *fest*) *nicht richtig befestigt oder mit etwas verbunden:* Die Schraube ist locker.; Sein Zahn ist nach dem Unfall locker. ❷ (↔ *straff*) *nicht unter einer bestimmten Spannung stehend:* Der Verband ist locker geworden.; das Seil locker lassen ❸ (↔ *verkrampft*) *nicht fest und gespannt:* die Muskeln durch bestimmte Übungen locker machen ❹ (↔ *dicht*) *mit vielen Zwischenräumen in sich:* ein lockerer Teig; ein locker gestrickter Pullover; den Boden locker machen ❺ (≈ *lässig* ↔ *gezwungen*) *völlig unkompliziert; nicht verkrampft:* Es herrschte eine lockere Atmosphäre bei dem Fest.; Die Mitarbeiter haben einen lockeren Umgangston untereinander. ❻ (↔ *streng*) *mit vielen Freiheiten:* lockere Regeln; eine Sache locker sehen; ■ **eine lockere Hand haben** *(umg.) zum Schlagen neigen* Ich glaube, sein Vater hat eine ziemlich lockere Hand.; ■ **einen lockeren Lebenswandel haben** *(umg. abwert.)* einen unmoralischen Lebenswandel haben Mein Nachbar hat einen lockeren Lebenswandel. ◆ Getrenntschreibung → R 4.9 den Boden mit einer Hacke locker/lockerer machen; die Zügel locker/lockerer lassen

lo·ckern ['lɔkɐn] <lockerst, lockerte, hat gelockert> I. *mit OBJ* ❶ ■ **jmd. lockert etwas** *(↔ verdichten)* etwas locker⁴ machen: den Boden lockern ❷ ■ **jmd. lockert etwas** *(≈ entspannen)* die Spannung aus etwas lösen: ein Seil/einen Verband lockern ❸ *(↔ anspannen)* Spannung aus einem Körperteil lösen: die Muskeln/Glieder mit Entspannungsübungen lockern ❹ ■ **jmd./etwas lockert etwas** *(↔ verschärfen)* etwas weniger streng machen: die Bestimmungen/Strafen lockern II. *mit SICH* ■ **etwas lockert sich** etwas wird locker¹ ²: Der Verband hat sich gelockert.

lo·ckig ['lɔkɪç] *adj* so, dass etwas viele Locken hat: lockiges Haar haben

Löf·fel der ['lœfl] <-s, -> ❶ ein Gegenstand, der aus einem Stiel und einer Vertiefung am vorderen Ende besteht und mit dem man z.B. Suppe essen kann: den Löffel zum Mund führen ▸ löffeln ◆ Kaffee-, Plastik-, Suppen-, Tee- ❷ *die Menge von etwas, die auf einen Löffel¹ passt:* ein gehäufter Löffel Mehl ❸ ZOOL. *die Ohren des Hasen:* die Löffel spitzen; ■ **jemand hat die Weisheit mit Löffeln gefressen** *(umg. abwert.)* jmd. kommt sich besonders schlau vor Du glaubst wohl auch, dass du die Weisheit mit Löffeln gefressen hast!; ■ **jemand bekommt/kriegt ein paar hinter die Löffel** *(umg.)* jmd. bekommt Schläge oder Ohrfeigen Gleich kriegst du ein paar hinter die Löffel!; ■ **Schreib dir das hinter die Löffel!** *(umg.)* Merk dir das!; ■ **den Löffel abgeben** *(vulg. verhüll.)* sterben Eines Tages muss jeder den Löffel abgeben.

log [loːk] *Prät. von* **lügen**

Lo·ge die ['loːʒə] <-, -n> ❶ THEAT. *ein Sitzplatz im Theater oder im Kino, der teurer als die anderen Plätze ist und häufig von den anderen Plätzen abgeteilt ist:* einen Platz in der Loge reservieren haben ◆ -nplatz ❷ *eine Art kleines Haus oder ein Raum, in dem der Pförtner eines Gebäudes sitzt* ◆ Pförtner- ❸ *eine Art Geheimbund*

Lo·gik die ['loːɡɪk] <-> */kein Plur./* ❶ *eine Denkweise, bei der die einzelnen Schritte richtig aufeinander folgen:* Seinen Ausführungen fehlt jede Logik. ❷ *die Wissenschaft von den Gesetzen und Prinzipien des Denkens:* Vorlesungen über Logik besuchen

lo·gisch ['loːɡɪʃ] *adj /nicht steig./* ❶ *folgerichtig, richtig; den Gesetzen der Logik¹ ² entsprechend:* logisches Denken ❷ *(umg.: ≈ selbstverständlich) /nur präd./* so, dass man keinen weiteren Grund angeben muss: Na logisch!; Das ist doch logisch, dass ich dir helfe!

Lohn der [loːn] <-(e)s, Löhne> ❶ *(↔ Gehalt, Honorar) das Geld, das Arbeiter für ihre Arbeit bekommen:* den Arbeitern den Lohn auszahlen; die Löhne auf dem Bau erhöhen/kürzen ◆ -erhöhung, Brutto-, Hunger-, Mindest-, Monats-, Netto-, Stunden-, Wochen- ❷ *(auch iron.) etwas, das man als Ergebnis für eine Tat erhält:* für seine Hilfe keinen Lohn erwarten; Das ist nun der Lohn für meine Hilfsbereitschaft!

loh·nen ['loːnən] <lohnst, lohnte, hat gelohnt> I. *mit OBJ* ❶ ■ **jmd. lohnt jmdm. etwas** *(geh.)* jmd. oder etwas belohnt jmdn. für etwas: Er lohnte ihm seine Treue.; Das ist eine lohnende Aufgabe. II. *mit SICH* ■ **etwas lohnt sich** etwas bringt einen Vorteil oder Gewinn: Unsere Mühe hat sich nicht gelohnt.; Es lohnt sich nicht, den Computer noch einmal reparieren zu lassen. ▸ lohnend

Loi·pe die ['lɔypə] <-, -n> SPORT *eine Art Bahn, die man im Schnee angelegt hat und in der man beim Skilanglauf fährt:* Die Loipe bitte nur mit Skiern betreten!

Lo·kal das [loˈkaːl] <-(e)s, -e> *(≈ Gaststätte) ein Raum oder Räume, in denen man für Geld essen und trinken kann; Restaurant, Kneipe:* in einem Lokal einkehren; Das Lokal ist bekannt für seine Fischspezialitäten. ◆ -verbot, Ausflugs-, Speise-, Tanz-, Wein-

lo·kal [loˈkaːl] *adj /nicht steig./* *(≈ örtlich) einen bestimmten Ort oder eine bestimmte Gegend betreffend:* Es kann lokal zu orkanartigen Böen kommen. ▸ Lokalität

Lo·ko·mo·ti·ve die [lokomoˈtiːvə] <-, -n> *eine Maschine, die auf Gleisen einen Zug zieht:* eine alte Lokomotive ◆ Dampf-, Diesel-

Los das [loːs] <-es, -e> ❶ *(geh.) Schicksal:* Sie trägt ihr schweres Los mit Geduld. ❷ *ein Zettel o.Ä., den man benutzt, um eine Entscheidung nach dem Zufallsprinzip zu treffen:* Das Los entscheiden lassen ❸ *ein Stück Papier mit einer Nummer, das man kauft, um bei einer Lotterie etwas zu gewinnen:* Lose für die Lotterie kaufen; Mein Los hat gewonnen!; ■ **das große Los** *der größte Gewinn bei einer Lotterie;*

■ **mit jemandem/etwas das große Los gezogen haben** *(umg.) jmdn. oder etwas gut gewählt haben* Mit ihrem neuen Freund hat sie wirklich das große Los gezogen! ◆ Kleinschreibung → R 3.20 das große Los gezogen haben

los [loːs] I. *adj /nicht steig./ /nur präd./* ❶ *nicht mehr befestigt:* Der Knopf/Die Schraube ist los. ❷ *frei gelassen:* Die Löwen sind los! II. *adv /nicht steig./ (umg.) Aufforderung, sich (mit etwas) zu beeilen:* Los, schnell weg hier.; Los, mach schon!; ■ **Auf die Plätze, fertig, los!** *Aufforderung zum Start bei einem sportlichen Wettkampf;* ■ **etwas/jemanden los sein** *(umg.) etwas oder jmdn. glücklicherweise nicht mehr haben* Die Sorge bin ich los!; Die Nervensäge sind wir endlich los!; Den Schnupfen bin ich los.; ■ **etwas ist irgendwo los** *(umg.) irgendwo geschieht etwas* Hier ist ja wirklich was los!; Auf der Party war nichts los.; ■ **Was ist denn mit dir los?** *(umg.) Bist du krank oder hast du Probleme?* Was ist denn mit dir los? Du guckst so traurig!; ■ **mit jemandem ist nichts los** *(umg.) jmd. ist langweilig* Mit ihm ist nichts mehr los, seit er geheiratet hat. ◆ Getrenntschreibung → R 4.8 Ich wollte den Schnupfen endlich los sein.; Um die Tageszeit wird wohl hier noch nichts los sein!

-los [loːs] *Nachsilbe als Zweitglied zusammengesetzter Adjektive, mit Betonung auf dem Erstglied; drückt aus, dass es an dem mangelt/dass dasjenige nicht vorhanden ist, was mit dem Erstglied bezeichnet wird:* Der Arzt hat verantwortungslos gehandelt, indem er die schwerkranke Patientin mit ein paar Tabletten abgespeist hat.; Man muss neidlos anerkennen, was die in kurzer Zeit alles geleistet haben! ◆ arbeits-, ärmel-, ausweg-, bargeld-, bart-, baum-, chancen-, draht-, ehrgeiz-, eltern-, ereignis-, fenster-, fleisch-, freud- (zu: Freude), funktions-, gehör-, geschlechts-, gewissen-, glück-, interesse-, kinder-, konzeptions-, kraft-, laub-, laut-, motiv-, neid-, obdach-, orientierungs-, respekt-, schnur-, schwung-, sinn-, tor-, tränen-, übergangs-, vater-, verantwortungs-, verlust-, vertrags-, wohnsitz-, wut-, ziel-, zweck-

lö·schen [ˈlœʃn̩] <löschst, löschte, hat gelöscht> *mit OBJ* ❶ ■ **jmd./etwas löscht etwas** *(↔ anzünden) bewirken, dass ein Feuer nicht mehr brennt:* einen Brand/ein Feuer/die Flammen löschen ❷ ■ **jmd. löscht etwas** *(geh.: ≈ ausschalten) mit einem Schalter bewirken, dass ein elektrisches Licht nicht mehr brennt:* das Licht löschen ❸ ■ **jmd. löscht den Durst mit etwas** *Dat. (≈ stillen) etwas trinken, damit der Durst weggeht:* den Durst mit Bier löschen ❹ ■ **jmd. löscht etwas** *(≈ tilgen; beseitigen) bewirken, dass etwas oder der Inhalt von etwas nicht mehr vorhanden ist:* Daten/eine Datei/die Festplatte löschen; ein Tonband/eine Tonbandaufzeichnung löschen; einen Eintrag/eine Schuld löschen; den Namen aus dem Gedächtnis löschen

lo·se [ˈloːzə] *adj* ❶ *(↔ fest) nicht mehr an etwas befestigt:* Der Knopf ist lose.; Die Fenster hingen lose in den Angeln. ❷ *(≈ einzeln) nicht an etwas anderem befestigt:* lose Blätter einheften ❸ *unverpackt:* die Schrauben lose verkaufen ❹ */nur attr./ (≈ frech) so, dass etwas leicht provozierend ist:* ein loses Mundwerk haben; Er ist für seine losen Sprüche bekannt.

Lö·se·geld *das* <-(e)s> */kein Plur./ die für die Freilassung einer Person, die gefangen gehalten bzw. entführt worden ist, zu zahlende Geldsumme:* Die Entführer forderten Lösegeld.

lo·sen [ˈloːzn̩] <lost, loste, hat gelost> *ohne OBJ* ■ **jmd. lost (um etwas** *Akk.***) etwas durch das Los² bestimmen:* um etwas losen; Wir losen, wer die Konzertkarten bekommt.

lö·sen¹ [ˈløːzn̩] <löst, löste, hat gelöst> I. *mit OBJ* ❶ ■ **jmd. löst etwas** *etwas von einer Stelle oder einer Sache, an der es befestigt ist, entfernen:* die Tapete von der Wand lösen; die Schnur von einem Paket lösen ❷ ■ **jmd. löst etwas** *etwas lockern, das fest ist:* den Gürtel/die Schnürsenkel/die Krawatte lösen ❸ ■ **jmd. löst etwas** *etwas für nichtig erklären, aufheben:* eine Verlobung/einen Vertrag lösen ❹ ■ **etwas löst etwas** MED. *etwas beseitigt etwas zum Teil oder völlig:* Das Medikament löst den Schleim.; Die Salbe löst die Verspannung im Rücken. ❺ ■ **jmd. löst etwas** *ein Ticket, eine Eintrittskarte, eine Fahrkarte o.Ä. kaufen:* Sie löst am Schalter eine Fahrkarte. II. *mit SICH* ❶ ■ **etwas löst sich** *etwas trennt sich von etwas, an dem es befestigt gewesen ist:* Die Schnur hat sich gelöst.; Putz hatte sich von der Wand gelöst. ❷ ■ **ein Schuss löst sich** *ein Schuss geht los, ohne dass jmd. die Waffe bedient hat:* Ein Schuss löste sich. ❸ ■ **etwas löst sich** *etwas, das gespannt oder verkrampft ist, wird locker:* Die Anspannung löst sich.; Ihr Gesichtsausdruck hat sich gelöst.; Er wirkt jetzt viel gelöster. ❹ ■ **jmd. löst sich**

von jmdm. *jmd. geht allmählich auf Distanz zu jmdm.:* Erst ziemlich spät hatte er sich von seinen Eltern gelöst.; Von ihrer alten Liebe konnte sie sich nur schwer lösen.

lö·sen² <löst, löste, hat gelöst> **I.** *mit OBJ* ■ **jmd. löst etwas** *jmd. findet für ein Problem, ein Rätsel oder eine Aufgabe o.Ä. die Lösung¹:* Erst nach langer Zeit konnte er das mathematische Problem lösen.; Wer löst das Rätsel? **II.** *mit SICH* ■ **etwas löst sich** *etwas, das nicht erklärbar scheint, findet eine Lösung¹:* Das Rätsel um die verschwundenen Millionen hatte sich von allein gelöst.

lö·sen³ <löst, löste, hat gelöst> **I.** *mit OBJ* ❶ ■ **etwas löst etwas** CHEM., PHYS. *etwas bildet mit etwas eine neue Mischung und wird auf diese Weise entfernt:* Terpentin löst Öle und Lacke. ❷ ■ **jmd. löst etwas in etwas** *Dat. jmd. gibt etwas in eine Flüssigkeit, damit sich eine einheitliche Mischung bildet:* Er löste zwei Teile Zucker und ein Teil Salz im Wasser. **II.** *mit SICH* ■ **etwas löst sich in etwas** *Dat.* CHEM., PHYS. *etwas verliert seine ursprüngliche Eigenheit und bildet mit etwas eine neue Mischung:* das Salz hat sich im Wasser gelöst

los·fah·ren <fährst los, fuhr los, ist losgefahren> *ohne OBJ* ❶ ■ **jmd. fährt los** *jmd. nimmt ein Fahrzeug und bewegt sich von einem Ort weg; die Fahrt beginnen:* Wir wollen gleich nach dem Frühstück losfahren. ❷ ■ **etwas fährt los** *ein Fahrzeug bewegt sich von einem Ort weg:* Wann fährt denn dieser Zug endlich los?

los·ge·hen <gehst los, ging los, ist losgegangen> *ohne OBJ* ❶ ■ **jmd. geht los** *(umg.: ≈ aufbrechen) sich von einem Ort zu Fuß weg bewegen:* Die anderen sind schon losgegangen, wir warten noch.; Lasst uns endlich losgehen! ❷ ■ **etwas geht los** *(umg.: ≈ beginnen) etwas fängt an:* Die Vorstellung geht gleich los. ❸ ■ **etwas geht los** *ein Schuss oder eine Sprengladung wird abgefeuert oder explodiert:* Die Pistole ging plötzlich von selbst los.; Um Mitternacht ging die Knallerei los.; ■ **Gleich geht's los!** *(umg.) etwas beginnt in kurzer Zeit* Kommt alle her! Gleich geht's los!; ■ **Jetzt geht's schon wieder los!** *(umg.) etwas Unangenehmes passiert schon wieder* Gestern hatte ich schon diese Schmerzen; und jetzt geht's schon wieder los.; ■ **Auf „Los!" geht's los!** *wenn jmd. „Los!" sagt, fängt ein Wettbewerb oder ein Wettkampf an;* ■ **auf jemanden losgehen** *(umg.) jmdn. angreifen* Er ging mit den Fäusten auf seinen Gegner los.

los·las·sen <lässt los, ließ los, hat losgelassen> *mit OBJ* ❶ ■ **jmd. lässt jmdn./ etwas los** *jmdn. oder etwas nicht mehr festhalten:* Lass mich los!; die Hunde loslassen ❷ ■ **etwas lässt jmdn. nicht los** *jmd. kann etwas nicht vergessen:* Die Bilder, die er im Krieg gesehen hatte, ließen ihn nicht mehr los.; Das mathematische Problem ließ ihn einfach nicht los. ❸ ■ **jmd. lässt etwas los** *(umg. abwert.) jmd. sagt oder schreibt etwas Negatives:* Er ließ dauernd Beschwerden los. ❹ ■ **jmd. lässt ein Tier auf jmdn. los** *jmd. befiehlt einem Tier, jmdn. anzugreifen:* Er ließ die Hunde auf ihn los.; ■ **jemanden auf die Menschheit loslassen** *(umg. abwert.) jmdn., den man für unfähig hält, eine Arbeit tun lassen* Diesen unerfahrenen Arzt kann man doch nicht auf die Menschheit loslassen!

lös·lich ['lø:slɪç] *adj /nicht steig./* ❶ */nur präd./ so, dass es sich im Wasser auflöst:* Öl ist nicht in Wasser löslich. ❷ */nur attr./ so, dass etwas fein gemahlen ist und sich in einer Flüssigkeit auflöst:* löslicher Kaffee

los·ma·chen <machst los, machte los, hat losgemacht> **I.** *mit OBJ* ■ **jmd. macht etwas los** *(umg.) jmd. trennt etwas von etwas:* einen Hund/ein Boot losmachen **II.** *ohne OBJ* ■ **ein Schiff macht los** SEEW. *ablegen:* Das Schiff machte los und stach in See. **III.** *mit SICH* ■ **jmd./ ein Tier macht sich (von etwas** *Dat.***) los** *(umg.) jmd. oder ein Tier befreit sich von etwas:* Sie hat sich von ihren Verpflichtungen losgemacht.; Das Pferd hat sich losgemacht.; ■ **Mach/Macht los!** *(umg.) Beeil/Beeilt dich/euch!* Nun mach doch endlich los! Wir haben keine Zeit mehr.

los·rei·ßen <reißt los, riss los, hat losgerissen> **I.** *mit OBJ* ■ **jmd./etwas reißt jmdn./etwas los** *jmd. oder etwas entfernt jmdn. oder etwas mit viel Kraft von etwas:* Der Sturm hat das Dach losgerissen. **II.** *mit SICH* ❶ ■ **jmd. reißt sich (von jmdm./etwas) los** *jmd. befreit sich plötzlich mit viel Kraft von jmdm. oder etwas:* Das Kind riss sich von der Hand der Mutter los. ❷ ■ **jmd. kann sich von etwas** *Dat.* **nicht losreißen** *jmd. ist von etwas so fasziniert, dass er nichts Anderes machen kann:* Ich kann mich nicht von diesem Computerspiel losreißen!

Lö·sung die ['lø:zʊŋ] <-, -en> ❶ *dasjenige, was benötigt wird, um eine Aufgabe bzw. ein Problem zu bewältigen oder den Sinn* *eines Rätsels zu entschlüsseln:* für ein Problem eine gute Lösung finden ❷ *der Vorgang zur Bewältigung einer Aufgabe/eines Problems bzw. der Entschlüsselung z.B. eines Rätsels:* die Lösung einer Aufgabe/eines Rätsels ❸ *der Vorgang, dass eine Vereinbarung ungültig gemacht wird:* die Lösung eines Mietvertrages/einer Verlobung ❹ CHEM., PHYS. *eine Flüssigkeit, die mit einem anderen Stoff eine einheitliche Mischung bildet:* eine wässrige Lösung; eine dreiprozentige Lösung herstellen

los·wer·den <wirst los, wurde los, ist losgeworden> *mit OBJ* ❶ ■**jmd. wird jmdn./etwas los** *jmd. trennt sich von jmdm. oder etwas, der/das unangenehm ist:* Er wurde den Besuch einfach nicht los!; Er ist seine Beschwerden endlich losgeworden. ❷ ■**jmd. wird etwas los** *(umg.) jmd. kann etwas verkaufen:* Ich glaube nicht, dass du das alte Auto noch loswirst. ❸ ■**jmd. wird etwas los** *(umg.) jmd. verliert etwas oder jmdm. wird etwas gestohlen:* Ich weiß auch nicht, wie ich meine Brieftasche losgeworden bin!; In diesem Gewühl wurde sie schnell ihre Handtasche los.

Lot das [lo:t] <-(e)s, -e> ❶ BAUW. *ein Gewicht, das an einer Schnur hängt und das man an etwas hängt, um festzustellen, ob es senkrecht ist:* die Mauer nach dem Lot ausrichten ❷ SEEW. *ein Gewicht an einer Schnur, das man solange ins Wasser lässt, bis es den Grund berührt, um dann an der Länge der Schnur die Tiefe zu bestimmen:* die Wassertiefe mit einem Lot messen ❸ MATH. *eine Gerade, die senkrecht auf einer anderen Geraden oder auf einer Ebene steht:* das Lot vom Punkt X auf eine Gerade fällen; ■**etwas kommt wieder ins Lot** *etwas kommt wieder in Ordnung* Keine Sorge, das kommt schon wieder ins Lot.; ■**etwas wieder ins (rechte) Lot bringen** *etwas wieder in Ordnung bringen* Ich muss ihn anrufen, um die Sache wieder ins rechte Lot zu bringen.

Lot·to das ['lɔto] <-s, -s> *eine besondere Form der Lotterie, bei der man Zahlen auf einem Schein ankreuzt und hofft, dass diese Zahlen bei der Auslosung gezogen werden, weil man dann Geld gewinnt:* Er hatte sechs Richtige im Lotto. ◆ -annahmestelle, -gewinn, -millionär(in), -schein, -zahlen

Lü·cke die ['lʏkə] <-, -n> ❶ *eine Stelle, an der etwas fehlt, was eigentlich da sein sollte:* durch eine Lücke im Zaun schlüpfen; Nach der Schlägerei hatte er eine große Lücke im Gebiss.; Sein Tod hat eine Lücke gerissen.; eine Lücke schließen ◆ Zahn- ❷ *(übertr.) ein Mangel an etwas, das eigentlich nützlich wäre:* In Physik und Mathematik hatte er große Lücken.; Der Angeklagte konnte eine Lücke im Gesetz ausnutzen und wurde freigesprochen. ▶ lückenlos ◆ Gedächtnis-, Wissens-

lud [lu:t] *Prät. von* **laden**

Luft die [lʊft] <-, Lüfte> ❶ /kein Plur./ *das Gasgemisch, das die Erde umgibt, und das Menschen und Tiere brauchen, um zu atmen:* Die Luft besteht aus Sauerstoff, Stickstoff und Edelgasen.; Die vielen Autos verpesten einfach die Luft!; In der Stadt bekomme ich fast keine Luft mehr.; die Luft aus einem Reifen lassen ❷ /kein Plur./ (↔ *geschlossener Raum*) *das Freie:* ein bisschen an die (frische) Luft gehen; Regelmäßige Bewegung an der Luft tut gut. ❸ (↔ *der feste Erdboden*) *der Raum direkt über dem Erdboden:* einen Ball in die Luft werfen; die Erdbebengebiete aus der Luft mit Lebensmitteln versorgen; sich in die Luft erheben ❹ /kein Plur./ *(übertr.) räumlicher oder zeitlicher Zwischenraum:* etwas Luft zwischen den Brettern lassen; keine Luft mehr zwischen zwei Terminen haben; ■**Luft holen** *einatmen* tief Luft holen; ■**nach Luft schnappen** *versuchen, zu atmen, weil es wenig Luft gibt* Er musste nach Luft schnappen, weil es so heiß war.; ■**die Luft anhalten** *einatmen und dann die Luft[1] nicht wieder aus Mund oder Nase lassen* Sie hielt die Luft an, weil es so stank.; ■**an die frische Luft gehen** *ins Freie gehen* In der Mittagspause gehe ich gern an die frische Luft.; ■**Die Luft ist rein!** *(umg.) es ist niemand da, der einen beobachten könnte* Du kannst kommen! Die Luft ist rein!; ■**es herrscht dicke Luft** *(umg.) es gibt Streit* Hier herrscht mal wieder dicke Luft.; ■**jemanden wie Luft behandeln** *(umg.) so tun, als ob jmd. nicht vorhanden wäre* Die Kollegen behandeln den Neuen wie Luft.; ■**jemand ist Luft für jemanden** *(umg.) jmd. ignoriert jmdn. völlig* Sie spricht kein Wort mit ihm. Er ist einfach Luft für sie!; ■**jemanden an die Luft setzen** *(umg.) jmdn. hinauswerfen* Man hat ihn einfach an die Luft gesetzt!; ■**etwas aus der Luft greifen** *(umg.) etwas frei erfinden* Diese Geschichte hast du doch einfach aus der Luft gegriffen!; ■**jemanden in der Luft zerreißen** *(umg.) jmdn. vernichtend kritisieren* Er zerreißt seine Kollegen in der Luft.; ■**jemand hängt in der Luft** *(umg.) jmd.*

weiß nicht, wie es weitergeht Jetzt bin ich arbeitslos und hänge in der Luft.; ■ **etwas hängt noch in der Luft** *(umg.) etwas ist noch nicht entschieden* Die Entscheidung, wer den Job kriegt, hängt noch in der Luft.; ■ **in der Luft liegen** *(umg.) bevorstehen; spürbar sein* Der Streit hatte schon lange in der Luft gelegen.; ■ **jemand/etwas löst sich in Luft auf** *(umg.) jmd. oder etwas verschwindet einfach* Warum hast du dich am Ende der Party einfach in Luft aufgelöst?; ■ **jemandem bleibt die Luft weg** *jmd. kann nicht mehr atmen;* ■ **jemandem bleibt die Luft weg** *(umg.) jmd. ist erschrocken oder sehr verwundert* Bei den Preisen blieb mir die Luft weg!; ■ **etwas fliegt in die Luft** *(umg.) etwas explodiert* Die Fabrik ist in die Luft geflogen.; ■ **etwas in die Luft jagen** *(umg.) etwas sprengen* Die Soldaten jagten mehrere Häuser in die Luft.; ■ **jemand geht in die Luft** *(umg.) jmd. wird schnell wütend* Er kann keine Kritik vertragen. Er geht immer gleich in die Luft.; ■ **Wer wird denn gleich in die Luft gehen.** *(umg.) verwendet, um jmdm. zu sagen, dass er sich nicht aufregen soll;* ■ **aus etwas ist die Luft raus** *(umg.) etwas ist nicht mehr so interessant wie am Anfang* Aus dem Endspiel ist die Luft raus.; ■ **sich Luft machen** *(umg.) laut sagen, was einen stört und ärgert* Manchmal tut es gut, wenn man sich Luft machen kann.; ■ **halt die Luft an!** *(umg.) Sei still!;* ■ **halt die Luft an!** *Übertreibt nicht!*

lüf·ten [ˈlʏftn̩] <lüftest, lüftete, hat gelüftet> I. *mit OBJ/ohne OBJ* ■ **jmd. lüftet (etwas)** ❶ *frische Luft¹ in etwas lassen:* Die Luft im Zimmer ist verbraucht. Wir müssen lüften. ❷ *etwas der frischen Luft¹ aussetzen, um es wieder frisch zu machen:* einen getragenen Anzug lüften; die Betten lüften II. *mit OBJ* ❶ ■ **jmd. lüftet etwas** *(geh.) jmd. sagt oder zeigt etwas, das bis dahin verborgen war:* Das Geheimnis ist gelüftet.; Er hat das Versteck gelüftet. ❷ *leicht hochheben:* den Hut lüften; ■ **den Schleier lüften** *etwas Verborgenes öffentlich machen* Der Journalist lüftete mit seinem Bericht den Schleier, der über dem Skandal lag.

Luft·li·nie die <-, -n> *eine gedachte gerade Linie, die die kürzeste Entfernung zwischen zwei Orten auf der Erdoberfläche angibt:* Die Entfernung beträgt nur 20 km Luftlinie, aber auf der Straße sind es fast 30 km.

Luft·ma·rat·ze die <-, -n> *eine Art Matratze aus Gummi, in die man Luft hinein-*

pumpen muss, wenn man darauf liegen möchte: Die Gäste müssen auf Luftmatratzen schlafen.

Luft·post die <-> /kein Plur./ ❶ *das Verfahren, bei dem Briefe oder Pakete mit dem Flugzeug transportiert werden:* einen Brief per Luftpost schicken ❷ *Post, die mit dem Flugzeug transportiert wird*

Luft·pum·pe die <-, -n> *ein Gerät, mit dem man Luft in etwas pumpen kann:* den Reifen am Fahrrad mit der Luftpumpe aufpumpen

Luft·sprung ■ **einen Luftsprung/Luftsprünge machen** *vor Freude einen kleinen Sprung machen* Er machte vor Freude einen Luftsprung, als er die Nachricht hörte.

Lüf·tung die [ˈlʏftʊŋ] <-, -en> ❶ /kein Plur./ *der Vorgang, dass man in einem Raum die Fenster öffnet, damit frische Luft¹ hineinkommt* ❷ TECHN. *eine technische Anlage, mit der frische Luft in Räume oder Gebäude geleitet wird:* Die Lüftung ist ausgefallen. ♦ -sanlage

Luft·ver·schmut·zung die <-> /kein Plur./ ❶ *die Menge der Schadstoffe (z.B. der Autoabgase) in der Luft:* eine Gegend mit starker Luftverschmutzung ❷ *Vorgang, dass die Luft mit Schadstoffen belastet wird:* die Luftverschmutzung durch veraltete Industrieanlagen

Lü·ge die [ˈlyːgə] <-, -n> *das bewusste Behaupten von Dingen, die nicht wahr sind; Unwahrheit:* Das ist eine glatte Lüge!; Willst du mich der Lüge bezichtigen?; ■ **jemanden/etwas Lügen strafen** *(geh.) nachweisen, dass jmd. lügt oder etwas gelogen ist* Er sagt, dass er zu Hause war, aber die Zeugenaussage straft ihn Lügen.; ■ **Lügen haben kurze Beine** *Lügen werden meist sehr schnell aufgedeckt.*

lü·gen [ˈlyːgn̩] <lügst, log, hast gelogen> *ohne OBJ* ■ **jmd. lügt** *jmd. sagt absichtlich etwas, das nicht wahr ist:* Ich glaube ihm nicht, er lügt.; Ich müsste lügen, wenn ich sagen wollte, dass mir das Bild gefällt.; ■ **jemand lügt wie gedruckt** *(umg.) jmd. lügt sehr häufig* Glaub ihm kein Wort! Er lügt wie gedruckt!; ■ **jemand lügt, dass sich die Balken biegen** *(umg.) jmd. erzählt unglaubliche Lügen*

Lu·ke die [ˈluːkə] <-, -n> ❶ *ein kleines Fenster auf dem Dachboden oder im Keller:* Durch eine Luke im Dach gelangten die Einbrecher ins Haus. ♦ ❷ SEEW. *eine Öffnung, durch die man auf Schiffen ein- und aussteigt:* die Luken dicht machen

lu·k·ra·tiv [lukra'ti:f] *adj (geh.) so, dass etwas viel Geld und Gewinn bringt:* jemandem ein lukratives Angebot machen

Lüm·mel der ['lʏml] <-s, -> *(umg. abwert.) Junge oder Mann, der sich unhöflich oder schlecht benimmt:* Kannst du dich nicht mal entschuldigen, du Lümmel!

lüm·meln ['lʏmln] <lümmelst, lümmelte, hat gelümmelt> *mit SICH* ▪ **jmd. lümmelt sich irgendwo/irgendwohin** *(umg. abwert.) sich so irgendwo(hin) setzen oder legen, dass es betont lässig ist und andere Leute provoziert;* halb sitzen und halb liegen: Sie hat sich auf den/dem Stuhl gelümmelt.

Lun·ge die ['lʊŋə] <-, -n> ANAT. *das Organ beim Menschen und bei bestimmten Tieren in der Brust, das Luft einsaugt und wieder abgibt:* eine kräftige Lunge haben; Bei einer Untersuchung hört der Arzt die Lunge ab.; ▪ **die grüne Lunge der Stadt** *(übertr.) Park- oder Grünanlagen in einer Stadt* Dieser Park ist die grüne Lunge der Stadt.; ▪ **sich die Lunge aus dem Hals schreien** *(umg.) sehr laut schreien* Ich musste mir die Lunge aus dem Hals schreien, bis er mich endlich gehört hat.; ▪ **auf Lunge rauchen** *(umg.) den Rauch der Zigarette tief in die Lungen einatmen*
♦ -nentzündung, -nkrebs, -nzug

Lu·pe die ['lu:pə] <-, -n> (≈ *Vergrößerungsglas) eine Linse² aus Glas oder Kunststoff, durch die man etwas größer sehen kann:* zum Lesen einer kleinen Schrift eine Lupe verwenden; ▪ **jemanden/etwas unter die Lupe nehmen** *(umg.) jmdn. oder etwas genau prüfen* Sie nahmen den Bewerber genau unter die Lupe, bevor sie eine Entscheidung trafen.

Lust die [lʊst] <-, Lüste> ❶ /kein Plur./ *das Bedürfnis oder der Wunsch, etwas zu tun:* Ich habe große Lust, ins Kino zu gehen.; Ich habe keine Lust zum Schwimmen.; tun, wozu man gerade Lust hat ❷ /kein Plur./ *das Bedürfnis oder der Wunsch, etwas zu haben:* Lust auf etwas haben; Ich habe Lust auf einen großen Becher Eis. ❸ /kein Plur./ *Freude, die man bei etwas verspürt:* Lust an etwas haben.; Es war eine Lust, dem Gesang zuzuhören.; Er hat schon nach einem halben Jahr die Lust am Studium verloren. ❹ *starker Wunsch nach Sex:* seine Lust befriedigen; seiner Lust nachgeben; seiner Lust frönen; keine Lust empfinden; ▪ **nach Lust und Laune** *so, wie es jmdm. gefällt* Sie studiert nach Lust und Laune.

lüs·tern ['lʏstɐn] *adj von sinnlicher Be-* *gierde erfüllt, diese aber nur versteckt zum Ausdruck bringend:* jmdn. lüstern ansehen

-lüs·tern [lʏstɐn] *als Zweitglied zusammengesetzter Adjektive, mit Betonung auf dem Erstglied; drückt aus, dass es ein starkes Verlangen/eine Gier nach dem mit dem Erstglied Bezeichneten gibt:* ein karrierelüsterner, seine Forschungsergebnisse fälschender Professor ♦ aggressions-, angriffs-, expansions-, heirats-, karriere-, kriegs-, macht-, profit-, sensations-

lus·tig ['lʊstɪç] *adj* ❶ (≈ *komisch* ↔ *traurig) so, dass man darüber lachen muss:* eine lustige Geschichte; lustige Einfälle haben ❷ *so, dass jmd. gute Laune verbreitet:* eine lustige Person ❸ *so, dass etwas jmdn., der es sieht oder hört, fröhlich stimmt:* lustige Augen; Mit seinem lustigen Lachen gewann er schnell Sympathien. ❹ (≈ *heiter) so, dass etwas fröhlich und ausgelassen ist:* ein lustiger Abend; eine lustige Gesellschaft ❺ */nur adverbial/ (umg.) ohne Bedenken:* Sie aß lustig weiter fettes Essen, obwohl der Arzt es ihr verboten hatte.; ▪ **sich über jemanden/etwas lustig machen** *über jmdn. oder etwas Späße machen und lachen* Die Kinder machten sich über den Lehrer lustig.; ▪ **Das ist ja lustig!** *(umg. iron.) das ist sehr unangenehm;* ▪ **Das kann ja lustig werden!** *(umg. iron.) Das wird bestimmt Probleme geben!;* ▪ **solange jemand lustig ist** *(umg.) solange jmd. etwas will* Das Buch kannst du behalten, solange du lustig bist.

-lus·tig [lʊstɪç] *als Zweitglied zusammengesetzter Adjektive, mit Betonung auf dem Erstglied; drückt aus, dass das mit dem Erstglied Bezeichnete den Wesenszug einer Person ausmacht und/oder dass sie das damit Bezeichnete ausgiebig und gern tut bzw. stets dazu aufgelegt ist:* Sie ist eben eine lebenslustige Person, die gern feiert und ausgeht. ♦ abenteuer-, angriffs-, arbeits-, bade-, eroberungs-, ess-, fress-, heirats-, kampf(es)-, kauf-, kriegs-, lebens-, oppositions-, reise-, sanges-, schau-, schreib-, sensations-, streit-, trink-, unternehmungs-, vergnügungs-, wander-

lust·los *adj ohne Lust¹ ²:* lustlos in seinem Essen herumstochern; Sie ging lustlos ihrer Arbeit nach. ▸ Lustlosigkeit

lut·schen ['lʊtʃn] <lutschst, lutschte, hat gelutscht> I. *mit OBJ* ▪ **jmd. lutscht etwas** *etwas Essbares mit der Zunge flüssig werden lassen:* ein Bonbon lutschen II. *ohne OBJ* ▪ **jmd. lutscht an etwas** *Dat. in den Mund nehmen und an etwas*

saugen: Das Kind lutscht am Daumen.
Lu·xus *der* ['lʊksʊs] <-> */kein Plur./ alle Dinge, die sehr teuer sind, die man nicht zum Leben braucht, und die nur zum Vergnügen gekauft werden:* im Luxus leben; sich jeden Luxus gönnen; ein Leben voller Luxus; Eine Sauna im Haus hält sie für puren Luxus. Er aber denkt, die Ausstattung damit sei notwendig für die Gesundheit. ◆ -ausstattung, -güter, -hotel, -leben, -limousine, -version

Ly·rik *die* ['ly:rɪk] <-> */kein Plur./* LIT. *(↔ Epik, Dramatik ≈ Poesie) Sammelbezeichnung für diejenige literarische Gattung, deren Produkte Gedichte mit oder ohne Versmaß/Reim/Rhythmus sind:* romantische Lyrik; moderne Lyrik ▸ Lyriker(in), lyrisch ◆ -anthologie, -theorie, Kinder-, Liebes-, Minne-, Natur-

M, m *das* [ɛm] <-, -> *der 13. Buchstabe des Alphabets:* Das Wort „Milch" beginnt mit dem Buchstaben „M".

ma·chen ['maxn̩] <machst, machte, hat gemacht> I. *mit OBJ* ❶ ▪ **jmd. macht etwas** *herstellen, produzieren:* Wer hat diesen Tisch gemacht?; Kannst du ein Foto von uns machen? ❷ ▪ **jmd./etwas macht etwas** *verursachen:* Müsst ihr so einen Lärm machen?; Er hat ihr eine Freude gemacht.; Sie macht sich Sorgen um ihn. ❸ ▪ **jmd. macht etwas** *tun, erledigen:* Was habt ihr im Urlaub gemacht?; Was machst du am Wochenende?; Wann machst du die Hausaufgaben/die Prüfung? ❹ ▪ **jmd. macht jmdn./etwas irgendwie (zu jmdm./etwas)** *Dat. in einen bestimmten Zustand bringen:* Weshalb hatte sie sich so hübsch gemacht?; Das macht mich froh/traurig.; Er machte den Freund zu seinem Geschäftspartner. ❺ ▪ **jmd. macht etwas** *Akk. sich ereignen lassen und davon profitieren:* Ich habe dabei ein gutes Geschäft gemacht.; hohe Gewinne machen ❻ ▪ **etwas macht etwas** *(umg.) betragen, ergeben:* Das macht 27 Euro.; Zwei mal zwei macht vier. II. *mit SICH* ❶ ▪ **jmd. macht sich (an etwas** *Akk.***) anfangen:** Er macht sich gleich an die Arbeit.; Sie hat sich heute schon früh auf den Weg gemacht. ❷ ▪ **jmd. macht sich** *(umg.) sich (gut) entwickeln:* Er macht sich in der Schule. ❸ ▪ **jmd./etwas macht sich (irgendwie)** *eine bestimmte Wirkung haben:* Das Sofa macht sich gut in dieser Ecke.; Sie macht sich nicht schlecht als Lehrerin.; ▪ **etwas macht nichts** *(umg.) etwas hat keine negativen Konsequenzen und ist nicht schlimm;* ▪ **bei einer Sache ist nichts (mehr) zu machen** *man kann nichts mehr tun, um etwas zu bewirken oder zu retten;* ▪ **Mach dir nichts draus!** *(umg.) verwendet, um auszudrücken, dass sich jmd. über etwas nicht ärgern oder sorgen soll;* ▪ **Mach's gut!** *Gruß beim Abschied* Also, wir sehen uns morgen, mach's gut!; ▪ **Was macht ...?** *(umg.) verwendet, um danach zu fragen, wie es jmdm. geht* Was macht die Arbeit/die Gesundheit? ▸ machbar, Macher

-ma·cher [maxɐ] *als Zweitglied zusammengesetzter Substantive, mit Betonung auf dem Erstglied; drückt aus,* ❶ *dass jmd. die im Erstglied genannte Sache produziert oder (künstlerisch) gestaltet:* Das Liedermacher-Forum gilt als Austausch-Plattform für Freunde der Liedermacher-Szene. ◆ Bücher-, Fernseh-, Filme-, Lieder-, Mode-, Theater- ❷ *(umg.) dass man jmd. nach dem bezeichnet, was im Erstglied genannt wird, weil die Person das oft tut und damit verbunden wird:* Gegen die Krawallmacher in manchen Großstädten wird jetzt hart vorgegangen. ◆ Faxen-, Krach-, Krawall-, Possen-, Radau-, Spaß-, Sprüche-, Witze- ❸ *(umg.) dass jmd. oder etwas die im Erstglied genannte Sache durch sein Verhalten bewirkt:* Einflussreiche Meinungsmacher der Medien bestimmen teils, was in der Öffentlichkeit thematisch gemacht wird. ◆ Angst-, Meinungs-, Mies-, Panik-, Stimmungs- ❹ *dass jmd. die im Erstglied genannte Sache handwerklich herstellt:* Früher zogen die Bürstenmacher übers Land; heute gibt es sie kaum noch, obwohl die deutsche Handwerkskammer den Bürstenmacher noch als Handwerksberuf aufführt. ◆ Bürsten-, Hut-, Korb-, Schuh-, Uhr-, Werkzeug- ❺ *dass man jmd. nach dem bezeichnet, was im Erstglied ge-*

nannt wird, weil die Person in besonderem Maße danach strebt: Geschäftemacher im esoterischen Bereich, die ihren abergläubischen Kunden/Kundinnen unglaublichen Blödsinn als Utensilien anbieten ◆ Geschäfte-, Karriere- ⑥ *dass etwas nach der im Erstglied genannten Wirkung bezeichnet wird, die es bei jmdm. hervorruft bzw. auf etwas hat:* Im Kühlschrank lauern heimliche Dickmacher. ◆ Dick-, Fröhlich-, Munter-, Süchtig-, Weich-, Weiß-

Macht die [maxt] <-, Mächte> ① */ kein Plur./ (≈ Fähigkeit) die Möglichkeit oder Fähigkeit, dass jmd. etwas bewirken oder beeinflussen kann:* Ich habe alles getan, was in meiner Macht stand.; Er hat in seiner Position viel Macht. ▸ machtlos ② */ kein Plur./ (≈ Herrschaft) die Gewalt, die jmd. aufgrund seiner politischen Position über ein Land hat:* als Regierung an der Macht sein ▸ machtbesessen ◆ -gier, -mißbrauch, -wechsel ③ */kein Plur./ (≈ Wirkung) eine große Kraft, die auf jmdn./etwas wirkt:* Die Macht der Gewohnheit/der Liebe war stärker.; Die Macht des Unwetters war enorm. ④ *ein (bedeutender) Staat, eine einflussreiche Gruppe:* die Krieg führenden Mächte; das Verhältnis der kirchlichen zur weltlichen Macht im Mittelalter ◆ Atom-, Besatzungs-, Industrie-, Militär-, Streit-

mäch·tig <mächtiger, am mächtigsten> adj ① *(≈ einflussreich) so, dass jmd. viel Macht[1] hat:* ein mächtiger Herrscher ② *so, dass etwas sehr groß und beeindruckend ist:* Wir haben mächtige Berge gesehen.; In Sibirien gibt es mächtige Ströme. ③ *(umg.) sehr:* Es war mächtig kalt. *(geh.)* ■ **jmd. ist einer Sache** Gen. **mächtig** *jmd. kann etwas gut:* Er ist der französischen Sprache mächtig.

Mäd·chen das ['mɛːtçən] <-s, -> ① *(↔ Junge) ein weibliches Kind:* Sie bekam letztes Jahr ihr drittes Kind, ein Mädchen.; Mädchen und Jungen gehen gemeinsam in eine Schule. ◆ -buch, -schule ② *eine junge Frau:* Ist das Mädchen da seine Freundin? ◆ Dienst-, Haus-, Kinder-, Zimmer-

Mäd·chen·na·me der <-ns, -> ① *(veralt.: ≈ Geburtsname) der Familienname einer Frau vor der Heirat:* „Schulze" war Frau Meiers Mädchenname. ② *(↔ Jungenname) ein Vorname, den man einem Mädchen gibt:* Dieses Jahr gab es wieder eine Liste der beliebtesten Mädchennamen

Ma·ga·zin[1] das <-s, -e> ① *eine Zeitschrift mit aktuellen Berichten zu einem speziellen Gebiet* ◆ Auto-, Mode-, Nachrichten- ② *eine Sendung im Radio/Fernsehen mit aktuellen Beiträgen* ◆ Kultur-

Ma·ga·zin[2] das <-s, -e> *ein großer Raum, in dem Dinge/Vorräte gelagert werden:* Dieses Buch steht nicht im Lesesaal, sondern im Magazin der Bibliothek.; das Magazin eines Geschäfts

Ma·gen der ['maːɡn̩] <-s, Mägen/-> ANAT. *das Organ, in dem die Nahrung nach dem Essen bleibt und dann verdaut wird:* Scharfe Gewürze können den Magen reizen.; Mein Magen knurrt. Ich habe Hunger!; ■ **etwas liegt jemandem (schwer) im Magen** *(umg.) etwas bedrückt jmdn.;* ■ **jemandem dreht sich der Magen um** *(umg.) jmd. empfindet extremen Ekel vor etwas;* ■ **Liebe geht durch den Magen** *wer jmdn. liebt, kocht gut für ihn;* ■ **auf nüchternen Magen** *so, dass man vor einer Sache nichts gegessen hat* ◆ -schmerzen, -geschwür

ma·ger ['maːɡɐ] <magerer, am magersten> adj ① *(≈ dünn) sehr schlank:* ein sehr magerer junger Mann ② *(↔ fett) mit wenig Fett:* mageres Bratenfleisch ▸ Magermilch, Magerjoghurt ③ *(umg.: ≈ dürftig) nicht so reichlich, wie man erwartet hat:* Wir hatten dieses Jahr eine eher magere Ernte.; Viele waren über die mageren Ergebnisse der Verhandlungen enttäuscht.

Ma·gie die <-> /kein Plur./ REL. *jedes Handeln, mit dem man auf jmdn./etwas durch besondere, nicht erklärliche Kräfte Einfluss hat:* Magie und Zauberei ausüben; ■ **schwarze Magie** *Zaubern, um jmdm. zu schaden oder einen eigenen Vorteil zu erreichen;* ■ **weiße Magie** *Zaubern, um jmdm. zu helfen*

ma·gisch adj /nicht steig./ ① *in der Magie verwendet:* magische Formeln sprechen; eine magische Handlung ② *mit einer geheimnisvollen Wirkung:* magisches Licht/Denken; Er fühlt sich von dieser Frau magisch angezogen.

Ma·g·net der [maˈɡneːt] <-(e)s/-en, -e/-en> ① *ein Stück Metall, das Eisen anzieht:* Die Nadeln hängen an dem Magnet fest. ▸ magnetisch ◆ -feld, Elektro- ② *etwas, das Menschen anzieht:* Das Festival ist ein Magnet für Jazzfans aus dem ganzen Land. ◆ Publikums-

mä·hen[1] ['mɛːən] *mit OBJ* ■ **jmd. mäht etwas** *Gras oder Getreide abschneiden:* Früher hat man Getreide mit der Sichel gemäht; heute macht man das mit einer Maschine.

mä·hen[2] ['mɛːən] *ohne OBJ* ■ **ein Tier**

mäht *die für ein Schaf typischen Laute von sich geben:* Die Schafe mähen.

Mahl *das* <-s, Mähler/Mahle> /*meist Sing.*/ *(geh.) (festliche) Mahlzeit* ● Fest-, Gast-, Hochzeits-

mah·len ['maːlən] <mahlst, mahlte, hat gemahlen> **I.** *mit OBJ* ■ **jmd. mahlt etwas** *zu einzelnen Körnern zerreiben:* In der Mühle wird Getreide gemahlen.; frisch gemahlener Kaffee ▶ Mühle, Müller **II.** *ohne OBJ* ■ **etwas mahlt** *etwas dreht sich und bewegt sich nicht von der Stelle:* Wir stecken fest; die Räder mahlen im Schlamm.

Mahl·zeit *die* ['maːltsait] <-, -en> ❶ *eine fertig zubereitete Speise:* In der Kantine gibt es drei warme Mahlzeiten zur Auswahl. ❷ *der Vorgang, dass man zu bestimmten Zeiten am Tage isst:* Fünf kleinere Mahlzeiten pro Tag sind gesünder als drei große.; ■ **(gesegnete) Mahlzeit!** *eine Formel, mit der man jmdm. einen guten Appetit wünscht* ● Abend-, Haupt-, Mittags-, Zwischen-

mah·nen ['maːnən] <mahnst, mahnte, hat gemahnt> *mit OBJ/ohne OBJ* ❶ ■ **jmd./ etwas mahnt** (**jmdn.**) (**zu etwas** *Akk.*) *jmdn. daran erinnern, dass er etwas tun/ beachten soll:* Sie mahnte ihn, sein Versprechen zu halten.; Er mahnt sie zur Geduld. ▶ abmahnen, ermahnen ❷ ■ **jmd. mahnt jmdn.** (**wegen etwas** *Gen.*) *jmdn. daran erinnern, dass er noch Geld bezahlen muß:* Die Firma mahnte ihn, weil er seine Rechnung noch nicht bezahlt hat. ▶ Mahngebühr, Mahnung

Mai *der* [mai] <-(e)s/ -e> *der fünfte Monat des Jahres;* ■ **der Erste Mai** *ein Feiertag, an dem politische Versammlungen und Reden zum Thema „Arbeit" stattfinden*

Mais *der* [mais] <-es> /*kein Plur.*/ *ein Getreide, das hoch wächst und gelbe Körner trägt*

Ma·jes·tät *die* [majɛsˈtɛːt] <-, -en> ❶ /*kein Plur.*/ (≈ *Hoheit*) *ein Titel von Kaisern und Königen:* Seine Majestät, der Kaiser; Eure Majestät wünschen? ❷ /*kein Plur.*/ *(geh.: ≈ Erhabenheit, Würde) die Eigenschaft, dass etwas großartig und voller Würde ist:* Das Gebirge lag in seiner ganzen Majestät vor uns. ▶ majestätisch

Ma·kel *der* ['maːkl] <-s, -> *(geh.) ein Fehler/Mangel, durch den jmdn. oder etwas weniger wert ist:* Er empfindet es als Makel, dass er nicht besser englisch sprechen kann.; Dieser Stoff von bester Qualität und ohne Makel. ▶ makellos

Mak·ler *der*, **Mak·le·rin** ['maːklɐ] <-s,

-> *jmd., der beruflich Wohnungen oder Häuser an Käufer oder Mieter vermittelt:* Wir haben unsere neue Wohnung durch einen Makler gefunden. ● Börsen-, Immobilien-, Wohnungs-

mal [maːl] **I.** *adv* ❶ *(umg.: ≈ irgendwann) verwendet, um einen unbestimmten Zeitpunkt auszudrücken:* Ich glaube, ich muss mal zum Zahnarzt.; Ruf mich mal an! ▶ diesmal, ❷ *(umg.: ≈ einmal) früher:* Sie war mal eine gute Läuferin. ▶ damals ❸ MATH. *(↔ durch) verwendet, um auszudrücken, dass man etwas multipliziert:* Drei mal drei ist neun.; ■ **gerade mal** *nur, erst* Sie war gerade mal zwölf, als sie das Elternhaus verlassen musste, ▶ zweimal, vielmal **II.** *part* ❶ *verwendet, um jmdn. höflich um etwas zu bitten oder nach etwas zu fragen:* Kannst du mal eben kommen?; Gib mir bitte mal die Zeitung! ❷ *verwendet, um zu sagen, dass etwas kurz geschieht und nicht wichtig ist:* Ich gehe mal eben aus dem Haus.; Sie ist nur mal schnell in den Garten gegangen.; ■ **nun mal** *verwendet, um auszudrücken, dass etwas nicht zu ändern ist* Wir werden nun mal nicht jünger.

Mal[1] *das* [maːl] <-(e)s, -e> *ein Zeitpunkt, zu dem etwas geschieht oder getan wird, was sich wiederholen kann:* Wir werden ein anderes Mal kommen.; Ich habe den Film zum zweiten Mal gesehen.; Nächstes Mal bist du bitte pünktlich!; Er war schon mehrere Male dort.; ■ **ein für alle Mal(e)** *(umg.) endgültig* Jetzt ist ein für alle Mal Schluss damit!; ■ **mit einem Mal** *plötzlich* Mit einem Mal fing es an zu regnen.; ■ **ein ums andere Mal** *immer wieder* Ich hatte sie ein ums andere Mal davor gewarnt.; ■ **das eine oder andere Mal** *gelegentlich* Wir hatten sie das eine oder andere Mal besucht.; von Mal zu Mal; zum letzten Mal; dieses Mal

Mal[2] *das* [maːl] <-(e)s, -e/Mäler> ❶ *(veralt.) Zeichen:* ein Mal errichten ● Denk-, Grab-, Mahn- ❷ *ein Hautfleck:* Sie hat ein Mal am Arm. ● Brand-, Feuer-, Mutter-

ma·len ['maːlən] <malst, malte, hat gemalt> **I.** *mit OBJ/ohne OBJ* ■ **jmd. malt** (**etwas**) *(meist mit einem Pinsel) Farbe so auf eine Fläche (wie Papier, Holz, Leinwand) aufbringen, dass eine (künstlerische) Darstellung entsteht:* Der Maler malt ein Bild.; Sie malt ein Porträt/eine Landschaft; Er malt in Acryl/Öl auf Leinwand.; Störe mich nicht, ich male. ▶ Gemälde, Malerei **II.** *mit OBJ* ■ **jmd. malt etwas** LANDSCH. *(≈ anstreichen, streichen)* *etwas mit Farbe bestreichen:* Er malt gerade die Türen.; Ich muss noch die Wände malen.

Ma·ler der, **Ma·le·rin** ['ma:lɐ] <-s, -> ❶ *eine Person, die als Künstler(in) Bilder malt¹:* Der Maler macht eine Skizze/ malt eine Landschaft/verkauft ein Bild an eine Galerie; die Maler des Expressionismus/Impressionismus ◆ Hobby-, Kunst-, Landschafts- ❷ *ein Handwerker, der Wände anstreicht:* Der Maler rührt Farbe an/steht auf der Leiter/streicht die Wände mit weißer Farbe ◆ -farbe, -geschäft, -meister

ma·le·risch <malerischer, am malerischsten> *adj so schön, dass es an ein Gemälde erinnert:* die malerische Landschaft Oberitaliens; Das Städtchen lieg malerisch inmitten von Weinbergen.

Ma·ma die ['mama] <-, -s> *(umg.; ≈ Mami, Mutti) kindliche Anrede für die Mutter*

Mam·mut das ['mamʊt] <-s, -e/-s> *ein ausgestorbenes Tier, das wie ein großer Elefant mit braunem zottigem Fell ausgesehen hat*

Mam·mut- [mamʊt] *(≈ Riesen-, Wahnsinns- ↔ Mini-) als Erstglied zusammengesetzter Substantive, mit Betonung auf dem Erstglied; drückt intensivierend aus, dass das mit dem Zweitglied Bezeichnete außerordentlich an Größe/Umfang/Länge ist:* der Tanzsaal ist mit nahezu 4000 Plätzen ein Mammutgebilde ◆ -aufgebot, -auftrag, -betrieb, -film, -gebilde, -konzern, -konzert, -programm, -projekt, -prozess, -sitzung, -tournee, -unternehmen, -veranstaltung

man [man] *pron /nur als Subjekt verwendet/* ❶ *(≈ jemand) verwendet, um eine oder mehrere Personen zu bezeichnen, die man nicht kennt oder nennen will:* Man hat mir den Betrag vom Konto abgebucht. ❷ *verwendet, um sich selbst zu bezeichnen und auszudrücken, dass das Gesagte auch für andere Geltung hat:* Man kann jetzt in der Dämmerung fast gar nichts mehr erkennen.; Ich fürchte, da kann man nicht viel machen. ❸ *(≈ jeder) verwendet, um die Gesellschaft oder eine bestimmte Gruppe zu bezeichnen, in der etwas üblich ist:* Welche Farben trägt man in diesem Sommer?; So etwas tut man einfach nicht.

Ma·nage·ment das ['mɛnɪdʒmənt] <-s, -s> ❶ *(≈ Führung, Leitung) die Leitung eines (größeren) Unternehmens* ❷ *(≈ Direktion, Vorstand) die Führungskräfte, die zum Management¹ gehören* ◆ Top-

Ma·na·ger der, **Ma·na·ge·rin** ['mɛnɪdʒɐ] <-s, -> ❶ *eine Führungskraft in einem Unternehmen* ◆ Marketing-, Top- ❷ *(≈ Agent) jmd., der einen Künstler oder Sportler finanziell und organisatorisch betreut*

man·che(-r, -s) *pron einige (Personen oder Dinge), von denen man nicht die genaue Anzahl nennen kann:* manche Leute; manche Bäume; Er hat in diesem Land manches Abenteuer erlebt.

manch·mal ['mançma:l] *adv (≈ gelegentlich ↔ immer) verwendet, um auszudrücken, dass etwas mehrmals geschieht, aber sich nicht regelmäßig wiederholt:* Manchmal fahren wir am Wochenende weg.; Sie kommt manchmal zu spät zur Arbeit.

Man·da·ri·ne die [manda'ri:nə] <-, -n> *(≈ Clementine) eine kleine Frucht, die einer Orange ähnlich ist*

Man·del die ['mandl̩] <-, -n> ❶ *die Frucht des Mandelbaumes, die ähnlich wie eine Nuss schmeckt:* Aus Mandeln und Honig wird Marzipan hergestellt. ◆ -likör ❷ ANAT. *(≈ Tonsille) eins von zwei Organen, die hinten im Hals sitzen und sich entzünden können:* Sie hat sich die Mandeln herausnehmen lassen. ◆ -entzündung, -operation

Man·gel¹ die ['maŋl̩] <-, -n> *ein Gerät, mit dem man große Wäschestücke glatt macht;* ■ **jemanden in die Mangel nehmen** *(umg.) jmdn. sehr streng behandeln* ◆ Heiß-

Man·gel² der ['maŋl̩] <-s, Mängel> ❶ */kein Plur./ (≈ Defizit, Armut) das Fehlen von etwas, das man braucht:* Im Katastrophengebiet herrscht großer Mangel an Lebensmitteln und Medikamenten.; Der Angeklagte wurde aus Mangel an Beweisen freigesprochen. ◆ Geld-, Vitamin- ❷ */meist Plur./ (≈ Fehler, Defekt) der Zustand, dass etwas unvollkommen ist:* Dieses Gerät hat einige Mängel.

man·gel·haft <mangelhafter, am mangelhaftesten> *adj* ❶ *(≈ fehlerhaft, unzureichend) voller Mängel²* ❷ *die Schulnote Fünf:* Er hat für den Aufsatz die Note „mangelhaft" bekommen.

man·gels ['maŋl̩s] *präp +Gen.* AMTSSPR. *durch das Fehlen von:* Der Angeklagte wurde mangels Beweisen freigesprochen.

Ma·nier die [ma'ni:ɐ̯] <-, -en> ❶ */Plur. selten/ (≈ Stil) die typische Art, in der man etwas tut:* Er malt in der Manier Chagalls. ❷ */meist Plur./ (≈ Benehmen, Betragen) Umgangsformen:* einem Kind Manieren beibringen; Er hat gute/schlechte/keine

Manieren. ◆Tisch-
Mann der [man] <-(e)s, Männer/Mann> ❶ /Plur. Männer/ (↔ Frau) ein männlicher Erwachsener: ein alter/junger Mann ◆Männerchor, Männerstimme, Mannesalter ❷ /Plur. Männer/ (umg.: ≈ Ehemann) ein Mann ist noch in der Firma.; Ihr zweiter Mann ist zehn Jahre älter als sie. ❸ /Plur. Mann/ (mit einer Zahlenangabe) Person: Wir waren insgesamt siebzehn Mann auf diesem Schiff.; ■ **seinen Mann stehen** (umg.) seine Aufgaben und Pflichten gut erfüllen; ■ **der Mann auf der Straße** (umg.) der einfache Bürger; ■ **ein gemachter Mann sein** (umg.) in wirtschaftlich guten Verhältnissen leben; ■ (**ein Kampf**) **Mann gegen Mann** der direkte körperliche Kampf zweier Gegner

Männ·chen das ['mɛnçən] <-s, -> ZOOL. (↔ Weibchen) ein männliches Tier

männ·lich ['mɛnlɪç] <männlicher, am männlichsten> adj /nicht steig./ ❶ (↔ weiblich) zu dem Geschlecht gehörig, das sich durch Samen fortpflanzt: ein männliches Tier ❷ /nicht steig./ zum Mann¹ gehörend: ein männlicher Vorname ❸ (≈ maskulin) typisch für den Mann¹: typisch männliche Eigenschaften; Seit seiner Rückkehr aus dem Ausland wirkt er viel männlicher. ▸ Männlichkeit ❹ /nicht steig./ SPRACHWISS. (≈ maskulin) so, dass ein Substantiv den Artikel „der" hat

Mann·schaft die <-, -en> ❶ (≈ Team) eine feste Gruppe von Sportlern, die im Wettkampf zusammengehören: Der Trainer führt die Mannschaft zum Erfolg. ◆Fußball-, Handball- ❷ (≈ Besatzung) die Gruppe der Menschen, die in einem Flugzeug oder auf einem Schiff zusammenarbeiten ❸ (umg. übertr.) eine Gruppe von Menschen, die eng zusammenarbeiten ◆Regierungs-, Vertriebs-

Ma·nö·ver das [ma'nøːvɐ] <-s, -> ❶ eine militärische Übung ◆Flotten-, Herbst- ❷ eine geschickte und schnelle Bewegung, mit der man ein Fahrzeug in eine andere Richtung bringt: Er hat das Boot mit einem geschickten Manöver gewendet. ▸ manövrieren ◆Lande-, Überhol-, Wende- ❸ (übertr.) ein Verhalten, mit dem man eine Situation für sich nutzt: ein kluges Manöver ◆Ablenkungs-, Betrugs-

Man·tel der ['mantl] <-s, Mäntel> ❶ ein Kleidungsstück, das über Jacke oder Pullover getragen wird und lang hinabreicht: ein warmer Mantel für den Winter ◆Damen-, Herren-, Leder-, Regen- ❷ die Hülle aus Gummi, die bei einem Reifen den Schlauch² umschließt

ma·nu·ell [ma'nuɛl] adj /nicht steig./ ❶ (↔ maschinell) von Hand gefertigt: Die Schachfiguren sind manuell hergestellt. ❷ handwerklich: Er besitzt kein manuelles Geschick.

Ma·nu·skript das <-s, -e> ein Text, der mit der Hand oder mit dem Computer bereits niedergeschrieben/verfasst worden ist, und der gedruckt werden soll: Er hat das Manuskript korrigiert und schickt es jetzt an den Verlag.

Map·pe die ['mapə] <-, -n> ❶ (≈ Ordner) ein Stück Karton oder Plastik, das in der Mitte gefaltet ist und in das man Dokumente oder Zeichnungen legen kann, um sie darin zu transportieren: eine Mappe für Zeichnungen ◆Bilder-, Kunst- ❷ (≈ Aktentasche) eine flache Tasche, in der man Dokumente und Bücher transportiert: eine schwarze Mappe aus Leder ◆Schul-

Ma·ra·thon der ['maratɔn] <-s, -s> (≈ Marathonlauf) ein Langlauf über 42,195 km, zurückgehend auf einen Lauf in der griechischen Antike mit gleichnamigem Ort; mit Kürze korrekt auf dem „a"

Ma·ra·thon- ['maratɔn] (≈ Mammut-) als Erstglied zusammengesetzter Substantive, mit Betonung auf dem Erstglied; drückt intensivierend aus, dass das mit dem Zweitglied Bezeichnete von äußerst langer Dauer ist/länger als erwartet dauert: Die Marathonsitzung des Bundestages dauert heute bis spät in die Nacht. ◆-diskussion, -festival, -prozess, -rede, -sitzung, -versammlung, -verhandlung

-ma·ra·thon [maratɔn] als Zweitglied zusammengesetzter Substantive, mit Betonung auf dem Erstglied; drückt intensivierend aus, dass das mit dem Erstglied Bezeichnete überaus lange dauert: Zur Schuldenkrise gab es im Deutschen Bundestag einen Abstimmungsmarathon. ◆Abstimmungs-, Sitzungs-, Verhandlungs-

Mär·chen das ['mɛːɐ̯çən] <-s, -> ❶ besonders für Kinder gedachte Erzählung mit einer einfachen Handlung, die (im Falle von Volksmärchen) ursprünglich mündlich überliefert und erst später schriftlich festgelegt/niedergelegt worden ist: den Kindern vor dem Schlafen ein Märchen vorlesen; die Märchen der Gebrüder Grimm ▸ märchenhaft ◆-buch, -forschung, -erzähler(in), -prinz, -prinzessin, Kunst-, Volks-, Weihnachts-, Zauber- ❷ (abwert.: ≈ Lügengeschichte) ein Geschichte, die man nicht *glaubt:* Erzähl mir doch keine Märchen!

Mar·ga·ri·ne die [marga'riːnə] <-> /kein Plur./ *ein pflanzliches Fett, das man wie Butter auf das Brot streicht* ♦ Diät-, Pflanzen-

Ma·ril·le die [ma'rɪlə] <-, -n> ÖSTERR. *eine kleine Aprikose*

Mark[1] das [mark] <-(e)s> /kein Plur./ *kurz für „Knochenmark";* ■ **etwas geht jemandem durch Mark und Bein** *(umg.) etwas trifft jmdn. sehr*

Mark[2] die [mark] <-, -> /kein Plur./ GESCH. *kurz für „Deutsche Mark": das Geld, das bis zur Einführung des Euro in Deutschland gültig war;* ■ **jede Mark zweimal umdrehen** *sehr sparsam sein* Sie haben nicht viel Geld, weshalb sie jede Mark zweimal umdrehen müssen.; ■ **die schnelle Mark machen** *(umg.) in sehr kurzer Zeit viel Geld verdienen*

Mar·ke die ['markə] <-, -n> ❶ WIRTSCH. *Sorte einer Ware, die unter einem bestimmten Namen einer Firma verkauft wird* ♦ -nprodukt, Auto- ❷ *kurz für „Briefmarke"* ♦ -nsammler ❸ *eine Markierung:* Das Hochwasser erreichte nicht die Marke des Vorjahres.

mar·kie·ren [mar'kiːrən] I. *mit OBJ/ohne OBJ* ■ **jmd. markiert (jmdn.)** *(umg. abwert.) vortäuschen:* Er markiert mal wieder den Helden/den Starken.; Sie ist nicht krank; sie markiert nur. II. *mit OBJ* ■ **jmd. markiert etwas** *kennzeichnen:* Stellen in einem Text mit dem Bleistift markieren; Man hat die Wanderwege neu markiert. ▶ Markierung

Markt der [markt] <-(e)s, Märkte> ❶ *viele Händler, die auf einem Platz regelmäßig Waren verkaufen:* frisches Obst und Gemüse auf dem Markt kaufen; Bring doch bitte vom Markt noch einen Salat mit! ♦ -stand, Fisch-, Wochen- ❷ (≈ Marktplatz) *ein Platz mitten in der Stadt, auf der der Markt[1] stattfindet oder früher stattfand:* Das Café ist direkt am Markt. ❸ WIRTSCH. *Angebot und Nachfrage in einem Bereich des Handels:* Sind diese Artikel noch auf dem Markt?; Der Markt für dieses Produkt wächst. ▶ vermarkten ♦ Arbeits-, Export-, Inlands-, Kapital-, Welt-

---

Der **Markt** bezeichnet diejenige Stelle in einer Ortschaft, an der ursprünglich Tiere und Nahrungsmittel, später auch alle Arten von Gebrauchsgegenständen oder Stoffen ausgetauscht wurden. Je nach angebotener Ware unterscheidet man: Wochenmarkt, Blumenmarkt, Gemüsemarkt, Fischmarkt, Viehmarkt, Pferdemarkt. Darüber hinaus kann man auf dem Flohmarkt, gewöhnlich auch *Trödelmarkt* genannt (vgl. das Stichwort „Flohmarkt" dazu), alle Arten von Antiquitäten und gebrauchte Waren erwerben. Schließlich versteht man unter *Jahrmarkt* eine Art Volksfest, bei dem nicht nur Gebrauchsgegenstände oder Esswaren gekauft werden können, sondern das außerdem aus Schießbuden, Zelten und Karussells besteht und Vergnügungen für jedermann anbietet. Heute wird der Ausdruck *Markt* nicht nur auf Güter, sondern auch auf Dienstleistungen und menschliche Beziehungen ausgedehnt, sodass er über den Bezug auf eine örtlich begrenzte Handelsstelle hinausgeht. So spricht man vom *Aktienmarkt* als einem Ort des Devisenaustausches, oder vom *Arbeitsmarkt*, an dem die Arbeitskraft von Menschen gegen Geld und Lohn angeboten und verhandelt wird. Einige Redewendungen hierzu sind: „Der Handel auf dem grauen Markt" (gemeint ist ein ‚Handel mit Waren am Rande der Illegalität'); „eine Ware auf dem Schwarzmarkt kaufen" („eine Ware illegal erwerben"); „ein Produkt auf den Markt werfen" („eine Ware, meist in sehr großer Stückzahl, herstellen und zum Verkauf anbieten").

Markt·platz der <-es, Marktplätze> *der Markt[2]*

Markt·wirt·schaft die <-, -en> (↔ *Planwirtschaft*) *das Wirtschaftssystem, in dem die Produktion und der Preis von Waren durch Angebot und Nachfrage geregelt werden:* freie/soziale Marktwirtschaft

Mar·me·la·de die [marmə'laːdə] <-, -n> *in Zucker gekochte Früchte, die man aufs Brot streicht:* zum Frühstück ein Brötchen mit Marmelade essen ♦ Erdbeer-, Kirsch-

Mar·mor der ['marmoːɐ̯] <-s, -e> /Plural: *Gesteinsarten*/ *eine Sorte von sehr hartem Stein, der sehr schön gemustert ist und für Treppen oder Säulen verwendet wird:* Der Grabstein/Die Statue ist aus Marmor.

marsch [marʃ] *interj verwendet, um auszudrücken, dass jmd. sofort irgendwohin gehen soll:* Marsch ins Bett!

Marsch der [marʃ] <-(e)s, Märsche> ❶ *das Marschieren:* Die Soldaten waren nach den tagelangen Märschen völlig entkräftet.; Ich habe jetzt einen Marsch von über zehn Kilometern hinter mir. ♦ Protest-, Trauer- ❷ MUS. *Musikstück, das zu militärischen*

Anlässen gespielt wird; ■ **jemandem den Marsch blasen** *(umg.) jmdn. energisch kritisieren* Der Chef sollte ihm mal den Marsch blasen ◆ -musik

mar·schie·ren [marˈʃiːrən] <marschierst, marschierte, ist marschiert> ohne OBJ ■ jmd. **marschiert** *(von größeren Gruppen) in gleichmäßigem Rhythmus ziemlich schnell gehen:* Die Soldaten marschieren auf dem Kasernenhof.; Wir sind heute fünf Stunden marschiert.

Mär·ty·rer der, **Mär·ty·re·rin** [ˈmɛrtyrɐ] <-s, -> *eine Person, die aus religiösen oder politischen Gründen wegen ihrer Überzeugungen verfolgt und getötet wird:* Dieser Heilige starb als Märtyrer.; Er wurde zum Märtyrer gemacht. ▷ Martyrium

März der [mɛrts] <-es, -e> *der dritte Monat des Jahres:* Im März beginnt der Frühling.

Mar·zi·pan das [ˈmartsipaːn/martsiˈpaːn] <-s, -e> *eine Masse aus Zucker und Mandeln, aus der man Süßigkeiten macht*

Ma·sche die [ˈmaʃə] <-, -n> ❶ *eine von vielen kleinen Schlingen, aus denen zum Beispiel ein Pullover besteht* ❷ */Plur. selten/ (umg. abwert.) Trick:* Mit dieser Masche hat er schließlich Erfolg gehabt.; Der Betrüger versuchte es mit einer neuen Masche.; ■ **jemandem durch die Maschen gehen** *(umg.) jmdm. entkommen* Der Dieb war der Polizei durch die Maschen gegangen.

Ma·schi·ne die [maˈʃiːnə] <-, -n> ❶ *ein mechanisches Gerät, das Energie überträgt und so bestimmte Arbeiten für den Menschen erleichtert:* Früher haben die Menschen die Arbeiten von Hand gemacht, heute gebraucht man dafür Maschinen.; eine Maschine anstellen/abstellen/konstruieren/reparieren ▷ maschinell ◆ -nfabrik, Bau-, Druck-, Näh-, Wasch-, Werkzeug- ❷ *Motor im Auto:* Das Auto hat eine Maschine mit 170 PS. ❸ (≈ -apparat, -gerät) *kurz für* „Nähmaschine", „Schreibmaschine", „Strickmaschine", „Waschmaschine" ❹ *ein bestimmtes Flugzeug:* Die Maschine aus Los Angeles hatte eine Stunde Verspätung. ❺ *(umg.) Motorrad:* So eine schwere Maschine ist der Traum vieler Biker.; ■ **Maschine schreiben** *auf der Schreibmaschine schreiben* Kannst du Maschine schreiben?; ein maschinengeschriebener Brief

Ma·schi·nen·bau der <-s> */kein Plur./ die (wissenschaftliche) Lehre von der Konstruktion von Maschinen[1]:* Maschinenbau studieren

Ma·sern [ˈmaːzɐn] <-> *Plur.* MED. *eine Infektionskrankheit, die fast alle Kinder bekommen:* Masern erkennt man an den roten Flecken auf der Haut.

Mas·ke die [ˈmaskə] <-, -n> ❶ *ein Gesicht aus Pappe, Plastik oder anderem Material, das man vor dem eigenen Gesicht trägt, um sich als eine andere Person, ein Tier oder ein magisches Wesen zu zeigen:* Im antiken Theater haben die Schauspieler Masken getragen.; die Masken beim Karneval in Venedig ▷ maskieren ◆ Hexen-, Teufels- ❷ *ein Gegenstand, den man zum Schutz vor etwas vor dem Gesicht trägt:* Die Feuerwehrleute trugen Masken zum Schutz vor dem Qualm.; ■ **die Maske fallen lassen** *andere Menschen nicht mehr täuschen, sondern zeigen, wie man wirklich denkt und fühlt* ◆ Atem-, Gas-, Schutz-

mas·ku·lin [ˈmaskuliːn, maskuˈliːn] adj / nicht steig. / (↔ *feminin*) ❶ *männlich[3]:* Die Herrenmode ist zur Zeit sehr maskulin ❷ SPRACHWISS. *männlich[4]:* Im Deutschen haben maskuline Substantive den bestimmten Artikel „der". ◆ Maskulinform, Maskulinum

Maß das [mas] <-es, -e> ❶ *eine Einheit, mit der etwas gemessen wird (zum Beispiel Größen, Gewicht, Menge):* Die Maße für die Bestimmung des Gewichts sind Gramm, Kilogramm ... ◆ Flächen-, Längen-, Raum- ❷ /selten im Sing./ *die Zahl oder Größe, die man gemessen hat:* Welche Maße hat das Zimmer? ◆ Ideal-, Körper- ❸ (≈ *Ausmaß*) *eine bestimmte Menge oder Intensität:* ein hohes/geringes Maß an Fleiß; ■ **ohne Maß** (≈ *unmäßig*) *zu viel/zu stark* Er trinkt ohne Maß.; ■ **in höchstem Maß** *Ich war in höchstem Maße zufrieden.*; ■ **über alle Maßen** (≈ *überaus*) *viel besser/schlimmer, als üblich*; ■ **Das Maß ist voll!** *(umg.) Meine Geduld ist am Ende!*; ■ **Maß halten/maßhalten** *nicht zuviel und nicht zuwenig tun* Du solltest beim Essen Maß halten/maßhalten!; ■ **Maß nehmen** *die Maße am Körper messen* Der Schneider nimmt an der Taille Maß.; ■ **mit zweierlei Maß messen** *nicht gerecht urteilen, weil man verschiedene Maßstäbe verwendet* ◆ Höchst-, Mindest-, Über-

Maß, Mass die [maːs, mas] <-, -(e)s> SÜDDT., ÖSTERR. *ein Liter Bier:* eine Maß trinken ◆ -krug

Mas·se die [ˈmasə] <-, -n> ❶ (≈ *Materie, Substanz*) *ein Stoff, der ungeformt ist und wie Brei aussieht:* Eier, Mehl, Butter und Zucker mischen und diese Masse dann auf dem Blech im Backofen backen ◆Teig- ② (≈ Menge) eine große Menge von Menschen: Bei der Demonstration zogen die Menschen in Massen vor das Parlament.; ■ **die breite Masse** die Mehrheit der Bevölkerung Er hat die breite Masse/die Massen auf seiner Seite. ◆Menschen-, Volks- ③ PHYS. *die Eigenschaft der Materie, Gewicht zu haben*

Mas·sen- [masn̩] *als Erstglied zusammengesetzter Substantive, mit Betonung auf dem Erstglied; drückt aus,* ① *dass sich das mit dem Zweitglied Bezeichnete auf große Menschenmassen bezieht:* Bei dem Stromkonzern sind aufgrund der Sanierungsprogramme Massenentlassungen von Arbeitsnehmern/Arbeitnehmerinnen zu befürchten. ◆-andrang, -abfertigung, -arbeitslosigkeit, -demonstration, -entlassungen, -flucht, -grab, -hinrichtung, -karambolage, -kundgebung, -medien, -mord, -mörder(in), -organisation, -quartier, -sport, -streik, -tourismus, -transport, -unterkunft, -verhaftungen, -verkehrsmittel, -versammlung ② *dass sich das mit dem Zweitglied Bezeichnete auf sehr große Stückzahlen/ Mengen von Produkten/Waren bezieht:* Der Terrorstaat stellt Raketen in Massenproduktion her. ◆-artikel, -auflage, -fabrikation, -güter, -herstellung, -produktion, -ware

-ma·ßen [ma:sn̩] *als Zweitglied zusammengesetzter Adverbien, mit Betonung auf dem Erstglied; drückt aus, dass etwas mit dem Erstglied Bezeichneten entsprechend/diesem gebührend hingestellt wird; im Sinne von „wie das ... ist/wird" bzw. „wie das dem...entspricht":* Die Wahlen des Landes wurden von der internationalen Gemeinschaft erklärtermaßen akzeptiert (= wie das zuvor von ihr erkärt/bekanntgemacht worden ist) weithin akzeptiert; Er hat den Doktortitel verdientermaßen (= wie es seinen Verdiensten entspricht) erhalten. ◆bekannter-, bewusster-, erklärter-, erwiesener-, gezwungener-, verdienter-, zugegebener-

Mas·sen·me·di·um *das* <-s, Massenmedien> /*meist Plur.*/ *ein Mittel, mit dem man Informationen an die Masse der Bevölkerung weitergeben kann:* Zeitungen, Rundfunk und Fernsehen sind Massenmedien.

mä·ßig ['mɛːsɪç] <mäßiger, am mäßigsten> *adj* ① (≈ *maßvoll) ohne etwas übertriebenen Gebrauch zu machen:* Sie raucht nur mäßig. ② *relativ gering:* Die Ernte ist dieses Jahr nur mäßig. ③ (≈ *mittelmäßig, durchschnittlich) als nicht besonders gut geltend:* Das Konzert war eher mäßig.

-mä·ßig [mɛːsɪç] *als Zweitglied zusammengesetzter Adjektive, mit Betonung auf dem Erstglied; drückt aus,* ① (≈ *-gemäß) dass etwas genau dem mit dem Erstglied Bezeichneten im Sinne von „wie es verlangt wird" entspricht:* nach der verfassungsmäßigen Ordnung der Bundesrepublik Deutschland ◆gesetz-, plan-, recht-, turnus-, verfassungs-, vorschrifts- ② *dass ein Bezug (ausschließlich) auf das mit dem Erstglied Bezeichnete gegeben ist:* eine gefühlsmäßige Abhängigkeit von dem Partner/der Partnerin ◆arbeits-, bedeutungs-, ernährungs-, gefühls-, größen-, kino-, mengen-, party-, schul-, stil-, wohnungs-, zahlen- ③ *dass etwas/jemand (aufgrund einer zentralen Orientierung daran) von der Art des mit dem Erstglied Bezeichneten ist:* Schizophrenie bei gewohnheitsmäßigem Cannabiskonsum ◆bären-, geschäfts-, gewerbs-, gewohnheits-, lehrbuch-, serien-

mas·siv [maˈsiːf] <massiver, am massivsten> *adj* ① (≈ *stabil) so, dass etwas sehr fest gebaut ist:* ein massiver Tisch ② *vollständig aus einem bestimmten Material:* Die Kette ist aus massivem Gold. ③ *sehr heftig:* Sie machte uns massive Vorwürfe. ▶ Massivität

maß·los *adj /nicht steig./* (≈ *übermäßig ↔ maßvoll) über das normale Maß hinaus:* eine maßlose Übertreibung/Forderung; Ich habe mich maßlos geärgert. ▶ Maßlosigkeit

Maß·nah·me *die* ['maːsnaːmə] <-, -n> *Handlung, mit der man ein spezielles Ziel erreichen will:* Maßnahmen gegen Hochwasser; politische/soziale Maßnahmen ergreifen/durchführen ◆Gegen-, Vorsichts-

Maß·stab *der* ['maːsʃtaːp] <-(e)s, Maßstäbe> ① *das Verhältnis zwischen der realen Länge von etwas und ihrer Darstellung auf einer Karte:* Der Maßstab dieser Landkarte ist 1:100000. ② (≈ *Kriterium) die Norm, nach der man etwas beurteilt:* Bei der Auswahl der Bewerber gelten strenge Maßstäbe.

mäs·ten ['mɛstn̩] *mit OBJ* ■ **jmd. mästet ein Tier** *Tiere sehr reichlich füttern, damit sie möglichst schnell an Gewicht zunehmen und man sie schlachten kann* ▶ Mast

Ma·te·ri·al *das* [mateˈrḭaːl] <-s, Materialien> ① *der Stoff, aus dem etwas gemacht ist:* Aus welchem Material ist die Bluse?; Aluminium ist ein leichtes Material. ◆-fehler, -kosten ② *Dinge, die man für bestimmte Arbeiten braucht:* Brauchst du noch Material fürs Büro. ◆ Arbeits-, Büro-, Schreib-, Verpackungs- ❸ *schriftliche Informationen, die man gesammelt hat:* das Material für ein Referat zusammentragen, sichten und auswerten ◆ Beweis-, Bild-, Informations-

-ma·te·ri·al [materi̯aːl] *(abwert.) als Zweitglied zusammengesetzter Substantive, mit Betonung auf dem Erstglied; drückt aus, dass das mit dem Erstglied Bezeichnete als Masse/anonyme Personengruppe erfasst wird, die für bestimmte Aufgaben zur Verfügung steht:* Vom Spielermaterial her wird es zu keinem Sieg bei den nächsten Fußballspiel reichen. ◆ Menschen-, Patienten-, Schüler-, Spieler-

Ma·te·ri·a·lis·mus der [materi̯aˈlɪsmʊs] <-> /kein Plur./ ❶ *eine Lebenseinstellung, die Besitz und Gewinn in den Vordergrund stellt* ▸ materialistisch ❷ PHILOS. (↔ *Idealismus*) *die Lehre, die alles Wirkliche auf Materie zurückführt*

Ma·te·rie die <-, -n> ❶ /kein Plural/ PHYS. *Stoff als Grundsubstanz aller Dinge:* Man kann feste von gasförmiger und flüssiger Materie unterscheiden ▸ materiell ❷ *Bereich eines Themas; Gegenstand von Untersuchungen:* Von dieser Materie versteht er viel; eine schwierige Materie; alte Briefe über schwierige Materien

Ma·the·ma·tik die [matemaˈtik] <-> /kein Plur./ *die Wissenschaft von den Zahlen, Mengen und Formeln:* angewandte/höhere Mathematik ◆ Versicherungs-, Wirtschafts-

Ma·trat·ze die [maˈtratsə] <-, -n> *das Polster, auf dem man in einem Bett liegt:* eine harte/weiche Matratze ◆ Federkern-, Latex-

Matsch der [matʃ] <-(e)s> /kein Plur./ *(umg.) die Mischung aus Schmutz/Erde und Schnee/Regen:* Wenn der Schnee schmilzt, gibt es Matsch auf den Straßen. ◆ Schnee-

matt <matter, am mattesten> *adj* ❶ (≈ *kraftlos*) *schwach, müde:* Ich fühle mich vor Hunger und Durst ganz matt. ❷ *ohne Glanz:* Ich muss den Silberring polieren, denn er ist ganz matt.; ein Foto nicht glänzend, sondern matt abziehen lassen

Ma·tur, Ma·tu·ra die [maˈtuːr(a)] <-> / kein Plur./ SCHWEIZ., ÖSTERR. *Reifeprüfung, Abitur*

Mau·er die [ˈmaʊ̯ɐ] <-, -n> ❶ *eine Wand aus Stein oder Beton als Umgrenzung oder als Teil eines Hauses* ◆ Garten-, Haus-, Stadt-, Stein- ❷ GESCH. *die Mauer, die bis 1989 den westlichen und östlichen Teil Berlins voneinander trennte;* ■ **die Mauer des Schweigens** *(übertr.) der Zustand, dass Menschen nicht über eine Sache reden wollen, weil sie Angst haben oder sich schämen* Er versuchte vergeblich, die Mauer des Schweigens zu durchbrechen.

Maul das [maʊ̯l] <-(e)s, Mäuler> ❶ *der Mund bei Tieren:* dem Pferd ins Maul schauen ❷ *(vulg.) Mund des Menschen;* ■ **sich das Maul über jemanden zerreißen** *(umg.: ≈ Klappe, Schnauze) über jmdn. schlecht reden;* ■ **Halt's Maul!** *(vulg.) Sei still!*

mau·len [ˈmaʊ̯lən] *ohne OBJ* ■ **jmd. mault** *(umg. abwert.: ≈ nörgeln) in schlechter Stimmung sein, ständig schimpfen bzw. sich nur mürrisch äußern (wenn überhaupt):* Ich weiß nicht, was er hat. Er mault schon den ganzen Abend.

Mau·rer der, **Mau·re·rin** [ˈmaʊ̯rɐ] <-s, -> *Handwerker, der Häuser baut*

Maus die [maʊ̯s] <-, Mäuse> ❶ *ein kleines Tier mit grauem oder braunem Fell und Schwanz:* Katzen fangen gerne Mäuse. ◆ Feld- ❷ EDV *das mit einem Computer verbundene Gerät, das man auf einer Unterlage bewegt, um den Cursor zu bewegen oder Befehle auszulösen:* Jetzt musst du mit der Maus auf dieses Symbol klicken.; ■ **Da beißt die Maus keinen Faden ab.** *(umg.) Da ist nichts (mehr) zu ändern.* ◆ mäuschenstill ◆ -klick, -taste

ma·xi·mal [maksiˈmaːl] I. *adj /nicht steig./ (geh.: ↔ minimal) so groß wie möglich:* mit maximaler Geschwindigkeit fahren; maximale Forderungen stellen ▸ Maximalforderung II. *adv /nicht steig./ im höchsten Fall:* Ich kann maximal zwei Wochen bleiben.; In diesem Auto haben maximal vier Personen Platz.

Ma·xi·mum das [ˈmaksimʊm] <-s, Maxima> ❶ (≈ *Optimum* ↔ *Minimum*) *das höchste Maß:* Das Auto bietet ein Maximum an Sicherheit. ❷ *der höchste messbare Wert:* Das Maximum der Tagestemperatur lag bei 32 Grad Celsius.

Me·cha·ni·ker der, **Me·cha·ni·ke·rin** [meˈçaːnikɐ] <-s, -> (≈ *Monteur*) *jmd., der beruflich Maschinen zusammenbaut, repariert und überprüft* ◆ Auto-, Elektro-, Fein-

me·cha·nisch [meˈçaːnɪʃ] *adj /nicht steig./* ❶ PHYS. *in Bezug auf die Mechanik¹* ❷ (≈ *maschinell*) *durch technische Geräte:* Dieser Stoff wird mechanisch produziert. ❸ *automatisch und ohne dabei zu* *denken:* Manche Bewegungen macht man ganz mechanisch.; Er schrieb den Text völlig mechanisch ab.

Me·cha·nis·mus der [meça'nɪsmʊs] <-, Mechanismen> *die Teile eines technischen Gerätes in der Art, wie sie funktionieren:* Er kennt den Mechanismus dieser Maschine

me·ckern <meckerst, meckerte, hat gemeckert> *ohne OBJ* ❶ ▪ **eine Ziege meckert** *den für Ziegen typischen Laut von sich geben:* Ziegen meckern. ❷ ▪ **jmd. meckert** *(umg. abwert.: ≈ nörgeln)* ständig Kritik üben: Mein Freund hat auf der ganzen Fahrt über andere Leute gemeckert.

Me·dail·le die [me'daljə] <-, -n> *eine Münze an einem Band aus Stoff, die an ein besonderes Ereignis (besonders im Sport) erinnern soll (und jemandem überreicht wird, um ihn damit auszuzeichnen):* Die Athletin hat bei den Olympischen Spielen zwei Medaillen gewonnen. ◆ Bronze-, Gold-, Silber-

Me·di·en ['meːdi̯ən] <-> *Plur. (≈ Massenmedien) Film, Funk, Fernsehen und Presse* ◆ Kommunikations-

Me·di·ka·ment das [medika'mɛnt] <-(e)s, -e> *(umg.: ≈ Medizin, Arznei) ein Mittel (z.B. Tabletten, Tropfen) gegen Krankheiten:* Der Arzt hat ihm ein sehr wirksames Medikament verschrieben.

me·di·tie·ren [medi'tiːrən] *ohne OBJ* ▪ **jmd. meditiert** *eine geistige Übung betreiben, bei der man ganz still ist und seine Aufmerksamkeit nach innen richtet:* Die Mönche meditieren täglich. ▸ Meditation

Me·di·zin die [medi'tsiːn] <-, -en> ❶ *(umg.) ein flüssiges Medikament:* Die Medizin schmeckt bitter. ❷ */kein Plur./ die Wissenschaft vom gesunden und kranken menschlichen Organismus, von seinen Krankheiten, ihrer Heilung und Vorbeugung:* Sie will Medizin studieren.; die Fortschritte der modernen Medizin ◆ -studium, Human-, Schul- Tier-, Zahn-

Meer das [meːɐ̯] <-(e)s, -e> ❶ */kein Plur./ (≈ Ozean ↔ Land) die sehr große Masse mit meist salzigem Wasser, die Teile der Erde bedeckt:* Schiffe fahren über das Meer; den Urlaub am Meer verbringen; das Rote Meer; das Schwarze Meer ◆ -esboden, -esbiologie ❷ *eine sehr große Menge von etwas:* Im Frühjahr blüht dort ein Meer von Tulpen. ◆ Blumen-, Flammen-

Meer·schwein·chen das <-s, -> *ein kleines Nagetier, das gerne als Haustier gehalten wird*

Me·ga·byte das ['meːgabajt/'mɛgabajt] <(-s), (-s)> EDV *eine Million Byte*

Mehl das [meːl] <-(e)s, -e> *Getreidekörner, die zu einem feinen Pulver gemahlen worden sind, aus dem man Brot und Kuchen backen kann* ▸ mehlig ◆ Weizen- Roggen-

mehr [meːɐ̯] *((Komp. von „viel"))* **I.** *pron* ❶ *(↔ weniger) verwendet, um auszudrücken, dass etwas in größerer Menge/Anzahl da ist als etwas anderes:* Wir brauchen mehr Geld/mehr Freizeit; Man sollte nicht mehr versprechen, als man halten kann. **II.** *adv* ❶ *(↔ weniger) verwendet, um auszudrücken, dass etwas intensiver getan wird als anderes:* Er hat mehr trainiert als ich.; Gegen Abend waren die Straßen wieder mehr befahren. ❷ ▪ **nicht(s) mehr** *verwendet, um auszudrücken, dass etwas aufgehört hat und nichts zusätzlich da ist:* Die beiden Flaschen sind leer: Jetzt haben wir nichts mehr zu trinken.; Seit dem letzten Monat ist Ihr Ausweis nicht mehr gültig.; Ich wusste nicht mehr, wo ich war.; Kein Wort mehr!; ▪ **mehr und mehr** *zunehmend* Ich zweifle mehr und mehr an unserer Vorgehensweise.; ▪ **mehr oder minder/weniger** *so gut wie, eigentlich* Das war jetzt mehr oder minder auch schon egal.; ▪ **nicht mehr und nicht weniger** *genau dieses* Es war eine Fehlplanung, nicht mehr und nicht weniger.

mehr·deu·tig *adj /nicht steig./ (↔ eindeutig) mit mehr als nur einer Bedeutung:* Fast alle sprachlichen Ausdrücke (Wörter/lexikalische Einheiten) sind mehrdeutig, wobei verschiedene Arten von Mehrdeutigkeit in der Sprachtheorie zu unterscheiden sind.; Seine Bemerkung war mehrdeutig.; Auch Sätze sind oft mehrdeutig, weshalb sie dann auf mindestens zweierlei Art gedeutet/interpretiert werden können.; Das Wort „Brücke" ist mehrdeutig. Denn es bedeutet „Bauwerk", „eine Teppich-Art", sowie auch „eine Art von Zahnersatz". ▸ Mehrdeutigkeit

meh·re·re ['meːrərə] *pron* ❶ *(≈ einige) unbestimmt viele, eine Anzahl:* Er ist für mehrere Wochen verreist. ❷ *(≈ verschiedene) allerlei Dinge:* Wir haben mehrere Reiseziele zur Auswahl.

mehr·fach ['meːɐ̯fax] *adj /nicht steig./* ❶ *an mehreren Stellen:* mehrfach behindert ❷ *(≈ öfter) wiederholt:* Wir haben uns schon mehrfach getroffen.

Mehr·heit die <-, -en> ❶ */kein Plur./ (≈ Majorität ↔ Minderheit) die größere Menge einer Gesamtheit (von Menschen):*

Wir haben über diese Frage abgestimmt; die Mehrheit war für den Vorschlag von Herrn X. ❷ *der größere Teil der Wähler:* Die Partei gewann die Wahl mit überwältigender Mehrheit.; Welche Partei hat die Mehrheit? ◆ Mehrheitsprinzip

mehr·spra·chig *adj /nicht steig./ in mehreren Sprachen:* Sie ist mehrsprachig aufgewachsen.; Dies ist eine mehrsprachige Ausgabe der Bibel.

Dass Menschen nicht nur eine einzige Sprache mehr oder weniger ausführlich beherrschen und dass sie in mehrsprachigen Gesellschaften leben, ist und war weltweit schon immer der Normalfall. Bezogen auf die individuelle Sprachkompetenz besteht **Mehrsprachigkeit** darin, von mindestens einer weiteren Sprache neben der Muttersprache Gebrauch machen zu können. Darauf beziehen sich in Deutschland zahlreiche Forderungen nach verstärkter Mehrsprachigkeit in der Schule. Auf individuelle Mehrsprachigkeit, wie teils auch auf Sprachverhältnisse in sozialen Gemeinschaften, wird manchmal mit den Ausdrücken *Multilingualität* bzw. *Multilingualismus* Bezug genommen, oder mit *Polyglossie*. Zur Bezeichnung einer individuellen Mehrsprachigkeit durch den Erwerb zweier Sprachen ist der gängige Ausdruck derjenige der *Bilingualität* bzw. (für die Erscheinungsform) der des *Bilingualismus*. Im engen Sinne versteht man darunter eine annähernd gleiche Kompetenz in zwei Sprachen. Im weiteren Sinne fallen darunter auch bloße Teilfertigkeiten und der nur gelegentliche Einsatz einer Zweitsprache. Weiter wird dazu nach *simultaner* oder aber *sukzessiver* Aneignung einer Zweitsprache unterschieden, also nach der gleichzeitigen Aneignung, oder aber der Aneignung in einer Abfolge der beteiligten Sprachen. Bezogen auf die Koexistenz mehrerer Sprachen in ein und demselben Territorium spricht man gelegentlich von *territorialer* oder *kollektiver Mehrsprachigkeit.* Diese kann überall dort zustande kommen, wo sich Sprachgruppen aufgrund von Handelsbeziehungen, militärischer Expansion, Migration etc. durchdringen. Bei Betonung mehr des sozialen Aspektes von Mehrsprachigkeit handelt es sich um die so bezeichnete *Diglossie.*Eine Diglossie-Situation ist dort gegeben, wo mehrere Sprachen bzw. Varietäten (vgl. das Stichwort dazu) einer Sprache mit unterschiedlicher Verteilung ihrer Funktionen existieren, wofür manchmal in der Rolle des Beispiels Rätoromanisch und Deutsch in Graubünden angeführt werden. Im Hinblick auf nationale und internationale Verwaltungen und Institutionen, wie die „Europäische Union" (EU), schließlich, die ihre Dienste in verschiedenen Sprachen anbieten, wird außerdem von *institutioneller Mehrsprachigkeit* gesprochen.

Mehr·weg·fla·sche die <-, -n> (≈ *Pfandflasche* ↔ *Einwegflasche*) *eine Flasche, die man nicht wegwirft, sondern im Laden gegen Geld wieder abgibt*

Mehr·wert·steu·er die <-> /kein Plur./ WIRTSCH. *eine Steuer, die jedem Preis hinzugefügt ist:* Das Gerät kostet 170 Euro plus Mehrwertsteuer (MWst).

Mehr·zahl die <-> /kein Plur./ ❶ *Mehrheit¹:* Die Mehrzahl der Besucher war von der Ausstellung begeistert. ❷ SPRACHWISS. (≈ *Plural* ↔ *Einzahl*) „Bäume" ist die Mehrzahl von „Baum".

mei·den ['maɪdn] <meidest, mied, hat gemieden> *mit OBJ* ▪ **jmd. meidet jmdn./etwas** *einer Sache oder Person mit Absicht ausweichen:* Ich habe den Eindruck, dass sie meine Gesellschaft meidet.; Er meidet starke Gewürze. ▸ vermeiden

-mei·er [maɪɐ] *(abwert.) als Zweitglied zusammengesetzter Substantive, mit Betonung auf dem Erstglied; drückt aus, dass eine männliche Person im Hinblick auf das mit dem Erstglied Bezeichnete einen übertriebenen Tätigkeitsdrang bzw. eine Profilierungssucht erkennen lässt:* Er hat sich vom selbsternannten Kraftmeier zum finanzpolitischen Schwächling verändert. ◆ Kraft-, Schlau-, Vereins-

mein *pron (↔ dein)* ❶ *verwendet, um auszudrücken, dass etwas dem Sprecher gehört:* Der Wagen ist mein Auto.; Ist das dein Stift oder meiner? ❷ *verwendet, um auszudrücken, dass jmd. in einer bestimmten persönlichen Beziehung zu jmdm. steht:* meine Frau/Schwester/Tante ❸ *verwendet, um auszudrücken, dass etwas von jmdm. kommt:* Hat dir mein Geschenk gefallen?; Hast du meinen Aufsatz gelesen? ❹ *verwendet, um auszudrücken, dass zwischen etwas und jmdm. eine Relation besteht:* mein Zug (≈ der Zug, mit dem ich fahre oder fahren werde); mein Hotel (≈ das Hotel, in dem ich wohne oder gewohnt habe); ▪ **Meine (sehr ver-**

ehrten) **Damen und Herren, ...** *die übliche Form, mit der man eine Rede beginnt*
mei·nen <meinst, meinte, hat gemeint> *mit OBJ* ❶ ■ **jmd. meint etwas** *(≈ glauben, der Auffassung sein) eine Meinung vertreten:* Ich meine, dass das so richtig ist. ❷ ■ **jmd. meint etwas zu etwas** *Dat. (≈ sagen) sprachlich äußern:* Was meinen Sie dazu?; „Laß uns gehen", meinte sie. ❸ ■ **jmd. meint etwas mit etwas** *Dat. (als Bedeutung) im Sinn haben:* Was meinst du mit diesem Wort?; Er hat es doch nicht böse gemeint. ❹ ■ **jmd. meint jmdn./etwas** *jmdn. oder etwas Bestimmtes als Gegenstand einer Handlung haben:* Ich meine dich und niemand sonst mit dieser Kritik.
mei·net·we·gen [majnət've:gn̩, 'majnətve:gn̩] *adv* ❶ *mit Rücksicht auf mich:* Seid ihr etwa meinetwegen gekommen?; Meinetwegen braucht ihr nicht zu warten. ❷ *(umg.) drückt aus, dass man mit etwas einverstanden ist:* „Kann ich mir die Hose kaufen?" „Meinetwegen."
Mei·nung die ['majnʊŋ] <-, -en> *(≈ Ansicht, Einstellung) die Art, wie jmd. etwas beurteilt:* Er ist anderer Meinung als sie.; Sie sind völlig einer Meinung.; Meiner Meinung nach ist es so, dass ...; ■ **jemandem (gehörig) die Meinung sagen** *jmdn. heftig kritisieren;* ■ **mit seiner Meinung nicht hinterm Berg halten** *(umg.) seine Meinung ehrlich und deutlich sagen* ◆ -saustausch, -sforschung, Lehr-, Volks-
Mei·nungs·um·fra·ge die <-, -n> *das Befragen einer Gruppe von Menschen zu einem bestimmten Thema, um daraus Schlüsse zu ziehen über die Meinung der ganzen Bevölkerung:* Laut der neuesten Meinungsumfrage sind 60% der Bevölkerung für das neue Gesetz.
Mei·nungs·ver·schie·den·heit die <-, -en> *ein kleiner Streit, der entsteht, wenn es zu einer Sache verschiedene Meinungen gibt:* eine Meinungsverschiedenheit haben/beilegen
meist ['majst] *adv meistens:* Ich fahre meist mit dem Zug.
meis·te *adj /Superl. von „viel"/ (↔ wenigste) der größte Teil von etwas; mit dem größten Anteil von etwas:* Er verdient das meiste Geld.; Der Patient schläft die meiste Zeit des Tages.; Das ist die am meisten verkaufte CD dieses Monats.; Das meiste kannten wir schon.
meis·tens ['majstn̩s] *adv (≈ meist) fast immer:* Ich fahre meistens mit dem Zug.

Meis·ter der, **Meis·te·rin** ['majstɐ] <-s, -> ❶ *Handwerker, der eine Prüfung abgelegt hat und selber ausbilden darf:* Der Meister bildet gerade drei Lehrlinge aus. ◆ Bäcker-, Handwerks-, Metzger-, Schreiner- ❷ *(≈ Könner, Experte) jmd., der auf seinem Gebiet sehr gut ist:* Er ist ein Meister seines Fachs. ▶ meisterhaft ❸ *ein großer Künstler:* Das Gemälde stammt von einem unbekannten Meister. ◆ -werk ❹ SPORT *eine Person oder eine Mannschaft, die eine Meisterschaft gewonnen hat:* Er ist vielfacher Meister im Delphinschwimmen. ◆ -titel, Europa-, Welt-
Meis·ter- ['majstɐ] *als Erstglied zusammengesetzter Substantive, mit Betonung auf dem Erstglied; drückt aus,* ❶ *dass jemand das mit dem Zweitglied Bezeichnete sehr gut beherrscht:* Astrid Lindgren hat ein berühmtes Kinderbuch über einen Meisterdetektiv geschrieben. ◆ -detektiv(in), -fahrer(in), -koch/-köchin, -dieb(in), -schütze/-schützin, -spion(in) ❷ *dass etwas in hervorragender Art/perfekt/vollendet ausgeführt wird bzw. durchgeführt worden ist:* Der Sieg der Fußballmannschaft war eine Meisterleistung. ◆ -leistung, -schuss, -streich
Meis·ter·schaft die <-, -en> ❶ */kein Plur./ großes Können:* Sie hatte es in ihrer Kunst zu wahrer Meisterschaft gebracht. ❷ SPORT *ein Wettkampf, bei dem der beste Teilnehmer Meister[4] wird:* für die Meisterschaft trainieren ◆ Landes-, Welt-
Me·lan·cho·lie die [melaŋko'li:] <-> */kein Plur./ (≈ Schwermut) der Zustand, dass man traurig ist und wenig Freude am Leben hat:* In seiner Melancholie malte er ein Bild in dunklen Farben. ▶ melancholisch
Me·lan·ge die [me'lã:ʒə] <-, -n> ÖSTERR. *(≈ Milchkaffee) Kaffee, der zur Hälfte aus Milch besteht*
mel·den ['mɛldn̩] <meldest, meldete, hat gemeldet> I. *mit OBJ* ❶ ■ **jmd. meldet etwas** *etwas bekanntmachen oder ankündigen, indem man es der Öffentlichkeit mitteilt/sagt:* Der Rundfunk meldet Unwetter an der Küste. ❷ ■ **jmd. meldet etwas bei etwas** *Dat. einer Institution etwas offiziell zur Kenntnis bringen:* Ich habe den Diebstahl schon bei der Polizei gemeldet. ▶ Meldepflicht II. *mit SICH* ❶ ■ **jmd. meldet sich (für etwas** *Akk.) sagen, dass man Interesse an etwas hat:* Wir haben uns auf die Anzeige in der Zeitung hin gemeldet.; Er meldet sich freiwillig beim Roten Kreuz als Helfer. ❷ ■ **jmd. meldet sich (bei jmdm.)** *wieder Kontakt*

mit jmdm. aufnehmen: Hat sie sich in letzter Zeit mal bei dir gemeldet? ❸ **jmd. meldet sich (am Telefon)** *den Telefonhörer abnehmen und sprechen:* Ich habe schon den ganzen Tag versucht, sie anzurufen, aber niemand meldet sich. ❹ **jmd. meldet sich** *als Schüler im Unterricht den Arm senkrecht in die Höhe strecken, um zu zeigen, dass man eine Frage des Lehrers beantworten kann:* Du musst dich im Unterricht fleißig melden!; ■ **bei jemandem nichts zu melden haben** *(umg.) sich nicht gegen jmdn. durchsetzen können* ▸ Abmeldung, Anmeldung

Mel·dung die <-, -en> ❶ *etwas, was in den Medien mitgeteilt wird:* Und hier noch eine wichtige Meldung: ... ◆ Falsch-, Wetter- ❷ *das, was man einer Institution meldet I.2:* Die Polizei hat mehrere Meldungen über den Unfall bekommen. ◆ Feuer-, Such- ❸ *die Mitteilung, dass man bei etwas teilnehmen möchte* ▸ Abmeldung, Anmeldung

mel·ken ['mɛlkn] <melkst/milkst, melkte/molk, hat gemelkt/gemolken> *mit OBJ* ■ **jmd. melkt ein Tier** *die Milch von einem weiblichen Tier nehmen:* die Kühe/die Ziegen melken ▸ Molkerei

Me·lo·die die [melo'di:] <-, -dien> *eine Folge von Tönen, die musikalisch zusammengehören:* eine Melodie singen/mit dem Instrument spielen; Eine Melodie, zu der es einen Text gibt, ist ein Lied

me·lo·disch [me'lo:dɪʃ] *adj so, dass der Klang angenehm ist:* eine melodische Stimme ▸ Melodik

Me·lo·ne die [me'lo:nə] <-, -n> *eine große, runde Frucht, die sehr saftiges Fleisch hat und süß schmeckt* ◆ Honig-, Wasser-

Men·ge die ['mɛŋə] <-, -n> ❶ *eine bestimmte Anzahl von etwas:* Eine kleine Menge Zucker genügt. ❷ *(umg.) eine große Anzahl von etwas:* eine Menge Bücher besitzen ❸ *viele Menschen an einem Ort:* Schnell war sie in der Menge verschwunden.; die Menge im Fußballstadion ❹ MATH. *ein mathematisches Konstrukt* ◆ -nlehre, Teil-

Men·sa die ['mɛnza] <-, -s/Mensen> *eine Kantine insbesondere in einer Hochschule, in der die Studierenden zu Mittag essen* ◆ -essen

Mensch der [mɛnʃ] <-en, -en> ❶ */kein Plur./* (↔ *Tier) das Lebewesen, das aufrecht geht und normalerweise denken und sprechen kann:* Unterschiede zwischen Mensch und Tier ❷ *eine bestimmte Person:* Sie ist ein kluger/liebenswerter Mensch.; In diesen Saal passen rund 500 Menschen.; ■ **kein Mensch mehr sein** *(umg.) völlig erschöpft sein;* ■ **sich wie der erste Mensch benehmen** *(umg. abwert.) sehr ungeschickt sein;* ■ **ein neuer Mensch werden** *sich stark verändern* ◆ -enmenge, Gemüts-, Vernunft-, Willens-

Men·schen·bild das <-es, -er> *die Vorstellung, die jmd. oder eine Gruppe vom Menschen¹ hat*

Men·schen·ken·ner der, **Men·schen·ken·ne·rin** <-s, -> *jmd., der den Charakter eines Menschen schnell und richtig erkennen kann* ▸ Menschenkenntnis

Men·schen·le·ben das <-s, -> *das Leben eines Menschen²;* ■ **etwas hat ... Menschenleben gekostet** *bei einem Ereignis sind ... Menschen getötet worden* Der Unfall kostete zwei Menschenleben.

Men·schen·rech·te die <-> */nur Plur./ die grundsätzlichen Rechte, die jeder Mensch hat (zum Beispiel das Recht auf Leben, und persönliche Freiheit, auf freie Ausübung der Religion):* der Schutz/die Verletzung der Menschenrechte ▸ Menschenrechtsverletzung

Die **Menschenrechte** sind die persönlichen Rechte, die für jeden Menschen gelten, und die für universell und allgemeingültig angesehen werden. Die Menschenrechte sind in der Verfassung der Bundesrepublik Deutschland, dem Grundgesetz, verankert. Zu diesen Grundrechten gehört das Recht auf Leben sowie auf persönliche Freiheit und Sicherheit. Die Menschenrechte schließen jegliche Art von Sklaverei, Folterung und Zwangsarbeit aus. Des Weiteren gehört das Recht auf freie Meinungsäußerung und das Recht auf Religionsfreiheit wesentlich dazu: Niemand darf hiernach aufgrund seiner Abstammung, seiner Herkunft, seines Geschlechts, seiner Sprache, seines Glaubens etc. benachteiligt oder bevorzugt werden. Die Menschenrechte wurden zuerst in den Verfassungen der USA (1776) und Frankreichs (1789) verankert. Später sind sie von der UNO (1948) übernommen und 1950 durch den Europarat verkündet worden. Von zahlreichen Staaten werden sie zwar formell als verbindlich anerkannt, jedoch bis heute nicht eingehalten.

Men·schen·wür·de die <-> */nur Sing./ das Recht, das jeder Mensch hat, als Per-*

son mit Respekt behandelt zu werden: die Menschenwürde achten/verletzen ▶ menschenwürdig

Mensch·heit die <-> /kein Plur./ die Gesamtheit der Menschen, die auf der Erde leben: zum Wohl der Menschheit handeln ◆ -sentwicklung, -sgeschichte

mensch·lich <menschlicher, am menschlichsten> adj ① auf den Menschen bezogen: der Bau des menschlichen Körpers; die menschliche Kommunikation durch Sprache ② (≈ human ↔ unmenschlich) so, dass man andere Menschen gut behandelt: Er ist ein sehr menschlicher Vorgesetzter.; ■ **Irren ist menschlich** Jeder Mensch kann sich irren. ▶ Menschlichkeit

Men·s·tru·a·ti·on die [mɛnstrua'tsi̯oːn] <-, -en> MED. (≈ Regel) die monatliche Blutung der Frau ◆ -szyklus

Men·ta·li·tät die [mɛntali'tɛːt] <-, -en> (≈ Denkweise, Wesensart) die typische Art, wie einzelne Menschen oder Gruppen denken und fühlen: Die Mentalität der Bergbauern ist für einen Menschen, der aus einer Großstadt kommt, ziemlich fremd.; die Mentalität der Deutschen/der Europäer

Me·nü das [me'nyː] <-s, -s> ① eine warme Mahlzeit aus mehreren Speisen, die nacheinander gegessen werden: Zu einem Menü gehören Vorspeise, Hauptgericht und Nachspeise. ◆ Tages- ② EDV eine Auswahl an Möglichkeiten in einem Programm, unter denen der Benutzer eines Computers auswählen kann

mer·ken ['mɛrkn̩] <merkst, merkte, hat gemerkt> I. mit OBJ ■ **jmd. merkt etwas** auf etwas aufmerksam werden, etwas beobachten: Merkst du, wie er immer seine Leistung betont?; Woran hast du das gemerkt? ▶ bemerken II. mit SICH ■ **jmd. merkt sich etwas** Akk. im Gedächtnis behalten: Ich kann mir Namen/Telefonnummern einfach nicht merken.

Merk·mal das <-s -e> (≈ Kennzeichen) eine besondere Eigenschaft, die jmd./etwas hat und woran man jmd./etwas leicht erkennen kann: die typischen Merkmale einer Krankheit ◆ Wesens-

merk·wür·dig <merkwürdiger, am merkwürdigsten> adj (≈ seltsam ↔ gewöhnlich, normal) so, dass etwas auffällig und unverständlich ist: Er zeigte ein sehr merkwürdiges Verhalten. ▶ Merkwürdigkeit

Mes·se¹ die ['mɛsə] <-, -n> ① REL. katholischer Gottesdienst: zur Messe gehen ▶ Messdiener ◆ Abend-, Toten-, Weihnachts- ② MUS. eine Komposition für eine Messe¹: eine Messe von Bach aufführen

Mes·se² die ['mɛsə] <-, -n> eine große Ausstellung, auf der neue Produkte vorgestellt werden: zur Messe fahren; mit Geschäftspartnern auf der Messe verhandeln ◆ -besucher(in), -stand, Buch-, Fach-, Handels-

mes·sen ['mɛsn̩] <misst, maß, hat gemessen> I. mit OBJ ① ■ **jmd. misst etwas** feststellen, wie groß oder wieviel etwas ist: mit dem Metermaß messen, wie groß das Kind ist; mit dem Thermometer die Temperatur messen; Der Arzt misst dem Patienten den Blutdruck. ▶ Messung ② ■ **etwas misst (plus Zahlenangabe)** eine bestimmte Ausdehnung haben: Der Raum misst 36 Quadratmeter. ▶ Höhenmessung II. mit SICH ■ **jmd. misst sich mit jmdm.** (geh.) in einen Wettbewerb treten; sich mit jmdm. vergleichen: Er hat sich im Schwimmen mit seinem Freund gemessen.

Mes·ser das ['mɛsɐ] <-s, -> ① ein Gerät, mit dem man etwas schneidet: Das Gemüse mit einem scharfen Messer schneiden; Das Messer ist stumpf; es schneidet nicht gut. ② ein Messer¹ als Teil des Essbestecks, das neben dem Teller liegt: mit Messer und Gabel essen; ■ **unters Messer kommen** (umg.) operiert werden; ■ **jemandem das Messer an die Kehle setzen** (umg.) jmdn. unter Druck setzen; ■ **jemanden ans Messer liefern** (umg.) jmdn. verraten; ■ **etwas steht auf Messers Schneide** (umg.) etwas kann so oder so ausgehen

Me·tall das [me'tal] <-s, -e> eine harte, glänzende Substanz, die man im heißen Zustand verformen kann und die ein wichtiges Material für Geräte und Maschinen ist: Eisen, Kupfer, Gold, Silber sind Metalle. ▶ metallisch ◆ -industrie, Edel-, Schwer-

Me·ter der/das [ˈmeːtɐ] <-s, -> die Maßeinheit für Länge: Ein Meter hat hundert Zentimeter (1 m = 100 cm); Das Zimmer ist 2,40 Meter hoch. ◆ -maß

Me·tho·de die [me'toːdə] <-, -n> ① ein planmäßiges, systematisches Verfahren zur Erreichung eines Ziels (insbesondere im wissenschaftlichen Bereich): eine neue wissenschaftliche Methode entwickeln ◆ -nstreit, Erkenntnis-, Unterrichts- ▶ methodisch, Methodik, Methodologie ② eine bestimmte Art, wie man etwas tut: Sie hat beim Putzen ihre eigene Methode. ◆ Arbeits-, Heil-, Verhütungs-

Metz·ge·rei die [mɛtsgəˈraɪ̯] <-, -en> SÜDDT., WESTMDT., ÖSTERR., SCHWEIZ.

(≈ Fleischerei) ein Geschäft, in dem man Fleisch und Wurst kaufen kann

Meu·te die ['mɔytə] <-, -n> ❶ *(umg. abwert.) eine Gruppe von Personen, die sich aggressiv verhalten:* Eine Meute von Randalierern zog durch die Straßen. ❷ *(≈ Hundemeute) eine Gruppe von Jagdhunden*

mied *Prät. von* **meiden**

mie·fen ['miːfn̩] *ohne OBJ* ▪ **jmd./etwas mieft** *(umg. abwert.) unangenehm riechen:* Die Wäsche mieft.; Hier mieft es! ▸ Mief

Mie·ne die ['miːnə] <-, -n> *ein Ausdruck im Gesicht:* Sie setzte eine freundliche/heitere Miene auf.; ▪ **ohne eine Miene zu verziehen** *ohne seine Gefühle zu zeigen* Er verzog keine Miene.; ▪ **gute Miene zum bösen Spiel machen** *(umg.) die anderen etwas tun lassen, was man eigentlich nicht möchte* ◆ Freuden-, Sieger-, Trauer-; *siehe aber* **Mine**

mies [miːs] <mieser, am miesesten> *adj (umg. abwert.)* ❶ *schlecht, übel, abstoßend:* miese Laune haben; Das ist ein mieses Buch.; Er ist ein ganz mieser Typ. ❷ *körperlich unwohl:* Ich fühle mich ziemlich mies.

Mies·ma·cher der, **Mies·ma·che·rin** <-s, -> *(umg. abwert.) jmd., der über alles schlecht redet und damit anderen die Freude verdirbt*

Mie·te die ['miːtə] <-, -n> *das Geld, das man dafür bezahlt, dass man etwas benutzen darf, was einem nicht gehört:* Die Miete für die Wohnung zahlen.; Zur Miete kommen noch die Nebenkosten.; Wir wohnen zur Miete. ◆ Kalt-, Laden-, Warm-, Saal-, Wohnungs-

mie·ten ['miːtn̩] <mietest, mietete, hat gemietet> *mit OBJ* ▪ **jmd. mietet etwas** ❶ *gegen Bezahlung von Geld irgendwo wohnen dürfen:* Wir wollen eine neue Wohnung mieten. ▸ Mieter(in), vermieten ❷ *(≈ leasen) gegen Bezahlung von Geld etwas benutzen dürfen:* ein Auto/ein Boot/einen Saal/ein Klavier mieten

Mi·grä·ne die [miˈɡrɛːnə] <-, -n> MED. *heftige Kopfschmerzen mit Übelkeit (an Migräne leiden, eine Migräne haben)*

Mi·kro·chip der [...tʃɪp] <-s, -s> ELEKTROTECHN. *eine sehr kleine, dünne Platte aus Kunststoff, auf der elektrische Schaltkreise sind:* Die moderne Computertechnik funktioniert nur durch den Mikrochip.

Mi·kro·fiche das/der [...fiʃ] <-s, -s> *Mikrofilm, auf dem Texte abgebildet sind*

Mi·kro·fon, *a.* **Mi·kro·phon** das <-s, -e> *ein Gerät, in das man spricht oder singt; die Töne werden dann auf Tonband, Kassette oder Lautsprecher übertragen:* Sie haben ins Mikrofon gesungen. ◆ -kabel, -ständer

Mi·kro·skop das [mikroˈskoːp] <-(e)s, -e> *ein optisches Gerät, mit dem man sehr kleine Dinge optisch größer machen und so genau betrachten kann:* etwas unter dem Mikroskop untersuchen ▸ mikroskopisch ◆ Elektronen-

Mi·kro·wel·le die ['miːkrovɛlə] <-, -n> ❶ ELEKTROTECHN. *eine elektromagnetische Welle* ❷ *Kurzform für "Mikrowellenherd":* Ich stelle das Essen noch kurz in die Mikrowelle.

Milch die [mɪlç] <-> /kein Plur./ ❶ *die weiße Flüssigkeit, die ein Baby an der Brust seiner Mutter trinkt* ◆ Mutter- ❷ *die weiße Flüssigkeit, mit der ein weibliches Tier (Kuh, Pferd, Schaf, Ziege) seine Jungen ernährt und die der Mensch auch für Nahrung verwendet:* aus der Milch der Ziege Käse machen ❸ *die Milch² der Kuh:* eine Flasche Milch kaufen ◆ Butter-, Mager-, Voll-

Milch·kaf·fee der <-s, -s> *Kaffee mit sehr viel Milch*

Milch·stra·ße die <-> /kein Plur./ *unsere Galaxie, die als breites Band von Fixsternen am Nachthimmel zu sehen ist* ◆ -nsystem

mild [mɪlt] <milder, am mildesten> *adj* ❶ *sanft, warm:* mildes Wetter; mildes Licht ❷ *nicht intensiv:* eine mild gewürzte Speise ❸ *nicht streng:* ein mildes Urteil des Richters ▸ Milde, mildern

Mi·li·eu das [miˈli̯øː] <-s, -s> ❶ *die Umwelt, in der ein Mensch lebt und die ihn in seiner Entwicklung, seinem Denken und Fühlen prägt* ◆ Arbeiter-, Großstadt- ❷ BIOL. *die Umgebung, in der eine Pflanze oder ein Tier lebt*

mi·li·tant [miliˈtant] <militanter, am militantesten> *adj so, dass man bereit ist, für etwas (notfalls mit Gewalt) zu kämpfen:* ein militanter Nichtraucher; militante Gegner der Globalisierung *siehe aber* **militärisch**

Mi·li·tär¹ das [miliˈtɛːɐ̯] <-s> /kein Plur./ ❶ *alle Soldaten, die in der Armee eines Landes dienen:* Er ist beim/geht zum Militär.; Generäle und andere hohe Offiziere des Militärs ▸ militärisch ◆ -diktatur, -flugzeug, -gefängnis ❷ *ein Teil des Militärs¹:* Im Hochwassergebiet wird inzwischen auch Militär eingesetzt.; Das Militär hat das Gebiet vollständig unter Kontrolle.

Mi·li·tär² der [mili'tɛːɐ̯] <-s, -s> *ein hoher Offizier:* Die Politiker und Militärs waren bei der Beratung anwesend.

Mi·li·tär·dienst der <-(e)s, -e> (↔ *Zivildienst*) *die Zeit, die man beim Militär¹ Dienst leisten muss:* Gleich nach dem Abitur begann damals sein Militärdienst, als dieser noch nicht (wie in Deutschland seit 2011) abgeschafft bzw. ausgesetzt worden war.

Mil·li·ar·de die <-, -en> *tausend Millionen* ▶ Milliardär(in)

Mil·li·me·ter der ['mɪlimeːtɐ, mɪli'meːtɐ] <-s, -> *ein tausendstel Meter (1 mm = 0,001 m)* ◆-papier

Mil·li·on die [mɪ'lioːn] <-, -en> *tausend mal tausend (1.000.000):* Das Computerprogramm wurde bereits zwei Millionen Mal(e) verkauft. ▶ Millionär(in)

Mi·mik die ['miːmɪk] <-> /kein Plur./ (≈ *Mienenspiel*) *die Art, wie jmd. sein Gesicht verändert, wenn er lacht, traurig oder wütend ist:* Die Schauspielerin hatte eine lebhafte Mimik und Gestik. ▶ mimisch

Min·der·heit die <-, -en> ❶ /kein Plur./ (≈ *Minorität* ↔ *Mehrheit*) *der kleinere Teil einer Gruppe:* Bei der Abstimmung waren wir leider in der Minderheit. ❷ *eine kleine Gruppe der Bevölkerung in einem Staat, die sich zum Beispiel in Sprache, Kultur oder Religion von der übrigen Bevölkerung unterscheidet:* eine soziale/religiöse/ethnische Minderheit ◆-enrecht, -enschutz, -envotum

min·der·jäh·rig ['mɪndɐjɛːrɪç] *adj* /nicht steig./ (↔ *volljährig*) *so, dass man noch nicht das Alter der Volljährigkeit erreicht hat, in dem man für seine Taten voll verantwortlich ist* ▶ Minderjährigkeit

min·der·wer·tig <minderwertiger, am minderwertigsten> *adj* (↔ *hochwertig*) *von schlechter Qualität* ▶ Minderwertigkeit

min·des·tens ['mɪndəstn̩s] *part* ❶ (↔ *höchstens*) *nicht weniger als (die Zahl angibt):* Bei dem Konzert waren mindestens 3000 Besucher. ❷ (≈ *zumindest*) *drückt aus, dass etwas das Wenigste ist, was man erwartet:* Du hättest mindestens Bescheid sagen können.

Mi·ne die ['miːnə] <-, -n> ❶ (≈ *Bergwerk*) *ein Ort unter der Erde, an dem Erz abgebaut wird* ◆-narbeiter, Diamanten-, Gold-, Silber- ❷ MILIT. *eine Art Bombe, die explodiert, wenn sie von jmdm. oder etwas berührt wird* ◆Land-, See-, Tret- ❸ *ein dünner Stab in einem Bleistift oder einem Kugelschreiber, aus dem die Farbe kommt, mit der man schreibt* ◆Bleistift-, Kugelschreiber-; *siehe aber* **Miene**

Mi·ne·ral·was·ser das <-s, -wässer> *Wasser (zum Trinken), das verschiedene Salze und oft Kohlensäure enthält*

Mini- [mɪni] *als Erstglied zusammengesetzter Substantive, mit Betonung auf dem Erstglied; drückt aus, dass das mit dem Zweitglied Bezeichnete sehr klein oder kleiner als üblich ist (bei Kleidung auch: äußerst kurz):* Im Hotelzimmer gibt es eine Minibar mit einigen wenigen Getränken. ◆-bar, -bikini, -bus, -computer, -disc, -eisenbahn, -format, -job, -kamera, -kleid, -küche, -pille, -preis, -rock, -slip, -spion, -van

Mi·ni·a·tur- [minia'tuːr] *als Erstglied zusammengesetzter Substantive, mit Betonung auf dem Erstglied; drückt aus, dass das mit dem Zweitglied Bezeichnete ein sehr kleines Format aufweist:* ein Miniaturroboter zum Transportieren von kleinen Gegenständen ◆-ansicht, -ausgabe, -ausstellung, -auto, -bahn, -bild, -buch, -figuren, -gemälde, -kamera, -modell, -motor, -museum, -roboter, -welt

mi·ni·mal [mini'maːl] *adj* /nicht steig./ (↔ *maximal*) *sehr klein, so gering wie möglich:* der Unterschied ist minimal; Wir achten darauf, dass das Risiko minimal ist.

Mi·ni·mum, Mi·ni·mum das ['mɪnimʊm, 'miːnimʊm] <-s, -ma> (↔ *Maximum*) ❶ *das geringste Maß:* Die Kosten sind auf ein Minimum reduziert worden. ❷ *der niedrigste messbare Wert:* Das Minimum der Temperatur lag in diesem Winter bei minus 20 Grad.

Mi·nis·ter der, **Mi·nis·te·rin** [mi'nɪstɐ] <-s, -> *ein Mitglied der Regierung, das ein Ministerium leitet* ◆Außen-, Bundes-, Finanz-, Innen-, Landes-, Umwelt-, Verteidigungs-, Wirtschafts-

Mi·nis·te·ri·um das <-s, Ministerien> *eine der höchsten Behörden im Staat mit einem bestimmten Zuständigkeitsbereich* ◆Außen-, Finanz-, Verteidigungs-, Wirtschafts-

Mi·nis·ter·prä·si·dent der, **Mi·nis·ter·prä·si·den·tin** <-en, -en> ❶ *in Deutschland: Chef einer Landesregierung* ❷ *Leiter einer Staatsregierung*

Mi·no·ri·tät die [minori'tɛːt] <-, -en> (↔ *Mehrheit, Majorität*) *Minderheit*

Mi·nus das ['miːnʊs] <-> /kein Plur./ (↔ *Plus*) *ein Geldbetrag, den man zu wenig hat (der also fehlt):* Er hat ein Minus von 700 Euro auf dem Konto.

mi·nus ['miːnʊs] **I.** *konj* MATH. (≈ *weniger* ↔ *plus*) ■ **X minus Y** *verwendet, um auszu-*

drücken, dass eine Zahl Y von einer anderen Zahl X abgezogen (subtrahiert) wird Zehn minus vier ist sechs. **II.** *adv* ❶ METEOR. *drückt aus, dass der angegebene Zahlenwert unter Null Grad ist:* Letzte Nacht waren es sieben Grad minus. ❷ SCHULE *drückt aus, dass eine Note geringfügig schlechter ist:* Ich habe in Physik leider nur eine drei minus.

Mi·nu·te die [mi'nuːtə] <-, -n> ❶ *der sechzigste Teil einer Stunde:* Sechzig Sekunden ergeben eine Minute. ❷ *(umg.: ≈ Moment) eine kurze Zeitspanne:* Hast du eine Minute Zeit für mich?; ▪ **es ist fünf Minuten vor zwölf** *es ist höchste Zeit, etwas zu tun, bevor es zu spät ist*

Misch- [mɪʃ] *als Erstglied zusammengesetzter Substantive, mit Betonung auf dem Erstglied; drückt aus, dass sich das mit dem Zweitglied Bezeichnete aus verschiedenartigen bzw. heterogenen Anteilen/Stoffen/Bestandteilen/Gesichtspunkten/Kriterien zusammensetzt:* Eine Mischklassifikation ist im wissenschaftstheoretischen Sinne keine Klassifikation, sondern eine bloße Einteilung/Gruppierung/Zusammenstellung, da sie nicht nach einem einheitlichen Klassifikationskriterium durchgeführt ist und somit keine eindeutige Zuordnung der infrage kommenden Einheiten/Elemente zu Unterklassen/Untermengen möglich ist ◆ -bauweise, -finanzierung, -form, -futter, -gewebe, -kalkulation, -klassifikation

mi·schen ['mɪʃn] <mischst, mischte, hat gemischt> **I.** *mit OBJ/ohne OBJ* ❶ ▪ **jmd. mischt etwas** *zwei Substanzen zusammentun:* Dafür musst du Sand und Erde mischen.; Wein mit Mineralwasser mischen ▸ Mischgetränk ❷ ▪ **jmd. mischt (Spielkarten)** *Karten vor dem Spiel in eine zufällige Reihenfolge bringen:* Ich mische die Karten.; Wer mischt? **II.** *mit SICH* ❶ ▪ **jmd. mischt sich in etwas** *Akk. jmd. kümmert sich um etwas, das ihn nichts angeht:* Er mischt sich ständig in unsere Angelegenheiten. ▸ einmischen ❷ ▪ **jmd. mischt sich unter etwas** *Akk. in eine Menge hineingehen:* Sie mischte sich unter die Zuschauer.

Misch·masch der ['mɪʃmaʃ] <-(e)s, -e> / *Plur. selten/ (umg. abwert.) Durcheinander*

Mi·schung die <-, -en> ❶ *etwas, worin verschiedene Teile gemischt sind:* eine aromatische Mischung aus Blüten und Kräutern ◆ Gewürz-, Tee- ❷ *etwas, das mehreren Dingen ähnlich ist:* Der Film ist eine Mischung aus Oper, Krimi und Reportage.

mi·se·ra·bel [mizəˈraːbl̩] <miserabler, am miserabelsten> *adj* ❶ *(≈ mies) sehr schlecht:* Das Wetter war miserabel.; miserable Bedingungen ❷ *(≈ elend) körperlich unwohl:* Sie fühlte sich miserabel. ❸ *(≈ übel) von sehr schlechter Qualität:* ein miserables Buch ❹ *(≈ gemein) moralisch schlecht, ohne Rücksicht:* Er hat sich ihr gegenüber miserabel benommen.

miss·ach·ten [mɪsˈʔaxtn̩] <missachtest, missachtete, hat missachtet> *mit OBJ* ❶ ▪ **jmd. missachtet etwas** *(↔ beachten) nicht beachten:* Der Fahrer hat die Vorfahrt missachtet. ❷ ▪ **jmd. missachtet jmdn.** *(≈ verachten) keinen Respekt vor jmdm. haben:* Er hat mit total missachtet.

miss·bil·li·gen [mɪsˈbɪlɪɡn̩] <missbilligst, missbilligte, hat missbilligt> *mit OBJ* ▪ **jmd. missbilligt etwas** *sehr entschieden gegen etwas sein:* Wir haben sein Benehmen missbilligt. ▸ Missbilligung

Miss·brauch der ['mɪsbʁaʊ̯x] <-(e)s/ *kein Plur./* ❶ *der Vorgang, dass man etwas nicht so gebrauchte, wie es richtig wäre* ◆ Alkohol-, Arzneimittel- ❷ *kurz für „sexueller Missbrauch"*

miss·brau·chen [mɪsˈbʁaʊ̯xn̩] <missbrauchst, missbrauchte, hat missbraucht> *mit OBJ* ❶ ▪ **jmd. missbraucht etwas** *absichtlich falsch gebrauchen:* Er hat seine Macht/sein Amt/ihr Vertrauen missbraucht. ❷ ▪ **jmd. missbraucht jmdn.** *(geh.) vergewaltigen*

Miss·er·folg der <-(e)s, -e> *(↔ Erfolg) etwas, was nicht geglückt ist:* Leider war dieses Theaterstück ein Misserfolg.

Miss·fal·len das ['mɪsfaln̩] <-s> /*kein Plur./ Unzufriedenheit, Ablehnung:* Sie hat unser aller Missfallen erregt. ◆ -säußerung, -skundgebung

miss·fal·len [mɪsˈfalən] <missfällst, missfiel, hat missfallen> *ohne OBJ* ▪ **etwas missfällt jmdm.** *nicht gefallen:* Dein Verhalten missfällt mir schon seit längerem.

miss·han·deln [mɪsˈhandl̩n] <misshandelst, misshandelte, hat misshandelt> *mit OBJ* ▪ **jmd. misshandelt jmdn./ein Tier** *jmdn. oder ein Tier quälen:* Man hatte das Tier grausam misshandelt. ▸ Misshandlung

miss·lin·gen [mɪsˈlɪŋən] <misslang, ist misslungen> *ohne OBJ* ▪ **etwas misslingt (jmdm.)** *nicht gelingen:* Die Arbeit/Die Überraschung ist (mir) völlig misslungen.

miss·mu·tig <missmutiger, am missmu-

tigsten> *adj (geh.)* schlecht gelaunt, verärgert: Er macht ein missmutiges Gesicht. ▶ Missmut

Miss·trau·en *das* ['mɪstraʊən] <-s, -> *(↔ Vertrauen)* die dadurch sich auszeichnende Einstellung, dass man nicht weiß, ob man jmdm. vertrauen kann: Ich habe gegen ihn zuerst tiefes Misstrauen empfunden.

miss·trau·en [mɪs'traʊən] <misstraust, misstraute, hat misstraut> *ohne OBJ* ■ jmd. misstraut jmdm./etwas *(↔ vertrauen)* der Vorgang, dass man jmdm./etwas nicht vertraut und etwas Schlechtes von ihm erwartet: Sie misstraute dem Fremden/seinen Worten.

Miss·ver·ständ·nis *das* ['mɪsfɛɐ̯ʃtɛntnɪs] <-ses, -se> *das Missverstehen*

miss·ver·ste·hen ['mɪsfɛɐ̯ʃteːən] <missverstehst, missverstand, hat missverstanden> *mit OBJ* ■ jmd. missversteht jmdn./etwas das, was ein anderer gesagt hat, nicht so verstehen, wie er es gemeint hat: Du hast meine Frage völlig missverstanden.

Mist *der* [mɪst] <-(e)s> */kein Plur./* ❶ *Kot und Urin von Tieren, der mit Stroh vermischt ist und als Dünger verwendet wird:* Der Bauer bringt Mist auf die Felder. ❷ *(umg. abwert.)* verwendet, um auszudrücken, dass man eine Sache sehr schlecht findet: Was hast du denn für den Mist bezahlt?; Er redet oft solchen Mist.; ■ **Mist bauen** *(umg.)* einen dummen Fehler machen

Mist·kü·bel *der* <-s, -> ÖSTERR. *Abfalleimer*

mit *präp+Dat.* ❶ *(↔ ohne)* verwendet, um auszudrücken, dass zwei Personen/Dinge zusammengehören: Sie telefoniert mit ihrem Freund.; Ich bin nicht mit ihr verwandt.; eine Wohnung mit Balkon ❷ *verwendet, um auszudrücken, dass etwas mit einem bestimmten Werkzeug getan wird:* mit dem Bleistift schreiben; mit Messer und Gabel essen; mit dem Fahrrad fahren ❸ *verwendet, um auszudrücken, dass etwas in einem bestimmten Lebensalter geschieht:* Mit 18 machte sie den Führerschein. ❹ *(↔ gegen)* verwendet, um auszudrücken, dass etwas in einer gemeinsamen Richtung getan wird: mit dem Wind segeln ❺ *verwendet, um auszudrücken, dass etwas in einer bestimmten Weise geschieht:* etwas mit Absicht tun; mit freundlichen Grüßen

Mit·ar·beit *die* [mɪt] <-> */kein Plur./* das aktive Teilnehmen an etwas: Die Polizei bittet um die Mitarbeit der Bevölkerung.; Der Schüler bekommt für seine Mitarbeit im Unterricht eine gute Note.

mit·ar·bei·ten <arbeitest mit, arbeitete mit, hat mitgearbeitet> *ohne OBJ* ❶ ■ jmd. arbeitet (an etwas *Dat.*) mit *Mitarbeiter sein:* Wer hat an diesem Projekt mitgearbeitet? ❷ ■ jmd. arbeitet irgendwie mit *an etwas aktiv teilnehmen:* als Schüler im Unterricht aufpassen und Fragen stellen/auf Fragen des Lehrers antworten; Auch Kinder können schon ein wenig im Garten mitarbeiten.

Mit·ar·bei·ter *der*, **Mit·ar·bei·te·rin** <-s, -> *jmd., der zusammen mit anderen bei einem Unternehmen beschäftigt ist:* Die Firma hat mehr als 300 Mitarbeiter.; ■ **freier Mitarbeiter** *jmd., der bei einzelnen Projekten mitarbeitet, aber nicht fest angestellt ist* ist freier Mitarbeiter bei einer Zeitung

Mit·be·stim·mung *die* <-> */kein Plur./* der Zustand und das Recht, dass Arbeiter und Angestellte in einem Betrieb über wichtige Probleme mit entscheiden können: Die Arbeiter kämpften für mehr Mitbestimmung. ▶ mitbestimmen

Mit·be·woh·ner *der*, **Mit·be·woh·ne·rin** <-s, -> *jmd., der mit andern gemeinsam wohnt:* Mitbewohner in einer Wohngemeinschaft

mit·brin·gen <bringst mit, brachte mit, hat mitgebracht> *mit OBJ* ❶ ■ **jmd. bringt (jmdm.) etwas mit** *ein Geschenk bei sich haben, wenn man jmdn. besucht:* Er hat ihm eine Flasche Wein mitgebracht. ❷ ■ **jmd. bringt jmdn. mit** *bei einer Einladung von einer anderen Person begleitet werden:* Sie hat zu dem Fest ihren neuen Freund mitgebracht.

Mit·bring·sel *das* ['mɪtbrɪŋzl̩] <-s, -> *(umg.) ein kleines Geschenk, das man (meist von einer Reise) mitbringt*

mit·ei·n·an·der [mɪt|aɪ̯'nandɐ] *adv* ❶ *(≈ gemeinsam) so, dass mehrere Personen etwas gemeinsam tun:* Wir haben miteinander gesungen. ❷ *einer mit dem andern:* miteinander gut auskommen

mit·fah·ren <fährst mit, fuhr mit, ist mitgefahren> *ohne OBJ* ■ **jmd. fährt (irgendwohin) mit** *auch irgendwohin fahren:* Er ist bei den Bekannten im Auto mitgefahren. ▶ Mitfahrer(in)

Mit·ge·fühl *das* <-(e)s> */kein Plur./* *(≈ Mitleid) das Gefühl, dass man traurig ist, wenn es einem anderen schlecht geht:* Sie hatte sein volles Mitgefühl.

Mit·glied *das* ['mɪtgliːt] <-(e)s, -er> *jmd., der zu einer Organisation/einer Gruppe/*

einer Familie gehört: Mitglied in einem Verein werden ◆-erversammlung, Familien-, Partei-, Vereins-

mit·hel·fen <hilfst mit, half mit, hat mitgeholfen> *ohne OBJ* ■ jmd. hilft (**irgendwo**) **mit** *bei etwas auch helfen:* Ich habe ein wenig beim Kochen mitgeholfen. ▸ Mithilfe

mit·kom·men <kommst mit, kam mit, ist mitgekommen> *ohne OBJ* ❶ ■ jmd. **kommt** (**mit jmdm.**) **mit** *mit jmdm. zusammen gehen:* Er ist ins Kino mitgekommen. ❷ ■ **jmd. kommt** (**mit etwas** *Dat.*) **mit** *jmd. kann etwas genauso schnell verstehen wie die anderen:* in der Schule/ beim Lernen mitkommen

Mit·leid *das* ['mɪtlaɪt] <-(e)s> */kein Plur./* (≈ *Mitgefühl) das Gefühl, dass man traurig ist, wenn ein anderer leidet:* Sie empfand echtes/großes Mitleid mit ihm. ▸ mitleidig

mit·ma·chen <machst mit, machte mit, hat mitgemacht> I. *mit OBJ* ■ jmd. **macht etwas mit** *(umg.)* ❶ *an etwas teilnehmen:* Er hat alle Spiele mitgemacht. ❷ *eine Arbeit zusätzlich (für jmdn.) erledigen:* Während du nicht hier warst, haben wir deine Arbeit mitgemacht. ❸ *leiden:* Sie hat eine Menge mitgemacht. II. *ohne OBJ* ■ **jmd. macht** (**bei etwas** *Dat.*) **mit** *an etwas teilnehmen:* Hast du bei dem Preisausschreiben mitgemacht?

mit·neh·men <nimmst mit, nahm mit, hat mitgenommen> *ohne OBJ* ❶ ■ **jmd./etwas nimmt etwas mit** *auf einem Weg mit sich nehmen:* Hast du den Schirm mitgenommen? ❷ ■ **jmd./etwas nimmt jmdn./etwas/ein Tier mit** *mitfahren lassen:* Wir haben den Hund in den Urlaub mitgenommen. ❸ ■ **jmd./etwas nimmt etwas mit** *(umg.) im Vorbeigehen kaufen:* Die Schuhe waren so billig, dass ich sie gleich mitgenommen habe. ❹ *(umg.)* ■ **etwas nimmt jmdn. mit** *etwas strengt jmdn. an:* Die schlechte Nachricht hat ihn sehr mitgenommen.

Mit·schuld *die* <-> */kein Plur./* (≈ *Mitverantwortung) der Zustand, dass jmd. einen Teil der Schuld an etwas hat:* Er hat eine gewisse Mitschuld an dem Unfall. ▸ mitschuldig

Mit·schü·ler *der,* **Mit·schü·le·rin** <-s, -> (≈ *Schulkamerad) jmd., der in dieselbe Schule oder Schulklasse geht*

Mit·spra·che·recht *das* <-(e)s> */kein Plur./ das Recht, bei einer Frage mitentscheiden zu dürfen:* Sie haben bei dieser Entscheidung ein Mitspracherecht.

Mit·tag *der* ['mɪtaːk] <-(e)s, -e> ❶ *die Zeit von etwa 12 bis 2 Uhr, wenn die Sonne am höchsten steht:* Wir werden gegen Mittag ankommen.; Morgen Mittag werde ich abreisen. ◆-szeit ❷ */kein Plur./ Arbeitspause zum Mittagessen:* Die Handwerker machen gerade Mittag.; ■ **zu Mittag essen** *am Mittag etwas (Warmes) essen*

Mit·tag·es·sen *das* <-s, -> (↔ *Abendessen, Frühstück) eine warme Mahlzeit, die man zu Mittag isst:* für das Mittagessen einkaufen; einen Freund zum Mittagessen einladen; zum Mittagessen in ein Restaurant gehen

mit·tags ['mɪtaːks] *adv immer am Mittag:* Mittags geht er in die Kantine.

Mit·tags·pau·se *die* <-, -n> *die Pause in der Arbeitszeit, die man mittags macht, um etwas zu essen und sich zu erholen*

Mit·te *die* ['mɪtə] <-, -n> */Plur. selten/* ❶ (≈ *Zentrum) der Punkt, der von allen Seiten und Ecken gleich weit entfernt ist:* die Mitte eines Kreises; Der Tisch steht in der Mitte des Raums. ❷ *der Zeitpunkt, der zwischen Beginn und Ende einer Sache liegt:* Ich treffe ihn Mitte nächster Woche.; Ich denke, sie ist Mitte Dreißig. ◆Jahres- ❸ POL. *eine politische Gruppe/Partei, die keine extremen Ziele vertritt:* Man wollte eine Koalition der Mitte.; ■ **die goldene Mitte** *ein Kompromiss*

mit·tei·len <teilst mit, teilte mit, hat mitgeteilt> I. *mit OBJ* ■ **jmd. teilt jmdm.** (**etwas**) **mit** *jmdm. mündlich oder schriftlich etwas sagen:* Ich teile Ihnen den Termin noch schriftlich mit. ▸ Mitteilung II. *mit SICH* ■ **jmd. teilt sich** (**jmdm.**) **mit** (≈ *anvertrauen) jmdn. sagen, dass man ein persönliches Problem hat (und es mit ihm besprechen):* Er wollte sich in dieser Situation jemandem mitteilen.

Mit·tel *das* ['mɪtl] <-s, -> ❶ *etwas, was dabei hilft, ein bestimmtes Ziel zu erreichen:* ein sicheres/rechtliches/politisches Mittel; ein Mittel einsetzen/anwenden/benutzen; Er kämpfte mit allen Mitteln für den Erhalt der Arbeitsplätze. ◆Beweis-, Druck-, Nahrungs-, Verkehrs- ❷ (≈ *Arzneimittel) Medikament:* Der Arzt hat mir ein Mittel gegen die Grippe verschrieben. ◆Husten-, Schlaf- ❸ *eine chemische Substanz:* ein Mittel gegen Ameisen ◆Spül-, Wasch- ❹ */kein Sing./ Geld:* öffentliche/private Mittel; Meine finanziellen Mittel sind erschöpft. ▸ mittellos ❺ (≈ *Mittelwert) der durchschnittliche Wert von etwas:* Im Mittel lagen die Temperaturen dieses Jahr etwas höher als im letzten Jahr.; ■ (**nur**) **Mittel zum Zweck sein** *von jmdm. benutzt oder*

mittelmäßig – modern

ausgenutzt werden ▸ ermitteln, vermitteln, Mittler(in), Vermittler(in)

mịt·tel·mä·ßig *adj /nicht steig./ (abwert.: ↔ überdurchschnittlich) nicht besonders gut, aber auch nicht besonders schlecht:* Seine Leistungen sind eher mittelmäßig. ▸ Mittelmäßigkeit

Mịt·tel·punkt *der* <-(e)s, -e> ❶ *der Punkt in der Mitte eines Kreises* ❷ *(übertr.) etwas, das die größte Bedeutung für etwas hat:* Diese Stadt war damals der kulturelle Mittelpunkt des Landes.; ■ **jemand/etwas steht irgendwo im Mittelpunkt** *jmd. bekommt viel Aufmerksamkeit*

Mịt·tel·stand *der* <-(e)s> /kein Plur./ ❶ *der Teil der Bevölkerung, der ein mittleres Einkommen hat* ❷ WIRTSCH. *die kleinen und mittleren Unternehmen* ▸ mittelständisch

mịt·ten ['mɪtn̩] *adv in der Mitte:* Ich stand mitten auf dem Platz.; Sie ist mitten in der Nacht aufgewacht.

Mịt·ter·nacht *die* ['mɪtɐnaxt] <-> /kein Plur./ *zwölf Uhr nachts* ▸ mitternächtlich, mitternachts ♦ -sstunde

mịtt·le·re ['mɪtlərə] *adj* ❶ *das, was in der Mitte von etwas ist:* Er stand auf und öffnete das mittlere Fenster. ❷ *nicht jung, nicht alt:* eine Frau mittleren Alters ❸ *nicht besonders gut, aber auch nicht besonders schlecht:* Er hat ein mittleres Einkommen.

mịtt·ler·wei·le ['mɪtlɐ'vaɪlə] *adv in der Zwischenzeit:* Mittlerweile war es Abend geworden.

Mịtt·woch *der* ['mɪtvɔx] <-(e)s, -e> *der dritte Tag der Woche*

mịtt·wochs ['mɪtvɔxs] *adv immer am Mittwoch:* mittwochs abends

Mö·bel ['møːbl̩] <-> *Plur. Gegenstände, die man zum Wohnen braucht, wie Tische, Stühle, Betten, Schränke:* neue/gebrauchte/moderne Möbel kaufen ▸ möblieren ♦ -firma, -tischler, Büro- Küchen-, Polster-

Mö·bel·stück *das* <-(e)s, -e> *ein einzelner Gegenstand, der zu den Möbeln gehört*

Mo·bi·li·tät *die* [mobili'tɛːt] <-> /kein Plur./ ❶ *Der Zustand, dass in einer Gesellschaft Menschen nicht mehr eng an einen Ort gebunden sind:* Wir haben heute in vielen Ländern eine hohe Mobilität. ▸ mobil ❷ *die Bereitschaft, seinen Wohnort zu wechseln, wenn dies von der Firma, in der man arbeitet/arbeiten will, verlangt wird:* Heutzutage ist auf dem Arbeitsmarkt Mobilität gefragt.

Mo·bil·te·le·fon *das* <-(e)s, -e> *(≈ Handy)*

mö·b·lie·ren [mø'bliːrən] *mit OBJ* ■ **jmd. möbliert etwas** *in eine Wohnung Möbel hineinstellen:* Wir wollen unsere Wohnung neu möblieren.; ■ **ein möbliertes Zimmer mieten** *ein Zimmer mit den Möbeln darin mieten*

Möch·te·gern- ['mœçtəɡɛrn] *(umg. abwert.) als Erstglied zusammengesetzter Substantive, mit Betonung auf dem Erstglied; drückt aus, dass eine Person das mit dem Zweitglied Bezeichnete gern sein/darstellen will und sich auch dafür hält, ohne dazu allerdings die Voraussetzungen mitzubringen:* Die Möchtegernschriftstellerin hat vor, ein Buch zu schreiben, kann aber keinen einzigen Satz mit einem anderen logisch korrekt verknüpfen. ♦ -aufsteiger(in), -casanova, -dichter(in), -künstler(in), rennfahrer(in), -schriftsteller(in)

Mo·de *die* ['moːdə] <-, -n> ❶ *die Kleidung, die gerade allgemein üblich und beliebt ist:* Sie trägt eine Jacke nach der neuesten Mode. ♦ Haar-, Damen-, Herren-, Kinder-, Schuh-, Sommer-, Winter- ❷ *das, was zu einer bestimmten Zeit gerade üblich und beliebt ist:* Diese Musik/Diese Redensart ist gerade in Mode.; Dieser Tanz ist längst aus der Mode.; ■ **mit der Mode gehen** *immer das tragen/tun, was gerade allgemein üblich/beliebt ist*

Mo·del *das* ['mɔdl̩] <-s, -s> *(fachspr.: ≈ Fotomodell) eine Frau, die beruflich moderne Kleidung vorführt:* Sie ist ein erfolgreiches Model geworden.

Mo·dẹll *das* [mo'dɛl] <-s, -e> ❶ *(≈ Nachbildung, Kopie) ein kleiner Gegenstand, der einen großen Gegenstand darstellt:* Im Museum steht ein Modell der antiken Stadt. ♦ -eisenbahn, -flugzeug, Schiffs- ❷ *(in der Wissenschaft) eine Darstellung, die einen theoretischen Zusammenhang deutlich machen soll:* das Modell eines Moleküls ♦ Denk-, Erklärungs- ❸ *jmd., der sich von einem Maler malen/von einem Fotografen fotografieren lässt:* Wer diente dem Maler als Modell für dieses Porträt? ❹ *(geh.) etwas, das als Vorbild dient:* Dieses Gesetz wurde zum Modell für weitere Gesetze. ♦ -charakter, -funktion

Mo·dem *das* [ˈmoːdɛm] <-s, -s> EDV *Gerät, das Daten zwischen Computern über die Telefonleitung überträgt*

mo·dẹrn <moderner, am modernsten> *adj (≈ zeitgemäß) so, wie es in der Gegenwart üblich ist und zur allgemeinen Kultur paßt:* Er ist ein moderner Mensch mit modernen Ideen.; Wir arbeiten hier mit modernster Technologie.; Interessierst du dich für moderne Kunst?; die moderne Form der Ernährung ▸ modernisieren

mo·dern ['moːdɛrn] <moderte, hat gemodert> ohne OBJ ▪ **etwas modert** faulig werden ▸ moderig/modrig

mo·disch ['moːdɪʃ] adj (≈ modern) der Mode entsprechend: Er kleidet sich stets sehr modisch.; eine modische Frisur ◆alt-, neu-

Mo·dul das [moˈduːl] <-s, -e> ❶ (fachspr.) Teil eines (elektronischen) Geräts, das man austauschen kann ❷ (fachspr.) Teil einer Weiterbildung, die aus verschiedenen Kursen besteht, die man kombinieren kann ◆-system

Mo·fa das ['moːfa] <-(s), -s> kurz für „Motorfahrrad"; eine Art Fahrrad mit Motor

mo·geln ['moːgln̩] <mogelst, mogelte, hat gemogelt> ohne OBJ ▪ **jmd. mogelt (bei etwas)** (umg.: ≈ schummeln) einen Trick anwenden, nicht ganz ehrlich sein: beim Kartenspielen mogeln ▸ Mogelei

mö·gen¹ ['møːgn̩] <magst, mochte, hat gemocht> mit OBJ ▪ **jmd. mag jmdn./etwas** ❶ Zuneigung empfinden: Er mag sie.; Ich habe ihn immer gemocht. ❷ eine Vorliebe für etwas haben: Sie mag Rockmusik.

mö·gen² ['møːgn̩] <möchtest, mochte, hat mögen> ohne OBJ /Hilfsverb/ ❶ /oft im Konjunktiv Prät./ den Wunsch haben, etwas zu tun: Ich möchte dich morgen besuchen!; Er mag nicht sagen, wann er anrufen wird.; Darüber mag/möchte er selbst entscheiden. ❷ drückt aus, dass ein anderer etwas tun soll: Sie sagten, wir mögen/möchten nicht auf sie warten. ❸ verwendet, um auszudrücken, dass etwas wahrscheinlich so ist, aber dass man es nicht sicher weiß: Er mag etwa 50 Jahre alt sein. ▸ möglich ❹ verwendet, um auszudrücken, dass etwas durchaus der Fall sein kann, aber dass etwas anderes trotzdem geschieht: Mag es auch noch so kalt sein: Ich werde trotzdem mit dem Rad fahren!

mög·lich ['møːklɪç] adj /nicht steig./ ❶ (↔ unmöglich) so, dass etwas sein kann oder gemacht werden kann: Ist es möglich, dass du etwas früher kommst?; so schnell/gut wie möglich ❷ (≈ denkbar) so, dass etwas vielleicht geschieht: Es ist möglich, dass es nachher regnet.; ein möglicher Fall; mögliche Schwierigkeiten; Es ist möglich, dass sie schon gegangen sind. ❸ so, dass etwas richtig und angemessen ist: Hier sind mehrere Lösungen möglich.; ▪ **sein Möglichstes tun** alles tun, was man kann Der Arzt hatte sein Möglichstes getan.; ▪ **alles Mögliche** vielerlei Wir haben alles Mögliche gekauft.; ▪ **nicht möglich!** drückt aus, dass man sehr überrascht ist Er hat schon wieder im Lotto gewonnen? Nicht möglich!

Mög·lich·keit die <-, -en> ❶ eine günstige Gelegenheit, etwas tun oder erreichen zu können: Sie haben die Möglichkeit, sich für dieses Projekt zu bewerben.; Ich hatte keine Möglichkeit, dich anzurufen. ◆Aufstiegs-, Erholungs-, Verdienst- ❷ verwendet, um auszudrücken, dass vielleicht etwas geschehen kann: Es besteht die Möglichkeit, dass es morgen Glatteis gibt. ❸ die Art, wie man etwas tun kann: Es gibt mehrere Möglichkeiten, nach Paderborn zu kommen: mit dem Bus, mit dem Zug, mit dem Auto, oder mit dem Flugzeug.

mög·lichst adv ❶ so sehr/viel wie möglich: Sie sollten versuchen, den Täter möglichst genau zu beschreiben.; Die Tüte sollte möglichst groß sein. ❷ wenn es möglich ist: Ich brauche das Buch möglichst heute noch.

Möh·re die ['møːrə] <-, -n> (≈ Karotte, gelbe Rübe, Mohrrübe) eine Pflanze mit langen, orangefarbenen Wurzeln, die man als Gemüse isst

Mo·ment¹ der [moˈmɛnt] <-(e)s, -e> (≈ Augenblick) kurze Zeitspanne: Hast du einen Moment Zeit?; Er hat den Zug im letzten Moment noch erreicht.; Im ersten Moment war sie sehr überrascht.; ▪ **im Moment** jetzt Im Moment kann ich nicht kommen, aber gleich.; ▪ **etwas im richtigen/falschen Moment tun** etwas tun, wenn es gerade passt/nicht passt; ▪ **Moment, bitte!** Bitte warten Sie kurz!

Mo·ment² das [moˈmɛnt] <-(e)s, -e> etwas, was für ein Geschehen wichtig ist: Das entscheidende Moment in dieser Entwicklung war, dass … ◆Gefahren-

mo·men·tan adj /nicht steig./ ❶ kurz, vorübergehend: eine momentane Situation/Krise ❷ (≈ gegenwärtig) jetzt: Er ist momentan verreist.

Mo·n·ar·chie die [monarˈçiː] <-, -chien> Staatsform, an deren Spitze ein König oder Kaiser steht steht: England hat eine konstitutionelle Monarchie. ▸ Monarch(in), monarchisch

Mo·nat der <-(e)s, -e> einer der zwölf Teile des Jahres; Zeitraum von ungefähr vier Wochen: Sie waren mehrere/drei Monate lang hier.; in den Monaten März und April; ▪ **im (dritten, vierten …) Monat sein** seit (drei, vier …) Monaten schwanger sein ▸ monatlich ◆-sanfang, -sende

-mo·na·tig [mo:natɪç] *einige Monate dauernd oder alt:* ein mehrmonatiger Urlaub; ein dreimonatiges Kind ◆ ein-, zwei-, drei- usw.

Mo·nats·kar·te die <-, -n> *Fahrausweis, der einen Monat lang gültig ist:* Ich habe mir für den Bus eine Monatskarte gekauft.

Mönch der <-s -e> *(↔ Nonne) ein Mann, der sein ganzes Leben lang nur der Religion dient und meist in einem Kloster lebt:* christliche/buddhistische Mönche

Mond der [mo:nt] <-(e)s, -e> *(↔ Sonne) der Himmelskörper, der ständig um die Erde kreist:* Der Mond ist aufgegangen/untergegangen.; abnehmender/zunehmender Mond; ▪ **jemanden auf den/zum Mond schießen können/mögen** *(umg.) auf jmdn. sehr wütend sein;* ▪ **auf/hinter dem Mond leben** *(umg. abwertd.) so leben, dass man von der modernen Entwicklung nichts weiß* ◆ -phase, -schein, Halb-, Voll-

Mo·ni·tor der ['mo:nito:ɐ] <-s, -toren> *Bildschirm (zum Beispiel beim Fernseher oder Computer)* ◆ Farb-, Flachbild-

Mo·no·gra·fie, Mo·no·gra·phie die [monogra'fi:] <-, -fien/-phien> *eine selbständig erschienene wissenschaftliche Arbeit, die damit nicht Teil einer anderen Arbeit ist bzw. in einem Sammelband erscheint:* Er liest gerade eine Monografie über Schiller.

Mo·no·log der <-s, -e> *(↔ Dialog) eine lange Rede, die jmd. hält:* Der Schauspieler hat den berühmten Monolog des Hamlet sehr gut gesprochen.

Mo·no·pol das [mono'po:l] <-s, -e> *das Recht, als einziger ein bestimmtes Produkt herzustellen und zu verkaufen:* Der Konzern hat ein Monopol errichtet; deshalb herrscht er den Markt. ◆ -kapitalismus, Staats-, Wirtschafts-

mo·no·ton [mono'to:n] <monotoner, am monotonsten> *adj (≈ eintönig, stumpfsinnig) so, dass etwas immer gleich abläuft oder viele Wiederholungen hat, so dass es langweilig ist und müde macht:* Die Arbeit der letzten Wochen war ziemlich monoton.; monotone Geräusche/Musik ▶ Monotonie

Mons·ter das ['mɔnstɐ] <-s, -> *(≈ Monstrum) ein Fantasiewesen in der Gestalt eines schrecklichen Ungeheuers* ◆ -film, Film-, Riesen-

Mons·ter- ['mɔnstɐ] *(≈ Mammut-, Riesen- ↔ Mini-) als Erstglied zusammengesetzter Substantive, mit Betonung auf dem Erstglied; drückt aus, dass das mit dem Zweitglied Bezeichnete von riesigen/erschreckenden Ausmaßen ist:* Die Stuntmen-Show mit Monstertrucks (mit diesen umgebauten Geländewagen) fand auf dem Festspielplatz statt. ◆ -anlage, -bagger, -bau, -insekten, -konzert, -programm, -prozess, -show, -truck, -veranstaltung, -welle

Mon·tag der ['mo:nta:k] <-(e)s, -e> *der erste Tag der Woche:* Nach dem Wochenende beginnt am Montag wieder die Arbeit. ▶ montägig, montags ◆ -sdemonstration

Mon·ta·ge die [mɔn'ta:ʒə] <-, -n> ❶ *das Aufstellen und Zusammenbauen von Maschinen und technischen Geräten;* ▪ **auf Montage sein** *beruflich längere Zeit von zu Hause weg sein, weil man auf einer Baustelle arbeitet* ▶ montieren, Monteur ◆ Fahrzeug-, Heizungs- ❷ *(fachspr.) die Technik, einen Film, ein Bild oder einen Text aus Einzelteilen unterschiedlicher Herkunft zusammenzufügen* ◆ Foto-

Moor das [mo:ɐ] <-(e)s, -e> *(≈ Sumpf) eine Gegend mit sehr feuchtem, weichem Boden:* Vorsicht, hier kann man im Moor versinken! ◆ -bad, -boden, -leiche

Moos das [mo:s] <-es, -e> *eine Pflanzenart, die sich besonders an Steinen und Baumstämmen, aber auch im Wald und auf Wiesen findet:* Im Wald gibt es viele weiche Polster aus Moos. ▶ moosbedeckt ◆ -farn, -polster, -rose

Mo·ped das ['mo:pɛt] <-s, -s> *(≈ Motorrad) ein kleines Motorrad*

Mo·ral die [mo'ra:l] <-> /kein Plur./ ❶ *(≈ Ethik) (veralt.: ≈ Sittlichkeit) die aus kultureller und religiöser Erfahrung gewonnenen Regeln und Werte, die in einer Gesellschaft festlegen, welches Verhalten gut und welches schlecht ist:* Er hat gegen die Moral seiner Zeit verstoßen.; bürgerliche/christliche Moral ◆ -vorstellung, Arbeits-, Sexual- ❷ *die Art, wie jmd. sich nach der Moral[1] richtet:* Er hat eine lockere/strenge Moral. ▶ moralisch, moralisieren, demoralisieren ◆ Zahlungs- ❸ *eine Lehre, die man aus einer Geschichte gewinnt:* Was ist also die Moral dieser Geschichte?

Mord der [mɔrt] <-(e)s, -e> *der Vorgang, dass jmd. aus bösem Vorsatz einen Menschen tötet:* Der Angeklagte hat den Mord begangen.; Das war ein brutaler/feiger Mord.; ▪ **Mord und Totschlag** *(umg.) lauter Streit* Bei den Nachbarn war wieder Mord und Totschlag. ▶ morden, Mörder(in), mörderisch ◆ Doppel-, Kindes-, Massen-, Raub-, Selbst-, Völker-

Mords- [mɔrts] *als Erstglied zusammengesetzter Substantive, mit Betonung auf beiden Teilen; drückt aus,* ❶ *dass das mit dem Zweitglied Bezeichnete sehr ausgeprägt/intensiv ist:* Sie hatte eine Mordsangst vor der Prüfung. ◆ -angst, -arbeit, -aufsehen, -arbeit, -aussicht, -ding, -durst, -freude, -gaudi, -geschrei, -glück, -hunger, -kälte, -lärm, -rausch, -schreck(en), -spaß, -spektakel, -stimmung, -wut ❷ *(≈ Wahnsinns-) dass das mit dem Zweitglied Bezeichnete großen Eindruck macht:* Er hatte plötzlich eine Mordsidee. ◆ -aussicht, -auto, -ding, -fernsicht, -geschäft, -idee, -karriere

mords- [mɔrts] *(≈ überaus) als Erstglied zusammengesetzter Adjektive, mit Betonung auf beiden Teilen; drückt aus, dass das mit dem Zweitglied Bezeichnete sehr ausgeprägt/intensiv ist:* Die Veranstaltung war mordslangweilig, weshalb viele Leute sie schon früh verlassen haben. ◆ -durstig, -fidel, -gefährlich, -komisch, -langweilig, -wenig

mor·gen ['mɔrgn̩] *adv* ❶ *(↔ gestern) an dem Tag, der auf heute folgt:* Wir wollten sie morgen Abend besuchen.; Sie ist gestern gekommen, bleibt heute und morgen, und fährt übermorgen weiter. ◆ über- ❷ *(≈ früh) am Morgen:* Heute morgen gehe ich vor der Arbeit noch zum Arzt.; am Montag morgen; ■ **Das ist ... von morgen.** *(↔ heute) das ist ... in der Zukunft* Das ist das Auto/die Technik von morgen.

Mor·gen der ['mɔrgn̩] <-s, -> *(≈ Frühe ↔ Abend) die Tageszeit am Beginn des Tages:* Es war ein heiterer/strahlender Morgen.; Ich muss früh am Morgen aufstehen.

Mor·gen·es·sen das <-s, -> SCHWEIZ. *Frühstück*

Mor·gen·man·tel der <-s, Morgenmäntel> *ein leichter, bequemer Mantel, den man im Haus trägt*

Mor·gen·muf·fel der <-s, -> *(umg.) eine Person, die morgens regelmäßig nicht gut gelaunt ist*

mor·gens ['mɔrgn̩s] *adv (↔ abends) am Morgen:* morgens früh aufstehen

mor·gig *adj (↔ gestrig) am nächsten Tag:* Der morgige Ausflug wird sehr anstrengend.

Mos·lem der, **Mos·le·min** ['mɔslɛm] <-s, -s> REL. *Person, die dem Islam angehört* ▶ moslemisch

Most der [mɔst] <-(e)s, -e> ❶ *Saft aus Weintrauben, aus dem man Wein macht (und der noch wenig Alkohol hat)* ❷ LANDSCH. *Fruchtsaft* ◆ -presse, Apfel-, Birnen-, Süß- ❸ SÜDDT., ÖSTERR., SCHWEIZ. *gegorener Fruchtsaft aus Äpfeln und Birnen* ◆ -obst

Mo·tiv das [mo'ti:f] <-s, -e> ❶ *(geh.: ≈ Grund) die Ursache dafür, dass jmd. etwas tut:* Was war das Motiv des Mörders?; Der Politiker nannte persönliche Motive für seinen Rücktritt. ◆ Tat- ❷ *KUNST (≈ Thema, Stoff) etwas, was ein Künstler darstellen möchte:* Welche Motive wurden in der Malerei jener Epoche bevorzugt? ❸ LIT. *einzelnes, bedeutsames Element in einer Erzählung:* Die Schriftstellerin hat in ihrem neuen Roman Motive aus Märchen verwendet. ❹ MUS. *kleinste melodische oder rhythmische Einheit in einem Musikstück*

Mo·ti·va·ti·on die [motiva'tsi̯o:n] <-, -en> ❶ *alle Motive¹, die für eine Handlung wichtig sind:* Die Motivation seines Handelns ist mir nicht klar. ❷ *Zustand, in dem man eine Arbeit/Handlung gern und mit Freude ausführt:* Hast du genug Motivation für diese schwierige Aufgabe? ▶ motivieren

Mo·tor, Mo·tor der [ˈmo:to:ɐ̯/mo'to:ɐ̯] <-s, -en> *eine Maschine, die Treibstoff oder elektrischen Strom in Bewegung umsetzt:* Der neue Motor verbraucht deutlich weniger Treibstoff. ◆ Benzin-, Diesel-, Elektro-

Mo·tor·rad, Mo·tor·rad das <-(e)s, Motorräder> *ein Fahrzeug mit zwei Rädern und Motor:* Mit dem Motorrad über die Alpen fahren.; ein schweres Motorrad ◆ -fahrer(in)

mot·zen ['mɔtsn̩] <motzt, motzte, hat gemotzt> *ohne OBJ* ■ **jmd. motzt (über etwas** *Akk.***)** *(umg. abwert.: ≈ meckern) schimpfen, nörgeln:* Sie motzt ständig über die Schule.

Moun·tain·bike das ['maʊntɪnbaɪk] <-s, -s> *ein robustes Fahrrad, mit dem man auch im Gelände fahren kann*

Mö·we die ['mø:və] <-, -n> *ein Wasservogel, der sehr gut fliegen kann:* Die Möwen begleiteten das Schiff und fingen Brotstückchen in der Luft ◆ -nkolonie, -nschrei

Mü·cke die ['mʏkə] <-, -n> *ein Insekt, das sticht und Blut saugt;* ■ **aus einer Mücke einen Elefanten machen** *(umg.) etwas, das harmlos und relativ unwichtig ist, als sehr großes Problem beschreiben* ◆ -nstich, Stech-

mü·de ['my:də] <müder, am müdesten> *adj* ❶ *mit dem Bedürfnis nach Schlaf; mit dem Bedürfnis, schlafen zu wollen:* Sie war so müde, dass sie sofort einschlief. ▶ Müdigkeit ❷ *(umg.: ≈ kaputt, schlapp ↔ munter) erschöpft, ohne Kraft:* Er wollte seine müden Beine ein wenig ausruhen.; ■ **nicht müde werden, etwas zu tun** *sich nicht davon abbringen lassen, etwas zu tun* ◆tod-

-mü·de [myːdə] *als Zweitglied zusammengesetzter Adjektive, mit Betonung auf dem Erstglied; drückt aus, dass man an dem mit dem Erstglied Bezeichneten keine Freude mehr hat, oder dies nicht mehr will:* Nach drei Jahren Streit um die Häuser und den Unterhalt im Rahmen des Scheidungsverfahrens ist er jetzt prozessmüde. ◆ehe-, europa-, kriegs-, lebens-, pillen-, prozess-, zivilisations-

Muf·fel der [mʊfl] <-s, -> *eine mürrische, unfreundliche männliche Person* ▶ muffelig/mufflig

-muf·fel [mʊfl] *(abwert.) als Zweitglied zusammengesetzter Substantive, mit Betonung auf dem Erstglied; drückt aus, dass an dem mit dem Erstglied Bezeichneten kein Interesse besteht, es gänzlich abgelehnt oder zumindest nicht freudig begrüßt wird:* Er ist ein richtiger Morgenmuffel: Bevor er nicht gefrühstückt hat, darf man ihn nicht ansprechen. ◆Auto-, Bade-, Bewegungs-, Ehe-, Fußball-, Gurt-, Heirats-, Krawatten-, Mode-, Morgen-, Tanz-

muf·fig [ˈmʊfɪç] <muffiger, am muffigsten> *adj* ❶ *schlecht/übel riechend, weil nicht oft genug gelüftet worden ist:* Hier riecht es muffig. ▶ Muffigkeit ❷ *unfreundlich:* Die Verkäuferin ist heute ziemlich muffig.

Mü·he die [ˈmyːə] <-, -n> /*Plur. selten*/ (≈ *Arbeit*) *die Anstrengung, die etwas/eine Arbeit bereitet:* Die Planungen haben viel Mühe gekostet.; Ich habe mir viel Mühe gegeben, das Fest vorzubereiten.; ■ **nicht der Mühe wert sein** *sich nicht lohnen;* ■ **etwas mit Mühe und Not erreichen** *etwas beinahe nicht erreichen* ▶ Bemühung

mü·he·los <müheloser, am mühelosesten> *adj* (≈ *bequem, unkompliziert*) *nicht mit besonderen Anstrengungen verbunden:* Er hat die schwere Kiste mühelos in den Keller getragen. ▶ Mühelosigkeit

Müh·le die [ˈmyːlə] <-, -n> ❶ *Gerät im Haushalt, mit dem man mahlen kann:* Ich mahle den Kaffee selbst mit der Mühle. ◆Getreide-, Hand-, Pfeffer- ❷ *Haus, in dem etwas in einer großen Maschine gemahlen wird:* Wir kaufen das Mehl direkt in der Mühle; ■ **etwas ist Wasser auf jemandes Mühlen** *etwas bestärkt oder bestätigt jmdn.* ▶ Müller ◆Säge-, Wasser-, Wind-

Mull der [mʊl] <-(e)s, -e> *dünner Stoff aus Baumwolle, mit dem man Wunden verbindet* ◆Verbands-

Müll der [mʏl] <-(e)s> /*kein Plur.*/ (≈ *Abfall*) *alles, was man in einem Haushalt oder Betrieb nicht mehr braucht:* Müll wird gesammelt, von der Müllabfuhr entsorgt, und einige Stoffe werden recycelt.; ■ **etwas in den Müll werfen** *etwas in den Mülleimer werfen* ◆Atom-, Bio-, Gift-, Haus-, Sonder-

Müll·ab·fuhr die <-> /*kein Plur.*/ *die Beseitigung von Müll durch ein Unternehmen*

Müll·ei·mer der <-s, -> (≈ *Abfalleimer*) *Behälter für den Hausmüll*

Müll·ton·ne die <-, -n> *ein Behälter für Müll, den oft mehrere Mieter eines Hauses gemeinsam benutzen und an die Straße stellen, bevor die Müllabfuhr kommt*

mul·ti·kul·tu·rell, mul·ti·kul·tu·rell *adj* / *nicht steig.*/ *Elemente aus mehreren Kulturen enthaltend:* Probleme und Chancen einer multikulturellen Gesellschaft

mul·ti·pli·zie·ren [mʊltipliˈtsiːrən] <multiplizierst, multiplizierte, hat multipliziert> *mit OBJ* ■ **jmd. multipliziert etwas mit etwas** *Dat.* MATH. (↔ *dividieren*) *eine Zahl mit einer anderen Zahl malnehmen:* Drei multipliziert mit vier ist zwölf. (3 mal 4 ist 12) ▶ Multiplikation

Mund der [mʊnt] <-(e)s, Münder> ❶ (*umg. abwert.:* ≈ *Maul, Klappe*) *die Öffnung im Gesicht, mit der man isst und spricht:* ein Glas an den Mund setzen; beim Gähnen die Hand vor den Mund halten ◆-öffnung, -partie, -schleimhaut, -winkel ❷ *die Lippen:* Er küsste sie auf den Mund; ■ **sich den Mund verbrennen** *(umg.) unbedacht etwas äußern;* ■ **nicht auf den Mund gefallen sein** *(umg.) schlagfertig sein;* ■ **den Mund voll nehmen** *(umg. abwert.) angeben;* ■ **den Mund halten** *(umg.) schweigen;* ■ **jemandem nach dem Munde reden** *so reden, dass man immer das sagt, was jmdm. gefällt* Er redet seinem Chef nach dem Munde.

Mund·art die [ˈmʊntlaːɐ̯t] <-, -en> *Dialekt:* Auf dem Land sprechen noch viele Menschen Mundart.

mün·dig [ˈmʏndɪç] <mündiger, am mündigsten> *adj* ❶ (↔ *minderjährig*) /*nicht steig.*/ *volljährig (in Deutschland mit 18 Jahren)* ▶ Mündigkeit, Mündigkeitserklärung ❷ *reif, zu eigenem Urteil fähig:* der mündige Bürger; Als mündiger Mensch wird er das wohl allein entscheiden können. ■ entmündigen

münd·lich ['mʏntlɪç] *adj /nicht steig./ (↔ schriftlich) gesprächsweise; in der Form eines Gesprächs stattfindend/sich vollziehend:* Morgen habe ich die mündliche Prüfung. ▸ Mündlichkeit

Mün·dung die ['mʏndʊŋ] <-, -en> ❶ *Stelle, an der ein Fluss in einen anderen oder ins Meer fließt:* Der Fluss bildet an seiner Mündung ein Delta. ▸ münden ◆ Fluss- ❷ *die vordere Öffnung einer Schusswaffe* ◆-sfeuer

Müns·ter das ['mʏnstɐ] <-s, -> *(≈ Dom, Kathedrale) große Kirche:* Wir haben gestern den Turm des Ulmer Münsters bestiegen.

mun·ter ['mʊntɐ] <munterer, am muntersten> *adj* ❶ *heiter, gut gelaunt:* Sie ist ein munteres Kind. ▸ Munterkeit ❷ *ohne an die Folgen des eigenen Handelns zu denken:* Er machte weiterhin munter Schulden. ❸ *(wieder) in guter gesundheitlicher Verfassung:* Ich bin wieder gesund und munter.

Mün·ze die ['mʏntsə] <-, -n> *Geldstück aus Metall:* die Münzen in den Automaten werfen; einen Geldschein in Münzen wechseln; ■ **etwas für bare Münze nehmen** *etwas Unwahres glauben;* ■ **jemandem etwas in/mit barer Münze heimzahlen** *jmdn. etwas auf die gleiche Art vergelten*

mur·meln ['mʊrmln] <murmelst, murmelte, hat gemurmelt> *mit OBJ/ohne OBJ* ■ **jmd. murmelt (etwas)** *jmd. spricht etwas leise und undeutlich:* Er murmelte vor sich hin.

mur·ren ['mʊrən] <murrst, murrte, hat gemurrt> *ohne OBJ* ■ **jmd. murrt (über etwas)** *(umg.: ≈ meckern) leise schimpfen:* Sie murrt in einem fort über das schlechte Wetter.

mür·risch ['mʏrɪʃ] <mürrischer, am mürrischsten> *adj (≈ missmutig) schlecht gelaunt, unfreundlich:* Weshalb macht er so ein mürrisches Gesicht? ▸ Mürrischkeit

Mu·se·um das [mu'zeːʊm] <-s, Museen> *ein Gebäude, in dem wissenschaftliche, technische, geschichtliche Sammlungen oder Kunstwerke ausgestellt werden:* Der Louvre in Paris ist ein berühmtes Museum. ◆ -saufseher(in), -skatalog, Freilicht-, Kunst-, Naturkunde-

Mu·sik die [mu'ziːk] <-, -en> ❶ */kein Plur./ die Kunst, Töne in Harmonie und Rhythmus zu gestalten:* Er studiert Musik. ◆ -geschichte, -wissenschaft ❷ */Plur. selten/ ein künstlerisches Werk, das aus Tönen komponiert ist:* Sie hört gern klassische Musik.; Aus dem Radio tönte leise Musik.; Macht ihr zu Hause Musik?; ■ **Musik in jemandes Ohr sein** *eine angenehme und willkommene Neuigkeit für jmdn. sein* ▸ Musiker(in) ◆ -instrument, -stück, Film-, Klavier-

mu·si·ka·lisch [muziˈkaːlɪʃ] <musikalischer, am musikalischsten> *adj* ❶ */nicht steig./ zur Musik gehörig:* eine musikalische Darbietung; musikalische Formen ❷ *begabt für Musik:* Sie ist ein sehr musikalischer Mensch.

mu·si·zie·ren [muziˈtsiːrən] <musizierst, musizierte, hat musiziert> *ohne OBJ* ■ **jmd. musiziert** *Musik machen oder spielen:* Weil sie Geige und er Klavier spielt, können sie viel gemeinsam musizieren.

Mus·kel der ['mʊskl] <-s, -n> ANAT. *elastisches Gewebe im Körper, das der Bewegung dient:* Er hat kräftige/schlaffe/trainierte Muskeln. ▸ Muskulatur ◆ Arm-, Bauch-, Gesichts-, Herz-, Waden-

Mus·kel·ka·ter der <-s> */umg./ Schmerzen, die man bekommt, wenn man seine Muskeln sehr angestrengt hat:* Nach dem gestrigen Training habe ich heute einen ziemlichen Muskelkater.

Müs·li das ['myːsli] <-s, -s> *eine Speise aus Getreide, Obst und Milch:* Möchtest du ein Müsli zum Frühstück?

müs·sen ['mʏsn̩] <musst, musste, hat gemusst/müssen> *ohne OBJ /Hilfsverb/* ❶ ■ **jmd./etwas muss irgendwohin** *es ist notwendig, dass jmd./etw. irgendwohin geht:* Wir müssen zum Zug.; Ich muss mal (zur Toilette).; Der Brief muss noch heute zur Post. ❷ ■ **jmd. muss etwas tun/ etw. muss geschehen** *drückt aus, dass es notwendig ist, dass etwas getan wird oder geschieht:* Ich muss noch Brot kaufen.; Wir mussten zwei Stunden warten.; Du musst mir unbedingt helfen. ❸ *drückt aus, dass der Sprecher etwas vermutet:* Ja, so muss es gewesen sein.; Er muss jeden Augenblick kommen. ❹ */im Konjunktiv Prät. verwendet/ (≈ sollen) drückt einen Wunsch aus:* So schön müsste das Wetter während des ganzen Urlaubs bleiben.; ■ **etwas ist ein (absolutes) Muss** *etwas muss unbedingt getan werden* Es ist ein absolutes Muss, dass du dich entschuldigst!

muss·te ['mʊstə] *Prät. von* **müssen**

Mus·ter das ['mʊstɐ] <-s, -> ❶ *(≈ Modell, Plan) Vorlage:* Diese Jacke ist nach einem Muster gestrickt. ◆ Näh-, Strick- ❷ *Vorbild:* Sie war ein Muster an Fleiß. ❸ *(≈ Orna-*

ment) regelmäßige, sich wiederholende Verzierung, Zeichnung: Welches Muster hat die Tapete? ◆ Blumen-, Karo- ④ *Schema, feste Vorgehensweise:* Die Einbrüche folgten einem festen Muster. ◆-beispiel ⑤ *Warenprobe:* Ich habe ein Muster dieser Wolle angefordert. ◆ Waren-

Mus·ter- ['mʊstɐ] *als Erstglied zusammengesetzter Substantive, mit Betonung auf dem Erstglied; drückt aus, dass das mit dem Zweitglied Bezeichnete sehr vorbildlich ist / eine Vorbildfunktion hat:* Er ist ein richtiger Mustergatte: Er lässt seine Frau nicht alles im Haushalt allein machen. ◆-beispiel, -betrieb, -ehe, -exemplar, -gatte/ -gattin, -land, -schüler(in)

mus·tern ['mʊstɐn] <musterst, musterte, hat gemustert> *mit OBJ* ■ **jmd. mustert jmdn./etwas (irgendwie)** ① *sehr genau und kritisch betrachten:* Alle musterten den neuen Kollegen mit neugierigen Blicken. ② MILIT. *prüfen, ob ein junger Mann für den Wehrdienst geeignet ist* ▶ Musterung

Mut der [muːt] <-(e)s> */kein Plur./* ① *Stimmung, Gefühl:* froher Mut; Mir ist nicht zum Lachen zu Mute/zumute ② (≈ *Courage, Tapferkeit* ↔ *Feigheit*) *die Haltung, dass man auf Gefahren zugeht und etwas tut, obwohl man Angst hat:* Dazu gehörte großer Mut.; Verlier nicht den Mut!; In dieser Situation half nur noch der Mut der Verzweiflung. ▶ mutig, mutlos ◆ Helden-, Opfer-

mut·los *adj* (≈ *ängstlich, zaghaft*) *ohne Mut²* ▶ Mutlosigkeit

Mut·ter¹ die ['mʊtɐ] <-, -n> *kleines Stück Metall (mit Loch), mit dem man eine Schraube befestigt:* die Mutter fest anziehen ◆ Schrauben-

Mut·ter² die ['mʊtɐ] <-, Mütter> ① *eine Frau, die ein Kind oder mehrere Kinder geboren hat* ② *Frau, die in der Rolle einer Mutter Kinder aufzieht oder versorgt:* Sie heiratet einen Witwer und will seinen Kindern eine neue Mutter sein. ▶ bemuttern ◆ Groß-, Tages-, Urgroß-

müt·ter·lich ['mʏtɐlɪç] <mütterlicher, am mütterlichsten> *adj* ① */nicht steig./ von der Mutter kommend, mit der Mutter verwandt:* Sie hatte das mütterliche Geschäft übernommen. ② *in der Art einer Mutter:* Sie ist ein sehr mütterlicher Typ.

Mut·ter·söhn·chen das <-s, -> *(umg. abwert.) junger Mann, der zu stark an seiner Mutter hängt und unselbständig ist*

Mut·ter·spra·che die <-, -n> *die Sprache, die jmd. als Kind von seinen Eltern lernt:* Deutsch ist meine Muttersprache. ▶ Muttersprachler(in)

Mut·ter·tag der <-(e)s, -e> *ein Feiertag im Mai, an dem manche Kinder ihrer Mutter etwas schenken:* Am zweiten Sonntag im Mai ist Muttertag.

Müt·ze die ['mʏtsə] <-, -n> *eine Kopfbedeckung aus Wolle oder Stoff* ◆ Pelz-, Strick-, Woll-

My·thos, *a.* **My·thus** der ['myːtɔs, 'myːtʊs] <-, Mythen> ① *Sage oder Märchen aus alter Zeit, das religiöse oder symbolische Vorstellungen enthält:* Mythen der Antike; Dieser Mythos erzählt, wie die Welt erschaffen wurde. ▶ mythisch, Mythologie ◆ Götter-, Helden-, Schöpfungs- ② *eine Vorstellung, die etwas erklärt, der man aber keinen Glauben schenkt:* politische Mythen; der Mythos vom Kampf der Kulturen

N n

N, n das [ɛn] <-, -(s)> *der vierzehnte Buchstabe des Alphabets:* ein großes „N"; ein kleines „n"

na [na(:)] *interj (umg.)* ① *verwendet, um eine vertrauliche Frage einzuleiten:* Na, wie geht es dir?; Na, wie hat dir das Essen gefallen? ② *verwendet, um Erleichterung oder Zustimmung auszudrücken:* Na also!; Na endlich!; Na eben!; Na bitte! ③ *verwendet, um eine Aufforderung einzuleiten und Ungeduld auszudrücken:* Na, wird's bald?; Na, jetzt aber los!; Na, das wurde aber auch Zeit! ④ *verwendet, um jmdn. scherzhaft zu kritisieren:* Na, na, na, das tut man aber nicht! ⑤ *verwendet, um Erstaunen auszudrücken:* Na sowas! ⑥ *verwendet, um auszudrücken, dass man etwas akzeptiert, ohne es jedoch wirklich zu wollen:* Na gut.; Na schön.; Na ja. ⑦ *verwendet, um auszudrücken, dass etwas eingetreten ist, auf das man gewartet oder das man erwartet hat:* Na also, habe ich es nicht gleich gesagt!; Na bitte! ⑧ *verwendet, um unhöflich auszudrücken, dass einem eine Sache oder eine Äußerung eigentlich egal ist:* Na und? ⑨ *verwendet, um jmdn. zu drohen:* Na warte, das werde ich dir heimzahlen!

Na·be die <-, -n> TECHN. *die Mitte eines Rades, durch die die Achse führt* ◆-ngangschaltung

Na·bel der ['naːbl̩] <-s, -> ANAT. *(≈ Bauchnabel) die kleine Vertiefung, die Menschen in der Mitte der Oberfläche des Bauches haben;* ■**der Nabel der Welt** *(umg.) das Zentrum der Aktivitäten, der wichtigste Platz*

Na·bel·schnur die <-, Nabelschnüre> *eine Art dünner Schlauch, der den Embryo im Bauch der Mutter mit Nahrung versorgt und der nach der Geburt durchtrennt wird*

nach [naːx] *präp +Dat.* ① *(↔ vor) gibt an, dass etwas später als der genannte Zeitpunkt oder das genannte Geschehen passiert:* Nach dem Essen gingen wir spazieren.; Sie kamen nach einer Stunde zurück.; Nach dem Kino gehen wir noch etwas trinken. ② *(↔ vor) gibt die Minuten an, die auf eine Stunde folgen:* Es ist schon zwanzig nach vier!; Der Zug geht um zehn nach drei. ③ *gibt die Richtung zu einem Ziel hin an:* Sie fahren nach Spanien.; Sie ging nach Hause.; Ich ziehe nach München.; *siehe auch* **in** ④ *gemäß, entsprechend:* Er ging genau nach den Anweisungen vor.; Nach dem Gesetz ist dies aber nicht.; Den Börsenkursen nach ist die Wirtschaft in einer Krise. ⑤ *bezeichnet in einer Reihenfolge etwas oder jmdn., dem sofort etwas oder jmd. folgt:* Nach der Vorspeise kommt das Hauptgericht.; Nach dem Letzten in der Schlange kommt aber ich dran!; Einer nach dem anderen verließ den Saal. ⑥ */ nachgestellt / hinterher:* Gehen Sie den Gleisen nach! Dann kommen Sie direkt zum Bahnhof!; Mir nach!; Wir müssen ihm nach! ⑦ */nachgestellt / im Sinne von etwas:* der ursprünglichen Absicht nach; dem Verhalten nach; dem Anschein nach; ■**nach und nach** *drückt eine langsame zeitliche Entwicklung aus* Nach und nach wendeten sich die Dinge zum Guten.; ■**nach wie vor** *drückt aus, dass keine Veränderung stattgefunden hat* Die Regeln gelten nach wie vor!; ■**Nach Ihnen!** *verwendet, um höflich auszudrücken, dass man jmdm. den Vortritt gewährt*

nach·äf·fen <äffst nach, äffte nach, hat nachgeäfft> *mit OBJ* ■**jmd. äfft jmdn./etwas nach** *(abwert.) jmd. oder etwas in übertriebener Weise nachmachen:* Die Schüler äfften den Gang des Lehrers nach.; Er äfft häufig seinen Opa nach.

nach·ah·men <ahmst nach, ahmte nach, hat nachgeahmt> *mit OBJ* ① ■**jmd. ahmt jmdn./etwas nach** *sich so benehmen, dass es einer Person oder einem bestimmten Verhalten sehr ähnlich ist:* Er ahmt immer seinen Vater nach.; Sie ahmt den Gang der Diva nach. ② ■**jmd. ahmt etwas nach** *(≈ imitieren) etwas stimmlich so hervorbringen/kopieren, dass es genau nach der Stimme einer bestimmten Person oder nach der z.B. eines Tieres klingt:* Sie konnte gut den Ruf der Nachtigall nachahmen.; Er kann täuschend echt die Stimmen von Politikern nachahmen.

nach·ah·mens·wert *adj (≈ vorbildhaft) wertt, von anderen nachgeahmt zu werden*

Nach·ah·mung die <-, -en> *das Nachahmen* ◆-strieb

Nach·bar der, **Nach·ba·rin** ['naxbaːɐ̯] <-n/-s, -n> ① *jmd., der direkt neben oder ganz in der Nähe von jmdm. wohnt* ◆-haus, -sfamilie, -sfrau, -skind, -sleute, Haus-, Wohnungs-, Zimmer- ② *jmd., der* *neben jmdm. sitzt* ◆ Bank-, Tisch- ❸ */nur Plur./ die angrenzenden Staaten:* unsere Nachbarn im Osten ◆ -staat

nach·bar·lich *adj /nicht steig./ /nur attr./* ❶ *dem Nachbarn¹ gehörend:* Im nachbarlichen Garten findet morgen eine Party statt. ❷ *so, dass sich Nachbarn¹ ³ gut verstehen und untereinander helfen:* Die nachbarliche Hilfe war vorbildlich.

Nach·bar·recht das <-s> */kein Plur./* RECHTSW. *Vorschriften des Zivilrechts, die die Interessen von Nachbarn¹ regeln:* Nach dem Nachbarrecht muss der Abstand zwischen den Grundstücken festgelegt werden.

Nach·bar·schaft die <-> */kein Plur./* ❶ *die Menge der Nachbarn¹:* Die ganze Nachbarschaft hat sich versammelt. ❷ *das Gebiet in der unmittelbaren Nähe von jmdm. oder etwas:* In meiner Nachbarschaft gab es keinen Bäcker. ❸ *die Beziehung zwischen Nachbarn¹:* gute Nachbarschaft halten ◆ -hilfe

nach·bar·schaft·lich *adj /nicht steig./ / nur attr./ die Nachbarschaft betreffend*

Nach·bar·wis·sen·schaft die <-, en> *ein wissenschaftliches Fach, das in enger Beziehung zu einem anderen wissenschaftlichen Fach steht:* In der Sozialgeschichte wird die Soziologie als Nachbarwissenschaft der Geschichtswissenschaft bestimmt.

Nach·bau der <-(e)s, -ten> ARCHIT. *eine Art Kopie eines Gebäudes*

Nach·be·ben das <-s, -> *ein Erdbeben, das einem anderen Erdbeben folgt, aber nicht mehr so stark ist:* Nach dem verheerenden Erdbeben hatten die Überlebenden Angst vor Nachbeben.

nach·be·han·deln <behandelst nach, behandelte nach, hat nachbehandelt> *mit OBJ* ▪ **jmd. behandelt jmdn./etwas nach** *jmdn. oder etwas nach einer Behandlung noch einmal behandeln:* Nach der schweren Operation musste der Patient mehrmals nachbehandelt werden.; Wenn man den Lack etwas nachbehandelt, glänzt er wirklich schön. ▸ Nachbehandlung

nach·be·rei·ten <bereitest nach, bereitete nach, hat nachbereitet> *ohne OBJ* ▪ **jmd. bereitet etwas nach** *(↔ vorbereiten) den Inhalt von etwas vertiefen oder ergänzen:* Wir sollten besonders die ersten beiden Kapitel nachbereiten.; Diese Lektion müsst ihr zu Hause nachbereiten. ▸ Nachbereitung

nach·bes·sern <besserst nach, besserte nach, hat nachgebessert> *mit OBJ* ▪ **jmd. bessert etwas nach** *etwas noch einmal bearbeiten, um vorhandene Fehler zu korrigieren und es somit besser zu machen:* Der Tischler musste den Schrank nachbessern, weil die Türen klemmten. ▸ Nachbesserung

nach·be·stel·len <bestellst nach, bestellte nach, hat nachbestellt> *mit OBJ* ▪ **jmd. bestellt etwas nach** *etwas zu einem späteren Zeitpunkt noch einmal bestellen:* Bei diesem Geschirr können Sie natürlich Einzelteile auch nachbestellen. ▸ Nachbestellung

nach·be·ten <betest nach, betete nach, hat nachgebetet> *mit OBJ* ❶ ▪ **jmd. betet etwas nach** *(umg. abwertend) jmd. übernimmt ohne Kritik eine Meinung oder eine Idee von jmd. anderem und wiederholt sie:* Statt sich selbst Gedanken zu machen, hat er nur die Meinung seines Freundes nachgebetet. ❷ ▪ **jmd. betet etwas nach** *ein Gebet nachsprechen:* Der Pfarrer spricht ein Gebet, und die Gemeinde betet es nach.

nach·be·zah·len <bezahlst nach, bezahlte nach, hat nachbezahlt> *mit OBJ* ▪ **jmd. bezahlt etwas nach** *jmd. bezahlt zu einem späteren Zeitpunkt für etwas zusätzlich Geld:* Leider müssen Sie für diesen Zug einen Zuschlag nachbezahlen.

nach·bil·den <bildest nach, bildete nach, hat nachgebildet> *mit OBJ* ▪ **jmd. bildet etwas nach** *jmd. gestaltet etwas so, dass es dem Original sehr ähnlich ist:* Für den Film wurden viele Bauten des alten Rom nachgebildet. ▸ Nachbildung

nach·bli·cken <blickst nach, blickte nach, hat nachgeblickt> *ohne OBJ* ▪ **jmd. blickt jmdm./etwas nach** *(≈ hinterherschauen) auf jmdn. oder etwas blicken, der/das sich entfernt:* Stumm blickte er ihr nach, als sie langsam die Straße hinunterging.

nach·boh·ren <bohrst nach, bohrte nach, hat nachgebohrt> *ohne OBJ* ▪ **jmd. bohrt (irgendwie) nach** *(umg.) immer wieder fragen, um eine Antwort zu bekommen:* Sie musste immer wieder nachbohren, um alle Fragen zu klären.

nach·da·tie·ren <datierst nach, datierte nach, hat nachdatiert> *mit OBJ* ▪ **jmd. datiert etwas nach** *jmd. gibt für etwas ein früheres Datum als das tatsächliche Datum an:* eine Rechnung nachdatieren; einen Brief nachdatieren

nach·dem [naːxˈdeːm] *konj* ❶ *drückt aus, dass die Handlung des Nebensatzes zeitlich vor der Handlung des Hauptsatzes* *liegt:* Nachdem er sie besucht hatte, ging er nach Hause.; Nachdem er gefrühstückt hatte, begann er mit der Arbeit. ❷ *(umg. o veralt.: ≈ weil, da) drückt aus, dass der Sachverhalt des Nebensatzes die Ursache für den Sachverhalt des Hauptsatzes darstellt:* Nachdem das Konzert länger gedauert hat, haben wir den Zug verpasst.

nach·den·ken <denkst nach, dachte nach, hat nachgedacht> *ohne OBJ* ■ **jmd. denkt (über jmdn./etwas) nach** *jmd. stellt sich etwas oder eine Situation vor, und macht sich dabei viele Gedanken:* Über den Unfall hatte sie später viel nachgedacht.; Denk doch erst mal nach, bevor du mit dieser Aufgabe anfängst!

nach·denk·lich *adj* ❶ *so, dass jmd. oft sehr konzentriert nachdenkt:* Er ist ein nachdenklicher Mensch. ❷ *so, dass es offensichtlich ist, dass jmd. gerade nachdenkt:* Sie machte ein nachdenkliches Gesicht, als er sie fragte.; ■ **nachdenklich werden** *von etwas betroffen sein und beginnen, darüber nachzudenken* Er wurde nachdenklich, als man ihm die Geschichte erzählte.

Nach·druck¹ *der* <-(e)s> */kein Plur./* ❶ ■ **mit Nachdruck** *so, dass jmd. energisch alle Mittel einsetzt, weil er etwas erreichen oder schaffen will:* In dieser Angelegenheit hatte er seine Nachforschungen mit Nachdruck betrieben.; Er arbeitete mit Nachdruck an diesem Projekt. ❷ *(≈ Betonung) besondere Energie, mit der jmd. auf etwas für ihn sehr Wichtiges hinweist:* Um den Kern ihrer Überlegungen zu betonen, wiederholte sie die letzten Sätze mit besonderem Nachdruck.; Hast du nicht gemerkt, welchen Nachdruck sie speziell auf diesen Teil ihrer Ausführungen legte?

Nach·druck² *der* <-(e)s, -e> ❶ */kein Plur./ das Nachdrucken eines Buches o.Ä.:* Nachdruck nur mit Erlaubnis des Verlags! ❷ *die unveränderte Ausgabe eines Buches oder mehrerer Bände:* unveränderter Nachdruck der Ausgabe von 1970

nach·dru·cken <druckst nach, druckte nach, hat nachgedruckt> *mit OBJ* ■ **jmd./etwas druckt etwas nach** *jmd. oder etwas erstellt einen Nachdruck²:* Der Verlag entschloss sich, dieses Werk unverändert nachzudrucken.; Illegal hatten sie eine große Menge des Bestsellers nachgedruckt.

nach·drück·lich *adj mit Nachdruck¹:* Die Experten warnten nachdrücklich von den Gefahren eines solchen Versuchs.

nach·dun·keln <dunkelt nach, dunkelte nach, ist/hat nachgedunkelt> *ohne OBJ* ■ **etwas dunkelt nach** *etwas bekommt allmählich eine dunklere Farbe:* Das Leder der Tasche dunkelt mit der Zeit nach.

nach·ei·fern <eiferst nach, eiferte nach, hat nachgeeifert> *ohne OBJ* ■ **jmd. eifert jmdm. (in etwas Dat.) nach** *versuchen, alles genauso zu machen, wie eine Person, die als ein Vorbild angesehen wird:* Stets eiferte sie ihrer Schwester in Aussehen und Verhalten nach. ▸ nacheifernswert, Nacheiferung

nach·ei·len <eilst nach, eilte nach, ist nachgeeilt> *ohne OBJ* ■ **jmd. eilt jmdm./etwas nach** *(geh.) versuchen jmdn. oder etwas, der oder das schon weg ist, einzuholen:* Kaum hatte sie das Haus verlassen, als er ihr schon aufgeregt nacheilte.; Im raschen Galopp eilten sie der Kutsche nach.

nach·ei·n·an·der, *a.* **nach·ei·n·an·der** *adv (↔ gleichzeitig) verwendet, um auszudrücken, dass eine Person oder Sache nach der anderen in kurzer zeitlicher Abfolge oder räumlichen Abständen folgt:* Sie kamen nacheinander aus der Bank.; Wir sollten die einzelnen Arbeitsschritte besser nacheinander erledigen.; Die Läufer starteten kurz nacheinander.

nach·emp·fin·den <empfindest nach, empfand nach, hat nachempfunden> *mit OBJ* ■ **jmd. empfindet etwas nach** *die Gefühle und Gedanken von jmdm. so gut verstehen, als ob man sie selbst hätte:* Ich kann ihre Enttäuschung nachempfinden, denn ich war schon in der gleichen Lage.; ■ **etwas ist einer Person nachempfunden** *etwas ist so gestaltet, als ob es von jmdm. anders gemacht wäre* Dieses Gemälde ist eindeutig Vincent van Gogh nachempfunden.

Na·chen *der* <-s, -> *(geh.) kleines Boot, Kahn*

nach·er·zäh·len <erzählst nach, erzählte nach, hat nacherzählt> *mit OBJ* ■ **jmd. erzählt etwas nach** *den Inhalt einer Geschichte, einer Erzählung, eines Buches o.Ä. genau mit eigenen Worten wiedergeben:* Selbst nach einer Woche konnte er den Film noch gut nacherzählen.

Nach·er·zäh·lung *die* <-, -en> *Text, der den Inhalt einer Geschichte, Erzählung, eines Buches o.Ä. genau wiedergibt:* Zuerst haben wir die Geschichte gelesen; dann mussten wir eine Nacherzählung schreiben.

Nach·fahr, Nach·fah·re *der* <-(e)n, -(e)n> *(geh.: ≈ Nachkomme ↔ Vorfahr(e))* *eines der Kinder oder einer der Enkel oder Urenkel usw. von einer bestimmten Person:* keine Nachfahren haben; Auch alle Nachfahren des Unternehmers leiteten Betriebe.

nach·fah·ren <fährst nach, fuhr nach, ist nachgefahren> *ohne OBJ* ■ **jmd. fährt (jmdm./etwas) nach** *hinter jmdm. oder etwas in die gleiche Richtung fahren:* Fahren sie dem Polizeiwagen nach!

nach·fas·sen <fasst nach, fasste nach, hat nachgefasst> *mit OBJ/ohne OBJ* ❶ ■ **jmd. fasst etwas nach** *(umg.) sich noch einmal eine Portion Essen holen:* Ich bin noch nicht satt. Ich fasse noch eine Portion Gemüse nach. ❷ ■ **jmd. fasst nach** *noch einmal zugreifen, weil man etwas beim ersten Mal nicht richtig gefasst hat:* Er musste noch einmal nachfassen, sonst wäre der Schrank weggerutscht.

nach·fei·ern <feierst nach, feierte nach, hat nachgefeiert> *mit OBJ* ■ **jmd. feiert etwas nach** *etwas an einem späteren Zeitpunkt als an dem des eigentlichen Anlasses feiern:* Wir feiern seinen Geburtstag nach, wenn er aus dem Krankenhaus kommt.

Nach·fol·ge die <-> /kein Plur./ *der Vorgang, dass jmd. das Amt, die Funktion oder die Arbeit eines anderen übernimmt:* Nach dem Tod des Präsidenten trat er dessen Nachfolge an.; In der Firma musste die Nachfolge des Chefs geregelt werden.

Nach·fol·ge·mo·dell das <-s, -e> *ein Produkt, das neu ist und ein älteres ähnliches Modell in der Herstellung/im Handel ablöst:* Das Nachfolgemodell des erfolgreichen Kleinwagens verbraucht nur 3 Liter auf 100 km.

nach·fol·gen <folgst nach, folgte nach, ist nachgefolgt> *ohne OBJ* ❶ ■ **jmd. folgt jmdm. nach** *jmdm. folgen, um ihn einzuholen, oder um an den selben Ort zu kommen:* Er folgte seiner Freundin drei Tage später in den Urlaub nach. ❷ ■ **jmd. folgt jmdm. nach** *die Arbeit oder die Funktion von jmdm. übernehmen:* Er ist seinem Vater als Geschäftsführer nachgefolgt.

nach·fol·gend *adj /nicht steig./ so, dass etwas zeitlich oder räumlich folgt:* Die nachfolgenden Passagen sollten die Schüler besonders sorgfältig lesen. ◆ Großschreibung → R 3.7 Das Nachfolgende/Nachfolgendes ist besonders zu beachten.; Im Nachfolgenden wird dies noch genauer ausgeführt.

Nach·fol·ger der, **Nach·fol·ge·rin** <-s, -> *(↔ Vorgänger) jmd., der das Amt oder die Funktion eines anderen übernimmt:* einen Nachfolger ernennen

Nach·fol·ge·staat der <-(e)s, -en> /selten im Sing./ *Staat, der auf dem Gebiet eines ehemaligen Staates entstanden ist:* Bosnien, Kroatien und Slowenien sind Nachfolgestaaten des ehemaligen Jugoslawiens.

nach·for·dern <forderst nach, forderte nach, hat nachgefordert> *mit OBJ* ■ **jmd. fordert etwas nach** *etwas zusätzlich verlangen, weil man davon beim ersten Mal nicht genug bekommen hat:* Für die Überstunden forderten die Arbeiter einen extra Lohn nach. ▶ Nachforderung

nach·for·schen <forschst nach, forschte nach, hat nachgeforscht> *ohne OBJ* ■ **jmd. forscht nach** *intensiv versuchen, weitere Informationen über jmdn. oder etwas zu bekommen:* Um die Ursachen des Flugzeugabsturzes zu klären, muss noch genauer nachgeforscht werden. ▶ Nachforschung

Nach·fra·ge die <-, -n> ❶ /kein Plur./ WIRTSCH. *(↔ Angebot) Wunsch der Käufer oder Kunden, bestimmte Waren oder Dienstleistungen zu bekommen:* Die Nachfrage nach tragbaren Computern steigt ständig. ◆ -rückgang ❷ *eine Frage, die zusätzlich zu einer anderen gestellt wird, weil man auf die erste Frage keine ausreichende Antwort bekommen hat:* Im Interview mit dem Politiker stellte der Reporter viele Nachfragen.; ■ **Danke der Nachfrage!** *(veralt.) verwendet als höfliche Antwort auf die Frage danach, wie es jmdm. geht* Wie geht es dir/Ihrer Frau? — Danke der Nachfrage! Mir/Ihr geht's ganz gut.

nach·fra·gen I. *mit OBJ* ■ **jmd. fragt etwas nach** WIRTSCH. *(↔ anbieten) wünschen, bestimmte Waren oder Dienstleistungen zu bekommen:* Kurze Hosen werden diesen Sommer stark nachgefragt. II. *ohne OBJ* ❶ ■ **jmd. fragt nach** *eine oder mehrere Fragen stellen, um eine Antwort auf etwas zu bekommen, das noch unklar ist:* Er fragte solange nach, bis er eine Antwort bekam. ❷ ■ **jmd. fragt (bei jmdm./etwas) (wegen etwas** *Gen./Dat.***) nach** *eine Person bei einer Institution fragen, die eine Information zu einer bestimmten Sache geben kann:* Er fragte beim Finanzamt wegen der Steuererklärung nach.

Nach·frist die <-, -en> RECHTSW. *Zeitraum, der eine Frist verlängert:* einen Antrag auf Nachfrist stellen; Für die Abgabe der Steuererklärung gewähren wir Ihnen eine Nachfrist von einem Monat.

nach·füh·len <fühlst nach, fühlte nach, hat nachgefühlt> *mit OBJ* ▪ **jmd. fühlt (jmdm.) etwas nach** *sich in die Gefühle von jmdm. hineinversetzen, so dass man sich vorstellen kann und nachempfinden kann, was der andere fühlt:* Deinen Ärger kann ich nachfühlen.

nach·fül·len <füllst nach, füllte nach, hat nachgefüllt> *mit OBJ/ohne OBJ* ❶ ▪ **jmd. füllt etwas nach** *etwas in einen Behälter füllen, der (fast) leer geworden ist:* Die Keksdose ist leer; du solltest mal wieder Plätzchen nachfüllen.; Benzin nachfüllen ▶ Nachfüllpack(ung) ❷ ▪ **jmd. füllt (jmdm.) (etwas) nach** *ein Glas von jmdm., das leer ist, mit einem Getränk füllen:* Kein Saft mehr? Warte, ich fülle mal nach.

nach·ge·ben <gibst nach, gab nach, hat nachgegeben> *ohne OBJ* ❶ ▪ **jmd. gibt (jmdm./etwas) nach** *etwas erlauben oder etwas tun, zu dem man vorher nicht bereit war, weil eine andere Person dazu gedrängt oder darum gebeten hat:* Er gab nach, sodass sie sich in den strittigen Punkten einigten. ❷ ▪ **etwas gibt nach** *etwas biegt sich stark oder geht kaputt, weil die Belastung zu stark ist:* Der Ast gab unter dem Gewicht der vielen Äpfel nach und brach ab. ❸ ▪ **etwas gibt (irgendwie) nach** WIRTSCH. *eine Währung oder ein oder mehrere Aktienkurse verlieren an Wert:* Der Euro gab gegenüber dem Dollar etwas nach.; Die Kurse an den internationalen Börsen geben stark nach.

Nach·ge·bo·re·ne der/die <-n, -n> */meist Plur./* (geh.) *Personen, die nach einem bestimmten Ereignis oder Zeitpunkt geboren sind:* die Nachgeborenen der 68er Generation

Nach·ge·bühr die <-, -en> *die Summe an Geld, die ein Empfänger eines Pakets, eines Briefs o.Ä. der Post zahlen muss, wenn auf der Postsendung zu wenig Briefmarken aufgeklebt sind:* Weil der Brief nicht ausreichend frankiert war, musste die Empfängerin eine Nachgebühr bezahlen.

Nach·ge·burt die <-, -en> */selten Plur./* MED. *das Gewebe (Mutterkuchen), das nach der Geburt aus dem Bauch der Mutter ausgestoßen wird*

nach·ge·hen <gehst nach, ging nach, ist nachgegangen> *ohne OBJ* ❶ ▪ **jmd. geht jmdm. nach** (≈ *folgen*) *hinter jmdm. in die gleiche Richtung gehen:* Wir gingen ihm unauffällig bis zur Kreuzung nach. ❷ ▪ **jmd. geht etwas** *Dat.* **nach** *eine regelmäßige Tätigkeit oder Arbeit ausüben:* Sie geht einer geregelten Arbeit nach. ❸ ▪ **jmd. geht etwas** *Dat.* **nach** *etwas überprüfen, um etwas aufzuklären, das nicht klar ist:* Die Polizei ist allen Hinweisen nachgegangen, um den Mord aufzuklären. ❹ ▪ **etwas geht jmdm. nach** *jmd. kann etwas nicht vergessen und muss ständig daran denken:* Seine Worte sind mir noch lange nachgegangen. ❺ ▪ **eine Uhr geht nach** (↔ *vorgehen*) *eine Uhr geht zu langsam und zeigt eine frühere Zeit an, als richtig wäre:* Die Uhr geht schon wieder 10 Minuten nach.

Nach·ge·schmack der <- (e)s> */kein Plur./* ❶ *Geschmack, der nach dem Essen oder Trinken im Mund zurückbleibt:* Nach einem scharfen Essen bleibt ein starker Nachgeschmack. ❷ *eine unangenehme Erinnerung an etwas:* Der Streit hinterließ bei ihm einen bitteren Nachgeschmack.

nach·ge·wie·se·ner·ma·ßen, **nach·ge·wie·se·ner·maßen** *adv* AMTSSPR. (geh.) *verwendet, um auszudrücken, dass etwas nachgewiesen und deshalb offensichtlich ist:* Die Ausgaben übersteigen nachgewiesenermaßen die Einnahmen.; Der Angeklagte ist nachgewiesenermaßen schuldig.

nach·gie·big ['naːxɡiːbɪç] *adj* ❶ *so, dass etwas weich und elastisch ist:* Wir hätten doch ein weniger nachgiebiges Material verwenden sollen. ❷ *so, dass jmd. jmdm. gegenüber bereit ist, schnell nachzugeben¹:* Sie war ihrem Freund gegenüber wohl zu nachgiebig.

Nach·gie·big·keit die <-> */kein Plur./* ❶ *Zustand, in dem etwas weich und elastisch ist* ❷ *das Verhalten, bei dem jmd. schnell nachgibt¹*

nach·gie·ßen <gießt nach, goss nach, hat nachgegossen> *mit OBJ/ohne OBJ* ▪ **jmd. gießt (jmdm.) (etwas) nach** *jmds. Glas oder Tasse noch einmal mit einem Getränk füllen:* Soll ich dir noch Kaffee nachgießen?

nach·grü·beln <grübelst nach, grübelte nach, hat nachgegrübelt> *ohne OBJ* ▪ **jmd. grübelt (über etwas** *Akk.***) nach** *über ein Problem angestrengt und konzentriert nachdenken, um eine Lösung zu finden:* Er grübelt schon seit Stunden über die Lösung dieses Problems nach.

nach·gu·cken *mit OBJ/ohne OBJ* ▪ **jmd. guckt (etwas) nach** (umg.: ≈ *nachsehen*)

nach·ha·ken *ohne OBJ* ▪ **jmd. hakt bei jmdm./etwas nach** (umg.) *jmdm. mehrmals Fragen zu etwas stellen, weil dieser nicht alles dazu gesagt hat:* Der Prüfer musste bei dieser Frage öfter nachhaken.

Nach·hall der <-(e)s> /kein Plur./ (≈ Echo) das Geräusch, das man hören kann, nachdem ein bestimmtes Geräusch schon gehört wurde: In der riesigen Halle gab das Geräusch einen starken Nachhall.

nach·hal·len <hallt nach, hallte nach, hat/ist nachgehallt> ohne OBJ ■ **etwas hallt nach** etwas gibt einen Nachhall: Die Explosion hallte bis in die Außenbezirke der Stadt nach.

nach·hal·tig adj ❶ so, dass etwas lange und stark wirkt: Diese Reise hinterließ einen nachhaltigen Eindruck. ▸ Nachhaltigkeit ❷ den Bedürfnissen der heutigen Generation entsprechend, ohne die Möglichkeiten künftiger Generationen zu gefährden (sodass in diesem Sinne vor allem eine lebenswerte Umwelt bewahrt und materielle Bedürfnisse befriedigt werden); Bedeutung in diesem Sinne von „sustainable development" (‚nachhaltige Entwicklung') ausgehend, geprägt im sog. „Brundtland-Bericht": nachhaltige Entwicklung/Landwirtschaft/Produkte/Fischerei, sowie nachhaltiges Bauen/Sanieren im Sinne des Einsatzes erneuerbarer Energien ▸ Nachhaltigkeit

nach·hän·gen <hängst nach, hing nach, hat nachgehangen> ohne OBJ ❶ ■ **jmd. hängt jmdm./etwas nach** sich ständig voller Sehnsucht an jmdn. oder etwas erinnern: Er hängt seinen Erinnerungen an seine erste große Liebe nach. ❷ ■ **jmd. hängt in etwas** Dat. **nach** (umg.) noch Probleme auf einem Wissensgebiet haben, das man eigentlich beherrschen sollte: Leider hängt er in Mathe noch etwas nach; doch sonst ist er ein guter Schüler.; ■ **seinen Gedanken nachhängen** ständig an etwas denken Sie hängt schon tagelang irgendwelchen trüben Gedanken nach.

Nach·hau·se·weg der <-(e)s, -e> der Weg von einem Ort nach Hause: Ich habe den Schlüssel wohl auf dem Nachhauseweg verloren. ▸ nachhaus/nachhause, nach Haus/nach Hause

nach·hel·fen <hilfst nach, half nach, hat nachgeholfen> ohne OBJ ❶ ■ **jmd. hilft (jmdm./etwas) nach** mit seiner Hilfe bewirken, dass etwas besser oder schneller funktioniert: Der Lehrer half den Schülern etwas nach, damit sie die Aufgabe lösen konnten. ❷ ■ **jmd. muss (bei jmdm.) nachhelfen** (umg.) bestimmte Mittel gebrauchen, um jmdn. dazu zu bewegen, etwas zu tun: Er musste stark nachhelfen, bis sie sich mit ihm verabredete.; ■ **dem Glück ein bißchen nachhelfen** (umg.) etwas nicht ganz Korrektes tun, damit etwas so passiert, dass man einen Vorteil davon hat Du könntest deinem Glück ein bißchen nachhelfen, indem du dem Lehrer mal ein Geschenk machst.

nach·her [naːxˈheːɐ̯/ˈnaːxheːɐ̯] adv (≈ danach, später ↔ vorher) verwendet, um auszudrücken, dass etwas nach einem bestimmten Zeitpunkt eintreten wird oder eintrat: Zuerst trinken wir einen Kaffee, und nachher noch einen Schnaps.; Du kannst auch nachher noch die Wohnung aufräumen; lass uns erstmal einkaufen!; Nachher will es wieder keiner gewesen sein (≈ zunächst verhält sich niemand vorsichtig, doch nach der Entstehung eines Schadens will niemand die Verantwortung übernehmen).; ■ **Bis nachher!** (umg.) verwendet, um sich bei jmdm. zu verabschieden, den man in kurzer Zeit wiedersehen wird

Nach·hil·fe die [ˈnaːxhɪlfə] <-> /kein Plur./ extra Unterricht außerhalb des Schulunterrichts, für den man oft Geld bezahlen muss und den ein Schüler von jmdm. bekommt, der sehr gut in dem jeweiligen Fach ist: Der Student gibt Nachhilfe in Mathe.; Die Schülerin bekommt Nachhilfe in Englisch.; Für Nachhilfe geben Eltern oft viel Geld aus. ◆-lehrer(in), -schüler, -schülerin, -stunde, -unterricht

Nach·hi·n·ein ■ **im Nachhinein** (↔ im Voraus) nach einer bestimmten Zeit oder nach einer bestimmten Handlung Die Verträge wurden im Nachhinein akzeptiert.; Im Nachinein muss ich zugeben, dass ich mich geirrt habe.

Nach·hol·be·darf der <-(e)s> /kein Plur./ Wunsch oder Verlangen nach etwas, auf das man lange Zeit verzichtet hatte und von dem man jetzt sehr viel haben möchte: Nächtelang habe ich mich auf die Prüfung vorbereitet: — Jetzt habe ich erst mal einen Nachholbedarf an Schlaf!

nach·ho·len mit OBJ ❶ ■ **jmd. holt etwas nach** etwas, das man bis jetzt versäumt hat oder das nicht stattgefunden hat, zu einem späteren Zeitpunkt tun: Du hast mir versprochen, dass wir den Theaterbesuch nachholen!; Das Fußballspiel wird nächste Woche nachgeholt. ❷ ■ **jmd. holt jmdn. nach** jmdn. später zu dem Ort holen, an dem man sich schon befindet: Nachdem er endlich eine Arbeit und eine Wohnung in der Stadt gefunden hatte, konnte er seine Familie nachholen.

Nach·hut die <-, -en> MILIT. (↔ Vorhut) Gruppe von Soldaten, die am Ende einer

Kolonne marschiert, um sie nach hinten im Fall eines Angriffs zu sichern: die Nachhut angreifen

nach·ja·gen *ohne OBJ* ▪ **jmd. jagt jmdm./etwas nach** *jmdn. oder etwas verfolgen, um ihn oder es auf jeden Fall zu fangen oder zu erreichen:* Die Polizei jagte den Bankräubern durch die ganze Stadt nach.; dem Glück nachjagen

nach·kau·fen *mit OBJ* ▪ **jmd. kauft etwas nach** *etwas später oder als Ersatz kaufen:* Die einzelnen Teile des Bestecks kann man nachkaufen.

Nach·kauf·ga·ran·tie die <-> /kein Plur./ *Sicherheit, dass man einzelne Teile von etwas auch noch später kaufen kann*

Nach·kom·me der ['naːxkɔmə] <-n, -n> *(↔ Vorfahr(e) ≈ Nachfahre) eines der Kinder oder einer der Enkel oder Urenkel usw. von einer bestimmten Person:* Er starb ohne Nachkommen.

nach·kom·men <kommst nach, kam nach, ist nachgekommen> *ohne OBJ* ❶ ▪ **jmd. kommt (irgendwann) nach** *später als die anderen kommen:* Wir kommen in einer Stunde nach. ❷ ▪ **jmd. kommt (jmdm.) (bei/mit etwas** *Dat.***) (irgendwie) nach** *das gleiche Tempo einhalten können wie jmd. anderes:* Sprich ein bisschen langsamer, sonst komme ich mit dem Text nicht nach.; Lauf nicht so schnell, ich komme kaum nach. ❸ ▪ **jmd. kommt etwas** *Dat.* **nach** *(geh.) genau das machen, was von einem gefordert wird:* Endlich kam er seiner Verpflichtung nach.; seinem Versprechen nachkommen

Nach·kom·men·schaft die <-> /kein Plur./ *alle Nachkommen:* große Nachkommenschaft

Nach·kömm·ling der <-s, -e> ❶ *Nachkomme* ❷ *ein Kind, das mit großem zeitlichem Abstand zu seinen Geschwistern geboren wird*

Nach·kriegs·deutsch·land das <-s> / kein Plur./ GESCH. *Deutschland in den ersten Jahren unmittelbar nach dem Zweiten Weltkrieg*

Nach·kriegs·ge·ne·ra·ti·on die <-> /kein Plur./ *die Gruppe von Menschen, die unmittelbar nach einem Krieg geboren und aufgewachsen sind:* Die erste Nachkriegsgeneration in Deutschland wurde vielfach mit den furchtbaren Verbrechen ihrer Eltern während der Zeit des Hitler-Faschismus konfrontiert, welche diese an den Juden begangen hatten.

Nach·kriegs·ge·schich·te die <-> /kein Plur./ *die Geschichtsschreibung, die sich mit der Zeit nach dem Zweiten Weltkrieg beschäftigt*

Nach·kriegs·jahr das <-(e)s, -e> *das Jahr oder die Jahre zwischen dem Ende des Zweiten Weltkrieges und der Gründung der zwei Deutschen Staaten (1945-1949)*

Nach·kriegs·zeit die <-> /kein Plur./ *die Zeit unmittelbar nach einem Krieg, wobei in Deutschland die Zeit unmittelbar nach dem Zweiten Weltkrieg gemeint ist*

Nach·lass[1] der ['naːxlas] <-es, Nachlässe> WIRTSCH. *(≈ Ermäßigung, Rabatt, Skonto) Summe des Geldes, die von dem offiziellen Preis einer Ware oder einer Dienstleistung abgezogen wird:* Wenn Sie barzahlen, bekommen Sie einen Nachlass von 3 Prozent.; einen Nachlass gewähren

Nach·lass[2] der ['naːxlas] <-es, Nachlässe> AMTSSPR. *(≈ Erbe, Hinterlassenschaft) alles, was jmd. nach seinem Tode hinterlässt:* Der Nachlass bestand nur aus ein paar Büchern.; Briefe aus dem Nachlass des Schriftstellers; den Nachlass regeln

nach·las·sen <lässt nach, ließ nach, hat nachgelassen> **I.** *mit OBJ* ▪ **jmd. lässt (jmdm.) etwas nach** *den Preis einer Ware oder einer Dienstleistung um einen bestimmten Betrag reduzieren:* Wir mussten ein Drittel des Preises nachlassen. **II.** *ohne OBJ* ❶ ▪ **etwas lässt nach** *(↔ zunehmen) schwächer oder weniger intensiv werden:* Die Kälte ließ nach.; Der Regen müsste eigentlich bald nachlassen ❷ ▪ **etwas lässt nach** *(↔ etwas nimmt zu) an Leistung oder an Qualität verlieren:* Seine Sehkraft ließ immer mehr nach.; Leider ließ die Firma bei der Qualität ihrer Produkte immer mehr nach. ❸ ▪ **etwas lässt nach** *(↔ etwas zieht an) weniger wert werden oder sich verringern:* Die Preise lassen nach.; An der Börse lassen die Kurse stark nach.; Der Umsatz hat merklich nachgelassen.

nach·läs·sig ['naːxlɛsɪç] *adj (↔ sorgfältig ≈ schlampig, unordentlich) ohne Sorgfalt oder Interesse:* nachlässig gekleidet ▸ Nachlässigkeit

nach·lau·fen <läufst nach, lief nach, ist nachgelaufen> *ohne OBJ* ❶ ▪ **jmd. läuft jmdm. nach** *hinter jmdm. laufen, um ihn einzuholen:* Wenn du ihm sofort nachläufst, bekommst du ihn noch zu fassen! ❷ ▪ **jmd. läuft jmdm./etwas nach** *sich sehr anstrengen, um etwas zu erreichen:* Ich musste dem Professor ständig nachlaufen, um einen Prüfungstermin von ihm zu bekommen.; einer Genehmigung nachlaufen ❸ ▪ **jmd. läuft jmdm. nach** *sich stän-*

dig und in unterwürfiger Weise darum bemühen, jmdn. für sich zu gewinnen oder ihm zu gefallen: Er läuft ihr jetzt schon ein halbes Jahr nach, aber nichts passiert! ❹ ■ **jmd. läuft etwas nach** *sich bei jeder Gelegenheit darum bemühen, etwas zu bekommen:* dem Geld nachlaufen; dem Ruhm nachlaufen

nach·le·gen <legst nach, legte nach, hat nachgelegt> *mit OBJ/ohne OBJ* ❶ ■ **jmd. legt (etwas) nach** *etwas weiteres, das brennt, in einen Ofen, einen Kamin oder in ein Feuer legen:* Kohle nachlegen; ein Scheit Holz nachlegen ❷ ■ **jmd. legt nach** *(umg.) etwas weiteres sagen, nachdem man schon viel erzählt hat:* „Damit ist aber noch nicht alles gesagt!", legte er nach.

Nach·le·se die <-, -n> ❶ LANDW. *Ernte von Trauben, die bei der ersten Lese übrig geblieben sind* ❷ *(geh.) Zusammenstellung von einzelnen Teilen aus früheren kulturellen Veranstaltungen, die im Radio oder Fernsehen gesendet wurden:* Am Wochenende kommt im Radio eine Nachlese mit Höhepunkten aus den Konzerten des vergangenen Monats.

nach·lie·fern <lieferst nach, lieferte nach, hat nachgeliefert> *mit OBJ/ohne OBJ* ■ **jmd. liefert (etwas) nach** *eine Ware oder einen Teil einer Ware, die bestellt wurde, später liefern:* Wir können binnen einer Woche nachliefern.; Wir liefern die Ware in zwei Tagen nach.

nach·lö·sen <löst nach, löste nach, hat nachgelöst> *mit OBJ/ohne OBJ* ■ **jmd. löst (etwas) nach** *eine Fahrkarte oder einen Zuschlag erst im Zug kaufen:* Wenn Sie weiterfahren wollen, müssen Sie eine Karte nachlösen. ▸ Nachlösegebühr

nach·ma·chen <machst nach, machte nach, hat nachgemacht> *mit OBJ* ❶ ■ **jmd. macht (jmdm.) etwas nach** *genau das, was ein anderer macht oder tut, auch tun:* Du brauchst mir die Turnübung nur nachzumachen. ❷ ■ **jmd. macht jmdn./etwas nach** *(≈ nachahmen) sich absichtlich so verhalten oder absichtlich so handeln, dass die typischen Eigenschaften einer anderen Person oder einer Sache gezeigt werden:* Sie kann ihre Lehrerin verblüffend gut nachmachen.; Er macht dauernd das Gebell eines Hundes nach. ❸ ■ **jmd. macht etwas nach** *etwas so herstellen, dass es genauso aussieht wie das Original:* Kannst du diese Unterschrift nachmachen?; Das sind keine Bilder aus dem 19. Jahrhundert; die sind nur nachgemacht. ❹ ■ **jmd. macht etwas nach** *(umg.) einen Teil einer Arbeit machen, den man noch nicht erledigt hat, weil man es vergessen hat:* Schon gut, ich werde meine Hausaufgaben bis morgen nachmachen.

nach·mes·sen <misst nach, maß nach, hat nachgemessen> *mit OBJ* ❶ ■ **jmd. misst etwas nach** *etwas messen, um die richtigen Ausmaße zu prüfen:* Bevor wir das Bett kaufen, messen wir erstmal nach, ob es in das Zimmer passt. ❷ ■ **jmd. misst etwas nach** *etwas noch einmal messen, um festzustellen, ob die frühere Messung richtig war:* Miss lieber nochmal nach! Ich glaube, das passt nicht!

Nach·mie·ter der, **Nach·mie·te·rin** <-s, -> *(↔ Vormieter) jmd., der eine Wohnung oder ein Haus direkt nach einem anderen Mieter mietet:* Der Mieter muss sich um einen Nachmieter kümmern.

Nach·mit·tag der ['naːxmɪtaːk] <-s, -e> *(↔ Vormittag) die Zeit zwischen Mittag und Abend:* Den ganzen Nachmittag ging er spazieren.; am Nachmittag ◆Großschreibung → R 3.10 heute/gestern/morgen Nachmittag; ◆Zusammenschreibung → R 4.1 Freitagnachmittag.

nach·mit·tags *adv* (↔ vormittags) *während des Nachmittags* ◆Kleinschreibung → R 3.10 Wir treffen uns immer erst nachmittags.

Nach·mit·tags·vor·stel·lung die <-, -en> *eine Zirkusvorstellung, ein Kinofilm, ein Theaterstück o.Ä., die während des Nachmittags gezeigt werden*

Nach·nah·me die <-, -n> ❶ *Bezahlen der Rechnung für eine mit der Post gelieferte Ware, indem man dem Briefträger das Geld gibt, wenn er die Ware bringt:* Das Päckchen wurde per Nachnahme geschickt. ❷ *Sendung, die zum Zeitpunkt der Lieferung durch die Post sofort bezahlt werden muss:* als Nachnahme schicken ▸ Nachnahmegebühr

Nach·na·me der <-ns, -n> (↔ Vorname) *Familienname:* Müller, Meier und Schmidt sind in Deutschland häufige Nachnamen.

nach·neh·men <nimmst nach, nahm nach, hat nachgenommen> *mit OBJ/ohne OBJ* ■ **jmd. nimmt (sich Dat.) (etwas) nach** *sich noch einmal etwas von einem Essen auf den Teller tun:* Nimm dir noch was von dem Fisch nach, denn der ist einfach köstlich.

nach·plap·pern <plapperst nach, plapperte nach, hat nachgeplappert> *mit OBJ/ohne OBJ* ■ **jmd. plappert (jmdm.)**

(**etwas**) **nach** *(umg. abwert.) ohne Kritik das wiederholen, was ein anderer sagt, ohne es verstanden zu haben:* Der plappert auch nur das nach, was der Professor gesagt hat!

Nach·por·to das <-s, -s/Nachporti> *eine Gebühr der Post, die man zahlen muss, wenn auf einem Brief, einem Päckchen, einem Paket o.Ä. nicht genügend Briefmarken kleben:* Er hatte vergessen, eine Briefmarke auf den Brief zu kleben; deshalb musste ich 1,06 Euro als Nachporto zahlen!

nach·prü·fen <prüfst nach, prüfte nach, hat nachgeprüft> *mit OBJ* ▪ **jmd. prüft etwas nach** *etwas noch einmal kontrollieren, um sicher zu sein, dass alles vorhanden oder richtig oder wahr o.Ä. ist:* Vor der Fahrt solltest du den Luftdruck in den Reifen nachprüfen.; Bevor Sie die Texte abgeben, prüfen Sie sie nach, ob auch alles richtig ist!

Nach·prü·fung die <-, -en> ❶ */kein Plur./ das Nachprüfen* ❷ *Prüfung, die man nochmal macht, weil man sie beim ersten Mal nicht bestanden hat:* Er musste eine Nachprüfung in zwei Fächern machen, da er beim ersten Mal nicht genügend Punkte erreicht hatte.

nach·rech·nen <rechnest nach, rechnete nach, hat nachgerechnet> *mit OBJ/ohne OBJ* ❶ ▪ **jmd. rechnet (etwas) nach** *etwas zu überprüfen oder um etwas zu erfahren:* Ich muss erst mal nachrechnen, ob ich mir das Auto leisten kann.; Ich wollte nur nachrechnen, wie viele Tage es noch sind. ❷ ▪ **jmd. rechnet (etwas) nach** *etwas noch einmal rechnen, um zu überprüfen, ob alles richtig ist:* Du solltest noch mal nachrechnen. Ich glaube, in der Aufgabe ist ein Fehler!

Nach·re·de die <-, -n> RECHTSW. *etwas Negatives, was jmd. über einen anderen sagt;* ▪ **etwas ist üble Nachrede** *etwas, das jmd. über einen anderen sagt, ist schlecht und schadet ihm* Wenn er weiterhin hinter deinem Rücken solche Lügen über dich verbreitet, solltest du ihn wegen übler Nachrede anzeigen.

nach·re·den <redest nach, redete nach, hat nachgeredet> *mit OBJ* ▪ **jmd. redet (jmdm.) (etwas) nach** *(abwert.) ohne Kritik und ohne zu verstehen, genau das, was ein anderer sagt, ebenfalls sagen:* Eigentlich hat er keine Ahnung; er redet ihr alles nur nach.

nach·rei·chen <reichst nach, reichte nach, hat nachgereicht> *mit OBJ* ▪ **jmd. reicht etwas nach** *etwas später als zu einem festgelegten Termin abgeben:* Sie können die Dokumente nachreichen.

Nach·richt die ['naːxrɪçt] <-, -en> ❶ *eine kurze Information über etwas, das aktuell ist und jmdn. interessiert:* Hast du eine Nachricht von ihm bekommen?; Gestern habe ich die Nachricht über den erfolgreichen Geschäftsabschluss bekommen; Die Nachricht vom Tod des Präsidenten verbreitete sich schnell.; eine Nachricht an/für jemanden ◆ Todes-, Unglücks- ❷ */nur Plur./ Sendung im Fernsehen oder im Radio, die über die wichtigsten und aktuellen Ereignisse informiert:* Nachrichten ansehen; Nachrichten hören ◆ -enangebot, -enkanal, -enmagazin, -ensatellit, -ensendung, -ensprecher(in), Abend-, Kurz-, Spät-

Nach·rich·ten·dienst der <-es, -e> ❶ *Nachrichtenagentur* ❷ MILIT., POL. *(geh.) ein staatlicher Geheimdienst* ◆ Bundes-

nach·rich·ten·dienst·lich *adj* MILIT., POL. *geheimdienstlich*

Nach·rich·ten·sper·re die <-, -n> *Verbot, die Öffentlichkeit oder die Presse über bestimmte Ereignisse zu informieren:* eine Nachrichtensperre verhängen/aufheben

Nach·rich·ten·tech·nik die <-> */kein Plur./ Gebiet der Technik, das sich damit beschäftigt, wie Informationen technisch übertragen werden können*

Nach·rich·ten·we·sen das <-s> */kein Plur./ alles, was mit der Übermittlung und Verbreitung von Nachrichten zusammenhängt*

nach·rü·cken <rückst nach, rückte nach, ist nachgerückt> *ohne OBJ* ▪ **jmd. rückt (irgendwohin) nach** *ein Amt oder eine Funktion von jmdm., der eine höhere Position hat als man selbst, übernehmen:* Sie rückte nach Ausscheiden des Ministers auf dessen Posten nach.

Nach·ruf der <-(e)s, -e> *ein Text, mit dem jmd., der vor kurzem gestorben ist, gewürdigt wird:* Nach seinem plötzlichen Tod erschien ein Nachruf in der Zeitung.

nach·ru·fen <rufst nach, rief nach, hat nachgerufen> *mit OBJ/ohne OBJ* ▪ **jmd. ruft (jmdm.) (etwas) nach** *etwas sehr laut zu jmdm. sagen, der gerade weggegangen ist:* Er rief ihr noch nach, sie solle auch Brot kaufen; aber da war sie schon aus dem Haus gegangen.

Nach·ruhm der <-(e)s> */kein Plur./ Ruhm, den ein Mensch oder sein Werk nach dem Tod genießt*

nach·rüs·ten <rüstest nach, rüstete nach,

hat nachgerüstet> **I.** *mit OBJ* ▪ **jmd. rüstet etwas (mit etwas** *Dat.***) nach** *ein Gerät, eine Maschine o.Ä. ändern, um dadurch eine technischs Verbesserung zu erreichen:* Er rüstet seinen Computer ständig nach. **II.** *ohne OBJ* ▪ **jmd. rüstet nach** MILIT. (↔ abrüsten) *neue Waffen beschaffen, um den gleichen Stand wie der Gegner zu erreichen*

Nach·rüs·tung die <-, -en> ❶ TECHN. *das Nachrüsten ¹* ❷ MILIT. *der Vorgang, dass neue Waffen beschafft werden, um einem Gegner gleichrangig zu sein*

nach·sa·gen <sagst nach, sagte nach, hat nachgesagt> *mit OBJ* ❶ ▪ **jmd. sagt (jmdm.) etwas nach** (≈ nachsprechen) *das, was ein anderer gesagt hat, wiederholen:* Er spricht es vor, und du sagst es dann langsam nach. ❷ ▪ **jmd. sagt jmdm. etwas nach** *etwas von einer Person behaupten, das meistens nicht stimmt:* Ihm wird nachgesagt, dass er unpünktlich sei.

Nach·sai·son die <-, s/-en> (↔ *Vorsaison*) *Zeit nach der Hauptsaison:* Die Flüge sind in der Nachsaison billiger.

nach·sal·zen <salzt nach, salzte nach, hat nachgesalzen> *mit OBJ/ohne OBJ noch mehr Salz zu einem Essen tun:* Ich habe zu wenig Salz an die Kartoffeln getan; du musst sie noch nachsalzen!

Nach·satz der <-es, Nachsätze> *Nachtrag oder Ergänzung in einer (schriftlichen) Äußerung*

nach·schau·en <schaust nach, schaute nach, hat nachgeschaut> **I.** *mit OBJ* ❶ ▪ **jmd. schaut etwas nach** SÜDDT., ÖSTERR., SCHWEIZ. *nachschlagen¹:* Ich weiß nicht, wann Luther gestorben ist. Da muss ich erstmal im Internet nachschauen.; im Fahrplan nachschauen ❷ ▪ **jmd. schaut etwas nach** (≈ nachsehen) *überprüfen, ob alles richtig funktioniert:* Der Motor macht so komische Geräusche; können Sie mal nachschauen? **II.** *ohne OBJ* ▪ **jmd. schaut jmdm./etwas nach** (≈ nachsehen) *hinter jmd. oder etwas hersehen, der/das sich entfernt:* Wehmütig schaute er den auslaufenden Schiffen nach.

nach·schi·cken <schickst nach, schickte nach, hat nachgeschickt> *mit OBJ* ▪ **jmd. schickt (jmdm.) etwas nach** *etwas an jmdn. schicken, der jetzt anderswo ist:* Kannst du mir bitte alle Briefe an meine neue Adresse nachschicken?

nach·schie·ßen <schießt nach, schoss nach, hat nachgeschossen> *mit OBJ* ▪ **jmd. schießt jmdm. etwas nach** (umg.) *jmdm., der schon Geld bekommen hat, noch mehr Geld geben:* Papa, schießt du mir noch ein paar Euro für diesen Monat nach?

Nach·schlag der <-(e)s /kein Plur./ *eine zusätzliche Portion von einem Essen:* In der Kantine verlangt er stets einen Nachschlag.

nach·schla·gen¹ <schlägt nach, schlug nach, hat nachgeschlagen> *mit OBJ/ohne OBJ* ▪ **jmd. schlägt (etwas) nach** *in ein Buch, ein Notizbuch, ein Lexikon/Wörterbuch, einen Fahrplan o.Ä. sehen, um eine Information zu finden oder zu überprüfen:* Du kannst das Wort doch im Wörterbuch nachschlagen!; Wenn du ihre genaue Ankunft wissen willst, musst du im Fahrplan nachschlagen.

nach·schla·gen² <schlägt nach, schlug nach, hat nachgeschlagen> *ohne OBJ* ▪ **jmd. schlägt jmdm. nach** *jmdm., mit dem man verwandt ist, im Aussehen oder Charakter ähnlich sein:* Er schlägt ganz seinem Vater nach.

Nach·schla·ge·werk das <-(e)s, -e> *ein Buch als Printmedium oder online, das je nach Datenangebot (sprachliche Ausdrücke, Bilder, Symbole, Abkürzungen, Namen mit Adressen etc.) aus dem vorgesehenen Gegenstandsbereich die jeweiligen Stichwörter in alphabetischer Reihenfolge oder nach Sachgruppen anordnet, sodass man darin etwas nachschlagen¹ kann:* Das neue Wörterbuch zu den religiösen Symbolen ist ein hervorragendes Nachschlagewerk.

nach·schlei·chen <schleichst nach, schlich nach, ist nachgeschlichen> *ohne OBJ* ▪ **jmd. schleicht jmdm. nach** *jmdm. heimlich folgen und dabei versuchen, dass man ihn nicht bemerkt wird:* Warum schleichst du mir dauernd nach?

Nach·schlüs·sel der <-s, -> *Kopie von einem Schlüssel:* einen Nachschlüssel machen/anfertigen lassen

nach·schrei·ben <schreibst nach, schrieb nach, hat nachgeschrieben> *mit OBJ* ▪ **jmd. schreibt etwas nach** SCHULE *eine Prüfung oder ein Examen zu einem Zeitpunkt schreiben, der nach dem ursprünglichen Termin liegt:* Weil sie krank war, durfte sie die Mathematikarbeit nachschreiben.

Nach·schrift die <-, -en> ❶ *ein zusätzlicher Text in einem Brief:* Der Brief hatte eine Nachschrift. ❷ *schriftliche stichwortartige Wiedergabe eines Vortrages:* Der Student fertigte fleißig eine Nachschrift der Vorlesung an.

Nach·schub der <-(e)s> /kein Plur./ ❶ MILIT. *alles, mit dem eine Truppe im Krieg versorgt wird:* Nachschub an neuer Kleidung; den Nachschub unterbrechen ◆-truppe, -weg, Essens-, Munitions- ❷ *(umg.) neues Material:* Wir haben Nachschub an Festplatten gekriegt. ❸ *(umg.) Essen und Getränke, die gebracht werden, wenn auf einer Party oder bei einer Feier schon alles verbraucht ist:* Das Bier ist alle; wir brauchen dringend Nachschub!

nach·schwät·zen <schwätzt nach, schwätzte nach, hat nachgeschwätzt> *mit OBJ* ▪ **jmd. schwätzt etwas nach** SÜDDT., ÖSTERR. *(abwert.) die Meinung anderer ohne Kritik und gedankenlos wiederholen*

Nach·se·hen das <-s> /kein Plur./ ▪ **jemand hat das Nachsehen** *jmd. bekommt oder erreicht nicht das, was er will* Wenn du nicht pünktlich bist, wirst du wieder das Nachsehen haben.

nach·se·hen <siehst nach, sah nach, hat nachgesehen> I. *mit OBJ/ohne OBJ* ▪ **jmd. sieht (etwas) nach** *nachschlagen* ¹ II. *mit OBJ* ❶ **jmd. sieht etwas nach** *etwas ansehen, um zu überprüfen, ob alles richtig ist und funktioniert:* Kannst du noch die Hausaufgaben der Kinder nachsehen?; Wir sollten die Bremsen besser nachsehen lassen. ❷ ▪ **jmd. sieht jmdm. etwas nach** *die Fehler oder Schwächen von jmdm. tolerieren:* Sie sieht ihm seine kleinen Schwächen nach. III. *ohne OBJ* ▪ **jmd. sieht jmdm./etwas nach** *hinter jmdm. oder etwas hersehen, der/das sich von der betreffenden Person entfernt:* Sie sahen dem Ballon noch lange nach.

nach·sen·den <sendest nach, sandte nach/sendete nach, hat nachgesandt/nachgesendet> *mit OBJ* ▪ **jmd. sendet etwas nach** (≈ *nachschicken*) *etwas an jmdn. schicken, der mittlerweile an einem anderen Ort ist:* Er ist umgezogen. Deshalb wird die Post an seine neue Adresse nachgesandt. ► Nachsendung

nach·set·zen <setzt nach, setzte nach, hat nachgesetzt> *mit OBJ* ▪ **jmd. setzt jmdm./etwas nach** (≈ *nachjagen, verfolgen*) *jmdm. oder etwas sehr schnell folgen, um ihn/es zu fangen oder einzuholen:* Sofort setzte sie dem Handtaschendieb nach.

Nach·sicht die <-> /kein Plur./ *Verständnis oder Geduld, wenn jmd. oder etwas von jmdm. beurteilt wird:* Du solltest Nachsicht mit ihr haben: Sie arbeitet doch noch nicht sehr lange in dieser Abteilung!

nach·sich·tig adj *geduldig und verständnisvoll:* Sie war stets nachsichtig gegen ihre Kinder/gegenüber ihren Kindern/mit ihren Kindern.

Nach·sil·be die <-, -n> SPRACHWISS. (≈ *Suffix* ↔ *Vorsilbe, Präfix) ein Element der Sprache, das an ein Wort angehängt wird:* Die Nachsilbe „-heit" beim Wort „Faulheit" zeigt, dass es ein Femininum ist.

nach·sin·gen <singst nach, sang nach, hat nachgesungen> *mit OBJ/ohne OBJ* ▪ **jmd. singt (jmdm.) (etwas) nach** *genau das singen, was man gehört hat oder was ein anderer gesungen oder gespielt hat:* Sie sang immer die alte Melodie aus dem berühmten Film nach.; einen Schlager nachsingen

nach·sin·nen <sinnst nach, sann nach, hat nachgesonnen> *ohne OBJ* ▪ **jmd. sinnt über etwas** *Akk.* **nach** *(geh.) über etwas nachdenken:* Schon den ganzen Tag sinnt sie über das Problem nach.

nach·sit·zen <sitzt nach, saß nach, hat/ist nachgesessen> *ohne OBJ* ▪ **jmd. sitzt nach** SCHULE *zur Strafe länger als die anderen Schüler in der Schule bleiben:* Er muss eine Stunde nachsitzen, weil er dauernd den Unterricht stört.

Nach·sor·ge die <-> /kein Plur./ MED. *Betreuung eines Patienten (im Rahmen einer Rehabilitationsmaßnahme) nach einer Krankheit oder Operation durch einen Arzt/eine Ärztin* ◆-klinik

Nach·spei·se die <-, -n> KOCH. (≈ *Nachtisch, Dessert* ↔ *Vorspeise) Essen, das meist süß ist, und das nach dem Hauptgericht gegessen wird:* ein Eis als Nachspeise

Nach·spiel das <-(e)s, -e> /Plur. selten/ ❶ MUS., THEAT. *kleineres Stück, das der Hauptaufführung als Nachtrag folgt* ❷ *Folgen einer Handlung, die meistens unangenehm sind:* Dieser Vorfall wird noch ein gerichtliches Nachspiel haben.

nach·spie·len <spielt nach, spielte nach, hat nachgespielt> I. *mit OBJ* ❶ ▪ **jmd. spielt etwas nach** *ein Musikstück, das man gehört hat, selbst auf einem Instrument spielen:* Kannst du das Lied nachspielen? ❷ ▪ **jmd. spielt etwas nach** *ein Theaterstück o.Ä. aufführen, das schon anderswo so gespielt wurde:* Man spielte das Musical auf der ganzen Welt nach. II. *ohne OBJ* ▪ **jmd. lässt nachspielen** SPORT *ein Mannschaftsspiel, wie Fußball oder Handball, länger als die offizielle Spielzeit dauern lassen:* Der Schiedsrichter lässt 10 Minuten nachspielen.

nach·spi·o·nie·ren <spionierst nach, spionierte nach, hat nachspioniert> *ohne OBJ* ■ **jmd. spioniert jmdm. nach** *heimlich das, was jmd. anderes tut, überprüfen:* Der eifersüchtige Ehemann spionierte seiner Frau schon ein halbes Jahr nach.

nach·spre·chen <sprichst nach, sprach nach, hat nachgesprochen> *mit OBJ/ohne OBJ* ■ **jmd. spricht (jmdm.) (etwas) nach** *genau das, was man von einem anderen gehört hat, sagen:* Der Minister sprach den Eid nach.; Sprechen Sie mir bitte nach!

nach·spü·len <spülst nach, spülte nach, hat nachgespült> **I.** *mit OBJ/ohne OBJ* ■ **jmd. spült (etwas) nach** *Geschirr noch einmal spülen* **II.** *ohne OBJ* ■ **jmd. spült (mit etwas** *Dat.***) nach** *(umg.) etwas schnell trinken, nachdem man schon etwas anderes getrunken oder gegessen hat*

nach·spü·ren <spürst nach, spürte nach, hat nachgespürt> *ohne OBJ* ■ **jmd. spürt jmdm./etwas nach** *durch Forschen oder Beobachten herauszufinden versuchen, was jmd. macht oder wo jmd./etwas sich befindet:* Der Geheimdienst spürte den Terroristen schon seit langer Zeit nach.; Sein ganzes Leben spürte er dem verlorenen Schatz der Piraten nach.

nächst *präp +Dat. (geh.)* ❶ *räumlich gleich daneben:* Es ist das Gebäude nächst der Bank. ❷ *neben, unmittelbar folgend:* Nächst diesem hat er noch drei andere Projekte.

nächst·bes·te *adj /nicht steig./ /nur attr., nur mit dem bestimmten Artikel/ das, was man als erstes vorfindet:* Wir hatten großen Hunger und gingen deshalb in das nächstbeste Restaurant.

Nächs·te *der/die* <-n, -n> ❶ *der in der Reihenfolge direkt Folgende:* Der/Die Nächste, bitte!; Wer kommt als Nächstes? ❷ *(geh.) Mitmensch:* Du sollst deinen Nächsten lieben.

nächs·te **I.** *Superl. von* **nahe** **II.** *adj /nur attr./* ❶ *so, dass etwas am wenigsten weit entfernt ist oder räumlich zuerst kommt:* An der nächsten Ecke müssen Sie links abbiegen. ❷ *so, dass etwas zeitlich direkt folgt:* Nächste Woche um diese Zeit sind wir im Urlaub. ❸ *so, dass jmd. jmdm. nahesteht:* Nur die nächsten Verwandten wurden eingeladen. ◆ Zusammenschreibung → R 4.5 die nächstgelegene Kreuzung; das nächsthöhere Stockwerk; der nächstmögliche Termin; die nächstliegende Lösung; das nächstfolgende Wort

nach·ste·hen <stehst nach, stand nach, hat/ist nachgestanden> *ohne OBJ* ■ **jmd. steht jmdm. (an etwas** *Dat.***)/(in etwas** *Akk.***) nach** *im Vergleich mit jmdm. auf einem Gebiet schlechter oder schwächer sein:* Er stand seinen Kollegen an Pünktlichkeit in nichts nach.

nach·ste·hend *adj /nicht steig./ (≈ nachfolgend) so, dass etwas direkt nach einer bestimmten Stelle im Text folgt* ◆ Großschreibung → R 3.7 das Nachstehende/Nachstehendes zur Kenntnis nehmen; Im Nachstehenden finden Sie die Einzelheiten.

nach·stei·gen <steigst nach, stieg nach, ist nachgestiegen> *ohne OBJ* ■ **jmd. steigt jmdm. nach** *(umg.: ≈ nachstellen) (als Mann) sich einer Frau immer wieder nähern und versuchen mit ihr Kontakt aufzunehmen:* Jetzt steigt er ihr schon seit Monaten nach!

nach·stel·len <stellst nach, stellte nach, hat nachgestellt> **I.** *mit OBJ* ❶ ■ **jmd. stellt etwas nach** *eine Situation oder Szene originalgetreu wiedergeben:* Wir stellen eine Szene aus Hamlet nach. ❷ ■ **jmd. stellt etwas nach** TECHN. *ein Gerät, eine Maschine o.Ä. wieder neu einstellen:* Die Mechaniker stellten die Bremsen nach. ❸ ■ **jmd. stellt eine Uhr nach** *die Uhrzeiger wieder auf die richtige Zeit drehen* **II.** *ohne OBJ* ❶ ■ **jmd. stellt einem Tier nach** *(geh.) ein Tier jagen:* Die Jäger stellten dem Wild nach. ❷ ■ **jmd. stellt jmdm. nach** *(abwert.) versuchen, mit einer Frau in Kontakt zu kommen:* Der Chef stellt seiner Sekretärin nach.

Nächs·ten·lie·be *die* <-> */kein Plur./ die Liebe und Rücksicht, die man seinen Mitmenschen entgegenbringt*

nächs·tens *adv* ❶ *bald:* Ich hoffe, nächstens von ihr zu hören. ❷ *(geh.) am Ende:* Nächstens willst du noch auf Weltreise gehen.

nächst·ge·le·gen *adj /nur attr./ so, dass etwas am wenigsten weit weg ist:* der nächstgelegene Parkplatz

nächst·hö·her *adj /nur attr./ so, dass etwas in einer Hierarchie oder in einer Reihenfolge einen Rang oder eine Stufe höher ist:* der nächsthöhere Offiziersrang; die nächsthöhere Gehaltsklasse

nächst·mög·lich *adj /nicht steig./ /nur attr./ so, dass etwas von einem bestimmten Zeitpunkt an als Nächstes möglich ist:* Sie können zum nächstmöglichen Termin kündigen.

nach·su·chen <suchst nach, suchte nach, hat nachgesucht> *ohne OBJ*

❶ *jmd. sucht (irgendwo) nach intensiv suchen:* Ich habe überall nachgesucht, kann aber meine Brille nicht finden. ❷ *jmd. sucht (bei jmdm.) um etwas Akk. nach (geh.) offiziell und sehr förmlich um etwas bitten:* Er hat um seine Entlassung nachgesucht.

Nacht die [naxt] <-, Nächte> ❶ *(↔ Tag) der Zeitraum zwischen Abend und Morgen, während dem es völlig dunkel ist:* die Nacht vom Dienstag auf Mittwoch; bis spät in die Nacht; in der Nacht zum Donnerstag; Die Nacht bricht herein.; Es wird Nacht. ◆ -creme/-krem/-kreme, -frost, -hemd, -portier(in), -schränkchen, Samstag-, Sonntag-, Montag- usw. ❷ *in der Nacht¹:* Wir treffen uns heute Nacht.; ▪ **die Heilige Nacht** *die Nacht vom 24. auf den 25. Dezember;* ▪ **Gute Nacht!** *verwendet, um jmdn. zu verabschieden, der zu Bett geht;* ▪ **zur Nacht** *(geh.) nachts;* ▪ **bei Einbruch der Nacht** *zu Beginn der Nacht¹;* ▪ **bei Nacht und Nebel** *(umg.) ganz heimlich* Sie brachen bei Nacht und Nebel auf.; ▪ **über Nacht** *innerhalb sehr kurzer Zeit* Das Buch wurde über Nacht zum Bestseller.; ▪ **schwarz wie die Nacht** *völlig schwarz;* ▪ **hässlich/dumm/doof wie die Nacht** *(umg.) sehr hässlich/dumm/doof usw.;* ▪ **sich die Nacht um die Ohren schlagen** *(umg.) die ganze Nacht¹ wach bleiben;* ▪ **die Nacht zum Tage machen** *in der Nacht nicht schlafen, sondern arbeiten, feiern usw.;* ▪ **jemandem schlaflose Nächte bereiten** *jmdm. große Probleme oder Sorgen bereiten;* ▪ **(Na) dann(,) gute Nacht!** *(umg.) verwendet, um auszudrücken, dass man für eine bestimmte Situation das Schlimmste befürchtet* Wenn jetzt auch noch die Ölpreise steigen, dann gute Nacht!; *siehe auch* **Abend**

nacht·ak·tiv *adj* ZOOL. *so, dass Tiere während der Nacht¹ aktiv sind und tagsüber schlafen*

Nacht·ar·beit die <-> /kein Plur./ *Arbeit in der Nacht¹:* Nachtarbeit ist für das Krankenhauspersonal normal.

Nacht·blind·heit die <-> /kein Plur./ *eingeschränkte Fähigkeit, bei Dunkelheit genau sehen zu können* ▸ nachtblind

Nacht·dienst der <-(e)s, -e> *Dienst, den man besonders im Krankenhaus in der Nacht¹ hat:* Der Assistenzarzt hat heute Nachtdienst.

Nach·teil der ['na:xtail] <-(e)s, -e> *(↔ Vorteil) ungünstige und negative Auswirkungen, die etwas haben kann:* Dieses Auto hat den Nachteil, dass es sehr viel Benzin verbraucht.; ▪ **(jemandem gegenüber) im Nachteil sein** *in einer schlechteren oder ungünstigeren Situation sein als ein anderer;* ▪ **etwas gereicht jemandem zum Nachteil** *(geh.) etwas hat für jmdn. negative Folgen*

nach·tei·lig *adj (≈ negativ ↔ vorteilhaft) so, dass etwas mit Nachteilen verbunden ist:* nachteilige Folgen; Dein Verhalten wirkt sich nachteilig auf das Arbeitsklima aus!

näch·te·lang **I.** *adj mehrere Nächte¹ dauernd:* Nächtelange Diskussionen waren die Folge. **II.** *adv während mehrerer Nächte:* Er hatte sich nächtelang mit der Lösung des Problems beschäftigt.

nach·ten *mit* ES ▪ **es nachtet** SÜDDT., SCHWEIZ. *Nacht¹ werden:* Es nachtet schon.

näch·tens *adv (geh.) in der Nacht:* Nächtens schlafen die meisten Menschen.

Nacht·es·sen das <-s, -> SCHWEIZ. *Abendessen*

Nacht·eu·le die <-, -n> *(umg. scherzh.: ≈ Nachtschwärmer) jmd., der gewöhnlich spät ins Bett geht und in der Nacht¹ sehr aktiv ist*

Nacht·flug·ver·bot das <-(e)s, -e> *Verbot, das das Starten und Landen von Flugzeugen auf Flughäfen während der Stunden meistens zwischen Mitternacht und dem frühen Morgen betrifft*

Nach·ti·gall die ['naxtıgal] <-, -en> *ein kleiner Vogel, der häufig auch während der Nacht sehr schön singt*

näch·ti·gen *ohne OBJ* ▪ **jmd. nächtigt (irgendwo)** ÖSTERR. *übernachten:* Er musste im Gartenhaus nächtigen.

Näch·ti·gung die <-, -en> ÖSTERR. *Übernachtung*

Näch·ti·gungs·plus das <-ses> ÖSTERR. *Ermäßigung oder Rabatt bei mehreren Übernachtungen in einem Hotel*

Nach·tisch der <-(e)s /kein Plur./ KOCH. *(≈ Dessert) Nachspeise:* Als Nachtisch gibt es Obst.

Nacht·klub, **Nacht·club** der <-s, -s> *(≈ Night-Club) Lokal, das nachts sehr lange geöffnet hat und in dem häufig auch erotische Unterhaltung angeboten wird*

Nacht·la·ger das <-s, -> *Platz zum Schlafen, auf dem man (in einer bestimmten Situation) die Nacht verbringt:* Ich mache dir das Nachtlager auf dem Sofa zurecht.

Nacht·le·ben das <-s> /kein Plur./ *alle (in einer Stadt vorhandenen) Gelegenheiten, abends und in der Nacht auszugehen und sich zu amüsieren:* Sie genießt das Nachtleben in der Großstadt.

nächt·lich ['nɛçtlɪç] adj /nicht steig./ /nur attr./ so, dass etwas zur Nacht¹ gehört oder in der Nacht¹ stattfindet: Sie genossen die nächtliche Stille.; nächtliche Vergnügungen

Nacht·lo·kal das <-(e)s, -e> Lokal, das noch auf hat, wenn die anderen Lokale schon geschlossen sind

Nacht·mahl das <-(e)s, -e/Nachtmähler> /Plur. selten/ SÜDDT., ÖSTERR. Abendessen

Nach·trag der <-(e)s, Nachträge> Text, den man später zu einem schon geschriebenen Text hinzufügt: einen Nachtrag zu etwas verfassen/schreiben

nach·tra·gen <trägst nach, trug nach, hat nachgetragen> mit OBJ ① ▪ jmd. trägt (jmdm.) etwas nach etwas zu jmdm., der schon weggegangen ist, tragen: Immer muss ich dir deine Tasche nachtragen! Kannst du nicht mal selber daran denken? ② ▪ jmd. trägt etwas nach (≈ hinzufügen) etwas später sagen oder schreiben, weil man vorher vergessen hat, es an der richtigen Stelle zu erwähnen: Anmerkungen in einem Essay nachtragen ③ ▪ jmd. trägt jmdm. etwas nach etwas Schlechtes oder Böses nicht vergessen, das einem von jemand zugefügt worden ist: Sie hat es ihrer Freundin noch lange nachgetragen, dass sie nicht zur Hochzeit eingeladen wurde.

nach·tra·gend adj so, dass sich jmd. übertrieben lange über jmdn. oder etwas ärgert: Er hat mich schon wieder auf dieses Missverständnis von damals angesprochen: Er ist und bleibt ein nachtragender Mensch.

nach·träg·lich ['na:xtrɛːklɪç] adj /nicht steig./ (≈ im Nachhinein) nach dem eigentlichen Zeitpunkt stattfindend: Ich wollte dir nachträglich zum Geburtstag gratulieren.

Nach·trags·haus·halt der <-(e)s, -e> AMTSSPR. Haushaltsplan, der nach dem ersten Haushaltsplan aufgestellt wird, weil dieser nicht mehr stimmt

nach·trau·ern <trauerst nach, trauerte nach, hat nachgetrauert> ohne OBJ ▪ jmd. trauert jmdm./etwas nach traurig sein, weil jmd. oder etwas nicht mehr da ist: Sie trauerte ihrem Garten noch lange nach.; Noch immer trauert er seiner ersten großen Liebe nach.

Nacht·ru·he die <-> /kein Plur./ ① Schlaf in der Nacht: Der Autolärm stört mich in meiner Nachtruhe ② Zeit zwischen 22 Uhr und 6 Uhr, in der man keinen Lärm machen sollte, um die anderen nicht beim Schlafen zu stören

nachts [naxts] adv in oder während der Nacht: Nachts schlafen die meisten Menschen.; Bis 2 Uhr nachts lag ich wach.; ▪ **Nachts sind alle Katzen grau!** (umg.) im Dunkeln fällt etwas nicht weiter auf;; siehe auch **abends**

Nacht·schal·ter der <-s, -> Stelle meistens an der Eingangstür einer Apotheke, einer Tankstelle o.Ä., an der in der Nacht¹ Kunden bedient werden: Der Nachtschalter ist selbstverständlich geöffnet.

Nacht·schicht die <-, -en> die Schicht, bei der in einer Fabrik während der Nacht¹ gearbeitet wird

nacht·schla·fend adj /nicht steig./ ▪ **zu nachtschlafender Zeit** (umg.) nachts, wenn alle Leute schlafen Sie rief zu nachtschlafender Zeit an.

Nacht·schwär·mer der <-s, -> (scherzh.) jmd., der gerne und lange nachts ausgeht und sich vergnügt: Auf den Straßen waren nur noch einige Nachtschwärmer unterwegs.

Nacht·schwes·ter die <-, -n> Krankenschwester, die Nachtdienst hat

Nacht·sei·te die <-, -n> (übertr.) dunkle, obskure Seite: Der Film zeigt die Nachtseiten des Großstadtlebens.

Nacht·strom der <-(e)s /kein Plur./ Strom, der nachts geliefert wird und billiger als der Strom bei Tag ist

Nacht·ta·rif der <-(e)s, -e> ① (höherer) Lohn, den man für Arbeit während der Nacht bekommt ② besonderer Tarif, der während der Nacht für Dienstleistungen, Fahrkarten, Telefonverbindungen o.Ä. gilt

Nacht·tisch der <-(e)s, -e> ein kleiner Schrank oder Tisch, der direkt neben dem Bett steht und auf dem zum Beispiel der Wecker und eine Lampe stehen können ◆-lampe

Nacht·topf der <-(e)s, Nachttöpfe> eine Art Topf, den man vor allem früher unter das Bett stellte und benutzte, wenn man seine Notdurft verrichten musste, aber nicht zur Toilette gehen wollte bzw. keine Toilette in der Wohnung hatte

Nacht·tre·sor der <-s, -e> Tresor an einer Bank, in dem man nach Schalterschluss Geld deponieren kann

Nacht-und-Ne·bel-Ak·ti·on die <-, -en> (umg.) eine überraschende Aktion, die meist von der Polizei heimlich geplant und bei Nacht durchgeführt wird: In einer Nacht-und-Nebel-Aktion gelang es den Polizeikräften, die Entführer zu überwältigen.

Nacht·vor·stel·lung die <-, -en> *ein Kinofilm, ein Theaterstück, ein Kabarett o.Ä., die nachts gezeigt werden*

Nacht·wa·che die <-, -n> ❶ *Dienst, bei dem jmd. nachts etwas bewacht* ❷ GESCH. *Dienst, bei dem ein Mann nachts in der Stadt umherging, um aufzupassen, dass nichts passierte* ❸ MED. *Dienst eines Arztes oder einer Krankenschwester während der Nacht im Krankenhaus*

Nacht·wäch·ter der, **Nacht·wäch·te·rin** <-s, -> ❶ *jmd., der nachts ein Gebäude bewacht* ❷ GESCH. *jmd., der früher eine Nachtwache² hielt und auch regelmäßig die Uhrzeit ausrief*

nacht·wan·deln <nachtwandelst, nachtwandelte, hat/ist nachtgewandelt> *ohne OBJ* ■ **jmd. nachtwandelt** *schlafwandeln*

Nacht·zeit die <-, -en> (↔ *Tageszeit*) *Zeit während der Nacht¹*

Nach·un·ter·su·chung die <-, -en> MED. *Untersuchung, die nach einer Operation zu einem späteren Zeitpunkt vorgenommen wird:* Sie sollte einen Monat nach dem Eingriff zur Nachuntersuchung kommen.

nach·voll·zieh·bar adj (≈ *verständlich*) *so, dass man es nachvollziehen kann* ▸ Nachvollziehbarkeit

nach·voll·zie·hen <vollziehst nach, vollzog nach, hat nachvollzogen> *mit OBJ* ■ **jmd. vollzieht etwas nach** *jmd. kann sich denken oder vorstellen, wie etwas gewesen ist:* Ich konnte ihr Verhalten beim besten Willen nicht nachvollziehen.

nach·wach·sen <wächst nach, wuchs nach, ist nachgewachsen> *ohne OBJ* ■ **etwas wächst nach** *etwas wächst wieder da, wo vorher etwas abgeschnitten oder entfernt wurde:* Das Gras wächst schnell wieder nach.; Obwohl ich die Disteln immer wieder ausreiße, wachsen sie sehr schnell nach.; nachwachsende Energieträger, wie z.B. Holz

Nach·wahl die <-, -en> *Wahl, die nach der eigentlichen Wahl zu einem späteren Zeitpunkt durchgeführt wird*

Nach·we·hen Plur. ❶ MED. *der Vorgang, dass sich die Gebärmutter nach der Geburt nochmals zusammenzieht* ❷ (umg.) *die Auswirkungen oder Folgen von etwas Beschwerlichem:* Wir litten noch an den Nachwehen der langen Fahrt.

nach·wei·nen <weinst nach, weinte nach, hat nachgeweint> *ohne OBJ* ■ **jmd. weint jmdm. nach** *jmd. ist traurig, dass jmd. weggegangen ist oder etwas verloren ging:* Bei allem, was er dir angetan hat, wirst du ihm doch wohl nicht nachweinen.; ■ **jemandem/etwas keine Träne nachweinen** *nicht traurig, sondern eher erleichtert sein, dass jmd. weggegangen ist oder etwas verloren ging* Dieser Arbeitsstelle weine ich keine Träne nach!

Nach·weis der ['naːxvaɪs] <-es, -e> ❶ *Argumentationsweg oder Handlung, die zeigen, dass etwas richtig oder wahr ist:* Er führte den wissenschaftlichen Nachweis für die Richtigkeit seiner Theorie. ❷ *Dokumente, die etwas nachweisen oder bescheinigen:* den Nachweis der Flugtauglichkeit erbringen ◆ Befähigungs-, Identitäts-, Literatur-

nach·weis·bar adj /nicht steig./ *so, dass etwas nachgewiesen werden kann*

nach·wei·sen <weist nach, wies nach, hat nachgewiesen> *mit OBJ* ❶ ■ **jmd. weist etwas nach** *mit Argumenten, wissenschaftlichen Beweisen oder Handlungen zeigen, dass etwas wahr oder richtig ist:* Die Existenz dieses Tieres ist bis heute nicht nachgewiesen.; Mängel am Motor konnten nicht nachgewiesen werden. ❷ ■ **jmd. weist etwas nach** *mit Dokumenten zeigen, dass man etwas hat oder zu etwas befähigt ist:* Er konnte keinen festen Wohnsitz nachweisen.; Bei der Prüfung musste er nachweisen, dass er den Text verstanden hatte. ❸ ■ **jmd. weist jmdm. etwas nach** *jmd. beweist, dass jmd. etwas getan hat:* Es war leicht, ihm seinen Fehler nachzuweisen.

nach·weis·lich ['naːxvaɪslɪç] adj /nicht steig./ *so, dass es bewiesen ist:* Ihre Aussage ist nachweislich falsch.

Nach·welt die <-> /kein Plur./ *alle im Hinblick auf einen Bezugszeitraum später lebenden Menschen:* etwas der Nachwelt hinterlassen/überlassen/überliefern

nach·wer·fen <wirfst nach, warf nach, hat nachgeworfen> *mit OBJ* ❶ ■ **jmd. wirft etwas nach** *jmd. wirft in etwas noch mehr Geldstücke hinein:* Wenn Sie noch weiter telefonieren wollen, müssen Sie 50 Cent nachwerfen. ❷ ■ **jmd. wirft jmdm. etwas nach** (umg.) *jmdm. etwas sehr leicht machen, etwas zu erreichen oder jmdm. etwas sehr billig verkaufen:* Sie musste kaum lernen; die guten Noten wurden ihr geradezu nachgeworfen.; Handys werden einem ja schon fast nachgeworfen!

nach·wie·gen <wiegst nach, wog nach, hat nachgewogen> *mit OBJ/ohne OBJ* ■ **jmd. wiegt (etwas) nach** *etwas noch einmal wiegen, um festzustellen oder zu*

überprüfen, ob das Gewicht richtig ist: Sind das wirklich 300 Gramm? Wiegen Sie bitte doch noch mal nach.

nach·win·ken <winkst nach, winkte nach, hat nachgewinkt/nachgewunken> *ohne OBJ* ■ **jmd. winkt jmdm./etwas nach** *jmd. winkt jmdm. oder etwas, der/das weggeht oder wegfährt, hinterher*

nach·wir·ken <wirkt nach, wirkte nach, hat nachgewirkt> *ohne OBJ* ■ **etwas wirkt nach** *etwas hat auch später noch eine Wirkung* ▸ Nachwirkung

Nach·wort *das* <-(e)s, -e> *(≈ Epilog ↔ Vorwort, Prolog) ein Text am Ende eines Buches, der Informationen zum Autor, zum Buch o.Ä. enthält:* Du musst unbedingt auch das Nachwort des Buches lesen.

Nach·wuchs *der* <-(e)s> ❶ *Kind oder Kinder in einer Familie* ❷ *in einem Arbeits- oder Fachgebiet die jüngere Generation, deren Angehörige im Beruf noch nicht etabliert sind oder eine Tätigkeit noch nicht voll ausüben:* der akademische Nachwuchs; der Nachwuchs des Fußballvereins ◆-autor(in), -förderung, -kraft, -mangel, -schauspieler(in), -spieler(in), -talent

Nach·wuchs·ar·beit *die* <-> */kein Plur./* SPORT *Förderung und Betreuung des Nachwuchses²*

nach·wür·zen <würzt nach, würzte nach, hat nachgewürzt> *mit OBJ/ohne OBJ* ■ **jmd. würzt (etwas) nach** *jmd. tut zu etwas noch mehr Gewürze hinzu:* den Salat nachwürzen

nach·zah·len <zahlst nach, zahlte nach, hat nachgezahlt> *mit OBJ/ohne OBJ* ■ **jmd. zahlt (etwas) nach** *eine Summe bezahlen, die man schon früher hätte bezahlen müssen:* Er sollte die Fernsehgebühren für drei Monate nachzahlen.; Sie musste im Zug schon wieder nachzahlen.

nach·zäh·len <zählst nach, zählte nach, hat nachgezählt> *mit OBJ/ohne OBJ* ■ **jmd. zählt (etwas) nach** *etwas noch einmal zählen, um zu überprüfen, ob das Ergebnis der ersten Zählung richtig ist:* Man zählte alle Stimmzettel nach der Wahl ein zweites Mal nach.; Der Betrag stimmt: Sie können ruhig nachzählen.

Nach·zah·lung *die* <-, -en> ❶ *das Nachzahlen* ❷ *Betrag, der nachzuzahlen ist:* Die Nachzahlung an das Finanzamt beträgt 2000 Euro.

nach·zeich·nen <zeichnest nach, zeichnete nach, hat nachgezeichnet> *mit OBJ/ohne OBJ* ❶ ■ **jmd. zeichnet (etwas) nach** *etwas, das der Vorlage sehr ähnlich ist, zeichnen* ❷ ■ **jmd. zeichnet (etwas) nach** *(≈ nachziehen I. 2) mit einem Stift eine Linie verstärken und sie so stärker sichtbar machen:* Sie zeichnete den Schwung ihrer Augenbrauen mit Kajal nach. ❸ ■ **jmd. zeichnet (etwas) nach** *(≈ abpausen) die Linien einer Zeichnung mit Hilfe eines besonderen Papiers auf ein anderes Blatt übertragen* ❹ ■ **jmd. zeichnet etwas nach** *etwas in Stichwörtern wiedergeben:* Sie zeichnete in wenigen Worten den Ablauf der Veranstaltung nach.

nach·zie·hen <ziehst nach, zog nach, hat/ist nachgezogen> I. *mit OBJ (haben)* ❶ ■ **jmd. zieht ein Bein nach** *ein Bein langsamer als das andere bewegen und deshalb hinken:* Er hat ein Bein nachgezogen. ❷ ■ **jmd. zieht etwas nach** *(≈ nachzeichnen²) mit einem Stift eine Linie verstärken und sie so stärker sichtbar machen:* Sie zog die Augenbrauen nach. ❸ ■ **jmd. zieht etwas nach** *meistens mit einem Werkzeug eine Schraube noch einmal drehen, um sie fester zu machen:* Sie haben alle Schrauben nachgezogen. II. *ohne OBJ* ❶ ■ **jmd. zieht (jmdm.) nach** *jmdm., der weggegangen ist, folgen:* Die hartnäckigsten Fans sind ihrem Star von Auftrittsort zu Auftrittsort nachgezogen. ❷ ■ **jmd. zieht (mit etwas** *Dat.*) **nach** *bei einem Brettspiel dem Zug des Gegners folgen:* Nach einer halben Stunde hat er endlich mit dem Läufer nachgezogen.

Nach·zucht *die* <-, -en> ❶ */kein Plur./ das Züchten von besonders ausgewählten Tieren* ❷ *die Nachkommen dieser Tiere*

Nach·züg·ler *der*, **Nach·züg·le·rin** <-s, -> ❶ *jmd., der später als alle anderen an einen Ort kommt:* Bei dem Schulausflug mussten alle auf die ewigen Nachzügler warten. ❷ *(umg.) jmd., der wesentlich später als seine Geschwister geboren ist*

Na·cke·dei *der* <-s, -s> *(umg. scherzh.) nackter Mensch, besonders ein kleines Kind*

Na·cken *der* ['nakn̩] <-s, -> *der hintere Teil des Halses:* den Kopf in den Nacken werfen; ■ **jemandem im Nacken sitzen** *(umg.) jmdm. Sorgen oder Angst machen* Der Abgabetermin saß ihr im Nacken.; ■ **jemandem im Nacken sitzen** *jmdn. verfolgen und ihm schon ganz nahe sein* Die Polizei saß den Gangstern im Nacken. ◆-haar, -stütze

nackt [nakt] *adj /nicht steig./* ❶ *(↔ angezogen) ohne Kleidung:* mit nacktem Oberkörper ▸ Nacktaufnahme, Nacktbaden,

Nacktbadestrand, Nacktfoto, Nacktsszene, Nackttänzer(in) ▸ Nacktheit ❷ *ohne schützende Hülle, Schicht, Schmuck:* In dieser Höhe gibt es nur noch nackte Felsen.; Die nackten Wände boten ein tristes Bild. ❸ */ nur attr./ sehr schlimm oder sehr groß:* Die nackte Wut stand ihr im Gesicht geschrieben.; mit nackter Verzweiflung; das nackte Elend; ▪ **nur das nackte Leben retten können** *nur das Leben, aber nicht den Besitz retten können;* ▪ **die nackten Tatsachen** *nur die reinen Fakten*

Nackt·fo·to *das* <-s, -s> *Foto von einer unbekleideten Person*

Na·del *die* [ˈnaːdl̩] <-, -n> ❶ *ein kleiner, dünner Gegenstand, der meist aus Metall ist und eine Spitze hat, und mit dem man näht* ◆ -öhr -spitze, Häkel-, Näh-, Sicherheits-, Steck-, Stopf-, Strick- ❷ *ein kleiner Gegenstand, der auf einer Nadel¹ befestigt ist und den man irgendwo als Schmuck oder Zeichen befestigt* ◆ Ansteck-, Haar-, Krawatten- ❸ *der untere Teil einer Spritze, mit dem man in die Haut sticht* ◆ Injektions- ❹ *ein kleiner, schmaler Zeiger bei einem Gerät:* Die Nadel des Kompasses zeigt nach Norden. ◆ Benzin-, Kompass-, Tacho- ❺ TECHN. *ein feines Teil, das die Form einer Nadel¹ hat und in einem technischen Gerät eine bestimmte Funktion ausübt* ◆ Zünd- ❻ *die feine Spitze unter dem Tonarm von einem Plattenspieler, mit der die Schallplatte abgetastet wird:* Die Nadel kratzt aber ganz schön! Ich glaube, ich muss sie mal wechseln. ◆ Diamant-, Saphir- ❼ */meist Plur./* (↔ *Blatt*) *die feinen grünen Teile, die an den Ästen von manchen Bäumen wachsen und die Form von Nadeln¹ haben:* Fichten und Kiefern haben Nadeln und keine Blätter.; ▪ **wie auf Nadeln sitzen** *(umg.) nervös sein;* ▪ **etwas ist mit der heißen Nadel genäht** *(umg. abwert.) verwendet als Kommentar, wenn sich eine Naht bei einem gekauften Kleidungsstück löst;* ▪ **an der Nadel hängen** *(umg.) süchtig nach Heroin sein;* ▪ **von der Nadel nicht wegkommen** *sich nicht von der Sucht nach Heroin befreien können* ◆ Fichten-, Tannen-

Na·del·baum *der* <-(e)s, Nadelbäume> BOT. (↔ *Laubbaum*) *ein Baum, der Nadeln⁷ und keine Blätter trägt*

Na·del·höl·zer *Plur.* (↔ *Laubhölzer*) *die verschiedenen Arten von Nadelbäumen bzw. Nadelsträuchern*

Na·del·kis·sen *das* <-s, -> *ein kleines Kissen, in das Nadeln¹ gesteckt werden*

na·deln <nadelst, nadelte, hat genadelt> *ohne OBJ* ▪ **ein Baum nadelt** *die Nadeln⁷ verlieren:* Der Weihnachtsbaum nadelt.

Na·del·öhr *das* <-s, -e> *das kleine längliche Loch am Ende einer Nähnadel, durch das der Faden gezogen wird*

Na·del·stich *der* <-(e)s, -e> ❶ *Stich, den man mit einer Nadel¹ ausführt* ❷ *kleines Loch, das vom Stich mit einer Nadel herrührt*

Na·del·strei·fen *der* <-s, -> */meist Plur./ feine, meist weiße Linien auf einem dunklen Stoff für Anzüge* ◆ -anzug

Na·del·wald *der* <-(e)s, Nadelwälder> BOT. (↔ *Laubwald*) *Wald, in dem überwiegend Nadelbäume wachsen*

Na·gel¹ *der* [ˈnaːgl̩] <-s, Nägel> *ein schmaler Gegenstand, der meist aus Metall ist, eine Spitze und einen runden flachen Kopf hat und den man mit einem Hammer irgendwo einschlägt, um etwas zu befestigen, aufzuhängen oder zu verbinden:* den Nagel einschlagen; den Nagel mit einer Zange herausziehen; ein krummer Nagel; ▪ **den Nagel auf den Kopf treffen** *(umg.) das Wesentliche von einer Sache erkennen und es genau beschreiben* Sie haben mal wieder den Nagel auf den Kopf getroffen!; ▪ **Nägel mit Köpfen machen** *(umg.) eine Sache konsequent zum Abschluss bringen* Bei diesem Projekt müssen wir endlich Nägel mit Köpfen machen, sonst wird das nichts!; ▪ **etwas an den Nagel hängen** *(umg.) mit etwas endgültig aufhören* Sie hat ihren Job an den Nagel gehängt. ◆ Eisen-, Stahl-

Redewendungen: „Wie hast du das erraten? Du hast nämlich den Nagel auf den Kopf getroffen!" (‚Du hast das treffend erkannt'); „Trotz der guten Bezahlung hat sie die Arbeit an den Nagel gehängt" (‚Sie hat es so satt gehabt, dass sie gekündigt hat'); „Ich muss in dieser Angelegenheit unbedingt mit dir sprechen, denn es brennt mir auf den Nägeln" (‚es ist sehr dringlich'); „Sie gönnt ihrer besten Freundin nicht einmal das Schwarze unter den Nägeln" (‚Sie neidet ihr alles'); „Ihr gelang es stets, sich alles unter den Nagel zu reißen: die wertvollsten Antiquitäten, die teuersten Autos etc." (‚Sie schaffte es immer, alles zu bekommen').

Na·gel² *der* [ˈnaːgl̩] <-s, Nägel> *der harte flache Teil am Ende der Finger und der Zehen:* die Nägel schneiden; die Nägel lackieren; sich den Nagel einreißen; ▪ **etwas brennt jemandem unter den Nägeln**

(umg.) etwas muss dringend erledigt werden Die Steuererklärung brennt mir unter den Nägeln!; ■ **sich etwas unter den Nagel reißen** *(umg.)* sich etwas geschickt bei einer günstigen Gelegenheit aneignen Hast du dir etwa schon wieder die Bücher unter den Nagel gerissen? ◆ -bett, -bürste, -feile, -haut, -lack, -lackentferner, -pfeile, -pflege, -schere, Daumen-, Finger-, Fuß-, Zehen-

Nä·gel·kau·en das <-s> /kein Plur./ die schlechte Angewohnheit, dass sich jemand z.B. aus Nervosität den äußeren Rand seiner Fingernägel abkaut

na·geln <nagelst, nagelte, hat genagelt> *mit OBJ* ❶ ■ **jmd. nagelt etwas irgendwohin** etwas irgendwo mit Nägeln¹ befestigen: ein Brett vor die Tür nageln; ein Schild an die Wand nageln ❷ ■ **jmd. nagelt etwas** etwas mit Nägeln¹ verbinden oder schließen: einen Knochenbruch nageln; eine Kiste nageln ❸ ■ **jmd. nagelt etwas** in etwas Nägel¹ schlagen: genagelte Schuhe

na·gel·neu adj /nicht steig./ *(umg.)* sehr neu: ein nagelneues Auto

Na·gel·pro·be die <-, -en> eine Situation, in der jmd. zeigen muss, was er kann: Die Prüfung würde für sie zur Nagelprobe werden.

na·gen ['na:gn] **I.** *ohne OBJ* ❶ ■ **jmd./ein Tier nagt an etwas** *Dat.* mit den Zähnen kleine Stücke von etwas Hartem entfernen: Der Hund nagt am Knochen. ▸ Nagetier ❷ ■ **etwas nagt an jmdm.** etwas quält jmdn. oder bereitet ihm große Sorgen: Das Klima nagte an seiner Gesundheit.; Die dauernden Sorgen nagten an ihr.; nagender Hunger **II.** *mit OBJ* ❶ ■ **ein Tier nagt etwas (in etwas** *Akk.*) ein Tier nagt I. 1 etwas und macht dadurch ein Loch: Die Mäuse haben lauter Löcher in den Schuppen genagt. ❷ ■ **ein Tier nagt etwas (von etwas** *Dat.*) ein Tier entfernt etwas, indem es nagt I. 1: Der Löwe nagt das Fleisch von dem Knochen.

nah¹, na·he *präp +Dat. (geh.)* nicht weit entfernt von etwas: Nahe dem alten Haus findest du den Schatz!; nahe/nah herangehen ◆ Nahaufnahme, Nahbereich, Naherholungsgebiet, Nahkampf ◆ Getrennt-oder Zusammenschreibung → R 4.16 in einem nahe liegenden/naheliegenden Ort; ein nahe stehender/nahestehender Baum; ◆ Getrenntschreibung → R 4.8, R 4.9 von nahem; von nah und fern; *siehe aber auch* **nahegehen, nahekommen, nahelegen, naheliegen, nahestehen**

nah², na·he <näher, am nächsten> adj ❶ (↔ *fern*) so, dass etwas räumlich nicht weit entfernt von jmdm. oder etwas ist: Er steht nah bei der Tür. ❷ (↔ *fern*) so, dass etwas zeitlich in der Zukunft nicht weit entfernt von jmdm./etwas ist: Seine Ankunft ist ganz nahe. ❸ so, dass jmd. eng mit jmdm. verbunden ist: Sie fühlte sich ihm nah. ❹ *(umg.:* ↔ *weit)* so, dass etwas der nächste Weg ist: Wenn du diesen Weg nimmst, hast du es näher.; ■ **der Nahe Osten** POL. der Vordere Orient; ■ **jemandem zu nahe treten** *(geh.)* etwas sagen oder tun, das die Gefühle von jmdm. verletzt; ■ **aus/von nah und fern** von überall her Die Teilnehmer der Konferenz waren aus nah und fern angereist.; ■ **jemand ist nahe d(a)ran, etwas zu tun** *(umg.)* jmd. ist fast bereit, etwas zu tun Er war nahe dran, den Job hinzuschmeißen.; ■ **jmd./etwas ist etwas** *Dat.* **nahe** jmd. ist kurz davor, etwas Unangenehmes oder Gefährliches zu erleben: Sie ist den Tränen nahe.; dem Untergang nahe sein

-nah [na:] als Zweitglied zusammengesetzter Adjektive, mit Betonung auf dem Erstglied; drückt aus, ❶ (↔ *-fern*) dass etwas an der mit dem Erstglied bezeichneten Sache ausgerichtet/orientiert ist: eine bürgernahe Verwaltungssprache ◆ bürger-, gegenwarts-, klienten-, lebens-, praxis-, realitäts-, verbraucher-, wirklichkeits-, zeit- ❷ dass es übereinstimmende Ziele mit dem gibt, was mit dem Erstglied bezeichnet wird: eine gewerkschaftsnahe Stiftung ◆ gewerkschafts-, landwirtschafts-, mafia-, partei-, polizei-, regierungs- ❸ dass eine räumliche Nähe zu dem mit dem Erstglied Bezeichneten gegeben ist: die Aktivität körpernaher Sinne beim Säugling (Fühlen, Riechen, Schmecken) ◆ front-, grenz-, körper-, küsten-, planeten-

Nä·he die ['nɛ:ə] <-> /kein Plur./ ❶ (↔ *Ferne*) geringe räumliche Entfernung zu etwas: Der See liegt ganz in der Nähe. ❷ (↔ *Ferne*) Zeit, die in geringer Entfernung in der Zukunft liegt: Der Sieg lag in greifbarer Nähe. ❸ enge menschliche Beziehung: Zwischen ihnen herrschte eine gewisse Nähe.; Angst vor Nähe haben; ■ **aus der Nähe betrachtet** bei kritischer Betrachtung Aus der Nähe betrachtet, war das Problem nicht zu lösen.

na·he·bei adv nicht weit von hier: Der Bach fließt nahebei.

na·he·ge·hen *mit OBJ* ■ **jemandem geht etwas nahe** Kummer bereiten, traurig machen: Dieses traurige Ereignis ist ihr sehr nahegegangen.

na·he·kom·men *mit OBJ* ■ **jemand kommt jemandem/etwas nahe** *sich annähern:* Ihr Vorschlag kommt unserem sehr nahe.; Sie haben einander kennengelernt und sind sich schon bald nahegekommen.

na·he·le·gen *mit OBJ* ■ **jemand legt jemandem etwas nahe** *empfehlen:* Man hat uns nahegelegt, die Entscheidung noch einmal zu überprüfen.

na·he·lie·gen *ohne OBJ* ■ **etwas liegt nahe** *etwas ist wahrscheinlich so (richtig):* Die Vermutung liegt nahe, dass er vom dem Plan gewusst hat.; Eine naheliegende Lösung für das Problem wäre …; aus naheliegenden Gründen

na·hen I. *ohne OBJ* ■ **etwas naht** *näher kommen:* Die Entscheidung naht. II. *mit SICH* ■ **jmd. naht sich jmdm.** *(geh. o veralt.) sich jmdm. nähern:* Er nahte sich ihr demutsvoll.

nä·hen ['nɛːən] *mit OBJ/ohne OBJ* ❶ ■ **jmd. näht (etwas)** *mit Stoff und Faden anfertigen:* Sie näht ihre Kleider selbst.; Sie näht für die ganze Familie. ▸ Nähgarn, Nähkasten, Nähkorb, Nähmaschine, Nähnadel, Nähseide, Nähzeug ❷ ■ **jmd. näht etwas** *etwas reparieren, indem man die Teile mit Nadel und Faden verbindet:* Er nähte den Riss im Hemd. ❸ ■ **jmd. näht etwas an/auf etwas** *Akk. etwas an oder auf etwas mit Nadel und Faden befestigen:* Sie nähte einen Knopf an das Hemd.; einen Flicken auf die Hose nähen ❹ ■ **jmd. näht etwas** MED. *eine Wunde mit einer Naht schließen:* Die Kopfverletzung war so groß, dass man sie nähen musste.

na·he·ste·hen *mit OBJ* ■ **jemand steht jemandem nahe** *jemand ist durch Verwandtschaft oder Freundschaft mit einer Person verbunden:* nahestehende Angehörige

nä·her ['nɛːɐ] I. *Komparativ von* **nahe** II. *adj so, dass etwas mit mehr Einzelheiten und deshalb genauer ist:* nähere Informationen geben; die näheren Umstände in Betracht ziehen; Bring den Tisch näher heran!; Das Gebirge kommt schon näher.; Das Haus liegt näher an der Straße, als du denkst.; die näher stehenden Fahrzeuge ◆ Großschreibung → R 3.7 des Näheren; *siehe aber auch* **näherbringen, näherkommen, näherliegen, näherstehen**

nä·her·brin·gen *mit OBJ* ■ **jemand bringt jemandem etwas näher** *Interesse für eine Mitteilung wecken:* Der Lehrer hat seinen Schülern durch ein anschauliches Beispiel das Thema nähergebracht.

Nä·he·re das <-n> /kein Plur./ *Genaueres, Konkreteres:* Näheres/Das Nähere erfahren Sie bei der Auskunft.

Nä·he·rin <-, -nen> *eine Frau, die beruflich Kleidung näht*

nä·her·kom·men *mit OBJ* ■ **jemand kommt jemandem näher** *in engere Beziehung treten:* Seit dem Ausflug sind sie einander nähergekommen.

nä·her·lie·gen *ohne OBJ* ■ **etwas liegt näher (zu tun)** *empfehlenswert sein:* Es hätte nähergelegen, sich gleich zu entschuldigen, statt noch eine Woche zu warten.

nä·hern ['nɛːɐn] <näherst, näherte, hat genähert> *mit SICH* ❶ ■ **jmd./etwas nähert sich jmdm./etwas** *räumlich näher zu jmdm. oder etwas kommen:* Wir nähern uns jetzt dem alten Stadtkern.; Vorsichtig näherte sich der Hund und blieb dann aber doch stehen. ❷ ■ **etwas nähert sich** *zeitlich näher kommen:* Endlich nähert es sich der Frühling. ❸ ■ **jmd./etwas nähert sich etwas** *Dat. etwas bald erreicht haben:* Langsam nähern wir uns dem Kern des Problems.; Die Geschichte nähert sich ihrem Ende. ❹ ■ **jmd. nähert sich jmdm.** *versuchen, mit jmdm. in Kontakt zu kommen, weil einem die Person gefällt:* Sie versuchte, sich ihm zu nähern. ❺ ■ **etwas nähert sich etwas** *Dat. einer Sache immer ähnlicher werden:* Die Wirtschaftspolitik näherte sich einer Katastrophe.

nä·her·ste·hen *ohne OBJ* ■ **jemand steht jemandem näher** *in engerer Beziehung sein:* Er ist für mich ein näherstehender Mensch: — Seine Frau kenne ich kaum.

Nä·he·rungs·wert der <-(e)s, -e> MATH. *eine Größe oder eine Zahl, die durch Berechnung dem eigentlichen Wert nahekommt*

na·he·zu ['naːəˈtsuː] *part (≈ fast)* Es ist nahezu unmöglich, eine gesicherte Vorhersage zu machen.

Näh·käst·chen ■ **aus dem Nähkästchen plaudern** *(umg.) Geheimnisse erzählen* Im Kreis seiner Freunde plauderte der Firmenchef gerne aus dem Nähkästchen.

nahm [naːm] *Prät. von* **nehmen**

Nah·ost /unveränderlich/ GEOGR. *der Nahe Osten, der Vordere Orient*

näh·ren I. *mit OBJ* ❶ ■ **jmd./ein Tier nährt jmdn./ein Tier** *(veralt.) ernähren:* Sie hat ihre Kinder mit Muttermilch genährt. ❷ ■ **etwas nährt etwas** *(geh.)*

nahrhaft–namenlos

wachsen lassen: Sein Verhalten nährte einen schrecklichen Verdacht. **II.** *ohne OBJ* ■ **etwas nährt** *nahrhaft sein:* Milch nährt. **III.** *mit SICH* ■ **jmd. nährt sich (von etwas** *Dat.***)** *(geh. o veralt.) sich (von etwas) ernähren:* Die Pferde nähren sich von Hafer. ▸ Nährboden, Nährcreme/Nährkrem/ Nährkreme, Nährlösung

nahr·haft *adj* ❶ *gesund:* Das Essen ist sehr nahrhaft. ❷ *mit vielen Nährstoffen:* Das ist nahrhafter Boden.

Nähr·stoff *der* <-(e)s, -e> */meist Plur./ Stoff, den Lebewesen benötigen, um leben und wachsen zu können: reich an Nährstoffen* ▸ nährstoffarm, nährstoffreich

Nah·rung *die* <-, -en> */Plur. meist nur in der Fachsprache verwendet/ alles, was Menschen oder Tiere essen und trinken, um zu leben:* Nahrung zu sich nehmen; ■ **etwas gibt einer Sache neue Nahrung** *etwas verstärkt eine Sache* Die Fotos geben den Gerüchten über die Trennung des Schauspielerpaares neue Nahrung. ◆ -skette, -smittel, -smittelindustrie, -smittelvergiftung, -ssuche, Baby-, Kinder-, Tier-

Nähr·wert *der* <-(e)s, -e> */kein Plur./ Wert, der den Anteil von Vitaminen, Kalorien, Mineralien o.Ä. in einem Nahrungsmittel angibt:* Du solltest stärker auf den Nährwert der Speisen achten!

Naht *die* [naːt] <-, Nähte> ❶ *die Linie, die beim Nähen entsteht:* Das Hemd ist zwar neu, aber die Nähte an den Ärmeln sind schon aufgegangen. ◆ -stelle ❷ TECHN. *die Linie, an der zwei Stücke aus Metall, Kunststoff o.Ä. verschweißt, gelötet, geklebt o.Ä. wurden* ◆ -stelle, Schweiß- ❸ MED. *die Linie, die entsteht, wenn eine Wunde genäht wurde:* Nach der Operation blieb eine große Naht zurück.; ■ **jemand platzt aus allen Nähten** *(umg. scherzh.) jmd. ist sehr dick;* ■ **etwas platzt aus allen Nähten** *(umg.) etwas braucht so viel Platz, dass der vorhandene Raum nicht mehr genügt* Bei der Eröffnungsfeier platzte das neue Restaurant fast aus allen Nähten!

naht·los *adj /nicht steig./* ❶ *ohne Naht oder sichtbare Verbindungslinie:* ein nahtloses Kleid ❷ *ohne die weißen Stellen auf der Haut, die man bekommt, wenn man mit Kleidungsstücken in der Sonne liegt:* nahtlose Bräune ❸ *so, dass etwas ohne Probleme oder nicht sichtbar geschieht:* Der praktische und der theoretische Teil des Lehrganges gingen nahtlos ineinander über.

Nah·ver·kehr *der* <-s> */kein Plur./* (↔ *Fernverkehr*) *Verkehr von Zügen, Bussen, Autos auf kurzen Strecken;* ■ **der öffentliche Nahverkehr** *der Verkehr von Bussen, Straßenbahnen, Zügen o.Ä. in oder in der Nähe von Städten* ◆ -szug

na·iv [naˈiːf] *adj* ❶ (≈ *gutgläubig*) *so, dass jmd. voller Vertrauen ist und an nichts Böses denkt:* Er war wirklich naiv, als er dieses Schrottauto gekauft hat! ❷ (≈ *einfältig*) *so, dass jmd. etwas nicht richtig einschätzt und sich in bestimmten Situationen nicht entsprechend verhält:* Sie war ganz schön naiv zu glauben, mit Aktien könnte man schnell Geld verdienen. ❸ *so, dass etwas sehr einfach oder sehr oberflächlich ist:* Er hat doch eine völlig naive Meinung zu diesem Thema. ❹ *so, dass etwas sehr einfach dargestellt und häufig von Laien gemacht ist:* naive Kunst

Na·i·vi·tät *die* <-> */kein Plur./ die Eigenschaft, naiv*[1 2 3] *zu sein*

Na·me *der* [ˈnaːmə] <-ns, -n> ❶ *Benennung für eine Person, ein Tier oder eine Sache/einen Gegenstand, sodass eine genaue Identifizierung und Bezugnahme darauf möglich ist:* einen Namen geben; einen Namen tragen; sich einen Namen zulegen; seinen Namen verschweigen; Guten Tag, mein Name ist Meier! ◆ -sänderung, -sgebung, -sverzeichnis, -swechsel, Familien-, Firmen-, Fluss-, Hunde-, Jungen-, Künstler-, Mädchen-, Orts-, Stoff-, Tier-, Vor- ❷ (≈ *Ruf*) *die gute Meinung, die andere Personen von einem haben:* sich einen Namen machen; einen guten/ schlechten Namen haben ❸ *Bezeichnung, unter der man eine Gruppe gleicher Sachen kennt und mit der man diese Gruppe oder einen Teil davon nennt:* Kupfer und Messing fasst man unter dem Namen „Metalle" zusammen.; ■ **im Namen** *an Stelle von jmdm. oder etwas* im Namen des Volkes; im Namen des Gesetzes; im Namen der Eltern; ■ **das Kind beim Namen nennen** *(umg.) ein Problem direkt benennen;* ■ **jemanden nur dem Namen nach kennen** *jmdn. nicht persönlich kennen, aber schon von ihm gehört haben;* ■ **seinen Namen für etwas hergeben** *etwas nicht selbst aktiv machen, aber offiziell dafür verantwortlich sein;* ■ **mein Name ist Hase** *(umg.) drückt aus, dass man von einer Sache nichts weiß oder nichts wissen will* ◆ Gattungs-

na·men·los *adj /nicht steig./* ❶ (≈ *anonym*) *ohne Namen:* Auf der Party waren nur namenlose Gesichter.; die namenlosen

Toten ❷ *(geh.) groß:* Sie hatte eine namenlose Freude.

na·mens[1] *adv mit dem Namen:* Ein Mann namens Buchmann hat angerufen. Kennst du den?

na·mens[2] *präp +Gen.* AMTSSPR. *im Auftrag von:* Namens des Bürgermeisters, …

Na·mens·ge·dächt·nis *das* <-ses> /kein Plur./ *die Fähigkeit, sich besonders gut Namen merken zu können:* Ich habe ihn seit drei Jahren nicht gesehen; aber er konnte sich noch immer an meinen Namen erinnern, denn sein Namensgedächtnis ist wirklich ausgezeichnet.

Na·mens·schild *das* <-(e)s, -er> *ein kleines Schild, auf dem der Name der betreffenden Person steht*

Na·mens·tag *der* <-(e)s, -e> REL. *der Tag im Jahr, der einem bestimmten Heiligen in der katholischen oder orthodoxen Religion gewidmet ist*

Na·mens·vet·ter *der* <-s, -> *eine Person, die den gleichen Namen wie eine andere trägt, ohne mit dieser verwandt zu sein:* Dein Kollege heißt zufällig auch Schulze-Lüdenscheidt. Ist der also ein Namensvetter?

Na·mens·zug *der* <-(e)s, Namenszüge> (≈ *Unterschrift*)

na·ment·lich[1] *adj /nicht steig./ so, dass dabei jmd. oder etwas mit dem Namen genannt wird:* Haben Sie die namentlichen Angaben aufgenommen?; eine namentliche Abstimmung

na·ment·lich[2] *adv (geh.: ≈ vor allem) besonders:* Er ist furchtbar launisch, namentlich wenn er schlecht geschlafen hat.

nam·haft *adj* ❶ *bekannt, berühmt:* Er war ein namhafter Komponist. ❷ *beträchtlich, nennenswert:* Sie überwies eine namhafte Summe.; ▪ **jemanden namhaft machen** *feststellen, wer die Person ist* Leider konnte man den Spender nicht namhaft machen.

näm·lich[1] ['nɛːmlɪç] *adj /nicht steig./ (geh.) der-/die-/dasselbe:* Am nämlichen Tag wollten auch wir einen Ausflug machen.; Es waren die nämlichen Worte, mit denen er erst neulich das Unheil verkündet hatte.

näm·lich[2] ['nɛːmlɪç] *adv* ❶ (≈ *und zwar, genauer gesagt*) *verwendet, um etwas genauer anzugeben/zu benennen, was man vorher gesagt hat:* Nächste Woche, nämlich am Dienstag, fahren wir in den Urlaub. ❷ */nachgestellt/* (≈ *denn*) *verwendet, um etwas zu begründen, was man vorher gesagt hat:* Er kommt später; er hatte nämlich einen Unfall.

nann·te ['nantə] *Prät. von* **nennen**

na·nu [na'nuː] *interj verwendet, um Überraschung oder Verwunderung auszudrücken:* Nanu, wer ruft denn schon so früh an?

Napf *der* <-(e)s, Näpfe> *eine kleine, flache Schüssel:* Füll doch noch mal der Katze etwas Milch in den Napf! ◆ Blech-, Ess-, Fress-, Futter-, Milch-, Trink-

Nar·be *die* ['narbə] <-, -n> *die Stelle auf der Haut, an der man noch erkennen kann, dass dort einmal eine Wunde war*

nar·big *adj mit vielen Narben übersät:* ein narbiges Gesicht

Nar·ko·se *die* [nar'koːzə] <-, -n> MED. (≈ *Anästhesie*) *der Zustand, in dem man nichts empfindet und in den man vor einer Operation von einem Arzt versetzt wird, damit man keine Schmerzen spürt und die Operation nicht bewusst erlebt:* aus der Narkose erwachen ▸ Narkotikum, narkotisieren ◆ -arzt/-ärztin, -mittel, -schwester, Teil-, Voll-

Narr *der*, **Där·rin** ['nar] <-en, -en> ❶ (≈ *Dummkopf*) *jmd., der nicht richtig nachdenkt und in einer Situation alles falsch macht:* Was für ein Narr war ich doch, ihren Versprechungen zu glauben! ❷ GESCH. *jmd., der früher an Fürsten- oder Königshöfen Späße gemacht hat, damit sich die Adeligen amüsieren konnten und sich nicht langweilen mussten* ◆ Hof- ❸ *jmd., der sich beim Karneval lustig verkleidet;* ▪ **jemanden zum Narren halten** *(geh.) jmdn. bewusst in die Irre führen oder einen Spaß mit ihm machen* Du willst mich wohl zum Narren halten?; ▪ **einen Narren an jemandem/etwas gefressen haben** *(umg.) jmdn. oder etwas besonders gern mögen*

-narr *als Zweitglied zusammengesetzter Substantive, mit Betonung auf dem Erstglied; drückt aus, dass eine Person in äußerstem Maße dem zugetan ist und sich dauernd sowie gern damit beschäftigt, was mit dem Erstglied genannt wird:* Dieser Büchernarr hat sehr zum Ärger seiner Frau sogar in der Toilette Bücher gestapelt! ◆ Blumen-, Bücher-, Computer-, Hunde-, Kinder-, Pferde-

nar·ra·tiv, nar·ra·tiv *adj /nicht steig./* LIT. *in erzählender Form* ▸ Narrativität

nar·ren *mit OBJ* ▪ **jmd./etwas narrt jmdn.** *(geh.) täuschen:* Die Versuchung des Geldes narrte ihn sein ganzes Leben.

Nar·ren·frei·heit *die* <-> /kein Plur./ *die Freiheit, Dinge zu tun oder zu sagen, die* *andere nicht tun oder sagen dürfen:* Die Kinder genießen bei der Großmutter Narrenfreiheit.

Nar·ren·haus das */kein Plur./ (umg. abwert.: ≈ Irrenhaus)* ▪ **etwas ist ein Narrenhaus** ▪ **etwas ist das reinste Narrenhaus** *verwendet, um auszudrücken, dass man die irgendwo herrschenden Zustände nicht für gut hält, weil z.B. keine Disziplin herrscht* Die Abteilung ist ja das reinste Narrenhaus! Hier macht jeder, was er will!

Nar·ren·kap·pe die <-, -n> *eine Art Mütze mit mehreren Zipfeln, an denen Schellen befestigt sind und die im Mittelalter von einem Narr² getragen wurde*

nar·ren·si·cher adj */nicht steig./ (umg. scherzh.: ≈ idiotensicher) so sicher, dass man nichts falsch machen kann:* Stell dich nicht so an! Die Bedienung dieses Geräts ist doch narrensicher!

Narr·heit die <-, -en> ❶ */kein Plur./ Dummheit, dummer Streich* ❷ *Unsinn*

när·risch adj ❶ *unvernünftig:* eine närrische Idee ❷ *(umg.) sehr stark und intensiv:* eine närrische Freude empfinden ❸ */nur attr./ so, dass etwas für den Karneval typisch ist:* ein närrisches Treiben

Nar·zisst der, **Nar·ziss·tin** <-en, -en> *jmd. mit einer krankhaften Liebe zu der eigenen Person (nach einem jungen Mann aus der griechischen Mythologie, der in sein eigenes Spiegelbild verliebt war, dem Narziss)* ▸ Narziss, Narzissmus, narzisstisch

na·sal adj */nicht steig./* ❶ MED. *die Nase betreffend* ❷ SPRACHWISS. *so, dass bei einem bestimmten Laut ein Teil der Luft durch die Nase kommt:* nasale Laute sind z.B. "m" und "n" ▸ Nasal, Nasallaut

na·schen ['naʃn] <naschst, naschte, hat genascht> I. *mit OBJ/ohne OBJ* ▪ **jmd. nascht (etwas)** *ein wenig von etwas essen, das man sehr gerne mag und das meist süß ist:* Sie nascht schon wieder Schokolade. II. *ohne OBJ* ▪ **jmd. nascht von etwas** Dat. *ein bisschen von einer Speise nehmen:* Er hat von der Torte genascht.

Na·sche·rei die <-, -en> ❶ */kein Plur./ das Naschen* ❷ *(≈ Naschwerk) Süßigkeiten*

nasch·haft adj *so, dass jmd. sehr gerne Süßigkeiten isst:* Sie ist naschhaft wie eine Katze. ▸ Naschhaftigkeit

Nasch·kat·ze die <-, -n> *(umg.: ≈ Leckermaul) jmd., der sehr gerne und häufig Süßigkeiten isst*

Na·se die ['naːzə] <-, -n> ❶ *das in der Mitte des Gesichts befindliche Organ, mit dem man riecht und durch das man atmet:* Die Nase blutet/juckt/läuft.; sich die Nase putzen; nicht durch den Mund, sondern durch die Nase atmen ◆ -nbluten, -nflügel, -nloch, -nrücken, -nschleimhaut, -nspray, -ntropfen, Haken-, Knollen-, Stups- ❷ *(umg.) Fähigkeit, gut zu riechen:* eine gute Nase haben; ▪ **eine Nase für etwas haben** *(umg.) Fähigkeit, zu wissen, was man tun muss, um etwas zu erreichen* Für Aktiengeschäfte hat sie eine gute Nase.; ▪ **pro Nase** *(umg.) pro Person;* ▪ **jemand/etwas beleidigt die/jemandes Nase** *(umg.) jmd. oder etwas riecht sehr unangenehm;* ▪ **auf der Nase liegen** *(umg.) krank sein;* ▪ **jemanden vor die Nase gesetzt bekommen** *(umg.) einen Chef bekommen, obwohl man selber Chef werden wollte;* ▪ **jemandem etwas unter die Nase reiben** *(umg.) jmdn. ärgern, indem man ihn immer wieder auf einen Fehler aufmerksam macht;* ▪ **jemandem auf der Nase herumtanzen** *(umg.) vor jmdm. keinen Respekt haben und ihn ärgern* Die Schüler tanzen dem Lehrer auf der Nase herum.; ▪ **seine Nase in anderer Leute Angelegenheiten stecken** *(umg.) wissen wollen, was andere Leute tun, obwohl es einen nichts angeht;* ▪ **jemanden an der Nase herumführen** *(umg.) jmdn. bewusst in die Irre führen;* ▪ **immer der Nase nach** *(umg.) geradeaus;* ▪ **jemandem die Tür vor der Nase zuschlagen** *(umg.) jmdm. gegenüber sehr unhöflich sein;* ▪ **jemandem etwas aus der Nase ziehen** *(umg.) jmdm. alle Informationen einzeln entlocken müssen;* ▪ **über jemanden/etwas die Nase rümpfen** *jmdn. oder etwas nicht gerne mögen und Verachtung empfinden;* ▪ **seine Nase in etwas stecken** *(umg.) sich in etwas einmischen;* ▪ **die Nase von etwas voll haben** *(umg.) zu etwas keine Lust mehr haben;* ▪ **sich eine goldene Nase verdienen** *(umg.) bei einem Geschäft viel Gewinn machen;* ▪ **die Nase vorn haben** *(umg.) gegenüber anderen mehr Erfolg haben;* ▪ **auf die Nase fallen** *(umg.) Pech haben;* ▪ **seine/die Nase zu tief ins Glas stecken** *(umg.) zu viel Alkohol trinken;* ▪ **seine/die Nase ins Buch stecken** *(umg.) viel lesen und dabei lernen;* ▪ **die Nase hoch tragen** *(umg.) arrogant oder eingebildet sein;* ▪ **jemandem etwas an der Nase ansehen** *(umg.) an dem Gesichtsausdruck von*

jmdm. sehen, was los oder passiert ist; ■ **Fass dich doch an die eigene Nase!** (umg.) überprüfe erstmal dein eigenes Verhalten, bevor du andere kritisierst; ■ **Das werde ich ihr/ihm nicht auf die Nase binden!** (umg.) das werde ich ihr/ihm nicht sagen; ■ **jemandem eine lange Nase machen** (umg.) sich über jmdn. lustig machen; ■ **sich bei etwas eine blutige Nase holen** (umg.) in einer ernsthafte Schwierigkeiten bekommen

na·se·lang ■ alle naselang (umg.) sehr oft Er geht alle naselang ins Fußballstadion.

nä·seln <näselst, näselte, hat genäselt> ohne OBJ ■ jmd. näselt durch die Nase sprechen

Na·sen·län·ge ■ jemandem um eine Nasenlänge voraus sein (umg.) ein bisschen besser sein als ein anderer; ■ **jemanden um eine Nasenlänge schlagen** (umg.) knapp vor jmdm. gewinnen

Na·sen·spit·ze die <-, -n> der weiche Teil am Ende der Nase; ■ **jemandem etwas an der Nasenspitze ansehen** (umg.) am Gesicht von jmdm. erkennen können, was los ist Ich sehe ihm an der Nasenspitze an, wenn er lügt.

Na·sen·stü·ber der <-s, -> ❶ leichter Stoß auf die Nase ❷ (umg.) ein leichter, sanfter Tadel: Sie versetzte ihm einen Nasenstüber.

Na·se·weis der <-es, -e> (abwertend.) junger Besserwisser, vorlautes Kind ▸ naseweis

nass [nas] adj ❶ (↔ trocken) völlig mit einer Flüssigkeit bedeckt oder durchdrungen: Nach dem Regen waren meine Schuhe ganz nass. ◆ klatsch-, tropf- ❷ /nur präd./ (≈ frisch) noch nicht ganz trocken: Die Farbe ist noch nass. ❸ so, dass es schon fast geschmolzen ist und deshalb schwer ist: nasser Schnee ❹ so, dass es viel regnet: ein nasser Sommer; ■ **sich nass machen** Urin in das Bett oder die Hosen rinnen lassen; ■ **jemand tut etwas wie ein nasser Sack** jmd. tut etwas ohne Energie Er war völlig erschöpft und lag wie ein nasser Sack auf dem Sofa.

Nass das <-es> /kein Plur./ (geh.) Wasser: das kostbare Nass; das kühle Nass

Nass·sau·er der <-s, -> (umg. abwert.: ≈ Schmarotzer) jmd., der auf Kosten anderer lebt

Näs·se die <-> /kein Plur./ Zustand oder Eigenschaft, nass¹ zu sein: Du willst doch nicht bei der Nässe mit dem Fahrrad fahren?

näs·sen <nässt, nässte, hat genässt> ohne OBJ ■ **etwas nässt** etwas, (meist) eine Wunde, gibt Flüssigkeit, aber kein Blut von sich

nass·kalt adj /nicht steig./ so, dass es regnet und kalt ist: Das Wetter war unangenehm nasskalt.

Nass·ra·sur die <-, -en> (↔ Trockenrasur) die Handlung, bei man den Bart mit Wasser, Seife und Rasierklinge rasiert

Nass·zel·le die <-, -n> BAUW. ein sehr kleines Badezimmer ohne Fenster und mit einer Duschkabine

Nas·tuch das <-(e)s, Nastücher> SÜDDT., SCHWEIZ. Taschentuch

Na·ti·on die [na'tsjo:n] <-, -en> ❶ durch dieselbe Abstammung, Sprache und Kultur verbundene Gemeinschaft von Menschen, die in einem politischen System zusammenleben: die französische Nation ▸ Nationalstaat ❷ Staat: Auf der internationalen Konferenz waren Vertreter verschiedener Nationen anwesend. ◆ Industrie-, Seefahrer-

na·ti·o·nal adj /nicht steig./ ❶ eine Nation betreffend ❷ (↔ international) die Angelegenheiten innerhalb eines Staates betreffend: den nationalen Notstand ausrufen ❸ (≈ patriotisch, chauvinistisch) so, dass die Interessen der eigenen Nation in übertriebener Weise vertreten werden: eine nationale Partei/Gesinnung

Na·ti·o·nal·bank die <-, -en> Staatsbank

Na·ti·o·nal·be·wusst·sein das <-s> /kein Plur./ die Einstellung, bei seinem Handeln immer bewusst an die eigene Nation zu denken ▸ nationalbewusst

Na·ti·o·nal·elf die <-> /kein Plur./ SPORT Fußballmannschaft, die aus den besten Spielern nationaler Mannschaften besteht und bei internationalen Wettkämpfen antritt: die deutsche Nationalelf

Na·ti·o·nal·fei·er·tag der <-es, -e> ein Feiertag, an dem an ein Ereignis erinnert wird, das für die Nation oder den Staat sehr wichtig war: Der dritte Oktober ist der Nationalfeiertag in Deutschland.

Na·ti·o·nal·flag·ge die <-, -n> die Fahne, die mit ihren Farben und ihrer Gestaltung offizielles Symbol einer Nation oder eines Staates ist

Na·ti·o·nal·ge·richt das <-(e)s, -e> KOCH. eine Speise, die für ein Land typisch ist bzw. als typisch gilt: Viele Menschen glauben, dass das Nationalgericht der Italiener Pizza sei.

Na·ti·o·nal·hym·ne die <-, -n> das offizielle Lied eines Landes, das zu feierlichen Anlässen und bei internationalen Ereignis-

sen gespielt wird

Na·ti·o·na·lis·mus der <-> /kein Plur./ (oft abwert.) ① (abwert.) eine Art zu denken, bei der die eigene Nation als besser und wichtiger als andere Nationen gesehen wird ② das starke Gefühl, zu einer Nation zu gehören, das mit dem Wunsch verbunden ist, auch einen eigenen Staat zu gründen

Na·ti·o·na·list der, **Na·ti·o·na·lis·tin** <-en, -en> (oft abwert.) jmd., der dem Nationalismus[1,2] folgt ▸ nationalistisch

Na·ti·o·na·li·tät die [natsjonali'tɛːt] <-, -en> ① (≈ Staatsangehörigkeit) Zugehörigkeit zu einem bestimmten Staat ② eine Gruppe von Menschen, die eine gemeinsame Sprache und Kultur haben und mit anderen Gruppen innerhalb eines übergeordneten Staates zusammenleben: Die ehemalige Sowjetunion war ein Staat mit vielen Nationalitäten. ◆-nstaat

Na·ti·o·nal·mann·schaft die <-, -en> SPORT eine Mannschaft eines Staates, die aus Spielern verschiedener nationaler Vereine besteht und die bei internationalen Wettkämpfen antritt ◆ Fußball-, Handball- ▸ Nationaltrainer(in)

Na·ti·o·nal·rat der <-(e)s, Nationalräte> ÖSTERR., SCHWEIZ. ① das direkt gewählte Parlament in der Schweiz und in Österreich ② ein Mitglied des Nationalrates[1]

Na·ti·o·nal·so·zi·a·lis·mus der [natsjo'naːlzotsjalɪsmʊs] <-> /kein Plur./ ① die radikale, extrem nationalistische und rassistische politische Bewegung, die nach dem Ersten Weltkrieg in Deutschland entstand und mit der Hitler an die Macht kam ② GESCH. die Zeit der auf der nationalsozialistischen Ideologie basierenden Diktatur Hitlers in Deutschland von 1933 bis 1945

Na·ti·o·nal·so·zi·a·list der, **Na·ti·o·nal·so·zi·a·lis·tin** <-en, -en> Anhänger des Nationalsozialismus ▸ nationalsozialistisch

Na·ti·o·nal·ver·samm·lung die <-, -en> ① das Parlament in einigen Staaten, wie zum Beispiel Frankreich ② gewählte Volksvertretung, die sich mit grundlegenden Fragen einer Nation, wie zum Beispiel der Verfassung, beschäftigt

NA·TO, a. **Na·to** die ['naːto] <-> /kein Plur./ POL. Abkürzung von „North Atlantic Treaty Organization", ein Bündnis zwischen den USA, Kanada und mehreren europäischen Staaten: Die Nato ist ein westliches Verteidigungsbündnis.

Nat·ter die <-, -n> ① BIOL. ungiftige Schlangenart, deren Kopf deutlich vom Hals abgesetzt ist ② (umg. abwert.) missgünstige Frau; ■ **eine Natter am Busen nähren** (geh.) jmdm. vertrauen und Gutes tun, der einen am Schluss im Stich lässt und schadet

Na·tur die [na'tuːɐ̯] <-, -en> ① /kein Plur./ alles, was es ohne Eingreifen des Menschen auf der Erde gibt: ein Wunder der Natur ◆-ereignis, -erscheinung, -forscher(in), -katastrophe, -kräfte ② /kein Plur./ Landschaft, die fast nicht von Menschen verändert wurde: freie/unberührte Natur ③ (≈ Wesen, Charakter) charakteristische Eigenschaft, die jmdn. von anderen unterscheidet: Er streitet selten, denn das liegt nicht in seiner Natur.; Sie war von Natur aus schüchtern. ④ Art, wie etwas beschaffen ist: Fragen und Probleme allgemeiner Natur; ■ **Das liegt in der Natur der Sache.** Das ist halt so. Man kann auch nichts anderes erwarten!; ■ **Das ist gegen die Natur.** das verstößt gegen die Moral und ist nicht richtig

Na·tur- [na'tuːɐ̯] als Erstglied zusammengesetzter Substantive, mit Betonung auf dem Erstglied; drückt aus, dass das mit dem Zweitglied Bezeichnete so belassen ist, wie es in der Natur vorkommt, dass es also nicht mit technischen/chemischen Mitteln verändert oder bearbeitet ist: Im Rahmen der Energiewende werden heute im Sinne von Nachhaltigkeit etc. beim Bauen und Sanieren immer mehr Naturmaterialien/Naturstoffe eingesetzt. ◆-dünger, -farben, -faser, -farbe, -haar, -holz, -kosmetik, -material, -perle, -produkt, -seide, -stein, -stoff

na·tur- [na'tuːɐ̯] als Erstglied zusammengesetzter Adjektive, mit Betonung auf dem Erstglied; drückt aus, dass das mit dem Zweitglied Bezeichnete so belassen ist, wie es in der Natur vorkommt, und dass es nicht mit technischen/chemischen Mitteln verändert oder bearbeitet ist: naturreine ätherische Öle ◆-blond, -rein, -trüb

Na·tu·ra·li·en Plur. LANDW. Rohstoffe und landwirtschaftliche Produkte, die als Zahlungsmittel verwendet werden: Wenn Sie kein Geld haben, dann können Sie auch in Naturalien bezahlen.

na·tu·ra·li·sie·ren mit OBJ ■ jmd. naturalisiert jmdn. (geh.) jmdn. einbürgern

Na·tu·ral·lohn der <-(e)s, Naturallöhne> Lohn für Arbeit, der aus Sachgütern oder Dienstleistungen besteht

na·tur·be·las·sen adj nicht von Menschen verändert: ein naturbelassener Garten

Na·tur·bur·sche der <-n, -n> (umg.) un-

komplizierter und kräftiger junger Mann
Na·tur·denk·mal das <-(e)s, Naturdenkmäler> *etwas in der Natur, das nicht verändert oder beschädigt werden darf:* Dieser uralte Baum ist ein geschütztes Naturdenkmal.

Na·tu·rell das <-s, -e> *(geh.: ≈ Temperament) Charakter und Wesen eines Menschen:* ein ernstes/fröhliches/heiteres Naturell

na·tur·far·ben adj *so, dass die ursprüngliche Farbe von etwas (meist hell, beige oder bräunlich) nicht verändert worden ist:* Sie verarbeiten nur naturfarbene Wolle.

Na·tur·freund der, **Na·tur·freun·din** <-s, -e> ❶ *jmd., der die Natur¹ liebt und gerne in der Natur ist* ❷ */nur Plur./ ein Verein in Deutschland, der aus der Arbeiterbewegung hervorgegangen ist und neben Aktivitäten in der Natur¹ auch politisch aktiv ist*

na·tur·ge·ge·ben adj *so, dass Menschen darauf keinen Einfluss haben:* eine naturgegebene Begabung/Schönheit

na·tur·ge·mäß¹ adj /nicht steig./ *so, dass es der Natur entspricht oder angepasst ist:* Sie strebten eine naturgemäße Ernährung an.

na·tur·ge·mäß² adv *so, wie es von jmdm. oder etwas aufgrund seiner Natur⁴ ⁵ zu erwarten ist:* Diese Prüfungen sind naturgemäß sehr schwierig.

Na·tur·ge·setz das <-es, -e> *(≈ physikalisches Gesetz) die theoretische Formulierung von Zusammenhängen zwischen bestimmten Abläufen, Zuständen, Erscheinungen, Vorgängen o.Ä. in der Natur¹:* zu den Naturgesetzen zählen z.B. die Erhaltungsgesetze der Physik und die Gravitationsgesetze

na·tur·ge·treu adj *wie in der Realität:* Das Buch ist mit naturgetreuen Bildern von Tieren illustriert.

Na·tur·ge·wal·ten Plur. *die starken Kräfte, wie zum Beispiel Sturm, Wind o.Ä., die in der Natur¹ wirken:* In ihrem kleinen Boot kämpften sie gegen die Naturgewalten auf offener See an.

Na·tur·haus·halt der <-(e)s> /kein Plur./ *der gesamte Prozess des Austausches von Energien und Stoffen in der Natur¹:* Die zahlreichen Eingriffe in den Naturhaushalt werden auf lange Sicht Auswirkungen auf unser Klima haben.

Na·tur·kost die <-> /kein Plur./ *Lebensmittel, die nicht mit Hilfe von Chemie, Hormonen, Giften o.Ä. hergestellt werden und deshalb gesünder als andere Lebensmittel sein sollen* ◆-laden

Na·tur·kraft die <-, Naturkräfte> /meist Plur./ *Naturgewalten*

Na·tur·kreis·lauf der <-(e)s, Naturkreisläufe> *geregelter Prozess von Austausch und Verbindungen der Energien und Stoffe in der Natur¹*

Na·tur·kun·de die <-> /kein Plur./ *(veralt.) Fach in der Schule, das sich mit der Natur¹ beschäftigte* ◆-museum

Na·tur·lehr·pfad der <-(e)s, -e> *Wanderweg, auf dem Pflanzen und Tiere mit Hilfe von Schildern beschrieben werden*

na·tür·lich¹ [naˈtyːɐ̯lɪç] adj ❶ /nicht steig./ (↔ künstlich) *so, wie es normal in der Natur¹ vorkommt, ohne dass es der Mensch verändert:* Der Fluss bildet eine natürliche Grenze. ❷ /nicht steig./ (≈ verständlich) *der gängigen Erwartung entsprechend:* Es ist ganz natürlich, wenn sie vor der Operation Angst hat.; Es ist nur natürlich, wenn sie vor der Prüfung nervös ist. ❸ /nicht steig./ (↔ übernatürlich) *den Naturgesetzen entsprechend:* eine natürliche Erklärung für das Phänomen ❹ /nicht steig./ (≈ angeboren) *so, dass etwas von Geburt an vorhanden ist:* eine natürliche Begabung; eine natürliche Scheu ❺ (≈ naturgemäß¹) *so, dass es der Natur² entspricht, ihr nicht schadet und gesund ist:* Sie wollten sich nur noch natürlich ernähren. ❻ (≈ ungezwungen ↔ gekünstelt) *so, dass ein Mensch entspannt ist und handelt, wie es seinem Wesen und Charakter entspricht:* Er machte einen ganz natürlichen Eindruck auf mich.; ■ **eine natürliche Zahl** MATH. *eine positive ganze Zahl;* ■ **eine natürliche Person** RECHTSW. *jmd. mit allen seinen juristischen Rechten*

na·tür·lich² [naˈtyːɐ̯lɪç] adv ❶ (≈ selbstverständlich) *verwendet, um auszudrücken, dass der Sprecher etwas für eindeutig hält:* Natürlich bin ich fertig, sonst würde ich ja nicht gehen! ❷ (≈ erwartungsgemäß) *so, wie man es erwartet hat:* Er war natürlich der Letzte, der ins Ziel kam. ❸ *verwendet, um etwas einzuschränken, das klar und eindeutig ist:* Natürlich ist es noch früh; aber wir haben noch einen langen Weg vor uns.

na·tür·li·cher·wei·se adv *natürlich*

Na·tür·lich·keit die <-> /kein Plur./ *Eigenschaft, natürlich zu sein*

na·tur·nah adj *so, dass es der Natur entspricht*

Na·tur·park der <-s, -s> *ein Gebiet, in dem Pflanzen und Tiere geschützt sind und das in seinem natürlichen Zustand be-*

lassen wird

Na·tur·pro·dukt das <-(e)s, -e> *Produkt, das aus Stoffen der Natur gewonnen wird und möglichst nicht zusätzlich mit fremden Stoffen behandelt wird*

na·tur·rein adj /nicht steig./ *so, dass Lebensmittel keine chemischen Zusatzstoffe enthalten*

Na·tur·schät·ze Plur. *meist Gebiete oder Orte der Natur¹, die sehr schön und faszinierend sind:* Der Regenwald gehört zu den Naturschätzen der Welt.

Na·tur·schau·spiel das <-(e)s, -e> *ein Ereignis oder ein Vorgang in der Natur¹, das außergewöhnlich und deshalb beeindruckend ist:* Es ist ein Naturschauspiel, wie die Wassermassen von den Felsen stürzen.

Na·tur·schutz der <-(e)s> /kein Plur./ *alle Maßnahmen und Gesetze, mit denen bestimmte Pflanzen, Tiere und Gebiete geschützt/erhalten werden:* Igel stehen in Deutschland unter Naturschutz. ◆ -beauftragte, -behörde, -bund, -gebiet ▸ Naturschützer(in)

Na·tur·schutz·be·we·gung die <-, -en> *eine Bewegung von Bürgern eines Landes, die sich dafür einsetzen, Pflanzen, Tiere oder bestimmte Gebiete unter Naturschutz zu stellen*

Na·tur·stoff der <-s, -e> *Substanz, die in der Natur vorkommt*

Na·tur·ta·lent das <-(e)s, -e> *Person, die aufgrund einer großen Begabung etwas sehr schnell lernt und kann:* Sie brauchte gar nicht viel zu üben: Sie war ein richtiges Naturtalent.

na·tur·ver·bun·den adj *mit einem sehr engen Verhältnis zu der Natur²:* Seit seiner Jugend war er ein naturverbundener Mensch.

Na·tur·volk das <-(e)s, Naturvölker> *(veralt.) verwendet als Bezeichnung für ein Volk, das eine naturnahe Lebensweise hat, eine geringe technische Ausstattung besitzt, und das deshalb stark abhängig von der Natur ist*

Na·tur·wis·sen·schaft die <-, -en> *(↔ Geisteswissenschaft, Sozialwissenschaft) Wissenschaft, die sich mit den Erscheinungen und Vorgängen in der Natur¹ befasst und deren Basis die Mathematik ist:* Physik, Chemie und Biologie gehören zu den Naturwissenschaften. ▸ Naturwissenschaftler(in), naturwissenschaftlich

Na·tur·wun·der das <-s, -> *etwas in der Natur¹, das besonders beeindruckend und faszinierend ist*

Na·tur·zer·stö·rung die <-> /kein Plur./ *sehr starke Schädigung der Natur*

Na·tur·zu·stand der <-es> /kein Plur./ *der Zustand ohne Eingriffe/Veränderungen durch den Menschen*

Naue die <-, -n> ❶ SÜDDT., SCHWEIZ. *Nachen, Kahn* ❷ SCHWEIZ. *Lastkahn*

Nau·tik die <-> /kein Plur./ SEEW. *Schifffahrtskunde*

Na·vi·ga·ti·on die <-> /kein Plur./ LUFTF., SEEW. *Berechnung und Bestimmung des Kurses und der Position von Schiffen, Flugzeugen, Satelliten o.Ä.* ◆ -ssatellit, -ssystem

na·vi·gie·ren mit OBJ/ohne OBJ ▪ **jmd. navigiert (etwas)** (**nach etwas** Dat.) LUFTF., SEEW. *die Position bestimmen und und den Kurs ausrichten:* Der Kapitän navigierte das Schiff sicher.; Früher navigierte man nach den Sternen.

Na·zi der ['na:tsi] <-s, -s> *(abwert.) Nationalsozialist(in) bzw. Anhänger(in) des verbrecherischen Hitler-Faschismus* ◆ -herrschaft, -regime, -verbrechen, -zeit

Na·zis·mus der <-> /kein Plur./ *(abwert.) Nationalsozialismus* ▸ nazistisch

ne¹, *a.* **nee** part *(umg.) nein:* Kommst du mit? — Ne!

ne² [nə] part *(umg.) nicht wahr:* Echt klasse Film, ne?

Ne·bel der ['ne:bl̩] <-s, -> ❶ *Wolken aus Dunst, die sich über dem Erdboden oder der Wasseroberfläche bilden und in denen man nicht weit sehen kann:* Bei Nebel muss man die Geschwindigkeit reduzieren.; Das Schiff fuhr bei Nebel auf die Klippen.; der Nebel senkt sich; in dichten Nebel gehüllt ◆ -schleier, -scheinwerfer, -schlussleuchte, Abend-, Boden-, Früh-, Herbst-, Hoch- ❷ ASTRON. *eine Gruppe von Sternen, die nicht einzeln zu erkennen sind, sondern als ein einziger Fleck am Himmel leuchten* ◆ Andromeda-

Ne·bel·bank die <-, Nebelbänke> *Ansammlung von dichtem Nebel mit einer großen Ausdehnung über einem Gebiet:* Der schreckliche Unfall passierte, als die Autos plötzlich in eine Nebelbank rasten.

ne·bel·haft adj *undeutlich, verschwommen:* Sie hatte nur eine nebelhafte Vorstellung von der Aktion.

Ne·bel·horn das <-(e)s, Nebelhörner> SEEW. *eine Art Hupe auf einem Schiff, mit der bei Nebel andere Schiffe gewarnt werden*

ne·be·lig, neb·lig adj *mit Nebel, von Nebel umgeben*

Ne·bel·schwa·den Plur. *Nebel, der keine zusammenhängende Masse bildet und plötzlich auftritt*

ne·ben ['ne:bn̩] *präp* ❶ *+Dat. an der Seite von jmdm. oder etwas:* Sie stand neben ihm.; Das Buch lag neben dem Radio. ❷ *+Akk. an die Seite von jmdm. oder etwas:* Er stellte sich neben sie.; Er legte das Buch neben das Radio. ❸ *+Dat. zusätzlich zu jmdm. oder etwas:* Neben ihrer Arbeit gibt sie noch Kurse.; Hier gibt es neben Computern auch noch Handys zu kaufen. ❹ *+Dat. verwendet, um einen Vergleich mit jmdm. oder etwas auszudrücken:* Neben ihm bist du ein ausgezeichneter Sportler.

ne·ben·amt·lich *adj /nicht steig./ (↔ hauptamtlich) verwendet, um auszudrücken, dass eine Tätigkeit oder eine Funktion zusätzlich zu einer Hauptbeschäftigung ausgeübt wird:* Nebenamtlich war sie in der Partei für die Mitgliederbetreuung zuständig.

ne·ben·an [ne:bn̩'|an] *adv im Nachbarzimmer, in der Nachbarwohnung, im Nachbarhaus:* Sie wohnt gleich nebenan.; Nebenan befindet sich im Friseur.

Ne·ben·an·schluss der <-es, Nebenanschlüsse> TELEKOMM. *(↔ Hauptanschluss) ein Telefonanschluss, der zusätzlich zu einem Hauptanschluss existiert*

Ne·ben·aus·ga·be die <-, -n> /meist Plur./ *ein bestimmter Geldbetrag, der zusätzlich zu den eigentlichen Ausgaben gezahlt werden muss:* Die Nebenausgaben erhöhten den Kaufpreis des Hauses erheblich.

Ne·ben·aus·gang der <-(e)s, Nebenausgänge> *(↔ Hauptausgang) Ausgang, der zusätzlich zu dem Hauptausgang existiert:* Das Hotel hat noch einen Nebenausgang auf der Rückseite.

Ne·ben·be·deu·tung die <-, -en> *(↔ Hauptbedeutung ≈ Konnotation) eine Bedeutung, die zusätzlich zu der grundlegenden Bedeutung eines Wortes existiert, aber nicht sofort zu erkennen ist:* Das Wort besitzt noch viele Nebenbedeutungen.

ne·ben·bei [ne:bn̩'baj] *adv* ❶ *zusätzlich zu einer anderen Tätigkeit, die wichtiger ist:* Eigentlich ist er Professor, aber nebenbei schreibt er auch noch Kritiken für Zeitungen. ❷ *drückt aus, dass das Gesagte eine Einschränkung oder eine Ergänzung zu etwas ist:* Du siehst eigentlich ganz gut aus; nebenbei bemerkt, solltest du dir aber mal die Haare schneiden.; Nebenbei gesagt, hat mich ihr Verhalten nicht sonderlich überrascht.

Ne·ben·be·mer·kung die <-, -en> *eine Bemerkung, die zusätzlich zu dem schon Gesagten oder Geschriebenen gemacht wird*

Ne·ben·be·ruf der <-(e)s, -e> *(↔ Hauptberuf) ein Beruf, der zusätzlich zum eigentlichen Beruf ausgeübt wird* ▸ Nebenberufler(in)

Ne·ben·be·schäf·ti·gung die <-, -en> *(↔ Hauptbeschäftigung) Tätigkeit oder Arbeit, die zusätzlich zu der eigentlichen Beschäftigung gemacht wird*

Ne·ben·buh·ler der; **Ne·ben·buh·le·rin** <-s, -> *(≈ Rivale) jmd., der neben einem anderen versucht, die Zuneigung oder Liebe einer Person zu gewinnen:* Unglücklicherweise hatte er einen Nebenbuhler, der ebenfalls um diese Frau warb.

Neb·en·dar·stel·ler der; **Neb·en·dar·stel·le·rin** <-s, -> FILM *(↔ Hauptdarsteller) jmd., der in einem Film eine nicht so wichtige Rolle spielt*

Ne·ben·ef·fekt der <-(e)s, -e> *eine Auswirkung, die etwas zusätzlich zur eigentlichen Auswirkung hat:* Ein Nebeneffekt der Klimaveränderung ist sicherlich die Zunahme der Stürme in Nordeuropa.

Ne·ben·ei·n·an·der, **Ne·ben·ei·n·an·der** das <-s> /kein Plur./ *Zustand, in dem etwas zusammen oder gleichzeitig mit etwas anderem da ist:* Die Ausstellung besticht durch das Nebeneinander von alter und moderner Kunst.; das friedliche Nebeneinander der Kulturen

ne·ben·ei·n·an·der [ne:bn̩|aj'nandɐ] *adv* ❶ *drückt aus, dass jmd. oder etwas räumlich neben jmdm./etwas ist:* Sie wohnten direkt nebeneinander.; Sie stellten sich nebeneinander auf. ❷ *drückt aus, dass jmd. oder etwas zusammen oder gleichzeitig mit jmdm./etwas ist:* Katholiken und Protestanten lebten friedlich nebeneinander.; Die Programme liefen nebeneinander ab. ◂Zusammenschreibung → R 4.5 nebeneinanderlegen; nebeneinanderstehen; nebeneinanderstellen; sich nebeneinandersetzen

ne·ben·ei·n·an·der·her *adv so, dass sich zwei oder mehrere Personen oder Sachen nebeneinander in die gleiche Richtung bewegen:* Sie gingen friedlich nebeneinanderher.; ■ **nebeneinanderher leben** *zwei Menschen, die zusammenleben, entfremden sich*

Ne·ben·ein·gang der <-(e)s, Nebeneingänge> *(↔ Haupteingang) Eingang, der zusätzlich zu dem eigentlichen Eingang existiert:* Das Museum hat einen Haupteingang und zwei Nebeneingänge.

Ne·ben·ein·künf·te *Plur. (≈ Nebenver-*

dienst)

Ne·ben·ein·nah·men *Plur. Geld, das man durch Miete, Zinsen, Verkäufe o.Ä. zusätzlich zu den eigentlichen Einkünften einnimmt:* Nebeneinnahmen müssen bei der Steuererklärung gesondert aufgeführt werden.

Ne·ben·er·werb *der <-s> /kein Plur./ eine Tätigkeit, für die man Geld bekommt und die man zusätzlich zu seinem eigentlichen Beruf ausübt:* Viele Landwirte betreiben ihren Hof nur noch als Nebenerwerb.
◆ -slandwirtschaft

Ne·ben·fach *das <-(e)s, Nebenfächer> (↔ Hauptfach) ein Fach in der Schule oder an der Universität, in dem man weniger Unterrichtsstunden bzw. Seminarveranstaltungen als im Hauptfach besucht*

Ne·ben·fluss *der <-es, Nebenflüsse> ein Fluss, der in einen anderen größeren Fluss mündet:* Der Main ist ein Nebenfluss des Rheins.

Ne·ben·ge·bäu·de *das <-s, -> (↔ Hauptgebäude) ein Gebäude, das zu einem anderen, größeren Gebäude gehört:* Das Hotel bestand aus einem Hauptgebäude und einem kleinerem Nebengebäude, in dem die Angestellten wohnten.

Ne·ben·ge·dan·ke *der <-n, -n> (↔ Hauptgedanke) eine Idee oder eine Absicht, die jmd. zusätzlich zu einer anderen Idee oder Absicht hat:* Hast du bei dieser Einladung irgendwelche Nebengedanken, oder willst du wirklich nur mit mir essen gehen?

Ne·ben·ge·räusch *das <-es, -e> ein störendes Geräusch, das man bei einer laufenden Maschine oder einem laufenden Gerät hört:* Dein Kassettenrekorder macht aber laute Nebengeräusche!; ein störendes Nebengeräusch

Ne·ben·gleis *das <-es, -e> Gleis, das neben dem Hauptgleis verläuft und auf dem langsamere Züge fahren*

Ne·ben·hand·lung *die <-, -en> Handlung in einem Buch oder Film, die zusätzlich zu der zentralen Handlung verläuft:* Die vielen Nebenhandlungen des Buches verwirrten mich völlig.

ne·ben·her *adv nebenbei¹:* Ich erledige das nebenher.; Er schrieb den Brief nebenher.

ne·ben·her·fah·ren *<fährst nebenher, fuhr nebenher, ist nebenhergefahren> ohne OBJ* ■ **jmd./etwas fährt nebenher** *jmd. oder etwas fährt neben jmdm./etwas in die gleiche Richtung:* Der Hund lief auf dem Bürgersteig und der Mann fuhr mit dem Rad nebenher.

ne·ben·her·ge·hen *<gehst nebenher, ging nebenher, ist nebenhergegangen> ohne OBJ* ❶ ■ **jmd. geht nebenher** *jmd. geht neben jmdm. oder etwas in die gleiche Richtung* ❷ ■ **etwas geht nebenher** *etwas wird zur gleichen Zeit mit etwas getan, das wichtiger ist:* Er arbeitet in der Forschung; die Veröffentlichungen gehen so nebenher.

ne·ben·her·lau·fen *<läufst nebenher, lief nebenher, ist nebenhergelaufen> ohne OBJ* ❶ ■ **jmd./ein Tier läuft nebenher** *jmd. oder ein Tier läuft neben jmdm. oder einem Tier in die gleiche Richtung* ❷ ■ **etwas läuft nebenher** *nebenhergehen²*

Ne·ben·kla·ge *die <-, -n>* RECHTSW. *in einem öffentlichen Strafverfahren die Klage durch einen Nebenkläger, der sich der Klage des Staatsanwalts anschließt, weil er ebenfalls von der Straftat betroffen ist* ► Nebenkläger(in)

Ne·ben·kos·ten *Plur. die Kosten, die zusätzlich zu etwas entstehen:* Die Nebenkosten für das Auto sind hoch.; In den Nebenkosten zur Miete sind Strom und Wasser enthalten.

Ne·ben·li·nie *die <-, -n> die Nachkommen der jüngeren Familienmitglieder und nicht die Nachkommen der/des Erstgeborenen:* Er gehörte nur zu einer Nebenlinie der Königsfamilie.

Ne·ben·mann *der <-(e)s, Nebenmänner/ Nebenleute> jmd., der neben einem sitzt oder steht:* Mein Nebenmann im Kino lachte andauernd.

Ne·ben·raum *der <-(e)s, Nebenräume> ein Raum, der sich neben einem anderen Raum befindet*

Ne·ben·rol·le *die <-, -n> (↔ Hauptrolle) eine kleine Rolle, die jmd. in einem Film oder Theaterstück spielt;* ■ **jemand/etwas spielt nur eine Nebenrolle** *jmd. oder etwas ist nicht so wichtig* Seine Karriere ist ihm sehr wichtig. Deshalb spielt die Familie nur eine Nebenrolle in seinem Leben.

Ne·ben·sa·che *die <-, -n> (↔ Hauptsache) etwas, das nicht so wichtig ist;* ■ **die schönste Nebensache der Welt** *(umg.) etwas, das man als schöne Beschäftigung empfindet*

ne·ben·säch·lich *adj (↔ hauptsächlich) so, dass es nicht wichtig ist* ► Nebensächlichkeit

Ne·ben·sai·son *die <-, -s> (↔ Hauptsaison) Zeit vor oder nach der Hauptsaison:* Reisen ist in der Nebensaison meist billiger.

Ne·ben·satz *der <-(e)s, Nebensätze>*

1 SPRACHWISS. (↔ *Hauptsatz*) *ein Satz, der von einem Hauptsatz abhängt und der Konstruktion nach allein keinen Sinn macht*: In dem Satz „Ich gehe spazieren, obwohl es regnet." ist „obwohl es regnet" der Nebensatz. **2** *beiläufige Bemerkung*: Er hatte das nur in einem Nebensatz erwähnt.

ne·ben·ste·hend *adj so, dass sich etwas in einem Buch, Text, einer Broschüre o.Ä. neben etwas anderem befindet*: Die nebenstehende Abbildung veranschaulicht dies nochmals. ◆ Großschreibung → R 3.4, R 3.7 der/das Nebenstehende; Nebenstehendes; im Nebenstehenden

Ne·ben·stel·le die <-, -n> **1** TELEKOMM. (≈ *Nebenanschluss*) **2** WIRTSCH. (≈ *Zweigstelle, Filiale*) *ein kleines Geschäft o.Ä., das zu einem größeren Unternehmen gehört und sich an einem anderen Ort befindet*: Die Bank hat auch eine Nebenstelle in dem Dorf.

Ne·ben·stra·ße die <-, -n> (↔ *Hauptstraße*) *eine kleine Straße, die nicht so wichtig ist und auf der wenig Autos fahren*

Ne·ben·stre·cke die <-, -n> EISENB. (↔ *Hauptstrecke*) *eine Strecke, die nicht so wichtig ist*

Ne·ben·tä·tig·keit die <-, -en> (↔ *Hauptbeschäftigung*) Nebenbeschäftigung

Ne·ben·ver·dienst der <-(e)s, -e> *Geld, das man mit einem Nebenerwerb verdient*

Ne·ben·wir·kung die <-, -en> *eine Wirkung, die zusätzlich zu einer anderen Wirkung auftritt und meist unerwünscht ist*: Bei diesem Medikament sind keine Nebenwirkungen bekannt.

neb·lig ['ne:blɪç] *adj siehe* **nebelig**

nebst *präp* +Dat. (geh. o veralt.) *zusammen mit*: Der Direktor reist nebst Gattin an.; Er nennt ein Haus nebst einer Jacht sein Eigen.

nebst·bei *adv* ÖSTERR. *nebenbei*: Nebstbei bemerkt, möchte ich darauf hinweisen, dass …; Er hatte nebstbei noch andere Geschäfte laufen.

ne·bu·los, ne·bu·lös *adj* (geh.) *so unklar und undeutlich, dass man die genaue Bedeutung nicht erkennen kann*: Ihre nebulösen Ideen über das Wesen der Kunst werden auch im zweiten Buch der Autorin nicht verständlicher.; Die Erläuterungen der Interpretin sind noch viel nebulöser als die Äußerungen des Autors selbst.

Ne·ces·saire, *a.* **Nes·ses·sär** das [nesɛˈsɛːɐ̯] <-s, -s> **1** *eine kleine Tasche für Nähzeug* **2** (≈ *Kulturbeutel*) *eine kleine Tasche für Sachen, die man für die tägliche Hygiene braucht, wie zum Beispiel Zahnbürste, Seife o.Ä., und die man besonders auf Reisen benutzt*

ne·cken *mit OBJ* ▪ *jmd. neckt jmdn./ein Tier* (≈ *foppen*) *jmdn. oder ein Tier auf freundschaftliche Weise etwas ärgern, ohne ihn/es aber richtig wütend zu machen*: Man neckt sie mit ihrer neuen Frisur.; Sie necken sich eben gern.

ne·ckisch *adj* **1** *schelmisch*: ein neckischer Blick **2** *auffällig und ein wenig gewagt*: Sie trug ein neckisches Mützchen.

Nef·fe der ['nɛfə] <-n, -n> (↔ *Nichte*) *der Sohn des Bruders oder der Schwester*

Ne·ga·ti·on die <-, -en> **1** (geh.: ≈ *Ablehnung*) *die Ablehnung/Verneinung eines Prinzips, eines Grundsatzes o.Ä.*: die Negation bestehender Moralprinzipien **2** SPRACHWISS. *Ausdrucksmittel, mit dem angezeigt wird, dass ein Gegenstand oder Sachverhalt nicht existiert, verneint wird, nicht wahr ist, zurückgewiesen/abgelehnt wird etc.*: Im Deutschen sind Ausdrucksmittel der Negation z.B. "un" (wie in "unklar") und die Partikel „nicht"; die Negation in der formalen Logik als eine in Wahrheitstafeln definierte logische Partikel, die den Wahrheitswert einer Aussage in ihren entgegengesetzten Wahrheitswert ("es ist nicht der Fall, dass...") verkehrt

Ne·ga·tiv das ['ne:gatiːf] <-s, -e> FOTOGR. (↔ *Positiv*) *ein Foto, das direkt nach der Entwicklung des Films entsteht und bei dem das dunkel ist, was in Wirklichkeit hell war, und umgekehrt*: von einem Negativ Abzüge machen lassen

ne·ga·tiv ['ne:gatiːf, ˌne:gaˈtiːf] *adj* **1** *so, dass eine Antwort, ein Bescheid o.Ä. eine Ablehnung enthält und „nein" ausdrückt*: Auf seine Anfrage erhielt er eine negative Antwort. **2** (↔ *positiv*) *so, dass etwas eine Ablehnung ausdrückt*: eine negative Einstellung zur Politik **3** (≈ *ungünstig* ↔ *positiv*) *nicht so, wie es eigentlich sein sollte*: ein negatives Ergebnis; eine negative Entwicklung; Es wird allmählich zur Gewohnheit, ein negatives Bild der Gesellschaft zu entwerfen. **4** PHYS., CHEM. (↔ *positiv*) *mit mehr Elektronen als Protonen*: eine negative elektrische Ladung **5** MED. (↔ *positiv*) *so, dass bei einem Test, einer Untersuchung o.Ä. eine vermutete Krankheit nicht festgestellt wird*: HIV-negativ; Die Krebsvorsorgeuntersuchung erbrachte einen negativen Befund. **6** MATH. *so, dass eine Zahl kleiner als Null ist und ein Minuszeichen hat*: „-1" (gesprochen: „minus eins") ist eine negative Zahl.

Ne·ger der, **Ne·ge·rin** <-s, -> *(umg. abwert. veralt.: „Da „Neger(in)" heute allgemein als beleidigend angesehen wird, sagt man eher „Schwarzafrikaner(in)" bzw. „Afroamerikaner(in)", oder in manchen Zusammenhängen auch „Farbiger") Bezeichnung für eine Person, deren Haut sehr dunkel oder fast schwarz ist, und die selbst aus Afrika stammt, oder deren Vorfahren*

ne·gie·ren mit OBJ ① ▪ **jmd. negiert etwas** *(geh.) ablehnen:* Er negiert die Vorstellungen der Religion. ② ▪ **jmd. negiert etwas** *(geh.) verneinen:* Um einen Satz zu negieren, kann man ein Negationspartikel benutzen.; Sie negierte ihre Schuld.

Ne·gie·rung die <-, -en> ① *(geh.) Ablehnung* ② *(geh.) Verneinung*

Ne·gli·gee, a. **Ne·gli·gé** das [negli'ʒeː] <-s, -s> *eine Art langes, leichtes Hemd ohne Ärmel und Knöpfe, das Frauen zum Schlafen oder am Morgen tragen*

neh·men ['neːmən] <nimmst, nahm, hat genommen> mit OBJ ① ▪ **jmd. nimmt etwas** *jmd. ergreift etwas mit der Hand, um es festzuhalten, um es aufzuheben, um es von irgendwo zu entfernen, um es zu sich heranzuholen:* Er nimmt den Stock fest in die Hand.; Sie nimmt den Hund auf den Schoß.; Nimm doch noch einen Teller aus dem Schrank!; Sie nahm noch ein Stück Zucker in ihren Kaffee. ② ▪ **jmd. nimmt etwas** *jmd. wählt unter verschiedenen Möglichkeiten eine bestimmte, um sie für eine bestimmte Absicht zu nutzen:* Nimmst du nun den Zug oder das Flugzeug?; Um schnell ins Stadtzentrum zu kommen, sollten sie die Umgehungsstraße nehmen.; Die Schuhe sind am schönsten. Die nehme ich.; Nimmst du Zucker oder Milch in deinen Kaffee? ③ ▪ **jmd./etwas nimmt jmdn./etwas** *(≈ annehmen ↔ ablehnen) jmd. oder etwas akzeptiert jmdn. oder etwas:* Nimm mich so, wie ich bin.; Die Wohnung nehme ich, auch wenn sie ein bisschen teuer ist.; Es wäre nicht schlecht, wenn diese Firma mich nehmen würde. ④ ▪ **jmd. nimmt etwas (für etwas** Akk.) *jmd. bekommt oder fordert etwas als Bezahlung oder Gegenleistung o.Ä.:* Für ein Kilo Kartoffeln nehmen sie auf dem Markt noch nicht so viel wie im Geschäft.; Für dieses kleine Zimmer wollen sie 500 Euro nehmen?; Für die Hilfe nehme ich nichts. ⑤ ▪ **jmd. nimmt etwas** *(≈ einnehmen) jmd. schluckt eine Medizin, Tabletten o.Ä.:* Sie müssen jeden Morgen eine Tablette nehmen. ⑥ ▪ **jmd./etwas nimmt etwas** *jmd. oder etwas bewältigt etwas, das schwierig oder ein Hindernis ist:* Mein neues Auto nimmt die Steigung mit Leichtigkeit.; Ohne Schwierigkeiten nahm der Reiter die letzte Hürde. ⑦ ▪ **jmd. nimmt etwas** *jmd. stellt sich etwas als Beispiel vor:* Nicht alle zahlen in die Rentenkasse ein. Nimm doch nur die Beamten: Die zahlen gar nichts. ⑧ ▪ **jmd./etwas nimmt etwas** MILIT. *(≈ einnehmen) erobern:* Die feindlichen Truppen nahmen die Stadt im Sturm. ⑨ ▪ **jmd. nimmt sich etwas** *jmd. greift etwas, um es zu haben:* Nimm dir doch noch ein Bonbon. ⑩ ▪ **jmd. nimmt sich etwas** *jmd. macht von etwas Gebrauch, auf das er ein Recht hat:* Nächste Woche nehme ich mir ein paar Tage frei. ⑪ ▪ **jmd. nimmt sich jmdn.** *jmd. bezahlt jmdn., damit er eine Aufgabe erledigt:* Ich glaube, du solltest dir lieber einen Anwalt nehmen. ⑫ ▪ **jmd. nimmt jmdm. jmdn./etwas** *(geh.: ≈ wegnehmen) jmd. bewirkt, dass jmd. jmdn. oder etwas nicht mehr hat:* Sie hatten ihm alles genommen, nur nicht seinen Willen.; Er nahm seinem Freund die Frau. ⑬ ▪ **jmd./etwas nimmt jmdm. etwas** *jmd. oder etwas verhindert, dass jmd. etwas hat:* Geh da weg, du nimmst mir die Sicht.; Die Kälte nimmt mir alle Lust, spazieren zu gehen. ⑭ ▪ **jmd./etwas nimmt etwas von jmdm.** *jmd. oder etwas befreit jmdn. von etwas Unangenehmem:* Mit der neuen Arbeit ist mir die Sorge um die Zukunft genommen.; Sie hat ihm die Angst vor dem Wasser genommen. ⑮ ▪ **jmd. nimmt etwas an sich** *jmd. bewahrt etwas auf:* Kannst du bitte diese Papiere an dich nehmen? ⑯ ▪ **jmd. nimmt etwas auf sich** *jmd. erträgt freiwillig etwas Unangenehmes:* Sie nahm viele Unannehmlichkeiten auf sich, um diese Position zu erreichen.; Schuld auf sich nehmen ⑰ ▪ **jmd. nimmt jmdn./etwas mit sich** *(≈ mitnehmen) jmd. hat jmdn. oder etwas dabei, wenn er irgendwohin geht oder fährt:* Er nahm seine Katze mit sich auf die Reise. ⑱ ▪ **jmd. nimmt etwas zu sich** *jmd. isst oder trinkt etwas:* Morgens nehme ich fast nichts zu mir. ⑲ ▪ **jmd. nimmt jmdn. zu sich** *jmd. lässt jmdn. bei sich wohnen* ⑳ ▪ **jmd. nimmt jmdn./etwas für jmdn./etwas** *(≈ jmd. hält jmdn./etwas für jmdn./etwas) jmd. glaubt, dass jmd. oder etwas jmd. anderes oder eine andere Sache ist:* Sie nahmen ihn für einen ehrlichen Mann; aber es stellte sich heraus, dass er ein Betrüger war.

㉑ jmd. nimmt jmdn./sich/etwas irgendwie jmd. versteht oder behandelt jmdn./sich/etwas in der beschriebenen Art und Weise: Nimm dich nicht so ernst!; Leider habe ich die Prüfung zu leicht genommen und bin prompt durchgefallen. ㉒ jmd. nimmt etwas als etwas jmd. deutet etwas auf eine beschriebene Weise: Du kannst es als gutes Zeichen nehmen, dass die Firma sofort auf deinen Brief geantwortet hat.; ▪ jemanden zur Frau/zum Mann nehmen jmdn. heiraten; ▪ hart im Nehmen sein viel aushalten können; ▪ sich das Leben nehmen sich selbst töten; ▪ sich etwas nicht nehmen lassen darauf bestehen, etwas selbst zu machen Sie ließ es sich nicht nehmen, zu Fuß zur Kirche zu gehen.; ▪ wie man's nimmt (umg.) drückt aus, dass man etwas auch anders beurteilen kann Geht es dir gut? — Wie man's nimmt!; ▪ es mit etwas nicht so genau nehmen etwas nicht so genau machen, wie es sein sollte Er nimmt es mit der Pünktlichkeit auch nicht so genau. Immer kommt er zu spät!; ▪ Woher nehmen und nicht stehlen? (umg.) man hat nichts und weiß auch nicht, woher man etwas bekommt; ▪ etwas in die Hand nehmen (umg.) etwas mit viel Energie und Tatkraft beginnen, was vorher vernachlässigt wurde Der neue Chef nimmt jetzt erst mal die Produktionsentwicklung in die Hand.; ▪ Die nehmen es von den Lebendigen! (umg.) drückt aus, dass eine Sache viel zu teuer ist; ▪ die Dinge nehmen, wie sie kommen (umg.) das Schicksal hinnehmen

Neh·rung die <-, -en> eine schmale Landzunge, die in das Meer ragt: die Kurische Nehrung

Neid der [naɪt] <-(e)s> /kein Plur./ die Empfindung bzw. Haltung, bei der jmd. einem anderen einen Erfolg, einen Besitz etc. nicht gönnt, weil er Gleiches besitzen möchte; ▪ grün vor Neid werden (umg.) plötzlich sehr viel Neid verspüren; ▪ vor Neid erblassen (umg.) plötzlich sehr viel Neid verspüren

nei·den mit OBJ ▪ jmd. neidet jmdm. etwas (geh.: ↔ gönnen) gegenüber jmdm. Neid verspüren: Er neidet seinem Nachbar das neue Auto. ▸ Neider(in)

nei·disch ['naɪdɪʃ] adj so, dass man Neid empfindet: Ich bin wirklich nicht neidisch auf ein neues Auto.; Er ist neidisch auf ihre Jugend.

Nei·ge (geh.) ▪ etwas bis auf die/zur Neige leeren (geh.) etwas völlig austrinken Sie leerten die Gläser bis zur Neige.; ▪ etwas geht zur Neige etwas ist fast aufgebraucht oder zu Ende Das Essen geht zur Neige.; Das Geld geht zur Neige.; Der Tag geht zur Neige.

nei·gen I. mit OBJ ▪ jmd. neigt etwas (↔ aufrichten) jmd. bringt etwas aus einer senkrechten in eine schräge Position: Er neigte die Flasche, um mir deren Inhalt besser zeigen zu können. II. ohne OBJ ❶ jmd. neigt zu etwas Dat. (geh.: ≈ tendieren) jmd. ist so, dass er einen Zustand leicht bekommen kann: Er neigt zu Depressionen.; zu Übertreibungen neigen ❷ jmd. neigt zu etwas Dat. jmd. zieht eine bestimmte Meinung einer anderen vor: Ich neige zu der Auffassung, dass das alles Unsinn ist. III. mit SICH ❶ etwas neigt sich (irgendwohin) etwas bewegt sich aus einer senkrechten oder waagerechten Lage in eine schräge Lage oder nach unten: Das Auto neigt sich in den Kurven gefährlich zur Seite.; Die Äste neigen sich unter der Last des Schnees. ❷ jmd. neigt sich aus etwas Dat./über etwas Akk. jmd. beugt den Oberkörper nach vorne: Er neigte sich aus dem Fenster.; Sie neigte sich über das Baby.; ▪ etwas neigt sich dem Ende zu (geh.) etwas geht zu Ende Der Abend neigt sich langsam dem Ende zu.

Nei·gung die <-, -en> ❶ (≈ Gefälle) der Grad, um den sich eine Fläche oder eine Linie senkt: Die Straße bekommt eine leichte Neigung. ◆-swinkel ❷ (≈ Vorliebe) besonderes Interesse für jmdn. oder etwas: Sie hat eine künstlerische Neigung.; Er hat eine Neigung für antike Kunst. ❸ /kein Plur./ (≈ Tendenz, Hang) drückt aus, dass jmd. zu einem bestimmten Zustand oder Verhalten neigt II.1: Er hat eine leichte Neigung zum Bauchansatz.

Nein das <-(s)> /kein Plur./ (↔ Ja) die Antwort „nein": Sie antwortete mit einem entschiedenen Nein.; Er blieb bei seinem Nein in dieser Frage.; Sie wägte das Ja und das Nein ab.; Sie stimmten mit Nein.

nein [naɪn] part ❶ (↔ ja) als Antwort verwendet, um eine Bitte, Aufforderung, einen Befehl o.Ä. abzulehnen oder um einer Aussage nicht zuzustimmen: Kannst du mir bitte helfen? — Nein, ich habe keine Zeit.; Möchtest du ein Bier? — Nein danke!; Sie müssen tun, was ich sage! — Nein. ❷ verwendet, um einen Ausruf des Erstaunens einzuleiten: Oh/o nein, auch das noch!; Nein, wie niedlich! ❸ verwendet, um eine Aussage zu korrigieren oder *zu ergänzen:* Das Wetter war schlecht, nein, geradezu schrecklich an diesem Tag. ❹ *verwendet am Ende von verneinten Fragesätzen, um eine Zustimmung zu erwarten:* Du bist doch nicht mehr böse, nein? ◆ Klein- oder Großschreibung Da sage ich nicht nein/Nein.

Nein·sa·ger der, **Nein·sa·ge·rin** <-s, -> *(abwert.) jmd., der zu jedem Vorschlag nein sagt:* Dieser Neinsager hat bisher noch jeden Vorschlag abgelehnt.

Nein·stim·me die <-, -n> *(↔ Jastimme) ablehnende Stimme bei einer Wahl*

Ne·k·ro·log der <-(e)s, -e> *Nachruf zur Würdigung eines Verstorbenen*

Nek·tar der ['nɛktar] <-s> */kein Plur./* ❶ BOT. *eine Flüssigkeit, die süß ist und von Blüten erzeugt wird* ❷ *ein Getränk aus Fruchtsaft und Wasser* ◆ Frucht-, Orangen-

Nek·ta·ri·ne die <-, -n> *eine Art Pfirsich, der eine glatte Haut hat und süß schmeckt*

nen·nen ['nɛnən] <nennst, nannte, hat genannt> **I.** *mit OBJ* ❶ ■ **jmd. nennt jmdn./etwas ...** *jmdn. oder etwas einen Namen geben:* Sie nannte ihre Katze Schurli.; Nennt mich Ismael. ❷ ■ **jmd. nennt jmdn./etwas ...** *als etwas bezeichnen:* Sie nannte ihn (einen) Faulpelz.; Das nenne ich eine gelungene Party. ❸ ■ **jmd. nennt jmdn. ...** *in bestimmter Weise ansprechen:* Alle nannten ihn nur Opa. ❹ ■ **jmd. nennt (jmdm.) etwas** *jmd. sagt (jmdm.) etwas:* Nennen Sie mir drei Primzahlen. **II.** *mit SICH* ❶ ■ **jmd. nennt sich ...** *jmd. heißt ...:* Wie nennst du dich noch mal?; Als Künstler nennt er sich Ramon. ❷ ■ **jmd./etwas nennt sich etwas** *(iron.) jmd. oder etwas hat einen Namen, den er/es nicht verdient:* Jeden Tag so früh aufstehen — und das nennt sich nun Urlaub.

nen·nens·wert *adj (≈ erwähnenswert) so wichtig, dass man darüber sprechen sollte:* Es gab keine nennenswerten Vorkommnisse letzte Nacht.

Nen·ner der <-s, -> MATH. *(↔ Zähler) bei einem Bruch die Zahl unter dem Bruchstrich;* ■ **etwas auf einen gemeinsamen Nenner bringen** *(umg.) einen Kompromiss finden;* ■ **einen gemeinsamen Nenner finden** *(umg.) einen Kompromiss finden*

Nenn·wert der <-(e)s, -e> WIRTSCH. *der auf Münzen, Banknoten oder Aktien angegebene Wert*

Neo·fa·schis·mus der ['neofaʃɪsmʊs] <-> */kein Plur./ eine verachtenswerte politische Bewegung nach dem Zweiten Weltkrieg (nicht nur in Deutschland), welche heute noch die Ideen des Faschismus vertritt* ▸ neofaschistisch

Neo·lo·gis·mus der <-, Neologismen> SPRACHWISS. *sprachliche Neuprägung, neues Wort*

Als **Neologismus** bezeichnet man einen neu entstandenen sprachlichen Ausdruck zur Benennung neuer Sachverhalte oder Gegenstände. Ein Neologismus kann auf der Basis vorhandener sprachlicher Mittel und Konstruktionsweisen gebildet werden (*Datenautobahn, Entsorgung*), durch Erweiterung des Zuschreibungsbereichs der bisherigen Bedeutung (*Computer-Virus*), oder durch Entlehnung aus anderen Sprachen (*Software*). Als *Neologismus* bezeichnet man auch Neubezeichnungen bereits existierender Gegenstände oder Sachverhalte. So galten bei ihrem Aufkommen verschiedene, heute geläufige, Ausdrücke als Neologismen, z.B. *Auszubildende(r)* statt *Lehrling*, oder auch *Raumpflegerin* statt *Putzfrau*. Aufgrund der produktiven Möglichkeiten im Deutschen, Komposita in beliebigem Umfang zu bilden, ist es oft eine Ermessensfrage, welche Einheit zu einem Zeitpunkt als Neologismus gelten kann. Abzugrenzen sind Neologismen von solchen Einheiten, die zu einem bestimmten Zeitpunkt mit großer Wahrscheinlichkeit nur kreativ und spontan gebildet worden sind, die aber nicht auf Dauer in den lexikalischen Bestand eingehen dürften. Kandidaten solcher Einheiten werden als *Ad-hoc-Bildungen* oder auch als *Okkasionalismen* bezeichnet, also Gelegenheitsbildungen wie z.B. *Bezahlexemplar* oder auch *Insolvenzministerium*. Hingegen ist der Ausdruck *Bundesfreiwilligendienst (BFD)* ein Neologismus (bereits aufgrund rechtlicher Regelungen). Der BFD ist seit dem Juli 2011 Ersatz für den vormaligen Zivildienst, der mit der Aussetzung der Wehrpflicht ebenfalls weggefallen ist. Es ist zu erwarten, dass auch die kreative und etwas lockere Eigenbezeichnung der in diesem Bereich bereits Tätigen Bestand haben wird, nämlich *Bufdi*. Diese beiden ganz aktuellen Ausdrücke sind übrigens in vorliegendem Wörterbuch bereits als Lemmata/Stichwörter mit Kommentierung berücksichtigt worden.

Ne·on das <-s> */kein Plur./* CHEM. *Gas, das auch für Leuchtröhren verwendet wird, mit dem chemischen Zeichen „Ne"*

◆-lampe, -licht, -reklame, -röhre

Neo·na·zi der ['neːonaːtsi] <-s, -s> jmd., der den Neonazismus vertritt

Neo·na·zis·mus der <-> /kein Plur./ nach 1945 aufkommende Bewegung, welche die Ideologie des Nationalsozialismus übernimmt ▸ neonazistisch

Nepp der <-s> /kein Plur./ (umg. abwert.) das Neppen: Das war doch der reinste Nepp!

nep·pen mit OBJ ■ jmd. neppt jmdn. (umg. abwert.) für etwas, das wertlos ist, von jmdm. viel Geld verlangen

Nerv der [nɛrf] <-s, -en> ❶ ANAT. eine Art Faser im Körper, über die Informationen zwischen Körperteilen und Gehirn und Rückenmark ausgetauscht werden: einen Nerv betäuben ◆-enarzt/-enärztin, -enbahn, -enentzündung, -enkrankheit, -enklinik, -ensystem, -enzelle, -enzusammenbruch ▸ nervenkrank ❷ /nur Plur./ die seelische Verfassung: Das halten meine Nerven nicht aus!; Man braucht gute Nerven, um Lehrer zu sein.; Meine Nerven sind zum Zerreißen gespannt; ■ **jemandem auf die Nerven fallen/gehen** (umg.) jmdn. belästigen; ■ **die Nerven verlieren** (umg.) die Kontrolle über die eigenen Handlungen verlieren; ■ **die Nerven behalten** (umg.) trotz einer schwierigen Situation die Kontrolle über die eigenen Handlungen haben; ■ **Nerven wie Drahtseile haben** (umg.) eine übermäßige Selbstbeherrschung haben; ■ **den Nerv haben, etwas zu tun** (umg.) mutig oder frech genug sein, etwas zu tun/machen; ■ **Du hast vielleicht Nerven!** (umg.) drückt aus, dass man die Handlung oder das Gesagte von jmdm. frech und sehr gewagt findet; ■ **Nerven zeigen** (umg.) die Konzentration oder die Beherrschung langsam verlieren; ■ **jemandem gehen die Nerven durch** (umg.) jmd. verliert die Selbstbeherrschung und tut etwas Unvernünftiges oder Unverschämtes

ner·val adj /nicht steig./ MED. das Nervensystem oder die Tätigkeit der Nerven betreffend

ner·ven ['nɛrfn̩] I. mit OBJ/ohne OBJ ■ **jmd./etwas nervt (jmdn.)** (umg.) jmd. oder etwas stört (jmdn.): Die Musik nervt (mich) ganz schön! II. mit OBJ ■ **jmd. nervt jmdn. (mit etwas** Dat.) (umg.) jmd. fragt oder bittet jmdn. so oft, dass es stört: Also, allmählich nervst du mich mit diesen blöden Fragen!

ner·ven·auf·rei·bend adj psychisch sehr anstrengend: Wie lange wird er diesen nervenaufreibenden Job wohl noch durchstehen?

Ner·ven·bün·del das <-s, -> (umg.) jmd., der sehr nervös¹ ist: Kurz vor dem Urlaub war sie ein einziges Nervenbündel.

Ner·ven·kit·zel der <-s, -> (umg.) ein Gefühl, das für manche angenehm ist und in bestimmten gefährlichen Situationen entsteht: Er liebte den Nervenkitzel beim Fallschirmspringen.

Ner·ven·kos·tüm das <-s> /kein Plur./ (umg. scherzh.) jmds. psychischer Zustand in Bezug darauf, wieviel Stress er ertragen kann: Ihr dünnes Nervenkostüm machte ihr vor jeder Prüfung zu schaffen.

Ner·ven·krieg der <-(e)s, -e> /meist im Sing./ eine Situation, in der zwei Gegner psychologische Mittel anwenden, um den jeweils anderen zu verunsichern oder zu schwächen: Die Schachpartie entwickelte sich zum Nervenkrieg.

Ner·ven·sa·che ■ **Das ist reine Nervensache!** (umg.) das ist eine Frage der geistigen und körperlichen Beherrschung Das ist reine Nervensache, bei den aktuellen Börsennachrichten nicht in Panik zu verfallen.

Ner·ven·sä·ge die <-, -n> (umg. abwert.) jmd., der sehr lästig ist: Das Kind ist eine fürchterliche Nervensäge!

ner·ven·schwach adj (↔ nervenstark) so, dass jmd. schwache Nerven² hat ▸ Nervenschwäche

Ner·ven·stär·ke die <-> /kein Plur./ die Eigenschaft, dass jmd. viel Stress ertragen kann: Er zeichnete sich durch seine Nervenstärke aus. ▸ nervenstark

Ner·ven·zen·t·rum das <-s, Nervenzentren> (übertr.) ein Ort, der für etwas sehr wichtig ist und von dem aus Verbindungen zu anderen Orten ausgehen: In diesem Raum standen die Server. Er war das Nervenzentrum des ganzen Unternehmens.

ner·vig adj (umg. abwert.) sehr lästig und daher unangenehm: Er hatte eine furchtbar nervige Art.

nerv·lich adj /nicht steig./ (≈ psychisch) die Nerven² betreffend: Sie war nervlich völlig am Ende.; Die nervlichen Belastungen nehmen in der Stadt ständig zu.

ner·vös [nɛrˈvøːs] adj ❶ innerlich unruhig oder angespannt sein: Vor ihrem Auftritt war sie sehr nervös. ▸ Nervosität ❷ das Nervensystem betreffend: Er hat ein nervöses Zucken am Auge.

nerv·tö·tend adj (abwert.) so, dass jmd. oder etwas jmdn. sehr stört und belästigt: Bei diesem nervtötenden Lärm kann doch kein Mensch arbeiten.

Nerz der <-es, -e> ❶ ZOOL. *ein kleines, schmales Tier mit einem buschigen Schwanz und braunen Fell, aus dem wertvolle Kleidungsstücke gemacht werden* ◆ -farm ❷ */kein Plur./ das Fell des Nerzes¹* ❸ *ein Mantel, eine Jacke o.Ä. aus Nerz²*: einen kostbaren Nerz tragen ◆ -jacke, -kragen, -mantel

Nes·sel die <-, -n> BOT. *Kurzform für „Brenn-Nessel";* ■ **sich in die Nesseln setzen** *(umg.) sich durch eine Handlung oder Äußerung in eine peinliche Situation bringen;* ■ **wie auf Nesseln sitzen** *(umg.) sehr nervös¹ sein*

Nes·ses·sär das siehe **Necessaire**

Nest das [nɛst] <-(e)s, -er> ❶ *der mit Zweigen und Blättern befestigte Platz, an dem Vögel ihre Eier legen und ausbrüten:* Der Storch baut sein Nest auf dem Kirchturm. ◆ Vogel- ❷ *eine kleine Höhle, die Insekten, Mäuse oder andere kleine Tiere bauen oder graben, um dort zu leben* ◆ Ameisen-, Eichhörnchen-, Ratten-, Schlangen- ❸ *(umg. abwert.: ≈ Kaff) ein kleiner Ort, an dem nichts passiert und es sehr langweilig ist* ❹ *(≈ Schlupfwinkel) der Ort, an dem sich Räuber, Piraten, Verbrecher verstecken* ◆ Piraten-, Schmuggler- ❺ ■ **ein Nest von Schmugglern/Räubern ausheben** *das Nest⁴ entdecken und die Verbrecher verhaften;* ■ **das eigene Nest beschmutzen** *(abwert.) schlecht über die eigene Familie, das eigene Land o.Ä. reden;* ■ **sich ins gemachte/warme Nest setzen** *(umg.) ohne eigene Anstrengungen in eine Situation kommen, in der es einem sehr gut geht* Durch die Heirat mit der Tochter des Firmenchefs konnte er sich ins gemachte Nest setzen.

Nest·be·schmut·zer der <-s, -> *(abwert.) jmd., der schlecht über seine eigene Familie, sein Land o.Ä. redet:* Nachdem er die Missstände im eigenen Land beim Namen genannt hatte, wurde er als Nestbeschmutzer beschimpft.

nes·teln <nestelst, nestelte, hat genestelt> *ohne OBJ* ■ **jmd. nestelt an etwas** Dat. *jmd. versucht mit den Fingern etwas zu öffnen oder zu lösen:* Er begann an dem Reißverschluss zu nesteln, als er ihn nicht gleich aufbekam.

Nest·flüch·ter der <-s, -> (↔ Nesthocker) ❶ *ein junges Tier, das schnell das Nest¹ ² verlässt* ❷ *(übertr.) jmd., der schon früh aus dem Elternhaus ausgezogen ist*

Nest·häk·chen das <-s, -> *das jüngste Kind in einer Familie, das oft sehr verwöhnt ist*

Nest·ho·cker der <-s, -> (↔ Nestflüchter) ❶ *ein junges Tier, das lange im Nest¹ ² bleibt* ❷ *(übertr.) jmd., der sehr lange im Elternhaus lebt und sich von den Eltern versorgen lässt*

Nes·tor der <-s, -toren> *(geh.) herausragender ältester Vertreter einer Wissenschaft oder eines künstlerischen Fachs; Benennung nach einem alten und weisen König aus der griechischen Sagenwelt:* Er war der Nestor der Chemie.

Nest·wär·me die <-> /kein Plur./ *das angenehme Gefühl, das ein Kind in der Familie hat, wenn alle es lieben und umsorgen*

nett¹ [nɛt] adj ❶ *(≈ lieb) so, dass jmd. freundlich und angenehm im Verhalten ist:* Nett von dir, mir die Informationen zu geben.; Er ist ein netter Junge.; Würden Sie bitte so nett sein und die Türen schließen? ❷ *(≈ ansprechend, hübsch) so, dass etwas angenehm wirkt:* Das ist wirklich eine nette Wohnung ❸ *(iron.) verwendet, um auszudrücken, dass man jmdn. oder etwas gar nicht gut findet:* Das ist ja ein netter Freund! Erst leihe ich ihm mein Geld, und dann haut er mit meiner Frau ab!

nett² [nɛt] adv (umg.) ❶ ■ **ganz nett** *(≈ ziemlich)* Ich musste mich ganz nett anstrengen, um diese Prüfung noch zu schaffen ❷ ■ **ganz nett** *verwendet, um auszudrücken, dass man etwas nur akzeptabel, aber nicht sehr schön, hervorragend o.Ä. findet* Der Film war ganz nett; aber es lohnt sich nicht, ihn noch mal anzuschauen.

net·ter·wei·se adv *aus Freundlichkeit:* Sie hat mir netterweise ihre Wohnung während der Ferien überlassen.

Net·tig·keit die <-, -en> /meist Plur./ *(≈ Kompliment) höfliche und freundliche Worte:* Nettigkeiten austauschen

net·to ['nɛto] adv (↔ brutto) ❶ WIRTSCH. *ohne Verpackung:* Das Gewicht beträgt netto 430 Gramm. ◆ -gewicht ❷ *nachdem Steuern und andere Kosten abgezogen sind:* Er hatte zweitausend Euro netto bekommen.; Das macht nach Abzug der Steuern noch nur noch tausend Euro. ◆ Nettoeinkommen, Nettolohn

Netz¹ das ['nɛts] <-es, -e> ❶ *eine Art Gewebe, das aus Fäden, Seilen, Drähten o.Ä. besteht, die miteinander verbunden/verknotet sind:* ein feines Netz; ein grobmaschiges Netz; ein Netz knüpfen; ein Netz ausbessern ◆ -hemd, -strumpf ❷ *ein Netz¹, mit dem man Tiere, besonders Fische, fangen kann:* ein Netz auswerfen/einholen;

die Fische gehen ins Netz ◆Fang-, Fischer-, Schmetterlings-, Vogel- ③ SPORT *ein Netz¹, das ein Spielfeld zum Beispiel beim Tennis in zwei Teile teilt oder Teil eines Tores ist:* der Ball geht ins/übers Netz ◆Tennis-, Tischtennis-, Volleyball- ④ *ein Netz¹, in dem man Dinge, zum Beispiel beim Einkaufen, transportiert oder aufbewahrt* ◆Einkaufs-, Gepäck- ⑤ *ein Netz¹, das jmdn. vor etwas schützt:* Die Akrobaten im Zirkus arbeiten ohne Netz.; Gegen die Mücken hilft nur, ein feines Netz über das Bett zu hängen. ◆Moskito- ⑥ *ein Netz¹, das man über die Haare spannt, um sie zu schützen oder die Frisur zu bewahren:* Die Arbeiterinnen mussten ein Netz tragen, damit ihre Haare nicht in die Maschine gelangten. ◆Haar- ⑦ *ein Netz¹, das eine Spinne baut, um Insekten oder kleine Tiere darin zu fangen;* ■ **jemandem ins Netz gehen** *(umg.) von jmdm. gefangen werden* Nach langer Suche ging der Einbrecher der Polizei ins Netz. ◆Spinnen-

Netz² das ['nɛts] <-es, -e> ① *ein System von Verkehrswegen, die miteinander verbunden sind und über das Menschen oder Waren in verschiedene Richtungen und an verschiedene Orte gelangen können:* ein gut ausgebautes Netz von Autobahnen ◆Bahn-, Eisenbahn-, Flug-, Kanal-, Schienen-, Straßen- Transport-, Verkehrs- ② *ein System von Leitungen und Vorrichtungen, über die Strom, Gas, Wasser, Nachrichten o.Ä. verteilt und transportiert werden kann* ◆-gerät, -spannung, -stecker, -teil, Computer-, Fernseh-, Kabel-, Strom-, Telefon- ③ EDV *das Internet: etwas im Netz suchen* ◆-zugang ④ EDV *Netzwerk* ⑤ *Personen oder Institutionen, die in einer Organisation verbunden sind, aber an verschiedenen Orten arbeiten;* ■ **das soziale Netz** SOZIOL. *ein System von Hilfen und Unterstützungen des Staates, das den Menschen einen bestimmten Lebensstandard garantieren sollt;* ■ **etwas geht ans Netz** *ein Kraftwerk wird an die Stromproduktion angeschlossen* ◆Handels-, Spionage-, Verkaufs-

Netz·an·schluss der <-es, Netzanschlüsse> ① *eine Art Vorrichtung für den Anschluss ans Stromnetz:* einen Netzanschluss installieren ② *die Möglichkeit, ein Gerät über eine Leitung mit Strom zu versorgen*

netz·ar·tig adj /nicht steig./ *in Form eines Netzes¹*

Netz·bür·ger der; **Netz·bür·ge·rin** <-s, -> EDV, SOZIOL. *Bezeichnung für Personen, die das Internet als eine parallele Welt mit freiheitlichen Vorstellungen sehen und nutzen*

net·zen <netzt, netzte, hat genetzt> mit OBJ ■ **jmd./etwas netzt jmdn./ etwas** *(geh.) befeuchten, leicht nass machen:* Tränen netzen die Wangen.

Netz·kar·te die <-, -n> *eine Fahrkarte für den Nahverkehr, mit der man so oft fahren kann, wie man will:* Mit der Netzkarte kannst du im ganzen Stadtgebiet mit dem Bus fahren.

Netz·werk das <-(e)s, -e> ① EDV *System von mehreren Computern, die miteinander verbunden sind; in einem Netzwerk können die Teilnehmer Datenbanken, Drucker, Internetzugang usw. gemeinsam nutzen und über Mailverkehr sich Nachrichten senden* ◆-karte; *siehe* **LAN, WAN** ② *eine (locker) organisierte Gruppe von Personen mit gleichen Interessen, die sich gegenseitig unterstützen, indem sie sich z.B. mit Informationen versorgen* ◆Frauen-

neu [nɔy] adj ① (↔ *alt*) *so, dass etwas erst seit kurzer Zeit da ist oder vor kurzer Zeit gemacht wurde:* Die Innenstadt wurde neu gestaltet.; Hast du eine neue Frisur?; Für sie galt bereits die neue Prüfungsordnung. ▶ Neuanschaffung, Neubeginn, Neueröffnung, Neuerwerbung, Neugestaltung ② (↔ *gebraucht*) *so, dass etwas noch nicht vorher benutzt oder von jmdm. besessen wurde:* Wir haben ganz neue Ware! ③ (≈ *frisch*) *sauber:* Du musst dir eine neue Hose anziehen. ④ *so, dass etwas noch nicht lange zurückliegt oder erst vor kurzer Zeit passiert ist:* die neuesten Nachrichten; Weißt du schon das Neuste? Morgen macht die Firma zu! ⑤ *noch nicht bekannt:* Die Forscher entdeckten einen neuen Käfer. ⑥ *so, dass jmd. oder etwas erst seit kurzer Zeit an einem Ort, in einer Position, in einer Funktion ist:* neu in der Stadt; neu im Amt; Der Neue ist sein Geld wert, er arbeitet wie ein Pferd! ▶ Neuankömmling ⑦ *verwendet, um auszudrücken, dass etwas noch einmal gemacht wird und dabei z.B. bestimmte Fehler nicht mehr gemacht werden:* Sie müssen den Text neu schreiben! ▶ Neufassung ⑧ *aus der aktuellen Ernte:* neuer Wein; neue Kartoffeln; ■ **jemandem ist etwas neu** *jmd. hat von etwas noch nicht gewusst* Das ist mir neu, dass man auf dem Bahnhof nicht rauchen darf.; ■ **seit neuestem** *seit sehr kurzer Zeit;* ■ **von neuem** *noch einmal;* ■ **neu verheiratet** *wieder* *verheiratet* Er war lange Zeit Witwer, aber jetzt ist er neu verheiratet. ◆ Kleinschreibung → R 3.13, R 3.20 die neuen Medien; die neuen Bundesländer; die neue Linke; gutes neues Jahr!; die neuen Sprachen; ◆ Großschreibung → R 3.7, R 3.17 die Neue Welt; das Neue Testament; ◆ Getrennt-oder Zusammenschreibung → R 4.16 neu bearbeitet/neubearbeitet; neu eröffnet/neueröffnet; neu geschaffen/neugeschaffen; neu verheiratet, d.h. wieder, erneut verheiratet; ◆ Zusammenschreibung → R 4.5 neugeborene

Neu·an·kömm·ling der <-s, -e> *jmd., der neu⁶ ist*

Neu·an·schaf·fung die <-, -en> *etwas, das man neu¹ gekauft hat:* Ihre letzte Neuanschaffung war ein eigenes Auto.

neu·ar·tig adj *(↔ traditionell) so, dass etwas erst seit kurzem erfunden oder bekannt wurde:* eine neuartige Methode der Krebsbehandlung

Neu·auf·la·ge die <-, -n> ❶ *der neue¹ Druck eines Buches, meist mit leicht verändertem oder verbessertem Inhalt* ❷ *etwas, das neu¹ und originell sein soll, aber in Wirklichkeit schon vorhanden ist:* Das, was der Politiker von sich gibt, ist auch nur eine Neuauflage alter Ideen.

Neu·bau der ['nɔybau] <-s, Neubauten> ❶ /kein Plur./ *das Bauen eines Hauses, um ein altes zu ersetzen:* Der Neubau des Rathauses wird die Stadt viel Geld kosten. ❷ *(↔ Altbau) ein Haus, das vor kurzer Zeit gebaut wurde*

Neu·bau·ge·biet das <-(e)s, -e> *Gebiet in einer Stadt, auf dem neue Häuser gebaut werden*

Neu·bau·woh·nung die <-, -en> *(↔ Altbauwohnung) eine Wohnung in einem Neubau²*

Neu·be·ar·bei·tung die <-, -en> ❶ *die Handlung, dass jmd. etwas noch einmal überarbeitet, um es zu verbessern:* Die Neubearbeitung des Aufsatzes bereitete ihm viel Mühe. ❷ *das Resultat einer Neubearbeitung¹*

Neu·bil·dung die <-, -en> ❶ *Vorgang, dass etwas Neues entsteht, das anders ist als das Vorherige oder sich in neuer Form zusammensetzt:* die Neubildung der Regierung; die Neubildung eines Wortes; die Neubildung der Zellen ❷ *das Ergebnis einer Neubildung¹*

Neu·ein·stei·ger der <-s, -> *jmd., der in einer Firma, einem Betrieb o.Ä. erst seit sehr kurzer Zeit arbeitet*

Neu·ein·stel·lung die <-, -en> ❶ *der Vorgang, dass ein Unternehmen neue Mitarbeiter einstellt:* Die Firma kündigte Neueinstellungen an. ❷ *neuer Angestellter:* Ist das die Neueinstellung? Der arbeitet aber nicht besonders effizient.

neu·er·dings adv ❶ *seit kurzer Zeit:* Neuerdings kann man sie im Fernsehen bewundern.; Ich höre, sie macht neuerdings auch Musik. ❷ SÜDDT., ÖSTERR., SCHWEIZ. *noch einmal, wieder*

N·eu·e·rer der, **N·eu·e·rin** <-s, -> *(↔ Bewahrer) jmd., der etwas verändern und somit modernisieren will*

neu·er·lich adj */nicht steig./ erneut:* Sie nahm einen neuerlichen Anlauf, die Prüfung zu machen.

Neu·er·schei·nung die <-, -en> *etwas (ein Buch, eine Publikation, eine CD o.Ä.), das erst seit kurzem zu kaufen ist oder sehr bald erscheint:* Ich wollte mir noch die Neuerscheinungen im Buchkatalog ansehen.

Neu·e·rung die <-, -en> *eine Änderung von etwas Altem, so dass etwas Neues an seine Stelle tritt:* Nicht alle waren mit den Neuerungen im Betrieb einverstanden.

Neu·fas·sung die <-, -en> ❶ *die Handlung, dass jmd. ein Buch, ein Film, ein Theaterstück o.Ä. überarbeitet und somit verbessert* ❷ *Resultat einer Neufassung¹*

neu·ge·bo·ren adj */nicht steig./ vor kurzem auf die Welt gekommen:* In dieser Station liegen die neugeborenen Kinder.; ■ **wie neugeboren** *frisch und voller Energie* Nach dem Bad fühlte sie sich wie neugeboren.

Neu·gier die <-> /kein Plur./ *der starke Wunsch, etwas Bestimmtes in Erfahrung bringen/kennenlernen/wissen zu wollen:* Ich frage ja nur aus reiner Neugier.; die Neugier auf ein fremdes Land; ■ **jemand platzt vor Neugier** *jmd. will etwas unbedingt wissen* Erzähl mir nun endlich, was passiert ist. Denn ich platze ja schon vor Neugier!

neu·gie·rig adj *voller Neugierde:* neugierig auf etwas sein; Ich bin neugierig, ob die Regierung das wohl schafft.; neugierig wie ein Kind sein

Neu·heit die <-, -en> *etwas, das neu ist:* eine Neuheit auf dem Gebiet der Unterhaltungselektronik; Dieses Programm ist eine echte Neuheit.

neu·hoch·deutsch adj */nicht steig./ das Neuhochdeutsche betreffend*

Neu·hoch·deutsch das <-(s)> /kein Plur./ *Epoche der deutschen Sprachgeschichte:* Das Neuhochdeutsche wird ungefähr seit

Mitte des 17. Jahrhunderts gesprochen. ▸ neuhochdeutsch, das Neuhochdeutsche

Neu·ig·keit die ['nɔyɪçkait] <-, -en> *eine Nachricht oder Information, die aktuell ist und nicht sehr lange zurückliegt:* interessante Neuigkeiten wissen

Neu·in·sze·nie·rung die <-, -en> ❶ *die Handlung, dass jmd. ein schon bekanntes Theaterstück neu inszeniert* ❷ *das Resultat einer Neuinszenierung¹:* Die Neuinszenierung des „Othello" stieß auf geteilte Kritiken.

Neu·jahr das ['nɔyjaːɐ̯] <-s> /kein Plur./ *der erste Tag des neuen Jahres (der erste Januar);* ▪ **Pros(i)t Neujahr!** *verwendet, um jmdm. zum Jahreswechsel um Mitternacht viel Glück und alles Gute zu wünschen; meist prostet man sich dabei mit einem Glas Sekt zu*

Neu·land das <-(e)s> /kein Plur./ ❶ *ein Stück Land, auf dem erst vor kurzem der Anbau von Pflanzen oder der Bau von Wohnungen möglich wurde:* Wir haben erst Neuland für die Anpflanzung gewinnen müssen. ❷ *ein Gebiet oder ein Fachbereich, über das/den man noch nichts weiß:* Die Wissenschaftler betraten mit ihren Forschungen völliges Neuland.

neu·lich ['nɔylɪç] *adv vor kurzem:* Neulich habe ich einen wirklich guten Film gesehen.

Neu·ling der <-s, -e> *jmd., der an einem Ort oder in einer Gruppe neu ist und erst begonnen hat, sich mit etwas zu beschäftigen:* In der Fußballmannschaft spielten zwei Neulinge mit wenig Erfahrung.

neu·mo·disch *adj (abwert.: ↔ altmodisch) so, dass etwas modern ist, aber dem Sprecher nicht gefällt:* Dieses neumodische Spielzeug geht doch sofort kaputt!

Neu·mond der <-(e)s> /kein Plur./ *(↔ Vollmond) Zeitraum der Stellung des Mondes zwischen der Erde und der Sonne, wobei die der Erde zugewandte Seite nicht beleuchtet ist, so dass man den Mond nicht sehen kann*

Neun die [nɔyn] <-, -en> ❶ *die Zahl 9* ❷ *jmd. oder etwas mit der Nummer 9*

neun [nɔyn] *num 9:* Wir sind neun Leute.; ▪ **Alle neune!** *dann verwendet, wenn beim Kegeln alle neun Kegel mit einem Wurf umgestoßen werden*

Neu·ne ▪ **Ach du grüne Neune!** *(umg.) verwendet als Ausruf der Überraschung oder der Verwunderung* Ach du grüne Neune! Ich habe nicht nur meinen Geldbeutel, sondern auch meinen Ausweis vergessen!

Neu·ner der <-s, -> *(umg.) etwas mit der Ziffer 9 (zum Beispiel ein Bus):* Der Neuner fährt heute nicht.

neun·hun·dert *num die Zahl 900*

neun·mal·klug *adj /nicht steig./ (abwert.) so, dass jmd. glaubt, alles besser zu wissen:* Was ist das nur für ein neunmalkluges Kind!; ▪ **neunmalkluges Gerede** *(abwert.) Äußerungen von jmdm., der alles besser zu wissen glaubt* Sein neunmalkluges Gerede ging mir auf die Nerven.

neunt¹ ▪ **zu neunt** *mit insgesamt neun Personen* Wir sind zu neunt.

neunt² *adj /nicht steig./ /nur attr./ in einer Reihenfolge an der Stelle 9:* Heute ist der neunte Tag des neuen Monats.

neun·tau·send *num die Zahl 9000*

Neun·tel das <-s, -> *der neunte Teil von etwas*

neun·zehn ['nɔyntseːn] *num die Zahl 19*

neun·zehn·te *adj /nicht steig./ /nur attr./ in einer Reihenfolge an der Stelle 19*

neun·zig ['nɔyntsɪç] *num die Zahl 90*

neun·zi·ger *adj /nicht steig./ /nur attr./ die zehn Jahre von 90 bis 99 betreffend (auf Jahrhunderte oder das Alter eines Menschen bezogen):* in den neunziger Jahren; die neunziger Jahre des letzten Jahrhunderts

Neu·or·ga·ni·sa·ti·on die <-, -en> ❶ *(≈ Reorganisation) der Vorgang, dass etwas neu organisiert wird, um es zu verbessern* ❷ *das Resultat einer Neuorganisation¹*

Neu·ori·en·tie·rung die <-, -en> ❶ *der Vorgang, dass etwas eine neue Richtung oder Zielsetzung bekommt:* die Neuorientierung der Politik ❷ *das Resultat einer Neuorientierung¹*

Neu·phi·lo·lo·ge der, **Neu·phi·lo·lo·gin** <-n, -n> *(↔ Altphilologe) Wissenschaftler/Wissenschaftlerin, der/die sich mit einer oder mehreren der modernen Sprachen und Literaturen Europas beschäftigt* ▸ Neuphilologie, neuphilologisch

Neu·r·al·gie die <-, -gien> MED. *Schmerzen, die stark und plötzlich in den Nerven auftreten*

neu·r·al·gisch *adj* MED. *von einer Neuralgie verursacht oder eine Neuralgie betreffend:* ein neuralgisches Leiden; ▪ **der neuralgische Punkt** *Punkt, bei dem es (meist in einem System) oft zu Störungen kommt* Die Baustelle ist derzeit der neuralgische Punkt auf der Autobahn.; *ein Thema oder eine Eigenschaft von jmdm., bei dem er sehr empfindlich reagiert* Die grauen Haare sind sein neuralgischer Punkt. Sprich ihn nicht darauf an.

Neu·re·ge·lung, **Neu·reg·lung** die <-, -en> ① *Vorgang, dass etwas neu geregelt wird, um es zu verbessern oder zu modernisieren:* Das Justizministerium machte sich endlich an eine Neuregelung des Familienrechts. ② *das Resultat einer Neuregelung[1]*

neu·reich adj /nicht steig./ *(abwert.) so, dass jmd. erst seit kurzer Zeit viel Geld hat und dies auch immer, meist auf geschmacklose Art, zeigen will*

Neu·rei·che der/die <-n, -n> *(abwert.) jmd., der neureich ist:* Vor dem Straßencafé parken die Sportwagen der Neureichen.

Neu·ro·bio·lo·gie die <-> /kein Plur./ *Forschungsrichtung, die sich interdisziplinär mit der Funktion und Struktur des Nervensystems beschäftigt* ▸ Neurobiologe, Neurobiologin, neurobiologisch

Neu·ro·chi·r·ur·gie die <-> /kein Plur./ MED. *Teil der Chirurgie, bei der am Nervensystem operiert wird* ▸ Neurochirurg(in)

Neu·ro·lo·gie die <-> /kein Plur./ MED. *Gebiet der Medizin, das sich mit dem Nervensystem und den Krankheiten der Nerven beschäftigt; zugleich auch Bezeichnung für die neurologische Abteilung einer Klinik/eines Klinikums* ▸ Neurologe, Neurologin, neurologisch

Neu·ro·se die <-, -n> MED., PSYCH. *psychische Störung, die meistens durch ein schlimmes Erlebnis hervorgerufen ist, das die Betroffenen noch nicht richtig verarbeitet haben*

Neu·ro·ti·ker der, **Neu·ro·ti·ke·rin** <-s, -> MED., PSYCH. *jmd., der eine Neurose hat und deshalb nicht so reagiert, wie es allgemein erwartet wird:* Was für ein Neurotiker! Er muss bis zu viermal kontrollieren, ob er die Wohnungstür auch wirklich abgeschlossen hat. ▸ neurotisch

Neu·schnee der <-s> /kein Plur./ *Schnee, der vor kurzer Zeit gefallen ist:* Es gibt einen halben Meter Neuschnee.

neu·t·ral [nɔy'traːl] adj ① (≈ *unparteiisch, objektiv*) /nicht steig./ *so, dass jmd. oder etwas in einem Streit, Konflikt o.Ä. weder für noch gegen einen der Gegner ist:* ein neutraler Beobachter/eine neutrale Beobachterin ② POL. /nicht steig./ *so, dass ein Staat oder ein Land in einem Krieg keiner der beiden Seiten hilft:* die neutrale Schweiz ③ /nicht steig./ *so, dass etwas in einem Konflikt keinem der Gegner gehört:* eine neutrales Gewässer ④ *so, dass keine Emotionen aufkommen können:* ein neutrales Thema ansprechen ⑤ (≈ *unaufdringlich*) *so, dass etwas nicht besonders auffällt und deshalb mit vielen Sachen kombiniert werden kann:* Du solltest eine neutrale Krawatte zu diesem Hemd tragen. ⑥ CHEM. /nicht steig./ *so, dass etwas weder sauer noch basisch ist* ⑦ PHYS. /nicht steig./ *so, dass etwas weder positiv noch negativ geladen ist*

-neu·t·ral [nɔy'traːl] *als Zweitglied zusammengesetzter Adjektive, mit Betonung auf dem Erstglied; drückt aus*, ① (≈ -*spezifisch, -orientiert*) *dass etwas von dem unabhängig ist bzw. nicht daran orientiert ist, was mit dem Erstglied bezeichnet wird:* ein leistungsneutrales Einkommen ◆ geschlechts-, leistungs- ② (↔ -*intensiv*) *dass etwas ohne dem auskommt bzw. nichts oder nur wenig von dem hat, was mit dem Erstglied bezeichnet wird:* geruchsneutrale Seife (= Seife ohne Geruch); ein wertneutrales Verhalten, das z.B. keine Diskriminierung beinhaltet ◆ geruchs-, geschmacks-, kosten-, wert-

neu·t·ra·li·sie·ren mit OBJ ■ **jmd./etwas neutralisiert etwas (durch etwas** Akk./ **mit etwas** Dat.) *(geh.) die Auswirkungen einer Sache unwirksam machen:* Man versuchte, den Ölteppich mit Chemikalien zu neutralisieren.

Neu·t·ra·li·tät die <-> /kein Plur./ ① *der politische Zustand eines Landes, das neutral[2] ist:* Neutralität erklären; die Neutralität eines Landes garantieren/verletzen ◆ -sabkommen, -sverletzung ② *ein objektives Verhalten:* Neutralität gegenüber den verschiedenen Standpunkten bewahren

Neu·t·ron das <-s, -tronen> PHYS. *Elementarteilchen des Atomkerns ohne elektrische Ladung* ◆ -enbombe, -enstrahlung

Neu·t·rum das ['nɔytrʊm] <-s, **Neutra**/**Neutren**> SPRACHWISS. ① /kein Plur./ *eines der drei Genera im Deutschen, das im Nominativ am bestimmten Artikel „das" zu erkennen ist* ② *ein Nomen/Substantiv im Neutrum[1]:* das Haus/Pferd

Neu·ver·schul·dung die <-, -en> *Vorgang, dass jmd. oder etwas noch einmal Schulden zu den schon bestehenden Schulden macht:* die Neuverschuldung des Staates/ Landes

Neu·wahl die <-, -en> *eine Wahl, die durchgeführt wird, weil die erste Wahl nicht gültig war, oder weil die politische Situation eine neue Wahl erfordert:* Nach dem Rücktritt der Regierung kam es zu Neuwahlen.

Neu·wert der <-(e)s, -e> *Wert eines Gegenstandes, der noch nicht gebraucht*

wurde: der Neuwert des Autos

neu·wer·tig *adj schon gebraucht, aber noch fast wie neu:* neuwertige Kleidung
▸ Neuwertigkeit

News ['nju:z] *Plur. aktuelle Nachrichten oder Neuigkeiten:* Die letzten News erfahren Sie um Mitternacht.

nib·beln <nibbelst, nibbelte, hat genibbelt> *mit OBJ* **jmd. nibbelt etwas** TECHN. *(von Blechen) schneiden, abtrennen*

nicht [nɪçt] *part* ❶ *verwendet, um eine Aussage zu verneinen:* Das ist nicht richtig.; Er ist nicht größer, sondern kleiner als sein Bruder.; Ich komme nicht mit! ❷ *verwendet als Verneinung an Stelle einer ganzen Aussage:* Wer kommt mit? — Ich nicht.; Ich hoffe, es gibt noch genügend Mineralwasser; wenn nicht, dann musst du noch ein paar Flaschen kaufen. ❸ *verwendet, um bei Wörtern mit einer negativen Bedeutung diese Bedeutung abzuschwächen:* Das ist nicht schlecht, aber es fehlt noch etwas.; Sie war nicht unfreundlich. ❹ */mit unbestimmtem Artikel/ kein:* Nicht einer hatte den Mut zu protestieren.; Nicht einen Tag schien die Sonne! ❺ *verwendet, um eine genannte Eigenschaft zu verneinen,* **Nicht, dass ...** *(iron.) kurz für „Es ist nicht so, dass ..."* Nicht, dass mich das sonderlich interessiert; aber ich würde schon gern wissen, wann du wieder abreist. ● Getrennt- oder Zusammenschreibung → R 4.14 nicht amtlich/nichtamtlich; nicht selbständig, selbstständig/nichtselbständig, nichtselbstständig; nicht rostend/nichtrostend; nicht veröffentlicht/nichtveröffentlicht; *siehe* **nur**

Nicht·ach·tung *die* <-> */kein Plur./ der Sachverhalt, dass jmd. etwas nicht achtet oder respektiert:* die Nichtachtung der Bürgerrechte/demokratischer Grundrechte/der Menschenwürde

Nicht·an·er·ken·nung *die* <-> */kein Plur./* AMTSSPR. *der Sachverhalt, dass jmd. etwas nicht anerkennt:* die Nichtanerkennung eines Attests/steuerlicher Belege

Nicht·be·ach·tung *die* <-> */kein Plur./* AMTSSPR. *(↔ Einhaltung) der Sachverhalt, dass jmd. etwas nicht beachtet:* bei Nichtbeachtung der Vorschrift; die Nichtbeachtung der Regeln

Nich·te *die* ['nɪçtə] <-, -n> *(↔ Neffe) Tochter des Bruders oder der Schwester*

Nicht·ein·hal·tung *die* <-> */kein Plur./* AMTSSPR. *der Sachverhalt, dass jmd. etwas nicht einhält:* Nichteinhaltung der Abgabefrist; Bei Nichteinhaltung dieser Vorschriften drohen disziplinarische Maßnahmen.

Nicht·ein·mi·schung *die* <-> */kein Plur./* POL. *Neutralität[1]*

Nicht·er·schei·nen *das* <-s> */kein Plur./* AMTSSPR. *der Sachverhalt, dass jmd. nicht persönlich bei einer Behörde, in einem Amt o.Ä. erscheint, obwohl er dazu aufgefordert wurde:* Bei Nichterscheinen erfolgt eine Bußgeldforderung.

Nicht·eu·ro·pä·er *der,* **Nicht·eu·ro·pä·e·rin** <-s, -> *jmd., der nicht aus Europa stammt*

nich·tig *adj* ❶ *(geh.) unbedeutend, unwichtig:* Irgendwelche nichtigen Gründe fallen ihm immer ein. ❷ RECHTSW. *ungültig:* Ihre Klage ist hiermit für nichtig erklärt.; ■ **null und nichtig sein** *(umg.) unwirksam sein, außer Kraft sein*

Nich·tig·keit *die* <-, -en> ❶ */kein Plur./* RECHTSW. *Ungültigkeit* ❷ *(geh.)* /meist Plur./ *etwas, das unwichtig und unbedeutend ist; Belanglosigkeit:* die Nichtigkeiten dieser Welt

Nich·tig·keits·er·klä·rung *die* <-, -en> RECHTSW. *Erklärung, dass etwas ungültig ist*

Nicht·rau·cher *der,* **Nicht·rau·che·rin** <-s, -> *(↔ Raucher)* ❶ *jmd., der nicht raucht* ❷ *(umg.) ein Eisenbahnabteil o.Ä., in dem nicht geraucht werden darf:* Ich möchte bitte im Nichtraucher sitzen.

Nichts *das* <-> */kein Plur./* ❶ *absolute Leere* ❷ *jmd. oder etwas, der/das keinen Wert hat:* Schau ihn dir an! Er ist ein wirkliches Nichts!; Sie stritten um ein Nichts.; ■ **vor dem Nichts stehen** *alles verloren haben* Nachdem ihr Haus abgebrannt war, standen sie vor dem Nichts.

nichts [nɪçts] *pron verwendet, um auszudrücken, dass etwas, das (gegeben) sein könnte, absolut nicht (gegeben) ist:* Ich sehe und höre nichts!; Sie hat schon wieder nichts zu tun.; Du bist wohl mit nichts zufrieden.; Man weiß nichts Genaueres.; Er hat im Leben nichts geschenkt bekommen.; ■ **nichts als ...** *nur* nichts als Ärger; ■ **für nichts (und wieder nichts)** *(umg.: ≈ umsonst) verwendet, um auszudrücken, dass etwas absolut kein Ergebnis oder keine Verbesserung erzielt hat* Die ganze Arbeit war für nichts (und wieder nichts).; ■ **wie nichts** *(umg.) sehr schnell* Du glaubst es nicht; aber mit dem Fahrrad bin ich da wie nichts!; ■ **mir nichts, dir nichts** *(umg.) verwendet, um auszudrücken, dass jmd. etwas ohne große Bedenken und ohne Rücksicht auf andere tut* Er hat sich mir nichts, dir nichts gleich die

Hälfte vom Kuchen genommen; ▪ **Nichts da!** *(umg.) verwendet, um unhöflich auszudrücken, dass etwas nicht getan werden darf oder soll;* ▪ **Nichts wie los/weg/raus!** *(umg.) verwendet um auszudrücken, dass man etwas sehr schnell tun muss* ♦ Getrennt-oder Zusammenschreibung → R 4.16 nichts sagend/nachtssagend; nichts ahnend/nichtsahnend

Nicht·schwim·mer *der,* **Nicht·schwim·me·rin** <-s, -> ❶ *Person, die nicht schwimmen kann* ❷ *(umg.) der Teil eines Schwimmbeckens, in dem man stehen kann und deshalb nicht schwimmen können muss*

nichts·des·to·trotz *adv (umg.) dennoch, trotzdem:* Es regnet zwar, aber nichtsdestotrotz möchte sie einen langen Spaziergang machen.

nichts·des·to·we·ni·ger *adv dennoch, trotzdem:* Ich glaube nichtsdestoweniger fest daran.

Nichts·nutz *der* <-es, -e> *(veralt. abwert.: ≈ Taugenichts) jmd., der nicht arbeitet und nur unwichtige Dinge tut:* Er ist ein Nichtsnutz, der nur seinen Eltern auf der Tasche liegt! ▸ nichtsnutzig

Nichts·tu·er *der,* **Nichts·tu·e·rin** <-s, -> *(abwert.: ≈ Faulenzer) jmd., der faul ist und nicht arbeitet*

Nichts·tun *das* <-s> */kein Plur./* ❶ *Faulenzen* ❷ *Muße*

nichts·wür·dig *adj (geh. abwert.) so, dass jmd. oder etwas gemein oder schlecht ist und keine Anerkennung verdient:* Was für eine nichtswürdige Person ist er doch! Immer lügt und betrügt er.; nichtswürdige Gedanken

Nicht·wäh·ler *der,* **Nicht·wäh·le·rin** <-s, -> POL. *jmd., der aus Protest oder aus Desinteresse bei einer politischen Wahl nicht wählen geht:* Bei jeder Wahl gibt es einen Prozentsatz von Nichtwählern.

Nicht·zah·lung *die* <-> */kein Plur./* RECHTSW. *der Sachverhalt, dass jmd. etwas nicht bezahlt, obwohl er dazu offiziell aufgefordert wurde:* Bei Nichtzahlung droht Pfändung.

Nicht·zu·tref·fen·de, *a.* **nicht Zu·tref·fen·de** *das* <-n> */kein Plur./ etwas, das meistens auf Formularen steht und für jmdn. oder etwas nicht zutrifft:* Sie können Nichtzutreffendes/nicht Zutreffendes bitte streichen!

ni·cken ['nɪkn] *ohne OBJ* ❶ ▪ **jmd. nickt** *den Kopf kurz nach vorne bewegen, um zu zeigen, dass man etwas bejaht oder mit etwas einverstanden ist:* Er nickte kurz, als sie ihn fragte, ob er noch einen Kaffee wolle.; Beifällig nickten sie, als der Redner heftige Kritik an der Regierung übte. ❷ ▪ **jmd. nickt** *(umg.) jmd. hält zwischendurch einen kurzen und leichten Schlaf, meist im Sitzen*

Ni·cker·chen *das* <-s, -> *(umg.) ein kurzer, leichter Schlaf:* nach dem Mittagessen ein Nickerchen machen

Ni·cki *der* <-s, -s> *ein Pullover aus einem Material, das sich ähnlich wie Samt anfühlt*

nie [niː] *adv* ❶ (↔ *immer) zu keiner Zeit:* Nie hatte er Zeit.; Sie vergaß nie, das Licht auszumachen. ❷ *kein einziges Mal:* Er war noch nie aus dem Dorf herausgekommen.; Sie war noch nie in der Schweiz. ❸ *auf keinen Fall:* Du wirst ihn nie dazu bringen, sich zu entschuldigen!; Du wirst wohl nie lernen, wie man das richtig schreibt.; ▪ **nie wieder/mehr** *nicht noch einmal (in der Zukunft)* Ich glaube, so viel Pech werde ich nie wieder haben.; Ich werde nie mehr unpünktlich sein. Das verspreche ich.; ▪ **Nie wieder ...!** *verwendet, um auszudrücken, dass etwas nicht mehr vorkommen darf* Nie wieder Urlaub mit dem Zelt!; ▪ **Nie und nimmer!** *unter keinen Umständen, auf keinen Fall* Das glaube ich nie und nimmer!

nie·der[1] <niedriger, am niedrigsten> *adj* ❶ *so, dass in einer Hierarchie auf der untersten Stufe ist:* Er war nur ein niederer Beamter.; Sie erforscht die niederen Tiere des Sees. ❷ *primitiv und moralisch minderwertig:* Er handelte aus niederen Motiven. ❸ SÜDDT., ÖSTERR., SCHWEIZ. *niedrig:* Bei den niederen Türen mussten sie aufpassen, um sich nicht den Kopf anzustoßen.

nie·der[2] *adv* ❶ *(≈ hinunter) verwendet in einer Aufforderung oder einem Befehl, um auszudrücken, dass jmd./etwas zu Boden gebracht werden muss:* Nieder mit dem Kerl!; Nieder mit den Waffen! ❷ *verwendet, um auszudrücken, dass jmd. oder etwas auf keinen Fall zu akzeptieren ist:* Nieder mit den Ausbeutern!; Nieder mit dem Krieg!

nie·der·beu·gen <beugst nieder, beugte nieder, hat niedergebeugt> *mit SICH* ▪ **jmd. beugt sich nieder** *den Oberkörper oder den ganzen Köper in Richtung Boden beugen:* Alle beugten sich gleichzeitig nieder, als der König den Raum betrat.

nie·der·bren·nen <brennst nieder, brannte nieder, hat/ist niedergebrannt> I. *mit OBJ* ▪ **jmd. brennt etwas nieder** *absichtlich Feuer an etwas legen, um es zu* *zerstören:* Sie haben die Scheune absichtlich niedergebrannt. **II.** *ohne OBJ* ❶ **etwas brennt nieder** *durch Feuer zerstört werden:* Der Schuppen ist völlig niedergebrannt. ❷ **etwas brennt nieder** *durch Brennen immer kleiner werden:* Die Kerze brennt allmählich nieder. ❸ **die Sonne brennt** (**auf jmdn./etwas**) **nieder** *die Sonne scheint sehr stark und verursacht große Hitze*

nie·der·brül·len <brüllst nieder, brüllte nieder, hat niedergebrüllt> *mit OBJ* ■ **jmd./eine Gruppe von Menschen brüllt jmdn. nieder** *(umg.) so laut schreien, dass jmd. anderes nicht mehr weiterreden kann:* Die Demonstranten brüllten den Sprecher des Unternehmens einfach nieder.

Nie·der·deutsch das <-en> /kein Plur./ SPRACHWISS. *die Dialekte, die vorwiegend im Norden von Deutschland gesprochen werden und die viel Ähnlichkeit mit dem Holländischen haben:* Niederdeutsch/Das Niederdeutsche wird in vielen Orten Norddeutschlands noch als Umgangssprache gesprochen. ▸ niederdeutsch, das Niederdeutsche

nie·der·drü·cken <drückst nieder, drückte nieder, hat niedergedrückt> *mit OBJ* ❶ ■ **jmd./etwas drückt etwas nieder** *etwas nach unten drücken:* Er drückte die Klinke nieder. ❷ ■ **etwas drückt jmdn. nieder** *(umg.: ≈ deprimieren)* Die schlechten Nachrichten drücken mich wirklich nieder.; Er ist ziemlich niedergedrückt.; Was für niederdrückende Aussichten!

nie·der·fal·len <fällst nieder, fiel nieder, ist niedergefallen> *ohne OBJ* ❶ ■ **jmd./etwas fällt nieder** *nach unten fallen:* Die Blätter fallen langsam nieder, es wird Herbst. ❷ ■ **jmd. fällt** (**vor jmdm./etwas**) **nieder** *jmd. wirft sich schnell auf die Knie, um Respekt zu zeigen:* Vor der Königin fiel er nieder.

Nie·der·gang der <-s> /kein Plur./ (geh.: ↔ *Aufstieg*) *der Vorgang, dass etwas an Bedeutung verliert:* Schon bald nach dem Aufstieg begann der Niedergang dieser Kultur.

nie·der·ge·hen <gehst nieder, ging nieder, ist niedergegangen> *ohne OBJ* ■ **etwas geht nieder** ❶ *heftig auf die Erde fallen oder einen Berg hinunterrollen:* Ein Platzregen ging nieder.; Eine Lawine geht nieder. ❷ ■ **jmd. geht nieder** *bei einer kämpferischen Auseinandersetzung zu Boden fallen:* Der Boxer ist zum zweiten Mal niedergegangen. ❸ *etwas geht nieder (fachspr.) landen:* Das Flugzeug ging auf einem Acker nieder. ❹ **etwas geht nieder** *sich senken:* Der Vorhang ging nieder und das Publikum klatschte vor Begeisterung.

nie·der·ge·schla·gen *adj* (≈ *bedrückt, deprimiert* ↔ *fröhlich*) *sehr traurig und ohne Energie:* Als er die erneute Absage erhielt, war er völlig niedergeschlagen. ■ Niedergeschlagenheit

nie·der·hal·ten <hältst nieder, hielt nieder, hat niedergehalten> *mit OBJ* ❶ ■ **jmd. hält etwas nieder** *etwas so festhalten, dass es unten bleibt:* Also, ich halte den Zaun nieder und du springst dann darüber. ❷ ■ **jmd. hält jmdn. nieder** *jmdn. daran hindern, sich frei zu entwickeln:* In diesem Land hielten die Militärs die Bevölkerung mit aller Gewalt nieder.

nie·der·kämp·fen <kämpfst nieder, kämpfte nieder, hat niedergekämpft> *mit OBJ* ❶ ■ **jmd. kämpft etwas nieder** *versuchen, ein Gefühl durch seinen Willen zu unterdrücken:* Sie versuchte, ihre Müdigkeit niederzukämpfen. ❷ ■ **jmd. kämpft jmdn. nieder** SPORT *jmd. durch seine Kraft besiegen:* Endlich hatte der Ringer seinen Gegner niedergekämpft. ❸ ■ **jmd./etwas kämpft jmdn./etwas nieder** MILIT. *gegen jmdn. militärisch kämpfen und ihn besiegen*

nie·der·kau·ern <kauerst nieder, kauerte nieder, hat niedergekauert> *mit SICH* ■ **jmd. kauert sich nieder** *sich ganz klein machen und sich so hinsetzen:* Er kauerte sich voller Angst hinter das Sofa.

nie·der·knal·len <knallst nieder, knallte nieder, hat niedergeknallt> *mit OBJ* ■ **jmd. knallt jmdn. nieder** *(umg.) niederschießen*

nie·der·kni·en <kniest nieder, kniete nieder, ist/hat niedergekniet> **I.** *ohne OBJ* ■ **jmd. kniet** (**vor jmdm./etwas**) **nieder** *auf die Knie fallen und in dieser Stellung bleiben:* Vor dem Altar knieten sie in ehrfürchtiger Andacht nieder. **II.** *mit SICH* ■ **jmd. kniet sich nieder** *niederknien I*

nie·der·kom·men <kommst nieder, kam nieder, ist niedergekommen> *ohne OBJ* ■ **eine Frau kommt nieder** *(geh.) gebären*

Nie·der·kunft die <-, Niederkünfte> *(veralt. oder geh.) Geburt*

Nie·der·la·ge die <-, -n> (↔ *Sieg*) *das Verlieren eines Wettkampfes, eines Streits, eines Konflikts:* Die Mannschaft erlitt eine bittere Niederlage.; militärische Niederlage; dem Gegener eine Niederlage bereiten

nie·der·las·sen <lässt nieder, ließ nieder, hat niedergelassen> *mit SICH* ❶ *jmd. lässt sich irgendwo nieder (↔ aufstehen) sich auf etwas setzen:* Sie ließ sich auf dem Sessel nieder. ❷ *jmd. lässt sich irgendwo nieder an einen Ort ziehen, um dort zu leben:* In einigen Jahren wollen wir uns dann auf dem Land niederlassen. ❸ *jmd. lässt sich als etwas nieder eine Praxis, eine Kanzlei, ein Geschäft o.Ä. eröffnen:* Sie ließ sich schließlich als Anwältin nieder.

Nie·der·las·sung *die* <-, -en> ❶ *ein Teil eines Unternehmens, einer Firma o.Ä., der an einem anderen Ort ist als die Zentrale:* Die Firma hat Niederlassungen in ganz Europa. ❷ SCHWEIZ. *Aufenthaltserlaubnis*

Nie·der·las·sungs·frei·heit *die* <-> /kein Plur./ RECHTSW. *das Recht jedes Deutschen, an jedem beliebigen Ort in Deutschland zu wohnen*

nie·der·le·gen <legst nieder, legte nieder, hat niedergelegt> **I.** *mit OBJ* ❶ *jmd. legt jmdn./etwas nieder (geh.) jmdn. oder etwas auf den Boden oder auf eine Unterlage legen:* Der Verletzte wurde aufs Gras niedergelegt.; Sie legte den Stift nieder. ❷ *jmd. legt etwas nieder (↔ übernehmen) etwas nicht mehr tun oder aufgeben:* Sie legte den Vorsitz nieder. ❸ *jmd. legt etwas schriftlich nieder (geh.) aufschreiben:* Er hatte seine Gedanken in Form von Essays niedergelegt. **II.** *mit SICH* ■ *jmd. legt sich nieder (geh.: ↔ aufstehen) sich schlafen legen:* Nach dem Mittagessen legt er sich gerne nieder.; **die Arbeit niederlegen** *streiken;* **die Waffen niederlegen** *aufhören zu kämpfen*

Nie·der·le·gung *die* <-, -en> ❶ *(geh.) das Niederlegen I. 1:* Die Politiker schritten zur feierlichen Niederlegung des Kranzes. ❷ *der Vorgang, dass jmd. ein Amt, eine Tätigkeit o.Ä. aufgibt:* Er entschloss sich zur Niederlegung aller Ämter.

nie·der·ma·chen <machst nieder, machte nieder, hat niedergemacht> *mit OBJ* ❶ *jmd. macht jmdn. nieder* MILIT. *(≈ niedermetzeln) jmdn. brutal töten:* Die Gegner wurden auf seinen Befehl alle niedergemacht. ❷ *jmd. macht jmdn. nieder (abwert.) jmdn. sehr scharf kritisieren:* Der Chef hatte ihn vor versammelter Mannschaft niedergemacht.

nie·der·met·zeln <metzelst nieder, metzelte nieder, hat niedergemetzelt> *mit OBJ* ■ *jmd. metzelt jmdn. nieder jmdn. auf sehr brutale Weise töten*

nie·der·pras·seln <prasselt nieder, prasselte nieder, ist niedergeprasselt> *ohne OBJ* ❶ *etwas prasselt nieder etwas fällt kräftig und schnell auf die Erde:* Plötzlich wurde es dunkel und der Regen prasselte nieder. ❷ *etwas prasselt (auf jmdn.) nieder jdm. bekommt etwas in großer Menge:* Nach seinem Vortrag prasselte die Kritik nur so auf ihn nieder.

nie·der·rei·ßen <reißt nieder, riss nieder, hat niedergerissen> *mit OBJ* ❶ *jmd. reißt etwas nieder etwas einstürzen lassen:* Die Arbeiter rissen das alte Haus nieder. ❷ *etwas reißt jmdn. nieder jmd. wird von etwas heftig zu Boden geworfen:* Die heftigen Windstöße rissen ihn fast nieder.

Nie·der·sach·sen <-s> *Bundesland im Norden von Deutschland*

nie·der·schie·ßen <schießt nieder, schoss nieder, hat niedergeschossen> *mit OBJ* ■ *jmd. schießt jmdn. nieder auf jmdn., der sich nicht wehren kann, schießen, um ihn zu töten oder schwer zu verletzen:* Sie schossen die Demonstranten einfach nieder.

Nie·der·schlag *der* <-(e)s, Niederschläge> ❶ /meist Plur./ METEOR. *die Menge an Regen, Schnee, Hagel, die auf die Erde fällt:* Die starken Niederschläge im Juli haben fast überall zu Hochwasser geführt. ❷ CHEM. *fester Stoff, der sich aus einer Lösung absetzt und zu Boden sinkt;* ■ *etwas findet seinen Niederschlag in etwas etwas kann meist in einer anderen Form wiedergefunden werden* Die Reisen des Dichters fanden ihren Niederschlag in einigen Kurzgeschichten.

nie·der·schla·gen <schlägt nieder, schlug nieder, hat niedergeschlagen> **I.** *mit OBJ* ❶ ■ *jmd. schlägt jmdn. nieder jmdn. zu Boden schlagen* ❷ ■ *jmd./etwas schlägt etwas nieder etwas mit Gewalt beenden:* Die Miliz schlug die Revolte der Studenten schließlich nieder. ❸ ■ *jmd./etwas schlägt etwas nieder* RECHTSW. *eine Anklage, einen Prozess beenden:* Das Gericht schlug die Anklage nieder.; ■ *jemand schlägt die Augen nieder (geh.) zu Boden blicken, weil man sich schämt* Schüchtern schlug sie die Augen nieder, als er um ihre Hand anhielt. **II.** *mit SICH* ❶ ■ *etwas schlägt sich irgendwo nieder* CHEM. *etwas bildet einen Niederschlag²* ❷ ■ *etwas schlägt sich irgendwo nieder eine dünne Schicht von* *etwas bildet sich auf etwas:* Als er den Raum betrat, schlug sich sofort Dunst auf seine Brillengläser. ❸ **etwas schlägt sich in etwas** *Dat.* **nieder** *etwas kommt in etwas zum Ausdruck:* Die Erlebnisse von damals haben sich in den Filmen der Regisseurin niedergeschlagen.

Nie·der·schlags·men·ge die <-, -n> METEOR. *gemessene Menge an Niederschlag¹*

nie·der·schmet·tern <schmetterst nieder, schmetterte nieder, hat niedergeschmettert> *mit OBJ* ❶ **etwas schmettert jmdn. nieder** *jmdn. so stark erschüttern, dass er keinen Mut und keine Freude mehr hat:* Die Prüfungsergebnisse hatten ihn völlig niedergeschmettert. ❷ *jmdn. zu Boden schlagen:* Er schmetterte ihn mit einem Fausthieb nieder. ❸ MILIT. *etwas mit Gewalt beenden:* Der Aufstand wurde niedergeschmettert.

nie·der·schrei·ben <schreibst nieder, schrieb nieder, hat niedergeschrieben> *mit OBJ* **jmd. schreibt etwas nieder** *aufschreiben:* seine Eindrücke niederschreiben

Nie·der·schrift die <-, -en> ❶ *das Niederschreiben:* die Niederschrift seiner Gedanken ❷ *Text, den man aufgeschrieben hat:* Sie fertigte eine Niederschrift von dem Gespräch an.

nie·der·set·zen <setzt nieder, setzte nieder, hat niedergesetzt> I. *mit OBJ* **jmd. setzt etwas nieder** *hinstellen:* Setz doch die schwere Tasche nieder. II. *mit SICH* **jmd. setzt sich nieder** *sich hinsetzen:* Ich muss mich etwas niedersetzen und erholen.

nie·der·ste·chen <stichst nieder, stach nieder, hat niedergestochen> *mit OBJ* **jmd. sticht jmdn. nieder** *jmdn. sticht mit einer scharfen Waffe auf jmdn. ein, um ihn zu töten oder schwer zu verletzen:* Der Räuber stach ihn einfach nieder.

nie·der·stim·men <stimmen nieder, stimmten nieder, haben niedergestimmt> *mit OBJ* **Personen stimmen jmdn./etwas nieder** *mehrere Personen lehnen jmdn. oder etwas mit ihrer Stimme in einer Abstimmung mit großer Mehrheit ab:* Der Antrag der Opposition wurde im Parlament niedergestimmt.

nie·der·sto·ßen <stößt nieder, stieß nieder, hat niedergestoßen> I. *mit OBJ* **jmd. stößt jmdn. nieder** *jmdm. einen so starken Stoß versetzen, dass er zu Boden fällt:* Er stieß seinen Gegner nieder. II. *ohne OBJ* **ein Vogel stößt nieder** *(sein) ein Raubvogel fliegt senkrecht zu Boden, um dort ein Tier zu fangen:* Der Adler stieß nieder und schlug den Hasen.

nie·der·stre·cken I. *mit OBJ* **jmd. streckt jmdn./etwas nieder** *auf jmdn. oder etwas schlagen oder schießen, so dass er/es zu Boden fällt:* Der ausgebrochene Stier musste schließlich mit mehreren Schüssen niedergestreckt werden. II. *mit SICH* **jmd. streckt sich nieder** *sich hinlegen:* Sie streckte sich auf dem Boden nieder.

Nie·der·tracht die <-> /kein Plur./ (geh.) ❶ (≈ *Gemeinheit, Infamie) die Art und Weise zu handeln, die gezielt und bewusst böse und hinterhältig ist:* Aus purer Niedertracht hat er mein Auto zerkratzt. ❷ *eine Handlung, die durch ein hinterhältiges und böses Denken verursacht wird:* Welche Niedertracht heckt er schon wieder aus?

Nie·der·träch·tig·keit die <-> /kein Plur./ *die Niedertracht²:* Das ist eine Niederträchtigkeit ohne gleichen, mich so zu verleumden. ▸ niederträchtig

nie·der·tram·peln <trampelst nieder, trampelte nieder, hat niedergetrampelt> *mit OBJ* **(jmd.)/ein Tier trampelt etwas nieder** *(jmd.) oder ein Tier tritt auf etwas, so dass es zerstört ist und sich nicht mehr aufrichtet:* Die Wildschweine haben die ganze Ernte niedergetrampelt!

nie·der·tre·ten <trittst nieder, trat nieder, hat niedergetreten> *mit OBJ* **jmd. tritt etwas nieder** *so auf etwas treten, dass es sich nicht mehr aufrichtet:* die Blumen niedertreten

Nie·de·rung die <-, -en> ❶ *ein flaches Stück Land, das tiefer als seine Umgebung liegt:* In der Niederung dort am See wachsen viele seltene Blumen. ❷ /meist Plur./ (geh. abwert.) *verwendet, um auszudrücken, dass man etwas für minderwertig hält oder sozial und moralisch bedenklich findet:* die Niederungen der Politik; die Niederungen des Lebens

nie·der·wer·fen <wirfst nieder, warf nieder, hat niedergeworfen> *mit OBJ* ❶ **jmd. wirft jmdn./sich nieder** *(eine Person) auf den Boden werfen:* Der Ringer hatte seinen Gegner niedergeworfen.; Er warf sich reuevoll vor dem König nieder. ❷ **jmd./etwas wirft jmdn./etwas nieder** MILIT., POL. *besiegen oder etwas mit Gewalt beenden:* Der Feind wurde niedergeworfen.; Die Revolte wurde niedergeworfen.

nied·lich ['niːtlɪç] *adj so hübsch und ange-*

nehm, dass man es sofort mag: Ach wie ist er doch niedlich, der Kleine!; Du hast aber/vielleicht ein niedliches Kleid an!

nied·rig ['niːdrɪç] *adj* ❶ *(↔ hoch) von geringer Höhe:* eine niedrige Mauer; ein niedriges Haus; Der Tisch ist aber ziemlich niedrig. ❷ *(≈ tief) nicht weit über dem Boden:* Die Zweige hängen niedrig.; Die Schwalben fliegen niedrig. ❸ *(umg.) gering, wenig:* Die niedrigen Mieten sind ungewöhnlich für diese Gegend. ❹ *(veralt. oder geh.) im gesellschaftlichen Rang unten stehend:* Er war ein Mensch von niedriger Herkunft. ❺ *(↔ edel) moralisch von keinem oder nur sehr geringem Wert:* niedrige Absichten; niedrige Motive ◆ Getrennt-oder Zusammenschreibung → R 4.16 niedrig gesinnt/niedriggesinnt; niedrig stehend/niedrigstehend; ◆ Großschreibung → R 3.4 Hoch und Niedrig (jedermann); Hohe und Niedrige

nie·mals ['niːmaːls] *adv (≈ nie ↔ immer) zu keinem Zeitpunkt:* Niemals werde ich diesen schönen Tag vergessen!

Nie·mand *der* <-(e)s> */kein Plur./ (abwert.) jmd., dem mit Bezug auf eine Sache keine Bedeutung beigemessen wird:* Er denkt, er sei ein berühmter Schriftsteller; aber in Wirklichkeit ist er doch ein Niemand.

nie·mand ['niːmant] *pron kein einziger Mensch:* Ich sehe niemanden.; Das kann niemand anders außer du.; Dies ist niemandes Angelegenheit außer meiner.

Nie·mands·land *das* <-(e)s> */kein Plur./* ❶ *das Land zwischen zwei Staatsgrenzen, das zu keinem der beiden Staaten gehört* ❷ *(unbekanntes) Land, in dem niemand wohnt:* Die Expedition wagte sich ins Niemandsland nicht vor. ❸ *ein Fachgebiet, auf dem noch nicht geforscht wurde oder mit dem sich noch niemand beschäftigt hat:* Bis vor ein paar Jahrzehnten war die Geschichte der Frauen noch ein Niemandsland der Forschung.

Nie·re *die* ['niːrə] <-, -n> ❶ ANAT. *eines der beiden inneren Organe, die Urin produzieren* ◆ -nkolik, -nleiden, -nspender(in), -ntransplantation, -nversagen ▸ nierenförmig ❷ */meist Plur./ die Nieren¹ von bestimmten Tieren, die man essen kann:* Nieren in Sherrysoße; ■ **etwas geht jemandem an die Nieren** *(umg.) etwas belastet jmdn. seelisch und/oder emotional* Der Stress geht mir allmählich an die Nieren.; ■ **etwas auf Herz und Nieren prüfen** *(umg.) etwas sehr gründlich prüfen* ◆ Kalbs-, Schweine-

Nie·ren·schüt·zer *der* <-s, -> *eine Art breiter Gürtel, den Motorradfahrer unter der Jacke tragen, um die Nieren vor Kälte zu schützen*

Nie·ren·tisch *der* <-(e)s, -e> *niedriger Tisch mit einer nierenförmigen Platte, der in den fünfziger Jahren des 20. Jahrhunderts modern war*

nie·seln ['niːzl̩n] <nieselte, nieselte, hat genieselt> *mit ES* ■ **es nieselt** *es regnet leicht, aber sehr lange:* Wie ist das Wetter? — Schlecht. Es nieselt. ▸ Nieselregen

nie·sen *ohne OBJ* ■ **jmd. niest** *plötzlich und laut viel Luft aus der Nase ausstoßen, weil man Schnupfen hat oder etwas in der Nase juckt:* Wenn jemand niest, sagt man meist aus Höflichkeit „Gesundheit!", obwohl man das nach heutigen Anstandsregeln einfach nicht sagen und dazu schweigen soll.

Nies·reiz *der* <-es> */kein Plur./ das Gefühl in der Nase, kurz bevor man niesen muss*

Nieß·brauch *der* <-(e)s> */kein Plur./* RECHTSW. *(≈ Nießnutz) Recht auf die Nutzung fremder Dinge, ohne sie verändern zu dürfen:* An dem Grundstück haben Sie nur Nießbrauch. ▸ Nießbraucher, Nießbraucherin

Niet *der/das* <-(e)s, -e> TECHN. *Niete²*

Nie·te¹ *die* <-, -n> ❶ *Los, mit dem man nichts gewinnt* ❷ *(umg. abwertr.: ≈ Versager) jmd., der nichts kann und der zu einer bestimmten Sache nicht zu gebrauchen ist:* Als Handwerker ist er eine echte Niete.

Nie·te² *die* <-, -n> *eine Art kleiner Metallstift, mit dem man zwei Teile verbinden kann*

nie·ten *mit OBJ* ■ **jmd./etwas nietet etwas** *jmd. oder eine Maschine verbindet zwei Teile mit Nieten²*

niet- und na·gel·fest ■ **alles, was nicht niet- und nagelfest ist** *(umg.) alles, was man tragen kann, weil es nicht fest gemacht ist* Die Einbrecher nahmen alles mit, was nicht niet- und nagelfest war.

ni·gel·na·gel·neu *adj (umg.) ganz neu:* Das ist mein nigelnagelneues Auto! Klasse, nicht?

Night·club *der* ['naɪtklʌb] <-s, -s> *(≈ Nachtklub) eine Art Lokal, in dem es Striptease gibt*

Ni·ko·laus *der* ['nɪkolaʊs] <-, Nikoläuse> ❶ */kein Plural/* REL. *Namenstag des heiligen Nikolaus am 6. Dezember* ◆ -tag ❷ *ein Mann mit roter Kleidung und einem langen weißen Bart, der den Kin-*

dern dem Brauch entsprechend am 6. Dezember kleine Geschenke bringt ◆ Schokoladen- ❸ */kein Plural/ als Kurzform Bezeichnung für den 6. Dezember (den Nikolaustag): Was machen wir an Nikolaus?*

Ni·ko·tin *das* [niko'ti:n] <-s> /kein Plur./ *ein Nervengift, das im Tabak vorkommt* ◆ -gehalt, -vergiftung ▸ nikotinarm, nikotinfrei

Nim·bus *der* <-, -se> ❶ *Heiligenschein* ❷ */kein Plur./ (geh.) das sehr hohe Ansehen, das jmd. hat:* Er ist vom Nimbus der Heiligkeit umgeben.; Er hat den Nimbus, ein weiser Mann zu sein.

nim·mer *adv* SÜDDT., ÖSTERR. *nie mehr:* Das kommt nimmer wieder.

Nim·mer·satt *der* <-(e)s, -e> ❶ *(umg.) jmd., der immer mehr haben will, weil er nie genug bekommen kann:* Er war ein gieriger Nimmersatt. ❷ ZOOL. *eine Storchenart*

Nim·mer·wie·der·se·hen <-> /kein Plur./ ▸ **auf Nimmerwiedersehen** *(umg.) für immer* Sie verschwand auf Nimmerwiedersehen.

nimmt *3. Person Präsens von* **nehmen**

Nip·pel *der* <-s, -> ❶ TECHN. *kurzes Rohr, das ein Gewinde hat und mit dem zwei Rohre verbunden werden können* ❷ *(umg.) verwendet, um ein kleines Stück von etwas, das hervorsteht, und dessen genauen Namen man nicht kennt, zu bezeichnen:* Kannst du mal diesen Nippel durch die Lasche ziehen? ❸ *(vulg.) Brustwarze einer Frau*

nip·pen ['nɪpn̩] *ohne OBJ* ▸ **jmd. nippt an etwas** *Dat. jmd. trinkt sehr wenig von etwas:* Sie kann doch nicht betrunken sein. Sie hat doch nur am Wein genippt.

Nip·pes *der* ['nɪpəs, nɪps, nɪp] <-> /kein Plur./ *(umg.) kleine Gegenstände, meist aus Porzellan, die man im Zimmer als Zierde aufstellt*

Nipp·sa·chen *Plur. Nippes*

nir·gend·her *adv nirgendwoher*

nir·gend·hin *adv nirgendwohin*

nir·gends ['nɪrgn̩ts] *adv (≈ nirgendwo ↔ überall) an keinem Ort:* Er konnte seine Schlüssel nirgends finden.; Hat man denn nirgends seine Ruhe?

nir·gend·wo *adv (≈ nirgends ↔ überall)* Sie ist nirgendwo zu finden.; Eine solche Gelegenheit finden Sie sonst nirgendwo.

nir·gend·wo·her *adv von keinem Ort, von keiner Stelle, von keiner Person, von keiner Ursache o.Ä.:* Wo kommst du denn jetzt erst her? — Nirgendwoher! Ich war doch den ganzen Abend zu Hause!

nir·gend·wo·hin *adv an keinen Ort, an keine Stelle:* Wohin soll ich den Stuhl stellen? — Nirgendwohin. Der bleibt da!

Ni·sche *die* ['ni:ʃə] <-, -n> ❶ *ein kleiner freier Platz, der in einer Wand oder Mauer ist:* In der Nische stand viel Nippes. ❷ *ein Gebiet, das nicht sehr groß ist und auf dem (seltene) Tiere und Pflanzen leben:* Selbst in der Stadt gibt es ökologische Nischen für Eichhörnchen.

Ni·schen- [ni:ʃən] *als Erstglied zusammengesetzter Substantive, mit Betonung auf dem Erstglied; drückt aus, dass das mit dem Zweitglied Bezeichnete einen Randbereich/eine Randgruppe betrifft oder einen zuvor unbeachteten Bereich (vor allem der Wirtschaft) nun abdeckt:* In Neuseeland z.B. gilt der Fußball noch als Nischensport. ◆ -anbieter, -artikel, -dasein, -fahrzeug, -gesellschaft, -geschäft, -konzept, -kultur, -markt, -produkt, -spezialisierung, -sport, -strategie, -thema, -tourismus

Nis·se *die* <-, -n> */meist Plur./* ZOOL. *Eier von Läusen*

nis·ten *ohne OBJ* ▸ **ein Tier nistet** (**irgendwo**) ZOOL. *ein Tier hat irgendwo ein Nest:* In der Hecke nisten einige Vogelpaare. ▸ Nistkasten, Nistplatz

Ni·veau *das* [ni'vo:] <-s, -s> ❶ *eine bestimmte Ebene oder Linie, die parallel zur Oberfläche der Erde verläuft:* Sie mussten das Niveau des Wasserspiegels im Stausee senken. ❷ *eine bestimmte Stufe, die sich auf einer vorgestellten Skala befindet und mit der man jmdn./etwas bewertet:* Sie hat wirklich Niveau.; Der Film hat ein hohes Niveau.; Das ist unter meinem Niveau. ▸ niveaulos, niveauvoll

ni·vel·lie·ren *mit OBJ* ▸ **jmd. nivelliert etwas** *(geh.) Unterschiede zwischen verschiedenen Niveaus aufheben:* Man war bemüht, die sozialen Unterschiede zu nivellieren. ▸ Nivellierung

nix *pron (umg.) nichts*

Ni·xe *die* <-, -n> LIT. *(≈ Meerjungfrau) ein Wesen aus der Sage oder dem Märchen, das im Wasser lebt und den Oberkörper einer Frau und den Schwanz eines Fisches hat*

nö *pron (umg.) nein*

no·bel ['no:bl̩] <nobler, am nobelsten> *adj* ❶ *(geh.) edelmütig, edel:* Er hat einen noblen Charakter ❷ *(umg.) großzügig:* Zehn Euro! Was für ein nobles Trinkgeld! ❸ *(umg. oft iron.) elegant, kostspielig:* Nobel, nobel, wie ihr hier lebt!

No·bel- [no:bl̩] *(≈ -Luxus) als Erstglied zu-*

sammengesetzter Substantive, mit Betonung auf dem Erstglied; drückt aus, dass das mit dem Zweitglied Bezeichnete eine Luxusausstattung aufweist und somit ein sehr hohes Niveau: Nur ein Fernsehstar wie Willi kann es sich leisten, in diesem Nobelviertel von München zu wohnen
◆ -auto, -bezirk, -boutique, -club/-klub, -disco, -friseur, -hotel, -jeans, -karosse, -marke, -restaurant, -uhr, -viertel, -villa

No·bel·her·ber·ge die <-, -n> *(umg. oft abwert.) ein sehr teures, luxuriöses Hotel*

No·bel·preis der [ˈnoːbɛlpraɪs] <-es, -e> *von dem schwedischen Chemiker und Industriellen A. Nobel gestifteter, jährlich für hervorragende kulturelle und wissenschaftliche Leistungen verliehener Geldpreis:* Man fragt sich manchmal, warum gerade die eine oder andere Person einen Nobelpreis erhalten/bekommen hat.

No·bo·dy der [ˈnoʊbədɪ] <-/-s, -s> *jmd., der (noch) nicht bekannt oder berühmt ist:* Dieser Sänger ist doch noch ein Nobody.

noch¹ [nɔx] *part* ❶ *verwendet, um auszudrücken, dass etwas andauert, aber bald zu Ende ist:* Es schneit kaum noch.; Der Film läuft noch.; Hast du noch dein altes Auto oder schon ein neues?; Ich habe noch nicht gefrühstückt! ❷ *verwendet, um auszudrücken, dass vor einem bestimmten Zeitpunkt etwas geschieht:* Warte, ich muss noch die Blumen gießen.; Ich wollte erst noch fragen.; Kannst du das noch vor dem Wochenende erledigen? ❸ *verwendet, um auszudrücken, dass etwas negative Konsequenzen für jmdn. haben wird:* Das wirst du noch bereuen.; Mit dem Rauchen bringst du dich noch ins Grab! ❹ *verwendet, um auszudrücken, dass man etwas in naher Zukunft tun will:* Ich komme noch darauf zurück. ❺ *verwendet, um auszudrücken, dass etwas in naher Zukunft wahrscheinlich passiert:* Sie wird noch kommen. ❻ *verwendet, um auszudrücken, dass etwas vor kurzem zu einer bestimmten Zeit passiert war:* Sieh an! Gestern war er noch krank, aber heute tanzt er schon wieder in der Disko. ❼ *verwendet, um auszudrücken, dass etwas sehr schnell passiert ist:* Noch ehe ich aussteigen konnte, schloss die Türe.; Der Fahrer starb noch am Unfallort. ❽ *verwendet, um auszudrücken, dass etwas von etwas übriggeblieben ist, aber wahrscheinlich bald zu Ende geht:* Ich habe noch sieben Euro.; Hast du noch ein bisschen Zeit? ❾ *verwendet, um auszudrücken, dass jmd. oder et-* *was zu jmdm./etwas anderem hinzukommt:* Noch ein Pils, bitte!; Nimmst du noch ein Stück Kuchen?; Wer war noch da?; Wenn noch so ein Spinner kommt, kriege ich eine Krise! ❿ *verwendet, um auszudrücken, dass etwas trotz bestimmter negativer Seiten gut erscheint, wenn man es mit etwas anderem vergleicht:* Da hast du noch Glück gehabt! Andere mussten mit solch einer Grippe zwei Wochen im Bett bleiben!; In dieser Straße ist es noch ruhig; da müsstest du mal ins Zentrum gehen! ⓫ *verwendet, um auszudrücken, dass etwas gut ist und dass es dadurch im Gegensatz zu etwas anderem steht:* Dies ist eben noch Qualität!; Das waren noch Zeiten! ⓬ *verwendet, um auszudrücken, dass man sich ärgert und um zu zeigen, dass man etwas als das Mindeste erwartet hätte:* Du hättest noch ein paar Minuten warten können!; Das hättest du wohl noch für mich tun können! ⓭ */mit Komparativ/ verwendet, um eine Steigerung zu verstärken:* Hier ist es ja noch schöner, als ich gedacht habe! ⓮ */mit so/ verwendet, um auszudrücken, dass etwas grundsätzlich so ist oder bleibt, auch wenn man es zu ändern versucht:* Da kannst du noch so viel trainieren, der Bauch bleibt.; Du kannst noch so viel schreien! Erst machst du die Hausaufgaben! ⓯ *(≈ eigentlich) verwendet, wenn man etwas fragt, das man im Augenblick nicht weiß oder vergessen hat:* Wie war noch (gleich) Ihr Name?; Wie hieß noch (mal) die Hauptstadt von Malaysia?; ■ **noch (ein)mal** *ein weiteres Mal* Mach das nicht noch mal!; ■ **noch nie** *bis jetzt nicht* Sie war noch nie in Frankreich.; ■ **noch und noch** *sehr viel und sehr oft* Sie hat Nippes noch und noch.; ■ **noch und nöcher** *(umg. scherzh.) noch und noch;* ■ **Auch das noch!** *als Ausruf verwendet, wenn etwas, das unangenehm ist, zu einer anderen unangenehmen Sache hinzukommt* Auch das noch! Erst ein Schnupfen, und jetzt eine Mandelentzündung!

noch² [nɔx] *konj siehe* **weder**

noch·ma·lig *adj /nicht steig./ so, dass etwas noch einmal geschieht:* nochmalige Fragen; nochmalige Wiederholungen

noch·mals [ˈnɔxmaːls] *adv noch einmal:* Ich sage es dir nochmals, dass du den Hund nicht ärgern sollst.; Nochmals geht das nicht gut.

No·ckerl *das* <-s, -n> */meist Plur./* ❶ KOCH. SÜDDT., ÖSTERR. *ein Klößchen aus*

Grieß oder Mehl: Salzburger Nockerln ❷ SÜDDT., ÖSTERR. *junges Mädchen*

No·Fu·ture-Ge·ne·ra·ti·on die ['noʊ'fjuːtʃə...] <-> /kein Plur./ GESCH., SOZIOL. *Schlagwort für die junge Generation ohne Hoffnung auf eine Zukunft zu Beginn der achtziger Jahre des 20. Jahrhunderts*

No·ma·de der, **No·ma·din** <-n, -n> ❶ *jmd., der mit seinem Volk und seinen Viehherden von Weide zu Weide zieht, um dort Futter für die Tiere zu finden:* In manchen Teilen Afrikas gibt es noch zahlreiche Nomaden. ◆ -nstamm, -nzelt ❷ *(umg.) jmd., der viel umherzieht oder reist*

No·ma·den·le·ben das <-s> /kein Plur./ ❶ *die Lebensform von Nomaden¹* ❷ *die Lebensform eines Menschen, der sehr viel reist und/oder häufig umzieht:* Er ist schon wieder in der Welt unterwegs; er führt ein richtiges Nomadenleben.

No·ma·den·tum das <-s> /kein Plur./ *die Art, wie Nomaden¹ leben*

No·men das <-s, -/Nomina> SPRACHWISS. ❶ *Substantiv* ❷ *Sammelbezeichnung für deklinierbare Wortarten bzw. die dazugehörigen Wörter (vor allem Substantive und Adjektive)*

No·men·kla·tur die <-, -en> ❶ *die genau definierten Benennungen, mit denen in einer Wissenschaft (insbesondere in den Naturwissenschaften) gearbeitet wird:* die Nomenklatur chemischer Substanzen mit eindeutigen Namen der Verbindungen und mit den zugehörigen Strukturformeln ❷ *die Liste und Systematisierung der Fachausdrücke einer Wissenschaft*

no·mi·nal adj /nicht steig./ ❶ SPRACHWISS. *das Nomen¹ betreffend* ❷ WIRTSCH. *den Nennwert betreffend*

No·mi·nal·wert der <-es, -e> WIRTSCH. *Nennwert*

No·mi·na·tiv der ['noːminatiːf] <-s, -e> SPRACHWISS. *der Fall/Kasus, in dem (normalerweise) das Subjekt eines Satzes steht und der auch als „der erste Fall" bezeichnet wird*

no·mi·nell adj /nicht steig./ ❶ *(geh.) nur dem Namen nach, aber nicht in Wirklichkeit:* Der Karnevalsverein hat nominell 400 Mitglieder ❷ WIRTSCH. *dem Nennwert nach, aber nicht dem realen Wert nach*

no·mi·nie·ren mit OBJ ❶ ■ **jmd./etwas nominiert jmdn.** *jmdn. als Kandidaten für eine Wahl aufstellen:* Die Schauspielerin wurde für den Oscar nominiert.; Der Verein nominierte die Kandidaten für das Amt des neuen Präsidenten. ❷ ■ **jmd./etwas nominiert jmdn.** (**für etwas** Akk.) *jmdn. für einen sportlichen Wettkampf als Teilnehmer melden*

No·mi·nie·rung die <-, -en> *das Nominieren*

No-Name-Pro·dukt das ['noʊneɪm...] <-(e)s, -e> *Ware, die neutral verpackt ist, kein Marken- oder Firmenzeichen aufweist, und die meist billiger ist als ein Markenprodukt*

Non·cha·lance die [nõʃa'lãːs] <-> /kein Plur./ *(geh.) lässiges, ungezwungenes Verhalten, das angenehm wirkt* ▸ nonchalant

Non·kon·for·mis·mus, Non·kon·for·mis·mus der <-> /kein Plur./ *(geh.) eine Einstellung oder Haltung, die von der vorherrschenden Meinung unabhängig oder frei ist* ▸ Nonkonformist(in), nonkonformistisch

Non·ne die ['nɔnə] <-, -n> ❶ REL. *eine Frau, die ihr ganzes Leben Gott widmet, nicht heiratet, und die sehr oft in einem Kloster lebt* ◆ -nbekleidung, -ngesang, -nkloster, -nleben, -nschleier, -nschule, -ntracht ❷ ZOOL. *ein Schmetterling, der meistens in der Dämmerung oder in der Nacht aktiv ist*

Non·plus·ul·tra das <-s> /kein Plur./ *etwas, das nicht besser sein könnte:* Dieser Computer ist das Nonplusultra, denn einen besseren bekommt man zur Zeit nicht.

Non·sens der ['nɔnzɛns] <-/-es> /kein Plur./ *(umg.) Unfug, Unsinn*

non·stop [nɔn'ʃtɔp, nɔn'stɔp] adv *ohne Unterbrechung oder Pause:* Wir fliegen nonstop. ▸ Nonstopflug/Nonstop-Flug, Nonstopkino/Nonstop-Kino

non·ver·bal, non·ver·bal adj /nicht steig./ *nicht mit verbalen sprachlichen Ausdrucksmitteln, sondern gestisch, mimisch etc.:* nonverbale Kommunikation; nonverbale Ausdrucksmittel/Äußerungsformen neben den verbalen und sprachbegleitenden (= paraverbalen: Stimmführung etc., die stets und unter allen Umständen die verbalen Äußerungen begleiten)

Nop·pe die <-, -n> /meist Plur./ ❶ *eine Art runder, dicker und biegsamer Zapfen, der zusammen mit vielen anderen auf etwas aufgebracht ist und Rutschen verhindert:* Die Noppen auf der Unterseite des Teppichs verhindern, dass er rutscht. ◆ -nsohle ❷ *eine Art Knoten in dicken Stoffen und Garnen:* Leihst du mir die Jacke mit den Noppen?

Nord¹ [nɔrt] /ohne Art.; nicht deklinierbar/ METEOR., SEEW. *Norden:* Wind aus Nord

Nord² der [nɔrt] <-(e)s> /kein Plur./ SEEW.

Nordwind

nord·deutsch *adj (↔ süddt.)* ❶ *die nördlichen Teile Deutschlands betreffend* ▸ Norddeutsche(r), das Norddeutsche, Norddeutschland ❷ *im Hinblick auf die sprachlichen Besonderheiten dieses Gebiets*

Nor·den *der* ['nɔrdn̩] <-s> /kein Plur./ ❶ *(↔ Süden) die Himmelsrichtung, die auf der Landkarte oben ist:* Wind aus Norden; nach Norden fahren ❷ *(↔ Süden) der Teil von etwas, der im Norden¹ liegt:* der Norden des Landes ❸ ■ **der (hohe) Norden** *der Teil der Erde, der sehr weit im Norden¹ ist:* im hohen Norden Lapplands

Nord·eu·ro·pa <-s> *(↔ Südeuropa) der nördliche Teil Europas* ▸ nordeuropäisch

Nord·fries·land <-s> /kein Plur./ *der nördliche Teil Frieslands* ▸ nordfriesisch

Nord·halb·ku·gel *die* <-> /kein Plur./ *(↔ Südhalbkugel) die nördliche Hälfte des Globus*

nor·disch *adj /nicht steig./ die Länder Nordeuropas, besonders Skandinavien und Island, betreffend:* nordische Sprachen; nordische Sagen

nörd·lich¹ ['nœrtlɪç] *adj* ❶ */nur attr./ (↔ südlich) so, dass etwas sich nach Norden orientiert:* Sie fahren in nördlicher Richtung ❷ */nur attr./ (↔ südlich) so, dass etwas oder jmd. aus dem Norden kommt:* Der Wind weht aus nördlicher Richtung. ❸ *(↔ südlich) im Norden gelegen/liegend:* der nördliche Teil der Stadt

nörd·lich² ['nœrtlɪç] *präp +Gen. / vor Eigennamen ohne Artikel wird das Substantiv mit „von" angeschlossen/ (↔ südlich) drückt aus, dass etwas weiter im Norden liegt als etwas anderes:* Nördlich des Flusses ist alles überschwemmt!; nördlich der Donau; Die Stadt liegt nördlich der Alpen.; nördlich von Kiel; nördlich von Polen; Der Ort liegt nördlich von München.

Nord·licht *das* <-(e)s, -er> /kein Plur./ METEOR. ❶ *eine Art von farbigem Licht am Himmel der polaren Gebiete der Nordhalbkugel, das man dort nachts sehen kann* ❷ *(umg. scherzh.) jmd. aus Norddeutschland*

Nord·os·ten *der* <-s> /kein Plur./ *(↔ Südwesten)* ❶ *die Richtung zwischen Norden und Osten* ❷ *der Teil eines Gebietes, der im Nordosten¹ ist:* Im Nordosten kommt es teilweise zu Gewittern.

nord·öst·lich¹ *adj (↔ südwestlich)* ❶ */nur attr./ nach Nordosten¹ gerichtet oder aus Nordosten¹ kommend:* Der kalte Wind kommt aus nordöstlicher Richtung. ❷ *im Nordosten¹:* im nordöstlichen Teil des Landes

nord·öst·lich² *präp +Gen. /vor Eigennamen ohne Artikel wird das Substantiv mit „von" angeschlossen/ (↔ südwestlich) drückt aus, dass etwas weiter als etwas anderes im Nordosten liegt:* Das Volk lebt nordöstlich des Gebirges.; Sie finden die Fabrik nordöstlich von Berlin.

Nord·pol *der* <-(e)s> /kein Plur./ *(↔ Südpol) der nördlichste Punkt der Erde*

Nord·rhein-West·fa·len <-s> *Bundesland in Westdeutschland mit Düsseldorf als Landeshauptstadt*

Nord·see *die* <-> /kein Plur./ *das Meer zwischen Deutschland, Großbritannien, Dänemark und Norwegen* ◆ -kanal, -küste

Nord·wes·ten *der* <-s> /kein Plur./ *(↔ Südosten)* ❶ *die Richtung zwischen Norden und Westen* ❷ *der Teil eines Gebietes, der im Nordwesten¹ gelegen ist:* Im Nordwesten des Landes kommt es teilweise zu Regenschauern.

nord·west·lich¹ *adj (↔ südöstlich)* ❶ */nur attr./ so, dass etwas nach Nordwesten¹ gerichtet ist oder aus Nordwesten¹ kommt:* Der Wind weht aus nordwestlicher Richtung. ❷ *im Nordwesten¹:* im nordwestlichen Teil des Landes

nord·west·lich² *präp +Gen. /vor Eigennamen ohne Artikel wird das Substantiv mit „von" angeschlossen/ (↔ südöstlich) drückt aus, dass etwas weiter im Nordwesten liegt als etwas anderes:* Das Häuschen liegt nordwestlich des Sees.; Die Niederlande liegen nordwestlich von Deutschland.

Nord·wind *der* <-(e)s, -e> *(↔ Südwind) Wind, der aus dem Norden kommt*

Nör·ge·lei *die* <-, -en> *(≈ Meckerei) das Nörgeln*

Nör·gel·frit·ze *der* <-n, -n> *(umg. abwert.) jmd., der viel und oft nörgelt*

nör·geln ['nœrgln̩] <nörgelte, nörgelte, hat genörgelt> *ohne OBJ* ■ **jmd. nörgelt** *(abwert.: ≈ meckern) ständig und ohne Grund kritisieren:* Was ich auch tue: Er muss immer nörgeln.

Nörg·ler, **Nörg·le·rin** <-s, -> *(≈ Meckerer) jmd., der nörgelt*

Norm *die* [nɔrm] <-, -en> ❶ */meist Plur./ allgemein anerkannte, normalerweise (außer z.B. im Falle der Rechtschreibnormen/Rechtschreibregelungen) nicht schriftlich niedergelegte gesellschaftliche Erwartungen, die in unterschiedlichem Maße verbindlich sind:* Normen festsetzen/aufstellen; gegen Normen verstoßen; Eine Norm wird von einer Autorität/Instanz in Geltung gesetzt und von dieser gegebenenfalls durchgesetzt.; Über die Frage der ethischen Normen entbrannte eine hitzige Diskussion. ❷ *das, was allgemein als üblich oder anerkannt angesehen wird:* Ihre Größe weicht stark von der Norm ab. ❸ *eine Arbeitsleistung, die man in einer bestimmten Zeit schaffen muss:* die Norm erfüllen ❹ *eine bestimmte Leistung, die ein Sportler schaffen muss, um an einem Wettkampf teilnehmen zu können:* weit hinter der Norm liegen ❺ *eine Vorschrift, wie etwas hergestellt oder getan werden muss:* technische Normen

nor·mal [nɔr'ma:l] *adj* ❶ *als allgemein üblich und gewöhnlich angesehen/beurteilt:* Es ist doch nicht normal, wenn es im Sommer schneit!; Es ist ganz normal, wenn das Kind mal keinen Hunger hat. ❷ *geistig und körperlich gesund:* Du bist doch nicht ganz normal? Immer wäschst du dir die Hände!; ▪ **Bist du eigentlich noch normal?** *(umg.) verwendet, wenn man sich über das Verhalten von jmdm. ärgert, oder wenn es einen sehr erstaunt*

Nor·mal·ar·beits·ver·hält·nis *das* <-es, -e> /*meist Plur.*/ SOZIOL. *ein Arbeitsverhältnis, wie es den allgemeinen Tarifverträgen entspricht*

Nor·mal·bür·ger *der*, **Nor·mal·bür·ge·rin** <-s, -> SOZIOL. *Bezeichnung für diejenigen Bewohner eines Landes, die zum Durchschnitt der Bevölkerung gehören*

nor·ma·ler·wei·se *adv* *so, wie es sonst üblich ist oder sein sollte:* Normalerweise habe ich heute frei, aber ich muss trotzdem arbeiten.

Nor·mal·fall *der* <-(e)s, Normalfälle> *die Situation, die gewöhnlich vorherrscht:* Im Normalfall haben wir hier in der Notaufnahme nur wenig zu tun; nur am Wochenende wird es mehr.

Nor·mal·ge·wicht *das* <-(e)s, -e> /*meist Sing.*/ (↔ *Übergewicht, Untergewicht*) *das Gewicht, das eine Person einer bestimmten Körpergröße normalerweise haben sollte*

nor·ma·li·sie·ren [nɔrmali'zi:rən] I. *mit OBJ* ▪ **jmd./etwas normalisiert etwas** *bewirken, dass etwas normal wird:* Sein Anruf hat ihr Verhältnis zueinander wieder normalisiert. II. *mit SICH* ▪ **etwas normalisiert sich** *etwas wird normal:* Das Wetter hat sich wieder normalisiert.

Nor·ma·li·tät *die* <-> /*kein Plur.*/ *der Zustand, der normal¹ ist:* die Normalität des Alltags

Nor·mal·maß *das* <-es, -e> ❶ *übliches oder gängiges Maß* ❷ *geeichtes Maß, das als Norm⁵ gilt*

Nor·mal·null *das* <-s> /*kein Plur.*/ AMTSSPR., SEEW. *die Höhe, die mit null festgelegt ist und sich am Meeresspiegel orientiert, und auf die sich alle anderen Höhenmessungen beziehen:* 30 Meter über Normalnull

Nor·mal·sterb·li·che *der/die* <-n, -n> *ein durchschnittlicher Mensch:* Jeder Normalsterbliche weiß, dass...

Nor·mal·ver·brau·cher *der*, **Nor·mal·ver·brau·che·rin** <-s, -> ▪ **Otto Normalverbraucher** *(umg.) der durchschnittliche und gewöhnliche Bürger* Otto Normalverbraucher muss für solch ein Auto lange schuften!

Nor·mal·ver·die·ner *der* <-s, -> *jmd., dessen Verdienst dem Durchschnitt entspricht:* Kein Normalverdiener kann sich drei Autos leisten.

Nor·mal·zeit *die* <-, -en> (↔ *Ortszeit*) *eine Zeit, die für ein größeres Gebiet oder eine Zone festgelegt ist*

Nor·mal·zu·stand *der* <-s> /*kein Plur.*/ *ein Zustand, der als normal gilt*

nor·ma·tiv, **nor·ma·tiv** *adj* (*geh.:* ↔ *deskriptiv*) *als Richtlinie oder Norm geltend:* eine normative Grammatik, welche einen Sprachgebrauch vorschreibt

nor·men *mit OBJ* (*fachspr.*) ❶ ▪ **jmd./etwas normt etwas** *eine Norm⁵ definieren, die sagt, wie ein Produkt beschaffen sein soll:* Die Schrauben werden genormt. ❷ ▪ **jmd./etwas normt etwas** *etwas so gestalten, dass es einer Norm⁵ entspricht:* Die einzelnen Schritte der Versuchsreihe müssen jetzt noch genormt werden. ◆ Normierung

Nor·men·kon·trol·le *die* <-, -n> RECHTSW. *Prüfung durch ein Gericht, ob ein Gesetz der Verfassung entspricht*

nor·mie·ren [nɔr'mi:rən] *mit OBJ* (*geh.*) ❶ ▪ **jmd./etwas normiert etwas** *normen¹* ❷ ▪ **jmd./etwas normiert etwas** *etwas nach einem einheitlichen Schema gestalten:* Er hat selbst seinen Tagesablauf normiert, damit nichts Ungewöhnliches geschehen kann. ◆ Normierung

Nor·mung *die* <-, -en> (*fachspr.*) *das Normen¹* ◆ -sinstitut

norm·wid·rig *adj* ❶ *gegen eine Norm¹ verstoßend:* normwidriges Verhalten ❷ *einer Norm⁵ nicht entsprechend:* normwidriges Produkt

Nos·tal·gie *die* <-, -gien> /*selten Plur.*/ *eine Stimmung, in der man sich nach ver-*

gangenen Zeiten und den Produkten und Lebensweisen aus diesen Zeiten sehnt ▸ Nostalgiker(in), nostalgisch

Nos·tal·gie·wel·le die <-, -n> *ein Trend, bei dem man die Produkte aus alten Zeiten bevorzugt:* Im Zuge der Nostalgiewelle wurden alte Bauernmöbel plötzlich sehr teuer.

Not die [no:t] <-, Nöte> ❶ *(↔ Reichtum) der Zustand, in dem jmd. nichts oder nur sehr wenig zum Leben hat:* Weil es schon lange nicht mehr geregnet hat, herrscht hier große Not.; in Not geraten ◆ Hungers- ❷ *eine schlimme Situation, in der jmd. dringend Hilfe braucht:* Die Not der Flüchtlinge in dem Krisengebiet verlangt schnelle internationale Hilfe. ❸ *(≈ Verzweiflung) der Zustand, in dem jmd. psychisch leidet oder sehr verzweifelt ist:* Sie wusste sich in ihrer Not nicht mehr zu helfen.; Er hatte niemanden, dem er seine Not klagen konnte.; ▪ **Not leidend/notleidend** *so arm, dass kein Geld für Essen oder Kleidung vorhanden ist* die Not leidende Bevölkerung; ▪ **ohne Not** *ohne Grund* Er hat ihr ohne Not weh getan.; ▪ **mit Müh und Not** *(umg.) gerade noch so* Sie haben den Zug mit Müh und Not erreicht.; ▪ **zur Not** *(umg.) wenn es nicht anders geht* Zur Not kann ich dich dann zum Bahnhof bringen.; ▪ **seine liebe Not mit jemandem/etwas haben** *(umg.) große Probleme mit jmdm. oder etwas haben*; ▪ **wenn/wo Not am Mann ist** *(umg.) wenn/wo Hilfe nötig ist*; ▪ **In der Not frisst der Teufel Fliegen.** *(umg.) verwendet, um auszudrücken, dass man sich in einer schlechten Lage mit etwas begnügen muss, das man normalerweise nicht nehmen würde*; ▪ **aus der Not eine Tugend machen** *aus einer schlechten Situation noch einen Vorteil gewinnen*; ▪ **Not macht erfinderisch** *(Sprichwort) eine ungewöhnliche Lösung für ein Problem finden* ◆ Getrennt- oder Zusammenschreibung → R 4.16 die notleidende Bevölkerung; eine sehr große Not leidende Bevölkerung; *siehe auch* **vonnöten**

Not·an·ker der <-s, -> ❶ SEEW. *ein extra Anker, der kleiner und leichter ist als der hauptsächliche Anker und der im Fall des Verlustes des hauptsächlichen Ankers benutzt wird* ❷ *(übertr.) etwas, das jmdm. als letzte Möglichkeit noch helfen kann, nicht in große Schwierigkeiten zu kommen:* Wenn alles nicht klappt, habe ich ja noch das Sparbuch als Notanker.

No·tar der, **No·ta·rin** <-s, -e> RECHTSW. *ein Jurist, der die Echtheit von Dokumenten beglaubigt und Rechtsgeschäfte beurkundet:* einen Kaufvertrag vor dem Notar abschließen; Vor dem Notar sind erschienen: …

No·ta·ri·at das <-(e)s, -e> RECHTSW. *Büro eines Notars*

no·ta·ri·ell adj /nicht steig./ /nur attr./ *vom Notar angefertigt:* Die Kopie des Zeugnisses musste ich notariell beglaubigen lassen.

Not·arzt der, **Not·ärz·tin** <-es, Notärzte> *ein Arzt, der bei Unfällen mit einem Notarztwagen kommt oder der dann Dienst hat, wenn andere Ärzte keinen Dienst haben, zum Beispiel am Wochenende oder an Feiertagen* ◆ -wagen

No·ta·ti·on die <-, -en> ❶ MUS. *Notenschrift* ❷ *(fachspr.) spezielles Aufzeichnungssystem mit eigenen Zeichen und Symbolen:* die Notation sämtlicher möglicher Sprachlaute aller Sprachen durch das Internationale Phonetische Alphabet (IPA); die Notation in der formalen Logik

Not·auf·nah·me die <-, -n> MED. *Station in einem Krankenhaus, in der Patienten sofort behandelt werden, die einen Unfall hatten oder plötzlich sehr krank geworden sind*

Not·aus·gang der <-(e)s, Notausgänge> *Ausgang, durch den man schnell aus einem Gebäude fliehen kann, wenn zum Beispiel ein Feuer ausbricht*

Not·be·helf der <-s, -e> *etwas, das man nur dann benutzt, wenn nichts Besseres da ist:* Die Gartenliege diente ihr nur als Notbehelf, weil ihr neues Bett noch nicht geliefert wurde.

Not·be·leuch·tung die <-, -en> *ein schwaches Licht, das angeht oder das man benutzen kann, wenn der Strom ausfällt*

Not·brem·se die <-, -n> TECHN. *Bremse in öffentlichen Verkehrsmitteln (oder Aufzügen), die bei Gefahr von den Fahrgästen betätigt werden kann*; ▪ **die Notbremse ziehen** *(umg.) eine Sache sofort beenden*

Not·dienst der <-es, -e> *Dienst, den ein Arzt/eine Ärztin oder ein Apotheker/eine Apothekerin verrichtet, wenn keine anderen Ärzte oder Apotheken Dienst haben, wie zum Beispiel am Wochenende*

Not·durft die <-> /kein Plur./ ▪ **seine Notdurft verrichten** *(geh.) die Blase und/oder den Darm entleeren* Er verließ den Raum und ging auf die Toilette, um seine Notdurft zu verrichten.

not·dürf·tig adj /nicht steig./ *so, dass es gerade noch ausreichend, aber nicht rich-*

tig befriedigend ist: Er hat das Auto nur notdürftig repariert. Morgen muss er aber in die Werkstatt.

No·te[1] die ['no:tə] <-, -n> MUS. ◆ grafisches Zeichen, das einen Ton symbolisiert: Er konnte nicht nach Noten spielen, war aber ein bedeutender Gitarrist. ◆ /nur Plur./ ein Blatt oder Heft, in dem die Noten[1] von Musikstücken stehen: Er wollte sich neue Noten kaufen. ◆-nblatt, -npapier, -nschlüssel, -nständer

No·te[2] die ['no:tə] <-, -n> ◆ SCHULE (≈ Zensur) eine Zahl, mit der die Leistung eines Schülers in einem Fach, eine sonstige Arbeit oder ein Examen bewertet wird: Er bekam als Note eine Eins, was „sehr gut" bedeutet. ◆-ndurchschnitt ◆ die Zahl, mit der bei einem Tanzturnier oder bei einem sportlichen Wettkampf wie Turnen die Leistungen der Sportler bewertet werden

No·te[3] die ['no:tə] <-, -n> POL. offizielles Schriftstück, das besonders eine Regierung von einem Diplomaten erhält ◆-nwechsel, Protest-

No·te[4] die ['no:tə] <-, -n> die besondere Eigenart oder Qualität, die etwas hat: Sie gab ihrem Garten eine persönliche Note.; Die Zimmer des Hauses haben eine individuelle/künstlerische/romantische Note.

Note·book das ['noʊtbʊk] <-s, -s> EDV kleiner tragbarer Computer; siehe **Laptop**

No·ten·bank die <-, -en> WIRTSCH. Bank mit der Berechtigung zur Ausgabe von Banknoten

Not·fall der <-(e)s, Notfälle> eine unerwartete Situation, in der man schnell Hilfe braucht; ◼ **im Notfall** dann, wenn es sein muss und es nicht anders geht Im Notfall musst du halt wieder zurückkommen. ◆-dienst

not·falls ['no:tfals] adv wenn es nicht anders möglich ist: Notfalls müssen wir den Urlaub eben abbrechen.

not·ge·drun·gen adv (≈ gezwungenermaßen) weil die Situation es notwendig macht: Notgedrungen fing er noch mal von vorne an.

Not·gro·schen der <-s, -> Geld, das jmd. für Zeiten gespart hat, in denen er wenig oder nichts haben wird: Wenn ich das Geld nicht pünktlich erhalte, muss ich wohl auf meinen Notgroschen zurückgreifen.

no·tie·ren I. mit OBJ ◆ ◼ jmd. notiert etwas aufschreiben, Notizen machen: Ja, ich habe die Namen notiert. ◆ ◼ **etwas notiert etwas (mit etwas** Dat.) WIRTSCH. den Kurs oder Preis von etwas an der Börse ermitteln und festsetzen: Die Börse notiert die Aktie mit 70 Euro. ◆ ◼ **jmd. notiert jmdn. für etwas** Dat. (geh.) vormerken: Notieren Sie Herrn Meier bitte für den nächsten Flug. II. ohne OBJ ◼ **etwas notiert irgendwie** WIRTSCH. einen bestimmten Kurswert an der Börse haben: Die Aktie notierte niedriger als gestern.

No·tie·rung die <-, -en> WIRTSCH. das Notieren

nö·tig ['nø:tɪç] adj ◆ (≈ notwendig) so, dass es getan werden muss oder gebraucht wird: etwas ist für jemanden/etwas nötig; Der Arzt hält es für nötig, dass der Patient im Bett bleibt.; Im Winter ist es nötig, sich warm anzuziehen.; Wenn nötig, kann ich dir morgen beim Umzug helfen. ◆ /nur adverbial / (umg.: ≈ dringend) so, dass etwas bald geschehen oder getan werden muss: Ich muss nötig aufs Klo!; ◼ **falls nötig** für den Fall, dass es nötig ist; ◼ **etwas nicht nötig haben** etwas nicht tun müssen und auch stolz darauf sein Um Verzeihung bitten? Das habe ich nicht nötig.; ◼ **jemand hat es nötig** jmd. muss etwas tun oder kann etwas gebrauchen Sie will endlich Sport machen. — Sie hat's auch nötig!; ◼ **es nicht für nötig halten, etwas zu tun** etwas nicht tun und dadurch unhöflich auf andere wirken Wie unhöflich! Er hält es noch nicht mal für nötig, mich zu grüßen!; ◼ **Das ist doch nicht nötig!/Das wäre doch nicht nötig gewesen!** verwendet, um sich höflich zu bedanken

nö·ti·gen mit OBJ ◆ ◼ **jmd. nötigt jmdn., etwas zu tun** RECHTSW. mit Gewalt oder Drohung jmdn. zwingen, etwas zu tun: Man nötigte ihn, die Schriftstücke zu vernichten. ◆ ◼ **jmd. nötigt jmdn., etwas zu tun** jmdn. so sehr bitten, etwas zu tun, dass er es nicht ablehnen kann: Er nötigte sie, noch ein Stündchen zu bleiben. ◆ ◼ **etwas nötigt jmdn., etwas zu tun** eine Situation ist so, dass jmd. gezwungen ist, etwas zu tun: Der starke Regen nötigte sie, Schutz unter einem Vordach zu suchen.

nö·ti·gen·falls adv wenn es sein muss: Nötigenfalls weiß sie sich zu wehren.

Nö·ti·gung die <-> /kein Plur./ RECHTSW. das Nötigen[1]

No·tiz die [no'ti:ts] <-, -en> ◆ Zeitungsnachricht ◆ stichwortartige Aufzeichnung, kurzer Vermerk: Er machte sich während des ganzen Vortrags Notizen; ◼ **(keine) Notiz von etwas/jemandem nehmen** etwas oder jmdn. (nicht) beachten ◆ -block, -buch, -zettel, Akten-

Not·la·ge die <-, -n> *eine schlimme Situation:* sich in einer Notlage befinden; in eine wirtschaftliche/finanzielle Notlage geraten

not·lan·den <notlandest, notlandete, ist notgelandet> *ohne OBJ* ■ *jmd./etwas* **notlandet** *mit einem Flugzeug oder Hubschrauber irgendwo landen, weil an Bord eine schlimme Situation oder ein Problem aufgetreten ist* ▶ Notlandung ◆ *Zusammenschreibung* → R 4.7 Wir mussten notlanden/sind notgelandet.

Not·lö·sung die <-, -en> *Lösung, die man meist in einer schlechten Situation wählt, weil keine andere Lösung vorhanden ist:* Solange er keine eigene Wohnung findet, wohnt er als Notlösung bei einem Freund.

Not·lü·ge die <-, -n> *eine Lüge, mit der man eine peinliche Situation abwenden möchte oder etwas Unangenehmes bzw. Nachteile vermeiden möchte:* Er griff zu einer Notlüge, um eine Fristverlängerung zu erhalten.; eine Notlüge erfinden/gebrauchen

no·to·risch *adj* ❶ *(geh. abwertr.) für eine schlechte Eigenschaft bekannt:* Du bist ein notorischer Lügner. ❷ *(veralt.) offenkundig, bekannt:* Er war ein notorischer Kunstliebhaber.

Not·ruf der <-(e)s, -e> ❶ *ein Telefonanruf bei der Polizei, der Feuerwehr oder einem Arzt, um bei einem Notfall Hilfe zu bekommen* ❷ *die Telefonnummer, unter der man im Notfall die Polizei, die Feuerwehr oder den Arzt erreicht*

Not·ruf·num·mer die <-, -n> *eine Telefonnummer für einen Notruf[1]:* In Deutschland ist die Notrufnummer für die Polizei: „110"

Not·ruf·säu·le die <-, -n> *eine gelbe Säule mit einem Telefon an der Autobahn, von der aus man bei einem Unfall oder einer Panne die Polizei o.Ä. anrufen kann:* Wir riefen von der Notrufsäule aus den Abschleppdienst.

Not·rut·sche die <-, -n> *eine Art Rutsche aus Plastik, die sich in einem Flugzeug an den Ausgängen in einem Behälter befindet und sich automatisch nach einer Notlandung entfaltet sowie selbst aufbläst:* Die Passagiere konnten das Flugzeug nur über die Notrutsche verlassen.

not·schlach·ten <notschlachtest, notschlachtete, hat notgeschlachtet> *mit OBJ* ■ *jmd.* **notschlachtet ein Tier** *jmd. schlachtet ein Tier, weil es krank ist oder um zu verhindern, dass sich eine ansteckende Tierkrankheit ausbreitet* ▶ Notschlachtung

Not·si·gnal das <-(e)s, -e> *ein Signal, das in einem Notfall gegeben wird*

Not·si·tu·a·ti·on die <-, -en> *(≈ Notlage) eine schlimme oder schwierige Situation*

Not·sitz der <-(e)s, -e> *ein einfacher Sitz in einem Zug, einem Kino o.Ä., den man benutzt, wenn alle anderen Sitze schon besetzt sind:* Das Kino war bereits so voll, dass ich mit dem Notsitz vorlieb nehmen musste.

Not·stand der <-(e)s, Notstände> ❶ POL. *eine sehr schwierige Situation:* In der Schulpolitik besteht ein offensichtlicher Notstand. ❷ POL., RECHTSW. *eine Krise oder gefährliche Situation, in der besondere Gesetze an die Stelle von normalerweise geltendem Recht treten:* Nach dem Erdbeben wurde der Notstand ausgerufen; ■ **einen Notstand beheben** *einen Fehler oder eine schwierige Situation beseitigen* ◆ -sgebiet, -sgesetz

Not·un·ter·kunft die <-, Notunterkünfte> *eine einfache Unterkunft, in der man lebt, weil die eigene Wohnung zerstört/unbewohnbar ist, oder weil man fliehen musste:* Während des Hochwassers lebten wir in einer Notunterkunft.

Not·ver·band der <-(e)s, Notverbände> *Verband, der zuerst bei einem Unfall auf eine Verletzung gelegt wird und nur als Ersatz für einen richtigen Verband dient:* Wir legen erst einmal einen Notverband an.

Not·was·se·rung die <-> /kein Plur./ LUFTF. *Notlandung eines Flugzeuges auf dem Wasser* ▶ notwassern

Not·wehr die <-> /kein Plur./ RECHTSW. *Gewalt, die ausgeübt wird, um einen Angriff abzuwehren und die nicht bestraft wird:* Er wurde zuerst angegriffen, handelte also in Notwehr.

not·wen·dig ['noːtvɛndɪç noːt'vɛndɪç] *adj* ❶ *(≈ nötig) zweckmäßig und sinnvoll:* Ich halte eine Überprüfung für notwendig. ❷ *(≈ unausweichlich, unvermeidbar) so, dass etwas nicht verhindert werden kann:* eine notwendige Folge/Konsequenz

not·wen·di·ger·wei·se *adv so, dass etwas unvermeidlich ist*

Not·wen·dig·keit die <-, -en> *das, was nötig ist:* Der Arztbesuch ist in diesem Falle eine Notwendigkeit. Man kann ihn nicht vermeiden oder verschieben

Not·zucht die <-> /kein Plur./ RECHTSW. *(veralt.: ≈ Vergewaltigung)*

No·va die <-> /kein Plur./ ❶ ASTRON. *Stern, der auf Grund einer Explosion plötzlich*

heller strahlt ◆ Super- ❷ *Plur. von* **Novum**

No·vel·le[1] *die* <-, -n> LIT. *eine der Erzählung vergleichbare literarische Prosaform, die länger als eine Kurzgeschichte, aber kürzer als ein Roman ist, die „ein unerhörtes Ereignis" zum Gegenstand hat, deren theoretische Einordnung aber insgesamt problematisch bleibt: eine* Novelle *von Heinrich von Kleist, E.T.A. Hoffmann, Stefan Zweig etc.* ◆ -nsammlung, -ntheorie

No·vel·le[2] *die* <-, -n> POL., RECHTSW. *Änderung eines Gesetzes: eine* Novelle *einbringen/verabschieden* ◆ Gesetzes-

no·vel·lie·ren *mit OBJ* ■ **das Parlament novelliert ein Gesetz** *(geh.) das Parlament ändert ein Gesetz* ▸ Novellierung

No·vem·ber *der* [noˈvɛmbɐ] <-(s), -> *der elfte Monat des Jahres*

No·vi·ze *der*, **No·vi·zin** *die* <-n, -n> REL. *jmd., der bereits im Kloster lebt, aber noch kein Gelübde abgelegt hat und sich darauf vorbereitet, Mönch oder Nonne zu werden*

No·vum *das* <-s, Nova> *etwas Neues, etwas noch nie Dagewesenes*

NT *das* <-> /kein Plur./ (↔ AT) *Abkürzung von „Neues Testament"*

Nu ■ **im Nu** *geschwind, sehr schnell, in kürzester Zeit*

Nu·an·ce *die* [ˈnyãːsə] <-, -n> ❶ *eine feine Abstufung in Farbe, Helligkeit, Klang o.Ä.: Diese Stoffe gibt es in zahlreichen Nuancen.* ❷ *ein klein wenig: Das Blau ist mir eine* Nuance *zu dunkel.; Die Musik war eine* Nuance *zu laut.* ❸ *Einzelheit, Feinheit: Dieser Text besticht vor allem durch seine stilistischen Nuancen.*

nu·an·ciert [nyãˈsiːɐ̯t] *adj (geh.) mit vielen Abstufungen oder Feinheiten: Der Roman gab ein nuanciertes Bild des Lebens im Berlin der Kriegszeit.*

nüch·tern [ˈnʏçtɐn] *adj* ❶ (↔ betrunken) *so, dass man keinen Alkohol zu sich genommen hat: Nach zwei Bier ist er schon nicht mehr ganz nüchtern.* ❷ (≈ sachlich) *so, dass sich jmd. nicht von Gefühlen leiten lässt: Während alle in Panik gerieten, behielt sie einen nüchternen Kopf.* ❸ (≈ schmucklos, zweckmäßig) *so, dass etwas ohne Schmuck ist und nur der Funktion dient: Die Räume waren äußerst nüchtern gestaltet.* ❹ *ohne etwas am Morgen gegessen und getrunken zu haben, vor allem weil eine medizinische Untersuchung dies erforderlich macht: Bitte kommen Sie nüchtern zur Blutentnahme.;* ■ **auf nüchternen Magen** *ohne etwas gegessen oder getrunken zu haben;* ■ **die nüchternen Tatsachen** *die reinen Tatsa-*

chen ▸ Nüchternheit

nu·ckeln <nuckelst, nuckelte, hat genuckelt> *ohne OBJ* ■ **jmd. nuckelt an etwas** *Dat. (umg.) an etwas saugen: Das Baby nuckelte an seinem Daumen/an seinem Fläschchen.*

Nu·del *die* [ˈnuːdl̩] <-, -n> KOCH. *eine Speise aus vielen (mehr oder weniger langen) Streifen aus Teig, die man in Wasser kocht und mit einer Soße, in Suppen oder als Beilage isst;* ■ **komische Nudel** *(umg.) merkwürdige (meist weibliche) Person* ◆ -gericht, -salat, -suppe, -teig

-nu·del [nuːdl̩] *(umg.) als Zweitglied zusammengesetzter Substantive, mit Betonung auf dem Erstglied; drückt aus, dass das mit dem Zweitglied Bezeichnete die Wesensart einer Person ausmacht, welche sich in entsprechenden Aktivitäten äußert: Sie will ihren Mann vor der Scheidung ruinieren: Sie ist eine richtige Giftnudel!; Diese Betriebsnudel ist ständig betriebsam/sorgt immer für Betrieb; sie kann nie einmal in Ruhe etwas tun.* ◆ Betriebs-, Gift-, Skandal-, Ulk-

Nu·del·brett *das* <-(e)s, -er> *Brett, auf dem man den Teig für Nudeln dünn und flach rollt*

Nu·del·holz *das* <-es, Nudelhölzer> *eine Walze aus Holz oder Plastik, die an den beiden Seiten Griffe hat und mit der man Teig flach und dünn ausrollen kann*

Nu·dis·mus *der* <-> /kein Plur./ *eine Bewegung, die dafür eintritt, dass man nackt badet und sich nackt am Strand oder in der Natur aufhält* ▸ Nudist(in), nudistisch

nu·kle·ar *adj /nicht steig./ /nur attr./* ❶ PHYS., TECHN. *den Atomkern betreffend* ❷ *unter Verwendung von Atomenergie:* nukleare *Energie* ▸ Nuklearindustrie, Nuklearmedizin ❸ MILIT. *mit Atomwaffen:* nukleare *Streitkräfte* ❹ *Atomwaffen betreffend:* nukleare *Abrüstung*

Null *die* [nʊl] <-, -en> ❶ *die Ziffer 0* ❷ *(umg.) jmd., der nichts kann und ein Versager ist: Der Kerl ist doch eine Null!;* ■ **noch einmal bei Null anfangen** *noch einmal vom Anfang beginnen*

null[1] [nʊl] *num* ❶ *0: Das sind gerade mal* null *Komma zwei (0,2) Prozent.* ❷ SPORT *verwendet, um auszudrücken, dass bei einem Fußballspiel o.Ä. eine Mannschaft keine Tore gemacht hat: Unsere Mannschaft verlor eins zu null (1:0).* ❸ *verwendet, um auszudrücken, dass jmd. in einem Test oder einer Arbeit keine Punkte oder keine Fehler gemacht hat: Er hatte* null *Punkte.; Ihre Abschlussarbeit verfasste sie* mit null Fehlern. ④ *(geh.) zwölf Uhr Mitternacht:* Es ist null Uhr zwanzig. ⑤ ■ **ein Gerät steht auf null** *verwendet, um auszudrücken, dass ein Gerät nicht eingeschaltet ist:* Kein Wunder, dass es so kalt ist. Die Heizung steht ja auch auf null! ⑥ *die Temperatur auf der Celsius-Skala, bei der Wasser gefriert:* Heute ist es 4 Grad unter 0.; ■ **etwas für null und nichtig erklären** *etwas für ungültig erklären;* ■ **in null Komma nichts** *(umg.) sofort, mit verblüffender Geschwindigkeit;* ■ **etwas ist gleich null** *(umg.) etwas ist ohne Wert oder Bedeutung*

null² [nʊl] *adj /nicht steig./ /nur attr.; nicht deklinierbar/ (umg.) kein(e):* Von Physik hatte er wirklich null Ahnung!; null Interesse an etwas zeigen; null Bock auf etwas haben

null·acht·fünf·zehn, null·acht·fuff·zehn [nʊl|axt'fʏnttse:n] *adv (umg.) sehr einfach und durchschnittlich; ohne Originalität:* Der Film war aber nur so nullachtfuffzehn. ▸ Nullachtfünfzehn-Aufführung, Nullachtfünfzehn-Frisur, Nullachtfünfzehn-Mode, Nullachtfünfzehn-Soße

Null·di·ät die <-, -en> *eine Diät, bei der man nur Wasser trinkt und Vitamine zu sich nimmt*

Null·lö·sung die <-> */kein Plur./* POL., GESCH. *ein Vorschlag, keine weiteren Atomraketen in Ost und West aufzustellen*

Null·me·ri·di·an der <-s> */kein Plur./ Meridian der Stadt Greenwich in England, auf den sich seit 1911 die weiteren geografischen Längengrade beziehen*

Null·punkt der <-(e)s, -e> ① *der Punkt auf einer Skala, an dem auf der einen Seite der positive und auf der anderen Seite der negative Bereich beginnt* ② *Temperatur auf der Celsius-Skala, bei der Wasser gefriert* ③ *(umg.) Punkt, an dem alles sehr schwierig und ohne Hoffnung ist:* Die Stimmung war auf dem Nullpunkt angelangt.; ■ **der absolute Nullpunkt** PHYS. *die tiefste Temperatur, die es gibt* Der absolute Nullpunkt liegt im Augenblick bei minus 273 Grad Celsius.

Null·run·de die <-, -n> WIRTSCH. *Tarifverhandlung ohne Lohnerhöhung*

Null·ta·rif der <-(e)s> */kein Plur./ ohne Geld für etwas zu bezahlen:* zum Nulltarif; Telefonieren zum Nulltarif; Wir fuhren den ganzen Tag zum Nulltarif mit dem Bus.

Null·wachs·tum das <-s> */kein Plur./* WIRTSCH. *keine Erhöhung der Produktion, des Bruttosozialprodukts o.Ä. in der Wirtschaft eines Landes*

Nul·pe die <-, -n> *(umg.)* NORDDT. *jmd., der blöd und langweilig ist*

Nu·me·ra·le das <-s, Numeralien/Numeralia> SPRACHWISS. *Zahlwort*

Nu·me·ri *Plur. von* **Numerus**

nu·me·risch *adj /nicht steig./* ① *der Anzahl nach:* Eine numerische Überlegenheit der Truppen des Gegners machte einen Angriff unmöglich. ② *nur aus Ziffern gebildet:* eine numerische Geheimschrift

Nu·me·rus der ['nuːmərʊs] <-, Numeri> SPRACHWISS. *die grammatische Kategorie, die bei Nomen und Verben zeigt, ob ein oder mehrere Dinge oder Personen gemeint sind:* Die Numeri im Deutschen sind Singular und Plural.

Nu·me·rus clau·sus der <-> */kein Plur./* AMTSSPR. *eine Regelung, die bestimmt, dass nur eine begrenzte Zahl von Studenten sich zum Studium in einem Fach an einer Universität oder Fachhochschule einschreiben kann (Abkürzung: NC):* Der Numerus clausus für Medizin ist gesenkt worden.

Num·mer die ['nʊmɐ] <-, -n> ① *Zahl, die die Position von jmdm. oder etwas in einer Reihe oder Liste angibt:* Sie wohnt in der Humboldtstraße Nummer 4.; Das Los mit der Nummer 5 gewinnt. ◆ Bestell-, Haus-, Konto-, Los-, Steuer-, Zimmer- ② *jmd. oder etwas mit der bezeichneten Nummer:* Nummer 1 ist der Torwart der Mannschaft.; Gehen Sie bitte ins Zimmer Nummer 234. ③ *die Reihe von Ziffern, die man beim Telefonieren wählt:* Das Handy hat aber eine lange Nummer! Die kann ich mir nicht merken.; Welche Nummer hast du? — 66578. ◆ Fax-, Geheim-, Handy-, Telefon- ④ *die Ziffern und Buchstaben, die auf dem kleinen Schild an einem Auto oder Motorrad stehen:* der Wagen mit der Nummer XY-ZT 607 ⑤ *die Zahl, die die Größe von Schuhen oder Kleidungsstücken angibt:* Haben Sie die Schuhe eine Nummer kleiner? ⑥ *(≈ Ausgabe) ein Heft von einer Zeitschrift oder die Ausgabe einer Zeitung:* In der letzten Nummer stand nichts Besonderes. ◆ Sonder- ⑦ *ein Stück im Programm von einem Zirkus, von einer Show, einem Varieté o.Ä.:* Du, ich glaube als nächstes Nummer kommen jetzt die Löwen. ⑧ *ein witziger Typ:* Der ist vielleicht eine Nummer! ⑨ *(umg. vulg.) ein sexueller Akt:* eine Nummer schieben; ■ **auf Nummer sicher/Sicher gehen** *(umg.) sich absichern;* ■ **jemand ist die Nummer eins** *jmd. ist der Beste auf einem Gebiet, in einer Sportart o.Ä.;* ■ **Dort ist**

man **nur eine Nummer.** *dort wird man nicht besonders beachtet* Auf dem Sozialamt bist du nur eine Nummer.; ▪ **etwas ist eine Nummer/ein paar Nummern zu groß für jemanden** *(umg.) etwas ist zu schwierig für jmdn.* Ich glaube, Algebra ist ein paar Nummern zu groß für mich.; ▪ **eine Nummer abziehen** *sich bewusst so verhalten, dass man auffällt* Er zieht mit seinem neuen Auto eine ganz schöne Nummer ab, um ihr zu imponieren.

num·me·rie·ren *mit OBJ* ▪ **jmd. nummeriert etwas** *jmd. gibt einer Sache eine bestimmte Nummer und erstellt so eine bestimmte Reihenfolge:* Die Plätze im Theater sind alle nummeriert.

Num·mern·kon·to *das* <-s, Nummernkonten> BANKW. *Konto, das nicht unter dem Namen des Inhabers geführt wird, sondern anonym unter einer Nummer:* ein Nummernkonto in der Schweiz haben, um Steuern zu hinterziehen

Num·mern·schild *das* <-(e)s, -er> KFZ *ein Schild aus Metall an einem Auto oder Motorrad o.Ä., auf dem Zahlen und meist Buchstaben als offizielles Kennzeichen dieses Fahrzeugs stehen*

nun[1] [nu:n] *adv* ❶ *(≈ jetzt) verwendet, um auszudrücken, dass das Gesagte sich im Augenblick des Sprechens abspielt:* Nun bist du dran!; Kommen wir nun zum nächsten Punkt der Tagesordnung! ❷ *(≈ heutzutage) verwendet, um auszudrücken, dass das Gesagte sich in der Gegenwart des Sprechers abspielt und in einem Gegensatz zu den Verhältnissen der Vergangenheit steht:* Früher wohnte ich in München, nun lebe ich in Berlin. ❸ *(≈ mittlerweile) verwendet, um auszudrücken, dass die jetzige Situation das Ergebnis einer zeitlichen Entwicklung ist:* Nun geht es mir schon wieder besser.; Am Anfang des Studiums verstand ich in der Mathematikvorlesung gar nichts. Nun kann ich sogar anderen Studenten helfen.; ▪ **Was nun?** *verwendet, um auszudrücken, dass man nicht weiß, was man jetzt tun soll oder was als nächstes kommt*

nun[2] [nu:n] *part* ❶ *unbetont verwendet, um in Fragen seine Ungeduld darüber auszudrücken, dass man die genannte Information noch nicht erhalten hat:* Hast du nun endlich den Wagen aus der Werkstatt geholt?; Bist du nun morgen zu Hause oder nicht?; Glaubst du mir nun endlich? ❷ *verwendet, um einen Satz einzuleiten oder ein neues Thema anzusprechen:* Nun, das weiß ich nicht.; Nun gut, nachdem wir das jetzt geklärt haben, möchte ich eine Sache noch anmerken. ❸ *(umg.) unbetont verwendet, um auszudrücken, dass man an etwas eben nichts ändern kann:* Du musst nun mal zum Arzt; da führt kein Weg dran vorbei!; Das ist nun mal nicht zu ändern!

nun·mehr *adv (geh.)* ❶ *von diesem Zeitpunkt an, von jetzt an:* Lassen Sie uns nunmehr fortfahren. ❷ *von einem Zeitpunkt in der Vergangenheit bis jetzt:* Nunmehr sind es zwanzig Jahre, dass sie hier wohnt.

Nun·ti·us *der* <-, Nuntien> REL. *ständiger Vertreter des Papstes und Botschafter des Vatikans bei einer Regierung*

nur[1] [nuːɐ̯] *adv verwendet, um eine Einschränkung von etwas, das man vorher gesagt hat, auszudrücken:* Der Urlaub war eigentlich toll, nur hätte das Wetter etwas schöner sein können.; Der Film war gut, nur ein bisschen lang.; Mit einer Diät kann man sicherlich abnehmen. Nur gehört dazu viel Disziplin.

nur[2] [nuːɐ̯] ▪ **nicht nur ..., sondern auch** *verwendet, um auszudrücken, dass etwas zu etwas anderem hinzukommt* Das Essen war nicht nur gut, sondern auch sehr billig.; Wir haben gestern Abend nicht nur den Film gesehen, sondern sind auch noch in die Kneipe gegangen.; ▪ **nur dass** *verwendet, um etwas einzuschränken, das man vorher gesagt hat* Der Lehrer ist eigentlich ganz gut, nur dass er ein bisschen streng ist.

nur[3] [nuːɐ̯] *part* ❶ *verwendet, um auszudrücken, dass etwas auf jmd. oder etwas Genanntes zutrifft, und dies sehr wenig ist (und auch nicht mehr hinzukommt); steht direkt vor dem Bezugsglied (Substantiv, Adjektiv usw.):* Ich habe nur zwei Seiten geschrieben (und nicht mehr).; Es waren nur ein paar Freunde gekommen (und nicht mehr).; Nur sie war im Zimmer (und sonst niemand).; Wie billig! Das kostet nur einen Euro! (und nicht mehr); Sie hat ihn nur kurze Zeit gesehen (und nicht länger); dann ist er wieder abgereist.; Das war nur ein Versehen (und sonst nichts). ❷ *verwendet, um eine Aussage zu betonen:* Ich besuche ihn, sooft ich nur kann.; Hole dir nur, was du brauchst.; ▪ **nur so** *(umg.) sehr stark* nur so vor Angst zittern; Und plötzlich hörte man ein Gewitter, dass es nur so krachte! /Betonung auf „nur"/ ▪ **nur so** (umg.) *ohne bestimmten Grund* Warum fragst du mich? — Einfach nur so. /Betonung auf „so"/ ▪ **nur noch** *verwendet, um auszudrücken, dass etwas auf jdmn. oder etwas eine negative Wirkung hat* Als er immer weiter fragte, wurde sie nur noch gereizter.; So viel Kaffee ist nicht gut. Du wirst nur noch nervöser!

nur[4] [nuːɐ̯] *part* (≈ *bloß*) ❶ *verwendet, um in einer Frage auszudrücken, dass man nicht mehr weiß, was jetzt getan werden muss:* Was ist sie nur wollen?; Wo habe ich nur meine Brille hingelegt?; Was ist da nur passiert? ❷ *verwendet, um Bewunderung, Anerkennung, Kritik o.Ä. auszudrücken:* Was sie nur alles kann!; Was ist das nur für eine schöne Stadt!; Was hast du da nur wieder gemacht! Kannst du nicht aufpassen?; Warum hast du mir nur nicht schon früher Bescheid gesagt? ❸ *verwendet, um jmdm. Mut zu machen, ihn zu beruhigen o.Ä.:* Nur Mut, das wird schon klappen.; Nur keine Panik, das wird schon schiefgehen! ❹ *betont; verwendet, um einen dringenden Wunsch zu verstärken:* Wenn es dir nur gefällt!; Wenn er nur pünktlich wäre!; Hätte ich das doch nur nicht gesagt! ❺ *betont; verwendet, um eine Aufforderung als Drohung auszusprechen:* Komm du mir nur nach Hause!; Sei nur nicht so sicher!; Glaub nur nicht, dass du damit durchkommst!

nu·scheln ['nʊʃln] <nuschelst, nuschelte, hat genuschelt> ▪ **jmd. nuschelt (etwas)** *(umg.) jmd. redet undeutlich, weil er seinen Mund und die Lippen beim Sprechen fast nicht bewegt:* Sie nuschelte lediglich ihren Namen.; Er hat so genuschelt, dass ich ihn kaum verstehen konnte.; ▪ **jemand nuschelt etwas in seinen Bart** *jmd. nuschelt (auch wenn er keinen Bart hat)* Ich weiß auch nicht, was sie wollte! Sie hat nur irgendetwas in ihren Bart genuschelt.

Nuss[1] die [nʊs] <-, Nüsse> ❶ *eine Frucht, deren Kern essbar ist und die eine harte Schale besitzt:* Nüsse knacken ◦ -baum, -öl, -schale, Hasel-, Kokos-, Muskat-, Wal- ▶ nussbraun ❷ *der Kern dieser Frucht, den man oft essen kann;* ▪ **dumme/blöde/taube Nuss** *(abwert.) ein dummer und blöder Mensch* Du blöde Nuss!; ▪ **eine harte Nuss** *(umg.) eine schwierige Aufgabe oder ein schwieriges Problem* Mit diesem mathematischen Beweis haben Sie eine harte Nuss zu knacken.; Das ist aber eine harte Nuss für mich! ◦ -eis, -schokolade, -torte

Nuss[2] die [nʊs] <-, Nüsse> ÖSTERR. *Mokkatasse*

Nuss·kna·cker der <-s, -> ❶ *eine Art Zange, mit der man die harte Schale von Nüssen aufbrechen kann* ❷ *eine bunt bemalte Figur aus Holz, die mit Hilfe einer Mechanik in ihrem Mund die Schale von Nüssen knackt*

Nüs·tern *Plur. die Nasenlöcher eines Pferds:* die Nüstern blähen

Nut, Nu·te die <-, -en> TECHN. (↔ *Zapfen*) *Vertiefung in einem Material, die die Form einer schmalen Rinne hat*

Nut·te die <-, -n> *(abwert.: ≈ Dirne) Prostituierte*

Nutz·an·wen·dung die <-, -en> *praktische Anwendung:* geringe Nutzanwendung

nutz·bar *adj so, dass man es für etwas benutzen kann:* nutzbare Rohstoffe; ▪ **etwas (für jemanden) nutzbar machen** *etwas so machen, dass es genutzt werden kann* die Sonnenenergie für die Stromgewinnung nutzbar machen ▶ Nutzbarmachung

nutz·brin·gend *adj so, dass jmd. einen bestimmten Gewinn oder Vorteil von etwas bekommt:* Sie haben ihr Geld nutzbringend angelegt.

nüt·ze ▪ **jemand/etwas ist zu nichts nütze** *jmd. ist keine Hilfe bzw. mit etwas kann man nichts Sinnvolles anfangen* Du bist doch zu nichts nütze! Alles machst du kaputt!; Dieses Werkzeug hier ist doch zu nichts nütze.

Nutz·ef·fekt der <-(e)s, -e> PHYS., TECHN. *Wirkungsgrad*

Nut·zen der ['nʊtsn] <-s> */kein Plur./ der Vorteil oder Gewinn, den jmd. von etwas bekommt:* Ich kann nicht erkennen, welchen Nutzen das haben soll.; aus etwas Nutzen ziehen; von etwas großen Nutzen haben; wirtschaftlicher Nutzen; praktischer Nutzen; ▪ **etwas ist (jemandem/etwas) von Nutzen** *etwas ist für jmdn oder etwas von Vorteil* Ihre Aufzeichnungen waren ihm sehr von Nutzen.

nut·zen ['nʊtsn] <nutzt, nutzte, hat genutzt> I. *mit OBJ* ▪ **jmd./etwas nutzt etwas (zu etwas** *Dat.)* *einen sinnvollen Gebrauch von etwas machen:* Wir nutzen moderne Medien, wie das Internet.; Sie nutzt jede freie Stunde zur Weiterbildung.; Eine moderne Volkswirtschaft muss Rohstoffe sinnvoll und sparsam nutzen.; Nutze die Zeit! II. *ohne OBJ* ❶ ▪ **etwas nutzt (jmdm./etwas) viel/etwas** *etwas bringt jmdm. oder etwas einen Vorteil bzw. hilft ihm weiter:* Eine wirkliche Reform würde der Arbeitsmarktpolitik wirklich viel nutzen. ❷ ▪ **etwas nutzt (jmdm./etwas) nichts/wenig** *etwas bringt jmdm. oder etwas keinen Vorteil:* Deine Reue nutzt dir jetzt auch nichts mehr.

nüt·zen ['nʏtsn] SÜDDT., ÖSTERR. *siehe* **nut-**

zen

Nut·zer der, **Nut·ze·rin** <-s, -> ① AMTSSPR. *juristische Person, die etwas benutzen darf* ② *jmd., der etwas benutzt:* Hier sind vor allem die Nutzer des Internets angesprochen.

Nutz·fahr·zeug das <-(e)s, -e> KFZ *Fahrzeug, mit dem man Lasten transportieren oder mit dem man bestimmte Arbeiten machen kann*

Nutz·flä·che die <-, -n> ① *Boden, auf dem man landwirtschaftliche Erzeugnisse anbauen kann* ② *Teil eines Gebäudes oder einer Etage, den man zu etwas nutzen kann*

Nutz·holz das <-es, Nutzhölzer> *Holz, mit dem man etwas bauen kann*

Nutz·last die <-, -en> *Last, die ein Fahrzeug transportieren kann*

nütz·lich |ˈnʏtslɪç| adj (≈ brauchbar, hilfreich) *so, dass jmd. oder etwas davon einen Nutzen hat:* Bei diesem Wetter ist ein Regenschirm sehr nützlich.; ein nützlicher Hinweis; eine nützliche Tätigkeit; nützliche Pflanzen; **sich (bei jemandem/etwas) nützlich machen/jemandem (bei etwas) nützlich sein** *helfen* Du könntest dich bei den Festvorbereitungen ruhig auch etwas nützlich machen.; Er war ihr bei der Renovierung der Wohnung sehr nützlich.

Nütz·lich·keit die <-> /kein Plur./ *die Eigenschaft, nützlich zu sein:* Über die Nützlichkeit eines solchen Geräts lässt sich streiten.

Nütz·lich·keits·den·ken das <-s> /kein Plur./ *die Einstellung, nur solche Dinge als wichtig zu sehen, die einen praktischen Vorteil oder Gewinn bringen*

nutz·los adj *so, dass es keinen Nutzen hat:* Es ist völlig nutzlos, es noch einmal zu erklären! Er versteht es ja doch nicht! Nutzlosigkeit

nutz·nie·ßen <nutznießt, nutznießte, hat genutznießt> ohne OBJ **jmd. nutznießt von etwas** Dat. (geh.) *von etwas Nutzen haben:* Er nutznießt von dem Vermögen seines Vaters.

Nutz·nie·ßer der, **Nutz·nie·ße·rin** <-s, -> *jmd., der von etwas profitiert, ohne viel dafür getan zu haben*

Nutz·pflan·ze die <-, -n> (↔ Zierpflanze) *Pflanze, die angebaut wird, um später ihre Früchte zu ernten oder sie zu essen*

Nutz·tier das <-(e)s, -e> *Tier, das man hält, damit es für einen arbeitet oder damit es Fleisch, Milch, Eier o.Ä. liefert*

Nut·zung die <-> /kein Plur./ *die Verwendung von etwas zu einem bestimmten Zweck:* Die Nutzung der Sonnenenergie soll noch stärker gefördert werden.

Nut·zungs·recht das <-(e)s, -e> RECHTSW. *das Recht, etwas zu benutzen*

NVA GESCH. *Abkürzung von "Nationale Volksarmee", die Armee der ehemaligen DDR*

Nym·pho·ma·nie die <-> /kein Plur./ MED., PSYCH. (geh.) *krankhaft gesteigerter sexueller Trieb bei Frauen* nymphoman/ nymphomanisch, Nymphomanin

O o

O, o das [oː] <-, -> der 15. Buchstabe des Alphabets: ein großes „O"; ein kleines „o"

o [oː] interj ❶ verwendet, um einen Ausruf der Überraschung oder Bestürzung einzuleiten: O Gott, o Gott!!; O weh!; O nein! ❷ verwendet, um einen Ausdruck der Zustimmung oder Ablehnung einzuleiten: O ja!; O doch!; O nein!; siehe auch **oh**

Oa·se die <-, -n> ❶ GEOGR. ein Ort in der Wüste, an dem es Wasser und Pflanzen und teilweise sogar Bäume gibt ❷ (übertr.) ein Ort der Erholung und Entspannung: Der Park ist eine Oase der Ruhe in der Großstadt.

ob [ɔp] **I.** konj ❶ verwendet, um einen indirekten Fragesatz einzuleiten: Er fragt sich, ob sie wohl noch kommt?; Ob das Wetter wohl besser wird? ❷ ■ **ob … oder** verwendet, um zwei Nebensätze einzuleiten, deren Inhalt als unwichtig für das im Hauptsatz Gesagte dargestellt wird: Er läuft jeden Morgen, ob es regnet oder schneit.; Ob alt oder jung, alle sollten sich gegen Grippe impfen lassen. **II.** präp + Gen. (geh. oder veralt.: ≈ wegen) Sie war enttäuscht ob seines Ausbleibens.; siehe **als, und**

Ob·acht ■ **auf etwas Obacht geben** SÜDDT. auf etwas achten Gib Obacht auf die Stufen!

ÖBB <-> Plur. ÖSTERR. Abkürzung von „Österreichische Bundesbahnen"

Ob·dach das <-s> /kein Plur./ AMTSSPR. (veralt.) Unterkunft: jemandem Obdach gewähren

Ob·dach·lo·se der/die <-n, -n> ein Mensch ohne Wohnung, weil er insbesondere aufgrund von Geldmangel in Not geraten ist ▶ obdachlos, Obdachlosigkeit

Ob·dach·lo·sen·asyl das <-s, -e> eine Unterkunft, die eine Stadt den Obdachlosen bereitstellt

ob·du·zie·ren mit OBJ ■ **jmd. obduziert eine Leiche** eine Obduktion an einer Leiche durchführen: Der Gerichtsmediziner obduziert die Leiche. ▶ Obduktion

O-Bei·ne <-> Plur. (↔ X-Beine) Beine eines Menschen, die leicht nach außen gebogen sind und deren Form daher an den Buchstaben O erinnert

o-bei·nig, a. **O-bei·nig** adj (↔ x-beinig) mit O-Beinen

oben ['oːbn̩] adv ❶ (↔ unten) so, dass etwas in der Höhe, über jmdm. oder etwas ist: Das Restaurant liegt oben auf dem Berg.; Oben am Himmel sieht man nur wenige Wolken.; In diesem Haus sind oben die Wohnungen und unten die Büros. ❷ auf der Oberseite: Der Tisch hat oben eine Kratzer. ❸ an einer früheren Textstelle: Wie oben erwähnt,…; Siehe oben! ❹ (umg.) hierarchisch höher: Die Anweisung kommt von ganz oben.; ■ **etwas steht jemandem bis oben** (umg.) jmd. hat etwas satt Mir stehen die Prüfungen bis oben!; ■ **von oben bis unten** vollständig; ■ **von oben herab** (umg.) arrogant, herablassend; ■ **oben ohne** (umg.) so, dass der Oberkörper einer Frau unbekleidet ist ♦ Getrennt- oder Zusammenschreibung oben stehend; das oben Stehende/Obenstehende; oben Stehendes/Obenstehendes; im oben Stehenden/Obenstehenden; ♦ R 4.1, R 4.12, R 3.4

oben·an adv ganz oben: Diese Wünsche stehen obenan auf der Liste.

oben·auf adv ❶ über allem anderen; ganz oben darauf: Ein guter Hamburger hat obenauf noch eine Scheibe Zwiebel. ❷ (umg.) wieder gesund: Nach der Krankheit ist er jetzt wieder obenauf. ❸ (umg.) übertrieben selbstbewusst

oben·drein adv (≈ außerdem, noch dazu) so, dass etwas noch hinzukommt, während etwas anderes bereits der Fall ist: Der Schüler war unvorbereitet und kam obendrein zu spät zum Unterricht.

Ober der ['oːbɐ] <-s, -> (≈ Kellner) ein Mann, der beruflich in einem Lokal die Gäste bedient: Herr Ober, bitte zahlen!

Als weibliches Pendant/weibliche Entsprechung zum **Ober** wird oft (auch in Wörterbüchern) die Bezeichnung „Bedienung" genannt. Allerdings kann man die Anrede mit „Ober" heute als veraltet ansehen; und die Bedienung muss nicht unbedingt eine weibliche Person sein: Mit „Bedienung, bitte!" lässt man somit offen, ob es sich um eine männliche oder weibliche Person handelt, die bedient. Man kann natürlich auch nur gestisch auf sich aufmerksam machen, wenn man zahlen oder etwas bestellen möchte. Eine Oberin dagegen ist z.B. die Leiterin eines Klosters. Will man im Restaurant allgemein die Bedienung ansprechen, macht man somit entweder nur ein Handzeichen, oder man sagt z.B. „zahlen, bitte!" bzw. „Ich möchte zahlen!".

ober... *adj /nur attr./* ① *so, dass sich etwas höher als etwas oder über etwas anderem befindet:* das obere Stockwerk; die oberen Räume ② */nur im Superl./ so, dass sich etwas an der höchsten Stelle befindet:* Wohnungen im obersten Stockwerk kosten am meisten. ③ */nur im Superl./ so, dass sich jmd. auf dem ersten Platz in einer Hierarchie befindet:* Der oberste Arzt in einem Krankenhaus ist der Chefarzt. ④ */nur im Superl./ so, dass etwas sehr wichtig und unbedingt zu beachten ist:* Das oberste Gebot für die Schüler hieß früher Ordnung.; **die oberen Zehntausend** *(umg.) die sehr reichen Menschen in einer Gesellschaft*

Ober- *als Erstglied zusammengesetzter Substantive; wird verwendet, um* ① *auszudrücken, dass die mit dem Zweitglied bezeichnete Person/Institution in einem System einen höheren oder sogar den höchsten Rang einnimmt* -arzt/-ärztin, -befehlshaber(in), -bürgermeister(in), -förster, -inspektor(in), -kommandeur, -priester, -schwester, -staatsanwalt/-staatsanwältin, -studienrat/-studienrätin, -liga ② *(↔ Unter-) die Hälfte desjenigen Körperteils zu bezeichnen, welcher über demjenigen liegt, der mit dem Zweitglied bezeichnet wird* -arm, -kiefer, -körper, -lippe ③ *(↔ Unter-) etwas zu bezeichnen, das über oder auf dem mit dem Zweitglied Genannten liegt bzw. anzugeben, dass eine Lage/Position oberhalb einer anderen betroffen ist* -bekleidung, -deck, -haut, -leder, -geschoss, -hemd, -kante, -kleidung, -leder, -seite ④ *(↔ Unter-, Nieder-) auszudrücken, dass ein mit dem Zweitglied bezeichneter Landesteil bzw. eine damit bezeichnete Region höher liegt als der/die andere, wobei hier wegen unterschiedlicher Bezugspunkte oder historischer Zuordnungen die Einschätzung/Bezeichnung als „Ober-" oft unklar bleibt* -allgäu, -bayern-, -franken, -lausitz, -pfalz, -österreich, -rhein, -schlesien, -staufen, -tauern ⑤ *auszudrücken, dass das mit dem Zweitglied Bezeichnete eine messbare Ausdehnung im oberen Bereich aufweist* -fläche, -weite ⑥ *intensivierend auszudrücken, dass jemand/etwas die mit dem Zweitglied bezeichnete negative Eigenschaft in äußerst hohem Maße aufweist:* Der Obertrottel hat natürlich wieder alles falsch gemacht! -angeber(in), -depp, -gängster, -gauner, -spinner, -trottel

ober- *als Erstglied zusammengesetzter Adjektive; wird verwendet, um* ① *etwas zu bezeichnen, das über oder auf dem mit dem Zweitglied Genannten liegt bzw. anzugeben, dass eine Lage/Position oberhalb einer anderen betroffen ist* -lastig, -schlächtig, -ständig ② *(↔ unter-, nieder-) auszudrücken, dass die mit dem Zweitglied bezeichnete Region südlich einer anderen gelegen ist, wobei oft wegen unterschiedlicher Bezugspunkte oder historischer Zuordnungen die Bezeichnung als „ober-" unklar bleibt* -bayerisch/-bayrisch, -fränkisch, -pfälzisch, -österreichisch, -rheinisch, -schlesisch, -staufisch ③ *intensivierend (vor allem im Rahmen jugendsprachlicher Äußerungsformen) auszudrücken, dass die mit dem Zweitglied bezeichnete Eigenschaft in nochmals gesteigerter Form bei jemand/etwas vorhanden ist:* Das ist ja ein obergeiles Video! -affengeil, -beschissen, -cool, -doof, -flau, -mies, (ironisch und damit negativ gemeint auch) -schlau

Ober·be·griff *der <-(e)s, -e> ein sprachlicher Ausdruck, der in einer hierarchischen Ordnung allgemeiner als die zugeordneten anderen Ausdrücke ist, weshalb er als übergeordneter Ausdruck die Bedeutungen der anderen umfasst:* „Fahrzeug" ist der Oberbegriff für „Auto", „Bus", „Fahrrad" etc., weshalb man z.B. sagen kann: „Jedes Auto ist ein Fahrzeug", aber nicht umgekehrt.

ober·deutsch *adj /nicht steig./* SPRACHWISS. *die süddeutschen, österreichischen und schweizerischen Dialekte betreffend* ● Oberdeutsch

Obe·re *der/die/das <-n, -n> /meist. Plur./ höher Stehende oder Vorgesetzte:* Die Oberen haben leicht reden.

ober·faul *adj /nicht steig./ (umg. abwert.) sehr schlecht, sehr bedenklich:* Die Sache ist oberfaul!

Ober·flä·che die [ˈoːbɐflɛçə] <-, -n> ① *die Seite von etwas, die nach außen weist und die der Betrachter sieht:* die raue Oberfläche der Wand; die glatte Oberfläche des Tisches ② -nstruktur ③ *die Fläche, die eine Flüssigkeit nach oben hin bildet:* Auf der Oberfläche des Sees schwimmen viele Blätter. ④ *Gesamtheit der Flächen, die einen Körper von außen begrenzen:* Die Oberfläche der Erde ist zu drei Vierteln von Wasser bedeckt.; die Oberfläche eines Würfels berechnen

ober·fläch·lich [ˈoːbɐflɛçlɪç] *adj* ① *so, dass*

etwas nur die Oberfläche¹ betrifft und nicht tief eindringt: eine oberflächliche Verletzung ② *(≈ flüchtig) so, dass man etwas ziemlich schnell und daher nicht gründlich betrachtet oder prüft:* Sie hatten das Buch nur oberflächlich gelesen.; die Akten nur oberflächlich durchsehen ③ *(abwert.) ohne tiefes Interesse für andere Menschen oder Dinge:* eine oberflächliche Person

Ober·fläch·lich·keit die <-, -en> ① */kein Plur./ der Zustand, dass etwas oberflächlich² ³ ist:* Die Rede des Politikers wurde wegen ihrer Oberflächlichkeit kritisiert. ② */nur Plur./ Bemerkung, die oberflächlich³ ist:* Auf dieser Party wurden nur Oberflächlichkeiten ausgetauscht.

Ober·ge·schoss das <-es, -e> *(↔ Untergeschoss, Erdgeschoss) ein Stockwerk, das höher als das Erdgeschoss liegt:* Wir wohnen im dritten Obergeschoss.

ober·halb ['o:bɐhalp] *präp* ① *+ Gen. (↔ unterhalb) so, dass etwas sich weiter oben befindet:* Die Burg liegt oberhalb des Dorfes. ② ▪**oberhalb von** *(umg.)* oberhalb von der Stadt

Ober·hand ▪**die Oberhand über jemanden gewinnen** *den Zustand erreichen, dass man jmdm. überlegen ist* Nach langen Diskussionen gewannen sie schließlich die Oberhand über ihre Gegner.

Ober·haupt das <-(e)s, Oberhäupter> *(geh.) jmd., der in der Hierarchie einer bestimmten Gruppe an erster Stelle steht:* Der Papst ist das Oberhaupt der katholischen Kirche. ◆ Staats-

Ober·hir·te der <-n, -n> REL. *geistlicher Führer einer kirchlichen Glaubensgemeinschaft:* Der Papst ist der Oberhirte der katholischen Kirche.

Obe·rin die <-, -nen> ① REL. *Vorsteherin eines Klosters* ② MED. *Oberschwester in einem Krankenhaus*

ober·ir·disch *adj /nicht steig./ (↔ unterirdisch) so, dass es über dem Erdboden liegt:* Der letzte Abschnitt der neuen U-Bahnstrecke verläuft oberirdisch.

Ober·lan·des·ge·richt, Ober·lan·des·ge·richt das <-(e)s, -e> *das oberste Gericht in einem deutschen Bundesland*

Ober·lauf der <-(e)s, Oberläufe> *(↔ Unterlauf) der Teil eines Flusses, der sich nahe der Quelle befindet:* Am Oberlauf des Flusses war das Wasser noch klar und rein.

Ober·licht das <-(e)s, -er/-e> ① *ein Fenster in der Decke eines Raumes* ② *das Teil, das sich getrennt öffnen lässt*

Ober·pri·ma, Ober·pri·ma die <-, Oberprimen> SCHULE *die heute (jedenfalls in Deutschland) nicht mehr sehr oft verwendete Bezeichnung für die neunte und letzte Klasse in einem Gymnasium (bei Abitur nach 13 Klassen), und zwar nach Sexta, Quinta, Quarta, Untersekunda, Obersekunda und Unterprima*

Obers das <-> /kein Plur./ ÖSTERR. *Sahne:* Ein Kaffee Obers ist ein Kaffee mit Sahne. ◆ Schlag-

Ober·schicht die <-, -en> *(↔ Unterschicht) der Teil der Bevölkerung, der über die meisten wirtschaftlichen und finanziellen Mittel verfügt*

ober·schlau *adj /nicht steig./ (umg. abwert.) so, dass jmd. sich für sehr klug hält und alles zu wissen glaubt*

Ober·schu·le die <-, -n> *(veralt.: ≈ Gymnasium)*

Ober·sei·te die <-, -n> *(↔ Unterseite) die Seite von etwas, die man sehen kann, weil sie oben liegt*

Ober·se·kun·da die <-, Obersekunden> SCHULE *heute (jedenfalls in Deutschland) nicht mehr sehr oft verwendete Bezeichnung für die siebte Klasse in einem Gymnasium (bei Abitur nach 13 Klassen), und zwar im Anschluss an Sexta, Quinta, Quarta und Untersekunda*

Oberst der <-en/-s, -en/-e> MILIT. *Offiziersrang zwischen Oberstleutnant und Brigadegeneral*

Ober·staats·an·walt der, **Ober·staats·an·wäl·tin** <-s, Oberstaatsanwälte> RECHTSW. *der erste Staatsanwalt an einem Landesgericht oder Oberlandesgericht*

Ober·stu·fe die <-, -n> SCHULE *die der Sekundarstufe II zugerechneten oberen Jahrgangsstufen von Gymnasien, beruflichen Gymnasien und Gesamtschulen:* gymnasiale Oberstufe

Ober·ter·tia die <-, Obertertien> SCHULE *heute (jedenfalls in Deutschland) nicht mehr sehr oft verwendete Bezeichnung für die fünfte Klasse in einem Gymnasium, und zwar im Anschluss an Sexta, Quinta, Quarta und Untertertia*

Ober·was·ser ▪**Oberwasser haben/bekommen** *sich überlegen fühlen* Nachdem sein Chef ihn einmal gelobt hatte, bekam er wieder Oberwasser.

Ober·wei·te die <-, -n> ① *das Maß, das sich ergibt, wenn bei Frauen der Umfang von Rücken und Brust gemessen wird* ② *(umg.) die Brüste einer Frau:* Sie hat eine große Oberweite.

ob·gleich konj (geh.: ≈ obwohl) leitet einen Nebensatz ein; was im Nebensatz gesagt wird, steht im Gegensatz oder als eine gewisse Einschränkung zu dem, was im Hauptsatz gesagt wird: Obgleich der Notendurchschnitt schlecht war, haben einzelne Schüler bei der Prüfung sehr gut abgeschnitten.

Ob·hut die <-> /kein Plur./ (geh.) Schutz, Pflege und Aufsicht, die man jmdm. gewährt: Die Waisenkinder standen unter der Obhut ihres Vormunds.

obig adj /nicht steig./ /nur attr./ so, dass etwas in einem Text weiter oben steht: Senden Sie die Rechnung an obige Adresse.

Ob·jekt das [ɔp'jɛkt] <-(e)s, -e> ❶ eine Sache oder ein Gegenstand, auf die bzw. den man sein Interesse richtet: das Objekt der Forschung; das Objekt der Begierde ❷ WIRTSCH. (≈ Immobilie) ein Haus oder ein Grundstück, das zum Verkauf steht: Wir haben uns mehrere Objekte angesehen, aber keines hat uns gefallen. ❸ KUNST ein Kunstgegenstand: Bei der Versteigerung wurden einige Objekte aus der Sammlung verkauft. ❹ SPRACHWISS. (↔ Subjekt) ein Satzglied, das nicht das Subjekt des Satzes ist und meist im Akkusativ steht: Das Verb „beißen" hat ein Objekt im Akkusativ. ▸ -satz, Akkusativ-, Dativ-

ob·jek·tiv [ɔpjɛk'tiːf, 'ɔpjɛktiːf] adj (↔ subjektiv) als sachlich und neutral geltend: Der Reporter berichtete objektiv von dem Vorfall. ▸ objektivieren

Ob·jek·tiv das <-s, -e> FOTOGR. ein optisches Gerät (als Bestandteil einer Kamera), das meist mehrere Linsen hat und durch das man sehen kann

Ob·jek·ti·vi·tät die <-> /kein Plur./ (↔ Subjektivität) eine Sichtweise, die für objektiv gehalten wird

ob·jekt·ori·en·tiert adj /nicht steig./ EDV so, dass bei einer Programmiersprache oder einer Benutzeroberfläche die Elemente als Objekte bezeichnet werden: Fast alle neuen Betriebssysteme haben eine objektorientierte Benutzeroberfläche.

Ob·jekt·satz der <-es, Objektsätze> SPRACHWISS. (↔ Subjektsatz) ein Nebensatz, von dem das Verb des Hauptsatzes abhängt und die grammatische Funktion eines Objekts[2] einnimmt

ob·lie·gen <obliegt, oblag, hat oblegen> ohne OBJ ▪ etwas obliegt jmdm. (geh.) jm. ist etwas Pflicht oder Aufgabe: Die Erziehung der Kinder obliegt den Eltern. ▸ Obliegenheit

ob·li·gat adj (geh.) so, dass etwas unvermeidlich oder unverzichtbar ist

Ob·li·ga·ti·on die <-, -en> ❶ (veralt.) Verpflichtung ❷ WIRTSCH. Wertpapier mit festen Zinsen

ob·li·ga·to·risch adj ❶ verpflichtend oder absolut notwendig: Mathematik ist ein obligatorisches Unterrichtsfach in der Schule. ❷ SPRACHWISS. (↔ fakultativ) so, dass Ergänzungen des Verbs in einem Satz nicht getilgt werden dürfen, da der Satz sonst ungrammatisch würde: Das Verb „kaufen" hat zwei obligatorische Ergänzungen, denn „jemand" (Subjekt) kauft „etwas" (Objekt im Akkusativ).

Ob·mann der, **Ob·män·nin/Ob·frau** <-(e)s, Obmänner/Obleute> jmd., der eine Gruppe von Personen vertritt: Der Obmann der Gewerkschaft vertritt die Angestellten und Arbeiter gegenüber der Firmenleitung.

Oboe die <-, -n> MUS. ein Blasinstrument aus Holz mit einem feinen, dünnen Mundstück

Obo·lus der <-, -/-se> (geh.) ein kleiner Geldbetrag, den man als eine Art Spende gibt; ▪ seinen Obolus entrichten einen kleinen Geldbetrag für eine Sache zahlen Der Vorsitzende des Vereins ermahnte die Mitglieder, endlich ihren Obolus für die Vereinskasse zu entrichten.

Ob·rig·keit die <-, -en> /meist Sing./ (veralt.) Personen oder Institutionen, die in der Kirche oder Politik die Macht haben: Fast die gesamte kirchliche Obrigkeit war versammelt.

Ob·rig·keits·den·ken das <-> /kein Plur./ (abwert.) die Einstellung, dass man den Mächtigen ohne Kritik gehorchen muss

Ob·rig·keits·staat der <-(e)s, -en> ein autoritärer Staat, in dem es keine demokratischen Rechte gibt

ob·schon konj (geh.) siehe **obgleich, obwohl**

Ob·ser·va·ti·on die <-, -en> ❶ die Überwachung oder die Beobachtung von verdächtigen Personen oder Orten[1]: Die polizeiliche Observation der Verdächtigen führte zu zahlreichen Festnahmen. ❷ ASTRON., METEOR. wissenschaftliche Beobachtung der Sterne oder des Wetters

Ob·ser·va·to·ri·um das <-s, Observatorien> ASTRON., METEOR. ein Gebäude, von dem aus die Sterne oder das Wetter beobachtet werden

ob·ser·vie·ren mit OBJ ▪ jmd. observiert jmdn./etwas ❶ Personen oder Orte[1] polizeilich beobachten: Die Polizei observierte die Verdächtigen nun schon seit einem Monat. ❷ ▪jmd. observiert etwas ASTRON., METEOR. *die Sterne, das Wetter wissenschaftlich beobachten*

Ob·ses·si·on die <-, -en> PSYCH. *eine zwanghafte Vorstellung oder Idee, die das Handeln eines Menschen bestimmen kann:* Der Gedanke, dass man ihn absichtlich ignorierte, wurde allmählich zu einer Obsession. ▶ obsessiv

ob·sie·gen *ohne OBJ* ▪etwas obsiegt *(geh.) etwas siegt:* Das Gute obsiegt nicht immer.

ob·s·kur *adj (geh.)* ❶ (≈ zwielichtig) *so, dass etwas oder jmd. verdächtig oder fragwürdig ist:* Was ist das für ein obskures Lokal?; eine obskure Person ❷ (≈ unverständlich) *so, dass etwas nicht logisch oder unklar ist:* ein obskurer Gedankengang; Niemand verstand ihn genau, weil er immer so obskur redete.

ob·so·let *adj (geh.: ≈ veraltet) so, dass etwas nicht mehr gebraucht wird, weil es veraltet ist:* Im Zeitalter der Personalcomputer ist die Schreibmaschine obsolet geworden.

Ob·sor·ge die <-> /kein Plur./ ÖSTERR. *Fürsorge, Aufsicht*

Obst das [o:pst] <-(e)s> /kein Plur./ *übergeordnete Bezeichnung für Früchte, die an Bäumen und Sträuchern wachsen und meist roh gegessen werden* ◆ -bau, -baum, -blüte, -ernte, -garten, -handlung, -kuchen -messer, -saft, -salat, -sorte, -torte, Dörr-, Trocken-

Obst·ler der <-s, -> SÜDDT. *ein klarer Schnaps, der aus Obst gemacht ist*

Obst·scha·le die <-, -n> ❶ *eine flache Schüssel, in die man Obst legt:* eine Obstschale aus Glas ❷ *die äußere Schicht von Obst, die man vor dem Essen entfernt*

ob·s·zön [ɔps'tsøːn] *adj so, dass etwas anstößig oder unanständig ist:* Das ist aber ein obszöner Witz!; Der Film wurde wegen seines obszönen Inhaltes zensiert.; Ich mag seine obszönen Reden nicht.

Ob·s·zö·ni·tät die <-, -en> ❶ /kein Plur./ *die Eigenschaft, obszön zu sein* ❷ /meist Plur./ *etwas, dessen Inhalt obszön ist*

ob·wohl [ɔp'voːl] *konj* (≈ obgleich, obschon) *leitet einen Nebensatz ein; was im Nebensatz gesagt wird, steht im Gegensatz oder als eine gewisse Einschränkung zu dem, was im Hauptsatz gesagt wird:* Obwohl es regnete, ging er spazieren.; Sie sang im Chor mit, obwohl sie erkältet war.; Obwohl sie sich ständig streiten, sind sie gute Freunde.

Ochs [ɔks] ▪**jemand steht da wie der Ochs vorm Berg** *(umg.) jmd. weiß nicht mehr weiter* Bei dieser Prüfung stand er da wie der Ochs vorm Berg!

Och·se der ['ɔksə] <-n, -n> ❶ ZOOL. *ein kastrierter Stier* ❷ *(abwert.) ein dummer Mensch*

och·sen ['ɔksən] <ochst, ochste, hat geochst> *ohne OBJ* ▪jmd. ochst (**für etwas**) *(umg.) sich besonders anstrengen:* Für diese Prüfung haben sie wirklich geochst.

Och·sen·schlepp der <-s,-e> ÖSTERR. *Ochsenschwanz*

Och·sen·tour die <-> /kein Plur./ *(umg.) eine berufliche Karriere oder eine Arbeit, die viel Zeit und Aufwand erfordert*

Ocker der/das <-s> /kein Plur./ ❶ *Farbton, der zwischen gelb und braun liegt* ❷ *ein natürlicher Farbstoff aus Mineralien mit gelbbrauner Farbe*

ocker *adj /nicht steig./ /nur präd./* (≈ ockerfarben) *gelbbraun*

öd, öde *adj* ❶ (≈ kahl) *so, dass in einer Landschaft oder Gegend fast keine Pflanzen sind:* Wir fuhren stundenlang durch diese öde Landschaft. ❷ (≈ trostlos) *ziemlich monoton und traurig und ohne Aussicht auf positive Entwicklungen:* Sein Leben erschien ihm öd und leer. ❸ (≈ langweilig) *ohne echte Inhalte oder Neuigkeiten und daher reizlos:* Das Schlimmste auf dieser Party waren die öden Gespräche.; ein öder Tag; eine öde Stadt; *siehe* **anöden, Einöde**

Ode die <-, -n> LIT. *feierliches Gedicht:* Schiller schrieb die „Ode an die Freude".

oder ['oːdɐ] *konj* ❶ *verwendet, um auszudrücken, dass zwischen zwei Alternativen ein absoluter Gegensatz besteht und nur eine gewählt werden kann:* Es gibt nur Sieger oder Verlierer.; Du kannst es tun oder lassen!; Man kann die Wohnung mieten oder kaufen. ❷ *verwendet, um auszudrücken, dass es mehrere Möglichkeiten gibt:* An der Sprachschule kann man Russisch, Spanisch oder Italienisch lernen. ❸ *verwendet, um auszudrücken, dass etwas oder jmd. auch anders genannt werden kann:* Personalcomputer oder kurz PC; Karl der V. oder Karl der I., wie er in Spanien genannt wurde. ❹ *verwendet, um auf eine unangenehme Konsequenz hinzuweisen:* Wir müssen jetzt gehen, oder wir verpassen den Zug.; Du benimmst dich anständig, oder du fliegst noch von der Schule.; *siehe* **entweder** ❺ *am Ende eines Satzes verwendet, um auszudrücken, dass der Sprecher eine Bestätigung oder*

Zustimmung erhofft: Jetzt ist Schluss, oder?; Du glaubst mir doch, oder?

Oder die <-> /kein Plur./ *Fluss an der deutsch-polnischen Grenze*

Ödi·pus·kom·p·lex der <-es, -e> PSYCH. *(≈ Mutterkomplex) die übertriebene emotionale Bindung eines Mannes an seine Mutter (von S. Freud geprägter Ausdruck)*

Öd·land das <-(e)s> /kein Plur./ *ein Land, das nicht landwirtschaftlich genutzt wird und nicht bebaut ist*

Odys·see die <-, -seen> *(geh.) nach dem Buch von Homer über die Irrfahrten des Odysseus: eine Reise mit vielen Hindernissen und Schwierigkeiten:* Die Heimfahrt war die reinste Odyssee.

Ofen der [ˈoːfn̩] <-s, Öfen> ① *ein Gerät, in dem Feuer gemacht wird und mit dem man ein Zimmer heizen kann* ◆-bank, -heizung, -rohr, Gas-, Kachel-, Kohle-, Öl- ② *ein einzelnes oder in einem Herd integriertes Gerät zum Backen oder zum Zubereiten eines Bratens;* ▪ **ein heißer Ofen** *(umg.) ein schnelles Auto oder Motorrad;* ▪ **Jetzt ist der Ofen aus!** *(umg.) drückt aus, dass etwas zu Ende ist und man nichts mehr tun kann;* ▪ **hinter dem Ofen hocken** ▪ **sich hinter dem Ofen verkriechen** *drückt aus, dass jmd. immer nur im Haus bleibt und wenig Kontakt zu anderen Menschen hat*

ofen·frisch adj /nicht steig./ *so, dass etwas gerade frisch aus dem Backofen geholt wurde:* Die Bäckerei verkauft morgens ofenfrische Brötchen.

of·fen [ˈɔfn̩] adj ① *(≈ geöffnet) so, dass man durch etwas gehen, sehen, greifen o.Ä. kann:* Die Tür ist offen!; das offene Fenster; das Hemd offen lassen ② *so, dass keine Hindernisse vorhanden sind:* Der Pass über die Alpen ist nur im Sommer offen.; offene Grenzen ③ *(≈ geöffnet ↔ geschlossen) so, dass man in ein Geschäft oder in eine Bank gehen kann:* Am Samstag sind die Läden in der Innenstadt bis 16 Uhr offen. ④ *so, dass dort viel Platz ist und man ohne Hindernisse sehen kann:* Wir blickten auf das offene Meer. ⑤ *(≈ unbestimmt) so, dass etwas noch nicht beendet oder geklärt ist:* Es bleibt offen, ob sie an der Prüfung teilnimmt.; Ende offen!; Es blieben noch viele Fragen offen. ⑥ *so, dass etwas noch nicht bezahlt ist:* Die Rechnung steht noch offen. ⑦ *(≈ unbesetzt) so, dass etwas noch zu haben ist:* In der Firma gab es noch viele offene Stellen. ⑧ *so, dass sich jmd. nicht verstellt:* Er hatte einen offenen Blick.; Sie sagte ihm offen ihre Meinung. ⑨ *so, dass etwas klar und deutlich erkennbar ist:* Ihnen schlug offene Feindschaft entgegen. ⑩ *(≈ aufgeschlossen) so, dass jmd. bereit für neue Dinge ist:* Sie war offen für alles Neue.; Er war offen für die Probleme seines Freundes. ⑪ *so, dass eine Wunde noch nicht verheilt ist:* ein offenes Bein ⑫ *so, dass bei einer Sache jeder mitmachen kann:* Der Kurs war offen für alle Interessenten. ⑬ *so, dass etwas nicht zusammengebunden ist:* Sie trug die Haare offen.; Deine Schnürsenkel sind offen! ◆Zusammenschreibung → R 4.6 offenbleiben; offenhalten; offenlassen; offenlegen; offenstehen

of·fen·bar [ˈɔfnbaːɐ̯, ɔfnˈbaːɐ̯] I. adj *(≈ offensichtlich) so, dass etwas klar zu sehen und zu verstehen ist:* Es handelt sich um eine offenbare Lüge. II. adv *vermutlich, dem Anschein nach:* In dem Programm liegt offenbar ein Fehler vor.

of·fen·ba·ren <offenbarst, offenbarte, hat offenbart> I. *mit OBJ* ▪ **jmd. offenbart (jmdm.) etwas** *jmd. sagt (jmdm.) etwas, das bis dahin geheim war:* Endlich offenbarte er das Geheimnis.; Sie offenbarte ihm ihre Liebe. II. *mit SICH* ▪ **jmd. offenbart sich jmdm.** *(als jmd./etwas)* ① *sich (jmdm.) (als jmd. oder etwas) zu erkennen geben:* Sie offenbarte sich ihrer Kollegin als gute Freundin.; Er offenbarte sich als guter Kenner der antiken Gedankenwelt. ② *(geh.) sich jmdm. anvertrauen:* Er offenbarte sich seinem Freund.

Of·fen·ba·rung die <-, -en> ① *(geh.) etwas, das etwas klar werden lässt:* die Offenbarung der Schuld ② *(geh.) ≈ Erleuchtung) etwas, das plötzlich viele Dinge erkennen und verstehen lässt:* Der Film war für mich eine Offenbarung! ③ REL. *die Darlegung einer direkt von Gott erfahrenen Wahrheit:* Die Offenbarung des Johannes ist das letzte Buch des Neuen Testaments.

Of·fen·ba·rungs·eid der <-(e)s, -e> RECHTSW. *ein Eid, der von einem Schuldner geleistet wird, nachdem dieser seinen ganzen Besitz angegeben hat und seine Schulden nicht mehr bezahlen kann:* Nach dem Konkurs seiner Firma musste er den Offenbarungseid leisten.

Of·fen·heit die <-> /kein Plur./ ① *(↔ Verschlossenheit) das Verhalten, sich nicht zu verstellen und ehrlich zu sein:* Seine Offenheit war überraschend. ② *der Sachverhalt, dass etwas klar und deutlich erkennbar ist:* Die Offenheit der Ablehnung erschwerte die Arbeit sehr. ③ *(≈ Aufgeschlos-*

senheit) das Verhalten, für neue Sachen bereit zu sein: Sie zeigten große Offenheit für diese Probleme.; Es sind vor allem Jüngere, die Offenheit gegenüber den neuen Technologien zeigen.

of·fen·her·zig *adj* ❶ *so, dass jmd. ohne Scheu über sich redet:* Er redete offenherzig über seine Gefühle ❷ *(umg. scherzh.) so, dass ein Kleid oder ein Kleidungsoberteil einer Frau tief ausgeschnitten ist*

of·fen·kun·dig, of·fen·kun·dig *adj* ❶ *siehe* **offenbar** ❷ *(≈ bekannt) jetzt zur Bekanntheit/ans Licht der Öffentlichkeit gelangt und nicht mehr versteckt/verborgen vorhanden:* Es ist offenkundig, dass es in der Behörde Fälle von Korruption gibt!

of·fen·sicht·lich *adj so, dass etwas klar zu erkennen ist und sehr deutlich ist:* Offensichtlich hat es bei der Abrechnung zahlreiche Fehler gegeben.; Es ist offensichtlich, dass die Zahl der Arbeitslosen steigt.

of·fen·siv *adj (↔ defensiv)* ❶ MILIT. *den Angriff bevorzugend; angreifend* ▸ Offensivkrieg, Offensivtaktik ❷ *so, dass ein Ziel aktiv und provokant verfolgt wird und man angreift:* Die Partei ging in einen offensiven Wahlkampf. ▸ Offensivspieler

Of·fen·si·ve *die* <-, -n> *(↔ Defensive)* ❶ MILIT. *Angriff:* Die Offensive sollte in der Nacht beginnen. ● Gegen-, Groß- ❷ *eine Aktivität, die schnell und effektiv zum Ziel führen soll:* Die Regierung plante eine Offensive gegen den Tabakkonsum. ❸ */kein Plur./* SPORT *Angriff:* Nach langem Zögern ging die Mannschaft zur Offensive über.

öf·fent·lich ['œfntlɪç] *adj /nicht steig./* ❶ *(↔ geheim) so, dass etwas für alle zugänglich ist und jeder daran teilnehmen kann:* die öffentlichen Wahlen; eine öffentliche Diskussion ❷ *(↔ privat) zu alle/jeden zur Benutzung bereit:* ein öffentliches Telefon; ein öffentlicher Park ❸ *für alle geltend oder von allen ausgehend:* Die Gesundheitspolitik liegt im öffentlichen Interesse.; Die öffentliche Sicherheit ist eine zentrale Frage der Politik. ❹ *(≈ bekannt) so, dass jeder davon weiß:* Die Ergebnisse der Prüfung wurden spät öffentlich gemacht. ❺ */nur attr./ mit Leistungen oder Einrichtungen der Regierung für alle:* die öffentlichen Gelder; die öffentlichen Schulen ▸ öffentlich-rechtlich

Öf·fent·lich·keit *die* <-> */kein Plur./* ❶ *alle Menschen eines Landes, einer Stadt o.Ä.:* Die Öffentlichkeit wurde über den Skandal durch die Nachrichten informiert.; Der Kanzler wandte sich im Fernsehen an die Öffentlichkeit. ❷ *ein Zustand, der öffentlich[1 2 3 4] ist* ❸ *dort, wo einen alle hören oder sehen können:* in der Öffentlichkeit; in aller Öffentlichkeit

Öf·fent·lich·keits·ar·beit *die* <-> */kein Plur./ (≈ Public Relations) eine Art Werbung, die ein Unternehmens oder eine Organisation in der Öffentlichkeit[1] betreibt, um das eigene Ansehen zu verbessern:* Die Firma betreibt eine vorbildliche Öffentlichkeitsarbeit.

of·fe·rie·ren *mit OBJ* ■ **jmd. offeriert jmdm. etwas** ❶ WIRTSCH. *jmdm. ein schriftliches Angebot für eine Sache oder eine Dienstleistung machen:* Die Bank offerierte ihren Kunden einen günstigen Kredit. ❷ *(geh. o veralt.) jmdm. etwas anbieten:* Der Herzog offerierte der Königin seine Dienste.

Of·fer·te *die* <-, -n> WIRTSCH. *Angebot*

Of·fice *das* ['ɔfɪs] <-, -s> *das englische Wort für Büro*

of·fi·zi·ell [ɔfi'tsi̯ɛl] *adj* ❶ *so, dass etwas von einer Regierung oder einem Amt angeordnet oder bekannt gegeben wird:* Von offizieller Seite wurde die Nachricht bestätigt.; Die Verträge wurden offiziell anerkannt. ❷ *so, dass etwas sehr feierlich oder förmlich ist:* Zu einem offiziellen Anlass gehört ein Anzug mit Krawatte. ❸ *(umg.) das, was öffentlich[4] gesagt wird, aber nicht unbedingt stimmt:* Offiziell haben sie gearbeitet, aber in Wirklichkeit waren sie schwimmen.

Of·fi·zier *der,* **Of·fi·zie·rin** [ɔfi'tsiːɐ] <-s, -e> MILIT. *in der militärischen Hierarchie ein hoher Rang direkt über dem des Leutnants* ● -sanwärter, -skasino, -slaufbahn, Reserve-, Stabs-

off·line *adj /nicht steig./* EDV *(↔ online) so, dass ein Computer gerade nicht mit anderen Computern oder einem Kommunikationssystem verbunden ist:* die Website offline zur Verfügung stellen ▸ Offlinebetrieb

öff·nen ['œfnən] **I.** *mit OBJ* ❶ ■ **jmd. öffnet etwas (mit etwas** *Dat.)* *(≈ aufmachen ↔ schließen) bewirken, dass etwas offen ist oder sich entfaltet:* Er öffnet den Brief mit dem Messer.; Sie öffnet ihren Schirm. ❷ *ein Hindernis beseitigen, damit etwas wieder benutzt werden kann:* Der Zoll hat die Grenze wieder geöffnet. ❸ ■ **jmd. öffnet jmdm. etwas** *(geh.) einem anderen Menschen zeigen, was bisher verborgen war:* Er hat ihr sein Herz geöffnet.; Sie hat ihm die Augen für alles Schöne geöffnet. **II.** *ohne OBJ* ■ **etwas öffnet** *(irgendwann) (↔ schließen)* *ein Geschäft o.Ä.*

macht für Kunden auf: Die Bank öffnet um acht Uhr.; Die Geschäfte haben von zehn bis achtzehn Uhr geöffnet. **III.** *mit SICH* ❶ **etwas öffnet sich** *etwas geht auf*: Er sprach: „Sesam öffne dich!"; Die Tür öffnete sich wie von Zauberhand. ❷ **jmd. öffnet sich etwas** *Dat. jmd. beginnt, sich für eine neue Sache zu interessieren*: Auch ältere Menschen öffnen sich dem Internet. ❸ **jmd. öffnet sich jmdm.** *(geh.: ≈ anvertrauen) jmdm. zeigen, was man fühlt, weil man ihm vertraut*: Der Patient öffnete sich dem Therapeuten.

Öff·ner der <-s, -> *(≈ Flaschenöffner) ein Gegenstand, mit dem man den Verschluss von einer Flasche entfernen kann*: Die Flasche ist noch zu; kannst du mir mal den Öffner geben?

Öff·nung die <-, -en> ❶ *(≈ Loch) eine Stelle, an der etwas offen¹ ist*: Die Maus kroch durch die Öffnung in der Tür. ◆ Fenster-, Mauer-, Körper-, Tür- ❷ */kein Plur./ meist eine Handlung, bei der etwas offiziell¹ geöffnet wird*: die Öffnung der Grenzen; Der Vatikan erlaubte die Öffnung seines Archivs.

Öff·nungs·zeit die <-, -en> */meist Plur./ Zeit, zu der ein Geschäft oder Ähnliches geöffnet II ist*

o-för·mig, O-för·mig adj *mit der Form eines „O"*

oft [ɔft] <öfter> adv ❶ *(↔ selten) mit relativ vielen Vorkommnissen von etwas innerhalb eines bestimmten Zeitabschnitts*: Dieses Jahr war er oft krank.; Sie geht oft ins Schwimmbad, eigentlich täglich. ❷ *(≈ häufig) überwiegend; in vielen Fällen*: Ich kann oft nicht einschlafen ❸ *sich regelmäßig in kurzen Abständen wiederholend*: An Wochentagen verkehren die Busse sehr oft. ❹ *verwendet, um danach zu fragen, wie viele Male etwas geschieht oder geschehen ist*: Wie oft hast du das Buch schon gelesen?

öf·ter adv */Komp. von oft²/ mehrmals*: Man muss die Verben öfter üben.; Je öfter man übt, desto besser beherrscht man die Formen.; **des Öfteren** *oft* Dieser Fehler kommt bestimmt des Öfteren vor.

öf·ters adv *mehrere Male*

oft·ma·lig adj */nur attr./ so, dass etwas oft¹ passiert*

oft·mals adv *(geh.) oft* ¹ ²

oh [oː] *interj verwendet, um Erstaunen, Freude oder Schrecken auszudrücken*: Oh, das ist ja toll!; Oh, wie schön.; Oh, mein Gott!; *siehe* **o**

Ohm¹ das <-s, -> ELEKTROTECHN. *Maßeinheit für den elektrischen Widerstand*

Ohm² der <-s, -e> SCHWEIZ. *(≈ Oheim) Onkel*

oh·ne ['oːnə] **I.** *präp +Akk.* ❶ *(↔ mit) verwendet, um auszudrücken, dass etwas oder eine Person nicht vorhanden oder dabei ist*: Sie sind ohne ihre Freunde ins Kino gegangen.; Ohne einen Cent verließ er das Haus. ❷ **ohne weiteres/ohne Weiteres** *drückt aus, dass etwas ohne Probleme oder Hindernisse geschieht* Obwohl das ein offizieller Empfang ist, nehme ich ohne weiteres/ohne Weiteres daran teil.; **ohne mich** *betont, dass der Sprecher bei einer Sache nicht mitmachen will* Ihr wollt bei diesem Wetter spazieren gehen? Ohne mich!; **gar nicht so ohne** *verwendet, um auszudrücken, dass etwas oder eine Person besonders schwierig, schön, gefährlich usw. ist* Die Prüfung ist gar nicht so ohne!; Diese Stadt ist gar nicht so ohne! **II.** *konj* **ohne dass/ohne zu plus Inf.** *verwendet, um einen Nebensatz einzuleiten, der etwas benennt, was nicht geschieht oder getan wird*: Er verließ den Raum, ohne dass es jemand bemerkte.; Sie standen auf, ohne etwas gegessen zu haben.

oh·ne·dies *part siehe* **ohnehin**

oh·ne·glei·chen adj */nicht steig./ /nur attr., steht immer nach dem Substantiv/ (≈ beispiellos) so, dass es zu etwas oder zu einer Person nichts Ähnliches gibt*: Das ist eine Frechheit ohnegleichen!; Er war ein Rüpel ohnegleichen.

oh·ne·hin, oh·ne·hịn *part drückt aus, dass etwas auf jeden Fall und unabhängig von allem eintritt*: Wir müssen uns nicht mehr beeilen, denn wir kommen ohnehin zu spät!

oh·ne·wei·ters adv ÖSTERR. *ohne weiteres*; *siehe* **ohne II**

Ohn·macht die <-, -en> ❶ *der Zustand, in dem jmd. für kurze Zeit kein Bewusstsein hat* ❷ */kein Plur./ ein Zustand, in dem man sich ohne Macht und Hilfe fühlt*; **von einer Ohnmacht in die andere fallen** *(umg.) erstaunt oder sehr erschrocken sein* ◆ -sanfall, -sgefühl

ohn·mäch·tig ['oːnmɛçtɪç] adj */nicht steig./* ❶ *so, dass man ohne Bewusstsein ist*: Sie wurde vor Schreck ohnmächtig. ❷ *so, dass man sich in einer Situation hilflos und machtlos fühlt*: Sie mussten ohnmächtig zusehen, wie das Schiff unterging.

oho *interj verwendet, um Verwunderung oder Verärgerung auszudrücken*: Oho, das ging aber flott!; Oho, so einfach geht das aber nicht!

Ohr das [oːɐ̯] <-(e)s, -en> *eines der beiden Organe, mit denen Menschen und Tiere hören:* sich die Ohren putzen; Der Hase stellt die Ohren auf.; ▪ **sich aufs Ohr hauen/legen** *(umg.) schlafen gehen;* ▪ **ganz Ohr sein** *(umg.) aufmerksam zuhören;* ▪ **die Ohren spitzen** *(umg.) aufmerksam zuhören;* ▪ **auf den Ohren sitzen** *(umg.) nicht zuhören, was jmd. sagt;* ▪ **jemandem mit etwas in den Ohren liegen** *(umg.) jmdn. immer wieder um etwas bitten;* ▪ **jemandem sein Ohr leihen** *jmdm. gut zuhören;* ▪ **jemandem kommt etwas zu Ohren** *jmd. erfährt etwas, das er nicht wissen sollte;* ▪ **jemandem etwas um die Ohren hauen** *(umg.) jmdn. wegen einer Sache stark kritisieren;* ▪ **jemanden übers Ohr hauen** *(umg.) jmdn. betrügen;* ▪ **ein paar/eins/eine hinter die Ohren bekommen** *(umg.) eine Ohrfeige bekommen;* ▪ **die Ohren hängen lassen** *(umg.) ohne Mut oder Hoffnung sein;* ▪ **Halt die Ohren steif!** *(umg.) verwendet, um jmdm. Mut zu wünschen;* ▪ **bei jemandem auf offene Ohren stoßen** *jmdm. nichts erklären müssen;* ▪ **bis über beide Ohren in Arbeit/Schulden etc. stecken** *(umg.) viel Arbeit oder Schulden etc. haben;* ▪ **viel um die Ohren haben** *(umg.) sehr beschäftigt sein;* ▪ **bis über beide Ohren verliebt sein** *sehr verliebt sein;* ▪ **etwas geht jemandem zum einen Ohr hinein und zum anderen hinaus** *eine Sache wird schnell vergessen, weil sie keinen Eindruck macht;* ▪ **auf dem Ohr ist jemand taub** *(umg.) das ist ein Thema, von dem jmd. absolut nichts wissen will* ◆-enarzt, -enentzündung, -enschmerzen, -läppchen, -muschel, -ring, -schmalz, -schmuck, -schützer

Öhr das <-(e)s, -e> *das kleine Loch am oberen Ende einer Näh- oder Stopfnadel; siehe* **Nadelöhr**

oh·ren·be·täu·bend adj *(umg.) so, dass etwas sehr laut ist:* Dieser ohrenbetäubende Lärm macht mich noch wahnsinnig!

Ohr·fei·ge die <-, -n> *ein Schlag mit der flachen Hand auf jmds. Wange;* ▪ **eine schallende Ohrfeige** *ein lauter, starker Schlag mit der flachen Hand auf jmds. Wange*

ohr·fei·gen mit OBJ ▪ **jmd. ohrfeigt jmdn.** *jmd. mit der flachen Hand auf die Wange schlagen*

Ohr·ste·cker der <-s, -> *ein Schmuckstück, das meist aus Edelmetall gearbeitet ist und die Form einer kurzen Nadel hat, die man durch ein Loch im Ohrläppchen steckt und auf deren Spitze ein wertvoller Stein oder eine Perle sein kann*

Ohr·wurm der <-(e)s, Ohrwürmer> ① ZOOL. *ein kleines Insekt* ② *(umg.) eine Melodie, die man sich leicht merken kann und an die man immer wieder denken muss*

okay [oˈkeː] I. adj ① */nicht steig., nur präd./ (umg.) gut und in Ordnung:* Dein Anzug ist okay.; Er war zwei Tage krank, aber heute ist er wieder okay.; Ist alles okay? ② *so, dass etwas ausreicht, aber nicht begeisternd ist:* Wie hat dir der Film gefallen? — Er war okay. II. part ① *drückt als Antwort eine Zustimmung aus:* Kommst du mit? — Okay! ② *(≈ oder⁵) am Ende eines Satzes verwendet, um auszudrücken, dass der Sprecher Zustimmung erwartet:* Wir gehen alle zusammen, okay? ③ *(≈ also) am Anfang eines Satzes verwendet, um eine Aufforderung oder eine Feststellung einzuleiten:* Okay, fangen wir noch mal von vorne an.; Okay, das war's!

Okay das [oˈkeː] <-(s), -s> *(umg.) Zustimmung, Einwilligung:* Gib mir dein Okay!; Das Okay vom Chef haben wir!

ok·kult adj *von übersinnlicher Art und verborgen:* Die Alchemie ist eine okkulte Wissenschaft. ▷ Okkultismus, okkultistisch

Ok·ku·pa·ti·on die <-, -en> MILIT., POL. *die Besetzung eines Landes durch eine fremde Armee* ◆-sgebiet, -sheer, -szeit

ok·ku·pie·ren mit OBJ ▪ **jmd. okkupiert etwas** ① MILIT. *ein fremdes Land besetzen:* Im Laufe des Zweiten Weltkrieges okkupierte die Deutsche Wehrmacht weite Gebiete der Sowjetunion. ② *einen Raum oder eine Sache gegen den Willen einer Person besetzen (geh.)* Der Herr hat einfach meinen Stuhl okkupiert!

Öko der [ˈøːko] <-s, -s> *(umg.) eine Person, die sich strikt auf natürliche und gesunde Weise ernährt und großen Wert auf Umweltschutz legt*

Öko- [ˈøːko] *als Erstglied zusammengesetzter Substantive, mit Betonung auf dem Erstglied; drückt aus, dass die mit dem Zweitglied bezeichnete Person/Sache/Richtung umweltfreundliche Ziele verfolgt:* Ökostrom aus erneuerbaren Energiequellen (Photovoltaik, Geothermie, Windkraftanlagen etc.) ◆-auto, -bank, -bauer/-bäuerin, -bett, -energie, -ethik, -freak, -garten, -haus, -laden, -ofen, -partei, -produkt, -strom, -tourismus, -unterwäsche

Öko·be·we·gung die <-, -en> *Menschen,*

die für ein Leben im Einklang mit der Natur und für verstärkten Umweltschutz eintreten

o.k., O.K. *siehe* **okay**

Öko·lo·ge *der,* **Öko·lo·gin** *<-n, -n> Wissenschaftler, der sich mit Ökologie¹ beschäftigt*

Öko·lo·gie *die* [økolo'giː] *<-> /kein Plur./* BIOL. ❶ *das System der ungestörten, wechselseitigen Beziehungen der Lebewesen zueinander und zu ihrer Umwelt* ❷ *die Wissenschaft, die sich mit Ökologie¹ beschäftigt* ▸ Ökologe, Ökologin

öko·lo·gisch *adj* ❶ *die Ökologie¹ betreffend* ❷ *so, dass die Ökologie¹ nicht geschädigt wird: Der Bauer wirtschaftet nach ökologischen Grundsätzen.; Ökologische Lebensmittel kommen nach den Skandalen der letzten Zeit immer mehr in Mode.*

Öko·no·mie *die <-, -mien>* ❶ *(≈ Wirtschaft) das wirtschaftliche System eines Landes* ❷ *der wirtschaftliche Verbrauch von Waren und Geld* ❸ */kein Plur./ (veralt.) Wirtschaftswissenschaft* ▸ Ökonom(in)

öko·no·misch *adj* ❶ *sich auf die Ökonomie¹ beziehend: ökonomische Probleme* ❷ *unter sparsamem und wirkungsvollem Einsatz von Mitteln und Kräften: die ökonomischen Bewegungen des Läufers*

Öko·par·tei *die <-, -en> eine Partei, in deren Parteiprogramm der Umweltschutz eine zentrale Bedeutung hat: Die Grünen waren in ihren Anfängen vorwiegend eine Ökopartei.*

Öko-Sie·gel *das <-s, -> ein offizielles Zeichen, das die ökologische² Unbedenklichkeit eines Produktes bestätigt: Der „Blaue Engel" ist das bekannteste Ökosiegel.*

Öko-Steu·er *die <-, -n> eine Steuer, die auf nicht erneuerbare Energieträger (wie z.B. Benzin) erhoben wird, und mit der die Umweltpolitik gefördert werden soll*

Öko·sys·tem *das <-(e)s, -e> ein natürlicher Lebensraum mit Lebewesen: Das Ökosystem des Mittelmeers ist schwer geschädigt.*

Ok·ta·e·der *der <-s, -> MATH. ein geometrischer Körper, dessen Oberfläche³ aus acht Flächen besteht*

Ok·ta·ve *die* [ɔk'taːvə] *<-, -n>* ❶ MUS. *der Abstand zwischen acht Tönen einer Tonleiter* ❷ MUS. *der achte Ton einer Tonleiter*

Ok·to·ber *der* [ɔk'toːbɐ] *<-(s), -> der zehnte Monat des Jahres*

Ok·to·ber·fest *das <-es, -e> /Plur. nur bei gleichnamigen Festen in anderen Städten/Ortschaften/ ein großes Volksfest in München, das jedes Jahr im September stattfindet*

Oku·lar *das <-s, -e>* TECHN. *in einem optischen Gerät die Linse, welche ganz nah am Auge ist*

oku·lie·ren *mit OBJ* ❶ **jmd. okuliert etwas** BOT. *eine Pflanze veredeln, indem man sie einschneidet und in diese Schnittstelle den Spross einer anderen Pflanze einsteckt.*

Öku·me·ne *die <-, -n>* ❶ REL. *Gesamtheit aller christlichen Kirchen* ❷ REL. *die Bewegung, die das Gemeinsame der evangelischen und katholischen Kirchen betont und z.B. gemeinsame Gottesdienste feiert*

öku·me·nisch *adj* ❶ REL. *die Ökumene² betreffend* ❷ REL. *so, dass es für alle Katholiken gilt: ein ökumenisches Konzil*

Ok·zi·dent *der <-s> /kein Plur./ (↔ Orient) das Abendland, der Westen*

Öl *das* [øːl] *<-(e)s, -e>* ❶ *(≈ Pflanzenöl) eine Art flüssiges Fett, das aus Pflanzen gewonnen wird* ▸ -fleck, -sardine, Erdnuss-, Haut-, Oliven-, Salat- Sonnenblumen-, Speise- ❷ */kein Plur./ (≈ Erdöl) eine schwarze dicke Flüssigkeit, die im Inneren der Erde vorkommt und als wichtigster Energielieferant Rohstoff bei der Herstellung von Benzin und vielen Kunststoffen ist;* ▸ **Öl ins Feuer gießen** *dadurch, dass man etwas sagt oder tut, eine Diskussion oder einen Streit nur noch schlimmer machen* ▸ -bohrung, -embargo, -feld, -förderung, -gewinnung, -heizung -industrie, -kanister, -konzern, -lache, -leitung, -multi, -plattform, -preis, -quelle, -tanker, Heiz-, Maschinen-, Mineral-, Roh- ❸ **in Öl malen** *mit Ölfarben malen Der Künstler malt nur in Öl.* ▸ -gemälde

Öl·baum *der <-(e)s, Ölbäume> (geh.) Olivenbaum*

Öl·bild *das <-(e)s, -er> ein Bild, das in Öl³ gemalt ist*

Ol·die *der* ['ɔʊldɪ] *<-s, -s> (umg.)* ❶ *ein älteres populäres Musikstück oder ein älterer Film* ❷ *(scherzh.) jmd., der (für die in einem bestimmten Lebensbereich gültigen Verhältnisse) relativ alt ist: Er ist mit fünfunddreißig schon ein Oldie in dieser Sportart.*

Old·ti·mer *der* ['ɔʊldtaɪmɐ] *<-s, -> ein Auto oder Motorrad, das sehr alt und deshalb relativ wertvoll ist*

ölen *mit OBJ* ❶ **jmd. ölt etwas** *die beweglichen Teile aus Metall einer Maschine oder einer Vorrichtung mit Öl¹ versehen, damit sie sich leichter bewegen lassen: die Fahrradkette/die Scharniere/die Nähma-*

schine ölen; ■ **wie ein geölter Blitz** *(umg.) sehr schnell*

Öl·film *der* <-(e)s, -e> */meist Sing./ eine dünne Schicht Öl¹, die auf dem Wasser schwimmt:* Auf der Pfütze war ein Ölfilm.

Öl·göt·ze ■ **dastehen wie ein Ölgötze** *(umg. abwert.) sich nicht bewegen und keine Reaktionen zeigen* Steh doch nicht da wie ein Ölgötze!

öl·hal·tig *adj so, dass etwas Öl¹ ² enthält:* Die ölhaltigen Früchte werden gepresst.

ölig *adj* ❶ *so, dass etwas mit Öl¹ ² bedeckt oder getränkt ist:* ein öliges Gericht; ein öliger Lappen ❷ *(umg. abwert.) so, dass sich jmd. bei jmdm. auf unangenehme Weise einschmeicheln möchte:* Was für ein öliger Typ war das!

Oli·g·ar·chie *die* <-, -chien> POL. *die Herrschaft einer kleinen Gruppe:* die Oligarchie aus Militärs und Großunternehmern

oliv *adj /nicht steig./ von dem graugrünen Farbton der Olive* ◆ -grün

Oli·ve *die* [oˈliːvə] <-, -n> *die grüne oder schwarze Frucht des Olivenbaums, die man essen kann und aus der man Olivenöl macht*

Oli·ven·baum *der* <-(e)s, Olivenbäume> *ein Baum aus den Mittelmeerländern, der bittere, sehr ölhaltige schwarze oder grüne Früchte trägt*

Öl·ja·cke *die* <-, -n> *eine Jacke, deren Stoff imprägniert und deshalb wasserdicht ist*

Öl·kri·se *die* <-, -n> POL., WIRTSCH. *eine wirtschaftliche und politische Krise, die entsteht, weil nicht mehr genug Erdöl zur Verfügung steht*

oll *adj* NORDDT. *(umg.)* ❶ *alt:* eine olle Jacke; ■ **je oller, je doller** *drückt aus, dass manche Menschen mit zunehmendem Alter unvernünftiger werden* ❷ *(≈ blöd) drückt ein negatives Urteil aus:* Der olle Zug könnte ruhig schneller fahren!

Öl·pest *die* <-> */kein Plur./ eine Umweltkatastrophe, bei der eine große Menge Erdöl ins Meer gelangt ist und Wasser und Strand verschmutzt:* Im Kampf gegen die drohende Ölpest an der Küste halfen viele Freiwillige.

Öl·sar·di·ne *die* <-, -n> */meist Plur./ eine der kleinen Sardinen, die in Öl¹ in einer Konservendose verkauft werden;* ■ **jemand steht/sitzt irgendwo wie die Ölsardinen** *(umg.) Leute stehen oder sitzen irgendwo dicht gedrängt*

Öl·scheich *der* <-s, -s> *(umg.) bezeichnet einen Angehörigen der Familien auf der arabischen Halbinsel, die die Kontrolle über die Erdölquellen haben:* Die Ölscheichs planen jetzt eine Energiewende.

Öl·schin·ken *der* <-s, -> KUNST *(abwert.) ein Gemälde in Öl³, das sehr groß ist und keinen künstlerischen Wert hat*

Öl·tep·pich *der* <-s, -e> *meist aus einem Öltanker ausgelaufenes Erdöl, das als große Fläche auf dem Meer schwimmt:* Der Ölteppich bewegte sich auf die Küste zu.

Ölung *die* <-, -en> ■ **die Letzte Ölung** REL. *ein Sakrament in der katholischen Kirche, das jmd. kurz vor seinem Tode bekommt* Der Sterbende empfing die letzte Ölung.

Olym·pia [ɔˈlympi̯a] <-s> */kein Plur./* ❶ *der Name einer Stätte in Griechenland, an der die ersten Olympischen Spiele stattfanden* ❷ *(geh.: ≈ Olympiade) die Olympischen Spiele* ◆ -gelände, -jahr, -mannschaft, -stadion

Olym·pi·a·de *die* [ɔlymˈpi̯aːdə] <-, -n> *(≈ Olympische Spiele) ein sportlicher Wettkampf, der alle vier Jahre in einem anderen Land stattfindet und an dem die besten Sportler der Welt teilnehmen*

Olym·pi·o·ni·ke *der*, **Olym·pi·o·ni·kin** <-n, -n> SPORT *Sportler, der an der Olympiade teilnimmt*

olym·pisch *adj /nicht steig./ die Olympiade betreffend:* das olympische Dorf; das olympische Feuer

Öl·zweig *der* <-(e)s, -e> ❶ *der Zweig von einem Olivenbaum* ❷ *ein Ölzweig¹ als Symbol für den Frieden*

Oma *die* [ˈoːma] <-, -s> *(umg.)* ❶ *Großmutter:* Liebe Oma, zum Geburtstag alles Gute! ❷ *(abwert.) eine alte Frau:* Mann, die olle Oma mit ihren Ratschlägen!

Ome·ga *das* [ˈoː|ˈmɛga, ɔˈmɛga] <-(s), -s> *der griechische Buchstabe, der einem „O" entspricht (wobei griech. „mega" die Bedeutung ‚groß' hat)* ◆ -tier

Ome·lett, *a.* **Ome·lette** *das/die* [ɔməˈlɛt] <(e)s/-, -e/-s/-n> *eine Speise aus Eiern, die verrührt und dann in der Pfanne kurz gebraten werden*

Omen *das* <-s, -> *(≈ Vorzeichen) ein Zeichen oder ein Ereignis, das etwas ankündigt, was in der Zukunft passieren wird und auf das man keinen Einfluss hat:* Die fallenden Börsenkurse sind ein schlechtes Omen für die Wirtschaft.

Omi *die* <-, -s> *(≈ Oma¹)*

omi·nös *adj* ❶ *so, dass etwas unheilvoll oder schlimm ist:* Die Bewohner der Stadt wurden von einer ominösen Krankheit heimgesucht. ❷ *so, dass etwas zweifelhaft* *oder verdächtig erscheint:* Bis heute sucht man nach dem ominösen Spender der Gelder.

Om·ni·bus der ['ɔmnibʊs] <-ses, -se> (≈ *Autobus*) ▸ -betrieb, -haltestelle, -linie

Ona·nie die [ɔna'niː] <-> /kein Plur./ (≈ *Masturbation*) *sexuelle Selbstbefriedigung* ▸ onanieren

One-night-stand der ['wʌnnaɪtstænd] <-s, -s> *(Jargon) eine sexuelle Affäre, die nur eine Nacht dauert*

On·kel der ['ɔŋkl] <-s, -> ① *der Bruder des Vaters oder der Mutter* ② *(umg.) Bezeichnung von und gegenüber kleineren Kindern für einen Mann:* der Onkel Doktor; Gib dem Onkel die Hand!

on·line ['ɔnlaɪn] adj /nicht steig./ EDV (↔ *offline*) *so, dass ein Computer gerade mit anderen Computern oder mit einem Kommunikationssystem verbunden ist* ▸ Onlinebetrieb, Onlinedienst, Onlinegebühr, Onlineredakteur(in), Onlineservice, Online-Shop

ÖNORM die ÖSTERR. *eine Industrienorm in Österreich, die in etwa der deutschen DIN-Norm entspricht*

Opa der ['oːpa] <-s, -s> *(umg.)* ① *Großvater:* Lieber Opa, zum Geburtstag alles Gute! ② *(abwert.) ein alter Mann:* Mann, der olle Opa mit seinen Ratschlägen!

opak adj /nicht steig./ *(geh.)* ① *nicht durchsichtig:* opakes Glas ② (≈ *hermetisch) derart unverständlich und rätselhaft, dass man es nicht deuten kann:* An dem opaken Text scheiterten alle Interpretationsversuche.

OPEC die ['oːpɛk] <-> /kein Plur./ *Organisation der Erdöl exportierenden Länder*

Open-Air-Kon·zert das ['oʊpnˈɛə] <-(e)s, -e> *ein (großes) (Rock-)Konzert, das im Freien stattfindet*

Oper die ['oːpɐ] <-, -n> ① MUS. *ein Bühnenstück, das Musik und Theater verbindet, wobei die Texte gesungen werden und ein Orchester die Musik spielt:* Mozarts „Zauberflöte" und Verdis „Aida" sind bekannte Opern. ▸ -nbühne, -nchor, -nsänger(in) ② MUS. *eine kulturelle Veranstaltung, die in großen Theaterhäusern angeboten wird:* Auf dem Spielplan des Theaters stehen Schauspiel, Oper und Ballett.; Heute Abend gehen wir in die Oper! ③ (≈ *Opernhaus) ein Gebäude, in dem eine Oper aufgeführt wird:* Die Oper in Mailand heißt Scala.

Ope·ra·teur der, **Ope·ra·teu·rin** [opəraˈtøːɐ̯] <-s, -e> MED. *ein Arzt, der eine Operation[1] ausführt*

Ope·ra·ti·on die [opəraˈtsi̯oːn] <-, -en> ① MED. (≈ *chirurgischer Eingriff) die Handlung, bei der ein Arzt einen Patienten operiert[1]:* Die Entfernung des Blinddarms ist keine schwere Operation. ▸ -stisch, -ssaal, Augen-, Herz-, Schönheits- ② MILIT. *eine Kampfhandlung, die geplant und relativ groß ist:* „Operation Seeadler" beginnen in den frühen Morgenstunden. ③ EDV, MATH. *der Vorgang, dass Zahlen oder Zeichen durch einfache oder abstrakte und komplizierte mathematische Handlungen verknüpft werden:* arithmetische Operation; logische Operation; Das Betriebssystem des Computers führt mehrere Operationen nacheinander aus. ▸ Rechen-

ope·ra·tiv adj /nicht steig./ MED. *so, dass etwas mittels einer Operation[1] geschieht:* der operative Eingriff

Ope·ra·tor der, **Ope·ra·to·rin** <-s, -toren> ① EDV *jmd., der einen Großrechner oder einen bestimmten Server bedient:* Der Operator ist für die Sicherung des Systems verantwortlich. ② /ohne Femininum/ MATH. *Zeichen, das für eine Rechenoperation steht:* Das Zeichen „+" ist ein arithmetischer Operator.

Ope·ret·te die <-, -n> MUS. *eine Art der Oper, die meist einen lustigen Inhalt hat und bei der nicht nur gesungen, sondern auch manchmal gesprochen wird*

Ope·ret·ten- *(umg. abwert.) als Erstglied zusammengesetzter Substantive, mit Betonung auf dem Erstglied; drückt aus, dass es sich bei dem mit dem Zweitglied Bezeichneten (eine Person, eine Sache) um etwas handelt, das nicht ernst zu nehmen/unbedeutend ist und das lächerlich wirkt:* Das ist ein Operettenstaat, dessen Einkünfte im Wesentlichen nur von ausländischen Steuerhinterziehern kommen. ▸ -fußball, -kanzler(in), -staat

ope·rie·ren [opəˈriːrən] I. *mit OBJ* ▪ **jmd. operiert jmdn. (an etwas** *Dat.)* MED. *einen Körper oder einen Körperteil aufschneiden, um etwas zu entfernen, das der Grund einer Krankheit ist, oder um eine kosmetische Veränderung durchzuführen:* Der Chirurg operierte den Patienten am Herzen.; Wir müssen auf der Stelle operieren! II. *ohne OBJ* ▪ **jmd. operiert irgendwo** MILIT. *eine militärische Operation[2] durchführen:* Die Truppen operierten auf unbekanntem Gelände.

Opern·ball der <-(e)s, Opernbälle> *ein großer Ball, der in einem Opernhaus stattfindet:* der Wiener Opernball

Opern·füh·rer der <-s, -> *ein Buch, in dem die Inhalte, die Figuren und die Musik von Opern beschrieben werden*

Opern·glas das <-es, Operngläser> *eine Art Fernglas, das sehr klein ist und mit dem man die Personen auf einer Opern- oder Theaterbühne gut sehen kann*

Op·fer das ['ɔpfɐ] <-s, -> ❶ *etwas, das man hergibt oder auf das man verzichtet, obwohl es sehr schwerfällt*: Mit dem Rauchen aufhören? Da verlangst du mir ein zu großes Opfer ab.; Nur unter großen finanziellen Opfern konnten sie sich den Urlaub leisten. ◆-bereitschaft, -mut ❷ REL. *etwas, das man einer Gottheit darbringt*: Das Lamm ist ein traditionelles Opfer im islamischen Glauben. ◆-gabe, -feuer, -tier, -tod, -zeremonie, Blut-, Brand-, Dank- Menschen-, Tier- ❸ REL. (≈ *Spende*) *ein Geldbetrag, den man der Kirche schenkt* ❹ *jmd., der an Körper oder Geist durch etwas oder jmdn. Schaden erlitten hat oder getötet wurde*: Der Krieg forderte zahlreiche Opfer.; Die meisten Opfer der Katastrophe waren auf dem Land zu beklagen.; Es sind meistens Kinder, die einer Epidemie zum Opfer fallen.; ■ **etwas wird ein Opfer der Flammen** *etwas wird durch ein Feuer vernichtet* Die gesamten Bücher der Bibliothek des Klosters wurden ein Opfer der Flammen. ◆Kriegs-, Seuchen-, Todes-, Unfall-, Verkehrs-

op·fern <opferst, opferte, hat geopfert> **I.** *mit OBJ* ■ **jmd. opfert (jmdm.) etwas** *jmd. bringt (jmdm.) ein Opfer² dar*: Sie opferten eine Ziege, um die Götter gnädig zu stimmen. **II.** *mit OBJ* ■ **jmd. opfert (jmdm.)/(für jmdn./etwas) etwas** *etwas jmdm. geben oder für jmdn. oder eine Sache etwas tun, auf das man nur schwer verzichten kann*: Er opferte ihr seine ganze Zeit.; Sie opferte für ihre Spielleidenschaft ihr ganzes Geld **III.** *ohne OBJ* ■ **jmd. opfert jmdm.** *einer Gottheit etwas darbringen*: Die Seefahrer opferten dem Poseidon, um guten Wind zu bekommen. **IV.** *mit SICH* ■ **jmd. opfert sich (für jmdn./etwas)** ❶ *für jmdn. etwas tun, das für das eigene Wohl gefährlich sein kann*: Er opferte sich, um seinen Freund zu retten. ❷ (*iron.*) *etwas tun, was jmd. anders nicht oder nur ungern tun möchte*: Wer opfert sich und holt neues Bier?

Op·fer·stock der <-(e)s, Opferstöcke> *ein kleiner Kasten in einer Kirche, in den man eine Geldspende einwerfen kann*

Op·fe·rung die <-, -en> *das Opfern I. II*

Opi·at das <-(e)s, -e> MED. *meist ein Medikament mit Bestandteilen von Opium*

Opi·um das <-s> /kein Plur./ *eine Substanz, die aus dem Schlafmohn gewonnen wird und meistens geraucht oder auch gegessen wird* ◆-esser, -handel, -krieg, -pfeife, -schmuggel

op·po·nie·ren *ohne OBJ* ■ **jmd. opponiert (gegen jmdn./etwas)** (*geh.*) *sich etwas oder jmdm. widersetzen, weil man anderer Meinung ist*: Die meisten Kollegen opponierten gegen den Vorschlag.; Einige Schüler opponierten gegen die Autorität des Lehrers.

op·por·tun *adj* (*geh.*) *in einer Situation angebracht oder nützlich*: Eine weitere Erhöhung der Steuern wäre momentan nicht opportun. ▶ Opportunität

Op·por·tu·nis·mus der <--> /kein Plur./ (*geh. abwert.*) *die Haltung, nur das zu tun, was dem eigenen Vorteil nützt und dabei auch die eigene Meinung zu verleugnen*: Er handelte aus purem Opportunismus. ▶ Opportunist(in), opportunistisch

Op·po·si·ti·on die [ɔpoziˈtsi̯oːn] <-, -en> ❶ POL. *in einem Parlament diejenigen politischen Parteien, die nicht die Regierung bilden*: Die Opposition lehnte den Gesetzentwurf der Regierung ab.; Aus den Reihen der Opposition kam verstärkte Kritik an dem Gesetz. ◆-sbündnis, -sführer(in), -spartei ❷ *eine Gruppe von Menschen, die einer Meinung, einer Lehre, einer Ideologie oder Politik widersprechen*: die außerparlamentarische Opposition; die kirchliche Opposition ❸ (*geh.*) *der Widerstand, der Widerspruch*: Er stand in eindeutiger Opposition zu den Forderungen seiner Eltern.

OP-Schwes·ter die [oˈpeː...] <-, -n> MED. *eine Krankenschwester im Operationssaal*

Op·tik die <-> /kein Plur./ ❶ PHYS. *die Lehre von dem Licht und seiner Wahrnehmung* ❷ *der Eindruck von etwas, das man sieht*: Die Optik des Gebäudes hatte etwas Faszinierendes.

Op·ti·ker der, **Op·ti·ke·rin** <-s, -> *jmd., der beruflich Brillen und optische Geräte herstellt und verkauft* ◆-geschäft, -laden, Augen-

Op·ti·ma Plur. von **Optimum**

op·ti·mal [ɔptiˈmaːl] *adj so, dass etwas nicht besser sein kann*: die optimalen Bedingungen; das optimale Wetter

op·ti·mie·ren *mit OBJ* ■ **jmd. optimiert etwas** *etwas so machen, dass es besser und effektiver wird*: Den Arbeitsablauf könnte man noch optimieren.

Op·ti·mis·mus der [ɔptiˈmɪsmʊs] <-> /

kein Plur./ (↔ Pessimismus) die Einstellung, bei der nur das Gute gesehen oder erwartet wird: Sein Optimismus konnte durch nichts erschüttert werden.; Sie waren voller Optimismus. ▸ Optimist(in), optimistisch

Op·ti·mum das <-s, Optima> *das Beste, was möglich ist:* Dieses Auto bietet ein Optimum an Komfort.

Op·ti·on die <-, -en> ❶ WIRTSCH., RECHTSW. *Vormerkung für den späteren Kauf einer Ware oder Ähnliches:* Ich habe bereits eine Option auf dieses Grundstück.; Auf diese Aktien hatte er sich eine Option gesichert. ◆-svertrag ❷ *die Möglichkeit der Auswahl, z.B. bei einem Computerprogramm:* In der Dialogbox gibt es verschiedene Optionen; Zu diesem Zeitpunkt hatten wir nur noch zwei Optionen.

op·tisch adj ❶ *so, dass etwas mit den Augen wahrgenommen wird:* eine optische Täuschung; Der optische Eindruck war umwerfend. ❷ */nur attr./ so, dass etwas mit geschliffenen Gläsern ausgestattet ist:* ein optisches Gerät ❸ *so, dass etwas in Bezug auf die Optik² wirkt:* Er hatte die Blumen aus optischen Gründen entfernt.

opu·lent adj *(geh.) so, dass eine Mahlzeit gut und reichlich ist:* Sie hatten ein opulentes Mahl zubereitet.

Opus das [ˈɔpʊs] <-, Ope·ra> *(geh.)* ❶ */kein Plur., korrekt nur mit Kürze auf dem „O"/ in Verbindung mit einer Zahl Bezeichnung für ein bestimmtes Musikstück, abgekürzt „Op.":* Franz Schuberts Fantasy in C major, Op. 159 ❷ *ein literarisches oder musikalisches Werk* ❸ *das gesamte Werk eines Autors oder Komponisten*

Ora·kel das <-s, -> ❶ *ein Spruch, mit dem jmd. die Zukunft vorhersagt:* ein Orakel verkünden ❷ *vor allem im antiken Griechenland ein Ort¹, an dem ein Priester oder eine Priesterin ein Orakel verkündet:* das Orakel von Delphi

ora·keln <orakelst, orakelte, hat orakelt> *ohne OBJ* ▪ **jmd. orakelt** *(umg.) mit geheimnisvollen Andeutungen darüber sprechen, was die Zukunft bringt:* Man orakelte, dass er die Wahl gewinnen würde.

oral adj */nicht steig./ den Mund betreffend:* Das Mittel/Medikament ist oral zu verabreichen, und nicht etwa rektal. ▸ Oralität, Oralsex, Oralverkehr

Oran·ge¹ die [oˈrãːʒə/oˈraŋʒə] <-, -n> (≈ *Apfelsine) eine Frucht mit in einzelne Segmente unterteiltem rötlichem Fruchtfleisch, süßem Geschmack und einer Schale, die außen rotgelb und innen weiß ist* ◆-nbaum, -nmarmelade, -nsaft, -nschale ▸ Orangeade

Oran·ge² das [oˈrãːʒə/oˈraŋʒə] <-> */kein Plur./ der Farbton, der aus der Mischung von Rot und Gelb entsteht* ▸ ornage(n)farben/orange(n)farbig

Oran·ge·rie die [orãʒəˈriː/oraŋʒəˈriː] <-, -rien> ❶ *ein historischer, besonders repräsentativer Garten vor allem für Zitrusbäume* ❷ *ein Gebäude (eine Art Gewächshaus, ein Wintergarten), wie es vor allem im 17. und 18. Jahrhundert als Teil von Schlossanlagen gebaut wurde und in dem exotische Gewächse, vor allem Orangenbäume, überwintern konnten:* Orangerie-Theater im Volksgarten ◆-gebäude

Orang-Utan der <-s, -s> ZOOL. *Menschenaffe mit rotbraunem Fell und langen Haaren*

Ora·to·ri·um das <-s, Oratorien> ❶ */kein Plur./ Musikstück für Chor, Einzelstimme und Orchester, das einen religiösen oder ernsten Inhalt hat* ❷ *ein kleinerer Saal zum Beten oder eine Hauskapelle in einem Kloster*

Or·bit der <-s> */kein Plur./ Umlaufbahn eines Satelliten um einen Himmelskörper*

Or·ches·ter das [ɔrˈkɛstɐ/ɔrˈçɛstɐ] <-s, -> MUS. ❶ *eine größere Gruppe von Musikern, die zusammen spielen und die von einem Dirigenten geleitet werden* ◆-begleitung, Rundfunk-, Sinfonie- ❷ (≈ *Orchestergraben) der Raum unten vor einer Bühne, in dem sich das Orchester¹ befindet*

or·ches·trie·ren *mit OBJ* ▪ **jmd. orchestriert etwas** MUS. *ein Musikstück für die Besetzung mit einem Orchester¹ umarbeiten*

Or·chi·dee die [ɔrçiˈdeːə] <-, -deen> *eine teure Blume aus tropischen Ländern mit schöner Blüte*

Or·den¹ der [ˈɔrdn̩] <-s, -> REL. *ein Zusammenschluss von Männern oder Frauen, die gemeinsamen religiösen Zielen folgen und häufig in einem Kloster leben:* Der Orden der Franziskaner wurde von Franz von Assisi gegründet. ◆-sbruder, -sgeistliche, -sgründer, -sregel, -sschwester

Or·den² der [ˈɔrdn̩] <-s, -> *ein dekorativ gestaltetes Stück Metall, das als eine Auszeichnung für besondere Verdienste dient und das man an einem Band um den Hals oder auf der Kleidung trägt:* einen Orden verleihen

Or·dens·trä·ger der <-s, -> *jmd., der einen Orden² trägt*

or·dent·lich ['ɔrdn̩tlɪç] *adj* ① *so, dass etwas in einer bestimmten Reihenfolge und an einem bestimmten Platz ist:* Er hatte sein Zimmer ordentlich aufgeräumt.; Die Wäsche lag ordentlich im Schrank. ◆ Ordnungsmappe ② (≈ *ordnungsliebend*) *so, dass es für jmdn. wichtig ist, dass seine Sachen ordentlich[1] sind:* Ein Blick auf den Schreibtisch genügt, um zu sehen, dass er ein ordentlicher Mensch ist. ③ (≈ *anständig*) *so, dass etwas einer gesellschaftlichen Norm entspricht:* Kannst du dich nicht ordentlich benehmen?; Sie versuchte stets, ein ordentliches Leben zu führen. ④ (*umg.:* ≈ *richtig*) *so, dass etwas dem Zweck entspricht und gewünscht wird:* Zu so einer Party gehört ein ordentliches Essen.; Ich brauche morgens erstmal ein ordentliches Frühstück. ⑤ (≈ *tüchtig*) *so, dass etwas sehr stark oder sehr groß bzw. viel ist:* ein ordentlicher Regen; Du hast mir aber einen ordentlichen Schrecken eingejagt! ⑥ (≈ *planmäßig*) *so, dass etwas den normalen Aufgaben und Pflichten entspricht:* Er wurde zum ordentlichen Professor ernannt.

Or·der¹ die <-, -n> MILIT. *ein Befehl:* Sie hatten die Order, die Stadt zu verteidigen.

Or·der² die <-, -s> WIRTSCH. *der Auftrag, mit dem eine Ware bestellt wird* ◆ -volumen

or·dern <orderst, orderte, hat geordert> *mit OBJ* ■ **jmd. ordert etwas** WIRTSCH. *jmd. bestellt eine Ware*

Or·di·nal·zahl die <-, -en> (↔ Kardinalzahl) *eine Zahl, die eine Stelle in einer Reihenfolge bezeichnet:* Man kann die Ordinalzahl „erster" auch „1." schreiben: erster Platz oder 1. Platz.

or·di·när [ɔrdi'nɛːɐ̯] *adj* ① (abwert.: ≈ *unanständig*) *den Normen der Gesellschaft nicht entsprechend; grob und nicht fein, sondern vulgär:* Ständig erzählt er ordinäre Witze.; Ihre ordinären Reden sind abstoßend. ② (*geh.*) *nicht außergewöhnlich, sondern ganz normal:* Das ist kein besonderer Wein, sondern nur ein ganz ordinärer Landwein.

Or·di·na·ri·us der <-, Ordinarien> ① *ein ordentlicher[6] Professor an einer Hochschule* ② *ein Oberhirte in der katholischen Kirche, wie z.B. ein Erzbischof*

Or·di·na·ti·on¹ die [ɔrdina'tsi̯oːn] <-, -en> REL. *feierliche Einsetzung eines Geistlichen in sein Amt*

Or·di·na·ti·on² die [ɔrdina'tsi̯oːn] <-, -en> ① *ärztliche Sprechstunde* ② ÖSTERR. *das Untersuchungszimmer eines Arztes*

ord·nen ['ɔrdnən] *mit OBJ* ■ **jmd. ordnet etwas** ① *Sachen in eine systematische Reihenfolge oder an bestimmte Plätze bringen:* Ich muss erst noch meine Unterlagen ordnen.; Meine Bücher sind nach Sachgebieten geordnet.; Nach dieser Aufregung muss ich erst mal meine Gedanken ordnen. ② (≈ *regeln*) *dafür sorgen, dass etwas nicht mehr verändert werden kann und so ist, wie es sein soll:* Wir ordneten seinen Nachlass in recht kurzer Zeit.

Ord·ner¹ der, **Ord·ne·rin** <-s, -> *Person, die bei einer Veranstaltung dafür sorgt, dass sich alle an die Regeln halten:* Die Veranstalter hatten dafür gesorgt, dass genügend Ordner die Demonstration begleiteten.

Ord·ner² der <-s, -> *ein Behälter aus Pappe oder Plastik, in dem man Papiere oder Unterlagen ordnen[1] kann* ◆ Akten-

Ord·nung die ['ɔrdnʊŋ] <-, -en> ① */kein Plur./ der Zustand, nachdem Sachen geordnet[1] wurden:* Ich wollte endlich mal wieder Ordnung schaffen.; In dem Schrank herrscht große Ordnung. ② */kein Plur./ das Prinzip, nach dem Sachen geordnet werden:* alphabetische Ordnung; chronologische Ordnung ③ */kein Plur./ die Handlung, bei der man Sachen ordnet:* Sie war mit der Ordnung ihrer Unterlagen beschäftigt. ④ */kein Plur./ der Zustand, in dem eine Sache funktioniert oder jmd. wieder gesund ist:* Das Radio ist nicht in Ordnung.; Kannst du meinen Computer in Ordnung bringen?; Gestern war ich krank, aber heute bin ich wieder in Ordnung. ⑤ */kein Plur./ (umg.) der Zustand, in dem jmd. einverstanden oder mit etwas zufrieden ist:* Ich finde nicht in Ordnung, dass er überhaupt nichts macht!; Kommst du mit ins Kino? - Geht in Ordnung! ⑥ */kein Plur./ der Zustand, in dem man sich nach den Normen und Gesetzen einer Gesellschaft oder Institution richtet:* Die öffentliche Ordnung war nie gefährdet.; Der neue Manager wollte Ordnung in das Unternehmen bringen. ⑦ */kein Plur./ die Gesetze und Regeln, nach denen man sich in einer Gesellschaft oder Gemeinschaft richtet:* die demokratische Ordnung; die verfassungsmäßige Ordnung ◆ Gesellschafts-, Grund-, Haus-, Prüfungs-, Studien- ⑧ BIOL. *eine Kategorie in der Systematik der Lebewesen:* In der Klasse „Säugetiere" gibt es eine Ordnung „Raubtiere". ⑨ */kein Plur./ in einer hierarchischen Abstufung der Platz, der angibt, wie wichtig etwas in Bezug zu einer Sache ist:* Das ist ein Problem erster Ordnung!; Das ist eine Straße dritter Ordnung.; ■ **jemanden zur Ordnung rufen** *jmdn. auffordern, dass er nicht mehr gegen die Regeln verstößt* Der Lehrer rief die Kinder zur Ordnung.

Ord·nungs·amt das <-(e)s, Ordnungsämter> *ein Amt, das für die Ordnung⁷, wie z.B. die Öffnungszeiten von Lokalen, zuständig ist*

ord·nungs·ge·mäß adj /nicht steig./ *so, dass etwas den Regeln und Normen entspricht:* Ich hatte mein Motorrad ordnungsgemäß abgestellt.; Er hatte die Prüfung ordnungsgemäß abgelegt.

Ord·nungs·hü·ter der, **Ord·nungs·hü·te·rin** <-s, -> *(scherzh.) Polizist*

Ord·nungs·map·pe die <-, -n> *eine Mappe, in der man Unterlagen ordentlich¹ aufbewahren kann*

Ord·nungs·stra·fe die <-, -n> RECHTSW. *eine Strafe für eine Ordnungswidrigkeit*

ord·nungs·wid·rig adj /nicht steig./ RECHTSW. *so, dass etwas gegen eine amtliche Vorschrift verstößt, aber noch keine kriminelle Handlung ist:* Ordnungswidriges Parken wird mit 30€ bestraft.

Ord·nungs·wid·rig·keit die <-, -en> RECHTSW. *der Verstoß gegen eine amtliche Vorschrift:* Falsches Parken ist eine Ordnungswidrigkeit.

Ord·nungs·zahl die <-, -en> *siehe* **Ordinalzahl**

Or·gan das [ɔrˈgaːn] <-s, -e> ❶ MED., ANAT. *im Körper ein Teil, der eine ganz spezielle Funktion hat:* Herz, Leber und Magen gehören zu den inneren Organen. ◆ -entnahme, -spende, -spender(in), -transplantation, -versagen, Atmungs- Geschlechts-, Sinnes- ❷ *(umg.) Stimme:* Er hat ein durchdringendes/furchtbar lautes Organ. ❸ *die Zeitung oder Zeitschrift einer Organisation, die von ihr auch herausgegeben wird:* Der Verein hat ein eigenes Organ, das monatlich erscheint. ❹ *(geh.) eine bestimmte Abteilung in der Verwaltung oder Regierung, die bestimmte Aufgaben hat:* Ihr Antrag wird an die entsprechenden Organe weitergeleitet. ◆ Kontroll-, Verwaltungs-

Or·gan·bank die <-, -en> MED. *eine Institution, die Organe¹ für Organtransplantationen aufbewahrt*

Or·gan·emp·fän·ger der, **Or·gan·emp·fän·ge·rin** <-s, -> MED. *Person, der ein Organ¹ fehlt oder bei der ein Organ¹ schwer geschädigt ist, sodass eine Organtransplantation durchgeführt wird*

Or·gan·han·del der <-s> /kein Plur./ *teils illegaler Handel mit Organen¹*

Or·ga·ni·gramm das <-(e)s, -e> *ein Schaubild, das in Form einer Pfeilgrafik Strukturen innerhalb eines Unternehmens zeigt*

Or·ga·ni·sa·ti·on die [ɔrganizaˈtsi̯oːn] <-, -en> ❶ *das Organisieren I. 1* ◆ -, skomitee, -stalent ❷ *eine Gruppe von Menschen, die ein gemeinsames Ziel oder eine Aufgabe haben:* Er gehörte einer politischen Organisation an. ❸ /kein Plur./ *etwas, das nach einem bestimmten Plan aufgebaut ist und abläuft:* die Organisation der Arbeit

or·ga·ni·sa·to·risch adj /nicht steig./ *so, dass etwas in Bezug auf das Organisieren I. 1 steht:* Leider hatte die Veranstaltung organisatorische Mängel.

or·ga·nisch [ɔrˈgaːnɪʃ] adj /nicht steig./ ❶ CHEM. (↔ anorganisch) *so, dass etwas die chemischen Verbindungen aus Kohlenstoff betrifft und in belebten Körpern vorkommt:* die organische Säure; die organischen Verbindungen ❷ (↔ psychisch) *so, dass etwas ein Organ¹ betrifft:* ein organisches Leiden ❸ *(geh.) so, dass etwas natürlich gegliedert ist und eine harmonische Einheit mit etwas bildet:* Diese alte Stadt ist organisch gewachsen.

or·ga·ni·sie·ren [ɔrganiˈziːrən] I. *mit OBJ* ■ **jmd./etwas organisiert etwas** Akk. ❶ *etwas sorgfältig vorbereiten:* Wer organisiert eigentlich den Abschlussball? ▸ Organisator, Organisatorin ❷ *(umg.: ≈ besorgen) dafür sorgen, dass etwas vorhanden ist:* Ich organisiere die Getränke. ❸ *(umg. verhüll.) etwas auf nicht legalem Wege beschaffen:* Unglaublich! Der hat doch einfach ein Fahrrad organisiert! II. *mit SICH* ■ **jmd. organisiert sich** *eine Gruppe von Menschen schließt sich zusammen, um ein gemeinsames Ziel zu verfolgen:* Die Dorfbewohner organisierten sich zum Widerstand gegen die geplante Straße.; Die Arbeiter organisierten sich in den Gewerkschaften.

or·ga·ni·siert I. *Part. Perf. von* **organisieren** II. adj ❶ /nur attr./ *so, dass etwas von einer kriminellen Organisation geplant und durchgeführt ist:* das organisierte Verbrechen ❷ *so, dass etwas in Form von Gruppen oder Zusammenschlüssen besteht:* die organisierte Protestbewegung

Or·ga·nis·mus der <-, Organismen> ❶ *der Körper eines Lebewesens als System von Organen:* Nach der Krankheit war ihr ganzer Organismus geschwächt. ❷ *ein (sehr) kleines Lebewesen* ◆ Mikro-

❸ *ein System von einzelnen Teilen, die spezielle Aufgaben haben und sinnvoll gegliedert sind*: Die Wirtschaft ist ein komplizierter Organismus.

Or·ga·nist der, **Or·ga·nis·tin** [ɔrga'nɪst] <-en, -en> MUS. *jmd., der Orgel in einer Kirche spielt*

Or·gan·man·dat das <-(e)s, -e> ÖSTERR. *von einem Polizisten direkt verhängte und kassierte Strafe*

Or·ga·no·gramm das <-(e)s, -e> PSYCH. *Schaubild, das die Informationsverarbeitung im Organismus wiedergibt*

Or·gas·mus der <-, Orgasmen> *der Höhepunkt des Lustempfindens beim Geschlechtsverkehr*: zum Orgasmus kommen; einen Orgasmus bekommen/haben ▸ orgastisch

Or·gel die ['ɔrgl] <-, -n> MUS. *ein großes Musikinstrument mit Tastatur, Pedalen, Registern und Orgelpfeifen, das meist in Kirchen steht* ◆-konzert, -musik, -pfeife, -spieler(in)

or·geln <orgelst, orgelte, hat georgelt> ohne OBJ ■ *jmd. orgelt (umg.) auf einer Drehorgel spielen*

Or·gie die <-, -n> *(abwert.) ein Fest, bei dem sehr viel gegessen und getrunken wird und auf dem es vor allem auch sexuelle Aktivitäten gibt* ◆ Fress-, Rauschgift-, Sauf-

Ori·ent der ['oːri̯ɛnt] <-s> /kein Plur./ GEOGR. (↔ Okzident) ❶ *die Länder des Nahen, Mittleren und Fernen Ostens* ▸ Orientale, Orientalin, Orientalistik, orientalisch ❷ ■ **der Vordere Orient** *die Länder zwischen Ägypten und dem Iran*

ori·en·tie·ren [ori̯ɛn'tiːrən] I. *mit OBJ* ❶ ■ **jmd. orientiert jmdn. (über etwas** *Akk.)* *informieren*: Der Seminarleiter orientierte die Teilnehmer über den Veranstaltungsablauf. ❷ ■ **jmd. orientiert jmdn./etwas auf etwas** *Akk. jmdn. oder etwas auf ein Ziel hinlenken, auf eine Sache konzentrieren*: Die Regierung orientierte alle ihre Anstrengungen auf die notwendigen Reformen. II. *mit SICH* ❶ ■ **jmd. orientiert sich (irgendwo) (nach/an etwas** *Dat.)* *in einer Umgebung oder Situation seinen Standort finden, um ein Ziel zu erreichen*: In dieser Stadt muss ich mich erstmal orientieren.; Der Seemann orientierte sich am Stand der Sonne, um den Kurs zu verfolgen.; Wenn man sich nach dem Polarstern orientiert, kommt man nach Norden. ❷ ■ **jmd. orientiert sich an jmdm./etwas** *(geh.) sich nach jmdm. oder etwas richten*: Sie orientierte sich am Vorbild ihrer älteren Schwester.; Die Aktienkurse orientieren sich an den aktuellen Wirtschaftsdaten.

-ori·en·tiert [ori̯ɛn'tiːrt] *(umg. abwert.: ≈ -bezogen) als Zweitglied zusammengesetzter Adjektive, mit Betonung auf dem Erstglied; drückt aus, dass bei einer Person (ggf. auch bei einem Gegenstand, z.B. einer Ware) eine besondere Ausrichtung an dem mit dem Erstglied Bezeichneten gegeben ist*: Er verfolgt damit ausschließlich profitorientierte Interessen. ◆ bedarfs-, berufs-, diesseits-, erfolgs-, export-, jazz-, konflikt-, konsum-, links-, nachfrage-, norm-, praxis-, problem-, profit-, rechts-, wert-, wissenschafts-, zukunfts-

Ori·en·tie·rung die <-, -en> ❶ *(geh.) das Orientieren I. 1*: Dieser Plan mag zur vorläufigen Orientierung ausreichen. ❷ /kein Plur./ *das Wissen, wo man sich befindet*: Zur Orientierung kann man sich die Straßennamen merken.; Nach einigen Kilometern hatten wir völlig die Orientierung verloren. ◆ -hilfe, -ssinn ▸ orientierungslos ❸ *(geh.) etwas richtet sich nach etwas aus*: die Orientierung der Politik an wirtschaftlichen Erfordernissen; Die Orientierung an dieser Richtlinie sollte nochmals überdacht werden.

Ori·en·tie·rungs·wert der <-(e)s, -e> *eine Zahl oder eine Menge, die benutzt wird, damit sich jmd. in Bezug auf eine Sache orientieren I. 1 kann*: Ziehen Sie von Ihrer Körpergröße einen Meter ab und nehmen die verbleibenden Zentimeter als Kilogramm, so haben sie einen Orientierungswert für Ihr Idealgewicht.

Ori·gi·nal das [origi'naːl] <-(e)s, -e> ❶ (↔ *Fälschung*) *ein Kunstwerk, das ein Künstler geschaffen hat*: Das Original der „Mona Lisa" hängt im Louvre. ❷ (↔ *Kopie*) *die erste Vorlage eines geschriebenen Textes* ◆ -dokument ❸ *(umg.) jmd., dessen Erscheinung und dessen Verhalten ungewöhnlich und interessant ist*: Dieser Lehrer war ein richtiges Original.

ori·gi·nal adj /nicht steig./ *so, dass etwas echt und nicht nachgemacht ist*: original Nürnberger Lebkuchen

Ori·gi·nal·auf·nah·me die <-, -n> MUS. *die erste Aufnahme eines Musikstückes*: Die Originalaufnahme des Konzertes aus dem Jahr 1956 hat heute Seltenheitswert.

Ori·gi·nal·do·ku·ment das <-s, -e> *das Original[2] eines Dokuments*

Ori·gi·nal·fas·sung die <-, -en> FILM *ein Film, der nicht synchronisiert ist*: Der Film läuft in der französischen Originalfassung.

ori·gi·nal·ge·treu adj /nicht steig./ so, dass etwas fast genau wie das Original[1] wirkt: Sie sehen dort drüben eine originalgetreue Reproduktion des Kunstwerks.

Ori·gi·na·li·tät die <-> /kein Plur./ ❶ (≈ Unverwechselbarkeit) die Eigenschaft, dass etwas besonders und ungewöhnlich ist: Diese Möbel bestechen durch ihre Originalität. ❷ Reichtum an neuen Ideen und interessanten Einfällen: Die Wissenschaftlerin bestach durch die Originalität ihres Denkens.; Die Originalität des Kunstwerkes erweckte die Aufmerksamkeit des Publikums. ❸ (≈ Echtheit) Die Originalität des Schmuckes ist zweifelhaft.

Ori·gi·nal·ver·pa·ckung die <-, -en> die Verpackung, mit der ein Hersteller sein Produkt versieht: Ein Umtausch ist nur in der Originalverpackung möglich.

ori·gi·när adj (geh.) so, dass etwas ursprünglich ist

ori·gi·nell [origi'nɛl] adj ❶ so, dass etwas neu und ungewöhnlich oder auch witzig ist: Das ist mal eine originelle Idee. ❷ so, dass jmd. witzig ist und immer neue Ideen hat: ein origineller Mensch

Or·kan der <-(e)s, -e> ein starker Sturm, der viel Schaden anrichten kann: Ein Orkan fegte über weite Gebiete Deutschlands hinweg.

or·kan·ar·tig adj /nicht steig./ ❶ so, dass etwas wie ein Orkan wirkt: ein orkanartiger Sturm ❷ so, dass etwas ungewöhnlich laut und stark ist: Nach dem Konzert gab es orkanartigen Beifall.

Or·na·ment das <-(e)s, -e> ein Muster, das als Verzierung von Stoffen, Möbeln oder Bauwerken dient ▸ ornamental

Or·nat der <-(e)s, -e> (≈ Amtstracht) eine spezielle Kleidung, die geistliche oder weltliche Würdenträger bei kirchlichen oder weltlichen Feiern tragen

Or·ni·tho·lo·gie die <-> /kein Plur./ ZOOL. die Wissenschaft, die sich mit den Vögeln beschäftigt ▸ Ornithologe, Ornithologin, ornithologisch

Ort der [ɔrt] <-(e)s, -e> ❶ ein bestimmter Platz oder ein Gebiet: Sie hält sich an einem unbekannten Ort auf. ◆ -sbesichtigung, Aufenthalts-, Unglücks-, Versammlungs- ❷ /kein Plur./ die Stelle, an der eine Sache normalerweise ist: Das Buch steht nicht an seinem Ort! ❸ (≈ Ortschaft) ein Dorf oder eine kleine Stadt ◆ -sausgang, -sbeirat/-sbeirätin, -seingang, -sname, -sschild, -steil ❹ alle Einwohner einer kleinen Stadt oder eines Dorfes: Der ganze Ort hatte sich auf dem Marktplatz versammelt. ❺ /-s, Örter/ MATH. Stelle: geometrische Örter; ■ **am Ort** in einer bestimmten Stadt die einzige Apotheke am Ort; ■ **an Ort und Stelle** an dem Ort[1], an dem etwas geschieht oder passiert ist Der Kanzler informierte sich an Ort und Stelle über die Situation des Unternehmens.

Ört·chen das <-s, -> **das stille Örtchen** (umg.) Toilette, WC

or·ten mit OBJ ■ jmd. ortet jmdn./etwas LUFTF., SEEW. mit technischen Instrumenten bestimmen, wo sich jmd. oder eine Sache befindet: Es war nicht schwer, das Boot mit dem Radar zu orten.

or·tho·dox adj ❶ REL. so, dass eine Gruppe von Menschen streng die Regeln ihrer Religion befolgt ❷ REL. die Kirche in Ost- und Südosteuropa, die Autorität des Papstes nicht anerkennt und einen Patriarchen als Oberhaupt hat ▸ griechisch-orthodox, russisch-orthodox ❸ (umg.: ↔ unorthodox) jmd., der immer die gleiche veraltete Meinung hat und nichts Neues zulässt

or·tho·go·nal adj /nicht steig./ rechtwinklig

Or·tho·gra·phie, a. **Or·tho·gra·fie** die <-, -n> Rechtschreibung ▸ orthographisch/orthografisch siehe auch **Rechtschreibung**

Or·tho·pä·die die <-> /kein Plur./ MED. das Gebiet der Medizin, das sich mit dem Aufbau der Knochen und Muskeln des Menschen beschäftigt; zugleich auch die orthopädische Abteilung einer Klinik/eines Klinikums ▸ Orthopäde, Orthopädin, orthopädisch

ört·lich adj /nicht steig./ ❶ (≈ regional) so, dass etwas auf ein bestimmtes Gebiet beschränkt ist: Man muss mit örtlichen Gewittern rechnen. ❷ (≈ lokal) so, dass etwas auf eine bestimmte Körperstelle beschränkt ist: Vor der Operation[1] bekam er eine örtliche Betäubung.

Ört·lich·keit die <-, -en> ein Ort[1], ein Gebiet oder ein Gebäude: In dieser neuen Stadt muss ich mich erstmal mit den Örtlichkeiten vertraut machen.

orts·an·säs·sig adj /nicht steig./ in einem Ort[3] wohnend

orts·be·kannt adj (umg.) so, dass jmd. oder etwas in einem Ort[3] von fast allen Einwohnern gekannt wird

Orts·be·stim·mung die <-, -en> GEOGR. durch astronomische Beobachtung ermittelte geografische Länge und Breite eines Ortes[1]

Ort·schaft die <-, -en> ein kleiner Ort[3]

orts·fremd adj /nicht steig./ (↔ ortskundig) so, dass man einen Ort¹ ³ nicht kennt

Orts·ge·spräch das <-(e)s, -e> TELEKOMM. (↔ *Ferngespräch*) *ein Telefongespräch innerhalb eines Ortes³ oder einer Stadt*

Orts·kran·ken·kas·se die <-, -n> *die Krankenkasse, in der man sich versichern kann, wenn keine spezielle oder private Krankenkasse gewählt wird:* Die Abkürzung für die „Allgemeine Ortskrankenkasse" ist AOK.

orts·kun·dig adj *so, dass man einen Ort¹ ³ gut kennt:* Wir hatten einen ortskundigen Führer, der uns alles erklärte.

Orts·netz das <-es, -e> TELEKOMM. *das Telefonnetz innerhalb einer Stadt oder eines Ortes³*

Orts·sinn der <-(e)s> /kein Plur./ *Orientierungssinn*

Orts·ta·rif der <-(e)s, -e> TELEKOMM. *der Preis, den man normalerweise für ein Telefongespräch innerhalb einer Stadt oder eines Ortes³ bezahlt und der oft auch der billigste Telefontarif ist:* zum Ortstarif telefonieren

orts·üb·lich adj /nicht steig./ /nur attr./ *so, wie es in einem Ort³ oder einer Stadt üblich ist:* die ortsüblichen Mieten

Orts·ver·band der <-(e)s, Ortsverbände> *Teil einer großen Organisation¹ in einem Ort³ oder einer Stadt*

Orts·ver·ein der <-(e)s, -e> *die Organisation² eines Vereins oder einer Partei in einer Stadt oder einem Ort³*

Orts·wech·sel der <-s, -> *das Verlassen eines Ortes¹ ³ oder einer Stadt und das Hinziehen/Hingehen in einen anderen Ort¹ ³ bzw. in eine andere Stadt:* Es war an der Zeit, einen Ortswechsel vorzunehmen.

Orts·zeit die <-, -en> *die Uhrzeit, die an einem Ort¹ in einer bestimmten Zeitzone angegeben wird:* Wir landeten in New York um 17 Uhr Ortszeit.

Orts·zu·schlag der <-(e)s, Ortszuschläge> *ein Geldbetrag, der Beamten und Angestellten im öffentlichen Dienst zu ihrem Gehalt dazugezahlt wird, um regionale Unterschiede in den Lebenshaltungskosten auszugleichen*

Or·tung die <-, -en> *der Vorgang, dass etwas geortet wird* ◆ -skarte

Öse die <-, -n> *ein kleiner Metallring, durch den man etwas hindurchziehen kann oder in den man einen Haken einhängen kann*

Os·si der ['ɔsi] <-s, -s> (umg. abwert.: ↔ *Wessi*) *oft als Schimpfwort gebrauchte Bezeichnung für Menschen aus dem Osten² Deutschlands, nämlich aus den neuen Bundesländern*

Os·tal·gie die <-> /kein Plur./ (scherzh.: *zu „Osten" und „Nostalgie") nostalgische Sehnsucht nach den Verhältnissen der ehemaligen DDR*

Ost·ber·lin <-s> ❶ *der östliche¹ ¹ Teil Berlins* ❷ GESCH. *Bezeichnung für den Teil Berlins, der die Hauptstadt der ehemaligen DDR war*

Ost·block der <-s> /kein Plur./ POL. *die Bezeichnung für die ehemalige Sowjetunion und ihre Verbündeten*

ost·deutsch adj /nicht steig./ ❶ *den Osten² Deutschlands betreffend* ❷ *die ehemalige DDR betreffend*

Ost·deutsch·land <-s> /kein Plur./ ❶ *bezeichnet die östlichen 1. 3 Gebiete Deutschlands* ❷ *Bezeichnung für die ehemalige DDR*

Os·ten der ['ɔstn̩] <-s> /kein Plur./ ❶ (↔ *Westen*) *die Himmelsrichtung, die auf einem Kompass nach rechts zeigt:* Im Osten geht die Sonne auf, im Süden nimmt sie ihren Lauf, im Westen geht sie unter. ❷ (↔ *Westen*) *der Teil von etwas, der im Osten¹ liegt:* der Osten des Landes; der Osten der Stadt ❸ GESCH. *die Länder des Ostblocks;* ▪ **der Nahe Osten** *das Gebiet von Ägypten bis zum Iran und die Länder dazwischen;* ▪ **der Mittlere Osten** *das Gebiet vom Iran bis einschließlich Bangladesh;* ▪ **der Ferne Osten** *das Gebiet, das China, Japan, Indonesien und die Länder dazwischen umfasst*

os·ten·ta·tiv adj (geh.) *so, dass etwas betont auffällig ist und mit Absicht getan wird:* Er blickte ostentativ in die andere Richtung.; die ostentativ zur Schau getragene Langeweile

Os·ter·ei das <-s, -er> ❶ *ein hartgekochtes Ei, dessen Schale als Osterbrauch bunt bemalt oder gefärbt ist* ❷ *ein Ei aus Schokolade, das es zu Ostern gibt*

Os·ter·feu·er das <-s, -> *ein großes Feuer, das jedes Jahr dem Brauch entsprechend zu Ostern angezündet wird und um das sich viele Leute versammeln*

Os·ter·ha·se der <-n, -n> ❶ *ein Hase, von dem dem Brauch entsprechend den Kindern gesagt wird, dass er die Ostereier bringt* ❷ *die aus Schokolade hergestellte Figur eines Osterhasen¹, den man zu Ostern vor allem Kindern schenkt*

ös·ter·lich adj /nicht steig./ *Ostern betreffend*

Os·ter·marsch der <-es, Ostermärsche> *eine Demonstration für Frieden und Abrüstung, die jedes Jahr zu Ostern*

stattfindet

Os·ter·mon·tag der <-(e)s, -e> *der zweite Feiertag zu Ostern, der ein Montag ist*

Os·tern das <-, -> *das christliche Fest im Frühling, an dem die Auferstehung von Jesus Christus gefeiert wird;* **Frohe Ostern!** *verwendet. um jmdm. ein schönes Osterfest zu wünschen*

Ös·ter·reich <-s> /kein Plur./ *demokratischer Bundesstaat und Nachbarstaat Deutschlands* ▸ Österreicher(in), österreichisch

> Die Republik **Österreich** ist eine parlamentarische Bundesrepublik, die aus neun Bundesländern besteht. Seit 1995 ist Österreich Teil der „Europäischen Union" (EU). Die Hauptstadt Wien ist mit etwa 1,7 Millionen Einwohnern die größte Stadt Österreichs und zugleich auch ein österreichisches Bundesland. Das in Österreich gesprochene und geschriebene Deutsch weicht - einmal abgesehen von den Mundarten - in erheblichem Umfang vom so genannten „Binnendeutschen" ab. Es ist eine hochsprachliche nationale Standardvarietät der plurizentrischen deutschen Sprache. Aus der „binnendeutschen" Sicht sind vor allem Wörter auffällig, die in dieser Weise in Deutschland nicht existieren, wie z.B. *sich erfangen, Lamperl, staffieren, vernadern.* Daneben muss aber betont werden, dass es viele weitere Unterschiede in Aussprache, Betonung und in grammatischen Details gibt; vgl. dazu auch das Stichwort *Austriazismus.*

Os·ter·sonn·tag der <-(e)s, -e> *der erste Feiertag zu Ostern, der ein Sonntag ist*

Ost·er·wei·te·rung die <-> /kein Plur./ POL. *Aufnahme von Ländern des ehemaligen Ostblocks in die NATO oder die Europäische Union*

Os·ter·wo·che die <-, -n> (≈ *Karwoche*) *die Woche zwischen Palmsonntag und Ostersonntag*

Ost·eu·ro·pa <-s> /kein Plur./ (↔ *Westeuropa*) *die östlichen¹ ³ Länder Europas* ▸ Osteuropäer(in), osteuropäisch

Ost·fries·land <-s> /kein Plur./ *Gebiet, das die Nordseeküste von der Mündung der Ems bis zur Mündung der Elbe umfasst* ▸ Ostfriese, Ostfriesin, ostfriesisch

öst·lich¹ ['œstlɪç] *adj* ❶ /nur attr./ (↔ *westlich*) *so, dass jmd. oder etwas sich nach Osten¹ ² orientiert:* Sie fahren in östliche Richtung. ❷ (↔ *westlich*) /nur attr./ *so, dass etwas oder jmd. aus dem Osten¹ ² kommt:* Der Wind weht aus östlicher Richtung. ❸ (↔ *westlich*) *so, dass etwas oder jmd. im Osten¹ ² ist:* der östliche Teil der Stadt ❹ (↔ *westlich*) *so, dass etwas in Bezug auf die Länder und die Bewohner Asiens steht* ❺ *so, dass etwas zum früheren Ostblock gehört*

öst·lich² ['œstlɪç] *präp + Gen.* /vor Eigennamen, die ohne Artikel stehen, mit „von"/ (↔ *westlich*) *drückt aus, dass etwas weiter im Osten liegt als etwas anderes:* Östlich des Flusses ist alles überschwemmt!; östlich der Elbe; östlich von München; östlich von Polen

Ost·see die <-> /kein Plur./ *das Meer zwischen Dänemark, Schweden, Finnland, dem Baltikum und den südlich davon gelegenen Ländern*

Ost·teil der <-(e)s, -e> (↔ *Westteil*) *östlicher Teil eines Gebietes, eines Gebäudes, einer Stadt, eines Landes*

Ost·ver·trä·ge *Plur.* POL., GESCH. *Bezeichnung für die Verträge, die 1970 zwischen der Bundesrepublik Deutschland und der ehemaligen Sowjetunion und Polen geschlossen wurden. In ihnen wurden alle Grenzen nach 1945 anerkannt und ein Gewaltverzicht beschlossen.*

ost·wärts *adv* (↔ *westwärts*) *nach Osten¹ gehend/zielend*

Ost-West-Be·zie·hun·gen <-> *Plur.* POL., GESCH. *die Kontakte zwischen den Ländern des früheren Ostblocks und denen des Westens*

Ost·zo·ne die <-> /kein Plur./ POL., GESCH. ❶ *Bezeichnung für die deutschen Gebiete, die zwischen 1945 und 1949 von der ehemaligen Sowjetunion besetzt wurden* ❷ (umg. o veralt.) *Bezeichnung für die ehemalige DDR*

OSZE die <-> /kein Plur./ POL. *Abkürzung von „Organisation für Sicherheit und Zusammenarbeit in Europa"*

os·zil·lie·ren *ohne OBJ* ▪ **etwas oszilliert** PHYS. *etwas schwingt hin und her* ▸ Oszillation

out [aʊt] *adj* /nicht steig./ /nur präd./ *so, dass etwas nicht mehr gefragt und unmodern ist:* Dieser Haarschnitt ist total out!

ou·ten ['aʊtn̩] I. *mit OBJ/mit SICH* ▪ **jmd. outet sich/jmdn.** *öffentlich bekennen, dass man selbst oder jmd. anders homosexuell ist:* Man hat ihn schnell geoutet. II. *mit SICH* ▪ **jmd. outet sich (als etwas)** *sich öffentlich zu einer Tatsache bekennen, die peinlich sein kann:* Er outete sich als Homosexueller/Alkoholiker.; Es gab einen Skandal, als der Priester sich outete.

Out·fit das ['autfɪt] <-(s), -s> *(umg.) die Kleidung einer Person:* ein modisches/perfektes/sportliches Outfit

Ou·ting das ['autɪŋ] <-s, -s> *(umg.) das Outen*[1]

Out·put der ['autpʊt] <-s, -s> ① EDV *(↔ Input) die Daten, die als Ergebnis von einem Computer geliefert werden* ② WIRTSCH. *die Gesamtheit der Waren, die ein Betrieb herstellt*

Out·si·der der, **Out·si·de·rin** ['autsaɪdɐ] <-s, -> *(Jargon) Außenseiter*

Ou·ver·tü·re die [uver'tyːrə] <-, -n> MUS. *Musikstück, das eine Oper oder Operette einleitet*

oval [o'vaːl] *adj (≈ eiförmig) länglich rund und an die Form eines Eis erinnernd*

Ova·ti·on die <-, -en> *sehr starker Beifall;* ■ **stehende Ovationen** *der Vorgang, dass ein Publikum stehend Beifall klatscht*

Over·all der ['oʊvərɔːl] <-s, -s> *ein Arbeitsanzug, bei dem Jacke und Hose aus einem Teil gemacht sind*

Oxer der <-s, -> *Zaun auf Viehweiden*

oxi·die·ren, a. **oxy·die·ren** <oxidiert, oxidierte/oxydierte, hat/ist oxidiert/oxydiert> CHEM. **I.** *mit OBJ /hat/* ■ **etwas oxidiert/oxydiert etwas** *bewirken, dass sich ein chemisches Element mit Sauerstoff verbindet* **II.** *ohne OBJ /hat/ist/* ■ **etwas oxidiert** *etwas verbindet sich mit Sauerstoff:* Eisen oxidiert leicht. ▸ Oxidation/Oxydation

Oze·an der [ˈoːtseaːn] <-s, -e> *(≈ Weltmeer) ein großes Meer zwischen den Kontinenten:* der Atlantische Ozean; der Indische Ozean; der Stille Ozean ◆ -dampfer ▸ ozeanisch

Ozon das [o'tsoːn] <-s> /kein Plur./ CHEM. *besondere Form des Sauerstoffs, bestehend aus drei Atomen und ein Gas bildend:* Die hohe Konzentration von Ozon in der Luft schadet der Gesundheit. ▸ -alarm, -belastung, -gehalt, -loch, -schicht, -schild, -therapie ▸ ozonhaltig, ozonreich

P p

P, p das [peː] <-, -> *der 16. Buchstabe des Alphabets:* Das Wort „Pause" beginnt mit dem Buchstaben „P".

Paar das [paːɐ̯] <-(e)s, -e> ① *zwei zusammengehörende oder sich ergänzende Menschen, Tiere oder Dinge:* ein Paar Zwillinge; ein Paar Zugtiere; ein Paar Handschuhe/Schuhe/Socken/Stiefel ② *zwei Menschen, die miteinander (in einer Liebesbeziehung) leben:* seit fünf Jahren ein Paar sein; ■ **Das sind zwei Paar Stiefel!** *(umg.) das sind zwei ganz verschiedene Dinge, die man nicht miteinander vergleichen kann* ◆ Braut-, Ehe-, Liebes-

paar [paːɐ̯] *adj /nicht steig./ (≈ einige, mehrere ↔ viele) eine nicht sehr große, nicht genau genannte Anzahl von Personen oder Dingen:* vor ein paar Tagen; die paar Leute, die da waren; Ich habe es in ein paar Mal versucht.; ein paar hundert Jahre früher; ein paar Worte zu etwas sagen; Wir haben uns nur ein paar Mal/paarmal getroffen.

Pacht die [paxt] <-, -en> *die zeitlich befristete Nutzung einer Sache gegen Entgelt:* Der Bauer konnte die Pacht für den Acker nicht mehr bezahlen. ▸ pachten, Pächter(in)

Päck·chen das ['pɛkçən] <-s, -> ① *kleines Paket:* ein Päckchen mit Geschenken von den Eltern zum Geburtstag bekommen ② *Packung, Schachtel:* ein Päckchen Zigaretten; ■ **jeder hat sein Päckchen zu tragen** *jeder Mensch hat einen Kummer, eine Sorge oder ein Problem, mit dem er leben muss*

pa·cken ['pakn̩] <packst, packte, gepackt> **I.** *mit OBJ* ① ■ **jmd. packt jmdn (an etwas** *Dat.***)** *ergreifen und festhalten:* jemanden am Ärmel packen ② ■ **jmd. packt etwas (in etwas** *Akk.***)** *Dinge in einen Behälter legen, um sie später darin zu transportieren:* den Koffer packen; ein Päckchen packen; Bücher in eine Kiste packen ③ ■ **jmd. packt etwas** *(umg.) bewältigen; schaffen:* Das ist eine schwierige Sache, ob wir das packen?; Der Zug kommt gleich, packen wir das noch? ④ ■ **etwas packt jmdn.** *etwas wirkt überwältigend auf jmdn.:* Ihn packte die Wut.; von einer Geschichte ganz gepackt sein; Die Geschichte hat mich sehr gepackt.; ein packender Roman; Er kann packend erzäh-

len. II. ohne OBJ ▪ **jmd. packt** Dinge in etwas verstauen: Morgen verreise ich. Deshalb muss ich heute noch packen.

pa·ckend <packender, packendst-> adj spannend, sehr interessant: ein packender Film; eine packende Erzählung

Pa·ckerl das ['pakɐl] <-s, -> ① ÖSTERR. kleines Paket: ein Packerl bekommen ② ÖSTERR. Packung, Schachtel: ein Packerl Zigaretten

Pa·ckung die <-, -en> ① eine Hülle, in die eine bestimmte Ware oder Warenmenge abgepackt ist: die Brotscheiben aus der Packung nehmen ◆ Frischhalte-, Plastik- ② eine bestimmte abgepackte Warenmenge: eine Packung Brot/Tee/Zigaretten ③ MED. ein heilender Umschlag: Der Arzt hat mir heiße Packungen verschrieben.

Pä·d·a·go·gik die [pɛda'goːgɪk] <-> /kein Plur./ Wissenschaft von der Erziehung: Pädagogik gehört als Studienfach zur Ausbildung von Lehrern/Lehrerinnen. ▸ Pädagoge, Pädagogin, pädagogisch ◆ Erwachsenen-, Sonder-, Sozial-

Pa·ket das [pa'keːt] <-(e)s, -e> ① ein großer Karton, in dem man etwas per Post an jmdn. schickt: ein Paket packen ◆ -annahme, -post, -schalter ② etwas, das man zusammengeschnürt hat, um es irgendwohin zu bringen: ein Paket Bücher aus der Bibliothek holen

Pakt der [pakt] <-(e)s, -e> ① (≈ Bündnis) ein Vertrag, in dem man sich gegenseitige Unterstützung verspricht: mit jemandem einen Pakt schließen ▸ Freundschafts-, Teufels- ② POL. ein Bündnis zwischen Staaten: einem Pakt beitreten ▸ paktieren ◆ Nichtangriffs-, Verteidigungs-

Pa·last der [pa'last] <-es, Paläste> ① prachtvoller Herrschaftssitz eines Königs oder Kaisers: der kaiserliche/königliche Palast; Der Dikator besaß mehrere Paläste. ② (umg.) sehr schönes, großes Haus: Du hast ja einen richtigen Palast! ◆ Königs-, Papst-

Pa·la·t·schin·ke die [pala'tʃɪŋkə] <-, -n> /meist Plur./ KOCH. ÖSTERR. dünner, gefüllter Pfannkuchen

Pal·me die ['palmə] <-, -n> ein (sub)tropischer Baum mit rauem (langen) Stamm, an dessen Ende große Blätter wachsen: ein Strand mit weißem Sand und Palmen; ▪ **jemanden auf die Palme bringen** (umg.) jmdn. ärgern ◆ Dattel-, Kokos-

pa·nie·ren [pa'niːrən] <panierst, panierte, paniert> mit OBJ ▪ **jmd. paniert etwas** KOCH. (vor dem Braten) in einer Masse aus Ei und Paniermehl (Semmelbröseln) wenden: ein paniertes Schnitzel

Pa·nik die ['paːnɪk] <-, -en> ① unkontrolliertes Verhalten aus Angst in einer gefährlichen Situation: eine Panik bricht aus; Beim Ausbruch des Feuers gerieten die Zuschauer in Panik. ② starkes Gefühl von Angst: Wenn zu viel auf sie einstürmt, gerät sie leicht in Panik. ▸ panikartig, panisch ◆ -attacke, -reaktion

Pan·ne die ['panə] <-, -n> ① technische Störung eines Geräts: eine Panne mit dem Fahrrad/Wagen haben; Während der Fernsehtalkshow ist eine Panne passiert — plötzlich waren Bild und Ton weg. ◆ Auto-, Reifen-, -nhilfe, -nversicherung ② ein durch Unachtsamkeit verursachter Fehler: Es passierte eine Panne nach der anderen: Erst kam der Zug zu spät; dann vergaßen wir umzusteigen; und schließlich verlor ich auch noch meine Brille.

Pan·t(h)er der <-s, -> eine große Raubkatze mit schwarzem Fell: Der Panther jagt eine Antilope.

Pan·tof·fel der [pan'tɔfl] <-s, -n> ein Hausschuh, der hinten offen ist: weiche Pantoffeln aus Filz; ▪ **unterm Pantoffel stehen** (umg. abwert.) als Ehemann zu Hause nichts zu bestimmen haben

Pan·to·mi·me[1] die [panto'miːmə] <-, -n> wortlose Darstellung einer Szene nur mit Hilfe von Gestik und Mimik: eine Pantomime spielen ▸ pantomimisch

Pan·to·mi·me[2] der, **Pan·to·mi·min** [panto'miːmə] <-n, -n> Schauspieler, der Pantomimen darstellt: Der Pantomime faszinierte die Zuschauer mit seinem Spiel.

Pan·zer der ['pantsɐ] <-s, -> ① MILIT. ein schweres Fahrzeug mit Ketten, das mit einer Kanone bewaffnet ist ② ZOOL. harte Schutzhülle bei manchen Tieren: der Panzer eines Käfers/einer Schildkröte ③ GESCH. Rüstung, Schutzschild: Der Ritter trug einen Panzer, wenn er in die Schlacht zog.

Pa·pa der ['papa] <-s, -s> (umg.) Vater: Hast du schon mit Papa darüber gesprochen?

Pa·pa·gei der [papa'gai, 'papagai] <-en/-s, -en> ein in vielen Arten vorkommender tropischer Vogel mit buntem Gefieder, der manchmal lernt, die menschliche Sprache nachzuahmen ▸ papageienhaft

Pa·per·back das ['peɪpɐbɛk] <-s, -s> Taschenbuch mit einem Einband aus Pappe

Pa·pier das [pa'piːɐ] <-s, -e> ① /kein Plur./ das aus Pflanzenfasern oder Altstoffen hergestellte dünne Material von (meist) weißer Farbe, auf das man schreibt oder zeichnet und mit dem man bastelt:

handgeschöpftes/holzfreies Papier; ein Blatt/ein Bogen/eine Rolle weißes Papier; einen Text auf Papier ausdrucken; ein Geschenk in Papier einwickeln; ein Lampenschirm aus Papier ◆-fabrik, -serviette, -taschentuch, Brief-, Foto-, Geschenk-, Pack-, Schreib-, Umwelt-, Zigaretten- ❷ *ein Schriftstück, das ein bestimmtes Thema zum Gegenstand hat:* die Minister haben ein gemeinsames Papier ausgearbeitet; ein Papier unterzeichnen; seine Papiere für die Abrechnung/Steuererklärung ordnen ◆ Thesen- ❸ */meist Plur./ Dokument; Ausweis:* sich mit seinen Papieren ausweisen; ein Fahrzeug mit gefälschten Papieren; ■ **etwas zu Papier bringen** *etwas aufschreiben;* ■ **Papier ist geduldig** *man kann viel schreiben, aber es ist nicht sicher, dass das Geschriebene auch nützlich oder wahr ist*

Pa·pier·korb der <-(e)s, Papierkörbe> *ein Korb für Papierabfälle:* den Papierkorb leeren; der Papierkorb quillt über

Papp·be·cher der <-s, -> *Trinkbecher aus Pappe*

Pap·pe die ['papə] <-, -n> *dickes, festes Material aus mehreren Schichten Papier:* ein Bucheinband/eine Schachtel aus Pappe; ■ **nicht von Pappe sein** *(umg.) stark oder kräftig sein* Der Schlag war nicht von Pappe. ▶ Pappdeckel, Pappkarton, Papp-Plakat/Pappplakat, Pappschachtel, Pappteller

Pa·pri·ka¹ der ['paprika] <-s> */kein Plur./ ein scharfes, rotes Gewürz:* Paprika wird oft zum Würzen von Huhn verwendet.

Pa·pri·ka² die ['paprika] <-, -(s)> *ein rotes, gelbes oder grünes Gemüse:* Es gibt rote, gelbe und grüne Paprika. ◆-schote

Papst der [pa:pst] <-es, Päpste> REL. *das Oberhaupt der katholischen Kirche:* in der Amtszeit des Papstes Pius; Im Rahmen seiner Reise nach ... hielt der Papst einen Gottesdienst vor der Gemeinde ...; zum Papst gewählt werden ▶ päpstlich ◆-besuch, -wahl

-papst [pa:pst] *(oft scherzh.) als Zweitglied zusammengesetzter Substantive, mit Betonung auf dem Erstglied; drückt aus, dass eine Person in demjenigen kulturellen oder technischen Bereich äußerst einflussreich/als richtungweisend anerkannt ist, der mit dem Erstglied genannt wird:* Der Literaturpapst Marcel Reich-Ranicki hat mit seinen deutlichen Wertäußerungen zu literarischen Texten viele Leute amüsiert. ◆ Fitness-, Kunst-, Linguistik-, Literatur-, Mode-, Musik-, Orthographie/Orthografie-, Schlankheits-

Pa·ra·bel die [pa'ra:bl̩] <-, -n> ❶ LIT. *(≈ Gleichnis) eine kurze Erzählung, die eine Lehre über das menschliche Verhalten gibt* ❷ MATH. *eine geometrische Figur*

Pa·ra·de die [pa'ra:də] <-, -n> ❶ MILIT. *ein Aufmarsch von Soldaten im Rahmen einer Festveranstaltung:* zum Nationalfeiertag eine Parade abhalten; Der Präsident nahm die Parade ab. ❷ SPORT *die Abwehr eines Angriffs:* eine glänzende Parade des Torwarts; ■ **jemandem in die Parade fahren** *jmdm. heftig widersprechen*

Pa·ra·de- [pa'ra:də] *als Erstglied zusammengesetzter Substantive, mit Betonung auf dem Erstglied; drückt aus, dass das mit dem Zweitglied Bezeichnete in besonderer Weise herausragt/repräsentativ ist:* Die Betonung des Ausdrucks „Epitheton" („schmückendes Beiwort") mit langem „i" ist ein Paradebeispiel für totale Unkenntnis des Altgriechischen, da das „i" hier eine Kürze hat. ◆-beispiel, -bett, -disziplin, -kissen, -pferd, -rolle, -stück, -uniform, -zimmer

Pa·ra·dei·ser der [para'daize] <-s, -> ÖSTERR. *Tomate*

Pa·ra·dies das [para'di:s] <-es, -e> ❶ */kein Plur./* REL. *dem christlichen Glauben nach die Wohnstätte der ersten Menschen; Aufenthaltsort Gottes, der Engel und der Seligen:* die Vertreibung von Adam und Eva aus dem Paradies; nach dem Tod (zu den Engeln) ins Paradies kommen ❷ *(übertr.) eine sehr schöne Gegend, in der es sich angenehm leben lässt:* Die Strände dieser Südseeinsel sind ein Paradies.; Der unberührte Urwald ist ein Paradies für seltene Tierarten. ❸ *ein Ort/Platz, der besonders gute Voraussetzungen/Bedingungen für eine Sache bietet:* ein Paradies für Angler/Golfspieler/Mountainbiker/ Wassersportler ◆ Biker-, Ferien-, Kinder-, Surfer-, Tier-, Urlaubs-, Vogel-, Wander-, Wintersport-

pa·ra·dox [para'dɔks] *adj /nicht steig./ (geh.) scheinbar widersinnig:* Was du da sagst, ist/klingt paradox.; Es ist paradox, dass es in einem reichen Land Menschen ohne Wohnung gibt. ▶ paradoxerweise, Paradoxie

Pa·ra·graf, Pa·ra·graph der [para'gra:f] <-en, -en> *die Nummerierung von Abschnitten eines Gesetz oder Vertrages (mit dem Zeichen "§"):* gegen den Paragrafen 5 verstoßen

Pa·ral·le·le die [para'le:lə] <-, -n> ❶ MATH. *eine Gerade, die an allen Punkten in glei-*

chem Abstand zu einer anderen Geraden verläuft: eine Parallele zu einer vorhandenen Geraden zeichnen ▸ Parallelität, Parallelogramm, Parallelstraße ❷ *eine Ähnlichkeit, die zwischen zwei Dingen oder Sachverhalten besteht:* Man kann Parallelen zwischen diesem und einem anderen Ereignis ziehen.; Diese Art von Dichtung findet eine Parallele in der Malerei. ▸ Parallelerscheinung, Parallelfall, Parallelismus

Pa·ra·sit der [para'ziːt] <-en, -en> ❶ BIOL. *(≈ Schmarotzer) ein Lebewesen der Bakterien-, Pflanzen- oder Tierarten, die ihre Nahrung von anderen Lebewesen nehmen und sich vorübergehend oder dauernd an oder in deren Körper aufhalten:* Der Baum ist von einem Parasiten befallen.; Flöhe leben als Parasiten in dem Fell von Tieren. ❷ *(übertr. abwertr.) jmd., der auf Kosten anderer lebt*

pa·rat [pa'raːt] *adj /nicht steig./ so, dass es gleich zur Hand ist:* etwas (für jemanden/ einen Anlass) parat halten; immer eine Antwort parat haben

Par·fum, *a.* **Par·füm** das [par'fœ̃ː] <-s, -s und -e> *eine alkoholische Flüssigkeit mit starken Duftstoffen, die angenehm riecht und auf die Haut aufgetragen wird:* ein dezentes/exklusives/herbes/schweres/süßes/teures Parfüm ▸ Parfümerie ◆ -flasche, -zerstäuber

Park der [park] <-s, -s/(-e)> *eine private oder öffentlich zugängliche große Gartenanlage, die Blumenbeete und Rasenflächen, aber auch Bäume, Büsche, Springbrunnen, Gehwege usw. umfasst:* ein Schloss mit einem gepflegten Park; einen Spaziergang im Park machen; Hunde sollte man im Park an die Leine nehmen.; Im Sommer verbringen viele Angestellte ihre Mittagspause im Park. ◆ -anlage, -landschaft, Schloss-, Stadt-, Volks-

par·ken ['parkn] <parkst, parkte, hat geparkt> I. *mit OBJ* ▪ **jmd. parkt etwas** *ein Auto auf einen Platz stellen:* sein Auto irgendwo parken; Parken Sie bitte 10 Meter weiter! II. *ohne OBJ* ▪ **jmd. parkt** *jmds. Auto steht auf einem Platz:* Hier können Sie nicht parken!

Par·kett das [par'kɛt] <-(e)s, -e/-s> ❶ *ein Fußboden(belag) aus kleinen schmalen Holzbrettern:* Parkett verlegen ◆ -boden ❷ THEAT. *Teil des Zuschauerraums:* die Plätze im Parkett

Park·haus das <-es, Parkhäuser> *ein Haus, in dem auf mehreren Etagen Autos geparkt werden können*

Park·platz der <-es, Parkplätze> ❶ *ein größerer Platz, auf dem (gegen Geld) Autos abgestellt werden können:* ein Einkaufszentrum mit großem Parkplatz ❷ *Parklücke für ein Auto:* keinen Parkplatz mehr finden; Alle Parkplätze sind besetzt.

Park·schei·be die <-, -n> *eine Scheibe in der Form eines Zifferblattes, die an der Windschutzscheibe geparkter Autos befestigt ist und den Beginn der Parkzeit anzeigt*

Park·uhr die <-, -en> *ein Automat, der gegen Geldeinwurf eine Quittung druckt, die die Berechtigung zum Parken gibt*

Par·la·ment das [parla'mɛnt] <-(e)s, -e> ❶ POL. *gewählte Volksvertretung:* ins Parlament gewählt werden; Das Parlament tritt zusammen/verabschiedet ein Gesetz.; das Parlament auflösen/einberufen ◆ Europa-, Landes-, Stadt- ▸ Parlamentarier(in), parlamentarisch ❷ *das Gebäude, in dem das Parlament¹ tagt:* Das Parlament befindet sich im Regierungsviertel. ◆ -sgebäude

Par·tei die [par'tai̯] <-, -en> ❶ POL. *eine politische Organisation, in der sich Menschen mit der gleichen politischen Überzeugung zusammenschließen:* Mitglied einer Partei sein; einer Partei beitreten; aus der Partei austreten ◆ -buch, -funktionär(in), -kongress, -mitglied, -politik, -spitze, -tag(sbeschluss), Links-, Öko-, Oppositions-, Rechts-, Regierungs-, Volks- ▸ parteilos ❷ *eine Gruppe von Personen, die (in einer Frage) die gleiche Meinung haben:* Im Verlauf der Diskussion bildeten sich Parteien für und gegen das Projekt.; für jemanden Partei ergreifen ❸ RECHTSW. *einer der beiden Gegner bei einem Rechtsstreit:* Die Parteien einigten sich auf einen Vergleich. ◆ -Prozess- ❹ *(≈ Mietpartei) eine Person oder Familie, die eine Mietwohnung bewohnt:* In unserem Haus wohnen sechs Parteien. ▸ Mehrparteienhaus

par·tei·isch [par'tai̯ɪʃ] *adj /nicht steig./ (↔ neutral) so, dass jmd. einseitig für oder gegen jmdn. oder etwas engagiert ist und nicht objektiv urteilt:* Der Schiedsrichter wirkt parteiisch.; parteiisch urteilen

Par·ter·re das [par'tɛr(ə)] <-s, -s> ❶ *Erdgeschoss:* (im) Parterre wohnen ◆ -wohnung ❷ THEAT. *Sitzreihen in ebener Erde*

Par·tie die [par'tiː] <-, -tien> ❶ *ein bestimmter Teil von etwas:* Die vordere Partie des Hauses war unzerstört geblieben.; Die obere Partie ihres Gesichtes ist vom Sonnenhut geschützt. ◆ Front-, Heck-, Mund-, Rücken- ❷ SPORT *ein einzelnes Spiel:* eine Partie Schach spielen; Die Partie endete mit einem Sieg der Gastgeber.

◆Schach-, Skat- ❸ *Rolle in einem musikalischen Bühnenwerk:* Wer übernimmt die Partie der Aida?; ■ **mit von der Partie sein** *(umg.) bei etwas beteiligt sein;* ▬ **eine gute Partie sein** *(umg.) viel Geld mit in eine Ehe einbringen können* ◆Gesangs-, Solo-, Sopran-

Par·ti·tur die [parti'tuːɐ̯] <-, -en> MUS. *gedruckte Noten zu einem mehrstimmigen Musikstück:* Der Dirigent studiert die Sinfonie nach der Partitur.

Par·ti·zip das [parti'tsiːp] <-s, -ien> SPRACHWISS. *Bezeichnung für eine Form des Verbs, die sowohl die Eigenschaften des Verbs (verschiedene Zeitstufen, z.B. Präsens: „waschend", Perfekt: „gewaschen"), als auch des Adjektivs (Deklinationsfähigkeit: z.B.: „eine gewaschene Frau"/„die gewaschenen Hände") hat und somit eine Mittelstellung zwischen Verb und Adjektiv einnimmt (an beiden „partizipiert"):* „Gehend" ist das Partizip Präsens des Verbs „gehen".

Part·ner der, **Part·ne·rin** ['partnɐ] <-s, -> ❶ (≈ *Lebenspartner) jmd., mit dem man in einer dauerhaften (intimen) Beziehung steht und oft auch in einer gemeinsamen Wohnung lebt:* den Partner fürs Leben gefunden haben ▶ Partnerschaft ▶ -probleme, -tausch, -wechsel, Ehe-, Lebens- ❷ *Person, die zu einem bestimmten Zweck mit jmdm. etwas zusammen tut:* einen Partner zum Tanzen/Tennisspielen suchen ◆Gesprächs-, Spiel-, Tanz-, Tarif-, Vertrags- ❸ WIRTSCH. *Person, die mit an einem Unternehmen beteiligt ist:* Wir sind seit fünf Jahren Partner im Geschäft. ◆Geschäfts-

Part·ner·stadt die <-, Partnerstädte> *Stadt, die zu einer (meist im Ausland gelegenen) anderen Stadt eine freundschaftliche Beziehung des kulturellen Austausches hat*

Par·ty die ['paːtɪ] <-, -s> *locker organisiertes (privates) Fest:* eine Party feiern ◆Geburtstags-, Tanz-

Pass der [pas] <-es, Pässe> ❶ (≈ *Ausweis) ein Dokument, das eine Person von den staatlichen Behörden bekommt und das die Identität der Person mit Angabe von Name, Geburtsdatum, Staatsbürgerschaft usw. beweist:* jemandem einen Pass ausstellen; mit einem gefälschten Pass einreisen ◆-kontrolle, Reise- ❷ *Straße, die über ein Gebirge führt:* die Pässe im Winter sperren ◆-straße ❸ SPORT *gezieltes Zuspielen:* Nach einem Pass von Meier verwandelte Müller das Spiel zum 1:0.

Pas·sa·gier der, **Pas·sa·gie·rin** [pasa'ʒiːɐ̯] <-s, -e> *Fahrgast auf einem Schiff oder in einem Flugzeug:* die Passagiere gehen an Bord; ▬ **blinder Passagier** *Person, die ohne Fahrkarte heimlich mitreist*

Pas·sant der, **Pas·san·tin** [pa'sant] <-en, -en> *Person, die irgendwo gerade vorübergeht:* Die Passanten drehten sich erstaunt nach ihr um.

Pass·bild das <-(e)s, -er> *für einen Pass¹ bestimmtes Porträtfoto:* Passbilder machen lassen

pas·sen ['pasn̩] <passt, passte, hat gepasst> I. mit OBJ ▬ **jmd./etwas passt in etwas** Akk. *jmd./etwas stimmt in Form und Größe ungefähr mit etwas überein:* Er passt gerade so knapp in den Mantel.; Der Schlüssel passt ins Schloss. II. ohne OBJ ▬ **etwas passt jmdm.** ❶ *mit Bezug auf Form und Grösse richtig sein:* Passt Ihnen das Kleid? ❷ *etwas ist jmdm. recht:* Passt es Ihnen am Montag?; Das passt mir aber gar nicht.; ▬ **Das könnte dir so passen!** *verwendet, um auszudrücken, dass man weiß, was sich jmd. wünscht, dass man aber auch weiß, dass es nicht eintreffen wird* Was, zusätzlichen Urlaub und noch eine Gehaltserhöhung? Das könnte dir (wohl) so passen!

pas·sie·ren [pa'siːrən] <passierst, passierte, hat/ist passiert> I. mit OBJ ▬ **jmd. passiert etwas** *(haben) an einer bestimmten Stelle vorbeigehen oder vorbeifahren:* Die Autos passieren die Grenze. II. ohne OBJ ▬ **etwas passiert** *(sein) (≈ geschehen) etwas ereignet sich unerwartet:* Ist etwas passiert?; Warum muss das immer mir passieren?; ▬ **... sonst passiert was!** *(umg.) verwendet, um sich sehr ärgerlich*

Pas·siv das ['pasiːf] <-s, -(e)s> /Plur. selten/ SPRACHWISS. (≈ *Leideform* ↔ *Aktiv) die Form eines Satzes, bei der das Verb mit „werden" oder „sein" und dem Partizip Perfekt gebildet ist und womit ausgedrückt wird, dass mit dem Subjekt etwas getan wird oder etwas geschieht:* Das Verb steht im Passiv/kommt meist im Passiv vor.; Der Satz „Der Garten wird bepflanzt." ist ein Satz im Passiv.

pas·siv [pa'siːf] adj (↔ *aktiv) untätig und ohne eigene Initiative bleibend; nicht aktiv teilnehmend; abwartend; zurückhaltend:* sich bei etwas völlig passiv verhalten; passives Mitglied; passiver Widerstand; ▬ **passives Wahlrecht** POL. *das Recht, sich in ein Amt wählen zu lassen;* ▬ **passiver Wortschatz** SPRACHWISS. *die Wörter, die jmd. versteht, wenn er sie hört oder liest, die er* *aber nicht aktiv selbst verwendet* ▸ Passivität, Passivrauchen

Pas·te die <-, -n> *formbare, weiche Masse:* eine Paste auf die Haut/die Schuhe auftragen ▸ Fleisch-, Schuh-

Pas·tor der, **Pas·to·rin** ['pasto:ɐ̯] <-s, -to-ren> NORDDT. *Pfarrer(in) in einer evangelischen Gemeinde*

Pa·te der, **Pa·tin** ['pa:tə] <-n, -n> REL. *Taufzeuge, der außer den Eltern bei der Taufe eines Kindes anwesend ist (und für dessen christliche Erziehung mit Verantwortung übernimmt):* bei jemandem Pate stehen; ▪ **bei etwas Pate stehen** *(umg. übertr.) auf die Entstehung einer Sache Einfluss nehmen* Bei der Entwicklung dieses Produkts haben auch Wissenschaftler Pate gestanden. ▸ Patenschaft ◆-nkind, -nonkel, -ntante, Tauf-

Pa·tent das [pa'tɛnt] <-(e)s, -e> ❶ RECHTSW. *Schutzrecht für einen Erfinder, seine Erfindung ohne Konkurrenz wirtschaftlich nutzen zu können:* ein Patent anmelden; Auf seine Erfindung der elektronischen Weckuhr meldete er ein Patent an. ❷ *Ernennungsurkunde, die jmds. berufliche Qualifikation (in seemännischen Berufen) ausweist:* das Patent als Kapitän/Lotse erwerben ❸ SCHWEIZ. *staatliche Bewilligung zur Ausübung bestimmter Berufe oder Tätigkeiten* ▸ patentieren ◆-amt, -recht

pa·tent [pa'tɛnt] *adj (umg.)* ❶ *tüchtig, geschickt:* ein patenter Bursche ❷ *praktisch, brauchbar:* eine patente Idee

Pa·tent·lö·sung die <-, -en> *(≈ Patentrezept) einfache Lösung, die alle Schwierigkeiten eines Problems lösen kann oder soll:* Für dieses Problem gibt es leider keine Patentlösung.

Pa·thos das ['pa:tɔs] <-> */kein Plur./ Ausdruck feierlicher Ergriffenheit/großer Leidenschaft, der übertrieben wirkt:* mit großem Pathos sprechen/vortragen ▸ pathetisch

Pa·ti·ent der, **Pa·ti·en·tin** [pa'tsi̯ɛnt] <-en, -en> *Kranker, der von einem Arzt oder einer Person im Heilberuf behandelt wird:* die Patienten eines Arztes/einer Krankengymnastin ◆ Kassen-, Privat-

Pa·tri·ot der, **Pa·tri·o·tin** [patri'o:t] <-en, -en> *Person, die ihr Vaterland liebt und sich dafür engagiert:* ein glühender Patriot ▸ patriotisch, Patriotismus

Pa·tro·ne die <-, -n> ❶ *einer der kleinen Behälter mit Sprengstoff und Kugel, die man aus einer Pistole oder einem Gewehr abschießt* ◆-ngurt, -nhülse, Gewehr- ❷ *kleiner Behälter für einen Füller, der mit Tinte gefüllt ist* ◆ Ersatz-, Tinten-

Pat·sche die ['patʃə] <-, -n> *(umg.)* ❶ *(abwert.) Hand:* Nimm deine Patschen weg! ❷ *ein breiter und sehr dünner Gegenstand, mit dem man nach etwas schlägt:* das Feuer mit einer Patsche löschen ◆ Fliegen- ❸ *(≈ Klemme) schwierige oder ausweglose Lage:* in der Patsche sitzen; jemandem aus der Patsche helfen

Pau·ke die ['paʊkə] <-, -n> *eine große, kesselförmige Trommel, die mit Schlägeln geschlagen wird:* im Orchester die Pauke spielen; ▪ **mit Pauken und Trompeten durchfallen** *(umg.) in einer Prüfung mit sehr schlechten Leistungen durchfallen;* ▪ **auf die Pauke hauen** *(umg.) sehr laut feiern*

pau·schal [paʊ'ʃa:l] *adj /nicht steig./* ❶ *insgesamt; ohne Einzelnes zu nennen:* pauschal bezahlen; Für den Service berechnen wir pauschal/den pauschalen Betrag von 100 Euro. ◆-angebot, -betrag, -reise ❷ *(geh.) (zu) allgemein, zu wenig detailliert:* ein pauschales Urteil; Das ist mir zu pauschal! Ich wüsste es gern genauer.

Pau·scha·le die [paʊ'ʃa:lə] <-, -n> *eine vorläufige Geldsumme, die man vor der endgültigen Abrechnung bezahlt oder bekommt:* Wir bezahlen für die Heizung monatlich eine Pauschale, und erst am Ende des Jahres wird der Verbrauch genau abgerechnet. ◆ Heizkosten-

Pau·se die ['paʊzə] <-, -n> ❶ *eine Unterbrechung einer Aktivität, die man macht, um sich auszuruhen:* bei der Arbeit eine Pause machen; die große Pause in der Schule ◆ Erholungs-, Ruhe-, Zigaretten- ❷ *Unterbrechung einer Tätigkeit:* die Pause im Theater ◆ Konzert-, Rede-, Sende- ❸ MUS. *das Zeichen in der Notenschrift, das besagt, dass ein Taktteil nicht mit Tönen ausgefüllt ist* ◆ Viertel-, Achtel-

Pa·vil·lon der ['pavɪljõ:/pavi'jõ] <-s, -s> ❶ *kleines, kreisförmiges, offenes Haus in einem Garten oder Park* ◆ Garten-, Musik- ❷ *Einzelgebäude auf einem Ausstellungsgelände* ◆ Ausstellungs-, Messe-

Pa·zi·fis·mus der [patsi'fɪsmʊs] <-> */kein Plur./ Haltung, die Krieg und jegliche Form von Gewalt ablehnt* ▸ Pazifist(in), pazifistisch

PC der [pe:'tse:] <-s, -s> *Abkürzung für „Personalcomputer"; Computer für den Gebrauch eines einzelnen Benutzers in der Firma oder zu Hause:* Der Arbeitsplatz ist mit einem PC ausgestattet.

Pech das ['pɛç] <-s, (-e)> ❶ *die zähflüssige schwarze Masse, die aus der Verarbeitung*

von Erdöl gewonnen wird: ein Dach/ein Fass mit Pech dicht machen, damit kein Wasser durchdringen kann ❷ */kein Plur./ (umg.: ↔ Glück) unglücklicher Umstand:* Wir haben wirklich viel Pech gehabt; — Wir waren richtige Pechvögel!; So ein Pech!; ■ **Dein/Euer Pech!** *(umg.) da kann ich dich/euch nicht bedauern;* ■ **zusammenhalten wie Pech und Schwefel** *als Freunde auch in schwierigen Situationen fest zusammenhalten*

Pech·sträh·ne die <-, -n> *(↔ Glückssträhne)* ■ **eine Pechsträhne haben** *(umg.) über eine längere Zeit kein Glück haben*

Pe·dal das [pe'daːl] <-s, -e> ❶ *der Teil eines Fahrrads, den man mit den Füßen bewegt, um zu fahren:* kräftig in die Pedale treten ❷ *mit dem Fuß zu bedienender Hebel:* zum Bremsen/zum Gas geben (auf) das Pedal treten

pe·dan·tisch [pe'dantɪʃ] *adj (abwert.) übertrieben genau:* pedantisch auf die Einhaltung der Bestimmungen achten; pedantische Ordnung halten ▶ Pedant(in)

Pe·gel der ['peːgl] <-s, -> ❶ *Höhe der Wasserlinie eines Gewässers:* der Pegel beträgt …; die Pegel fallen/steigen wieder ❷ *Gerät zur Messung des Wasserstandes:* der Pegel zeigt …

pein·lich ['paɪnlɪç] <peinlicher, am peinlichsten> *adj unangenehm und so, dass sich jmd. schämen muss:* von etwas peinlich berührt sein; Entschuldige bitte, dass ich das Glas zerbrochen habe. Das ist mir sehr peinlich!; ■ **peinlich genau** *sehr sorgfältig, gründlich auf peinliche Sauberkeit achten*; peinlich genau die Regeln befolgen ▶ Peinlichkeit

Peit·sche die ['paɪtʃə] <-, -n> *ein Stock, an dem ein Riemen befestigt ist, mit dem man ein Tier (besonders ein Pferd oder einen Esel) schlägt und zum Gehen bzw. Laufen antreibt;* ■ **jemanden mit Zuckerbrot und Peitsche behandeln** *jmdn. abwechselnd freundlich und aggressiv behandeln*

Pelz der [pɛlts] <-es, -e> ❶ *das dichte Fell bestimmter Tiere:* der Pelz des Bären; einen dichten/zottigen Pelz haben ❷ *Mantel aus Pelz¹:* einen echten Pelz tragen ▶ pelzig ◆ -mantel, -mütze, -stiefel, Schafs-, Wolfs-

Pen·del das ['pɛndl] <-s, -> PHYS. *ein Gewicht, das so an einem Punkt aufgehängt ist, dass es frei hin und her schwingen kann:* Das Pendel einer Uhr schwingt hin und her. ◆ -uhr

pen·deln ['pɛndln] <pendelt, pendelte, hat/ist gependelt> *ohne OBJ* ❶ ■ **etwas pendelt** *(haben) hin und her schwingen:* Die Lampe pendelt im Wind.; Das Kind lässt seine Beine pendeln. ❷ ■ **jmd. pendelt** *(sein) regelmäßig zwischen Wohnort und Arbeitsplatz hin- und herfahren:* Er ist viele Jahre zwischen Kiel und Hamburg gependelt.

Pend·ler der, **Pend·le·rin** ['pɛndlɐ] <-s, -> *Person, die regelmäßig zwischen Arbeitsstätte und Wohnort hin- und herfährt* ◆ Pendlerpauschale

pe·ni·bel [pe'niːbl] <penibler, am penibelsten> *adj übertrieben genau:* penibel auf Ordnung achten

pen·nen ['pɛnən] <pennst, pennte, hat gepennt> *ohne OBJ* ■ **jmd. pennt** *(umg.) schlafen*

Pen·ner der, **Pen·ne·rin** <-s, -> *(umg. abwert.) Person, die ohne festen Wohnsitz ist und auf der Straße lebt*

Pen·si·on die [paŋ'zi̯oːn/pɛn'zi̯oːn] <-, -en> ❶ *Ruhegeld für Beamte, die wegen ihres Alters aufgehört haben, zu arbeiten:* eine Pension erhalten ▶ Pensionär ◆ Beamten- ❷ */kein Plur./ Ruhestand bei Beamten:* in Pension gehen ❸ *einfaches Gasthaus, in dem man übernachten kann:* in einer Pension übernachten ◆ Hotel-, Privat-

pen·si·o·nie·ren [paŋzi̯o'niːrən/pɛnzi̯o'niːrən] <pensionierst, pensionierte, hat pensioniert> *mit OBJ* ■ **jmd. pensioniert jmdn.** *jmdn. in den Ruhestand entlassen:* einen Beamten pensionieren; Er hat sich vorzeitig pensionieren lassen.; ein pensionierter Lehrer

per [pɛr] *präp +Akk.* ❶ *gibt das Mittel an, mit dem etwas getan wird:* per Einschreiben/Post schicken; per Vertrag regeln; per Bahn kommen/reisen ❷ AMTSSPR. *zur Angabe eines Termins:* Die Regelung ist per 1. Juli gültig. ❸ *zur Angabe einer Maßeinheit:* 10 Euro per Stück; ■ **mit jemandem per du/Sie sein** *(umg.) jmdn. duzen/siezen*

Per·fekt das ['pɛrfɛkt] <-(e)s, -e> */Plur. selten/* SPRACHWISS. *eine Zeitform des Verbs, die ein vollendetes Geschehen bezeichnet:* „Hat gesendet" ist ein Beispiel für ein Verb im Perfekt.

per·fekt [pɛr'fɛkt] *adj /nicht steig./* ❶ *so vollkommen, dass es keine Schwächen oder Fehler aufweist:* Sie möchte eine perfekte Mutter sein.; das perfekte Verbrechen; perfekt Spanisch sprechen ❷ *abgeschlossen; fertig:* einen Vertrag perfekt machen; Es ist alles perfekt! Wir müssen nichts mehr vorbereiten. ▸ Perfektionismus, Perfektionist(in)

Pe·ri·o·de die [peˈriːoːdə] <-, -n> ❶ *Zeitabschnitt*: eine Periode kultureller Blüte ◆ Heiz-, Hitze-, Kälte- ❷ *(≈ Regel) Monatsblutung der Frau*: Die Periode setzt ein/bleibt aus. ▸ periodisch

Per·le die [ˈpɛrlə] <-, -n> ❶ *glänzendes, hartes Kügelchen in bestimmten Muscheln, das als teurer Schmuck verwendet wird*: eine Kette aus Perlen ◆ -nkette ❷ *künstlich als Schmuck hergestelltes Kügelchen aus verschiedenen Materialien*: Glas-, Holz- ❸ *ein Tropfen einer Flüssigkeit* ◆ Schweiß- ❹ *(übertr.) etwas, das anderes an Schönheit und Wert übertrifft*: Dieses Lied ist eine Perle der Dichtkunst.; Diese Frau ist eine richtige Perle.

per·ma·nent [pɛrmaˈnɛnt] *adj /nicht steig./ (geh.)* ❶ *ständig*: eine permanente Ausstellung; eine permanente Bedrohung darstellen ❷ *(abwert.) auf eine lästige Art immer wiederholt*: Deine permanente Fragerei nervt uns. ▸ Permanenz

Per·ron der [pɛˈrõː/ˈpɛrõ] <-s, -s> ÖSTERR., SCHWEIZ. *Bahnsteig*

Per·son die [pɛrˈzoːn] <-, -en> ❶ *ein einzelner Mensch*: ein Gericht für vier Personen; 35 Euro Eintritt pro Person; Der Aufzug kann acht Personen transportieren. ❷ *ein Mensch (unter Betonung seiner einmaligen Persönlichkeit)*: eine arrogante/nette/sehr interessante Person; Fragen zur Person beantworten ◆ Haupt-, Kontakt- ❸ SPRACHWISS. *eine grammatische Form des Verbs oder Pronomens*: die erste/zweite Person; in der dritten Person Singular; ▪ **ich für meine Person** *was mich betrifft;* ▪ **in eigener Person** *persönlich;* ▪ **die Arroganz/Dummheit/Freundlichkeit in Person sein** *sehr arrogant/dumm/freundlich sein*

Per·so·nal das [pɛrzoˈnaːl] <-s> */kein Plur./ die Personen, die in einem Betrieb beschäftigt sind*: Das Personal der Klinik umfasst 1000 Personen.; gut ausgebildetes Personal haben

Per·so·nal·aus·weis der <-es, -e> *(≈ Pass) amtliches Dokument, das ein Foto und Angaben zur Person des Inhabers enthält*

Per·so·na·li·en [pɛrzoˈnaːliən] <-> *Plur. amtliche Angaben zur Person (Geburtsdatum, Geburtsort, Adresse usw.)*: Name und Familienstand gehören zu den Personalien.; Die Polizei nahm die Personalien des Diebes auf.

Per·so·nal·pro·no·men das <-s, Personalpronomina> SPRACHWISS. *Pronomen, das für eine Person oder Sache steht*: „Ich" ist das Personalpronomen für die erste Person im Singular, „euch" ist das Personalpronomen der zweiten Person im Plural.

per·sön·lich [pɛrˈzøːnlɪç] *adj* ❶ */nicht steig./ von einer einzelnen Person ausgehend*: eine persönliche Einladung erhalten; eine persönliche Beleidigung; seine persönliche Anteilnahme aussprechen ❷ */nicht steig./ selbst; in eigener Person*: persönlich zu etwas erscheinen; in persönlichem Kontakt stehen; persönlich für etwas haften ❸ *(≈ privat) die Person betreffend, zur Person passend*: persönliches Eigentum; Er hat mich über meine persönlichen Dinge befragt.; Ich finde es persönlicher, wenn du dem Geschenk noch einen kurzen Brief beilegst. ❹ *(≈ individuell) für jmdn. besonders kennzeichnend*: Das ist seine persönliche Art.; ▪ **etwas persönlich nehmen** *etwas als Angriff gegen sich gerichtet nehmen;* ▪ **das war nicht persönlich gemeint** *das war nicht als Angriff gegen dich/Sie als Privatperson gemeint*

Per·sön·lich·keit die <-, -en> ❶ */kein Plur./ die Gesamtstruktur einer Person² betreffend*: eine aufgeschlossene/extravertierte/introvertierte/reife/scheue Persönlichkeit haben ◆ -sentfaltung, -sentwicklung ❷ *Person mit ausgeprägtem eigenem Charakter und Willen*: Die Kinder sind richtige kleine Persönlichkeiten. ❸ *(meist bekannte) Person*: eine Persönlichkeit des öffentlichen Lebens; eine historische Persönlichkeit

Per·spek·ti·ve die [pɛrspɛkˈtiːvə] <-, -n> ❶ KUNST *die Art, auf einem (zweidimensionalen) Bild etwas (dreidimensional) räumlich darzustellen*: Dieses Bild ist ohne Perspektive gemalt, so dass alle Dinge ganz flächig erscheinen. ▸ perspektivisch ❷ *(≈ Blickwinkel) die Stelle, von der aus man etwas betrachtet*: Aus dieser Perspektive hier erscheint der gegenüberliegende Berg ganz klein. ◆ Betrachter-, Frosch-, Vogel- ❸ *(≈ persönliche Sichtweise) subjektive Art, etwas zu beurteilen oder einzuschätzen*: Aus meiner Perspektive ist die gegenwärtige Politik ein Fehlschlag.; neue Perspektiven auftun ▸ Perspektivlosigkeit

Pe·rü·cke die [peˈrʏkə] <-, -n> *künstliche Haare als Ersatz für die eigenen*: eine Perücke tragen

per·vers [pɛrˈvɛrs] *adj (abwert.)* ❶ *(in sexueller Hinsicht) nicht normal*: pervers veranlagt sein; perverse Neigungen haben ❷ *so, dass etwas nicht als normal oder er-*

laubt gilt: Seine politischen Äußerungen sind geradezu pervers. ▸ Perversion, Perversität

pes·si·mis·tisch [pɛsi'mɪstɪʃ] *adj* (↔ *optimistisch*) *so, dass man immer glaubt, alles werde einen negativen Ausgang haben:* eine pessimistische Lebenseinstellung haben; eine Sache sehr pessimistisch beurteilen ▸ Pessimist(in), Pessimismus

Pest die [pɛst] <-> /kein Plur./ *eine sehr ansteckende Infektionskrankheit, die früher oft mit dem Tode endete:* Im Mittelalter entvölkerte die Pest oft ganze Städte.; ■ **etwas hassen wie die Pest** *(umg.) jemanden sehr stark hassen* Er hasste seine Gegner wie die Pest.; ■ **stinken wie die Pest** *(umg.) sehr stark und unangenehm riechen* Nachdem er sich länger nicht gewaschen hatte, stank er wie die Pest.

Pe·ter·si·lie die [petɐ'ziːli̯ə] <-> /kein Plur./ *ein Gartenkraut, das als Gewürz verwendet wird:* ein Bund Petersilie; Salat mit Petersilie und Schnittlauch würzen; ■ **jemandem ist die Petersilie verhagelt** *(umg.) jmdm. ist etwas misslungen, und darum ist er missmutig und schlecht gelaunt*

Pfad der [pfaːt] <-(e)s, -e> ❶ *schmaler Weg:* ein ausgetretener/schmaler Pfad durch den Wald ❷ EDV *die Angabe der Position einer Datei auf dem Datenträger:* den kompletten Pfad angeben; ■ **auf dem Pfad der Tugend wandeln** *sich gemäß den Vorstellungen von Moraliät und Sittlichkeit verhalten;* ■ **auf krummen Pfaden wandeln** *Ungutes tun*

Pfand das [pfant] <-(e)s, Pfänder> ❶ *Gegenstand, der als Sicherheit dafür eingesetzt wird, dass man eine Vereinbarung hält:* Als Pfand dafür, dass er das ausgeliehene Buch zurückbringen würde, gab er seinen Personalausweis.; Bei der Zurückgabe des ausgeliehenen Buches löste er das hinterlegte Pfand ein. ◆-haus ❷ *der Geldbetrag, der für Mehrwegverpackungen bezahlt und bei Rückgabe erstattet wird:* Auf der Flasche/dem Kasten ist Pfand.; Für das Leergut erhalten Sie Pfand zurück. ◆ Dosen-, Flaschen-

pfän·den ['pfɛndn] <pfändest, pfändete, hat gepfändet> *mit OBJ* ■ **jmd. pfändet etwas** RECHTSW. *(bei einer finanziellen Forderung gegen den Besitzer dessen) Eigentum per Gerichtsbeschluss beschlagnahmen:* Sein Auto/ein Teil seines Einkommens wurde gepfändet.

Pfand·fla·sche die <-, -n> *Flasche, für die man Geld (Pfand) zurückbekommt, wenn man sie (leer) ins Geschäft zurückbringt:* die Pfandflaschen wieder beim Händler abgeben

Pfan·ne die ['pfanə] <-, -n> (≈ *Bratpfanne*) *flaches Metallgefäß mit langem Stiel zum Braten von Speisen:* Eier in der Pfanne braten; ■ **jemanden in die Pfanne hauen** *(umg.) jmdm. absichtlich schaden, indem man ihn scharf (öffentlich) kritisiert;* ■ **etwas auf der Pfanne haben** *(umg.) etwas Besonderes leisten können, große Fähigkeiten haben*

Pfann·ku·chen der <-s, -> ❶ SÜDDT. *Eierkuchen:* Pfannkuchen mit Pilzen/mit heißen Himbeeren füllen ❷ NORDDT. *Berliner; Krapfen*

Pfar·rer der, **Pfar·re·rin** ['pfarɐ] <-s, -> *Geistliche(r) einer Gemeinde (in der christlichen Kirche)*

Pfef·fer der ['pfɛfɐ] <-s> /kein Plur./ *ein scharfes Gewürz aus gemahlenen Pfefferkörnern:* schwarzer/weißer Pfeffer; eine Prise Pfeffer; ■ **in den Pfeffer geraten** *(umg.) in Unannehmlichkeiten kommen;* ■ **da liegt der Hase im Pfeffer** *(umg.) da ist die Schwierigkeit;* ■ **jemand kann/soll bleiben, wo der Pfeffer wächst** *(umg.) jmd. ist unerwünscht und soll wegbleiben* Ich habe mich so über ihn geärgert: Er kann bleiben, wo der Pfeffer wächst.

Pfef·fer·min·ze die ['pfɛfɐmɪntsə, pfɛfɐm'ɪntsə] <-, -n> /Plur. selten/ *erfrischend schmeckende Pflanze, aus deren Blättern man Tee macht:* Pfefferminze für den Winter trocknen ▸ Pfefferminzlikör, Pfefferminztee, Pfefferminzbonbon

Pfei·fe die ['pfaɪ̯fə] <-, -n> ❶ MUS. *Teil eines Instruments in Form einer Röhre, durch die ein Ton erzeugt wird:* die Pfeifen einer Orgel; auf einer Sackpfeife (Dudelsack) eine Melodie spielen ❷ *ein Gerät, das beim Hineinblasen einen schrillen Ton erzeugt:* die Trillerpfeife des Schiedsrichters/des Zugschaffners ❸ *Gerät zum Rauchen von Tabak, das aus einem Kopf und einem Mundstück besteht:* Pfeife rauchen; (sich) eine Pfeife stopfen ◆-nreiniger, -nständer, -ntabak, Tabaks-, Wasser- ❹ *(umg. abwert.) Versager:* Diese Pfeife hat schon wieder nichts kapiert!; ■ **nach jemandes Pfeife tanzen müssen** *sich nach den Wünschen von jmd. anderem richten müssen, gehorchen müssen*

pfei·fen ['pfaɪ̯fn] <pfeifst, pfiff, hat gepfiffen> I. *mit OBJ* ■ **jmd. pfeift etwas** *Luft durch einen engen Spalt so blasen, dass Töne entstehen:* eine Melodie pfeifen;

fröhlich etwas vor sich hin pfeifen; Der Vogel pfeift (ein fröhliches Lied). **II.** *ohne OBJ* ❶ **jmd./etwas pfeift** *auf einer Pfeife² blasen/ein Pfeifgeräusch machen:* Der Schiedsrichter hat gepfiffen.; auf/mit einer Trillerpfeife pfeifen; Der Wasserkessel pfeift.; Der Wind pfeift durch die Ritzen.; mit den Lippen pfeifen ❷ **einem Tier pfeifen** *ein Tier durch Pfeifen herbeirufen:* Er pfiff seinem Hund.; ▪ **auf etwas pfeifen** *(umg.) keinen Wert auf etwas legen* Da hast du deine Sachen zurück, ich pfeife auf deine Hilfe!; ▪ **wissen, woher der Wind pfeift** *(umg.) wissen, was oder wer jetzt maßgebend ist;* ▪ **auf dem letzten Loch pfeifen** *(umg.) mit den letzten Reserven leben müssen;* ▪ **die Spatzen pfeifen es schon von den Dächern** *jeder weiß es schon;* ▪ **einem etwas pfeifen** *(umg.) nicht das tun, was der andere wünscht;* ▪ **auf jemanden/etwas pfeifen** *(umg.) auf jmdn. oder etwas verzichten* ▸ Pfeifkonzert, Pfeifton

Pfeil der [pfaɪl] <-(e)s, -e> ❶ *Geschoss in Form eines Stabes mit einer Spitze:* einen Pfeil mit dem Bogen/einer Armbrust abschießen ❷ *Symbol in der Form eines stilisierten Pfeils¹, das auf etwas anderes hinweist:* ein grüner Pfeil markiert den Fluchtweg; ▪ **seine Pfeile auf jemand abschießen** *jmdn. sehr scharf kritisieren*

pfeil- [pfaɪl] *als Erstglied einiger zusammengesetzter Adjektive, die auf beiden Teilen betont werden;* drückt intensivierend aus, dass die mit dem Zweitglied bezeichnete Eigenschaft in hohem Maße ausgeprägt ist: Diese Bäume ragen pfeilgerade in die Höhe. ◆-gerade, -geschwind, -schnell

Pfen·nig der ['pfɛnɪç] <-(e)s, -e> bis 2001 die kleinste Einheit des deutschen Geldes; Eine Mark war einmal so viel wert wie 100 Pfennige.; ▪ **mit dem Pfennig rechnen müssen** *(umg.) sehr arm sein;* ▪ **auf Heller und Pfennig** *(umg.) verwendet, um auszudrücken, dass ein Geldbetrag vollständig und ohne Rest bezahlt wird* Er hat ihr die Summe auf Heller und Pfennig zurückgezahlt.

Pferd das [pfe:ɐ̯t] <-(e)s, -e> ❶ *ein Säugetier mit langen Beinen, mit kurzem Fell, langem Schwanz und langer Mähne, das als Reit- und Zugtier gehalten wird:* ein edles/feuriges Pferd; Ein Pferd wiehert/schlägt aus/galoppiert/tänzelt/geht durch. ◆-eapfel, -efuß, Reit-, Zirkus- ❷SPORT *ein Turngerät in der Form eines länglichen, mit Leder bezogenen Blocks, vier Beinen und zwei Griffen:* am Pferd turnen; ▪ **keine zehn Pferde bringen mich da hin** *(umg.) ich gehe auf keinen Fall dort hin;* ▪ **mit jemandem Pferde stehlen können** *(umg.) sich völlig auf jmdn. verlassen können;* ▪ **aufs falsche Pferd setzen** *(umg.) sich irren;* ▪ **wie ein Pferd arbeiten** *(umg.) sehr hart arbeiten;* ▪ **das beste Pferd im Stall** *(umg.) die beste Kollegin/der beste Kollege;* ▪ **das hält kein Pferd aus** *das hält der Stärkste nicht aus; das hält niemand aus!*

Pfer·de·schwanz der <-es, Pferdeschwänze> ❶ *Schwanz eines Pferdes¹* ❷ *eine Frisur, bei der das lange Haar im Nacken wie zu einem Pferdeschwanz¹ zusammengebunden wird:* einen Pferdeschwanz tragen

Pfiff der [pfɪf] <-(e)s, -e> ❶ *das beim Pfeifen II.1 erzeugte Geräusch:* plötzlich einen Pfiff hören; Für seine Vorstellung erntete er Pfiffe. ❷ *(umg.) etwas, das eine Sache zu etwas Besonderem oder Reizvollem macht:* Mode mit besonderem Pfiff

pfif·fig ['pfɪfɪç] *adj* (≈ gewitzt, schlau) *auf eine ungewöhnliche Weise klug:* eine pfiffige Idee ▸ Pfiffigkeit

Pfings·ten das ['pfɪŋstn̩] <-> /kein Plur./ *das christliche Fest des Heiligen Geistes und zugleich christlicher Feiertag am 50. Tag nach Ostern:* Frohe Pfingsten!; Pfingsten fiel in den Juni.; Was macht ihr an/zu/über Pfingsten? ▸ Pfingstmontag, Pfingstsonntag

Pfir·sich der ['pfɪrzɪç] <-s, -e> ❶ *eine saftige gelb-rote Frucht in der Größe eines Apfels, die eine samtige Haut hat und süß schmeckt:* Pfirsiche zu Marmelade verarbeiten ❷ *kurz für "Pfirsichbaum"*

Pflan·ze die ['pflantsə] <-, -n> *ein Organismus, der meist aus Wurzeln, Blättern und einem Stiel oder Stamm besteht:* Bäume, Sträucher und Blumen sind Pflanzen. ◆Garten-, Gewürz-, Grün-, Topf-, Wild-, Zimmer-

pflan·zen ['pflantsn̩] <pflanzt, pflanzte, hat gepflanzt> **I.** *mit OBJ* ▪ **jmd. pflanzt etwas** ❶ *Pflanzen mit den Wurzeln in die Erde setzen:* Bäume/Salat/Blumen pflanzen ❷ *irgendwo befestigen:* die Fahne auf das Dach pflanzen ❸ÖSTERR. *(umg.) zum Narren halten/foppen:* Willst du mich pflanzen? **II.** *mit SICH* ▪ **jmd. pflanzt sich irgendwohin** *(umg.) sich irgendwohin stellen oder setzen und nicht weggehen:* sich vor den Eingang pflanzen; sich aufs Sofa pflanzen

Pflas·ter das ['pflastɐ] <-s, -> ❶ *ein kleiner*

Verband, den man auf kleine Wunden klebt: ein Pflaster auf die Wunde kleben/machen ❷ *Straßenbelag aus Steinen, Beton oder Asphalt:* ein holpriges/altes Pflaster; das Pflaster aufreißen; ▪ **ein teures Pflaster** *(umg.) eine teure Gegend;* ▪ **ein heißes Pflaster** *(umg.) eine kriminelle und deshalb gefährliche Gegend* ◆ Asphalt-, Straßen-

Pflau·me die ['pflaʊmə] <-, -n> ❶ *eine ovale blau-rote Frucht, die in der Mitte einen festen Stein enthält und süß oder leicht säuerlich schmeckt:* Pflaumen zu Mus kochen ▸ -nmus, -nschnaps ❷ *kurz für „Pflaumenbaum":* Die Pflaume trägt in diesem Jahr reichlich. ❸ *(umg. abwert.) Dummkopf, Versager:* Was macht diese Pflaume überhaupt richtig?

pfle·gen ['pfleːɡn̩] <pflegst, pflegte, hat gepflegt> *mit OBJ* ❶ ▪ **jmd. pflegt jmdn./ein Tier/etwas** *Hilfsbedürftige versorgen:* alte und kranke Menschen pflegen; ein krankes Kind pflegen; Sie pflegte den Vogel, bis er wieder fliegen konnte. ❷ ▪ **jmd. pflegt etwas** *in gutem Zustand erhalten:* den eigenen Körper/die Haare/die Fingernägel pflegen; ein gepflegtes Äußeres haben; Pflegen Sie Ihr Fahrrad, dann haben Sie lange Freude daran! ❸ ▪ **jmd. pflegt etwas** *(geh.) sorgfältig und andauernd tun:* gute Beziehungen zu anderen Ländern pflegen; ein seltenes Hobby pflegen ❹ ▪ **jmd. pflegt plus Inf.** *(geh.) normalerweise tun:* Mittags pflegte er zu schlafen; Sonntags pflegen sie in die Kirche zu gehen.

Pfle·ger der, **Pfle·ge·rin** *Person, deren Beruf es ist, alte und/oder kranke Menschen zu pflegen* ◆ Alten-, Kranken-

Pflicht die [pflɪçt] <-, -en> ❶ *von gesellschaftlichen Normen und Vorschriften angenommene (innere, sittliche, moralische) Verpflichtung, welche das Handeln bestimmt, und der man sich kaum entziehen kann:* seine Pflicht gegenüber jmdm./der Gesellschaft erfüllen; seine Pflichten verletzen; es als seine Pflicht betrachten ...; eine Pflicht übernehmen/auf sich laden; seine schulischen Pflichten vernachlässigen ◆ -einstellung, -gefühl, -verteidiger(in), -versicherung, Alltags-, Amts-, Dankes-, Dienst-, Repräsentations-, -Schul- ▸ pflichtgemäß, pflichtvergessen, pflichtversichert, pflichtwidrig ❷ */kein Plur./ (in bestimmten Sportdisziplinen: ↔ Kür) Übungen, die ein Sportler im Wettkampf zeigen muss:* die Pflicht im Eislaufen/Turnen; ▪ **jemanden in die Pflicht nehmen** *(geh.) jmdn.*

an die Erfüllung seiner Aufgaben erinnern ◆ -lauf, -laufen, -programm, -übung

pflicht·be·wusst adj *so, dass man seine Pflichten kennt und erfüllt:* ein pflichtbewusster Mitarbeiter/Schüler ▸ Pflichtbewusstsein

-pflich·tig [pflɪçtɪç] *als Zweitglied zusammengesetzte Adjektive, mit Betonung auf dem Erstglied; drückt aus, dass das mit dem Erstglied Bezeichnete für jmdn. oder etwas unabdingbar/obligatorisch ist und somit unbedingt berücksichtigt/beachtet bzw. auch gezahlt werden muss:* ein Kind im schulpflichtigen Alter (= für das die allgemeine Schulpflicht gilt); Sie hat eine gebührenpflichtige Verwarnung wegen einer Ordnungswidrigkeit erhalten und muss deshalb zahlen ◆ -anmelde-, -anzeige-, apotheken-, aufsichts-, beitrags-, bußgeld-, einkommen(s)steuer-, gebühren-, kosten-, rezept-, schul-, sozialversicherungs-, steuer-

pflü·cken ['pflʏkn̩] <pflückst, pflückte, hat gepflückt> *mit OBJ* ▪ **jmd. pflückt etwas** *die Frucht oder die nutzbaren Teile von einer Pflanze abnehmen:* Äpfel/Erdbeeren/Baumwolle/Tee pflücken; eine Birne vom Baum pflücken

Pflug der [pfluːk] <-(e)s, Pflüge> LANDW. *ein Gerät zum Aufbrechen und Wenden des Ackerbodens:* das Pferd vor den Pflug spannen; den Pflug an einen Traktor hängen ▸ pflügen

Pfört·ner der, **Pfört·ne·rin** ['pfœrtnɐ] <-s, -> *jmd., der den Eingang zu einem Gebäude bewacht* ▸ Pforte

Pfo·te die ['pfoːtə] <-, -n> ❶ *Fuß mancher Tiere:* die Pfoten eines Hundes/einer Katze; Die Katze schleicht auf leisen Pfoten. ◆ Hasen-, Hunde-, Katzen- ❷ *(umg. abwert.) Hand:* (Nimm deine) Pfoten weg!

pfui [pfʊi̯] interj ❶ *Ausruf als Ausdruck des Ekels:* Pfui, fass' das doch nicht an!; Pfui Teufel, stinkt das hier! ❷ *Ausruf als Ausdruck der Ablehnung, des Ärgers oder der Wut:* Pfui, wie gemein!; Nach dem 2. Foul rief das Publikum laut „pfui!".

Pfund das [pfʊnt] <-(e)s, -e> ❶ *eine Gewichtseinheit (500 Gramm):* ein Pfund Fleisch/Zwiebeln; Zwei Pfund entspricht einem Kilogramm. ❷ *eine Währungseinheit in Großbritannien und anderen Ländern:* ein Pfund Sterling; ein englisches Pfund; ▪ **mit seinen Pfunden wuchern** *(geh. übertr.) seine Fähigkeiten gewinnbringend einsetzen;* ▪ **jemand bringt viele Pfunde auf die Waage** *jemand wiegt sehr viel*

Pfunds- [pfʊnts] *als Erstglied einiger zu-*

sammengesetzter Substantive, die auf beiden Teilen betont werden; drückt aus, dass das mit dem Zweitglied Bezeichnete sehr geschätzt/positiv bewertet wird: Er ist ein Pfundskerl: Als sie in großen Schwierigkeiten war, hat er ihr sofort geholfen. ◆ -kerl, -mädchen, -spaß, -stimmung

Pfüt·ze die ['pfʏtsə] <-, -n> ❶ *Wasser, das in einer Vertiefung des Bodens steht (nach Regen):* Auf der Straße bildeten sich nach dem Regen einige Pfützen. ◆ Regen-, Wasser- ❷ (≈ *Lache) kleine Flüssigkeitsmenge auf dem Boden:* Was ist das für eine Pfütze auf dem Fußboden? Hast du Wasser verschüttet?; Der Hund muss seine Pfütze doch nicht gerade hier machen!; Unter dem Auto ist eine große Pfütze von Öl/Benzin.

Pha·se die ['faːzə] <-, -n> ❶ *zeitlicher Abschnitt innerhalb einer Entwicklung:* Die letzte Phase der Vorbereitungen beginnt. ◆ Anfangs-, Einführungs-, End-, -Erholungs-, Haupt-, Schluss-, Spät-, Übergangs-, Vorbereitungs- ❷ ASTRON. *die veränderliche Lichtgestalt, unter der der Mond, aber auch die Planeten Merkur und Venus erscheinen:* Vollmond und Neumond sind Phasen des Mondes. ❸ PSYCH. *Abschnitt in der körperlich-geistigen Entwicklung eines Menschen:* In der Phase der frühen Jugend bekam er Probleme.

Phi·lo·so·phie die [filozoˈfiː] <-, -n> ❶ */kein Plur./ Lehre von den grundlegenden Bestimmungen und Strukturen des Lebens, der Welt und des Wissens:* Die Philosophie der Naturwissenschaften fragt z.B. nach dem prinzipiellen Unterschied zwischen belebter und unbelebter Materie. ❷ *ein bestimmtes, in sich geschlossenes System von Antworten auf die Frage nach Grundstrukturen im jeweiligen Gegenstandsbereich:* ein Anhänger der Philosophie Kants/Hegels sein ◆ Geschichts-, Kultur-, Religions-, Sprach- ❸ *(umg.: ≈ Weltanschauung) eine persönliche Betrachtungsweise für etwas:* Sie hat ihre eigne Philosophie im Bezug auf Ehe und Familie. ▸ Philosoph/Philosophin, philosophieren, philosophisch

phleg·ma·tisch [flɛˈɡmaːtɪʃ] *adj von schwerfälliger, nicht leicht erregbarer Gemütsart:* Mit seiner phlegmatischen Art ist er für diese Arbeit nicht geeignet. ▸ Phlegma, Phlegmatiker(in)

Pho·ne·tik die [foˈneːtɪk] <-> */kein Plur./* SPRACHWISS. *Theoriebereich zu den sprachlichen Lauten* ▸ Phonetiker(in), phonetisch

Pho·to·ap·pa·rat *siehe* **Fotoapparat**

Phy·sik die [fyˈziːk] <-> */kein Plur./* ❶ *Theorie von der Struktur, den Prozessen und Kräften der unbelebten Materie:* In der Physik beschreibt man die Naturgesetze mit den Methoden der Mathematik. ◆ Atom-, Kern- ▸ Physiker(in), physikalisch ❷ *Lehrfach in der Schule:* Wir haben in der 12. Klasse jede Woche 4 Stunden Physik. ▸ physikalisch, Physiker ◆ -buch, -lehrer, -saal

phy·sisch [ˈfyːzɪʃ] *adj /nicht steig./ körperlich:* physische Anstrengung; Beim Telefonieren spricht man mit einer Person, die physisch nicht anwesend ist.; den Anstrengungen physisch gewachsen sein

Pi·a·nist der, **Pi·a·nis·tin** [pi̯aˈnɪst] <-en, -en> *Person, die beruflich Klavier spielt* ▸ pianistisch ◆ Bar-, Jazz-, Konzert-

Pi·ckel der [ˈpɪkl̩] <-s, -> ❶ TECHN. *Spitzhacke, mit der man Löcher in Eis, Bergwände und Straßen schlägt* ❷ *kleine, oft eitrige und rote Schwellung der Haut* ▸ pickelig/picklig ◆ Eiter-

Pick·nick das [ˈpɪknɪk] <-s, -e/-s> *Mahlzeit im Freien mit mitgebrachten Speisen:* Am Wochenende gehen wir zum Picknick ins Grüne. ▸ picknicken ◆ -korb

piek- [piːk] (≈ *äußerst) als Erstglied einiger zusammengesetzter Adjektive, die auf beiden Teilen betont werden; drückt intensivierend aus, dass die mit dem Zweitglied bezeichnete Eigenschaft in äußerstem Maße gegeben ist/auf etwas zutrifft:* Bei denen ist alles pieksauber; da könnte man vom Fußboden essen! ◆ -fein, -sauber

pie·pen [ˈpiːpn̩] <piepst, piepte, hat gepiept> *ohne OBJ* ■ **jmd./ein Tier piept** *einen hohen, leisen Ton von sich geben:* Das Küken piepte leise.; **zum Piepen sein** *(umg.) lächerlich sein;* **Bei dir piept's wohl!** *(umg.) du bist ja verrückt!*

Pil·le die [ˈpɪlə] <-, -n> ❶ *zu einer kleinen Kugel geformte Portion eines Arzneimittels:* täglich viele Pillen schlucken müssen ◆ Beruhigungs-, Kreislauf- ❷ *(umg.) Antibabypille:* die Pille nehmen; mit der Pille verhüten; **eine bittere Pille schlucken** *etwas Unangenehmes erfahren oder ertragen müssen*

Pi·lot der, **Pi·lo·tin** [piˈloːt] <-en, -en> ❶ *Person, die (berufsmäßig) Flugzeuge fliegt:* Sie will Pilotin werden.; Der Pilot des Sportflugzeuges beherrschte seine Maschine gut. ◆ Flugzeug-, Hubschrauber- ❷ *Fahrer eines Rennwagens:* die Piloten der Formel 1

Pi·lot- [piˈloːt] *als Erstglied zusammengesetzter Substantive, mit Betonung auf dem*

Erstglied; drückt aus, dass das mit dem Zweitglied Bezeichnete erstmals/probeweise/experimentell/testweise erfolgt bzw. eingeführt worden ist: Abschlussbericht zur Pilotstudie im Bereich der erneuerbaren Energien, was die Akzeptanz vertikaler Windenergie-Anlagen betrifft ◆ -abschluss, -anlage, -ballon, -betrieb, -film, -maßstab, -phase, -projekt, -sendung, -studie, -ton, -versuch

Pils das [pɪls] <-> ❶ *(≈ Pil·se·ner) helles Bier von leicht bitterem Geschmack:* Hier wird Pilsener gebraut. ❷ *(≈ Pil·se·ner) ein Glas Pilsener:* ein Pils/Pilsener bestellen/trinken

Pilz der [pɪlts] <-es, -e> ❶ *eine Pflanze ohne Blüten und Blätter, die aus einem Stiel und einem flachen oder kegelförmigem Hut besteht:* Pilze sammeln/suchen/bestimmen; essbare/giftige Pilze ◆ Gift-, Speise- ❷ *kleine Organismen, die sich auf Lebewesen und Speisen setzen und Krankheiten verursachen können:* Die Rosen sind von einem Pilz befallen.; einen Pilz (auf der Haut) haben; **wie Pilze aus der Erde schießen** *(umg.) etwas entsteht rasch in großer Zahl* Die neuen Gebäude schossen wie Pilze aus dem Boden. ◆ -erkrankung, Fuß-, Haut-

Pin·sel der [ˈpɪnzl] <-s, -> ❶ *ein Gerät, das aus einem Stiel mit Haaren oder Borsten besteht und das man zum Malen oder zum Anstreichen von Dingen benützt:* ein dicker/feiner/grober Pinsel; ein Bild mit einem Pinsel malen; den Zaun mit einem Pinsel streichen; den Staub mit einem Pinsel entfernen; den Rasierschaum mit einem Pinsel auftragen ◆ Borsten-, Haar-, Maler- ❷ *(umg. abwert.) einfältiger Mensch:* So ein alberner Pinsel! ◆ Einfalts-

Pin·zet·te die [pɪnˈtsɛtə] <-, -n> *ein Instrument, das einer kleinen Zange ähnlich ist und mit dem man sehr kleine Gegenstände greifen kann:* einen Dorn mit einer Pinzette aus der Haut entfernen

Pis·to·le die [pɪsˈtoːlə] <-, -n> *(≈ Revolver) eine Schusswaffe mit kurzem Lauf:* die Pistole entsichern/laden/auf ein Ziel richten; ■ **jemandem die Pistole auf die Brust setzen** *(umg.) jmdn. zu einer sofortigen Entscheidung drängen* Er hat mir die Pistole auf die Brust gesetzt, ob ich mit ihm in die Ferien fahre oder nicht.; ■ **wie aus der Pistole geschossen** *(umg.) sehr schnell* Er wusste wie aus der Pistole geschossen. ◆ Schreckschuss-

Pla·ge die [ˈplaːɡə] <-, -n> ❶ *etwas, das für jmdn. eine dauernde Belastung darstellt:* Verkehrslärm wird heute oft zur Plage. ◆ Heuschrecken-, Mücken- ❷ *(umg.) schwere Arbeit:* Es war ein richtige Plage, den Baum zu roden. ▸ plagen

Pla·kat das [plaˈkaːt] <-(e)s, -e> *ein großformatiges Blatt Papier, das an gut sichtbaren Stellen zu Werbezwecken aufgehängt wird:* ein Plakat, das für den neuesten Film/eine Partei/ein Waschmittel/eine Veranstaltung wirbt ▸ plakatieren, plakativ ◆ Kino-, Konzert-, Reklame-, Theater-, Wahl-

plan adj /nicht steig./ *(fachspr.) eben, nicht gewölbt:* Die Ebene vor uns war vollkommen plan. ◆ Getrennt- oder Zusammenschreibung → R 4.16 eine plan geschliffene/plangeschliffene Fläche

Plan der [plaːn] <-(e)s, Pläne> ❶ *eine Art Programm zur Verwirklichung eines Vorhabens, das die einzelnen Schritte, ihren Zusammenhang und ihre Reihenfolge als Inhalt hat:* ein gut durchdachter/exakter Plan; einen Plan abarbeiten/aushecken/erarbeiten/in die Tat umsetzen; genau nach Plan vorgehen; Was steht noch auf unserem Plan? ❷ */meist Plur./ Vorhaben; Absicht:* einen Plan aufgeben/verwirklichen; Was sind deine weiteren Pläne?; den Plan haben, etwas zu tun ◆ Ferienpläne, Heiratspläne, Zukunftspläne ❸ *eine (technische) Zeichnung, die zeigt, wie etwas (auf)gebaut ist oder gebaut werden soll:* Die Pläne für das Haus existieren noch/schon.; einen Plan zeichnen ◆ Bau-, Konstruktions- ❹ *Übersichtskarte einer Stadt oder Region:* sich nach dem Plan in der Stadt orientieren ◆ Stadt- ❺ ■ **jemanden auf den Plan rufen** *bewirken, dass jmd. eingreift oder handelt* Die Ankündigung der Baumfällarbeiten hat die Naturschützer auf den Plan gerufen.; ■ **etwas steht auf dem Plan** *etwas ist geplant* Was steht für die nächsten zwei Wochen auf dem Plan?

pla·nen [ˈplaːnən] <planst, plante, hat geplant> *mit OBJ* **jmd. plant etwas** ❶ *sich Gedanken über die Durchführung einer Sache machen:* Das Projekt ist sorgfältig geplant. ❷ *beabsichtigen:* Sie planen, übers Wochenende zu verreisen.

Pla·net der [plaˈneːt] <-en, -en> ASTRON. *ein Himmelskörper, der um die Sonne kreist:* Eine Sonde soll den Planeten Mars erkunden.; Erde und Mond sind zwei Planeten.; ■ **der Blaue Planet** *die Erde* ▸ planetarisch ◆ -enbahn, -ensystem

plan·mä·ßig adj /nicht steig./ *nach einem Plan:* planmäßig vorgehen

Plas·tik[1] die [ˈplastɪk] <-, Plastiken> KUNST

(≈ Skulptur) *Werk der Bildhauerkunst:* Die Ausstellung zeigt Bilder und Plastiken des berühmten Künstlers.; *Plastiken aus Holz/Metall/Stein* ◆ Holz-, Marmor-, Metall-, Stein-

Plas·tik² *das* ['plastɪk] <-(s)> */kein Plur./ Kunststoff:* Geschirr/Spielzeug aus Plastik ◆ -becher, -besteck, -beutel, -eimer, -tüte

platt [plat] <platter, am plattesten> *adj* ❶ *(≈ flach) ohne jede Erhebung:* das platte Land; platt wie eine Flunder; den Teig platt walzen; Der Reifen ist platt. ❷ *(abwert.: ≈ trivial) ohne Ideen oder Witz:* eine platte und geistlose Geschichte; ■ **platt sein** *(umg.) sehr erstaunt sein;* ■ **einen Platten haben** *(umg.) ein Loch im Reifen haben* ◆ Getrennt- oder Zusammenschreibung → R 4.15 platt drücken/plattdrücken; platt treten/platttreten; platt walzen/plattwalzen

Plat·te *die* ['platə] <-, -n> ❶ *ein flaches, dünnes, meist rechteckiges Stück aus hartem Material:* eine Platte aus Beton/Glas/Holz/Stein ◆ Acryl-, Beton-, Glas-, Holz-Marmor-, Stahl-, Stein- ❷ *Schallplatte:* eine Platte abspielen/auflegen/hören/umdrehen ◆ Langspiel- ❸ *ein großer Teller:* den Braten auf einer Platte servieren ◆ Gemüse-, Käse- ❹ *(umg.) Plattenbau(siedlung):* in der Platte wohnen ❺ *Glatze:* Er hatte schon früh eine Platte.; ■ **eine kalte Platte** *kalte Speisen, die auf einer Platte³ angerichtet sind;* ■ **immer wieder dieselbe Platte** *sich ständig wiederholen*

Plat·ten·spie·ler *der* <-s, -> *Gerät zum Abspielen von Schallplatten:* die Abdeckhaube/der Plattenteller/der Tonabnehmer/der Tonarm des Plattenspielers

platt·ma·chen *mit OBJ* ■ **jemand macht jemanden/etwas platt** *(vulg.) zerstören:* ein Haus mit dem Bulldozer plattmachen

Platz *der* [plats] <-es, Plätze> ❶ *größere Fläche im Freien, die von Gebäuden umgeben ist:* Auf dem Platz hinter der Fabrik lagern Ölfässer.; ein großer/öffentlicher Platz; Der Platz vor dem Theater wird neu gestaltet. ◆ Markt- ❷ */kein Plur./ Raum, der für etwas zur Verfügung steht:* in der Wohnung wenig Platz haben; noch etwas Platz für die Unterschrift lassen; beim Schreiben Platz sparen ❸ *Ort, bestimmte Stelle:* Würdest du den Platz wiederfinden?; das Buch an seinen Platz im Regal zurückstellen ❹ *Sitzplatz:* Die Abteile verfügen über jeweils sechs Plätze.; jemandem einen Platz anbieten ❺ SPORT *Sportplatz:* auf eigenem Platz 4:0 gewinnen; ■ **die Gegner auf die Plätze verweisen** *die Gegner besiegen;* ■ **am Platze** *hier an diesem Ort* der beste Bäcker am Platze; ■ **auf die Plätze, fertig, los!** *Kommando bei sportlichen Wettkämpfen;* ■ **Platz da!** *verwendet, um auf sehr unhöfliche Weise jmdn. aufzufordern, den Weg freizugeben;* ■ **Das ist hier nicht am Platze!** *Das (z.B. diese Äußerung) passt hier nicht hin!;* ■ **Nehmen Sie bitte Platz.** *Setzen Sie sich bitte.* ◆ Fußball-, Tennis-

plat·zen ['platsn] <platzt, platzte, ist geplatzt> *ohne OBJ* ■ **etwas platzt** ❶ *durch Druck von innen her in Stücke gerissen werden:* Der Luftballon ist geplatzt.; einen Ballon platzen lassen ❷ *(umg.) nicht stattfinden oder scheitern:* Das Treffen ist geplatzt.; ein Treffen platzenlassen; Die Vereinbarung ist geplatzt. ❸ ■ **jmd. platzt vor etwas** *Dat. ein (meist) negatives Gefühl haben und sich nicht mehr beherrschen können:* Er platzte vor Eifersucht/Neid/Stolz/Wut. ❹ ■ **jmd. platzt in etwas** *Akk. jmd. kommt plötzlich in eine Versammlung und stört sie auf diese Weise:* Plötzlich ging die Türe auf und er platzte in die Besprechung.; ■ **vor Lachen fast platzen** *sehr heftig lachen müssen;* ■ **aus allen Nähten platzen** *zu dick werden oder zu sehr zunehmen;* ■ **Mir platzt gleich der Kragen!** *Ich bin dabei, wütend zu werden!;* ■ **etwas platzenlassen** *ausfallen lassen* Er hat die Veranstaltung einfach platzenlassen.

Platz·re·ser·vie·rung *die* <-, -en> *das Reservieren eines Sitzplatzes*

plau·dern ['plaudɐn] <plauderst, plauderte, hat geplaudert> *ohne OBJ* ■ **jmd. plaudert (mit jmdm. über jmdn./etwas)** ❶ *sich mit jmdm. unterhalten:* mit der Nachbarin plaudern ❷ *Geheimnisse weitererzählen:* Ich sage dir etwas, aber wehe, du plauderst!

plau·si·bel [plau'ziːbl̩] <plausibler, am plausibelsten> *adj einleuchtend; verständlich:* eine plausible Erklärung ◆ Plausibilität

Play·boy *der* ['pleɪbɔɪ] <-s, -s> *meist junger Mann, der viel Geld für Frauen und Luxusgüter ausgibt*

plei·te *adj /nicht steig./ so, dass man gar kein Geld mehr hat und seine Schulden nicht bezahlen kann:* Ich bin momentan total pleite.; Die Firma ist pleite; da ist nichts mehr zu holen.

Plei·te *die* ['plaɪtə] <-, -n> *(umg.)* ❶ WIRTSCH. *(≈ Konkurs) der Zustand, dass jmd. oder eine Firma pleite ist:* Die Pleite war nicht abzuwenden. ❷ *(umg. abwert.) Niederlage; Misserfolg:* Die ganze Sache war eine Pleite.; ■ **pleitegehen** *Bankrott machen* Die Firma ist pleitegegangen.

plötz·lich ['plœtslɪç] *adj /nicht steig./ (↔ allmählich) überraschend und unerwartet:* eine plötzliche Wende; ein plötzlicher Kälteeinbruch; Plötzlich kam sie zur Tür herein.; ■ **Nun aber ein bisschen plötzlich!** *(umg.) unhöfliche Aufforderung, sich zu beeilen*

plump [plʊmp] *adj* ❶ *körperlich massig:* eine plumpe Figur ❷ *ungeschickt:* sich plump bewegen ❸ *nicht sehr klug:* eine plumpe Täuschung ❹ *sehr direkt und nicht elegant:* ein plumper Annäherungsversuch

plün·dern ['plʏndɐn] <plünderst, plünderte, hat geplündert> *mit OBJ* ■ **jmd. plündert etwas** ❶ *eine Notlage ausnutzen, um fremdes Eigentum zu stehlen:* Während des Stromausfalls plünderten die Menschen Häuser und Geschäfte. ❷ *(umg. übertr.) fast alles verbrauchen, was da ist:* den Kühlschrank/das kalte Büfett plündern

Plu·ral *der* ['plu:ra:l] <-s, -e> SPRACHWISS. *(↔ Singular) die Form eines Wortes, die anzeigt, dass es sich um mehr als eine Sache oder eine Person handelt; Mehrzahl:* im Plural stehen; Der Plural des Wortes „Haus" ist „Häuser". ◆ -form

plus [plʊs] **I.** *konj* MATH. *verwendet, um auszudrücken, dass eine Addition ausgeführt wird:* Fünf plus drei ist acht. **II.** *adv bei Zahl(enwert): positiv; größer als Null:* Heute sind fünf Grad plus.

Plus *das* <-, -> ❶ WIRTSCH. *(↔ Minus) Überschuss:* ein Plus erwirtschaften ❷ *(↔ Handicap) Vorteil:* Seine Sprachkenntnisse sind ein entscheidendes Plus. ❸ *(↔ Minus) das Pluszeichen:* vor eine Zahl ein Plus setzen

Plus·quam·per·fekt *das* ['plʊskvampɛrfɛkt] <-s, -e> SPRACHWISS. *vollendete Vergangenheit:* In dem Satz „Er hatte Hunger gehabt" wird das Verb „haben" im Plusquamperfekt verwendet.

Pneu *der* [pnɔy] <-s, -s> SCHWEIZ. *Reifen (für Auto und Fahrrad)*

Po *der* [po:] <-(s), -s> *(umg.: kurz für „Popo") Gesäß, Hintern; siehe* **Popo**

Po·di·um *das* ['po:diʊm] <-s, Podien> *erhöhte Plattform für eine Darbietung oder einen Redner:* Der Dirigent trat zum Orchester auf das Podium.

Po·e·sie *die* [poe'zi:] <-> */kein Plur./ (geh.)* ❶ *Dichtkunst:* die Werke der Poesie ❷ *(↔ Prosa) Gedichte:* Poesie schreiben ❸ *bezaubernde Schönheit:* die Poesie der Landschaft/des Sommerabends

Poin·te *die* [po̯ɛ̃:tə] <-, -n> *die entscheidende Wendung einer Geschichte, eines Witzes oder einer Angelegenheit, der „springende Punkt":* bei einer Geschichte/ einem Witz die Pointe (nicht) verstehen

Po·kal *der* [po'ka:l] <-s, -e> ❶ *wertvoller, reich geschmückter Becher:* Der König trank Wein aus einem Pokal. ❷ *ein Gefäß, das als Auszeichnung dem Gewinner eines (sportlichen) Wettkampfes überreicht wird:* den Pokal spielen; den Pokal gewinnen ◆ Europa-, Wander-

Pol *der* [po:l] <-s, -e> ❶ *einer der beiden Endpunkte der Erdachse:* Nord-, Süd- ❷ PHYS. *ein Anziehungszentrum am Ende eines Magneten:* Magnetpol

Po·li·tik *die* [poli'ti:k] <-, -en> */Plur. selten/* ❶ POL. *alle Maßnahmen einer Regierung, die auf die Verwirklichung bestimmter Ziele in Staat und Gesellschaft hinwirken:* die Politik der neuen Regierung; eine konservative/liberale Politik; eine arbeitnehmerfreundliche Politik machen; sich für (die) Politik (in der Welt) interessieren ◆ Außen-, Bundes-, Innen-, Kommunal-, Landes- Steuer-, Umwelt-, Welt- ❷ *die Staatsführung als Wissenschaft:* Politik studieren; sich mit Politik beschäftigen ❸ *eine auf ein bestimmtes Ziel gerichtete Verhaltensweise:* die Politik eines Unternehmens; Unsere Politik sollte es sein, alle in das Projekt einzubeziehen. ◆ Familien-, Firmen-, Personal-

Po·li·ti·ker *der,* **Po·li·ti·ke·rin** [po'li:tikɐ] <-s, -> *Person, die (beruflich) in der Politik tätig ist*

po·li·tisch [po'li:tɪʃ] *adj /nicht steig./* ❶ *die Politik betreffend; in verschiedenen Zusammensetzungen auch auf Absichten/ Vorhaben im jeweiligen Bereich (Firmen/ Unternehmen etc.) allgemein bezogen:* eine politische Angelegenheit/Frage; politische Debatten/Diskussionen/Entscheidungen/ Hintergründe; die politischen Wissenschaften ◆ arbeitsmarkt-, beschäftigungs-, betriebs-, forschungs-, kirchen-, konjunktur-, unternehmens-, wohnungs- ❷ *klug; berechnend:* eine rein politische, weniger an Sachfragen orientierte Entscheidung

Po·li·zei *die* [poli'tsai] <-> */kein Plur./* ❶ *die staatliche Behörde, die für öffentliche Sicherheit und Ordnung sorgt:* bei der Polizei arbeiten ❷ *Mitarbeiter der Polizei¹:* die Polizei rufen; Die Polizei traf am Unfallort ein. ◆ -aufgebot, -kräfte, -präsident, -präsidium, -revier, -staat, -stunde

Po·li·zist der, **Po·li·zis·tin** [poliˈtsɪst] <-s, -en> *Person, die bei der Polizei¹ arbeitet*

Pols·ter das [ˈpɔlstɐ] <-s, -> ❶ (≈ *Kissen*) *weiches Material, das eine harte Oberfläche bedeckt, damit man bequemer darauf sitzen kann:* das Polster eines Sessels/Sofas ▸ gepolstert ◆ Sitz-, Stuhl- ❷ *weiches Material, mit dem man Kleidungsstücke verstärkt:* ein Polster in die Jacke einnähen; Schulter-; ■ **ein finanzielles Polster** *(übertr.) Sicherheit durch eine ausreichende Menge Geld*

Pol·ter·abend der <-s, -e> *Abend vor einer Hochzeit, an dem nach der Tradition Geschirr zerschlagen wird, weil das dem Brautpaar Glück bringen soll*

Am Abend vor der Hochzeit, dem **Polterabend**, bringen Freunde und Verwandte des Brautpaares Geschirr sowie z.B. auch Steingut mit und zerschlagen es vor deren Augen. Gewöhnlich findet das vor dem Haus der Braut bzw. vor deren Elternhaus statt. Mit diesem alten deutschen Hochzeitsbrauch (eigentlich: mit diesem vorehelichen Brauch) soll dem Paar nach dem Motto „Scherben bringen Glück" ein Gelingen der Ehe gewünscht werden. Dazu lädt das Brautpaar nicht ausdrücklich ein; es liegt lediglich einen Termin fest: Dann kann kommen, wer will. Geschenke werden gewöhnlich nicht mitgebracht. Am nächsten Morgen muss das Hochzeitspaar/Brautpaar dann beim gemeinsamen Aufräumen sozusagen unter Beweis stellen, dass es Qualitäten für den ebenfalls gemeinsamen Haushalt hat. In Österreich, in der Schweiz, und in einigen anderen Ländern hat der Ausdruck *Polterabend* übrigens eine ganz andere Bedeutung: Hier wird darunter der in Deutschland so bezeichnete *Junggesellenabschied/Junggesellinnenabschied* verstanden, der sozusagen der „letzte Abend in Freiheit" ist bzw. der Abschied vom sog. „Single-Leben/Single-Dasein". Das künftige Brautpaar wird dabei z.B. mit Spielen und verschiedenen Aufgaben überrascht. Heute feiern viele Paare sowohl den Polterabend, als auch den Junggesellen- bzw. Junggesellinnen-Abschied.

pol·tern [ˈpɔltɐn] <polterst, polterte, hat/ist gepoltert> *ohne OBJ* ■ **jmd./etwas poltert** ❶ *(haben) ein wiederholtes dumpfes Geräusch erzeugen:* Die Kinder poltern auf der Treppe.; Die Maschine poltert. ❷ *laut schimpfend äußern:* „Und was soll das mit mir zu tun haben?" polterte er. ❸ *(sein) sich lärmend irgendwohin bewegen:* Der Handwagen poltert über das Straßenpflaster.; Die Steine poltern auf den Boden.

Pom·mes frites [ˈpɔmˈfrɪt] <-> *Plur. schmale, in Fett gebackene Kartoffelstreifen*

Po·ny¹ das [ˈpɔni] <-s, -s> *Pferd einer kleinwüchsigen Rasse*

Po·ny² der [ˈpɔni] <-s, -s> *eine Frisur, bei der das gleichmäßig lang geschnittene Haar in die Stirn gekämmt ist* ◆ -frisur

Po·po der [poˈpoː] <-s, -s> *(umg.) Gesäß, Hintern:* einen Klaps auf den Popo geben

po·pu·lär [popuˈlɛːɐ̯] *adj bei der großen Masse bekannt und beliebt:* der populäre Darsteller/Entertainer/Künstler/Sänger/Schauspieler ▸ popularisieren, Popularität

Port·mo·nee, *a.* **Porte·mon·naie** das [pɔrtmɔˈneː/ˈpɔrtmɔneː] <-s, -s> ❶ (≈ *Geldbeutel*) *eine kleine Tasche (meist aus Leder), in der man Geldscheine, Münzen und z.B. seinen Ausweis aufbewahren kann:* Er steckte das Kleingeld und die Scheine in sein Portmonee. ❷ SCHWEIZ. *Brieftasche:* Dokumente in das Portemonnaie stecken

Por·tier der [pɔrˈtjeː] <-s, -s> ❶ *Pförtner in Hotels oder öffentlichen Gebäuden* ❷ *Hausmeister*

Por·ti·on die [pɔrˈtsi̯oːn] <-, -en> ❶ *eine abgemessene Menge von einer Speise:* sich eine große/kleine/ordentliche Portion nehmen; Das Lokal serviert großzügige Portionen. Hier ist noch jeder satt geworden. ▸ portionieren, portionsweise ❷ *(umg.) eine beträchtliche Menge von etwas:* Dazu gehört eine gehörige Portion Frechheit/Glück/Unverschämtheit.; ■ **eine halbe Portion** *(umg. abwert.) eine sehr kleine, magere Person;* Du bist doch nur eine halbe Portion!

Por·to das [ˈpɔrto] <-s, -s/Porti> *das Geld, das man bezahlen muss, damit die Post einen Brief oder ein Paket transportiert* ◆ -kasse, Brief-, Versand-

Por·zel·lan das [pɔrtsɛˈlaːn] <-s, -e> ❶ *ein weißer Stoff, aus dem Geschirr hergestellt wird:* Porzellan brennen/glasieren/herstellen ❷ *(ein Stück) Geschirr aus Porzellan:* den Tisch mit dem feinsten Porzellan decken; ■ **Porzellan zerschlagen** *(übertr.) (vermeidbaren) Schaden anrichten* Mit dieser unvorsichtigen Rede hat der Politiker in der Öffentlichkeit viel Porzellan zerschlagen. ◆-figur, -laden, -tasse, -teller

Por·zel·lan·la·den ■ **sich benehmen wie der Elephant im Porzellanladen** *(umg. abwert.) sich sehr plump und ungeschickt verhalten und damit z.B. auch Schaden anrichten*

Por·trät das [pɔrˈtrɛː] <-s, -s> ❶ *Bildnis einer Person:* ein Porträt von sich malen lassen ▶ porträtieren ◆-maler, -studie, -zeichnung, Doppel-, Selbst- ❷ *kurze, anschauliche Beschreibung einer Person oder Sache:* ein Porträt dieser Bürgermeisterin/ Landschaft/Stadt geben

Po·sau·ne die <-, -n> MUS. *ein großes Blasinstrument* ▶ Posaunist(in) ◆-nchor

Po·si·ti·on die [poziˈtsi̯oːn] <-, -en> ❶ *berufliche Stellung:* Wir bieten Ihnen eine verantwortliche Position in der Geschäftsleitung eines internationalen Konzerns. ◆Führungs-, Macht-, Spitzen- ❷ *die bestimmte Lage oder Stellung von etwas:* Der Hebel befindet sich jetzt in einer anderen Position als vorher. ❸ *Standpunkt:* Unsere Positionen sind nicht vereinbar. ❹ WIRTSCH. *einzelner Posten auf einer Aufstellung:* alle Positionen einzeln auflisten ❺ LUFTF., SEEW. *der Standort eines Schiffes, eines Flugzeuges oder eines Gestirns:* die Position eines Schiffes/eines Flugzeuges/ eines Gestirns bestimmen; die Position des Schiffes per Funk durchgeben ❻ SPORT *(≈ Rang) der Platz, den ein Spieler auf der Rangliste einnimmt:* Er ist auf der dritten Position.

po·si·tiv [ˈpoːzitiːf] *adj* ❶ */nicht steig./ (↔ negativ) als Zahl oder Zahlenwert größer als Null:* die positiven und die negativen Zahlen; Die Temperatur erreicht positive Werte. ❷ *(↔ negativ) gut und erfreulich:* Endlich mal eine positive Nachricht!; eine positive Lebenseinstellung; beginnen, die Dinge wieder positiv zu sehen

Po·si·tiv[1] der <-s, -e> SPRACHWISS. *(↔ Komparativ, Superlativ) die Grundform des Adjektivs, wie sie auch in Wörterbüchern als Stichwort angesetzt wird:* Das Wort „gut" ist der Positiv im Verhältnis zu dem Komparativ „besser" und dem Superlativ „am besten".

Po·si·tiv[2] das <-s, -e> FOTOGR. *(↔ Negativ) ein aus einem Negativ gewonnenes Foto*

Post die [pɔst] <-> /kein Plur./ ❶ *das Dienstleistungsunternehmen, das Briefe und Pakete transportiert* ❷ *eine einzelne Postsendung:* Es ist Post für Sie gekommen!; den Nachbarn bitten, während des Urlaubs die Post entgegenzunehmen ❸ *(umg.) der Postbote:* Die Post kommt selten vor elf Uhr. ❹ *(umg.) das Gebäude der Post*[1] *an einem Ort:* Die Post liegt gleich neben dem Bahnhof.

Post·amt das <-(e)s, Postämter> *(≈ Post*[4]*) das Gebäude, in dem die Post*[1] *ihre Dienstleistungen anbietet*

Post·bo·te der, **Post·bo·tin** <-n, -n> *eine Person, die im Auftrag der Post Briefe und Pakete zum Empfänger bringt*

Post·card die <-, -s> SCHWEIZ. *Telefonkarte:* eine neue Postcard für den öffentlichen Fernsprechautomaten kaufen

Pos·ten der [ˈpɔstn̩] <-s, -> ❶ MILIT. *(≈ Wachposten) ein Soldat, der vor einem Gebäude o.Ä. steht und es bewacht:* den Posten am Kasernentor überfallen; Posten stehen ◆Grenz-, Wach- ❷ *(≈ Job) eine Stellung in einer Firma oder einer Organisation:* einen verantwortungsvollen/gut bezahlten Posten haben; Dieser Posten im Verein ist ehrenamtlich. ◆Verwaltungs- ❸ WIRTSCH. *(≈ Betrag) eine einzelne von mehreren Sachen, die auf einer Rechnung oder Liste aufgeführt sind:* ... erlauben wir uns, Ihnen folgende Posten zu berechnen ...; ■ **nicht richtig/wieder auf dem Posten sein** *(umg.) nicht richtig/wieder gesund sein;* ■ **auf verlorenem Posten stehen** *chancenlos sein, keine Aussicht auf Erfolg haben* Er stand mit seiner Idee auf verlorenem Posten.

pos·ten *mit OBJ* ■ **jmd. postet etwas** SCHWEIZ. *einkaufen*

Post·kar·te die <-, -n> *eine Karte mit einem Bild, auf die man schreibt und die man ohne Umschlag verschickt:* aus dem Urlaub der Freundin eine Postkarte schicken

Post·leit·zahl die <-, -en> *die Kennzahl der Post für einen Ort:* Zusammen mit Straße, Hausnummer und Wohnort gehört die Postleitzahl zur Adresse.

Pöst·ler der, **Pöst·le·rin** <-s, -> SCHWEIZ. *(≈ Postler) Briefträger, Postbote:* Der Pöstler bringt die Briefpost immer mittags.

po·ten·zi·ell, *a.* **po·ten·ti·ell** [potɛnˈtsi̯ɛl] *adj* */nicht steig./ (geh.) möglich:* potenzielle Kunden; eine potenzielle Gefahr darstellen ◆Schreibung mit z oder t → R 2.20

Pou·let das [puˈleː] <-s, -s> SCHWEIZ. *junges Huhn*

Pracht die [praxt] <-> /kein Plur./ ❶ *die strahlende Schönheit von etwas:* die Pracht des Thronsaales ▶ prächtig ◆Blumen-, Farben-, Haar- ❷ *verschwenderischer Aufwand:* Die Hochzeit wurde in großer Pracht gefeiert.; ■ **jemand/etwas**

ist eine wahre **Pracht** *(umg.) jmd. oder etwas ist sehr schön anzusehen und macht einen sehr guten Eindruck* ◆-bau, -exemplar, -kerl, -straße, -stück

Prä·fix das ['prɛfɪks] <-es, -e> SPRACHWISS. *(↔ Suffix) Vorsilbe:* Die Vorsilbe „ab" ist ein Präfix, mit dem z.B. das Wort „abholen" gebildet ist. ▸ präfigieren, Präfigierung

prä·gen ['prɛːɡn̩] <prägst, prägte, hat geprägt> *mit OBJ* ❶ ■ **jmd. prägt etwas** *ein Muster so in eine Oberfläche eindrücken, dass es dauerhaft darin bleibt:* Münzen prägen; geprägtes Papier ❷ ■ **etwas prägt etwas/jmdn.** *für den Charakter eines Menschen bestimmend sein:* Die Kriegsjahre haben diese Generation geprägt. ❸ ■ **jmd. prägt etwas** *eine Formulierung oder einen sprachlichen Ausdruck/wissenschaftlichen Terminus schaffen:* Der Autor hat in einer seiner Arbeiten den Ausdruck „Schlechtbestimmtheit" geprägt.

Prag·ma·tik die <-, -en> ❶ *(geh.) Ausrichtung auf Nützlichkeit, Tatsächlichkeit, Knappheit:* mit viel Pragmatik an eine Sache herangehen ❷ SPRACHWISS. *(↔ semantisch, syntaktisch) Theorie des sprachlichen Handelns; Theoriebereich dazu, welche sprachlichen Handlungen mit sprachlichen Ausdrücken (auf der Basis abstrakter syntaktischer, semantischer etc. Regeln) in konkreten Verwendungssituationen ausgeführt werden können*

prag·ma·tisch [pra'ɡmaːtɪʃ] <pragmatischer, am pragmatischten> *adj* ❶ *(geh.) an einem praktischen Nutzen/Zweck orientiert:* eine pragmatische Lösung finden; eine pragmatische Politik machen ❷ SPRACHWISS. *(↔ semantisch, syntaktisch) auf die Pragmatik bezogen:* eine pragmatische Analyse zu einer Politikerrede durchführen

prah·len ['praːlən] <prahlst, prahlte, hat geprahlt> *ohne OBJ* ■ **jmd. prahlt** *(abwert.:≈ angeben) mit übertriebenem Stolz etwas erzählen:* mit seinen Erfolgen prahlen ▸ Prahlerei, prahlerisch, Prahlhans

Prak·ti·kant der, **Prak·ti·kan·tin** [prakti'kant] <-en, -en> *jmd., der ein Praktikum absolviert*

Prak·ti·kum das ['praktikʊm] <-s, Praktika> *eine Gelegenheit, für eine begrenzte Zeit in einer Firma zu arbeiten, um Berufserfahrung zu sammeln oder eine Ausbildung zu ergänzen:* bei einer Firma ein Praktikum absolvieren; sich um ein Praktikum bewerben ◆-sstelle

prak·tisch ['praktɪʃ] **I.** *adj* ❶ /nicht steig./ *(↔ theoretisch) auf die Wirklichkeit bezogen, die Praxis betreffend:* praktische Erfahrungen haben; Das bloße Lernen interessiert ihn weniger; er ist mehr praktisch veranlagt. ❷ *in der Lage, Aufgaben gut zu meistern:* Sie ist sehr praktisch veranlagt; sie weiß immer, wie man etwas richtig anfängt. ▸ Praktiker ❸ *(↔ unpraktisch) nützlich; leicht zu handhaben:* Die Tasche hat Seitenfächer, einen stabilen Griff und praktische Reißverschlüsse. **II.** *adv fast; nahezu:* Das System hat sich in praktisch allen Ländern durchgesetzt.; ■ **ein praktischer Arzt** *ein nicht spezialisierter, allgemeiner Arzt*

Pra·li·ne die [pra'liːnə] <-, -n> *eine Süßigkeit, die mit Schokolade überzogen ist* ◆-nschachtel

Prä·po·si·ti·on die [prɛpoziˈt͡si̯oːn] <-, -en> SPRACHWISS. *(≈ Verhältniswort) das der gleichnamigen Wortart zuzuordnende Wort, das vor einem Substantiv oder Pronomen steht und angibt, in welchem Verhältnis das Wort zur ganzen Aussage steht:* Der Satz „Ich traf ihn vor der Tür" enthält die Präposition „vor".; Eine Präposition fordert einen bestimmten Kasus. ▸ präpositional

Prä·sens das ['prɛːzɛns] <-, Präsentia/Präsenzien> SPRACHWISS. *Zeitform des Verbs; Gegenwart:* In dem Satz „Ich lese gerade" ist „lese" ein Verb im Präsens.

Prä·sen·ta·ti·on die [prɛzɛntaˈt͡si̯oːn] <-, -en> *das Darstellen einer Sache vor einem Publikum:* die Präsentation der neuen Winterkollektion; Die Präsentation der Ausstellungsobjekte im Museum ist sehr übersichtlich und informativ. ▸ präsentieren ◆-Buch-

Prä·ser·va·tiv das [prɛzɛrva'tiːf] <-s, -e> *(≈ Kondom)*

Prä·si·dent der, **Prä·si·den·tin** [prɛziˈdɛnt] <-en, -en> ❶ POL. *die Person, die das höchste Staatsamt in einer Republik bekleidet:* der Präsident der Republik ◆-enamt, -enkandidatur, Bundes-, Minister-, Staats- ▸ Präsidentschaft ❷ *die Person, die einer Institution/Organisation oder einem staatlichen Organ vorsteht:* der Präsident der Akademie hat an einer Tagung teilgenommen ◆Bundestags-, Gerichts-, Kirchen-, Polizei- ▸ Präsidentschaft

Prä·te·ri·tum das [prɛ'teːritʊm] <-s, Präterita> SPRACHWISS. *(≈ Imperfekt) eine Zeitform des Verbs; Vergangenheit:* Im Satz: „Er sagte nichts dazu." ist „sagte" ein Verb im Präteritum.

Pra·xis die ['praksɪs] <-, Praxen> ❶ *die Räume, in denen ein Arzt oder ein Anwalt*

seinen Beruf ausübt: eine eigene Praxis eröffnen ◆ -räume, Arzt-, Anwalts-, Gemeinschafts- ❷ */kein Plur./ eine bestimmte Art und Weise, etwas zu tun:* die Praxis der Abschiebung von Asylbewerbern ❸ */kein Plur./ (↔ Theorie) der Bereich der praktischen Anwendung theoretischer Entwürfe/Konzepte:* Ob seine Theorie richtig war, wird sich in der Praxis zeigen. ◆ -erfahrung, -test ❹ *die Zeit der Ausübung einer Tätigkeit, in der man Erfahrungen macht:* Er hat schon einige Jahre berufliche Praxis hinter sich. ◆ Berufs-, Fahr-, Unterrichts-, Verkaufs-

prä·zis, *a.* **prä·zi·se** [prɛ'tsiːs] *adj (≈ exakt ↔ ungenau, vage) genau:* etwas präzise beschreiben ▸ präzisieren

Pre·digt die ['preːdɪçt] <-, -en> ❶ *eine Rede über ein religiöses Thema im Rahmen eines Gottesdienstes:* Der Pfarrer hält eine Predigt über die Nächstenliebe. ◆ Sonntags-, Weihnachts-, -amt, -stuhl, -text ❷ *(umg. abwert.) eine lange, eindringliche Ermahnung:* jemandem eine Predigt über Pflichtbewusstsein halten ◆ Moral-

Preis der [praɪs] <-es, -e> ❶ *das Geld, das für eine Ware beim Kauf zu bezahlen ist:* angemessene/faire/überzogene Preise; Die Preise steigen/bleiben stabil/sinken/schwanken. ◆ Brutto-, Durchschnitts-, Einkaufs-, Eintritts-, Lebensmittel-, Netto-, Pauschal-, Sonder-, Verkaufs- ❷ *(übertr.) etwas, das man gibt, um etwas Wert zu erlangen:* Für Ruhm und Anerkennung hat er einen hohen Preis bezahlt: — Er hat nämlich seine Gesundheit ruiniert. ❸ *eine Auszeichnung, die jmd. für eine Leistung in einem Wettbewerb erhält:* der erste Preis in einem Schönheitswettbewerb; um einen Preis wetteifern, den die Stadt/eine Gesellschaft für das schönste Kinderbuch ausgeschrieben hat; ■ **etwas unter Preis verkaufen** *etwas viel billiger verkaufen, als der festgesetzte Preis ist;* ■ **um jeden Preis** *auf jeden Fall, unbedingt;* ■ **um keinen Preis** *auf keinen Fall* ◆ -empfehlung, -träger(in), -verleihung, Friedens- Kunst-, Literatur-, Nobel-

preis·wert *adj (≈ billig, preisgünstig) so, dass man für relativ wenig Geld relativ gut kaufen kann:* ein preiswerter Urlaub

prel·len ['prɛlən] <prellst, prellte, hat/ist geprellt> **I.** *mit OBJ* ❶ ■ **jmd. prellt jmdn. um etwas** *(haben) (umg.) jmdn. betrügen, indem man ihm nicht das gibt, was ihm zusteht:* Er hat den ehrlichen Finder um seine Belohnung geprellt. ▸ Zechprellerei **II.** *mit SICH* ■ **jmd. prellt (sich) etwas** *(haben) (sich) durch einen Stoß verletzen:* sich das Handgelenk prellen; Ich habe (mir) den Fuß geprellt.; sich (an der Schulter) prellen; ■ **die Zeche prellen** *im Lokal die Rechnung nicht bezahlen* Der Wirt ist allein in der letzten Woche drei Mal geprellt worden. ▸ Prellung

Pre·mi·e·re die [prəˈmi̯eːrə] <-, -n> THEAT., FILM, MUS. *die erste Aufführung einer künstlerischen Produktion:* Zur Premiere waren viele Prominente erschienen. ◆ -nabend, -npublikum, Welt-

Pres·se die ['prɛsə] <-, -n> ❶ *ein Gerät zum Pressen von Obst, um Saft zu gewinnen:* eine hydraulische Presse; eine Presse für Obst ◆ Most-, Saft-, Zitronen- ❷ */kein Plur./ das Zeitungswesen und seine Mitarbeiter:* die Vertreter der Presse ❸ */kein Plur./ die Gesamtheit aller Zeitungen und Zeitschriften:* eine Übersicht über die Kommentare der Presse; ■ **eine gute Presse haben/bekommen** *in den Zeitungen gelobt werden* ◆ -agentur, -erklärung, -gespräch, -organ, Auslands-, Fach-, Tages-, Welt-

pres·sen ['prɛsn̩] <presst, presste, hat gepresst> **I.** *mit OBJ* ❶ ■ **jmd. presst etwas** *etwas durch Druck in eine bestimmte Form oder Verfassung bringen:* (Stroh zu) Ballen pressen; Blätter/Blumen pressen ❷ ■ **jmd. presst etwas (aus etwas** *Dat.***)** *durch Druck bewirken, dass eine Flüssigkeit oder eine breiige Substanz aus etwas herauskommt:* den Saft aus Oliven/Wein/Zitronen pressen; den Inhalt aus einer Tube pressen ❸ ■ **jmd. presst etwas (an etwas** *Akk.***)** *irgendwohin drücken:* die Stirn ans Fenster pressen; den Freund an die Brust pressen; die Sachen in einen Koffer pressen ❹ ■ **jmd. presst jmdn. zu etwas** *Dat. (geh.) zwingen:* jemanden zum Militärdienst pressen; Die Polizei presste ihn, Aussagen über seinen Freund zu machen. **II.** *ohne OBJ* ■ **jmd. presst** *heftig drücken:* bei der Geburt pressen ▸ Pressehen, Pression

pres·sie·ren [prɛˈsiːrn̩] <pressierst, pressierte, hat pressiert> **I.** *ohne OBJ* ■ **jmd. pressiert** SCHWEIZ. *jmd. eilt sich:* Wir pressieren und können deshalb nicht länger warten. **II.** *mit ES* ■ **es pressiert jmdm.** *(umg.) SÜDDT., ÖSTERR., SCHWEIZ. eilig oder dringlich sein:* Mir pressiert's aber jetzt!; Mit dieser Sache pressiert es (uns) sehr.

Pres·ti·ge das [prɛsˈtiːʒə] <-s> */kein Plur./ (geh.: ≈ Ansehen) öffentliche Geltung oder Rang einer Person oder Institution:*

an Prestige gewinnen/verlieren; auf sein Prestige bedacht sein ▸ prestigeträchtig ◆ -denken, -frage, -gewinn, -objekt, -verlust

Pries·ter der, **Pries·te·rin** ['priːstə] <-s, -> REL. ❶ eine Person, die zwischen Gott und den Menschen vermittelt und dazu eine besondere Berufung (Weihe) hat: eine Priesterin im Tempel der Artemis ❷ /keine feminine Form/ (↔ Laie) katholischer Geistlicher: vom Bischof zum Priester geweiht werden

Pri·ma die <-, Primen> SCHULE ❶ (veralt.) eine der beiden letzten Klassen im Gymnasium ◆ Ober-, Unter- ❷ ÖSTERR. erste Klasse im Gymnasium

pri·ma ['priːma] adj /nicht steig./ (umg. o veralt.: ≈ ausgezeichnet) sehr gut: ein prima Vorschlag; Das Wetter ist heute prima.; Prima!

Pri·mar·schu·le die <-, -en> SCHULE SCHWEIZ. Grund- und Hauptschule

Pri·mar·stu·fe die <-, -en> SCHULE (↔ Sekundarstufe I, Sekundarstufe II ≈ Grundschule) die verpflichtend/obligatorisch zu durchlaufende erste schulische Ausbildungsphase, die das erste bis vierte Schuljahr umfasst ◆ -nlehrer(in)

pri·mi·tiv [primi'tiːf] adj ❶ (fachspr.) auf einer niedrigen Entwicklungsstufe stehend; urtümlich: primitive einzellige Lebewesen/Lebensformen ❷ auf einer frühen Kulturstufe stehend; nicht zivilisiert: primitive Volksstämme; das Leben/die Kultur der Primitiven ❸ einfach und ärmlich (ausgestattet): eine primitive Unterkunft; ein primitives Werkzeug; eine primitive, aber wirksame Methode ❹ (abwert.) dumm, ungebildet, roh: primitive Ansichten; ein primitiver Mensch ▸ Primitivling

Prinz der, **Prin·zes·sin** [prɪnts] <-en, -en> ❶ /kein Plur./ Titel eines nicht regierenden Verwandten (Sohn, Tochter) eines regierenden Königs oder Fürsten ❷ der Träger des Titels eines Prinzen¹

Prin·zip das [prɪn'tsiːp] <-s, -e/Prinzipien> ❶ ein fester allgemeiner Grundsatz, nach dem jmd. lebt: So etwas ging gegen ihre Prinzipien.; seinen Prinzipien treu bleiben ◆ Lebens-, Leistungs-, Moral- ❷ eine allgemein gültige Grundregel; eine Handlungsvorschrift: das Prinzip der Gewaltenteilung im Staat; ein demokratisches/politisches Prinzip; veraltete, starre Prinzipien ◆ Gleichheits-, Mehrheits-, Ordnungs- ❸ TECHN. Schema, Gesetzmäßigkeit: Diese Maschine ist nach einem anderen Prinzip gebaut.; nach einem bestimmten Prinzip funktionieren; ▪ **im Prinzip** eigentlich; im Grunde genommen Im Prinzip ist das möglich, aber …; ▪ **Es geht ums Prinzip** jmdm. ist der allgemeine Grundsatz wichtiger als der Einzelfall; ▪ **ein Mann/eine Frau von Prinzipien** eine Person, die sich immer an ihre festen Grundsätze hält

Pri·o·ri·tät die [priori'tɛːt] <-, -en> ❶ (geh.: ≈ Vorrang) höherer Rang vor etwas, größere Wichtigkeit: höchste Priorität haben; einer Sache Priorität einräumen ❷ zeitliches Vorhergehen: Er hat die Entdeckung als erster gemacht — damit hat er die Priorität.; ▪ **Prioritäten setzen** entscheiden, was wichtig und was unwichtig ist

Pri·se die ['priːzə] <-, -n> eine kleine Menge von etwas (die man mit zwei Fingern fassen kann): eine Prise Salz; eine Prise Tabak

pri·vat [pri'vaːt] adj ❶ (≈ persönlich) nur die eigene Person betreffend: eine rein private Angelegenheit; private Gründe für etwas haben; private Tagebuchnotizen ❷ familiär: im privaten Kreis; eine private Atmosphäre ❸ (↔ öffentlich) nicht für alle zugänglich: ein privater Weg; eine private Feier; die privaten Räume einer Gastwirtschaft; eine private Unterkunft; ein privater Betrieb/Fernsehsender; eine private Schule/Universität ◆ Privatadresse, Privatbank, Privateigentum, Privatleben, Privatperson ◆ Getrennt- oder Zusammenschreibung → R 4.16 privat versichert/privatversichert

Pri·vat·pa·ti·ent der, **Pri·vat·pa·ti·en·tin** <-en, -en> (↔ Kassenpatient) ein Patient, der seine Behandlung selbst bezahlt oder einer privaten Krankenversicherung angehört

Pri·vi·leg das [privi'leːk] <-(e)s, Privilegien> (geh.: ≈ Vorrecht) ein für einen Einzelnen oder eine Gruppe geltendes, besonderes Recht, von dem andere ausgeschlossen bleiben: mit Privilegien ausgestattet sein; Privilegien antasten/aufheben/genießen/verteidigen; Der Chef genießt das Privileg, vor dem Haus zu parken: Alle anderen parken auf einem weiter entfernt liegenden Parkplatz.; Bildung darf nicht das Privileg der Reichen sein.

Pro das <-> /kein Plur./ das, was für eine Person/Sache spricht: Ein Pro des Tourismus ist die wirtschaftliche Belebung armer Regionen.; ▪ **das Pro und Kontra einer Sache abwägen** vergleichen, was Vorteile und Nachteile einer Sache sind

pro [proː] präp +Akk. jeweils für; je: pro Kopf (Person); drei Euro pro anwesendem Teilnehmer

pro- [pro:] *als lateinische Vorsilbe/Präfix (nur in dieser Bedeutung von „pro", nicht in dessen anderen Bedeutungen) Erstglied vor Adjektiven, um eine positive Einstellung zu dem mit dem Adjektiv Bezeichneten auszudrücken; mit Betonung auf dem jeweiligen Adjektiv:* Dem Politiker geht es um eine klar proeuropäische Position ◆ -arabisch, -europäisch, -westlich, -technisch usw.

Pro·be die ['pro:bə] <-, -n> ❶ *der Versuch, festzustellen, ob eine Fähigkeit, eine Eigenschaft oder eine Sache (in gewünschtem Maße) bei jmdm. oder etwas vorhanden ist:* etwas zur Probe versuchen; Mach die Probe, ob die Rechnung stimmt!; auf/zur Probe eingestellt werden ◆ -zeit, Lehr-, Wein- ❷ *das gemeinsame wiederholte Üben (vor einer Aufführung):* die Probe des des Chores/des Orchesters; die Proben zu einem Theaterstück ◆ General-, Orchester- ❸ *eine kleine Menge einer Sache, anhand welcher deren Eigenschaften geprüft werden können:* eine Probe von einem Stoff/einem Waschmittel; vom Blut/Urin Proben entnehmen; Sie zeigte eine Probe ihrer Kunst. ◆ Blut-, Boden-, Gewebe-, Kost-, Urin-, Waren- ❹ ■ **jemanden auf die Probe stellen** *jmdn. in eine Situation bringen, in der sich zeigt, was für einen Charakter er hat;* ■ **etwas auf die Probe stellen** *etwas sehr stark beanspruchen* Bei dem stundenlangen Warten wurde seine Geduld auf die Probe gestellt.; ■ **auf Probe** *vorläufig, als Versuch* Er ist erst mal auf Probe eingestellt worden. ◆ Getrennt-oder Zusammenschreibung → R 4.6 ein Auto Probe fahren/probefahren; eine Maschine Probe laufen/probelaufen lassen; eine Seite Probe schreiben/probeschreiben

pro·ben ['pro:bn] <probst, probte, hat geprobt> I. *mit OBJ* ■ **jmd. probt (etwas)** *(≈ üben) eine Darbietung, die man später vor Publikum machen wird, für sich allein immer wieder wiederholen, um sie perfekt zu beherrschen:* Er probte seinen Auftritt.; Die Schauspieler proben ein neues Stück. II. *ohne OBJ* ■ **jmd. probt** *jmd. beschäftigt sich mit Proben:* Wir müssen noch ein bisschen proben, bevor alles klappt.

Pro·be·zeit die <-> /*kein Plur.*/ ❶ *die befristete Zeit der Beschäftigung, in der jmd. seine Eignung zu einer Tätigkeit nachweisen muss:* eine Probezeit von sechs Monaten vereinbaren; während der Probezeit keinen Urlaub nehmen können ❷ SCHWEIZ. *Bewährungsfrist*

pro·bie·ren [pro'bi:rən] <probierst, probierte, hat probiert> I. *mit OBJ* ■ **jmd. probiert etwas** ❶ *(≈ testen) herausfinden, ob oder wie etwas funktioniert:* ein neues Verfahren/ein Kunststück probieren; Habt ihr schon probiert, ob das so funktioniert? ▸ ausprobieren ❷ *(≈ versuchen) herausfinden, ob etwas möglich ist:* probieren, jemanden zu überreden; Ich habe gestern probiert, Dich telefonisch zu erreichen.; Probiere mal, ob du das heben kannst! ❸ *(≈ kosten) den Geschmack testen:* Du musst mal den Nachtisch probieren.; Willst du mal probieren? ❹ *Kleidung zur Probe anziehen:* ein Kleid probieren; In der Kabine kann man in aller Ruhe probieren. ▸ anprobieren II. *mit SICH* ■ **jmd. probiert sich als etwas** *(umg.) probeweise eine Tätigkeit oder einen Beruf ausüben:* In den Ferien hat er sich als Dolmetscher probiert.; ■ **Probieren geht über Studieren.** *(Sprichwort) eigene Erfahrung ist wichtiger als theoretisches Wissen*

Pro·b·lem das [pro'ble:m] <-s, -e> ❶ *eine schwierige Frage, die gelöst werden soll; eine Angelegenheit, die Schwierigkeiten bereitet und bewältigt werden soll/muss:* ein Problem bearbeiten/besprechen/lösen; Ein Problem tritt auf/stellt sich.; ein technisches/politisches/sprachliches Problem ◆ -fall, -familie, -geburt, -kind, -müll, -patient(in), Arbeitslosen-, Finanz-, Haut-, Rechts-, Verkehrs- ▸ Problematik ❷ /*meist Plur.*/ *(verhüll.) Ärger, Konflikt:* Er hat private Probleme.; ein Problem/Probleme mit dem Alkohol haben; Mit dem Kollegen hatten wir schon immer Probleme.; jemandem immer nur Probleme machen; ■ **(Das ist) kein Problem!** *(Das ist) nicht schwierig.;* ■ **Das ist nicht mein Problem!** *Dieses Problem muss nicht ich, sondern ein anderer lösen.;* ■ **jemand wälzt Probleme** *(umg.) jmd. spricht oft und lange über schwierige Fragen*

pro·b·lem·los adj (↔ *problematisch) ohne Probleme:* Wir haben den Weg problemlos gefunden.; Die Sache verlief völlig problemlos.

Pro·dukt das [pro'dʊkt] <-(e)s, -e> ❶ *(≈ Ware) etwas, das durch Arbeit erzeugt wird, um verkauft zu werden:* ein industrielles/landwirtschaftliches Produkt; Das Produkt ist ein Erfolg/ist neu auf dem Markt/ist noch nicht marktreif/ist innovativ/rechnet sich nicht.; Das Unternehmen exportiert seine Produkte in fünfzehn verschiedene Länder/hat sein Produkt geschickt positioniert/hat sein neuestes Produkt gemeinsam mit einer Partnerfirma entwickelt. ◆-eigenschaft, -palette, -qualität, High-Tech-, Marken- Qualitäts-, Spitzen- ❷ (≈ Ergebnis, Folge) eine Wirkung, die aus etwas entsteht: Solche Verhaltensstörungen bei Kindern sind das Produkt zerrütteter Familienverhältnisse.; Das ist doch nur ein Produkt seiner Fantasie. ❸ MATH. das Ergebnis einer Multiplikation: Das Produkt aus drei und vier ist zwölf.

Pro·duk·ti·on die [produk'tsi̯o:n] <-, -en> ❶ das Herstellen von Waren: industrielle/handwerkliche/landwirtschaftliche Produktion; die Produktion von Fahrzeugen/Lebensmitteln/Maschinen; die Produktion ins Ausland verlagern ◆-sablauf, -sausfall, -sleiter(in), -splan, -sverfahren, Film-, Waren- ❷ die Gesamtheit dessen, was hergestellt wurde: die Produktion eines ganzen Tages ◆ Jahres-, Monats-, Tages- ❸ das Entstehen von etwas: die Produktion von Schweiß/Speichel/Sperma/roten Blutkörperchen ❹ ein (filmisches) Kunstwerk: der Film ist eine ältere/deutsche Produktion ◆ Ko-

pro·duk·tiv [produk'ti:f] adj ❶ (≈ fruchtbar) (viele) Ergebnisse hervorbringend: produktive Arbeit machen; ein sehr produktiver Romanschreiber ❷ (≈ konstruktiv, sinnvoll) so, dass es zur Lösung eines Problems beiträgt: produktive Kritik üben; produktive Vorschläge machen

pro·du·zie·ren [produ'tsi:rən] <produzierst, produzierte, hat produziert> I. mit OBJ ◆ **jmd. produziert etwas** ❶ (industriell) herstellen: Die Firma produziert seit zehn Jahren Computer/ Halbleiterelemente. ❷ FILM finanzieren und die Herstellung gewährleisten: einen Film produzieren ❸ entstehen lassen: Speichel produzieren; die Pflanze produziert Sauerstoff ❹ (umg. abwert.) hervorbringen: Was hast du denn da wieder produziert?; Seit einer Woche produziert er nur Fehler. II. mit SICH ◆ **jmd. produziert sich** (abwert.) sich (egozentrisch) mit seinen Leistungen vor anderen herausstellen: Sie hat sich ja wieder vor allen produziert!

Prof. Abk. von **Professor**

pro·fes·si·o·nell [profɛsi̯o'nɛl] adj / nicht steig./ ❶ in Ausübung eines Berufs: ein professioneller Sportler sein ❷ mit einer Art, die von Professionalität zeugt: eine professionelle Arbeit; Er tritt sehr professionell auf. ◆ Professionalität

Pro·fes·sor der, **Pro·fes·so·rin** [pro'fɛso:ɐ̯] <-s, -soren> ❶ jmd., der den Titel „Professor" hat und an einer Universität oder Fachhochschule lehrt: Professor für Anglistik/Germanistik/Molekularbiologie/Zahnmedizin; zum Professor berufen/ernannt werden ◆ Gast-, Honorar- ❷ ÖSTERR. jmd., der an einer höheren Schule unterrichtet; ◆ **ein zerstreuter Professor** (umg. scherzh.) eine unkonzentrierte, vergessliche Person

Pro·fi der [ˈproːfi] <-s, -s> (umg.) ❶ Abkürzung für „Professioneller": auf seinem Gebiet ein echter Profi sein ❷ (↔ Amateur) jmd., der etwas als Beruf betreibt: die Profis beim Fußball/beim Boxen/im Radsport ◆ Box-, Halb-, Fußball-, Rad-

Pro·fil das [proˈfiːl] <-s, -e> ❶ die Ansicht von der Seite: ein Gesicht im Profil fotografieren ❷ eine stark bearbeitete Oberfläche von etwas: Autoreifen/Schuhsohlen mit Profil ◆-sohle, -tiefe, Reifen- ❸ (geh.) stark ausgeprägte, kennzeichnende Eigenschaften, so dass eine Person oder Sache nicht verwechselt werden kann: einer Sache Profil geben; als Künstler ein unverwechselbares Profil haben; das Profil eines Unternehmens/eines Verlages; eine Ausbildung/Schule mit sprachlichem Profil

pro·fi·tie·ren [profi'tiːrən] <profitierst, profitierte, hat profitiert> ohne OBJ ◆ **jmd. profitiert bei/von etwas** Dat. ❶ Gewinn machen: Bei dem Geschäft haben wir profitiert. ❷ einen Vorteil haben: Bei dieser Zusammenarbeit können alle profitieren.; Von deinen guten Sprachkenntnissen kannst du später einmal profitieren.

Pro·g·no·se die [pro'gno:zə] <-, -n> (geh.) eine (wissenschaftlich begründete) Voraussage einer Entwicklung: eine Prognose über das Wetter abgeben wollen; die Prognose des Arztes über den weiteren Krankheitsverlauf; entwicklungspolitische Prognosen ◆ prognostizieren ◆ Krankheits-, Wahl-, Wetter-

Pro·gramm das [pro'gram] <-s, -e> ❶ (≈ Angebot) die Gesamtheit von Veranstaltungen, Darbietungen oder Sendungen in einem bestimmten Rahmen: das Programm im Fernsehen/Kino/Konzert/Radio; ein interessantes/reichhaltiges/vielseitiges Programm zusammenstellen; ein buntes Programm; etwas ins Programm aufnehmen; Unser Programm bietet etwas für jede Altersgruppe.; Das Touristikunternehmen hat auch Studienreisen in seinem Programm. ◆ Fernseh-, Kino-, TV-, Radio- ❷ der geplante Ablauf von bestimmten Veranstaltungen, Darbietungen oder Sendungen: Als Nächstes in unserem Programm folgt …; Auf dem Programm steht jetzt …; das Programm eines Festes/

eines Konzerts/einer Tagung ◆-ablauf, -folge, -leiter, Fest-, Konzert-, Tagungs- ❺ *kurz für „Programmheft": etwas im Programm nachlesen* ◆-zeitschrift ❹ *die (schriftlich festgelegten) Grundsätze einer Organisation:* das Programm einer Partei; ein neues Programm beschließen/überarbeiten ◆ Arbeits-, Freizeit-, Reise-, Tages-, Wochen- ❺ *ein festgelegter Ablauf bei Automaten:* eine Waschmaschine mit 20 verschiedenen Programmen ◆-einstellung, -dauer, -wahl ❻ EDV *eine Software für eine bestimmte Anwendung:* ein Programm installieren/ schreiben/starten; ■ **nach Programm** *(umg.) wie geplant* ▸programmgemäß, programmatisch ◆-fehler, -start, -paket, -version, Anwendungs- Mail-, Textverarbeitungs-

pro·gram·mie·ren [progra'mi:rən] <programmierst, programmierte, hat programmiert> *mit OBJ/ohne OBJ* ■ **jmd. programmiert (etwas)** EDV *Programme⁸ für Computer schreiben:* ein Computerspiel programmieren; Sie kann programmieren.; Er programmiert am liebsten nachts. ▸Programmierer(in), Programmierung

pro·gres·siv *adj* ❶ *fortschrittlich; auf den Fortschritt ausgerichtet:* eine progressive Politik der Technik ❷ *stufenweise sich steigernd:* ein progressives Wachstum ▸ Progression

Pro·jekt das [pro'jɛkt] <-(e)s, -e> ❶ *ein umfangreiches Vorhaben, an dem über einen bestimmten Zeitraum gearbeitet werden soll:* ein interessantes/realistisches Projekt; ein soziales/technologisches/wissenschaftliches Projekt; ein Projekt abschließen/beantragen/ finanzieren ❷ SCHULE *gemeinsame, selbstständige Arbeit in Arbeitsgruppen an bestimmten Themen:* gemeinsam an einem Projekt in der Schule arbeiten ◆-leiter/-leiterin, -leitung

Pro·jek·tor der [pro'jɛkto:ɐ̯] <-s, -to·ren> *ein Projektionsapparat, mit dem die Bilder von Dias und Filmen auf eine Leinwand wirft* ▸ projizieren ◆ Overhead-

Pro·mil·le das [pro'mɪlə] <-(s), -> ❶ MATH. *ein Tausendstel (1:1000)* ❷ *(umg.) Alkoholgehalt im Blut:* Er hatte 0,6 Promille.

Pro·mil·le·gren·ze die [pro'mɪlə...] <-> / kein Plur./ *der gesetzlich festgelegte Grenzwert des Promille², das ein Fahrer im öffentlichen Straßenverkehr haben darf*

pro·mi·nent [promi'nɛnt] *adj* ❶ *in der Öffentlichkeit bekannt, gesellschaftlich herausragend:* ein prominenter Schauspieler; prominente Persönlichkeiten aus Politik und Wirtschaft ▸ Prominenz ❷ *(geh.) durch Wert, Bedeutung oder Bildung herausragend:* Er hat seine Meinung an prominenter Stelle wiederholt geäußert.

Pro·mo·ti·on¹ die <-, -en> [promo'tsi̯o:n] ❶ *Universitätsabschluss mit Doktortitel* ◆-sordnung, -sverfahren ❷ *die wissenschaftliche Arbeit, die zur Erlangung des Doktorgrades notwendig ist:* an seiner Promotion arbeiten ❸ ÖSTERR. *eine offizielle Feier, bei der die Doktorwürde verliehen wird*

Pro·mo·ti·on² die [promo'tsi̯o:n] <-, -en> SCHWEIZ. ❶ SCHULE *die Versetzung in die nächste Klasse* ❷ SPORT *das Vorrücken in die nächsthöhere Wettkampfklasse*

Pro·mo·tion³ die [prə'moʊʃən] <-> /kein Plur./ *die Förderung des Verkaufs von Waren durch besondere Werbung* ◆-aktion

prompt *adj unmittelbar, sofort:* eine prompte Antwort; eine prompte Bedienung ▸ Promptheit

Pro·no·men das <-s, - (Pronomina)> (≈ *Fürwort*) *deklinierbares Wort, das ein Substantiv vertritt:* In dem Satz „Mein Vater: - Er hat heute Geburtstag" ist das Wort „er" ein persönliches Pronomen und steht für den Ausdruck „mein Vater"

Pro·pa·gan·da die [propa'ganda] <-> / kein Plur./ ❶ *(abwert.: ≈ Agitation) die Verbreitung ideologischer Ideen und Meinungen, um die Bevölkerung in einer bestimmten Weise zu beeinflussen:* nationalistische Propaganda machen; Das ist doch alles pure Propaganda! ◆-apparat, -blatt, -film, -kampagne, -manöver, -ministerium, Kriegs-, Partei-, Wahl- ❷ *(abwert.) Werbung:* Propaganda für jemanden/etwas machen

Pro·phet der, **Pro·phe·tin** [pro'fe:t] <-en, -en> ❶ REL. *jmd., der sich von Gott berufen fühlt, die göttliche Wahrheit unter den Menschen zu verkünden:* die Propheten des alten Testaments; Mohammed als Prophet Allahs ❷ *(übertr.) jmd., der eine Ideologie verkündet:* ein Prophet des Fortschrittsglaubens ❸ *(übertr.) jmd., der zukünftige Ereignisse vorhersagt:* Ich weiß nicht, ob die Preise für dieses Produkt dieses Jahr noch einmal steigen werden: Ich bin schließlich kein Prophet! ▸ prophetisch, prophezeien

Pro·por·ti·on die [prɔpɔr'tsi̯o:n] <-, -en> ❶ /meist Plur./ *das Größenverhältnis verschiedener Teile eines Ganzen zueinander:* Länge und Breite stehen in einer ausgewogenen Proportion zueinander.; die Proportionen in einer Zeichnung richtig wiedergeben ▸ (un)proportioniert ❷ *(geh.)*

großes Ausmaß: eine Katastrophe von nie da gewesenen Proportionen

Pro·sa die ['pro:za] <-> LIT. *Literatur, die keine durch Versmaß oder Rhythmus gebundene Sprache verwendet:* Er schreibt keine Gedichte, sondern Prosa. ▸ prosaisch ◆ -schriftsteller(in), -stil, -text, -übersetzung

Pro·s·pekt der/das [pro'spɛkt] <-(e)s, -e> *ein Heft oder Faltblatt, das mit Text und Bildern für etwas wirbt:* ein Prospekt über die neuen Modelle/ über die angebotenen Reisen; im Auftrag eines Unternehmens Prospekte verteilen ◆ Falt-, Reise-, Werbe-

prost [pro:st] *interj Trinkspruch, der zum Wohl von jemandem gesagt wird (umg.:* ≈ *prosit)* Prost! Auf eure Gesundheit!

Pro·s·ti·tu·ti·on die [prostitu'tsi̯o:n] <-> / kein Plur./ *Geschlechtsverkehr als Gewerbe (gegen Bezahlung):* die Prostitution eindämmen/fördern/verbieten ▸ Prostituierte

Pro·test der [pro'tɛst] <-(e)s, -e> *das deutliche Ausdrücken, dass man mit etwas nicht einverstanden ist und eine Änderung verlangt:* energischer/stummer/wütender/zorniger Protest; gewaltfreier/landesweiter/öffentlicher Protest; gegen jemanden/etwas Protest anmelden/einlegen; unter Protest die Versammlung verlassen; ■ **es hagelt Proteste** *(umg.) von verschiedenen gesellschaftlichen Gruppen wird heftig protestiert* ◆ Bürger-, Massen-, Studenten-

pro·tes·tan·tisch [protɛs'tantɪʃ] *adj /nicht steig./ (↔ katholisch) zum Protestantismus gehörig*

Pro·tes·tan·tis·mus der [protɛstan'tɪsmʊs] <-> /kein Plur./ *(↔ Katholizismus) eine aus der Reformation (Luther, Calvin) hervorgegangene christliche Glaubensrichtung, die sich von der katholischen Kirche getrennt hat und in den evangelischen Kirchen praktiziert wird* ▸ Protestant(in)

pro·tes·tie·ren [protɛs'ti:rən] <protestiert, protestierte, hat protestiert> *ohne OBJ* ■ **jmd. protestiert (gegen etwas** *Akk.) seine Ablehnung oder seinen Widerspruch äußern:* gegen einen Beschluss/ eine Verfahrensweise protestieren

Pro·the·se die [pro'te:zə] <-, -n> MED. *ein künstlicher Ersatz eines Körperteils:* eine Prothese für ein Bein/die Zähne anpassen ◆ Arm-, Bein-, Teil-, Voll-, Zahn-

Pro·to·koll das [proto'kɔl] <-s, -e> ❶ *die schriftliche Aufzeichnung einer Beratung, eines Verhörs, oder einer Sitzung:* ein Protokoll aufnehmen/aufsetzen/genehmigen/ verlesen; etwas zu Protokoll geben/ nehmen; Wer führt heute Protokoll? ◆ Ergebnis-, Gedächtnis-, Gerichts-, Polizei- ❷ *eine Aufzeichnung über den Ablauf eines wissenschaftlichen Versuchs:* ein Protokoll über einen chemischen/physikalischen Versuch anfertigen ◆ Narkose-, Operations-, Versuchs- ❸ *die festgelegten Verhaltensformen bei offiziellen Anlässen (besonders in der Politik):* sich an das Protokoll halten; Das ist so vom Protokoll vorgeschrieben. ▸ protokollieren

Protz der [prɔts] <-es, -e> *(umg. abwert.:* ≈ *Angeber) eine männliche Person, die prahlerisch etwas übermäßig auffällig zur Schau stellt:* Er ist ein richtiger Protz, seitdem er so viel Geld hat. ▸ protzen, protzenhaft, protzig ◆ Geld-, Kraft-, Muskel-, Sex-

Pro·vi·ant der [pro'vi̯ant] <-s, -e> /Plur. selten/ *Lebensmittel, die man für unterwegs als Vorrat mitnimmt:* sich mit Proviant versehen ▸ verproviantieren ◆ -beutel, -korb, -tasche, Reise-

Pro·vinz die [pro'vɪnts] <-, -en> ❶ *eine staatliche oder kirchliche Verwaltungseinheit:* ein Land in mehrere Provinzen teilen ❷ *(abwert.:* ≈ *Land) eine Gegend, die kulturell (im Vergleich zu einer Großstadt) wenig bietet:* Das ist ja tiefste Provinz hier! ▸ provinziell ◆ -bewohner, -blatt, -bühne, -posse, -stadt, -theater

Pro·vi·si·on die [provi'zi̯o:n] <-, -en> WIRTSCH. *eine Beteiligung am Gewinn aus den Aufträgen, die man für jmd. anders vermittelt:* Wenn sie ein Auto verkauft, bekommt sie neben dem festen Gehalt noch 5% davon, was das Auto wert ist, d.h. 5% Provision. ◆ Makler-, Vertreter-

pro·vi·so·risch [provi'zo:rɪʃ] *adj /nicht steig./ nur vorläufig, bis man etwas Besseres hat:* Die provisorische Brücke muss so lange halten, bis die neue fertig gebaut ist.; Wir haben eine provisorische Unterkunft gefunden.

pro·vo·zie·ren [provo'tsi:rən] <provoziert, provozierte, hat provoziert> *mit OBJ* ■ **jmd. provoziert jmdn./etwas** *eine (meist negative) Reaktion bewusst herausfordern:* ein provozierendes Grinsen ließ ihn wütend werden *jmd. ruft durch eine Provokation eine (problematische) Wirkung hervor:* eine militärische Auseinandersetzung provozieren

Pro·zent das [pro'tsɛnt] <-(e)s, -e> ❶ *der hundertste Teil von einem Ganzen (1:100):* Zehn Prozent von zweihundert sind Zwanzig. ❷ *(umg.) der in Prozenten berechnete Anteil an einem Gewinn:* Er

Pro·zess der |pro'tsɛs| <-es, -e> **①** RECHTSW. (≈ Gerichtsverfahren) ein Rechtsstreit, der vor Gericht verhandelt wird: einen Prozess gewinnen/verlieren; gegen jmdn. einen Prozess anstrengen; jmdm. den Prozess machen ◆-auftakt, -beginn, -führung, -kosten, Arbeits-, Indizien-, Mord-, Sensations- Straf-, Zivil- **②** ein über eine längere Zeit andauernder Vorgang, in dem sich ständig etwas verändert: ein fortschreitender/schleichender Prozess des Verfalls; ein natürlicher Prozess des Wachstums; Der Prozess des Alterns ist nicht aufzuhalten.; ■ **mit jemandem kurzen Prozess machen** (umg.) energisch und schnell eine Sache so entscheiden und durchführen, dass sie für einen anderen schlecht ausgeht ▸ prozessieren ◆Alterungs-, Entwicklungs-, Genesungs- Heilungs-, Lern-, Produktions-, Wachstums-, Zerfalls-

Pro·zes·si·on die [protse'sĭo:n] <-, -en> **①** REL. ein feierlicher kirchlicher Umzug: Eine Prozession zog durch das Dorf. ◆Fronleichnams- **②** (übertr.) ein langer Zug (von Menschen): eine lange Prozession von Flüchtlingen

prü·de ['pry:də] adj die Haltung, sich dem eigenen Körper und der Sexualität gegenüber zu sehr zu schämen: sehr prüde erzogen worden sein, so dass man gar nicht über sexuelle Fragen spricht ▸ Prüderie

prü·fen ['pry:fn] <prüfst, prüfte, hat geprüft> I. mit OBJ **①** ■ **jmd./etwas prüft jmdn./etwas** die Qualität oder das Funktionieren testen: eine Maschine/eine Ware eingehend/gründlich/sorgfältig prüfen **②** ■ **jmd. prüft etwas** die Vor- und Nachteile abwägen: ein Angebot eingehend prüfen; Wir lassen den Fall durch unseren Anwalt prüfen. **③** ■ **etwas prüft jmdn.** (geh.) ein schweres Schicksal erleiden: Das Leben hat ihn hart geprüft.; ein schwer geprüfter Mann **④** ■ **jmd. prüft jmdn.** durch gezielte Fragen Kenntnisse von jmdm. feststellen: einen Schüler in Mathematik/streng prüfen II. ohne OBJ ■ **jmd. prüft** jmd. hält eine Prüfung ab: Biologie wird morgen geprüft.; Welcher Lehrer prüft heute?; Es wird ein geprüfter Krankenpfleger benötigt. ▸ Prüfer(in)

Prü·fung die ['pry:fuŋ] <-, -en> **①** SCHULE das Abfragen von jmds. Kenntnissen: eine (strenge) Prüfung in Mathematik; die Prüfung ablegen/bestehen; bei/in der Prüfung durchfallen ◆-sangst, -sfragen, -sergebnis, -sfach, -sfragen, Abitur-, Doktor-, Führerschein- Gesellen-, Meister- **②** TECHN. das Testen der Qualität oder der Funktionstüchtigkeit: eine eingehende/gründliche/sorgfältige Prüfung der Maschine; Alle Produkte werden einer strengen Prüfung unterzogen. ◆Material-, Qualitäts- **③** die Kontrolle eines Sachverhalts auf seine Richtigkeit hin: die Prüfung des Falls durch einen Rechtsanwalt; die Prüfung der Geschäftsbücher einer Firma ◆Rechnungs- **④** (geh.) ein Ereignis im Leben, unter dem man sehr leidet: Der Tod seiner Frau war eine schwere Prüfung für ihn. ◆Schicksals-

Prü·gel¹ der ['pry:gl] <-s, -> (umg.) kräftiger Stock

Prü·gel² die ['pry:gl] <-> Plur. (umg.) Schläge: Prügel bekommen/einstecken ▸ Prügelei ◆-strafe, -knabe

prü·geln ['pry:gln] <prügelst, prügelte, hat geprügelt> I. mit OBJ ■ **jmd. prügelt jmdn./ein Tier** heftig (mit etwas) schlagen: Sie prügelte den Hund mit einem Stock. II. mit SICH ■ **jmd. prügelt sich (mit jmdm.)** sich mit jmdm. schlagen: Die Jungen prügeln sich auf dem Schulhof.; Er hat ein blaues Auge, weil er sich geprügelt hat.; Oft prügelte er sich mit seinem Bruder.

pst!, a. **pscht!** interj Aufforderung, leise zu sein: Pst, da kommt der große Künstler!

Psy·che die ['psy:çə] <-, -n> (≈ Seele) alle bewussten und unbewussten Vorgänge sowie die geistigen und intellektuellen Funktionen: sich in die Psyche eines Kindes einfühlen

Psy·cho·lo·gie die [psyçolo'gi:] <-> /kein Plur./ **①** die Wissenschaft von den bewussten und unbewussten kognitiven/psychischen/seelischen usw. Vorgängen/Prozessen und damit verbundenen Aspekten der Entwicklung, des Erlebens, des Verhaltens etc.: Psychologie studieren ▸ Psychologe, Psychologin, psychologisch ◆Arbeits-, Entwicklungs-, Jugend-, Kinder-, Kognitions-, Sexual-, Sozial-, Sprach-, Tier-, Verhaltens- **②** (umg.) die Kunst, Menschen einzuschätzen und zu lenken: Mit ein bisschen Psychologie wirst du ihn schon überzeugen können. ▸ Psychologe, Psychologin, psychologisch

Pu·ber·tät die [pubɛr'tɛ:t] <-> /kein Plur./ der zur Geschlechtsreife führende Entwicklungsabschnitt des Menschen mit 14 Jahren: in der Pubertät sein ▸ pubertär ◆-smagersucht, -szeit

Pu·b·lic Re·la·tions ['pablɪk ri'leɪʃnz]

<-> Plur. (≈ PR) eine Art Werbung, die ein Unternehmen oder eine Organisation in der Öffentlichkeit betreibt, um das eigene Ansehen zu verbessern

pu·b·lik adj /nicht steig./ öffentlich: Der Skandal ist schon publik geworden. ● Getrennt- oder Zusammenschreibung → R 4.15 publik machen/publikmachen

Pu·b·li·kum das ['pu:blikʊm] <-s> /kein Plur./ ❶ die Zuschauer einer öffentlichen Darbietung: Es hatte sich ein Publikum von knapp tausend Personen eingefunden.; das Publikum einer Fernseh-/Radiosendung ●-sresonanz, Fernseh-, Konzert-, Theater- ❷ die Menschen, die an einer bestimmten Sache interessiert sind: das literarisch interessierte Publikum ●Fach- ❸ Personen, die irgendwo (regelmäßig) öffentlich ein- und ausgehen: ein gemischtes/gehobenes Publikum in dem Restaurant

Pud·ding der ['pʊdɪŋ] <-s, -e/-s> eine Süßspeise aus Milch, Mehl, Zucker und Geschmacksstoffen: einen Pudding kochen ●-form, -pulver, Erdbeer-, Schokoladen-, Vanille-

Pu·del der ['pu:dl̩] <-s, -> ein kleinerer Hund, der ein Fell aus kleinen Locken hat ●-mütze

pu·del- ['pu:dl̩] als Erstglied einiger zusammengesetzter Adjektive, die auf beiden Teilen betont werden; drückt intensivierend aus, dass das mit dem Zweitglied Bezeichnete sehr intensiv bzw. in vollständiger Weise gegeben ist: Nachdem sie gebadet hatte, fühlte sie sich pudelwohl. ●-nackt, -nackert, -nass, -wohl

Pu·der der ['pu:dɐ] <-s, -> ein feines Pulver (für medizinische oder kosmetische Zwecke): ein Puder für wunde Haut; ein Puder zum Abdecken von Haut, die man nicht genau sehen soll ●pudern ●Baby-, Gesichts-, Kinder-, Wund-

Pul·l·o·ver der [pʊ'lo:vɐ] <-s, -> ein Kleidungsstück (aus Wolle) für den Oberkörper, das über den Kopf gezogen wird: einen Pullover stricken ●Baumwoll-, Damen-, Mohair- Norweger-, Rollkragen-, Ski-, Woll-

Puls der [pʊls] <-es, -e> ❶ rhythmische Bewegung des Blutes durch den ganzen Körper, die man am inneren Handgelenk spüren kann: (bei) jemandem den Puls fühlen/messen; der Puls ist normal/beschleunigt/rast/beruhigt sich wieder ●-messer, -schlag, -uhr, Ruhe- ❷ die Anzahl der Pulsschläge pro Minute: 120 Puls haben ❸ (umg.) die Innenseiten der Handgelenke (wo der Pulsschlag gut zu spüren ist): sich an den Puls fassen; ■ **der Puls der Zeit** die momentane Äußerung des Zeitgeists Beim Besuch der letzten Weltausstellung war etwas vom Puls der Zeit zu spüren.

Pult das [pʊlt] <-(e)s, -e> ❶ ein Gestell in Form eines Tisches mit einer schrägen Platte für Redner oder Dirigenten: Der Redner/der Dirigent trat ans Pult. ●Dirigenten-, Redner-, Schalt-, Schreib-, Steh- ❷ SCHWEIZ. Schreibtisch

Pul·ver das ['pʊlvɐ] <-s, -> ❶ ein Stoff, der aus feinsten Teilchen besteht: ein feines/grobkörniges/wasserlösliches Pulver; den Kaffee zu Pulver mahlen; ein Pulver gegen Ameisen; das weiße Pulver des Kokains ●Back-, Brause-, Milch-, Seifen-, Wasch- ❷ (≈ Schießpulver) das Pulver nicht nass werden lassen/in Fässern lagern; feine Spuren des Pulvers aus einer Schusswaffe finden ❸ (umg.) Geld: eine Menge Pulver haben; ■ **sein ganzes Pulver auf einmal verschießen** (umg.) alle Ideen oder Argumente (unklugerweise) auf einmal vortragen

pum·me·lig, a. **pumm·lig** ['pʊməlɪç] <pumm(e)liger, am pumm(e)ligsten> adj (umg.) ziemlich dick und nicht sehr groß: ein pumm(e)liges kleines Kind ●Pummelchen

Pum·pe die ['pʊmpə] <-, -n> ❶ TECHN. Gerät, mit dem man Flüssigkeiten und Gase durch Rohre oder Schläuche bewegt: eine handbetriebene/elektrische Pumpe für Wasser; jmdm. eine Pumpe für das Fahrrad leihen ●Benzin-, Fahrrad-, Luft-, Milch-, Wasser- ❷ (umg. scherzh.) Herz: Die Pumpe macht nicht mehr mit.; Er hat's an/mit der Pumpe.

Punk der [paŋk] <-s, -s> ❶ /kein Plur./ jugendlicher Protest gegen die (bürgerliche) Gesellschaft ❷ /kein Plur./ Musik der Punkbewegung ●-band, -rock ❸ Anhänger(in) der Punkbewegung: jugendliche Punks

Punkt der [pʊŋkt] <-(e)s, -e> ❶ Stelle, geographischer Ort: Von dem Punkt da drüben hat man die beste Sicht über das Tal. ●Brenn-, Eck-, Halte-, Mittel-, Treff- ❷ ein bestimmter Zeitpunkt in einem längeren Vorgang: Man hatte jetzt den Punkt erreicht, an dem ... ❸ das Satzzeichen, das einen Aussagesatz beendet.: Hierher gehört ein Punkt oder zumindest ein Semikolon, gewiss aber kein Komma. ❹ i-Punkt: Der Punkt über dem Buchstaben i. ❺ ein Thema oder Problem auf einer Liste mehrerer Themen: Kommen wir nun zu Punkt fünf der Tagesordnung!; einen wichtigen Punkt ansprechen; sich in einem Punkt einig sein ♦ Diskussions-, Haupt-, Kern-, Streit-, Verhandlungs- ⑥ *eine für eine Leistung vergebene Wertungseinheit:* Punkte erhalten/verlieren/sammeln ♦ Minus-, Plus-, Straf- ⑦ *ein kleiner runder Fleck:* die farbigen Punkte auf der Tischdecke; die Lampen, die sich wie Lichtpunkte auf dem Wasser spiegeln; ▪ **der springende Punkt** *die ausschlaggebende Sache;* ▪ **der tote Punkt** *die Stelle, an der man nicht weiterweiß* Ich bin an einem toten Punkt angelangt: Ich kann nicht mehr weiter!; ▪ **Mach mal 'nen Punkt!** *(umg.) jetzt ist es genug;* ▪ **Punkt 10 Uhr** *(umg.) genau 10 Uhr* Es ist jetzt Punkt ein Uhr.

pünkt·lich ['pʏŋktlɪç] <pünktlicher, am pünktlichsten> *adj genau zum vereinbarten Zeitpunkt:* Bitte seid morgen pünktlich!; Der Bus ist heute pünktlich.

Pu·pil·le die [pu'pɪlə] <-, -n> ANAT. *die Öffnung im Auge, durch die Licht eindringt:* eine geweitete/verengte Pupille

Pup·pe die ['pʊpə] <-, -n> ① *eine kleine Nachbildung einer menschlichen Gestalt (als Spielzeug):* mit Puppen spielen ♦ -nstube, Glieder-, Holz-, Sprech-, Stoff- ② *eine Handpuppe oder Marionette:* Der Künstler machte Puppentheater nur mit solchen Puppen, die er selbst konstruiert hatte.; ▪ **bis in die Puppen** *(umg.) sehr lange* bis in die Puppen feiern/schlafen

pur [puːɐ̯] *adj /nicht steig./* ① *rein; unverfälscht:* Das ist purer Blödsinn!; purer Alkohol; ein Ring aus purem Gold ② *(umg.) bloß:* Das war purer Zufall!

Putsch der [pʊtʃ] <-(e)s, -e> POL. *ein Umsturzversuch (durch Teile des Militärs):* Die gewählte Regierung wurde durch einen Putsch gestürzt. ▸ putschen ♦ Militär-

put·zen ['pʊtsn̩] <putzt, putzte, hat geputzt> I. *mit OBJ* ▪ **jmd. putzt etwas** *(≈ reinigen) etwas von Schmutz befreien:* Fenster/Schuhe gründlich/sorgfältig putzen; Du musst (die Zähne) drei Minuten lang putzen.; Gemüse putzen II. *ohne OBJ* ▪ **jmd. putzt** *jmd. beschäftigt sich mit dem Reinigen:* Ich muss noch putzen. III. *mit SICH* ① ▪ **jmd. putzt sich** *(veralt.) sich fein machen:* Die Stadt hat sich festlich geputzt. ② ▪ **ein Tier putzt sich** *sich säubern:* Der Vogel/die Katze putzt sich sorgfältig.; ▪ **Klinken putzen** *(umg. abwert.) etwas an der Türe verkaufen wollen*

Putz·frau die <-, -en> *eine Frau, die berufsmäßig Wohnungen oder Gebäude reinigt*

put·zig ['pʊtsɪç] *adj (umg.)* ① *drollig; niedlich:* ein putziges kleines Kätzchen ② *so, dass etwas belustigend wirkt:* Das Eichhörnchen bietet ja einen putzigen Anblick!

Puz·zle das ['pazl̩/'puzl̩] <-s, -s> *ein Geduldsspiel, bei dem aus vielen kleinen Einzelteilen ein Bild zusammengesetzt wird* ♦ -spiel

Py·ja·ma der/das [py'dʒaːma/pi'dʒaːma] <-s, -s> *Schlafanzug* ♦ -hose, -jacke, -stoff

Py·ra·mi·de die [pyra'miːdə] <-, -n> ① MATH. *ein geometrischer Körper, der von einer vieleckigen Grundfläche und mehreren gleichen, dreieckigen Seitenflächen begrenzt wird, die sich an der Spitze in einem Punkt treffen* ② *ein sehr großer Grabbau in der Form einer Pyramide¹:* die ägyptischen Pyramiden

Q q

Q, q das [kuː] <-, -> *der 17. Buchstabe des Alphabets:* Das Wort „Quadrat" beginnt mit einem großen „Q".

Qua·d·rat das <-(e)s, -e> ❶ *ein Rechteck mit vier gleich langen Seiten:* ein Quadrat zeichnen; ein Quadrat mit einer Seitenlänge von drei Zentimetern; den Flächeninhalt eines Quadrates berechnen ▸ quadratisch ❷ MATH. *eine Zahl mit sich selbst multipliziert; die zweite Potenz einer Zahl:* eine Zahl ins Quadrat erheben/setzen; Vier ins/zum Quadrat ist sechzehn.; Das Quadrat von vier ist sechzehn (geschrieben: $4^2=16$)

qua·ken ['kvaːkn̩] <quakt, quakte, hat gequakt> *ohne OBJ* ◾ **ein Tier quakt** *das für Frösche oder Enten typische Geräusch von sich geben:* Die Frösche quaken im Teich.

Qual die [kvaːl] <-, -en> *(≈ Pein) etwas, das körperlich oder seelisch Schmerzen bereitet und sehr schwer zu ertragen ist; großes Leid:* Die Gefangenen mussten körperliche und seelische Qualen ausstehen/erdulden/ertragen.; Das Warten wurde allmählich zur Qual.; Die drückenden Schuhe machten die Wanderung zur Qual. ▸ quälen, Quälerei ◆ Gewissens-, Seelen-

qua·li·fi·zie·ren [kvalifi'tsiːrən] <qualifizierst, qualifizierte, hat qualifiziert> **I.** *mit OBJ* ❶ ◾ **etwas qualifiziert jmdn. (als/für etwas** *Akk.)* **zu etwas befähigen; sich als geeignet erweisen:* Seine Erfahrung und seine bisherigen Erfolge qualifizieren ihn als Trainer. ❷ ◾ **etwas qualifiziert jmdn. (zu etwas** *Dat.)* **beruflich weiterbilden:* Er wurde in einer zweijährigen Ausbildung zum Facharbeiter qualifiziert.; gut/unzureichend qualifiziertes Personal ❸ ◾ **jmd. qualifiziert etwas (als etwas** *Akk.) (geh.) als etwas einstufen:* Die Tat wurde vom Gericht als Urkundenfälschung qualifiziert. **II.** *mit SICH* ❶ ◾ **jmd. qualifiziert sich (durch etwas** *Akk.)* **(als/für etwas** *Akk.)* **den Nachweis erlangen, dass man sich für etwas geeignet ist:** Sie hat sich durch ihre Leistungen für eine leitende Position qualifiziert.; Die Mannschaft hat sich für die Olympischen Spiele qualifiziert. ❷ ◾ **jmd. qualifiziert sich (zu etwas** *Dat.)* **sich beruflich weiterbilden:** Er hat sich zum Facharbeiter qualifiziert. ▸ Qualifizierung, Qualifikation ◆ ab-, weiter-

Qua·li·tät die [kvali'tɛːt] <-, -en> ❶ *eine bestimmte Eigenschaft von etwas; die Art, wie etwas beschaffen ist:* Dieses Material hat eine feste/weiche/schlechte Qualität.; Weine und Speisen von ausgezeichneter/besonderer/erlesener Qualität; eine gute Qualität haben ▸ qualitativ ❷ *der Zustand, dass etwas besonders gute Eigenschaften hat und daher wertvoll ist:* Wir achten bei unseren Erzeugnissen stets auf Qualität.; Der Service in diesem Hotel ist für seine Qualität bekannt. ◆ -sprodukt, -sprüfung, -sware, Bild-, Lebens-, Spitzen- ❸ */nur. Plur./ positive Eigenschaften einer Person:* Man schätzt diese Qualitäten an ihr.; Er ist ein Mann von besonderen Qualitäten.

Qualm der [kvalm] <-(e)s> */kein Plur./ dichter Rauch, der z.B. von einem Schornstein oder Zigaretten ausgeht:* Aus dem Schornstein steigt Qualm auf.; der Qualm der Zigaretten ▸ qualmen, qualmig, verqualmt

qual·voll ['kvaːlfɔl] *adj* ❶ *(≈ schmerzhaft) mit großen Schmerzen verbunden:* ein qualvoller Tod ❷ *(≈ quälend) mit großer Angst verbunden:* Es verging eine Stunde qualvollen Wartens, bis endlich das Telefon klingelte.

Quan·ti·tät die [kvanti'tɛːt] <-, -en> *(geh.)* ❶ */kein Plur./ (↔ Qualität) die Menge oder Anzahl, in der etwas vorhanden ist:* weniger auf die Quantität, als vielmehr auf die Qualität achten ▸ quantitativ ❷ */meist Plur./ (≈ Portion) eine abgemessene Menge von etwas:* Das Gift wirkt schon in kleinsten Quantitäten.

Quark der [kvark] <-s> */kein Plur./* ❶ KOCH. *ein Lebensmittel aus Milch in der Art eines weißen, festen Breis:* Kartoffeln mit Quark und Kräutern essen ◆ Frucht-, Kräuter-, Sahne- ❷ *(umg. abwert.) Unsinn:* Red nicht solch einen Quark!

Quar·tal das [kvar'taːl] <-s, -e> *(≈ Vierteljahr) jeweils drei aufeinander folgende Monate eines Jahres:* Das vierte Quartal beginnt mit dem ersten Oktober.; Er kündigte das Abonnement zum Ende des Quartals.

qua·si ['kvaːzi] *adv (≈ beinahe, so gut wie) sozusagen; gewissermaßen; gleichsam:* Er ist quasi der Chef.

quas·seln ['kvasl̩n] <quasselst, quasselte, hat gequasselt> *mit OBJ/ohne OBJ* ◾ **jmd. quasselt (etwas)** *(umg. abwert.)*

ständig viel und schnell reden: Er quasselt immer so viel Unsinn.; Nun quassele doch nicht ständig!

Quatsch der [kvatʃ] <-es> /kein Plur./ *(umg. abwert.) unsinnige Tat oder Äußerung; Blödsinn:* Was machst du denn für einen Quatsch!; Red nicht solchen Quatsch!; ▪ **Das ist doch Quatsch (mit Soße)!** *(umg.) das stimmt überhaupt nicht* Ich soll ihn ignoriert haben? Das ist doch Quatsch mit Soße!

quat·schen ['kvatʃn̩] <quatschst, quatschte, hat gequatscht> *mit OBJ/ ohne OBJ (umg.)* ❶ ▪ **jmd. quatscht (etwas)** *(abwert.) Unsinn reden:* Quatsch doch nicht so blöde!; Er hat wieder völligen Blödsinn gequatscht. ❷ ▪ **jmd. quatscht** *miteinander plaudern:* Wir quatschen oft stundenlang. ❸ ▪ **jmd. quatscht** *(abwert.) etwas, das geheim bleiben soll, verraten:* Irgendjemand hat gequatscht; jedenfalls wissen es nun alle!

Quel·le die ['kvɛlə] <-, -n> ❶ *die Stelle, an der ein Fluss oder Bach entspringt:* die Quelle der Elbe; die Länge eine Flusses von der Quelle bis zur Mündung ◆Donau- ❷ *eine Stelle, an der Wasser aus dem Erdboden fließt:* heiße/schwefelhaltige Quellen; Neben dem Felsen sprudelt eine Quelle. ▸Quellwasser ◆Heil-, Thermal- ❸ *(übertr.: ≈ Ursprung) der Ausgangspunkt oder die Ursache von etwas:* die Quelle ihrer Unzufriedenheit ◆Energie-, Fehler-, Gefahren- ❹ *(in der Geschichts- und Literaturwissenschaft) Dokument, Text oder Beleg, der für wissenschaftliche Forschungen genutzt wird:* Der Autor zitiert verschiedene Quellen.; für eine Arbeit zahlreiche Quellen studieren/benutzen ◆-nnachweis, -nstudium ❺ *die Person oder Institution, von der eine Information stammt:* Ich weiß das aus zuverlässiger Quelle.; Der Journalist gab seine Quelle nicht preis.; ▪ **an der Quelle sitzen** *gute Möglichkeiten haben, an Informationen oder Dinge heranzukommen* Wenn du mal wieder neue Turnschuhe brauchst, sag es mir, denn ich sitze ja an der Quelle.

quen·geln ['kvɛŋln̩] <quengelst, quengelte, hat gequengelt> *ohne OBJ (umg. abwert.)* ❶ ▪ **jmd. quengelt (über etwas** *Akk.***)** *leise vor sich hin weinen:* Das Kind quengelte, bis es einschlief. ❷ ▪ **jmd. quengelt** *(≈ betteln) jmdn. ständig mit kleinen Wünschen oder Klagen bedrängen:* Das Kind quengelte so lange, bis es seinen Wunsch erfüllt bekam. ❸ ▪ **jmd. quengelt (über etwas** *Akk.***)** *(≈ meckern, nörgeln) ständig über etwas klagen:* Er quengelt den ganzen Tag über dieses und jenes.

quer [kveːɐ̯] adv ❶ *(≈ diagonal) schräg von einer Ecke zur anderen:* quer über die Wiese laufen; einen Strich quer über die ganze Seite machen ❷ *im rechten Winkel zu einer (gedachten) Linie:* ein quer gestreifter Pullover; Die Linien verlaufen quer zum Heftrand.; das Auto quer (zur Fahrbahn) parken ❸ *in einer anderen als der normalen oder erwarteten Lage:* Irgendetwas hat sich quer gestellt, die Tür lässt sich nicht mehr öffnen.; ▪ **kreuz und quer** *(umg.) in vielen verschiedenen Richtungen* kreuz und quer durch die Stadt irren; ▪ **quergehen** *(umg.) misslingen* Mir ist heute alles quer gegangen.; ▪ **sich querlegen/stellen** *(umg.) bei etwas nicht mitmachen oder sich widersetzen* Endlich waren wir uns alle einig, da musst du dich wieder querstellen!; ▪ **querschießen** *(umg.) versuchen, etwas zu stören oder zu verhindern* Muss denn immer einer querschießen? ▸ überqueren, verquer ◆Zusammenschreibung → R 4.6

quer·feld·ein [kveːɐ̯fɛlt'|ain] adv /nicht steig./ *so, dass man durch ein Gelände geht, ohne sich an festgelegte Wege zu halten:* querfeldein durch den Wald/über die Wiese gehen

quie·ken ['kviːkn̩] <quiekst, quiekte, hat gequiekt> *ohne OBJ* ❶ ▪ **ein Tier quiekt** *den für Schweine oder Mäuse typischen hohen Laut von sich geben:* Die Ferkel quieken. ❷ ▪ **jmd. quiekt** *(umg.) einen schrillen, hohen, lang gezogenen Laut von sich geben:* Die Kinder quiekten vor Vergnügen.

quietsch- [kviːtʃ] *als Erstglied einiger zusammengesetzter Adjektive, bei denen die Betonung auf beiden Teilen liegt; drückt intensivierend aus, dass das mit dem Zweitglied Bezeichnete in sehr hohem Maße auf jemand/etwas zutrifft:* Die Kinder plantschen quietschvergnügt im Wasser. ◆-fidel, -gelb, -grün, -lebendig, -rosa, -vergnügt

quiet·schen ['kviːtʃn̩] <quietschst, quietschte, hat gequietscht> *ohne OBJ* ▪ **jmd./etwas quietscht** *einen lang gezogenen hohen Laut von sich geben, der oft unangenehm ist:* Die Tür quietscht.; Die Kinder quietschten vor Freude.

Quirl der [kvɪrl] <-(e)s, -e> *ein (elektrisches) Küchengerät, mit dem man Flüssigkeiten mit anderen Zutaten verrühren kann:* Eier und Mehl mit dem Quirl verrühren

quitt [kvɪt] *adj /nicht steig./ (umg.) in einem Zustand, in dem die gegenseitigen Verpflichtungen oder Schulden zwischen zwei Menschen ausgeglichen sind:* Ich habe das Geld zurückgezahlt, jetzt sind wir quitt.; Du hast genauso viel Schulden bei mir wie ich bei dir, wir sind quitt.

Quit·tung die ['kvɪtʊŋ] <-, -en> ❶ (≈ *Bon, Kassenzettel*) *eine schriftliche Bescheinigung, dass man Geld bezahlt hat:* die Quittung ausstellen/aufbewahren ◆Spenden-, Zahlungs- ❷ *(umg.: ≈ Strafe) die (unangenehme) Konsequenz eines Handelns:* Nun hat er die Quittung für seine Frechheit bekommen.

Quo·te die ['kvo:tə] <-, -n> *Anteil von etwas im Verhältnis zu einer Gesamtheit:* Die Quote der Verkehrsunfälle mit tödlichem Ausgang ist gesunken. ◆Fehler-, Gewinn-

R, r das [ɛr] <-, -> *der 18. Buchstabe des Alphabets:* Das Wort „richtig" beginnt mit einem kleinen „r".

Ra·batt der [ra'bat] <-(e)s, -e> WIRTSCH. (≈ *Preisnachlass*) *ein bestimmter Geldbetrag, der unter gewissen Voraussetzungen von einem Kaufpreis abgezogen wird:* Ich bekomme 3 Prozent Rabatt, wenn ich das neue Bett bar bezahle.; Bei guten Kunden gewähren wir grundsätzlich Rabatt. ◆-marke, Mengen-

Ra·che die ['raxə] <-> /kein Plur./ (≈ *Revanche, Vergeltung*) *eine Handlung, mit der man jmdn. für etwas bestrafen will:* Rache üben; an jemandem für etwas Rache nehmen; Er hat den Mord aus Rache begangen.; ■ **die Rache des kleinen Mannes** *(umg. scherzh.) eine kleine (relativ harmlose) Tat, mit der jmd. einer einflussreicheren Person etwas zu vergelten versucht* ◆rächen ◆Blut-

Rad das [ra:t] <-(e)s, Räder> ❶ *einer der runden Teile an einem Fahrzeug (z.B. einem Auto), auf dem dieses rollt:* ein Rad auswechseln; An dem Kinderwagen ist ein Rad locker.; Das Rad sitzt auf der Achse/blockiert/dreht durch. ◆-achse, -aufhängung, Ersatz- Hinter-, Stütz-, Vorder- ❷ TECHN. *ein Bauteil einer Maschine in der Form eines Rades¹:* Die Räder drehen sich/greifen ineinander/ stehen still.; Das Wasser läuft über ein großes Rad. ◆Antriebs-, Wasser-, Zahn- ❸ *Kurzform für „Fahrrad":* das Rad abstellen/an die Mauer lehnen/putzen/reparieren; ein altes/gebrauchtes/neues/neuwertiges/gepflegtes Rad; Rad fahren ◆Damen-, Herren-, Kinder-, Renn-, Sport- ❹ SPORT *mit gestreckten Armen und Beinen ausgeführter seitlicher Überschlag am Boden:* ein Rad schlagen; ■ **das fünfte Rad am Wagen sein** *(umg.) (in einer Gruppe) überflüssig sein* Er geht nicht gerne mit dem Paar aus, denn er fühlt sich stets als fünftes Rad am Wagen.; ■ **ein Pfau schlägt ein Rad** *ein Pfau spreizt die Schwanzfedern;* ■ **unter die Räder kommen** *(umg.) (moralisch) verkommen; herunterkommen* ◆Getrenntschreibung → R 4.8 Am Wochenende sind wir Rad gefahren.; Meine Tochter lernt gerade Rad fahren.; ◆Zusammenschreibung → R 4.8 Das Radfahren macht ihr großen Spaß.; Wann hast du das Radfahren gelernt?

Ra·dar·kon·trol·le die ['ra:daɐ̯..., ra'da:ɐ̯...] <-, -n> *Kontrolle der Geschwindigkeit von Fahrzeugen durch die Polizei mit Hilfe des Radar-Messverfahrens:* eine Radarkontrolle durchführen; in eine Radarkontrolle geraten

ra·deln ['ra:dl̩n] <radelst, radelte, ist geradelt> *ohne OBJ* ■ **jmd. radelt** *(umg.) mit dem Fahrrad fahren:* zur Arbeit/durch den Wald radeln

ra·die·ren [ra'di:rən] <radierst, radierte, hat radiert> *ohne OBJ* ■ **jmd. radiert** *etwas, das man mit Bleistift auf ein Papier geschrieben oder gemalt hat, mit einem Radiergummi entfernen:* Wer hat hier radiert? ◆aus-, weg-

Ra·dier·gum·mi der/das <-s, -s> *ein kleines Stück Gummi, mit dem man etwas, das mit Bleistift geschrieben oder gezeichnet ist, entfernen kann:* einen/ein Radiergummi benutzen

Ra·dies·chen das [ra'di:sçən] <-s, -> *eine Pflanze in der Form einer kleinen runden, roten Kugel, die innen weiß ist und sehr scharf schmeckt:* Radieschen essen/waschen

ra·di·kal [radi'ka:l] *adj* ❶ *vollständig, gründlich:* etwas radikal ablehnen; etwas radikal ausmerzen/beseitigen; Sie hat ihre Ernährungsgewohnheiten aus gesundheitlichen Gründen radikal verändert. ❷ *sehr stark:* ein radikaler Abbau von Arbeitsplätzen; die Preise radikal reduzieren ❸ *rücksichtslos, brutal:* radikale Mittel einsetzen; ein radikales Vorgehen ❹ POL. *eine extreme politische Position vertretend:* radikale Ansichten haben; eine radikale Partei ◆ links-, rechts-

Ra·dio das ['ra:di̯o] <-s, -s> ❶ *ein Gerät mit einem Lautsprecher, mit dem man Rundfunksender hören kann:* das Radio anmachen/leiser stellen ◆ Auto-, Koffer- ❷ /kein Plur./ *der Rundfunk:* etwas kommt im Radio/wird im Radio übertragen; Radio hören ◆ -programm, -sendung

ra·dio·ak·tiv [radi̯o|ak'ti:f] *adj* /nicht steig./ PHYS. *so, dass etwas die schädlichen Strahlen von Atomkernen produziert:* radioaktive Abfälle aus Kernkraftwerken; radioaktiver Niederschlag ▸ Radioaktivität

raf·fen ['rafn̩] <raffst, raffte, hat gerafft> *mit OBJ* ■ **jmd. rafft etwas** ❶ *einen Stoff in Falten legen und hochziehen:* geraffte Vorhänge; Die Ärmel kann man noch ein wenig raffen. ❷ (≈ *straffen*) *(einen Text) kürzen:* einen Beitrag/einen Text etwas raffen; Wenn ich ein wenig raffe, brauche ich nicht so viel Platz. ❸ *(abwert.) viel Besitz an sich bringen:* Besitz/Geld raffen; Sie haben schon so viel Geld, können doch nicht aufhören, noch mehr zu raffen. ❹ *etwas schnell ergreifen und wegnehmen:* Sie raffte die Wäsche gerade noch rechtzeitig von der Leine, bevor der Regen begann. ◆ weg-, zusammen- ❺ *(umg. abwert.:* ≈ *kapieren) verstehen:* Der rafft überhaupt nichts.; Hast du's endlich auch gerafft?

raf·fi·niert *adj* ❶ (≈ *durchtrieben*) *gut überlegt oder so, dass jmd. geschickt vorgeht:* ein raffinierter Plan; ein raffinierter Dieb/Geschäftemacher/Lügner ❷ (↔ *schlicht*) *mit besonderer Ausstattung oder Gestaltung:* ein raffiniertes Kleid; ein raffiniert gewürztes Essen

Rahm der [ra:m] <-(e)s> /kein Plur./ SÜDDT., ÖSTERR., SCHWEIZ. *Sahne:* Erdbeeren mit süßem Rahm

Rah·men der ['ra:mən] <-s, -> ❶ *eine Einfassung für Bilder aus Holz, Metall oder Kunststoff in verschiedenen Formen:* einen passenden Rahmen für ein Foto suchen; ein vergoldeter/verzierter/verschnörkelter Rahmen ◆ Bilder-, Holz-, Wechsel- ❷ *die Einfassung eines Fensters oder einer Tür:* Die Tür hängt schief im Rahmen.; Die Rahmen der Fenster müssen erneuert werden. ◆ -konstruktion ❸ *das Gestell des Fahrzeugs:* Der Rahmen des Fahrrades besteht aus Aluminium.; ein Rahmen aus Aluminium/Carbon/Stahl/Titan; einen Rahmen aufbauen/komplettieren; ein nasslackierter/pulverbeschichteter Rahmen ◆ -bauer, -größe, -höhe, Alu-, Carbon-, Fahrrad- Stahl-, Titan- ❹ *die äußeren Umstände oder auch die allgemeinen Bedingungen/Regularitäten einer Sache/Angelegenheit:* einer Feier einen würdigen Rahmen verleihen; Im Rahmen der Festwochen treten viele bekannte Künstler auf.; den finanziellen Rahmen für die anfallenden Kosten abstecken; ■ **aus dem Rahmen fallen** *ungewöhnlich sein; sich auffällig verhalten* Er muss bei jeder Party aus dem Rahmen fallen.; ■ **den Rahmen sprengen** *über das gebotene Maß hinausgehen* Dieses Auto würde unseren finanziellen Rahmen sprengen. ◆ -abkommen, -gesetz, -plan, -tarif, -vereinbarung, -vertrag, Finanz-, Handlungs-, Kosten-, Zeit-

rah·men <rahmst, rahmte, hat gerahmt> *mit OBJ* ■ **jmd. rahmt etwas** (≈ *einfassen*) *mit einem Rahmen¹ versehen:* ein Bild (in Gold) rahmen; ein Diapositiv rahmen; ein gerahmter Spiegel ◆ ein-

Ram·pen·licht ■ **im Rampenlicht stehen** *von der Öffentlichkeit stark beachtet werden; auf der Bühne stehen; im Mittelpunkt stehen* Diese Schauspielerin steht gerne im Rampenlicht.

Ramsch der [ramʃ] <-(e)s> /kein Plur./ *(umg. abwert.)* ❶ (≈ *Plunder*) *wertlose Gegenstände:* Wirf doch den ganzen Ramsch einfach weg! ❷ (≈ *Ausschuss*) *Sachen von schlechter Qualität:* In diesem Laden gibt es neuerdings nur noch Ramsch. ▸ verramschen ◆ -laden

Rand der [rant] <-(e)s, Ränder> ❶ *äußerer Teil einer Fläche:* am Rand(e) der Stadt wohnen; Der Kuchen ist an den Rändern verbrannt. ❷ *Kante; Begrenzung:* der Rand eines Glases; am Rand(e) des Abgrundes stehen; sich an den Rand des Feldes setzen ◆ Feld-, Straßen-, Weges- ❸ *der unbeschriebene Teil an den äußeren Enden eines Blattes Papier:* eine Notiz auf den Rand schreiben; links einen Rand von drei Zentimetern lassen ◆ Seiten- ❹ *Umrahmung:* ein Umschlag mit schwarzem Rand ❺ *(vulg.) Mund:* einen losen Rand haben;

Halt den Rand!; ▪ **außer Rand und Band sein** *(umg.) sehr aufgeregt und wild sein* Die Kinder sind ja heute außer Rand und Band!; ▪ **mit jemandem/etwas zu Rande/zurande kommen** *(umg.) mit jmdm. oder etwas zurechtkommen* Mit der neuen Kollegin komme ich nicht zu Rande.; ▪ **am Rand(e) einer Sache stehen/sein** *(umg.) ein schlimmes Ereignis zu erwarten haben* am Rande des Ruins stehen

ran·da·lie·ren [randaˈliːrən] <randalierst, randalierte, hat randaliert> *ohne OBJ* ▪ **jmd. randaliert** *Lärm machen (und mit Absicht Sachen kaputt machen):* Die Betrunkenen zogen randalierend durch die Straßen.; Nach dem Fußballspiel wurde wieder randaliert. ▸ Randalierer

Rang der [raŋ] <-(e)s, Ränge> ❶ /kein Plur./ *wichtige Position, große Bedeutung:* ein Ereignis von hohem Rang; ein Wissenschaftler/eine Politikerin von hohem Rang; die Probleme entsprechend ihrem Rang bearbeiten ❷ *Platz in einer Wertung:* sich bis auf den zweiten Rang vorarbeiten; Rang vier belegen ❸ MILIT. *Dienstgrad:* Welchen Rang hat er? ❹ THEAT. *(≈ Balkon, Galerie) erhöht gelegene Sitzplätze:* einen Platz im Rang; Karten für den Rang haben; ▪ **jemandem den Rang ablaufen** *(umg.) besser abschneiden als jmd.* Sie hat ihrer Mitschülerin den Rang abgelaufen.; ▪ **alles, was Rang und Namen hat** *(umg.) alle bedeutenden Persönlichkeiten* Zu dem Fest kam alles, was Rang und Namen hat.

ran·ken [ˈraŋkŋ] <rankst, rankte, hat/ist gerankt> I. *ohne OBJ* ▪ **etwas rankt irgendwohin** *(sein) irgendwohin wachsen und dabei um etwas herum oder an etwas hinauf wachsen:* Der Wein ist an der Mauer in die Höhe gerankt. II. *mit SICH* ▪ **etwas rankt sich irgendwo** *(haben)* ❶ *(als Pflanze) lang an etwas (einer Mauer oder einem Zaun) hochwachsen:* Der Wein hat sich um das Gerüst gerankt/an der Mauer nach oben gerankt. ❷ *(als Phantasie) eine Vorstellung von jmdm. oder etwas begleiten:* Erzählungen/Legenden/Mythen ranken sich um einen König/ein altes Schloß.

ran·kom·men <kommst ran, kam ran, ist rangekommen> *ohne OBJ* ▪ **jmd. kommt an etwas/jmdn. ran** *(umg.: ≈ herankommen) etwas oder jmdn. erreichen; es schaffen, mit jmdm. zu sprechen:* Kannst du mir helfen? Ich komme an das Buch nicht ran.; An diesen Politiker kommt man nicht ran.

ran·ma·chen <machst ran, machte ran, hat rangemacht> I. *mit OBJ* ▪ **jmd. macht etwas an etwas** *Akk. ran (umg.) jmd. befestigt etwas an etwas:* einen Knopf an ein Kleidungsstück ranmachen II. *mit SICH* ❶ **jmd. macht sich an etwas** *Akk. ran mit etwas beginnen:* Ich habe mich ans Putzen rangemacht. ❷ ▪ **jmd. macht sich an jmdn. ran** *jmd. nimmt (auf plumpe Art) mit jmdm. Kontakt auf:* Auf dem Heimweg hat er versucht, sich an sie ranzumachen.

rann·te [ˈrantə] *Prät. von* **rennen**

Ran·zen der [ˈrantsn̩] <-s, -> ❶ *(≈ Schultasche) die (lederne) Tasche, in der ein Schüler seine Schulbücher, Hefte und Stifte transportiert:* seinen Ranzen für den nächsten Tag packen ❷ *(umg. abwert.) dicker Bauch:* einen ganz schönen Ranzen haben

ran·zig [ˈrantsɪç] *adj /nicht steig./ (von Butter und Fetten) alt, verdorben, nicht mehr genießbar:* ranzige Butter

Rap·pen der [ˈrapn̩] <-s, -> *schweizerische Währungseinheit:* Hundert Rappen sind ein Franken.

rap·pen [ˈrɛpn̩] *ohne OBJ* ▪ **jmd. rappt** MUS. *im Stil des Rap (= eine Art Sprechgesang) singen:* ein gerappter Song; Er rappt. ▸ Rapper

ra·sant [raˈzant] *adj* ❶ *sehr schnell:* sich rasant entwickeln; rasant fahren ❷ *sehr erregend:* eine rasante Party; die Frau mit dem rasanten Kleid ▸ Rasanz

rasch [raʃ] *adj schnell:* sich rasch umziehen; sich rasch entscheiden

ra·scheln [ˈraʃl̩n] <raschelst, raschelte, hat geraschelt> *ohne OBJ* ▪ **jmd./etwas raschelt** *das Geräusch von bewegten Blättern erzeugen:* Im Gebüsch raschelt etwas.; mit dem Papier rascheln

Ra·sen der [ˈraːzn̩] <-s, -> /meist Sing./ ❶ *eine abgegrenzte Grasfläche:* Bitte den Rasen nicht betreten!; den Rasen mähen ◆ -fläche, -mäher ❷ SPORT *(umg.) Spielfeld:* Die Spieler laufen auf den Rasen.

ra·sen [ˈraːzn̩] <rast, raste, ist/hat gerast> *ohne OBJ* ▪ **jmd./etwas rast** ❶ *(sein) sich schnell bewegen oder sehr schnell fahren:* Musst du hier so rasen?; Die Rennfahrer rasten an der Tribüne vorbei. ❷ *(sein) ein schnelles Tempo haben:* Der Puls/Das Herz/Die Uhr rast.; Die Zeit rast. ❸ *(haben) wüten; toben:* rasende Wut; Er hat vor Wut gerast.; Du machst mich noch rasend!

ra·send *adj /nicht steig./* ❶ *sehr schnell:* in rasendem Tempo; in rasender Fahrt

2 *sehr stark:* rasende Kopfschmerzen **3** *(umg.) sehr:* Ich würde rasend gerne kommen, aber …

ra·sie·ren [ra'ziːrən] <rasierst, rasierte, hat rasiert> **I.** *mit OBJ* ■ **jmd. rasiert jmdn./ etwas** *Barthaare oder Körperhaare mit einem Rasierapparat entfernen:* den Bart rasieren; den Kranken frisieren und rasieren **II.** *mit SICH* ■ **jmd. rasiert sich** *jmd. entfernt sich selbst Haare im Gesicht oder am Körper:* sich morgens vor dem Spiegel/sich zweimal täglich rasieren; sich die Beine/ sich unter den Achseln rasieren

Ra·sier·klin·ge die <-, -n> *Klinge zum Rasieren, die sehr dünn und sehr scharf ist:* eine scharfe Rasierklinge

Ras·se die ['rasə] <-, -n> **1** *Einteilungskriterium traditioneller Art, nach dem man große Gruppen von Menschen u.a. nach ihrer Hautfarbe, ihrer Körper-, Kopf- und Gesichtsform unterteilt. Nach den furchtbaren Verbrechen des Hitler-Faschismus (mit dessen Rassen-Ideologie und konsequenter Vernichtung unzähliger Menschen bloß aufgrund ihrer „Rasse") haftet dem Ausdruck „Rasse", soweit er auf Menschen bezogen wird, heutzutage ein ganz unangenehmer bis übler Nebensinn an. Aufgrund sozusagen des „Stallgeruchs" von Rassenhass und Vernichtung benutzt man den Ausdruck deshalb ungern und vermeidet ihn (obwohl er vor der Nazizeit zumindest teilweise unbefangen verwendet werden konnte).:* die gelbe/ rote/schwarze/weiße Menschen- ◆Menschen- **2** *(durch Züchtung entstandene) Tiere mit gemeinsamen Merkmalen, die sie von anderen Tieren derselben Art unterscheiden:* ein Hund/eine Katze/ein Rind von einer bestimmten Rasse ◆Hunde-, Tier- **3** *(geh.) ausgeprägter Charakter; Temperament:* ein Wein mit Rasse; die Frau hat Rasse; ■ **die menschliche Rasse** *die Menschen (im Unterschied zu den Tieren)*

Ras·sis·mus der [ra'sɪsmʊs] <-> */kein Plur./ die perverse Auffassung, dass Menschen einer bestimmten Rasse[1] weniger wert sind als andere, und dass ihre politische und soziale Unterdrückung deshalb gerechtfertigt ist, wofür die Rassen-Ideologie des Hitler-Faschismus prototypisch steht, aber die auch rassistische Organisationen in vielen Ländern heute noch vertreten (nicht nur die neofaschistische NPD in Deutschland mit den ihr angeschlossenen Organisationen):* ein typisches Beispiel für Rassismus sein; Der Rassismus in vielen Ortschaften der früheren DDR ist oft genug angeprangert worden. ▸ Rassist(in), rassistisch

Rast die [rast] <-, -en> */meist Sing./ eine (kurze) Erholungspause während einer körperlichen Aktivität oder einer Fahrt/ Reise:* bei der Arbeit/der Bergtour/der Radtour/ der Wanderung eine Rast einlegen; kurz Rast machen ▸ rasten ◆-haus, -platz

Rast·hof der <-(e)s, Rasthöfe> *Gasthaus (an Autobahnen)*

Rat der [raːt] <-(e)s, Räte> **1** */kein Plur./ die Empfehlung, die man jdm. gibt, um ein mehr oder weniger schwerwiegendes Problem auf bestmögliche Art und Weise bewältigen zu können:* Darf ich dir einen Rat geben?; auf einen guten Rat hören; einen Rat befolgen/einholen/missachten **2** */ kein Plur./ Ausweg aus einer schwierigen Lage:* sich keinen Rat wissen; Wer kann hier Rat schaffen? **3** *(gewählte, beratende) Versammlung, Gremium:* der Rat der Ältesten; der Rat der Stadt; der Europäische Rat ◆Gemeinde-, Stadt- **4** *eine (männliche) Person, die Mitglied in einem Rat[3] ist* ◆Land-, Ministerial-, Stadt- **5** ■ **mit Rat und Tat helfen/jemandem mit Rat und Tat zur Seite stehen** *mit allen zur Verfügung stehenden Mitteln helfen* Ich danke meinen Eltern dafür, dass sie mir immer mit Rat und Tat helfen/zur Seite stehen.; ■ **mit sich zu Rate gehen** *sich etwas gründlich überlegen* Ich muss erstmal mit mir zu Rate gehen.; ■ **Rat schaffen** *einen Ausweg aus einer Schwierigkeit finden* Kannst du Rat schaffen?; ■ **der Rat der Weisen** *eine Gruppe von Wirtschaftsexperten, die Prognosen über die wirtschaftspolitische Entwicklung geben* ◆Getrennt- oder Zusammenschreibung → R 4.9, R 4.16 sich Rat suchend an jemanden wenden; Die Rat Suchenden/Ratsuchenden können sich an unsere Auskunftsstelle wenden.; ◆Getrennt- oder Zusammenschreibung → R 4.20 Experten zu Rate/zurate ziehen; *siehe auch* **zurate**

Ra·te die ['raːtə] <-, -n> **1** WIRTSCH. *eine bestimmte Menge Geld, die ein Teilbetrag einer größeren Geldsumme ist, und die man in geplanten zeitlichen Abständen zahlt, weil man die Gesamtsumme nicht sofort bezahlen kann oder möchte:* ein Auto auf Raten kaufen; etwas in Raten zahlen **2** *das Verhältnis zwischen zwei statistischen Größen, das die Häufigkeit von bestimmten Ereignissen bestimmt:* Die Rate der Geburten ist niedriger als die Rate der Todesfälle. ◆Geburten-, Produktions-, Sterbe-

ra·ten ['ra:tn̩] <rätst, riet, hat geraten> **I.** *ohne OBJ* ▪ *jmd. rät jmdm. (zu etwas Dat.) jmdm. einen Tipp oder einen Rat¹ geben:* Wozu würdest du mir raten?; Er hatte ihr geraten, das nicht zu tun. ● ab-, be-, zu- **II.** *mit OBJ* ▪ *jmd. rät (etwas) versuchen, ohne genaue Kenntnisse die richtige Antwort auf eine Frage oder ein Rätsel zu finden:* Er hat ihr Alter gleich geraten.; Rätsel raten; Rate mal, wer eben angerufen hat!; Ich weiß es nicht, ich kann nur raten.; Richtig/Falsch geraten!; ▪ **jemandem ist nicht zu raten** *(umg.) jmd. nimmt keinen Rat an* Ihm ist nicht zu raten.; ▪ **jemand weiß sich nicht zu raten** *(umg.) jmd. ist ratlos und weiß nicht, was er tun soll* Ich weiß mir nicht zu raten.; ▪ **Dreimal darfst du raten!** *verwendet, um auszudrücken, dass die Antwort auf eine Frage sehr einfach ist* Dreimal darfst du raten, wen ich heute in der Stadt getroffen habe! ● er-

Rat·ge·ber der, **Rat·ge·be·rin** <-s, -> ❶ */ nur mask./ ein Buch o.Ä., das Tipps und Informationen zu einem bestimmten Thema enthält:* einen Ratgeber über/für gesunde Ernährung lesen ❷ *(≈ Berater) jmd., der jmdm. (fachliche) Empfehlungen geben kann:* sich einen kompetenten Ratgeber für etwas suchen; Er war ein guter Ratgeber in dieser Angelegenheit.

Rat·haus das <-es, Rathäuser> *das Gebäude in einer Stadt, in dem der Bürgermeister sein Büro hat und sich die Stadtverwaltung mit zahlreichen Einrichtungen (z.B. mit dem Einwohnermeldeamt) befindet:* Er muss noch etwas im Rathaus erledigen.

ra·ti·fi·zie·ren [ratifi'tsi:rən] <ratifizierst, ratifizierte, hat ratifiziert> *mit OBJ* ▪ **jmd. ratifiziert etwas** *einen (völkerrechtlichen) Vertrag rechtskräftig und verbindlich machen:* ein Friedensabkommen ratifizieren ▸ Ratifizierung

ra·ti·o·nal [ratsio'na:l] *adj (geh.: ≈ vernunftgemäß, vernünftig ↔ emotional, irrational) von der Vernunft gesteuert:* rational denken; rational an eine Sache herangehen; ▪ **rationale Zahlen** *Zahlen, die sich durch Brüche ganzer Zahlen ausdrücken lassen*

Wegen ihrer Ähnlichkeit werden die Ausdrücke **rational** und **rationell** oft verwechselt, obwohl ihnen ganz unterschiedliche Bedeutungen zugeordnet werden sollten. Der Ausdruck *rational* hat die Bedeutung ‚von der Vernunft ausgehend' bzw. ‚vernunftgemäß', oder auch ‚mit der Vernunft übereinstimmend'. Mit dem Ausdruck *rationell* hingegen wird eine Wirtschaftlichkeit bzw. Zweckmäßigkeit bezeichnet: ‚wirtschaftlich',‚zweckmäßig'. Beispiele: „Er stellt rationale Überlegungen an"; „Sie begreift/erfasst die Sache rational". Aber: „Ein gut geführtes Unternehmen muss rationell produzieren/arbeiten"; „Es werden rationale Methoden eingesetzt".

ra·ti·o·na·li·sie·ren [ratsionali'zi:rən] <rationalisierst, rationalisierte, hat rationalisiert> *mit OBJ* ❶ WIRTSCH. ▪ **jmd. rationalisiert etwas** *etwas so verändern, dass es effektiver ist und z.B. mehr Gewinn bringt:* die Arbeit rationalisieren ▸ Rationalisierung ❷ PSYCH. *einen Vorgang oder ein Erleben so erklären, dass die eigentlichen Gefühlsinhalte dabei übergangen werden und man es nur mit dem Verstand erklären will*

rat·los *adj /nicht steig./ so, dass man nicht weiß, wie man ein bestimmtes Problem lösen kann oder wie man sich in einer bestimmten Situation verhalten soll:* in einer Sache völlig ratlos sein

rat·sam ['ra:tza:m] *adj (≈ empfehlenswert) nützlich, sinnvoll:* Er hielt es für ratsam/ratsamer, ab sofort zu schweigen.

Rat·schlag der <-(e)s, Ratschläge> *ein zu einem bestimmten Problem gegebener Rat¹:* Ich kann dir leider auch keinen Ratschlag geben.

Rät·sel das ['rɛ:tsl̩] <-s, -> ❶ *eine (manchmal schwierige) Denkaufgabe, oft in der Art eines Spiels, bei der jmd. eine Lösung finden oder etwas erraten muss:* jemandem ein Rätsel aufgeben; ein Rätsel lösen ● Kreuzwort-, Silben- ❷ *etwas Unverständliches oder Geheimnisvolles:* Sie ist für mich ein Rätsel.; Es ist ein Rätsel, wie sie das geschafft haben.; Die Wissenschaftler stehen vor einem Rätsel.; ▪ **jemandem Rätsel aufgeben** *unverständlich sein* Ihr Verhalten gibt uns Rätsel auf.; ▪ **in Rätseln sprechen** *(umg.) Unverständliches sagen* Du sprichst in Rätseln!; ▪ **vor einem Rätsel stehen** *etwas nicht begreifen oder verstehen können* Wie konnte das geschehen? Wir stehen vor einem Rätsel! ● Getrenntschreibung → R 4.8 Wollen wir ein wenig Rätsel raten?; ● Zusammenschreibung → R 4.8 Das Rätselraten hat Spaß gemacht.

rau [raʊ] <rau, rauer, am rau(e)sten> *adj* ❶ *(↔ glatt) mit einer Oberfläche, die nicht glatt ist:* Die Haut fühlt sich rau an.; eine raue Oberfläche ❷ *(Wetter) durch*

Kälte, Wind und viel Regen gekennzeichnet: ein raues Klima; der raue Winter im Gebirge ❸ (≈ heiser) so, dass die Stimme kratzig klingt, weil man eine Erkältung hat oder heiser ist: eine raue Stimme ❹ nicht sehr freundlich: ein rauer Ton; jemandem einen rauen Empfang bereiten

Raub der [raʊp] <-(e)s, -e> /Plural selten/ ❶ die Tat des Raubens: ein spektakulärer Raub in der Kriminalgeschichte ◆ Handtaschen-, Juwelen- ❷ (≈ Beute) der geraubte Gegenstand/die geraubten Gegenstände: seinen Raub gut verstecken

Raub- [raʊp] als Erstglied zusammengesetzter Substantive, mit Betonung auf dem Erstglied; drückt aus, dass das mit dem Zweitglied Bezeichnete auf widerrechtlichem Wege entstanden/hergestellt/gemacht/erworben worden ist: In den 70er Jahren vor allem gab es zahlreiche Raubdrucke von Schriften aus dem politischen und psychologischen Bereich, die an den Unis verkauft wurden.; Als Raubpressung gilt das nicht autorisierte Reproduzieren von Schallplatten und Musikkassetten. ◆ -ausgabe, -druck, -fischerei, -grabung, -kopie, -pressung

rau·ben ['raʊbn̩] <raubst, raubte, hat geraubt> I. mit OBJ ■ **jmd./ein Tier raubt jmdn./etwas** ❶ jmdn./etwas mit Gewalt in seinen Besitz nehmen: Das Bild ist geraubt worden.; Ihm wurde die Tasche mit allen Papieren geraubt.; Die Erpresser hatten zwei Kinder geraubt.; Der Fuchs hat ein Kaninchen geraubt. ❷ ■ **jmd./etwas raubt jmdm. etwas** entziehen: Das raubt mir den Schlaf (≈ bewirkt, dass ich nicht schlafen kann).; Er raubt ihr den letzten Nerv (≈ ist ihr so lästig, dass sie nervös wird). II. ohne OBJ ■ **jmd./ein Tier raubt** jmd. oder ein Tier betätigt sich als Räuber: Die Feinde raubten und plünderten.

Rauch der [raʊx] <-(e)s> /kein Plur./ die Wolken, die aufsteigen, wenn etwas verbrennt, und die oft auch Ruß und Asche enthalten: beißender/dichter/schwarzer/weißer Rauch; Vom Feuer steigt Rauch auf.; den Rauch einer Zigarette einatmen; ■ **sich in Rauch auflösen** (umg.) plötzlich nicht mehr da sein Ihre Ängste haben sich in Rauch aufgelöst.; ■ **in Rauch und Flammen aufgehen** durch einen Brand völlig zerstört werden Das Haus ging in Rauch und Flammen auf. ▸ rauchig

rau·chen ['raʊxn̩] <rauchst, rauchte, hat geraucht> I. mit OBJ/ohne OBJ ■ **jmd. raucht (etwas)** den Rauch von brennendem Tabak einatmen: Pfeife/dreißig Zigaretten pro Tag/Zigarren/Zigarillos rauchen; sich das Rauchen (von Zigaretten) abgewöhnen; Rauchst du?; ■ **jemand raucht wie ein Schlot** jmd. raucht sehr viele Zigaretten/Zigarren o.Ä. Mein Vater raucht wie ein Schlot. II. ohne OBJ ■ **etwas raucht** Rauch ausstoßen: Die Asche/Der Schornstein/Der Vulkan raucht. III. mit ES ■ **es raucht** etwas lässt Rauch aufsteigen: Dort raucht es, vielleicht brennt dort ein Haus?; ■ **passiv rauchen** den Rauch von Zigaretten einatmen, die andere rauchen; ■ **mir raucht der Kopf** (umg.) verwendet, um auszudrücken, dass man die Anstrengung intensiver geistiger Arbeit im Kopf spürt Ich brauche eine Pause, mir raucht schon der Kopf.; ■ **etwas tun, dass es nur so raucht** (umg.) etwas sehr schnell, mit ganzer Kraft tun Er arbeitet so viel, dass es nur so raucht.; ■ **die Friedenspfeife rauchen** (umg.) sich nach einem Streit wieder vertragen Es war längst Zeit, dass sie die Friedenspfeife geraucht haben.

Rau·cher der, **Rau·che·rin** <-s, -> ❶ jmd., der (regelmäßig) raucht I: ein gelegentlicher/starker Raucher; Wir bitten die Raucher, sich in den Nebenraum zu setzen.; In unserer Firma gibt es fast keine Raucher mehr. ❷ (kurz für „Raucherabteil") in einem Zug ein Abteil oder ein Wagen, in dem geraucht werden darf: Ich bin im Raucher gefahren, weil der Zug so voll war.

räu·chern ['rɔʏçɐn] <räucherst, räucherte, hat geräuchert> I. mit OBJ ■ **jmd. räuchert etwas** Lebensmittel mit Rauch behandeln und dadurch haltbar machen: geräucherter Käse/Lachs/Schinken/Speck II. ohne OBJ ■ **jmd. räuchert** bestimmte Stoffe abbrennen, um einen (angenehmen) Duft zu verbreiten: mit Weihrauch räuchern ▸ Räucherstäbchen

rau·fen ['raʊfn̩] <raufst, raufte, hat gerauft> mit SICH ■ **jmd. rauft sich mit jmdm. (um etwas Akk.)** (ohne böse Absicht zum Spaß) miteinander kämpfen: Sie rauften sich um ein Stück Kuchen.; ■ **sich die Haare raufen** als ein Ausdruck von Ärger und/oder Ungeduld an seinen eigenen Haaren reißen Ich könnte mir die Haare raufen, dass ich ihm geglaubt habe: Jetzt hat er mich betrogen!

Raum der [raʊm] <-(e)s, Räume> ❶ umschlossener Bereich eines Gebäudes, der vom Boden, den Wänden, und von der Decke umgrenzt wird: eine Wohnung mit drei Räumen; einen separaten Raum zum

Arbeiten haben ◆ Arbeits-, Büro-, Geschäfts-, Schlaf-, Wohn- ❷ /meist Sing./ Gebiet: im Kölner Raum wohnen; den Raum Berlin gut kennen ◆ Alpen-, Mittelmeer- ❸ /kein Plur./ ASTRON. *kurz für „Weltraum":* den erdnahen Raum erkunden; ein mehrstündiger Aufenthalt im Raum; die Erde vom Raum aus betrachten ❹ MATH., PHYS. *eine Ausdehnung, die nach Länge, Breite und Höhe strukturiert wird:* ein luftleerer/mit einem Gas gefüllter Raum; die Größe eine Raumes berechnen; sich in Raum und Zeit bewegen ❺ /kein Plur./ *nutzbarer Platz:* Raum für jemanden/etwas lassen; viel Raum beanspruchen; Raum sparende Möbel; ■ **Raum für etwas lassen** *(geh.) etwas erlauben; zulassen* viel Raum für Vermutungen lassen; ■ **etwas im Raum stehen lassen** *ein Problem zunächst ungelöst lassen* Diese Frage möchte ich erstmal im Raum stehen lassen.; ■ **einer Sache Raum geben** *Gelegenheit lassen, dass sich etwas entfalten kann* Er möchte seinen Hobbys mehr Raum geben. ◆ Getrennt- oder Zusammenschreibung → R 4.16 eine Raum sparende/raumsparende Lösung für kleine Wohnungen; ◆ Zusammenschreibung → R 4.16 ein noch raumsparenderes/das raumsparendste Modell

räu·men [ˈrɔymən] <räumst, räumte, hat geräumt> **I.** *mit OBJ* ❶ ■ **jmd. räumt etwas (irgendwohin)** *etwas irgendwo wegnehmen und an eine andere Stelle legen:* die Bücher in den Schrank räumen; die Wäsche vom Tisch räumen ❷ ■ **jmd. räumt etwas** *(einen Ort) verlassen:* die Plätze räumen; Die Arbeiter räumten die besetzte Fabrik.; Die Truppen mussten die Stadt. ❸ ■ **jmd. räumt etwas** *etwas (von etwas) frei machen:* Die Polizei ließ das Haus räumen.; Die Unfallstelle ist geräumt worden.; die Regale von Wintersachen räumen; Schnee räumen **II.** *ohne OBJ* ■ **jmd. räumt** *aufräumen:* Ich muss in meinem Zimmer noch ein bisschen räumen.

Raum·fahrt die <-> /kein Plur./ *die Erkundung des Weltraums mit Raumschiffen und Satelliten:* die bemannte/unbemannte Raumfahrt; ein Pionier der Raumfahrt ◆-agentur, -behörde, -industrie, -ingenieur(in), -projekt, -technik, -unternehmen, -zeitalter

räum·lich [ˈrɔymlɪç] *adj /nicht steig./* ❶ *als Erscheinung des Raumes⁴ wahrnehmbar; dreidimensional:* etwas räumlich darstellen; ein räumliches Bild vermitteln; das räumliche Sehen; räumlich hören ❷ *den Raum⁵ betreffend:* räumlich beengt wohnen ❸ *(≈ regional) den Raum² betreffend:* die räumliche Gliederung Deutschlands

Räu·mung die [ˈrɔymʊŋ] <-, -en> ❶ *das Räumen³:* die tägliche Räumung der Straßen von Schnee; die Räumung der Lager von Wintersachen ❷ *das Räumen²:* die Räumung einer Wohnung gerichtlich anordnen; Das Militär braucht zwei Wochen zur Räumung des Gebietes.

Rau·pe die [ˈraʊpə] <-, -n> ❶ BIOL. *ein längliches, kleines Tier mit ebenso kleinen Beinen und Haaren auf dem Körper, aus dem sich ein Schmetterling entwickelt:* Die Raupe verpuppt sich und wird zu einem Schmetterling. ❷ TECHN. *ein Fahrzeug mit Ketten, mit dem man z.B. eine Fläche eben/platt macht* ◆-nfahrzeug, -nschlepper

Rau·reif der <-(e)s> /kein Plur./ *eine dünne, weiße Eisschicht an Blättern, Zweigen und Gräsern, die sich durch Kälte und feuchte Luft bildet:* Raureif liegt auf den Wiesen.

raus·be·kom·men *(umg.; ≈ herausbekommen)* ❶ ■ **jmd. bekommt etwas** *Akk.* **raus** *beim Bezahlen Geld zurückbekommen:* Ich glaube, die Kassiererin hat sich vertan. Ich hätte mir 1,25 Euro rausbekommen, dabei hätte sie mir 1,75 Euro zurückgeben müssen. ❷ ■ **jmd. bekommt etwas** *Akk.* **raus** *etwas herausfinden; Informationen bekommen; eine Lösung finden:* Der Detektiv hat rausbekommen, wer der Mörder ist.

Rausch der [raʊʃ] <-(e)s, Räusche> /meist Sing./ ❶ *der Zustand, der sich durch den Genuss von (viel) Alkohol oder den Konsum von Drogen einstellt, in dem das Bewusstsein getrübt/die Wahrnehmung eingeschränkt, und bei dem es oft zu einem euphorischen Hochgefühl kommt:* seinen Rausch ausschlafen; sich einen Rausch antrinken; sich im Rausch befinden ◆ Alkohol-, Drogen- ❷ *eine große Erregung, in der man sich nicht unter Kontrolle hat; große Begeisterung:* Die Fans steigerten sich in einen (wahren) Rausch hinein.

rau·schen [ˈraʊʃn] <rauschst, rauschte, hat/ist gerauscht> *ohne OBJ* ❶ ■ **etwas rauscht** *(haben) ein Geräusch erzeugen, das sich anhört wie sich schnell bewegendes Wasser oder wie Blätter, die sich im Wind bewegen:* Der Bach/Das Meer/Der Wald rauscht. ❷ ■ **etwas rauscht irgendwohin** *(sein) sich irgendwohin bewegen und dabei ein rauschendes¹ Geräusch er-*

zeugen: Das Wasser ist in die Schleuse/ über die Straße gerauscht. ❸ ■ **jmd. rauscht irgendwohin** *(umg.) (sein) so, dass sich jmd. irgendwohin bewegt, ohne andere wahrzunehmen:* Sie ist wütend aus dem Zimmer gerauscht.; Er rauschte an mir vorbei, ohne mich zu grüßen. ❹ TECHN. *undifferenzierbares Geräusch bei der Wiedergabe über Radio, Tonband und Fernsehen, das als störend empfunden wird:* Das Radio rauscht.

Rausch·gift das <-(e)s, -e> *eine der illegalen Drogen, die einen in einen Rausch[1] versetzen und häufig abhängig machen:* Rauschgift nehmen; Heroin und Kokain gehören zu den Rauschgiften, Alkohol nicht.

rausch·gift·süch·tig *adj den Zwang verspürend, regelmäßig Rauschgift nehmen zu müssen:* Ihr Sohn ist rauschgiftsüchtig.

raus·flie·gen <fliegt raus, flog raus, ist rausgeflogen> *ohne OBJ* ■ **jmd. fliegt (irgendwo) raus** *(umg.) entlassen werden; seine Arbeitsstelle o.Ä. verlieren:* Er ist rausgeflogen, denn die Firma hat ihm fristlos gekündigt.; Die Schule hat sich geweigert, ihn länger als Schüler zu behalten. Da ist er einfach rausgeflogen.

raus·ge·ben <gibst heraus, gab heraus, hat herausgegeben> *mit OBJ/ohne OBJ* ■ **jmd. gibt jmdm. etwas** *Akk.* **heraus** *(umg.: ≈ herausgeben) als Wechselgeld geben:* Frage: Haben Sie kein Kleingeld?; Antwort: Ich kann nicht rausgeben.

räus·pern [ˈrɔyspɐn] <räusperst, räusperte, hat geräuspert> *mit SICH* ■ **jmd. räuspert sich** *durch leises Husten die Kehle frei machen oder auf sich aufmerksam machen:* sich leise räuspern; Er räusperte sich, um auf sich aufmerksam zu machen.

raus·schmei·ßen <schmeißt raus, schmiss raus, hat rausgeschmissen> *mit OBJ (umg.)* ❶ ■ **jmd. schmeißt jmdn. (irgendwo) raus** *(≈ hinauswerfen) jmdn. energisch auffordern, etwas zu verlassen: jemanden aus der Firma/dem Lokal/ dem Zimmer rausschmeißen* ❷ ■ **jmd. schmeißt etwas raus** *nach draußen werfen:* Papier zum Fenster rausschmeißen; ■ **rausgeschmissenes Geld** *Geld, das man sinnlos oder unnütz für etwas ausgibt* Dieses Buch würde ich mir nicht kaufen. Es ist so langweilig; das wäre nur rausgeschmissenes Geld!

re·a·gie·ren [rea'giːrən] <reagierst, reagierte, hat reagiert> *ohne OBJ* ■ **jmd./ etwas reagiert irgendwie (auf jmdn./ etwas)** ❶ *durch eine bestimmte Handlung auf irgendeinen Vorgang oder ein bestimmtes Verhalten antworten:* Warum reagierst du immer gleich beleidigt?; Er schien auf ihre Worte kaum/nur mit Unverständnis zu reagieren.; Wie wollen wir auf die Einladung reagieren? ❷ *eine körperliche Veränderungen auf einen Reiz zeigen:* Der Patient reagiert nicht mehr.; Die Pupillen reagieren auf Licht.; Der Zahn reagiert auf heiße und kalte Speisen. ❸ ■ **etwas reagiert mit etwas** *Dat.* CHEM. *ein Stoff durchläuft durch Kontakt mit einem anderen Stoff einen chemischen Prozess:* Der Stickstoff hat mit dem Sauerstoff reagiert.; Die beiden Chemikalien reagieren nicht miteinander.

Re·ak·ti·on die [reak'tsi̯oːn] <-, -en> ❶ *eine Handlung, mit der man auf etwas reagiert[1]:* Was war seine Reaktion auf deine Bitte?; Hier ist die Reaktion auf Ihren Brief. ◆-sgeschwindigkeit, -skontrolle, -sweise ❷ *das Reagieren[2]:* Der Patient zeigt keine Reaktionen mehr. ❸ CHEM. *das Reagieren[3]:* eine chemische Reaktion ❹ POL. *das Streben bestimmter politischer Gruppen, an veralteten politischen Strukturen festzuhalten*

re·a·li·sie·ren [reali'siːrn] <realisierst, realisierte, hat realisiert> *mit OBJ* ■ **jmd. realisiert etwas** ❶ *(geh.) verwirklichen; aus einer Idee Wirklichkeit machen:* Absichten/einen Plan/ein Projekt realisieren ❷ WIRTSCH. *in Geld umwandeln:* einen Gewinn realisieren ❸ *sich bewusst machen (Bedeutung aus dem Englischen/Amerikanischen kommend):* Er hat zu spät realisiert, dass er in Gefahr ist.; ein Problem/ eine Tatsache realisieren

re·a·lis·tisch [rea'lɪstɪʃ] *adj* ❶ *(≈ wirklichkeitsnah) (fast) so wie in der Wirklichkeit:* eine realistische Schilderung des Alltags; Der Film zeigt ein realistisches Bild des Mittelalters. ▶ Realität ❷ *(≈ sachlich und nüchtern) sich nur an Fakten orientierend/ausrichtend:* etwas realistisch betrachten

Re·al·schu·le die <-, -n> *(≈ Mittelschule) eine weiterführende Schule, die nach der 10. Klasse abgeschlossen wird und die Schüler hauptsächlich auf kaufmännische oder technische Berufe vorbereitet:* Meine Tochter geht zur/auf die Realschule. ▶ Realschulabschluss

re·bel·lie·ren [rɛbɛ'liːrən] <rebellierst, rebellierte, hat rebelliert> *ohne OBJ* ❶ ■ **jmd. rebelliert (gegen etwas)** *(gegen jmdn. oder etwas) protestieren und damit versuchen, etwas zu verän-*

dern: gegen die Unterdrückung rebellieren; Die Studenten rebellieren seit einem Monat. ▸ Rebell, Rebellion ❷ ■ **etwas rebelliert** *(umg.)* Probleme bereiten: Bei zu vielen kalten Getränken kann leicht der Magen rebellieren.

Re·chen·schaft die <-> /kein Plur./ ein Bericht über das, was man getan hat: vor jemandem Rechenschaft ablegen; jemanden zur Rechenschaft ziehen; ■ **jemandem keine Rechenschaft schuldig sein** vor jmdm. keine Gründe für sein Handeln erklären müssen Dir bin ich keine Rechenschaft schuldig! ◆-sbericht

Re·cher·che die [reˈʃɛrʃə] <-, -n> /meist Plur./ Nachforschung; der Vorgang, dass man Informationen über etwas sammelt: eine Recherche über etwas; Recherchen für einen Zeitungsbericht anstellen

rech·nen [ˈrɛçnən] <rechnest, rechnete, hat gerechnet> I. *mit OBJ* ❶ ■ **jmd. rechnet jmdn./etwas** *(≈ dazuzählen)* jmdn./etwas zu einer bestimmten Summe dazuzählen: Wir sind zwanzig Personen, die Kinder nicht gerechnet.; Wenn man die Eintrittskarten mit zu den Gesamtkosten rechnet, wird das insgesamt durchaus nicht billig. ❷ ■ **jmd. rechnet jmdn./etwas zu etwas** *Dat.* jmdn./etwas als Teil von etwas betrachten: Ich rechne ihn zu meinen guten Freunden. II. *ohne OBJ* ❶ ■ **jmd. rechnet** MATH. *eine mathematische Aufgabe lösen:* mit ganzen/negativen/rationalen Zahlen/mit Dezimalbrüchen rechnen; Sie kann gut rechnen. ❷ ■ **jmd. rechnet (mit etwas** *Dat.***)** *sparsam mit etwas umgehen:* Sie kann gut (mit dem Geld) rechnen. ❸ ■ **jmd. rechnet (mit etwas** *Dat.***)** *(das Eintreffen von jmdm. oder etwas) erwarten:* Damit hatte ich nicht gerechnet.; mit zwanzig Gästen rechnen; Wir haben fest mit dir gerechnet. Schade, dass du nicht kommen kannst.

Rech·ner der [ˈrɛçnɐ] <-s, -> *Computer:* Einen Moment bitte; ich muss noch den Rechner ausschalten.

Rech·nung die <-, -en> ❶ *etwas, das durch Rechnen, Überlegen oder Planen zu einem Ergebnis gelangt oder gelangt ist:* Unsere Rechnung stimmt nicht.; Nach meiner Rechnung müssten es 25 sein.; Unsere Rechnung geht nicht auf: Wir erreichen heute unser Ziel nicht mehr. ❷ *Auflistung über einen Preis, den man für etwas bezahlen muss:* eine Rechnung begleichen/bezahlen; Die Rechnung, bitte!; jemandem etwas in Rechnung stellen; In der Rechnung ist die gesetzliche Mehrwertsteuer berücksichtigt.; ■ **etwas geht auf jemandes Rechnung** jmd. bezahlt etwas für jmdn. Die Getränke gehen auf meine Rechnung!; ■ **die Rechnung ohne den Wirt machen** *(umg.)* sich täuschen, weil man eine wichtige Person oder einen wichtigen Umstand nicht in seinen Plänen berücksichtigt hat Er hat die Rechnung ohne den Wirt gemacht und hat daran nicht gedacht, dass …; ■ **eine alte Rechnung begleichen** *(umg.)* mit jmdm. einen Streit austragen über etwas, das lange Zeit zurückliegt Mit ihm habe ich noch eine alte Rechnung zu begleichen.; ■ **einer Sache Rechnung tragen** *einer Sache gerecht werden* Wir müssen der neuen Situation Rechnung tragen und alle mehr arbeiten. ◆-sblock, -snummer, Arzt-, Gas- Hotel-, Strom-, Wasser-

Recht das [rɛçt] <-(e)s, -e> ❶ *ein Anspruch, den jmd. auf etwas haben kann:* ein Recht auf etwas haben; zu seinem Recht kommen; jemandem ein bestimmtes Recht aberkennen; seine Rechte einklagen/geltend machen; Rechte und Pflichten ◆ Besuchs-, Gebrauchs- Gewohnheits-, Nutzungs-, Vorkaufs- ❷ /meist Sing./ *Gesamtheit der gesetzlichen Regelungen und Bestimmungen:* von Rechts wegen; nach französischem Recht; Recht bekommen/behalten/haben/sprechen; das Recht brechen/durchsetzen; nach Recht und Gesetz entscheiden ◆ Arbeits-, Sozial-, Straf-, Zivil- ❸ /kein Plur./ *(↔ Unrecht) das nach (persönlichem) Empfinden Richtige:* im Recht sein; sich im Recht fühlen; etwas mit Recht tun; etwas besteht zu Recht; ■ **von Rechts wegen** *nach dem geltenden Gesetz* Von Rechts wegen müssen Sie die Ware bezahlen.; ■ **etwas mit Fug und Recht behaupten** *etwas mit vollem Recht behaupten*; ■ **nach Recht und Billigkeit urteilen** *nach dem Gesetz und dem Gerechtigkeitsgefühl urteilen*; ■ **Recht sprechen** *eine gerichtliche Entscheidung treffen* ◆ Groß- oder Kleinschreibung → R 3.6 Ich muss dir Recht geben/recht geben.; Er hatte Recht/recht damit.; Sie hat wieder mal Recht/recht behalten.; Wenn du Recht/recht hast, heißt das nicht, dass du auch Recht/recht bekommst.

recht¹ [rɛçt] *adj* SCHWEIZ. ❶ *(von Menschen) rechtschaffen, anständig:* Er ist ein rechter Mann. ❷ *(von Sachen) ordentlich, gut:* eine rechte Sache

recht² [rɛçt] *adv* ❶ *richtig:* Wenn ich Sie recht verstehe, dann …; Das geschieht ihm recht. ❷ *(≈ ziemlich) relativ, einigerma-*

ßen: Er war recht nett.; Heute ist es recht warm.; Es ist mir nicht recht wohl heute. ❸ *sehr:* Ich danke Ihnen recht herzlich.; ■ **Nun erst recht!** *(umg.) nun gerade; allem Widerstand zum Trotz* Auch wenn alle gegen unsere Hochzeit sind: Nun heiraten wir erst recht!; ■ **es jemandem recht machen** *es so machen, wie jmd. es gern möchte (damit er zufrieden ist)* Man kann sich noch so sehr anstrengen, aber man kann es ihr nie recht machen.; ■ **etwas ist jemandem recht** *etwas ist so, dass jmd. damit einverstanden ist*

rech·te(-r, -s) [rɛçt] *adj /nicht steig./* (↔ *linke) auf der Seite, auf der sich das Herz nicht befindet:* jemandem die rechte Hand geben; auf der rechten Seite

Rech·te¹ *die* <-n, -n> (↔ *Linke)* ❶ */kein Plur./ rechte Hand:* mit der Rechten schreiben ❷ */kein Plur./ rechte Seite:* zu meiner Rechten ❸ */kein Plur./* POL. (↔ *Linke) das konservative bis nationalistische politische Spektrum:* Durch seine Politik stärkt er die Rechte (= die Parteien aus dem als rechts angesehenen Spektrum). ❹ SPORT *mit dem rechten Arm geführter Boxhieb:* eine gerade Rechte

Rech·te² *der/die* <-n, -n> POL. (↔ *Linke) Person, die einer konservativen bis nationalistischen politischen Richtung oder Partei angehört:* Die Rechten haben zu einer Demonstration aufgerufen.; Die Gaststätte ist bekannt als Treffpunkt der Rechten.

Recht·eck *das* <-(e)s, -e> MATH. *ein Viereck mit vier gleich großen Ecken und zwei gegenüber liegenden, gleich langen Seiten:* ein Rechteck zeichnen ▸ rechteckig

recht·fer·ti·gen <rechtfertigt, rechtfertigte, hat rechtfertigt> *mit OBJ/ohne OBJ* ■ **jmd. rechtfertigt sich/etwas (für etwas** *Akk.) Gründe dafür nennen, warum man etwas getan hat:* Das ist durch nichts zu rechtfertigen.; sein Verhalten rechtfertigen; sich für eine Sache rechtfertigen; Du musst dich nicht rechtfertigen! ▸ Rechtfertigung

recht·mä·ßig *adj /nicht steig./ so, dass es Recht und Gesetz entspricht:* der rechtmäßige Besitzer

rechts [rɛçts] *adv* (↔ *links) auf der rechten Seite; zu der rechten Seite hin:* sich nach rechts wenden/nach rechts blicken/rechts abbiegen; Er spielt rechts außen.
♦ Getrennt-oder Zusammenschreibung → R 4.16 politisch rechts stehende/rechtsstehende Parteien; eine rechts abbiegende/ rechtsabbiegende Straße

Rechts·an·walt der, **Rechts·an·wäl·tin** <-(e)s, Rechtsanwälte> *jmd., der eine juristische Ausbildung besitzt und berufsmäßig jmds. rechtliche Interessen (vor Gericht) vertritt:* sich einen Rechtsanwalt nehmen

Recht·schrei·bung *die* <-> */kein Plur./* (≈ *Orthographie/Orthografie) die Gesamtheit aller Regelungen (genauer: „Normen", da vorgeschrieben, überwacht, verfügt und bei Nichtbeachtung mit Sanktionen belegt), welche die richtige Schreibung der Wörter einer Sprache (und die Zeichensetzung) regeln:* Er ist in Rechtschreibung sehr schlecht, was angesichts der neuen Regelungen eigentlich nicht verwunderlich ist.

> Am 1. Juli 1996 unterzeichneten die vier deutschsprachigen Staaten (Deutschland, Österreich, Schweiz, Liechtenstein) und weitere vier Staaten mit deutschsprachigen Minderheiten (Belgien, Italien, Rumänien, Ungarn) das „Wiener Abkommen" zur **Reform der deutschen Rechtschreibung**; vgl. dazu genauer den einleitenden Beitrag in dem bei Pons erschienenen Wörterbuch „Die deutsche Rechtschreibung" (Stuttgart 2009). Damit wurde die langjährige Überarbeitung der deutschen Rechtschreibung abgeschlossen, die seit 1901/1902 galt. Die Neuregelung ist seinerzeit zunächst offiziell am 1. August 1998 in Kraft getreten. Das sollte bedeuten, dass Schulen die neue Rechtschreibung lehren und Ämter sie anwenden. Verantwortlich für die Richtlinien der deutschen Rechtschreibung war zunächst eine spezielle Kommission am „Institut für deutsche Sprache" (IdS) in Mannheim. Als Antwort auf anhaltende kritische Stimmen zur Rechtschreibreform erfolgte sodann die Einrichtung eines „Rats für deutsche Rechtschreibung". Es ist dies ein zwischenstaatliches Gremium, das sich entsprechend den Beschlüssen der Ministerpräsidenten- und Kultusministerkonferenz mit den strittigsten Fragen der Neuregelung beschäftigt, nämlich mit der Getrennt- und Zusammenschreibung, der Zeichensetzung, und der Worttrennung am Zeilenende. Der Rat hat ferner die langfristige Aufgabe, die Einheit der Rechtschreibung im deutschen Sprachraum zu bewahren und die Entwicklung der Sprachpraxis zu beobachten. Mit der Einrichtung des „Rats für deutsche

Rechtschreibung" entstand eine überarbeitete Fassung der Richtlinien als „Deutsche Rechtschreibung. Regeln und Wörterverzeichnis" (2006). Im Zuge dieser Entwicklung hat man auch die Übergangsfrist neu festgelegt. Es war dies der 01. August 2006. Von da an durfte an Schulen die bislang nur als überholt geltende Schreibung als Fehler angerechnet werden. Die Übergangsfrist für Österreich und Bozen-Südtirol endete am 31.07.2008. Es kam sodann zu zahlreichen, teils einschneidenden Nachbesserungen: So konnten sodann z.B. wieder mehr Verben in Kombination mit Adjektiven zusammengeschrieben werden. Auffällig ist besonders, dass seitdem ein Einzelvokal nicht mehr am Wortende oder am Wortanfang abgetrennt werden darf, so z.B. bei *Abend* nicht das „A". Eine unliebsame Folge dieser Entwicklung war, dass verschiedene Wörterbücher, die zu früh auf den Markt kamen und derartige Trennungen anführten, schnell überholt waren. Neben nach wie vor sehr problematischen und weiterhin kritisch betrachteten Neuerungen verändert sich insgesamt durch die neue Rechtschreibung relativ wenig am Schriftbild, sodass auch ältere Texte weiterhin problemlos gelesen werden können (wenngleich es überhaupt nicht korrekt ist, die Neuschreibung auch auf ältere Texte in der Rolle als Belegangaben in Wörterbüchern zu beziehen, was immer eine Verfälschung des Originals darstellt). Am auffälligsten ist die neue Doppel-s-Schreibweise für das bisherige „ß" nach kurzem Vokal, wie für *Kuss*. Diese Änderung kann als gut nachvollziehbare, merkfähige und dadurch akzeptierbare Neuerung gelten. Wichtiger als diese Neuerung dürfte ohnehin sein, dass man überhaupt beim Verfassen von Texten z.B. zwischen „das" und „dass" unterscheiden kann (vgl. das Stichwort dazu). Neben manchen eindeutigen Änderungen, welche die Getrennt- und Zusammenschreibung betreffen, gibt es zahlreiche Wörter/sprachliche Ausdrücke/Einheiten, die man jetzt auf zweierlei Art schreiben kann. Dies ist meist der Fall bei solchen Einheiten, die aus einem Nomen oder Adjektiv und einem Partizip zusammengesetzt sind, wie z.B. *Leben spendend* bzw. *lebensspendend*, oder *blau gestreift* bzw. *blaugestreift*. Auch insbesondere mehrere Fremdwörter lassen sich jetzt wie bisher schreiben, oder in eingedeutschter Schreibweise, so *Ketchup* und *Ketschup*. Als verwirrend dürften vor allem die vielen Trennungsmöglichkeiten von Wörtern erfasst werden (z.B. *In·s·t·ru·ment*) bzw. unterschiedliche Trennungen bei gleichen Bestandteilen, wie z.B. mit *Dia-/dia-*; vgl. *Di·a·lekt*, aber *di·a·me·t·ral*. Insbesondere im Hinblick auf Fremdwörter aus dem Altgriechischen und Lateinischen sorgt all dies in unzähligen Fällen für verschiedene Verwirrungen/Unsicherheiten/Irritationen. Betroffen sind aber nicht nur Benutzer/Benutzerinnen von Wörterbüchern, die sich nun in jedem einzelnen Fall über die möglicherweise jetzt korrekte Trennung rückversichern möchten: Auch die Wörterbuchmacher(innen) stehen diesbezüglich vor erheblichen Problemen, und nicht nur deshalb, weil im Bearbeitungsprogramm schnell die eine oder andere Trennungsangabe (aber woran soll man sich orientieren?) vergessen/übersehen wird.

Rechts·ex·t·re·mis·mus der <-> /kein Plur./ POL. *eine radikale politische Einstellung, die gegen die Demokratie gerichtet und für den Nationalismus und teils sogar für das verbrecherische System des Nationalsozialismus/Hitler-Faschismus eintritt:* In vielen Ländern wird der Rechtsextremismus zum Problem.; den Rechtsextremismus bekämpfen ▸ Rechtsextremist(in), rechtsextremistisch
Rechts·hän·der der, **Rechts·hän·de·rin** ['rɛçtshɛndɐ] <-s, -> (↔ *Linkshänder) Person, die alle Aktivitäten problemlos bevorzugt mit der rechten Hand ausführt:* Ich bin Rechtshänder. ▸ Rechtshändigkeit
Recht·spre·chung die <-> /kein Plur./ *die Gesamtheit der Entscheidungen aller Gerichte*
rechts·wid·rig *adj* /nicht steig./ RECHTSW. *so, dass es gegen geltendes Recht verstößt; nicht legal:* sich rechtswidrig verhalten; eine rechtswidrige Handlung ▸ Rechtswidrigkeit
recht·wink·lig *adj* /nicht steig./ *einen Winkel von neunzig Grad bildend:* ein rechtwinkliges Dreieck
recht·zei·tig *adj* /nicht steig./ (↔ *(zu) spät) so, dass man ausreichend Zeit für etwas hat und sich daher nicht beeilen muss:* sich rechtzeitig auf den Weg zum Bahnhof machen; eine rechtzeitige Mitteilung
re·cy·celn [riˈsaɪkln] <recycelst, recycelte,

hat recycelt> mit OBJ ▪ **jmd. recycelt etwas** *gebrauchte Gegenstände und Materialien sammeln und (Teile davon) wieder verwerten/wiederverwenten:* Altmetall/ Glas/Müll/Papier/Plastikabfälle recyceln ► Recycling

Re·dak·ti·on die [redak'tsi̯oːn] <-, -en> ❶ *die Abteilung in einem Verlag/bei einer Zeitung oder Zeitschrift/beim Rundfunk oder Fernsehen, die Inhalte auswählt und (z.B. Texte) für die Veröffentlichung vorbereitet:* in einer Redaktion arbeiten ► Redakteur(in), redaktionell ♦ Fernseh-, Rundfunk-, Zeitschriften- ❷ */kein Plur./ das, was die einzelnen Mitglieder der Redaktion¹ machen, z.B. Texte korrigieren und für die Veröffentlichung vorbereiten:* Die Redaktion der Sendung hatte Herr Schulze.; Die Redaktion dieses Buches nimmt viel Zeit in Anspruch. ♦ -sschluss, -stermin ❸ *die Büroräume, in denen sich eine Redaktion¹ befindet:* Sie hat heute noch lange in der Redaktion zu tun.

Re·de die ['reːdə] <-, -n> ❶ *(≈ Ansprache) öffentlicher Vortrag zu einem bestimmten Anlass und vor einem Publikum:* (bei einem Fest) eine Rede (vor hundert Zuhörern) halten; jemandes Rede unterbrechen ♦ Begrüßungs-, Fest-, Trauer-, Wahl- ❷ *das Reden:* freche Reden führen; jemandem mit schönen Reden falsche Hoffnungen machen; Das war genau/schon immer meine Rede (≈ das habe ich schon immer gesagt).; Wovon ist im Moment die Rede?; Es ist die Rede davon, dass er zurücktreten will.; Die Rede kam auf die geplante Feier.; die Rede auf ein interessantes Thema bringen ❸ */kein Plur./ (geh.) Gerücht:* Von ihm geht die Rede, dass er schwer krank sein soll.; Der Rede nach sollen es drei Einbrecher gewesen sein.; ▪ **Davon kann keine Rede sein.** *(umg.) das ist nicht richtig* Er meint, ich sei in zwei Stunden fertig? Davon kann gar keine Rede sein! Denn ich brauche bestimmt den ganzen Tag, bis ich alles geschafft habe.; ▪ **Nicht der Rede wert!** *(umg.) meist als Antwort auf Worte des Dankes verwendet, um auszudrücken, dass man für jmdn. etwas gern getan hat und es einem nicht schwer gefallen ist* „Das war sehr großzügig von Ihnen!" — „Ach, nicht der Rede wert."; ▪ **jemanden zur Rede stellen** *jmdn. auffordern, sich zu rechtfertigen* Der Lehrer stellt den Schüler, der das Buch gestohlen hat, zur Rede.; ▪ **jemandem Rede und Antwort stehen** *jmdm. (auf seine Nachfrage hin) erklären, warum man etwas getan hat* Der Politiker muss den Journalisten Rede und Antwort stehen.; ▪ **Rede und Gegenrede** *die Argumente für und gegen etwas;* ▪ **etwas ist nicht der Rede wert** *etwas ist nicht wichtig* Diese Sache ist zwar ärgerlich, aber nicht der Rede wert.; ▪ **große Reden schwingen** *(umg. abwert.) prahlerisch reden; viel angeben* Erst schwingt er große Reden, und dann tut er nichts.; ▪ **direkte Rede** SPRACHWISS. *die (in Anführungszeichen gesetzte) wörtliche Wiedergabe des Gesprochenen;* ▪ **indirekte Rede** SPRACHWISS. *die in Gliedsätzen (im Konjunktiv) wiedergegebene Umschreibung dessen, was gesagt wurde;* ▪ **die gebundene Rede** LIT. *Aussagen in Form von Versen*

re·den ['reːdn̩] <redest, redete, hat geredet> I. mit OBJ ▪ **jmd. redet etwas** ❶ *(≈ sagen, sprechen) sich mit Sätzen sprachlich äußern:* Er redet viel Unsinn/ wenig Vernünftiges.; Es ist viel davon geredet worden, aber geschehen ist nichts. ❷ *eine Ansprache halten:* Er hat über die Geschichte der Universität geredet. II. ohne OBJ ▪ **jmd. redet (mit jmdm.)** *mündlich Gedanken austauschen:* Was habt ihr miteinander geredet?; über ein Thema (stundenlang) miteinander reden; Sie reden und reden und kommen zu keinem Ergebnis.; Lass uns darüber reden, damit es nicht zum Streit kommt.; mit jemandem unter vier Augen reden; Reden wir von etwas anderem!; viel/wie ein Wasserfall/nur wenig reden; Rede bitte etwas deutlicher!; vor großem Publikum reden; Jetzt redet gerade der Präsident.; Der Professor redet heute über Wirtschaftspolitik.; ▪ **von sich reden machen** *mit etwas, das man getan hat, bekannt oder berühmt werden* Sie hat mit ihrem ersten Roman von sich reden gemacht.; ▪ **gut reden haben** *(umg.) leicht über die Probleme anderer urteilen können, weil man selbst nicht betroffen ist* Du hast gut reden, dir geht es ja besser!; ▪ **jemand lässt nicht mit sich reden** *seine Meinung nicht ändern* Was diese Angelegenheit betrifft, lässt sie nicht mit sich reden.

Für den Ausdruck **reden** gibt es zahlreiche Ausdrücke, mit denen man sich auf die gleiche sprachliche Aktivität beziehen kann, die aber ganz unterschiedliche Bedeutungsnuancierungen (Nebenbedeutungen/Konnotationen) aufweisen, also teilweise synonym sind, so beispielsweise *sich äußern, sprechen, etwas sa-*

gen, lästern, klatschen, plappern, tratschen, quatschen, über jemand herziehen. Einige Redewendungen mit *reden* sind z.B.: „Sie redete sich alles frei von der Leber weg!" (,Sie redete sich ihren Kummer von der Seele'); „Du redest wie ein Wasserfall!" (gemeint als leichter Vorwurf: ,Du redest viel! Es scheint, du kannst gar nicht aufhören zu reden'); „Ich habe den Eindruck, gegen eine Wand zu reden!" (gemeint ist der Vorwurf an das Gegenüber: ,Du hörst gar nicht hin, was ich sage!' bzw. ,Du hörst mir gar nicht zu!'); „Reden wir nicht mehr darüber!" (Das sagt eine Person, die an eine unangenehme Angelegenheit nicht mehr erinnert werden will und das Thema wechseln möchte, im Sinne von ,Lass uns diese unangenehme Angelegenheit/Sache vergessen').

Re·de·wen·dung die <-, -en> SPRACHWISS. *eine der allgemeinen Bezeichnungen für einen Wortkomplex (für eine Mehrwort-Einheit), der eine feste Verbindung eingeht, sodass sich die Gesamtbedeutung oft nicht aus den Bedeutungen der beteiligten Wörter ableiten lässt:* Die Wörter „sich an die eigene Nase fassen" bilden eine Redewendung, weil ihre Bedeutung „sich auf eigene Mängel oder Fehler konzentrieren" sich nicht aus der Kenntnis der Bedeutungen von „Nase" und „fassen" einfach herleiten lässt.

re·du·zie·ren [redu'tsi:rən] <reduzierst, reduzierte, hat reduziert> *(geh.)* **I.** *mit OBJ* ■ **jmd. reduziert etwas** *verringern, kleiner/kürzer o.Ä. machen:* die Aufenthaltsdauer/den Preis/den Umfang reduzieren; den Preis um einen bestimmten Betrag reduzieren **II.** *mit SICH* ■ **etwas reduziert sich** *sich verringern; kleiner werden:* Die Zahl der Teilnehmer hat sich auf die Hälfte reduziert.; Der Preis hat sich reduziert. ● reduzierbar, Reduzierung

Re·fe·rat das [refə'ra:t] <-(e)s, -e> ❶ *ein (kurzer) mündlicher Vortrag, dem ein ausgearbeiteter Text über ein Thema zugrundeliegt:* im Seminar ein Referat (über Schiller) halten; ein Referat ausarbeiten ● Einführungs-, Kurz- ❷ AMTSSPR. *(≈ Ressort) eine Abteilung einer Behörde mit bestimmten Aufgaben:* das Referat für osteuropäische Angelegenheiten leiten ● Fach-, Kultur-, Sach-

Re·flex der [re'flɛks] <-es, -e> ❶ *der Schein von Licht, das zurückgeworfen wird:* Das Licht bildet glitzernde Reflexe auf der Wasseroberfläche. ❷ MED. *das Ansprechen auf einen Nervenreiz:* angeborene Reflexe; einen Reflex auslösen; seine Reflexe unter Kontrolle halten ● Greif-, Kniescheiben- ❸ *schnelle Reaktion im Verhalten, ohne dass man lange darüber nachdenkt:* Dass ich beim Ton der Sirene aufsprang, war ein bloßer Reflex.

re·fle·xiv [reflɛ'ksi:f] *adj /nicht steig./* SPRACHWISS. *rückbezüglich; so, dass ein Verb das Pronomen „sich" braucht:* „Sich freuen" ist ein reflexives Verb.

Re·form die [re'fɔrm] <-, -en> *eine Umgestaltung und Erneuerung von vorhandenen gesellschaftlichen oder politischen Verhältnissen, um sie zu verbessern:* eine Reform des Rentensystems/des Bildungswesens ● Reformer(in), reformieren ● Bildungs-, Gesetzes-, Rechtschreib-, Steuer-, Studien-

re·for·miert *adj /nicht steig./* ❶ *mit durchgeführter Reform:* das reformierte Sozialgesetz; die reformierte Oberstufe an Schulen ❷ *zu dem Zweig der evangelischen Kirchen gehörig, der sich auf den Reformator Calvin gründet:* Er ist Mitglied der reformierten Kirche.

Re·gal das [re'ga:l] <-s, -e> *ein Möbelstück mit mehreren waagerechten Brettern, in dem man verschiedene Dinge, wie z.B. Bücher, aufbewahren kann:* ein Regal für Bücher/Gläser/Spielzeug ● -brett, -fläche, Bücher-, Holz- Keller-, Wand-

Re·gel die ['re:gl] <-, -n> ❶ *(≈ Norm) Vorschrift:* Regeln beachten/einhalten/missachten/verletzen; für etwas Regeln aufstellen; die Regeln im Straßenverkehr/beim Handball/beim Schach kennen ● Bauern-, Lebens-, Rechtschreib-, Spiel- ❷ */kein Plur./ (≈ Brauch, Gewohnheit) die (allgemein) übliche Verfahrensweise:* etwas zur Regel werden lassen; In der Regel ist hier sonntags geschlossen.; Das ist für mich eine feste Regel. ❸ *(≈ Menstruation) die Monatsblutung bei Frauen:* Die Regel bleibt aus.; die letzte/nächste Regel; Sie hat ihre Regel. ❹ *(↔ Norm)* SPRACHWISS. *stillschweigendes sprachliches Wissen, dem man sozusagen beim sprachlichen Agieren/bei sprachlichen Aktivitäten blind folgt, das im Spracherwerbsprozess erworben wird, und das (kaum) von einer Institution mit Machtbefugnis verordnet/festgeschrieben werden kann (wie Normen):* Wer einer Regel folgt, verfügt über ein Regelwissen, das in Form einer Regelformulierung (in Grammatiken, in Wörterbüchern) dargelegt/dargestellt/festgehalten

wird; Eine Regel durchbrechen/erlernen
re·gel·mä·ßig adj (↔ unregelmäßig) ❶ *in festen Abständen (wiederkehrend):* eine regelmäßige Veranstaltung; regelmäßig stattfinden; auf regelmäßiges Essen achten; ein regelmäßiges Muster ❷ SPRACHWISS. *nach einem bestimmten Muster gebildet:* regelmäßige Verben; eine regelmäßige Deklination/Konjugation ❸ *(umg.) immer wieder einmal:* An dieser Stelle mache ich regelmäßig einen Fehler.; Er kommt regelmäßig zu spät! ❹ *gleichmäßig, ebenmäßig:* regelmäßige Gesichtszüge

re·geln ['reːɡl̩n] <regelst, regelte, hat geregelt> I. *mit OBJ* ❶ ▪ **jmd. regelt etwas** *durch Regeln oder Anweisungen in eine bestimmte Ordnung bringen:* den Verkehr regeln; den Zugang zu bestimmten Studienfächern regeln; etwas durch Gesetze regeln ❷ ▪ **jmd./etwas regelt etwas** TECHN. *einstellen:* die Einstellung eines Gerätes/die Heizung/die Luftfeuchtigkeit/die Temperatur regeln; ein Hebel/ein Ventil zum Regeln der Luftzufuhr ❸ ▪ **jmd. regelt etwas irgendwie** *klären oder in Ordnung bringen:* Das können wir unter uns regeln.; Wie wollen wir die Angelegenheit regeln? II. *mit SICH* ▪ **etwas regelt sich** *etwas kommt ohne direkten äußeren Einfluss in Ordnung:* Wenn Sie regelmäßig Sport treiben, wird sich auch Ihr Blutdruck wieder regeln.

re·gel·wid·rig adj /nicht steig./ *gegen eine Regel verstoßend:* sich regelwidrig verhalten; Das war ein klares Foul, absolut regelwidrig gespielt! ▶ Regelwidrigkeit

Re·gen der ['reːɡn̩] <-s> /kein Plur./ ❶ *die Wassertropfen, die vom Himmel fallen:* Der Wetterbericht meldet Regen.; Regen fällt/nieselt/rauscht/strömt.; Der Regen prasselt auf das Dach/klatscht gegen die Fensterscheiben/wird stärker/ lässt langsam nach.; Morgen soll es Regen geben ◆ -jacke, -mantel, -menge, -schirm, -tropfen, Eis-, Gewitter- Schnee- ❷ *etwas, das in der Form vieler einzelner Teile niedergeht:* Ein Regen von Konfetti ging auf die Zuschauer nieder.; ein Regen von Geschenken/guten Wünschen; ▪ **jemanden im Regen stehen lassen** *(umg.) jmdn. in einer schwierigen Lage ohne Unterstützung lassen* Er hat seine schwangere Tochter einfach im Regen stehen lassen.; ▪ **ein warmer Regen** *(umg.) unerwartetes Geld, das einem aus einer gegenwärtigen schwierigen Lage hilft* Der Gewinn war ein warmer Regen für seine Finanzen.; ▪ **vom Regen in die Traufe kommen** *(umg.) von einer unangenehmen Situation in die nächste kommen* Letzte Woche war das Auto kaputt und diese Woche hatte ich einen Unfall. Ich bin wirklich vom Regen in die Traufe gekommen.

re·gen <regst, regte, hat geregt> I. *mit OBJ* ▪ **jmd. regt etwas** *ein wenig bewegen:* Er war gerade aufgewacht und fing an, die Glieder zu regen. II. *mit SICH* ❶ ▪ **jmd./ein Tier/etwas regt sich** *sich (ein wenig) bewegen:* Ich kann mich kaum noch regen.; Es ist ganz still, kein Blatt regt sich.; Der Vogel, den wir dem Nest gefallen war, regt sich wieder. ❷ ▪ **etwas regt sich (in jmdm.)** *sich bemerkbar machen:* In mir regte sich Widerstand/Widerwillen/der Wunsch zu essen.; Sein Gewissen hat sich endlich geregt.; Wenn du auch etwas haben willst, musst du dich schon selbst regen!

Re·gie die [reˈʒiː] <-> /kein Plur./ ❶ *die Anleitung und Überwachung, die eine erfahrene Person gibt:* unter der Regie des Seminarleiters/des Skilehrers/des Ausbilders Übungen machen ❷ THEAT., FILM *künstlerische Leitung:* Unter der Regie von … wurde ein neuer Film gedreht/ein neues Stück inszeniert.; ▪ **etwas in eigener Regie machen** *(umg.) etwas ohne fremde Hilfe und in eigener Verantwortung machen* Die Schüler haben das Fest in eigener Regie organisiert.; ▪ **die Regie übernehmen** *die Leitung übernehmen* Als der neue Chef die Regie übernahm, klappte das Projekt. ◆ -konzept, Film-, Opern-

re·gie·ren [reˈɡiːrən] <regierst, regierte, hat regiert> I. *mit OBJ* ❶ ▪ **jmd./etwas regiert jmdn./etwas** *(politisch) beherrschen:* Der König regierte das Land.; Sie regiert die ganze Familie.; Heute regiert der Karneval die Stadt (≈ ist der Karneval überall in der Stadt das beherrschende Thema). ❷ ▪ **etwas regiert etwas** SPRACHWISS. *(einen bestimmten Fall) verlangen:* Das Verb „brauchen" regiert den Akkusativ. II. *ohne OBJ* ▪ **jmd. regiert** ❶ *jmd. oder etwas herrscht:* gerecht regieren; In diesem Land/Dieses Land regiert ein König.; Gegenwärtig regiert eine Koalition aus zwei Parteien. ❷ *(übertr.: ≈ vorherrschen) stark in Erscheinung treten:* Am Rosenmontag regiert am Rhein der Karneval.; Zu jener Zeit regierten Hunger und Armut im Land. ◆ Großschreibung → R 3.17 der Regierende Bürgermeister

Re·gie·rung die [reˈɡiːrʊŋ] <-, -en> ❶ *das Gremium, das ein Land regiert, und alle Personen, die ihm angehören; die Gesamt-*

heit der Minister(innen) eines Landes/ Staates, einschließlich des Bundeskanzlers/der Bundeskanzlerin, welche die staatliche Macht ausüben: eine neue Regierung wählen; die alte Regierung ablösen/abwählen; im Namen der Regierung handeln; ein Mitglied der Regierung; ein Beschluss der Regierung ● -santritt, -sbeamter, -schef, -serklärung, -spartei -swechsel, Bundes-, Koalitions-, Landes-, Militär-, Zentral- ❷ */kein Plur./ das Regieren:* jemanden an die Regierung bringen; die Regierung antreten/übernehmen; unter der Regierung von ...

Re·gi·on die [reˈgi̯oːn] <-, -en> *ein bestimmtes Gebiet oder ein bestimmter Bereich (z.B. in einem Land):* die Region Südbaden/Schleswig-Holstein; Aus welcher Region kommen Sie?; die Schwarzwaldregion; die Regionen Deutschlands und ihre Mundarten ● regional ● Seen-, Ufer-, Wald-

-re·gi·on [reˈgi̯oːn] *als Zweitglied zusammengesetzter Substantive, mit Betonung auf dem Erstglied; kennzeichnet den mit dem Erstglied genannten Körperbereich als nicht genau umgrenzt:* Er hat Schmerzen in der Magenregion. ● Becken-, Magen-, Schulter-

reg·nen [ˈreːɡnən] **I.** *ohne OBJ* ■ *etwas regnet in großen Mengen herunterfallen:* Die Blütenblätter regnen vom Baum. **II.** *mit ES* ■ **es regnet** ❶ *als Wassertropfen vom Himmel fallen:* Es regnet in Strömen/heftig/nur noch leicht/schon wieder/den ganzen Tag/jetzt schon seit drei Tagen. ❷ *in Form vieler Teile herunterfallen:* Es regnet Konfetti auf die Zuschauer.

re·ha·bi·li·tie·ren [rehabiliˈtiːrən] <rehabilitierst, rehabilitierte, hat rehabilitiert> *mit OBJ* ■ **jmd. rehabilitiert jmdn./etwas** ❶ MED. *wieder ins Arbeitsleben eingliedern:* einen Behinderten rehabilitieren ❷ *(≈ entlasten) das öffentliche Ansehen einer Person oder Sache wieder herstellen:* einen Politiker nach einem Skandal rehabilitieren; Er hat sich durch sein faires Verhalten wieder rehabilitiert. ● Rehabilitierung

rei·ben [ˈraibn̩] <reibst, rieb, hat gerieben> **I.** *mit OBJ* ■ **jmd. reibt etwas (an etwas** *Dat.***)** ❶ *über etwas unter Ausübung von Druck mehrmals hin- und herfahren:* (sich) die Augen/die Hände reiben; das Besteck blank reiben; Die Katze reibt ihren Kopf an meinen Beinen. ❷ ■ **jmd. reibt etwas** *kräftig wischend bearbeiten:* die Schuhe sauber reiben; die Haare trocken reiben; den Fleck aus der Jacke reiben ❸ ■ **jmd. reibt etwas** *(≈ raspeln) etwas mit Hilfe eines Küchengeräts zerkleinern, das eine raue und scharfe Oberfläche hat:* die Möhren reiben; ein geriebener Apfel **II.** *ohne OBJ* ■ **etwas reibt (an etwas** *Dat.***)** *eine Oberfläche berühren und sich (gegen Widerstand) bewegen:* Die Schuhe reiben (am Fuß).; Der Stuhl reibt an der Wand.; Das Rad reibt am Schutzblech.; Die beiden Teile reiben aneinander. **III.** *mit SICH* ■ **jmd. reibt sich mit jmdm./etwas** *(umg.) mit jmdm. ständig in Streit geraten:* sich mit seinen Eltern/seiner Umwelt reiben

rei·bungs·los *adj ohne Probleme:* einen reibungslosen Ablauf gewährleisten; nahezu reibungslos ablaufen

Reich das [raiç] <-(e)s, -e> ❶ GESCH. *der Herrschaftsbereich eines absoluten Herrschers, z.B. eines Königs:* Der König empfing Fürsten aus allen Teilen seines Reiches. ● -sgrenzen, -shauptstadt, Kaiser- König-, Zaren-, Welt- ❷ *(umg.) der persönliche Bereich, in dem man ungestört ist:* Hier haben die Kinder ihr kleines Reich. ❸ *ein Bereich, in dem etwas bestimmend ist:* das Reich der Wissenschaft/der Märchen und Sagen/der Fantasie/der Tiere/der Toten; ■ **das Dritte Reich** GESCH. *Deutschland in der Zeit des Nationalsozialismus;* ■ **das Reich der Mitte** *China* ● Pflanzen-, Tier- ● Großschreibung → R 3.17, R 3.19 das Dritte Reich; das Römische Reich

reich [raiç] *adj* ❶ *(≈ wohlhabend ↔ arm) so, dass man viel Geld und/oder viel Besitz hat:* Dann bist du ja jetzt ein reicher Mann.; in einem Viertel der Reichen wohnen; Es gab immer schon reiche und arme Leute.; der reiche Norden und der arme Süden des Landes ❷ *mit viel Aufwand:* ein reich verziertes Kleid; ein reich gedeckter Tisch; ein reich geschmückter Altar ❸ *(≈ reichhaltig) vieles/eine Vielfalt von etwas enthaltend:* Unser Restaurant bietet eine reiche Auswahl an regionalen Spezialitäten. ❹ *(≈ reichlich ↔ spärlich) in großem Umfang:* reiche Beute machen; reiche Erfahrungen haben; ■ **reich an etwas sein** *viel von etwas haben* reich an Erfahrungen/Bodenschätzen sein ● Großschreibung → R 3.7 eine Botschaft für Arm und Reich vermitteln; ● Getrennt- oder Zusammenschreibung → R 4.16 reich geschmückter/reichgeschmückter Tisch; reich verzierte/reichverzierte Fassaden

-reich [raiç] *als Zweitglied zusammengesetzter Adjektive, mit Betonung auf dem*

Erstglied; drückt aus, dass jemand oder etwas das mit dem Erstglied Bezeichnete in großer Fülle besitzt/enthält/aufweist/bietet: eine kenntnisreiche Untersuchung zu den Problemen der sprachlichen Mehrdeutigkeiten auf Wort-, Satz- und Textebene. ◆ arten-, fett-, fisch-, formen-, kalorien-, kenntnis-, kinder-, kontrast-, niederschlags-, risiko-, varianten-, verkehrs-, vitamin-, wald-, wasser-

rei·chen ['raiçn] <reichst, reichte, hat gereicht> **I.** *mit OBJ* ■ **jmd. reicht jmdm. etwas** *(geh.: ≈ anreichen, darreichen) geben:* Reichst du mir mal bitte die Butter/das Salz?; jemandem mal die Hand reichen; jemandem die Wange zum Kuss reichen; dem Säugling die Brust reichen **II.** *ohne OBJ* ❶ ■ *etwas reicht genügend vorhanden sein:* Reicht das Geld noch für die Straßenbahn?; Das reicht aber nicht!; Langsam reicht's mir!; Der Stoff reicht nicht für einen Mantel. ❷ ■ **etwas reicht (irgendwohin)** *sich erstrecken:* Unser Grundstück reicht bis an den Fluss.; Er reicht mir nur bis zur Schulter. ❸ ■ **jmd./etwas reicht irgendwohin** *erreichen (können):* Ich reiche mit der Hand nicht bis ganz unter den Schrank.; Wasser, soweit das Auge reicht!; Es kann mich nicht hören, denn meine Stimme reicht nicht so weit.; ■ **jemandem nicht das Wasser reichen können** *(umg.) mit jmdm. nicht konkurrieren können* Er kann seiner Kollegin nicht das Wasser reichen.

reich·lich ['raiçlıç] **I.** *adj* ❶ *ziemlich groß oder umfangreich:* sich eine reichliche Portion genehmigen ❷ *weit:* die Hose ist etwas reichlich; die Schuhe für ein Kind etwas reichlicher kaufen ❸ *etwas mehr als:* eine reichliche Stunde benötigen; ein reichlicher halber Liter Milch **II.** *adv sehr; ziemlich:* Es ist gestern reichlich spät geworden.

Reich·tum der ['raiçtu:m] <-s, Reichtümer> ❶ */kein Plur./ (≈ Überfluss ↔ Armut) der Besitz vieler materieller Güter; der Besitz von sehr viel Geld:* Macht Reichtum glücklich?; zu Reichtum gelangen; großer Reichtum ❷ */nur Plur./ (≈ Güter, Vermögen) die Werte, die einen Reichtum ausmachen:* Reichtümer anhäufen; die Reichtümer der Erde ❸ */kein Plur./ (≈ Vielfalt) eine reichhaltige, vielfältige Menge von etwas:* der Reichtum der Flora und Fauna im tropischen Regenwald; der Reichtum des Landes an Bodenschätzen ◆ Arten-, Ideen-, Varianten-

Reif[1] der <-(e)s> */kein Plur./ (≈ Raureif) gefrorener Tau in Form von feinen Eiskristallen:* Über Nacht hat sich Reif gebildet.; Reif bedeckt die Bäume und Wiesen. ▶ Raureif

Reif[2] der <-(e)s, -e> *ein großer Schmuckring:* ein Reif für den Arm/den Hals; einen Reif um die Stirn tragen ◆ Arm-, Haar-, Silber-

reif [raif] *adj* ❶ *zum Ernten/Verzehren/Verwerten bereit:* reifes Obst; Die Kirschen werden reif.; Das Getreide ist reif.; reifer Käse/Wein ❷ *geschlechtsreif:* Mädchen sind früher reif als Jungen. ❸ *charakterlich weit entwickelt; erwachsen:* eine reife Persönlichkeit; Für sein Alter ist er schon sehr reif. ❹ *vollendet:* eine reife Leistung des Künstlers; das reife Spätwerk des Denkers ❺ ■ **reif für etwas** */nicht steig./ in dem Zustand, dass etwas Neues möglich oder notwendig ist:* Die Zeit ist reif für neue Ideen.; Der Aufsatz ist reif für die Veröffentlichung.; Der Plan ist noch nicht reif (zur Verwirklichung).; ■ **im reiferen Alter** *(geh. verhüll.) nicht mehr jung* Er hat eine Frau im reiferen Alter kennen gelernt.

-reif [raif] *als Zweitglied zusammengesetzter Adjektive, mit Betonung auf dem Erstglied; drückt aus, dass das mit dem Erstglied Bezeichnete* ❶ *von einer Person dringend benötigt wird oder diese Person es verdient:* Nach diesen Strapazen am Arbeitsplatz war sie urlaubsreif. ◆ erholungs-, pensions-, urlaubs- ❷ *für jemand infrage kommt bzw. etwas so weit gediehen/entwickelt ist, dass dafür alle positiven Voraussetzungen gegeben sind:* Seine Darbietung mit der Trompete war konzertreif/bühnenreif. ◆ bühnen-, druck-, fernseh-, konzert-, literatur-, markt-, olympia-, pflück-, serien-, unterschrifts-, zuteilungs- ❸ *aufgrund eines sehr schlechten Zustands auf etwas zutrifft:* Man fragt sich, wie lange er mit diesem schrottreifen Auto noch fahren will. ◆ abbruch-, bett-, krankenhaus-, museums-, schrott-

Rei·fen der ['raifn] <-s, -> ❶ *der aus Gummi bestehende, mit Luft gefüllte äußere Teil eines Rades, z.B. an einem Auto oder Fahrrad:* einen Reifen aufpumpen/auswechseln/flicken ◆ Auto-, Fahrrad-, Winter- ❷ *ein Eisenring um Fässer und Räder:* Das Fass wird durch einen Reifen zusammengehalten. ❸ *ein großer Ring zum Spielen (für Kinder und Jugendliche):* Im Zirkus sahen wir einen Löwen durch einen brennenden Reifen springen.; den Reifen treiben (als Spiel) ❹ *Ring als Schmuck für den Arm:* einen goldenen Reifen am Arm tragen ◆ Arm-

rei·fen <reifst, reifte, ist gereift> *ohne OBJ* ❶ **etwas reift** *(sein) reif¹ werden:* Das Getreide/Das Obst reift.; Der Wein reift in den Fässern. • ausreifen, heranreifen ❷ **jmd. reift** *(sein) sich zur (menschlichen und persönlichen) Reife entwickeln:* Sie ist seit dem vergangenen Jahr gereift.; eine gereifte Persönlichkeit ❸ **etwas reift in jmdm.** *bei jmdm. stellt sich allmählich etwas ein:* Die Entscheidung ist allmählich in uns gereift.

Rei·he die [ˈraiə] <-, -n> ❶ *eine Anordnung von Personen oder Dingen entlang einer Linie:* sich in einer Reihe anstellen; eine lange Reihe von Menschen; Die Häuser stehen in einer Reihe.; Die Pflanzen werden in Reihen gesät.; im Theater in der ersten Reihe sitzen • Baum-, Säulen-, Sitz- ❷ *(≈ Serie) mehrere aufeinander folgende Ereignisse:* Die Reihe der Einbrüche/ Morde/Unfälle reißt nicht ab. • Versuchs- ❸ *eine Gruppe von Personen:* jemanden in seine Reihen aufnehmen; einen Verräter in den eigenen Reihen haben ❹ *(≈ Anzahl) eine größere Menge:* Eine ganze Reihe Besucher ist schon eingetroffen.; Eine Reihe alter Bücher kann ausgesondert werden. ❺ *(≈ Reihenfolge) eine geregelte Abfolge von etwas:* Immer der Reihe nach!; jemanden außer der Reihe bedienen; Jetzt sind Sie an der Reihe!; Die Reihe ist an dir!; ▪ **aus der Reihe tanzen** *(umg.) sich nicht an Regeln halten* Immer muss sie aus der Reihe tanzen.; ▪ **das kommt schon wieder in die Reihe** *das wird schon wieder gut werden* Keine Sorge: — Du hast dich zwar mit ihm gestritten; aber das kommt schon wieder in die Reihe.; ▪ **in Reih und Glied stehen** *in geordneter Reihe stehen* Die Soldaten standen in Reih und Glied.

Rei·hen·fol·ge die <-, -n> *eine geordnete Abfolge von Dingen oder Ereignissen:* etwas in einer alphabetischen/numerischen Reihenfolge ordnen (≈ nach Anfangsbuchstaben oder nach Zahlen ordnen); die Patienten in der Reihenfolge ihrer Anmeldung ins Behandlungszimmer bitten; die richtige Reihenfolge beachten

reih·um [raiˈʔʊm] *adv so, dass es von einem zum anderen oder nächsten in einer Runde von Leuten geht:* den Hut zum Sammeln von Geld reihum gehen lassen

Reim der [raim] <-(e)s, -e> ❶ *der Sachverhalt, dass Wörter oder Silben ähnlich klingen:* Kennst du einen Reim auf das Wort „Sonne"? — „Wonne!"; Reime schmieden ❷ *ein Vers in Form eines Reimes¹:* ein Gedicht in Reimen; einen Reim auswendig kennen; ▪ **sich keinen Reim auf etwas machen können** *(umg.) sich etwas nicht erklären können* Ich kann mir auf sein merkwürdiges Verhalten keinen Reim machen.; ▪ **sich seinen eigenen Reim auf etwas machen** *(umg.) sich seine eigenen Gedanken zu etwas machen* Ich sage dazu besser nichts, sondern mache mir meinen eigenen Reim darauf.

rei·men [ˈraimən] <reimst, reimte, hat gereimt> I. *ohne OBJ* ▪ **jmd. reimt** ❶ *Reime bilden:* Sie kann gut reimen.; Reim dich, oder ich fress dich! (kritischer Spruch dazu, wenn jemand mit Gewalt versucht, bei den Endungen von Wörtern zu reimen, wie das bei inkompetenten Versemachern/Verseschmieden vorkommt, so auch z.B. in manchen Schlagertexten). ❷ *in Reimen ausdrücken:* Er hat seine Geburtstagswünsche alle gereimt. II. *mit SICH* ▪ **etwas reimt sich** *in den Endsilben gleich klingen:* „Herz" reimt sich auf „Schmerz".; ▪ **Das reimt sich nicht!** *(umg.) das passt nicht zusammen*

rein¹ [rain] *adv (umg.: ≈ herein, hinein)*

rein² [rain] *adj* ❶ *(≈ sauber) völlig frei von Schmutz:* reine Wäsche; Das Waschmittel kann Ihre Wäsche ganz rein waschen.; das Zimmer rein halten ❷ */nicht steig./ (≈ pur) nicht mit etwas anderem vermischt:* ein Pullover aus reiner Wolle; ein rein wollener Pullover; ein rein seidenes Hemd; Es war kein Vergnügen, sondern die reine Qual.; Das ist die reine Wahrheit.; Das war reiner Zufall.; reiner Alkohol; Es war die reine Freude, ihm zuzuhören.; Er tat es aus reiner Höflichkeit. ❸ *(≈ klar; ungetrübt) völlig frei von Mängeln oder von (störenden) Einflüssen:* eine akzentfreie, reine Aussprache; reines Oxford-Englisch sprechen; ein Himmel von reinem Blau; ein Instrument/eine Stimme mit einem reinen Klang ❹ *(moralisch) unschuldig:* eine reine Seele; die reine Jungfrau Maria; ein reines Gewissen/Herz haben ❺ *(umg.) / meist im Superl./ sehr deutlich oder vollständig ausgeprägt; völlig, absolut:* Das ist reiner Blödsinn!; Im Verhältnis zu seiner Frau war er der reinste Faulenzer.; Im Vergleich zu unserem letzten Ferienaufenthalt haben wir dieses Jahr das reinste Paradies erlebt.; Das ist die reinste Ausbeutung.; ▪ **reinen Tisch machen** *(umg.) vorhandene Streitigkeiten oder Unklarheiten beseitigen* Es wird Zeit, dass wir mal reinen Tisch machen.; ▪ **sich rein waschen/reinwaschen** *seine Unschuld beweisen* Der Politiker konnte sich von dem Verdacht reinwaschen.; ■ **mit jemandem/ etwas ins Reine kommen** *eine Angelegenheit (mit jmdm.) klären* mit seiner Vergangenheit ins Reine kommen ◆ Großschreibung → R 3.3, R 3.4, R 3.7 mit jemandem ins Reine kommen; einen Text ins Reine schreiben; ◆ Getrennt-oder Zusammenschreibung → R 4.15 die Wäsche mit einem Waschmittel rein waschen/reinwaschen; ◆ Zusammenschreibung → R 4.2 ein reinwollener Pullover; eine reinseidene Bluse; ein reingoldener Ring; eine reinsilberne Kette

rein³ [rain] *adv* ❶ *(≈ nur) verwendet, um auszudrücken, dass ausschließlich die genannte Sache und sonst nichts zutrifft:* aus rein privaten Gründen; rein berufliche Ausgaben; eine rein subjektive Sichtweise ❷ *völlig, direkt, ganz:* das ist rein unmöglich!; Du glaubst mir rein gar nichts!

rein·fal·len <fällt rein, fiel rein, ist reingefallen> *ohne OBJ* ■ **jmd. fällt rein** *(umg.)* ❶ *in etwas hineinfallen:* Wo bist du denn reingefallen?; Er ist in die Grube reingefallen, weil sie nicht abgesperrt war. ❷ *(≈ hereinfallen) sich betrügen lassen:* Er ist auf den Dieb reingefallen.

rei·ni·gen ['rainɪɡn̩] <reinigst, reinigte, hat gereinigt> *mit OBJ* ■ **jmd. reinigt etwas** ❶ *sauber machen:* die Fenster/den Fußboden/die Toiletten reinigen ❷ *Kleidung durch chemische Behandlung säubern:* Den Mantel kann man nicht in der Maschine waschen, man muss ihn reinigen lassen. ❸ *von etwas frei machen:* die Abgase von Rußpartikeln reinigen; den Topf von Fett reinigen ▸ Reinigung

rein·zie·hen <ziehst, rein, zog rein, hat/ist reingezogen> *(umg.)* I. *mit OBJ (haben)* ❶ ■ **jmd. zieht etwas rein** *durch Ziehen hineinbefördern:* einen Brief durch einen schmalen Spalt zu sich reinziehen ❷ ■ **jmd. zieht sich etwas rein** *(Jargon) konsumieren:* sich Drogen reinziehen; sich eine neue CD reinziehen ❸ ■ **jmd. zieht jmdn. (mit) rein** *in ein Problem verwickeln:* Ich lasse mich nicht mit in die Sache reinziehen!; Sie hat ihn in den ganzen Streit mit reingezogen. II. *ohne OBJ (sein)* ■ **etwas zieht rein** *nach innen strömen:* Der Zigarettenqualm zieht durch das Fenster zu uns rein.

Reis der [rais] <-es> */kein Plur./* ❶ BOT. *ein Getreide, das in Asien eines der wichtigsten Nahrungsmittel ist:* Reis wird in Südostasien angebaut. ◆ -anbau, -ernte, -feld ❷ KOCH. *die weißen oder braunen Körner des Reises als Speise:* Als Beilage nehmen wir Reis. ◆ -suppe, -wein, Basmati-, Milch-, Langkorn-

Rei·se die ['raizə] <-, -n> *die Fahrt oder der Flug zu einem entfernt gelegenen Ziel:* Die Reise nach Australien buchen/planen/vorbereiten; für die Reise Fahrkarten besorgen/Koffer packen/Proviant einpacken; Die Reise führt uns zuerst von München nach Hamburg, dann geht es über den Kanal nach Südengland.; viel auf Reisen sein; auf der Reise viel erleben; Wir wünschen Ihnen eine gute Reise!; ■ **die letzte Reise antreten** *(verhüll.) sterben* ◆ -gepäck, -route, -tasche, Auslands-, Flug-, Geschäfts-, Schiffs-, Urlaubs-

Rei·se·bü·ro das <-s, -s> ❶ *ein Unternehmen, in dem man Reisen buchen kann:* Wir haben unsere Reise im Reisebüro gebucht. ❷ *Geschäftsraum eines Reisebüros¹:* ins Reisebüro gehen, um eine Reise zu buchen

Rei·se·füh·rer der, **Rei·se·füh·re·rin** <-s, -> ❶ */kein Femininum/ Buch mit Informationen über ein Reiseziel:* einen Reiseführer kaufen ❷ *(≈ Fremdenführer) jmd., der eine Reisegruppe leitet und den Reiseteilnehmern Sehenswürdigkeiten zeigt:* Wir hatten in Rom einen netten Reiseführer.

rei·sen ['raizn̩] <reist, reiste, ist gereist> *ohne OBJ* ■ **jmd. reist** *eine Reise machen:* mit Bahn/Bus/Flugzeug/dem eigenen Wagen reisen; nach Asien/Italien reisen; in Gesellschaft/dienstlich/privat/inkognito reisen; reisende Kaufleute; viel reisen ▸ verreisen

Reiß·aus [rais|aus] ■ **Reißaus nehmen** *(umg.) weglaufen; fliehen* Als der Schüler die Lehrerin sah, nahm er Reißaus.

rei·ßen ['raisn̩] <reißt, riss, hat/ist gerissen> I. *mit OBJ* ❶ ■ **jmd./etwas reißt jmdn./etwas (aus etwas** *Dat.) (haben) durch kurzes, kräftiges Ziehen entfernen:* den Nagel aus der Wand reißen; Er hat mir den Brief aus der Hand gerissen. ❷ ■ **jmd./etwas reißt etwas (in etwas** *Akk.) (haben) durch kräftiges Ziehen in gegensätzliche Richtungen in einzelne Stücke zerteilen:* das Papier in Stücke reißen; ein Loch in den Stoff reißen ▸ zerreißen ❸ ■ **etwas reißt etwas irgendwohin** *(haben) durch kräftiges Ziehen an eine Stelle bringen:* Der Orkan hat den Telefonmasten zu Boden gerissen.; Die Lawine hat ihn in den Abgrund gerissen.; ■ **etwas reißt jemanden in den Tod** *etwas tötet jmdn.* Durch das Zugunglück wurden viele Menschen in den Tod gerissen. ❹ ■ **ein**

Tier reißt ein Tier *ein Tier tötet ein anderes Tier so, dass es in Stücke zerteilt wird:* Der Löwe riss drei Lämmer. ❺ ▪ **jmd. reißt etwas an sich** *jmd. bringt gewaltsam etwas in seinen Besitz oder unter seine Kontrolle:* Er hat die Herrschaft an sich gerissen.; Sie reißt immer das Gespräch an sich. **II.** *ohne OBJ* ▪ **etwas reißt** *(sein) kaputt gehen:* Dieses Material reißt leicht.; Wenn ihr weiter so langsam macht, reißt mir der Geduldsfaden. **III.** *mit SICH (haben)* ❶ ▪ **jmd. reißt sich an etwas** *Dat. sich an etwas verletzen:* Ich habe mich an dem rostigen Nagel gerissen. ❷ ▪ **jmd./ein Tier reißt sich von etwas** *Dat. sich befreien:* Der Hund riss sich von der Kette. ❸ ▪ **jmd. reißt sich um etwas** *Akk. (umg.) sich um dieselbe Person/Sache/denselben Vorteil wie jmd. anderes heftig bemühen:* sich um dieselbe Frau reißen; sich um denselben Auftrag reißen; sich um die besten Plätze reißen; sich darum reißen, zuerst an die Reihe zu kommen; ▪ **sich etwas unter den Nagel reißen** *(umg.) sich etwas unrechtmäßig aneignen* Er hat sich die CD einfach unter den Nagel gerissen.; ▪ **Witze reißen** *(umg.) Witze machen* Er ist bekannt dafür, dass er gut Witze reißen kann.; ▪ **wenn alle Stricke reißen** *(umg.) wenn es sonst keine andere Möglichkeit mehr gibt* Wenn alle Stricke reißen, kannst du natürlich bei uns schlafen.; ▪ **sich hin- und hergerissen fühlen** *sich (zwischen zwei oder mehreren Möglichkeiten) nicht entscheiden können* Ich weiß nicht, was ich tun soll. Ich fühle mich hin- und hergerissen.

rei·ßend *adj /nicht steig./* ❶ *schnell und wild strömend:* ein reißender Fluss ❷ *heftig ziehend:* reißende Schmerzen ❸ *(als Raubtier) gefährlich:* ein reißendes Tier dressieren; ▪ **etwas findet reißenden Absatz** *(umg.) eine Ware wird sehr schnell und in großer Menge verkauft* In diesem heißen Sommer finden Ventilatoren reißenden Absatz.

Reiß·ver·schluss der <-es, Reißverschlüsse> *eine Vorrichtung zum Öffnen und Schließen (für Kleidung, Taschen o.Ä.), bei der sich zwei Leisten mit kleinen Zähnchen gegenüberliegen, die man durch ein bewegliches Element dazu bringt, einen festen Verschluss zu bilden:* den Reißverschluss aufmachen/zumachen; Der Reißverschluss klemmt.; den Reißverschluss an der Hose/am Zelt zuziehen

rei·ten ['raitn̩] <reitest, ritt, hat/ist geritten> **I.** *mit OBJ* ▪ **jmd. reitet ein Tier** ❶ *(haben) auf einem Tier (z.B. Pferd, Esel, Kamel) sitzen und sich von diesem in eine gewünschte Richtung transportieren lassen:* ein Pferd/einen Esel reiten; auf einem Elefanten/einem Kamel reiten ❷ ▪ **jmd. reitet etwas** *(haben o sein) als Reiter(in) teilnehmen:* Sie hat/ist schon viele Rennen geritten. ❸ ▪ **jmd. reitet ein Tier irgendwohin** *(haben) ein Tier reitend¹ an einen Ort führen:* Er hat das Pferd auf die Wiese geritten. **II.** *ohne OBJ* ❶ ▪ **jmd. reitet (auf einem Tier)** *(sein) auf einem Tier sitzen (und sich fortbewegen):* auf einem Esel/Elefanten/Kamel/Pferd reiten ❷ ▪ **jmd. reitet** *(sein) Reitsport betreiben:* Sie reitet seit ihrem achten Lebensjahr.; Wann bist du das letzte Mal geritten? ❸ ▪ **jmd. reitet auf etwas** *Dat. auf etwas mit gegrätschten Beinen sitzen (und sich fortbewegen):* Das Kind reitet auf den Schultern des Vaters.; ▪ **jemanden/etwas über den Haufen reiten** *(umg.) jmdn. oder etwas zum Stürzen bringen, weil er von dem Reittier getroffen worden ist;* ▪ **etwas zu Tode reiten** *(umg.) etwas so oft sagen, bis es niemand mehr hören will* Er hat das Thema zu Tode geritten.; ▪ **jemanden reitet der Teufel** *(umg.) jmd. folgt einer üblen Vorstellung oder Verhaltensweise*

Reiz der [raits] <-es, -e> ❶ MED. *eine äußere oder innere Einwirkung auf den Körper, die bestimmte Reaktionen hervorruft:* Kälte, Wärme, Licht und Gerüche sind Reize, die auf den Körper einwirken.; auf bestimmte Reize allergisch reagieren ◆ -intensität, Brech-, Husten- Juck-, Nies-, Schmerz- ❷ *(≈ Anziehung) etwas, das Interesse und positive Erwartungen weckt:* einen gewissen Reiz für jemanden ausüben; Die Sache ist nicht ohne Reiz/hat ihren eigenen Reiz.; Der besondere Reiz bei der Sache besteht darin, dass … ▪ Anreiz ❸ */meist Plur./ Eigenschaften, die faszinierend oder anregend wirken:* Sie hat gewisse Reize, die den Männern gefallen.; Diese Landschaft hat auch ihre Reize.; die weiblichen Reize

rei·zen ['raitsn̩] <reizt, reizte, hat gereizt> *mit OBJ* ❶ ▪ **etwas reizt etwas** *den Körper durch bestimmte Stoffe oder Handlungen dazu bringen, dass er eine bestimmte Reaktion zeigt:* Das Gas reizt die Augen.; Der Geruch reizt die Schleimhäute. ❷ ▪ **etwas reizt jmdn.** *(≈ verlocken) jmds. Interesse und positive Erwartungen wecken:* Das Angebot reizt sie.; Es reizt mich schon, ein Jahr im Ausland zu arbeiten. ❸ ■ **jmd./etwas reizt jmdn./ ein Tier** *jmdn. ärgern oder in Aufregung versetzen; durch eine Handlung ein bestimmtes Verhalten herausfordern:* Sein Verhalten reizt mich.; Hunde sollte man nicht reizen, sonst beißen sie.; jemanden zum Widerspruch reizen ❹ ■ **jmd. reizt** *(fachspr.) (beim Skat) durch Nennen höherer Zahlen das Spiel in die Hand bekommen:* Wie hoch hat er gereizt?

rei·zend ['raɪtsn̩t] *adj* ❶ *(≈ nett) sehr freundlich:* eine reizende junge Frau; Das finde ich ja ganz reizend von Ihnen! ❷ *sehr hübsch:* ein reizendes kleines Haus; ein reizender kleiner Kurort in den Bergen ❸ *(iron.) auf unangenehme Weise überraschend:* Reizende Aussichten!; Eine reizende Bescherung!

Re·kla·me die [reˈklaːmə] <-, -n> *(umg.)* ❶ *(≈ Werbung) die Maßnahmen, mit denen ein Unternehmen bei möglichst vielen Menschen Interesse für ein Produkt oder eine Dienstleistung wecken will:* für ein Produkt Reklame machen; Das ist eine gute Reklame für unser Projekt. ◆ Auto-, Waschmittel-, Zigaretten- ❷ */kein Plur./ (umg.) die Dinge, wie z.B. Filme oder Prospekte, mit denen Werbung gemacht wird:* Der Briefkasten ist wieder voller Reklame.; die Reklame im Fernsehen lästig finden ◆ Fernseh-, Kino-, Zeitungs-

re·kon·s·tru·ie·ren [rekɔnstruˈiːrən] <rekonstruierst, rekonstruierte, hat rekonstruiert> *mit OBJ* ■ **jmd. rekonstruiert etwas** ❶ *etwas wieder so herstellen oder bauen, wie es in der Vergangenheit einmal war:* eine Siedlung aus der Steinzeit rekonstruieren; ein altes Schiff rekonstruieren ▶ Rekonstruktion ❷ *den Ablauf eines Geschehens in allen Einzelheiten nachvollziehen und darstellen:* den Tathergang/ das Unfallgeschehen rekonstruieren ▶ Rekonstruktion

Re·kord der [reˈkɔrt] <-(e)s, -e> ❶ SPORT *die beste Leistung, die in einer sportlichen Disziplin (bezogen auf einen Zeitraum, ein Land o.Ä.) erreicht wurde:* einen Rekord aufstellen/einstellen; Das dürfte ein neuer Rekord sein.; ein neuer Rekord im 100-Meter-Lauf ◆ -höhe, -weite, -zeit, Europa-, Welt- ❷ *(übertr.) ein sehr hohes Maß oder ein sehr hoher Wert, der selten erreicht wird:* Fünfzig Drogentote in drei Monaten stellen einen traurigen Rekord dar.; Die Temperaturen erreichen heute einen Rekord von 37 Grad Celsius.

re·la·tiv, re·la·tiv [relaˈtiːf/ˈrelatiːf] *adj / nicht steig./* ❶ *(≈ ziemlich) verhältnismäßig, vergleichsweise; einigermaßen:* relativ schönes Wetter/viel Geld/gute Ergebnisse; Das Ergebnis ist nicht perfekt, aber relativ gut ausgefallen.; Sie kann relativ gut tanzen ❷ *(geh.: ↔ absolut) von bestimmten Bedingungen abhängig:* eine relative Besserung ist eingetreten; die relative Mehrheit im Parlament

re·le·vant [releˈvant] *adj (geh.: ↔ irrelevant ≈ bedeutsam) bildungssprachlich für: bedeutsam/von Bedeutsamkeit bzw. in einem bestimmten Zusammenhang wichtig:* Diese Frage ist jetzt nicht relevant.; sich den wirklich relevanten Themen zuwenden ▶ Relevanz

Re·li·gi·on die [reliˈɡi̯oːn] <-, -en> ❶ *der Glaube an einen Gott oder an mehrere Götter, der sich auch darin zeigt, dass man diesen Gott/diese Götter durch bestimmte Handlungen verehrt und man eine bestimmte Lebensweise hat:* die buddhistische/christliche/jüdische/islamische Religion; Die Religion verbietet den Genuss von Alkohol.; Die Religion schreibt das tägliche Gebet vor.; einer Religion angehören ◆ Natur-, Staats-, Welt- ❷ */kein Plur./* SCHULE *Religion¹ als Schulfach:* eine gute Note in Religion haben

Ren·dez·vous, *a.* **Ren·dez·vous** das [rãdeˈvuː] <-, -> *(veralt.: ≈ Stelldichein) Verabredung (von Liebespaaren):* ein Rendezvous haben; sich zu einem Rendezvous verabreden

Ren·nen das <-s, -> *ein sportlicher Wettbewerb, bei dem es darum geht, eine bestimmte Strecke in möglichst kurzer Zeit zurückzulegen:* Das Rennen wird gestartet/geht über zweihundert Kilometer/ist entschieden.; Das Rennen ist sehr schnell/ kommt in die entscheidende Phase/erreicht jetzt das Finale.; Ein Fahrer bestimmt das Rennen/dominiert das Rennen/gewinnt das Rennen/verliert das Rennen um Haaresbreite/ entscheidet das Rennen für sich/lässt sich den Sieg in diesem Rennen nicht mehr nehmen/fährt das Rennen nach Hause.; ■ **das Rennen machen** *(umg.) gewinnen; bei etwas erfolgreich sein* Die zweite Bewerberin hat das Rennen gemacht.; ■ **gut im Rennen liegen** *(umg.) gute Aussichten auf Erfolg haben* Unsere Firma liegt noch gut im Rennen.; ■ **das Rennen ist gelaufen** *(umg.) alle Entscheidungen sind gefallen, es bleibt nichts mehr zu tun* Er hat seine Bewerbung zu spät abgeschickt. Das Rennen war längst gelaufen.; ■ **jemanden aus dem Rennen werfen** *(umg.) jmdn. aus einer*

Position verdrängen, in der er Aussicht auf einen Sieg oder Erfolg gehabt hätte Viele kleinere Firmen sind aus dem Rennen geworfen worden. ◆ Auto-, Bahn-, Cross-, Galopp-, Hunde- Motorrad-, Querfeldein-, Rad-, Straßen-, Trab-

ren·nen ['rɛnən] <rennst, rannte, ist/hat gerannt> **I.** *mit OBJ* ▪ **jmd. rennt etwas in etwas** *(haben) mit Gewalt in etwas hineinstoßen:* jemandem ein Messer in die Brust rennen **II.** *ohne OBJ (sein)* ❶ ▪ **jmd. rennt (irgendwohin)** *schnell laufen:* über die Straße/aus dem Zimmer rennen; um die Wette/um sein Leben/auf Zeit rennen; schnell/wie der Blitz rennen; im Zimmer hin und her rennen ❷ ▪ **jmd. rennt gegen etwas** *Akk. gegen etwas stoßen:* mit dem Kopf gegen die Wand rennen; aus Versehen gegen die Tür rennen ❸ ▪ **jmd. rennt (irgendwohin)** *(umg. abwert.) ständig irgendwohin gehen:* Musst du denn jede Woche ins Kino rennen?; Er rennt mit jedem Kummer gleich zu seiner Mutter!; ▪ **jemanden/etwas über den Haufen rennen** *(umg.) jmdn. oder etwas umrennen, z.B. weil man gerade in Gedanken ist oder es sehr eilig hat* Er hat mich einfach über den Haufen gerannt.; ▪ **ins Unglück/in sein Verderben rennen** *(umg.) sein Unglück durch unvernünftiges Handeln selbst verschulden* Wenn er nicht endlich mit dem Rauchen aufhört, rennt er noch in sein Unglück/Verderben.

re·no·vie·ren [reno'viːrən] <renovierst, renovierte, hat renoviert> *mit OBJ* ▪ **jmd. renoviert etwas** *ein Gebäude oder Gebäudeteile oder einzelne Zimmer durch Arbeiten wie Malen und Tapezieren neu gestalten:* die Fassade/ein altes Haus/ein Geschäft/eine Kirche/die Wohnung renovieren ▸ Renovierung

Ren·te die ['rɛntə] <-, -n> ❶ *der regelmäßig gezahlte Geldbetrag, den man bekommt, weil man einen bestimmten sozialen Status oder eine bestimmte Versicherung hat:* als Waise/Witwe eine Rente beantragen; nach einem Unfall eine Rente von der Versicherung erhalten ◆ Invaliden-, Waisen-, Witwen-, Zusatz- ❷ *der regelmäßig gezahlte Geldbetrag, den man bekommt, wenn man im Alter mit dem Arbeiten aufhört oder wenn man aus gesundheitlichen Gründen nicht mehr arbeiten kann, und auf den man einen Anspruch hat:* im Ruhestand Rente erhalten; die Rente beantragen; die Renten anpassen/erhöhen ◆ -nempfänger, -nerhöhung ❸ */kein Plur./ (umg.) Ruhestand:* in Rente gehen/sein ❹ BANKW. *Zinseinkünfte* ◆ -nmarkt, -npapiere

ren·tie·ren [rɛn'tiːrən] <rentiert, rentierte, hat rentiert> *mit SICH* ▪ **etwas rentiert sich** *(geh.) sich lohnen; Gewinn bringen:* Diese Arbeit/Geldanlage rentiert sich nicht, denn der Aufwand ist größer als der Gewinn.

Re·pa·ra·tur die [repara'tuːɐ̯] <-, -en> *der Vorgang, dass man einen kaputten Gegenstand so bearbeitet, dass er wieder ganz ist oder wieder funktioniert:* eine Reparatur durchführen; Manche Reparatur kommt teurer als eine Neuanschaffung.; das Auto zur Reparatur bringen ◆ -betrieb, Auto-, Fahrrad-

re·pa·rie·ren [repa'riːrən] <reparierst, repariert, hat repariert> *mit OBJ* ▪ **jmd. repariert etwas** *einen kaputten Gegenstand so bearbeiten, dass er wieder ganz ist oder wieder funktioniert:* das Fahrrad/die Waschmaschine/das Auto reparieren

Re·por·ter der, **Re·por·te·rin** [re'pɔrtɐ] <-s, -> *eine Person, die beruflich im Auftrag einer Zeitung oder eines Fernseh- oder Rundfunksenders berichtet:* als Reporter für das Fernsehen in Amerika arbeiten ◆ Sport-

re·prä·sen·tie·ren [rɛprɛzɛn'tiːrən] <repräsentierst, repräsentierte, hat repräsentiert> **I.** *mit OBJ* ▪ **jmd./etwas repräsentiert etwas** ❶ *typisch sein für etwas:* Diese Zahlen repräsentieren die Meinung der Mehrheit der Bevölkerung. ❷ *jmdn./etwas in der Öffentlichkeit vertreten:* Ein Diplomat repräsentiert sein Land.; Die gewählten Schülervertreter repräsentieren ihre Klassen. ❸ *darstellen:* Dieses Bild repräsentiert einen Wert von zehntausend Dollar. **II.** *ohne OBJ* ▪ **jmd. repräsentiert** *so auftreten, wie es sich für einen gewissen gesellschaftlichen Stand gehört:* Als Diplomat muss er gut repräsentieren können.

Re·pu·blik die [repu'bliːk] <-, -en> *(↔ Monarchie) eine Staatsform oder ein Staat mit einer demokratisch gewählten Regierung und einem auf begrenzte Zeit gewählten Präsidenten oder einer Präsidentin als Staatsoberhaupt; die Wähler/das Volk verstehen/versteht sich in der Republik als der eigentliche Inhaber der souveränen Macht:* die österreichische Republik; die Republik ausrufen ◆ Bundes-, Volks-

Re·ser·ve die [re'zɛrvə] <-, -n> ❶ *ein Vorrat, der für den Notfall aufbewahrt wird:* eine Reserve für den Winter haben; unsere

Reserven sind aufgebraucht; etwas in Reserve haben ◆ Energie-, Geld-, Kraft-, Rohstoff-, Wasser- ❷ MILIT. *die ehemaligen Armeemitglieder, die zu einem gegebenen Zeitpunkt nicht aktive Soldaten sind:* Leutnant der Reserve ◆ -offizier ❸ *sehr zurückhaltendes Verhalten;* ■ **jemanden aus der Reserve locken** *(umg.) jmdn. dazu bringen, dass er sich äußert* Vielleicht gelingt es mir ja heute, meinen Chef aus der Reserve zu locken.; ■ **die eiserne Reserve** *etwas, das man aufgehoben hat und das man nur im größten Notfall nimmt/ benutzt* Auf meinem Konto liegt eine eiserne Reserve.; ■ **stille Reserven** WIRTSCH. *in der Bilanz nicht aufgeführte Geldreserven*

re·ser·vie·ren [rezɛr'vi:rən] <reservierst, reservierte, hat reserviert> *mit OBJ* ■ **jmd. reserviert etwas (für jmdn.)** *freihalten lassen; etwas im Voraus bestellen (und später dafür bezahlen):* Plätze im Theater/einen Tisch im Lokal reservieren; Bitte reservieren Sie uns einen Tisch für vier Personen.; einen Sitzplatz im Zug reservieren lassen

re·ser·viert *adj so, dass sich jmd. sehr distanziert und zurückhaltend verhält:* sich sehr reserviert geben/verhalten; Nachdem die Meinungsverschiedenheit zwischen uns deutlich geworden war, zeigte sie sich mir gegenüber sehr reserviert.

re·si·g·nie·ren [rezɪg'ni:rən] <resignierst, resignierte, hat resigniert> *ohne OBJ* ■ **jmd. resigniert** *die Hoffnung aufgeben, entmutigt aufgeben; sich mit etwas abfinden:* Sie hat lange gegen ihr Schicksal angekämpft und schließlich doch resigniert.

Re·s·pekt der [re'spɛkt] <-(e)s, -> /kein Plur./ ❶ (≈ Achtung, Wertschätzung) *die Haltung, dass man eine Person und ihre berufliche und soziale Stellung für wichtig hält und dies in seinem Verhalten deutlich zeigt:* jemandem Respekt entgegenbringen/schuldig sein; die Eltern mit Respekt behandeln; großen Respekt vor einer/jemandes Leistung haben; ■ **bei allem Respekt** *(umg.) verwendet, um auszudrücken, dass man jmdn. zwar respektiert, aber dennoch Kritik an ihm üben will* Bei allem Respekt, aber dieser Fehler hätte dir nicht passieren dürfen. ◆ -sperson ❷ *(umg.) Angst:* Der Löwe hat ein Respekt einflößendes Gebiss.; Respekt vor einer Aufgabe haben ◆ Getrenntschreibung- oder Zusammenschreibung → R 4.16 Ihr Verhalten war Respekt einflößend/respekteinflößend.; eine äußerst/sehr respekteinflößende Persönlichkeit; eine großen Respekt einflößende Persönlichkeit

Rest der [rɛst] <-(e)s, -e> ❶ *etwas, das beim Verzehr, Verbrauch etc. übrig geblieben ist:* den Rest noch aufessen; Reste aus dem Topf kratzen; Den Rest können Sie behalten.; Die Reste der Mahlzeit bekommt der Hund. ◆ Speise-, Stoff- ❷ /kein Plur./ *etwas, das noch zu tun bleibt:* Den Rest machen wir morgen.; ■ **jemandem den Rest geben** *(umg.) jmdn. völlig zugrunde richten* Dass ihn seine Frau verlassen hat, hat ihm den Rest gegeben.; ■ **der Rest vom Schützenfest** *(umg.) das Übriggebliebene, der Rest[1] vom Ganzen* Wenn wir alle Kosten abziehen, bleiben nur 100 Euro übrig. Das ist der Rest vom Schützenfest.; ■ **der Rest ist Schweigen** *(umg.) (sagt man) wenn jmd. verstummt und nicht mehr weiter weiß oder nichts mehr sagen möchte* Das habe ich euch nun erzählt, und der Rest ist Schweigen. ◆ -finanzierung, -forderung, -summe, -zahlung

Re·s·tau·rant das [rɛsto'rã:] <-s, -s> (↔ *Café, Kneipe*) *eine Gaststätte, in der Speisen und Getränke serviert werden:* Sonntags gehen wir immer ins Restaurant.

re·s·tau·rie·ren [rɛstau'ri:rən] <restaurierst, restaurierte, hat restauriert> *mit OBJ* ■ **jmd. restauriert etwas** *etwas (durch einen Fachmann) wieder so herstellen, wie es früher bzw. im Original war:* ein Bild/ein Gemälde/ein Kirchenportal/ein altes Schloss restaurieren

Re·sul·tat das [rezʊl'ta:t] <-(e)s, -e> *(geh.) Ergebnis:* zu einem Resultat kommen; gute Resultate erzielen ◆ End-, Gesamt-

ret·ten ['rɛtn] <rettest, rettete, hat gerettet> I. *mit OBJ* ❶ ■ **jmd./etwas rettet jmdn./etwas** *aus einer Gefahr befreien und in Sicherheit bringen:* Menschen aus den Flammen retten; ein Kind vor dem Ertrinken retten; Er konnte nur sein nacktes Leben retten. ▶ erretten ❷ ■ **jmd. rettet etwas** *erhalten:* Die Ärzte konnten seinen Arm/sein Leben nicht mehr retten.; Das Gebäude ist nicht mehr zu retten, es muss abgerissen werden. ❸ ■ **jmd. rettet etwas** *einen Misserfolg verhindern:* den Abend/die Situation retten II. *mit SICH* ■ **jmd. rettet sich** *sich in Sicherheit bringen:* Einige Betroffene konnten sich mit Mühe retten.; Er konnte sich gerade noch ins Haus retten.; ■ **sich vor etwas nicht retten können** *(umg.) etwas im Überfluss haben* Sie konnte sich vor Angeboten nicht retten.; ■ **nicht mehr zu retten sein** *(umg. abwert.) unvernünftig oder verrückt sein* Bist du denn noch zu retten? So etwas würde ich nie tun!

Ret·tung die <-> /kein Plur./ ❶ *Befreiung aus der Gefahr, das Retten:* Die Rettung der Opfer nahm mehrere Stunden in Anspruch. ❷ *(umg.)* ÖSTERR. *Rettungsdienst, Krankenwagen;* ■ **jemand/etwas ist jemandes letzte Rettung** *die letzte Hoffnung sein* Du bist meine letzte Rettung! Kannst du mir mit dem Computer helfen? ▸ -shubschrauber, -swagen

Reue die ['rɔyə] <-> /kein Plur./ *das Gefühl des Bedauerns darüber, dass man etwas Böses oder Falsches getan hat:* (keine) Reue empfinden; Der Täter zeigte keinerlei Reue. ▸ reuelos, reuevoll

re·van·chie·ren [revã'ʃiːrən] <revanchierst, revanchierte, hat revanchiert> *mit SICH* ❶ ■ **jmd. revanchiert sich für etwas** *Akk. Rache üben:* Für diese Gemeinheit werde ich mich bei passender Gelegenheit revanchieren! ❷ ■ **jmd. revanchiert sich für etwas** *Akk.* **mit etwas** *Dat. jmdm. seinen Dank zeigen, indem man ihm das Gleiche oder etwas Ähnliches gibt/schenkt:* Ich revanchiere mich gelegentlich für deine Hilfe (mit einer Einladung zum Essen). ❸ ■ **jmd. revanchiert sich für etwas** *Akk.* **mit etwas** *Dat.* SPORT *eine frühere Niederlage durch einen Sieg ausgleichen:* sich für ein verlorenes Spiel beim Rückspiel mit einem Sieg revanchieren ▸ Revanche

Re·vo·lu·ti·on die [revolu'tsi̯oːn] <-, -en> ❶ POL. *auf die Ablösung/den Sturz der in einem Staat bestehenden politischen und gesellschaftlichen Verhältnisse gerichtete Aktivität mit dem Ziel, eine neue Regierung und Gesellschaftsordnung einzuführen/zu errichten:* die einzigartige friedliche Revolution zur Wendezeit in der ehemaligen DDR; die gewaltsame Französische Revolution ▸ -sführer, -sjahr, Gegen-, Konter-, Volks-, Welt- ❷ *(übertr.) die grundlegende Erneuerung von etwas:* Diese Entdeckung war eine Revolution in der Medizin.

Re·vol·ver der [re'vɔlvɐ] <-s, -> *eine Pistole:* den Revolver ziehen; mit einem Revolver schießen ▸ -held, -kugel, -schuss, Trommel-

Re·zept das [re'tsɛpt] <-(e)s, -e> ❶ MED. *ein Schein bzw. ein offizielles Blatt Papier, auf dem von einem Arzt Medikamente verschrieben werden:* ein Rezept ausschreiben/bekommen; Dieses Rezept gibt es nur auf Rezept.; in der Apotheke ein Rezept vorlegen ▸ rezeptieren ▸ -block ❷ *(kurz für „Kochrezept") Anleitung zum Kochen oder Backen:* ein Buch mit Rezepten zum Backen/Kochen; ein altes/asiatisches/italienisches Rezept ausprobieren ▸ -buch, Back-, Koch- ❸ *(übertr.) Lösungsmöglichkeit für ein Problem:* Dafür habe ich auch kein Rezept.; nach Rezepten für die Bekämpfung der Arbeitslosigkeit suchen ▸ Patent-

Re·zep·ti·on die [retsɛp'tsi̯oːn] <-, -en> ❶ *Empfangstheke am Eingang eines Hotels:* die Schlüssel an der Rezeption abgeben ❷ *(geh.) die geistige Aufnahme und Verarbeitung von etwas:* die Rezeption eines Kunstwerkes/der Werke Goethes ▸ rezipieren

re·zept·frei adj (↔ rezeptpflichtig) *so, dass man ein Rezept vom Arzt benötigt, um ein bestimmtes Medikament zu bekommen:* rezeptpflichtige Tabletten nehmen müssen

Rhyth·mus der ['rʏtmʊs] <-, Rhythmen> ❶ MUS. *Takt; die Art und Weise, wie die einzelnen Noten und Takte in einem Musikstück gegliedert sind:* ein schneller Rhythmus ▸ Sprech-, Tanz- ❷ *regelmäßiger Wechsel:* der Rhythmus von Tag und Nacht; seinen eigenen Rhythmus haben ▸ Arbeits-, Bio-, Schlaf-, Tages-

Ri·bi·sel die ['riːbiːzl̩] <-, -n> ÖSTERR. *Johannisbeere:* rote/schwarze Ribisel

rich·ten ['rɪçtn̩] <richtest, richtet, hat gerichtet> **I.** *mit OBJ* ■ **jmd. richtet etwas** (**auf etwas** *Akk.*) ❶ *einem Gegenstand eine solche Stellung geben, dass er in eine bestimmte Richtung zeigt:* die Pistole auf jemanden richten; das Fernrohr auf den Mond richten; die Aufmerksamkeit auf etwas/jemanden richten (≈ sich auf etwas oder jmdn. konzentrieren); den Blick in die Ferne richten (≈ in die Ferne blicken) ❷ *(umg.)* SÜDDT., ÖSTERR., SCHWEIZ. *in Ordnung bringen:* Ich muss am Wochenende das Fahrrad richten.; alles für das Mittagessen richten; seine Kleidung (wieder) richten; Du wirst das schon richten! ❸ ■ **jmd. richtet jmdn.** *(veralt.) ein Urteil vollstrecken:* einen zum Tode Verurteilten richten ▸ Gericht, Recht, Richter **II.** *ohne OBJ* ■ **jmd. richtet über jmdn./etwas** *(geh.) urteilen:* Du kannst nicht über ihn richten. **III.** *mit SICH* ❶ ■ **jmd. richtet sich an jmdn./etwas** *sich (fragend oder bittend) wenden:* sich an die Behörden richten; sich mit einer Anfrage an den zuständigen Minister richten ❷ ■ **jmd./etwas richtet sich gegen jmdn./etwas** *auf jmdn./et-*

was zielen: Seine Anspielungen richten sich gegen mich. ❸ ▪ **jmd. richtet sich nach jmdm./etwas** *sich auf jmdn. oder etwas einstellen; etwas so machen, wie es ein anderer wünscht bzw. wie es verlangt wird:* Ich richte mich ganz nach dir.; sich nach der Uhr/den Vorschriften richten; Richte dich in Zukunft danach! ❹ MILIT. *sich in Reihe und Glied aufstellen:* Richtet euch!; ▪ **jemanden zugrunde richten** *jmdn. in seiner Existenz vernichten* Der Konkurrenzkampf hat seine Firma zugrunde gerichtet.

Rich·ter der, **Rich·te·rin** ['rɪçtɐ] <-s, -> ❶ RECHTSW. *jmd., der vom Staat beauftragt ist, Recht zu sprechen:* Der Richter fällt das Urteil/vertagt die Verhandlung. ◆ Verfassungs- ❷ *(geh. übertr.) jmd., der über etwas urteilt:* sich zum Richter über etwas/ jemanden machen

rich·tig ['rɪçtɪç] I. *adj* ❶ /nicht steig./ (↔ *falsch*) *ohne Fehler oder den Regeln entsprechend:* Die Rechenaufgabe hat nur eine richtige Lösung.; Du hast richtig geantwortet.; die richtige Lösung eines Rätsels; ein Wort richtig aussprechen/schreiben/trennen/verwenden ❷ /nicht steig./ (↔ *falsch*) *den Tatsachen entsprechend:* eine richtige Aussage machen; Es ist nicht richtig, was du sagst.; einen Irrtum richtigstellen; Meine Uhr geht nicht richtig. ❸ *moralisch gut:* Du hast dir nichts vorzuwerfen, denn dein Verhalten war richtig.; Du hättest dich richtiger verhalten, wenn ... ❹ (↔ *falsch*) *einem bestimmten Zweck oder Ziel dienlich:* Ich denke, ihr habt richtig entschieden.; etwas richtig machen; das Richtige tun ❺ *echt; wirklich:* aus richtigem Gold bestehen; noch ein richtiges Kind sein; mit richtigem Geld bezahlen; Er ist ein richtiger Fachmann auf seinem Gebiet.; Du bist ein richtiger Dummkopf! II. *adv tatsächlich; wahrhaft; sehr:* jemandem richtig böse sein; Jetzt bin ich aber richtig froh!; Sie waren richtig nett zu mir.; ▪ **mit jemandem/einer Sache ist nicht alles richtig** *(umg.) es geht nicht mit rechten Dingen zu; es ist etwas Unheimliches im Spiel* Mit seinem plötzlichen Reichtum ist nicht alles richtig.; ▪ **Bei ihm ist es (im Oberstübchen) nicht ganz richtig.** *(umg. abwert.) Er ist nicht richtig bei Verstand.;* ▪ **Du bist mir der Richtige!** *(iron.) Du bist der, dem wir das am wenigsten zutrauen!* Du willst mir etwas über gesunde Ernährung erzählen? Du bist mir der Richtige! ◆ Großschreibung → R 3.7 Das ist nicht das Richtige für Kin-

der.; ◆ Getrennt-oder Zusammenschreibung → R 4.16 eine richtig gehende/richtiggehende Uhr; den Zeiger richtig stellen/ richtigstellen

rich·tig·lie·gen <liegst richtig, lag richtig, hat richtiggelegen> *ohne OBJ* ▪ **jemand liegt (mit etwas) richtig** *(umg.) etwas zutreffend beurteilen; das in der Situation Richtige tun:* Mit dieser Meinung liegst du genau richtig.

rich·tig·stel·len <stellst richtig, stellte richtig, hat richtiggestellt> *mit OBJ* ▪ **jemand stellt etwas richtig** *einen Sachverhalt berichtigen:* Ich möchte gern diese Behauptung richtigstellen.

Rich·tung die ['rɪçtʊŋ] <-, -en> ❶ *das Ziel, auf das man sich zubewegt oder auf das etwas gerichtet ist:* Es geht immer Richtung Norden.; Der Kompass zeigt die Richtung an.; Wir fuhren Richtung Hamburg.; eine andere Richtung einschlagen; einem Gespräch eine andere Richtung geben ◆ Fahrt-, Gegen-, Ziel- ❷ (≈ *geistige Strömung) eine bestimmte (von mehreren Personen vertretene) Ansicht in Kunst, Politik oder Wissenschaft:* Der Impressionismus ist eine Richtung der modernen Kunst.; Welcher Richtung schließt ihr euch an? ◆ Kunst-, Mode-, Stil- ❸ *(umg.) Art; Charakter:* Ich bevorzuge Parfüms der süßlichen Richtung.; Ich interessiere mich für Sciencefiction. Ich hätte gern ein Buch in dieser Richtung.

rieb [riːp] *Prät. von* **reiben**

rie·chen ['riːçn̩] <riechst, roch, hat gerochen> I. *mit OBJ/ohne OBJ* ▪ **jmd. riecht etwas/an etwas** *Dat. mit der Nase einen Geruch aufnehmen:* den Duft der Blüten riechen; Riechst du etwas?; Ich habe Schnupfen, ich rieche nichts.; an einer Blüte riechen II. *ohne OBJ* ▪ **jmd./etwas riecht** ❶ *einen bestimmten Geruch abgeben/ausstrahlen:* angenehm/nach Schweiß/süßlich/streng/würzig/muffig/ stark riechen ❷ ▪ **etwas riecht nach etwas** *Dat. (umg. übertr.) vermuten lassen:* Das riecht nach Verrat! III. *mit ES* ▪ **es riecht nach etwas** *Dat. der Geruch erinnert an irgendetwas:* es riecht nach Fisch/ Gas/Holz/Käse/Verbranntem; ▪ **etwas/ jemanden nicht riechen können** *(umg. abwert.) etwas oder jmdn. heftig ablehnen* Ich kann diese Frau einfach nicht riechen!; ▪ **Das kann ich doch nicht riechen!** *(umg.) das kann ich doch nicht wissen* Das kann ich doch nicht riechen, dass du gerne ins Kino möchtest. Du musst schon sagen, was du willst.; ▪ **Lunte riechen**

(umg.) Verdacht schöpfen; **den Braten riechen** *(umg.) die Absicht ahnen oder bemerken* ▸ Geruch

rief [riːf] *Prät. von* **rufen**

Rie·se *der,* **Rie·sin** ['riːzə] <-n, -n> ❶ *(↔ Zwerg) eine Märchen- und Sagenfigur, die sehr viel größer als ein Mensch ist:* Zwerge und Riesen gibt es nur im Märchen. ❷ *(umg.) etwas, das im Verhältnis zu vergleichbaren Objekten sehr groß ist:* ein Riese von einem Mann/Baum/Berg; ein Riese in der Möbelbranche sein; unter den Mathematikern ein Riese

-rie·se [riːzə] *als Zweitglied zusammengesetzter Substantive, mit Betonung auf dem Erstglied; drückt aus, dass das mit dem Erstglied Bezeichnete (eine Firma/ein Unternehmen/ein Konzern) von erheblicher Größe ist und über sehr viel Macht/Einfluss im jeweiligen Bereich verfügt:* Dem Medienriesen steht eine Änderung in der Chefetage bevor. ◆Automobil-, Bau-, Industrie-, Medien-, Rüstungs-

rie·seln ['riːzl̩n] <rieselst, rieselte, ist gerieselt> *ohne OBJ* **etwas rieselt** ❶ *langsam in kleinen Mengen irgendwohin fließen:* Dort rieselt ein kleines Bächlein. ❷ *langsam nach unten fallen:* Leise rieselt der Schnee.; Der Putz rieselt von den Wänden. ▸ Rieselwasser, Rieselung

Rie·sen- [riːzn̩] *als Erstglied zusammengesetzter Substantive, mit Betonung auf dem Erstglied;* ❶ *drückt aus, dass das mit dem Zweitglied Bezeichnete von besonderer Größe ist:* Die Riesenwelle auf dem Meer traf einen Kreuzfahrtliner. ◆-adler, -ameise, -baby, -echse, -ratte, -schlange, -slalom, -welle, -zellen ❷ *drückt intensivierend mit Betonung auf Erst- und Zweitglied aus, dass das mit dem Zweitglied Bezeichnete besonders stark/groß/heftig ist:* „Dies ist ein kleiner Schritt für einen Menschen, aber ein Riesenschritt für die Menschheit" (deutschsprachige Übersetzung der berühmten Äußerung von Neil Armstrong, als er am 21. Juli 1969 als erster Mensch die Mondoberfläche betrat) ◆-anstrengung, -appetit, -arbeit, -auswahl, -defizit, -ding, -dummheit, -durst, -eisberg, -enttäuschung, -erfolg, -fortschritt, -freude, -hunger, -ohren, -portion, -poster, -schreck, -schritt, -skandal, -spaß, -überraschung, -wut

rie·sen- [riːzn̩] *als Erstglied einiger zusammengesetzter Adjektive, mit Betonung auf Erst- und Zweitglied; drückt intensivierend aus, dass die mit dem Zweitglied bezeichnete Eigenschaft besonders ausgeprägt ist/erscheint:* Die Mückenstiche waren riesengroß! ◆-groß, -stark

riet [riːt] *Prät. von* **raten**

Rind das [rɪnt] <-(e)s, -er> ❶ *ein großes Tier mit rotbraunem oder schwarzweißem Fell und Hörnern, das Gras frisst und das man wegen seiner Milch und seines Fleisches als Nutztier hält:* Rinder halten ❷ KOCH. *kurz für „Rindfleisch":* Am Wochenende essen wir Rind.

Ring *der* [rɪŋ] <-(e)s, -e> ❶ *ein kreisförmiger, mehr oder weniger dicker Gegenstand aus einem Edelmetall, den man als Schmuck am Finger trägt:* an jedem Finger einen Ring tragen; Er steckte seiner Braut einen Ring an den Finger.; ein goldener Ring mit einem Rubin ◆Ehe-, Gold-, Silber-, Trau-, Verlobungs- ❷ *ein kreisförmiges Gebilde:* Gardinen mit Ringen an eine Stange hängen; dunkle Ringe um die Augen haben ◆Gummi-, Holz-, Ohr-, Servietten- ❸ *eine kreisförmig angelegte Mauer oder Straße:* Die alte Stadtmauer bildet einen Ring um die ganze Stadt. ❹ SPORT *die rechteckige Fläche, auf der die Boxkämpfe ausgetragen werden:* in den Ring steigen; nach zehn Runden im Ring gezeichnet sein ❺ *eine Gruppe von Menschen, die gemeinsam kriminelle Handlungen begehen:* Die Polizei konnte einen Ring von Drogendealern/ Menschenhändlern/ Schmugglern zerschlagen. ◆Rauschgift-, Spionage-, Verbrecher- ❻ LANDSCH. *Marktplatz:* Die Häuser am Ring wurden renoviert.

rin·gen ['rɪŋən] <ringst, rang, hat gerungen> *ohne OBJ* ❶ **jmd. ringt (mit jmdm.)** *kämpfen und versuchen, den Gegner zu Boden zu drücken:* mit jemandem ringen; um den Weltmeistertitel ringen; Die Jungen ringen zum Spaß miteinander. ❷ **jmd. ringt (um etwas** *Akk.***/nach etwas** *Dat.***)** *(geh.) sich sehr anstrengen, um etwas zu erlangen:* um Anerkennung ringen; nach Atem/Luft ringen; nach Worten ringen ❸ **jmd. ringt mit sich** *(geh.) sich innerlich mit etwas auseinandersetzen; innerlich mit sich kämpfen, weil man hin- und hergerissen ist:* Er rang mit sich. Aber es gelang ihm nicht, ihr zu verzeihen.; **mit dem Tod(e) ringen** *(geh.) im Sterben liegen* Das Kind ringt mit dem Tode.

Ri·si·ko *das* ['riːziko] <-s, Risiken> *(≈ Gefahr, Wagnis) der Umstand, dass etwas gefährliche oder schädliche Folgen haben kann:* Das Risiko, alles zu verlieren, ist mir zu hoch/groß.; alle Risiken bedenken wollen; **ein Risiko eingehen** *sich auf ein*

Wagnis/eine mögliche Gefahr einlassen Ich möchte kein Risiko eingehen.; ■ **etwas auf eigenes Risiko tun** *selbst die Verantwortung für die Folgen von etwas übernehmen* Du kannst gerne mit diesem Motorrad fahren, aber auf eigenes Risiko!

Ri·si·ko- ['riːziko] *als Erstglied zusammengesetzter Substantive, mit Betonung auf dem Erstglied; drückt aus, dass im Hinblick auf das mit dem Erstglied Bezeichnete eine Gefahr/die Möglichkeit einer Gefährdung besteht bzw. eine problematische/gefährliche Situation entstehen/eintreten könnte:* Diese Aktie ist ein Risikopapier; Die Patientin hatte bereits eine Herzinsuffizienz und einen starken Leberschaden, weshalb sie als Risikopatientin eingeschätzt wird. ◆ -geburt, -gruppe, -operation, -papier, -patient(in), -schwangerschaft

ris·kie·ren [rɪsˈkiːrən] *mit OBJ* ■ **jmd. riskiert etwas** ❶ *etwas tun, obwohl es mögliche negative Folgen haben könnte:* Das riskiere ich!; einen Unfall riskieren; Du riskierst, dass dir gekündigt wird! ❷ *etwas durch sein Handeln so in Gefahr bringen, dass man es verlieren könnte:* sein Leben/seine Gesundheit riskieren; Du riskierst deine Stelle.; ■ **Kopf und Kragen riskieren** *(umg.) das eigene Leben/die eigene Position riskieren* Wenn du das deinem Chef erzählst, riskierst du Kopf und Kragen.; ■ **einen Blick riskieren** *(umg.) sich etwas Interessantes kurz ansehen* Falls Sie sich für moderne Kunst interessieren, lohnt es sich, einen Blick in unsere Zeitschrift zu riskieren.

roch [rɔx] *Prät. von* **riechen**

rö·cheln [ˈrϱçln̩] <röchelst, röchelte, hat gerőchelt> *ohne OBJ* ■ **jmd. röchelt** *schwer und mit rasselndem Geräusch atmen:* der röchelnde Atem eines Sterbenden/total Erschöpften

Rock¹ der [rɔk] <-(e)s, Röcke> ❶ *ein Kleidungsstück für Frauen und Mädchen, das von der Taille ab nach unten hängt:* ein kurzer/langer/weiter Rock; ein Rock mit Schlitz/aus einem Wollstoff ◆ Falten-, Maxi-, Mini- ❷ *(veralt.)* LANDSCH. *Jacke eines Mannes:* der Rock eines Soldaten ◆ -ärmel, -kragen, -tasche, Soldaten-, Uniform-

Rock² der [rɔk] <-(s)> */kein Plur./ kurz für „Rockmusik":* Ich höre bevorzugt Rock und Jazz.; Mick Jagger und Keith Richards als Ikonen des Rock ◆ -band, -festival, -gruppe -konzert, -musik, -star, Art-, Country-, Deutsch-, Hard-, Jazz-, Prog-, Punk-

ro·deln [ˈroːdl̩n] <rodelst, rodelte, hat/ist gerodelt> *ohne OBJ* ■ **jmd. rodelt** *Schlitten fahren:* im Winter gerne rodeln; Gestern haben wir den ganzen Tag gerodelt.; Sie ist von diesem Berg ins Tal gerodelt. ▶ Rodelschlitten, Rodelsport

ro·den [ˈroːdn̩] <rodest, rodete, hat gerodet> *mit OBJ* ■ **jmd. rodet etwas** *in einem Wald Bäume fällen, damit man die Fläche nutzen kann, um z.B. Felder anzulegen:* Bäume/ein Waldstück roden

roh [roː] *adj* ❶ *(≈ gar) nicht gekocht; nicht gebraten:* rohes Gemüse essen; rohes Fleisch; ein rohes Ei ❷ *unbearbeitet:* rohes Holz; rohe Diamanten; ein roher Entwurf; rohe Schätzungen ❸ *(abwert.: ≈ grob, brutal) brutal und gefühllos:* ein roher Mensch; Sei doch nicht so roh! ◆ **Großschreibung** → R 3.7 Mein Vortrag ist im Rohen fertig.; Die Holzfigur ist aus dem Rohen gearbeitet.

Rohr das [roːɐ̯] <-(e)s, -e> ❶ TECHN. *ein langer Gegenstand, der eine runde Form hat, hohl ist und mit dem Flüssigkeiten oder Gase transportiert werden können:* Rohre für Abwasser/Gas/Wasser verlegen ◆ -bruch, Abwasser-, Gas-, Heizungs-, Leitungs-, Wasser- ❷ *das Rohr¹, aus dem bei Feuerwaffen die Kugel austritt:* das Rohr einer Kanone; aus allen Rohren feuern ❸ */kein Plur./* BOT. *eine Pflanze mit langen, rohrförmigen Stängeln, die besonders am Ufer von Gewässern wächst:* Das Ufer ist dicht mit Rohr bewachsen.; Rohr ernten/flechten/verarbeiten; Möbel/Stühle aus Rohr ◆ -geflecht, -stock ❹ SÜDDT., ÖSTERR. *Ofen zum Backen oder Braten:* den Kuchen im Rohr backen; ■ **volles Rohr** *(umg.) mit aller Kraft* volles Rohr fahren/schießen/schreien; ■ **jemand ist wie ein schwankendes Rohr im Wind** *(umg.) jmd. ist unsicher in seinen Entschlüssen* Ich glaube nicht, dass er mitfahren wird. Er ist doch wie ein schwankendes Rohr im Wind.

Roh·stoff der <-(e)s, -e> *ein aus der Natur gewonnener Stoff, der zur Verarbeitung (in der Industrie) bestimmt ist:* Erdöl ist der Rohstoff für viele Kunststoffe.; Rohstoffe auf dem Weltmarkt kaufen/liefern/verarbeiten; ein an Rohstoffen armes/reiches Land ◆ -bedarf, -lieferant, -mangel, -preis -quelle, -verknappung, -versorgung

Rol·le die [ˈrɔlə] <-, -n> ❶ TECHN. *ein zylindrischer Gegenstand, der sich um die eigene Achse bewegen kann:* das Seil läuft über eine Rolle; eine Rolle zum Glätten der Oberfläche; auf Rollen gelagert/fahrbar sein ❷ *etwas, das zusammengewickelt ist und die Form einer Rolle¹ hat:* eine Rolle

Toilettenpapier; eine Rolle Pfefferminzbonbons ♦ Papier-, Schrift-, Tapeten- ❸ SPORT (≈ Überschlag) eine Bewegung, bei der der Körper um die eigene Querachse gedreht wird: eine Rolle rückwärts/vorwärts machen ❹ THEAT. eine Figur in einem Film oder Theaterstück, die von einem Schauspieler verkörpert wird: die Rolle des König Lear spielen; In der Rolle des König Lear sehen Sie ... ♦ -nbesetzung, -ntext, Parade- ❺ die Art und Weise, wie jmd. oder etwas die in der Gesellschaft bestehenden Erwartungen erfüllt: die Rolle des Trainers bei der Entwicklung eines Athleten; die Rolle der Frau in der modernen Gesellschaft; Welche Rolle spielst du dabei?; ■ **bei etwas eine Rolle spielen** bei etwas mitwirken oder beteiligt sein; wichtig sein Das Geld spielt eine große Rolle bei dem Projekt.; Das spielt keine Rolle.; ■ **seine Rolle ausgespielt haben** seine Stellung oder sein Ansehen verlieren Der Politiker hat seine Rolle ausgespielt.; ■ **aus der Rolle fallen** sich unpassend benehmen Warum musstest du bei der Party so aus der Rolle fallen?; ■ **sich in die Rolle eines anderen versetzen** sich in die Lage eines anderen hineindenken

rol·len ['rɔlən] <rollst, rollte, hat/ist gerollt> **I.** mit OBJ ❶ **jmd. rollt etwas irgendwohin** (haben) bewirken, dass etwas sich ständig um sich selbst dreht und sich dabei fortbewegt: Er rollte das Fass durch die Tür.; den Ball über den Hof rollen ❷ **jmd. rollt etwas irgendwohin** (haben) jmd. bewegt etwas auf Rädern: den Rollstuhl durch den Gang rollen ❸ **jmd. rollt etwas in etwas** Akk. jmd. wickelt etwas ein: Ich habe das Plakat in Zeitungspapier gerollt.; Er hat sich in seine Decke gerollt. ▸ einrollen **II.** ohne OBJ ■ **etwas rollt (irgendwohin)** ❶ (sein) etwas bewegt sich, indem es sich ständig um sich selbst dreht: Der Ball rollte über die Straße.; Tränen rollten über ihre Wangen. ❷ (sein) etwas bewegt sich auf Rädern: Der Zug rollt schon. **III.** mit SICH ■ **jmd./ein Tier rollt sich** (haben) sich wälzen: Der Hund rollte sich im Dreck.

Roll·stuhl der <-(e)s, Rollstühle> ein Stuhl mit Rädern oder Rollen für Kranke und Behinderte, die nicht laufen können: auf den Rollstuhl angewiesen sein; im Rollstuhl sitzen ♦ -fahrer, -fahrerin

Roll·trep·pe die <-, -n> eine Art Treppe, die sich automatisch bewegt und Menschen zwischen den Stockwerken eines Gebäudes transportiert: die Rolltreppe benutzen/nehmen; im Kaufhaus mit der Rolltreppe fahren

Ro·man der [ro'maːn] <-s, -e> ❶ LIT. relativ langer literarischer Text der erzählenden Dichtung (Prosatext): einen Roman schreiben; ein historischer/psychologischer/utopischer Roman; einen spannenden Roman lesen/nicht aus der Hand legen können/verschlingen ♦ -autor(in), -gestalt, -handlung, -held(in), -leser(in), -titel, Bildungs-, Brief-, Kriminal-, Liebes- ❷ (umg. übertr. abwert.) eine zu ausführliche Erzählung oder Abhandlung: Ihr solltet die Fragen kurz beantworten und keine Romane schreiben.; Sie erzählt ja immer ganze Romane am Telefon!

ro·man·tisch [ro'mantɪʃ] adj ❶ voller Gefühl oder das Gefühl ansprechend: ein romantischer Typ sein; romantische Stunden miteinander verbringen; eine romantische Stimmung; ein romantisches Tal in den Bergen ❷ KUNST, LIT., MUS. die Epoche der Romantik betreffend, aus ihr stammend: ein romantisches Bild/Gedicht; ein romantischer Künstler ❸ (abwert.) ≈ schwärmerisch) wirklichkeitsfern: romantische Vorstellungen (von etwas) haben

rönt·gen ['rœntgn̩] <röntgst, röntgte, hat geröntgt> mit OBJ MED., TECHN. mit Röntgenstrahlen durchleuchten: ein gebrochenes Bein/eine Schweißnaht röntgen

ro·sa ['roːza] adj /nicht steig./ /unveränderlich/ von der Farbe, die aus der Mischung von Rot und Weiß entsteht: eine rosa Bluse; ein Strauß mit rosa Rosen; ■ **jemanden/etwas durch die/eine rosa Brille sehen** an jmdm./etwas nur das Gute sehen und dabei die negativen Seiten verdrängen Sie sieht ihren Mann durch die rosa Brille.

Ro·se die ['roːzə] <-, -n> ❶ eine Blumenart mit Stacheln und großen, angenehm riechenden Blüten: Rosen pflanzen ❷ eine Blüte der Rose¹: ein Strauß mit Rosen; rote Rosen verschenken; ■ **auf Rosen gebettet sein** in sicheren und bequemen Verhältnissen ohne Sorgen leben Seit sie geheiratet hat, ist sie auf Rosen gebettet.

Ro·si·ne die [ro'ziːnə] <-, -n> eine getrocknete Weintraube: ein Kuchen mit Rosinen; ■ **sich die Rosinen aus dem Kuchen heraus picken** (umg.) sich immer nur das Beste aus allem heraussuchen Sie ist sehr wählerisch, was ihre Arbeit angeht. Sie pickt sich immer nur die Rosinen aus dem Kuchen heraus.; ■ **Rosinen im Kopf haben** (umg. abwert.) unrealistische große Pläne haben Wie soll denn das klappen?

Du hast ja Rosinen im Kopf!

ros·ten ['rɔstn̩] <rostest, rostete, ist/hat gerostet> *ohne OBJ* ❶ **etwas rostet** *eine rötlich-braune Schicht auf altem Eisen entwickeln:* das Auto/die Schaufel/ das Eisengitter rostet ❷ **jmd. rostet** *(scherzh.) jmd. wird träge und faul, weil er sich nicht bewegt:* Ich muss dringend Sport treiben, denn ich roste schon!; ■ **Wer rastet, der rostet.** *(Sprichwort) Wer sich ausruht, wird leicht träge.*

rös·ten ['rœstn̩] *mit OBJ* ■ **jmd. röstet etwas** *etwas ohne Fett braten: Fleisch/Kartoffeln/Kastanien über dem Feuer rösten;* geröstete Kastanien; gerösteter Kaffee

Rot das <-s, -> ❶ *die Farbe des Blutes:* bei Rot über die Ampel fahren; Die Ampel steht auf/zeigt Rot.; das leuchtende Rot der Mohnblumen; ein kräftiges/leuchtendes/sattes/tiefes Rot ❷ *eine Farbe beim Kartenspiel:* Rot ausspielen

rot [ro:t] <röter, am rötesten> *adj* ❶ *von der Farbe Rot:* rot werden; Fehler rot anstreichen; ein rot kariertes Hemd ◆blut-, fuchs-, kupfer-, wein- ❷ *(umg.) politisch den Sozialdemokraten, Sozialisten oder Kommunisten zugeordnet:* das rote China; Er hat ziemlich rote Ansichten.; eine Koalition zwischen Roten/Rot und Grünen/ Grün; ■ **rot werden** *im Gesicht eine rote Farbe bekommen* vor Scham rot werden; ■ **die Roten** *(umg. abwert.)* die Kommunisten; ■ **die Rote Armee** GESCH. *die Armee der ehemaligen UdSSR;* ■ **das Rote Kreuz** *eine große Hilfsorganisation für humanitäre und medizinische Hilfe;* ■ **der rote Faden** *(umg.) der gedankliche Zusammenhang* In diesem Aufsatz fehlt der rote Faden.; den roten Faden verlieren; ■ **der rote Hahn** *(umg.) Feuer; Brand;* ■ **der Rote Planet** *der Mars* ◆Großschreibung → R 3.17 das Rote Kreuz; die Rote Armee; das Rote Meer; Rote Be(e)te; ◆Getrennt-oder Zusammenschreibung → R 4.16 das rot glühende/rotglühende Sonne; rot geweinte/rotgeweinte Augen haben; rot gestreifter/rotgestreifter Stoff

Rou·ti·ne die [ru...] <-> */kein Plur./* ❶ *die Geschicklichkeit, die jmd. durch lange Übung erworben hat:* Routine in etwas haben; Ihm fehlt noch etwas Routine bei der Arbeit. ❷ *etwas, das durch längere Anwendung zur Gewohnheit geworden ist:* zur Routine werden; tägliche Routine ❸ *etwas, das nur noch mechanisch ausgeführt wird/zur Gewohnheit geworden ist, aber nichts Außergewöhnliches mehr darstellt:* Das monatliche Treffen ist zur Routine er-

starrt. Wir müssen uns etwas Neues einfallen lassen. ◆-angelegenheit, -besprechung, -besuch, -fahndung, -frage, -kontrolle, -maßnahme, -sitzung, -überprüfung, -untersuchung, -vorgang

Row·dy der ['raudi] <-s, -s> *(abwert.) gewalttätige (jugendliche) Person:* Die Veranstaltung wurde von randalierenden Rowdys gestört. ▶ rowdyhaft, Rowdytum

rück·bli·ckend *adj /nicht steig./ im Blick auf die Vergangenheit; die Vergangenheit betreffend:* Rückblickend kann man das Folgende sagen ...

Rü·cken der ['rʏkn̩] <-s, -> ❶ *der hintere Teil des Oberkörpers beim Menschen:* sich mit dem Rücken an die Wand lehnen; Schmerzen im Rücken haben; mit dem Rücken zur Tür sitzen ◆-gymnastik, -muskulatur, -stütze ❷ *der obere Teil des Rumpfes bei Tieren:* auf dem Rücken eines Pferdes/ Kamels sitzen; auf dem Rücken der Pferde ❸ *die gegenüber der Schneide liegende Kante der Messerklinge:* das Messer mit dem Rücken nach rechts neben den Teller legen ❹ *der Teil des Bucheinbandes, der die Bindung umschließt:* Auf dem Rücken des Buches stehen Titel und Autor. ◆Buch-, Leder- ❺ ■ **mit dem Rücken zur Wand stehen** *sich wehren müssen, da man in einer schwierigen Lage ist* Sie ist völlig verzweifelt und steht mit dem Rücken zur Wand.; ■ **jemandem den Rücken zukehren** *nichts mit jmdm. zu tun haben wollen* Er hat mir bei der Feier einfach den Rücken zugekehrt.; ■ **jemandem den Rücken freihalten/stärken** *jmdn. bei etwas unterstützen* Was du auch immer planst, wir halten dir den Rücken frei.; ■ **jemandem in den Rücken fallen** *sich plötzlich gegen jmdn. stellen, mit dem man bisher verbunden war; jmdm. nicht helfen* Ich bin sehr enttäuscht darüber, dass er mir plötzlich in den Rücken gefallen ist. Erst waren wir so gute Freunde, und dann erzählt er solche Lügen über mich.; ■ **etwas/jemanden im Rücken haben** *auf die Unterstützung von jemandem/etwas vertrauen können* Er hat seine Eltern im Rücken, die ihm das Studium finanzieren.; ■ **etwas hinter jemandes Rücken tun** *etwas heimlich tun* Die Kollegen haben hinter ihrem Rücken über sie geredet.; ■ **jemandem läuft es eiskalt den Rücken hinunter** *(umg.) jmd. erschrickt oder fürchtet sich sehr* Mir läuft es eiskalt den Rücken herunter, wenn ich nur daran denke.

rü·cken ['rʏkn̩] <rückst, rückte, hat/ist ge-

rückt> I. *mit OBJ* ▪ **jmd. rückt etwas irgendwohin** *(haben)* ❶ *etwas an eine bestimmte Stelle schieben:* Er rückte den Schrank zur Seite.; Wer hat den Tisch vor die Tür gerückt? ❷ *(übertr.) etwas eine bestimmte Bedeutung geben:* eine Frage/ein Thema in den Hintergrund/ Mittelpunkt/ Vordergrund rücken II. *ohne OBJ (sein)* ❶ ▪ **jmd. rückt irgendwohin** *die eigene Position etwas verändern:* Können Sie ein Stück nach vorn rücken?; Sie ist etwas zur Seite gerückt, damit du dich setzen kannst. ❷ ▪ **etwas rückt irgendwohin** *(übertr.) etwas verschiebt sich in irgendeine Richtung:* Der Zeitpunkt rückt näher.; Der Wunsch ist in weite Ferne gerückt.; ▪ **jemandem auf die Pelle rücken** *(umg.) jmdn. sehr bedrängen* Mein Nachbar rückt mir ständig auf die Pelle und will mir seine Hilfe anbieten.

Rück·er·stat·tung die <-, -en> *(↔ Vorauszahlung) der Vorgang, dass jmd. Geld zurückbekommt, weil das Gekaufte nicht gut war oder weil man erst etwas bezahlt hat, was man eigentlich gar nicht selbst bezahlen musste:* die Rückerstattung der Fahrtkosten

Rück·fahr·kar·te die <-, -n> *(↔ einfache Fahrkarte) Fahrkarte, die für die Hin- und Rückfahrt gültig ist:* Eine Rückfahrkarte nach Kassel, bitte!

Rück·fahrt die <-, -en> *(↔ Hinfahrt) Fahrt von einem Ziel zum Ausgangspunkt/nach Hause zurück:* Auf der Rückfahrt standen wir im Stau.; auf der Rückfahrt sein

Rück·kehr die <-> /kein Plur./ *(↔ Abreise) das Zurückkommen (meist nach einer Reise):* die Rückkehr nach Hause

Rück·licht das <-(e)s, -er> *die hintere(n) Lampe(n) an Autos, LKWs, Motorrädern, Fahrrädern etc.:* Das Rücklicht an meinem Fahrrad ist kaputt.

Ruck·sack der ['rʊkzak] <-(e)s, Rucksäcke> *eine Art Tasche mit zwei Gurten, die man auf dem Rücken trägt:* den Rucksack aufsetzen/packen

Rück·sicht die ['rʏkzɪçt] <-, -en> ❶ /kein Plur./ *(≈ Taktgefühl) sehr aufmerksames Verhalten, bei dem man die Bedürfnisse und Wünsche anderer Menschen beachtet:* Nimm bitte Rücksicht darauf, dass der alte Mann nicht so schnell gehen kann! ▸ rücksichtslos, rücksichtsvoll ❷ /kein Plur./ *(≈ Betracht) das Beachten gegebener Verhältnisse:* Mit Rücksicht auf das schlechte Wetter haben wir die Bergtour noch einmal verschoben.; Rücksicht auf die schwierige finanzielle Lage nehmen; ▪ **ohne Rücksicht auf Verluste** *(umg.) so, dass man sich nicht darum kümmert, ob an anderer oder man selbst Nachteile durch etwas haben könnte* Er versucht sein Ziel ohne Rücksicht auf Verluste zu erreichen. ▸ berücksichtigen

rück·wärts ['rʏkvɛrts] adv *(↔ vorwärts) mit der Rückseite zuerst:* rückwärts einparken; nach rückwärts in den Spiegel schauen; ▪ **rückwärtsgehen** *sich verschlechtern* Mit der Wirtschaft geht es rückwärts.; ▪ **rückwärtsgewandt** *an Vergangenem orientiert* Die Regierung macht eine rückwärtsgewandte Politik.

ru·dern ['ruːdɐn] <ruderst, ruderte, hat/ist gerudert> I. *mit OBJ* ▪ **jmd. rudert etwas irgendwohin** *(haben) ein Boot fahren und steuern, indem man zwei lange Stangen aus Holz, die am unteren Ende etwas breiter werden, im Wasser bewegt:* Wir haben das Boot über den See gerudert.; Sie ruderte das Boot näher ans Ufer. II. *ohne OBJ* ▪ **jmd. rudert (irgendwohin)** ❶ *(sein) sich rudernd irgendwohin bewegen:* Wir sind im Boot/mit dem Boot über den See gerudert.; Wir sind jetzt zwei Stunden gerudert. ❷ *(haben) Bewegungen wie beim Rudern[1] machen:* mit den Armen Halt suchend in der Luft rudern

ru·fen ['ruːfn̩] <rufst, rief, hat gerufen> I. *mit OBJ* ❶ ▪ **jmd. ruft etwas** *jmd. äußert etwas mit lauter Stimme:* Er rief ein paar Worte hinter ihr her. ❷ ▪ **jmd. ruft jmdn.** *jmd. verlangt mit lauter Stimme nach jmdm.:* Er rief den Kellner.; Die Mutter ruft ihr Kind zu sich ❸ ▪ **jmd. ruft jmdn.** *jmd. verlangt telefonisch nach jmdm.:* Wir müssen sofort einen Arzt rufen.; ▪ **sich etwas ins Gedächtnis rufen** *sich an etwas erinnern* Ich muss mir die Vokabeln wieder ins Gedächtnis rufen. II. *ohne OBJ* ▪ **jmd./etwas ruft (zu etwas** *Dat.)* *jmd. oder etwas gibt das Zeichen, dass jmd. an einen bestimmten Ort kommen soll:* Die Glocke ruft zum Gottesdienst.; Die Mutter ruft zu Tisch.; ▪ **jemand/etwas kommt wie gerufen** *jmd./etwas kommt/passiert genau im richtigen Moment* Du kommst wie gerufen! Kannst du mir bitte helfen?

Ru·he die ['ruːə] <-> /kein Plur./ ❶ *(≈ Stille) das (völlige) Fehlen von Geräuschen:* Hier im Wald herrschte völlige Ruhe.; eine himmlische/paradiesische Ruhe ❷ *das Fehlen von Bewegung:* der See lag in völliger Ruhe; sich in Ruhe befinden; zur Ruhe kommen ❸ *das Fehlen von Aufregung, Sorgen oder Störungen:* Der

Patient braucht mehrere Wochen Ruhe.; Nach den Strapazen der letzten Monate muss sie zur Ruhe kommen.; etwas in Ruhe und ohne Druck bearbeiten; Lass mich endlich in Ruhe!; Sie haben sich heftig die Meinung gesagt! Aber jetzt herrscht wieder Ruhe. ❹ (≈ Muße) Erholung, Ausruhen: Ich brauche am Wochenende etwas Ruhe. ◆ -pause ❺ das Ausruhen im Bett: zur Ruhe gehen; Angenehme Ruhe! ◆ Bett- ❻ ausgeglichene, unaufgeregte Wesensart: Ich schätze an ihm seine Ruhe und Besonnenheit.; Ruhe ausstrahlen; ▪ **die Ruhe selbst sein** (umg.) sich keine Erregung anmerken lassen; sehr beherrscht sein Sogar in kritischen Situationen ist er die Ruhe selbst.; ▪ **sich nicht aus der Ruhe bringen lassen** (umg.) von jmdm. gesagt, der träge und gegen Kritik unempfindlich ist Er lässt sich durch nichts aus der Ruhe bringen.; ▪ **keine Ruhe finden/ nicht zur Ruhe kommen** sich mit Sorgen quälen oder überlastet sein; gestresst sein Die Krankheit seiner Mutter lässt ihn einfach nicht zur Ruhe kommen.; ▪ **jemandem keine Ruhe lassen** immer wieder mit Wünschen oder Bitten an jmdn. herantreten Die Kinder lassen der Lehrerin keine Ruhe.; ▪ **die Ruhe vor dem Sturm** (übertr.) lastendes Schweigen vor einer (heftigen) Aueinandersetzung; ▪ **Nun gib doch endlich Ruhe!** (meist an Kinder gerichtete) Aufforderung, mit lästigem Lärmen aufzuhören; ▪ **jemanden zur letzten Ruhe bringen** jmdn. beerdigen; ▪ **Nun hat die arme/liebe Seele Ruh!** (umg.) von jmdm. gesagt, dessen heftiges Drängen und Wünschen endlich befriedigt ist

ru·hig [ˈruːɪç] I. adj ❶ (≈ still ↔ laut) ohne Geräusch oder Lärm: ein ruhiges Hotelzimmer; eine ruhige Straße; Kannst du bitte einmal ruhig sein? ❷ (≈ unbewegt ↔ unruhig) ohne Bewegung: ganz ruhig dasitzen; die Beine ruhig halten; der See/ Wald lag ruhig da ❸ (↔ unruhig) ohne Aufregung: eine ruhige Zeit; ein ruhiger kleiner Ort; nach einer Aufregung allmählich wieder ruhig werden; ein ruhiges Gewissen haben; Ich bin ganz ruhig, denn mich trifft keine Schuld.; Keiner konnte in diesem spannenden Moment ruhig bleiben. ❹ (↔ nervös, unruhig) innerlich ausgeglichen: eine ruhige Wesensart II. part problemlos; ohne Bedenken; unbesorgt; ohne, dass jemand etwas dagegen hat: Du kannst die Seminararbeit ruhig nochmals durchlesen!; Du kannst ruhig weitermachen!; Komm ruhig herein!; Arbeite ruhig weiter (und lass dich nicht aus der Ruhe bringen)!; ▪ **Nur ruhig Blut!** (umg.) Bloß keine Aufregung! Nur ruhig Blut! Das wird schon klappen!; ▪ **eine ruhige Kugel schieben** (umg.) sich ein bequemes Leben machen Der neue Kollege schiebt eine ruhige Kugel.; ▪ **eine ruhige Farbe** (↔ eine grelle/schreiende Farbe) ein gedeckte Farbe (ohne Kontraste); ▪ **jemanden ruhigstellen** einem Patienten Beruhigungsmittel geben; ▪ **etwas ruhig stellen/ruhigstellen** dafür sorgen, dass etwas nicht bewegt wird Das Bein muss ruhig gestellt werden. ◆ Getrennt-oder Zusammenschreibung → R 4.16

Ruhm der [ruːm] <-(e)s> /kein Plur./ (≈ Berühmtheit) der Sachverhalt, dass sehr viele Menschen eine Person oder Sache kennen und wertschätzen, weil die Person oder Sache eine bedeutende Leistung vollbracht hat: Ruhm erlangen; seinen Ruhm als Musiker begründen; ▪ **sich nicht mit Ruhm bekleckern** (umg. scherzh.) schlechte Leistungen zeigen Er hat sich bei der Prüfung nicht gerade mit Ruhm bekleckert.

rüh·ren [ˈryːrən] <rührst, rührte, hat gerührt> I. mit OBJ ❶ ▪ **etwas rührt jmdn.** innerlich berühren: Rührt dich das denn überhaupt nicht?; Der Anblick rührte sie. ❷ ▪ **jmd. rührt etwas** (z.B. mit einem Löffel) umrühren: den Brei kräftig rühren; etwas fünf Minuten lang mit dem Schneebesen rühren II. ohne OBJ ▪ **etwas rührt von etwas** Dat. (geh.) seine Ursache haben: Die Schmerzen rühren von seiner Krankheit. III. mit SICH ▪ **jmd. rührt sich** ❶ sich bewegen: Hier kann man sich ja nicht rühren!; ❷ (umg.) sich (bei jmdm.) melden: Wenn du etwas brauchst, rührst du dich bitte!; Sie hat sich nicht mehr gerührt; wahrscheinlich ist alles in Ordnung so. ❸ MILIT. nach dem Stillstehen beim Antreten eine entspanntere Körperhaltung einnehmen; ▪ **ein menschliches Rühren fühlen** (scherzh.) den Drang fühlen, seine Notdurft zu verrichten; ▪ **Die Werbetrommel rühren** (umg.) für etwas intensiv werben Wir sollten für unser neues Produkt kräftig die Werbetrommeln rühren!; ▪ **Mich hat fast der Schlag gerührt!** (umg.) ich war fassungslos Mich hat fast der Schlag gerührt, als ich von seinem Unfall erfahren habe!; ▪ **etwas rührt jemanden zu Tränen** (geh.) jmd. wird gefühlsmäßig so sehr angesprochen, dass er weinen muss Dieser Film hat mich zu Tränen gerührt.; ■ **keinen Finger rühren** *(umg.) nichts tun* Ihr Mann rührt im Haushalt keinen Finger.; ■ **wie vom Donner gerührt** *(umg.) fassungslos; bewegungslos vor Schreck* Er war wie vom Donner gerührt, als er von seiner Kündigung erfahren hat.; ■ **Rührt Euch!** MILIT. *militärisches Kommando* ● Getrennt-oder Zusammenschreibung → R 4.15 den Teig glatt rühren/glattrühren

Ru·i·ne die [ruˈiːnə] <-, -n> *die Überrest(e) eines Gebäudes oder Bauwerkes:* die Ruine der alten Burg besichtigen; Nach dem Bombenangriff/Erdbeben blieben von der Stadt nur noch Ruinen.; die Ruinen einer alten Stadtmauer ● Burg-, Fabrik-, Schloss-

ru·i·nie·ren [ruiˈniːrən] <ruinierst, ruinierte, hat ruiniert> *mit OBJ* ❶ ■ **etwas ruiniert jmdn.** *jmdm. finanziell sehr schaden:* Der Umbau des Hauses hat ihn ruiniert. ❷ ■ **jmd. ruiniert etwas mit etwas** *Dat. schädigen:* Er hat (sich) mit dem Rauchen seine Gesundheit ruiniert.; Ich habe (mir) mit der Farbe meine neue Hose ruiniert.

rülp·sen <rülpst, rülpste, hat gerülpst> *ohne OBJ* ■ **jmd. rülpst** *Luft aus dem Magen geräuschvoll durch den Mund entweichen lassen:* laut rülpsen ● Rülpser

rum·krie·gen <kriegst rum, kriegte rum, hat rumgekriegt> *mit OBJ* ■ **jmd. kriegt jmdn. rum** *(umg.: ≈ herumkriegen) jmdn. zu etwas überreden:* Ich habe ihn rumgekriegt, mit mir ins Kino zu kommen.

rum·trei·ben <treibst rum, trieb rum, hat rumgetrieben> *mit SICH* ■ **jmd. treibt sich irgendwo herum** *(umg.: ≈ herumtreiben) ohne Ziel (und manchmal auch aus Langeweile) in der Gegend herumlaufen:* Die Jugendlichen treiben sich in der Stadt herum.

rund[1] [rʊnt] *adj* ❶ *(↔ eckig) (ungefähr) kreis- oder kugelförmig:* ein runder Ball; ein runder Turm; eine runde Öffnung; Ihre Augen wurden immer runder. ● halb-, kreis-, kugel- ❷ *(umg.: ↔ schmal) dick; füllig:* ein runder Bauch; ein rundes Gesicht; Du bist ganz schön rund geworden! ❸ *(umg.: ↔ genau) so, dass man aus einer Zahl mit vielen Stellen nach dem Komma eine ungefähre, glatte Zahl macht:* die runde Summe von 100 Euro ❹ *(umg.) etwa, ungefähr:* rund zweitausend Leute; Es dauerte rund zwei Stunden.; Ich habe noch rund hundert Euro.; ■ **rund um die Uhr** *(umg.) 24 Stunden lang* Die Geschäfte haben rund um die Uhr geöffnet.; ■ **es geht rund** *(umg.) es ist viel los; es gibt viel Betrieb*

rund[2] [rʊnt] *adv im Kreis um etwas herum:* Rund um den See wuchsen herrliche Blumen.; eine Wanderung rund um den See; ■ **rund um die Welt** *(umg.) um den ganzen Globus herum* ein Flug rund um die Welt

Rund·funk der [ˈrʊntfʊŋk] <-s> /kein Plur./ ❶ (≈ *Radio*) *die Gesamtheit der Rundfunksender:* Rundfunk und Fernsehen übertragen das Ereignis. ❷ TECHN. *das drahtlose Übertragen von Informationen in Wort und Ton durch elektromagnetische Wellen:* die Erfindung des Rundfunks; die Übertragung mittels Rundfunk

run·zeln [ˈrʊntsl̩n] <runzelst, runzelte, hat gerunzelt> *mit OBJ* ■ **jmd. runzelt etwas** *in Falten legen:* die Stirn runzeln

rüs·tig [ˈrʏstɪç] *adj (als alter Mensch) körperlich gesund, aktiv und beweglich:* ein rüstiger Rentner; Sie ist noch sehr rüstig für ihr Alter.

Rutsch [rʊtʃ] ■ **in einem Rutsch/auf einen Rutsch** *(umg.) ohne Unterbrechung* etwas auf einen Rutsch erledigen; ■ **Einen guten Rutsch ins neue Jahr!/Guten Rutsch!** *(umg.) eine Redewendung, mit der man jmdm. alles Gute und viel Glück fürs neue Jahr wünscht* Ich wünsche Ihnen auch noch einen guten Rutsch!

rut·schen [ˈrʊtʃn̩] <rutschst, rutschte, ist gerutscht> *ohne OBJ* ❶ ■ **jmd. rutscht** *über eine Fläche gleiten:* Die Kinder rutschen (auf der Rutschbahn) ins Wasser.; auf den Knien durch das Zimmer rutschen ❷ ■ **jmd. rutscht** *ausgleiten; hinfallen, weil es glatt oder nass ist:* Heute hat es gefroren, man rutscht auf der Straße.; Bei Nässe besteht die Gefahr, dass man mit dem Auto beim Bremsen ins Rutschen kommt. ● ausrutschen, Rutschgefahr ❸ ■ **etwas rutscht** *keinen festen Sitz haben:* Die Brille/Die Hose rutscht.; Das ist mir aus der Hand gerutscht. ❹ ■ **jmd. rutscht** *(umg.) zur Seite rücken:* Kannst du ein wenig rutschen, damit auch ich/ich ebenfalls noch Platz habe?

S s

S, s das [ɛs] <-, -> der 19. Buchstabe des Alphabets: Das Wort „Sieben" beginnt mit dem Buchstaben „S".; ■ **das scharfe „s"** der Buchstabe, der als „ß" geschrieben wird Das Wort „Fuß" endet mit einem scharfen „s".

Saal der [zaːl] <-(e)s, Säle> ein großer Raum für Veranstaltungen: Der Saal füllt sich langsam/ist voll/ist festlich geschmückt/ist für die Karnevalsveranstaltung reserviert. ◆-beleuchtung, -bestuhlung, -ordner, Ball-, Fest-, Sitzungs-

sach·dien·lich adj so, dass etwas für eine bestimmte Sache nützlich ist: Es ist nicht sachdienlich, wenn Sie sich über Fehler des Kollegen lustig machen!; Jede Polizeidienststelle nimmt sachdienliche Hinweise entgegen, die zur Ergreifung des Täters führen können.

Sa·che die [ˈzaxə] <-, -n> ❶ /nur Plur./ (≈ Gegenstand) ein einzelner Gegenstand, der nicht näher bestimmt ist: Du könntest mal aufräumen, denn überall in der Wohnung liegen deine Sachen herum.; Ich suche nur noch meine Sachen zusammen. ❷ (≈ Angelegenheit) Problem oder Thema: Wir wollen die Sache gleich erledigen.; Die Sache ist nämlich die, dass ...; Das ist doch meine Sache!; Dies gehört doch nicht zur Sache.; Ich verstehe nichts von der Sache.; ■ **sagen, was Sache ist** (umg.) offen seine Meinung sagen; ■ **sich einer Sache gewiss/sicher sein** von der Richtigkeit seines Handelns überzeugt sein; ■ **bei der Sache sein** konzentriert und aufmerksam sein; ■ **zur Sache kommen** zum eigentlichen Thema kommen

sach·lich [ˈzaxlɪç] adj (≈ objektiv ↔ unsachlich) so, dass es dabei nur um die Sache und nicht um persönliche Gefühle geht: Ich habe nichts gegen sachliche Kritik.; Diese Behauptungen sind sachlich falsch.

säch·lich [ˈzɛçlɪç] adj /nicht steig./ SPRACHWISS. (≈ neutral) so, dass es mit dem Artikel „das" verbunden wird: Das Substantiv „Haus" ist sächlich.

Sach·scha·den der <-s, Sachschäden> ein Schaden² an einem Gegenstand: Bei dem Unfall entstand hoher Sachschaden.

Sack der [zak] <-(e)s, Säcke> ❶ großer Beutel aus Stoff, Papier oder Kunststoff, in dem man etwas transportieren kann: Ich habe zwei Säcke Kartoffeln bestellt.; den Müll in Säcken abtransportieren ◆Müll-, Plastik-, Sand- ❷ (vulg.) Schimpfwort für einen Mann: Du blöder/fauler Sack! ❸ ÖSTERR., SÜDDT., SCHWEIZ. Hosentasche; ■ **mit Sack und Pack** (umg.) mit allem, was man hat Sie kam mit Sack und Pack bei uns an.; ■ **die Katze im Sack kaufen** (umg.) sich auf etwas einlassen, was man nicht genau kennt

Sa·ckerl das [ˈzakɐl] <-s, -n> SÜDDT., ÖSTERR. Tüte

Sack·gas·se die <-, -n> eine Straße, die an einer bestimmten Stelle endet und nicht mehr weiterführt; ■ **in einer Sackgasse stecken/in eine Sackgasse geraten** (umg. übertr.) nicht mehr weiterwissen

sä·en [ˈzɛːən] <sät, säte, hat gesät> mit OBJ ■ jmd. sät etwas Samen von Pflanzen auf das Feld werfen; ■ **etwas ist dünn gesät** von etwas ist nur wenig vorhanden In dieser Branche sind Ausbildungsplätze dünn gesät.

Saft der [zaft] <-(e)s, Säfte> ❶ die Flüssigkeit im Gewebe von Pflanzen: Im Frühjahr steigt der Saft in die Bäume. ❷ ein Getränk aus ausgepresstem Obst oder Gemüse: Möchtest du ein Glas frisch gepressten Saft? ◆-presse, Apfel-, Birnen-, Kirsch-, Orangen- ❸ (umg.) Strom, Energie: Die Batterie hat keinen Saft mehr.; ■ **jemanden im eigenen Saft schmoren lassen** jmdm., der aus eigener Schuld in eine schwierige Situation geraten ist, nicht helfen; ■ **voll im Saft sein** viel Kraft haben

saf·tig [ˈzaftɪç] adj ❶ reich an Saft¹ ²: saftiges Obst ❷ (umg.) (in unangenehmer Weise) heftig oder teuer: Ich habe ihr einen saftigen Brief geschrieben.; eine saftige Rechnung, saftige Preise

Sa·ge die [ˈzaːgə] <-, -n> eine ursprünglich mündlich überlieferte Erzählung über außergewöhnliche Geschehnisse: Ich habe mir ein Buch mit deutschen/griechischen/römischen Sagen gekauft. ◆-ngestalt, -nheld, Helden-

Sä·ge die [ˈzɛːgə] <-, -n> Werkzeug, mit dem man Dinge aus harten Materialien (wie Holz, Stein oder Metall) in Teile schneiden kann ◆Blatt-, Ketten-, Kreis-, Motor-, Stich-

sa·gen [ˈzaːgn̩] <sagt, sagte, hat gesagt> mit OBJ ❶ ■ **jmd. sagt (jmdm.) etwas** als Satz oder Wort aussprechen/äußern: Ich habe laut und deutlich „ja" gesagt!; Das hat sie schön gesagt. ❷ ▪ jmd. sagt (jmdm.) etwas *jmdm. etwas mitteilen:* Sage ihr bitte nichts davon. ❸ ▪ jmd. sagt etwas zu etwas *Dat. ein bestimmtes Wort verwenden/benutzen:* Wie sagt man auf Französisch dazu? ❹ ▪ jmd. sagt etwas zu etwas *Dat. eine Meinung zu etwas äußern:* Hast du schon gehört, was geschehen ist? Was sagst du dazu? ❺ ▪ etwas sagt, dass ... *zum Inhalt haben:* Diese Bestimmung sagt eindeutig, dass ...; ▪ leichter gesagt als getan *sein schwer zu realisieren sein;* ▪ will sagen *(umg.) genauer ausgedrückt;* ▪ sich (von jemandem) nichts sagen lassen *(umg.) (von jmdm.) keinen Rat annehmen;* ▪ etwas laut sagen können *(umg.) völlig richtig sein und so behauptet werden können;* ▪ sage und schreibe *(umg.) tatsächlich, wahrhaftig* Wir haben sage und schreibe eine Stunde warten müssen.; ▪ etwas/nichts zu sagen haben *(umg.) das Recht/kein Recht haben, Entscheidungen zu treffen* Er hat in der Firma doch nichts zu sagen.; ▪ jemandem etwas/nichts sagen *etwas (nicht) kennen, nicht von Bedeutung sein* Sagt dir der Name etwas?; Diese Art von Musik sagt mir nichts; ▪ viel sagend/vielsagend *ausdrucksvoll* ein viel sagender/vielsagender Blick ◆ Getrennt- oder Zusammenschreibung → R 4.16

sah [zaː] *Prät. von* **sehen**

Sah·ne die [ˈzaːnə] <-> /kein Plur./ ❶ *der fetthaltigste Teil der Milch* ❷ *Sahne¹, die man durch Zentrifugieren gewinnt* ❸ *kurz für „Schlagsahne"* sahnig ◆ -torte, Kaffee-

Sai·son die [zɛˈzõː(ː), zɛˈzɔŋ] <-, -s/-en> ❶ *der für eine bestimmte Sache wichtigste Zeitabschnitt eines Jahres:* Die Saison für Spargel beginnt im Mai.; Die Sommerferien sind die wichtigste Saison für die Hotels.; Wir hatten eine lebhafte/ruhige Saison. ◆ -ende, -eröffnung, Haupt-, Nach-, Vor- ❷ *ein bestimmter Zeitabschnitt im Hinblick auf Aktuelles:* Man hat die Mode der kommenden Saison vorgestellt.

Sai·te die [ˈzaɪ̯tə] <-, -n> MUS. *einer der langen dünnen Fäden (aus Metall oder Kunststoff), die an bestimmten Musikinstrumenten wie Gitarren den Klang erzeugen, wenn man sie schlägt, zupft oder streicht:* Die neuen Saiten klingen sehr schön.; Eine Saite ist gerissen.; ▪ **andere Saiten aufziehen** *(umg.) in seinem Verhalten strenger werden und weniger Nachsicht üben*

◆ -ninstrument, Gitarren-, Klavier-

Sak·ko das [ˈzako] <-s, -s> *(≈ Jackett) eine Art Jacke, die Männer zusammen mit einem Hemd oder Pullover tragen* ◆ Leinen-, Sport-, Tweed-

Sa·lär das [zaˈlɛːɐ̯] <-s, -e> SÜDDT., ÖSTERR., SCHWEIZ. *Gehalt, Lohn:* Er verdient ein gutes Salär.

Sa·lat der [zaˈlaːt] <-(e)s, -e> ❶ *eine Pflanze, deren größere, meist grüne, vitaminreiche Blätter man roh isst* ◆ Eisberg-, Feld-, Kopf- ❷ *eine Speise aus Salat¹, der meist mit Essig, Öl, Kräutern und Gewürzen angemacht ist* ◆ -dressing, -schleuder, -schüssel, -soße ❸ *eine kalte Speise aus Gemüse, Nudeln, Reis, Fleisch oder Fisch, die mit Gewürzen und einer Soße angerichtet ist:* Ich habe einen Salat aus frischen Tomaten, Schafskäse, Bohnen und Zwiebeln vorbereitet.; ▪ **Da haben wir den Salat!** *(umg.) jetzt ist das Unangenehme passiert (vor dem ich gewarnt habe)* ◆ Bohnen-, Kartoffel-, Nudel-

Sal·be die [ˈzalbə] <-, -n> *eine medizinische Creme zum Auftragen auf die verletzte/verbrannte/entzündete Haut:* Ich habe mir eine desinfizierende/krampflösende/pflegende Salbe besorgt.; eine Salbe auftragen/einmassieren ◆ -ndose, -ntube, Augen-, Heil-, Wund-

Salz das [zalts] <-es, -e> /kein Plur./ *das weiße Gewürz, das in fast jeder Speise verwendet wird;* ▪ **jemandem Salz in/auf die Wunde streuen** *jmdn. eine ohnehin als schwierig empfundene Situation durch eigene Äußerungen noch schmerzlicher empfinden lassen;* ▪ **das Salz in der Suppe** *das Interessante/Spannende an etwas* Schwierigkeiten in einem Projekt sind für sie das Salz in der Suppe. ▸ gesalzen, salzarm, salzig, salzlos, versalzen ◆ -streuer, Koch-, Jod-, Streu-

Sa·men der [ˈzaːmən] <-s, -> ❶ *aus Pflanzenblüten entwickeltes kleines Korn, aus dem sich eine neue Pflanze entwickeln kann:* Die Samen gehen auf/keimen. ◆ -körner, Blumen-, Gras- ❷ /kein Plur./ *(≈ Sperma)*

Sam·mel·be·griff der <-(e)s, -e> *(≈ Kollektivum) ein Wort/Ausdruck, der/die eine Gruppe gleichartiger Lebewesen oder Dinge zusammenfasst:* Unter dem Sammelbegriff/der Sammelbezeichnung/Benennung „Tier" werden sehr verschiedene Tierarten zusammengefasst.

sam·meln [ˈzamln] <sammelst, sammelte, hat gesammelt> **I.** *mit OBJ/ohne OBJ* ▪ jmd. sammelt (etwas) *Leute bitten, et-*

was (für einen bestimmten Zweck) zu geben, etwas zusammentragen: Sie sammelt Unterschriften.; Er sammelt für wohltätige Zwecke.; Das Altglas wird gesammelt und wiederverwertet. **II.** *mit OBJ* ▪ **jmd. sammelt etwas** ❶ *bestimmte Dinge suchen und mitnehmen:* Beeren/Pilze/Tannenzapfen sammeln ❷ *eine Sammlung¹ von etwas aufbauen:* Briefmarken/Bierdeckel/Briefmarken/CDs/Modellautos/Schallplatten sammeln ❸ *in sich aufnehmen:* Ich konnte im Ausland viele neue Eindrücke sammeln. **III.** *mit SICH* ❶ ▪ **jmd. sammelt sich irgendwo** *(von mehreren Personen) sich an einem bestimmten Ort treffen:* Die Reisegruppe sammelte sich nach dem Stadtrundgang auf dem Parkplatz. ❷ ▪ **jmd. sammelt sich** *innere Ruhe, Konzentration finden:* Die Schauspielerin muss sich erst sammeln, bevor sie auf die Bühne geht. ▸ Sammelmappe, Sammler, Sammlung

Sams·tag der [ˈzamstaːk] <-(e)s, -e> *der sechste Tag der Woche*

sämt·lich [ˈzɛmtlɪç] *pron* ❶ *(≈ gesamt)* Er hat sein sämtliches Vermögen verspielt. ❷ *alle:* sämtliche Gedichte/Häuser/Personen/Straßen; Ich habe mir Goethes sämtliche Werke gekauft.

Sand der [zant] <-(e)s> /kein Plur./ *kleine Körner, die meist von gelb-brauner Farbe sind und in großen Mengen am Ufer von großen Gewässern wie auch in der Wüste vorkommen:* Am Strand gab es feinen/groben/weißen Sand.; Die Kinder bauen im Sand eine Burg.; ▪ **jemandem Sand in die Augen streuen** *(umg.) jmdm. etwas vortäuschen;* ▪ **im Sand(e) verlaufen** *(umg.) ergebnislos/erfolglos bleiben* Die Verhandlungen verliefen im Sande.; ▪ **wie Sand am Meer** *(umg.) in sehr großer Menge;* ▪ **etwas in den Sand setzen** *mit etwas erfolglos enden* Er hat die Firma in den Sand gesetzt. ▸ sandfarben, sandig ◆ -boden, -haufen, -kasten, -korn, -wüste, Streu-

San·da·le die [zanˈdaːlə] <-, -n> /meist Plur./ *ein leichter offener Sommerschuh, der mit Riemen am Fuß befestigt wird*

Sand·mann der <-(e)s> /kein Plur./ *(≈ Sandmännchen) eine für Kinder erfundene Figur, von der behauptet wird, dass sie ihnen abends Sand in die Augen streut, damit die Kinder bald müde werden und einschlafen*

sand·te [ˈzantə] *Prät. von* **senden**

sanft [zanft] <sanfter, sanftest> *adj* ❶ *(behutsam/leicht/ruhig:* ↔ *grob) vorsichtig und mit sehr wenig Kraft geschehend:* Sie spürte eine sanfte Berührung/ein sanftes Streicheln.; Sanfte Musik tönte aus den Lautsprechern.; Ein sanfter Regen fiel. ❷ *(≈ angenehm/mild) Freundlichkeit und Ruhe ausstrahlend:* Sie lächelte sanft. ▸ Sanftheit

sang [zaŋ] *Prät. von* **singen**

Sän·ger der, **Sän·ge·rin** [ˈzɛŋɐ] <-s, -> *jmd., der (beruflich) singt:* In dem Konzert traten vier Sänger auf. ◆ Jazz-, Opern-, Pop-, Rock-

sa·nie·ren [zaˈniːrən] <sanierst, sanierte, hat saniert> *mit OBJ* ▪ **jmd. saniert etwas** ❶ *etwas wieder in einen gesunden und funktionierenden Zustand versetzen:* Man hat die gesamte Altstadt in den vergangenen Jahren saniert.; Der Betrieb wurde komplett saniert. ❷ *(fachspr.) reformieren:* Man will das Gesundheitswesen sanieren. ▸ Sanierung

sa·ni·tär [zaniˈtɛːɐ̯] *adj /nicht steig./ die Dinge betreffend, die in einem Gebäude für die Pflege und Gesundheit des Körpers wichtig sind:* Die sanitären Verhältnisse in den Slums sind katastrophal.; sanitäre Anlagen, wie beispielsweise Duschen und Toiletten

Sa·ni·tä·ter der, **Sa·ni·tä·te·rin** [zaniˈtɛːtɐ] <-s, -> *jmd., der dazu ausgebildet ist, verletzten Menschen nach einem Unfall zu helfen:* Es dauerte nicht lange, bis die Sanitäter am Unfallort eintrafen. ▸ Sanitätsauto, Sanitätsdienst

sank [zaŋk] *Prät. von* **sinken**

sank·ti·o·nie·ren [zaŋktsi̯oˈniːrən] <sanktionierst, sanktionierte, hat sanktioniert> *mit OBJ* ▪ **jmd. sanktioniert etwas** *(geh.) billigen, gutheißen, legitimieren:* Der Plan wurde behördlich sanktioniert, weil er eine gute Lösung bot.; Die Zerstörung der intakten Flusslandschaft darf auch aus wirtschaftlichen Gründen nicht sanktioniert werden. ▸ Sanktionierung

Sarg der [zark] <-(e)s, Särge> *ein großer Kasten aus Holz, in dem Tote bestattet werden* ◆ -deckel, -träger, Eichen-

sar·kas·tisch *adj mit bitterem, verletzendem Spott:* eine sarkastische Bemerkung machen ▸ Sarkasmus

saß [zaːs] *Prät. von* **sitzen**

Sa·tel·lit der [zatɛˈliːt] <-en, -en> *ein Gerät, das mit einer Rakete ins Weltall befördert wird und um die Erde auf einer festen Bahn kreist, um bestimmte Daten per Funk zu übertragen:* Das Konzert wird durch Satelliten in alle Welt übertragen.

◆ -enantenne, -entelefon, -enverbindung, Forschungs-, Wetter-

satt [zat] <satter, am sattesten> *adj* ❶ (↔ *hungrig*) *so, dass der Magen gefüllt ist und man keinen Hunger verspürt:* Ich kann nichts mehr essen, ich bin völlig satt. ❷ (*kräftig;* ↔ *blass*) *so, dass eine Farbe sehr intensiv ist:* Die Wiesen stehen in einem satten Grün.; ◼ **jemanden/etwas satthaben** *(umg.) genug von jmdm. oder etwas haben* Langsam habe ich sein ständiges Gejammer satt.

Satz der [zats] <-es, Sätze> ❶ *kleinste, in sich gegliederte und zusammenhängende sprachliche Äußerung, mit der man einen vollständigen Gedanken ausdrücken kann:* Wir müssen in der Prüfung einen Satz grammatisch analysieren.; Kannst du diesen Satz ins Englische übersetzen?; Er brach mitten im Satz ab und ging. ◆ -analyse, -äußerung, -baupläne, Befehls-, Frage-, Haupt-, Neben- ❷ (*kurz für „Lehrsatz"*) *der Satz des Pythagoras* ❸ MUS. *ein in sich geschlossener Teil eines mehrteiligen Musikstücks:* Ich höre gerade den zweiten Satz meiner Lieblingssinfonie. ❹ *eine bestimmte Menge zusammengehöriger Dinge:* ein Satz Töpfe ❺ SPORT *ein Spielabschnitt bei bestimmten Ballspielen:* nach dem ersten Satz führen ◆ -ball ❻ *ein großer Sprung:* Sie machte vor Freude einen Satz.; Er machte einen Satz über die Pfütze.

Sat·zung die ['zatsʊŋ] <-, -en> RECHTSW. *ein schriftlich niedergelegtes Regelwerk, zum Beispiel eines Vereins;* Alle Mitglieder müssen Beiträge zahlen, das entspricht unserer Satzung. ▸ satzungsgemäß, satzungswidrig

Satz·zei·chen das <-s, -> SPRACHWISS. *(≈ Interpunktionszeichen) eines der Zeichen, die in einem geschriebenen oder gedruckten Text dazu benutzt werden, die grammatische und logische Struktur der Sätze zu verdeutlichen:* Punkt, Semikolon, Komma und Fragezeichen sind Satzzeichen.; Kaum jemand kennt heute noch das Satzzeichen Semikolon, weshalb fast ausnahmslos fälschlicherweise ein Komma gesetzt wird, wo ein Punkt oder ein Semikolon hingehört, z.B. hier nach „klein": „Sie ist klein; (!) deshalb trägt sie hohe Absätze" (mit Komma geht es nur so: „Sie ist klein, weshalb sie hohe Absätze trägt").; Den richtigen Gebrauch der Satzzeichen nennt man „Zeichensetzung" oder „Interpunktion".

Sau die [zaʊ] <-, -en/Säue> *ein weibliches Schwein (die Sau und ihre Ferkel)*

Sau- [zaʊ] *(umg.) als Erstglied zusammengesetzter Substantive, mit Betonung auf beiden Teilen; drückt intensivierend aus, dass das oft ohnehin mit dem Zweitglied als negativ Bezeichnete besonders stark ausgepägt ist:* Sie hatten ein Sauglück, dass der Wagen nach dem Unfall nicht auch noch gebrannt hat.; Er hat eine Sauwut, weil seine Frau während des ganzen Scheidungsverfahrens versucht, ihn finanziell fertigzumachen. ◆ -arbeit, -fraß, -glück, -hitze, -kälte, -kram, -laden, -wetter, -wirtschaft, -wut

sau- [zaʊ] *(umg.) als Erstglied zusammengesetzter Adjektive, mit Betonung auf beiden Teilen; drückt intensivierend aus, dass die mit dem Zweitglied (meist ohnehin negativ) bezeichnete Eigenschaft besonders stark ausgepägt ist:* Es ist saudumm, dass die Schlüssel verloren gegangen sind.; Sie fühlen sich in der neuen Wohnung sauwohl. ◆ -blöd/-blöde, -dumm, -grob, -kalt, -komisch, -stark, -teuer, -wohl

sau·ber <sauberer, am saubersten> *adj* ❶ (≈ *rein* ↔ *schmutzig*) *frei von Verschmutzungen:* Die Wäsche ist sauber.; Du kannst das saubere Geschirr wegstellen.; Hier gibt es noch saubere Bäche und Seen.; das Haus sauber halten/sauberhalten ▸ Sauberkeit ❷ (≈ *ordentlich, korrekt*) *gut und sorgfältig:* Sie hat eine saubere Schrift.; Der Entwurf ist sauber ausgearbeitet.; Sie hat eine sehr saubere Aussprache. ❸ *(iron.) nicht anständig:* Da hat dich dein sauberer Freund schön hereingelegt.

säu·bern ['zɔybɐn] <säuberst, säuberte, hat gesäubert> *mit OBJ* ◼ **jmd. säubert etwas** ❶ (≈ *reinigen*) *sauber¹ machen* ❷ *von Unerwünschtem befreien:* Wir haben die Beete vom Unkraut gesäubert.; Man versuchte, das berüchtigte Stadtviertel von Kriminellen zu säubern. ▸ Säuberung

Sau·ce die ['zo:sə] <-, -n> KOCH. *fachsprachlich für „Soße"*

sau·er ['zaʊɐ] <saurer, am sauersten> *adj* ❶ (↔ *süß*) *von der Geschmacksart, die für Zitronen oder Essig typisch ist:* Die Kirschen schmecken sauer.; der saure Geschmack der Kirschen ❷ *(umg.) verärgert, wütend:* Bist du immer noch sauer auf mich?; Er hat darauf ziemlich sauer reagiert.; Jetzt werde ich langsam sauer!; ◼ **in den sauren Apfel beißen** *(umg.) notgedrungen etwas Unangenehmes tun*

Sau·e·rei die [zaʊəˈraɪ] <-, -en> *(umg. abwert.:* ≈ *Schweinerei)*

Sau·er·kraut das <-(e)s> /kein Plur./ *ge-*

Sauerstoff–Schaden

schnittener Weißkohl, der mit Salz und Gewürzen haltbar gemacht wurde und meist warm gegessen wird: Mittags gab es Schweinebraten, Sauerkraut und Klöße.

Sau·er·stoff der ['zaʊ̯ɐʃtɔf] <-(e)s> /kein Plur./ ein chemisches Element, das besonders in der Luft vorkommt: Luft enthält Sauerstoff, ohne den wir nicht leben könnten. ◆-flasche, -versorgung, -zelt

sau·fen ['zaʊ̯fn̩] <säufst, soff, hat gesoffen> mit OBJ/ohne OBJ ❶ ■ **ein Tier säuft (etwas)** größere Mengen Flüssigkeit aufnehmen: Das Pferd säuft Wasser.; Die Kuh säuft an der Tränke. ❷ ■ **jmd. säuft (etwas)** (vulg.) (gewohnheitsmäßig) große Mengen Alkohol trinken: Er säuft Schnaps und Bier.; Sie säuft schon am Morgen. ▶ Säufer(in), Sauferei

sau·gen ['zaʊ̯gn̩] <saugst, saugte/sog, hat gesaugt/gesogen> I. mit OBJ/ohne OBJ ■ **jmd. saugt (etwas)** Schmutz mit einem Staubsauger entfernen: Er saugt den Teppich im Wohnzimmer. II. mit OBJ ■ **jmd. saugt etwas** Flüssigkeit in den Mund ziehen oder mit einem Rüssel aufnehmen: Er saugt die Milch durch einen Strohhalm.; Die Mücke saugt Blut. III. ohne OBJ ■ **jmd. saugt (an etwas** Dat.**)** die Lippen an etwas pressen und Flüssigkeit, Luft oder Rauch in den Mundraum ziehen: Das Baby saugt an der Brust seiner Mutter.; Er saugt an seiner Pfeife.

säu·gen <säugst, säugte, hat gesäugt> mit OBJ ■ **ein Tier säugt ein Tier** ein (Mutter-)Tier lässt sein Junges Milch trinken: Das Schaf säugt seine Lämmer.

Säu·ge·tier das <-s, -e> Klasse von Tieren, welche ihre Jungen säugen/mit Muttermilch aufziehen

Säug·ling der ['zɔʏklɪŋ] <-s, -e> ein kleines Kind, das noch gestillt oder mit der Flasche genährt wird ◆-salter, -sheim, -snahrung, -spflege

Säu·le die ['zɔʏlə] <-, -n> ❶ ein starker steinerner Pfosten, der das Dach eines Bauwerks stützt: Hier liegen die Überreste der Säulen eines antiken griechischen Tempels. ❷ (übertr.) jmd./etwas, der/das eine wichtige, tragende Funktion hat: Seine Überzeugungen waren eine Säule seiner Persönlichkeit.; Männer wie dieser sind die Säulen eines Vereins.

Saum der [zaʊ̯m] <-(e)s, Säume> Rand an einem Kleidungsstück: Wenn man ein Kleidungsstück länger machen will, muss man den Saum schmaler machen

Sau·na die ['zaʊ̯na] <-, -s/Saunen> sehr heißer Raum, den man aufheizt, um darin

bei hoher Temperatur für einige Zeit stark zu schwitzen; ■ **gemischte Sauna** eine Sauna, die von Männern und Frauen gleichzeitig benutzt wird ◆-besuch, -gang

Sa·xo·fon, Sa·xo·phon das [zakso'foːn] <-(e)s, -e> größeres Blasinstrument mit dunklem Klang, das meist in einer Jazzband gespielt wird ▶ Saxofonist(in)/Saxophonist(in)

S-Bahn die ['ɛs...] <-, -en> Abk. für „Schnellbahn"; schneller (meist elektrischer) Zug, der eine Großstadt mit ihrer Umgebung verbindet

schä·big ['ʃɛːbɪç] adj ❶ (≈ armselig) abgenutzt und ungepflegt: schäbige Kleidung ❷ (abwert.: ≈ gemein) unredlich: Mit diesem schäbigen Kerl will ich nichts zu tun haben. ▶ Schäbigkeit

Schach das [ʃax] <-s> /kein Plur./ ein Brettspiel für zwei Spieler, die ihre jeweils sechzehn Spielfiguren abwechselnd auf einem Spielbrett mit hellen und dunklen Karos ziehen, um den gegnerischen König matt zu setzen; ■ **jemanden in Schach halten** (umg.) jmdn. daran hindern, etwas zu tun, was für andere gefährlich werden könnte ▶ schachmatt ◆-spiel, -spieler(in), -turnier, -weltmeister, -zug

Schach·tel die ['ʃaxtl̩] <-, -n> ein aus festem Karton oder Pappe gefertigter Behälter mit Deckel: Die alten Fotos sind in einer Schachtel im Schrank.; ■ **alte Schachtel** (umg. abwert.) alte Frau ◆Hut-, Papp-, Schuh-, Zigaretten-

scha·de ['ʃaːdə] verwendet, um auszudrücken, dass man etwas bedauert: Ich kann leider doch nicht mitkommen — schade!; ■ **es ist um jemanden/etwas (nicht) schade** was mit jmdm. oder etwas geschieht, ist (nicht) bedauerlich Um das alte Fahrrad ist es nicht schade.; ■ **jemand/etwas ist für jemanden/etwas zu schade** jmd. oder etwas ist zu gut für jmdn. oder etwas Die neue Hose ist für die Arbeit viel zu schade.

Schä·del der ['ʃɛːdl̩] <-s, -> (beim Menschen und bei Tieren) alle Knochenstücke des Kopfes: Der Schädel des Menschen wird aus 22 Knochen gebildet.; jemandem den Schädel einschlagen; ■ **jemandem brummt der Schädel** (umg.) jmd. hat Kopfschmerzen ◆-bruch, -decke, Toten-

Scha·den der ['ʃaːdn̩] <-s, Schäden> ❶ negative Folgen einer Zerstörung oder Beschädigung: Der Orkan hat große/verheerende Schäden in Millionenhöhe angerichtet/hinterlassen. ❷ eine Stelle, an der etwas beschädigt ist: Er hat den Schaden am Auto reparieren lassen. ❸ *körperliche Verletzung:* Das Unfallopfer erlitt schwere körperliche Schäden. ▸ Schadhaftigkeit, schadlos ◆ Auto-, Maschinen-, Personen-, Sach-, Sturm-, Wasser-

scha·den [ˈʃaːdn̩] <schadest, schadete, hat geschadet> *ohne OBJ* ▪ **etwas schadet** (**jmdm.**) *in negativer Weise beeinträchtigen:* Rauchen schadet der Gesundheit.; Das frühe Aufstehen wird dir nicht schaden!; ▪ **Das schadet ihm nichts!** *Das geschieht ihm ganz zu recht!* Er raste immer so mit dem Auto, dass er jetzt den Führerschein verloren hat. Das schadet ihm nichts!; ▪ **es kann nichts schaden, wenn ...** *es ist sicher besser, wenn* Es kann nichts schaden, auf die Reise einen Schirm mitzunehmen.

Scha·den·freu·de die <-> /kein Plur./ *die Haltung, über das Missgeschick eines anderen Freude zu empfinden*

schä·di·gen [ˈʃɛːdɪɡn̩] <schädigst, schädigte, hat geschädigt> *mit OBJ* ▪ **jmd./ etwas schädigt jmdn./etwas** *Schaden zufügen:* Wenn er andere betrügt, schädigt er sie. ▸ Schädigung

schäd·lich [ˈʃɛːtlɪç] <schädlicher, am schädlichsten> *adj so, dass sich etwas negativ auf jmdn. oder etwas auswirkt:* Rauchen ist schädlich für die Gesundheit.; Die schädliche Wirkung dieser Chemikalien ist seit langem bekannt. ▸ Schädlichkeit

Schäd·ling der [ˈʃɛːtlɪŋ] <-(e)s, -e> *ein Tier oder eine Pflanze, die in größerer Zahl an Pflanzen und Speisevorräten Schaden anrichten* ◆ -sbefall, -sbekämpfung, Pflanzen-

Schad·stoff der <-(e)s, -e> *(fachspr.) ein (chemischer) Stoff, der in größeren Mengen an Umwelt und den Lebewesen schadet:* Durch den Einbau dieses Filters wird die Menge an Schadstoffen stark vermindert. ▸ schadstoffarm, schadstofffrei ◆ -emission

Schaf das [ʃaːf] <-(e)s, -e> *ein Tier, das kleiner ist als eine Kuh, das sich von Gras ernährt und ein sehr dichtes Fell mit vielen Haaren hat, aus denen man Wolle macht:* Auf den Wiesen weiden Schafe und Lämmer.; das Mähen der Schafe; ▪ **das schwarze Schaf sein** *(umg.) in einer Gemeinschaft unangenehm auffallen oder der Außenseiter sein* ◆ -bock, -herde, -rasse, -schur, -wolle, Berg-, Wild-

Schä·fer der, **Schä·fe·rin** <-s, -> *jemand, der Schafe züchtet*

Schä·fer·hund der <-(e)s, -e> ❶ *ein großer Hund, der oft als Wachhund oder Polizeihund eingesetzt wird* ❷ *der Hund eines Schäfers*

schaf·fen¹ [ˈʃafn̩] <schaffst, schuf, hat geschaffen> *mit OBJ* ▪ **jmd. schafft etwas** ❶ *hervorbringen, schöpferisch gestalten:* Der Künstler hat ein Werk von bleibendem Wert geschaffen. ❷ *bewirken, dass etwas entsteht:* Die Firma wollte neue Arbeitsplätze schaffen.; Ich muss erst etwas Platz schaffen.; ▪ **wie geschaffen sein für etwas** *sehr geeignet sein für etwas* Sie ist für diese Arbeit wie geschaffen.

schaf·fen² [ˈʃafn̩] <schaffst, schaffte, hat geschafft> I. *mit OBJ* ▪ **jmd. schafft etwas** ❶ *(≈ bewältigen) etwas erfolgreich abschließen:* Sie hat die Prüfung erst im zweiten Anlauf geschafft. ❷ ▪ **jmd. schafft etwas** (**irgendwohin**) *irgendwohin bringen:* Ich habe die Kiste auf den Dachboden geschafft. II. *ohne OBJ* ▪ **jmd. schafft** süddt. *arbeiten:* Er schafft bei der Post.; ▪ **jemandem zu schaffen machen** *(umg.) jmdm. Sorgen bereiten;* ▪ **mit jemandem/etwas nichts zu schaffen haben** (**wollen**) *(umg.) mit etwas nichts zu tun haben (wollen)*

Schaff·ner der, **Schaff·ne·rin** [ˈʃafnɐ] <-s, -> *jmd., der in öffentlichen Verkehrsmitteln beruflich Fahrkarten kontrolliert und verkauft*

Schal der [ʃaːl] <-(e)s, -e/-s> *ein langes, schmales Tuch, das man um den Hals trägt:* ein wollener/bunt karierter/selbst gestrickter/seidener Schal

schal *adj (≈ abgestanden) so beschaffen, dass die Kohlensäure aus einem Getränk verschwunden ist:* Das Bier ist schal.

Scha·le¹ die [ˈʃaːlə] <-, -n> ❶ *ein im Verhältnis zu seiner Größe sehr flaches Gefäß:* Auf der Kommode steht eine Schale mit Nüssen/mit Obst. ◆ Obst- ❷ ÖSTERR. *Tasse:* eine Schale Kaffee

Scha·le² die [ˈʃaːlə] <-, -n> ❶ *die äußere Hülle oder Hülse eines Samens, einer Frucht oder einer Nuss:* Ich habe die Kartoffeln mit der Schale gekocht. ❷ *das Gehäuse von bestimmten Tieren, wie z.B. Schnecken oder Muscheln:* Die Schalen dieser Muscheln sind besonders schön.; ▪ **sich in Schale werfen** *(umg.) sich besonders elegant anziehen*

schä·len [ˈʃɛːlən] <schälst, schälte, hat geschält> I. *mit OBJ* ▪ **jmd. schält etwas** ❶ *die äußere dünne Schicht oder Haut von etwas entfernen:* Äpfel/Kartoffeln/ Möhren schälen ▸ Schäler ❷ *ablösen:* das Fleisch vom Knochen schälen II. *mit SICH* ▪ **etwas schält sich** *Haut löst sich in vie-*

len kleinen Teilen ab: Ihre Haut schälte sich nach dem Sonnenbrand.

Schall der [ʃal] <-(e)s> */kein Plur/* ❶ PHYS. *die sich wellenförmig ausbreitende Schwingung, die die Ursache von Geräuschen ist:* Das Flugzeug fliegt schneller als der Schall.; Dieses Material absorbiert/ dämpft den Schall. ◆-geschwindigkeit ❷ *(geh.) lauter Klang, nachhallendes Geräusch:* Der Schall der Trompeten drang an sein Ohr.; ▪ **Schall und Rauch sein** *(umg.) bedeutungslos sein und schnell vergehen* Seine Versprechungen sind bloßer Schall und Rauch. ▸ schalldicht ◆-dämmung, -dämpfer, -mauer, -welle

Schall·plat·te die <-, -n> *eine größere, runde Kunststoffscheibe, auf der Musik/ gesprochene Texte gespeichert sind:* Kannst du bitte die Schallplatte abspielen/ auflegen/umdrehen/in ihre Hülle stecken? ◆-nhülle, -nsammlung, -nspieler

schal·ten [ˈʃaltn] <schaltest, schaltete, hat geschaltet> **I.** *mit OBJ/ohne OBJ* ▪ **jmd. schaltet (etwas) auf etwas** *Akk. eine bestimmte Funktion an einem technischen Gerät auswählen:* Er schaltet die Heizung auf Sommerbetrieb.; Sie hat das Radio aufs dritte Programm geschaltet. **II.** *ohne OBJ* ▪ **jmd./etwas schaltet** ❶ ▪ **jmd. schaltet in etwas** *Akk. jmd. wählt beim Fahren eines Fahrzeugs einen anderen Gang:* Am Berg solltest du in den zweiten Gang schalten. ❷ ▪ **etwas schaltet auf etwas** *Akk.* TECHN. *der Wechsel des Lichtsignals bei einer Ampel:* Die Ampel hat auf Rot geschaltet. ❸ ▪ **jmd. schaltet** *(umg.) reagieren:* Die Ereignisse des Unfalls geschahen derart plötzlich, dass er so schnell gar nicht schalten konnte.; ▪ **schalten und walten** *(umg.) selbst bestimmen, was man tut* Er kann mit dem Geld schalten und walten.

Schal·ter[1] der [ˈʃaltɐ] <-s, -> *eine mechanische Vorrichtung für das Schalten I:* Du musst nur am Schalter drehen/drücken/ den Schalter umlegen/betätigen. ◆ Druck-, Licht-, Kipp-, Strom-

Schal·ter[2] der [ˈʃaltɐ] <-s, -> *eine Art Theke, an der in Banken, an Bahnhöfen, an Flughäfen und Postämtern die Kunden bedient werden und die häufig durch eine Glasscheibe vom übrigen Raum abgetrennt ist:* Der Schalter war schon geschlossen, als sie kam. ◆-beamte, -raum, Fahrkarten-, Paket-, Post-

Schalt·jahr das <-(e)s, -e> *ein alle vier Jahre auftretendes Jahr, in dem der Februar 29 Tage hat*

Schalt·tag der <-(e)s, -e> *ein Tag im Februar, der in einem Schaltjahr zu den sonst üblichen 365 Tagen eines Jahres hinzukommt:* Der 29. Februar ist in einem Schaltjahr der Schalttag.

Schal·tung die <-, -en> ⓣ ELEKTROTECHN. *die Anordnung der elektrischen Verbindungen zwischen Stromquellen, Maschinen, Geräten und Geräteteilen* ❷ *kurz für „Gangschaltung":* Mit der Schaltung kann man beim Auto/Motorrad/Fahrrad zwischen den verschiedenen Gängen ³ wechseln.

schä·men [ˈʃɛːmən] <schämst, schämte, hat geschämt> *mit SICH* ▪ **jmd. schämt sich** *die Empfindung haben, (in moralischer Hinsicht) versagt zu haben oder eine Schwäche gezeigt zu haben:* Sie schämte sich vor ihren Freunden.; Er hat sich in Grund und Boden geschämt. ▸ Scham, schamhaft, schamlos, verschämt

Schand- [ʃant] *(umg.) als Erstglied zusammengesetzter Substantive, mit Betonung auf dem Erstglied; drückt aus, dass das mit dem Zweitglied Bezeichnete als schändlich/empörend/skandalös/unerhört empfunden wird:* Sie betrachtet die Warze an der Backe als Schandfleck/Schandmal in ihrem Gesicht. ◆-fleck, -frieden, -mal, -schnauze, -tat, -urteil

Schan·de die [ˈʃandə] <-> */kein Plur./ etwas, das dem Ansehen einer Person schadet:* Dieser Vorfall brachte Schande über ihn.; Er machte ihr Schande.; Es ist eine Schande, dass …; Zu meiner Schande muss ich gestehen, dass …; Sie glaubte, sie würde diese Schande nicht überleben.; ▪ **mit Schimpf und Schande** *unter Verlust von Ehre und Ansehen* Er wurde mit Schimpf und Schande davongejagt. ▸ schänden, schändlich ◆-tat

scharf [ʃarf] <schärfer, am schärfsten> *adj* ❶ *(↔ stumpf) so, dass es gut schneidet:* Vorsicht, das Messer ist sehr scharf!; An den scharfen Kanten kann man sich leicht verletzen. ❷ *nicht abgerundet:* Ich habe mich an der scharfen Kante gestoßen. ❸ *(↔ mild) stark gewürzt:* Die Soße ist mir zu scharf.; Scharfe Speisen können den Magen reizen. ❹ *sehr kalt:* Nachmittags setzte ein scharfer Wind ein. ❺ *genau wahrnehmend:* Sie hat scharfe Augen.; Seinem scharfen Blick entgeht nichts ❻ *(↔ verschwommen) so, dass auf einem Bild oder einem Foto alle Gegenstände deutlich erkennbare sind und deutlich erkennbare Konturen haben:* Das Foto ist leider nicht ganz scharf. ❼ *(≈ analytisch) so, dass man Dinge genau erfasst und logisch* *denkt:* Er besitzt einen scharfen Verstand. ⑧ *(≈ heftig)* Seine Pläne haben scharfe Kritik hervorgerufen.; Sie hat mir scharf widersprochen. ⑨ *so, dass ein Tier schnell zubeißt:* Sie haben einen scharfen Hund auf dem Bauernhof. ⑩ *(umg.) sexuell anregend:* ein Film mit einigen scharfen Szenen

Schär·fe die ['ʃɛrfə] <-> /kein Plur./ ① *die Eigenschaft, gut zu schneiden:* Sie prüft die Schärfe des Messers. ② *durch starkes Würzen bewirkter ausgeprägter Geschmack:* Ich habe die Schärfe der Soße mit Sahne gemildert. ③ *(≈ Stärke)* Die Schärfe des Frostes war nicht vorherzusehen. ④ *in hohem Maße ausgebildete Wahrnehmung von Reizen:* Die Schärfe ihrer Augen ist verblüffend. ⑤ *Klarheit, Deutlichkeit:* Ich bin überrascht über die Schärfe der Fotos. ⑥ *genaues Erfassen, Wahrnehmen:* Alle bewunderten die Schärfe ihres Verstandes. ⑦ *(≈ Schonungslosigkeit)* Die Schärfe seiner Kritik war verletzend.

schär·fen ['ʃɛrfn̩] <schärfst, schärfte, hat geschärft> *mit OBJ* ▪ **jmd. schärft etwas** ① *durch Schleifen scharf machen* ② *(geh.) in seiner Funktion verbessern:* den Verstand schärfen

Schat·ten der ['ʃatn̩] <-s, -> *der Bereich, der von den Sonnenstrahlen nicht erreicht wird und daher dunkel ist:* Es waren dreißig Grad im Schatten.; Die Schatten werden länger.; Der Baum spendet Schatten.; ▪ **in jemandes Schatten stehen** *weniger beachtet, anerkannt werden als eine andere Person;* ▪ **nicht über seinen Schatten springen können** *(umg.) nicht anders handeln können, als es dem eigenen Wesen entspricht;* ▪ **jemanden in den Schatten stellen** *(umg.) bessere Leistungen zeigen als ein anderer;* ▪ **seine Schatten vorauswerfen** *sich durch bestimmte Vorzeichen ankündigen*

schat·tig ['ʃatɪç] *adj* *(↔ sonnig)* ▪ **im Schatten liegend** ein schattiges Plätzchen

Schatz der [ʃats] <-es, Schätze> ① *eine (an einem Ort) angehäufte Menge kostbarer Dinge:* In der Höhle fand man einen Schatz.; Auf der Insel soll ein Schatz vergraben sein. ◆ -kiste, -suche, -sucher, Gold- ② */meist Plur./ angesammelte Dinge von persönlichem Wert:* Er hat mir stolz seine Schätze gezeigt: über 500 Schallplatten. ③ *(umg.) liebevolle Anrede für jmdn.:* Wollen wir nicht ins Kino gehen, (mein) Schatz?

schät·zen ['ʃɛtsn̩] <schätzt, schätzte, hat geschätzt> *mit OBJ* ① ▪ **jmd. schätzt jmdn./etwas irgendwie** *nach dem äußeren Eindruck ungefähr bestimmen/bewerten:* Ich hätte ihn jünger geschätzt.; Ein Gutachter schätzte den Schaden am Auto. ② ▪ **jmd. schätzt, dass ...** *(umg.) vermuten:* Ich schätze, dass wir bald fertig sein werden. ③ ▪ **jmd. schätzt jmdn./etwas (als etwas)** *von jmdm. oder etwas eine gute Meinung haben:* Ich schätze ihn als sehr guten Freund.; Sie schätzt ein gutes Glas Wein.; Ich weiß es zu schätzen, dass ...; ▪ **gering schätzen** *niedrig einschätzen* Ich schätze den Schaden eher gering ein.; ▪ **geringschätzen** *verachten* Du solltest sie nicht geringschätzen! ◆ Getrenntschreibung → R 4.8; Zusammenschreibung → R 4.5

Schät·zung die <-, -en> *das Schätzen[1]*

schät·zungs·wei·se *adv* *(↔ genau) ungefähr/der Vermutung nach:* Bis zur nächsten Tankstelle sind es schätzungsweise 30 Kilometer.

schau·en ['ʃaʊən] <schaust, schaute, hat geschaut> *ohne OBJ* ① ▪ **jmd. schaut (auf etwas** *Akk.* **/irgendwohin)** *den Blick auf etwas richten:* Schau doch nicht ständig auf die Uhr!; Schau 'mal her! ② ▪ **jmd. schaut irgendwie** *in einer bestimmten Weise blicken:* Er schaute verlegen weg. ③ ▪ **jmd. schaut nach jmdm.** SÜDDT., ÖSTERR., SCHWEIZ. *sich kümmern:* Sie versprach, täglich nach den Kindern zu schauen. ▶ Schau, Schaukasten

schau·er·lich *adj* ① *(≈ unheimlich) so, dass es Angst macht:* Das ist wirklich eine schauerliche Geschichte. ② *(umg.) sehr:* Es war schauerlich kalt. ▶ Schauerlichkeit

Schau·fel die ['ʃaʊfl̩] <-, -n> ① *ein Gerät mit einem langen Stiel und einem breiten Stück Metall/Plastik an einem Ende, mit dem man Erde, Sand o.Ä. bewegt:* Er nahm eine Schaufel und füllte Sand in die Schubkarre. ② *der Teil an einem Bagger, mit dem Erde, Sand o.Ä. bewegt werden kann:* Der Bagger hat eine große Schaufel.

schau·feln ['ʃaʊfl̩n] <schaufelst, schaufelte, hat geschaufelt> **I.** *mit OBJ/ohne OBJ* ▪ **jmd. schaufelt (etwas)** *etwas mit einer Schaufel oder den hohlen Händen bewegen:* Sie schaufeln Kohle in den Keller.; Er musste eine ganze Weile schaufeln, um den Schnee vor der Garage zu beseitigen. **II.** *mit OBJ* ▪ **jmd. schaufelt etwas** *durch Schaufeln[1] erzeugen:* Er hat ein Grab geschaufelt.

Schau·fens·ter das <-s, -> *ein großes Fenster eines Geschäfts, in dem Waren ausgestellt werden:* Sie dekorieren gerade die Schaufenster neu. ◆-auslage, -dekoration, -puppe, -reklame

Schau·kel die ['ʃaukl] <-, -n> *ein Brett, das an zwei Seilen angehängt ist und auf das man sich setzt, um hin- und her zu schwingen:* Auf dem Spielplatz steht eine große Schaukel. ◆-pferd, Garten-, Kinder-

Schau·lus·ti·ge der/die <-n, -n> *(abwert.) jmd., der neugierig die Vorgänge an einer Unglücksstelle betrachtet:* Die vielen Schaulustigen behinderten die Arbeiten der Sanitäter am Unfallort.

Schaum der [ʃaum] <-(e)s, Schäume> / *meist Sing./ eine Masse aus vielen kleinen Luftbläschen, die sich auf oder aus Flüssigkeit bildet* ▸ schäumen, schaumig ◆-gummi, -stoff, Bier-, Eier-, Meer-, Seifen-

Schau·platz der <-es, Schauplätze> *ein Ort, an dem etwas Bestimmtes stattfindet oder stattgefunden hat:* Dies ist der Schauplatz des Verbrechens.; Schauplatz der Handlung ist Zypern.

Schau·spiel das ['ʃauʃpiːl] <-(e)s, -e> ❶ */kein Plur./ (= Drama) eine literarische Gattung, bei der eine Handlung durch die beteiligten Personen auf der Bühne dargestellt wird* ❷ *ein Bühnenstück:* Das Schauspiel kommt beim Publikum gut an. ❸ *ein beeindruckender Anblick:* Der Sonnenuntergang war ein beeindruckendes Schauspiel.

Schau·spie·ler der, **Schau·spie·le·rin** ['ʃauʃpiːlɐ] <-s, -> ❶ *jmd., dessen Beruf es ist, im Kino- oder Fernsehfilmen Rollen darzustellen* ◆Bühnen-, Film- ❷ *(umg.) jmd., der sich gut anders zeigen kann, als er wirklich ist:* Du bist eine gute Schauspielerin!

Scheck, *a.* **Check** der [ʃɛk] <-s, -s> *ein Dokument, das man zum Bezahlen benutzen kann, wenn man bei einer Bank ein Konto hat:* einen Scheck über 350 Euro ausstellen; einen Scheck einlösen ◆-betrug, -fälschung, -heft, Reise-

Scheck·kar·te die <-, -n> *ein (Plastik-)Kärtchen, das der Inhaber eines Bankkontos dazu verwenden kann, Schecks als Zahlungsmittel zu gebrauchen und Bargeld an einem Geldautomaten abzuheben*

Schei·be die ['ʃaibə] <-, -n> ❶ *ein flacher, runder Gegenstand, der relativ dünn ist:* eine Scheibe aus Holz/Metall; In früheren Zeiten glaubten die Menschen, die Erde sei eine Scheibe. ❷ *ein dünnes, flaches, abgeschnittenes Stück bestimmter Lebensmittel:* eine Scheibe Brot/Käse/Wurst; Ich habe die Zitrone in Scheiben geschnitten. ❸ *kurz für „Fensterscheibe":* Das helle Sonnenlicht zeigt den Schmutz auf den Scheiben. ❹ *(umg.) Schallplatte, CD:* Das sind die heißesten Scheiben des Monats.; ▪ **sich eine Scheibe von jemandem abschneiden können** *(umg.) jmdn. als Beispiel oder Vorbild nehmen können*

Schei·ben·wi·scher der <-s, -> KFZ *ein Gerät aus Metall und Gummi, das bei Regen die Windschutzscheibe eines Autos frei von Regenwasser hält*

schei·den ['ʃaidn] <scheidest, schied, hat/ ist geschieden> I. *mit OBJ (haben)* ▪ **jmd. scheidet jmdn./etwas** *eine Ehe durch ein Gerichtsverfahren auflösen:* Sie hat sich kurz nach ihrer Hochzeit schon wieder scheiden lassen.; Die Ehe ist seit Januar geschieden. II. *ohne OBJ* ▪ **jmd. scheidet (aus etwas** *Dat.) (sein) eine Funktion ablegen:* Er ist frühzeitig aus dem Amt geschieden.; ▪ **die Spreu vom Weizen scheiden** *das qualitativ Gute vom qualitativ Schlechten trennen;* ▪ **aus dem Leben scheiden** *sterben*

Schei·dung die <-, -en> *die gerichtliche Auflösung einer Ehe:* Sie haben die Scheidung eingereicht. ◆-sanwalt, -sgrund, -sklage, -surteil

Schein der [ʃain] <-(e)s, -e> ❶ *eine offizielle Bescheinigung in der Art eines (kurzen) Texts auf einem Blatt Papier:* Ich stelle Ihnen gerne einen Schein aus.; Der Schein ist leider abgelaufen. ❷ *kurz für „Geldschein"* ❸ */kein Plur./ Anschein, äußerer Eindruck:* Du solltest wenigstens versuchen, den Schein zu wahren ❹ */kein Plur./ etwas, das in Wirklichkeit nicht so ist, wie es sich äußerlich darstellt:* Seine Freundlichkeit war nur Schein. ◆-ehe, -firma, -geschäft, -prozess, -schwangerschaft, -tod ❺ *Schimmer, Lichtstrahl:* Er saß im Schein der Lampe/einer Kerze.

schein·bar *adv nur dem äußeren Eindruck nach, aber nicht in Wirklichkeit:* Das ist doch nur ein scheinbarer Gegensatz; tatsächlich unterscheiden sich ihre Meinungen gar nicht so stark voneinander.

schei·nen ['ʃainən] <scheinst, schien, hat geschienen> *ohne OBJ* ❶ ▪ **etwas scheint (irgendwie)** *leuchten, strahlen:* Die Sonne schien den ganzen Tag. ❷ ▪ **jmd./etwas scheint (irgendwie)** *den Anschein erwecken:* Er scheint reich zu sein.; Es scheint mir, dass …

Schein·wer·fer der <-s, -> *eine Lampe mit starker Leuchtkraft:* Die Kirche wird nachts von Scheinwerfern angestrahlt.; Der linke Scheinwerfer am Auto ist kaputt. ◆-licht, Auto-, Bühnen-

Scheiß- [ʃais] *(umg.) als Erstglied zusammengesetzter Substantive, mit Betonung auf beiden Teilen; drückt intensivierend aus, dass das mit dem Zweitglied Bezeichnete besonders stark und heftig negativ beurteilt wird:* Den völlig unterbezahlten Scheißjob möchte er bald aufgeben. ◆ -arbeit, -film, -job, -kaff, -krieg, -laden, -spiel, -stadt, -telefon, -typ, -wetter

scheiß- [ʃais] *(umg.) als Erstglied zusammengesetzter Adjektive, mit Betonung auf beiden Teilen; drückt intensivierend aus,* ❶ *(≈ ganz, sehr) dass die mit dem Zweitglied bezeichnete, eher negative Eigenschaft, die auf jemand/etwas zutrifft, besonders stark ausgeprägt ist:* Es ist jetzt scheißkalt geworden. ◆ -egal, -frech, -kalt ❷ *dass man die mit dem Zweitglied bezeichnete, grundsätzlich positive Eigenschaft, die jemand (momentan) hervorkehrt, für übertrieben hält:* Auf einmal ist er scheißfreundlich; möglicherweise hat er gehört, dass ich vielleicht klagen werde und einen sehr guten Anwalt habe. ◆ -freundlich, -liberal, -normal, -vornehm

schei·tern [ˈʃaitɐn] <scheiterst, scheiterte, ist gescheitert> *ohne OBJ* ▪ **jmd./etwas scheitert (an etwas** *Dat.***)** *(aus einem bestimmten Grund) nicht erfolgreich sein:* Er hat kein Geld mehr: Er ist mit seinem Geschäft gescheitert.; Die Verhandlungen sind am Widerstand der Partner gescheitert.

Sche·ma das [ˈʃeːma] <-s, -s/Schemata/Schemen> ❶ *(gedankliches) Konzept, Vorstellung, die man von einem Sachverhalt hat:* Er geht stets nach einem bestimmten Schema vor.; Sie lässt sich in kein Schema pressen.; Wir brauchen uns nicht an ein festes/starres Schema zu halten. ◆ Denk-, Handlungs- ❷ *eine Zeichnung mit den wichtigsten Merkmalen einer Sache:* Das Buch enthält zahlreiche Schemata von elektrischen Schaltungen.; ▪ **nach Schema F** *(abwert.) gedankenlos und routinemäßig*; ▪ **jemand/etwas lässt sich in kein Schema pressen** *jmd./etwas ist so einzigartig, dass man ihn/sie/es mit nichts vergleichen kann*

Schen·kel der [ˈʃɛŋkl] <-s, -> ❶ *der Teil des Beines von der Hüfte bis zum Knie* ◆ Ober-, Unter- ❷ MATH. *eine der beiden Geraden, die einen Winkel bilden* ▸ gleichschenklig

schen·ken [ˈʃɛŋkn̩] <schenkst, schenkte, hat geschenkt> *mit OBJ* ❶ ▪ **jmd. schenkt jmdm. etwas** *als Geschenk geben:* Ich habe ihr zum Geburtstag einen Bildband über Italien geschenkt. ❷ ▪ **jmd./etwas schenkt jmdm. etwas** *zuteil werden lassen:* Das intensive Gespräch hat ihr neue Kraft geschenkt.; der Nachbarin ein Lächeln schenken ❸ ▪ **jmd. schenkt jmdm./sich etwas erspuren:** Sie hat sich und anderen nie etwas geschenkt, sondern immer mit viel Einsatz gearbeitet und das auch von anderen gefordert.; Diese Arbeit kannst du dir schenken.; ▪ **fast/halb geschenkt sein** *(umg.) sehr billig sein* ▸ Schenkung

Scher·be die [ˈʃɛrbə] <-, -n> *eines der vielen Stücke, die entstehen, wenn ein Gegenstand aus Glas/Porzellan/Ton zerbricht:* Der Krug ging in Scherben.; Die Vase zersprang in tausend Scherben. ◆ -nhaufen, Glas-

Sche·re die [ˈʃeːrə] <-, -n> ❶ *ein Schneidewerkzeug mit zwei Klingen, die sich aufeinander zubewegen, mit dem man vor allem Papier und Stoff schneidet:* Reich mir bitte die Schere, damit ich das Bild ausschneiden kann. ▸ scheren, Schur ◆ -nschleifer, Draht-, Garten-, Nagel-, Papier- ❷ ZOOL. *eines der Organe von Krebsen und Hummern, mit denen sie greifen:* die Scheren eines Krebses

Sche·re·rei die [ʃeːrəˈrai] <-, -en> */meist Plur./ (umg.) Ärger, Unannehmlichkeit:* Mach mir bloß keine Schereien!; Ich will keine Schereien haben!

Scherz der [ʃɛrts] <-es, -e> *(≈ Witz) etwas, das man mit der Absicht sagt oder tut, andere zu erheitern:* Das war ein netter/gelungener/völlig harmloser Scherz.; Sie hat es doch nur zum/im Scherz gesagt. ▸ scherzen, scherzhaft

Scheu die [ʃɔy] <-> */kein Plur./ (≈ Schüchternheit) die Eigenschaft, dass ein Mensch oder ein Tier Fremden gegenüber sehr vorsichtig und zurückhaltend ist:* Das Kind legte langsam seine Scheu ab.; Er überwand seine Scheu.

scheu [ʃɔy] <scheuer, am scheu(e)sten> *adj* ❶ *sehr vorsichtig und ein wenig ängstlich:* Der Maler ist ein überaus scheuer Mensch.; Sie wechselten scheue Blicke. ❷ *(↔ zutraulich) so, dass ein Tier Menschen nicht an sich herankommen lässt:* Rehe sind sehr scheu.

scheu·en [ˈʃɔyən] <scheust, scheute, hat gescheut> I. *mit OBJ* ▪ **jmd. scheut etwas** *zu vermeiden versuchen:* Sie haben keine Kosten/keine Mühen gescheut, um doch noch Karten für dieses Konzert zu bekommen. II. *mit SICH* ▪ **jmd. scheut sich (vor etwas** *Dat.***)** *zurückschrecken:*

Sie scheute sich nicht davor, ins kalte Wasser zu gehen.

scheu·ern ['ʃɔyen] <scheuerst, scheuerte, hat gescheuert> **I.** *mit OBJ* ▪ **jmd. scheuert etwas** *Schmutz mit einer Bürste beseitigen:* Ich muss noch die Bratpfanne/den Boden in der Küche scheuern. **II.** *ohne OBJ* ▪ **etwas scheuert** *reiben:* Der Kragen hat am Hals gescheuert.; ▪ **jemandem eine scheuern** *(umg.) jmdm. eine Ohrfeige geben* ▸ Scheuermittel, Scheuertuch

Scheu·ne die ['ʃɔynə] <-, -n> *ein Gebäude (auf einem Bauernhof), in dem Heu und Stroh gelagert wird:* Das Heu wird in die Scheune gebracht.

scheuß·lich ['ʃɔyslɪç] *adj* ❶ *sehr hässlich:* Was ist dies für ein scheußliches Gebäude? ❷ *(≈ entsetzlich) sehr schlimm:* Das scheußliche Verbrechen konnte endlich aufgeklärt werden. ❸ *(umg.) unangenehm:* Wir hatten scheußliches Wetter.; Es war scheußlich kalt.

Schicht die [ʃɪçt] <-, -en> ❶ *eine sehr flach verteilte Menge aus einem Material, das über oder unter etwas liegt:* eine Schicht Farbe auftragen; etwas von einer Staubschicht reinigen; Auf dem Wasser treibt eine dünne Schicht Öl. ◆ Eis-, Fett-, Farb-, Luft-, Öl-, Schutz- ❷ *kurz für „Gesellschaftsschicht":* Auf der Veranstaltung waren Leute aus allen sozialen Schichten. ◆ Bevölkerungs-, Führungs-, Gesellschafts- ❸ *einer der Abschnitte eines Arbeitstages in einem Betrieb, in dem 24 Stunden gearbeitet wird:* In welcher Schicht arbeitest du?; Ich gehe zur Schicht. ◆ -arbeiter(in), -beginn, -ende, -wechsel, Früh-, Nacht-, Spät-

schick, *a.* **chic** [ʃɪk] <schicker, am schicksten> *adj* ❶ *modisch und elegant:* ein sehr schickes Kleid ❷ *gut aussehend:* eine schicke junge Frau ❸ *(umg.) der Mode entsprechend und Begeisterung hervorrufend:* Er hat sich ein schickes Auto gekauft.; Das gilt heute als schick.

schi·cken ['ʃɪkn̩] <schickst, schickte, hat geschickt> **I.** *mit OBJ/ohne OBJ* ▪ **jmd. schickt (nach jmdm./etwas)** *jmdn. zu bestimmten Diensten o.Ä. holen lassen:* Wir haben den Nachbarn nach einem Arzt geschickt. **II.** *mit OBJ* ❶ **jmd. schickt (jmdm.) etwas** *(per Post) senden:* Ich habe ihr einen Brief geschickt. ❷ ▪ **jmd. schickt jmdn. irgendwohin** *jmdm. auftragen, irgendwohin zu gehen:* Sie hat das Kind in die Schule geschickt. **III.** *mit SICH* ▪ **etwas schickt sich** *sich gehören:* Es schickt sich nicht, so etwas zu sagen.

Schick·sal das ['ʃɪkzaːl] <-s, -e> ❶ */kein Plur./ eine höhere Macht, die das Leben beeinflusst:* Das Schicksal hat es gut mit ihm gemeint.; vom Schicksal benachteiligte Menschen; an ein gütiges Schicksal glauben ❷ *ein Ereignis, das das Leben eines Menschen entscheidend beeinflusst, ohne dass man daran etwas ändern kann:* Dies waren typische Schicksale der Kriegsgeneration.; ▪ **(Das ist) Schicksal!** *(umg.) so ist es eben;* ▪ **jemanden seinem Schicksal überlassen** *(umg.) nicht helfen*

schie·ben ['ʃiːbn̩] <schiebst, schob, hat geschoben> **I.** *mit OBJ/ohne OBJ* ▪ **jmd. schiebt (etwas)** *(↔ ziehen) gegen etwas drücken und es damit vorwärts bewegen:* Der Vater schiebt den Kinderwagen.; Der Reifen meines Fahrrads war platt; so musste ich es schieben. **II.** *mit OBJ* ▪ **jmd. schiebt etwas auf jmdn./etwas** *jmdn. oder etwas für etwas Unangenehmes verantwortlich machen:* Er ist sich keiner Schuld bewusst und schiebt immer alles auf andere.; Er hat die Schuld/den Verdacht auf mich geschoben. **III.** *mit SICH* ▪ **jmd./etwas schiebt sich irgendwohin** *sich langsam an eine Stelle bewegen:* Eine Wolke hat sich vor die Sonne geschoben. ▸ Schieber

Schieds·rich·ter der, **Schieds·rich·te·rin** <-s, -> SPORT *jmd., der bei Ballspielen das Spiel unparteiisch leitet und dafür sorgt, dass die Regeln beachtet werden:* Der Schiedsrichter hat das Foul nicht gesehen/gibt die gelbe Karte/zeigt einem Spieler die rote Karte/lässt fünf Minuten nachspielen. ▸ schiedsrichterlich ◆ -entscheidung

schief [ʃiːf] <schiefer, am schiefsten> *adj* *(↔ gerade) nicht genau senkrecht, sondern nach links oder rechts geneigt:* Die Wand ist schief.; Der Schiefe Turm von Pisa.; Das Bild hängt schief.; Er hat die Absätze schief gelaufen.; ▪ **schiefgehen/schieflaufen** *(umg.) anders verlaufen, als man gedacht oder geplant hatte* Weil der Zug nicht pünktlich kam, ist der ganze Tag schiefgelaufen.; ▪ **jemanden schief ansehen** *jmdm. misstrauen* Seit er einmal gelogen hat, wird er von den anderen schief angesehen.; ▪ **jemand kommt auf die schiefe Bahn** *jmd. kommt in schlechte Gesellschaft/nimmt schlechte Gewohnheiten an*

schie·len ['ʃiːlən] <schielst, schielte, hat geschielt> *ohne OBJ* ▪ **jmd. schielt** ❶ *einen Sehfehler haben, bei dem ein Auge in eine andere Richtung als das andere blickt:* Er schielt auf einem Auge. ❷ *(umg.)*

heimlich (irgendwohin) gucken; spähen: Der Schüler schielte auf das Heft des Nachbarn.; **nach etwas schielen** *(umg.) etwas unbedingt haben wollen* Er schielte nach ihren Ersparnissen.

schien [ʃiːn] *Prät. von* **scheinen**

Schien·bein *das* [ˈʃiːnbaɪn] <-(e)s, -e> *der vordere Unterschenkelknochen:* jmdm. gegen das Schienbein treten ◆ -bruch, -schützer

schie·ßen¹ [ˈʃiːsn] <schießt, schoss, hat geschossen> I. *mit OBJ/ohne OBJ* **jmd. schießt (jmdn.)** *einen Schuss mit einer Feuerwaffe abgeben:* Jemand hat ihn ins Bein geschossen.; Er schoss in die Luft.; Hände hoch oder ich schieße! II. *mit OBJ* ❶ **jmd. schießt ein Tier** *ein Tier durch einen Schuss töten:* Der Jäger schoss ein Wildschwein. ❷ **jmd. schießt (einen Ball)** *einen Ball werfen oder mit dem Fuß treffen und ihn so in eine bestimmte Richtung bewegen:* Der Stürmer hat in diesem Spiel zwei Tore geschossen.; **Fotos schießen** *(umg.) fotografieren* Ich schieße noch schnell ein paar Fotos.

schie·ßen² [ˈʃiːsn] <schießt, schoss, ist geschossen> *ohne OBJ* ❶ **jmd./etwas schießt irgendwohin** *sich mit sehr hoher Geschwindigkeit bewegen:* Das Auto schoss um die Kurve. ❷ *sich mit sehr hoher Geschwindigkeit bewegen, mit sehr hoher Geschwindigkeit fließen* **etwas schießt irgendwohin** *sehr plötzlich auftreten:* Die Röte schoss ihr ins Gesicht.; Blut schießt aus der Wunde. ❸ **etwas schießt** *sehr schnell wachsen:* Wir sollten den Salat ernten, bevor er schießt.; **etwas schießt wie ein Pilz aus der Erde** *etwas entsteht sehr schnell/in großer Zahl* In der neuen Siedlung schießen die Häuser wie Pilze aus der Erde.

Schiff *das* [ʃɪf] <-(e)s, -e> ❶ *ein größeres Wasserfahrzeug mit eigenem Antrieb:* Das Schiff legt ab/sticht in See/verkehrt auf einer bestimmten Linie/geht irgendwo vor Anker/liegt im Hafen/läuft unter deutscher Flagge. ◆ -sbau, -sreise, -srumpf, Fluss-, Fracht-, Kreuzfahrt-, Kriegs-, Küsten-, Passagier-, Segel- ❷ *in einer christlichen Kirche der lang gezogene Innenraum, in dem sich während des Gottesdienstes die Gemeinde aufhält:* Viele Kirchen haben drei Schiffe. ◆ Haupt-, Lang-, Mittel-, Quer-, Seiten-

schi·ka·nie·ren [ʃikaˈniːrən] <schikanierst, schikanierte, hat schikaniert> *mit OBJ* **jmd. schikaniert jmdn.** *jmdn. dadurch ärgern oder quälen, dass man ihm unnötige Arbeit oder Schwierigkeiten bereitet:* Er schikaniert ständig seine Mitarbeiter. ◆ Schikane, schikanös

Schild¹ *der* [ʃɪlt] <-(e)s, -e> ❶ *(als Teil der Ausrüstung des mittelalterlichen Ritters) eine Metallplatte, mit der man Angriffe eines Gegners abwehrt* ❷ TECHN. *äußere Betonhülle eines Atomreaktors zum Schutz vor radioaktiver Strahlung;* **etwas im Schilde führen** *(umg.) eine bestimmte, heimliche Absicht haben* Er sah so aus, als führte er nichts Gutes im Schilde.

Schild² *das* [ʃɪlt] <-(e)s, -er> ❶ *Tafel, Platte, auf der etwas geschrieben steht:* Das Zeichen auf diesem Schild bedeutet: Halten verboten! ◆ Hinweis-, Namens-, Nummern-, Stopp-, Tür-, Verkehrs- ❷ *(≈ Etikett) ein kleines Stück Papier, das man auf Behälter klebt und auf dem steht, was sich in dem Behälter befindet:* Ich habe ein Schild auf die Flasche geklebt. ◆ Preis-, Waren-

Schild·krö·te *die* [ˈʃɪltkrøːtə] <-, -n> *ein Tier, das einen Bauch- und Rückenpanzer hat und sowohl auf dem Land wie auch im Wasser leben kann* ◆ Riesen-, Wasser-

schil·lern [ˈʃɪlɐn] <schillert, schillerte, hat geschillert> *ohne OBJ* **etwas schillert** *vielfarbig glänzen:* Die Seifenblase schillerte im Sonnenlicht. ◆ schillernd

Schil·ling *der* [ˈʃɪlɪŋ] <-s, -e> *ehemalige österreichische Währungseinheit*

Schim·mel¹ *der* [ˈʃɪml] <-s, -> *(↔ Rappe) weißes Pferd*

Schim·mel² *der* [ˈʃɪml] <-s, -> *weißlicher, grauer oder grünlicher Belag (aus Schimmelpilzen), der sich auf faulenden Stoffen oder feuchtem Untergrund bildet:* Auf der Wand unter dem Waschbecken hat sich Schimmel gebildet. ◆ schimmeln, schimm(e)lig, ◆ -fleck, -pilz

schim·mern [ˈʃɪmɐn] <schimmert, schimmerte, hat geschimmert> *ohne OBJ* **etwas schimmert** *schwach glänzen:* Das Mondlicht schimmert durch die Bäume. ◆ Schimmer

Schim·pan·se *der* [ʃɪmˈpanzə] <-n, -n> *ein Menschenaffe*

schimp·fen [ˈʃɪmpfn] <schimpfst, schimpfte, hat geschimpft> I. *mit OBJ/ohne OBJ* **jmd. schimpft jmdn.** *seinen Ärger oder seine Wut über jmdn. oder etwas mit heftigen Worten zum Ausdruck bringen:* Die Mutter schimpft ihren Sohn.; Mein Mann schimpft schon seit Stunden. II. *ohne OBJ* **jmd. schimpft (mit jmdm.) (über etwas** *Akk.) jmdn. mit* *heftigen Worten kritisieren:* Der Vater schimpft mit der Tochter.; Am Stammtisch haben sie über die Politik geschimpft. **III.** *mit SICH* ■ **jmd./etwas schimpft sich (etwas/irgendwie)** *(umg. iron.) sich nennen (lassen):* Und so einer schimpft sich nun Arzt. ▸ Schimpf, Schimpfwort

Schin·ken der ['ʃɪŋkn̩] <-s, -> ❶ *geräuchertes oder gekochtes Fleisch eines Schlachttieres, meist eines Schweines* ◆ Koch-, Roh- ❷ *(umg. scherzh. oder abwert.) großes Buch:* Diesen Schinken von 3000 Seiten lese ich nicht! ❸ *(umg. scherzh. oder abwert.) schlechter Film oder schlechtes Gemälde:* So ein alter Schinken aus den 50ern!

Schirm der [ʃɪrm] <-(e)s, -e> ❶ *kurz für „Regenschirm" oder „Sonnenschirm"* ◆-ständer, Damen-, Herren- ❷ *kurz für „Bildschirm"* ❸ *abstehender Teil an der Vorderseite mancher Mützen, der vor Sonne und Hitze schützen soll* ◆-mütze

Schlacht die [ʃlaxt] <-, -en> ❶ *ein Kampf zwischen feindlichen Truppen in einem Krieg:* Die beiden Heere lieferten sich eine blutige Schlacht.; Die Schlacht tobte/wütete mehrere Tage lang. ◆-feld, Panzer-, See- ❷ *die heftige Bemühung verschiedener Leute um dasselbe:* Die Redner lieferten sich eine richtige Schlacht, als es um die Frage ging, wie die Gelder verteilt werden sollen. ◆ Rede-, Wahl-

schlach·ten ['ʃlaxtn̩] <schlachtest, schlachtete, hat geschlachtet> *mit OBJ* ■ **jmd. schlachtet ein Tier** *ein Tier wegen seines Fleisches töten:* Der Fleischer schlachtet Schweine/Rinder/Hühner. ▸ Schlachter, Schlachtung

Schlaf der [ʃlaːf] <-(e)s> /kein Plur./ *ein Zustand der Ruhe von Körper und Geist, in dem das gewöhnliche Bewusstsein ausgeschaltet ist und viele Körperfunktionen langsamer werden:* Sie hat einen festen/leichten/tiefen Schlaf.; Er konnte einfach keinen Schlaf finden.; Ich komme mit wenig Schlaf aus.; ■ **etwas im Schlaf tun/können** *etwas völlig sicher und mühelos tun können* ▸ schlaflos, Schlaflosigkeit, schläfrig ◆-mangel, -tablette

Schlaf·an·zug der <-(e)s, Schlafanzüge> (≈ ≈*Pyjama) beim Schlafen getragener Anzug aus Hose und Oberteil*

Schlä·fe die ['ʃlɛːfə] <-, -n> *der seitliche Teil des Kopfes oberhalb der Wangen zwischen Auge und Ohr;* ■ **graue Schläfen** *an den Schläfen ergrautes Haar*

schla·fen ['ʃlaːfn̩] <schläfst, schlief, hat geschlafen> *ohne OBJ* ■ **jmd. schläft** ❶ *sich im Zustand des Schlafs befinden:* Die Kinder schlafen tief und fest.; Wir sollten sie noch schlafen lassen. ❷ *(umg. abwert.) unaufmerksam sein:* Hast du im Unterricht schon wieder geschlafen?; Die anderen Firmen haben geschlafen und den neuen Trend verpasst. ❸ ■ **jmd. schläft mit jmdm.** *mit jmdm. Geschlechtsverkehr haben;* ■ **über etwas noch einmal schlafen müssen** *(umg.) über etwas noch einmal nachdenken müssen;* ■ **wie ein Stein schlafen** *sehr tief schlafen*

schlaff [ʃlaf] *adj* ❶ *(↔ gespannt) nicht unter Spannung stehend:* Das Seil hing schlaff herab. ❷ *nicht straff (und daher faltig):* Im Alter wird die Haut schlaffer. ❸ *kraftlos:* Das schwüle Wetter macht mich ganz schlaff. ▸ Schlaffheit

Schlaf·sack der <-(e)s, Schlafsäcke> *eine Hülle in der Art eines weich gepolsterten Sackes, in der man schlafen kann, beispielsweise wenn man im Freien übernachtet:* zum Zelten einen Schlafsack mitnehmen

Schlaf·zim·mer das <-s, -> *der Raum einer Wohnung, in dem man schläft*

Schlag der [ʃlaːk] <-(e)s, Schläge> ❶ *eine mit dem Arm oder der Faust geführte, heftige Bewegung gegen ein Ziel:* Schon nach dem ersten Schlag seines Gegners brach er zusammen. ◆ Faust- ▸ schlagartig, Schläger ❷ *ein lauter Knall:* Auf dem Dachboden hat es einen fürchterlichen Schlag getan. ❸ *Unheil, Unglück, Schicksalsschlag:* Der Unfall war ein schwerer Schlag für ihn. ❹ *eine militärische Angriffsaktion:* Die Gefahr eines atomaren/nuklearen Schlags ist gesunken. ❺ *kurz für „Stromschlag":* Das Kind hat an den Elektrozaun gegriffen und einen Schlag bekommen. ❻ *(umg.) kurz für „Schlaganfall"* ❼ *(umg.) einen großen Löffel voll:* Ich hätte gerne noch einen Schlag Suppe.; ■ **ein Schlag ins Gesicht** *(umg.) eine Beleidigung* Die Art, wie er mich angesprochen hat, war ein Schlag ins Gesicht.; ■ **mit einem Schlag(e)** *auf einmal* Er wurde mit einem Schlag berühmt.; ■ **Schlag auf Schlag** *schnell aufeinander folgend* Ein Jahr lang kamen die Erfolge Schlag auf Schlag.; ■ **jemanden trifft der Schlag** *(umg. übertr.) jmd. ist in höchstem Maße überrascht* Mich trifft der Schlag! Was machst du denn hier?

Schlag·an·fall der <-(e)s, Schlaganfälle> MED. *eine plötzliche Störung des Gehirns, oft mit Ausfall von Funktionen des Zentralnervensystems:* einen Schlaganfall bekommen

schla·gen ['ʃlaːɡn̩] <schlägst, schlug, hat geschlagen> I. *ohne OBJ* ❶ **jmd. schlägt jmdn. irgendwie** *prügeln:* Man hatte das wehrlose Opfer bewusstlos/krankenhausreif geschlagen. ❷ **jmd. schlägt etwas in etwas** *Akk. etwas mit einem Hammer in etwas hineinklopfen:* Nägel in die Wand schlagen ❸ **jmd. schlägt jmdn.** SPORT *(≈ besiegen)* Die heimische Mannschaft hat den Gegner überraschend/mit 2:0 geschlagen. II. *ohne OBJ* ❶ **jmd. schlägt auf/gegen etwas** *Akk. einen Schlag¹ mit der Hand auf einen Gegenstand ausüben:* Er hat mit der Faust auf den Tisch geschlagen.; Sie hat mehrmals gegen die Türe geschlagen. ❷ **jmd. schlägt auf/gegen etwas** *Akk. in kurzen regelmäßigen Abständen gegen etwas prallen:* Der Regen schlägt ans Fenster/gegen die Scheiben. ❸ **etwas schlägt etwas** *die Zeit durch Töne anzeigen:* Die Turmuhr hat gerade 12 geschlagen. III. *mit SICH* ❶ **jmd. schlägt sich mit jmdm.** *sich prügeln:* Der Junge hat sich mit seinem Freund geschlagen. ❷ **jmd. schlägt sich (irgendwie)** *eine Situation in einer bestimmten Weise meistern:* Sie hatte sich in diesem Wettkampf tapfer geschlagen.

Schla·ger der ['ʃlaːɡɐ] <-s, -> *ein populäres Musikstück mit eingängiger Melodie und einfachem Text* ◆-festival, -melodie, -sänger(in)

Schlä·ge·rei die [ʃlɛːɡəˈraɪ] <-, -en> *ein Streit, der mit Gewalt (ohne Waffen) direkt zwischen den beteiligten Personen stattfindet:* Sie wurden auf dem Nachhauseweg in eine Schlägerei verwickelt.

schlag·fer·tig *adj so, dass jmd. sehr schnell auf etwas Gesagtes reagiert und besonders einfallsreiche Antworten gibt:* Das war wirklich eine schlagfertige Antwort. ▶ Schlagfertigkeit

Schlag·loch das <-(e)s, Schlaglöcher> *ein Loch in der Straße:* Fahr' langsamer! Die Straße hat viele Schlaglöcher!

Schlag·obers das <-> /kein Plur./ ÖSTERR. *Schlagsahne*

Schlag·sah·ne die <-> /kein Plur./ ❶ *Sahne, die durch Schlagen fest wird:* Ich muss noch einen Becher Schlagsahne kaufen. ❷ *geschlagene Sahne:* ein Eis/Erdbeerkuchen mit Schlagsahne

Schlag·wort das <-(e)s, -e/(Schlagwörter)> ❶ *ein gängiger Ausdruck, der oft als Parole oder als Mittel zur Propaganda gebraucht wird:* Was waren die Schlagworte der Französischen Revolution? ❷ *(oft abwert.) ein abgegriffener, verschwommener Ausdruck, der häufig und ohne viel darüber nachzudenken im Zusammenhang mit einem bestimmten Thema gebraucht wird:* „Umweltschutz" und besonders „Nachhaltigkeit"/„nachhaltig" sind ganz wesentliche Schlagwörter, die im Rahmen der Energiewende dauernd verwendet werden. ❸ *(Plural: Schlagwörter) kennzeichnendes, den Inhalt eines Buches charakterisierendes Wort (für die Karteien/Kataloge einer Bibliothek, in der die Bücher nach Schlagwörtern sortiert sind)* ◆-katalog

Schlag·zei·le die <-, -n> *eine große Überschrift in Tageszeitungen;* **Schlagzeilen machen** *(umg.) viel Aufsehen erregen und so Gegenstand häufiger Berichterstattung in den Medien werden*

Schlag·zeug das <-(e)s, -e> *ein Musikinstrument, das aus verschiedenen Trommeln und anderen Gruppen von Instrumenten besteht, die durch Schlagen II.3 zum Klingen gebracht werden:* in einer Jazzband Schlagzeug spielen ▶ Schlagzeuger(in)

Schlamm der [ʃlam] <-(e)s, (-e/Schlämme)> *eine feuchte Masse aus Erde und Wasser:* Nach starken Regenfällen bedeckte Schlamm die Wege.; Die Taucher wühlten den Schlamm auf dem Grund des Sees auf. ▶ schlammig ◆-schicht, -schlacht

schlam·pig ['ʃlampɪç] <schlampiger, am schlampigsten> *adj (↔ ordentlich, gepflegt, sorgfältig)* ❶ *(↔ gepflegt) schmutzig, ungepflegt:* Warum bist du so schlampig gekleidet? ❷ *(↔ sorgfältig) ohne Sorgfalt, ungenau:* Das ist schlampige Arbeit! ▶ Schlampe, Schlamperei

Schlan·ge¹ die ['ʃlaŋə] <-, -n> ❶ *ein Tier ohne Beine mit einem länglichen Körper, das sich in Windungen kriechend fortbewegt:* Die Kobra ist eine giftige Schlange. ◆-nbiss, -ngift, Gift-, Riesen- ▶ schlängeln ❷ *(abwert.) Bezeichnung für eine hinterlistige Frau:* Die falsche Schlange hat mich angelogen.

Schlan·ge² die ['ʃlaŋə] <-, -n> *Menschen, die in einer (langen) Reihe (vor einem Schalter, im Auto auf einer Straße) warten:* An der Kasse bildete sich schnell eine Schlange.; **Schlange stehen** *in einer langen Reihe von Menschen stehen* ◆Warte-

schlank [ʃlaŋk] <schlanker, am schlank(e)sten> *adj (↔ dick, korpulent) (bezogen auf die Körpergröße) von relativ geringem Körpergewicht:* Sie ist sehr schlank.; Er hat eine schlanke Figur.

▶ Schlankheit ◆ gerten-

schlau [ʃlau̯] <schlauer, am schlau(e)sten> *adj listig und klug:* So schlau bin ich auch schon!; Das hat der Bursche schlau angestellt.; ■ **aus jemandem nicht schlau werden** *(umg.) jmdn. nicht durchschauen;* ■ **aus etwas nicht schlau werden** *(umg.) etwas nicht verstehen* ▶ Schläue

Schlauch der [ʃlau̯x] <-(e)s, Schläuche> ❶ *eine biegsame Röhre zur Leitung von Flüssigkeiten:* Aus dem Schlauch tritt Wasser aus. ❷ *(↔ Mantel) der mit Luft gefüllte innere Teil eines Reifens:* Ich brauche einen neuen Schlauch für mein Fahrrad.; ■ **auf dem Schlauch stehen** *(umg.) etwas nicht gleich verstehen* ◆ -boot

schlecht [ʃlɛçt] <schlechter, am schlechtesten> *adj (↔ gut)* ❶ *von geringer Qualität:* schlechtes Essen; Sie haben schlechte Arbeit geleistet.; Deine Leistungen sind schlecht. ❷ *ungünstig, nachteilig, schlimm:* Sie ist schlecht gelaunt.; Um den Patienten ist es schlecht bestellt. ❸ *unangenehm:* Das Essen riecht schlecht. ❹ *böse:* Er ist und bleibt ein schlechter Mensch. ❺ *körperlich unwohl:* Mir ist auf dem Schiff schlecht geworden.; ■ **mehr schlecht als recht** *(umg.) nicht besonders gut* ▶ Schlechtigkeit, Schlechtwetter ◆ Getrennt- oder Zusammenschreibung → R 4.16 ein schlecht beratender/schlechtberatener Kunde; ein schlecht bezahlter/schlechtbezahlter Job; ein schlecht besuchtes/schlechtbesuchtes Konzert; ein schlecht gelaunter/schlechtgelaunter Kellner; ein schlecht sitzender/schlechtsitzender Anzug

schlecht·ma·chen *mit OBJ* ■ **jemand macht jemanden schlecht** *(umg.) schlecht über jmdn. reden:* Er hat ihn vor allen anderen schlechtgemacht.

schle·cken [ʃlɛkn̩] <schleckst, schleckte, hat geschleckt> *mit OBJ/ohne OBJ* ■ **jmd./ein Tier schleckt etwas** ❶ *(umg.: ≈ lecken)* Die Katze schleckt Milch.; Der Junge schleckt an einem Eis. ❷ NORDDT. *naschen:* Das Mädchen schleckt Bonbons.; Der Junge schleckt gern. ▶ Schleckerei, Schleckermaul

schlei·chen [ʃlai̯çn̩] <schleichst, schlich, ist geschlichen> I. *ohne OBJ* ■ **jmd. schleicht** *langsam und leise gehen:* Sie schlich auf Zehenspitzen durchs Zimmer. II. *mit SICH* ■ **jmd. schleicht sich irgendwohin** *sich vorsichtig, lautlos und schleichend bewegen:* Er schlich sich leise aus dem Raum. ▶ Schleichweg

Schlei·er der [ʃlai̯ɐ] <-s, -> ❶ *ein Tuch aus feinem, meist durchsichtigem Stoff, das Kopf und Gesicht bedeckt:* Es ist selten geworden, dass die Braut einen Schleier trägt. ◆ Braut-, Witwen- ❷ *Dunst- bzw. Nebelschleier:* Über dem Wald lagen dichte Schleier.; ■ **den Schleier lüften** *(umg.) das Geheimnis enthüllen*

schlei·er·haft *adj /nicht steig./ (umg.: ≈ rätselhaft) unerklärlich:* Es ist mir völlig schleierhaft, wie das passieren konnte.

Schlei·fe die [ʃlai̯fə] <-, -n> ❶ *ein leicht lösbarer Knoten in einer Schnur:* Mir ist die Schleife des Schuhbands aufgegangen. ❷ *ein zu zwei Schlaufen gebundenes schmales Stoffband, das als Schmuck dient:* Sie trägt eine Schleife im Haar. ◆ Haar-, Kranz-, Seiden- ❸ *eine sehr stark gekrümmte Kurve:* Der Fluss macht eine Schleife.

Schleim der <-(e)s, -e> ❶ *ein bei Mensch und Tier in Mund/Maul, Nase und Magen vorkommende zähe und leicht klebrige Flüssigkeit:* Wenn man Schnupfen hat, ist viel Schleim in der Nase.; Schnecken bewegen sich auf einer ganz dünnen Schicht aus Schleim. ◆ -beutel, -haut, -schicht, Magen-, Mund-, Nasen- ▶ schleimig ❷ *kurz für „Schleimsuppe":* Sie kochte einen Schleim aus Hafer bzw. Reis. ◆ Hafer-, Reis-

Schlei·mer der, **Schlei·me·rin** <-s, -> *(umg. abwert.: ≈ Schmeichler) jmd., der sich bei anderen beliebt machen will und dafür auch unehrlich ist:* Er übertreibt so sehr mit seinem Lob bei seinen Kollegen, dass man ihn für einen Schleimer halten muss.

schlem·men [ʃlɛmən] <schlemmst, schlemmte, hat geschlemmt> *ohne OBJ* ■ **jmd. schlemmt** *(umg.) viel, gut und (oft sehr) teuer essen:* In diesem Lokal kann man so richtig schlemmen. ▶ Schlemmer, Schlemmerei

schlen·dern [ʃlɛndɐn] <schlenderst, schlenderte, ist geschlendert> *ohne OBJ* ■ **jmd. schlendert** *langsam und gemütlich gehen:* Wir sind abends noch ein wenig durch die Fußgängerzone geschlendert. ▶ Schlendrian

schlep·pen [ʃlɛpn̩] <schleppst, schleppte, hat geschleppt> I. *mit OBJ* ❶ ■ **jmd. schleppt jmdn./etwas** *eine schwere Last tragen:* Hast du die Einkaufstaschen allein nach oben geschleppt? ❷ ■ **jmd. schleppt etwas irgendwohin** *hinter sich herziehen:* Das Schiff wurde in den Hafen geschleppt. ❸ ■ **jmd. schleppt jmdn. irgendwohin** *(umg. übertr.) jmdn., der ei-*

gentlich nicht will, überreden, irgendwohin mitzugehen: Sie hat mich in die Oper geschleppt. **II.** *mit SICH* ■ **jmd. schleppt sich** (irgendwohin) *langsam und mühevoll gehen:* Sie konnte sich mit letzter Kraft zum Telefon schleppen und die Polizei anrufen. ▸ Schleppe, Schlepper, Schlepptau

schlep·pend <schleppender, am schleppendsten> *adj* ❶ *schwerfällig:* Mit schleppenden Schritten kam er die Treppe herauf. ❷ *langsam und mühsam:* Die Arbeiten gingen nur schleppend voran.

schleu·dern [ˈʃlɔydɐn] <schleuderst, schleuderte, hat/ist geschleudert> **I.** *mit OBJ/ohne OBJ* ■ **jmd. schleudert etwas** *(haben) etwas sehr schnell im Kreis bewegen, um so die enthaltene Flüssigkeit herauszupressen:* Der Imker schleudert Honig.; Wäsche in der Waschmaschine schleudern **II.** *mit OBJ* ■ **jmd. schleudert etwas irgendwohin** *Akk. (haben) mit heftigem Schwung werfen, etwas in rasche Bewegung versetzen:* Er schleuderte den brennenden Papierkorb aus dem Fenster.; Bei dem Unfall wurde sie aus dem Auto geschleudert. **III.** *ohne OBJ* ■ **etwas schleudert** *(sein) in voller Fahrt seitlich aus der Spur rutschen:* Der Wagen schleuderte und kam von der Fahrbahn ab.; ■ **ins Schleudern geraten/kommen** *(umg.) unsicher werden* Bei dieser Frage bin ich etwas ins Schleudern geraten.

schleu·nigst *adv* (≈ *sofort*) *so schnell wie möglich:* Gib mir jetzt schleunigst das Buch!

schlich [ʃlɪç] *Prät. von* **schleichen**

schlicht [ʃlɪçt] **I.** *adj* ❶ (↔ *raffiniert*) *einfach/ohne Verzierung:* Sie trug ein Kleid von schlichter Eleganz. ❷ *nicht besonders gebildet:* Dort leben eher schlichte Leute. **II.** *part so, dass kein Zweifel besteht:* Das ist schlicht gelogen.; Das ist schlicht und einfach falsch!

schlich·ten [ˈʃlɪçtn̩] <schlichtest, schlichtete, hat geschlichtet> *mit OBJ* ■ **jmd. schlichtet etwas** *dafür sorgen, dass ein Streit beendet wird:* Es gelang ihr, den Streit zu schlichten. ▸ Schlichtung

schlief [ʃliːf] *Prät. von* **schlafen**

schlie·ßen [ˈʃliːsn̩] <schließt, schloss, hat geschlossen> **I.** *mit OBJ/ohne OBJ* ❶ **die Geschäftszeit eines Ladens, Lokals oder Restaurants oder einer öffentlichen Einrichtung beenden:** Wir schließen das Geschäft in wenigen Minuten.; Wir schließen gleich. ❷ ■ **jmd. schließt** (etwas) *einen Laden auflösen, dessen Geschäftsbetrieb für immer beenden:* Leider müssen wir unser Geschäft Ende des Jahres schließen.; Wir schließen schon nächste Woche. ❸ ■ **jmd. schließt** (mit etwas *Dat.*) **beenden:** Sie schloss ihr Referat mit den Worten …; Der Redner schloss mit einem nachdrücklichen Appell. **II.** *mit OBJ* ■ **jmd. schließt etwas** ❶ *zumachen:* Ich habe alle Türen und Fenster geschlossen. ❷ *als Schlussfolgerung ableiten:* Daraus muss ich schließen, dass … **III.** *ohne OBJ* ■ **etwas schließt** *als Laden oder öffentliche Einrichtung die Geschäftszeit beenden:* Das Museum schließt um zwanzig Uhr.; ■ **die Augen** (**für immer**) **schließen** *sterben;* ■ **jemanden ins Herz schließen** *jmdn. sehr gern haben* ▸ Schließung

Schließ·fach *das* <-(e)s, Schließfächer> ❶ *ein verschließbares Fach, in dem man in Bahnhöfen sein Gepäck aufbewahren kann* ❷ *ein verschließbares Fach, in dem man in Banken Wertsachen aufbewahren kann*

schließ·lich [ˈʃliːslɪç] *adv* ❶ (≈ *endlich*) Als er schließlich kam, … ❷ (≈ *immerhin*) Du solltest ihn informieren; er ist schließlich dein Vorgesetzter.

schlimm [ʃlɪm] *adj* ❶ *mit üblen Folgen für etwas:* Das war ein schlimmer Fehler. ❷ *sehr unangenehm; arg:* Wir haben damals eine schlimme Zeit durchgemacht.; Das ist doch halb so schlimm! ❸ *niederträchtig; sehr böse:* Er ist ein schlimmer Gauner. ❹ *(umg.) entzündet:* Sie hat einen schlimmen Zahn.

Schlips *der* [ʃlɪps] <-es, -e> (≈ *Krawatte*) einen Schlips zum Anzug tragen; ■ **sich auf den Schlips getreten fühlen** *(umg.) beleidigt reagieren, gekränkt sein*

Schlit·ten *der* [ˈʃlɪtn̩] <-s, -> ❶ *ein einfaches Fahrzeug, das über Schnee gleiten kann:* Acht Hunde ziehen den Schlitten.; Wir wollen nachmittags auf dem schneebedeckten Hügel Schlitten fahren. ◆-fahrt ❷ *(umg.) ein schneller (Sport-)Wagen:* Ich frage mich, wie der sich so einen Schlitten leisten kann.; ■ **mit jemandem Schlitten fahren** *(umg.) jmdn. schikanieren, grob zurechtweisen*

Schloss¹ *das* [ʃlɔs] <-es, Schlösser> *ein Wohnsitz, den sich Adelige, Fürsten oder Könige gebaut haben:* das Schloss von Versailles ◆-anlage, -garten, -herr/-herrin, -hof, -mauern, -park, Lust-, Stadt-, Wasser-

Schloss² *das* [ʃlɔs] <-es, Schlösser> *ein Gerät, das in eine Tür eingebaut ist und mit dem man diese Tür abschließen kann:* Der Schlüssel dreht sich im Schloss.; Wir

mussten das Schloss an der Tür austauschen lassen.; ■ **hinter Schloss und Riegel sitzen** *(umg.) im Gefängnis sein* ◆ Sicherheits-,Tür-, Zahlen-
schloss [ʃlɔs] *Prät. von* **schließen**
Schlucht *die* [ʃlʊxt] <-, -en> *ein sehr tiefes Tal mit steilen Wänden* ◆ Berg-, Felsen-, Gebirgs-
schluch·zen [ˈʃlʊxtsn̩] <schluchzt, schluchzte, hat geschluchzt> *ohne OBJ* ■ **jmd. schluchzt** *laut weinen:* Sie schluchzte bitterlich.
Schluck *der* [ʃlʊk] <-(e)s, -e/Schlücke> ❶ *die Menge Flüssigkeit, die man auf einmal in den Mund nehmen kann:* Er trank einen großen/kleinen Schluck Kaffee. ❷ *der Vorgang des Hinunterschluckens:* Sie trank mit hastigen Schlucken.
schlu·cken [ˈʃlʊkn̩] <schluckst, schluckte, hat geschluckt> **I.** *mit OBJ/ohne OBJ* ■ **jmd. schluckt etwas** *Nahrung durch den Mund in den Magen gelangen lassen:* Er hat beim Schwimmen Wasser geschluckt.; Sie hatte entzündete Mandeln und konnte kaum schlucken. **II.** *mit OBJ (umg.)* ❶ ■ **jmd. schluckt etwas** *etwas gegen seinen Willen hinnehmen:* Da er nicht widersprechen konnte, musste er den Tadel schlucken. ❷ ■ **etwas schluckt etwas** *(umg.) verbrauchen, aufnehmen:* Dieser große Wagen schluckt Unmengen von Sprit.; Der Garten schluckt jeden Sommer sehr viel Wasser. ❸ ■ **jmd./eine Firma o.Ä. schluckt etwas** *(umg.) etwas in seinen/ihren Besitz bringen:* Der Tante-Emma-Laden an der Ecke wurde von einer Supermarktkette geschluckt.
schlug [ʃluːk] *Prät. von* **schlagen**
schlüp·fen [ˈʃlʏpfn̩] <schlüpfst, schlüpfte, ist geschlüpft> *ohne OBJ* ❶ ■ **jmd. schlüpft irgendwohin** *sanft und lautlos gehen:* Die Kinder schlüpften heimlich zur Türe hinaus. ❷ ■ **ein Vogel schlüpft** *(von Vögeln) aus dem Ei kommen:* Wann sind die Küken geschlüpft? ❸ ■ **jmd. schlüpft in etwas** *Akk. ein Kleidungsstück anziehen:* Ich muss nur noch in die Schuhe schlüpfen, dann können wir gehen.
schlur·fen [ˈʃlʊrfn̩] <schlurfst, schlurfte, ist geschlurft> *ohne OBJ* ■ **jmd. schlurft** *schleppend und geräuschvoll gehen:* Der alte Mann schlurfte aus dem Zimmer.
schlür·fen [ˈʃlʏrfn̩] <schlürfst, schlürfte, hat geschlürft> *mit OBJ/ohne OBJ* ■ **jmd. schlürft (etwas)** *eine Flüssigkeit geräuschvoll mit viel Luft in den Mund saugen:* Sie schlürfte die heiße Suppe.; Du kannst in diesem Lokal doch nicht so laut schlürfen!
Schluss *der* [ʃlʊs] <-es, Schlüsse> ❶ */ kein Plur./ (≈ Ende ↔ Beginn) der Zeitpunkt, an dem etwas aufhört:* Am Schluss der Vorstellung gab es viel Applaus. ◆ Büro-, Dienst-, Sende- ❷ *(≈ Ende ↔ Beginn) letzter Teil von etwas:* Der Schluss des Romans hat mir nicht gefallen. ◆ -akkord, -satz, -teil ❸ *(≈ Schlussfolgerung)* Aus dem Gesagten ziehe ich den Schluss, dass ...; ■ **mit jemandem Schluss machen** *(umg.) eine Liebesbeziehung zu jmdm. beenden* Sie hat mit ihrem Freund Schluss gemacht.; ■ **Schluss machen mit etwas** *(umg.) aufhören mit etwas* Sie hat mit dem Klavierspiel Schluss gemacht. ◆ Fehl-, Trug-
Schlüs·sel *der* [ˈʃlʏsl̩] <-s, -> ❶ *eine Art Stift aus Metall, der in ein Schloss eingeführt und darin gedreht wird, um es zu schließen und zu öffnen:* Ich habe den Schlüssel abgebrochen/verloren/ins Schloss gesteckt. ◆ -anhänger, -bart, -bund ❷ TECHN. *kurz für „Schraubenschlüssel":* Mit einem Schlüssel kann man die Schraube losdrehen.
Schlüs·sel- [ˈʃlʏsl̩] *als Erstglied zusammengesetzter Substantive, mit Betonung auf dem Erstglied; drückt aus,* ❶ *dass das mit dem Zweitglied Bezeichnete in seinem (allgemein oder spezifisch erfassten) Geltungsbereich von zentraler Bedeutung ist/ einen äußerst wichtigen Stellenwert hat:* In Deutschland gilt die Automobil-Industrie als Schlüsselindustrie. ◆ -betrieb, -branche, -dokument, -ereignis, -fakten, -faktor, -figur, -frage, -funktion, -industrie, -information, -moment, -motiv, -position, -problem, -qualifikation, -region, -rolle, -situation, -stellung, -technologie, -zone ❷ *dass das mit dem Zweitglied Bezeichnete für jemand mit Wissen/Kenntnissen einen Zugang zum Verständnis von etwas eröffnet:* Manche Gedichte ihrer jeweiligen Zeit gelten als Schlüsselgedichte, weil daraus in nicht unproblematischer Weise Muster für Interpretationen abgeleitet werden. ◆ -gedicht, -roman, -text, -wort
Schlüs·sel·bund *der/das* <-(e)s, -e> *mehrere Schlüssel¹ in einem Ring hängen*
Schlüs·sel·loch *das* <-(e)s, Schlüssellöcher> *die Öffnung, in die man den Schlüssel¹ steckt:* Habt ihr durchs Schlüsselloch geguckt?
Schluss·fol·ge·rung *die* <-, -en> *Folgerung, Ergebnis des Nachdenkens:* Aus dieser Äußerung zog er eine Reihe von Schlussfolgerungen.

Schluss·ver·kauf der <-(e)s, Schlussverkäufe> *Ausverkauf von Kleidung zu reduzierten Preisen am Sommer- oder Winterende*

schmäch·tig [ˈʃmɛçtɪç] <schmächtiger, am schmächtigsten> *adj schwach, schmal, dünn:* Sie ist ziemlich klein und schmächtig.

schmack·haft <schmackhafter, am schmackhaftesten> *adj (≈ wohlschmeckend) so, dass es gut schmeckt:* Das Essen ist sehr schmackhaft.; **jemandem etwas schmackhaft machen** *(umg.) jmdm. etwas so darstellen, dass er es für gut hält und Lust darauf bekommt*

schmal [ʃmaːl] <schmaler, am schmalsten> *adj* ❶ *(↔ breit) so, dass etwas im Verhältnis zu seiner Länge nur eine geringe Breite aufweist:* eine schmale Straße ❷ *schlank:* Sie ist sehr schmal in den Hüften.

Schma·rot·zer der <-s, -> *(abwert.) jmd., der auf Kosten anderer lebt:* Er war ein Schmarotzer, der nicht arbeiten wollte. ▸ schmarotzen

schmat·zen [ˈʃmatsn̩] <schmatzt, schmatzte, hat geschmatzt> *ohne OBJ* **jmd. schmatzt** *beim Essen laute Geräusche mit den Lippen machen:* Du sollst beim Essen nicht so schmatzen!

schme·cken [ˈʃmɛkn̩] <schmeckst, schmeckte, hat geschmeckt> I. *mit OBJ* **jmd. schmeckt etwas** *den Geschmack von etwas mit der Zunge feststellen:* Schmeckst du die exotischen Gewürze in der Suppe? II. *mit OBJ/ohne OBJ* ❶ **etwas schmeckt jmdm.** *jmd. findet den Geschmack von etwas gut:* Das Essen in diesem Restaurant schmeckt mir ausgezeichnet/hervorragend.; Die Suppe schmeckt (mir) nicht. ❷ **etwas schmeckt (jmdm.) (irgendwie)** *etwas hat für jmdn. den Geschmack von …:* Es hat allen (gut) geschmeckt.; Die Suppe schmeckt exotisch/scharf/süßsauer/versalzen.

schmei·cheln [ˈʃmaɪçl̩n] <schmeichelst, schmeichelte, hat geschmeichelt> *ohne OBJ* ❶ **jmd. schmeichelt jmdm.** *jmdn. übertrieben loben, um sich bei ihm beliebt zu machen:* Er schmeichelt andauernd seinem Vorgesetzten. ❷ **etwas schmeichelt jmdm.** *etwas hebt das Selbstbewusstsein von jmdm.:* Seine Komplimente schmeicheln mir. ▸ Schmeichelei, Schmeichler(in), schmeichlerisch

schmei·ßen [ˈʃmaɪsn̩] <schmeißt, schmiss, hat geschmissen> *(umg.)* I. *mit OBJ* ❶ **jmd. schmeißt etwas irgendwohin** *irgendwohin werfen:* Sie kam ins Zimmer und schmiss verärgert die Tasche in die Ecke. ❷ **jmd. schmeißt etwas in etwas** *Akk. heftig zuschlagen:* Er hat versehentlich die Tür ins Schloss geschmissen. ❸ **jmd. schmeißt etwas** *(umg.) beenden, aufgeben:* Weshalb hast du die Ausbildung geschmissen? II. *ohne OBJ* **jmd. schmeißt (mit etwas** *Dat.*) ❶ *mit etwas werfen:* Die Demonstranten schmissen mit Eiern nach ihm. ❷ **jmd. schmeißt mit Geld um sich** *viel Geld bedenkenlos ausgeben:* Die Touristen schmissen mit Geld nur so um sich.

schmel·zen [ˈʃmɛltsn̩] <schmilzt, schmolz, hat/ist geschmolzen> I. *mit OBJ* **jmd. schmilzt etwas** *(haben) durch Hitze flüssig werden lassen:* In dieser Vorrichtung hat man das Eisen/das Gold geschmolzen. ▸ Schmelze II. *ohne OBJ* **etwas schmilzt** *(sein) aufgrund steigender Temperatur flüssig werden:* Der Schnee ist geschmolzen.; Butter schmilzt in der Sonne.

Schmerz der [ʃmɛrts] <-es, -en> ❶ */kein Plur./ (↔ Freude) das seelische Empfinden, das durch großes Leid ausgelöst wird und das sehr traurig macht:* der Schmerz der Enttäuschung; Der Tod des Freundes hat ihn mit tiefem Schmerz erfüllt. ❷ */meist Plur./ eine unangenehme körperliche Empfindung, die auftritt, wenn ein Körperteil verletzt oder durch eine Krankheit verändert ist:* Seit wann spüren Sie diesen bohrenden/starken/stechenden/ziehenden Schmerz in der Schulter?; Sie sagt, sie habe anhaltende/furchtbare/unerträgliche Schmerzen in den Gelenken. ▸ schmerzempfindlich -patient(in), -therapeut(in), -therapie, Bauch-, Kopf-, Zahn-

schmerz·haft *adj körperlichen Schmerz² verursachend:* Die Verletzung war äußerst schmerzhaft. ▸ Schmerzhaftigkeit

schmerz·lich *adj Kummer/Leid verursachend:* Sie versuchte über den schmerzlichen Verlust hinwegzukommen. ▸ Schmerzlichkeit

Schmet·ter·ling der [ˈʃmɛtɐlɪŋ] <-s, -e> *ein kleines Insekt mit zwei farbigen Flügelpaaren:* Ein Schmetterling flattert von einer Blüte zur anderen.

schmie·den [ˈʃmiːdn̩] <schmiedest, schmiedete, hat geschmiedet> *mit OBJ* **jmd. schmiedet etwas** *aus glühendem Metall formen:* Der Schmied schmiedet einen Kessel. ▸ Schmied, Schmiede

schmie·gen [ˈʃmiːgn̩] <schmiegst, schmiegte, hat geschmiegt> *mit OBJ*

■ jmd. schmiegt sich/etwas (an jmdn./etwas) *einen Körperteil/sich an etwas Weiches/jmdn. drücken, um zärtlich zu sein oder sich geborgen zu fühlen:* Sie schmiegt ihre Wange an das weiche Fell der Katze.; Er schmiegte sich in ihre Arme.

schmie·ren ['ʃmiːrən] <schmierst, schmierte, hat geschmiert> I. *mit OBJ* ■ **jmd. schmiert etwas** ❶ *Maschinen oder Geräte mit Öl oder Fett behandeln, damit ihre beweglichen Teile sich leichter bewegen:* Du solltest die Maschine/die Fahrradkette schmieren. ❷ *Brot mit etwas bestreichen:* Er hatte ihr ein paar Brote geschmiert. ❸ *(abwert.) etwas auf eine Wand oder irgendwohin schreiben, obwohl dies verboten ist:* Wer hat diese Parolen an die Wand geschmiert?; Er hat das ganze Buch voll geschmiert/vollgeschmiert.; ■ **jemandem eine schmieren** *(umg.) jmdm. eine Ohrfeige geben;* ■ **etwas läuft/funktioniert wie geschmiert** *etwas läuft oder funktioniert ohne Probleme* II. *ohne OBJ* ■ **etwas schmiert** *ein Stift, Kugelschreiber oder Füllfederhalter macht Flecken, weil er nicht in Ordnung ist:* Der Kugelschreiber schmiert. ► Schmierer, Schmierfink

schmie·rig ['ʃmiːrɪç] *adj* ❶ *voller feuchtem und klebrigen Schmutz:* Der ganze Herd ist schmierig. ❷ *(abwert.) auf unehrliche, unangenehme Art freundlich:* Kennst du diese schmierigen Typen? ► Schmierigkeit

schmin·ken ['ʃmɪŋkn̩] <schminkst, schminkte, hat geschminkt> *mit OBJ* ■ **jmd. schminkt jmdn./etwas** *ein Mittel auf die Haut/die Augenbrauen/die Lippen auftragen, um sie zu färben:* Die Kosmetikerin schminkt ihre Kundin.; Sie schminkt ihre Lippen/ihre Augen.; Sie schminkt sich regelmäßig (die Lippen/die Augen). ► Schminke

schmiss [ʃmɪs] *Prät. von* **schmeißen**

schmol·len ['ʃmɔlən] <schmollst, schmollte, hat geschmollt> *ohne OBJ* ■ **jmd. schmollt** *nicht sprechen, um anderen zu zeigen, dass man beleidigt ist:* Ich weiß nicht, was er hat: Er schmollt schon seit einigen Stunden.

schmo·ren ['ʃmoːrən] <schmorst, schmorte, hat geschmort> I. *mit OBJ* ■ **jmd. schmort etwas** KOCH. *in Brühe gar werden lassen:* Sie schmort das Fleisch im eigenen Saft. II. *ohne OBJ* ■ **jmd. schmort irgendwo** *(umg.) jmd. erträgt große Hitze:* Ich habe in der Sauna/in der Sonne geschmort.; ■ **jemanden schmoren lassen** *(umg.) jmdn. warten lassen* Sie hat mich zwei Stunden schmoren lassen, ehe sie angerufen hat.

Schmuck *der* [ʃmʊk] <-(e)s> */kein Plur.* ❶ *Gegenstände, wie beispielsweise Ringe, Ketten, Ohrringe, die man am Körper trägt, um schöner auszusehen:* Sie trägt goldenen/kostbaren/silbernen/wertvollen Schmuck. ◆ Mode- ❷ *alles, was Personen und Dinge schöner macht:* Ihr ganzer Schmuck sind ihre wundervollen Haare.; Die Blumen tragen viel zum Schmuck des Hauses bei. ► schmücken

Schmug·gel *der* ['ʃmʊɡl̩] <-s> */kein Plur./ der Vorgang, dass man heimlich Waren über eine Landesgrenze transportiert und keinen Zoll dafür bezahlt:* der Schmuggel von Drogen nach Europa ► schmuggeln

schmun·zeln ['ʃmʊntsl̩n] <schmunzelst, schmunzelte, hat geschmunzelt> *ohne OBJ* ■ **jmd. schmunzelt** *auf eine stille Art lächeln:* Er musste schmunzeln, als er an diesen Witz dachte.

schmu·sen ['ʃmuːzn̩] <schmust, schmuste, hat geschmust> *ohne OBJ* ■ **jmd. schmust (mit jmdm.)** *Zärtlichkeiten austauschen:* mit den Kindern/dem Partner schmusen

Schmutz *der* [ʃmʊts] <-es> */kein Plur./ Dreck, Unrat:* Die Straßen waren voller Schmutz.; An den Schuhen klebt Schmutz.; Dieses Material ist Schmutz abweisend/schmutzabweisend.; ■ **jemanden/etwas durch den Schmutz ziehen** *Schlechtes/die Unwahrheit über jmdn. oder etwas sagen* Sein Name/Seine Familie wurde durch den Schmutz gezogen.

schmut·zig ['ʃmʊtsɪç] *adj* ❶ *voll Schmutz:* Das Hemd/das Fenster ist schmutzig. ❷ *(≈ obszön) unanständig:* eine schmutzige Fantasie; schmutzige Witze ❸ *illegal:* Mit diesen schmutzigen Geschäften habe ich nichts zu tun haben.

Schna·bel *der* ['ʃnaːbl̩] <-s, Schnäbel> *der Mund von Vögeln:* Der Vogel pickte mit dem Schnabel in den Baumstamm.; ■ **reden/sprechen, wie einem der Schnabel gewachsen ist** *(umg.) das sagen, was einem gerade einfällt*

Schnaps *der* [ʃnaps] <-es, Schnäpse> *ein Getränk, das sehr viel Alkohol enthält:* Dieser Schnaps wird aus Obst/Kartoffeln/Getreide gebrannt.; ein hochprozentiger/starker Schnaps; Korn ist ein klarer Schnaps aus Getreide.; ■ **Dienst ist Dienst, und Schnaps ist Schnaps** *(umg.) verwendet, um auszudrücken, dass man dienstliche und private Angelegenheiten trennen sollte* ◆ -flasche, -glas, Anis-, Kartoffel-, Verdauungs-

Schnaps·idee die <-, -ideen> *(umg.) ein unsinniger, verrückter Einfall:* Wer ist denn auf diese Schnapsidee gekommen?

schnar·chen ['ʃnarçn̩] <schnarchst, schnarchte, hat geschnarcht> *ohne OBJ* ▪ jmd. schnarcht *im Schlaf beim Atmen ein lautes Geräusch machen*

Schnau·ze die ['ʃnautsə] <-, -n> ❶ *das lange Maul mancher Tiere, das mit der Nase verbunden ist:* Der Hund hat eine lange/spitze Schnauze. ❷ *(vulg.) Mund:* Halt die Schnauze!; ▪ **die Schnauze voll haben** *(umg.) keine Lust mehr haben, die Geduld verlieren* ▸ schnauzen, Schnauzer

Schne·cke die ['ʃnɛkə] <-, -n> *ein weiches, kleines Tier ohne Beine, das sehr langsam auf seinem Bauch kriecht:* Die Schnecken haben alle Salatpflänzchen im Garten aufgefressen.; ▪ **jemanden zur Schnecke machen** *(umg.) jmdn. heftig ausschimpfen*

Schnee der [ʃneː] <-s> /kein Plur./ *gefrorenes Wasser in Form von weißen Flocken, die besonders im Winter auf die Erde fallen:* Über Nacht ist Schnee gefallen.; Der Schnee taut/bleibt liegen/bedeckt die Dächer/glitzert in der Sonne/liegt einen halben Meter hoch.; ▪ **Schnee von gestern/vom letzten/vom vergangenen Jahr** *(umg.) etwas, das niemanden mehr interessiert* ◆ -fall, -flocke, -glätte, -mann, Neu-, Pulver-

Schnee·be·sen der <-s, -> *ein Küchengerät zum Rühren von Eiern und Sahne*

schnei·den ['ʃnajdn̩] <schneidest, schnitt, hat geschnitten> I. *mit OBJ* ❶ ▪ **jmd. schneidet etwas (in etwas** *Akk.***)** *mit einem Messer, einer Schere o.Ä. etwas in Teile trennen:* Ich schneide Brot in Scheiben/Wurst in Stücke/Käse in Würfel. ❷ ▪ **jmd. schneidet sich/jmdm. etwas** *Fingernägel oder Haare kürzen:* Die Mutter schneidet sich und ihrem Kind die Fußnägel.; Sie schneidet ihrem Freund die Haare. ❸ ▪ **jmd. schneidet etwas aus etwas** *Dat. durch Schneiden¹ bewirken, dass ein Rohstoff in eine bestimmte Form gebracht wird:* Mit dieser Maschine kann man Bretter aus Baumstämmen schneiden.; aus Pappkarton Figuren schneiden ❹ ▪ **jmd. schneidet jmdn.** *jmdm. eine Schnittwunde beibringen:* Der Friseur hatte ihn beim Rasieren geschnitten.; Er hat sich in den Finger geschnitten. II. *ohne OBJ* ▪ **etwas schneidet (irgendwie)** *für das Schneiden I.1 in einer bestimmten Weise geeignet sein:* Das Messer schneidet gut/schlecht.

Schnei·der der, **Schnei·de·rin** ['ʃnajdɐ] <-s, -> *eine Person in demjenigen Handwerksberuf, in dem Kleidung aus Stoff anfertigt wird sowie Änderungen an Kleidungsstücken vorgenommen werden;* ▪ **frieren wie ein Schneider** *(umg.) sehr frieren;* ▪ **aus dem Schneider sein** *(umg.) das Schlimmste überstanden haben* ▸ Schneiderei, schneidern ◆ Damen-, Herren-, Maß-

schnei·en ['ʃnajən] <schneit, schneite, hat geschneit> *mit ES* ▪ **es schneit** *Schnee fällt vom Himmel:* Es hat die ganze Nacht geschneit.; ▪ **jemandem ins Haus schneien** *jmdn. unangemeldet (überraschend) besuchen*

schnell [ʃnɛl] *adj* ❶ *(↔ langsam) mit hoher Geschwindigkeit:* Er spricht/läuft/fährt schnell. ❷ *so, dass es innerhalb kurzer Zeit geschieht:* Sie hat einen schnellen Entschluss gefasst.; Wir waren überrascht schnell fertig.; Er findet sich schnell zurecht. ❸ *(≈ rasch) ohne Zögern, unmittelbar:* Jetzt ist schnelles Handeln erforderlich.; ▪ **auf die Schnelle** *(umg.) sehr rasch, flüchtig* Sie wollte auf die Schnelle noch einen Brief schreiben.; Wo bekomme ich auf die Schnelle noch Karten für dieses Konzert? ▸ Schnelligkeit

Schnell·hef·ter der <-s, -> *eine dünne Mappe aus Karton oder Plastik, in die man Blätter heftet*

Schnell·im·biss der <-es, -e> *eine Verkaufsstelle, an der man kleinere Gerichte schnell erhält und dort meist im Stehen isst*

Schnell·zug der <-(e)s, Schnellzüge> *ein Eisenbahnzug, der nur an den wichtigsten Bahnhöfen hält und mit hoher Geschwindigkeit fährt*

schnip·pisch ['ʃnɪpɪʃ] *adj (abwert.) kurz angebunden und respektlos; frech:* eine schnippische Bemerkung

Schnitt der [ʃnɪt] <-es, -e> ❶ *das Schneiden:* Er teilt den Apfel mit einem Schnitt.; einen Ast mit einem Schnitt vom Baum abtrennen ❷ MED. *Einschnitt:* Der kleine/lange/tiefe Schnitt, der bei der Operation notwendig war, ist inzwischen gut verheilt. ❸ *das Schneiden von Filmen:* Der Cutter ist für den Schnitt des Films verantwortlich. ❹ *(≈ Längsschnitt, Querschnitt)* Ein senkrechter/waagerechter Schnitt zeigt den inneren Aufbau des Gebäudes. ❺ *(umg.: ≈ Durchschnitt)* Was verdient man hier im Schnitt? ❻ *Durchschnittsgeschwindigkeit:* Wir fuhren mit einem

Schnitt von 40 km/h.
schnitt [ʃnɪt] *Prät. von* **schneiden**
Schnit·te die ['ʃnɪtə] <-, -n> LANDSCH. *(belegte) Scheibe Brot*
Schnitt·lauch der ['ʃnɪtlaʊx] <-(e)s /kein Plur./ *ein grünes Küchengewürz in Form von dünnen, grünen Röhrchen*
Schnit·zel[1] das ['ʃnɪtsl̩] <-s, -> *eine größere Scheibe Fleisch, die man brät:* ein paniertes Schnitzel ◆ Kalbs-, Jäger-, Puten-, Schweine-, Zigeuner-
Schnit·zel[2] das ['ʃnɪtsl̩] <-s, -> *(≈ Fetzen) ein (kleines) Papierstückchen*
schnit·zen ['ʃnɪtsn̩] <schnitzt, schnitzte, hat geschnitzt> *mit OBJ/ohne OBJ* ■ **jmd. schnitzt (etwas)** *Gegenstände, Formen oder Figuren aus Holz herausarbeiten:* Er schnitzt Figuren.; Sie schnitzt in ihrer Freizeit. ▸ Schnitzer(in), Schnitzerei
schnor·ren ['ʃnɔrən] <schnorrst, schnorrte, hat geschnorrt> *mit OBJ/ohne OBJ* ■ **jmd. schnorrt (etwas)** *(umg. abwert.) um Kleinigkeiten betteln:* Er schnorrte den ganzen Abend Zigaretten.; Sie schnorrt ständig bei ihren Freunden. ▸ Schnorrer
schnüf·feln ['ʃnʏfl̩n] <schnüffelst, schnüffelte, hat geschnüffelt> I. *ohne OBJ* ❶ ■ **ein Tier schnüffelt** *(≈ schnuppern) an etwas riechen:* Der Hund schnüffelt an einem Baum. ❷ ■ **jmd. schnüffelt irgendwo** *(umg. abwert.) im Privatbereich von jmdm. heimlich etwas suchen:* Woher willst du wissen, dass sie während deiner Abwesenheit nicht in deinem Zimmer geschnüffelt hat? ▸ Schnüffler(in) II. *mit OBJ/ohne OBJ* ■ **jmd. schnüffelt (etwas)** *(umg.) (als Drogenersatz) an Klebstoffen riechen, um sich zu berauschen:* Er schnüffelt dauernd Alleskleber.; Viele Jugendliche in diesem Viertel schnüffeln.
Schnul·ler der ['ʃnʊlɐ] <-s, -> *(umg.) ein kleiner Gegenstand mit einer weichen Gummispitze, die man Säuglingen in den Mund steckt, damit sie daran saugen können und sich dadurch ruhig und zufrieden fühlen*
Schnul·ze die ['ʃnʊltsə] <-, -n> *(umg. abwert.) kitschiger Schlager oder Film ohne künstlerischen Wert*
Schnup·fen der ['ʃnʊpfn̩] <-s, -> *eine Erkältungskrankheit, bei der sich Flüssigkeit in der Nase sammelt und die Schleimhäute anschwellen:* Es ist kein Wunder, wenn man sich bei diesem Wetter einen Schnupfen holt. ▸ verschnupft ◆ -mittel, Heu-
Schnur die [ʃnuːɐ̯] <-, Schnüre> *dicker, fester Faden:* Wir sollten das Paket sicherheitshalber mit einer Schnur zusammenbinden. ▸ schnüren ◆ Hut-, Paket-
Schnurr·bart der ['ʃnʊrbaːɐ̯t] <-(e)s, Schnurrbärte> *der Teil des Bartes, der bei Männern über der Oberlippe wächst:* sich einen Schnurrbart wachsen lassen ▸ schnurrbärtig
schnur·ren ['ʃnʊrən] <schnurrt, schnurrte, hat geschnurrt> *ohne OBJ* ■ **ein Tier schnurrt** *ein gleichförmiges, tiefes Geräusch von sich geben:* Die Katze schnurrt, wenn sie sich wohlfühlt
schob [ʃoːp] *Prät. von* **schieben**
Schock der [ʃɔk] <-s, -s/-e> ❶ *heftiger Schreck durch ein plötzliches und (sehr) unangenehmes Ereignis:* Die Kündigung war ein Schock für ihn. ▸ geschockt ❷ MED. *Zusammenbruch der Bewegung des Blutes im Körper des Menschen:* Das Unfallopfer stand unter Schock.
scho·ckie·ren [ʃɔˈkiːrən] <schockierst, schockierte, hat schockiert> *mit OBJ* ■ **jmd./etwas schockiert jmdn.** *bei jmdm. ein Gefühl des Schreckens und Entsetzens verursachen:* Seine obszönen Bemerkungen hatten alle Anwesenden schockiert.
Scho·ko·la·de die [ʃokoˈlaːdə] <-, -n> ❶ *ein süßes Nahrungsmittel aus Kakao, Zucker und Fett, das von brauner oder auch weißer Farbe ist und in Form von Tafeln oder Riegeln angeboten wird:* ein Riegel/eine Tafel Schokolade ◆ -riegel, -torte, Bitter-, Nuss-, Vollmilch- ❷ *ein Getränk aus heißer Milch und Schokolade*[1]*:* Sie trank eine heiße Schokolade.
schon [ʃoːn] I. *adv* ❶ *(≈ bereits) schneller als erwartet:* Die Gäste sind schon da.; Er war schon nach zwei Wochen mit der Arbeit fertig. ❷ *verwendet, um auszudrücken, dass zwei Vorgänge sehr kurz hintereinander ablaufen:* Das Licht in der Halle erlosch, und schon begann die Band zu spielen. ❸ *(≈ zu meinem Erstaunen/Ärger) verwendet, um Erstaunen oder Unmut auszudrücken:* Das Kind ist schon acht Jahre alt.; Sie sind jetzt schon der Hundertste, der mich das fragt.; Ich habe schon mehr als fünfzig Schnecken gefunden. ❹ *verwendet, um auszudrücken, dass weniger notwendig ist, als manche meinen:* Ein gutes Rennrad bekommt man heute schon für unter 1000 Euro. ❺ *(≈ bereits) verwendet, um auszudrücken, dass etwas längst der Fall ist:* Schon Aristoteles sagte, dass ... II. *part* ❶ *verwendet, um eine Aussage zu verstärken:* Du wirst schon se-

hen! ❷ (≈ *endlich*) *verwendet, um Ungeduld auszudrücken:* Nun komm schon!; Geh' schon! ❸ (≈ *wahrscheinlich*) *verwendet, um die Wahrscheinlichkeit einer Aussage zu betonen:* Sie wird schon anrufen.; Es wird schon nichts passieren.

schön [ʃøːn] <schöner, am schönsten> *adj* ❶ *so, dass es jmdm. gefällt:* Sie ist eine schöne Frau.; Er hat einen schönen Garten. ▸ Schönheit ❷ *so, dass das Wetter trocken und sonnig (und warm) ist:* Heute ist ein schöner Sommertag.; Bei schönem Wetter essen wir auf dem Balkon. ❸ (≈ *nett*) *anständig und angemessen:* Es wäre schön, wenn ihr sie im Krankenhaus besuchen würdet. ❹ (*iron.*) *unerfreulich:* Das ist ja eine schöne Bescherung!; Das sind wirklich schöne Aussichten! ❺ *zur Verstärkung einer Aufforderung:* Immer schön langsam!; Passt schön auf!; ▪ **wie man so schön sagt/wie es so schön heißt** (*umg. oft iron.*) *wie man oft (mit einem Sprichwort) sagt;* ▪ **das wäre ja noch schöner** (*umg.*) *verwendet, um etwas ganz abzulehnen* Ich soll Soldat werden? Das wäre ja noch schöner!; ▪ **eines schönen Tages** (*umg.*) *irgendwann in der Zukunft;* ▪ **etwas schönfärben/schönreden** *etwas schöner darstellen, als es ist* Die Politiker versuchen, die Situation durch Schönreden zu verharmlosen.; ▪ **schönschreiben** *besonders sorgfältig von Hand schreiben* Die Schüler üben sich im Schönschreiben.; ▪ **schöntun** *schmeicheln* Du willst mir nur schöntun, aber ich glaube dir nicht.

scho·nen [ˈʃoːnən] <schonst, schonte, hat geschont> **I.** *mit OBJ* ▪ **jmd. schont jmdn./etwas** *jmdn. oder etwas rücksichtsvoll behandeln:* Der Trainer schont seine Spieler.; Wir haben die Polstermöbel stets geschont. **II.** *mit SICH* ▪ **jmd. schont sich** *sich nur wenig belasten:* Er schonte sich etwas nach der Krankheit.

schöp·fen [ˈʃœpfn̩] <schöpfst, schöpfte, hat geschöpft> *mit OBJ* ▪ **jmd. schöpft etwas aus etwas** *Dat.* ❶ *irgendwo Flüssigkeit mit einem Behälter herausholen:* Wir schöpften mit Eimern Wasser aus dem Boot. ▸ Schöpfkelle, Schöpflöffel ❷ (*geh.*) (*Kraft oder Wissen*) *aus etwas für sich erhalten:* In der schweren Zeit konnte sie viel Kraft aus ihrem Glauben schöpfen.

Schöp·fer der <-s, -> ❶ *jmd., der etwas Wichtiges geschaffen hat:* der Schöpfer eines Kunstwerks ❷ */kein Plur./* REL. *Gott:* Gott, den nach religiöser Auffassung der Schöpfer aller Dinge ist

schöp·fe·risch [ˈʃœpfərɪʃ] *adj* /*nicht steig.*/ (≈ *kreativ*) *(als Künstler) mit guten Ideen/Einfällen:* Er ist ein sehr schöpferischer Mensch.; eine schöpferische Leistung

Schöp·fung die <-, -en> ❶ /*kein Plur.*/ (*meist iron.*) REL. *die nach religiöser Auffassung von Gott erschaffene Welt:* Der Mensch galt früher in Religion/Religions-Philosophie als Krone der Schöpfung, was insbesondere für die Tierwelt ganz verheerende negative Folgen hatte.; „Die Krone der Schöpfung, das Schwein, der Mensch" (Gottfried Benn in einem Gedicht) ❷ (*geh.*) *ein Kunstwerk:* Was wäre die Musik ohne die Schöpfungen eines Mozart oder eines Beethoven?

schoss [ʃɔs] *Prät. von* **schießen**

schräg [ʃrɛːk] *adj* ❶ (≈ *schief*) *nicht senkrecht:* Die Räume unter dem Dach haben schräge Wände. ▸ Schräge ❷ *diagonal:* Sie wohnt schräg gegenüber. ❸ (*umg.*) *von der Norm abweichend:* Er hört ziemlich schräge Musik.; ▪ **jemanden schräg ansehen** (*umg.*) *jmdn. verächtlich oder herablassend ansehen*

Schräg·strich der <-(e)s, -e> *ein schräger Strich:* „/": einen Schrägstrich zwischen zwei Wörter setzen

Schrank der [ʃraŋk] <-(e)s, Schränke> *ein großes Möbelstück zur Aufbewahrung von Wäsche, Kleidung, Geschirr oder Büchern, das relativ hoch ist und (abschließbare) Türen hat:* ein großer/massiver/schwerer Schrank; die Kleider in den Schrank hängen; Wäsche in den Schrank einräumen ◆ -boden, -fach, -tür, Akten-, Bauern-, Kleider-, Stahl-

Schrau·be die [ˈʃraʊbə] <-, -n> *ein kleinerer Metallstift, den man in etwas hineindreht, um es zu befestigen:* ein Brett im Schrank mit Schrauben befestigen; eine Schraube in das Holz hineindrehen; ▪ **bei jemandem ist eine Schraube locker** (*umg. abwert.*) *jmd. ist nicht ganz normal*

Schre·ber·gar·ten der <-s, Schrebergärten> *ein kleiner, privater Garten, der nicht direkt beim Wohnhaus liegt*

Schreck der [ʃrɛk] <-(e)s> /*kein Plur.*/ *das dann gegebene Gefühl der Erschütterung oder Angst, wenn man plötzlich eine Gefahr oder drohendes Unheil erkennt:* Sie hat einen furchtbaren/großen/Schreck bekommen.; Du hast mir aber einen Schreck eingejagt!; Der Schreck sitzt mir immer noch in den Gliedern.; sich erst langsam vom Schreck erholen ◆ -gespenst, -sekunde

Schre·cken der <-s, -> ❶ /*kein Plur.*/ (≈ *Schreck*) *Die Nachricht versetzte uns in Angst und Schrecken.* ◆ -smeldung, -snachricht, -szeit ② *ein Ereignis, das Angst und Furcht verbreitet*: Die Reportage dokumentiert die Schrecken des Krieges. ③ *eine Person, die bei anderen Personen Angst auslöst*: Der Professor war der Schrecken jedes Prüflings.

schre·cken ['ʃrɛkn̩] <schreckst, schreckte, hat geschreckt> I. *mit OBJ* ■ **jmd./etwas schreckt jmdn./etwas** *erschrecken, ängstigen*: Der Traum schreckte mich aus dem Schlaf.; Mit deiner Wut kannst du mich nicht schrecken! II. *mit SICH* ■ **jmd. schreckt sich** ÖSTERR. *jmd. erschreckt sich*: Er hat sich sehr geschreckt.

schreck·lich ['ʃrɛklɪç] <schrecklicher, am schreklichsten> *adj* ① (≈ *entsetzlich*) *Schrecken und Entsetzen auslösend*: eine schreckliche Geschichte/Nachricht/Vorahnung; An der Unfallstelle bot sich ein schrecklicher Anblick. ② (*umg.*) *sehr*: Wir würden Sie schrecklich gerne einladen!; Das ist nicht so schrecklich wichtig.

Schrei der [ʃraɪ] <-(e)s, -e> *ein sehr lauter Ausruf, den jmd. macht, weil er große Angst oder starken Schmerz, große Wut oder große Freude verspürt*: Ein Schrei durchbrach die Stille.; Sie stieß einen lauten Schrei aus.; ■ **der letzte Schrei** (*umg.*) *die allerneueste Mode* Das Kleid, das sie trug, war wirklich der letzte Schrei. ► Geschrei ◆ Entsetzens-, Freuden-, Hilfe-, Wut-

Schrei·ben das ['ʃraɪbn̩] <-s, -> *ein (förmlicher) Brief, Schriftstück*: Auf unsere Anfrage hin haben wir jetzt ein amtliches Schreiben erhalten. ◆ Antwort-, Bewerbungs-

schrei·ben ['ʃraɪbn̩] <schreibst, schrieb, hat geschrieben> I. *mit OBJ/ohne OBJ* ① ■ **jmd. schreibt (etwas)** *Schriftzeichen, Zahlen etc. auf eine Unterlage (zumeist auf Papier) aufbringen*: Sie schreibt den Text auf weißes Papier.; Er schreibt ordentlich/gut lesbar/unleserlich/deutlich/in Druckbuchstaben/mit einem Kugelschreiber. ② ■ **jmd. schreibt (jmdm.) (etwas)** *etwas (in einer bestimmten Art) schriftlich formulieren*: Sie schreibt Gedichte/einen Brief/ein Gutachten/eine wissenschaftliche Arbeit.; Er hat mir so lange nicht geschrieben.; Er schreibt für die Zeitung.; Sie schreibt anschaulich/lebendig/spannend/auf Deutsch. II. *mit OBJ* ■ **jmd. schreibt etwas** MUS. *komponieren*: Wer hat die Musik zu diesem Film geschrieben? III. *ohne OBJ* ■ **etwas schreibt** *als Schreibgerät funktionieren*: Der Kugelschreiber schreibt nicht. IV. *mit SICH* ■ **jmd./etwas schreibt sich irgendwie** *eine bestimmte Schreibweise haben*: Wie schreibt sich ihr Name?

Schreib·ma·schi·ne die <-, -n> *eine mechanische oder elektrische Maschine, mit der man Buchstaben-, Ziffern- und andere Zeichen auf Papier drucken kann, indem man Tasten drückt*: In der Volkshochschule habe ich einen Schreibmaschinenkurs besucht.

Schreib·tisch der <-(e)s, -e> *ein Tisch, an dem man Schreibarbeiten ausführt*: sich an den Schreibtisch setzen

schrei·en ['ʃraɪən] <schreist, schrie, hat geschrien> *mit OBJ/ohne OBJ* ① ■ **jmd. schreit (etwas)** *Schreie ausstoßen*: Sie schrie aus Leibeskräften/vor Schmerzen/vor Lachen. ② ■ **jmd. schreit** *sehr laut sprechen*: Der Lärm war so laut, dass wir schreien mussten, um uns zu verstehen. ③ ■ **jmd./ein Tier schreit nach etwas** *Akk. laut nach etwas verlangen*: Die Kühe schreien nach Wasser.; ■ **zum Schreien sein** (*umg.*) *sehr komisch sein, sehr zum Lachen reizen*

schrie [ʃriː] *Prät. von* **schreien**

schrieb [ʃriːp] *Prät. von* **schreiben**

Schrift die [ʃrɪft] <-, -en> ① *ein grafisches Zeichensystem als Kommunikationsmittel, bei dem entweder bestimmte Zeicheneinheiten (die Buchstaben) für Laute stehen, oder Bildzeichen für bestimmte Bedeutungen stehen*: Wer die Schrift erfunden hat, weiß man nicht genau.; Sie kann die chinesische Schrift lesen. ◆ Bilder-, Buchstaben-, Laut- ② *Wörter, die auf etwas geschrieben sind*: Die Schrift auf dem Plakat war kaum noch lesbar. ◆ -art, -größe ③ *Handschrift*: Sie hat eine schöne/unleserliche Schrift.; jemandes Schrift kaum entziffern können ④ *eine bestimmte Art von Druckschrift*: Das Textverarbeitungsprogramm beinhaltet auch zwanzig verschiedene Schriften. ⑤ *ein längerer gedruckter Text*: In diesen Regalen befinden sich medizinische/theologische Schriften.; ■ **die Heilige Schrift** *die Bibel*

schrift·lich ['ʃrɪftlɪç] *adj* /*nicht steig.*/ (↔ *mündlich*) *geschrieben; durch einen Schreibakt zustandegekommen*: die schriftlichen Prüfungen; eine schriftliche Notiz; Über dieses Gespräch gibt es schriftliche Aufzeichnungen.; ■ **Das kann ich dir schriftlich geben!** (*umg.*) *da kannst du ganz sicher sein* Ich fahre nie wieder mit dir zusammen in die Ferien! — Das kann ich dir schriftlich geben! ► Schriftlichkeit

Schrift·spra·che die <-, -n> (↔ Mundart) ≈ Hochsprache, Literatursprache, Standardsprache) die Standardsprache, in der Texte geschrieben/abgefasst/formuliert werden: Schwäbisch ist in der Schule (auch in Schwaben) nicht Schriftsprache.

Schrift·stel·ler der, **Schrift·stel·le·rin** ['ʃrɪftʃtɛlɐ] <-s, -> (≈ Autor) Autor/Autorin literarischer und anderer Texte ganz unterschiedlicher Textsortenzugehörigkeit (z.B. Fachtexte) ▸ schriftstellerisch ◆ -verband

schrill [ʃrɪl] adj ❶ (≈ durchdringend ↔ dumpf) von einem hohen und (unangenehm) intensiven Ton: Sie hat eine schrille Stimme. ❷ (jugendspr.) (in positiver Weise) ungewöhnlich: Er hat sich ein ziemlich schrilles T-Shirt für das Konzert besorgt.

Schritt der [ʃrɪt] <-(e)s, -e> ❶ die Bewegung beim Gehen, bei der man einen Fuß vor den anderen setzt: Sie beschleunigte/verlangsamte ihre Schritte.; Treten Sie bitte einen Schritt zurück. ❷ /kein Plur./ (≈ Gang) die Art und Weise, wie jmd. geht: Ich erkenne ihn schon am Schritt. ❸ (≈ Maßnahme) eine geplante Maßnahme, die einem bestimmten Zweck dient: Die nächsten Schritte wollen wohl überlegt sein.; Wir werden die notwendigen Schritte einleiten, um ...; ■ **Schritt für Schritt** (umg.) Stück für Stück; ■ **Schritt fahren** langsam fahren; ■ **auf Schritt und Tritt** ständig, immer und überallhin Er folgte ihr auf Schritt und Tritt.; ■ **den ersten Schritt tun** (umg.) den Anfang machen

Schrott der [ʃrɔt] <-(e)s, -e> /meist Sing./ ❶ Altmetall, (zerkleinerte) Metallabfälle ❷ (umg. abwert.) unbrauchbares Zeug: Was willst du mit all dem Schrott im Keller denn machen? ◆ -halde, -händler, -haufen, -platz

schrub·ben ['ʃrʊbn̩] <schrubbst, schrubbte, hat geschrubbt> mit OBJ/ ohne OBJ ■ **jmd. schrubbt (etwas)** mit einem Besen oder einer Bürste reinigen: Sie schrubbte das Fett von den Kacheln.; Wir haben lange geschrubbt, bis der Fußboden in der Küche endlich sauber war. ▸ Schrubber

schrump·fen ['ʃrʊmpfn̩] <schrumpft, schrumpfte, ist geschrumpft> ohne OBJ ■ **etwas schrumpft** (durch Feuchtigkeitsverlust) kleiner werden: Die Hose ist beim Waschen geschrumpft.; Es ist normal, dass Menschen im Alter etwas schrumpfen. ▸ Schrumpfung

Schub·kar·re, a. **Schub·kar·ren** die/der <-n, -n> kleiner Wagen mit einem Rad, den man schiebt mit zwei langen Griffen vor sich her schiebt (häufig benutzt für Garten- und Bauarbeiten): Sand mit dem Schubkarren transportieren

Schub·la·de die <-, -n> ein Fach in einem Möbelstück, das man herausziehen kann: Briefe in die Schublade legen; ■ **jemand/ etwas passt in keine Schublade** (umg.) jmd. oder etwas lässt sich nicht in eine der gängigen Kategorien einordnen

schüch·tern ['ʃʏçtɐn] <schüchterner, am schüchternsten> adj ❶ (≈ scheu) anderen Menschen gegenüber zurückhaltend: Wenn man sieht, wie freizügig er heute ist, möchte man gar nicht glauben, dass er früher so schüchtern war. ❷ aus Angst und Unsicherheit vorsichtig: Sie lächelte schüchtern, als ein junger Mann sie zum Tanzen aufforderte. ▸ Schüchternheit

schuf [ʃuːf] Prät. von **schaffen**

Schuft der [ʃʊft] <-(e)s, -e> (abwert. veralt.) ein niederträchtiger, gemeiner Mensch: Er ist ein Schuft. Er hat seine Freunde verraten. ▸ schuftig

schuf·ten ['ʃʊftn̩] <schuftest, schuftete, hat geschuftet> mit OBJ ■ **jmd. schuftet** (umg.) hart arbeiten: Für diesen Erfolg hat sie Tag und Nacht geschuftet.

Schuh der [ʃuː] <-(e)s, -e> ein aus Leder oder Textil gemachtes Kleidungsstück für den Fuß: Der Schuh drückt/ist zu eng/sollte eine Nummer größer sein/passt perfekt.; Sie hat sich elegante/modische Schuhe gekauft.; die Schuhe abtreten/ablaufen/binden/bürsten/eincremen/putzen; ■ **jemandem etwas in die Schuhe schieben** (umg.) jmdn. einer Sache beschuldigen Er schob seiner Freundin den Unfall in die Schuhe, obwohl er selbst am Steuer des Wagens gesessen hatte. ◆ -absatz, -geschäft, -sohle, Damen- Herren-, Leder-, Stöckel-, Sport-, Straßen-, Turn-, Wander-

Schul·ar·beit die <-, -en> ÖSTERR. Klassenarbeit; schriftlicher Test in der Schule: In der letzten Schularbeit habe ich eine schlechte Note bekommen.

Schul·ar·bei·ten die <-> /Plur./ Hausaufgaben der Schüler für die Schule: Hast du deine Schularbeiten schon gemacht?

Schuld die [ʃʊlt] <-, -en> ❶ /kein Plur./ der Umstand, dass jmd. für etwas Negatives verantwortlich ist: Ihn trifft keine Schuld (an dem Unfall).; Die Schuld liegt bei mir. ◆ -zuweisung, Allein-, Mit- ❷ / kein Plur./ ein sittliches Versagen, eine moralische Verfehlung: Sie hat (eine) schwere Schuld auf sich geladen.; Ich bin mir keiner Schuld bewusst. ③ /nur Plur./ das Geld, das man jmdm. noch bezahlen muss, weil man es ausgeliehen oder etwas gekauft und noch nicht bezahlt hat: Er hat Schulden bei der Bank.; Man hat ihm seine Schulden erlassen.

schul·den [ˈʃʊldn̩] <schuldest, schuldete, hat geschuldet> mit OBJ ■ jmd. schuldet jmdm. etwas ① jmdm. Geld zurückzahlen müssen: Ich glaube, du schuldest mir noch Geld. ② aus moralischen Gründen jmdm. etwas schuldig sein: Sie schuldet mir noch eine Erklärung.; Ich schulde ihm großen Respekt.

schul·dig [ˈʃʊldɪç] adj /nicht steig./ ① verantwortlich für eine böse Tat oder ein Verbrechen: Der Angeklagte bekannte sich schuldig.; Sie hat sich dieser Tat schuldig gemacht. ▸ Schuldige ② so, dass jmd. jmdm. etwas geben muss: Was bin ich Ihnen schuldig?; Sie ist mir noch eine Erklärung schuldig.; ■ **jemanden schuldigsprechen** jmdn. gerichtlich verurteilen; ■ **jemandem nichts schuldig bleiben** auf eine (scharfe) Kritik ebenso heftig reagieren

Schu·le die [ˈʃuːlə] <-, -n> ① die Institution, die Kindern und Jugendlichen Bildung vermittelt: Er besucht eine höhere Schule.; Man diskutierte die Probleme der Schule in der heutigen Zeit. ◆ Berufs-, Grund-, Haupt-, Real- ② ein einzelnes Gebäude, das eine Schule[1] beherbergt: Ich fahre mit dem Fahrrad/dem Schulbus/dem Zug zur Schule. ③ alle Schüler und Lehrer: Alle Schulen der Stadt nahmen an dem Wettbewerb teil. ④ /kein Plur./ (umg.) Unterricht: Wann ist heute die Schule aus?; Wir haben bis zwei Uhr Schule. ⑤ /kein Plur./ eine bestimmte Erfahrung, durch die jmd. etwas gelernt hat: Dies war eine hervorragende Schule für das Leben.; Er ist durch eine harte Schule gegangen.; ■ **aus der Schule plaudern** (umg.) vertrauliche Dinge erzählen; ■ **Schule machen** (umg.) viele Nachahmer finden

Schü·ler der, **Schü·le·rin** [ˈʃyːlɐ] <-s, -> ① ein Kind/Jugendlicher, das/der in einer Schule ausgebildet wird: Alle Schüler versammelten sich in der Pausenhalle. ◆ -ausweis ② jmd., der etwas in der Zusammenarbeit mit einem Künstler oder Wissenschaftler gelernt hat: Sie ist eine Schülerin von Albert Einstein.

Schul·pflicht die <-> /kein Plur./ die gesetzliche Verpflichtung, dass Kinder ab einem bestimmten Alter eine Schule besuchen müssen: In Deutschland besteht Schulpflicht.

Schul·ran·zen der <-s, -> (≈ Schultasche) die Tasche, in der Schüler ihre Schulsachen mit sich tragen

Schul·stun·de die <-, -n> Unterrichtseinheit in der Schule: Eine Schulstunde in Deutschland ist 45 Minuten lang.

Schul·ter die [ˈʃʊltɐ] <-, -n> ① einer der beiden seitlichen Teile des Körpers, die zwischen dem Hals und den Oberarmen liegen: Er hat breite/schmale Schultern. ▸ breitschultrig ② ■ **Schulter an Schulter** sehr dicht nebeneinander, gemeinsam Sie kämpften Schulter an Schulter.; ■ **etwas auf die leichte Schulter nehmen** (umg.) etwas nicht genügend ernst nehmen; ■ **jemandem die kalte Schulter zeigen** (umg.) jmdn. nicht beachten

Schu·lung die <-, -en> ein Kurs oder Lehrgang für Berufstätige, in dem ein beruflich wichtiger Inhalt vermittelt wird: Den Mitarbeitern wurden Schulungen im Umgang mit dem neuen Textverarbeitungsprogramm angeboten. ◆ -sleiter(in), -sraum, -sunterlagen, PC-, Verkaufs-

schum·meln [ˈʃʊml̩n] <schummelst, schummelte, hat geschummelt> ohne OBJ ■ jmd. schummelt (bei etwas Dat.) (umg.) auf eine harmlose Weise (beim Spiel) betrügen, indem man sich nicht an die Spielregeln hält: Er hat beim Würfeln geschummelt.

Schund der [ʃʊnt] <-(e)s /kein Plur./ (abwert.) (moralisch) Minderwertiges: Mit so einem Schund gebe ich mich doch nicht ab.; Ich habe den ganzen Schund weggeworfen.

schun·keln [ˈʃʊŋkl̩n] <schunkelst, schunkelte, hat geschunkelt> ohne OBJ ■ jmd. schunkelt (beim Sitzen auf einer Bank) die eigenen Arme bei den (Sitz-)Nachbarn einhaken und den Oberkörper (gemeinsam mit den anderen Personen) im Takt zur Musik hin und her bewegen: Die Stimmung im Festzelt war gut und alle schunkelten zur Musik.

Schup·pe die [ˈʃʊpə] <-, -n> ① /meist Plur./ ZOOL. eines der vielen kleinen Plättchen, die die Haut von Tieren, wie Fischen oder Schlangen, bedecken ② /kein Sing./ kleine weiße Hautstückchen, die sich von der Kopfhaut lösen und in den Haaren liegen: ein Haarwasser gegen Schuppen; ■ **es fällt jemandem wie Schuppen von den Augen** (umg.) jmd. erkennt plötzlich einen Zusammenhang ▸ schuppig

Schup·pen der |'ʃʊpn̩| <-s, -> ❶ *eine kleinere, einfache (Holz-)Hütte zum Aufbewahren von Geräten oder Maschinen* ❷ *(umg.) Lokal, Kneipe*

Schür·ze die |'ʃʏrtsə| <-, -n> *ein großes Stück Stoff mit Trägern, das man sich bei der Arbeit vor Bauch und Beine bindet, damit die Kleidung nicht schmutzig wird:* sich zum Kochen eine Schürze umbinden ◆ Koch-

Schuss der |ʃʊs| <-es, Schüsse> ❶ *die Handlung, dass jmd. eine Feuerwaffe abfeuert:* Er gab einen Schuss ab.; Das Opfer wurde von zwei Schüssen aus der Pistole getroffen.; das laute Krachen eines Schusses ◆ -verletzung, -waffe, Kanonen-, Pistolen-, Start- ❷ SPORT *die Handlung, dass jmd. den Ball schießt:* Das war ein guter Schuss aufs Tor. ◆ Tor-, Pfosten-, Weit- ❸ *(umg.) das Spritzen einer Droge:* Er kaufte Heroin und gab sich einen Schuss. ❹ */kein Plur./ (umg.) eine geringe Menge einer bestimmten Flüssigkeit:* einen Schuss Milch in den Kaffee nehmen; ■ **... mit Schuss** *(von Getränken) mit einer gewissen Menge einer Spirituose versetzt* Glühwein mit Schuss; ■ **ein Schuss in den Ofen sein** *(umg. abwert.) ein Misserfolg sein*; ■ **weit vom Schuss sein** *(umg.) weit entfernt sein*; ■ **gut in Schuss sein** *(umg.) in Ordnung und sehr gepflegt sein* Ihr Garten ist immer gut in Schuss.; ■ **einen Schuss haben** *(umg. abwert.) verrückt sein*

Schüs·sel die |'ʃʏsl| <-, -n> *ein meist rundes Gefäß, dessen Tiefe im Vergleich zu seinem Durchmesser relativ gering ist:* In welche Schüssel soll ich den Salat tun? ◆ Salat-, Suppen-

Schus·ter der |'ʃuːstɐ| <-s, -> *(≈ Schuhmacher) jmd., der beruflich Schuhe herstellt und repariert:* Die Schuhsohlen haben ein Loch. — Die Schuhe müssen zum Schuster.; ■ **Schuster, bleib bei deinem/deinen Leisten** *(umg.) verwendet, um auszudrücken, dass jmd. sich nicht neuen Dingen zuwenden soll, sondern lieber das tun soll, was er gelernt hat und gut kann*

schüt·teln |'ʃʏtl̩n| <schüttelst, schüttelte, hat geschüttelt> I. *mit OBJ* ❶ **jmd. schüttelt jmdn./etwas** *kurz und kräftig hin und her bewegen:* Er schüttelte allen zum Abschied die Hand.; Man soll die Flasche vor dem Öffnen kräftig schütteln.; Er schüttelte verwundert den Kopf. ❷ **jmd. schüttelt etwas von etwas** *Dat. durch Schütteln zum Herunterfallen bringen:* Sie schüttelten Oliven vom Baum.; die Krümel vom Mantel schütteln II. *mit SICH* ■ **jmd./ein Tier schüttelt sich** *schnelle Bewegungen mit dem Körper machen:* Als der Hund aus dem Wasser kam, schüttelte er sich.; Sie schüttelten sich vor Lachen.

schüt·ten |'ʃʏtn̩| I. *mit OBJ* ■ **jmd. schüttet etwas irgendwohin** ❶ *eine Flüssigkeit oder eine pulverförmige Substanz irgendwohin gießen oder strömen lassen:* Ich schütte den Kaffee aus der Packung in eine Dose.; den Wein in ein Glas schütten ❷ II. *mit ES* ■ **es schüttet** *(umg.: ≈ gießen) stark regnen:* Es schüttet seit Tagen.

Schutz der |ʃʊts| <-es> */kein Plur./ etwas, das jmds. Sicherheit vergrößert und Gefahren und Schäden abwehrt:* Wir fanden in einer kleinen Hütte Schutz vor dem Unwetter.; Warme Kleidung ist der beste Schutz vor einer Erkältung.; Die Täter kamen im Schutz der Nacht.; ■ **jemanden in Schutz nehmen** *jmdn. gegen die Vorwürfe anderer verteidigen* ◆ Getrennt- oder Zusammenschreibung → R 4.16 Schutz suchend/schutzsuchend um sich blicken

Schutz·blech das <(e)s, -e> *der Teil eines Autos bzw. das gebogene Blech über den Rädern eines Fahrrads, das vor Regenwasser, Staub und Schmutz schützt*

schüt·zen |'ʃʏtsn̩| <schützt, schützte, hat geschützt> *mit OBJ* ■ **jmd./etwas schützt jmdn./etwas (vor jmdm./etwas)** ❶ *dafür Sorge tragen, dass jmd. oder etwas nicht angegriffen wird:* Die Polizei nennt den Namen der Zeugen nicht, um sie zu schützen.; Sie schützt sich und ihre Kinder mit einer starken Sonnencreme vor Sonnenbrand. ❷ **jmd./etwas schützt etwas** *unter gesetzlichen Schutz stellen:* Man hat diese Pflanzen/diese Tiere geschützt, um sie vor der Ausrottung zu bewahren.; Er hat den Text urheberrechtlich schützen lassen.; Diese Erfindung ist durch ein Patent geschützt.

Schutz·helm der <-(e)s, -e> *ein Helm, den man als Schutz des Kopfes vor herabfallenden Gegenständen oder als Schutz im Falle eines Sturzes vom Motorrad oder Fahrrad trägt:* Die Bauarbeiter trugen alle einen Schutzhelm.

Schutz·imp·fung die <-, -en> MED. *eine Impfung, die zum Schutz vor bestimmten Krankheiten gegeben wird*

schwach |ʃvax| <schwächer, am schwächsten> *adj* ❶ *(↔ stark) mit wenig (körperlicher) Kraft; nicht kräftig:* Um das zu tragen, bist du zu schwach.; Sie ist nach ihrer Krankheit noch sehr schwach.; Er hat ein schwaches Herz.; Der Motor des Bootes ist ziemlich schwach. ❷ (↔ *fest*) *dünn, nicht stabil, nicht fest:* Das Eis ist noch zu schwach zum Schlittschuhlaufen. ❸ (↔ *zahlreich, groß*) *klein, wenig:* Abends erhob sich ein schwacher Wind. ❹ (↔ *gut*) *schlecht, nicht gut:* Er war ein schwacher Schüler.; Das war ein schwacher Film. ◆ Getrennt-oder Zusammenschreibung → R 4.16 schwach begabte/schwachbegabte Schüler; ein schwach besuchtes/schwachbesuchtes Konzert; eine schwach betonte/schwachbetonte Silbe; eine schwach bevölkerte/schwachbevölkerte Gegend; ein schwach bewegter/schwachbewegter Vorhang

-schwach [ʃvax] *als Zweitglied zusammengesetzter Adjektive, mit Betonung auf dem Erstglied; drückt aus, dass jemand/etwas nur wenig von dem hat/beherrscht/besitzt/kann, was mit dem Erstglied bezeichnet wird:* Aufgrund der geburtenschwachen Jahrgänge gibt es Probleme auf dem Arbeitsmarkt, Stellen besetzen zu können. ◆ charakter-, einkommens-, entscheidungs-, finanz-, geburten-, leistungs-, lern-, lese-, struktur-, verkehrs-

Schwä·che die [ˈʃvɛçə] <-, -n> ❶ /*kein Plur.*/ *das Schwachsein¹:* Er konnte vor Schwäche nicht lange stehen. ❷ (↔ *Stärke*) *eine schlechte Eigenschaft eines Menschen oder einer Sache:* Jeder hat seine Schwächen.; Stärken und Schwächen; Der Film hat einige Schwächen. ❸ (↔ *Stärke*) *ein Mangel an Können und Begabung:* Sie hat ihre Schwächen auf dem Gebiet der Mathematik. ❹ /*kein Plur.*/ (≈ *Faible* ↔ *Abneigung*) *besondere Vorliebe:* Er hat eine Schwäche für schnelle Autos.

Schwach·sinn der <-s> /*kein Plur.*/ ❶ MED. *eine Geisteskrankheit* ❷ (*umg. abwert.*: ≈ *Blödsinn*) *verwendet, um auszudrücken, dass man etwas für sehr dumm hält und gar nichts davon hält:* Er hat doch nur Schwachsinn geredet! ▸ schwachsinnig

Schwa·ger der, **Schwä·ge·rin** [ˈʃvaːɡɐ] <-s, -> *der Ehemann oder die Ehefrau von Bruder oder Schwester*

Schwal·be die [ˈʃvalbə] <-, -n> *ein Zugvogel, der sehr schnell fliegen kann;* ■ **eine Schwalbe macht noch keinen Sommer** *ein gutes Zeichen ist noch keine Garantie für eine grundlegende (Ver-)Besserung*

Schwamm der [ʃvam] <-(e)s, Schwämme> ❶ *eine Pilzart, die auf Holz oder feuchten Mauern wächst* ❷ *ein Meereslebewesen mit sehr elastischem Körper* ❸ *ein weicher, saugfähiger Gegenstand, der mit seinen großen Poren viel Wasser aufnehmen kann und zum Reinigen benutzt wird:* Er wischte die Tafel mit dem Schwamm ab. ❹ ÖSTERR. *Pilz;* ■ **Schwamm drüber!** (*umg.*) *Reden wir nicht mehr darüber!*

schwamm *Prät. von* **schwimmen**

Schwam·merl das [ˈʃvamɐl] <-s, -(n)> SÜDDT., ÖSTERR. (*umg.*) *Pilz*

schwam·mig [ˈʃvamɪç] <schwammiger, am schwammigsten> *adj* (*abwert.*) ❶ (≈ *vage*) *nicht präzise:* Mit dieser schwammigen Antwort gebe ich mich nicht zufrieden. ❷ (≈ *geschwollen, ungesund dick*) *mit sehr weich aussehendem Gesicht oder Körper:* ein schwammiges Gesicht

Schwan der [ʃvaːn] <-(e)s, Schwäne> *ein großer Schwimmvogel, für den besonders der lange Hals und das weiße Gefieder charakteristisch sind;* ■ **mein lieber Schwan!** (*umg.*) *verwendet, um auszudrücken, dass man sehr erstaunt oder verärgert ist* Mein lieber Schwan! Da hast du aber Glück gehabt!

schwand [ʃvant] *Prät. von* **schwinden**

schwan·ger [ˈʃvaŋɐ] *adj* /*nicht steig.*/ *ein Kind im Mutterleib tragend:* Sie ist im vierten Monat schwanger.; Ernährungsberatung/Gymnastik/Umstandskleidung für schwangere Frauen ▸ Schwangerschaft, schwängern

-schwan·ger [ʃvaŋɐ] (≈ -*schwer, -trächtig*) *als Zweitglied zusammengesetzter Adjektive, mit Betonung auf dem Erstglied; drückt aus, dass jemand/etwas voll von dem ist bzw. dasjenige als die Möglichkeit/Wahrscheinlichkeit in sich trägt, was mit dem Erstglied bezeichnet wird:* Seine theorieschwangeren Monologe gehen vielen auf die Nerven. ◆ bedeutungs-, geschichts-, theorie-, zukunfts-

schwan·ken [ˈʃvaŋkn̩] <schwankst, schwankte, hat geschwankt> *ohne OBJ* ❶ ■ **jmd./etwas schwankt** (≈ *wanken*) *unsicher gehen und dabei leicht hin und her schaukeln:* Der Betrunkene schwankt nach Hause. ❷ ■ **jmd. schwankt** (≈ *zögern*): Er schwankte lange, ob er das Angebot annehmen sollte oder nicht. ❸ ■ **etwas schwankt** *nicht stabil sein:* Die Preise für diese Artikel schwanken.; Die Temperaturen schwanken oft in dieser Jahreszeit (zwischen 10 und 15 °) ▸ Schwankung

Schwanz der [ʃvants] <-es,

Schwänze> **1** *der lange Teil am Rücken oder Ende des Körpers eines Tieres:* Der Hund wedelt mit dem Schwanz.; der Schwanz des Krokodils ◆ Kuh-, Herings- **2** *(vulg.) Penis;* **kein Schwanz** *(vulg.) niemand, kein Mensch* Es ist kein Schwanz zur Ausstellung gekommen.

Schwarm der [ʃvarm] <-(e)s, Schwärme> **1** *eine große Zahl von (relativ kleinen) Tieren der gleichen Art, die sich gemeinsam fortbewegen:* Ein Schwarm Vögel hat sich in den Bäumen niedergelassen.; Den Fischern ging ein Schwarm Heringe ins Netz. ◆ Bienen-, Heuschrecken-, Vogel- **2** /kein Plur./ *(umg.: ≈ Idol) jmd., den man verehrt:* Er war der Schwarm aller Mädchen in der Klasse.; Sie war mein erster Schwarm. ▸ schwärmen, Schwärmer, schwärmerisch

schwarz [ʃvarts] adj /nicht steig./ **1** *(↔ weiß) von der Farbe des Nachthimmels:* Wir haben eine schwarze Katze.; Zur Beerdigung trug er einen schwarzen Anzug.; Er will die Wand ganz schwarz malen. ▸ Schwarzbrot, Schwarztee ◆ -äugig, -haarig **2** *(umg.: ≈ illegal) gegen das Gesetz verstoßend:* Die Flüchtlinge versuchten, schwarz über die Grenze zu gelangen.; Man hatte schwarz Schnaps gebrannt.; ▪ **in den schwarzen Zahlen sein** WIRTSCH. *(↔ in den roten Zahlen sein) Gewinne machen;* ▪ **jemandem wird schwarz vor Augen** *jmdm. wird schlecht oder schwindlig;* ▪ **etwas Schwarz auf Weiß haben** *(umg.) etwas schriftlich haben;* ▪ **das Schwarze Brett** *ein Brett, an dem etwas zur öffentlichen Bekanntmachung ausgehängt wird;* ▪ **Schwarzer Peter** *ein Spiel;* ▪ **Schwarzes Schaf** *jemand, der in einer Familie als Außenseiter gilt* ▸ Schwarzhandel ◆ Getrennt- oder Zusammenschreibung → R 4.16 schwarz gefärbt/schwarzgefärbt; schwarz gestreift/schwarzgestreift; schwarz gerändert/schwarzgerändert; ◆ Großschreibung → R 3.17f. *siehe aber auch* **schwarzarbeiten, schwarzfahren, schwarzmalen, schwarzsehen**

schwarz·ar·bei·ten *ohne OBJ* ▪ **jmd. arbeitet schwarz** *unerlaubt arbeiten, ohne Steuern zu zahlen:* Wenn du ihn für dich schwarzarbeiten lässt, machst du dich strafbar.

Schwar·ze(r) der/die [ˈʃvartsə (ˈʃvartsɐ)] <-n, -n> *(≈ Farbige(r)) ein Mensch mit schwarzer Hautfarbe:* Schwarze aus Afrika

schwarz·fah·ren <fährst schwarz, fuhr schwarz, ist schwarzgefahren> *ohne OBJ* ▪ **jmd. fährt schwarz** *(umg.) ohne Fahrkarte in einem öffentlichen Verkehrsmittel fahren:* Er ist im Bus schwarzgefahren und wurde erwischt. ▸ Schwarzfahrer

schwarz·ma·len *mit OBJ* ▪ **jmd. malt etwas schwarz** *(umg.) pessimistisch darstellen:* Ich finde, er malt die Situation schwarz: So schlimm steht es doch nicht!

Schwarz·markt der <-(e)s /kein Plur./ *der ungesetzliche Handel mit illegalen oder rationierten Waren:* Nach dem Krieg blühte der Schwarzmarkt. ◆ -preise

schwarz·se·hen *ohne OBJ* ▪ **jemand sieht schwarz** *(umg.) die Zukunft immer nur negativ einschätzen:* Du solltest für das nächste Jahr nicht nur schwarzsehen!

schwe·ben [ˈʃveːbn̩] <schwebst, schwebte, hat/ist geschwebt> *ohne OBJ* **1** ▪ **etwas schwebt irgendwo** *(haben) ohne zu sinken sich in der Luft (oder im Wasser) halten:* Eine Wolke schwebte am Himmel. **2** ▪ **etwas schwebt irgendwohin** *(sein) sich langsam durch die Luft ohne eigene Kraft irgendwohin bewegen:* Eine Vogelfeder ist zu Boden geschwebt.; ▪ **in Lebensgefahr schweben** *in lebensbedrohlicher Gefahr sein;* ▪ **etwas schwebt jemandem vor Augen** *etwas ist jmdm. deutlich im Bewusstsein*

schwei·gen [ˈʃvaɪɡn̩] <schweigst, schwieg, hat geschwiegen> *ohne OBJ* **1** ▪ **jmd. schweigt** *(↔ reden, sprechen) nicht sprechen:* Nach seiner Rede schwiegen alle Anwesenden (betroffen/ratlos). **2** ▪ **jmd. schweigt (zu etwas** *Dat.)* *keine Erklärung abgeben oder Äußerung machen:* Was diesen Vorfall/diese Anschuldigungen betrifft, so schweigen die Behörden noch immer.; ▪ **jemand schweigt wie ein Grab** *jmd. behält Geheimnisse für sich;* ▪ **ganz zu schweigen von ...** *verwendet, um auszudrücken, dass zu einer unangenehmen Sache noch eine andere (meist unangenehmere) Sache hinzukommt* Die Zugfahrt war schon wegen der Hitze sehr anstrengend; ganz zu schweigen von der Verspätung. ▸ verschweigen

schweig·sam [ˈʃvaɪkzaːm] <schweigsamer, am schweigsamsten> *adj* **1** *(≈ still) so, dass man in einer Situation nicht redet:* Schweigsam saß sie da und redete kein einziges Wort. **2** *mit der Neigung, nur wenig zu sprechen:* Er ist ein sehr schweigsamer Mensch, der sich jedes Wort vorher gut überlegt. ▸ Schweigsamkeit

Schwein das [ʃvaɪn] <-(e)s, -e> **1** ZOOL. *ein Säugetier, das vier kurze Beine, einen geringelten Schwanz und eine dicke rosa*

Haut hat; sein Fleisch wird für die meisten Fleischgerichte in Europa genommen: Schweine grunzen/quieken.; In diesem Stall werden Schweine gemästet/gezüchtet.; Die Jungen des Schweins nennt man „Ferkel". ◆-ebraten, -efett, -efleisch, -estall, Haus-, Wild- ❷ *(vulg. abwert.) ein Schimpfwort für jmdn., den man als moralisch minderwertig betrachtet:* Das Schwein hat ihn umgebracht!; Dieses Schwein hat ihn all die Jahre bestohlen!; ■ **Schwein haben** *(umg.) Glück haben* Hast du aber Schwein gehabt!; ■ **kein Schwein** *(umg.) niemand* Es ist wieder kein Schwein da!

Schwei·ne·rei *die* [ʃvaɪnəˈraɪ] <-, -en> *(vulg. abwert.)* ❶ *(≈ Sauerei) Schmutz und Unordnung:* Hast du diese Schweinerei angerichtet? ❷ *(≈ Gemeinheit) moralisch negative Handlung:* Mich öffentlich zu blamieren, ist doch eine unerhörte Schweinerei von ihm gewesen!

Schweiß *der* [ʃvaɪs] <-es> */kein Plur./ die salzige Flüssigkeit, die aus der Haut kommt, wenn jmdm. zu warm ist oder er sich sehr anstrengen muss:* Schweiß stand ihm auf der Stirn.; Der Schweiß fließt bei dieser Hitze in Strömen.; Er war in Schweiß gebadet.; Ihm brach (vor Angst) der Schweiß aus.; der strenge Geruch/der salzige Geschmack von Schweiß; ■ **im Schweiße seines Angesichts** *(geh.) mit großer Anstrengung, mit harter Arbeit* ▷ schweißgebadet, schweißnass, schweißüberströmt ◆-fuß, -geruch, -tropfen, Angst-

Schweiz *die* <-> *Staat in Westeuropa*

Die **Schweiz** ist ein föderalistischer Bundesstaat mit dem amtlichen Namen „Schweizerische Eidgenossenschaft". Die Schweizer werden auch als „Eidgenossen" bezeichnet; das Landeskennzeichen CH geht auf den lateinischen Namen „Confoederatio Helvetica" zurück. Sitz der Regierung ist die Bundesstadt Bern; eine eigentliche Hauptstadt hat die Schweiz nicht. Die Schweiz ist in 26 Kantone mit eigener Verfassung und eigenen Behörden gegliedert; von diesen werden sechs Kantone aus historischen Gründen als *Halbkantone* bezeichnet. Die vier Amtssprachen der Schweiz sind Deutsch, Französisch, Italienisch und Rätoromanisch. An dem in der Schweiz gesprochenen Deutsch sind - aus der so genannten „binnendeutschen" Sicht - vor allem Wörter auffällig, die so in Deutschland nicht existieren, wie z.B. *Corner,*

Großkind, Jupe, Schifflände. Sie werden als *Helvetismen* (vgl. das Stichwort) bezeichnet. Daneben muss aber betont werden, dass es viele weitere Unterschiede in Aussprache, Betonung, Schreibung (ohne „ß", mit „ss") und grammatischen Details gibt.

schwel·len¹ [ˈʃvɛlən] <schwillt, schwoll, ist geschwollen> *ohne OBJ* ■ **etwas schwillt** *(≈ anschwellen) sich ausdehnen und größer werden:* Nach den starken Regenfällen schwoll der Bach zu einem reißenden Fluss.; Mein Bein schwillt, wenn ich längere Zeit laufen muss.

schwel·len² [ˈʃvɛlən] <schwellt, schwellte, hat geschwellt> *mit OBJ* ■ **etwas schwellt etwas** *(geh.) etwas macht etwas anderes rund:* Der Wind schwellte die Segel.; Freude schwellte seine Brust.

Schwel·lung *die* <-, -en> MED. ❶ *der Zustand, dass Gewebe dicker geworden ist:* Der Stoß verursachte eine Schwellung.; Die Schwellung klingt langsam ab.; Die Schwellung mit kalten Umschlägen behandeln ❷ *eine Stelle am menschlichen Körper mit einer Schwellung¹:* Der Arzt untersucht die Schwellung am Knie.

-schwem·me [ʃvɛmə] *(abwert.) als Zweitglied zusammengesetzter Substantive, mit Betonung auf dem Erstglied; drückt aus, dass es von dem mit dem Erstglied Bezeichneten zu viel/ein zu großes Angebot gibt:* Von einer Ärztescheschwemme konnte in den 80er Jahren die Rede sein (die Zeit, in der der Ausdruck auch geprägt worden ist), als es nämlich in Deutschland zu viele Ärzte gab und zu wenige Stellen für sie. ◆Akademiker-, Ärzte-, Geld-, Juristen-, Lehrer-

schwen·ken [ˈʃvɛŋkn̩] <schwenkst, schwenkte, hat/ist geschwenkt> I. *mit OBJ (haben)* ❶ ■ **jmd. schwenkt etwas** *mit ausladenden Bewegungen hin und her bewegen:* Die Fans schwenkten ihre Fahnen. ❷ ■ **jmd. schwenkt etwas irgendwohin** *in eine andere Richtung drehen, in eine andere Position bringen:* Er hat die Kamera nach links geschwenkt. ❸ KOCH. ■ **jmd. schwenkt etwas in etwas** *(bes. kurz anbraten):* die Kartoffeln in Butter schwenken II. *ohne OBJ* ■ **jmd./etwas schwenkt irgendwohin** *(sein) einbiegen:* Das Auto ist nach links in eine Nebenstraße geschwenkt.

schwer [ʃveːɐ̯] <schwerer, am schwersten> I. *adj* (↔ *leicht*) ❶ *von großem Gewicht:* Wer soll denn den schweren Koffer tragen?; Ein Mann allein kann den schweren Schrank nicht bewegen. ❷ ■ **Zahlenangabe plus schwer** *so, dass es das genannte Gewicht hat:* Der Fisch war vier Kilo schwer.; Der Kartoffelsack ist einen Zentner schwer. ❸ *stark, heftig:* Schwere Regenfälle brachten die Flüsse zum Anschwellen.; Er hat ein schweres Verbrechen begangen. ❹ *nicht einfach, viel Kraftaufwand erfordernd:* Diese Arbeit ist doch zu schwer für dich! ❺ *(↔ einfach) schwierig:* Es war eine ziemlich schwere Prüfung. **II.** *adv (umg.) sehr:* Er war schwer beleidigt.; Das hat sie schwer beeindruckt.; ■ **schweren Herzens** *ungern* Schweren Herzens musste er seine Ferien abbrechen.; ■ **schwer von Begriff sein** *(umg. abwert.) nicht schnell verstehen können* Er ist schwer von Begriff, denn er muss wohl jeden Satz zweimal lesen.; ■ **etwas ist ein schwerer Schlag für jemanden** *etwas ist für jmdn. ein großer Verlust* Der Verlust des ersten Sohnes im Krieg war für sie ein schwerer Schlag. ▸ Schwere ● Getrennt- oder Zusammenschreibung → R 4.16 schwer behindert/schwerbehindert; schwer beladen/schwerbeladen; schwer beschädigt/schwerbeschädigt; schwer bewaffnet/schwerbewaffnet; schwer krank/schwerkrank; schwer löslich/schwerlöslich; schwer verletzt/schwerverletzt; schwer verträglich/schwerverträglich

-schwer [ʃveːɐ̯] *(≈ -reich) als Zweitglied zusammengesetzter Adjektive, mit Betonung auf dem Erstglied; drückt aus,* ❶ *dass etwas völlig mit dem ausgefüllt/belastet ist, was mit dem Erstglied bezeichnet wird, und dass dies sehr gewichtig/gravierend ist:* Dies ist eine folgenschwere Entscheidung für alle. ◆ bedeutungs-, ereignis-, erinnerungs-, folgen-, gedanken-, inhalts-, schicksals-, sorgen-, verantwortungs- ❷ *dass jemand/etwas viel von dem besitzt, was mit dem Erstglied bezeichnet wird:* Der Zoll hatte mit der Festnahme eines internationalen Rauschgifthändlers einen millionenschweren Fahndungserfolg. ◆ dollar-, millionen-

Schwer·be·hin·der·te der/die <-n, -n> *Person, die durch eine körperliche oder geistig-seelische Behinderung höchstens fünfzig Prozent ihrer normalen Arbeitskraft hat:* als Schwerbehinderte im Rollstuhl sitzen ▸ schwerbehindert ◆ -nausweis, -ngesetz

schwer·fal·len <fiel schwer, ist schwergefallen> *mit OBJ* ■ **etwas fällt jemandem schwer** *Mühe/Schwierigkeiten machen:* Es ist mir richtig schwergefallen, heute noch die Fenster zu putzen.

schwer·fäl·lig *adj (geistig oder körperlich) ungeschickt:* Er scheint mir ein etwas schwerfälliger Mensch zu sein.; Sie bewegt sich sehr schwerfällig. ▸ Schwerfälligkeit

schwer·hö·rig *adj /nicht steig./ in seinem Hörvermögen beeinträchtigt* ▸ Schwerhörigkeit

Schwer·in·dus·trie die <-> /kein Plur./ *Sammelbezeichnung für die Eisen- und Stahlindustrie und den Bergbau*

Schwer·kraft die <-> /kein Plur./ PHYS. *(≈ Gravitation) die Anziehungskraft z.B. der Erde, wodurch unter anderem bewirkt wird, dass Körper zu Boden fallen:* Die Schwerkraft bewirkt, dass etwas zu Boden fällt.

schwer·neh·men <nimmst schwer, nahm schwer, hat schwergenommen> *mit OBJ als bedrückend/traurig erleben:* Nimm seine Bemerkung nicht so schwer!

Schwer·punkt der <-(e)s, -e> ❶ PHYS. *der Punkt, der für das Gleichgewicht eines Körpers ausschlaggebend ist:* Der Schwerpunkt der Kugel liegt in ihrem Zentrum. ❷ *der wichtigste Teil einer Tätigkeit, eines Problems oder einer Frage:* Ich habe meinen Schwerpunkt in den letzten Jahren auf das Familienleben gelegt.

Schwert das [ʃveːɐ̯t] <-(e)s, -er> *eine Waffe mit Handgriff und langer, scharfer Klinge, die vor allem im Mittelalter benutzt wurde:* den Feind mit dem Schwert töten; im Kampf die Schwerter kreuzen; ■ **ein zweischneidiges Schwert** *etwas, das Vorteile, aber auch Nachteile hat*

Schwes·ter die [ˈʃvɛstɐ] <-, -n> ❶ *(↔ Bruder) eine weibliche Person, die die selben Eltern wie jmd. hat* ▸ schwesterlich ❷ *kurz für „Krankenschwester":* Die Schwester bringt dem Kranken die Medikamente. ◆ -nschule, -nwohnheim, Kinder-, Nacht-, Rotkreuz-, Stations- ❸ *kurz für „Klosterschwester":* Das Pflegeheim wird von Schwestern geführt.

Schwie·ger·el·tern <-> Plur. *die Eltern des Ehemannes oder der Ehefrau:* Die Eltern des Ehemannes sind für die Ehefrau ihre Schwiegereltern.

Schwie·ger·mut·ter die <-, Schwiegermütter> *(↔ Schwiegervater) die Mutter von Ehemann oder Ehefrau*

Schwie·ger·sohn der <-(e)s, Schwiegersöhne> *(↔ Schwiegertochter) der Ehemann der Tochter*

Schwie·ger·toch·ter die <-, Schwiegertöchter> (↔ *Schwiegersohn*) *die Ehefrau des Sohnes*

Schwie·ger·va·ter *der* <-s, Schwiegerväter> (↔ *Schwiegermutter*) *der Vater des Ehemanns oder der Ehefrau*

schwie·rig [ˈʃviːrɪç] <schwieriger, am schwierigsten> *adj* ❶ (↔ *einfach*) *so, dass man viele Fähigkeiten haben muss, um eine Aufgabe zu lösen:* Die Prüfung soll sehr schwierig sein.; ein schwieriges Problem endlich lösen können ❷ *kompliziert und unangenehm:* Unverhofft gerieten wir in eine schwierige Situation.; sich in einer schwierigen Lage befinden ❸ (↔ *umgänglich*) *so, dass man mit jmdm. nicht leicht zurechtkommen kann:* ein schwieriger Mensch

Schwie·rig·keit *die* <-, -en> ❶ /meist Sing./ *der Umstand, dass etwas nicht einfach ist, sondern dass eine Lösung gefunden werden muss:* Das ist die Schwierigkeit bei dieser Übung. ❷ /meist Plur./ (≈ *Problem*) Wir mussten beim Bau unseres Hauses viele Schwierigkeiten überwinden.; Er hat finanzielle Schwierigkeiten.; den Eltern Schwierigkeiten bereiten/machen

Schwimm·bad *das* <-(e)s, Schwimmbäder> *eine Sport- und Freizeitanlage, in der man schwimmen kann:* der Bademeister/ die Liegewiese/das Nichtschwimmerbecken/das Schwimmerbecken/die Umkleidekabine des Schwimmbads; im Sommer morgens ins Schwimmbad gehen/abends aus dem Schwimmbad kommen/den Tag im Schwimmbad verbringen

schwim·men [ˈʃvɪmən] <schwimmst, schwamm, hat/ist geschwommen> *ohne OBJ* ❶ ■ **jmd./ein Tier schwimmt** *(haben o sein) sich mit bestimmten Bewegungen im Wasser fortbewegen:* Ich bin gerne geschwommen.; Sie schwimmt auf dem Rücken. ❷ ■ **jmd. schwimmt irgendwohin** *(sein) an einen Ort schwimmen I.1:* Ich bin ans andere Ufer geschwommen.; zum anderen Rand des Beckens schwimmen ❸ ■ **etwas schwimmt irgendwo** *(haben o sein) auf der Oberfläche eines Gewässers treiben:* Auf der Wasseroberfläche schwammen unzählige Blätter. ❹ ■ **jmd. schwimmt in etwas** *Dat. (umg.) (sein) sehr viel von etwas besitzen:* Sie schwimmt förmlich im Geld. ❺ ■ **etwas schwimmt** *etwas steht unter Wasser:* Die Badewanne ist übergelaufen und das ganze Badezimmer schwimmt.; ■ **ins Schwimmen geraten** *(umg.) unsicher werden* Als er sich in seiner Rede zweimal versprochen hatte, geriet er ins Schwimmen. ▸ Schwimmer(in)

Schwin·del *der* [ˈʃvɪndl̩] <-s> /kein Plur./ ❶ MED. *eine Störung des Gefühls für das körperliche Gleichgewicht, so dass man meint, alles drehe sich:* Sie leidet zeitweise an/unter Schwindel. ▸ schwindelerregend, schwindelig ◆-anfall ❷ *(umg. abwert.) Täuschung, Betrug:* Ich bin tatsächlich auf diesen Schwindel hereingefallen. ▸ Schwindler(in)

schwin·deln[1] [ˈʃvɪndl̩n] <schwindelst, schwindelte, hat geschwindelt> *ohne OBJ* ■ **es schwindelt jmdm./jmdn.** /unpersönlich verwendet/ *Schwindelgefühle haben:* Mir/Mich schwindelte (es) beim Blick in die Tiefe.

schwin·deln[2] [ˈʃvɪndl̩n] <schwindelst, schwindelte, hat geschwindelt> *ohne OBJ* ■ **jmd. schwindelt** *(umg.) nicht ganz die Wahrheit sagen:* Das glaube ich dir nicht! Du hast doch bestimmt geschwindelt. ▸ Schwindler(in)

schwin·den [ˈʃvɪndn̩] <schwindest, schwand, ist geschwunden> *ohne OBJ* ■ **etwas schwindet** *(geh.) weniger werden, abnehmen:* Die Vorräte schwinden allmählich.; Mir schwand der Mut.; Sein Name ist mir aus dem Gedächtnis geschwunden.; ■ **jemandem schwinden die Sinne** *jmd. wird ohnmächtig*

schwin·gen <schwingst, schwang, hat/ ist geschwungen> **I.** *mit OBJ* ■ **jmd. schwingt etwas** *(haben) etwas schnell durch die Luft bewegen:* Die Fans schwangen ihre Fahnen beim Fußballspiel. **II.** *ohne OBJ* ■ **etwas schwingt** *(haben o sein)* ❶ *sich (regelmäßig) zwischen zwei Punkten hin- und herbewegen:* Das Pendel der Uhr schwingt langsam. ▸ Schwingung ❷ *etwas bewegt sich auf der Stelle auf und ab:* Die Saiten der Gitarre schwingen, wenn man auf ihr spielt.; Die Brücke schwingt, wenn ein Zug darüberfährt. ▸ Schwingung **III.** *mit SICH* ■ **jmd. schwingt sich** (auf/in/über etwas Kasus..: Akk.) *sich festhalten und gleichzeitig über etwas springen:* Er schwang sich aufs Fahrrad.; Sie schwangen sich über die Mauer.; ■ **große Reden schwingen** *(abwert.) prahlend über etwas reden;* ■ **das Tanzbein schwingen** *(umg.) tanzen*

Schwips *der* [ʃvɪps] <-es, -e> *(umg.) der Zustand, dass man ein wenig betrunken ist:* Ich habe keinen Rausch, höchstens einen Schwips. ▸ beschwipst

schwit·zen [ˈʃvɪtsn̩] <schwitzt, schwitzte, hat geschwitzt> *ohne OBJ* ■ **jmd.**

schwitzt *aufgrund großer Wärme, Anstrengung oder Aufregung bildet sich Schweiß auf jmds. Haut:* Er schwitzte vor Angst.; bei der Arbeit ins Schwitzen geraten; ■ **Blut und Wasser schwitzen** *(umg.) große Angst haben* ▸ Schwitzbad

schwor [ʃvoːɐ̯] *Prät. von* **schwören**

schwö·ren [ˈʃvøːrən] <schwörst, schwor, hat geschworen> **I.** *mit OBJ/ohne OBJ* ■ **jmd. schwört etwas** *einen Schwur leisten:* Er schwor einen Eid.; Sie schwor mit erhobener Hand. **II.** *mit OBJ* ■ **jmd. schwört jmdm. etwas** *nachdrücklich versichern:* Ich schwöre dir, dass es wahr ist. **III.** *mit SICH* ■ **jmd. schwört sich, etwas zu tun** *sich etwas fest vornehmen:* Wir haben uns geschworen, nie wieder in dieses Lokal zu gehen.; ■ **Stein und Bein schwören** *(umg.) etwas nachdrücklich beteuern*

schwul [ʃvuːl] *adj (umg.) (von Männern) homosexuell* ▸ ein Schwuler

schwül [ʃvyːl] *adj feuchtwarm:* Die schwüle Luft setzt mir sehr zu. ▸ Schwüle

Schwung der [ʃvʊŋ] <-(e)s> /kein Plur./ ❶ *die Art und Weise, dass sich jmd./etwas mit großer Kraft und Geschwindigkeit bewegt:* Als der Hang flacher wurde, verlor der Skiläufer an Schwung. ❷ *(≈ Elan) eine innere Kraft, die andere Menschen mitreißen kann:* Voller Schwung gingen wir an die Arbeit.; neuen Schwung in etwas bringen ❸ *(umg.) eine größere Anzahl von etwas:* Ich habe einen ganzen Schwung Ansichtskarten geschrieben.; ■ **etwas kommt in Schwung** *etwas beginnt (gut) zu funktionieren;* ■ **etwas in Schwung bringen** *etwas beleben oder in Gang bringen* Nach den Ferien brachten sie ihre Arbeit wieder richtig in Schwung.

Schwur der <-s, Schwüre> ❶ *feierliches Versprechen, dass etwas wahr ist:* In der Gerichtsverhandlung hob er die Hand zum Schwur. ❷ *das, was jmd. feierlich versprochen hat:* Er hielt/brach den Schwur, ihr treu zu bleiben. ▸ Liebes-, Treue-

Sechs die [zɛks] <-, -en> ❶ *die Ziffer 6* ❷ *das höchste Ergebnis beim Würfeln:* Sie hat eine Sechs gewürfelt. ❸ *die schlechteste Schulnote im deutschen Schulsystem:* eine Sechs im Zeugnis haben

sechs [zɛks] *num* Wir waren sechs/zu sechsen/zu sechst.; siehe auch **acht**

Sech·ser der [ˈzɛksɐ] <-s, -> ❶ *(umg.) Sechs* ❷ *sechs richtige Zahlen im Lotto:* Dieser Glückspilz hatte doch tatsächlich einen Sechser im Lotto!

sechs·hun·dert [ˈzɛksˈhʊndɐt] *num die Zahl 600:* sechshundert Euro bezahlen

sechs·tau·send [ˈzɛksˈtaʊznt] *num die Zahl 6000*

sechs·te [ˈzɛkstə] *adj an der Stelle 6 in einer Reihenfolge:* das sechste Mal

sech·zehn [ˈzɛçt͜seːn] *num die Zahl 16*

sech·zig [ˈzɛçt͜sɪç] *num die Zahl 60:* Er wird heute sechzig.

See[1] der [zeː] <-s, Se·en> *ein größeres Gewässer, das auf allen Seiten von Land umgeben ist:* Er ruderte mit seinem Boot auf den See hinaus. ▸ -ufer, Bade-, Bagger-, Stau-

See[2] die [zeː] <-> /kein Plur./ ❶ *das Meer:* Wir fahren dieses Jahr an die See. ❷ *die bestimmte Art des Wellengangs am Meer:* Das Schiff pflügte durch die schwere/aufgewühlte See.; ■ **auf hoher See** *weit draußen auf dem Meer;* ■ **in See stechen** *(von Schiffen) aus dem Hafen laufen;* ■ **zur See fahren** *auf einem Seeschiff Dienst tun* ▸ -fahrt, -hafen, -handel, -klima, -leute, -luft, -not, -räuber, -reise, -sand, -stern, -ungeheuer

See·gang der <-(e)s> /kein Plur./ *die bestimmte Art des Wellengangs auf dem Meer:* Wir hatten während der Überfahrt leichten/schweren/starken Seegang.

see·krank *adj /nicht steig./ wegen der schwankenden Bewegung eines Schiffes Übelkeit empfindend:* Ich wurde während der Überfahrt leicht seekrank. ▸ Seekrankheit

See·le die [ˈzeːlə] <-, -n> ❶ /kein Plur./ *(≈ Psyche) alles Denken, Fühlen und Empfinden eines Menschen:* eine empfindsame/kindliche Seele ▸ seelisch ❷ REL. *nach religiöser Auffassung der körperlose, unsterbliche Teil eines Menschen:* für die Seelen der Verstorbenen beten ❸ *(umg.) Mensch:* Seine Frau war eine gute Seele.; Das Dorf zählt noch knapp 200 Seelen.; ■ **sich die Seele aus dem Leib schreien** *(umg.) sehr laut schreien;* ■ **jemandem aus der Seele sprechen** *das sagen, was der andere empfindet;* ■ **sich etwas von der Seele sprechen/schreiben** *über das, was einen bedrückt, sprechen oder schreiben, damit man sich wieder besser fühlt* ▸ seelisch

Seel·sor·ge die <-> /kein Plur./ *Betreuung einer Gemeinde durch einen Priester* ▸ Seelsorger, seelsorgerisch ▸ Telefon-

See·mann der [ˈzeːman] <-(e)s, Seemänner/Seeleute> *jmd., dessen Beruf es ist, auf Schiffen (auf dem Meer) zu fahren*

See·not die <-> /kein Plur./ *Situation, in der ein Schiff in großer Gefahr ist:* Das

Schiff geriet bei bei einem schweren Sturm in Seenot.

Se·gel das ['ze:gl] <-s, -> *eine der großen Flächen aus Tuch an den Masten von Booten, welche den Wind aufnehmen*: Der Kapitän ließ die Segel setzen.; ■ **jemandem den Wind aus den Segeln nehmen** *(umg.) jmds. Aktivität bremsen;* ■ **mit vollen Segeln** *mit voller Kraft, mit ganzem Einsatz* Mit vollen Segeln arbeitete er auf sein Ziel los. ◆-regatta, -schiff

Se·gel·boot das <-(e)s, -e> *ein kleines Schiff mit einem Segel*

Se·gel·oh·ren <-> *Plur. (umg.) stark abstehende Ohren*

Se·gen der ['ze:gn] <-s, -> ① /meist Sing./ REL. *Bitte (für jmdn. oder etwas) um göttliche Hilfe und göttlichen Schutz, die von Gebetsworten, Formeln und Gebärden begleitet wird*: An Ostern erteilt der Papst den Segen „urbi et orbi". ▸ segnen ② /kein Plur./ (umg.) *Einwilligung*: Meinen Segen hast du! ③ /kein Plur./ *Glück, Wohltat*: Die Hilfsmaßnahmen sind ein Segen für die Not leidende Bevölkerung. ◆Getrennt- und Zusammenschreibung → R 4.16 Das war eine Segen bringende/segenbringende Erfindung.; eine Segen spendende/segenspendende Geste

se·hen ['ze:ən] <siehst, sah, hat gesehen> **I.** *mit OBJ* ■ **jmd. sieht jmdn./etwas** ① *mit den Augen erkennen*: Als er mich sah, winkte er. ② *ansehen*: Diesen Film musst du sehen. ③ (≈ *begegnen) jmdn. (zufällig) treffen*: Ich habe sie schon lange nicht mehr gesehen. **II.** *ohne OBJ* ① ■ **jmd. sieht** *mit den Augen etwas mehr oder weniger genau wahrnehmen*: Er sieht sehr schlecht.; Sie sieht ohne Brille fast nichts.; Für sein Alter sieht er noch gut. ② ■ **jmd. sieht irgendwohin** *in eine bestimmte Richtung sehen¹*: Sie sieht abends immer aus dem Fenster.; Er sieht nach oben zu den Sternen. ③ ■ **jmd. sieht nach jmdm./etwas** (≈ *sich kümmern) dafür sorgen, dass mit jmdm./etwas alles in Ordnung ist*: Wer sieht eigentlich nach den Pflanzen, wenn ihr im Urlaub seid? **III.** *mit SICH* ■ **jmd. sieht sich gezwungen/veranlasst, etwas zu tun** *meinen, etwas tun zu müssen*: Ich sehe mich gezwungen/veranlasst, diesen Schritt zu unternehmen.; ■ **etwas gern sehen** *etwas gernhaben* Ich sehe es nicht so gern, wenn ihr auf der Straße spielt.; ■ **jemand kann etwas nicht mehr sehen** *etwas nicht mehr mögen* Ich kann dieses Essen nicht mehr sehen.; ■ **sich sehen lassen können** *beachtenswert sein* Das Ergebnis kann sich sehen lassen.; ■ **jemanden vom Sehen kennen** *jmdn. zwar schon öfter gesehen, aber noch nicht mit ihm gesprochen haben;* ■ **siehe ...** *Schauen Sie auf/ nach ...* siehe Seite 9; ■ **sieh mal! Sieh da!** *Ausdruck der Überraschung* Sieh mal, ein Regenbogen.; Sieh da, da ist er ja!

Se·hens·wür·dig·keit die <-, -en> *ein Gebäude, ein Platz, ein Museum, das besonders schön oder interessant ist, so dass es Touristen oft besichtigen*: Vormittags wollen wir einige Sehenswürdigkeiten dieser Stadt besichtigen.

Seh·ne die ['ze:nə] <-, -n> ANAT. *eines der festen Bänder im Körper, die Muskeln und Knochen verbinden*: Ich habe mir beim Sport eine Sehne gezerrt. ▸ sehnig ◆-nzerrung, -nriss, Achilles-

seh·nen ['ze:nən] <sehnst, sehnte, hat gesehnt> *mit SICH* ■ **jmd. sehnt sich (nach jmdm./etwas)** *ein sehr starkes Verlangen empfinden*: Er sehnte sich nach Urlaub/nach seiner Freundin.

Sehn·sucht die ['ze:nzʊxt] <-, Sehnsüchte> *ein sehr starkes Verlangen nach jmdm. oder etwas*: Sie hatte Sehnsucht nach ihrem Freund/nach Italien.

sehn·süch·tig ['ze:nzʏçtɪç] *adj voller Sehnsucht*: Er wartete sehnsüchtig auf die Rückkehr seiner Frau.

sehr [ze:ɐ̯] *adv* ① *in hohem Maße, reichlich*: Das Essen war sehr gut/sehr schlecht/sehr reichlich.; Ich habe mich sehr angestrengt/sehr bemüht/sehr beeilt. ② *(verwendet in Höflichkeitsformen)*: Ich danke sehr!; Ihr Kaffee, bitte sehr!

Sei·de die ['zaɪdə] <-> /kein Plur./ ① *ein dünner Faden, der von einem Insekt (dem Seidenspinner) produziert wird, aus dem man einen weichen, glänzenden Stoff herstellt* ② *Gewebe aus Seide¹*: Der Schal ist aus reiner Seide. ▸ seidig

Seh·test der <-s, -s> *ein Test, mit dem man überprüfen kann, wie gut jmd. sehen kann*: Bevor er eine neue Brille bekam, machte er einen Sehtest.

Sei·fe die ['zaɪfə] <-, -n> *eine feste oder flüssige Substanz, die man zum Waschen und zur Körperpflege verwendet*: ein Stück Seife am Waschbecken ◆-nblase, -nlauge, -nschaum, Baby-, Flüssig-

Sei·fen·oper die <-, -n> TV (*umg.: ≈ Soap) eine Fernsehserie mit sehr vielen einzelnen Folgen, in der es um das Leben einer bestimmten Gruppe von Menschen geht*

Seil das [zaɪl] <-(e)s, -e> *eine dicke Schnur aus einem festem Material*: Der Aufzug wird an einem Seil in die Höhe gezogen. ● Abschlepp-, Hanf-, Spring-, Stahl-

Seil·bahn die <-, -en> *technische Anlage, die ermöglicht, dass an einem Drahtseil Kabinen in die Höhe (auf einen Berg) gezogen werden, besonders um Personen zu befördern:* Wir sind mit der Seilbahn zum Gipfel gefahren.

sein¹ [zain] <bist, war, ist gewesen> *ohne OBJ* ❶ ▪ **jmd./etwas ist plus Adj.** *verwendet, um jdm. oder etwas eine bestimmte Eigenschaft oder einen bestimmten Zustand zuzuschreiben:* Er ist müde.; Der Film war sehr lustig.; Seine Tochter ist sechs Jahre alt.; Ich war in großer Not/Gefahr. ❷ *verwendet, um zwischen jmdm. oder etwas und einem Substantiv eine Identität herzustellen:* Seine Schwester ist Lehrerin.; Ein Bügeleisen ist ein Haushaltsgerät. ❸ ▪ **jmdm. ist (es) irgendwie** */unpersönlich verwendet/ verwendet, um auszudrücken, dass etwas von jmdm. als eine bestimmte Empfindung wahrgenommen wird:* Mir ist (es) heiß/kalt.; Ihr war schlecht/übel. ❹ ▪ **es ist eine bestimmte Zeit/ein bestimmtes Wetter** */unpersönlich verwendet/ verwendet, um auszudrücken, welche Uhrzeit es ist:* Beim Glockenschlag war es Punkt zwölf Uhr. ❺ ▪ **es ist ein bestimmtes Wetter oder eine bestimmte Tages-/Jahreszeit** Es ist regnerisch heute.; Es schneite in dicken Flocken.; Es war Herbst.; Bald ist es Nacht. ❻ ▪ **jmd./etwas ist irgendwo/irgendwann/irgendwie** *an einem bestimmten Ort zu einer bestimmten Zeit (unter bestimmten Umständen) tut jmd. etw./findet etwas statt:* Ich war gerade unter der Dusche.; Sie ist in Italien.; Der Kurs ist um acht Uhr.; Das letzte Hochwasser war vor drei Jahren.; Der Preis ist zu hoch. ❼ ▪ **etwas darf/kann/... (nicht) sein** *(nicht) geschehen dürfen/können/...:* Alkohol in der Schule? So etwas darf doch nicht sein!; ▪ **sei es ..., sei es ...** *entweder – oder ...* Sei es warm oder sei es kalt: —Ich fühle mich wohl.; ▪ **es sei denn, dass ... außer, wenn ...** Ich werde spazieren gehen, es sei denn, es regnet.; ▪ **sei's drum** *(umg.) macht nichts* Der Zug ist mir gerade vor der Nase weggefahren — sei's drum!; ▪ **etwas sein lassen/seinlassen** *nicht tun* Du kippelst dauernd mit dem Stuhl! Kannst du das bitte seinlassen? ● Dasein, Zusammensein

sein² [zain] <bist, war, ist gewesen> */Hilfsverb/* ❶ ▪ **jmd./etwas ist plus Inf.** *verwendet, um auszudrücken, dass mit jmdm. oder etwas etwas gemacht werden kann:* Er ist einfach nicht zu überreden.; Dieser überlegene Sportler ist derzeit einfach nicht zu besiegen. ❷ ▪ **jmd./etwas ist plus Inf.** *verwendet, um auszudrücken, dass mit jmdm. oder etwas etwas gemacht werden muss:* Die Fehler sind unverzüglich zu korrigieren.; Parkende Autos sind sofort zu entfernen! ❸ ▪ **jmd./etwas ist plus Part. Perf.** *verwendet, um auszudrücken, dass mit jmdm. oder etwas etwas geschehen ist oder dass jmd. oder etwas etwas gemacht hat:* Die Äpfel sind gereift.; Wir waren zu spät gekommen.

sein³ [zain] *pron Possessivpronomen der dritten Pers. Sing.:* Das ist seine Frau (≈ die Frau, mit der er verheiratet ist)/sein Haus (≈ das Haus, das er besitzt).; Das sind seine Pferde.; ▪ **jedem das Seine/seine** *jeder soll das tun können, was er richtig findet;* ▪ **die Seinen/seinen** *die nächsten Angehörigen von jmdm.* Er kümmert sich um die Seinen/die seinen.

seit [zait] I. *präp +Dat.* verwendet, um auszudrücken, dass sich etwas von einem bestimmten Zeitpunkt an ereignet oder etwas der Fall ist: Seit Anfang des Jahres raucht er nicht mehr.; Ich habe sie seit einer Woche nicht gesehen.; Ich kenne sie erst seit kurzem. II. *konj* verwendet, um auszudrücken, dass sich die im Hauptsatz genannte Sache ab dem im Nebensatz genannten Zeitpunkt ereignet: Seit sie diese Aufgabe übernommen hat, ist das Klima in der Abteilung wieder prima.

seit·dem [zait'de:m] I. *adv von einem bestimmten Zeitpunkt in der Vergangenheit an:* Er hat seitdem keine Zigarette mehr geraucht. II. *konj* (≈ *seit II)* Seitdem sie sich kennen, telefonieren sie täglich.

Sei·te die ['zaitə] <-, -n> ❶ *ein einzelnes Blatt aus einem Heft, einem Buch oder einer Zeitschrift, das bedruckt oder beschrieben und nummeriert ist:* Der Sportteil beginnt auf Seite zehn.; Er riss eine Seite aus der Zeitschrift heraus. ❷ *eine der ebenen Flächen, die einen Körper begrenzen:* Ein Würfel hat sechs Seiten. ❸ *räumlich rechts oder links gelegener Teil (eines Gegenstandes):* die linke Seite des Autos; Das Flugzeug hat auf beiden Seiten Flügel.; Wir wohnen auf der anderen Seite des Sees/Flusses. ❹ *seitlicher Abstand:* Gehen Sie bitte etwas zur Seite! ❺ *einer der Teile des menschlichen Körpers, an deren oberem Ende die Arme sind:* Ich drehe mich im Schlaf immer auf die Seite. ❻ *(≈ Aspekt) ein bestimmter Aspekt von* *jmd./etwas:* Er hat gute und schlechte Seiten.; Wir sollten endlich über die finanzielle Seite dieses Projekts sprechen. ❼ *Person oder Gruppe, die einen bestimmten Standpunkt vertritt oder eine bestimmte Funktion ausübt:* Von offizieller Seite erfahren wir gerade, dass ...; Beide Seiten äußerten sich zufrieden über den Mietvertrag.; ▪ **etwas auf die Seite legen** *(umg.) etwas sparen;* ▪ **jemandem zur Seite stehen** *jmdm. beistehen;* ▪ **auf der einen Seite ..., auf der anderen Seite ...** *einerseits ..., andererseits ...*

-sei·tig [zaɪtɪç] *als Zweitglied zusammengesetzter Adjektive, mit Betonung auf dem Erstglied; drückt aus,* ❶ *dass etwas die mit dem Erstglied genannte Anzahl/Menge von Seiten/Aspekten aufweist:* eine beidseitige Lungenentzündung ◆ beid-, drei-, ein-, ganz-, halb-, mehr-, viel-, zwei- ❷ *dass etwas auf der mit dem Erstglied genannten Seite liegt:* Die stadtseitige Hauptburgtür ist sehr prächtig. ◆ anoden-, ausgangs-, hof-, kathoden-, nord-, ost-, sonnen-, stadt-, süd-, rück-, west- ❸ *dass etwas durch das mit dem Erstglied Genannte hervorgerufen/verursacht wird bzw. dort vorhanden ist:* das lernerseitige Vorwissen im Bereich Deutsch als Fremdsprache ◆ empfänger-, hörer-, lehrer-, lerner-, sender-, sprecher- ❹ *(≈ hinsichtlich, -mäßig) dass das mit dem Erstglied Bezeichnete in einem Geltungsbereich betroffen ist bzw. im Hinblick darauf argumentiert wird:* eine arbeitnehmerseitige Kündigung und nicht eine Kündigung von Seiten des Arbeitgebers ◆ abfluss-, arbeitnehmer-, leistungs-, waren-, werk(s)-

Se·kre·tär der, **Se·kre·tä·rin** [zekreˈtɛːɐ̯] <-s, -e> ❶ *ein Angestellter/eine Angestellte mit der Aufgabe, unter anderem beruflich für den Chef Briefe zu schreiben, Termine zu vereinbaren und Telefongespräche zu führen* ❷ *Dienstbezeichnung für bestimmte Beamte* ◆ Staats- ❸ *ein Schreibtisch, der wie ein Schrank aussieht*

Se·kre·ta·ri·at das [zekretaˈʁiːaːt] <-(e)s, -e> ❶ *Stelle, die einer Institution, Abteilung usw. zugeordnet ist und die Korrespondenz, Terminplanung und Büroorganisation übernimmt* ❷ *Büro eines Sekretärs oder einer Sekretärin*

Sekt der [zɛkt] <-(e)s, -e> *Wein, der eine (geringe) Menge Kohlensäure in Form kleiner Luftbläschen enthält und gut gekühlt getrunken wird* ◆ -flasche, -frühstück, -glas, -kelch

Se·kun·de die [zeˈkʊndə] <-, -n> ❶ *einer der sechzig gleichen Teile einer Minute:* Er läuft die hundert Meter in weniger als zehn Sekunden. ◆ -nzeiger ❷ *(umg.) ein sehr kurzer Zeitraum:* Warten Sie mal eine Sekunde, ich bin gleich fertig!

selb... *pron* ❶ *(≈ derselbe/dieselbe/dasselbe) verwendet, um auszudrücken, dass zwei Personen oder Dinge identisch sind:* Wir saßen im selben Flugzeug wie letztes Jahr.; zum selben Zeitpunkt ❷ *selbst:* Ich kann selber malen.

selbst [zɛlpst] I. *pron* ❶ *verwendet, um zu betonen, dass sich eine Aussage ausschließlich auf die genannte Person (oder Sache) bezieht:* Der Patient wird vom Chefarzt selbst operiert.; Das muss er selbst wissen.; Was willst du tun, wenn der Computer selbst die Schwierigkeiten verursacht? ❷ *verwendet, um zu betonen, dass nicht ein anderer etwas hergestellt hat:* Wir haben das Haus selbst umgebaut.; Diese Jacke hat sie selbst genäht. II. *adv (≈ sogar) verwendet, um auszudrücken, dass etwas für jmdn. überraschend oder nicht typisch ist:* Selbst du wirst zu diesem Vorschlag nicht nein sagen können.; ▪ **sich von selbst verstehen** *selbstverständlich sein;* ▪ **etwas funktioniert wie von selbst** *problemlos funktionieren* ◆ Getrennt- oder Zusammenschreibung → R 4.17 selbst gebackener/selbstgebackener Kuchen; selbst gebrautes/selbstgebrautes Bier; ein selbst gestrickter/selbstgestrickter Pullover; das erste selbst verdiente/selbstverdiente Geld

selb·stän·dig, *a.* **selbst·stän·dig** *adj / nicht steig. /* ❶ *nur mit eigenem Wissen und Können, ohne fremde Hilfe:* Die Schüler sollen die Aufgaben selbständig lösen. ❷ *(≈ autonom, unabhängig) so, dass ein Land nicht von einem anderen beherrscht wird, sondern seine eigene Regierung hat:* Wann wurde diese Kolonie selbständig? ❸ *so, dass man nicht angestellt ist, sondern eine eigene Firma hat.:* Er ist seit zwei Jahren selbständig. ▶ Selbständigkeit

Selbst·be·die·nung die <-> */kein Plur./ das Verfahren, dass Kunden in einem Geschäft oder Lokal selbst die von ihnen gewünschten Waren oder Speisen auswählen und zur Kasse oder zum Tisch tragen:* In Supermärkten herrscht Selbstbedienung. ◆ -sladen, -srestaurant

Selbst·be·herr·schung die <-> */kein Plur./ die Fähigkeit, die eigenen Gefühle und das eigene Handeln kontrollieren zu können.:* Er verlor vor Wut die Selbstbeherrschung.

selbst·be·wusst *adj im Bewusstsein des eigenen Wertes und Könnens* ▸ Selbstbewusstsein

Selbst·mord *der* <-(e)s, -e> *das Töten der eigenen Person:* Er hatte in seiner Verzweiflung Selbstmord begangen. ▸ Selbstmörder(in)

selbst·si·cher *adj selbstbewusst:* Er hat ein sehr selbstsicheres Auftreten. ▸ Selbstsicherheit

selbst·ver·ständ·lich **I.** *adj so klar und natürlich, dass man es nicht erklären muss:* Zusätzlich zur Miete fallen selbstverständlich auch Nebenkosten an.; Wenn ein Arzt unter den Gästen ist, wird er im Notfall selbstverständlich helfen. **II.** *adv natürlich:* „Kommst du mit?" „Selbstverständlich!" ▸ Selbstverständlichkeit

Selbst·ver·trau·en *das* <-> /kein Plur./ *Glaube an die eigenen Fähigkeiten:* Er hat ein geringes/starkes/unerschütterliches Selbstvertrauen.; Mangelndes Selbstvertrauen kann ein Problem sein.

Selbst·ver·wirk·li·chung *die* <-, -en> *Entwicklung der eigenen Persönlichkeit, indem man seine Fähigkeiten und Talente nutzt*

se·lig ['ze:lɪç] *adj* ❶ REL. *gesagt von jmdm., der schon längere Zeit gestorben ist:* Mein seliger Vater! ❷ *sehr glücklich:* Sie zeigte ein seliges Lächeln. ▸ Seligkeit

-se·lig [ze:lɪç] *(meist iron.) als Zweitglied zusammengesetzter Adjektive, mit Betonung auf dem Erstglied; drückt aus, dass jemand in dem mit dem Erstglied Bezeichneten schwelgt, darin ganz aufgeht/freudig davon erfüllt ist:* Wenn er etwas zu viel Bier getrunken hat (in bierseliger Laune ist), dann wird er ganz redselig und spricht ununterbrochen. ◆ bier-, bücher-, fußball-, kunst-, musik-, red-, schnulzen-, wort-

se·lig·spre·chen <sprichst selig, sprach selig, hat seliggesprochen> *mit OBJ* REL. *eine Person (aus Sicht der katholischen Kirche) selig nennen:* Der Papst hat sie hundert Jahre nach ihrem Tod seliggesprochen. ▸ Seligsprechung

sel·ten ['zɛltn̩] <seltener, am seltensten> *adj* ❶ *nicht oft, in nur geringer Zahl vorkommend:* Das ist eine sehr seltene Pflanze.; Wir haben uns in letzter Zeit selten gesehen. ❷ *besonders:* Wir haben eine selten schöne Blume gesehen. ▸ Seltenheit

selt·sam ['zɛltza:m] <seltsamer, am seltsamsten> *adj* (≈ *eigenartig, merkwürdig, sonderbar) verwendet, um auszudrücken, dass jmd. oder etwas von der Norm ab-* weicht und nicht leicht zu verstehen ist: Er ist ein seltsamer Mensch.; Hast du schon von dieser seltsamen Geschichte gehört?; Es ist seltsam, dass … ▸ seltsamerweise, Seltsamkeit

Se·mes·ter *das* [ze'mɛstɐ] <-s, -> ❶ *eine der beiden Hälften, in die das Studienjahr an einer Universität oder Fachhochschule eingeteilt wird:* Sie ist jetzt im dritten Semester.; noch drei Semester bis zum Examen benötigen ◆ -arbeit, -beginn, -ende, Frei-, Sommer-, Winter- ❷ ▪ **ein älteres/höheres Semester** *(umg. scherzh.) ein älterer Mensch*

Se·mi·nar *das* [zemi'na:ɐ̯] <-s, -e/-ien> ❶ *ein Bereich oder Institut an einer Universität:* Leiter des Germanistischen Seminars ❷ *Kurs (an einer Universität):* Ich besuche ein Seminar über mittelhochdeutsche Lyrik. ❸ REL. *kurz für „Priesterseminar"* ▸ Seminarist

Sem·mel *die* [zɛml] <-, -n> SÜDDT., ÖSTERR., SCHWEIZ. *Brötchen;* ▪ **wie warme Semmeln weggehen** *(umg.) sehr schnell verkauft werden* Die Sonderangebote gehen weg wie warme Semmeln.

sen·den ['zɛndn̩] <sendest, sandte/sendete, hat gesandt/gesendet> **I.** *mit OBJ/ohne OBJ* ❶ ▪ **jmd. sendet (etwas)** *eine Radio- oder Fernsehsendung ausstrahlen:* Wir senden den Film in der Originalfassung mit deutschen Untertiteln.; Früher hat das Fernsehen nur in Schwarzweiß gesendet. **II.** *mit OBJ* ❶ ▪ **jmd. sendet jmdn. (irgendwohin)** *(geh.) jmdn. schicken:* In das Erdbebengebiet wurden Hilfsmannschaften gesandt/gesendet. ❷ ▪ **jmd. sendet jmdm. etwas** *(geh.) etwas schicken:* Wir senden unseren Freunden immer Urlaubskarten.

Sen·der *der* <-s, -> *kurz für „Rundfunksender" oder „Fernsehsender"*

Sen·dung *die* <-, -en> ❶ WIRTSCH. *Lieferung/etwas, das man per Post verschickt:* Die Sendung der Firma kam per LKW.; Die Post brachte die Sendungen bis an die Haustür. ◆ Brief-, Paket-, Geld- ❷ *Fernseh- oder Radiosendung:* Die besten Sendungen kommen abends.

Senf *der* ['zɛnf] <-(e)s, -e> ❶ *eine Masse aus gemahlenen Senfkörnern, Essig und Gewürzen:* Ich hätte gerne ein Paar Würstchen mit Senf. ◆ -glas, -soße, -tube ❷ *eine Gewürzpflanze, aus der Senf¹ hergestellt wird;* ▪ **seinen Senf dazu geben** *(umg. abwert.) (unerwünschte) Bemerkungen zu etwas machen* ◆ -korn, -pflanze

Se·ni·or *der,* **Se·ni·o·rin** ['ze:nio:ɐ̯] <-s,

-oren> *(↔ Junior)* älterer Mitbürger ♦-enheim, -enpass, -entreffen

sen·ken ['zɛŋkn] <senkst, senkte, hat gesenkt> **I.** *mit OBJ* ■ **jmd. senkt etwas** ① *(↔ heben)* nach unten bewegen, bewirken, dass etwas nach unten kommt: Sie senkte den Kopf.; Man senkte den Sarg ins Grab. ② *(↔ erhöhen)* geringer machen, reduzieren: Wir müssen versuchen, die Preise/die Kosten zu senken.; Das Fieber des Patienten konnte gesenkt werden. **II.** *mit SICH* ■ **etwas senkt sich** *sinken, allmählich niedriger werden:* Der Boden in diesem Gebiet senkt sich.; ■ **die Stimme senken** *(geh.)* leiser sprechen

senk·recht ['zɛŋkrɛçt] *adj (≈ vertikal ↔ waagerecht)* in einem Winkel von neunzig Grad von unten nach oben verlaufend: Es war völlig windstill und der Rauch stieg senkrecht nach oben.

Sen·sa·ti·on die [zɛnza'tsi̯oːn] <-, -en> ein Ereignis, das großes Aufsehen erregt: Der Auftritt dieser Rockband war die Sensation des Festivals. ▸ sensationell ♦-sereignis, -sgier

sen·si·bel [zɛn'ziːbl] <sensibler, am sensibelsten> *adj* sehr empfindsam, feinfühlig: Er ist ein sensibler Junge. ▸ sensibilisieren, Sensibilisierung, Sensibilität

sen·ti·men·tal [zɛntimɛn'taːl] *adj (oft abwert.)* übertrieben gefühlsbetont: Das Ende des Films war mir zu sentimental.; Aus dem Radio ertönte ein sentimentales Lied nach dem anderen. ▸ Sentimentalität

se·pa·rat [zepa'raːt] *adj /nicht steig./* vom Rest abgetrennt, gesondert: Das Haus hat einen separaten Eingang. ▸ Separatismus, Separatist(in)

Sep·tem·ber der [zɛp'tɛmbɐ] <-(s), -> *der neunte Monat des Jahres;* ■ **der elfte September** verwendet, um sich auf den Anschlag auf das World Trade Center am 11. September 2001 zu beziehen die Welt nach dem elften September

Se·rie die ['zeːri̯ə] <-, -n> ① *Produkte, die in gleichartiger Ausführung und hoher Stückzahl hergestellt werden:* Gibt es noch Ersatzteile für die Autos dieser Serie?; Das Produkt ist ausgereift und kann in Serie gehen (≈ in der Art einer Serie produziert werden). ♦-nbau, -nfertigung ② *eine inhaltlich und thematisch zusammengehörige Folge von Fernseh- oder Rundfunksendungen:* Momentan läuft im Fernsehen eine Serie über die Kreuzzüge. ♦Film-, Krimi- ③ *(umg.) eine Aufeinanderfolge von Ereignissen ähnlicher Art:* Eine Serie von Einbrüchen beschäftigt zurzeit die Polizei.; ■ **in Serie gehen** *in die Massenproduktion gehen* ▸ serienmäßig, serienweise ♦Einbruchs-, Erfolgs-, Gewinn-, Mord-, Unfall-, Unglücks-

se·ri·ös [ze'ri̯øːs] <seriöser, am seriösesten> *adj (↔ unseriös)* so ordentlich, dass es zuverlässig und vertrauenswürdig wirkt: Mein Nachbar ist ein seriöser, älterer Herr.; Das Hotel macht einen seriösen Eindruck.; Solche Geschäftspraktiken sind nicht gerade seriös. ▸ Seriosität

Ser·vice¹ der/das ['zœːɐvɪs] <-> /kein Plur/ ① *(≈ Bedienung)* die Art und Weise, wie Kunden behandelt und bedient werden: Der Service in diesem Lokal ist erstklassig/ freundlich/würdig/lässt sehr zu wünschen übrig. ② *(≈ Kundendienst)* alle Leistungen und Dienste, die ein Betrieb oder ein Geschäft seinen Kunden bietet: Der Service des Autohauses hat mich enttäuscht.

Ser·vice² das [zɛr'viːs] <-/-s, -> *Teller, Unterteller, Tassen usw., die zusammen ein einheitliches Essgeschirr bilden* ♦Ess-, Kaffee-, Tafel-, Tee-

ser·vie·ren [zɛr'viːrən] <servierst, servierte, hat serviert> *mit OBJ/ohne OBJ* ■ **jmd. serviert (jmdm.) (etwas)** *Essen auftragen:* Sie servierte ihren Gästen eine köstliche Nachspeise.; Der Kellner serviert in wenigen Minuten.

Ser·vi·et·te die [zɛr'vi̯ɛtə] <-, -n> *ein kleines Tuch aus Stoff oder Papier, das man verwendet, um den Mund nach dem Essen sauber zu machen* ♦-nring, Papier-, Stoff-

ser·vus ['zɛrvʊs] *interj* SÜDDT., ÖSTERR. *(umg.) freundschaftlicher Gruß zur Begrüßung oder beim Abschied:* Bis bald, Hans, servus!; Servus Toni, wie geht's?

Ses·sel der ['zɛsl] <-s, -> *ein weich gepolstertes Sitzmöbel, das meist Lehnen für die Arme und den Rücken hat:* Sie ließ sich in den weichen Sessel fallen.; Er schien in dem riesigen Sessel fast zu versinken. ♦-lehne, Garten-, Leder-, Polster-

set·zen ['zɛtsn] <setzt, setzte, hat/ist gesetzt> **I.** *mit OBJ (haben)* ① ■ **jmd. setzt jmdn./etwas (irgendwohin)** *jmdn./etwas in eine bestimmte Position bringen und längere Zeit dort lassen:* Sie setzte das Kind auf ihren Schoß.; den Hut auf den Kopf setzen; den Topf auf den Herd setzen; ein Komma/Fragezeichen setzen; Er setzte seine Unterschrift unter den Vertrag. ② ■ **jmd. setzt etwas** *pflanzen:* Der Gärtner setzte drei neue Bäume. ③ ■ **jmd.**

setzt etwas *(schriftlich) festlegen, was wichtig ist:* eine Frist/Prioritäten/Grenzen setzen **II.** *mit OBJ/ohne OBJ* ■ **jmd. setzt (etwas) (auf etwas** *Akk.***) *(haben) beim Glücksspiel auf etwas setzen:* Ich habe auf die Nummer 37 gesetzt.; Ich habe 100 Euro auf die Neun gesetzt.; Auf welches Pferd hast du gesetzt? **III.** *ohne OBJ* ■ **jmd./ein Tier setzt über etwas** *Akk. (sein) mit einem Sprung ein Hindernis überwinden:* Sie hat Anlauf genommen und ist über den Graben gesetzt.; Das Pferd setzte über das Hindernis. **IV.** *mit SICH (haben)* ❶ ■ **jmd./etwas setzt sich (irgendwohin)** *eine sitzende oder ruhende Position einnehmen:* Er setzte sich auf den Stuhl/aufs Rad/an den Tisch/ins Gras/aufs Pferd. ❷ ■ **etwas setzt sich** *in einer Flüssigkeit zu Boden sinken:* Der aufgewirbelte Sand im Aquarium hatte sich inzwischen wieder gesetzt.; Der Kaffeesatz setzt sich.; ■ **jemanden an die Luft/vor die Tür setzen** *(umg.) jmdm. (die Arbeit oder die Wohnung) kündigen;* ■ **etwas in/außer Betrieb setzen** *etwas ein- oder ausschalten;* ■ **ein Kind in die Welt setzen** *(umg. abwert.) ein Kind zeugen;* ■ **es setzt etwas** *(umg.) es gibt Prügel*

Seu·che die ['zɔyçǝ] <-, -n> *eine ansteckende Krankheit, die sich rasch verbreitet:* Die Pest war eine gefürchtete Seuche im Mittelalter. ◆-nbekämpfung, -ngebiet, -nschutz

seuf·zen ['zɔyftsn̩] <seufzt, seufzte, hat geseufzt> *ohne OBJ* ■ **jmd. seufzt** *tief und laut ausatmen (und damit zum Ausdruck bringen, dass man bedrückt ist):* Sie hatte viele Sorgen und musste oft seufzen. ▸ Seufzer

Sex der [zɛks] <-(es)> /kein Plur./ *(umg.) Geschlechtsverkehr (und die dazugehörigen Handlungen):* Hatten Sie Sex miteinander?; Er war nur auf schnellen Sex aus.; Sex ist ihr nicht so wichtig? ▸ sexuell, sexy ◆ Gruppen-, Safer-

Se·xu·a·li·tät die [zɛksuali'tɛːt] <-> /kein Plur./ *alle Gefühle, Handlungen und Bedürfnisse, die mit dem Geschlechtsverkehr zusammenhängen*

Sham·poo das ['ʃampu, ʃam'poː] <-(s), -s> *spezielle flüssige Seife zum Waschen der Haare:* ein mildes Shampoo

sich [zɪç] *pron /Reflexivpronomen der 3. Pers. Sing. und Plur./* ❶ *rückbezüglich verwendet:* Hans hat sich verschluckt (≈ die Person, der das Verschlucken geschieht, ist Hans).; Damit hat er sich selbst geschadet.; Was bilden Sie sich eigentlich ein? ❷ *wechselbezüglich verwendet: „einander":* Hans und Maria lieben sich (≈ Hans liebt Maria und Maria liebt Hans).; ■ **an und für sich** *eigentlich*

si·cher ['zɪçɐ] <sicherer, am sichersten> **I.** *adj* ❶ *nicht von Gefahren oder von Risiken bedroht:* Er hat einen sicheren Arbeitsplatz.; Wir haben alles aus sicherer Entfernung beobachtet. ◆ abhör-, bruch-, diebstahl-, einbruch-, fälschungs-, feuer-, frost-, funktions-, krisen-, kugel-, missbrauch-, rutsch-, schnee-, stoß-, unfall- ❷ (≈ *zuverlässig) mit Verlässlichkeit auf die Richtigkeit von etwas:* Unsere Informationen stammen aus einer sicheren Quelle. ❸ *so, dass jmd. (aufgrund von Erfahrung) keine Fehler macht oder keine Irrtümer begeht:* In diesen Dingen hat sie einen sehr sicheren Geschmack. ❹ *(↔ unsicher) selbstbewusst:* Ich bewundere ihr sicheres Auftreten. **II.** *adv sehr wahrscheinlich:* Die Entscheidung ist sicher nicht sehr leicht gewesen.; Du hast sicher schon gemerkt, dass …

Si·cher·heit die <-, -en> ❶ /kein Plur./ *das Geschütztsein vor Gefahren oder vor Risiken:* Die Sicherheit der Arbeitsplätze ist oberstes Gebot.; Das Auto bietet ein Höchstmaß an Sicherheit. ❷ /kein Plur./ *Gewissheit:* Er wird mit Sicherheit noch kommen. ❸ /kein Plur./ *Gewandtheit:* Die Turnerin sprang den Salto mit großer Sicherheit.; ■ **sich in Sicherheit wiegen** *irrtümlicherweise glauben, in Sicherheit¹ zu sein* ◆ -sabstand, -smaßnahmen, -srisiko, -svorkehrungen, Flug-, Treff-, Ziel-

Si·cher·heits·gurt der <-(e)s, -e> *Gurt, mit dem man sich an einem Autositz oder in einem Flugzeug anschnallen kann:* Hast du den Sicherheitsgurt angelegt?

Si·cher·heits·na·del die <-, -n> *eine oval gebogene Nadel mit einem Verschluss:* Eine Naht an meinem Anzug ist geplatzt! Hast du eine Sicherheitsnadel?

si·cher·lich *adv* (≈ *gewiss) verwendet, um auszudrücken, dass es sehr sicher ist, dass etwas geschehen wird:* Der Zug hat Verspätung; sicherlich verpassen wir den Anschlusszug.

si·chern ['zɪçɐn] <sicherst, sicherte, hat gesichert> *mit OBJ* ❶ ■ **jmd. sichert etwas** *sicher machen:* Ich habe das Tor mit einem zusätzlichen Schloss gesichert. ❷ ■ **jmd. sichert etwas** *gewährleisten:* Er hat seine Existenz gesichert. ❸ ■ **jmd. sichert sich/jmdm. etwas** *verschaffen:* Ich konnte mir und meiner Freundin Plätze in der ersten Reihe sichern. ❹ ■ **jmd. sichert etwas (auf etwas** *Akk.***)** EDV *Daten* *speichern:* Glücklicherweise habe ich den Text zusätzlich auf Diskette gesichert.

Si·che·rung die <-, -en> ❶ *das Schützen:* Die Sicherung der Arbeitsplätze ist oberstes Gebot. ❷ ELEKTROTECHN. *eine Vorrichtung, die im Gefahrfall den Strom unterbricht:* Ich muss noch die kaputte Sicherung ersetzen. ❸ EDV *Speicherung von Daten auf einem zusätzlichen Datenträger, so dass sie nicht verloren gehen können:* die Sicherung der Daten auf Diskette ◆-skopie

Sicht die [zɪçt] <-> */kein Plur./* ❶ *die Möglichkeit, etwas zu sehen:* Von hier oben aus man kann eine herrliche Sicht über das gesamte Tal.; Die Sicht betrug streckenweise nur 50 Meter.; Du verstellst mir die Sicht! ❷ *persönliche Sichtweise:* Aus meiner Sicht gibt es keinerlei Einwände.; ▪ **auf lange Sicht** *für längere Zeit;* ▪ **auf kurze Sicht** *für kürzere Zeit*

Sie [ziː] *pron /Pronomen der 2. Pers. Sing. und Plur./ als Personalpronomen der zweiten Person verwendet, um sich als Sprecher auf die angesprochene Person zu beziehen, wenn man die angesprochene Person nicht kennt und zu ihr kein vertrauliches, familiäres oder freundschaftliches Verhältnis hat; kennt man die angesprochene Person oder will man zu ihr eine familiäre oder freundschaftliche Nähe zeigen, sagt man „du":* Kann ich Sie für einen Augenblick sprechen?; Ich begrüße Sie, meine Damen und Herren!

sie [ziː] *pron /Pronomen der 2. Pers. Sing. und Plur./* „Geht Ihre Tochter schon zur Schule?" „Ja, sie ist in der zweiten Klasse."; „Wo sind die Handwerker?" „Sie machen Mittag."

sie·ben [ˈziːbn̩] *num die Zahl 7:* Wir sind sieben/zu siebt/zu sieben.; Wir treffen uns um sieben (Uhr).; Die Woche hat sieben Tage.; ▪ **für jemanden ein Buch mit sieben Siegeln sein** *jmdm. völlig unverständlich sein*

sie·ben·hun·dert [ˈziːbn̩ˈhʊndɐt] *num die Zahl 700*

Sie·ben·sa·chen [ˈziːbn̩zaxn̩] <-> *Plur. (umg.) jmds. persönliche Dinge:* Hast du nun endlich deine Siebensachen gepackt?

sieb·tens [ˈziːptn̩s] *adv an 7. Stelle in einer Reihenfolge*

sieb·zehn [ˈziːptseːn] *num die Zahl 17:* Sie ist siebzehn Jahre alt.

sieb·zig [ˈziːptsɪç] *num die Zahl 70:* Sie ist mit siebzig Jahren noch fit.

Sie·de·punkt der <-(e)s, -e> ❶ PHYS. *Temperatur, bei der etwas zu kochen beginnt* ❷ *(übertr.) Höhepunkt:* Die Stimmung im Saal erreichte langsam ihren Siedepunkt.

Sieg der [ziːk] <-(e)s, -e> *(↔ Niederlage)* ❶ MILIT. *der Gewinn einer militärischen Auseinandersetzung oder eines Krieges:* Der Feldherr konnte mit seinem Heer in der Schlacht einen Sieg davontragen. ◆-ermacht, -eszug ❷ SPORT *der Gewinn eines Spiels, Rennens oder Turniers:* Die Mannschaft freute sich über den haushohen/verdienten/überlegenen Sieg. ▶besiegen, siegen, siegesgewiss, Sieger(in), siegreich ◆-erehrung, Heim-, Olympia-

sie·zen [ˈziːtsn̩] <siezt, siezte, hat gesiezt> *mit OBJ* ▪ **jmd. siezt jmdn.** *(↔ duzen) jmdn. mit „Sie" anreden:* Sie kennen sich schon seit langer Zeit und siezen sich trotzdem noch immer.

Si·g·nal das [zɪˈgnaːl] <-s, -e> ❶ *Zeichen, dem eine feste Bedeutung zugeordnet ist:* Er gab das Signal zum Angriff/zum Aufbruch. ◆-feuer, -flagge, -glocke, Alarm-, Blink-, Pfeif-, Start- ▶signalisieren ❷ *(im Schienenverkehr) technische Vorrichtung neben dem Gleis, die dem Zugführer anzeigt, ob er fahren darf oder halten muss* ▶signalisieren ◆-anlage, -lampe, -licht

Sil·be die [ˈzɪlbə] <-, -n> *einer der Teile, aus denen längere Wörter bestehen:* Das Wort „Silbe" besteht aus zwei Silben.; ▪ **keine Silbe verstehen** *(umg.) nichts verstehen;* ▪ **keine Silbe sagen** *schweigen* ▶einsilbig, mehrsilbig ◆Nach-, Vor-

Sil·ber das [ˈzɪlbɐ] <-s> */kein Plur./* ❶ *ein wertvolles, weiß glänzendes Edelmetall* ❷ *Besteck, Geschirr aus Silber¹:* das Silber putzen

Sil·ber·hoch·zeit die <-, -en> *der 25. Jahrestag der Hochzeit*

Sil·hou·et·te die [zɪˈlŭɛtə] <-, -n> *die schattenhafte Gestalt, in der man eine Person/einen Gegenstand gegen ein helles Licht im Hintergrund sieht:* Die Silhouetten der Bäume hoben sich gegen den Abendhimmel ab.; Als der Sänger auf der Bühne stand, konnte man nur seine Silhouette erkennen: — So hell waren die Scheinwerfer im Hintergrund.

Sil·ves·ter der/das [zɪlˈvɛstɐ] <-s, -> *der letzte Tag des Jahres* ◆-abend

sim·pel [ˈzɪmpl̩] <simpler, am simpelsten> *adj* ❶ *(↔ kompliziert) einfach, unkompliziert:* Ich werde Ihnen ein simples Beispiel nennen. ❷ *(oft abwert.: ↔ anspruchsvoll) schlicht:* Wir waren in einem simplen Hotel untergebracht.; Dieses simple Paar Schuhe kostete 100 Euro. ❸ *(abwert.) dumm, beschränkt:* Diese Antwort ist mir zu simpel.; simple Leute ▶Simpel, simplifizieren

si·mul·tan [zimʊl'taːn] *adj /nicht steig./ gleichzeitig:* Diese beiden Konzerte finden simultan statt.

Sin·fo·nie die [zɪnfo'niː] <-, -n> *Ein klassisches Musikstück, das meist aus vier Teilen besteht und für Orchester geschrieben ist.:* Beethoven hat neun Sinfonien geschrieben.

sin·gen ['zɪŋən] <singst, sang, hat gesungen> *mit OBJ/ohne OBJ* ■ **jmd./ein Tier singt (etwas) (irgendwie)** *mit der Stimme ein Lied oder eine Melodie erzeugen:* Wir singen jetzt ein Lied!; Sie singt gut/schlecht/laut/leise.; Im Gadrten singen die Vögel.; ■ **jemand singt jemanden in den Schlaf** *durch Singen zum Schlafen bringen* Sie singt ihr Kind in den Schlaf.; ■ **von etwas ein Lied singen können** *etwas aus eigener (unangenehmer) Erfahrung kennen* Von den Strapazen des Trainings kann ich ein Lied singen. ◆ Gesang

Sin·gle[1] die [sɪŋl] <-, -s> *kleine Schallplatte mit je einem Musikstück auf jeder Seite oder CD mit nur wenigen Musikstücken*

Sin·gle[2] der [sɪŋl] <-s, -(s)> *alleinstehender Mensch:* Seit sie sich von ihrem Freund getrennt hat, lebt sie als Single.

Sin·gu·lar der ['zɪŋgulaːɐ̯] <-s> */kein Plur./* SPRACHWISS. *(≈ Einzahl ↔ Plural)* ❶ *Form des Verbs, wenn es in Verbindung mit den Pronomen „ich", „du" „er", „sie", „es" steht* ❷ *grammatische Form des Substantivs, wenn es sich auf nur einen Gegenstand(sbereich) bezieht (und nicht auf viele):* Das Wort „Pferd" steht im Singular, während das Wort „Pferde" im Plural steht.

sin·ken ['zɪŋkn̩] <sinkst, sank, ist gesunken> *ohne OBJ* ■ **jmd./etwas sinkt** ❶ *zu Boden gleiten:* Der Sieger des Marathonlaufs sank beim Erreichen des Ziels völlig erschöpft zu Boden. ❷ *(≈ versinken) als Schiff im Meer untergehen:* Die Titanic ist nach der Kollision mit einem Eisberg gesunken. ❸ *(↔ steigen) geringer werden:* Das Fieber sinkt glücklicherweise.; Er sank in ihrer Achtung immer mehr, bis sie ihn verachtete.

Sinn der [zɪn] <-(e)s, -e> ❶ */meist Plur./ die Fähigkeit, etwas wahrnehmen und empfinden zu können:* Der Mensch besitzt fünf Sinne: das Sehen, Hören, Riechen, Schmecken und Tasten.; Ihr schwanden die Sinne und sie glitt vom Stuhl. ◆ Gehör-, Geschmacks-, Gesichts-, Geruchs-, Tast- ❷ */kein Plur./ (geh.) Bewusstsein, Gemüt:* frohen Sinnes sein; einen geraden/aufrechten/ehrlichen Sinn haben; Dieses Wort ging mir immer wieder durch den Sinn. ❸ */kein Plur./ Gesinnung, Denkungsart:* Ich hoffe, wir haben in deinem Sinn(e) gehandelt. ◆ Gerechtigkeits-, Geschäfts-, Ordnungs-, Schönheits- ❹ */kein Plur./ geistiger Gehalt, Bedeutung:* Was ist nun der verborgene/tiefere Sinn dieses Buches?; Dieser Satz hat keinen Sinn.; Wir dachten über den Sinn des Lebens nach.; ■ **der sechste/ein sechster Sinn** *ein besonderes Gespür, Instinkt*; ■ **jemandem in den Sinn kommen** *einfallen*; ■ **etwas im Sinn haben** *vorhaben*; ■ **ohne Sinn und Verstand** *ohne Überlegung* ◆ -losigkeit, Doppel-, Hinter-, Neben-

sinn·ge·mäß *adj /nicht steig./ nicht wörtlich:* Ich habe das Gedicht sinngemäß übersetzt, weil es mir nur auf seinen Sinn[4] ankam.

sinn·lich <sinnlicher, am sinnlichsten> *adj* ❶ */nicht steig./ auf den Sinn[1] bezogen, mit den Sinnen[1] wahrnehmbar:* Wir wurden von sinnlichen Reizen förmlich überflutet. ❷ */nicht steig./ in Bezug auf den Körper (und nicht auf den Verstand):* Er ist ein Freund der sinnlichen Genüsse. ❸ *so, dass es die Sexualität anspricht:* Ihn überkam ein sinnliches Verlangen.; Sie hat einen sehr sinnlichen Mund.

Si·re·ne die [zi're:nə] <-, -n> *Alarmvorrichtung/ Warngerät, das sehr laute Töne aussendet:* Die Sirenen heulten, als das Feuer ausbrach.

Sit·te die ['zɪtə] <-, -n> */meist Plur./* ❶ *(≈ Brauch) eine Gewohnheit, die in einer Gruppe/Gemeinschaft traditionsgemäß üblich ist:* Sie erforscht die Sitten und Gebräuche der nordamerikanischen Indianer. ❷ *für das Zusammenleben in einer Gesellschaft grundlegender ethischer, moralischer Wert:* der Verfall der Sitten; Wir sprachen über den Verfall der Sitten im antiken Rom. ❸ *Benehmen, Umgangsformen:* Er hat gegen Anstand und Sitte verstoßen. ◆ sittenlos, Sittenlosigkeit

sitt·lich *adj /nicht steig./* ❶ *die Sitten[2] betreffend:* Sie äußerte sittliche Bedenken.; Ihm fehlt noch die sittliche Reife. ❷ *in moralischer Hinsicht ein Vorbild darstellend:* Er ist ein sittlicher Mensch. ◆ Sittlichkeit

Si·tu·a·ti·on die [zitu̯a'tsi̯oːn] <-, -en> *Lage, Verhältnisse:* Wir gerieten in eine schwierige/gefährliche Situation.; Die politische Situation in diesem Land wird als stabil bezeichnet.

Sitz der [zɪts] <-es, -e> ❶ *Platz, auf dem*

man in Fahrzeugen und Flugzeugen sitzt: Das Auto hat bequeme/harte/weiche Sitze. ❷ *eine Stelle (in einer Institution) mit Stimme⁵:* Die Partei hatte damals 50 Sitze im Parlament. ❸ *Ort, an dem sich eine Institution/Firma befindet:* Die Zentrale des Konzerns hat ihren Sitz im Ausland.

sit·zen ['zɪtsn̩] <sitzt, saß, hat/ist gesessen> *ohne OBJ* ❶ *(haben o sein) (↔ stehen)* ▪**jmd. sitzt (irgendwie) (irgendwo)** *mit aufgerichtetem Oberkörper eine Position einnehmen, in der das Gesäß auf einer festen Unterlage ruht:* Er sitzt auf einem Sessel/Stuhl.; auf einer Bank/einem Sofa sitzen; Ich möchte gern auf meinem Stuhl sitzen bleiben und nicht aufstehen.; Der junge Mann musste aufstehen und die alte Dame auf seinem Platz sitzen lassen. ❷ ▪**jmd. sitzt (irgendwie) (irgendwo)** *(haben o sein) sich in sitzender Haltung irgendwo aufhalten (und sich mit einer Arbeit beschäftigen):* Sie saß (stundenlang/eifrig) über seinen Hausaufgaben/am Computer/am Schreibtisch.; Er sitzt vor dem Fernseher/im Wirtshaus. ❸ ▪**jmd. sitzt** *(umg.) (haben o sein) im Gefängnis sein:* Für diese Tat muss er mindestens drei Jahre sitzen. ❹ ▪**etwas sitzt irgendwie** *(haben) passen:* Das Kleid sitzt überhaupt nicht.; ▪**einen sitzen haben** *(umg.) beschwipst sein* ▸ Sitzgelegenheit, Sitzordnung *siehe aber auch* **sitzenbleiben, sitzenlassen**

sit·zen·blei·ben *ohne OBJ in der Schule nicht in die nächste Klasse versetzt werden:* Seine Leistungen sind deutlich schlechter geworden, weshalb er am Ende sitzengeblieben ist.

sit·zen·las·sen <lässt sitzen, ließ sitzen, hat sitzenlassen/sitzengelassen> *mit OBJ* ▪**jemand lässt jemanden sitzen** *(umg.) in einer schwierigen Situation im Stich lassen oder verlassen:* Er hat seine Freundin sitzengelassen, obwohl sie von ihm schwanger war.

Sitz·platz der <-es, Sitzplätze> *(↔ Stehplatz) ein Platz zum Sitzen:* Wir hatten im Stadion einen Sitzplatz.

Sit·zung die <-, -en> *eine Zusammenkunft mehrerer Leute (eines Gremiums), um etwas zu beraten bzw. zu entscheiden:* Ich eröffne hiermit die Sitzung.; Die Sitzung des Bundestages wird im Fernsehen übertragen. ◆-bericht, -sprotokoll, -ssaal, Therapie-, Zahnarzt-

Skan·dal der [skan'daːl] <-s, -e> *ein Ereignis, das viele Menschen empört und Auf-sehen erregt:* Bei der Preisverleihung kam es zu einem heftigen Skandal. ▸ skandalös

Ske·lett das [skeˈlɛt] <-(e)s, -e> *alle Knochen eines Menschen oder Tieres*

skep·tisch ['skɛptɪʃ] <skeptischer, am skeptischsten> *adj* ❶ *zur Skepsis neigend:* Einen skeptischen Menschen überzeugt man nicht so leicht. ❷ *auf Skepsis beruhend:* Seine Antwort klang eher skeptisch. ▸ Skepsis

Ski, *a.* **Schi** der [ʃiː] <-(s), -er> *eines der beiden schmalen, langen Bretter aus Holz, Metall oder Kunststoff, mit denen man auf Schnee gleitet:* Ski fahren; Ski laufen ◆-anzug, -belag, -bindung, -brille, -gymnastik -kleidung, Abfahrts-, Après-, Langlauf-

Skiz·ze die ['skɪtsə] <-, -n> ❶ *eine einfache, mit wenigen Strichen angefertigte Zeichnung, die das Wesentliche zeigt:* Ich habe eine Skizze des Hauses angefertigt. ◆Anfahrts-, Weg- ❷ *eine Skizze¹, die ein Künstler macht und die ihm dann als Vorlage für ein Gemälde dient* ◆-nblock ❸ *ein kurzer Text, der sich auf das Wesentliche beschränkt und es nicht weiter ausarbeitet:* Ich habe bereits eine Skizze der Rede entworfen.; Er hielt seine Reiseeindrücke in einer Skizze fest. ▸ skizzieren

Skript das [skrɪpt] <-(e)s, -s/-en> ❶ *ein Text, in dem die wichtigsten Inhalte von etwas aufgeschrieben sind:* Kannst du mir dein Skript der Vorlesung leihen? ❷ FILM *Drehbuch*

Skru·pel der ['skruːpl̩] <-s, -> */meist Plur./ moralische Bedenken, die jmdn. daran hindern, etwas Unrechtes zu tun:* Der Täter handelte ohne jeden Skrupel. ▸ skrupellos, Skrupellosigkeit

Skulp·tur die [skʊlpˈtuːɐ̯] <-, -en> *(≈ Plastik) eine Figur, die ein Bildhauer angefertigt hat:* Im Park stehen zahlreiche Skulpturen aus Bronze.; klassische Skulpturen der griechischen Antike

skur·ril [skʊˈriːl] <skurriler, am skurrilsten> *adj (geh.) auf eine komische Art, sonderbar:* eine skurrile Geschichte; Habe ich dir schon von seiner skurrilen Idee erzählt? ▸ Skurrilität

Slip der [slɪp] <-s, -s> *eine knapp geschnittene, eng anliegende Unterhose* ◆Damen-, Herren-, Tanga-

Smog der [smɔk] <-s> */kein Plur./ eine Schicht aus Rauch und Abgasen, die in der Luft über einer Stadt oder einer Fabrik liegt:* Für Leute, die Probleme mit ihrer Lunge haben, ist Smog sehr gefährlich. ◆-alarm

Smo·king der ['smoːkɪŋ] <-s, -s> *festli-*

cher, meist schwarzer Abendanzug für Männer: auf der Tanzveranstaltung einen Smoking tragen

so [zo:] I. *adv* ❶ *verwendet, um die Art und Weise auszudrücken, auf die eine Handlung abläuft:* So gesehen hat er Recht.; Er spricht heute so, morgen so. ❷ *in diesem (hohen) Maß, Grad:* Einen so kalten Winter hatten wir schon lange nicht mehr.; Seid bitte nicht so laut. ❸ ▪ **so plus Adjektiv** *überaus, sehr:* Ich bin ja so froh! ❹ ▪ **so wie ...** *ebenso, genauso:* Alles lief so, wie wir es geplant hatten. ❺ *(umg.) drückt (nach einer Aussage) aus, dass man etwas nicht genau weiß oder nicht exakt sagen will:* Wir werden euch so in einer Stunde abholen.; Wir waren hundert Besucher oder so.; Hier sieht man öfter Wild, Rehe, Hirsche und so. ❻ *verwendet, um auszudrücken, dass etwas beendet oder abgeschlossen ist:* So, das wäre erledigt! II. *part* ❶ *(≈ wirklich) verwendet, um eine Aussage zu bekräftigen:* Mir ist das so egal! ❷ *drückt Ungeduld oder Verärgerung aus:* So lasst uns endlich gehen!

so·bald [zoˈbalt] *konj* *(≈ sowie) verwendet, um auszudrücken, dass etwas (im Hauptsatz ausgedrückt) sofort geschieht, wenn etwas anderes (im Nebensatz ausgedrückt) geschehen ist:* Ich melde mich bei dir, sobald ich in Hamburg angekommen bin.

So·cke die [ˈzɔkə] <-, -n> *(↔ Strumpf) ein kurzer Strumpf, der etwas über den Knöchel reicht:* dunkle Socken zu einem dunklen Anzug tragen; ▪ **sich auf die Socken machen** *(umg.) losgehen;* ▪ **ganz von den Socken sein** *(umg.) sehr überrascht sein*

so dass *konj verwendet, um eine Folge von etwas auszudrücken:* Die Musik war sehr laut, so dass meine Ohren schmerzten.

So·fa das [ˈzoːfa] <-s, -s> *(≈ Couch) ein bequemes, gepolstertes Sitzmöbel für mehrere Personen:* auf dem Sofa sitzt man am bequemsten. ◆ -kissen, Leder-, Plüsch-

so·fern [zoˈfɛrn] *konj (≈ wenn) vorausgesetzt, dass:* Sofern ich es schaffe, werde ich früher kommen.

soff [zɔf] *Prät. von* **saufen**

so·fort [zoˈfɔrt] *adv (≈ augenblicklich, umgehend) unmittelbar nach einer Handlung, ohne zeitliche Verzögerung:* Ihr seid jetzt sofort ruhig! ▸ Soforthilfe, Sofortwirkung

sog [zoːk] *Prät. von* **saugen**

so·gar [zoˈgaːɐ̯] *adv* ❶ *verwendet, um auszudrücken, dass etwas nicht zu erwarten war und daher besonders erwähnenswert ist:* Sogar unsere Nachbarin hat geholfen.; Wir sind sogar mit dem Schiff gefahren. ❷ ▪ **..., sogar ...** *verwendet, um den Grad einer Eigenschaft zu steigern:* Er ist ein guter, sogar ein sehr guter Lehrer.; eine schwere, manchmal sogar tödliche Krankheit

Soh·le die [ˈzoːlə] <-, -n> ❶ *der unterste Teil des Schuhs, der beim Laufen den Boden berührt* ◆ Gummi-, Leder-, Schuh- ❷ *untere Fläche des Fußes:* Da er keine Strümpfe hatte, kam er auf nackten Sohlen.; ▪ **eine heiße Sohle aufs Parkett legen** *(umg.) sehr flott tanzen;* ▪ **auf leisen Sohlen** *(umg.) still und heimlich;* ▪ **sich die Sohlen ablaufen** *(umg.) sehr lange nach etwas suchen und dabei viel laufen* Um dieses Brautkleid zu finden, habe ich mir wirklich die Sohlen¹ abgelaufen. ◆ Fuß-

Sohn der [zoːn] <-(e)s, Söhne> ❶ *(↔ Tochter) männliches Kind:* Sie hat schon erwachsene Söhne.; Das Ehepaar hat zwei Töchter und einen Sohn. ◆ Adoptiv-, Bauern-, Königs-, Pflege-, Schwieger-, Stief- ❷ *(übertr.) jmd., der aus der genannten Stadt stammt:* ein echter Sohn Mannheims

so·lang, so·lan·ge [zoˈlaŋ(ə)] *konj verwendet, um auszudrücken, dass das im Hauptsatz Gesagte während des Zeitraums gültig ist, der im Nebensatz genannt wird:* Solange sie krank ist, kann sie nicht in die Schule gehen.; Solange ich hier Chef bin, wird das so gemacht!

solch, sol·cher, sol·che, sol·ches *pron* ❶ *so beschaffen:* Mit solchen Leuten will ich nichts zu tun haben. ❷ *so groß/so stark:* Ich hatte solches Fieber! ❸ *(geh.) verwendet, um die genannte Eigenschaft zu verstärken:* Bei solch schönem Wetter bleibe ich nicht zu Hause.

Sol·dat der, **Sol·da·tin** [zɔlˈdaːt] <-en, -en> *jmd., der Angehöriger des Militärs und Mitglied der Armee ist:* die Ausrüstung/der Dienstgrad/die Stiefel/die Uniform eines Soldaten; Die Soldaten marschieren/führen eine Übung durch/bauen ein Zeltlager auf/treten auf dem Kasernenhof an/leben in der Kaserne. ▸ soldatisch ◆ -enfriedhof, -enlied, -ensprache, -enzeit, Berufs-, Marine-, Zeit-, Zinn-

so·li·da·risch [zoliˈdaːrɪʃ] *adj so, dass man gemeinsame Interessen hat, sich verbunden fühlt und sich gegenseitig hilft:* Die gesamte Bevölkerung erklärte sich mit den Streikenden solidarisch. ▸ Solidarität

sol·len¹ [ˈzɔlən] <sollst, sollte, hat gesollt> *ohne OBJ* ❶ ▪ **jmd. soll plus Inf.**

(umg.) verwendet, um auszudrücken, dass von (irgend-)jmdm. etwas verlangt wird: Du sollst zum Chef kommen.; Ich soll mich mit ihm morgen schon um acht Uhr am Bahnhof treffen.; Der Sessel soll dort in die Ecke. ❷ ■ **jmd. soll plus Inf.** *verwendet, um auszudrücken, dass etwas ein Gebot der Moral ist:* Man soll nicht stehlen oder lügen. ❸ ■ **jmd./etwas soll plus Inf.** *verwendet, um auszudrücken, dass das Behauptete angeblich der Fall ist, aber man sich dessen nicht sicher ist oder es anzweifelt:* Ihr Mann soll angeblich Pilot sein (≈ es ist nicht sicher, ob das so ist).; Morgen soll es Gewitter geben, aber niemand weiß das natürlich sicher.

sol·len² ['zɔlən] <sollst, sollte, hat sollen> */Hilfsverb/* ❶ *oft im Konj. Prät. verwendet / verwendet, um einen Ratschlag oder eine Empfehlung auszudrücken:* Du solltest zum Arzt gehen!; Wir sollten nicht länger warten! ❷ *verwendet, um einen Ratschlag oder eine (Auf-)Forderung auszudrücken:* Hunde sollten an der Leine geführt werden.; Du sollst deinen Nächsten lieben.; Du sollst sofort nach Hause kommen, sagt dein Vater. ❸ *verwendet, um einen Wunsch oder eine Absicht auszudrücken:* Er soll sich wie zu Hause fühlen.; Sollen wir gehen? ❹ *verwendet, um eine Behauptung, Vermutung oder einen Zweifel auszudrücken:* Nach Zeugenaussagen soll der Vermisste noch zweimal gesehen worden sein.; Er soll dort gewesen sein.; Sollte das wirklich wahr sein?

so·mit [zo'mɪt, 'zo:mɪt] *adv (≈ folglich)* Der Kandidat hat die meisten Fragen richtig beantwortet und ist somit der Gewinner der Quizshow.

Som·mer der ['zɔmɐ] <-s, -> *(↔ Winter) die warme Jahreszeit zwischen Frühjahr und Herbst:* ein heißer/verregneter Sommer; Biergärten und Schwimmbäder sind im Sommer besonders gefragt. ◆ -beginn, -ende, -fahrplan, -fest, -hitze, -kleidung, -mantel, -semester, -tag, -urlaub, -wetter, Früh-, Hoch-, Spät-

Som·mer·zeit die <-> */kein Plur./* ❶ *die Jahreszeit des Sommers:* Während der Sommerzeit fühle ich mich immer am wohlsten. ❷ *der Zeitraum im Sommer, in dem die Uhren um eine Stunde vorgestellt werden:* die mitteleuropäische Sommerzeit

Son·der·an·ge·bot das <-(e)s, -e> *eine Ware, die für eine begrenzte Zeit zu einem besonders niedrigen Preis angeboten wird:* Diesen Artikel gibt es zurzeit im Sonderangebot.

son·der·bar ['zɔndɐbaːɐ̯] <sonderbarer, am sonderbarsten> *adj (≈ merkwürdig, seltsam) eigenartig; vom Erwarteten/Üblichen abweichend; rätselhaft und ohne die Möglichkeit, eine Erklärung zu finden:* Ich finde es sonderbar, dass niemand im Haus ist.; Ich finde, dass ihr Benehmen sonderbar ist.; Das ist schon ein sonderbarer Mensch! ▶ sonderbarerweise

Son·der·müll der <-s> */kein Plur./* *Müll, den man in spezieller Weise entsorgen muss, weil er giftige Stoffe enthält:* Batterien gehören in den Sondermüll.

son·dern ['zɔndɐn] *konj (≈ vielmehr) drückt nach einer verneinten Aussage aus, dass nun das Zutreffende gesagt wird:* Er arbeitet nicht in der Wirtschaft, sondern in der Verwaltung.; Ich bin nicht wie geplant gestern, sondern erst heute angekommen.; ■ **nicht nur ..., sondern auch ...** *sowohl ... als auch ...* Er wollte nicht nur stark sein, sondern auch schnell.

Son·der·preis der <-es, -e> *ein besonders niedriger Preis, der nur für eine bestimmte Zeit gilt:* Wir haben die Waschmaschine zu einem Sonderpreis gekauft.

Son·der·schu·le die <-, -n> *eine besondere Schule für Kinder, die Schwierigkeiten mit dem Lernen haben* ▶ Sonderschüler(in), Sonderschullehrer(in)

Sonn·abend der ['zɔn|a:bn̩t] <-s, -e> NORDDT. *Samstag* ▶ sonnabends

Son·ne die ['zɔnə] <-, -n> */kein Plur./ der große Stern am Himmel, der tagsüber Licht und Wärme spendet:* die aufgehende/untergehende Sonne; Die Sonne steht hoch am Himmel. ◆ -nenergie, -nlicht, -nuntergang, Abend-, Mittags-, Morgen- ❷ */kein Plur./ Licht und Wärme der Sonne¹:* Die Sonne hat uns gebräunt.; Ich vertrage die Sonne nicht mehr so gut.; Ein wenig Sonne würde ihr gut tun.

Son·nen·blu·me die <-, -n> *eine Blume mit großer gelber Blüte, die wie eine Sonne aussieht; aus ihren Samen kann man Öl machen:* ein Feld mit vielen Sonnenblumen ◆ -nkern, -nöl

Son·nen·brand der <-(e)s> */kein Plur./ durch zu viel Einwirkung von Sonne verursachte Entzündung der Haut, wodurch diese rot wird und sich schuppt:* Er hat sich gleich am ersten Urlaubstag einen Sonnenbrand geholt.; Um sich vor Sonnenbrand zu schützen, sollte man eine gute Sonnencreme benutzen.

Son·nen·stich der <-(e)s, -e> MED. *Kopfschmerzen und Übelkeit, die man be-*

son·nig ['zɔnɪç] <sonniger, am sonnigsten> adj ❶ (↔ schattig) vom Licht der Sonne beschienen: Viele Pflanzen benötigen einen sonnigen Standort. ❷ mit viel Sonnenschein: Wir hatten während des gesamten Urlaubs sonniges Wetter.

Sonn·tag der ['zɔnta:k] <-s, -e> der siebte Tag der Woche, an dem die meisten Berufstätigen nicht arbeiten müssen und der der Erholung dient: am Sonntag mit der Familie einen Ausflug machen; als Arzt im Krankenhaus auch am Sonntag Dienst haben; am Sonntag in die Kirche gehen ▸ sonntäglich ♦ -sgottesdienst, -sruhe, Oster-, Palm-, Pfingst-; siehe auch **Dienstag**

Sonn·tags- ['zɔnta:ks] als Erstglied zusammengesetzter Substantive, mit Betonung auf dem Erstglied; drückt aus, ❶ dass das mit dem Zweitglied Bezeichnete nicht alltäglich ist, sondern für besondere Anlässe (Feiertage etc.) bestimmt: Zur Ordensverleihung hat er seinen Sonntagsanzug angezogen. ♦ -anzug, -braten, -essen, -kleid ❷ (iron.) dass jemand das mit dem Zweitglied Bezeichnete nur gelegentlich und mangels Übung/Kompetenz nur sehr schlecht kann: Der Sonntagsfahrer provozierte durch seine Kriecherei den flotten Fahrer zu einem Unfall, da dieser nervös wurde und an einer unmöglichen Stelle überholt hat. ♦ -dichter(in), -fahrer(in), -jäger, -maler(in) ❸ dass das mit dem Zweitglied Bezeichnete als gestelzt/bloß aufgesetzt/unaufrichtig/komisch erscheint, weshalb damit gegebenenfalls ein unangenehmer Eindruck entstehen kann: Eine typische Sonntagsrede (z.B. eines Politikers) besteht aus hohlen Phrasen, abgedroschenen Formulierungen etc., über die man lachen würde, könnte man sie nachlesen! ♦ -gesicht, -lächeln, -rede ❹ dass eine mit dem Zweitglied bezeichnete Person allgemein als vom Glück begünstigt gekennzeichnet wird: Er kann auf eine lange und erfolgreiche Karriere zurückblicken: Er ist eben ein Sonntagskind! ♦ -junge, -kind

sonst [zɔnst] adv ❶ (≈ normalerweise) verwendet, um auszudrücken, dass etwas in den meisten anderen Situationen der Fall ist: Sogar mein sonst so liebevoller Freund wurde in dieser Situation aggressiv. ❷ (≈ darüber hinaus) zusätzlich zu dem, was bereits gesagt wurde: Haben Sie sonst noch Fragen? ❸ (≈ andernfalls, ansonsten) verwendet, um auszudrücken, dass das im zweiten Teil des Satzes Gesagte eintreffen wird, wenn nicht die im ersten Teil genannte Bedingung erfüllt wird: Wir sollten jetzt gehen, sonst kommen wir zu spät.

Sor·ge die ['zɔrgə] <-, -n> ❶ das Gefühl von Angst bzw. die Befürchtung, es könnte etwas Schlimmes passieren: Ihre Sorge war groß, dass ...; Ich bin in großer Sorge, weil ...; Sie machen sich zu viele Sorgen. Es wird schon klappen! ♦ -nfalten ❷ /meist Plur./ das bedrückende Gefühl, das man hat, wenn es Probleme in einem bestimmten Bereich gibt: Sie hatte quälende/finanzielle/berufliche Sorgen. ♦ Existenz-, Geld-, Wohnungs- ❸ /kein Plur./ (≈ Fürsorge) das Bemühen um jmds. Wohlergehen oder das Funktionieren von etwas: Die Sorge für seine Familie forderte alle seine Kräfte.; ■ **für jemanden/etwas Sorge tragen** sich um jmdn./etwas (intensiv/verantwortlich) kümmern Er wollte dafür Sorge tragen, dass alles klappt.; Du kannst dich auf mich verlassen: — Ich trage schon Sorge für dich. ▸ sorglos

sor·gen ['zɔrgn] <sorgst, sorgte, hat gesorgt> I. ohne OBJ ❶ **jmd. sorgt (irgendwie) für jmdn.** sich kümmern um: Sie haben stets gut für ihre Kinder gesorgt. ❷ **jmd. sorgt für etwas** Akk. sich darum bemühen, dass etwas vorhanden ist oder etwas erreicht wird: Wer sorgt für die Getränke?; Bitte sorgen Sie dafür, dass der Termin eingehalten wird. II. mit SICH ■ **jmd. sorgt sich um jmdn./etwas** beunruhigt sein, weil man um jmds. Wohlergehen fürchtet: Sie sorgte sich um ihr krankes Kind.

Sor·ge·recht das <-(e)s> /kein Plur./ RECHTSW. das Recht der Eltern, für ein minderjähriges Kind zu sorgen und es nach ihren Vorstellungen zu erziehen: Bei der Scheidung bekam die Mutter das Sorgerecht für ihren Sohn zugesprochen.

sorg·fäl·tig <sorgfältiger, am sorgfältigsten> adj (≈ schlampig) gründlich, genau: Er arbeitet langsam, aber so sorgfältig, dass fast keine Fehler vorkommen. ▸ Sorgfalt

sorg·los ['zɔrkloːs] <sorgloser, am sorglosesten> adj ❶ (≈ unachtsam) nicht so sorgfältig, wie es sich gehört: Es ist eine Schande, wie sorglos man mit den kostbaren Stunden umgeht. ❷ so, dass man sich über die Zukunft keine Sorgen macht: Er lebt stets sorglos in den Tag. ▸ Sorglosigkeit

sorg·sam ['zɔrkzaːm] <sorgsamer, am sorgsamsten> adj (≈ sorgfältig) gewissenhaft und vorsichtig: Die Wunde wurde sorgsam desinfiziert.

Sor·te die ['zɔrtə] <-, -n> eine Gruppe von

Dingen, die sich durch bestimmte Eigenschaften von gleichartigen anderen unterscheiden: Ich habe mehrere Sorten Tee probiert.; Diese Sorte Äpfel ist gut zum Backen geeignet.; Welche Sorte Bambus hast du gepflanzt? ◆Bier-, Birnen-, Käse-, Obst-, Zigaretten-

sor·tie·ren [zɔrˈtiːrən] <sortierst, sortierte, hat sortiert> *mit OBJ* ■ **jmd. sortiert etwas (irgendwie)** *(auf bestimmte Art) ordnen:* Ich muss noch meine Unterlagen sortieren.; die Namen in einer Liste alphabetisch sortieren ▸ Sortierer(in), Sortierung

SOS *das* [ˈɛsoˈʔɛs] <-> */kein Plur./ internationales Zeichen mit der Bedeutung „save our souls" (= „Rettet unsere Seelen"); Hilferuf, der von Schiffen in Seenot gefunkt wird*

So·ße, Sau·ce *die* [soːsə] <-, -n> KOCH. *dicke (gekochte) Flüssigkeit, die man mit Fleisch, Fisch oder Gemüse serviert:* Zum Fisch gab es eine Soße aus Butter und Weißwein.

Sou·ve·nir *das* [zuvəniːɐ̯, suvəniːɐ̯] <-s, -s> *(≈ Reiseandenken) ein kleiner Gegenstand, den man im Urlaub kauft und der einen an die Reise erinnern soll:* Ich habe einige Souvenirs aus Rom mitgebracht.

sou·ve·rän [zuvəˈrɛːn, suvəˈrɛːn] <souveräner, am souveränsten> *adj* ❶ *(≈ autonom) so, dass ein Staat nicht von einem anderen Staat regiert wird und politisch unabhängig ist:* Wann wurde diese Kolonie ein souveräner Staat? ❷ *so überlegen und selbstsicher, dass eine Situation unter Kontrolle hat:* Er hat ein sehr souveränes Auftreten.; Die Mannschaft gewann souverän. ❸ *(veralt.) so, dass man über uneingeschränkte Macht verfügt:* Ein König war früher ein souveräner Herrscher. ▸ Souveränität

so·viel¹ [zoˈfiːl] *konj* ■ **soviel ich weiß ...** *verwendet, um auszudrücken, dass das Gesagte nur auf eingeschränktem Wissen (des Sprechers) beruht, also auch falsch oder unvollständig sein kann* Soviel ich weiß, ist sie krank.; Soviel sie sagen konnte, findet das Konzert heute Abend statt.

so·viel² [zoˈfiːl] *pron verwendet, um auszudrücken, dass etwas im selben Maße gilt wie etwas anderes:* Für das Auto habe ich soviel zahlen müssen wie für ein kleines Haus.; Nach der Operation muss er soviel wie möglich Ruhe haben.; ■ **soviel für heute** *(umg.) das ist für heute genug*

so·wie [zoˈviː] *konj* ❶ *(≈ sobald) kurz nachdem:* Sowie ich das Buch ausgelesen habe, gebe ich es dir zurück. ❷ *(≈ und) verwendet in einer Aufzählung gleichartiger Dinge:* Äpfel, Birnen sowie Aprikosen mag ich sehr gern.

so·wie·so [zoviˈzoː, ˈzoviːzoː] *adv unabhängig von allem und auf jeden Fall geschehend:* Du kannst mir die Bücher mitgeben, denn ich gehe sowieso in die Bibliothek.

so·wohl [zoˈvoːl] *konj* ■ **sowohl ... als auch ...** *verwendet, um auszudrücken, dass zwei Aussagen gleichzeitig richtig sind* Mir gefällt sowohl klassische Musik als auch Rockmusik.; Er ist sowohl Regisseur als auch Schauspieler.

so·zi·al [zoˈtsi̯aːl] *adj /nicht steig./* ❶ *auf die Art und Weise bezogen, in der Menschen in einer Gesellschaft zusammenleben:* soziale Spannungen; die sozialen Verhältnisse ❷ *auf die Gesellschaft bezogen, insbesondere auf ärmere oder schwächere Menschen:* Diese Erfindung war zweifellos ein sozialer Fortschritt.; Er ist sozial eingestellt.; Die sozialen Einrichtungen benötigen mehr Geld.

So·zi·al·hil·fe *die* <-> */kein Plur./ das Geld, das der Staat Menschen in Not gibt, damit sie alle Dinge bezahlen können, die sie zum Leben unbedingt brauchen* ◆empfänger(in)

So·zio·lo·gie *die* [zotsi̯oloˈgiː] <-> */kein Plur./ die Wissenschaft, die sich mit dem gesellschaftlichen (Zusammen-)Leben, mit dem Verhalten des Menschen in der Gesellschaft oder in einer Gruppe befasst* ▸ Soziologe, Soziologin, soziologisch

so·zu·sa·gen [zoːtsuˈzaːgn̩, ˈzoːtsuzaːgn̩] *adv (≈ gewissermaßen, gleichsam) verwendet, um auszudrücken, dass der verwendete Ausdruck/das verwendete Wort nur ungefähr zutrifft:* Der Junge hat für die Mitschüler sozusagen eine Vorbildfunktion.

spal·ten [ˈʃpaltn̩] <spaltest, spaltete, hat gespalten/gespaltet> I. *mit OBJ* ❶ ■ **jmd. spaltet etwas** *etwas (mit einem Werkzeug) in zwei oder mehrere Teile zerteilen:* Er spaltet Holz mit einer Axt. ❷ ■ **jmd./etwas spaltet jmdn./etwas** *jmd. oder etwas bewirkt, dass eine Einheit nicht mehr besteht:* Die Affäre drohte die Partei zu spalten. II. *mit SICH* ■ **etwas spaltet sich** ❶ *etwas teilt sich in zwei oder mehr physische Teile:* Die Haare/Die Fingernägel spalten sich. ❷ *etwas bildet keine Einheit mehr, sondern zerfällt in verschiedene Teile:* Die Partei hat sich gespalten.

spann [ʃpan] *Prät. von* **spinnen**

span·nen [ˈʃpanən] <spannst, spannte, hat gespannt> **I.** *mit OBJ* ❶ **jmd. spannt etwas** *an den Enden von etwas ziehen und es so befestigen, dass es straff ist:* Wir spannten eine Folie über das Auto. ❷ **jmd. spannt ein Tier vor etwas** *Akk. ein Tier mit einem Wagen, einem Schlitten o.Ä. so verbinden, dass das Tier den Wagen oder Schlitten ziehen kann:* Man spannte die Pferde vor den Wagen. **II.** *ohne OBJ* **etwas spannt** (**irgendwo**) *(umg.) zu eng sein:* Das Kleid spannt an den Hüften. **III.** *mit SICH* **etwas spannt sich** *straff werden:* Die Leine spannte sich und drohte zu reissen.

span·nend <spannender, am spannendsten> *adj* (≈ *interessant* ↔ *langweilig*) *so, dass man neugierig wird, wie sich eine Geschichte, ein Film o.Ä. im weiteren Verlauf entwickelt:* ein spannender Krimi/Roman; Das Buch ist so spannend, dass ich es nicht aus der Hand legen kann.

Span·nung die <-, -en> ❶ ELEKTROTECHN. *die Stärke des elektrischen Stroms, die man in Volt misst:* Vorsicht, diese Leitung steht unter Spannung! ◆-sabfall, -sgefälle, -smesser, -sprüfer, -sregler, Hoch-, Gleich-, Wechsel- ❷ */kein Plur./ die Nervosität und Neugier, die man empfindet, wenn man auf eine wichtige Entscheidung wartet oder wenn Gefahr droht:* Die Zuschauer erwarten mit Spannung die zweite Halbzeit des Finales.; Vor der Prüfung war in der Klasse eine starke Spannung zu spüren. ❸ */meist Plur./* (≈ *Krise*) *ein Zustand, in dem sehr leicht ein Streit oder eine problematische Situation entstehen kann:* Thema der Gespräche waren auch die politischen/sozialen/wirtschaftlichen Spannungen. ◆ spannungsgeladen

Spar·buch das <-(e)s, Sparbücher> BANKW. *ein kleines Heft, in dem steht, wie viel Geld man auf einem bestimmten Bankkonto gespart¹ hat:* Er hat ein Sparbuch für seinen Sohn angelegt.; den neuen Kontostand in das Sparbuch eintragen lassen

spa·ren [ˈʃpaːrən] <sparst, sparte, hat gespart> **I.** *mit OBJ/ohne OBJ* **jmd. spart** (**etwas/Geld**) (**auf/für etwas** *Akk.*) *Geld nicht ausgeben, sondern (für einen bestimmten Zweck) aufheben:* Sie spart ihr Taschengeld.; Wir sparen auf ein neues Auto.; Ich habe für das Fahrrad ein Jahr sparen müssen. ◆ Sparbüchse, Sparkonto, Sparplan, Sparzwang **II.** *mit OBJ* **jmd./etwas spart etwas** *weniger von etwas verbrauchen:* Wir sparen Energie.; Ein solches Verfahren spart Kosten. ◆ Sparmaßnahme, Sparprogramm **III.** *mit SICH* **jmd. spart sich/jmdm. etwas** *Akk.* (≈ *sich ersparen*) *sich nicht die Mühe machen bzw. eine (unangenehme) Situation vermeiden:* Auf diese Weise sparten wir uns viel Arbeit und Ärger.; Dadurch dass er sich bei mir entschuldigt hat, hat er mir erspart, ihn bei der Polizei anzeigen zu müssen.; ■ **Das kannst du dir sparen!** *das hilft jetzt auch nicht weiter* Deine schönen Ratschläge kannst du dir sparen!

Spar·gel der [ˈʃpargl] <-s, -> *eine Gemüsepflanze mit weißen Stängeln, die in sandigem Boden unter der Erde wachsen:* zum Spargel Schinken, eine helle Soße und Weißwein servieren ◆-beet, -gemüse, -suppe, -topf, -zeit

spar·sam [ˈʃpaːɐ̯zaːm] *adj* ❶ *so, dass jmd./etwas wenig (Geld) verbraucht:* ein sparsamer Mensch; Das Auto ist sehr sparsam im Verbrauch von Benzin. ❷ (≈ *spärlich*) *nur auf das Notwendige beschränkt:* Sie leben in einer sparsam eingerichteten Wohnung. ◆ Sparsamkeit

Spaß der [ʃpaːs] <-es, Späße> ❶ (≈ *Scherz*) *etwas, das man sagt oder tut, damit andere es lustig finden und darüber lachen:* Das war ein gelungener/harmloser Spaß.; Er hat doch nur Spaß gemacht. ❷ */kein Plur./ das Vergnügen und die Freude, die man bei einer Sache empfindet:* Wir hatten viel Spaß bei dem Ausflug.; Das macht mir keinen Spaß!; Viel Spaß!; ■ **etwas ist ein teurer Spaß** *etwas ist sehr/zu teuer* 20 Euro für eine Flasche Wein: — Das ist ein teurer Spaß! ◆ spaßig

spät [ʃpɛːt] <später, am spätesten> *adj* (↔ *früh*) ❶ *am Ende eines bestimmten Zeitraums:* Wir sind erst spät in der Nacht nach Hause gekommen.; Sie haben erst spät geheiratet. ❷ *nach dem sonst üblichen Zeitpunkt liegend; so, dass man etwas schon nicht mehr erwartet:* Ostern liegt dieses Jahr spät.; Heute kam ich zu spät in die Schule.; ■ **von früh bis spät** *den ganzen Tag lang*; ■ **Wie spät ist es?** *Wieviel Uhr ist es?*; ■ **früher oder später** *einmal wird es doch kommen/passieren* Früher oder später werden die Haare grau.

Spa·ten der [ˈʃpaːtn] <-s, -> *eine Art Schaufel, mit der man den Boden umgräbt oder ein Loch aushebt:* Er gräbt den Garten mit einem Spaten um.

spa·zie·ren [ʃpaˈtsiːrən] <spazierst, spazierte, ist spaziert> *ohne OBJ* **jmd. spaziert** (**irgendwohin**) *langsam, nur zum Vergnügen und ohne bestimmtes Ziel gehen:* Wir spazierten im Garten auf und ab. ◆ spazieren fahren, spazieren führen, spazieren gehen, spazieren reiten

Spa·zier·gang der <-(e)s, Spaziergänge> *das Spazieren:* Komm doch mit, wir wollen noch einen Spaziergang machen! ◆ Sonntags-, Strand-, Wald-

Speck der [ʃpɛk] <-(e)s> /kein Plur./ ❶ *ein Stück Schweinefleisch mit viel Fett:* geräucherter/durchwachsener Speck; Spiegeleier mit Speck ❷ *(umg. scherzh.) Fettpolster:* Sie hat ganz schön Speck um die Hüften.; ▪ **Mit Speck fängt man Mäuse.** *mit verlockenden Angeboten bringt man Leute dazu, noch mehr als bloß dieses Angebot anzunehmen*

Spe·di·ti·on die [ʃpediˈtsi̯oːn] <-, -en> *ein Unternehmen, das Güter aller Art in Lastwagen für andere transportiert* ▸ Spediteur ◆ -sunternehmen

Spei·chel der [ˈʃpaɪ̯çl̩] <-s> /kein Plur./ *die Flüssigkeit, die sich im Mund bildet und die das Kauen und Schlucken von Nahrung leichter macht:* Wenn man lange auf etwas kaut, wird viel Speichel im Mund gesammelt. ▸ speicheln ◆ -fluss

Spei·cher der [ˈʃpaɪ̯çɐ] <-s, -> ❶ SÜDDT., WESTMDT. *Dachboden:* Die alte Holzkiste steht auf dem Speicher. ❷ *ein Gebäude, in dem man Vorräte oder Waren aufbewahrt:* Das Getreide wird im Speicher gelagert. ◆ Getreide-, Korn- ❸ EDV *der Teil eines Computers, in dem Informationen und Daten abgelegt sind* ◆ -kapazität, -platz, Arbeits-

spei·chern [ˈʃpaɪ̯çɐn] <speicherst, speicherte, hat gespeichert> *mit OBJ* ❶ ▪ **jmd. speichert etwas (irgendwo)** *lagern:* Der Bauer speichert Futter für die Tiere im Winter. ❷ ▪ **jmd. speichert etwas (irgendwo)** EDV *Daten auf einem Speicher³ sichern, damit man sie wieder verwenden kann:* Ich habe die Daten auf der Festplatte/auf einer DVD gespeichert.

Spei·se die [ˈʃpaɪ̯zə] <-, -n> *(≈ Gericht, Mahlzeit) Nahrungsmittel, die in einer bestimmten Weise zum Essen zubereitet sind:* Es gab kalte und warme Speisen. ▸ speisen ◆ -eis, -nfolge, Lieblings-, Nach-, Vor-

Spei·se·kar·te die <-, -n> *eine Liste, die meist auf den Tischen eines Restaurants liegt und in der die Speisen und Getränke stehen, die man in dem Restaurant bestellen kann:* Bitte die Speisekarte!

spek·ta·ku·lär [ʃpɛktakuˈlɛːɐ̯] <spektakulärer, am spektakulärsten> *adj Aufsehen erregend:* ein spektakulärer Auftritt

spe·ku·lie·ren [ʃpekuˈliːrən] <spekulierst, spekulierte, hat spekuliert> *ohne OBJ* ❶ ▪ **jmd. spekuliert (über etwas** Akk.**)** *(≈ Vermutungen anstellen) darüber nachdenken oder sprechen, wie sich etwas, von dem man nicht viel weiß, entwickeln könnte:* Über den Ausgang des Gerichtsverfahrens wurde viel spekuliert. ❷ ▪ **jmd. spekuliert (an der Börse)** WIRTSCH. *in der Hoffnung auf große Gewinne riskante Geschäfte machen:* Sie spekuliert mit Grundstücken/Aktien.; an der Börse spekulieren ❸ ▪ **jmd. spekuliert (auf etwas** Akk.**)** *(umg.) mit etwas rechnen/erwarten:* Er spekuliert auf eine Erbschaft/auf eine gute Note/auf eine neue Wohnung. ▸ Spekulant(in), Spekulation

Spen·de die [ˈʃpɛndə] <-, -n> *Geld, das man freiwillig für einen sozialen oder wohltätigen Zweck gibt:* eine Spende machen; Spenden für einen wohltätigen Zweck sammeln ▸ spendabel, spenden ◆ -naktion, -naufruf, -nsammlung

spen·die·ren [ʃpɛnˈdiːrən] <spendierst, spendierte, hat spendiert> *mit OBJ* ▪ **jmd. spendiert (jmdm.) etwas** Akk. *(umg.) jmdm. etwas, z.B. ein Getränk oder ein Essen, bezahlen:* Ich spendiere dir jetzt ein Eis!

Sper·ma das <-s, Spermen/Spermata> BIOL. *Flüssigkeit, die die männlichen Samenzellen enthält und von den männlichen Geschlechtsorganen erzeugt wird*

sper·ren [ˈʃpɛrən] <sperrst, sperrte, hat gesperrt> I. *mit OBJ* ❶ ▪ **jmd. sperrt etwas** *den Durchgang oder die Durchfahrt verhindern, so dass niemand weitergehen oder weiterfahren kann:* Die Polizei sperrte die Straße. ❷ ▪ **jmd. sperrt (jmdm.) etwas** *verhindern, dass jmd. etwas weiter benutzen kann:* Man sperrte ihm das Telefon/das Konto. ❸ ▪ **jmd. sperrt ein Tier irgendwohin** *ein Tier in einen Raum bringen, aus dem es nicht ausbrechen kann:* Der bissige Hund wurde in einen Käfig gesperrt. II. *mit SICH* ▪ **jmd. sperrt sich (gegen etwas** Akk.**)** *sich weigern, etwas zu tun:* Sie sperrte sich gegen den Plan. ▸ einsperren, Sperre, Sperrung

Sperr·müll der <-s> /kein Plur./ *Müll, der aus großen Gegenständen, wie beispielsweise Möbeln, besteht und der gesondert abgeholt werden muss:* Möbel als Sperrmüll abholen lassen

Spe·sen [ˈʃpeːzn̩] <-> *Plur. Unkosten und Auslagen, die jmd. beispielsweise im Rahmen von Geschäftsreisen hat und die vom*

Arbeitgeber ersetzt werden; ■ *außer Spesen nichts gewesen (umg.)* verwendet, um auszudrücken, dass eine Sache nicht den gewünschten Erfolg gebracht hat ♦ -aufstellung, -rechnung, Reise-

Spe·zi·al- *als Erstglied zusammengesetzter Substantive; drückt aus,* ❶ *(≈ Extra-, Sonder-) dass etwas eine ganz bestimmte Funktion hat bzw. auf etwas spezialisiert ist und sich so von anderem unterscheidet:* ein Spezialgeschäft für Lederwaren ♦ -anfertigung, -beton, -bibliothek, -boote, -fahrzeug, -futter, -kamera, -klinik, -literatur, -munition, -objektiv, -training ❷ *dass sich jemand oder etwas auf ein bestimmtes Teilgebiet eines Faches bezieht:* Sein Spezialgebiet/Seine Spezialdisziplin ist die neuere Wörterbuchforschung. ♦ -ausbildung, -disziplin, -gebiet, -kenntnisse, -literatur, -wissen

Spe·zi·a·list der, **Spe·zi·a·lis·tin** [ʃpetsi̯aˈlɪst] <-en, -en> *(≈ Experte) ein Fachmann oder eine Fachfrau mit einem bestimmten Spezialgebiet:* Sie ist eine Spezialistin für Steuerrecht.; Mehrere Spezialisten arbeiten an der Lösung des Problems. ▸ Spezialistentum ♦ Computer-

Spe·zi·a·li·tät die [ʃpetsi̯aliˈtɛːt] <-, -en> ❶ *eine Speise, die für eine bestimmte Region oder ein bestimmtes Restaurant typisch ist:* In diesem Lokal gibt es vorwiegend bayerische Spezialitäten.; Ich empfehle Ihnen die Spezialität des Hauses. ❷ *etwas, das jmd. besonders gut kann:* Die Lösung von komplizierten Rätseln ist seine Spezialität.

spe·zi·ell [ʃpeˈtsi̯ɛl] <spezieller, am speziellsten> **I.** *adj* ❶ *(≈ besonders ↔ allgemein) vom Allgemeinen abweichend und für einen besonderen Fall geltend:* Sollten Sie spezielle Fragen oder Wünsche haben, können Sie sich gerne an mich wenden. ❷ *(≈ nur) verwendet, um zu betonen, dass etwas nicht für andere gemacht wird, sondern ausschließlich für die genannte Person oder Sache:* Das Essen habe ich speziell für dich gekocht.; Der Stuhl wurde speziell für mich angefertigt. **II.** *adv (≈ vor allem)* verwendet, um auszudrücken, dass eine Aussage generell zutrifft, in besonders hohem Maße aber für die genannte Sache gilt: Ich mag Wein, speziell aus dieser Gegend.

spe·zi·fisch [ʃpeˈtsiːfɪʃ] *adj /nicht steig./ für jemand/etwas typisch bzw. seine Art kennzeichnend:* In der Physik bezeichnet man mit dem spezifischen Gewicht das Gewicht eines Körpers im Verhältnis zu seinem Volumen.

-spe·zi·fisch [ʃpetsiːfɪʃ] *als Zweitglied zusammengesetzter Adjektive, mit Betonung auf dem Erstglied; drückt aus, dass etwas besonders typisch für das mit dem Erstglied Bezeichnete ist:* geschlechtsspezifisches Sprachverhalten ♦ alters-, auftrags-, branchen-, fach-, firmen-, frauen-, geschlechts-, gruppen-, rollen-, schicht(en)-, system-, verkehrs-

Spie·gel der [ˈʃpiːgl̩] <-s, -> ❶ *eine glatte Glasfläche, in der man sich selbst sehen kann:* Sie schminkt sich vor dem Spiegel.; Er steht den ganzen Tag vorm Spiegel. ♦ Schmink-, Taschen-, Wand- ❷ *(übertr.) etwas, worin die wesentlichen Eigenschaften von von etwas (indirekt) sichtbar werden:* Die Texte dieser Autorin sind ein Spiegel unserer Zeit.; **jemandem den Spiegel vorhalten** *jmdn. auf seine Fehler oder seine schlechten Eigenschaften hinweisen*

Spie·gel·ei das <-s, -er> *(↔ gekochtes Ei, Rührei) ein in der Pfanne gebratenes Ei:* Er brät Spiegeleier nur in Olivenöl/mit Speck.

spie·geln [ˈʃpiːgl̩n] <spiegelst, spiegelte, hat gespiegelt> **I.** *mit OBJ* ❶ **etwas spiegelt jmdn./etwas** *(≈ widerspiegeln) etwas als Spiegelbild zeigen:* Das Schaufenster spiegelt die vorbeigehenden Spaziergänger. ❷ *(übertr.)* ■ **etwas spiegelt jmdn./etwas** *(≈ widerspiegeln) etwas abbilden, reflektieren:* Seine Romane spiegeln die sozialen Zustände jener Zeit. **II.** *ohne OBJ* ■ **etwas spiegelt** *(≈ glänzen) das Licht reflektieren:* Die Fliesen spiegeln vor Sauberkeit. **III.** *mit SICH* ■ **jmd./etwas spiegelt sich in etwas** *Dat. als Spiegelbild erscheinen:* Die Bäume spiegeln sich im Fluss. ▸ Spiegelung

Spiel das [ʃpiːl] <-(e)s, -e> ❶ *eine Tätigkeit, die man nur zum eigenen Vergnügen macht und die keinen äußeren Zweck hat:* Kinder üben im Spiel wichtige Fähigkeiten.; Das Spiel ist ein wichtiger Faktor bei der Entwicklung von Kindern. ❷ *eine zum Zwecke des Spiels¹ dienende Aktivität, die nach bestimmten Regeln entweder zum Zeitvertreib, oder aber beruflich ausgeübt wird:* Schach ist ein Spiel für zwei Personen.; Nicht alle Spiele sind Glücksspiele. ♦ -anleitung, -figur, -waren, Ball-, Brett-, Fussball-, Geschicklichkeits- Karten-, Tennis-, Versteck- ❸ */kein Plur./ musikalische Darbietung; die Art, wie jmd. ein Instrument spielt:* Sie bewunderten das leidenschaftliche Spiel des Pianisten. ♦ Flöten-, Klavier- ❹ *Interpretation einer Rolle durch* *einen Schauspieler:* Die Kritik war von dem Spiel der jungen Schauspielerin begeistert.; ■ **ein Spiel mit dem Feuer** *ein Verhalten, das riskant und gefährlich ist;* ■ **viel aufs Spiel setzen** *(umg.) viel wagen;* ■ **leichtes Spiel mit jemandem haben** *(umg.) jmdn. leicht beeinflussen oder überreden können;* ■ **jemanden/etwas aus dem Spiel lassen** *jmdn. oder etwas nicht an einer Angelegenheit beteiligen*

Spiel·bank die <-, -en> *(≈ Spielkasino)*

spie·len ['ʃpiːlən] <spielst, spielte, hat gespielt> I. *mit OBJ/ohne OBJ* ❶ ■ **jmd. spielt (etwas)** *(ein (bestimmtes) Spiel ausführen:* Sie spielen Fußball/Schach/Karten.; Die Kinder spielen Fangen. ❷ ■ **jmd. spielt (etwas)** *(mit einem Instrument) Musik machen:* Er spielt Flöte/Klavier/Schlagzeug.; Sie spielt in einem Orchester.; Sie spielt immer die gleichen Lieder/CDs. ❸ ■ **jmd. spielt (etwas)** *an einem Glücksspiel teilnehmen:* Sie spielen Lotto. II. *mit OBJ* ❶ ■ **jmd. spielt jmdn./etwas** *als Schauspieler in einer Rolle auftreten:* Er spielt die Hauptfigur/den Hamlet.; Die Schultheatergruppe spielt zwei Theaterstücke. ❷ ■ **jmd. spielt jmdn./etwas** *(oft abwert.) so tun, als ob man eine bestimmte Eigenschaft hätte:* Er spielt den Boss/den Kranken/den Starken. III. *ohne OBJ* ■ **jmd. spielt (gegen jmdn.)** *einen Sportwettkampf austragen:* Die Mannschaft hat gegen die Gäste 2:0 gespielt.

Spiel·film der <-(e)s, -e> *(↔ Reportage) ein Film mit einer fiktiven Handlung, der der Unterhaltung dient:* Die Spielfilme im Fernsehen ähneln sich oft.

Spiel·re·gel die <-, -n> ❶ *eine der Regeln, die den Ablauf eines Spiels bestimmen:* Fair zu spielen heißt, gegen die Spielregeln nicht zu verstoßen.; Als Schiedsrichter sollte man die Spielregeln perfekt kennen. ❷ *(übertr.) eine Regel für das korrekte Verhalten in einer bestimmten Situation:* In der Familie sollten sich alle an die Spielregeln halten.; Er kannte die Spielregeln der Diplomatie.

Spiel·zeug das <-(e)s> */kein Plur./ (≈ Spielsachen)* *Dinge, mit denen Kinder spielen* ◆-auto, -eisenbahn

spie·ßig ['ʃpiːsɪç] <spießiger, am spießigsten> *adj (umg. abwert.: ≈ sehr konservativ) in der Art eines Bürgers, der ein ruhiges und sicheres Leben führen möchte und sich überall in der Gesellschaft anpasst*

Spi·nat der [ʃpiˈnaːt] <-(e)s> */kein Plur./ eine Pflanze mit grünen Blättern, die man als Gemüse isst*

Spin·ne die ['ʃpɪnə] <-, -n> *in vielen Arten vorkommendes kleines Tier mit acht Beinen, das ein Netz macht, in dem es Insekten fängt:* Viele Menschen haben Angst vor Spinnen. ◆-nnetz

spin·nen ['ʃpɪnən] <spinnst, spann, hat gesponnen> I. *mit OBJ/ohne OBJ* ❶ ■ **jmd. spinnt (etwas)** *Garn herstellen:* Sie spinnt ihre Wolle selbst.; Sie spinnt noch am Spinnrad. ❷ ■ **eine Spinne spinnt (etwas)** *Fäden erzeugen und ein Netz daraus machen:* Die Spinne spinnt ihr Netz. II. *ohne OBJ* ■ **jmd. spinnt** *(umg. abwert.) verrückt sein:* Spinnst du?

Spi·on der, **Spi·o·nin** [ʃpiˈoːn] <-s, -e> ❶ *jmd., der versucht, für eine Regierung geheime Informationen über andere Länder zu bekommen:* Der Spion sollte herausfinden, wo die feindlichen Truppen den nächsten Angriff planen. ▶ Spionage, spionieren ◆ Militär-, Werk- ❷ *(≈ Türspion) ein kleines Loch in der Wohnungstür, durch das man sehen kann, wer davor steht*

Spi·ri·tu·o·sen <-> *Plur. stark alkoholische Getränke, wie z.B. Schnaps:* Spirituosen dürfen nicht an Jugendliche verkauft werden.

Spi·tal das/der [ʃpiˈtaːl] <-s, Spitäler> ÖSTERR., SCHWEIZ. *Krankenhaus:* den Verunglückten ins Spital einliefern

spitz [ʃpɪts] <spitzer, am spitzesten> *adj* ❶ *(↔ stumpf) so, dass ein Ende eines Gegenstandes in einen Punkt zuläuft:* Ich brauche einen spitzen Bleistift. ▶ spitzen, Spitzer ❷ *(≈ bissig) auf eine feine Weise aggressiv:* eine spitze Bemerkung machen

Spit·ze[1] die ['ʃpɪtsə] <-, -n> ❶ *das spitze[1] Ende von etwas:* Verletze dich nicht an der Spitze der Nadel/des Messers. ❷ *der höchste Punkt von etwas:* Auf der Spitze des Kirchturms ist ein großes, goldenes Kreuz angebracht. ❸ *der vorderste Teil von etwas:* Das Bordrestaurant befindet sich an der Spitze des Zuges. ❹ *eine Gruppe von Personen, die etwas leiten:* Die gesamte Spitze des Unternehmens hat den Plänen zugestimmt. ◆ Führungs-, Konzern- ❺ *... km/h Spitze /nachgestellt in Verbindung mit einer Zahlenangabe/ die höchste Geschwindigkeit, die ein Fahrzeug erreichen kann:* Das Auto fährt 230 km/h Spitze.; ■ **einsame Spitze sein** *(umg.) erstklassig sein* Der Film ist einsame Spitze!; ■ **etwas auf die Spitze treiben** *etwas stark übertreiben;* ■ **etwas ist nur die Spitze des Eisberges** *etwas ist* nur der geringere Teil einer unangenehmen Sache, die noch weit mehr umfasst

Spit·ze² die ['ʃpɪtsə] <-, -n> *eine scharfe Bemerkung, mit der man jmdn. kritisieren will:* Das war eine Spitze gegen dich.

spit·ze *adj /nicht steig./ (umg.) hervorragend, sehr gut:* Er hat spitze gespielt.; Du hast gewonnen? Das ist ja spitze!

Spitz·na·me der <-ns, -n> *ein Name, den jmd. jmdm. zum Spaß oder aus Spott gibt:* Er heißt Wolfgang, aber sein Spitzname ist „Wolli".

Split·ter der ['ʃplɪtɐ] <-s, -> *ein kleines, flaches, spitzes Stück, das von Holz, Metall oder Glas abgebrochen ist* ◆ Glas-, Holz-

split·tern ['ʃplɪtɐn] <splittert, splitterte, ist gesplittert> *ohne OBJ* ■ **etwas splittert** *in viele Splitter auseinanderbrechen:* Das Holz/Die Glasscheibe splittert.

Spon·sor der, **Spon·so·rin** ['ʃpɔnzɐ] <-s, -soren> *jmd., der einen Sportler, eine Veranstaltung o.Ä. finanziell unterstützt* ▸ sponsern

spon·tan [ʃpɔn'taːn] <spontaner, am spontansten> *adj so, dass es nicht lange geplant ist, sondern einem plötzlichen Entschluss folgt:* Sie haben uns ganz spontan ihre Hilfe angeboten.; Wir haben diesen Entschluss ganz spontan gefasst. ▸ Spontaneität/Spontanität

Sport der ['ʃpɔrt] <-(e)s> */kein Plur./* ❶ *eine der körperlichen Aktivitäten, die man zum Vergnügen, zur Kräftigung des Körpers oder als Wettbewerb betreibt:* Er treibt begeistert/regelmäßig/gelegentlich Sport. ◆ -artikel, -arzt/-ärztin, -ausrüstung, -stadion, Freizeit-, Leistungs-, Motor-, Rad-, Schwimm- ❷ *das Schulfach, in dem Sport¹ unterrichtet wird* ◆ -lehrer(in), -unterricht

sport·lich ['ʃpɔrtlɪç] <sportlicher, am sportlichsten> *adj* ❶ *auf den Sport bezogen:* Sie sollte sich sportlich betätigen.; Ihre sportlichen Leistungen haben sich verbessert. ❷ *durch (viel) Sport geprägt und daher kraftvoll und dynamisch:* Er hat einen sportlichen Körper.; ein sportlicher Typ ❸ *flott und elegant wirkend:* Sie bevorzugt sportliche Kleidung.

Spott der [ʃpɔt] <-(e)s> */kein Plur./ Äußerungen und Handlungen, die lustig wirken, aber die Gefühle von jmdm. verletzen:* Er hatte zum Schaden auch noch den Spott.; Man trieb Spott mit ihr.

spott·bil·lig ['ʃpɔtbɪlɪç] *adj /nicht steig./;* Betonung vorn und hinten / *(umg.) sehr billig*

spot·ten ['ʃpɔtn̩] <spottest, spottete, hat gespottet> *ohne OBJ* ■ **jmd. spottet (über jmdn./etwas)** *sich über etwas oder jmdn. lustig machen:* Er spottete über ihr neues Auto.; ■ **etwas spottet jeder Beschreibung** *(umg.) etwas ist in irgendeiner Hinsicht so extrem, dass man es gar nicht ausdrücken kann*

spöt·tisch ['ʃpœtɪʃ] <spöttischer, am spöttischsten> *adj voll Spott:* Sie sah mich spöttisch an/machte eine spöttische Bemerkung.

sprach [ʃpraːx] *Prät. von* **sprechen**

Spra·che die ['ʃpraːxə] <-, -n> ❶ */kein Plur./ die Fähigkeit des Sprechens:* Er hat nach einem Schock die Sprache verloren. ❷ *komplexes Regelsystem als zentrales menschliches Verständigungsmittel, das im Spracherwerb verinnerlicht wird, so dass man als kompetenter Sprecher/kompetente Sprecherin im Sprachgebrauch den Regeln folgen kann:* Er beschäftigt sich mit der Verarbeitung von Sprache mithilfe des Computers.; Die Linguistik erforscht die Sprache. ◆ Fach-, Fremd-, Landes-, Mutter-, Umgangs-, Welt- Sprachbeherrschung, Sprachforscher, Sprachgenie, Sprachkenntnisse, Sprachsystem ❸ *eine einzelne Sprache² bzw. die Varietät (Ausprägungsform) einer einzelnen Sprache, die von einer bestimmten Gruppe von Menschen gesprochen wird:* Sie beherrscht neben der deutschen auch die englische, französische, spanische und russische Sprache.; Er beschäftigt sich mit der Sprache der Jugendlichen. ◆ Fach-, Gauner-, Jäger-, Jugend-, Rechts-, Seemanns-, Umgangs- ❹ *(übertr.) ein System von Ausdrucksmitteln, dem aufgrund bestimmter Elemente und deren regelhafter Verwendung ein Inhalt/eine Bedeutung durch Interpretation/Deutung zugeordnet werden kann:* die Sprache der Malerei/der Musik/der Bienen; ■ **Heraus mit der Sprache!** *(umg.) Nun sag schon, was los ist!;* ■ **etwas zur Sprache bringen** *etwas ansprechen und diskutieren wollen;* ■ **die Sprache bringen auf ...** *das Thema lenken auf ...;* ■ **mit der Sprache (nicht) herausrücken** *etwas (gar nicht oder) nur zögernd sagen, erzählen;* ■ **zur Sprache kommen** *erwähnt/erörtert werden* ◆ Formen-

Sprach·er·werb der <-(e)s> */kein Plur./* SPRACHWISS. *die Aneignung der phonologischen, morphologischen, syntaktischen, semantischen und pragmatischen Regeln einer natürlichen Sprache* ◆ -sforschung, -smechanismus, -sphasen, -sstörung, -stheorie, Erst-, Fremd-, Zweit-

Sprach·feh·ler der <-s, -> (umg.) Unfähigkeit, bestimmte Laute richtig aussprechen zu können; nicht bereits als Sprachstörung einerseits, als Sprechstörung andererseits bereits eingeordnete Erscheinungsform, die im regelmäßigen falschen Aussprechen des einen oder anderen Lautes besteht: Er hat einen Sprachfehler; er lispelt nämlich; Sie sollte ihren Sprachfehler endlich von einer Logopädin/einem Logopäden untersuchen und behandeln lassen

Sprach·kurs der <-es, -e> *ein Kurs, in dem eine Sprache (als Fremdsprache) gelehrt wird*

Sprach·stö·rung die <-, -en> SPRACHWISS., PSYCH. (↔ *Sprechstörung*) *gravierende Beeinträchtigung des Sprachvermögens:* Zu den Sprachstörungen zählen insbesondere Sprachentwicklungsstörungen, Dysgrammatismus, Dyslexie, sowie Formen des Sprachabbaus bzw. Sprachverlustes (vor allem die Aphasie)

Sprach·wis·sen·schaft die <-> /*kein Plur.*/ (≈ *Linguistik*) *die Wissenschaft, die den Aufbau und die Struktur einer Sprache untersucht:* vergleichende Sprachwissenschaft studieren; Professor für angewandte/theoretische Sprachwissenschaft

sprang [ʃpraŋ] *Prät. von* **springen**

spre·chen [ˈʃprɛçn̩] <sprichst, sprach, hat gesprochen> **I.** *mit OBJ* ❶ ■**jmd. spricht etwas (irgendwie)** *eine Sprache sprechen:* Er spricht ein gutes Deutsch/akzentfrei Italienisch.; In Brasilien spricht man Portugiesisch. ❷ ■**jmd. spricht etwas** *etwas sagen:* Er sprach die ganze Zeit kein Wort. ❸ ■**jmd. spricht jmdn.** *ein Gespräch mit jmdm. haben:* Ich muss Sie unbedingt sprechen! **II.** *ohne OBJ* ❶ ■**jmd. spricht** *die Fähigkeit haben, Wörter und Sätze bilden zu können:* Das Kind kann noch nicht richtig sprechen. ❷ ■**jmd. spricht mit jmdm.** *sich mit jmdm. unterhalten:* Die Lehrerin sprach lange mit der Mutter des Schülers. ❸ ■**jmd. spricht irgendwie** *sich in einer bestimmten Art ausdrücken:* Er sprach laut/leise/deutlich/undeutlich/mit hoher Stimme/ins Mikrofon/mit einem Akzent. ❹ ■**jmd. spricht von jmdm./etwas;** ■**jmd. spricht über jmdn./etwas** *(im Gespräch) Äußerungen machen, die eine bestimmte Person oder Sache zum Thema haben:* Wir haben erst kürzlich über das Problem gesprochen. ❺ ■**etwas spricht für/gegen jmdn./etwas** *etwas wirkt sich positiv/negativ auf die Beurteilung von jmdm. oder etwas aus:* Es spricht für/gegen ihn, dass ...; ■**für sich (selbst) sprechen** *keiner weiteren Erläuterung bedürfen;* ■**auf jemanden/etwas schlecht/nicht gut zu sprechen sein** *über jmdn. oder etwas verärgert sein*

Spre·cher der, **Spre·che·rin** <-s, -> ❶ *jmd., der von einer Gruppe ausgewählt und damit beauftragt wurde, ihre Interessen zu vertreten:* Man hat sie zur Sprecherin der Bürgerinitiative gewählt. ◆ Personal-, Schul- ❷ *jmd., der beruflich für eine Institution deren offizielle Aussagen an die Öffentlichkeit vermittelt:* Der Sprecher des Innenministeriums tritt soeben ans Mikrofon. ◆ Konzern-, Presse-, Regierungs- ❸ *jmd., der beim Rundfunk oder bei Fernsehen die Nachrichten spricht* ◆ Nachrichten-, Radio-, Rundfunk-

Sprech·stö·rung die <-, -en> SPRACHWISS., PSYCH. (≈ *Sprechfehler* ↔ *Sprachstörung*) *Störung im Bereich der motorischen Erzeugung von Lauten, also im Bereich der flüssigen und korrekten Artikulation von Sprachlauten bei ihrem Hervorbringung, so z.B. Redefluss-Störung, Lispeln und andere Dyslalien*

Sprech·stun·de die <-, -n> *die Zeit, in der man eine Person sprechen kann, um von ihr einen Rat oder Auskünfte zu bekommen:* Der Professor/Arzt/Lehrer hat heute Nachmittag Sprechstunde.

spren·gen[1] [ˈʃprɛŋən] <sprengst, sprengte, hat gesprengt> **I.** *mit OBJ/ohne OBJ* ■**jmd. sprengt (etwas)** *etwas explodieren lassen und so zerstören:* Man sprengte den alten Fabrikschornstein.; Morgens wird im Steinbruch immer gesprengt.; Sie wollen einen Tunnel durch den Berg sprengen. **II.** *mit OBJ* ❶ ■**etwas sprengt etwas** *etwas durch hohen Druck zum Platzen bringen:* Der gefrorene Saft hat die Flasche gesprengt. ❷ ■**jmd. sprengt etwas** *(übertr.) eine Veranstaltung stören, so dass sie beendet wird:* Demonstranten haben die Veranstaltung gesprengt.; ■**etwas sprengt den Rahmen** *etwas ist unter den gegebenen Bedingungen zu viel*

spren·gen[2] [ˈʃprɛŋən] <sprengst, sprengte, hat gesprengt> *mit OBJ* ■**jmd. sprengt etwas** *mit Wasser besprühen:* Sie sprengt morgens immer den Rasen.

Spreng·stoff der <-(e)s, -e> *eine Substanz, mit der man eine Explosion erzeugen kann*

Sprich·wort das [ˈʃprɪçvɔrt] <-(e)s, Sprichwörter> *tradierte satzförmige Redensart,*

sprin·gen[1] ['ʃprɪŋən] <springst, sprang, ist/hat gesprungen> **I.** *ohne OBJ* ❶ **jmd. springt** (**irgendwie**) (**irgendwohin**) *(sein) sich mit einem oder beiden Beinen irgendwo kräftig abstoßen und sich dann mit einem großen Satz[2] irgendwohin durch die Luft bewegen:* Er kann hoch/weit springen.; Sie sprang ins Wasser. ❷ **jmd. springt** SCHWEIZ., SÜDDT. *laufen, rennen, eilen:* Wenn Du rechtzeitig am Flughafen sein willst, musst Du aber springen. **II.** *mit OBJ* ❸ **jmd. springt etwas** SPORT *(haben o sein) einen bestimmten Sprung[1] ausführen (und dabei eine bestimmte Leistung erzielen):* Sie springt einen Salto.; Er hat/ist einen neuen Weltrekord im Weitsprung gesprungen.; **etwas springen lassen** *(umg.) etwas spendieren*

sprin·gen[2] ['ʃprɪŋən] <springt, sprang, ist gesprungen> *ohne OBJ* **etwas springt** *Risse bekommen, zerfallen:* Das Glas ist gesprungen.

Sprit·ze die ['ʃprɪtsə] <-, -n> ❶ *eine kurze Röhre aus Glas oder Kunststoff mit einer sehr dünnen Nadel, durch welche man ein flüssiges Medikament in den Körper bringen kann:* Der Arzt bereitet eine Spritze vor. ❷ *(≈ Injektion) das, was mit einer Spritze[1] in den Körper gebracht wird:* Er bekam eine Spritze zur Beruhigung.; Die Spritze wirkt schon. ◆ Beruhigungs-, Betäubungs- ❸ *ein Gerät mit einem langen Wasserschlauch, das die Feuerwehr zum Löschen benutzt:* Die Feuerwehr löschte mit drei Spritzen. ◆ -nwagen

sprit·zen ['ʃprɪtsn̩] <spritzst, spritzte, hat gespritzt> **I.** *mit OBJ/ohne OBJ* ❶ **jmd. spritzt** (**jmdm.**) MED. *jmdm. eine Spritze geben:* Die Ärztin spritzt ein Medikament.; Der Arzt spritzt gut/schlecht. ❷ **jmd. spritzt** (**etwas**) (**irgendwohin**) *Tropfen einer Flüssigkeit irgendwohin gelangen lassen:* Die Maler haben Farbe auf den Boden gespritzt.; Sie hat ihm Wasser ins Gesicht gespritzt.; Vorsicht, du spritzt! ❸ **jmd. spritzt** (**etwas/mit etwas**) (**irgendwohin**) *eine Flüssigkeit mit Druck durch eine enge Öffnung pressen, so dass ein Strahl entsteht:* Die Feuerwehr spritzt Wasser in die Flammen.; Ich habe mit dem Gartenschlauch gespritzt. ❹ **jmd. spritzt** (**etwas**) *etwas mit Pflanzenschutzmittel/Farbe besprühen:* Die Bauern spritzen ihre Felder.; Er hat das alte Auto rot gespritzt. **II.** *mit OBJ* **jmd. spritzt jmdn. nass** *jmdn. nass machen:* Das vorbeifahrende Auto hat mich nass gespritzt. **III.** *ohne OBJ* **etwas spritzt** (**irgendwohin**) *sich in Tropfen in verschiedene Richtungen durch die Luft verteilen:* Das Fett in der heißen Pfanne spritzt.

sprit·zig ['ʃprɪtsɪç] <spritziger, am spritzigsten> *adj* ❶ *lebendig, schwungvoll:* eine spritzige Rede ❷ *erfrischend:* Dieser spritzige Weißwein wird besonders gern im Sommer getrunken.

Spruch der <-s, Sprüche> ❶ *ein Satz, mit dem meist eine allgemeine Regel oder eine Lebensweisheit (darin dem traditionellen Sprichwort ähnlich) zum Ausdruck gebracht wird:* Der Spruch des Tages heißt „Gewinnen ist nicht alles, aber verlieren ist gar nichts". ◆ Merk-, Sinn- ❷ *(≈ Slogan) eine sprachliche Formel, die in der Werbung verwendet wird;* **Sprüche machen/klopfen** *(umg. abwert.) prahlend über etwas sprechen* ◆ Trink-, Werbe-

Spru·del der ['ʃpruːdl̩] <-s, -> *Mineralwasser mit viel Kohlensäure:* ein Glas Sprudel ◆ -flasche

sprü·hen ['ʃpryːən] <sprühst, sprühte, hat/ist gesprüht> **I.** *mit OBJ* **jmd. sprüht etwas** (**irgendwohin**) *(haben) eine Flüssigkeit in sehr kleinen Tröpfchen irgendwohin spritzen:* Sie sprüht regelmäßig Wasser auf die Blätter ihrer Pflanzen.; Farbe auf die Türe sprühen **II.** *ohne OBJ* **jmd. sprüht vor etwas** *Dat. (haben) gute Laune haben und daher besonders witzig und lebhaft sein:* Dein Freund sprüht ja nur so vor Temperament/vor Witz.

Sprung der [ʃprʊŋ] <-(e)s, Sprünge> ❶ *das Springen:* Wagst du den Sprung vom 5-Meter-Turm?; Mit diesem Sprung stellte sie einen neuen Weltrekord auf. ❷ *ein dünner Riss:* Die Fensterscheibe/das Glas/der Spiegel hat einen Sprung.; **ein Sprung ins kalte Wasser** *(umg.) der Beginn einer neuen Tätigkeit ohne Vorbereitung;* **keine großen Sprünge machen können** *(umg.) finanziell eingeschränkt sein;* (**auf**) **einen Sprung** *(umg.) für kurze Zeit* auf einen Sprung bei der Nachbarin vorbeischauen; **jemandem auf die Sprünge helfen** *(umg.) jmdm. durch Hinweise und Erklärungen weiterhelfen*

Spu·cke die ['ʃpʊkə] <-> /kein Plur./

(umg.: ≈ Speichel) ■ **jemandem bleibt die Spucke weg** *jmd. ist völlig überrascht*

spu·cken [ˈʃpʊkn̩] <spuckst, spuckte, hat gespuckt> *mit OBJ/ohne OBJ* ❶ ■ **jmd. spuckt (etwas)** *Speichel mit Druck aus dem Mund pressen:* Sie spuckte den Kaugummi auf den Boden.; Er spuckte ins Gras. ❷ ■ **jmd. spuckt (etwas)** LANDSCH. *etwas erbrechen; sich übergeben:* Er spuckte Blut.; Ihr wurde schlecht und sie musste spucken.

spu·ken [ˈʃpuːkn̩] <spukt, spukte, hat gespukt> I. *ohne OBJ* ❶ ■ **jmd. spukt (irgendwo)** *als Gespenst nachts irgendwo umhergehen* ❷ ■ **etwas spukt in jmds. Kopf** *(übertr.) jmd. muss immer wieder an etwas denken:* Diese seltsame Idee spukt immer noch in seinem Kopf. II. *mit ES* ■ **es spukt (irgendwo)** *irgendwo gibt es Erscheinungen von Geistern:* Hier soll es spuken.

spü·len [ˈʃpyːlən] <spülst, spülte, hat gespült> I. *mit OBJ/ohne OBJ* ❶ ■ **jmd. spült (etwas)** *Geschirr abwaschen:* Ich spüle noch schnell die Töpfe. ▸ Spülmaschine ❷ ■ **jmd. spült (etwas)** *im Wasser Seife oder Waschmittel aus gewaschener Wäsche entfernen:* Sie spült den Wollpullover in lauwarmem Wasser.; Die Waschmaschine spült gerade zum zweiten Mal. II. *mit OBJ* ■ **etwas spült jmdn./etwas irgendwohin** *Wasser bewegt jmdn. oder etwas irgendwohin:* Er wurde von einer hohen Welle über Bord gespült.

Spur die [ʃpuːɐ̯] <-, -en> ❶ *eine sichtbare Veränderung, die durch einen Vorgang oder jmds. Handeln entstanden ist:* Die Kinder hinterließen Spuren im Schnee.; Der Orkan hatte seine Spuren hinterlassen.; Die Polizei sicherte die Spuren am Tatort. ◆ Fuß-, Reifen-, Schleif-, Tier- ❷ *abgegrenzter Streifen auf einer Fahrbahn:* Er fährt ständig auf der linken Spur. ◆ Linksabbieger-, Rechtsabbieger-, Stand-, Überhol- ❸ *eine winzige Menge einer Substanz:* Man konnte Spuren von Salz im Salat schmecken.; ■ **jemandem auf die Spur kommen** *(umg.) jmdn. als Täter ermitteln*; ■ **auf jemandes Spuren wandeln** *jmds. Vorbild folgen*

spü·ren [ˈʃpyːrən] <spürst, spürte, hat gespürt> *mit OBJ* ■ **jmd. spürt etwas** ❶ *fühlen, wahrnehmen:* Ich spüre einen Schmerz in der Magengegend. ❷ *instinktiv merken:* Ich spürte, dass irgendetwas in seiner Aussage nicht stimmte.

spur·los *adv /nicht steig./ ohne Spuren zu hinterlassen/ohne Wirkung:* Sie ist kurz vor Ende der Party spurlos verschwunden.; Diese Krankheit ging nicht spurlos an ihm vorüber.

Staat der [ʃtaːt] <-(e)s, -en> ❶ *ein politisches System, das das Zusammenleben einer Gemeinschaft von Menschen innerhalb eines festgelegten Gebietes dauerhaft regelt und ermöglicht* ❷ *(≈ Land)* Welche Staaten sind Mitglieder der Europäischen Union?

staat·lich *adj /nicht steig./* ❶ *auf den Staat bezogen, zu ihm gehörend:* die staatlichen Interessen vertreten; staatliche Angelegenheiten der Bundes- und der Länderebene; Die staatlichen Betriebe wurden nach und nach privatisiert. ❷ *vom Staat ausgehend oder von ihm durchgeführt:* Man forderte staatliche Unterstützung zur Rettung des Konzerns.

Staats·akt der <-(e)s, -e> *eine feierliche Festveranstaltung einer Regierung:* Zu Ehren des Präsidenten gab es bei seinem Besuch einen Staatsakt.

Staats·an·ge·hö·rig·keit die <-, -en> *(≈ Nationalität) der Umstand, dass jmd. Bürger eines bestimmten Staates ist und alle Rechte und Pflichten eines Bürgers besitzt:* die deutsche/französische/italienische Staatsangehörigkeit; die Diskussion um die doppelte Staatsangehörigkeit

Staats·an·walt der, **Staats·an·wäl·tin** <-(e)s, Staatsanwälte> *(↔ Verteidiger(in)) die Person, die vor Gericht die Anklage vertritt*

Staats·bür·ger der, **Staats·bür·ge·rin** <-s, -> *jmd., der eine bestimmte Staatsangehörigkeit hat*

Staats·dienst der <-(e)s> */kein Plur./ berufliche Tätigkeit als Beamter oder Angestellter beim Staat:* Er will in den Staatsdienst gehen.

Staats·e·xa·men das <-s, -/Staatsexamina> *eine Prüfung, die man an einer Universität ablegen muss, wenn man in den Staatsdienst will*

Staats·ober·haupt das <-(e)s, Staatsoberhäupter> *(≈ Regierungschef) jmd., der das höchste Amt im Staat hat:* Der Bundespräsident ist das deutsche Staatsoberhaupt.

sta·bil [ʃtaˈbiːl] <stabiler, am stabilsten> *adj* ❶ *(↔ labil) beständig und nicht gefährdet:* Ein stabiles Hoch bestimmt in den nächsten Tagen unser Wetter.; Die politische Lage in diesem Land wird als stabil eingeschätzt. ❷ *(≈ robust, fest) so, dass etwas nicht leicht kaputtgeht:* ein stabiler

Schrank/Tisch; Er hat einen stabileren Kreislauf als seine Frau. ▸ Stabilität

stach *Prät. von* **stechen**

Sta·chel der [ˈʃtax l] <-s, -n> *ein längeres, spitzes Teil mancher Pflanzen bzw. Körperteil mancher Tiere:* Dieser Kaktus hat sehr lange Stacheln.; Der Stachel der Biene/Wespe steckt noch in der Haut.

Sta·di·on das [ˈʃtaːdiɔn] <-s, Stadien> *eine große Anlage für Sportveranstaltungen mit vielen Sitzplätzen für die Zuschauer:* Im Stadion fand ein großes Konzert mit 5000 Zuhörern statt. ◆-lautsprecher, -sprecher, Fussball-, Olympia-, Sport-

Sta·di·um das [ˈʃtaːdiʊm] <-s, Stadien> *bestimmter Zustand, Abschnitt in einer Entwicklung:* Der Kranke war in einem schwierigen Stadium seiner Krankheit.; eine Krankheit im vorgerückten Stadium ◆Anfangs-, End-

Stadt die [ʃtat] <-, Städte> ❶ *eine Siedlung mit vielen Häusern und öffentlichen Gebäuden, in denen Menschen leben bzw. arbeiten und die eine eigene Verwaltung hat:* Die Stadt Augsburg wurde von den Römern gegründet.; Sie wohnt im Zentrum/am Rande der Stadt. ◆-archiv, -bevölkerung, -bücherei, -entwicklung, -geschichte, -museum, -wappen, Groß-, Hafen-, Haupt-, Industrie-, Klein-, Messe-, Universitäts-, Welt- ❷ */kein Plur./ alle Einwohner einer Stadt:* Die ganze Stadt war auf den Beinen. ❸ *kurz für „Stadtverwaltung":* Bei der Stadt sind entsprechende Formulare erhältlich.

städ·tisch [ˈʃtɛːtɪʃ/ˈʃtɛtɪʃ] *adj /nicht steig./* (↔ *ländlich) für eine Stadt typisch, zu ihr gehörend:* Sie bevorzugt die städtische Lebensweise.

Stadt·plan der <-(e)s, Stadtpläne> *eine Karte einer Stadt, in der alle Straßen und Plätze eingezeichnet sind:* den Stadtplan studieren

Stadt·prä·si·dent der, **Stadt·prä·si·den·tin** <-, -> SCHWEIZ. *Bürgermeister in einer Stadt der Schweiz:* der Stadtpräsident von St. Gallen

Sta·gna·ti·on die [ʃtagnaˈtsi̯oːn] <-, -en> *(geh.) der Zustand, dass (auf wirtschaftlichem Gebiet) kein Wachstum stattfindet* ▸ stagnieren

stahl [ʃtaːl] *Prät. von* **stehlen**

Stahl der [ʃtaːl] <-(e)s> */kein Plur./ Eisen, das besonders hart gemacht worden ist:* Das Messer ist aus rostfreiem Stahl.; ■ **Nerven aus Stahl** *(umg.) gute Nerven* ◆-blech, -draht, -gerüst, -konstruktion, -rohr, Edel-

Stall der [ʃtal] <-(e)s, Ställe> *ein Gebäude oder Raum, in dem man Vieh unterbringt* ▸ Stallung ◆-gebäude, -geruch, Kuh-, Pferde-, Schweine-

Stamm der [ʃtam] <-(e)s, Stämme> ❶ (≈ *Baumstamm) der dicke Teil eines Baumes, aus dem die Äste wachsen* ❷ *eine größere Gruppe von Menschen mit derselben Sprache, demselben Glauben, derselben Kultur und denselben Gebräuchen:* ein afrikanischer Stamm; die germanischen Stämme ◆-eshäuptling, Eingeborenen-, Indianer-, Volks- ❸ *die Gruppe von Menschen, die den festen Kern von etwas ausmacht:* Die Mannschaft benötigt einen Stamm an guten Spielern. ◆-gast, -kneipe, -kundschaft, -mannschaft, -personal, -publikum, Besucher-, Kunden-

stam·men [ˈʃtamən] <stammst, stammte, hat gestammt> *ohne OBJ* ❶ **jmd./etwas stammt aus etwas** *Dat. seinen Ursprung in einem bestimmten Gebiet oder Bereich haben:* Seine Frau stammt aus München.; Die Tomaten stammen aus Italien.; Das Wort „Matratze" stammt ursprünglich aus dem Arabischen. ❷ ■ **etwas stammt aus etwas** *Dat. seinen Ursprung in einem bestimmten zeitlichen Bereich haben:* Das Wandgemälde stammt noch aus dem Mittelalter.; Das Fundament des Tempels stammt aus dem vierten Jahrhundert. ❸ **etwas stammt von jmdm.** *von jmdm. gesagt oder gemacht worden sein:* Das Zitat stammt von Schiller. ❹ **etwas stammt von jmdm.** *ursprünglich jmdm. gehören:* Die Uhr stammt von meinem Großvater.

Stamm·tisch der <-(e)s, -e> ❶ *der immer gleiche (reservierte) Tisch, an dem bestimmte Gäste in einem Lokal sitzen und der besonders gekennzeichnet ist* ❷ *die Gruppe von Personen, die sich regelmäßig in einem Lokal treffen und am Stammtisch[1] sitzen:* Er geht sonntags immer zum Stammtisch. ◆-runde

stamp·fen [ˈʃtampfn̩] <stampfst, stampfte, hat/ist gestampft> I. *mit OBJ* **jmd. stampft etwas** *(haben) (mit einem Gerät) fest auf etwas drücken und es so zerkleinern:* Er hat Kartoffeln gestampft. II. *ohne OBJ* ❶ **jmd. stampft** (**irgendwohin**) *(haben) kräftig mit dem Fuß auftreten:* Sie stampfte aus Wut auf den Boden. ❷ ■ **jmd. stampft** (**irgendwohin**) *(sein) sich mit lauten Schritten fortbewegen:* Sie stampfte durch den Raum.

Stand der [ʃtant] <-(e)s, Stände> ❶ */kein*

Plur./ das aufrechte Stehen: Der Turner landete nach dem Sprung im Stand. ❷ */ meist Sing./ der Platz, an dem etwas steht:* Der Stand für Taxen ist dort drüben. ◆ Taxi-. ❸ *Bude, Marktstand:* Auf dem Wochenmarkt findet man Stände mit Gemüse, Gewürzen und Blumen. ◆ Imbiss-, Markt-. ❹ */kein Plur./ (≈ Stadium) bestimmte Stufe in einer Entwicklung:* Das ist der momentane Stand der Verhandlungen.; Die technischen Entwicklungen auf diesem Gebiet haben einen hohen Stand erreicht.; beim jetzigen Stand der Dinge ❺ *gemessene Menge, Größe oder Höhe von etwas:* Der Stand des Wassers beträgt augenblicklich drei Meter. ❻ */kein Plur./ kurz für „Berufsstand", „Familienstand";* ■ **einen schweren Stand haben** *(umg.) sich nur schwer durchsetzen können;* ■ **etwas aus dem Stand tun** *ohne Vorbereitung* Er spielt die Sonate auf seiner Violine aus dem Stand.; Aus dem Stand heraus kann ich das nicht sagen. ◆ Getrennt-oder Zusammenschreibung → R 4.20 im Stande/imstande sein; außer Stande/außerstande

stand [ʃtant] *Prät. von* **stehen**

Stan·dard der ['ʃtandart] <-s, -s> *(≈ Norm, Maßstab, Richtschnur)* ❶ *durch Normierung gewonnene, vereinheitlichte Orientierungsgröße zur Herstellung von Produkten und Durchführung von Prozessen:* sich an den gängigen technischen Standards orientieren ◆ -abweichung, -werte, -zeit ❷ *(umg.: ≈ Maßstab) Richtschnur dessen, was für normal gehalten wird/einer Erwartung entspricht:* Eine solche Ausstattung bei Autos gehört mittlerweile zum Standard. ◆ -ausführung, -ausrüstung, -kosten, -lösung, -modell, -typ, Leistungs-, Qualitäts-, Sicherheits-

stan·dar·di·sie·ren [ʃtandardi'ziːrən] <standardisierst, standardisierte, hat standardisiert> *mit OBJ* ■ **jmd. standardisiert etwas** *etwas zur Norm machen:* Arbeitsabläufe standardisieren ▸ Standardisierung

Stan·dard·spra·che die <-, -n> *(≈ Hochsprache, Schriftsprache)* SPRACHWISS. *die Gesamtsprache einer Sprachgemeinschaft als überregionale Sprachform, die gruppenübergreifend ist und somit andere Varietäten einer Sprache überdacht (über z.B. Fachsprachen, Jugendsprachen, Dialekten etc. steht), und bei der die Schriftlichkeit eine zentrale Rolle spielt:* Die deutsche Standardsprache hat sich erst etwa um 1800 als zentrale Varietät und damit als Schriftsprache durchgesetzt und verbreitet ▸ standardsprachlich

Ständ·chen das ['ʃtɛntçən] <-s, -> *ein Musikstück, das man aus einem bestimmten Anlass für jmdn. spielt, beispielsweise um ihm zu gratulieren:* Er brachte seiner Freundin ein Ständchen. ◆ Geburtstags-

Stän·de·rat der <-(e)s, Ständeräte> SCHWEIZ. ❶ *eine Art Parlament in der Schweiz, das aus Vertretern der einzelnen Kantone besteht* ❷ *Mitglied des Ständerates¹*

Stan·des·amt das <-(e)s, Standesämter> *die Behörde, vor der Eheschließungen vollzogen werden und bei der man Geburten und Todesfälle meldet:* die Geburt des Kindes auf dem Standesamt melden

stan·des·amt·lich *adj /nicht steig./ im Standesamt stattfindend und von Standesbeamten durchgeführt:* Die standesamtliche Trauung findet vor der kirchlichen Trauung statt.

Stan·des·be·am·te der, **Stan·des·be·am·tin** <-n, -n> *Beamte(r) auf dem Standesamt*

stand·haft <standhafter, am standhaftesten> *adj so, dass man nicht nachgibt und auf seiner Meinung besteht:* Sie weigerte sich standhaft, meinen Anweisungen zu folgen. ▸ Standhaftigkeit

stän·dig ['ʃtɛndɪç] *adj /nicht steig./* ❶ *oft, häufig, immer wieder:* Er ist ständig krank. ❷ *so, dass etwas dauerhaft besteht:* Ist das Ihr ständiger Wohnsitz?

Stand·ort der <-(e)s, -e> ❶ *der Ort, an dem sich etwas befindet:* Ist dies der Standort für die neue Fabrik?; Diese Pflanze wächst auch an einem schattigen Standort. ❷ WIRTSCH. *ein Ort, an dem wirtschaftliche Tätigkeit stattfindet:* Ist dies der Standort für die neue Firma?; Der Standort Deutschland ist nicht gefährdet. ◆ -nachteil, -wahl, -wechsel

Stand·punkt der <-(e)s, -e> *(≈ Ansicht, Meinung, Auffassung) die Art und Weise, wie man eine Situation bzw. ein Problem beurteilt:* Er konnte ihr seinen Standpunkt nicht klar machen.; Ich stehe auf dem Standpunkt, dass ...

stank [ʃtaŋk] *Prät. von* **stinken**

Sta·pel der ['ʃtaːpl̩] <-s, -> ❶ *(≈ Stoß³) Haufen von gleichen, aufeinander gelegten Dingen:* Ich muss den ganzen Stapel Wäsche noch bügeln. ◆ Bretter-, Bücher-, Holz-, Wäsche-. ❷ SEEW. *Gerüst, auf dem Schiffe gebaut werden:* Das Schiff läuft morgen vom Stapel.

sta·peln ['ʃtaːpl̩n] <stapelst, stapelte, hat

gestapelt> I. *mit OBJ* ■ *jmd. stapelt etwas einen Stapel¹ aus Dingen bilden:* Er stapelt Holz im Hof. II. *mit SICH* ■ *etwas stapelt sich übereinanderliegen und einen Stapel¹ bilden:* Die Bücher stapeln sich inzwischen auf dem Fußboden.

Star¹ der [ʃtaːɐ̯] <-(e)s, -e> *ein Singvogel mit dunklem Gefieder, hellen Flecken und einem kurzem Hals*

Star² der [ʃtaːɐ̯] <-(e)s> */kein Plur./* MED. *eine Augenkrankheit, bei der der Sehnerv schwach wird oder die Linse des Auges trübe wird:* Er ist am grünen/grauen Star erkrankt. ◆-operation

Star³ der [ʃtaːɐ̯] <-s, -s> *jmd., der sehr berühmt ist (und viele Fans hat):* Mit „Willi wills wissen" ist Helmar Weitzel zum Fernseh-Star geworden. ◆-anwalt, -besetzung, -gast -journalist, -kult, -parade, Fernseh-, Film-, Pop-, Super-

starb [ʃtarp] *Prät. von* **sterben**

stark [ʃtark] <stärker, am stärksten> *adj* ❶ *(↔ schwächlich) mit viel körperlicher Kraft:* Das Kind ist groß und stark geworden. ❷ *(↔ schwach) leistungsfähig, widerstandsfähig:* Sie hat starke Nerven/ein starkes Herz. ❸ *dick und belastbar:* Das Haus hat starke Mauern. ❹ *sehr ausgeprägt, intensiv, sehr kräftig:* Die starken Schneefälle halten unvermindert an.; Sie hatte starke Schmerzen.; Ich brauche jetzt erst einmal einen starken Kaffee. ❺ *zahlreich:* Die Veranstalter der Demonstration rechnen mit einer starken Beteiligung. ❻ *(jugendspr.) ausgezeichnet, großartig:* Das war ein starker Film!; Die Musik war echt stark!; ■ **sich für jemanden/etwas starkmachen** *sich für jmdn. oder etwas einsetzen*

-stark [ʃtark] *als Zweitglied zusammengesetzter Adjektive, mit Betonung auf dem Erstglied; drückt aus,* ❶ *dass jemand/etwas das (meist etwas Positives) mit dem Erstglied Bezeichnete in hohem Maße aufweist/hat:* ein leistungsstarker Manager ◆ausdrucks-, charakter-, konditions-, leistungs-, nerven-, prinzipien-, willens- ❷ *dass das mit dem Erstglied Bezeichnete eine große Menge/Zahl aufweist:* eine auflagenstarke Illustrierte ◆auflagen-, finanz-, geburten-, umsatz- ❸ *dass jemand in dem mit dem Erstglied genannten Bereich sehr gut ist, dort also besondere Qualitäten/Fähigkeiten hat:* ein kopfballstarker Abwehrspieler im Fußballsport ◆kampf-, kopfball-, spiel-, spurt-, stimm-, wurf-

Stär·ke¹ die [ˈʃtɛrkə] <-, -n> ❶ *Bestandteil von bestimmten Lebensmitteln, wie Getreide, Kartoffeln und Reis:* Kartoffeln enthalten Stärke. ❷ *ein Mittel, mit dem man Wäsche steif macht*

Stär·ke² die [ˈʃtɛrkə] <-, -n> ❶ */kein Plur./ große/besondere körperliche/geistige Kraft:* Als Bauarbeiter braucht er eine große Stärke.; Chemie war noch nie seine Stärke.; Es zählt zu seinen Stärken, dass er auch in schwierigen Situationen einen kühlen Kopf behält. ❷ */kein Plur./ Macht:* Die militärische Stärke des Landes ist nur schwer einzuschätzen. ❸ *Dicke, Festigkeit:* Wir haben Bretter verschiedener Stärken besorgt. ❹ *Anzahl, Größe:* Die Stärke der Armee sollte reduziert werden. ❺ *Ausmaß, Intensität:* Die Stärke des Erdbebens brachte die meisten Häuser zum Einsturz.; Die Stärke ihrer Gefühle überraschte ihn.

starr·sin·nig <starrsinniger, am starrsinnigsten> *adj (abwert.) eigensinnig/stur, so dass man andere Meinungen nicht annimmt:* Je älter er wurde, desto starrsinniger wurde er. ■ Starrsinn, Starrsinnigkeit

Start der [ʃtart] <-s, -s/ (-e)> ❶ *Beginn, Anfang (meist einer beruflichen Tätigkeit):* Sie hatte einen schweren Start ins Berufsleben. ◆-kapital, Berufs- ❷ SPORT *Beginn eines Rennens:* Zu Beginn des Wettlaufs standen die Läufer am Start. ◆-schuss, -linie, -verbot, -flagge ❸ *(↔ Landung) Vorgang, dass ein Flugzeug oder eine Rakete den Boden verlässt:* Die Piloten mussten den Start vorzeitig abbrechen. ◆-bahn, -erlaubnis, -rampe

star·ten [ˈʃtartn̩] <startest, startete, hat/ist gestartet> I. *mit OBJ (haben)* ❶ ■ **jmd. startet etwas** *den Motor anlassen:* Er startete den Motor. ❷ ■ **jmd. startet etwas** *beginnen lassen:* Wir haben eine große Unterschriftenaktion gestartet. II. *ohne OBJ (sein)* ❶ ■ **jmd. startet (irgendwo)** SPORT *einen Wettkampf beginnen:* Sie startete auf der Innenbahn. ❷ ■ **etwas startet** *abfliegen:* Das Flugzeug startete pünktlich. ❸ ■ **jmd. startet (irgendwann) (irgendwohin)** *aufbrechen:* Wir starten morgen in den Urlaub. ■ startbereit, startklar

Sta·ti·on die [ʃtaˈtsi̯oːn] <-, -en> ❶ *Abschnitt:* Er sprach offen über die wichtigsten Stationen seiner Karriere. ❷ *(≈ Haltestelle) Stelle, an der Züge oder öffentliche Verkehrsmittel anhalten, damit Menschen ein- und aussteigen können:* Ich muss an der nächsten Station aussteigen. ❸ *technische Anlage für (wissenschaftliche) Tätigkeiten:* Auf dem Berg wird eine meteorologische Station eingerichtet. ❹ *Abteilung in* *einem Krankenhaus:* Auf welcher Station liegt er jetzt?; *chirurgische/gynäkologische/neurologische Station;* ■ **irgendwo/bei jemandem Station machen** *sich während einer Reise irgendwo/bei jmdm. für kurze Zeit aufhalten*

Sta·tis·tik die [ʃtaˈtɪstɪk] <-, -en> ❶ *Darstellung (in Form einer Tabelle, einer Kurve oder eines Diagramms), die zeigt, wie häufig bestimmte Dinge auftreten:* Die Statistik war gefälscht. ❷ *Wissenschaft, die sich mit der Erstellung und der Bedeutung von Statistiken beschäftigt:* eine Klausur in Statistik schreiben ▸ statistisch

statt [ʃtat] I. *präp +Gen.* (≈ anstelle) *verwendet, um auszudrücken, dass an die Stelle von jmdm./etwas jmd./etwas anderes tritt oder treten soll (nach der Formel: statt x vielmehr y; vgl. „stattdessen"):* Statt eines Buches hatte sie sich eine CD gekauft. II. *konj* (≈ anstatt) *verwendet, um eine Alternative darzustellen:* Statt zur Schule zu gehen, ging er auf den Sportplatz.

statt·des·sen *adv* (≈ dafür) *verwendet, um auszudrücken, dass an die Stelle von jmdm./etwas jmd./etwas anderes tritt/ treten soll (nach der Formel: nicht x, stattdessen y; vgl. „statt"):* Er hat das Studium abgebrochen; stattdessen macht er jetzt eine Lehre.

statt·fin·den <findet statt, fand statt, hat stattgefunden> *ohne OBJ* ■ **etwas findet (irgendwann) (irgendwo) statt** *geschehen:* Das Konzert findet nächste Woche statt.

Sta·tue die [ˈʃtaːtuə] <-, -n> (≈ Standbild) *Figur aus einem festen Material, zum Beispiel Metall oder Stein, die wie ein Mensch oder Tier aussieht:* Auf dem Marktplatz steht die Statue eines Heiligen. ◆ Bronze-, Gips-, Reiter-

Sta·tus der [ˈʃtaːtʊs, ˈʃtatʊs] <-, Sta·tus> / *Plur. selten* / *gesellschaftliche, politische, rechtliche, wirtschaftliche oder sonstige Stellung/Position; Rang:* seinen Status erhalten/verlieren ◆ -denken, -symbol, Amateur-, Beamten-, Beobachter-, Rechts-, Sonder- ▸ Status quo

Stau der [ʃtaʊ] <-(e)s, -s> ❶ *eine Reihe von Autos, die auf der Straße stehen und nicht weiterfahren können, weil der Verkehr behindert wird:* Bei Ferienbeginn wird auf den Autobahnen mit langen Staus gerechnet. ◆ -meldung, -warnung, Verkehrs- ❷ /*meist Sing.*/ *große Ansammlung von Wasser, das nicht weiterfließen kann:* Vor der Mauer hatte sich ein gefährlicher Stau des Flusswassers gebildet. ◆ -damm, -mauer

Staub der [ʃtaʊp] <-(e)s> /*kein Plur.*/ *viele kleine Schmutzteilchen in der Luft, die sich auf der Oberfläche von Gegenständen in einer dünnen Schicht ablagern:* den Teppich staubsaugen/Staub saugen; auf den Möbeln Staub wischen; ■ **sich aus dem Staub machen** (*umg.*) *heimlich verschwinden;* ■ **viel Staub aufwirbeln** (*umg.*) *große Aufregung verursachen* ▸ staubig ◆ -lappen, -teilchen, -schicht, Gold-, Kohlen-, Mehl-

Staub·sau·ger der <-s, -> *elektrisches Gerät, mit dem man Flächen (vor allem Teppiche) von Staub befreien kann:* mit dem Staubsauger staubsaugen/Staub saugen

stau·en [ˈʃtaʊən] <staut, staute, hat gestaut> I. *mit OBJ* ■ **jmd./etwas staut etwas** *durch ein Hindernis dafür sorgen, dass etwas nicht abfließt:* Ein Damm staut den Fluss. II. *mit SICH* ■ **etwas staut sich** *durch ein Hindernis zum Stillstand kommen und sich ansammeln:* Der Verkehr staute sich kilometerlang. ▸ Stauung

stau·nen [ˈʃtaʊnən] <staunst, staunte, hat gestaunt> *ohne OBJ* ■ **jmd. staunt über jmdn./etwas** *sich wundern, überrascht sein oder Respekt empfinden:* Er staunte nicht wenig über ihren Vorschlag. ▸ Erstaunen

Steak das [steːk] <-s, -s> *eine Scheibe (Rind-)Fleisch, die man nur kurz brät* ◆ -haus, -messer, Hüft-, Rinder-, Schweine-

Ste·chen das <-s> /*kein Plur.*/ *ein kurzer Schmerz, der in kurzen Abständen immer wieder auftritt und der sich wie viele Stiche[1] anfühlt:* Ich habe ein Stechen in der Magengegend.

ste·chen [ˈʃtɛçn̩] <stichst, stach, hat gestochen> I. *mit OBJ/ohne OBJ* ❶ ■ **jmd. sticht (jmdm./sich) (etwas) (irgendwohin)** *mit einem spitzen Gegenstand in etwas eindringen, jmdn. verletzen:* Sie stach ihren kleinen Bruder aus Versehen mit einer Nadel.; Sie sticht in den Braten, um zu prüfen, ob er schon gar ist.; Er stach seinem Opfer mitten ins Herz. ❷ ■ **ein Tier sticht (jmdn.)** *einen (Tier-)Stachel in die Haut bohren:* Eine Biene stach das Kind in den Fuß.; Mücken stechen. II. *ohne OBJ* ■ **etwas sticht** *heiß brennen:* Die Sonne sticht heute wieder! III. *mit SICH* ■ **jmd. sticht sich an etwas** *Dat. sich an einem spitzen Gegenstand verletzen:* Ich habe mich am Kaktus gestochen.; ■ **etwas sticht jemandem ins Auge** (*umg.*) *etwas fällt jmdm. auf*

Steck·do·se die <-, -n> *Vorrichtung in der Wand, in die der Stecker eines elektrischen Geräts gesteckt wird, um Strom aus der Steckdose über den Stecker in das Gerät fließen zu lassen*

ste·cken ['ʃtɛkn̩] <steckst, steckte, hat/ist gesteckt> I. *mit OBJ (haben)* ❶ **jmd. steckt etwas irgendwohin** *etwas durch eine Öffnung in etwas hineintun*: Er steckte den Brief in ein Kuvert.; Sie steckte die Hände in die Manteltaschen. ❷ **jmd. steckt (jmdm./sich) etwas irgendwohin** *etwas an etwas befestigen*: Er steckte ihr den Ring an den Finger. ❸ **jmd. steckt etwas in etwas** *Akk. (umg.) investieren*: Sie steckt viel Zeit in ihre Hobbys. II. *ohne OBJ* ❶ **jmd./etwas steckt irgendwo** *(haben o sein) an einem Ort sein und nicht wegkommen*: Der Nagel steckte sehr fest in der Wand.; im Stau steckenbleiben/stecken bleiben ❷ **der Schlüssel steckt** *(haben) sich im Schloss² befinden*: Hat der Schlüssel im Schloss gesteckt, als du kamst? ❸ **jmd./etwas steckt irgendwo** *(umg.) (haben) sich irgendwo befinden*: Ich habe die Kinder schon überall gesucht! Wo stecken sie bloß wieder?; Ich habe die Brille in der Jackentasche stecken lassen. ❹ **etwas steckt in jmdm.** *(umg.) (haben) bestimmte Talente besitzen*: In ihr stecken große Fähigkeiten.; **jemand/etwas steckt hinter etwas** *eine Person/eine Sache/eine Konstellation ist der entscheidende Hintergrund für eine Tat/einen Zustand* Wer steckt eigentlich hinter diesem Bankraub?; Was steckt hinter den Erfolgen dieses Unternehmens?; **stecken bleiben/steckenbleiben** *bei einer Rede/einem Vortrag plötzlich nicht weitersprechen können* mitten im Gedicht steckenbleiben

Ste·cker der <-s, -> *der Teil eines elektrischen Geräts, der in eine Steckdose gesteckt wird*: Vor dem Öffnen des Geräts sollte man stets den Stecker (aus der Steckdose) abziehen!

ste·hen ['ʃte:ən] <stehst, stand, hat/ist gestanden> *ohne OBJ* ❶ (↔ *sitzen*) **jmd. steht irgendwo** *mit aufrechtem Körper an einer Stelle bleiben*: Wir mussten im Bus stehen. ❷ **etwas steht irgendwo** *sich befinden*: Auf dem Feld steht eine kleine Kapelle.; Im Garten stehen mehrere Obstbäume.; Das Essen stand schon auf dem Tisch.; Ist vor dem Bild stehen geblieben. ❸ **etwas steht irgendwo** *irgendwo gedruckt, geschrieben sein*: Was stand auf diesem Plakat? ❹ **jmd. steht vor etwas** *Dat. mit etwas Schwierigem konfrontiert sein*: Wir standen damals vor enormen Problemen. ❺ **etwas steht jmdm. (irgendwie)** *jmdm. gut passen und gut an jmdm. aussehen*: Das Kleid steht ihr gut. ❻ **jmd. steht zu etwas** *Dat. die Verantwortung für etwas übernehmen*: Er stand zu seiner Tat. ❼ **jmd. steht zu jmdm.** *jmdm. unterstützen*: Sie stand zu ihrem Freund.; Die Mannschaft steht zu ihrem Trainer. ❽ **jmd. steht zu etwas** *Dat. etwas beurteilen*: Wie stehen Sie zu dieser Entscheidung? ❾ *(umg.)* **jmd. steht auf jmdn./etwas** *(umg.) jmdn. oder etwas sehr mögen*: Er steht auf diese Musik.; **jemandem bis zum Hals(e)/bis hierhin stehen** *(umg.) (einer Sache) überdrüssig werden*; **jemanden kommt etwas teuer zu stehen** *etwas hat für jmdn. sehr üble Folgen* Sein Wutanfall in der Öffentlichkeit kam ihn teuer zu stehen.; **stehen bleiben/stehenbleiben** *nicht mehr funktionieren* der Motor/die Uhr ist plötzlich stehengeblieben.; **stehen lassen/stehenlassen** *übrig lassen* Sie hat die Suppe stehengelassen.

steh·len ['ʃte:lən] <stiehlst, stahl, hat gestohlen> *mit OBJ/ohne OBJ* **jmd. stiehlt (jmdm.) (etwas)** *heimlich jmdm. etwas wegnehmen und es behalten*: Als Kinder haben wir Obst beim Nachbarn gestohlen.; Hast du schon gehört, dass er im Kaufhaus gestohlen hat?; **jemand/etwas kann jemandem gestohlen bleiben** *(umg.) verwendet, um auszudrücken, dass jmd. nichts (mehr) mit jmdm. oder etwas zu tun haben will* Nachdem er mich belogen hat, kann er mir gestohlen bleiben.

steif [ʃtaɪf] <steifer, am steifsten> *adj* ❶ (↔ *weich*) *nur schwer in eine andere Form zu bringen, da relativ hart*: Die Wäsche war steif gefroren. ❷ *nicht mehr zu bewegen*: Seit dem Unfall hat er ein steifes Bein. ❸ *angespannt/verkrampft*: Sieh mal, was er für einen steifen Gang hat. ❹ (≈ *unnatürlich/förmlich*) *sehr streng den Regeln der Gesellschaft entsprechend*: Ich mag diese steifen Empfänge nicht.; **steif und fest behaupten, dass ...** *hartnäckig behaupten, dass ...*; **die Ohren steifhalten** *eine schwierige Situation mutig durchstehen* Halte die Ohren steif! · Steifheit

stei·gen ['ʃtaɪgn̩] <steigst, stieg, ist gestiegen> *ohne OBJ* ❶ (↔ *fallen*) **etwas steigt** *in der Luft nach oben gehen*: Der Ballon steigt immer höher. ❷ **jmd. steigt irgendwohin** *sich nach oben bewegen*:

Der Schornsteinfeger steigt aufs Dach. ❸ ▪ **etwas steigt** *im Niveau höher werden:* Die Temperaturen steigen endlich wieder.; Der Kurs der Aktien steigt wieder. ❹ ▪ **jmd. steigt in/auf etwas** *Akk. sich mit einer Bewegung an oder auf einen Platz bringen:* Er stieg ins Auto/aufs Fahrrad und fuhr los.; ▪ **auf die Barrikaden steigen** *Widerstand leisten*

stei·gern [ˈʃtaign] <steigerst, steigerte, hat gesteigert> **I.** *mit OBJ* ❶ ▪ **jmd. steigert etwas** *etwas erhöhen, verbessern, vergrößern:* Das Unternehmen steigert seine Produktion.; Der Sportler steigerte kontinuierlich seine Leistungen. ❷ ▪ **jmd. steigert etwas** SPRACHWISS. *ein Adjektiv in die Formen bringen, mit denen man einen Vergleich ausdrückt:* Adjektive kann man steigern.; Wenn man das Wort „steif" steigert, bekommt man die Formen „steifer, am steifsten". **II.** *mit SICH* ❶ ▪ **etwas steigert sich** *anwachsen:* Sein Zorn steigerte sich. ❷ ▪ **jmd. steigert sich** *sich verbessern:* Die Mannschaft steigerte sich von Spiel zu Spiel.

steil [ʃtail] <steiler, am steilsten> *adj so, dass etwas stark bergauf oder stark bergab führt:* Dieser Weg führt ohne große Kurven auf den Berg und ist sehr steil. ▸ Steilheit

Stein der [ʃtain] <-(e)s, -e> ❶ */kein Plur./ sehr harte, im Laufe der Erdgeschichte entstandene Masse, aus der Berge bestehen:* Der Künstler hatte die Statue in Stein gehauen ❷ *ein Stück aus dem Material, aus dem Berge bestehen:* Für die Mauer haben wir grob behauene Steine verwendet. ❸ *kurz für „Edelstein":* Ihr gefiel dieser in Gold gefasste Stein sehr gut. ❹ *relativ großer, harter Kern in bestimmten Früchten:* Ich habe den Stein einer Kirsche/Pflaume verschluckt. ▸ entsteinen ❺ ▪ **der Stein der Weisen** *(geh.) die ideale Lösung für etwas* Diese Lösung ist nicht gerade der Stein der Weisen.; ▪ **jemandem fällt ein Stein vom Herzen** *(umg.) jmd. ist erleichtert;* ▪ **jemandem Steine in den Weg legen** *(umg.) es jmdm. schwer machen, etwas zu tun oder ein Ziel zu erreichen;* ▪ **den Stein ins Rollen bringen** *(umg.) den Anstoß geben; der Auslöser sein*

stein- [ʃtain] *als Erstglied einiger zusammengesetzter Adjektive, die auf beiden Teilen betont werden; drückt intensivierend aus, dass die mit dem Zweitglied bezeichnete Eigenschaft/Qualität äußerst ausgeprägt ist:* Johannes Heesters ist über 100 Jahre alt und damit steinalt/uralt. ◆ -alt, -hart, -reich

Stel·le die <-, -n> ❶ ▪ *Ort, Platz innerhalb eines Raumes:* Wir wollten uns an der vereinbarten Stelle treffen.; Das ist eine schöne Stelle zum Rasten. ❷ *kleiner Bereich an einem Körper oder Gegenstand:* Die verletzte Stelle wurde verbunden.; Die rostigen Stellen im Lack lasse ich neu lackieren. ❸ *relativ kurzer Teil in einem Text oder in einem musikalischen Werk:* Er hat mehrere Stellen aus dem Buch zitiert.; Diese Stelle des Musikstückes gefällt mir besonders gut. ❹ *Platz in einer Reihenfolge:* Die Mannschaft liegt in der Tabelle an zweiter Stelle. ❺ *(≈ Arbeitsplatz, Posten) Position, in der jmd. in einem Unternehmen oder einer Institution arbeitet:* Sie hat eine Stelle als Verkaufsleiterin bekommen.; ▪ **auf der Stelle** *sofort* Er war auf der Stelle tot.; ▪ **an jemandes Stelle** *in der Rolle oder Situation von jmdm.* An deiner Stelle würde ich jetzt gehen.

stel·len <stellst, stellte, hat gestellt> **I.** *mit OBJ* ❶ ▪ **jmd. stellt etwas irgendwohin** *etwas an einen bestimmten Platz bringen:* Er stellt die Leiter an die Wand.; Die Kinder stellen die Teller auf den Tisch.; Sie stellt die Kiste auf den Boden. ❷ ▪ **jmd. stellt etwas irgendwie** *Speisen und Getränke an einen Ort bringen, wo sie eine bestimmte Temperatur behalten oder bekommen:* Ich stelle das Essen warm, bis du kommst.; Sie haben die Getränke kalt gestellt. ❸ ▪ **jmd. stellt etwas** *ein technisches Gerät in eine bestimmte Position bringen:* Wer hat die Signale/Weichen gestellt? ❹ ▪ **jmd. stellt etwas irgendwie** *die Einstellungen eines Geräts verändern, korrigieren:* Kannst du die Heizung wärmer stellen?; Hast du die Uhren schon gestellt? ❺ ▪ **jmd. stellt jmdn.** *jmdn., der flieht, ergreifen und festnehmen:* Der Bankräuber konnte nach kurzer Flucht gestellt werden. **II.** *mit SICH* ❶ ▪ **jmd. stellt sich irgendwohin** *sich an einen bestimmten Platz begeben und dort stehen:* Er stellte sich ans Fenster. ❷ ▪ **jmd. stellt sich irgendwie** *etwas vortäuschen:* Sie stellte sich taub. ❸ ▪ **jmd. stellt sich jmdm.** *sich als Täter freiwillig bei der Polizei melden:* Der Dieb stellte sich einen Tag nach der Tat. ❹ ▪ **jmd. stellt sich hinter jmdn./etwas** *zu jmdm. stehen:* Der Chef stellte sich hinter seine Angestellten.

Stel·lung die <-, -en> ❶ *die Art und Weise, wie man den Körper hält:* In dieser Stellung könnte ich nicht schlafen. ❷ *Stelle⁵:* Sie bekleidet eine hohe Stellung in der Firma.; Er ist in eine leitende Stellung aufgerückt. ❸ /kein Plur./ *Rang, Position:* Seine Stellung als führender Musikkritiker wurde erschüttert. ❹ MILIT. *Bereich im Gelände, der für die Verteidigung gut geeignet ist oder der dafür gebaut wurde:* Die Soldaten konnten die Stellung halten.; ■ **Stellung nehmen** *seine Meinung äußern;* ■ **Stellung beziehen** *einen Standpunkt einnehmen*

Stell·ver·tre·ter der, **Stell·ver·tre·te·rin** <-s, -> *jmd., der einen anderen vertritt und für eine gewisse Zeit seine Aufgaben übernimmt*

Stem·pel der [ˈʃtɛmpl̩] <-s, -> ❶ *ein kleiner Bürogegenstand, den man benutzt, um Zeichen oder eine Schrift auf Papier zu drucken* ▸ (ab)stempeln ❷ *Abdruck, der beim Stempeln entsteht* ❸ BIOL. *der mittlere Teil einer Blüte;* ■ **jemandem/etwas seinen Stempel aufdrücken** *jmdn. oder etwas stark prägen/beeinflussen*

ster·ben [ˈʃtɛrbn̩] <stirbst, starb, ist gestorben> ohne OBJ ■ **jmd. stirbt** *aufhören zu leben:* Sie starb an einer seltenen Krankheit/bei einem Unfall.; ■ **im Sterben liegen** *dem Tode nahe sein;* ■ **etwas ist gestorben** *ein Plan oder Projekt musste aufgegeben werden* ▸ -selend, -skrank, -slangweilig

Ste·reo·an·la·ge die <-, -n> *System, das meist aus einem Radio, einem CD- oder Plattenspieler, einem Kassettenrecorder, einem Verstärker und Lautsprechern besteht und mit dem man Musik hören kann*

ste·ril [ʃteˈriːl] adj /nicht steig./ ❶ *frei von Bakterien und Keimen:* ärztliche Instrumente steril machen ▸ Sterilität ❷ BIOL., MED. (≈ *unfruchtbar*) *unfähig, Kinder/Junge zu zeugen oder zu bekommen* ▸ sterilisieren ▸ Sterilität ❸ *ohne besondere persönliche/künstlerische Merkmale:* eine sterile Atmosphäre/Umgebung ▸ Sterilität

Stern der [ʃtɛrn] <-(e)s, -e> ❶ *einer der hellen Punkte, die man nachts am Himmel sieht:* Der Himmel war voller Sterne. ▸ -bild, -enhimmel, -enlicht, -forscher(in), -kunde, Abend-, Doppel-, Fix-, Morgen-, Polar-, Wandel- ❷ *Planeten oder Sterne[1], von denen manche Menschen glauben, dass sie ihr Schicksal beeinflussen könnten:* Die Sterne stehen günstig. ❸ *eine Figur mit mehreren, kreisförmig oder auch strahlenförmig angeordneten Zacken (zum Beispiel als Qualitäts- oder Rangabzeichen):* ein Hotel mit fünf Sternen; Einen Stern malen.; ■ **Sterne sehen** *(umg.) durch einen Schlag auf den Kopf ein Flimmern vor den Augen haben;* ■ **nach den Sternen greifen** *(geh.) etwas Unerreichbares haben wollen;* ■ **in den Sternen (geschrieben) stehen** *noch ganz ungewiss sein*

Stern·zei·chen das <-s, -> (≈ *Tierkreiszeichen*) *eines der zwölf Symbole, die nach bestimmten Gruppen von Sternen[1] benannt sind und von denen manche Menschen glauben, dass sie ihr Schicksal beeinflussen:* „Welches Sternzeichen hast du?" „Ich bin Krebs/Schütze/Steinbock/Skorpion."

stets [ʃteːts] adv *immer:* Sie ist stets gut gelaunt.

Steu·er[1] das [ˈʃtɔyɐ] <-s, -> *das Teil, mit dem man ein Fahrzeug (Auto/Schiff/Flugzeug) in eine bestimmte Richtung lenkt:* Sie setzte sich hinter das Steuer und startete den Wagen.; Er hat das Steuer in der Hand. ▸ steuern ▸ -gerät, -hebel, -knüppel, -ruder

Steu·er[2] die [ˈʃtɔyɐ] <-, -n> *der Teil des Einkommens, des Vermögens, des Preises von Waren o.Ä., den man an den Staat zahlt:* Der Staat treibt Steuern ein/erhebt Steuern/erhöht/senkt die Steuern. ▸ -einnahmen, -gesetz, -politik, -reform, -tarif, Einkommens-, Erbschafts-, Gewerbe-, Kirchen-, Mehrwert-, Umsatz-, Vermögens-

Steu·er·er·klä·rung die <-, -en> *schriftliches Dokument, das man jedes Jahr beim Finanzamt abgeben muss und in dem steht, wie viel Geld man im vergangenen Jahr verdient hat, so dass das Finanzamt bestimmen kann, wieviel Steuern man bezahlen muss:* Hast du deine Steuererklärung schon abgegeben/gemacht?

Steu·e·rung die <-, -en> ❶ *das Lenken eines Fahrzeugs oder eines technischen Geräts:* die Steuerung der Produktion in diesem Betrieb ❷ *der gesamte Mechanismus, der zur Steuerung[1] gebraucht wird:* Die Steuerung der Anlage muss überprüft werden.

Stich der [ʃtɪç] <-(e)s, -e> ❶ *Eindringen eines spitzen Gegenstandes oder eines Stachels in die Haut:* Der Stich ging tief. ▸ Bienen-, Mücken-, Nadel- ❷ *Wunde, Verletzung, die ein Stich[1] verursacht hat:* Der Stich heilt gut. ❸ *Einstechen einer Nähnadel und Durchziehen des Fadens:* Die aufgetrennte Stelle lässt sich mit wenigen Stichen nähen. ❹ *stechender Schmerz:* Er spürte einen Stich im Brustkorb.; ■ **einen Stich haben** *(umg. abwertt.) verrückt sein;* ■ **jemanden im Stich lassen** *(umg.)*

jmdm. in einer schwierigen Situation nicht helfen

Stich·wort[1] das ['ʃtɪçvɔrt] <-(e)s, Stichwörter> ① SPRACHWISS. (≈ *Lemma*) *im Wörterbuch diejenige Einheit, die einer alphabetischen Ordnung (nach A-Z) oder einer Ordnung nach Sachgruppen unterliegt, und an die verschiedene Angaben (z.B. zur Bedeutung, zur Flexion etc.) adressiert sind:* Das neue Wörterbuch hat angeblich 10.000 Stichwörter mehr als das alte. ② *einzelnes Wort eines Stichwortregisters, z.B. im Bibliothekswesen:* Im Stichwortregister des Fachbuches habe ich das Stichwort nicht gefunden. ◆-register

Stich·wort[2] das ['ʃtɪçvɔrt] <-(e)s, -e> ① *Wort, auf das eine Handlung folgt:* Das war das Stichwort für den Auftritt des Schauspielers.; Er gab das Stichwort zum Aufbruch. ② /nur Plur./ *knappe Notizen; Wort, mit dem man sich die wichtigsten Informationen z.B. eines Vortrags aufschreibt:* Ich habe das Gespräch in Stichworten aufgezeichnet.

sti·ckig ['ʃtɪkɪç] <stickiger, am stickigsten> adj (↔ *frisch*) *mit schlechter oder verbrauchter Luft:* Nach kurzer Zeit war die Luft im Seminarraum so stickig, dass wir die Fenster öffnen mussten.

Stie·fel der ['ʃtiːfl] <-s, -> *ein fester Schuh, der bis zum Knie reicht* ◆-absatz, Damen-, Gummi-, Herren- Leder-, Motorrad-, Reit-, Ski-, Winter-

Stief·kind das <-(e)s, -er> *ein Kind aus einer früheren Ehe eines Ehepartners*

Stief·mut·ter die <-, Stiefmütter> *die Frau, die der Vater später geheiratet hat und die jetzt die Rolle der Mutter übernimmt*

Stief·va·ter der <-s, Stiefväter> *der Mann, den die Mutter später geheiratet hat und der jetzt die Rolle des Vaters übernimmt*

stieg [ʃtiːk] *Prät. von* **steigen**

Stie·ge die ['ʃtiːɡə] <-, -n> ① *steile Treppe aus Holz* ② SÜDDT., ÖSTERR., SCHWEIZ. *Treppe* ③ *Obstkiste:* eine Stiege Birnen

Stiel der [ʃtiːl] <-(e)s, -e> ① *der lange, feste Griff, an dem man ein Gerät oder Werkzeug festhält* ◆Besen-, Hammer-, Löffel-, Holz- ② *(Blumen-)Stängel* ◆Apfel-, Birnen-, Blumen-

Stier der [ʃtiːɐ̯] <-(e)s, -e> ① *männliches Rind* ② /kein Plur./ *Name des Tierkreiszeichens für die Zeit vom 21. April bis 20. Mai*

Stift der [ʃtɪft] <-(e)s, -e> ① *eine Art Nagel ohne Kopf, mit dem man vor allem Bretter verbindet* ② *Kurzwort für ein Schreibgerät, zum Beispiel für „Bleistift"*

stif·ten ['ʃtɪftn̩] <stiftest, stiftete, hat gestiftet> mit OBJ ① ▪ **jmd. stiftet etwas (für etwas** *Akk.*) *spenden:* Das Reisebüro stiftete ein Bild für das Altersheim. ② ▪ **jmd. stiftet etwas** *etwas gründen und finanziell unterstützen:* Er stiftete ein Museum/ein Forschungszentrum. ▶ Stiftung ③ ▪ **jmd. stiftet etwas** *einen bestimmten Zustand schaffen:* Er versuchte, Frieden zu stiften.

Stil der [ʃtiːl] <-(e)s, -e> ① *Art und Weise, in der jmd. spricht oder schreibt:* Sie hat einen eleganten/lebendigen/guten/schlechten Stil. ▶ Stilistik, stilistisch ◆-analyse, -ebene, -empfinden ② *für einen Künstler oder eine Epoche typische Ausdrucksform:* Die Kirche ist im romanischen/gotischen Stil erbaut. ◆-analyse, -ebene, -element, -entwicklung, Barock-, Bau-, Jugend- ③ /kein Plur./ *Art und Weise, wie man sich verhält:* Der Stil, in dem er Leute anspricht, gefällt mir.; ▪ **in großem Stil** *in großem Ausmaß* Er macht Geschäfte in großem Stil. ◆Fahr-, Lebens-

still [ʃtɪl] adj ① (≈ *leise, ruhig* ↔ *laut*) *frei von Geräuschen:* Als der Autor zu lesen begann, wurde es ganz still im Saal.; Sei doch still! ② (≈ *bewegungslos*) *ohne sich zu bewegen:* Kannst du nicht still halten?; still in seiner Position verharren ③ (≈ *ruhig*) *ohne viel Aktivität; zurückgezogen:* Als sie in Rente gingen, führten sie ein stilles Leben.; Er ist ein sehr stiller Mensch. ④ (≈ *heimlich*) *so, dass es andere nicht wissen:* Eine stille Hoffnung war ihm geblieben.; ▪ **im Stillen** *von anderen nicht bemerkt* ▶ Stille

stil·len ['ʃtɪlən] <stillst, stillte, hat gestillt> I. mit OBJ/ohne OBJ ▪ **jmd. stillt (jmdn.)** *ein Baby Milch an der Brust der Mutter trinken lassen:* Die Mutter stillt ihr Baby.; Stillt sie noch? II. mit OBJ ① ▪ **jmd. stillt etwas** *ein Bedürfnis befriedigen:* Er wollte seinen Durst/Ehrgeiz/Hunger stillen. ② ▪ **jmd. stillt etwas** *etwas zum Stillstand bringen:* Das Blut konnte gestillt werden.; die Tränen stillen

Stimm·band das <-(e)s, Stimmbänder> / meist Plur./ ANAT. *Organ aus elastischen Bändern im Kehlkopf, mit dem man spricht und singt:* Ihre Stimmbänder waren entzündet, so dass sie nicht singen konnte. ◆-entzündung

Stimm·bruch der <-(e)s> /kein Plur./ *Wechsel zu einer tieferen Stimme bei Jungen in der Pubertät:* Er singt nicht mehr im Chor, seit er im Stimmbruch ist.

Stim·me die <-, -n> ❶ *die Art und Weise, wie Töne beim Sprechen oder Singen erzeugt werden:* Er hat eine belegte/heisere/hohe/laute/leise/raue/sonore/tiefe Stimme.; Er sprach mit bebender/zitternder Stimme. ▶ stimmlich ◆ Frauen-, Kinder-, Männer-, Tier-, Vogel- ❷ *die aktuelle Fähigkeit zu sprechen bzw. (gut) zu singen:* Sie hat heute keine Stimme, weil sie einen rauen Hals hat und darum nicht sprechen kann.; Dieser Sänger hat doch keine gute Stimme! ◆ Sing-, Sprech- ❸ MUS. *dasjenige, was von Sängern/Sängerinnen oder mit einem Instrument beim Spielen eines Musikstückes ausgeführt wird:* Sie singen im Chor die erste/zweite Stimme. ◆ Alt-, Bariton-, Bass-, Flöten-, Geigen-, Solo- ❹ *Meinung, die jmd. (besonders in der Öffentlichkeit) ausdrückt:* Angesichts dieser negativen Entwicklungen wurden zunehmend kritische Stimmen laut. ❺ *Entscheidung für oder gegen etwas (bei einer Abstimmung oder Wahl):* Welche Partei hat die meisten Stimmen erhalten?; Die Stimmen werden noch ausgezählt. ◆ -nanteil, -nauszählung, -ngewinn, -nmehrheit, -nverhältnis -nverlust, -nzuwachs

stim·men ['ʃtɪmən] <stimmst, stimmte, hat gestimmt> **I.** *mit OBJ/ohne OBJ* ■ **jmd. stimmt (etwas)** *die Saiten eines Instruments so einstellen, dass sie die richtige Tonhöhe haben:* Sie stimmt ihre Geige.; Das Orchester stimmt noch. **II.** *mit OBJ* ■ **etwas stimmt jmdn.** *irgendwie ein bestimmtes Gefühl erzeugen:* Die Mitteilung stimmte ihn euphorisch/fröhlich/traurig. **III.** *ohne OBJ* ❶ ■ **etwas stimmt** *richtig bzw. wahr sein:* Meine Vermutung stimmte also doch!; Die Rechnung stimmt nicht. ❷ ■ **jmd. stimmt für/gegen jmdn./etwas** POL. *bei einer Wahl für oder gegen jmdn. oder etwas sein;* ■ **Stimmt so!** *verwendet, um der Bedienung in einem Lokal zu sagen, dass man etwas mehr bezahlt hat als verlangt und sie das als Trinkgeld behalten kann* ▶ stimmig, Stimmigkeit

stimm·haft adj /nicht steig./ SPRACHWISS. (↔ stimmlos) *mit einem weich ausgesprochenen Laut:* „b", „d" und „g" sind stimmhafte Konsonanten. ▶ Stimmhaftigkeit

stimm·los adj /nicht steig./ SPRACHWISS. (↔ stimmhaft) *mit einem hart ausgesprochenen Laut:* „p", „t" und „k" sind stimmlose Konsonanten. ▶ Stimmlosigkeit

Stim·mung die <-, -en> ❶ *momentaner seelischer Zustand eines Menschen:* Er war guter/schlechter/gereizter Stimmung. ◆ Abschieds-, Aufbruchs- ❷ *Atmosphäre:* Der Maler hat die Stimmung des Sonnenaufgangs sehr gut getroffen. ◆ Fest-, Weihnachts- ❸ *Meinung einer bestimmten Gruppe zu einem Thema:* Die Stimmung in der Bevölkerung hatte sich gewandelt. ◆ -sumschwung, -swechsel

Stink- [ʃtɪŋk] *(umg.) als Erstglied zusammengesetzter Substantive, mit Betonung auf beiden Teilen; drückt intensivierend aus, dass die mit dem Zweitglied bezeichnete emotionale Einstellung in besonders hohem Maße ausgeprägt ist:* Er hatte eine Stinkwut, als er den Betrug bemerkte. ◆ -laune, -wut

stink- [ʃtɪŋk] *(umg.: ≈ äußerst, sehr, ganz besonders) als Erstglied zusammengesetzter Adjektive, mit Betonung auf beiden Teilen; drückt intensivierend aus, dass die mit dem Zweitglied bezeichnete Eigenschaft auf etwas in besonderem Maße zutrifft:* Er kam stinkbesoffen nach Hause, weshalb er kaum die Haustür fand. ◆ -besoffen, -faul, -fein, -langweilig, -normal, -reich, -sauer, -vornehm, -wütend

stin·ken ['ʃtɪŋkn̩] <stinkst, stank, hat gestunken> *ohne OBJ* ❶ ■ **jmd./etwas stinkt** *sehr unangenehm riechen* ❷ ■ **jmd./etwas stinkt jmdm.** *(umg.) Anlass zum Ärger geben:* Seine dauernde Unpünktlichkeit stinkt mir.; Der Kerl stinkt mir schon lange!; ■ **etwas stinkt zum Himmel** *(umg.) etwas ist skandalös* Diese Ausrede stinkt zum Himmel.

Sti·pen·di·um das [ʃtiˈpɛndiʊm] <-s, Stipendien> *Geld, mit dem der Staat oder eine Institution Studierende, Wissenschaftler(innen) und Künstler(innen) unterstützen und das normalerweise (außer eventuell bei einem Graduiertenstipendium) nicht zurückgezahlt werden muss:* Der Maler bekam ein Stipendium, um zwei Jahre in Paris an der Akademie studieren zu können.

Stirn die [ʃtɪrn] <-, -en> *der Teil des Kopfes zwischen Augen und Haaransatz:* Er hat eine flache/hohe/niedrige Stirn.; Sie runzelte die Stirn.; ■ **jemandem/etwas die Stirn bieten** *jmdm. oder etwas ohne Angst entgegentreten:* Er bot seinen Gegnern die Stirn.; ■ **die Stirn haben, etwas zu tun** *(geh.) so frech und dreist sein, etwas (Böses) zu tun* Er hatte die Stirn, seine Privatideen als allgemeine Meinung vorzustellen.

Stock¹ der [ʃtɔk] <-(e)s, Stöcke> ❶ *Stab aus Holz o.Ä., auf den man sich beim Gehen stützt oder mit dem man jmdn.*

schlägt: Er geht am Stock. ◆Ski-, Spazier- ❷ (≈ *Strauch*) *strauchartige Pflanze:* Viele Stöcke waren erfroren.; ■ **über Stock und Stein** *über alle Hindernisse hinweg* Seine Ausführungen gingen über Stock und Stein.

Stock² der [ʃtɔk] <-(e)s, -> *Etage, Stockwerk:* Sie wohnen im zweiten Stock.

stock- [ʃtɔk] (*umg.:* ≈ *äußerst, sehr*) *als Erstglied zusammengesetzter Adjektive, mit Betonung auf beiden Teilen; drückt intensivierend aus, dass die mit dem Zweitglied bezeichneten (oft negativen) Eigenschaften besonders ausgeprägt sind:* Er ist stockdumm, weshalb auch ständiges Üben ein Versuch am untauglichen Objekt ist. ◆-besoffen, -betrunken, -dumm, -dunkel, -duster, -finster, -heiser, -katholisch, -konservativ, -normal, -nüchtern, -reaktionär, -sauer, -solide, -steif, -taub, -trocken, -voll

sto·cken [ˈʃtɔkn̩] <stockst, stockte, hat gestockt> *ohne OBJ* ❶ ■ **etwas stockt** (**jmdm.**) *kurz stillstehen, aussetzen:* Ihr stockte der Atem. ❷ ■ **etwas stockt** *im normalen Ablauf zeitweise unterbrochen sein:* Der Verkehr/Das Gespräch stockte. ❸ ■ **jmd. stockt** *Dat. plötzlich eine Pause machen:* Sie stockte mitten im Vortrag und blickte unsicher von ihrem Manuskript auf.

-stö·ckig [ʃtœkɪç] (*umg.*) *als Zweitglied zusammengesetzter Adjektive, mit Betonung auf dem Erstglied;* ❶ *drückt aus, dass die mit dem Erstglied genannte Anzahl von Stockwerken gegeben ist:* ein zehnstöckiges Gebäude ◆ein-, zwei-, drei- usw. ❷ *drückt aus, dass die mit dem Erstglied genannte Anzahl von Lagen/Schichten gegeben ist:* eine dreistöckige Torte ◆drei-, vier- usw.

Stock·werk das <-(e)s, -e> (≈ *Etage, Stock*) *alle Räume in einem Gebäude, die auf der gleichen Höhe liegen:* Das Haus hat nur drei Stockwerke.

Stoff der [ʃtɔf] <-(e)s, -e> ❶ *das Material, aus dem Kleidung und Tücher bestehen:* Sie hat sich ein Kleid aus edlem Stoff gekauft. ◆-bahn, -ballen, -muster, Baumwoll-, Mantel-, Seiden-, Vorhang- ❷ (≈ *Substanz*) *chemisch einheitliche Verbindung mit bestimmten, typischen Eigenschaften:* Wir verwenden nur pflanzliche/natürliche Stoffe als Zutaten. ◆Brenn-, Duft-, Farb-, Impf-, Kleb-, Leucht-, Nähr-, Schaum- Süß- ❸ (*umg.*) *Rauschgift:* Er konnte sich keinen Stoff beschaffen. ❹ *etwas, das als Thema für einen Film, eine wissenschaftliche Arbeit, eine Diskussion dient:* Das wäre ein interessanter Stoff für einen Film/

für ein Buch. ◆Gesprächs-, Roman-

stöh·nen [ˈʃtøːnən] <stöhnst, stöhnte, hat gestöhnt> *ohne OBJ* ❶ ■ **jmd. stöhnt** (**vor etwas** *Dat.*) *einen lang gezogenen Laut von sich geben:* Er stöhnte vor Schmerzen. ❷ ■ **jmd. stöhnt über etwas** *Akk. sich über etwas beklagen:* Alle stöhnten über das schlechte Wetter.

Stolz der <-es> /kein Plur./ ❶ *ausgeprägtes Selbstwertgefühl:* Er hat meinen Stolz verletzt. ❷ *Freude und Zufriedenheit über eine Leistung oder einen Besitz:* Sie verkündete voller Stolz, dass sie ihr Ziel erreicht habe.; Man konnte ihm den Stolz auf seinen Sohn ansehen.

stolz [ʃtɔlts] <stolzer am stolzesten> *adj* ❶ *über einen Erfolg oder Besitz voller Selbstbewusstsein und Freude:* Sie war stolz auf ihren beruflichen Erfolg. ❷ (≈ *arrogant*) *in zu hohem Maße stolz¹ und hochmütig:* Er ist viel zu stolz, um sich bei mir zu entschuldigen. ❸ (*umg.*) *erheblich, groß:* Das ist ein stolzer Preis!

stop·pen [ˈʃtɔpn̩] <stoppst, stoppte, hat gestoppt> I. *mit OBJ* ❶ ■ **jmd. stoppt jmdn./etwas** *bewirken, dass jmd./etwas aus einer Bewegung heraus zum Stehen kommt; jmdn./etwas anhalten:* Die Polizei stoppte das Auto.; Niemand konnte diese Entwicklung jetzt noch stoppen. ❷ ■ **jmd. stoppt etwas** *mit einer Stoppuhr messen* II. *ohne OBJ* ❶ ■ **jmd./etwas stoppt** *aus einer Bewegung zum Stehen kommen; anhalten:* Das Auto stoppte gerade noch rechtzeitig. ❷ ■ **jmd. stoppt** (**irgendwohin**) (*umg.*) *per Anhalter fahren:* Sie stoppt regelmäßig von Berlin nach Stuttgart.

Stopp·schild das <-(e)s, -er> *Verkehrsschild an einer Kreuzung, an dem man anhalten muss*

stö·ren [ˈʃtøːrən] <störst, störte, hat gestört> *mit OBJ/ohne OBJ* ❶ ■ **jmd. stört** (**jmdn.**) (**bei etwas** *Dat.*) *jmdn. aus seiner Ruhe, seiner Tätigkeit bringen:* Er hat mich beim Lesen gestört.; Störe ich? ❷ ■ **jmd. stört etwas** *etwas in seinem Ablauf behindern:* Die Schüler stören den Unterricht.; Er stört ununterbrochen. ❸ ■ **etwas stört jmdn.** *jmdm. überhaupt nicht gefallen, missfallen:* Seine fettigen Haare stören mich.; Ihre vulgäre Ausdrucksweise stört.

Stö·rung die <-, -en> ❶ *Dinge oder Handlungen, die stören¹:* Bitte entschuldigen Sie die Störung! ❷ *Behinderung des Ablaufes; technischer Fehler:* Bei der Stromversorgung gab es eine Störung. Deshalb hatten wir keinen Strom. ◆-sdienst, Empfangs-, Entwicklungs-, Gleichgewichts-, Verdauungs-, Wachstums-

Stoß der [ʃtoːs] <-es, Stöße> ❶ *kurzer, kräftiger Schlag:* Er versetzte ihm einen kräftigen Stoß in den Bauch. ❷ */meist Plur./ kräftige Bewegung, mit der man sich beim Schwimmen und beim Rudern bewegt:* Sie schwamm mit kräftigen Stößen. ❸ *(umg.) Stapel¹ von etwas:* Auf dem Boden lag ein Stoß Bücher.; **jemandem einen Stoß versetzen** *jmdn. seelisch stark erschüttern* Die Nachricht vom Tode seiner Mutter versetzte ihm einen starken Stoß.

sto·ßen [ˈʃtoːsn̩] <stößt, stieß, hat/ist gestoßen> I. *mit OBJ (haben)* ❶ **jmd. stößt jmdn. (irgendwohin)** *jmdm. einen Stoß¹ geben:* Er stieß mich mit dem Ellenbogen in die Rippen. ❷ **jmd. stößt etwas in etwas** *Akk. etwas mit einem Stoß¹ irgendwohin bewegen:* Sie hat mit dem Ast ein Loch in die Eisdecke gestoßen. ❸ SCHWEIZ. **jmd. stößt etwas** *drücken, schieben* II. *ohne OBJ* ❶ **jmd. stößt jmdn. (haben)** *jmd. oder etwas einen Stoß¹ geben:* jmdn./etwas von der Leiter/ aus dem Zug/ins Auto stoßen ❷ **jmd. stößt an/gegen jmdn./etwas** *(sein) jmdn. oder etwas versehentlich kurz und mit viel Kraft berühren (und sich dabei dabei weh tun):* mit dem Kopf an die Decke stoßen; im Dunkeln gegen die Mauer stoßen ❸ **jmd. stößt auf jmdn./etwas** *(sein) jmdn. oder etwas zufällig finden:* Man ist dort auf Erdöl gestoßen.; Sie sind ganz zufällig in der Stadt auf ihn gestoßen. III. *mit SICH (haben)* ❶ **jmd. stößt sich an etwas** *Dat. sich weh tun:* Ich habe mich (an der Tischkante) gestoßen. ❷ **jmd. stößt sich an etwas** *Dat. sich über etwas ärgern, was man nicht als angemessen betrachtet:* Ich stieß mich an seinem schlechten Benehmen.

stọt·tern [ˈʃtɔtɐn] <stotterst, stotterte, hat gestottert> I. *ohne OBJ* ❶ **jmd. stottert** *eine Sprachstörung haben, bei der man einzelne Laute mehrfach wiederholt* ❷ *ungleichmäßig laufen (von Motoren):* Es war so kalt, dass der Motor stotterte. II. *mit OBJ* ❶ **jmd. stottert etwas** *jmd. sagt etwas ruckartig, mit Unterbrechungen/Stammeln:* Er stotterte ganz verwirrt eine Entschuldigung.

Stra·fe die [ˈʃtraːfə] <-, -n> ❶ *eine Maßnahme, durch die man jmdn. bestraft, der etwas Negatives getan hat:* Der Richter hat eine harte/strenge/drakonische/leichte/ milde Strafe über den Angeklagten verhängt.; Er musste eine mehrjährige Strafe verbüßen. ◆ Geld-, Gefängnis-, Haft- ❷ *unangenehme Folge:* Das ist die Strafe für deinen Übermut. ❸ *Geldbuße:* Wir mussten Strafe zahlen.

straff [ʃtraf] <straffer, am straffsten> *adj* ❶ (↔ *locker, schlaff) fest gespannt, glatt:* Du musst ziehen, bis das Seil straff ist.; Sie hat eine straffe Haut. ❷ *effektiv; auf das Wesentliche beschränkt:* Das Unternehmen ist straff organisiert. ▸ Straffheit, Straffung

Straf·zet·tel der <-s, -> *(umg.) von der Polizei ein Zettel am Auto, der besagt, dass man Strafe³ zahlen muss:* Wir hatten falsch geparkt und dafür einen Strafzettel erhalten.

Strahl der [ʃtraːl] <-(e)s, -en> ❶ */meist Plur./ eine Art schmaler Streifen Licht:* Im Strahl der Taschenlampe erkannte er den Einbrecher.; Die Strahlen der Frühjahrssonne erwärmen die Luft. ◆ Licht-, Sonnen- ❷ */meist Sing./ Flüssigkeit, die schnell aus einer engen Öffnung herausfließt:* Ein Strahl Wasser schoss aus dem Rohr.; Aus der Spritze³ der Feuerwehr kam ein harter Strahl Wasser. ◆-enquelle, -enschäden, -enunfall, -entod, Dampf-, Röntgen-, Wasser-

strah·len [ˈʃtraːlən] <strahlst, strahlte, hat gestrahlt> *ohne OBJ* ❶ **etwas strahlt** *Strahlen aussenden:* Die Sonne strahlt.; Radioaktives Material strahlt. ❷ **jmd. strahlt (vor etwas** *Dat.) ein fröhliches Gesicht machen:* Sie strahlte vor Begeisterung/vor Freude.; Er strahlte übers ganze Gesicht.

stramm [ʃtram] <strammer, am strammsten> *adj* ❶ *kräftig und gesund:* Sie hat einen strammen Jungen zur Welt gebracht. ❷ *straff¹:* Du musst erst die Leine strammziehen! ◆-ziehen

Strand der [ʃtrant] <-(e)s, Strände> *der Rand eines Gewässers, besonders des Meeres:* Am Meer/See gab es einen steinigen/breiten/schmalen Strand. ◆-bad, -burg, -café, -hotel, -kleid, Bade-, FKK-, Hotel-, Kies-, Palmen-, Sand-

Strand·korb der <-(e)s, Strandkörbe> *eine Art großer, vorne offener Korb mit einem Dach, in den man sich am Strand setzen kann und der vor Wind schützt:* Als wir an der Nordsee waren, haben wir auch einen Strandkorb gemietet.

Stra·pa·ze die [ʃtraˈpaːtsə] <-, -n> *große körperliche Anstrengung:* Er unterzog sich der Strapaze einer Kur. ▸ strapazieren, strapaziös

Stra·ße die [ˈʃtraːsə] <-, -n> ① *ein breiter, befestigter Weg für Fahrzeuge, der meist eine harte Oberfläche besitzt:* Die Straße ist eng/belebt/breit/ruhig/schmal. ◆ -narbeit, -nbelag, -nbeleuchtung -nbiegung, -necke, -nname, -npflaster, -nreinigung, -nseite, -nverkehr, Dorf-, Einkaufs-, Fern-, Haupt-, Land-, Neben- Seiten- ② *Menschen, die in einer Straße wohnen:* Die ganze Straße beteiligte sich an dem Fest. ◆ -nfest ③ *Meerenge:* Das Schiff fuhr durch die Straße von Gibraltar.; ▪ **jemanden auf die Straße setzen/werfen** *(umg.) jmdm. seine Wohnung oder seinen Arbeitsplatz kündigen;* ▪ **auf die Straße gehen** *(umg.) demonstrieren*

Stra·ßen·bahn die <-, -en> *ein Zug, der auf Schienen durch die Stadt fährt* ◆ -fahrer(in), -haltestelle, -schaffner(in), -wagen

Stra·ßen·schild das <-(e)s, -er> *Schild, auf dem der Name einer Straße steht*

Stra·ßen·ver·hält·nis·se <-> Plur. *Zustand der Straßen:* Überall war Eis und Schnee auf den Straßen — katastrophale Straßenverhältnisse!

Stra·te·gie die [ʃtrateˈgiː] <-, -gien> *genauer Plan für die Handlungen, mit denen man ein (militärisches/politisches/wirtschaftliches) Ziel verwirklichen will:* Wir suchen noch nach einer geeigneten Strategie für die Verhandlungen. ▸ strategisch

Strauch der [ʃtraʊx] <-(e)s, Sträucher> *(≈ Busch) eine große Pflanze, die keinen Stamm hat (wie ein Baum), sondern viele große Zweige:* Johannisbeeren wachsen an Sträuchern. ◆ Beeren-, Brombeer-, Haselnuss-, Himbeer-, Holunder-, Rosen-, Zier-

Strauß[1] der [ʃtraʊs] <-es, Sträuße> *mehrere zusammengebundene Blumen, die man jmdm. gibt:* Er brachte seiner Freundin einen Strauß Rosen. ◆ Blumen-, Braut-, Geburtstags-, Rosen-

Strauß[2] der [ʃtraʊs] <-es, -e> *ein großer Vogel, der sehr schnell laufen kann und der manchmal seinen Kopf in den Sand steckt*

Stre·ber der, **Stre·be·rin** [ˈʃtreːbɐ] <-s, -> *(abwert.) übertrieben fleißiger und ehrgeiziger Schüler* ▸ -natur, streberhaft

Stre·cke die [ˈʃtrɛkə] <-, -n> ① *Stück eines Weges:* Wir haben heute eine beträchtliche Strecke zurückgelegt. ② *Route:* Welche Strecke seid ihr gefahren? ③ *Abschnitt einer Eisenbahnlinie:* Auf dieser Strecke verkehrt leider kein ICE. ◆ -nabschnitt, -nstilllegung, -nwärter ④ SPORT *abgemessener Weg, den ein Sportler in einem Wettlauf zurücklegen muss:* Er lief diese Strecke in neuer Bestzeit. ⑤ MATH. *durch zwei Punkte begrenzte Linie;* ▪ **auf der Strecke bleiben** *(umg.) scheitern, unterliegen* Bei der starken Konkurrenz blieb er auf der Strecke.; ▪ **jemanden/ein Tier zur Strecke bringen** *jmdn. fangen bzw. kampfunfähig machen* Mit einem Schlag in den Bauch brachte die Polizei den Verbrecher zur Strecke.

stre·cken [ˈʃtrɛkn̩] <streckst, streckte, hat gestreckt> I. *mit OBJ* ① ▪ **jmd. streckt sich/etwas** *sich oder einen Körperteil so dehnen, dass man oder der Körperteil die volle Länge erreicht:* Er stand vom Schreibtisch auf und streckte sich/seine Glieder.; Er streckte seinen Finger in die Luft, um auf das Flugzeug zu zeigen. ② ▪ **jmd. streckt etwas (irgendwohin)** *einen Körperteil durch eine Öffnung schieben:* Sie streckte ihren Kopf aus dem Fenster. ③ ▪ **jmd. streckt etwas** *etwas verdünnen:* Man hatte die Soße mit Wasser gestreckt. II. *mit SICH* ▪ **jmd. streckt sich irgendwohin** *sich auf dem Rücken irgendwohin legen:* Sie streckten sich ins Gras.

Streich der [ʃtraɪç] <-(e)s, -e> ① *(geh.) Hieb, Schlag:* ein tödlicher Streich ② *Handlung von Kindern mit dem Ziel, jmdn. zu ärgern:* Das war ein übermütiger/lustiger/dummer Streich.; ▪ **jemandem einen Streich spielen** *jmdn. auf lustige Weise täuschen*

strei·cheln [ˈʃtraɪçl̩n] <streichelst, streichelte, hat gestreichelt> *mit OBJ/ohne OBJ* ▪ **jmd. streichelt (jmdn./ein Tier)** *mit der Hand sanft und zärtlich über ein Körperteil eines Menschen oder eines Tieres gleiten:* Er streichelt die Katze/der Katze das Fell.; Sie streichelte ihm über den Kopf.

strei·chen [ˈʃtraɪçn̩] <streichst, strich, hat gestrichen> I. *mit OBJ/ohne OBJ* ▪ **jmd. streicht etwas (irgendwie)** *mit dem Pinsel Farbe verteilen:* Er hat die Türen weiß gestrichen.; Er streicht mit grüner Farbe. II. *mit OBJ* ① ▪ **jmd. streicht etwas irgendwohin** *eine weiche Masse auf der Oberfläche von etwas verteilen:* Ich habe Butter/Honig auf die Brötchen gestrichen.; Er strich mehrmals täglich Salbe auf die Wunde. ② ▪ **jmd. streicht etwas irgendwohin** *etwas irgendwohin bewegen:* Sie streicht sich ständig die Haare aus dem Gesicht. ③ ▪ **jmd. streicht etwas** *etwas ungültig machen, entfernen, löschen:* Du solltest in deinem Aufsatz noch ein paar

Absätze streichen.; Streich meinen Namen bitte von der Liste.; Wir haben unseren Urlaub in diesem Jahr gestrichen. **III.** *ohne OBJ* ▪ **jmd. streicht durch/über etwas** *Akk. etwas mit der Hand leicht berühren und die Hand dabei bewegen:* Er strich ihr sanft übers Haar.; ▪ **jemandem etwas aufs Buterbrot streichen** *(umg.) jmdm. etwas zum Vorwurf machen;* ▪ **die Segel streichen** *(umg.)* den Widerstand aufgeben

Streich·holz das <-es, Streichhölzer> *(≈ Zündholz) ein kleines Stäbchen aus Holz, mit dem man Feuer macht*

strei·fen ['ʃtraifn̩] <streifst, streifte, hat/ist gestreift> **I.** *mit OBJ (haben)* ❶ ▪ **jmd. streift jmdn./etwas** *jmdn. oder etwas leicht und kurz berühren:* Sie streifte seinen Arm. ❷ ▪ **jmd. streift etwas von etwas** *Dat. etwas von etwas entfernen:* Er streifte die Farbe vom Pinsel.; Sie streifte ihren Ring vom Finger. ❸ ▪ **jmd. streift etwas** *ein Thema kurz ansprechen:* Wir haben dieses Thema nur gestreift. **II.** *ohne OBJ* ▪ **jmd. streift durch etwas** *Akk. (sein) ohne Ziel herumgehen:* Wir streiften durch die Stadt.

Streik der [ʃtraik] <-(e)s, -s> *Niederlegung der Arbeit durch die Beschäftigten eines Betriebes, um insbesondere höhere Löhne zu erreichen:* Um ihre Forderungen durchzusetzen, traten die Arbeiter in den Streik.; Ein Streik wird ausgerufen/abgebrochen. ◆-aufruf, -drohung, -welle, Hunger-, General-, Massen-, Warn-

strei·ken ['ʃtraikn̩] <streikst, streikte, hat gestreikt> *ohne OBJ* ❶ ▪ **jmd. streikt** *einen Streik durchführen* ❷ ▪ **etwas streikt** *(umg.) plötzlich nicht mehr funktionieren:* Der Motor streikt.

Streit der [ʃtrait] <-(e)s> */kein Plur./ (≈ Auseinandersetzung) der Vorgang, dass (meist zwei) Menschen ärgerlich miteinander sprechen und aggressiv sind:* Wegen dieser Kleinigkeit hat er doch tatsächlich einen Streit angefangen. ▪ Streitigkeit ◆-gespräch, -lust, -objekt

strei·ten ['ʃtraitn̩] <streitest, stritt, hat gestritten> **I.** *ohne OBJ* ❶ ▪ **jmd. streitet (mit jmdm.)** *(um/über etwas* Akk.*) mit jmdm. einen Streit haben:* die Kinder stritten um das Spielzeug.; Die beiden Staaten stritten um die Vorherrschaft.; Hört doch endlich auf zu streiten! ❷ ▪ **jmd. streitet (mit jmdm.) über etwas** *Akk. heftig über etwas diskutieren:* Sie stritten über die Auslegung der wissenschaftlichen Theorie. ❸ ▪ **jmd. streitet für/gegen etwas** *(geh.) für etwas kämpfen:* Sie stritt für ihre Ideen/für ihren Glauben. **II.** *mit SICH* ▪ **jmd. streitet sich (mit jmdm.) über etwas** *Akk. streiten I.1:* Sie streiten sich ständig.; Sie streiten sich immer wieder darüber, wer von ihnen der Klügere ist.

streng [ʃtrɛŋ] <strenger, am strengsten> *adj* ❶ *(↔ nachsichtig, mild) hart, unerbittlich und ohne Mitleid:* Das war ein sehr strenges Urteil.; Er sah sie streng an. ❷ *Gehorsam und Disziplin fordernd:* Ich habe strenge Eltern. ❸ *(≈ strikt) genau bestimmten Regeln entsprechend:* Sie müssen eine strenge Diät halten! ❹ *deutlich:* Hier muss streng unterschieden werden. ❺ *mit sehr niedrigen Temperaturen:* Wir hatten einen strengen Winter.; Es herrscht strenger Frost.; ▪ **streng genommen/strenggenommen** *wenn man es ganz genau nimmt* Streng genommen passt das Beispiel nicht zu dem, was du sagen willst. ▪ Strenge

Stress der [ʃtrɛs] <-es> */kein Plur./ eine sehr große körperliche oder seelische Belastung durch zu viel Arbeit oder Probleme:* Wir standen beim Abitur ziemlich unter Stress.; Tipps, wie man mit Stress umgehen sollte; Stress abbauen ▪ stressfrei, stressgeplagt, stressig ◆-bewältigung, -hormon, -situation

stres·sen ['ʃtrɛsn̩] <stresst, stresste, hat gestresst> *mit OBJ/ohne OBJ* ▪ **jmd./etwas stresst (jmdn.)** *(umg.) Stress bei jmdn. auslösen:* Sie hat mich mit ihrer dauernden Fragerei gestresst.; Die Prüfungsvorbereitung hat gestresst.

streu·en ['ʃtrɔyən] <streust, streute, hat gestreut> **I.** *mit OBJ/ohne OBJ* ▪ **jmd. streut (etwas)** *im Winter Salz oder Sand auf glatten Straßen verteilen:* Er streute Sand/Salz auf die vereisten Fußweg. **II.** *mit OBJ* ▪ **jmd. streut etwas (irgendwohin)** *mehrere kleine Dinge werfen oder fallen lassen und sie dabei über eine Fläche verteilen:* Sie streute noch etwas Salz/andere Gewürze über das Gemüse.

Strich der [ʃtrɪç] <-(e)s, -e> ❶ *gerade, gemalte oder gezeichnete Linie* ◆-code, -kode, -einteilung, -zeichnung, Binde-, Bleistift-, Kreide-, Pinsel-, Quer-, Schräg- ❷ ▪ **keinen Strich tun** *(umg.) nichts arbeiten;* ▪ **unter dem Strich** *(umg.) insgesamt, tatsächlich;* ▪ **nach Strich und Faden** *(umg.) gehörig, gründlich* Sie hat mich nach Strich und Faden belogen.; ▪ **jemandem gegen den Strich gehen** *(umg.) jmdm. nicht passen;* ▪ **auf den Strich gehen** *(umg.) Prostitution betrei-*

ben; ■ **einen Strich unter etwas machen/ziehen** *(umg.) etwas als beendet betrachten;* ■ **jemandem einen Strich durch die Rechnung machen** *(umg.) die Pläne von jmdm. durchkreuzen*

strich *Prät. von* **streichen**

Strich·punkt der <-(e)s, -e> *(≈ Semikolon) das Zeichen „;"*

Strick der <-(e)s, -e> *(≈ Seil) dicke Schnur* ◆ Bast-, Hanf-

stri·cken ['ʃtrɪkn̩] <strickst, strickte, hat gestrickt> *mit OBJ/ohne OBJ mit zwei Nadeln Maschen aus Wolle machen und daraus ein Kleidungsstück herstellen:* Sie hat den Pullover selbst gestrickt.

Strick·na·del die <-, -n> *eine der beiden langen Nadeln, mit denen man strickt*

strikt ['ʃtrɪkt] <strikter, am striktesten> *adj (≈ streng) so, dass keine Ausnahme und kein Widerspruch geduldet wird:* Die Anweisungen müssen strikt befolgt werden!

stritt [ʃtrɪt] *Prät. von* **streiten**

Stroh das [ʃtroː] <-s> */kein Plur./ die trockenen, gelben Halme des Getreides;* ■ **Stroh im Kopf haben** *(umg.) dumm sein;* ■ **leeres Stroh dreschen** *(umg.) Unsinn reden* ◆ -ballen, -haufen, -matte

Strom¹ der [ʃtroːm] <-(e)s> */kein Plur./ Energie, mit der man ein Elektrogerät betreibt:* Der Strom wird abgeschaltet/eingeschaltet.; Diesen Wasserkocher kann man nur dann in Gebrauch nehmen, wenn man Strom mit einer Spannung von 220 Volt hat. ◆ -kabel, -leitung, -preis, -rechnung, Gleich-, Wechsel-, Schwach-, Stark-

Strom² der [ʃtroːm] <-(e)s, Ströme> ❶ *ein großer, breiter Fluss:* Der Fluss schwillt zu einem reißenden/gewaltigen Strom an. ◆ Golf-, Meeres- ❷ *in größeren Mengen aus etwas herausfließende Flüssigkeit:* Aus dem Leck des Tanklastzuges ergoss sich ein Strom von Öl über die Straße. ◆ Lava-, Tränen- ❸ *Menschenmenge:* Ein Strom von Besuchern wälzte sich zum Messegelände.; ■ **mit dem Strom schwimmen** *sich der herrschenden Meinung anpassen;* ■ **gegen/wider den Strom schwimmen** *sich nicht der herrschenden Meinung anpassen;* ■ **in Strömen** *sehr reichlich, heftig* Es goss in Strömen.

strö·men ['ʃtrøːmən] <strömt, strömte, ist geströmt> *ohne OBJ* ❶ ■ *etwas strömt irgendwohin von Flüssigkeiten oder Gas gesagt, das sich (in großen Mengen) bewegt:* Gas strömte aus der Leitung.; Schweiß strömte ihm übers Gesicht ❷ ■ *jmd. strömt irgendwohin sich in Massen in eine bestimmte Richtung fortbewegen:* Die Menschen strömten in die Kinos.

Stro·phe die [ˈʃtroːfə] <-, -n> *Abschnitt in einem Gedicht oder Lied* ◆ -anfang, -nbau, -nende, nform, Anfangs-, Lied-, Schluss-

Stru·del der [ˈʃtruːdl̩] <-s, -> ❶ *Wirbel im Wasser* ◆ Wasser- ❷ SÜDDT., ÖSTERR. *gerollter Kuchen aus Teig, den man mit Obst, Quark o.Ä. füllt* ◆ -teig, Apfel-, Quark-

Struk·tur die [ʃtrʊkˈtuːɐ̯] <-, -en> ❶ MATH. *in Mathematik und Naturwissenschaften (und daran orientierten Wissenschaften) das Muster von Systemelementen mit den Relationen, nach denen die Elemente aufeinander bezogen sind:* der Chemiker untersucht die Struktur des Moleküls; das Sprachsystem mit seiner Struktur ❷ *(übertr.) allgemein für ein als irgendwie strukturiert/gegliedert angesehenes Gebilde:* Die soziale/wirtschaftliche Struktur des Landes hat sich verändert. ▸ strukturell ◆ -änderung, -bilanz, -element, -niveau, -politik, -reform, -wandel, Bevölkerungs-, Gesellschafts-, Organisations-, Wirtschafts-

Strumpf der [ʃtrʊmpf] <-(e)s, Strümpfe> *ein Kleidungsstück, das den Fuß und einen Teil des Beines bedeckt und das man in den Schuhen trägt* ◆ -hose, Damen-, Gummi-, Herren-, Kinder-, Knie-, Nylon-, Seiden-, Woll-

Stück das [ʃtʏk] <-(e)s, -e> ❶ *abgetrennter Teil eines Ganzen:* Er hat ein Stück Papier abgerissen und sich meine Telefonnummer darauf notiert. ◆ Fleisch-, Knochen-, Kuchen-, Torten- ❷ *eine bestimmte, begrenzte Menge einer Masse, die ein Ganzes bildet:* Ich muss noch ein Stück Butter besorgen.; Er hat sich ein Stück Land gekauft. ◆ Gepäck-, Kleidungs-, Möbel-, Schrift-, Zucker- ❸ *einzelner Gegenstand aus einer größeren Menge von Gleichartigem:* Bitte fünf Stück von den roten Rosen dort! ❹ *Theaterstück, Musikstück:* Wieviele Stücke werden in dieser Saison im Theater gespielt?; ■ **große Stücke auf jemanden halten** *(umg.) viel von jmdm. halten*

Stu·dent der, **Stu·den·tin** ['ʃtuˈdɛnt] <-en, -en> *jmd., der an einer Hochschule studiert:* Der Student/Die Studentin besucht die Vorlesung, isst in der Mensa, sitzt in der Bibliothek, wohnt im Studentenwohnheim, geht in die Studentenkneipe, schreibt eine Hausarbeit, bereitet sich auf die Prüfungen vor, arbeitet im Lebensmittelmarkt oder an der Tankstelle etc., macht schließlich Examen. ◆ BWL-, Jura-, Kunst-,

Medizin-, Sprachen-

Stu·die die [ˈʃtuːdiə] <-, -n> ❶ (≈ Skizze) *Entwurf zu einem Kunstwerk:* Der Maler fertigte zunächst verschiedene Studien an. ❷ *wissenschaftliche Untersuchung eines Themas:* Diese Studie untersucht das soziale Verhalten von Kindern unter Stress. ◆ Langzeit-

stu·die·ren [ʃtuˈdiːrən] <studierst, studierte, hat studiert> I. *mit OBJ/ohne OBJ* ■ **jmd. studiert (etwas)** *eine Hochschule besuchen, um dort etwas zu lernen:* Sie studiert Englisch/Medizin.; Er studiert in München/im dritten Semester.; Sie studiert noch. ▸ Studierende(r) II. *mit OBJ* ■ **jmd. studiert etwas** *etwas genau beobachten und untersuchen:* Sie studiert die Sitten und Gebräuche fremder Völker.; Der Anwalt studiert gerade die Akten.

Stu·dio das [ˈʃtuːdio] <-s, -s> ❶ (≈ Atelier) *Raum, in dem ein Künstler arbeitet* ❷ *Raum, in dem Radio- oder Fernsehsendungen aufgenommen werden:* Aufnahmen im Studio machen ◆ Fernseh-, Film-

Stu·di·um das [ˈʃtuːdiʊm] <-s, Studien> ❶ */kein Plur./ akademische Ausbildung an einer Universität:* Er brach das Studium der Medizin frühzeitig ab.; Das Studium dauerte zwölf Semester.; Nach dem Studium absolvierte sie noch ein Aufbaustudium. ◆ Aufbau-, Bachelor-, Diplom-, Fachhochschul-, Lehramts- Magister-, Master-, Universitäts- ❷ *eingehende wissenschaftliche Beschäftigung mit etwas/einem Gegenstandsbereich:* Sie hat mehrere Bücher über ihre Studien der Sitten und Gebräuche fremder Völker geschrieben. ◆ Quellen-

Stu·fe die [ˈʃtuːfə] <-, -n> ❶ *eine von mehreren Flächen einer Treppe* ◆ Altar-, Stein-, Treppen- ▸ stufig ❷ (≈ Stadium) *einzelner Schritt in einer Entwicklung; Etappe:* die höchste Stufe der Entwicklung ◆ Alters-, Bildungs-, Entwicklungs-, Kultur- ❸ *Niveau; Grad bzw. Ausmaß von etwas:* Die Stufe dieses Sprachkurses ist zu leicht für Sie! ❹ *Rang:* Ein einfacher Soldat und ein General stehen nicht auf derselben Stufe.; ■ **sich mit jemandem auf die gleiche/ auf eine Stufe stellen** *im Rang einander gleichstellen*

Stuhl[1] der [ʃtuːl] <-(e)s, Stühle> *ein Möbelstück, auf dem eine Person sitzen kann und das meist vier Beine und eine Rückenlehne hat:* Ich setze mich auf den Stuhl dort drüben.; ■ **fast vom Stuhl fallen** *(umg.) sehr verblüfft/überrascht sein;* ■ **etwas haut/reißt jemanden (nicht) vom Stuhl** *(umg.) jmdn. (nicht) sehr begeistern/erstaunen* Diese Musik reißt mich nicht vom Stuhl.; ■ **sich zwischen zwei Stühle setzen** *sich zwei Möglichkeiten gleichermaßen entgehen lassen* ◆ -bein, -lehne, Büro-, Dreh-, Klapp-, Küchen-, Lehn-, Liege-, Roll-, Schaukel-, Schreibtisch-

Stuhl[2] der [ʃtuːl] <-(e)s> */kein Plur./* MED. *unverdauliche Nahrungsreste, die den Körper verlassen, wenn man den Darm entleert; Kot* ▸ Stuhlgang

stumm [ʃtʊm] *adj* ❶ *so, dass man nicht sprechen kann:* Er ist von Geburt an stumm. ▸ taubstumm ❷ *ohne zu sprechen, schweigsam:* Sie blickte mich stumm an.; Alle blieben stumm.

stumpf [ʃtʊmpf] <stumpfer, am stumpf(e)sten> *adj* ❶ (↔ scharf) *so, dass es nicht gut schneidet:* Das Messer ist völlig stumpf! ❷ *nicht (mehr) spitz:* Der Bleistift ist stumpf. ❸ (↔ teilnahmslos, abgestumpft) *ohne geistige Aktivität und Gefühle:* Er lebte nach dem Tod seiner Frau nur noch stumpf dahin. ▸ abstumpfen, Stumpfheit

Stun·de die [ˈʃtʊndə] <-, -n> ❶ *einer der 24 gleichen Teile eines Tages* ◆ Dreiviertel-, Viertel- ❷ *Zeitspanne von kürzerer Dauer:* Sie verbrachten schöne Stunden miteinander. ❸ *Augenblick, in dem etwas Bestimmtes passiert:* Das war die Stunde der Rache/der Bewährung. ❹ *Schul-, Unterrichtsstunde;* ■ **jemands Stunde ist gekommen/hat geschlagen** *jmds. Tod steht bevor;* ■ **die Stunde der Wahrheit** *der Augenblick, in dem sich etwas beweisen, sich jmd. oder etwas bewähren muss* ◆ -nlohn, Ballett-, Chemie-, Deutsch-, Englisch- Klavier-, Nachhilfe-, Reit-, Sport-

Stun·den·plan der <-(e)s, Stundenpläne> *Plan, der zeigt, wann Schüler in welchem Fach Unterricht haben:* einen vollen Stundenplan haben

stur [ʃtuːɐ̯] <sturer, am stursten> *adj* (≈ eigensinnig, unnachgiebig) *so, dass jmd. seine Meinung nicht ändert und nicht bereit ist, sich an andere Situationen anzupassen:* Es hat keinen Zweck mit ihm zu reden: — Er bleibt stur.

Sturm der [ʃtʊrm] <-(e)s, Stürme> ❶ *starker Wind, Unwetter:* Ein Sturm kommt auf/erhebt sich/wird zum Orkan/flaut ab. ◆ -böe, -bruch, -glocke, -läuten, -tief, -warnung, Sand-, Schnee-, Wirbel- ❷ MILIT. *schneller Angriff mit dem Ziel, den Gegner zu überraschen:* Der Sturm der Festung/ Der Sturm auf die Festung sollte in den

Morgenstunden beginnen. ◆-angriff, -leiter ❸SPORT *bei Ballspielen diejenigen Spieler, die das gegnerische Tor angreifen sollen:* Der Sturm ist mit den aufgebotenen Spielern stark besetzt.; ■ **Sturm laufen gegen etwas** *gegen etwas kämpfen;* ■ **Sturm läuten/klingeln** *kräftig und lange läuten oder klingeln*

Sturz der [ʃtʊrts] <-es, Stürze> ❶ *der Vorgang, dass jmd. auf den Boden fällt:* Er hatte sich bei einem Sturz vom Fahrrad den Arm gebrochen. ❷ *der Vorgang, dass jmd. gezwungen ist, von seinem Amt zurückzutreten:* Nach dem Sturz der Regierung wurden Neuwahlen angekündigt. ❸ *plötzliches starkes Sinken:* der Sturz der Aktienkurse ◆Kurs-, Preis-, Temperatur-

stür·zen [ˈʃtʏrtsn̩] <stürzt, stürzte, hat/ist gestürzt> I. *mit OBJ* ❶■ **jmd. stürzt jmdn. irgendwohin** *(haben) jmdn. so stoßen, dass er aus großer Höhe nach unten fällt:* Er hatte sein Opfer von der Brücke gestürzt. ❷■ **jmd. stürzt jmdn.** *jmdn. entmachten, zum Rücktritt zwingen:* Der König wurde gestürzt. ❸■ **jmd./etwas stürzt jmdn./etwas in etwas** *Akk. jmdn. oder etwas in eine negative Situation bringen:* Er hatte das Unternehmen in den Ruin gestürzt. II. *ohne OBJ (sein)* ❶■ **etwas stürzt irgendwohin** *nach unten fallen:* Der Wasserfall stürzt über eine Felskante in die Tiefe. ❷■ **jmd. stürzt irgendwohin** *zu Boden fallen:* Er ist vom Rad gestürzt. ❸■ **jmd. stürzt irgendwohin** *plötzlich und schnell irgendwohin laufen:* Sie stürzte ans Telefon. III. *mit SICH (haben)* ❶■ **jmd. stürzt sich auf jmdn.** *schnell zu jmdn. hinlaufen und ihn angreifen:* Er stürzte sich auf mich und stieß mich um. ❷■ **jmd. stürzt sich in etwas** *Akk. anfangen, etwas intensiv zu tun:* Er stürzte sich ins Vergnügen/in die Arbeit.

stüt·zen [ˈʃtʏtsn̩] <stützt, stützte, hat gestützt> I. *mit OBJ* ❶■ **jmd. stützt jmdn./etwas** *(ab)sichern, (zusätzlichen) Halt geben:* Man musste das Dach mit Trägern stützen. ❷■ **etwas stützt etwas** *(übertr.) zeigen, dass etwas wahr oder richtig ist:* Seine Aussagen stützen den Verdacht, dass ...; Sie stützte ihre Argumentation durch eine Reihe von Beispielen. II. *mit SICH* ❶■ **jmd. stützt sich auf jmdn./etwas** *das Gewicht eines Körperteils auf jmdn. oder etwas ruhen lassen:* Er musste sich auf einen Stock stützen ❷■ **etwas stützt sich auf etwas** *Akk. auf etwas beruhen:* Ihre Thesen stützen sich auf eine Reihe von Untersuchungen. ▸ Stütze

Sub·jekt das [zʊpˈjɛkt] <-(e)s, -e> ❶SPRACHWISS. *(↔ Objekt) der Teil eines Satzes, in dem dasjenige (zum Beispiel eine Person, eine Sache) genannt wird, über das etwas im Verb ausgesagt wird:* Das Subjekt steht im Nominativ. ❷ *(abwert.) verachtenswerter Mensch:* Er ist ein übles Subjekt.

sub·jek·tiv [zʊpjɛkˈtiːf, ˈzʊpjɛktiːf] adj / nicht steig./ *(geh.: ↔ objektiv) nur von der eigenen Meinung oder Erfahrung geprägt:* Dein Urteil scheint mir sehr subjektiv zu sein. ▸ Subjektivität

Sub·s·tan·tiv das [ˈzʊpstantiːf] <-s, -e> SPRACHWISS. *(≈ Nomen, Hauptwort) ein Wort, das einen Menschen, eine Sache, ein Tier etc. bezeichnet und im Deutschen mit einem großen Buchstaben am Anfang des Wortes geschrieben wird:* Substantive können mit einem Artikel verbunden werden und können meist im Singular und Plural stehen. ▸ substantiviert, Substantivierung, substantivisch

Sub·ven·ti·on die [zʊpvɛnˈtsi̯oːn] <-, -en> WIRTSCH. *Geld, das ein Betrieb oder ein Bereich der Wirtschaft als Unterstützung vom Staat bekommt*

sub·ven·ti·o·nie·ren [zʊpvɛntsi̯oˈniːrən] <subventioniert, subventionierte, hat subventioniert> *mit OBJ* ■ **jmd. subventioniert jmdn./etwas** WIRTSCH. *jmdn. oder etwas durch Subventionen fördern, unterstützen*

su·chen [ˈzuːxn̩] <suchst, suchte, hat gesucht> I. *mit OBJ/ohne OBJ* ■ **jmd. sucht (etwas) (irgendwo)** *versuchen, jmdn. oder etwas zu finden:* Ich suche meinen Schlüssel.; Wir haben stundenlang vergeblich/schon überall gesucht. II. *mit OBJ* ❶■ **jmd. sucht etwas** *etwas durch Nachdenken finden wollen:* Wir alle suchen eine Antwort auf diese Fragen. ❷■ **jmd. sucht etwas** *etwas dadurch finden wollen, dass man sich darum (sehr) bemüht:* Ich suche eine neue Wohnung/einen neuen Job.; Er suchte Rat bei seinen Kollegen. III. *ohne OBJ* ■ **jmd. sucht nach jmdm./etwas** *versuchen, etwas zu finden:* Er suchte nach einer Ausrede/ nach einem passenden Wort.

Such·ma·schi·ne die <-, -n> EDV *ein Programm, mit dem man einzelne Wörter oder auch Sätze im Internet suchen kann*

Sucht die [zʊxt] <-, Süchte> ❶ *der Zustand, dass jmd. von etwas (zum Beispiel von Alkohol, von Heroin) abhängig ist*

◆-mittel, -verhalten, Alkohol-, Drogen-, Spiel-, Tabletten- ❷ *übersteigertes Verlangen, etwas zu tun:* Die Sucht nach Vergnügungen treibt ihn auch spät am Abend noch aus dem Haus. ▸ süchtig ◆ Genuss-, Herrsch-, Putz-, Streit-, Vergnügungs-

Süd [zy:t] */ohne Artikel/* SEEW., METEOR. *(↔ Nord) Süden¹:* Kurs Richtung Süd ◆-bahnhof, -wind

Sü·den der ['zy:dn̩] <-s> */kein Plur./* ❶ *(↔ Norden) die Himmelsrichtung, die auf der Landkarte unten ist:* Wind aus Süden; Mittags steht die Sonne im Süden.; nach Süden fahren ❷ *(↔ Norden) der Teil von etwas, der im Süden¹ liegt:* der Süden des Landes; Sie wohnt im Süden von München. ❸ *(≈ Südeuropa)* Im Frühling fahren wir in den Süden.

Suf·fix das <-es, -e> *(≈ Nachsilbe ↔ Infix, Präfix/Vorsilbe) eine Silbe, die man an eine Worteinheit anhängt:* Hängt man an das Adjektiv „klug" das Suffix „-heit" an, wird aus dem Adjektiv das Substantiv „Klugheit". ▸ Suffigierung, Suffixoid ◆-bildung, -verbindung

Sum·me die ['zʊmə] <-, -n> ❶ *das Ergebnis, das man erhält, wenn man Zahlen addiert* ◆ End-, Zwischen- ❷ *ein bestimmter Geldbetrag:* eine beträchtliche/große/ kleine Summe Geld ▸ summieren ◆ Gesamt-, Höchst-, Rest-

Sumpf der [zʊmpf] <-es, Sümpfe> ❶ *ein Gebiet mit sehr feuchtem, weichen Boden, der oft mit Wasser bedeckt ist* ◆-boden, -land, -pflanze ❷ *(übertr.) ein Ort, an dem die Menschen wenig Moral besitzen:* der Sumpf der Korruption/des Lasters ◆ Großstadt-

Sün·de die ['zʏndə] <-, -n> ❶ *Handlung, die gegen religiöse Gesetze oder Gebote verstößt:* Kann denn Liebe Sünde sein? ❷ *Handlung, die schlecht oder unvernünftig ist:* Dieses hässliche Gebäude mitten zwischen den schönen alten Häusern: — Das ist doch eine Sünde! ▸ sündigen

su·per ['zu:pɐ] *adj (umg.: ≈ spitze, toll) hervorragend, überragend:* Das Konzert war super!; Das war ein super Witz!

Su·per das <-s> */kein Plur./ Kurzform für „Superbenzin":* Er tankt Super.

Su·per·la·tiv der ['zu:pɐlati:f] <-s, -e> SPRACHWISS. *Form des Adjektivs, mit der das höchste Maß ausgedrückt wird:* „Am größten" ist der Superlativ von „groß".

Su·per·markt der ['zu:pɐmaʁkt] <-(e)s, Supermärkte> *ein großer Laden mit Selbstbedienung*

Sup·pe die ['zʊpə] <-, -n> *eine flüssige, meist warm gegessene Speise:* die Suppe mit dem Löffel essen; ■ **die Suppe auslöffeln müssen** *(umg.) die Konsequenzen tragen müssen;* ■ **jemandem die Suppe versalzen** *(umg.) jmdm. den Spaß verderben* ◆-nhuhn, -nkelle, -nlöffel, -nschüssel, -nteller, -ntopf, Bohnen-, Gemüse-, Kartoffel- Spargel-, Tomaten-, Zwiebel-

Surf·brett das ['sɐ:f...] <-(e)s, -er> *Sportgerät zum Surfen¹ in der Form eines nahezu ovalen Brettes, mit dem man über das Wasser gleitet:* mit dem Surfbrett surfen

sur·fen ['sɐ:fn] <surfst, surfte, hat/ist gesurft> *ohne OBJ* **jmd. surft** ❶ *auf einem Surfbrett über einen See oder über das Meer segeln* ❷ EDV *im Internet viele verschiedene Adressen anklicken und Informationen abrufen, ohne dabei etwas wirklich Spezielles zu suchen* ▸ Surfer(in)

süß [zy:s] <süßer, am süßesten> *adj* ❶ *(↔ sauer) von der Geschmacksart, die für Zucker oder Honig typisch ist* ▸ Süßigkeit ❷ *(↔ herb) von süßem¹ Geruch:* Das Parfüm duftet sehr süß. ❸ *(umg.) entzückend, niedlich:* Sie ist wirklich ein süßes Kind!

Süß·stoff der <-(e)s, -e> *ein künstlicher Stoff, den man statt Zucker zum Süßen verwendet:* Sie tut Süßstoff in den Kaffee.

Sym·bol das [zʏm'bo:l] <-(e)s, -e> ❶ *(≈ Sinnbild) eine Sache oder ein Zeichen, das der Ausdruck für etwas sehr Komplexes ist und mehrere Bedeutungen haben kann:* Das Kreuz ist das Symbol des Christentums. ◆ Farb-, Friedens-, Status- ❷ EDV *(≈ Icon) im Computerbereich als Piktogramm ein Bestandteil der grafischen Benutzeroberfläche:* die System-Symbole, wie die für Arbeitsplatz, Papierkorb oder die Netzwerkumgebung; ein Klick mit der Maus auf ein Symbol ◆ System- ❸ MATH. *im Rahmen der mathematischen Notation (für Formeln und Gleichungen) eingesetztes Zeichen:* Die Addition wird mit Hilfe des Symbols/Zeichens „+" dargestellt ◆-schrift

Sym·pa·thie die <-, -thien> *(↔ Antipathie, Abneigung) Zuneigung für jmdn./etwas:* Seit ich ihn näher kenne, habe ich viel Sympathie für ihn. ◆-erklärung, -kundgebung

sym·pa·thisch [zʏm'pa:tɪʃ] <sympathischer, am sympathischsten> *adj Sympathie erweckend; angenehm; freundlich:* Sie hat ein sympathisches Lächeln.; Er war mir gleich sympathisch.

Sy·n·a·go·ge die [zyna'go:gə] <-,

-n> *Raum oder Gebäude, in dem Juden ihre Gottesdienste feiern:* Bei den Novemberpogromen in Deutschland und Österreich zerstörten die Nationalsozialisten 1938 etwa 2676 Synagogen und jüdische Gemeindehäuser, wobei sie viele Menschen ermordeten. ◆-ngemeinde ▸ synagogal

syn·chro·ni·sie·ren [zʏnkroniˈziːrən] <synchronisierst, synchronisierte, hat synchronisiert> *mit OBJ/ohne OBJ* ▪ **jmd. synchronisiert (etwas)** FILM *einen Filmtext übersetzen und die Übersetzung passend zum Film sprechen lassen:* Man hat den amerikanischen Film gut/schlecht synchronisiert. ▸ Synchronisierung

Sy·n·o·nym das [zynoˈnyːm] <-s, -e> SPRACHWISS. *(↔ Antonym) ein sprachlicher Ausdruck mit annähernd gleicher Bedeutung wie (mindestens) ein anderer Ausdruck, wobei diese Gleichheit sich nur auf das damit Bezeichnete erstreckt, ansonsten aber unterschiedliche Merkmale nachweisbar sind (sog. Nuancen/Konnotationen, z.B. regionale, stilistische und andere Unterschiede):* „Möhre" und „Karotte" sind im Hinblick auf das damit Bezeichnete Synonyme, ebenso z.B. auch „Lift", „Fahrstuhl" und „Aufzug", oder „Metzger" und „Fleischer" ◆-engruppe, -(en)wörterbuch ▸ synonym, Synonymie, Synonymik

Sys·tem das [zʏsˈteːm] <-(e)s, -e> ❶ MATH., SPRACHWISS. *eine aufeinander bezogene Gesamtheit von Elementen, welche nach außen hin als abgegrenzte Struktur organisiert ist:* ein formales System ◆Differenzialgleichungs-, Fundamental-, Sprach- ❶ *die Prinzipien, nach denen etwas geordnet ist:* Nach welchem System hast du deine Videokassetten geordnet? ▸ systematisch ❷ *(fachspr.) eine Einheit, die als Organisationsform aus verschiedenen Teilen besteht, zum Beispiel ein Computersystem, eine Stereoanlage, das ökologische System* ◆-steuerung, Nerven-, Planeten-, Sonnen-, Währungs- ❸ *(≈ Staatsform) die Art und Weise, wie eine Regierung oder ein Staat aufgebaut und gegliedert ist:* ein demokratisches, kommunistisches, korruptes, politisches, totalitäres System ◆-feind(in), -kritiker(in), -veränderung, Gesellschafts-, Herrschafts-, Rechts-, Regierungs-, Schul-, Wahl-

Sze·ne die [ˈstseːnə] <-, -n> ❶ *einer der kürzeren Abschnitte in einem Film oder in einem Akt eines Theaterstücks* ◆Anfangs-, Film-, Kampf-, Liebes-, Schluss- ▸ szenisch ❷ *Schauplatz:* Die Szene stellt ein Wohnzimmer dar. ❸ *Ereignis, Vorfall:* Es war eine ergreifende Szene, als sich Mutter und Tochter nach Jahren der Trennung zum ersten Mal in die Arme schließen konnten. ❹ *Streit, Auseinandersetzung:* Sie machte ihm eine Szene. ❺ */meist Sing./ eine Gruppe von Menschen mit einem bestimmten Lebensstil und für sie eigentümlichen Aktivitäten; Milieu:* Er kennt sich in der literarischen Szene bestens aus. ◆-kneipe, -treff, Drogen-, Jazz-, Kunst-, Literatur-, Musik-, Theater-

T t

T, t das [te:] <-, -> *der 20. Buchstabe des Alphabets:* Das Wort „Tür" beginnt mit einem „T".

Ta·bak der ['tabak/'ta:bak/ta'bak] <-s, -e> ❶ BOT. *eine Pflanze, aus deren Blättern man Zigaretten, Zigarren etc. herstellen kann:* Tabak anbauen/ernten/pflanzen ❷ *das Genussmittel, das man aus Tabak[1] herstellt:* Tabak kauen/rauchen/schnupfen; aromatischer/kräftiger/würziger Tabak ◆-blatt, -händler, -industrie, laden, Pfeifen-, Schnupf-, Zigaretten-

ta·bel·la·risch adj /nicht steig./ *in Form einer Tabelle[1]:* eine tabellarische Aufstellung/Übersicht; ein tabellarischer Lebenslauf (≈ ein nicht als fortlaufender Text, sondern als Tabelle geschriebener Lebenslauf)

Ta·bel·le die [ta'bɛlə] <-, -n> ❶ *eine Liste, bei der sprachliche Ausdrücke/Wörter oder Zahlen in einer Art Gittermuster in Spalten und Zeilen angeordnet werden:* Daten/die Temperatur in eine Tabelle eintragen; die Spalten und Zeilen einer Tabelle ❷ SPORT *die Auflistung von Mannschaften oder Sportlern, die den aktuellen Leistungsstand zeigt:* Nach dem Sieg führt die Mannschaft die Tabelle an.

Ta·b·lett das [ta'blɛt] <-(e)s, -s/-e> *eine Art flaches Brett aus Holz, Metall oder Kunststoff mit Griffen, auf dem man Geschirr tragen kann:* das Geschirr/die Speisen auf einem Tablett zum Esstisch tragen; ein Kännchen Kaffee auf einem silbernen Tablett servieren

Ta·b·let·te die [ta'blɛtə] <-, -n> *ein Medikament in Form einer kleinen und flachen, meist runden Scheibe:* täglich Tabletten nehmen müssen; Tabletten einnehmen/schlucken/verschreiben; eine Tablette in der Mitte durchbrechen/teilen/in Wasser auflösen; eine Tablette gegen Kopfschmerzen einnehmen ◆-npackung, -nschachtel, Schmerz-

Ta·bu das [ta'bu:] <-s, -s> *(geh.) eine Sache, die nicht getan und/oder über die nicht (öffentlich) gesprochen werden darf:* Sexualität galt lange Zeit in öffentlichen Diskussionen als Tabu.; ein Tabu brechen ◆-bruch, -grenze, -schwelle, -thema, -vorschrift, -wort ◆ tabuieren/tabuisieren, Tabuisierung

ta·bu [ta'bu:] adj /nicht steig./ /nur präd./ ❶ *so, dass man nicht gern darüber spricht; so, dass man nicht darüber sprechen darf:* Dieses Thema ist tabu.; Sexualität war früher in den meisten Familien tabu. ▸ tabulos ❷ *so, dass es nicht tun oder benutzen darf:* Alkoholische Getränke/Zigaretten sind für ihn als Leistungssportler tabu.; Klettern ist nach seinem Unfall tabu für ihn.

Ta·fel die ['ta:fl̩] <-, -n> ❶ *(geh.) ein großer Esstisch; eine festlich gedeckte Tafel; zur Tafel bitten:* Die Gäste versammeln sich um die Tafel.; ▪ **die Tafel aufheben** *(geh.) die gemeinsame Mahlzeit beenden* Ich denke, dass wir die Tafel nun aufheben können. ◆-besteck, -geschirr, -musik, -schmuck, -tuch, Fest-, Kaffee- ❷ *eine Art größeres Brett, auf dem man mit Kreide schreiben kann und von dem man das Geschriebene mit einem Schwamm wieder abwischen kann:* etwas an die Tafel schreiben; die Tafel (ab)wischen ◆ Informations-, Schul-, Wand- ❸ *ein flaches Stück (eines bestimmten Materials):* eine Tafel Schokolade/Wachs

Tag der [ta:k] <-(e)s, -e> ❶ *der Zeitraum von vierundzwanzig Stunden, der ab Mitternacht gerechnet wird:* In zwei Tagen habe ich Geburtstag.; noch drei Tage dauern; heute in acht Tagen/über acht Tage; Er wird noch am heutigen Tag eintreffen.; der gestrige/heutige/morgige Tag; ein arbeitsreicher/schöner Tag; ein regnerischer/sonniger Tag; Die Tage der Woche heißen Sonntag, Montag, Dienstag,... ◆ Arbeits-, Feier-, Sommer-, Winter-, Wochen- ❷ *der Zeitraum, in dem es draußen (durch Sonnenlicht) hell ist:* Es wird Tag.; Der Tag bricht an.; Der Tag geht in die Nacht über. ▸ taghell ❸ *ein Zeitpunkt, an dem es (durch Sonnenlicht) hell ist:* sich etwas bei Tage besehen; Bei Tag(e) sieht die Farbe ganz anders aus. ❹ ▪ **der Tag der .../des ...** *ein Fest, eine Zusammenkunft, ein besonderes Ereignis, das mit einem bestimmten Thema in Verbindung steht:* Tag der offenen Tür (≈ ein Tag, an dem die Räume einer Institution von interessierten Besuchern besichtigt werden können); der Tag der deutschen Einheit (≈ der dritte Oktober); Die Stadt veranstaltet in der nächsten Woche die Tage der französischen Kultur. ❺ */Plur./ ein unbestimmter Zeitraum von mehreren Tagen oder Jahren:* die Tage ihres Glücks; Es geschah in jenen Tagen ...;

Das kennt man noch bis in unsere Tage.; auf seine alten Tage; seine letzten Tage in einem Altenheim verbringen ❻ /Plur./ (umg.: ≈ Menstruation, Periode, Regel) Regelblutung bei Frauen: Sie hat ihre Tage.; während der Tage Binden/Tampons verwenden; ▪ **Tag für Tag** *jeden Tag* Tag für Tag nahm er den Bus, um zur Arbeit zu kommen.; ▪ **Guten Tag!** *Formel zur Begrüßung;* ▪ **über/unter Tag(e)** BERGB. *über/unter der Erde* Die Kohle wird hier über/unter Tage abgebaut.; ▪ **eines Tages** *irgendwann* Ich hoffe, dass du meine Tante eines Tages kennenlernen wirst.; ▪ **zu Tag(e) kommen/treten** *bekannt werden* Nach und nach treten immer mehr Probleme zu Tage.; ▪ **an den Tag legen** *zeigen, offenbaren* Ausdauer/Fleiß/Mut an den Tag legen; ▪ **ein Unterschied wie Tag und Nacht** *(umg.) ein sehr großer Unterschied* Zwischen den Geschwistern herrscht ein Unterschied wie Tag und Nacht.; ▪ **den lieben langen Tag** *(umg.) den ganzen Tag* Sie hat den lieben langen Tag gefaulenzt. ◆ Großschreibung → R 3.3 Tag und Nacht; Tag für Tag; am/bei Tag; vor vierzehn Tagen; des Tags; am nächsten Tag; im Laufe des heutigen Tag(e)s; ◆ Kleinschreibung → R 3.10 tags darauf; tags zuvor; ◆ Getrennt- oder Zusammenschreibung → R 4.20 ein Geheimnis/einen Schatz zu Tage/zutage fördern

tag·aus [taːkˈlaʊs] ▪ **tagaus, tagein** *immer wieder; jeden Tag* Tagaus, tagein müssen wir Hausaufgaben machen!

Ta·ge·buch das <-(e)s, Tagebücher> *ein Buch, in das man seine täglichen Erlebnisse oder Gedanken schreibt:* Tagebuch führen; Sie konnte nicht glauben, dass er in ihrem Tagebuch gelesen hatte.; seine intimsten Gedanken dem Tagebuch anvertrauen ◆ -eintrag, Reise-

Ta·ges·licht das <-(e)s> /kein Plur./ *das Sonnenlicht bei Tage:* Bei Tageslicht wirkt sie viel blasser als bei Kunstlicht.; Das Tageslicht fällt durch große Fenster in den Raum.; ▪ **ans Tageslicht kommen** *(übertr.) (öffentlich) bekannt werden* Ihre Lügen kamen schließlich doch ans Tageslicht.

Ta·ges·ord·nung die <-, -en> *ein Plan über die Inhalte und den Ablauf einer Sitzung:* die Tagesordnung verlesen; Was steht (als Nächstes) auf der Tagesordnung?; etwas auf die Tagesordnung setzen; ▪ **an der Tagesordnung sein** *(umg. abwert.) gewöhnlich oder regelmäßig geschehen* Einbrüche und Überfälle sind in dieser Gegend an der Tagesordnung.; ▪ **zur Tagesordnung übergehen** *(umg.) etwas unbeachtet lassen und sich anderen Dingen zuwenden; nicht länger über etwas sprechen, sondern den üblichen Dingen nachgehen* Wir können doch nach diesen schrecklichen Ereignissen nicht einfach so zur Tagesordnung übergehen!

Ta·ges·zei·tung die <-, -en> *täglich erscheinende Zeitung:* eine Tageszeitung abonniert haben/lesen

täg·lich [ˈtɛːklɪç] *adj /nicht steig./ so, dass es jeden Tag geschieht:* die tägliche Arbeit/Körperpflege/Routine; sich zweimal täglich die Zähne putzen; täglich bis in die Nacht hinein arbeiten; ein täglich verkehrender Zug; das tägliche Brot ▶ alltäglich

tags·über [ˈtaːksˌyːbɐ] *adv während des Tages:* Sie geht tagsüber arbeiten und abends besucht sie die Schule.

Ta·gung die [ˈtaːɡʊŋ] <-, -en> *(≈ Konferenz, Versammlung) eine Versammlung oder Sitzung, die zu einem bestimmten Thema oder Anlass veranstaltet wird:* eine Tagung von Experten zum Thema Doping; an einer Tagung teilnehmen ◆ -gebühr, -shotel, -steilnehmer, Fach-, Jahres-

Tail·le die [ˈtaljə] <-, -n> *die schmalste Stelle des menschlichen Körpers zwischen Oberkörper und Hüfte:* Das Kleid betont die Taille sehr.; einen Gürtel um die Taille tragen; eine schlanke Taille haben ▶ tailliert

Takt¹ der [takt] <-(e)s, -e> ❶ /kein Plur./ MUS. *die bestimmte Art des Wechsels zwischen betonten und unbetonten Noten:* den Takt schlagen; den Takt eines Musikstücks bestimmen ❷ MUS. *eine einzelne Einheit bei der Gliederung eines Musikstückes nach dem Takt*¹*:* beim Üben im Stück vom dritten Takt an wiederholen; ein Stück nach wenigen Takten erkennen ❸ *der rhythmisch gegliederte Ablauf einer Bewegung:* beim Rudern/Sägen/Seilspringen aus dem Takt kommen; der Takt einer Maschine/eines Motors

Takt² der [takt] <-(e)s> /kein Plur./ *(≈ Feingefühl) die Fähigkeit, besonders in peinlichen Situationen oder bei traurigen Anlässen sich richtig zu verhalten und besonders die richtigen Worte zu finden:* keinen Takt haben; Er hat in dieser Sache viel Takt bewiesen.; ein Mensch mit viel/ohne jeden Takt ▶ taktvoll, taktlos, Taktlosigkeit ◆ -gefühl

Tal das [taːl] <-(e)s, Täler> *(↔ Berg) ein Gebiet, das zwischen Bergen liegt und relativ flach ist:* ein grünes/liebliches/sanftes/tiefes Tal; Im Winter sind die Täler im Hochgebirge von der Außenwelt abgeschnitten.; Der Fluss verläuft durch ein tief eingeschnittenes Tal.; ■ **zu Tal(e)** *ins Tal hinunter; bergab* zu Tal fahren ◆Fluss-, Gebirgs-

Ta·lent das |ta'lɛnt| <-(e)s, -e> ❶ (≈ *Begabung*) *eine bestimmte große Fähigkeit für etwas, die jmd. nicht durch Lernen oder Ausbildung erworben hat, sondern bereits von Geburt an besitzt:* Sein Talent wurde schon in jungen Jahren sichtbar.; Er bringt für diesen Sport viel Talent mit.; das Talent für die Musik von der Mutter geerbt haben ❷ *jmd., der ein bestimmtes Talent[1] hat; begabte Person:* junge Talente fördern; Er ist ein großes musikalisches/künstlerisches Talent.; ein Talent auf dem Gebiet der Mathematik sein ◆Ball-, Bewegungs-, Nachwuchs-, Show-, Sport-

Tan·go der |'tango| <-s, -s> ❶ *ein Paartanz aus Argentinien:* (einen) Tango tanzen ❷ *ein einzelnes Musikstück oder Lied im Stil des Tango[1]:* einen Tango spielen ❸ *die Art von Musik, zu der Tango[1] getanzt wird:* die Melancholie des Tango ◆-rhythmus

tan·ken |'taŋkn̩| I. *ohne OBJ* ■ **jmd. tankt** *den Tank des Autos mit Benzin füllen:* Wir müssen bald wieder tanken.; voll tanken II. *mit OBJ* ■ **jmd. tankt etwas** *(umg. übertr.) etwas auf sich wirken lassen und es genießen:* Ich muss etwas Sonne und frische Luft tanken.

Tank·stel·le die <-, -n> *ein Ort, an dem man Benzin für sein Auto kaufen und nachfüllen kann:* zur Tankstelle fahren; die Autowaschanlage/der Tankwart/die Zapfsäule an der Tankstelle

Tan·ne die |'tanə| <-, -n> *(kurz für „Tannenbaum")* *ein Nadelbaum:* Tannen pflanzen ◆-nbaum, -nzapfen

Tan·te die |'tantə| <-, -n> ❶ *die Schwester von Vater oder Mutter:* Ich habe zwei Tanten. ❷ *die Ehefrau des Onkels:* Onkel Werner und Tante Helga kommen zu Besuch.

Tanz der |tants| <-es, Tänze> ❶ */kein Plur./ der Vorgang, dass Menschen rhythmische, festgelegte Bewegungen zu Musik ausführen:* Sie liebt Musik und Tanz.; Der Tanz ist eine beliebte Freizeitbeschäftigung.; ein Mädchen zum Tanz auffordern ◆-musik, -schule, -stunde, Gesellschafts-, Paar-, Volks- ❷ *eine bestimmte Stilrichtung des Tanzens:* Der Tango ist ein lateinamerikanischer Tanz. ◆Ausdrucks-, Ballett-, Jazz-, Stepp- ❸ */kein Plur./ (umg.) Tanzveranstaltung:* Um fünf Uhr ist Tanz im Café Heinrich.; zum Tanz einladen/gehen ❹ *ein einzelnes Musikstück, zu dem getanzt wird:* Wollen Sie diesen Tanz mit mir tanzen?; Die Kapelle kündigt den letzten Tanz an. ❺ */kein Plur./* (≈ *Ballett) der Tanz[1] als Kunstform:* die Geschichte des Tanzes im zwanzigsten Jahrhundert ❻ */kein Plur./ (umg. abwert.)* ≈ *Theater) übertriebene große Aufregung um jmdn. oder etwas:* Ich verstehe nicht, warum ihr einen solchen Tanz um diese angebliche Neuheit macht.

tan·zen |'tantsn̩| <tanzt, tanzte, hat getanzt> *mit OBJ/ohne OBJ* ■ **jmd. tanzt (etwas) (mit jmdm.)** *sich rhythmisch zur Musik bewegen:* Sie tanzt einen Wiener Walzer.; Sie tanzt gerne/sehr gut.; mit jemandem tanzen

Ta·pe·te die |ta'pe:tə| <-, -n> *relativ dickes Papier, das in großen Bahnen an Wände geklebt wird und das mit einem Muster verziert ist oder auf das man Wandfarbe streicht:* eine einfarbige/gemusterte Tapete; Tapeten aussuchen/mit Kleister einstreichen/ von der Wand lösen/zuschneiden ▸ tapezieren ◆-nkleister, -nmuster, -nrolle, Raufaser-

tap·fer |'tapfɐ| *adj* ❶ (↔ *wehleidig) so, dass man Anstrengungen oder Schmerzen ohne zu klagen erträgt:* Die Kinder sind auf der Wanderung sehr tapfer gelaufen.; beim Zahnarzt tapfer sein ❷ (≈ *mutig ↔ feige) so, dass man unerschrocken gegen Feinde oder Widerstände kämpft; ohne Angst:* Sie haben sich tapfer verteidigt.; ein tapferer Kämpfer ▸ Tapferkeit

Ta·rif der |ta'ri:f| <-s, -e> ❶ *zwischen Arbeitgebern und Gewerkschaften ausgehandelte Höhe der Löhne und Gehälter:* eine Anhebung der Tarife aushandeln; Lohn nach Tarif zahlen; über/unter Tarif bezahlt werden; eine Zulage über Tarif zahlen ▸ übertariflich ◆-abschluss, -erhöhung, -lohn, -parteien, -streit ❷ *der Preis für eine Lieferung oder Dienstleistung:* Das ist der übliche Tarif für das Einrichten eines PCs durch einen Fachmann.; die Tarife für Ferngespräche/ die Straßenbahn/den Strom senken

Ta·sche die |'taʃə| <-, -n> ❶ (↔ *Koffer) ein Gepäckstück aus Leder oder Kunststoff, das man meist in der Hand oder an einem Riemen über der Schulter trägt und das im Gegensatz zu einem Koffer eine weiche Hülle hat:* eine Tasche aus Leder/Kunststoff/Stoff; eine Tasche zum Einkaufen/für Akten ◆Akten-, Einkaufs-, Hand-, Reise-, Sport-, Umhänge- ❷ *ein in ein Kleidungsstück* *eingenähter kleiner, hohler Raum mit einer Öffnung, in den man kleinere Gegenstände tun kann:* die Taschen des Mantels/auf der Brust eines Hemdes/in der Hose; etwas in die Tasche stecken; die Hände aus den Taschen nehmen/in die Taschen stecken ◆ Brust-, Gesäß-, Hemden-, Mantel- ❸ ■ **jemanden in die Tasche stecken** *(umg.) jmdm. überlegen sein* Du steckst ihn doch locker in die Tasche! Schließlich bist du besser als er!; ■ **jemandem auf der Tasche liegen** *(umg. abwert.) auf jmds. Kosten leben* Der Student möchte nicht länger seinen Eltern auf der Tasche liegen.; ■ **etwas aus eigener Tasche zahlen** *(umg.) etwas vom eigenen Geld bezahlen* Die Reparatur meines Autos musste ich aus eigener Tasche zahlen.

Ta·schen·buch das <-(e)s, Taschenbücher> (↔ *gebundenes Buch, Hardcover) ein Buch, das keinen festen Umschlag hat, sondern einen weichen Pappeinband:* Der Roman ist jetzt als Taschenbuch erschienen.

Ta·schen·geld das <-(e)s> /kein Plur./ *das Geld, das die Eltern regelmäßig ihren Kindern geben und über dessen Verwendung die Kinder selbst entscheiden dürfen:* Wieviel Taschengeld bekommst du?; sich etwas vom Taschengeld kaufen/zusammensparen; sich etwas zum Taschengeld hinzuverdienen

Ta·schen·lam·pe die <-, -n> *eine kleine tragbare Lampe, die mit einer Batterie betrieben wird:* Beim Zelten brauchen wir eine Taschenlampe.

Ta·schen·tuch das <-(e)s, Taschentücher> *ein kleines Tuch aus Stoff oder Papier, mit dem man sich die Nase putzen kann:* mit einem Taschentuch die Brille reinigen; eine Packung Taschentücher; Taschentücher einstecken ◆ Papier-, Stoff-, Tempo-

Tas·se die ['tasə] <-, -n> ❶ *ein Gefäß mit einem Henkel, das für das Trinken warmer Getränke vorgesehen ist:* Kaffee/Milch/Tee aus einer Tasse trinken; Man trinkt doch Wein nicht aus Tassen! ◆ Henkel-, Kaffee-, Suppen-, Tee- ❷ *der Inhalt einer Tasse[1]:* Man nehme zwei Tassen Mehl/Milch/Wasser ...; eine Tasse Kaffee/Kakao/Tee trinken; ■ **nicht alle Tassen im Schrank haben** *(umg. abwert.) verrückt sein* Diese Frau hat doch nicht alle Tassen im Schrank. Die spinnt doch!; ■ **eine trübe Tasse** *(umg. abwert.) ein langweiliger Mensch* Sei doch nicht immer so eine trübe Tasse!

Tas·ta·tur die [tasta'tu:ɐ̯] <-, -en> *eine Vorrichtung, die aus Tasten[1] besteht, mit denen man etwas in ein Gerät eingibt:* die Tastatur eines Computers/einer Schreibmaschine/eines Geldautomaten/eines Telefons; die Tastatur an den PC anschließen; die kleine Tastatur auf dem Handy

Tas·te die ['tastə] <-, -n> ❶ *ein kleiner, flacher Knopf an einem Gerät, auf den man drückt, um Daten einzugeben oder eine Funktion auszulösen:* die Tasten eines Computers/einer Schreibmaschine/eines Telefons; zum Öffnen der Tür eine Taste drücken ❷ *eines der Elemente, auf die man bei bestimmten Instrumenten drückt, um Töne zu erzeugen:* auf den Tasten des Klaviers herumklimpern

tat [ta:t] *Prät. von* **tun**

Tat die [ta:t] <-, -en> ❶ (≈ *Aktivität, Handlung) etwas, das jmd. tut oder getan hat:* Sie hat viele gute Taten getan.; eine abscheuliche/bedeutende/folgenreiche/große/ungeheuerliche/widerwärtige Tat; die Folgen/Hintergründe/Konsequenzen/Motive/Umstände einer Tat; den Worten Taten folgen lassen; zur Tat schreiten ◆ Helden-, Verzweiflungs- ❷ (≈ *Straftat) ein Verbrechen:* Was ist das Motiv für die Tat?; Wie wurde die Tat begangen?; auf frischer Tat ertappt werden; für seine Tat verurteilt werden; ■ **in der Tat** *(geh.) wirklich; wahrhaftig* Das hat er in der Tat gesagt?; ■ **etwas in die Tat umsetzen** *etwas verwirklichen* seine Ideen in die Tat umsetzen ◆ -hergang, -motiv, -umstand, -waffe, -zeuge

Tä·ter der, **Tä·te·rin** ['tɛ:tɐ] <-s, -> *eine Person, die eine Straftat begangen hat:* Die Täterin wurde (des Mordes) überführt.; Die Täter sind noch unbekannt. ◆ -profil, Straf-

Tä·tig·keit die <-, -en> ❶ /kein Plur./ (≈ *Aktivität) das, was man gerade tut:* jemanden in seiner Tätigkeit unterbrechen; emsige/fieberhafte Tätigkeit entfalten ❷ (≈ *Job) berufliche Beschäftigung:* eine neue Tätigkeit aufnehmen/suchen; eine Tätigkeit als Verkäuferin angeboten bekommen; Sie hat in der Vergangenheit schon verschiedene Tätigkeiten ausgeübt. ❸ /kein Plur./ *der Zustand, dass etwas aktiv/in Betrieb ist und funktioniert:* Die Anlage ist schon sehr lange in/außer Tätigkeit.; die Tätigkeit des Herzens überwachen; die erneute Tätigkeit des Vulkans

tä·to·wie·ren [tɛto'vi:rən] <tätowierst, tätowierte, hat tätowiert> *mit OBJ* ■ **jmd. tätowiert etwas (in etwas** *Akk.***)** mit ei-

ner Nadel und Farben ein Bild o.Ä. in die Haut machen: einen Adler/Anker/Initialen in jemandes Oberarm tätowieren; jemanden tätowieren; tätowierte Arme haben ▸ Tätowierung

Tat·sa·che die [ˈtaːtsaxə] <-, -n> *(≈ Faktum) etwas, das geschehen ist und das man auch beweisen kann; das, was Wirklichkeit ist:* Das ist nicht einfach meine Meinung; das sind Tatsachen!; den Tatsachen entsprechen; auf Tatsachen beruhen; die Tatsachen verdrehen; ◆ **vollendete Tatsachen** *etwas, das geschehen und nicht mehr rückgängig zu machen ist* jemanden vor vollendete Tatsachen stellen; vollendete Tatsachen schaffen ◆ -nmaterial

tat·säch·lich [ˈtaːtzɛçlɪç/taːtˈzɛçlɪç] I. *adj / nicht steig./ (≈ faktisch) so, dass es der Wirklichkeit entspricht:* der tatsächliche Ablauf der Ereignisse; das tatsächliche Einkommen; die tatsächlichen Verhältnisse berücksichtigen II. *adv /nicht steig./ (≈ wirklich; wahrhaftig) verwendet, um auszudrücken, dass man leichte Zweifel an dem Gesagten hat oder davon sehr überrascht ist:* Und das hast du tatsächlich dem Chef gesagt?; Habt ihr das tatsächlich so gesehen?; Tatsächlich? Das ist ja nicht zu glauben!

Tau[1] das [tau] <-(e)s, -e> *ein dickes Seil:* das Boot mit einem Tau festmachen; die Taue auswerfen/kappen; etwas mit einem Tau befestigen

Tau[2] der [tau] <-(e)s> *kleine Wassertropfen, die morgens auf Pflanzen und am Boden liegen:* von Tau bedecktes/feuchtes Gras ◆ Morgen-

taub [taup] *adj /nicht steig./* ❶ *(↔ stumm) so, dass man nicht hören kann:* Er war von Geburt an taub.; auf einem Ohr taub sein ❷ *so, dass man in einem bestimmten Körperteil keine oder nur wenig Empfindungen spürt:* Mein Bein fühlt sich ganz taub an.; ein taubes Gefühl im Mund haben ❸ *leer; ohne den erwarteten Inhalt:* In dieser Grube hat man kein Gold, sondern nur taubes Gestein gefunden.; eine taube Nuss ◆ Getrenntschreibung → R 4.8 sich (absichtlich) taub stellen

taub·stumm *adj /nicht steig./ (veralt. abwert.) von Gehörlosen (mit ihrer anerkannten Gehörlosensprache) als diskriminierend empfundene und fachsprachlich heute nicht mehr korrekte Bezeichnung dafür, dass man nicht hören (und eventuell gleichzeitig nicht sprechen) kann:* ein taubstummes Mädchen ▸ Taubstumme

tau·chen [ˈtauxn] <tauchst, tauchte, hat/ist getaucht> I. *mit OBJ* ◼ **jmd. taucht etwas in etwas** *Akk. (haben) etwas so in eine Flüssigkeit hineinbringen, dass es (für eine kurze Zeit) vollständig von der Flüssigkeit bedeckt ist:* Er tauchte seine Hand in den Bach.; Sie tauchte den Pinsel in die Farbe.; Er tauchte seinen Kopf/den Kopf des anderen (unter Wasser). II. *ohne OBJ* ◼ **jmd. taucht** *(sein o haben) (mit dem ganzen Körper, insbesondere auch dem Kopf) so in Wasser hineingehen und darin schwimmen, dass man vollständig von dem Wasser bedeckt ist:* Er kann länger tauchen als sein Freund.; Die Ente taucht unter Wasser, um Futter zu suchen.; nach Perlen tauchen; in einem Gewässer/einer Höhle tauchen ▸ Taucher(in)

Tauch·sie·der der <-s, -> *ein elektrisches Gerät, bei dem eine Art Spirale aus Metall, die sehr heiß wird, in Wasser hineingetaucht wird und dieses erhitzt:* auf die Reise einen Tauchsieder mitnehmen

tau·en [ˈtauən] <taut, taute, hat/ist getaut> I. *ohne OBJ* ◼ **etwas taut** *(↔ gefrieren) (als etwas, das gefroren ist) schmelzen, flüssig werden:* Das Eis/Der Schnee ist getaut. II. *mit ES* ◼ **es taut** METEOR. *(≈ gefrieren) Eis und Schnee schmelzen:* Bei Temperaturen über null Grad taut es.; Wenn es taut, sollte man sich nicht mehr aufs Eis begeben.

tau·fen [ˈtaufn] <taufst, taufte, hat getauft> *mit OBJ* ❶ **jmd. tauft jmdn.** REL. *in die Gemeinschaft der christlichen Kirchen aufnehmen, indem man die Stirn mit geweihtem Wasser benetzt:* ein Baby taufen lassen; den Jungen auf den Namen Johannes taufen ▸ Taufe ❷ ◼ **jmd. tauft etwas/ein Tier auf den Namen ...** *einen Namen geben:* Sie haben ihren Hund auf den Namen Waldi getauft.; ein Schiff auf den Namen Victoria taufen

taug·lich [ˈtauklɪç] *adj geeignet; brauchbar für etwas:* Er ist für diese schwere Arbeit nicht tauglich.; tauglich für den Militärdienst ▸ taugen, Tauglichkeit

tau·schen [ˈtauʃn] <tauschst, tauschte, hat getauscht> I. *mit OBJ* ◼ **jmd. tauscht etwas (mit jmdm.)** ❶ *jmdm. etwas geben und dafür von ihm etwas anderes, Gleichwertiges erhalten:* Ich tausche meinen Fernseher gegen dein Radio.; Briefmarken tauschen; die Plätze tauschen ▸ Tausch ❷ *etwas Gleiches erwidern:* Sie tauschten einen Händedruck zur Begrüßung.; ein paar freundliche Worte tauschen; bei der Eheschließung Ringe tauschen; Briefe tau-*

schen **II.** *ohne OBJ* ▪ **jmd. tauscht (mit jmdm.)** *so leben, wie es sonst ein anderer tut:* Ich möchte nicht mit ihm tauschen!

täu·schen ['tɔyʃn̩] <täuschst, täuschte, hat getäuscht> **I.** *mit OBJ* ▪ **jmd. täuscht jmdn.** *jmdn. absichtlich in die Irre führen:* Mit falschen Papieren und Lügengeschichten konnte der Betrüger seine ahnungslosen Opfer immer wieder täuschen.; Sie können mich nicht täuschen! **II.** *ohne OBJ* ▪ **etwas täuscht** *einen falschen Eindruck erwecken:* Das Bild täuscht, die Berge sind in Wirklichkeit nicht so nah. **III.** *mit SICH* ❶ ▪ **jmd. täuscht sich** (≈ *sich irren*) *etwas glauben oder annehmen, das nicht der Fall ist:* Ich habe mich getäuscht; es war alles ganz anders. ❷ ▪ **jmd. täuscht sich in jmdm./etwas** *jmdn. oder etwas für besser halten, als er oder es tatsächlich ist:* Ich habe mich in ihm getäuscht. Er ist nicht ehrlich!; ▪ **Wenn mich nicht alles täuscht, dann …** *(umg.)* Ich bin mir sehr/ziemlich sicher, dass … Wenn mich nicht alles täuscht, müsste es dort um die Ecke ein gutes Restaurant geben.

tau·send ['tauznt] *num die Zahl 1000:* Es sind genau tausend Stück. ♦Kleinschreibung → R 3.16 ein paar tausend Leute; einige/viele tausende Menschen; zu tausenden herbeigeströmt kommen; Es waren tausende von Menschen, die im Stadion waren.; sich viele tausend Mal(e) wiederholen; tausend und abertausend(e); *siehe aber auch* **Tausend²**

Tau·send¹ die <-, -e> *die Zahl 1000*

Tau·send² das <-s, -e> ❶ *eine Einheit von tausend Stücken oder Personen:* ein ganzes Tausend Briefmarken/Soldaten ❷ *eine unbestimmte große Menge:* Tausende von Vögeln überwintern hier. ♦Großschreibung → R 3.3 einige/viele Tausende funkelnder Sterne; zu Tausenden umkommen; Es sind Tausende von Vögeln, die hier überwintern.; etwas viele Tausend Mal(e) wiederholen; Tausend und Abertausend(e); *siehe aber auch* **tausend**

tau·send·mal ['tauzn̩tmaːl] *adv (umg.) sehr oft:* Das habe ich dir schon tausendmal gesagt! ♦Zusammenschreibung → R 4.6 Da kannst du tausendmal bitten; du bekommst es trotzdem nicht!; *siehe aber auch* **tausend**

tau·sends·te(r, s) *adj in einer Reihenfolge an der Stelle 1000:* Sie sind der tausendste Besucher der Ausstellung!; ▪ **vom Hundertsten ins Tausendste kommen** *(umg.)* beim Erzählen dazu neigen, abzuschweifen, so dass man statt des eigentli-

chen Themas viele Einzelheiten erzählt

Ta·xi das ['taksi] <-(s), -s> *ein Auto, mit dem man sich gegen Bezahlung an ein bestimmtes Ziel fahren lassen kann:* ein Taxi rufen; für den Heimweg das Taxi nehmen; Soll ich Ihnen ein Taxi bestellen? ♦-fahrer(in), -stand, -unternehmen, Funk-

Team das [tiːm] <-s, -s> ❶ *eine Gruppe von Personen, die gemeinsam an etwas arbeiten:* ein Ergebnis im Team erarbeiten; ein Team für die Arbeit an einem Projekt zusammenstellen ♦Arbeits-, Ärzte-, Projekt- ❷ SPORT *Mannschaft:* Der Trainer stellt das Team für den nächsten Wettkampf zusammen.

Tech·nik die ['tɛçnɪk] <-, -en> ❶ */kein Plur./* *alle Verfahren, Methoden und Arbeitsmittel, die Erkenntnisse der Naturwissenschaften für den Menschen nutzen:* der rasante Fortschritt der Technik; der neueste Stand der Technik; auf dem Gebiet der Technik arbeiten/forschen ❷ */kein Plur./ die Maschinen und Ausrüstungen, die irgendwo benutzt werden:* Der Betrieb arbeitet mit moderner Technik.; Wir müssen die veraltete Technik durch neue Maschinen ersetzen. ❸ */kein Plur./* *(≈ Funktionsweise) die Art und Weise, wie etwas aus verschiedenen Teilen aufgebaut ist und wie diese Teile zusammenwirken:* die Technik einer Maschine verstehen ❹ *(≈ Methode) ein Verfahren, um etwas Bestimmtes auszuführen:* handwerkliche Technik(en); die Technik(en) der Arbeit mit Nachschlagewerken erlernen; die Technik des Boxens/Rückenschwimmens erlernen; die erstaunlichen Techniken asiatischer Kampfsportarten; ein Fußballer mit einer ausgefeilten Technik; eine neuartige/veraltete Technik anwenden ♦Arbeits-, Holz-, Schreib-, Zeichen-

tech·nisch *adj /nicht steig./* ❶ *auf die Ausstattung mit Geräten und ihre Funktionsweise bezogen; die Technik betreffend:* technische Details der Ausstattung; eine technische Störung beheben/haben; technisches Verständnis haben; die technischen Wissenschaften ❷ *auf eine Verfahrensweise bezogen:* technische Einzelheiten für eine Konferenz besprechen; eine Veranstaltung technisch vorbereiten; etwas technisch beherrschen, ohne es wirklich zu verstehen; aus technischen Gründen geschlossen haben; ▪ **Technische Hochschule/Universität** *Universität, die technisches Wissen vermittelt und auf technischem Gebiet forscht;* ▪ **aus technischen Gründen** *weil bestimmte Geräte/Appa-*

Tee der [te:] <-s, -s> ❶ *in Asien wachsender Strauch, dessen Blätter geerntet und weiterverarbeitet werden:* der Anbau von Tee ◆-anbau, -ernte, -plantage ❷ *die Blätter des Tees¹:* Tee ernten/fermentieren; chinesischer/grüner/indischer/schwarzer Tee ❸ KOCH. *das aus Tee² gewonnene anregende Getränk:* Tee kochen/trinken; Nehmen Sie Milch/Zitrone/Zucker zum Tee?; eine Kanne/Tasse Tee; schwarzer Tee mit Milch und Kandiszucker ◆-beutel, -löffel, -tasse ❹ KOCH. *ein heißes Getränk, das durch das Aufgießen frischer oder getrockneter Blätter, Blüten oder Früchte bestimmter Pflanzen mit heißem Wasser entsteht:* Tee aus Pfefferminzblättern/Hagebutten kochen; Früchte/Kräuter für Tee aufgießen/trocknen ◆ Früchte-, Kräuter-

Teich der [taiç] <-(e)s, -e> *ein kleiner See:* Auf dem Teich im Park gibt es Schwäne und Enten. ◆ Fisch-, Zier-

Teig der [taik] <-(e)s, -e> *eine weiche Masse, die (meist) aus Mehl, Wasser und anderen Zutaten besteht und die, wenn man sie im Ofen backt, zu einem Kuchen, einem Brot etc. wird:* einen Teig zubereiten; den Teig ausrollen/backen/gehen lassen/kneten ◆ Blätter-, Brot-, Kuchen-, Mürbe-, Rühr-

Teil der/das [tail] <-(e)s, -e> ❶ */Artikel: der/ (≈ Bestandteil) etwas, das zusammen mit anderen ein Ganzes bildet:* Der vordere Teil des Hauses ist verputzt.; In diesem Teil des Landes scheint meistens die Sonne.; die Universität als Teil des Bildungssystems; Der größere Teil der Wähler ist zur Wahl gegangen.; Ein großer Teil der Ernte wurde vernichtet.; Ich habe den ersten Teil der Rede verpasst.; Den schwierigeren/größten Teil der Arbeit haben wir erledigt.; Der aufmerksame Teil der Klasse hat verstanden, was der Lehrer gesagt hatte. ❷ */Artikel: der/das/ (≈ Anteil/Beitrag) etwas, das jmdm. zukommt oder das jmd. zu etwas beiträgt:* sein(en) Teil von etwas abbekommen/zu etwas beitragen; Wir haben unser(en) Teil zum Erfolg des Projekts beigetragen.; Ich habe mir mein(en) Teil dabei gedacht.; etwas zu gleichen Teilen bezahlen ❸ */Artikel: das/ (≈ Bauteil, Einzelteil, Element) ein einzelner, für sich betrachteter Element, der zusammen mit anderen Elementen Bestandteil eines Ganzen ist:* die Uhr in ihre einzelnen Teile zerlegen; das defekte Teil ausbauen/reparieren; Das Haus wurde aus vorgefertigten Teilen gebaut.; Dieses Teil muss ausgetauscht werden.; jedes einzelne Teil der Maschine säubern ❹ */Artikel: das/ (umg.: ≈ Stück) ein bestimmter Gegenstand:* Hast du ein neues Handy? Was kostet so ein Teil?; Jedes Teil kostet nur noch 5 Euro.; ■ **jemand denkt sich sein(en) Teil bei etwas** *(umg.) seine eigenen Gedanken über etwas für sich behalten* Ich habe nichts dazu gesagt, sondern mir meinen Teil gedacht.; ■ **ein gut Teil** *(umg.) ziemlich viel*

tei·len ['tailən] **I.** *mit OBJ/ohne OBJ* ■ **jmd. teilt etwas (mit jmdm.)** *jedem einen gleich großen Teil von etwas geben:* Die Geschäftspartner teilen das Geld/den Gewinn.; Wir können die Arbeit teilen, dann geht es schneller.; Wenn dir das zu viel ist, können wir ja teilen!; Sie hat immer mit ihrer Schwester geteilt. **II.** *mit OBJ* ❶ ■ **jmd./etwas teilt etwas (in etwas Akk.)** *in einzelne Stücke zerlegen:* den Kuchen in Stücke teilen; eine Fläche in mehrere Grundstücke teilen; Ein Vorhang teilt den Raum. ❷ ■ **jmd. teilt etwas** MATH. *dividieren; eine Zahl durch eine andere teilen;* 10 geteilt durch 5 ergibt 2. ❸ ■ **jmd. teilt etwas** *Anteil nehmen; etwas verstehen und/oder nachvollziehen können:* jemandes Begeisterung/Freude/Schmerz/Sorgen teilen; Ich kann deine Meinung nicht teilen. ❹ ■ **mehrere Personen teilen (sich) etwas** *gemeinsam nutzen:* Zehn Mieter teilen (sich) einen Trockenraum.; Mehrere Personen teilen (sich) ein Fahrzeug.; sich den Gewinn teilen **III.** *mit SICH* ■ **etwas teilt sich** *sich aufteilen:* Wir teilen uns nun in zwei Gruppen.; Die Zellen teilen sich.; Der Fluss/Die Straße teilt sich.

teil·mö·b·liert *adj /nicht steig./ so, dass sich in einer Wohnung o.Ä., die zu vermieten ist, bereits einige Möbel befinden:* Wir haben eine teilmöblierte Wohnung gemietet. Deshalb mussten wir nicht so viele neue Möbel kaufen.

teil·neh·men <nimmst teil, nahm teil, hat teilgenommen> *ohne OBJ* ■ **jmd. nimmt an etwas** *Dat.* **teil** ❶ *anwesend sein; da sein:* Die Schülerin hat regelmäßig am Unterricht teilgenommen.; An der Konferenz nahmen 200 Wissenschaftler aus aller Welt teil. ❷ *sich an etwas beteiligen; aktiv an etwas mitwirken:* Er nimmt an einem Wettbewerb teil.; an einem Ausflug/an einem Gespräch/an einer Weihnachtsfeier teilnehmen ❸ *(geh.) Mitgefühl haben:* an jemandes Kummer/Schicksal/Sorgen teilnehmen ▸ Teilnahme

Teil·neh·mer *der,* **Teil·neh·me·rin** <-s, -> ❶ *jmd., der sich an etwas beteiligt oder daran mitwirkt:* die Teilnehmer einer Konferenz/eines Wettkampfs/eines Preisausschreibens ❷ TELEKOMM. *(fachspr.) Gesprächspartner am Telefon:* Der Teilnehmer meldet sich nicht.

teils [tails] *adv* ■ **teils ..., teils ...** *verwendet, um auszudrücken, dass verschiedene Dinge gleichzeitig zutreffen; zum einen Teil so, zum anderen Teil so* Das Wetter war teils heiter, teils wolkig.; Die Prüfungsteilnehmer erreichten teils gute, teils sehr gute Ergebnisse.

teil·wei·se [taɪlvaɪzə] *adv so, dass es nicht vollständig, sondern nur in einzelnen Teilen der Fall ist; zum Teil:* Der Film war teilweise sehr langweilig.; ein Gebäude teilweise wieder aufbauen; Ich habe nur teilweise verstanden, was gesagt wurde.; Es ist teilweise schon bekannt geworden, dass ...

Te·le·fon *das* [teleˈfoːn, ˈtelefoːn] <-s, -e> *ein Gerät, mit dem man Gespräche mit Partnern führen kann, die an einem anderen, mehr oder weniger weit entfernten Ort sind:* Das Telefon klingelt/läutet.; Ein schnurloses Telefon hat kein Kabel.; Ich muss das Läuten des Telefons überhört haben.; Ich habe schon mehrfach angerufen, aber niemand geht ans Telefon.; Könnten Sie bitte meine Frau ans Telefon holen? ◆-anruf, -anschluss, -gesellschaft, -hörer, -kabel, Auto- Mobil-, Karten-, Zug-

Te·le·fon·aus·kunft *die* <-, -auskünfte> / *meist Sing./* TELEKOMM. *eine zentrale Stelle, bei der man anrufen kann, um nach jmds. Telefonnummer zu fragen:* Da ich seine Telefonnummer vergessen hatte, musste ich die Auskunft anrufen/bei der Auskunft anrufen.

Te·le·fon·buch *das* <-(e)s, Telefonbücher> *ein Buch, in dem alle Besitzer eines Telefonanschlusses mit den dazu gehörenden Telefonnummern einer Stadt oder Region stehen:* im Telefonbuch nach einer Nummer suchen

Te·le·fon·ge·spräch *das* <-(e)s, -e> *ein Gespräch am Telefon:* ein Telefongespräch führen

te·le·fo·nie·ren [telefoˈniːrən] <telefoniert, telefonierte, hat telefoniert> *ohne OBJ* ■ **jmd. telefoniert (mit jmdm.)** *jmd. spricht (mit jmdm.) durch ein Telefon:* Bitte warten Sie einen Augenblick, denn der Kollege telefoniert gerade.; Haben wir nicht erst gestern telefoniert?

te·le·fo·nisch *adj /nicht steig./ mit dem oder über das Telefon:* etwas telefonisch bestellen/bestätigen; Ich bin telefonisch in der nächsten Woche nicht zu erreichen.

Te·le·fon·ka·bi·ne *die* <-, -n> SCHWEIZ. *Telefonzelle:* zum Telefonieren in eine Telefonkabine gehen

Te·le·fon·kar·te *die* <-, -n> *eine Karte aus Plastik, mit der man (statt mit Münzen) von einer Telefonzelle aus telefonieren kann:* eine Telefonkarte kaufen; eine abgelaufene Telefonkarte

Te·le·fon·num·mer *die* <-, -n> *die Nummer, die man wählen muss, um einen Anschluss oder einen Teilnehmer mit dem Telefon zu erreichen:* jemandem seine Telefonnummer geben

Te·le·fon·wert·kar·te *die* <-, -n> ÖSTERR. *siehe* **Telefonkarte**

Te·le·fon·zel·le *die* <-, -n> *eine Art kleines Häuschen, das hauptsächlich aus Glas besteht und in dem sich ein Telefon befindet, das öffentlich genutzt werden kann (mit Münzen oder Telefonkarten):* Ich kann nicht lange mit dir sprechen, denn ich rufe aus einer Telefonzelle/von einer Telefonzelle aus an.

Te·le·fon·zen·tra·le *die* <-, -n> *eine Art Büro, das z.B. in großen Firmen alle Telefongespräche annimmt und die Gespräche dann an die entsprechenden Personen weiterleitet:* in der Telefonzentrale anrufen und sich verbinden lassen

Te·le·gramm *das* [teleˈgram] <-(e)s, -e> *eine meist sehr wichtige, kurze schriftliche Nachricht, die mithilfe bestimmter Zeichen über große Entfernungen übermittelt wird und die den Empfänger in Form eines Briefes bzw. einer schriftlichen Mitteilung erreicht:* Er hat uns ein Telegramm geschickt, um uns mitzuteilen, dass er Vater geworden ist.; ein Telegramm aufgeben ◆-stil

Tel·ler *der* [ˈtɛlɐ] <-s, -> ❶ *ein Teil des Geschirrs in Form einer meist runden, flachen oder tiefen Platte, von der Speisen gegessen werden:* ein flacher/tiefer Teller; die Teller spülen/auf den Tisch stellen ◆Glas-, Kuchen-, Papp-, Porzellan-, Suppen- ❷ *die Menge (einer Speise), die auf einem Teller[1] Platz hat:* ein Teller Brei/Eintopf/Suppe

Tem·pe·ra·ment *das* [tɛmp(ə)raˈmɛnt] <-(e)s, -e> ❶ *Wesensart, Charakter:* In der Klasse gibt es die unterschiedlichsten Temperamente.; ein ruhiges/lebhaftes

Temperament haben; Das kann man nicht lernen. Das ist einfach eine Frage des Temperaments. ❷ /kein Plur./ lebhafte Wesensart; Energie: kein/viel Temperament haben; sein Temperament zügeln/bremsen; Er wurde sehr laut und aufgeregt: — Sein Temperament ist eben mit ihm durchgegangen.; Sie hat ihr Temperament (≈ ihr impulsives und starkes Temperament) von der Großmutter geerbt.

Tem·pe·ra·tur die [tɛmpəra'tuːɐ̯] <-, -en> ❶ *die messbare Wärme, die etwas hat:* die Temperatur von etwas messen; Die Temperatur beträgt 31° C.; Temperaturen von 40° C sind hier keine Seltenheit.; Die Temperaturen sinken/steigen/bleiben etwa gleich. ▸-rückgang, -schwankung, Durchschnitts-, Höchst- Nacht-, Spitzen-, Tages-, Tiefst- ❷MED. *leichtes Fieber:* Das Kind hat Temperatur, aber noch kein Fieber.

Tem·po das ['tɛmpo] <-s, -s/Tempi> ❶ /Plur. Tempos/ *Geschwindigkeit:* ein hohes/scharfes Tempo; das Tempo beschränken/erhöhen/reduzieren/verlangsamen; ein bestimmtes/durchschnittliches Tempo fahren; Kann der Läufer dieses Tempo durchhalten?; Der Favorit des Rennens verschärft nun das Tempo. ▸-limit ❷ /Plur. Tempi/ MUS. *Zeitmaß eines Musikstücks:* die Tempi beachten/richtig umsetzen

Ten·denz die [tɛn'dɛnts] <-, -en> *(geh.)* ❶ *die Richtung, in die eine Entwicklung geht:* Aktienkurse haben eine steigende oder fallende Tendenz.; Die Tendenz ist positiv. ❷ *(≈ Neigung) die Eigenschaft, dass jmd. auf eine bestimmte Situation normalerweise mit einem bestimmten Verhalten reagiert:* Er hat die Tendenz, bei Schwierigkeiten schnell aufzugeben.; eine Tendenz zur Melancholie/zum Selbstmitleid haben ❸ /meist Plur./ *(≈ Strömung) der Vorgang, dass viele Personen sich zu einer bestimmten Meinung oder Weltanschauung hingezogen fühlen:* nationalistische Tendenzen in der Gesellschaft; naturalistische Tendenzen in der Kunst; geistige/kulturelle/soziale Tendenzen ▸tendieren ▸Mode-

Ten·nis das ['tɛnɪs] <-> /kein Plur./ SPORT *ein Spiel, das von zwei Spielern oder von zwei Paaren von Spielern gespielt wird, indem ein relativ kleiner Ball mit Schlägern über ein Netz geschlagen wird:* Er spielt seit seinem sechsten Lebensjahr Tennis. ▸-halle, -platz, -schläger, -spieler, -star, Tisch-

Tep·pich der ['tɛpɪç] <-s, -e> ❶ *ein weicher Belag auf dem Fußboden, der aus sehr vielen Maschen geknüpft oder gewebt ist, oft ein Muster hat und den man auf den Fußboden legt, damit es schöner aussieht und von unten wärmt:* ein geknüpfter/gewebter Teppich; den Teppich reinigen/saugen ▸-brücke, -läufer, Hirten-, Orient-, Perser-, Seiden- ❷ **etwas unter den Teppich kehren** *(umg. abwert.) etwas verschweigen; nicht an die Öffentlichkeit kommen lassen* Sie hat die Probleme in ihrer Ehe immer unter den Teppich gekehrt.; ▪**Bleib mal auf dem Teppich!** *(umg.) verwendet, um jmdn. dazu aufzufordern, Vernunft und Mäßigung walten zu lassen und z.B. Forderungen nicht zu übertreiben* Jetzt willst du auch noch ein größeres Auto kaufen? Bleib mal auf dem Teppich! Du hast doch gar nicht genug Geld!

Ter·min der [tɛr'miːn] <-s, -e> ❶ *eine festgesetzte Verabredung oder ein festgesetzter Zeitpunkt, zu dem etwas geschehen soll:* einen Termin einhalten/festlegen/ machen/überschreiten▸ vereinbaren/vergessen/verschieben; Ich habe um sechzehn Uhr einen Termin beim Arzt/Frisör/ Steuerberater.; Hast du alle Termine in den Kalender eingetragen?; einen dringenden Termin haben ▸terminieren ▸-kalender, -plan, Liefer- ▸ Prüfungs-, Zahlungs- ❷RECHTSW. *ein Verhandlungstermin vor Gericht:* einen Termin anberaumen/aufheben; zum Termin erscheinen

Ter·mi·nus der ['tɛrminʊs] <-, Termini> *(fachspr.: ≈ Fachausdruck, Fachwort) durch eine wissenschaftliche Definition festgelegte Bezeichnung für einen Gegenstand oder Sachverhalt in einem wissenschaftlichen Fachgebiet/in einer wissenschaftlichen Disziplin:* ein Terminus aus der Biologie/Mathematik/Physik/ Chemie ▸Fach- ▸ Terminologie, Terminus technicus, terminologisch

Ter·ras·se die [tɛ'rasə] <-, -n> ❶ *ein offener, ebener Platz, z.B. mit Steinplatten auf dem Boden, der an ein Haus angrenzt und auf dem man bei schönem Wetter sitzt:* im Sommer auf der Terrasse frühstücken; für die Terrasse Gartenmöbel und einen Sonnenschirm anschaffen ▸Dach-, Garten- ❷ *eine Art große Stufe, die an einem Hang angelegt wurde, damit man darauf etwas anbauen kann:* ein Gelände, das in Terrassen ansteigt; ein Hang mit Terrassen, auf denen Wein angebaut wird ▸-nbau, Felsen-

Ter·ri·to·ri·um das [tɛri'toːriːʊm] <-s, Territorien> ❶POL. *(≈ Hoheitsgebiet) das Ge-*

biet, das zu einem bestimmten Staat gehört: sich auf dem Territorium der Bundesrepublik Deutschland befinden; das Territorium eines Staates verletzen ▸ territorial ⊜ *Gebiet:* In diesem Territorium gibt es noch Bären.; Wölfe benötigen ein großes Territorium, um zu überleben.; ein großes Territorium mit ausgedehnten Wäldern und Seen

Ter·ror der ['tɛroːɐ̯] <-s> /kein Plur./ ❶ *der Vorgang, dass eine bestimmte Gruppe von Menschen Gewalttaten wie Bombenanschläge und Morde ausführt, um Angst und Schrecken zu verbreiten; mit dem Terror wollen die Terroristen bestimmte Ziele durchsetzen:* politischer Terror; Angst und Terror im Land verbreiten; unter dem Terror bewaffneter Banden leiden ▸ terrorisieren, Terrorismus, Terrorist(in), terroristisch ◆ -anschlag, -drohung, Bomben- ❷ *ein über längere Zeit andauerndes Verhalten gegenüber anderen Menschen, bei dem man mit Drohungen, Zwang und Gewalt diese einschüchtern und schließlich beherrschen will:* Er übt diesen Terror schon seit Wochen aus. ◆ Psycho-

Test der [tɛst] <-(e)s, -s/-e> ❶ *(≈ Prüfung) eine Reihe von Aufgaben oder Fragen, die jmd. bearbeiten oder beantworten soll, damit jmd. seine Leistung bzw. Eignung für etwas prüfen kann:* einen Test auswerten/korrigieren/schreiben; die Eignung/Fähigkeiten eines Bewerbers durch Tests ermitteln ◆ Begabungs-, Eignungs-, Intelligenz-, Sprach- ❷ *(≈ Check) ein Verfahren, bei dem man das Funktionieren von etwas prüft:* Wir müssen mit dem Auto verschiedene Tests machen. ◆ Funktions-, Seh-

Tes·ta·ment das [tɛsta'mɛnt] <-(e)s, -e> ❶ *eine schriftliche Erklärung, in der jmd. festlegt, was mit seinem Besitz nach seinem Tod geschehen soll:* ein Testament anfechten/eröffnen/hinterlassen/ machen/vollstrecken; ein Testament beim Notar hinterlegen ▸ testamentarisch ◆ -seröffnung, -svollstreckung ❷ REL. *in der christlichen Religion der Bund Gottes mit den Menschen;* ■ **das Alte/Neue Testament** *die beiden Teile der Bibel*

tes·ten ['tɛstn̩] <testest, testete, hat getestet> *mit OBJ* ▪ **jmd. testet etwas** *einem Test unterziehen:* die Bewerber/eine neue Maschine/ein Verfahren testen; ein Produkt vor der Markteinführung testen

teu·er ['tɔyɐ] <teurer, am teuersten> *adj* ❶ *(↔ billig) so, dass man viel Geld dafür bezahlen muss:* ein teures Restaurant (≈ ein Restaurant, in dem die Speisen und Ge-

tränke viel kosten); etwas sehr teuer kaufen; sich teure Schuhe kaufen; ein teures Hobby haben ❷ *(übertr.) so, dass es große Nachteile bringt:* Diese Entscheidung wird dich noch teuer zu stehen kommen.; ein teuer erkaufter Sieg ❸ *(geh.) lieb; wert:* mein teurer Freund; Ihr Andenken ist mir lieb und teuer.; der teure Verstorbene; ■ **Da ist guter Rat teuer.** *verwendet, um auszudrücken, dass man nicht weiß, was man tun soll* In dieser Situation ist guter Rat teuer.

Teu·fel der, **Teu·fe·lin** ['tɔyfl̩] <-s, -> ❶ / kein Plur./keine weibliche Form/ REL. *(≈ Satan) in der christlichen Religion der Gegner Gottes, der das Böse verkörpert:* Fausts Pakt mit dem Teufel; den Teufel austreiben; vom Teufel versucht werden ❷ *eine böse und dämonische Gestalt aus der Sage:* Die Teufel sprangen um den brodelnden Kessel herum.; Der finstere Wald war von Geistern und Teufeln bevölkert. ❸ *eine bösartige Person, ein bösartiges Tier:* Er ist ein richtiger Teufel. Immer muss er streiten!; Der Hund komme ich nicht noch einmal zu nahe: Der ist ein richtiger Teufel! ❹ *jmd., der wild ist oder sich gefährliche Dinge zutraut:* fahren wie der/ein Teufel; Der kleine Junge ist ein Teufel. Wie der turnen kann!; Du bist ja ein Teufel. Wie hast du das denn wieder gemacht?; ■ **ein armer Teufel** *(umg. abwert.) ein armer oder bedauernswerter Mensch* Mein Nachbar ist ein armer Teufel.; ■ **Pfui Teufel!** *(umg.) Ausruf des Abscheus oder Ekels* Pfui Teufel, der Fisch ist nicht mehr gut und stinkt widerlich.; ■ **Weiß der Teufel …!** *(umg.) ich weiß nicht …(und es ist mir auch egal)* Weiß der Teufel, wer das wieder ist!; ■ **auf Teufel komm raus** *(geh.) ohne Rücksicht, mit vollem Krafteinsatz* auf Teufel komm raus arbeiten/fahren; ■ **Dort ist der Teufel los!** *(geh.) dort geht es turbulent oder wild zu* Auf diesem Fest ist immer der Teufel los!; ■ **jemanden/etwas wie der Teufel das Weihwasser fürchten** *(umg.) jmdn. oder etwas sehr fürchten* Sie fürchtet ihren Chef wie der Teufel das Weihwasser.; ■ **den Teufel an die Wand malen** *(umg.) sich vorstellen, dass großes Unheil geschehen wird* Mal doch nicht den Teufel an die Wand! Das wird schon klappen!; ■ **in Teufels Küche kommen** *(umg.) in große Schwierigkeiten kommen* Wenn du nicht sofort aufhörst, kommen wir noch in Teufels Küche.; ■ **jemanden reitet der Teufel** *(umg.) jmd. handelt sehr unvorsichtig und leicht-*

sinnig Dich reitet doch der Teufel! Hör sofort auf damit!

Text der |tɛkst| <-(e)s, -e> ❶ *mehrere Sätze in schriftlicher oder mündlicher Form, die aufeinander folgen, miteinander logisch verknüpft sind, und die zusammen einen Sinn ergeben:* einen Text durchlesen/korrigieren/schreiben/vortragen; verschiedene Texte miteinander vergleichen; Dieser Text müsste bis morgen ins Englische übersetzt werden.; einen Text am Computer bearbeiten ◆Gebrauchs-, Gedicht-, Gesetzes-, Übungs-, Vortrags- ▸ textuell, Textualität ❷ MUS. *die zu einem Lied gehörenden sprachlichen Formulierungen:* Kennst du den Text zu diesem Lied/zu dieser Melodie?; den Text vergessen haben/auswendig kennen

Text·sor·te die <-, -n> *ein Muster/abstraktes Schema für Texte, wofür es meist eingespielte Bezeichnungen gibt (z.B. „Brief"), und dem bzw. jeweiligen Untertypen (hier Geschäftsbrief, Liebesbrief etc.) sich jedes einzelne Text-Exemplar zuordnen lässt:* Das Wissen um Textsorten, nämlich wie jeweilige Texte aufgebaut sein müssen (damit sie als Exemplar einer Textsorte gelten können), gehört zum Alltagswissen und ist Teil des Sprach- und Weltwissens

The·a·ter das |te'a:tɐ| <-s, -> ❶ *ein großes Gebäude, in dem Schauspiele aufgeführt werden:* Das Theater befindet sich in der Nähe des Opernhauses. ❷ *eine Gruppe von Menschen, die Schauspiele im Theater¹ aufführt:* beim Theater arbeiten; Das Theater zeigt ein Brecht-Stück.; Das Theater musste geschlossen werden/wird heute eröffnet.; (als Schauspieler) zum Theater gehen ◆-direktor(in), -regisseur(in), -schauspieler(in) ❸ /kein Plur./ *die Aufführung eines bestimmten Schauspiels:* Wann beginnt das Theater heute?; ins Theater gehen ❹ *(umg. abwert.) große Aufregung; Ärger:* Macht bitte kein Theater!; Zu Hause gab es wieder großes Theater.; Müsst ihr denn solch ein Theater machen?; ▪ **Theater spielen** *(umg.) etwas nur vortäuschen* Sie haben sich so freundlich benommen wie schon lange nicht, aber sie haben nur Theater gespielt!

The·ke die |'te:kə| <-, -n> ❶ *(≈ Tresen) eine Art langer Tisch in einem Gasthaus, hinter dem der Wirt oder der Ober steht und die Getränke in Gläser füllt:* Der Wirt steht hinter der Theke und zapft Bier.; ein Glas Bier an der Theke trinken ❷ *(≈ Ladentisch) eine Art Tisch, an dem in einem Laden die Kunden bedient werden:* die Theke eines Ladens; das Geld/die Waren auf die Theke legen ◆Kühl-, Laden-

The·ma das |'te:ma| <-s, Themen/Themata> ❶ *der wichtigste Gedanke, der wichtigste Gegenstand oder Inhalt, um den es in einem Text, einem Gespräch oder einem Film geht:* über ein Thema diskutieren/sprechen; vom Thema abkommen; beim Thema bleiben; das Thema anschneiden/meiden/verfehlen/wechseln; eine Konferenz zum Thema Stadtplanung; eine wissenschaftliche Arbeit zum Thema Wortbildung ▸ thematisch, thematisieren ◆Diskussions-, Gesprächs-, Lieblings- ❷ MUS. *eine immer wiederkehrende charakteristische Tonfolge in einem Musikstück:* ein Thema variieren; Variationen zu einem Thema von Bach

Theo·lo·gie die |teolo'gi:| <-, -gien> *die wissenschaftliche Lehre von einer Religion, ihrer Geschichte und Überlieferung:* evangelische/islamische/katholische Theologie studieren/lehren ▸ Theologe, Theologin, theologisch

The·o·rie die |teo'ri:| <-, -rien> ❶ *der wissenschaftliche Versuch, etwas zu erklären:* eine physikalische Theorie; linguistische Theorien über den Spracherwerb ◆-gebäude, Erkenntnis-, Grundlagen-, Relativitäts- ❷ /kein Plur./ (↔ *Praxis) eine Denkweise, die Probleme nur gedanklich und ohne Einbeziehung der Praxis zu lösen versucht:* In der Theorie klingt das ja alles sehr gut. Aber ob sich das verwirklichen lässt?; Das ist doch alles bloße Theorie!; der Gegensatz zwischen Theorie und Praxis ▸ Theoretiker(in), theoretisch

The·ra·pie die |tera'pi:| <-, -pien> MED. *verschiedene Maßnahmen, die zusammen bewirken sollen, dass eine Krankheit geheilt wird:* eine Erfolg versprechende Therapie für/gegen eine Krankheit; eine medikamentöse Therapie anwenden/einleiten/vorschlagen; mit der Therapie beginnen; eine Therapie machen ◆Bewegungs-, Strahlen-

Ther·mo·me·ter das |tɛrmo'me:tɐ| <-s, -> *ein Gerät, mit dem man die Temperatur messen kann:* Das Thermometer zeigt dreißig Grad im Schatten.; das Thermometer ablesen ◆Fieber-

The·se die |'te:zə| <-, -n> *eine Behauptung als Teil einer (wissenschaftlichen) Theorie:* eine These anfechten/aufstellen/verteidigen/vertreten; eine gewagte/wissenschaftliche These ▸ thesenhaft ◆Haupt-, Kern-

Tick der [tɪk] <-(e)s, -s> ❶ MED. *ein nervöses Zucken der Muskulatur, das man nicht beeinflussen kann:* einen Tick haben ❷ *(umg. abwert.) eine seltsame Angewohnheit:* Der Kerl hat doch einen Tick!; Wundere dich nicht darüber. Das ist so ein Tick von mir! ❸ *(umg.) ein ganz klein wenig:* einen Tick mehr Salz in das Essen geben; einen Tick schneller fahren

ti·cken ['tɪkn̩] <tickt, tickte, hat getickt> *ohne OBJ* ■ **etwas tickt** *das leise, regelmäßige Geräusch machen, das für eine mechanische Uhr typisch ist:* Die Uhr/Der Zähler tickt.; ■ **nicht (mehr) richtig ticken** *(umg. abwert.) verrückt, nicht normal sein* Du tickst doch/wohl nicht richtig!

Ti·cket das ['tɪkət] <-s, -s> *Fahrschein oder Eintrittskarte:* ein Ticket lösen; Die Tickets kosten im Vorverkauf 40 Euro. ◆ Bahn-, Flug-

Tief das [tiːf] <-s, -s> ❶ METEOR. *(↔ Hoch) eine Wetterlage mit niedrigem Luftdruck, die häufig Regen bringt:* Ein Tief nähert sich unserem Gebiet vom Westen her.; Ein atlantisches Tief sorgt in den nächsten Tagen für mildes, aber unbeständiges Wetter. ◆ Regen-, Sturm- ❷ *seelische Niedergeschlagenheit:* ein Tief haben; jemandem aus einem Tief heraushelfen

tief [tiːf] *adj* ❶ *(↔ flach) weit nach unten gehend:* ein tiefes Loch; ein tiefes Tal; eine dreihundert Meter tiefe Bohrung; ein tiefer See; sich ins tiefe Wasser trauen; tief in ein(em) Polster einsinken; ein tiefer Teller; eine tief verschneite Landschaft ❷ *(↔ hoch) mit nur wenig Abstand zum Erdboden oder einer anderen genannten Fläche:* Tiefer liegende Ortschaften sind hochwassergefährdet; eine tief über dem Horizont stehende Sonne; eine tiefe Verbeugung ❸ *(weit) unterhalb einer anderen genannten Fläche:* Das Büro liegt Stockwerke tiefer als unsere Wohnung.; sich tief unten befinden; die tieferen/tiefer gelegenen Schichten der Erdkruste; tief nach unten fallen; ein tief ausgeschnittenes Kleid ❹ *weit nach innen oder hinten reichend:* Wie tief ist der Schrank?; eine tiefe Höhle; eine tiefe Wunde; eine tief gehende Schnittverletzung; ein Loch tief in die Wand bohren; tief in den Wald/ins Landesinnere vordringen ❺ *in der Mitte eines Zeitraums gelegen:* bis tief in die Nacht hinein arbeiten; im tiefsten Mittelalter ❻ *(↔ hoch) auf einer Messskala: gering:* tiefe Temperaturen; Das Barometer steht tief.; Die Luftverschmutzung hat einen tiefen Wert erreicht. ❼ *(≈ intensiv) sehr stark:* tiefe Einsamkeit/Reue/Trauer; tief betrübt sein; tief bewegt Abschied nehmen; tief erschüttert sein; tiefes Rot/Schwarz; tief schlafen; tief in Gedanken versunken sein; tief einatmen ❽ *nicht oberflächlich:* eine tiefe Einsicht; der tiefere Sinn einer Sache; tiefschürfende Gespräche; tiefgreifende Veränderungen ❾ *mit geringer Frequenz:* eine tiefe Stimme; die tieferen Töne ▶Tiefe ◆ Getrennt-oder Zusammenschreibung → R 4.16 tief sitzende/tiefsitzende Ängste; tief liegende/tiefliegende Augen haben; moralisch tief stehende/tiefstehende Personen; ein tief verschneiter Wald

Tier das [tiːɐ̯] <-(e)s, -e> ❶ BIOL. *(↔ Mensch, Pflanze) Lebewesen neben Mensch und Pflanze:* die Welt der Pflanzen und die Welt der Tiere; ein höher entwickeltes Tier; ein zahmes/wildes Tier; einheimische und exotische Tiere ◆ Haus-, Nutz-, Raub-, Säuge-, Wild-, Wirbel- ❷ *(abwert.) ein roher Mensch, der von seinen Trieben gesteuert ist:* Er isst/benimmt sich wie ein Tier!; Das sind keine Menschen, die das getan haben: Das sind Tiere!; ■ **das Tier im Menschen** *das, was am Menschen triebhaft und irrational ist;* ■ **ein hohes Tier** *(umg. scherzh.) eine prominente Person oder jmd., der eine hohe Stellung im Beruf hat* Er ist ein hohes Tier in der Bank.

Tin·te die ['tɪntə] <-, -n> *eine meist schwarze oder blaue Flüssigkeit, mit der man schreiben kann:* den Füller mit Tinte füllen; die Feder in die Tinte tauchen; sich mit Tinte bekleckern; die noch feuchte Tinte trocknen lassen; ■ **in der Tinte sitzen** *(umg.) sich in Schwierigkeiten befinden* Er sitzt ganz schön in der Tinte. ◆ -nfass, -nfleck, -nstrahldrucker

Tipp der [tɪp] <-s, -s> ❶ *nützlicher Hinweis oder Rat:* jemandem einen wertvollen Tipp geben; ein guter/hilfreicher Tipp; einige Tipps für Anfänger ◆ Experten-, Geheim-, Insider- ❷ *Vorhersage des Ergebnisses (auch bei Wetten oder beim Lotto und Toto):* Mein Tipp ist, dass es heute regnet.; einen richtigen Tipp beim Lotto/bei einer Wette haben

tip·pen[1] ['tɪpn̩] <tippst, tippte, hat getippt> *mit OBJ/ohne OBJ* ❶ ■ **jmd. tippt etwas** *(umg.) auf einer Tastatur schreiben:* einen Brief tippen; Sie kann mit zehn Fingern/schnell/gut/fehlerlos tippen. ◆ vertippen ❷ ■ **jmd. tippt an etwas** *Akk. leicht berühren:* jemandem/jemanden auf die Schulter tippen; (sich) mit dem Finger an die Stirn tippen; mit dem Fuß auf die Bremse tippen; ■ **an etwas nicht tippen können** *(umg.) eine Leistung nicht erreichen können* Er ist im Weitsprung so gut: Daran kann ich nicht tippen!

tip·pen² ['tɪpn̩] *mit OBJ/ohne OBJ* ❶ ■ **jmd. tippt auf jmdn./etwas** *raten:* richtig/falsch tippen; Ich tippe (auf) die Nummer drei.; Ich tippe (darauf), dass sie heute pünktlich ist. ❷ ■ **jmd. tippt** *einen Tippschein (für die Lotterie) ausfüllen:* Haben Sie diese Woche schon getippt?; Ich habe noch nie sechs Richtige getippt.

tipp·topp ['tɪp'tɔp] *adj /nicht steig./ /nur präd./ (umg.)* ❶ *(≈ einwandfrei, tadellos) so sauber und aufgeräumt, dass es nichts zu beanstanden gibt:* Die Wohnung war tipptopp in Ordnung. ❷ *ohne Fehler oder Mängel:* Deine Prüfungsarbeit war tipptopp!

Tisch der [tɪʃ] <-(e)s, -e> ❶ *ein Möbelstück mit einer waagerechten Platte und (meist drei oder vier) Beinen, an dem man isst oder arbeitet:* sich an den Tisch setzen; etwas auf den Tisch stellen/vom Tisch nehmen ◆-bein, -decke, -tuch, -wein, Beistell-, Computer-, Couch-, Drucker-, Ess-, Garten-, Holz-, Klapp-, Schreib- ❷ *die Personen, die am Tisch sitzen:* Der ganze Tisch war mit dem Vorschlag einverstanden.; ■ **bei/nach/vor/zu Tisch** *bei/nach/vor/zu einer Mahlzeit* Kollege Müller ist gerade zu Tisch gegangen.; ■ **am grünen Tisch** *(abwert.) ohne Rücksicht auf die Wirklichkeit* etwas vom grünen Tisch aus planen; ■ **der runde Tisch** *(übertr.) Beratung unter gleichberechtigten Partnern* einen runden Tisch einberufen.; ■ **jemanden unter den Tisch trinken** *(umg.) mehr trinken können als jmd. anderes* In seiner Jugend hat er alle unter den Tisch getrunken.; ■ **etwas unter den Tisch fallen lassen** *(umg.) etwas verschweigen oder verheimlichen* Die Probleme hat er einfach unter den Tisch fallen lassen.; ■ **reinen Tisch machen** *(umg.) offen mit jmdm. reden; eine Angelegenheit klären* Wir sollten endlich reinen Tisch machen.; ■ **etwas vom Tisch wischen** *(umg.) etwas als unwichtig abtun* Probleme vom Tisch wischen; ■ **auf den Tisch hauen** *(umg.) sich energisch durchsetzen* Er muss endlich mal auf den Tisch hauen!

Tisch·ler der, **Tisch·le·rin** die [tɪʃle] <-s, -> *(≈ Schreiner) jmd., der beruflich Möbel und andere Gebrauchsgegenstände aus Holz herstellt:* Der Tischler hobelt ein Brett/baut einen Schrank. ▸ Tischlerei

Ti·tel der ['tiːtl̩, 'tɪtl̩] <-s, -> ❶ *eine Bezeichnung, die man als Zusatz zu seinem Nachnamen verwendet und die einen akademischen Rang oder ein Amt bezeichnet:* jemandem den Titel eines Doktors der Philosophie verleihen; jemanden mit seinem Titel anreden; ein akademischer Titel; Er möchte gern mit seinem Titel als „Herr Oberregierungsrat" angeredet werden. ◆Adels-, Doktor-, Ehren-, Professoren- ❷ *der Name oder die Überschrift eines Kunstwerks oder Buches:* ein Bild ohne Titel; Ich habe den Titel des Filmes/des Buches vergessen. ◆Buch-, Film- ❸ *(≈ Titelseite) die erste Seite in einem Buch, auf der der Titel² des Buches, der Autor etc. genannt werden:* den Titel eines Buches gestalten; im Titel eines Buches genannt sein ❹ SPORT *die Bezeichnung für einen bestimmten sportlichen Rang, den jmd. bei einem Wettkampf erworben hat:* der Titel des Europameisters/Weltmeisters ◆-verteidiger ❺ RECHTSW. *ein Rechtsanspruch:* einen Titel vollstrecken ❻ AMTSSPR. *Geldmittel für einen bestimmten Zweck in einem öffentlichen Haushalt:* die Reisekosten aus einem anderen Titel bezahlen als die Honorare

to·ben ['toːbn̩] <tobst, tobte, hat/ist getobt> *ohne OBJ* ❶ ■ **jmd. tobt** *(haben) aus Wut oder Begeisterung schreien und gestikulieren:* Der Chef tobt.; Das begeisterte Publikum tobte. ❷ ■ **etwas tobt** *(haben) mit großer Gewalt wirken:* Der Sturm tobt. ❸ *(haben o sein) herumtollen:* Die Kinder haben stundenlang im Garten getobt.; Die Hunde sind durch den Garten getobt.

Toch·ter die ['tɔxte] <-, Töchter> ❶ *(↔ Sohn) ein weibliches Kind:* eine Tochter haben ❷ *(übertr.) eine Frau, die in enger Beziehung zu einem Ort oder einer Zeit steht:* eine berühmte Tochter der Stadt; eine typische Tochter ihrer Zeit ❸ WIRTSCH. *(kurz für „Tochtergesellschaft") eine eigenständige Firma, die zu einem größeren Konzern gehört:* Diese Firma ist eine Tochter des großen Chemiekonzerns.

Tod der [toːt] <-es, -e> */meist Sing./* / *kein Plur./ das Sterben; das Ende des Lebens:* ein friedlicher/plötzlicher/schrecklicher Tod; jemanden/ein Tier zu Tode hetzen ◆-esanzeige, -esstrafe ❷ *die personifizierte Gestalt dessen, der den Tod¹ bringt:* Der Tod hat ihn geholt.; dem Tod ins Auge blicken; dem Tod von der Schippe springen ❸ *das (wirtschaftliche) Ende einer Sache:*

Die Überschwemmung/Die Konkurrenz bedeutet den Tod für viele Bauernhöfe.; ■ **zu Tode** *(umg.) sehr; bis ins Innerste zu* Tode erschrocken sein; zu Tode betrübt/erschöpft sein; sich zu Tode langweilen; ■ **jemanden auf den Tod nicht leiden können** *(umg.) jmdn. überhaupt nicht leiden können* sie kann den Professor auf den Tod nicht leiden.; ■ **sich den Tod holen** *(umg.) sich sehr erkälten* Wenn du bei dieser Kälte mit diesem dünnen Kleid aus dem Haus gehst, wirst du dir den Tod holen!; ■ **dem Tod ins Auge sehen** *(geh.) in Todesgefahr sein* Bei seinem Unfall hat er dem Tod ins Auge gesehen.; ■ **jemand ist dem Tod von der Schippe gesprungen** *(umg.) jmd. ist einer tödlichen Gefahr entkommen* Er ist dem Tod gerade noch einmal von der Schippe gesprungen.

töd·lich ['tø:tlɪç] *adj /nicht steig./* ❶ *so, dass man daran sterben wird:* eine tödliche Krankheit; der tödliche Biss einer Giftschlange; einen tödlichen Stromschlag erhalten; ■ **tödlich verunglücken** *bei einem Unfall sterben* Er ist (bei einem Autounfall) tödlich verunglückt. ❷ *(umg.) sehr schlimm oder stark:* tödlich beleidigt sein; tödlicher Hass; etwas mit tödlicher Sicherheit wissen; sich tödlich langweilen

Toi·let·te die [tɔa'lɛtə] <-, -n> ❶ *ein Becken, in das man die Blase und den Darm entleeren kann:* sich auf die Toilette setzen; auf der Toilette sitzen; die Toilette spülen ◆-nsitz, -npapier, -nspülung ❷ *(≈ WC) der Raum, in dem sich die Toilette[1] befindet:* auf die Toilette gehen; eine öffentliche Toilette ◆Behinderten-, Damen-, Gäste-, Herren- ❸ */kein Plur./ (veralt.) Körperpflege und Ankleiden:* stundenlang Toilette machen; einige Minuten für die morgendliche Toilette benötigen

toi, toi, toi ['tɔy 'tɔy 'tɔy] *interj verwendet, um jmdm. alles Gute oder viel Glück zu wünschen:* Toi, toi, toi für deine Prüfung!

to·le·rant [tole'rant] *adj (↔ intolerant), so, dass man andere Auffassungen und Menschen so akzeptiert, wie sie sind; verständnisvoll:* eine tolerante Einstellung haben; ein tolerantes Land; tolerant gegenüber anderen Religionen/politischen Auffassungen sein ▸ Toleranz, tolerieren

toll [tɔl] **I.** *adj* ❶ *(umg.) verwendet, um auszudrücken, dass man etwas sehr gut findet:* eine tolle Idee/Leistung; Das Konzert gestern war wirklich toll.; Er kann ganz toll zeichnen. ❷ *(veralt.) verrückt:* Was ist denn das für eine Idee! Du bist wohl toll?; wie toll in der Gegend herumspringen **II.** *adv (umg.) sehr heftig:* Es regnet ganz toll.; Hat es denn toll wehgetan?

Toll·patsch der ['tɔlpatʃ] <-(e)s, -e> *(umg. abwert.) ungeschickter Mensch:* Er ist ein richtiger Tollpatsch!

Töl·pel der ['tœlpl] <-s, -> *(umg. abwert.) ungeschickter Mensch:* So ein Tölpel! Er hat mich fast umgerannt! ▸ tölpelhaft

To·ma·te die [to'ma:tə] <-, -n> *ein Gemüse, das an Sträuchern wächst, rund und etwas kleiner als z.B. ein Apfel ist und eine dünne, rote Schale hat und sehr fleischig und saftig ist:* gerne Tomaten essen; ■ **Tomaten auf den Augen haben** *(umg. abwert.) etwas, das alle anderen sehen, nicht bemerken* Hast du Tomaten auf den Augen? Das Buch liegt doch direkt vor dir! ◆-nketschup, -nsaft, -nsalat, -nsoße, Rispen-, Strauch-

Ton[1] der [to:n] <-(e)s, -e> *eine besondere Art Erde, aus der man Gefäße machen kann:* Ton abbauen/brennen/verarbeiten; Gefäße aus Ton

Ton[2] der [to:n] <-(e)s, Töne> ❶ *ein Laut, den man hören kann und der eine bestimmte Frequenz hat:* ein dumpfer/hoher/langer/kurzer/schriller/tiefer Ton; in gedämpftem Ton sprechen; ein paar Töne auf dem Klavier spielen; keinen Ton von sich geben ◆Flöten-, Geigen-, Orgel- ❷ SPRACHWISS. *(≈ Betonung)* Der Ton liegt auf der ersten Silbe. ❸ */kein Plur./ die bestimmte Art, in der jmd. spricht:* etwas in barschem/freundlichem Ton sagen; Unter den Kollegen herrscht ein ungezwungener/rauer/freundlicher Ton.; bei etwas/jemandem gegenüber den richtigen Ton finden ◆Umgangs-, Plauder- ❹ *der Charakter einer Farbe:* ein Bild in frischen/fröhlichen/gedeckten Tönen malen; seine Wohnung in hellen Tönen streichen ◆Blau-, Grün-, Rot- ❺ ■ **der gute Ton** *das gute Benehmen* Das gehört einfach zum guten Ton.; ■ **sich im Ton vergreifen** *jmdm. gegenüber zu unfreundlich oder zu respektlos sprechen* Er hat sich seiner Frau gegenüber im Ton vergriffen.; ■ **Der Ton macht die Musik!** *es ist oft wichtiger, wie jmd. etwas sagt als was er sagt* Er war sehr unfreundlich zu mir. Der Ton macht die Musik!; ■ **den Ton angeben** *eine führende Position innerhalb einer Gruppe einnehmen* Der größte Junge gab den Ton an.; ■ **große Töne spucken** *(umg. abwert.) angeben* Ich kann es nicht, dass er immer so große Töne spuckt.

Ton·band das <-(e)s, Tonbänder> *ein spezielles Band, auf dem man sprachliche Äu-*

ßerungen/Geräusche/Musik aufzeichnen kann: eine Rede/die Musik auf Tonband aufzeichnen

Ton·ne die [ˈtɔnə] <-, -n> ❶ *ein großes Gefäß mit einem runden Boden, in dem meist Flüssigkeiten aufbewahrt werden:* das Regenwasser in einer Tonne sammeln; eine Tonne mit Öl/Wasser ◆ Benzin-, Müll-, Öl-, Regen-, Wasser- ❷ *die Menge, die in eine Tonne¹ passt:* an einem Tag zwei Tonnen Regenwasser sammeln ❸ *eine Gewichtseinheit (≈ 1000 Kilogramm):* 10 Tonnen Kohle; eine Tonne wiegen ❹ *(umg. abwert.) ein großer, dicker Mensch:* Er ist nicht nur dick, er ist eine Tonne!

Topf der [tɔpf] <-(e)s, Töpfe> ❶ *ein Gefäß zum Kochen, das meist aus Metall besteht, eine runde Grundfläche hat, oft über einen Deckel verfügt und höher als eine Pfanne ist:* die Kartoffeln im Topf kochen; Wasser in einem Topf zum Kochen bringen; das Fleisch im Topf garen ❷ *die Menge, die in einen Topf¹ passt:* einen ganzen Topf Nudeln essen; ein Topf Kartoffeln ❸ *ein Tongefäß, in dem etwas aufbewahrt wird:* Plätzchen/Honig in einem Topf aufbewahren; die Blumen in einen Topf pflanzen ❹ *(umg. scherzh.) Toilette:* Ich muss mal auf den Topf.; ■ **alles in einen Topf werfen** *(umg.) keine Unterschiede machen* Man kann doch nicht alles in einen Topf werfen!

Topf·en der [ˈtɔpfn̩] <-s, -> SÜDDT., ÖSTERR. *Quark:* mit Topfen gefüllte Pfannkuchen

Tor¹ der [toːɐ] <-en, -en> *(geh. abwert.) ein dummer oder unklug handelnder Mensch:* Wir sind doch Toren gewesen! Warum haben wir das Angebot nicht angenommen?

Tor² das [toːɐ] <-(e)s, -e> ❶ *(≈ Portal) eine große Tür (mit zwei Flügeln), die den (Haupt-)Eingang zu einem Gebäude bildet:* das Tor bewachen/öffnen/schließen; ein neues Tor einbauen ◆ Eingangs-, Kasernen-, Scheunen- ❷ *Einfahrt, Durchfahrt:* durch ein Tor in den Hof gelangen; ein Tor in der Stadtmauer ◆ Garagen-, Hof-, Park-, Schloss- ❸ SPORT *ein großer Rahmen, in dem ein Netz gespannt ist und in den bei bestimmten Mannschaftsspielen der Ball geschossen werden muss, um Punkte zu erzielen:* für seine Mannschaft im Tor stehen; das Tor mit dem Ball/Puck zu treffen versuchen ❹ SPORT *Treffer in das Tor³:* ein Tor erzielen/schießen/verhindern/vorbereiten ◆ -schütze, Anschluss-, Ausgleichs-, Sieg-

tor·keln [ˈtɔrkl̩n] <torkelst, torkelte, hat/ist getorkelt> ohne OBJ ❶ **jmd. torkelt** *(haben) (≈ wanken) gehen und dabei schwanken, vor allem weil man betrunken ist:* Der Betrunkene hat getorkelt. ❷ **jmd. torkelt irgendwohin** *(sein) schwankend irgendwohin gehen:* Die Betrunkenen sind über die Straße getorkelt.

Tor·te die [ˈtɔrtə] <-, -n> *ein (meist) runder Kuchen, der (meist) aus verschiedene Schichten von Teig, Creme, Sahne und Früchten besteht:* zum Geburtstag eine Torte backen/essen ◆ -nstück, Creme-, Kirsch-, Nuss- Obst-, Sacher-, Schokoladen-

tot [toːt] adj /nicht steig./ ❶ *(↔ lebendig) so, dass jmd. oder ein Tier nicht (mehr) lebt:* ein toter Mensch; ein totes Tier; (klinisch) tot sein; jemanden für tot erklären; ein tot geborenes Kind; nur noch tot geborgen werden können; Das Opfer fiel tot um/ brach tot zusammen.; sich tot stellen; tot daliegen; totes Holz/Gewebe ❷ *(≈ unbelebt) so, dass darin keine Lebensvorgänge ablaufen:* tote Materie; nichts als tote Steine ❸ *so, dass nicht mehr benutzt wird oder nicht mehr seine Funktion erfüllt:* ein totes Gleis; ein toter Flussarm; eine tote Sprache; Hinter der Tür ist toter Raum, dort können wir nichts hinstellen. ❹ *(umg.) so, dass es nicht mehr funktioniert:* Die Telefonleitungen/elektrischen Leitungen sind tot.; Plötzlich war der Fernseher tot. Es war nichts mehr auf dem Bildschirm zu sehen. ❺ *(↔ frisch, lebendig) so, dass es leblos wirkt:* tote Augen; Die Stadt/Die Landschaft wirkte tot.; Grau ist eine tote Farbe.; ■ **ein toter Winkel** *ein nicht einsehbarer oder erreichbarer Raum* sich im toten Winkel hinter einem Fahrzeug befinden; ■ **totes Gestein** BERGB. *Gestein ohne nutzbare Bodenschätze;* ■ **tote Hose** *(umg.) Langeweile* Am Sonntag war mal wieder nichts los — tote Hose!; ■ **sich tot stellen/totstellen** *vortäuschen, dass man tot ist* Er hat sich tot gestellt/totgestellt.; ■ **tot geboren/totgeboren** *bei der Geburt nicht mehr am Leben* ein tot geborenes Kind; ■ **tot geglaubt/totgeglaubt** *so, dass man jemand für tot hält* Der schon tot geglaubte Onkel kehrte nach dem Schiffsunglück gesund zurück. ◆ Großschreibung → R 3.17 das Tote Meer; das Tote Gebirge; ◆ Getrennt- oder Zusammenschreibung → R 4.16

to·tal [toˈtaːl] adj /nicht steig./ *(≈ völlig, vollständig, ganz) verwendet, um auszudrücken, dass die genannte Sache nicht nur teilweise gilt, sondern absolut der Fall ist:* total überfordert sein; Es herrschte totales Chaos.; Die Straße war total überflutet.; Das habe ich total vergessen!

To·te der/die <-n, -n> *jmd., der gestorben ist:* Die/Der Tote wird aufgebahrt/beigesetzt.; ■ **wie ein Toter/eine Tote schlafen** *(umg.) tief und fest schlafen* Er schläft wie ein Toter.; ■ **ein Lärm, mit dem man Tote aufwecken kann** *(umg.) ein großer Lärm* Seid doch mal etwas leiser! Ihr macht ja einen Lärm, mit dem man Tote aufwecken kann!

tö·ten ['tø:tn̩] *mit OBJ/ohne OBJ* ■ **jmd. tötet jmdn./ein Tier** ❶ *bewirken, dass ein Lebewesen nicht mehr lebt:* jemanden fahrlässig/grausam/mit einer Waffe/vorsätzlich töten; sich selbst töten; ein getötetes Tier; Er wurde bei einem Unfall getötet. ❷ *vernichten:* einen Nerv töten; die Zeit töten; ■ **etwas tötet jemanden** *(umg.) jmd. kann etwas nicht ertragen* Es tötet mich, mit anzusehen, was da geschieht.; Die Musik tötet ihn.

tot·la·chen <lachst tot, lachte tot, hat totgelacht> *mit SICH* ■ **jmd. lacht sich (über etwas** Akk.**) tot** *(umg.) sehr lachen:* sich über einen Witz fast totlachen ◆Zusammenschreibung → R 4.5 Ich habe mich halb totgelacht.

tot·schwei·gen <schweigst tot, schwieg tot, hat totgeschwiegen> *mit OBJ* ■ **jmd. schweigt jmdn./etwas tot** *(abwertend.) über jmdn. oder etwas bewusst schweigen, um ihn oder es in Vergessenheit geraten zu lassen:* Dieses Problem wird einfach totgeschwiegen. ◆Zusammenschreibung → R 4.5 einen kritischen Politiker/ein Problem/ein Thema totschweigen

Tou·pet das [tu'pe:] <-s, -s> *eine Art Perücke, die teilweise das eigene Haar ersetzt:* ein Toupet tragen; sein Haar mit einem Toupet voller erscheinen lassen

Tour die [tu:ɐ̯] <-, -en> ❶ *ein Ausflug oder eine Ausfahrt:* eine kleine Tour mit dem Rad/mit dem neuen Wagen; eine zweiwöchige Tour durch die Berge ▸ Berg-, Kletter-, Rad- ❷ *eine bestimmte zurückzulegende Strecke:* die kürzere/längere/reizvollere Tour wählen; Die heutige Tour geht durch mehrere Ortschaften. ❸ */nur Plur./* TECHN. *Umdrehungen pro Minute:* auf Touren kommen; auf vollen Touren laufen ▸ hochtourig ❹ *(umg. abwert.: ≈ Masche) eine bestimmte Art (des Verhaltens), mit der jmd. etwas erreichen will:* Komm mir bloß nicht auf die Tour!; es auf die freundliche Tour bei jemandem versuchen; ■ **jemandem die Tour vermasseln** *(umg.) jmds. (schlechte) Absichten durchkreuzen*

Er wollte mir Geld stehlen, aber ich habe ihm die Tour vermasselt.; ■ **in einer Tour** *(umg. abwert.) immerzu; ständig* Er fragt in einer Tour.; ■ **etwas läuft auf vollen Touren** *(umg.) etwas ist in vollem Gange* Die Vorbereitungen für das Fest laufen auf vollen Touren.

Tou·rist der, **Tou·ris·tin** [tuˈrɪst] <-en, -en> *jmd., der als Urlauber ein Land oder eine Stadt besucht:* Das Schloss wird von vielen Touristen besichtigt. ▸ Touristik, Tourismus, touristisch ◆Auto-, Bahn-

Trab·bi, *a.* **Tra·bi** der <-s, -s> *Kurzform für „Trabant", eine Automarke in der ehemaligen DDR:* einen Trabbi fahren

Tra·di·ti·on die [tradiˈtsi̯oːn] <-, -en> *(≈ Brauch, Sitte) etwas, das seit vielen Generationen überliefert ist und als kultureller Wert gilt:* etwas ist irgendwo (so) Tradition; eine alte Tradition achten/pflegen; mit einer Tradition brechen; Die Tradition will es, dass ... ▸ traditionell ◆Familien-, Kultur-, Stammes-

traf [traːf] *Prät. von* **treffen**

Tra·fik die [traˈfɪk] <-, -en> ÖSTERR. *Kiosk, in/an dem man Tabakwaren und Zeitschriften kaufen kann:* Zigaretten in der Trafik kaufen ▸ Trafikant(in)

trag·bar *adj /nicht steig./* ❶ *so, dass man es tragen kann:* ein tragbarer Computer/Fernseher ❷ *so, dass man Kleidungsstücke im normalen Leben tragen kann, ohne irgendwie aufzufallen:* tragbare Kleidung/Mode ❸ *so, dass man es dulden und tolerieren kann:* Sein Verhalten ist nicht tragbar.; Der Minister ist nach dem Skandal nicht mehr tragbar. ❹ *so, dass man es bezahlen kann:* Die finanziellen Belastungen des Hausbaues waren für die Familie nicht mehr tragbar.

trä·ge ['trɛːɡə] *adj faul, lustlos, langsam:* Sei doch nicht immer so träge!

tra·gen ['traːɡn̩] <trägst, trug, hat getragen> I. *mit OBJ* ■ **jmd. trägt etwas** *gehen und dabei etwas mit sich transportieren:* Sie trägt die Reisetasche.; ein Kind auf dem Arm tragen ❷ ■ **jmd. trägt etwas** *als Kleidungsstück oder Frisur haben:* einen Anzug/eine Krawatte/einen Minirock/einen goldenen Ring tragen; das Haar offen/schulterlang/locker in die Stirn gekämmt tragen ❸ ■ **etwas trägt etwas** *mit etwas versehen sein:* Alle Wagen tragen eine Nummer.; Er trägt diesen Namen mit Stolz. ❹ ■ **jmd. trägt etwas irgendwie** *einen Körperteil auf eine bestimmte Weise halten:* den Kopf gesenkt tragen; die Nase hoch tragen ❺ ■ **jmd. trägt etwas** *bezah-*

len: die Kosten des Verfahrens tragen müssen; Die Versicherung trägt die Kosten der Reparatur.; Das Heim/Die Schule wird zum großen Teil von der Kirche getragen. ❻ **jmd. trägt etwas** *(geh.) wesentlich zu etwas beitragen oder etwas unterstützen:* eine Veranstaltung tragen; mit seinem Einsatz ein Projekt tragen; eine tragende Rolle bei etwas spielen; der tragende Gedanke dieses Romans ❼ **jmd. trägt etwas** *(in verblasster Bedeutung) haben:* die Schuld tragen; Verantwortung für etwas tragen **II.** *mit OBJ/ohne OBJ* ❶ **jmd. trägt etwas/an etwas** *Akk. ertragen; erdulden:* sein Los/seine schwere Krankheit mit Geduld tragen; etwas mit Fassung tragen; Er trägt schwer an seinem Schicksal. ❷ **etwas trägt (etwas)** *eine Last aushalten:* Hoffentlich kann uns die Brücke tragen.; Das Eis trägt schon.; eine frei tragende Konstruktion ❸ **etwas/ein Tier trägt (etwas)** *Frucht bringen; Junge erwarten:* Der Baum trägt Äpfel.; Der Baum trägt gut/reichlich.; Die Kuh trägt ein Kälbchen.; Die Kuh/Katze trägt/ist trächtig. **III.** *ohne OBJ* ▪ **etwas trägt irgendwie** *in eine bestimmte Entfernung reichen:* Das Gewehr/Der Schuss trägt weit.; Im Bergen trägt die Stimme weit. **IV.** *mit SICH* ▪ **etwas trägt sich** *so, dass es wirtschaftlich keine Verluste macht:* Das Geschäft trägt sich bereits nach einem Jahr.; ▪ **zur Schau tragen** *zeigen* Gelassenheit zur Schau tragen; ▪ **sich mit dem Gedanken tragen, etwas zu tun** *(geh.) überlegen, ob man etwas tun soll* Er trägt sich mit dem Gedanken, die Firma zu wechseln.

Tra·gö·die die [traˈgøːdi̯ə] <-, -n> ❶ *(umg.) ein großes Unglück, das jmdm. widerfährt:* Der plötzliche Tod ihrer Mutter ist für die Kinder eine schreckliche Tragödie. ◆ Ehe-, Eifersuchts-, Familien-. ❷ THEAT., LIT. *ein Theaterstück mit einem traurigen Ende:* eine Tragödie von Shakespeare aufführen

trai·nie·ren [trɛˈniːrən/treːˈniːrən] <trainierst, trainierte, hat trainiert> **I.** *mit OBJ* ❶ ▪ **jmd. trainiert jmdn.** *sportlich ausbilden und auf einen Wettbewerb vorbereiten:* Er trainiert die Mannschaft/die Hochspringerin schon seit Jahren/mit Erfolg. ❷ ▪ **jmd. trainiert etwas** *durch Übungen die Leistung von etwas erhöhen:* mit bestimmten Methoden das Gedächtnis trainieren **II.** *mit OBJ/ohne OBJ* ▪ **jmd. trainiert (etwas)** *systematisch üben:* Wir trainieren heute die Ausdauer/den Start- sprung/ den Sprint.; Wir haben lange trainiert, bis wir es konnten.; Die Sportler trainieren hart/regelmäßig/stundenlang/ bis zur Erschöpfung.

Trai·ning das [ˈtrɛːnɪŋ/ˈtreːnɪŋ] <-s, -s> ❶ *das regelmäßige, systematische Durchführen von sportlichen Übungen, um jmdn./sich z.B. auf einen Wettkampf vorzubereiten:* ein regelmäßiges/straffes Training; ein Training der Muskulatur/der Ausdauer; Training im Freien/in der Halle ◆ -sintensität, -smethodik, Ausdauer-, Kraft-. ❷ *das Üben bestimmter Fähigkeiten:* das Training des Gedächtnisses/des Orientierungssinnes; ▪ **im Training sein** *(umg.) etwas gut können* Beim Laufen bin ich zur Zeit gut im Training. ◆ Kreislauf-

Tram die [tram] <-, -s> SÜDD., ÖSTERR., SCHWEIZ. *Straßenbahn:* mit der Trambahn fahren

tram·peln [ˈtrampln̩] <trampelst, trampelte, hat/ist getrampelt> *ohne OBJ* ❶ ▪ **jmd. trampelt (irgendwie)** *(haben) mit den Füßen laut auf etwas treten:* Wer hat denn da so getrampelt? Könnt ihr nicht etwas leiser sein?; Die Zuschauer klatschten Beifall und trampelten mit den Füßen. ❷ ▪ **jmd. trampelt irgendwo** *(abwert.) (sein) mit schweren Schritten gehen und dabei nicht darauf achten, ob man etwas kaputt macht:* Wer ist auf meine Beete getrampelt?; durchs Zimmer trampeln

Trä·ne die [ˈtrɛːnə] <-, -n> */meist Plur./ ein Tropfen der Flüssigkeit, die aus den Augen kommt, wenn man weint:* Tränen der Freude/der Trauer laufen ihm über die Wangen.; bittere Tränen vergießen/weinen; in Tränen ausbrechen; ▪ **unter Tränen** *weinend* Sie berichtete unter Tränen, was vorgefallen war.; ▪ **zu Tränen gerührt sein/zu Tränen rühren** *so gerührt sein, dass man weinen muss* Die Überraschung ihrer Freunde rührte sie zu Tränen.; ▪ **Tränen lachen (müssen)** *so lachen (müssen), dass man weinen muss* Der Film war so lustig, dass ich Tränen gelacht habe.; ▪ **jemandem/etwas keine Träne nachweinen** *den Verlust von jmdm. oder etwas nicht bedauern* Dem alten Job weine ich keine Träne nach. ◆ tränen-. Abschieds-, Freuden-

trank [traŋk] *Prät. von* **trinken**

tran·si·tiv [ˈtranziti:f] *adj /nicht steig./* SPRACHWISS. *(↔ intransitiv) so, dass es ein Akkusativobjekt fordert:* ein transitives Verb

Trans·plan·ta·ti·on die [transplantaˈtsi̯oːn] <-, -en> MED. *Verpflanzung eines Gewe-*

bes oder eines Organs auf einen anderen Menschen oder auf einen anderen Körperteil: eine Transplantation einer Niere/der Haut ◆ Gewebe-, Haut-, Herz-, Knochen-, Knochenmark-, Nieren-, Organ-

Trans·port der [trans'pɔrt] <-(e)s, -e> ❶ *der Vorgang, dass man Waren oder Personen auf einem bestimmten Weg mit einem Fahrzeug von einem Ort zu einem bestimmten Ziel bringt:* der Transport von Autos mit der Eisenbahn; der Transport von Kranken/Verletzten ◆ Bahn-, Güter-, Kranken-, Möbel- ❷ *die Waren oder Personen und das Fahrzeug, die zusammen an einem Transport¹ beteiligt sind:* einen Transport (mit Geld) überfallen; Der Transport auf der Autobahn darf nicht überholt werden.; ein Transport mit Gefangenen

trans·por·tie·ren [transpɔr'ti:rən] <transportierst, transportierte, hat transportiert> *mit OBJ* ❶ ■ **jmd. transportiert jmdn./ein Tier/etwas** *befördern; von einem Ort zum anderen bringen:* Waren/Personen/Tiere transportieren; einen Patienten ins Krankenhaus transportieren ❷ ■ **etwas transportiert (etwas)** TECHN. *vorwärtsbewegen:* Der Fotoapparat transportiert (den Film) nicht mehr.

Trans·ves·tit der [transvɛs'tiːt] <-en, -en> *ein Mann, der sich wie eine Frau kleidet und verhält (weil das seiner sexuellen Veranlagung entspricht)* ▸ Transvestismus/Transvestitismus

trat·schen ['tra:tʃn] <tratschst, tratschte, hat getratscht> *ohne OBJ* ■ **jmd. tratscht** *(umg. abwert.: ≈ klatschen) über die Angelegenheiten anderer Leute (schlecht) reden:* mit dem Nachbarn über die Leute im Haus tratschen ▸ Tratsch

trau·en ['trauən] <traust, traute, hat getraut> I. *mit OBJ* ■ **jmd. traut jmdn.** *jmdn. verheiraten:* Der Pfarrer hat die beiden getraut.; Sie wurden gestern in St. Magnus getraut.; sich kirchlich/standesamtlich trauen lassen II. *ohne OBJ* ■ **jmd. traut jmdm./etwas** *(≈ vertrauen) Vertrauen entgegenbringen:* Er konnte seinem Freund nicht mehr trauen.; Sie trauten ihren Augen nicht, als sie das sahen.; Ich traue mir selbst nicht mehr; so oft habe ich mich geirrt.; Diesem Versprechen traue ich nicht so recht.; ■ **jemandem nicht über den Weg trauen** *(umg.) jmdm. nicht vertrauen* Irgendwie traue ich meiner neuen Nachbarin nicht über den Weg. III. *mit SICH* ■ **jmd. traut sich** *(≈ wagen) den Mut haben, etwas zu tun:* sich nachts nicht allein auf die Straße trauen; Ich traue mich nicht, ins tiefe Wasser zu gehen.

trau·ern ['trauɐn] <trauerst, trauerte, hat getrauert> *ohne OBJ* ■ **jmd. trauert um jmdn./etwas** *traurig sein, weil man jmdn./etwas verloren hat, der/das sehr wichtig für einen war:* um einen geliebten Menschen/den Verlust der Heimat trauern; die trauernde Witwe; der/die Trauernde ▸ Trauer

Traum der [traum] <-(e)s, Träume> ❶ *eine Folge von Bildern und Vorstellungen, die im Schlaf auftreten und an die man sich am Morgen manchmal noch erinnern kann:* nach einem schlechten Traum voller Angst aufwachen; einen schönen Traum haben; einen Traum deuten; Der Traum ist das Kino des Kleinen Mannes ◆ -deutung, -inhalt, -symbolik, Alb-, Angst- ❷ *jmds. sehnlicher Wunsch, etwas zu besitzen oder zu tun:* Es war sein Traum, einmal durch Amerika zu reisen.; Ein solches Motorrad wäre sein Traum.; ■ **Das fällt mir nicht im Traum(e) ein!** *(umg.) das werde ich ganz bestimmt nicht tun* Ich soll ihn anrufen? Das fällt mir doch im Traum nicht ein!; ■ **ein Traum von ...** *(umg.) ein großartiger/großartiges .../eine großartige ...* ein Traum von einem Mann; ein Traum von einem Haus; ■ **Aus der Traum!** *Der Traum² hat sich nicht erfüllt.* Mein Mann ist arbeitslos geworden – Jetzt können wir das Haus nicht bauen. Aus der Traum! ◆ Jugend-, Kindheits-, Lebens-, -Menscheits-

Traum- *(≈ Super-) als Erstglied zusammengesetzter Substantive; drückt aus, dass das mit dem Zweitglied Bezeichnete jemandem als ideal erscheint bzw. so, wie man sich das erträumt (hat):* Jetzt kauft er sich endlich sein Traumauto. ▸ -auto, -beruf, -beziehung, -frau, -haus, -hochzeit, -job, -karriere, -mann, -note, -paar, -reise, -strand, -tor, -urlaub, -villa

träu·men ['trɔymən] <träumst, träumte, hat geträumt> I. *mit OBJ/ohne OBJ* ■ **jmd. träumt (etwas)** *einen Traum¹ haben:* Er träumte jede Nacht schreckliche Dinge.; Heute Nacht habe ich wieder geträumt.; nachts von jemandem/etwas träumen II. *ohne OBJ* ❶ ■ **jmd. träumt von etwas** *Akk. sich sehr wünschen:* von einem Urlaub am Meer/einem Lottogewinn träumen ❷ ■ **jmd. träumt** *nicht aufmerksam sein:* Im Unterricht träumt er oft. Deshalb verpasst er manchmal, was gesagt wird.; Träumt nicht! Jetzt wird es spannend!; ■ **jemand hat sich etwas nicht träumen lassen** *jmd. hat mit etwas überhaupt nicht gerechnet und ist völlig über-*

rascht Ich hätte mir nie träumen lassen, dass ich den Job bekomme!

traum·haft *adj* ❶ *nicht der Wirklichkeit entsprechend:* traumhafte Vorstellungen von seinem zukünftigen Beruf haben ❷ *(umg.) großartig, fantastisch, wunderbar:* traumhaftes Wetter; einen traumhaft schönen Urlaub verbringen; traumhaft gut aussehen/singen können

trau·rig ['traʊrɪç] *adj* ❶ *(↔ fröhlich) so, dass man nicht sehr fröhlich ist, sondern einen seelischen Schmerz empfindet und bedrückt ist:* ein trauriger Mensch; ein trauriges Gesicht; traurig aussehen/sein/werden ❷ *so, dass es traurig¹ macht:* ein trauriger Anlass; eine traurige Nachricht erhalten; ein trauriger Film ❸ *(≈ bedauerlich) so, dass man sich nicht darüber freut:* Das ist aber traurig, dass ihr schon gehen müsst!; Ich finde es sehr traurig, dass es so wenige Freiwillige gibt. ❹ *(abwert.) schlecht:* in einem traurigen Zustand sein; Die traurige Bilanz eines Wochenendes: vier Tote bei zwei Verkehrsunfällen.; eine traurige Rolle bei etwas spielen ▸ Traurigkeit

Tref·fen *das* ['trɛfn̩] <-s, -> *der Vorgang, dass sich mehrere Leute verabreden und (irgendwo) zusammenkommen:* ein Treffen der Schüler beider Schulen; ein Treffen absagen/durchführen/planen/vereinbaren; zu einem Treffen kommen

tref·fen ['trɛfn̩] <triffst, traf, hat/ist getroffen> I. *mit OBJ/ohne OBJ* ❶ **jmd. trifft jmdn./etwas** *(haben) einen Schlag oder Schuss so platzieren, dass er direkt sein Ziel erreicht:* Der Ball hat das Tor/ins Tor getroffen; Ich habe (den Ball) wieder nicht getroffen!; Er wurde am Kopf getroffen. ❷ **etwas trifft jmdn.** *(haben) jmdm. ein trauriges Gefühl geben:* Deine Vorwürfe treffen mich tief.; Ihr Tod hat ihn schwer getroffen.; So ein Verlust trifft schwer.; Es trifft schon, wenn man nicht beachtet wird. ❸ **etwas trifft jmdn. an jmds. Adresse gehen:** Deine Vorwürfe treffen den Falschen. ❹ *(haben) richtig wählen oder richtig raten:* jemandes Geschmack treffen; Habe ich richtig getroffen?; eine treffende Bemerkung machen II. *mit OBJ* ❶ **jmd. trifft jmdn.** *(haben) zufällig oder verabredet begegnen:* Ich habe ihn rein zufällig getroffen.; Ich treffe ihn heute (sicher) noch.; Wann treffen wir euch wieder? ❷ **etwas trifft jmdn.** *(haben) auf jmdn. fallen:* Das Los hat mich getroffen.; Ihn trifft keine Schuld. ❸ **jmd. trifft etwas** *(haben) in verblasster Bedeutung: tun, durchführen:* Vorkehrungen/Verfügungen treffen; eine Vereinbarung/Entscheidung treffen; eine schwere Wahl treffen müssen III. *ohne OBJ* ▪ **jmd. trifft auf etwas** *Akk. (sein) unerwartet finden oder begegnen:* Wir sind in der Stadt auf ihn getroffen.; Sie sind auf einen harten Gegner getroffen.; auf unerwarteten Widerstand treffen IV. *mit SICH* ▪ **jmd. trifft sich** *(haben) (wie vereinbart) zusammenkommen:* Sie trafen sich in einem Café.; Sie haben sich regelmäßig getroffen. V. *mit ES* ▪ **es trifft sich irgendwie** *(haben) geschehen:* Das trifft sich günstig.; Es hat sich so getroffen, ohne dass wir es beabsichtigt hatten.

Treff·punkt *der* <-(e)s, -e> *ein Ort, an dem zwei oder mehrere Personen zu einem vereinbarten Zeitpunkt zusammenkommen:* einen Treffpunkt vereinbaren

Trei·ben *das* <-s> /kein Plur./ ❶ *der Vorgang, dass irgendwo viele Menschen sind und viele verschiedene Dinge tun:* das bunte Treiben auf dem Markt ❷ *(abwert.) ein Handeln, das gegen das Gesetz ist:* dem Treiben der Verbrecherbande ein Ende bereiten

trei·ben ['traɪbn̩] <treibst, trieb, hat/ist getrieben> I. *mit OBJ (haben)* ❶ **jmd./etwas treibt jmdn./ein Tier/etwas irgendwohin** *dazu bringen, sich in eine Richtung zu bewegen:* Er trieb die Kühe auf die Weide.; Das Problem trieb ihn fast zur Verzweiflung.; Der Wind treibt die Blätter vor sich her.; Das Boot wird (von der Strömung) an Land getrieben. ❷ **jmd./etwas treibt jmdn. zu etwas** *Dat. dazu bringen, (schnell) etwas zu tun:* sich getrieben fühlen, etwas zu tun; jemanden zur Eile treiben; die treibende Kraft bei etwas sein ❸ **etwas treibt etwas** TECHN. *(≈ antreiben) die Energie für etwas liefern und es bewegen:* Wasserkraft treibt die Turbinen. ❹ **jmd. treibt etwas in etwas** *Akk. etwas mit Kraft oder Gewalt in etwas eindringen lassen:* einen Nagel in die Wand treiben; einen Pflock in den Boden treiben; einen Tunnel in die Erde treiben ❺ **jmd./etwas treibt jmdn. in etwas** *Akk./zu etwas Dat. in einen schlimmen Zustand bringen:* jemanden zur Verzweiflung/in den Tod treiben; Diese Arbeit treibt mich zum Wahnsinn. ❻ **etwas treibt jmdm. etwas irgendwohin** *hervortreten lassen:* jemandem den Schweiß auf die Stirn/ die Tränen in die Augen/die Röte ins Gesicht treiben ❼ **jmd. treibt etwas** LANDW. *wachsen lassen:* Salat im Gewächshaus treiben ❽ **jmd. treibt es**

mit jmdm. *(vulg. abwert.)* Geschlechtsverkehr haben: es mit jemandem treiben; Haben sie es wieder (miteinander) getrieben? ❾ *(≈ betreiben)* ■ **jmd. treibt etwas** *machen:* Sport treiben; ein Handwerk treiben; Was treibst du so?; Treibt es nicht zu toll! ❿ ■ **jmd. treibt etwas** *etwas Übles tun:* Missbrauch/Unfug treiben; seinen Spott mit jemandem treiben **II.** *mit OBJ/ ohne OBJ* ■ **eine Pflanze treibt (etwas)** *(haben) hervorbringen:* Die Pflanze treibt Blüten/Blätter.; Der Baum treibt schon sehr zeitig. **III.** *ohne OBJ* ❶ ■ **etwas treibt irgendwo** *(sein) fortbewegt werden:* Am Himmel treiben dunkle Wolken.; Das Boot ist an Land getrieben.; Das Eis treibt auf dem Wasser.; in der Menschenmenge treiben ❷ ■ **etwas treibt** *(haben) starken Harndrang hervorrufen:* Der Tee treibt.; eine treibende Wirkung haben; ■ **die Dinge treiben lassen** *bei etwas nicht regelnd eingreifen*

Trend der [trɛnt] <-, -s> *(≈ Tendenz) die grundsätzliche Richtung, in die sich etwas entwickelt:* Der Trend entwickelt sich immer mehr zum Studium im Ausland.; Foto-Handys sind der neueste Trend.

tren·nen ['trɛnən] <trennst, trennte, hat getrennt> **I.** *mit OBJ* ■ **jmd. trennt etwas/Personen**; ■ **jmd. trennt jmdn./ etwas von jmdm./etwas** ❶ *bewirken, dass zwei Personen oder Gegenstände nicht mehr zusammen sind bzw. keine Verbindung mehr zwischen ihnen besteht:* zwei Kinder, die sich streiten, trennen; den Ärmel aus/von der Jacke trennen; zwei Teile, die aneinanderhaften, zu trennen versuchen ❷ ■ **jmd. trennt etwas von etwas** *(≈ unterscheiden) zwei oder mehrere Dinge bewusst als verschiedene Dinge betrachten:* Öffentlichkeit und Privatleben trennen ❸ ■ **etwas trennt etwas (von etwas** *Dat.) ein Hindernis, einen Zwischenraum oder einen Abstand bilden:* Ein Zaun trennt beide Gärten.; Ein Fluss/Ein Gebirge trennt beide Länder.; Noch zwei Wochen trennen uns von dem großen Ereignis.; 500 m/10 Sekunden trennen den Anführer des Rennens von seinen Verfolgern. ❹ SPRACHWISS. *am Zeilenende nur einen Teil eines Wortes schreiben, einen Trennstrich machen, und den restlichen Teil des Wortes in die nächste Zeile schreiben:* ein Wort nach Sprechsilben trennen ❺ ELEKTROTECHN., TELEKOMM. *unterbrechen:* eine Telefonverbindung trennen; eine Stromleitung mit einem Schalter trennen **II.** *mit SICH* ❶ ■ **jmd./etwas trennt sich** *auseinandergehen:* Wir haben uns am Bahnhof getrennt.; Die Mannschaften trennten sich 2:0 nach einer Verlängerung.; Hier trennen sich unsere Wege. ❷ ■ **jmd. trennt sich (von jmdm.)** *eine Beziehung beenden:* Sie haben sich nach 20 Jahren Ehe getrennt.; Sie hat sich von ihrem Partner getrennt. ❸ ■ **jmd. trennt sich von etwas** *Akk. weggeben:* sich beim Umzug von alten Möbeln trennen; sich von lieb gewordenen Gewohnheiten trennen; ■ **Müll trennen** *verschiedene Sorten Müll getrennt in verschiedene Abfalltonnen, Container o.Ä. entsorgen* Wir trennen Papier, Glas und Plastik.

Tren·nung die <-, -en> ❶ *das Trennen:* die Trennung des Mülls; die Trennung zweier Kinder, die sich streiten; die Trennung eines Wortes; die Trennung einer Telefonverbindung ❷ *das Sichtrennen:* die Trennung vom Partner/von alten Gewohnheiten/ von der Heimat ❸ *das Getrenntsein:* Nach langer Trennung sahen sich die Eheleute wieder.

Trep·pe die ['trɛpə] <-, -n> ❶ *ein Weg, auf dem man nach oben oder nach unten gehen kann, der aus vielen Stufen besteht und an dessen Rand meist eine Art Stange, das Geländer, ist:* das Geländer/ die Stufen der Treppe; die Treppe hinauf-/ hinuntergehen ◆-nabsatz, -nstufe, Holz-, Stein-, Wendel- ❷ *(umg.) Etage, Stockwerk:* Sie wohnen eine Treppe tiefer.; Sie wohnen vier Treppen hoch.; ■ **die Treppe hinauffallen** *(umg. abwert.) Karriere machen, ohne es selbst verdient zu haben* Einige seiner Schulkameraden sind die Treppe hinaufgefallen und verdienen nun sehr viel Geld.

Tre·sen der ['treːzn̩] <-s, -> NORDDT. *die Theke in einem Lokal oder Restaurant bzw. in einem Laden:* Die Verkäuferin/Der Wirt steht hinter dem Tresen.

Tre·sor der [treˈzoːɐ̯] <-s, -e> *(≈ Safe) ein Schrank, dessen Wände aus sehr starken Stahlplatten bestehen, dessen Tür nur mit einem Zahlenschloss geöffnet werden kann und in dem man Bargeld, Wertpapiere und wertvolle Dokumente aufbewahrt:* Der Tresor wurde aufgebrochen.

tre·ten ['treːtn̩] <trittst, trat, hat/ist getreten> **I.** *mit OBJ/ohne OBJ* ■ **jmd. tritt (etwas)** *(haben) mit dem Fuß stoßen:* Der Mann hat den Hund getreten.; jemanden in den Hintern treten **II.** *mit OBJ* ❶ ■ **jmd. tritt etwas** *mit dem Fuß betätigen:* die Kupplung im Auto treten ❷ ■ **jmd. tritt etwas (in etwas** *Akk.)*

durch Treten mit dem Fuß erzeugen oder irgendwie verändern: ein Loch in die Tür treten; einen Weg treten; etwas platt treten ❸ **jmd. tritt etwas irgendwohin** *mit dem Fuß irgendwohin befördern:* einen Ball ins Tor treten; sich einen Dorn in den Fuß treten **III.** *ohne OBJ (sein)* ❶ **jmd. tritt irgendwohin** *sich mit einem Schritt irgendwohin bewegen:* Er trat in das Zimmer.; beiseite/zur Seite/neben jemanden treten; in eine Pfütze treten ❷ **jmd. tritt in etwas** *Akk. sich in einen Zustand begeben:* in den Dienst/den Ruhestand treten; mit jemandem in Verbindung treten ❸ **jmd. tritt auf etwas** *Akk. den Fuß auf etwas setzen:* jemandem auf den Fuß treten; auf den Rasen/auf einen Regenwurm treten ❹ **jmd. tritt auf etwas** *Akk.***/in etwas** *Akk. mit dem Fuß Kraft auf oder in etwas gelangen lassen:* auf die Bremse/in die Pedalen treten ❺ **etwas tritt in etwas** *(in verblasster Bedeutung) in Aktion/Erscheinung/Kraft treten:* ins Bewusstsein treten ◆ Getrennt-oder Zusammenschreibung → R 4.15 eine Büchse platt treten/plattreten

Treu **auf Treu und Glauben** *im Vertrauen darauf, dass alles richtig ist* Er hat mir auf Treu und Glauben versichert, dass er unschuldig ist.

treu [trɔy] *adj* ❶ *(≈ loyal) so, dass man immer zu jmdm./etwas steht und für diese Person/Sache da ist, weil man eine enge Bindung zu der Person/Sache verspürt:* jemandem/einer Sache treu sein; ein treuer Freund/Mitarbeiter; jemandem treu ergeben sein; treu seine Pflicht erfüllen ◆ gesetzes-, linien-, verfassungs- ❷ *(↔ untreu) so, dass man außerhalb der eigenen Partnerschaft keine sexuellen Beziehungen zu anderen Menschen hat:* eine treue Ehefrau; Er ist seiner Frau immer treu gewesen/geblieben. ❸ *(≈ treuherzig) naiv; so, dass man jmdm./einer Sache unkritisch glaubt:* jemanden treu ansehen; der treue Blick (eines Hundes); treu und brav hinter jemandem herlaufen ❹ *(veralt.) dem Original entsprechend:* eine treue Wiedergabe des Klanges; Sie ist ein treues Abbild ihrer Mutter.; sich selbst treu bleiben; **seinem Vorsatz treu bleiben** *sich an seinen Vorsatz halten* Sie blieb ihrem Vorsatz immer treu. ▶ Treue ◆ Getrenntschreibung → R 4.8 seiner Freundin treu bleiben; ◆ Getrennt-oder Zusammenschreibung → R 4.16 jemandem treu ergeben/treuergeben sein; ein treu gesinnter/treugesinnter Freund; ihre treu sorgenden/treusorgenden den Eltern

Trick der [trɪk] <-s, -s> ❶ *(abwert.) eine Handlung, mit der man jmdn. täuscht und betrügt:* üble/raffinierte Tricks von Betrügern; auf einen Trick hereinfallen ◆ -dieb, Gauner- ❷ *(≈ Kunstgriff) ein geschickter Handgriff oder eine bestimmte Technik, die ein Könner oder Fachmann auf einem Gebiet beherrscht, und mit der man etwas gut lösen oder jmdn. verblüffen kann:* einen Trick anwenden/üben/vorführen; einem erfahrenen Fachmann ein paar Tricks abschauen; Der Schrank lässt sich nur mit einem Trick öffnen.; die Tricks eines Zauberkünstlers

Trieb der <-(e)s, -e> ❶ *eine Art innerer Drang, der auf Instinkt beruht und der Tieren und Menschen bestimmte Verhaltensweisen vorgibt:* die natürlichen Triebe des Menschen; mütterliche Triebe verspüren; der Trieb nach Selbsterhaltung; seine Triebe ausleben/kontrollieren; keinerlei Trieb zur Arbeit haben ◆ Bewegungs-, Freiheits-, Nahrungs- ❷ *(umg.) sexuelles Verlangen:* (keinen) Trieb haben ◆ Sexual- ❸ BOT. *ein neuer Pflanzenteil:* frische/junge/zarte Triebe an einem Baum

trieb [triːp] *Prät. von* **treiben**

trin·ken [ˈtrɪŋkn̩] <trinkst, trank, hat getrunken> **I.** *mit OBJ/ohne OBJ* ▪ **jmd. trinkt (etwas)** ❶ *eine Flüssigkeit zu sich nehmen und durch den Mund in den Magen gelangen lassen:* Bei großer Hitze sollte man ausreichend trinken.; Sie trinkt gerne Bier/Mineralwasser/Tee/Wein.; Die Pferde trinken Wasser.; Störe das Kind nicht, es trinkt gerade!; Du musst mehr trinken. ❷ ▪ **jmd. trinkt (etwas) auf etwas** *Akk. jmdm./einer Sache zu Ehren Alkohol zu sich nehmen:* Wir tranken ein Glas Sekt auf seine bestandene Prüfung.; Wir trinken auf die Gesundheit des Geburtstagskindes.; ▪ **etwas trinken gehen** *(mit Freunden) in eine Kneipe oder ein Lokal gehen* Wollen wir heute noch etwas trinken gehen? **II.** *ohne OBJ* ▪ **jmd. trinkt** *in krankhafter Weise regelmäßig zu viel Alkohol trinken; Alkoholiker sein:* Hast du gewusst, dass sie trinkt? ▶ Trinker(in)

trink·fest *adj so, dass man viel Alkohol trinken kann, ohne betrunken zu werden:* Früher ist er trinkfester gewesen; jetzt aber reicht schon wenig Alkohol, um ihn betrunken zu machen.

Trink·geld das <-(e)s, -er> *ein kleiner Geldbetrag, den man dem Kellner im Restaurant, dem Fahrer im Taxi, der Friseurin im Friseurgeschäft etc. (zusätzlich zum ge-*

forderten Preis) freiwillig gibt (und damit zeigt, dass man mit der gebotenen Leistung zufrieden war)

Ein **Trinkgeld** gibt man freiwillig und ohne rechtliche Verpflichtung dazu, obwohl es meist vom Gegenüber erwartet wird. Man gibt es durchaus auch gern, wenn man z.B. mit der Bedienung bzw. auch mit dem Essen in einem Restaurant sehr zufrieden war. Hat man etwas zu beanstanden, wird man darauf verzichten, ein Trinkgeld zu geben. In welchem Rahmen sich der Betrag bewegen sollte, lässt sich nur pauschal sagen: Man geht allgemein von einer Summe zwischen fünf bis zehn Prozent dessen aus, was man für eine Dienstleistung bezahlt hat. In einem Wiener Kaffeehaus gibt man hingegen bis zu fünfzehn Prozent. Für Taxifahrer(innen) sind in Deutschland etwa zehn Prozent des Preises üblich.Es steht natürlich jedem frei, mehr zu geben, vor allem wenn der Taxifahrer/die Taxifahrerin bei dem Gepäck behilflich ist. Trinkgeld gibt man z.B. auch Friseuren/Friseurinnen, dem Automechaniker für eine gute Arbeit usw. Für andere kleine Anlässe, z.B. an der Garderobe, reicht ein Euro aus.

Trink·was·ser der <-s> /kein Plur./ *sauberes Wasser, das man trinken kann:* In dieser Gegend herrscht große Knappheit an Trinkwasser.; etwas als Trinkwasser verwenden; Kein Trinkwasser! ◆-aufbereitung, -versorgung

Tritt der [trɪt] <-(e)s, -e> ❶ *ein einzelner Schritt:* Der Fuß schmerzte bei jedem Tritt.; Es sind Tritte im Kies zu hören. ❷ *eine Fußspur; ein Abdruck von einem Fuß:* deutlich die Tritte erkennen können ❸ */kein Plur./ die Art, wie jmd. geht:* mit festem/unsicherem Tritt gehen ❹ *ein einzelner Stoß mit dem Fuß:* jemandem einen Tritt versetzen ◆Fuß-

Tri·umph der [tri'ʊmf] <-(e)s, -e> ❶ *etwas, das für jmdn. einen sehr großen Erfolg oder bedeutenden Sieg darstellt:* einen Triumph/Triumphe feiern können; jemandem seinen Triumph gönnen; der Triumph der Mannschaft bei der Meisterschaft; ein Triumph der Medizin über eine bisher unheilbare Krankheit ❷ */kein Plur./ die große Freude über einen Triumph¹:* etwas mit Triumph in der Stimme sagen; Sie genießt ihren Triumph.

tro·cken ['trɔkn̩] <trock(e)ner, am trockensten> adj ❶ *(↔ feucht) so, dass kein Wasser darin ist:* trockener Boden/Sand; sich trockene Kleider anziehen; warmes und trockenes Sommerwetter; trockene Luft; eine trockene Haut haben; trockene Schleimhäute haben; einen trockenen Husten haben; sich trocken rasieren; Bei Regen können wir unter diesem Dach trocken sitzen/stehen.; bei Regen im Trockenen sitzen ❷ *(≈ herb ↔ lieblich) so, dass Wein oder Sekt nur eine geringe Süße haben:* Wir empfehlen zur Forelle einen trockenen Riesling. ❸ *ohne Beilagen oder Soße:* das Brot/die Kartoffeln trocken essen ❹ *betont sachlich:* ein trockener Unterricht/Vortrag; die trockenen Fakten; Das Buch las sich etwas trocken.; einen trockenen Humor haben ❺ *(umg.) so, dass man als ehemaliger Alkoholiker keinen Alkohol mehr trinkt:* seit zwei Jahren trocken sein; ■ **trocken sitzen** *(umg.) nichts (mehr) zu trinken haben;* ■ **auf dem Trockenen sitzen** *(umg.) kein Geld mehr haben;* ■ **auf dem Trockenen sein** *(umg.) mit etwas nicht weiterkommen* Ich kann nicht mit ausgehen, denn momentan sitze ich auf dem Trockenen.; ■ **seine Schäfchen im Trockenen haben** *(umg.) sich finanziell abgesichert haben* Er hat seine Schäfchen im Trockenen; deshalb zeigt er auch nicht mehr viel Einsatz. ◆Getrennt-oder Zusammenschreibung → R 4.15 trocken föhnen/trockenföhnen; trocken schleudern/trockenschleudern; trocken wischen/trockenwischen

trock·nen ['trɔknən] <trocknest, trocknete, hat/ist getrocknet> **I.** *mit OBJ* ■ **jmd./etwas trocknet etwas** *(haben)* ❶ *trocken machen:* Der Wind hat die Wäsche getrocknet.; die Wäsche in der Maschine trocknen; (sich) die Haare mit einem Handtuch trocknen; den Fußboden mit einem Lappen trocknen; die Augen mit einem Taschentuch trocknen ❷ ■ **jmd. trocknet etwas** *trocken werden lassen:* Kräuter auf dem Dachboden trocknen; getrocknete Pflaumen **II.** *ohne OBJ* ■ **etwas trocknet** *(sein) trocken werden:* Die Wäsche ist im Wind getrocknet.; Meine Haare trocknen immer schnell.

Trö·del der ['trø:dl̩] <-s> /kein Plur./ *(umg. abwert.) wertlose Gegenstände; altes Zeug:* Auf dem Markt gab es jede Menge Trödel. ◆-markt

trö·deln ['trø:dl̩n] <trödelst, trödelte, hat getrödelt> ■ **jmd. trödelt** *(umg. abwert.: ≈ bummeln) sorglos sein und sich viel Zeit lassen (und dadurch Zeit vergeuden); langsam sein:* Wenn du nicht so getrödelt hättest, müssten wir uns jetzt

Trog der <-(e)s, Tröge> *eine lange flache Wanne, aus der Kühe und Schweine ihr Futter fressen:* Die Schweine drängen sich am Trog.

trog [troːk] *Prät. von* **trügen**

Trom·mel die ['trɔml] <-, -n> *ein rundes Musikinstrument, auf dem man einen Rhythmus schlagen kann:* die Trommel schlagen; der dumpfe Klang der Trommeln; die einzelnen Trommeln des Schlagzeugs ▸ trommeln, Trommler(in)

Trom·pe·te die [trɔm'peːtə] <-, -n> *ein Instrument aus Blech, in das man bläst, um die Töne zu erzeugen:* Der Wörterbuchforscher spielt seiner Frau Cornelia jeden Abend auf der Trompete einen Swing-Titel vor. ▸ trompeten, Trompeter(in) ◆-nkonzert, -nmundstück, Jazz-

Tro·pen ['troːpn̩] <-> *Plur. die heiße und sehr feuchte Klimazone auf beiden Seiten des Äquators:* eine Expedition in die Tropen; Diese Pflanze wächst nur in den Tropen. ▸ tropisch ◆-bekleidung, -hitze, -klima, -nacht, Sub-

Trop·fen der ['trɔpfn̩] <-s, -> *eine kleine Menge einer Flüssigkeit (in einer kugeligen Form):* Der Regen fällt in dicken Tropfen.; Im Glas ist noch ein Tropfen Wein.; ■ **ein Tropfen auf den heißen Stein** *(umg.) so wenig (von etwas), dass es nicht hilft* Die Spende war nur ein Tropfen auf den heißen Stein für das Land.; ■ **steter Tropfen höhlt den Stein** *(umg.) mit Ausdauer kommt man zum Ziel;* ■ **ein guter Tropfen** *(umg.) ein guter Wein* Zur Feier des Tages machte er einen guten Tropfen auf.

trop·fen ['trɔpfn̩] <tropfst, tropfte, hat/ist getropft> I. *mit OBJ* ■ **jmd. tropft etwas irgendwohin** *(haben) in Tropfen irgendwohin fallen lassen:* Er tropfte ein wenig Wasser auf die Blumen.; Sie tropfte ihm eine Medizin in die Augen. II. *ohne OBJ* ❶ ■ **etwas tropft** *(haben) Tropfen fallen lassen:* Der Wasserhahn hat getropft.; Meine Nase tropft. ❷ ■ **etwas tropft aus/von etwas** *Dat. (sein) in Tropfen herunterfallen:* Wasser tropft von der Dachrinne.; Das Regenwasser ist aus ihren Kleidern getropft. III. *mit ES* ■ **es tropft** *leicht regnen:* Vorhin hat es ein wenig getropft.

trös·ten ['trøːstn̩] <tröstest, tröstete, hat getröstet> I. *mit OBJ* ■ **jmd. tröstet jmdn.** *jmdm., der traurig ist oder Leid oder Sorgen hat, Mut zusprechen und so versuchen, seinen Kummer erträglicher zu machen:* Sie tröstete ihn so gut es ging.; Das konnte sie auch nicht trösten. II. *mit SICH* ❶ ■ **jmd. tröstet sich mit etwas** *Dat. versuchen, einen Kummer (durch etwas) auszugleichen:* Sie tröstet sich mit der Vorstellung, dass der Verlust ihrer alten Arbeitsstelle auch etwas Gutes hat.; Sie tröstet sich mit Alkohol. ❷ ■ **jmd. tröstet sich mit jmdm.** *nach einer Trennung von einem Mann oder einer Frau sehr schnell wieder einen neuen Freund oder eine neue Freundin haben:* Er tröstet sich bereits mit einer neuen Freundin. ▸ Trost

trost·los *adj* ❶ *(≈ hoffnungslos) so, dass eine Situation schlecht und bedrückend ist und es kaum Hoffnung gibt, dass sich die Situation verbessert:* eine trostlose Lage ❷ *(≈ trist) so unschön und langweilig, dass man in schlechte Stimmung kommt:* eine trostlose Gegend; trostloses Wetter ▸ Trostlosigkeit

Trot·toir das [trɔ'toaːɐ̯] <-s, -e/-s> SÜDDT., SCHWEIZ. *Gehweg; Bürgersteig:* auf dem Trottoir gehen

Trotz der <-es> */kein Plur. / der dauernde (erfolglose) Versuch, etwas gegen den Willen anderer zu tun:* aus Trotz etwas tun ◆-alter ▸ trotzig

trotz [trɔts] *präp +Gen./Dat.* *verwendet um auszudrücken, dass etwas geschieht, obwohl die nach „trotz" genannte Sache es verhindern kann:* Trotz aller Bemühungen blieb er erfolglos.; Trotz des schlechten Wetters ging er ohne Schirm aus dem Haus.; Trotz Regen/schlechtem Wetter fand die Feier statt.; Trotz allem haben sie gewonnen.

trotz·dem ['trɔtsdeːm] *adv (≈ dennoch) verwendet, um auszudrücken, dass das genannte Geschehen erfolgt, obwohl Gründe dagegen sprechen:* Keiner hilft mir, aber ich werde es trotzdem versuchen.

Trug ■ **Lug und Trug** *(geh. abwert.) Lüge und Betrug* Das ist doch alles nur Lug und Trug!

trug [truːk] *Prät. von* **tragen**

trü·gen ['tryːɡn̩] <trügst, trog, hat getrogen> *mit OBJ/ohne OBJ* ■ **etwas trügt (jmdn.)** *irreführen; täuschen:* Der Anschein hat mich nicht getrogen.; ■ **Der Schein trügt.** *etwas ist anders, als es auf den ersten Blick aussieht* Der Schein trügt. In Wirklichkeit ist er sehr unordentlich.; ■ **Wenn mich nicht alles trügt, ...** *(umg.) wenn ich mich nicht irre* Wenn mich nicht alles trügt, müsste das die Straße in das nächste Dorf sein. ▸ trügerisch

Tru·he die ['tru:ə] <-, -n> *eine Art größerer Kasten mit einem Deckel, der meist zur Aufbewahrung von Kleidung dient:* eine alte Truhe aus Holz ◆ Holz-, Kleider-, Schatz-, Wäsche-

Trüm·mer ['trʏmɐ] <-> *Plur. die Reste von etwas, das zerstört wurde:* die Trümmer einer zerstörten Stadt; in den Trümmern der Häuser nach Überlebenden suchen; die Trümmer eines abgestürzten Flugzeuges; Auf dem Röntgenbild waren die Trümmer des Knochens zu sehen.; ▪ **etwas in Trümmer legen** *etwas völlig zerstören*; ▪ **vor den Trümmern von etwas stehen** *(übertr.) etwas zerstört haben, das früher einmal in Ordnung/gut war* Er stand vor den Trümmern seiner Ehe/seiner Existenz. ◆ Fels-, Mauer-

Trup·pe die ['trʊpə] <-, -n> ❶ *eine Gruppe von darstellenden Künstlern:* die Truppe eines Theaters/Zirkus ◆ Artisten-, Ballett-, Komödianten-, Schauspieler-, Zirkus- ❷ MILIT. *eine Einheit der Armee:* Truppen abziehen/stationieren/verlagern ◆ -nübungsplatz, Besatzungs-, Elite-, Kampf- ❸ ▪ **die Truppe** *(umg.) die Armee* bei der Truppe sein; der Dienst bei der Truppe

T-Shirt das ['ti:ʃə:t] <-s, -s> *ein Hemd aus Baumwolle mit kurzen Ärmeln:* im Sommer gerne T-Shirts tragen/anziehen

Tuch das [tu:x] <-(e)s, -e/Tücher> ❶ */Plur. Tücher/ (≈ Halstuch) ein Stück Stoff, das meist ein dekoratives Muster hat und das Frauen als Schmuck um den Hals tragen:* ein Tuch aus Seide ◆ Hals-, Seiden- ❷ */Plur. Tuche/ fest gewebter Stoff:* ein aus teurem Tuch geschneiderter Maßanzug ❸ */Plur. Tücher/ Lappen:* etwas mit einem weichen Tuch reinigen ◆ Scheuer-, Staub-, Taschen-

tüch·tig ['tʏçtɪç] *adj* ❶ *(≈ fleißig) so, dass man bei der Arbeit sehr viel leistet:* ein tüchtiger Mitarbeiter; tüchtig arbeiten ◆ geschäfts-, lebens- ▸ Tüchtigkeit ❷ *(umg.: gewaltig, kräftig) sehr stark; sehr viel; sehr groß:* eine tüchtige Portion; ein tüchtiger Schlag; tüchtig essen; Es regnet tüchtig.

Tu·gend die ['tu:gn̩t] <-, -en> ❶ *eine moralisch gute Eigenschaft:* die Tugend der Ehrlichkeit/Geduld/Gerechtigkeit; viele Tugenden haben ❷ */kein Plur./ moralisch vorbildliches Verhalten:* sich ein Vorbild an jemandes Tugend nehmen ▸ tugendhaft

Tun das <-s> */kein Plur./ (geh.: ≈ Aktivität, Handeln) das, was jmd. tut:* jemandes Tun missbilligen; ▪ **Tun und Lassen** *alles, was jmd. tut oder nicht tut* Du bist für dein Tun und Lassen selbst verantwortlich.

tun [tu:n] <tust, tat, hat getan> **I.** *mit OBJ* ❶ ▪ **jmd. tut etwas** *(umg.) arbeiten; leisten:* Und was habt ihr heute getan?; viel zu tun haben; Heute tu(e) ich gar nichts.; viel Gutes/Nützliches/Böses tun ❷ *(umg.)* ▪ **jmd. tut etwas** *handeln; machen:* Tu doch endlich etwas!; Tut das ja nicht wieder!; Ich habe doch gar nichts getan!; Man tut, was man kann. ❸ ▪ **jmd. tut etwas irgendwohin** *(umg.) etwas irgendwohin legen oder einordnen:* Wohin hast du meine Tasche getan?; das Schnitzel in die Pfanne tun; die Wäsche in die Maschine tun; nicht wissen, wohin man etwas oder jemanden tun soll (≈ sich nicht erinnern können, in welcher Situation man jmdn. oder etwas bereits einmal gesehen hat) ❹ ▪ **jmd. tut jmdm. etwas Leid zufügen:** Was habt ihr dem armen Kerl getan?; Tu(e) mir bitte nichts!; Was habe ich dir denn getan, dass du mir böse bist? ❺ ▪ **jmd. tut jmdm. Gutes/einen Gefallen** *Gutes zufügen:* Er hat ihm viel Gutes getan.; Tu mir den Gefallen und rauche nicht! ❻ ▪ **jmd. tut etwas** *in verblasster Bedeutung: machen:* eine Verbeugung/einen Luftsprung/einen Seufzer tun; seinen letzten Atemzug tun; seine Wirkung tun; einen Blick hinter sich tun ❼ */mit Inf./ (umg.)* SÜDDT. *als Ausdruck einer Möglichkeit:* Ich täte dir gern helfen, aber ich kann nicht. ❽ */mit Inf./ (umg.) zur Hervorhebung der Aussage des Verbs:* Er redete klug daher, aber wissen tat er nichts. ❾ ▪ **etwas tut etwas** *etwas bewirkt etwas:* Das Mittel tut Wunder.; Was tut das schon?; Das tut nichts. **II.** *ohne OBJ* ❶ ▪ **jmd. tut irgendwie** *(umg.) etwas vortäuschen; sich verstellen:* sehr freundlich/interessiert/beleidigt tun; tun, als ob man schläft; Tu doch nicht so. Es interessiert dich doch gar nicht!; Er ist nicht wirklich krank; er tut nur so. ❷ ▪ **etwas tut jmdm. irgendwie** *eine Empfindung auslösen:* Etwas Ruhe wird dir wohl tun.; Das Bad hat ihr gut getan.; Das wird dir noch Leid tun! **III.** *mit ES (umg.)* ❶ ▪ **es tut sich etwas/nichts** *geschehen, passieren:* Es tut sich etwas.; Es tut sich immer noch nichts. ❷ ▪ **etwas tut ausreichen:** Wenn du keinen Schlafsack hast, tut es auch eine Decke!; ▪ **mit jemandem etwas/nichts zu tun haben** *(umg.) in irgendeiner/keiner Verbindung zu jmdm. oder etwas stehen* Ich will mit der Sache nichts zu tun haben!; Die beiden Dinge/Personen haben nichts miteinander zu tun.; ▪ **jemandem ist es um etwas zu tun** *jmd. richtet sein Augenmerk auf et-*

was Ihm war es um unsere Sicherheit zu tun.; Euch ist es doch nur um euren Vorteil zu tun!; ■ **Damit ist es nicht getan!** *das ist noch nicht alles* Die Spenden sind zwar wichtig für dieses Land; aber damit allein ist es noch nicht getan.

Tun·nel, a. **Tu·nell** der ['tʊnl/tʊ'nɛl] <-s, -/-s> *eine Art großer Gang, der durch einen Berg oder unter einem Gewässer hindurchführt und in dem eine Straße verläuft:* durch einen Tunnel fahren ◆ -bau, Alpen-, Eisenbahn-, Kanal-

Tür die <-, -en> ❶ *Öffnung in einer Wand, Mauer etc., welche den Zugang zu einem Raum, Gebäude usw. ermöglicht:* Die Tür steht offen/ist abgesperrt/ist angelehnt.; die Tür zum Nebenzimmer/am Seiteneingang; die Tür anlehnen/öffnen/schließen/ins Schloss werfen; durch die Tür treten; jemanden zur Tür begleiten; einer Dame die Tür aufhalten ◆ -klinke, -scharnier, -schloss, Eingangs-, Laden-, Schiebe-, Schrank-, Wohnungs-, Zimmer- ❷ *eine Tür¹ an einem Fahrzeug:* Vorsicht bei der Abfahrt des Zuges. Die Türen schließen automatisch. ◆ Auto-, Wagen- ❸ ■ **offene Türen einrennen** *(umg.) jmdn. von etwas überzeugen wollen, der bereits diese Überzeugung hat* Mit diesem Wunsch rennen Sie bei mir offenen Türen ein!; ■ **mit der Tür ins Haus fallen** *(umg.) jmdm. etwas plötzlich und ohne Vorbereitung mitteilen* Er ist einfach mit der Tür ins Haus gefallen und hat uns von seinen Plänen, ins Ausland zu gehen, erzählt.; ■ **vor der Tür stehen** *(umg.) unmittelbar bevorstehen* Die Ferien stehen vor der Tür.; ■ **zwischen Tür und Angel** *(umg.) in Eile, ohne die nötige Ruhe* Diese Sache möchte ich nicht zwischen Tür und Angel besprechen.; ■ **jemandem stehen alle Türen offen** *jmd. hat beste Chancen für eine Karriere* Nach dem erfolgreichen Abschluss ihres Studiums stehen ihr alle Türen offen.; ■ **hinter verschlossenen Türen** *im Geheimen* etwas hinter verschlossenen Türen besprechen

Turm der [tʊrm] <-(e)s, Türme> ❶ *ein Gebäude, das sehr schmal und hoch ist und meist einzeln steht (oder den oberen Teil eines anderen Gebäudes bildet):* auf einen Turm steigen; vom Turm ins Wasser springen; die Türme des Kölner Doms/des Bremer Doms; einen Turm aus Bausteinen/Kisten bauen ◆ -spitze, Aussichts-, Fernseh-, Kirch-, Leucht-, Schloss-, Wasser- ❷ *eine Schachfigur, die die Form eines Turms¹ hat:* mit dem Turm einen Zug machen

Tur·nen das ['tʊrnən] <-s> */kein Plur./* ❶ *die Gesamtheit verschiedener sportlicher Übungen, die an Geräten oder auf dem Boden ausgeführt werden:* das Turnen am Barren/am Reck/an den Ringen ◆ Kunst- ▸ Turner(in) ❷ SCHULE *Unterricht im Turnen¹:* im Turnen eine gute Note haben

tur·nen ['tʊrnən] <turnst, turnte, hat/ist geturnt> **I.** *mit OBJ/ohne OBJ* ■ **jmd. turnt** (an etwas *Dat.*) *(haben) Turnübungen machen; Gymnastik machen:* eine Kür/eine bestimmte Übung turnen; am Barren/am Reck/an den Ringen turnen **II.** *ohne OBJ* ■ **jmd. turnt irgendwo** *(sein) sich geschickt irgendwohin bewegen:* Sie ist über den Balken geturnt.; Die Affen sind durch die Bäume geturnt.

Tür·schnal·le die <-, -n> ÖSTERR. *Türklinke:* die Türschnalle drücken

Tü·te die ['ty:tə] <-, -n> ❶ *ein Beutel aus Papier oder Plastik:* das Gemüse in eine Tüte stecken; eine Tüte Bonbons/Mehl/Zucker kaufen ❷ *der Inhalt einer Tüte:* eine ganze Tüte Popcorn auf einmal essen; ■ **Kommt nicht in die Tüte!** *(umg.) das erlaube ich auf keinen Fall* Du willst alleine in den Urlaub fahren? Das kommt nicht in die Tüte, denn du bist erst fünfzehn Jahre alt!

Typ¹ der [ty:p] <-s, -en> ❶ *eine bestimmte Art von Dingen oder Personen, die sich durch gemeinsame Merkmale von anderen unterscheiden:* Er ist der Typ Mensch, der sich durch nichts aus der Ruhe bringen lässt.; Dieser Typ von Filmen ist doch langweilig!; Fehler dieses Typs treten häufiger auf. ◆ Haut-, Krankheits-, Menschen-, Schläger-, Verbrecher- ▸ Typologie ❷ *ein bestimmtes Modell eines in Serie gefertigten Gerätes:* ein älterer Typ dieses Fahrzeugs; Ein völlig neuer Typ dieses Gerätes ist auf dem Markt.; ■ **jemandes Typ sein** *(umg.) jmdm. angenehm sein; jmdm. gefallen* Der neue Kollege ist einfach nicht mein Typ! ◆ Fahrzeug-, Flugzeug-

Typ² der [ty:p] <-s/-en, -en> *(umg.)* ❶ *Person:* Dein Typ wird verlangt!; einen netten Typ(en) kennen lernen; Wie findest du denn den neuen Typ(en) in eurer Klasse? ❷ *(abwert.) Kerl:* Was will der Typ von dir?; Was war das denn für ein Typ?

ty·pisch ['ty:pɪʃ] *adj* ❶ */nicht steig./ für etwas charakteristisch:* Dieses Verhalten ist typisch für sie!; die für eine Erkältung typischen Symptome; die typischen Merkmale von etwas aufweisen ❷ *einen Typ¹ verkör-*

pernd: Er ist ein typischer Karrieremensch.; Sie ist eine typische Schauspielerin.; Das ist doch wieder typisch Mann (≈ in der Art genau so, wie es Männer aus der Sicht von Frauen meistens tun)!

ty·ran·ni·sie·ren [tyrani'zi:rən] <tyrannisierst, tyrannisierte, hat tyrannisiert> *mit OBJ* ■ jmd. tyrannisiert jmdn./etwas *anderen Menschen den eigenen Willen aufzwingen und sie mit Gewalt unterdrücken:* seine Untergebenen tyrannisieren; die ganze Familie mit seinen Launen tyrannisieren ▶ Tyrann, Tyrannin, Typrannenherrschaft, Tyrannentum

U u

U, u das [u:] <-, -> *der 21. Buchstabe des Alphabets:* Das Wort „unter" beginnt mit einem kleinen „u".

Ü, ü das [y:] <-, -> *der Umlaut des „U"*

U-Bahn die <-, -en> *(≈ Untergrundbahn) eine Art Zug, der in großen Städten für den öffentlichen Nahverkehr auf Schienen unter der Erde fährt:* Am besten wir nehmen die U-Bahn, denn das geht am schnellsten. ◆-haltestelle, -station

Übel das <-s, -> ❶ *(≈ Missstand, Misere) etwas, das schlecht oder schlimm ist:* das Übel der Korruption bekämpfen; ein lästiges Übel abschaffen ❷ *(geh. o veralt.) Krankheit, Leiden:* ein langwieriges Übel; ■ **das kleinere Übel wählen** *sich bei zwei unangenehmen Dingen für die offenbar weniger schlimme Lösung entscheiden* Ich glaube, dass es besser ist, das kleinere Übel zu wählen. Ich werde mich bei ihm entschuldigen.; ■ **von Übel sein** *(geh.) schlecht oder schädlich sein* In der Bibel steht: Deine Rede sei ja oder nein; alles andere ist von Übel.; ■ **etwas ist ein notwendiges Übel** *etwas muss akzeptiert werden, obwohl man dazu keine Lust hat* Der neue Job macht ihm viel Spaß. Nur die lange Fahrt ist leider ein notwendiges Übel.

übel ['y:bl] *adj* ❶ *so, dass es unangenehm ist, weil es schlecht schmeckt oder riecht:* ein übler Geruch/Geschmack/Gestank; eine übel riechende/übelriechende Flüssigkeit ❷ *moralisch schlecht, gefährlich für jmdn.:* ein übler Kerl/Zeitgenosse; Dort würde ich nachts nicht alleine auf die Straße gehen, denn das ist eine üble Gegend. ❸ *so, dass es sich für jmdn. ungünstig auswirkt:* üble Folgen haben; in eine üble Lage geraten; übel beraten/übelberaten sein ❹ *schlecht:* übel gelaunt/übelgelaunt sein ❺ *böse; nicht besonders nett:* üble Schimpfwörter; übles Gerede; ■ **jemandem ist/wird übel** *jmd. hat/bekommt das Gefühl, sich übergeben zu müssen* Wenn ich noch mehr Torte esse, wird mir bestimmt übel.; ■ **jemandem etwas übel nehmen** *auf jmdn. lange Zeit böse sein wegen etwas, das er getan oder gesagt hat* Ich kann dir das nicht übel nehmen.; ■ **jemandem übel wollen** *(geh.) jmdm. schaden wollen* Denkst du, dass sie uns übel wollen?; ■ **jemandem übel gesinnt/übelgesinnt sein** *die Absicht haben, jmdm. zu schaden* Er ist ihr übel gesinnt.; ■ **(gar) nicht (so) übel** *(umg.) ganz gut* Der Film war gar nicht übel.; ■ **nicht übel Lust haben (etwas zu tun)** *große Lust haben, etwas zu tun, was eigentlich nicht möglich ist* Ich hätte nicht übel Lust, ihm eine zu knallen!; ■ **etwas übel nehmen/übelnehmen** *sich über etwas ärgern* Sie hat es uns übel genommen, dass wir sie nicht eingeladen haben.; ■ **jemandem übelwollen** *jemandem Böses wünschen* übelwollende Nachbarn haben

üben ['y:bn] <übst, übte, hat geübt> **I.** *mit OBJ/ohne OBJ* ■ jmd. übt etwas *etwas immer wieder tun, um es zu erlernen und dann besser zu beherrschen:* Sie übt das Klavierspielen jeden Tag.; Hast du heute schon Mathe/Latein/Vokabeln geübt?; Du musst mehr üben. **II.** *mit SICH* ■ jmd. übt sich in etwas *Dat. (geh.) versuchen, etwas anzuwenden:* sich in Geduld/Ausdauer üben; ■ **Kritik/Nachsicht/Gerechtigkeit üben** *(geh.) kritisieren/nachsichtig sein/gerecht sein* Der neue Lehrer übt sich in Gerechtigkeit.; ■ **Früh übt sich(, wer ein Meister werden will.)** *wenn man etwas gut beherrschen will, muss man rechtzeitig anfangen zu üben* Sie hat schon mit vier Jahren mit dem Tanzen begonnen. Früh übt sich! ▶ geübt, Übung

über[1] ['y:bɐ] *präp* ❶ *+Akk.* (↔ *unter*) *verwendet, um auszudrücken, dass jmd. oder* *etwas an eine Position oberhalb von etwas bewegt wird oder sich bewegt:* Sie hängt die Lampe über den Tisch.; Den Spiegel hängen wir über das Waschbecken. ❷ *+Akk. verwendet, um auszudrücken, dass jmd. oder etwas den höchsten Punkt von etwas überquert:* Er sprang über den Stein.; Sie kletterten über den Zaun. ❸ *+Akk. verwendet, um auszudrücken, dass sich etwas auf einer Oberfläche von einem Punkt zu einem anderen Punkt bewegt:* Das Boot gleitet über das Wasser.; Er streicht ihr mit der Hand über den Kopf. ❹ *+Akk. verwendet, um auszudrücken, dass sich etwas auf jmdn. oder etwas legt oder etwas auf jmdn./etwas gelegt wird oder jmd./etwas mit etwas ganz oder zum Teil bedeckt wird:* Nebel legt sich über die Landschaft.; Sie deckte ein Tuch über den Tisch. ❺ *+Akk. verwendet, um einen Ort, eine Stelle o.Ä. zu bezeichnen, der oder die von jmdm. überquert, überschritten, überfahren o.Ä. wird:* Sie ging schnell über den Platz.; Sie liefen über den Rasen. ❻ *+Akk. verwendet, um auszudrücken, dass jmd. oder etwas eine bestimmte Grenze, Linie, Strecke o.Ä. überschreitet:* Sie rannten weit über das Ziel hinaus.; Der Fluss trat über die Ufer. ❼ *+Akk. verwendet, um auszudrücken, dass bei einer Bewegung zu einem Ziel hin ein oder mehrere Orte auf diesem Weg liegen:* Der ICE nach Berlin fährt über Bielefeld und Hannover. ❽ *+Akk. verwendet, um einen bestimmten Zeitraum zu bezeichnen, in dem z.B. etwas passiert:* Über das Wochenende bekommen wir Besuch von Freunden.; über die Ferien; über die Feiertage; über Nacht ❾ *+Akk. verwendet, um auszudrücken, dass eine zeitliche Grenze überschritten wird:* Heute über ein Jahr treffen wir uns wieder.; Es ist weit über der vereinbarten Zeit.; Er ist über das Alter hinaus, in dem man jedes Wochenende in die Disko geht. ❿ *+Akk. verwendet bei bestimmten Verben, um das Thema oder den Inhalt von etwas anzugeben:* über jemanden/etwas sprechen/schreiben/diskutieren/reden/informieren; über etwas abstimmen/entscheiden/urteilen ⓫ *+Akk. verwendet, um den Grund für etwas zu bezeichnen:* Ich freue mich über deinen Besuch.; über etwas sehr froh/traurig sein; sich über jemanden/etwas ärgern ⓬ *+Akk. verwendet, um das Mittel anzugeben oder die Person zu nennen, die jmdm. etwas vermittelt hat:* Wir können 60 Programme über Satellit empfangen.; Ich fand die Wohnung über einen Makler.; etwas über den Rundfunk erfahren ⓭ *+Akk. (≈ in Höhe von) im Wert von:* einen Betrag über 200 Euro; eine Rechnung über 50 Euro ausstellen ⓮ *+Akk. verwendet, um auszudrücken, dass eine physische oder psychische Grenze überschritten wird:* Das geht über meinen Verstand.; Die Arbeit geht über seine Kraft. ⓯ *+Akk. /zwischen zwei Substantiven im Plur./ verwendet, um auszudrücken, dass etwas in großer Menge vorkommt; sehr viel von einer genannten Sache:* Geschenke über Geschenke bekommen; Der Lehrer fand Fehler über Fehler in dem Diktat. ⓰ *+Dat. bezeichnet die Position von jmdm. oder etwas, die oberhalb von jmdm. oder etwas ist:* über dem Dach/der Tür/unseren Köpfen/den Wolken; Der Spiegel hängt über dem Waschbecken.; Sie wohnt über ihm. ⓱ *+Dat. verwendet, um auszudrücken, dass sich jmd. oder etwas direkt auf jmdn./etwas befindet und ihn/es ganz oder zum Teil bedeckt:* Er trug eine Jacke über dem Hemd.; Nebel lag über dem Tal. ⓲ *+Dat. verwendet, um auszudrücken, dass jmd. oder etwas in einer Reihenfolge oder einer Hierarchie auf einem höheren Platz als jmd. anderer/etwas anderes steht:* Der Meister steht über dem Lehrling. ⓳ *+Dat. verwendet, um auszudrücken, dass etwas während etwas anderem geschieht:* Über der Arbeit hat sie ihre Sorgen vergessen.; Über all dem Trubel habe ich das Wichtigste vergessen. ⓴ *+Dat. verwendet, um auszudrücken, dass etwas einen höheren Wert oder eine Zahl als etwas anderes hat:* Die Preise lagen über dem Durchschnitt.; Die Temperatur liegt über dem Gefrierpunkt.

über² ['y:bɐ] *adv* ❶ *(≈ mehr als) verwendet, um auszudrücken, dass eine Zahl, ein Wert, ein Maß o.Ä. überschritten wird:* über 18 Jahre alt; über eine Million Euro in ein Projekt investiert haben; über einen Meter breit sein; seit über einer Stunde warten ❷ *(≈ hindurch) verwendet, um einen Zeitraum zu bezeichnen, von dessen Anfang bis zum Ende etwas geschieht oder dauert:* Sie diskutierten den ganzen Tag über.; den ganzen August über Sonne haben; ■ **über und über** *verwendet, um auszudrücken, dass eine sehr große Zahl oder Menge von etwas etwas vollständig bedeckt* Das Brot war über und über mit Fliegen bedeckt.

über³ ['y:bɐ] *adj (umg.) übrig:* Hast du noch Geld über?; ■ **jemanden/etwas über haben** *(umg.) jmdn. oder etwas nicht mehr*

mögen Diese ewige Nörgelei habe ich allmählich über!

Über- [y:bɐ] *als Erstglied zusammengesetzter Substantive; drückt aus, dass das mit dem Zweitglied Bezeichnete der Zahl/Art/Menge nach über das normale Maß hinausgeht; mit unterschiedlicher Betonung (einige Einheiten auf dem Erstglied, andere auf dem Zweitglied betont):* Die Überbelegung vieler Gefängnisse stellt ein Problem dar.; -aktivität, -beanspruchung, -behütung, -belegung, -besetzung, -betonung, -breite, -düngung, -eifer, -empfindlichkeit, -erfüllung, -ernährung, -erregbarkeit, -gepäck, -größe, -kapazität, -interpretation, -kompensation, -ladung, -produktion, -reaktion, -versorgung

über- [ˈyːbɐ] *als Erstglied zusammengesetzter Adjektive; drückt aus, dass jemand/etwas über das normale Maß dessen hinausgeht, was mit dem Zweitglied bezeichnet wird, oder dass das damit Bezeichnete zu extrem und übertrieben ist:* Ich fand es merkwürdig, dass sie überfreundlich zu mir war.; -aktiv, -ängstlich, -behütet, -belichtet, -beschäftigt, -betont, -breit, -eifrig, -empfindlich, -erregt, -freundlich, -genau, -glücklich, -korrekt, -lang, -privilegiert, -tariflich, -trainiert, -versorgt, -vorsichtig

über·all [yːbɐˈʔal, ˈyːbɐʔal] *adv* ❶ *(↔ nirgends, nirgendwo) an jedem Ort:* Überall liegen deine Sachen herum.; Dort sind sie überall schon gewesen. ❷ *in jeder Situation:* Sie mischt sich überall ein. ❸ *bei allen Leuten:* Ich habe hier überall gefragt, aber keiner konnte mir eine Auskunft geben.

Über·blick der [ˈyːbɐblɪk] <-(e)s, -e> ❶ */kein Plur./ die Fähigkeit, besonders die Zusammenhänge von etwas zu erkennen:* Man kann leicht den Überblick über diese komplizierten Entwicklungen verlieren.; Hast du noch den Überblick?; Mir fehlt da der Überblick. ❷ *ein zusammenfassendes Bild von etwas:* sich einen Überblick über die Lage verschaffen; einen kurzen Überblick über die Geschichte der Stadt geben ❸ *(≈ Rundblick, Aussicht) eine freie und gute Sicht von einem erhöhten Punkt aus:* vom Gipfel des Berges einen guten Überblick über die Umgebung haben

über·den·ken [yːbɐˈdɛŋkn̩] <überdenkst, überdachte, hat überdacht> *mit OBJ* ■ **jmd. überdenkt etwas** *(nochmals) über etwas nachdenken:* Ich werde das Problem nochmals überdenken.

Über·do·sis *die* <-, Überdosen> MED. *eine zu große Menge von einem Medikament oder einer Droge:* Sie starb an einer Überdosis Heroin/Schlaftabletten.

über·dreht *adj (umg.) so lebhaft, dass es nicht mehr angenehm ist:* Die Kinder sind übermüdet und völlig überdreht.

über·durch·schnitt·lich *adj /nicht steig./ so, dass mehr oder besser als der Durchschnitt ist; sehr:* ein überdurchschnittlicher Schüler; überdurchschnittlich gute Schulnoten haben; überdurchschnittlich viel essen; überdurchschnittlich groß sein

über·ei·n·an·der[1] [yːbɐʔaɪˈnandɐ] *adv drückt aus, dass sich eine Sache jeweils über einer anderen befindet; eins auf dem anderen:* Er legt die Hemden im Schrank übereinander.; die Beine übereinanderschlagen; die Tassen übereinanderstellen; Er stapelte alles übereinander. ◆ Zusammenschreibung → R 4.5 die Stühle übereinanderstellen; die Beine übereinanderschlagen; die Bilder übereinanderhängen

über·ei·n·an·der[2] [yːbɐʔaɪˈnandɐ] *pron / verwendet bei reziproken Verben mit der Präposition „über"/ verwendet, um auszudrücken, dass die genannte Handlung sich wechselseitig auf das Subjekt, das im Plural steht, bezieht:* Peter und Maria schimpfen übereinander. (Peter schimpft über Maria und Maria schimpft über Peter.); übereinander reden/lachen; nichts Schlechtes übereinander sagen

Über·ein·kunft *die* [yːbɐˈʔaɪnkʊnft] <-, Übereinkünfte> *(geh.) Vereinbarung:* zu einer Übereinkunft gelangen; eine Übereinkunft erzielen ▸ übereinkommen

über·ein·stim·men <stimmst überein, stimmte überein, hat übereingestimmt> *ohne OBJ* ❶ ■ **jmd. stimmt mit jmdm. (in etwas** *Dat.***) überein** *die gleiche Meinung wie jmd. anders haben:* In diesem Punkt/in dieser Frage stimmen wir völlig überein.; Beide Parteien haben gestern Abend übereinstimmend erklärt, dass … ❷ ■ **jmd./etwas stimmt mit etwas überein** *keinen Unterschied haben:* Die Nummern stimmen überein.; Der Verdächtige stimmt mit dem Phantombild überein.; nach der übereinstimmenden Meinung aller Experten ▸ Übereinstimmung

über·emp·find·lich *adj /nicht steig./ (abwert.) zu empfindlich:* Du solltest nicht immer so überempfindlich reagieren, wenn jemand eine Arbeit kritisiert!; überempfindliche Augen haben ▸ Überempfindlichkeit

über·fah·ren [yːbɐˈfaːrən] <überfährst,

überfuhr, hat überfahren> *mit OBJ* ❶ ▪ **jmd. überfährt jmdn./etwas** *jmdn. oder ein Tier schwer oder tödlich verletzen, indem man mit einem Fahrzeug über ihn/es hinwegfährt:* Der Fußgänger ist von der Straßenbahn überfahren worden.; Die Katze wurde (von einem Auto) überfahren. ❷ ▪ **jmd. überfährt etwas** *weiterfahren, ohne es zu beachten:* ein Stoppschild/eine rote Ampel überfahren ❸ ▪ **jmd. überfährt etwas** *über etwas hinwegfahren:* eine Brücke/eine Kreuzung überfahren ❹ ▪ **jmd. überfährt jmdn.** *(umg.) eine Person mit einem plötzlichen Vorschlag, einer Bitte, einer Idee o.Ä. dazu bringen, etwas gegen ihren eigenen Willen zu tun:* Ich wollte heute keine Überstunden machen, aber der Chef hat mich wieder überfahren.; Lass dich doch nicht immer so überfahren, sondern sag, was du willst!

über·fah·ren [ˈyːbɐfaːrən] <fährst über, fuhr über, hat/ist übergefahren> **I.** *mit OBJ* ▪ **jmd. fährt jmdn.** (**über etwas** *Akk.*) **über** *(haben)* (≈ übersetzen) *jmdn. mit einem Boot von einer Seite zur anderen bringen:* Der Fährmann hat uns (über den Fluss) übergefahren. **II.** *ohne OBJ* ▪ **jmd. fährt mit etwas** *Dat.* **über** *(sein) mit einem Boot von einer Seite zur anderen fahren:* Wir sind mit der Fähre (von Calais nach Dover) übergefahren. ▸ Überfahrt

über·fal·len [yːbɐˈfalən] <überfällst, überfiel, hat überfallen> *mit OBJ* ❶ ▪ **jmd. überfällt jmdn./etwas** *jmdn. oder etwas plötzlich und mit Gewalt angreifen und dabei Geld oder andere wertvolle Dinge stehlen:* eine Bank/eine Tankstelle überfallen; Er wurde überfallen und ausgeraubt. ▸ Überfall ❷ ▪ **jmd. überfällt jmdn.** *(umg. scherzh.) jmdn. (plötzlich) besuchen kommen:* Wir haben auf dem Heimweg noch unsere Freunde überfallen.; Dürfen wir euch am Wochenende einmal überfallen? ❸ ▪ **jmd. überfällt jmdn.** *(umg.) jmdn. plötzlich und unerwartet um etwas bitten; jmdn. plötzlich und unerwartet einen Vorschlag machen; jmdn. plötzlich und unerwartet von einer Idee erzählen o.Ä.:* jemanden mit einer Bitte/einem Anliegen überfallen; Jede Woche überfällt er mich mit einer neuen Idee. ❹ ▪ **etwas überfällt jmdn.** *so, dass man plötzlich ein negatives Gefühl bekommt:* Angst/Müdigkeit/Traurigkeit überfiel sie.

über·flüs·sig [ˈyːbɐflʏsɪç] *adj /nicht steig./ so, dass etwas/jmd. nicht nötig ist:* viel überflüssiges Gepäck in den Urlaub mitnehmen; Es ist alles ganz klar. Weitere Erklärungen sind überflüssig.; Ich glaube, ich bin hier überflüssig. ▸ Überfluss, Überflüssigkeit

über·for·dern [yːbɐˈfɔrdən] <überforderst, überforderte, hat überfordert> *mit OBJ* ▪ **jmd./etwas überfordert jmdn.** *(↔ unterfordern) so hohe Anforderungen an jmdn. stellen, dass er sie nicht erfüllen kann; zu hohe Leistungen von jmdm. erwarten:* sich im Beruf/in der Schule überfordert fühlen; Du darfst seine Geduld nicht überfordern! ▸ Überforderung

über·füh·ren [ˈyːbɐfyːrən] <überführst, überführte, hat überführt/übergeführt> *mit OBJ* ❶ */überführt/* ▪ **jmd. überführt jmdn./etwas** (**irgendwohin**) *von einem Ort zu einem anderen bringen:* Er überführt das Auto morgen nach Süddeutschland.; Der Tote wird morgen zum Friedhof überführt. ❷ */übergeführt/ von einem Zustand in einen anderen bringen:* die Behörde in Privateigentum überführen; Gas in Flüssigkeit überführen

über·füh·ren [yːbɐˈfyːrən] <überführst, überführte, hat überführt> *mit OBJ* ▪ **jmd. überführt jmdn.** (**etwas** *Gen.*) *beweisen, dass jmd. ein Verbrechen oder eine Straftat getan hat:* Er ist des Mordes überführt worden.; Die Polizei konnte den Täter überführen. ▸ Überführung

über·füllt *adj so, dass zu viele Menschen oder Sachen darin sind:* Die Eisenbahnzüge waren an den Feiertagen ständig überfüllt.; Seine Regale waren überfüllt mit Büchern und Zeitschriften. ▸ Überfüllung

über·ge·ben[1] [yːbɐˈgeːbn̩] <übergibst, übergab, hat übergeben> *mit OBJ* ❶ ▪ **jmd. übergibt jmdm. etwas** *jmdn. etwas geben, das ihm dann gehört oder auf das er aufpassen muss:* jemandem einen Brief übergeben; Lösegeld in einem Koffer übergeben; jemandem Schmuck zur Aufbewahrung übergeben ❷ MILIT. *etwas (dem Feind) ausliefern, nachdem man kapituliert hat:* eine Stadt (an den Feind) übergeben ❸ ▪ **jmd. übergibt jmdn. jmdm.** *jmdn., der eine Straftat begangen hat, an die zuständigen Behörden weitergeben:* den Verbrecher der Justiz übergeben ❹ *ein Amt oder eine Funktion an jmdn. weitergeben:* sein Amt dem Nachfolger/an den Nachfolger übergeben; die Führung des Geschäftes dem Sohn/an den Sohn übergeben ❺ ▪ **jmd. übergibt etwas** (**jmdm./etwas**) *etwas eröffnen, damit alle es nutzen können:* Der Bürgermeister übergab in einer Feierstunde den

Bürgern die neue Stadtbibliothek. ▸ Übergabe

über·ge·ben² [yːbɐˈgeːbn̩] <übergibst, übergab, hat übergeben> *mit SICH* ▪ **jmd. übergibt sich** *(≈ brechen) sich sehr unwohl und übel fühlen, weil einem eine Speise nicht bekommen ist, und die Nahrung durch die Speiseröhre wieder austreten lassen:* sich nach dem verdorbenen Fisch übergeben müssen

über·ge·hen [ˈyːbɐgeːən] <geht über, ging über, ist übergegangen> *ohne OBJ* ❶ ▪ **etwas geht in etwas** *Akk.* **über** *etwas verändert seinen Zustand:* in einen anderen Zustand übergehen ❷ ▪ **jmd. geht zu etwas** *Dat.* **über** *mit etwas aufhören und etwas Neues zu tun beginnen:* Das Thema ist abgeschlossen, wir können zum nächsten Punkt übergehen. ❸ ▪ **jmd. geht zu etwas** *Dat.* **über** *etwas verlassen, um zu etwas zu wechseln:* zur gegnerischen Mannschaft/zu einer anderen Partei übergehen ❹ ▪ **etwas geht in etwas** *Akk.* **über** *etwas vermischt mit etwas, bis dass kein Unterschied mehr zu erkennen ist:* Am Horizont ging das Meer in den Himmel über.; Das Rot geht allmählich in das Blau über. ❺ ▪ **etwas geht in jmds. Besitz über** *(geh.) etwas wird Eigentum von jmdm. oder einer Institution:* Die Felder gingen in den Besitz der Gemeinde über.; Die Gemälde des Verstorbenen gingen in den Besitz des Museums über.

über·ge·hen [yːbɐˈgeːən] <übergehst, überging, hat übergangen> *mit OBJ* ❶ ▪ **jmd. übergeht etwas** *etwas (absichtlich) weglassen und nicht darauf eingehen:* Den nächsten Punkt auf der Tagesordnung können wir übergehen.; die Wünsche des Freundes einfach übergehen ❷ ▪ **jmd. übergeht jmdn.** *(≈ ignorieren) jmdn. nicht beachten:* Er übergeht mich immer, wenn ich ihn treffe. ❸ ▪ **jmd. übergeht jmdn.** *jmdn. bei etwas nicht in Erwägung ziehen; an jmdn. bei etwas nicht denken:* Er fühlte sich bei der Beförderung übergangen.

Über·ge·wicht das <-(e)s /kein Plur./ ❶ *(↔ Untergewicht) zu hohes Körpergewicht:* Sie sollten abnehmen, Sie haben (zehn Kilo) Übergewicht!; Übergewicht ist schlecht für die Gesundheit. ▸ übergewichtig ❷ *Gewicht, das oberhalb einer vorgeschriebenen Grenze liegt:* Das Paket hat aber Übergewicht. Da müssen Sie noch einmal extra bezahlen. ❸ *Zustand, in dem ein wirtschaftlicher, militärischer o.Ä. Bereich stärker ist als ein anderer:* Die Firma bekam ein großes Übergewicht im Bereich der Computerentwicklung. ❹ *Vorgang, dass man das Gleichgewicht verliert, weil man sich zu stark nach vorne oder hinten gebeugt hat:* Als er sich aus dem Fenster beugte, bekam er Übergewicht und stürzte auf die Straße.

über·grei·fen <greifst über, griff über, hat übergegriffen> *ohne OBJ* ❶ ▪ **etwas greift auf etwas** *Akk.* **über** *etwas verbreitet sich und betrifft dann etwas anderes:* Die Gewalt greift auch auf andere Stadtteile über.; Das Feuer greift auf andere Häuser über.; Die Grippe greift auf die ganze Abteilung über. ❷ ▪ **jmd. greift über** *mit einer Hand über die andere Hand auf die andere Seite greifen:* beim Klavierspielen/ beim Autofahren am Lenkrad mit der Hand übergreifen

über·hand·neh·men <nahm überhand, hat überhandgenommen> *ohne OBJ* ▪ **etwas nimmt überhand** *immer häufiger auftreten (negativ):* In letzter Zeit nehmen die Diebstähle überhand. ▸ Überhandnehmen

über·haupt [yːbɐˈhaʊpt, ˈyːbɐhaʊpt] *part* ❶ *verwendet, um auszudrücken, dass etwas nicht nur in diesem besonderen Fall oder zu diesem besonderen Zeitpunkt, sondern auch im Allgemeinen zutrifft:* Das halte ich überhaupt für die beste Lösung.; Er ist überhaupt ein ganz netter Junge. ❷ *verwendet zur Verstärkung einer Verneinung:* Ich kenne hier überhaupt niemanden.; Sie spricht überhaupt kein Französisch.; Hast du denn überhaupt nichts gelernt? ❸ *(≈ eigentlich) verwendet in Fragen, die man beiläufig stellt, aber bei denen man etwas Grundsätzliches anspricht:* Was willst du überhaupt?; Was habt ihr überhaupt miteinander besprochen? ❹ *verwendet in Fragen, die sich auf etwas vorher Erwähntes beziehen und in denen man Zweifel ausdrückt, ob die Voraussetzungen für den erwähnten Sachverhalt zutreffen:* Du willst das Auto deiner Freundin benutzen. Darfst du das denn überhaupt?; **und überhaupt** *(umg.) außerdem* Und überhaupt: Was willst du eigentlich?; Alle haben nur rumgestanden und geredet. Und überhaupt war die ganze Party total langweilig.

über·heb·lich [yːbɐˈheːplɪç] *adj (abwert.: ≈ anmaßend, arrogant ↔ bescheiden) im Glauben, besser als andere zu sein und dies die anderen auch spüren lassen:* Sei doch nicht so überheblich; auch du kannst einmal Fehler machen! ▸ Überheblichkeit

über·höht adj /nicht steig./ zu hoch: überhöhte Preise verlangen; aufgrund überhöhter Geschwindigkeit von der Polizei angehalten werden

über·ho·len [y:bɐˈhoːlən] <überholst, überholte, hat überholt> I. *mit OBJ/ohne OBJ* ■ **jmd. überholt** (**jmdn./etwas**) *an jmdm. oder etwas vorbeifahren oder -laufen (weil man schneller ist), nachdem man eine Zeit lang hintergefahren oder -gelaufen ist:* einen Lastwagen/Traktor/Autobus überholen; Überholen Sie vorsichtig!; Der Läufer hat auf der letzten Runde alle überholt. II. *mit OBJ* ❶ ■ **jmd. überholt jmdn./etwas** *jmdn. oder etwas (in Bezug auf eine Leistung) hinter sich lassen und damit besser sein:* Sie hat in der Schule alle anderen überholt.; Das Land hat wirtschaftlich die Nachbarländer überholt. ❷ ■ **jmd./etwas überholt etwas** *etwas ausbessern oder reparieren, nachdem man es geprüft hat:* Dieses Flugzeug wurde erst letzten Monat überholt.; Sie ließ ihr altes Auto in der Werkstatt überholen.

über·holt adj /nicht steig./ (umg.: ≈ veraltet ↔ zeitgemäß) *nicht mehr modern und zeitgemäß:* überholte Ansichten/Technologien

über·ko·chen <kocht über, kochte über, ist übergekocht> *ohne OBJ* ❶ ■ **etwas kocht über** *etwas kocht so stark, dass es über den Rand des Gefäßes/des Topfes läuft:* Die Milch ist übergekocht. ❷ ■ **jmd. kocht über vor Wut/Zorn** *(übertr.) seinem Zorn oder seiner Wut freien Lauf lassen:* Er kochte über vor Zorn — ein richtiger Wutanfall!

über·las·sen [y:bɐˈlasn̩] <überlässt, überließ, hat überlassen> I. *mit OBJ* ❶ ■ **jmd. überlässt jmdm. etwas** *jmdm. etwas zur Verfügung stellen, so dass er es für eine bestimmte Zeit oder dauerhaft benutzen kann:* Er überließ ihr sein Auto. ❷ ■ **jmd. überlässt jmdm. jmdn./etwas** *jmdm. eine Person oder ein Tier meist für eine kurze Zeit zur Betreuung geben:* Kann ich dir die Kinder über das Wochenende überlassen?; Den Hund habe ich im Urlaub der Nachbarin überlassen. ❸ ■ **jmd. überlässt jmdm. etwas** *jmdn. etwas selbst entscheiden lassen:* Die Entscheidung überlasse ich dir.; Das musst du mir schon selbst überlassen, wie ich das mache. ❹ ■ **jmd. überlässt jmdm./etwas etwas** *jmdn. oder etwas nicht mehr vor jmdm. oder etwas schützen:* Er überließ seine Soldaten dem Feind.; ein Haus dem Verfall überlassen II. *mit SICH* ■ **jmd. überlässt sich etwas** *Dat. sich einem starken Gefühl hingeben:* sich der Trauer überlassen; ■ **jemanden sich selbst überlassen** *jmdn. allein lassen* Ihr könnt ihn doch bei dieser schwierigen Sache nicht sich selbst überlassen!

über·las·sen [ˈyːbɐbɛlasn̩] <lässt über, ließ über, hat übergelassen> *mit OBJ* ■ **jmd. lässt** (**jmdm.**) **etwas über** (umg.) NORDDT. *etwas übrig lassen:* Könnt ihr noch etwas von dem Kuchen überlassen?

über·lau·fen <läuft über, lief über, ist übergelaufen> *ohne OBJ* ❶ ■ **etwas läuft über** *über den Rand treten und darüber fließen:* Das Wasser läuft über. ❷ ■ **etwas läuft über** *den Inhalt nicht mehr fassen können und ihn über den Rand fließen lassen:* Das Glas läuft über.; Die Badewanne läuft über. ❸ ■ **jmd. läuft** (**zu jmdm.**) **über** *zur gegnerischen Seite wechseln:* Die Soldaten sind zum Feind übergelaufen.

über·lau·fen adj *so, dass an einem Ort zu viele Menschen anwesend sind:* völlig überlaufene Urlaubsorte; Das Volksfest war völlig überlaufen.

über·le·ben [yːbɐˈleːbn̩] <überlebst, überlebte, hat überlebt> I. *mit OBJ* ■ **jmd. überlebt jmdn.** *länger leben als jmd. anderer:* Sie hat ihren Mann um viele Jahre überlebt. II. *mit OBJ/ohne OBJ* ■ **jmd. überlebt etwas** *eine sehr gefährliche Situation erleben müssen und dabei nicht sterben:* Er war zwar schwer verletzt, hat den Unfall aber überlebt.; Sie haben den Bombenangriff/das schwere Erdbeben überlebt.; Nur wenige haben überlebt. III. *mit SICH* ■ **etwas überlebt sich** *unmodern werden:* Diese Auffassung hat sich überlebt.; Das sind doch völlig überlebte Vorstellungen!

über·le·gen[1] [yːbɐˈleːɡn̩] <überlegst, überlegte, hat überlegt> *mit OBJ/ohne OBJ* ■ **jmd. überlegt** (**sich**) (**etwas**) *nachdenken über etwas, um dann eine Entscheidung zu treffen oder etwas erkennen zu können:* Hast du auch alles richtig überlegt?; Hast du dir schon etwas überlegt?; Sie überlegte lange, ehe sie zustimmte.; Lass mich mal in Ruhe richtig überlegen!; Wenn ich (es mir) richtig überlege, will ich gar nicht mitkommen!; Er will sich unser Angebot noch einmal überlegen.

über·le·gen[2] [yːbɐˈleːɡn̩] adj *deutlich besser als jmd. anderer und etwas anderes:* Die neue Technologie ist der alten zweifellos überlegen.; ein überlegener Sieger; Er war seinen Klassenkameraden überlegen.

▸ Überlegenheit

über·le·gen ['yːbɐleːgn̩] <legst über, legte über, hat übergelegt> *ohne OBJ* ■ **jmd. legt jmdm./sich etwas über** *etwas über jmdn. oder sich legen:* Er legte sich/mir eine Decke über.

über·mor·gen ['yːbɐmɔrgn̩] *adv (↔ vorgestern) an dem Tag, der nach morgen kommt:* bis übermorgen warten müssen; Wir treffen uns übermorgen Mittag.; Übermorgen sind Ferien!; Heute ist Montag, übermorgen ist Mittwoch.

über·mü·tig ['yːbɐmyːtɪç] *adj sehr lebhaft und etwas frech:* übermütige Kinder; Das war nur ein übermütiger Scherz. ▸ Übermut

über·nach·ten [yːbɐˈnaxtn̩] <übernachtest, übernachtete, hat übernachtet> *ohne OBJ* ■ **jmd. übernachtet irgendwo** *die Nacht nicht zu Hause, sondern an einem anderen Ort verbringen:* bei Freunden/im Hotel übernachten; Wir wissen noch nicht, wo wir übernachten werden. ▸ Übernachtung

über·neh·men [yːbɐˈneːmən] <übernimmst, übernahm, hat übernommen> **I.** *mit OBJ* ❶ ■ **jmd. übernimmt etwas/jmdn.** *an sich nehmen:* Waren an der Grenze übernehmen; die Passagiere eines verunglückten Schiffes übernehmen ❷ ■ **jmd./etwas übernimmt jmdn.** *jmdm., der vorher eine andere Arbeit gemacht hat oder woanders gearbeitet hat, eine neue Arbeitsstelle geben:* Sie ist von der Firma übernommen worden.; jemanden in eine Firma/eine Arbeitsgruppe/den öffentlichen Dienst übernehmen ❸ ■ **jmd. übernimmt etwas** *eine Firma, ein Geschäft o.Ä. kaufen:* Die Firma ist von der Konkurrenz übernommen worden. ❹ ■ **jmd. übernimmt etwas** *ein Geschäft, eine Firma o.Ä. als Nachfolger oder als neuer Besitzer weiterführen:* Der Sohn hat das Geschäft des Vaters übernommen. ❺ ■ **jmd. übernimmt etwas** *sich bereit finden, eine Aufgabe zu erfüllen:* Mach mal Pause. Ich übernehme die Aufsicht.; Sie hat die Aufgabe übernommen, alle zu informieren.; die Leitung der Firma übernehmen ❻ ■ **jmd. übernimmt etwas** *etwas, das jmd. anderer gemacht hat oder sich ausgedacht hat, für sich verwenden:* Textpassagen aus dem Original übernehmen; die Zahlen einfach aus dem Bericht des Vorjahres übernehmen; die Meinung eines anderen unkritisch übernehmen; die neue Methode übernehmen ❼ ■ **jmd. übernimmt etwas** *(≈ aufkommen) für etwas bezahlen:* Die Versicherung übernimmt die Kosten für den Unfall. ❽ ■ **etwas übernimmt etwas** SEEW. *ein Schiff lädt etwas:* Der Frachter übernimmt im Hafen die Container.; ■ **die Verantwortung für etwas übernehmen** *für etwas verantwortlich sein* Er übernimmt die volle Verantwortung für den Fehler.; ■ **die Garantie für etwas übernehmen** *für etwas garantieren* Wir übernehmen die Garantie für das Gerät. **II.** *mit SICH* ■ **jmd. übernimmt sich (mit etwas** *Dat.***)** *versuchen, mehr zu tun, als man kann:* Mit diesem Thema hat er sich sicher übernommen, denn das ist zu schwierig für ihn.; Ich habe mich gestern übernommen. Es war einfach zu viel für mich!

über·prü·fen [yːbɐˈpryːfn̩] <überprüfst, überprüfte, hat überprüft> *mit OBJ* ❶ ■ **jmd. überprüft etwas** *etwas sehr genau prüfen, um festzustellen, ob alles in Ordnung ist:* Am Flughafen wird das Gepäck auf Waffen oder Bomben überprüft. ❷ ■ **jmd. überprüft jmdn.** *feststellen, um wen es sich handelt:* Der Polizist überprüfte den Autofahrer.

über·que·ren [yːbɐˈkveːrən] <überquerst, überquerte, hat überquert> *mit OBJ* ■ **jmd. überquert etwas** *über etwas gehen oder fahren:* eine Brücke/einen Fluss/ein Gebirge/eine Straße überqueren; Vorsicht beim Überqueren der Straße!

über·ra·schen [yːbɐˈraʃn̩] <überraschst, überraschte, hat überrascht> **I.** *mit OBJ* ❶ ■ **jmd. überrascht jmdn.** *unerwartet und plötzlich etwas tun oder sagen:* Sie überraschte ihn mit ihrem Vorschlag.; Der Minister überraschte alle mit seiner neuen Idee. ❷ ■ **jmd. überrascht jmdn. (mit etwas** *Dat.***)** *jmdm. eine Freude machen, indem man unerwartet etwas tut:* Ich überrasche meine Frau mit einem Blumenstrauß.; Sie überraschte ihn mit einem spontanen Besuch. ❸ ■ **jmd. überrascht jmdn. (mit jmdm./etwas) (bei etwas** *Dat.***)** *plötzlich in dem Moment da sein, in dem jmd. etwas tut, was nicht gut, peinlich oder verboten ist:* Sie überraschte ihr Kind beim Naschen.; Die Polizei überraschte die Diebe beim Versuch, in die Bank einzubrechen. ❹ ■ **etwas überrascht jmdn.** *etwas, das unangenehm ist, geschieht plötzlich:* Beim Spaziergang hat uns ein Gewitter überrascht. **II.** *mit OBJ/ohne OBJ* ■ **jmd./etwas überrascht (jmdn.)** *plötzlich und unerwartet passieren oder vorhanden sein:* Mich überrascht hier gar nichts mehr.; Er überraschte mit einem ausgezeichneten Vortrag/mit einer neuen Theorie.; sehr überrascht sein über etwas; ■ **Lassen wir uns überraschen!/ Ich lass mich überraschen!** *(umg.) verwendet, um auszudrücken, dass man einfach abwarten sollte, was geschieht* Hoffentlich haben wir nächste Woche gutes Wetter! — Lassen wir uns überraschen!

Über·ra·schung die <-, -en> ❶ /kein Plural/ *ein Ereignis, das man nicht erwartet hat:* Am nächsten Morgen gab es eine böse Überraschung: Unser Gepäck war gestohlen worden.; sich seine Überraschung nicht anmerken lassen; Zu ihrer Überraschung wurde sie entlassen. ◆ -sgast, -serfolg, -smannschaft, -smoment ❷ *ein Geschenk, von dem die beschenkte Person noch nichts weiß:* Ich habe eine Überraschung für deinen Geburtstag! ◆ Geburtstags-, Weihnachts-

über·re·den [y:bɐˈreːdn̩] <überredest, überredete, hat überredet> *mit OBJ* ■ **jmd. überredet jmdn. (zu etwas)** *durch Worte so beeinflussen, dass jmd. etwas tut, was er eigentlich nicht wollte:* Ich überredete ihn mitzukommen.; Wir mussten sie erst dazu überreden, das Auto zu kaufen. Jetzt ist sie aber sehr froh darüber. ◆ Überredung

über·schät·zen [y:bɐˈʃɛtsn̩] <überschätzt, überschätzte, hat überschätzt> *mit OBJ* ■ **jmd. überschätzt jmdn./sich/etwas** *(↔ unterschätzen) glauben, dass jmd./ man selbst/etwas stärker oder klüger oder besser oder leichter ist als in Wirklichkeit:* Da habe ich mich wirklich überschätzt, denn die Aufgabe kann ich nicht lösen.; Er hat seine Kräfte überschätzt.; Wahrscheinlich habe ich ihn überschätzt. Er schafft es wohl doch nicht.

über·schla·gen [ˈyːbɐʃlaːgn̩] <überschlägt, überschlug, hat/ist übergeschlagen> I. *mit OBJ* ■ **jmd. überschlägt etwas** *(meist die Beine) übereinanderlegen:* die Beine übergeschlagen haben; mit übergeschlagenen Beinen dasitzen II. *ohne OBJ* ■ **etwas schlägt in etwas** *Akk.* **über** *(sein) sich in eine andere entgegengesetzte Form verwandeln:* Seine Freundschaft schlug innerhalb einer Woche in völlige Abneigung über.

über·schla·gen [y:bɐˈʃlaːgn̩] <überschlägt, überschlug, hat überschlagen> I. *mit OBJ* ❶ ■ **jmd. überschlägt etwas** *(≈ überblättern) etwas in einer bestimmten Abfolge auslassen:* ein paar Seiten im Buch überschlagen ❷ ■ **jmd. überschlägt etwas** *etwas ungefähr und schnell berechnen:* Sie überschlug, wieviel sie getrunken hatte und was zu zahlen war.; die Kosten schnell überschlagen II. *mit SICH* ❶ ■ **jmd./etwas überschlägt sich** *sich in einer waagerechten Achse um sich selbst drehen:* Das Auto hat sich mehrfach überschlagen.; Nachdem er das Gleichgewicht auf den Skiern verloren hatte, überschlug er sich einige Male und blieb im Schnee liegen. ❷ ■ **jmd. überschlägt sich vor etwas** *Dat. (umg. abwert.) etwas auf eine Art und Weise tun, dass es sehr übertrieben wirkt:* Er überschlug sich vor Dankbarkeit.; sich vor Höflichkeit überschlagen; ■ **jemandes Stimme überschlägt sich** *die Stimme von jmdm. wird plötzlich sehr schrill und laut* Die Stimme der Lehrerin überschlug sich, weil die Kinder so laut waren.; ■ **die Ereignisse überschlagen sich** *sehr schnell hintereinander geschehen viele aufregende Dinge* Nach dem Fall der Mauer überschlugen sich die Ereignisse.

über·schnei·den [y:bɐˈʃnaidn̩] <überschneidest, überschnitt, hat überschnitten> *mit SICH* ❶ ■ **etwas überschneidet sich** *einen gemeinsamen Punkt oder eine gemeinsame Fläche haben:* Die Linien überschneiden sich.; Die Mengen überschneiden sich. ❷ ■ **etwas überschneidet sich** *inhaltlich teilweise gleich sein:* Die beiden Themen überschneiden sich. ❸ ■ **etwas überschneidet sich** *(teilweise) zur gleichen Zeit geschehen:* Die Termine überschneiden sich.; Wir brauchen einen zweiten Fernseher, denn das Ende des Films überschneidet sich mit der ersten Halbzeit des Fußballspiels!

Über·schrift die [ˈyːbɐʃrɪft] <-, -en> *das, was als Titel über einem Text steht:* eine fett gedruckte Überschrift ◆ Artikel-, Haupt-, Kapitel-, Unter-, Zeitungs-

Über·schuss der <-es, Überschüsse> ❶ WIRTSCH. *(↔ Defizit) Geld, das übrig bleibt, wenn von den Einnahmen alle Unkosten abgezogen worden sind:* einen Überschuss erwirtschaften; Wir haben noch einen Überschuss in der Kasse. ❷ *(↔ Mangel) etwas, von dem viel mehr vorhanden ist, als man wirklich braucht:* ein Überschuss an Milch; ein Überschuss an Akademikern/Ärzten/Lehrern; Überschuss produzieren

über·set·zen [ˈyːbɐzɛtsn̩] <setzt über, setzte über, hat/ist übergesetzt> I. *mit OBJ* ■ **jmd. setzt jmdn./etwas über** *(haben) jmdn. oder etwas mit einem Boot o.Ä. an das andere Ufer bringen:* Der

Fährmann hat die Wanderer übergesetzt. **II.** *ohne OBJ* ▪ **jmd. setzt über** *(sein o haben) mit einem Boot o.Ä. über einen Fluss, See, Kanal o.Ä. an das andere Ufer fahren:* Er hat/ist mit der Fähre übergesetzt.; Die Fähre ist/hat übergesetzt.

über·set·zen [y:bɐˈzɛtsn̩] <übersetzt, übersetzte, hat übersetzt> *mit OBJ/ohne OBJ* ▪ **jmd. übersetzt (etwas)** *etwas Geschriebenes oder Gesprochenes von einer Sprache in eine andere übertragen:* den Text vom Englischen ins Französische übersetzen; Ich habe frei, nicht wortwörtlich übersetzt. ▸ Übersetzer(in), Übersetzung

über·sicht·lich *adj* ❶ *so, dass man es gut überschauen kann:* Ein übersichtliches Gelände ist schlecht zum Versteckspiel geeignet. ▸ Übersichtlichkeit ❷ *so klar, dass man es gut verstehen kann:* Die Darstellung war einfach und übersichtlich. ▸ Übersichtlichkeit

über·ste·hen [ˈy:bɐʃte:ən] <steht über, stand über, hat/ist übergestanden> *ohne OBJ* ▪ **etwas steht über** *über etwas herausragen:* Der Balken steht über.

über·ste·hen [y:bɐˈʃte:ən] <übersteht, überstand, hat überstanden> *mit OBJ* ▪ **jmd./etwas übersteht etwas** *eine gefährliche oder unangenehme Situation hinter sich bringen:* Alle Passagiere haben den Flugzeugabsturz lebend überstanden.; Die Stadt hat den Krieg ohne größere Zerstörungen überstanden.; Er hat eine schwere Krankheit überstanden.; Hoffentlich übersteht das Zelt den Sturm!

Über·stun·de die <-, -n> */meist Plur./* *Arbeitszeit, die man länger arbeitet, als man im Arbeitsvertrag vereinbart hat:* Überstunden machen/abbauen/ausbezahlt bekommen ◆-nabbau, -npauschale, -nzuschlag

über·stür·zen [y:bɐˈʃtʏrtsn̩] <überstürzt, überstürzte, hat überstürzt> **I.** *mit OBJ* ▪ **jmd. überstürzt etwas** *zu schnell handeln, ohne zu überlegen, welche Konsequenzen das Handeln haben wird:* eine Entscheidung überstürzen; überstürzt abreisen; Überstürze nur nichts. Denk lieber in Ruhe nach! **II.** *mit SICH* ▪ **jmd. überstürzt sich, etwas zu tun** *sehr schnell etwas tun:* Er überstürzte sich, ihr jeden Wunsch zu erfüllen.; ▪ **die Ereignisse überstürzen sich** *es geschehen in einem kurzen Zeitraum viele interessante oder unerwartete Dinge* Seit letzter Woche überstürzen sich die Ereignisse.

Über·tra·gung die <-, -en> ❶ */kein Plur./* *der Vorgang, dass jmd. etwas, das irgendwo aufgeschrieben ist, an einer anderen Stelle schreibt:* die Übertragung der Ergebnisse in die Tabelle; die Übertragung der Zahlen vom vorigen Monat in die Liste für den aktuellen Monat ❷ *eine nicht wörtliche, sondern eher sinngemäße und freie Übersetzung:* die Übertragung eines Textes aus dem Chinesischen; Es handelt sich eher um eine freie Übertragung als um eine wörtliche Übersetzung ❸ *(≈ Ansteckung) der Vorgang, dass durch den Kontakt mit einem Kranken ein anderer Mensch ebenfalls krank wird:* die Übertragung einer Krankheit ◆-sweg ❹ *(≈ Übergabe) der Vorgang, dass Aufgaben, Funktionen oder Rechte von einer Person an eine andere gegeben werden:* die Übertragung der Aufgaben an den Nachfolger ❺ *der Vorgang, dass ein bestimmtes Wissen oder eine bestimmte Vorgehensweise in einem anderen Bereich angewendet wird:* die Übertragung der Erkenntnisse in die Praxis/auf andere Bereiche ❻ *der Vorgang, dass ein Konzert oder eine Veranstaltung von Rundfunk oder Fernsehen aufgezeichnet und gesendet werden:* Sie hören eine Übertragung aus dem Konzertsaal der Stadt. ◆-swagen, Live- ❼ MED. *der Vorgang, dass in den Körper eines Menschen eine Substanz aus dem Körper eines anderen Menschen gebracht wird:* die Übertragung von Blut/von Knochenmark ◆Blut- ❽ TECHN. *der Vorgang, dass die Kraft von etwas auf etwas anderes geleitet wird:* die Übertragung der Kraft des Motors auf die Räder

über·trei·ben [y:bɐˈtraibn̩] <übertreibst, übertrieb, hat übertrieben> *mit OBJ/ohne OBJ* ❶ ▪ **jmd. übertreibt etwas** *behaupten, dass etwas größer, besser, schlechter usw. ist als in Wirklichkeit:* In seinem Bericht über seinen Urlaub hat er maßlos übertrieben.; Stimmt das wirklich? Hast du nicht etwas übertrieben? ❷ ▪ **jmd. übertreibt etwas;** ▪ **jmd. übertreibt es mit etwas** *Dat. mehr tun, als gut oder nötig ist:* Er übertreibt die Sparsamkeit.; Hundert Kilometer Jogging pro Woche? Du übertreibst es mit dem Sport!; Übertreibst du es nicht ein bisschen mit dem Abnehmen?; ▪ **Man kann's auch übertreiben.** *(umg. abwert.) verwendet als Kritik an jmdm., der zu viel von etwas macht oder unverschämt wird* Du willst schon wieder ausgehen und dir Geld von mir leihen? Man kann's auch übertreiben!

über·wa·chen [y:bɐˈvaxn̩] <überwachst,

überwachte, hat überwacht> *mit OBJ* ❶ **jmd./etwas überwacht jmdn./etwas** *jmdn. oder etwas dauernd beobachten, um zu kontrollieren, ob alles richtig funktioniert:* Die Produktion läuft vollautomatisch und wird von Computern überwacht.; In der Intensivstation wird der Kranke ständig überwacht. ❷ **jmd./etwas überwacht jmdn./etwas** *jmdn. oder etwas beobachten, um zu kontrollieren, ob etwas Verbotenes oder eine Straftat geschieht:* einen Platz/ein Geschäft mit Videokameras überwachen; einen Verdächtigen/ein Gebäude polizeilich überwachen lassen ▸ Überwachung, Überwachungskamera

über·wäl·ti·gend[1] [y:bɐˈvɛltɪɡn̩t] *Partizip Präsens von* **überwältigen**

über·wäl·ti·gend[2] [y:bɐˈvɛltɪɡn̩t] *adj* ❶ *sehr groß oder stark:* Die überwältigende Mehrheit stimmte für das Gesetz.; ein überwältigender Sieg ❷ *(≈ außerordentlich, großartig) so, dass etwas sehr intensiv ist und eine starke Wirkung hat:* ein überwältigender Anblick; Die Geburt seines Kindes war für den jungen Vater ein überwältigendes Erlebnis.

über·wei·sen [y:bɐˈvaɪzn̩] <überweist, überwies, hat überwiesen> *mit OBJ* ❶ **jmd. überweist etwas** *veranlassen, dass Geld vom eigenen Konto auf ein anderes Konto gelangt:* Bitte überweisen Sie uns den Betrag vorab!; Er hat 500 Euro auf das Konto seiner Frau überwiesen. ❷ **jmd. überweist jmdn. (an jmdn./etwas/zu jmdm./etwas)** MED. *zu einem anderen Arzt oder in ein Krankenhaus schicken:* Der Arzt hat den Patienten zum Orthopäden überwiesen.

Über·wei·sung die <-, -en> ❶ *das Überweisen:* eine Überweisung vornehmen; die Überweisung zum Facharzt ❷ *eine Summe Geld, die überwiesen*[1] *wurde:* eine Überweisung über 200 Euro ◆-sauftrag, Geld- ❸ *ein Schein, mit dem Geld überwiesen*[1] *wird oder mit dem ein Patient überwiesen*[2] *wird:* eine Überweisung über einen bestimmten Betrag ausstellen; Bitte bringen Sie Ihre Überweisung mit zum Facharzt! ◆-sformular, -sschein

über·wie·gend [ˈy:bɐvi:ɡn̩t] *adj* /nicht steig./ *hauptsächlich:* Es hat überwiegend geregnet.; Bei dem Konzert waren überwiegend Frauen.

über·win·den [y:bɐˈvɪndn̩] <überwindest, überwand, hat überwunden> I. *mit OBJ* ❶ **jmd./etwas überwindet etwas** *etwas mit dem Einsatz von Kraft bewältigen:* ein Hindernis überwinden; Das Auto überwand die Steigungen ohne Schwierigkeiten.; Die Zugvögel können große Entfernungen überwinden. ❷ **jmd./etwas überwindet etwas** *eine Krankheit besiegen oder etwas sehr Schlimmes abschaffen:* eine schwere Krankheit/Schwierigkeiten überwinden; den Hunger in der Welt überwinden ❸ **jmd. überwindet etwas** *etwas, das meist eine Eigenschaft oder ein schlechtes Gefühl ist, erfolgreich bekämpfen:* ein Gefühl des Ekels überwinden; die Angst/die Abneigung gegen etwas/jemanden überwinden ❹ **jmd. überwindet jmdn.** *(geh.) jmdn. besiegen:* den Feind überwinden II. *mit SICH* ▪ **jmd. überwindet sich (zu etwas** *Dat.***)** *etwas tun oder sagen, obwohl man es nicht wollte:* Sie überwand sich und gab ihrem Feind die Hand.; Um Insekten zu essen, muss man sich ziemlich überwinden.

über·zeu·gen [y:bɐˈtsɔyɡn̩] <überzeugst, überzeugte, hat überzeugt> I. *mit OBJ* ▪ **jmd. überzeugt jmdn. (von etwas** *Dat.***)** *erreichen, dass jmd. sich einer bestimmten Meinung anschließt, etwas glaubt oder etwas als richtig ansieht:* Ihre Argumente haben alle überzeugt.; Er konnte auch diejenigen, die Zweifel hatten, von seinem Plan überzeugen.; Seine Begründung hat mich nicht überzeugt.; überzeugende Argumente II. *mit OBJ/ohne OBJ* ▪ **jmd./etwas überzeugt (jmdn.)** *einen guten Eindruck machen:* Die Leistung der Schülerin hat den Lehrer überzeugt.; Die Leistung der Mannschaft hat überzeugt. III. *mit SICH* ▪ **jmd. überzeugt sich von etwas** *Dat. etwas genau kontrollieren, um zu sehen, ob es korrekt oder wahr ist:* Bitte überzeugen Sie sich selbst von der Richtigkeit meiner Angaben!; ▪ **von etwas überzeugt sein** *eine feste Meinung zu etwas haben* Ich bin davon überzeugt, dass du eine gute Note bekommen wirst.

Über·zeu·gung die <-, -en> *eine feste Meinung, die sich jmd. gebildet hat und von der man nicht oder nur ungerne abweicht:* Ich bin der Überzeugung, dass diese Entscheidung richtig war.; zu seinen Überzeugungen stehen; Es ist meine feste Überzeugung, dass er unschuldig ist.; zu der Überzeugung gelangen, dass …; die Überzeugung haben, dass …

üb·lich [ˈy:plɪç] *adj so, wie es meistens oder normalerweise ist:* Es ist bei uns üblich, abends warm zu essen.; Das ist nur die übliche Streiterei zwischen den beiden.; Ich habe im Restaurant, wie üblich, eine Pizza gegessen. ▶ üblicherweise, Üblichkeit

üb·rig ['y:brɪç] *adj /nicht steig./ als Rest bleibend:* Was ist von dem Geld noch übrig geblieben?; Wir haben vier Brötchen gegessen und die übrigen in den Brotschrank gelegt.; Die übrigen Aufgaben erledigen wir morgen.; ■ **etwas tut ein Übriges** *etwas bewirkt als letzter Faktor, dass ein bestimmter Zustand erreicht wird* Sie müssen die Blumen nur gut düngen und dann vors Fenster stellen. Die Sonne tut dann ein Übriges.; Du kannst dir nicht vorstellen, wie schlecht mir ist. Erst habe ich zu viel gegessen; und dann hat wohl der letzte Schnaps ein Übriges getan.; ■ **im Übrigen** *außerdem; sonst* Im Übrigen bin ich der Meinung, dass wir ihm nichts davon erzählen sollten.; ■ **etwas lässt (viel/sehr) zu wünschen übrig** *etwas ist gar nicht so, wie man es möchte* Der Komfort hier im Hotel lässt aber viel zu wünschen übrig.; ■ **viel/wenig/nichts für jemanden übrig haben** *jmdn. sehr/wenig/nicht mögen* Er hat viel für seine neue Nachbarin übrig.; ■ **jemandem bleibt nichts anderes übrig** *jmd. hat keine andere Möglichkeit* Es bleibt dir nichts anderes übrig, als dich bei ihr zu entschuldigen.; ■ **jemandem bleibt nichts anderes übrig, als …** *jmd. hat keine andere Wahl* Mir bleibt nichts anderes übrig, als sofort abzureisen.; ■ **etwas für jemanden übrighaben** *jemanden gern mögen* Sie hat viel für ihn übrig. ◆ Großschreibung → R 3.7 Wir gehen spazieren. Die/Alle Übrigen wollen zu Hause bleiben.; Ich habe den größten Teil der Arbeit erledigt. Das/Alles Übrige mache ich morgen.; Du kannst ein Übriges tun und mir noch etwas helfen.; Im Übrigen habe ich eine interessante Neuigkeit für euch!; ◆ Getrenntschreibung → R 4.8 Habt ihr von dem Geld noch etwas übrig behalten?; Wird für mich noch etwas übrig bleiben?; Hast du mir etwas Suppe übrig gelassen?; Wenn wir noch etwas Geld übrig haben …; ◆ Zusammenschreibung → R 4.6

üb·ri·gens ['y:brɪgn̩s] *part verwendet, um auszudrücken, dass man etwas nur nebenbei erwähnt und dass es nicht zum Thema des gegenwärtigen Gesprächs gehört; nebenbei bemerkt:* Übrigens haben die beiden in der letzten Woche geheiratet.; Übrigens: Da fällt mir ein, dass ich noch schnell zu Hause anrufen muss.

Übung die ['y:bʊŋ] <-, -en> ❶ */kein Plur./ das ständige Wiederholen von etwas, um es besser zu beherrschen:* etwas zur Übung wiederholen; Zum Erlernen einer Fremdsprache gehört tägliche Übung. ❷ */kein Plur./ (≈ Routine) das Geübtsein; das Können auf einem bestimmten Gebiet, weil man viel geübt hat:* Zum sicheren Fahren gehört viel Übung.; Die Tanzschritte zeigen ihre Übung.; aus der Übung kommen/sein ❸ *eine einzelne Aufgabe, die man wiederholt, um auf einem bestimmten Gebiet besser zu werden:* kurze Übungen auf dem Klavier; eine Übung zur Kräftigung der Arme ❹ *eine bestimmte Aufgabe, um etwas zu vertiefen, das man gelernt hat:* Wir machen nun die Übung 3 auf der Seite 21.; Die Übungen zum Passiv könnt ihr zu Hause machen. ◆ -saufgabe, -sbuch, Grammatik-, Rechen- ❺ SPORT *eine Reihenfolge von Bewegungen beim Turnen:* eine Übung am Schwebebalken vorturnen ❻ *Aktivitäten, die von der Polizei, der Feuerwehr, der Armee ausgeführt werden, um sich auf ihre Aufgaben gut vorzubereiten:* Zuerst dachten wir, es würde wirklich brennen; doch dann haben wir gesehen, dass die Feuerwehr nur eine Übung gemacht hat.; ■ **Übung macht den Meister** *(Sprichwort) wer viel übt, kann etwas richtig und gut* Jeder macht mal einen Fehler. Aber Übung macht den Meister!

Ufer das ['u:fɐ] <-s, -> *das Land am Rand von einem Fluss/See/Meer etc.:* ans anderen Ufer schwimmen; Die Mutter bittet ihre Tochter, in der Nähe des Ufers zu bleiben.; ein mit Büschen bewachsenes Ufer; ein steiles/sandiges Ufer; das Ufer des Flusses/Sees; das rettende Ufer erreichen; ■ **ein Fluss tritt über die Ufer** *ein Fluss führt zu viel Wasser und breitet sich über das anliegende Land aus* Der Fluss trat über die Ufer und überschwemmte weite Gebiete.; ■ **jemand ist vom anderen Ufer** *(umg. abwert.) jmd. ist homosexuell* Ich glaube, mein neuer Kollege ist vom anderen Ufer. ▶ -böschung, -promenade, -staße, -weg

Uhr die [u:ɐ̯] <-, -en> ❶ *ein Gerät, mit dem die Zeit gemessen wird:* eine analoge/digitale/goldene/mechanische Uhr; Die Uhr tickt/geht genau/geht vor/geht nach.; eine Uhr (um eine Stunde) vorstellen/nachstellen; die Uhr aufziehen ◆ -enbatterie, -werk, -zeiger, Armband-, Atom-, Bahnhofs-, Küchen-, Sonnen-, Wand- ❷ */kein Plur./ bei Zeitangaben als Maß der vollen Stunde:* Es ist genau/Punkt zwölf Uhr.; Wir treffen uns acht Uhr abends.; ▪ **Wie viel Uhr ist es?** *Wie spät ist es?* Können Sie mir sagen, wie viel Uhr es ist?; ▪ **rund um die Uhr** *(umg.) dauernd* Die Tankstelle hat rund um die Uhr geöffnet.; ▪ **dort gehen die Uhren anders** *(umg.) dort gelten andere Regeln oder Werte* Auf dem Land gehen die Uhren oft anders (als in der Stadt).; ▪ **nach jemandem kann man die Uhr stellen** *(umg.) jmd. ist immer sehr pünktlich* Keine Sorge, er wird gleich kommen. Man kann wirklich die Uhr nach ihm stellen!

Uhr·zeit die <-, -en> *die in Stunden und Minuten angegebene Zeit:* Können Sie mir die genaue Uhrzeit sagen?; Zu welcher Uhrzeit sind wir verabredet?; jemanden nach der Uhrzeit fragen

> Im Deutschen wird, neben der Angabe der genauen **Uhrzeit** in Stunden und Minuten („Es ist jetzt zehn Uhr und fünfundfünfzig Minuten", verkürzt: „Es ist zehn Uhr fünfundfünfzig"), die Angabe nach der angebrochenen oder nicht vollendeten Viertelstunde gemacht. Dabei muss man alternative Wendungen unterscheiden: „Es ist neun Uhr"; „Es ist neun Uhr fünfzehn" oder „Es ist viertel zehn" oder „Es ist Viertel nach neun"; vgl. auch: „Es ist neun Uhr fünfundzwanzig" oder „Es ist fünf vor halb zehn"; „Es ist neun Uhr dreißig" oder „Es ist halb zehn (Uhr)"; „Es ist neun Uhr fünfunddreißig" oder „Es ist fünf nach halb zehn"; „Es ist neun Uhr fünfundvierzig" oder „Es ist drei viertel zehn", oder auch „Es ist Viertel vor zehn"; „Es ist zwölf Uhr nachts" oder „Es ist Mitternacht"; „Es ist zwölf Uhr mittags" oder „Es ist Mittag". Es gibt zwei Möglichkeiten, die gleichnamige Uhrzeit vormittags von jener nachmittags zu unterscheiden. Entweder man hängt die Ergänzung „morgens/mittags" bzw. „nachmittags/abends/nachts" an die betreffende Uhrzeit: „Es ist acht Uhr morgens", „Es ist zwölf Uhr mittags", „Es ist drei Uhr nachmittags", „Es ist sechs Uhr abends", „Es ist elf Uhr nachts". Oder man nennt die genaue Uhrzeit im 24-Stunden-System: „Es ist fünfzehn Uhr", „Es ist achtzehn Uhr", „Es ist dreiundzwanzig Uhr".

ụm¹ [ʊm] *präp +Akk.* ❶ *drückt eine Bewegung oder Anordnung im Raum aus, die die Form eines Bogens oder eines Kreises hat:* um die Ecke fahren; um die Welt reisen; Die Erde dreht sich um die Sonne.; um einen Tisch sitzen; sich ein Tuch um die Schultern legen; einmal um den Block herum gehen; um Ulm herum ❷ *drückt eine Bewegung aus, die in alle Richtungen verläuft und von einem Punkt ausgeht:* Er schlug wie wild um sich.; Die Panik griff sofort um sich.; Nach dem Brand griff ein schrecklicher Gestank um sich. ❸ *verwendet zur Angabe einer Uhrzeit oder eines Zeitpunktes:* Die Vorstellung beginnt um 6 Uhr.; Um diese Zeit war ich schon zu Hause. ❹ *verwendet zur Angabe einer ungefähren Uhrzeit oder eines ungefähren Zeitpunktes:* Wir treffen uns dann so um Mittag.; Die Party fängt so um 9 herum an.; So um Weihnachten herum nehme ich immer zwei Kilo zu. ❺ *verwendet bei der Angabe eines Maßes, eines Preises, oder mit einer Mengenangabe:* sich um 10 Meter verschätzen; sich um fünf Euro verrechnet haben; das Kleid um einige Zentimeter kürzen ❻ *verwendet zur Bezeichnung eines größeren oder kleineren Wertes im Vergleich mit einem anderen Wert:* Sie ist um 3 Jahre jünger als er.; um einen Kopf größer sein ❼ *verwendet zur ungefähren Angabe eines Preises, für den etwas zu haben ist:* Es wird so um die 40 Euro kosten. ❽ *verwendet zur Angabe einer bestimmten Reihe ohne Unterbrechung:* Tag um Tag warten; eines um das andere Mal; Seite um Seite lesen; Fehler um Fehler machen ❾ *verwendet als Anschluss von Ergänzungen bei bestimmten Verben, Substantiven und Adjektiven:* Ich beneide sie um ihren Erfolg.; das Buch um ein Vorwort ergänzen; um eine Spende bitten; Er will um jeden/keinen Preis studieren.; Es tut mir Leid um ihn!; um etwas besorgt sein; ▪ **um alles in der Welt** *drückt aus, dass jmd. sich etwas sehr wünscht oder sehr gerne machen würde* Sie wollte um alles in der Welt einmal nach Australien reisen.; ▪ **nicht um alles in der Welt** *auf gar keine Fall* Nicht um alles in der Welt würde ich in dieses Land fahren/mich in ein Flugzeug setzen!

ụm² [ʊm] *konj* ❶ ▪ **um ... zu plus. Inf.** */ nur bei gleichem Subjekt in Haupt- und Nebensatz/ verwendet in einem Nebensatz zur Angabe des Zwecks oder einer Absicht:* Er stand auf, um besser sehen zu können.; Sie rief an, um sich zu entschuldigen. ❷ */nur bei gleichem Subjekt in Haupt- und Nebensatz/* ▪ **(zu) ... (genug), um ... zu plus Inf.** *verwendet, um auszudrücken, dass der Sachverhalt im Nebensatz als Norm gilt und der Sachverhalt dazu im Hauptsatz Unzulänglichkeiten/Defizite beinhaltet: Er ist wahrhaftig dumm genug, um das zu glauben!; Ich bin noch nicht wach genug, um das zu verstehen.; Sie ist zu müde, um zu arbeiten.

um³ [ʊm] *adv* ① *(≈ circa)* verwendet, um einen ungefähren Wert anzugeben: Das wird so um die 500 Euro kosten. ② *(≈ vorbei)* so, dass eine bestimmte, vorgegebene Zeit abgelaufen ist: Die Frist ist um.; Die Ferien sind bald um.; ■ **um jemandes/etwas willen** *verwendet, um einen Grund für etwas anzugeben* um unserer Freundschaft willen; etwas um der Sache willen tun; ■ **um Gottes/Himmels willen** *verwendet, um eine Aussage zu verstärken* Um Gottes/Himmels willen, tu das nicht! ◆Getrenntschreibung → R 4.8 Bald wird dieses Jahr wieder um sein.

um·ar·men [ʊmˈ|arman] <umarmst, umarmte, hat umarmt> *mit OBJ* ■ **jmd. umarmt jmdn.** *die Arme um jmdn. legen, weil man sich freut oder jmdn. sehr gerne hat:* Sie umarmte ihn.; Lass dich umarmen! ▶ Umarmung

um·bau·en <baust um, baute um, hat umgebaut> *mit OBJ* ■ **jmd. baut etwas (zu etwas** *Dat.***) um** *die Art, wie etwas gebaut ist, verändern (und damit meist eine neue Funktion zuordnen):* ein Theater zu einem Kino umbauen; Sie wollen ihr Haus umbauen und das Wohnzimmer vergrößern.

um·bau·en <umbaust, umbaute, hat umbaut> *mit OBJ* ■ **jmd. umbaut etwas** *etwas mit Bauten oder Gebäuden umgeben:* einen Garten mit einer Mauer umbauen; Das Museum soll mit Häusern umbaut werden.

um·blät·tern <blätterst um, blätterte um, hat umgeblättert> *mit OBJ/ohne OBJ* ■ **jmd. blättert etwas um** *eine Seite in einem Buch, einem Heft o.Ä. wenden, um zu einer neuen Seite zu kommen:* Ich habe zwei Seiten auf einmal umgeblättert.; Kannst du bitte umblättern?

um·brin·gen <bringst um, brachte um, hat umgebracht> *mit OBJ* ■ **jmd. bringt jmdn./sich um** *(umg.) töten:* Vermutlich ist der Vermisste umgebracht worden.; Er hat seine Frau aus Eifersucht umgebracht.; ■ **Bring dich nicht um!** *(umg.) Mach dir nicht so viel Mühe!* Es ist sehr nett, dass du mir helfen möchtest; aber bring dich nicht um!; ■ **etwas bringt mich noch um** *(umg.) etwas quält mich oder macht mir viel Mühe* Die Arbeit bringt mich noch um!

um·dre·hen <drehst um, drehte um, hat/ist umgedreht> I. *mit OBJ (haben)* ① ■ **jmd. dreht etwas um** *etwas einmal im Kreis um sich selbst drehen:* den Schlüssel im Schloss umdrehen ② ■ **jmd. dreht etwas um** *etwas von einer Seite auf die andere wenden:* einen Kranken im Bett umdrehen; den Braten mehrfach im Topf umdrehen; Ich will das Bild nicht mehr sehen: Dreh es um! ③ ■ **jmd. dreht jmdm. den Arm um** *den Arm von jmdm. so stark bewegen, dass es sehr weh tut;* ■ **jeden Euro/jeden Cent einzeln/ zweimal umdrehen (müssen)** *(umg.) sparen (müssen)* Wir können uns in diesem Jahr keinen Urlaub leisten, denn wir müssen jeden Cent zweimal umdrehen.; ■ **den Spieß einmal umdrehen** *zwei Situationen, die sehr verschieden sind, vertauschen* Drehen wir den Spieß doch einmal um: Du kümmerst dich um den Haushalt und die Kinder, und ich gehe ins Büro. II. *ohne OBJ* ■ **jmd. dreht um** *(sein) (umg.) wieder die Richtung einschlagen, aus der man gerade gekommen ist:* Wir sind schon sehr weit auf den See hinausgeschwommen. Lasst uns lieber umdrehen! III. *mit SICH (haben)* ① ■ **jmd. dreht sich (nach jmdm./etwas) um** *den Oberkörper oder den ganzen Körper nach hinten drehen, um zu sehen, was dort ist:* Wenn du dich umdrehst, siehst du, wer hinter dir geht.; Sie drehte sich nach dem schönen Mann um. ② ■ **jmd. dreht sich um** *sich von einer Körperseite auf die andere legen:* sich im Bett häufig umdrehen; sich beim Sonnen umdrehen, damit man gleichmäßig braun wird

Um·fang *der* [ˈʊmfaŋ] <-(e)s, Umfänge> ① *die Länge der Linie, die eine geometrische Figur oder einen Gegenstand begrenzt:* den Umfang eines Kreises berechnen; den Umfang der Brust/der Hüften messen ② *(≈ Ausmaß) die Größenordnung von etwas:* den vollen Umfang eines Problems unterschätzt haben; Das Unwetter richtete Schäden in großem Umfang an. ③ *Größe; Ausdehnung:* ein Buch mit 500 Seiten Umfang; Auf dem Fest gab es ein Programm von beträchtlichem Umfang. ▶ umfangreich

Um·gangs·spra·che *die* <-, -n> SPRACHWISS. *die Sprache, mit der man sich im Alltag normalerweise verständigt* ▶ umgangssprachlich

---

Unter **Umgangssprache** versteht man eine der Erscheinungsformen der deutschen Gegenwartssprache. Es ist dies die zusammenfassende Bezeichnung für den Bereich zwischen der Standardsprache (auch: Hochsprache, Gemeinsprache) und den Dialekten/Mundarten. In Wörterbüchern findet sich ein Verweis auf diese sprachliche Ebene in Form einer als „umg" bzw. „ugs." abgekürzten Markierung, die mit anderen Markierungsprädikaten („derb", „vulgär" usw.) konkurriert, bei einigen anderen auch zusammentrifft („familiär", „salopp"). Damit wird, wie auch in vorliegendem Wörterbuch (hier mittels „umg."), angezeigt, dass der so markierte Wortschatz etwas unterhalb von einer als „normalsprachlich" bzw. als unmarkiert angesehenen Norm der Standardsprache liegt, von dieser abweicht, und vor allem im Mündlichen gebräuchlich ist. Der Ausdruck *Umgangssprache* hat in der Germanistik eine lange Tradition. Das einzige einheitliche Kriterium für diese Varietät (vgl. das Stichwort) ist das der Funktion, nämlich in der Gebrauchssphäre des Alltags verwendet zu werden, weshalb der Ausdruck teils mit *Alltagssprache* gleichgesetzt wird. Insbesondere im privaten sprachlichen Umgang zählen dazu zahlreiche lässige bzw. ungezwungene Ausdrücke, so *dickfellig* (für: *unempfindlich*), viele Abkürzungswörter (*Krimi, Limo*), oder Bildungen wie *runter, raus* (statt *herunter, heraus*). Der Ausdruck *Umgangssprache* wird vor allem auf großräumige sprachliche Verhältnisse im Sinne eines „Ausgleichsprodukts" zwischen Hochsprache bzw. Standardsprache und den Mundarten bezogen und ist sprachgeschichtlich eine recht späte Ausprägungsform des Deutschen. Unter *hochdeutscher Umgangssprache* versteht man eine Varietät, die nahe an der Realisierungsform der Hochsprache liegt, die aber in stärkerem Maße landschaftlich geprägt ist. Daneben werden so bezeichnete *kleinlandschaftliche* und *großlandschaftliche* (z.B. die obersächsische und schwäbische Umgangssprache) *Umgangssprachen* unterschieden.

Um·ge·bung die [ʊmˈɡeːbʊŋ] <-, -en> ❶ *das Gebiet, die Gegend oder die Landschaft, die sich um einen Ort oder eine Stelle herum befindet:* Das Hotel liegt in einer schönen Umgebung.; Ein See, in dem man baden kann, befindet sich in unmittelbarer Umgebung.; Wo kann man hier in der Umgebung gut essen? ❷ *die Dinge oder Personen, die um einen sind und mit denen man regelmäßig Kontakt hat:* sich an seine Umgebung gewöhnen; eine vertraute Umgebung haben ❸ ZOOL. *das natürliche Umfeld von Tieren:* Manche Tiere können sich perfekt an ihre Umgebung anpassen.

um·keh·ren <kehrst um, kehrte um, hat/ist umgekehrt> **I.** *mit OBJ (haben)* ❶ **jmd. kehrt etwas um** *bewirken, dass das Gegenteil von etwas eintritt:* eine Entwicklung umkehren ❷ **jmd. kehrt etwas um** *etwas von innen nach außen wenden:* eine Jacke umkehren, um sie auszubürsten **II.** *ohne OBJ (sein)* ■ **jmd./etwas kehrt um** *sich wieder in die Richtung bewegen, aus der man gerade gekommen ist:* Auf halbem Weg kehrte er um.; Weil es ein technisches Problem gab, musste das Flugzeug umkehren. ▪ Umkehr **III.** *mit SICH (haben)* ■ **etwas kehrt sich um** *etwas verändert sich in sein Gegenteil:* Ihr Verhältnis hatte sich vollkommen umgekehrt: Jetzt bestimmte sie, und er ordnete sich unter.; ■ **jemandem kehrt sich der Magen um** *jmdm. wird schlecht und er muss sich übergeben* Bei diesem Anblick kehrte sich mir der Magen um.

um·kip·pen <kippst um, kippte um, hat/ist umgekippt> **I.** *mit OBJ (haben)* ■ **jmd. kippt etwas um** *so an etwas stoßen, dass es umfällt:* Er hat die Kaffeetasse/den Kaffee umgekippt. **II.** *ohne OBJ (sein)* ❶ ■ **jmd./etwas kippt um** *seine Lage so verändern, dass man/es umfällt:* Das Boot ist umgekippt.; Er ist mit dem Stuhl umgekippt. ❷ ■ **jmd. kippt um** *(umg.) ohnmächtig werden; das Bewusstsein verlieren:* Sie ist bei der Hitze umgekippt. ❸ ■ **etwas kippt um** *sich plötzlich ins Gegenteil wandeln:* Ihre Liebe kippte in Hass um, als sie hörte, dass sie betrogen worden war.; Die Stimmung im Publikum drohte umzukippen.; ■ **ein Gewässer ist umgekippt** *(fachspr.) ein Gewässer ist ökologisch tot, weil es ohne Sauerstoff und völlig verschmutzt ist* Der See ist umgekippt.

Um·lei·tung die [ˈʊmlaɪtʊŋ] <-, -en> ❶ *die Strecke, auf der der Verkehr umgeleitet wird, wenn die eigentliche Straße z.B. wegen einer Baustelle oder eines Unfalls gesperrt ist:* Wir mussten eine Umleitung fahren.; Bitte benutzen Sie die ausgeschilderten Umleitungen! ▪ -sstrecke ❷ */kein Plur./ das Umleiten:* die Umleitung des Verkehrs/eines Flusses

um·rüh·ren <rührst um, rührte um, hat umgerührt> *mit OBJ* ■ **jmd. rührt etwas um** *etwas durch Rühren (mit einem Löffel*

o.Ä.) bewegen und somit gut mischen: Du musst den Teig gut umrühren, sonst gibt es Klumpen.; den Kaffee umrühren

Um·schlag¹ der <-(e)s, Umschläge> ❶ *eine Art Hülle, in die man einen Brief steckt, wenn man ihn abschicken will:* den Brief in einen Umschlag stecken ❷ *eine Art Hülle, mit der man ein Buch, ein Heft o.Ä. schützen kann:* der Umschlag des Schulheftes/eines Buches ❸ *ein umgenähter Rand an einem Kleidungsstück:* die Hosenbeine mit einem Umschlag versehen ❹ MED. *warme oder kalte Tücher, die zur Behandlung auf ein Körperteil gelegt werden:* kalte Umschläge machen

Um·schlag² der <-(e)s, Umschläge> ❶ *völlige Veränderung von etwas:* ein plötzlicher Umschlag des Wetters/der Stimmung ❷ /kein Plur./ WIRTSCH. *das Verladen oder Umladen von Waren auf ein Schiff oder ein Fahrzeug:* der Umschlag von Waren im Hafen

um·sonst [ʊmˈzɔnst] adv ❶ *(≈ vergeblich) ohne Erfolg:* Alle unsere Anstrengungen sind umsonst gewesen!; Nun haben wir umsonst alles vorbereitet, wenn die Veranstaltung ausfällt! ❷ *(umg.: ≈ gratis) ohne Bezahlung:* umsonst mit dem Bus fahren dürfen; Ich tue das umsonst; ich will nichts dafür haben!; ▪ **nicht umsonst** *aus gutem Grund* Das habe ich nicht umsonst gesagt: Ich wollte euch warnen!

Um·stand der [ˈʊmʃtant] <-(e)s, -Umstände> *für ein Geschehen/für den Ablauf von etwas wichtiges/entscheidendes Moment, mit dem die Umgebung eines Vorkommnisses genauer angegeben/benannt wird:* Dieser Umstand ist mir sehr bekannt; Es ist ein nicht vorhersehbarer Umstand eingetreten ◆-sbestimmung, -sergänzung, -sfürwort, -swort ► umstandshalber

Um·stän·de [ˈʊmʃtɛndə] <-> *Plur. viel Mühe; vermeintlich unnötiger Aufwand:* Bitte machen Sie sich keine Umstände! Ich kann auch alleine zum Bahnhof fahren.; jemandem Umstände machen; etwas ohne große Umstände erledigen; ▪ **jemandem geht es den Umständen entsprechend gut** *jmdm. geht es so gut, wie es in dieser Situation möglich ist* Es geht dem Kranken den Umständen entsprechend gut.; ▪ **ohne Umstände** *ohne zu zögern, spontan* Er half ihm ohne große Umstände.; ▪ **unter Umständen** *vielleicht; eventuell; wenn es möglich ist* Unter Umständen kann ich früher nach Hause kommen.; ▪ **unter keinen Umständen** *auf gar keinen Fall* Unter keinen Umständen werde ich mich bei ihr entschuldigen.; ▪ **in anderen Umständen sein** *schwanger sein* Seine Frau ist schon wieder in anderen Umständen.

um·ständ·lich [ˈʊmʃtɛntlɪç] adj ❶ *(≈ aufwändig, zeitraubend) nicht geschickt und mit viel unnötigem Aufwand; so, dass man sich mit etwas mehr Mühe macht, als nötig ist:* etwas sehr umständlich erklären; umständliche Vorbereitungen treffen; Sei doch nicht immer so umständlich! ❷ *zu viel unnötigem Aufwand neigend:* ein umständlicher Mensch/Mitarbeiter

um·stei·gen <steigst um, stieg um, ist umgestiegen> ohne OBJ ❶ **jmd. steigt (von etwas** Dat.**) (in etwas** Akk.**) um** *das Verkehrsmittel (Bus, Bahn o.Ä.) wechseln:* Sie müssen an der nächsten Haltestelle (in eine andere Bahn/in den Bus) umsteigen. ❷ **jmd. steigt (von etwas** Dat.**) auf etwas** Akk. **um** *(umg.) von etwas zu etwas Anderem oder Neuem wechseln:* Sie ist auf ein anderes Medikament umgestiegen.; Er ist vom Auto auf das Fahrrad umgestiegen.

um·tau·schen <tauschst um, tauschte um, hat umgetauscht> mit OBJ ❶ **jmd. tauscht etwas um** *etwas wieder dahin bringen, wo es gekauft wurde (z.B. weil es nicht passt oder nicht gefällt) und dafür etwas anderes erhalten:* Nach Weihnachten wollen viele Leute ihre Geschenke umtauschen; fehlerhafte Ware umtauschen ❷ **jmd. tauscht etwas um** *Geld gegen eine andere Währung wechseln:* Dollar in Euro umtauschen

Um·weg der [ˈʊmveːk] <-(e)s, -e> *ein Weg zu einem Ziel, der länger als der direkte Weg dorthin ist:* einen Umweg machen; Der Weg über den Bahnhof ist ein Umweg.; ▪ **etwas auf Umwegen erfahren** *etwas nicht direkt, sondern über andere erfahren* Er hat auf Umwegen erfahren, dass seine Frau einen Geliebten hat.

Um·welt die [ˈʊmvɛlt] <-> /kein Plur./ ❶ *all das, was den Menschen umgibt: Erde, Wasser, Luft, Pflanzen und Tiere; die Natur:* die Umwelt schützen/bewahren/zerstören/verschmutzen ◆-schutz, -schützer(in), -verschmutzung ❷ *die Verhältnisse, in denen ein Mensch lebt und die ihn beeinflussen:* Er ist von seiner Umwelt geprägt worden.; Sie ist in dieser Umwelt groß geworden. ❸ *die Personen, mit denen man regelmäßig Kontakt hat:* bei seiner Umwelt mit einem Vorschlag auf wenig

Verständnis stoßen

um·welt·freund·lich *adj so, dass es die Umwelt¹ schützt:* eine umweltfreundliche Politik; umweltfreundliche Techniken der Energiegewinnung; umweltfreundliches Papier

Um·welt·ver·schmut·zung die <-> /kein Plur./ ❶ *das Verschmutzen der Umwelt durch den Menschen; Schäden in der Natur, die durch den Menschen verursacht werden:* die Umweltverschmutzung durch veraltete Fabriken; Jeder sollte etwas gegen die wachsende Umweltverschmutzung tun. ❷ *die Tatsache, dass die Umwelt verschmutzt ist:* Das Waldsterben ist auf die Umweltverschmutzung zurückführen.

um·zie·hen¹ <ziehst um, zog um, hat/ist umgezogen> *mit OBJ* ▪ **jmd. zieht jmdn./sich um** *jmdm. oder sich andere Kleidung anziehen:* ein Kind/einen Kranken/sich umziehen; Hast du dich schon umgezogen?

um·zie·hen² <ziehst um, zog um, hat/ist umgezogen> *ohne OBJ* ▪ **jmd. zieht (irgendwohin) um** *den Wohnort oder die Wohnung wechseln:* Ich bin in den vergangenen Jahren mehrmals umgezogen.; Sie ist von Leipzig nach Frankfurt umgezogen.; Sie sind in eine größere Wohnung umgezogen. ▶ Umzug, Umzugskosten

un- [ʊn] *Erstglied als Vorsilbe/Präfix; wird verwendet, um auszudrücken, dass das mit dem Zweitglied/Basiswort Bezeichnete nicht gegeben ist/nicht der Fall ist, verneint es also:* unbekannt (≈ nicht bekannt); unregelmäßig (≈ nicht regelmäßig)

UN die |uː'ɛn| <-> /kein Plur./ *kurz für „United Nations": „Vereinte Nationen":* ein Beschluss der UN

un·ab·hän·gig ['ʊn|aphɛŋɪç] *adj* ❶ *(≈ autonom, frei, souverän) so, dass jmd. oder etwas über sich selbst entscheiden kann und nicht von den Befehlen anderer abhängt:* ein unabhängiges Land; sich frei und unabhängig fühlen; eine unabhängige Tageszeitung ❷ *nicht von jmdm. oder etwas beeinflusst:* Die Veranstaltung findet statt, unabhängig vom Wetter.; Das ist unabhängig von meinem Willen geschehen.; Die Minister haben unabhängig voneinander dieselbe Entscheidung getroffen. ❸ *nicht auf jmdn. oder etwas angewiesen:* sich von den Eltern unabhängig machen; Diese Tiere können unabhängig vom Menschen nicht mehr existieren.; ▪ **(und) unabhängig davon, ob ...** *egal, ob...:* Wir werden diesen Plan durchführen, und zwar unabhängig davon, ob ihr damit einverstanden seid oder nicht. ▶ Unabhängigkeit

un·an·ge·nehm ['ʊn|angəneːm] *adj* ❶ *(≈ unsympathisch) so, dass jmd. oder etwas nicht sympathisch ist:* ein unangenehmer Mensch/Zeitgenosse; ein unangenehmes Verhalten ❷ *(≈ angenehm) so, dass man etwas als übel empfindet:* eine unangenehme Musik; unangenehm riechen; unangenehm schmecken ❸ *(≈ heikel) so, dass es schwierig oder kompliziert ist:* eine unangenehme Frage/Situation ❹ *(≈ peinlich) so, dass man es als peinlich empfindet:* Das ist mir aber sehr unangenehm! ❺ *so, dass es stört:* Er fällt immer unangenehm auf!

un·auf·fäl·lig ['ʊn|aʊffɛlɪç] *adj* ❶ *(≈ dezent) so, dass es nicht auffällt:* sich unauffällig kleiden/verhalten; ein unauffälliges Muster ❷ *(≈ diskret) ohne bemerkt zu werden:* Sie steckte ihm unauffällig das Geld zu.

un·be·dingt¹ ['ʊnbədɪŋt] *adj /nur attr./ (geh.: ≈ absolut) ohne Einschränkung:* unbedingter Gehorsam; eine unbedingte Notwendigkeit

un·be·dingt² ['ʊnbədɪŋt] *adv auf jeden Fall; dringend:* Das müsst ihr euch unbedingt anschauen!; Musst du das unbedingt wissen?

un·be·fugt ['ʊnbəfuːkt] *adj /nicht steig./ nicht befugt oder berechtigt, ohne Erlaubnis:* unbefugt jemandes Briefe lesen; Unbefugtes Betreten des Grundstücks verboten! ▶ Unbefugte

un·be·grenzt ['ʊnbəgrɛntst] *adj /nicht steig./ ohne Einschränkung oder Begrenzung; ohne Ende:* unbegrenzt viel Zeit/Geld zur Verfügung haben; unbegrenzt gültig sein

un·be·quem ['ʊnbəkveːm] *adj* ❶ *so, dass es nicht angenehm ist, weil man nicht gut sitzt/liegt, oder weil ein Kleidungsstück nicht gut passt:* ein unbequemer Stuhl; in unbequemer Haltung sitzen; Der Anzug ist elegant, aber unbequem. ❷ *so, dass es für jmdn. lästig oder peinlich ist:* Er stellt mir immer so unbequeme Fragen.; eine unbequeme Aufgabe vor sich haben ❸ *(≈ unangepasst) nicht angepasst und kritisch:* ein unbequemer Mensch

un·be·rührt ['ʊnbəryːɐ̯t] *adj /nicht steig./* ❶ *noch nicht benutzt:* Das Essen stand unberührt auf dem Tisch.; ein unberührtes Bett ❷ *so, dass es jmdn. nicht beeinflusst:* von jemandes Leid völlig unberührt bleiben; ▪ **ein unberührtes Mädchen** *(veralt.) ein Mädchen, das noch keinen Geschlechtsverkehr hatte;* ▪ **die unberührte**

Natur *die Natur, die der Mensch nicht verändert hat*

un·be·stän·dig [ˈʊnbəʃtɛndɪç] *adj* ❶ (≈ *wechselhaft*) *so, dass es sich oft ändert und nie lange stabil bleibt:* unbeständiges Wetter ❷ *so, dass jmd. sich nicht lange Zeit einer Sache widmet und immer wieder die Veränderung sucht:* Er ist ein unbeständiger Charakter/Mensch, auf den wenig Verlass ist. ▸ Unbeständigkeit

und [ʊnt] *konj* ❶ *verwendet in Aufzählungen, um gleichwertige Wörter, Satzteile und Sätze zu verbinden:* Mädchen und Jungen; Sie ist Frau und Mutter.; Sie war jung und schön.; Ich bin fünfzehn Jahre alt und gehe zur Schule.; Sie hörte es nur einmal klingeln, und sofort ging sie ans Telefon. ❷ *verwendet, um eine verstärkte Wirkung und eine lange Dauer von etwas auszudrücken, indem man gleiche Verben miteinader verbindet:* Es regnete und regnete.; Sie redete und redete. ❸ *verwendet, um zwei Adjektive im Komparativ zu verbinden, womit man eine unbegrenzte Steigerung ausdrückt, die über die Norm hinausgeht:* Das Auto fuhr schneller und schneller.; Er kletterte höher und höher. ❹ *verwendet, um zwei Sätze zu verbinden, die einen Gegensatz ausdrücken:* Er hat gewonnen und ich habe wieder verloren.; Wir müssen es schaffen(,) und wenn es noch so schwer ist!; Und ist es auch Wahnsinn, so hat es doch Methode! ❺ *verwendet, um zwei Sätze zu verbinden, wobei der Inhalt des ersten Satzes die Bedingung für den Inhalt des zweiten Satzes darstellt:* Klicken Sie auf das Symbol, und das Programm wird gestartet.; Sie hat nicht gelernt und eine schlechte Zensur bekommen. ❻ *verwendet, um zwei Sätze zu verbinden, die ein Geschehen zur gleichen Zeit ausdrücken:* Die Mutter liest und die Kinder schlafen.; Sie kocht und hört dabei Radio. ❼ *verwendet, um zwei Sätze zu verbinden, die ein aufeinanderfolgendes Geschehen ausdrücken:* Die Geschäfte schließen, und die Leute gehen nach Hause.; Er steht um 6 Uhr auf und kocht (dann) erstmal Kaffee. ❽ *verwendet, um zwei Sätze zu verbinden, wobei der zweite Satz eine Einschränkung oder einen Ausdruck der Höflichkeit zu dem Inhalt des zweiten Satzes darstellt und durch eine adverbiale Bestimmung ersetzt werden kann:* Er ist imstande und tut das wirklich! (Am Ende wird er das wirklich tun!); Es fehlte nicht viel, und das Haus wäre explodiert! (Fast wäre das Haus explodiert!); Bist du nett und hilfst mir? (Hilfst du mir netterweise?); Sei so freundlich und gib mir mal den Zucker (Gib mir bitte mal den Zucker.) ❾ *verwendet, um Ablehnung, Zweifel, Ironie o.Ä. auszudrücken:* Ich und singen? Niemals!; Der und intelligent? Na, ich weiß nicht.; Die Kinder müssen jetzt ins Bett. — Und die Erwachsenen?; Und ich? Bekomme ich etwa kein Geschenk? ❿ MATH. (≈ *plus*) *verwendet, um bei der Addition Zahlen miteinander zu verbinden:* Drei und drei ist sechs.; ▪ **Und wenn schon!** *(umg.) verwendet, um auszudrücken, dass etwas nicht so schlimm oder eigentlich egal ist* Ich glaube nicht, dass er mir Schwierigkeiten machen wird. Und wenn schon? Er ist schließlich nicht mein Chef.; ▪ **und so weiter** (**Abkürzung: „usw."**) *verwendet, um auszudrücken, dass man in einer Aufzählung noch weitere gleichwertige Dinge auflisten könnte* In der Buchhandlung gibt es Romane, Sachbücher, Fotobände usw.; ▪ **und, und, und** *(umg.) verwendet, um auszudrücken, dass man noch weitere gleichwertige Dinge oder Sachverhalte auflisten könnte* Im Urlaub werde ich schwimmen, faulenzen, mich sonnen, viel essen, und, und, und. ◆ **(kein) Komma vor „und"** → R Z 2.14 Peter spielte Klavier(,) und die anderen hörten zu.; Ich glaube, dass sie es nicht vergessen hat(,) und dass sie kommen wird.; ◆ **Komma vor „und"** → R Z.15 Ich lese gern Krimis, und zwar solche, bei denen eine Kommissarin ermittelt.; Die Kinder saßen am Tisch, in ihr Spiel vertieft, und bemerkten nichts.; Er lud alle ein, die er kannte; und so waren es plötzlich viel zu viele Gäste.

un·dank·bar [ˈʊndaŋkbaːɐ̯] *adj* ❶ *nicht dankbar:* ein undankbarer Mensch; Das ist aber sehr undankbar von dir! ❷ *so schwer oder kompliziert, dass es sich eigentlich nicht lohnt, es zu tun:* eine undankbare Aufgabe ▸ Undankbarkeit

un·deut·lich [ˈʊndɔʏtlɪç] *adj* ❶ *schwer zu verstehen:* undeutlich sprechen; Er hat eine sehr undeutliche Aussprache. ❷ *ohne klare Formen:* Die Schrift war nur undeutlich zu erkennen; Im Nebel konnte man den Berg nur undeutlich sehen. ❸ *unklar und verschwommen:* sich undeutlich an etwas erinnern; eine undeutliche Vorstellung von etwas haben

un·dicht [ˈʊndɪçt] *adj /nicht steig./ nicht dicht; so, dass Luft, Wasser, Gas etc. hindurchkommen kann:* Der Reifen/Die Flasche ist undicht.

un·ehe·lich ['ʊn|eːəlɪç] *adj /nicht steig./ so, dass die Eltern nicht verheiratet sind, wenn ein Kind geboren wird:* ein uneheliches Kind

un·ehr·lich ['ʊn|eːɐ̯lɪç] *adj* ❶ *nicht ehrlich; so, dass man lügt und betrügt:* ein unehrlicher Mensch; Das war unehrlich von dir, ihm nicht die Wahrheit zu sagen! ▸ Unehrlichkeit ❷ *so, dass es rechtlich nicht einwandfrei ist:* unehrlich erworbener Reichtum

un·emp·find·lich ['ʊn|ɛmpfɪntlɪç] *adj* ❶ *nicht empfindlich:* unempfindlich gegen Kälte sein ❷ *so, dass etwas jmdn. nicht berührt, sondern (relativ) gleichgültig lässt:* Ihm kannst du ruhig die Meinung sagen. Er ist unempfindlich gegenüber jeder Kritik. ❸ *(≈ strapazierfähig) so, dass es viel aushält und nicht leicht kaputt geht:* Diese Uhr ist unempfindlich gegen Nässe.; ein unempfindlicher Stoff, der gut für Sportkleidung geeignet ist

un·end·lich [ʊn|ˈɛntlɪç] *adj /nicht steig./* ❶ *so groß oder ausgedehnt, dass es keine räumlichen oder zeitlichen Grenzen zu haben scheint:* das unendliche Weltall; eine unendliche Wartezeit; in unendliche Ferne rücken; die unendlichen Weiten der Wüste ❷ *(≈ sehr) in einem sehr hohen Maße:* unendlich traurig/glücklich sein; etwas mit unendlicher Vorsicht tun ❸ MATH., PHILOS. *größer als jeder endliche Wert:* eine unendliche Reihe; von eins bis unendlich; die Frage, ob das Weltall unendlich ist; ▪ **bis ins Unendliche** *immer wieder* Das könnte man bis ins Unendliche fortsetzen. ▸ Unendlichkeit ◆ **Großschreibung** → R 3.7 Das haben wir nun bis ins Unendliche geübt!; Das Unendliche ist schwer zu begreifen.

un·er·heb·lich ['ʊn|ɛɐ̯heːplɪç] *adj /nicht steig./* ❶ *gering, sehr klein:* eine unerhebliche Veränderung; Es entstand nur unerheblicher Schaden. ❷ *(umg.: ≈ unbedeutend) nicht wichtig:* Es ist unerheblich, was ich dazu meine.

un·er·träg·lich [ʊn|ɛːɐ̯ˈtrɛːklɪç, 'ʊn|ɛːɐ̯trɛːklɪç] *adj* ❶ *(↔ erträglich) so schlimm, dass es schwer zu ertragen ist:* unerträgliche Schmerzen; Die Hitze ist heute unerträglich. ❷ *(≈ unausstehlich) so, dass der Umgang mit jmdm. sehr unangenehm ist:* ein unerträglicher Mensch/Charakter

un·er·war·tet ['ʊn|ɛɐ̯vartət, ʊn|ɛɐ̯ˈvartət] *adj /nicht steig./ so, dass man es nicht erwartet oder dass man nicht daran gedacht hat:* unerwarteter Besuch; Das kam für sie völlig unerwartet.

un·er·wünscht ['ʊn|ɛɐ̯vʏnʃt] *adj /nicht steig./ (≈ unwillkommen ↔ erwünscht) nicht erwünscht; so, dass man etwas nicht will:* Du bist hier unerwünscht!

un·fä·hig ['ʊnfɛːɪç] *adj* ❶ *(abwert.: ≈ inkompetent) so, dass man für etwas schlecht qualifiziert ist:* Er ist nicht nur faul, sondern auch völlig unfähig!; eine unfähige Mitarbeiterin ❷ *(zu etwas) nicht in der Lage:* Sie ist unfähig, längere Zeit zuzuhören. ▸ Unfähigkeit

Un·fall der ['ʊnfal] <-(e)s, Unfälle> *ein Ereignis, das unbeabsichtigt geschieht, und wodurch Personen verletzt/getötet werden können:* ein Unfall mit dem Auto/beim Sport; einen Unfall haben; in einen Unfall verwickelt sein; in/bei einem Unfall verunglücken; ein tödlicher/schwerer Unfall; Ein Unfall hat sich ereignet/hat Todesopfer gefordert/hätte vermieden werden können. ◆ -flucht, -opfer, -risiko, -schaden, -wagen, Arbeits-, Auto- Betriebs-, Sport-, Verkehrs-

un·freund·lich ['ʊnfrɔʏntlɪç] *adj* ❶ *nicht freundlich:* unfreundlich zu jemandem sein; eine unfreundliche Art haben ❷ *unangenehm:* ein unfreundliches Klima/Wetter

un·frucht·bar ['ʊnfrʊxtbaːɐ̯] *adj /nicht steig./* ❶ *so, dass irgendwo wenig wächst:* ein unfruchtbarer Boden; eine unfruchtbare Gegend ❷ *so, dass man keine Kinder bekommen/zeugen kann:* Der Mann/Die Frau ist unfruchtbar. ▸ Unfruchtbarkeit

Un·ge·duld die ['ʊngədʊlt] <-> /kein Plur./ ❶ *die Unfähigkeit, ruhig warten zu können:* voller Ungeduld sein; Unter den Wartenden machte sich Ungeduld breit. ❷ *die Unfähigkeit, ruhig mit Schwierigkeiten oder Fehlern von anderen umzugehen:* Ungeduld im Umgang mit Lernenden/Kindern ist nicht gut. ❸ *ein Zustand, in dem man sich schnelle Veränderungen wünscht:* die Ungeduld der Jugend/eines Forschers ▸ ungeduldig

un·ge·fähr[1], **un·ge·fähr** ['ʊngəfɛːɐ̯, ʊngəˈfɛːɐ̯] *adv nicht genau:* Ich kann dir den Weg nur ungefähr beschreiben.; Es hat sich ungefähr so abgespielt: …; ▪ **(nicht) von ungefähr** *(nicht) zufällig* Das habe ich nicht von ungefähr gesagt.; Sein Interesse für klassische Musik kommt nicht von ungefähr; schließlich wollte er sein Vater Dirigent.

un·ge·fähr[2], **un·ge·fähr** *part verwendet bei Angaben der der Zeit, der Länge, des Maßes o.Ä., um auszudrücken, dass der ange-*

gebene Wert nicht genau ist, sondern ein wenig darüber oder darunter liegen kann: Wir treffen uns ungefähr um 10 Uhr.; Das sind ungefähr 3 Meter Stoff.; Zur Hochzeit haben wir ungefähr 100 Personen eingeladen.

Un·ge·heu·er das <-s, -> ❶ *ein großes, böses Wesen aus dem Märchen oder der Sage*: In der Höhle haust ein Ungeheuer. ❷ *ein Mensch oder Tier, der/das sehr böse ist*: Der Hund war ein Ungeheuer.; Sein Vater ist das reinste Ungeheuer.

un·ge·heu·er[1], **un·ge·heu·er** ['ʊŋəhɔyɐ, ʊŋə'hɔyɐ] *adj sehr groß oder außerordentlich*: eine ungeheure Entfernung/Tiefe/Höhe; ein Schaden von ungeheuren Ausmaßen; ungeheure Kenntnisse besitzen; eine ungeheure Menge Menschen; eine ungeheure Kraftanstrengung

un·ge·heu·er[2] ['ʊŋəhɔyɐ, ʊŋə'hɔyɐ] *adv sehr*: sich ungeheuer anstrengen; ungeheuer viel Geld verdienen; ungeheuer viel wissen; ■ **ins Ungeheure steigen** *sehr groß werden* ◆ Großschreibung → R 3.7 Die Baukosten sind ins Ungeheure gestiegen.; Das Ungeheure an der Sache ist, dass wir nichts bemerkt haben.

un·ge·lernt ['ʊŋɡəlɛrnt] *adj* /nicht steig./ *so, dass man für eine Arbeit keine Ausbildung besitzt*: als ungelernter Arbeiter angestellt werden; Als ungelernte Arbeitskraft verdient man weniger als die Facharbeiter.

un·ge·ra·de ['ʊŋɡəraːdə] *adj* /nicht steig./ MATH. *so, dass eine Zahl ohne Rest durch zwei teilbar ist*: Drei ist eine ungerade Zahl.

un·ge·recht ['ʊŋɡərɛçt] *adj nicht gerecht, nicht fair*: eine ungerechte Entscheidung; Die Arbeit/Das Geld ist ungerecht verteilt worden. ▸ Ungerechtigkeit

un·gern ['ʊŋɡɛrn] *adv nicht gern; ohne große Lust*: Ich stimme (nur sehr) ungern zu.; Er kam nur ungern mit zur Party.

un·ge·schickt ['ʊŋɡəʃɪkt] *adj* ❶ *so, dass jmd./etwas nicht sehr geschickt, sondern plump und unbeholfen ist*: eine ungeschickte Bewegung machen; sich bei etwas ungeschickt anstellen ❷ *so, dass jmd. keinen Sinn für praktische oder handwerkliche Dinge hat*: ein ungeschickter Mensch ❸ *so, dass es nicht besonders klug oder diplomatisch ist*: eine ungeschickte Bemerkung machen; Das war aber sehr ungeschickt von dir, dieses Thema anzuschneiden! ❹ (↔ *elegant*) *so umständlich oder missverständlich gesagt, dass man sich daran stört*: eine ungeschickte Formulierung

un·ge·wiss ['ʊŋɡəvɪs] *adj* ❶ *so, dass man nicht weiß, wie etwas sich entwickeln wird*: Es ist ungewiss, ob und wann er kommt.; in eine ungewisse Zukunft blicken; eine Fahrt ins Ungewisse machen ❷ (*geh.*) *unbestimmt; vage*: ungewisse Befürchtungen haben; ■ **jemanden über etwas im Ungewissen lassen** *jmdn. nicht über etwas informieren* Wir haben sie über unsere Absichten nicht im Ungewissen gelassen.; ■ **etwas liegt im Ungewissen** *etwas ist noch nicht entschieden* Die Zukunft liegt im Ungewissen. ▸ Ungewissheit

un·ge·wöhn·lich[1] ['ʊŋɡəvøːnlɪç] *adj anders als normal; anders als gewöhnlich*: eine ungewöhnliche Bitte; Es ist ungewöhnlich, dass sie noch nicht angerufen hat.

un·ge·wöhn·lich[2] ['ʊŋɡəvøːnlɪç] *adv* (≈ *außerordentlich*) *sehr, in einem besonderem Maße*: ein ungewöhnlich großes Interesse; ein ungewöhnlich warmer Winter

Un·ge·zie·fer das ['ʊŋɡətsiːfɐ] <-s> /kein Plur./ *Tiere oder Insekten, die an Tieren, Pflanzen oder Vorräten Schaden anrichten*: Ungeziefer in der Küche haben; Flöhe sind ein sehr unangenehmes Ungeziefer für Menschen und Tiere.

un·ge·zwun·gen ['ʊŋɡətsvʊŋən] *adj frei und ohne Hemmungen, offen*: sich ungezwungen unterhalten

Un·glück das ['ʊŋɡlʏk] <-(e)s, -e> ❶ *ein Ereignis, bei dem Menschen verletzt/getötet oder Sachen schwer beschädigt werden*: ein Unglück verhindern; Gestern ist ein schlimmes Unglück passiert.; bei einem Unglück ums Leben kommen ◆ Bergwerks-, Erdbeben-, Lawinen-, Zug- ❷ *Zustand, der von Kummer, Schmerzen und Trauer gekennzeichnet ist*: Der Krieg hat viel Unglück über das Land gebracht.; in großem Unglück leben ❸ (≈ *Missgeschick*) *Pech*: beruflich/persönlich Unglück haben; Mir ist ein Unglück passiert: Ich habe die Vase umgeworfen!; ■ **zu allem Unglück** *obendrein* Erst hat er die Arbeit verloren; und dann ist er zu allem Unglück auch noch krank geworden!; ■ **jemand rennt in sein Unglück** *etwas tun, was schlimme Folgen für einen selbst haben wird* Ich kann nicht zusehen, wie er in sein Unglück rennt.; Die andere Frau einfach nicht heiraten.; ■ **Ein Unglück kommt selten allein.** *nach einem Missgeschick kommt fast immer auch ein zweites Missgeschick*

un·glück·lich ['ʊŋɡlʏklɪç] *adj* ❶ *traurig*: unglücklich sein; ein unglückliches Gesicht machen; Sie war unglücklich über den Verlust. ❷ *ungünstig*: ein unglücklicher Zufall

❸ *mit fatalen Konsequenzen:* einen unglücklichen Verlauf nehmen; Ich habe eine unglückliche Bewegung gemacht, bin hingefallen und habe mir den Arm gebrochen. ❹ *so, dass man es falsch verstehen kann:* eine unglückliche Formulierung; sich unglücklich ausdrücken; **unglücklich verliebt sein** *jmdn. lieben, der die Liebe nicht erwidert* Seit Jahren ist sie unglücklich in ihren Nachbarn verliebt.

un·gül·tig ['ʊnɡʏltɪç] *adj /nicht steig./ nicht (mehr) gültig:* ein ungültiger Pass; eine ungültige Fahrkarte; Ohne Unterschrift ist der Vertrag ungültig.; etwas ungültig machen ▸ Ungültigkeit

Un·heil das <-s> */kein Plur./ (geh.) Geschehen, das Schaden anrichtet:* Diese Naturkatastrophe hat viel Unheil angerichtet. ▸ unheilvoll ◆ **Getrennt-oder Zusammenschreibung** → R 4.16 Unheil bringend/unheilbringend; Unheil verkündend/unheilverkündend

un·heim·lich¹ ['ʊnhaɪmlɪç] *adj* ❶ *so, dass es jmdn. Angst macht:* eine unheimliche Stille/Dunkelheit; Mir wird ganz unheimlich zumute.; Der ist aber unheimlich! ❷ *(umg.) sehr stark; sehr groß:* eine unheimliche Angst haben; unheimlichen Hunger haben

un·heim·lich² ['ʊnhaɪmlɪç] *adv sehr:* unheimlich schwitzen; unheimlich viel Arbeit/Geld haben

un·höf·lich ['ʊnhøːflɪç] *adj nicht höflich, nicht freundlich:* ein unhöflicher Mensch; unhöfliches Benehmen ▸ Unhöflichkeit

Uni·form die [uniˈfɔrm/ˈuːnifɔrm] <-, -en> *Kleidung, die einheitlich gestaltet ist und die für bestimmte Berufe oder Gruppen Vorschrift ist:* Polizisten, Soldaten und Schüler in manchen Schulen tragen Uniformen. ◆-hose, -jacke, -mütze, Ausgeh-, Dienst-, Polizei-, Schul-

uni·form *adj /nicht steig./ (geh.) einheitlich:* uniform aussehen/gestaltet sein ▸ Uniformität

Uni·ver·si·tät die [univɛrziˈtɛːt] <-, -en> ❶ *Hochschule, an der in vielen Wissensgebieten gelehrt und geforscht wird und an der man studieren kann:* an der Universität lehren/studieren/eingeschrieben sein; eine angesehene/alte/junge Universität; die Fakultäten/der Kanzler/der Rektor/das Sprachenzentrum der Universität ❷ *das Gebäude einer Universität:* Wir treffen uns an der Universität ◆-scampus, -sgelände

Un·kos·ten ['ʊnkɔstn̩] <-> *Plur.* ❶ *alle Ausgaben für etwas:* Der Verein trägt sämtliche Unkosten. ❷ *Kosten, die zusätzlich entstehen:* Mir sind dafür Unkosten in Höhe von 50 Euro entstanden.; ▪ **sich in Unkosten stürzen** *(umg.) viel Geld ausgeben* Sie haben sich für ihre Hochzeitsfeier in Unkosten gestürzt.; ▪ **mit Unkosten verbunden sein** *viel Geld kosten* Eine Party ist meistens mit Unkosten verbunden.

Un·kraut das ['ʊnkraʊt] <-s, Unkräuter> ❶ */kein Plur./ Pflanzen, die nicht von Menschen gewünscht sind, aber dennoch da wachsen, wo man Nutzpflanzen oder Zierpflanzen angebaut hat:* im Garten Unkraut entfernen/jäten; Das Unkraut wuchert. ❷ *eine bestimmte, als Unkraut¹ betrachtete Pflanzensorte:* Im Garten zählt man Brennnesseln zu den Unkräutern.; ▪ **Unkraut vergeht nicht.** *(umg. scherzh.) verwendet, um auszudrücken, dass jmdm. etwas nicht wirklich schaden kann* Er wird schnell eine neue Arbeit finden. Unkraut vergeht nicht.

un·mit·tel·bar ['ʊnmɪtl̩baːɐ̯] *adj /nicht steig./* ❶ *so, dass in einer Hierarchie, einer Reihenfolge, einer Verwandtschaftsbeziehung niemand/nichts dazwischenkommt:* sein unmittelbarer Vorgesetzter; unmittelbar mit jemandem verwandt sein ❷ *direkt:* unmittelbar von etwas betroffen sein; Sie stand unmittelbar neben dem Minister. ❸ *auf kürzestem Weg:* unmittelbar vor der Haustür; auf unmittelbarem Weg irgendwohin fahren; Der Weg führt unmittelbar zum Marktplatz. ❹ *kurz nach einem anderen Ereignis:* Unmittelbar nach dem Tor feierten die Fans schon den Sieg ihrer Mannschaft.; unmittelbar darauf/danach

un·mög·lich ['ʊnmøːklɪç, ʊnˈmøːklɪç] *adj /nicht steig./* ❶ *so, dass es nicht zu verwirklichen ist:* Das schlechte Wetter hat unseren Plan unmöglich gemacht.; Was du da verlangst, ist völlig unmöglich!; unmögliche Forderungen stellen; das Unmögliche doch noch möglich machen ❷ *(umg. abwert.) so, dass es nicht mit einer gesellschaftlichen oder ästhetischen Norm übereinstimmt:* Du benimmst dich wieder unmöglich!; Das sieht wirklich unmöglich aus!; Sie trägt immer unmögliche Hüte!; ▪ **sich unmöglich machen** *(umg.) sich lächerlich machen* Mit seinen Ansichten hat er sich unmöglich gemacht. ◆ **Großschreibung** → R 3.7 Du kannst nicht Unmögliches von uns verlangen!

un·mo·ra·lisch ['ʊnmoraːlɪʃ] *adj /nicht steig./ so nicht, wie es Anstand und Moral fordern:* unmoralisches Verhalten; unmoralisch leben ▸ Unmoral

un·nö·tig ['ʊnnøːtɪç] *adj* ❶ *so, dass es hätte vermieden werden können; nicht notwendig:* ein unnötiger Fehler/Umweg ❷ *überflüssig:* sich unnötige Gedanken/Sorgen machen; unnötige Anstrengungen unternehmen; unnötig viel reden; Es ist unnötig zu wiederholen, dass ihr herzlich willkommen seid.

un·per·sön·lich ['ʊnpɛrzøːnlɪç] *adj* ❶ *(abwert.) so, dass jmd. zu anderen distanziert und kühl, aber höflich ist:* eine unpersönliche Art haben ❷ *so, dass etwas Individuelles fehlt:* jemandem mit einem unpersönlichen Schreiben antworten; ein unpersönlich eingerichtetes Zimmer ❸ */nur attr./* SPRACHWISS. *so, dass ein Verb nur „es" als Nominativergänzung regiert:* „Regnen" ist ein unpersönliches Verb.

Un·recht das ['ʊnrɛçt] <-(e)s> */kein Plur./* ❶ *(geh.) eine Tat, die jmdm. schadet:* ein Unrecht begehen/Unrecht tun; jemandem ein Unrecht antun/zufügen; begangenes Unrecht wieder gutmachen; Das ist (und bleibt) Unrecht, egal wie ihr es zu rechtfertigen versucht. ❷ *der Zustand, nicht Recht zu haben oder nicht im Recht zu sein:* im Unrecht sein; Ich habe bei diesem Streit Unrecht erhalten/bekommen.; Ich gebe dir in diesem Punkt Unrecht.; ■ **sich/jemanden ins Unrecht setzen** *(geh.) bewirken, dass man selbst/jmd. im Unrecht ist* Mit dieser Entscheidung hat sich der Präsident ins Unrecht gesetzt.; ■ **zu Unrecht** *fälschlicherweise* Diese Anschuldigung besteht zu Unrecht. ◆ Groß- oder Kleinschreibung → R 3.11 Unrecht/unrecht haben/bekommen; jemand tut Unrecht/unrecht daran, dass ...; jemandem Unrecht/unrecht geben

un·recht *adj /nicht steig./* ❶ *so, dass es moralisch oder sittlich nicht richtig ist:* Es war unrecht, ihm nicht zu helfen. ❷ *nicht günstig:* zur unrechten Zeit geschehen; Das ist mir gar nicht so unrecht.; ■ **jemandem unrecht tun** *jmdn. ungerecht behandeln oder beurteilen* Ihr habt ihm unrecht getan.

Un·ru·he die ['ʊnruːə] <-, -n> ❶ */kein Plur./ der Zustand, in dem man nervös oder ängstlich erregt ist:* von Unruhe erfasst werden/sein; jemanden in Unruhe versetzen; voller Unruhe auf etwas warten ❷ */kein Plur./ Zustand ständiger Bewegung:* die unruhige See; ein unruhiges Kind ❸ */kein Plur./ Lärm:* Die Kinder verbreiten Unruhe im Raum.; Was ist das für eine Unruhe da draußen? ❹ */kein Plur./* *Unzufriedenheit:* Die neuen Pläne des Chefs sorgten für Unruhe unter den Kollegen.; Eine Besorgnis erregende Unruhe herrschte im ganzen Land. ❺ */nur Plur./ öffentliche Proteste, Demonstrationen; Aufstand; Aufruhr:* Es kam zu bewaffneten Unruhen in einigen Provinzen.; Unruhen unter den Häftlingen/Gefangenen schüren ◆ Gefängnis-, Rassen-, Studenten-

un·ru·hig ['ʊnruːɪç] *adj* ❶ *erregt und besorgt; innerlich ohne Ruhe:* langsam unruhig werden; unruhig auf die Uhr schauen; Ich bin unruhig, weil sie sich nicht gemeldet hat. ❷ *mit vielen Unterbrechungen:* ein unruhiger Schlaf ❸ *(ständig) in Bewegung:* die unruhige See; ein unruhiges Kind ❹ *geschäftig und laut:* eine unruhige Gegend ❺ *nicht gleichmäßig:* ein unruhiges Muster ❻ *voller Aufregung und Veränderungen:* eine unruhige Zeit voller politischer Veränderungen; eine (politisch) unruhige Gegend

un·sach·lich ['ʊnzaxlɪç] *adj (≈ sachlich) von persönlichen Gefühlen beeinflusst und deshalb nicht objektiv:* unsachliche Kritik üben; Werde bitte nicht unsachlich!

Un·schuld die ['ʊnʃʊlt] <-> */kein Plur./* ❶ *(↔ Schuld) der Zustand, dass jmd. frei von Schuld ist:* seine Unschuld beteuern; jemandes Unschuld beweisen; an jemandes Unschuld glauben/zweifeln ❷ *Mangel an Erfahrung:* etwas in aller Unschuld behaupten ❸ *(veralt.) der Zustand, dass ein Mädchen noch keinen Geschlechtsverkehr hatte:* Der Vater wachte streng über die Unschuld seiner Tochter.; ■ **in aller Unschuld** *ohne etwas Böses zu denken oder zu planen* Ich habe ihn in aller Unschuld gefragt, wie ihm seine Arbeit gefällt.; ■ **eine Unschuld vom Lande** *(abwert. iron.) ein naives, unerfahrenes Mädchen* Sie glaubt fast alles, was man ihr erzählt. Sie ist eben eine Unschuld vom Lande.

un·ser¹ *pron Personalpronomen der 1. Pers. Plur. im Genitiv:* Sie haben unser gedacht.; Ein Gefühl der Angst bemächtigte sich unser.

un·ser² *art /Possessivartikel der 1. Pers. Plur./* ❶ *verwendet, um jmdn. zu bezeichnen, zu dem der Sprecher als Teil einer Gruppe (wir) in einem verwandtschaftlichen, freundschaftlichen oder beruflichen Verhältnis steht:* unsere Kinder; unsere Nachbarn; unser Lehrer ❷ *verwendet, um etwas zu bezeichnen, das der Sprecher als Teil einer Gruppe (wir) als Besitz ansieht:* Wir wohnen gern in unserem Haus.; unsere Bücher ❸ *verwendet, um Körperteile des Sprechers zu bezeichnen:* Nach dieser Wanderung tun uns jetzt aber unsere Füße weh. ❹ *verwendet, um etwas zu bezeichnen, das von dem Sprecher als Teil einer Gruppe (wir) verursacht, geplant, erdacht o.Ä. wurde:* Das war unser Fehler.; unsere Ideen

un·si·cher ['ʊnzɪçɐ] *adj* ❶ *(≈ gefährlich ↔ sicher) so, dass es dort gefährlich ist:* Nachts sind die Straßen unsicher.; in einer unsicheren Gegend wohnen ❷ *so, dass keine Übung vorhanden ist oder man eine Sache noch nicht gut kann oder erst vor kurzem mit etwas angefangen hat:* unsicher laufen; auf unsicheren Beinen stehen ❸ *(≈ ungewiss) so, dass man nicht weiß, wie etwas ausgehen oder sein wird:* eine unsichere Zusage; eine unsichere Angelegenheit; Es ist noch unsicher, ob ich mich an der Arbeit beteilige. ❹ *(≈ unzuverlässig) so, dass man etwas nicht vertrauen oder sich darauf verlassen kann:* eine unsichere Methode ❺ *so, dass man etwas nicht genau weiß und sich nicht mehr sicher ist:* Ich bin mir jetzt unsicher, wie das Wort nach der neuen Rechtschreibung geschrieben wird.; Mit deinem Pragmatismus machst du mich nicht ganz unsicher. ❻ *(↔ selbstsicher) so, dass man kein Selbstbewusstsein hat:* unsicher lächeln; Unsicher betrat er das Luxusrestaurant.; **die Gegend unsicher machen** *(umg.) sich mit mehreren Leuten in einem bestimmten Bereich einer Stadt, wo es viele Kneipen gibt, amüsieren* ▸ Unsicherheit ◆ Großschreibung → R 3.7 Es ist noch im Unsichern, ob er zusagt.

Un·sinn der ['ʊnzɪn] <-(e)s> /kein Plur./ ❶ *etwas Sinnloses oder Dummes:* Sie glaubt jeden Unsinn, den sie im Fernsehen sieht.; Es ist Unsinn, das alles noch einmal zu wiederholen.; (Das ist doch alles) Unsinn! Glaubst du das etwa? ❷ *etwas, das man aus Übermut tut:* nichts als Unsinn im Kopf haben; Kinder, lasst doch den Unsinn!; **Unsinn!** *verwendet, um etwas als völlig abwegig zurückzuweisen* Mir geht's so schlecht, ich glaube, ich habe Krebs. — Unsinn!

un·so·zi·al ['ʊnzotsi̯aːl] *adj* ❶ *ohne Rücksicht auf andere Menschen:* ein unsoziales Verhalten ❷ *so, dass es bestimmte Gruppen der Gesellschaft benachteiligt:* eine unsoziale Politik machen

Un·sum·me die ['ʊnzʊmə] <-, -n> /meist Plur./ *sehr große Menge Geld:* Unsummen für ein Projekt ausgeben; Er muss ja Unsummen verdienen, dass er sich das leisten kann.

un·tä·tig ['ʊntɛtɪç] *adj ohne etwas zu tun; faul:* untätig in der Ecke sitzen; bei etwas nicht untätig bleiben; Wir waren gezwungen, dem Ganzen untätig zuzusehen.

un·ten ['ʊntn̩] *adv* ❶ *räumlich tiefer gelegen:* weiter unten wohnen; von unten nach oben gehen; von oben bis unten schmutzig sein; etwas von unten her betrachten; Ich bin hier unten! ❷ *auf der Seite, die dem Boden zugewandt ist:* Der Eimer hat unten ein Loch. ❸ *so, dass es in einem Text an einer späteren Stelle geschrieben steht:* Wie noch weiter unten erwähnt wird, handelt es sich um ein zentrales Problem der Philosophie. ❹ *(umg.) im Süden:* Sie haben unten in Italien Urlaub gemacht. ❺ *in einer niederen sozialen Stellung:* in der Firma ganz unten anfangen; ganz unten ankommen; **Siehe unten!** *(abgekürzt „s.u.") beachten Sie die im weiteren Text bzw. am Ende gemachten Bemerkungen;* **bei jemandem unten durch sein** *jmds. Wohlwollen oder Sympathie verloren haben* Bei meinem Chef bin ich unten durch. ◆ Getrennt- oder Zusammenschreibung → R 4.15 die unten liegenden/untenliegenden Schichten des Erzes; die (weiter) unten genannten/untengenannten Beispiele; Bitte beachten Sie das unten Stehende/die Ausführungen im Untenstehenden!

un·ter¹ ['ʊntɐ] *präp* ❶ *+Dat. (↔ über) bezeichnet die Lage von jmdm. oder etwas, der/das sich räumlich tiefer befindet:* Der Teppich liegt unter dem Tisch. ❷ *+Akk. bezeichnet eine Richtung, in die sich jmd. oder etwas hin zu etwas, das räumlich tiefer liegt, bewegt oder bewegt hat:* Das Kind kriecht unter den Tisch. ❸ *+Dat. verwendet, um auszudrücken, dass jmd. oder etwas von etwas bedeckt ist:* Unter dem Hut verbarg sich eine Glatze.; Die Küche steht schon wieder unter Wasser! ❹ *+Akk. verwendet, um auszudrücken, dass jmd. oder etwas von etwas bedeckt wird:* Sie legte den Brief unter ihre Bücher. ❺ *+Dat. verwendet, um auszudrücken, dass etwas einen Wert oder ein Niveau nicht erreicht, weil es tiefer liegt:* Die Preise liegen unter dem Durchschnitt.; Das ist unter meinem Niveau. ❻ *+Akk. verwendet, um auszudrücken, dass etwas einen Wert oder ein Niveau unterschreitet:* unter den Durchschnitt fallen; Das ging weit unter sein Niveau. ❼ *+Dat. verwendet, um auszudrücken, dass jmd. mit anderen in einer

Umgebung oder Menge ist: unter Freunden sein; Unter ihnen herrschte Einigkeit.; Unter ihnen befand sich ein Verräter. ❽ *+Dat. verwendet, um auszudrücken, dass in einer Umgebung nur einige an etwas beteiligt sind:* Unter den Demonstranten kam es zu Streit. ❾ *+Akk. verwendet, um auszudrücken, dass jmd. oder etwas in eine Umgebung oder eine Menge hineinkommt:* sich unter die Anwesenden mischen; etwas unter die Leute bringen; Sahne unter die Milch rühren ❿ *+Akk. verwendet, um auszudrücken, dass jmd. oder etwas jmdm. oder etwas zugeordnet wird:* Die Veranstaltung stellen wir unter folgendes Motto .... ⓫ *+Dat. verwendet, um auszudrücken, dass jmdm. oder etwas zugeordnet ist:* Unter dieser Rubrik finden Sie alles, was sie brauchen.; Sie können mich unter meiner Handynummer immer erreichen. ⓬ *+Dat. verwendet, um auszudrücken, dass jmd. oder etwas von jmdm. oder etwas abhängig ist:* unter jemandem arbeiten; Das Orchester spielt unter der Leitung von …; Das Projekt steht unter der Leitung von Professor Schulze. ⓭ *+Akk. verwendet, um auszudrücken, dass etwas von jmdm. oder etwas abhängig gemacht wird:* Das Projekt wird unter die Leitung des Professors gestellt. ⓮ *+Dat. verwendet, um einen Umstand zu bezeichnen, der etwas begleitet:* etwas unter Tränen erzählen; etwas unter Schmerzen erdulden; etwas unter Schwierigkeiten/großen Anstrengungen erreichen ⓯ *+Dat. verwendet, um die Art zu bezeichnen, wie etwas geschieht:* Unter Einsatz ihres Lebens konnten die Rettungskräfte die Verletzten befreien.; unter Ausschluss der Öffentlichkeit stattfinden ⓰ *+Dat. verwendet, um eine Voraussetzung für etwas zu benennen:* Ich sage das nur unter der Bedingung, dass ihr schweigt.; unter Berücksichtigung aller Tatsachen ⓱ *+Dat. verwendet, um einen Zustand zu bezeichnen, in dem sich etwas befindet:* unter Druck stehen; unter Zeitdruck stehen; unter Geheimhaltung stehen ⓲ *+Akk. verwendet, um einen Zustand zu bezeichnen, in den etwas versetzt wird:* jemanden unter Druck setzen; eine Festung unter Beschuss nehmen; unter die Geheimhaltung fallen ⓳ *+Dat. verwendet, um den Grund für etwas zu benennen:* Unter der Last der Schulden brach er zusammen.; ▪ **unter der Woche** *(umg.) während der Woche* Unter der Woche geht er nur selten aus.; ▪ **Wir wollen unter uns sein.** *(umg.) wir wollen keine anderen Leute bei uns haben* Wir wollen bei der Feier unter uns sein.; ▪ **unter uns gesagt** *vertraulich gesagt* Unter uns gesagt: Er hat keine Chancen, die Wahl zu gewinnen.; ▪ **Das bleibt unter uns.** *das darf niemand anderer wissen* Was ich dir eben erzählt habe, bleibt aber unter uns.; ▪ **einer unter vielen sein** *niemand besonderer sein* Er ist auch nur einer unter vielen.; ▪ **jemanden/etwas unter sich haben** *jmdn. oder etwas beruflich leiten* Ich habe jetzt in meiner neuen Stellung ungefähr zwanzig Leute unter mir.

un·ter² ['ʊntɐ] *adv (↔ über) weniger als:* Es waren unter hundert Leute.; unter vierzehn Jahre alte Jugendliche; Beträge unter hundert Euro

un·ter·bie·ten [ʊntɐˈbiːtn̩] <unterbietest, unterbot, hat unterboten> *mit OBJ* ❶ ▪ **jmd. unterbietet etwas** *(↔ überbieten) weniger Geld für etwas, das jmd. anderer anbietet, fordern:* Die Firmen unterbieten einander im Preis. ❷ ▪ **jmd. unterbietet etwas** SPORT *weniger Zeit als andere für etwas brauchen:* einen Rekord/eine Zeit noch unterbieten; ▪ **etwas ist kaum noch zu unterbieten** *(umg. iron.) etwas kann kaum schlechter sein* Was dort an Leistung gezeigt wurde, war kaum noch zu unterbieten.

un·ter·bre·chen [ʊntɐˈbrɛçn̩] <unterbrichst, unterbrach, hat unterbrochen> **I.** *mit OBJ* ❶ ▪ **jmd./etwas unterbricht etwas** *bewirken, dass etwas vorübergehend aufhört:* seine Arbeit unterbrechen; die Stromversorgung/die Telefonleitung unterbrechen; die Verhandlungen unterbrechen; Die Stille wurde von einem Geräusch unterbrochen. ❷ ▪ **jmd./etwas unterbricht jmdn.** *bewirken, dass jmd. mit etwas vorübergehend aufhört:* jemanden bei der Arbeit unterbrechen; Ich bin beim Lernen dauernd unterbrochen worden. ❸ ▪ **jmd. unterbricht jmdn.** *jmdn. nicht ausreden lassen:* Unterbrich mich nicht dauernd! **II.** *ohne OBJ* ❶ ▪ **jmd./etwas unterbricht** *vorübergehend mit etwas aufhören:* Wir unterbrechen kurz für die Verkehrsmeldungen.; Wir mussten oft unterbrechen, um das Gerät zu reparieren. ❷ ▪ **jmd. unterbricht** *kurz aufhören zu sprechen:* Hier unterbreche ich kurz, um Ihnen einige Bilder zu zeigen.; ▪ **eine Schwangerschaft unterbrechen** *(verhüll.) eine Schwangerschaft durch Entfernen des Fötus beenden*

un·ter·brin·gen <bringst unter, brachte

unter, hat untergebracht> *mit OBJ* ❶ **jmd. bringt jmdn./etwas irgendwo unter** *einen Platz für jmdn. oder etwas finden:* alle Sachen im Auto/Koffer/ Kofferraum/ Regal/Schrank/Schreibtisch unterbringen; nicht alle Möbel in der kleinen Wohnung unterbringen können ❷ **jmd. bringt etwas unter** *Zeit für etwas finden:* Ich weiß nicht, wo ich den Termin noch unterbringen soll. ❸ **jmd. bringt jmdn. irgendwo unter** *jmdn. irgendwo für eine Zeit wohnen lassen.:* Für die Nacht können wir dich im Arbeitszimmer unterbringen.; Wir waren in einer Jugendherberge untergebracht. ❹ **jmd. bringt jmdn. irgendwo unter** *(umg.) jmdm. eine Arbeit besorgen:* Sie hat ihren Sohn in der eigenen Firma untergebracht. ▹ Unterbringung

un·ter·des·sen [ʊntɐˈdɛsn̩] *adv in der Zwischenzeit:* Ihr geht einkaufen, wir kochen unterdessen.; Wir sind unterdessen auch nicht faul gewesen!

un·ter·drü·cken [ʊntɐˈdrʏkn̩] <unterdrückst, unterdrückte, hat unterdrückt> *mit OBJ* ❶ **jmd. unterdrückt jmdn.** *jmdn. mit Gewalt hindern, frei und selbstbestimmt zu handeln; jmdm. die Freiheit nehmen:* ein Volk/Minderheiten im Land unterdrücken; Sie wurde von ihrem Mann unterdrückt. ❷ **jmdn. unterdrückt etwas** *etwas mit Gewalt verhindern:* einen Aufstand unterdrücken ❸ **jmd. unterdrückt etwas** *verhindern, dass etwas bekannt wird:* Nachrichten/Informationen unterdrücken ❹ **jmd. unterdrückt etwas** *durch Selbstbeherrschung etwas unter Kontrolle halten:* ein Lachen/den Hunger unterdrücken; den Wunsch unterdrücken, jemandem zu widersprechen

un·te·re(r, -s) *adj* ❶ *tiefer als etwas anderes gelegen:* die untere Schublade; am unteren Ende der Seite; in der untersten Etage wohnen ❷ *im niedrigeren Bereich einer Skala gelegen:* die unteren Töne/ Temperaturen/Dienstränge; die untersten Gesellschaftsschichten ❸ *in der Nähe einer Flussmündung gelegen:* im Gebiet der unteren Elbe

Un·ter·füh·rung die [ʊntɐˈfyːrʊŋ] <-, -en> *(↔ Überführung) ein Weg oder eine Straße, die unter einer anderen Straße hindurchführt:* durch eine Unterführung in den Bahnhof gelangen

Un·ter·gang der [ˈʊntɐɡaŋ] <-(e)s, Untergänge> ❶ *das Sinken eines Schiffes:* der Untergang der Titanic ❷ */kein Plur./ der Vorgang, dass ein Staat, eine Gesellschaft oder eine Kultur in sich zerfällt und schließlich verschwindet:* der Untergang des Abendlandes; Diese Gesellschaft ist dem Untergang geweiht. ❸ */kein Plur./ das, was jmdn. zu Grunde richtet:* Der Alkohol war ihr Untergang. ❹ ASTRON. *(↔ Aufgang) das Verschwinden hinter dem Horizont:* der Untergang der Sonne

un·ter·ge·hen <gehst unter, ging unter, ist untergegangen> *ohne OBJ* ❶ **etwas geht unter** ASTRON. *(↔ aufgehen) hinter dem Horizont verschwinden:* Die Sonne ist schon untergegangen. ❷ **jmd./etwas geht unter** *(↔ auftauchen) im Wasser versinken:* Dort sind schon zahlreiche Schiffe untergegangen. ❸ **jmd./etwas geht unter** *(↔ entstehen) aufhören zu existieren:* Diese Kultur ist schon vor langer Zeit untergegangen.; eine untergegangene Sprache/Kultur ❹ **jmd./etwas geht unter** *nicht mehr unterscheidbar sein:* Ihre Worte gingen im allgemeinen Gespräch unter.; Er ging in der Menge der Wartenden unter. ❺ **etwas geht unter** *nicht bemerkt werden:* Das ist wohl in der allgemeinen Aufregung untergegangen.

un·ter·halb [ˈʊntɐhalp] *präp* ❶ *+Gen. (↔ oberhalb) bezeichnet etwas, das sich weiter unten als das Genannte befindet:* Das Dorf liegt unterhalb der Burg.; Schläge unterhalb der Gürtellinie ❷ **unterhalb von** *+Dat. (umg.)* unterhalb von der Burg

Un·ter·halt der [ˈʊntɐhalt] <-(e)s /kein Plur./> ❶ *(≈ Lebensunterhalt) die Menge an Geld, die man zum Leben braucht:* seinen Unterhalt verdienen; zum Unterhalt der Familie beitragen ❷ *die Menge an Geld, die jmd. an jmdn. für seinen Lebensunterhalt zahlt:* für den geschiedenen Partner/die Kinder Unterhalt zahlen ❸ *die Kosten, um etwas zu betreiben und in einem ordentlichen und funktionsfähigem Zustand zu erhalten:* für den Unterhalt von Kindergärten/Straßen/historischen Gebäuden aufkommen

un·ter·hal·ten [ʊntɐˈhaltn̩] <unterhältst, unterhielt, hat unterhalten> I. *mit OBJ* ❶ **jmd. unterhält jmdn.** *jmdn. durch etwas beschäftigen oder vergnügen, so dass keine Langeweile aufkommt:* die Kinder mit Märchen/Musik/Spielen unterhalten; Er hat uns in der Zwischenzeit wunderbar unterhalten. ❷ **jmd. unterhält jmdn.** *jmdn. mit Geld für seinen Lebensunterhalt versorgen:* eine Familie unterhalten ❸ **jmd. unterhält etwas** *etwas finanziell und technisch so versorgen,* *dass es auch weiterhin funktioniert:* eine Anlage/Straßen/Schulen unterhalten ❹ ■ **jmd. unterhält etwas** *bewirken, dass etwas auch weiterhin funktioniert:* ein Geschäft/mehrere Gaststätten unterhalten; eine Freundschaft/einen Briefwechsel unterhalten; ein Feuer unterhalten **II.** *mit SICH* ❶ ■ **jmd. unterhält sich (mit jmdm.) (über jmdn./etwas)** *zwei oder mehrere Personen sprechen miteinander (über jmdn./etwas):* sich angeregt/lange/ungestört unterhalten; Worüber habt ihr euch unterhalten? ❷ ■ **jmd. unterhält sich irgendwo** *sich vergnügen:* Wir haben uns heute Abend im Kino/im Theater wunderbar unterhalten.

ụn·ter·hal·ten ['ʊntɐhaltn̩] <hältst unter, hielt unter, hat untergehalten> *mit OBJ* ■ **jmd. hält etwas unter** *etwas unter etwas anderes halten:* Halt mal bitte den Eimer unter, es tropft schon wieder.

Un·ter·hal·tung die [ʊntɐˈhaltʊŋ] <-, -en> ❶ *etwas, das dem Vergnügen und als Zeitvertreib dient:* Wir wünschen allen gute Unterhaltung.; Das Kabarett bot Unterhaltung auf hohem Niveau. ❷ *(≈ Gespräch)* eine Unterhaltung führen; Die Unterhaltung war sehr lebhaft. ❸ */kein Plur./ die finanzielle oder technische Erhaltung von etwas:* die Unterhaltung der Straßen/Schulen/des Theaters ❹ */kein Plur./ das Aufrechterhalten von etwas:* die Unterhaltung diplomatischer Beziehungen

ụn·ter·kom·men <kommst unter, kam unter, ist untergekommen> *ohne OBJ* ❶ **jmd. kommt irgendwo unter** *irgendwo eine Unterkunft für eine Zeit finden:* für die Nacht bei Freunden unterkommen ❷ **jmd. kommt irgendwo unter** *(umg.: ↔ unterbringen) irgendwo eine Arbeitsstelle finden:* in der Firma des Vaters unterkommen

Ụn·ter·kunft die [ˈʊntɐkʊnft] <-, Unterkünfte> *ein Platz, wo man vorübergehend schlafen oder wohnen kann:* eine Unterkunft für die Nacht suchen; Es sind keine Unterkünfte mehr frei.

ụn·ter·le·gen [ˈʊntɐleːgn̩] <legst unter, legte unter, hat untergelegt> *mit OBJ* ■ **jmd. legt etwas unter** *etwas unter etwas legen:* Ich lege dir zum Sitzen ein Kissen unter.; Hast du unter das Blatt Papier beim Schreiben eine Pappe untergelegt?

un·ter·le·gen¹ [ʊntɐˈleːgn̩] <unterlegst, unterlegte, hat unterlegt> *mit OBJ* ❶ ■ **jmd. unterlegt etwas** *etwas mit etwas verstärken:* die Schultern der Jacke mit Polstern unterlegen ❷ ■ **jmd. unterlegt etwas mit etwas** *etwas mit etwas ergänzen:* die Texte mit Musik unterlegen; das Muster mit einem hellen Farbton unterlegen; seine Ausführungen mit Beispielen unterlegen

un·ter·le·gen² [ʊntɐˈleːgn̩] *adj (↔ überlegen) schwächer oder schlechter als jmd. oder etwas:* Er ist seinem Bruder an Klugheit unterlegen.; das technisch unterlegene Verfahren; eine geistig unterlegene Person; im Wettkampf unterlegen sein

Ụn·ter·mie·te die <-, -n> *die teilweise Vermietung von Räumen, die man selbst gemietet hat:* bei jemandem (in einem Zimmer) zur Untermiete wohnen ▶ Untermieter(in)

Un·ter·neh·men¹ das [ʊntɐˈneːmən] <-s, -> *Betrieb, größere Firma:* ein kleines/mittelständisches/privates Unternehmen; ein Unternehmen aufbauen/gründen/leiten ◆ Familien-

Un·ter·neh·men² das [ʊntɐˈneːmən] <-s, -> *(≈ Vorhaben) etwas, das jmd. tun will:* Wir müssen ihn von diesem Unternehmen abbringen, denn es ist zu gefährlich!; ein riskantes/waghalsiges/gut geplantes/zum Scheitern verurteiltes Unternehmen

un·ter·neh·men [ʊntɐˈneːmən] <unternimmst, unternahm, hat unternommen> *mit OBJ* ❶ ■ **jmd. unternimmt etwas** *etwas zu seinem Vergnügen tun:* Heute Abend wollen wir gemeinsam etwas unternehmen.; Wir haben lange nichts mehr unternommen.; einen Ausflug/eine Reise unternehmen ❷ ■ **jmd. unternimmt etwas gegen jmdn./etwas** *etwas tun, damit jmd. an etwas gehindert wird oder damit etwas verhindert wird:* Was wollen wir gegen diese Einbrüche unternehmen?; Es müsste endlich etwas unternommen werden!; ■ **einen Versuch unternehmen** *versuchen* Wir sollten einfach einen Versuch unternehmen. Vielleicht können wir die Situation noch ändern.; ■ **Schritte (gegen jemanden/etwas) unternehmen** *Maßnahmen (gegen jmdn. oder etwas) ergreifen* Wir werden rechtliche Schritte gegen Sie unternehmen!

ụn·ter·ord·nen <ordnest unter, ordnete unter, hat untergeordnet> *I. mit OBJ* ❶ ■ **jmd. ordnet jmdn./etwas jmdm./etwas unter** *jmdn. oder etwas unter jmds. Leitung stellen; jmd. hat jmdn. zum Chef:* Er wurde dem Abteilungsleiter untergeordnet.; Diese Einrichtung ist dem Innenministerium untergeordnet. ❷ ■ **jmd. ordnet etwas etwas** *Dat.* **unter** *etwas im Vergleich zu etwas als nicht so wichtig,* *sondern als zweitrangig betrachten:* seine eigenen Wünsche dem gemeinsamen Ziel unterordnen ❸ **jmd. ordnet jmdn./etwas etwas** *Dat.* **unter** *jmdn. oder etwas in ein System einordnen:* in der biologischen Klassifikation Menschen den Säugetieren unterordnen; Wo sind diese Pflanzen unterzuordnen? **II.** *mit SICH* **jmd. ordnet sich (jmdm./etwas) unter** *sich unter jmds. Leitung stellen und tun, was befohlen wird:* Er beansprucht die Führung. Alle anderen haben sich unterzuordnen.; Sie hat Schwierigkeiten sich unterzuordnen.

Un·ter·richt der ['ʊntɐrɪçt] <-s> /kein Plur./ *das Lernen als Schüler bei einem Lehrer:* am Unterricht teilnehmen; Unterricht im Klavierspielen bekommen; jemandem Unterricht geben/erteilen; dem Unterricht fernbleiben/sich am Unterricht beteiligen/den Unterricht stören; Der Unterricht fällt aus. ◆-sstunde, Deutsch-, Englisch-, Klavier-, Sport-

un·ter·rich·ten [ʊntɐˈrɪçtn̩] <unterrichtest, unterrichtete, hat unterrichtet> **I.** *mit OBJ/ohne OBJ* **jmd. unterrichtet (etwas) irgendwo** *irgendwo Unterricht erteilen:* Sie unterrichtet Musik/Sport an einer Grundschule.; Er unterrichtet seit vielen Jahren an dieser Schule. **II.** *mit OBJ* **jmd. unterrichtet jmdn. (in etwas** *Dat.***)** *jmdm. ein bestimmtes Wissen beibringen:* Kinder/Erwachsene in Mathematik/Englisch unterrichten; Er unterrichtet ihn in Deutsch. **III.** *mit SICH* **jmd. unterrichtet sich (über etwas** *Akk.***)** *sich (über etwas) informieren:* jemanden/sich über die Neuigkeiten unterrichten

un·ter·sa·gen [ʊntɐˈzaːɡn̩] <untersagst, untersagte, hat untersagt> *mit OBJ* **jmd. untersagt jmdm. etwas** *(geh.) verbieten:* Ich untersage Ihnen, diese Informationen der Presse zu übergeben!; Das Betreten des Geländes ist strengstens untersagt!

un·ter·schät·zen [ʊntɐˈʃɛtsn̩] <unterschätzt, unterschätzte, hat unterschätzt> *mit OBJ* **jmd. unterschätzt jmdn./sich/etwas** *(↔ überschätzen) glauben, dass jmd./man selbst/etwas schwächer oder schlechter oder dümmer ist, als jmd./man selbst/es wirklich ist:* Ich habe seine Fähigkeiten unterschätzt.; die Geschwindigkeit/die Höhe eines Berges unterschätzen; Ich glaube, wir haben uns unterschätzt!

un·ter·schei·den [ʊntɐˈʃaɪdn̩] <unterscheidest, unterschied, hat unterschieden> **I.** *mit OBJ* ❶ **jmd. unterscheidet jmdn./etwas/etwas und etwas (von jmdm./etwas)** *einen Unterschied bei jmdm. oder etwas bzw. zwischen zwei Personen oder Sachen feststellen:* Ich kann die beiden Geschwister nicht unterscheiden.; Er kann Moll nicht von Dur unterscheiden.; Er kann Rot und Orange nicht unterscheiden. ❷ **jmd. unterscheidet etwas** *Sachen anhand von Merkmalen, die nicht oder nur teilweise gleich sind, bestimmten Gruppen zuordnen:* Wir unterscheiden Nadelbäume und Laubbäume. ❸ **jmd. kann jmdn./etwas unterscheiden** *jmd. oder etwas in einer Menge oder Gruppe einzeln erkennen können:* In der Dämmerung konnte man gut die Menschen unterscheiden, die vor ihren Häusern saßen.; In der Ferne konnte man die einzelnen Häuser nicht mehr richtig unterscheiden. ❹ **etwas unterscheidet jmdn./etwas (von jmdm./etwas)** *ein spezielles Merkmal sein, das den Unterschied zu jmd. anderem/etwas anderem ausmacht:* Ihre Fröhlichkeit unterschied sie von ihren Geschwistern. **II.** *ohne OBJ* **jmd. unterscheidet zwischen etwas** *jmdn. oder etwas von jmdm. anderen/etwas anderem trennen und dabei beurteilen:* Du bist unfähig, zwischen Freund und Feind zu unterscheiden!; zwischen Gut und Böse unterscheiden; zwischen Wesentlichem und Unwesentlichem unterscheiden **III.** *mit SICH* **jmd./etwas unterscheidet sich (durch etwas** *Akk.***/in etwas** *Dat.***) (von jmdm./etwas)** *einen Unterschied in einer bestimmten Hinsicht aufweisen:* Die beiden Programme unterscheiden sich in einem wichtigen Punkt.; Sie unterscheidet sich von den anderen durch ihren Fleiß.

Un·ter·schied der ['ʊntɐʃiːt] <-(e)s, -e> *eines der Merkmale, die bewirken, dass Personen oder Dinge verschieden sind:* den Unterschied bemerken; keinen Unterschied feststellen können; Zwischen beiden besteht ein Unterschied.; ein Unterschied in der Größe von zwei Zentimetern; Es ist ein Unterschied, ob du es machst oder ich.; ▪ **ohne Unterschied** *ohne Ausnahme* Hier müssen alle ohne Unterschied arbeiten.; ▪ **einen Unterschied machen** *jmdn. oder etwas unterschiedlich bewerten* einen Unterschied zwischen Gut und Böse machen; ▪ **im Unterschied zu** *anders als jmd. oder etwas* Sie ist im Unterschied zu ihrer Schwester blond. ► **unterschiedlich** ◆Alters-, Größen-, Längen-

un·ter·schla·gen ['ʊntɐʃlaːgn̩] <schlägt unter, schlug unter, hat untergeschlagen> *mit OBJ* ■ **jmd. schlägt etwas unter** *Arme oder Beine kreuzen:* die Arme unterschlagen; mit untergeschlagenen Beinen dasitzen

un·ter·schla·gen [ʊntɐˈʃlaːgn̩] <unterschlägt, unterschlug, hat unterschlagen> *mit OBJ* ❶ ■ **jmd. unterschlägt etwas** *Geld, das einem anvertraut ist, stehlen:* Der Kassierer hat Geld unterschlagen. ❷ ■ **jmd. unterschlägt (jmdm.) etwas** *(jmdm.) etwas absichtlich verschweigen:* Informationen unterschlagen; Du unterschlägst dabei, dass auch du vieles falsch gemacht hast. ▶ Unterschlagung

un·ter·schrei·ben [ʊntɐˈʃraibn̩] <unterschreibst, unterschrieb, hat unterschrieben> *mit OBJ/ohne OBJ* ■ **jmd. unterschreibt (etwas)** *seine Unterschrift unter etwas schreiben:* einen Brief/einen Vertrag unterschreiben; Hast du schon unterschrieben?; ■ **etwas voll und ganz/nicht unterschreiben können** *(übertr.) etwas so gut/schlecht finden, dass man es unterstützen/nicht unterstützen kann* Was du sagst, kann ich voll und ganz unterschreiben.

Un·ter·schrift die ['ʊntɐʃrɪft] <-, -en> ❶ *der eigene Name, den man unter einen Text, einen Brief, ein Dokument o.Ä. mit der Hand schreibt:* eine leserliche/unleserliche Unterschrift haben; seine Unterschrift unter etwas setzen; Unterschriften für etwas sammeln ❷ *das Unterschreiben:* eine Unterschrift leisten; etwas zur Unterschrift vorlegen

un·ter·stel·len ['ʊntɐʃtɛlən] <stellst unter, stellte unter, hat untergestellt> **I.** *mit OBJ* ■ **jmd. stellt etwas unter** *etwas zur Aufbewahrung in einen Raum stellen:* die Fahrräder im Keller unterstellen **II.** *mit SICH* ■ **jmd. stellt sich irgendwo unter** *sich zum Schutz gegen das Wetter unter etwas stellen:* Wir haben uns bei Regen in einer Hütte/unter einem Baum untergestellt.

un·ter·stel·len [ʊntɐˈʃtɛlən] <unterstellst, unterstellte, hat unterstellt> *mit OBJ* ❶ ■ **jmd./etwas unterstellt jmdm./etwas** *jmd. oder etwas jmdm. oder einer Institution unterordnen:* jemandem einen neuen Mitarbeiter unterstellen; Sie ist ihm direkt unterstellt. ❷ ■ **jmd. unterstellt jmdm. etwas** *über jmdn. etwas Negatives behaupten, ohne es beweisen zu können:* Er unterstellt ihr, das Geld genommen zu haben.; Was ihr mir da unterstellt, ist völlig aus der Luft gegriffen. ❸ ■ **jmd. unterstellt etwas** *(als Vermutung) annehmen:* Wenn wir unterstellen, dass ihr teilnehmen wollt, dann sind wir insgesamt fünfzig Leute.; Wenn wir unterstellen, dass wir richtig gerechnet haben, dann fehlt Geld in unserer Kasse. ▶ Unterstellung

un·ter·strei·chen [ʊntɐˈʃtraiçn̩] <unterstreichst, unterstrich, hat unterstrichen> *mit OBJ* ❶ ■ **jmd. unterstreicht etwas** *in einem geschriebenen Text einen waagerechten Strich unter etwas machen, um es zu markieren:* die falsch geschriebenen Wörter rot unterstreichen; eine Überschrift unterstreichen ❷ ■ **jmd./etwas unterstreicht etwas** *etwas hervorheben und besonders betonen, indem man etwas macht, um es zu verstärken:* Das Make-up unterstreicht die Schönheit ihres Gesichts.; Der Redner unterstreicht die Bedeutung der Sache mit Gesten.

Un·ter·stu·fe die <-, -n> (↔ *Oberstufe*) *die drei unteren Klassen einer Realschule oder eines Gymnasiums:* in der Unterstufe Mathematik unterrichten

un·ter·stüt·zen [ʊntɐˈʃtʏtsn̩] <unterstützt, unterstützte, hat unterstützt> *mit OBJ* ❶ ■ **jmd. unterstützt jmdn./etwas** *jmdm. in irgendeiner Form helfen:* jemanden beim Lernen unterstützen; jemanden finanziell unterstützen ❷ ■ **jmd. unterstützt jmdn. (bei etwas** *Dat.***)** *jmdm. (bei etwas) helfen:* jemanden bei der Betreuung der Kinder unterstützen ❸ ■ **jmd. unterstützt jmdn./etwas** *sich für jmdn. oder etwas einsetzen, damit er/es Erfolg hat:* jemandes Ziele unterstützen; die Politik einer Regierung unterstützen; einen Plan/ein Projekt/eine Person/einen Verein engagiert unterstützen ❹ ■ **etwas unterstützt etwas** *etwas fördern:* Ausreichender täglicher Schlaf unterstützt das Gesundwerden. ❺ ■ **etwas unterstützt etwas** EDV *die entsprechenden Schnittstellen für ein Programm oder eine Hardware bereitstellen:* Dieses Betriebssystem unterstützt bestimmte Anwenderprogramme.; Diese Grafikkarte unterstützt keine schnellen Spiele. ▶ Unterstützung

un·ter·su·chen [ʊntɐˈzuːxn̩] *mit OBJ* ❶ ■ **jmd. untersucht etwas** *versuchen, für etwas eine Erklärung zu finden:* Die Polizei untersucht den Unfall genau.; Wir müssen untersuchen, was falsch gemacht worden ist. ❷ ■ **jmd. untersucht jmdn.** *versuchen, mögliche Krankheiten zu finden, indem man einen Patienten genau* *prüft, betrachtet, abhört, röntgt o.Ä.:* einen Patienten gründlich untersuchen; sich die Nieren untersuchen lassen ❸ ▪ **jmd. untersucht etwas** *etwas genau analysieren oder prüfen, um etwas Bestimmtes herauszufinden:* den Erdboden/einen Stein/ die Zusammensetzung einer Flüssigkeit untersuchen; eine Thema wissenschaftlich untersuchen ❹ ▪ **jmd. untersucht etwas** *etwas genau prüfen und analysieren, um herauszufinden, wie es funktioniert oder welche Auswirkungen es hat:* Es wurde untersucht, welche Folgen der Brand in der Fabrik hatte.

Un·ter·su·chung die <-, -en> ❶ *das Untersuchen:* die Untersuchung eines Falles/ eines Patienten/der Zusammensetzung einer Flüssigkeit ❷ *wissenschaftliche Abhandlung:* eine Untersuchung zu einem Thema lesen/schreiben; Zu diesem Thema sind kürzlich zwei Untersuchungen erschienen.

Un·ter·ti·tel der <-s, -> ❶ *ein zusätzlicher Titel, der den Haupttitel eines Buches erläutert:* Der Untertitel hört sich spannender an als der eigentliche Titel des Buches. ❷ */meist Plur./ ein Text, der in einem fremdsprachigen Film am unteren Rand der Leinwand zu sehen ist und der die Übersetzung dessen enthält, was gerade im Film gesprochen wird:* Der Film wird im Original mit Untertiteln gezeigt.; einen französischen Film mit deutschen Untertiteln sehen

Un·ter·wä·sche die ['ʊntɐvɛʃə] <-> */kein Plur./ die Kleidung, die man direkt auf dem Körper unter der anderen Kleidung trägt, wie z.B. Unterhemd, Unterhose, Slip etc.:* täglich die Unterwäsche wechseln; Unterwäsche aus Baumwolle/Seide tragen ▸ Damen-, Herren-

un·ter·wegs [ʊntɐˈveːks] *adv auf dem Weg irgendwohin:* Ich bin gerade unterwegs in die Stadt.; Wir haben uns unterwegs getroffen.; ▪ **unterwegs sein** *auf Reisen sein* Sie sind zurzeit (in Italien) unterwegs.; ▪ **bei einer Frau ist etwas (Kleines) unterwegs** *(umg. verhüll.) eine Frau ist schwanger* Bei meiner Kollegin ist etwas Kleines unterwegs.

un·ter·zeich·nen [ʊntɐˈtsaɪçnən] <unterzeichnest, unterzeichnete, hat unterzeichnet> *mit OBJ* ▪ **jmd. unterzeichnet etwas** *(geh.) etwas (offiziell) unterschreiben:* einen Vertrag/ein Abkommen unterzeichnen

un·un·ter·bro·chen, un·un·ter·bro·chen ['ʊn|ʊntɐbrɔxn̩, ʊn|ʊntɐˈbrɔxn̩] *adj /*nicht steig./ ❶ *ohne Pause, ohne Unterbrechung:* in einer ununterbrochenen Reihe; fünfzehn Minuten ununterbrochen schwimmen ❷ *(umg.) sehr häufig oder viel:* In letzter Zeit bin ich ununterbrochen müde.; Musst du denn ununterbrochen arbeiten?; Er verschreibt sich ununterbrochen!

un·ver·ant·wort·lich ['ʊnfɛɐ|antvɔrtlɪç, ʊnfɛɐ|ˈantvɔrtlɪç] *adj /nicht steig./ (↔ verantwortungsbewusst) leichtsinnig, sorglos; so, dass es nicht zu verantworten ist:* ein unverantwortliches Verhalten; Es ist unverantwortlich von dir, die Kinder allein zu lassen.

un·ver·bind·lich ['ʊnfɛɐbɪntlɪç, ʊnfɛɐˈbɪntlɪç] *adj /nicht steig./* ❶ *so, dass es zu nichts verpflichtet:* eine unverbindliche Auskunft; ganz unverbindlich nach etwas fragen ❷ *(↔ verbindlich) höflich, aber wenig persönlich:* einen unverbindlichen Brief schreiben; jemandem unverbindlich antworten

un·ver·hält·nis·mä·ßig ['ʊnfɛɐhɛltnɪsmɛːsɪç] *adv so, dass es vom Normalen abweicht; zu sehr, zu viel:* Es hat unverhältnismäßig viel geregnet.; eine unverhältnismäßig schlechte Note

un·ver·hei·ra·tet ['ʊnfɛɐhaɪraːtət] *adj / nicht steig./ (≈ ledig) nicht verheiratet:* ein unverheiratetes Paar; Er ist unverheiratet geblieben.

un·ver·käuf·lich ['ʊnfɛɐkɔyflɪç, ʊnfɛɐˈkɔyflɪç] *adj /nicht steig./ nicht zu verkaufen:* ein unverkäufliches Muster/Ausstellungsstück

un·ver·meid·lich ['ʊnfɛɐmaɪtlɪç, ʊnfɛɐˈmaɪtlɪç] *adj /nicht steig./* ❶ *so, dass man es nicht verhindern kann:* Dieser Fehler war leider unvermeidlich.; Diese Aufgabe kommt unvermeidlich auf uns zu. ❷ *(umg. iron. abwert.) lästig, aber nicht zu verhindern:* die unvermeidlichen Ermahnungen der Mutter; Auch der unvermeidliche Herr Müller war wieder anwesend.

un·ver·schämt[1] ['ʊnfɛɐʃɛːmt] *adj* ❶ *so frech, dass es als beleidigend empfunden wird:* ein unverschämtes Benehmen; ein unverschämter Kerl; eine unverschämte Behauptung/Frage/Lüge/Unterstellung ❷ *(umg.) außerordentlich viel oder hoch:* unverschämte Forderungen stellen/Preise verlangen; unverschämtes Glück haben ▸ Unverschämtheit

un·ver·schämt[2] ['ʊnfɛɐʃɛːmt] *adv (umg.) sehr:* unverschämt gut aussehen; unverschämt groß/dick sein

un·ver·ständ·lich ['ʊnfɛɐʃtɛntlɪç] *adj* ❶ *so,*

dass man die Gründe für etwas nicht verstehen kann: eine unverständliche Entscheidung; Es ist mir unverständlich, wie das geschehen konnte. ❷ *so, dass man es inhaltlich nicht verstehen kann:* Seine wissenschaftlichen Theorien sind mir unverständlich.; Er spricht eine mir unverständliche Sprache.; Es ist unverständlich, was du meinst. ❸ *so, dass man es nicht richtig hören kann:* Durch die Tür waren nur unverständliche Äußerungen zu hören.

un·vor·ein·ge·nom·men ['ʊnfoːɐ̯|aɪŋənɔmən] *adj ohne Vorurteile:* jmdn./etwas ganz unvoreingenommen beurteilen; eine Jury aus unvoreingenommenen Personen

un·vor·her·ge·se·hen ['ʊnfoːɐ̯heːɐ̯gəseːən] *adj /nicht steig./ so, dass man nicht damit gerechnet hat; plötzlich:* unvorhergesehene Ausgaben/Probleme/Veränderungen

un·vor·sich·tig ['ʊnfoːɐ̯zɪçtɪç] *adj (↔ vorsichtig) nicht vorsichtig, leichtsinnig:* ein unvorsichtiger Mensch; Es war sehr unvorsichtig von ihm, das zu sagen. ▸ Unvorsichtigkeit

un·wahr·schein·lich¹ ['ʊnvaːɐ̯ʃaɪnlɪç] *adj* ❶ *nicht wahrscheinlich:* Es ist unwahrscheinlich, dass er noch rechtzeitig ankommen. ❷ *(umg.) außerordentlich stark oder groß:* eine unwahrscheinliche Angst haben; unwahrscheinliche Schmerzen haben

un·wahr·schein·lich² ['ʊnvaːɐ̯ʃaɪnlɪç] *adv (umg.) sehr:* eine unwahrscheinlich große Summe; unwahrscheinlich gut aussehen

Un·wet·ter das ['ʊnvɛtɐ] <-s> */kein Plur./ sehr schlechtes Wetter, das meist von Sturm, starkem Regen, Hagel o.Ä. begleitet wird:* Plötzlich brach ein Unwetter los.; Für heute wurde ein Unwetter vorhergesagt.

un·wich·tig ['ʊnvɪçtɪç] *adj nicht wichtig; ohne Bedeutung oder Belang:* ein unwichtiges, kleines Detail; Es ist vollkommen unwichtig, was du darüber denkst.; Sie diskutierten schon seit Stunden über eine unwichtige Frage.

un·wi·der·steh·lich [ʊnviːdɐˈʃteːlɪç, ˈʊnviːdɐʃteːlɪç] *adj* ❶ *so stark, dass man es nicht unterdrücken kann:* den unwiderstehlichen Wunsch nach etwas verspüren ❷ *so schön oder angenehm, dass man nicht widerstehen kann und zu jmdm./etwas nicht nein sagen kann:* ein unwiderstehliches Lächeln; Sie ist einfach unwiderstehlich.; Ein unwiderstehlicher Duft kam aus der Küche.

un·will·kür·lich ['ʊnvɪlkyːɐ̯lɪç, ʊnvɪlˈkyːɐ̯lɪç] *adj /nicht steig./ so, dass es nicht bewusst geschieht; ohne Absicht:* eine unwillkürliche Reaktion; unwillkürlich lachen müssen

un·wohl ['ʊnvoːl] *adj nicht ganz gesund:* Ihr ist heute ein wenig unwohl.; ■ **sich irgendwo/bei jemandem/etwas unwohl fühlen** *in einer bestimmten Situation oder in der Gegenwart von jmdm. kein gutes Gefühl haben* Bei dieser Sache fühle ich mich ziemlich unwohl.; In seiner Gegenwart fühlt sie sich unwohl. ▸ Unwohlsein

un·zer·trenn·lich ['ʊntsɛɐ̯trɛnlɪç, ʊntsɛɐ̯ˈtrɛnlɪç] *adj /nicht steig./ so eng miteinander verbunden, dass man alles zusammen macht:* Die beiden Schwestern waren unzertrennlich.; zwei unzertrennliche Freunde

un·zu·mut·bar ['ʊntsuːmuːtbaːɐ̯] *adj /nicht steig./ (↔ zumutbar) so, dass es nicht erwartet werden kann, dass man es akzeptiert:* unter unzumutbaren Bedingungen arbeiten; Diese Aufgabe ist unzumutbar. ▸ Unzumutbarkeit

ur·alt ['uːɐ̯|alt] *adj /nicht steig./ (umg.) sehr alt:* Das ist ein uraltes Problem.; ein uralter Mann

Ur·auf·füh·rung die <-, -en> *erste Aufführung eines Theaterstücks, einer Oper etc.:* die Uraufführung einer neuen Oper ◆ Welt-

Ur·en·kel der, **Ur·en·ke·lin** ['uːɐ̯|ɛŋkl̩] <-s, -> *Sohn oder Tochter von jmds. Enkel oder Enkelin:* Er hat drei Enkel und fünf Urenkel.

ur·ge·müt·lich ['uːɐ̯gəmyːtlɪç] *adj /nicht steig./ (umg.) sehr gemütlich:* eine urgemütliche Kneipe

Ur·groß·el·tern ['uːɐ̯groːs|ɛltɐn] <-> *Plur. Eltern der Großeltern:* am Wochenende die Urgroßeltern besuchen

Ur·he·ber der, **Ur·he·be·rin** ['uːɐ̯heːbɐ] <-s, -> ❶ *Person, die etwas verursacht hat:* der Urheber eines Streits ❷ *Person, die ein Kunstwerk geschaffen oder eine geistige Leistung vollbracht hat:* der Urheber dieses Werkes ◆-recht

urig ['uːrɪç] *adj* ❶ *sehr gemütlich:* eine urige Kneipe ❷ *auf angenehme Weise komisch:* ein uriger Typ

Urin der [uˈriːn] <-s, -e> */meist Sing./ (≈ Harn) das Wasser, das der Körper von Menschen und Tieren ausscheidet:* den Urin untersuchen lassen ◆-probe, -untersuchung

Ur·kun·de die ['uːɐ̯kʊndə] <-,-n> *ein offizielles Dokument, mit dem etwas beschei-*

nigt wird: eine Urkunde, die eine Ehe/eine Geburt/eine bestandene Prüfung bescheinigt; Die Sieger erhielten ihre Urkunden. ◆ -nfälschung, Besitz-, Ehren-, Geburts-, Heirats-, Sieger-

Ur·laub der ['uːɐ̯laʊ̯p] <-(e)s, -e> ❶ *die Zeit (meist mehrere aufeinander folgende Tage oder Wochen), in der man sich vom Arbeitgeber frei geben lassen kann und nicht arbeiten muss:* Urlaub nehmen/beantragen/einreichen ❷ *ein Aufenthalt an einem Ort, der fern von zu Hause ist und an dem man sich von der Arbeit erholt:* in den Urlaub fahren; Urlaub in der Schweiz/ in den Bergen/am Meer machen ▸ Urlauber(in) ◆ Aktiv-, Bade-, Sommer-, Weihnachts-

Ur·ne die ['ʊrnə] <-, -n> ❶ *eine Art Krug, in dem die Asche eines Toten aufbewahrt wird:* eine Urne beisetzen ◆ -nbeisetzung, -nbestattung, -nfriedhof, -ngrab ❷ POL. *(≈ Wahlurne) das Gefäß, in das die Wähler die Wahlzettel einwerfen:* den Stimmzettel in die Urne werfen; ▪ **an die Urnen gehen** *wählen gehen* In diesem Jahr gingen weniger Menschen an die Urnen. ◆ -ngang, Wahl-

Ur·sa·che die ['uːɐ̯zaxə] <-, -n> *(≈ Grund) Geschehen/Vorgang/Sachverhalt, wodurch ein Zustand/eine Handlung bewirkt wird; Grund, eigentlicher Anlass:* Was ist die Ursache für deine schlechte Laune?; Der Fahrer des Autos ist aus ungeklärter Ursache gegen den Baum gefahren.; die Ursache einer Sache ermitteln; ▪ **Keine Ursache!** *verwendet als kurze Antwort, nachdem sich jmd. bedankt hat* Herzlichen Dank! — Keine Ursache! ◆ Todes-, Unfall-

Ur·sprung der ['uːɐ̯ʃprʊŋ] <-s, Ursprünge> *der Zeitpunkt oder der Ort, an dem etwas angefangen hat:* der Ursprung einer Entwicklung; der Ursprung eines Flusses; Dieses Wort ist lateinischen Ursprungs.

ur·sprüng·lich ['uːɐ̯ʃprʏŋlɪç] *adj /nicht steig./* ❶ *so, wie es zu Anfang war; eigentlich:* Der ursprüngliche Text des Briefes lautete anders.; Ursprünglich wollte ich auch mitkommen, aber dann habe ich es mir anders überlegt. ❷ *natürlich; unverfälscht:* eine ursprüngliche Landschaft; die ursprüngliche Kultur dieses Volkes; eine ursprüngliche Art haben

Ur·teil das ['ʊrtaɪ̯l] <-s, -e> ❶ *eine Aussage, die eine bestimmte Ansicht oder Meinung über jmdn. oder etwas enthält:* Mein Urteil über ihn steht fest.; sich kein Urteil erlauben können; sein Urteil zu etwas abgeben/über jemanden fällen; Er hat sich noch kein Urteil darüber gebildet. ❷ RECHTSW. *die Entscheidung, die ein Richter am Ende eines Prozesses trifft:* Der Richter sprach das Urteil.; das Urteil anfechten/annehmen/verkünden/vollstrecken ▸ urteilen

Ur·wald der ['uːɐ̯valt] <-(e)s, Urwälder> *ein großes Waldgebiet, das besonders in den Tropen vorkommt und in dem die Bäume und Pflanzen (meist) ohne den Einfluss des Menschen natürlich wachsen:* im Urwald leben; die reiche Tier- und Pflanzenwelt des brasilianischen Urwalds; den Urwald zerstören/schützen

uto·pisch [u'toːpɪʃ] *adj* ❶ *sehr fern von der Wirklichkeit und deshalb nicht zu verwirklichen:* utopische Ideen/Vorstellungen/ Ziele ▸ Utopie ❷ KUNST, LIT. *ein Kunstwerk, das von einer erdachten (zukünftigen) Welt handelt:* ein utopischer Roman ▸ Anti-Utopie, Utopie ❸ *(umg.) unrealistisch hoch oder groß:* utopische Preise verlangen

V

V, v das [faʊ] <-, -> *der 22. Buchstabe des Alphabets:* Das Wort „Vogel" beginnt mit dem Buchstaben „V".

va·ge [ˈvaːɡə] *adj* /nicht steig./ (↔ *genau*) *ungenau, nicht klar:* eine vage Erinnerung; etwas nur vage beschreiben; bisher nur vage Vorstellungen über etwas haben ▸ Vagheit, Vagheitstheorie

Va·ku·um das [v-] <-, Vakua> PHYS. *ein Raum, in dem (fast) keine Luft ist:* In einer Röhre herrscht ein Vakuum. ▸ vakuumverpackt

va·ri·a·bel [v-] <variabler, am variabelsten> *adj* (↔ *konstant*) *so, dass man es verändern kann:* Der Stuhl ist variabel: Man kann ihn in der Höhe verstellen. ▸ Variabilität

Va·ri·an·te die [v-] <-, -n> *eine von mehreren Möglichkeiten, die sich nur wenig unterscheiden:* ein Spiel mit einer neuen Variante spielen; Varianten in der Aussprache eines Lauts ▸ variantenreich ◆ Farb-, Stil-

Va·ri·e·tät die [v-] <-, -en> ❶ SPRACHWISS. *eine Variante/Ausprägungsform innerhalb der heterogenen (nicht einheitlichen) Einzelsprache, die auf der Gemeinsprache/ Standardsprache/Hochsprache beruht und sich nur vor allem lexikalische Besonderheiten nach fachlichen (Fachsprache), altersspezifischen (Jugendsprache), sozialen (Soziolekt), regionalen (Dialekt/ Mundart, Regiolekt) etc. Gesichtspunkten bezieht* ◆ Sprach- ❷ BIOL. (≈ *Abart*) *eine geringfügig vom Standardtyp abweichende Form eines Lebewesens*

va·ri·ie·ren [variˈiːrən] <variierst, variierte, hat variiert> I. *mit OBJ* ▪ **jmd. variiert etwas** (≈ *abwandeln*) *leicht verändern:* eine Melodie variieren; Er hat die Geschichte schon oft erzählt, variiert sie aber immer wieder ein wenig. II. *ohne OBJ* ▪ **etwas variiert** *sich leicht voneinander unterscheiden:* Die Zahl der Teilnehmer an diesem Kurs variiert, liegt aber immer zwischen 12 und 20. ▸ Variation

Va·se die [v-] <-, -n> *ein Gefäß, in das man (Schnitt-)Blumen stellt:* eine hohe/ schlanke Vase aus Glas/Kristall/Porzellan ◆ Blumen-

Va·ter der [f-] <-s, Väter> ❶ (↔ *Mutter*) *ein Mann, der ein Kind gezeugt hat:* Unser Nachbar wurde zum zweiten Mal Vater.; Er ist Vater von drei Kindern. ◆ -rolle ❷ *ein Mann, der sich in der Rolle eines Vaters¹ um ein oder mehrere Kinder kümmert:* Als die Mutter wieder heiratete, bekamen die Kinder einen neuen Vater.; ▪ **der Vater im Himmel/der himmlische Vater** REL. *Gott*; ▪ **Vater Staat** *(umg. scherzh.) der Staat (im Zusammenhang mit Finanzen und Steuern)*; ▪ **Heiliger Vater** REL. *der Papst* ▸ väterlich ◆ Groß-, Stief-

Va·ter·land das [f-] <-(e)s, -länder> *(geh.: ≈ Heimat) das Land, in dem man geboren ist und zu dessen Volk man gehört*

Va·ter·un·ser das [f-] <-s, -> REL. *das wichtigste christliche Gebet, das mit den Worten „Vater unser" beginnt*

Va·ti der [f-] <-s, -s> *(umg.: ≈ Papa, Papi) liebevolle Bezeichnung für „Vater"*

Ve·ge·ta·ri·er der, **Ve·ge·ta·ri·e·rin** [v-] <-s, -> *jmd., der kein Fleisch isst:* Vegetarier können in besonderen vegetarischen Restaurants essen.

ve·ge·ta·risch [v-] *adj* /nicht steig./ *so, dass man wenig oder gar keine tierischen Stoffe isst:* Er ernährt sich aus gesundheitlichen Gründen vegetarisch.; vegetarische Küche; ein vegetarisches Restaurant ▸ Vegetarismus

Ve·ge·ta·ti·on die [v-] <-, -en> /meist Sing./ *alle Pflanzen, die in einem bestimmten Gebiet wachsen:* die Vegetation im Gebirge/in Südeuropa ◆ Gebirgs-

Veil·chen das [f-] <-s, -> *eine kleine Blume mit duftenden, violetten Blüten, die im Frühjahr blüht* ▸ veilchenblau

Ve·lo das [v-] <-s, -s> SCHWEIZ. *Fahrrad:* zur Arbeit mit dem Velo fahren

Ve·ne die [v-] <-, -n> (↔ *Arterie*) *eine Ader, in der das Blut zum Herzen fließt* ▸ intravenös ◆ -nentzündung, -nmittel

Ven·til das [v-] <-s, -e> *ein Teil von einem Rohr oder Schlauch, das man öffnen und schließen kann:* Das Ventil ist undicht/ schließt nicht.; Das Ventil am Fahrradschlauch öffnen und die Luft herauslassen ◆ -einstellung, -steuerung, Fahrrad-

Ven·ti·la·tor der [v-] <-s, -toren> *ein Gerät, mit dem die Luft in einem warmen Raum sehr schnell bewegt wird, so dass es etwas kühler wird:* An heißen Tagen schalte ich den Ventilator auf meinem Schreibtisch ein. ◆ Decken-

ver·ab·re·den [f-] <verabredest, verabredete, hat verabredet> I. *mit OBJ* ▪ **jmd. verabredet etwas mit jmdm.** *mit jmdm. eine gemeinsame Entscheidung treffen:*

Wir haben verabredet, über dieses Thema noch einmal zu beraten. II. *mit SICH* ■ **jmd. verabredet sich mit jmdm.** *mit jmdm. einen Termin für ein gemeinsames Treffen festlegen:* Ich habe mich mit ihm für heute abend verabredet. ▸ Verabredung

ver·ab·scheu·en [f-] <verabscheust, verabscheute, hat verabscheut> ■ **jmd. verabscheut etwas** *(geh.) einen starken Widerwillen gegen jmdn. oder etwas oder ein Tier empfinden:* Sie verabscheut Spinnen.; Ich verabscheue ihre Intrigen. ▸ Abscheu

ver·ab·schie·den [f-] <verabschiedest, verabschiedete, hat verabschiedet> I. *mit OBJ* ❶ ■ **jmd. verabschiedet jmdn.** *jmdm., der weggeht, auf Wiedersehen sagen:* Er verabschiedete seine Gäste und dankte ihnen für ihren Besuch. ❷ ■ **jmd. verabschiedet etwas** POL. *(↔ ablehnen) ein Gesetz beschließen, so dass es gültig ist:* Der Bundestag hat heute das neue Gesetz verabschiedet. II. *mit SICH* ■ **jmd. verabschiedet sich (von jmdm.)** *auf Wiedersehen sagen:* Sie verabschiedete sich (von ihm) mit einem Händedruck. ▸ Verabschiedung

ver·ach·ten [f-] <verachtest, verachtete, hat verachtet> *mit OBJ* ❶ ■ **jmd. verachtet jmdn./etwas** *jmdn. oder etwas als schlecht oder wertlos betrachten und ihn oder es deshalb ablehnen:* Sie verachtet ihn wegen seiner Feigheit. ▸ verächtlich, Verachtung ❷ ■ **jmd. verachtet etwas** *jmd. hält etwas für nicht wichtig:* Er hat die Gefahr/den Tod verachtet.; ■ **etwas ist nicht zu verachten** *(umg.) etwas ist angenehm* Eine kleine Erfrischung wäre jetzt nicht zu verachten.

ver·all·ge·mei·nern [f-] <verallgemeinerst, verallgemeinerte, hat verallgemeinert> *mit OBJ* ■ **jmd. verallgemeinert etwas** *(≈ generalisieren) eine Meinung, die man durch einzelne Erfahrungen gewonnen hat, für allgemein gültig erklären:* Diese Aussage darf man nicht verallgemeinern. ▸ Verallgemeinerung

ver·al·ten [f-] <veraltet, veraltete, ist veraltet> *ohne OBJ* ■ **etwas veraltet** ❶ *unmodern werden:* eine veraltete Redewendung ❷ *nicht mehr auf dem aktuellen Stand der Technik sein:* Computersysteme veralten sehr schnell.; mit veralteten Methoden arbeiten

Ve·ran·da die [v-] <-, Veranden> *eine Art Terrasse mit einem Dach, die an ein Haus gebaut ist:* An warmen Sommerabenden sitzen wir gerne auf der Veranda. ◆ Glas-, Holz-

ver·än·der·lich [f-] *adj /nicht steig./* ❶ *(≈ unbeständig ↔ beständig) so, dass es sich oft ändert:* Das Wetter bleibt in den nächsten Tagen veränderlich. ❷ *(≈ variabel) so, dass etwas verändert werden kann:* eine veränderliche Größe

ver·än·dern [f-] <veränderst, veränderte, hat verändert> I. *mit OBJ* ■ **jmd./etwas verändert jmdn./etwas** *bewirken, dass jmd./etwas sich ändert:* Computer haben die Arbeitswelt völlig verändert.; Die schlimmen Erfahrungen haben ihn völlig verändert. ▸ Veränderung II. *mit SICH* ❶ ■ **jmd./etwas verändert sich** *anders werden:* Sie hat sich in all den Jahren überhaupt nicht verändert. ❷ ■ **jmd. verändert** *den Beruf wechseln:* Sie will sich noch in diesem Jahr verändern.

ver·an·lagt [f-] *adj /nicht steig./ /Part. Perf. von „veranlagen"/ so, dass jmd. von Geburt an bestimmte Eigenschaften hat:* Der Schüler ist musisch veranlagt. ▸ Veranlagung

ver·an·las·sen [f-] <veranlasst, veranlasste, hat veranlasst> *mit OBJ* ■ **jmd. veranlasst etwas** *bewirken, dass jmd. etwas tut:* Was hat ihn veranlasst, diesen Plan aufzugeben?; Bitte veranlassen Sie, dass die Arbeit bis morgen erledigt wird. ▸ Veranlassung

ver·an·schau·li·chen [f-] <veranschaulichst, veranschaulichte, hat veranschaulicht> *mit OBJ* ■ **jmd. veranschaulicht etwas** *etwas deutlich und verständlich darstellen (zum Beispiel mit Hilfe von Bildern und Beispielen):* Können Sie mir diese Theorie durch ein Beispiel veranschaulichen? ▸ Veranschaulichung

ver·an·stal·ten [f-] <veranstaltest, veranstaltete, hat veranstaltet> *mit OBJ* ■ **jmd. veranstaltet etwas** *etwas für viele Menschen organisieren und durchführen:* ein Festival/einen Kongress/ein Konzert/ eine Tagung veranstalten

Ver·an·stal·tung die [f-] <-, -en> *etwas, das veranstaltet wird:* eine künstlerische/ kulturelle/sportliche Veranstaltung; Bei schlechtem Wetter findet die Veranstaltung nicht im Freien, sondern in der Halle statt.; eine Veranstaltung absagen/besuchen/ durchführen/planen ◆ -sort, -stipp

ver·ant·wor·ten <verantwortest, verantwortete, hat verantwortet> I. *mit OBJ* ■ **jmd. verantwortet etwas** *bereit sein, die Folgen für etwas zu tragen, was man entschieden/getan hat:* Wer hat diesen Fehler zu verantworten?; Ich kann es nicht verantworten, dass ... II. *mit SICH* ▪ **jmd. verantwortet sich vor jmdm.** (wegen etwas *Gen.*) *(≈ rechtfertigen) Gründe nennen, warum man in einer bestimmten Weise gehandelt hat:* Er muss sich wegen Mordes vor Gericht verantworten.

ver·ant·wort·lich [f-] *adj /nicht steig./* ❶ *so, dass man die Verantwortung¹ für jmdn./etwas hat:* Die Eltern sind für ihre Kinder verantwortlich.; Wer ist hier der verantwortliche Redakteur? ❷ *so, dass man jmdm. Rechenschaft geben muss:* Er ist nur seinem Vorgesetzten gegenüber verantwortlich. ▶ Verantwortlichkeit ❸ *so, dass man für etwas (eine Tat, ein Ereignis) Verantwortung² trägt und Schuld daran hat:* Sie ist für den Unfall allein verantwortlich.; ▪ **jemanden verantwortlich machen** *jmdm. die Schuld geben, dass etwas Schlimmes geschehen ist* Wenn etwas passiert, mache ich dich (dafür) verantwortlich!

Ver·ant·wor·tung die [f-] <-, -en> ❶ *die Pflicht, dafür zu sorgen, dass das Notwendige und Richtige getan wird und kein Schaden entsteht:* Der neue Chef hat eine große Verantwortung übernommen.; Sie ist ihrer Verantwortung als Chefärztin immer gerecht geworden. ◆-sbereich ❷ */kein Plur./ die Pflicht, die Folgen für das zu tragen, was man getan hat:* Sie trägt die volle/die alleinige Verantwortung für den Unfall.; ▪ **jemand zieht jemanden zur Verantwortung** *jmd. sieht jmdn. als verantwortlich für einen Schaden an und fordert Schadensersatz oder Strafe* ◆-sbereitschaft, -sgefühl

ver·ant·wor·tungs·be·wusst [f-] *adj /nicht steig./* (↔ verantwortungslos) *so, dass man weiß, dass man Verantwortung hat* ▶ Verantwortungsbewusstsein

ver·ant·wor·tungs·los [f-] *adj /nicht steig./* (↔ verantwortungsbewusst) *so, dass jmd. leichtsinnig und ohne Rücksicht auf andere Menschen handelt* ▶ Verantwortungslosigkeit

ver·ar·bei·ten [f-] <verarbeitest, verarbeitete, hat verarbeitet> *mit OBJ* ❶ ▪ **jmd. verarbeitet etwas** (zu etwas *Dat.*) *aus Rohstoffen Produkte herstellen:* In dieser Schreinerei wird nur heimisches Holz verarbeitet.; Sie verarbeitet Gold und Silber zu Schmuck. ❷ ▪ **jmd. verarbeitet etwas** *(≈ bewältigen) sich geistig und psychisch so lange mit etwas befassen, dass man es als abgeschlossene Erfahrung begreift:* Er muss die Trennung von seiner Freundin erst einmal verarbeiten.; Eindrücke verarbeiten ❸ ▪ **jmd. verarbeitet etwas** *operativ bewältigen:* Der Computer verarbeitet Hunderttausende von Rechenschritten pro Sekunde.

ver·ar·schen [f-] <verarschst, verarschte, hat verarscht> *mit OBJ* ▪ **jmd. verarscht jmdn.** *(vulg.: ≈ veralbern) jmdm. etwas Unwahres erzählen, damit man über ihn lachen kann, weil er es glaubt* ▶ Verarschung

Verb das [v-] <-s, -en> *(≈ Zeitwort) ein Wort, das eine Handlung, einen Vorgang, oder einen Zustand ausdrückt:* „Gehen", „wohnen" und „sein" sind Verben.; In jedem deutschen Satz muss ein Verb vorkommen.; Verben werden konjugiert.; regelmäßige/schwache/starke/unregelmäßige Verben ◆-endung, -form, Hilfs-, Modal-, Voll-

ver·bal [v-] *adj /nicht steig./* ❶ *(geh.: ↔ nonverbal, paraverbal) mit sprachlichen Ausdrücken (Wörtern, Sätzen, Texten), und nicht mit nonverbalen Ausdrucksmitteln (triviale Bezeichnung = „Körpersprache"), wie Gestik, Mimik etc.:* Es war ihm unmöglich, ihre Gefühle verbal zum Ausdruck zu bringen.; verbale, nonverbale, paraverbale (= sprachbegleitende, wie Stimmlage etc.) Ausdrucksmittel ❷ SPRACHWISS. *aus einem Verb gebildet, wie ein Verb gebraucht* ◆-abstraktum, -adjektiv, -substantiv

Ver·band der [f-] <-(e)s, Verbände> ❶ MED. *ein weißes Stück Stoff, das man um ein verletztes Körperteil wickelt:* Der Arzt legt dem Patienten einen Verband an. ◆-smaterial, Gips-, Wund- ❷ *eine große Organisation, die mehrere kleinere Organisationen zusammenfasst:* Mitglied in einem Verband sein ◆ Berufs-, Bundes-, Interessen-, Landes-, Schriftsteller- ❸ MATH. *eine algebraische Struktur* ◆-stheorie

Ver·bands·kas·ten der [f-] <-(e)s, Verbandskästen> *ein Kasten (mit mehreren Verbänden¹, Pflaster und Salbe), den jeder Autofahrer für die erste Hilfe im Auto haben muss*

ver·bes·sern [f-] <verbesserst, verbesserte, hat verbessert> I. *mit OBJ* ▪ **jmd. verbessert etwas** ❶ *(↔ verschlechtern) besser machen:* Die Programmierer haben das Computerspiel seit dem letzten Jahr verbessert. ❷ *(≈ korrigieren) Fehler in etwas beseitigen:* Bevor ich meinen Aufsatz abgebe, muss ich ihn noch verbessern. II. *mit SICH* ❶ ▪ **jmd./etwas verbessert sich** (↔ verschlechtern) *eine besser bezahlte Arbeit oder berufliche Stellung be-*

kommen: Mit diesem Posten würde er sich enorm verbessern. ❷ *besser werden:* Die Situation verbesserte sich allmählich.; Der Schüler hat sich im Fach Mathematik deutlich verbessert.

Ver·bes·se·rung, *a.* **Ver·bess·rung** die [f-] <-, -en> ❶ *eine Änderung, durch die etwas besser wird:* eine Verbesserung der politischen Beziehungen zwischen den Staaten herbeiführen ▸ verbesserungsbedürftig ◆-sidee, -svorschlag ❷ */kein Plur./* *(≈ Korrektur) das Beseitigen von Fehlern:* Nach der Verbesserung der Fehler kann man den Text drucken.

ver·beu·gen [f-] <verbeugst, verbeugte, hat verbeugt> *mit SICH* ▪ **jmd. verbeugt sich (vor jmdm.)** *den Kopf und den Oberkörper (leicht) nach vorn beugen (um jmdn. respektvoll zu begrüßen)* ▸ Verbeugung

ver·bie·gen [f-] <verbiegst, verbog, hat verbogen> **I.** *mit OBJ* ▪ **jmd. verbiegt etwas** *etwas so biegen, dass seine Form verändert wird:* einen Draht verbiegen **II.** *mit SICH* ▪ **etwas verbiegt sich** *verbogen werden:* Der Draht hat sich in der Hitze verbogen.

ver·bie·ten [f-] <verbietest, verbot, hat verboten> *mit OBJ* ▪ **jmd. verbietet jmdm. etwas** *(↔ erlauben) sagen, dass jmd. etwas nicht tun darf:* Ich habe dir das ausdrücklich verboten!; Zutritt verboten!; Parken verboten!; ▪ **jemandem den Mund verbieten** *(umg.) jmdm. das Sprechen verbieten;* ▪ **jemandem das Haus verbieten** *(umg.) jmdm. verbieten, dass er das Haus wieder betritt*

ver·bin·den[1] [f-] <verbindest, verband, hat verbunden> *mit OBJ* ▪ **jmd. verbindet etwas** MED. *eine Wunde mit einem Verband[l] versehen:* Der Verletzte wurde im Krankenhaus verbunden.

ver·bin·den[2] [f-] <verbindest, verband, hat verbunden> *mit OBJ* ❶ ▪ **jmd. verbindet etwas (mit etwas** *Dat.)* *(technisch) zusammenfügen, verknüpfen:* Hast du die beiden Kabel schon verbunden? ❷ ▪ **etwas verbindet etwas** *eine Verkehrsverbindung zwischen zwei Orten herstellen:* Die erste Eisenbahnstrecke Deutschlands verband die Städte Nürnberg und Fürth. ❸ ▪ **jmd. verbindet jmdn.** TELEKOMM. *eine telefonische Verbindung herstellen:* „Könnten Sie mich mit Herrn Meier verbinden?" „Moment, ich verbinde." ❹ ▪ **jmd. verbindet etwas mit etwas** *Dat. etwas mit etwas zusammenbringen:* Sie verbindet ihren Besuch mit einem Einkauf.; Ich verbinde mit diesem Urlaub viele schöne Erinnerungen. ❺ ▪ **etwas verbindet jmd. mit jmdm.** *Grundlage einer Beziehung zu jmdm. sein:* Mit ihr verbindet mich eine tiefe Freundschaft.; Die lange gemeinsame Zeit verbindet.

ver·bind·lich [f-] *adj /nicht steig./* ❶ *(≈ liebenswürdig) so, dass man freundlich ist (und keinen Konflikt aufkommen lässt):* Die Bedienung lächelte verbindlich und entschuldigte sich dafür, dass das Essen kalt war. ❷ *(↔ unverbindlich) so, dass es zu etwas verpflichtet:* Er hat mir eine verbindliche Zusage gegeben.

Ver·bin·dung die [f-] <-, -en> ❶ *eine der Möglichkeiten, wie man zu einem bestimmten Ziel reisen kann:* Ich habe mir am Bahnhof alle Verbindungen von Stuttgart nach München ausdrucken lassen. ◆-Bahn-, Bus-, Flug- ❷ *Zusammenhang:* Gibt es eine Verbindung zwischen dieser Krankheit und einer bestimmten Form von Ernährung? ❸ *der Kontakt zwischen zwei Personen durch das Telefon:* Ich kann ihn nicht mehr verstehen, denn die Verbindung ist offenbar gestört/unterbrochen. ❹ *der Kontakt zwischen Personen, die sich treffen oder Briefe schreiben:* Ich stehe seit Jahren mit ihr in Verbindung.; Wir bleiben in Verbindung.; ▪ **sich mit jemandem in Verbindung setzen** *mit jmdm. Kontakt aufnehmen*

ver·bleit [f-] *adj /nicht steig./ so, dass Blei darin enthalten ist:* Heute werden kaum noch Fahrzeuge mit verbleitem Benzin betrieben.

ver·blu·ten [f-] <verblutest, verblutete, ist verblutet> *ohne OBJ* ▪ **jmd. verblutet** *sehr viel Blut verlieren und daran sterben*

ver·bo·cken [f-] <verbockst, verbockte, hat verbockt> *mit OBJ* ▪ **jmd. verbockt etwas** *(umg.: ≈ verpfuschen) etwas falsch machen und damit einen Schaden anrichten oder Misserfolg haben:* Er hat die Prüfung leider verbockt.

Ver·bot das [f-] <-(e)s, -e> *eine Regel, die sagt, dass man etwas nicht tun soll:* Das Verbot wurde aufgehoben/beachtet/eingehalten. ◆-sschild, Park-, Rauch-, Rede-

ver·bo·ten [f-] *Part. Perf. von* verbieten

Ver·brauch der [f-] <-s, Verbräuche> / *Plur. nur in der Fachsprache/ die Menge von etwas, die verbraucht wird:* einen hohen Verbrauch an Wasser haben; ▪ **etwas ist sparsam im Verbrauch von ...** *etwas verbraucht wenig ...* ◆Benzin-, Energie-, Strom-, Wasser-

ver·brau·chen [f-] <verbrauchst, ver-

brauchte, hat verbraucht> *mit OBJ* ① ■ **jmd. verbraucht etwas** *etwas für einen bestimmten Zweck verwenden, bis es nicht mehr da ist:* Sie hatten alle Vorräte verbraucht.; Wir haben im vergangenen Winter viel Heizöl verbraucht. ② ■ **etwas verbraucht etwas** *etwas benötigt etwas, um zu funktionieren:* Dieses Gerät verbraucht sehr viel Strom.; ■ **verbrauchte Luft** *Luft in einem Raum, in dem mehrere Menschen waren und in dem nicht gelüftet worden ist*

Ver·brau·cher der, **Ver·brau·che·rin** [f-] <-s, -> *(≈ Konsument) jmd., der eine Ware kauft und verbraucht* ◆ -beratung, -schutz

Ver·bre·chen das [f-] <-s, -> ① *(≈ Straftat) eine Handlung, die gegen das Gesetz verstößt und die vom Staat bestraft wird:* Er wurde Opfer eines brutalen/schweren Verbrechens. ◆ -sbekämpfung, -sverhütung, Gewalt-, Sexual- ② *(abwert.) eine (böse) Handlung, die einen Schaden anrichtet:* Es ist ein Verbrechen, dass man gerade an diesem schönen Strand ein so hässliches Hotel baut.

Ver·bre·cher der, **Ver·bre·che·rin** [f-] <-s, -> *jmd., der ein Verbrechen[1] begangen hat* ▸ verbrecherisch ◆ -bande, -jagd, -organisation, Gewalt-, Sexual-

ver·brei·ten [f-] <verbreitest, verbreitete, hat verbreitet> I. *mit OBJ* ① ■ **jmd. verbreitet etwas** *dafür sorgen, dass etwas in einem größeren Gebiet bekannt wird:* Man verbreitete die Nachricht über Rundfunk und Fernsehen. ② ■ **jmd./etwas verbreitet etwas** *bewirken, dass etwas in einem bestimmten Gebiet entsteht:* Sie verbreitet Gelassenheit/Heiterkeit.; Der Ofen verbreitet eine angenehme Wärme.; Der Orkan verbreitet Angst und Schrecken. II. *mit SICH* ① ■ **etwas verbreitet sich** *überall bekannt werden:* Die Nachricht verbreitete sich schnell in der Stadt. ② ■ **etwas verbreitet sich irgendwo** *etwas gelangt an alle Stellen in einem Gebiet:* Der Geruch verbreitet sich im ganzen Haus.

ver·bren·nen [f-] <verbrennst, verbrannte, hat/ist verbrannt> I. *mit OBJ (haben)* ■ **jmd. verbrennt etwas** *durch Feuer zerstören:* Wir haben Holz und Papier verbrannt. II. *ohne OBJ (sein)* ① ■ **jmd./etwas verbrennt** *durch Feuer vernichtet werden:* Alle Akten sind verbrannt. ② ■ **etwas verbrennt** *durch zu viel Hitze Schaden nehmen:* Der Braten ist leider verbrannt.; Ihre Haut ist durch das lange Sonnenbad ganz verbrannt. III. *mit SICH (haben)* ■ **jmd. verbrennt sich** *sich an etwas Heißem verletzen:* Er hat sich verbrannt.; ■ **sich die Finger verbrennen** *(umg.) etwas Unvorsichtiges tun und dadurch zu Schaden kommen;* ■ **sich den Mund verbrennen** *(umg.) etwas unbedacht sagen, das unangenehme Folgen haben kann*

ver·brin·gen [f-] <verbringst, verbrachte, hat verbracht> *mit OBJ* ① ■ **jmd. verbringt etwas irgendwo** *eine bestimmte Zeit irgendwo erleben:* Wir verbrachten das Wochenende in den Bergen/am Meer. ② ■ **jmd. verbringt etwas mit etwas** *Dat. etwas eine bestimmte Zeit tun:* Er verbrachte das ganze Wochenende mit Arbeiten/Lernen/Wandern.

ver·bun·den *Part. Perf. von* **verbinden**

ver·bün·den [fɛɐ̯ˈbʏndn̩] <verbündest, verbündete, hat verbündet> *mit SICH* ■ **jmd. verbündet sich mit jmdm.** *ein Bündnis eingehen:* Die Schüler haben sich gegen den Lehrer verbündet.; Die beiden Staaten haben sich militärisch verbündet. ▸ Verbündete

Ver·dacht der [f-] <-(e)s -> */kein Plur./* ① *die Vermutung, dass jmd. etwas Verbotenes getan hat oder tun will:* Ich habe den Verdacht, dass jemand heimlich meine Briefe geöffnet und gelesen hat.; Er steht unter Verdacht, an dem Überfall beteiligt gewesen zu sein.; Verdacht erregen; in Verdacht geraten ② *die Annahme, dass etwas wahrscheinlich zutrifft:* Wegen Verdacht auf Herzinfarkt wurde der Mann sofort in die Klinik gebracht.; ■ **auf Verdacht** *in der Annahme, dass etwas so richtig ist* Ich habe auf Verdacht ein paar Flaschen Saft mehr gekauft.; ■ **Verdacht schöpfen** *misstrauisch werden;* ■ **jemand ist über allen Verdacht erhaben** *jmd. ist so, dass man ihm nichts Schlechtes zutraut*

ver·däch·tig [f-] *adj /nicht steig./* ① *Verdacht[1] erregend:* Er kam mir von Anfang an verdächtig vor.; Der Dieb hat sich dadurch verdächtig gemacht, dass er plötzlich viel Geld ausgegeben hat. ② *so, dass man etwas Schlimmes befürchtet:* Ich habe im Keller verdächtige Geräusche gehört. ▸ Verdächtige

ver·däch·ti·gen [f-] <verdächtigst, verdächtigte, hat verdächtigt> *mit OBJ* ■ **jmd. verdächtigt jmdn. (einer Sache)** *gegen jmdn. einen bestimmten Verdacht haben:* Man verdächtigt ihn des Diebstahls/des Mordes. ▸ Verdächtigung

ver·dammt [f-] *((Part. Perf. zu „verdam-*

men")| **I.** *adj (umg.)* ❶ *sehr groß:* Wir hatten verdammtes Glück/Pech. ❷ *sehr:* Es war verdammt kalt! ❸ *(verwendet, um eine Abwertung zu verstärken)* Du verdammter Trottel!; So ein verdammter Mist! **II.** *interj verwendet als Fluchwort:* Verdammt (noch mal)!

ver·dạn·ken [f-] <verdankst, verdankte, hat verdankt> *mit OBJ* ▪ **jmd. verdankt jmdm./einer Sache etwas** *jmd. hat etwas nur deshalb, weil ein anderer/etwas es ihm gegeben hat:* Ich verdanke ihr alles/viel.; Er verdankt seinen Reichtum den guten geschäftlichen Tipps seines Onkels.

ver·dau·en [f-] <verdaust, verdaute, hat verdaut> *mit OBJ* ▪ **jmd./etwas verdaut etwas** ❶ *Nahrung im Körper verarbeiten:* Der Magen kann dieses fette Essen nur schwer verdauen. ❷ **jmd. verdaut etwas** *(übertr.)* *Eindrücke geistig verarbeiten:* Diese Erlebnis müssen wir erst mal verdauen. ▸ verdaulich, Verdauuung

ver·der·ben [f-] <verdirbst, verdarb, hat/ ist verdorben> **I.** *mit OBJ (haben)* ❶ **jmd./etwas verdirbt (jmdm.) etwas** *bewirken, dass etwas Positives aufhört:* Er hat uns die Freude/den Spaß verdorben.; Das schlechte Wetter hat uns den Ausflug verdorben. ❷ ▪ **jmd. verdirbt (sich) etwas** *jmd. bewirkt, dass etwas ihm schadet:* Ich habe mir durch das Essen den Magen verdorben.; Er hat sich durch das Lesen im Dunkeln die Augen verdorben. **II.** *ohne OBJ (sein) etwas wird so schlecht, dass man es nicht mehr essen oder trinken kann:* Der Saft/die Milch ist verdorben. ▸ verderblich

ver·deut·li·chen [f-] <verdeutlichst, verdeutlichte, hat verdeutlicht> *mit OBJ* ▪ **jmd./etwas verdeutlicht (jmdm.) etwas** *deutlicher und verständlicher machen:* Ich möchte dieses Problem an einem Beispiel verdeutlichen. ▸ Verdeutlichung

ver·die·nen [f-] <verdienst, verdiente, hat verdient> *mit OBJ/ohne OBJ* ▪ **jmd. verdient (etwas)** ❶ *Geld als Lohn für seine Arbeit bekommen:* Sie verdienen gemeinsam ihren Lebensunterhalt.; Er verdient 1.500 Euro brutto.; Sie verdient ausgezeichnet/durchschnittlich/gut. ▸ Verdiener ❷ *zu Recht bekommen:* Er hat ein Lob/seine Strafe verdient.

ver·drän·gen [f-] <verdrängst, verdrängte, hat verdrängt> *mit OBJ* ❶ ▪ **jmd. verdrängt jmdn.** *jmdn. zur Seite schieben oder drängen, um dessen Platz zu bekommen:* Er hat sie von ihrem Platz verdrängt. ❷ ▪ **etwas verdrängt etwas (aus etwas** *Dat.)* *etwas nimmt immer mehr die Stelle von etwas anderem ein und ersetzt es schließlich:* PCs verdrängen die Schreibmaschinen (aus den Büros). ❸ ▪ **jmd. verdrängt etwas** PSYCH. *ein unangenehmes Erlebnis oder Gefühl aus dem Bewusstsein drängen (zum Beispiel durch Vergessen):* Er versuchte stets, seine Probleme zu verdrängen. ▸ Verdrängung

ver·duf·ten [f-] <verduftest, verduftete, ist verduftet> **I.** *ohne OBJ* ▪ **jmd./etwas verduftet** *(umg.: ≈ verschwinden) jmd. geht unauffällig weg:* Als die Polizei kam, ist er verduftet. **II.** *ohne OBJ etwas verliert seinen Duft:* Das Parfum ist verduftet.

ver·dün·nen [f-] <verdünnst, verdünnte, hat verdünnt> *mit OBJ* ▪ **jmd. verdünnt etwas** *eine Flüssigkeit mit Wasser vermischen:* Ich verdünne meinen Saft mit etwas Wasser. ▸ Verdünnung

ver·duns·ten [f-] <verdunstet, verdunstete, ist verdunstet> *ohne OBJ* ▪ **etwas verdunstet** *etwas ist erst flüssig und wird dann zu Luft:* Alkohol verdunstet schneller als Wasser.; Wasser verdunstet in der Sonne schnell. ▸ Verdunstung

ver·durs·ten <verdurstest, verdurstete, ist verdurstet> *ohne OBJ* ▪ **jmd./ etwas verdurstet** *sterben, weil man zu wenig Flüssigkeit hat:* Sie sind in der Wüste beinahe verdurstet.; Diese Pflanze ist verdurstet.

ver·ei·di·gen [f-] <vereidigst, vereidigte, hat vereidigt> *mit OBJ* ▪ **jmd. vereidigt jmdn. (auf etwas** *Akk.) jmdn. einen Eid sprechen lassen und ihn dadurch verpflichten, die Wahrheit zu sagen oder in seinem Amt korrekt zu handeln:* Der Zeuge wird vor Gericht vereidigt.; Der Bundespräsident wurde auf die Verfassung vereidigt. ▸ Vereidigung

Ver·ein *der* [f-] <-(e)s, -e> *(≈ Vereinigung) eine Organisation, die sich meist aus Mitgliedsbeiträgen finanziert, in der man gemeinsame Interessen hat und sich regelmäßig (insbesondere zu Sitzungen) trifft:* einen Verein gründen; in einen Verein eintreten; Mitglied in einem Verein sein ▸ -sgründung, -smitglied, -spräsident, -ssatzung, -svorstand, Gesangs-, Musik-, Sport-

ver·ein·ba·ren [f-] <vereinbarst, vereinbarte, hat vereinbart> *mit OBJ* ❶ ▪ **jmd. vereinbart etwas (mit jmdm.)** *gemeinsam beschließen:* Er hat mit ihm einen neuen Termin vereinbart. ▸ Vereinbarung ❷ ▪ **jmd. vereinbart etwas mit etwas**-*Dat. in Einklang bringen:* Ich kann mein Hobby gut mit Beruf und Familie vereinbaren.

ver·ein·heit·li·chen [f-] <vereinheitlichst, vereinheitlichte, hat vereinheitlicht> *mit OBJ* ■ **jmd. vereinheitlicht etwas** *Unterschiedliches in eine einheitliche Form bringen:* Der Redakteur muss die Beiträge seiner Mitarbeiter noch vereinheitlichen. ▸ Vereinheitlichung

ver·ei·ni·gen [f-] <vereinigt, vereinigte, hat vereinigt> I. *mit OBJ* ❶ ■ **jmd. vereinigt etwas zu etwas** *Dat. zu einer Einheit bzw. zu einem Ganzen zusammenfassen:* Er vereinigte die Firmen zu einem Großkonzern. ▸ Vereinigung ❷ ■ **jmd. vereinigt etwas in jmdm.** *Dat. etwas gleichzeitig bei jmdm. sein lassen:* Alle Ämter sind in einer Person vereinigt. II. *mit SICH* ❶ ■ **jmd./etwas vereinigt sich zu etwas** *Dat. sich zu einer Einheit zusammenschließen:* Die Bürgerinitiativen vereinigten sich zum gemeinsamen Protest.; die Vereinigten Staaten von Amerika ❷ ■ **etwas vereinigt sich** *gemeinsam vorhanden sein:* In diesem Kunstwerk vereinigt sich handwerkliches Geschick und Genie.

ver·eint [f-] *adj /nicht steig./ /Part. Perf. zu „vereinen"/* (≈ vereinigt) *so, dass Verschiedenes zu einer Einheit zusammengefasst ist:* mit vereinten Kräften; die Vereinten Nationen

ver·er·ben [f-] <vererbst, vererbte, hat vererbt> I. *mit OBJ* ■ **jmd. vererbt jmdm. etwas** *(umg.: ≈ vermachen) bestimmen, dass jmd. etwas bekommt, wenn man gestorben ist:* Sein Onkel hat ihm ein Haus vererbt. ▸ Erbe II. *mit SICH* ■ **etwas vererbt sich** MED., BIOL. *genetisch bedingte Eigenschaften werden auf die Nachkommen übertragen:* Die Krankheit/das Merkmal vererbt sich von einer Generation zur nächsten. ▸ erblich, Vererbung

Ver·fah·ren das [f-] <-s, -> ❶ *(≈ Methode, Technik) die Art und Weise, in der jmd. seine Arbeit ausführt:* technische/medizinische/traditionelle Verfahren ◆-sweise, Auswahl-, Herstellungs-, Therapie- ❷ RECHTSW. *ein Prozess vor Gericht:* Das Verfahren wird eingeleitet/eingestellt. ◆Ermittlungs-, Gerichts-

ver·fah·ren[1] [fɛɐ̯ˈfaːrən] <verfährst, verfuhr, hat/ist verfahren> I. *ohne OBJ* ■ **jmd. verfährt irgendwie (mit jmdm./etwas)** *(sein) jmd. verhält sich irgendwie (zu jmdm./etwas):* Der Einbrecher verfährt immer nach derselben Methode.; Er ist übel/rücksichtslos/gerecht mit ihm verfahren. II. *mit SICH* ■ **jmd. verfährt sich** *(haben) in die falsche Richtung fahren:* Wir hatten uns völlig verfahren und mussten nach dem richtigen Weg fragen.

ver·fah·ren[2] [fɛɐ̯ˈfaːrən] *adj /Part. Perf. zu „verfahren*[1]*"/ so, dass etwas falsch durchgeführt worden ist und deshalb problematisch ist:* Das ist eine ganz verfahrene Situation!

ver·fal·len [f-] <verfällst, verfiel, ist verfallen> *ohne OBJ* ■ **etwas verfällt** ❶ *in einen schlechten Zustand kommen:* Das alte Haus verfällt immer mehr.; eine verfallene Burg/Ruine; Kräfte eines Menschen verfallen. ❷ *ungültig werden:* Die Fahrkarte/Der Gutschein ist längst verfallen. ❸ ■ **jmd. verfällt (etwas/jmdm.)** *von etwas oder jmdm. abhängig werden:* Sie ist dem Alkohol/der Spielleidenschaft verfallen.; Er ist dieser Frau völlig verfallen. ❹ ■ **jmd. verfällt in etwas** *Akk. jmd. gerät in einen bestimmten Zustand:* in Nachdenken/Schweigen/Trübsinn verfallen

Ver·falls·da·tum das <-s, Verfallsdaten> *ein (aufgedrucktes) Datum, das angibt, wie lange Lebensmittel mindestens haltbar sind:* Das Verfallsdatum der Wurst ist abgelaufen.

Ver·fas·ser der, **Ver·fas·se·rin** [fɛˈfasɐ] <-s, -> (≈ *Autor) jmd., der einen Text geschrieben hat:* Der Verfasser des Leserbriefes will anonym bleiben.; Ich kenne den Verfasser dieses Buches persönlich. ▸ verfassen, Verfasserschaft

Ver·fas·sung die [f-] <-, -en> ❶ POL. *die schriftlich festgelegten Grundsätze eines Staates darüber, welche Rechte und Pflichten seine Bürger haben:* Das Land erhielt eine demokratische Verfassung. ▸ verfassungsgemäß ◆-sänderung, -sklage, -sschutz ❷ */kein Plur./* (≈ *Befinden) der körperliche und seelische Zustand, in dem man sich befindet:* Der Sportler ist in guter/hervorragender Verfassung. ◆Geistes-, Gemüts-

ver·fas·sungs·wid·rig *adj /nicht steig./ gegen die Verfassung*[1] *verstoßend* ▸ Verfassungswidrigkeit

ver·fau·len [f-] <verfault, verfaulte, ist verfault> *ohne OBJ* ■ **etwas verfault** *Lebensmittel verderben:* Die Kirschen sind am Baum verfault.

ver·flixt [f-] I. *adj (umg.)* ❶ *verwendet, um auszudrücken, dass eine Sache oder Angelegenheit ziemlich lästig und ärgerlich ist:* Das war eine verflixte Geschichte.; Dieser verflixte Computer ist schon wieder kaputt. ❷ *verwendet, um auszudrücken, dass etwas in einem sehr hohen Maß der Fall ist:* Er hat verflixtes Glück gehabt.; Das war eine verflixt schwierige Prüfung. **II.** *interj* ▪ **Verflixt (noch mal/und zugenäht)!** *Verflucht (noch mal)!*

ver·flu·chen [f-] <verfluchst, verfluchte, hat verflucht> *mit OBJ* ❶ ▪ **jmd. verflucht jmdn./etwas** *(≈ verwünschen) jmdm. ein schlimmes Unheil wünschen:* Der Vater hat seinen Sohn verflucht. ❷ ▪ **jmd. verflucht etwas** *sich heftig über etwas ärgern:* Er verfluchte seinen Leichtsinn/sein Schicksal.

ver·flucht [f-] **I.** *adj /nicht steig./ /Part. Perf. zu „verfluchen"/ (umg.)* ❶ *(abwert.) verwendet, um auszudrücken, dass man sich sehr über etwas ärgert, weil es sehr lästig ist:* Verfluchter Mist!; Diese verfluchten Mücken haben mich überall gestochen. ❷ *verwendet, um auszudrücken, dass etwas in einem sehr hohen Maß der Fall ist:* Sie hat verfluchtes Pech gehabt.; Es war verflucht heiß an diesem Tag. **II.** *interj verwendet, um seinen starken Ärger über etwas auszudrücken:* Verflucht (noch mal)!

ver·fol·gen [f-] <verfolgst, verfolgte, hat verfolgt> *mit OBJ* ❶ ▪ **jmd. verfolgt jmdn./ein Tier** *jmdm./einem Tier nachfahren oder nachgehen, um ihn oder es zu fangen:* Die Polizei verfolgte die Bankräuber.; Die Tierfilmer verfolgen den Leoparden in sicherem Abstand. ❷ ▪ **jmd. verfolgt jmdn.** *jmdn. aufgrund politischer, rassischer oder religiöser Gründe diskriminieren und bedrohen:* Die Minderheiten in diesem Land werden verfolgt. ▪ Verfolger(in), Verfolgung ❸ ▪ **jmd. verfolgt jmdn. mit etwas** *Dat. dauernd mit etwas bedrängen:* Sie verfolgte ihn mit ihrer Eifersucht/ihrem Hass/ ihren Verdächtigungen. ❹ ▪ **jmd. verfolgt etwas** *interessiert beobachten, zuhören:* Die Fans verfolgen mit Spannung das Fußballspiel.; Ich habe diese Diskussion im Fernsehen verfolgt. ❺ ▪ **jmd. verfolgt etwas** *versuchen, etwas zu erreichen oder etwas zu verwirklichen:* Er verfolgt seit Jahren diese Idee/dieses Ziel.

ver·fü·gen [f-] <verfügst, verfügte, hat verfügt> **I.** *mit OBJ* ▪ **jmd./etwas verfügt etwas** *jmd./etwas ordnet etwas offiziell an:* Das Gericht hat verfügt, dass … ▪ Verfügung **II.** *ohne OBJ* ▪ **jmd. verfügt über jmdn./etwas** *jmd. hat das Recht, über jmdn./etwas zu bestimmen/es zu gebrauchen:* Er ist selbständig und kann über seine Arbeitszeit frei verfügen. ❷ ▪ **jmd. verfügt über etwas** *jmd. hat etwas:* Sie verfügt über große Geduld.

ver·füh·ren [f-] <verführst, verführte, hat verführt> *mit OBJ* ❶ ▪ **jmd./etwas verführt jmdn.** *jmdn. dazu bringen, etwas Unvernünftiges (gegen seine Absicht) zu tun:* Sie hat mich zu einem Glas Wein/zu einem Stück Kuchen verführt.; Der spannende Film hat mich dazu verführt, länger aufzubleiben, als ich eigentlich wollte. ❷ ▪ **jmd. verführt jmdn.** *bewirken, dass jmd. sich zu sexuellen Handlungen mit jmdm. einlässt:* Ihm wurde klar, dass sie ihn verführen wollte. ▪ Verführung, verführerisch

ver·gam·melt [f-] *adj /Part. Perf. von „vergammeln"/ alt und ungepflegt:* Der alte Mann trägt vergammelte Kleidung.

ver·gan·gen [f-] *adj /Part. Perf. von „vergehen"/* ❶ *(≈ früher) nicht mehr Teil der Gegenwart, sondern der Vergangenheit angehörend:* in den vergangenen Jahren ❷ *letzt-:* Vergangene Woche waren wir verreist.; Im vergangenen Jahr gab es viel Regen.

Ver·gan·gen·heit die [fɛɐ̯ˈɡaŋənhai̯t] <-, -en*/ /kein Plur./* ❶ *(↔ Gegenwart, Zukunft) die Zeit, die der Gegenwart vorausgeht:* Die Vergangenheit kehrt nicht mehr zurück.; Sie ließ in der Erinnerung die Vergangenheit wieder lebendig werden; Er hat eine bewegte/dunkle/ruhmreiche Vergangenheit. ❷ *(≈ Geschichte) das Geschehen in der Vergangenheit:* Als Historiker erforscht er die Vergangenheit.; aus den Fehlern der Vergangenheit lernen ❸ SPRACHWISS. *die Zeitform des Verbs, mit der sich ein vergangenes Geschehen ausdrücken lässt:* Perfekt und Präteritum sind Formen, die Vergangenheit ausdrücken.; ▪ **die jüngste Vergangenheit** *das, was in den letzten Jahren geschehen ist*

ver·gäng·lich [f-] <vergänglicher, am vergänglichsten> *adj nur relativ kurze Zeit existierend:* vergänglicher Besitz ▪ Vergänglichkeit

ver·gaß [fɛɐ̯ˈɡaːs] *Prät. von* **vergessen**

ver·ge·ben[1] <vergibst, vergab, hat vergeben> *mit OBJ/ohne OBJ* ▪ **jmd. vergibt jmdm. (etwas)** *(≈ verzeihen) jmdm. sagen, dass man wegen seines Fehlers nicht mehr böse ist:* Sie hat ihm längst vergeben, dass er ihr Unrecht getan hat.; Vergib mir!

ver·ge·ben[2] <vergibst, vergab, hat vergeben> **I.** *mit OBJ* ❶ ▪ **jmd. vergibt etwas** *etwas unentgeltlich weggeben:* Ich habe zwei Theaterkarten für heute abend zu vergeben. ❷ ▪ **jmd. vergibt etwas an jmdn.** *einem Bewerber etwas geben:* Man hat das Stipendium/den Auftrag/die Wohnung an ihn vergeben. **II.** *mit SICH* ▪ **jmd. ver-**

gibt sich etwas *etwas tun, wodurch man dem eigenen Ansehen schadet:* Du vergibst dir doch nichts, wenn du mit deinen Angestellten gemeinsam feierst!; ▪ **jemand ist schon vergeben** *(umg.) jmd. hat sich schon verabredet oder jmd. hat bereits einen festen Partner* Heute abend bin ich leider schon vergeben, aber morgen abend habe ich Zeit.

ver·geb·lich [f-] <vergeblicher, am vergeblichsten> *adj umsonst, ohne Erfolg:* eine vergebliche Mühe; ein vergeblicher Versuch; Ich habe mich vergeblich um einen Auslandsstudienplatz beworben. ▶ Vergeblichkeit

Ver·ge·hen das <-s, -> RECHTSW. *(≈ Delikt) eine Handlung, die gegen ein Gesetz verstößt:* ein leichtes/schweres Vergehen; Er hat sich schon mehrere Vergehen zuschulden kommen lassen. ◆ Steuer-, Verkehrs-, Wirtschafts-

ver·ge·hen [fɛɐ̯'geːən] <vergehst, verging, ist/hat vergangen> I. *ohne OBJ (sein)* ❶ ▪ **etwas vergeht** *etwas geht zeitlich vorbei:* im vergangenen Jahr, vergangene Woche; Die Zeit vergeht schnell/wie im Fluge. ❷ ▪ **etwas vergeht** *langsam aufhören:* Das Kopfweh vergeht langsam.; Mir ist der Appetit/die Lust vergangen. II. *mit SICH (haben)* ❶ ▪ **jmd. vergeht sich gegen etwas** *Akk. (geh.) gegen ein Gesetz oder eine Norm handeln:* Er hat sich gegen die Vorschriften vergangen. ❷ ▪ **jmd. vergeht sich an jmdm.** *(haben) jmdn. sexuell missbrauchen:* Er hat sich an der Schülerin vergangen.

Ver·gel·tung die [f-] <-, -en> *(≈ Rache) die darin bestehende Aktivität, dass jmd. auf eine schlechte Tat des Gegners selbst mit einer schlechteren Tat antwortet:* auf Vergeltung sinnen; Die Zerstörung der Stadt wird als Vergeltung für den Terroranschlag von letzter Woche angesehen. ◆ -sakt, -smaßnahme, -sschlag

ver·ges·sen [f-] <vergisst, vergaß, hat vergessen> I. *mit OBJ* ❶ ▪ **jmd. vergisst etwas** *aus dem Gedächtnis verlieren:* Ich habe ihre Telefonnummer vergessen.; Vergiss nicht, die Katze zu füttern! ▶ vergesslich, Vergesslichkeit ❷ ▪ **jmd. vergisst jmdn./etwas** *nicht mehr an jmdn. oder etwas denken:* Versuche, ihn zu vergessen! ❸ ▪ **jmd. vergisst jmdm. etwas nie/nicht** *sich immer an eine gute/böse Tat erinnern:* Das werde ich ihm nie vergessen, dass er mir so oft geholfen hat!; Diese Lüge konnte sie ihm nicht vergessen. II. *mit SICH* ▪ **jmd. vergisst sich** *die Kontrolle über die eigenen Handlungen verlieren, weil man sehr große Wut empfindet:* Nachdem er über eine Stunde vergeblich auf sein Essen gewartet hatte, vergaß er sich und verließ laut schimpfend das Lokal.; ▪ **Vergiss es!** *(umg.) das hat keinen Sinn, das ist nicht so wichtig!*

ver·ge·wal·ti·gen [f-] <vergewaltigst, vergewaltigte, hat vergewaltigt> *mit OBJ* ▪ **jmd. vergewaltigt jmdn.** *jmdn. mit Gewalt zum Geschlechtsverkehr zwingen:* Der Täter soll das Opfer bedroht und dann vergewaltigt haben. ▶ Vergewaltiger, Vergewaltigung

ver·gif·ten <vergiftest, vergiftete, hat vergiftet> I. *mit OBJ* ❶ ▪ **jmd. vergiftet jmdn./ein Tier** *mit Gift töten:* Man hat das Opfer vergiftet.; Sie hat sich mit Tabletten vergiftet. ❷ ▪ **jmd. vergiftet etwas** *giftig machen:* Jemand muss das Essen vergiftet haben.; Die vielen Abgase vergiften die Luft. II. *mit SICH* ▪ **jmd. vergiftet sich an etwas** *Dat. eine Vergiftung bekommen:* Sie haben sich an Pilzen vergiftet.

Ver·gif·tung die [f-] <-, -en> *der Zustand, durch Einwirkung von Gift krank zu sein:* Er leidet an einer Vergiftung durch Chemikalien. ◆ Alkohol-, Fleisch-, Lebensmittel-, Pilz-

Ver·gleich der [f-] <-(e)s, -e> ❶ *das Vergleichen:* Welche Unterschiede und Gemeinsamkeiten fallen im Vergleich von A und B auf?; Das ist ein passender/treffender Vergleich.; einen Vergleich anstellen; Im Vergleich zu ihm leiste ich sehr viel mehr.; ▪ **der Vergleich hinkt** *der Vergleich¹ passt nicht* ◆ -spunkt, Leistungs-, Preis- ❷ RECHTSW. *die Einigung in einem Streit, so dass ein Prozess vor Gericht nicht bis zuende geführt werden muss:* einem Vergleich zustimmen; Der Prozess endete schließlich mit einem Vergleich.; ▪ **das ist ja gar kein Vergleich!** *(umg.) das ist ja viel besser/schlechter als ...* ◆ -sverfahren

ver·glei·chen [f-] <vergleichst, verglich, hat verglichen> I. *mit OBJ* ▪ **jmd. vergleicht jmdn./etwas (mit jmdm./etwas)** *jmdn./etwas betrachten oder prüfen und dabei feststellen, was ähnlich ist und wo die Unterschiede liegen:* Man kann A und B nicht/kaum/durchaus miteinander vergleichen.; Hast du die Preise verglichen?; Vergleiche mal die alten Fotos mit den neuen! II. *mit SICH* ▪ **jmd. vergleicht sich mit jmdm.** *sagen, dass jmd. in bestimmter Hinsicht ähnlich wie jmd. ist:*

Mit ihr kannst du dich doch nicht vergleichen!; ■ **Äpfel mit Birnen vergleichen** *(umg.) Dinge miteinander vergleichen, die zu verschieden sind und eigentlich nicht verglichen werden können*

ver·glich *Prät. von* **vergleichen**

ver·gli·chen *Part. Perf. von* **vergleichen**

Ver·gnü·gen *das* [f-] <-s, -> */kein Plur./ gute Stimmung, Genuss und Freude, die man bei etwas empfindet, was man tut oder erlebt:* Er macht sich ein Vergnügen daraus, ihr wieder ein Rätsel aufzugeben.; Viel Vergnügen bei der Party!; Es war kein Vergnügen, mit ihm zu arbeiten.; ■ **jemand tut etwas mit Vergnügen** *jmd. tut etwas sehr gern* „Darf ich Sie zu meinem Geburtstag einladen?" — „Mit Vergnügen!"; ■ **etwas ist ein teures Vergnügen** *(umg.) etwas soll Vergnügen machen, ist aber unerwartet teuer* Dieser Urlaub war ein teures Vergnügen.

ver·gnü·gen [f-] <vergnügst, vergnügte, hat vergnügt> *mit SICH* ■ **jmd. vergnügt sich (mit etwas** *Dat.) sich (in angenehmer Weise) beschäftigen:* Die Kinder vergnügen sich schon seit Stunden im Freibad.; Wir haben uns mit einer Bootsfahrt vergnügt.

ver·grif·fen [f-] *adj /nicht steig./ /Part. Perf. zu „vergreifen"/ (von Büchern) nicht mehr im Buchhandel zu kaufen:* Das Buch ist leider vergriffen; vielleicht finden Sie es noch in einem Antiquariat.

ver·grö·ßern [f-] <vergrößerst, vergrößerte, hat vergrößert> **I.** *mit OBJ* ❶ ■ **jmd. vergrößert etwas** *etwas in Umfang oder Menge größer machen:* Der Laden wird durch einen Anbau vergrößert.; Wir wollen die Anzahl der Mitarbeiter vergrößern. ❷ ■ **jmd. vergrößert etwas (auf etwas** *Akk.) eine größere Reproduktion machen:* Sollen wir diese Fotos (auf das Format 25 x 30) vergrößern? ▸ Vergrößerung ❸ ■ **etwas vergrößert etwas** *bewirken, dass etwas größer aussieht:* Durch die Lupe kann ich die Schrift vergrößert lesen. **II.** *mit SICH* ■ **etwas vergrößert sich** *etwas wird größer:* Der Betrieb hat sich vergrößert.

ver·haf·ten [f-] <verhaftest, verhaftete, hat verhaftet> *mit OBJ* ■ **jmd. verhaftet jmdn.** *jmdn. mit Polizeigewalt in Haft nehmen:* Die Polizei hat den Täter gefasst und gleich verhaftet. ▸ Verhaftung

Ver·hal·ten *das* [f-] <-s> */kein Plur./ die Art und Weise, wie sich jmd./ein Tier in bestimmten Situationen verhält¹:* Er zeigte ein seltsames/kluges Verhalten.; Kannst du ihr Verhalten verstehen?; das Verhalten der Tiere studieren ◦ -sauffälligkeit, -sforschung, Freizeit-, Konsum-, Lern-, Verbraucher-

ver·hal·ten¹ [fɛɐ̯'haltn̩] <verhältst, verhielt, hat verhalten> *mit SICH* ❶ ■ **jmd. verhält sich irgendwie** *in einer bestimmten Art und Weise handeln oder reagieren:* Er verhielt sich abwartend/distanziert/ruhig.; Sie verhielt sich mir gegenüber völlig korrekt. ❷ ■ **etwas verhält sich irgendwie** *irgendwie beschaffen sein:* Die Sache verhält sich nämlich nicht ganz so, wie du denkst.

ver·hal·ten² [f-] <verhältst, verhielt, hat verhalten> *mit OBJ* ■ **jmd. verhält etwas** *zurückhalten, schwächer sein lassen:* Sie konnte ihr Lachen/ihren Zorn nicht mehr verhalten.; den Atem/Schritt/die Stimme verhalten

ver·hal·ten³ *adj /Part. Perf. zu „verhalten"/ so schwach, dass man es kaum merkt:* In seinen Äußerungen lag verhaltener Spott.; Sie sprach mit verhaltener Stimme.

Ver·hält·nis *das* [f-] <-ses, -se> ❶ *(≈ Relation) eine Beziehung zwischen Dingen, die man vergleichen oder messen kann:* das Verhältnis zwischen dem Preis und der Qualität einer Ware beurteilen ◦ Größen-, Mengen- ❷ *die menschliche Beziehung zwischen Personen:* ein gutes Verhältnis zu den Eltern haben; Uns verbindet ein freundschaftliches Verhältnis. ◦ Abhängigkeits-, Freundschafts-, Vertrauens-, Verwandtschafts- ❸ *eine intime Liebesbeziehung, die eine verheiratete Person zu jmdm. unterhält:* Er hat ein Verhältnis mit einer verheirateten Frau. ❹ */nur Plur./ (≈ Umstände) die Lebensbedingungen; Situation:* Wir werden natürlich kommen, sofern es die Verhältnisse erlauben.; Die politischen Verhältnisse in diesem Land haben sich wieder normalisiert. ◦ Lebens-, Licht-, Wetter- ❺ */nur Plur./ die finanzielle Situation:* Sie leben in bescheidenen/gesicherten Verhältnissen.; ■ **in keinem Verhältnis stehen** *nicht angemessen sein* Deine Arbeit steht doch in keinem Verhältnis zu deinem Lohn!; ■ **über seine Verhältnisse leben** *mehr Geld ausgeben, als man sich finanziell leisten kann* ◦ Besitz-, Einkommens-, Vermögens-

ver·hält·nis·mä·ßig [f-] *adv (≈ ziemlich) im Verhältnis¹ zu etwas anderem:* verhältnismäßig groß/klein/langsam/schnell; Vergangene Nacht war es verhältnismäßig kalt.; Mit einer Körpergröße von 180 Zenti-

ver·han·deln [f-] <verhandelst, verhandelte, hat verhandelt> *mit OBJ/ohne OBJ* ❶ ■ **jmd. verhandelt** (**etwas**) *(≈ besprechen) etwas besprechen oder diskutieren, um ein Problem zu lösen:* Wir sollten die betreffenden Punkte nochmals verhandeln; Das Gericht verhandelte diesen Fall in zweiter Instanz. ❷ ■ **jmd. verhandelt** (**über etwas** *Akk.*) (**mit jmdm.**) *verhandeln¹:* Arbeitgeber und Arbeitnehmer verhandelten stundenlang, ohne eine Einigung zu erzielen.; Ich habe lange mit ihm über das Problem verhandelt; Das Gericht verhandelt gegen ihn wegen Betrugs. ▸ Verhandlung

ver·heim·li·chen [f-] <verheimlichst, verheimlichte, hat verheimlicht> ■ **jmd. verheimlicht** (**jmdm.**) **etwas** *(≈ verschweigen) ein Geheimnis vor jmdm. haben:* Sie hat ihre Pläne lange verheimlicht.; Er hat uns sein Alkoholproblem verheimlicht. ▸ geheim, Verheimlichung

ver·hei·ra·tet [f-] *adj /nicht steig./* (↔ *ledig*) *so, dass man in einer Ehe lebt:* Sie sind seit zwei Jahren (glücklich) verheiratet.; ■ **jemand ist mit seinem Beruf... verheiratet** *(umg.) für jmdn. ist sein Beruf am wichtigsten und er hat für etwas anderes kaum Zeit* ▸ heiraten, Verheiratung

ver·hin·dern [f-] <verhinderst, verhinderte, hat verhindert> *mit OBJ* ■ **jmd. verhindert etwas** *bewirken, dass etwas nicht geschieht:* ein Unglück verhindern; Wir konnten gerade noch das Schlimmste verhindern. ▸ Verhinderung

ver·hö·ren [f-] <verhörst, verhörte, hat verhört> I. *mit OBJ* ■ **jmd. verhört jmdn.** *(≈ vernehmen) als Polizist jmdn. intensiv befragen*: Die Polizei verhörte den Verdächtigen, um das Verbrechen aufzuklären. ▸ Verhör II. *mit SICH* ■ **jmd. verhört sich** *falsch hören und deshalb eine Äußerung missverstehen:* Das habe ich anders verstanden. Ich muss mich wohl verhört haben!

ver·hun·gern [f-] <verhungerst, verhungerte, ist verhungert> *ohne OBJ* ■ **jmd./ein Tier verhungert** (↔ *verdursten*) *aus Mangel an Nahrung sterben:* Täglich verhungern in der Welt viele Tausende von Menschen.

ver·hü·ten [f-] <verhütest, verhütete, hat verhütet> I. *mit OBJ* ■ **jmd. verhütet etwas** *(≈ verhindern) verhindern, dass etwas Schlimmes geschieht:* einen Unfall/den Krieg/eine Katastrophe verhüten II. *ohne OBJ* ■ **jmd. verhütet** *verhindern, dass eine Schwangerschaft entsteht:* Sie verhüten mit der Pille/mit Kondomen. ▸ Verhütung, Verhütungsmittel

ver·ir·ren [f-] <verirrst, verirrte, hat verirrt> *mit SICH* ■ **jmd. verirrt sich** (**irgendwo**) *(≈ sich verlaufen) unterwegs die Orientierung verlieren, so dass man ratlos hin- und herläuft:* sich im Wald verirren

ver·kau·fen [f-] <verkaufst, verkaufte, hat verkauft> I. *mit OBJ* ❶ ■ **jmd. verkauft** (**jmdm./an jmdn.**) **etwas** *jmdm. eine Ware geben, die er haben möchte, und dafür von ihm Geld bekommen:* Sie verkauft Obst und Gemüse.; Er hat seinen alten Wagen an seinen Nachbarn verkauft. ▸ Verkauf ❷ ■ **jmd. verkauft** (**jmdm.**) **etwas als etwas** *(umg. abwert.) etwas als gut darstellen, damit andere zustimmen:* Die Regierung will den Bürgern die Reform als großen Erfolg verkaufen. II. *mit SICH* ❶ ■ **etwas verkauft sich irgendwie** *etwas findet eine bestimmte Zahl von Käufern:* Dieser Artikel verkauft sich gut/mäßig/schlecht. ❷ ■ **jmd. verkauft sich** *(umg.) Prostitution betreiben:* Mädchen aus sehr armen Familien mussten sich verkaufen, um den Lebensunterhalt zu verdienen.; ■ **jemanden für dumm verkaufen** *(umg. abwert.) jmdn. für dumm halten:* Du willst mich wohl für dumm verkaufen?

Ver·käu·fer der, **Ver·käu·fe·rin** [fɛɐ̯ˈkɔyfɐ] <-s, -> ❶ *Person, die beruflich in einem Laden steht und verkauft¹:* Sie ist Verkäuferin in einer Metzgerei. ◆ Auto-, Möbel-, Schuh-, Zeitungs- ❷ (↔ *Käufer*) *jmd., der als Eigentümer etwas verkauft:* Käufer und Verkäufer des Hauses trafen sich, um den Vertrag zu unterschreiben.

Ver·kehr der [f-] <-(e)s> /kein Plur./ ❶ *Beförderung/Bewegung von Personen, Sachen und Fahrzeugen auf dafür vorgesehenen Wegen:* Auf den Straßen herrscht dichter Verkehr.; an einer Baustelle den Verkehr umleiten; Auf dieser Bahnstrecke ist der Verkehr seit letztem Jahr eingestellt. ◆ -smeldung, -sminister(in), -splanung, Auto-, Bahn-, Flug-, Schiffs-, Straßen- ❷ *(≈ Umgang) der Kontakt mit Menschen:* Ich habe den Verkehr mit ihm abgebrochen/wieder aufgenommen. ◆ Funk-, Publikums- ❸ *(verhüll.: ≈ Geschlechtsverkehr) sexueller Kontakt:* Er hatte mehrmals Verkehr mit ihr.; ■ **jemanden/etwas aus dem Verkehr ziehen** *(umg.) nicht mehr erlauben, dass jmd./etwas weiter verwendet wird* Die alten Geldscheine und Münzen wurden aus dem Verkehr gezogen.; Sie haben den Kassierer wegen Verdacht auf Untreue aus dem Verkehr gezogen.

Ver·kehrs·durch·sa·ge die [f-] <-, -n> *(≈ Verkehrsmeldung) ein kurzer Text, der im Radio gesprochen wird und in dem etwas über den aktuellen Zustand des Straßenverkehrs (in der Umgebung) gesagt wird*

Ver·kehrs·kon·t·rol·le die [f-] <-, -n> *polizeiliche Kontrolle von Autofahrern*

Ver·kehrs·mel·dung die [f-] <-, -en> *(≈ Verkehrsdurchsage) eine kurze Mitteilung im Radio, die über die Situation des Verkehrs auf den Autobahnen berichtet*

Ver·kehrs·mit·tel das [f-] <-s, -> *ein Fahrzeug, das am Verkehr¹ teilnimmt:* Das eigene Auto ist ein privates Verkehrsmittel, Busse und Straßenbahnen sind öffentliche Verkehrsmittel.

Ver·kehrs·ver·bin·dung die [f-] <-, -en> *der Anschluss von Orten an die öffentlichen Verkehrsmittel:* Das Dorf hat gute Verkehrsverbindungen in die nächste größere Stadt.

Ver·kehrs·ver·ein der [f-] <-s, -e> *(≈ Verkehrsamt) Büro, in dem Touristen Informationen über den Ort bekommen, an dem sie gerade sind:* Beim Verkehrsverein bekommen Sie ein Verzeichnis der Hotels und Gaststätten.

Ver·kehrs·zei·chen das <-s, -> *(≈ Verkehrsschild) ein Schild, das auf den Straßenverkehr hinweist*

ver·kehrt [f-] *adj /Part. Perf. zu „verkehren"/ (umg.)* ❶ *(≈ falsch ↔ richtig) nicht richtig:* in die verkehrte Richtung fahren; Er ist versehentlich in den verkehrten Bus eingestiegen. ❷ *nicht sinnvoll:* verkehrte Ansichten, eine verkehrte Entscheidung; ■ **etwas verkehrt herum anziehen** *ein Kleidungsstück mit der Innenseite nach außen anziehen* Du hast den Pullover verkehrt herum an.

ver·kla·gen [f-] <verklagst, verklagte, hat verklagt> *mit OBJ* ■ **jmd. verklagt jmdn. gegen jmdn. vor Gericht klagen:** Er hat die Firma auf Schadensersatz verklagt.

ver·klei·den [f-] <verkleidest, verkleidete, hat verkleidet> *mit OBJ* ❶ ■ **jmd. verkleidet jmdn./sich (als jmd./etwas)** *jmdn. oder sich so anziehen, dass man nicht erkannt wird (und in eine andere Rolle schlüpft):* Sie hat ihren kleinen Sohn zum Fasching als Räuber verkleidet. ❷ **jmd. verkleidet etwas** *mit einem Material bedecken:* Wir wollen die Wände mit Holz verkleiden. ▸ Verkleidung

ver·klei·nern [f-] <verkleinerst, verkleinerte, hat verkleinert> *mit OBJ* ■ **jmd. verkleinert etwas** ❶ *(↔ vergrößern) etwas kleiner machen:* ein Zimmer verkleinern, indem man große Möbel hineinstellt ❷ *bewirken, dass etwas kleiner aussieht:* eine Fotokopie verkleinern

ver·klemmt <verklemmter, am verklemmtesten> *adj /Part. Perf. zu „verklemmen"/ (umg. abwert.: ↔ ungezwungen) sich (besonders sexuell) schüchtern und ängstlich verhaltend:* ein verklemmtes Benehmen ▸ Verklemmtheit

ver·knal·len [f-] <verknallst, verknallte, hat verknallt> *mit SICH* ■ **jmd. verknallt sich (in jmdn.)** *(umg.) sich verlieben:* Er hat sich schon wieder in ein anderes Mädchen verknallt.

ver·knei·fen [f-] <verkneifst, verkniff, hat verkniffen> *mit OBJ* ■ **jmd. verkneift sich etwas** *etwas, das man gerne tun würde, unterdrücken:* Ich konnte mir das Lachen kaum verkneifen.; Diese Bemerkung hätte sie sich besser verkneifen sollen.; Ich verkneife mir das Stück Torte.

ver·kra·chen [f-] <verkrachst, verkrachte, hat verkracht> *mit SICH* ■ **jmd. verkracht sich mit jmdm.** *(umg.) in Streit geraten:* Wir haben uns mit den Nachbarn verkracht.

ver·kraf·ten [f-] <verkraftest, verkraftete, hat verkraftet> *mit OBJ* ■ **jmd. verkraftet etwas** *in der Lage sein, etwas zu bewältigen:* Er verkraftet die hohen Belastungen nicht.; Sie hat den Tod ihres Mannes nie verkraftet.

ver·krampft [f-] <verkrampfter, am verkrampftesten> *adj* ❶ *körperlich sehr angespannt:* verkrampfte Muskeln; eine verkrampfte Haltung ❷ *im Verhalten gehemmt, unnatürlich:* Sie lächelte verkrampft.

ver·krüp·pelt *adj /nicht steig./ so, dass jmd. oder ein Körperglied nicht normal gewachsen oder durch einen Unfall beschädigt ist:* Er hat einen verkrüppelten Fuß.

ver·küh·len [f-] <verkühlst, verkühlte, hat verkühlt> *mit SICH* ■ **jmd. verkühlt sich** ÖSTERR. *sich erkälten*

ver·kup·peln [f-] <verkuppelst, verkuppelte, hat verkuppelt> *mit OBJ* ■ **jmd. verkuppelt jmdn. (mit jmdm.)** *(umg. oft abwert.) einen Mann und eine Frau dazu bringen, ein Paar zu werden:* Früher wurden junge Leute oft miteinander verkuppelt, aber heute suchen sie sich ihre Partner selbst. ▸ Kuppelei, Kuppler(in), Verkupplung

Ver·lag der [f-] <-(e)s, -e> *ein Unterneh-*

men, das Bücher (oder auch Zeitschriften) herstellt und verkauft: Die Autorin hat ihr Manuskript an einen Verlag geschickt.; In diesem Verlag erscheint vor allem belletristische/wissenschaftliche Literatur. ▸ Verleger(in) ◆ -sprogramm, Schulbuch-, Taschenbuch-, Wörterbuch-, Zeitungs-

Ver·lan·gen *das* [f-] <-s> */kein Plur./ starker Wunsch nach etwas:* Nach einer Woche Diät verspürte sie ein starkes Verlangen nach einem Wiener Schnitzel.; **auf Verlangen** *in dem Fall, dass eine (autorisierte) Person es prüfen will* Die Ausweise sind auf Verlangen vorzuzeigen.

ver·lan·gen [f-] <verlangst, verlangte, hat verlangt> I. *mit OBJ* ❶ ■ **jmd. verlangt etwas** *(nachdrücklich) fordern oder haben wollen:* Die Arbeiter verlangen mehr Lohn.; Der Schaffner verlangte unsere Fahrkarten. ❷ ■ **jmd. verlangt jmdn.** TELEKOMM. *jmdn. (am Telefon) sprechen wollen:* Du wirst am Telefon verlangt! ❸ ■ **etwas verlangt etwas** (≈ *erfordern) Ansprüche an jmdn. stellen:* Bergsteigen verlangt sehr viel Mut und Ausdauer. II. *ohne OBJ* ■ **jmd. verlangt nach jmdm./etwas** *(geh.) ausdrücken, dass man jmdn. oder etwas braucht:* Der Patient verlangte nach Arzt/nach einem Glas Wasser.

ver·län·gern [f-] <verlängerst, verlängerte, hat verlängert> I. *mit OBJ* ❶ ■ **jmd. verlängert etwas** (↔ *kürzen) länger machen:* Der Schneider muss die Ärmel des Mantels verlängern. ❷ ■ **jmd. verlängert etwas (um etwas** *Akk.*) (↔ *verkürzen) zeitlich länger dauern lassen, als es geplant oder bestimmt war:* eine Frist verlängern; den Ausweis verlängern, ehe er nicht mehr gültig ist; Wenn es uns dort gut gefällt, können wir den Urlaub um eine Woche verlängern. II. *mit SICH* ■ **etwas verlängert sich** (↔ *verkürzen) länger (gültig) bleiben:* Das Abonnement verlängert sich automatisch um ein weiteres Jahr, wenn es nicht gekündigt wird.; Sein Studienaufenthalt verlängert sich um ein Semester.

Ver·län·ge·rung *die* <-, -en> ❶ */kein Plur./ das Verlängern* ◆ -skabel ❷ SPORT *zusätzliche Spielzeit:* Wenn es nach neunzig Minuten immer noch 1:1 steht, gibt es im Finalspiel eine Verlängerung.

ver·las·sen[1] <verlässt, verließ, hat verlassen> I. *mit OBJ* ❶ ■ **jmd. verlässt etwas** *von etwas weggehen:* Ich habe heute um sieben Uhr das Haus verlassen. ❷ ■ **jmd. verlässt jmdn.** *sich dauerhaft trennen:* Mit achtzehn hat sie das Elternhaus verlassen.; Sie hat ihren Mann verlassen. II. *mit SICH* ❶ ■ **jmd. verlässt sich auf jmdn.** *Vertrauen zu jmdm. haben:* Er kann sich auf sie immer verlassen.; Der Chef verlässt sich auf seine Mitarbeiter. ❷ ■ **jmd. verlässt sich auf etwas** *als sicher annehmen, dass etwas/eine Aussage stimmt:* sich auf den Wetterbericht verlassen

ver·las·sen[2] *adj /Part. Perf. zu „verlassen*[1]*"/* (≈ *einsam, öde) mit nur sehr wenigen/überhaupt keinen Menschen an einem Ort/in einer Gegend:* In dieser verlassenen Gegend möchte ich nicht wohnen.

ver·lau·fen [f-] <verläufst, verlief, hat/ist verlaufen> I. *ohne OBJ (sein)* ❶ ■ **etwas verläuft (irgendwo/irgendwohin)** *in eine Richtung führen, sich erstrecken:* Die Grenze verläuft von hier nach dort.; Die Straße verläuft parallel zur Eisenbahnlinie. ❷ ■ **etwas verläuft irgendwie** *sich ereignen und dabei (für die beteiligten Personen) eine bestimmte Qualität haben:* Die Prüfung ist gut verlaufen. ▸ Verlauf II. *mit SICH (haben)* ❶ ■ **jmd. verläuft sich (irgendwo)** (≈ *sich verirren) in einer Gegend laufen und den richtigen Weg nicht mehr finden:* Wir hatten uns im Wald verlaufen. ❷ ■ **eine Menge verläuft sich (irgendwie)** *in alle Richtungen auseinandergehen:* Nach dem Konzert hatte sich die Menschenmenge schnell verlaufen.; ■ **etwas ist im Sande verlaufen** *etwas hat ohne Erfolg oder Folgen aufgehört*

ver·le·gen[1] [f-] <verlegst, verlegte, hat verlegt> I. *mit OBJ* ❶ ■ **jmd. verlegt etwas** *etwas weglegen und nicht mehr finden können, weil man vergessen hat, wo man es hingelegt hat:* Hast du schon wieder deine Brille verlegt? ❷ ■ **jmd. verlegt etwas auf etwas** *Akk.* *einen Termin zu einem anderen Zeitpunkt stattfinden lassen:* Die Konferenz wurde auf nächste Woche verlegt. ❸ ■ **jmd. verlegt jmdn./etwas (irgendwohin)** *jmdn. oder etwas an einen anderen Ort bringen oder legen:* Der Kranke wurde auf eine andere Station in der Klinik verlegt.; Der Konzern hat seine Produktion ins Ausland verlegt. ▸ Verlegung ❹ ■ **ein Verlag verlegt etwas** *Dat.* *ein Manuskript eines Autors zu einem Buch oder zu einem Teil einer Zeitschrift werden lassen und dieses Buch oder diese Zeitschrift drucken und veröffentlichen:* Dieses Buch ist in Frankfurt verlegt worden.; XYZ verlegt seit über zwei Jahrzehnten vor allem Literatur und Dichtung. II. *mit SICH* ■ **jmd. verlegt sich auf etwas** *Akk.* *seine Taktik ändern, um ein Ziel zu erreichen:* Weil das Bitten nichts

nutzte, verlegte er sich auf Drohungen.
ver·le·gen² |f-| *adj /nicht steig./ /Part. Perf. zu „verlegen"/ unsicher und hilflos wirkend, weil einem etwas peinlich ist:* ein verlegener Blick; Er fühlte sich sehr verlegen, weil er auf die Frage nicht antworten konnte.; Verlegen zupfte er an seiner Krawatte und sah zu Boden.; ■ **um etwas verlegen sein** *(geh.) etwas benötigen;* ■ **jemand ist um eine Antwort/Ausrede nie/nicht verlegen** *(abwert.) jmd. weiß immer eine Antwort oder Ausrede* ▸ Verlegenheit

Ver·leih *der* |f-| <-(e)s, -e> ❶ */kein Plur./ das Verleihen* ❷ *ein Betrieb, der gegen Entgelt etwas verleiht* ◆ Boots-, Fahrrad-

ver·lei·hen |f-| <verleihst, verlieh, hat verliehen> *mit OBJ* ■ **jmd. verleiht etwas (an jmdn.)** ❶ *jmdm. etwas (gegen Geld oder umsonst) für bestimmte Zeit zum Gebrauch geben:* Ich verleihe meine Bücher nicht gerne.; Er hat seine Kamera an einen Freund verliehen. ❷ **etwas verleiht jmdm. etwas** *bewirkt, dass jmd. etwas hat:* Dieses Kleid verleiht ihr einen verführerischen Charme.; Diese Erfahrung verleiht ihm Mut und Selbstvertrauen. ❸ ■ **jmd. verleiht jmdm. etwas** *jmdm. bei einer Feier einen Titel oder Preis geben:* Ihm wurde in einer Feierstunde eine Medaille verliehen.; Man verlieh ihm die Würde des Ehrendoktors.

Ver·lei·hung *die* |f-| <-, -en> *das Verleihen³* ◆ Preis-

ver·ler·nen |f-| <verlernst, verlernte, hat verlernt> *mit OBJ* ■ **jmd. verlernt etwas** *(↔ erlernen) eine Fähigkeit wieder verlieren, weil man sie lange nicht mehr gebraucht hat:* eine Sprache verlernen; Das Radfahren/Schwimmen kann man eigentlich nicht verlernen.

ver·let·zen |f-| <verletzt, verletzte, hat verletzt> *mit OBJ* ❶ ■ **jmd./etwas verletzt jmdn./sich** *jmdm. eine Wunde zufügen:* Er hat seinen Gegner am Arm verletzt.; Sie hat sich am Fuß verletzt.; Das Unfallopfer war lebensgefährlich/leicht/schwer verletzt. ❷ ■ **jmd. verletzt jmdn./sich etwas** *jmdm./sich eine Wunde zufügen:* Er hat seinem Gegner den Arm verletzt.; Ich habe mir den Fuß verletzt. ❸ ■ **jmd./etwas verletzt jmdn. (mit etwas** *Dat.)* *(≈ beleidigen, kränken) bewirken, dass jmd. seelischen Schmerz empfindet:* Er hat sie mit seinen beleidigenden Worten tief verletzt ▸ verletzlich ❹ ■ **jmd. verletzt etwas** *eine Regel oder eine Vorschrift nicht befolgen:* Sie hatte eine Vor-

schrift verletzt.
Ver·let·zung *die* |f-| <-, -en> ❶ *Wunde:* Das Unfallopfer erlitt erhebliche/gefährliche/leichte/schwere Verletzungen. ◆ -srisiko, Arm-, Gesichts-, Kopf-, Kriegs- ❷ */kein Plur./ das Verletzen*

ver·lie·ben |f-| <verliebst, verliebte, hat verliebt> *mit SICH* ■ **jmd. verliebt sich (in jmdn.)** *beginnen, für jmdn. starke Zuneigung und Liebe zu empfinden:* Sie hatte sich heftig/hoffnungslos in ihn verliebt.

ver·liebt |f-| <verliebter, am verliebtesten> *adj /Part. Perf. zu „verlieben"/ so dass man beginnt, für jmdn. Liebe zu empfinden:* Sie ist verliebt in ihn.; ■ **bis über beide Ohren verliebt** *(umg.) sehr verliebt* Das junge Paar ist über beide Ohren verliebt. ▸ Verliebtheit

ver·lie·ren |f-| <verlierst, verlor, hat verloren> **I.** *mit OBJ* ❶ ■ **jmd. verliert etwas** *(↔ finden) etwas plötzlich nicht mehr finden:* Ich habe meinen Schlüssel verloren.; Wo ist mein Ausweis? Ich werde ihn hoffentlich nicht verloren haben! ❷ ■ **jmd. verliert etwas** *(↔ behalten) etwas nicht mehr haben, was man vorher noch (in seinem Besitz) hatte:* Sie hat ihren Arbeitsplatz verloren.; Der Patient verlor sehr viel Blut.; die Hoffnung/den Mut/das Selbstvertrauen verlieren; Freunde verlieren ❸ ■ **jmd. verliert jmdn.** *verwendet, um auszudrücken, dass jmd. gestorben ist:* Er verlor seine Frau bei einem Unfall.; Sie hat schon früh ihre Mutter verloren. ❹ ■ **zwei Personen verlieren sich** *irgendwo räumlich voneinander getrennt werden, so dass einer den anderen nicht mehr findet:* Sollten wir uns im Kaufhaus verlieren, treffen wir uns in einer halben Stunde am Eingang wieder. ❺ ■ **etwas verliert etwas** *verwendet, um auszudrücken, dass eine Substanz aus etwas (langsam und unbemerkt) herauskommt:* Der Reifen verliert Luft.; ■ **ein Baum verliert Blätter** *(↔ bekommen) ein Baum lässt Blätter fallen* Im Herbst verlieren die Bäume ihre Blätter.; ■ **jemanden aus den Augen verlieren** *jmdn. nicht mehr sehen (und keinen Kontakt mehr haben)* Sie hat ihre Freundin aus den Augen verloren. **II.** *ohne OBJ* ■ **jmd. verliert** *(↔ gewinnen) in einem Spiel oder Wettkampf nicht der Beste sein:* Die Mannschaft hat das Spiel verloren. **III.** *mit SICH* ❶ ■ **jmd. verliert sich in etwas** *Dat. sich intensiv mit etwas beschäftigen und anderes dabei nicht mehr beachten:* Er verliert sich in Erinnerungen/Fantasien. ② ■ etwas verliert sich *etwas verschwindet:* Der schlechte Geruch im Mantel verliert sich, wenn du ihn über Nacht an die Luft hängst.

ver·lor [fɛɐ̯'loːɐ̯] *Prät von* **verlieren**

ver·lo·ren [fɛɐ̯'loːrən] *adj /nicht steig./ / Part. Perf. zu „verlieren"/* ① *(≈ einsam, verlassen) so, dass man niemanden kennt und niemand sich um einen kümmert oder für einen interessiert:* Er fühlte sich in dieser fremden Stadt sehr verloren. ② *nicht mehr zu retten:* Die Verschütteten waren verloren. ③ ■ **etwas geht verloren** *wegkommen, unbemerkt abhandenkommen:* Auf dem Weg zum Bus ist meine Taschenuhr verloren gegangen.; ■ **jemanden/etwas verloren geben** *sicher annehmen, dass jmd./etwas verloren² ist* Vierzehn Tage nach dem Unfall im Bergwerk gab man die Bergleute verloren. ◆ Getrennt- oder Zusammenschreibung → R 4.15 verloren gehen/verlorengehen; verloren geglaubt/verlorengeglaubt

Ver·lust der [f-] <-es, -e> ① */meist Sing./ das Verlieren I.1:* Der Verlust meines Geldbeutels hatte böse Folgen. ② *das Verlieren I.2:* der Verlust des Arbeitsplatzes ③ *(↔ Gewinn) ein finanzieller Schaden:* Die Verluste des Unternehmens sind erneut gestiegen. ◆-geschäft ④ *das Verlieren eines Menschen, weil er stirbt:* Sie hat den Verlust ihres Kindes nie überwunden. ⑤ */nur Plur./ Soldaten, die im Krieg sterben:* In dieser Schlacht gab es hohe Verluste auf beiden Seiten. ▷ verlustreich ⑥ *das Verlieren I.5:* der Verlust an Wärme; ■ **etwas mit Verlust verkaufen** *etwas verkaufen, aber dabei keinen Gewinn machen, sondern sogar Geld verlieren* ◆ Energie-

Ver·mark·tung die [f-] <-> */kein Plur./ (≈ Marketing) die Werbung für ein Produkt und das (erfolgreiche) Verkaufen* ▷ vermarkten ◆-sgesellschaft

ver·meh·ren [f-] <vermehrst, vermehrte, hat vermehrt> I. *mit OBJ* ■ **jmd. vermehrt etwas** *(↔ verringern) etwas an Zahl oder Umfang größer machen:* Er hat sein Geld gut angelegt und so sein Vermögen ständig vermehrt II. *mit SICH* ① **Lebewesen vermehren sich** *(≈ fortpflanzen) Junge bekommen:* Vögel vermehren sich durch Eier.; sich geschlechtlich/ungeschlechtlich vermehren ▷ Vermehrung

② ■ **etwas vermehrt sich** *(↔ verringern) an Zahl oder Menge mehr werden:* Die Zahl der Studienanfänger vermehrt sich auch in diesem Jahr.

ver·mei·den [f-] <vermeidest, vermied, hat vermieden> *mit OBJ* ■ **jmd. vermeidet etwas** *vor etwas ausweichen:* Sie versuchte, einen Streit zu vermeiden.; Sie vermied die Begegnung mit ihm.; Der Unfall konnte gerade noch vermieden werden.; ■ **Es lässt sich nicht vermeiden, dass ...** *es lässt sich nicht so machen, dass etwas nicht der Fall ist* Es lässt sich nicht vermeiden, dass bei der Gartenarbeit die Kleidung schmutzig wird.

ver·mie·ten [f-] <vermietest, vermietete, hat vermietet> *mit OBJ* ■ **jmd. vermietet (etwas) (an jmdn.)** *(↔ mieten) jmdn. in einer Wohnung oder einem Haus wohnen lassen und dafür regelmäßig Geld erhalten:* Nachdem unser Sohn ausgezogen ist, wollen wir nur das Zimmer vermieten.; Ich vermiete nur an Nichtraucher.; Die Wohnungen im Erdgeschoss sind bereits alle vermietet. ▷ Vermietung

Ver·mie·ter der, **Ver·mie·te·rin** [f-] <-s, -> *(↔ Mieter) jmd., der etwas vermietet*

ver·mis·sen [f-] <vermisst, vermisste, hat vermisst> *mit OBJ* ■ **jmd. vermisst jmdn./etwas** ① *traurig sein, dass jmd. oder etwas nicht da ist und Sehnsucht nach ihm oder danach haben:* Er ist seit Wochen auf Reisen, und ich vermisse ihn sehr. ② *merken, dass jmd. oder etwas fehlt und es nicht finden können:* Das Kind wird seit zwei Tagen vermisst.; Ich vermisse meinen Regenschirm. ③ ■ **jmd./etwas lässt etwas vermissen** *etwas nicht haben, was eigentlich da sein sollte:* Der neue Rechtsanwalt lässt jeglichen Takt vermissen.

ver·misst [f-] *adj /nicht steig./ /Part. Perf zu „vermissen"/ so, dass jmd. seit einiger Zeit nicht mehr da ist (und man fürchtet, dass die Person tot ist):* jmdn. als vermisst melden; Nach dem Lawinenunglück gelten immer noch mehrere Menschen als vermisst. ▷ Vermisste

ver·mit·teln [f-] <vermittelst, vermittelte, hat vermittelt> I. *mit OBJ* ① ■ **jmd. vermittelt etwas an jmdn./etwas;** ■ **jmd. vermittelt jmdm. etwas** *jmdm. etwas so darstellen, dass er es verstehen kann:* Der Lehrer kann sein Wissen gut an die Schüler vermitteln.; Wie soll ich dem Kind vermitteln, dass es das nicht tun darf? ② ■ **jmd. vermittelt jmdm./etwas an jmdn./etwas** *dazu helfen, dass jmd. etwas bekommt:* Das Arbeitsamt konnte ihm eine Stelle vermitteln.; Unser Nachbar hat uns die Wohnung vermittelt. II. *ohne OBJ* ■ **jmd. vermittelt zwischen jmdm. und**

Ver·mitt·lung die [f-] <-, -en> ❶ *das Vermitteln*[123] ► Arbeits-, Job-, Zimmer- ❷ TELEKOMM. *Telefonzentrale:* Um nach Australien telefonieren zu können, muss man sich bei der Vermittlung melden.

Ver·mö·gen das [fɛɐ̯ˈmøːɡn̩] <-s, -> ❶ *eine sehr große Menge an Geld und materiellen Gütern, die im Besitz einer Person oder Gruppe von Personen sind:* Er hat ein Vermögen geerbt.; Er hat sich ein großes Vermögen erworben/seinen Kindern ein beträchtliches Vermögen hinterlassen. ► vermögend ◆ -sbildung ❷ */kein Plur./ Fähigkeit, Kraft:* Sein Vermögen, sich an viele Dinge erinnern zu können, ist groß.; ■ **Das kostet ja ein Vermögen!** *(umg.) das ist sehr teuer*

ver·mu·ten [f-] <vermutest, vermutete, hat vermutet> *mit OBJ* ❶ ■ **jmd. vermutet etwas** *glauben, annehmen, für möglich halten:* Man vermutet Brandstiftung als Ursache.; Ich vermute, dass er heute noch anruft. ❷ ■ **jmd. vermutet jmdn./etwas irgendwo** *glauben, dass jmd. irgendwo ist:* Ich vermute ihn in seinem Arbeitszimmer. ❸ ■ **es ist zu vermuten** *es ist wahrscheinlich:* Es ist zu vermuten, dass er den Schlüssel auf dem Spaziergang verloren hat. ► vermutlich, Vermutung

ver·nach·läs·si·gen [f-] <vernachlässigst, vernachlässigte, hat vernachlässigt> *mit OBJ* ■ **jmd. vernachlässigt jmdn./etwas** ❶ *sich nicht genug um jmdn./etwas kümmern:* Er vernachlässigt seine Kinder.; den Garten vernachlässigen; seine Kleidung vernachlässigen ► Vernachlässigung ❷ *etwas als unwichtig betrachten:* Diese Geräusche kann man vernachlässigen, denn sie stören nicht.

ver·nei·nen [f-] <verneinst, verneinte, hat verneint> *mit OBJ* ■ **jmd. verneint etwas** (↔ *bejahen*) *mit „nein" antworten:* Als ich ihn fragte, ob er mitkommen wolle, verneinte er.; Er schüttelte verneinend den Kopf. ► Verneinung

ver·nich·ten [f-] <vernichtest, vernichtete, hat vernichtet> *mit OBJ* ■ **jmd./etwas vernichtet jmdn./etwas** *zerstören, töten:* Der Hagel hat die Ernte zum Teil vernichtet.; Akten vernichten; schädliche Insekten vernichten ► Vernichtung

Ver·nunft die [f-] <-> */kein Plur./* (≈ *Einsicht) Besonnenheit; das Vermögen, Einsichten zu gewinnen, etwas überschauen und angemessen beurteilen sowie sein Handeln der jeweiligen Sachlage entsprechend an etwas ausrichten zu können:* Vernunft und Gefühl sind manchmal gegensätzlich.; ■ **Vernunft annehmen** *sich wieder nach der Vernunft richten* Draußen ist es sehr kalt, und du gehst ohne Strümpfe: Nimm doch endlich mal Vernunft an!; ■ **jemanden zur Vernunft bringen** *bewirken, dass jmd. wieder nach der Vernunft handelt* Sie wurde sehr emotional; aber schließlich konnte ich sie doch zur Vernunft bringen. ◆ -ehe, -mensch

ver·nünf·tig [f-] <vernünftiger, am vernünftigsten> *adj* ❶ *einsichtig, besonnen:* Nun sei endlich vernünftig und … ❷ (≈ *sinnvoll) gut zu akzeptieren/einzusehen:* Sie gab mir damals einen sehr vernünftigen Rat.; Mit dir kann man kein vernünftiges Wort reden! ◆ vernünftigerweise

ver·öf·fent·li·chen [f-] <veröffentlichst, veröffentlichte, hat veröffentlicht> *mit OBJ* ■ **jmd. veröffentlicht etwas** *Texte/Daten/Informationen öffentlich bekannt machen, indem man sie über die Medien verbreitet:* Der Autor hat einen neuen Roman veröffentlicht.; Die Zeitung veröffentlicht am Mittwoch die Anzeigen. ► Veröffentlichung

ver·ord·nen [f-] <verordnest, verordnete, hat verordnet> *mit OBJ* ■ **jmd. verordnet jmdn. etwas** MED. *(als Arzt) bestimmen, dass jmd. etwas tut oder einnimmt:* Der Arzt verordnete ihr strenge Bettruhe/eine Kur.; Ich verordne Ihnen ein neues Medikament. ► Verordnung

ver·pa·cken [f-] <verpackst, verpackte, hat verpackt> *mit OBJ* ❶ ■ **jmd. verpackt etwas (in etwas** *Akk.) etwas in eine Hülle einwickeln oder einpacken:* Er hat die Gläser und das Geschirr für den Umzug sorgfältig in Papier verpackt. ► Verpackung ❷ ■ **jmd. verpackt etwas in etwas** *Akk. unterbringen:* Die Bücher haben wir in Kisten verpackt.

ver·pas·sen [f-] <verpasst, verpasste, hat verpasst> *mit OBJ* ❶ ■ **jmd./etwas verpasst etwas** *es nicht schaffen, zu dem Zeitpunkt an einem bestimmten Ort zu sein, an dem etwas geschieht:* Ich bin zu spät gekommen und habe den Zug leider verpasst.; Wir haben den Beginn des Konzerts um wenige Minuten verpasst. ❷ ■ **jmd. verpasst etwas** *etwas nicht zum richtigen Zeitpunkt nutzen:* Sie hatte auch diese Chance verpasst. ❸ ■ **jmd. verpasst jmdn. etwas** *(umg.) geben:* Er hat ihm eine Ohrfeige/einen Denkzettel verpasst.

ver·pfle·gen [f-] <verpflegst, verpflegte, hat verpflegt> *mit OBJ* ■ **jmd. verpflegt jmdn./sich mit etwas** *Dat. mit Nahrung versorgen:* Wir verpflegten uns nur mit Obst.; die Gäste mit Frühstück und Abendbrot verpflegen ▸ Verpflegung

ver·pflich·ten [f-] <verpflichtest, verpflichtete, hat verpflichtet> **I.** *mit OBJ* ❶ ■ **etwas verpflichtet** (jmdn.) **zu etwas** *Dat. etwas legt eine bestimmte Pflicht fest, die jmd. hat:* Die Bestellung der Ware verpflichtet sie zu ihrem Kauf.; Der Vertrag verpflichtet uns dazu, ... zu tun. ❷ ■ **jmd. verpflichtet jmdn. zu etwas** *Dat. jmd. bringt jmdn. dazu, dass er etwas verspricht:* Man hat ihn zum Helfen verpflichtet.; Ich habe ihn zum Schweigen verpflichtet. ❸ ■ **jmd. verpflichtet jmdn.** *jmdn. durch einen Arbeitsvertrag für eine bestimmte Tätigkeit gewinnen:* Das Theater hat den Schauspieler auf zwei Jahre verpflichtet. **II.** *mit SICH* ■ **jmd. verpflichtet sich als etwas** *versprechen, dass man eine Aufgabe übernimmt:* Er hat sich für zwei Jahre als Zeitsoldat verpflichtet.; ■ **jemand fühlt sich verpflichtet zu etwas** *jmd. hat das Gefühl, dass er jmdm. Dank oder eine Gegenleistung schuldet* Ich fühle mich verpflichtet, ihn nun auch einzuladen.; ■ **Ich bin Ihnen zu Dank verpflichtet!** *(geh.) Ich bin Ihnen sehr dankbar.* ▸ Verpflichtung

ver·plap·pern [f-] <verplapperst, verplapperte, hat verplappert> *mit SICH* ■ **jmd. verplappert sich** *(umg.) versehentlich etwas Vertrauliches oder Geheimes weitererzählen:* Eigentlich wollte ich es nicht sagen, aber jetzt habe ich mich doch verplappert.

ver·pönt [f-] *adj /nicht steig./ nicht gern gesehen ist oder moralisch abgelehnt:* Faulheit/Feigheit ist hier verpönt.

ver·prü·geln [f-] <verprügelst, verprügelte, hat verprügelt> *mit OBJ* ■ **jmd. verprügelt jmdn.;** ■ **mehrere Personen verprügeln einander** *jmdn. mehrmals heftig schlagen:* Er hat seinen Mitschüler verprügelt.; Die Kinder verprügelten sich in der Pause auf dem Schulhof.

ver·ra·ten [f-] <verrätst, verriet, hat verraten> **I.** *mit OBJ* ❶ ■ **jmd. verrät jmdn. etwas;** ■ **jmd. verrät etwas an jmdn./etwas** *jmdm. eine Information geben, die geheim bleiben sollte:* Sie hat ein Geheimnis verraten.; Der Manager hat wichtige Details über die neueste Produktion seines Unternehmens an die Konkurrenz verraten.; Stelle mir keine weiteren Fragen mehr, ich verrate nichts. ❷ ■ **jmd. verrät jmdn./etwas** (an jmdn./etwas) *jmdm. schaden, indem man eine geheime Information weitergibt:* Freunde an die Polizei verraten; Der Soldat hat seine Kameraden verraten. **II.** *mit SICH* ■ **jmd. verrät sich** *jmdm. sagt versehentlich etwas über sich, was er eigentlich nicht sagen wollte:* Mit dieser Äußerung hat er sich verraten.; ■ **verraten und verkauft sein** *(umg.) hilflos ausgeliefert sein* ▸ Verrat

ver·reg·net [f-] *adj /nicht steig./ durch viel Regen verdorben:* Was habt ihr an diesem verregneten Sonntag gemacht?

ver·rei·sen [f-] <verreist, verreiste, ist verreist> *ohne OBJ* ■ **jmd. verreist** *eine Reise machen, auf Reisen gehen:* Wir wollen über die Feiertage verreisen.

ver·rückt [f-] <verrückter, am verrücktesten> *adj* ❶ *(umg. abwert.: ≈ wahnsinnig) psychisch so krank, dass man nicht normal denken und handeln kann:* Wenn du das tust, wird man dich für verrückt halten. ❷ *nervös, sehr aufgeregt:* Seine vielen Fragen machen mich verrückt.; Sie war verrückt vor Angst. ❸ *ungewöhnlich, nicht vernünftig:* Du mit deinen verrückten Ideen!; ■ **etwas tun wie verrückt** *(umg.) etwas sehr stark oder schnell tun* schreien wie verrückt; Wir rannten wie verrückt.; ■ **verrückt auf etwas sein** *(umg.) etwas unbedingt haben wollen* Bei dieser Hitze sind die Kinder ganz verrückt auf Eis.; ■ **verrückt spielen** *(umg.) (von Menschen) die Beherrschung verlieren oder (von Maschinen) nicht mehr richtig funktionieren* Er spielt verrückt, weil er nicht gewonnen hat.; Heute spielt der Computer verrückt, und es geht nichts mehr.; ■ **verrückt auf jemanden/nach jemandem sein** *(umg.) sehr verliebt in jmdn. sein*

ver·sa·gen [f-] <versagst, versagte, hat versagt> *ohne OBJ* ■ **jmd./etwas versagt** *die erwartete Leistung nicht bringen:* Er hat in der Prüfung völlig versagt.; Die Bremsen haben versagt.

ver·sal·zen [f-] <versalzt, versalzte, hat versalzen> *mit OBJ* ❶ ■ **jmd. versalzt etwas** *mit zu viel Salz würzen:* Ich glaube, ich habe die Suppe versalzen. ❷ ■ **jmd. versalzt jmdm. etwas** *(umg. übertr.) zunichte machen:* Er hat uns die Überraschung/den Plan gründlich versalzen.; ■ **jemandem die Suppe versalzen** *(umg.) jmdm. die Freude an etwas verderben; seine Pläne durchkreuzen*

ver·sam·meln [f-] <versammelst, versammelte, hat versammelt> I. *mit OBJ* ■ **jmd. versammelt jmdn.** (irgendwo) *mehrere Personen an einem Ort zusammenkommen lassen:* Der Direktor versammelte Schüler und Lehrer in der Pausenhalle. II. *mit SICH* ■ **jmd. versammelt sich** *zu mehreren Personen an einem Ort zusammenkommen:* Um 11 Uhr versammeln sich alle Mitarbeiter zu einer Besprechung.

Ver·samm·lung die [f-] <-, -en> ❶ /kein Plur./ *das Versammeln* ❷ *eine versammelte Menschenmenge:* Die Versammlung wurde aufgelöst. ◦-sfreiheit, -sraum, Betriebs-, Jahres-, Unternehmens-

Ver·sand·haus das [f-] <-es, Versandhäuser> *ein (großer) Betrieb, bei dem man Waren bestellen kann, so dass sie ins Haus geliefert werden* ◦-katalog

ver·säu·men [f-] <versäumst, versäumte, hat versäumt> *mit OBJ* ❶ ■ **jmd. versäumt etwas** (≈ verpassen) *zu dem Zeitpunkt, an dem etwas geschieht, nicht an einem bestimmten Ort sein:* Ich habe den Zug versäumt. ❷ ■ **jmd. versäumt etwas** *nicht teilnehmen:* Er versäumte den Unterricht wegen einer Krankheit. ❸ ■ **jmd. versäumt, etwas zu tun** *etwas nicht tun, was notwendig ist:* Er versäumte, ihr zum Geburtstag zu gratulieren.; ■ **jemand hat nichts versäumt** *(umg.) jmd. hat an etwas nicht teilgenommen, aber deswegen auch nichts Wichtiges verpasst* Du warst nicht da, aber du hast auch nichts versäumt. ▸ Versäumnis

ver·schie·den [f-] <verschiedener, am verschiedensten> adj ❶ (↔ gleich) *nicht gleich; unterschiedlich:* Wir sind offensichtlich verschiedener Meinung.; Die beiden Teile sind (deutlich) verschieden; die kann man eigentlich nicht verwechseln. ❷ *einige, mehrere:* Wir haben verschiedene Sorten Tee im Angebot.; Verschiedene Fragen sollten vorher noch geklärt werden.

ver·schla·fen¹ [f-] <verschläfst, verschlief, hat verschlafen> I. *mit OBJ* ■ **jmd. verschläft etwas** ❶ *Zeit schlafend verbringen:* Er verschläft die schönste Zeit des Tages. ❷ *(umg.) einen Termin versäumen:* Ich habe die Besprechung total verschlafen. II. *ohne OBJ* ■ **jmd. verschläft** *zu lange schlafen:* Sie hat verschlafen und kam zu spät ins Büro.

ver·schla·fen² [f-] adj /Part. Perf. zu „verschlafen¹"/ ❶ *noch nicht richtig wach:* Er war gerade erst aufgestanden und sah noch ganz verschlafen aus. ❷ *(abwert.) langweilig und ruhig:* ein verschlafenes Städtchen

ver·schlech·tern [f-] <verschlechterst, verschlechterte, hat verschlechtert> I. *mit OBJ* ■ **jmd./etwas verschlechtert etwas** (↔ verbessern) *schlechter machen:* Durch sein Verhalten hat er seine Lage verschlechtert. II. *mit SICH* ■ **jmd./etwas verschlechtert sich** (↔ verbessern) *jmd. oder etwas wird schlechter:* Das Wetter hat sich wieder verschlechtert.; Er verschlechterte sich in der Schule von Jahr zu Jahr. ▸ Verschlechterung

ver·schlos·sen [f-] adj /Part. Perf. zu „verschließen"/ ❶ *zuvor mit einem Schlüssel abgeschlossen:* eine verschlossene Tür ❷ (↔ offen) *so, dass jmd. wenig Gefühle zeigt und seine Gedanken nicht mitteilt:* Er ist ein verschlossener Mensch: Nie weiß ich, was er denkt. ▸ Verschlossenheit ❸ ■ **etwas bleibt jmdm. verschlossen** *für jmdn. (geistig/kognitiv) nicht erreichbar sein:* Die höhere Mathematik blieb ihm verschlossen.; Dieser Beruf blieb ihm verschlossen.

ver·schlu·cken [f-] <verschluckst, verschluckte, hat verschluckt> I. *mit OBJ* ■ **jmd. verschluckt etwas** ❶ *etwas versehentlich hinunterschlucken:* Ich habe eine Fliege verschluckt. ❷ *etwas unvollständig aussprechen:* Man konnte ihn sehr schlecht verstehen, denn er verschluckte fast alle Endsilben. II. *mit SICH* ■ **jmd. verschluckt sich** (an etwas *Dat.*) *so schlucken, dass man husten muss:* Ich habe mich an dem letzten Bissen verschluckt. Ich kriege gerade keine Luft.

ver·schrei·ben [f-] <verschreibst, verschrieb, hat verschrieben> I. *mit OBJ* ■ **jmd. verschreibt jmdm. etwas** MED. (≈ verordnen) *als Arzt auf ein Rezept schreiben, welches Medikament oder welche Therapie ein Patient bekommen soll:* Der Arzt hat mir eine Kur/ein Medikament/Massagen verschrieben. ▸ Verschreibung, verschreibungspflichtig II. *mit SICH* ■ **jmd. verschreibt sich** *etwas falsch schreiben:* Das Wort schreibt man anders. Da muss er sich wohl verschrieben haben.

ver·schul·det [f-] adj /Part. Perf. zu „verschulden"/ *so, dass jmd. Schulden hat:* ein hoch verschuldetes Unternehmen ▸ Verschuldung

ver·schwand Prät. **verschwinden**

ver·schwen·den [f-] <verschwendest, verschwendete, hat verschwendet> *mit OBJ* ❶ ■ **jmd. verschwendet etwas an etwas** Akk. *(geh.) viel Geld, Mühe oder*

Arbeit für etwas aufwenden: An diesen Garten hat er sehr viel Mühe verschwendet. ❷ ■ **jmd. verschwendet etwas** *(≈ vergeuden) sinnlos Zeit oder Energie investieren:* Er hat viel Zeit mit Fernsehen verschwendet.; Wasser verschwenden ▸ Verschwendung

ver·schwin·den [f-] <verschwindest, verschwand, ist verschwunden> **I.** *ohne OBJ* ■ **jmd./etwas verschwindet** ❶ *sich entfernen und nicht mehr sichtbar sein:* Er ging zur Tür hinaus und verschwand.; Nach dem Waschen war der Fleck im Hemd verschwunden. ❷ *verloren gehen:* Gestern war der Schlüssel noch in dieser Tasche, aber jetzt ist er spurlos verschwunden. **II.** *mit OBJ* ■ **jmd. lässt jmdn./etwas verschwinden** *bewirken, dass jmd. oder etwas plötzlich nicht mehr da ist; (von Personen) jmdn. umbringen:* Dokumente verschwinden lassen; Die Diktatur ließ Hunderte ihrer Gegner verschwinden.; ■ „**Ich muss mal verschwinden.**" *(verhüll.) Ich muss zur Toilette.*; ■ „**Verschwinde!**" *(umg.) Ich will dich nicht mehr sehen, geh weg!*

ver·schwun·den *Part. Perf von* **verschwinden**

ver·se·hent·lich [f-] *adj /nicht steig./ ohne Absicht; irrtümlich; aus Versehen:* Ich bin versehentlich in den falschen Zug gestiegen.

ver·si·chern [f-] <versicherst, versicherte, hat versichert> **I.** *mit OBJ* ❶ ■ **jmd. versichert jmdm., dass ...** *(≈ bestätigen) entschieden und glaubwürdig sagen, dass etwas Wichtiges wirklich der Fall ist:* Er versicherte mir, dass er diese Information von einem Fachmann bekommen hat. ❷ ■ **jmd. versichert etwas (bei jmdm.)** *für etwas eine Versicherung abschließen:* Wir haben das Haus gegen Feuer versichert.; Alle Familienmitglieder sind bei der XYZ Versicherung versichert. **II.** *mit SICH* ■ **jmd. versichert sich etwas** *Gen. (≈ sich überzeugen) jmd. prüft nach, ob etwas wirklich so ist:* Er versichert sich jedesmal, dass die Fenster geschlossen sind, wenn er aus dem Haus geht.

Ver·si·cher·ten·kar·te die [f-] <-, -n> *ein Ausweis, der zeigt, dass man bei einer Krankenversicherung versichert ist, und den man vorzeigen muss, wenn man zum Arzt geht*

Ver·si·che·rung die [f-] <-, -en> ❶ *das Versichern I.1:* Ich gebe dir die Versicherung, dass ich zurückkommen werde. ❷ RECHTSW. *schriftliche Bestätigung:* Ich musste eine eidesstattliche Versicherung abgeben. ❸ *ein Vertrag darüber, dass eine Firma gegen eine regelmäßige Zahlung die Kosten übernimmt, wenn man einen Schaden verursacht oder zu Schaden kommt:* eine Versicherung abschließen/kündigen ◆ Berufsunfähigkeits-, Feuer-, Haftpflicht-, Hausrat-, Lebens-, Risikolebens-, Unfall- ❹ *(≈ Versicherungsgesellschaft) die Firma, bei der man eine Versicherung* [3] *abschließt*

ver·söh·nen [f-] <versöhnst, versöhnte, hat versöhnt> *mit SICH* ❶ ■ **jmd. versöhnt sich mit jmdm.** *sich nach einem Streit wieder vertragen und friedlich miteinander umgehen:* Die Brüder haben sich nach langem Streit endlich wieder miteinander versöhnt. ❷ ■ **jmd. versöhnt sich mit etwas** *Dat. etwas Schwieriges akzeptieren:* Am Ende seines Lebens versöhnte er sich mit seinem schweren Schicksal. ▸ Versöhnung, versöhnlich

ver·sor·gen [f-] <versorgst, versorgte, hat versorgt> *mit OBJ* ❶ ■ **jmd. versorgt jmdn./etwas (mit etwas** *Dat.***)** *bewirken, dass jmd./etwas das bekommt, was er oder es braucht:* Hilfsorganisationen versorgen die Not leidende Bevölkerung mit Lebensmitteln.; Das Unternehmen versorgt die Stadt mit Strom. ❷ ■ **jmd. versorgt jmdn./ein Tier** *sich um jmdn. oder ein Tier kümmern:* Die Krankenschwester versorgt den Patienten.; Die Nachbarn versorgen unseren Kater, während wir im Urlaub sind.

Ver·sor·gung die [f-] <-> */kein Plur./ das Versorgen* ◆ -sengpass, Energie-, Lebensmittel-, Strom-, Wasser-

ver·spä·ten [f-] <verspätest, verspätete, hat verspätet> *mit SICH* ■ **jmd. verspätet sich** *zu spät oder später als geplant kommen:* Wenn du weiter so langsam gehst, verspätest du dich.; Der Zug ist (um) fünf Minuten verspätet.

Ver·spä·tung die [f-] <-, -en> *die Zeitspanne, die jmd. oder etwas zu spät ist:* Der Zug hat leider dreißig Minuten Verspätung.; Bitte entschuldigen Sie meine Verspätung.

ver·spot·ten [f-] <verspottest, verspottete, hat verspottet> *mit OBJ* ■ **jmd. verspottet jmdn./etwas** *boshaft über jmdn. lachen:* Er vespottete seine Schwester, weil sie nicht so stark war wie er.

ver·spre·chen [f-] <versprichst, versprach, hat versprochen> **I.** *mit OBJ* ❶ ■ **jmd. verspricht jmdm. etwas** *Akk. verbindlich sagen, dass man etwas tun*

wird: Sie hat mir versprochen zu kommen.; Er hat ihm ein höheres Gehalt versprochen.; Versprich nicht, was du nicht halten kannst! ❷ **etwas verspricht, etwas (zu werden)** *etwas bewirkt, dass man etwas erwartet*: Das verspricht eine tolle Party zu werden.; Die Ernte verspricht dieses Jahr gut zu werden.; Der Himmel ist voller dunkler Wolken: Das verspricht nichts Gutes! **II.** *mit SICH* ❶ **jmd. verspricht sich** *beim Sprechen irrtümlich etwas falsch sagen oder aussprechen*: Bei dem Interview war er so nervös, dass er sich ständig versprach. ❷ **jmd. verspricht sich etwas von etwas** *Dat. sich erhoffen, erwarten*: Von der Kur versprach er sich eine baldige Besserung.

Ver·spre·chen das [f-] <-s, -> /meist Sing./ *eine Erklärung, mit der man etwas verspricht I.1*: Sie hat ihr Versprechen eingehalten/gebrochen.

Ver·stand der [fɛɐ̯'ʃtant] <-(e)s> /kein Plur./ *(≈ Intellekt) die grundlegende menschliche Fähigkeit, zu Abstraktionsleistungen in der Lage zu sein, was analysierendes und logisches Denken/Urteilen sowie Verstehen komplexer Sachverhalte umfasst*: seinen Verstand gebrauchen; ▪ **ein scharfer Verstand** *ein klares und genaues Denken*; ▪ **den Verstand verlieren** *(umg.) (durch ein schlimmes Ereignis) verrückt werden*; ▪ **etwas bringt jemanden um den Verstand** *(umg.) etwas regt jmdn. sehr auf oder macht ihn wütend* Deine Rederei bringt mich noch um den Verstand!; ▪ **jemand ist nicht bei Verstand** *jmd. spricht oder handelt unsinnig* ▸ verständig

ver·stän·di·gen [f-] <verständigst, verständigte, hat verständigt> **I.** *mit OBJ* ▪ **jmd. verständigt jmdn.** *(≈ benachrichtigen) jmdm. mitteilen, dass sich etwas ereignet hat*: Nach dem Unfall haben wir sofort die Polizei verständigt. **II.** *mit SICH* ❶ **jmd. verständigt sich mit jmdm.**; ▪ **mehrere Personen verständigen sich** *sich sprachlich verständlich machen*: Da keiner die Sprache des anderen kann, verständigen wir uns mit Gebärden. ▸ Verständigung ❷ **jmd. verständigt sich mit jmdm. auf etwas** *Akk. sich einigen*: Die beiden Verhandlungspartner verständigten sich auf einen Kompromiss.

ver·ständ·lich [f-] <verständlicher, am verständlichsten> *adj* ❶ *(gut) hörbar*: Bei dem Lärm im Hintergrund war die Stimme des Reporters nur schwer verständlich. ▸ Verständlichkeit ❷ *so, dass man den Sinn/die Bedeutung von etwas gut verstehen/erfassen kann*: ein verständliches Beispiel geben; etwas verständlich formulieren; Das Fachbuch ist auch für den Laien gut verständlich. ▸ Verständlichkeit ❸ *(≈ nachvollziehbar) so, dass man den Grund für etwas einsehen und akzeptieren kann*: Das war eine sehr verständliche Reaktion!; Es ist mir nicht verständlich, warum sie so gehandelt hat. ▸ verständlicherweise

Ver·ständ·nis das [f-] <-ses> /kein Plur./ ❶ *das Verstehen I.1*: Die vielen Fremdwörter/die langen Sätze erschweren das Verständnis des Textes. ❷ *die Fähigkeit, zu erfassen und zu akzeptieren, was jmd. denkt und fühlt*: Ich habe Verständnis für deine Situation.; Dafür habe ich volles/kein Verständnis.; jmdm. Verständnis entgegenbringen ❸ *(≈ Auffassung) jmds. persönliche Meinung über etwas*: Die Dinge, die ich in dieser Ausstellung gesehen habe, entsprechen nicht meinem Verständnis von Kunst. ◆ Kunst-, Wissenschafts-

ver·ste·cken [f-] <versteckst, versteckte, hat versteckt> **I.** *mit OBJ* ▪ **jmd. versteckt jmdn./etwas (vor jmdm.)** *(≈ verbergen) jmdn./etwas an einen Ort bringen, wo man ihn oder es nicht finden kann*: Er versteckte seinen Freund bei sich, als die Polizei ihn suchte. ▸ Versteck **II.** *mit SICH* ▪ **jmd. versteckt sich** *irgendwo hingehen, wo andere einen nicht finden*: Die Kinder spielen Verstecken.; Das Mädchen versteckte sich hinter seiner Mutter.; ▪ **sich vor/neben jemandem nicht zu verstecken brauchen** *(umg.) genauso gut sein wie ein anderer*

ver·ste·hen [f-] <verstehst, verstand, hat verstanden> **I.** *mit OBJ* ❶ **jmd. versteht jmdn./etwas** *erfassen, was jmd. (mit seinen Äußerungen) sagen will und welchen Sinn das hat*: Diesen Satz habe ich nicht ganz verstanden. Mir fehlt eine Vokabel.; Ich habe die Erklärung/das Problem/den Vortrag nicht verstanden. ❷ **jmd. versteht etwas** *deutlich und gut hören können*: Sprich bitte etwas lauter; ich kann dich kaum verstehen. ❸ **jmd. versteht etwas** *die Gründe für ein Verhalten erkennen und dafür Verständnis aufbringen*: Ich kann deine Angst verstehen.; Er konnte einfach nicht verstehen, warum sie gekündigt hatte. ❹ **jmd. versteht etwas (zu tun)** *gut können*: Er versteht sein Handwerk.; Sie versteht es hervorragend, andere in gute Stimmung zu bringen. ❻ ■ **jmd. versteht etwas von etwas** *Dat. Kenntnisse über etwas haben:* Sie versteht viel von klassischer Musik. II. *mit SICH* ■ **jmd. versteht sich mit jmdm.**; ■ **mehrere Personen verstehen sich** *eine gute Beziehung haben:* Ich habe mich immer gut mit ihm verstanden.; Sie waren schon lange befreundet und verstanden sich gut.; ■ **das versteht sich von selbst** *das ist ohne Erklärung klar*

ver·steu·ern [f-] <versteuerst, versteuerte, hat versteuert> *mit OBJ* ■ **jmd. versteuert etwas** *Steuern für etwas bezahlen:* Selbstverständlich musst du dein Einkommen versteuern. ▸ Versteuerung

Ver·such der [f-] <-(e)s, -e> ❶ *Bemühung, durch die man etwas zu verwirklichen anstrebt:* ein aussichtsloser/geglückter/letzter Versuch; Er unternahm keinen Versuch, uns zu helfen. ◆ Flucht-, Mord-, Schreib- ❷ *ein (naturwissenschaftliches oder psychologisches) Experiment:* Wir haben im Labor einige Versuche durchgeführt. ◆ -sgelände, -slabor, Labor-, Tier-

ver·su·chen [f-] <versuchst, versuchte, hat versucht> I. *mit OBJ* ❶ ■ **jmd. versucht etwas** *sich bemühen, etwas Schwieriges zu tun:* Die Bergsteiger versuchten, den Gipfel noch rechtzeitig zu erreichen. ❷ ■ **jmd. versucht etwas** *(aus)probieren:* Ich habe schon einige Salben versucht, aber keine hat bisher geholfen.; Ich möchte auch einmal versuchen, ob ich das schon kann. ❸ ■ **jmd. versucht es mit jmdm./etwas** *jmd. probiert aus, ob jmd. oder etwas geeignet ist, eine bestimmte Aufgabe oder Funktion zu erfüllen:* Der eine Schlüssel passt nicht. Ich versuche es mal mit dem anderen. ❹ ■ **jmd. versucht etwas** *(≈ kosten) eine Speise oder ein Getränk probieren:* Habt ihr diese Früchte schon versucht? II. *mit SICH* ■ **jmd. versucht sich an/in etwas** *Dat. jmd. tut etwas zur Probe, um festzustellen, ob er es kann:* Sie versucht sich jetzt in der Malerei.; Ich habe mich an der Reparatur des Fahrrads versucht.; ■ **jemand versucht es noch einmal mit jemandem** *jmd. gibt jmdm., der einen Fehler gemacht hat, noch eine Chance* Obwohl er bei der Aufgabe versagt hat, will ich es noch einmal mit ihm versuchen

ver·tau·schen [f-] <vertauschst, vertauschte, hat vertauscht> *mit OBJ* ■ **jmd. vertauscht etwas (mit etwas** *Dat.)* ❶ *eine Tätigkeit beenden und eine neue beginnen:* Der Professor hat seinen Lehrstuhl mit einem Sitz im Parlament vertauscht. ❷ *(≈ verwechseln) irrtümlich etwas nehmen, was einem anderen gehört, und etwas anderes dafür dalassen:* Sie hat unsere Schirme vertauscht. ▸ Vertauschung

ver·tei·di·gen [f-] <verteidigst, verteidigte, hat verteidigt> *mit OBJ* ■ **jmd. verteidigt jmdn./etwas** ❶ *jmdn. oder etwas gegen einen Angriff schützen:* Die Soldaten verteidigen die Stadt gegen die Angreifer.; Er wurde von drei Männern überfallen, hat aber trotzdem versucht, sich zu verteidigen ❷ ■ **jmd. verteidigt etwas/jmdn.** *für eine kritisierte Person oder Sache argumentieren:* Sie verteidigte ihre Thesen. ❸ ■ **jmd. verteidigt jmdn.** RECHTSW. *als Rechtsanwalt einen Klienten vor Gericht vertreten:* Wer verteidigt den Angeklagten? ▸ Verteidigung

Ver·tei·di·ger der, **Ver·tei·di·ge·rin** [f-] <-s, -> ❶ *(↔ Angreifer) jmd., der jmdn. oder etwas verteidigt:* ein Verteidiger der Demokratie ❷ RECHTSW. *(↔ Staatsanwalt) ein Rechtsanwalt, der einen Angeklagten vor Gericht vertritt:* Im Strafprozess vertritt der Verteidiger die Rechte des Angeklagten. ◆ Pflicht-, Straf-

ver·tei·len [f-] <verteilst, verteilte, hat verteilt> I. *mit OBJ* ■ **jmd./etwas verteilt etwas (an jmdn./etwas)** ❶ *(≈ austeilen) Dinge an mehrere Personen geben:* Sie verteilt den Kuchen an die Kinder.; Wir haben Prospekte an die Passanten in der Fußgängerzone verteilt. ❷ *einzelne Dinge gleichmäßig an verschiedene Stellen bringen:* Sie hat ihre Bücher auf alle Zimmer im Haus verteilt. ▸ Verteilung II. *mit SICH* ■ **jmd./etwas verteilt sich** *jmd. oder etwas breitet sich irgendwo aus:* Die Studenten verteilten sich mit der Examensarbeit über den ganzen Hörsaal.; Der Brandgeruch verteilt sich im ganzen Haus.

ver·tip·pen [f-] <vertippst, vertippte, hat vertippt> *mit SICH* ■ **jmd. vertippt sich** *(umg.) beim Schreiben mit einer Schreibmaschine oder am Computer einen Fehler machen:* Aus Eile habe ich mich bei dem Wort „Mänsch" vertippt. Es muss natürlich „Mensch" heißen!

Ver·trag der [fɛɐ̯ˈtraːk] <-(e)s, Verträge> RECHTSW. ❶ *eine Vereinbarung, in der etwas zwischen zwei oder mehreren Personen oder Organisationen rechtlich verbindlich festgelegt wird:* einen Vertrag abschließen/erfüllen/verletzen/kündigen; Die Laufzeit des Vertrages beträgt drei Jahre. ▸ vertragsgemäß, vertragswidrig ◆ -sbruch, -sverletzung, Arbeits-, Friedens-,

Kauf-, Miet-, Pacht-, Versicherungs- ❷ *das Dokument, in dem ein Vertrag¹ schriftlich abgefasst ist:* Sie hat den Vertrag unterschrieben.; Geben Sie mir bitte Ihren Vertrag, damit ich den Text nachlesen kann.

ver·tra·gen [f-] <verträgst, vertrug, hat vertragen> **I.** *mit OBJ* ▪ **jmd. verträgt etwas** ❶ *(≈ ertragen) etwas ohne (gesundheitlichen) Schaden aushalten können:* Ich kann die Hitze/das Klima gut vertragen.; Sie verträgt keinen Kaffee/keinen Rauch. ❷ *etwas Negatives ohne Ärger aushalten können:* Er verträgt keine Kritik. ❸ SCHWEIZ. *etwas austragen (z.B. Zeitungen)* **II.** *mit SICH* ❶ ▪ **jmd. verträgt sich mit jmdm.** *gut mit jmdm. auskommen:* Wir haben uns vom ersten Tag an gut vertragen. ❷ ▪ **jmd. verträgt sich mit jmdm.** *sich versöhnen:* Wollen wir uns wieder vertragen? ❸ ▪ **etwas verträgt sich mit etwas** *vereinbar sein:* Alkohol und Tabletten vertragen sich nicht.

ver·trag·lich [f-] *adj /nicht steig./ durch einen Vertrag:* Wir haben die Sache vertraglich geregelt.; Die Firma ist noch bis Ende des Jahres vertraglich gebunden.

ver·träg·lich [f-] <verträglicher, am verträglichsten> *adj* ❶ *(≈ umgänglich) einen Streit nach Möglichkeit vermeidend bzw. ihm aus dem Wege gehend:* Ich bin ein verträglicher Mensch, aber ... ❷ *so, dass etwas gut vertragen I.1 werden kann:* Das Medikament ist gut verträglich. ▸ Verträglichkeit

Ver·trau·en das [f-] <-s> */kein Plur./ der feste Glaube, dass man sich auf jmdn. verlassen kann, dass er treu und verantwortungsvoll handelt:* Ich habe großes/festes/unerschütterliches/grenzenloses Vertrauen zu ihm.; Ich setze mein ganzes Vertrauen auf Gott.; Sie hat sein Vertrauen enttäuscht.; ▪ **jemanden ins Vertrauen ziehen** *jmdm. eine geheime/private Sache erzählen und erwarten, dass er sie nicht weitererzählt;* ▪ **Vertrauen erwecken** *so auf andere Personen wirken, dass sie Vertrauen bekommen;* ▪ **jemandem das Vertrauen aussprechen** POL. *(als Parlament) (in einer Regierungskrise) in der Mehrheit dafür stimmen, dass die Regierung im Amt bleibt* ▸ vertrauenerweckend, vertrauensvoll ●-sbeweis, -bruch, -ssache

ver·trau·en [f-] <vertraust, vertraute, hat vertraut> **I.** *ohne OBJ* ▪ **jmd. vertraut auf etwas** Akk. *glauben, dass etwas gut oder stark genug ist:* Er vertraut auf seine Fähigkeiten/ auf seine Intuition/auf seine Kraft/auf seine Menschenkenntnis.; Ich vertraue auf mein Glück. **II.** *mit OBJ* ▪ **jmd. vertraut jmdm.** *(↔ misstrauen) Vertrauen zu jmdm. haben:* Geschäftspartner sollten einander vertrauen können.; Du kannst ihm blind vertrauen.

ver·trau·lich [f-] <vertraulicher, am vertraulichsten> *adj* ❶ *(≈ geheim) so, dass eine Information nicht an andere weitergegeben werden darf:* Was ich dir jetzt sage, ist streng vertraulich: ... ▸ Vertraulichkeit ❷ *wie unter Freunden:* Sie sprachen in vertraulichem Ton miteinander.; ▪ **plump vertraulich** *(≈ aufdringlich) so, dass jmd. in übertriebener Weise die Nähe zu jmdm. sucht* Wenn man ihn nur freundlich grüßt, wird er sofort plump vertraulich. ▸ Vertraulichkeit

ver·trei·ben [f-] <vertreibst, vertrieb, hat vertrieben> *mit OBJ* ❶ ▪ **jmd./etwas vertreibt jmdn.** *(aus etwas* Dat.*) Menschen zwingen, einen bestimmten Ort zu verlassen:* Nach dem Krieg vertrieb man viele Menschen aus ihrer Heimat. ▸ Vertriebener ❷ ▪ **jmd./etwas vertreibt ein Tier** *wegjagen:* Mücken vertreiben ❸ ▪ **jmd./etwas vertreibt jmdn./etwas** *bewirken, dass jmd./etwas nicht mehr da ist:* Der Regen hat die Gäste vertrieben. ❹ ▪ **jmd. vertreibt etwas** *(in großem Umfang) verkaufen:* Die Firma vertreibt dieses Produkt in alle Welt.; ▪ **sich die Zeit vertreiben** *etwas tun, damit es nicht langweilig ist* Er vertreibt sich die Zeit mit Lesen. ▸ Vertrieb

ver·tre·ten¹ [f-] <vertrittst, vertrat, hat vertreten> *mit OBJ* ▪ **jmd. vertritt jmdn.** ❶ *für eine bestimmte Zeit die Arbeit von jmdm. machen:* Wer vertritt die erkrankte Lehrerin? ▸ Vertretung ❷ *dafür sorgen, dass die Rechte und Interessen von jmdm. beachtet werden:* als Rechtsanwalt einen Angeklagten vor Gericht vertreten; Die Gewerkschaften sollen die Arbeitnehmer vertreten. ❸ ▪ **jmd. vertritt etwas** *eine Meinung öffentlich sagen und sie verteidigen:* Er vertritt die Ansicht/den Grundsatz/ den Standpunkt, dass ... ❹ ▪ **jmd. vertritt etwas** *als Vertreter für eine Firma arbeiten*

ver·tre·ten² [f-] <vertrittst, vertrat, hat vertreten> *mit OBJ* ▪ **jemand vertritt sich den Fuß** *unglücklich auftreten und sich dabei das Fußgelenk verletzen* Auf der Treppe bin ich ausgerutscht und habe mir den Fuß vertreten.; ▪ **jemand vertritt sich die Beine** *(nach langem Sitzen) herumlaufen, damit die Beine wieder gelenkig und locker werden*

Ver·tre·ter der, **Ver·tre·te·rin** [f-] <-s,

-> ❶ (≈ *Handelsvertreter*) *Angestellter einer Firma, der Kunden besucht, neue Produkte vorführt und Bestellungen entgegennimmt:* Er ist Vertreter für Staubsauger. ◆-provision, Verlags-, Versicherungs- ❷ (≈ *Stellvertreter*) *jmd., der jmdn. vertritt* I.1 ❸ *jmd., der eine typische Meinung oder das Interesse einer Gruppe ausdrückt:* Die Abgeordneten sind die Vertreter des Volkes.; Der Maler ist ein typischer Vertreter des Expressionismus.

Ver·trieb der [f-] <-(e)s, -e> ❶ /kein Plur./ *das Vertreiben⁴:* XYZ hat den Vertrieb der Marken A, B und C übernommen. ❷ *Verkaufsabteilung einer Firma:* Er arbeitet im Vertrieb.

ver·trock·nen [f-] <vertrocknet, vertrocknete, ist vertrocknet> *ohne OBJ* ■ **eine Pflanze vertrocknet** *wegen Mangel an Wasser absterben:* Im Blumenkasten sind alle Pflanzen vertrocknet.

ver·un·fal·len [f-] <verunfallst, verunfallte, ist verunfallt> *ohne OBJ* ■ **jmd. verunfallt** SCHWEIZ. *verunglücken¹*

ver·un·glü·cken [f-] <verunglückst, verunglückte, ist verunglückt> *ohne OBJ* ❶ ■ **jmd. verunglückt** *einen Unfall erleiden:* Bei dem schweren Autounfall verunglückten drei Menschen tödlich. ❷ ■ **etwas verunglückt (jmdm.)** *(scherzh.: ≈ misslingen) sich nicht wie geplant entwickeln:* Der Kuchen ist leider ein wenig verunglückt.

ver·un·si·chern [fɛɐ̯'ʊnzɪçɐn] <verunsicherst, verunsicherte, hat verunsichert> *mit OBJ* ■ **jmd./etwas verunsichert jmdn.** *bewirken, dass jmd. unsicher wird:* Du verunsicherst mich durch dein Lachen.; Er hat sie durch seine Argumente nun doch verunsichert. ▻ Verunsicherung

ver·ur·sa·chen [f-] <verursachst, verursachte, hat verursacht> *mit OBJ* ■ **jmd./etwas verursacht etwas** *die Ursache von etwas (meist Negativem) sein:* Wer hat den Unfall verursacht?; Eine defekte Gasleitung verursachte die Explosion. ▻ Verursachung

ver·ur·tei·len [f-] <verurteilst, verurteilte, hat verurteilt> *mit OBJ* ❶ ■ **jmd. verurteilt jmdn./etwas (zu etwas** *Dat.*) RECHTSW. *ein Gerichtsurteil sprechen:* Der Angeklagte wurde zu zwei Jahren Gefängnis auf Bewährung verurteilt. ❷ ■ **jmd. verurteilt jmdn.** *energisch sagen, dass man etwas stark ablehnt, besonders weil man es für falsch oder unmoralisch hält:* Sie verurteilte sein unehrliches Verhalten. ▻ Verurteilung

ver·viel·fäl·ti·gen [f-] <vervielfältigst, vervielfältigte, hat vervielfältigt> *mit OBJ* ■ **jmd./etwas vervielfältigt etwas** *durch Kopieren viele Exemplare von etwas herstellen:* Kannst du bitte diesen Text vervielfältigen? ▻ Vervielfältigung

ver·voll·stän·di·gen [f-] <vervollständigst, vervollständigte, hat vervollständigt> *mit OBJ* ■ **jmd. vervollständigt etwas** *vollständig machen:* Er konnte seine Briefmarkensammlung endlich vervollständigen. ▻ Vervollständigung

ver·wäh·len [f-] <verwählst, verwählte, hat verwählt> *mit SICH* ■ **jmd. verwählt sich** *(umg.) irrtümlich die falsche Telefonnummer wählen:* Entschuldigung, ich habe mich wohl verwählt!

ver·wal·ten [f-] <verwaltest, verwaltete, hat verwaltet> *mit OBJ* ■ **jmd. verwaltet etwas** *im Auftrag von jmdm. dafür sorgen, dass in einem Bereich alles in Ordnung ist:* Er verwaltet ein Haus/einen Nachlass/ein Vermögen.; Sie verwaltet die Finanzen. ▻ Verwalter(in)

Ver·wal·tung die [f-] <-, -en> ❶ /meist Sing./ *das Verwalten:* Ich bin für die Verwaltung zuständig. ❷ *alle Ämter und Behörden in einer Stadt, in einem Bundesland oder in einem Staat* ◆-sbeamte, -sbezirk, -svorschrift, Gemeinde- ❸ *die Abteilung in einer Firma, die die Verwaltung¹ von etwas durchführt* ◆Personal-

ver·wandt¹ [f-] *adj /nicht steig./* ❶ *zur gleichen Familie gehörend und von denselben Vorfahren abstammend:* Wir sind miteinander verwandt; seine Mutter und mein Vater sind Geschwister. ❷ BIOL. *(von Tieren, Pflanzen) zur gleichen Gattung oder Ordnung gehörig* ❸ *von ähnlicher Art:* Die beiden Künstler sind (sich) geistig verwandt.; verwandte Meinungen; verwandte Kunstrichtungen

ver·wandt² [f-] *Part. Perf. von* **verwenden**

Ver·wand·te der/die [-f] <-n, -n> *Person, mit der man verwandt¹ ist*

Ver·wandt·schaft die [f-] <-> /kein Plur./ ❶ *Gesamtheit der Verwandten einer Person:* Zu der Hochzeit wurde die gesamte Verwandtschaft eingeladen. ◆-sgrad, -sbeziehungen, -sverhältnisse ▻ verwandtschaftlich ❷ *Übereinstimmung in wichtigen Merkmalen:* Sie verbindet eine große geistige Verwandtschaft

ver·wech·seln [f-] <verwechselst, verwechselte, hat verwechselt> *mit OBJ* ❶ ■ **jmd. verwechselt jmdn./etwas mit jmdm./etwas** *irrtümlich jmdn./etwas für jmdn. anderes/etwas anderes hal-*

ten: Er verwechselte sie mit ihrer Zwillingsschwester.; Die beiden Wörter „rational" und „rationell" kann man leicht verwechseln. ❷ **jmd. verwechselt etwas mit etwas** *Dat. vertauschen:* Mein Freund hat gestern versehentlich seine Jacke mit meiner verwechselt. ▸ Verwechslung

ver·wei·gern [f-] <verweigerst, verweigerte, hat verweigert> *mit OBJ* ❶ **jmd. verweigert etwas** *(≈ ablehnen) mit Entschiedenheit sagen oder zeigen, dass man etwas nicht tun will:* Er hat damals, als die allgemeine Wehrpflicht noch nicht ausgesetzt war, den Wehrdienst verweigert.; Er verweigerte den Befehl/die Zustimmung. ❷ **jmdm. etwas verweigern** *jmdm. etwas nicht geben, was er braucht:* Hilfe verweigern; Ihm wurde die (Erlaubnis zur) Einreise verweigert.; **die Nahrung verweigern** *nicht essen wollen (weil man krank ist)* Das Kind hat hohes Fieber und verweigert die Nahrung. ▸ Verweigerung

Ver·weis[1] der [f-] <-es, -e> *eine strenger Tadel:* Weil der Schüler wieder zu spät zum Unterricht gekommen ist, hat ihm der Lehrer einen Verweis erteilt.

Ver·weis[2] der [f-] <-es, -e> *eine kurze Bemerkung in einem Buch oder in einem sonstigen Text, die den Leser/die Leserin darauf aufmerksam macht, wo man noch mehr Informationen zu etwas findet:* „Siehe auch ..." und „vergleiche" sind Verweise.

ver·wel·ken [f-] <verwelkst, verwelkte, ist verwelkt> *ohne OBJ* **etwas verwelkt** *welk werden:* Die Tulpen in der Vase sind schnell verwelkt.

ver·wen·den [f-] <verwendest, verwandte/verwendete, hat verwandt/verwendet> *mit OBJ* **jmd. verwendet etwas (für/zu etwas** *Akk.) benutzen, gebrauchen:* Ich verwende zum Kochen nur die besten Zutaten.; Welches Lehrbuch haben Sie verwendet/verwandt?; Wir haben unser gespartes Geld für den Kauf neuer Möbel verwendet/verwandt. ▸ Verwendung

ver·wi·ckeln [f-] <verwickelst, verwickelte, hat verwickelt> I. *mit OBJ* **jmd./etwas verwickelt jmdn. (in etwas** *Akk.) jmdn. in eine (unangenehme) Sache hineinziehen:* Er wurde in eine Affäre/in einen Unfall verwickelt. II. *mit SICH* **etwas verwickelt sich (in etwas** *Akk.) völlig durcheinandergeraten, ineinanderschlingen:* Die Wolle/Das Seil hat sich verwickelt.; **jemand verwickelt sich in Widersprüche** *jmd. sagt etwas, was in Widerspruch steht zu dem, was er vorher gesagt hat.* Der Richter glaubte dem Angeklagten nicht, denn dieser hatte sich in Widersprüche verwickelt.

ver·win·kelt [f-] <verwinkelter> *adj so, dass eine Straße eng und nicht gerade ist:* Wir liefen durch die verwinkelten Gassen der Altstadt.

ver·wirk·li·chen [f-] <verwirklichst, verwirklichte, hat verwirklicht> I. *mit OBJ* **jmd. verwirklicht etwas** *(≈ realisieren) bewirken, dass etwas Wirklichkeit wird:* Sie konnten ihren Traum vom eigenen Haus verwirklichen. II. *mit SICH* ❶ **etwas verwirklicht sich** *wirklich werden:* Seine Pläne/Seine Befürchtungen haben sich verwirklicht. ❷ **jmd. verwirklicht sich** *jmd. kann seine Begabung und sein Können entwickeln und zeigen:* Sie kann sich in ihrer neuen Position endlich verwirklichen. ▸ Verwirklichung

ver·wir·ren [f-] <verwirrst, verwirrte, hat verwirrt> *mit OBJ* ❶ **jmd. verwirrt jmdn.** *unsicher machen, aus der Fassung bringen:* Jetzt hast du mich mit deinen Fragen total verwirrt! ▸ Verwirrung ❷ **jmd. verwirrt etwas** *in Unordnung bringen, durcheinander bringen:* Du hast die Fäden/das Garn völlig verwirrt.

ver·wit·wet [f-] *adj /nicht steig./ als Witwe oder Witwer lebend:* Seit zwei Jahren ist sie verwitwet.

ver·wöh·nen [f-] <verwöhnst, verwöhnte, hat verwöhnt> *mit OBJ* **jmd. verwöhnt jmdn.** *jmdm. sehr viel (zu viel) Gutes tun, indem man ihm alle Wünsche erfüllt:* Die Großmutter verwöhnt ihre Enkel; Es war sein größter Wunsch, seine Freundin zum Geburtstag einmal richtig zu verwöhnen. ▸ Verwöhnung

ver·wöhnt [f-] <verwöhnter, am verwöhntesten> *adj /Part. Perf von „verwöhnen"/ so, dass man daran gewöhnt ist, jeden Wunsch erfüllt zu bekommen:* ein verwöhntes Kind

ver·wun·den [f-] <verwundest, verwundete, hat verwundet> *mit OBJ* **jmd. verwundet jmdn./ein Lebewesen** *jmdm. (mit etwas) eine Wunde zufügen:* leicht/schwer verwundet sein; Der Jäger hat das Tier bei der Jagd nicht tödlich getroffen, sondern nur verwundet.; Durch den Bombenangriff wurden viele Menschen verwundet. ▸ Verwundete, Verwundung

ver·wüs·ten [f-] <verwüstest, verwüstete, hat verwüstet> *mit OBJ* **jmd./etwas verwüstet etwas** *zerstören oder viele Schäden anrichten:* Der Sturm hat weite

Teile des Landes verwüstet.; die Aufständischen haben das Dorf verwüstet. ▶ Verwüstung

Ver·zeich·nis das [f-] <-ses, -se> ❶ nach einer Anordnungsmethode (alphabetisch, sachlich) geordnete Auflistung zusammengehöriger Gegenstände/Dinge/Sachen/Ausdrücke: Am Ende des Kataloges finden Sie ein alphabetisches Verzeichnis der lieferbaren Bücher. ◆ Inhalts-, Literatur-, Waren- ❷ EDV bestimmter Ort, an dem man im Computer Daten speichert: ein Verzeichnis erstellen/löschen

ver·zei·hen [f] <verzeihst, verzieh, hat verziehen> mit OBJ/ohne OBJ ■ **jmd. verzeiht (jmdm.) (etwas)** ❶ (≈ vergeben ↔ nachtragen) jmdm. sagen, dass man ihm wegen seines Fehlers nicht mehr böse ist: Er hat ihr diese Beleidigung verziehen.; Sie hat ihm nie verziehen, dass ... ❷ entschuldigen; ■ **Verzeihen Sie bitte (die Störung)!** als Höflichkeitsfloskel verwendet, um eine Frage an jmdn. einzuleiten; ■ **Verzeihen Sie bitte!** als Höflichkeitsfloskel verwendet, wenn man im Gedränge dicht an jmdm. vorbeigehen muss

Ver·zei·hung die [f-] <-> /kein Plur./ (≈ Entschuldigung, Vergebung) das Verzeihen; ■ **jemanden um Verzeihung bitten** jmdn. bitten, dass er etwas verzeiht, was man falsch gemacht hat Er hat mich um Verzeihung gebeten.; ■ **Verzeihung!** verwendet, wenn man einen Fremden anspricht, um ihm etwas zu fragen, oder wenn man zu dicht an einer Person vorbeigeht und sie aus Versehen berührt Verzeihung! Könnten Sie mir sagen, wie ich von hier zum Bahnhof komme?

ver·zich·ten [f-] <verzichtest, verzichtete, hat verzichtet> ohne OBJ ■ **jmd. verzichtet (auf etwas** Akk.**)** etwas nicht nehmen oder tun, obwohl man es gern hätte oder tun würde: auf eine Antwort verzichten; auf Hilfe verzichten; Die Arbeitnehmer sollen wegen der schwierigen Situation der Firma auf Lohn/auf ihr Weihnachtsgeld verzichten. ▶ Verzicht

ver·zieh Prät. von **verzeihen**

ver·zie·hen Part. Perf. von **verzeihen**

ver·zie·ren [f-] <verzierst, verzierte, hat verziert> mit OBJ ■ **jmd. verziert etwas (mit etwas** Dat.**)** etwas durch ein schönes Muster schmücken: Sie verzierte ihre Bluse mit Stickereien.; Wer hat die Torte so schön verziert? ▶ Verzierung

ver·zin·sen [f-] <verzinst, verzinste, hat verzinst> mit OBJ ■ **jmd./etwas verzinst etwas** BANKW. Zinsen zahlen: Mit

wie viel Prozent verzinst die Bank das Sparbuch? ▶ Verzinsung

ver·zö·gern [f-] <verzögerst, verzögerte, hat verzögert> I. mit OBJ ■ **jmd./etwas verzögert etwas** bewirken, dass etwas später als erwartet geschieht: Technische Probleme verzögerten den Beginn des Konzerts. II. mit SICH ■ **etwas verzögert sich** später als vorgesehen geschehen: Die Ankunft des Zuges verzögert sich um wenige Minuten. ▶ Verzögerung

ver·zol·len [f-] <verzollst, verzollte, hat verzollt> mit OBJ ■ **jmd. verzollt etwas** für etwas Zoll zahlen: Haben Sie etwas zu verzollen?

ver·zwei·feln [f-] <verzweifelst, verzweifelte, ist verzweifelt> ohne OBJ ■ **jmd. verzweifelt (an jmdm./etwas)** alle Hoffnung verlieren, dass etwas besser wird: Viele Menschen, die bei der Katastrophe alles verloren haben, verzweifeln dennoch nicht.; Sie verzweifelte an ihrer Ehe.

ver·zwei·felt [f-] adj /nicht steig./ ❶ Part. Perf. von **verzweifeln** ❷ so, dass jmd. etwas ohne Angst vor Gefahr tut, weil es seine letzte Hoffnung ist: Er kämpfte verzweifelt um sein Leben.

Ver·zweif·lung die [f-] <-> /kein Plur./ ein Zustand, in dem man keine Hoffnung hat und sehr deprimiert ist: Als er schon wieder arbeitslos wurde, geriet er in große Verzweiflung. ▶ -szustand

Ve·te·ri·när der, **Ve·te·ri·nä·rin** [v-] <-s, -e> (≈ Tierarzt) jmd., der Tiermedizin studiert hat und kranke Tiere behandelt ◆ -medizin (= Tierheilkunde) ▶ veterinär, veterinärmedizinisch

Ve·to das [v-] <-s, -s> (≈ Einspruch) eine offizielle Erklärung, durch die ein Mitglied einer Organisation sagt, dass es mit einer Entscheidung nicht einverstanden ist: ein Veto einlegen und so erreichen, dass der Beschluss nicht (gleich) verwirklicht werden kann ◆ -recht

via [v-] präp +Akk. ❶ (auf dem Weg) über: Er fliegt via Dallas nach San Francisco. ❷ durch: Sie können auch via Barscheck bezahlen.

vi·b·rie·ren [v-] <vibrierte, hat vibriert> ohne OBJ ■ **etwas vibriert** etwas schwingt in sehr kleinen Bewegungen: Ein Motor vibriert.; Die Stimme vibriert. ▶ Vibration

Vi·deo·ge·rät das [v-] <-(e)s, -e> (≈ Videoapparat, Videorekorder) ein Gerät, mit dem man Videofilme zeigt: eine Kassette in das Videogerät einlegen

Vieh das [f-] <-(e)s> /kein Plur./ ❶ Sam-

melbezeichnung für alle Tiere, die in der Landwirtschaft wichtig sind: Vieh schlachten/züchten ❷ *Sammelbezeichnung für Rinder:* Im Frühjahr wird das Vieh auf die Alm getrieben.

viel [f-] <mehr, am meisten> **I.** *pron* ❶ */Plur./ verwendet, um auszudrücken, dass die Menge oder Anzahl von etwas groß ist:* Sie haben nicht mehr viele Freunde.; Wir haben viel Schönes im Urlaub erlebt.; viele Wochen lang; viele Kilometer entfernt; in vielen Fällen ❷ */Sing./ (≈ wenig) eine große Menge einer Gesamtheit:* Sie trinkt viel Kaffee.; Ich habe momentan sehr viel Arbeit.; Er kann vieles nicht verstehen. ❸ *verwendet in formelhafter Redeweise:* viel Glück!; viel Spaß!; vielen Dank! **II.** *adv* ❶ *häufig, wiederholt:* Wir sind früher viel ins Theater gegangen. ❷ *verwendet, um ein Adjektiv im Komparativ zu verstärken:* Dem Patienten geht es jetzt schon viel besser. ❸ *verwendet, um ein Adjektiv mit „zu" zu verstärken:* Der Mantel ist mir viel zu groß.; ▪ **wie viel** *verwendet, um nach einer bestimmten Menge zu fragen* „Wie viel Äpfel möchten Sie?" „Fünf Stück."; ▪ **noch einmal so viel** *die doppelte Menge;* ▪ **sich nicht viel aus jemandem/etwas machen** *nicht sehr an jmdm./etwas interessiert sein;* ▪ **so viel** *verwendet, um eine bestimmte Menge anzugeben* Er verdient jetzt so viel (Geld), dass er eine größere Wohnung mieten kann. ◆ Getrennt-oder Zusammenschreibung → R 4.16 viel befahren/vielbefahren; viel beschäftigt/vielbeschäftigt; viel diskutiert/vieldiskutiert; viel gefragt/vielgefragt; viel gelesen/vielgelesen; viel gekauft/vielgekauft; viel gepriesen/vielgepriesen; viel sagend/vielsagend; viel versprechend/vielversprechend

viel·fach [f-] *adj /nicht steig./ mehrfach:* Der Film wurde vielfach ausgezeichnet.

viel·leicht [f-] **I.** *adv* ❶ *möglich oder wahrscheinlich, aber nicht gewiss:* Vielleicht komme ich mit, vielleicht auch nicht. ❷ *(≈ ungefähr) verwendet, um auszudrücken, dass etwas nicht exakt, aber ungefähr zutrifft:* Der Bankräuber war vielleicht 30 Jahre alt. **II.** *part* ❶ *verwendet, um auszudrücken, dass man jmdn. höflich bittet:* Könnten Sie mir vielleicht sagen, wie ich von hier zum Bahnhof komme? ❷ *verwendet, um auszudrücken, dass man jmdn. ärgerlich fragt:* Glaubst du vielleicht, dass ich mit dieser Lösung zufrieden bin? ❸ *(≈ aber) verwendet, um eine Aussage zusätzlich zur Satzbetonung zu unterstrei-*

chen und damit auszudrücken, dass man über das Ausmaß von etwas erstaunt ist: Das ist vielleicht ein unfreundlicher Typ!; Ist der vielleicht groß!; Du hast vielleicht Nerven!

vier [f-] *num die Zahl „4":* Zwei mal zwei gibt vier.; Damals war ich erst vier Jahre alt.; die vier Jahreszeiten; ▪ **in seinen vier Wänden sein** *(umg.) zu Hause sein;* ▪ **etwas unter vier Augen besprechen** *etwas im Zwiegespräch besprechen;* ▪ **alle viere von sich strecken** *sich hinlegen und entspannen*

vier·tel ['fɪr...] *num der vierte Teil von etwas:* ein viertel Liter Milch; ▪ **viertel nach sechs** *eine viertel Stunde nach sechs (= 6.15 oder 18.15 Uhr);* ▪ **viertel vor sieben** *eine viertel Stunde vor sieben (= 6.45 oder 18.45 Uhr);* ▪ **um drei viertel acht ...** *drei viertel Stunden nach sieben (= 7.45 oder 19.45 Uhr)* Er kommt um drei viertel acht/viertel vor acht.

Vier·tel *das* ['fɪr...] <-s, -> ❶ *der vierte Teil von etwas:* Ein Viertel aller Teilnehmer sagte ab.; Ein Viertel des Kuchens ist übrig. ◆ -jahr, -stunde ❷ *(≈ Stadtviertel) ein Stadtteil:* Wir wohnen in einem ruhigen Viertel. ◆ Bahnhofs-, Geschäfts-, Wohn- ❸ *ein Vierteliter:* ein Viertel Rotwein bestellen

vier·tel·jähr·lich ['fɪr...] *adj /nicht steig./ vier mal im Jahr:* Die Zeitschrift erscheint vierteljährlich.

Vier·tel·stun·de [fɪr...] <-, -n> *der vierte Teil einer Stunde; fünfzehn Minuten*

Vil·la *die* [v-] <-, Villen> *großes, sehr teures Wohnhaus mit großem Garten* ◆ Villenviertel ◆ Luxus-

Vi·o·li·ne *die* [v-] <-, -n> MUS. *(≈ Geige) ein Musikinstrument mit vier Saiten, das mit einem Bogen gestrichen wird*

Vi·rus *das/der* [v-] <-, Viren> ❶ MED. *ein sehr kleiner Erreger von Krankheiten:* Grippe bekommt man durch einen Virus. ◆ Virologe, Virologie ❷ EDV *kurz für „Computervirus"* ◆ Antivirenprogramm

Vi·sa·vis *das* [viza'viː] *das Gegenüber* ◆ vis-à-vis/vis-a-vis

Vi·si·te *die* [v-] <-, -n> MED. *regelmäßiger Besuch des Arztes bei den Patienten in einer Klinik* ◆ Morgen-

Vi·si·ten·kar·te *die* [v-] <-, -n> *eine kleine Karte mit Name, Adresse und Berufsbezeichnung, die man bei sich trägt und die man z.B. Geschäftspartnern gibt:* Der Handelsvertreter gab mir seine Visitenkarte.

Vi·sit·kar·te *die* [v-] <-, -n> ÖSTERR. *Visitenkarte*

Vi·sum[1] *das* [v-] <-s, Visa/Visen> *die offi-*

zielle Erlaubnis, in ein fremdes Land zu reisen, die schriftlich im Pass eingetragen ist: ein Visum beantragen ◆-kontrolle, -pflicht, Ausreise-, Einreise-, Touristen-, Transit-

Vi·sum² das [v-] <-s, Visa> SCHWEIZ. *Namenszeichen, Unterschrift*

Vi·ta·min das [v-] <-s, -e> MED. *einer der Stoffe, die für den Organismus sehr wichtig sind und in der Nahrung vorkommen:* Frisches Obst und Gemüse haben viele Vitamine.; ■ **Vitamin B** *(umg. scherzh.: „B" für Beziehungen) (hilfreiche) Beziehungen (zu einflussreichen Personen)* Ohne Vitamin B wirst du keinen Erfolg haben/kann man es kaum sehr weit bringen. ▸ vitaminreich ◆-präparat, -spritze

Vo·gel der ['fo:gl̩] <-s, Vögel> ① *ein Tier, das Federn, zwei Flügel und einen Schnabel hat, Eier legt und meist fliegen kann:* Im Herbst fliegen viele Vögel nach Süden; im Frühling kommen sie zurück.; Vögel bauen Nester. ◆-art, -ei, -flug, -käfig, -ruf, -zug, Enten-, Hühner-, Sing-, Wasser-, Zug- ② *(umg. scherzh.) ein auffälliger Mensch:* Er ist ein komischer/lustiger/schräger/seltsamer Vogel.; ■ **einen Vogel haben** *(umg. abwert.) ein bisschen verrückte oder dumme Ideen haben;* ■ **jemandem den/einen Vogel zeigen** *sich mit dem Zeigefinger an die Stirn tippen, um jmdm. zu zeigen, dass man ihn für dumm oder verrückt hält*

Vo·ka·bel die [v-] <-, -n> *ein einzelnes Wort in einer Fremdsprache:* die neuen Vokabeln lernen ◆-heft

Volk das [f-] <-(e)s, Völker> ① *eine große Gruppe von Menschen mit gemeinsamer Sprache, Kultur und Geschichte* ▸ Bevölkerung, Völkerverständigung ◆-sgruppe, Berg-, Insel- ② */kein Plur./ alle Bürger eines Landes:* Politiker sind die gewählten Vertreter des Volkes. ▸ Bevölkerung ◆-svertreter, -swirtschaft ③ */kein Plur./ die unteren Schichten des Volkes²:* Er ist ein Mann aus dem Volk. ◆-sdichtung, -slied ④ */kein Plur./ Menschenmenge:* Sie mischte sich unters Volk ⑤ */kein Plur./ (oft abwert.) eine Gruppe von Menschen, die man ablehnt und mit denen man keinen Kontakt möchte:* Was für ein dummes/faules/ungebildetes Volk!

Völ·ker·recht das [f-] <-s> */kein Plur./* RECHTSW. *das international geltende Recht, das die Beziehungen zwischen den Staaten regelt* ▸ völkerrechtlich

Volks·be·fra·gung die [f-] <-, -en> *(≈ Referendum) Umfrage unter den Bürgern zu einem wichtigen politischen Thema, über das abgestimmt werden soll*

Volks·hoch·schu·le die [f-] <-, -n> *eine Institution, in der (berufstätige) Erwachsene sich weiterbilden können:* Volkshochschulen bieten Kurse zu vielen Themen an: Fremdsprachen, EDV, Geschichte, Kunst, Kultur, aber auch zu Kochen und Gymnastik, Tanz und bestimmten Sportarten ◆Volkshochschulkurs

Volks·schu·le die [f-] <-, -n> ① *(veralt.) Grund- und Hauptschule* ② ÖSTERR. *Grundschule*

voll [f-] <voller, am vollsten> adj ① *(↔ leer) so gefüllt, dass nichts mehr in etwas hineinpasst:* eine volle Flasche Milch; ein voller Bus; Sie brachte die vollen Tassen vorsichtig an den Tisch.; Das Stadion war voll (von) Menschen. ② *ganz, vollständig:* die volle Summe zahlen; die volle Wahrheit sagen; mit vollem Namen unterschreiben; Nie in voller Fahrt bremsen!; Die Uhr schlägt zur vollen Stunde. ③ */mit Gen./ voller (= voll der/des/verwendet, um auszudrücken, dass etwas mit einer großen Menge der genannten Sache gefüllt oder bedeckt ist:* ein Schrank voller Staub; eine Straße voller Laub; eine Tasche voller Bücher; ein Aufsatz voller Fehler; eine Hand voll/Handvoll Erde; ein Teller voll/Tellervoll Suppe ④ */mit Gen./ voller (= voll der/des/ verwendet, um auszudrücken, dass jmd. von der genannten Sache erfüllt ist:* Er war voll des Lobes/des Lobes voll.; Ihr Herz war voll Freude/Sehnsucht/Sorge. ⑤ *(≈ füllig ↔ schmal) so korpulent, dass das Gesicht rundlich erscheint:* Er hat ein volles Gesicht. ⑥ *kräftig, reichlich:* der volle Geschmack einer Speise; mit vollem Klang; ■ **sich volllaufen lassen** *(umg.) sich betrinken;* ■ **sich den Bauch vollschlagen** *(umg.) sehr viel essen;* ■ **jemanden/etwas nicht für voll nehmen (können)** *(umg. abwert.) jmdn. oder etwas nicht ernst nehmen (können);* ■ **aus dem Vollen schöpfen** *(umg.) etwas, das in großer Menge vorhanden ist, sorglos aufbrauchen* ◆Zusammenschreibung → R 4.15 sich vollessen; etwas vollpumpen; etwas vollaufen lassen; etwas vollschmieren; volltanken; ◆Getrennt- oder Zusammenschreibung → R 4.16 ein voll besetztes/vollbesetztes Flugzeug; eine voll entwickelte/vollentwickelte Figur; ein voll klimatisierter/vollklimatisierter Raum

Voll·bad das [f-] <-(e)s, Vollbäder> *das Baden in einer Badewanne:* Als ich nach Hause kam, nahm ich erst mal ein Vollbad.

Voll·be·schäf·ti·gung die [f-] <-> /kein Plur./ (↔ Arbeitslosigkeit) der Zustand, dass in einem Land jede Person, die arbeiten kann, einen Arbeitsplatz hat

voll·brin·gen [f-] <vollbringst, vollbrachte, hat vollbracht> mit OBJ ■ **jmd. vollbringt etwas** etwas sehr Wichtiges oder Wertvolles schaffen: ein Meisterwerk vollbringen

völ·lig [f-] adj /nicht steig./ vollständig, ganz: Er hat den Termin völlig vergessen.

voll·jäh·rig [f-] adj /nicht steig./ RECHTSW. (≈ mündig ↔ minderjährig) vor dem Gesetz erwachsen: Mit 18 Jahren ist man volljährig. ▸ Volljährigkeit

voll·kom·men, **voll·kom·men** [f-] adj ① (≈ perfekt) ohne Fehler oder störende Elemente: Ich bewunderte das vollkommene Kunstwerk. ▸ Vollkommenheit ② völlig, vollständig: Du hast vollkommen Recht.

Voll·macht die [f-] <-, -en> ① RECHTSW. die offizielle Erlaubnis, dass jmd. etwas tun darf, was sonst nur eine andere Person tut: jmdm. eine Vollmacht erteilen; Mit der Vollmacht kannst du Geld von meinem Konto abheben. ② ein Dokument, durch das eine Vollmacht¹ erteilt wird.

Voll·milch die [f-] <-> /kein Plur./ (↔ fettarme Milch) Milch mit vollem Fettgehalt

Voll·mond der [f-] <-(e)s> /kein Plur./ (↔ Neumond) der Mond, wenn er als runde Scheibe zu sehen ist: bei Vollmond unruhig schlafen ◆-nacht

Voll·pen·si·on die [f-] <-> /kein Plur./ (↔ Halbpension) Unterkunft in einem Hotel, bei welcher der Gast außer dem Frühstück auch Mittagessen und Abendessen erhält

voll·schlank [f-] adj /nicht steig./ (umg. verhüll.) dick: eine vollschlanke Frau

voll·stän·dig [f-] adj /nicht steig./ ① (≈ ganz, total) so, dass alles und ohne Ausnahme davon betroffen ist: Das Haus wurde durch den Brand vollständig zerstört. ② (≈ vollzählig ↔ unvollständig) so, dass von einer Gesamtheit kein Element fehlt: Er besitzt eine fast vollständige Sammlung aller bundesdeutschen Briefmarken seit 1949. ▸ Vollständigkeit

voll·stre·cken [f-] <vollstreckst, vollstreckte, hat vollstreckt> mit OBJ ■ **jmd. vollstreckt etwas** RECHTSW. eine gerichtliche Entscheidung ausführen: Der Haftbefehl wurde heute vollstreckt. ▸ Vollstreckung

voll·ver·si·chert [f-] adj /nicht steig./ (↔ teilversichert) so, dass die Versicherung den gesamten Schaden bezahlt

voll·zäh·lig [f-] adj /nicht steig./ (≈ komplett) so, dass keine Person oder kein Gegenstand fehlt: Die Belegschaft ist vollzählig erschienen.; Diese Münzsammlung ist noch nicht vollzählig. ▸ Vollzähligkeit

Vo·lon·tär der, **Vo·lon·tä·rin** [v-] <-s, -e> jmd., der zur Vorbereitung auf seinen späteren Beruf gegen geringe Bezahlung bei einer Zeitung, im Verlag oder beim Rundfunk arbeitet ▸ Volontariat, volontieren ◆-sstelle

Vo·lu·men das [v-] <-s, -/Volumina> ① (≈ Rauminhalt) Der Tank hat ein Volumen von 500 Kubikmetern. ② Umfang, Gesamtmenge: Das Volumen der Aufträge an die Firma ist im letzten Jahr deutlich gestiegen/zurückgegangen. ◆Auftrags-, Export-, Handels-

vom [f-] präp /meist nicht auflösbar/ „von" + „dem": vom Bahnhof kommen; vom nächsten Sonntag an

von [fɔn] präp +Dat. ① verwendet, um einen räumlichen Ausgangspunkt oder eine Richtung anzugeben, aus der eine Bewegung kommt: Wir fuhren von Köln nach Paris.; Der Wind kommt von Norden.; Von der Tür bis zum Fenster sind es fünf Meter.; Von hier aus kannst du den Ort liegen sehen.; Von der Straße her konnten wir schon den Hund bellen hören. ② verwendet, um einen Vorgang des Trennens zu bezeichnen: Hast du die Wäsche schon von der Leine genommen?; Die Briefmarke löste sich leicht von dem Umschlag. ③ verwendet, um die Menge zu nennen, von der die genannte Teilmenge stammt: Keine von diesen CDs gefällt mir.; Jeder von uns hat so einen Brief bekommen.; Die Hälfte von der Schokolade gehört dir. ④ verwendet zur Angabe eines zeitlichen Ausgangspunktes: Ich kenne sie von früher.; in der Nacht von Montag auf Dienstag.; von Anfang an ⑤ verwendet zur Angabe einer Ursache oder des Urhebers von etwas: Ich war müde von der Arbeit.; Dieser Vorschlag stammt von ihm.; Grüßen Sie ihn bitte von mir! ⑥ verwendet zur Angabe des Urhebers in Passivsätzen: Er wurde von seiner Lehrerin ermahnt (≈ Seine Lehrerin hat ihn ermahnt). ⑦ verwendet zur Angabe einer Eigenschaft oder eines Bereichs: Sie ist eine Frau von fünfzig Jahren.; ein Kunstwerk von großer Schönheit; Er ist Buchhändler von Beruf. ⑧ (umg.) verwendet, um ausdrücken, dass jmd. oder etwas zu jmdm. oder etwas gehört: die Königin von Schweden; der Vertrag von Versailles; die Umgebung von Berlin; ein Vater von vier Kindern ❾ *verwendet zur Angabe von Maßen:* eine Entfernung von dreißig Kilometern; eine Datenmenge von fünfzehn Megabyte; ▪ **von wegen!** *(umg.) Das stimmt gar nicht. Er sagt, dass er angerufen hat — von wegen! Ich weiß, dass er es gar nicht versucht hat.;* ▪ **Von mir aus!** *(umg.) Ich habe nichts dagegen. Von mir aus kannst du mitkommen.;* ▪ **von Zeit zu Zeit** *(≈ manchmal) verwendet, um auszudrücken, dass etwas immer wieder, aber in unregelmäßigen Abständen geschieht* Wir sehen uns von Zeit zu Zeit.; Von Zeit zu Zeit sollte man ein Fahrrad auch einmal putzen.; ▪ **von klein auf** *von Kindheit an* Sie hat von klein auf gern getanzt.

vor [f-] **I.** *präp +Dat.* ❶ *(↔ hinter) verwendet, um auszudrücken, dass etwas auf der vorderen Seite von etwas ist:* „Wo wartest du auf mich?" — „Ich warte auf dich direkt vor der Schule."; Er steht vor der Tür und sucht den Schlüssel. ❷ *(↔ nach) verwendet, um auszudrücken, dass etwas zeitlich vorausgegangen ist:* Sie ist erst vor wenigen Minuten gegangen. ❸ */ohne nachfolgenden Artikel / verwendet, um eine Ursache auszudrücken:* Sie zitterte vor Kälte.; Er war bleich vor Wut. ❹ */mit oder ohne nachfolgendem Artikel / verwendet, um auszudrücken, dass etwas in jmds. Gegenwart geschieht:* Er hat das vor Zeugen behauptet.; Sie hat Angst, vor Publikum/vor den Kollegen zu sprechen. ❺ *verwendet, um auszudrücken, dass jmd. oder etwas in einer Reihenfolge zuerst kommt:* Der Buchstabe M kommt (im Alphabet) vor N.; Ich glaube, ich komme vor Ihnen an die Reihe. **II.** *präp +Akk. (↔ hinter) drückt bei einer Bewegungsangabe aus, dass etwas zur vorderen Seite von etwas bewegt wird:* „Wohin hast du dein Fahrrad gestellt?" „Ich habe mein Fahrrad vor das Haus gestellt."; ▪ **nach wie vor** *jetzt immer noch* Ich lese dieses Buch nach wie vor gern.; ▪ **vor allem** *(≈ besonders) verwendet, um auszudrücken, dass etwas grundsätzlich der Fall ist, in besonderem Maße aber für die genannte Sache gilt* Im Zoo haben mir vor allem die Elefanten gefallen.

Vor·abend *der* [f-] <-s> */kein Plur./ der Abend vor einem Ereignis:* am Vorabend der Hochzeit

Vor·ah·nung *die* [f-] <-, -en> *das Gefühl, dass etwas Schlimmes passieren wird:* Sie hatte böse Vorahnungen.

vor·an [f-] *adv als erster vor anderen:* Als der Weg steil und gefährlich wurde, ging Klaus voran.

vor·an·ge·hen [f-] *ohne OBJ* ❶ ▪ **etwas geht voran** *(≈ vorankommen) etwas macht Fortschritte:* Die Arbeit geht gut voran. ❷ ▪ **jmd. geht voran** *(nachfolgen) in einer Gruppe ganz vorne gehen;* ▪ **jemandem mit gutem Beispiel vorangehen** *für jmdn. vorbildlich sein*

vor·aus [f-] *adv* ❶ *vor jmdm. oder etwas her:* Er ist 10 Meter voraus, aber wir kommen schon hinterher. ❷ *besser, weiter (als andere):* Sie ist ihm im Rechnen voraus.; Er war schon immer seiner Zeit voraus. ❸ ▪ **im Voraus** *schon vorher* Er zahlte im Voraus.; sich schon im Voraus bedanken

vor·aus·ge·hen [f-] <gehst voraus, ging voraus, ist vorausgegangen> *ohne OBJ* ❶ ▪ **jmd. geht jmdm. voraus** *(nachfolgen, nachkommen) als erster/vorn vor anderen irgendwohin gehen:* Ihr könnt ja nachkommen, ich gehe schon voraus. ❷ ▪ **etwas geht etwas voraus** *(↔ nachfolgen) etwas ereignet sich vor anderen Dingen:* Dem Vertrag sind lange Verhandlungen vorausgegangen.

vor·aus·ge·setzt [f-] *konj /Part. Perf. zu „voraussetzen"/ (≈ unter der Voraussetzung, dass ...) verwendet um auszudrücken, dass die im Satz ausgesagte Sache nur dann eintritt, wenn die im Nebensatz genannte Sache der Fall ist:* Wir fahren am Wochenende in die Berge, vorausgesetzt, dass das Wetter gut bleibt

vor·aus·schi·cken [f-] <schickst voraus, schickte voraus, hat vorausgeschickt> *mit OBJ* ❶ ▪ **jmd. schickt jmdn./etwas voraus** *jmdn./etwas zeitlich früher schicken:* Ich schicke den Koffer mit der Bahn voraus. ❷ ▪ **jmd. schickt etwas voraus** *etwas gleich am Anfang (einer längeren Äußerung oder Rede) sagen:* Bevor ich zum eigentlichen Thema komme, möchte ich vorausschicken, dass ...

vor·aus·seh·bar [f-] *adj /nicht steig./ so, dass man es erwarten oder damit rechnen kann:* Es war nicht vorausehbar, dass das Wetter so schlecht werden würde.

vor·aus·set·zen [f-] <setzt voraus, setzte voraus, hat vorausgesetzt> *mit OBJ* ▪ **jmd. setzt etwas voraus** ❶ *erwarten, dass etwas sicher so gegeben ist oder der Fall ist:* Wir setzen voraus, dass Sie Kenntnisse ... haben. ❷ *als notwendige Bedingung haben:* Ein solcher Beruf setzt viel Flexibilität voraus.

Vor·aus·set·zung *die* [f-] <-, -en> ❶ *(≈ Annahme) eine Erwartung, die das weitere*

Tun oder Denken leitet: Ich gehe von der Voraussetzung aus, dass …; von falschen Voraussetzungen ausgehen ❷ *(≈ Vorbedingung) eine notwendige Bedingung, die erfüllt sein muss:* Er erfüllt alle Voraussetzungen für diesen Beruf.; unter der Voraussetzung, dass …

vo·r·aus·sicht·lich [f-] *adj /nicht steig./ sehr wahrscheinlich:* Der Zug hat voraussichtlich 10 Minuten Verspätung.

vor·bei [f-] *adv* ❶ *verwendet, um auszudrücken, dass sich etwas seitlich neben etwas bewegt und es dann hinter sich lässt:* Der Zug ist schon an Frankfurt vorbei. ❷ *vergangen, zu Ende:* Endlich ist der Winter vorbei.

vor·bei·fah·ren [f-] *<fährst vorbei, fuhr vorbei, ist vorbeigefahren> ohne OBJ* ❶ ▪ **jmd./etwas fährt an jmdm./etwas vorbei** *neben jmdm. oder etwas herfahren:* Der Bus fährt an meiner alten Schule vorbei. ❷ ▪ **jmd./etwas fährt an jmdm./etwas vorbei** *an jmdm. oder etw. vorbeifahren¹, ohne anzuhalten:* Er fuhr schnell an ihr vorbei in Richtung Stadt. ❸ ▪ **jmd. fährt an etwas** *Dat.* **/bei jmdm. vorbei** *kurz zu jmdm. oder etwas fahren (um etwas zu erledigen):* Können wir noch an der Post vorbeifahren?

vor·bei·ge·hen [f-] *<gehst vorbei, ging vorbei, ist vorbeigegangen> ohne OBJ* ❶ ▪ **jmd. geht (an jmdm.) vorbei** *neben jmdm. oder etwas hergehen, ohne anzuhalten:* Sie ging ohne zu grüßen an mir vorbei. ❷ ▪ **jmd. geht (bei jmdm.) vorbei** *kurz zu jmdm. gehen (um etwas zu erledigen):* Ich muss noch beim Bäcker vorbeigehen und ein Brot kaufen. ❸ ▪ **etwas geht vorbei** *aufhören:* Der Liebeskummer wird schon wieder vorbeigehen.

vor·bei·kom·men [f-] *<kommst vorbei, kam vorbei, ist vorbeigekommen> ohne OBJ* ❶ ▪ **jmd./etwas kommt (an etwas** *Dat.***) vorbei** *an etwas vorbeifahren oder vorbeigehen:* Wenn du diese Straße fährst, kommst du an unserem Institut vorbei.; Die Straße war so eng, dass der Laster kaum an den parkenden Wagen vorbeikam. ❷ ▪ **jmd. kommt (bei jmdm.) vorbei** *(umg.) kurz besuchen:* Kommt doch mal vorbei, wenn ihr in der Gegend seid.; ▪ **an etwas nicht vorbeikommen** *etwas Unangenehmes nicht vermeiden können* Ich komme nicht daran vorbei, ihn um Hilfe zu bitten.; Du wirst an einer Entschuldigung nicht vorbeikommen.

vor·bei·las·sen [f-] *<lässt vorbei, ließ vorbei, hat vorbeigelassen> mit OBJ* ▪ **jmd. lässt jmdn. vorbei** *(umg.) jmdm. Platz machen, damit er vorbeigehen oder vorbeifahren kann:* Würden Sie bitte die Frau mit dem Kinderwagen vorbeilassen?

vor·bei·re·den [f-] *<redest vorbei, redete vorbei, hat vorbeigeredet> ohne OBJ* ▪ **jmd. redet an etwas** *Dat.* **vorbei** *miteinander sprechen, aber über das Wichtigste nicht reden:* Wir haben am eigentlichen Problem vorbeigeredet.; ▪ **aneinander vorbeireden** *miteinander sprechen und sich dabei missverstehen* A und B redeten lange aneinander vorbei. — A sprach eigentlich immer von Thema X, und B sprach immer von Thema Y. — Da konnten sie zu keiner Lösung kommen.

vor·be·rei·ten [f-] *<bereitest vor, bereitete vor, hat vorbereitet>* **I.** *mit OBJ* ❶ ▪ **jmd. bereitet etwas vor** *jmd. tut jetzt schon viel, damit er später weniger tun muss, um etwas (eine Aufgabe oder eine Situation) zu bewältigen:* Ich bereite jetzt schon das Essen vor.; Wir haben das Fest zwei Monate lang vorbereitet. ❷ ▪ **jmd. bereitet etwas vor** *notwendige Arbeiten im Voraus erledigen:* Habt ihr die Geburtstagsparty schon vorbereitet? **II.** *mit SICH* ▪ **jmd. bereitet sich auf etwas** *Akk.* **vor** *jmd. tut alles, damit eine bestimmte Aufgabe gut erledigen kann:* Er hat sich auf die Prüfung sorgfältig vorbereitet. ▸ Vorbereitung

vor·be·stel·len [f-] *<bestellst vor, bestellte vor, hat vorbestellt> mit OBJ* ▪ **jmd. bestellt etwas vor** *(≈ reservieren) etwas frühzeitig bestellen¹:* Wir haben für heute Abend im Lokal einen Tisch vorbestellt. ▸ Vorbestellung

vor·be·straft [f-] *adj /nicht steig./* AMTSSPR. *so, dass jmd. schon einmal wegen einer Straftat vor Gericht verurteilt worden ist*

vor·beu·gen [f-] *<beugst vor, beugte vor, hat vorgebeugt>* **I.** *mit OBJ* ▪ **jmd. beugt sich/etwas vor** *sich oder einen Körperteil nach vorne beugen:* Er beugte sich/seinen Kopf vor. **II.** *mit OBJ* ▪ **jmd. beugt etwas** *Dat.* **vor** *etwas zum Schutz tun, damit etwas Negatives nicht geschieht:* durch eine Impfung einer Krankheit vorbeugen; durch klare Absprachen einem Konflikt vorbeugen ▸ Vorbeugung

Vor·bild *das* [f-] *<-(e)s, -er> jmd., der für andere ein positives Beispiel ist:* jmdn. als Vorbild haben/sich zum Vorbild nehmen; einem Vorbild nacheifern ▪ -funktion

vor·bild·lich [f-] *<vorbildlicher, am vorbildlichsten> adj mit so guten Eigenschaften, dass andere darin ein Vorbild sehen können:* vorbildliche Eltern; sich vorbildlich

vordere–Vorhaben

verhalten; eine vorbildliche Leistung ▸ vorbildhaft, Vorbildlichkeit

vor·de·re **(-r, -s)** [f-] <-, am vordersten> *adj* (↔ *hintere*) *so, dass etwas an der Vorderseite von etwas ist:* die vorderen Plätze; Im vorderen Zugteil befindet sich das Bordrestaurant.; Wir sitzen im Theater in der vordersten Reihe.

Vor·der·grund *der* [f-] <-s> /kein Plur./ (↔ *Hintergrund*) *der Teil in einem Raum oder Bild, der dem Betrachter zugewandt ist:* Auf dem Foto sieht man eine Frau mit Hut, im Hintergrund das Gebirge.; ■ **jemand/etwas steht im Vordergrund** *(übertr.) jmd./etwas ist sehr wichtig und wird von allen beachtet* Im Vordergrund der heutigen Nachrichten stehen die aktuellen politischen Ereignisse in …; ■ **etwas in den Vordergrund rücken/stellen** *(übertr.) bewirken, dass etwas besonders beachtet wird;* ■ **jemand drängt sich in den Vordergrund** *jmd. verhält sich so, dass alle ihn beachten müssen*

vor·ei·lig [f-] <voreiliger, am voreiligsten> *adj* (≈ *vorschnell*) *so, dass man zu schnell gehandelt und nicht genügend überlegt hat:* ein voreiliger Entschluss; Es war ein voreiliger Schritt, die Wohnung zu kündigen. ▸ Voreiligkeit

vor·ein·ge·nom·men [f-] *adj /nicht steig./* (↔ *unvoreingenommen*) *mit Vorurteilen behaftet:* Anfangs war sie mir gegenüber sehr voreingenommen. ▸ Voreingenommenheit

Vor·fahr, *a.* **Vor·fah·re** *der* [f-] <-(e)n, -(e)n> (↔ *Nachkomme*) *jmd., von dem man abstammt und der vor langer Zeit gelebt hat:* Seine Vorfahren haben in Frankreich gelebt; erst sein Großvater ist nach Deutschland gegangen.

Vor·fahrt *die* [f-] <-> /kein Plur./ *das Recht, dass man mit seinem Fahrzeug zuerst über eine Kreuzung fahren darf:* Der Unfall passierte, weil ein Autofahrer die Vorfahrt eines anderen nicht beachtet hatte. ◆-(s)recht, -(s)schild, -(s)straße, -(s)zeichen

Vor·freu·de *die* [f-] <-, -n> *die Freude, die man hat, weil man ein bestimmtes positives Ereignis erwartet;* ■ **Vorfreude ist die schönste Freude.** *(umg.) verwendet, um auszudrücken, dass es oft schöner ist, an ein angenehmes Ereignis in der Zukunft zu denken, als die Sache selbst zu erleben*

vor·füh·ren [f-] <führt vor, führte vor, hat vorgeführt> *mit OBJ* ❶ ■ **jmd. führt jmdm. etwas vor** *einem Publikum etwas zeigen:* einen Film vorführen; Die Artisten führen ihre Kunst vor. ▸ Vorführung
❷ ■ **jmd. führt jmdm. etwas vor** *einem Kunden zeigen, wie ein Gerät zu bedienen ist:* einen Staubsauger vorführen

Vor·gang *der* [f-] <-(e)s, Vorgänge> ❶ *ein Ereignis/ein Geschehnis im Wahrnehmungsraum, das gerade abläuft bzw. abgelaufen ist; ein Hergang:* Können Sie die Vorgänge in jener Nacht beschreiben/schildern? ◆Überholungs- ❷ *Prozess, Entwicklung:* Der Lehrer erläutert die chemischen Vorgänge bei der alkoholischen Gärung. ◆Gärungs-, Verbrennungs-, Wachstums- ❸ AMTSSPR. (≈ *Akte*) *Gesamtheit der Unterlagen/Akten, die über eine Person oder über einen Sachverhalt angelegt sind:* Der Rechtsanwalt sucht den Vorgang „C. Lerch" heraus.; Bitte reichen Sie mir doch einmal den Vorgang „C. Lerch", damit ich den einsehen kann! ◆Bearbeitungs-

vor·ge·ben [f-] <gibst vor, gab vor, hat vorgegeben> *mit OBJ* ❶ ■ **jmd. gibt etwas vor** *etwas Unwahres als Entschuldigung sagen:* Sie gab vor, krank gewesen zu sein. ❷ ■ **jmd. gibt etwas vor** *(umg.) nach vorne geben* ❸ ■ **jmd. gibt jmdm. etwas vor** *Akk. etwas festlegen, woran sich ein anderer halten soll:* Regeln vorgeben; Er gibt ihr einen Termin vor, bis zu dem die Arbeit erledigt sein soll. ▸ Vorgabe

vor·ge·hen <gehst vor, ging vor, ist vorgegangen> *ohne OBJ* ❶ ■ **jmd. geht vor** *(umg.) nach vorn gehen:* Er stand auf und ging vor. ❷ ■ **jmd. geht vor** *(umg.) vorausgehen:* Geh vor, du kommst dann nach. ❸ ■ **jmd. geht irgendwie vor** *(irgendwie) handeln, verfahren:* Wie wollen wir vorgehen?; Die Täter gingen mit äußerster Brutalität vor. ❹ ■ **jmd. geht gegen etwas/jmdn. vor** *gegen jmdn. einschreiten:* Die Polizei ging mit Wasserfern gegen die Demonstranten vor. ❺ ■ **etwas geht vor** *wichtiger sein:* Sicherheit geht vor. ❻ ■ **etwas geht irgendwo vor** *geschehen, sich ereignen:* Was geht hier vor? ❼ ■ **eine Uhr geht (um etwas** *Akk.***) vor** (↔ *nachgehen*) *eine falsche Zeit anzeigen, die der tatsächlichen Zeit voraus ist:* Die Uhr geht (um fünf Minuten) vor.

vor·ges·tern [f-] *adv* (↔ *übermorgen*) *am Tag vor gestern:* Heute ist Mittwoch, vorgestern war Montag.; vorgestern Mittag/Nachmittag/Abend; ■ **von vorgestern sein** *(umg. abwert.) unmodern sein*

Vor·ha·ben *das* [f-] <-s, -> *(Absicht, Plan) etwas, das man in der Zukunft tun will und zu dem man Überlegungen darüber anstellt, wie man es verwirklichen will/*

könnte: Ich musste mein ursprüngliches Vorhaben ändern. ◆ Bau-, Forschungs-, Investitions-, Rationalisierungs-

vor·ha·ben [f-] <hast vor, hatte vor, hat vorgehabt> *mit OBJ* ■ **jmd. hat etwas vor** *planen, etwas zu tun:* Habt ihr am Wochenende schon etwas vor?

vor·han·den [foːɐ̯ˈhandn̩] *adj /nicht steig./ so, dass etwas da ist:* Ein gewisses Risiko ist natürlich vorhanden.; die vorhandenen Vorräte verbrauchen ▸ Vorhandensein

Vor·hang der [f-] <-(e)s, Vorhänge> ❶ *(≈ Gardine) Stoff, der rechts und links von einem Fenster hängt und den man vor das Fenster ziehen kann* ◆ Dusch-, Fenster-, Samt-, Tür- ❷ *Stoff, der im Theater vor der Bühne hängt und zur Seite gezogen wird, wenn das Stück beginnt:* Die Vorstellung beginnt, der Vorhang geht auf! ◆ Theater-

vor·her, vor·her [f-] *adv* ❶ *(≈ zuvor ↔ danach) bevor etwas geschehen ist:* Am Abend vorher habe ich sie noch kurz gesehen. ❷ *(≈ davor) bevor etwas geschieht:* Ich gehe vorher noch zum Einkaufen. ❸ *(≈ früher ↔ danach) zu einem früheren Zeitpunkt:* Das hättest du uns auch schon vorher sagen können, nicht erst jetzt.

vor·her·sa·gen [f-] <sagst vorher, sagte vorher, hat vorhergesagt> *mit OBJ* ■ **jmd. sagt etwas vorher** *etwas darüber sagen, was später geschehen wird:* das Wetter vorhersagen ▸ Wettervorhersage

vor·hin [foːɐ̯ˈhɪn/ˈfoːɐ̯hɪn] *adv gerade eben:* Vorhin habe ich noch mit ihm gesprochen.

vo·ri·ge(-r,-s) [f-] *adj /nicht steig./ (↔ nächste) vor dem jetzigen Zeitpunkt:* voriges Jahr; vorige Woche

vor·kom·men [f-] <kommst vor, kam vor, ist vorgekommen> **I.** *ohne OBJ* ❶ ■ **jmd. kommt vor** *(umg.) nach vorne kommen:* Der Lehrer forderte den Schüler auf vorzukommen. ❷ ■ **etwas/ein Tier kommt irgendwo vor** *existieren, vorhanden sein:* Pinguine kommen nur in der Antarktis, Eisbären nur in der Arktis vor. ❸ ■ **etwas kommt vor** *geschehen, passieren:* So etwas ist mir noch nie vorgekommen! ▸ Vorkommnis ❹ ■ **etwas kommt jmdm. irgendwie vor** *den Anschein haben, den Eindruck erwecken:* Die Sache kam ihnen komisch/merkwürdig/ seltsam/unseriös vor.; ■ **Das kommt in den besten Familien vor.** *(umg.)* dafür muss man sich nicht schämen, das passiert auch anderen **II.** *mit SICH* ■ **jmd. kommt sich vor wie ...** *sich fühlen wie ...:* Sie kam sich vor wie im Märchen.

vor·las·sen [f-] <lässt vor, ließ vor, hat vorgelassen> *mit OBJ* ■ **jmd. lässt jmdn. vor** *(umg.) jmdm. erlauben, dass er zuerst bedient wird:* die alte Dame an der Kasse vorlassen

vor·läu·fig [f-] *adj /nicht steig./ vorübergehend, nicht endgültig:* ein vorläufiges Ergebnis; Vorläufig bleibe ich noch hier; aber sobald es geht, ziehe ich um. ▸ Vorläufigkeit

vor·laut [f-] *adj (abwert.) so, dass man immer gern seine Meinung zu etwas sagt, auch wenn man nicht darum gebeten wird:* Sei nicht so vorlaut!; So ein vorlautes Kind!

vor·le·sen [f-] <liest vor, las vor, hat vorgelesen> *mit OBJ* ■ **jmd. liest jmdm. (etwas) vor** *jmd. liest etwas laut vor Zuhörern:* Die Mutter liest den Kindern (ein Märchen) vor. ▸ Vorleser(in)

Vor·le·sung die [f-] <-, -en> *ein Vortrag oder eine Reihe von Vorträgen, die ein Professor regelmäßig an der Universität vor Studierenden hält:* In diesem Semester gehe ich in mehrere Vorlesungen.; eine Vorlesung besuchen/halten ◆ -sverzeichnis

vor·lie·gen [f-] <liegt vor, lag vor, hat vorgelegen> *ohne OBJ* ❶ ■ **etwas liegt (jmdm.) vor** *eine Akte ist bei jmdm. (und soll geprüft werden):* Ein Antrag liegt beim Finanzamt (zur Prüfung) vor. ❷ ■ **etwas liegt vor** *veröffentlicht sein:* Der neue Roman des Bestsellerautors liegt jetzt vor. ❸ ■ **etwas liegt vor** *vorhanden sein:* Ein Verschulden liegt nicht vor.; Hier liegt ein Irrtum vor.

Vor·mit·tag der [f-] <-(e)s, -e> *(↔ Nachmittag) die Stunden des Tages vom Morgen bis Mittag:* Am Samstag Vormittag möchte ich mit dir schwimmen gehen. ▸ vormittags

vorn [f-] *adv* ❶ *in der Richtung, in die man blickt:* Der Lehrer steht vorn an der Tafel.; Der Schüler geht nach vorn an die Tafel.; Der Ball kam von vorn. ❷ *(↔ hinten) auf der vorderen Seite:* Das Kleid wird vorn zugeknöpft. ❸ *im vorderen Teil von etwas:* ganz vorn im Buch, noch im ersten Kapitel; ■ **von vorn anfangen** *(umg.) noch einmal anfangen* Dann musst du eben wieder von vorn anfangen.; ■ **von vorn bis hinten** *(umg.) völlig* Das ist von vorn bis hinten falsch.

Vor·na·me der [f-] <-ns, -n> *(≈ Rufname ↔ Nachname) der erste Name eines Menschen, mit dem man in der Familie und von Freunden angesprochen wird:* Mein Vorname ist Hans, Nachname Müller.

vor·nehm [f-] <vornehmer, am vornehms-

ten> *adj* ❶ *mit einem sehr guten Charakter und Benehmen:* Er ist ein Mensch mit vornehmer Gesinnung. ❷ *in hoher sozialer Stellung:* Sie kommt aus einer vornehmen Familie. ❸ *so, dass etwas elegant und sehr teuer ist:* Das ist ein sehr vornehmes Lokal.

Vor·ort der [f-] <-(e)s, -e> *ein Gebiet am Rand einer großen Stadt:* Wir wohnen in einem Vorort von München. ◆-(s)verkehr

Vor·rang der [f-] <-s> /kein Plur./ ❶ (≈ *Priorität*) *die größere/höhere Bedeutung, die jmd./etwas vor anderen/anderem hat:* Er gab seiner Familie (vor seiner Arbeit) den Vorrang. ▸ vorrangig, Vorrangigkeit ❷ ÖSTERR. *Vorfahrt;* ■ **etwas hat Vorrang** *etwas ist wichtig*

Vor·rat der [f-] <-(e)s, Vorräte> (≈ *Reserve*) *Lebensmittel oder andere Dinge, die man aufhebt/anhäuft/sammelt/sich beschafft, damit man sie später verwenden kann:* Unser Vorrat an Lebensmitteln geht zu Ende; ich muss wieder einkaufen gehen.

vor·sätz·lich [f-] *adj* /nicht steig./ (≈ *absichtlich*) *mit Absicht:* Er hat mich vorsätzlich beleidigt. ▸ Vorsätzlichkeit

Vor·schlag der [f-] <-(e)s, Vorschläge> *eine Aussage, mit der man jmdm. sagt, dass oder wie man etwas machen könnte/sollte/müsste; Rat, Empfehlung:* Darf ich einen Vorschlag machen?; auf einen Vorschlag eingehen ◆-srecht, -swesen, Alternativ-, Änderungs-, Ergänzungs-, Gegen-, Kompromiss-, Reform-, Verbesserungs-

vor·schla·gen [f-] <schlägt vor, schlug vor, hat vorgeschlagen> *mit OBJ* ❶ ■ **jmd. schlägt (jmdm.) etwas vor** *einen Vorschlag machen:* Er schägt vor, dass wir heute zusammen ins Kino gehen.; Wie sollen wir das Problem lösen? Was schlagen Sie vor? ❷ ■ **jmd. schlägt jmdn. (als etwas** *Akk.* **/für etwas** *Akk.***) vor** *jmdn. als Kandidaten für ein Amt empfehlen:* Man schlug damals Bill Clinton als Kandidaten für die Präsidentschaft vor.

vor·schrei·ben [f-] <schreibst vor, schrieb vor, hat vorgeschrieben> *mit OBJ* ❶ ■ **jmd. schreibt etwas vor** *jmd. schreibt etwas als Entwurf auf, um es in einer zweiten Fassung oder Abschrift endgültig zu formulieren:* Er schrieb den Brief vor, um ihn dann in den PC einzugeben ❷ ■ **jmd./etwas schreibt jmdm. etwas vor** (≈ *anordnen, befehlen*) *jmd. gibt jmdm. eine Anordnung, wie oder was er zu tun hat:* Das Gesetz schreibt vor, dass …; Ich lasse mir von dir nichts vor-

schreiben!

Vor·schrift die [f-] <-, -en> *verbindliche Anordnung, nach der man im Verhalten gefordert wird; Bestimmung, Anweisung:* Er hat gegen die Vorschriften verstoßen.; Bitte halten Sie sich an die Vorschriften! ◆ Bau-, Korrektur-, Sicherheits-, Verkehrs-, Verwaltungs-, Zoll-

Vor·sicht die [ˈfoːɐ̯zɪçt] <-> /kein Plur./ *besonders aufmerksames Verhalten, das man braucht, um eine Gefahr oder einen Schaden zu vermeiden:* Bei dieser Bergtour ist äußerste Vorsicht geboten.; Vorsicht Stufe/bissiger Hund!

vor·sich·tig [f-] <vorsichtiger, am vorsichtigsten> *adj so, dass man mit Vorsicht handelt:* Sei vorsichtig beim Überqueren der Straße!

vor·sor·gen [f-] <sorgst vor, sorgte vor, hat vorgesorgt> *ohne OBJ* ■ **jmd. sorgt für etwas** *Akk.* **vor** *für etwas Zukünftiges sorgen, sich auf etwas vorbereiten:* für den Krankheitsfall vorsorgen; Er hatte schon in der Jugend begonnen, fürs Alter vorzusorgen. ▸ Vorsorge, Vorsorgeuntersuchung

Vor·spei·se die [f-] <-, -n> (↔ *Dessert, Nachspeise*) *vor dem Hauptgericht servierte kleinere Speise:* Wir nehmen die Suppe als Vorspeise.

vor·stel·len [f-] <stellst vor, stellte vor, hat vorgestellt> **I.** *mit OBJ* ❶ ■ **jmd. stellt jmdn./sich vor** *zu jmdm. sagen, wer jmd. ist und ihn oder sich selbst mit Namen nennen:* Darf ich Ihnen unseren neuen Kollegen, Herrn Müller, vorstellen?; Sie stellte sich als die Nachbarin von nebenan vor. ❷ ■ **jmd. stellt (jmdm.) etwas vor** *etwas einem Kunden oder einem Publikum zeigen bzw. vorführen:* Die Autorin hat gestern bei einer Lesung ihr neues Buch vorgestellt. ❸ ■ **jmd. stellt etwas vor** (↔ *nachstellen*) *auf eine spätere Zeit einstellen:* Heute werden die Uhren auf die Sommerzeit vorgestellt. **II.** *mit SICH* ■ **jmd. stellt sich etwas vor** *sich in der Fantasie ausdenken, wie etwas sein könnte:* So hatte ich mir das nicht vorgestellt.; Ich kann mir nicht vorstellen, dort zu arbeiten.

Vor·stel·lung die [f-] <-, -en> ❶ *das Bekanntmachen; das Einführen einer Person oder Sache:* die Vorstellung des neuen Regierungsprogramms; Nach der gegenseitigen Vorstellung durch den Gastgeber führten die Gäste ein angeregtes Gespräch. ◆-sgespräch ❷ *ein gedankliches Bild, das man von jmdm. oder etwas hat:* Ich habe keine Vorstellung davon, wie das aussehen soll.; Die Wohnung entspricht genau meinen Vorstellungen. ◆Gehalts-, Ideal-, Klischee-, Moral-, Preis- ❸ /kein Plur./ Einbildung, Fantasie: Das existiert doch nur in deiner Vorstellung! ◆-swelt, Wahn-, Wunsch- ❹ FILM, THEAT. Aufführung: Wir wollen heute abend in die späte Vorstellung des Films gehen ◆Abend-, Abschieds-, Gala-, Spät-, Theater-, Zirkus-

Vor·stel·lungs·ge·spräch das [f-] <-(e)s, -e> das Gespräch mit dem Personalchef einer Firma, nachdem man sich um eine Stelle beworben hat: Sie ist zu einem Vorstellungsgespräch eingeladen worden.

Vor·stel·lungs·ter·min der [f-] <-s, -e> Termin für ein Gespräch, bei dem man sich irgendwo bekannt macht

vor·täu·schen [f-] <täuschst vor, täuschte vor, hat vorgetäuscht> mit OBJ ■ **jmd. täuscht (jmdm.) etwas vor** bewirken, dass jmd. etwas glaubt, was nicht wahr ist: Er hat die Krankheit nur vorgetäuscht, um die Prüfung verschieben zu können. ▸ Vortäuschung

Vor·teil der [f-] <-(e)s, -e> (↔ Nachteil) ein Umstand/eine Lage/eine Eigenschaft usw. mit günstigen/nützlichen Aussichten für jmdn.: Wir haben die Vorteile und die Nachteile abgewogen und entschieden, dass …; Dieser Plan hat den Vorteil, dass …; Sprachgefühl ist in diesem Beruf zweifellos von Vorteil.; ■ **jemandem gegenüber im Vorteil sein** bessere Bedingungen haben als jmd. Er hat mehrere Jahre Berufserfahrung; dadurch ist er gegenüber dem anderen Bewerber im Vorteil. ▸ vorteilhaft ◆-sgewährung, Standort-, Steuer-, Zeit-

Vor·trag der [f-] <-(e)s, Vorträge> ❶ eine längere Rede über ein bestimmtes (wissenschaftliches) Thema, die man vor einem Publikum hält ◆-sreise, -ssaal, -sthema, Einführungs-, Fest-, Gast- ❷ /kein Plur./ die Art und Weise, wie man etwas öffentlich sprachlich oder musikalisch darstellt/darbietet: Der Vortrag der schwierigen Klaviersonate war exzellent.; eine Schauspielerin beim Vortrag eines Gedichts ▸ vortragen ◆-sanweisung, -sbezeichnung, -skunst, -skünstler(in), -stechnik, Gesangs-, Klavier-, Solo-

Vor·tritt der [f-] <-(e)s> /kein Plur./ ❶ **jemandem den Vortritt lassen** aus Höflichkeit jmdn. zuerst eintreten oder an die Reihe kommen lassen Er hat der Dame am Büffett den Vortritt gelassen. ❷ SCHWEIZ. Vorfahrt an der Kreuzung

vo·r·ü·ber [f-] adv vorbei[12]

vo·r·ü·ber·ge·hend [f-] adj /nicht steig./ für kurze Zeit, im Moment: Das Lokal ist vorübergehend geschlossen.

Vor·ur·teil das [f-] <-s, -e> eine meist negative und nicht objektive, von falschen Vorstellungen bestimmte Meinung, die sich jemand über Personen oder gewisse Verhältnisse ohne Überprüfung zu eigen gemacht bzw. von anderen übernommen hat: Vorurteile gegen Ausländer; Er ist voller Vorurteile gegen Frauen. ▸ vorurteilsfrei, vorurteilslos, Vorurteilslosigkeit

Vor·ver·kauf der [f-] <-(e)s> /kein Plur./ der Verkauf von Eintrittskarten mehrere Tage oder Wochen vor einer Veranstaltung ◆-skasse, -sstelle, -Karten-

vor·ver·le·gen [f-] <verlegst vor, verlegte vor, hat vorverlegt> mit OBJ ■ **jmd. verlegt etwas vor** ❶ auf eine Stelle weiter vorne platzieren: Die Haltestelle wurde um 200 Meter vorverlegt. ❷ auf einen früheren Zeitpunkt legen: Wir mussten den Besprechungstermin vorverlegen.

Vor·wahl die [f-] <-, -en> TELEKOMM. Telefonnummer für eine Stadt oder ein Land: Wie ist dir Vorwahl von Berlin?; Die Vorwahl von Deutschland ist 049.

Vor·wand der [f-] <-(e)s, Vorwände> (≈ Ausrede) eine Begründung, die nicht wahr ist, und die man nur als Ausrede bzw. als Entschuldigung benutzt: Unter dem Vorwand, er hätte noch einen Arzttermin, verließ er heute früher sein Büro.

vor·wärts [f-] adv ❶ (↔ rückwärts) nach vorn: Das Kind machte einige Schritte vorwärts und blieb stehen. ❷ weiter in Richtung auf ein Ziel: Das Internet entwickelt sich rasant vorwärts.; Mit dem Projekt geht es gut vorwärts.; ■ **jemand bringt jemanden vorwärts** jmdn. hilft jmdm. dabei, Fortschritte zu machen Dieser Lehrer hat den schwachen Schüler vorwärtsgebracht.; ■ **jemand kommt vorwärts mit etwas** jmd. macht Fortschritte Wie kommst du in Englisch vorwärts?

vor·weg·neh·men [f-] <nimmst vorweg, nahm vorweg, hat vorweggenommen> mit OBJ ■ **jmd. nimmt etwas vorweg** etwas gleich am Anfang sagen, was sonst eigentlich erst später gesagt wird: Um Sie nicht zu langweilen, will ich das Ende der Geschichte gleich vorwegnehmen. ▸ Vorwegnahme

vor·wer·fen [f-] <wirfst vor, warf vor, hat vorgeworfen> mit OBJ ■ **jmd. wirft jmdm. etwas vor** jmdm. sagen, dass er Fehler gemacht hat oder sich nicht richtig verhalten hat: Sie wirft ihm Leichtsinn vor.; Er hat mir vorgeworfen, dass …; ■ **jemand hat sich nichts vorzuwerfen** *jmd. hat an etwas keine Schuld* Ich habe mir nichts vorzuwerfen. ▶ Vorwurf

vor·wie·gend [f-] *adv hauptsächlich:* Im Urlaub hatten wir vorwiegend schönes Wetter.

Vor·wort[1] *das* [f-] <-(e)s, -e> *(↔ Nachwort) ein kurzer Text zu Beginn eines Buches oder eines sonstigen Textes, in dem vor der sich anschließenden Einleitung allgemeine Hinweise gegeben und z.B. Danksagungen an Personen ausgesprochen werden:* Im Vorwort dankte der Autor seinem Doktorvater und erläuterte, dass er in seinem Buch jede Formulierung fremder Herkunft exakt in Anführungszeichen gesetzt und nichts einfach aus dem Internet oder aus anderen Texten herauskopiert hat.

Vor·wort[2] *das* [f-] <-(e)s, Vorwörter> ÖSTERR. *Präposition*

Vor·wurf *der* [f-] <-s, Vorwürfe> *(≈ Beschuldigung) eine Äußerung, mit der man jmdm. dafür rügt, dass er Fehler gemacht oder sich nicht richtig verhalten hat:* Seine Frau Cornelia machte Werner viele Vorwürfe, weil er angeblich wieder mit der netten Dame im Geschäft geflirtet hat.; einen Vorwurf erheben/zurückweisen; Man machte ihm zum Vorwurf, dass er sich nicht genug informiert hatte. ▶ vorwurfsvoll

vor·zei·tig [f-] *adj /nicht steig./ früher als geplant oder erwartet:* Wir mussten unseren Urlaub vorzeitig abbrechen. ▶ Vorzeitigkeit

vor·zeit·lich [f-] *adj /nicht steig./ auf die vorgeschichtliche Zeit bezogen; in Urzeiten vor der Zeitrechnung liegend:* vorzeitliche Lebewesen ausgraben ▶ Vorzeit

vor·zie·hen [f-] <ziehst vor, zog vor, hat vorgezogen> *mit OBJ* ❶ ■ **jmd. zieht etwas vor** *vor etwas ziehen:* Kannst du den Vorhang bitte vorziehen? ❷ ■ **jmd. zieht etwas (um etwas** *Akk.***) vor** *(≈ vorverlegen) früher als geplant stattfinden lassen:* Wir müssen die Sitzung um zwei Stunden vorziehen. ❸ ■ **jmd. zieht vor, etwas zu tun;** ■ **jmd. zieht jmdn./etwas (jmdm./etwas) vor** *(≈ bevorzugen) lieber mögen:* Ich ziehe es vor, gleich heute den Besuch zu machen.; Er zieht eine leichte Suppe einer schweren Mahlzeit vor.; Ich ziehe die neuen Freunde den alten Bekannten vor. ▶ Vorzug ❹ ■ **jmd. zieht jmdn. vor** *jmdn. besser behandeln als andere:* Der Lehrer zieht immer bestimmte Schüler vor

vor·züg·lich, vor·züg·lich [f-] *adj /nicht steig./ sehr gut, hervorragend:* Ich bedankte mich für das vorzügliche Essen.; Das ist eine vorzügliche Idee! ▶ Vorzüglichkeit

vul·gär [v-] *adj (≈ ordinär) dem guten Geschmack in besonderer Weise widersprechend und völlig unanständig:* eine vulgäre Person; sich vulgär ausdrücken; Sein Benehmen war so vulgär, dass er nicht mehr eingeladen wurde. ▶ Vulgarität, Vulgärsprache

Vul·kan *der* [v-] <-s, -e> *Berg, aus dem sehr heißes Gas und heiße Flüssigkeit (Lava) aus dem Inneren der Erde kommen (können):* ein aktiver/erloschener Vulkan; am Fuße eines Vulkans leben; Die Vulkan-Forscher (Vulkanologen) untersuchen mit Messgeräten, wann der Vulkan ausbricht. ◆-ausbruch, -gestein, -krater, -landschaft ▶ vulkanisch, Vulkanismus, Vulkanologe, Vulkanologin

W, w das [ve:] <-, -> der 23. Buchstabe des Alphabets: Das Wort „Wasser" beginnt mit dem Buchstaben „W".

Waa·ge die ['va:gə] <-, -n> ❶ ein Gerät, mit dem man Sachen oder Personen wiegen kann, um das genaue Gewicht festzustellen: sich auf die Waage stellen ◆ Brief-, Küchen-, Personen- ❷ /kein Plur./ Name des Sternzeichens, das für die Zeit vom 23. September bis zum 22. Oktober gilt: im Zeichen der Waage geboren sein; Sie ist Waage.; ■ **die Vor- und Nachteile halten sich die Waage** (umg.) es gibt genau so viele Vorteile wie Nachteile

waa·ge·recht, waag·recht ['va:gərɛçt, 'va:krɛçt] adj /nicht steig./ (≈ horizontal ↔ senkrecht, vertikal) parallel zum Boden: Das Bild hängt nicht waagerecht, es ist schief. ▸ die Waagerechte/Waagrechte

wach [vax] <wacher, am wachsten> adj ❶ /nicht steig./ so, dass man nicht schläft: Seit sieben Uhr bin ich wach.; Wie lange willst du noch wach bleiben?; sich mit Kaffee wach halten ❷ intelligent und geistig sehr beweglich: ein wacher Geist/Verstand

Wa·che die ['vaxə] <-, -n> ❶ /kein Plur./ der Sachverhalt, dass sich vor einem Gebäude oder nahe bei einer Person andere Personen (z.B. Polizisten) aufhalten, welche die Gefahr von dem Gebäude oder der Person abwenden sollen: Vor dem Regierungsgebäude halten Polizisten schon seit Stunden Wache.; am Bett eines Schwerkranken Wache halten; auf Wache sein ◆ Nacht- ❷ (≈ Polizeirevier) ein Gebäude, in dem die Polizei eine Dienststelle hat: Sie brachten den Betrunkenen auf die Wache. ❸ eine Person oder eine Gruppe, die Wache[1] halten: Vor dem Tor ging eine Wache auf und ab.

Wachs das [vaks] <-es, -e> ❶ eine Masse, die von Bienen stammt oder künstlich hergestellt ist und aus der man Kerzen macht: Das Wachs schmilzt/tropft.; eine Kerze aus Wachs ◆ -figur, -kerze, Bienen- ❷ eine Masse, die man zur Pflege von Holz oder Leder benutzt; ■ **jemand ist weich wie Wachs** jmd. hat keinen festen Charakter und ist leicht zu beeinflussen

wach·sen[1] ['vaksen] <wächst, wuchs, ist gewachsen> ohne OBJ ❶ **jmd./etwas wächst** größer und länger werden und an Masse zunehmen: Unser Sohn ist um drei Zentimeter gewachsen.; Das Getreide wächst gut.; Er lässt sich einen Bart wachsen (≈ Er rasiert sich nicht und lässt es damit zu, dass der Bart wächst). ❷ **jmd./etwas wächst irgendwie** in eine bestimmte Form wachsen[1]: Er ist schlank gewachsen.; Der Baum ist völlig krumm gewachsen. ❸ **etwas wächst irgendwo** (als Pflanze) irgendwo vorkommen: Diese Blume wächst am besten in sandiger Erde.; Solche Bäume wachsen nur in den Tropen. ❹ **etwas wächst** (↔ abnehmen) zunehmen, mehr/stärker werden: Die Produktion von Elektrogräten wächst dieses Jahr um sechs Prozent.; Die Gefahr wächst.; Das Interesse an Geschichte wächst in der Bevölkerung.; ■ **jemandem nicht gewachsen sein** jmdm. nicht Widerstand leisten können, weil er stärker oder besser ist Er war ihm in der Diskussion nicht gewachsen.; ■ **einer Sache nicht gewachsen sein** etwas nicht bewältigen können, weil es zu schwierig oder anspruchsvoll ist Dieser Aufgabe ist sie nicht gewachsen.

wach·sen[2] ['vaksen] <wachst, wachste, hat gewachst> mit OBJ ■ **jmd. wachst etwas** etwas mit Wachs[2] einreiben, um es zu schützen oder zu pflegen: Sie wachst den Fußboden.; Skier wachsen

wa·cke·lig, wack·lig <wack(e)liger, am wack(e)ligsten> adj ❶ so, dass etwas nicht fest auf dem Boden steht: ein wackeliger Stuhl/Tisch ❷ (umg.) so, dass jmd. schwach ist: nach einer langen Krankheit noch etwas wackelig (auf den Beinen) sein ❸ (umg.) nicht überzeugend, unsicher: Unser Plan war ziemlich wackelig.; eine wackeliges Argument

wa·ckeln ['vakln] <wackelst, wackelte, hat gewackelt> ohne OBJ ❶ **etwas wackelt** nicht fest oder stabil stehen: Der Tisch hat gewackelt.; Mein Zahn wackelt. ❷ **etwas wackelt** sich hin und her bewegen, weil es eine Erschütterung gab: Die Lampe wackelt im Wind hin und her.; Bei dem Erdbeben haben die Wände gewackelt. ❸ **etwas wackelt** (umg.) etwas ist nicht sicher: Der Plan wackelt.; In der Firma wackeln viele Arbeitsplätze ❹ **jmd./ein Tier wackelt mit etwas** Dat. etwas leicht hin und her bewegen: Sie hat mit dem Kopf gewackelt.; Der Hund wackelt mit dem Schwanz.

Wa·de die ['vaːdə] <-, -n> *der untere hintere Teil des Beines* ◆ -nkrampf, -nwickel

Waf·fe die ['vafə] <-, -n> *ein Gerät zum Kämpfen und zur Verteidigung:* Pistolen und Gewehre sind Waffen.; Polizisten tragen eine Waffe bei sich.; einen Stock als Waffe benutzen; ■ **die Waffen niederlegen/ruhen lassen** *aufhören zu kämpfen;* ■ **die Waffen ruhen** *die Kämpfe sind unterbrochen;* ■ **jemanden mit seinen eigenen Waffen schlagen** *jmdn. mit dessen eigenen Mitteln bekämpfen oder widerlegen* ◆ -ngewalt, Atom-, Feuer-, Schuss-, Stich-

Waf·fel die ['vafl̩] <-, -n> ❶ *ein süßes Gebäck:* Waffeln mit heißen Kirschen essen ❷ *ein dünnes Gebäck, das eine Art von Tüte bildet:* Eis in der Waffel essen

Wa·gen der ['vaːgn̩] <-s, -/Wägen> ❶ *(umg.: ≈ Auto)* ein exklusiver/neuer/schneller/sportlicher/teurer Wagen; den Wagen in die Garage fahren; Wir sind mit dem Wagen gekommen. ❷ *ein Fahrzeug, das von einer Lokomotive gezogen wird oder Teil einer Straßenbahn oder U-Bahn ist:* Die Wagen der ersten Klasse halten im Abschnitt C. ◆ Eisenbahn-, Straßenbahn- ❸ *ein Fahrzeug mit Rädern, das man zieht, schiebt, oder das von Tieren gezogen wird:* die Pferde vor den Wagen spannen; das Kind in einem kleinen Wagen hinter sich herziehen; ■ **sich (nicht) vor jemandes Wagen spannen lassen** *(umg.) sich (nicht) von jmdm. für dessen Ziele ausnutzen lassen* ◆ Einkaufs-, Hand-, Kinder-

wa·gen ['vaːgn̩] <wagst, wagte, hat gewagt> I. *mit OBJ* ❶ ■ **jmd. wagt etwas (zu tun)** *den Mut zu etwas haben:* einen Blick/ein Spiel/einen Versuch wagen; Er wagte (es) nicht zu widersprechen. ❷ ■ **jmd. wagt (für jmdn./etwas) etwas** *ein Risiko eingehen, um etwas zu erreichen:* für jemanden/etwas sein Leben wagen; Sie hat viel/alles gewagt, um so weit zu kommen. II. *mit SICH* ❶ ■ **jmd. wagt sich an etwas** *Akk. den Mut haben, etwas Schwieriges zu tun:* sich an eine schwierige Aufgabe wagen ❷ ■ **jmd. wagt sich irgendwohin** *den Mut haben, irgendwohin zu gehen:* sich nicht aus dem Haus wagen; Er wagt sich in die Höhle des Löwen.; ■ **Frisch gewagt ist halb gewonnen.** *man sollte optimistisch an eine schwere Aufgabe herangehen;* ■ **Wer nichts wagt, der nichts gewinnt!** *Wer nichts versucht, erreicht nichts.* ▶ Wagnis

Wag·gon der [vaˈgõː/vaˈgɔŋ/vaˈgoːn] <-s, -s> *(≈ Eisenbahnwagen)* einen Waggon anhängen/abkoppeln

Wahl¹ die [vaːl] <-> */kein Plur./* ❶ *die Entscheidung zwischen zwei oder mehreren Möglichkeiten:* Sie haben die Wahl/keine Wahl.; vor eine Wahl gestellt sein; Er hatte die Wahl zwischen ... und .... ❷ *etwas, das man gewählt hat:* Das war eine sehr gute Wahl!; eine ausgezeichnete/gute/schlechte/unglückliche Wahl treffen; ■ **erste/zweite/dritte Wahl** *(von Waren) sehr gute/befriedigende/schlechte Qualität;* ■ **die Qual der Wahl haben** *(umg. scherzh.) verschiedene Möglichkeiten haben, die alle gut sind, aber von denen man nur eine wählen kann;* ■ **keine andere Wahl haben** *etwas Bestimmtes machen müssen, ohne eine Alternative zu haben;* ■ **jemanden/etwas in die engere Wahl ziehen** *jmdn./etwas aus anderen Möglichkeiten auswählen und erst dann die endgültige Wahl treffen*

Wahl² die [vaːl] <-, -en> ❶ POL. *eine Abstimmung, bei der die Bürger(innen) entscheiden, welche Personen bestimmte politische Ämter oder Funktionen haben sollen und welche Parteien sie im Parlament vertreten sollen:* freie und demokratische Wahlen; Die Partei ... hat bei der Wahl 44 % der Stimmen erhalten. ◆ -ausgang, -ergebnis, -prognose, Bundestags-, Landtags-, Parlaments- ❷ */meist Sing./ das Abgeben der Stimme für eine Person oder Partei:* Alle Bürger, die stimmberechtigt sind, sollten auch zur Wahl gehen; denn immerhin besteht in den meisten Ländern eine solche Möglichkeit nicht ❸ */meist Sing./ Vorgang, dass jmd. durch eine Wahl¹ zu einem Amt, in eine Funktion o.Ä. berufen wird:* die Wahl zum Ministerpräsidenten/Vorsitzenden annehmen

Wahl·be·rech·tig·te der/die <-n, -n> POL. *jede Person, die das Recht hat, zur Wahl² gehen zu dürfen* ▶ Wahlberechtigung

Wahl·be·tei·li·gung die <-> */kein Plur./* POL. *die Zahl derer, die sich an einer Wahl beteiligt haben, im Verhältnis zur Zahl aller, die wählen² dürfen:* eine durchschnittliche/geringe/hohe Wahlbeteiligung; Die Wahlbeteiligung lag bei 76 % aller Wahlberechtigten.

wäh·len¹ ['vɛːlŋ̍] <wählst, wählte, hat gewählt> *mit OBJ/ohne OBJ* ❶ ■ **jmd. wählt etwas** *sich zwischen zwei oder mehreren Möglichkeiten für eine entscheiden:* Es gibt nur zwei Möglichkeiten; aber ihr könnt wählen!; Ihr könnt unter mehreren Möglichkei-

wählen – Wahrheit

ten wählen. ❷ ▪ **jmd. wählt (etwas)** *(geh.) sich für ein Essen auf einer Speisekarte entscheiden:* Haben Sie schon (ein Gericht) (von der Speisekarte) gewählt? ❸ ▪ **jmd. wählt (sich) jmdn. zu etwas** *Dat. jmdn. zu einem bestimmten Zweck bestimmen:* Der Kanzler wählte den Vorstandsvorsitzenden des Konzerns zu seinem wirtschaftlichen Berater.

wäh·len² ['vɛːln] <wählst, wählte, hat gewählt> *mit OBJ/ohne OBJ* ❶ ▪ **jmd. wählt jmdn.** POL. *jmd. bei einer Wahl seine Stimme geben:* Welchen Kandidaten haben Sie gewählt? ❷ ▪ **jmd. wählt** *an einer Wahl teilnehmen:* Wir wollen morgen wählen gehen.

wäh·len³ ['vɛːln] <wählst, wählte, hat gewählt> *mit OBJ/ohne OBJ* ▪ **jmd. wählt (eine Telefonnummer)** TELEKOMM. *eine Telefonnummer am Telefon eingeben, um eine Verbindung herzustellen:* Hast du die richtige Nummer gewählt? ▸ verwählen

Wäh·ler der, **Wäh·le·rin** <-s, -> POL. *jmd., der an einer Wahl teilnimmt, indem er seine Stimme abgibt:* Die Parteien versuchen, neue Wähler zu gewinnen.; Die Wähler haben entschieden.

Wahn·sinn der ['vaːnzɪn] <-s> */kein Plur./* ❶ *(veralt.: ≈ Geisteskrankheit) eine seelische Krankheit, bei der man nicht klar denken oder vernünftig reden und handeln kann:* Später verfiel sie ganz in Wahnsinn. ❷ *(umg. abwert.) ein sehr unvernünftiges oder unverständliches Verhalten:* Was ihr vorhabt, ist doch der reine Wahnsinn!; Schon wieder ein teures neues Auto. So ein Wahnsinn! ❸ *(umg.: ≈ toll) verwendet, um Bewunderung auszudrücken:* Wahnsinn, wie der Gitarre spielen kann!; ▪ **jemanden in den Wahnsinn treiben** *jmdn. so aufregen, dass er es nicht mehr aushält* Hör endlich auf mit deinem Schreien; du treibst mich noch in den Wahnsinn!

wahn·sin·nig <wahnsinniger, am wahnsinnigsten> *adj* ❶ *(≈ geisteskrank) an Wahnsinn¹ erkrankt:* In seinen späten Lebensjahren wurde er wahnsinnig. ❷ *(umg.) verrückt:* Dieser Lärm macht mich noch wahnsinnig! ❸ *(umg. abwert.) völlig unvernünftig oder gefährlich:* Du bist ja wohl komplett wahnsinnig!; Bei einem solchen wahnsinnigen Unternehmen willst du mitmachen? ❹ */nur attr./ (umg.) sehr groß, sehr stark:* Ich habe wahnsinnigen Durst.; Was für eine wahnsinnige Hitze! ❺ *(umg.) sehr:* wahnsinnig viele Menschen; sich wahnsinnig freuen

wahr [vaːɐ̯] *adj /nicht steig./* ❶ *den Tatsachen oder der Wirklichkeit entsprechend:* eine wahre Behauptung/Geschichte; Ist das auch wirklich wahr?; Wenn unsere Befürchtungen wahr werden, ... ❷ *(geh.: ≈ echt) so, wie es sein muss und man es sich wünscht:* wahre Freundschaft/Großmut/Liebe ❸ *richtig, wirklich:* ein wahres Glück/Wunder; eine wahre Freude; ▪ **..., nicht wahr?** *verwendet am Ende eines Satzes, um auszudrücken, dass man Zustimmung erwartet* Ein wundervolles Konzert, nicht wahr?; ▪ **etwas wahr machen/werden lassen** *etwas verwirklichen* seine Ankündigung/Drohung wahr machen; Ihre Träume wurden endlich wahr.; ▪ **Das ist schon nicht mehr wahr.** *(umg.) das ist schon so lange her, dass man es nicht mehr glauben kann;* ▪ **Das darf/kann doch nicht wahr sein!** *(umg.) verwendet, um Bestürzung oder große Verwunderung auszudrücken* ▸ wahrhaft

wäh·rend¹ ['vɛːrənt] *präp* ❶ *+Gen. verwendet, um eine Zeitspanne zu bezeichnen, in der etwas stattfindet:* während der Nacht; während des Schlafens ❷ *+Dat. (umg.) verwendet, um eine Zeitspanne zu bezeichnen, in der etwas stattfindet:* während dem Essen ...; während dem Vortrag ...

wäh·rend² ['vɛːrənt] *konj* ❶ *verwendet, um auszudrücken, dass die Handlung im Nebensatz zur gleichen Zeit stattfindet wie die Handlung im Hauptsatz:* Sie hängte die Wäsche auf, während sie das Essen kochte.; Während sie schlief, träumte sie.; Während du Brot schneidest, kann ich den Tisch decken. ▸ währenddessen ❷ *verwendet, um auszudrücken, dass die Handlung im Nebensatz im Gegensatz zur Handlung im Hauptsatz steht:* Während der eine lacht, weint der andere.

Wahr·heit die ['vaːɐ̯haɪt] <-, -en> ❶ */kein Plur./ (≈ Richtigkeit) das Übereinstimmen einer Aussage oder Behauptung mit der Wirklichkeit:* die Wahrheit einer Aussage/Behauptung überprüfen ▸ -sfindung, -gehalt ❷ */kein Plur./ eine wahre¹ Aussage:* Hast du wirklich die Wahrheit gesagt?; die Wahrheit verschweigen; die nackte Wahrheit; eine traurige Wahrheit ▸ wahrheitsgemäß ❸ *eine als allgemein richtig anerkannte Erkenntnis:* geschichtliche/philosophische Wahrheiten; ▪ **in Wahrheit** *in Wirklichkeit;* ▪ **bei der Wahrheit bleiben** *nicht lügen;* ▪ **jemandem die Wahrheit sagen** *jmdm. deutlich seine Meinung*

wahrmachen–Wand

über ihn sagen; ■ **jemand nimmt es mit der Wahrheit nicht so genau** *jmd. lügt oft;* ■ **um die Wahrheit zu sagen** *verwendet, um eine Aussage einzuleiten, die man nicht gern macht* Um die Wahrheit zu sagen, gefällt mir dein Kleid überhaupt nicht.

wahr·ma·chen *mit OBJ verwirklichen:* Endlich hat er sein Versprechen wahrgemacht.

wahr·neh·men <nimmst wahr, nahm wahr, hat wahrgenommen> *mit OBJ* ❶ ■ **jmd. nimmt jmdn./etwas wahr** *jmdn./etwas durch Sehen, Hören … bemerken oder erkennen:* ein Geräusch/einen Geruch wahrnehmen; Er nahm unter den Gästen eine Person wahr, die er nicht kannte. ▸ Wahrnehmung ❷ ■ **jmd. nimmt etwas wahr** *etwas nutzen:* eine Chance/eine Gelegenheit wahrnehmen; sein Recht wahrnehmen; Ich kann den Termin leider nicht wahrnehmen. ❸ ■ **jmd. nimmt etwas wahr** *eine Aufgabe ausüben, vertreten:* Endlich nimmt er seine Verantwortung wahr.; Der Betriebsrat nimmt die Interessen der Angestellten wahr.

Wahr·sa·ger der, **Wahr·sa·ge·rin** [ˈvaːɐ̯zaːɡɐ] <-s, -> *Person, die behauptet voraussagen zu können, was in der Zukunft geschehen wird*

wahr·schein·lich [vaːɐ̯ˈʃaɪnlɪç] <wahrscheinlicher, am wahrscheinlichsten> *adj so, dass etwas ziemlich sicher der Fall ist:* Es ist sehr wahrscheinlich, dass er die Prüfung bestanden hat.; Sie hat wahrscheinlich verschlafen.; der wahrscheinliche Täter; die wahrscheinliche Ursache ▸ Wahrscheinlichkeit

Wäh·rung die [ˈvɛːrʊŋ] <-, -en> ❶ *die Münzen und Banknoten, die in einem Staat als Geld verwendet werden:* Die europäische Währung ist der Euro.; die Währung stärken ❷ *das System, mit dem in einem Staat die Währung¹ geordnet ist*

Wäh·rungs·uni·on die <-, -en> WIRTSCH. *die Vereinigung verschiedener Länder in einem gemeinsamen Währungssystem:* die Europäische Währungsunion

Wahr·zei·chen das [ˈvaːɐ̯tsaɪçn̩] <-s, -> (≈ *Sinnbild*) *etwas, das für ein Land, eine Stadt, ein Unternehmen als ein typisches Kennzeichen gilt:* Big Ben ist das Wahrzeichen von London.

Wai·se die [ˈvaɪzə] <-, -n> *ein Kind, dessen Eltern gestorben sind:* Sie ist seit frühester Kindheit (eine) Waise. ◆ Halb-, Voll-

Wal der [vaːl] <-(e)s, -e> *ein großes Säugetier, das im Meer lebt:* Der Wal gehört zu den bedrohten Tierarten. ◆ -fang, -fisch, Blau-, Buckel-, Pott-

Wald der [valt] <-(e)s, Wälder> *ein großes Gebiet, auf dem viele Bäume wachsen:* ein dichter/dunkler Wald; im Wald spazieren gehen; ■ **ein Wald von …** *(umg.) eine riesige Menge* ein Wald von Fahnen; ■ **den Wald vor lauter Bäumen nicht sehen** *(umg.) zu viele Einzelheiten sehen und dabei die Hauptsache nicht mehr erkennen* ◆ -gebiet, -rand, Laub-, Misch-, Nadel-, Regen-, Ur-

Wald·ster·ben das <-s> /kein Plur./ *der Vorgang, dass viele Bäume durch Umweltverschmutzung krank werden:* Autoabgase sind eine Ursache für das Waldsterben.

wäl·zen [ˈvɛltsn̩] <wälzt, wälzte, hat gewälzt> I. *mit OBJ* ❶ ■ **jmd. wälzt etwas (irgendwohin)** *etwas Schweres irgendwohin rollen:* einen Stein vor den Eingang der Höhle wälzen; einen Baumstamm ins Wasser wälzen ❷ ■ **jmd. wälzt etwas** *(umg.) sich angestrengt und intensiv mit etwas beschäftigen:* Fälle/Probleme wälzen ❸ *(umg.) etwas intensiv durchsehen, um eine bestimmte Information zu finden:* Akten/Atlanten/Fahrpläne/Lexika wälzen ❹ ■ **jmd. wälzt etwas auf jmdn.** *etwas Negatives auf jmdn. übertragen:* Er wälzt immer die Verantwortung auf seine Kollegen. II. *mit SICH* ❶ ■ **jmd. wälzt sich** *sich im Liegen hin und her bewegen:* sich schlaflos im Bett wälzen; Der Hund wälzt sich im Dreck/auf der Wiese. ❷ ■ **etwas wälzt sich irgendwohin** *sich mit viel Kraft und in großer Menge irgendwohin bewegen:* Die Menschenmenge wälzte sich durch die Straßen.

Wal·zer der [ˈvaltsɐ] <-s, -> MUS. *ein Musikstück oder Tanz im Dreivierteltakt:* ein Wiener Walzer

wand *Prät. von* **winden**

Wand die [vant] <-, Wände> ❶ (≈ *Mauer*) *eine der gemauerten Begrenzungsflächen eines Raumes oder Gebäudes:* Ein Zimmer hat vier Wände, einen Fußboden und eine Decke.; eine Wand aus Beton/Brettern/Ziegeln; Bilder an die Wand hängen; die Wände frisch streichen/tapezieren ◆ Außen-, Haus-, Holz-, Zimmer- ■ **gegen eine Wand reden** *(umg.) mit jmdm. reden, ohne dass er Interesse hat oder sich überzeugen lässt;* ■ **die Wände hochgehen** *(umg.) sehr wütend werden;* ■ **jemand will mit dem Kopf durch die Wand** *(umg.) jmd. will sich unbedingt durchsetzen, obwohl alle anderen dage-*

gen sind; ■ *die eigenen vier* **Wände** *(umg.) die eigene Wohnung*

Wan·del *der* <-s> /*kein Plur.*/ *(≈ Veränderung) der Übergang von einem Zustand in den anderen:* der kulturelle/soziale Wandel in der Gesellschaft ◆ Bedeutungs-, Gesinnungs-, Sinnes-, Sprach-, Struktur-

Wan·de·rer *der,* **Wan·d(r)e·rin** ['vandərə] <-s, -> *jmd., der wandert:* Bei dem herrlichem Wetter waren viele Wanderer unterwegs.

Wan·der·kar·te *die* <-, -n> *eine spezielle Landkarte, auf der Wanderwege eingezeichnet sind*

wan·dern ['vanden] <wanderst, wanderte, ist gewandert> *ohne OBJ* ❶ ■ *jmd.* **wandert** *eine längere Strecke in der Natur zu Fuß gehen, weil man sich erholen möchte:* im Wald/im Gebirge/durch die Wiesen/viele Kilometer wandern; Ich gehe gern wandern. ▸ Wanderschuhe, Wanderkarte, Wanderweg ❷ ■ *jmd./etwas* **wandert** **(irgendwohin)** *regelmäßig von Ort zu Ort ziehen:* Die Nomaden wandern mit ihren Herden durch die Steppe.; ruhelos von einem Ort zum anderen wandern ❸ ■ *jmd./etwas* **wandert** **irgendwohin** *(umg.) irgendwohin gebracht werden:* Der Brief wandert in den Papierkorb.; Er wandert für vier Jahre ins Gefängnis.; Das Foto/das Buch wandert von Hand zu Hand.

wand·te ['vantə] *Prät. von* **wenden**

Wan·ge *die* ['vaŋə] <-, -n> *(geh.: ≈ Backe) rechter und linker Teil des Gesichts:* jemanden auf die Wange küssen; von der Kälte gerötetet Wangen; Sie hat rote Wangen.

wann¹ [van] *adv* ❶ *verwendet, um eine direkte Frage nach der Zeit oder dem Zeitpunkt einzuleiten:* Wann kommst du? — Ich komme gleich.; Wann fährt der Zug ab? — In genau einer Stunde. ❷ *verwendet, um eine indirekte Frage nach der Zeit oder dem Zeitpunkt einzuleiten:* Kannst du mir sagen, wann er wiederkommt?; Sie wissen ist er wieder zurück? ❸ *(≈ in welchem Fall) verwendet, um nach den Bedingungen von etwas zu fragen:* Wann wird ein Komma gesetzt und wann nicht?

wann² [van] *konj* SÜDDT., ÖSTERR. *wenn¹ ²*

Wan·ne *die* <-, -n> *ein offenes Gefäß für Flüssigkeiten:* Wasser in eine Wanne gießen ◆ Bade-, Plastik-

Wan·ze *die* ['vantsə] <-, -n> ❶ ZOOL. *ein kleines flaches Insekt, das Blut oder Pflanzensäfte saugt:* Wanzen im Bett haben ❷ *sehr kleines Mikrofon, das irgendwo heimlich angebracht ist, damit man Gespräche abhören kann:* Die Polizei hatte eine Wanze in seiner Wohnung angebracht.

Wap·pen *das* ['vapn̩] <-s, -> *ein Zeichen, das als Symbol für eine Stadt, ein Land oder eine Adelsfamilie dient:* einen Löwen in seinem Wappen führen ◆ Familien-, Stadt-

war [vaːɐ̯] *Prät. von* **sein**

warb [varp] *Prät. von* **werben**

Wa·re *die* ['vaːrə] <-, -n> *das, was verkauft und gekauft wird; Produkte:* Die Verkäuferin zeigt den Kunden die Ware.; Das Geschäft bekommt immer montags neue/frische Ware.; Waren anliefern/in die Regale einräumen/bei der Inventur erfassen/vom Großhandel beziehen ◆ -nbestand, -nlieferung, -nwert, Handels-

Wa·ren·haus *das* <-es, Warenhäuser> *(≈ Kaufhaus)* Heute eröffnet in der Stadt ein neues, großes Warenhaus. ◆ -kette

Wa·ren·korb *der* <-(e)s, Warenkörbe> EDV *eine Datei, in der im Rahmen eines Online-Shops alle Artikel angezeigt werden, die der Kunde ausgewählt hat:* den Artikel mit einem Mausklick in den Warenkorb legen

warf [varf] *Prät. von* **werfen**

warm [varm] <wärmer, am wärmsten> *adj* ❶ *(↔ kalt) so, dass es eine relativ hohe Temperatur hat, aber nicht heiß ist:* Der Tee ist nicht mehr heiß, aber auch noch nicht kalt, sondern warm.; warmes Sommerwetter; das Essen warm halten/machen; warme Hände haben ❷ *so, dass es vor Kälte schützt:* warme Kleidung; ein warmes Bett ❸ *(↔ kühl) herzlich; voller Gefühl und freundlich:* ein warmer Empfang/Händedruck; ein warmer und herzlicher Mensch ▸ warmherzig ❹ *(↔ kalt) so, dass es als angenehm empfunden wird:* warme Farben; ein warmer Klang ❺ *(↔ kalt) /keine Steigerung/ verwendet, um auszudrücken, dass in einem Mietpreis die Heizkosten enthalten sind:* Das sind 500 Euro Miete warm.; Wie viel kostet die Wohnung warm?; ■ **jemandem ist warm** *jmd. fühlt, dass es zu warm¹ ist* Mir ist warm, ich möchte meine Jacke ausziehen.; ■ **sich warm machen/warmmachen** SPORT *die Muskeln vor einer sportlichen Betätigung lockern;* ■ **etwas warm stellen/warmstellen** *Essen oder Getränke an einen warmen Platz stellen, damit sie nicht kalt werden;* ■ **sich jemanden warm halten/warmhalten**

(umg.) mit jmdm. gute Verbindung halten, weil das nützlich ist; ■ **mit jemandem nicht warm werden/warmwerden** *(umg.) jmdn. nicht sympathisch finden* ◆ Getrennt- oder Zusammenschreibung → R

Wär·me die ['vɛrmə] <-> /kein Plur./ (↔ *Kälte*) ❶ *eine relativ hohe Temperatur:* die angenehme Wärme des Ofens fühlen; die Wärme des Sommerabends ❷ *Freundlichkeit, Herzlichkeit:* Er hat sie mit Wärme empfangen. ❸ *etwas, das als angenehm empfunden wird:* die Wärme der Farben/ihrer Stimme

wär·men ['vɛrmən] <wärmst, wärmte, hat gewärmt> I. *mit OBJ/ohne OBJ* ■ **etwas wärmt (jmdn./etwas)** *bewirken, dass jmd. oder etwas warm¹ wird:* Der Tee wärmt mich von innen.; Der Ofen/die Decke wärmt schön.; das Essen auf dem Herd wärmen II. *mit SICH* ■ **jmd. wärmt sich irgendwo** *sich irgendwo hinstellen, damit einem warm¹ wird:* sich am Feuer/am Ofen wärmen

Wärm·fla·sche die <-, -n> *eine Flasche aus Gummi, die man mit heißem Wasser füllt und z.B. mit ins Bett nimmt, um es zu wärmen:* dem Kind eine Wärmflasche ins Bett legen

Warn·blink·an·la·ge die <-, -n> KFZ *blinkende Lichter am Auto, die man bei Gefahr einschaltet, um andere Autofahrer zu warnen:* Am Straßenrand stand ein Auto mit eingeschalteter Warnblinkanlage.

Warn·drei·eck das <-s, -e> KFZ *ein dreieckiges Schild mit einem roten Rand, das ein Autofahrer bei einem Unfall mindestens 50 Meter vor dem Auto aufstellen muss, um andere zu warnen*

war·nen ['varnən] <warnst, warnte, hat gewarnt> *mit OBJ/ohne OBJ* ■ **jmd./etwas warnt (jmdn.) (vor jmdm./etwas)** *jmdn. auf Gefahren oder eine gefährliche Situation aufmerksam machen:* Er wollte sie vor der Gefahr warnen.; Das Schild soll vor Taschendieben warnen.; Ich warne dich davor, das noch einmal zu tun.

Warn·schild das <-(e)s, -er> *ein Schild, das vor einer Gefahr warnt:* ein Warnschild an einer gefährlichen Stelle aufstellen; ein Warnschild beachten/missachten

War·nung die <-, -en> ❶ *ein Hinweis auf eine Gefahr:* die Warnungen vor Glatteis/Hochwasser/Nebel/Sturm beachten ◆ Hochwasser-, Sturm- ❷ *eine dringende Aufforderung, etwas nicht mehr zu tun:* Der Arzt wiederholte seine Warnung vor dem Rauchen.; ■ **Warnungen in den Wind schlagen** *(umg.) die Warnungen nicht beachten*

War·te·hal·le die <-, -n> (≈ *Wartesaal*) *ein großer Raum in einem Bahnhof, in dem sich Reisende aufhalten können, während sie auf ihren Zug warten*

war·ten¹ ['vartn̩] *ohne OBJ* ❶ ■ **jmd. wartet (auf jmdn./etwas)** *irgendwo sein und nichts tun, bis jmd. kommt oder etwas geschieht:* Er wartete auf die Ankunft des Zuges.; Ich warte noch solange, bis der Regen vorbei ist. Dann aber gehe ich einkaufen. ❷ ■ **etwas wartet (auf jmdn.)** *(umg.) bereit sein:* Deine Pizza wartet schon!; Im Garten wartet noch einige Arbeit auf dich!; ■ **Na warte!** *(umg.) Ausdruck einer (nicht sehr ernsten) Drohung;* ■ **Warte mal!** *(umg.) einen Moment bitte!* Warte mal, ich bin gleich fertig!; ■ **etwas lässt lange auf sich warten** *es dauert länger als man erst dachte, bis etwas kommt* Der Frühling lässt aber lange auf sich warten.; ■ **Darauf habe ich gerade noch gewartet!** *(umg.) Das gefällt mir überhaupt nicht!;* ■ **Worauf wartest du noch?** *(umg.) Fang doch endlich an!* ▸ abwarten, erwarten

war·ten² *mit OBJ* ■ **jmd. wartet etwas** *etwas technisch instand halten, indem man es regelmäßig pflegt und kontrolliert:* ein Auto/eine Maschine warten ▸ Wartung, Wartungsarbeiten

War·te·zeit die <-, -en> *Zeit, die vorbeigeht, während man wartet:* In dieser Arztpraxis müssen Sie immer mit langen Wartezeiten rechnen.

War·te·zim·mer das <-s, -> *ein Raum, in dem man darauf wartet, dass man behandelt oder bedient wird:* im Wartezimmer beim Arzt/bei einer Behörde sitzen; Bitte nehmen Sie im Wartezimmer Platz!

wa·r·um [va'rʊm] adv ❶ *in direkten Fragen verwendet, um nach der Ursache zu fragen:* Warum kommst du zu spät?; Warum weint er? ❷ *in indirekten Fragen verwendet, um nach der Ursache zu fragen:* Ich weiß nicht, warum ich das machen soll.; Weißt du, warum das Geschäft schon geschlossen ist?; ■ **Warum nicht gleich so?** *(umg.) Das hätte man doch gleich so machen können!*

was¹ [vas] pron ❶ *in direkten Fragen verwendet, um nach einer Sache oder einem Sachverhalt zu fragen:* Was ist das?; Was ist denn dort passiert?; Was bedeutet dieses Wort?; Was hast du gesagt?; Was ist Kunst? ❷ *in indirekten Fragen verwendet, um nach einer Sache oder einem Sachverhalt zu fragen:* Weißt du, was er gesagt hat?;

Ich würde gern wissen, was dort passiert ist.; Weißt du schon, was du mal werden willst, wenn du groß bist? ❺ *(umg.) warum:* Was regst du dich so auf? ❻ *(umg.) zusammen mit einer vorgestellten Präposition:* Um was handelt es sich? (Worum handelt es sich?); Über was habt ihr schon wieder gesprochen? (Worüber habt ihr schon wieder gesprochen?); ▪ **Was?** *(umg.) die unhöfliche Kurzform für „Was hast du gesagt? Wie bitte?";* ▪ **Was dann?** *(umg.) was sollen wir dann/unter den Umständen tun;* ▪ **Was nun?** *(umg.) was sollen wir jetzt/unter den gegebenen Umständen tun;* ▪ **Was für ein/eine ...** *(umg.) verwendet in einer Frage nach der Eigenschaft von jmdm./etwas* Was für eine Wohnung sucht ihr?; Was für ein Typ war das denn?

was² |vas| *pron* ❶ *verwendet in einem Relativsatz, der die gesamte Aussage des vorhergehenden Satzes aufnimmt:* Er hat niemals davon gesprochen, was sich damals ereignet hat. ❷ *verwendet in einem Relativsatz nach „nichts, alles, einiges, manches, vieles, etwas ":* Wir werden alles tun, was wir können.; Es gibt nichts, was er nicht schafft.; Einiges, was sie gesagt hat, ist wirklich wahr. ❸ *verwendet in einem Relativsatz mit dem Demonstrativpronomen „das":* Die Art und Weise ist das, was mich ärgert. ❹ *verwendet in einem Relativsatz nach einem Superlativ:* Das war das Schönste, was wir gesehen haben.; Das Letzte, was ich von ihm gehört habe, war ...

was³ |vas| *pron (umg.) etwas:* Es sollte schon was Besonderes sein.; Gibt es schon was Neues?

was⁴ |vas| *interj (umg.) verwendet, um einen Vorwurf oder ein Erstaunen auszudrücken:* Was, das kannst du nicht?; Was, der Zug fällt aus?

wasch·bar *adj /nicht steig./ so, dass man es waschen kann:* Diese Jacke ist nicht waschbar; sie muss chemisch gereinigt werden.

Wasch·be·cken *das* <-s, -> *ein Becken an der Wand (in Badezimmer oder Toilette) mit einem Wasserhahn:* sich am Waschbecken die Zähne putzen/die Hände waschen

Wä·sche *die* <-> */kein Plur./* ❶ *Kleidung und alle Textilien, die gewaschen werden:* Wäsche auf die Leine hängen; die Wäsche vor dem Waschen sortieren; die saubere/ schmutzige Wäsche ◆-ständer, -stück, -trockner, Bunt-, Fein-, Hand-, Koch- ❷ / kein Plur./ (≈ *Unterwäsche) das, was man unter der Kleidung auf der Haut trägt:* In dieser Abteilung gibt es Wäsche für Damen und Herren. ❸ */kein Plur./ Bettzeug, Handtücher und alle anderen Textilien, die in einem Haushalt gebraucht werden:* zur Hochzeit Wäsche schenken; das Bett mit frischer Wäsche beziehen ◆ Bett- ❹ *das Waschen von jmdm. oder etwas:* Die Wäsche macht viel Arbeit.; die tägliche Wäsche der Füße/Haare; ▪ **schmutzige Wäsche waschen** *(umg.) sich über Vergangenes streiten* ◆ Haar-

wa·schen |'vaʃn̩| <wäschst, wusch, hat gewaschen> *mit OBJ/ohne OBJ* ▪ **jmd. wäscht (etwas)** *etwas mit Wasser und Seife oder Waschmittel säubern:* das Auto/ die Scheiben waschen; sich das Gesicht/die Haare/die Hände waschen; Wäsche waschen; Ich muss heute wieder waschen; es ist sehr viel schmutzige Wäsche da.; ▪ **Geld waschen** *(umg.) illegal erworbenes Geld irgendwo legal anlegen;* ▪ **etwas hat sich gewaschen** *(umg.) etwas ist unangenehm und sehr schwierig oder sehr streng* Die Prüfung/die Strafe hatte sich aber gewaschen. ▶ Waschmaschine, Waschmittel

Wasch·stra·ße *die* <-, -n> KFZ *eine Anlage, in der Autos automatisch gewaschen werden:* mit dem Auto durch die Waschstraße fahren

Was·ser *das* |'vasɐ| <-s, -/Wässer> ❶ / kein Plur./ *die farblose Flüssigkeit, ohne die kein Lebewesen auf der Erde leben kann:* Wasser bedeckt mehr als zwei Drittel der Erdoberfläche.; das Wasser in Flüssen, Seen und Meeren; Wasser gefriert zu Eis.; Ohne Luft, Wasser und Nahrung kann man nicht leben.; Wasser trinken; im Wasser schwimmen ◆ -flasche, -mangel, Leitungs-, Meer-, Regen-, Trink- ❷ *kurz für „Mineralwasser":* zum Essen ein Glas Wasser trinken; ▪ **ein Zimmer mit fließendem Wasser** *ein Zimmer mit Waschbecken;* ▪ **stehendes Wasser** *ein Teich oder ein See;* ▪ **fließendes Wasser** *ein Fluss oder ein Bach;* ▪ **etwas fällt ins Wasser** *(umg.) etwas fällt aus* Wegen des schlechten Wetters fällt das Sommerfest ins Wasser.; ▪ **sich über Wasser halten** *(umg.) mit wenig Geld gerade so auskommen;* ▪ **jemandem steht das Wasser bis zum Hals** *(umg.) jmd. hat viele Geldprobleme und Schwierigkeiten;* ▪ **jemand kocht auch nur mit Wasser** *(umg.) jmd. macht etwas auch nicht besser als andere;* ▪ **jemandem das Wasser nicht reichen**

können *(umg.) noch lange nicht so gut sein wie jmd. anderer* In Mathematik konnte ihm keiner das Wasser reichen.; ■ **jemandem läuft das Wasser im Mund(e) zusammen** *(umg.) jmd. bekommt großen Appetit auf ein Essen* ◆ Mineral-, Tafel-

Was·ser·fall der <-(e)s, Wasserfälle> *ein Fluss, der (über Felsen) steil nach unten fällt:* Die Niagara-Fälle sind berühmte Wasserfälle.; ■ **reden wie ein Wasserfall** *(umg. abwert.) ohne Pause sehr viel reden*

Watt[1] das [vat] <-(e)s, -en> GEOGR. *Meeresboden, der bei Ebbe ohne Wasser ist:* im Watt wandern

Watt[2] das [vat] <-s, -> ELEKTROTECHN. *Maßeinheit der elektrischen Leistung:* eine Glühbirne mit 60 Watt

Wat·te die ['vatə] <-> /kein Plur./ *eine leichte, weiche Masse aus Baumwolle, die man für kosmetische oder medizinische Zwecke braucht:* eine Wunde mit Watte abtupfen; Puder mit Watte auf die Haut auftragen; eine mit Watte gefütterte Jacke; ■ **jemanden in Watte packen** *(umg. abwert.) mit jmdm. zu vorsichtig umgehen* Wenn man Kinder in Watte packt, werden sie es später schwer haben.

WC das [ve'tseː] <-(s), -(s)> *(≈ Toilette)* ❶ *eine Art Becken, auf das man sich setzen kann, um Blase und Darm zu entleeren:* die Spülung am WC bedienen; der Deckel/der Sitz/die Spülung/der Wasserkasten des WC ❷ *der Raum, in dem ein WC[1] steht:* eine Wohnung mit Bad und WC

we·ben ['veːbn̩] <webst, webte/wob, hat gewebt/gewoben> *mit OBJ/ohne OBJ* ■ **jmd. webt (etwas)** *einen Stoff oder Teppich herstellen, indem man Fäden miteinander kreuzt:* einen Teppich mit der Hand/maschinell weben; Sie sitzt am Webstuhl und webt. ► handgewebt, Weber, Webstuhl

Wech·sel der ['vɛksəl] <-s, -> ❶ */meist Sing./ das Ersetzen einer Person oder eines Gegenstandes gegen eine Person oder einen Gegenstand mit der gleichen Funktion:* der Wechsel der Reifen; ein Wechsel in der Leitung des Instituts ◆ Batterie-, Führungs- ❷ *die Änderung des Arbeitsplatzes, des Studiums oder der Schule:* ein Wechsel in die Konzernspitze ◆ Berufs-, Studien-, Schul- ❸ */meist Sing./ Veränderung eines Zustands:* ein allmählicher/plötzlicher/überraschender Wechsel des Wetters ❹ */meist Sing./ die regelmäßige Abfolge von etwas:* der Wechsel von Tag und Nacht; der Wechsel der Jahreszeiten

Wech·sel·be·zie·hung die <-, -en> *eine gegenseitige Abhängigkeit:* Die beiden Probleme stehen in enger Wechselbeziehung zueinander.

wech·sel·haft <wechselhafter, am wechselhaftesten> *adj (≈ unbeständig ↔ beständig) so, dass es sich häufig verändert:* wechselhaftes Wetter

Wech·sel·kurs der <-es, -e> WIRTSCH. *der Preis, zu dem eine Währung in eine andere umgetauscht wird:* der Wechselkurs zwischen Dollar und Euro; feste/flexible Wechselkurse

wech·seln[1] ['vɛksl̩n] <wechselst, wechselte, hat/ist gewechselt> I. *mit OBJ* ■ **jmd. wechselt etwas** *(haben)* ❶ *etwas durch etwas anderes mit der gleichen Funktion ersetzen:* einen Film/die Autoreifen/die Wäsche wechseln ❷ *eine neue Arbeit anfangen, etwas Neues studieren, eine neue Wohnung beziehen o.Ä.:* den Beruf/das Studienfach/die Wohnung wechseln ❸ *etwas verändern:* Sie wechselt öfter ihre Haarfarbe.; beim Fotografieren die Perspektive wechseln ❹ ■ **jmd. wechselt jmdn.** *(haben) eine andere Person als Lebensgefährten, Freund, Arzt o.Ä. wählen:* den Partner/den Freund/den Arzt wechseln II. *ohne OBJ* ■ **etwas wechselt** *(haben) sich schnell verändern:* Das Wetter/die Stimmung hat plötzlich gewechselt. ❷ *sich ändern:* Die Jahreszeiten/Die Regierungen wechseln. ❸ ■ **jmd. wechselt (irgendwohin)** *(sein) an einen anderen Ort oder Arbeitsplatz gehen:* Sie ist von einer Straßenseite zur anderen gewechselt.; Er ist von der Realschule auf das Gymnasium gewechselt.; ■ **die Ringe wechseln** *bei der Hochzeit die Trauringe austauschen;* ■ **mit jemandem einen Blick wechseln** *sich gegenseitig kurz anschauen;* ■ **mit jemandem einige Worte wechseln** *mit jmdm. kurz sprechen;* ■ **das Thema wechseln** *über ein neues Thema sprechen oder diskutieren*

wech·seln[2] ['vɛksl̩n] <wechselst, wechselte, hat gewechselt> *mit OBJ* ❶ ■ **jmd. wechselt etwas (in etwas** *Akk.***)** *Geld einer Währung gegen eine andere Währung austauschen:* Dollars in Euro wechseln ❷ ■ **jmd. wechselt (jmdm.) etwas (in etwas** *Akk.***)** *jmdm. für einen Geldschein oder eine Geldmünze Geldscheine oder Geldmünzen in kleineren Einheiten, die aber den gleichen Gesamtwert haben, geben:* Können Sie mir die zwanzig Euro in zwei Zehner wechseln? ► Geldwechsel

We·cken, a. **Weck** der <-s, -/e> SÜDDT. (≈ Brötchen)

we·cken ['vɛkn̩] <weckst, weckte, hat geweckt> mit OBJ ❶ **jmd./etwas weckt jmdn.** jmdn. wach machen: Bitte weck mich morgen früh um 6 Uhr.; Das Klingeln des Weckers hat mich geweckt. ❷ **etwas weckt etwas (in/bei jmdm.)** (≈ wachrufen) etwas in jmdm. entstehen lassen: Gefühle/Hoffnungen in jemandem wecken; Das hat meine Aufmerksamkeit geweckt.

We·cker der ['vɛkɐ] <-s, -> eine Uhr, die man meist neben das Bett stellt und die zu einer vorher eingestellten Zeit einen so lauten Ton erzeugt, dass man davon aufwacht: den Wecker stellen; Der Wecker hat geklingelt. Wir müssen aufstehen.; **jemand geht jemandem auf den Wecker** (umg. abwert.) jmd. stört jmdn., indem er lästig ist Du gehst mir ganz schön auf den Wecker!

we·der ['ve:dɐ] konj /nur in weder ... noch/ verwendet, um auszudrücken, dass das erste und das zweite (und das dritte) nicht der Fall ist: Weder er noch sie konnte es wissen.; Weder kann sie ihn bringen, noch ihn abholen.; weder rot noch schwarz noch gelb

Weg der [ve:k] <-(e)s, -e> ❶ eine schmale Straße, auf der man gehen oder fahren kann und die durch ein Gelände führt: ein Weg durch den Wald; ein asphaltierter/ ausgetretener/befestigter/gepflasterter Weg; einen neuen Weg im Garten anlegen ◆Fußgänger-, Rad-, Wald-, Wander- ❷ die bestimmte Strecke, die man gehen oder fahren muss, um zu einem Ziel zu gelangen: noch einen langen Weg vor sich haben; Wie weit ist der Weg ins nächste Dorf? ❸ die Richtung, die zu einem Ziel führt: den Weg verlieren/nicht finden; jemandem den Weg zeigen ◆Heim-, Rück- ❹ die Art und Weise, mit der man etwas bewirken will: auf dienstlichem/diplomatischem Wege; es auf anderem Weg(e) versuchen; der Weg zum Glück ◆Dienst-, Rechts- ❺ die Zeit, während der man irgendwohin geht, reist oder fährt: Auf dem Weg in die Schule habe ich sie getroffen.; Sie ist bereits auf dem Weg nach Zürich.; **sich auf den Weg machen** losgehen oder losfahren Es ist schon spät. Ich mach mich jetzt lieber auf den Weg.; **jemand ist jemandem über den Weg gelaufen** (umg.) jmd. hat jmdn. zufällig getroffen Und dann ist mir noch mein Ex-Freund über den Weg gelaufen!; **jemandem/etwas aus dem Weg gehen** versuchen, jmdn. nicht zu treffen oder etwas zu vermeiden der Arbeit aus dem Weg gehen; Ich gehe ihm lieber aus dem Weg, wenn er so eine schlechte Laune hat.; **jemandem nicht über den Weg trauen** (umg.) jmdm. nicht vertrauen; **seine eigenen Wege gehen** sich von jmdm. unabhängig machen Ab einem gewissen Alter gehen die Kinder ihre eigenen Wege.; **jemand ist auf dem besten Wege, etwas zu werden** jmd. handelt so, dass er bald in eine negative Situation gerät Sie ist auf dem besten Wege, ihren Job zu verlieren.; **jemand steht jemandem im Weg** jmd. ist für jmdn. ein Hindernis; **etwas aus dem Weg räumen** (umg.) ein Hindernis beseitigen; **etwas in die Wege leiten** etwas vorbereiten und dann damit beginnen; **etwas zu Wege/zuwege bringen** (umg.) etwas erreichen ◆unterwegs

weg [vɛk] adv ❶ (umg.: ≈ fort) so, dass etwas, das eben noch an einem Ort oder vorhanden war, nicht mehr da ist: Das Geld ist weg.; Ist er nun endlich weg?; Der Bus ist schon weg. ❷ (umg.) in Aufforderungen, sich oder etwas zu entfernen: Weg von hier!; Weg mit euch!; Hände weg!; Weg mit dem Messer!; **weit weg** weit entfernt Die nächste Apotheke ist nicht weit weg von hier.; **weg sein** (umg.) ohne Bewusstsein sein Nach dem Unfall war er eine Weile weg.

weg·brin·gen <bringst weg, brachte weg, hat weggebracht> mit OBJ ❶ **jmd. bringt jmdn. weg** jmd. an einen anderen Ort begleiten: Ich muss noch die Kinder wegbringen, bevor ich zur Arbeit gehe. ❷ **jmd. bringt etwas weg** eine Sache an einen anderen Ort bringen: einen Brief/ein Paket Brief wegbringen; Bring doch noch kurz den Müll weg, bevor du gehst.

we·gen ['ve:gn̩] präp +Gen. umg.: +Dat. verwendet, um den Grund von etwas anzugeben: Wegen dieser Sache sollten wir neu verhandeln.; Er ist wegen Betrugs vor Gericht angeklagt.; **wegen mir/dir/ihm usw.** (umg.) meinetwegen, deinetwegen, seinetwegen usw. Er ist extra wegen ihr gekommen.; **Von wegen!** (umg.) verwendet, um auszudrücken, dass man jmds. Aussage widerspricht und dass das Gegenteil zutrifft „Mach du das. Du kannst das doch so gut!" — „Von wegen! Ich habe das noch nie gemacht!"; **von Amts wegen** (geh.) im Auftrag eines Amtes Er handelt von Amts wegen.

weg·fah·ren <fährst weg, fuhr weg, hat/

ist weggefahren> **I.** *mit OBJ* ▪ **jmd. fährt etwas weg** *(haben) etwas an einen anderen Ort fahren:* Müll/Möbel wegfahren; Ich muss das Auto hier wegfahren, denn es steht im Parkverbot. **II.** *ohne OBJ (sein)* ❶ ▪ **jmd. fährt weg** *verreisen:* übers Wochenende wegfahren ❷ ▪ **jmd. fährt weg** *mit dem Auto an einen anderen Ort fahren:* Ohne ein Wort zu sagen, stieg er ein und fuhr weg. ❸ ▪ **etwas fährt weg** *ein Fahrzeug entfernt sich:* Der Bus fährt weg.

weg·ge·ben <gibst weg, gab weg, hat weggegeben> *mit OBJ* ❶ ▪ **jmd. gibt etwas weg** *etwas, das man besitzt, jmd. anderem geben, weil man es nicht mehr braucht:* Die alten Anzüge/Bücher habe ich weggegeben. ❷ ▪ **jmd. gibt jmdn. weg** *jmdn. zur Pflege oder Erziehung zu anderen geben:* Die Eltern haben das Kind weggegeben.

weg·ge·hen <gehst weg, ging weg, ist weggegangen> *ohne OBJ* ❶ ▪ **jmd. geht weg** *sich von irgendwo entfernen:* Sie ist schon weggegangen, denn sie wollte nicht länger warten. ❷ ▪ **jmd. geht weg** *(umg.: ≈ ausgehen) in ein Lokal oder zu einer Veranstaltung gehen:* Wollen wir heute Abend weggehen, oder bleiben wir lieber zu Hause? ❸ ▪ **jmd. geht von jmdm. weg** *jmdn. verlassen:* Nach 10 Jahren Ehe ist er von ihr weggegangen.; ▪ **etwas geht weg** ❹ ▪ **etwas geht weg** *(umg.) verschwinden:* Der Fleck ist beim Waschen nicht weggegangen.; Die Schmerzen wollen einfach nicht weggehen. ❺ ▪ **etwas geht irgendwie weg** *(umg.) gut und schnell verkauft werden:* Das Brot ist schnell weggegangen.

weg·kom·men <kommst weg, kam weg, ist weggekommen> *ohne OBJ* ❶ ▪ **jmd. kommt weg** *(umg.) einen Ort verlassen können:* Wir kommen hier nicht weg, denn wir stehen im Stau. ❷ ▪ **etwas kommt weg** *(umg.) verloren gehen oder gestohlen werden:* Mir ist mein Geldbeutel weggekommen. ❸ ▪ **jmd. kommt von jmdm./etwas weg** *sich von etwas befreien oder lösen:* Er kam nicht vom Alkohol/Heroin/seiner Sucht weg.; Sie kommt nicht von ihm weg. ❹ ▪ **jmd. kommt bei etwas irgendwie weg** *(umg.) bei etwas irgendwie behandelt werden:* Er ist bei der Verteilung des Erbes schlecht weggekommen.; Wir können froh sein: Wir sind noch einmal gut bei der Sache weggekommen. ❺ ▪ **jmd. kommt über etwas nicht weg** *(umg.) etwas nicht vergessen können:* Ich komme über die Trennung einfach nicht

weg.; ▪ **Mach, dass du wegkommst!** *(umg.) verwendet, um auf sehr unhöfliche Art zu sagen, dass jmd. weggehen soll*

weg·las·sen <lässt weg, ließ weg, hat weggelassen> *mit OBJ* ❶ ▪ **jmd. lässt etwas weg** *(umg.) etwas nicht verwenden, das man in dem gegebenen Zusammenhang verwenden könnte:* Das Komma kann man hier weglassen.; Wenn man das Salz weglässt, schmeckt das Essen nicht mehr. ❷ ▪ **jmd. lässt jmdn. weg** *(umg.) erlauben, dass jmd. weggeht:* Paul kommt heute nicht mit: Seine Eltern haben ihn nicht weggelassen.

weg·neh·men <nimmst weg, nahm weg, hat weggenommen> *mit OBJ* ❶ ▪ **jmd. nimmt etwas weg** *etwas von einer Stelle nehmen:* den Fuß von der Bremse wegnehmen ❷ ▪ **jmd. nimmt jmdm. etwas weg** *etwas nehmen, das ihm gehört:* jemandem den Führerschein/den Pass wegnehmen; Der Lehrer nimmt dem Schüler das Handy weg. ❸ ▪ **jmd. nimmt jmdm. etwas weg** *(umg.) verhindern, dass jmd. etwas hat:* Geh zur Seite, denn du nimmst mir das Licht weg! ❹ ▪ **etwas nimmt viel Platz weg** *viel Platz benötigen:* Der Tisch nimmt viel Platz weg.

Weg·wei·ser *der* <-s, -> *ein Schild an einer Kreuzung, das die Richtung und Entfernung zu einem Ort angibt:* Der Wegweiser geht den Weg, den er zeigt, nicht selbst.

weg·wer·fen <wirfst weg, warf weg, hat weggeworfen> *mit OBJ* ▪ **jmd. wirft etwas weg** *etwas, das man nicht mehr braucht, in den Müll werfen:* verdorbene Lebensmittel/alte Schuhe wegwerfen; ▪ **sein Geld wegwerfen** *sein Geld verschwenden;* ▪ **sein Leben wegwerfen** *sich für eine sinnlose Sache opfern*

We·he *die* ['ve:ə] <-, -n> */meist Plur./ die Schmerzen einer Frau vor und während der Geburt:* Die Wehen haben um 10 Uhr eingesetzt.

weh·lei·dig <wehleidiger, am wehleidigsten> *adj (abwert.) übertrieben empfindlich gegen Schmerzen:* Sei doch nicht so wehleidig!; ein wehleidiges Gesicht machen

weh·ren ['ve:rən] <wehrst, wehrte, hat gewehrt> *mit SICH* ❶ ▪ **jmd. wehrt sich gegen etwas** *Akk. gegen etwas Widerstand leisten:* Sie wehrte sich gegen die Anschuldigungen. ❷ ▪ **jmd. wehrt sich gegen jmdn.** *sich verteidigen:* Wenn man angegriffen wird, muss man sich wehren.

weh·tun, *a.* **weh tun** <tust weh, tat weh, hat wehgetan> *ohne OBJ* ❶ ▪ **etwas tut**

weh *(umg.) schmerzen:* Mein Arm/Finger/Kopf tut furchtbar weh.; Wo tut es (dir) denn weh? ❷ **jmd./etwas tut (jmdm.) weh** *jmdm. körperliche oder seelische Schmerzen zufügen:* Er hat mir absichtlich weh getan/wehgetan.; Ich habe mir am Fuß weh getan/wehgetan.; Die Spritze hat überhaupt nicht weh getan/wehgetan.; Du hast ihr mit deiner Äußerung sehr weh getan/wehgetan (≈ sie sehr beleidigt).

Weib·chen das ['vaɪpçən] <-s, -> *(↔ Männchen) weibliches Tier:* Das Weibchen kümmert sich um die Aufzucht der Jungen.

weib·lich <weiblicher, am weiblichsten> *adj (↔ männlich)* ❶ */nicht steig./ (bei Mensch und Tier) von dem Geschlecht, das Kinder bzw. Junge gebären kann:* das weibliche Geschlecht; Die Firma hat über 70 % weibliche Angestellte.; Ein weibliches Tier nennt man „Weibchen". ❷ BOT. */nicht steig./ so, dass es eine Frucht bilden kann:* eine weibliche Blüte ❸ */nicht steig./ zu einer Frau gehörend:* die weibliche Anatomie; ein weiblicher Vorname ❹ *(≈ feminin) typisch für eine Frau:* eine sehr weibliche Ausstrahlung/Figur ❺ SPRACHWISS. *(≈ feminin) /nicht steig./ so, dass ein Substantiv den Artikel „die" erfordert:* Die weibliche Form von „der Lehrer" ist „die Lehrerin".

weich <weicher, am weichsten> *adj (↔ hart)* ❶ *so, dass ein Material leicht die Form verändern kann:* Silber ist ein weiches Metall.; ein weiches Fell; ein weicher Stoff; ein weiches Bett ❷ *als Nahrungsmittel oder Speise so (gegart), dass es wenig Mühe bereitet, davon abzubeißen:* das Fleisch weich kochen; weich gedünstetes Gemüse ❸ *so, dass eine Frucht sehr reif ist:* Der Apfel ist schon ganz weich. ❹ *so, dass ein Mensch stark nach seinem Gefühl lebt:* ein weiches Herz haben; Er ist zu weich für diesen Job. ❺ *so, dass jmd. nachgiebig ist:* Sie hat ihn lange zu diesem Plan überredet.; Am Ende ist er weich geworden. ❻ *so wenig intensiv, dass es angenehm ist und nicht irritiert:* eine weiche Stimme; ein weiches Licht ◆ **Getrennt- oder Zusammenschreibung** → R 4.15 weich klopfen/weichklopfen; weich kochen/weichkochen; weich spülen/weichspülen

Wei·de¹ die ['vaɪdə] <-, -n> BOT. *ein Baum, der am Wasser wächst und lange biegsame Zweige hat:* der Wind in den Weiden

Wei·de² die ['vaɪdə] <-, -n> *Land, auf dem Gras wächst und auf dem Vieh weiden kann:* fette/grüne/saftige Weiden; die Kühe/Schafe auf die Weide treiben ▸ **weiden**

wei·gern ['vaɪgɐn] <weigerst, weigerte, hat geweigert> *mit SICH* ■ **jmd. weigert sich, etwas zu tun** *erklären, dass man etwas nicht tun will:* Ich weigere mich, den Befehl auszuführen. ▸ verweigern, Weigerung

Weih·nach·ten das ['vaɪnaxtn̩] <-, -> / *meist Sing./* ❶ *christliches Fest am 25. Dezember zur Feier der Geburt von Jesus Christus:* In unserer Familie wird Weihnachten gemeinsam gefeiert.; Weihnachten ist für die meisten Menschen ein Familienfest. ❷ *die Zeit vom Abend des 24.12. (Heiligabend) bis zum 26.12. (zweiter Weihnachtsfeiertag):* Weihnachten bei der Familie verbringen; jmdm. etwas zu Weihnachten schenken; über Weihnachten verreisen; das Weihnachten im Jahr 2005; ■ **Frohe Weihnacht(en)!** *Gruß, mit dem man jmdm. wünscht, dass er ein schönes Weihnachtsfest erlebt;* ■ **weiße Weihnacht(en)** *ein Weihnachtsfest, bei dem Schnee liegt* ▸ weihnachtlich, Weihnachtsfeiertag, Weihnachtsfest

Weihnachten ist das wichtigste christliche Fest und gleichzeitig auch in nichtreligiösen Familien das wichtigste Familienfest, und zwar nicht nur in Deutschland. Das zentrale Symbol des Festes ist der so bezeichnete „Weihnachtsbaum", eine Tanne oder Fichte, die man bereits in der Adventszeit bzw. Vorweihnachtszeit auf vielen öffentlichen Plätzen findet und die man auch in der eigenen Wohnung (insbesondere im Wohnzimmer) aufstellt. Der Weihnachtsbaum wird mit Kerzen und bunten Kugeln geschmückt. Es gibt eine riesige Anzahl an Weihnachtsbräuchen, die landschaftlich sehr stark variieren. Stets aber beschenkt man sich mit Weihnachtsgeschenken, die man am Abend des 24. Dezember überreicht, nämlich an dem „Heiligen Abend". Der 25. Dezember (der erste Weihnachtsfeiertag) und der 26. Dezember (der zweite Weihnachtsfeiertag) sind – jedenfalls in Deutschland – arbeitsfreie Feiertage. Ohnehin nehmen viele Menschen „über die Feiertage" (wie man sagt), einen Weihnachtsurlaub. Gern vergnügt man sich im Advent, den vier Wochen vor Weihnachten, auf den zahlreichen Weihnachtsmärkten mit heißen Würstchen, Punsch und Glühwein (gewürzt und heiß getrunkenen Rotwein). Traditionell gehört zum Weihnachtsfest ein besonderes gutes Essen, wozu in Deutschland immer noch die so bezeichnete „Weihnachtsgans" gehören dürfte.

weih·nach·ten ■ Es weihnachtet sehr. *(umg.) es wird bald Weihnachten*

Weih·nachts·baum *der* <-(e)s, Weihnachtsbäume> *(≈ Christbaum) eine Tanne oder ein anderer Nadelbaum, der für das Weihnachtsfest mit Kerzen oder Lichtern, Figuren, Sternen, Lametta o.Ä. geschmückt wird:* den Weihnachtsbaum schmücken

Weih·nachts·mann *der* <-(e)s, Weihnachtsmänner> ❶ *(≈ Nikolaus) Gestalt mit einem roten Mantel und weißem Bart, die in manchen Gegenden den Kindern zu Weihnachten die Geschenke bringt* ❷ *(umg. abwert.) Bezeichnung für jmdn., der alles falsch macht und lächerlich wirkt:* Das ist vielleicht ein Weihnachtsmann!; ■ **Du glaubst wohl noch an den Weihnachtsmann!** *(umg.) du bist sehr leichtgläubig*

weil [vail] *konj* ❶ *verwendet, um Nebensätze einzuleiten, die eine Ursache/einen Grund angeben:* Wir kommen zu spät, weil der Bus ausgefallen ist. ❷ *leitet die Antwort auf eine Frage nach der Ursache ein:* Warum kommst du erst jetzt? — Weil der Bus Verspätung hatte.

Wei·le *die* ['vailə] <-> */kein Plur./ eine unbestimmte Zeitdauer:* Ich warte schon eine Weile auf dich.; Er kam nach einer Weile zurück.

Wein *der* [vain] <-(e)s, -e> ❶ */kein Plur./* BOT. *eine Pflanze, die meist an Hängen angebaut wird, und deren essbare Früchte (die Weintrauben) hellgrün oder blau sind:* Wilder Wein wächst am Haus empor. ◆-bau, -ernte, -laub ❷ *ein alkoholisches Getränk, das aus dem Saft der Beeren des Weins¹ gemacht wird:* roter/weißer Wein; edler/erlesener/lieblicher/schwerer/trockner Wein; Wein probieren; eine Flasche Wein als Geschenk mitbringen/aus dem Keller holen/entkorken; Wein von fruchtigem/herbem/lieblichem Geschmack; ■ **jemandem reinen Wein einschenken** *(umg.) jmdm. die Wahrheit über etwas sagen* ◆-flasche, -glas, -händler, -lokal, Rot-, Weiß-

Wein·berg *der* ['vainbɛrk] <-(e)s, -e> *ein Hang, an dem Wein¹ angebaut wird:* Er arbeitet den ganzen Tag im Weinberg.

wei·nen ['vainən] <weinst, weinte, hat geweint> *ohne OBJ* ■ **jmd. weint (über etwas/um jmdn.)** *Tränen in den Augen haben, weil man enttäuscht bzw. traurig ist, oder Schmerzen hat:* Das Kind weint, weil es hingefallen ist.; über einen Verlust weinen; um einen Toten weinen

Wein·pro·be *die* <-, -n> *eine Veranstaltung, bei der man verschiedene Weine (eines Winzers) probieren kann:* an einer Weinprobe teilnehmen

Wei·se¹ *die* ['vaizə] <-, -n> *die Art, wie etwas geschieht oder getan wird:* eine bestimmte Art und Weise; es auf diese Weise doch schaffen; in der bewährten/gewohnten/traditionellen/üblichen Weise verfahren; etwas auf viele verschiedene Weisen versuchen; ■ **in gewisser Weise** *von einem bestimmten Standpunkt aus gesehen* In gewisser Weise hast du recht, aber ich möchte dazu noch einiges sagen.

Wei·se² *der* ['vaizə] <-n, -n> *ein sehr kluger und erfahrener Mensch, der ein tiefes Verständnis vom Leben und der Welt hat:* den Rat eines Weisen suchen; ■ **die drei Weisen aus dem Morgenland** REL. *die Heiligen Drei Könige*

wei·se ['vaizə] <weiser, am weisesten> *adj* ❶ *klug und erfahren; reif:* eine weise alte Frau; weise handeln ❷ *auf Klugheit und Erfahrung beruhend:* eine weise Entscheidung; jemandem einen weisen Rat geben ▸ Weisheit

weiß¹ [vais] *Präsens von* **wissen**

weiß² [vais] *adj* (↔ *schwarz*) ❶ *in der Farbe von Milch:* wie Schnee; zum Anzug ein weißes Hemd tragen; ein weißes Blatt Papier ◆blüten- ❷ *von sehr heller Farbe:* Der Hund hat ein weißes Fell.; weiße Haut ❸ *blass:* ganz weiß werden vor Schreck; ■ **eine weiße Weste haben** *(umg.) sich nicht schuldig gemacht haben*; ■ **ein weißer Fleck auf der Landkarte** *ein unerforschtes Gebiet*; ■ **etwas Schwarz auf Weiß haben** *(umg.) etwas als schriftliches Dokument haben* Hier steht Schwarz auf Weiß, was wir vereinbart haben.; ■ **das Weiße Haus** *der Sitz des amerikanischen Präsidenten*; ■ **der Weiße Tod** *Tod durch Erfrieren im Schnee* ◆Großschreibung → R 3.17f.; Getrennt-oder Zusammenschreibung → R 4.16 weiß getüncht/ weißgetüncht; weiß glühend/weißglühend

Weiß *das* <-(es), -> */meist Sing./* ❶ *die weiße Farbe von etwas:* das Weiß des Schnees ❷ */ohne Artikel/ die weiße Farbe der Figuren beim Brettspiel, z.B. Schach:* Weiß gewinnt.; ■ **Hochzeit in**

Weiß *eine Hochzeit, bei der die Braut (traditionell) weiß gekleidet ist*

Weiß·brot das <-(e)s, -e> (↔ *Schwarzbrot*) *ein helles Weizenbrot*

Weiß·kohl der <-(e)s> /kein Plur./ NORDDT. (↔ *Rotkohl*) *ein Kohl mit weißen bis hellgrünen Blättern*

Weiß·kraut das <-s> /kein Plur./ SÜDDT. *Weißkohl*

Wei·sung die <-, -en> (geh.) *Befehl:* einer Weisung Folge leisten; auf höhere Weisung hin handeln

weit¹ [vait] <weiter, am weitesten> adj ❶ *so, dass eine ziemlich große Entfernung zurückgelegt wurde:* Wir sind heute sehr weit gefahren.; Sie sind weit hinaus geschwommen.; Mit dem Fernglas kann man sehr weit sehen.; Die Truppen sind weit ins Landesinnere vorgerückt.; einen Ball weit werfen ❷ *so, dass zwischen zwei Punkten eine bestimmte räumliche Entfernung besteht:* Wie weit ist es von München bis nach Hamburg?; Er ist 3 Meter weit gesprungen. ❸ *mit einer bestimmten zeitlichen Entfernung zwischen zwei Punkten:* Das liegt alles weit zurück. Ich kann mich nicht mehr daran erinnern.; bis weit in die Zukunft hinein planen. ❹ *einen bestimmten Punkt in einer Entwicklung bezeichnend:* Wie weit seid ihr (mit der Arbeit)?; Bald ist es so weit: Dann können wir in das neue Haus einziehen.; Bist du so weit, dass wir gehen können? ❺ *räumlich sehr ausgedehnt:* eine weite Ebene; hinaus auf das weite Meer; die Türen weit öffnen ❻ *(übertr.) mit einem großen inhaltlichen Umfang:* ein weites Aufgabengebiet; weit gehende/reichende Vollmachten haben; Das ist ein weites Feld. Da kann man endlos diskutieren.; eine weit verbreitete Meinung ❼ *eng am Körper anliegend:* Die Hose/Jacke ist zu weit.; Ich muss den Rock weiter machen; ▪ **die große weite Welt** (umg.) *die Welt weit weg von zu Hause, in der man viel erleben kann* Er zog in die weite Welt hinaus.; ▪ **weit und breit** (umg.) *in der ganzen Umgebung* Hier gibt es weit und breit keine Tankstelle.; ▪ **etwas ist weit hergeholt** *etwas soll als Argument für etwas gelten, hat aber nichts mit dem eigentlichen Thema zu tun* Das ist jetzt aber weit hergeholt. Ich sehe da gar keinen Zusammenhang mit unserem Thema!; ▪ **jemand ist viel weiter als jemand** *jmd. hat eine andere Person in der Entwicklung oder bei der Lösung einer Aufgabe überholt;* ▪ **jemand hat es weit gebracht** *jmd. hat im Beruf und im Leben viel Erfolg;* ▪ **weit blickend/weitblickend** (≈ *vorausschauend*) *so, dass man Entscheidungen nicht nur vor dem Hintergrund der Gegenwart trifft, sondern die (voraussehbare) Zukunft einbezieht* weit blickende/weitblickende Entscheidungen; ▪ **jemand ist zu weit gegangen** (umg.) *jmd. hätte das nicht tun oder sagen dürfen* Mit dieser Kritik sind Sie eindeutig zu weit gegangen!; ▪ **von Weitem/weitem** *aus einer gewissen Entfernung* Von Weitem/weitem betrachtet wirkt das Haus nicht mehr so interessant.; ▪ **bei Weitem/weitem** *mit großem Abstand* Das ist bei Weitem/weitem die teuerste Wohnung, die ich gesehen habe. ▸ Weite, weiten ▪ Groß- oder Kleinschreibung → R 3.7

weit² [vait] adv (↔ *kaum*) *verwendet, um zu betonen, dass der Unterschied zwischen zwei konkreten oder gedachten Sachverhalten sehr groß ist:* Sie ist weit älter, als sie aussieht.; Der Film war weit besser, als ich gedacht habe.

wei·ter¹ ['vaitɐ] adj /nicht steig./ ❶ (≈ *zusätzlich*) *über das schon Gesagte hinausgehend:* Haben Sie noch weitere Fragen?; Alles Weitere besprechen wir später. ❷ *zukünftig:* Man muss die weitere Entwicklung abwarten.; ▪ **ohne Weiteres/weiteres** (≈ *einfach so*) *verwendet, um auszudrücken, dass etwas sich ohne Widerstand oder Hindernisse ereignet* Er hat das ohne Weiteres/weiteres geglaubt (≈ er hat keinerlei Zweifel gehabt).; Das Gebäude hat keinen Pförtner. Jeder kann hier ohne weiteres eintreten (≈ es gibt niemanden, der das verhindert).; ▪ **bis auf Weiteres/weiteres** (≈ *vorläufig*) *verwendet, um auszudrücken, dass das Gesagte so gültig bleibt, bis etwas anderes gesagt wird* ▪ Groß- oder Kleinschreibung → R 3.7

wei·ter² ['vaitɐ] adv ❶ *verwendet, um auszudrücken, dass eine Handlung fortgesetzt werden soll:* Schnell weiter!; Bis hierher und nicht weiter! ❷ (≈ *außerdem*) *über das bereits Gesagte hinausgehend:* Was geschah weiter?; Weiter weiß ich nichts. ❸ (≈ *weiterhin*) *auch in der nächsten Zeit:* Wenn du weiter so redest, wird dir keiner mehr zuhören!; Die Medizin hilft mir! Soll ich sie noch weiter nehmen?; ▪ **nichts weiter (als)** *nur* Das ist nichts weiter als eine Erkältung.; ▪ **Wenn es weiter nichts ist!** (umg. iron.) *das ist für mich gar kein Problem*

wei·ter·ar·bei·ten <arbeitest weiter, arbeitete weiter, hat weitergearbeitet> ohne OBJ ▪ **jmd. arbeitet weiter** *mit der Ar-*

beit fortfahren und nicht aufhören: Ich möchte noch eine Stunde weiterarbeiten.

wei·ter·bil·den <bildest weiter, bildete weiter, hat weitergebildet> *mit SICH* ■ **jmd. bildet sich weiter** *eine zusätzliche Ausbildung machen oder zusätzliche Kenntnisse erwerben, um seine beruflichen Chancen zu verbessern:* Er hat sich in abendlichen Kursen weitergebildet.; Mit der regelmäßigen Lektüre von Fachzeitschriften will er sich weiterbilden. ▶ Weiterbildung

wei·ter·ge·ben <gibst weiter, gab weiter, hat weitergegeben> *mit OBJ* ❶ ■ **jmd. gibt etwas (an jmdn.) weiter** *etwas, das man hat, an eine andere Person übermitteln:* Informationen weitergeben; eine Nachricht weitergeben ❷ ■ **jmd. gibt etwas (an jmdn.) weiter** *jmdm. etwas geben, was man vorher selbst bekommen hat:* Nun gib schon endlich die Fotos weiter: Wir wollen sie auch mal sehen!

wei·ter·hin ['vaɪtɐ'hɪn] *adv* ❶ (≈ *zukünftig*) *auch in Zukunft:* Das Gesetz gilt auch weiterhin. ❷ (≈ *außerdem, zusätzlich*) *so, dass es zu dem bisher Gesagten hinzukommt:* Weiterhin ist zu beachten, dass…

wei·ter·ma·chen <machst weiter, machte weiter, hat weitergemacht> *ohne OBJ* ■ **jmd. macht (mit etwas** *Dat.***) weiter** *etwas fortsetzen:* mit seiner Arbeit weitermachen; Wollen wir so weitermachen wie bisher?; ■ **Mach nur so weiter!** *(umg. iron.) wenn du deine Handlung auf diese Art fortsetzt, wirst du Schwierigkeiten bekommen*

weit·sich·tig ['vaɪtzɪçtɪç] *adj /nicht steig./* ❶ MED. (↔ *kurzsichtig*) *so, dass man etwas gut in der Ferne, aber schlecht in der Nähe sehen kann:* Ich bin weitsichtig. Ich brauche zum Lesen eine Brille. ❷ *so, dass man an alle Dinge denkt, die in Zukunft geschehen könnten:* eine sehr weitsichtige Politik/Entscheidung ▶ Weitsichtigkeit

Weit·sprung *der* <-(e)s> */kein Plur./* (↔ *Hochsprung*) *eine Sportart, bei der man einen langen Anlauf nimmt, dann versucht, möglichst weit zu springen, und bei der man schließlich in einer mit Sand gefüllten Grube landet:* Heute üben wir (den) Weitsprung. ▶ Weitspringer(in)

Wei·zen *der* ['vaɪtsn̩] <-s> */kein Plur./* *eine Getreidesorte:* aus Weizen Brot backen

wel·che(r, -s) *pron* ❶ *verwendet, um auszudrücken, dass unter mehreren Dingen gewählt wird:* Welches Kleid soll ich heute anziehen? ❷ (≈ *der, die, das*) *verwendet als Relativpronomen, um einen Relativsatz*

einzuleiten: Er ist derjenige, welcher …; Das Bauteil, welches am meisten belastet wird, ist die Achse.

welk *adj /nicht steig./* ❶ *so, dass eine Pflanze vertrocknet ist:* welkes Laub; Ich muss die Blumen gießen. Sie sehen ganz welk aus. ❷ *schlaff und mit Falten; nicht mehr glatt:* welke Haut

wel·ken ['vɛlkn̩] <welkst, welkte, ist gewelkt> *ohne OBJ* ■ **etwas welkt** ❶ *an Frische verlieren und welk werden:* Die Blumen welken in der Vase. ▶ verwelken ❷ *(geh.) vergehen:* Ruhm und Schönheit welken.

Wel·le *die* ['vɛlə] <-, -n> ❶ *fließendes Wasser, das so in Bewegung ist, dass es höhere und tiefere Stellen bildet:* in den Wellen schwimmen; hohe Wellen; das Rauschen der Wellen ❷ PHYS. *eine Schwingung, die sich fortsetzt:* elektromagnetische Wellen; Der Schall/das Licht breitet sich in Wellen aus. ◆Schall- ❸ *etwas, das die Form einer Welle¹ hat:* Wellen in den Haaren haben; über eine Welle im Boden stolpern ◆Boden- ❹ *(übertr.) etwas, das sich schnell und stark verbreitet:* eine Welle der Begeisterung; eine Welle von Protesten; eine neue Welle der Rockmusik; ■ **etwas schlägt hohe Wellen** *(übertr.) etwas verursacht große Aufregung*

wel·len ['vɛlən] <wellte, hat gewellt> *mit SICH* ■ **etwas wellt sich** *Wellen³ bekommen:* Das Papier wellt sich.

Welt *die* [vɛlt] <-, -en> ❶ */kein Plur./ der Planet Erde:* die Welt vom All aus gesehen ❷ *einzelne Gebiete auf der Erde:* die Welt kennenlernen; rund um die Welt reisen ◆-reise ❸ */kein Plur./ die Gesamtheit der Menschen:* Die Welt blickt mit Spannung auf dieses Ereignis.; die ganze Welt in Atem halten/erschüttern ❹ *die Lebensverhältnisse der Menschen:* die Welt verändern wollen; an der Welt verzweifeln; die heutige Welt; die Welt der Antike ❺ *eine Gruppe der Gesellschaft, deren Mitglieder durch ein bestimmtes Thema verbunden sind:* in der Welt der Kunst/der Mode/des Sports/der Wissenschaft; die Welt der Gelehrten; Tennis spielen ist ihre Welt.; die Welt der Pflanzen/Tiere ◆Damen-, Fach-, Geschäfts-, Männer- ❻ ■ **die Dritte Welt** *die Entwicklungsländer;* ■ **die Neue Welt** *Amerika;* ■ **die Alte Welt** *der Teil der Erde, der im Mittelalter den Europäern bekannt war;* ■ **viel in der Welt herumgekommen sein** *viele Länder gesehen haben;* ■ **jemand versteht die Welt nicht mehr** *jmd. ist sehr erstaunt oder erschro-*

cken; ▪zwischen ihnen liegen Welten sie sind sehr verschieden; ▪alle Welt (umg.) jeder; ▪nicht um alles in der Welt (umg.) auf keinen Fall; ▪auf die Welt kommen (umg.) geboren werden; ▪eine Frau bringt ein Kind zur Welt eine Frau gebärt ein Kind; ▪etwas aus der Welt schaffen (umg.) etwas beseitigen; ▪etwas in die Welt setzen (umg.) ein Gerücht verbreiten; ▪für jemanden bricht eine Welt zusammen jmd. ist sehr enttäuscht von jmdm. oder etwas

Welt·all das <-s> /kein Plur./ (≈ Weltraum) das Universum: das Alter des Weltalls erforschen

Welt·an·schau·ung die <-, -en> die Art, wie jmd. das Leben sieht und beurteilt: nach christlicher Weltanschauung; Seine Weltanschauung ist mir fremd/teile ich nicht. ▪ weltanschaulich

welt·be·rühmt adj /nicht steig./ auf der ganzen Welt bekannt: ein weltberühmter Autor/Gelehrter/Komponist/Künstler / Maler / Schauspieler / Wissenschaftler ▸ Weltruhm

welt·fremd adj ❶ so, dass jmd. wenig Erfahrung und Kenntnis der Welt⁴ hat: ein weltfremder Träumer ❷ so, dass etwas nicht mit der Realität zu tun hat: weltfremde Ideen/Vorstellungen haben ▸ Weltfremdheit

Welt·krieg der <-(e)s, -e> GESCH. einer der großen Kriege im zwanzigsten Jahrhundert, an denen viele Länder beteiligt waren: der Erste/Zweite Weltkrieg

welt·lich ['vɛltlɪç] adj /nicht steig./ ❶ zum normalen Leben gehörend: die weltlichen Genüsse ❷ (↔ geistlich, kirchlich) nicht zur Kirche gehörend: weltliche Bauten/ Musik; die weltliche und die kirchliche Macht

Welt·macht die <-, Weltmächte> ein politisch, wirtschaftlich und militärisch sehr einflussreicher Staat: die Weltmacht USA

Welt·raum der <-(e)s> /kein Plur./ (≈ Weltall) die Erkundung des Weltraumes mit Satelliten ◆-fahrt, -station

Welt·re·kord der <-(e)s, -e> die weltweit beste Leistung auf einem Gebiet, z.B. im Sport: der Weltrekord im 100-m-Lauf; einen neuen Weltrekord aufstellen

Welt·si·cher·heits·rat der <-(e)s> /kein Plur./ POL. eine Organisation der Vereinten Nationen, die versucht, militärische Konflikte weltweit friedlich zu lösen

welt·weit adj /nicht steig./ auf der ganzen Welt: weltweit per Telefon erreichbar sein; weltweite Kommunikation

wem [ve:m] pron /Dat. von „wer"/ verwendet, um nach einer Person zu fragen, die etwas bekommt oder besitzt: Wem von euch soll ich das Geld geben?; Wem gehört dieses schöne Haus?

wen [ve:n] pron /Akk. von „wer"/ verwendet, um nach einer Person zu fragen: Wen willst du anrufen?

Wen·de die ['vɛndə] <-, -n> ❶ Veränderung in einer Entwicklung: Es ist eine Wende zum Guten eingetreten.; eine politische Wende ❷ Übergang zwischen zwei Zeitabschnitten: an der Wende zum 20. Jahrhundert ◆Jahres-, Jahrhundert- ❸ das Umkehren: eine Wende um 180° machen; Das Boot/Fahrzeug machte eine Wende.; ▪vor/nach der Wende (umg.) Zeitraum der zunächst in der ehemaligen DDR beginnenden politischen Umwälzungen im Ostblock (Mauerfall 1989) bis nach der Wiedervereinigung Deutschlands 1991(= Beitritt der früheren DDR zum Geltungsbereich des Grundgesetzes)

wen·den ['vɛndn̩] <wendest, wendete/ wandte, hat gewendet/gewandt> I. mit OBJ ▪jmd. wendet etwas ❶ auf die andere Seite drehen: die Pfannkuchen wenden; die Seite (eines Buches) wenden; ▪bitte wenden bitte umdrehen und auf der anderen Seite weiterlesen ❷ ▪jmd. wendet etwas irgendwohin etwas in eine andere Richtung drehen: das Boot/ das Fahrzeug08.12.04 wenden; Er hat den Blick zur Seite gewendet. ▸ abwenden, zuwenden II. ohne OBJ ▪jmd. wendet mit dem Auto umkehren: Wendest du bitte da vorne!; Hier kann man mit dem Auto wenden. III. mit SICH ❶ ▪jmd. wendet sich an jmdn. jmdn. ansprechen, weil man einen Rat oder Hilfe braucht: Wenden Sie sich bitte mit Ihrer Frage an …! ❷ ▪jmd./ etwas wendet sich an jmdn. sich an eine bestimmte Gruppe richten: Der Film wendet sich besonders an Jugendliche.; Ich wende mich mit meinem Appell an alle Anwesenden. ❸ ▪jmd./etwas wendet sich gegen etwas etwas kritisieren: Dieser Artikel wendet sich gegen bestimmte Vorurteile. ❹ ▪jmd. wendet sich irgendwohin in eine bestimmte Richtung gehen: Sie wendete sich in die andere Richtung und ging weg. ❺ ▪etwas wendet sich etwas verändert sich: das Glück/ Schicksal wandt/wendete sich

Wen·de·punkt der <-(e)s, -e> ❶ eine Situation, in der sich etwas grundlegend verändert: ein Wendepunkt in der Geschichte/in seinem Leben ❷ der Punkt, an *dem sich eine Bewegung in die entgegengesetzte Richtung ändert:* der südliche Wendepunkt der Sonne

Wen·dung die <-, -en> ❶ *Stelle, an der etwas eine andere Richtung einschlägt:* Die Straße macht eine Wendung. ❷ SPRACHWISS. *(≈ Redewendung)* eine feste Wendung

we·nig[1] ['ve:nɪç] <weniger, am wenigsten> *pron* (↔ *viel*) ❶ */vor Subst./ verwendet, um auszudrücken, dass etwas nur im geringem Maß oder in geringer Menge vorhanden ist:* Sie hat wenig Geld, aber er hat noch weniger.; Nur noch wenige Vorräte sind uns geblieben.; wenige Zuschauer; wenig Zeit; wenige Jahre; ein wenig gelesenes/weniggelesenes Buch; ein wenig bekannter/wenigbekannter Autor ❷ */anstelle eines Subst./ verwendet, um auszudrücken, dass es sich um eine geringe Menge/geringes Maß handelt:* Nur wenige kamen zu dem Spiel.; das Wenige, was ich weiß; ■ **die wenigsten/Wenigsten** *sehr kleine Anzahl* Das wissen nur die wenigsten/Wenigsten.; ■ **ein wenig** *ein bisschen* ein wenig Geduld/Wasser

we·nig[2] ['ve:nɪç] *adv in geringem Maße, nicht viel:* Sie hat weniger getan als du.; Das interessiert mich nur wenig/am wenigsten.; Du gehst wenig schwimmen.

we·nigs·tens ['ve:nɪçstn̩s] *adv* ❶ *(≈ zumindest) verwendet, um auszudrücken, dass etwas das Geringste ist, was man erwarten kann:* Du könntest dich wenigstens entschuldigen!; Morgen soll die Sonne scheinen, wenigstens sagt das der Wetterbericht ❷ *verwendet, um auszudrücken, dass etwas über einer bestimmten Zahlengrenze liegt/liegen muss:* Ich brauche wenigstens zehn Helfer.

wenn [vɛn] *konj* ❶ *verwendet, um in einem Nebensatze eine Bedingung zu nennen:* Wenn ich Zeit habe, besuche ich dich.; Wenn du nicht hilfst, dann schaffen wir es nicht. ❷ *verwendet, um in einem Nebensatz einen Zeitpunkt zu nennen:* Wenn es heute dunkel wird, bringst du die Kinder ins Bett!; Bitte sage Bescheid, wenn du mich brauchst! ❸ *verwendet, um in einem Nebensatz einen sich wiederholenden Zeitpunkt zu nennen:* Wenn es Frühling wird, blühen die Blumen.; (Immer) wenn das Telefon läutet, denke ich, dass er es ist.; ■ **wenn ... doch (nur)/bloß** *Ausdruck einer Hoffnung oder eines Wunsches* Wenn doch schon Abend wäre.; Wenn bloß nichts passiert!; ■ **wenn ... auch** *obwohl* Wenn das Buch auch gelobt wurde, so war es mir doch zu langweilig.

wer[1] [ve:ɐ̯] *pron verwendet, um direkt/indirekt nach einer Person zu fragen:* Wer ist bereit, die Aufgabe zu übernehmen?; Weißt du, wer das getan hat?; Ich frage mich, wer das gewesen ist.

wer[2] [ve:ɐ̯] *pron verwendet in einem verkürzten Relativsatz, der sich auf eine unbestimmte Person bezieht:* Wer dagegen ist, sollte jetzt nein sagen! (Alle, die dagegen sind, sollten jetzt nein sagen!)

wer[3] [ve:ɐ̯] *pron* (*umg.:* ≈ *jemand*) Ist da wer?; Da ist wer an der Tür.

wer·ben ['vɛrbn̩] <wirbst, warb, hat geworben> ❶ **mit OBJ** ❶ ■ **jmd. wirbt jmdn. (für jmdn./etwas)** *versuchen, jmdn. als Kunden oder Interessenten für etwas zu gewinnen:* Abonnenten für eine Zeitung werben; neue Mitglieder für einen Verein werben ❷ **ohne OBJ** ❶ ■ **jmd. wirbt für etwas** *versuchen, etwas so darzustellen, dass es Interesse erweckt:* für ein Produkt/eine Idee werben ❷ ■ **jmd. wirbt um etwas** *versuchen, etwas zu bekommen:* Er warb um ihr Vertrauen.; Der Politiker warb um die Gunst der Wähler. ❸ ■ **jmd. wirbt um jmdn.** *(geh. o veralt.) sich um die Zuneigung und Liebe einer Frau bemühen:* Er hat lange vergeblich um sie geworben.

Wer·be·sen·dung die <-, -en> *ein Teil des Programms im Fernsehen, in dem für ein Produkt Werbung gemacht wird*

Wer·be·spot der <-s, -s> *kurze Werbesendung im Fernsehen*

Wer·bung die <-, -en> ❶ */kein Plur./ (≈ Reklame) etwas, was man öffentlich zeigt (als Film, Plakat, Broschüre), um für ein Produkt zu werben:* Werbung für etwas machen; viel Geld für Werbung ausgeben; Im Fernsehen ist zu viel Werbung zu sehen. ❷ *das Werben I:* die Werbung von Arbeitskräften/Kunden/Mitgliedern ❸ *(geh. o veralt.) das Werben II.3:* Sie hat seine Werbung angenommen ❹ *(umg.) gedruckte Prospekte mit Werbung[I]:* Bitte keine Werbung einwerfen!; Ständig ist der Briefkasten voller Werbung

wer·den[1] ['ve:ɐ̯dn̩] <wirst, wurde, ist geworden> *(Vollverb)* ❶ **ohne OBJ** ❶ ■ **jmd. wird irgendwie** *einen bestimmten Zustand erreichen oder eine bestimmte Eigenschaft bekommen:* alt/erwachsen/krank/reich werden; Er ist vor kurzem Vater geworden.; Sie ist unsere Chefin geworden.; Sein Traum ist Wirklichkeit geworden.; Sie wird bald 40 (Jahre alt). ❷ ■ **jmd. wird etwas** *Nom. einen Beruf lernen oder eine Arbeitsstelle antreten:* Was willst du mal werden? ❸ **jmd./etwas wird zu etwas** *Dat. sich zu etwas entwickeln:* Die Arbeit wird allmählich zur Routine.; Der Keim wird zur Pflanze.; Sie wurde zu einer bedeutenden Künstlerin.; Er wurde zum Star der achziger Jahre. ❹ **jmd. wird wie jmd.** *sich so entwickeln, wie jmd. anders ist:* Sie wird wie ihre Mutter. ❺ **etwas wird irgendwie** *(umg.) gelingen:* Sind die Fotos gut geworden? II. *mit ES* ❶ **es wird irgendwie/etwas** *einen bestimmten Zustand oder Zeitpunkt erreichen:* Langsam wird es hell.; Morgen soll es kalt werden.; Gestern wurde es zwölf Uhr. ❷ **jmdm. wird es irgendwie** *jmd. bekommt ein bestimmtes Gefühl:* Mir wird (es) kalt.; Ich glaube, ihm wird schlecht und er muss sich erbrechen.; ▪ **Das wird schon wieder.** *(umg.) verwendet, um jmdn. zu trösten;* ▪ **Was soll daraus bloß werden?** *(umg.) Wie soll es bloß damit weitergehen?* Er ist sechs und kann immer noch nicht sprechen! Was soll daraus bloß werden?; ▪ **Daraus wird nichts!** *(umg.) Das wird/soll auf keinen Fall geschehen!* Um Mitternacht willst du noch ins Kino? Daraus wird nichts!; ▪ **Was nicht ist, kann noch werden.** *verwendet, um auszudrücken, dass es noch nicht zu spät für etwas ist*

wer·den² [ˈveːɐ̯dn̩] <wirst, wurde, ist geworden> *(Hilfsverb)* I. *mit Inf.* ▪ **jmd./etwas wird mit Inf.** ❶ *verwendet, um ein Geschehen in der Zukunft zu beschreiben:* Er wird morgen verreisen. ❷ *verwendet, um eine Hoffnung oder einen Wunsch auszudrücken:* Hoffentlich wird es nicht regnen. ❸ *verwendet, um eine Drohung auszudrücken:* Du wirst noch von mir hören! ❹ *verwendet, um eine Vorhersage auszudrücken:* Rationalisierung wird zum Verlust zahlreicher Arbeitsplätze führen. ❺ ▪ **jmd. wird (wohl) mit Inf. Perf.** *verwendet, um eine Vermutung auszudrücken, dass (kurz) vorher etwas passiert ist:* Ich werde wohl durch die Prüfung gefallen sein.; Er wird wohl den Bus verpasst haben. II. *mit Part. Perf.* ❶ ▪ **jmd./etwas wird plus. Part. Perf.** *verwendet zur Bildung des Passivs:* Sie werden gefilmt.; Die Häuser wurden abgerissen.; Die Stadt ist neu aufgebaut worden. ❷ ▪ **(es) wird plus Part. Perf.** *verwendet, um einen Befehl auszudrücken:* Jetzt wird gearbeitet!; Hier wird nicht mehr geraucht!

wer·fen¹ [ˈvɛrfn̩] <wirfst, warf, hat geworfen> *mit OBJ/ohne OBJ* ▪ **jmd. wirft (etwas)** *(etwas) mit einer starken Bewegung des Arms aus der Hand irgendwohin schleudern:* Er wirft den Ball.; Sie kann sehr weit werfen.

wer·fen² [ˈvɛrfn̩] <wirfst, warf, hat geworfen> *mit OBJ/ohne OBJ* ▪ **ein Tier wirft (Junge)** *gebären:* Die Katze hat drei Junge geworfen.; Gestern hat unsere Hündin geworfen.

Werft die [vɛrft] <-, -en> *Fabrik, in der Schiffe gebaut werden* ♦-arbeiter, -gelände

Werk¹ das [vɛrk] <-(e)s, -e> ❶ *das Ergebnis einer künstlerischen oder wissenschaftlichen Leistung:* Der Schriftsteller stellt sein neuestes Werk vor.; die Werke Albrecht Dürers ❷ */kein Plur./* (≈ *Gesamtwerk*) *alles, was ein Künstler hervorgebracht hat:* das Werk Schillers ❸ */kein Plur./ etwas, das jmd. getan hat:* Das ist alles dein Werk.; Der Mord war das Werk eines skrupellosen Verbrechers.; ▪ **ein gutes Werk tun** *jmdm. helfen, der es benötigt;* ▪ **sich ans Werk machen** *anfangen zu arbeiten*

Werk² das [vɛrk] <-(e)s, -e> ❶ *Fabrik:* Das Werk ist der größte Arbeitgeber in der Region. ♦-sgelände, -shalle ❷ *Mechanismus:* ein kompliziertes Werk aus Zahnrädern und Ketten ♦Uhr-

Werk·statt die <-, Werkstätten> ❶ *Arbeitsraum eines Handwerkers oder Handwerksbetriebes:* die Werkstatt einer Autolackiererei/eines Schuhmachers/eines Uhrmachers; das Auto in die Werkstatt zur Reparatur bringen; Vater hat sich im Keller eine kleine Werkstatt eingerichtet. ❷ *Atelier eines Künstlers:* Das Bild stammt aus der Werkstatt eines unbekannten Meisters.

Werk·tag der <-(e)s, -e> *(↔ Feiertag, Sonntag) einer der Wochentage, an denen gearbeitet wird:* Dieser Bus verkehrt nur an Werktagen. ▸ werktags ♦-sarbeit

Werk·zeug das <-(e)s, -e> ❶ *ein Gerät, mit dem man eine Arbeit ausführt:* Zangen, Feilen und andere Werkzeuge; Zur Reparatur des Fahrrades fehlen mir die richtigen Werkzeuge. ❷ */kein Plur./ alle Werkzeuge/ für eine bestimmte Arbeit:* sein Werkzeug in Ordnung halten; Zu dieser Arbeit fehlt mir das geeignete Werkzeug. ♦-kasten, -koffer, -tasche ❸ *(übertr.) etwas, das man zur Lösung eines Problems verwenden kann:* Die Theorie ist nicht das geeignete Werkzeug zur Erklärung dieses Phänomens.

Wert der [veːɐ̯t] <-(e)s, -e> ❶ */kein Plur./ im Hinblick auf das Kaufen/Verkaufen die in Geld ausgedrückte Entsprechung einer Sache:* Waren im Wert von vielen Millionen Euro; Die Häuser sind im Wert gefal-

wert – Westen

len/gestiegen.; etwas unter Wert verkaufen ◆ Sach-, Versicherungs-, Waren- ❷ / kein Plur./ die Bedeutung, die etwas hat, weil es von guter Qualität oder nützlich ist: Er besitzt alte Möbel von großem Wert.; ein Gerät von praktischem Wert; Das Buch hat einen großen erzieherischen Wert. ❸ /nur Plur./ ein Gegenstand, der wertvoll ist: Werte bewahren/erhalten/ schaffen/vernichten ◆ -gegenstand ❹ etwas, das gemessen und in Zahlen ausgedrückt wird: Werte auf einer Skala ablesen; Die Temperatur erreicht heute Werte um 30 Grad.; ▪ **großen/geringen Wert auf etwas legen** etwas für sehr wichtig/unwichtig halten; ▪ **keinen Wert auf etwas legen** etwas nicht wünschen oder haben wollen Ich lege keinen Wert auf seine Anwesenheit. ◆ Durchschnitts-, Maximal-, Mess-, Spitzen-

wert [veːɐ̯t] adj /nicht steig./ ❶ mit einem bestimmten Geldwert: Der alte Computer ist noch 200 Euro wert.; Was wird das Haus heute noch wert sein? ❷ ▪ **etwas ist es/etwas wert** so, dass die genannte Sache sich lohnt: Das ist nicht der Mühe wert.; Berlin ist immer eine Reise wert (≈ eine Reise nach Berlin lohnt sich immer).; Ich halte das nicht für wert, gelesen zu werden. ❸ von großer Wichtigkeit für jmdn. bzw. jmdm. von großer Wichtigkeit: Dein Urteil ist mir viel wert. ▶ werten, bewerten

wert·los adj /nicht steig./ (↔ wertvoll) ❶ ohne Wert¹: Die Kopie des Gemäldes ist wertlos. Nur das Original hat Wert. ❷ ohne Nutzen: Diese Arbeit ist wertlos, denn sie nützt niemandem.

Wer·tung die <-, -en> ❶ das Bewerten einer Leistung: Die Studenten erreichten bei diesem Test gute Wertungen. ❷ SPORT das Bewerten in einem sportlichen Wettkampf

wert·voll <wertvoller, am wertvollsten> adj (↔ wertlos) ❶ von hohem finanziellen, künstlerischen oder geistigen Wert: wertvoller Schmuck; ein wertvolles Kunstwerk; ein wertvolles altes Erinnerungsstück; ein pädagogisch wertvoller Film ❷ von großem Nutzen: dem Freund einen wertvollen Tipp geben; jemandem wertvolle Hilfe leisten; zu einer wissenschaftlichen Arbeit wertvolle Beiträge leisten

We·sen das [ˈveːzn̩] <-s, -> ❶ /kein Plur./ (≈ Natur) die grundlegende Eigenart einer Sache/Erscheinung: etwas über das Wesen einer Sache sagen; Es liegt im Wesen der Kunst, dass sie frei ist.; Demokratie ist das Wesen dieses Gesellschaftsmodells ❷ / kein Plur./ (≈ Natur) die grundlegende Eigenart einer Person: Er hat ein ernstes/ sanftes/scheues/sympathisches Wesen. ❸ etwas, das existiert, aber nicht bewiesen werden kann: außerirdische Wesen; Gott als das höchste Wesen. ❹ etwas, das lebt: In dieser einsamen Gegend begegnet man nirgendwo einem menschlichen Wesen.; Der Mensch ist ein geselliges Wesen.; ein Baby ist zuerst ein kleines, hilfloses Wesen ◆ Lebe-, Menschen-

we·sent·lich¹ [ˈveːzn̩tlɪç] <wesentlicher, am wesentlichsten> adj sehr wichtig; grundlegend: die wesentlichen Gesichtspunkte; Deine Mitwirkung ist wesentlich für den Erfolg des Projektes.; ▪ **im Wesentlichen** in der Hauptsache Das war im Wesentlichen alles, was ich zu sagen hatte.

we·sent·lich² [ˈveːzn̩tlɪç] adv sehr viel: Sie hat wesentlich zum Erfolg beigetragen.; Ich kann euch nicht wesentlich weiterhelfen.; Er ist wesentlich älter als sie.

wes·halb [vɛsˈhalp] I. adv (≈ warum) in direkten und indirekten Fragen verwendet, um nach der Ursache zu fragen: Weshalb kommst du so spät?; Kannst du mir sagen, weshalb die Lösung nicht richtig ist? II. konj (≈ warum) verwendet, um in einem Nebensatz die Folge eines Sachverhaltes anzugeben, der in dem Hauptsatz genannt ist: Das ist der Grund, weshalb wir erst jetzt kommen konnten.

Wes·pe die [ˈvɛspa] <-, -n> ZOOL. ein Insekt mit einem schwarz-gelb gestreiften Leib und einem giftigem Stachel: Eine Wespe hat sie in den Arm gestochen. ◆ -nplage, -nstich

wes·sen [ˈvɛsn̩] Gen. von **wer**

Wes·si der [ˈvɛsi] <-s, -s> (umg. abwert.: ↔ Ossi) jmd., der aus den alten Bundesländern kommt

West [vɛst] /ohne Art.; kein Plur./ METEOR., SEEW. Westen: Wind aus West; Güter aus Ost und West ◆ -bahnhof, -deutschland, -europa

Wes·te die [ˈvɛsta] <-, -n> ❶ eine Art Jacke ohne Ärmel: eine Weste über dem Hemd tragen; zum Anzug eine graue Weste tragen ◆ Anzug-, Jeans-, Leder-, Stoff- ❷ SÜDDT. leichte Strickjacke; ▪ **eine weiße Weste haben** nicht an etwas schuldig sein

Wes·ten der [ˈvɛstn̩] <-s> /kein Plur./ ❶ (↔ Osten) die Himmelsrichtung, in der die Sonne untergeht: nach Westen fahren ❷ (↔ Osten) eine Gegend, die im Westen¹ liegt: der Westen des Landes; Im Westen der Stadt gibt es zurzeit viele Baustellen; Sie sind in den Westen gezogen. ❸ *Westeuropa und die USA als politische oder weltanschauliche Einheit:* Der Westen hat in dieser Frage nicht schnell genug gehandelt.; die Öffnung des Ostens gegenüber dem Westen; ▪ **der Wilde Westen** GESCH. *der (weitgehend gesetzlose) westliche Teil Nordamerikas zur Zeit der Kolonisation im 19. Jahrhundert*

west·lich ['vɛstlɪç] <westlicher, am westlichen> **I.** *adj* (↔ *östlich*) ❶ /*nur attr.*/ *nach Westen¹ ²:* Sie fahren in westlicher Richtung ❷ /*nur attr.*/ *aus dem Westen¹ ²:* Der Wind weht aus westlicher Richtung. ❸ *im Westen¹ ²:* der westliche Teil der Stadt ❹ POL. *zu den Staaten Westeuropas oder der USA gehörend:* die westlichen Politiker/Regierungen; die westlichen Gesellschaften/Kulturen **II.** *präp* +*Gen.* /*vor Eigennamen ohne Artikel mit „von"*/ (↔ *östlich*) *drückt aus, dass etwas weiter im Westen liegt als etwas anderes:* westlich der Elbe wohnen; Die Stadt liegt westlich des Schwarzwaldes.; westlich von München

Wett·be·werb der ['vɛtbəvɛrp] <-(e)s, -e> ❶ /*kein Plur.*/ WIRTSCH. (≈ *Konkurrenz*) *der Sachverhalt, dass Firmen, Institutionen und einzelne Personen gleichzeitig versuchen, den größten wirtschaftlichen Erfolg zu haben:* der globale/internationale Wettbewerb; mit jmdm. in Wettbewerb treten ◆ -svorteil ❷ *eine Veranstaltung, bei der jeder Teilnehmer versucht, die beste Leistung zu erbringen und einen Preis zu gewinnen:* einen Wettbewerb veranstalten; sportlicher Wettbewerb; der Wettbewerb um das schönste Buch/den schönsten Kinderfilm des Jahres ◆ Kunst-, Musik-

Wet·ter das ['vɛtɐ] <-s> /*kein Plur.*/ *der Zustand, in dem die Atmosphäre gerade in einem Gebiet ist, und der sich in der Natur zeigt als Regen, Schnee, Wolken, Kälte, Hitze:* beständiges/gutes/schlechtes/unbeständiges/wechselhaftes Wetter; das Wetter beobachten/vorhersagen; Es hängt vom Wetter ab, ob wir morgen baden gehen.; ▪ **bei jemandem gut Wetter machen** (umg.) *versuchen, jmdn. günstig zu stimmen, nachdem man ihn verärgert hatte* ◆ -lage, Regen-

Wet·ter·be·richt der <-(e)s, -e> (≈ *Wettervorhersage*) *eine Meldung im Radio oder Fernsehen, in der das Wetter für den kommenden Tag vorhergesagt wird:* den Wetterbericht anhören/ansehen

Wett·kampf der <-(e)s, Wettkämpfe> *(sportlicher) Kampf, bei dem der Beste in einer Sportart gesucht wird:* an einem Wettkampf teilnehmen; Wettkämpfe im Skispringen veranstalten

Wett·lauf der <-(e)s, Wettläufe> *sportlicher Wettkampf, bei dem man versucht, eine bestimmte Strecke möglichst schnell zu laufen:* einen Wettlauf machen; Die Jungen haben einen Wettlauf gemacht.; ▪ **ein Wettlauf mit der Zeit** (übertr.) *eine Situation, in der man sehr schnell handeln muss, um eine Gefahr zu überwinden* Die Bekämpfung der Seuche wurde zum Wettlauf mit der Zeit.

wet·zen¹ ['vɛtsn̩] <wetzt, wetzte, hat gewetzt> *mit OBJ* ▪ **jmd. wetzt etwas** *etwas wieder scharf machen, indem man es an einer harten Oberfläche reibt:* das Messer wetzen; Der Vogel wetzt seinen Schnabel.

wet·zen² ['vɛtsn̩] <wetzt, wetzte, ist gewetzt> *ohne OBJ* ▪ **jmd. wetzt irgendwohin** (umg.: ≈ *rennen*) *sehr schnell laufen:* schnell zum Laden an der Ecke wetzen

wich·tig ['vɪçtɪç] <wichtiger, am wichtigsten> *adj* ❶ *so, dass es eine große Bedeutung hat und für jmdn. oder etwas notwendig ist:* eine wichtige Entscheidung; Es ist für mich wichtig, das zu wissen.; Bewegung an frischer Luft ist wichtig für die Gesundheit. ◆ lebens- ❷ *so, dass jmd. viel Macht und großen Einfluss hat:* Auf der Messe trafen sich alle wichtigen Manager der Branche.; eine wichtige Persönlichkeit; ▪ **etwas wichtig nehmen** *eine Sache für notwendig und bedeutend halten;* ▪ **etwas ist nur halb so wichtig** (umg.) *etwas hat keine große Bedeutung;* ▪ **sich wichtigmachen** (umg. abwert.) *die eigene Person in den Vordergrund drängen* Muss er sich immer so wichtigtun?; ▪ **sich mit etwas wichtigtun** *mit etwas angeben* Er tut sich mit seiner neuen Aufgabe sehr wichtig. ▶ Wichtigkeit

wi·ckeln ['vɪkln̩] <wickelst, wickelte, hat gewickelt> *mit OBJ* ▪ **jmd. wickelt etwas** (**um/auf etwas** *Akk.*) ❶ *einen Stoff oder Papier in mehreren Windungen um etwas herumlegen:* einen Faden auf eine Rolle wickeln; Wolle wickeln; Draht um eine Spule wickeln; sich einen Schal um den Hals wickeln ❷ ▪ **jmd. wickelt jmdn./etwas in etwas** *Akk. jmdn./etwas in etwas einhüllen:* ein Geschenk in Geschenkpapier wickeln; sich in eine warme Decke wickeln ▶ einwickeln ❸ ▪ **jmd. wickelt ein Kind** *einem Kind*

frische Windeln anlegen: einen Säugling wickeln

Wi·ckel·raum *der* <-(e)s, Wickelräume> *Raum, in dem man Säuglinge wickeln³ kann*

wi·der·le·gen [viːdɐˈleːgn̩] <widerlegst, widerlegte, hat widerlegt> *mit OBJ* ■ **jmd. widerlegt jmdn./etwas** *beweisen, dass jmd. nicht Recht hat oder dass etwas falsch ist:* eine Behauptung/eine Theorie/eine These widerlegen; Er hat seine Kollegen widerlegt.

wi·der·lich [ˈviːdɐlɪç] <widerlicher, am widerlichsten> *adj* ❶ *Ekel erregend:* ein widerlicher Gestank ❷ *sehr unsympathisch:* ein widerlicher Mensch

wi·der·ru·fen [viːdɐˈruːfn̩] <widerrufst, widerrief, hat widerrufen> *mit OBJ* ■ **jmd. widerruft etwas** *sagen, dass eine Aussage, die man vorher gemacht hat, nicht richtig oder ungültig ist:* eine Bestellung/eine Regelung widerrufen; Der Regierungssprecher hat diese Meldung widerrufen. ▸ Widerruf, widerruflich

wi·der·set·zen [viːdɐˈzɛtsn̩] <widersetzt, widersetzte, hat widersetzt> *mit SICH* ■ **jmd. widersetzt sich jmdm./etwas** *jmds. Anordnungen nicht befolgen:* Er hat sich den Anordnungen widersetzt.; sich dem Druck der Vorgesetzten/der Öffentlichkeit widersetzen

wi·der·spre·chen [viːdɐˈʃprɛçn̩] <widersprichst, widersprach, hat widersprochen> I. *ohne OBJ* ❶ ■ **jmd. widerspricht jmdm.** *eine andere Meinung als jmd. äußern und vertreten:* Sie wagt ihm nicht zu widersprechen.; Da muss ich Ihnen leider widersprechen. ❷ ■ **etwas widerspricht etwas** *Dat. nicht mit etwas übereinstimmen:* Das widerspricht jeder Regel/der Vernunft.; Seine Aussage widerspricht den Tatsachen. II. *mit SICH* ■ **jmd./etwas widerspricht sich** *etwas sagen, was nicht mit einer früheren Aussage übereinstimmt:* Warum widersprichst du dir ständig?; Die Fakten widersprechen sich.

Wi·der·spruch *der* <-(e)s, Widersprüche> ❶ */ein Plur./ das Aussprechen einer gegensätzlichen Meinung:* Er duldet keinen Widerspruch. ❷ *ein Gegensatz zwischen mehreren Aussagen:* Seine Behauptung steht im Widerspruch zu seinen früheren Aussagen. ▸ widersprüchlich ❸ RECHTSW. *offizielle Mitteilung, dass man das Urteil eines Gerichts nicht akzeptiert und eine Revision beantragt:* Der Anwalt hat Widerspruch gegen das Urteil eingelegt.

Wi·der·stand *der* [ˈviːdɐʃtant] <-(e)s, Widerstände> ❶ */kein Plur./ (≈ Gegenwehr) Handlung oder Protest, womit man sich jmdm./etwas widersetzt:* Die feindlichen Truppen lieferten keinen Widerstand und ergaben sich.; erbitterten/heftigen Widerstand leisten; mit einem Vorschlag auf Widerstand stoßen ❷ */kein Plur./* POL. *Kurzform für „Widerstandsbewegung" (in einer Diktatur):* Er war lange Jahre im Widerstand.; Sie kämpft im Widerstand. ❸ */kein Plur./ etwas, das eine Bewegung oder eine Handlung behindert:* mit dem Fuß an einen Widerstand stoßen ▸ widerstandsfähig ❹ */kein Plur./* PHYS. *Eigenschaft eines Stoffes, das Fließen von elektrischem Strom zu behindern:* Widerstand wird in der Maßeinheit „Ohm" gemessen.; ■ **Widerstand gegen die Staatsgewalt** RECHTSW. *eine strafbare Handlung, bei der man sich gegen die Festnahme durch die Polizei wehrt;* ■ **passiver Widerstand** *gewaltloser Widerstand¹*

Wi·der·stands·be·we·gung *die* <-, -en>

Der Ausdruck **Widerstandsbewegung** bezeichnet allgemein zunächst die organisierte Gegnerschaft gegen ein diktatorisches Regime. In Deutschland wird darunter im engeren Sinn eine aktive Opposition gegen das nationalsozialistische Regime (den Hitler-Faschismus) der Jahre 1933–1945 verstanden. Damit grenzt man die Verwendung des Ausdrucks von bloß weltanschaulichem Dissidententum und gesellschaftlicher Verweigerung ab. Gleiches gilt für die so genannte „innere Emigration", in welche zahlreiche Schriftsteller und Künstler gingen, die aus unterschiedlichen Gründen und Problemlagen trotz Ablehnung des Regimes in Hitler-Deutschland blieben oder bleiben mussten. Dies war in der Nachkriegszeit oft Anlass kontroverser Diskussionen zur Rolle namhafter Persönlichkeiten in jener Zeit. Aktiver Widerstand ging von Einzelpersonen aus, so von Georg Eisler, der 1939 ein Attentat auf Adolf Hitler verübte und hingerichtet wurde. Zu den namhaften Widerstandsgruppen zählen: die „Rote Kapelle", die „Weiße Rose", der „Kreisauer Kreis", und vor allem die „Gruppe des 20. Juli 1944". Meist handelte es sich bei den Gruppen um lose Netzwerke von Personen mit unterschiedlicher politischer und sonstiger weltanschaulicher (ethisch oder religiös motivierter) Orientierung. Die „Weiße Rose" (zwischen 1942 und 1943) um die Geschwister Hans und Sophie Scholl tat sich unter anderem durch das Drucken und Verteilen von Flugblättern gegen das Hitler-Regime hervor. Sie wurden durch den so bezeichneten „Blutrichter" Roland Freisler zum Tode verurteilt und hingerichtet. Freisler führte als Präsident des „Volksgerichtshofes" z.B. auch die Prozesse gegen die „Gruppe 20. Juli 1944". Die „Rote Kapelle" (seit 1933; am stärksten tätig zwischen 1940 und 1942) war eine Gruppe von meist politisch links gerichteten NS-Gegnern um Harro Schulze-Boysen, Adam Kuckhoff, Arvid Harnack und anderen. Gegen sie wurde unter diesem Decknamen von der Gestapo ermittelt; nach der Aufdeckung der Gruppe wurden viele von ihnen hingerichtet. Im engeren Bereich gehörten dem „Kreisauer Kreis" (1940 bis 1944) neben den wichtigen Repräsentanten Graf von Moltke und Graf York von Wartenburg insgesamt etwa zwanzig Personen an. Nach der Aufdeckung des Kreises durch die Gestapo (auf die offenbar auch der Name zurückgeht) schlossen sich mehrere von ihnen der Gruppe um Graf von Stauffenberg an. Mit seinem Namen verbindet sich das von ihm verübte, aber fehlgeschlagene Attentat auf Adolf Hitler vom 20. Juli 1944. Dies wird als das zentrale Ereignis des Widerstands gegen den Nationalsozialismus angesehen. Die Gruppe „20. Juli 1944" nennt man meist auch wegen der großen Zahl der beteiligten Repräsentanten an erster Stelle, wenn es um den militärischen Widerstand gegen das Regime geht. Ihr gehörten Personen aus dem Adel, der Wehrmacht und der Verwaltung an. Die Erhebung endete mit einer Serie von Prozessen und mit einer erheblichen Zahl von Todesurteilen. Heute erinnert unter anderem die „Gedenkstätte Plötzensee" (Plötzensee war Hinrichtungsort der Nazis) für die Opfer des Nationalsozialismus an den Widerstand gegen das Regime und an die Hinrichtungen nach Unrechtsurteilen der NS-Justiz.

Wi·der·wil·len der <-s> /kein Plur./ *eine starke Abneigung, die jmd. gegen jmdn. / etwas empfindet*
wie¹ [viː] *adv* ❶ *verwendet in Fragen nach der Art und Weise:* Wie hast du das gemacht?; Ich frage mich, wie es gewesen ist.; Weißt du, wie er das gemacht hat? ❷ *verwendet in Fragen nach den Eigenschaften einer Person oder Sache:* Wie ist er denn so als Kollege?; Wie ist das Wetter?; Willst du nicht wissen, wie der Umzug war? ❸ *verwendet in Fragen nach dem Maß von etwas:* Wie alt ist sie?; Ich frage mich, wie alt sie wohl ist.; Wie schnell fährt der Zug?; Willst du wissen, wie kalt es heute ist? ❹ *verwendet in Fragen nach einer Zahl oder Menge:* Wie viel kostet das?; Ich weiß nicht, wie viele Leute unterschrieben haben.; Wie viel teurer als das ist denn dieses Fahrrad hier? ❺ *verwendet, um eine Aussage zu verstärken:* Wie gemein von ihm!; Wie hübsch du bist!; Wie gut, dass wir den Zug gerade noch erreicht haben!; ▪ **Wie bitte?** *verwendet, um jmdn. zu bitten, etwas nochmal zu sagen, was man nicht verstanden hat;* ▪ **Wie bitte?** *verwendet, um Ärger und Verwunderung auszudrücken* Ich mache jetzt mal eine Pause. — Wie bitte? Machen Sie erst mal die Arbeit fertig!; ▪ **Wie spät ist es?** *verwendet, um nach der Uhrzeit zu fragen;* ▪ **Und wie!** *(umg.) verwendet, um eine positive Antwort zu verstärken* Hast du Lust, schwimmen zu gehen? — Und wie!; ▪ **Auf das Wie kommt es an.** *die Art und Weise, wie etwas gemacht wird, ist wichtig*
wie² [viː] *konj* ❶ *leitet einen Vergleich ein:* Sie ist so schnell wie er.; Rufe so laut wie du kannst!; Er hat gut gearbeitet, wie man es erwartet hat.; stark wie ein Löwe sein ❷ *leitet eine Aussage der Art und Weise ein:* Du weißt ja, wie es mir geht.; Ich kann mir vorstellen, wie du das gemacht hast.; Ich richte mein Zimmer ein, wie ich will. ❸ *leitet einen Nebensatz ein, der ein gleichzeitiges Geschehen ausdrückt:* Wie er gerade die Tür öffnet, klingelt das Telefon.; Ich höre, wie es regnet. ❹ (≈ *und (auch)) verknüpft die Elemente einer Aufzählung:* Dieser Drucker ist ein Fax wie als Kopierer zu gebrauchen.; ▪ **wie wenn** *als ob* Wie wenn ich es geahnt hätte!; ▪ **Wie dem auch sei ...** *egal, wie es ist ...;* ▪ **Wie du mir, so ich dir.** *Wie du mich behandelst, so behandle ich dich.*
wie·der [ˈviːdɐ] *verwendet, um auszudrücken, dass etwas von neuem und nicht das erste Mal geschieht:* immer wieder; schon wieder; nie wieder; wieder anfangen; wieder tun; wieder verwenden; Nächste Woche gehen wir wieder ins Kino.; Das Theater ist wieder ausverkauft. ❷ *verwendet, um auszudrücken, dass ein*

früherer Zustand hergestellt wird: das Haus wieder herrichten; wieder gewinnen; wieder in die Heimat zurückkehren; Ich glaube, du musst die Tapete wieder abmachen.; Natürlich werden Sie wieder gesund!; ▪ **wieder und wieder** *immer wieder* Er erzählt die Geschichte wieder und wieder.

wie·der·be·kom·men <bekommst wieder, bekam wieder, hat wiederbekommen> *mit OBJ* ▪ **jmd. bekommt etwas wieder** *etwas zurück erhalten, das man jmdm. gegeben hat:* Wann bekomme ich die geliehenen Sachen wieder?

wie·der·ge·ben <gibst wieder, gab wieder, hat wiedergegeben> *mit OBJ* ❶ ▪ **jmd. gibt (jmdm.) etwas wieder** *jmdm. etwas zurückgeben:* Gib mir meine Bücher wieder! ❷ ▪ **jmd. gibt etwas (mit etwas** *Dat.***) wieder** *als Beschreibung oder Darstellung anschaulich machen:* Es lässt sich mit Worten kaum wiedergeben, was ich erlebt habe.; Das Foto von ihm gibt genau wieder, in welcher Stimmung er gerade war. ❸ ▪ **jmd. gibt etwas (in etwas** *Dat.***) wieder** *(≈ übersetzen) in einer anderen Sprache ausdrücken:* Wie gibt man dieses Wort im Englischen wieder? ❹ ▪ **etwas gibt etwas wieder** *Töne oder Farben hörbar oder sichtbar machen:* Der Fernseher gibt die Farben nicht richtig wieder.
▸ Wiedergabe

Wie·der·gut·ma·chung die <-, -en> ❶ *etwas, womit ein Schaden (finanziell) ausgeglichen wird:* eine Wiedergutmachung zahlen ❷ GESCH. *Geld, das die Bundesrepublik Deutschland an Länder gezahlt hat, die besonders unter dem Nationalsozialismus gelitten haben*

wie·der·ho·len ['viːdɐhoːlən] <holst wieder, holte wieder, hat wiedergeholt> *mit OBJ* ▪ **jmd. holt etwas wieder** *etwas zurückholen:* Morgen hole ich mir meine Bücher wieder.

wie·der·ho·len [viːdɐˈhoːlən] <wiederholst, wiederholte, hat wiederholt> I. *mit OBJ* ▪ **jmd. wiederholt etwas** ❶ *etwas noch einmal machen; erneut ausführen:* Er wiederholte seine Bewegung.; eine Aufführung/Sendung wiederholen ❷ *etwas noch einmal sagen:* Kannst du mal wiederholen, was du eben gesagt hast? ❸ *etwas noch einmal durcharbeiten, um es besser im Gedächtnis zu behalten:* Ich muss die unregelmäßigen Verben noch einmal wiederholen. ❹ *an etwas noch einmal teilnehmen:* Sie musste die fünfte Klasse wiederholen. II. *mit SICH* ▪ **etwas wiederholt sich** ❶ *immer wieder auftreten:* Das Muster wiederholt sich immer wieder. ❷ *noch einmal geschehen:* Der Vorfall hat sich wiederholt. ❸ ▪ **jmd. wiederholt sich** *immer das Gleiche reden:* Du wiederholst dich.

Wie·der·ho·lung die [viːdɐˈhoːlʊŋ] <-, -en> ❶ *erneute Auf-/Durchführung:* Bei einem Fehlversuch gibt es keine Wiederholung.; Der Spielfilm ist eine Wiederholung von gestern.; sich etwas in der Wiederholung ansehen ❷ *nochmaliges Lernen:* die Wiederholung des Stoffes vor der Prüfung ❸ *nochmalige Teilnahme:* Er hat den Kurs ohne Wiederholung geschafft. ❹ *regelmäßiges Auftreten:* Die Wiederholung des Musters wird langweilig. ❺ *nochmaliges Geschehen:* Eine Wiederholung der schrecklichen Ereignisse darf es nicht geben! ❻ *der Vorgang, dass jmd. immer das Gleiche redet:* Deine ständigen Wiederholungen kannst du dir sparen.

Wie·der·hö·ren ▪ **Auf Wiederhören!** *(geh.) Abschiedsformel im Rundfunk oder am Telefon*

wie·der·kom·men <kommst wieder, kam wieder, ist wiedergekommen> *ohne OBJ* ▪ **jmd. kommt wieder** ❶ *(≈ zurückkommen) an einen Ort kommen, an dem man bereits gewesen ist:* Er kommt bestimmt wieder.; Ich komme gleich wieder. ❷ *noch einmal an einen Ort kommen:* Kommst du morgen wieder?

Wie·der·se·hen das ['viːdeːzeːən] <-s, -> *die erneute Begegnung mit jmdm.:* ein Wiedersehen mit alten Freunden; Heute wollen wir unser Wiedersehen feiern!; ▪ **auf Wiedersehen!** *verwendet, um sich von jmdm. zu verabschieden*

Wie·der·ver·ei·ni·gung die ['viːdɐfɐ|ainɪɡʊŋ] <-, -en> /kein Plur./ *hier insbesondere der Zusammenschluss beider deutscher Staaten nach der friedlichen Revolution in der DDR und dem anschließenden Beitritt der DDR zum Geltungsbereich des deutschen Grundgesetzes 1991:* Die Wiedervereinigung der beiden deutschen Staaten wurde trotz verschiedener Widerstände beschlossen.

wie·gen[1] ['viːɡn̩] <wiegst, wog, hat gewogen> I. *mit OBJ* ▪ **jmd. wiegt jmdn./sich/etwas** *mit einer Waage das Gewicht von jmdm. oder etwas feststellen:* ein Paket wiegen; das Mehl wiegen; Ich glaube, ich habe zugenommen. Ich muss mich mal wiegen. II. *ohne OBJ* ▪ **jmd./etwas wiegt plus Zahlenangabe** *ein bestimmtes Gewicht haben:* Er wiegt 78 Kilo-

gramm.; Wie viel wiegt das Brot? ▸ Waage
wie·gen² ['viːɡn̩] <wiegst, wiegte, hat gewiegt> I. *mit OBJ* ▪ **jmd. wiegt jmdn.** *jmdn. leicht hin und her bewegen:* ein Kind in den Schlaf wiegen ▸ Wiegenlied II. *mit SICH* ▪ **jmd./etwas wiegt sich** *sich langsam hin und her bewegen:* Die Bäume wiegen sich im Wind.; sich im Tanz wiegen
wie·hern ['viːɐn] <wieherst, wieherte, hat gewiehert> *ohne OBJ* ❶ ▪ **ein Pferd wiehert** *das Geräusch machen, das für ein Pferd typisch ist:* das Pferd wiehert ❷ ▪ **jmd. wiehert** *(umg.) laut lachen:* über einen Witz wiehern
Wie·se die ['viːzə] <-, -n> *eine Fläche, auf der Gras und niedrige Pflanzen wachsen:* eine grüne Wiese voller Sommerblumen ◆-nblume, -nkräuter, Berg-
wie·so [viˈzoː] *adv (≈ warum) verwendet, um nach dem Grund zu fragen:* Wieso glaubst du mir nicht?; Ich weiß nicht, wieso sie das getan hat.
Wild das <-(e)s> /kein Plur./ ❶ *(im Wald) frei lebende Tiere, die zu bestimmten Zeiten von Jägern gejagt werden:* Wildschweine, Hasen und Rothirsche werden zum Wild gezählt. ❷ *das Fleisch von Wild¹:* Im Herbst bieten viele Restaurants Wild an. ◆-gericht, -spezialität
wild [vɪlt] <wilder, am wildesten> *adj* ❶ *in der freien Natur lebend:* wilde Tiere ❷ *in der freien Natur wachsend:* wilde Beeren/Kräuter sammeln; wild wachsende/wildwachsende Pflanzen; wild lebende/wildlebende Tiere ❸ *heftig:* ein wilder Sturm; die wilde See ❹ *chaotisch:* in wilder Flucht davonlaufen ❺ *ohne Disziplin:* ein wildes Kind ❻ *wütend:* wild um sich schlagen; wild werden, wenn man gereizt wird ❼ *noch unberührt:* ein wilder Wald ❽ *nicht zivilisiert und primitiv:* eine wilde Horde ❾ *so, dass es nicht gepflegt ist:* ein wilder Bart; wilde Haare ❿ *nicht offiziell erlaubt oder bestätigt:* eine wilde Badestelle; wild im Wald zelten; ▪ **ein wilder Streik** *Streik, der nicht von der Gewerkschaft erlaubt ist;* ▪ **halb so wild** *(umg.) nicht so schlimm;* ▪ **(ganz) wild auf etwas/nach jemandem sein** *(umg.) etwas oder jemanden unbedingt wollen* Sie ist ganz wild auf Schokolade.; Er ist ganz wild nach ihr.
Wild·nis die ['vɪltnɪs] <-, -se> *die vom Menschen nicht veränderte Natur:* Tiere in der Wildnis beobachten; in der Wildnis des Dschungels
Wil·le der ['vɪlə] <-ns, -n> /*meist Sing.*/ ❶ *Fähigkeit, sich für oder gegen etwas entscheiden zu können:* einen eisernen/schwachen/starken/unbeugsamen Willen haben; Es mangelt ihm an Willen. ❷ *Entscheidung für etwas:* Es ist mein fester Wille, dass …; gegen seinen Willen ❸ *die Absicht, etwas zu tun:* Ich habe den Willen, es zu schaffen. ❹ *(≈ Wunsch) das, was man sich sehr wünscht oder haben will:* seinen Willen bekommen/durchsetzen; ▪ **jemandem seinen Willen lassen** *jmdn. tun und machen lassen, ohne ihn daran zu hindern;* ▪ **der gute Wille** *(umg.) die Bereitschaft, an etwas mitzuwirken* der gute Wille zählt; ▪ **böser Wille** *(umg.) böse Absicht* Das war kein böser Wille von mir: Ich habe es einfach vergessen!; ▪ **Wo ein Wille ist, ist auch ein Weg.** *wenn man etwas wirklich will, findet man auch einen Weg, es zu verwirklichen;* ▪ **der letzte Wille** *das Testament*
Will·kom·men das [vɪlˈkɔmən] <-s> /kein Plur./ *(geh.) die freundliche Begrüßung, die man jmdm. bietet, der zu Besuch kommt:* zum Willkommen ein Glas Sekt anbieten ◆-sgruß, -strunk
will·kom·men <willkommener, am willkommensten> *adj* ❶ *erwünscht, angenehm:* eine willkommene Abwechslung/Erfrischung/Pause ❷ *gern gesehen:* ein willkommener Gast; ▪ **Herzlich willkommen!** *höfliche Formel zur Begrüßung;* ▪ **jemanden willkommen heißen** *(geh.) jmdn. offiziell begrüßen* Die Gäste wurden vom Gastgeber willkommen geheißen.
Wim·per die ['vɪmpɐ] <-, -n> *eines der feinen Haare an den Augenlidern;* ▪ **ohne mit der Wimper zu zucken** *(umg. abwert.) ohne jegliche Bedenken und Gefühle* ◆-ntusche
Wind der [vɪnt] <-(e)s, -e> ❶ *die Bewegung der Luft im Freien:* Der Wind weht/kommt aus Westen/wird stürmisch/lässt nach.; südliche Winde ❷ MED. *(verhüll.) Blähungen;* ▪ **bei Wind und Wetter** *verwendet, um auszudrücken, dass etwas bei jedem Wetter gemacht wird, auch wenn das Wetter schlecht ist;* ▪ **hier weht ein frischer Wind** *(umg.) hier gelten neue Regeln und Maßstäbe;* ▪ **jemandem den Wind aus den Segeln nehmen** *(umg.) etwas sagen, was die Argumente des anderen schwächt;* ▪ **von etwas Wind bekommen** *(umg.) etwas Geheimes erfahren;* ▪ **etwas in den Wind schlagen** *(umg.) die Einwände des anderen nicht beachten;* ▪ **viel Wind um etwas machen** *(umg.) etwas sehr übertreiben;*

■ **Daher weht der Wind!** *(umg.) So ist das also!*

Win·del die ['vɪndl̩] <-, -n> *ein dickes Stück Tuch oder Zellstoff, das einem Baby oder Kleinkind um den Po gewickelt wird, bis es so alt ist, dass es selbst zur Toilette gehen kann:* einen Säugling in Windeln wickeln

win·dig ['vɪndɪç] <windiger, am windigsten> *adj* ① *so, dass Wind weht:* Am Meer ist es immer windig.; windiges Wetter ② *(umg. abwert.: ≈ unseriös) unzuverlässig, unsicher:* ein windiger Bursche; Die Sache ist mir zu windig!

Wind·schutz·schei·be die <-, -n> *das große Fenster auf der Vorderseite des Autos*

Win·dung die <-, -en> ① /meist Plur./ *Kurve, Bogen:* Die Straße hat viele Windungen.; Die Treppe verläuft in Windungen nach oben.; die Windung eines Flusses ▸ winden ② TECHN. *Gewinde:* die Windung der Schraube

Wink der [vɪŋk] <-(e)s, -e> ① *ein Zeichen, das jmd. mit der Hand, mit dem Kopf, oder mit den Augen gibt:* Er gab mir mit einem Wink zu verstehen, dass ich lieber gehen sollte. ② *ein Hinweis oder Tipp:* Sie verstand den Wink sofort.; ■ **ein Wink mit dem Zaunpfahl** *(umg.) ein deutlicher Hinweis*

Win·kel der ['vɪŋkl̩] <-s, -> ① MATH., TECHN. *die Ecke, die entsteht, wenn zwei Linien sich treffen:* in einem Winkel von 30° zueinander stehen; ein rechter/spitzer/stumpfer Winkel ② *Ecke in einem Raum:* jeden Winkel durchsuchen; mit der Taschenlampe in jeden Winkel des Raumes leuchten ③ *(umg.) abgelegenes Gebiet:* In diesen entlegenen Winkel verirren sich nur selten Touristen.; ■ **toter Winkel** *der Bereich, den Autofahrer(innen) im Rückspiegel nicht sehen kann*

win·ken ['vɪŋkn̩] <winkst, winkte, hat gewinkt> I. *mit OBJ* ■ **jmd. winkt jmdm./etwas irgendwohin** *jmdm. ein Zeichen mit der Hand geben und ihn damit auffordern, dass er irgendwohin gehen oder fahren soll:* jemanden zu sich winken; das Auto aus der Parklücke winken II. *ohne OBJ* ■ **jmd. winkt (jmdm.)** (mit etwas Dat.) ① *die Hand schnell hin und her bewegen als Zeichen des Abschieds oder zum Gruß:* am Bahnsteig stehen und winken; Ich sah ihn schon von weitem mit beiden Armen winken. ② *jmdm. mit der Hand ein Zeichen geben, damit er kommt:* Er winkte dem Kellner, um die Rechnung zu fordern.; Dem Taxifahrer winken

③ ■ **etwas winkt jmdm.** *(übertr.) jmdm. in Aussicht stehen:* Den Gewinnern winken Preise im Wert von zehntausend Euro.

Win·ter der ['vɪntɐ] <-s, -> (↔ *Sommer*) *die Jahreszeit, in der es kalt ist und es Schnee und Eis gibt:* ein harter/langer/strenger Winter; im Winter viel Heizöl verbrauchen ▸ winterlich ◆ -monat, -tag, -zeit

Win·ter·se·mes·ter das <-s, -> (↔ *Sommersemester*) *Semester an der Universität, das etwa von Oktober bis zum März des nächsten Jahres dauert:* Sie beginnt das Studium in diesem Wintersemester.

win·zig ['vɪntsɪç] <winziger, am winzigsten> *adj* ① *sehr klein:* winzig kleine Tiere ② *sehr gering:* ein winziger Fehler

wir [viːɐ] *pron* /1. *Pers. Nom. Plur.*/ *verwendet, wenn man von zwei oder mehreren Personen spricht und man selbst dazugehört:* Wir kommen und sie gehen.

Wir·bel der ['vɪrbl̩] <-s, -> ① *(umg.) Aufregung und Unruhe:* Mach doch nicht solch einen Wirbel um jede Kleinigkeit! ② *die Bewegung, bei der etwas schnell um seinen Mittelpunkt kreist:* Das abfließende Wasser bildet einen Wirbel. ◆ -sturm, Luft- ③ *Stelle auf dem Kopf, an der das Haar in kreisförmiger Anordnung wächst:* einen Wirbel auf dem Hinterkopf haben ④ ANAT. *ein einzelner Knochen der Wirbelsäule* ◆ Hals-, Lenden-

Wir·bel·säu·le die <-, -n> (≈ *Rückgrat*) *eine Reihe von Knochen im Rücken, die beweglich miteinander verbunden sind* ◆ -ngymnastik

wir·ken ['vɪrkn̩] <wirkst, wirkte, hat gewirkt> *ohne OBJ* ① ■ **etwas wirkt (gegen etwas** Akk.) *etwas führt eine erwünschte oder heilsame Reaktion herbei:* Die Behandlung hat gut gewirkt.; Das Medikament wirkt gegen Fieber. ② ■ **etwas wirkt irgendwie (auf jmdn./etwas)** *einen bestimmten Einfluss auf jmdn. oder etwas haben:* Die Musik wirkt beruhigend (auf ihn).; Dieser Tee wirkt anregend. ③ ■ **jmd./etwas wirkt irgendwie** *einen bestimmten Eindruck machen:* Sie wirkt noch sehr jung.; Er wirkt heute morgen ziemlich müde.; Das Kleid wirkt sehr elegant.

wirk·lich[1] ['vɪrklɪç] *adj* /nicht steig./ ① *tatsächlich, in der Realität:* Er nannte sich Willi, aber sein wirklicher Name ist Helmar.; Ihre wirkliche Mutter lebt nicht mehr.; Sag die Wahrheit! Ist das wirklich so gewesen? ② *mit den (guten) Eigenschaften, die man erwartet:* Eine wirkliche Mutter lässt ihr Kind nicht im Stich.; Ein wirklicher Freund ist immer bereit, in der Not zu helfen.

wirk·lich² [ˈvɪrklɪç] *adv verwendet, um eine Aussage zu verstärken:* Das tut mir wirklich Leid!; es wirklich ernst meinen

Wirk·lich·keit die <-, -en> *(≈ Realität) das, was tatsächlichen (überprüfbaren) Verhältnissen entspricht und nicht nur in der Phantasie oder Vorstellung existiert:* Deine Vorstellungen stimmen mit der Wirklichkeit überhaupt nicht überein.; mit der rauen Wirklichkeit konfrontiert werden; vom Traum in die Wirklichkeit zurückkehren; ▪ **in Wirklichkeit** *(↔ dem Anschein nach)* In Gesellschaft stellt er sich gern als naiv und dumm dar; aber in Wirklichkeit ist er sehr intelligent.; ▪ **der Wirklichkeit ins Auge sehen** *anerkennen müssen, wie etwas tatsächlich ist*

wirk·sam [ˈvɪrkzaːm] <wirksamer, am wirksamsten> *adj so, dass etwas wirkt¹:* ein wirksames Medikament; wirksame Hilfe leisten; wirksame Maßnahmen gegen die Arbeitslosigkeit; ▪ **Wirksamkeit** ▪ **etwas wird wirksam** AMTSSPR. *etwas wird rechtsgültig* Das Urteil des Gerichts wird sofort wirksam.

Wir·kung die [ˈvɪrkʊŋ] <-, -en> ❶ *durch eine verursachende Kraft erreichte Veränderung/erreichtes Ergebnis:* Dieses Medikament hat eine starke Wirkung.; die Wirkung setzt ein/hält an/lässt nach ▸ wirkungslos, wirkungsvoll ❷ *Einfluss, den etwas auf jmdn. oder etwas hat:* Kaffee hat eine anregende Wirkung.; Das ist eine These von weitreichender Wirkung. ◆-sbereich ❸ *Eindruck, den jmd. oder etwas hinterlässt:* eine große/keinerlei starke Wirkung auf jemanden haben

wirr [vɪr] <wirrer, am wirrsten> *adj* ❶ *unordentlich:* ein wirres Durcheinander auf dem Schreibtisch; wirre Haare ❷ *unklar/verworren und deshalb kaum nachzuvollziehen bzw. zu durchschauen:* wirr (im Kopf) sein; wirre Gedanken; wirres Zeug reden

Wirr·warr der [ˈvɪrvar] <-s> */kein Plur./ (abwert.) Durcheinander:* In diesem Wirrwarr soll ich mich zurechtfinden?

Wirt der, **Wir·tin** [vɪrt] <-(e)s, -e> *(≈ Gastwirt) Person, die als Inhaber ein Gasthaus führt:* sich beim Wirt beschweren; Der Wirt gibt heute eine Runde für die Stammgäste aus.; ▪ **die Rechnung ohne den Wirt gemacht haben** *(umg.) etwas Wichtiges beim Planen nicht berücksichtigt haben*

Wirt·schaft die [ˈvɪrtʃaft] <-, -en> ❶ */kein Plur./ (≈ Ökonomie) Gesamtheit der Einrichtungen, Vorgänge und Maßnahmen, von denen Firmen, Geschäfte und Institutionen betroffen sind, die mit der Produktion und dem Kaufen/Verkaufen von Waren und Dienstleistungen zu tun haben:* die Wirtschaft eines Landes/einer Region fördern; eine blühende Wirtschaft; Vertreter aus Wirtschaft und Politik ◆-skrise, -sminister(in), -swachstum, Markt-, Plan- ❷ *Gasthaus, Gaststätte:* in eine Wirtschaft einkehren; ▪ **eine schöne Wirtschaft!** *(umg. abwert.) was für eine Unordnung!* ◆ Dorf-, Gast-

Wirt·schafts·wun·der das <-s> *überraschender wirtschaftlicher Aufschwung in der Bundesrepublik Deutschland nach 1948:* in der Zeit des deutschen Wirtschaftswunders

Als 1948 mit der D-Mark in Deutschland wieder eine feste Währung eingeführt worden war, begann die wirtschaftliche Erholung des Landes. Abgesehen von dem nach dem Zweiten Weltkrieg gegebenen Nachholbedarf trug dazu die Einbettung in das westliche Wirtschaftssystem wesentlich bei. Weil schnell relativ große Fortschritte erzielt wurden, sprach man in Deutschland im Hinblick auf die 50er und 60er Jahre vom **Wirtschaftswunder**. Der Ausdruck wurde aber auch auf entsprechende positive wirtschaftliche Entwicklungen insbesondere in Österreich und Japan bezogen.

wi·schen [ˈvɪʃn] <wischst, wischte, hat gewischt> *mit OBJ/ohne OBJ* ❶ **jmd. wischt (etwas)** *Dat. etwas säubern, indem man es mit einem feuchten Lappen darüber reibt:* Er wischt gerade das Badezimmer/den Fußboden.; Ich möchte im Badezimmer eben noch wischen.; Staub wischen ❷ **jmd. wischt sich etwas** *einen Körperteil säubern:* sich den Mund/die Stirn wischen; ▪ **jemandem eine wischen** *(umg.) jmdm. eine Ohrfeige geben;* ▪ **einen gewischt bekommen** *(umg.) einen Stromschlag bekommen*

wis·sen [ˈvɪsn] <weißt, wusste, hat gewusst> *mit OBJ* ❶ **jmd. weiß etwas** *über etwas Kenntnisse oder Informationen haben:* Ich weiß nicht alle Ankunftszeiten (auswendig).; Wer weiß die Antwort/den Weg? ❷ **jmd. weiß etwas** *sich an etwas erinnern:* Ich weiß noch, wie ich vor Jahren in der Firma kam.; Was, das weißt du nicht mehr? ❸ **jmd. weiß etwas** *Gewissheit über etwas ha-*

ben: Ich glaube das nicht nur, ich weiß es (sicher).; Ich weiß nicht, ob ich recht habe. ❹ ■ **jmd. weiß etwas über jmdn./etwas** *Kentnisse über jmdn. oder etwas haben:* Sie weiß viel über ihre Nachbarin. ❺ ■ **jmd. weiß (sich** *Dat.***) etwas zu tun** *fähig sein, etwas zu tun:* Er weiß sich nicht zu helfen.; Sie weiß mit Kindern umzugehen.; ■ **Weißt du was; wir ...** *(umg.)* ich schlage vor, wir...; ■ **Was weiß ich!** *(umg.)* ich habe keine Ahnung davon, und es interessiert mich auch nicht; ■ **jemanden in Sicherheit wissen** *wissen, dass jmd. irgendwo in Sicherheit ist;* ■ **jemanden etwas wissen lassen** *jmdn. informieren* Lassen Sie mich es wissen, wann Sie wieder in der Stadt sind.; ■ **von jemandem nichts mehr wissen wollen** *mit jmdm. keinen Kontakt mehr haben wollen* Sie will von ihm schon lange nichts mehr wissen.

Wis·sen das ['vɪsn̩] <-s> /kein Plur./ ❶ *Kenntnis eines Sachverhalts:* Nach meinem Wissen ist das so.; Das ist ohne mein Wissen geschehen. ❷ *alle Kenntnisse einer Person:* ein enormes/umfangreiches Wissen haben; sich viel Wissen aneignen; sein Wissen an andere weitergeben; ■ **meines Wissens** *soweit ich weiß* Meines Wissens fällt die Vorlesung heute aus.; ■ **wider besseres Wissen** *obwohl man es besser weiß;* ■ **nach bestem Wissen und Gewissen** *so gut man kann*

Wis·sen·schaft die ['vɪsn̩ʃaft] <-, -en> ❶ *(≈ Forschung)* eine Tätigkeit, die wesentlich/zentral darin besteht, dass zu einem ausgewählten Gegenstand aus einem Gegenstandbereich (z.B. aus dem Gegenstandsbereich der Krankheiten die Diabetes) Theorien gemacht werden, und dass etwas aus dem jeweiligen Gegenstandsbereich mit nachvollziehbaren/objektivierbaren/überprüfbaren Methoden beschrieben/untersucht/erklärt wird ▶ Wissenschaftler(in), wissenschaftlich ❷ *ein bestimmte Einzel-Wissenschaft:* Biologie ist die Wissenschaft von der belebten Materie. ◆ -sprache, -stheorie, Geistes-, Ingenieur-, Kultur-, Natur-, Sprach- ❸ /kein Plur./ *Gesamtheit der Einrichtungen und Personen, die wissenschaftlich arbeiten:* Berichte aus Wissenschaft und Technik; ■ **etwas ist eine Wissenschaft für sich** *(umg.)* etwas ist ziemlich schwierig

Wit·we die ['vɪtvə] <-, -n> *(↔ Witwer) Frau, deren Ehemann gestorben ist* ▶ verwitwet

Wit·wer der ['vɪtvə] <-s, -> *(↔ Witwe) Mann, dessen Ehefrau gestorben ist* ▶ verwitwet

Witz der [vɪts] <-es, -e> ❶ *eine Art kurze Geschichte mit einem überraschenden Ende, die man erzählt, um andere Menschen zum Lachen zu bringen:* einen geistreichen, guten, obszönen, politischen, schmutzigen Witz erzählen/machen ❷ ■ **Das ist doch ein Witz ...** *(umg. abwert.) Das ist sehr ärgerlich ...* Diese Bedienungsanleitung ist doch ein Witz: Man versteht kein Wort!; ■ **der Witz an der Sache** *(umg.)* das eigentlich Wichtige einer Sache; ■ **ohne Witz!** *(umg.)* im Ernst

wo [vo:] **I.** *adv* ❶ *verwendet, um nach dem Ort zu fragen:* Wo hast du sie gesehen?; Kannst du mir sagen, wo ich das finde? ❷ *verwendet in Relativsätzen, um sich auf einen genannten Ort zu beziehen:* In Paris, wo sie zu Hause ist, ... ❸ *(umg.) verwendet in Relativsätzen, um sich auf eine Zeitangabe zu beziehen:* Jetzt, wo es finanzielle Probleme gibt, müssen wir sparen. **II.** *konj (umg.)* ❶ *(≈ da, weil)* Sie wollte nicht mit, wo sie doch keine Lust hatte. ❷ *(≈ obwohl)* Sie ist mir böse, wo ich ihr doch gar nichts getan habe!

wo·an·ders [vo'|andɐs] *adv an einem/einen anderen Ort:* Ich wohne hier, er wohnt woanders.; Lass uns woanders hingehen!

wo·bei¹ [vo'baɪ] *adv* ❶ *verwendet, um nach den Umständen eines Geschehens zu fragen (bei was):* Wobei ist denn das passiert?; Ich möchte wissen, wobei ich sie jetzt wieder gestört habe. ❷ *verwendet in Relativsätzen, um sich auf die genannten Umstände zu beziehen:* Er hat das gesagt, wobei wichtig ist zu ergänzen, dass er ...

wo·bei² [vo'baɪ] *konj (umg.: ≈ während)* Sie telefonierte, wobei sie ihre Katze fütterte.

Wo·che die ['vɔxə] <-, -n> ❶ *eine Zeitspanne von sieben Tagen:* Ich komme in einer Woche, am Mittwoch.; ein vier Wochen altes Kind ❷ *der bestimmte Zeitraum von Montag bis (einschließlich) Sonntag:* Das mache ich nächste Woche/in der nächsten Woche. ❸ *(↔ Sonn- und Feiertage) die Werktage:* während/in der Woche von 8 bis 18 Uhr geöffnet haben ▶ wöchentlich ◆ -nplanung, Arbeits-, Kalender-

Wo·chen·en·de das ['vɔxn̩|ɛndə] <-s, -n> *Samstag und Sonntag:* übers Wochenende verreisen; den Kollegen ein schönes Wochenende wünschen; ■ **ein verlängertes Wochenende** *ein Wochenende, zu dem man noch zusätzlich den Freitag oder*

den Montag als arbeitsfreien Tag nimmt
Wo·chen·tag der <-(e)s, -e> ① *einer der sieben Tage der Woche:* An welchem Wochentag bist du geboren?; Montag, Dienstag, Mittwoch … sind Wochentage. ② *(↔ Sonn- und Feiertag) Werktag:* An Wochentagen stehe ich immer zeitig auf, aber sonntags schlafe ich aus. • wochentags

wo·durch [vo'dʊrç] *adv* ① *verwendet, um nach einer Sache oder einem Sachverhalt zu fragen (durch was?):* Wodurch ist er so krank geworden?; Ich weiß nicht, wodurch das gekommen ist. ② *verwendet in einem Relativsatz, der sich auf den genannten Sachverhalt bezieht:* Er lief sehr schnell, wodurch er außer Atem geriet.

wo·für [vo'fyːɐ̯] *adv* ① *verwendet, um nach dem Ziel oder Zweck zu fragen (für was):* Wofür brauchst du das?; Ich möchte wissen, wofür du das brauchst. ② *verwendet in einem Relativsatz, der sich auf den genannten Sachverhalt bezieht:* Sie hatte fleißig gearbeitet, wofür sie auch gelobt wurde.

wog *Prät. von* **wiegen**

wo·ge·gen [vo'geːgn̩] *adv* ① *verwendet, um nach einer Sache oder einem Sachverhalt zu fragen (gegen was?):* Wogegen hilft das Medikament?; Ich weiß nicht, wogegen ich allergisch bin. ② *verwendet in einem Relativsatz, der sich auf den genannten Sachverhalt bezieht:* Ich habe Kopfschmerzen, wogegen ich ein Medikament nehme.; Er hat das so angeordnet, wogegen ich nichts einzuwenden habe.

wo·her [vo'heːɐ̯] *adv* ① *verwendet, um nach dem Ort oder der Richtung zu fragen:* Woher kommst du?; Ich möchte wissen, woher du kommst. ② *verwendet, um nach der Ursache oder der Herkunft von etwas zu fragen:* Woher weißt du das denn?; Ich kann mir nicht vorstellen, woher sie das schon wieder weiß. ③ *verwendet in einem Relativsatz, der sich auf einen Ort oder eine Richtung bezieht:* Er kommt aus der Schweiz, woher auch seine Eltern stammen.

wo·hin [vo'hɪn] *adv* ① *verwendet, um nach dem Ort oder der Richtung zu fragen:* Wohin gehst du?; Ich wüsste gern, wohin du gehst. ② *verwendet in einem Relativsatz, der sich auf einen Ort oder eine Richtung bezieht:* Sie sind nach Berlin gefahren, wohin wir auch ich fahren werde.; ▪ **wohin müssen** *(umg. verhüll.) auf die Toilette müssen* Ich muss mal eben noch wohin.

Wohl das [voːl] <-(e)s> */kein Plur./ Zustand, in dem man sich körperlich und psychisch gut fühlt:* an das Wohl der Familie denken; Sie macht sich Sorgen um das Wohl ihrer Enkelin.; ▪ **das leibliche Wohl** *(geh.) Essen und Trinken* für das leibliche Wohl der Gäste sorgen; ▪ **Zum Wohl!** *(≈ Prost!) ein Trinkspruch, mit dem man den Personen, mit denen man gemeinsam trinkt, wünscht, dass es ihnen gut gehe.;* ▪ **auf jemandes Wohl trinken** *beim gemeinsamen Trinken gemeinsam einer Person alles Gute wünschen* Bei der Geburtstagsfeier haben alle Gäste auf sein Wohl getrunken. • -befinden

wohl[1] [voːl] *adv* ① */wohler, am wohlsten/ physisch und psychisch gut und gesund:* Ich fühle heute nicht wohl.; Jetzt fühle ich mich schon wieder wohler. • wohltun ② */ besser, am besten/ genau und sorgfältig* ③ */nicht steig./ gut:* Er ist der Polizei wohlbekannt.; das Geld im Safe wohlverwahrt haben; die Kinder wohlversorgt wissen; eine wohlschmeckende Speise.; ▪ **wohl oder übel** *ob man will oder nicht* Er hatte keine andere Möglichkeit, nach Hause zu kommen, und musste wohl oder übel ein Taxi nehmen.; ▪ **jemandem ist nicht ganz wohl bei etwas** *jmd. hat Bedenken bei etwas* Mir ist nicht ganz wohl dabei, das Kind zwei Stunden allein zu lassen.; ▪ **jemand lässt es sich wohl sein** *jmd. genießt das Leben und besonders das Essen und die Getränke* es sich im Urlaub wohl sein lassen; ▪ **jemand täte wohl daran, etwas zu tun** *jmd. sollte besser etwas tun:* Du tätest wohl daran, auf seinen Rat zu hören. • Getrennt- oder Zusammenschreibung → R 4.16 wohl bedacht/wohlbedacht; wohl behütet/wohlbehütet; wohl durchdacht/wohldurchdacht; wohl erhalten/wohlerhalten; wohl erzogen/wohlerzogen; wohl geformt/wohlgeformt; wohl geordnet/wohlgeordnet; wohl genährt/wohlgenährt; wohl überlegt/wohlüberlegt; wohl unterrichtet/wohlunterrichtet

wohl[2] [voːl] *part* ① *(≈ zwar) betont verwendet, um eine Aussage einzuschränken:* Die Botschaft hör' ich wohl, allein mir fehlt der Glaube! (Goethe: Faust); Er hat es ihm wohl versprochen, aber doch nicht gehalten. ② *(≈ wahrscheinlich) verwendet, um eine Vermutung auszudrücken, von der man annimmt, dass sie stimmt:* Sie wird wohl den Bus verpasst haben.; Er ist wohl gerade auf der Toilette. ③ *verwendet in Fragesätzen, um eine Unsicherheit oder Distanz auszudrücken:* Ob sie es wohl schon weiß? ❹ *verwendet, um eine Aussage zusätzlich zu der gemachten Behauptung zu verstärken:* Du spinnst wohl!; Da siehst du wohl, dass ich Recht hatte.; Das kann doch wohl nicht war sein!; ▪ **wohl aber** *verwendet, um einen Gegensatz zu einer verneinten Aussage auszudrücken* Das ist keine Anordnung, wohl aber eine Bitte.

wohl·ha·bend <wohlhabender, am wohlhabendsten> *adj so, dass jmd. finanziell und sozial gut gestellt ist:* eine wohlhabende Familie

Wohl·stand der <-es> /kein Plur./ *die Tatsache, dass man mit allem, was zum Leben notwendig ist, reichlich versorgt ist:* Er hat es in seinem Leben zu Wohlstand gebracht.; im Wohlstand leben

Wohn·block der <-s, -s/Wohnblöcke> *großes Haus mit vielen Mietswohnungen*

woh·nen ['vo:nən] <wohnst, wohnte, hat gewohnt> *ohne OBJ* ❶ **jmd. wohnt irgendwo** *ständig irgendwo leben:* in Hamburg/auf dem Land/bei den Eltern wohnen; Im Haus wohnen außer uns noch drei andere Familien. ❷ **jmd. wohnt irgendwo** *vorübergehend irgendwo leben:* Wenn ich in München bin, wohne ich bei einer Tante.; Im Urlaub haben wir in einem Ferienhaus gewohnt.; ▪ **zur Miete wohnen** *für die Wohnung Miete zahlen*

Wohn·ge·mein·schaft die <-, -en> *Gruppe von Personen, die sich die Mietkosten teilen und zusammen in einer Wohnung wohnen:* eine studentische Wohngemeinschaft; In der Wohngemeinschaft teilen sich vier Studenten eine Küche und ein Bad.; Statt „Wohngemeinschaft" sagt man oft „WG".

Wohn·heim das <-(e)s, -e> *Haus mit Zimmern oder kleinen Wohnungen, die an Menschen vermietet werden, die zu einer bestimmten Gruppe gehören:* ein Wohnheim für Studenten/Krankenschwestern ◆Schwestern-, Studenten-

Wohn·sitz der <-es, -e> AMTSSPR. *der Ort, an dem man ständig wohnt und den man beim Einwohnermeldeamt gemeldet hat:* einen zweiten Wohnsitz haben; seinen ersten Wohnsitz in Köln haben; ▪ **fester Wohnsitz** *die Wohnung und die dazugehörige Postanschrift*

Woh·nung die <-, -en> *Einheit aus mehreren zusammenhängenden Räumen in einem Haus, in denen jmd. wohnt:* eine Wohnung mieten/kaufen/suchen/vermieten; eine Wohnung mit vier Zimmern, Küche, Bad und Balkon; eine gemütliche/luxuriöse/ruhige Wohnung ◆-seinrichtung, -snot, -ssuche, Altbau-, Einlieger-, Maisonette-

Wohn·wa·gen der <-s, -> KFZ *ein Anhänger, in dem man auf Reisen wohnt:* mit einem Wohnwagen in den Urlaub fahren

Wohn·zim·mer das <-s, -> *das Zimmer in einer Wohnung oder einem Wohnhaus, in dem man sich zur Unterhaltung mit Gästen aufhält*

Wolf der [vɔlf] <-(e)s, Wölfe> ZOOL. *ein Raubtier, das wie ein großer Hund aussieht:* Wölfe leben in Rudeln.; ▪ **ein Wolf im Schafspelz** *(umg.) eine gefährliche Person, die ganz harmlos wirkt;* ▪ **mit den Wölfen heulen** *(umg.) das sagen und tun, was die anderen tun* ◆-srudel

Wol·ke die ['vɔlkə] <-, -n> ❶ METEOR. *eine große Menge Wasserdampf, die hoch am Himmel zu sehen ist:* dichte/graue Wolken; Die Wolken ziehen am Himmel. ▶ wolkenlos ◆Gewitter-, Regen- ❷ *eine Ansammlung von etwas in Form einer Wolke¹:* eine Wolke von giftigen Gasen/Zigarettenrauch/Parfüm/Staub; ▪ **aus allen Wolken fallen** *(umg.) völlig überrascht sein;* ▪ **über den Wolken schweben** *(umg.) nicht realistisch sein*

Wol·ken·krat·zer der <-s, -> *(umg.) sehr hohes Hochhaus:* die Wolkenkratzer in Frankfurt/Manhattan

wol·kig ['vɔlkɪç] *adj /nicht steig./* METEOR. *mit Wolken bedeckt:* ein wolkiger Himmel/Tag; Das Wetter wird heiter bis wolkig.

Wol·le die ['vɔlə] <-, -n> /meist Sing./ ❶ *die Haare aus dem Fell des Schafes:* Die Wolle wird gereinigt und zu Garn gesponnen. ◆Schaf- ❷ *die Fäden, die man aus Wolle¹ gewinnt und aus denen man Textilien herstellt:* ein Knäuel Wolle; einen Pullover aus Wolle stricken ▶ Wollfaden ❸ *ein Gewebe aus Wolle²:* ein Anzug aus feinster Wolle; ▪ **sich mit jemandem in die Wolle kriegen** *(umg.) sich mit jmdm. streiten* ▶␣ Wolldecke, Wolljacke

wol·len¹ ['vɔlən] *adj /nicht steig./ aus Wolle:* ein wollener Schal

wol·len² ['vɔlən] <willst, wollte, hat wollen> I. *mit OBJ* ❶ **jmd. will etwas** *etwas wünschen:* Ich will ein neues Kleid!; Er hat nur ein bisschen Liebe gewollt.; Was hat er denn gewollt? ❷ **jmd. will, dass ...** *verlangen, dass ...:* Der Abteilungsleiter will, dass Sie sofort das Angebot erstellen. ❸ ▪ **etwas will etwas** *etwas braucht etwas:* Die Pflanzen wollen tägliche Pflege. II. *ohne OBJ* ❶ ▪ **jmd./etwas**

will etwas tun/haben *die Absicht oder den Wunsch haben, etwas zu tun:* Sie will nicht mehr rauchen.; Er will Arzt werden.; Dieses Buch will gründlich über das Thema informieren.; Gestern wollte ich es noch haben, aber heute nicht mehr. ❷ **jmd. will irgendwohin** *den Wunsch haben, irgendwohin zu fahren oder zu gehen:* Nach Australien? Dahin wollte ich schon immer!; Ich will nach Hause! ❸ **jmd. will etwas getan haben** */kein Perf./ jmd. behauptet, dass er etwas getan hat (woran der Sprecher zweifelt):* Er will sogar in den Ferien weiter daran gearbeitet haben.; Sie will nichts davon gewusst haben. ❹ **etwas will nicht mehr** *(umg.) etwas funktioniert nicht mehr so gut:* In meinem Alter wollen die Augen halt nicht mehr so recht. ❺ **etwas will getan sein** *drückt aus, dass etwas schwierig zu tun ist:* Autofahren will gelernt sein.; Dieses Geld will erst mal verdient sein.; **Wollen Sie bitte ...** *verwendet, um jmdn. höflich aufzufordern, etwas zu tun* Wollen Sie bitte den Mantel dort ablegen!

wo·mit [voˈmɪt] *adv* ❶ *verwendet, um nach einer Sache oder einem Sachverhalt zu fragen (mit was):* Womit hast du das gemacht?; Ich frage mich, womit ich das verdient habe. ❷ *verwendet in einem Relativsatz, der sich auf den genannten Sachverhalt bezieht:* Das ist etwas, womit ich nicht zufrieden bin.

wo·nach [voˈnaːx] *adv* ❶ *verwendet, um nach einer Sache oder einem Sachverhalt zu fragen (nach was):* Wonach sucht ihr?; Ich möchte wissen, wonach ich mich richten soll. ❷ *verwendet in einem Relativsatz, der sich auf den genannten Sachverhalt bezieht:* Das ist etwas, wonach wir schon lange gesucht haben.; Es gibt Meldungen, wonach Unwetter zu erwarten sind.

Wort das [vɔrt] <-(e)s, -e/Wörter> ❶ */Plur. Worte/ etwas, das jmd. schriftlich oder mündlich in Form von Satzäußerungen (!) von sich gibt:* ein ernstes/offenes Wort mit jmdm. reden; Worte des Dankes/der Ermutigung/des Lobes/des Trostes sprechen; Ich kann mich an seine Worte genau erinnern.; Mir fehlen einfach die Worte, um zu sagen, was mich bewegt.; die richtigen Worte finden, um etwas auszudrücken ❷ */Plur. Wörter/ als lexikalisches Morphem (= Lexem) die kleinste selbständige Einheit der Sprache, der eine Lautform (Regeln zur Aussprache), eine Schriftform (Regeln zur Schreibung) und gewöhnlich mehrere Bedeutungen (Inhaltsseiten) zugeordnet werden können:* Wörter richtig aussprechen/schreiben/verwenden, sie zu Sätzen verbinden, auf einer bestimmten Silbe betonen und trennen, ihnen eine oder mehrere Bedeutungen korrekt zuordnen; neue Wörter in einer Fremdsprache lernen; Die Wörter im Satz grammatisch bestimmen. -akzent, -art, -bedeutung, -betonung, -bildung, -stellung, Eigenschafts-, Haupt-, Umstands-, Verhältnis- ❸ **mit einem Wort** *kurz gesagt;* **mit anderen Worten** *anders gesagt bzw. in einer anderen Formulierung;* **das Wort Gottes** *die Heilige Schrift;* **in Worten** *nicht in Ziffern, sondern in Form sprachlicher Äußerungen* 25 oder in Worten fünfundzwanzig; **zu Wort kommen** *reden dürfen bei einer Diskussion* zu Wort kommen; **jemandem das Wort erteilen** *jmdm. in einer Diskussion die Erlaubnis geben, zu sprechen;* **das Wort ergreifen** *anfangen, über etwas zu sprechen;* **jemandem ins Wort fallen** *(umg.) jmdn. unterbrechen, während er spricht;* **für jemanden ein gutes Wort einlegen** *jmdm. helfen, indem man etwas Gutes über ihn zu einer anderen Person sagt;* **jemanden beim Wort nehmen** *sich auf jmds. Aussagen verlassen;* **sein Wort brechen/geben/halten** *ein Versprechen brechen/geben/halten;* **jemandem das Wort im Munde umdrehen** *etwas absichtlich falsch interpretieren, was jmd. gesagt hat;* **kein Wort (mehr) über jemanden/etwas verlieren** *nicht (mehr) über jmdn. oder etwas sprechen;* **jemand will/muss das letzte Wort haben** *jmd. will unbedingt recht haben;* **ein Wort gab das andere** *so kam es zum Streit*

Wort·art die <-, -en> SPRACHWISS. *eine der Klassen, in die man die Wörter einer Sprache nach bestimmten Merkmalen einteilt:* traditionelle Wortarten sind Substantiv, Adjektiv etc.

Wort·bil·dung die <-> SPRACHWISS. *Verfahren, bei dem neue Wörter auf der Basis vorhandener sprachlicher Ausdrucksmittel zustandekommen, gebildet bzw. konstruiert werden*

Wör·ter·buch das <-(e)s, Wörterbücher> SPRACHWISS. *lexikographisches Nachschlagewerk, in dem die zu bearbeitenden Einheiten nach einer Methode als Stichwörter (Lemmata) entweder alphabetisch angeordnet sein können (von A-Z), oder aber sachlich (nach Sachgruppen), und in*

dem je nach Typ des Wörterbuchs unterschiedliche Angaben (Bedeutungsangaben, grammatische Angaben etc.) als Kommentare an das Stichwort adressiert sein können: ein einsprachiges, zweisprachiges, dreisprachiges, englisch-deutsches, historisches, etymologisches etc. Wörterbuch ◆ Bedeutungs-, Bild-, Fach-, Online-, Print-, Rechtschreib-, Sach-, Sprach-, Schul-

Wörterbücher sind lexikographische Nachschlagewerke (vgl. dazu das Stichwort *Lexikographie*). Sie befriedigen als Gebrauchsgegenstände meist punktuelle Nachschlagebedürfnisse, sind Kulturgut und Ware zugleich. Geschichtlich betrachtet, kommt ihnen im Rahmen der Herausbildung von Standardsprachen eine wichtige Funktion zu. Ihre Existenz begründet sich aus der Notwendigkeit, angesichts einer Vielfalt von Sprachen und Varietäten in den für bedeutsam gehaltenen Lebensbereichen (von Handel bis Wissenschaft) sprachliche Verständigung zu erreichen und zu sichern. Jedes Wörterbuch hat einen Gegenstandsbereich, aus dem die jeweiligen Gegenstände ausgewählt werden: eine gesamte Einzelsprache, ein Dialekt, eine Fachsprache, Partikel, Verben usw., aber z.B. auch Symbole. In Wörterbüchern werden jeweils ausgewählte Daten so miteinander vernetzt, dass die Wörterbuchartikel einen Text bilden. Dieser ist allerdings in heutigen Wörterbüchern mehr oder weniger stark verdichtet (z.B. durch die Bildung von Abkürzungen). Neben den Texten im Wörterbuchvorspann und Wörterbuchnachspann, also den Außentexten, bildet den zentralen Textteil eines jeden Wörterbuchs das (in alphabetischen Wörterbüchern nach A bis Z geordnete) Wörterverzeichnis mit den Lemmata bzw. Stichwörtern. Soweit in einem Wörterbuch die Stichwörter nach thematischen Bereichen geordnet sind, muss es im Wörterbuchnachspann ein alphabetisches Register aufweisen. Den Stichwörtern eines jeden Wörterbuchs sind (je nach Umfang und Art des Datenangebots) Angaben unterschiedlichen Typs zugeordnet. Aus ihnen kann man Informationen erschließen (kognitiv aufbauen), die in Sprachwörterbüchern insbesondere solche zur Bedeutung, zum Genus usw. sind. Verkäuferinnen werden zwischen einem Wörterbuch und einem „Lexikon" unterscheiden. Eine Untersuchung der Titel entsprechender Nachschlagewerke lässt aber leicht erkennen, dass die Bezeichnungen selbst für Wörterbücher ein und desselben Typs (!) völlig uneinheitlich sind, sodass in der Wörterbuchforschung diesbezüglich überhaupt nicht differenziert werden muss, sondern im Lichte der Theorie einheitlich die Bezeichnung „Wörterbuch" verwendet wird. Die **Wörterbuchforschung**, auch *Metalexikographie* genannt, ist der Theoriebereich, in dem theoretisch begründete (!) Antworten nicht zu Fragen des Aufbaus von Wörterbüchern (ihren Strukturen) gemacht werden und zu Fragen ihrer Benutzung, sondern z.B. auch zu den verschiedenen Typen von Wörterbüchern: einsprachige, mehrsprachige, fachliche, historische, dann auch Spezialwörterbücher, Abkürzungswörterbücher, Bildwörterbücher usw. Die seit den 80er Jahren entwickelte und mittlerweile terminologisch völlig ausgereifte Wörterbuchforschung hat dazu beigetragen, dass heute zu sämtlichen, mit Wörterbüchern zusammenhängenden Fragestellungen überhaupt erstmals eine geeignete „Sprache" (!) existiert, mit der man sich sachlich angemessen und nicht nur auf einem naiven vortheoretischen Stand auf Wörterbücher beziehen kann (nicht z.B. nur äußern kann, wie das vormals der Fall war, ein Wörterbuch sei dick, dünn, sei farbig schön, habe viele „Wörter" oder gar „Begriffe" verzeichnet, wobei letzteres der Sache nach ohnehin völlig unmöglich/abwegig wäre). Das gesamte Gebiet der modernen Wörterbuchforschung wird erstmals umfassend terminologisch in dem mehrbändigen Fachwörterbuch WLWF („Wörterbuch zur Lexikographie und Wörterbuchforschung") erfasst, von dem der erste Band 2011 erschienen ist. Ein zentrales Organ der Wörterbuchforschung ist das internationale Jahrbuch „Lexicographica", das seit 1985 in drei Sprachen erscheint. Auch ist die Lexikographie als Praxis (und damit auch der zugehörige Theoriebereich: die Wörterbuchforschung) mittlerweile dadurch lehrbar und lernbar geworden, dass man in Deutschland und in vielen anderen Ländern entsprechende Studiengänge eingerichtet hat.

Wör·ter·buch·ar·ti·kel der ‹-s, -› SPRACHWISS. *zentraler Textbaustein eines jeden Wörterbuchs, in dem zu einem Stichwort/*

Lemma die Angaben verschiedener Art in einer (gewöhnlich) festgelegten Abfolge mit dem Ziel gemacht werden, dass man aus den Daten kognitiv Informationen erschließen kann: die Lexikographin führt die Handlung „einen Wörterbuchartikel schreiben" dadurch aus, dass sie zu dem Lemma eine Wortartenangabe formuliert, anschließend fünf Bedeutungsangaben usw.

Wör·ter·buch·for·schung die <-> SPRACHWISS. *(≈ Metalexikographie) Theoriebereich zur lexikographischen Praxis, in dem theoretisch fundierte Antworten auf alle mit Wörterbüchern zusammenhängende Fragen gegeben werden, nämlich zu ihrem Aufbau, zur Struktur von Artikeln, zu Typen von Wörterbüchern, zur Geschichte der Lexikographie usw.:* Das „Wörterbuch zur Lexikographie und Wörterbuchforschung" (WLWF)

Wort·fa·mi·lie die <-, -n> SPRACHWISS. *Wörter mit gleichem oder ähnlichem Wortstamm, welche auf dieselbe etymologische Wurzel zurückgehen, und die ganz unterschiedlichen Wortarten mit ihren Vor- und Nachsilben angehören:* Zum Wortstamm „fahr" gehören z.B. „fahren", „abfahren", „vorfahren", „Fahrzeiten", „Fahrt", „Zufahrt", „Gefährt", „gefährlich", „führen", „Fuhre" etc., die zusammen eine Wortfamilie bilden.

Wort·feld das <-(e)s, -er> SPRACHWISS. *(≈ Bedeutungsfeld) diejenige hierarchische Teilstruktur eines Wortschatzes, bei der mehrere fast synonyme Einheiten einer übergeordneten Einheit zugeordnet werden, die untergeordneten Einheiten der gleichen Wortart angehören, und wobei die Bedeutungen der untergeordneten Einheiten nach verschiedenen Merkmalen voneinander unterschieden werden:* Dem Wortfeld „Aufhören des Lebens" lassen sich im Deutschen zuordnen: die neutral verwendbare Einheit „sterben", sowie z.B. „verrecken" (abfällig und meist auf Tiere bezogen), „verhungern" (durch Mangel an Nahrung) etc.; Sie führt eine vergleichende Wortfeldanalyse des Wortfeldes „Aufhören des Lebens" für das Russische und Deutsche durch, indem sie die jeweils infrage kommenden Einheiten sammelt, der übergeordneten Bezeichnung zuordnet, und schließlich die Einheiten nach ihren Bedeutungsnuancen voneinander unterscheidet. -analyse, -theorie

wört·lich ['vœrtlɪç] *adj /nicht steig./ (↔ sinngemäß) genau in der Form, in der etwas gesagt oder geschrieben worden ist:* eine wörtliche Übersetzung; eine Äußerung wörtlich wiedergeben; einen Text wörtlich zitieren; **etwas wörtlich nehmen** *etwas, was jmd. gesagt oder geschrieben hat, im Wortlaut begreifen, aber ohne den gemeinten Sinn zu verstehen* Nimm doch nicht alles gleich so wörtlich!

Wort·schatz der <-es, Wortschätze> / meist Sing./ ❶ SPRACHWISS. *(≈ Lexikon, Vokabular) Gesamtheit aller Einheiten einer Einzelsprache oder eines Teilbereichs einer Sprache, die als einzelne „Wörter" angesehen werden:* der Wortschatz des Deutschen; der spezielle Wortschatz der Politik/ der Rechtsprechung/der Wirtschaft und sonstiger Fächer, Disziplinen und Wissenschaften, der Wortschatz der Jugend/der Rauschgiftszene -Datenbank, -erweiterung, -forschung, -untersuchung, -wandel, Fach-, Grund-, Mindest-, Spezial- ❷ *die Gesamtheit der Wörter, die eine Person kennt und die ihr als sprachliche Ausdrucksmittel zur Verfügung stehen:* über einen unbegrenzten/großen Wortschatz verfügen

wo·zu [voˈtsuː] *adv* ❶ *verwendet, um nach einem Zweck zu fragen (zu was):* Wozu brauchst du das?; Weißt du, wozu er das macht? ❷ *verwendet in einem Relativsatz, der sich auf den genannten Sachverhalt bezieht:* Heute essen wir chinesisch, wozu wir auch Stäbchen verwenden.

Wu·cher der ['vuːxɐ] <-s> /kein Plur./ *(abwert.) übertrieben hohe Preise oder Zinsen:* Die Miete ist ja Wucher! -preis

wu·chern ['vuːxɐn] <wucherst, wucherte, hat/ist gewuchert> *ohne OBJ* ❶ **etwas wuchert** *(haben o sein) sehr stark und wild wachsen:* Die Pflanze ist/hat sehr stark gewuchert.; eine wuchernde Geschwulst ❷ **jmd. wuchert (mit etwas** *Dat.) (abwert.) (haben) Wucher treiben:* mit seinem Geld/Kapital wuchern

wuchs [vuːks] *Prät. von* **wachsen**

wund [vʊnt] <wunder, am wundesten> *adj so, dass die Haut durch Reibung gerötet oder entzündet ist:* wunde Füße haben; **wunder Punkt** *empfindliche Stelle* Über seine gescheiterte Ehe spricht er nicht gern, denn das ist sein wunder Punkt. Getrennt-oder Zusammenschreibung → R 4.15 sich die Füße wund laufen/ wundlaufen; sich wund liegen/wundliegen; sich die Finger wund schreiben/ wundschreiben

Wun·de die ['vʊndə] <-, -n> ❶ *eine Verletzung der Haut und des Gewebes:* eine blutende/infizierte/klaffende Wunde; Eine

Wunde eitert/entzündet sich/heilt.; eine Wunde desinfizieren/nähen/verbinden/versorgen ❷ *eine seelische Verletzung;* ■ **alte Wunden wieder aufreißen** *unangenehme Erinnerungen wecken*

Wun·der das ['vʊndɐ] <-s, -> ❶ *ein Ereignis, das man nicht für möglich gehalten hat:* Wie durch ein Wunder stand sie plötzlich vor uns. ❷ *ein Ereignis, das durch göttliche oder übernatürliche Kräfte herbeigeführt worden ist:* Man sagte von ihm, er könne Wunder tun.; Man sagt, sie sei durch ein Wunder wieder geheilt worden. ◆-heilung ❸ *etwas Außergewöhnliches:* ein Wunder der Natur/Technik; ■ **Das ist (ja) kein Wunder!** *(umg.) das war so zu erwarten;* ■ **etwas wirkt wahre Wunder** *(geh.) etwas wirkt sehr gut* Die Arznei wirkt wahre Wunder!; ■ **jemand wird sein blaues Wunder erleben** *(umg.) jmd. wird etwas sehr Unangenehmes erleben*

wun·der·bar ['vʊndɐbaːɐ̯] <wunderbarer, am wunderbarsten> *adj* ❶ *großartig:* Er hat eine wunderbare Frau!; Heute ist wunderbares Wetter. ❷ *(≈ übernatürlich) so, dass man es nur mit der Vernunft nicht erklären kann:* auf wunderbare Weise geheilt werden

wun·dern ['vʊndɐn] <wunderst, wunderte, hat gewundert> I. *mit OBJ* ■ *etwas wundert jmdn. jmdn. erstaunen, überraschen:* Sein Verhalten hat alle sehr gewundert. II. *mit SICH* ■ **jmd. wundert sich über jmdn./etwas** *sehr erstaunen:* Sie wundert sich über mich.; Langsam wundere ich mich über gar nichts mehr!; Ich muss mich doch sehr (über euch) wundern! III. *mit ES* ■ **es wundert jmdn., ...** *jmdn. sehr in Erstaunen versetzen:* Es wundert mich, wie lange das dauert.; ■ **jemand wird sich noch wundern** *(umg.) jmd. wird noch etwas Unangenehmes erleben*

Wunsch der [vʊnʃ] <-(e)s, Wünsche> ❶ *das Gefühl, dass man etwas gern tun oder haben möchte:* Er war ihr größter Wunsch, Medizin zu studieren.; der Wunsch nach Erholung/mehr Abwechslung; Es ist alles nach Wunsch verlaufen. ❷ *eine geäußerte Bitte:* Ich möchte dir gern einen Wunsch erfüllen.; Hast du einen Wunsch zu deinem Geburtstag?; Haben Sie noch einen Wunsch?; einen Wunsch äußern/erfüllen/zurückstellen ❸ *etwas, das man jmdm. wünscht:* ein Wunsch für Gesundheit/ein glückliches Leben; jemandem gute Wünsche zum Geburtstag übermitteln/überbringen; ■ **auf Wunsch** *wenn jmd. es so will* Auf Wunsch liefern wir Ihnen die Ware auch ins Haus. ◆ Glück-

wün·schen ['vʏnʃn̩] <wünschst, wünschte, hat gewünscht> *mit OBJ* ❶ ■ **jmd. wünscht sich etwas (von jmdm.)** *sagen, dass man (von jmdm.) etwas haben möchte:* Das Kind wünscht sich zu Weihnachten einen Teddybären.; Ich wünsche mir nichts mehr als ... ❷ ■ **jmd. wünscht jmdm. etwas** *den Wunsch haben, dass jmd. etwas bekommt oder erlebt:* Ich wünsche euch ein wunderschönes Fest.; Ich wünsche dir eine gute Heimfahrt! ❸ ■ **jmd. wünscht etwas** *(geh.) verlangen:* „Was wünschen Sie?" „Einen Kaffee, bitte!"; Ich wünsche Ruhe/nicht gestört zu werden!; Das nächste Mal wünsche ich, dass Sie besser vorbereitet sind!; ■ **etwas lässt zu wünschen übrig** *etwas ist nicht gut*

wur·de ['vʊrdə] *Prät. von* **werden**

Wür·de die ['vʏrdə] <-, -n> ❶ */kein Plur./ der innere Wert eines Menschen:* Die Würde des Menschen ist unantastbar.; einem Menschen seine Würde lassen ❷ */kein Plur./ das Ansehen (einer Institution):* die Würde des Gerichts achten ❸ */kein Plur./ Achtung gebietende persönliche Ausstrahlung:* etwas mit großer Würde ertragen/tun; eine Haltung/ein Mann von großer Würde ❹ *hohes Amt; Titel:* akademische/geistliche Würden anstreben ◆ würdevoll, würdig

wür·di·gen ['vʏrdɪɡn̩] <würdigst, würdigte, hat gewürdigt> *mit OBJ* ■ **jmd. würdigt jmdn./etwas** *jmdn./etwas wertschätzen, anerkennen:* Viele Künstler sind zu Lebzeiten nicht gewürdigt worden.; Der Präsident würdigte die Leistungen des Ministers.; ■ **jemanden keines Blickes/keiner Antwort würdigen** *jmdn. nicht anschauen oder jmdm. nicht antworten*

Wurf¹ der [vʊrf] <-(e)s, Würfe> ❶ *das Werfen¹:* ein weiter Wurf; ein Wurf über 40 Meter ❷ *das Würfeln:* drei Sechsen mit einem Wurf; ■ **ein großer Wurf** *etwas Außergewöhnliches* Mit diesem Buch ist ihm der große Wurf geglückt.

Wurf² der [vʊrf] <-(e)s, Würfe> *die jungen Tiere, die von einem Weibchen geboren wurden:* ein Wurf kleiner Katzen

Wür·fel der ['vʏrfl̩] <-s, -> ❶ MATH. *ein Gegenstand mit sechs gleich großen (quadratischen) Flächen, die im rechten Winkel zueinander stehen* ❷ *ein kleiner Würfel¹, den man zum Spielen benutzt und auf dessen Seitenflächen Punkte, Zahlen oder*

Buchstaben stehen ▸würfeln ◂-becher, -spiel ❸ *etwas, das ungefähr die Form eines Würfels hat:* die Kartoffeln in kleine Würfel schneiden ◂Speck-

wür·gen ['vʏrgn̩] <würgst, würgte, hat gewürgt> I. *mit OBJ* ■ **jmd. würgt jmdn.** *jmdn. zu ersticken versuchen, indem man ihm die Kehle zusammendrückt* II. *ohne OBJ* ❶ ■ **jmd. würgt** *versuchen, sich zu erbrechen* ❷ ■ **jmd. würgt an etwas** *Dat. etwas nicht hinunterschlucken können, obwohl es schon im Rachen sitzt:* Er würgte an dem Bissen Fisch und spuckte schließlich eine Gräte aus.

Wurm der [vʊrm] <-(e)s, Würmer> ❶ *ein kleines Tier ohne Skelett und Gliedmaßen, das sich kriechend fortbewegt:* einen Wurm als Köder zum Angeln benutzen ▸Regen- ❷ *ein sehr kleiner Wurm¹, der als Parasit bei Menschen, Tieren oder Pflanzen lebt:* Der Hund ist von Würmern befallen und muß ein Medikament bekommen. ▸Band- ❸ EDV *ein elektronischer Virus;* ■ **Da ist der Wurm drin!** *(umg.) da ist etwas nicht in Ordnung oder nicht korrekt* In dieser Rechnung ist der Wurm drin: — So stimmt sie einfach nicht!

wur·men ['vʊrmən] <wurmte, hat gewurmt> *mit OBJ* ■ **etwas wurmt jmdn.** *(umg.) jmdn. ärgern:* Die Kritik hat ihn sehr gewurmt.

Wurst die [vʊrst] <-, Würste> ❶ *Nahrungsmittel aus klein gehacktem Fleisch und Gewürzen, das in eine Hülle gepresst wird und kalt gegessen oder (gebraten oder gekocht) warm gegessen werden kann:* heiße Wurst mit Senf und Brötchen essen; Würste in heißem Wasser wärmen/in der Pfanne braten/auf dem Grill zubereiten ▸Würstchen ◂-aufschnitt, -haut, -scheibe, Bock-, Brat-, Leber-, Schinken- ❷ ■ **es geht um die Wurst** *(umg.) eine Sache wird entschieden;* ■ **jemandem ist jemand/etwas Wurst** *(umg.) jmd. oder etwas ist jmdm. völlig egal*

Würst·chen das ['vʏrstçən] <-s, -> ❶ *eine kleine, dünne Wurst:* Heute gibt es Frankfurter/Wiener Würstchen. ❷ *(umg. abwert.) jmd., mit dem man Mitleid hat, weil es ihm schlecht geht:* Er ist ein armes Würstchen.

Wur·zel die ['vʊrt͡sl̩] <-, -n> ❶ *der Teil einer Pflanze, der (meist) im Boden wächst und aus dem Boden Wasser und Nährstoffe aufnimmt:* Die Wurzeln des Baumes reichen drei Meter tief in die Erde. ❷ *der Teil eines Zahnes, eines Haares o.Ä., der tief in der Haut steckt:* Die Wurzel des Backenzahnes ist entzündet. ◂-behandlung, Haar-, Zahn- ❸ *die früheste Form eines Wortes, die man durch einen Vergleich von mehreren Sprachen ermittelt hat:* die germanische/indogermanische Wurzel eines Wortes ◂Wort- ❹ *(übertr.) etwas, das jmdn. mit seiner Vergangenheit und den Traditionen seiner Vorfahren verbindet:* In diesem Dorf liegen seine Wurzeln.; ■ **das Übel an der Wurzel packen** *(geh.) den Ursprung eines Problems beseitigen;* ■ **jemand schlägt irgendwo Wurzeln** *jmd. lässt sich irgendwo auf Dauer nieder*

wür·zen ['vʏrt͡sn̩] <würzt, würzte, hat gewürzt> *mit OBJ/ohne OBJ* ❶ ■ **jmd. würzt (etwas) (mit etwas** *Dat.***)** *ein Gewürz zu einem Essen geben:* Sie würzt das Fleisch mit Knoblauch/viel Pfeffer. ❷ ■ **jmd. würzt etwas (mit etwas** *Dat.***)** *(übertr.) eine Rede sprachlich interessant gestalten:* Er hat seine Rede mit Ironie gewürzt.

wür·zig ['vʏrt͡sɪç] <würziger, am würzigsten> *adj kräftig und intensiv riechend/schmeckend:* die würzige Seeluft; eine würzige Suppe ▸Würzigkeit

wusch [vuːʃ] *Prät. von* **waschen**

wuss·te ['vʊstə] *Prät. von* **wissen**

Wust der [vuːst] <-(e)s> */kein Plur./ eine Menge von etwas, die ungeordnet und chaotisch ist:* ein Wust von Akten/Papieren

wüst [vyːst] <wüster, am wüstesten> *adj* ❶ *(≈ öde) so, dass dort keine Menschen wohnen:* eine wüste Gegend/Landschaft ❷ *unordentlich und chaotisch:* Die Bücher lagen wüst durcheinander auf dem Boden. ❸ *schlimm, wild:* eine wüste Schlägerei.; ein wüster Kerl

Wüs·te die ['vyːstə] <-, -n> *ein heißes, trockenes Gebiet der Erde, in dem es fast kein Wasser, wenig Pflanzen und viel Sand gibt:* die Wüste Sahara in Nordafrika; ■ **jemanden in die Wüste schicken** *(umg.) jmdn. aus seinem Amt entlassen* Nach dem Skandal wurde der Minister in die Wüste geschickt. ◂-nbewohner, -klima, Sand-

Wut die [vuːt] <-> */kein Plur./ ein Gefühl von starkem Ärger und Zorn:* Er lief vor Wut rot an, dann schrie er los.; ■ **vor Wut kochen** *(umg.) sehr wütend sein*

wü·tend <wütender, am wütendsten> *adj* ❶ *voller Wut:* Sie war sehr wütend auf ihn.; Er war wütend über die ungerechte Behandlung. ❷ */nur attr./ sehr heftig:* ein wütendes Unwetter; Es regte sich wütender Protest.

X, x das [ɪks] <-, -> ❶ *der 24. Buchstabe des Alphabets* ❷ *(umg.) verwendet, um auszudrücken, dass die genaue Zahl von etwas nicht bekannt oder wichtig ist:* Er lebt seit x Jahren hier.; ■ **ein X für ein U vormachen** *(umg. abwert.) jmdm. etwas vormachen, eine Unwahrheit als Wahrheit darstellen* Lass' dich nicht betrügen! Lass' dir kein X für ein U vormachen!

x-Ach·se die ['ɪks...] <-, -n> MATH. *(↔ Y-Achse) die waagerechte Achse im (mathematischen) Koordinatensystem:* etwas auf der x-Achse abtragen

X-Bei·ne die ['ɪks...] <-> Plur. *Beine, bei denen die Unterschenkel sich nach außen biegen, wenn sich die Knie berühren, so dass der Eindruck einer x-Form entsteht:* Es gibt X-Beine und O-Beine. ▸ x-beinig

x-be·lie·big ['ɪks...] adj /nicht steig./ (umg.) *irgendein(e, -er, -es):* Man darf nicht jedem X-Beliebigen vertrauen.

x-fach ['ɪks...] adj (umg.) *sehr viel oder sehr oft wiederholt:* Trotz x-facher Ermahnung zahlt er nicht.

x-mal ['ɪks...] adv (umg.) *sehr oft:* Ich habe dir schon x-mal gesagt, dass ...

x-te [ɪks] adj (umg.) *verwendet, um eine große (unbestimmte) Zahl zu bezeichnen:* zum x-ten Mal anrufen

Xy·lo·phon, Xy·lo·fon das [ksvlo'foːn] <-s, -e> MUS. *ein Musikinstrument mit einem offenen Kasten, auf dem eine Reihe unterschiedlicher Holz- oder Metallstäbe liegen, die mit zwei Stäben angeschlagen werden*

Y, y das ['ypsilɔn] <-, -> *der 25. Buchstabe des Alphabets:* Das Wort „Yuppie" beginnt mit dem Buchstaben „Y".

y-Ach·se die ['ypsilɔn...] <-, -n> MATH. *(↔ x-Achse) die senkrechte Achse im (mathematischen) Koordinatensystem:* die y-Achse einzeichnen

Yacht die [jaxt] <-, -en> *(≈ Jacht)*

Yo·ga der/das ['joːga] *(≈ Joga)*

Yup·pie der ['jʊpi/'japi] <-s, -s> (abwert.) *ein junger Mensch, der sehr erfolgreich im Beruf ist, viel Geld für Luxus ausgibt und in einer Großstadt lebt:* Die Yuppies waren typisch für viele Großstädte in den achtziger Jahren.

Z, z das [tsɛt] <-, -> *der 26. Buchstabe des Alphabets:* Das Wort „Zahl" beginnt mit dem Buchstaben „Z".

Za·cke die ['tsakə] <-, -n> *eine von meist mehreren Spitzen am Rand von etwas:* die Zacken einer Krone; ein Stern mit fünf Zacken; Das Messer/Die Gabel hat spitze Zacken.; ■ **sich (bei etwas) keinen Zacken aus der Krone brechen** *verwendet, um seinen Ärger über jmdn. auszudrücken, den man um etwas (z.B. einen Gefallen) gebeten hat, der das Gewünschte aber nicht tut, weil er sich zu fein dafür ist* Er wird sich schon keinen Zacken aus der Krone brechen, wenn er auch mal das Geschirr abwäscht. ◆ Fels-

zäh [tsɛː] adj ❶ *(↔ dünnflüssig) als Flüssigkeit so dick, dass es fast gar nicht oder nur sehr langsam fließt:* Die zähe Masse lässt sich schlecht aus dem Topf entfernen.; Der Honig ist erst flüssig; dann wird er zäh, und am Ende ist er hart. ❷ *(↔ weich, zart) so, dass es relativ hart und fest ist und man es lange kauen muss:* Das Fleisch ist zäh!;

Der Braten ist so zäh wie eine Schuhsohle! ❸ *(≈ robust) voller Kraft und Widerstandsfähigkeit:* Das ist ein zäher Bursche, den so schnell nichts umhaut.; eine zähe Gesundheit haben; Katzen haben ein zähes Leben. ❹ *(≈ beharrlich) so, dass viel Kraft und Ausdauer vorhanden ist:* zähen Widerstand leisten; ein zäher Verhandlungspartner ❺ *sehr langsam:* zähe Diskussionen/Verhandlungen; zäh um einen Kompromiss ringen; zäh vorankommen

Zahl die [tsaːl] <-, -en> ❶ MATH. *ein Grundelement der Mathematik, mit dem verschiedene Rechenoperationen ausgeführt werden können:* die Zahlen addieren/subtrahieren; eine Zahl abrunden/aufrunden; eine große/kleine/niedrige Zahl; durch eine Zahl teilen; mit einer Zahl multiplizieren ◼ -enstrahl, -enraum, -enreihe, Bruch-, Dezimal- ❷ *(≈ Ziffer) die Form oder Art, wie man eine Zahl¹ aufschreibt:* Zahlen aufschreiben; Die Zahl „vier" schreibt man als arabische Zahl „4", als römische Zahl „IV". ❸ */meist Plur./ Mengen oder Größen, die Ergebnisse von bestimmten Rechnungen sind:* Er hat über die Arbeitslosigkeit gesprochen, aber keine Zahlen genannt.; Unser Gewinn ist gestiegen. Hier sind die neuesten Zahlen!; Diese Zahlen wurden in einer Umfrage ermittelt. ❹ */kein Plur./ eine Menge:* eine große Zahl von Leuten; Die Zahl der Leserbriefe war gigantisch.; Die Besucher kamen in großer Zahl.; Es gab eine große Zahl Verletzter/von Verletzten.; ◼ **die arabischen Zahlen** *die Ziffern 0, 1, 2, 3, usw.;* ◼ **die römischen Zahlen** *die Ziffern I, II, III, IV usw.;* ◼ **eine gerade Zahl** MATH. *eine Zahl, die man (ohne Rest) durch 2 teilen kann* 2, 4, 6, 8, 10 etc. sind gerade Zahlen.; ◼ **eine ungerade Zahl** MATH. *eine Zahl, die man nicht (ohne Rest) durch zwei teilen kann* 1, 3, 5, 7, 9 etc. sind ungerade Zahlen.; ◼ **eine positive/negative Zahl** MATH. *ein Zahl, die größer/kleiner als Null ist* –5 (gesprochen: „minus fünf") ist eine negative Zahl.; ◼ **eine natürliche Zahl** MATH. *ein Zahl, die größer als Null ist und kein Bruch ist;* ◼ **in den roten/schwarzen Zahlen sein** WIRTSCH. *mit/ohne wirtschaftlichen Verlust arbeiten* Das Unternehmen ist in den roten Zahlen.

zah·len ['tsaːlən] <zahlst, zahlte, hat gezahlt> *mit OBJ/ohne OBJ* ❶ ◼ **jmd. zahlt (jmdm.) (etwas) (für etwas** *Akk.***)** *(jmdm.) Geld für eine Ware oder Dienstleistung geben:* Du hast 100 Euro für dieses Bild gezahlt?; Er muss dem Vermieter noch die Miete/die Heizkosten zahlen.; Zahlen Sie bar oder mit Kreditkarte?; Wie viel/Was hast du für deinen PC gezahlt? ❷ ◼ **jmd. zahlt (jmdn.) irgendwie** *(≈ entlohnen) jmdm. Geld für seine Arbeit geben:* Die Firma zahlt recht gut.; Die Angestellten werden nicht gut gezahlt.; ◼ **Bitte zahlen!/Zahlen, bitte!** *verwendet, um in einem Restaurarant oder einem Café o.Ä. den Kellner um die Rechnung zu bitten* Herr Ober, zahlen bitte!

zäh·len ['tsɛːlən] <zählst, zählte, hat gezählt> I. *mit OBJ* ❶ ◼ **jmd. zählt jmdn./etwas zu jmdm./etwas** *jmdn. oder etwas einer bestimmten Gruppe von Menschen oder Sachen zuordnen:* Er wird zu den Besten auf dem Gebiet der Medizin gezählt.; Ich zähle ihn zu meinen besten Freunden.; Wir dürfen uns zu den Glücklichen zählen, die gewonnen haben. ❷ ◼ **jmd. zählt etwas bis …** *sehr stark wünschen, dass etwas bald eintritt oder passiert:* Er zählte die Tage bis zu seiner Pensionierung.; Sie zählte die Minuten bis Schulschluss. II. *mit OBJ/ohne OBJ* ❶ *feststellen, wie groß eine bestimmte Menge von Personen oder Sachen ist:* Er hat seine CDs gezählt und ist auf über 400 gekommen.; Er konnte 200 Gäste zählen.; die Jastimmen und die Neinstimmen zählen; Na, dann zählen Sie mal! ❷ ◼ **etwas zählt (etwas)** *einen bestimmten Wert aufweisen:* Gesundheit zählt mehr als Geld oder Ruhm.; Die Karte zählt 11 Punkte. III. *ohne OBJ* ❶ ◼ **jmd. zählt** *die Zahlen der Reihe nach nennen:* Das Kind kann schon bis einhundert zählen.; Ich zähle bis drei; und dann geht's los!; laut bis zehn zählen ❷ ◼ **jmd. zählt zu etwas** *zu einer bestimmten Gruppe gehören:* Er zählt zu den Glücklichen, die dabei waren.; Sie zählt zu den Besten ihres Faches. ❸ ◼ **etwas zählt irgendwie** *von einer bestimmten Bedeutsamkeit sein oder eine bestimmte Geltung haben:* Alle seine Versprechungen zählten plötzlich nichts mehr.; Bei diesem Spiel zählt Geduld. ❹ ◼ **etwas zählt nicht** *(in einem Spiel) nicht gültig sein:* Das zählt nicht! Du hast geschummelt! ❺ ◼ **jmd. ist in bestimmtem Alter** *(geh.) ein bestimmtes Alter haben:* Er zählt schon 70 Jahre. ❻ ◼ **etwas zählt eine bestimmte Menge** *(geh.) eine bestimmte Menge von Personen oder Sachen darstellen:* Unser Verein zählt erst 20 Mitglieder. ❼ ◼ **jmd./etwas zählen nach etwas** *verwendet, um auszudrücken, dass Personen oder Dingen nicht* *mehr eine genaue Zahl zugeordnet werden kann, weil es so viele sind:* Die Opfer der Flutkatastrophe zählen nach Tausenden. ⑧ ■**jmd. zählt auf jmdn./etwas**; ■**jmd. kann auf jmdn./etwas zählen** *sich auf jmdn oder etwas verlassen (können):* Sie können auf meine Hilfe zählen!; Ihr könnt auf unsere Unterstützung bei diesem Plan zählen.; ■**jemandes Tage sind gezählt** *(geh.) jmd. stirbt bald* Sie ist sehr krank und ihre Tage sind gezählt.; ■**jemandes Tage irgendwo sind gezählt** *(geh.) jmd. kann irgendwo nicht mehr lange bleiben* Unsere Tage in der Schule sind gezählt: Bald feiern wir Abschluss!

Zäh·ler *der* <-s, -> ❶ MATH. *(↔ Nenner) die Zahl, die bei Brüchen über dem Bruchstrich steht* ❷ TECHN. *ein technisches Gerät, das den Verbrauch von etwas misst und auch anzeigt:* den Zähler an der Heizung ablesen ◆-ablesung ❸ SPORT *Punkt oder Treffer:* mit drei Zählern in Führung liegen

zahl·reich *adj (≈ zahllos) in großer Anzahl, sehr viel:* Zahlreiche Briefe erreichten die Redaktion.; Das Publikum war zahlreich erschienen.; seine zahlreiche Verwandtschaft

Zah·lungs·mit·tel *das* <-s, -> *etwas, mit dem etwas bezahlt wird:* Geld ist das wichtigste Zahlungsmittel.; Scheck oder Geldkarte sind bargeldlose Zahlungsmittel.; Der Dollar ist ein ausländisches Zahlungmittel.

Zahl·wort *das* <-(e)s, Zahlwörter> SPRACHWISS. *(≈ Numerale) ein Adjektiv, das eine Zahl oder Menge bezeichnet:* das Zahlwort fünf

zahm [tsaːm] *adj* ❶ *(≈ gezähmt) so, dass ein wildes Tier keine Angst vor Menschen hat:* Er hält zu Hause einen zahmen Raben. ❷ *so, dass ein Haustier friedlich ist und keinen Menschen angreift:* Keine Angst, mein Hund ist ganz zahm!

Zahn *der* [tsaːn] <-(e)s, Zähne> ❶ ANAT. *einer der harten und weißen Teile im Mund, mit denen man beißt und Nahrung zerkaut:* Man sollte die Zähne regelmäßig putzen.; Mein Zahn wackelt.; Ich habe ein Loch im Zahn und muss zum Zahnarzt.; gelbe/gesunde/schiefe/schmutzige/ spitze/weiße Zähne haben ◆-creme, -pasta, -schmerzen, -seide, -stocher, Backen-, Milch- Schneide-, Vorder-, Weisheits- ❷ *hervorstehende Zacke an Gegenständen:* die Zähne eines Zahnrades; ein Messer/eine Säge mit stumpfen Zähnen; ein Kamm mit ausgebrochenen Zähnen; die Zähne an einer Briefmarke.; ■**die dritten Zähne** *ein künstliches Gebiss, das man herausnehmen kann* Meine Oma legt ihre dritten Zähne abends immer in ein Glas.; ■**einen (irren/höllischen) Zahn drauf haben** *(umg.) sehr schnell fahren* Er hatte einen irren Zahn drauf, als er um die Ecke fuhr.; ■**ein steiler Zahn** *(umg. o veralt.) eine sehr attraktive junge Frau* Hast du den steilen Zahn gesehen?; ■**ein Tier bleckt/fletscht die Zähne** *ein Tier zieht die Lippen zurück, so dass man die Zähne sehen kann* Der Löwe fletscht die Zähne.; ■**mit den Zähnen klappern** *so stark zittern, dass die Zähne schnell aufeinander schlagen* Ihr war so kalt, dass sie mit den Zähnen klapperte.; ■**die Zähne zusammenbeißen** *(umg.) etwas tun oder ertragen, was sehr unangenehm ist* Du wirst wohl die Zähne zusammenbeißen müssen und diese Aufgabe erledigen.; ■**sich an jemandem/etwas die Zähne ausbeißen** *(umg.) bei jmdm. oder mit etwas keinen Erfolg haben, obwohl man sich sehr bemüht* Ich habe mir schon die Zähne an ihm ausgebissen, aber er möchte dem Plan einfach nicht zustimmen.; ■**jemandem auf den Zahn fühlen** *(umg.) jmdn. aushorchen oder scharf befragen* Ich glaube nicht, dass er so unschuldig ist. Ich werde ihm mal auf den Zahn fühlen müssen.; ■**jemandem einen Zahn ziehen müssen** *(umg.) jmdn. enttäuschen müssen* Er glaubt, dass ich bis morgen alles erledigt habe, aber den Zahn werde ich ihm ziehen müssen.; ■**bis an die Zähne bewaffnet sein** *schwer bewaffnet sein* Die Soldaten waren bis an die Zähne bewaffnet.; ■**jemandem die Zähne zeigen** *(übertr.) sich wehren; sich nicht alles gefallen lassen* Du solltest deinem Chef endlich mal die Zähne zeigen!; ■**der Zahn der Zeit (nagt an etwas)** *(geh.) die Kräfte, die etwas mit der Zeit zerstören* Der Zahn der Zeit hatte an den Gebäuden genagt.; ■**einen Zahn zulegen** *(umg.) sich beeilen* Kannst du endlich mal einen Zahn zulegen? Wir müssen weg, sonst verpassen wir den Bus.

Redensarten: „Bis an die Zähne bewaffnet präsentierte er sich vor ihm" („Er zeigte sich kampfbereit"); „Das Problem wird nicht einfach zu lösen sein; da musst du schon alle Zähne zusammenbeißen!" („Du musst mutig sein!"); „Ich glaube, sie ist die Schuldige; da werde ich ihr mal auf den Zahn fühlen müssen!" („Ich werde sie prüfen müssen!"); „Ihr ist so kalt, dass sie mit den Zähnen klappert" („Sie friert sehr').

Zahn·arzt der, **Zahn·ärz·tin** <-es, Zahnärzte> *ein Arzt, der Erkrankungen der Zähne behandelt*: regelmäßig zum Zahnarzt gehen; Der Zahnarzt hat gebohrt/mir einen Zahn gezogen. ◆-helferin, -praxis

Zahn·bürs·te die <-, -n> *eine kleine Bürste mit einem Griff zum Reinigen der Zähne*: eine elektrische/harte/mittlere/weiche Zahnbürste; die Zähne mit Zahnpasta und einer Zahnbürste putzen

Zan·ge die |'tsaŋə| <-, -n> ❶ *ein Werkzeug, das zum Greifen, Trennen oder Biegen dient und das aus zwei Teilen besteht, die übereinanderliegen. Wenn man die unteren Enden zusammendrückt, werden die oberen Enden zusammengepresst.*: mit der Zange einen Nagel aus der Wand ziehen; einen Draht mit einer Zange biegen/zertrennen; den Zucker mit der Zange aus der Dose nehmen ◆ Beiß-, Kneif-, Kombi, Rohr- ❷ ZOOL. *eines der Körperteile von bestimmten Tieren, wie zum Beispiel Krebsen oder einigen Käfern, mit denen sie ihre Beute greifen können*: die Zangen eines Krebses; ▪ **jemanden in die Zange nehmen** *(umg.) jmdn. so hart bedrängen, dass er keinen Ausweg hat* Wenn man ihn richtig in die Zange nimmt, wird er schon sagen, was er weiß.; den Gegner durch einen Angriff von zwei Seiten in die Zange nehmen

Zapf·säu·le die <-, -n> *eine Art Behälter an einer Tankstelle, aus dem das Benzin kommt, das man tanken kann*: An der Tankstelle gibt es insgesamt acht Zapfsäulen.

zap·peln |'tsapln| <zappelst, zappelte, hat gezappelt> *ohne OBJ* ▪ **jmd. zappelt** *sich unruhig schnell hin- und herbewegen*: Ein Fisch zappelt an der Angel.; Das Kind zappelt unruhig mit den Beinen.; ▪ **jemanden zappeln lassen** *(umg.) jmdm., der neugierig ist, eine Nachricht oder Entscheidung nicht sofort mitteilen* Die Kinder wollten ihre Zeugnisse haben, aber die Lehrerin ließ sie noch ein wenig zappeln. ▸ Zappelei

Zar der, **Za·rin** |tsa:ɐ̯| <-en, -en> *Herrschertitel in Russland vor der Oktoberrevolution*: Zar Peter der Erste ◆-endynastie, -enfamilie, -enmord, -enpalast, -entochter, -enzeit

-zar |tsa:ɐ̯| (≈ -papst) *als Zweitglied zusammengesetzter Substantive, mit Betonung auf dem Erstglied; drückt aus, dass eine männliche Person in dem mit dem Erstglied bezeichneten Bereich für äußerst einflussreich/mächtig/alles beherrschend gilt*: Der Verlagsboss, der als Medienzar gilt, ist bereits 85 Jahre alt. ◆ Fernseh-, Film-, Kino-, Medien-, Mode-, Pop-, Presse-, Zeitungs-

zart |tsa:ɐ̯t| adj ❶ *fein und weich*: die zarte Haut eines Kindes ❷ *leicht zu kauen*: zartes Gemüse/Fleisch; den Schinken in ganz zarte Scheiben schneiden ❸ *fein und sehr schmal*: zarte Knochen haben ❹ (↔ grob) *sehr dünn*: ein zarter Stoff aus Seide ❺ *empfindlich und leicht verletzlich*: ein zartes Kind; eine zarte Gesundheit haben; Der Film ist nichts für zarte Gemüter. ❻ *noch jung*: ein zartes junges Mädchen; die ersten zarten Triebe eines Baumes im Frühjahr; im zarten Alter von sechzehn Jahren ❼ *feinfühlig und sanft*: jemanden ganz zart berühren; zarte Annäherungsversuche; zarte Gefühle für jemanden hegen ❽ (↔ kräftig) *von geringer Intensität*: zarte Farben; ein zarter Windhauch; ▪ **das zarte Geschlecht** *(umg. scherzh.) die Frauen*; ▪ **zart besaitet/zartbesaitet sein** *(abwert.) sehr empfindlich sein* Seine Frau ist zart besaitet.; ▪ **zart fühlend/zartfühlend sein** *feinfühlig und verständnisvoll sein* Er ist sehr zart fühlend. ◆ Getrennt- oder Zusammenschreibung → R 4..15

zärt·lich |'tsɛːɐ̯tlɪç| adj ❶ *in vorsichtiger, liebevoller, feinfühliger Weise*: ein zärtlicher Kuss; ein zärtlicher Liebhaber; sehr zärtlich zu jemandem sein; jemanden zärtlich streicheln ❷ *verliebt*: jemandem zärtliche Blicke zuwerfen; zärtliche Gefühle für jemanden hegen ❸ *(geh.) fürsorglich*: zärtliche Eltern; jemanden zärtlich umsorgen ▸ Zärtlichkeit

zau·bern |'tsaʊbɐn| <zauberst, zauberte, hat gezaubert> **I.** *mit OBJ* ▪ **jmd. zaubert etwas (aus etwas** *Dat.) aus relativ einfachen Dingen etwas Schönes oder Besonderes machen*: Aus alten Kleidern haben die Kinder wunderschöne Kostüme gezaubert.; aus Resten ein wunderbares Essen zaubern **II.** *mit OBJ/ohne OBJ* ❶ ▪ **jmd. zaubert (etwas)** *etwas durch übernatürliche Kräfte bewirken*: Feen und Hexen im Märchen können zaubern.; Man sagt von ihm, er könne Regen zaubern.; Die Quelle zaubert alle wieder jung, die daraus trinken.; Denkst du, ich kann zaubern? ❷ ▪ **jmd. zaubert (etwas)** *etwas so mit Hilfe von Tricks tun, dass es aussieht, als habe man übernatürliche Kräfte*: Er zaubert eine Taube aus dem Hut.; Sie kann aus den Tüchern Blumen zaubern.; Der Clown zauberte ein wenig für die Kinder.; Zaubern ist sein Hobby. ▸ herbei-, weg-, Zauberei

Zaun der [tsaʊn] <-(e)s, Zäune> *eine Absperrung, die aus Draht oder Gittern oder Latten o.Ä. besteht und die um ein Stück Land oder um ein Grundstück herum aufgestellt wird:* Der Garten ist durch einen Zaun vom Grundstück des Nachbarn getrennt.; ein Zaun aus Holz/Maschendraht; ein hoher/unüberwindlicher Zaun; ■ **ein lebender Zaun** *eine Hecke;* ■ **einen Streit vom Zaun brechen** *(umg.) zu streiten beginnen wegen eines nichtigen Anlasses* einen Streit vom Zaun brechen ◆ Bretter-, Garten-, Gitter-, Holz-, Stacheldraht-

Ze·bra das ['tseːbra] <-s, -s> ZOOL. *ein Tier, das in Afrika lebt, ein Fell mit weißen und schwarzen Streifen hat und wie ein kleines Pferd aussieht:* im Zoo die Zebras ansehen

Ze·bra·strei·fen der <-s, -> *breite, weiße Streifen auf einer Straße, die anzeigen, wo Fußgänger die Straße überqueren dürfen, während die Autos warten müssen:* am Zebrastreifen anhalten; über den Zebrastreifen gehen

Zeh der [tseː] <-s, -en> *(≈ Zehe) einer der fünf beweglichen Teile am vorderen Ende des Fußes:* Der Schuh drückt an den Zehen.

Ze·he die ['tseːə] <-, -n> ❶ ANAT. *einer der fünf beweglichen Teile am vorderen Ende des Fußes:* die große/kleine Zehe; eine gebrochene Zehe haben ❷ *ein einzelner Teil einer Knoblauchknolle:* zwei Zehen Knoblauch klein schneiden; ■ **jemandem auf die Zehen treten** *(umg.) jmdn. beleidigen oder zur Eile antreiben*

Gebräuchliche Redewendungen: „Ich musste mich äußerst leise verhalten. Also versuchte ich, auf den Zehen zu gehen" („mich fortzubewegen, ohne einen Laut von mir zu geben'); „Sie war vom Wirbel bis zum Zeh in ein rotes Gewand gehüllt" („Sie war ganz in ein rotes Gewand gehüllt'); „Das tut mir aber leid! Da bin ich dir auf die Zehen getreten!" („Da habe ich dich gekränkt/beleidigt, was ich eigentlich nicht wollte'); „Ich war so klein, dass ich den Clown nicht sehen konnte. Da musste ich mich auf die Zehen(spitzen) stellen" („musste ich mich aufrichten, damit ich etwas größer bin').

Zehn die [tseːn] <-, -en> ❶ *die Zahl 10:* Ich zähle bis Zehn. ❷ *jdm. oder etwas mit der Zahl 10:* Die Zehn hatte wieder Verspätung.; Die Zehn ist an der Reihe. ◆ Großschreibung → R 3.3 Die Zehn gewinnt den Hauptpreis.

zehn [tseːn] *num 10:* zehn Teilnehmer/Kilometer/Liter; Die ersten zehn dürfen hereinkommen.; Einer von zehn hat die Prüfung bestanden.; Wir treffen uns um zehn.; ■ **sich alle zehn Finger nach etwas lecken** *(umg.) sehr begierig auf etwas sein* Er leckt sich alle zehn Finger nach dem neuesten Krimi. ◆ Kleinschreibung → R 3.16 Die zehn haben sich für die Wettkämpfe qualifiziert.; Es ist zehn.; zehn Komma drei; ◆ Großschreibung → R 3.17 die Zehn Gebote

Zeh·ner der ['tseːnɐ] <-s, -> ❶ *(umg.) ein Geldstück oder Geldschein im Wert von Zehn (Euro/Franken...):* Hast du mal einen Zehner? ❷ MATH. *die zweite Stelle vor dem Komma:* Die Zahl 631 bzw. 631,00 enthält sechs Hunderter, drei Zehner, und einen Einer.

Zei·chen das ['tsaɪçn] <-s, -> ❶ *etwas Geschriebenes oder ein Bild, das auf etwas hinweist oder eine Bedeutung hat:* Die Taube ist ein Zeichen für den Frieden.; Dort über der Tür ist das Zeichen für „Ausgang"!; einen Wanderweg mit Zeichen markieren; an den Stellen im Text, an denen etwas fehlt, ein Zeichen machen ▸ Abzeichen, Kennzeichen, Merkzeichen ❷ SPRACHWISS., PHILOS. *abstrakte Einheit des Sprachsystems (= Abstraktionsklasse aller sinnlich wahrnehmbaren Zeichen-Realisierungen), bei der eine Ausdrucksseite/ein Formativ und gewöhnlich mehrere Inhaltsseiten/Bedeutungen regelhaft und wechselseitig per Konvention aufeinander bezogen sind:* die Arbitrarität des sprachlichen Zeichens besteht darin, dass es keine natürliche (von der Sache her gegebene, z.B. durch Gott oder der Natur vorgegebene) Beziehung zwischen Ausdrucksseite und Inhaltsseite gibt, sondern dass die Zuordnung durch Konvention zustande gekommen ist (sich historisch so herausgebildet hat und sozial verbindlich geworden ist) ◆ -realisierung, -system, -theorie, Sprach- ❸ *etwas Geschriebenes, das allgemein festgelegt ist und dem eine bestimmte Bedeutung zugeordnet wird:* ein chemisches/mathematisches Zeichen; Welches Zeichen kommt an das Ende eines Fragesatzes?; die Zeichen der kyrillischen Schrift ◆ Ausrufe-, Frage-, Satz-, Verkehrs- ❹ *eine Geste, ein Laut, ein Signal o.Ä., das in ei-*

ner Situation etwas mitteilen soll: jemandem ein Zeichen geben; Das war das Zeichen zum Aufbruch.; Sie wollten auf ein vereinbartes Zeichen hin losstürmen.; vor dem Abbiegen in eine Seitenstraße Zeichen geben ❻ (≈ Indiz, Symptom) etwas, aus dem ein bestimmter Zustand ersichtlich wird: ein sicheres Zeichen für eine Krankheit; Ihre Nervosität ist ein Zeichen von Überarbeitung.; Tränen können auch manchmal ein Zeichen der Freude sein.; Sein athletischer Körperbau ist ein Zeichen für tägliches Training. ▸ Anzeichen ◦ Krankheits- ❼ etwas, das etwas ahnen lässt: Wenn sich die Zugvögel sammeln, ist das ein Zeichen für den nahenden Winter.; Schwüle ist ein Zeichen für ein aufkommendes Gewitter. ▸ Vorzeichen ◦ Krisen-, Unglücks- ❽ etwas, das als Geste für etwas steht: Gefühle kann man oft besser in Zeichen und Symbolen (d.h. mit nonverbalen Äußerungsformen) ausdrücken als mit verbalen Ausdrucksmitteln.; zum Zeichen der Ablehnung den Kopf schütteln; jemandem zum Zeichen der Versöhnung die Hand reichen; Er schenkte ihr einen Ring zum Zeichen seiner Treue.; Das ist ein Zeichen seiner Liebe zu seinen Eltern.; ▪ **im Zeichen von … stehen** von etwas geprägt sein Die Feier stand im Zeichen ihrer glücklichen Heimkehr.; ▪ **ein Zeichen setzen** etwas (Gutes) tun, um Nachahmer zu finden Sie wollte mit dieser Aktion ein Zeichen gegen die zunehmende Umweltverschmutzung setzen.; ▪ **Es geschehen noch Zeichen und Wunder!** (umg. scherzh.) Ausruf, wenn sich plötzlich etwas zum Guten wendet Ich kann gar nicht glauben, dass er doch zugestimmt hat! Es geschehen noch Zeichen und Wunder!; ▪ **die Zeichen der Zeit erkennen** eine bestimmte Situation richtig beurteilen können, um dann entsprechend zu handeln Er hat die Zeichen der Zeit erkannt und die Firma auf die neueste Technologie umgestellt.

Zei·chen·trick·film der <-s, -e> ein Film, der aus sehr vielen Zeichnungen besteht, die sehr schnell wechseln, so dass es scheint, als ob die dargestellten Figuren sich bewegen würden: einen Zeichentrickfilm von Walt Disney ansehen

zeich·nen ['tsaiçnən] <zeichnest, zeichnete, hat gezeichnet> I. mit OBJ ❶ ▪ **etwas zeichnet jmdn./etwas** jmd. oder etwas deutliche Spuren hinterlassen: Die Krankheit hat ihn gezeichnet.; Wind und Wetter haben die Landschaft und ihre Bewohner gezeichnet. ❷ ▪ **jmd. zeichnet etwas** Akk. (veralt.) etwas durch Unterschrift anerkennen: einen Scheck zeichnen; Aktien an der Börse zeichnen ❸ ▪ **jmd. zeichnet (als etwas) für etwas** Akk. (geh.) eine bestimmte Funktion haben und die Verantwortung für etwas übernehmen: als Herausgeber für etwas zeichnen; für etwas verantwortlich zeichnen ❹ ▪ **jmd. zeichnet ein Bild von etwas** Dat. etwas in einer bestimmten Art beschreiben/darstellen: Sie zeichneten ein sehr positives Bild von der künftigen wirtschaftlichen Entwicklung. II. mit OBJ/ ohne OBJ ▪ **jmd. zeichnet (etwas)** (≈ skizzieren) etwas mit einem Stift in Form einzelner Linien oder Striche abbilden: ein Bild/einen Entwurf/eine Skizze auf ein Blatt Papier zeichnen; mit wenigen Strichen ein Haus zeichnen; gut zeichnen können; In ihrer Freizeit zeichnet sie oft. ▸ aufzeichnen, nachzeichnen, vorzeichnen

Zeich·nung die <-, -en> ❶ Bild, das gezeichnet II wurde: Die Ausstellung zeigt Gemälde und Zeichnungen von Paul Klee.; eine Zeichnung mit Bleistift/Tusche/Kreide anfertigen; etwas mit einer groben Zeichnung veranschaulichen ▸ Bleistift-, Feder-, Kreide- ❷ Schilderung oder Darstellung von jmdm. oder etwas: eine lebhafte Zeichnung der Figuren; eine realistische Zeichnung der damaligen Zeit ❸ WIRTSCH. der Vorgang, dass etwas unterschrieben wird: die Zeichnung von Aktien/eines Schecks ❹ die bestimmte Färbung des Fells bei Tieren: Das Fell hat eine schöne Zeichnung.; Jedes Zebra hat seine eigene charakteristische Zeichnung.

Zei·ge·fin·ger der <-s, -> der Finger neben dem Daumen: mit dem Zeigefinger auf etwas zeigen; Sie schimpfte mit erhobenem Zeigefinger.

zei·gen ['tsaign] <zeigt, zeigte, hat gezeigt> I. mit OBJ ❶ ▪ **jmd. zeigt jmdm. etwas** jmdn. herumführen und ihm mit sprachlichen Mitteln erklären, wo etwas ist oder was etwas darstellt: den Gästen das Haus zeigen; Der Fremdenführer zeigte uns die ganze Stadt. ❷ ▪ **jmd. zeigt jmdm. etwas** jmdm. etwas vorführen, so dass er sieht, wie es gemacht wird: Wer kann uns diese Übung noch einmal zeigen?; Die Eiskunstläuferin zeigte eine hervorragende Kür. ❸ ▪ **jmd. zeigt (jmdm.) etwas** einen Film, ein Theaterstück, eine Zirkusnummer o.Ä. bringen: Wir zeigen (Ihnen) jetzt einen französischen Spielfilm. ❹ ▪ **jmd. zeigt jmdm. etwas** jmdm. er-

klären, wo etwas ist und wie man dahin gelangt: Sie zeigte uns den kürzesten Weg zum Bahnhof. ❺ ▪ **jmd. zeigt jmdm. etwas** *etwas erklären und vorführen, so dass man erkennt, wie es funktioniert:* Er zeigte uns, wie seine neue Uhr funktioniert.; Zeig mir doch bitte, wie man das macht! ❻ ▪ **jmd./etwas zeigt etwas** *etwas erkennen lassen oder auf etwas hindeuten:* Die Zuschauer zeigten großes Interesse.; Er hat bei der Sache viel Mut gezeigt.; Ihr Gesicht zeigte keine Regung. ❼ ▪ **etwas zeigt etwas** *etwas abbilden:* Das Bild zeigt unsere Urgroßeltern.; Die Darstellung zeigt die Organe des Menschen.; Das Diagramm zeigt die Temperaturen des letzten Monats. ❽ ▪ **etwas zeigt etwas** *etwas angeben:* Das Thermometer zeigt zehn Grad.; Der Tacho zeigt hundert Stundenkilometer.; Die Uhr zeigt fünf vor sechs. ▻ anzeigen ❾ ▪ **etwas zeigt etwas** *sich aus etwas ergeben:* Die Untersuchungen haben gezeigt, dass wir Recht hatten.; Die Erfahrung zeigt Folgendes … ❿ ▪ **jmd./etwas zeigt etwas** *(umg. scherzh.) etwas zur Schau stellen:* Die Mode zeigt in diesem Sommer viel Haut.; Sie zeigt heute viel Bein mit ihrem kurzen Rock. **II.** *mit OBJ/ ohne OBJ* ▪ **jmd. zeigt (jmdm.) (etwas)** *etwas jmdm. vorweisen oder so hinhalten, dass man es beachtet und sieht:* Zeigen Sie mir bitte Ihren Ausweis!; Er zeigte uns seine neuesten Bilder.; Das Kind zeigte der Mutter seine Hände.; Zeig doch mal!; ▪ **es jemandem zeigen** *(umg.) jmdm. beweisen, dass man selbst etwas besser kann:* Euch werde ich es zeigen!; ▪ **jemand zeigt jemandem den Vogel** *mit dem Finger an die Stirn tippen zum Zeichen, dass man jmdn. für ziemlich verrückt hält:* Als sie von ihrer Idee berichtete, zeigte er ihr einen Vogel. **III.** *ohne OBJ* ❶ ▪ **jmd. zeigt irgendwohin/auf jmdn./etwas** *auf eine Stelle/auf jmdn./etwas mit etwas deuten:* Er zeigte mit dem Finger auf den Täter.; Sie zeigte zur Tür. ❷ ▪ **etwas zeigt irgendwohin** *auf eine Stelle gerichtet sein:* Der Pfeil zeigt nach oben.; Der Ast zeigt steil in den Himmel. **IV.** *mit SICH* ❶ ▪ **jmd. zeigt sich irgendwo** *sich von anderen an einem Ort sehen lassen:* So kannst du dich nirgends zeigen.; Er hat sich lange nicht mehr in der Öffentlichkeit gezeigt. ❷ ▪ **etwas zeigt sich irgendwo** *irgendwo zu sehen sein:* Am Himmel zeigten sich die ersten Sterne. ❸ ▪ **etwas zeigt sich** *sich herausstellen oder deutlich werden:* Das wird sich noch zeigen!; Es hat sich gezeigt, dass wir Recht hatten. ❹ ▪ **jmd. zeigt sich irgendwie** *sich in einer bestimmten Weise verhalten:* Sie zeigte sich großmütig.; Er hat sich uns gegenüber sehr freundlich gezeigt.

Zei·ger der ['tsaigɐ] <-s, -> ❶ *einer der schmalen und beweglichen Teile einer Uhr, die die Zeit angeben:* der große/ kleine Zeiger einer Uhr ◆ Minuten-, Sekunden-, Stunden- ❷ *ein schmales Teil mit einer Spitze, das bei einem Messinstrument einen bestimmten Messwert anzeigt:* Der Zeiger der Waage zeigt 200 Gramm.

Zei·le die ['tsailə] <-, -n> ❶ *eine der parallelen Linien auf einem Papier:* ein Blatt Papier mit Zeilen versehen; auf den Zeilen schreiben ❷ *eine der einzelnen Reihen, in denen die Wörter in einem geschriebenen Text angeordnet sind:* Der Text besteht aus einundvierzig Zeilen.; ein paar Zeilen auf das Papier schreiben; jede Seite hat dreißig Zeilen ❸ *der Wortlaut einer Zeile:* Das Gedicht endet mit den bekannten Zeilen …; ▪ **zwischen den Zeilen lesen** *(übertr.) eine versteckte Bedeutung aus einem mündlichen oder schriftlichen Text herauslesen* Man versteht den Text nicht sofort, weshalb man einiges durch Deutung erschließen muss, was nicht ausdrücklich/explizit sprachlich zum Ausdruck gebracht worden ist bzw. nicht aus den Formulierungen allein hervorgeht. ◆ Brief-, Gedicht-, Vers-

Zeit die [tsait] <-, -en> ❶ */kein Plur./* *Stunden, Tage, Wochen usw., die jmdm. für etwas zur Verfügung stehen:* Ich habe überhaupt keine Zeit jetzt.; Im Urlaub haben wir viel Zeit füreinander.; seine Zeit gut einteilen; sich mit Arbeit ausfüllen; Wir haben viel kostbare Zeit mit Warten verloren.; Er weiß nichts mit seiner Zeit anzufangen.; Nütze deine Zeit!; Auch diese Arbeit dauert ihre Zeit. ◆ Essens-, Jahres-, Tages- ❷ */kein Plur./* *das Nacheinander von Ereignissen in bestimmten Abschnitten, die man messen kann:* die Messung/ das Verstreichen der Zeit; die Zeit vergeht; Große Philosophen haben sich mit dem Problem/Wesen der Zeit beschäftigt. ❸ */kein Plur./ (≈ Uhrzeit) eine bestimmte Minute oder Stunde innerhalb einer Zeitsussung:* Welche Zeit ist es?; Haben Sie die genaue Zeit? ❹ *die Uhrzeit in einer bestimmten Zone auf der Erde:* Es ist sieben Uhr mitteleuropäischer Zeit.; die Zeit im Frühjahr (auf Sommerzeit) umstellen ❺ *Zeitpunkt oder Termin für etwas:* eine Zeit vereinbaren, bis zu der etwas erledigt sein muss; eine Zeit für ein Treffen festlegen; Um diese Zeit frühstücken wir immer.; Bitte halten Sie sich an die vereinbarten Zeiten!; eine Entscheidung auf unbestimmte Zeit vertagen; Es wird Zeit, dass wir uns entscheiden.; Das Angebot kommt gerade zur rechten/richtigen Zeit. ❻ *Zeitraum oder Frist für etwas:* eine längere Zeit im Ausland leben; seine Zeit im Gefängnis absitzen müssen; Sie ist seit einiger Zeit krank.; Er hat nach kurzer Zeit aufgegeben.; Das ist doch schon vor langer Zeit geschehen!; Ich gebe Ihnen noch zwei Wochen Zeit für diese Arbeit.; Die Läufer haben gute Zeiten erreicht. ❼ *ein Zeitraum oder eine Phase im privaten Leben:* schöne/schwere Zeiten miteinander verbringen; gern an eine Zeit zurückdenken; sich gern an die alten Zeiten erinnern; Sie hat ihre große Zeit noch vor sich.; Zu meiner Zeit war das noch ganz anders. ◆ Jugend-, Schul-, Studenten- ❽ *eine charakteristische Ära oder Epoche in der Geschichte:* die Zeit der Aufklärung/der Romantik/des Sturm und Drang; Das war die Zeit großer wissenschaftlicher Entdeckungen und Erfindungen.; zur Zeit Augusts des Starken; Die Zeiten haben sich geändert.; Mit ihren Anschauungen war sie ihrer Zeit weit voraus. ◆ Barock-, Biedermeier-, Friedens-, Kriegs- ❾ *die Gegenwart:* Das ist halt der Geschmack der Zeit.; die heutige Zeit ❿ SPRACHWISS. (≈ Tempus) *eine grammatische Form des Verbs:* In welcher Zeit steht dieser Satz/dieses Verb?; In verschiedenen Sprachen gibt es verschiedene Zeiten des Verbs. ⓫ ▪ **im Laufe der Zeit** *allmählich, nach und nach* sich im Laufe der Zeit an etwas gewöhnen; ▪ **mit der Zeit** *nach und nach, langsam* Mit der Zeit gewöhnt man sich an alles.; ▪ **jederzeit** *immer* Du kannst mich jederzeit besuchen kommen!; ▪ **von Zeit zu Zeit** *manchmal* Sie kommt uns von Zeit zu Zeit besuchen.; ▪ **zu gegebener Zeit** *(geh.) zu einem richtigen Zeitpunkt* Man wird Ihnen das zur gegebener Zeit mitteilen.; ▪ **auf Zeit** *für einen bestimmten Zeitraum* eine Arbeitsvertrag auf Zeit; ▪ **in jüngster Zeit** *in den letzten Wochen oder Tagen;* ▪ **zur Zeit** *zu Lebzeiten* zur Zeit Karls des Großen; ▪ **für alle Zeiten** *für immer* für alle Zeiten ausgesorgt haben; ▪ **jemandem Zeit lassen, etwas zu tun** *jmdm. nicht drängen, etwas zu tun* Du musst ihm mit dieser Entscheidung Zeit lassen.; ▪ **sich bei etwas Zeit lassen** *etwas ohne Eile tun* Das Kind lässt sich bei den Hausaufgaben Zeit.; ▪ **jemandem/sich (mit etwas) die Zeit vertreiben** *etwas Angenehmes tun* Er vertreibt sich die Zeit mit Lesen.; ▪ **die Zeit totschlagen** *(umg. abwert.) versuchen, sich irgendwie mit etwas zu beschäftigen, damit die Zeit, die man warten muss, vergeht* Beim Arzt schlage ich immer die Zeit mit Kreuzworträtseln tot.; ▪ **sich für jemanden/etwas Zeit nehmen** *mit etwas nicht weitermachen, um somit Zeit für jmdn. oder etwas zu haben, mit dem man sich gerne beschäftigt* Er nimmt sich immer Zeit für die Probleme anderer.; ▪ **Die Zeit drängt!** *etwas muss sofort getan werden, sonst ist es zu spät* Die Zeit drängt! Wir müssen eine Entscheidung treffen!; ▪ **keine Zeit verlieren dürfen** *etwas sofort machen müssen* Wir dürfen keine Zeit verlieren und müssen sofort einen Arzt rufen.; ▪ **es ist höchste Zeit** *es muss sofort getan werden* Es ist höchste Zeit, dass du zum Arzt gehst!; ▪ **es ist an der Zeit** *(geh.) es muss jetzt allmählich getan werden* Es ist an der Zeit, dass du dich entscheidest, was du werden willst!; ▪ **zu meiner/deiner/seiner usw. Zeit** *als ich/du/er usw. jung war* Zu meiner Zeit hättest du nicht alleine ausgehen dürfen.; ▪ **in meinen/deinen/seinen usw. besten Zeiten** *als es mir/dir/ihm usw. körperlich, finanziell usw. sehr gut ging* In seinen besten Zeiten konnte er sich drei Autos leisten.; ▪ **eine ganze Zeit** *(umg.) schon ziemlich lange* Ich habe schon eine ganze Zeit nichts von ihr gehört.; ▪ **seit ewigen Zeiten** *(umg.) seit sehr langem* Ich kenne sie schon seit ewigen Zeiten.; ▪ **Ach du liebe Zeit!** *(umg.) verwendet, um Verwunderung oder Erschrecken auszudrücken* Ach du liebe Zeit! Jetzt ist die Badewanne übergelaufen!; ▪ **mit der Zeit gehen** *modisch sein* Trotz ihres Alters geht sie mit der Zeit.; ▪ **jemandem läuft die Zeit davon** *jmd. hat das Gefühl, dass die Zeit zu schnell vergeht, um etwas noch rechtzeitig erledigen zu können* Ich weiß nicht, wie ich die ganze Arbeit bis morgen schaffen soll. Mir rennt die Zeit davon.; ▪ **Das hat Zeit.** *das kann man auch später noch erledigen oder machen* Sie brauchen den Bericht nicht sofort zu schreiben. Das hat Zeit.; ▪ **Alles zu seiner Zeit!** *man soll nichts überstürzen* Erst willst du ein neues Auto und dann auch noch ein Haus? Alles zu seiner Zeit!; ▪ **Kommt Zeit, kommt Rat.** *wenn man Geduld hat, findet man eine Lösung* ◆ Getrennt- oder Zusammenschreibung → R 4.9, R 4.16 eine Zeit raubende/zeitraubende Arbeit; eine Zeit sparende/zeitsparende Methode; ◆ Zusammenschreibung → R 4.16 noch zeitraubender/sehr zeitraubend/das zeitraubendste Verfahren; (noch) zeitsparendere Verfahren/sehr zeitsparende Verfahren/das zeitsparendste Verfahren

zeit +Gen. ■ **zeit meines/seines/ihres usw. Lebens** *während meines/seines/ihres usw. ganzen Lebens* Das wollte ich zeit meines Lebens gern tun.; Er war zeit seines Lebens ein armer Mann.

Zeit·al·ter das <-s, -> *(≈ Epoche) ein irgendwie charakterisierter Abschnitt in der Geschichte:* das Zeitalter der Aufklärung/ der Raumfahrt; ein Zeitalter großer Gelehrter und bedeutender Entdeckungen

Zeit·ar·beit die <-> /kein Plur./ WIRTSCH. *eine Form der Beschäftigung, bei der eine Firma Personen anstellt, um sie an andere Firmen für eine bestimmte Zeit zu verleihen:* Zeitarbeit machen

Zeit·druck der <-(e)s /kein Plur./ *der Zwang, eine Aufgabe innerhalb eines bestimmten Zeitraums, der sehr knapp ist, zu bewältigen:* unter Zeitdruck arbeiten

Zeit·geist der <-es /kein Plur./ *das Denken, die Meinungen und ein bestimmtes Lebensgefühl, wie sie für Menschen einer bestimmten Zeit typisch sind:* sich (nicht) dem Zeitgeist anpassen; der Zeitgeist der 80er Jahre

zei·tig ['tsaitɪç] *adj* ❶ *früh:* Er ist heute zeitig aufgestanden.; Ich gehe heute zeitig ins Bett. ❷ *frühzeitig:* Ich muss zeitig am Flughafen sein.; Seine Mutter ist sehr zeitig gestorben.

Zeit·lu·pe die <-> /kein Plur./ FILM *(↔ Zeitraffer) eine Darstellungsweise im Film, bei der man einen Vorgang sehr viel langsamer sieht, als er in Wirklichkeit ist:* Schauen wir uns das Tor noch mal in der Zeitlupe an!; in Zeitlupe ablaufen

Zeit·punkt der <-(e)s, -e> *der Moment, in dem etwas geschieht oder geschehen soll:* Wir haben noch keinen Zeitpunkt dafür festgelegt.; Bis zu diesem Zeitpunkt muss alles erledigt sein.; einen geeigneten Zeitpunkt finden, um mit jemandem zu sprechen; Dein Angebot kam genau zum richtigen Zeitpunkt.; Was ereignet sich zu diesem Zeitpunkt in einem anderen Teil der Welt?

Zeit·schrift die ['tsaitʃrɪft] <-, -en> *(≈ Magazin, Illustrierte) ein gedrucktes Heft, das in regelmäßigen Abständen, aber nicht täglich erscheint und auch meist viele Fotos beinhaltet:* eine Zeitschrift abonniert haben/am Kiosk kaufen/ regelmäßig lesen; der Chefredakteur/das Impressum/die Mitarbeiter/ die Titelseite einer Zeitschrift; eine Zeitschrift für Angelsport/HiFi/ Mode/Motorsport ◆ Frauen-, Mode-

Zei·tung die ['tsaituŋ] <-, -en> ❶ *mehrere große und gefaltete Blätter Papier mit Nachrichten und Berichten über aktuelle Ereignisse, die täglich erscheinen:* die Zeitung lesen/zusammenfalten/im Zug liegen lassen; die örtliche Zeitung abonniert haben; Zeitungen austragen; eine Zeitung herausgeben; der Leitartikel/die Schlagzeilen/der Regionalteil/ der Sportteil einer Zeitung ◆ Abend-, Morgen-, Sonntags-, Tages-, Wochen- ❷ /kein Plur./ *Verlag, der Zeitungen herausgibt:* bei der Zeitung arbeiten; eine Neuigkeit an die Zeitung weitergeben; die Leute von der Zeitung

Zel·le die ['tsɛlə] <-, -n> ❶ *kleiner und sehr einfach eingerichteter Raum, in dem jmd. lebt:* die Zelle eines Mönchs; Zwei Gefangene müssen sich eine Zelle teilen.; eine Zelle zum Umkleiden ◆ Dunkel-, Einzel-, Gefängnis-, Kloster-, Mönchs- ❷ *eine Art kleiner hohler Raum, der Teil einer größeren Struktur ist:* die Zellen in einer Bienenwabe; Das Dämmmaterial hat an der Unterseite viele Zellen. ❸ BIOL. *die kleinste lebende Einheit eines Organismus:* menschliche/pflanzliche/tierische Zellen; Die Zelle teilt sich/stirbt ab/wuchert. ❹ ELEKTROTECHN. *einzelnes Element einer Batterie oder eines Akkus* ❺ *eine kleine, organisierte Gruppe von Personen, die gemeinsam politisch und meistens geheim arbeiten:* eine politische/revolutionäre Zelle gründen

Zelt das [tsɛlt] <-(e)s, -e> *eine Art Hütte aus Stoff, die nicht dauerhaft an einem Ort steht, sondern aufgebaut wird, indem man Stoffbahnen über Stangen spannt, die man in die Erde hineingesteckt hat:* ein Zelt abbauen/aufbauen/beheizen; im Zelt übernachten; mit dem Zelt in den Urlaub fahren; Auf dem Campingplatz ist Platz für zweihundert Zelte.; ■ **seine Zelte (irgendwo) abbrechen** (umg.) *umziehen; woanders hingehen* Er hat seine Zelte in Hamburg abgebrochen und ist nach München gezogen.; ■ **seine Zelte (irgendwo) aufschlagen** (umg.) *sich (irgendwo) niederlassen* Ich könnte mir vorstellen, hier meine Zelte aufzuschlagen. ◆ Beduinen-, Camping-, Nomaden-, Zirkus-

Ze·ment der [tse'mɛnt] <-(e)s, -e> BAUW. *ein graues Pulver, das als Bindemittel für Beton und Mörtel dient:* Zement mit Wasser und Kies anrühren; schnell bindender Zement ▸ zementieren

Ze·nit, Ze·ni̱t der [tse'ni:t, tse'nɪt] <-(e)s> /kein Plur./ ❶ ASTRON. *der höchste Stand eines Gestirns am Himmel über einem Bezugspunkt auf der Erde:* Die Sonne/Ein Stern steht im Zenit.; Die Sonne hatte den Zenit bereits überschritten. ❷ *(geh. übertr.) Höhepunkt:* Der Kanzler befand sich im Zenit seiner Macht.

zen·sie·ren [tsɛn'ziːrən] <zensierst, zensierte, hat zensiert> *mit OBJ* ❶ **jmd. zensiert etwas** *etwas auf unerlaubte Inhalte hin überprüfen und dann eventuell verbieten:* Bücher/Filme/die Presse zensieren ❷ **jmd. zensiert jmdn./etwas** SCHULE *jmdn. oder etwas mit einer Note bewerten; eine Note geben:* die Arbeit/Leistung eines Schülers mit „zwei" zensieren

Zen·sur die [tsɛn'zuːɐ] <-, -en> ❶ /kein Plur./ *das Überprüfen auf unerlaubte Inhalte:* die Zensur der Presse; der Zensur unterworfen sein ◆ Film-, Post-, Presse- ❷ /kein Plur./ *Behörde, die Veröffentlichungen auf unerlaubte Inhalte hin überprüft:* etwas der Zensur vorlegen müssen; von der Zensur verboten werden ❸ SCHULE *Note, mit der eine Leistung bewertet wird:* eine gute/schlechte Zensur bekommen; die Zensuren auf dem Zeugnis

Zen·ti·me·ter der/das [tsɛnti'meːtɐ, ts'ɛnti'meːtɐ] <-s, -> *eine Maßeinheit für Längen, die einem hundersten Teil eines Meters entspricht:* Hundert Zentimeter sind ein Meter.

zen·t·ral [tsɛn'tra:l] *adj* ❶ *in der Mitte eines Ortes:* die zentrale Lage der Wohnung; Die Wohnung ist zentral, aber dennoch ruhig gelegen.; zentral wohnen ❷ /keine Steigerung./ *von der Mitte oder einer übergeordneten Stelle ausgehend:* etwas zentral planen/steuern; eine zentral gelenkte Wirtschaft; das zentrale Nervensystem ❸ *wichtig, hauptsächlich:* ein Problem von zentraler Bedeutung; die zentrale Figur in einem Roman

Zen·t·ra·lis·mus der [tsɛntra'lɪsmʊs] <-> /kein Plur./ POL. (↔ *Föderalismus) das Streben nach Zusammenführung der Verwaltung und Machtausübung an einer Stelle:* ein nach dem Prinzip des Zentralismus organisiertes Staatswesen ▸ zentralistisch

Zen·t·rum das ['tsɛntrʊm] <-s, Zentren> ❶ *Mittelpunkt:* das Zentrum eines Kreises; das Zentrum eines Erdbebens ❷ *Stadtmitte:* Wo geht es zum Zentrum?; Fahren Sie Richtung Zentrum!; im Zentrum wohnen ❸ *Stelle, an der sich etwas sammelt:* das Zentrum eines Sturms; die Zentren der Macht; ein industrielles/kulturelles Zentrum; ■ **im Zentrum der Aufmerksamkeit stehen** *am meisten beachtet werden* Seit sie die Goldmedaille gewonnen hat, steht sie im Zentrum der Aufmerksamkeit. ◆ Einkaufs-, Forschungs-, Presse-, Sport-

zer·bre̱·chen <zerbrichst, zerbrach, hat/ist zerbrochen> I. *mit OBJ* ■ **jmd. zerbricht etwas** *(haben) etwas (z.B. Glas) in zwei oder viele Teile brechen:* Er hat den Teller zerbrochen. II. *ohne OBJ* ❶ **etwas zerbricht** *(sein) in zwei oder viele Teile brechen:* Der Teller ist zerbrochen.; einen Stab zerbrechen ❷ **etwas zerbricht** *(geh.) scheitern:* Ihre Freundschaft ist zerbrochen.; Das Bündnis der beiden Länder ist zerbrochen. ❸ **jmd. zerbricht an etwas** *Dat. sich seelisch von etwas nicht mehr erholen:* Sie ist am Tod ihres Mannes zerbrochen.; Er ist an seinem schweren Los trotz allem nicht zerbrochen.; ■ **sich den Kopf zerbrechen** *(umg.) angestrengt nachdenken* Ich habe mir schon den ganzen Tag den Kopf darüber zerbrochen, was wir ihr schenken können.

Ze·re·mo·nie die [tseremo'niː, tsere'moːniə] <-, -nien> *eine Handlung, die nach einer vorgeschriebenen Form als Ritus abläuft und sehr feierlich ist:* die Zeremonie der Bestattung/Taufe/Trauung; die Zeremonie bei Hofe/bei einem Staatsbesuch ◆ Begrüßungs-, Bestattungs-, Tauf-, Trauungs-

zer·rei̱·ben <zerreibst, zerrieb, hat zerrieben> *mit OBJ* ■ **jmd. zerreibt etwas** ❶ *durch Reiben in sehr feine einzelne Stücke auflösen:* die Schokolade zerreiben; den Stein zu Sand zerreiben; feines Papier zwischen den Fingern zerreiben; den Pfeffer zu einem feinen Pulver zerreiben ❷ *(übertr.) vernichten:* die feindlichen Truppen zwischen zwei Fronten zerreiben

zer·rei̱·ßen <zerreißt, zerriss, hat/ist zerrissen> I. *mit OBJ* ❶ **jmd. zerreißt etwas** *durch Reißen bewirken, dass etwas in einzelne Stücke zerfällt:* Sie hat den Brief zerrissen.; ❷ **etwas/ein Tier zerreißt jmdn./etwas** *(haben) jmdn. oder etwas in Stücke reißen:* Der Hund hat ihm die Hose/das Bein zerrissen.; Die Wölfe zerreißen ihr Opfer. ❸ **etwas zerreißt etwas** *(geh. übertr.) (haben) etwas plötzlich stören oder unterbrechen:* Ein Schrei zerreißt die Stille.; Ein Lichtstrahl zerriss das Dunkel.

II. *ohne OBJ* ▪ **etwas zerreißt** *(sein) viele Risse bekommen und in Stücke gehen:* Das Papier zerreißt leicht.; Der Stoff ist zerrissen.; Wenn du noch kräftiger ziehst, zerreißt die Schnur.; Der Nebel/Die Wolkendecke zerreißt.; Ihre Nerven waren zum Zerreißen gespannt. **III.** *mit SICH* ▪ **jmd. zerreißt sich für jmdn./etwas** *(umg.) (haben) sich um jmdn. oder etwas außerordentlich stark bemühen:* Sie hat sich für ihre Arbeit zerrissen.; Er hat sich förmlich zerrissen, um ihr alle Wünsche zu erfüllen.; ▪ **Ich kann mich doch nicht zerreißen!** *Ich kann nicht alles auf einmal machen Eins nach dem anderen. Ich kann mich doch nicht zerreißen!;* ▪ **sich vor Lachen zerreißen** *(umg. übertr.) sehr laut lachen* Die Kinder haben sich bei dem Film vor Lachen zerrissen.

zer·ren ['tsɛrən] <zerrst, zerrte, hat gezerrt> **I.** *mit OBJ* ❶ ▪ **jmd. zerrt jmdn./etwas irgendwohin** *jmdn. gegen körperlichen Widerstand und mit großer Anstrengung an einen Ort ziehen:* jemanden aus dem Bett zerren; Der Täter zerrte sein Opfer in ein Gebüsch.; Sie zerrte einen schweren Wagen hinter sich her/die Straße entlang. ❷ ▪ **jmd. zerrt jmdn./etwas irgendwohin** *(abwert.) jmdn. gegen seinen Widerstand an einen Ort bringen oder etwas öffentlich bekannt machen:* jemanden vor Gericht zerren; etwas an die Öffentlichkeit zerren ❸ ▪ **jmd. zerrt sich etwas** MED. *etwas überdehnen:* Ich habe mir einen Muskel gezerrt. **II.** *mit OBJ/ohne OBJ* ▪ **jmd. zerrt (jmdn.) an etwas** *Dat. heftig an jmdm. oder einem Teil von jmdm. ziehen:* Du sollst (andere) nicht immer an den Haaren zerren!; Sie zerrte die Mutter am Rock.; Sie zerrte am Rock der Mutter. **III.** *ohne OBJ* ▪ **etwas/ein Tier zerrt an etwas** *Dat. heftig an etwas ziehen:* Der Hund zerrt an der Leine.; Das Warten zerrt an den Nerven.

zer·schnei·den <zerschneidest, zerschnitt, hat zerschnitten> *mit OBJ* ❶ ▪ **jmd. zerschneidet etwas** *etwas in einzelne Stücke schneiden:* den Apfel mit einem Messer zerschneiden; die Schnur mit einer Schere zerschneiden ❷ ▪ **jmd. zerschneidet sich etwas** *sich mit einer scharfen Klinge oder einem scharfen Messer verletzen:* sich mit einem Messer die Finger zerschneiden ❸ ▪ **etwas zerschneidet etwas** *durch Schneiden verletzen oder beschädigen:* Die Dornen zerschnitten (ihm) seine Beine. ❹ *(übertr.) etwas irgendwie zertrennen oder unter-* brechen: Der Bug des Schiffes zerschneidet die Wellen.; Ein Schrei zerschneidet die Stille.

zer·stö·ren <zerstörst, zerstörte, hat zerstört> *mit OBJ* ❶ ▪ **jmd./etwas zerstört etwas** *etwas gewaltsam und mit Absicht völlig kaputtmachen:* Die Luftangriffe haben die Stadt völlig zerstört.; Die Kirche wurde im Krieg zerstört.; Der Spielplatz ist immer wieder von Randalierern zerstört worden. ❷ ▪ **etwas zerstört etwas** *etwas unbrauchbar werden lassen:* Wasser hat die Fotos zerstört. ❸ ▪ **etwas zerstört etwas** *(übertr.) etwas, das vorher da war, kaputtmachen/vernichten:* Der Vorfall hat alle unsere Hoffnungen zerstört.; Das Vertrauen des Kindes in seine Eltern war unwiederbringlich zerstört.

Zer·stö·rung *die* <-, -en> ❶ */kein Plur./ das Zerstören:* die Zerstörung der Stadt im Krieg ❷ *Schaden:* Der Sturm richtete große Zerstörungen an.

zer·streu·en <zerstreust, zerstreute, hat zerstreut> **I.** *mit OBJ* ▪ **jmd./etwas zerstreut etwas** ❶ *etwas in sehr kleinen Teilen in verschiedene Richtungen über etwas verteilen:* Der Wind zerstreut die Blätter im Garten.; Seine Asche wurde in alle Winde zerstreut. ❷ *etwas auflösen:* Die Polizei zerstreute die neugierige Menge. ❸ *unangenehme Gefühle verschwinden lassen:* Der Redner zerstreute mit seinem Vortrag die Ängste/Bedenken/Zweifel des Publikums. ❹ ▪ **jmd. zerstreut jmdn./sich mit etwas** *Dat. jmdm. oder sich Ablenkung bieten:* die Kinder während der Wartezeit mit kleinen Spielen zerstreuen; sich im Wartezimmer mit Lesen zerstreuen **II.** *mit SICH* ▪ **Menschen zerstreuen sich** *auseinandergehen:* Die Zuschauermenge zerstreute sich allmählich.

Zer·streu·ung *die* <-, -en> ❶ *das Auseinandertreiben einer Menschenmege in verschiedene Richtungen:* die Zerstreuung der neugierigen Menschenmenge durch die Polizei ❷ *das Auseinandergehen:* die Zerstreuung der Freunde nach dem Ende der Schule ❸ *Beseitigung:* die Zerstreuung ihrer Ängste/Bedenken/Zweifel ❹ *Ablenkung; Unterhaltung:* der Zerstreuung des Publikums dienen; Am Abend wurden viele Zerstreuungen geboten.; etwas Zerstreuung suchen

Zer·ti·fi·kat *das* [tsɛrtifi'ka:t] <-(e)s, -e> ❶ *amtliche Bescheinigung:* die Echtheit mit einem Zertifikat belegen ❷ *Urkunde über eine abgelegte Prüfung:* ein Zertifikat erhalten/erwerben; das Zertifikat

Deutsch machen

Zet·tel der ['tsɛtl] <-s, -> *kleines Stück Papier, auf das etwas notiert werden kann:* eine Nachricht/Notiz auf einem Zettel hinterlassen ♦ Bestell-, Einkaufs-, Merk-, Notiz-

Zeug das [tsɔyk] <-s, -e> ❶ */kein Plur./ (umg. abwert.) Sammelbezeichnung für uninteressante oder wertlose Dinge, die man nicht beim Namen nennen will:* Ich will das Zeug hier nicht mehr sehen!; Wem gehört das ganze Zeug hier?; Willst du dieses Zeug wirklich essen? ❷ */kein Plur./ (umg. abwert.) Unsinn:* Was erzählt er nur für Zeug?; Rede doch kein (dummes) Zeug!; Glaubst du das Zeug etwa, was in dieser Zeitung steht? ❸ */kein Plur./ (veralt.) Kleider, Wäsche* ❹ *(veralt.) Geschirr für Zugtiere;* ■ **(nicht) das Zeug zu etwas haben** *(umg.) (nicht) die nötigen Fähigkeiten zu etwas haben* Sie hat das Zeug zur Firmenchefin.; ■ **jemandem etwas am Zeug(e) flicken** *(umg.) zu Recht oder Unrecht Schlechtes über jmdn. sagen* Du kannst mir nichts am Zeuge flicken!; ■ **sich (mächtig) ins Zeug legen** *(umg.) sich sehr anstrengen* Sie hat sich mächtig ins Zeug gelegt, um die Stelle zu bekommen.; ■ **was das Zeug hält** *(umg.) so sehr es geht; mit aller Kraft* Sie rannten, was das Zeug hielt.

-zeug [tsɔyk] *als Zweitglied zusammengesetzter Substantive, mit Betonung auf dem Erstglied; drückt aus,* ❶ *dass die mit dem Erstglied einzeln nicht näher bezeichneten Gegenstände unterschiedlicher Art für entsprechende Tätigkeiten benötigt werden:* Er will ins Schwimmbad und packt sein Badezeug (Badekappe, Badehose etc.) zusammen. ♦ Angel-, Arbeits-, Bade-, Flick-, Mal-, Näh-, Rasier-, Schreib-, Schwimm-, Ski-/Schi-, Sport-, Strick-, Turn-, Wasch- ❷ *dass mit dem Erstglied zusammengehörige gleichartige Dinge erfasst werden:* Der Gartenexperte gibt Tipps für das Grünzeug (z.B. für die Balkon- und Gartenbepflanzung). ♦ Grün-, Leder-, Weiß-, Wurzel-, Zucker- ❸ *wofür die mit dem Erstglied genannten Dinge gebraucht/benötigt werden:* Sie packt das Winterzeug (Mäntel, Stiefel etc.) in den Schrank, da der Winter vorbei ist. ♦ Schul-, Sommer-, Winter-

Zeu·ge der, **Zeu·gin** ['tsɔygə] <-n, -n> ❶ *Person, die einen bestimmten Vorfall beobachtet hat:* Zeuge eines Gesprächs werden; Gibt es einen Zeugen für den Mord/den Unfall? ♦ Augen-, Belastungs-

❷ RECHTSW. *Person, die vor Gericht zu etwas aussagt:* einen Zeugen vereidigen/vernehmen; ein glaubwürdiger Zeuge; Der Zeuge belastete die Angeklagte mit seinen Aussagen. ♦ Haupt-, Kron- ❸ RECHTSW. *Person, die zu einer Rechtshandlung gebeten wird, um sie zu bestätigen:* ein Testament vor Zeugen eröffnen; die Zeugen bei einer Trauung ❹ */keine weibliche Form/ (geh. übertr.) Sache, die Beleg für Vergangenes ist:* Findlinge, die steinernen Zeugen der Eiszeit; Die Kathedralen sind Zeugen der Macht und des Reichtums der Kirchenfürsten.

zeu·gen[1] ['tsɔygn̩] <zeugst, zeugte, hat gezeugt> *mit OBJ* ❶ ■ **ein Mann zeugt ein Kind** *durch Geschlechtsverkehr ein neues Leben entstehen lassen:* ein Kind/neues Leben zeugen ⇒ Zeugung ❷ ■ **etwas zeugt etwas** *(geh.) verursachen, hervorbringen:* Misstrauen zeugt nur Streit. ⇒ erzeugen

zeu·gen[2] ['tsɔygn̩] <zeugst, zeugte, hat gezeugt> *ohne OBJ* ❶ ■ **jmd. zeugt für etwas** *Akk. als Zeuge vor Gericht aussagen:* Sie kann für seine Unschuld zeugen.; Ich zeuge dafür, dass er an jenem Abend zu Hause war. ❷ ■ **etwas zeugt von etwas** *Dat. Zeichen von etwas sein:* Sein Verhalten zeugt nicht gerade von Intelligenz.; Die Kirche zeugt von der großen Baukunst ihrer Schöpfer.

Zeug·nis das ['tsɔyknɪs] <-ses, -se> ❶ SCHULE *Dokument mit den Gesamtnoten eines Schul- oder Lehrjahres:* Am Schuljahresende gibt es die Zeugnisse.; ein gutes/schlechtes Zeugnis haben ♦ Schul-, Abitur- ❷ *Bewertung für Arbeitnehmer vom Arbeitgeber:* jemandem ein gutes/schlechtes Zeugnis ausstellen ❸ *Dokument, mit dem etwas bescheinigt wird:* Für bestimmte Berufe ist ein Zeugnis erforderlich. ♦ Arbeits-, Führungs-, Gesundheits- ❹ *(geh.) Sache, die Beleg für etwas ist:* Die Arbeit ist ein Zeugnis ihres großen Könnens.; Die Entscheidung ist Zeugnis seines Weitblicks.; Die Funde sind Zeugnisse aus einer längst vergangenen Zeit. ❺ *(geh. o ukart.: ≈ Zeugenaussage) Aussage als Beweis oder Beleg einer Behauptung:* gegen jemanden Zeugnis ablegen; für/gegen etwas Zeugnis ablegen; Du sollst nicht falsch Zeugnis reden wider deinen Nächsten.

Zie·ge die ['tsiːgə] <-, -n> ❶ ZOOL. *mittelgroßes Säugetier mit Hörnern und weißem, braunem oder schwarzem kurzen Fell, das als Haustier gehalten wird, weil* *es Milch gibt:* eine Ziege melken; Ziegen hüten; Die Ziege meckert. ❷ *(umg. abwert.) Frau oder Mädchen mit einem launischen, schwierigen Charakter:* Du blöde Ziege!

Zie·gel der ['tsi:gl̩] <-s, -> ❶ *ein rotbrauner Stein mit einer meist rechteckigen Form aus gebranntem Ton/Lehm, der zum Bauen verwendet wird:* eine Wand aus Ziegeln mauern ◆Lehm-, Ton- ❷ *eine von vielen flachen Platten, mit denen ein Dach gedeckt ist:* ein Dach mit Ziegeln decken ◆Dach-

zie·hen ['tsi:ən] <ziehst, zog, hat/ist gezogen> I. *mit OBJ/ohne OBJ (haben)* ❶ ▪ **jmd./etwas zieht (jmdn./etwas)** *(↔ schieben) sich bewegen und dabei jmdn./etwas in die gleiche Richtung mitbewegen, was meist mit (viel) Kraft verbunden ist:* Die Frau zieht einen schweren Karren.; Die Lok zieht fünfzig Güterwaggons.; Eine Lok zieht und eine schiebt.; Zieh bitte kräftiger! ❷ ▪ **jmd. zieht (jmdn./etwas) (irgendwohin/irgendwoher)** *bewirken, dass jmd. oder etwas sich an einen Ort bewegt, indem man ihn/es mit den Händen fasst:* jemanden ins Haus/in ein Versteck ziehen; einen Verletzten aus dem Auto ziehen; Alle fassten mit an und zogen kräftig. ❸ ▪ **jmd. zieht (etwas** *Akk.)* *eine Karte oder eine Figur bei einem Spiel aufnehmen oder bewegen:* Er hat einen Joker gezogen.; Jeder musste eine Karte ziehen.; beim Schach mit der Dame/dem König/dem Turm ziehen ❹ *schnell eine Waffe hervorholen:* Er zog die Pistole/das Schwert.; mit gezogener Waffe; „Zieh!", rief er seinem Gegner zu. II. *mit OBJ (haben)* ❶ ▪ **jmd. zieht etwas** *eine Mechanismus betätigen, indem man daran zieht I.2:* den Abzug einer Pistole/die Bremse/einen Hebel ziehen ❷ ▪ **jmd zieht etwas (aus etwas** *Dat.)* *etwas mit Kraft aus etwas entfernen, indem man daran zieht I.2:* den Korken aus der Flasche/den Nagel aus der Wand ziehen ❸ ▪ **jmd. zieht jmdm. etwas** MED. *ein Arzt entfernt einen Zahn oder die Fäden einer Operationsnaht:* Der Zahnarzt hat ihr einen Zahn gezogen.; Morgen werden ihm schon die Fäden gezogen. ❹ ▪ **etwas zieht jmdn. irgendwohin** *jmdn. herbeilocken:* Das Fest zog viele Besucher in die Stadt. ❺ ▪ **jmd. zieht etwas auf sich** *Akk. große Aufmerksamkeit bekommen:* Sie zieht alle Blicke auf sich.; Das Unternehmen zog die Wut der Umweltschützer auf sich. ❻ ▪ **jmd. zieht etwas** *bewirken, dass etwas irgendwo befestigt oder gespannt wird:* eine Leine zwischen zwei Pfosten ziehen ❼ ▪ **jmd. zieht etwas über etwas** *Akk. ein Kleidungstück über ein anderes Kleidungstück anziehen:* einen Pullover über das Hemd ziehen ❽ ▪ **jmd. zieht etwas** *etwas pflegen und züchten:* Diese Rosen habe ich selbst gezogen. ❾ ▪ **jmd. zieht eine Linie** *eine Linie zeichnen:* Sie zog mehrere Linien über das Blatt. ❿ ▪ **jmd. zieht eine Mauer** *eine Mauer bauen:* Um die Grundstücksgrenze wurde eine Mauer gezogen. ⓫ ▪ **jmd. zieht eine Kerze/einen Draht** *eine Kerze oder einen Draht herstellen:* Sie zieht ihre Kerzen selbst. ⓬ ▪ **jmd. zieht jmdn./etwas aus einer Menge** *jmdn. oder etwas auswählen, der/das etwas gewinnt:* Schließlich haben sie den Gewinner gezogen.; Sie haben das große Los gezogen.; Am Samstag werden die Lottozahlen gezogen. ⓭ ▪ **jmd. zieht jmdn. an etwas** *Dat. jmd. an etwas festhalten und ziehen I.1:* Sie zog ihn an den Haaren. ⓮ ▪ **etwas zieht etwas nach sich** *etwas als Folge bewirken:* Das Verhalten des Politikers zog einen Skandal nach sich. ⓯ ▪ **jmd. zieht ein Gesicht/eine Grimasse** *einen Gesichtsausdruck meist des Ärgers oder der Ablehnung machen:* Warum ziehst du schon wieder so ein Gesicht? ⓰ *verwendet zusammen mit einem Substantiv, um ein Verb zu ersetzen oder zu umschreiben;* ▪ **seine Lehren/Schlussfolgerungen aus etwas ziehen** *aus etwas lernen/etwas aus etwas schließen;* ▪ **einen Vergleich zwischen zwei Sachen ziehen** *zwei Sachen miteinander vergleichen;* ▪ **etwas in Erwägung ziehen** *etwas erwägen* III. *ohne OBJ* ❶ ▪ **jmd. zieht irgendwohin** *(sein) sich irgendwohin begeben, um dort zu wohnen/zu leben:* Er ist in die neue Wohnung gezogen.; Die Vögel ziehen im Winter in den Süden. ❷ ▪ **jmd./etwas zieht irgendwohin** *(sein) sich an einen Ort bewegen:* Die Fans zogen feiernd durch die Straßen; Die Truppen sind durch das Gebiet gezogen. ❸ ▪ **etwas zieht irgendwohin** *(sein) sich irgendwohin bewegen:* Ein würziger Duft zieht durch das ganze Haus. ❹ ▪ **etwas zieht** *(haben) Aroma entwickeln:* Der Tee muss noch etwas ziehen. ❺ ▪ **jmd./etwas zieht an jmdm./etwas** *(haben) jmdn. oder etwas mit Kraft in eine bestimmte Richtung bewegen:* Du sollst (andere) nicht immer an den Haaren/am Arm/am Ärmel ziehen!; Sie hat am Rock der Mutter gezogen.; Der Hund zog an der Leine. ❻ **jmd. zieht an etwas** *Dat. (haben) an etwas saugen:* an einem Trinkhalm/einer Zigarette ziehen ❼ **etwas zieht gut/schlecht** TECHN. *(haben) viel/wenig Kraft entwickeln:* Der Motor zieht gut/schlecht. ❽ **etwas zieht gut/schlecht** *(haben) mit viel/wenig Luft als Abzug wirken:* der Kamin/Schornstein zieht schlecht/gut ❾ **etwas zieht** *(umg.) (haben) wirken:* Das Angebot zieht (bei mir) nicht. Da müsst ihr schon mehr bieten!; Die Drohung hat gezogen! **IV.** *mit SICH (haben)* ❶ **etwas zieht sich (bis ...)** *lange andauern:* Die Veranstaltung zieht sich.; Die Feier zog sich bis in den nächsten Tag. ❷ **etwas zieht sich irgendwohin** *sich über eine große Entfernung erstrecken:* Der Fluss zieht sich durch die Ebene.; Eine Straße zieht sich durch den Ort.; Die Felder ziehen sich bis zum Horizont. **V.** *mit ES (haben)* ❶ **es zieht** *es weht ein unangenehmer kalter Lufthauch, den man zum Beispiel bei offenem Fenster oder bei offener Tür spürt:* Macht bitte das Fenster zu, denn es zieht! ❷ **jmdm. zieht es irgendwo** *(umg.) irgendwo einen Schmerz spüren:* Wo zieht's denn bei dir?; Bei mir zieht es im Rücken. ❸ **jmdn. zieht es irgendwohin** *jmd. hat Sehnsucht danach, an einem bestimmten Ort zu sein:* Es zieht uns immer wieder ans Meer/in den Süden/nach Afrika.

Ziel das [tsiːl] <-(e)s, -e> ❶ *der Ort, den man am Ende einer Fahrt, Reise oder Wanderung erreichen möchte:* Was ist das Ziel eurer Reise?; ohne Ziel in der Stadt umherstreifen; Das Jazzfestival ist Jahr für Jahr Ziel tausender Fans. ❷ *Zweck oder Absicht von Handlungen:* Sie hat sich ein Ziel/etwas zum Ziel gesetzt.; Er studiert mit dem Ziel, Arzt zu werden.; seine Ziele verwirklichen; Das Unternehmen verfolgt bestimmte Ziele auf dem Markt.; Das Ziel der Forschungen ist es, ein Mittel gegen Aids zu finden.; Das Ziel ihres Kampfes ist die politische Unabhängigkeit. ◆ Lebens-, Verhandlungs- ❸ SPORT *Endpunkt eines Rennens:* ins Ziel einlaufen; Die beiden Läufer kamen gleichzeitig ins Ziel.; Das Ziel liegt am Ende einer langen Steigung. ◆ -einlauf, -foto, -kamera ❹ *Objekt, das man mit einer Schusswaffe zu treffen versucht:* Die Rakete wird elektronisch ins Ziel gelenkt.; ein Ziel ins Visier nehmen; Der Schuss hat ins Ziel getroffen/ging am Ziel vorbei.; ■ **über das Ziel hinausschießen** *(umg.) bei einer Sache stark übertreiben* Jetzt bist du aber über das Ziel hinausgeschossen!

ziel·los *adj /nicht steig./* (↔ *zielbewusst, zielstrebig) ohne bestimmtes Ziel oder bestimmte Absichten:* ziellos in der Stadt umherirren; ein zielloses Leben führen ◆ Ziellosigkeit

Ziel·schei·be die <-, -n> ❶ *Scheibe, die man zur Übung beim Schießen treffen muss:* die Zielscheibe treffen ❷ *(übertr.) derjenige, gegen den sich Angriffe, Kritik o.Ä. richten:* Er wurde zur Zielscheibe der Kritiker.

ziem·lich¹ ['tsiːmlɪç] *adj* ❶ *(umg.: ≈ beträchtlich) recht groß; von großem, aber nicht übermäßig großem Ausmaß:* Das weiß ich mit ziemlicher Sicherheit.; Das war eine ziemliche Enttäuschung. ❷ *(veralt.: ≈ geziemend) so, wie es sich gehört:* Sie verlangte von ihren Kindern ein ziemliches Betragen.

ziem·lich² ['tsiːmlɪç] *adv* ❶ *(umg.: ≈ einigermaßen) relativ; sehr, aber nicht übermäßig:* Es ist ziemlich kalt heute.; Du kommst aber ziemlich spät! ❷ *(umg.: ≈ fast) ungefähr, annähernd:* Das ist so ziemlich dasselbe.; Sie sind beide ziemlich gleich groß.

zie·ren ['tsiːran] <zierst, zierte, hat geziert> **I.** *mit OBJ* ❶ **etwas ziert etwas** *(geh.) schmücken:* Eine goldene Kette zierte ihren Hals.; Ein Wappen ziert die Tür.; Geranien zieren die Balkone der Häuser im Schwarzwald. **II.** *mit SICH* **jmd. ziert sich** *(abwert.) zögern; etwas aus gespielter Zurückhaltung nicht tun:* Ziert euch doch nicht so lange! Greift zu!; Sie zierte sich nicht lange und sprach ihn direkt an.

zier·lich ['tsiːɐ̯lɪç] *adj* ❶ *zart und fein:* eine zierliche Figur haben; eine zierliche junge Frau; eine zierliche Schrift haben ◆ Zierlichkeit ❷ *(veralt. geh.) anmutig:* eine zierliche Verbeugung machen

Zif·fer die ['tsɪfɐ] <-, -n> ❶ *das Zeichen, das für eine Zahl geschrieben wird:* eine Zahl mit vier Ziffern; im Wörterbuch arabische und römische Ziffern verwenden ❷ RECHTSW. *Unterpunkt eines Paragraphen:* Unter Paragraph 2, Ziffer 3 des Gesetzes heißt es ...; ■ **arabische Ziffern** *die Zahlen 1, 2, 3, 4, 5 usw.*; ■ **römische Ziffern** *die Zahlen I, II, III, IV, V usw.*

Zi·ga·ret·te die [tsigaˈrɛtə] <-, -n> *eine dünne Papierhülle, die mit Tabak gefüllt ist:* sich eine Zigarette anzünden/drehen; die Zigarette im Aschenbecher ausdrücken; eine Schachtel/Stange Zigaretten; zwanzig Zigaretten täglich rauchen; Wer eine Zigarette nach der anderen raucht, den kann man wirklich „Kettenraucher" nennen. ◆-nautomat, -npackung, -nschachtel, Filter-

Zi·gar·re die [tsi'garə] <-, -n> *zu einer Art von dünnem Stab gerollter und mit einem Tabakblatt umhüllter Tabak:* Zigarren rauchen; ■ **jemandem eine Zigarre verpassen** *(umg.) jmdn. heftig kritisieren*

Zim·mer das ['tsɪmɐ] <-s, -> ① *einer der Räume in einer Wohnung oder einem Haus:* ein enges/geräumiges/großes/helles/kleines Zimmer; ein möbliertes Zimmer vermieten; Jedes der Kinder hat ein eigenes Zimmer.; Du solltest häufiger mal dein Zimmer aufräumen. ◆-decke, -schlüssel, -tür, Arbeits-, Bade-, Ess-, Gäste- Kinder-, Kranken-, Schlaf-, Warte-, Wohn- ② *Hotelzimmer:* Bitte reservieren Sie mir ein Zimmer mit Dusche.; Haben Sie noch ein Zimmer frei? ◆ Doppel-, Einzel-

Zim·mer·mäd·chen das <-s, -> *eine Frau, die im Hotel die Zimmer aufräumt, Betten macht und für Sauberkeit sorgt:* Das Zimmermädchen macht jeden Tag die Betten im Hotel.

Zin·sen ['tsɪnzn̩] <-> *Plur. /kein Sing./ Geld, das man für das Ausleihen von Geld bezahlen muss oder das man beim Sparen auf ein Bankkonto von der Bank bekommt:* 3% Zinsen zahlen/bekommen

zir·ka, *a.* **cir·ka** ['tsɪrka] *adv* (≈ *ungefähr*) *verwendet, um auszudrücken, dass es sich nicht ganz genau um den genannten Zahlenwert handelt:* Die Fahrt dauert zirka zwei Stunden.

Zir·kel der ['tsɪrkl̩] <-s, -> ① MATH. *ein Gerät aus zwei schmalen Stäben, die mit einem Gelenk verbunden sind und mit dem man Kreise zeichnen oder Strecken auf dem Papier abmessen kann:* mit dem Zirkel in einen Punkt einstechen und um diesen Punkt einen Kreis ziehen; die Länge einer Strecke mit dem Zirkel abmessen ② *(geh.) ein geschlossener Personenkreis:* Nur ein Zirkel von Eingeweihten wusste Bescheid.; der Prager Zirkel von Linguisten; sich im engeren Zirkel treffen, um etwas zu besprechen

Zir·kus, *a.* **Cir·cus** der ['tsɪrkʊs] <-, -se> ① *ein Unternehmen, das artistische Kunststücke, dressierte Tiere, Clowns usw. vor Publikum in einem großen Zelt zeigt:* beim Zirkus arbeiten; sich eine Vorstellung im Zirkus ansehen; Der Zirkus kommt in unsere Stadt. ◆-artist(in), -direktor(in), -wagen, Staats-, Wander- ② *Vorstellung eines Zirkus¹:* Der Zirkus beginnt für Kinder schon um 15 Uhr. ◆-vorstellung ③ *kurz für „Zirkuszelt":* Dort auf der Wiese ist ein Zirkus.; ■ **einen Zirkus machen** *(umg. abwert.) sich wegen etwas, das nicht sehr wichtig ist, sehr anstellen; sehr empfindlich reagieren* Mach nicht so einen Zirkus!; Wegen so einer Kleinigkeit macht ihr einen derartigen Zirkus!

zi·schen ['tsɪʃn̩] <zischst, zischte, hat/ist gezischt> I. *mit OBJ* ① jmd. zischt etwas *(haben) eine kurze leise, aber heftige Bemerkung machen, weil man sehr ärgerlich ist:* „Lass mich in Ruhe", zischte sie wütend. II. *ohne OBJ* ① etwas zischt *(haben) einen scharfen Laut hervorbringen:* Eine Gans/Eine Schlange zischt drohend.; Die Dampflokomotive zischt.; Das Fett zischt in der Pfanne. ② ■ **etwas zischt irgendwohin** *(umg.) (sein) sich sehr schnell bewegen:* Der Dampf zischt aus dem geöffneten Ventil.; Ein Geschoss zischte haarscharf am Fenster vorbei.; Wir zischten schnell um die Ecke.; ■ **ein Bier zischen (gehen)** *(umg.) ein Bier trinken (gehen)* Wollen wir noch bei mir ein Bier zischen?

Zi·tat das [tsi'ta:t] <-(e)s, -e> *wörtlich wiedergegebene Äußerung aus einem veröffentlichten Text, wobei jeweilige Textproduzenten bekannt sind, und wobei Zitate im Rahmen wissenschaftlicher Arbeiten nicht nur (wie sonst) in Anführungszeichen zu setzen sind, sondern auch die zitierte Quelle exakt bezeichnet werden muss:* ein wörtliches Zitat; Er beendete seinen Vortrag über die Gedichte von Paul Celan mit dem Zitat „Die Kunst ist lang, doch kurz ist unser Leben" aus Goethes „Faust" (1. Teil, Vers 2836ff., Mephistopheles); Ihm ist der Doktortitel aberkannt worden, weil er in seiner Dissertation in nachweislich betrügerischer Absicht Formulierungsbestandteile aus anderen Texten übernommen und in seinen Text eingebaut hat, ohne diese als Zitat in Anführungszeichen zu setzen und die Quellen anzugeben. ▶ zitieren, Zitierweise ◆-ensammlung, Goethe-, Original-, Shakespeare-, usw.

Zi·t·ro·ne die [tsi'tro:nə] <-, -n> ① BOT. *kurz für „Zitronenbaum":* Kennst du das Land, wo die Zitronen blühen? ② *eine Frucht mit einer dicken gelben Schale und einem sehr sauren Geschmack:* eine Zitrone aufschneiden/auspressen ◆-npresse, -nsaft, -nscheibe

zit·tern ['tsɪtɐn] <zitterst, zitterte, hat gezittert> *ohne OBJ* ① ■ **jmd./etwas zittert** *sich unwillkürlich sehr schnell hin- und herbewegen:* Seine Hände/Knie zittern.; Er zitterte am ganzen Leib vor Angst/Aufregung/Kälte.; Die Nadel des Kompasses zittert. ❷ **jmd. zittert vor jmdm./etwas** *(umg.) vor jmdm. oder etwas Angst haben:* Sie zitterte vor der nächsten Prüfung.; Alle zittern vor dem Chef. ❸ **jmd. zittert um jmdn./etwas** *(umg.) sich um jmdn. oder etwas Sorgen machen:* Wir zittern um das Leben der Geiseln.; **jemandes Stimme zittert** *jmds. Stimme klingt unsicher und schwankend* Im Alter beginnt manchmal die Stimme zu zittern.

Zit·tern das <-s> /kein Plur./ ❶ *der Zustand, dass man zittert:* ein unkontrolliertes Zittern der Hände ❷ *(umg.) große Angst:* Vor den Prüfungen begann für alle das große Zittern.

Zi·vil das <-s> /kein Plur./ ❶ (↔ *Uniform*) *Kleidung, die keine Uniform ist und die im Zivilleben getragen wird:* Er erschien zu der Feier in Zivil.; Es wird darum gebeten, Zivil anzulegen. ❷ (↔ *Militär*) *Zivilpersonen:* In diesem Bereich des Geländes ist dem Zivil der Zutritt verboten. ❸ SCHWEIZ. *Familienstand:* Beim Verhör musste sie ihr Zivil angeben.

zi·vil [tsi'vi:l] *adj /nicht steig./* ❶ (↔ *militärisch*) *nicht militärisch:* die zivile Nutzung der Kernenergie; Die Finanzhilfen sind ausschließlich für zivile Zwecke gedacht.; Nach seinem Dienst beim Militär möchte er einen zivilen Beruf erlernen/ins zivile Leben zurückkehren. ❷ *(umg.) angemessen:* zivile Forderungen/Preise ❸ SCHWEIZ. *vor dem Gesetz, standesamtlich:* zivil heiraten

Zi·vil·dienst der <-es> /kein Plur./ *ein Dienst, den ein junger Mann im sozialen Bereich leisten musste, wenn er früher den Wehrdienst, der am 01.07.2011 in Deutschland abgeschafft worden ist, verweigert hat:* Er hat damals, als es noch die Wehrpflicht gab, seinen Zivildienst im Altenheim/Behindertenheim/Krankenhaus abgeleistet ▸ Zivildienstleistende

Zi·vi·li·sa·ti·on die [tsiviliza'tsi̯o:n] <-, -en> ❶ /kein Plur./ *der Entwicklungsstand einer Gesellschaft, der durch einen relativ hohen Stand wissenschaftlich-technischer und kultureller Errungenschaften geprägt ist:* Die Zivilisation hält auch in diesem abgelegenen Bergdorf allmählich Einzug.; die Probleme der modernen Zivilisation; abgeschnitten von jeder Zivilisation leben ❷ *eine Gesellschaft auf einem bestimmten Entwicklungsstand:* Der Autor nimmt an, dass auf anderen Planeten Zivilisationen existieren können, die der unseren ähnlich sind.

zog [tso:k] *Prät. von* **ziehen**

zö·gern ['tsø:gɐn] <zögerst, zögerte, hat gezögert> *ohne OBJ* **jmd. zögert** *nicht sofort handeln, sondern abwarten, weil man sich nicht entscheiden kann oder weil man ängstlich ist:* Bei dem Angebot sollte man nicht zögern, sondern gleich zugreifen.; Er zögerte ein wenig, bevor er antwortete.; Sie zögern noch mit ihrer Zusage. ▸ zögerlich

Zö·li·bat das/der [tsøli'ba:t] <-(e)s> /kein Plur./ REL. *die Tatsache, dass ein katholischer Priester nicht heiraten darf:* Katholische Geistliche leben im Zölibat. ▸ zölibatär

Zoll¹ der [tsɔl] <-(e)s, -> *(veralt.) ein altes Längenmaß, das ungefähr 3 cm entspricht*

Zoll² der [tsɔl] <-(e)s, Zölle> ❶ *eine Steuer, die auf Waren erhoben wird, die importiert oder exportiert werden:* auf bestimmte Waren Zoll zahlen müssen; auf diesen Waren liegt ein hoher/niedriger Zoll ◆ -bestimmungen, -grenzbezirk, Ausfuhr-, Einfuhr- ❷ *Behörde, die den Warentransport an den Grenzen kontrolliert und Zollabgaben erhebt:* Der Zoll kontrolliert das Gepäck der Reisenden.; beim Zoll arbeiten; ein Paket beim Zoll abholen

zoll·frei *adj /nicht steig./* (↔ *zollpflichtig*) *so, dass man keinen Zoll dafür zahlen muss:* Er hat nur zollfreie Waren in seinem Koffer.; eine Ware zollfrei einführen dürfen

Zoll·kon·t·rol·le die <-, -n> *eine Kontrolle, die von Zollbeamten durchgeführt wird, um zu prüfen, ob Reisende für Waren, die sie über Grenzen transportieren, Zoll² zahlen müssen:* eine Zollkontrolle am Flughafen/an der Grenze

Zoll·stock der <-s, Zollstöcke> *eine Art langer Stab, den man zusammenklappen kann und der eine Einteilung in Meter und Zentimeter hat, um damit etwas zu messen:* ein Zimmer mit dem Zollstock ausmessen

Zo·ne die ['tso:nə] <-, -n> ❶ *abgegrenztes Gebiet mit bestimmten Eigenschaften:* eine atomwaffenfreie/entmilitarisierte Zone; die arktische/subtropische Zone; In der Zone um das Kraftwerk herum gelten besondere Sicherheitsbestimmungen. ◆ Fußgänger-, Gewitter-, Klima- ❷ *der Bereich, in dem ein bestimmter Tarif gilt:* Der Bustarif/Telefontarif ist nach Zonen gestaffelt. ❸ *Verwaltungsbezirk einer militärischen Macht:* die amerikanische Zone; Diese Zone wird von den UNO-Friedenstruppen verwaltet. ❹ GESCH. *(umg.: ≈ Ostzone) das Gebiet der DDR während der Zeit der Teilung Deutschlands:* in der Zone wohnen; aus der Zone kommen

Zoo der [tso:] <-s, -s> *(≈ zoologischer Garten) ein Park, in dem gegen Geld Tiere besichtigt werden können (und in dem auch Tiere gezüchtet werden):* in den Zoo gehen

Zoom das [zu:m] <-s, -s> FILM, FOTOGR. *ein Objektiv, das man verstellen kann, um nahe oder ferne Sachen zu fotografieren:* bei einer Szene mit Zoom arbeiten; eine Kamera mit Zoom verwenden

Zopf der [tsɔpf] <-(e)s, Zöpfe> ❶ *langes Haar, das in drei gleich starke Teile zu einem dicken Strang geflochten ist:* ein Mädchen mit blonden Zöpfen; Sie trägt ihr Haar zu einem langen Zopf geflochten ❷ *ein Gebäck aus Hefe in Form eines Zopfes^1:* ein Zopf mit Mohn/Rosinen; ▪ **ein alter Zopf** *(umg. abwertend) etwas, das längst jeder weiß und das deshalb uninteressant ist* Warum erzählst du mir das? Das ist doch ein alter Zopf!

Zorn der [tsɔrn] <-(e)s> /kein Plur./ *ein Gefühl großer Wut:* in Zorn geraten; großen/maßlosen Zorn auf jemanden haben; etwas im Zorn/aus lauter Zorn tun; Er wurde bleich/rot vor Zorn. ▸ Jähzorn

zor·nig ['tsɔrnɪç] *adj sehr wütend:* auf jemanden zornig sein; Er wurde auf einmal sehr zornig.; So zornig habe ich sie noch nie erlebt/gesehen.

zu^1 [tsu:] *präp + Dat.* ❶ *verwendet, um das Ziel einer Bewegung anzugeben:* Geh zu dem Haus dort drüben!; Komm zu mir!; zu Bett gehen; zur Arbeit/Schule gehen; Leg das Buch zu den anderen! ❷ *verwendet, um sich auf eine Veranstaltung zu beziehen, bei der viele Leute sind:* Er muss schon wieder zu einem Kongress fahren.; zum Geburtstag/zu einer Party eingeladen sein ❸ *verwendet, um auszudrücken, dass etwas mit etwas anderem zusammengehört:* etwas Sahne zur Soße geben; Ich nehme Zucker zum Kaffee. ❹ *verwendet, um anzugeben, wo jmd. oder etwas ist:* Wir sind zu Hause.; Die Kinder sind schon zu Bett.; Der Kollege ist gerade zu Tisch.; Das Fahrzeug kann zu Wasser und zu Lande eingesetzt werden.; sich zum Fenster hinauslehnen; zur Tür hinausgehen ❺ *(geh.) verwendet, um den Namen oder den Ort bei Gebäuden anzugeben:* der Dom zu Köln ❻ *verwendet, um einen Zeitpunkt oder eine Zeitspanne anzugeben:* Zu Weihnachten lag kein Schnee.; zu(m) Ende des Monats; erst zu(m) Mittag aufstehen; Wir suchen zum nächstmöglichen Zeitpunkt eine Sekretärin.; Ihr ist zum Ersten des nächsten Monats gekündigt worden.; Zu Beginn war alles ganz einfach.; zu jeder Tages- und Nachtzeit; Beides geschah zur selben Zeit.; zur Zeit des Zweiten Weltkrieges; zu Lebzeiten Mozarts ❼ *verwendet, um die Art und Weise einer Bewegung anzugeben:* zu Fuß gehen; zu Schiff reisen ❽ *verwendet, um die Anzahl von Personen anzugeben:* zu dritt in einem Zimmer übernachten; Die Zuschauer kamen zu Hunderten. ❾ *verwendet, um eine Menge oder einen Preis anzugeben:* Das Bier gibt es nur in Kisten zu zwanzig Flaschen.; Es gab Erdbeeren, den Korb zu fünf Euro.; Die Bücher und CDs werden zu Spottpreisen verkauft. ❿ *verwendet, um auszudrücken, in welcher Art und Weise etwas zutrifft:* Das stimmt nur zum Teil.; zur Hälfte; zur Gänze ⓫ *verwendet, um den Anlass einer Handlung auszudrücken:* zu Ehren des Staatsgastes ein Festessen geben; dem Kind zum Trost ein Eis kaufen; etwas nur zum Spaß sagen ⓬ *verwendet, um das Ergebnis oder die Folge einer Handlung zu bezeichnen:* Was wird das zur Folge haben?; Das Wasser ist zu Eis gefroren.; Die Kartoffeln sind zu Mus zerkocht.; Sie ist vom kleinen Mädchen zu einer jungen Frau geworden.; Er ist zum Vorsitzenden gewählt worden.; Sie ist zur Professorin ernannt worden.; Er hat es zu etwas gebracht.; So kommen wir zu keinem Ergebnis. ⓭ *verwendet, um das Ziel einer Handlung auszudrücken:* Ich brauche etwas Warmes zum Anziehen.; Sie geht abends zum Schwimmen. ⓮ *verwendet, um das Ergebnis eines Spiels auszudrücken:* Es steht jetzt Null zu Eins für die blaue Mannschaft. ⓯ *verwendet, um etwas zu bezeichnen, wofür man etwas voraussetzen muss:* Zum Fallschirmspringen braucht man gute Nerven.; Zum Malen braucht man Farben und Papier.; ▪ **zum Ersten, zum Zweiten, zum Dritten usw.** *erstens, zweitens, drittens usw.*

zu^2 [tsu:] *adv* ❶ *verwendet, um auszudrücken, dass etwas in Richtung auf jmdn./etwas weist oder geht:* Nach Osten zu wurde der Himmel heller.; Die Fenster gehen nach Süden zu.; Sie ging dem Ausgang zu. ❷ *so stark, dass es nicht angemessen oder nicht erwartet ist:* Er kam zu früh.; Der Mantel ist zu groß/klein.; Du fährst zu langsam/riskant/schnell!; Das ist mir zu wenig!; Sie hat sich zu viel zugemutet.; Dafür ist es nun zu spät! ❸ *geschlossen, nicht*

geöffnet: Wir haben montags zu.; Die Geschäfte sind zu.; Das Fenster ist zu.; Ist die Tür auch richtig zu?; Augen zu! ❹ *verwendet bei einer Aufforderung, etwas weiterzumachen:* Nur immer zu!; ▪ **bis zu** (**100, 1000 ...**) *ungefähr, aber nicht mehr als (100, 1000 ...)* Der See ist an manchen Stellen bis zu siebzig Meter tief.; ▪ **ab und zu** *manchmal* Ab und zu treffen wir uns noch.; ▪ **jemand ist zu** *(umg. abwert.) jmd. ist sehr betrunken oder im Drogenrausch* Er war ja völlig zu! ◆ Getrenntschreibung Das ist viel zu viel für mich!; Das ist zu viel des Guten!; Sie verdient zu wenig, um sich das leisten zu können.; ◆ Getrenntschreibung → R 4.8 Das Geschäft/Die Tür wird wohl zu sein.; ◆ Getrennt- oder Zusammenschreibung → R 4.20 zu Lasten/zulasten des Klägers gehen; zu Grunde/zugrunde gehen; zu Gunsten/zugunsten des Angeklagten entscheiden; zu Hause/zuhause sein; niemandem etwas zu Leide/zuleide tun; mir war es ängstlich zu Mute/zumute; sich etwas zu Nutze/zunutze machen; mit einer Aufgabe nicht zu Rande/zurande kommen; einen Fachmann zu Rate/zurate ziehen; sich nichts zu Schulden/zuschulden kommen lassen; zu Seiten/zuseiten des Fußballfeldes; etwa zu Stande/zustande bringen; etwas zu Tage/zutage fördern; zu Ungunsten/zuungunsten des Klägers ausfallen; etwas zu Wege/zuwege bringen

zu³ [tsu:] *konj* ❶ *verwendet mit einem Infintiv bei bestimmten Verben, Substantiven und Adjektiven:* Das fängt an, langweilig zu werden.; Ich habe noch zu arbeiten.; Es gibt viel zu tun.; Er bat alle zu schweigen.; Sie beabsichtigt, ein Jahr im Ausland zu studieren.; Sie ist nicht fähig, sich zu konzentrieren.; Wir sind glücklich, das erreicht zu haben. ❷ *verwendet mit „sein" und Infinitiv, um ein Passiv mit Modalverb auszudrücken:* Das Problem ist nicht zu lösen. (Das Problem kann nicht gelöst werden.); Es ist noch allerhand zu tun. (Es muss noch allerhand getan werden.) ❸ *verwendet mit Partizip Präsens vor einem Substantiv, um eine Möglichkeit, eine Notwendigkeit, eine Erwartung o.Ä. auszudrücken:* die zu erledigenden Aufgaben; das zu reparierende Auto; der zu gewinnende Preis; die zu erwartenden Einnahmen; die zu besichtigenden Ausstellungsstücke

Zu·be·hör *das* ['tsu:bəhøːɐ̯] <-(e)s> /*kein Plur.*/ *Dinge, die nicht die Hauptbestandteile eines technischen Geräts sind, die aber zu dem Gerät gehören und mit ihm verwendet werden:* Zubehör, wie Fototasche und Stativ, sind im Preis der Kamera inbegriffen. ◆ Angel-, Foto-, Mal-

zu·bei·ßen <beißt zu, biss zu, hat zugebissen> *ohne OBJ* ❶ ▪ **jmd./etwas beißt zu** *kräftig in etwas hineinbeißen:* Das Brot ist hart. Da muss man kräftig zubeißen!; Ärgere den Hund nicht, sonst beißt er zu! ❷ ▪ **jmd. beißt zu** *die Zähne aufeinander pressen:* „Bitte einmal zubeißen", bat der Zahnarzt.

zu·be·rei·ten <bereitest zu, bereitete zu, hat zubereitet> *mit OBJ* ▪ **jmd. bereitet etwas zu** *kochen; Nahrungsmittel so vorbereiten, dass man sie essen kann:* Erst brate ich die Schnitzel, dann bereite ich den Salat zu.

züch·ten ['tsʏçtn̩] <züchtest, züchtete, hat gezüchtet> *mit OBJ* ▪ **jmd. züchtet etwas** *Pflanzen oder Tiere halten und heranziehen und dabei darauf achten, dass die Nachkommen oder Sprösslinge bestimmte Eigenschaften haben:* Rinder züchten; Rassehunde/edle Rennpferde/eine bestimmte Rosenart züchten

zu·cken ['tsʊkn̩] <zuckst, zuckte, hat/ist gezuckt> I. *mit OBJ* ▪ **jmd. zuckt die Schultern** (≈ *mit den Schultern zucken*) *die Schultern kurz und schnell nach oben ziehen, weil man etwas nicht weiß oder weil es einen nicht interessiert:* Er zuckte nur die Schultern, denn ihm war die Entscheidung egal. II. *ohne OBJ* ❶ ▪ **jmd./etwas zuckt** *(haben) kurze, schnelle und unkontrollierte Bewegungen machen:* Er zuckte kurz, als er seinen Namen hörte.; Sie zuckte mit den Schultern, als sie gefragt wurde.; kurz mit den Augenbrauen zucken; Ihr Augenlid/Bein zuckt unaufhörlich. ❷ ▪ **etwas zuckt** *(sein) kurz aufleuchten:* Ein Blitz ist über den Himmel gezuckt.; Rote Flammen zucken aus den Fenstern. III. *mit ES* ▪ **es zuckt** *(haben) kurze, unkontrollierte Bewegungen hervorrufen:* Es zuckte um ihren Mund herum.; Mir zuckt es in den Beinen.; ▪ **ohne** (**mit der Wimper**) **zu zucken** *(umg.) ohne Zögern oder Bedenken erkennen zu lassen* Er zahlte den hohen Preis, ohne mit der Wimper zu zucken.

Zu·cker *der* ['tsʊkɐ] <-s> /*kein Plur.*/ ❶ *eine weiße oder braune Substanz, die aus Pflanzen gewonnen wird, süß schmeckt und zu Speisen oder Getränken gegeben wird, um sie zu süßen:* Nehmen Sie Zucker in den Kaffee?; In den Teig gehört außer Zucker auch eine Prise Salz;

zwei Teelöffel/Würfel Zucker in den Kaffee nehmen ◆Kandis-, Puder-, Rohr-, Würfel- ❷ CHEM. *eine Substanz, die in Pflanzen gebildet wird und süß schmeckt* ◆Frucht- ❸ *(umg.: ≈ Diabetes) kurz für „Zuckerkrankheit"*: Man hat bei ihm Zucker festgestellt.; Sie hat Zucker. ◆Blut-, Harn-

zu·cker·krank *adj /nicht steig./ so, dass man keinen Zucker essen darf, weil man Diabetes hat*: Viele Menschen werden im Alter zuckerkrank. ▸ Zuckerkrankheit

zu·de·cken <deckst zu, deckte zu, hat zugedeckt> *mit OBJ* ▪ jmd. deckt jmdn./ etwas (mit etwas *Dat.*) zu *eine Decke o.Ä. auf jmdn. oder etwas legen*: das schlafende Kind zudecken; die jungen Pflänzchen mit Erde zudecken; den Topf mit einem Deckel zudecken

zu·dring·lich ['tsuːdrɪŋlɪç] *adj (abwert.)* ❶ *(≈ aufdringlich) so, dass man nach zu intimen und privaten Dingen fragt*: Die Reporter stellten zudringliche Fragen. ❷ *in sexueller Hinsicht aufdringlich; belästigend*: Er wurde der Frau gegenüber zudringlich.

zu·ei·n·an·der [tsuː|ai'nandɐ] *adv der/das eine zum anderen*: Sie passen nicht zueinander.; Nach vielen Jahren haben sie wieder zueinander gefunden. ◆Getrenntschreibung → R 4.8 Ich glaube nicht, dass die beiden zueinander passen.; Sie versprachen, immer fest zueinander zu halten.

zu·erst [tsuː|'eːɐ̯st] *adv* ❶ *(↔ zuletzt) an erster Stelle in einer Reihenfolge*: Wer geht zuerst?; Er kam zuerst ins Ziel.; Wer wird zuerst bedient? ❷ *(≈ zunächst) vor allem anderen*: Wir müssen zuerst eine Planung machen.; Wir können gleich gehen! Zuerst muss ich mir aber noch etwas anziehen. ❸ *(≈ erstmals) zum ersten Male*: Zuerst habe ich so etwas in Paris gesehen. ❹ *(≈ anfangs) am Anfang*: Zuerst glaubte sie, er scherze nur.; Zuerst habe ich sie ja ganz nett gefunden, aber später nicht mehr.; Was machen wir zuerst?; Wo haben wir das zuerst erlebt?

Zu·fall *der* <-(e)s, Zufälle> *ein Ereignis, das so nicht geplant oder erwartet war*: ein glücklicher/unglücklicher Zufall; Es war Zufall, dass wir uns getroffen haben.; Das ist kein Zufall/reiner Zufall.; Welch ein Zufall, dass wir uns hier über den Weg laufen!; Es gibt schon seltsame Zufälle!; Das sollte man nicht dem Zufall überlassen.

zu·fäl·lig *adj* ❶ *durch Zufall*: eine zufällige Begegnung; Ich war zufällig da. ❷ *(umg.: ≈ vielleicht) eventuell*: Hast du zufällig einen Fahrschein für mich?; Weißt du zufällig, wann die Kinder nach Hause kommen?

zu·frie·den [tsuˈfriːdn̩] *adj so, dass man die Situation, in der man ist, gut findet und keinen weiteren Wunsch hat*: mit etwas zufrieden sein; ▪ **sich mit etwas zufriedengeben** *sich mit etwas abfinden* Sie gab sich mit einem geringerem Lohn zufrieden.; ▪ **jemanden zufriedenlassen** *jemanden in Ruhe lassen, nicht belästigen* Er wollte sie einfach nicht zufriedenlassen und rief sie immer wieder an.; Kannst du mich nicht endlich zufriedenlassen?; ▪ **jemanden zufrieden stellen/zufriedenstellen** *so sein oder handeln, dass jemand zufrieden ist* die Kunden zufrieden stellen/zufriedenstellen; eine zufrieden stellende/zufriedenstellende Aufgabe ◆Zusammenschreibung → R 4.6; Getrennt- oder Zusammenschreibung → R 4.15

Zug¹ *der* [tsuːk] <-(e)s, Züge> ❶ *mehrere aneinander gehängte Eisenbahnwagen mit einer Lokomotive*: Der Zug verspätet sich/fährt auf Gleis acht ein/ ist pünktlich.; Ich komme mit dem Zug.; Die Bahn setzt über die Weihnachtstage zusätzliche Züge ein.; Die Züge nach Köln verkehren heute auf Gleis sechs.; Der Zug hatte ein Signal überfahren/war entgleist.; den Zug erreichen/nehmen/verpassen ◆Fernverkehrs-, Nahverkehrs-, Schnell- ❷ *Lastkraftwagen mit Anhängern*: ein Zug mit vier Achsen; ▪ **der Zug ist abgefahren** *(umg.) dafür ist es jetzt zu spät* Du kannst sie nicht mehr umstimmen. Der Zug ist abgefahren.

Zug² *der* [tsuːk] <-(e)s, Züge> ❶ *eine große Gruppe von Menschen, die sich gemeinsam in einer Richtung bewegen*: Der Zug der Flüchtlinge bewegt sich auf die Grenze zu.; Viele Menschen schlossen sich dem Zug der Demonstration an.; Bunt geschmückte Wagen fahren am Rosenmontag im Zug mit. ◆Demonstrations-, Fest-, Faschings- ❷ *das Sichfortbewegen in einer Richtung*: der jährliche Zug der Wildgänse in den Süden; der Zug der Wolken am Himmel ◆Vogel- ❸ *die Ausübung von Kraft (von etwas weg), um es zu bewegen*: Um die Kiste zu bewegen, muss man von hinten Druck und von vorn Zug ausüben.; Zug nach unten/nach der Seite/nach oben; Mit einem Zug am Hebel brachte er den Wagen zum Stehen. ❹ *eine Bewegung, um vorwärts zu kommen*: mit kräftigen Zügen rudern/schwimmen ❺ *Linienführung beim Schreiben oder Zeichnen*: etwas in großen/klaren Zügen schreiben; Der Künstler malt in kräftigen Zügen.

❻ *das Bewegen einer Figur im Spiel:* einen Zug mit der Dame machen; Wer ist am Zug?; matt in einundzwanzig Zügen; ein geschickter/kluger Zug des Gegners ❼ */kein Plur./ Luftströmung in eine Richtung:* Ich spüre einen Zug im Nacken.; Der Kamin hat keinen guten Zug. ▸ Durchzug ❽ TECHN. *Öffnung, durch die Luft oder Gase abziehen können:* ein Schornstein mit zwei Zügen ❾ *eine bestimmte Art zu handeln:* Ein weniger schöner Zug an ihm war seine Unpünktlichkeit.; Das ist der Zug der Zeit.; Der sehr strenge Lehrer hatte plötzlich auch menschliche Züge.; Das war kein schöner Zug von dir. ◆ Charakter- ❿ *Gesichtslinie; Gesichtsausdruck:* Sie hatte einen strengen Zug um den Mund.; Sein Gesicht hatte noch kindliche Züge. ⓫ *das Einziehen von Flüssigkeit oder Luft in den Körper:* einen kräftigen Zug aus der Flasche tun; mehrere Züge an der Zigarette machen; in tiefen Zügen atmen ▸ Atem-, Lungen- ⓬ *eine Organisationseinheit einer Institution:* Die Schule verfügt über einen sprachlichen und einen naturwissenschaftlichen Zug in jeder Klassenstufe.; Die Feuerwehr rückte mit vier Zügen an. ⓭ MILIT. *eine Untereinheit von einer Kompanie:* Der zweite Zug ist angetreten.; ▪ **in den letzten Zügen liegen** *(umg.) im Sterben liegen; dem Ende entgegengehen* Der Schwerkranke lag in den letzten Zügen.; Die Bauarbeiten am Haus liegen in den letzten Zügen: Morgen ist feierliche Übergabe.; ▪ **etwas in vollen Zügen genießen** *etwas sehr genießen* Wir haben den Urlaub in vollen Zügen genossen.; ▪ **im Zug(e) der/des** *(geh.) während; im Verlaufe der/des* Im Zuge des Umbaus wird auch die Heizung erneuert.; ▪ **in einem Zug(e)** *(umg.) ohne Unterbrechung* Er hat das dicke Buch in einem Zug ausgelesen.; ▪ **am Zug(e) sein/zum Zug(e) kommen** *die Möglichkeit haben, etwas zu tun* Jetzt sind wir endlich am Zuge!; ▪ **Zug um Zug** *nacheinander; unbeirrt; ohne Unterbrechung* Sie setzte ihren Plan Zug um Zug in die Wirklichkeit um.; ▪ **in groben/großen Zügen** *ungefähr und überblicksweise* Er erläuterte das Projekt in groben Zügen, ehe er zu den Einzelheiten kam.; Ich bin nur in groben Zügen informiert.; ▪ **einen guten Zug am Leib haben** *(umg.) sehr viel und schnell Alkohol trinken können* Er hat einen guten Zug am Leib.

Zug³ [tsu:k] <-s> *Kanton der Schweiz*

Zu·ga·be die ['tsu:ga:bə] <-, -n> ❶ *etwas, das man (beim Kauf) zusätzlich (und umsonst) erhält:* Jeder, der Waren im Wert von mindestens 100 Euro kauft, erhält ein Geschenk des Hauses als Zugabe. ❷ *etwas, das am Ende eines Konzerts noch zusätzlich gespielt wird:* Der Künstler spielte zwei Zugaben.; Das Publikum forderte eine Zugabe. ❸ */kein Plur./ das Hinzugeben:* die Spaghetti unter Zugabe von Salz in siedendem Wasser kochen

zu·ge·ben <gibst zu, gab zu, hat zugegeben> *mit OBJ* ❶ ▪ **jmd. gibt etwas zu** (≈ gestehen ↔ abstreiten) *sagen, dass man etwas Schlechtes getan hat:* Er hat den Fehler schließlich zugegeben. ❷ ▪ **jmd. gibt etwas** *Dat.* **etwas zu** *hinzufügen:* unter ständigem Rühren dem Teig drei Esslöffel Zucker zugeben

Zü·gel der ['tsy:gl̩] <-s, -> *einer der Riemen, mit denen ein Pferd vom Reiter geführt wird:* einem Pferd die Zügel anlegen; ▪ **die Zügel kurz halten** *streng regieren* Er hält in seiner Familie die Zügel kurz.; ▪ **die Zügel schießen/schleifen lassen/aus der Hand geben** *jmdn. oder etwas sich selbst überlassen* Er gibt die Zügel aus der Hand und lässt sie machen, was sie wollen.

zü·geln¹ ['tsy:gl̩n] <zügelst, zügelte, hat gezügelt> I. *mit OBJ* ❶ ▪ **jmd. zügelt ein Pferd** *ein Pferd am kurzen Zügel halten und beruhigen:* Das Pferd scheute, weshalb der Reiter versuchte, es zu zügeln. ❷ ▪ **jmd. zügelt etwas** *bestimmte negative Gefühle beherrschen:* seine Angst/Neugier/Wut zügeln II. *mit SICH* ▪ **jmd. zügelt sich** *sich beherrschen:* Versuche, dich zu zügeln!

zü·geln² ['tsy:gl̩n] <zügelst, zügelte, hat gezügelt> *ohne OBJ* ▪ **jmd. zügelt** SCHWEIZ. *umziehen:* Wir zügeln am Wochenende. ▸ Zügler

Zu·ge·ständ·nis das ['tsu:gəʃtɛntnɪs] <-ses, -se> ❶ *ein Entgegenkommen in einer Angelegenheit, wobei man in einem bestimmten Punkt nicht das tut, was man eigentlich tun möchte, sondern dem Wunsch/der Absicht einer anderen Person entspricht:* Er musste einige Zugeständnisse machen, damit sie seinem Plan zustimmt.; Bei der Verhandlung hat der Betriebsrat viele Zugeständnisse gemacht, sonst wäre es zu keiner Einigung gekommen. ❷ *etwas, das man tut, um sich anzupassen:* Ihre gefärbten Haare sind ein Zugeständnis an die Mode.

zu·ge·ste·hen <gestehst zu, gestand zu, hat zugestanden> *mit OBJ* ▪ **jmd. ge-**

steht jmdm. etwas zu ❶ (≈ *erlauben*) *sagen, dass jmd. etwas haben darf*: jemandem gewisse Freiheiten zugestehen; dem Mitarbeiter einen Urlaubstag mehr zugestehen ❷ *jmdm. Recht geben*: Du wirst mir zugestehen müssen, dass das nicht richtig war.

zu·gig ['tsu:gɪç] *adj* so, dass immer ein unangenehmer Luftzug zu spüren ist: eine zugige Ecke; Auf dem Berggipfel war es sehr zugig und kalt.

zu·gleich [tsu'glaɪç] *adv* ❶ (≈ *außerdem*) *darüber hinaus*: Er ist Schauspieler und Regisseur zugleich.; Er ist Regierungschef und zugleich Parteivorsitzender. ❷ (≈ *gleichzeitig*) *zur gleichen Zeit*: Sie lachte und weinte zugleich.

zu·grei·fen <greifst zu, griff zu, hat zugegriffen> *ohne OBJ* ▪ **jmd. greift zu** ❶ *mit der Hand greifen*: Seine Hand war gebrochen. So konnte er nicht mehr zugreifen.; Er hielt ihr seine Hand hin. Sie musste nur noch zugreifen. ❷ *sich von Dingen etwas nehmen, die angeboten werden*: Greifen Sie ruhig zu! Es ist genug für alle da!; Das ist eine einmalige Gelegenheit! Greifen Sie zu! ❸ *(umg.) helfen*: Kannst du bitte einmal zugreifen, ich kann die Kiste nicht allein tragen!; Wenn alle mit zugreifen, ist die Arbeit schneller erledigt. ❹ ▪ **jmd. greift auf etwas** *Akk.* **zu** *etwas benutzen oder einsehen*: Ich kann schon wieder nicht auf das Konto zugreifen.; auf eine Datei zugreifen ▸ Zugriff

Zug·vo·gel *der* <-s, Zugvögel> ZOOL. *Vogel, der vor dem Beginn des Winters in wärmere Gegenden fliegt und erst im Frühjahr zurückkehrt*: Die Zugvögel sammeln sich für ihren Flug in den Süden.; Schwalben sind Zugvögel.

Zu·hau·se *das* [tsu'haʊzə] <-s> */kein Plur./ der Ort, das Haus oder die Wohnung, wo jmd. dauerhaft lebt*: Sie haben sich ein gemütliches Zuhause eingerichtet.; Nach den wochenlangen Reisen freut sie sich auf ihr Zuhause.; Die Flüchtlinge haben hier ein neues Zuhause gefunden.

zu·hau·se, *a.* **zu Hau·se** [tsu'haʊzə] *adv* ÖSTERR., SCHWEIZ. *daheim; in der eigenen Wohnung*: Bist du morgen zuhause/zu Hause?; Wir fühlen uns hier zuhause/zu Hause; Ihr könnt euch wie zuhause/zu Hause fühlen.

zu·hö·ren <hörst zu, hörte zu, hat zugehört> *ohne OBJ* ▪ **jmd. hört (jmdm./etwas) zu** *bewusst jmdn. oder etwas hören*: Nur wenige Menschen können wirklich zuhören.; Unterbrich mich nicht schon wieder, hör jetzt endlich zu!; Alle hörten den Ausführungen des Reiseleiters aufmerksam zu.; Als der Pianist zu spielen begann, hörten alle andächtig zu.

Zu·hö·rer *der*, **Zu·hö·re·rin** <-s, -> *Person, die bei etwas zuhört*: Er ist ein guter Zuhörer.; Nach dem Vortrag durften die Zuhörer und Zuhörerinnen noch Fragen stellen.

Zu·kunft *die* ['tsu:kʊnft] <-> */kein Plur./* ❶ *die Zeit, die noch kommt/noch nicht gewesen ist*: Kein Mensch kann in die Zukunft sehen.; mit großen Erwartungen in die Zukunft blicken; Was wird in (der) Zukunft geschehen? ❷ *das Geschehen in der kommenden Zeit*: eine düstere/glänzende/großartige/ungewisse Zukunft (vor sich) haben; sich Gedanken um seine Zukunft machen; die Zukunft vorhersagen können ❸ *gute Aussichten für die Zukunft*[1]: ohne Zukunft sein; Die Jugend in diesem Land hat keine Zukunft.; eine Region/Wirtschaft ohne Zukunft; Diese Technologie hat Zukunft. ❹ SPRACHWISS. (≈ *Futur*) *eine Zeitform des Verbs*: einen Satz/ein Verb in die Zukunft setzen; ▪ **in Zukunft** *künftig* In Zukunft werde ich ihn nicht mehr fragen. ▸ zukünftig

zu·las·sen <lässt zu, ließ zu, hat zugelassen> *mit OBJ* ❶ ▪ **jmd. lässt etwas zu** *etwas erlauben, dulden*: Er lässt es nicht zu, dass andere sein Auto benutzen.; Ich lasse diese dauernden Störungen nicht zu!; Die Regelung lässt keine Ausnahmen zu. ❷ ▪ **jmd. lässt jmdn./etwas zu** *jmdm. oder etwas amtlich erlauben, etwas offiziell auszuüben oder an etwas teilzunehmen*: Der Film ist für Kinder nicht zugelassen.; ein Auto für den Verkehr zulassen; Die Brücke ist nur für Fußgänger zugelassen. ❸ ▪ **jmd. lässt jmdn. zu** *jmdm. den Zugang zu oder die Teilnahme an etwas gewähren*: Hier sind nur Mitarbeiter zugelassen.; Kinder unter zwölf Jahren sind hier nicht zugelassen.; einen Bewerber für ein Studium zulassen ❹ ▪ **jmd. lässt etwas zu** *(umg.) nicht öffnen*: Lassen Sie bitte diese Tür zu!; Ich habe das Fenster zugelassen, wer hat es dann geöffnet?; Sonntags müssen wir das Geschäft zulassen.

zu·läs·sig ['tsu:lɛsɪç] *adj /nicht steig./ erlaubt*: die zulässige Höchstgeschwindigkeit auf Straßen

Zu·las·sung *die* <-, -en> ❶ */kein Plur./ der Vorgang, dass jmd. eine Teilnahme, Nutzung, Tätigkeit o.Ä. offiziell erlaubt*: Die Zulassung eines Medikaments nimmt viel Zeit in Anspruch.; die Zulassung zum Studium beantragen ❷ *die Ge-*

nehmigung, etwas zu tun, zu nutzen, an etwas teilzunehmen: Er hat ohne Zulassung als Arzt praktiziert.; Hat dieser Gaststättenbetrieb eine amtliche Zulassung? ❸ *(umg.) Zulassungspapier für ein Kraftfahrzeug*

zu·letzt [tsu'lɛtst] *adv* ❶ *(↔ zuerst) am Ende:* Das müssen wir ganz zuletzt besprechen. ❷ *als Letzte(r, -s):* Sie war zuletzt an der Reihe.; Diejenigen, die zuletzt ankamen, wirkten sehr erschöpft. ❸ *(umg.) das letzte Mal:* Wo haben wir uns zuletzt gesehen?; Wann hast du zuletzt etwas gegessen?; Was hatten wir zuletzt besprochen? ❹ *endlich; im Endeffekt:* Zuletzt haben sie doch zugestimmt.; Warten wir es ab, wer zuletzt Recht behalten wird.; ■ **bis zuletzt** *bis zum letzten Moment* Er hatte bis zuletzt die Hoffnung nicht aufgegeben.; ■ **nicht zuletzt** *in erheblichem Maße* Dass wir es geschafft haben, lag nicht zuletzt an deiner Hilfe.; **Wer zuletzt lacht, lacht am besten.** *(Sprichwort)* man sollte sich nicht voreilig als Überlegener fühlen

zum [tsʊm] *präp (≈ zu dem)* zum Beispiel; zum Glück; zum Teil; zum Essen gehen; *siehe* **zu**

Die Wortfügung **zum Beispiel**, abgekürzt „z.B.", wird in den Satz eingebunden, oder sie kann vorangestellt werden. Auf den Punkt zwischen „z" und „B" folgt kein Leerzeichen. Wird „z.B." nachgestellt, so muss ein Komma gesetzt werden: *Ich habe ihn letzten Montag sehr häufig gesehen, z.B. im Theater.* In Verbindung mit einer Konjunktion wird die Fügung von Kommata eingeschlossen: *Ich habe ihn sehr häufig gesehen, zum Beispiel, als er ins Theater ging.*

zu·ma·chen <machst zu, machte zu, hat zugemacht> I. *mit OBJ/ohne OBJ* ■ **jmd./etwas macht (etwas) zu** *(umg.) (etwas) schließen:* Soll ich das Fenster zumachen?; Mach endlich (die Tür) zu!; Sie mussten ihr Geschäft leider zumachen, da es keinen Gewinn mehr brachte. II. *ohne OBJ* ❶ **etwas macht zu** *für Kunden schließen:* die Zeit, zu der die Geschäfte gewöhnlich zumachen ❷ **jmd. macht zu** *(umg.)* NORDDT. *sich beeilen:* Nun mach schon zu! Oder sollen wir ewig warten?

zu·min·dest [tsu'mɪndəst] *adv* ❶ *(≈ wenigstens, mindestens) verwendet, um auszudrücken, dass man die genannte Sache als das Minimum betrachtet, das jmd. hätte tun können:* Er hätte zumindest anrufen können, wenn er schon nicht kommt. ❷ *(≈ wenigstens) verwendet, um auszudrücken, dass die im Hauptsatz genannte Sache zwar schlimm ist, aber die im Nebensatz genannte Sache eine Art Trost darstellt:* Bei dem Unfall ist hoher Sachschaden entstanden; aber zumindest ist niemand ernsthaft verletzt worden. ❸ *(≈ jedenfalls) verwendet, um auszudrücken, dass die im Hauptsatz gemachte Aussage wahr oder falsch sein kann, aber gemäß der im Nebensatz genannten Sichtweise wahr ist:* Es wird schon alles gut gehen, zumindest glaube ich das.

zu·nächst¹ [tsu'nɛːçst] *adv* ❶ *(≈ zuerst) an erster Stelle; als Erstes:* Wir müssen zunächst einmal einen Plan machen.; Zunächst ruhen wir uns etwas aus. Dann können wir uns die Stadt ansehen gehen.; Er muss zunächst seine Arbeit erledigen. Dann kann er Urlaub machen. ❷ *vorläufig:* Die Kinder können zunächst hier bleiben.; Sie bekommen zunächst einen vorläufigen Ausweis.

zu·nächst² [tsu'nɛːçst] *präp +Dat. (geh.) unmittelbar neben jmdm. oder etwas:* die Zuschauer, die zunächst der Bühne standen; Die ihm zunächst Stehenden hatten alles mit angehört.

Zu·na·me der ['tsuːnaːmə] <-ns, -n> AMTSSPR. *(≈ Familienname ↔ Vorname) Nachname, Familienname:* Bitte unterschreiben Sie mit (dem) Vor- und Zunamen.

Zün·der der ['tsʏndɐ] <-s, -> /*nur Plur.*/ ÖSTERR. *Zündhölzer, Streichhölzer:* eine Schachtel Zünder

Zünd·holz das <-es, Zündhölzer> SÜDDT., ÖSTERR. *(≈ Streichholz) ein kleines Stäbchen, an dessen Ende sich eine leicht brennbare Masse befindet und mit dem man Feuer machen kann, indem man es reibt:* eine Schachtel/Packung Zündhölzer kaufen

Zünd·ker·ze die <-, -n> TECHN., KFZ *Teil eines Benzinmotors, das das Luftgemisch zur Explosion bringt und so den Kolben antreibt:* die Zündkerzen auswechseln

Zünd·schlüs·sel der <-s, -> KFZ *Schlüssel, mit dem der Motor eines Kraftfahrzeugs gestartet wird:* Wo ist der Zündschlüssel?

zu·neh·men <nimmst zu, nahm zu, hat zugenommen> *ohne OBJ (↔ abnehmen)* ❶ ■ **etwas nimmt zu** *mehr, größer oder intensiver werden:* Die Zahl der Drogenabhängigen nimmt zu.; Der Lärm von der Straße hat in den letzten Jahren zugenommen.; Die Hitze hat gegen Mittag noch zugenommen. ❷ **jmd. nimmt zu** *größer* *oder dicker werden:* Er hat im letzten Jahr fünf Kilo zugenommen.; Das Baby hat an Gewicht zugenommen.; ■ **zunehmender Mond** *die Phase, bei der täglich ein größerer Teil des Mondes sichtbar ist* Wir haben zurzeit zunehmenden Mond.; ■ **in zunehmendem Maße** *immer mehr* Es wurde in zunehmendem Maße Kritik geäußert.; ■ **mit zunehmendem Alter** *beim Älterwerden* Mit zunehmendem Alter ließ sein Gehör nach.

Zun·ge die ['tsʊŋə] <-, -n> ❶ ANAT. *das bewegliche Organ im Mund, das zum Essen, Schmecken und zum Sprechen gebraucht wird:* sich mit der heißen Suppe die Zunge verbrennen; die Stellung der Zunge bei der Artikulation dieses Lautes; Er hat sich aus Versehen auf die Zunge gebissen. ❷ *(geh.) Sprache:* Dichter/Menschen fremder Zunge ❸ KOCH. *die Zunge¹ von geschlachteten Tieren als Speise:* gepökelte/gekochte Zunge Zunge ❹ *ein Gegenstand, der der Form einer Zunge¹ ähnelt:* die Zunge an einer Waage; ■ **eine scharfe/spitze Zunge haben** *streitlustig sein und Bemerkungen machen, die andere verletzen* Er hat immer eine sehr spitze Zunge.; ■ **böse Zungen** *Menschen, die Böses sagen* Böse Zungen behaupten, er habe das Geld gestohlen.; ■ **seine Zunge hüten** *nichts ausplaudern, verraten oder sagen* Hüte deine Zunge und pass auf, was du sagst!; ■ **etwas löst jemandem die Zunge** *etwas bringt jmdn. zum Reden* Der Wein hatte ihm die Zunge gelöst.; ■ **sich lieber auf die Zunge beißen, als ...** *sich bemühen, etwas nicht zu sagen* Sie beißt sich lieber auf die Zunge, als sich zu entschuldigen.; ■ **etwas liegt jemandem auf der Zunge** *jmdm. beinahe wieder einfallen* Der Name liegt mir auf der Zunge. Gleich fällt er mir wieder ein!; ■ **etwas liegt jemandem auf der Zunge** *beinahe ausgesprochen werden* Mir lag eine Bemerkung auf der Zunge. Ich habe sie dann doch nicht ausgesprochen.; ■ **eine schwere Zunge haben** *nicht mehr verständlich reden können, weil man zu viel Alkohol getrunken hat* Am Ende des Abends hatt er eine schwere Zunge.; ■ **da bricht man sich ja die Zunge!** *(umg.) das Wort kann man nicht aussprechen;* ■ **sich etwas auf der Zunge zergehen lassen** *etwas mit viel Vergnügen sagen* Diese Bosheiten ließ er sich auf der Zunge zergehen.; ■ **etwas brennt jemandem auf der Zunge** *jmd. will unbedingt etwas Bestimmtes sagen* Es brannte mir auf der Zunge, ihm die Wahrheit zu sagen.; ■ **sich die Zunge verbrennen** *etwas sagen, was einem schaden wird* Er hat sich schon manchmal die Zunge verbrannt.; ■ **jemandem hängt die Zunge zum Hals heraus** *(umg.) jmd. ist sehr erschöpft, weil er sich körperlich angestrengt hat* Nach dem Sport hing ihm die Zunge zum Hals heraus.; ■ **mit hängender Zunge** *(umg.) außer Atem* Mit hängender Zunge erreichte sie den Zug.

> Redewendungen: „Böse Zungen sagen, dass sie einst als Hexe geboren wurde" („Jemand, der schlecht über sie sprechen will, behauptet dies'); „Sie würde sich lieber die Zunge abbeißen, als um diesen Gefallen zu bitten" („Sie würde niemals darum bitten'); „Er wird das Geheimnis sicher verraten; er trägt nämlich das Herz auf der Zunge" („Er ist sehr gesprächig'); „Das Angebot ist äußerst verlockend! Das muss man sich erst einmal auf der Zunge zergehen lassen!" („Das muss man sich genüsslich vor Augen halten').

zu·rech·nungs·fä·hig *adj /nicht steig./* (↔ *unzurechnungsfähig*) *so, dass man bei klarem Verstand ist und deshalb die Verantwortung für sein Handeln tragen kann:* Er war voll zurechnungsfähig und deshalb auch für sein Tun verantwortlich.; Ich glaube, sie ist nicht mehr ganz zurechnungsfähig! Sie tut ganz seltsame Sachen!

zu·recht·fin·den <findest zurecht, fand zurecht, hat zurechtgefunden> *mit SICH* ❶ ■ **jmd. findet sich irgendwo zurecht** *irgendwo den Weg finden, sich auskennen:* Findest du dich in der neuen Umgebung zurecht?; Ich finde mich in manchen Sachen nicht mehr zurecht. ❷ ■ **jmd. findet sich irgendwo zurecht** *eine Situation bewältigen:* Wie findest du dich an deinem neuen Arbeitsplatz zurecht?; Sie findet sich im Leben nicht mehr zurecht. ♦ Zusammenschreibung → R 4.5 Sie versuchte sich, im dunklen Zimmer zurechtzufinden.

zu·recht·kom·men <kommst zurecht, kam zurecht, ist zurechtgekommen> *ohne OBJ* ❶ ■ **jmd. kommt mit jmdm./etwas zurecht** *mit jmdm. oder etwas ohne Probleme umgehen können:* Wie kommst du mit dem neuen Kollegen zurecht?; Kommt ihr mit den Aufgaben zurecht? ❷ ■ **jmd. kommt zurecht** *zur richtigen Zeit kommen:* Da bin ich ja gerade noch zurechtgekommen!; Wenn der Bus sich nicht verspätet, kommen wir noch zurecht ins Kino. ◆Zusammenschreibung → R 4.5 So werden wir wohl nicht mehr zurechtkommen.

Zu·rück das <-(s)> /kein Plur./ *die Möglichkeit, etwas rückgängig zu machen:* Von nun an gab es für uns kein Zurück mehr.

zu·rück |tsuˈrʏk| *adv* ❶ *wieder an den Ausgangsort:* hin und zurück; zwei Fahrkarten nach Dresden und zurück; Ich bin bald wieder zurück.; Wann ist er aus dem Ausland/aus dem Urlaub zurück? ❷ *hinter einer bestimmten Stelle gelegen:* Zwei Schritte zurück befindet sich ein tiefer Abgrund.; Die anderen folgen etwas weiter zurück. ❸ *in Richtung hinter eine bestimmte Stelle:* Zurück! Hier wird es gefährlich. ❹ *(umg.) nicht so fortgeschritten oder entwickelt, wie es erwartet wird:* hinter seiner Zeit zurück sein; Er ist ein bisschen zurück für sein Alter.; Ich bin mit der Arbeit weiter zurück als ihr. ◆Getrenntschreibung → R 4.8 Wann wirst du wieder zurück sein?

zu·rück·be·kom·men <bekommst zurück, bekam zurück, hat zurückbekommen> *mit OBJ* ❙ **jmd. bekommt etwas zurück** ❶ *etwas, das man schon hatte, wiederbekommen:* Ich möchte das Buch gern zurückbekommen. ❷ *Wechselgeld bekommen:* Ich bekomme noch etwas zurück!; Ich habe von der Verkäuferin fünf Euro zurückbekommen. ❸ *(umg.) etwas wieder in die Ausgangsposition bringen können:* Ich bekomme den Hebel nicht wieder zurück, denn er klemmt.

zu·rück·be·zah·len <bezahlst zurück, bezahlte zurück, hat zurückbezahlt> *mit OBJ* ❙ **jmd. bezahlt etwas zurück** *jmdm. Geld wiedergeben, das man vorher von ihm bekommen hat:* Sie muss ihm/dem Arbeitsamt Geld zurückbezahlen.

zu·rück·fah·ren <fährst zurück, fuhr zurück, hat/ist zurückgefahren> **I.** *mit OBJ (haben)* ❶ **jmd. fährt jmdn. zurück** *jmdn. dorthin fahren, wo er herkam:* Ich kann dich nach Hause zurückfahren. ❷ **jmd. fährt etwas zurück** *etwas nach hinten fahren:* das Auto einige Meter zurückfahren. ❸ **jmd. fährt etwas zurück** *die Leistung verringern:* eine Anlage/Maschine zurückfahren. **II.** *ohne OBJ (sein)* ❶ **jmd. fährt irgendwohin zurück** *an den Ausgangsort fahren:* Ich bin allein nach Hause zurückgefahren.; Wollen wir heute noch zurückfahren? ❷ **jmd. fährt zurück** *nach hinten oder rückwärts fahren:* Du musst ein paar Meter zurückfahren. ❸ **jmd. fährt zurück** *sich rasch nach hinten bewegen:* Erschrocken fuhr er zurück.

zu·rück·ge·ben <gibst zurück, gab zurück, hat zurückgegeben> *mit OBJ* ❶ **jmd. gibt jmdm. etwas zurück** *jmdm. etwas wiedergeben, das derjenige schon besessen hatte:* Gib mir bitte meinen Stift zurück!; Hast du mir mein Geld zurückgegeben?; Ich habe vergessen, den Schlüssel zurückzugeben! ❷ **jmd. gibt jmdm./etwas etwas zurück** *bewirken, dass jmd. oder etwas wieder hat:* Er gab ihr das Selbstvertrauen zurück.; Das gab der Stadt ihre alte Schönheit zurück. ❸ **jmd. gibt etwas zurück** *(geh.) (unfreundlich) antworten:* „Schweig", gab er zurück.

zu·rück·hal·tend *adj* ❶ *wenig aufdringlich:* ein zurückhaltender, stiller Mensch ❷ *abwartend und vorsichtig:* Sie stand seinem Angebot eher zurückhaltend gegenüber.; zurückhaltenden Optimismus äußern ❸ *unauffällig:* sich zurückhaltend kleiden

zu·rück·keh·ren <kehrst zurück, kehrte zurück, ist zurückgekehrt> *ohne OBJ (geh.)* ❶ **jmd. kehrt irgendwohin zurück** *wieder an den Ausgangspunkt gehen:* Nach vielen Jahren, die er im Ausland verbracht hat, ist er in die Heimat zurückgekehrt.; Wir kehrten müde von unserer Wanderung ins Hotel zurück. ❷ **etwas kehrt zurück** *wieder vorhanden sein, nachdem es verschwunden war:* Langsam kehrte sein Bewusstsein zurück.; Als er gesund wurde, kehrte auch sein alter Humor zurück.

zu·rück·las·sen <lässt zurück, ließ zurück, hat zurückgelassen> *mit OBJ* ❶ **jmd. lässt jmdn./etwas irgendwo zurück** *jmd./etwas an einem Ort lassen, nachdem man ihn verlassen hat:* Leider haben die Touristen auch viel Müll an den Stränden zurückgelassen.; den Verletzten in einem hilflosen Zustand zurücklassen ❷ **jmd. lässt jmdn. zurück** *(geh.) verwendet, um auszudrücken, dass es Angehörige von jmdm. gibt, der gestorben ist:* Das Opfer lässt Frau und zwei Kinder zurück. ❸ **jmd. lässt jmdn. irgendwohin zurück** *(umg.) wieder an den Ausgangsort gehen lassen:* Er hat die Kinder nicht wieder nach Hause zurückgelassen. ❹ **etwas lässt etwas zurück** *etwas zur Folge haben:* Die Operation lässt kaum Narben zurück.

zu·rück·tre·ten <trittst zurück, trat zurück, ist zurückgetreten> *ohne OBJ*

❶ ▪ **jmd. tritt zurück** *nach hinten oder an den Ausgangsort treten:* Bitte treten Sie einen Schritt zurück!; Bitte treten Sie an Ihren Platz in der Reihe zurück! ❷ ▪ **jmd. tritt zurück** *eine Position oder ein Amt abgeben:* Nach dem Skandal mussten drei Minister zurücktreten. ❸ ▪ **etwas tritt hinter etwas** *Dat.* **zurück** *sich hinsichtlich der Bedeutung einer anderen Sache unterordnen müssen:* Ihr Hobby muss zurzeit hinter dem Studium zurücktreten. ❹ ▪ **jmd. tritt von etwas** *Dat.* **zurück** *etwas kündigen oder für die eigene Person für ungültig erklären:* von einem Vertrag zurücktreten; Ich trete freiwillig von meinen Ansprüchen zurück.

zu·rück·zah·len <zahlst zurück, zahlte zurück, hat zurückgezahlt> *mit OBJ* ❶ ▪ **jmd. zahlt etwas zurück** *geliehenes Geld wieder dem geben, dem es gehört:* einen Kredit/Schulden/Geld an jemanden zurückzahlen ❷ ▪ **jmd. zahlt jmdm. etwas zurück** *(umg.) sich an jmdm. für etwas rächen:* Sie hat ihm seinen Verrat zurückgezahlt.; Dem werd' ich es zurückzahlen!

Zu·sa·ge die ['ʦuːzaːɡə] <-, -n> ❶ *Versprechen:* Hast du schon irgendwelche Zusagen gemacht? ❷ *(↔ Absage) positive Antwort:* Wir haben auf unser Angebot bereits drei Zusagen erhalten.; Sie hat auf ihre Bewerbung noch keine Zusage erhalten.

zu·sam·men [ʦuˈzamən] *adv* ❶ *(≈ gemeinsam ↔ allein)* verwendet, um auszudrücken, dass Träger der im Satz genannten Handlung nicht nur eine Person, sondern mehrere Personen sind: Wir (Hans, Peter und ich) sind zusammen nach Prag gefahren, aber Karin ist allein gefahren.; Lasst uns das zusammen tun!; Sie haben alle zusammen gesungen. ❷ *(≈ insgesamt)* so, dass alle Aspekte, Personen o.Ä. berücksichtigt sind: Zusammen kostet das 24 Euro.; Sie ist intelligenter als ihr alle zusammen. ◆ Getrenntschreibung → R 4.12 Er wollte immer mit ihr zusammen sein.; Sie ist ein paar Jahre mit ihm zusammen gewesen.; Auf dem Heimweg sind wir alle zusammen gefahren.; Erst haben sie alle zusammen gearbeitet, dann haben sie zusammen eine Pause gemacht.; Die beiden Läufer sind zusammen gefallen, aber nur einer hatte sich verletzt.; Peter und Paul zusammen gekommen, nur Max traf etwas später ein.; Die Kinder haben einen ganzen Nachmittag lang zusammen gespielt.; Wenn alle zusammen sitzen wollen, brauchen wir noch ein paar Stühle; sonst müssen einige von uns stehen.; Wenn wir alle zusammen suchen, finden wir den Schlüssel vielleicht schneller.; Wollen wir die schwere Tasche nicht zusammen tragen?; Ich möchte das nicht allein, sondern mit euch zusammen tun.; Anton und Maria haben das Geld zusammen gezählt und die erhaltenen Beträge danach zusammengezählt.; Wenn alle zusammen ziehen, bekommen wir das Boot ins Wasser.

zu·sam·men·ar·bei·ten <arbeitest zusammen, arbeitete zusammen, hat zusammengearbeitet> *ohne OBJ* ▪ **jmd. arbeitet mit jmdm. (an etwas** *Dat.***) zusammen** *(≈ kooperieren) mit jmdm. gemeinsam an etwas arbeiten oder auf etwas hinarbeiten:* Sie arbeitet bei diesem Projekt mit mir zusammen.; Die beiden Länder arbeiten wirtschaftlich zusammen. ▸ Zusammenarbeit ◆ Zusammenschreibung → R 4.5 Wenn wir zusammenarbeiten, können wir uns gegenseitig helfen.

zu·sam·men·bre·chen <brichst zusammen, brach zusammen, ist zusammengebrochen> *ohne OBJ* ❶ ▪ **etwas bricht zusammen** *brechen und einstürzen:* Die Brücke ist unter der Last zusammengebrochen.; Bei dem Erdbeben brachen zahlreiche Häuser zusammen. ❷ ▪ **etwas bricht zusammen** *nicht mehr richtig funktionieren:* Der Verkehr ist völlig zusammengebrochen.; Sein Kreislauf ist zusammengebrochen.; Unsere gesamte Planung ist zusammengebrochen. ❸ ▪ **jmd. bricht zusammen** *sich plötzlich schwach fühlen und deshalb hinfallen:* Er ist ganz plötzlich zusammengebrochen.

zu·sam·men·fal·len <fällst zusammen, fiel zusammen, ist zusammengefallen> *ohne OBJ* ❶ ▪ **etwas fällt zusammen** *einstürzen:* Eines Tages musste dieses alte Haus ja zusammenfallen. ❷ ▪ **etwas fällt (mit etwas** *Dat.***) zusammen** *zur gleichen Zeit stattfinden:* Die beiden Termine fallen leider zusammen, ich muss einen verschieben. ◆ Zusammenschreibung → R 4.5 Ostern wird in diesem Jahr mit seinem Geburtstag zusammenfallen.; Das Haus ist einfach zusammengefallen.

zu·sam·men·fas·sen <fasst zusammen, fasste zusammen, hat zusammengefasst> **I.** *mit OBJ* ▪ **jmd. fasst etwas zusammen** *etwas zu einem größeren Ganzen vereinigen:* Die einzelnen Schüler wurden in Gruppen zusammengefasst.; zwei Abteilungen zu einer zusammenfassen **II.** *mit OBJ/ohne OBJ* ▪ **jmd. fasst (etwas) zusammen** *das Wichtigste von ei-*

nem Text, einem Film o.Ä. kurz erläutern: den Inhalt kurz zusammenfassen; Er fasste zusammen, was bisher gesagt worden war.; Lassen Sie mich kurz zusammenfassen!; Kannst du bitte mal zusammenfassen, was bisher in dem Film passiert ist? ▶ Zusammenfassung

zu·sam·men·ge·hö·rig *adj /nicht steig./ so, dass es eine Einheit bildet oder sich ergänzt:* die zusammengehörigen Teile kennzeichnen

Zu·sam·men·hang *der* <-(e)s, Zusammenhänge> *eine Verbindung bzw. Wechselbeziehung zwischen Dingen oder Fakten:* einen Zusammenhang zwischen verschiedenen Dingen erkennen/herstellen; zwei Dinge miteinander im Zusammenhang sehen; Die Polizei bringt die Tat in Zusammenhang mit ähnlichen Verbrechen.; ■ **etwas aus dem Zusammenhang reißen** *Formulierungen von jmdm. in einer anderen Beziehung oder Verbindung gebrauchen, als im Original* eine Textstelle aus dem Zusammenhang reißen ■ **in diesem Zusammenhang** *verwendet, um sich auf etwas zu beziehen, was vorher gesagt wurde;* bei diesem Thema In diesem Zusammenhang möchte ich das Folgende bemerken ... ▶ zusammenhanglos ● Gedanken-

zu·sam·men·hän·gen <hängt zusammen, hing zusammen, hat/ist zusammengehangen> *ohne OBJ* ❶ ■ **etwas hängt (mit etwas** *Dat.***) zusammen** *miteinander verbunden sein:* Die einzelnen Telefonanschlüsse hängen mit einer zentralen Anlage zusammen.; Die Seiten im Buch hängen zusammen, weil Klebstoff dazwischengekommen ist. ❷ ■ **etwas hängt (mit etwas** *Dat.***) zusammen** *eine logische Verbindung haben; aus etwas folgen:* Wie hängt das zusammen?; Die Krankheit hängt meist mit falscher Ernährung zusammen.

zu·sam·men·rei·ßen <reißt zusammen, riss zusammen, hat zusammengerissen> *mit SICH* ■ **jmd. reißt sich zusammen** *sich beherrschen:* Jetzt reiß dich endlich zusammen und jammere nicht so!

zu·sam·men·schla·gen <schlägt zusammen, schlug zusammen, hat zusammengeschlagen> *mit OBJ* ❶ ■ **jmd. schlägt etwas zusammen** *mit einem lauten Geräusch aufeinander schlagen:* die Hände/die Hacken zusammenschlagen; Das Kind schlug die Topfdeckel zusammen. ❷ ■ **jmd. schlägt jmdn. zusammen** *durch Schlagen schwer verletzen; verprügeln:* Das Opfer wurde von zwei Männern nach einem Streit in der Kneipe zusammengeschlagen. ❸ ■ **jmd. schlägt etwas zusammen** *durch Schlagen schwer beschädigen; zerstören, kaputtmachen:* Er schlug alle Möbel zusammen.

Zu·sam·men·set·zung *die* <-, -en> *die Teile/Elemente, aus denen etwas besteht, und die Art, wie sie miteinander verbunden sind:* die Zusammensetzung einer chemischen Verbindung analysieren; In dieser Zusammensetzung hat das Team die besten Chancen.

zu·sam·men·stel·len <stellt zusammen, stellte zusammen, hat zusammengestellt> *mit OBJ* ❶ ■ **jmd. stellt etwas zusammen** *etwas nebeneinander an einen bestimmten Ort stellen:* mehrere Tische zu einer langen Tafel zusammenstellen ❷ ■ **jmd. stellt etwas zusammen** *etwas in bestimmter Weise aufbauen oder arrangieren:* Der Trainer stellt eine ganz neue Mannschaft zusammen.; das Menü für den Abend zusammenstellen; ein besonderes Angebot für einen Kunden zusammenstellen

zu·sam·men·sto·ßen <stößt zusammen, stieß zusammen, ist zusammengestoßen> *ohne OBJ* ❶ ■ **jmd./etwas stößt (mit jmdm./etwas) zusammen** *verwendet, um auszudrücken, dass zwei Fahrzeuge oder zwei Personen während des Fahrens oder Laufens gegeneinander fahren oder laufen:* Die Fahrzeuge sind frontal zusammengestoßen.; Die Fußballer sind mit ihren Köpfen zusammengestoßen. ❷ ■ **etwas stößt irgendwo zusammen** *aneinander grenzen:* Die beiden Grundstücke stoßen hier zusammen.; Hier stoßen drei Länder zusammen. ❸ ■ **jmd. stößt mit jmdm. zusammen** *(umg.) miteinander streiten:* Mit diesem Kollegen stoße ich immer wieder zusammen, wir passen nicht zueinander. ▶ Zusammenstoß

Zu·satz *der* ['tsu:tsats] <-es, Zusätze> ❶ */ kein Plur./ das Hinzufügen:* den Teig unter Zusatz von Wasser ständig rühren ❷ *Ergänzung; Nachtrag:* Der Vertrag erhielt noch einige ergänzende Zusätze.; Ich möchte zu dem, was eben gesagt wurde, noch einen Zusatz machen. ❸ *das Hinzugefügte:* natürliche/künstliche Zusätze enthalten; Bei diesem Fertiggericht sind alle Zusätze auf der Packung angegeben.

zu·sätz·lich ['tsu:zɛtslɪç] *adj /nicht steig./ so, dass es (ergänzend) zu etwas hinzukommt:* eine zusätzliche Bemerkung machen; ein zusätzliches Einkommen haben; zusätzliche Kosten verursachen

zu·schau·en <schaust zu, schaute zu, hat zugeschaut> *ohne OBJ* ■ **jmd. schaut jmdm./etwas zu** SÜDDT., ÖSTERR., SCHWEIZ. *(≈ zusehen) beobachten:* Er schaute den spielenden Kindern zu.

Zu·schau·er der, **Zu·schau·e·rin** <-s, -> *Person, die (bewusst) bei etwas zusieht:* Die meisten Zuschauer waren sehr zufrieden mit der Vorstellung.; Diese Fernsehsendung ist sehr beliebt bei den Zuschauern.; Bei dieser Arbeit kann ich keine Zuschauer gebrauchen. ◆Fernseh-, Theater-

Zu·schlag der <-(e)s, Zuschläge> ❶ *(≈ Aufpreis ↔ Nachlass, Rabatt) Geld, das zusätzlich zum Preis einer Sache zu zahlen ist:* Für die Unterbringung im Einzelzimmer wird ein Zuschlag erhoben.; Für die Fahrt mit dem ICE brauchen Sie Ihre Fahrkarte und den entsprechenden Zuschlag.; ein Zuschlag für schnelle Züge/schnelle Beförderung eines Briefes ❷ *die Erklärung, dass bei einer Auktion oder einer Ausschreibung eine bestimmte Person oder eine bestimmte Firma das versteigerte Objekt bzw. den Auftrag bekommt:* Der Herr in der hintersten Reihe bekommt den Zuschlag!; Die Fima bekam den Zuschlag für den Bau der neuen Straße.

zu·schlie·ßen <schließt zu, schloss zu, hat zugeschlossen> *mit OBJ/ohne OBJ* ■ **jmd. schließt (etwas) zu** *etwas mit einem Schlüssel verschließen:* den Tresor/die Tür zuschließen; Vergiss nicht zuzuschließen, bevor du gehst.

Zu·schuss der ['tsu:ʃʊs] <-es, Zuschüsse> *Geld, das zusätzlich als Unterstützung gezahlt wird:* Personen mit niedrigem Einkommen bekommen einen Zuschuss zur Miete.; Die Eltern zahlen ihrem Sohn einen monatlichen Zuschuss von 150 Euro. ◆Mietkosten-, Reisekosten-

zu·se·hen <siehst zu, sah zu, hat zugesehen> *ohne OBJ* ❶ ■ **jmd. sieht etwas** *Dat.* **zu** *beobachten, aber nichts tun:* Sollen wir einfach zusehen, wenn solche Dinge vor unseren Augen geschehen?; Sie mussten hilflos zusehen, wie er das Unternehmen ruinierte. ❷ ■ **jmd. sieht jmdm./etwas zu** *aufmerksam mit Blicken verfolgen:* Die Kinder sahen zu, wie der Clown turnte.; Lass mich mal zusehen, wie du das machst! ❸ ■ **jmd. sieht zu, dass/wie/ob ...** *sich bemühen, etwas zu tun:* Sieh doch bitte zu, dass das heute noch erledigt wird.; Sie sahen zu, dass sie schnell wegkamen.

zu·si·chern <sicherst zu, sicherte zu, hat zugesichert> *mit OBJ* ■ **jmd. sichert jmdm. etwas zu** *jmdm. offiziell etwas versprechen:* Er sicherte ihr finanzielle Unterstützung bei ihren Plänen zu.

Zu·stand der ['tsu:ʃtant] <-(e)s, Zustände> ❶ PHYS. *die aktuelle physikalische Beschaffenheit eines Stoffes:* vom flüssigen in den gasförmigen Zustand übergehen ❷ *die Verfassung oder Lage, in der sich jmd. oder etwas zu einem Zeitpunkt befindet, und die bestimmte Eigenschaften hat:* in einem verwahrlosten Zustand sein; im Zustand geistiger Verwirrung; im Zustand des Verfalls; Sein Zustand hat sich gebessert.; In seinem Zustand braucht er dringend einen Arzt/Urlaub. ❸ */meist Plur./ (≈ Gegebenheit) die gesellschaftlichen, wirtschaftlichen und politischen Bedingungen, denen jmd./etwas unterliegt:* die politischen/wirtschaftlichen Zustände; Hier herrschen ja (unbeschreibliche) Zustände!; ■ **Zustände kriegen** *(umg.)* *sich sehr aufregen* Wenn ich sehe, wie es hier aussieht, kriege ich Zustände!

zu·stän·dig ['tsu:ʃtɛndɪç] *adj /nicht steig./* ❶ *verantwortlich; verpflichtet und berechtigt, etwas zu tun:* Wer ist heute für das Essen zuständig?; Welches Amt ist für diese Genehmigung zuständig?; die für die Bearbeitung des Antrags zuständige Stelle; etwas an den Zuständigen weiterleiten ▶ Zuständigkeit ❷ *schuld an etwas sein:* Wer ist dafür zuständig, dass die Scheibe kaputt ist?; Wir versuchen herauszufinden, wer für die Verspätung zuständig ist. ▶ Zuständigkeit

zu·stim·men <stimmst zu, stimmte zu, hat zugestimmt> *ohne OBJ* ❶ ■ **jmd. stimmt jmdm./etwas zu** *erklären, dass man mit jmdm./etwas einverstanden ist:* Sie stimmte dem Vorschlag zu.; In diesem Fall kann ich dir/deiner Meinung nicht zustimmen. ▶ Zustimmung ❷ ■ **jmd. stimmt etwas zu** *etwas durch eine Abstimmung anerkennen:* Das Parlament hat dem Gesetzentwurf mehrheitlich zugestimmt. ▶ Zustimmung, zustimmungspflichtig

Zu·tat die <-, -en> */meist Plur./* KOCH. *etwas, das man für die Zubereitung von Gerichten/Speisen benötigt:* Die Zutaten sind für vier Personen berechnet.; die Zutaten für eine Pizza einkaufen; Spitzenköche verwenden nur frischeste und beste Zutaten. ◆Back-

zu·tiefst [tsu'ti:fst] *adv (≈ äußerst, sehr) sehr stark:* zutiefst betroffen/beleidigt sein; sich zutiefst in seiner Ehre getroffen fühlen

Zu·trau·en das <-s> /kein Plur./ Vetrauen (in jmds. Fähigkeiten): Langsam fasste sie Zutrauen zu dem Fremden.; Wir haben großes Zutrauen zu dem neuen Kollegen.; Er hat kein Zutrauen zu sich selbst.

zu·trau·en <traust zu, traute zu, hat zugetraut> *mit OBJ* ■ **jmd. traut jmdm. etwas zu** *der Ansicht sein, dass jmd. etwas kann:* Das hätte ich dir nie zugetraut!; Sie sollten sich ruhig etwas/mehr zutrauen!; Sie traute sich das nicht allein zu.

zu·tref·fen <trifft zu, traf zu, hat zugetroffen> *ohne OBJ* ❶ **etwas trifft zu** *richtig sein:* Diese Aussage trifft absolut zu.; Ihre Vermutung ist nicht zutreffend.; Zutreffendes bitte ankreuzen! ❷ ■ **etwas trifft auf jmdn. zu** *für jmdn. gelten, jmdn. betreffen:* Das trifft besonders auf Sie zu!; Diese Regelung trifft auf mich nicht zu.

Zu·tritt der <-(e)s> /kein Plur./ ❶ *das Betreten eines Raumes oder Geländes:* Der Zutritt ist nur über den Haupteingang möglich. ❷ *Erlaubnis, etwas zu betreten:* Kein Zutritt für Unbefugte!; jemandem Zutritt zu einem Gebäude gewähren/verschaffen

zu·ver·läs·sig ['tsu:fɛɐ̯lɛsɪç] *adj* (↔ *unzuverlässig*) *so, dass man sich darauf verlassen kann:* ein zuverlässiger Freund/Mitarbeiter; Die Uhr ist/funktioniert sehr zuverlässig. ▸ Zuverlässigkeit

zu·vor [tsu'fo:ɐ̯] *adv* (↔ *danach*) *vorher, früher; vor einem bestimmten Zeitpunkt:* Das war kurz zuvor geschehen.; Im Jahr zuvor hatten sie geheiratet.; Am Tag zuvor war ihr Auto gestohlen worden.; Er war glücklicher als jemals zuvor.

zu·vor·kom·mend *adj sehr hilfsbereit und höflich:* sehr zuvorkommend bedient werden; ein äußerst zuvorkommender junger Mann; Sie war gegenüber den Gästen/gegen die Gäste sehr zuvorkommend.

zu·züg·lich ['tsu:tsy:klɪç] *präp+Gen.* (↔ *inklusive*) *verwendet, um auszudrücken, dass zu einem bestimmten Geldbetrag noch ein anderer (meist kleinerer) Geldbetrag addiert werden muss:* Wie hoch ist die Miete zuzüglich (der) Nebenkosten?; Das Gerät kostet 2000 Euro zuzüglich Mehrwertsteuer.

Zwang der [tsvaŋ] <-(e)s, Zwänge> ❶ *ein durch Gewalt erzeugter Druck auf jmdn., der diesen dazu bringt, etwas gegen seinen Willen zu tun:* Zwang auf jemanden ausüben; Sie gaben zu Protokoll, sie hätten unter Zwang gehandelt. ❷ *ein unkontrollierbares, starkes inneres Verlangen:* Wie unter einem Zwang musste er immer wieder diese schrecklichen Verbrechen begehen. ❸ *starke Erwartungshaltungen, die man erfüllen muss:* gesellschaftlichen Zwängen ausgesetzt sein; Sie hatte sich selbst Zwang auferlegt.; Die Eltern hatten dem Kind den Zwang auferlegt zu studieren. ❹ *äußere Umstände, die man nicht ändern kann:* wirtschaftliche Zwänge; Unter dem Zwang des Hungers hatte er gestohlen.

Zwan·zig die ['tsvantsɪç] <-, -er> ❶ *die Zahl zwanzig (20):* eine Zwanzig ziehen ❷ *jmd. oder etwas mit der Zahl 20:* Die Zwanzig ist an der Reihe.; Die Zwanzig ist schon gefahren. ◆ Großschreibung → R 3.3 bis zur Zwanzig zählen können; Ich suche die Zwanzig.

zwan·zig ['tsvantsɪç] *num als Zahl 20:* zwanzig Kilometer; Wir treffen uns um zwanzig Uhr.; Die ersten zwanzig wurden hereingelassen; die anderen mussten warten. ◆ Kleinschreibung → R 3.16 Die zwanzig, die gewonnen haben, kommen bitte auf die Bühne.; Es ist zwanzig Uhr.; zwanzig Komma fünf

Zwan·zi·ger[1] der, **Zwan·zi·ge·rin** ['tsvantsɪɡɐ] <-s, -> (*umg.*) *Person im Alter zwischen 20 und 29 Jahren:* Das Thema interessiert einen Zwanziger noch nicht so brennend.

Zwan·zi·ger[2] der ['tsvantsɪɡɐ] <-s, -> (*umg.*) ❶ *Geldschein oder -stück im Wert von zwanzig:* Kannst du mir einen Zwanziger wechseln? ❷ /kein Sing./ *kurz für: zwanziger Jahre (z.B. 1920-1929):* Meine Tante wurde irgendwann in den Zwanzigern geboren.

zwan·zi·ger ■ **die zwanziger Jahre** *die Jahre 20 bis 29 eines Jahrhunderts* in den zwanziger Jahren

zwar [tsva:ɐ̯] *adv* ❶ *verwendet, um etwas, das bereits genannt wurde, noch genauer zu bezeichnen oder zu bestimmen:* Am besten schlägt man das in einem Wörterbuch nach, und zwar in einem einsprachigen Lernerwörterbuch; Ich habe dir eine CD mitgebracht, und zwar ein Doppelalbum der Beatles. ❷ ■ **zwar ... aber ...** *verwendet, um eine Aussage einzuleiten, zu der im anschließenden, mit „aber" eingeleiteten Nebensatz eine Einschränkung genannt wird:* Ich wollte zwar arbeiten, aber dann kam etwas dazwischen.; Er hat zwar angerufen, doch nichts erreichen können.; Er ist zwar gelernter Friseur, hat den Beruf aber schon fünf Jahre nicht mehr ausgeübt.

Zweck der [tsvɛk] <-(e)s, -e> ❶ (≈ *Funktion*) *die Aufgabe, die etwas in einem be-*

stimmten Zusammenhang haben soll: Welchen Zweck hat dieser Hebel?; Dieser Schalter hat offensichtlich keinen bestimmten Zweck.; Welchem Zweck dient dieses Gerät? ◆ Verwendungs- ❷ *das Ziel, das jmd. mit einer Sache verbindet, oder der Nutzen, den sie für ihn haben soll:* Zu welchem Zweck studierst du?; sein Leben einem bestimmten Zweck widmen; Geld für einen guten Zweck spenden; Ich brauche das Geld für einen bestimmten Zweck.; Der eigentliche Zweck dieser Reise ist es, fremde Länder kennen zu lernen.; Wenn es ihm besser geht, hat die Kur ihren Zweck erfüllt. ◆ Erholungs-, Erwerbs-, Gebrauchs-, Übungs- ❸ */kein Plur./ Sinn:* Welchen Zweck soll das denn haben?; Es hat keinen Zweck, sich so anzustrengen. ❹ */meist Plur./ Verwendung:* die Nutzung der Atomenergie für friedliche Zwecke; Ich nutze den PKW ausschließlich zu dienstlichen Zwecken.; ein Buch für wissenschaftliche Zwecke; ■ **Der Zweck heiligt die Mittel.** *(abwert.) Wenn ein Ziel nur auf unehrlichem oder unfairem Weg erreicht werden kann, fühlt man sich berechtigt, diesen Weg zu gehen.*

zweck·los *adj /nicht steig./ so, dass es nicht zum Erfolg führt; sinnlos:* Es ist zwecklos, es noch einmal zu versuchen; es wird nicht gelingen.; Nachfragen außerhalb der Öffnungszeiten sind zwecklos. ► Zwecklosigkeit

zwecks [tsvɛks] *präp +Gen.* AMTSSPR. *mit dem Ziel; wegen; um etwas zu erreichen:* die Akten zwecks späterer Überprüfung aufbewahren

Zwei die [tsvai̯] <-, -en> ❶ *die Zahl zwei (2):* eine Zwei schreiben/würfeln ❷ *jmd./ etwas mit der Zahl 2:* Die (Linie) Zwei hatte wieder Verspätung.; Die Zwei ist an der Reihe. ◆ Großschreibung → R 3.3 Er hat in Deutsch eine Zwei bekommen.

zwei [tsvai̯] *num als Zahl 2:* zwei Personen; Wir nehmen die ersten zwei.; Eine von uns zweien muss gehen.; Wir treffen uns um zwei.; ■ **für zwei** *(umg.) sehr viel* Er isst/arbeitet für zwei. ◆ Kleinschreibung → R 3.16 Die zwei bekommen einen Preis; Es ist um zwei.; zwei Komma fünf

zwei·deu·tig ['tsvai̯dɔy̯tɪç] *adj /nicht steig./* ❶ (↔ *eindeutig) (umg.) mit zwei Bedeutungen:* ein zweideutiges Wort; eine zweideutige Antwort/Auskunft ❷ *versteckte sexuelle Anspielungen enthaltend:* einen zweideutigen Witz machen; eine zweideutige Bemerkung

Zwei·er der ['tsvai̯ɐ] <-s, -> ❶ SÜDDT., ÖSTERR., SCHWEIZ. *die Zahl 2:* Den Zweier auf dem Schild kann man kaum lesen. ❷ *(umg.) ein Geldstück im Wert von zwei:* Hast du mal einen Zweier?

Zwei·fel der ['tsvai̯fl̩] <-s, -> *schwankende Ungewissheit darüber, ob man etwas glauben bzw. für richtig befinden/halten soll/kann; Bedenken:* Nach dem Entschluss überkamen ihn Zweifel.; Mich plagen weder Skrupel noch Zweifel!; Zweifel plagten ihn nach der Tat.; Ich habe nicht den geringsten Zweifel, dass wir das schaffen.; Ihr seid euch sicher, aber ich habe da so meine Zweifel.; Konnte ich Ihre Zweifel ausräumen?; ■ **etwas steht außer Zweifel** *sicher sein* Seine Schuld steht außer Zweifel.; ■ **jemand/etwas ist über jeden Zweifel erhaben** *keinen Anlass zur Kritik bieten* Ihr fachliches Können ist über jeden Zweifel erhaben.; ■ **jemand ist (sich) über etwas im Zweifel** *etwas nicht genau wissen* Ich bin mir über meine berufliche Zukunft im Zweifel.; ■ **ohne Zweifel** *gewiss; bestimmt* Ohne Zweifel wissen sie schon über alles Bescheid.; ■ **etwas in Zweifel ziehen** *etwas nicht wirklich glauben* Er zog ihre Fähigkeiten in Zweifel. ◆ Selbst-

zwei·feln ['tsvai̯fl̩n] <zweifelst, zweifelte, hat gezweifelt> *ohne OBJ* ❶ ■ **jmd. zweifelt an jmdm./etwas** *nicht sicher wissen, ob man jmdm. oder etwas glauben bzw. vertrauen kann:* Ich zweifle nicht an seiner Ehrlichkeit.; Er zweifelt am Erfolg unserer Bemühungen.; Ich zweifle noch, ob ich das wirklich tun soll. ❷ ■ **jmd. zweifelt an sich** *sein Selbstvertrauen verlieren und sich hinsichtlich des eigenen Handelns nicht mehr sicher sein:* Sie zweifelte an sich selbst.

Zweig der [tsvai̯k] <-(e)s, -e> ❶ *kleiner Ast:* einen Zweig abbrechen/abschneiden/knicken; grüne Zweige in eine Vase stellen ◆ Blüten-, Dornen-, Lorbeer-, Tannen- ❷ (≈ *Nebenlinie) eine bestimmte Linie innerhalb der Verwandtschaftsbeziehungen einer (großen) (adligen) Familie:* ein Zweig eines Adelsgeschlechts ❸ (≈ *Teilbereich) ein Zweig der Naturwissenschaft;* ein Zweig eines Unternehmens; ■ **auf keinen grünen Zweig kommen** *(umg.) keinen Erfolg haben* Wir sind trotz intensiver Arbeit auf keinen grünen Zweig gekommen. ◆ Berufs-, Forschungs-, Gewerbe-, Industrie-, Produktions-

Zweig·stel·le die <-, -n> (≈ *Filiale, Nebenstelle) räumlich getrennte, abhängige Niederlassung eines Unternehmens/einer Be-

hörde: die Zweigstelle einer Bank; Die Stadtverwaltung hat in den Außenbezirken Zweigstellen eingerichtet.

zwei·hun·dert ['tsvaɪ'hʊndɐt] *num als Zahl 200:* zweihundert Kilometer/Gramm; Mehr als zweihundert Zuschauer kamen zu dem Vortrag.

zwei·mal ['tsvaɪmaːl] *adv zwei Male:* Sie hat den Film zweimal gesehen.; ein- bis zweimal ◆ Schreibung mit Ziffer → R 4.15 1- bis 2-mal

zwei·spra·chig ['tsvaɪʃpraːxɪç] *adj /nicht steig./ in oder mit zwei Sprachen; zwei Sprachen sprechend/beherrschend:* Das Kind ist zweisprachig aufgewachsen.; ein zweisprachiges Wörterbuch; Der Unterricht wird zweisprachig gehalten. ▸ Zweisprachigkeit

zweit [tsvaɪt] ■ **zu zweit** *mit insgesamt zwei Personen; als Paar* das Leben zu zweit genießen; Wir kommen zu zweit zu der Party.

zwei·tei·lig ['tsvaɪtaɪlɪç] *adj /nicht steig./ aus zwei Teilen bestehend:* ein zweiteiliges Kleidungsstück/Musikstück; ein zweiteiliger Kurs

Zweit·sprach·er·werb *der* <-s> *der Erwerb mindestens einer weiteren Sprache neben der Muttersprache*

Während der Erstspracherwerb gleichsam bei der Geburt einsetzt, wenn man nicht pränatale (vorgeburtliche) Einflüsse annehmen bzw. überbetonen will, kann der **Zweitspracherwerb** grundsätzlich zu beliebigen späteren Zeitpunkten einsetzen: im frühen Kindesalter ebenso wie im fortgeschrittenen Erwachsenenalter. Für den Erwerb weiterer Sprachen wird nicht über *Zweitspracherwerb* hinaus differenziert. Der Zweitspracherwerb kann wie der Erstspracherwerb in natürlicher Umgebung als so bezeichneter *ungesteuerter Zweitspracherwerb* erfolgen, ist aber oft als *gesteuerter Zweitspracherwerb* Ergebnis von Unterrichtung. Dann spricht man meist von *Fremdsprach(en)erwerb* (vgl. das Stichwort „Fremdsprache"). Wenn allerdings eine Zweitsprache von Anfang an mit der Muttersprache erworben wird, bezeichnet man diese Form der Mehrsprachigkeit (vgl. das Stichwort dazu) nicht als *Fremdspracherwerb*, sondern als *Bilingualismus*, die zugehörige Form des Spracherwerbs als *bilingualen Erstspracherwerb*. Bei Zweitspracherwerb und Fremdspracherwerb sind die für den Erstspracherwerb zu veranschlagenden Prozesse bereits abgeschlossen oder zumindest teilweise gemeistert; insgesamt beruhen sie auf gleichen Mechanismen der Sprachverarbeitung und auf gleichen Prinzipien, die jeden Spracherwerb steuern. Ergebnisse des Zweitspracherwerbs (auch: *Mehrspracherwerb* genannt; vgl. den Artikel „Mehrsprachigkeit" dazu), sind verglichen mit dem Erstspracherwerb recht uneinheitlich; sie variieren stark nach Alter und Art des Erwerbs und münden meist nicht in einer perfekten Beherrschung der Zielsprache. Denn oft kommt aus verschiedenen Gründen der Spracherwerb auf einer unteren oder mittleren Ebene der Sprachbeherrschung zum Erliegen; vor allem ist dies bei ungesteuertem Erwerb der Fall. Dann spricht man von der *Fossilisierung* auf einer gewissen Stufe; für den muttersprachlichen Erstspracherwerb ist dies normalerweise nicht zu beobachten, vgl. dazu auch den Artikel „Halbsprachigkeit". Der so bezeichnete *Wiedererwerb* einer Sprache stellt eine Sonderform des Spracherwerbs dar. Darunter wird die erneute Aneignung einmal erlernter, aber in Vergessenheit geratener sprachlicher Fertigkeiten in einer Zweitsprache (oder auch in einer weiteren Sprache) verstanden.

Zwerg *der,* **Zwer·gin** [tsvɛrk] <-(e)s, -e> ❶ *im Märchen eine Art sehr kleiner Mann, der meist mit Zipfelmütze und Vollbart dargestellt wird:* das Märchen „Schneewittchen und die sieben Zwerge"; ein Zwerg, der in einer Höhle lebt ❷ *(abwert.) Person, die sehr klein ist:* Was will dieser Zwerg?

Zwetsch·ge *die* ['tsvɛtʃgə] <-, -n> SÜDDT., ÖSTERR., SCHWEIZ. *Pflaume:* die Zwetschgen pflücken; Sie kochte aus den Zwetschgen Marmelade.

zwi·cken ['tsvɪkn̩] <zwickst, zwickte, hat gezwickt> *mit OBJ/ohne OBJ* ❶ ■ **jmd. zwickt (jmdn./sich)** *Haut zwischen den Fingern drücken, so dass es wehtut:* Er hat (mich) immerzu gezwickt.; jemandem/jemanden in den Arm zwicken ❷ ■ **etwas zwickt (jmdn.)** *einen leicht ziehenden Schmerz verursachen:* Lass das, das zwickt (mich)!; Ihm/Ihn zwickt sein Rheuma. ❸ ■ **etwas zwickt (jmdn.)** *ein Kleidungsstück kneift, weil es zu eng ist:* Die Hose zwickt (mich) am Bund. ❹ ■ **jmd. zwickt einen Fahrschein** ÖSTERR. *einen Fahrschein lochen*

Zwie·back der ['tsviːbak] <-(e)s, -e/Zwiebäcke> *ein hartes, haltbares Gebäck in Form von Weißbrotscheiben, die nach dem Backen geröstet werden:* Sie gab ihm Zwieback und Tee, weil er krank war.

Zwie·bel die ['tsviːbl̩] <-, -n> ❶ *ein rundes Gemüse, unter dessen gelblich-brauner Schale viele Häute stecken, das einen intensiven Geruch und Geschmack hat und roh oder gebraten gegessen wird; wenn man das Gemüse schält, brennen und tränen einem oft die Augen:* Zwiebeln in Ringe/Würfel schneiden; Zwiebeln hacken; das Fleisch mit Speck und Zwiebeln anbraten; Zwiebeln anbauen/ernten/stecken • -ring ❷ *eine Art Zwiebel¹, die man in die Erde pflanzt und aus der Blumen wachsen:* Narzissen/Tulpen wachsen aus Zwiebeln. • Blumen-

Zwil·ling der ['tsvɪlɪŋ] <-s, -e> ❶ *eines von zwei Kindern, die gleichzeitig von derselben Mutter geboren worden sind:* eineiige/zweieiige Zwillinge; Sie bekommt Zwillinge. ❷ **Zwillinge** *Name des Sternzeichens für die Zeit vom 21. Mai bis zum 20. Juni* ❸ *jmd., der im Zeichen der Zwillinge² geboren ist:* Er ist (ein) Zwilling.

zwin·gen ['tsvɪŋən] <zwingst, zwang, hat gezwungen> **I.** *mit OBJ* ❶ **jmd. zwingt jmdn. zu etwas** *Dat./***etwas zu tun** *mit Gewalt oder durch Drohungen bewirken, dass jmd. etwas gegen seinen Willen tut:* Er zwang mich, für ihn zu stehlen.; Sie wurden mit vorgehaltener Waffe gezwungen, das Geld herauszugeben.; Du kannst mich nicht zwingen mitzukommen. ❷ ■ **etwas zwingt jmdn. zu etwas** *Dat./***etwas zu tun** *für jmd. notwendig machen; erfordern:* Der Sturm zwang uns, Halt zu machen.; Die Notsituation zwang sie, die Reserven zu verbrauchen.; Wir waren leider gezwungen aufzugeben. ❸ ■ **jmd. zwingt jmdn./etwas irgendwohin** *mit Gewalt an eine Stelle bringen:* Er zwang ihn zu Boden.; Sie zwang sich/ihren Kopf durch den engen Spalt. **II.** *mit SICH* ■ **jmd. zwingt sich zu etwas** *Dat./***etwas zu tun** *sich überwinden, etwas zu tun:* Ich muss mich sehr zwingen, das zu tun.; Er zwang sich zu lächeln.; ■ **sich gezwungen sehen** *(geh. verhüll.) müssen* Wir sehen uns leider gezwungen, Ihnen zu kündigen.

zwi·schen ['tsvɪʃn̩] *präp* ❶ +*Dat. verwendet, um auszudrücken, dass jmd. oder etwas in einem Raum ist, der zwei Dinge oder Personen oder Seiten o.Ä. als Begrenzungen hat:* etwas zwischen den Händen halten; sich zwischen den Büschen verstecken; Sie sitzt zwischen ihren beiden Freundinnen.; Die Hängematte hängt zwischen den beiden Bäumen.; Der Weg verläuft zwischen zwei Feldern. ❷ +*Akk. verwendet, um auszudrücken, dass jmd. oder etwas in einen Raum hineinkommt, der zwei Dinge/Personen/Seiten als Begrenzungen hat:* Der Schuss ging zwischen die Augen.; Zwischen die Häuser passt keine Straße mehr.; Er setzt sich zwischen seine Freunde.; Wir hängen die Hängematte zwischen die Bäume.; Zwischen die Felder können wir eine Hecke pflanzen. ❸ +*Dat. verwendet, um auszudrücken, dass jmd. oder etwas inmitten einer Menge ist:* Zwischen den Früchten befanden sich auch einige faule.; Ein Attentäter wurde zwischen den Zuschauern vermutet.; Sie verschwand zwischen den Passanten. ❹ +*Akk. verwendet, um auszudrücken, dass jmd. oder etwas in eine Menge hineinkommt:* Der Attentäter hatte sich zwischen die Zuschauer gemischt.; etwas Zucker zwischen die Früchte geben/mischen; Wer traut sich zwischen diese wilden Tiere? ❺ +*Dat. verwendet, um auszudrücken, dass etwas von einem Punkt oder Ort zu einem anderen Punkt oder Ort verläuft:* Der Abstand zwischen den Läufern nahm immer mehr zu. ❻ +*Dat. verwendet, um auszudrücken, dass etwas innerhalb eines Zeitraums passiert:* Er hat zwischen Weihnachten und Neujahr Geburtstag.; Der Zug fährt irgendwann zwischen neun und zehn Uhr. ❼ +*Akk. verwendet, um auszudrücken, dass etwas in einen Zeitraum hineinfällt, verlagert, gelegt o.Ä. wird:* Sein Geburtstag fällt zwischen die Feiertage.; Wir haben die Beratung zwischen zwei andere Termine gelegt. ❽ +*Dat. verwendet, um auszudrücken, dass sich etwas irgendwo in einem Bereich befindet, der von zwei Werten begrenzt wird:* Die Temperatur liegt zwischen zehn und fünfzehn Grad.; Das kostet so etwa zwischen zehn und zwölf Euro.; eine Farbe zwischen Rot und Orange ❾ +*Dat. verwendet, um eine gegenseitige Beziehung zum Ausdruck zu bringen:* die Liebe zwischen Eltern und Kindern; ein Vertrag zwischen zwei/drei Staaten; ein Streit zwischen Freunden ❿ +*Dat. verwendet, um Gegensätze in Bezug zueinander zu setzen:* zwischen Himmel und Hölle; sich zwischen Gut und Böse entscheiden

Zwi·schen·fra·ge die <-, -n> *eine Frage,*

die während einer Rede oder Diskussion gestattet wird: Der Redner gestattete keine Zwischenfragen.; Darf ich eine Zwischenfrage stellen?

Zwi·schen·lan·dung die <-, -en> *eine Landung, die ein Flugzeug auf einer längeren Flugreise irgendwo macht, um zu tanken oder andere Passagiere aufzunehmen:* ein Flug ohne Zwischenlandung; Wir machten eine Zwischenlandung in London.

zwi·schen·mensch·lich *adj /nicht steig./ zwischen Menschen erfolgend oder bestehend:* zwischenmenschliche Beziehungen/Kontakte/Spannungen

Zwi·schen·zeit die <-, Zwischenzeiten> ① */kein Plur./ die Zeit zwischen zwei Zeitpunkten:* Was wollen wir in der Zwischenzeit machen?; Er ist in der Zwischenzeit zu einem jungen Mann herangewachsen. ② SPORT *bei einer Teilstrecke gemessene Zeit:* die Zwischenzeit nehmen; die Zwischenzeiten beider Läufer vergleichen

zwit·schern [ˈtsvɪtʃən] <zwitschert, zwitscherte, hat gezwitschert> *mit OBJ/ohne OBJ* ■ **ein Vogel zwitschert (etwas)** *in hohem, hellem, nicht sehr lautem Ton singen:* Der Vogel zwitschert ein Lied.; Die Vögel im Gebüsch zwitschern leise.

Zwölf die [tsvœlf] <-, -en> *die Zahl zwölf:* eine Zwölf würfeln; Sie hat die Zwölf gezogen.; Die Zwölf fährt zum Bahnhof. ◆Großschreibung → R 3.3 Die Zwölf ist dran.

zwölf [tsvœlf] *num mit der Zahl 12:* zwölf Personen; Wir treffen uns um zwölf. ◆Kleinschreibung → R 3.16 Die zwölf bekommen einen Preis; Es ist gleich zwölf.; zwölf Komma fünf

Zy·lin·der der [tsiˈlɪndɐ] <-s, -> ① MATH., TECHN. *Körper, der einen Kreis als Grundfläche hat:* das Volumen eines Zylinders berechnen ▸ zylindrisch ② *hoher, gerader, schwarzer Hut für Herren:* Der Zauberkünstler trug einen schwarzen Zylinder.; ein Kaninchen aus dem Zylinder zaubern

zy·nisch [ˈtsyːnɪʃ] *adj auf rücksichtslose und beleidigende Art spöttisch:* eine zynische Bemerkung machen; ein zynischer Mensch ▸ Zyniker(in), Zynismus

🍀 LOTTO 6 aus 49

Mittwoch/Samstag

6359-33638404-234605

1. 03 09 11 19 30 32
2. 03 11 12 19 25 26
3. 03 04 11 13 19 35
4. 03 04 06 10 13 19

Superzahl 4

🍀 Spiel 77   NEIN

4 9 0 0 4 5 4

🍀 SUPER 6   NEIN

Spielteilnahme ab 18 Jahren. Verantwortungsbewusst spielen.
Glücksspiel kann süchtig machen! Informationen zur Hilfe bei der Bundeszentrale für gesundheitliche Aufklärung (BZgA): 0800 1372700, unter www.spielen-mit-verantwortung.de und in Ihrer LOTTO-TOTO-Annahmestelle.

Viel Glück!

Sächsische LOTTO-GmbH
im Deutschen Lotto- und Toto-Block

Oststraße 105 · 04299 Leipzig
Postfach 500150 · 04301 Leipzig
Telefon 0341 8670-888
Fax 0341 8629327
E-Mail: service@sachsenlotto.de
www.sachsenlotto.de

Bitte Spielquittung sorgfältig aufbewahren, sie dient der Geltendmachung von Gewinnansprüchen!

Achtung! Quittung vor direkter Wärmebestrahlung schützen und nicht in Verbindung mit Feuchtigkeit, Lösungsmitteln, Alkohol, Fetten und anderen schädigenden Stoffen bringen.

Bitte überprüfen Sie sofort nach Erhalt der Spielquittung deren Richtigkeit, Vollständigkeit und Lesbarkeit, insbesondere ob Voraussagen, Losnummer, Art und Dauer der Teilnahme korrekt erfasst worden sind und die Spielquittung eine lesbare und nicht offensichtlich unvollständige Transaktionsnummer aufweist. Ist die Spielquittung fehlerhaft, teilen Sie dies bitte umgehend dem Personal in der LOTTO-TOTO-Annahmestelle mit.

Es gelten die zur jeweiligen Ziehung/Wettrunde aktuell gültigen Teilnahmebedingungen der betreffenden Lotterie oder Wette (einschließlich Systembroschüren und Sonderauslosungsbedingungen). Beachten Sie bitte insbesondere die dortigen Regelungen zur Gewinnauszahlung und zum Erlöschen von Ansprüchen. Die Teilnahmebedingungen sind in der LOTTO-TOTO-Annahmestelle einzusehen bzw. erhältlich und unter www.sachsenlotto.de abrufbar.

Die Sächsische LOTTO-GmbH führt die staatlichen Lotterien und Wetten im Auftrag des Veranstalters, Freistaat Sachsen, vertreten durch das Sächsische Staatsministerium der Finanzen, Carolaplatz 1, 01097 Dresden durch; außerdem veranstaltet die Sächsische LOTTO-GmbH die GlücksSpirale

Spielteilnahme ab 18 Jahren. Verantwortungsbewusst spielen.
Glücksspiel kann süchtig machen! Informationen zur Hilfe bei der Bundeszentrale für gesundheitliche Aufklärung (BZgA): 0800 1372700, unter www.spielen-mit-verantwortung.de und in Ihrer LOTTO-TOTO-Annahmestelle

Anhang

1003 Schlüssel Deutsch
1075 Deutsche Kurzgrammatik
1103 Liste der wichtigsten unregelmäßigen Verben
1112 Zahlwörter
1115 Buchstabieralphabet
1116 Maße und Gewichte
1118 Deutschland
1118 Österreich
1119 Die Schweiz

Schlüssel Deutsch

1. Vorbemerkung: zur Auswahl und zur Darstellungsweise 1005

2. Zum politischen System Deutschlands 1007
   2.1. Die Bundesrepublik Deutschland 1007
   2.2. Das Grundgesetz 1008
   2.3. Parteien in Deutschland 1009
   2.4. Föderativer Staatsaufbau 1010
   2.5. Staatsorgane 1011
   2.6. Nationalhymne, Nationalflagge und Bundeswappen 1013

3. Recht im Alltag 1015
   3.1. Personalausweis 1015
   3.2. Volljährigkeit und Strafmündigkeit 1016
   3.3. Wahlrecht 1017
   3.4. Versicherungen 1019
   3.5. Rundfunkgebühren 1020

4. Ämter und Behörden: Dienstleistungen der Einrichtungen 1021
   4.1. Zum Umgang mit Ämtern und Behörden 1021
   4.2. Zur Rolle einiger Ämter 1022
      4.2.1. Das Einwohnermeldeamt 1022
      4.2.2. Das Jugendamt 1023
      4.2.3. Das Ordnungsamt 1024
      4.2.4. Das Sozialamt 1025
      4.2.5. Das Standesamt 1026
   4.3. Zur Rolle einiger Behörden 1027
      4.3.1. Die Agentur für Arbeit 1027
      4.3.2. Das Gesundheitsamt 1028
      4.3.3. Das Finanzamt 1029
      4.3.4. Die Ausländerbehörde 1029
   4.4. Anträge, Beglaubigungen, Anerkennungen, Zeugnisse 1030
      4.4.1. Beantragung von Wohngeld 1030
      4.4.2. Beglaubigung von Dokumenten 1031
      4.4.3. Anerkennung von im Ausland erworbenen Qualifikationen 1032
      4.4.4. Einbürgerung 1033
         4.4.4.1. Allgemeines zum Einbürgerungstest 1034
         4.4.4.2. Integrationskurse 1035
      4.4.5. Weiteres: Das Führungszeugnis 1036

5. Weitere Lebenslagen: landeskundliche Aspekte 1038
   5.1. Höflichkeitsformeln bei sozialen Kontakten 1038

5.1.1.	Allgemeines	1038
	5.1.1.1. Rolle als kulturspezifische Standardformeln	1038
	5.1.1.2. Verbale und andere Ausdrucksmittel	1038
5.1.2.	Anredeformen: „Sie" und „Du"	1039
5.1.3.	Gesprächseröffnung	1040
	5.1.3.1. Begrüßungsformeln in der Einstiegsphase	1040
	5.1.3.2. Fragen nach dem Wohlergehen	1042
	5.1.3.3. Gelegenheitsfragen	1042
	5.1.3.4. Die Vorstellung	1043
5.1.4.	Gesprächsmitte	1043
	5.1.4.1. Auf den Themenverlauf allgemein Einfluss nehmen	1044
	5.1.4.2. Zwischenfragen stellen	1044
	5.1.4.3. Anteilnahme bzw. Interesse zeigen	1044
	5.1.4.4. Bewerten und Einstellungen explizit ausdrücken	1044
	5.1.4.5. Zustimmung, Bestätigung, Anerkennung, Ermunterung, Begeisterung	1045
	5.1.4.6. Als Erwiderung etwas herunterspielen	1045
	5.1.4.7. Sich beschweren	1045
	5.1.4.8. Erstaunen zum Ausdruck bringen	1046
	5.1.4.9. Einen Einwand vorbringen bzw. Bedenken äußern	1046
	5.1.4.10. Ablehnung bis Empörung zum Ausdruck bringen	1046
	5.1.4.11. Drohung und auffordernde Ermahnung zum Ausdruck bringen	1046
	5.1.4.12. Bitte und Dank	1047
	5.1.4.13. Entschuldigung	1047
	5.1.4.14. Glückwünsche mit Gratulationsformeln, Genesungswünsche, Beileidsformeln	1047
5.1.5.	Gesprächsbeendigung	1048
	5.1.5.1. Signale zur Kontaktbeendigung	1048
	5.1.5.2. Verabschiedungsformeln	1048
5.2.	Feiertage in Deutschland	1049
5.3.	Brauchtum und Vereine	1050
	5.3.1. Bräuche	1050
	5.3.2. Vereine	1052
5.4.	Essen und Trinken in Deutschland	1053
5.5.	Wohnen	1055
5.6.	Umgang mit Müll	1056
5.7.	Öffentliche Verkehrsmittel	1057
5.8.	Weiteres: Ärztliche Versorgung und Beratung in problematischen Lebenslagen	1059
	5.8.1. Ärztliche Versorgung	1059
	5.8.2. Beratung in problematischen Lebenslagen	1060

6. Bildung und Ausbildung ... 1062
6.1. Anmerkungen zum Bildungssystem ... 1062
6.2. Kindertagesbetreuung ... 1062
6.3. Zum deutschen Schulsystem ... 1063
6.4. Studieren in Deutschland ... 1064

7. Schriftverkehr ... 1066
7.1. Vorbemerkung ... 1066
7.2. Anschreiben für eine Bewerbung ... 1067
7.3. Lebenslauf und Bildungsgang ... 1070
7.4. Schreiben an eine Behörde ... 1073

1. Vorbemerkung: zur Auswahl und zur Darstellungsweise

Nachfolgend sind verschiedene Aspekte berücksichtigt, die gleichermaßen für Studierende im Bereich „Deutsch als Fremdsprache" wie für sämtliche Personengruppen, deren **Muttersprache nicht die deutsche Sprache** ist, von Interesse sein können. Zwar ist durchweg auf sprachliche Einfachheit der Darstellung Wert gelegt worden. Dennoch ist davon auszugehen, dass sich Deutschlerner(innen) jedes erreichten Niveaus schnell sprachlich überfordert sehen dürften. Deshalb kommt es wesentlich darauf an, dass **Lehrerinnen und Lehrer im Bereich Deutsch als Fremdsprache** die entsprechenden Sachverhalte zusammen mit den jeweils angefügten Formulierungsbestandteilen in geeigneter Weise im Unterricht umsetzen. Obwohl sich die zu den gesellschaftspolitischen Grundlagen und Lebensverhältnissen in Deutschland erläuterten Sachverhalte in erster Linie an **Nicht-Muttersprachler(innen)** richten, lassen sie sich durchaus auch von Personengruppen mit Gewinn zur Kenntnis nehmen, denen die deutsche Sprache und Gegebenheiten in Deutschland in Einzelheiten nicht minder fremd sind als Nicht-Muttersprachlern, obwohl durchaus Deutsch deren Muttersprache ist.

Bei den jeweils kurz gehaltenen Ausführungen handelt es sich um ausgewählte **landeskundliche Details**, mit denen man in Deutschland konfrontiert wird bzw. deren landestypische Ausprägung Verständnisprobleme aufwerfen könnte. Neben grundlegenden Aspekten zum **politischen System** und zu **rechtlichen Fragen** werden Gegebenheiten verschiedener **Lebensbereiche** mit ihren jeweiligen Besonderheiten berücksichtigt. Im Rahmen der verschiedenen Kurzdarstellungen wird Wert darauf gelegt, nicht lediglich verschiedene Daten zu dem einen oder anderen Sachverhalt zu vermitteln; vielmehr wird versucht, im Sinne einer **sprach-landeskundlichen** (linguo-landeskundlichen) Orientierung auch die sprachliche Seite repräsentativ mit einzubeziehen, wie sie sich in jeweils **typischen Wendungen** zeigt: ein Gesetz „wird verabschiedet" und „tritt in Kraft"; das Strafrecht „wird auf jemand angewendet"; das Wahlrecht „erhält" oder „besitzt" man; das 18. Lebensjahr „ist vollendet"; ein Ausweis „wird ausgehändigt" usw. Eine Zusammenstellung der wesentlichen Wendungen (Fügungen, Kollokationen) findet sich jeweils am Ende eines Abschnittes, bezeichnet als *Ausdrucksmittel.*

Was die **Auswahl und die Darstellungsform** der berücksichtigten Aspekte angeht, so konnte dafür auf keine akzeptablen Vorbilder zurückgegriffen werden. Soweit ansatzweise ähnliche Zusammenstellungen gemacht werden, sind entsprechende Ausführungen wenig verbindlich und aussagekräftig gefasst sowie meist unmotiviert angereichert um eine Reihe von Sprichwörtern, Routineformeln etc. Wert wurde darauf gelegt, jeweils auch aktuelle Entwicklungen ansatzweise zu berücksichtigen. Verschiedene **Anregungen zur Auswahl** der Aspekte konnten den Fragen entnommen werden, die im Rahmen von Einbürgerungstests formuliert sind. Im Rahmen der Darstellung unter 5.1. sind hier und da auch Formulierungsbestandteile aus der „Redemittelsammlung" zu den Arbeitsbüchern „Mittelpunkt" (Ernst Klett Sprachen GmbH, 2008) berücksichtigt worden.

Selbstverständlich ist es möglich, sich zu den berücksichtigten Aspekten jeweils auch im Internet sachkundig machen. Allerdings steht dort nirgends eine vergleichbare Zusammenstellung sozusagen „griffbereit" bzw. „auf Abruf" zur Verfügung, mit der Antworten auf Fragen zu dem einen oder anderen Problem, auf das man stößt, im Zusammenhang gegeben werden können. Dennoch ist zu empfehlen, sich zu jedem einzelnen Punkt zusätzlich im Internet oder auf anderem Wege vertiefend sachkundig zu machen. Im Einzelnen sind die nachfolgend berücksichtigten Aspekte teils derart komplex – man denke z. B. an das deutsche Schulsystem –, dass lediglich die für wesentlich angesehenen Details angesprochen werden können. Es ist Wert darauf gelegt worden, jeweils durchaus auch aktuelle, aber nicht zu eng zeitgebundene, Entwicklungen in

Deutschland ansatzweise in die Darstellung einzubeziehen. Es ist allerdings nicht möglich, darüber hinaus jeweils auch die Verhältnisse in benachbarten Ländern, insbesondere Österreich und Schweiz, zu berücksichtigen.

2. Zum politischen System Deutschlands

2.1. Die Bundesrepublik Deutschland

Die **Bundesrepublik Deutschland**, heute kurz als **Deutschland** bezeichnet, entstand als westdeutscher Teilstaat aus der amerikanischen, der britischen und der französischen Besatzungszone der Siegermächte des Zweiten Weltkriegs. Sie wurde am 23.05.1949 als demokratischer Rechtsstaat begründet. Ihre Verfassung ist das **Grundgesetz**. Während der Ära Adenauer (Konrad Adenauer: erster Bundeskanzler 1949–1963) gelang ein Wiederaufbau, der die Demokratie festigte und die Bundesrepublik Deutschland zu einem geachteten Partner des Westens machte. Am 9. Mai 1955 wurde die Bundesrepublik Deutschland nach Aufhebung des alliierten Besatzungsstatus souverän und Mitglied der NATO.

Zwischen 1949 (Gründung der DDR) und 1990 gab es zwei deutsche Staaten. **Der Beitritt der DDR** (= „Deutsche Demokratische Republik") zum Geltungsbereich des Grundgesetzes am 03. Oktober 1990 und damit die Wiedervereinigung beider deutscher Staaten beendete 40 Jahre deutscher Zweistaatigkeit. Entscheidend für diese Entwicklung war die **Öffnung der Berliner Mauer** am 09. November 1989, die von der Regierung der DDR ab 1961 errichtet worden war. Die Mauer ist immer als Symbol des sog. „Kalten Krieges" zwischen Ost und West angesehen worden (mit Wettrüsten, Propaganda etc., aber unterhalb der Schwelle eines offenen Krieges). Neben den sonstigen Befestigungsanlagen an der innerdeutschen Grenze isolierte die Mauer den westlichen Teil Berlins mit dem Ziel, die DDR-Bürger an der Flucht in den Westen zu hindern. Seit der **vollzogenen Deutschen Einheit** wird jeder 03. Oktober als **Nationalfeiertag** (als gesetzlicher Feiertag), als „Tag der Deutschen Einheit", begangen. Er trat als gesetzlicher Feiertag an die Stelle des früheren 17. Juni. Durch die Wiedervereinigung ist Deutschland größer geworden; heute hat Deutschland etwa 81,75 Millionen Einwohner (Stand 2010); die Hauptstadt ist Berlin.

In der **Zeit des „Kalten Krieges"** gab es in den 70er Jahren ständig Auseinandersetzungen um die Verwendung der **Abkürzung „BRD"** für die Bundesrepublik Deutschland, da man sich gegen die insbesondere von staatlichen Stellen der DDR (und damit von dem damaligen politischen Gegner) gewählte Parallelbezeichnung wehrte bzw. die DDR nicht als selbständigen Staat anerkannte. Seit den 70er Jahren hat man deshalb in der Bundesrepublik Deutschland die Abkürzung BRD in amtlichen Verlautbarungen nicht mehr verwendet; teils wurde sogar direkt in den Sprachgebrauch eingegriffen, indem man die Verwendung der Abkürzung BRD als sprachlich abweichend beurteilt hat. Seit der **deutschen Wiedervereinigung** kann die Abkürzung aber wieder unbefangen verwendet werden, auch wenn das seltener der Fall ist. Für *Bundesrepublik Deutschland* ist heute ebenso üblich der Ausdruck *Deutschland*.

Ausdrucksmittel

▸ Die Bundesrepublik Deutschland: **ist gemäß ihrer** Verfassung **eine** Republik; **besteht aus** ... (16 Bundesländern); **wurde am** ... **als** demokratischer Rechtsstaat (Nom.) **gegründet**; **trat der** Nato (Dat.) **bei**; **bildet eine** Währungsunion **mit den** EU-Mitgliedsstaaten; die Verfassung **wurde am** ... **verkündet**; das Grundgesetz **wurde** damit **in Kraft gesetzt**; die Staatsgewalt **geht vom** Volke **aus** und **wird durch** (die) Organe (Akk.) der Gesetzgebung **ausgeübt**; die Deutschen **waren** im Kalten Krieg in Ost und West (Akk.) **getrennt**;

▸ die Wiedervereinigung: **wurde vollzogen** bzw. **wurde wirksam durch** den **Beitritt zum** Geltungsbereich des Grundgesetzes; die staatliche Einheit **wurde wiederhergestellt** und **die** Nachkriegszeit **beendet**; volle staatliche Souveränität **wurde gewährt**

2.2. Das Grundgesetz

Das **Grundgesetz (GG)** ist die geltende **Verfassung** der Bundesrepublik Deutschland, deren rechtliche und **politische Grundordnung**, die über allen anderen deutschen Rechtsnormen steht. Das Grundgesetz ist am 23. Mai 1949 in Kraft getreten. Zuvor ist es vom Parlamentarischen Rat auf der Basis von Grundsätzen eines föderalen (auch: „föderativen") und demokratischen Rechtsstaats ausgearbeitet worden. Dazu waren Lehren aus der deutschen Geschichte zu ziehen, und zwar im Hinblick nicht nur auf das Scheitern der **Weimarer Republik** (1918/19 bis 1933), sondern besonders auch vor dem Hintergrund des sich anschließenden Unrechtssystems des **Nationalsozialismus**. Die Mitglieder des Parlamentarischen Rates werden häufig als die „Väter und Mütter des Grundgesetzes" bezeichnet.

Die Bundesrepublik hat als Republik einen **Bundespräsidenten**, der an der Spitze des Staates steht. Sie ist eine Demokratie, bei der **alle Staatsgewalt vom Volke ausgeht**: Das Volk wählt seine Vertreter (Repräsentanten) in freien, gleichen und geheimen Wahlen, was man **repräsentative Demokratie** nennt. Dabei haben Bürgerinnen und Bürger allerdings nicht nur Rechte, sondern auch Pflichten. Die Bundesrepublik ist ein **Sozialstaat**, der sich soziale Gerechtigkeit zum Ziel setzt. Als **föderativer Staat** besteht die Bundesrepublik aus Bundesländern mit eigenen Verfassungen und Zuständigkeiten, wie z. B. im Bildungsbereich. Schließlich wird die Bundesrepublik als **Rechtsstaat** bestimmt, da die Gewalt des Staates in drei Gewalten aufgeteilt ist, die sich gegenseitig kontrollieren: die Gesetzgebung (**Legislative**), die vollziehende Gewalt (**Exekutive**), und die Rechtsprechung (**Judikative**).

Dazu gibt es im Grundgesetz genauere Ausführungen; die einzelnen Bestimmungen werden in „**Artikeln**" zusammengefasst. Nach einer „Eingangsformel" und der „**Präambel**" werden zunächst die „**Grundrechte**" aufgeführt. Der erste Artikel lautet: „Die Würde des Menschen ist unantastbar. Sie zu achten und zu schützen ist Verpflichtung aller staatlichen Gewalt." Anschließend werden die Grundrechte genauer erläutert, wie z. B. das Recht auf freie Entfaltung der Persönlichkeit, die Gleichheit vor dem Gesetz, die Freiheit des Glaubens. Die weiteren Teile beinhalten Ausführungen zur Rolle der Gesetzgebung und Rechtsprechung, zur Rolle der Parteien, zu staatsbürgerlichen Rechten und Pflichten, zum Verhältnis des Bundes und der Länder, sowie zu den staatlichen Organen Bundestag, Bundesrat, Bundesregierung, zur Rolle des Bundespräsidenten etc.

Ausdrucksmittel

▸ Das Grundgesetz (GG): **ist die** rechtliche und politische Grundordnung Deutschlands bzw. **die Basis der** parlamentarischen Demokratie; **steht über** allen anderen deutschen Rechtsnormen; **wurde beschlossen am ...**, angenommen (durch die Volksvertretungen der Länder), **verkündet** und **trat in Kraft**; **ist mit dem Vollzug der** staatlichen Einheit (= dadurch, dass die ... vollzogen/erreicht worden ist) **zur** gesamtdeutschen Verfassung **geworden**; das GG **legt** Rechte und Aufgaben **von/der ... fest**; **regelt** (z. B. das Verhältnis von Religion und Staat) **durch (den) Artikel ...**; Artikel 1 **garantiert die** Menschenwürde; **die Artikel des GG lauten ...**; **im GG sind festgelegt ...** (staatliche Wertentscheidungen und Systementscheidungen); die Demokratie in Deutschland **beruft sich auf ...** (Grundprinzipien); die demokratische Grundordnung **verteidigen**; die Gesetzgebung **ist an die** verfassungsmäßige Ordnung **gebunden**

2.3. Parteien in Deutschland

Die **Parteien** repräsentieren die wichtigsten Strömungen der öffentlichen Meinung. Die beiden größten Parteien in Deutschland nennt man bzw. nannte man bisher immer **„Volksparteien"**, weil sie versuchen, die Interessen vieler Schichten der Bevölkerung zu vertreten. Dazu rechnet man traditionell die liberal-konservative **„Christlich-Demokratische Union" (CDU)** und die **„Sozialdemokratische Partei" (SPD)**. Mittlerweile ist durch das erhebliche Erstarken der „Grünen" eine solche traditionelle Zuordnung als problematisch anzusehen. Das Programm der CDU ist an der christlichen Soziallehre orientiert und konservativ geprägt. Die **„Christlich-Soziale Union" (CSU)** ist eine eigenständige, regionale Entsprechung der CDU in Bayern, vertritt dort außerdem den bayrischen Regionalismus und Föderalismus. Die CSU tritt nur in Bayern zur Wahl an; dafür unterhält die CDU in Bayern keinen eigenen Landesverband. Sie bildet mit der CDU seit 1949 eine **Fraktionsgemeinschaft** im Bundestag. Die **SPD** konstituierte sich im Zuge des Sozialistengesetzes (1878–90) auf dem Parteitag von Halle im Jahre 1890. Sie wurde 1912 stärkste Fraktion im Reichstag. Nach Verbot in der Zeit des Nationalsozialismus ist sie 1945 nach dem Zweiten Weltkrieg in Ost und West neu gegründet worden. Seit ihrem „Godesberger Programm" (1959) versteht sie sich nicht mehr ausschließlich als Arbeiterpartei, sondern als Volkspartei.

Die „Grünen" mit dem heutigen Parteinamen **„Bündnis 90/Die Grünen"** entstanden 1980 als bundesweite Partei aus Richtungen der Friedensbewegung und insbesondere der Ökologiebewegung. Sie vereinigten sich 1990 mit den ostdeutschen „Grünen" und 1993 mit dem „Forum/Bündnis 90" zur heutigen Partei „Bündnis 90/Die Grünen". Zu den kleineren Parteien gehört die **„Freie Demokratische Partei" (FDP)**. Sie steht in der Tradition des deutschen Liberalismus und entstand aus mehreren, kleinen liberalen Gruppierungen. Sie betont insbesondere in wirtschaftlichen Fragen die Eigenverantwortung des Einzelnen und die Zurückhaltung des Staates. Mittlerweile gibt es in Deutschland mit der Linkspartei namens **„Die Linke"** ein Fünf-Parteien-System. Die „Linke" ist 2007 aus der Fusion mit der in Ostdeutschland verankerten Linkspartei **„Partei des Demokratischen Sozialismus" (PDS)** entstanden. Diese wiederum ging aus der „Sozialistischen Einheitspartei Deutsch-

---

Ausdrucksmittel

- Die im Bundestag vertretenen Parteien: **prägen das** politische **Spektrum in** Deutschland; **decken** jeweils **ein** bestimmtes **politisches Spektrum** (Akk.) **ab**; **sind** maßgeblich **an der** (Dat.) politischen Willensbildung **beteiligt**; **nehmen Einfluss auf die** ... (z. B. die Gestaltung der öffentlichen Meinung bzw. auf die politische Willensbildung);
- Parteien: **geben sich ein** Grundsatzprogramm; **erreichen etwas** (z. B. eine Mehrheit); können ihre **Mehrheit verlieren**; **müssen nach den** (mit bestimmtem Artikel) demokratischen Grundsätzen **aufgebaut sein**; **dürfen nicht gegen die** (mit bestimmtem Artikel) freiheitliche demokratische Grundordnung **verstoßen**;
- Eine Partei: **gründen**; **ist vertreten in** dem Bundesland...; **vertritt die Interessen von** ... (mit Gen. oder Dat.); **ist orientiert an** ... (mit Gen. oder Dat.); **tritt zur** (Dat.) **Wahl an**; **bildet eine Fraktionsgemeinschaft mit** ... (mit Gen. oder Dat.); **konstituiert sich auf** einem Parteitag; **wird (die) stärkste Fraktion** bzw. **bildet die stärkste Fraktion** (Akk.); **stellt die** Regierung (Akk.); **steht in der Tradition** (Dat.) **des** ...; **verliert an Stimmen** (= Dat., ohne Artikel);
- Eine Koalition: **wird gebildet von** den Parteien ...; **setzt etwas** (z. B. Vorhaben) **durch**; **scheitert an** ... (mit Dat., z. B. an der Mehrheit im Bundesrat); auf Bundesebene **bilden unter** (dem/der) **Bundeskanzler(in)** ...;
- Ein Verbotsverfahren: kann man **einleiten** (Akk.; auch mit **gegen** + Akk.: *gegen eine Partei*); **kann scheitern** (auch mit **an** + Gen. oder Dat.); kann man **einstellen** (= aufgeben, es zu erreichen); **die Verfassungswidrigkeit** einer Partei **feststellen**; **ein Verbot gegen** eine Partei **aussprechen**; **das Verbot einer** Partei **durchsetzen** (= erreichen, dass sie verboten wird)

lands" (SED) der ehemaligen DDR hervor. Die Fusion mit der „WASAG", die 2005 im Westen entstanden war, führte auf dem Wege einer weiteren Umbenennung zu dem heutigen Namen „Die Linke".

Verschiedene andere Parteien sind bislang nicht in den Deutschen Bundestag gelangt, weil sie an der **„Fünf-Prozent-Hürde"** gescheitert sind. Diese Hürde besagt, dass für den Einzug in den Deutschen Bundestag mindestens fünf Prozent der Stimmen erreicht werden müssen. Dies ist im Falle der NPD, einer rechtsradikalen Partei, die Kontakte zu verschiedenen neofaschistischen Organisationen unterhält, zu begrüßen. Bislang ist es aber nicht bzw. nicht erfolgreich gelungen, ein Verbot dieser Partei durchzusetzen.

2.4. Föderativer Staatsaufbau

Deutschland ist dem Staatsaufbau nach als **föderatives System** organisiert: Dieses umfasst mehrere **Staatsorgane**, die einzelnen **Bundesländer**, sowie Städte und Gemeinden (die **kommunale Ebene**). Im Grundgesetz sind sämtliche Zuständigkeiten sozialer und rechtlicher Art zwischen diesen Ebenen festgelegt.

Die **Bundesebene** wird oft auch als **„der Bund"** bezeichnet – vor allem wenn es um das Verhältnis zu den darunter liegenden Ebenen innerhalb des föderativen Systems geht. Auf Bundesebene bzw. als Bundesstaat besteht Deutschland aus **16 Bundesländern** (kurz: **Ländern**): Baden-Württemberg, Bayern, Berlin, Brandenburg, Bremen, Hamburg, Hessen, Mecklenburg-Vorpommern, Niedersachsen, Nordrhein-Westfalen, Rheinland-Pfalz, Saarland, Sachsen, Sachsen-Anhalt, Schleswig-Holstein, Thüringen.

Auf **Länderebene** gibt es in verschiedenen Bereichen, die vom „Bund" nicht (vollständig) ausgefüllt werden bzw. dem „Bund" nicht zugewiesen sind, eine eigenständige Gesetzgebung. Zuständig sind die Länder vor allem im Bereich des **Bildungswesens** und der **Kulturpolitik**. Das zentrale Staatsorgan, in dem die Länder im Sinne der föderativen Struktur verankert sind, ist der **Bundesrat**. Auf die **kommunale Ebene** entfallen zahlreiche Zuständigkeiten „vor Ort" (in Städten und Gemeinden), die ganz unterschiedliche **öffentliche Aufgaben** betreffen: räumliche Planung, öffentlicher Nahverkehr, Sport, Theater, Straßenreinigung, Bibliotheken, Aufgabenbereiche des Jugendamtes etc.

Ausdrucksmittel

- Der Föderalismus/Die föderative (= föderale) Ordnung: **ist im Grundgesetz verankert** bzw. **geregelt**; **wirkt** (einer politischen Machtkonzentration) **entgegen**; **ermöglicht** (Vielfalt in der Einheit der staatlichen Organisation und Entscheidungen ortsnah treffen zu können); **erleichtert** (das politische Engagement) bzw. **fördert** (mit Akk.) politische Teilhaberechte; Deutschland **ist föderal organisiert** bzw. **als föderales** (= föderatives) **System**;
- Die Länder: **haben sich eine** eigene Verfassung **gegeben**; **sind in** Landkreisen usw. **zusammengefasst;** sind unterschiedlich **organisiert** (= untergliedert, eingeteilt); **sind zuständig für** ... bzw. **auf die** Länder **entfallen Zuständigkeiten im Bereich der** ...; **den Ländern** (durch die Bundesverfassung) **Kompetenzen einräumen; die Parlamente der** Länder **sind direkt** vom Volke **legitimiert;**
- den Ländern: **kommt eine** zentrale **Rolle im** politischen Willensbildungsprozess **zu; obliegt die Ausführung der** Bundesgesetze (= sind zuständig dafür, die Bundesgesetze auszuführen)

2.5. Staatsorgane

Als **Rechtsstaat** auf der Grundlage von Gewaltenteilung und föderativer Struktur umfasst Deutschland auf der Ebene des „Bundes" folgende **Staatsorgane**: Bundestag, Bundesrat, Bundesregierung, Bundespräsident. Außerdem werden auch Bundesversammlung und Bundesverfassungsgericht als *Staatsorgane* bezeichnet.

Der **Deutsche Bundestag** (das **Parlament**) ist die **Volksvertretung** der Bundesrepublik Deutschland. Neben den Ländern (mit ihren Landtagen) und den Kreistagen sowie Gemeinderäten auf kommunaler Ebene ist der Bundestag das einzige, vom Volk gewählte Staatsorgan. Der Bundestag ist ein maßgebliches Gremium der Gesetzgebung, weshalb er oft auch (neben dem Bundesrat) als **Gesetzgebungsorgan** bezeichnet wird. Die Wahlperiode des Deutschen Bundestags beträgt vier Jahre. **Wählbar** (passives Wahlrecht) und sogleich **wahlberechtigt** (aktives Wahlrecht) ist **jede Person mit deutscher Staatsangehörigkeit**, die das 18. Lebensjahr vollendet hat und der nicht per Gerichtsbeschluss das **aktive** oder **passive Wahlrecht** entzogen worden ist. Die Abgeordneten des Bundestages (zum Stand von 2010 waren es 622) werden in allgemeiner, unmittelbarer, freier, gleicher und geheimer Wahl in **Wahlkreisen** gewählt, in welche das Bundesgebiet aufgeteilt ist.

Der **Bundesrat** ist die Länderkammer. Den Bundesrat bilden Mitglieder der **Landesregierungen**; damit verkörpert dieses Staatsorgan (als Gesetzgebungsorgan) auf Bundesebene das föderative System. Je nach Anzahl der Einwohner hat jedes im Bundesrat vertretene Land drei bis sechs Stimmen. Gesetzesvorhaben, die die Zuständigkeit von Angelegenheiten der Länder betreffen, aber auch verschiedene andere Gesetzesvorhaben (z. B. Verfassungsänderungen), machen zuvor die **Zustimmung des Bundesrates** erforderlich. Des Weiteren wirkt der Bundesrat unter anderem im Bereich der Bundesverwaltung sowie bei europäischen Angelegenheiten mit und wählt die Hälfte der Bundesverfassungsrichter.

Die **Bundesregierung**, auch bezeichnet als das **Kabinett** *bzw.* **Bundeskabinett**, setzt sich aus dem **Bundeskanzler/der Bundeskanzlerin** sowie den **Bundesministern/Bundesministerinnen** für die verschiedenen Zuständigkeitsbereiche (Ressorts) zusammen. Nach der Wahl zum Deutschen Bundestag (**Bundestagswahl**) ist es Sache des **Bundespräsidenten**, einen Kandidaten/eine Kandidatin für die Wahl zum Bundeskanzler/zur Bundeskanzlerin vorzuschlagen. Für diese Wahl wird die Mehrheit der Stimmen der Mitglieder des Bundestags erforderlich. Der Bundeskanzler/die Bundeskanzlerin steht dem Bundeskabinett vor, wobei im Rahmen der **Kabinettsbildung** Personen als Minister/Ministerinnen ausgewählt und diese dem Bundespräsidenten zur Ernennung vorgeschlagen werden (wie gegebenenfalls später auch zur Entlassung).

Der **Bundespräsident** ist das **Staatsoberhaupt** der Bundesrepublik Deutschland. Obgleich er in der Öffentlichkeit im Wesentlichen in seiner repräsentativen Aufgabe in Erscheinung tritt, sind seinem Amt ganz wesentliche und weitreichende Befugnisse zugeordnet: Er **vertritt die Bundesrepublik Deutschland völkerrechtlich** nach außen, ernennt und entlässt Bundesminister(innen), Bundesrichter(innen) etc. Zu seinen **Aufgabenbereichen** zählt unter anderem auch die Ausfertigung und Verkündung von Bundesgesetzen. Des Weiteren hat er das Vorschlagsrecht zur Wahl des Bundeskanzlers/der Bundeskanzlerin. Zu seinen Befugnissen zählen auch das Begnadigungsrecht und das Recht, den Bundestag unter gewissen Bedingungen (z. B. bei einer gescheiterten Kanzlerwahl) aufzulösen. Der Bundespräsident macht selbst nicht sozusagen „Politik". Allerdings ist es ihm nicht versagt, durchaus zu aktuellen sowie gesellschaftlich brisanten Themen (einschließlich von Vorhaben der jeweiligen Bundesregierung) kritisch Stellung zu beziehen. Seine **Amtszeit** beläuft sich auf fünf Jahre und ist damit länger als der Zeitraum einer jeweiligen Bundesregierung, für den diese gewählt ist (vier Jahre). Möglich ist nur eine einmalige **Wiederwahl** zum Bundespräsidenten.

Eine Sonderrolle als Staatsorgan bzw. Verfassungsorgan kommt der **Bundesversammlung** zu. Sie hat einzig die Aufgabe, den **Bundespräsidenten** als Staatsoberhaupt zu wählen. Die zu diesem Zweck gebildete Bundesversammlung setzt sich zum einen aus Mitgliedern des Bundestages zusammen, zum anderen aus einer gleich großen Anzahl solcher Mitglieder, die von den Volksvertre-

2. Zum politischen System Deutschlands

tern der Bundesländer auf der Basis der Verhältniswahl ausgewählt werden. Dies müssen keine Abgeordneten oder politisch tätige Personen sein: Benannt werden auch Künstler(innen), Sportler(innen) und sonstige prominente Persönlichkeiten des öffentlichen Lebens. Der 17. Deutsche Bundestag (2010) umfasste 622 Mitglieder, sodass die Bundesversammlung insgesamt aus 1244 Mitgliedern bestand. Die Durchführung der Bundesversammlung erfolgt durch den **Präsidenten** bzw. die **Präsidentin des Deutschen Bundestages**. Das Ermittlungsverfahren der Gesamtzahl der Mitglieder der Bundesversammlung ist zwar klar geregelt, aber sehr komplex. Vorab stellt das Statistische Bundesamt eine aktuelle Bevölkerungsstatistik zur Verfügung, um die Zahl der Mitglieder zu benennen, die auf die einzelnen Bundesländer entfallen. Wählbar zum Bundespräsidenten ist jede deutsche Person, die ein Wahlrecht zum Bundestag besitzt und das 40. Lebensjahr vollendet hat.

Oberstes Staatsorgan (und zugleich auch oberstes Verfassungsorgan) ist das **Bundesverfassungsgericht** (BVerfG). Es setzt sich aus zwei Senaten mit jeweils acht Richtern/Richterinnen zusammen. Diese werden für jeweils 12 Jahre je zur Hälfte vom Bundestag und vom Bundesrat gewählt. Dieses Gericht hat die Aufgabe, die **Verfassungsmäßigkeit aller Bereiche** des staatlichen Handelns zu überwachen. Entscheidungen des Bundesverfassungsgerichts sind für alle anderen Staatsorgane bindend und unanfechtbar. Ohne hier eine eigene politische Zuständigkeit im engeren Sinne zu besitzen, überprüft es in Einzelfällen den verfassungsrechtlichen Rahmen des politischen Entscheidungsspielraums, insbesondere bei der **Auslegung des Grundgesetzes**. Des Weiteren trifft es Entscheidungen bei **Verfassungsstreitigkeiten** verschiedener Art, einschließlich solcher zu strittigen Fragen zwischen Bund und Ländern bzw. zwischen einzelnen Ländern, wenn ein anderer Rechtsweg nicht gegeben ist.

Ausdrucksmittel

- Der Bundestag: **schafft als** Parlament Bundesrecht; **genehmigt** (z. B. Verträge mit Staaten); **beschließt** den Bundeshaushalt; **wählt den** Bundeskanzler bzw. **die Bundeskanzlerin; wirkt bei der Wahl** des Bundespräsidenten **mit; übt** auf Bundesebene **eine parlamentarische Kontrolle aus** (insbesondere gegenüber der Regierung); dem Bundestag **steht** der Bundestagspräsident bzw. die Bundestagspräsidentin **vor;**

- Der Bundesrat: **ist eines der fünf ständigen Verfassungsorgane; ist die** Kammer der Bundesländer; **ist an** bundespolitischen Entscheidungen **beteiligt; verkörpert** (auf Bundesebene) **den** Föderalismus; ein Gesetz kann **die Zustimmung des** Bundesrates **benötigen** bzw. **erforderlich** machen;

- Die Bundeskanzlerin/der Bundeskanzler: **wird vom** Bundestag **gewählt; steht dem** (Bundes-)Kabinett (= der Bundesregierung) **vor; besitzt** Richtlinienkompetenz für die Politik der Bundesregierung); kann **die Vertrauensfrage** stellen; **kann durch ein** konstruktives Misstrauensvotum **abgelöst werden;**

- Bundesminister(innen): **bilden zusammen mit** der Bundeskanzlerin/dem Bundeskanzler **die Bundesregierung;** werden ernannt; werden auf das Grundgesetz **vereidigt; haben ein** bestimmtes Ressort;

- Der Bundespräsident: **ist das** Staatsoberhaupt; **vertritt den Bund** völkerrechtlich; **ernennt** und **entlässt** Bundesminister(innen); **unterzeichnet** Gesetze; **kann** ggf. den Bundestag **auflösen;** dem Bundespräsidenten sind zahlreiche **Befugnisse zugeordnet;** seine **Amtszeit beläuft sich auf** ... Jahre;

- Die Bundesversammlung: **hat einzig die Aufgabe,** ...; **setzt sich zusammen aus** ...; **tritt zusammen; umfasste** zuletzt ... **Mitglieder** bzw. **bestand aus** ... (Dat.) **Mitgliedern; die Durchführung** der Bundesversammlung **erfolgt durch** ... (= wird durchgeführt durch...); **wird einberufen vom** ...;

- Das Bundesverfassungsgericht: **kontrolliert** bzw. **überprüft** ... (z. B. Entscheidungen anderer Gerichte); **überwacht die** Verfassungsmäßigkeit des staatlichen Handelns; **muss angerufen werden** (= aufgefordert werden, tätig zu werden); **gibt einer Klage** (z. B. gegen ein Gesetz) **statt; macht** dem Gesetzgeber **Vorgaben; konkretisiert** (z. B. ein Prinzip); **hebt** gegebenenfalls (z. B. ein Gesetz) **auf**

2.6. Nationalhymne, Nationalflagge und Bundeswappen

Die deutsche Nationalhymne besteht ausschließlich aus der **dritten Strophe des** sog. **"Deutschlandliedes"**, auch genannt „Lied der Deutschen".

„**Einigkeit und Recht und Freiheit für das deutsche Vaterland: Danach lasst uns alle streben, brüderlich mit Herz und Hand. Einigkeit und Recht und Freiheit sind des Glückes Unterpfand. Blüh' im Glanze dieses Glückes, blühe deutsches Vaterland!**"

Wer sich nicht dem Vorwurf aussetzen will, Altfaschist oder Neofaschist zu sein, wird **ausschließlich diese dritte Strophe** singen. Denn nicht diese, sondern nur die erste Strophe („Deutschland, Deutschland über alles") wurde im Nationalsozialismus zusammen mit einem faschistischen Lied zur Nationalhymne erklärt und bei jeder Gelegenheit gesungen. Die erste Strophe ist ursprünglich „patriotischen" bzw. „nationalistischen" Charakters. Keineswegs ist sie per se (also von sich aus) als „faschistisch" zu bezeichnen; diesen Anstrich erhielt die **erste Strophe** nur durch den **Kontext**, in den sie seinerzeit in der **Nazizeit** gestellt worden ist. Denn das „Deutschlandlied" steht historisch im Zusammenhang mit Bestrebungen zur Schaffung eines geeinten deutschen Reiches; es wurde aber aufgrund des Textes der ersten Strophe von den Faschisten vereinnahmt.

Der Text mit seinen drei Strophen stammt von August Heinrich **Hoffmann von Fallersleben** (1798–1874), nach einer Melodie von **Joseph Haydn** aus der früheren Kaiserhymne „Gott erhalte Franz, den Kaiser". In Ermangelung einer Nationalhymne, die bei staatlichen Anlässen benötigt wurde, ist vom ersten Bundeskanzler der Bundesrepublik Deutschland, **Konrad Adenauer**, angeregt worden, ausschließlich die dritte Strophe zur Nationalhymne zu machen. Diesem Vorschlag kam der **erste Bundespräsident Theodor Heuss** (1949–1959) entgegen, sodass die dritte Strophe im Jahre 1952 zur Nationalhymne wurde. Gleichwohl ist noch viele Jahre später öfters die erste Strophe gesungen worden, und zwar von dem durch den Nationalsozialismus geprägten Bevölkerungsteilen. In der – **früheren – DDR** hingegen wurde im Jahre 1949 das von Johannes R. Becher formulierte und von Hanns Eisler vertonte „Auferstanden aus Ruinen" zur Nationalhymne. Während der Verhandlungen im Rahmen des Einigungsvertrags im Zeitraum 1990 gab es den Vorschlag, beide Hymnen miteinander zu verbinden. Allerdings wurde nach dem **Beitritt der DDR** zum Geltungsbereich des Grundgesetzes der Bundesrepublik Deutschland von dem damaligen Bundespräsidenten Richard von Weizsäcker und dem damaligen Bundeskanzler Helmut Kohl im Jahre 1991 einvernehmlich die dritte Strophe des Deutschlandliedes zur Nationalhymne erklärt.

Die **Nationalflagge** der Bundesrepublik Deutschland (die **Bundesflagge**) besteht aus drei gleichgroßen horizontalen Balken, die von oben nach unten die Farben Schwarz, Rot und Gold aufweisen. Wie im Falle der Nationalhymne ist auch mit der Nationalflagge eine wechselvolle Entwicklung im jeweiligen gesellschaftspolitischen Kontext der deutschen Geschichte verbunden. Der Ursprung der Farben liegt bereits in den **Befreiungskriegen (1913) gegen Napoleon**. Sodann wurde die Flagge mit dieser Farbkombination unter anderem von der ersten **Deutschen Nationalversammlung in Frankfurt** (Paulskirche 1848) offiziell ausgewählt. Durch die Zeit des Nationalsozialismus ist die Nationalflagge in der heutigen Form nicht belastet, weil die Nazis unter anderem Hakenkreuzsymbole wählten und andere Farbkombinationen. Die Flagge gilt auch in historischer Perspektive im Wesentlichen als **Sinnbild für Demokratie**. Die frühere DDR wählte zwar wie die BRD ebenfalls als Farben das Schwarz, Rot und Gold. Allerdings wurde die Flagge mit einem Ährenkranz sowie mit Hammer und Sichel versehen. Mit der **Wiedervereinigung Deutschlands** aber wurde die Flagge der Bundesrepublik auch für die ostdeutschen Bundesländer gültig.

Die Beflaggung ist in Deutschland durch einen **Beflaggungserlass** der Bundesregierung geregelt (Anordnung von 1996, zuletzt geändert 2005). Insbesondere die Dienstgebäude oberster Bundesbehörden sind ständig beflaggt. Ansonsten kann der Bundesminister des Innern zu besonderen Anlässen, z. B. bei Trauerfeierlichkeiten, eine **Beflaggung öffentlicher Gebäude** anordnen. Die Länder übernehmen die Beflaggungstage des

2. Zum politischen System Deutschlands

Bundes, z. B. am „Tag der Deutschen Einheit". Doch handhaben sie ansonsten eine zusätzliche Beflaggung unterschiedlich nach eigenen Vorschriften.

Hoheitszeichen der Bundesrepublik Deutschland ist das **Staatswappen** (auch genannt: **Bundeswappen**). Es weist seiner amtlichen Ausführung nach die Farben der Nationalflagge auf sowie auf goldgelbem Grund einen stilisierten schwarzen Adler. Deshalb wird das Staatswappen auch als **Bundesadler** bezeichnet. Die künstlerische Ausführung ist in Einzelheiten unterschiedlich. Bei der heutigen Gestaltung hat man sich an Entwürfen der Weimarer Zeit orientiert, auch um an diese demokratische Tradition deutlich anzuschließen, die durch die Zeit des Nationalsozialismus unterbrochen worden ist. Eingeführt wurde die amtliche Version des Bundesadlers am 20. Januar 1950. Ähnliche Versionen lassen sich bis ins 12. Jahrhundert zurückverfolgen. Der Bundesadler findet sich in der bekanntesten Form an der Stirnwand im **Plenarsaal des Deutschen Bundestages**. Ansonsten kommt er zu repräsentativen Zwecken vor: in der Dienstflagge der Bundesbehörden, auf Münzen, als Hoheitszeichen auf Botschaftsschildern sowie in der Standarte des Bundespräsidenten.

Gegen die Präsentation von Flaggen wie gegen das Absingen der Nationalhymne hat es in Westdeutschland im Unterschied zur DDR nicht ohne Grund bis mindestens in die 70er Jahre hinein erhebliche **Vorbehalte** gegeben. Besonders die nachwachsende jüngere Generation hat darin den Ausdruck eines verachtenswert rückständigen Nationalismus, wenn nicht gar einer noch am Faschismus ausgerichteten Gesinnung der älteren Generation gesehen. Mittlerweile ist allerdings ein **grundlegender Wandel** dadurch eingetreten, dass die jüngere Generation völlig unbefangen mit **nationalen Symbolen** umgeht. Sie kann dies, da sie nicht dem Verdacht ausgesetzt ist, mit Nationalismus oder gar Faschismus etwas zu tun zu haben. Noch vor etlichen Jahren hätte man diese Entwicklung nicht für möglich gehalten. Sogar der Zeitpunkt lässt sich genau angeben: Es war die **Fußball-Weltmeisterschaft** im Jahre 2006, als erstmals im Rahmen dieses Massenereignisses mit seinem allerorts stattfindenden „Public Viewing" in Deutschland die deutsche **Nationalflagge gezeigt** worden ist: auf Häusern, auf Autos, auf der Bekleidung und als Körperbemalung – abgesehen von den unendlich vielen Artikeln, die dazu verkauft und in aller Öffentlichkeit verwendet worden sind.

Ausdrucksmittel

- Die Nationalhymne: **besteht aus** der dritten Strophe des Deutschlandlieds; **steht** historisch **im Zusammenhang mit** …; **ist** vom Nationalsozialismus **vereinnahmt worden**; **ist** damals **in einen faschistischen Kontext gestellt worden**; die dritte Strophe des Deutschlandlieds **wurde zur** Nationalhymne (auch nach der Wiedervereinigung) **erklärt**; **ist in den Rang der** Nationalhymne **gehoben worden**; **wird bei** … (Dat., meist ohne Artikel, z. B. bestimmten Anlässen) **gesungen**; **der Text** des Deutschlandlieds **stammt von** …, die Melodie von …;
- Die Nationalflagge/Bundesflagge: **gilt als** … (mit Nom., z. B. Sinnbild für … plus Akk.); **ist Symbol der** … (Gen., z. B. Freiheitsidee); **besteht aus** … (mit Dat., drei Balken); **weist** die Farben … **auf**; verschiedene Dienstgebäude **sind bei** … (mit Dat. meist ohne Artikel, z. B. besonderen Anlässen) **beflaggt**; eine Beflaggung **gibt es bei** … (mit Dat. meist ohne Artikel, z. B. besonderen Anlässen); die Beflaggung **ist geregelt in dem** Beflaggungserlass, **kann** besonders **angeordnet werden** und **wird** in den Bundesländern teils **unterschiedlich gehandhabt**;
- Das Bundeswappen/Das Staatswappen: **wurde eingeführt am** …; **ist staatliches Symbol auch des** wiedervereinigten Deutschlands **geworden**; **schließt** seiner amtlichen Darstellung nach **an die Weimarer Republik an**

3. Recht im Alltag

In Deutschland sind alle wesentlichen privaten und öffentlichen **Lebensbereiche juristisch** (d. h. durch Gesetze/gesetzlich) **geregelt**. Dies mag man einerseits bemängeln bzw. beklagen. Andererseits verschafft diese Eigenart der rechtsstaatlichen Ordnung dem Einzelnen aber wesentlich eine Sicherheit im privaten Miteinander und im öffentlichen Bereich (z. B. den Umgang mit Behörden betreffend): Genau geregelt ist unter anderem, ab wann man als „Kind", als „Heranwachsender" oder als „Erwachsener" gilt und welche Gesetze jeweils zutreffen; festgelegt ist, wann man einen Personalausweis benötigt und wie der Ablauf von der Beantragung bis zur Aushändigung ist; genau geregelt ist auch, wer wann das passive und aktive Wahlrecht ausüben kann, welche Versicherungen gesetzlich vorgeschrieben sind etc.

3.1. Personalausweis

Jeder deutsche Staatsbürger ist vom 16. Lebensjahr an verpflichtet, **im Besitz eines Personalausweises** zu sein. Seit 2007 kann der Personalausweis auch für Jugendliche unter 16 Jahren beantragt werden. Man trägt ihn in der Öffentlichkeit immer bei sich, um bei Bedarf eindeutig identifiziert werden bzw. sich ausweisen zu können: bei Behörden, bei einem Unfall, bei einer Polizeikontrolle etc. Ab der Vollendung des 24. Lebensjahres gilt der Personalausweis zehn Jahre. Für die **Ausstellung** des Personalausweises ist die Stadt- bzw. Gemeindeverwaltung des Hauptwohnsitzes des Antragstellers/der Antragstellerin zuständig, und dort das **Einwohnermeldeamt**. Ist man bereits im Besitz eines Personalausweises, wird man in größeren Städten vom Einwohnermeldeamt frühzeitig schriftlich daran erinnert, dass der Personalausweis bald abläuft. Ansonsten muss man sich selbst darum kümmern und den Ausweis bzw. seine Verlängerung beantragen. Die **Gebühren** für die Ausstellung eines Personalausweises betragen für Personen, die das 24. Lebensjahr vollendet haben, (gegenwärtig: 2011) 28,80 EUR, plus Kosten für das Lichtbild.

Zu den **Unterlagen**, die man dann mitbringen muss, zählen: das bisherige amtliche Personaldokument (Personalausweis oder Reisepass) und ein aktuelles Foto/Lichtbild. Hat man bereits einen noch gültigen Personalausweis, legt man diesen vor. Wird ein Personalausweis erstmals ausgestellt, ist ein sonstiger Identitätsnachweis erforderlich: ein Reisepass, ein Kinder-Reisepass, ein Kinderausweis, oder die Geburtsurkunde.

Seit dem 01.11.2010 gibt es in Deutschland einen **neuen Personalausweis** im Scheckkartenformat mit „**biometrischen Daten**": Lichtbild in digitaler Form sowie Fingerabdrücke, welche man auf freiwilliger Basis von sich machen lassen kann. Das Lichtbild mit vorgeschriebener Größe und Beschaffenheit lässt sich an Ort und Stelle beim Einwohnermeldeamt anfertigen. Eine ganz wichtige Neuerung besteht darin, dass der Personalausweis jetzt eine **Online-Funktion** erhält. Dazu lässt sich ein sog. „Signaturzertifikat" erwerben und auf den Ausweis hochladen. Falls man dies will und zusätzlich beantragt, kann man dann den Ausweis z. B. für Geschäfte im Internet nutzen. Dazu erhält man einen PIN in einem Brief. Auch ist der Personalausweis nunmehr für die **Nutzung einer elektronischen Unterschrift** vorbereitet. Die Bearbeitung nimmt einige Wochen in Anspruch. Ist der Personalausweis fertig, wird man vom Einwohnermeldeamt angeschrieben, dass er zur Abholung bereitliegt. Ein **vorläufiger Personalausweis** wird ausgestellt, wenn man diesen sofort benötigt und sich sonst nicht ausweisen könnte. Der vorläufige Personalausweis ist nur drei Monate gültig; er dient lediglich zur Überbrückung der Zeit, bis der endgültige Personalausweis ausgestellt ist.

Der Personalausweis ist für alle **Mitgliedsstaaten der Europäischen Union (EU)** gültig, sowie in verschiedenen anderen Ländern. Man muss sich bei Auslandsreisen in Länder **außerhalb der EU** allerdings erkundigen, ob nicht auch ein **Reisepass** benötigt wird. Denn die meisten Staaten außerhalb der EU verlangen einen Reisepass, teilweise zusätzlich auch ein **Visum**. Hier reicht also nicht die Vorlage des Personalausweises bei der Einreise aus. Ein Reisepass wird übrigens in ähnlicher Weise beim Einwohnermeldeamt beantragt wie der Personalausweis.

Ausdrucksmittel

- Der Personalausweis: **ist (noch) gültig**; **ist** (bald) **abgelaufen** bzw. **läuft bald ab**; **wird ausgegeben von**…(mit Gen. oder Dat.); **liegt zum Abholen bereit**; **wird genutzt zur** (mit Dat., z. B. Identität einer Person); **hat eine** Online-Funktion; **ist dafür vorbereitet**, ein Signaturzertifikat **aufnehmen zu können**; das Signaturzertifikat auf Wunsch **erwerben** und auf den Ausweis **hochladen**;
- einen Personalausweis: **beantragen; fertigstellen; abholen; aushändigen; besitzen, vorlegen** (wenn er verlangt wird);
- die Ausweispflicht: **besteht** in Deutschland; **der Ausweispflicht** (Dat.) **unterliegen** (= dazu verpflichtet sein, einen gültigen Ausweis zu besitzen)

3.2. Volljährigkeit und Strafmündigkeit

Im juristischen Sinne ist in Deutschland eine Person volljährig, wenn sie das 18. Lebensjahr vollendet hat. Die **Volljährigkeit** beinhaltet unter anderem, dass die Person als geschäftsfähig gilt. Dies heißt, dass die Person Verträge jeglicher Art (z. B. Versicherungen) ohne Zustimmung eines gesetzlichen Vertreters, in der Regel die Eltern bzw. ein Elternteil, abschließen kann und für die Folgen selbst verantwortlich ist. Personen unter 18 Jahren dürfen nur altersübliche geringfügige Geschäfte selbst abschließen, sich z. B. vom Taschengeld ein Buch, eine DVD etc. kaufen. Der Gesetzgeber sorgt auf diese Weise dafür, dass eine Person nicht für sie nachteilige Geschäfte eingeht, ohne die dadurch eventuell entstehenden negativen Folgen tragen zu können. Mit der Volljährigkeit erhält eine Person vor allem auch das **aktive Wahlrecht** und **passive Wahlrecht**.

Im Unterschied zu manchen anderen Ländern fallen in Deutschland Volljährigkeit und Strafmündigkeit nicht völlig zusammen. Unter „**Strafmündigkeit**" wird das Erreichen eines Alters verstanden, von dem an einer Person zugetraut werden kann, die Folgen ihrer Handlungen selbst erkennen und dafür die Verantwortung übernehmen zu können. Das deutsche Strafgesetzbuch sieht die Strafmündigkeit für das vollendete 14. Lebensjahr vor, also die **Schuldfähigkeit** eines Jugendlichen. Als „**Jugendliche**" im Sinne des Jugendgerichtsgesetzes gelten Personen zwischen 14–18 Jahren. Diese sind unter abzuwägenden Voraussetzungen strafrechtlich für Straftaten selbst verantwortlich. Dazu wird geprüft, ob jeweilige Jugendliche zur Tatzeit ihrer geistigen Entwicklung nach als reif genug zu betrachten sind, ein begangenes Unrecht einsehen und dieser Einsicht gemäß handeln zu können.

Ist eine Person zur Tatzeit jünger als 14 Jahre, gilt sie juristisch (im Sinne des Gesetzes) als „**Kind**" und kann nicht bestraft werden. Ein **Familiengericht** kann jedoch außerhalb des Strafverfahrens verschiedene Maßnahmen anordnen. Es können auch zivilrechtliche Ansprüche gegen das Kind bzw. diejenigen, welche für das Kind verantwortlich sind (insbesondere die Eltern), geltend gemacht werden.

Ebenfalls nach dem Jugendgerichtsgesetz gelten Personen als „**Heranwachsende**", die das 18. Lebensjahr, aber noch nicht das 21. Lebensjahr vollendet haben. Auf diese Personen kann das Jugendstrafrecht (nach dem Jugendgerichtsgesetz) oder das allgemeine Strafrecht angewandt werden.

> **Ausdrucksmittel**
>
> - Volljährigkeit: **erlangen** bzw. **erreichen mit** Vollendung des 18. Lebensjahres (= wenn man das 18. Lebensjahr vollendet hat);
> - bei Volljährigkeit: das Wahlrecht **erhalten** (= wählen können bzw. gewählt werden können); **geschäftsfähig sein** (= Verträge selbst abschließen können); **die Folgen von etwas selbst tragen** bzw. **für die Folgen von etwas selbst aufkommen** (können);
> - Strafmündigkeit: **für das …Lebensjahr vorsehen**; **für etwas strafrechtlich ver**antwortlich sein bzw. **strafmündig sein/als strafmündig gelten**; **ein Strafverfahren gegen jemand einleiten**; bedingte Strafmündigkeit **ist gegeben ab** … Jahren; **das Jugendstrafrecht anwenden auf** …; **eine Jugendstrafe verhängen** und **straffällig gewordenen** Jugendlichen/Kindern **etwas auferlegen** (z. B. Arbeitsleistungen zu erbringen); **Maßnahmen anordnen**; zivilrechtliche **Ansprüche gegen jemanden geltend machen**

3.3. Wahlrecht

Zum **Wesen der Demokratie** gehört, dass Bürger ihre **politischen Vertreter** in allgemeiner, unmittelbarer, gleicher, freier und geheimer Wahl **wählen können**. Die Wahl ist „allgemein" insofern, als jeder deutsche Staatsangehörige wählen darf; sie ist „unmittelbar" in dem Sinne, dass die Stimme bei der Wahl einem Bewerber/einer Bewerberin bzw. einer Partei gegeben wird; sie ist „frei" insofern, als kein Wahlzwang gegeben ist und Wähler bei der Stimmabgabe nicht wie in Unrechtssystemen bewacht werden; die Wahl ist „gleich" in dem Sinne, dass die Stimme jeder Person gleich viel gilt wie die einer beliebigen anderen Person; die Wahl ist insofern „geheim", als die Wahlstimme verdeckt abgegeben wird (in einer Kabine und in einem Umschlag abgeliefert).

Mit dem **Wahlrecht**, das ein politisches und im Grundgesetz verankertes **Grundrecht** ist, wird die von der Demokratie vorgesehene **Herrschaft des Volkes** verwirklicht. Das Wahlverfahren selbst (Mehrheits- oder Verhältniswahlen) ist sehr kompliziert und im Bundeswahlgesetz festgelegt. Wie der Deutsche Bundestag werden auch die Parlamente auf den untergeordneten Politikebenen in Deutschland unmittelbar von den Staatsbürgern gewählt, nicht aber indirekt über Wahlmänner (wie dies z. B. in den USA der Fall ist). Auf diese Weise werden für die Kandidaten/Kandidatinnen auf der **Ebene des Bundes**, der **Bundesländer**, der **Kommunen**, aber auch für das **Europäische Parlament**, die Stimmen der Wahlberechtigten direkt für einen Kandidaten/eine Kandidatin abgegeben bzw. für eine Partei, der dieser/diese angehört. Die repräsentative Demokratie in Deutschland sieht dabei eine **Fünf-Prozent-Hürde** vor. Dies ist eine Sperrklausel, nach der eine Partei mindestens fünf Prozent der Stimmen erreichen muss, um in den Bundestag oder die Länderparlamente einziehen zu können.

Ganz wesentlich ist für den Wahlvorgang, dass die **Wahlzettel** zwar geheim abgegeben, aber dann öffentlich und nachprüfbar ausgezählt werden: Auf diese Weise wird sichergestellt, dass die Wahl nicht manipuliert werden kann. Nach der **Wahlabgabe** werden die Wahlzettel mit den Stimmen in versiegelten Urnen gesammelt; anschließend werden sie immer im Beisein mehrerer Personen (den **Wahlhelfern**) ausgezählt. Wer nicht dazu in der Lage ist, persönlich seine Stimme abzugeben, kann dies in Deutschland per **Briefwahl** tun. Entsprechende Unterlagen muss man in diesem Falle anfordern. In Deutschland erhält man auch automatisch eine **Wahlbenachrichtigung**: Denn mit der Meldung an einem bestimmten Wohnort ist man gleichzeitig in das **Wählerverzeichnis** aufgenommen; man muss dazu nicht selbst tätig werden. Die Wahlbenachrichtigung enthält den Termin der Wahl und die Bezeichnung eines bestimmten **Wahllokals**, in dem man seine Stimme abgeben kann (oft die Räume einer Schule). Bereits vor vollständiger Auszählung aller Stimmen ist es in Deutschland üblich, dass erste **Hochrechnungen** in Rund-

3. Recht im Alltag

funk, Fernsehen und im Internet bekannt gegeben werden.

Mit der **Volljährigkeit** erhält eine Person das **aktive Wahlrecht**, kann also an allen Wahlen teilnehmen und für Kandidaten/Kandidatinnen bzw. für eine Partei ihre Stimme abgeben. Dabei gibt es allerdings entsprechend dem föderativen System in Deutschland auf Landesebene gewisse Unterschiede: So hat Bremen als erstes Bundesland zur Landtagswahl (21. Mai 2011) das **Wahlalter** gesenkt; dadurch können auch 16-jährige und 17-jährige Jugendliche zur Wahl gehen. Wer das aktive Wahlrecht besitzt, erhält zugleich auch das **passive Wahlrecht**: Die Person kann sich selbst als Kandidat(in) für Wahlen aufstellen lassen, kann also kandidieren. Wenn die Wähler(innen) einer Person durch Abgabe der Stimmen mehrheitlich den Auftrag geben, sie zu vertreten, erteilen sie dem Kandidaten/der Kandidatin ein **Mandat** (z. B. ein Bundestagsmandat).

Was die **Wählbarkeit** angeht, so ist für gewisse Ämter (z. B. für das Amt des Bundespräsidenten) ein Höchst- bzw. Mindestalter vorgesehen. Ansonsten gibt es bei dem passiven Wahlrecht nur eine Besonderheit auf Landesebene: In Hessen müssen entsprechende Kandidaten/Kandidatinnen das 21. Lebensjahr vollendet haben, während grundsätzlich jede Person mit vollendetem 18. Lebensjahr wählbar ist. Durch richterlichen Beschluss kann einer Person allerdings das aktive und passive **Wahlrecht entzogen** werden. Dies kommt gewöhnlich aber nur bei Verbrechen vor, die gegen die freiheitlich-demokratische Ordnung gerichtet sind.

Ausdrucksmittel

- das aktive Wahlrecht: **erhalten im Alter von ...** Jahren; **besitzen** (= wahlberechtigt sein); bereits 16-Jährigen (Dat.) **erlauben** bzw. **es ihnen** (Dat) **zugestehen; jemandem aberkennen** bzw. **jemandem entziehen** (und damit auch das passive); **wahlberechtigt sein** (= wählen dürfen): **im Alter von ...** (achtzehn) Jahren, **mit der** (Dat.) Volljährigkeit;
das Wahlalter **liegt bei ...** Jahren (Dat.); **teilnehmen an** einer Wahl (Dat.); **im Wählerverzeichnis** bzw. **in das** Wählerverzeichnis **eingetragen** bzw. **aufgenommen sein**; **im** Wählerverzeichnis **geführt werden** (= aufgenommen/eingetragen sein);
eine **Wahlbenachrichtigung erhalten**; **Unterlagen für** die Briefwahl **anfordern**; **sich an** einer (Dat.) Wahl **beteiligen**; ein **Wahllokal** (Akk.) **aufsuchen** und **in ihm abstimmen**;
Stimmen/eine Stimme: **für jemanden** (Akk.) **abgeben**; **an jemanden** (Akk.) **vergeben; jemandem** (Dat.) **geben**; **jemanden vom** aktiven Wahlrecht (und damit auch vom passiven) **ausschließen; von einer Wahl ausgeschlossen sein** (= das Wahlrecht durch Richterspruch verlieren);
- das passive Wahlrecht: **genießen** (= selbst gewählt werden können, selbst wählbar sein), **verlieren; jemandem aberkennen** bzw. **jemandem entziehen**; **sich wählen lassen**; **für eine Wahl** (Akk.) **kandidieren; zur Wahl** (Dat.) **antreten**; durch Stimmenmehrheit **ein Mandat erringen, erhalten, erteilt bekommen**, eine oder keine **Mehrheit** (als Kandidat/in oder Partei) **erringen** oder **erhalten; jemanden** oder eine Partei (Akk.) **zur Wahl** (Dat.) **zulassen**; Wahlergebnisse **bekanntgeben** oder **bekanntmachen**; ein Mindest- bzw. Höchstalter **ist vorgesehen für ...** (mit Akk., z. B. das Amt des Bundespräsidenten);
- die Fünf-Prozent-Hürde: **einführen, aufstellen**; **ist eine** Sperrklausel **für** Wahlen (Akk.) **in Deutschland**; **gilt für** die Wahl zum Deutschen Bundestag (Dat.); **gilt auch für** jedes Bundesland; eine Partei kann diese **Hürde überspringen**, dadurch **fünf Prozent** der Stimmen **erreichen** bzw. die entsprechende Stimmenzahl **auf sich vereinigen**

3.4. Versicherungen

In Deutschland gibt es eine Vielzahl von Versicherungen: Einige der Versicherungen sind als **Pflichtversicherungen** unabdingbar und gesetzlich vorgeschrieben. Andere Versicherungen werden nicht zu Unrecht als notwendig angesehen, obwohl sie freiwillig sind und man sie nicht unbedingt abschließen muss. Weitere Versicherungen wird man je nach Einschätzung oder Art der Beratung eventuell als unnötig bzw. völlig überflüssig ansehen können.

Gesetzlich vorgeschrieben sind sog. Pflichtversicherungen. Nicht nur in Deutschland zählen dazu die **Kfz-Haftpflichtversicherung,** die **Sozialversicherung,** und einige Versicherungen für bestimmte Berufsgruppen (z. B. für Ärzte). Die Sozialversicherung umfasst die Arbeitslosenversicherung (bei der Bundesagentur für Arbeit), die Krankenversicherung, die Rentenversicherung und die Pflegeversicherung. Im Einzelnen gibt es dabei verschiedene gesetzliche Regelungen, die an der Höhe des Einkommens und an dem Umfang der jeweiligen Beschäftigung ausgerichtet sind.

Die private Haftpflichtversicherung und die Hausratsversicherung gelten als notwendige Versicherungen, obwohl sie nicht gesetzlich vorgeschrieben sind. Die **Haftpflichtversicherung** kommt für Schadensansprüche auf, die jemand gegen den Versicherungsnehmer geltend macht. Eine **Hausratsversicherung** deckt Schäden an der Einrichtung und an Gebrauchsgegenständen des Haushalts ab. Auch der Abschluss einer **Rechtsschutzversicherung** kann sehr nützlich sein, da bei einem Rechtsstreit (z. B. mit dem Arbeitgeber) schnell enorme Kosten anfallen können. Gleiches gilt für eine **Auslandskrankenversicherung.** Diese lässt sich selbst für einen kurzen Zeitraum zwecks Aufenthalts im Ausland sehr günstig abschließen.

Bei dem Abschluss sämtlicher Versicherungen ist es unbedingt erforderlich, das „Kleingedruckte" der jeweiligen **Versicherungs-Police** ausführlich zu lesen. Denn nur so kann man feststellen, was der jeweilige Vertrag genau beinhaltet. Allerdings ist eine **Widerspruchsfrist** von zwei Wochen immer gegeben. Ganz wichtig ist es, sich bereits vor Abschluss einer Versicherung ausführlich sachkundig zu machen. Empfohlen werden kann, sich z. B. an eine Verbraucherberatungsstelle zu wenden, die es als Zweigstelle der **Verbraucherzentrale** in jeder größeren Stadt gibt. Dort erhält man eine kompetente und vor allem unabhängige Beratung, da keine Verkaufsinteressen verfolgt werden. Auch zu vielen anderen Problemen kann man sich übrigens bei dieser Stelle beraten lassen.

Ausdrucksmittel

- Eine Versicherung (Akk.): **abschließen; in Anspruch nehmen; wechseln** (= zu einer anderen gehen); **kündigen** bzw. **den/einen Versicherungsvertrag mit einer Widerspruchsfrist** (Dat.) **von …** Wochen **widerrufen;**
- Eine Versicherung (Nom.) kann: **gesetzlich vorgeschrieben** sein, **sich lohnen, wichtig** oder auch **überflüssig** sein; **den Leistungsumfang erweitern** bzw. ihre **Leistungen verbessern; den Beitrag(ssatz) erhöhen;** verschiedene **Tarife anbieten;** einen **Versicherungsschutz bieten** (nur) **für …** (mit Akk.); (nicht) **aufkommen für …** bzw. **etwas** (z. B. Schäden) **ersetzen;**
- Eine Versicherung (Nom.): **leistet Zahlungen; übernimmt** bzw. **erstattet etwas** (z. B. die Kosten für …); **zahlt im** (Dat.) **Leistungsfall** (= wenn Leistungen nötig werden) **komplett, teilweise,** oder **nicht;**
- Mit einer Versicherung (Dat.): **sichert man sich gegen etwas ab** (z. B. gegen Schäden);
  versichert man **etwas …** (z. B. den Hausrat); **mit (den) Leistungen der** Versicherung (Gen.) bzw. **durch die** (Akk.) Versicherung kann man (nicht) **rechnen** (= erwarten, dass die Versicherung zahlt);
- versichert sein kann man: **falsch, zu teuer, zu hoch, schlecht, optimal,** in **Höhe von …** EUR; **gegen** Risiken (Akk.);
- Den Versicherungsschutz: **genießt man** (= erhält man, wenn man versichert ist), kann man auch **verlieren** bzw. **verlieren durch** (mit Akk., z. B. falsche Angaben)

3.5. Rundfunkgebühren

In Deutschland unterliegen Rundfunkteilnehmer einer **gesetzlichen Gebührenpflicht**. Zuständig und damit dazu befugt, Rundfunkgebühren einzuziehen, ist die „Gebühreneinzugszentrale der öffentlich-rechtlichen Rundfunkanstalten" **(GEZ)**.

Der gesetzliche Fälligkeitszeitraum für **Gebührenzahlungen** liegt in der Mitte eines jeweiligen Zahlungszeitraums von drei Monaten. Für das Vierteljahr November bis Januar wird folglich die Gebühr im Dezember abgebucht. Eine monatliche Zahlung ist nicht möglich. Eine **Gebührenbefreiung** muss beantragt werden. Sie wird gewährt, wenn genau vorgeschriebene Befreiungsvoraussetzungen gegeben sind.

Als **Rundfunkteilnehmer** gelten Personen, welche ein Rundfunkgerät „zum Empfang bereithalten". Dies bedeutet: Es ist dabei egal, ob man das Gerät z. B. nicht, nur selten oder oft nutzt. Ausschlaggebend ist nur, dass der **Rundfunkempfang** ohne großen Aufwand möglich ist bzw. wäre. Als Rundfunk-Empfangsgeräte gelten sämtliche Geräte, mit denen man Rundfunkprogramme (Radio- oder Fernsehprogramme) empfangen und/oder aufzeichnen kann. Dies sind neben den herkömmlichen Radios und Fernsehgeräten (einschließlich Radiowecker und Autoradio), die es schon lange gibt, auch alle Arten „neuartiger **Rundfunkgeräte**": Navigationsgeräte mit Empfangsteil, Mobiltelefone mit Rundfunkempfangsteil, PCs mit Radio- und/oder Fernsehkarte, DVD-Rekorder mit Empfangsteil usw. Seit dem 15.12.2010 gibt es eine **Neuerung der Gesetzeslage**: Man muss nicht mehr (wie zuvor) jedes Gerät einzeln anmelden; die Gebühr gilt jetzt je Wohnung.

Ausdrucksmittel

- Die Rundfunkgebühren: **betragen ... EUR**; **setzen sich zusammen aus ...**; **werden eingezogen** (= Gebühreneinzug); **werden von der GEZ erhoben** bzw. **in Rechnung gestellt**; **muss man entrichten** (= zahlen); der Gebühreneinzug **durch die GEZ ist gesetzlich geregelt**/ist **auf eine gesetzliche Grundlage gestellt**;
- Empfangsgeräte (Rundfunkgeräte): **anmelden**; **abmelden**; **betreiben** bzw. **zum Empfang bereithalten**; **unterliegen der** gesetzlichen Gebührenpflicht; Rundfunkprogramme **empfangen** und/oder **aufzeichnen**;
- Eine Gebührenpflicht: **besteht** bzw. **erwächst** (= entsteht) den Nutzern (bei Nutzung entsprechender Geräte); **beginnt mit ...** und **endet mit ... Ablauf des Monats, in dem ...**; **der Fälligkeitszeitraum für die Gebühren liegt in ...** (= Gebühren werden fällig in dem Zeitraum ...);
- Eine Befreiung von der Gebührenpflicht (= Gebührenbefreiung): **kann gewährt werden** bzw. **kann man erhalten**; **erfolgt auf Antrag** (= indem man einen Antrag bei der GEZ stellt)

4. Ämter und Behörden: Dienstleistungen der Einrichtungen

4.1. Zum Umgang mit Ämtern und Behörden

Wenn man sich mit einem Anliegen an die zuständige Behörde bzw. an ein Amt wendet, tritt man in Deutschland nicht als „Bittsteller" auf; und die Behandlung des jeweiligen Anliegens ist auch kein „Gnadenakt" des jeweiligen Amtes oder der Behörde (bzw. der dort beschäftigten Personen). Denn es besteht ein **Rechtsanspruch auf gewisse Leistungen** (z. B. Arbeitslosengeld, Wohngeld). Deshalb ist es in Deutschland auch nicht nötig, dass man besonders devot oder unterwürfig auftritt, wenn man bei einer Behörde vorspricht, um z. B. abzuklären, inwieweit und in welchem Umfang die eine oder andere Leistung gewährt wird, zu der man tatsächlich einen Rechtsanspruch hat. Wenn man den Eindruck gewinnt, nicht sein Recht erhalten zu haben, besteht immer die **Möglichkeit der Beschwerde**. An wen bzw. an welche übergeordnete Dienststelle man sich in einem solchen Falle wenden kann, erfährt man problemlos bei jeweiliger Behörde oder bei jeweiligem Amt.

Die **Aufgabenbereiche** verschiedener Amtsbereiche sind in Deutschland je nach Stadt und Region unterschiedlich zusammengefasst: Dies gilt insbesondere für das **Einwohnermeldeamt**, das **Ordnungsamt**, das **Sozialamt** usw. Man findet diese Ämter in Ortschaften bzw. Städten als Teil einer Behörde, die unter anderem als *Gemeindeverwaltung, Stadtverwaltung,* als *Bürgeramt* bzw. *Bürgerbüro* bezeichnet und als städtisches Gebäude gewöhnlich als **Rathaus** ausgewiesen wird. Behörden erfüllen Aufgaben der Verwaltung des Staates; insbesondere erbringen sie gegenüber den Bürgern staatliche Dienstleistungen. Eigenständige Behörden sind z. B. die Agentur für Arbeit, das Gesundheitsamt und das Finanzamt.

4. Ämter und Behörden: Dienstleistungen der Einrichtungen

Am häufigsten hat man sicherlich mit dem **Einwohnermeldeamt** zu tun, das eine Abteilung (auch: „Fachbereich") örtlicher Behörden ausmacht. Dabei kann z. B. das Einwohnermeldeamt zusammen mit Standesamt, Passamt, Ordnungsamt usw. einem von mehreren **Fachbereichen** zugeordnet sein. Gewöhnlich findet man im Eingangsbereich der als Stadtverwaltung etc. ausgewiesenen Gebäude eine **„Auskunft",** bei der man sich erkundigen kann, an wen man sich mit seinem Anliegen wenden muss und welche Unterlagen erforderlich sind.

In manchen Darstellungen zu Fragen des **Umgangs mit Ämtern und Behörden** wird der Eindruck vermittelt, als müsse man von vornherein mit unangenehmen Begegnungen rechnen, als werde man meist ungerecht und unfreundlich behandelt, gegebenenfalls „abgewimmelt" oder an andere Stellen weiterverwiesen usw. Dem muss allerdings nach allen Erfahrungen widersprochen werden: Es kann durchaus in Einzelfällen vorkommen bzw. von den davon Betroffenen nicht zu Unrecht so empfunden werden, dass man ungerecht behandelt werde bzw. behandelt worden ist. Aber im überwiegenden Teil entsprechender Begegnungen trifft dies gewiss nicht zu: Insgesamt ist davon auszugehen, dass die meisten der an den verschiedenen Ämtern und Behörden angestellten Personen in Deutschland ausgesprochen zuvorkommend sind und ausführlich auf jeweilige Problemlagen beratend eingehen. Sie sind darin geschult und im alltäglichen Umgang darin geübt, mit Menschen ganz unterschiedlicher Herkunft bzw. Vorbildung und damit verbundenen Verhaltensweisen, Vorurteilen und Erwartungshaltungen korrekt umzugehen.

Probleme in diesem Bereich können – abgesehen von sonstigen Verhaltensweisen und dem Auftreten einer Person – dadurch entstehen, dass man sich eventuell nicht klar und **verständlich ausdrücken** kann. Weniger problematisch erscheint dabei die vielleicht mangelnde Beherrschung der deutschen Sprache, wenn sie Fremdsprache ist. Denn in solchen Fällen wird man sich von einer Person begleiten lassen, die die deutsche Sprache gut genug beherrscht. Vielmehr treten eher **Verständigungsprobleme** bei Personen auf, die aufgrund ihrer Herkunft eigentlich der deutschen Sprache mächtig sein sollten bzw. von denen man entsprechende sprachliche Fertigkeiten eigentlich erwarten müsste. Soweit dadurch nicht gravierende Kommunikationsprobleme entstehen, wird sicher jeder/jede Angestellte bzw. Beamte einer Behörde sehr darum bemüht sein, das Anliegen der jeweiligen Person zu ermitteln bzw. zu erschließen. Davon, dass die meisten an Ämtern/Behörden beschäftigten Damen und Herren gewöhnlich mehr tun, als nur „ihre Pflicht", ist aber nach allen Erfahrungen auszugehen. Befürchtungen, dass Personen aus dem Ausland oder solche mit Migrationshintergrund nur aufgrund dieses Umstands in Deutschland benachteiligt werden könnten, sind völlig unbegründet, obwohl es derartige Vorurteile gelegentlich tatsächlich gibt.

4.2. Zur Rolle einiger Ämter

4.2.1. Das Einwohnermeldeamt

Das Einwohnermeldeamt, auch z. B. als **Meldestelle** oder **Meldeamt** bezeichnet, ist sicherlich das am häufigsten aufgesuchte Amt. Es ist im Wesentlichen dafür zuständig, die **Einwohner** eines Ortes zu **registrieren,** deren Identität festzustellen und festzustellen, wo sie wohnhaft sind. Dementsprechend muss sich jede Person, die eine Wohnung bezieht, bei der zuständigen Meldebehörde **anmelden**. Ebenso muss man sich **ummelden,** wenn man in demselben Ort (Gemeinde, Stadt) umzieht und somit eine neue Adresse erhält. Zieht man von einem Ort in einen anderen, reicht die Anmeldung beim Einwohnermeldeamt des neuen Heimatortes aus. Eine **Abmeldung** bei dem zuvor zuständigen Einwohnermeldeamt ist nur erforderlich, wenn man ins Ausland zieht und wenn man von einer Nebenwohnung zurück in die Hauptwohnung zieht. Bei allen Meldeverfahren (Anmeldung, Ummeldung, Abmeldung) ist die Vorlage des **Personalausweises** (oder der Reisepass) erforderlich; teils müssen außerdem auch Formulare ausgefüllt werden.

Im Falle eines **Umzugs** meldet man sein Kraftfahrzeug normalerweise bei der zuständigen Kfz-Zulassungsstelle am neuen Wohnort um. Oftmals kann man die **Kfz-Ummel-**

dung aber auch direkt auf dem Bürgeramt (bzw. bei der Stadtverwaltung) vornehmen und mit der Meldung beim Einwohnermeldeamt verbinden, also den Fahrzeugschein umstellen lassen. Ebenfalls dort lässt sich ein neuer Führerschein in Kartenform (anstelle eines alten) beantragen. Für alle anderen, mit Kraftfahrzeugen zusammenhängenden Fragen, muss man sich an die **Kfz-Zulassungsstelle** wenden.

Ausdrucksmittel

▸ Das Einwohnermeldeamt: **registriert** die Einwohner (in seinem Zuständigkeitsbereich), um deren Identität und Wohnung **feststellen** und **nachweisen** zu können; **stellt** Personalausweise und Pässe **aus**, sowie Bescheinigungen (z. B. aus dem Melderegister); **zu dem/zum** Einwohnermeldeamt **gehen** bzw. **das** Einwohnermeldeamt **aufsuchen, bei dem/beim** Einwohnermeldeamt **den Wechsel eines Wohnorts melden** bzw. **sich bei dem/beim** Einwohnermeldeamt **anmelden** oder auch **sich ummelden**; einen Personalausweise bzw. Pass **bei dem/beim** Einwohnermeldeamt **beantragen**

4.2.2. Das Jugendamt

Ein Jugendamt muss sich nach dem „**Kinder- und Jugendhilfegesetz**" in jedem Landkreis und in jeder kreisfreien Stadt befinden. Dieses Amt ist wie z. B. das Ordnungsamt eine Organisationseinheit innerhalb der **Kommunalverwaltung**. Ein zentraler **Aufgabenbereich** des Jugendamtes ist der, Kinder und Jugendliche vor Gefahren zu schützen, die insbesondere von Eltern ausgehen (sexueller Missbrauch, Misshandlung). Sie dürfen und müssen in solchen und anderen schwerwiegenden Fällen dadurch Gefahr von einem Kind bzw. Jugendlichen abwenden, dass sie es unter bestimmten Voraussetzungen von den Eltern trennen und anderweitig unterbringen. Diesen Sachverhalt nennt man juristisch „eine **Inobhutnahme** durchführen". Eine solche Inobhutnahme ist der stärkste Eingriff in das sog. „**Sorgerecht**" der Eltern und dauert so lange, bis das **Familiengericht** (wie auch immer) über den jeweiligen Fall entschieden hat. Zu den allgemeinen **sozialen Dienstleistungen** des Jugendamts zählt auch: die Beratung bei allen Fragen rund um Trennung und Scheidung, Hilfen zur Erziehung mit Beratung bei Erziehungsproblemen, Vermittlung von Erziehungshilfen etc.

Außerdem bietet das Jugendamt die sog. „Jugendgerichtshilfe" in Form von Beratung, Begleitung und Betreuung straffällig gewordener Jugendlicher und ihres Umfelds an. Ein weiterer Zuständigkeitsbereich des Jugendamts besteht in der **gesetzlichen Vertretung** von Kindern, deren Eltern das elterliche Sorgerecht ganz oder teilweise vom Familiengericht entzogen worden ist; das Jugendgericht übernimmt dann sog. „Amtsvormundschaften". Außerdem vertritt dass Jugendamt Kinder/Jugendliche in **Vaterschaftsangelegenheiten** bzw. bei entsprechenden Anfechtungsverfahren. Dabei übernimmt das Jugendamt die gesetzliche Vertretung (sog. „**Beistandschaft**"), indem es z. B. Vaterschaftsanerkennungen beurkundet oder gar „als Beistand" eine Vaterschaftsklage zur Feststellung der Vaterschaft führt. Darüber hinaus kann das Jugendamt „als Beistand" bestellt werden, wenn **Unterhaltsansprüche** (einer Kindsmutter) einem Unterhaltspflichtigen (dem Vater eines Kindes) gegenüber geltend gemacht werden. Ein ganz wichtiger Tätigkeitsbereich des Jugendamtes ist schließlich auch der **Pflegekinderdienst,** nämlich die Vermittlung von Kurzzeit- oder Langzeit-Pflegeeltern (z. B. in Notsituationen), sowie die **Adoptionsvermittlung.**

Ausdrucksmittel

- Jugendämter: **entwickeln Konzepte zur** Vorbeugung von Gefährdungen der Kinder/Jugendlichen; **schützen** Kinder/Jugendliche **vor** Gefahren; **wenden Gefahren von** Kindern/Jugendlichen **ab; führen** (notfalls) **eine Inobhutnahme durch** (= bringen z. B. Kinder irgendwo anders unter); **beraten bei ...** (mit Dat.: z. B. Kindererziehung, Adoption, Unterhaltsangelegenheiten); **beraten ...** (mit Akk., z. B. Eltern), **bieten Beratung bei ...** (z. B. Trennung und Scheidung); **können als Beistand tätig werden** bzw. **als Beistand bestellt werden** (= damit beauftragt werden, beizustehen), um z. B. Unterhaltsansprüche **geltend zu machen**; **vertreten** Kinder/Jugendliche **bei** (z. B. Vaterschaftsangelegenheiten); **vertreten** (Kinder) **gesetzlich** bzw. **übernehmen** (mit Akk.) sog. „Amtsvormundschaften"; **werben für, erkennen an, vermitteln** Erziehungshilfen, Tagesmütter, Pflegeeltern, Adoptiveltern

4.2.3. Das Ordnungsamt

Das Ordnungsamt nimmt als Teil der Kommunalverwaltung gegenüber den Bürgern zahlreiche Aufgaben wahr. Dabei können die **Aufgabenbereiche** je nach Gemeinde bzw. Stadt und Bundesland organisatorisch unterschiedlich zusammengefasst sein. Im Wesentlichen geht es um die Regelung und Wahrung von **Rechts- und Sicherheitsrichtlinien**: Das Ordnungsamt muss zum Schutz der Allgemeinheit bzw. zum Schutz der einzelnen Bürger immer dann einschreiten, wenn die „**öffentliche Sicherheit**" gefährdet ist, also eine Gefahr besteht oder bereits eingetreten ist.

Außerdem ist das Ordnungsamt zuständig für die Bereiche: Waffenwesen, Jagdwesen (z. B. Jagdscheinverleihung), Fischerei-Angelegenheiten, Lebensmittelüberwachung, Gewerbe- und Gaststättenrecht, Versammlungsrecht, Verfolgung von Verstößen gegen Vorschriften des Umweltrechts etc. Das Ordnungsamt berät aber auch in Fragen von **Führerschein- und Zulassungsangelegenheiten**. Für Verkehrsordnungs-Widrigkeiten (Verstöße gegen die Straßenverkehrsordnung) ist das Ordnungsamt nicht zuständig, sondern die jeweilige Kreisverwaltung. Das Ordnungsamt ist aber für **Parkverstöße** (falsches Parken) zuständig und berät auch bei Fragen, die sich dazu ergeben. Schließlich ist das Ordnungsamt auch Ansprechpartner für **ausländerrechtliche Fragen**: In seinen Zuständigkeitsbereich fallen verschiedene aufenthaltsrechtliche Angelegenheiten, insbesondere die Erteilung und Verlängerung sog. „Aufenthaltsgestattungen" und der Bereich der Asylverfahren.

Ausdrucksmittel

- Ordnungsämter: **müssen einschreiten, wenn** eine Gefahr für die öffentliche Sicherheit **besteht** oder **eingetreten ist** bzw. **bei einer ...**; **sind Teil der** Kommunalverwaltung; **nehmen Aufgaben der** Wahrung von Rechts- und Sicherheitsrichtlinien **wahr; verfügen** (je nach Landesrecht) **über** verschiedene **Befugnisse**; **beraten ...** (z. B. in Fragen von Führerschein-Angelegenheiten); **sind zuständig** (auch z. B. für Parkverstöße); **sind Ansprechpartner für ...** (z. B. auch ausländerrechtliche Fragen); **in den Zuständigkeitsbereich fallen ...** (z. B. aufenthaltsrechtliche Angelegenheiten)

4.2.4. Das Sozialamt

Das Sozialamt ist wie andere Ämter ein wichtiger Bestandteil des deutschen Verwaltungsapparates; teils findet es sich auch z. B. unter der Bezeichnung „Fachbereich Soziales". Es regelt verschiedene soziale Belange in Form von sog. „**Sozialleistungen**", die gewöhnlich als *Sozialgeld*, meist aber als *Sozialhilfe* bezeichnet werden. Zu den eher unscheinbaren Aufgaben des Sozialamts gehören Bafög-Leistungen für Schüler und Schülerinnen und weitere Leistungsbereiche ähnlicher Art.

Vor allem geht es bei den Leistungen des Sozialamts aber um **Hilfe zum Lebensunterhalt**, die dauerhafte Unterstützung von Menschen mit geringem oder keinem Einkommen, die Gewährung von Leistungen zur **Grundsicherung** im Alter und bei Erwerbsminderung. Dabei ist der jeweilige Landkreis zuständiger örtlicher Träger der Sozialhilfe. Gesetzliche Grundlage für die Hilfegewährung durch das Sozialamt sind verschiedene Bestimmungen des **Sozialgesetzbuches**. Wer seinen eigenen Lebensunterhalt und den seiner Familienangehörigen nicht finanzieren kann, erhält dann keine Sozialhilfe, wenn er oder sie Anspruch auf Arbeitslosengeld I bzw. Arbeitslosengeld II (sog. „Hartz IV") hat; Sozialgeld kann dann nur für die nicht erwerbsfähigen Angehörigen beantragt werden.

Das Sozialamt gewährt **Wohnungslosen** Hilfe und betreut sie im Rahmen der sog. (finanziellen) „Grundsicherung". Dies umfasst auch die Wiedereingliederung in ein Arbeitsverhältnis, Hilfen zur Anmietung einer Wohnung bzw. (andernfalls) die Unterbringung in einer Ersatzunterkunft. Bei akuter **Obdachlosigkeit** stellt das Sozialamt Übernachtungseinrichtungen zur Verfügung.

Des Weiteren ist ein wichtiger Aufgabenbereich des Sozialamts aber auch die Hilfe für **Frauen in Notlagen**. Dies gilt insbesondere für Frauen, die Erniedrigungen und Gewalt (insbesondere von Seiten ihrer Ehemänner oder Lebenspartner) ausgesetzt sind und in einem **Frauenhaus** untergebracht werden. Ebenso gewährt das Sozialamt im Sinne der „Grundsicherung" auch Frauen in solchen Fällen Hilfe, in denen der Gewalttäter nach dem **„Gewaltschutzgesetz"** aus der gemeinsamen Wohnung verwiesen worden ist. Darüber hinaus ist das Sozialamt in Form von Hilfestellungen auch tätig für **Opfer von Menschenhandel** (Zwangsprostitution) und für Frauen, die aus der Prostitution aussteigen.

Ausdrucksmittel

▸ Sozialämter: **gewähren** Leistungen nach dem Sozialgesetzbuch; **regeln** soziale Belange (in Form von Sozialleistungen); **sind** je nach Bundesland **unterschiedlich organisiert**; **informieren, beraten, unterstützen** Leistungsberechtigte in Problemlagen; **vermitteln Hilfen** und **gewähren** Eingliederungshilfen (z. B. für Behinderte und zur Überwindung sozialer Notlagen); **stellen** bei Obdachlosigkeit Übernachtungsmöglichkeiten **zur Verfügung**; **verhindern** drohende Wohnungslosigkeit und **machen** dazu **Hilfsangebote**; **sind tätig für** Opfer von Menschenhandel

4.2.5. Das Standesamt

In Deutschland gibt es in jeder kreisfreien Stadt sowie in Untereinheiten der einzelnen Landkreise eigene Standesämter, welche den jeweiligen Stadtverwaltungen, Bürgerbüros etc. organisatorisch zugeordnet sind. Bei dem zentralen Aufgabengebiet, nämlich der **Eheschließung,** erfolgt die Sachbearbeitung (Anmeldung zur Eheschließung) durch einen **Standesbeamten** bzw. eine **Standesbeamtin**. Meist findet die standesamtliche Eheschließung vor der kirchlichen Trauung statt. Die Anwesenheit von **Trauzeugen** ist in Deutschland heute nicht mehr Bedingung für eine standesamtliche Trauung.

In der Regel ist das Standesamt auch für die Begründung **gleichgeschlechtlicher Lebenspartnerschaften** zuständig; allerdings haben die Bundesländer das Recht, auch andere Zuständigkeiten festzulegen. Des Weiteren gehören zu dem Aufgabenbereich des Standesamtes vor allem: die **Sterbefallbeurkundung** (Ausstellung einer Sterbeurkunde bei Todesfällen) und die **Geburtsbeurkundung** (Eintragung im Geburtenregister und Ausstellung einer Geburtsurkunde). Das Standesamt nimmt auch **Namensänderungen** vor, nämlich die Bestimmung eines Doppelnamens, eines gemeinsamen Ehenamens, sowie die Wiederaufnahme eines früheren Namens nach der Auflösung von Ehen.

Ausdrucksmittel

- Standesämter: **beurkunden einen Personenstandsfall** (Eheschließung, Geburt etc.); **stellen** (Geburtsurkunden usw.) **aus**; **sind zuständig für** …; Städte, Gemeinden etc. **verfügen über** Standesämter; **die Sachbearbeitung obliegt dem/der** (= wird durchgeführt von dem/der) Standesbeamten/der Standesbeamtin
- die Eheschließung: **beim** Standesamt **anmelden** bzw. **die Anzeige erstatten** (= anzeigen, anmelden); **die Anmeldung gemeinsam vornehmen;** dazu **Unterlagen vorlegen;** die **Anmeldung muss bei dem** Standesamt **erfolgen; die Ehe vor dem** Standesamt **schließen;** den gemeinsamen **Familiennamen bestimmen; den künftig zu führenden Namen** (= den man später hat) **wählen;** künftig **den Namen … führen; eine** (gleichgeschlechtliche) **Lebenspartnerschaft vor dem** Standesamt **begründen;**
- die Geburt eines Kindes: **in das Geburtenregister eintragen; bei dem/beim** Standesamt **anzeigen; bei dem/beim** Standesamt eine entsprechende **Anzeige erstatten; zu einer** solchen **Anzeige** in einer Frist **verpflichtet sein;**
- einen Sterbefall/Todesfall: persönlich **anzeigen (müssen); in das Sterberegister eintragen;** nach dem Todesfall eine **Sterbeurkunde ausstellen**

4.3. Zur Rolle einiger Behörden

4.3.1. Die Agentur für Arbeit

In größeren Ortschaften (Städten) gibt es die „**Agentur für Arbeit**" (frühere Bezeichnung: „Arbeitsamt") als Zweigstelle der „**Bundesagentur für Arbeit**" (BA). Sie erfüllt als „Körperschaft des Öffentlichen Rechts" eigenverantwortlich „umfassende Dienstleistungsaufgaben des Arbeits- und Ausbildungsmarkts". Die BA ist die Verwaltungsträgerin der deutschen **Arbeitslosenversicherung**. Sie unterliegt der Rechtsaufsicht durch das „**Bundesministerium für Arbeit und Soziales**" (siehe dazu die Homepage der BA). Zu den Aufgabenbereichen zählt aber weit mehr als die Zahlung von **Arbeitslosengeld I (ALG I)**, nämlich unter anderem die Berufsberatung, die Vermittlung in Ausbildungs- und Arbeitsstellen, die Förderung der beruflichen Weiterbildung etc. Als sog. „Familienkasse" ist die Bundesagentur für Arbeit auch für die **Zahlung von Kindergeld** zuständig.

In Deutschland gibt es die Besonderheit, dass nach Auslauf der Zahlung des Arbeitslosengeldes I (ALG I; maximal 2 Jahre), also der Zahlung von Geldern im Falle von unverschuldeter Arbeitslosigkeit, sich gegebenenfalls die Zahlung eines **Arbeitslosengeldes II (ALG II)** anschließt. Dies ist unweigerlich der Fall, wenn man zwar erwerbstätig sein könnte (also **erwerbsfähig** ist und arbeiten könnte), aber trotz aller Bemühungen nicht in ein Arbeitsverhältnis gelangt ist. Diese Stufe der finanziellen Förderung, die im Jahre 2005 in Kraft getreten ist, wird nach dem Initiator des Konzepts, Peter Hartz, auch als „**Hartz IV**" bezeichnet. Zu dem entsprechenden Gesetzesbündel zählen neben Hartz IV auch Hartz I-III. Hartz IV beinhaltet die Zusammenführung von früherer Arbeitslosenhilfe und Sozialhilfe.

Die gesetzlichen Bestimmungen für den Bezug von ALG II (= Hartz IV) sind sehr komplex. Was Beziehern von ALG II zusteht, ist vom Gesetzgeber als sog. „**Regelbedarf**" festgelegt. Dieser deckt pauschal Kosten für Ernährung, Kleidung und andere Bedürfnisse des täglichen Lebens ab. Zusätzlich zum Regelbedarf werden ab 2011 auch Miete und Heizung als Mehrbedarf in Form einer Pauschale gezahlt. Wer **nicht mehr erwerbsfähig** ist (also keine Aussicht auf einen Arbeitsplatz hat), bezieht ab einem bestimmten Alter bereits vorzeitig die Rente und wird damit Frührentner/Frührentnerin (mit finanziellen Abzügen). **Kinder** unter 15 Jahren erhalten **Sozialhilfe (Sozialgeld)**, welche an deren Sorgeberechtigte (normalerweise die Eltern) ausgezahlt wird. Ansonsten erhalten auch nicht erwerbsfähige hilfebedürftige Erwachsene Sozialgeld und kein ALG II, da sie dem deutschen Arbeitsmarkt nicht zur Verfügung stehen. Dies gilt für **Deutsche** und gleichermaßen für **Ausländer**, welche in Deutschland eine Arbeitserlaubnis haben.

Ausdrucksmittel

› Die Agentur für Arbeit: **erfüllt** Dienstleistungsaufgaben; **unterliegt der Rechtsaufsicht durch …**; **ist zuständig für …**; **zahlt** (insbesondere Arbeitslosengeld I und II); **vermittelt** (z. B. Arbeitsstellen); **fördert** (z. B. die berufliche Weiterbildung); **berät** (z. B. bei der Berufswahl); **in ein Arbeitsverhältnis gelangen**; **dem Arbeitsmarkt zur Verfügung stehen**; **erwerbsfähig sein** (= für eine Arbeit infrage kommen); **erwerbstätig sein** (= arbeiten); Arbeitslosengeld I **erhalten**; **eine Grundsicherung des Lebensunterhalts durch** Arbeitslosengeld II **gewährleisten**; **der Regelbedarf bei ALG II deckt ab** (z. B. Kosten für die Miete)

4.3.2. Das Gesundheitsamt

Als eine vor Ort tätige Behörde ist das Gesundheitsamt **Teil des öffentlichen Gesundheitsdienstes**. Unterschieden werden staatliche und kommunale Gesundheitsämter bzw. Gesundheitsbehörden. Wie die Bezeichnungen dieser Behörde sind auch die jeweils wahrgenommenen Aufgaben von Bundesland zu Bundesland etwas unterschiedlich. Zu den **Aufgaben** des Gesundheitsamtes zählt, die **Einhaltung hygienischer Vorschriften** in Betrieben verschiedenen Typs (z. B. Lebensmittelbetrieben) und Gemeinschaftseinrichtungen (z. B. Altenheimen) zu überwachen und bei damit zusammenhängenden Fragen beratend tätig zu sein. Weitere Tätigkeitsfelder des Gesundheitsamtes sind z. B.: die Durchführung von **Schuluntersuchungen**, der **Kinder- und jugendärztliche Dienst** sowie der **sozialpsychiatrische Dienst**. Der **amtsärztliche Dienst** des Gesundheitsamtes umfasst unter anderem: die Erstellung amtsärztlicher Gutachten (einschließlich gerichtsärztlicher Gutachten), die ärztliche Leitung von Beratungsstellen für Schwangerschaftskonflikte und Familienplanung, für Aidskranke und Tuberkulosekranke, sowie das **Impfwesen** und den **Katastrophenschutz**.

Früher hat das Gesundheitsamt auch ein sog. „**Gesundheitszeugnis**" ausgestellt, wie es von vielen Arbeitgebern für Angestellte im Lebensmittelhandel und im Gastronomiebereich verlangt worden war. In dieser Form gibt es das Gesundheitszeugnis (nach dem bis dahin geltenden „Bundesseuchengesetz") seit 2001 nicht mehr, weil es ersatzlos gestrichen wurde. An dessen Stelle ist eine „**Belehrung**" im Sinne des „**Infektionsschutzgesetzes**" getreten. Eine solche Belehrung über mögliche Krankheiten bzw. Krankheitssymptome, welche zuerst das Gesundheitsamt durchführt, muss jährlich wiederholt werden. Dazu kommen neben dem Gesundheitsamt auch dafür zugelassene Ärzte/Ärztinnen infrage.

Ausdrucksmittel

▸ **Gesundheitsämter: nehmen Aufgaben des** öffentlichen Gesundheitsdienstes **wahr; überwachen ...** (z. B. die Einhaltung hygienischer Vorschriften); **beraten ...** (z. B. in Fragen der Kindergesundheit); **führen** Schuluntersuchungen **durch; erstellen** amtsärztliche Gutachten; **erfassen, überwachen** und **beaufsichtigen** Berufe des Gesundheitswesens, z. B. nichtärztliche Heilberufe und **erteilen die Erlaubnis zur** Berufsausübung (z. B. von Heilpraktikern); das frühere „Gesundheitszeugnis" **ist durch eine Belehrung ersetzt worden;** die erste Belehrung **führt das** Gesundheitsamt **durch,** dann auch Hausärzte; **sich über** berufsgefährdende Krankheiten **aufklären** bzw. **sich belehren lassen**

4.3.3. Das Finanzamt

Das Finanzamt ist als Landesbehörde eine **örtliche Behörde** der Finanzverwaltung der Bundesländer. In Deutschland sind die Aufgaben des Finanzamtes im „Gesetz über die Finanzverwaltung" bzw. „**Finanzverwaltungsgesetz**" (FVG) festgelegt. Das Finanzamt erhebt im Auftrag des Bundes die sog. „Besitz- und Verkehrssteuern". **Besitzsteuern** beziehen sich auf den „Ertrag" bzw. das Einkommen (Einkommenssteuer) oder das Vermögen (Erbschaftssteuer). Neben der Einkommenssteuer (einschließlich Lohnsteuer und Kapitalertragssteuer) zählen zu den Besitzsteuern der sog. „Solidaritätszuschlag", die Körperschaftssteuer, und teilweise die Gewerbesteuer sowie die Kirchensteuer. Zu den **Verkehrssteuern** zählt neben der Umsatzsteuer (genannt auch „Mehrwertsteuer"): die Grunderwerbssteuer, die Rennwett- und Lotteriesteuer, die Versicherungssteuer etc.

Ausdrucksmittel

▸ Finanzämter: **verwalten** Steuern; **erheben** (= einfordern, als Zahlung verlangen) Steuern; **veranlagen** (= legen die Summe fest, die zu versteuern ist) Bürger/Bürgerinnen und Unternehmen; **informieren** (über steuerrechtliche Regelungen); **prüfen, ob** jemand **steuerpflichtig ist** (= Steuern zahlen muss) bzw. **eine Steuerpflicht vorliegt; versenden** (Einkommenssteuer-Bescheide); **erteilen** Steuerbescheide (= machen eine Mitteilung über die Höhe der zu zahlenden Steuern); **einen Steuerbescheid über eine steuerliche Veranlagung erhalten**; Arbeitgeber **behalten** die Lohnsteuern (sowie andere Steuern) **ein** und **führen sie ab** (= leiten sie weiter, liefern sie ab) an das Finanzamt

4.3.4. Die Ausländerbehörde

Die Ausländerbehörde (ALB, auch ABH) hat die Aufgabe, das **Ausländerrecht** zu vollziehen. In den einzelnen Bundesländern gibt es je nach Gegebenheiten der einzelnen Bundesländer diese Behörde in Landkreisen bzw. auch in größeren Städten. Dafür kommt auch die Bezeichnung **Ausländeramt** (ALA) vor. Zu den Aufgaben zählt die Erteilung (ggf. mit Befristung) oder Versagung (Ablehnung) von **Aufenthaltserlaubnissen** (Aufenthaltsgestattungen) für Asylbewerber(innen) und für andere Ausländer, bei sog. „humanitären Aufenthalten" oder z. B. auch im Falle des Aufenthaltes zu Forschungszwecken. Des Weiteren stellt die Ausländerbehörde Reiseausweise für Ausländer aus und entscheidet über den **Familiennachzug**. Sie erteilt auch **Zulassungen zum deutschen Arbeitsmarkt** (nach Rücksprache mit der „Bundesagentur für Arbeit"). Eine solche Zulassung zum deutschen Arbeitsmarkt benötigen Staatsangehörige der **EU-Mitgliedsstaaten** nicht; Übergangsregelungen gibt es allerdings für Staatsangehörige der neuen EU-Staaten Rumänien und Bulgarien. Einen so bezeichneten „**Aufenthaltstitel**" für die Arbeitsaufnahme brauchen folglich nur sog. „Drittstaatsangehörige". Die ALB ist an dem **Ausländerrecht** ausgerichtet, das Bundesrecht ist; Einzelregelungen können aber durch die jeweiligen

4. Ämter und Behörden: Dienstleistungen der Einrichtungen

Innenministerien der Bundesländer erfolgen (z. B. sog. „Bleiberechtsregelungen").

Neben diesen Aufgabenbereichen bietet die ALB auch **Integrationskurse** an, wenn eine Niederlassungserlaubnis (Aufenthaltserlaubnis) nach dem Aufenthaltsgesetz erteilt worden ist. Nach diesem Gesetz sind Ausländer zur Teilnahme an einem Integrationskurs verpflichtet; vgl. dazu die Ausführungen unter 4.4.4. Ausreichende **Sprachkenntnisse** sowie Grundkenntnisse der Gesellschaftsordnung und der **Lebensverhältnisse Deutschlands** sind die Voraussetzung dafür, eine Niederlassungserlaubnis erteilen zu können. Durch die erfolgreiche Teilnahme an solchen Kursen verkürzt sich die Mindestfrist für eine **Einbürgerung** von acht auf sieben Jahre. Für Einzelheiten gibt es verschiedene Merkblätter des „Bundesamtes für Migration und Flüchtlinge" (BAMF).

Hinweise gibt es dort auch für den Nachweis **einfacher Deutschkenntnisse** beim sog. „**Ehegattennachzug**" aus dem Ausland. Hierunter werden Kenntnisse auf der Kompetenzstufe A1 des „Gemeinsamen europäischen Referenzrahmens" für Sprachen verstanden. Verlangt wird bei Beantragung eines Visums für den Ehegattennachzug: Entsprechende einfache Sprachkenntnisse müssen grundsätzlich dadurch nachgewiesen werden, dass ein Zertifikat insbesondere des **Goethe-Instituts** über die Sprachprüfung A1 „Start Deutsch 1" den Unterlagen beigefügt wird. Einzelheiten regelt die „Integrationskursverordnung". Des Weiteren ist relativ neu die Einführung des sog. „**elektronischen Aufenthaltstitels**": Das Dokument in Scheckkartengröße wird ab 01.09.2011 bundesweit als eigenständiges Dokument ausgestellt (mit Angaben zur Aufenthaltserlaubnis usw.). Die Einführung dieses Dokuments ist von den Mitgliedsstaaten der Europäischen Union für sog. „Drittstaatsangehörige" (Nicht-Unions-Bürger) beschlossen worden.

> **Ausdrucksmittel**
>
> ▸ Mitarbeiter(innen) der ALB bzw. des ALA: **vollziehen** das Ausländerrecht; **bearbeiten** ... (z. B. Anträge und Anfragen); **leiten ein** bzw. **führen durch** ... (z. B. Maßnahmen); **erteilen** oder **versagen** z. B. Aufenthaltserlaubnisse oder Zulassungen zum Arbeitsmarkt bzw. **sind zuständig** dafür; **regeln** alle Aufenthalts-Angelegenheiten; **prüfen** z. B. die Verpflichtung zur Teilnahme an Integrationskursen und **bieten** Integrationskurse **an**; **verfügen** bzw. **(über)prüfen** z. B. Ausweisungen; **stellen aus** ... (z. B. Reiseausweise), **entscheiden über** ... (z. B. den Familienzuzug)

4.4. Anträge, Beglaubigungen, Anerkennungen, Zeugnisse

4.4.1. Beantragung von Wohngeld

Für Bürger mit geringem Einkommen ist eine Wohnung aufgrund hoher **Mietkosten** oft kaum bezahlbar. Deshalb ist vor mehr als vierzig Jahren das Wohngeld gesetzlich beschlossen worden (**Wohngeldgesetz**; letzte Änderung 2009). Damit unterstützt der Staat Deutsche sowie Ausländer mit aktueller Aufenthaltserlaubnis **in Form von Zuschüssen** zur Miete und zu sonstigen Kosten für eine Wohnung. Wer Wohngeld beantragt, muss also über genügend Einkommen verfügen, um seinen Lebensunterhalt finanzieren zu können. Auf das Wohngeld besteht ein Rechtsanspruch; es handelt sich nicht um ein Almosen des Staates. Man kann also den **Rechtsanspruch auf Wohngeld** durchsetzen. Allerdings muss man dafür die gesetzlich vorgeschriebenen Voraussetzungen erfüllen. Zahlungen zur Sicherung des Lebensunterhalts z. B. nach Hartz IV schließen bereits die Kosten für die Miete ein; dann kann man nicht auch noch Wohngeld beziehen.

Das Wohngeld wird nur **auf Antrag gewährt**. Diesen Antrag muss man bei der zuständigen Gemeinde-, Stadt- oder Kreisverwaltung stellen. In jeder Gemeinde oder Stadt gibt es eine Wohngeldstelle; manchmal ist das Sozialamt für das Wohngeld zuständig. Die Mitarbeiter(innen) der **Wohngeldstellen** sind dazu verpflichtet, die Antragsteller über alle Rechte und Pflichten nach dem Wohngeldgesetz aufzuklären und beim Ausfüllen der Antragsunterlagen behilflich zu sein.

Ausdrucksmittel

- Wohngeld: **bewilligen; leisten** (= zahlen) bzw. **auf Antrag gewähren; erhalten;** einen **Wohngeldantrag stellen;** den Wohngeldantrag **entgegennehmen; wohngeldberechtigt sein; jemanden bei** der (Dat.) Antragstellung **unterstützen** bzw. **bei der** Antragstellung **behilflich sein;** jemand kann **das Geld für die** Miete **nicht aufbringen** (= zahlen); **einen Mietzuschuss erhalten; Kosten** (für Unterkunft und Heizung) **übernehmen**

4.4.2. Beglaubigung von Dokumenten

Unterschieden werden öffentliche und amtliche Beglaubigungen. **Öffentliche Beglaubigungen** von Unterschriften (z. B. für Anmeldungen im Vereinsregister) kommen seltener vor. Sie werden von **Notaren** vorgenommen und können hier übergangen werden. Mit einer **amtlichen Beglaubigung** wird die Echtheit einer Urkunde (z. B. eines Zeugnisses) bestätigt. Handelt es sich um eine Kopie, muss auch das Original vorgelegt werden. Es dürfen nur solche Abschriften von Urkunden beglaubigt werden, welche von einer deutschen Behörde ausgestellt worden sind und die zur Vorlage bei einer bestimmten Behörde benötigt werden.

Will man einen **ausländischen Bildungsnachweis** anerkannt bekommen, muss man Zeugnisse oder sonstige Urkunden bzw. Dokumente zuvor von einer anerkannten Stelle übersetzen lassen. **Übersetzer(innen)** berechnen die Kosten nach der Zahl der Zeilen, oder sie haben feste Preise. Deshalb ist es wichtig, sich zuvor über eine günstige Lösung zu informieren. Die übersetzte Urkunde kann dann Basis für die Beglaubigung einer Kopie sein.

Eine Beglaubigung darf nur **von einer autorisierten Stelle** in korrekter Form vorgenommen werden. Dafür kommt jede öffentliche Stelle infrage, die ein Dienstsiegel führen darf: Notare, aber teils auch Pfarrämter. Allerdings gibt es hier wie sonst Unterschiede in den Bundesländern. Einzig die jeweilige Gemeinde- oder Stadtverwaltung (das

Bürgeramt) ist dazu verpflichtet, Beglaubigungen durchzuführen. Meist muss man dafür einen Geldbetrag pro Seite zahlen; allerdings sind Bürgerämter viel preisgünstiger als z. B. Notare. Nicht amtlich anerkannt werden Beglaubigungen durch Rechtsanwälte, Vereine usw. Zu einer ordnungsgemäßen Beglaubigung gehört: ein Vermerk, dass die Kopie/Abschrift mit dem Original übereinstimmt (**Beglaubigungsvermerk**), sodann der Abdruck des **Dienstsiegels** und die Unterschrift der Person, welche die Beglaubigung durchgeführt hat.

Ausdrucksmittel

- eine amtliche Beglaubigung: (durch öffentliche Stellen) **vornehmen** bzw. **durchführen**; muss **den Anforderungen genügen**; formgerecht ausführen; ist **ordnungsgemäß**, wenn …; **zur Vorlage** bei einer Behörde **benötigen**; **mit** einem Dienstsiegel **versehen**; **ein Dienstsiegel führen**; eine **Urkunde ausstellen**; eine Kopie muss **mit dem Original übereinstimmen**; Bescheinigungen (von einer anerkannten Stelle) **übersetzen lassen**

4.4.3. Anerkennung von im Ausland erworbenen Qualifikationen

Je nach Art der Qualifikation sind für die Anerkennung unterschiedliche Behörden zuständig. Und für diese wiederum sind die Bezeichnungen nicht einheitlich: *Bezirksregierungen, Regierungspräsidien, Ministerien* etc. Ausführliche Übersichten zu den **Zuständigkeiten** auch für einzelne Berufe bietet z. B. die Datenbank „Anabin" (www.anabin.de), das „Informationssystem zur Anerkennung ausländischer Bildungsabschlüsse". Informationen über die Vergleichbarkeit von Zeugnissen erhält man auch auf der Homepage des DAAD („Zulassungsdatenbank").

Für die **Anerkennung** kommen vor allem infrage: Schulzeugnisse und Bildungsnachweise bis zum mittleren Schulabschluss, Berechtigungen für den Hochschulzugang, Studienabschlüsse für ein Lehramt, Berufsabschlüsse, Berechtigungen zur Führung akademischer Titel (bzw. Grade) und Berufsbezeichnungen (z. B. Ingenieur/Ingenieurin), Berechtigungen zur Ausübung akademischer Berufe u. a. m. Dabei gibt es komplexe Regelungen z. B. für die Anerkennung sog. „reglementierter Berufe" (z. B. im Rechtsbereich). Außerdem sind die Regelungen für Angehörige der Europäischen Union (EU) andere als für Angehörige außerhalb der EU.

Die Anerkennung **ausländischer Schulabschlüsse** führen im Allgemeinen die Bezirksregierungen, Behörden in den Kultusministerien oder Oberschulämter in den jeweiligen Bundesländern durch. Über die **Zulassung zum Studium** und Einzelheiten dazu entscheidet aber die jeweilige Hochschule in eigener Zuständigkeit. Wer an einer deutschen Hochschule studieren möchte, muss ausreichende **Deutschkenntnisse** besitzen. Diese können mit **Prüfungen und Tests** im Heimatland oder in Deutschland nachgewiesen werden. Zu Sprachkursen und Sprachprüfungen findet man Hinweise z. B. auch auf den Internetseiten des **Goethe-Instituts (www.goethe.de)**.

Für **Ausbildungsberufe** kann man sich unter anderem bei der „Agentur für Arbeit", aber auch bei Berufsinformationszentren danach erkundigen, welche Schulabschlüsse jeweils gefordert werden. Für Fragen der **Anerkennung einer Berufsausbildung** ist es möglich, sich zunächst an die örtlichen Industrie- und Handelskammern bzw. Handwerkskammern zu wenden. Will man fehlende Schulabschlüsse nachholen, gibt es verschiedene Möglichkeiten. So können beispielsweise an **Volkshochschulen** schulische Qualifikationen nachgeholt werden: vom Hauptschulabschluss bis zur gymnasialen Oberstufe. Voraussetzung auch dafür sind gute Deutschkenntnisse.

Wenn die Anerkennung einer im Ausland erworbenen Berufsqualifikation nicht möglich ist, gibt es auch noch den Weg, an einer sog. „Externenprüfung" teilzunehmen. Abgelegt wird dann nur die Prüfung zu einem bestimmten Abschluss, um so einen vollwertigen deutschen Bildungsabschluss zu erlangen. Neben Prüfungsvorbereitungen sind nur gute Deutschkenntnisse notwendig.

Die **anerkennenden Behörden** benötigen mindestens folgende Dokumente: einen formlosen Antrag mit Begründung für die Anerkennung, einen Lebenslauf, amtlich beglaubigte Kopien oder Originale von Zeugnissen bzw. die Übersetzungen dieser Urkunden, eine Kopie des Passes mit dem Aufenthaltstitel (z. B. Aufenthalt zwecks Studiums) oder eine Kopie des Personalausweises.

Ausdrucksmittel

- die/eine Anerkennung: **durchführen, erleichtern** bzw. **vereinheitlichen** (durch künftige Gesetze); die **Zuständigkeiten** (bei Anerkennungsfragen) **sind verteilt;**
- für die/eine Anerkennung: **kann man sich wenden an** (z. B. die Handwerkskammer); **zuständig sein;** (als Abschlüsse) **infrage kommen;** etwas (Dokumente zu Abschlüssen) **benötigen; etwas verlangen** (z. B. eine Feststellungsprüfung); **Voraussetzung sein** (z. B. für eine Einstellung); **über eine Anerkennung entscheiden;**
- einen ausländischen Bildungsnachweis/ eine Qualifikation: **anerkannt bekommen, anerkennen lassen;** Schulabschlüsse **fordern** und eventuell **nachholen; Prüfungen ablegen;** an einer Externenprüfung **teilnehmen;** einen Bildungsabschluss **erlangen/erwerben; zum Führen** ausländischer akademischer Grade **berechtigt sein** bzw. dafür **die Berechtigung erteilen**

4.4.4. Einbürgerung

Einbürgerung ist der Erwerb einer bisher fremden Staatsangehörigkeit, wozu eine **Staatsangehörigkeitsurkunde** ausgehändigt wird. Die Einbürgerung ist ein sehr komplexer Vorgang, der verschiedene Ausnahmen und Sonderregelungen vorsieht. Der Anspruch auf Einbürgerung ist in dem „Staatsangehörigkeitsgesetz" (StAG) geregelt. Dazu sind verschiedene **Voraussetzungen** zu erfüllen: Man muss sich normalerweise mindestens acht Jahre regelmäßig und ununterbrochen im Inland aufhalten. Unter gewissen Bedingungen kann der rechtmäßige Inlandaufenthalt verkürzt werden: auf sieben Jahre, wenn man an einem Integrationskurs teilgenommen hat, oder gar auf sechs Jahre bei erfolgreicher Integration. Für die Einbürgerung von Familienmitgliedern gelten spezielle gesetzliche Regelungen.

Ganz wesentlich ist, dass man sich **zur freiheitlich demokratischen Grundordnung bekennen** muss. Dies beinhaltet, dass man das Grundgesetz als einzige Grundlage für die Gesetzgebung und für das gesellschaftliche Zusammenleben in Deutschland anerkennt (die sog. **„Loyalitätserklärung"**). Diese Erklärung wird von der Verfassungsschutz-Behörde überprüft. Außerdem muss der bisherige Aufenthalt in Deutschland rechtmäßig gewesen sein, und man muss in **Besitz eines Aufenthaltsrechts** sein, also über eine Niederlassungs-, Freizügigkeits- oder Aufenthaltserlaubnis verfügen. Alle weiteren Voraussetzungen gelten „grundsätzlich", also mit genau geregelten Ausnahmen: Es muss **Straffreiheit gegeben** sein; man darf insbesondere nicht wegen einer schweren Straftat verurteilt worden sein. Man muss in der Lage sein, seinen Lebensunterhalt für sich und die unterhaltsberechtigten Familienangehörigen bestreiten zu können (**Unterhaltsfähigkeit**). Dies beinhaltet, dass die Bewerber(innen) zur Zeit der Antragstellung keine Sozialleistungen erhalten, wie z. B. Arbeitslosengeld II („Hartz IV") oder Sozialhilfe. Auch muss man, wenn man nicht aus der Europäischen Union kommt, **aus der bisherigen Staatsangehörigkeit ausscheiden.**

Ganz wesentlich ist der Nachweis „ausreichender" **Deutschkenntnisse** in Wort und Schrift, sowie der Nachweis von Kenntnissen der deutschen Gesellschaftsordnung: Die künftigen Neubürger müssen über die rechtlichen, politischen und sonstigen gesellschaftlichen Verhältnisse in Deutschland Bescheid wissen. Die **staatsbürgerlichen Kenntnisse** weist man entweder durch den Abschluss einer allgemeinbildenden deutschen Schule nach (Hauptschule, Gymnasium etc.), oder man legt den Nachweis eines erfolgreich abgeschlossenen **Einbürgerungstests** vor. Entsprechende Kenntnisse werden gewöhnlich durch die Volkshochschule geprüft.

Durch die Einbürgerung erwirbt man alle **Rechte und Pflichten** eines deutschen Staatsbürgers/einer deutschen Staatsbürgerin. Zunächst sollte man sich sachkundig machen, ob eine Einbürgerung möglich ist. Dazu wendet man sich an die **örtliche Stadt- und Gemeindeverwaltung** (meist das Bürgerservice-Büro oder das Ordnungsamt). Die dortigen Sachbearbeiter(innen) beraten auch bei der Bearbeitung der erforderlichen **Unterlagen**: Lebenslauf mit Lichtbild, Ablichtung von Ausweispapieren, Nachweis über Schul- und Berufsausbildung, Einkommensverhältnisse etc.

Das **Einbürgerungsverfahren** dauert eine gewisse Zeit: Denn wenn der Einbürgerungsantrag mit allen Unterlagen abgegeben ist, werden weitere Behörden eingeschaltet. Ist am Ende des Verfahrens die **Einbürgerungsurkunde** fertiggestellt, wird sie an die zuständige Bezirksbehörde geschickt. Von dieser wird man dann zur **Aushändigung** eingeladen, die im Rahmen einer feierlichen Veranstaltung erfolgt: Vor der Aushändigung leistet man ein mündliches **Bekenntnis auf das Grundgesetz** in Form eines Eides. Anschließend kann man sofort den neuen Pass beantragen.

Ausdrucksmittel

- die deutsche Staatsangehörigkeit: **beantragen; erwerben** bzw. **erlangen; sich einbürgern lassen;** einen **Einbürgerungsantrag abgeben;** die Staatsangehörigkeitsurkunde **aushändigen;** durch die Einbürgerung **Rechte und Pflichten erwerben; aus der bisherigen** Staatsangehörigkeit **ausscheiden;**
- Voraussetzungen: **erfüllen; sich zur freiheitlich demokratischen Grundordnung bekennen** bzw. **ein Bekenntnis zur ... abgeben;** ein Bekenntnis auf das Grundgesetz **leisten** (= sich zu ihm bekennen); **das Grundgesetz** als einzige Grundlage für (mit Akk.) ... **anerkennen; über ein/eine** (z. B. Niederlassungserlaubnis) **verfügen** (= sie haben); Straffreiheit **muss gegeben sein;** den/seinen Unterhalt selbst bestreiten können; **Deutschkenntnisse** und **Wissen über das Leben in Deutschland nachweisen**

4.4.4.1. Allgemeines zum Einbürgerungstest

Wenn man die deutsche Staatsangehörigkeit beantragt, muss man seit dem 1. September 2008 den neuen bundeseinheitlichen **Einbürgerungstest** nachweisen. Mit ihm wird das **Wissen über das Leben in Deutschland** nachgewiesen. Teils bezieht man sich mit dem Ausdruck *Einbürgerungstest* nicht korrekt gleichzeitig auch auf den Sprachtest, der ihm vorausgeht. Durchgeführt werden Einbürgerungstests und Sprachtests normalerweise an den **Volkshochschulen (VHS)**.

Der Einbürgerungstest besteht aus einem **Fragebogen** mit 33 Fragen. Bei jeder Frage müssen aus vier möglichen Antworten die richtigen Antworten ausgewählt werden. Dazu hat man eine Stunde Zeit. Wenn man mindestens 17 Fragen richtig beantwortet hat, kann man sich bei den Prüfstellen zum Test anmelden. Zur Vorbereitung kann man das Online-Testcenter des **„Bundesamtes für Migration und Flüchtlinge"** (BAMF) nutzen und dort über das „Kompetenzzentrum für Integration" auch Einzelheiten zu allen damit zusammenhängenden Fragen erfahren. Die Testfragen entsprechen denen vom „**Bundesministerium des Innern**" zugelassenen Aufgabenkatalogen. Auch auf den Seiten des Ministeriums findet man Übersichten zu allen Fragen, darunter den Gesamtfragenkatalog und die länderspezifischen Fragenkataloge. Von diesen Stellen wird ausdrücklich vor privaten Internetseiten zur Vorbereitung gewarnt, da diese oft versteckte Kostenfallen enthalten. Sollte man sich dort angemeldet und von entsprechenden Angeboten Gebrauch gemacht haben, erhält man vielleicht Zahlungsaufforderungen. Dann ist unbedingt zu empfehlen, sich an eine Verbraucherberatungsstelle zu wenden.

Zum Verständnis des Einbürgerungstests bilden **sprachliche Kenntnisse** auf einer bestimmten Stufe die Voraussetzung. Deshalb müssen Antragsteller(innen) für die deutsche Staatsangehörigkeit zuvor gegebenenfalls einen **Sprachtest** absolvieren. Damit soll sichergestellt werden, dass einbürgerungswillige Ausländer über ausreichende Sprachkenntnisse verfügen. Eine entsprechende Änderung des Staatsangehörigkeitsgesetzes im Hinblick auf die Anforderungen an die Sprachkenntnisse ist am 28. August 2007 in Kraft getreten. Der Änderung entsprechend werden Sprachkenntnisse nach dem **Zertifikat Deutsch** in mündlicher und schriftlicher Form gefordert.

Ausdrucksmittel

▸ Den Einbürgerungstest: **nachweisen** (müssen); **ablegen; durchführen** (an VHS); der Test **wurde** 2008 **eingeführt**; der Test **besteht aus** ...; sich auf den Test (online) **vorbereiten** (können); sich **zum Test anmelden;** Deutschkenntnisse und staatsbürgerliche Kenntnisse **nachweisen; über die** politischen und gesellschaftlichen **Verhältnisse in Deutschland Bescheid wissen**

4.4.4.2. Integrationskurse

Wer in Deutschland leben möchte, sollte die deutsche Sprache hinreichend beherrschen. Dies ist die Voraussetzung für alle Kontakte des öffentlichen und privaten Lebens. Ebenso wichtig ist es aber auch, die nötigsten **Kenntnisse über das Land** zu besitzen, in dem man sich auf Dauer niederlassen will. Die Grundlagen dafür werden in sog. „Integrationskursen" vermittelt.

Bei den örtlichen Einbürgerungsbehörden erfährt man vor der Antragstellung zur **Einbürgerung** bereits, ob man z.B. überhaupt einen Einbürgerungstest machen muss. Ist dies der Fall, erhält man dort Informationen über die örtlichen Prüfstellen. Wenn für die Einbürgerung noch ausreichende **Deutschkenntnisse** nachgewiesen werden müssen, kann man durch Besuch eines **Integrationskurses** das **Zertifikat Deutsch** erwerben. Für die sprachliche Vorbereitung und auch für die Vorbereitung auf den Einbürgerungstest sind die **Volkshochschulen (VHS)**, aber auch private Träger zuständig. Sie sind vom „Bundesamt für Migration und Flüchtlinge" anerkannte Sprachkursträger für sog. „Integrationskurse". Des Weiteren kann man bei den VHS auch den **Einbürgerungstest ablegen**.

Integrationskurse bestehen aus einem **Sprachkurs** und aus einem **Orientierungskurs**. Insgesamt dauert der Integrationskurs 645 Stunden. Der Sprachkurs führt über Grund- und Aufbaukurs zu dem **„Niveau B1"**. Dieses Niveau stellt den gemeinsamen „europäischen Referenzrahmen" für Sprachen dar. Vor Kursbeginn wird ein **Einstufungstest** durchgeführt. Wer keine Deutschkenntnisse mitbringt, beginnt mit dem Basiskurs. Im Sprachkurs werden wichtige Themen des alltäglichen Lebens behandelt:

Wohnen, Arbeit und Beruf etc.; man lernt aber unter anderem auch auf Deutsch Briefe zu schreiben, Formulare auszufüllen und Bewerbungsschreiben zu verfassen. Der **Orientierungskurs** schließt sich mit 45 Stunden an den Basis- und Aufbau-Sprachkurs an. Dort geht es sach- und sprachbezogen insbesondere um staatsbürgerliche Aspekte in Deutschland. Die **Abschlussprüfung** besteht aus einem Deutsch-Test und aus einem Test zum Orientierungskurs. Wer die Sprachprüfung des Abschlusstests für das Niveau B1 nicht erreicht hat, kann den Kurs wiederholen.

An Integrationskursen können Neuzuwanderer, schon länger in Deutschland lebende Ausländer, EU-Bürger und Spätaussiedler gleichermaßen teilnehmen. Für die **Teilnahme** gibt es von dem **„Bundesamt für Migration und Flüchtlinge" (BAMF)** Fördermöglichkeiten. Mit einem **Berechtigungsschein**, den man dort erhält, muss man nur geringe Gebühren zahlen. Ansonsten ist die VHS bei der Anmeldung gegebenenfalls dabei behilflich, einen Antrag auf Kostenbefreiung bzw. auf einen Fahrkostenzuschuss zu stellen. Teilnehmen können aber auch Personen, die nicht vom BAMF gefördert werden (z. B. Au-Pairs und Asylbewerber). Weitere Informationen erhält man auf der Internetseite des BAMF.

Ausdrucksmittel

> Den Integrationskurs: für die Einbürgerung **besuchen**; **mit einem Deutschtest** für das Niveau B1 des „Europäischen Referenzrahmens" **abschließen**; (eventuell) **wiederholen** (müssen); **anbieten** und **durchführen** (an den VHS); der Integrationskurs **umfasst** ... Stunden; **an dem** Integrationskurs **teilnehmen**; **eine Prüfung zum** Zertifikat Deutsch B1 **ablegen**; den Abschlusstest **erreichen**; am Abschlusstest **teilnehmen**; einen **Kurs belegen**; Kursabschnitte **wiederholen** oder auch **überspringen** (können); in laufende Kurse **einsteigen**; das geforderte **Sprachniveau erreichen**; grundlegende **gesellschaftliche Werte Deutschlands** im Integrationskurs **vermitteln**

4.4.5. Weiteres: Das Führungszeugnis

Es kann vorkommen, dass man sich um eine Arbeitsstelle bewirbt und der Arbeitgeber ein Führungszeugnis verlangt. Dann muss man dies bei dem zuständigen **Einwohnermeldeamt** bzw. Bürgerbüro beantragen. Dazu erscheint man persönlich und legt seinen Personalausweis oder einen anderen amtlichen Lichtbildausweis vor. Die Meldebehörde nimmt die Personalien auf und leitet den Antrag an das sog. **„Bundeszentralregister"** (Bonn) weiter.

Das Führungszeugnis beinhaltet neben Personaldaten Eintragungen dazu, ob man vorbestraft ist. Es ist dies eine Urkunde mit Bundesadler auf grünem Spezialpapier. Früher nannte sich das Führungszeugnis „polizeiliches Führungszeugnis", weil es bei der Polizei beantragt und ausgestellt wurde. Das „einfache (private) Führungszeugnis" (**„Privatführungszeugnis"**) kommt für einen privaten Arbeitgeber bei der Bewerbung oder dann bei der Arbeitsaufnahme infrage; rechtlich gesehen kann ein „normaler" Arbeitgeber es allerdings nicht verlangen. Davon unterschieden wird das „behördliche Führungszeugnis" (oder: **„Behördenführungszeugnis"**). Man benötigt es, wenn man sich bei einem öffentlichen Arbeitgeber, nämlich einer Behörde, bewirbt. Es wird auch verlangt bei Tätigkeiten im Sicherheitsdienst, bei Beantragung von Adoptionen, oder wenn man eine Gaststätte eröffnen will (für die sog. „Gaststättenerlaubnis"). Auch im Falle der Zulassung für verschiedene Fahrzeugklassen und für die Fahrerlaubnis zur Fahrgastbeförderung wird ein behördliches Führungszeugnis verlangt, in diesem Falle zur Vorlage bei der Zulassungsstelle für Kraftfahrzeuge.

Das behördliche Führungszeugnis wird unmittelbar der Einstellungsbehörde zugesandt, das andere (das private) an die angegebene Privatadresse. Das Führungszeugnis ist kostenpflichtig (2011 waren es 13 EUR). In jedem Falle besteht das Recht, die Daten einsehen zu können. Seit dem 01. Mai 2010 kann auf Antrag einer Person ein sog. „**erweitertes Führungszeugnis**" erteilt werden. Dazu ist aber eine Bescheinung derjenigen Stelle vorzulegen, die es vom Antragsteller verlangt. Damit wird vom Gesetzgeber eine Verbesserung des Kinder- und Jugendschutzes beabsichtigt. In ihm werden im Unterschied zum „normalen" Führungszeugnis Delikte vollständiger aufgeführt. Es wird unter anderem ausgestellt, wenn es um berufliche oder ehrenamtliche Tätigkeiten geht, bei denen Kontaktmöglichkeiten zu Minderjährigen gegeben sind.

Ausdrucksmittel

- Das/Ein Führungszeugnis: **benötigen; beantragen; erhalten** bzw. **bekommen; ausstellen** bzw. **erstellen; erteilen; übersenden** bzw. **zustellen; ist** (eventuell) **erforderlich; enthält** bzw. **verzeichnet** ... (mit Akk.: Eintragungen zu Vorstrafen); **dient dem Nachweis der** ... (Gen.: sog. „Unbescholtenheit", nämlich dass man nicht straffällig geworden ist); bei Antragstellung **einen Betrag entrichten**
- im Führungszeugnis: **etwas verzeichnen** bzw. **vermerken** (Vorstrafen); **verzeichnen, ob** ... (jemand vorbestraft ist); sind **Angaben** (aus Verurteilungen) **vermerkt**; die Behörde kann Bewerbern **Einsicht in das** Führungszeugnis **gewähren;**
- das erweiterte Führungszeugnis: von Arbeitnehmern **einfordern** bzw. **verlangen** bei (z. B. bei Tätigkeiten mit Kontakten zu Minderjährigen); auf Antrag **erteilen;** einen **Antrag auf Erteilung stellen**

5. Weitere Lebenslagen: landeskundliche Aspekte

5.1. Höflichkeitsformeln bei sozialen Kontakten

5.1.1. Allgemeines

5.1.1.1. Rolle als kulturspezifische Standardformeln

In Alltagsgesprächen werden wie in formellen Formen sozialer Kontakte **Höflichkeitsformeln** eingesetzt. Diese haben **rituellen Charakter** im Rahmen von Begrüßungen bei Gesprächseröffnungen bis hin zu Abschlussäußerungen bei vorläufiger Beendigung eines Kontaktes. Gedacht ist nachfolgend in erster Linie an rituelle Höflichkeitsfloskeln beim direkten Kontakt (**„face-to-face-Kommunikation"**) in nicht formellen Alltagssituationen.

Dabei handelt es sich um stark **kulturspezifisch** geprägte **Standardformeln**, deren korrekter Gebrauch in den meisten Fällen mit großen Unsicherheiten verbunden ist. Ihr Einsatz setzt vielfältiges sprachlandeskundliches Wissen voraus, das nicht über gängige Wörterverzeichnisse in Wörterbüchern auf zu erschließen ist. Deshalb ist es äußerst wichtig, dass **Lehrkräfte im Bereich Deutsch als Fremdsprache** die Lerner/Lernerinnen mit den verschiedenen Routineformeln bzw. sprachlichen Schematismen im Deutschen vertraut machen. Nur so werden sie in die Lage versetzt, diese automatisiert und angemessen je nach Situation verwenden zu können. Im Wesentlichen geht es darum, deutlich werden zu lassen, wie man sich in Deutschland in einer gegebenen Situation einer Person gegenüber normalerweise verhält, nämlich ohne durch abweichendes Verhalten aufzufallen. Es reicht dabei überhaupt nicht aus, diese kulturspezifischen Formeln nur auswendig zu lernen oder sie gar nur als rein grammatisches Thema zu behandeln.

Die Ausdrücke, die im Deutschen im Rahmen von Routinen der Kontaktaufnahme, des weiteren Gesprächsverlaufs und der Kontaktbeendigung vorkommen, sind blockverfügbare Einheiten, müssen also nicht erst jeweils neu geprägt werden. Viele von ihnen weisen neben einer möglichen „wörtlichen" Lesart eine **idiomatische Bedeutung** auf. Diese Bedeutung irritiert oft und ist nicht ohne weiteres erschließbar, z. B. „Nun schlägt's aber dreizehn!". Auch wenn jemand z. B. am Ende eines Gesprächs „Na dann" als Schluss-Signal verwendet, ist das für Lerner z. B. mit Ausgangssprache Türkisch nicht einfach nachvollziehbar. Gleiches gilt bei der Verabschiedung z. B. durch „Wir sehen uns", wo die Bedeutung im Sinne von „Wir werden uns (ja bald) wieder sehen" nicht leicht erschließbar ist. Verständnisprobleme gibt es bereits bei einer einfachen Formel wie „Gute Besserung". Sie kommt im Deutschen ausschließlich im Hinblick auf Krankheiten vor, während sie in anderen Kulturen auch auf andere Vorkommnisse bezogen werden kann. Deshalb werden im Rahmen des Unterrichts zum überwiegenden Teil blockverfügbarer Einheiten verschiedene Erläuterungen nötig. Kaum Probleme gibt es beispielsweise bei „Guten Tag", „Hallo", „Auf Wiedersehen" und anderen Einheiten.

5.1.1.2. Verbale und andere Ausdrucksmittel

Zunächst ist auch im Rahmen des Unterrichts Deutsch als Fremdsprache darauf hinzuweisen, dass alle Äußerungsformen bzw. Verhaltensweisen neben einer **sprachlichen (verbalen) Seite** zwei weitere Seiten haben, die damit einhergehen: eine **nichtsprachliche (nonverbale) Seite**, sowie eine stets **sprachbegleitende (paraverbale) Seite**. Die drei Äußerungsformen kommen beim direkten Kontakt gemeinsam in unterschiedlichen Kombinationen vor, wobei jede von ihnen auch unterschiedlich ausgeführt werden kann. Wer jemanden mit „Hallo" begrüßt (die sprachliche Seite), wird dabei gleichzeitig Blickkontakt aufnehmen und die Äußerung mit einer Geste und/oder mit einem Handschlag verbinden (die nichtsprachliche Seite). Außerdem wird man die Äußerung z. B. in einem gewissen Tonfall machen (paraverbale Seite), wie man das vor allem von jungen (nicht von älteren) Verkäuferinnen an der Kasse kennt und höchstens nachmachen, aber kaum beschreiben kann. Überhaupt lassen sich die nonverbalen und paraverbalen Ausdrucksmittel nicht gleichsam „lernen" wie Vokabeln; viele der Ausdrucksmittel sind kulturspezifisch (z. B. längeres oder kürzeres Zögern bei Antworten) und können bei kleinen Abweichungen zu Irritationen beim Gegenüber führen.

Im Alltagsleben sind jeweils zeitgemäße Äußerungsformen mehr oder weniger gut eingespielt, wobei es **regionale und gruppenbezogene** Unterschiede gibt. Gerade dann, wenn man nicht als „einheimisch" betrachtet wird und aus dem Ausland kommt, werden allerdings kleine Abweichungen von gängigen Verhaltensweisen normalerweise mit Nachsicht behandelt. Insofern bedarf es durchaus verschiedener Hinweise, gewiss aber keiner teuren Kurse zu Formen des sprachlichen und sonstigen Umgangs miteinander, wie sie oft angeboten werden. Denn Angehörige der jüngeren Generation lernen von anderen schnell, was gängig ist, und zwar durch Nachfragen oder durch Imitation.

5.1.2. Anredeformen: „Sie" und „Du"

Das „Sie" als Anredeform (das „Siezen") ist bei jedem Kontakt unter Erwachsenen dann angebracht, wenn man sich nicht genauer kennt. Es wird auch dann verwendet, wenn eine gewisse **Distanz** gewahrt wird bzw. gewahrt werden soll und signalisiert **Respekt**: am Arbeitsplatz und auch sonst. Gewöhnlich wird es zusammen mit dem Nachnamen verwendet; gelegentlich kommt die Kombination „Sie" mit „Vorname" vor (z. B. „Manfred, haben Sie das verstanden?").

Das „Du" hingegen (das „Duzen") ist die standardmäßige Anredeform unter sehr guten Bekannten und gegenüber Kindern. Von Personen mittleren Alters und erst recht von noch älteren Personen wird es deshalb meist als ungenehm empfunden, z.B. von einer Verkäuferin mit „Du" angesprochen zu werden. Man kann unter Erwachsenen jemandem das „Du" anbieten, wenn man eine größere **Vertraulichkeit** herstellen will; dann ist man „per Du". Das „Du" bietet allerdings üblicherweise nur eine ältere Person einer jüngeren oder eine höher gestellte Person (z. B. ein Vorgesetzter) einer dem Rang niedriger gestellten Person (z. B. einem Angestellten) an.

In Ratgebern wird oft angegeben, dass **Kinder** bis zum Alter etwa von 16 Jahren (z. B. von Lehrpersonen) mit „Du" angeredet werden können. Hierzu ist aber zu empfehlen, vorher nachzufragen, welche Form erwünscht ist. Schwankungen bei dem Gebrauch von „Sie" und „Du" kommen vor, wenn eine **Amtsperson** (z. B. ein Richter) in der Öffentlichkeit einen Kollegen mit „Sie" anspricht, ansonsten aber mit „Du". Ausgesprochen komisch ist es, dass sich meist Verkäuferinnen untereinander vor den Kunden mit „Sie" ansprechen (bzw. so ansprechen müssen). Redet man Amtspersonen (z. B. Polizisten) mit „Du" an, kann dies ein gerichtliches Nachspiel haben, falls diese Anrede als Respektlosigkeit, herablassendes Verhalten oder gar Beleidigung ausgelegt wird.

Ausdrucksmittel

- Anrede mit „Sie": **jemanden mit „Sie" anreden** bzw. **ansprechen**; **mit dem „Sie" Distanz wahren** (= erkennen lassen, zeigen) bzw. **Respekt signalisieren**; **„Sie" zusammen mit dem Nachnamen verwenden**;
- Anrede mit „Du": **jemanden mit „Du" anreden** bzw. **ansprechen**; **„Du" zueinander sagen; jemandem das „Du" anbieten; mit dem „Du" Vertraulichkeit herstellen; mit jemandem „per Du" sein; auf das „Du"** (mit einem Getränk) **anstoßen** (= damit die Duzfreundschaft begründen)

5.1.3. Gesprächseröffnung

5.1.3.1. Begrüßungsformeln in der Einstiegsphase

Die Dauer der Einstiegsphase (**Eröffnungsphase**) variiert. Sie ist abhängig vom Bekanntheitsgrad, von der zur Verfügung stehenden Zeit, von der Art des Kontaktes (privat, beruflich) etc. Diese Phase geht unterschiedlich rasch in die Phase über, in der man Themen anspricht. Neben der Frage nach dem Befinden (z. B. „Wie geht's") können auch andere Phrasen ausgetauscht werden: „Schöner Tag heute, nicht wahr?". Es kann mit z. B. „Guten Tag" auch gleich die Frage „Was gibt es Neues?" angeschlossen werden.

Es gibt **kulturspezifische Unterschiede** z. B. dazu, wer wen zuerst grüßt. Den Lernenden muss deshalb klargemacht werden, dass es in Deutschland sowohl für Begrüßungen als auch für Erkundigungen nach dem Befinden keine Unterscheidung nach dem Alter gibt: Ältere Personen können z. B. ebenso wie jüngere zuerst grüßen und eine Frage nach der Befindlichkeit stellen. Eine **Begrüßungsformel** kann z. B. entfallen, wenn eine Person eine andere wegen einer Wegauskunft ansprechen will: „Entschuldigen Sie! Wissen Sie, wo der Opernplatz ist?".

Am **Telefon** entfällt die nonverbale Seite, die sonst bei der sog. „face-to-face-Kommunikation" mit jeder verbalen Äußerung einhergeht (Gestik, Mimik etc.). So können hier auch unter interkulturellen Aspekten leichter Probleme auftreten. Deshalb kommt es wesentlich darauf an, das sprachliche Verhalten am Telefon gezielt im **fremdsprachlichen Unterricht** zu behandeln. Ein deutscher Anrufer kann sich nur mit Nennung seines Nachnamens melden („Vohler"), häufig auch kombiniert („Hier Vohler"). Dem kann eine der üblichen Standardformeln („Guten Tag") vorangehen. Deutschlerner mit der Muttersprache Türkisch verwirrt es z. B., wenn man sich einfach mit der weit verbreiteten Formel „Ja" meldet.

Für die **Begrüßung** stehen im Deutschen sehr viele Formulierungen zur Verfügung: Heute ist die gängige Begrüßungsformel bzw. Begrüßungsfloskel der jüngeren Generation das „Hallo". Abgesehen von lockeren Begrüßungen z. B. in Geschäften wird diese Floskel nur verwendet, wenn man sich kennt; man wählt sie also nicht z. B. beim Arzt oder bei Behörden. Ansonsten macht man nichts verkehrt, wenn man jemanden bis etwa zwölf Uhr mit „Guten Morgen" begrüßt, dann bis zum späten Nachmittag mit „Guten Tag", ungefähr ab 18:00 Uhr mit „Guten Abend". Unterschiede gibt es hier im Grad der **Formalität**. So wäre die ältere Bevölkerung irritiert, z. B. von Nachrichtensprecher(innen) mit einem „Hallo" begrüßt zu werden, anstatt mit „Guten Abend, mei-

5. Weitere Lebenslagen: landeskundliche Aspekte

ne Damen und Herren". Neben einigen anderen Versionen der Formulierung sind auch regionale Unterschiede zu bedenken. Vor allem in Bayern (aber nicht nur dort) kann man im alltäglichen Umgang zu jeder Tageszeit „Servus" oder „Grüß Gott" sagen, in Friesland und anderen norddeutschen Gebieten „Moin" oder „Moin, Moin".

Bei der Annäherung an ein Gegenüber wird man neben einer Begrüßungsformel **Blickkontakt** herstellen und gegebenenfalls eine weitere Gesprächsabsicht signalisieren (mit nichtsprachlichen und sprachbegleitenden Ausdrucksmitteln). Geht der Kontakt mit einem Gegenüber über die bloße Begrüßungsformel hinaus, ist das häufigste nichtsprachliche (nonverbale) Ausdrucksmittel der **Händedruck**. Er ist in Deutschland im privaten wie im beruflichen Bereich als zusätzliche nichtsprachliche Begrüßungsform gang und gäbe. Der Händedruck wird nur einige Sekunden ausgeführt, sollte nicht zu lasch und nicht zu stark ausfallen, weil die Art der Ausführung unliebsame Interpretationen nach sich ziehen könnte. Dabei reicht eine ranghöhere Person einer rangniedrigeren die Hand, die Dame dem Herrn, der bzw. die Ältere der bzw. dem Jüngeren. Eine dargebotene Hand zu ignorieren ist der größte Fehler, den man dabei begehen kann.

Wenn man sich nur kurz bei der Arbeit begegnet und/oder wenn es sich um eine bloß **flüchtige Bekanntschaft** handelt, hat sich ein kurzer Gruß mit Blickkontakt als üblich eingebürgert. Unter der jüngeren Generation ist seit langem statt des förmlichen Händedrucks die Begrüßung mit angedeutetem Wangenkuss links und rechts gängig geworden. Man nennt diese aus südlichen Ländern längst bekannte Begrüßungsform die „**Akkolade**" (nach franz. *accolade:* ‚Umarmung'). Diese Begrüßungsform ist aber dem privaten Bereich vorbehalten. Völlig veraltet und kaum noch erwähnenswert sind andere Verhaltensformen: Würde jemand heute zur Begrüßung eine Verbeugung oder gar (als Frau) einen **Knicks** machen bzw. (als Mann) einer Frau einen **Handkuss** geben, würde darauf mit Befremden reagiert. Derartige ritualisierte Verhaltensformen finden sich heute nur in bestimmten gesellschaftlichen Kreisen zu gewissen Anlässen.

Ausdrucksmittel

▸ „Guten Tag!" oder kurz „Tag"; „Guten Morgen" oder kurz „Morgen"; „Guten Abend"; „Gute Nacht" (spät abends, wenn man davon ausgeht, dass der Gegrüßte bald zu Bett geht); ansonsten immer möglich „Hallo", „Grüß dich!, „Servus" (im Süddeutschen und in Österreich), „Adieu" und „Tschö" (kölnische Kurzform dazu), „Schön, dich zu sehen" usw.

5.1.3.2. Fragen nach dem Wohlergehen

Meist schließt die sog. **„Wohlergehensfrage"** an, mit der man sich nach dem Befinden der zuvor begrüßten Person erkundigt: „Wie geht es dir/Ihnen?" etc. Es kann aber auch z. B. die Frage „Was gibt es Neues?" stattdessen gleich auf die Begrüßungsformel folgen. Die Wohlergehensfrage ist als ritualisierte Begrüßungsform ein bloßes Signal der **Kontaktaufnahme** bzw. eine Höflichkeitsfloskel. Sie dient dann vielleicht nur dem Start in Richtung einer Erzählung oder einer anderen Thematik. Deshalb denken sich manche Leute schöne Antworten aus, um auf den lediglich floskelhaften, nicht ernsthaft als Frage gemeinten Charakter solcher Äußerungen aufmerksam zu machen, z. B.: „Ich könnte mal 50 000 EUR gebrauchen".

Üblich ist, dass vom Gegenüber eine ebenso **kurze Erwiderung** erfolgt. Als Ausdruck der **Respektlosigkeit** wird gewertet, wenn z. B. ein Mitarbeiter sich dem Chef gegenüber so äußert. Wer z. B. nach dem „Hallo" fragt „Wie geht's", erwartet auf diese gleichsam leere Formel keine Antwort. Dann ist die Phase der Kontaktaufnahme beendet und es kann ggf. zu einem Thema übergegangen werden. Wenn wahrheitsgemäß geantwortet wird, müssen schon sehr enge Beziehungen vorliegen. Dann kann sich durchaus ein Gespräch über Krankheiten oder ein sonstiges Thema anschließen. Denn es ist ansonsten niemand darauf aus, von relativ fremden Personen etwas über deren Krankheitsgeschichte oder über deren Gemütszustand zu erfahren. Wenn die befragte Person antwortet mit „Danke, gut – und dir/Ihnen?" oder „Und wie geht's dir?" sind die gleichen Möglichkeiten der Fortsetzung gegeben. In anderen Kulturen werden teils weitere rituelle Fragen samt Antworten erwartet, z. B. Fragen nach dem Befinden des Ehepartners, der Großmutter, der Geschwister etc.

Ausdrucksmittel

- privat: „Wie geht es dir?"; „Wie geht's?"; „Na, alles klar?"; „Na, wie geht's (denn)?"; „Wie sieht's aus?"; „Wie läuft's?"; „Wie geht's, wie steht's?"; „Was machst du denn sonst so?"; „Darf ich fragen, wie es Ihnen/dir geht?" (gehobene Ausdrucksweise)

Antwort: „gut", „danke, gut"; „Danke, ganz gut"; „Danke, es geht"; „Ich kann nicht klagen!"; „optimal"; „alles bestens"
- bei distanziertem Verhältnis: „Wie geht es Ihnen?"

mögliche Erwiderung: „Danke gut! Und dir/Ihnen?; „Danke für die Nachfrage!"

5.1.3.3. Gelegenheitsfragen

Sog. „Gelegenheitsfragen" kommen in verschiedenen alltäglichen Lebensbereichen vor, in denen man sich normalerweise nicht näher kennt. In solchen Zusammenhängen fehlen Wohlergehensfragen stets, weil sie dort keine Rolle spielen. Denn gewöhnlich will man sozusagen rasch zur Sache kommen, weshalb auch der **Grußaustausch** auf ein Minimum beschränkt ist.

Ausdrucksmittel

- Verkäufer(in): „Bitte schön" (zeigt Bereitschaft, den Kunden/die Kundin zu bedienen); „Was bekommen Sie?"; „Sie wünschen bitte?" (= Was möchten Sie?)
- Arzt/Ärztin: „Was fehlt Ihnen denn?"; „Was führt Sie zu mir?"
- Kellner(in) bzw. Ober: „Kann ich Ihre Bestellung aufnehmen?"; „Was kann ich für Sie tun?"; „Haben Sie einen Tisch reserviert?"; „Hätten Sie gerne die Karte?"; „Was hätten Sie gerne zu trinken?"; „Hätten Sie gern noch etwas ... (z. B. Salat)?"

Antwort des Gastes: „Ich nehme ..."; „Als Vorspeise nehme ich ..."; „Könnte ich anstelle der Kartoffeln Pommes frites dazu bekommen?"; „Können Sie mir etwas empfehlen?"; „Das geht auf mich" (wenn jemand die Rechnung für andere mitbezahlen will)
- Auskunft: „Können Sie mir (bitte) sagen, ob/wann/wer/wie ...?"; „Mich würde interessieren, ob/wann/wer/wie ..."; „Entschuldigung, wissen Sie, ob/wann/wer/wie ...?"

Erwiderung: mit verschiedenen Dankesformeln

5.1.3.4. Die Vorstellung

Hier ist deutlich zu unterscheiden, ob man **sich selbst** jemandem vorstellt, oder ob eine **Person die Rolle übernimmt**, jemanden einer anderen Person oder einer Personengruppe vorzustellen. Des Weiteren ist zu unterscheiden: die **nicht förmliche** Vorstellung z. B. unter guten Freunden von der **förmlichen bzw. formellen (öffentlichen)** Vorstellung. In beiden Bereichen, vor allem im privaten Rahmen und hier insbesondere unter jungen Leuten, ist die Vielfalt der Formeln groß. Stellt man sich selbst einer Person vor, ist dies recht einfach. Wenn man aber im öffentlichen Rahmen eine Person einer anderen Person oder weiteren Personen offiziell vorstellt, ist mehr zu bedenken. Wem die Rolle zufällt bzw. zufallen darf, eine andere Person vorzustellen, ist z. B. auch von sozialen Beziehungen abhängig: In einem formellen Rahmen (z. B. in einem Betrieb) kommt eine förmliche Vorstellung derjenigen Person zu, die in einer Hierarchie eine übergeordnete Stellung innehat.

Ausdrucksmittel

- sich förmlich selbst vorstellen: „Mein Name ist …"; „Ich bin…" (plus Name); „Darf ich mich vorstellen. Mein Name ist/ Ich bin…"; „Guten Tag! Mein Name ist …"; „Guten Tag! Ich freue mich, Ihre Bekanntschaft zu machen. Ich bin …"; „Ich wollte/möchte mich bei Ihnen vorstellen: Ich bin …"; „Ich glaube, Sie kennen sich noch nicht: Das ist Herr …, Frau Völzer"
Erwiderung: „Schön, Sie (mal) persönlich kennenzulernen" (falls jemand zuvor nur am Telefon oder vom Hörensagen bekannt); „Freut mich!"; „Freut mich, sehr angenehm!"; „Guten Tag" (und reicht der vorgestellten Person die Hand)
Erwiderung der vorgestellten Person: „Ganz meinerseits!"; „die Freude ist ganz meinerseits" (sehr förmlich); „Freut mich auch" bzw. „Freut mich ebenfalls"

- sich unter Freunden selbst vorstellen: „Hallo", „Hi" usw. (jugendsprachlich)
Erwiderung: „Freut mich, dich kennenzulernen", oder ebenso mit „Hallo" usw.
- jemanden förmlich vorstellen: „Darf ich Sie/dich mit … bekannt machen?"; „Darf ich vorstellen: Das ist Herr/Frau …"; „Darf ich Ihnen Frau/Herrn … vorstellen"
Erwiderung: „Schön, Sie/dich kennen zu lernen"; „Es freut mich, Ihre Bekanntschaft zu machen"; „Es freut mich, Sie kennenzulernen"; „Ich freue mich, Sie kennenzulernen"
Erwiderung der vorgestellten Person: „Ganz meinerseits!"
- jemanden unter Freunden vorstellen: „Das ist …"; „Kennt Ihr …?"
Erwiderung: „Freut mich" u.a.m.

5.1.4. Gesprächsmitte

In der Gesprächsmitte geht es um **Themen**, wobei gerade im Bereich des **„Small Talks"** häufig ein Themenwechsel vorliegt. Je nach dem Verhältnis, in dem die am Gespräch beteiligten Personen zueinander stehen und abhängig vom angeschlagenen Thema kann sich das Gespräch in verschiedene Richtungen entwickeln. Und man kann auf **Gesprächszüge** des Gegenübers unterschiedlich reagieren: Je nach Thema, Beziehung und Kontext (Ort und Anlass der Begegnung etc.) spielen z. B. Bitten, Vorwürfe, Zustimmungen eine Rolle. Die von Personen gemachten Äußerungen, z. B. „Das fehlte gerade noch", sind Aktivitäten, die als Handlungen gedeutet bzw. interpretiert werden: „Dient dem Ausdruck der Empörung", „drückt Verärgerung aus" etc. Bei derartigen Zuordnungen muss man sich über folgendes im Klaren sein: Sie sind wegen grundlegender sprachlicher Unschärfen nicht exakt voneinander abtrennbar. Wie in manchen anderen Darstellungen werden solche Zuordnungen sprachlicher Aktivitäten auch nachfolgend gelegentlich aneinandergereiht. Allerdings wird versucht, zumindest einigermaßen voneinander unterscheidbare **Handlungstypen** sprachlich zu erfassen. Teils lassen sich die jeweils angeführten Ausdrücke allerdings (je nach Interpretation) unterschiedlich zuordnen.

5. Weitere Lebenslagen: landeskundliche Aspekte

5.1.4.1. Auf den Themenverlauf allgemein Einfluss nehmen

Wenn man einzelne Gesprächsabschnitte kommentiert, geht es oft auch darum, wer das **Rederecht** beanspruchen will. Dazu dienen verschiedene Signale der **Aufmerksamkeitssteuerung**: Man zeigt, dass man den Ausführungen folgt, erweitert gegebenenfalls das Thema etc.

Ausdrucksmittel

- Kommentare zum Fortgang des Gesprächs: „Was meinst du dazu?" bzw. „Was meinen Sie dazu?"; „Mehr kann ich dazu nicht sagen"; „Lassen Sie mich mal überlegen"; „Darf ich dazu auch mal was sagen?"; „Ich bin der Meinung, dass ..."; „Nicht wahr?"; „Ehrlich gesagt, habe ich dazu ..." (z. B. keine Vorstellungen)
- Aufmerksamkeitssignale: „ja"; „ja, ja"; „aha"; „na ja"
- Meinungsäußerungen: „Ich meine, dass ..."; „Meiner Meinung nach ..."

5.1.4.2. Zwischenfragen stellen

Zwischenfragen werden gestellt, wenn es einen **Klärungsbedarf sachlicher Art** gibt. Davon nicht stets klar abtrennbar sind **Verständnisfragen**: Sie dienen der Verständnissicherung im Hinblick auf sprachlich dargestellte Sachverhalte bzw. auf die Verwendung einzelner Ausdrücke.

Ausdrucksmittel

- „Darf ich fragen, ob/wann/wer/wie ...?"; „Entschuldigen Sie, wenn ich Sie unterbreche ..."; „Entschuldigung, darf ich Sie/dich kurz unterbrechen?"; „Darf ich kurz dazwischenfragen?"; „Könnte ich dazu eine Frage stellen?"; „Würden Sie mir das bitte (etwas) genauer erläutern?"; „Entschuldigung, was bedeutet das Wort ...?"; „Meinten Sie/meintest du also, dass...?"; „Entschuldigung, aber ich habe das nicht verstanden"; „Ich bin nicht sicher, ob ich Sie/dich richtig verstanden habe. Meinten Sie/Meintest du ...?"; „Wenn ich Sie/dich richtig verstanden habe, dann meinten Sie/meintest Du, dass ... Stimmt das so?"; „Dürfte ich bitte kurz nachfragen, ob ...?"; „Könnten Sie/Könntest du mir das genauer erläutern?"

5.1.4.3. Anteilnahme bzw. Interesse zeigen

Ausdrucksmittel

- „Oh, das tut mir wirklich leid!"; „Ich bedaure, dass ..."; „Das kann ich verstehen!"; „Das ist ja interessant!"; „Das klingt sehr interessant!"; „Sie machen mich (wirklich) neugierig!"

5.1.4.4. Bewerten und Einstellungen explizit ausdrücken

Ausdrucksmittel

- „Das ist ja ein starkes Stück!"; „Wer's glaubt, wird selig!"; „Da lachen ja die Hühner!"; „Das kannst du deiner Oma erzählen!"; „Das kann ja heiter werden!"; „Nicht, dass ich wüsste!"; „Das wäre ja noch schöner!"

5.1.4.5. Zustimmung, Bestätigung, Anerkennung, Ermunterung, Begeisterung

Diese Bezeichnungen für sprachliche Handlungen sind wie die meisten anderen nicht trennscharf: Wer seine **Begeisterung** zum Ausdruck bringt, stimmt dem Gegenstand der Begeisterung natürlich auch zu (**Zustimmung**), bestätigt die Äußerung des Gegenübers oder seine eigene Äußerung (**Bestätigung**), und stellt das, worum es geht nicht infrage bzw. erkennt es an (**Anerkennung**). Unter den hierzu zählenden formelhaften Ausdrücken enthalten diejenigen oft Partikeln, mit denen in besonderer Weise eine emotionale **Anteilnahme** zum Ausdruck gebracht wird (hier: „Begeisterung" bzw. begeisternde „Zustimmung"). Viele von ihnen sind **jugendsprachlichen Äußerungsformen** zuzurechnen. Etliche dieser Einheiten haben eine idiomatisch gebundene Bedeutung, wie „Das ist (ja) der Hammer" (= „Das ist großartig"). Man muss sie als Ganze in dieser Bedeutung verstehen; mit der sog. „wörtlichen" Bedeutung (dass da ein Werkzeug ist) kommt man hier nicht weiter.

Ausdrucksmittel

- Zustimmung/Bestätigung: „Darauf kannst du Gift nehmen!"; „Dafür lege ich meine Hand ins Feuer!"; „Das ist leichter gesagt als getan!"; „Das ist so sicher wie das Amen in der Kirche!"; „Das dicke Ende kommt noch"; „Traurig, aber wahr!" (Reaktion auf eine negative Mitteilung); „Damit bin ich einverstanden, weil..."; „Das ist eine gute Idee!"; „Das sehe ich (ganz) genauso!"; „Das kann ich sehr gut verstehen!"
- Anerkennung: „Hut ab!"; „Alle Achtung!"
- Ermunterung: „Kopf hoch!"; „Toi, toi, toi!"
- Begeisterung: „Das ist ja toll!"; „Finde ich super!"; „Echt irre!"; „Einfach toll!"; „ganz prima!"; „Das ist (ja) großartig!"; „Das ist (ja) der Hammer!" (‚Das ist großartig')

5.1.4.6. Als Erwiderung etwas herunterspielen

Entsprechende Reaktionen werden meist auch als **Bagatellisierungen** bezeichnet. Vorausgegangen ist, dass das Gegenüber etwas Negatives angesprochen hat.

Ausdrucksmittel

- „(Das) macht nichts!"; „Das spielt keine Rolle!"; „(Ist) schon gut!"; „Mach' dir (doch) nichts draus!"; „na ja"; „Das hat nichts zu sagen"; „Das wird sich (schon) regeln/klären!"; „Das wird sich (schon) alles finden"; „Abwarten und Tee trinken!"

5.1.4.7. Sich beschweren

Ausdrucksmittel

- „Leider muss ich feststellen, dass ..."; „Ich finde es nicht in Ordnung, dass ..."; „Es kann doch nicht angehen, dass ..."; „Ich bin mit ... gar nicht zufrieden!"; „Ich muss mich leider darüber beschweren, dass ..."

5. Weitere Lebenslagen: landeskundliche Aspekte

5.1.4.8. Erstaunen zum Ausdruck bringen

Hier kann etwas Negatives, oder auch etwas Positives zuvor vom Gegenüber erwähnt worden sein. Je nach den Umständen kann eine Äußerung so interpretiert werden, dass damit gleichzeitig auch z. B. eine Verärgerung zum Ausdruck gebracht wird. Damit das Gegenüber die jeweilige Äußerung richtig deuten kann, spielen **Mimik, Gestik** und **Intonation** gerade bei **Einwortäußerungen** eine ganz wichtige Rolle. Längere Formeln dürften Lernern besondere Schwierigkeiten bereiten: Sie könnten z. B. versucht sein, „Ach, du liebe Zeit!" irgendwie „wörtlich" mit Zeitaspekten in Verbindung zu bringen.

Ausdrucksmittel

▸ „O Mann!"; „Um Gottes Willen!"; „Um Himmels willen!"; „Na so was!"; „Oje!"; „Ach so!"; „Ach du liebe Zeit" (Fortsetzung z. B.: „Das hätte ich nicht gedacht"); „Ach, du liebes bisschen!"; „Mir fehlen die Worte!"; „(Ach) du grüne Neune!"; „Das kann ja heiter werden!"

5.1.4.9. Einen Einwand vorbringen bzw. Bedenken äußern

Ausdrucksmittel

▸ „Ihr/Dein Vorschlag ist nicht schlecht, aber…"; „Glauben Sie/glaubst du wirklich, dass …?"; „Ich frage mich, ob …"; „Das ist ein bisschen schwierig, weil …"; „Das erscheint mir nicht einfach, da …"; „Für mich ist das eher … (z. B.: „ein ganz anderes Problem"); „Ich verstehe das, aber…"; „Das kann doch nicht wahr sein!"; „Das glaube ich einfach nicht!; „Das gefällt mir gar nicht!"; „Das darf doch nicht wahr sein!"; „Damit bin ich nicht einverstanden, weil …"; „Das finde ich nicht gut, denn …"; „Ich verstehe überhaupt nicht, wieso …"; „Ich teile Ihre/deine Meinung nicht, weil …"; „Das kann ich überhaupt nicht nachvollziehen, weil …"

5.1.4.10. Ablehnung bis Empörung zum Ausdruck bringen

Ausdrucksmittel

▸ „Ich will nichts mehr davon wissen/hören!"; „Das kannst du dir abschminken!"; „Was erlaubst du dir!"; „Was fällt dir ein!"; „Rutsch mir den Buckel herunter!"; „Dass ich nicht lache!"; „Wer's glaubt, wird selig!"; „Da lachen ja die Hühner!"; „Das wäre ja noch schöner!"; „Ich fresse einen Besen … (z. B.: „wenn das stimmt, was du sagst"); „Das fällt mir nicht im Traume ein!"; „Das kann doch nicht wahr sein!"; „Das ist doch nicht zu fassen!"; „Da hört doch alles auf!"; „Was zuviel ist, ist zuviel!"; „Um Gottes willen!"; „Das fehlte gerade noch!"; „Das kann ja heiter werden!"; „Das ist doch der Gipfel!"; „Das ist (doch) die Höhe!"; „Das geht auf keine Kuhhaut!"; „Das schlägt dem Fass den Boden aus!"; „Da kann man doch die Wände hochgehen!"; „Nun mach aber einen Punkt!"

5.1.4.11. Drohung und auffordernde Ermahnung zum Ausdruck bringen

Ausdrucksmittel

▸ Drohung: „Nun schlägt's aber dreizehn!", „Jetzt ist aber Sense!", „Das lasse ich mir nicht gefallen!", „Bis hierher und nicht weiter"

▸ Ermahnung: „Hab dich nicht so!", „Tu (doch) nicht so!", „Stell dich nicht so an!", „Zier' dich nicht so!", „Heraus mit der Sprache!"

5.1.4.12. Bitte und Dank

Diese beiden Handlungstypen sind in allen Bereichen des sprachlichen Zusammenlebens grundlegend. Auf eine wie auch immer gefasste **Bitte** wird man nichtsprachlich reagieren: jemandem die Uhrzeit oder den Weg nennen, etwas gleich erledigen etc. Auf den sprachlich zum Ausdruck gebrachten **Dank** („Danke" etc.) reagiert man mit Formeln, die meist den Ausdruck „bitte" enthalten.

Ausdrucksmittel

- Bitte: „Ich bitte dich/Sie um ...."; „Dürfte ich ...?"; „Könnte ich ...?"; „Kann ich ...?"; Ich hätte gern, dass ..."; „Ich möchte Sie bitten, ..."; „Wären Sie so freundlich und würden Sie ..."; „Würde es Ihnen etwas ausmachen, ... (z. B. auf der Bank ein Stück nach rechts zu rücken)
- Dank: „Danke!", „Danke sehr!", „Danke schön", „Herzlichen/schönen Dank!", „Danke vielmals!"
  Erwiderung: „Bitte!", „Bitte, bitte!", „Bitte schön!", „Bitte sehr", „Nichts zu danken!", „Gern geschehen!", „Keine Ursache!"

5.1.4.13. Entschuldigung

Ausdrucksmittel

- Entschuldigung: „Entschuldige!" bzw. „Entschuldigen Sie!", „Verzeihung!" bzw. „Verzeihen Sie mir!"
  Erwiderung: „Nichts zu danken, gern geschehen!"; „Schon gut!" oder „Schon gut, schon gut!"; „Ist schon in Ordnung!"; „Das ist nicht so schlimm!"; „Das macht doch nichts!"

5.1.4.14. Glückwünsche mit Gratulationsformeln, Genesungswünsche, Beileidsformeln

Falls besondere Vorkommnisse bereits bekannt sind, unterbleiben sonstige Wohlergehensfragen („Wie geht's?" usw.). Seinen **Glückwunsch** aussprechen bzw. jemandem gratulieren (mit **Gratulationsformeln**) kann man zu vielen positiven Anlässen (Geburtstag, Beförderung usw.). Meist ist stark geregelt, welche Anlässe das sind; und man ist dazu verpflichtet, entsprechende Äußerungen zu machen. **Genesungswünsche** sind im Deutschen nur auf Krankheiten bezogen. Dies ist in anderen Kulturen oft nicht so. Und noch etwas: Beim **Niesen** wird heute nach den Anstandsbüchern (vor allem nach „Knigge") empfohlen, diese Lautäußerung nicht mehr mit „Gesundheit" zu begleiten und diesen Fall so zu behandeln, wie etwa laute Bauchgeräusche: Man übergeht so etwas. **Beileidsformeln (Kondolenzformeln)** sind wie auch Genesungswünsche (offenbar) aufgrund des ernsthaften Anlasses wenig variierbar.

Ausdrucksmittel

- Glückwunsch: „Herzlichen Glückwunsch zum ... (Geburtstag)"; „Gratuliere zum Nachwuchs" (Geburt eines Kindes); „Ich gratuliere Dir/Ihnen zu ..." (oft mit Händedruck, Lächeln etc.); „Alles Gute zum Geburtstag"; „Oh! Nachträglich herzlichen Glückwunsch" (wenn man den Termin vergessen hat)
- Festtage: „Schöne Feiertage!", „Ein gutes/glückliches neues Jahr!", „Einen guten Rutsch ins Neujahr!", „Guten Rutsch!", „Frohe Ostern!", „Frohe Weihnachten!",
- Genesungswunsch: „Gute Besserung!" (als Abschiedsfloskel)
- Kondolenzformeln: „Mein Beileid!", „Mein herzliches Beileid!", „Mein aufrichtiges Beileid!"
  Erwiderung: „Danke sehr!", „Danke schön!", „Vielen Dank!"
- Beim Essen und Trinken: „Guten Appetit!", „Mahlzeit!", „Wohl bekomm's!" oder „Zum Wohl!" (beim Trinken)
  Erwiderung: „Danke ebenfalls/gleichfalls!"; „Mahlzeit!" (Reaktion auf die gleiche Äußerung)

5.1.5. Gesprächsbeendigung

5.1.5.1. Signale zur Kontaktbeendigung

Die Kontaktbeendigung muss eindeutig eingeleitet werden, damit es nicht zu **Beziehungsproblemen** kommt. Dem dienen verschiedene **Gliederungssignale**, mit denen man dem Gegenüber zu verstehen geben kann, dass man das Gespräch beenden will. Bei diesen Einheiten spielt ganz erheblich die **Intonation** eine Rolle, abgesehen von dem nichtsprachlichen Verhalten (Aufstehen, sich halb abwenden etc.). Man muss die kurzen Floskeln betont aussprechen, sodass neben Gesten, Mimik, Körperhaltung klar ist, welche Rolle sie spielen. Dann kann darauf entsprechend reagiert werden.

Ausdrucksmittel

- Formeln der Kontaktbeendigung: „So!", „Also (dann)!", „Also gut!" Erwiderung: „Ja, gut"; „Prima!"; „Okay" (plus z. B.: „Dann bis demnächst") etc.

5.1.5.2. Verabschiedungsformeln

Ist man sich einig, das Gespräch zu beenden, schließen sich aus Höflichkeitsgründen verschiedene Standardfloskeln an. Die Wahl solcher Floskeln ist abhängig vom vorangegangen Thema und davon, in welcher Beziehung die Gesprächspartner zueinander stehen. Je nach Verlauf des Gesprächs können verschiedene Floskeln anstatt einer der gängigeren **Verabschiedungsformeln** („Auf Wiedersehen") als endgültiges Schluss-Signal am Ende des Gesprächs stehen. Die Formeln können aber auch vielfältig miteinander kombiniert sein. Oft treten **Grußaufträge** hinzu, z. B. „Schöne Grüße auch an …". Standardformeln wie „Tschüss" werden gewöhnlich gleichlautend vom Gegenüber wiederholt. Heute ist zumindest in Deutschland bei Alt und Jung das lockere „Tschüss" gebräuchlich, daneben „Tschau", „Ciao" „Wiedersehen" u. a. m..

Nie verkehrt ist das förmlichere „Auf Wiedersehen", das vor allem von Teilen der älteren Bevölkerung durchweg bevorzugt wird. Von jungen Mädchen und jüngeren Frauen hört man oft auch das „Tschüssi"; ersatzweise, oder nach z. B. dem „Tschüss", hört man oft: „Man sieht sich" oder „Wir telefonieren". Dann kann man meist ganz sicher sein, dass die Person nichts mehr mit der anderen zutun haben will, also gewiss nicht „telefonieren" wird oder sie „sehen" will.

Ausdrucksmittel

- vom Thema abhängig: „Viel Spaß!, „Viel Glück!", „Gute Besserung!", „Gute Fahrt!", „Pass gut auf dich auf!", „Schöne Feiertage!", „Erholsamen Urlaub!"
- vom Thema nicht abhängig: „Einen (schönen) guten Tag noch"; „Mach's gut!" (bloßes Schlusssignal); „Leben Sie wohl!"; „Ein schönes Wochenende" bzw. „Schönes Wochenende" (geäußert z. B. von der Dame an der Kasse); „Bis bald, (Manfred)!"; „Komm gut heim, Manfred!"; „Gute Nacht Manfred, bis dann!"; „Man sieht sich!" oder „Wir sehen uns!" (unter Jugendlichen für: „Wir werden uns bald wieder sehen"); „Wir telefonieren!"; „O.K, bis später/bis andermal"
- allgemein und generell: „Auf Wiedersehen" (förmlich) oder Varianten „Wiedersehen", „Wiederschaun" bzw. am Telefon „auf Wiederhören" bzw. „Wiederhören"; „Tschüss" (geschrieben auch „Tschüs"), „Tschau", „Ciao", „Hi" (jugendsprachlich), „gute Nacht" (spät abends geäußert)

5.2. Feiertage in Deutschland

In Deutschland gibt es zahlreiche Feiertage, wie ein Blick in jeden **Kalender** erkennen lässt. Neben den Sonntagen sind die Feiertage grundsätzlich in der Verfassung (in Artikeln des Grundgesetzes) als **gesetzliche Feiertage** verankert. Allerdings fällt die Gesetzgebung aufgrund des föderativen Staatsaufbaus ansonsten ganz wesentlich in den Kompetenzbereich der Bundesländer. Neben den **christlichen Feiertagen** ist einzig der „Tag der Deutschen Einheit" (der 3. Oktober) als **Nationalfeiertag** übergreifend vom Bund festgelegt.

Deshalb gibt es gesetzliche Feiertage, die in allen Bundesländern vorkommen (z. B. Neujahrstag, Karfreitag, 1. und 2. Weihnachtstag), während andere Feiertage nur in vielen oder gar nur in einzelnen Bundesländern vorkommen, so Fronleichnam nur in Bayern und Baden-Württemberg. Sonntage und gesetzliche Feiertage sind grundsätzlich **arbeitsfreie Tage**. Personen, die an solchen Tagen dennoch arbeiten müssen (im Krankenhaus, bei der Polizei etc.), erhalten normalerweise einen sog. **„Feiertagszuschlag"** zu dem Grundlohn. An Sonntagen und gesetzlichen Feiertagen gilt der sog. **„Sonntagsschutz"**: Es dürfen keine LKW verkehren; Geschäfte dürfen nur mit Ausnahmen geöffnet sein. Darüber hinaus gibt es für verschiedene Feiertage weitere rechtliche Regelungen zu deren Schutz; so gilt z. B. am Karfreitag das Tanzverbot.

Von den gesetzlichen Feiertagen sind bloße **Gedenktage** bzw. **Festtage** zu unterscheiden. Das Erntedankfest z. B. ist ein christlicher Gedenktag, der Volkstrauertag ein staatlicher Gedenktag. Mit dem **Volkstrauertag** soll den Kriegstoten und den Opfern von Gewaltherrschaft aller Nationen gedacht werden. Dazu gibt es im Deutschen Bundestag eine Gedenkstunde mit Nationalhymne und Rede des Bundespräsidenten.

Ausdrucksmittel

▸ Feiertage: **in** (mit Dat.) Landesverfassungen **festschreiben**; verfassungsmäßig **garantieren; gelten** (teils) bundesweit; **gelten in**… (z. B. nur einigen Bundesländern); **sind** (in der Regel) arbeitsfrei; **fallen in die** Kompetenz der Bundesländer; können **auf einen** Wochentag **fallen; ein/kein** gesetzlicher Feiertag **sein in**…(einem Bundesland); **den Tag der Deutschen Einheit begehen** (= feiern); **am** Feiertag schulfrei **haben;**

▸ Gedenktage: **rufen** wichtige Ereignisse **ins Gedächtnis** (= erinnern an etwas); **werden begangen** (an einem Termin); **erinnern an** jemand oder etwas; **einen** Gedenktag **für die** (z. B. für die Opfer von Krieg und Gewaltherrschaft) **begehen; der** (mit Gen.) Opfer von Krieg und Gewaltherrschaft **gedenken**; eine (mit Akk.) Gedenkstunde **abhalten**

5.3. Brauchtum und Vereine

5.3.1. Bräuche

Als **Brauch** bezeichnet man eine traditionelle Gewohnheit zu bestimmten Anlässen. Die Gesamtheit der Bräuche einer gesellschaftlichen Gruppe oder eines ganzen Volkes ist deren **Brauchtum**. Bräuche beziehen sich auf wiederkehrende Lebenssituationen (insbesondere Geburt und Tod), vor allem aber auf den Jahreslauf: nach **Jahreszeiten** (Neujahr, Frühling usw.), nach gesellschaftlichen **Jubiläen** (Feste, politische Verabschiedungen usw.), sowie auf das **Kirchenjahr** (Adventszeit, Ostern, Pfingsten, Weihnachten usw.). Dabei setzen die zuletzt genannten Bräuche des Kirchenjahres nicht voraus, dass man besonders religiös ist oder einer christlichen Gemeinschaft angehört: Wie alle Bräuche teilen auch diese mit den **Riten** das Merkmal der Wiederholung des Gewohnten („dasselbe noch einmal"); sie wirken verbindend und gesellschaftlich stabilisierend. Ein gängiger Brauch ist der **Aprilscherz** am 1. April: Man legt jemand herein, indem man eine kaum glaubhafte Geschichte erzählt. Wird diese vom Gegenüber nicht als falsch durchschaut, hat man jemanden erfolgreich „in den April" geschickt. Des Weiteren gelten der **Valentinstag** (Tag der Verliebten) und der **Muttertag** (mit Aufmerksamkeiten für die Mütter) allgemein als Brauchtumstage. In zahlreichen Ortschaften gibt es sogar so bezeichnete **Brauchtumstage**, die den Charakter eines Jahrmarkts haben, und bei denen regionale Eigentümlichkeiten vorgeführt werden (Handwerk, Dialektdichtung, Spezialitäten etc.).

Die gesellschaftsweit üblichen Bräuche sind nach Inhalt und Ablauf in keiner Satzung festgelegt. Ganz anders ist dies bei Bräuchen von Berufsständen, Vereinen usw. So haben Schützenvereine und Karnevalsvereine Satzungen, in denen die Pflege des entsprechenden Brauchtums genau festgelegt ist. Das **Schützenbrauchtum** ist eng mit Kirche bzw. christlicher Religion verwoben. Es findet auch im Rahmen von **Kirmesfeiern** statt, die es in ländlichen Regionen gibt. Auf einem Schützenfest wird der beste Schütze (der Schützenkönig) z. B. durch das Abschießen eines hölzernen Vogels ermittelt (Vogelschießen). Auch wird der „König" samt Hofstaat in einem großen Umzug zum Festplatz geführt. Der **Karneval** z. B. mit seinem Brauchtum ist vor allem in katholisch geprägten Regionen Deutschlands verbreitet; andere Bezeichnungen sind dafür *Fasching* sowie (besonders in Süddeutschland) *Fasnacht* bzw. *Fastnacht*. Die unumstrittene Hochburg des Karnevals ist Köln. Zum Brauchtum zählt: Es gibt ein Tanzmariechen, das bei den „Sitzungen" auftritt, Fast-

nachtsumzüge am Rosenmontag etc. Am Ende der Faschingssaison wird am Faschingsdienstag die „alte Fastnacht" symbolisch „begraben", wozu man durch die Straßen zieht und laut Klagelieder singt. Am Aschermittwoch ist dann „alles vorbei".

In Deutschland werden folgende Feste und Bräuche allgemein gefeiert: Der Advent beginnt vier Sonntage vor dem Heiligen Abend; auf ihn soll die **Adventszeit** einstimmen. Gebräuchlich sind Adventskränze, wobei an jedem der vier Sonntage eine weitere Kerze angezündet wird. Der **Nikolaustag** am 6. Dezember geht auf eine legendäre Gestalt des Christentums zurück. In der Nikolausnacht stellen die Kinder ihre Schuhe vor die Türe, die am nächsten Morgen mit Schokolade und Geschenken gefüllt sind. **Weihnachten** ist das bedeutendste Familienfest in Deutschland. Es beginnt am Abend des 24. Dezembers („Heiliger Abend": die Geburt Jesu Christi) und schließt die beiden Weihnachtsfeiertage (25. und 26. Dezember) mit ein. Am feierlich begangenen **Heiligen Abend** werden Weihnachtslieder gesungen und Geschenke (meist) vom „Weihnachtsmann" verteilt. Im Mittelpunkt steht ein „Weihnachtsbaum"; es ist dies ein Brauch, der in der ganzen Welt Verbreitung gefunden hat. An den Weihnachtsfeiertagen wird etwas Besonderes gekocht: Ein traditionelles Weihnachtsgericht ist die gebratene Gans (Weihnachtsgans), wie in Amerika der Truthahn. Am **Silvesterabend** (31. Dezember) wird um Mitternacht ein Feuerwerk gezündet und man wünscht einander ein „gutes neues Jahr". **Ostern** schließlich ist neben Weihnachten ein sehr wichtiges christliches Fest; es soll an den Tod und die Auferstehung Christi erinnern. Viele Osterbräuche stammen bereits aus vorchristlicher Zeit (so das Osterfeuer). Weithin üblich ist, dass Kinder bemalte Eier und Süßigkeiten erhalten, die vom „Osterhasen" im Freien versteckt worden sind; dazu gibt es Ostergebäck in verschiedener Form (z. B. als Lamm).

Ausdrucksmittel

- einen Brauch/Bräuche: **pflegen** (= aufrechterhalten); **bewahren; wiederbeleben; erhalten; sind** geschichtlich **gewachsen; werden/sind überliefert; in einer/keiner Satzung festlegen; dienen der** ... (z. B. Integration) bzw. **dem** ... (z. B. Zusammenhalt); **wirken** ... (z. B. gemeinschaftsbildend); **können sich wandeln;**

- ein/das Brauchtum: **bewahren** bzw. **erhalten** etc. (wie für „Brauch"); traditionelles Brauchtum **haben**; das Brauchtum **entwickelt sich** (in einer Kultur); **(das) Brauchtum leben** (= eine Tradition wahren/aufrechterhalten; nur in Überschriften/Titeln)

5.3.2. Vereine

In Deutschland ist das **Vereinsleben** sehr ausgeprägt: Selbst ein noch so kleiner Ort oder Stadtteil hat mindestens einen Verein. Während **Verbände** gewöhnlich überregionale Anliegen vertreten, sind Vereine eher Ausdruck der lokalen Verbundenheit und dienen neben den jeweils vertretenen Interessen auch geselligen Zwecken. Es gibt Traditionsvereine (z. B. Schützenvereine, Karnevalsvereine), Sportvereine, Hobby-Vereine (z. B. Tierzüchtervereine), musische Vereine (Musik bis Tanz), Selbsthilfe-Vereine, karitative bzw. humanitäre Vereine u. a. m.

Das Recht auf **Vereinsgründung** ist im Grundgesetz verankert; allgemeine Bestimmungen zu Rechten und Pflichten eines Vereins enthält das **„Bürgerliche Gesetzbuch"** (BGB). Ein Verein ist ein freiwilliger Zusammenschluss von Personen. Er muss mindestens sieben Mitglieder umfassen und in das **Vereinsregister** des zuständigen Amtsgerichts eingetragen werden. Dann ist es ein „eingetragener Verein" („e.V."). Dieser hat eine **Satzung**, die gleichsam die Verfassung des Vereins ist. Festgelegt wird in ihr unter anderem, wie der **Vorstand** gebildet wird, welcher den jeweiligen Verein nach außen auch in rechtlicher Hinsicht vertritt. Außerdem werden festgelegt: die Befugnisse des Vorstands, der Vereinsname, der Sitz des Vereins etc. Die **Mitglieder** leisten normalerweise einen Mitgliedsbeitrag. Auf Mitgliederversammlungen wird unter anderem über Angelegenheiten des Vereins beraten und abgestimmt, führt man Wahlen (z. B. zum Vorstand) durch, etc.

Ausdrucksmittel

- einen Verein: **gründen, anmelden** (beim Amtsgericht), **eintragen (lassen)** in das Vereinsregister; **leiten,** (juristisch) **nach außen vertreten** (durch den Vorstand); **den Sitz** des Vereins **festlegen**; **mit dem** Verein **Ziele verfolgen**; ein Verein **dient der** ... (z. B. Verbundenheit); muss **eine bestimmte Mitgliederzahl umfassen**; das Vereinsleben **ist ausgeprägt**; einem Verein **die Rechtsfähigkeit entziehen**; **Angelegenheiten** des Vereins **regeln**; **den/seinen Austritt** aus einem Verein **erklären**; **seinen Beitritt erklären** (= Mitglied werden); Mitglieder **leisten Beiträge**; eine Mitgliederversammlung **einberufen**; die Mitgliedschaft **erwerben**; sich den Vereinsregeln **unterwerfen**;
- eine Satzung: **ausarbeiten; haben**; etwas (bestimmte Regelungen) **in der Satzung vorsehen** bzw. **vorschreiben, festmachen, festlegen, regeln**; in der Satzung **Regelungen treffen zu** ...; in der Satzung **Befugnisse** des Vorstandes **festlegen**; die Satzung **enthält** Regelungen/Bestimmungen zu/zur ...;
- den Vorstand: **bilden** (= durch eine Wahl bestimmen); **abberufen** (= abwählen), **bestellen** (= wählen); der Vorstand **setzt sich zusammen aus** ... und ist **zu etwas verpflichtet**; der Vorstand muss **Rechenschaft** (über seine Tätigkeit) **ablegen**

5.4. Essen und Trinken in Deutschland

In Deutschland werden normalerweise drei **Hauptmahlzeiten** eingenommen: das **Frühstück**, das **Mittagessen** und das **Abendessen**. Dies belegt auch eine neuere Studie der „Gesellschaft für Konsumforschung". Das Frühstück besteht aus verschiedenen Brotsorten und/oder Brötchen mit Butter bzw. Margarine und Marmelade, Käse sowie Wurst. Bei einem größeren **Frühstück** werden zudem gekochte Eier, Joghurt, Quark, Obst und Müsli gereicht; je nach Bedarf und Gewohnheit kann auch anderes (z. B. Fisch) hinzukommen. Dazu trinkt man Kaffee oder Tee. Zu **Mittag** isst man in Deutschland traditionell zwischen zwölf und ein Uhr. Vor dem Einnehmen von Mahlzeiten bzw. bei dem Gang dahin hört man in Kantinen von Betrieben vielfach die Begrüßungsformel „Mahlzeit", die von der jüngeren Bevölkerung meist nicht mehr gewählt und als gekünstelt empfunden wird.

Darüber, woraus das **Mittagessen** in der heutigen deutschen Gesellschaft besteht, lassen sich keine genauen Angaben machen. In der eher traditionellen Bevölkerung dürften Fleisch, Kartoffeln, Gemüse und Salat nach wie vor eine zentrale Rolle spielen. Falls es einen Nachtisch gibt, kann auch dieser heute von vielfältiger Art sein (z. B. ein Pudding, Eis oder Obst). Die genannte Studie belegt dazu, dass die Mehrheit der Deutschen eine warme Mahlzeit zu sich nimmt und dass überwiegend zu Hause gegessen wird; nur die 20- bis 24-Jährigen essen am häufigsten unterwegs. Sonntags oder an Festtagen werden **am Nachmittag** Kaffee und Kuchen oder Plätzchen angeboten. Dazu lädt insbesondere die ältere Bevölkerung meist Freunde und Bekannte „zum Kaffee" ein. Das **Abendessen**, auch *Abendbrot* genannt, wird laut Studie meist zwischen 19 und 20 Uhr eingenommen. Es besteht gewöhnlich aus verschiedenen Brotsorten, von denen es in Deutschland eine überwältigende Vielfalt gibt, belegt mit Käse und Wurst. Manchmal wird auch warm gegessen; dies ist insbesondere dann der Fall, wenn man berufsbedingt mittags dazu keine Gelegenheit hat.

In Deutschland gibt es eine große Anzahl sehr verschiedener **Gaststätten**, nämlich Übernachtungs-, Verpflegungs- und Unterhaltungsgaststätten, die vom Gaststättengewerbe weiter unterteilt werden. Ein **Restaurant** beispielsweise ist ein Speiselokal, in dem man mittags und abends warme Mahlzeiten bekommen kann. Wenn man durch Deutschland reist, wird man schnell feststellen, dass jede Region ihre eigenen Spezialitäten hat. Im **Café** dagegen kann unter vielen alkoholfreien und besonders heißen Getränken gewählt werden; es werden aber auch Weine und Spirituosen angeboten. Immer häufiger kann man dort auch kleine warme Mahlzeiten zu sich nehmen. Vor allem wählt

5. Weitere Lebenslagen: landeskundliche Aspekte

man aus einem reichhaltigen Kuchen- und Tortenangebot. Besonders typische Torten und Kuchen sind: Schwarzwälderkirschtorte, Käsekuchen, Apfelkuchen, Marmorkuchen, Biskuitrolle, Erdbeer- oder Himbeertorte. Ein **Biergarten** wiederum schenkt vornehmlich alkoholische Getränke aus, vor allem aber Bier. Einen Biergarten gibt es lediglich in der warmen Jahreszeit, da man im Freien, an schattigen Plätzen oder unter Bäumen sitzt. Das Pendant zum Biergarten ist die **Weinstube**, in der insbesondere Wein getrunken wird. Dieser stammt gewöhnlich aus der jeweiligen Region.

Eines der beliebtesten Getränke in Deutschland ist das **Bier**. Man verbindet mit diesem Umstand vor allem das weltweit bekannte und beliebte **Münchner Oktoberfest**. Aber auch bei anderen Bierfesten sitzen die Menschen an Biertischen in einem Bierzelt und genießen außer Bier auch gern deftige Speisen. Bier trinkt man aus einem Bierglas oder einem Bierkrug; und in Bayern bestellt man eine „Maß", das heißt einen Liter Bier. Nach einer Statistik aus dem Jahre 2006 steht Deutschland beim Bierkonsum an zweiter Stelle (Österreich an dritter, die Schweiz an elfter Stelle). In Bayern soll der Durchschnittsverbrauch am höchsten sein, in Weingebieten (wie in der Pfalz) am niedrigsten. In Deutschland gilt das Reinheitsgebot, das Verordnungen über Inhaltsstoffe des Biers umfasst: Bier darf nur aus Hopfen, Malz und Wasser bestehen. Neben einer Fülle an Biersorten (Starkbier, Bockbier, Altbier, Pils, Export, Weißbier oder Weizen etc.) gibt es **alkoholfreie Biersorten**, aber auch verschiedene **Biermischgetränke.** Das Herstellen von Bier nennt man *Brauen*; eine Firma, die Bier braut, heißt *Brauerei*.

Ausdrucksmittel

- eine Mahlzeit: **zu sich nehmen** (= essen); **einnehmen** (= essen); **bekommen/erhalten** (z. B. im Restaurant); **etwas** (z. B. Salat) **anbieten**; etwas (z. B. Obst) **reichen** (= anbieten); eine Mahlzeit **besteht aus…**;
- Essen: **servieren**; **zubereiten**; etwas (z. B. Fleisch) **verzehren** (= essen); das Mittagessen **besteht** (meist) **aus …**; (während des Abendessens) **zu** Knabbereien **greifen**; **das** Frühstück/Abendessen **einnehmen um/zwischen …** Uhr; **die** traditionelle **Küche** (= das traditionelle Essen) **ist…** (z. B. meist nicht scharf); Speisen **genießen**; Spezialitäten (in einer Region) **haben**
- Trinken: Bier **brauen** (in Brauereien), Alkohol **konsumieren** (= zu sich nehmen); Getränke **ausschenken**

5.5. Wohnen

Wenn man eine Wohnung mietet, ist nicht nur rund um den **Mietvertrag** sehr viel zu bedenken, sondern auch darüber hinaus. Zu empfehlen ist, gute Bekannte oder Freunde/Freundinnen zurate zu ziehen, um keinen Fehler beim Abschluss des Mietvertrages zu machen. Mit Fragen und (vielleicht späteren) Problemen wendet man sich an einen „Mieterschutz-Verein" (auch: „Mieterverein"); diese Vereine sind im „Deutschen Mieterbund" zusammengeschlossen. Wie bei sonstigen Fragen z.B. rechtlicher Art kann man sich auch an die **„Verbraucherzentrale"** mit ihren Beratungsstellen wenden.

Bevor man einen **Mietvertrag** unterschreibt, ist unbedingt zu beachten: Sämtliche Mängel der Wohnung (Risse, Kratzer etc.), die man in einem Ein- oder Mehrfamilienhaus mieten will, sind vollständig bei der **Wohnungsübergabe** schriftlich in einer Liste festzuhalten und vom Vermieter zu unterschreiben. Dazu und zur Prüfung der Mietbedingungen zieht man am besten eine Person hinzu. Der Mietvertrag sollte Wort für Wort gelesen werden, um sicherzustellen, dass man alles im Detail verstanden hat. Die **Miete** wird per Bankeinzug monatlich an den Vermieter überwiesen. Sie setzt sich zusammen aus der **Kaltmiete** und zusätzlichen **Nebenkosten** für die Hausreinigung, die Müllabfuhr und gegebenenfalls für Heizungs- und Wasserkosten. Kaltmiete und Nebenkosten machen zusammen die **Warmmiete** aus. Ein wichtiger Bestandteil sind auch die Hausschlüssel, die mit der Wohnung übergeben werden. Man muss überprüfen, ob sämtliche der aufgeführten Schlüssel tatsächlich vorhanden sind. Der Mietvertrag enthält Angaben dazu und normalerweise noch zur Dauer des Mietverhältnisses, zur Renovierung (beim Einzug oder beim Auszug), zur Kündigungsfrist (gängig sind 3 Monate), zu künftigen Mieterhöhungen, sowie zur sog. „Hausordnung".

Als **Hausordnung** werden schriftlich niedergelegte Regelungen bezeichnet. Das Erfüllen damit verbundener Pflichten bezeichnet man oft als „die Hausordnung machen". Wenn entsprechende Arbeiten nicht z.B. ein **Hausmeister** übernimmt, kann Inhalt der Hausordnung sein, dass man abwechselnd mit anderen Mietern gemeinsam genutzte Flächen reinigt (das Treppenhaus, den Keller, den Dachboden). In Gebäuden ohne Hausmeister kann auch die Verpflichtung bestehen, im Winter den Bürgersteig vor dem Gebäude von Schnee und Eis zu befreien. Zur Hausordnung gerade in Mehrfamilienhäusern gehört aber auch der Hinweis auf **Ruhezeiten** (normalerweise 13:00–15:00 Uhr und 22:00–7:00 Uhr), in denen ruhestörender Lärm zu vermeiden ist, z.B. das Rasenmähen. Wer andere erheblich durch Lärm belästigt, begeht eine Ordnungswidrigkeit, was mit Bußgeld geahndet werden kann. Für die Zeiten der sog. **„Mittagsruhe"** gibt es darüber hinaus keine gesetzlichen Regelungen. Allerdings gilt nach dem „Bundes-Immissionsschutzgesetz" zum Schutz gegen Lärm: An Sonn- und Feiertagen darf es ganztägig keine Lärmbelästigung geben, ansonsten nicht zwischen 22:00 und 6:00 Uhr. Damit verbundene Streitigkeiten zwischen Mietern machen einen Großteil der juristischen Beratungen aus.

Falls nicht im Mietvertrag geregelt, bedarf es der Zustimmung des Vermieters, ob **Haustiere** gehalten werden dürfen. Viele Vermieter verlangen bei Unterzeichnung des Mietvertrages eine **Kaution** als Mietsicherheit. Diese darf aber nicht mehr als drei Monatsmieten (ohne Nebenkosten) umfassen; sie sollte auf ein gesondertes Konto gezahlt werden; nach dem Auszug erhält man die Kaution mit Zinsen zurück. Eine **Mieterhöhung** ist nur in gesetzlich geregelten Fällen möglich. Nebenkosten in Form des individuellen Verbrauchs für Wasser, Elektrizität etc. werden jährlich gesondert abgerechnet. Nebenkosten, wie z.B. Müllabfuhr, Straßen- und Hausreinigung, werden vom Vermieter jährlich in Rechnung gestellt.

Im Mietvertrag ist meist auch geregelt, ob man **Schönheitsreparaturen** durchführen muss (Wände streichen), ob und wie man gemeinsame Einrichtungen oder Geräte (z.B. Waschmaschinen) nutzen kann. Die Wohnräume dürfen nicht für gewerbliche Zwecke genutzt werden. Bei erheblichen Mängeln, wie auftretende Schimmelbildung, kann man eine **Mietminderung** geltend machen, wenn die Mängel nicht in einer gewissen Frist beseitigt werden. Hierzu sollte man sich aber bei den genannten Stellen sachkundig machen.

Ausdrucksmittel

- den/einen Mietvertrag: **erhalten; unterschreiben**; im Mietvertrag die **Nebenkosten ausweisen**; etwas **im Mietvertrag festhalten**; Mietverträge **unterliegen einer** Kündigungsfrist; die Kündigungsfrist **beträgt…Monate**; die Kündigungsfrist **einhalten**; **Haustiere (nicht) erlauben**; (nicht) erlauben, dass man **Haustiere halten darf**; Haustiere **bedürfen der Genehmigung**; die Hausschlüssel **erhalten** bzw. **übergeben**;
- die Miete: **zahlen, überweisen, entrichten;** Mietzahlungen **leisten**; die **Miete erhöhen**; die Miete **mindern** (= kürzen, z. B. bei nicht abgestellten Mängeln); **mit der Mietzahlung in Verzug sein** (= z. B. die Miete zwei Monate nicht gezahlt haben);
- eine Kaution: **verlangen; leisten; zurückerhalten** (nach Auszug); **einbehalten** (wenn Schäden verursacht wurden); die Kaution **darf bis zu drei Kaltmieten betragen**;
- eine Wohnung: im renovierten/unrenovierten Zustand **übergeben; abnehmen** (= „Wohnungsabnahme/Wohnungsübergabe" mit Protokoll bei Mieterwechsel); bei dem Auszug **renovieren** (müssen); zu Wohnzwecken oder gewerblich **nutzen**; **Schäden** (beim Einzug) schriftlich **festhalten** und **auflisten**; Renovierungsarbeiten **vornehmen**;
- eine Hausordnung: **erlassen; aushängen** (im Flur z. B.); **die Hausordnung machen** (= laut Mietvertrag z. B. die Treppe putzen); **Ruhezeiten einhalten**; eine Mittagsruhe vorschreiben; **Lärm vermeiden**; etwas kann **eine** erhebliche **Belästigung darstellen**; **Maßnahmen** gegen Lärmbelästigungen **ergreifen**; Ruhestörungen können **eine Ordnungswidrigkeit darstellen, von Ordnungsbehörden verfolgt** und **mit einem Bußgeld geahndet werden**

5.6. Umgang mit Müll

In Deutschland wird mit dem Thema **Müll** sehr differenziert umgegangen. Auf der Straße oder auf öffentlichen Plätzen wirft man Abfälle in die zahlreichen öffentlichen Mülleimer. Der in privaten Haushalten anfallende Müll heißt **Hausmüll**; für das Abholen durch die Müllabfuhr muss man Gebühren zahlen; es gibt dazu individuelle kleine oder große Abfallcontainer für mehrere Bewohner, in die nur der so bezeichnete **Restmüll**

geworfen wird. Bestimmte Abfälle (Dosen, Flaschen von Spülmitteln usw.) sammelt man in dem, was als **gelber Sack** bezeichnet wird; diesen erhalten alle Haushalte, als Rolle gewickelt, von Zeit zu Zeit kostenlos.

Altmaterialien wie Altmetalle oder bestimmte Kunststoffe bringt man zu einem so genannten **Wertstoffhof,** einer Art Annahmestelle für diese Art von Müll; dort kann man auch Elektroschrott und Gartenabfälle in gesonderte Behälter geben. Altglas bringt man zu einem der zahlreichen so bezeichneten **Flaschencontainer,** wo man es nach weißem, grünem und braunem Glas getrennt einwirft. Batterien sowie bestimmte Chemikalien usw. gehören zum so bezeichneten **Sondermüll.** Für Papier und Pappe gibt es spezielle **Altpapier-Container.** Alte Möbel werden als so genannter **Sperrmüll** abtransportiert, wozu man einen Termin bei den Stadtwerken vereinbaren muss. Für nicht mehr benutzte Kleidung gibt es die so bezeichneten **Altkleidersammlungen,** aber auch spezielle Container, in die man Kleidung und auch Schuhe einwerfen kann.

In Bezug auf Müll wird häufig nicht von *wegwerfen,* sondern von **entsorgen** gesprochen. Wer Müll nicht ordnungsgemäß entsorgt und diesen als Privatperson z. B. einfach im Wald wegwirft oder als Firma z. B. in einen Fluss einleitet, wird als **Umweltsünder** bezeichnet und bestraft. An der **Müllvermeidung** (z. B. durch Verwendung von Mehrwegflaschen) können sich alle beteiligen. Für die **Müllverwertung** (das **Recycling**) gibt es spezielle Müllverwertungsanlagen und Entsorgungsfirmen. Viele Wertstoffe (von Papier bis Metall und Kunststoff) sind wichtiges Ausgangsmaterial bei der Herstellung neuer Produkte.

Ausdrucksmittel

▸ Hausmüll: **trennen** bzw. (getrennt) **sammeln**; **sortieren**; **in** ... (z. B. eine Tonne) **werfen**; **zu** ... (z. B. einem Container) **bringen** bzw. **in** ... (einen Container, eine Tonne) **einwerfen**; (nicht einfach) **wegwerfen**, sondern (ordnungsgemäß gesondert) **entsorgen**; **wiederverwerten** bzw. **recyceln**; Wertstoffe **sammeln**; Müll auf Deponien **lagern** oder (in einer Müllverbrennungsanlage) **verbrennen**; Müll **dem/einem Recycling zuführen** (= recyceln)

5.7. Öffentliche Verkehrsmittel

5. Weitere Lebenslagen: landeskundliche Aspekte

Deutschland hat ein sehr dichtes **Verkehrsnetz**: das Straßennetz, das Schienennetz, Flughäfen und Wasserstraßen. Der **„Öffentliche Personennahverkehr" (ÖPNV)** umfasst dabei den Nahverkehr zwischen Städten sowie kleineren und größeren Ortschaften und ganzen Regionen: auf Schienen (Zug) sowie auf Straßen, nämlich mit Bussen, Straßenbahnen, U-Bahnen und S-Bahnen. Damit wird der Individualverkehr per PKW entlastet und dennoch Mobilität umfassend gesichert. Unter anderem zuständig auch für den Verkehr ist das **„Bundesministerium für Umwelt, Naturschutz und Reaktorsicherheit" (BMU,** kurz „Bundesumweltministerium"). Laut BMU haben die **Landes- und Kreisstraßen** mit Abstand den größten Anteil an dem überörtlichen Straßennetz. Zu den Ausbaumaßnahmen im Bereich des **Schienennetzes** zählen neue Hochgeschwindigkeitsstrecken. Von den **Flughäfen** sind gegenwärtig 16 Flughäfen international zugelassen; der Flughafen Frankfurt ist in Deutschland mit Abstand der wichtigste Flughafen für den Luftfrachtverkehr. Im Bereich der **Binnenschiff-Fahrt** kommt dem Rhein ein zentraler Stellenwert zu; der auch weltweit größte Binnenhafen ist Duisburg.

Auf **Autobahnen** gibt es in Deutschland keine generell geltende Höchstgeschwindigkeit. Benutzt werden darf die Autobahn aber nur, wenn ein Fahrzeug mehr als 60 Stundenkilometer schnell fahren kann. Ansonsten sind wie für alle Straßen die geltenden Geschwindigkeitsbeschränkungen zu beachten. Da viele Menschen in Deutschland ein **Fahrrad** als Fortbewegungsmittel zunehmend nutzen, sind in kleineren und größeren Ortschaften sowie Städten Radwege bzw. Radstreifen an Straßen ausgebaut und Abstellmöglichkeiten für Fahrräder zur Verfügung gestellt worden. Des Weiteren ist auf das **Taxi** hinzuweisen: Dies wird unter anderem in verkehrsarmen Gegenden und oft nachts genutzt. Allerdings sind Taxifahrten recht teuer. Will oder muss man mit einem PKW preiswert beweglich sein, kommen heute auch zahlreiche **„Mitfahrzentralen"** infrage; bei ihnen bieten sich Personen an, andere über größere Stecken mitzunehmen. Darüber hinaus verzeichnen die **„Carsharing-Anbieter"** erhebliche Zuwächse: Neben zahlreichen Firmen bietet mittlerweile auch die Deutsche Bahn Konzepte an, ein Fahrzeug zur Kurzmiete auszuleihen.

Tickets für die öffentlichen Verkehrsmittel im Nahbereich, aber auch im Fernbereich (hier der Bahn), kauft man an jeweiligen Automaten, in Reisezentren, in Reisebüros, oder auch im Internet. Sie sind nach Entfernungen berechnet, nach sog. „Tarifzonen". Über Ermäßigungen und andere Bedingungen bzw. Leistungen sollte man sich vor Antritt einer Fahrt oder Reise zuvor informieren: Zehnerkarten, Partnerkarten, Monatskarten, Jahreskarten etc. Dies gilt vor allem auch für Leistungen, die für Behinderte, Alte und auch Personen mit Kinderwagen oder schwerem Gepäck angeboten werden.

Ausdrucksmittel

▸ das Verkehrsnetz: **ausbauen, modernisieren, ergänzen, anbinden** (z. B. das Straßennetz an das Schienennetz); **über ein** (gut ausgebautes) Verkehrsnetz **verfügen**; ein Verkehrsmittel **nutzen**; die Verkehrsanbindung **verbessern**; das Straßennetz **umfasst** … Kilometer; **in das** überörtliche **Verkehrsnetz eingebunden sein**; den Verkehr **über die Straße abwickeln** (= verlaufen lassen); **Luftfracht** am Flughafen **abwickeln** (= erledigen, organisieren); **Güter** in den Seehäfen **umschlagen** (= umladen, verteilen); unrentable **Strecken** (der Bahn) **stilllegen**; Leistungen **anbieten**; Verkehrsanlagen **barrierefrei gestalten** (z. B. für Behinderte)
▸ Tickets/Fahrkarten/Fahrscheine: vor der Fahrt **lösen** (= erwerben); **entwerten** (vor Fahrtantritt, wodurch sie meist erst gültig werden); **buchen** (z. B. im Internet), (z. B. am Automaten) **kaufen**; Fahrpreise **nach Entfernungen berechnen**; einen **gültigen Fahrausweis haben** (= eine gültige Fahrkarte etc.)

5.8. Weiteres: Ärztliche Versorgung und Beratung in problematischen Lebenslagen

5.8.1. Ärztliche Versorgung

Das deutsche **Gesundheitssystem** ist recht gut ausgebaut. Voraussetzung für den Besuch eines Arztes ist, dass man eine **Krankenversicherung** hat. Mit verschiedenen Mitgliedsländern der Europäischen Union sowie einigen anderen Staaten gibt es ein Sozialversicherungsabkommen. Auf diese Weise ermöglicht die „**Europäische Krankenversicherungskarte**" (EHIC), dass man auch in Deutschland einen Versicherungsschutz hat und die medizinischen Versorgungsleistungen in Anspruch nehmen kann.

Im Krankheitsfall wendet man sich an einen Allgemeinmediziner, den **Hausarzt/**die **Hausärztin**. Patienten/Patientinnen müssen dazu eine **Praxisgebühr** in Höhe von 10 EUR bezahlen, und zwar jeweils für ein Quartal (drei Monate). Dies gilt ebenso auch für den **Zahnarzt/**die **Zahnärztin**. Der Hausarzt stellt gegebenenfalls eine Überweisung an einen **Facharzt/**eine **Fachärztin** aus, oder eine Überweisung für die **Klinik**. Dort wird die Praxisgebühr dann allerdings nicht nochmals fällig. Bis zum 18. Lebensjahr entfällt die Praxisgebühr. Sie entfällt auch für Vorsorgeuntersuchungen (z. B. für Brustkrebs oder Darmkrebs), bei der Schwangerschaftsvorsorge, bei Schutzimpfungen, sowie bei den jährlichen zahnärztlichen Kontrolluntersuchungen.

In Deutschland gilt die sog. „**Apothekenpflicht**": Sie besagt, dass nach dem Arzneimittelgesetz sog. „apothekenpflichtige" Medikamente nur in Apotheken von fachkundigem Personal verkauft werden dürfen. Auch im Internet dürfen sie nur von Apotheken verkauft werden; darüber hinaus ist beim Kauf von Medikamenten im Internet Vorsicht geboten. Verschiedene Arzneimittel sind zwar **apothekenpflichtig**, aber nicht **verschreibungspflichtig** („einfach apothekenpflichtige Arzneimittel"); diese können ohne ärztliche Verschreibung abgegeben werden. Sie sind im Arzneimittelverzeichnis („Rote Liste") mit „ap" gekennzeichnet. Die „verschreibungspflichtigen" Medikamente hingegen bedürfen einer **ärztlichen Anordnung**. Dazu stellt der Arzt/die Ärztin ein **Rezept** aus; die Verschreibungspflicht eines Medikaments ist mit „rp" („rezeptpflichtig") gekennzeichnet. Mit dem Rezept geht man zu einer Apotheke, um das verordnete Medikament bzw. die Medikamente abzuholen. Dort muss man dann für jedes verordnete Medikament eine Zuzahlung leisten.

Tritt ein aktueller **Notfall** ein, erreicht man in Deutschland (wie auch europaweit) eine Leitstelle für den Notarzt (Notfallrettungsdienst) unter der **Notrufnummer** „112". Über aktuelle Verletzungen hinaus sollte man in verschiedenen Fällen keinesfalls zögern, diese Nummer zu wählen. Dies gilt insbesondere dann, wenn ein Verdacht auf Schlaganfall oder Herzinfarkt vorliegt. Denn dann zählt jede Minute. Darüber hinaus gilt in Deutschland speziell für Polizei und Feuerwehr die Notfallnummer „110", für die Feuerwehr auch „113".

Ausdrucksmittel

- der Hausarzt/die Hausärztin kann: ein Medikament **anordnen;** eine Überweisung und/oder ein Rezept **ausstellen;** einen Arzt/eine Ärztin **aufsuchen** (= im Krankheitsfall besuchen); einen Versicherungsschutz **haben** (= krankenversichert sein); Versorgungsleistungen **in Anspruch nehmen können** (= Anspruch darauf haben, sie erhalten zu können); eine Überweisung (beim Facharzt/bei einer Fachärztin) **vorlegen;** einen Notarzt **unter** (mit Gen.) einer Notrufnummer **erreichen;** ein Notfall kann **eintreten;**

- die Praxisgebühr: **bezahlen, entrichten** (= bezahlen); **erheben bei** (mit Dat.: ersten Arztbesuchen); kann **wegfallen; fällt an** (einmal im Quartal); **entfällt/fällt weg bei** (z. B. einer Überweisung);
- Arzneimittel: **verschreiben, verkaufen** bzw. **abgeben** (in einer Apotheke); **bedürfen einer/keiner** ärztlichen Anordnung; für ein Arzneimittel **eine Zuzahlung leisten** (= etwas hinzuzahlen); sind **gekennzeichnet mit** (mit Dat: z. B. dem Aufdruck) „ap" oder „rp" bzw. **versehen mit** einem solchen Aufdruck.

5.8.2. Beratung in problematischen Lebenslagen

In Deutschland gibt es zahlreiche **Beratungsstellen** für Kinder, Jugendliche und Erwachsene, und zwar für sämtliche Problembereiche: Verhaltensauffälligkeiten bei Kindern, Erziehungsprobleme, Beziehungsprobleme zwischen Partnern etc. Falls man andere Anlaufstellen nicht kennt, kommen in erster Linie die **Hausärzte** und die **Jugendämter** für die Erstberatung infrage. Ansonsten kann man sich an den „Allgemeinen Sozialen Dienst" (ASD) wenden, der gegenwärtig häufiger als „**Kommunaler Sozialdienst**" bezeichnet wird. Es handelt sich um eine Einrichtung auf Gemeindeebene, die meist Teil des Jugendamtes ist. Hier erhält man Beratung in Fragen der Erziehung sowie in Fragen von Partnerschaft und Trennung. Angeboten werden unter anderem auch Hilfen für Kinder und Jugendliche in Konfliktsituationen.

Des Weiteren bietet die „**Nummer gegen Kummer e.V.**" kostenlose, anonyme und vertrauliche Beratungsangebote für Kinder, Jugendliche und Eltern. Der Verein ist die Dachorganisation zahlreicher Mitgliedsorga-

5. Weitere Lebenslagen: landeskundliche Aspekte

nisationen. Neben einem Seelsorgeangebot stellt auch die **„Telefonseelsorge"** der evangelischen und katholischen Kirchen in sämtlichen Problemlagen ein Beratungsangebot zur Verfügung. Speziell für die Betreuung nach Straftaten kann man sich an den **„Weißen Ring"** wenden. Der „Weiße Ring" bietet neben einer persönlichen Betreuung vielfältige Hilfestellungen, z. B. auch im Umgang mit Behörden, im Bereich der Rechtsberatung etc.

Beratungsstellen der **„Schwangerschaftskonfliktberatung"** bieten schwangeren Frauen in Not- und Konfliktsituationen Hilfe an, um verantwortliche Entscheidungen treffen zu können. Neben der Beratung in allen Fragen, die im Zusammenhang mit einer Schwangerschaft auftreten, bezieht sich das Beratungsangebot auch auf sozialrechtliche und finanzielle Aspekte, z. B. zum Mutterschutz, zur Elternzeit, zur Kinderbetreuung usw. Staatlich anerkannte **Beratungsstellen** sind den **Gesundheitsämtern** angeschlossen. Beratungen können aber auch von **Ärzten/Ärztinnen** mit einer staatlichen Anerkennung in diesem Bereich durchgeführt werden.

Ausdrucksmittel

- Beratungsstellen: **beraten zu ...** (z. B. den gesetzlichen Seiten eines Problems); **bieten Hilfen an für ...**; bieten Unterstützung und Hilfestellung **an**; **stellen** ein Beratungsangebot **zur Verfügung**; **entwickeln** Lösungswege; **unterstützen jemanden** (z. B. Kinder); **sich an** Beratungsstellen **wenden** (bei Problemen);
- eine Beratung: **zu etwas** (mit Dat., z. B. zur Schwangerschaft) bzw. **in Fragen der**...(z. B. Erziehung) **durchführen** (= beraten); **erhalten** (= beraten werden); **jemandem anbieten** (von Seiten einer Beratungsstelle)

6. Bildung und Ausbildung

6.1. Anmerkungen zum Bildungssystem

Das deutsche **Bildungssystem** umfasst mehrere Stufen und unterscheidet sich von den Bildungssystemen anderer Länder teils erheblich. Dazu zählen sämtliche Einrichtungen, die dem Erwerb von Bildung dienen. Im engeren Sinne zählen dazu die schulischen Ausbildungsstufen von der Grundschule an bis zum Weiterbildungssektor. Teils wird von einigen Bundesländern auch der Vorschulbereich dem Bildungssystem zugerechnet. Im Sinne eines **„lebenslangen Lernens"** zählen im weiten Sinne auch Bildungsangebote für ältere bzw. alte Menschen zum Bildungssystem, z. B. Seniorenakademien und das Seniorenstudium an verschiedenen Universitäten.

Fragen rund um Bildung und Ausbildung waren stets und sind auch heute in besonderem Maße Gegenstand heftiger gesellschaftspolitischer Kontroversen. Dies gilt insbesondere zu allen mit dem Schulwesen zusammenhängenden Fragen. Da das **Schulwesen Ländersache** ist, also durch die Kultusministerien der Bundesländer geregelt wird, sind die schulischen Konzepte von Bundesland zu Bundesland sehr unterschiedlich und kaum in einfacher Weise darstellbar.

Deshalb kann das Schulsystem nachfolgend nur in Grundzügen skizziert werden, und dort auch nur im Hinblick auf sog. **„Regelschulen"** (nicht also im Hinblick auf z. B. Sonderschulen bzw. Förderschulen für Behinderte etc.). Unberücksichtigt bleiben somit: das System der dualen Berufsausbildung, die verschiedenen Formen der berufsbildenden Schulen, der gesamte Weiterbildungssektor (Volkshochschulen, Abendgymnasien, Bildungszentren von Kirchen, Gewerkschaften etc.), der Trend zum sog. „E-Learning" im Bereich der Weiterbildung etc.

Für die Gesetzgebung auf Bundesebene ist in erster Linie das **„Bundesministerium für Bildung und Forschung" (BMBF)** zuständig. Dem Zweck der politischen Koordination unter den Bundesländern dienen sodann vor allem die „Gemeinsame Wissenschaftskonferenz" (GWK) und die ständige „Kultusministerkonferenz" (KMK). Hinzu kommen zahlreiche weitere Bildungsinstitutionen, Forschungseinrichtungen und Organisationen, die auf den Bildungssektor Einfluss nehmen.

6.2. Kindertagesbetreuung

Das Betreuungsangebot für Kinder ist in Deutschland recht vielfältig und regional unterschiedlich. Nach dem **„Kinder- und Jugendhilfegesetz"** haben Kinder im Alter von drei bis sechs Jahren einen gesetzlichen Anspruch auf einen Halbtags-Platz im Kindergarten bis zum Zeitpunkt der Einschulung. Einzelheiten der Ausgestaltung fallen in den **Zuständigkeitsbereich der Bundesländer**. In diesen sind nicht nur Art und Umfang der Kostenbeteiligung durch die Eltern unterschiedlich, sondern je nach Region auch die Bezeichnungen für die Einrichtungen. Getragen werden die Einrichtungen von den Kommunen. Es gibt aber auch sog. „freie Träger", nämlich kirchliche Träger, privat-gewerbliche Träger, Elterninitiativen usw.

Nach dem Umfang der zeitlichen Betreuung lassen sich unterscheiden: die **Teilzeitbetreuung** (z. B. nur vormittags oder nur nachmittags), das **verlängerte Vormittagsangebot** bis nach dem Mittagessen, und die **Ganztagsbetreuung**. Meist nennt man Einrichtungen mit Ganztagsbetreuung **„Kindertagesstätten"** (abgekürzt als „Kita") oder auch „Tageskindergärten". Je nach Angebot kann hier die Betreuung weit über den späten Nachmittag hinausgehen. Gerade für berufstätige Eltern oder Elternteile haben solche Einrichtungen einen ganz wichtigen Stellenwert.

Teils werden alle nach Altersgruppen unterscheidbaren Einrichtungen zusammen als „Kindertagesstätten" bezeichnet. Dies sind: die **„Kinderkrippe"** für Kinder unter drei Jahren, der **„Kindergarten"** für Kinder von drei bis sechs Jahren, und der **„Kinderhort"** (auch „Schulhort") für die Kindertagesbetreuung von Grundschülern, nämlich für Kinder bis zur vierten Klasse. Der Schwerpunkt liegt hier oft bei der Hausaufgabenbetreuung und der Freizeitgestaltung.

Im Rahmen der Betreuung in den verschiedenen Einrichtungen hat in Deutschland heute zunehmend der damit verbundene **Bildungsauftrag** an Gewicht gewonnen. Gerade Kinder sozial benachteiligter Schichten erlernen hier **soziale Kompetenzen**, die sie zu Hause als Vorbereitung auf die Schule nicht erwerben können. Des Weiteren ist für Kinder mit Migrationshintergrund nicht nur bereits der Kontakt mit Betreuerinnen und Betreuern von Wichtigkeit; sie erhalten darüber hinaus vor allem Gelegenheit, im Umgang mit gleichaltrigen Muttersprachler(inne)n geeignete **Deutschkenntnisse** erlangen zu können. Die **Schulung des Personals** ist zunehmend auch darauf gerichtet, Lernstörungen, Verhaltensstörungen sowie Hinweise auf Misshandlungen in der Familie und auf sexuellen Missbrauch rechtzeitig erkennen zu können. Allgemein gelten heute als **gesellschaftspolitische Aufgaben**: die verstärkte frühkindliche Bildung und Sprachförderung, der Ausbau von Familienzentren (für Betreuung, Beratung und Unterstützung) sowie der Ausbau von Betreuungsangeboten für unter Dreijährige.

Ausdrucksmittel

- Kinder: **betreuen**; in den Kindergarten **schicken/aufnehmen**; Kindern (Dat.) Plätze (in einer Kindertagesstätte) **anbieten** bzw. **zur Verfügung stellen**;
- eine Betreuung: **brauchen** bzw. **benötigen, anbieten**; eine Betreuungseinrichtung **besuchen**; das Ganztagsangebot **ausbauen/erweitern**;
- Kindergärten, Kitas usw.: **werden getragen von** bzw. **unterhalten von** (mit Dat.: vor allem den Kommunen); **eröffnen** Bildungsmöglichkeiten; **haben/finden ihre rechtlichen Grundlagen in** … (mit Dat.)

6.3. Zum deutschen Schulsystem

Grundsätzlich umfasst das Schulsystem in Deutschland drei Stufen: die **Primarstufe**, die **Sekundarstufe I** und die **Sekundarstufe II**. Kinder werden frühestens im Alter von 6 Jahren eingeschult (teils erst mit 7 Jahren). Dann durchlaufen sie alle die vier Jahre der **Grundschule**. Dort werden meist in den ersten beiden Schuljahren die Leistungen nur schriftlich und nicht mit Ziffernnoten beurteilt. Der **Schulpflicht** unterliegen Kinder und Jugendliche in der Regel mit Vollendung des sechsten Lebensjahres. Untergliedert wird die Schulpflicht in die Vollzeitschulpflicht (allgemeine Schulpflicht) und die Teilzeitschulpflicht (Berufsschulpflicht). Die allgemeine Schulpflicht umfasst in den Bundesländern meist neun Vollzeitschuljahre.

Mit der 5. Klasse setzt die **Sekundarstufe I** ein, die im Allgemeinen als Orientierungsstufe aufgefasst oder so bezeichnet wird. Denn hier fällt normalerweise eine Entscheidung zugunsten einer **weiterführenden Schule**. Die Sekundarstufe I umfasst alle Schulformen (Hauptschule, Realschule, Gymnasium, Gesamtschule) bis zur 10. Klasse. In (traditionellen) **Gymnasien** und in **Gesamtschulen** geht die Sekundarstufe I der Oberstufe voran. Integrierte Gesamtschulen enthalten alle Bildungsgänge in einer Schule; hier wird aber nach Fächern differenziert, sodass Schüler je nach Fach in unterschiedlichen Leistungskursen sein können. Kooperative Gesamtschulen entsprechen dem dreigliedrigen Schulsystem, indem sie Hauptschule, Realschule und den gymnasialen Zweig unter einem Dach vereinen. Allerdings gibt es auch verschiedene Mischformen dieses Schultyps.

Wird die **Realschule** gewählt, dann ist das Ziel der Realschulabschluss, der ein mittlerer Abschluss ist (genannt auch „mittlere Reife"). Die Realschule umfasst in der Regel sechs Jahre von der 5. bis zur 10. Klasse. Der Abschluss befähigt zum Zugang zu vielen Ausbildungsberufen, zu Fachoberschulen mit Fachabitur, sowie zu Fachgymnasien mit Erwerb der allgemeinen Hochschulreife. Schüler mit schwächeren Leistungen können zur 9. Klasse auf die **Hauptschule** wechseln, soweit es diese Schulform im jeweiligen Bundesland überhaupt (noch) gibt. Sie umfasst fünf oder sechs Klassen und hatte bis etwa in die 80er Jahre hinein einen angesehenen Stellenwert innerhalb des Bildungssystems. In zahlreichen Bundesländern werden aber mittlerweile Haupt- und Realschulen zusammengefasst (z. B. in Niedersachsen). Das Konzept der „Sekundarschule" in Nordrhein-Westfalen z. B. (seit 2011, nach Änderung des Schulgesetzes) ermöglicht ein „längeres gemeinsames Lernen" aller Schüler in den Klassen fünf bis sechs, wobei die vorhandenen Schulformen im Sekundarbereich weiter bestehen können.

Als **Sekundarstufe II** wird nicht nur die **gymnasiale Oberstufe** bezeichnet, sondern auch mehrere Bereiche des **Berufsbildungssystems**: das duale System von Berufsausbildung und begleitender Berufsschule, die Berufsfachschule, die Fachoberschule, das berufliche Gymnasium usw. Die gymnasiale Oberstufe beginnt mit der 11. Klasse (im achtjährigen Gymnasium mit der 10. Klasse); sie endet je nach Bundesland nach zwei oder drei Jahren und schließt mit der „allgemeinen Hochschulreife" (dem **„Abitur"**) ab. In vielen Bundesländern ist das Abitur zwischenzeitlich auf den Abschluss nach der 12. Klasse umgestellt worden („Turbo-Abitur" bzw. achtjähriges Gymnasium, kurz „G8", genannt). Auf dem sog. „**Zweiten Bildungsweg**" können nicht nur sonstige Schulabschlüsse nachgeholt werden, sondern auch das Abitur: über Fernschulen, Schulen für Erwachsenenbildung, Abendschulen, Abendgymnasien usw. Als gesellschaftspolitische Problembereiche werden angesehen: die Einführung von **Ganztagsschulen** im Primar- und Sekundarbereich I, Fragen der **Integration**, sowie die Einbeziehung von Kindern mit sozialpädagogischem Förderbedarf bzw. mit Behinderung (die sog. **„Inklusion"**).

Ausdrucksmittel

- die/eine Schule: **besuchen; wechseln** bzw. nach der (z. B. neunten) Klasse **verlassen; umfasst ... Klassen;** der Schulpflicht **unterliegen;** die Schulpflicht **besteht von ... bis ...; die Schulpflicht verletzen;** Primarstufe und Sekundarstufe I **durchlaufen;** Kinder **einschulen** (und später) **einer Schulform zuteilen; eine Empfehlung** für eine weiterführende Schule **aussprechen;**
- Das Schulsystem: **ist gegliedert in ... Stufen; fällt** (in Einzelheiten) **in den Zuständigkeitsbereich der** Länder; **für das** Schulwesen **zuständig/verantwortlich sein;** Bildungsstufen **unterscheiden;**
- eine Schulform: **anerkennen; aufwerten** bzw. **stärken;** mit einer anderen **zusammenlegen** bzw. **verschmelzen** (wollen); **weiterführen** (wollen); **abwerten;** (nicht) **abschaffen** (wollen); **reformieren** bzw. **weiterentwickeln;**
- Bildungs-Abschlüsse: **erwerben** bzw. **erreichen** (können); **anbieten; nachholen; führen zur ...** (z. B. mittleren Reife); **eröffnen** bzw. **ermöglichen den Zugang zu/zur/zum ...** (z. B. zu Ausbildungsberufen); **berechtigen** (z. B. zum Studium); die allgemeine Hochschulreife **erwerben;** eine Fachoberstufe **absolvieren** (= durchlaufen); die Sekundarstufe II **mit dem Abitur abschließen;** das Abitur **umstellen auf den Abschluss nach ... Jahren**

6.4. Studieren in Deutschland

Nach dem Abitur beginnt derjenige Teil des Bildungswesens, der manchmal als **„Tertiärbereich"** (im Anschluss an den Primarbereich und Sekundarbereich) bezeichnet wird. Das Abitur ermöglicht den **Zugang zum Studium** an Hochschulen, Fachhochschulen und Berufsakademien. Möglich ist der Zugang auch über eine mehrjährige Berufserfahrung an Fachschulen bzw. eine abgeschlossene Berufsausbildung. Über Einzelheiten der Zugangsberechtigung entscheiden die jeweiligen Hochschulen, wie auch z. B. über jeweils nötige Sprachkenntnisse in den Studiengängen (z. B. Latein). Gängige **Studienabschlüsse** sind der Magister, das Diplom, das Staatsexamen, der Bachelor, sowie die sich daran anschließenden (und deshalb als „postgradual" bezeichneten) Abschlüsse des Master und des Doktor. Die Studiengänge für Magister und Diplom sind zwischenzeitlich im Zuge der Internationalisierung von Studienabschlüssen (Bachelor und Master) meist auf den Bachelor umgestellt worden. Eine Verlängerung des Prozesses bis 2020 steht allerdings offenbar noch zur Debatte. Zu den gesellschaftspolitisch heftig diskutierten Problemen zählen heute ansonsten vor allem: **Studiengebühren** für Studierende und der erhöhte Zustrom von Studienbewerbern infolge der zwischenzeitlich 2011 ausgesetzten Wehrpflicht. Außerdem füllten 2011 bereits Studierende des ersten Jahrgangs die Einführungsseminare, welche in Bayern das verkürzte achtjährige Gymnasium (kurz „G8") beendet hatten; bis 2016 kommen weitere **Doppel-Abiturjahrgänge** (mit „Doppel-Abi": die nach der 13. Klasse sowie die nach „G8") aus acht Bundesländern hinzu.

Bei der Einschreibung (Zulassung) für Studiengänge ist zunächst zu beachten, ob **Zulassungsbeschränkungen** bestehen, oder nicht. Recht einfach ist die Einschreibung (die „Immatrikulation") bei universitären Einrichtungen an Ort und Stelle dann möglich, wenn es keine Zulassungsbeschränkungen gibt. Dann ist es empfehlenswert, sich direkt an die Hochschule zu wenden, an der man studieren will. Bei dem **„Studentensekretariat"** (auch „Studierendensekretariat") erhält man Informationen dazu, welche Bewerbungsunterlagen nötig sind und welche Bewerbungsfristen gelten. Darüber hinaus gibt es im Internet eine Servicestelle (**„Uni-assist"**), bei der man Schritt für Schritt Anleitungen für die Erstellung von Bewerbungen zum Studium und allen anderen Fragen dazu erhält. Wenn der Vorgang abgeschlossen ist, erhält man eine **„Immatrikulationsbescheinigung"**. Nach Abschluss des Studiums, wenn man „exmatrikuliert" wird, heißt die Abmeldebescheinigung **Exmatrikulationsbescheinigung.**

Insbesondere für Fächer mit zulassungsbeschränkten Studienplätzen (sog. **„Numerus-Clausus-Fächer"**, wie z. B. Medizin) sollen Studienplätze künftig über das Internetportal **„Hochschulstart"** vergeben werden. Dies ist die oft noch nicht bekannte Nachfolgeorganisation der ZVS („Zentralstelle für die Vergabe von Studienplätzen"). Allerdings steht der Einführung dieser elektronischen **Studienplatzvergabe** im Wege, dass viele Funktionen der Software aufgrund von Programmierungspannen der beauftragten Firma nur eingeschränkt nutzbar sind. Deshalb wird laut Pressemeldungen (August 2011) der Start von „Hochschulstart" auf das Wintersemester 2012/2013 verschoben.

Ausländische Studierende sollten zuvor überprüfen, ob ihre Hochschulreife als gleichwertig anerkannt wird und ausreichende Deutschkenntnisse nachgewiesen werden können. Für Studienbewerber(innen), die keine EU-Bürger sind, gilt, dass sie sich an das **„Akademische Auslandsamt"** wenden müssen, um sich einzuschreiben.

Studierende können auf Antrag nach dem „Bundesausbildungsförderungsgesetz" (**„BAföG"**) eine monatliche finanzielle Unterstützung erhalten. Dies gilt übrigens unter anderem auch für EU-Bürger(innen) mit Daueraufenthaltsrecht und für andere Ausländer(innen) mit einer Niederlassungserlaubnis. Über Einzelheiten dazu kann man sich z. B. beim Studentensekretariat oder auch bei der Studierendenvertretung der jeweiligen Universität erkundigen.

Ausdrucksmittel

▸ für die Einschreibung: die Hochschulreife **brauchen**; die Hochschulreife **als gleichartig** mit dem Abitur **anerkennen (lassen)**; **Informationen erhalten bei** …; **sich online anmelden** bzw. **bewerben**; Formulare (z. B. im Internet) **nutzen**; die Einschreibung (persönlich) **vornehmen**;
▸ einen Studienplatz: **erhalten**; **vergeben** und dazu ein Vergabeverfahren **durchführen**; ein neues Vergabesystem **einführen**; die Platzvergabe über ein Online-Portal **koordinieren**; Zulassungsbeschränkungen **bestehen für** die Fächer …; **Bewerber(innen)** den Universitäten **zuteilen**; einen Zulassungsbescheid **erhalten**; **eine Zusage** bzw. **einen Zuschlag erhalten/bekommen**;
▸ BAföG: **beantragen**, **gewähren**, **bewilligen**, **zurückzahlen**; **einen Anspruch auf Bafög haben**; **es besteht ein/kein Anspruch auf** BAföG; **eine Verlängerung des BAföG beantragen** und gegebenenfalls **erhalten**; mit BAföG **in Höhe von** … EUR **rechnen (können)**

7. Schriftverkehr

7.1. Vorbemerkung

Jede Person ist irgendwann vor das Problem gestellt, sich schriftlich im Rahmen einer Bewerbung, einer Beschwerde etc. äußern zu müssen. Je nach individuellen Vorkenntnissen (und in Abhängigkeit davon) können dabei Fragen verschiedener Art auftreten: Wie rede ich mein Gegenüber an? Wie drücke ich mich so aus, dass ich in der Weise verstanden werde, wie ich verstanden werden möchte? Wie breit soll der Rand sein? Wie groß mache ich die Abstände zwischen den einzelnen Textteilen? Welche Schrift wähle ich?

Zu allem gibt es eine Vielzahl von durchaus nützlichen Hinweisen im Bereich der **Ratgeber-Literatur**, vor allem aber auch im Internet. Die dabei zu bewältigenden **Gestaltungsaufgaben** lassen sich noch am Einfachsten erfassen und finden sich allenthalben ausführlich (sogar per Vorlagen) dargestellt. Auch wenn dazu zahlreiche Angaben (selbst in Zentimetern) gemacht werden, kommt es insgesamt dabei aber doch wesentlich auf ein Gespür für eine optisch ansprechende Textgestaltung an. Ein solches Gespür kann man insbesondere durch vergleichende Betrachtung verschiedener Vorlagen weiterentwickeln.

Wesentlich mehr Probleme sind sicherlich mit den **Formulierungsaufgaben** verbunden. Denn das schriftliche Formulieren ist „von Natur aus" ein schwieriger Prozess, und zwar für Laien und professionelle Schriftsteller gleichermaßen: Er beinhaltet einen ersten Entwurf, dann eine (mehrmalige) Überarbeitung, und schließlich die Erstellung einer Endfassung (nach ggf. mehreren Korrekturgängen). Am Ende steht ein Formulierungsresultat, mit dem man zufrieden sein kann bzw. zufrieden ist. Wer allerdings im Schreiben nicht geübt ist und nicht gewohnt, auch über den schulischen Bereich hinaus später ständig Texte zu verfassen, dürfte mit einem gewissen Widerwillen daran gehen, z. B. einen Lebenslauf samt Anschreiben bzw. einen Brief an eine Behörde zu verfassen.

Dafür kommen verschiedene Faktoren in Frage. Zunächst ist es zweifellos so, dass das Wissen um Textsorten durchaus einen wichtigen Teil der **Sprachkompetenz von** Sprachteilnehmer(innen) ausmacht: Zu dem Wissen um die Textsorte „Brief" gehört eben das Wissen, wie man z. B. einen **privaten Brief** (schriftlich oder per Mail) verfasst, nämlich was dazu gehört bzw. den Charakter eines solchen Briefes ausmacht. Dazu zählt, dass der Brief eine Anredeform als Textteil erhält, dann einen Textteil mit dem Anlass des Schreibens, sowie eine Abschlussformel. Wenn es aber um das Verfassen eines **Briefes mit formellem Charakter** z. B. an eine Behörde oder ein Amt geht (gleiches gilt für Bewerbungen), stellen sich etliche weitere Fragen ein. Man ist nämlich dahingehend vorinformiert, dass es hier auf einiges mehr ankommt, als nur irgendwie mit einem Gegenüber schriftlich in Kontakt zu treten.

Ein grundlegendes Problem stellt dar, dass die für jegliches **Formulieren** vorauszusetzende Sprachkompetenz individuell sehr unterschiedlich ausgeprägt ist. Zwar ist anzunehmen, dass eine im Schreiben sehr geübte Person sich nicht schwer damit tun sollte, entsprechende Texte zu formulieren. Doch kann gerade eine solche Person damit durchaus erhebliche Probleme haben – eben weil sie es gewohnt ist, jedes Wort sozusagen „auf die Waagschale" zu legen. Andererseits dürfte eine Person, die im Schreiben unbedarft ist, gegebenenfalls nicht einmal bemerken können, dass sie einen völlig unakzeptablen Text formuliert hat. Sie wird auch nicht auf die Idee kommen, irgendwo Rat zu suchen. Die Hinweise und Ratschläge, die es in vielfältiger Weise gibt, sind folglich nur etwas für Fortgeschrittene, nämlich für Personen, die in dem Bewusstsein schriftlich tätig sind, dass jeder Text optimiert werden kann. Und gerade Personen, welche **Nicht-Muttersprachler** sind und denen bewusst ist, dass sie die deutsche Sprache nicht gut genug beherrschen, dürften gern auf **Hilfestellungen** verschiedener Art zurückgreifen. Soweit sie es nicht ohnehin in solchen Fällen tun, ist unbedingt zu empfehlen, sich zunächst an eine Person in ihrem Umfeld zu wenden, um bei der Abfassung von **Bewerbungsunterlagen** oder einem **Schreiben an Behörden** behilflich zu sein. Gleichwohl werden hier insbesondere auch für diese Zielgruppe einige nachvollziehbare Vorschläge gemacht und Muster präsentiert.

Dass gerade sehr kurze Texte besondere Schwierigkeiten bereiten, hat durchaus sachliche Gründe und nicht nur solche, die auf individuelle Fähigkeiten zurückzuführen sind: Denn bei einem kurzen Text kommt es auf jedes Wort an. Es geht (das ist das geringste Problem) nicht nur um **Rechtschreibung und Zeichensetzung**; sprachliche Mängel in diesem Bereich sollten nicht vorkommen. Vielmehr ist darüber hinaus äußerst wichtig, welche Argumente man bringt, **wie man diese formuliert**, und in welcher Reihenfolge man sie im Textteil anordnet. Und außerdem ist es auch der **offizielle Charakter** eines solchen Schriftstücks, der gewisse Blockaden verursachen kann, weil es dabei auf etwas für die jeweilige Person Wichtiges ankommt. Denn man will beim Gegenüber ja etwas Bestimmtes erreichen.

Vielleicht nicht ganz zu Unrecht wird oft behauptet, dass **Bewerbungen** (bei allen vorhandenen Qualifikationen, die jemand vielleicht hat) oft einzig aufgrund sprachlicher Unzulänglichkeiten des Anschreibens abgelehnt worden sind. In dem **Anschreiben** zu einer Bewerbung setzt man sich einer Situation aus, bei der man von einem (meist sogar unbekannten) Gegenüber beurteilt wird. Als unangenehm wird es gewöhnlich ohnehin empfunden, sich selbst darstellen zu müssen. Als belastend kommt hinzu, dass man nicht abschätzen kann, welche Schlüsse das Gegenüber auf der **Beziehungsebene** aus den einzelnen Formulierungen zieht: Erscheint man bei der Selbstdarstellung als zu aufgeblasen? Oder hat man sich umgekehrt als zu bescheiden dargestellt? Hat man in unangenehmer Weise zu emotional formuliert? Auf der **Sachebene** stellt sich die Frage: Hat man alle wichtigen Punkte berücksichtigt? Ist man hinreichend auf die Erwartungen des Gegenübers eingegangen, was Qualifikationen etc. angeht?

7.2. Anschreiben für eine Bewerbung

Neben dem Anschreiben und dem Lebenslauf zählen zu den **Bewerbungsunterlagen** weitere Texte (insbesondere Kopien von Zeugnissen, Qualifikationen etc.) zu den Textteilen, die für eine Bewerbung eingereicht werden müssen. Diese sollten vor der Abgabe genau nach Vollständigkeit überprüft werden.

Bei dem Anschreiben sind folgende Punkte zu beachten: Wichtig ist eine ansprechende **Raumaufteilung** (siehe das nachfolgende Muster). Der sog. „Anschreibekopf" oder „**Briefkopf**" umfasst jeweils auf einer Zeile: Name und Vorname, Straße, Wohnort mit Postleitzahl voran, Telefonnummer, E-Mail-Adresse. Dieser Teil bildet den ersten Textblock. Auf der gleichen Ebene wie der Name steht rechtsversetzt (am rechten Außenrand) das aktuelle Datum (z. B. „20.06.2013" oder „20. Juni 2013").

Unter diesem Textblock steht (im Abstand von mindestens 2 Zeilen) die **Adresse** des Empfängers/der Empfängerin: Name der Firma/des Unternehmens/der Einrichtung u. a. m., darunter (entsprechend den zu überprüfenden Angaben aus einer Annonce etc.) ggf. „Personalabteilung", dann (falls erschließbar oder bekannt) ein Name (mit Titel, falls vorhanden), dann Straße und schließlich Ortsangabe mit Postleitzahl.

Vor der **Betreffzeile** werden einige Zeilen (meist werden 4 Zeilen vorgeschlagen) freigelassen. Heute schreibt man nicht mehr „Betreff" voran. Stattdessen nimmt man Bezug auf z. B. eine Annonce (wie im Beispiel). Diese muss genau bezeichnet sein, da der Adressat/die Adressatin die Angabe sonst nicht eindeutig zuordnen kann. Für diese Partie empfiehlt es sich, sie – aus Wahrnehmungsgründen – fett hervorzuheben. Ansonsten sollten **Textauszeichnungen** (fett, kursiv, Unterstreichungen etc.) im laufenden Text unterbleiben. Von vornherein ist für alle Textteile eine einheitliche Grundschrift zu empfehlen; unterstrichen wird nur „Anlagen" am unteren linken Rand.

Wiederum nach mindestens 2 Zeilen folgt die **Anrede**. Ist eine Person als Ansprechpartner(in) bekannt, wird die Standardanrede „Sehr geehrter Herr" bzw. „Sehr geehrte Frau …" gewählt. Andernfalls formuliert man „Sehr geehrte Damen und Herren". Hinter die Anrede kommt ein Komma; danach wird mit kleinem Anfangsbuchstaben und einer Leerzeile angesetzt.

7. Schriftverkehr

Der darauf folgende **Anschreibetext** besteht aus einem Einleitungsteil und dem Hauptteil. Bei dem ersten Satz kommt alles darauf an, dass man in sachlicher Form einen Bezug zu dem Anlass (hier: Bewerbung) herstellt. Wenn man eine Standardformulierung wählt, kann man eigentlich nicht viel verkehrt machen. Natürlich darf man dabei in geeigneter Weise ein „Interesse" bekunden. Dann steckt man den Rahmen für die nachfolgenden Details ab, indem man andeutet, warum man sich bewirbt bzw. weshalb man meint, die richtige Person für die erwarteten Aufgaben zu sein.

Besonders problematisch können die nachfolgenden Ausführungen werden. Hierzu sollte man vorher nochmals genau überprüfen, welche Qualifikationen erwartet werden. Auf die **Anforderungen** geht man dann sachlich ein und nicht so, dass man als überheblich bzw. arrogant erscheint. Hier kommt es buchstäblich auf jedes Wort an, da – wie bei jedem anderen Text auch – das Gegenüber beim Lesen ständig Schlüsse aus jeder Formulierung zieht, um sich ein Bild von dem Bewerber/der Bewerberin sowie von Art und Umfang seiner/ihrer Qualifikation zu machen. Angeführt werden sollten nur **Kenntnisse und Qualifikationen**, die wirklich für die Bewerbung bedeutsam sind und die man auch tatsächlich erworben hat. Die Sätze sollten kurz sein; auch sollte man mehrere **Absätze** machen (nach jeweils einigen Sätzen). Absätze müssen klar (wie auch sonst) erkennbar sein. Hierfür sind **Leerzeilen** (nicht wie sonst: Einrückungen um 3 Anschläge) unbedingt zu empfehlen. Wichtig ist außerdem, dass der gesamte Text – von Anschreibkopf bis Unterschrift am Ende – nur **eine Seite** umfasst.

Nach einem Absatz steht am Ende des Haupt-Textteils ein **Abschluss-Satz**. Hierfür ist unbedingt zu empfehlen, eine unverfängliche Standard-Formulierung zu wählen (vgl. das Beispiel). Der formelhafte Ausdruck könnte natürlich z. B. auch lauten: „Über eine Einladung zu einem persönlichen Gespräch würde ich mich sehr freuen".

Nach einer weiteren Leerzeile (ggf. auch 2 Leerzeilen) folgt die **Grußformel.** Hier ist die heute gängige Formel „Mit freundlichen Grüßen" allen anderen Versionen vorzuziehen. Darauf folgt in gebührendem Abstand die persönliche Unterschrift. Am unteren linken Rand steht als letzter Textbaustein eines Anschreibens für eine Bewerbung: „Anlagen" (mit Unterstreichung zur Hervorhebung).

In **nachfolgendem Muster** für ein Anschreiben sind (ebenso wie für den unter 7.3. angeführten „Lebenslauf und Bildungsgang") sämtliche Angaben fiktiv. Zum Zweck der Veranschaulichung ist dem Anschreiben eine ebenso fiktive Stellenanzeige hinzugefügt.

Anzeige: „Wir suchen zum baldigen Eintritt in unser Team einen Leiter/eine Leiterin im Bereich des visuellen Marketing. Der Bewerber/die Bewerberin sollte mit der Entwicklung von Gestaltungskonzepten unter Berücksichtigung aktueller Trends vertraut sein, die Regie von Events übernehmen können, sowie auch dazu in der Lage sein, vorhandene Konzepte für die Gestaltung von Messeständen eigenverantwortlich weiterzuentwickeln. Von dem Bewerber/der Bewerberin wird Flexibilität, Kreativität, Zuverlässigkeit und Motivation erwartet. Mit der Tätigkeit sind Auslandsaufenthalte und häufige Ortswechsel zu unseren Tochterunternehmen im In- und Ausland verbunden. Für die Realisierung visueller Gestaltungskonzepte sind Erfahrungen im Umgang mit spezieller Zeichen- und Gestaltungs-Software wünschenswert."

Cornelia Mustermann					24.09.2012
Hanser Str. 8
5000 Oberleiden
Tel.: 03333-11111
Mail: cmu@cmu.com

Möbelhaus Mustermarken
Personalabteilung
Herrn Dr. Eduard Reichwort
Wartestraße 20
3800 Sagenhaft

Ihre Anzeige in „Markt und Gestaltung" vom 06.08.2012

hier: Bewerbung um die ausgeschriebene Stelle eines Leiters/einer Leiterin im Bereich des visuellen Marketing

Sehr geehrter Herr Dr. Reichwort,

mit großem Interesse habe ich Ihre ansprechende Anzeige in „Markt und Gestaltung" gelesen. Ich bewerbe mich deshalb hiermit um die ausgeschriebene Stelle als Leiterin des visuellen Marketing Ihrer Firma, da die von Ihnen erwünschten Qualifikationen in besonderer Weise meiner Ausbildung und meinen bisherigen Tätigkeitsbereichen entsprechen.

Mit der erwünschten Ausrichtung auf die Entwicklung kreativer Gestaltungskonzepte unter Berücksichtigung aktueller Trends bin ich insofern sehr vertraut, als ich jahrelang in diesem Bereich gearbeitet habe. Auch bin ich gern bereit, die Regie von Events zu übernehmen und vorhandene Vorschläge für die Gestaltung von Messeständen an den Gegebenheiten Ihrer Firma auszurichten bzw. neue Konzepte dafür zu entwickeln.

Ich bin es gewohnt, eigenverantwortlich zu arbeiten. Kreativität, Zuverlässigkeit und Motiviertheit können Sie bei mir voraussetzen. Auch stellen die mit der Tätigkeit verbundenen Ortswechsel und Auslandsaufenthalte mir insofern kein Problem dar, als ich unabhängig bin und auch im Rahmen meiner früheren Tätigkeiten diesbezüglich stets große Flexibilität zeigen musste und konnte. Des Weiteren möchte ich darauf hinweisen, dass ich mit dem von Ihnen gewünschten Einsatz verschiedener Grafik- und Bildbearbeitungssoftware seit Jahren umfangreich vertraut bin.

Ich würde mich sehr darüber freuen, wenn ich mich bei Ihnen zu einem persönlichen Gespräch vorstellen könnte.

Mit freundlichen Grüßen

Cornelia Mustermann

Anlagen

7.3. Lebenslauf und Bildungsgang

Hier ist die Formulierung „Lebenslauf und Bildungsgang" gewählt worden. Es ist aber völlig ausreichend und korrekt, wenn man einfach die Überschrift „Lebenslauf" wählt. Grundsätzlich gibt es zwei **Möglichkeiten der Gestaltung**, nämlich den Lebenslauf als laufenden Text (in ausformulierter Form) zu verfassen, oder in tabellarischer Form. Zu empfehlen ist (wie in nachfolgendem Muster) die tabellarische Form, die auch meist ausdrücklich gewünscht wird. Üblich ist, dass man ein Bewerbungsfoto an dem oberen rechten Rand anheftet.

Wie bei dem Anschreiben kommt es wesentlich auf die vorteilhafte optische Gestaltung an. Auch wenn es dazu sozusagen keine „Patentrezepte" gibt, ist doch wichtig: Die **Raumaufteilung** muss so sein, dass nichts gequetscht, aber auch Zeilen und Rubriken (zur Schulausbildung etc.) nicht zu weit auseinandergerissen werden. Die Angaben auf der jeweils rechten Seite werden immer einzeilig geschrieben. Bei den Rubriken muss man vorher genau überlegen, welche man ansetzen will. Der Lebenslauf sollte keine zeitlichen Lücken aufweisen: Zeiten der Arbeitslosigkeit z. B. muss man unbedingt angeben; sie dürfen nicht verschwiegen werden. Die **Rubriken** werden aus Wahrnehmungsgründen fett hervorgehoben. Unterstreichungen sind nicht zu empfehlen; der Schriftgrad sollte einheitlich sein. Allerdings ist zu empfehlen, die **Überschrift „Lebenslauf"** zentriert und in größerem Schriftgrad voranzustellen. Auch steht unter der Überschrift (nach mindestens einer Leerzeile) der **Name des Bewerbers/der Bewerberin**. Den kann man – ebenfalls nur aus Wahrnehmungsgründen – durchaus fett auszeichnen; allerdings ist hier der gleiche Schriftgrad wie für alle anderen Textteile zu empfehlen.

Mit dem Lebenslauf gibt man Aufschluss über persönliche Daten, über die Ausbildung, den beruflichen Werdegang, Berufserfahrungen etc. Angaben zur Konfessionszugehörigkeit sind (außer im Rahmen von Bewerbungen bei kirchlichen Einrichtungen) entbehrlich. Die **Daten zu jeweiliger Rubrik** (vgl. das Muster) werden jeweils mit genaueren Monats- und Jahresangaben versehen. Hier steht es frei, die Angaben ganz genau („04.12.2013") zu machen, oder ungefähr (siehe Muster). Wie für das Anschreiben muss bedacht werden, dass das Gegenüber auch hier aus jedem Wort und jeder Zeile Schlüsse zieht, z. B. ob es Lücken im Lebenslauf gibt, ob die Daten stimmig sind, ob eine Eignung für die ausgeschriebene Stelle tatsächlich als gegeben erscheint.

Deshalb ist auch hier absolut erforderlich, **sachlich** zu bleiben, die Daten **aussagekräftig** zu machen, und sich gegebenenfalls auf die nötigsten Angaben zu beschränken. Wenn man **Sprachkenntnisse** angibt, ist es wichtig darauf zu achten, dass die Angaben korrekt gemacht sind. Denn wenn sie im Rahmen der Stellenbeschreibung wichtig sind, könnte man sie später überprüfen. Gleiches gilt (wenn man die Rubrik ansetzt) für **Qualifikationen**. Auf keinen Fall sollte man Neigungen, Hobbys etc. erwähnen, wenn sie zu der Stellenbeschreibung nicht wenigstens entfernt in Beziehung stehen.

Der Lebenslauf wird in der Regel mehr als eine Seite umfassen. In gebührendem Abstand steht unter ihm linksbündig eine Angabe zu Ort und Datum. Darauf folgt (mit nochmaligem Abstand) die handschriftliche Unterschrift des Bewerbers/der Bewerberin.

Lebenslauf und Bildungsgang

Cornelia Mustermann

Persönliche Daten:

Name und Vorname	Cornelia Mustermann
Geburtsdatum	15.03.1972
Geburtsort	Hofhöfen (Hessen)
Staatsangehörigkeit	deutsch
Familienstand	verheiratet ab 19.09.1992
wohnhaft in	Hanser Str.8, 5000 Oberleiden
	Tel.: 03333-11111
	Mail: cmu@cmu.com

Schulausbildung:

1978–1982	Besuch der Grundschule in Oberleiden
1982–1983	Besuch der Mittelschule in Unterleiden
1983–1991	Besuch des Gymnasiums (Gymnasium Philippinum) in Harbern; Abschluss: Abitur

Studium:

Oktober 1992	Beginn des Studium an der Reichgold-Universität in Warling in den Fächern Medienwissenschaften und Architektur
Februar/März 1993	Weiterführung des Studiums an der „Business School, Department Marketing" der Universität Oulu/Finnland mit dem Schwerpunkt Verkaufspsychologie
Juni 2001	Magister-Abschluss an der Universität Oulu mit der Note „sehr gut"

Auslandsaufenthalt:

März–Oktober 2002	Praktikum im Marketingbereich bei A & H in London

Weiterbildung:

November 2002	Fortbildungskurs bei der Abteilung für Werbung und Öffentlichkeitsarbeit an dem Kaufhaus Musterland in Hamburg

Arbeitsverhältnisse:

März 2003–Juni 2005	Tätigkeit in der Marketingabteilung der Firma Vielschön in Hamburg
seit Juli 2005	Leiterin des Instituts für visuelles Management in Lieberschön

Sprachkenntnisse: sehr gute aktive und passive Sprachkenntnisse des Englischen und Rumänischen, nur passive Sprachkenntnis des Türkischen

Weitere Qualifikationen: sehr gute EDV-Kenntnisse (MS Office) Kenntnisse auch im Bereich der digitalen Bildbearbeitung und verschiedenen Grafikprogrammen

Stuttgart, den 24.09.2012

(Vorname und Name handschriftlich)

7.4. Schreiben an eine Behörde

An dieser Stelle geht es lediglich um Hinweise für private Briefe an Behörden. **Schreibanlässe** können sein: einen **Widerspruch** gegen eine Entscheidung einlegen, sich über etwas beschweren (**Beschwerde** einreichen) etc. Geschäftsbriefe im engeren Sinne können hier übergangen werden. Für **Geschäftsbriefe** (z. B. unter Gewerbetreibenden) und auch für Briefe zwischen Behörden, Unternehmen etc. gibt es von dem „Deutschen Institut für Normung" (DIN) genaue Angaben unter anderem in der DIN 5008, in der die Gestaltung nach Maßen sowie der Aufbau der Textbausteine im Rahmen der Aufteilung von DIN-A4-Seiten geregelt ist. Dies hat seinen Sinn darin, dass man sich (z. B. als Sekretärin) an genauen Vorgaben orientieren kann und auch unter rechtlichen Aspekten die erforderlichen Daten in eine Ordnung gebracht sind.

Privatpersonen können an Vorgaben dieser Art erhebliche Abstriche machen, z. B. an den Maßangaben für Abstände zwischen den Textbausteinen und Vorgaben für Ränder. Zwar geht es auch hier (wie bei einer Bewerbung) um ein wichtiges Anliegen. Allerdings kommt es wesentlich darauf an, dass das **Anliegen deutlich vorgebracht** wird und dass der Text zumindest keine groben Rechtschreibfehler oder Fehler der Zeichensetzung aufweist; aber niemand wird z. B. korrekte Zeilenabstände begutachten. Grundsätzlich gilt für die Gestaltungsaufgaben dasjenige, was unter 7.3. zu dem Muster für eine Bewerbung festgehalten worden ist.

Auch hier ist in hohem Maße darauf zu achten, dass man bei allen Argumenten, die man vorbringt, **sachlich** bleibt. Wenn man sich seiner Sache nicht sicher ist, so kann auch hier nur empfohlen werden, zumindest den Rat einer kompetenten Person einzuholen. In Fällen, in denen nur formlos und fristgerecht (teils kurzfristig) Widerspruch gegen einen Bescheid eingelegt werden muss, gibt es überhaupt kaum Probleme. Denn hierzu reicht fast eine Zeile aus. Für die meisten Fälle aber ist unbedingt anzuraten, gegebenenfalls einen **Rechtsanwalt** aufzusuchen. Dieser kann im Einzelfall abschätzen, ob eine Beschwerde (z. B. gegen einen Bußgeldbescheid) Aussicht auf Erfolg hat. Zwecks Beratung kann man sich ansonsten an eine **Verbraucherberatungsstelle** wenden, die zudem bei der Abfassung von **Beschwerden** behilflich ist. Dies gilt auch z. B. für Fälle, in denen man sich beim Hausverwalter über die nicht erfolgte Beseitigung von Mietmängeln beschweren will bzw. über ständige nächtliche Ruhestörungen durch andere Mieter.

Bei einem **Widerspruch** gegen den Bescheid ist wichtig, dass man den Inhalt zuvor genau zur Kenntnis nimmt. Dies kann ein Widerspruch gegen einen Steuerbescheid sein, gegen den Bescheid des Sozialamtes, gegen eine gerichtliche Entscheidung, bei Kürzungen von Hartz-IV-Bezügen, gegen eine ungerechtfertigt erscheinende Mieterhöhung etc. Aus dem Schreiben des jeweiligen Amtes bzw. der jeweiligen Behörde geht gewöhnlich ein **Aktenzeichen mit Adresse und Datum** hervor. Diese Daten kommen auf die Betreffzeile, wenn ein solches Schreiben aufgesetzt wird. Die **Betreffzeile** könnte dann lauten: „Einspruch gegen den Bescheid vom 03.09.2025, Aktenzeichen: 343" oder auch „Widerspruch gegen den ...". Die Anredeform wird gewöhnlich „Sehr geehrte Damen und Herren" lauten. Darauf folgt die **Standardformulierung**: „hiermit erhebe ich gegen Ihren Bescheid vom 03.09.2025, AZ.:343 Einspruch" oder auch „gegen den Bescheid vom 03.09.2025, AZ: 243 erhebe ich hiermit Einspruch". Dann kann eine kurz gefasste Begründung folgen, für die man am besten rechtlichen Rat einholt, um sich nicht unzulänglich zu äußern. Gegebenenfalls ist es in solchen Fällen nötig, dem Anschreiben **Anlagen** hinzuzufügen. Auch sollte – wie für Beschwerdeschreiben im engeren Sinne – sichergestellt sein, dass der Brief den Adressaten tatsächlich (auch pünktlich) erreicht. Es ist deshalb zu empfehlen, als Versandform das **Einschreiben** zu wählen (ggf. mit Rückantwort).

Deutsche Kurzgrammatik

Der Artikel

Ein Substantiv kann im Deutschen **Maskulinum, Femininum** oder **Neutrum** sein.
Das Genus eines Substantivs erkennt man an seinem **Artikel**: *der, die* oder *das.*

	Bestimmter Artikel				Unbestimmter Artikel			
	m	f	nt	Plur.	m	f	nt	Plur.
Nom.	der	die	das	die	ein	eine	ein	
Akk.	den	die	das	die	einen	eine	ein	
Gen.	des	der	des	der	eines	einer	eines	
Dat.	dem	der	dem	den	einem	einer	einem	

Substantive

Im Deutschen teilt man die Substantivdeklination ein in die **starke, schwache** und **gemischte**.
Substantive der starken Deklination erkennt man an den Endungen „*s*", „*sch*", „*ß*" und „*z*".
Der Genitiv Singular dieser Substantive erhält die Endung „*-es*":

Hals – Halses, Busch – Busches, Fuß – Fußes, Reiz – Reizes.

1. starke Deklination: Maskulinum und Neutrum

	Plural mit ~e	Plural mit Umlaut + e	Plural mit ~er	Plural mit Umlaut + er
Singular				
Nom.	der Tag	der Traum	das Kind	das Dach
Akk.	den Tag	den Traum	das Kind	das Dach
Gen.	des Tag(e)s	des Traum(e)s	des Kind(e)s	des Dach(e)s
Dat.	dem Tag(e)	dem Traum(e)	dem Kind(e)	dem Dach(e)
Plural				
Nom.	die Tage	die Träume	die Kinder	die Dächer
Akk.	die Tage	die Träume	die Kinder	die Dächer
Gen.	der Tage	der Träume	der Kinder	der Dächer
Dat.	den Tagen	den Träumen	den Kindern	den Dächern

	Plural mit ~s	Plural ohne Endung	Plural mit Umlaut
Singular			
Nom.	das Auto	der Tischler	der Vogel
Akk.	das Auto	den Tischler	den Vogel
Gen.	des Autos	des Tischlers	des Vogels
Dat.	dem Auto	dem Tischler	dem Vogel
Plural			
Nom.	die Autos	die Tischler	die Vögel
Akk.	die Autos	die Tischler	die Vögel
Gen.	der Autos	der Tischler	der Vögel
Dat.	den Autos	den Tischlern	den Vögeln

2. starke Deklination: Femininum

	Plural mit Umlaut + „e"	Plural ohne Endung	Plural mit „-s"
Singular			
Nom.	die Wand	die Mutter	die Bar
Akk.	die Wand	die Mutter	die Bar
Gen.	der Wand	der Mutter	der Bar
Dat.	der Wand	der Mutter	der Bar
Plural			
Nom.	die Wände	die Mütter	die Bars
Akk.	die Wände	die Mütter	die Bars
Gen.	der Wände	der Mütter	der Bars
Dat.	den Wänden	den Müttern	den Bars

3. schwache Deklination: Maskulinum

Singular			
Nom.	der Bauer	der Bär	der Hase
Akk.	den Bauern	den Bären	den Hasen
Gen.	des Bauern	des Bären	des Hasen
Dat.	dem Bauern	dem Bären	dem Hasen

Plural			
Nom.	die Bauern	die Bären	die Hasen
Akk.	die Bauern	die Bären	die Hasen
Gen.	der Bauern	der Bären	der Hasen
Dat.	den Bauern	den Bären	den Hasen

4. schwache Deklination: Femininum

Singular				
Nom.	die Uhr	die Feder	die Gabe	die Ärztin
Akk.	die Uhr	die Feder	die Gabe	die Ärztin
Gen.	der Uhr	der Feder	der Gabe	der Ärztin
Dat.	der Uhr	der Feder	der Gabe	der Ärztin

Plural				
Nom.	die Uhren	die Federn	die Gaben	die Ärztinnen
Akk.	die Uhren	die Federn	die Gaben	die Ärztinnen
Gen.	der Uhren	der Federn	der Gaben	der Ärztinnen
Dat.	den Uhren	den Federn	den Gaben	den Ärztinnen

5. gemischte Deklination: Maskulinum und Femininum

Im Singular wird in der gemischten Deklination wie ein starkes Substantiv und im Plural wie ein schwaches Substantiv dekliniert.

Singular				
Nom.	das Auge	das Ohr	der Name	das Herz
Akk.	das Auge	das Ohr	den Namen	das Herz
Gen.	des Auges	des Ohr(e)s	des Namens	des Herzens
Dat.	dem Auge	dem Ohr(e)	dem Namen	dem Herzen

Plural				
Nom.	die Augen	die Ohren	die Namen	die Herzen
Akk.	die Augen	die Ohren	die Namen	die Herzen
Gen.	der Augen	der Ohren	der Namen	der Herzen
Dat.	den Augen	den Ohren	den Namen	den Herzen

6. Deklination der Adjektive

	Maskulinum	
Singular		
Nom.	der Reisende	ein Reisender
Akk.	den Reisenden	einen Reisenden
Gen.	des Reisenden	eines Reisenden
Dat.	dem Reisenden	einem Reisenden
Plural		
Nom.	die Reisenden	Reisende
Akk.	die Reisenden	Reisende
Gen.	der Reisenden	Reisender
Dat.	den Reisenden	Reisenden

	Femininum	
Singular		
Nom.	die Reisende	eine Reisende
Akk.	die Reisende	eine Reisende
Gen.	der Reisenden	einer Reisenden
Dat.	der Reisenden	einer Reisenden
Plural		
Nom.	die Reisenden	Reisende
Akk.	die Reisenden	Reisende
Gen.	der Reisenden	Reisender
Dat.	den Reisenden	Reisenden

	Neutrum	
Singular		
Nom.	das Neugeborene	ein Neugeborenes
Akk.	das Neugeborene	ein Neugeborenes
Gen.	des Neugeborenen	eines Neugeborenen
Dat.	dem Neugeborenen	einem Neugeborenen

	Neutrum	
Plural		
Nom.	die Neugeborenen	Neugeborene
Akk.	die Neugeborenen	Neugeborene
Gen.	der Neugeborenen	Neugeborener
Dat.	den Neugeborenen	Neugeborenen

7. Deklination der Eigennamen

Der Genitiv von Eigennamen wird durch verschiedene Regeln bestimmt:

Eigenname mit Artikel	Eigenname ohne Artikel	Eigenname Endung auf „s", „ß", „x", „z"	mehrere Eigennamen in Folge	Eigenname mit Apposition
bleibt unverändert	bekommt ein „s"	bekommt einen Apostroph	bekommt am Ende ein „s"	wird wie ein Substantiv dekliniert
des Aristoteles	Marias Auto	Aristoteles' (Schriften)	Johann Sebastian Bachs (Musik)	Nom.: Karl der Große Akk.: Karl den Großen
des (schönen) Berlin	die Straßen Berlins	die Straßen Calais'		Gen.: Karls des Großen Dat.: Karl dem Großen

Familiennamen bekommen ein „-s" im Plural:

die Schneiders.

Endet ein Familienname auf „s", „ß", „x" oder „z", wird „-ens" angehängt:

die Schmitzens.

Die Eigennamen von Straßen, Gebäuden, Firmen, Schiffen, Zeitungen und Institutionen werden immer dekliniert.

Adjektive

Steht ein Adjektiv vor einem Substantiv, muss es in **Genus, Kasus und Numerus** mit dem Substantiv übereinstimmen. Wie bei den Substantiven unterscheidet man bei der Deklination der Adjektive stark, schwach und gemischt.

1. stark

- bei Adjektiv + Substantivkombinationen ohne Artikel;
- wenn ein Adjektiv vor einem Substantiv steht, ohne dass sich das Genus ablesen lässt:

> mehrere liebe Kinder, manch guter Wein.

- nach Kardinalzahlen und *ein paar, ein bisschen:*

> Sie hörte zwei laute Schritte.
>
> Wir machen eine Reise mit ein paar guten Freunden.
>
> Mit einem bisschen guten Willen schaffst du das.

Beispiele für das Maskulinum („m"), Femininum („f") und das Neutrum („nt"):

	m	f	nt
Singular			
Nom.	guter Wein	schöne Frau	liebes Kind
Akk.	guten Wein	schöne Frau	liebes Kind
Gen.	guten Wein(e)s	schönen Frau	lieben Kindes
Dat.	gutem Wein(e)	schöner Frau	liebem Kind(e)
Plural			
Nom.	gute Weine	schöne Frauen	liebe Kinder
Akk.	gute Weine	schöne Frauen	liebe Kinder
Gen.	guter Weine	schöner Frauen	lieber Kinder
Dat.	guten Weinen	schönen Frauen	lieben Kindern

2. schwach

- bei Adjektiv + Substantivkombinationen mit dem bestimmten Artikel *der, die, das*
- bei Pronomen, die das Genus des Substantivs anzeigen
  z. B. *diese(r), folgende(r), jede(r), welche(s, r)*

	m	f	nt
Singular			
Nom.	der gute Wein	die schöne Frau	das liebe Kind
Akk.	den guten Wein	die schöne Frau	das liebe Kind
Gen.	des guten Wein(e)s	der schönen Frau	des lieben Kindes
Dat.	dem guten Wein	der schönen Frau	dem lieben Kind

	m	f	nt
Plural			
Nom.	die guten Weine	die schönen Frauen	die lieben Kinder
Akk.	die guten Weine	die schönen Frauen	die lieben Kinder
Gen.	der guten Weine	der schönen Frauen	der lieben Kinder
Dat.	den guten Weinen	den schönen Frauen	den lieben Kindern

3. gemischt

– bei Adjektiv + Substantiv-Kombinationen mit dem unbestimmten Artikel *ein*, *kein* (bei männlichen und sächlichen Substantiven im Singular)
– und den Possessivpronomen *mein*, *dein*, *sein*, *unser*, *euer*, *ihr*:

	m	nt
Singular		
Nom.	ein guter Wein	ein liebes Kind
Akk.	einen guten Wein	ein liebes Kind
Gen.	eines guten Wein(e)s	eines lieben Kindes
Dat.	einem guten Wein(e)	einem lieben Kind

4. Adjektive auf „-abel", „-ibel", „-el"

Dekliniert verlieren diese Adjektive das „*-e*":

	miserabel	penibel	heikel
Singular			
Nom.	ein miserabler Stil	eine penible Frau	ein heikles Problem
Akk.	einen miserablen Stil	eine penible Frau	ein heikles Problem
Gen.	eines miserablen Stils	einer peniblen Frau	eines heiklen Problems
Dat.	einem miserablen Stil	einer peniblen Frau	einem heiklen Problem
Plural			
Nom.	miserable Stile	penible Frauen	heikle Probleme
Akk.	miserable Stile	penible Frauen	heikle Probleme
Gen.	miserabler Stile	penibler Frauen	heikler Probleme
Dat.	miserablen Stilen	peniblen Frauen	heiklen Problemen

5. Adjektive auf „-er", „-en"

– behalten gewöhnlich das „-e" in der deklinierten Form, aber nicht in gehobenem Stil:

| finster | seine finstren Züge |

Das trifft auch auf Adjektive zu, die Fremdwörter sind:

| makaber | eine makabre Geschichte |
| integer | ein integrer Beamter |

6. Adjektive auf „-auer", „- euer"

– verlieren normalerweise das „e" in der deklinierten Form:

| sauer | saure Gurken |
| teuer | ein teures Geschenk |

7. Adjektive auf „-ß"

– behalten das „ß" nach einem langen Vokal:

| groß | mein großer Bruder |
| bloß | eine bloße Freundschaft |

Komparation der Adjektive

	m	f	nt
Positiv	schön	schöne	schönes
Komparativ	schöner	schönere	schöneres
Superlativ	der schönste	die schönste	das schönste

Benutzt man die Komparativ-/Superlativformen im Akkusativ, Genitiv oder Dativ, gelten die gleichen Regeln wie für ein Adjektiv in der Grundform vor einem Substantiv.

der Garten mit den schönsten Blumen (Dativ, Plural)

Ausnahmen:

1. Adjektive und Adverbien erhalten ein „e" vor der Superlativ-Endung, wenn:
– sie nur aus einer Silbe bestehen
– die letzte Silbe betont ist
– die Endung „-s", „-ß", „-st", „-x", „-z" lautet
– die Endung „-d", „-t", „-sch" lautet:

spitz	Adj.	spitze(r, s)
	Adv.	am spitzesten
beliebt	Adj.	beliebteste(r, s)
	Adv.	am beliebtesten

Das gilt auch für zusammengesetzte Adjektive und Adverbien sowie solche mit einem Präfix, unabhängig von der Betonung:

unsanft	Adj.	unsanfteste(r, s)
	Adv.	am unsanftesten

2. Einsilbige Adjektive, deren Wurzelvokal „a", „o", oder „u" ist, erhalten einen Umlaut in den Komparativ- und Superlativformen:

arm	ärmer	ärmste(r, s)
groß	größer	größte(r, s)
klug	klüger	klügste(r, s)

3. Die folgenden Adjektivgruppen haben nie einen Umlaut in den Komparativ- und Superlativformen:

– diejenigen mit dem Diphthong „-au":

faul	fauler	faulste(r, s)
kraus	krauser	krauseste(r, s)
schlau	schlauer	schlaueste(r, s)

– diejenigen mit den Suffixen „-bar", „-haft", „-ig", „-lich", „-sam":

dankbar	dankbarer	dankbarste(r, s)
schwatzhaft	schwatzhafter	schwatzhafteste(r, s)
schattig	schattiger	schattigste(r, s)
stattlich	stattlicher	stattlichste(r, s)
sorgsam	sorgsamer	sorgsamste(r, s)

– Adjektive, die auch Partizipien sind:

überrascht	überraschter	überraschteste(r, s)

– Fremdwort-Adjektive:

banal	banaler	banalste(r, s)
interessant	interessanter	interessanteste(r, s)
grandios	grandioser	grandioseste(r, s)

– unregelmäßige Komparativ-/Superlativformen der Adjektive und Adverbien:

gut	besser	beste(r, s)
viel	mehr	meiste(r, s)
gern	lieber	am liebsten
bald	eher	am ehesten

Adverbien

Wird ein Adjektiv als Adverb benutzt, bleibt es unverändert:

Er singt gut.
Sie schreibt schön.
Er läuft schnell.

Die Regeln für die Komparation des Adverbs entsprechen denen der Adjektive:

Er singt besser.
Sie schreibt schöner.
Er läuft schneller.

Die meisten Adverbien bilden den Superlativ nach dem Muster „am...sten":

Er singt am besten.
Sie schreibt am schönsten.
Er läuft am schnellsten.

Verben

PRÄSENS

Im Deutschen dient das Präsens dazu, eine Handlung auszudrücken, die sich in der Gegenwart vollzieht. Das Präsens steht unter anderem auch, um eine allgemeingültige Aussage sowie ein zukünftiges Ereignis zu bezeichnen:

„Was machst du?" – „Ich lese".
Die Erde dreht sich um die Sonne.
Morgen fliege ich nach Rom.

1. regelmäßige Verben (schwache Konjugation)

	machen	legen	sagen	sammeln
ich	mache	lege	sage	sammle
du	machst	legst	sagst	sammelst
er				
sie	macht	legt	sagt	sammelt
es				
wir	machen	legen	sagen	sammeln
ihr	macht	legt	sagt	sammelt
sie	machen	legen	sagen	sammeln

Verben auf „s", „ss", „ß" und „z":

	rasen	passen	grüßen	reizen
ich	rase	passe	grüße	reize
du	rast	passt	grüßt	reizt
er				
sie	rast	passt	grüßt	reizt
es				
wir	rasen	passen	grüßen	reizen
ihr	rast	passt	grüßt	reizt
sie	rasen	passen	grüßen	reizen

Verben auf „d" oder „t" sowie solche mit einem der Konsonanten „m" oder „n" im Wortinnern erhalten ein „-e" in der 2. Person Singular:

	reden	wetten	atmen	trocknen
ich	rede	wette	atme	trockne
du	redest	wettest	atmest	trocknest
er				
sie	redet	wettet	atmet	trocknet
es				
wir	reden	wetten	atmen	trocknen
ihr	redet	wettet	atmet	trocknet
sie	reden	wetten	atmen	trocknen

Verben, deren Stamm auf ein unbetontes „-e" oder „-er" endet, haben in der ersten Person Singular kein „-e":

angeln	ich angle
zittern	ich zittre

2. Unregelmäßige Verben (starke Konjugation) verändern gewöhnlich ihren Stammvokal:

	tragen	blasen	laufen	essen
ich	trage	blase	laufe	esse
du	trägst	bläst	läufst	isst
er sie es	trägt	bläst	läuft	isst
wir	tragen	blasen	laufen	essen
ihr	tragt	blast	lauft	esst
sie	tragen	blasen	laufen	essen

PRÄTERITUM

Das Präteritum drückt ein vergangenes Ereignis aus:

Letztes Jahr reisten wir nach Spanien.

1. regelmäßige Verben

	machen	sammeln	grüßen	reizen
ich	machte	sammelte	grüßte	reizte
du	machtest	sammeltest	grüßtest	reiztest
er sie es	machte	sammelte	grüßte	reizte
wir	machten	sammelten	grüßten	reizten
ihr	machtet	sammeltet	grüßtet	reiztet
sie	machten	sammelten	grüßten	reizten

Verben auf „d", „t", einem Konsonanten + „m" oder einem Konsonanten + „n":

	reden	wetten	atmen	trocknen
ich	redete	wettete	atmete	trocknete
du	redetest	wettetest	atmetest	trocknetest
er sie es	redete	wettete	atmete	trocknete
wir	redeten	wetteten	atmeten	trockneten
ihr	redetet	wettetet	atmetet	trocknetet
sie	redeten	wetteten	atmeten	trockneten

2. unregelmäßige Verben

	tragen	blasen	laufen	essen
ich	trug	blies	lief	aß
du	trugst	bliest	liefst	aßt
er sie es	trug	blies	lief	aß
wir	trugen	bliesen	liefen	aßen
ihr	trugt	bliest	lieft	aßt
sie	trugen	bliesen	liefen	aßen

PERFEKT

Das Perfekt drückt ein abgeschlossenes Ereignis oder einen abgeschlossenen Zustand in der Vergangenheit aus:

Der Zug ist abgefahren.

Heute Nacht hat es geregnet.

Das Perfekt wird mit der Präsensform der Hilfsverben *haben* oder *sein* und dem Partizip Perfekt gebildet.

Deutsche Kurzgrammatik

1. Verben, die eine Bewegung oder eine Zustandsveränderung ausdrücken, bilden das Perfekt mit *sein*.

	radeln	fahren	verstummen	sterben
ich	bin geradelt	bin gefahren	bin verstummt	bin gestorben
du	bist geradelt	bist gefahren	bist verstummt	bist gestorben
er sie es	ist geradelt	ist gefahren	ist verstummt	ist gestorben
wir	sind geradelt	sind gefahren	sind verstummt	sind gestorben
ihr	seid geradelt	seid gefahren	seid verstummt	seid gestorben
sie	sind geradelt	sind gefahren	sind verstummt	sind gestorben

2. Transitive, reflexive und unpersönliche Verben bilden das Perfekt mit *haben* – wie die meisten intransitiven Verben –, wenn sie einen dauerhaften Zustand ausdrücken.

	legen	sich freuen	regnen	leben
ich	habe gelegt	habe mich gefreut		habe gelebt
du	hast gelegt	hast dich gefreut		hast gelebt
er sie es	hat gelegt	hat sich gefreut	es hat geregnet	hat gelebt
wir	haben gelegt	haben uns gefreut		haben gelebt
ihr	habt gelegt	habt euch gefreut		habt gelebt
sie	haben gelegt	haben sich gefreut		haben gelebt

Bildung des Partizip Perfekts mit oder ohne „-ge-"

Das Partizip Perfekt wird meist gebildet, indem „**ge-**" vor den Verbstamm gesetzt und entweder „**-t**" (bei schwachen Verben) oder „**-en**" (bei starken Verben) angehängt wird. Beim Partizip Perfekt der starken Verben verändert sich gewöhnlich der Vokal des Verbstamms:

bau·en	gebaut
hö·ren	gehört
le·sen	gelesen
sin·gen	gesungen

Bei zusammengesetzten deutschen Verben, die mit einer so genannten trennbaren Vorsilbe gebildet werden, wird „**-ge-**" zwischen die Vorsilbe und den Verbstamm gesetzt:

auf|bau·en	auf**ge**baut
zu|hö·ren	zu**ge**hört
vor|le·sen	vor**ge**lesen

Wichtig: Eine große Zahl von Verben bildet das Partizip Perfekt ohne „**ge-**".
Die meisten dieser Verben gehören mit sehr wenigen Ausnahmen zu den folgenden Gruppen:

1. <ohne „ge-"\>: Alle Verben auf „**-ieren**"

| **mar·schie·ren** | marschierte | (ist) marschiert |
| **pro·bie·ren** | probierte | (hat) probiert |

Anmerkung: Diese Verben bilden das Partizip Perfekt auch dann ohne „ge-", wenn sie ein trennbares (betontes) Präfix enthalten.

| **ab\|mar·schie·ren** | marschierte ab | (ist) abmarschiert |
| **aus\|pro·bie·ren** | probierte aus | (hat) ausprobiert |

2. <ohne „ge-"\>: Alle Verben, die mit einem der folgenden, immer unbetonten Präfixe beginnen

| „be-", „emp-", „ent-", „er-", „ge-", „ver-", „zer-" |

be·bau·en	bebaute	(hat) bebaut
er·hö·ren	erhörte	(hat) erhört
ge·stal·ten	gestaltete	(hat) gestaltet
ver·lan·gen	verlangte	(hat) verlangt

Verben mit einem nicht-trennbaren Präfix gehören ebenfalls zu dieser Gruppe:

um·ge·hen	umging	(hat) umgangen
un·ter·su·chen	untersuchte	(hat) untersucht
über·set·zen	übersetzte	(hat) übersetzt

Anmerkung: Diese Verben bilden das Partizip Perfekt auch dann ohne „ge-", wenn sie ein trennbares betontes Präfix enthalten.

um|ge·stal·ten	gestaltete um	(hat) umgestaltet
ab|ver·lan·gen	verlangte ab	(hat) abverlangt
zu·rück|über·set·zen	übersetzte zurück	(hat) zurückübersetzt

Einige wenige Verben, die in keine der beiden Gruppen fallen, z. B. *miauen, trompeten, stibitzen*), bilden ebenfalls das Partizip Perfekt ohne „ge-".

PLUSQUAMPERFEKT

Mit dem Plusquamperfekt wird eine Handlung bezeichnet, die bereits abgeschlossen war, als sich eine andere Handlung ereignete.

Als er im Kino ankam, hatte der Film schon begonnen.

Man bildet es mit dem Imperfekt von *haben* oder *sein* und dem Partizip Perfekt.

	fahren	sterben	legen	leben
ich	war gefahren	war gestorben	hatte gelegt	hatte gelebt
du	warst gefahren	warst gestorben	hattest gelegt	hattest gelebt
er sie es	war gefahren	war gestorben	hatte gelegt	hatte gelebt
wir	waren gefahren	waren gestorben	hatten gelegt	hatten gelebt
ihr	wart gefahren	wart gestorben	hattet gelegt	hattet gelebt
sie	waren gefahren	waren gestorben	hatten gelegt	hatten gelebt

FUTUR

Mit dem Futur wird etwas ausgedrückt, das in der Zukunft geschehen wird oder sich auf die Zukunft bezieht.

Es wird gebildet mit dem Präsens des Hilfsverbs *werden* und dem Infinitiv des Hauptverbs:

Morgen wird es schneien.

Er wird noch im Urlaub sein.

Ich werde dich immer lieben.

	legen	fahren	sein	haben	können
ich	werde legen	werde fahren	werde sein	werde haben	werde können
du	wirst legen	wirst fahren	wirst sein	wirst haben	wirst können
er sie es	wird legen	wird fahren	wird sein	wird haben	wird können
wir	werden legen	werden fahren	werden sein	werden haben	werden können
ihr	werdet legen	werdet fahren	werdet sein	werdet haben	werdet können
sie	werden legen	werden fahren	werden sein	werden haben	werden können

KONJUNKTIV I

Der Konjunktiv I wird aus dem Verbstamm gebildet, an den die Endungen „-e", „-est", „-e", „-en", „-et", „-en" angehängt werden.
Er drückt indirekte Rede aus:

> Kannst du mir helfen? (direkte Rede)
>
> Er fragt sie, ob sie ihm helfen könne. (indirekte Rede)

Manche unregelmäßige Verben haben einen Umlaut oder Vokalwechsel im **Indikativ, aber nicht im Konjunktiv I**:

Infinitiv	Präsens Indikativ	Konjunktiv I
fallen	du fällst	du fallest
geben	du gibst	du gebest

Außer in der indirekten Rede wird der Konjunktiv I unter anderem auch in einigen festen Ausdrücken verwendet:

> Er lebe hoch!
>
> Gott sei Dank!
>
> Man nehme Salz, Mehl und Butter ...

	legen	küssen	reden
ich	lege	küsse	rede
du	legst	küssest	redest
er sie es	lege	küsse	rede
wir	legen	küssen	reden
ihr	leget	küsset	redet
sie	legen	küssen	reden

Konjunktiv I der Hilfsverben *sein*, *haben* und *werden:*

	sein	haben	werden
ich	sei	habe	werde
du	seist	habest	werdest
er sie es	sei	habe	werde
wir	seien	haben	werden
ihr	seiet	habet	werdet
sie	seien	haben	werden

Konjunktiv I der Modalverben:

	können	dürfen	mögen	müssen	sollen	wollen
ich	könne	dürfe	möge	müsse	solle	wolle
du	könnest	dürfest	mögest	müssest	sollest	wollest
er sie es	könne	dürfe	möge	müsse	solle	wolle
wir	können	dürfen	mögen	müssen	sollen	wollen
ihr	könn(e)t	dürf(e)t	mög(e)t	müss(e)t	soll(e)t	woll(e)t
sie	können	dürfen	mögen	müssen	sollen	wollen

Konjunktiv II

Der Konjunktiv II wird gebildet aus dem Stamm des Präteritums des Verbs und den Endungen „-e", „-(e)st", „-e", „-en", „-(e)t", „-en".

Bei regelmäßigen Verben ist der Konjunktiv II identisch mit dem Indikativ Präteritum; unregelmäßige Verben mit „i" oder „ie" in den Imperfektformen behalten diese im Konjunktiv II bei.

Der Konjunktiv II drückt hypothetische Aussagen sowie Vergleiche aus und dient auch als Höflichkeitsform:

Wenn ich Zeit hätte, ginge ich mit dir ins Kino.

Die Leiter schwankte so, als fiele sie gleich um.

Könnten Sie uns bitte eine Auskunft geben?

	gehen/ging	rufen/rief	greifen/griff
ich	ginge	riefe	griffe
du	ging(e)st	rief(e)st	griff(e)st
er			
sie	ginge	riefe	griffe
es			
wir	gingen	riefen	griffen
ihr	ging(e)t	rief(e)t	griff(e)t
sie	gingen	riefen	griffen

Verben mit den Vokalen „*a*", „*o*" und „*u*" im Indikativ Präteritum haben im Konjunktiv II einen Umlaut:

	singen/sang	fliegen/flog	fahren/fuhr	sein/war	haben/hatte	werden/wurde
ich	sänge	flöge	führe	wäre	hätte	würde
du	säng(e)st	flög(e)st	führ(e)st	wär(e)st	hättest	würdest
er						
sie	sänge	flöge	führe	wäre	hätte	würde
es						
wir	sängen	flögen	führen	wären	hätten	würden
ihr	säng(e)t	flög(e)t	führ(e)t	wär(e)t	hättet	würdet
sie	sängen	flögen	führen	wären	hätten	würden

Konditionalsätze

Ein Konditionalsatz beginnt oft mit „wenn". Er drückt etwas aus, das geschehen könnte, wenn bestimmte Bedingungen erfüllt wären und wird mit dem Konjunktiv II von *werden* sowie dem Infinitiv des Hauptverbs gebildet.

Wenn ihr uns einladen würdet, würden wir kommen.

	legen	fahren
ich	würde legen	würde fahrenF
du	würdest legen	würdest fahren
er sie es	würde legen	würde fahren
wir	würden legen	würden fahren
ihr	würdet legen	würdet fahren
sie	würden legen	würden fahren

Imperativ

Der Imperativ drückt eine Forderung, Bitte oder Warnung aus und wird mit der zweiten Person Singular oder Plural gebildet:
1. Regelmäßige Verben hängen an den Stamm ein „-e" im Singular an.
2. Die Pluralform des Imperativs ist identisch mit der zweiten Person Plural Präsens Indikativ.

Bei der höflichen Form mit *Sie* steht das Verb vor dem Subjekt:

Sie schreiben einen Brief.	(eine Feststellung/Indikativ)
Schreiben Sie einen Brief!	(eine Aufforderung/Imperativ)

Infinitive	Singular	Plural	Polite form
schreiben	schreibe	schreibt	schreiben Sie
singen	singe	singt	singen Sie
trinken	trinke	trinkt	trinken Sie
atmen	atme	atmet	atmen Sie
reden	rede	redet	reden Sie

Ausnahmen:

Bei Verben auf „-eln", „-ern" kann das „-e" im Singular ausfallen.

Infinitive	Singular	Plural	Polite form
sammeln	samm(e)le	sammelt	sammeln Sie
fördern	förd(e)re	fördert	fördern Sie
handeln	hand(e)le	handelt	handeln Sie

Endet der Verbstamm auf „-m" oder „-n" und steht vor ihm ein „h", „l", „m", „n" oder „r", kann das „-e" im Singular ausfallen.

Infinitive	Singular	Plural	Polite form
rühmen	rühm(e)	rühmt	rühmen Sie
qualmen	qualm(e)	qualmt	qualmen Sie
kämmen	kämm(e)	kämmt	kämmen Sie
rennen	renn(e)	rennt	rennen Sie
lernen	lern(e)	lernt	lernen Sie

Steht allerdings ein anderer Konsonant vor dem „-m" oder „-n", muss das „-e" erhalten bleiben:

atme, rechne.

2. Unregelmäßige Verben ohne Vokalwechsel zu „-i" oder „-ie" im Präsens bilden den Imperativ nach denselben Regeln wie regelmäßige Verben:

Infinitiv	Singular	Plural
lesen	lies	lest
werfen	wirf	werft
essen	iss	esst
sehen	sieh	seht

Bildung der Hilfsverben *sein, haben* und *werden*:

Infinitiv	Singular	Plural
sein	sei	seid
haben	habe	habt
werden	werde	werdet

AKTIV UND PASSIV

Im Aktivsatz führt das Subjekt die Handlung aus. Im Passivsatz wird das Subjekt von einer Handlung betroffen.

Die Parlamentarier wählen den Präsidenten.	(Aktiv)
Der Präsident wird von den Parlamentariern gewählt.	(Passiv)

Das Passiv wird mit *werden* und dem Partizip Perfekt gebildet.

Präsens	ich werde geliebt	ich werde geschlagen
Präteritum	ich wurde geliebt	ich wurde geschlagen

Hilfsverben haben, *sein* und *werden*:

Diese Verben werden so bezeichnet, weil man mit ihrer „Hilfe" bestimmte Zeitformen, z. B. Perfekt, Plusquamperfekt und Futur, bilden kann.

Präsens

	sein	haben	werden
ich	bin	habe	werde
du	bist	hast	wirst
sie	ist	hat	wird
es			
wir	sind	haben	werden
ihr	seid	habt	werdet
sie	sind	haben	werden

Partizip Präsens

Das Partizip Präsens wird durch Anhängen von „-d" an den Infinitiv gebildet.

singend, lachend

Er saß in der Badewanne und sang.	Er saß *singend* in der Badewanne.
Sie öffnete die Tür und lachte.	Sie öffnete *lachend* die Tür.

Partizip Perfekt

Das Partizip Perfekt der regelmäßigen Verben wird nach der folgenden Regel gebildet:

	Präfix	+ Stamm	+ Endung
machen	„ge"	+ mach	+ „t"

legen	*ge*leg*t*
sagen	*ge*sag*t*
vierteln	*ge*viertel*t*
rasen	*ge*ras*t*
hassen	*ge*hass*t*
küssen	*ge*küss*t*
reizen	*ge*reiz*t*
reden	*ge*rede*t*
wetten	*ge*wette*t*
trocknen	*ge*trockne*t*

Verben auf „-ieren" lassen das Präfix „ge-" aus, auch solche mit den Präfixen „be-", „em", „ent-", „er-", „ver-" und „zer-":

	Stamm	+ Endung
manövr*ieren**	manövrier	+ t
*em*pören*	empör*t*	
*ent*giften*	entgifte*t*	
*er*setzen*	ersetz*t*	
*ver*trösten*	vertröste*t*	
*zer*reden*	zerrede*t*	

Zusammengesetzte Verben mit einer Bedeutung, bei der die Vorsilbe nicht abtrennbar ist, stehen ebenfalls ohne „ge-":

übersetzen*	übersetz*t*
durchwaten*	durchwate*t*
unterlegen*	unterleg*t*
umarmen*	umarm*t*

Das Partizip Perfekt trennbarer zusammengesetzter Verben wird nach der folgenden Regel gebildet:

Präfix Verb	+ Präfix Part.P. „ge-"	+ Verbstamm	+ Endung „*t*"
durch	+ ge	+ mach	+ t
anbeten		an*ge*bete*t*	
überschnappen		über*ge*schnapp*t*	
umdeuten		um*ge*deute*t*	

PRONOMEN

Im Deutschen werden Pronomen wie Artikel, Substantive, Adjektive und Adverbien dekliniert.

1. Das Personalpronomen

Nominativ	Akkusativ	Genitiv	Dat.
ich	mich	meiner	mir
du	dich	deiner	dir
er	ihn	seiner	ihm
sie	sie	ihrer	ihr
es	es	seiner	ihm
wir	uns	unser	uns
ihr	euch	euer	euch
sie	sie	ihrer	ihnen

2. Das Reflexivpronomen

Ein Reflexivpronomen bezieht sich auf das Satzsubjekt und muss mit dem Subjekt in Kasus und Numerus übereinstimmen.

ich wasche mich
du wäschst dich
er/sie/es wäscht sich
wir waschen uns
ihr wascht euch
sie waschen sich

3. Das Possessivpronomen

Ein Possessivpronomen drückt Besitz aus und muss in Kasus, Genus und Numerus mit dem Substantiv übereinstimmen, auf das es sich bezieht.

a) Adjektivgebrauch:

	m	f	nt	pl
1. Person Singular				
Nom.	mein	meine	mein	meine
Akk.	meinen	meine	mein	meine
Gen.	meines	meiner	meines	meiner
Dat.	meinem	meiner	meinem	meinen

	m	f	nt	pl
2. Person Singular				
	dein	deine	dein	deine
		dekliniert wie *mein*		
3. Person Singular				
	sein	seine	sein	seine
		dekliniert wie *mein*		
3. Person Singular				
	ihr	ihre	ihr	ihre
		dekliniert wie *mein*		
3. Person Singular				
	sein	seine	sein	seine
		dekliniert wie *mein*		
1. Person Plural				
Nom.	unser	uns(e)re	unser	uns(e)re
Akk.	uns(e)ren	uns(e)re unsern	unser	uns(e)re
Gen.	uns(e)res	uns(e)rer	uns(e)res	uns(e)rer
Dat.	uns(e)rem	uns(e)rer unserm	uns(e)rem	uns(e)ren unserm
2. Person Plural				
Nom.	euer	eure	euer	eure
Akk.	euren	eure	euer	eure
Gen.	eures	eurer	eures	eurer
Dat.	eurem	eurer	eurem	euren
3. Person Plural				
Nom.	ihr	ihre	ihr	ihre
Akk.	ihren	ihre	ihr	ihre
Gen.	ihres	ihrer	ihres	ihrer
Dat.	ihrem	ihrer	ihrem	ihren

b) Substantivgebrauch:

	m	f	nt	pl
1. P. Sing.	meiner	meine	mein(e)s	meine
2. P. Sing	deiner	deine	dein(e)s	deine
3. P. Sing.	seiner	seine	sein(e)s	seine
m, nt				
f	ihrer	ihre	ihr(e)s	ihre
1. P. Pl.	uns(e)rer	uns(e)re	uns(e)res	uns(e)re
2. P. Pl.	eurer	eure	eures, euers	eure
3. P. Pl.	ihrer	ihre	ihr(e)s	ihre

4. Das Demonstrativpronomen

Ein Demonstrativpronomen zeigt an, von welcher Person oder Sache die Rede ist.

	m	f	nt	Plural
Nom.	dieser	diese	dieses	diese
Akk.	diesen	diese	dieses	diese
Gen.	dieses	dieser	dieses	dieser
Dat.	diesem	dieser	diesem	diesen
Nom.	jener	jene	jenes	jene
Akk.	jenen	jene	jenes	jene
Gen.	jenes	jener	jenes	jener
Dat.	jenem	jener	jenem	jenen
Nom.	derjenige	diejenige	dasjenige	diejenigen
Akk.	denjenigen	diejenige	dasjenige	diejenigen
Gen.	desjenigen	derjenigen	desjenigen	derjenigen
Dat.	demjenigen	derjenigen	demjenigen	denjenigen
Nom.	derselbe	dieselbe	dasselbe	dieselben
Akk.	denselben	dieselbe	dasselbe	dieselben
Gen.	desselben	derselben	desselben	derselben
Dat.	demselben	derselben	demselben	denselben

Der bestimmte Artikel *der, die, das* wird auch als Demonstrativpronomen benutzt.

5. Das Relativpronomen

Die häufigsten Relativpronomina sind *der, die, das*. Seltener sind *welcher, welche, welches*.
Alle Relativpronomina leiten einen Nebensatz ein. Relativpronomina müssen in Genus und Numerus mit dem Substantiv übereinstimmen, auf das sie sich beziehen:

Er liest das Buch, das / welches er sich gestern gekauft hat.

	m	f	nt	Plural
Nom.	welcher	welche	welches	welche
Akk.	welchen	welche	welches	welche
Gen.	dessen	deren	dessen	deren
Dat.	welchem	welcher	welchem	welchen

Wer und *was* können ebenfalls als Relativpronomina benutzt werden:

Wer das behauptet, lügt.

Mach doch, was du willst!

6. Das Interrogativpronomen

Beim Interrogativpronomen wird zwischen Person und Sache unterschieden.
Es kommt nur im Singular vor.

	Person	Sache
Nom.	*Wer* spielt mit?	*Was* ist das?
Akk.	*Wen* liebst du?	*Was* höre ich da?
Gen.	*Wessen* Haus ist das?	
Dat.		*Wem* gehört das Haus?

Die Interrogativpronomina *welcher, welche* und *welches* werden benutzt, um nach einer bestimmten Person oder Sache unter mehreren zu fragen.

Welche Schuhe soll ich nehmen?	(– die Braunen oder die Schwarzen?)
Mit welchem Bus kommst du?	(– dem um 16 oder 17 Uhr?)
Welches Eis schmeckt dir besser?	(– Erdbeer- oder Schokolade(n)eis?)

	m	f	nt	Plural
Nom.	welcher	welche	welches	welche
Akk.	welchen	welche	welches	welche
Gen.	welches	welcher	welches	welcher
Dat.	welchem	welcher	welchem	welchen

Deutsche Kurzgrammatik

PRÄPOSITIONEN

+ Akkusativ:	bis	durch
	für	gegen
	je	ohne
	pro	um
	wider	
+ Dat.:	ab	aus
	außer	bei
	binnen	entgegen
	entsprechend	gegenüber
	gemäß	mit
	nach	nächst
	nahe	nebst
	samt	seit
	von	zu
	zufolge	zuwider
+ Akkusativ/Dat.*:	an	auf
	entlang	hinter
	in	neben
	über	unter
	vor	zwischen

* Im Zusammenhang mit Bewegung und Richtungsänderung wird der Akkusativ benutzt (Wohin?).

Im Zusammenhang mit einer Ortsangabe wird der Dativ benutzt (Wo?):

Er hängt die Uhr an die Wand.	(Wohin?)
Die Uhr hängt an der Wand.	(Wo?)

Einige Präpositionen können mit der entsprechenden Form des bestimmten Artikels verschmolzen werden:

an/in	+ dem	wird zu	am/im
bei	+ dem	wird zu	beim
von	+ dem	wird zu	vom
zu	+ dem/der	wird zu	zum/zur
an/in	+ das	wird zu	ans/ins

Liste der wichtigsten unregelmäßigen Verben

Die unregelmäßigen Formen der mit *auf-*, *ab-*, *be-*, *er-*, *zer-* usw. präfigierten Verben entsprechen denen ihrer Grundform. Neben dem Infinitiv wird zusätzlich die 2. Person Singular angegeben, wenn diese gegenüber der Grundform einen Umlaut aufweist oder eine Vokalveränderung erfährt. Ebenso wird zum Partizip Perfekt das Hilfsverb aufgeführt, mit welchem es gebildet wird.

1. Infinitiv	2. Imperfekt	3. Partizip Perfekt	4. Imperativ – Sing/Pl
backen bäckst, backst	backte	hat gebacken	back[e]/backt
befehlen befiehlst	befahl	hat befohlen	befiehl/befehlt
beginnen	begann	hat begonnen	beginn[e]/beginnt
beißen	biss	hat gebissen	beiß[e]/beißt
bergen birgst	barg	hat geborgen	birg/bergt
bersten birst	barst	ist geborsten	berste/berstet
bewegen	bewog	hat bewogen	beweg[e]/bewegt
biegen	bog	hat/ist gebogen	bieg[e]/biegt
bieten	bot	hat geboten	biet[e]/bietet
binden	band	hat gebunden	bind[e]/bindet
bitten	bat	hat gebeten	bitt[e]/bittet
blasen bläst	blies	hat geblasen	blas[e]/blast
bleiben	blieb	ist geblieben	bleib[e]/bleibt
bleichen	bleichte blich	hat gebleicht hat geblichen	bleich[e]/bleicht
braten brätst	briet	hat gebraten	brat[e]/bratet
brechen brichst	brach	hat/ist gebrochen	brich/brecht
brennen	brannte	hat gebrannt	brenn[e]/brennt
bringen	brachte	hat gebracht	bring/bringt
denken	dachte	hat gedacht	denk[e]/denkt
dreschen drischst	drosch	hat/ist gedroschen	drisch/drescht

Liste der wichtigsten unregelmäßigen Verben

1. Infinitiv	2. Imperfekt	3. Partizip Perfekt	4. Imperativ – Sing/Pl
dringen	drang	ist gedrungen	dring[e]/dringt
dürfen darfst	durfte	hat gedurft	
empfangen empfängst	empfing	hat empfangen	empfang[e]/empfangt
empfehlen empfiehlst	empfahl	hat empfohlen	empfiehl/empfehlt
empfinden	empfand	hat empfunden	empfind[e]/empfindet
erlöschen erlischst	erlosch	ist erloschen	erlisch/erlöscht
erschrecken erschrickst	erschrak	ist erschrocken	erschrick/erschreckt
essen isst	aß	hat gegessen	iss/esst
fahren fährst	fuhr	hat/ist gefahren	fahr[e]/fahrt
fallen fällst	fiel	ist gefallen	fall[e]/fallt
fangen fängst	fing	hat gefangen	fang[e]/fangt
fechten fichtst	focht	hat gefochten	ficht/fechtet
finden	fand	hat gefunden	find[e]/findet
flechten flichtst	flocht	hat geflochten	flicht/flechtet
fliegen fliegt	flog	hat/ist geflogen	flieg[e] /
fliehen	floh	ist geflohen	flieh[e]/flieht
fließen	floss	ist geflossen	fließ[e]/fließt
fressen frisst	fraß	hat gefressen	friss/fresst
frieren	fror	hat gefroren	frier[e]/friert
gären	gor gärte	hat/ist gegoren hat/ist gegärt	gär[e]/gärt
gebären gebierst	gebar	ist geboren	gebier[e]/gebärt
geben gibst	gab	hat gegeben	gib/gebt

Liste der wichtigsten unregelmäßigen Verben

1. Infinitiv	2. Imperfekt	3. Partizip Perfekt	4. Imperativ – Sing/Pl
gedeihen	gedieh	ist gediehen	gedeih[e]/gedeiht
gefallen gefällst	gefiel	hat gefallen	gefall[e]/gefallt
gehen	ging	ist gegangen	geh[e]/geht
gelingen	gelang	ist gelungen	geling[e]/gelingt
gelten giltst	galt	hat gegolten	gelte/geltet
genesen	genas	ist genesen	genese/genest
genießen	genoss	hat genossen	genieß[e]/genießt
geraten gerätst	geriet	ist geraten	gerat[e]/geratet
gerinnen	gerann	ist geronnen	gerinn[e]/gerinnt
geschehen geschieht	geschah	ist geschehen	geschehe/geschieht
gestehen	gestand	hat gestanden	gesteh[e]/gesteht
gewinnen	gewann	hat gewonnen	gewinn[e]/gewinnt
gießen	goss	hat gegossen	gieß[e]/gießt
gleichen	glich	hat geglichen	gleich[e]/gleicht
gleiten	glitt	ist geglitten	gleit[e]/gleitet
glimmen	glomm	hat geglommen	glimm[e]/glimmt
graben gräbst	grub	hat gegraben	grab[e]/grabt
greifen	griff	hat gegriffen	greif[e]/greift
haben hast	hatte	hat gehabt	hab[e]/habt
halten hältst	hielt	hat gehalten	halt[e]/haltet
hängen	hing	hat gehangen	häng[e]/hängt
hauen	haute	hat gehauen	hau[e]/haut
heben	hob	hat gehoben	heb[e]/hebt
heißen	hieß	hat geheißen	heiß[e]/heißt
helfen hilfst	half	hat geholfen	hilf/helft
kennen	kannte	hat gekannt	kenn[e]/kennt
klingen	klang	hat geklungen	kling[e]/klingt

1. Infinitiv	2. Imperfekt	3. Partizip Perfekt	4. Imperativ – Sing/Pl
kneifen	kniff	hat gekniffen	kneif[e]/kneift
kommen	kam	ist gekommen	komm[e]/kommt
können kannst	konnte	hat gekonnt	
kriechen	kroch	ist gekrochen	kriech[e]/kriecht
küren	kürte	hat gekürt	kür[e]/kürt
laden lädst	lud	hat geladen	lad[e]/ladet
lassen lässt	ließ	hat gelassen	lass/lasst
laufen läufst	lief	ist gelaufen	lauf[e]/lauft
leiden	litt	hat gelitten	leid[e]/leidet
leihen	lieh	hat geliehen	leih[e]/leiht
lesen liest	las	hat gelesen	lies/lest
liegen	lag	hat gelegen	lieg[e]/liegt
lügen	log	hat gelogen	lüg[e]/lügt
mahlen	mahlte	hat gemahlen	mahl[e]/mahlt
meiden	mied	hat gemieden	meid[e]/meidet
melken	molk melkte	hat gemolken hat gemelkt	melk[e], milk/melkt
messen misst	maß	hat gemessen	miss/messt
misslingen	misslang	ist misslungen	
mögen magst	mochte	hat gemocht	
müssen musst	musste	hat gemusst	
nehmen nimmst	nahm	hat genommen	nimm/nehmt
nennen	nannte	hat genannt	nenn[e]/nennt
pfeifen	pfiff	hat gepfiffen	pfeif[e]/pfeift
preisen	pries	hat gepriesen	preis[e]/preist
quellen quillst	quoll	ist gequollen	quill/quellt

1. Infinitiv	2. Imperfekt	3. Partizip Perfekt	4. Imperativ – Sing/Pl
raten rätst	riet	hat geraten	rat[e]/ratet
reiben	rieb	hat gerieben	reib[e]/reibt
reißen	riss	hat/ist gerissen	reiß/reißt
reiten	ritt	hat/ist geritten	reit[e]/reitet
rennen	rannte	ist gerannt	renn[e]/rennt
riechen	roch	hat gerochen	riech[e]/riecht
ringen	rang	hat gerungen	ring[e]/ringt
rinnen	rann	ist geronnen	rinn[e]/rinnt
rufen	rief	hat gerufen	ruf[e]/ruft
salzen	salzte	hat gesalzen hat gesalzt	salz[e]/salzt
saufen säufst	soff	hat gesoffen	sauf[e]/sauft
schaffen	schuf	hat geschaffen	schaff[e]/schafft
schallen	schallte scholl	hat geschallt	schall[e]/schallt
scheiden	schied	hat/ist geschieden	scheid[e]/scheidet
scheinen	schien	hat geschienen	schein[e]/scheint
scheißen	schiss	hat geschissen	scheiß[e]/scheißt
schelten schiltst	schalt	hat gescholten	schilt/scheltet
scheren	schor	hat geschoren hat geschert	scher[e]/schert
schieben	schob	hat geschoben	schieb[e]/schiebt
schießen	schoss	hat geschossen	schieß[e]/schießt
schinden	schindete	hat geschunden	schind[e]/schindet
schlafen schläfst	schlief	hat geschlafen	schlaf[e]/schlaft
schlagen schlägst	schlug	hat geschlagen	schlag[e]/schlagt
schleichen	schlich	ist geschlichen	schleich[e]/schleicht
schleifen	schliff	hat geschliffen	schleif[e]/schleift
schließen	schloss	hat geschlossen	schließ[e]/schließt
schlingen	schlang	hat geschlungen	schling[e]/schlingt

Liste der wichtigsten unregelmäßigen Verben

1. Infinitiv	2. Imperfekt	3. Partizip Perfekt	4. Imperativ – Sing/Pl
schmeißen	schmiss	hat geschmissen	schmeiß[e]/schmeißt
schmelzen schmilzt	schmolz	ist geschmolzen	schmilz/schmelzt
schnauben	schnaubte schnob	hat geschnaubt hat geschnoben	schnaub[e]/schnaubt
schneiden	schnitt	hat geschnitten	schneid[e]/schneidet
schreiben	schrieb	hat geschrieben	schreib[e]/schreibt
schreien	schrie	hat geschrie[e]n	schrei[e]/schreit
schreiten	schritt	ist geschritten	schreit[e]/schreitet
schweigen	schwieg	hat geschwiegen	schweig[e]/schweigt
schwellen schwillst	schwoll	ist geschwollen	schwill/schwellt
schwimmen	schwamm	hat/ist geschwommen	schwimm[e]/schwimmt
schwinden	schwand	ist geschwunden	schwind[e]/schwindet
schwingen	schwang	hat geschwungen	schwing[e]/schwingt
schwören	schwor	hat geschworen	schwör[e]/schwört
sehen siehst	sah	hat gesehen	sieh/seht
sein 1. Präs Sing bin 2. Präs Sing bist 3. Präs Sing ist 1. Präs Pl sind 2. Präs Pl seid 3. Präs Pl sind	war	ist gewesen	sei/seid
senden	sendete CH sandte	hat gesendet CH hat gesandt	send[e]/sendet
sieden	siedete sott	hat gesiedet hat gesotten	sied[e]/siedet
singen	sang	hat gesungen	sing[e]/singt
sinken	sank	ist gesunken	sink[e]/sinkt
sinnen	sann	hat gesonnen	sinn[e]/sinnt
sitzen	saß	hat gesessen	sitz[e]/sitzt
sollen	sollte	hat gesollt	
spalten	spaltete	hat gespalten hat gespaltet	spalt[e]/spaltet

1. Infinitiv	2. Imperfekt	3. Partizip Perfekt	4. Imperativ – Sing/Pl
speien	spie	hat gespie[e]n	spei[e]/speit
spinnen	spann	hat gesponnen	spinn[e]/spinnt
sprechen sprichst	sprach	hat gesprochen	sprich/sprecht
sprießen	spross sprießte	ist gesprossen ist gesprießt	sprieß[e]/sprießt
springen	sprang	ist gesprungen	spring[e]/springt
stechen stichst	stach	hat gestochen	stich/stecht
stecken	steckte stak	hat gesteckt	steck[e]/steckt
stehen	stand	hat gestanden	steh[e]/steht
stehlen stiehlst	stahl	hat gestohlen	stiehl/stehlt
steigen	stieg	ist gestiegen	steig[e]/steigt
sterben stirbst	starb	ist gestorben	stirb/sterbt
stinken	stank	hat gestunken	stink[e]/stinkt
stoßen stößt	stieß	hat gestoßen	stoß[e]/stoßt
streichen	strich	hat gestrichen	streich[e]/streicht
streiten	stritt	hat gestritten	streit[e]/streitet
tragen trägst	trug	hat getragen	trag[e]/tragt
treffen triffst	traf	hat getroffen	triff/trefft
treiben	trieb	hat getrieben	treib[e]/treibt
treten trittst	trat	hat getreten	tritt/tretet
triefen	triefte troff	hat getrieft hat getroffen	trief[e]/trieft
trinken	trank	hat getrunken	trink[e]/trinkt
trügen	trog	hat getrogen	trüg[e]/trügt
tun *1. Präs Sing* tue *2. Präs Sing* tust *3. Präs Sing* tut	tat	hat getan	tu[e]/tut

1. Infinitiv	2. Imperfekt	3. Partizip Perfekt	4. Imperativ – Sing/Pl
verbieten	verbot	hat verboten	verbiet[e]/verbietet
verbrechen verbrichst	verbrach	hat verbrochen	verbrich/verbrecht
verderben verdirbst	verdarb	hat verdorben	verdirb/verderbt
vergessen vergisst	vergaß	hat vergessen	vergiss/vergesst
verlieren	verlor	hat verloren	verlier[e]/verliert
verraten verrätst	verriet	hat verraten	verrat[e]/verratet
verschleißen	verschliss	hat verschlissen	verschleiß[e]/verschleißt
verstehen	verstand	hat verstanden	versteh[e]/versteht
verwenden	verwendete verwandt	hat verwendet hat verwandt	verwend[e]/verwendet
verzeihen	verzieh	hat verziehen	verzeih[e]/verzeiht
wachsen wächst	wuchs	ist gewachsen	wachs[e]/wachst
waschen wäschst	wusch	hat gewaschen	wasch[e]/wascht
weben	wob webte	hat gewoben hat gewebt	web[e]/webt
weichen	wich	ist gewichen	weich[e]/weicht
weisen	wies	hat gewiesen	weis[e]/weist
wenden	wendete wandte	hat gewendet hat gewandt	wend[e]/wendet
werben wirbst	warb	hat geworben	wirb/werbt
werden wirst	wurde ward	ist geworden	werd[e]/werdet
werfen wirfst	warf	hat geworfen	wirf/werft
wiegen	wog	hat gewogen	wieg[e]/wiegt
winden	wand	hat gewunden	wind[e]/windet
wissen weißt	wusste	hat gewusst	wiss[e]/wisset

1. Infinitiv	2. Imperfekt	3. Partizip Perfekt	4. Imperativ – Sing/Pl
wollen willst	wollte	hat gewollt	woll[e]/wollt
ziehen	zog	hat/ist gezogen	zieh[e]/zieht
zwingen	zwang	hat gezwungen	zwing[e]/zwingt

Die Zahlwörter

Die Grundzahlen

null	0	zweiunddreißig	32
einer, eine, eins; ein, eine, ein	1	dreiunddreißig	33
		vierzig	40
zwei	2	einundvierzig	41
drei	3	zweiundvierzig	42
vier	4	fünfzig	50
fünf	5	einundfünfzig	51
sechs	6	zweiundfünfzig	52
sieben	7	sechzig	60
acht	8	einundsechzig	61
neun	9	zweiundsechzig	62
zehn	10	siebzig	70
elf	11	einundsiebzig	71
zwölf	12	zweiundsiebzig	72
dreizehn	13	fünfundsiebzig	75
vierzehn	14	neunundsiebzig	79
fünfzehn	15	achtzig	80
sechzehn	16	einundachtzig	81
siebzehn	17	zweiundachtzig	82
achtzehn	18	fünfundachtzig	85
neunzehn	19	neunzig	90
zwanzig	20	einundneunzig	91
einundzwanzig	21	zweiundneunzig	92
zweiundzwanzig	22	neunundneunzig	99
dreiundzwanzig	23	hundert	100
vierundzwanzig	24	hundert(und)eins	101
fünfundzwanzig	25	hundert(und)zwei	102
dreißig	30	hundert(und)zehn	110
einunddreißig	31		

hundert(und)zwanzig	120
hundert(und)neunundneunzig	199
zweihundert	200
zweihundert(und)eins	201
zweihundert(und)zweiundzwanzig	222
dreihundert	300
vierhundert	400
fünfhundert	500
sechshundert	600
siebenhundert	700
achthundert	800
neunhundert	900
tausend	1 000
tausend(und)eins	1 001
tausend(und)zehn	1 010
tausend(und)einhundert	1 100
zweitausend	2 000
zehntausend	10 000
hunderttausend	100 000
eine Million	1 000 000
zwei Millionen	2 000 000
zwei Millionen fünfhunderttausend	2 500 000
eine Milliarde	1 000 000 000
eine Billion	1 000 000 000 000

Die Ordnungszahlen

(der, die, das)	
erste	1.
zweite	2.
dritte	3.
vierte	4.
fünfte	5.
sechste	6.
siebte	7.
achte	8.
neunte	9.
zehnte	10.
elfte	11.
zwölfte	12.
dreizehnte	13.
vierzehnte	14.
fünfzehnte	15.
sechzehnte	16.
siebzehnte	17.
achtzehnte	18.
neunzehnte	19.
zwanzigste	20.
einundzwanzigste	21.
zweiundzwanzigste	22.
dreiundzwanzigste	23.
dreißigste	30.
einunddreißigste	31.
zweiunddreißigste	32.
vierzigste	40.
fünfzigste	50.
sechzigste	60.
siebzigste	70.
einundsiebzigste	71.

zweiundsiebzigste	72.
neunundsiebzigste	79.
achtzigste	80.
einundachtzigste	81.
zweiundachtzigste	82.
neunzigste	90.
einundneunzigste	91.
neunundneunzigste	99.
hundertste	100.
hundertunderste	101.
hundertundzehnte	110.
hundertundfünf-undneunzigste	195.
zweihundertste	200.
dreihundertste	300.
fünfhundertste	500.
tausendste	1 000.
zweitausendste	2 000.
millionste	1 000 000.
zehnmillionste	10 000 000.

Die Bruchzahlen

ein halb	$^1/_2$
ein Drittel	$^1/_3$
ein Viertel	$^1/_4$
ein Fünftel	$^1/_5$
ein Zehntel	$^1/_{10}$
ein Hundertstel	$^1/_{100}$
ein Tausendstel	$^1/_{1000}$
ein Millionstel	$^1/_{1\,000\,000}$
zwei Drittel	$^2/_3$
drei Viertel	$^3/_4$
zwei Fünftel	$^2/_5$
drei Zehntel	$^3/_{10}$
anderthalb, ein(und)einhalb	$1\,^1/_2$
zwei(und)einhalb	$2\,^1/_2$
fünf drei Achtel	$5\,^3/_8$
eins Komma eins	1,1

Buchstabieralphabet

A	wie	Anton		N	wie	Nordpol
B	wie	Berta		O	wie	Otto
C	wie	Cäsar		P	wie	Paula
D	wie	Dora		Q	wie	Quelle
E	wie	Emil		R	wie	Richard
F	wie	Friedrich		S	wie	Siegfried
G	wie	Gustav		T	wie	Theodor
H	wie	Heinrich		U	wie	Ulrich
I	wie	Ida		V	wie	Viktor
J	wie	Johannes		W	wie	Wilhelm
K	wie	Kaufmann		X	wie	Xanthippe
L	wie	Ludwig		Y	wie	Ypsilon
M	wie	Martha		Z	wie	Zeppelin

Maße und Gewichte

Dezimalsystem

Mega-	1 000 000
Hektokilo-	100 000
Myria-	10 000
Kilo-	1 000
Hekto-	100
Deka-	10
Dezi-	0,1
Zenti-	0,01
Milli-	0,001
Dezimilli-	0,000 1
Zentimilli-	0,000 01
Mikro-	0,000 001

Längenmaße

Seemeile	1 852 m	–
Kilometer	1 000 m	km
Hektometer	100 m	hm
Dekameter	10 m	dam
Meter	1 m	m
Dezimeter	0,1 m	dm
Zentimeter	0,01 m	cm
Millimeter	0,001 m	mm
Mikron	0,000 001 m	µ
Millimikron	0,000 000 001 m	mµ
Ångströmeinheit	0,000 000 000 1 m	Å

Flächenmaße

Quadratkilometer	1 000 000 m²	km²
Quadrathektometer	10 000 m²	hm²
Hektar		ha
Quadratdekameter	100 m²	dam²
Ar		a
Quadratmeter	1 m²	m²
Quadratdezimeter	0,01 m²	dm²
Quadratzentimeter	0,000 1 m²	cm²
Quadratmillimeter	0,000 001 m²	mm²

Kubik- und Hohlmaße

Kubikkilometer	1 000 000 000 m³	km³
Kubikmeter	1 m³	m³
Ster		st
Hektoliter	0,1 m³	hl
Dekaliter	0,01 m³	dal
Kubikdezimeter	0,001 m³	dm³
Liter		l
Deziliter	0,000 1 m³	dl
Zentiliter	0,000 01 m³	cl
Kubikzentimeter	0,000 001 m³	cm³
Milliliter	0,000 001 m³	ml
Kubikmillimeter	0,000 000 001 m³	mm³

Gewichte

Tonne	1 000 kg	t		Karat	0,2 g	–
Doppelzentner	100 kg			Dezigramm	0,1 g	dg
Kilogramm	1 000 g	kg		Zentigramm	0,01 g	cg
Hektogramm	100 g	hg		Milligramm	0,001 g	mg
Dekagramm	10 g	dag		Mikrogramm	0,000 001 g	µg, γ
Gramm	1 g	g				

Deutschland

Länder (und Hauptstädte)

Baden-Württemberg (Stuttgart)	Niedersachsen (Hannover)
Bayern (München)	Nordrhein-Westfalen (Düsseldorf)
Berlin (Berlin)	Rheinland-Pfalz (Mainz)
Brandenburg (Potsdam)	Saarland (Saarbrücken)
Bremen (Bremen)	Sachsen (Dresden)
Hamburg (Hamburg)	Sachsen-Anhalt (Magdeburg)
Hessen (Wiesbaden)	Schleswig-Holstein (Kiel)
Mecklenburg-Vorpommern (Schwerin)	Thüringen (Erfurt)

Österreich

Bundesländer (und Hauptstädte)

Burgenland (Eisenstadt)	Steiermark (Graz)
Kärnten (Klagenfurt)	Tirol (Innsbruck)
Niederösterreich (St. Pölten)	Vorarlberg (Bregenz)
Oberösterreich (Linz)	Wien (Wien)
Salzburg (Salzburg)	

Die Schweiz

Kantone (und Hauptorte)

Aargau (Aarau)

Appenzell Ausser-Rhoden (Herisau)

Appenzell Inner-Rhoden (Appenzell)

Basel-Landschaft (Liestal)

Basel-Stadt (Basel)

Bern (Bern)

Freiburg (Freiburg)

Genf (Genf)

Glarus (Glarus)

Graubünden (Chur)

Jura (Delémont)

Luzern (Luzern)

Neuenburg (Neuenburg)

Sankt Gallen (Sankt Gallen)

Schaffhausen (Schaffhausen)

Schwyz (Schwyz)

Solothurn (Solothurn)

Tessin (Bellinzona)

Thurgau (Frauenfeld)

Nidwalden (Stans)

Obwalden (Sarnen)

Uri (Altdorf)

Waadt (Lausanne)

Wallis (Sitten)

Zug (Zug)

Zürich (Zürich)

Bildnachweis

Seite 1021 – fotolia/Gina Sanders
Seite 1026 – fotolia/bilderstoeckchen
Seite 1031 – fotolia/Klaus Eppele
Seite 1035 – fotolia/Michael Jung
Seite 1040 – fotolia/Werner Heiber
Seite 1041 – fotolia/Yuri Arcurs
Seite 1050 – fotolia/Wolfgang Cibura
Seite 1051 – fotolia/rsester
Seite 1052 – fotolia/Lupico
Seite 1053 – fotolia/contrastwerkstatt
Seite 1054 – fotolia/Kzenon
Seite 1056 – fotolia/TrudiDesign
Seite 1057 – fotolia/Thomas Aumann
Seite 1058 – fotolia/Manfred Steinbach
Seite 1059 – fotolia/Artur Gabrysiak

Vokale

Laut	Beispiel
[a]	matt, hat
[aː]	haben, Fahne
[ɐ]	Vater, Bauer, Meter
[ɐ̯]	Abitur, Februar, leger, Uhr
[ã]	Centime, Rendevouz
[ãː]	Abonnement, Melange
[e]	Etage, Geografie
[eː]	Seele, Mehl
[ɛ]	Wäsche, Bett
[ɛː]	zählen, quälen
[ɛ̃ː]	Cousin, Pointe
[ə]	mache, Gepäck
[ɪ]	Kiste, mit
[i]	privat, Biologie
[iː]	Ziel, prima, Biologie
[o]	Oase, Projekt
[oː]	ohne, Ofen
[õ]	Fondue, Bonbon, Annonce
[õː]	Karton
[ɔ]	oft, Kosten
[ø]	ökologisch
[øː]	blöd, Höhle
[œ]	Götter, öffnen
[u]	zuletzt, Kurier
[uː]	Mut, gut
[ʊ]	Mutter, lustig
[y]	Zypresse
[yː]	Mühle, physisch
[ʏ]	Sünde, Rhythmus

Doppelvokale (Diphthonge)

Laut	Beispiel
[ai̯]	weit, bei
[au̯]	Haus, laufen
[ɔy̯]	Heu, Häuser